nt and Entry Structure English-German

ition *f*
n aus) ❷ COMPUT löschen

The headwords are arranged in alphabetical order and printed in blue.

a. fig
termal

Words with the same spelling but with significantly different meanings are known as **homographs**. These are indicated by a superscript Arabic numeral.

en, zurückbekommen; **to ~**
; **to ~ one's health** wieder

The swung dash replaces the headword in example sentences.

get] **I.** *vt* ...

Irregular inflections of **nouns**, **verbs** and **adjectives** are given in angle brackets.

/sth jdn/etw gern mögen;
machen ...

Grammatical **constructions** are marked with a grey box.

m a. fig ▶ **~ forbid!** Gott
mmel!; **to stink to high ~**
th ~ im siebten Himmel;

Idiom blocks are introduced by a grey triangle. The underlined guide words help you find your way through the block.

to ~ after sb sich nach jdm
umfragen *fam* ◆ **ask out** *vt*
estaurant einladen; **I'd like**
ihr ausgehen ◆ **ask over** *vt*
dn [zu sich *dat*] einladen

Phrasal verbs are listed in a block at the end of the entry for the base verb. Each phrasal verb entry is marked with a diamond and written out in full.

al, wind heulend; *person*
~ **success** Riesenerfolg *m*

Roman numerals subdivide an entry into different **parts of speech**.

Arabic numerals introduce different **meanings** of the headword within a part of speech category.

A number of different **labels and glosses** guide you to the correct translation:

, *f*; (*company*) Start-up/-Un-
Inbetriebnahme *f* ❸ COMPUT

- **Field labels** indicate the field in which a particular usage is common.

(*discarded*) verlassen; *baby*
(*empty*) *building* leer ste-

- **Sense glosses** indicate which sense of the headword is being treated.
- **Context elements**, also called **collocates**, are given in italics and guide you to the sense you are looking for.

gendbold *m*
sl) doll

- **Usage labels, age labels and rhetoric labels** provide information on style and regis'

ustman) Müllmann *m fam*,

- **Regional labels** are used for l
is restricted to a certain region

Standardwörterbuch

**Englisch - Deutsch
Deutsch - Englisch**

Neubearbeitung 2007

Ernst Klett Sprachen
Stuttgart

PONS Standardwörterbuch
Englisch

Bearbeitet von: Evelyn Agbaria, Katja Daiss, Ian Dawson, Rupert Livesey, Dr. Kurt Schwab, Dr. Michael Stuck, Gregor Vetter

Neubearbeitung auf der Basis des PONS Standardwörterbuchs Englisch
ISBN 978-3-12-517023-0

Warenzeichen, Marken und gewerbliche Schutzrechte
Wörter, die unseres Wissens eingetragene Warenzeichen oder Marken oder sonstige gewerbliche Schutzrechte darstellen, sind als solche – soweit bekannt – gekennzeichnet. Die jeweiligen Berechtigten sind und bleiben Eigentümer dieser Rechte.
Es ist jedoch zu beachten, dass weder das Vorhandensein noch das Fehlen derartiger Kennzeichnungen die Rechtslage hinsichtlich dieser gewerblichen Schutzrechte berührt.

1. Auflage 2007 (1,02 – 2008)

© Ernst Klett Sprachen GmbH, Stuttgart 2007

Alle Rechte vorbehalten

Internet: www.pons.de
E-Mail: info@pons.de

Projektleitung: Helen Blocksidge
Sprachdatenverarbeitung: Andreas Lang, conTEXT AG für Informatik und Kommunikation, Zürich
Einbandgestaltung: Schmidt & Dupont, Stuttgart
Logoentwurf: Erwin Poell, Heidelberg
Logoüberarbeitung: Sabine Redlin, Ludwigsburg
Satz: Dörr und Schiller GmbH, Stuttgart
Druck: CPI – Clausen & Bosse, Leck
Printed in Germany
ISBN 978-3-12-517029-2

Inhalt

Deutsche und englische Phonetik	5
Zeichen und Abkürzungen	8
Wörterbuch Englisch-Deutsch	**13–526**
Privatkorrespondenz	527
Korrespondenzbezogene Wendungen	564
Nützliche Redewendungen	566
Wörterbuch Deutsch-Englisch	**571–1028**
Englische Kurzgrammatik	1031
Englische unregelmäßige Verben	1044
Deutsche Kurzgrammatik	1048
Deutsche unregelmäßige Verben	1072
Falsche Freunde	1077
Die Zahlwörter	1081
Britische und amerikanische Maße und Gewichte	1084
Deutsche Maße und Gewichte	1086
Temperaturumrechnung	1087
Vereinigtes Königreich	
– England	1088
– Wales	1089
– Schottland	1090
– Nordirland	1091
Republik Irland – Provinzen	1091
Vereinigte Staaten von Amerika	1092
Kanada – Provinzen und Territorien	1094
Australien – Staaten und Territorien	1094
Neuseeland – Inseln und Schutzgebiete	1095
Bundesrepublik Deutschland – Bundesländer	1096
Österreich – Bundesländer	1097
Die Schweiz – Kantone	1097

Contents

German and English Phonetics	5
Symbols and Abbreviations	8
English-German Dictionary	**13–526**
Private Correspondence	527
Useful Phrases for Letters	564
Useful Phrases	566
German-Englisch Dictionary	**571–1028**
A Brief English Grammar	1031
Irregular English Verbs	1044
A Brief German Grammar	1048
Irregular German Verbs	1072
False Friends	1077
Numerals	1081
British and American Weights and Measures	1084
German Weights and Measures	1086
Temperature Conversion Table	1087
United Kingdom	
– England	1088
– Wales	1089
– Scotland	1090
– Northern Ireland	1091
Republic of Ireland – Provinces	1091
United States of America – Federal States	1092
Canada – Provinces and Territories	1094
Australia – States and Territories	1094
New Zealand – Islands and Dependencies	1095
Germany – Federal States and Capitals	1096
Austria – Provinces and Capitals	1097
Switzerland – Cantons and Capitals	1097

Deutsche und englische Phonetik

German and English Phonetics

German	IPA	English
	[æ]	cat
matt	[a]	
	[ɑː]	father
	[ɒ] (BRIT)	pot, bottom
bitter, Mutter	[ɐ]	
Uhr	[ɐ̯]	
Chanson	[ã]	
Gourmand	[ãː]	
	[ɑ̃ː]	croissant
heiß	[ai]	
	[aɪ]	ride, my
Haus	[au]	
	[aʊ]	house, about
Ball	[b]	big
ich	[ç]	
dicht	[d]	dad
Gin, Job	[dʒ]	edge, juice
Etage	[e]	pet, best
Beet, Mehl	[eː]	
Nest, Wäsche	[ɛ]	
wählen	[ɛː]	
	[ɜː]	bird, berth
timbrieren	[ɛ̃]	
Teint	[ɛ̃ː]	fin de siècle
	[ᵊ]	Sudden
halte	[ə]	Africa, potato
	[ʌ]	bust, multi
	[eɪ]	rate
	[eə] (BRIT)	there, hair
Fett, viel	[f]	fast
Geld	[g]	gold
Hut	[h]	hello
Bitte	[ɪ]	sit
Vitamin	[i]	
Bier	[iː]	read, meet
Studie	[i̯]	
	[ɪə] (BRIT)	here, beer
ja	[j]	yellow
Kohl, Computer	[k]	cat, king
Quadrat	[kv]	

	[kw]	queen
Last	[l]	little
Nebel	[l̩]	little
Meister	[m]	mom
nett	[n]	nice
sprechen	[n̩]	
Ring, blinken	[ŋ]	ring, rink, bingo
Oase	[o]	
Boot, drohen	[o:]	
loyal	[o̯]	
Post	[ɔ]	
	[ɔ:]	caught, ought
	[əʊ] (BRIT)	boat, rode
	[oʊ] (AM)	tuxedo
Fondue	[õ]	
Fonds	[õ:]	
	[ɔ̃:]	restaurant
Ökonomie	[ø]	
Öl	[ø:]	
Götter	[œ]	
Parfum	[œ̃:]	
	[ɔɪ]	boy, noise
Mäuse	[ɔy]	
Papst	[p]	pat
Pfeffer	[pf]	
Rad	[r]	right
	[ʳ] (BRIT)	bitter
	[ɚ] (AM)	bitter
Rast, besser, heiß	[s]	soft
Schaum, sprechen, Chef	[ʃ]	shift
Test, treu	[t]	take
	[t̬] (AM)	better
Zaun	[ts]	
Matsch, Tschüss	[tʃ]	chip, patch
	[θ]	think, bath
	[ð]	father, bathe
zunächst	[u]	
Hut	[u:]	moose, lose
aktuell	[u̯]	
Mutter	[ʊ]	book, put
pfui	[ui]	
	[ʊə] (BRIT)	moor
wann	[v]	vitamin
	[w]	wish, why

Schlauch	[x]	loch
Fix, Axt, Lachs	[ks]	
Mykene	[y]	
Typ	[y:]	
Etui	[ÿ]	
füllen	[ʏ]	
Hase, sauer	[z]	zebra, jazz
Genie	[ʒ]	pleasure
Knacklaut	ʔ	glottal stop
Hauptbetonung	ˈ	primary stress
Nebenbetonung	ˌ	secondary stress

Zeichen und Abkürzungen Symbols and Abbreviations

▶	phraseologischer Block	phrase block	
|	trennbares Verb	separable verb	
=	Kontraktion	contraction	
*	Partizip ohne *ge-*	German past participle formed without *ge-*	
≈	entspricht etwa	comparable to	
–	Sprecherwechsel in einem Dialog	change of speaker in a dialogue	
ALT	alte Schreibung	unreformed German spelling	
RR	reformierte Schreibung	reformed German spelling	
■	zeigt eine grammatische Konstruktion auf	grammatical construction	
○	zeigt variable Stellung des Objektes und der Ergänzung bei Phrasal Verbs auf	indicates the variable position of the object in phrasal verb sentences	
®	Warenzeichen	trade mark	
a.	auch	also	a.
Abk	Abkürzung	abbreviation	*abbrev*
	Akronym	acronym	*acr*
adj	Adjektiv	adjective	*adj*
ADMIN	Verwaltung	administration	ADMIN
adv	Adverb	adverb	*adv*
	Raum- und Luftfahrt	aerospace	AEROSP
AGR	Landwirtschaft	agriculture	AGR
Akk	Akkusativ	accusative	*akk*
Akr	Akronym	acronym	
	amerikanisches Englisch	American English	AM
ANAT	Anatomie	anatomy	ANAT
	aufwertend	approving	*approv*
ARCHÄOL	Archäologie	archaeology	ARCHEOL
ARCHIT	Architektur	architecture	ARCHIT
	Kunst	art	ART
art	Artikel	article	*art*
ASTROL	Astrologie	astrology	ASTROL
ASTRON	Astronomie	astronomy	ASTRON
attr	attributiv	attributive	*attr*
	australisches Englisch	Australian English	AUS
AUTO	Auto	automobile	AUTO
aux	Hilfsverb	auxiliary	*aux*
	Luftfahrt	aviation	AVIAT
BAHN	Eisenbahnwesen	railway	
BAU	Bauwesen	construction	
BERGB	Bergbau	mining	

bes	besonders	especially	
BIOL	Biologie	biology	BIOL
BÖRSE	Börse	stock exchange	
BOT	Botanik	botany	BOT
	Boxen	boxing	BOXING
BRD	Binnendeutsch	German of Germany	
	britisches Englisch	British English	BRIT
	kanadisches Englisch	Canadian English	CAN
	Karten	cards	CARDS
CHEM	Chemie	chemistry	CHEM
	Schach	chess	CHESS
	Kindersprache	language of children	*childspeak*
	Handel	commerce	COMM
comp	komparativ	comparative	*comp*
	Informatik	computing	COMPUT
conj	Konjunktion	conjunction	*conj*
dat	Dativ	dative	*dat*
	veraltend	dated	*dated*
def	bestimmter Artikel	definite	*def*
dekl	dekliniert	declined	
dem	demonstrativ	demonstrative	*dem*
derb	derb	coarse language	
	Bestimmungswort	determiner	*det*
DIAL	dialektal	dialect	DIAL
dim	Diminutiv	diminutive	
	Ökologie	ecology	ECOL
	Wirtschaft	economy	ECON
ELEK	Elektrizität	electricity	ELEC
emph	emphatisch	emphatic	*emph*
	besonders	especially	*esp*
etw	etwas	something	*etw*
EU	Europäische Union	European Union	EU
euph	euphemistisch	euphemistic	*euph*
f	feminine Form in der Zielsprache	feminine form	*f*
fachspr	fachsprachlich	specialist term	
fam	umgangssprachlich	informal	*fam*
fam!	stark umgangssprachlich	very informal	*fam!*
	feminine Form in der Zielsprache	feminine form	*fem*
	Mode	fashion	FASHION
FBALL	Fußball	football	FBALL
fig	bildlich	figurative	fig
FILM	Film, Kino	film, cinema	FILM
FIN	Finanzen	finance	FIN

	Kochkunst	food and cooking	FOOD
form	förmlicher Sprachgebrauch	formal	*form*
FOTO	Fotografie	photography	
geh	gehobener Sprachgebrauch	formal	
gen	Genitiv	genitive	*gen*
GEOG	Geographie	geography	GEOG
GEOL	Geologie	geology	GEOL
HANDEL	Handel	commerce	
HIST	Geschichte	history	HIST
hist	historisch	historical	*hist*
HORT	Gartenbau	gardening	HORT
hum	scherzhaft	humorous	*hum*
	Jagd	hunting	HUNT
imp	Imperfekt	imperfect	
imper	Imperativ	imperative	*imper*
impers	unpersönliches Verb	impersonal use	*impers*
indef	unbestimmt	indefinite	indef
INET	Internet	internet	INET
infin	Infinitiv	infinitive	*infin*
INFORM	Informatik	computing	
interj	Interjektion	interjection	*interj*
interrog	fragend	interrogative	*interrog*
iron	ironisch	ironic	*iron*
irreg	unregelmäßig	irregular	*irreg*
JAGD	Jagd	hunting	
jd	jemand	somebody *(nominative)*	
jdm	jemandem	somebody *(dative)*	
jdn	jemanden	somebody *(accusative)*	
jds	jemandes	somebody's *(genitive)*	
JOURN	Journalismus	journalism	JOURN
JUR	Jura	law	
KARTEN	Karten	cards	
kindersprache	Kindersprache	language of children	
KOCHK	Kochkunst	food and cooking	
konj	Konjunktion	conjunction	
KUNST	Kunst	art	
	Jura	law	LAW
LING	Linguistik	linguistics	LING
LIT	Literatur	literature	LIT
liter	literarisch	literary	*liter*
LUFT	Luftfahrt	aviation	
m	Maskulinum	masculine	*m*
	maskuline Form in der Zielsprache	masculine form	*masc*

MATH	Mathematik	mathematics	MATH
	Mechanik	mechanics	MECH
MED	Medizin	medicine	MED
MEDIA	Medien	media	MEDIA
METEO	Meteorologie	meteorology	METEO
MIL	Militär	military	MIL
		mining	MIN
MITTELD	Mitteldeutsch	language of central Germany	
MODE	Mode	fashion	
MUS	Musik	music	MUS
n	Substantiv	noun	n
NAUT	Seefahrt	navigation	NAUT
	Nordenglisch	Northern English	NBrit
	verneinend, Verneinung	negative, negation	neg
NORDD	Norddeutsch	Northern German	
nt	Neutrum	neuter	nt
NUKL	Kernphysik	nuclear science	NUCL
	Englisch aus Neuseeland	New Zealand English	NZ
o	oder	or	o
ÖKOL	Ökologie	ecology	
ÖKON	Wirtschaft	economics	
	veraltet	old	old
ORN	Vogelkunde	ornithology	ORN
ÖSTERR	österreichisches Deutsch	Austrian German	
part	Partizip	participle	
pej	abwertend	pejorative	pej
pej!	beleidigend	offensive	pej!
pers	Personal(pronomen)	personal pronoun	pers
pers.	Person	person	pers.
PHARM	Pharmazie	pharmacy	PHARM
PHILOS	Philosophie	philosophy	PHILOS
	Fotografie	photography	PHOT
PHYS	Physik	physics	PHYS
pl	Plural	plural	pl
POL	Politik	politics	POL
poss	possessiv	possessive	poss
pp	Partizip Perfekt	past participle	pp
präp	Präposition	preposition	
pred	Prädikativ	predicative	pred
	Präposition	preposition	prep
pres	Präsenz	present	pres
pron	Pronomen	pronoun	pron
prov	Sprichwort	proverb	prov
PSYCH	Psychologie	psychology	PSYCH
	erste Vergangenheit	past tense	pt

	Verlagswesen	publishing	PUBL
RADIO	Rundfunk	radio broadcasting	RADIO
	Eisenbahnwesen	railway	RAIL
	selten	rare	*rare*
RAUM	Raumfahrt	aerospace	
refl	reflexiv	reflexive	
REL	Religion	religion	REL
S.	Sache	thing	
	jemand/jemandem/jemanden	somebody	*sb*
	jemandes	somebody's	*sb's*
SCH	Schule	school	SCH
SCHACH	Schach	chess	
SCHWEIZ	schweizerisches Deutsch	Swiss German	
SCI	Naturwissenschaften	science	SCI
	schottisch	Scottish	SCOT
selten	selten	rare	
sep	trennbar	separable	*sep*
sing	Einzahl	singular	*sing*
SKI	Skifahren	skiing	SKI
sl	salopp	slang	*sl*
SOZIOL	Soziologie	sociology	SOCIOL
	fachsprache	specialist term	spec
SPORT	Sport	sports	SPORTS
	etwas	something	*sth*
	Börse	stock exchange	STOCKEX
SÜDD	Süddeutsch	Southern German	
superl	Superlativ	superlative	*superl*
TECH	Technik	technology	TECH
TELEK	Nachrichtentechnik	telecommunications	TELEC
TENNIS	Tennis	tennis	TENNIS
THEAT	Theater	theatre	THEAT
TOURIST	Tourismus	tourism	TOURIST
TRANSP	Transport und Verkehr	transport	TRANSP
TV	Fernsehen	television	TV
TYPO	Buchdruck	typography	TYPO
UNIV	Universität	university	UNIV
usu	gewöhnlich	usually	*usu*
veraltend	veraltend	dated	
veraltet	veraltet	old	
VERLAG	Verlagswesen	publishing	
vi	intransitives Verb	intransitive verb	*vi*
vr	reflexives Verb	reflexive verb	*vr*
vt	transitives Verb	transitive verb	*vt*
vulg	vulgär	vulgar	*vulg*
ZOOL	Zoologie	zoology	ZOOL

A a

A <pl -'s or -s>, **a** <pl -'s> [eɪ] n ❶ A nt, a nt; ~ **for Andrew** [or AM **as in Abel**] A wie Anton ❷ MUS A nt, a nt; ~ **flat** As nt, as nt; ~ **sharp** Ais nt, ais nt; ~ **major** A-Dur nt; ~ **minor** a-Moll nt ❸ (school mark) ≈ Eins f; **to get** [**an**] ~ eine Eins schreiben ❹ (blood type) A ▶ **from** ~ **to Z** von A bis Z

a [eɪ, ə], before vowel **an** [æn, ᵊn] art indef ❶ ein(e); ~ **17th-century cottage** ein Landhaus im Stil des 17. Jahrhunderts; **this is ~ very mild cheese** dieser Käse ist sehr mild; **she's ~ teacher** sie ist Lehrerin ❷ after neg ■**not** ~ kein(e); **there was not ~ person to be seen** es war niemand zu sehen ❸ (one) ein(e); **can I have ~ knife and fork please?** kann ich bitte Messer und Gabel haben?; **for half ~ mile** eine halbe Meile ❹ (per) **he earns $100,000 ~ year** er verdient im Jahr 100.000 Dollar; **three times ~ day** dreimal täglich; **twice ~ week** zweimal die Woche

A n ❶ abbrev of **ampere** A ❷ abbrev of **answer** Antw.

A4 [ˌeɪˈfɔːʳ] n no pl [DIN-]A4

AA [ˌeɪˈeɪ] n ❶ + sing/pl vb abbrev of **Alcoholics Anonymous** AA ❷ + sing/pl vb BRIT abbrev of **Automobile Association** ≈ ADAC m

AAA [ˌtrɪplˈeɪ] n + sing/pl vb AM abbrev of **American Automobile Association** ≈ ADAC m

aback [əˈbæk] adv **to be taken** ~ erstaunt sein

abacus <pl -es> [ˈæbəkəs] n MATH Abakus m

abandon [əˈbændən] I. vt ❶ (leave) verlassen; baby aussetzen; **to ~ sb to his/her fate** jdn seinem Schicksal überlassen ❷ (leave behind) zurücklassen; car stehen lassen II. n no pl **with** ~ mit Leib und Seele

abandoned [əˈbændənd] adj ❶ (discarded) verlassen; baby ausgesetzt; car stehen gelassen ❷ (empty) building leer stehend; property herrenlos

abase [əˈbeɪs] vt (form) erniedrigen

abattoir [ˈæbətwɑːʳ] n BRIT Schlachthof m

abbess <pl -es> [ˈæbes] n Äbtissin f

abbey [ˈæbi] n Abtei[kirche] f

abbot [ˈæbət] n Abt m

abbreviate [əˈbriːvieɪt] vt abkürzen

abbreviation [əˌbriːviˈeɪʃᵊn] n Abkürzung f

ABC¹ [ˌeɪbiːˈsiː] n ABC nt; **as easy as** ~ kinderleicht

ABC² [ˌeɪbiːˈsiː] n ❶ abbrev of **Australian Broadcasting Corporation** ABC f ❷ abbrev of **American Broadcasting Corporation** ABC f

abdicate [ˈæbdɪkeɪt] I. vi abdanken II. vt ~ **the throne** auf den Thron verzichten

abdication [ˌæbdɪˈkeɪʃᵊn] n ❶ Abdankung f ❷ no pl (renunciation) Verzicht m

abdomen [ˈæbdəmən, æbˈdəʊ-] n ❶ MED Unterleib m ❷ ZOOL Hinterleib m

abdominal [æbˈdɒmɪnᵊl] adj Unterleibs-

abduct [əbˈdʌkt] vt entführen

abduction [əbˈdʌkʃᵊn] n Entführung f

abide [əˈbaɪd] I. vt (like) ausstehen; (endure) ertragen II. vi (continue) fortbestehen ◆ **abide by** vi befolgen; **to ~ by a law** sich an ein Gesetz halten

ability [əˈbɪləti] n ❶ Fähigkeit f ❷ (talent) Talent nt; **someone of her ~** jemand mit ihrer Begabung

ablaze [əˈbleɪz] adj ❶ (burning) ■**to be ~ in** Flammen stehen; **to be ~** in Brand stecken ❷ (bright) **to be ~ with lights** hell erleuchtet sein ❸ (fig: impassioned) **to be ~ with excitement** vor Aufregung leuchten

able [ˈeɪbl̩] adj ❶ <more or better able, most or best able> ■**to be ~ to do sth** etw tun können ❷ <abler or more able, ablest or most able> (clever) talentiert; mind fähig

able-bodied [ˌeɪblˈbɒdɪd] adj gesund; MIL [wehr]tauglich

abnormal [æbˈnɔːmᵊl] adj anormal; weather a. ungewöhnlich

abnormality [ˌæbnɔːˈmæləti] n ❶ MED Anomalie f ❷ no pl (unusualness) Abnormität f; of a situation Außergewöhnlichkeit f

aboard [əˈbɔːd] adv, prep (on plane, ship) an Bord; (on train) im Zug; **all ~!** (on train, bus) alles einsteigen!

abode [əˈbəʊd] n ❶ (hum: home) Wohnung f ❷ no pl (residence) Wohnsitz m

abolish [əˈbɒlɪʃ] vt abschaffen; law aufheben

abolition [ˌæbəˈlɪʃᵊn] n no pl Abschaffung f; of a law Aufhebung f

A-bomb [ˈeɪˌbɒm] n abbrev of **atom bomb** Atombombe f

abominable [əˈbɒmɪnəbl̩] adj furchtbar

abomination [əˌbɒmɪˈneɪʃᵊn] *n no pl* Abscheu *m* (**of** vor)

abort [əˈbɔːt] *vt* ❶ *baby, fetus* abtreiben; *pregnancy* abbrechen ❷ (*stop*) abbrechen

abortion [əˈbɔːʃᵊn] *n* Abtreibung *f*

abortive [əˈbɔːtɪv] *adj attempt* gescheitert; *plan* misslungen

about [əˈbaʊt] **I.** *prep* ❶ über +*akk*; **anxiety ~ the future** Angst *f* vor der Zukunft; **what's that book ~?** worum geht es in dem Buch?; **to ask sb ~ sth/sb** jdn nach etw/jdm fragen ❷ (*affecting*) gegen +*akk*; **to do something ~ sth** etw gegen etw *akk* machen ❸ (*surrounding*) um +*akk* ❹ *after vb* (*expressing movement*) **to wander ~ the house** im Haus herumlaufen; **to look ~ the room** sich im Zimmer umsehen ❺ Brit (*fam: in the process of*) **while you're ~ it** wo Sie gerade dabei sind ▸ **how ~ sb/sth?** wie wäre es mit jdm/etw? **II.** *adv* ❶ (*approximately*) ungefähr; **~ eight [o'clock]** [so] gegen acht [Uhr] ❷ (*almost*) fast ❸ (*barely*) **we just ~ made it** wir haben es gerade noch [so] geschafft ❹ *esp* Brit (*around*) herum; **there's a lot of flu ~ at the moment** im Moment geht die Grippe um; **up and ~** auf den Beinen ❺ *esp* Brit (*in the area*) hier; **is Cathy ~?** ist Cathy hier irgendwo? ❻ (*intending*) **we're just ~ to have supper** wir wollen gerade zu Abend essen ▸ **that's ~ all** [*or* **it**] das wär's

above [əˈbʌv] **I.** *prep* ❶ (*over*) über +*dat*; (*with movement*) über +*akk*; **~ the spectators** über den Zuschauern ❷ (*greater than*) über +*akk*; **to be ~ and beyond all expectation** weit über allen Erwartungen *dat* liegen ❸ (*superior to*) **to be ~ criticism** über jede Kritik erhaben sein ❹ (*more importantly than*) **~ all** vor allem ▸ **that's ~ me** das ist mir zu hoch **II.** *adv* ❶ (*on higher level*) oberhalb ❷ (*overhead*) **from ~** von oben ❸ (*in the sky*) am Himmel; **he looked up to the stars ~** er blickte hinauf zu den Sternen ❹ (*earlier in text*) oben; **see ~** siehe oben **III.** *adj* obige(r, s); **the ~ address** die oben genannte Adresse **IV.** *n* ■ **the ~** (*thing*) das Obengenannte

above board *adj pred* (*fam*) einwandfrei; **it's all ~!** es ist alles korrekt!

above-mentioned *adj* oben genannte(r, s)

abrasive [əˈbreɪsɪv] *adj* ❶ (*rubbing*) abreibend; **~ cleaner** Scheuermittel *nt* ❷ (*unpleasant*) aggressiv

abreast [əˈbrest] *adv* nebeneinander

abroad [əˈbrɔːd] *adv* im Ausland; **to go ~** ins Ausland fahren; **from ~** aus dem Ausland

abrupt [əˈbrʌpt] *adj* abrupt; **to come to an ~ end** ein jähes Ende finden

ABS [ˌeɪbiːˈes] *n no pl abbrev of* **anti-lock braking system** ABS *nt*

absence [ˈæbsᵊn(t)s] *n* ❶ *no pl* (*non appearance*) Abwesenheit *f*; (*from school, work*) Fehlen *nt* ❷ *no pl* (*lack*) Fehlen *nt*; ■ **in the ~ of sth** in Ermangelung einer S. *gen*

absent I. *adj* [ˈæbsᵊnt] ❶ abwesend; **to be ~ from work/school** auf der Arbeit/in der Schule fehlen ❷ (*distracted*) [geistes]abwesend **II.** *vt* [æbˈsent] ■ **to ~ oneself** sich zurückziehen

absentee [ˌæbsᵊnˈtiː] *n* Abwesende(r) *f(m)*, Fehlende(r) *f(m)*

absenteeism [ˌæbsᵊnˈtiːɪzᵊm] *n no pl* häufiges Fernbleiben

absentee voting *n* Am Briefwahl *f*

absent-minded *adj* geistesabwesend

absolute [ˌæbsəˈluːt] *adj* absolut

absolutely [ˌæbsəˈluːtli] *adv* absolut; **you're ~ right** Sie haben vollkommen Recht; **~ no idea** überhaupt keine Ahnung; **~ not!** nein, überhaupt nicht!

absolution [ˌæbsəˈluːʃᵊn] *n no pl* Absolution *f*

absorb [əbˈzɔːb, -ˈsɔːb] *vt* ❶ (*soak up*) aufnehmen ❷ (*reduce*) *blow* abfangen; *noise* dämpfen ❸ ■ **to be ~ed in sth** in etw *akk* vertieft sein

absorbed [əbˈzɔːbd, -ˈsɔːbd] *adj usu pred* ■ **to be ~ [in sth]** [in etw *akk*] vertieft sein

absorbent [əbˈzɔːbənt, -ˈsɔː-] *adj* absorptionsfähig; *cotton, paper* saugfähig **absorbing** [əbˈzɔːbɪŋ, -ˈsɔː-] *adj* fesselnd

absorption [əbˈzɔːpʃᵊn] *n no pl* ❶ (*absorbing*) Aufnahme *f* ❷ (*engrossment*) Vertieftsein *nt*

abstract I. *adj* [ˈæbstrækt] abstrakt; **~ noun** Abstraktum *nt* **II.** *n* [ˈæbstrækt] ❶ (*summary*) Zusammenfassung *f* ❷ (*generalized form*) ■ **the ~** das Abstrakte

abstracted [æbˈstræktɪd] *adj* gedankenverloren

absurd [əbˈzɜːd, -ˈsɜːd] *adj* absurd; **don't be ~!** sei nicht albern!

absurdity [əbˈzɜːdəti, -ˈsɜː-] *n* Absurdität *f*; **the ~ of the situation** das Absurde an der

Situation

abundance [ə'bʌndən(t)s] *n no pl* Fülle *f;* **in ~** in Hülle und Fülle

abundant [ə'bʌndənt] *adj* reichlich; **~ evidence** jede Menge Beweise

abuse I. *n* [ə'bju:s] ① *no pl (affront)* [verbal] ~ Beschimpfung[en] *f[pl]*; **a term of** ~ ein Schimpfwort *nt* ② *no pl (maltreatment)* Missbrauch *m;* **child** ~ Kindesmissbrauch *m;* **mental/physical** ~ psychische/körperliche Misshandlung ③ *no pl (misuse)* Missbrauch *m;* **be open to** ~ sich leicht missbrauchen lassen II. *vt* [ə'bju:z] ① *(verbally)* beschimpfen ② *(maltreat, exploit)* missbrauchen

abusive [ə'bju:sɪv] *adj* ① *(insulting)* beleidigend ② *(maltreating)* misshandelnd

abysmal [ə'bɪzməl] *adj* entsetzlich

acacia [ə'keɪʃə] *n* Akazie *f*

academia [ˌækə'di:miə] *n no pl, no art* die akademische Welt; *(more concrete)* die Universität

academic [ˌækə'demɪk] I. *adj* ① *(university)* akademisch; ~ **year** Studienjahr *nt* ② *(not vocational)* wissenschaftlich ③ *(theoretical)* akademisch II. *n* Lehrkraft *f* an der Universität

academy [ə'kædəmi] *n* ① Akademie *f* ② *esp* AM, SCOT [höhere] Schule

accelerate [ək'seləreɪt] *vi* ① beschleunigen; *driver* Gas geben *fam* ② *(increase)* zunehmen

acceleration [əkˌselə'reɪʃən] *n no pl* Beschleunigung *f*

accelerator [ək'seləreɪtər] *n* Gas[pedal] *nt*

accent ['æksənt] *n* ① LING Akzent *m* ② *(stress)* Betonung *f*

accentuate [ək'sentʃueɪt] *vt* betonen

accept [ək'sept] *vt* ① *(take)* annehmen; *award* entgegennehmen; **do you ~ credit cards?** kann man bei Ihnen mit Kreditkarte zahlen? ② *(acknowledge)* anerkennen ③ *(include socially)* akzeptieren

acceptable [ək'septəbl] *adj* akzeptabel (**to** für)

acceptance [ək'septən(t)s] *n* ① *no pl* Annahme *f;* *of idea* Zustimmung *f* ② *(positive answer)* Zusage *f* ③ *no pl (recognition)* Anerkennung *f* ④ *no pl (toleration)* Hinnahme *f*

access ['ækses] I. *n no pl* Zugang *m;* *(to room, building)* Zutritt *m;* BRIT "**~ only**" „Anlieger frei" II. *vt* COMPUT *data* zugreifen auf +*akk*

accessibility [əkˌsesə'bɪləti] *n no pl* Zugänglichkeit *f*

accessible [ək'sesəbl] *adj* [leicht] erreichbar

accession [ək'seʃən] *n no pl* ~ **to the throne** Thronbesteigung *f*

accessory [ək'sesəri] *n* ① FASHION Accessoire *nt* ② *(equipment)* Zubehör *nt*

accident ['æksɪdənt] *n* ① Unfall *m;* *train, plane* Unglück *nt;* ~ **and emergency unit** Notaufnahme *f* ② *(without intention)* **sorry, it was an** ~ tut mir leid, es war keine Absicht; **by** ~ aus Versehen ③ *(chance)* Zufall *m;* **by** ~ zufällig

accidental [ˌæksɪ'dentəl] *adj* ① *(unintentional)* unbeabsichtigt; **it was** ~ es war ein Versehen ② *(chance)* zufällig

acclimatize [ə'klaɪmətaɪz] *vi, vt* sich akklimatisieren (**to** an); *(to new conditions)* sich gewöhnen

accommodate [ə'kɒmədeɪt] *vt* ① *(have room for)* unterbringen ② *(help)* entgegenkommen

accommodation [əˌkɒmə'deɪʃən] *n* ① *no pl* BRIT, AUS *(lodging)* Unterkunft *f* ② AM *(lodging)* ~**s** *pl* Unterkunft *f* ③ AM *(space)* ~**s** *pl* [Sitz]plätze *pl*

accompany <-ie-> [ə'kʌmpəni] *vt* begleiten

accomplice [ə'kʌmplɪs] *n* Komplize(in) *m(f)*

accomplish [ə'kʌmplɪʃ] *vt* schaffen; *target* erreichen; *task* erledigen

accomplished [ə'kʌmplɪʃt] *adj* fähig; *performance* gelungen

accomplishment [ə'kʌmplɪʃmənt] *n* ① *no pl (completion)* Vollendung *f;* *of an aim* Erreichen *nt* ② *usu pl (skill)* Fähigkeit *f*

accord [ə'kɔ:d] I. *n* ① *(treaty)* Vereinbarung *f* ② *no pl (agreement)* Übereinstimmung II. *vt* gewähren

accordance [ə'kɔ:dən(t)s] *prep* **in ~ with** gemäß +*dat*

accordingly [ə'kɔ:dɪŋli] *adv* [dem]entsprechend

according to [ə'kɔ:dɪŋ] *prep* ① nach +*dat;* ~ **the laws of physics** nach den Regeln der Physik; ~ **one's own principles** gemäß seinen eigenen Prinzipien; **did it all go ~ plan?** verlief alles nach Plan? ② *(depending on)* entsprechend +*dat;* ~ **season** der Jahreszeit entsprechend

account [ə'kaʊnt] *n* ① *(description)* Bericht *m;* **by all ~s** nach allem, was man so hört ② *(bank service)* Konto *nt* (**with** bei)

accountability – act

❸ (*credit*) [Kunden]kredit *m;* **will that be cash or ~?** zahlen Sie bar oder geht das auf Rechnung? ❹ (*records*) ■~**s** *pl* [Geschäfts]bücher *pl;* **to keep the ~s** die Buchhaltung machen ❺ *no pl* (*consideration*) **to take into ~** berücksichtigen ❻ (*reason*) ■**on ~ of** aufgrund +*gen;* **on my/her/his ~** meinet-/ihret-/seinetwegen ❼ *no pl* (*importance*) **of little ~** von geringer Bedeutung ❽ *no pl* (*responsibility*) **on one's own ~** auf sein eigenes Risiko

accountability [əˌkaʊntəˈbɪləti] *n no pl* Verantwortlichkeit *f* (**to** gegenüber)

accountable [əˈkaʊntəbl] *adj* verantwortlich

accountancy [əˈkaʊntən(t)si] *n no pl* Buchhaltung *f*

accountant [əˈkaʊntənt] *n* [Bilanz]buchhalter(in) *m(f)*

accumulate [əˈkjuːmjəleɪt] *vt, vi* [sich] ansammeln

accumulation [əˌkjuːmjəˈleɪʃᵊn] *n* Ansammlung *f*

accuracy [ˈækjərəsi] *n no pl* Genauigkeit *f*

accurate [ˈækjərət] *adj* genau

accusation [ˌækjʊˈzeɪʃᵊn] *n* ❶ (*charge*) Anschuldigung *f;* LAW Anklage *f* (**of** wegen); **to make an ~ against sb** jdn beschuldigen ❷ *no pl* (*accusing*) Vorwurf *m*

accusative [əˈkjuːzətɪv] *n no pl ~* [**case**] Akkusativ *m*

accuse [əˈkjuːz] *vt* ❶ (*charge*) ■**to ~ sb** [**of sth**] jdn [wegen einer S. *gen*] anklagen ❷ (*claim*) ■**to ~ sb of sth** jdn einer S. *gen* beschuldigen

accused <*pl* -> [əˈkjuːzd] *n* ■**the ~** die/der Angeklagte

accustomed [əˈkʌstəmd] *adj* ■**to be ~ to sth** etw gewohnt sein; **to become ~ to sth** sich an etw *akk* gewöhnen

AC/DC [ˌeɪsiːˈdiːsiː] *n abbrev of* **alternating current/direct current** WS/GS

ace [eɪs] I. *n* Ass *nt; ~* **of spades** Pikass *nt; ~* **reporter** Starreporter(in) *m(f)* II. *adj* (*fam*) klasse

ache [eɪk] I. *n* Schmerz[en] *m[pl];* **~s and pains** Wehwehchen *pl* II. *vi* schmerzen; **I'm aching all over** mir tut alles weh

achieve [əˈtʃiːv] *vt* erreichen; *fame* erlangen; *success* erzielen; *victory* erringen

achievement [əˈtʃiːvmənt] *n* ❶ Leistung *f* ❷ *no pl* (*achieving*) Erreichen *nt*

Achilles heel [əˌkɪliːzˈ-] *n usu sing* (*fig*) Achillesferse *f*

acid [ˈæsɪd] I. *n* ❶ CHEM Säure *f* ❷ *no pl* (*sl: LSD*) Acid *nt* II. *adj* CHEM sauer; ~ **soil** saurer Boden; ~ **stomach** übersäuerter Magen

acid bath *n* Säurebad *nt* **acid drop** *n* BRIT saurer Drops, saures Bonbon **acid head** *n* (*sl*) LSD-Abhängige(r) *f(m)* **acid house** *n no pl* MUS Acid House *nt* **acidic** [əˈsɪdɪk] *adj* CHEM säurehaltig **acidity** [əˈsɪdəti] *n no pl* CHEM Säuregehalt *m* **acid rain** *n no pl* saurer Regen **acid test** *n* ❶ CHEM Säureprobe *f* ❷ (*fig*) Feuerprobe *f*

acknowledge [əkˈnɒlɪdʒ] *vt* ❶ (*admit*) zugeben ❷ (*respect*) anerkennen; **he was generally ~d to be an expert** er galt allgemein als Experte ❸ (*reply to*) *greeting* erwidern; *receipt* bestätigen

acknowledg(e)ment [əkˈnɒlɪdʒmənt] *n* ❶ *no pl* (*admission*) Bekenntnis (**of** zu); **~ of guilt** Schuldeingeständnis *nt* ❷ *no pl* (*respect*) Anerkennung *f* ❸ PUBL ■~**s** *pl* Danksagung *f*

acquaint [əˈkweɪnt] *vt* vertraut machen

acquaintance [əˈkweɪntᵊn(t)s] *n* Bekannte(r) *f(m)*

acquire [əˈkwaɪəʳ] *vt* erwerben; *habit* annehmen; *knowledge* sich *dat* aneignen; **to ~ a taste for sth** Geschmack *m* an etw *dat* finden

acquisition [ˌækwɪˈzɪʃᵊn] *n* ❶ (*purchase*) Anschaffung *f* ❷ *no pl* (*acquiring*) Erwerb *m*

acquit <-tt-> [əˈkwɪt] *vt* ❶ (*free*) freisprechen ❷ (*perform*) **to ~ oneself well** seine Sache gut machen

acquittal [əˈkwɪtᵊl] *n* Freispruch *m* (**on** von)

acrobat [ˈækrəbæt] *n* Akrobat(in) *m(f)*

acrobatic [ˌækrəˈbætɪk] *adj* akrobatisch

across [əˈkrɒs] I. *prep* ❶ über +*dat; ~* **town** am anderen Ende der Stadt; ~ **the street** auf der gegenüberliegenden Straßenseite ❷ (*from one side to other*) über +*akk* II. *adv* ❶ (*to other side*) hinüber; (*from other side*) herüber ❷ (*on other side*) drüben ❸ (*wide*) breit; *of circle* im Durchmesser ❹ (*diagonal*) querdurch ▶**to get one's point ~** sich verständlich machen

acrylic [əˈkrɪlɪk] *n* ❶ *no pl* (*fibre*) Acryl *nt* ❷ (*paint*) Acrylfarbe *f*

act [ækt] I. *n* ❶ (*deed*) Tat *f; ~* **of aggression** Angriff *m;* ~ **of kindness** Akt *m* der Güte; ~ **of terrorism** Terrorakt *m;* **to catch sb in the ~** jdn auf frischer Tat ertappen ❷ (*of a* *play*) Akt *m* ❸ *no pl* (*pretence*) Schau *f*; **to put on an** ~ Theater spielen ❹ LAW Gesetz *nt* **II.** *vi* ❶ (*take action*) handeln; (*proceed*) vorgehen; **to** ~ [**up**|**on**] **sb's advice** jds Rat befolgen ❷ (*function*) fungieren ❸ (*represent*) ▪**to** ~ **on behalf of sb** jdn vertreten ❹ (*behave*) ~ **your age!** benimm dich gefälligst deinem Alter entsprechend! ❺ (*be an actor*) Schauspieler/Schauspielerin sein ❻ (*take effect*) **to** ~ **on sth** [auf etw *akk*] wirken **III.** *vt* spielen ◆ **act out** *vt* ▪**to** ~ **out sth** ❶ (*realize*) etw ausleben ❷ (*perform*) etw nachspielen ◆ **act up** *vi* (*fam*) ❶ *person* Theater machen; *child* ungezogen sein ❷ *thing* Ärger machen; *computer* verrückt spielen

acting ['æktɪŋ] **I.** *adj* stellvertretend **II.** *n no pl* Schauspielerei *f*

action ['ækʃᵊn] *n* ❶ *no pl* (*activeness*) Handeln *nt*; (*proceeding*) Vorgehen *nt*; (*measures*) Maßnahmen *pl*; **we need** ~ wir brauchen Taten; **let's see some** ~**!** legt euch ins Zeug!; **out of** ~ außer Gefecht; **to spring into** ~ in Aktion treten; **to put into** ~ in die Tat umsetzen; **to take** ~ etwas unternehmen ❷ (*act*) Handlung *f* ❸ *no pl* (*combat*) Einsatz *m*; **to go into** ~ ins Gefecht ziehen ❹ (*movement*) Bewegung *f* ❺ *no pl* (*function*) **in**/**out of** ~ in/außer Betrieb

action-packed *adj* spannungsgeladen

active ['æktɪv] **I.** *adj* aktiv; *children* lebhaft **II.** *n no pl* LING ~ [**voice**] Aktiv *nt*

activewear ['æktɪvweəʳ] *n no pl* Activewear *f*

activist ['æktɪvɪst] *n* Aktivist(in) *m(f)*

activity [æk'tɪvəti] *n* ❶ (*activeness*) Aktivität *f* ❷ *no pl* (*liveliness*) Lebhaftigkeit *f* ❸ *usu pl* (*pastime*) Aktivität *f*

actor ['æktəʳ] *n* Schauspieler *m*

actress <*pl* -**es**> ['æktrəs] *n* Schauspielerin *f*

actual ['æktʃuəl] *adj* eigentlich; **in** ~ **fact** tatsächlich

actually ['æktʃuəli] *adv* ❶ (*in fact*) eigentlich ❷ (*really*) wirklich; **did you** ~ **say that?** hast du das tatsächlich gesagt?

actuary ['æktʃuəri] *n* FIN Versicherungsmathematiker(in) *m(f)*, Aktuar(in) *m(f) fachspr*

acupressure ['ækjʊpreʃəʳ] *n no pl* Akupressur *f*

acupuncture ['ækjʊpʌŋ(k)tʃəʳ] *n no pl* Akupunktur *f*

acute [ə'kju:t] *adj* ❶ (*serious*) akut; *difficul-* *ties* ernst; *pain* heftig; **to become more** ~ sich verschärfen ❷ MATH *angle* spitz

ad [æd] *n* (*fam*) *short for* **advertisement** Anzeige *f*; (*on TV*) Werbespot *m*

AD [ˌeɪ'di:] *adj abbrev of* **Anno Domini** n. Chr.

adapt [ə'dæpt] **I.** *vt* anpassen (**to** an) **II.** *vi* ▪**to** ~ [**to sth**] sich [einer S. *dat*] anpassen

adaptability [əˌdæptə'bɪləti] *n no pl* Anpassungsfähigkeit *f* **adaptable** [ə'dæptəbl] *adj* anpassungsfähig **adaptation** [ˌædæp'teɪʃᵊn] *n no pl* Anpassung *f* (**to** an) **adapter** *n*, **adaptor** [ə'dæptəʳ] *n* Adapter *m*

add [æd] *vt* ❶ hinzufügen ❷ MATH ▪**to** ~ [**together**] addieren ❸ (*contribute*) beitragen

addict ['ædɪkt] *n* Süchtige(r) *f(m)*; **drug** ~ Drogenabhängige(r) *f(m)*; **to become an** ~ süchtig werden

addicted [ə'dɪktɪd] *adj* ▪**to be** ~ **to sth** nach etw *dat* süchtig sein

addiction [ə'dɪkʃᵊn] *n no pl* Sucht *f* (**to** nach)

addition [ə'dɪʃᵊn] *n* ❶ *no pl* (*adding*) Addition *f* ❷ *no pl* (*attaching*) Hinzufügen *nt* (**to** an) ❸ (*extra*) Ergänzung *f* ❹ (*furthermore*) ▪**in** ~ außerdem

additional [ə'dɪʃᵊnᵊl] *adj* zusätzlich; ~ **charge** Aufpreis *m*

additive ['ædɪtɪv] *n* Zusatz *m*

add-on ['ædɒn] *n* COMPUT Zusatzgerät *f*; (*several*) Zubehör *nt*

address I. *n* <*pl* -**es**> [ə'dres] ❶ COMPUT a. Adresse *f* ❷ (*speech*) Rede *f* (**to** an) **II.** *vt* [ə'dres] ❶ (*write address*) adressieren (**to** an) ❷ (*direct*) *remark* richten (**to** an)

address book *n* Adressbuch *nt* **addressee** [ˌædres'i:] *n* Empfänger(in) *m(f)* **address label** *n* Adress[en]aufkleber *m*

adequate ['ædɪkwət] *adj* ausreichend

adhesion [əd'hi:ʒᵊn] *n no pl* ❶ (*sticking*) Haften *nt* (**to** an) ❷ (*stickiness*) Haftvermögen *nt*

adhesive [əd'hi:sɪv] **I.** *adj* haftend; ~ **plaster** Heftpflaster *nt* **II.** *n no pl* Klebstoff *m*

ad infinitum [ˌædɪnfɪ'naɪtəm] *adv* ad infinitum *geh*, endlos

adjacent [ə'dʒeɪsᵊnt] *adj* angrenzend

adjective ['ædʒɪktɪv] *n* Adjektiv *nt*, Eigenschaftswort *nt*

adjoining [ə'dʒɔɪnɪŋ] *adj* angrenzend; ~ **room** Nebenzimmer *nt*

adjourn [ə'dʒɜ:n] **I.** *vt* (*interrupt*) unterbre-

adjust–advertisement

chen; LAW vertagen **II.** *vi* (*stop temporarily*) eine Pause einlegen; (*end*) aufhören

adjust [əˈdʒʌst] **I.** *vt* ❶ (*set*) einstellen ❷ (*tailor*) umändern **II.** *vi* ■ **to ~ to sth** sich an etw *akk* anpassen

adjustable [əˈdʒʌstəbl] *adj* verstellbar

adjustment [əˈdʒʌstmənt] *n* (*mental*) Anpassung *f*; (*mechanical*) Einstellung *f*; *of clothing* Änderung *f*

admin [ˈædmɪn] *n short for* **administration**

administer [ədˈmɪnɪstəʳ] *vt* ❶ (*manage*) verwalten ❷ (*dispense*) geben; (*issue*) ausgeben **administration** [ədˌmɪnɪˈstreɪʃən] *n no pl* Verwaltung *f* **administrative** [ədˈmɪnɪstrətɪv] *adj* administrativ **administrator** [ədˈmɪnɪstreɪtəʳ] *n* ❶ (*person in charge*) Leiter(in) *m(f)* ❷ (*clerk*) Verwaltungsbeamte(r) *m* ❸ LAW Verwalter(in) *m(f)*

admirable [ˈædmərəbl] *adj* bewundernswert

admiral [ˈædmərəl] *n* Admiral(in) *m(f)*

admiration [ˌædməˈreɪʃən] *n no pl* ❶ (*respect*) Hochachtung *f* (**for** vor); ❷ (*wonderment*) Bewunderung *f*

admire [ədˈmaɪəʳ] *vt* bewundern

admirer [ədˈmaɪərəʳ] *n* ❶ (*with romantic interest*) Verehrer(in) *m(f)* ❷ (*supporter*) Anhänger(in) *m(f)*

admissible [ədˈmɪsəbl] *adj* zulässig

admission [ədˈmɪʃən] *n no pl* ❶ (*entering*) Eintritt *m*; (*acceptance*) Zutritt *m* ❷ (*acknowledgment*) Eingeständnis *nt*

admit <-tt-> [ədˈmɪt] **I.** *vt* ❶ (*acknowledge*) zugeben ❷ (*allow entrance*) hineinlassen **II.** *vi* ■ **to ~ to sth** etw zugeben

admittance [ədˈmɪtən(t)s] *n no pl* Zutritt *m*; "**no ~**" „Betreten verboten"

admittedly [ədˈmɪtɪdli] *adv* zugegebenermaßen

admixture [ədˈmɪkstʃəʳ] *n usu sing* ❶ CHEM Beimischung *f*, Zusatz *m* ❷ (*form: additional element*) Zugabe *f*, Beigabe *f*

ado [əˈduː] *n no pl* großer Aufwand; **much ~ about nothing** viel Lärm um nichts

adolescence [ˌædəˈlesən(t)s] *n no pl* Jugend[zeit] *f*

adolescent [ˌædəˈlesənt] **I.** *adj* jugendlich **II.** *n* Jugendliche(r) *f(m)*

adopt [əˈdɒpt] *vt* ❶ adoptieren; **to have one's child ~ed** sein Kind zur Adoption freigeben ❷ (*put into practice*) annehmen; **to ~ a pragmatic approach** pragmatisch herangehen ❸ (*select*) auswählen

adoption [əˈdɒpʃən] *n* ❶ Adoption *f* ❷ *no pl* (*taking on*) Annahme *f*; *of a technology* Übernahme *f*; *of a method* Aneignung *f*

adorable [əˈdɔːrəbl] *adj* entzückend

adoration [ˌædəˈreɪʃən] *n no pl* ❶ Verehrung *f* ❷ REL Anbetung *f*

adore [əˈdɔːʳ] *vt* über alles lieben

adoring [əˈdɔːrɪŋ] *adj* (*loving*) liebend; (*devoted*) hingebungsvoll; *mother* liebevoll

adrenalin(e) [əˈdrenəlɪn] *n no pl* Adrenalin *nt*

Adriatic [ˌeɪdriˈætɪk] *n* ■ **the ~ [Sea]** die Adria

adrift [əˈdrɪft] **I.** *adv* **to cut ~** losmachen **II.** *adj* **to be ~** treiben; ■ **to be ~ of sth** (*fam*) SPORTS hinter etw *dat* zurückliegen

adult [ˈædʌlt] **I.** *n* ❶ Erwachsene(r) *f(m)* ❷ (*animal*) ausgewachsenes Tier **II.** *adj* (*grown-up*) erwachsen

adultery [əˈdʌltəri] *n no pl* Ehebruch *m*

adult film *n* nicht jugendfreier Film

advance [ədˈvɑːn(t)s] **I.** *vi* ❶ (*make progress*) Fortschritte machen ❷ (*move forward*) sich vorwärtsbewegen **II.** *vt* ❶ (*develop*) voranbringen; **to ~ one's career** seine Karriere vorantreiben ❷ (*make earlier*) vorverlegen **III.** *n* ❶ *no pl* (*forward movement*) Vorrücken *nt* ❷ (*progress*) Fortschritt *m* **IV.** *adj* vorherig; **~ booking** Reservierung *f*

advanced [ədˈvɑːn(t)st] *adj* ❶ (*in skills*) fortgeschritten; **~ mathematics** höhere Mathematik ❷ (*in development*) fortschrittlich

advantage [ədˈvɑːntɪdʒ] *n* Vorteil *m*; **to take ~ of sb** (*pej*) jdn ausnutzen; **to take ~ of sth** (*approv*) etw nutzen

adventure [ədˈventʃəʳ] *n* Abenteuer *nt*; **to have an ~** ein Abenteuer erleben

adventurous [ədˈventʃərəs] *adj* abenteuerlich; (*daring*) abenteuerlustig

adverb [ˈædvɜːb] *n* Adverb *nt*

adversary [ˈædvəsəri] *n* Gegner(in) *m(f)*

adverse [ˈædvɜːs] *adj* ungünstig; *criticism, effect* negativ; *conditions* widrig

adversity [ədˈvɜːsəti] *n no pl* Not *f*; **in ~** in der Not

advert [ˈædvɜːt] *n* BRIT (*fam*) *short for* **advertisement** (*in a newspaper*) Anzeige *f*; (*on TV*) Werbespot *m*

advertise [ˈædvətaɪz] **I.** *vt* Werbung machen für **II.** *vi* werben; (*in a newspaper*) inserieren **advertisement** [ədˈvɜːtɪsmənt] *n* Werbung *f*; (*in a newspaper*) Anzeige *f*; **TV ~**

Werbespot *m* **advertiser** ['ædvətaɪzəʳ] *n* Werbungtreibende(r) *f(m);* (*in a newspaper*) Inserent(in) *m(f)* **advertising** ['ædvətaɪzɪŋ] *n no pl* Werbung *f*

advertorial [ˌædvəˈtɔːriəl] *n* Textanzeige *f*

advice [ədˈvaɪs] *n no pl* (*recommendation*) Rat *m;* **some** ~ ein Rat[schlag] *m;* **to take legal** ~ sich juristisch beraten lassen; **to take sb's** ~ jds Rat[schlag] *m* befolgen

advisable [ədˈvaɪzəbl] *adj* ratsam

advise [ədˈvaɪz] **I.** *vt* ❶ beraten ❷ (*inform*) informieren (**of** über) **II.** *vi* raten

adviser [ədˈvaɪzəʳ], **advisor** *n* Berater(in) *m(f)*

advocacy ['ædvəkəsi] *n no pl* ❶ (*support*) Befürwortung *f* (**of** +*gen*), Eintreten (**of** für); **the** ~ **of human rights** das Eintreten für die Menschenrechte ❷ LAW (*eloquence*) juristische Wortgewandtheit

advocacy group *n* POL Lobby *f*

advocate I. *vt* ['ædvəkeɪt] befürworten **II.** *n* ['ædvəkət, -keɪt] ❶ Befürworter(in) *m(f)* ❷ LAW [Rechts]anwalt, [Rechts]anwältin *m, f*

AEC [ˌeɪiːˈsiː] *n* AM *abbrev of* **Atomic Energy Commission** Atomenergiekommission *f*

Aegean [iːˈdʒiːən] *n* ■ **the** ~ [**Sea**] die Ägäis *f*

aerial ['eəriəl] **I.** *adj* Luft- **II.** *n* Antenne *f*

aerodynamics [ˌeərə(ʊ)daɪˈnæmɪks] *n* Aerodynamik *f*

aeronautic [ˌeərə(ʊ)ˈnɔːtɪk] *adj* Luftfahrt-, aeronautisch

aeronautics [ˌeərə(ʊ)ˈnɔːtɪks] *n + sing vb* Luftfahrt[technik] *f*

aeroplane ['eərə(ʊ)pleɪn] *n* Flugzeug *nt*

aerosol ['eərəsɒl] *n* Aerosol *nt*

aesthetics [iːsˈθetɪks] *n no pl* Ästhetik *f*

afar [əˈfɑːʳ] *adv* **from** ~ aus der Ferne

affability [ˌæfəˈbɪləti] *n no pl* Freundlichkeit *f*, Umgänglichkeit *f*

affable ['æfəbl] *adj* freundlich

affair [əˈfeəʳ] *n* ❶ (*matter, event*) Angelegenheit *f;* **that's my own** ~ das ist ganz allein meine Sache ❷ (*controversial situation, relationship*) Affäre *f*

affect [əˈfekt] *vt* ■ **to** ~ **sb/sth** sich auf jdn/ etw auswirken; (*concern*) jdn/etw betreffen

affected [əˈfektɪd] *adj* ❶ (*insincere*) affektiert ❷ (*influenced*) betroffen

affection [əˈfekʃən] *n no pl* Zuneigung *f* (**for** zu)

affectionate [əˈfekʃənət] *adj* liebevoll

affiliate I. *vt* [əˈfɪlieɪt] *usu passive* ECON ■ **to be** ~**d with sth** mit etw *dat* assoziiert sein **II.** *n* [əˈfɪliət] (*subsidiary*) Tochtergesellschaft *f;* (*branch*) Zweigfirma *f*

affirmative [əˈfɜːmətɪv] *adj* zustimmend; *answer* positiv

affix [əˈfɪks, ˈæfɪks] *vt* (*attach*) befestigen; (*stick on*) ankleben; (*clip on*) anheften

afflict [əˈflɪkt] *vt* plagen; **he is** ~**ed with severe rheumatism** er leidet an schwerem Rheumatismus

affluent ['æfluənt] *adj* reich; ~ **society** Wohlstandsgesellschaft *f*

afford [əˈfɔːd] *vt* (*have money, time for*) sich *dat* leisten

affordable [əˈfɔːdəbl] *adj* erschwinglich

afforest [əˈfɒrɪst] *vt* **to** ~ **land** Land wieder aufforsten

afield [əˈfiːld] *adv* entfernt

afloat [əˈfləʊt] *adj* (*a. fig*) über Wasser; ■ **to be** ~ schwimmen

afoot [əˈfʊt] **I.** *adj* im Gange **II.** *adv* AM zu Fuß

aforementioned [əˈfɔːmen(t)ʃənd], **aforesaid** [əˈfɔːsed] *adj* oben erwähnt

afraid [əˈfreɪd] *adj* ❶ (*frightened*) verängstigt; **to** [**not**] **be** ~ [**of**] [keine] Angst haben [vor +*dat*]; **to be** ~ **that** ... befürchten, dass ...; **to be** ~ **of heights** Höhenangst haben ❷ (*expressing regret*) **I'm** ~ **not/so** leider nicht/ja

Africa ['æfrɪkə] *n* Afrika *nt*

African ['æfrɪkən] **I.** *n* Afrikaner(in) *m(f)* **II.** *adj* afrikanisch

after ['ɑːftəʳ] **I.** *prep* ❶ (*later time*) nach +*dat;* ~ **lunch** nach dem Mittagessen; [**a**] **quarter** ~ **six** AM [um] Viertel nach Sechs ❷ (*in pursuit of*) ■ **to be** ~ **sb/sth** hinter jdm/etw her sein ❸ (*following*) nach +*dat;* ~ **you!** nach Ihnen! ❹ (*result of*) nach +*dat;* ~ **what he did to me,** ... nach dem, was er mir angetan hat, ... ❺ ~ **all** (*in spite of*) trotz **II.** *conj* nachdem **III.** *adv* danach; **shortly** ~ kurz darauf

aftercare *n no pl* (*after hospital stay*) Nachbehandlung *f* **after-effect** *n* Nachwirkung *f* **afterlife** *n no pl* Leben *nt* nach dem Tod **aftermarket** *n* ❶ COMM Verbrauchermarkt *m* ❷ STOCKEX Nachbörse *f* **aftermath** [-mɑːθ] *n no pl* Folgen *pl;* ■ **in the** ~ **of** infolge +*gen* **afternoon** [ˌɑːftəˈnuːn] *n* Nachmittag *m;* **good** ~! guten Tag!; **early/late** ~ am frühen/späten Nachmittag; **this** ~ heute

Nachmittag; **at 4.00 in the** ~ um vier Uhr Nachmittag

afters ['ɑːftəz] *n no pl* BRIT (*fam*) Nachtisch *m*

aftershock *n usu pl* GEOL Nachbeben *nt*

afterthought *n* **as an** ~ im Nachhinein

afterwards ['ɑːftəwədz] *adv* (*later*) später; (*after something*) danach; **shortly** ~ kurz danach

again [əˈgen, əˈgeɪn] *adv* ❶ (*as a repetition*) wieder; (*one more time*) noch einmal; ~ **and** ~ immer wieder; **what's her name** ~**?** wie ist nochmal ihr Name? ❷ (*anew*) noch einmal

against [əˈgen(t)st] **I.** *prep* gegen +*akk*; ~ **one's better judgement** wider besseres Wissen **II.** *adv* gegen; **only 14 voted** ~ es gab nur 14 Gegenstimmen

agape [əˈgeɪp] *adj pred* mit offenem Mund; **to be** ~ **with wonder** erstaunt [*o fam* baff] sein

age [eɪdʒ] **I.** *n* ❶ Alter *nt;* **he's about your** ~ er ist ungefähr so alt wie du; **to be 45 years of** ~ 45 [Jahre alt] sein; **at your** ~ in deinem Alter ❷ (*era*) Zeitalter *nt;* **in this day and** ~ heutzutage ❸ (*long time*) ▪ ~**s** Ewigkeiten **II.** *vi* ❶ altern ❷ FOOD reifen **III.** *vt* ❶ FOOD reifen lassen; *wine* ablagern lassen ❷ (*make look older*) älter machen

age-banding *n no pl* Altersklasseneinteilung *f* **age bracket** *n* Altersgruppe *f*, Altersklasse *f*

aged[1] ['eɪdʒd] *adj* **a boy** ~ **12** ein zwölfjähriger Junge; **children** ~ **8 to 12** Kinder [im Alter] von 8 bis 12 Jahren

aged[2] ['eɪdʒɪd] **I.** *adj* alt **II.** *n* ▪ **the** ~ *pl* die alten Menschen *pl*

ageing ['eɪdʒɪŋ] *adj person* alternd; *machinery* veraltend

agency ['eɪdʒ*ə*n(t)si] *n* ❶ (*private business*) Agentur *f*; **estate/travel** ~ Makler-/Reisebüro *nt* ❷ (*of government*) Behörde *f*; (*of public administration*) Dienststelle *f*

agency bank *n* AM FIN Zweigniederlassung *f* (*die als Agent für eine andere Bank arbeitet*)

agenda [əˈdʒendə] *n* ❶ (*for a meeting*) Tagesordnung *f* ❷ (*for action*) Programm *nt;* **to have a hidden** ~ geheime Pläne haben

agent ['eɪdʒ*ə*nt] *n* ❶ (*representative*) [Stell]vertreter(in) *m(f);* (*for artists*) Agent(in) *m(f)* ❷ (*of a secret service*) Agent(in) *m(f)*

age spot *n* Altersfleck *m*

aggravate ['ægrəveɪt] *vt* (*worsen*) verschlechtern

aggravating ['ægrəveɪtɪŋ] *adj* (*fam: annoying*) ärgerlich

aggravation [ˌægrəˈveɪʃ*ə*n] *n no pl* ❶ (*worsening*) Verschlimmerung *f* ❷ (*fam: annoyance*) Ärger *m*

aggregate **I.** *n* ['ægrɪgət] ❶ (*totality*) Gesamtmenge *f* ❷ SPORTS Gesamtergebnis *nt* **II.** *adj* ['ægrɪgeɪt] Gesamt-

aggression [əˈgreʃ*ə*n] *n no pl* Aggression *f*

aggressive [əˈgresɪv] *adj* aggressiv

aggressor [əˈgresə*r*] *n* Angreifer(in) *m(f)*

aggro ['ægrəʊ] *n no pl* BRIT, AUS ❶ (*violence*) Zoff *m* fam ❷ (*trouble*) Ärger *m;* **the general** ~ **of life** die normalen Alltagsprobleme

agile ['ædʒaɪl] *adj* geschickt; **to have an** ~ **mind** geistig beweglich sein

agility [əˈdʒɪləti] *n no pl* Flinkheit *f*; **mental** ~ geistige Beweglichkeit

aging *adj* AM, AUS *see* **ageing**

agitation [ˌædʒɪˈteɪʃ*ə*n] *n no pl* ❶ (*nervousness*) Aufregung *f* ❷ (*activism*) Agitation *f*

aglow [əˈgləʊ] *adj pred* (*liter*) ▪ **to be** ~ *fire, light* brennen; *face* glühen; *eyes* strahlen

agnostic [ægˈnɒstɪk] **I.** *n* Agnostiker(in) *m(f)* **II.** *adj* agnostisch

ago [əˈgəʊ] *adv* **a year** ~ vor einem Jahr; [**not**] **long** ~ vor [nicht] langer Zeit; **as long** ~ **as 1924** schon 1924; **how long** ~ **was that?** wie lange ist das her?

agog [əˈgɒg] *adj* gespannt; **to be** ~ **with curiosity** vor Neugierde fast platzen

agonizing ['ægənaɪzɪŋ] *adj* qualvoll; *pain* unerträglich

agony ['ægəni] *n* ❶ Todesqualen *pl;* ▪ **to be in** ~ große Schmerzen leiden ❷ (*fig*) **to be in an** ~ **of indecision/suspense** von qualvoller Unentschlossenheit/Ungewissheit geplagt werden; **oh, the** ~ **of defeat!** was für eine schmachvolle Niederlage!

agrarian [əˈgreərɪən] *adj* landwirtschaftlich, agrarisch, Agrar-

agree [əˈgriː] **I.** *vi* ❶ (*have same opinion*) zustimmen; **I don't** ~ ich bin anderer Meinung; ▪ **to** ~ **with sb** mit jdm einer Meinung sein ❷ (*consent to*) zustimmen; ~**d!** einverstanden! ❸ *food* ▪ **to** ~ **with sb** jdm [gut] bekommen ❹ (*match up*) übereinstimmen **II.** *vt* ▪ **to** ~ **sth** mit etw *dat* einverstanden sein

agreement [əˈgriːmənt] *n* ❶ *no pl* (*same opinion*) Übereinstimmung *f;* **to reach an ~** zu einer Einigung kommen; ■**to be in ~ with sb** mit jdm übereinstimmen ❷ (*arrangement*) Vereinbarung *f*

agriculture [ˈægrɪˈkʌltʃəʳ] *n no pl* Landwirtschaft *f*

agroterrorism *n no pl* Agroterrorismus *m* (*die mutwillige Verbreitung tödlicher Bakterien in allen Bestandteilen der menschlichen Nahrungskette*)

aground [əˈgraʊnd] **I.** *adv* **to run ~** auf Grund laufen **II.** *adj* auf Grund gelaufen

ah [ɑː] *interj* (*in realization*) ach so; (*in happiness*) ah; (*in sympathy*) oh

aha [ɑːˈhɑː] *interj* (*in understanding*) aha; (*in glee*) haha

AHA [ˌeɪeɪtʃˈeɪ] *n abbrev of* **alpha-hydroxy acid** AHA *f*

ahead [əˈhed] *adv* ❶ (*in front*) vorn; **the road ~** die Straße vor uns; **to put sb ~** jdn nach vorne bringen ❷ (*more advanced*) **to be way ~ of sb** jdm um einiges voraus sein

ahoy [əˈhɔɪ] *interj* ahoi

AI [ˌeɪˈaɪ] *n no pl* ❶ COMPUT *abbrev of* **artificial intelligence** ❷ SCI *abbrev of* **artificial insemination**

aid [eɪd] **I.** *n* ❶ *no pl* (*assistance*) Hilfe *f;* **in ~ of** zugunsten +*gen* ❷ (*helpful tool*) [Hilfs]mittel *nt;* **hearing ~** Hörgerät *nt* **II.** *vt* helfen +*dat*

AID [ˌeɪaɪˈdiː] *n abbrev of* **Agency for International Development** ≈ DSE

aid convoy *n* Hilfskonvoi *m*

AIDS *n,* **Aids** [eɪdz] *n no pl abbrev of* **acquired immune deficiency syndrome** Aids *nt*

ailing [ˈeɪlɪŋ] *adj* kränkelnd

aim [eɪm] **I.** *vi* ❶ (*point*) zielen (**at** auf) ❷ (*try for a time*) **to ~ for 7.30/next week** 7.30 Uhr/nächste Woche anpeilen **II.** *vt* ❶ (*point*) ■**to ~ sth at sb/sth** mit etw *dat* auf jdn/etw zielen ❷ (*direct at*) *remark* richten (**at** an) **III.** *n* ❶ *no pl* (*skill*) Zielen *nt;* **her ~ is good/bad** sie kann gut/schlecht zielen ❷ (*goal*) Ziel *nt*

air [eəʳ] **I.** *n* ❶ *no pl* Luft *f;* **by ~** mit dem Flugzeug; **to be [up] in the ~** (*fig*) in der Schwebe sein ❷ *no pl* TV, RADIO Äther *m;* **to be taken off the ~** *programme* abgesetzt werden; *station* den Sendebetrieb einstellen; **on [the] ~** auf Sendung **II.** *vt* ❶ (*ventilate*) lüften; *clothes* auslüften [lassen] ❷ (*express*) äußern ❸ AM (*broadcast*) senden **III.** *vi* ❶ AM TV, RADIO gesendet werden ❷ (*ventilate*) auslüften

air ambulance *n* Rettungshubschrauber *m*

airborne *adj* ❶ (*transported by air*) in der Luft befindlich; *disease* durch die Luft übertragen ❷ (*flying*) ■**to be ~** in der Luft sein; **to get ~** *plane* abheben; *bird* losfliegen

airbrushed *adj* (*fig*) geschönt **air bubble** *n* Luftblase *f* **air-conditioned** *adj* klimatisiert

air conditioning *n no pl* ❶ (*process*) Klimatisierung *f* ❷ (*plant*) Klimaanlage *f*

aircraft <*pl* -> *n* Luftfahrzeug *nt* **airfield** *n* Flugplatz *m;* **air hostess** *n* BRIT, AUS (*dated*) Stewardess *f*

airing [ˈeərɪŋ] *n* ❶ [Durch]lüften *nt,* Auslüften *nt* ❷ (*public exposure*) **to give sth an ~** etw an die Öffentlichkeit bringen

airing cupboard *n* BRIT [Wäsche]trockenschrank *m*

airline *n* Fluggesellschaft *f* **airmail I.** *n no pl* Luftpost *f* **II.** *vt* per Luftpost schicken

airplane *n* AM *see* **aeroplane air pollutant** *n* Luftschadstoff *m* **air pollution** *n* Luftverschmutzung *f* **airport** *n* Flughafen *m* **air quality** *n* Luftqualität *f* **airsick** *adj* luftkrank **airspace** *n no pl* Luftraum *m* **air steward** *n masc,* **air stewardess** *n fem* Flugbegleiter(in) *m(f)* **airstrip** *n* Start- und Landebahn *f* **air ticket** *n* Flugschein *m* **airtight** *adj* luftdicht; (*fig*) hieb- und stichfest **air traffic controller** *n* Fluglotse, -lotsin *m, f*

airway *n* ANAT Luftröhre *f*

airworthy *adj* flugtüchtig

airy [ˈeəri] *adj* ❶ ARCHIT luftig ❷ (*lacking substance*) leichtfertig

aisle [aɪl] *n* Gang *m; of church* Seitenschiff *nt*

ajar [əˈdʒɑːʳ] *adj* einen Spalt offen

akin [əˈkɪn] *adj* ähnlich

alabaster [ˈæləbæstəʳ] *n no pl* Alabaster *m*

alacrity [əˈlækrəti] *n no pl* Schnelligkeit *f;* **with ~** schnell

alarm [əˈlɑːm] **I.** *n* ❶ *no pl* (*worry*) Angst *f* ❷ (*signal*) Alarm *m* ❸ (*alarm clock*) Wecker *m* **II.** *vt* ❶ (*worry*) beunruhigen ❷ (*warn of danger*) alarmieren

alarming [əˈlɑːmɪŋ] *adj* beunruhigend

alas [əˈlæs] *interj* (*dated*) leider [Gottes]

album [ˈælbəm] *n* Album *nt*

alchemy ['ælkəmi] *n no pl* ❶ (*chemistry*) Alchimie *f*, Alchemie *f* ❷ (*fig: magic*) Zauberei *f*, Magie *f*

alcohol ['ælkəhɒl] *n no pl* Alkohol *m*

alcoholic [ˌælkə'hɒlɪk] I. *n* Alkoholiker(in) *m(f)* II. *adj person* alkoholsüchtig; *drink* alkoholisch

ale [eɪl] *n* Ale *nt*

alert [ə'lɜːt] I. *adj* ❶ (*mentally*) aufgeweckt ❷ (*watchful*) wachsam; (*attentive*) aufmerksam II. *n* ❶ (*alarm*) Alarmsignal *nt;* **red ~** höchste Alarmstufe ❷ *no pl* (*period of watchfulness*) Alarmbereitschaft *f* III. *vt* ■ **to ~ sb to sth** ❶ (*notify*) jdn auf etw *akk* aufmerksam machen ❷ (*warn*) jdn vor etw *dat* warnen

A level ['eɪlev^əl] *n* BRIT ≈ Abitur *nt;* **to take one's ~ s** das Abitur machen

> Das **A level** (Advanced level) ist eine Abschlussprüfung, die Schüler der 6. Klasse einer höheren Schule in England, Wales und Nordirland ablegen. Die meisten Schüler wählen drei Prüfungsfächer, aber es ist auch möglich, jeweils nur ein Fach zu nehmen. Mit den bestandenen **A levels** können die Schulabgänger dann an einer Universität studieren.

algebra ['ældʒɪbrə] *n no pl* Algebra *f*

algebraic [ˌældʒɪ'breɪɪk] *adj* algebraisch

algorithm ['ælgəriðəm] *n* Algorithmus *m*

alias ['eɪliəs] I. *n* Deckname *m* II. *adv* alias

alibi ['ælɪbaɪ] *n* Alibi *nt*

Alice band ['ælɪs-] *n* BRIT Haarband *nt*

alien ['eɪliən] I. *adj* ❶ (*foreign*) ausländisch ❷ (*strange*) fremd II. *n* ❶ (*foreigner*) Ausländer(in) *m(f)* ❷ (*from space*) Außerirdische(r) *f(m)*

alienate ['eɪliəneɪt] *vt* befremden; ■ **to feel ~ d** sich entfremdet fühlen (**from** + *dat*)

alienation [ˌeɪliə'neɪʃ^ən] *n no pl* Entfremdung *f*

alight¹ [ə'laɪt] *adj* **to be ~** brennen; **to set ~** in Brand stecken

alight² [ə'laɪt] *vi* ❶ (*from train, bus etc.*) aussteigen (**from** aus) ❷ *bird, butterfly* landen ♦ **alight on** *vi* (*fig*) ■ **to ~ on sth** auf etw *akk* stoßen

alignment [ə'laɪnmənt] *n* Ausrichten *nt;* **the wheels are out of ~** die Spur ist falsch eingestellt

alike [ə'laɪk] I. *adj* ❶ (*identical*) gleich ❷ (*similar*) ähnlich II. *adv* ❶ (*similarly*) gleich; **to look ~** sich *dat* ähnlich sehen ❷ (*both*) gleichermaßen

alimentary canal [ælɪˌment^ərikə'-] *n* Verdauungstrakt *m*

alimony ['ælɪməni] *n no pl* Unterhalt *m*

A-lister ['eɪlɪstə^r] *n* Promi *m fam*, Publikumsliebling *m*

alive [ə'laɪv] *adj* ❶ lebendig, lebend; ■ **to be ~** leben, am Leben sein; **to keep sb ~** jdn am Leben erhalten ❷ (*aware*) ■ **to be ~ to sth** sich *dat* einer S. *gen* bewusst sein

alkaline ['ælk^əlaɪn] *adj* alkalisch

all [ɔːl] I. *adj* ❶ + *pl n* (*every one of*) alle; **~ her children** alle ihre Kinder; **of ~ the stupid things to do!** das ist ja wohl zu blöd!; **on ~ fours** auf allen Vieren; **~ the people** alle [Leute]; **why her, of ~ people?** warum ausgerechnet sie?; **~ the others** alle anderen ❷ + *sing n* (*the whole* [*amount*] *of*) der/die/das ganze; **~ her life** ihr ganzes Leben; **~ the time** die ganze Zeit; **~ week** die ganze Woche; **for ~ her money** trotz ihres ganzen Geldes ❸ + *sing n* (*every type of*) jede(r, s); **people of ~ ages** Menschen jeden Alters ❹ (*the greatest possible*) all; **in ~ honesty** ganz ehrlich; **with ~ due respect, ...** bei allem Respekt, ...; **in ~ probability** aller Wahrscheinlichkeit nach; **she denied ~ knowledge of him** sie stritt ab, irgendetwas über ihn zu wissen; **beyond ~ doubt** jenseits allen Zweifels II. *pron* ❶ (*every one*) alle; **we saw ~ of them** wir haben [sie] alle gesehen; **the best of ~** der Beste von allen; **~ but one of the pupils took part** bis auf einen Schüler nahmen alle teil ❷ (*everything*) alles; **tell me ~ about it** erzähl mir alles darüber; **first of ~** zuerst; **most of ~** am meisten; **most of ~, I'd like to be ...** aber am liebsten wäre ich ...; **~ in one** alles in einem; **to give one's ~** alles geben; **and ~** (*fam*) und all dem; **what with the fog and ~** bei dem Nebel und so; **~ I want is to be left alone** ich will nur in Ruhe gelassen werden; **~ it takes is a bit of luck** man braucht nur etwas Glück; **that's ~ I need right now** das hat mir jetzt gerade noch gefehlt; **for ~ I care, ...** von mir aus ...; **for ~ I know, ...** soviel ich weiß ... ❸ (*for emphasis*) **at ~** überhaupt; **nothing at ~** überhaupt nichts; **not at ~, it was a pleasure** keine Ursache, es war mir ein Vergnügen ▸ **and** ~ (*sl: as well*) auch; **get one for me and** ~ bring mir auch einen; ~ **in** ~ alles in allem; ~ **told** insgesamt; ~ **'s well that ends well** (*prov*) Ende gut, alles gut **III.** *adv* ❶ (*entirely*) ganz; **it's ~ about money these days** heutzutage geht es nur ums Geld; **she's been ~ over the world** sie war schon überall auf der Welt; ~ **along** die ganze Zeit; **to be ~ over** aus und vorbei sein; **to be ~ for doing sth** ganz dafür sein, etw zu tun; **he's ~ talk** er ist nur ein Schwätzer; **to be ~ ears** ganz Ohr sein ❷ ▪ **the ...** umso ...; ~ **the better!** umso besser!; **not ~ that ...: he's not ~ that important** so wichtig ist er nun auch wieder nicht; ~ **but** fast ❸(*for emphasis*) **now don't get ~ upset about it** nun reg dich doch nicht so [furchtbar] darüber auf; **that's ~ very well, but ...** das ist ja schön und gut, aber ...; ~ **too ...** nur zu ... ❹ SPORTS (*to both sides*) **it's three ~** es steht drei zu drei; **15 –** 15 beide

all-American I. *adj* typisch amerikanisch; (*fully American*) **cars of ~ manufacture** ausschließlich in den USA hergestellte Autos **II.** *n* AM amerikanischer Nationalspieler/ amerikanische Nationalspielerin

all-clear *n* Entwarnung *f*

allegation [ælə'geɪʃən] *n* Behauptung *f;* **to make an ~ against sb** jdn beschuldigen

allege [ə'ledʒ] *vt* behaupten

alleged [ə'ledʒd] *adj* angeblich

allegedly [ə'ledʒɪdli] *adv* angeblich

allegiance [ə'liːdʒən(t)s] *n* Loyalität *f;* **oath of ~** Fahneneid *m;* **to pledge ~ to sb** jdm Treue schwören

allegorical [ælə'gɒrɪkəl] *adj* allegorisch

allegory ['ælɪgəri] *n* Allegorie *f*

alleluia [ælɪ'luːjə] **I.** *interj* halleluja **II.** *n* Halleluja *nt*

allergic [ə'lɜːdʒɪk] *adj* allergisch (**to** gegen)

allergy ['ælədʒi] *n* Allergie *f* (**to** gegen)

alleviate [ə'liːvieɪt] *vt fears* abbauen; *pain* lindern; *stress* verringern

alley ['æli] *n* Gasse *f*

alliance [ə'laɪən(t)s] *n* Allianz *f;* **to form an ~** ein Bündnis schließen

allied ['ælaɪd] *adj* verbündet; MIL alliiert

alligator ['ælɪgeɪtəʳ] *n* Alligator *m*

all-in *adj* alles inbegriffen

all-in wrestling *n* Freistilringen *nt*

alliteration [əlɪtə'reɪʃən] *n no pl* Alliteration *f,* Stabreim *m*

all-news *adj attr* [reine(r, s)] Nachrichten-

allocate ['æləkeɪt] *vt* zuteilen

allocation [ælə'keɪʃən] *n usu sing* (*assignment*) Zuteilung *f;* (*distribution*) Verteilung *f*

allot <-tt-> [ə'lɒt] *vt* zuteilen; *time* vorsehen

allotment [ə'lɒtmənt] *n* (*assignment*) Zuteilung *f;* (*distribution*) Verteilung *f*

all-out *adj* umfassend; ~ **attack** Großangriff *m*

allow [ə'laʊ] **I.** *vt* (*permit*) erlauben; *access* gewähren; *goal* anerkennen; ~ **me** erlauben Sie ▸ **to** ~ **sb a free hand** jdm freie Hand lassen **II.** *vi* **if time** ~s wenn die Zeit es zulässt

allowance [ə'laʊən(t)s] *n* ❶(*permitted amount*) Zuteilung *f; entertainment* ~ Aufwandsentschädigung *f* ❷ *no pl* (*for student*) Ausbildungsbeihilfe *f;* *esp* AM (*pocket money*) Taschengeld *nt*

all-purpose *adj* Allzweck-

all right I. *adj* (*OK*) in Ordnung; (*approv fam: very good*) nicht schlecht *präd* **II.** *interj* ❶(*in agreement*) o.k., in Ordnung ❷ BRIT (*fam: greeting*) ~**, John?** na wie geht's, John?

all-round *adj* Allround-

all-time *adj attr* Rekord-, unübertroffen; ~ **high/low** Höchst-/Tiefststand *m*

all-too-brief *adj* allzu [*o* viel zu] kurz

allude [ə'luːd] *vi* ▪ **to** ~ **to sth** auf etw *akk* anspielen

alluring [ə'ljʊərɪŋ] *adj* anziehend

all-weather *adj* Allwetter-

ally I. *n* ['ælaɪ] Verbündete(r) *f(m);* HIST Alliierte(r) *m* **II.** *vt* <-ie-> [ə'laɪ, 'ælaɪ] ▪ **to** ~ **oneself with** sich verbünden mit +*dat*

almighty [ɔːl'maɪti] *adj* ❶ REL allmächtig ❷(*fam: huge*) Riesen-

almond ['ɑːmənd] *n* Mandel *f*

almost ['ɔːlməʊst] *adv* fast

aloe ['æləʊ] *n* Aloe *f*

aloe vera [æləʊ'vɪərə] *n* Aloe Vera *f*

alone [ə'ləʊn] *adj, adv* allein; **to leave sb ~** jdn in Ruhe lassen

along [ə'lɒŋ] **I.** *prep* entlang; **the trees ~ the river** die Bäume entlang dem Fluss; ~ **the way** unterwegs **II.** *adv* **to bring ~** mitbringen; **all ~** die ganze Zeit; ▪ ~ **with** [zusammen] mit

alongside [əˌlɒŋ'saɪd] **I.** *prep* neben +*dat* **II.** *adv* daneben

aloof [ə'luːf] *adj* zurückhaltend

aloud [əˈlaʊd] *adv* laut
alphabet [ˈælfəbet] *n* Alphabet *nt*
alphabetical [ælfəˈbetɪkəl] *adj* alphabetisch
alpha-hydroxy acid [ælfəhaɪˌdrɒksiˈæsɪd] *n* CHEM AHA-Fruchtsäure *f*
alpine [ˈælpaɪn] *adj* alpin
Alps [ælps] *npl* ■ **the** ~ die Alpen
al Qaeda, al-Qaida [ælˈkʌaɪdə, ˌalkɑːˈiːdə] *n no pl, no art* al Qaida *kein art*
already [ɔːlˈredi] *adv* schon, bereits
Alsatian [ælˈseɪʃən] I. *n* (*dog*) [deutscher] Schäferhund II. *adj* elsässisch
also [ˈɔːlsəʊ] *adv* ❶ (*too*) auch ❷ (*furthermore*) außerdem
altar [ˈɔːltər] *n* Altar *m*
alter [ˈɔːltər] I. *vt* ändern II. *vi* sich ändern
alteration [ɔːltəˈreɪʃən] *n* Änderung *f*
altercation [ɔːltəˈkeɪʃən] *n* heftige Auseinandersetzung
alternate I. *vi* [ˈɔːltəneɪt] abwechseln II. *adj* [ɔːlˈtɜːnət] ❶ (*by turns*) abwechselnd ❷ (*alternative*) alternativ
alternating [ˈɔːltəneɪtɪŋ] *adj* alternierend
alternative [ɔːlˈtɜːnətɪv] I. *n* Alternative *f* (to zu) II. *adj* alternativ; ~ **date** Ausweichtermin *m*
alternatively [ɔːlˈtɜːnətɪvli] *adv* statt dessen
alternator [ˈɔːltəneɪtər] *n* [Drehstrom]generator *m*
although [ɔːlˈðəʊ] *conj* obwohl
altimeter [ˈæltɪmiːtər] *n* Höhenmesser *m*
altitude [ˈæltɪtjuːd] *n* Höhe *f*
alto [ˈæltəʊ] I. *n* (*singer*) Altist(in) *m(f)* II. *adj* Alt-
altogether [ɔːltəˈgeðər] *adv* ❶ (*completely*) völlig ❷ (*in total*) insgesamt
aluminium [æljəˈmɪniəm, -jʊˈmɪnjəm] *n no pl* Aluminium *nt*
aluminium oxide *n* Aluminiumoxid *nt*
aluminum [əˈluːmɪnəm] *n no pl* AM *see* **aluminium**
alumna <*pl* -nae> [əˈlʌmnə, *pl* -niː] *n esp* AM Absolventin *f*
alumnus <*pl* -ni> [əˈlʌmnəs, *pl* -naɪ] *n esp* AM Absolvent *m*
always [ˈɔːlweɪz] *adv* ❶ (*at all times*) immer ❷ (*as last resort*) immer noch
am [æm, əm] *vi 1st pers sing of* **be**
a.m. [ˌeɪˈem] *abbrev of* **ante meridiem: at 6** ~ um sechs Uhr morgens
amaryllis [æməˈrɪlɪs] *n* Amaryllis *f*
amateur [ˈæmətər] I. *n* Amateur(in) *m(f)*; (*pej*) Dilettant(in) *m(f)* II. *adj* Hobby-; SPORTS Amateur-
amateurish [ˈæmətərɪʃ] *adj* (*pej*) dilettantisch
amaze [əˈmeɪz] *vt* erstaunen; ■ **to be ~d by sth** über etw *akk* verblüfft sein
amazement [əˈmeɪzmənt] *n no pl* Verwunderung *f*
amazing [əˈmeɪzɪŋ] *adj* ❶ (*very surprising*) erstaunlich ❷ (*excellent*) toll
Amazon [ˈæməzən] *n* ❶ (*female warrior*) Amazone *f* ❷ GEOG ■ **the** [**River**] ~ der Amazonas
ambassador [æmˈbæsədər] *n* Botschafter(in) *m(f)* (**to** in)
ambassadress <*pl* -es> [æmˈbæsədːrəs] *n* (*dated*) ❶ (*female ambassador*) Botschafterin *f* ❷ (*wife of ambassador*) Gattin *f* eines Botschafters
amber [ˈæmbər] *n no pl* ❶ (*fossil*) Bernstein *m* ❷ (*colour*) Bernsteingelb *nt*; BRIT (*traffic light*) Gelb *nt*
ambidextrous [æmbɪˈdekstrəs] *adj* beidhändig
ambiguity [ˌæmbɪˈgjuːəti] *n* Zweideutigkeit *f*
ambiguous [æmˈbɪgjuːəs] *adj* zweideutig; *feelings* gemischt; **sexually ~** *person* geschlechtsunspezifisch
ambition [æmˈbɪʃən] *n* ❶ *no pl* (*wish to succeed*) Ehrgeiz *m* ❷ (*aim*) Ambition[en] *f*[*pl*]
ambitious [æmˈbɪʃəs] *adj* ehrgeizig; *target* hochgesteckt
ambulance [ˈæmbjələn(t)s] *n* Krankenwagen *m*
ambush [ˈæmbʊʃ] I. *vt* ■ **to be ~ed** aus dem Hinterhalt überfallen werden II. *n* Überfall *m* aus dem Hinterhalt
amen [ˌɑːˈmen, -eɪ-] *interj* Amen; ~ **to that!** Gott sei's gedankt!
amend [əˈmend] *vt* [ab]ändern
amendment [əˈmen(d)mənt] *n* Änderung *f*; **the fifth** ~ AM der Fünfte Zusatzartikel [zur Verfassung]
amenity [əˈmiːnəti] *n* ■ **amenities** *pl* Freizeiteinrichtungen *pl*; **public amenities** öffentliche Einrichtungen
America [əˈmerɪkə] *n* Amerika *nt*
American [əˈmerɪkən] I. *adj* amerikanisch II. *n* Amerikaner(in) *m(f)*
Americanism [əˈmerɪkənɪzəm] *n* Amerikanismus *m*

amiable ['eɪmiəbl] *adj* freundlich
amicable ['æmɪkəbl] *adj* freundlich
amid [ə'mɪd] *prep*, **amidst** [ə'mɪdst] *prep* inmitten +*gen*
amiss [ə'mɪs] **I.** *adj* **there's something ~** etwas stimmt nicht **II.** *adv* **to take sth ~** etw übel nehmen
ammonia [ə'məʊniə] *n* Ammoniak *nt*
ammunition [ˌæmjə'nɪʃən] *n no pl* Munition *f*; **~ depot/dump** Munitionslager *nt*
amnesia [æm'niːziə] *n* Amnesie *f*
amnesty [æm'nəsti] *n* Amnestie *f*
amok [ə'mɒk] *adv* **to run ~** Amok laufen
among [ə'mʌŋ] *prep*, **amongst** [ə'mʌŋst] *prep* BRIT ❶ (*between*) unter +*dat;* **her talents are ...** zu ihren Talenten zählen ... ❷ (*in midst of*) inmitten +*gen*
amorous ['æmərəs] *adj* amourös
amount [ə'maʊnt] **I.** *n* Menge *f* **II.** *vi* ❶ (*add up to*) ■**to ~ to sth** sich auf etw *akk* belaufen ❷ (*be successful*) **he'll never ~ to much** er wird es nie zu etwas bringen
amphibious [æm'fɪbiəs] *adj* amphibisch
ample <-r, -st> ['æmpl] *adj* ❶ (*plentiful*) reichlich ❷ (*large*) groß
amplifier ['æmplɪfaɪə'] *n* Verstärker *m*
amplify <-ie-> ['æmplɪfaɪ] *vt* verstärken
amputate ['æmpjəteɪt] *vt, vi* amputieren
amuck *adv see* **amok**
amuse [ə'mjuːz] **I.** *vt* amüsieren **II.** *vi* unterhalten
amusement [ə'mjuːzmənt] *n* Belustigung *f*
amusing [ə'mjuːzɪŋ] *adj* amüsant; **that's [not] very ~** das ist [nicht] sehr witzig
an [æn, ən] *art indef* ein(e) (*unbestimmter Artikel vor Vokalen oder stimmlosem h*); *see also* **a**
anaemic [ə'niːmɪk] *adj* anämisch
anaesthetic [ˌænəs'θetɪk] **I.** *n* Betäubungsmittel *nt* **II.** *adj* betäubend
anaesthetize [ə'niːsθətaɪz] *vt* betäuben
anagram ['ænəgræm] *n* Anagramm *nt*
anal ['eɪnəl] *adj* ANAT anal
analog computer *n* COMPUT Analogcomputer *m*
analogy [ə'nælədʒi] *n* Analogie *f*
analyse ['ænəlaɪz] *vt* analysieren
analysis <*pl* -ses> [ə'næləsɪs, *pl* -siːz] *n* ❶ Analyse *f* ❷ PSYCH [Psycho]analyse *f* ▶ **in the final ~** letzten Endes
analyst ['ænəlɪst] *n* Analytiker(in) *m(f)*; FIN Analyst(in) *m(f)*

analyze *vt* AM *see* **analyse**
anarchist ['ænəkɪst] *n* Anarchist(in) *m(f)*
anarchy ['ænəki] *n* Anarchie *f*
anatomical [ˌænə'tɒmɪkəl] *adj* anatomisch
anatomy [ə'nætəmi] *n* Anatomie *f*
ancestor ['ænsestə'] *n* Vorfahr[e](in) *m(f)*
ancestral [æn'sestrəl] *adj* Ahnen-; *rights* angestammt
anchor ['æŋkə'] **I.** *n* Anker *m* **II.** *vt* verankern **III.** *vi* ankern
anchorage ['æŋkərɪdʒ] *n* Ankerplatz *m*
anchorman *n* TV Moderator *m*
anchorwoman *n* TV Moderatorin *f*
anchovy ['æntʃəvi] *n* An[s]chovis *f*, Sardelle *f*
ancient ['eɪn(t)ʃənt] *adj* alt; (*fam: very old*) uralt; **~ Rome** das antike Rom
and [ænd, ənd] *conj* und; **four hundred ~ twelve** vierhundert[und]zwölf; **more ~ more** immer mehr; **~ so on** und so weiter
AND gate *n* COMPUT UND-Gatter *nt*
Andorra [æn'dɔːrə] *n* Andorra *nt*
androgyne ['ændrə(ʊ)dʒaɪn] *n* androgyner Mensch
anemic *adj* AM *see* **anaemic**
anesthetic *n* AM *see* **anaesthetic**
anesthetize *vt* AM *see* **anaesthetize**
anew [ə'njuː] *adv* aufs Neue
angel ['eɪndʒəl] *n* Engel *m*
angelic [æn'dʒelɪk] *adj* engelhaft
anger ['æŋgə'] **I.** *n no pl* Ärger *m* (**at** über); (*fury*) Wut *f* (**at** auf) **II.** *vt* ärgern; (*more violently*) wütend machen
angle ['æŋgl] *n* ❶ Winkel *m*; **at an ~ of 20°** in einem Winkel von 20° ❷ (*perspective*) Blickwinkel *m*
angler ['æŋglə'] *n* Angler(in) *m(f)*
Anglican ['æŋglɪkən] **I.** *adj* anglikanisch **II.** *n* Anglikaner(in) *m(f)*
Anglican Church *n no pl* Anglikanische Kirche
anglicize ['æŋglɪsaɪz] *vt* anglisieren
Anglo ['æŋgləʊ] **I.** *n* ❶ AM Angloamerikaner(in) *m(f)* ❷ CAN Anglokanadier(in) *m(f)* **II.** *adj* englisch, Anglo-
Anglophile ['æŋglə(ʊ)faɪl] *n* Englandliebhaber(in) *m(f)*
Anglophobia [ˌæŋglə(ʊ)fəʊbiə] *n no pl* Anglophobie *f*
Anglo-Saxon I. *n* ❶ (*person*) Angelsachse, Angelsächsin *m, f* ❷ (*language*) Angelsächsisch *nt* **II.** *adj* angelsächsisch
angry ['æŋgri] *adj* (*annoyed*) verärgert;

(*stronger*) zornig
angst *vi* ■**to** ~ **over sth** sich über etw *akk* allzu viele Gedanken machen
anguish ['æŋgwɪʃ] *n no pl* Qual *f;* **to cause sb** ~ jdm Leid zufügen
angular ['æŋgjʊləʳ] *adj* kantig; (*bony*) knochig
animal ['ænɪməl] *n* Tier *nt*
animate I. *adj* ['ænɪmət] belebt II. *vt* ['ænɪmeɪt] beleben
animated ['ænɪmeɪtɪd] *adj* ❶ *discussion* lebhaft ❷ FILM ~ **cartoon** [Zeichen]trickfilm *m*
animation [ænɪ'meɪʃᵊn] *n* ❶ (*energy*) Lebhaftigkeit *f* ❷ FILM Animation *f*
animosity [ænɪ'mɒsəti] *n* Feindseligkeit *f* (**towards** gegenüber)
aniseed [ænɪsiːd] *n* Anis[samen] *m*
ankle ['æŋkl̩] *n* [Fuß]knöchel *m*
ankle-deep *adj* knöcheltief
ankle sock *n* BRIT Söckchen *nt*
anklet ['æŋklət] *n* ❶ (*chain*) Fußkettchen *nt* ❷ AM (*sock*) Söckchen *nt*
annex [æ'neks] I. *vt* annektieren II. *n* <*pl* -es> ['æneks] Anbau *m*
annexation [ænek'seɪʃᵊn] *n* Annektierung *f*
annihilate [ə'naɪɪleɪt] *vt* vernichten
annihilation [əˌnaɪɪ'leɪʃᵊn] *n* Vernichtung *f*
anniversary [ænɪ'vɜːsᵊri] *n* Jahrestag *m;* ~ **party** Jubiläumsparty *f*
annotation [ænə(ʊ)'teɪʃᵊn] *n* ❶ *no pl* (*act*) Kommentierung *f* ❷ (*note*) Kommentar *m*
announce [ə'naʊn(t)s] *vt* bekannt geben; *result* verkünden
announcement [ə'naʊn(t)smənt] *n* Bekanntmachung *f;* (*on train, at airport*) Durchsage *f;* (*on radio*) Ansage *f;* **to make an** ~ **about sth** etw mitteilen
announcer [ə'naʊn(t)səʳ] *n* [Radio-/Fernseh]sprecher(in) *m(f)*
annoy [ə'nɔɪ] *vt* ärgern
annoyance [ə'nɔɪən(t)s] *n* ❶ Ärger *m;* (*weaker*) Verärgerung *f* ❷ (*pest*) Ärgernis *nt*
annoying [ə'nɔɪɪŋ] *adj* ärgerlich
annual ['ænjʊəl] *adj* jährlich; ~ **income** Jahreseinkommen *nt*
annually ['ænjʊəli] *adv* [all]jährlich
annuity [ə'njuːəti] *n* Jahresrente *f*
annul <-ll-> [ə'nʌl] *vt* annullieren
anoint [ə'nɔɪnt] *vt* einölen
anointing *n* Salbung *f*
anomaly [ə'nɒməli] *n* Anomalie *f*
anonymity [ænə'nɪməti] *n* Anonymität *f*
anonymous [ə'nɒnɪməs] *adj* anonym
anorak ['ænəræk] *n* Anorak *m*
anorexia [ænə'reksɪə] *n,* **anorexia nervosa** [-nɜː'vəʊzə] *n no pl* Magersucht *f*
another [ə'nʌðəʳ] I. *adj* ❶ (*one more*) noch eine(r, s) ❷ (*similar to*) ein zweiter/zweites/eine zweite; **the Gulf War could have been** ~ **Vietnam** der Golfkrieg hätte ein zweites Vietnam sein können ❸ (*not the same*) ein anderer/anderes/eine andere; **that's** ~ **story** das ist eine andere Geschichte II. *pron no pl* ❶ (*different one*) ein anderer/eine andere/ein anderes; **one way or** ~ irgendwie ❷ (*additional one*) noch eine(r, s); **one piece after** ~ ein Stück nach dem anderen ❸ (*each other*) **one** ~ einander
answer ['ɑːn(t)səʳ] I. *n* ❶ Antwort *f* (**to** auf); **there was no** ~ (*telephone*) es ist keiner rangegangen ❷ MATH Ergebnis *nt;* ~ **to a problem** Lösung *f* eines Problems II. *vt* beantworten; *door* öffnen; **to** ~ **the telephone** ans Telefon gehen; ■**to** ~ **sb** jdm antworten III. *vi* antworten; **nobody** ~**ed** (*telephone*) es ist keiner rangegangen ◆ **answer back** *vi* widersprechen; **don't** ~ **back!** keine Widerrede! ◆ **answer for** *vi* Verantwortung tragen für *+akk*
answerable ['ɑːn(t)sᵊrəbl̩] *adj* ❶ (*responsible*) verantwortlich ❷ (*accountable*) haftbar
answerphone ['ɑːn(t)səfəʊn] *n* BRIT Anrufbeantworter *m*
ant [ænt] *n* Ameise *f*
antagonistic [ænˌtægə'nɪstɪk] *adj* ■**to be** ~ **toward[s] sb** jdm gegenüber feindselig eingestellt sein
antagonize [æn'tægənaɪz] *vt* sich *dat* zum Feind machen
Antarctic [æn'tɑːktɪk] I. *n* ■**the** ~ die Antarktis II. *adj* antarktisch; *expedition, explorer* Antarktis-; ~ **Ocean** südliches Eismeer
Antarctica [æn'tɑːktɪkə] *n* die Antarktis
anteater ['æntˌiːtəʳ] *n* Ameisenbär *m*
antelope <*pl* -s *or* -> ['æntɪləʊp] *n* Antilope *f*
antenatal [ænti'neɪtᵊl] *adj* pränatal; ~ **class** Geburtsvorbereitungskurs *m;* ~ **clinic** Klinik *f* für Schwangere
antenna [æn'tenə] *n* ❶ <*pl* -nae> *of an insect* Fühler *m* ❷ <*pl* -s> (*aerial*) Antenne *f*
anteroom ['æntrʊːm] *n* Vorzimmer *nt*

anthem ['æn(t)θəm] n Hymne f
anthill ['ænthɪl] n Ameisenhaufen m
anthrax ['æn(t)θræks] n no pl MED Milzbrand m, Anthrax m fachspr; ~ **attack** Milzbrandattentat nt
anthropology [ˌæn(t)θrə'pɒlədʒi] n Anthropologie f
anti ['ænti] I. n Gegner(in) m(f) II. adj ■to be ~ dagegen sein III. prep gegen +akk
anti-aircraft adj Flugabwehr- f; ~ **gun** Flak f
anti-Americanism n no pl Anti-Amerikanismus m **antibiotic** [-baɪ'ɒtɪk] I. n Antibiotikum nt II. adj antibiotisch **antibody** n Antikörper m **anti-caking agent** n Antiklumpmittel nt **anti-carcinogenic** [ˌæntɪˌkɑː-sɪnə(ʊ)'dʒenɪk] adj krebshemmend
anticipate [æn'tɪsɪpeɪt] vt ❶(expect) erwarten; (foresee) vorhersehen ❷(act in advance) vorgreifen
anticipation [ænˌtɪsɪ'peɪʃ(ə)n] n Erwartung f
anticlimax n Enttäuschung f **anti-climb paint** n Anti-Kletter-Farbe f **anticlockwise** adv BRIT, AUS gegen den Uhrzeigersinn **anticyclone** n Hochdruckgebiet nt **antidazzle** adj blendfrei
antidote ['æntɪdəʊt] n Gegenmittel nt
antifreeze n Frostschutzmittel nt
antihistamine n Antihistamin n
antimatter n Antimaterie f
antiperspirant [ˌæntɪ'pəːspərənt] n Antitranspirant nt
antiquarian bookshop n Antiquariat nt
antiquated ['æntɪkweɪtɪd] adj antiquiert
antique [æn'tiːk] I. n Antiquität f; ~ **dealer** Antiquitätenhändler(in) m(f) II. adj antik
antiquity [æn'tɪkwəti] n ❶no pl (ancient times) Altertum nt ❷■**antiquities** pl Altertümer
anti-rust adj Rostschutz- **anti-Semite** n Antisemit(in) m(f) **anti-Semitic** adj antisemitisch **anti-Semitism** n Antisemitismus m
antiseptic n Antiseptikum nt **antisocial** adj unsozial **anti-spam** [ˌæntɪ'spæm] adj attr COMPUT, INET anti-Spam- **anti-static** adj antistatisch **anti-tank** adj attr Panzerabwehr-
anti-virus adj COMPUT ~ **programme** Virenschutzprogramm nt **anti-war** adj march, speech Anti-Kriegs- **anti-wrinkle** adj Antifalten-; ~ **cream** Faltencreme f
antler ['æntlər] n Geweihstange f; **pair of ~s** Geweih nt
anus ['eɪnəs] n Anus m

anvil ['ænvɪl] n Amboss m
anxiety [æŋ'zaɪəti] n no pl Sorge f, Angst f
anxious ['æŋ(k)ʃəs] adj ❶(concerned) besorgt ❷(eager) bestrebt; ■**to be ~ for sth** ungeduldig auf etw akk warten
any [eni, əni] I. adj ❶(in questions, conditional) [irgend]ein(e); **do you have ~ brothers and sisters?** haben Sie Geschwister?; **if it's of ~ help** [**at all**] wenn das irgendwie hilft ❷(with negative) **I haven't** [**got**] ~ **money** ich habe kein Geld ❸(every) jede(r, s); ~ **time** jederzeit ❹(with pl n) irgendwelche; ~ **number** beliebig viele; ~ **old** jede(r, s) x-beliebige II. pron ❶(one of many) eine(r, s); **do you have ~** [**at all**]? haben Sie [überhaupt] welche? ❷(some of a quantity) welche(r, s); **hardly ~** kaum etwas ❸(with negative) **I haven't seen ~ of his films** ich habe keinen seiner Filme gesehen; **don't you have ~ at all** haben Sie denn überhaupt keine? ❹(each) jede(r, s); ~ **of the cars** jedes der Autos ❺(replacing pl n) irgendwelche; ~ **will do** egal welche III. adv ❶(at all) überhaupt; **if I have to stay here ~ longer, ...** wenn ich noch länger hierbleiben muss, ...; **are you feeling ~ better?** fühlst du dich [denn] etwas besser? ❷(expressing termination) **not ~ longer/more** nicht mehr
anybody ['eniˌbɒdi] pron ❶(each person) jede(r, s) ❷(someone) jemand; ~ **else for coffee?** möchte noch jemand Kaffee? ❸(no one) ■**not ~** niemand ❹(unimportant person) **he's not just ~** er ist nicht irgendwer
anyhow ['enihaʊ] adv ❶(in any case) sowieso ❷(in a disorderly way) irgendwie
anyone ['eniwʌn] pron see **anybody anything** ['eniθɪŋ] pron ❶(each thing) alles ❷(something) **is there ~ I can do to help?** kann ich irgendwie helfen?; (in shop) ~ **else?** darf es noch was sein?; **does it look ~ like an eagle?** sieht das einem Adler irgendwie ähnlich? ❸(nothing) **not ~** nichts ▶ **not for ~** [**in the world**] um nichts in der Welt
anyway ['eniweɪ], AM a. **anyways** ['eniweɪz] adv (fam) ❶(in any case) sowieso; **what's he doing there ~?** was macht er dort überhaupt? ❷(well) jedenfalls; ~**!** na ja!
anywhere ['eni(h)weər] adv ❶(in any place) überall; ~ **else** irgendwo anders ❷(some place) irgendwo; **I'm not getting**

~ ich komme einfach nicht weiter
apart [əˈpɑːt] *adv* ❶ (*not together*) auseinander; **to live ~** getrennt leben ❷ *after n* (*to one side*) **joking ~** Spaß beiseite ❸ (*except for*) ■**~ from** abgesehen von
apartheid [əˈpɑːteɪt] *n no pl* Apartheid *f*
apartment [əˈpɑːtmənt] *n* Wohnung *f*
apathetic [ˌæpəˈθetɪk] *adj* apathisch
apathy [ˈæpəθi] *n no pl* Apathie *f*
ape [eɪp] **I.** *n* [Menschen]affe *m* ► **to go ~** (*sl*) ausflippen **II.** *vt* nachahmen
aperture [ˈæpətʃəʳ] *n* [kleine] Öffnung; PHOT Blende *f*
apiculture [ˈeɪpɪkʌltʃəʳ] *n* Bienenzucht *f*
apiece [əˈpiːs] *adv* das Stück
apologetic [əˌpɒləˈdʒetɪk] *adj* entschuldigend; ■**to be ~ about** sich entschuldigen für +*akk*
apologetically [əˌpɒləˈdʒetɪkli] *adv* entschuldigend; **to smile ~** zaghaft lächeln
apologize [əˈpɒlədʒaɪz] *vi* sich entschuldigen (**to** bei)
apology [əˈpɒlədʒi] *n* Entschuldigung *f*; **to make an ~** um Entschuldigung bitten; **you owe him an ~** du musst dich bei ihm entschuldigen; **please accept our apologies** wir bitten vielmals um Entschuldigung
Apostle [əˈpɒsl] *n* Apostel *m*
apostrophe [əˈpɒstrəfi] *n* Apostroph *m*
appal <-ll-> [əˈpɔːl], AM *usu* **appall** *vt* entsetzen; ■**to be ~led by sth** über etw *akk* entsetzt sein
appalling [əˈpɔːlɪŋ] *adj* entsetzlich
appallingly [əˈpɔːlɪŋli] *adv* (*shockingly*) schockierend; (*terribly*) schrecklich
apparatus [ˌæpəʳˈreɪtəs] *n* ❶ *no pl* (*equipment*) [piece of] ~ Gerät *nt* ❷ (*system*) Apparat *m*
apparent [əˈpærənt] *adj* offensichtlich; **for no ~ reason** aus keinem ersichtlichen Grund
apparently [əˈpærəntli] *adv* (*evidently*) offensichtlich; (*it seems*) anscheinend
appeal [əˈpiːl] **I.** *vi* (*attract*) ■**to ~ to sb/sth** jdn/etw reizen; (*aim to please*) jdn/etw ansprechen **II.** *n* ❶ (*attraction*) Reiz *m* ❷ (*protest formally*) Einspruch einlegen (**against** gegen); **court of ~** Berufungsgericht *nt* ❸ (*request*) Appell *m*; **~ for donations** Spendenaufruf *m*
appealing [əˈpiːlɪŋ] *adj* attraktiv
appealingly [əˈpiːlɪŋli] *adv* ❶ (*attractively*) reizvoll ❷ (*beseechingly*) flehend
appear [əˈpɪəʳ] *vi* ❶ (*become visible*) erscheinen ❷ (*seem*) scheinen; **to ~ [to be] calm** ruhig erscheinen; **so it ~s** sieht ganz so aus
appearance [əˈpɪərən(t)s] *n* ❶ (*instance of appearing*) Erscheinen *nt*; (*on TV, theatre*) Auftritt *m*; **to make an ~** auftreten ❷ *no pl* (*looks*) Aussehen *nt* ❸ (*outward aspect*) ■**~s** *pl* äußerer [An]schein ► **to all ~s** AM allem Anschein nach
append [əˈpend] *vt* hinzufügen
appendage [əˈpendɪdʒ] *n* Anhang *m*
appendicitis [əˌpendɪˈsaɪtɪs] *n* Blinddarmentzündung *f*
appendix [əˈpendɪks, *pl* -dɪsiːz] *n* ❶ <*pl* -es> (*body part*) Blinddarm *m* ❷ <*pl* -dices *or* -es> (*in book*) Anhang *m*
appetite [ˈæpɪtaɪt] *n* Appetit *m*
appetizer [ˈæpɪtaɪzəʳ] *n* ❶ (*before meal*) Appetithappen *m* ❷ *esp* AM (*first course*) Vorspeise *f*
appetizing [ˈæpɪtaɪzɪŋ] *adj* appetitlich
applaud [əˈplɔːd] **I.** *vi* Beifall klatschen **II.** *vt* ■**to ~ sb** jdm applaudieren
applause [əˈplɔːz] *n no pl* [a round of] ~ Applaus *m;* **loud ~** tosender Beifall
apple [ˈæpl] *n* Apfel *m*
apple cart *n* ► **to upset the ~** alles über den Haufen werfen **apple juice** *n* Apfelsaft *m* **apple orchard** *n* [Obst]garten *m* mit Apfelbäumen **apple pie** *n* gedeckter Apfelkuchen **apple tart** *n* [ungedeckter] Apfelkuchen **apple tree** *n* Apfelbaum *m*
appliance [əˈplaɪən(t)s] *n* Gerät *nt*
applicable [əˈplɪkəbl] *adj* anwendbar (**to** auf); (*on application form*) **not ~** nicht zutreffend
applicant [ˈæplɪkənt] *n* Bewerber(in) *m(f)* (**for** für)
application [ˌæplɪˈkeɪʃən] *n* ❶ *for a job* Bewerbung *f* (**for** um); *for a permit* Antrag *m* (**for** auf) ❷ *no pl* (*process of requesting*) Anfordern *nt;* **on ~ to** auf Anfrage bei +*dat*
applied [əˈplaɪd] *adj* angewandt
apply <-ie-> [əˈplaɪ] **I.** *vi* ❶ (*formally request*) ■**to ~ [to sb] [for sth]** (*for a job*) sich [bei jdm] [um etw *akk*] bewerben ❷ (*pertain*) gelten; ■**to ~ to** betreffen **II.** *vt* ❶ (*put on*) anwenden (**to** auf) ❷ (*use*) **to ~ the brakes** bremsen; **to ~ common sense** sich des gesunden Menschenverstands bedienen
appoint [əˈpɔɪnt] *vt* ■**to ~ sb [to do sth]** jdn

appointed – archaeology

[dazu] berufen[, etw zu tun]; ▪ **to ~ sb** [**as**] **sth** jdn zu etw *dat* ernennen; **to ~ sb as heir** jdn als Erben einsetzen

appointed [əˈpɔɪntɪd] *adj* ernannt

appointment [əˈpɔɪntmənt] *n* ❶ *no pl* (*being selected*) Ernennung *f* (**as** zu) ❷ (*official meeting*) Verabredung *f;* **dental ~** Zahnarzttermin *m;* **by ~ only** nur nach Absprache

appointment book *n* Terminbuch *nt*

appraisal [əˈpreɪzᵊl] *n* Bewertung *f*

appreciable [əˈpriːʃəbl] *adj* beträchtlich

appreciate [əˈpriːʃɪeɪt] **I.** *vt* ❶ (*value*) schätzen; **I'd ~ it if ...** könnten Sie ... ❷ (*understand*) Verständnis haben für; ▪ **to ~ that ...** verstehen, dass ... **II.** *vi* **to ~ in value** im Wert steigen

appreciation [ə͵priːʃɪˈeɪʃᵊn] *n no pl* Anerkennung *f;* **a token of ~** ein Zeichen *nt* der Dankbarkeit

appreciative [əˈpriːʃɪətɪv] *adj* ❶ (*grateful*) dankbar (**of** für) ❷ (*showing appreciation*) anerkennend

apprehend [͵æprɪˈhend] *vt* festnehmen

apprehension [͵æprɪˈhen(t)ʃᵊn] *n no pl* ❶ (*arrest*) Festnahme *f* ❷ (*anxiety*) Besorgnis *f;* **in a state of ~** voller Befürchtungen

apprehensive [͵æprɪˈhen(t)sɪv] *adj* besorgt

apprentice [əˈprentɪs] **I.** *n* Auszubildende(r) *f(m);* **~ carpenter** Tischlerlehrling *m* **II.** *vt* ▪ **to be ~d to sb** bei jdm in die Lehre gehen

approach [əˈprəʊtʃ] **I.** *vt* ❶ (*come closer*) ▪ **to ~ sb/sth** sich jdm/etw nähern; **it's ~ing lunchtime** es geht auf Mittag zu ❷ (*ask*) ▪ **to ~ sb** jdn ansprechen (**about** wegen) **II.** *vi* sich nähern **III.** *n* ❶ (*coming*) Nähern *nt;* **at the ~ of winter ...** wenn der Winter naht, ... ❷ (*preparation to land*) [Lande]anflug *m* ❸ (*appeal*) Herantreten *nt;* **to make an ~ to sb** an jdn herantreten ❹ (*proposal*) Vorstoß *m;* **to make an ~ to sb** sich an jdn wenden

approachable [əˈprəʊtʃəbl] *adj person* umgänglich; *place* zugänglich

appropriate [əˈprəʊprɪət] *adj* ❶ (*suitable*) angemessen, passend ❷ (*relevant*) entsprechend

approval [əˈpruːvᵊl] *n* ❶ (*praise*) Anerkennung *f* ❷ (*consent*) Zustimmung *f*

approve [əˈpruːv] **I.** *vi* ❶ (*agree with*) ▪ **to ~ of sth** etw *dat* zustimmen ❷ (*like*) ▪ **to ~/ not ~ of sb** etwas/nichts von jdm halten **II.** *vt* (*permit*) genehmigen; (*consent*) billigen

approvingly [əˈpruːvɪŋli] *adv* anerkennend

approximate *adj* [əˈprɒksɪmət] ungefähr; **the ~ cost will be about $600** die Kosten belaufen sich auf ca. 600 Dollar; **~ number** [An]näherungswert *m*

approximately [əˈprɒksɪmətli] *adv* ungefähr

apricot [ˈeɪprɪkɒt] *n* Aprikose *f*, Marille *f* ÖSTERR

April [ˈeɪprᵊl] *n* April *m; see also* **February**

apron [ˈeɪprən] *n* Schürze *f*

apron strings *npl* Schürzenbänder *pl* ▸ **to be tied to sb's ~** (*pej*) an jds Rockzipfel hängen

apt [æpt] *adj* ❶ (*appropriate*) passend; *remark* treffend ❷ (*likely*) ▪ **to be ~ to do sth** dazu neigen, etw zu tun

APT [͵eɪpiːˈtiː] *n abbrev of* **advanced passenger train** Hochgeschwindigkeitszug *m*

aptitude [ˈæptɪtjuːd] *n* Begabung *f*

aqua jogging [ˈækwədʒɒgɪŋ] *n no pl* Aquajogging *nt*

aquaplaning *n* ❶ SPORTS Skurfen *nt* ❷ AUTO Aquaplaning *nt*

aquarium <*pl* -s *or* -ria> [əˈkweərɪəm, *pl* -rɪə] *n* Aquarium *nt*

Aquarius [əˈkweərɪəs] *n* Wassermann *m*

aquarobics [͵ækwəˈrəʊbɪks] *npl* Aquarobic *nt*

aquatic [əˈkwætɪk] *adj* Wasser-

aqueduct [ˈækwɪdʌkt] *n* Aquädukt *m o nt*

Arab [ˈærəb] *n* Araber(in) *m(f)*

Arabian [əˈreɪbɪən] *adj* arabisch

Arabic [ˈærəbɪk] **I.** *n* Arabisch *nt* **II.** *adj* arabisch

arable [ˈærəbl] *adj* anbaufähig; **~ land** Ackerland

arbitrary [ˈɑːbɪtrᵊri] *adj* willkürlich

arbitrate [ˈɑːbɪtreɪt] *vt* schlichten

arbitration [͵ɑːbɪˈtreɪʃᵊn] *n no pl* Schlichtung *f*

arbitrator [ˈɑːbɪtreɪtər] *n* Schlichter(in) *m(f)*

arc [ɑːk] *n* Bogen *m*

arcade [ɑːˈkeɪd] *n* Arkade *f;* [**shopping**] **~** [Einkaufs]Passage *f*

arch¹ [ɑːtʃ] **I.** *n* Bogen *m;* **~ of the foot** Fußgewölbe *nt* **II.** *vi* sich wölben

arch² [ɑːtʃ] *adj* verschmitzt

archaeologist [͵ɑːkiˈɒlədʒɪst] *n* Archäologe(in) *m(f)*

archaeology [͵ɑːkiˈɒlədʒi] *n* Archäologie *f*

archangel ['ɑːkeɪndʒəl] n Erzengel m
archbishop n Erzbischof m
archduchess n Erzherzogin f
archeologist n Am see **archaeologist**
archeology n Am see **archaeology**
archer ['ɑːtʃəʳ] n Bogenschütze(in) m(f)
archery ['ɑːtʃtəri] n Bogenschießen nt
archipelago <pl -s or -es> [ˌɑːkɪ'peləgəʊ] n Archipel m
architect ['ɑːkɪtekt] n Architekt(in) m(f)
architecture ['ɑːkɪtektʃəʳ] n Architektur f
archive ['ɑːkaɪv] n Archiv nt
archway n Torbogen m
Arctic ['ɑːktɪk] n ■ **the** ~ die Arktis
ardent ['ɑːdənt] adj leidenschaftlich
arduous ['ɑːdjuːəs] adj anstrengend
are [ɑːʳ] vi, vt see **be**
area ['eərɪə] n ❶ (region) Gebiet nt; ~ **of the brain** Hirnregion f ❷ (surface measure) Fläche f; ~ **of a circle** Kreisfläche f ❸ (approximately) ■ **in the** ~ **of …** ungefähr …
arena [ə'riːnə] n Arena f
aren't [ɑːnt] = **are not** see **be**
arguably ['ɑːgjʊəbli] adv wohl
argue ['ɑːgjuː] vi ❶ (disagree) [sich] streiten ❷ (reason) argumentieren; ■ **to** ~ **against/for sth** sich gegen/für etw akk aussprechen
argument ['ɑːgjəmənt] n ❶ Auseinandersetzung f ❷ (case) Argument nt
argumentative [ˌɑːgjə'mentətɪv] adj streitsüchtig
arid ['ærɪd] adj dürr; ~ **climate** Trockenklima nt
Aries ['eəriːz] n ASTROL Widder m
arise <arose, arisen> [ə'raɪz] vi sich ergeben; **should the need** ~, … sollte es notwendig werden, …
arisen [ə'rɪzən] pp of **arise**
aristocracy [ˌærɪ'stɒkrəsi] n + sing/pl vb Aristokratie f
aristocrat ['ærɪstəkræt] n Aristokrat(in) m(f)
arithmetic I. n [ə'rɪθmətɪk] Arithmetik f II. adj [ˌærɪθ'metɪk] arithmetisch
arithmetical [ˌærɪθ'metɪkəl] adj Rechen-
ark [ɑːk] n (boat) Arche f; **Noah's** ~ die Arche Noah
arm¹ [ɑːm] n ANAT, GEOG Arm m; **on one's** ~ am Arm ▶ **to cost an** ~ **and a** <u>leg</u> Unsummen kosten
arm² [ɑːm] I. vt ❶ (supply with weapons) bewaffnen; ■ **to** ~ **oneself** (fig) sich wappnen ❷ (prime) bomb scharf machen II. n ■ ~ **s** pl Waffen pl; **under** ~ **s** kampfbereit
armada [ɑː'mɑːdə] n Kriegsflotte f
armament ['ɑːməmənt] n ❶ usu pl (weapons) Waffen pl ❷ no pl (process of arming) Bewaffnung f
arm candy n (fam) gutaussehende(r) Begleiter(in) zum Vorzeigen bei gesellschaftlichen Anlässen
armchair n Sessel m
armed [ɑːmd] adj bewaffnet
armful n Armvoll m
armhole n Armloch nt
arming n Bewaffnung f
armor n no pl Am see **armour**
armored adj Am, Aus see **armoured**
armour ['ɑːməʳ] n no pl ❶ HIST Rüstung f; **suit of** ~ Panzerkleid nt ❷ (tanks) Panzerfahrzeuge pl; ~ **plate** Panzerplatte f
armoured ['ɑːməd] adj gepanzert; ~ **car** Panzer[späh]wagen m
armpit n Achselhöhle f
armrest n Armlehne f
arms race n ■ **the** ~ das Wettrüsten
arms reduction n Rüstungsabbau m
army ['ɑːmi] n Armee f; ■ **the** ~ das Heer; **in the** ~ beim Militär
A-road ['eɪrəʊd] n Straße f erster Ordnung, Bundesstraße f
aroma [ə'rəʊmə] n Duft m
aromatherapy [əˌrəʊmə'θerəpi] n Aromatherapie f
aromatic [ˌærə(ʊ)'mætɪk] adj aromatisch
arose [ə'rəʊz] pt of **arise**
around [ə'raʊnd] I. adv ❶ (round) herum; **to get** ~ **to doing sth** endlich dazu kommen, etw zu tun; **to show sb** ~ jdn herumführen ❷ (round about) rundum; **to [have a] look** ~ sich umsehen ❸ (in different directions) umher; **to wave one's arms** ~ mit den Armen [herum]fuchteln; **to get** ~ herumkommen ❹ (nearby) in der Nähe; **will you be** ~ **next week?** bist du nächste Woche da? ▶ <u>see</u> **you** ~ bis demnächst mal II. prep ❶ um +akk; **all** ~ **the house** um das ganze Haus herum; **from all** ~ **the world** aus aller Welt; **to stand** ~ herumstehen ❷ (approximately) ungefähr; ~ **12:15** um ungefähr 12.15 Uhr
arouse [ə'raʊz] vt ❶ (stir) erwecken ❷ (sexually excite) erregen
arrange [ə'reɪndʒ] I. vt ❶ (organize) arrangieren; date vereinbaren ❷ (put in order)

ordnen **II.** *vi* festlegen; ■ **to ~ to do sth** etw vereinbaren; ■ **to ~ for sb to do/have sth** etw für jdn organisieren

arrangement [əˈreɪndʒmənt] *n* ❶ (*preparations*) ■ **~s** *pl* Vorbereitungen *pl* ❷ (*agreement*) Abmachung *f;* **to come to an ~** zu einer Übereinkunft kommen ❸ (*ordering, a. music*) Arrangement *nt;* **an ~ of dried flowers** ein Gesteck *nt* von Trockenblumen

arrears [əˈrɪəz] *npl* Rückstände *pl;* **in ~** in Verzug

arrest [əˈrest] **I.** *vt* verhaften **II.** *n* Verhaftung *f*

arrival [əˈraɪvəl] *n* ❶ (*at a destination*) Ankunft *f* ❷ (*person*) Ankommende(r) *f(m);* **new ~** Baby *nt*

arrive [əˈraɪv] *vi bus etc.* ankommen; *baby, mail, season* kommen; **to ~ at a town** in einer Stadt eintreffen

arrogance [ˈærəgən(t)s] *n* Arroganz *f*

arrogant [ˈærəgənt] *adj* arrogant

arrow [ˈærəʊ] *n* Pfeil *m*

arrowhead *n* Pfeilspitze *f*

arse [ɑːs] BRIT, AUS **I.** *n* (*vulg*) Arsch *m* ▶ **move your ~!** beweg dich! **II.** *vi* (*vulg*) ■ **to ~ about** herumblödeln

arson [ˈɑːsən] *n* Brandstiftung *f*

art [ɑːt] *n* Kunst *f;* **~s and crafts** Kunsthandwerk *nt;* ■ **the ~s** *pl* die Kunst

artery [ˈɑːtəri] *n* ❶ ANAT Arterie *f* ❷ TRANSP Hauptverkehrsader *f*

art gallery *n* Kunsthalle *f*

arthritic [ɑːˈθrɪtɪk] *adj* arthritisch

arthritis [ɑːˈθraɪtɪs] *n* Gelenkentzündung *f*

artichoke [ˈɑːtɪtʃəʊk] *n* Artischocke *f*

article [ˈɑːtɪkl] *n* ❶ Artikel *m;* **~ of value** Wertgegenstand *m* ❷ LAW Paragraph *m*

articulate I. *adj* [ɑːˈtɪkjələt] ❶ *person* redegewandt ❷ *speech* verständlich **II.** *vt* [ɑːˈtɪkjʊleɪt] ❶ (*express*) aussprechen ❷ (*pronounce*) artikulieren

artificial [ˌɑːtɪˈfɪʃəl] *adj* künstlich; **~ colour[ing]** Farbstoff *m;* **~ flavouring** Geschmacksverstärker *m*

artificial insemination *n* künstliche Befruchtung **artificial intelligence** *n* künstliche Intelligenz

artillery [ɑːˈtɪləri] *n* Artillerie *f*

artist [ˈɑːtɪst] *n* Künstler(in) *m(f)*

artiste [ɑːˈtiːst] *n* THEAT, TV Artist(in) *m(f)*

artistic [ɑːˈtɪstɪk] *adj* künstlerisch

artistry [ˈɑːtɪstri] *n* Kunstfertigkeit *f*

artwork *n no pl* Illustrationen *pl*

arty [ˈɑːti], AM **artsy** [ˈɑːtsi] *adj* gewollt bohemienhaft

Aryan [ˈeərɪən] **I.** *n* Arier(in) *m(f)* **II.** *adj* arisch

as [æz, əz] **I.** *conj* ❶ (*while*) während ❷ (*in the way that, like*) wie; **do ~ I say!** mach, was ich sage!; **~ it happens** rein zufällig; **~ if** als ob; **~ if!** wohl kaum! ❸ (*because*) weil ▶ **~ for ...** was ... betrifft; **~ to ...** was ... angeht **II.** *prep* als; **~ a child** als Kind; **speaking ~ a mother, ...** als Mutter ...; **the news came ~ no surprise** die Nachricht war keine Überraschung; **dressed ~ a banana** als Banane verkleidet **III.** *adv* ❶ (*in comparisons*) wie; ■ [**just**] **~ ... ~ ...** [genau]so ... wie ...; **if you play ~ well ~ that, ...** wenn du so gut spielst, ... ❷ (*indicating an extreme*) **~ tall ~ 8 ft** bis zu 8 Fuß hoch; **~ little ~** nur

asap [ˌeɪeseɪˈpiː, ˈeɪsæp] *adv abbrev of* **as soon as possible** baldmöglichst

asbestos [æsˈbestɒs] *n* Asbest *m*

ascend [əˈsend] **I.** *vt* hinaufsteigen **II.** *vi* aufsteigen; **Christ ~ed into heaven** Christus ist in den Himmel aufgefahren

ascent [əˈsent] *n* ❶ (*upward movement*) Aufstieg *m* ❷ (*slope*) Anstieg *m*

ascertain [ˌæsəˈteɪn] *vt* feststellen

ascorbic acid [əˌskɔːbɪk-] *n no pl* Askorbinsäure *f*

aseptic [ˌeɪˈseptɪk] *adj* aseptisch *fachspr,* steril

ash¹ [æʃ] *n* Asche *f;* ■ **~es** *pl* Asche *f kein pl;* **to reduce to ~es** völlig niederbrennen

ash² [æʃ] *n* (*tree*) Esche *f*

ashamed [əˈʃeɪmd] *adj* ■ **to be ~ [of sb/sth]** sich [für jdn/etw] schämen; ■ **to be ~ of oneself** sich schämen

ashen [ˈæʃən] *adj* aschgrau; *face* kreidebleich

ashore [əˈʃɔːr] *adv* an Land

ash pan *n* Aschenkasten *m*

ashtray *n* Aschenbecher *m*

Asia [ˈeɪʃə] *n* Asien *nt*

Asian [ˈeɪʃən] **I.** *n* Asiate, Asiatin *m, f* **II.** *adj* asiatisch

aside [əˈsaɪd] **I.** *adv* zur Seite; **to take sb ~** jdn beiseitenehmen; **to leave sth ~** etw [weg]lassen; **to put ~ some money** etwas Geld beiseitelegen **II.** *n* Nebenbemerkung *f*

ask [ɑːsk] **I.** *vt* ❶ fragen; **to ~ a question** eine Frage stellen ❷ (*request*) *favour* bitten

[um]; **she ~ed me for help** sie bat mich, ihr zu helfen ❸ *(demand a price)* verlangen; **how much are they ~ing for the car?** was wollen sie für das Auto haben? ❹ *(expect)* **that's ~ing a lot!** Sie verlangen eine ganze Menge! **II.** *vi* ❶ *(request information)* fragen; **you may well ~** gute Frage; ■ **to ~ about sb** nach jdm fragen ❷ *(request)* bitten ❸ *(wish)* ■ **to ~ for sth** sich *dat* etw wünschen ❹ *(fig: take a risk)* ■ **to be ~ing for sth** etw geradezu herausfordern ◆ **ask after** *vi* ■ **to ~ after sb** sich nach jdm erkundigen ◆ **ask around** *vi* herumfragen *fam* ◆ **ask out** *vt* **to ~ sb out for dinner** jdn ins Restaurant einladen; **I'd like to ~ her out** ich würde gern mit ihr ausgehen ◆ **ask over** *vt* (*fam*) ■ **to ~ sb over** [*or* **round**] jdn [zu sich *dat*] einladen

asking ['ɑːskɪŋ] *n* **it's yours for the ~** du kannst es gerne haben

asleep [ə'sliːp] *adj* ■ **to be ~** schlafen; **to fall ~** einschlafen

asparagus [ə'spærəgəs] *n* Spargel *m*

aspect ['æspekt] *n* Aspekt *m*

aspersion [ə'spɜːʃən] *n* **to cast ~s on sb** jdn verleumden

asphyxiation [əsˌfɪksi'eɪʃən] *n* Erstickung *f*

aspic ['æspɪk] *n no pl* FOOD Aspik *m*

aspire [ə'spaɪər] *vi* ■ **to ~ to sth** etw anstreben

aspirin ['æspərɪn] *n* Aspirin *nt*

aspiring [ə'spaɪərɪŋ] *adj* aufstrebend

ass <*pl* **-es**> [æs] *n* Esel *m*

assassinate [ə'sæsɪneɪt] *vt* ■ **to ~ sb** ein Attentat auf jdn verüben

assassination [əˌsæsɪ'neɪʃən] *n* Attentat *nt* (**of** auf)

assault [ə'sɔːlt] **I.** *n* Angriff *m* (**on** auf) **II.** *vt* angreifen

assemblage [ə'semblɪdʒ] *n* ❶ *(collection)* Ansammlung *f* ❷ *no pl* TECH Montage *f*

assemble [ə'sembl] **I.** *vi* sich versammeln **II.** *vt* zusammenbauen

assembly [ə'sembli] *n* ❶ *(gathering)* Versammlung *f* ❷ TECH Montage *f*; **~ line** Fließband *nt*

assent [ə'sent] *n* Zustimmung *f*

assert [ə'sɜːt] *vt* beteuern

assertion [ə'sɜːʃən] *n* Behauptung *f*

assertive [ə'sɜːtɪv] *adj* ■ **to be ~** Durchsetzungsvermögen zeigen

assess [ə'ses] *vt* ❶ *(evaluate)* einschätzen ❷ *(tax)* ■ **to be ~ed** *person* steuerlich geschätzt werden

assessment [ə'sesmənt] *n* ❶ *of damage* Schätzung *f* ❷ *of tax* Veranlagung *f* ❸ SCH, UNIV Einstufung *f*

asset ['æset] *n* ❶ *(good quality)* Pluspunkt *m* ❷ *(valuable person)* Bereicherung *f*; *(useful thing)* Vorteil *m* ❸ COMM ■ **~s** *pl* Vermögenswerte *pl*

assiduity [ˌæsɪ'djuːəti] *n no pl* ❶ *(diligence)* Fleiß *m* ❷ *(perseverance)* Ausdauer *f*, Beharrlichkeit *f*

assignment [ə'saɪnmənt] *n* Aufgabe *f*

assimilate [ə'sɪmɪleɪt] **I.** *vt* integrieren **II.** *vi* sich eingliedern

assist [ə'sɪst] *vt, vi* helfen (**with** bei)

assistance [ə'sɪstən(t)s] *n* Hilfe *f*

assistant [ə'sɪstənt] **I.** *n* Assistent(in) *m(f)*; *(in shop)* Verkäufer(in) *m(f)* **II.** *adj* **manager** stellvertretend

associate I. *n* [ə'səʊʃiət] *(friend)* Gefährte(in) *m(f)*; **business ~** Geschäftspartner(in) *m(f)* **II.** *vt* [ə'səʊʃieɪt] in Verbindung bringen; ■ **to be ~d with sth** in Zusammenhang mit etw *dat* stehen

association [əˌsəʊʃi'eɪʃən] *n* ❶ *(organization)* Vereinigung *f* ❷ *no pl (involvement)* Verbundenheit *f*; **in ~ with** in Verbindung mit ❸ *(mental connection)* Assoziation *f*

assorted [ə'sɔːtɪd] *adj* gemischt

assortment [ə'sɔːtmənt] *n* Sortiment *nt*

assume [ə'sjuːm] *vt* ❶ *(regard as true)* annehmen ❷ *(adopt)* annehmen ❸ *(take on)* **to ~ office** sein Amt antreten

assumed [ə'sjuːmd] *adj* **under an ~ name** unter einem Decknamen

assumption [ə'sʌm(p)ʃən] *n* Annahme *f*; **on the ~ that ...** wenn man davon ausgeht, dass ...

assurance [ə'ʃʊərən(t)s] *n* ❶ *(self-confidence)* Selbstsicherheit *f* ❷ *(promise)* Zusicherung *f*

assure [ə'ʃʊər] *vt* ❶ *(confirm certainty)* zusichern; ■ **to ~ oneself of sth** sich *dat* etw sichern ❷ *(promise)* ■ **to ~ sb of sth** jdm etw zusichern

assuredly [ə'ʃʊərɪdli] *adv* selbstsicher

asterisk ['æstərɪsk] **I.** *n* Sternchen *nt* **II.** *vt* mit einem Sternchen versehen

astern [ə'stɜːn] *adv* NAUT achtern

asteroid ['æstərɔɪd] *n* Asteroid *m*

asthma ['æsθmə] *n* Asthma *nt*

asthmatic [æsθ'mætɪk] I. n Asthmatiker(in) m(f) II. adj asthmatisch
astonish [ə'stɒnɪʃ] vt erstaunen
astonishing [ə'stɒnɪʃɪŋ] adj erstaunlich
astonishment [ə'stɒnɪʃmənt] n Erstaunen nt; **to stare in** ~ verblüfft starren
astound [ə'staʊnd] vt verblüffen
astray [ə'streɪ] adv verloren; **to lead sb** ~ (fig) jdn auf Abwege bringen
astride [ə'straɪd] prep rittlings auf +dat
astrologer [ə'strɒlədʒər] n Astrologe, Astrologin m, f
astrology [ə'strɒlədʒi] n Astrologie f
astronaut ['æstrənɔːt] n Astronaut(in) m(f)
astronomer [ə'strɒnəmər] n Astronom(in) m(f)
astronomical [ˌæstrə'nɒmɪkəl] adj (a. fig) astronomisch
astronomy [ə'strɒnəmi] n Astronomie f
astute [ə'stjuːt] adj scharfsinnig
asylum [ə'saɪləm] n Asyl nt; ~ **seeker** Asylbewerber(in) m(f)
at [æt, ət] prep ❶ (in location of) an +dat; ~ **the baker's** beim Bäcker; ~ **home** zu Hause; ~ **the museum** im Museum; **the man** ~ **number twelve** der Mann in Nummer zwölf; ~ **work** bei der Arbeit ❷ (during time of) ~ **the election** bei der Wahl; ~ **Christmas** an Weihnachten; ~ **the weekend** am Wochenende; ~ **10:00** um 10:00 Uhr; ~ **the moment** im Moment; ~ **this stage** bei diesem Stand; ~ **a/the time** zu diesem Zeitpunkt; ~ **the same time** (simultaneously) zur gleichen Zeit ❸ (to amount of) ~ **a distance of 50 metres** auf eine Entfernung von 50 Metern; ~ **50 kilometres per hour** mit 50 km/h; ~ **a rough guess** grob geschätzt ❹ (in state of) ~ **play** beim Spielen; ~ **war** im Krieg; ~ **his happiest** am glücklichsten ❺ after adj (in reaction to) über +akk; ~ **the thought of** bei dem Gedanken an +akk ❻ (in response to) ~ **that** daraufhin ❼ (in ability to) bei +dat; **good** ~ **maths** gut in Mathematik ❽ after vb (repeatedly do) an +dat; **to be** ~ **sth** mit etw dat beschäftigt sein ▶ ~ **all** überhaupt; **not** ~ **all** (polite response) gern geschehen; (definitely not) keineswegs; ~ **that** noch dazu
ATC [ˌeɪtiːˈsiː] n Brit abbrev of **Air Training Corps** fliegerische Ausbildung der Royal Air Force
ate [et, eɪt] pt of **eat**

atheist ['eɪθiːɪst] I. n Atheist(in) m(f) II. adj atheistisch
athlete ['æθliːt] n Athlet(in) m(f)
athletic [æθ'letɪk] adj athletisch, sportlich; ~ **club** Sportclub m; ~ **shorts** kurze Sporthose
Atlantic [ət'læntɪk] n ▪**the** ~ [**Ocean**] der Atlantik
atlas <pl -es> ['ætləs] n Atlas m
atmosphere ['ætməsfɪər] n Atmosphäre f a. fig
atmospheric [ˌætməs'ferɪk] adj atmosphärisch
atmospherics [ˌætməs'ferɪks] npl RADIO atmosphärische Störungen
atom ['ætəm] n PHYS Atom nt
atomic [ə'tɒmɪk] adj Atom-, atomar
atrocious [ə'trəʊʃəs] adj grässlich; weather, food scheußlich
atrocity [ə'trɒsəti] n Gräueltat f
attach [ə'tætʃ] I. vt ❶ (fix) befestigen (to an) ❷ (connect) verbinden (to mit) ❸ (send as enclosure) ▪**to** ~ **sth** [**to sth**] etw [etw dat] beilegen ❹ (assign) ▪**to be** ~**ed to sth** etw dat zugeteilt sein ❺ (associate) conditions knüpfen (to an) II. vi **no blame** ~**es to you** dich trifft keine Schuld
attaché [ə'tæʃeɪ] n Attaché m
attachment [ə'tætʃmənt] n ❶ (fondness) Sympathie f ❷ no pl (assignment) **he is on** ~ **to the War Office** er ist dem Kriegsministerium unterstellt ❸ COMPUT Anhang m
attack [ə'tæk] I. n ❶ (assault) Angriff m (on auf) ❷ (bout) Anfall m II. vt angreifen; by criminal überfallen III. vi angreifen
attain [ə'teɪn] vt erreichen
attainable [ə'teɪnəbl] adj erreichbar
attainment [ə'teɪnmənt] n ❶ (achievement) Leistung f ❷ no pl (achieving) Erreichen nt
attempt [ə'tem(p)t] I. n Versuch m; **make an** ~ versuchen II. vt versuchen
attend [ə'tend] I. vt ❶ (be present at) besuchen; **to** ~ **a funeral/wedding** zu einer Beerdigung/Hochzeit gehen ❷ (care for) [ärztlich] behandeln II. vi (be present) teilnehmen
attendance [ə'tendən(t)s] n ❶ (being present) Anwesenheit f ❷ (number of people present) Besucherzahl f
attendant [ə'tendənt] n Aufseher(in) m(f); (in swimming pool) Bademeister(in) m(f); **flight** ~ Flugbegleiter(in) m(f); **museum** ~

Museumswärter(in) *m(f)*
attention [əˈten(t)ʃən] *n* ❶ (*notice*) Aufmerksamkeit *m*; ~! Achtung!; **may I have your ~, please?** dürfte ich um Ihre Aufmerksamkeit bitten?; **to pay ~ to sb** jdm Aufmerksamkeit schenken ❷ (*care*) Pflege *f* ❸ (*in letters*) **for the ~ of** zu Händen von
attentive [əˈtentɪv] *adj* ❶ (*caring*) fürsorglich ❷ (*listening*) aufmerksam
attest [əˈtest] I. *vt* ❶ (*demonstrate*) beweisen ❷ LAW bestätigen II. *vi* beweisen
attic [ˈætɪk] *n* Dachboden *m*; **in the ~** auf dem Dachboden
attitude [ˈætɪtjuːd] *n* Haltung *f*; **to take the ~ that ...** die Meinung vertreten, dass ...
attorney [əˈtɜːrni] *n* AM Anwalt, Anwältin *m, f*
attract [əˈtrækt] *vt* anziehen
attraction [əˈtrækʃən] *n* ❶ *no pl* PHYS Anziehungskraft *f* ❷ *no pl* (*between people*) Anziehung *f*; **she felt an ~ to him** sie fühlte sich zu ihm hingezogen ❸ (*entertainment*) Attraktion *f*
attractive [əˈtræktɪv] *adj* attraktiv
atypical [ˌeɪˈtɪpɪkəl] *adj* atypisch, untypisch
auction [ˈɔːkʃən] I. *n* Auktion *f*, Versteigerung *f*; **to put sth up for ~** etw zur Versteigerung anbieten; **to be sold at ~** versteigert werden II. *vt* ■ **to ~** [**off**] versteigern
audacious [ɔːˈdeɪʃəs] *adj* kühn
audible [ˈɔːdəbl] *adj* hörbar
audience [ˈɔːdiən(t)s] *n + sing/pl vb* Publikum *nt*; THEAT a. Besucher *pl*; TV Zuschauer *pl*
audio [ˈɔːdiəʊ] *adj* Audio-; **~ book** Hörbuch *nt*; **~ cassette** [Hör]kassette *f*; **~ frequency** Tonfrequenz *f*, Hörfrequenz *f*; **~ tape** Tonband *nt*
audit [ˈɔːdɪt] I. *n* Rechnungsprüfung *f* II. *vt* [amtlich] prüfen
audition [ɔːˈdɪʃən] I. *n* (*for actor*) Vorsprechen *nt*; (*for singer*) Vorsingen *nt* II. *vi* (*for actor*) vorsprechen; (*for singer*) vorsingen III. *vt* vorsprechen/vorsingen lassen
auditor [ˈɔːdɪtər] *n* Rechnungsprüfer(in) *m(f)*
auditorium <*pl* -s *or* -ria> [ˌɔːdɪˈtɔːriəm, *pl* -riə] *n* THEAT Zuschauerraum *m*
august [ɔːˈɡʌst] *adj* erlaucht
August [ˈɔːɡəst] *n* August *m*; *see also* **February**
aunt [ɑːnt] *n* Tante *f*
aural [ˈɔːrəl] *adj* akustisch; MED aural
Aussie [ˈɒzi] (*fam*) I. *n* Australier(in) *m(f)* II. *adj* australisch
austere [ɒsˈtɪər] *adj* (*without comfort*) karg; (*severely plain*) nüchtern
austerity [ɒsˈterəti] *n* ❶ *no pl* (*absence of comfort*) Rauheit *f* ❷ *no pl* (*sparseness*) Kargheit *f*
Australia [ɒsˈtreɪliə] *n* Australien *nt*

Der **Australia Day** am 26. Januar ist ein nationaler Feiertag zum Gedenken an die Gründung der ersten britischen Siedlung 1788 in Sydney Cove. Für die **Aborigines**, die Ureinwohner Australiens, ist es der Tag der Invasion ihres Landes. An diesem Tag gibt es viele kulturelle Veranstaltungen, die schwarze und weiße Australier zusammenbringen sollen.

Australian [ɒsˈtreɪliən] I. *n* Australier(in) *m(f)* II. *adj* australisch
Austria [ˈɒstriə] *n* Österreich *nt*
Austrian [ˈɒstriən] I. *n* ❶ (*person*) Österreicher(in) *m(f)* ❷ (*language*) Österreichisch *nt* II. *adj* österreichisch
authentic [ɔːˈθentɪk] *adj* authentisch
authenticity [ˌɔːθenˈtɪsəti] *n* Echtheit *f*
author [ˈɔːθər] *n* Schriftsteller(in) *m(f)*
authoress <*pl* -es> [ˈɔːθəres] *n* Autorin *f*
authoritarian [ˌɔːθɒrɪˈteəriən] I. *adj* autoritär II. *n* **to be an ~** autoritär sein
authoritative [ɔːˈθɒrɪtətɪv] *adj* ❶ (*definitive*) maßgebend ❷ (*commanding*) Respekt einflößend
authority [ɔːˈθɒrəti] *n* ❶ *no pl* (*right of control*) Autorität *f*; **in ~** verantwortlich ❷ *no pl* (*permission*) Befugnis *f*; **to have the ~ to do sth** befugt/bevollmächtigt sein, etw zu tun ❸ (*expert*) **an ~ on microbiology** eine Autorität auf dem Gebiet der Mikrobiologie ❹ (*organization*) Behörde *f*; ■ **the authorities** *pl* die Behörden *pl*
authorization [ˌɔːθəraɪˈzeɪʃən] *n* Genehmigung *f*
authorize [ˈɔːθəraɪz] *vt* genehmigen; ■ **to ~ sb** jdn bevollmächtigen
autism [ˈɔːtɪzəm] *n no pl* Autismus *m*
autobiography [ˌɔːtəbaɪˈɒɡrəfi] *n* Autobiografie *f*
autocue® [ˈɔːtə(ʊ)kjuː] *n* BRIT TV Teleprompter® *m*
autograph [ˈɔːtəɡrɑːf] *n* Autogramm *nt*
automated [ˈɔːtəmeɪtɪd] *adj* automatisiert

automated teller machine *n* AM Geldautomat *m*

automatic [ˌɔːtəˈmætɪk] *adj* automatisch; ~ **rifle** Selbstladegewehr *nt;* ~ **washing machine** Waschautomat *m*

automobile [ˈɔːtəmə(ʊ)biːl] *n esp* AM Auto *nt*

automotive [ˌɔːtəˈməʊtɪv] *adj* Auto-

autonomous [ɔːˈtɒnəməs] *adj* autonom

autopilot [ˈɔːtəʊpaɪlət] *n* AVIAT Autopilot *m;* **to be on** ~ mit Autopilot fliegen

autumn [ˈɔːtəm] *n* Herbst *m;* **in [the]** ~ im Herbst; ~ **term** Wintersemester *nt*

autumnal [ɔːˈtʌmnəl] *adj* herbstlich; ~ **colours** Herbstfarben *pl*

auxiliary [ɔːgˈzɪliəri] I. *n* ❶ Hilfskraft *f* ❷ LING Hilfsverb *nt* II. *adj* Hilfs-; (*additional*) Zusatz-

avail [əˈveɪl] I. *n* Nutzen *m;* **to no** ~ vergeblich II. *vt* **to** ~ **oneself of the opportunity ...** die Gelegenheit nutzen ...

available [əˈveɪləbl] *adj* ❶ (*free for use*) verfügbar; **to make** ~ zur Verfügung stellen ❷ ECON erhältlich; (*in stock*) lieferbar

avalanche [ˈævəlɑːn(t)ʃ] *n* Lawine *f*

Av(e). *abbrev of* **avenue** Ave.

avenge [əˈvendʒ] *vt* rächen

avenue [ˈævənjuː] *n* Avenue *f*

average [ˈævərɪdʒ] I. *n* Durchschnitt *m;* **on** ~ im Durchschnitt; **[to be] [well] above/below** [weit] über/unter dem Durchschnitt [liegen] II. *adj* durchschnittlich; ~ **income** Durchschnittseinkommen *nt;* ~ **person** Otto Normalverbraucher *m* III. *vt* im Durchschnitt betragen; **to** ~ **40 hours a week** durchschnittlich 40 Stunden pro Woche arbeiten

aversion [əˈvɜːʃən] *n* Abneigung *f*

avert [əˈvɜːt] *vt* abwenden

aviary [ˈeɪviəri] *n* Vogelhaus *nt*

aviation [ˌeɪviˈeɪʃən] *n* Luftfahrt *f;* ~ **industry** Flugzeugindustrie *f*

avid [ˈævɪd] *adj* begeistert

avocado <*pl* -s *or* -es> [ˌævəˈkɑːdəʊ] *n* Avocado *f*

avoid [əˈvɔɪd] *vt* vermeiden

avoidable [əˈvɔɪdəbl] *adj* vermeidbar

avoidance [əˈvɔɪdəns] *n* Vermeidung *f; of taxes* Umgehung *f*

AWACS [ˈeɪwæks] *n acr for* **airborne warning and control system** AWACS *nt*

await [əˈweɪt] *vt* erwarten; **long** ~**ed** lang ersehnt

awake [əˈweɪk] I. *vi* <awoke *or* AM *a.* awaked, awoken *or* AM *a.* awaked> aufwachen, erwachen II. *vt* <awoke *or* AM *a.* awaked, awoken *or* AM *a.* awaked> ❶ [auf]wecken ❷ (*fig: rekindle*) wieder erwecken III. *adj* wach; **wide** ~ hellwach

awakening [əˈweɪkənɪŋ] *n* **rude** ~ böses Erwachen

award [əˈwɔːd] I. *vt damages* zusprechen; *grant* gewähren II. *n* Auszeichnung *f*

award-winning [əˈwɔːdwɪnɪŋ] *adj attr* preisgekrönt

aware [əˈweər] *adj* ❶ (*knowing*) ■ **to be** ~ **of sth** sich *dat* einer S. *gen* bewusst sein; **not that I'm** ~ **of** nicht, dass ich wüsste ❷ (*physically sensing*) ■ **to be** ~ **of sb/sth** jdn/etw [be]merken

awareness [əˈweərnəs] *n* Bewusstsein *nt*

away [əˈweɪ] I. *adv* ❶ weg; **to be** ~ **on business** geschäftlich unterwegs sein; **five miles** ~ **[from here]** fünf Meilen [von hier] entfernt; ~ **from each other** voneinander entfernt ❷ (*all the time*) **we danced the night** ~ wir tanzten die ganze Nacht durch; **to be laughing** ~ ständig am Lachen sein II. *adj* SPORTS auswärts; ~ **game** Auswärtsspiel *nt;* ~ **team** Gastmannschaft *f*

awe-inspiring *adj* Ehrfurcht gebietend

awesome [ˈɔːsəm] *adj* ❶ (*impressive*) beeindruckend ❷ AM (*sl: very good*) spitze

awestruck [ˈɔːˌstrʌk] *adj* [von Ehrfurcht] ergriffen

awful [ˈɔːfəl] *adj* ❶ furchtbar; **what an** ~ **thing to say!** das war aber gemein von dir! ❷ (*great*) außerordentlich; **an** ~ **lot** eine riesige Menge

awfully [ˈɔːfəli] *adv* furchtbar; **not** ~ **good** nicht besonders gut

awkward [ˈɔːkwəd] *adj* ❶ (*difficult*) schwierig ❷ (*embarrassing*) peinlich; **to feel** ~ sich unbehaglich fühlen

awning [ˈɔːnɪŋ] *n* (*on house*) Markise *f;* (*on caravan*) Vorzelt *nt*

awoke [əˈwəʊk] *pt of* **awake**

ax *n* AM *see* **axe**

axe [æks] *n* Axt *f*

axis <*pl* axes> [ˈæksɪs, *pl* -siːz] *n* Achse *f*

axle [ˈæksl] *n* Achse *f*

aye [aɪ] *interj* SCOT, NBRIT (*yes*) ja

Azerbaijan *n* [ˌæzəbaɪˈdʒɑːn] *no pl* Aserbaidschan *nt*

B b

B <*pl* -'s *or* -s>, **b** <*pl* -'s> [biː] *n* ❶ B *nt*, b *nt; see also* **A** 1 ❷ MUS H *nt*, h *nt;* ~ **flat** B *nt*, b *nt;* ~ **sharp** His *nt*, his *nt* ❸ (*school mark*) ≈ Zwei *f*, ≈ gut

babble ['bæbl] I. *n* ❶ (*speech*) Geplapper *nt* ❷ *of water* Plätschern *nt* II. *vi* ❶ (*to speak*) plappern ❷ *water* plätschern

babe [beɪb] *n* ❶ (*baby*) Kindlein *nt* ❷ (*fam*) Schatz *m*

baboon [bə'buːn] *n* Pavian *m*

baby ['beɪbi] I. *n* Baby *nt;* **to have a** ~ ein Baby bekommen; **the** ~ **of the family** das Nesthäkchen II. *adj* klein; ~ **carrots** Babymöhren *pl;* ~ **clothes** Babywäsche *f;* ~ **food** Babynahrung *f*

baby carriage *n* AM Kinderwagen *m* **babyminder** *n* BRIT Tagesmutter *f;* (*profession*) Kinderpfleger(in) *m(f)* **babysitter** *n* Babysitter(in) *m(f)* **babysitting** *n* Babysitting *nt*, Babysitten *nt*

bachelor ['bætʃ(ə)lə(r)] *n* Junggeselle *m*

> Ein **Bachelor's degree** ist meistens ein erster Universitätsabschluss, den Studenten nach drei (in einigen Fächern nach vier oder fünf) Jahren Studium erhalten. Die wichtigsten Abschlüsse sind **BA (Bachelor of Arts)** für geisteswissenschaftliche Fächer, **BSc (Bachelor of Science)** für naturwissenschaftliche Fächer, **BEd (Bachelor of Education)** für die pädagogische Ausbildung, **LLB (Bachelor of Law)** für die Rechtswissenschaften und **BMus (Bachelor of Music)** für die Musikwissenschaft.

back [bæk] I. *n* ❶ (*of body*) Rücken *m;* ~ **to** ~ Rücken an Rücken ❷ (*not front*) *of building, page* Rückseite *f; of car* Heck *nt; of chair* Lehne *f;* (*seat[s] in car*) Rücksitz[e] *m[pl]* ❸ FBALL Verteidiger(in) *m(f)* ▶ **to know sth like the** ~ **of one's hand** etw in- und auswendig kennen; **at the** ~ **of one's mind** im Hinterkopf; **to put one's** ~ **into sth** sich in etw *akk* hineinknien II. *adj* ❶ <backmost> (*rear*) Hinter-; ~ **pocket** Gesäßtasche *f;* ~ **seat** Rücksitz *m* ❷ (*of body*) Rücken- III. *adv* ❶ (*to previous place*) [wieder] zurück; **I'll be** ~ ich komme wieder ❷ (*to past*) **as far** ~ **as I can remember** so weit ich zurückdenken kann; **that was** ~ **in 1950** das war [schon] 1950 IV. *vt* ❶ (*support*) unterstützen; **to** ~ **a horse** auf ein Pferd setzen ❷ (*drive*) **she** ~**ed the car into the garage** sie fuhr rückwärts in die Garage V. *vi car* zurücksetzen ◆ **back away** *vi* **to** ~ **away from sb/sth** vor jdm/etw zurückweichen ◆ **back down** *vi* nachgeben ◆ **back onto** *vi* ■ **to** ~ **onto sth** hinten an etw *akk* [an]grenzen ◆ **back out** *vi* einen Rückzieher machen *fam; of a contract* zurücktreten ◆ **back up** *vt* ❶ (*support*) unterstützen; (*confirm*) bestätigen ❷ COMPUT *data, files* sichern ❸ (*reverse*) *car, lorry* zurücksetzen

backache *n no pl* Rückenschmerzen *pl*

back boiler *n* im Kamin eingebauter Boiler, meist Bestandteil eines davor sitzenden Gasofens

backbone *n* Rückgrat *nt a. fig*

back door *n* Hintertür *f*

backfire *vi* ❶ AUTO frühzünden ❷ (*go wrong*) fehlschlagen; **it** ~**d on us** es erwies sich als Eigentor

background ['bækgraʊnd] *n* ❶ Hintergrund *m;* ~ **noise** Geräuschkulisse *f* ❷ SOCIOL Herkunft *f* ❸ **with a** ~ **in ...** mit Erfahrung in ...

backhand *n* Rückhand *f*

backhander *n* BRIT (*fam*) Schmiergeld *nt*

backing ['bækɪŋ] *n* Unterstützung *f*

backlash *n* Gegenreaktion *f*

backlog *n usu sing* Rückstand *m*

backpack I. *n* Rucksack *m* II. *vi* mit dem Rucksack reisen

backpacker *n* Rucksackreisende(r) *f(m)*

back pay *n* Lohnnachzahlung *f*

back seat *n* Rücksitz *m*

backside *n* (*fam*) Hintern *m*

backstage I. *n* Garderobe *f* II. *adj, adv* hinter der Bühne

backstroke *n* Rückenschwimmen *nt;* **to swim** ~ rückenschwimmen

backward ['bækwəd] I. *adj* ❶ (*facing rear*) rückwärtsgewandt; (*reversed*) Rück[wärts]-; **a** ~ **step** ein Schritt nach hinten ❷ (*slow in learning*) zurückgeblieben II. *adv see* **backwards**

backwards ['bækwədz] *adv* ❶ (*towards the back*) nach hinten; **to walk** ~ **and forwards** hin- und hergehen ❷ (*into past*) zurück

backwash n Rückströmung f
backyard n ❶ BRIT (courtyard) Hinterhof m ❷ AM (back garden) Garten m hinter dem Haus
bacon [ˈbeɪkən] n [Schinken]speck m; **and eggs** Eier pl mit Speck
bacteria [bækˈtɪəriə] n pl of **bacterium** Bakterien pl
bacterial [bækˈtɪəriəl] adj bakteriell
bad <worse, worst> [bæd] I. adj schlecht; dream böse; smell übel; cold schlimm; ~ **at maths** schlecht in Mathe; **things are going from** ~ **to worse** es wird immer schlimmer; **nowhere near as** ~ **as** ... nicht halb so schlimm wie ...; ~ **language** Kraftausdrücke pl; ~ **luck** Pech nt; **too** ~ zu schade II. n no pl **to take the** ~ **with the good** auch das Schlechte in Kauf nehmen
bade [bæd, beɪd] vt (old) pt of **bid**
badge [bædʒ] n Abzeichen nt; **police** ~ Polizeimarke f
badger [ˈbædʒə^r] n Dachs m
badly <worse, worst> [ˈbædli] adv schlecht; ~ **hurt** schwer verletzt
badminton [ˈbædmɪntən] n Badminton nt, Federball m
bad-tempered adj (easily irritated) leicht aufbrausend; (in a bad mood) schlecht gelaunt
baffle [ˈbæfl̩] vt verwirren
baffling [ˈbæflɪŋ] adj verwirrend
bag [bæg] I. n ❶ Tasche f; (sack) Sack m; **paper/plastic** ~ Papier-/Plastiktüte f; (handbag) Handtasche f; (travelling bag) Reisetasche f ❷ (skin) **to have** ~**s under one's eyes** Ringe unter den Augen haben ❸ BRIT, AUS (fam) ~**s of ...** jede Menge ... II. vt <-gg-> eintüten
baggage [ˈbægɪdʒ] n no pl Gepäck nt; **excess** ~ Übergepäck nt
baggage car n AM, AUS Gepäckwagen m
baggage check n Gepäckkontrolle f **baggage claim** n Gepäckausgabe f **baggage rack** n Gepäckablage f **baggage reclaim area** n Gepäckausgabe f **baggage room** n Gepäckaufbewahrung[sstelle] f
baggy [ˈbægi] adj [weit] geschnitten
bagpipes npl Dudelsack m
bail [beɪl] I. n Kaution f; **to grant** ~ die Freilassung gegen Kaution gewähren; **to stand** ~ **for sb** für jdn [die] Kaution stellen II. vt ■ **to** ~ **sb** jdn gegen Kaution freilassen

bait [beɪt] n Köder m a. fig; **to take the** ~ anbeißen
bake [beɪk] I. vi ❶ (cook) backen ❷ (fam) **it's baking outside** draußen ist es wie im Backofen II. vt [im Ofen] backen
baker [ˈbeɪkə^r] n Bäcker(in) m(f)
bakery [ˈbeɪkəri] n Bäckerei f
baking [ˈbeɪkɪŋ] n no pl Backen nt
baking powder n no pl Backpulver nt
balance [ˈbælən(t)s] I. n ❶ no pl Gleichgewicht nt a. fig; **to hang in the** ~ (fig) in der Schwebe sein ❷ FIN Kontostand m; ~ **of trade** Handelsbilanz f ❸ (harmony) Ausgewogenheit f II. vt (compare) abwägen ❷ (keep steady) balancieren III. vi ❶ (a. fig: keep steady) das Gleichgewicht halten; **she** ~**d on one foot** sie balancierte auf einem Fuß ❷ FIN ausgeglichen sein
balanced [ˈbælən(t)st] adj ausgewogen; personality ausgeglichen
balance sheet n Bilanz f
balancing act n Balanceakt m a. fig
balcony [ˈbælkəni] n Balkon m
bald [bɔːld] adj glatzköpfig; **to go** ~ eine Glatze bekommen
balderdash [ˈbɔːldədæʃ] n no pl (dated) Blödsinn m pej fam, Quatsch m fam
bald-headed adj glatzköpfig attr; **a** ~ **man** ein Glatzkopf m
baldly [ˈbɔːldli] adv unumwunden
bale [beɪl] I. n Ballen m II. vt bündeln
Balkans [ˈbɔːlkənz] npl ■ **the** ~ der Balkan
ball [bɔːl] n ❶ Ball m ❷ (ball-shaped) of wool Knäuel m o nt; of dough Kugel f; **to crush paper into a** ~ Papier zusammenknüllen ❸ (dance) Ball m
ball-and-socket joint n ANAT Kugelgelenk nt
ballet [ˈbæleɪ] n no pl Ballett nt
ballet dancer n Balletttänzer(in) m(f)
ballistic [bəˈlɪstɪk] adj ballistisch ▶ **to go** ~ (fam) ausflippen
ballistics [bəˈlɪstɪks] n + sing vb Ballistik f
balloon [bəˈluːn] I. n Ballon m II. vi ■ **to** ~ **out** sich aufblähen
balloonist [bəˈluːnɪst] n Ballonfahrer(in) m(f)
ballot [ˈbælət] I. n (election) Geheimwahl f; **first/second** ~ erster/zweiter Wahlgang f II. vi abstimmen III. vt abstimmen lassen (**on** über)
ballpoint n, **ballpoint pen** n Kugelschreiber m

ballroom n Ballsaal m
balls [ˈbɔːlz] n pl (fam!) Eier pl derb
balls-up n BRIT (fam!) Scheiß m
baloney [bəˈləʊni] n no pl ❶ AM (Bologna sausage) ≈ Fleischwurst f ❷ (fam: nonsense) Quatsch m
bamboo [bæmˈbuː] n Bambus m
ban [bæn] I. n Verbot nt; ~ **on smoking** Rauchverbot nt II. vt <-nn-> ■ **to ~ sth** etw verbieten; ■ **to ~ sb** jdn ausschließen
banal [bəˈnɑːl] adj banal
banana [bəˈnɑːnə] n Banane f
band [bænd] n ❶ of metal, cloth Band nt ❷ (range) Bereich m; **age ~** Altersgruppe f ❸ MUS Band f
bandage [ˈbændɪdʒ] I. n Verband m II. vt limb bandagieren; wound verbinden
bandit [ˈbændɪt] n Bandit(in) m(f)
bandstand n Musikpavillon m
bandwagon n ▶ **to jump on the ~** auf den fahrenden Zug aufspringen
bandwidth [ˈbændwɪtθ] n Bandbreite f
bandy [ˈbændi] adj ~ **legs** O-Beine pl
bang [bæŋ] I. n ❶ (loud sound) Knall m ❷ (blow) Schlag m ❸ pl AM ■ ~**s** (fringe) [kurzer] Pony II. adv ❶ (make loud noise) **to go ~** [mit einem lauten Knall] explodieren ❷ (precisely) genau; ~ **in the middle of the road** mitten auf der Straße; ~ **up-to-date** topaktuell III. interj ~! Peng! IV. vi Krach machen; door knallen V. vt (hit) zuschlagen; **to ~ the phone down** den Hörer auf die Gabel knallen ◆ **bang about** vi (fam) Krach machen
bangle [ˈbæŋɡl] n Armreif[en] m
banister [ˈbænɪstəʳ] n usu pl [Treppen]geländer nt
bank[1] [bæŋk] I. n ❶ of a river Ufer nt ❷ ~ **of fog** Nebelbank f II. vi AVIAT in die Querlage gehen
bank[2] [bæŋk] I. n FIN Bank f; **to break the ~** die Bank sprengen II. vi ■ **to ~ with sb** bei jdm ein Konto haben
bank account n Bankkonto nt **bank balance** n Kontostand m **bank book** n Sparbuch nt **bank charges** npl Bankgebühren pl **bank code** n BRIT Bankleitzahl f **bank holiday** n ❶ BRIT öffentlicher Feiertag ❷ AM Bankfeiertag m **banking** [ˈbæŋkɪŋ] n Bankwesen nt; **to be in ~** bei einer Bank arbeiten **bank manager** n Filialleiter(in) m(f) einer Bank **banknote** n Banknote f **bank robbery** n Banküberfall m
bankrupt [ˈbæŋkrʌpt] I. adj bankrott; **to go ~** in Konkurs gehen II. vt [finanziell] ruinieren
bankruptcy [ˈbæŋkrʌp(t)si] n no pl Konkurs m
bank sort code n BRIT Bankleitzahl f
bank statement n Kontoauszug m **bank transfer** n Überweisung f
banner [ˈbænəʳ] n ❶ (sign) Transparent nt ❷ (flag) Banner nt
banner advert n INET Bannerwerbung f
baptism [ˈbæptɪzəm] n Taufe f
Baptist [ˈbæptɪst] n Baptist(in) m(f); **the ~ Church** die Baptistengemeinde
baptize [bæpˈtaɪz] vt taufen
bar [bɑːʳ] I. n ❶ (long rigid object) Stange f ❷ (in shape of bar) of chocolate Riegel m ❸ (obstacle) Hemmnis nt ❹ (for drinking) Lokal nt, Bar f, Theke f II. vt <-rr-> ❶ (fasten) verriegeln ❷ (obstruct) blockieren
Bar [bɑːʳ] n LAW **to be called to the ~** als Anwalt/Anwältin [vor Gericht] zugelassen werden
barb [bɑːb] n of hook, arrow Widerhaken m
barbecue [ˈbɑːbɪkjuː] I. n Grillparty f II. vt grillen
barbed [bɑːbd] adj ❶ hook, arrow mit Widerhaken ❷ (fig: hurtful) bissig
barber [ˈbɑːbəʳ] n [Herren]friseur m
bar code n Strichcode m, Balkencode m
bare [beəʳ] I. adj ❶ (unclothed) nackt; **in ~ feet** barfuß ❷ (uncovered) branch kahl ❸ (empty) leer ❹ (basic) **the ~ essentials** das Allernotwendigste II. vt entblößen; **to ~ one's heart/soul to sb** jdm sein Herz ausschütten
barefoot, barefooted adj, adv barfuß
barely [ˈbeəli] adv ❶ (hardly) kaum ❷ (scantily) karg
bargain [ˈbɑːɡɪn] I. n ❶ (agreement) Handel m ❷ (good buy) guter Kauf; **a real ~** ein echtes Schnäppchen; ~ **counter** Sonderangebotstisch m II. vi (negotiate) [ver]handeln; (haggle) feilschen (**for** um) ◆ **bargain for** vi rechnen mit +dat; **to get more than one ~ed for** eine unangenehme Überraschung erleben
bargain basement n AM Untergeschoss nt mit Sonderangeboten **bargain price** n Sonderpreis m **bargain sale** n Ausverkauf m

barge [bɑːdʒ] I. *n* Lastkahn *m* II. *vi* ▪to ~ **into sb** jdn anrempeln
barhopping *n esp* AM *no pl* Kneipentour *f*
bark[1] [bɑːk] *n no pl* (*part of tree*) [Baum]rinde *f*
bark[2] [bɑːk] I. *n* (*animal cry*) Bellen *nt* II. *vi* bellen
barley ['bɑːli] *n no pl* Gerste *f*
barmaid *n* Bardame *f*
barman *n* Barmann *m*
barn [bɑːn] *n* Scheune *f*
barrack ['bærək] *vt* BRIT ausbuhen
barrage ['bæraː(d)ʒ] *n* ❶ MIL Sperrfeuer *nt* ❷ **they received a ~ of criticism** es hagelte nur so an Kritik; **a ~ of questions** ein Schwall *m* von Fragen
barrel ['bærəl] *n* ❶ (*container*) Fass *nt* ❷ (*measure*) Barrel *nt* ❸ *of a gun* Lauf *m*
barren ['bærən] *adj* ❶ unfruchtbar; *landscape* karg ❷ (*fig*) unproduktiv
barrette *n* AM (*hair slide*) [Haar]spange *f*
barricade ['bærɪkeɪd, ˌbærə'keɪd] I. *n* Barrikade *f* II. *vt* verbarrikadieren
barrier ['bæriər] *n* Barriere *f*; (*man-made*) Absperrung *f*
barring ['bɑːrɪŋ] *prep* ausgenommen; ~ **any unexpected delays** wenn es keine unerwarteten Verspätungen gibt
barrister ['bærɪstər] *n* BRIT, AUS Rechtsanwalt *m*/Rechtsanwältin *f* [bei höheren Gerichten]
base[1] [beɪs] I. *n* ❶ (*bottom*) Fuß *m*; *of spine* Basis *f* ❷ (*main location*) Hauptsitz *m* ❸ (*main ingredient*) Hauptbestandteil *m* ❹ CHEM Base *f* II. *vt* ▪to be ~d on sth auf etw *dat* basieren
base[2] *adj* ❶ (*immoral*) niederträchtig ❷ (*menial*) niedrig
baseball *n* Baseball *m o nt*

Baseball ist der amerikanische Nationalsport. Zwei Mannschaften sind abwechselnd **up**, d.h. sie versuchen, **runs** (Punkte) zu machen indem die Spieler vier **bases** (Platten) nacheinander berühren, die in einem **diamond** (Innenfeld) angeordnet sind. Der **pitcher** (Werfer) der Gegenseite wirft den Ball und ein Spieler versucht, den Ball mit seinem Schläger zu treffen. Er will mindestens die erste Platte erreichen, bevor die Gegenseite den Ball unter Kontrolle bekommt.

---

baseless *adj* unbegründet
basement ['beɪsmənt] *n* (*living area*) Untergeschoss *nt*; (*cellar*) Keller *m*; ~ **flat** Souterrainwohnung *f*
baseness ['beɪsnəs] *n no pl* ❶ (*liter*) *of a person* Niederträchtigkeit *f*; *of a motive* Niedrigkeit *f* ❷ *of a task* Minderwertigkeit *f*
bases[1] ['beɪsɪz] *n pl of* **base**
bases[2] ['beɪsiːz] *n pl of* **basis**
bash [bæʃ] I. *n* <*pl* -es> ❶ (*blow*) [heftiger] Schlag ❷ BRIT (*sl*) Versuch *m* II. *vi* ▪to ~ **into sth** zusammenstoßen mit etw *dat* III. *vt* (*fam*) ▪to ~ **sb** jdn verhauen ◆ **bash on** *vi* BRIT (*fam*) weitermachen (**with** mit) ◆ **bash out** *vt* to ~ **out a report** schnell mal einen Bericht zusammenschreiben *fam*; **to ~ out a tune on the piano** ein bisschen auf dem Klavier herumklimpern
bashful ['bæʃfəl] *adj* schüchtern
basic ['beɪsɪk] *adj* ❶ (*fundamental*) grundlegend; ~ **requirements** Grundvoraussetzungen *pl*; ~ **vocabulary** Grundwortschatz *m*; ▪**the ~s** *pl* die Grundlagen *pl*; **to go back to [the] ~s** zum Wesentlichen zurückkehren ❷ (*very simple*) [sehr] einfach
basically ['beɪsɪkəli] *adv* im Grunde
basic vocabulary *n* Grundwortschatz *m*
basic wage(s) *n* Grundlohn *m*
basin ['beɪsən] *n* Schüssel *f*; (*washbasin*) Waschbecken *nt*
basis <*pl* bases> ['beɪsɪs, *pl* -siːz] *n* Basis *f*; ▪to be the ~ **for sth** als Grundlage für etw *akk* dienen; **on a regular ~** regelmäßig
bask [bɑːsk] *vi* **to ~ in the sun** sich in der Sonne aalen
basket ['bɑːskɪt] *n* Korb *m*
basketball *n* Basketball *m*
bass[1] [beɪs] *n* MUS Bass *m*
bass[2] [bæs] *n* (*fish*) Barsch *m*
bassoon [bə'suːn] *n* Fagott *nt*
bastard ['bɑːstəd] *n* (*pej fam!*) Dreckskerl *m*
bat[1] [bæt] *n* (*animal*) Fledermaus *f* ▶ [**as**] **blind as a ~** blind wie ein Maulwurf
bat[2] [bæt] *vt* **to ~ one's eyelashes** mit den Wimpern klimpern; **to not ~ an eyelid** (*fig*) nicht mal mit der Wimper zucken
bat[3] [bæt] I. *n* SPORTS Schläger *m* ▶ [**right**] **off the ~** AM prompt II. *vi, vt* <-tt-> SPORTS schlagen
batch [bætʃ] *n* <*pl* -es> Stapel *m*
bated ['beɪtɪd] *adj* **with ~ breath** mit angehaltenem Atem

bath [bɑːθ] I. n ① (*tub*) [Bade]wanne *f* ② (*water*) Bad[ewasser] *nt;* **to run** [sb] **a** ~ [jdm] ein Bad einlassen ③ (*washing*) Bad *nt;* **to give sb a** ~ jdn baden; **to have** [*or esp* AM **take**] **a** ~ ein Bad nehmen II. *vi, vt* [sich] baden

bathe [beɪð] I. *vi* ① BRIT (*swim*) schwimmen ② AM (*bath*) ein Bad nehmen II. *vt* MED baden; **to** ~ **one's eyes** ein Augenbad machen III. *n no pl* Bad *nt*

bathing [ˈbeɪðɪŋ] *n no pl* Baden *nt;* **to go** ~ baden gehen

bathing cap *n* Bademütze *f* **bathing costume** *n* BRIT, AUS (*dated*), AM **bathing suit** *n* Badeanzug *m* **bathing trunks** *npl* Badehose *f*

bathrobe *n* Bademantel *m*

bathroom *n* Bad[ezimmer] *nt;* **to go to the** ~ AM, AUS auf die Toilette gehen **bath towel** *n* Bade[hand]tuch *nt* **bathtub** *n esp* AM Badewanne *f*

baton [ˈbætən] *n* ① (*in conducting*) Taktstock *m* ② (*majorette*) [Kommando]stab *m* ③ (*in relay races*) Staffelholz *nt*

batsman *n* Schlagmann *m*

batter¹ [ˈbætər] FOOD I. *n* [Back]teig *m* II. *vt* panieren

batter² [ˈbætər] I. *n* SPORTS Schlagmann *m* II. *vt* ■**to** ~ **sb** jdn verprügeln III. *vi* schlagen

battered [ˈbætəd] *adj* ① (*beaten*) misshandelt ② (*damaged*) böse zugerichtet; *car* verbeult; *furniture, image* ramponiert ③ (*covered in batter*) paniert

battery [ˈbætəri] *n* Batterie *f;* ~-**operated** batteriebetrieben

battery charger *n* [Batterie]ladegerät *nt*

battery hen *n* BRIT, AUS Batteriehuhn *nt*

battery-operated [ˈbætəriˌɒpəreɪtɪd] *adj,* **battery-powered** [ˈbætəriˌpaʊəd] *adj* batteriebetrieben

battle [ˈbætl] I. *n* Kampf *m;* **in** ~ im Kampf; ~ **of wills** Machtkampf *m* ▶ **to fight a losing** ~ auf verlorenem Posten kämpfen II. *vi* kämpfen *a. fig*

battlefield *n,* **battleground** *n* ① Schlachtfeld *nt* ② (*fig*) Reizthema *nt*

battleship *n* Schlachtschiff *nt*

batty [ˈbæti] *adj* (*fam*) bekloppt

Bavaria [bəˈveərɪə] *n no pl* Bayern *nt*

Bavarian [bəˈveərɪən] I. *adj* bay[e]risch II. *n* Bayer(in) *m(f)*

bawl [bɔːl] I. *vi* brüllen II. *vt* schreien; *song* grölen

bazillion [bəˈzɪljən] *n* AM (*fam*) jede Menge

BBC [ˌbiːbiːˈsiː] *n* BRIT *abbrev of* **British Broadcasting Corporation** BBC *f* (*britische Rundfunkgesellschaft*)

be <was, been> [biː, bi] *vi + n/adj* ① (*describes*) sein; **what is that?** was ist das?; **she's a doctor** sie ist Ärztin; **to** ~ **from a country** aus einem Land kommen ② (*calculation*) **two and two is four** zwei und zwei ist vier; **these books are 50p each** diese Bücher kosten jeweils 50p ③ (*timing*) **to** ~ **late/[right] on time** zu spät/[genau] rechtzeitig kommen ④ (*location*) sein; *town, country* liegen; **the keys are in that box** die Schlüssel befinden sich in der Schachtel ⑤ *pp* (*visit*) sein; **the postman hasn't been yet** der Briefträger war noch nicht da ⑥ (*take place*) stattfinden; **the meeting is next Monday** die Konferenz findet am nächsten Montag statt ⑦ (*do*) **to** ~ **on a diet** auf Diät sein; **to** ~ **on the pill** die Pille nehmen ⑧ (*expresses future*) **we are** [**going**] **to visit Australia in the spring** wir nach Australien im Frühling reisen wir nach Australien; (*expresses future in past*) **she was never to see her brother again** sie sollte ihren Bruder nie mehr wiedersehen; (*in conditionals*) **if I were you, I'd** ... an deiner Stelle würde ich ... ⑨ (*impersonal use*) **is it true that** ...? stimmt es, dass ...?; **as it were** sozusagen ⑩ (*expresses imperatives*) ~ **quiet or I'll** ...**!** sei still oder ich ...!; ~ **seated!** setzen Sie sich! ⑪ (*expresses continuation*) **while I'm eating** während ich beim Essen bin; **it's raining** es regnet ⑫ (*expresses passive*) **to** ~ **asked** gefragt werden; **what is to** ~ **done?** was kann getan werden? ▶ **the** ~-**all and end-all** das Ein und Alles; **so** ~ **it** so sei es; **far** ~ **it from me to** ... nichts liegt mir ferner, als ...; **let her** ~**!** lass sie in Ruhe!

beach [biːtʃ] *n <pl* -es> Strand *m;* **on the** ~ am Strand

bead [biːd] *n* ① Perle *f* ② REL ■ ~**s** *pl* Rosenkranz *m;* **to count one's** ~**s** den Rosenkranz beten

beady [ˈbiːdi] *adj* ~ **eyes** [glänzende] Knopfaugen; **to have one's** ~ **eye on** (*fig*) ein wachsames Auge haben auf

beak [biːk] *n* Schnabel *m*

beaker [ˈbiːkər] *n* Becher *m*

beam [bi:m] I. *n* ① (*light*) [Licht]strahl *m;* **full** ~ Fernlicht *nt* ② (*timber*) Balken *m* II. *vi* strahlen; ■ **to** ~ **at sb** jdn anstrahlen

beaming ['bi:mɪŋ] *adj* strahlend

bean [bi:n] *n* Bohne *f;* **baked** ~**s** Bohnen *pl* in Tomatensoße, Baked Beans *pl* ▶ **full of** ~**s** putzmunter

bear[1] [beəʳ] *n* (*animal*) Bär *m*

bear[2] <bore, borne *or* AM *a.* born> [beəʳ] I. *vt* ① (*carry*) tragen; *gifts* mitbringen; **to** ~ **the cost** die Kosten tragen ② (*endure*) ertragen; ■ **to not be able to** ~ **the suspense** die Spannung nicht aushalten ③ (*display*) **to** ~ **the scars** (*fig*) gezeichnet sein ④ (*keep*) **I'll** ~ **that in mind** ich werde das berücksichtigen ⑤ (*give birth to*) gebären; **his wife bore him a son** seine Frau schenkte ihm einen Sohn ⑥ FIN **to** ~ **interest at 8%** 8 % Zinsen bringen ⑦ (*testify*) **to** ~ **witness** [to] Zeugnis ablegen [von +*dat*] II. *vi* ① (*tend*) **to** ~ **right** sich rechts halten ② (*be patient*) ■ **to** ~ **with sb** mit jdm Geduld haben ◆ **bear off** *vt* (*carry away*) wegtragen ◆ **bear up** *vi* standhalten; **she's** ~**ing up** sie lässt sich nicht unterkriegen

bearable ['beərəbl] *adj* erträglich

beard [bɪəd] *n* Bart *m*

bearing ['beərɪŋ] *n* ① NAUT Peilung *f;* ■ ~**s** *pl* (*position*) Lage *f kein pl;* **to get one's** ~**s** (*fig*) sich zurechtfinden ② *no pl* (*deportment*) Benehmen *nt* ③ (*relevance*) **to have no** ~ **on sth** für etw *akk* belanglos sein

beast [bi:st] *n* ① (*animal*) Tier *nt* ② (*fam: nasty person*) Biest *nt;* (*cruel person*) Bestie *f*

beastly ['bi:s(t)li] *adj* (*fam*) ① (*nasty*) scheußlich ② (*unfair, unpleasant*) gemein

beat [bi:t] I. *n* ① (*throb*) Schlag *m* ② *no pl* (*act*) Schlagen *nt* ③ *no pl* MUS Takt *m* ④ *usu sing* (*police patrol*) Runde *f* II. *vt* <beat, beaten *or fam* beat> ① (*hit*) schlagen; ■ **to** ~ **sth** gegen/auf etw *akk* schlagen; *carpet* [aus]klopfen; **to** ~ **sb to death** jdn totschlagen; **to** ~ **sb black and blue** jdn grün und blau schlagen ② FOOD schlagen ③ (*defeat*) besiegen; ■ **to** ~ **sb to sth** jdm bei etw *dat* zuvorkommen; **it** ~**s me how/why ...** es ist mir ein Rätsel, wie/warum ... ▶ **if you can't** ~ **'em, join 'em** (*prov*) verbünde dich mit ihnen, wenn du sie nicht besiegen kannst; ~ **it!** hau ab! III. *vi* <beat, beaten *or fam* beat> ① (*throb,*) schlagen; *heart a.* klopfen ② (*strike*) ■ **to** ~ **against/on sth** gegen etw *akk* schlagen ◆ **beat back** *vt* MIL zurückschlagen ◆ **beat down** *vi rain* [her]niederprasseln ◆ **beat off** *vt* abwehren ◆ **beat up** *vt* verprügeln

beaten ['bi:tən] *adj* geschlagen

beating ['bi:tɪŋ] *n* ① (*smacking*) Prügel *pl* ② (*defeat*) Niederlage *f*

beautician [bju:'tɪʃən] *n* Kosmetiker(in) *m(f)*

beautiful ['bju:tɪfəl] *adj* schön

beauty ['bju:ti] *n* ① *no pl* Schönheit *f* ② *no pl* (*attraction*) **the** ~ **of our plan ...** das Schöne an unserem Plan ... ▶ ~ **is in the eye of the beholder** (*prov*) über Geschmack lässt sich [bekanntlich] streiten

beauty spot *n* ① (*on face*) Schönheitsfleck *m* ② (*in countryside*) schönes Fleckchen [Erde], local ~, örtliches Naturausflugsziel

beaver ['bi:vəʳ] I. *n* Biber *m* II. *vi* (*fam*) **to** ~ **away** schuften

became [bɪ'keɪm] *pt of* **become**

because [bɪ'kɒz] I. *conj* ① weil, da; **that's** ~ **...** es liegt daran, dass ... ② (*fam: for*) denn ▶ **just** ~**!** [einfach] nur so! II. *prep* ■ ~ **of** wegen +*gen*

beckon ['bekən] *vi* winken *a. fig*

become <became, become> [bɪ'kʌm] I. *vi* werden; **this species almost became extinct** diese Art wäre fast ausgestorben; **what became of ...?** was ist aus ... geworden?; **to** ~ **interested in sb/sth** anfangen, sich für jdn/etw zu interessieren II. *vt* werden; **she wants to** ~ **an actress** sie will Schauspielerin werden

bed [bed] *n* ① (*furniture*) Bett *nt;* **to get out of** ~ aufstehen; **to go to** ~ zu [*o* ins] Bett gehen; **to put sb to** ~ jdn ins Bett bringen ② (*flower patch*) Beet *nt*

BEd [bi:'ed] *n* BRIT *abbrev of* **Bachelor of Education** Bakkalaureus *m* der Erziehungswissenschaften

bed and breakfast *n* Übernachtung *f* mit Frühstück; ~ **place** Frühstückspension *f*

bedclothes *npl* Bettzeug *nt kein pl*

bedraggled [bɪ'dræɡld] *adj* durchnässt [und verdreckt]

bedridden *adj* bettlägerig

bedside rug *n* Bettvorleger *m*

bedside table *n* Nachttisch *m*

bedsitter *n* (*fam*), **bed-sitting room** *n esp* BRIT (*small flat*) Einzimmerappartement *nt;* (*room*) Wohnschlafzimmer *nt*

bedspread–belief

bedspread n Tagesdecke f
bedtime n Schlafenszeit f; it's ~ Zeit fürs Bett!; it's long [or way] past your ~ du solltest schon längst im Bett sein
bee [bi:] n Biene f ▸ **to have a ~ in one's bonnet** einen Tick haben; **to be a busy ~** fleißig wie eine Biene sein
beech [bi:tʃ] n Buche f
beef [bi:f] n Rindfleisch nt; **minced** [or AM **ground**] ~ Rinderhack[fleisch] nt
beehive n ① (of bees) Bienenstock m ② (hairstyle) toupierte Hochfrisur
bee-keeper n Imker(in) m(f)
been [bi:n] pp of **be**
beer [bɪər] n Bier nt
beetle [ˈbi:tl] n Käfer m
beetroot [ˈbi:tru:t] n BRIT Rote Bete
before [bɪˈfɔ:ʳ] I. prep ① (earlier) vor +dat; ~ **everything else** zuallererst; ~ **long** in Kürze; **the day ~ yesterday** vorgestern ② (in front of) vor +dat; with movement vor +akk; **the letter K comes ~ L** der Buchstabe K kommt vor dem L; **the task ~ us** die Aufgabe, vor der wir stehen II. conj ① (at previous time) bevor; **just ~ ...** kurz bevor ... ② (rather than) ehe ③ (until) bis; ▪ **not ~** erst wenn III. adv (earlier) zuvor, vorher; **I have never seen that ~** das habe ich noch nie gesehen; **have you been to Cologne ~?** waren Sie schon einmal in Köln?; ~ **and after** davor und danach IV. adj after n zuvor; **the day ~, it had rained** tags zuvor hatte es geregnet
beforehand [bɪˈfɔ:hænd] adv vorher
beg <-gg-> [beg] I. vt ① (request) bitten; **I ~ your pardon** entschuldigen Sie bitte ② (leave unresolved) **to ~ the question** keine Antwort auf die [eigentliche] Frage geben II. vi ① (seek charity) betteln (**for** um) ② (request) ▪ **to ~ of sb** jdn anflehen; **I ~ to inform you that ...** (form) ich möchte Ihnen mitteilen, dass...; **I ~ to differ** (form) ich erlaube mir, anderer Meinung zu sein
began [bɪˈgæn] pt of **begin**
beggar [ˈbegəʳ] I. n ① (poor person) Bettler(in) m(f) ② + adj esp BRIT **little ~** kleiner Schlingel m II. vt ▸ **to ~ belief** [einfach] unglaublich sein
begin <-nn-, began, begun> [bɪˈgɪn] vt, vi anfangen, beginnen; **to ~ school** in die Schule kommen; **to ~ work** mit der Arbeit beginnen; **she began acting at fifteen** sie fing mit fünfzehn mit der Schauspielerei an; **he didn't even ~ to answer my questions** er hat keinerlei Anstalten gemacht, meine Fragen zu beantworten; **she was ~ning to get angry** sie wurde allmählich wütend; **I'll ~ by welcoming our guests** zuerst werde ich unsere Gäste begrüßen; **I don't know where to ~** ich weiß nicht, wo ich anfangen soll!; **~ning from September 1** ab dem ersten September; **to ~ again** neu anfangen
beginner [bɪˈgɪnəʳ] n Anfänger(in) m(f)
beginning [bɪˈgɪnɪŋ] n ① (starting point) Anfang m; (in time) Beginn m; **at the ~** am Anfang ② (origin) ▪ **~s** pl Anfänge pl
begun [bɪˈgʌn] pp of **begin**
behalf [bɪˈhɑ:f] n no pl **on ~ of sb** (speaking for) im Namen einer Person; (as authorized by) im Auftrag von jdm
behave [bɪˈheɪv] I. vi people sich verhalten; **to ~ badly/well** sich schlecht/gut benehmen II. vt ▪ **to ~ oneself** sich [anständig] benehmen
behavior n AM see **behaviour**
behaviour [bɪˈheɪvjəʳ] n of a person Benehmen nt, Verhalten nt; **to be on one's best ~** sich von seiner besten Seite zeigen
behind [bɪˈhaɪnd] I. prep ① hinter +dat; with movement hinter +akk; ~ **the wheel** hinterm Lenkrad; **to fall ~ sb** hinter jdn zurückfallen ② (fig) **I'm ~ you all the way** ich stehe voll hinter dir II. adv hinten; **to walk ~** [**sb**] hinter [jdm] hergehen III. adj ① (in arrears) im Rückstand ② (slow) **to be** [**a long way**] ~ [weit] zurück sein; **to be ~ in a subject** in einem Fach hinterherhinken
behindhand [bɪˈhaɪndhænd] adj im Rückstand
being [ˈbi:ɪŋ] I. n ① (creature) Wesen nt ② (existence) Dasein nt II. adj **for the time ~** vorerst
Belarus n [beləˈru:s] Weißrussland nt
belated [bɪˈleɪtɪd] adj verspätet
Belfast sink [ˌbelfɑ:stˈsɪŋk] n BRIT altmodisches Keramikspülbecken
belfry [ˈbelfri:] n Glockenturm m
Belgian [ˈbeldʒən] I. n Belgier(in) m(f) II. adj belgisch
Belgium [ˈbeldʒəm] n Belgien nt
belief [bɪˈli:f] n ① (faith) Glaube m kein pl (**in** an); **to be beyond ~** [einfach] unglaublich sein ② (view) Überzeugung f; **it is my firm ~ that ...** ich bin der festen Überzeugung,

dass ...
believable [bɪ'liːvəbl] *adj* glaubwürdig
believe [bɪ'liːv] **I.** *vt* ❶ (*presume true*) glauben; ~ [you] me! du kannst mir glauben!; would you ~ it? kannst du dir das vorstellen?; she couldn't ~ her eyes sie traute ihren Augen nicht; ~ it or not ob du es glaubst oder nicht ❷ (*pretend*) to make ~ [that] ... (*pretend*) so tun, als ob ... **II.** *vi* ❶ (*be certain of*) glauben (in an) ❷ (*have confidence*) ■to ~ in sb/sth auf jdn/etw vertrauen ❸ (*think*) glauben; we have [every] reason to ~ that ... wir haben [allen] Grund zu der Annahme, dass ...
Belisha beacon [bɪˌliːʃə'-] *n* BRIT [*gelbes*] *Blinklicht an brit. Zebrastreifen*
bell [bel] *n* ❶ (*for ringing*) Glocke *f* ❷ (*signal*) Läuten *nt* kein *pl*, Klingeln *nt* kein *pl* ▶[as] clear as a ~ (*pure*) glasklar; sth rings a ~ [with sb] etw kommt jdm bekannt vor
bellboy *n* [Hotel]page *m*
bellow ['beləʊ] **I.** *vt*, *vi* brüllen **II.** *n* Gebrüll *nt*
bell-push *n* BRIT Klingel *f*
belly ['beli] *n* (*fam*) Bauch *m* ▶his eyes are bigger than his ~ bei ihm sind die Augen größer als der Magen
bellyache I. *n* (*fam*) Bauchschmerzen *pl* **II.** *vi* (*fam*) jammern **belly bar** *n* Nabelstecker *m* **belly button** *n* (*fam*) [Bauch]nabel *m* **belly-dancer** *n* Bauchtänzerin *f*
bellyful ['belɪfʊl] *n no pl* (*fam*) to have a ~ einen vollen Bauch haben; to have a ~ of sth (*fig*) die Nase von etw *dat* voll haben *fam* **belly landing** *n* AVIAT Bauchlandung *f*
belong [bɪ'lɒŋ] *vi* ❶ gehören; who does this ~ to? wem gehört das? ❷ (*should be*) he ~s in jail er gehört ins Gefängnis; you don't ~ here Sie haben hier nichts zu suchen
belongings [bɪ'lɒŋɪŋz] *npl* Hab und Gut *nt* kein *pl*
Belorussian [ˌbeləʊ'rʌʃən] **I.** *adj* weißrussisch **II.** *n* ❶ (*person*) Weißrusse, -russin *m, f* ❷ *no pl* LING Weißrussisch *nt*
below [bɪ'ləʊ] **I.** *adv* ❶ (*lower*) unten ❷ (*on page*) unten; see ~ siehe unten **II.** *prep* unter +*dat*; *with movement* unter +*akk*; ~ average unter dem Durchschnitt
belt [belt] **I.** *n* ❶ (*for waist*) Gürtel *m* ❷ (*conveyor*) Band *nt* ❸ (*area*) green ~ Grüngürtel *m* ▶to tighten one's ~ den Gürtel enger schnallen **II.** *vt* (*fam: hit*) hauen ◆belt out *vt* (*fam*) *song* schmettern ◆belt up *vi* AUTO sich anschnallen

bench <*pl* -es> [bentʃ] *n* ❶ Bank *f* ❷ BRIT POL die Regierungsbank; the opposition ~es die Oppositionsbank
bend [bend] **I.** *n* (*in a road*) Kurve *f*; (*in a pipe*) Krümmung *f* ▶to go round the ~ durchdrehen; to drive sb round the ~ jdn zum Wahnsinn treiben **II.** *vi* <bent, bent> ❶ (*turn*) *road* biegen; to ~ forwards sich vorbeugen ❷ (*be flexible*) sich biegen; *tree* sich neigen; be careful, that wire ~s easily Vorsicht, der Draht verbiegt sich leicht **III.** *vt* verbiegen; to ~ the rules (*fig*) sich nicht ganz an die Regeln halten ◆bend back **I.** *vt* zurückbiegen **II.** *vi* sich nach hinten beugen ◆bend down *vi* sich niederbeugen
beneath [bɪ'niːθ] **I.** *prep* unter +*dat*; *with movement* unter +*akk*; to be ~ sb (*lower rank than*) unter jdm stehen; ~ contempt verachtenswert **II.** *adv* unten
beneficial [ˌbenɪ'fɪʃəl] *adj* (*approv*) nützlich; ~ effect positive Auswirkung, Nutzen *m*
beneficial interest *n* ECON Nießbrauch *m*
benefit ['benɪfɪt] **I.** *n* ❶ (*advantage*) Vorteil *m*; (*profit*) Nutzen *m*; to give sb the ~ of the doubt im Zweifelsfall zu jds Gunsten entscheiden; for the ~ of those who weren't listening, ... für all diejenigen, die nicht zugehört haben, ... ❷ BRIT (*welfare payment*) Beihilfe *f*; unemployment ~ Arbeitslosengeld *nt* **II.** *vi* <-t- *or* -tt-> ■to ~ from sth von etw *dat* profitieren **III.** *vt* <-t- *or* -tt-> ■to ~ sb/sth jdm/etw nützen
benevolence [bɪ'nevələn(t)s] *n no pl* (*approv*) Wohlwollen *nt*; (*kindness*) Güte *f*
benign [bɪ'naɪn] *adj* ❶ (*approv: kind*) gütig ❷ MED *tumour* gutartig
bent [bent] **I.** *pt, pp of* **bend II.** *n* (*inclination*) Neigung *f*; ■a [natural] ~ for sth einen [natürlichen] Hang zu etw *dat* **III.** *adj* ❶ (*curved*) umgebogen; *wire* verbogen; *person* gekrümmt ❷ (*determined*) ■to be [hell] ~ on [doing] sth zu etw *dat* [wild] entschlossen sein ❸ *esp* BRIT (*sl: corrupt*) korrupt
bereavement [bɪ'riːvmənt] *n* Trauerfall *m*
Bermuda [bə'mjuːdə] *n* GEOG Bermuda *nt*
Bermuda shorts [bəˌmjuːdə'ʃɔːts] *npl* Bermudas *pl*
berry ['beri] *n* Beere *f*
berserk [bə'zɜːk] *adj* außer sich; to go ~

[fuchsteufels]wild werden

berth [bɜːθ] **I.** n ❶ (*bed*) NAUT [Schlaf]koje f ❷ (*for ship*) Liegeplatz m **II.** vt, vi festmachen

beside [bɪˈsaɪd] *prep* ❶ (*next to*) neben +*dat*; *with movement* neben +*akk*; **right ~ sb** genau neben jdm ❷ (*irrelevant to*) **~ the point** nebensächlich

besides [bɪˈsaɪdz] **I.** *adv* außerdem; **many more ~** noch viele mehr **II.** *prep* (*in addition to*) außer +*dat*

bespectacled [bɪˈspektəkld] *adj attr* bebrillt

best [best] **I.** *adj superl of* **good** ❶ (*finest*) ■**the ~ ...** der/die/das beste ...; **the ~ days of my life** die schönste Zeit meines Lebens; **~ regards** viele Grüße ❷ (*most favourable*) **he is acting in her ~ interests** er handelt nur zu ihrem Besten; **what's the ~ way to the station?** wie komme ich am besten zum Bahnhof? ❸ (*most*) **the ~ part of sth** der Großteil einer S. *gen;* **it took the ~ part of an hour** es dauerte fast eine Stunde **II.** *adv superl of* **well** am besten; **to do as one thinks ~** tun, was man für richtig hält **III.** *n no pl* ❶ (*finest person, thing*) ■**the ~** der/die/das Beste; **and ~ of all** und allem voran; *people* und allen voran ❷ (*most favourable*) **all the ~!** (*fam*) alles Gute!; **~ of luck!** viel Glück! ▸ **to make the ~ of things** das Beste daraus machen; **to wear one's Sunday ~** seine Sonntagskleider tragen

best-seller n Bestseller m

bet [bet] **I.** n Wette f; **to place a ~ on sth** auf etw *akk* wetten **II.** vt, vi <-tt-, bet *or* -ted, bet *or* -ted> wetten; **I ~ you £25 that ...** ich wette mit dir um 25 Pfund, dass ... ▸ **you ~!** (*fam*) das kannst du mir aber glauben!

beta testing n COMPUT Beta-Testing nt

beta version n COMPUT Betaversion f

betray [bɪˈtreɪ] vt verraten; ■**to ~ sb** jdn betrügen

better [ˈbetəʳ] **I.** *adj comp of* **good** ❶ (*superior*) besser; **~ luck next time** vielleicht klappt's ja beim nächsten Mal; **it's ~ that way** es ist besser so ❷ (*healthier*) besser; **I'm much ~ now** mir geht's schon viel besser **II.** *adv comp of* **well** ❶ besser; **like** lieber, mehr; **or ~ still ...** oder noch besser ... ❷ (*to a greater degree*) mehr; **she is much ~-looking** sie sieht viel besser aus **III.** n no pl **I have not seen ~** ich habe nichts Besseres gesehen; **to change for the ~** sich zum Guten wenden ▸ **to get the ~ of sb** über jdn die Oberhand gewinnen **IV.** vt verbessern; ■**to ~ oneself** (*improve social position*) sich verbessern

between [bɪˈtwiːn] **I.** *prep* zwischen +*dat*; *with movement* zwischen +*akk*; **~ times** in der Zwischenzeit; **~ you and me** unter uns gesagt **II.** *adv* ■[**in-**]**~** dazwischen

beware [bɪˈweəʳ] vi, vt sich in Acht nehmen (**of** vor); **~!** Vorsicht!

bewildered [bɪˈwɪldəd] *adj* verwirrt

bewildering [bɪˈwɪldərɪŋ] *adj* verwirrend

beyond [bɪˈɒnd] **I.** *prep* ❶ (*on the other side of*) jenseits +*gen* ❷ (*after*) nach +*dat* ❸ (*further than*) über +*akk;* **to see ~ sth** über etw *akk* hinaus sehen ❹ (*too difficult for*) **that's way ~ me** das ist mir viel zu hoch ❺ (*surpassing*) **to be ~ question** außer Frage stehen; **damaged ~ repair** irreparabel beschädigt **II.** *adv* (*in space*) jenseits; (*in time*) darüber hinaus; **to go far ~ sth** etw bei weitem übersteigen **III.** n ■**the ~** das Jenseits ▸ **at the back of ~** *esp* BRIT am Ende der Welt

bi- [baɪ] *in compounds* ❶ (*two times per*) **~weekly/-yearly** zweimal wöchentlich/jährlich; (*once every two*) **~weekly/-yearly** vierzehntägig/halbjährlich ❷ (*with two*) zwei-

biannual [baɪˈænjuəl] *adj attr* (*twice a year*) zweimal jährlich; (*half-yearly*) halbjährlich

bias [ˈbaɪəs] **I.** n *usu sing* ❶ (*prejudice*) Vorurteil nt ❷ *no pl* (*one-sidedness*) Befangenheit f (**against** gegenüber) **II.** vt <BRIT -ss- *or* AM *usu* -s-> ■**to ~ sth** etw einseitig darstellen; ■**to ~ sb** jdn beeinflussen

biased [ˈbaɪəst] *adj,* BRIT *esp* **biassed** *adj* voreingenommen

Bible [ˈbaɪbl] n Bibel f

bibliography [ˌbɪbliˈɒɡrəfi] n Bibliografie f

bicker [ˈbɪkəʳ] vi sich zanken

bickering [ˈbɪkərɪŋ] n no pl Gezänk nt

bicycle [ˈbaɪsɪkl] n Fahrrad nt; **by ~** mit dem Fahrrad

bicycle lane n Fahrradweg m

bid[1] <-dd-, bid *or* bade, bid *or* bidden> [bɪd] vt (*form*) ❶ (*greet*) **to ~ sb farewell** jdm Lebewohl sagen ❷ (*old: command*) ■**to ~ sb** [**to**] **do sth** jdn etw tun heißen

bid[2] [bɪd] **I.** n ❶ (*offer*) Angebot nt; (*at an auction*) Gebot nt ❷ (*attempt*) Versuch m **II.** vi, vt <-dd-, bid, bid> bieten

biennale [biːəˈnɑːleɪ] *n* Biennale *f*
biennial [baɪˈenɪəl] **I.** *adj* zweijährlich **II.** *n* zweijährige Pflanze
big <-gg-> [bɪg] *adj* ❶ (*of size, amount*) groß; *meal* üppig; *tip* großzügig; **the ~ger the better** je größer desto besser ❷ (*significant*) bedeutend; *decision* schwerwiegend; **when's the ~ day?** wann ist der große Tag? ▶ **a ~ fish in a small pond** der Hecht im Karpfenteich
big-ass *adj attr* Am (*fig sl*) Riesen- *fam* **big bang** *n* Urknall *m* **big-bucks** *adj* Am (*fam*) teuer
Big Easy *n* ▪ **the ~** New Orleans *nt*
bigoted [ˈbɪgətɪd] *adj* (*pej*) fanatisch
big shot *n* (*fam*) hohes Tier
bike [baɪk] **I.** *n* ❶ (*fam: bicycle*) [Fahr]rad *nt*; **by ~** mit dem [Fahr]rad ❷ (*motorcycle*) Motorrad *nt* **II.** *vi* mit dem Fahrrad fahren
bike lane *n*, **bikeway** *n* [Fahr]radweg *m*
bikini [bɪˈkiːni] *n* Bikini *m*
bilberry [ˈbɪlbəri] *n* Heidelbeere *f*
bilingual [baɪˈlɪŋgwəl] *adj* zweisprachig; **~ secretary** Fremdsprachensekretär(in) *m(f)*
bill[1] [bɪl] **I.** *n* ❶ (*invoice*) Rechnung *f*; **could we have the ~, please?** zahlen bitte! ❷ Am (*bank note*) Geldschein *m*; **[one-]dollar ~** Dollarschein *m* ❸ (*placard*) Plakat *nt* **II.** *vt* ▪ **to ~ sb** jdm eine Rechnung ausstellen
bill[2] [bɪl] *n of bird* Schnabel *m*
billboard *n* Reklamefläche *f*
billfold *n* Am Brieftasche *f*
billiards [ˈbɪlɪədz] *n no pl* Billard *nt*
billion [ˈbɪlɪən] *n* Milliarde *f*
bill posting *n no pl* Plakatkleben *nt*
bi-monthly *adj, adv* ❶ (*twice a month*) zweimal im Monat ❷ (*every two months*) zweimonatlich
bin [bɪn] *n* ❶ Brit, Aus (*for waste*) Mülleimer *m* ❷ (*for storage*) Behälter *m*
bind [baɪnd] **I.** *n* (*fam*) ❶ **to be [a bit of] a ~** [ziemlich] lästig sein ❷ **to be in a bit of a ~** in der Klemme stecken **II.** *vi* <bound, bound> binden **III.** *vt* <bound, bound> ❶ ▪ **to ~ sb** jdn fesseln (**to** an); ▪ **to ~ sth** etw festbinden (**to** an) ❷ **to ~ sb to secrecy** jdn zum Stillschweigen verpflichten
binder [ˈbaɪndər] *n* Einband *m*
binding [ˈbaɪndɪŋ] **I.** *n no pl* ❶ (*covering*) Einband *m* ❷ (*act*) Binden *nt* ❸ (*on ski*) Bindung *f* **II.** *adj* verbindlich

bin diver *n* (*fam*) jd, der Abfall nach Informationen (*wie z.B. auf Kreditkartenquittungen*) durchsucht
binoculars [bɪˈnɒkjələz] *npl* [**a pair of**] **~** [ein] Fernglas *nt*
bio-attack *n* Bioangriff *m*
bio-chem *adj short for* **biological-chemical** biochemisch
biochemistry *n no pl* Biochemie *f*
biodefence, Am **biodefense** *n* Gegenwehr *f* gegen Biowaffen
biodegradable *adj* biologisch abbaubar
biodiversity *n* Artenvielfalt *f*
bioengineered *adj* genmanipuliert
bioengineering *n* Biotechnik *f*
biography [baɪˈɒgrəfi] *n* Biografie *f*
biological [ˌbaɪəˈlɒdʒɪkəl] *adj* biologisch
biological control *n* biologische Schädlingsbekämpfung
biological indicator *n* biologischer Indikator
biologist [baɪˈɒlədʒɪst] *n* Biologe(in) *m(f)*
biology [baɪˈɒlədʒi] *n* Biologie *f*
biometric [baɪə(ʊ)metrɪk] **I.** *n* ▪ **~s** + *sing vb* Biometrie *f* **II.** *adj* biometrisch
biophysics *n* + *sing vb* Biophysik *f*
biorhythm *n* Biorhythmus *m*
biosecurity *n no pl* Sicherheitsvorkehrungen *pl* gegen Bioangriffe
biotechnology *n* Biotechnologie *f*
bioterrorist *n* Bioterrorist(in) *m(f)*
birch [bɜːtʃ] *n* <*pl* -es> Birke *f*
bird [bɜːd] *n* ❶ Vogel *m*; **~ life** Vogelwelt *f* ❷ (*fam: young female*) Biene *f* ▶ **to know about the ~s and bees** (*euph*) aufgeklärt sein
birdcage *n* Vogelkäfig *m*
bird's-eye view *n* Vogelperspektive *f*
bird's nest *n* Vogelnest *nt*
bird table *n* Brit Futterplatz *m* (*für Vögel*)
birth [bɜːθ] *n* ❶ Geburt *f*; **date/place of ~** Geburtsdatum *nt*/-ort *m*; **to give ~ to a child** ein Kind zur Welt bringen ❷ *no pl* (*parentage*) Abstammung *f*
birth certificate *n* Geburtsurkunde *f*
birth control *n* Geburtenkontrolle *f*; **~ pill** Antibabypille *f*
birthday [ˈbɜːθdeɪ] *n* Geburtstag *m*; **happy ~ [to you]**! alles Gute zum Geburtstag!
birthday party *n* Geburtstagsparty *f*
birthday present *n* Geburtstagsgeschenk *nt*
birthmark *n* Muttermal *nt*
birthplace *n* Geburtsort *m*

birth rate n Geburtenrate f
biscuit ['bɪskɪt] n ① BRIT, AUS Keks m ② AM Brötchen nt
bishop ['bɪʃəp] n ① REL Bischof m ② CHESS Läufer m
bit¹ [bɪt] n (fam) ① (small piece) Stück nt; ~ **by** ~ Stück für Stück; **a ~ of advice** ein Rat m; **a ~ of news** eine Neuigkeit; **~s of glass** Glasscherben pl ② (part) Teil m; of a story, film Stelle f ③ (a little) ■**a** ~ ein bisschen ④ (rather) ■**a ~** ziemlich; **he's put on a ~ of weight** er hat ziemlich zugenommen ⑤ (short time) **I'm just going out for a ~** ich gehe mal kurz raus; **I'll come along in a ~** ich komme gleich nach ⑥ pl BRIT ~**s and pieces** Krimskrams m
bit² [bɪt] vt, vi pt of **bite**
bit³ [bɪt] n (for horses) Trense f ▶ **to get the ~ between one's teeth** sich an die Arbeit machen
bit⁴ [bɪt] n (drill) Bohrer[einsatz] m
bit⁵ [bɪt] n COMPUT Bit nt
bite [baɪt] I. n ① (using teeth) Biss m; ~ **mark** Bisswunde f; **to have a ~ to eat** (fam) eine Kleinigkeit essen ② no pl (pungency) Schärfe f II. vt, vi <bit, bitten> beißen; **to ~ one's nails** an seinen Nägeln kauen
bite-sized adj mundgerecht
biting ['baɪtɪŋ] adj beißend a. fig
bit player n FILM, THEAT Charge f, Chargenspieler(in) m(f)
bitten ['bɪtən] vt, vi pp of **bite**
bitter ['bɪtə'] adj <-er, -est> bitter
bitterly ['bɪtəli] adv bitter; ~ **cold** bitterkalt; ~ **disappointed** schwer enttäuscht
biweekly [baɪ'wiːkli] adj, adv ① (every two weeks) zweiwöchentlich ② (twice a week) zweimal wöchentlich
biz [bɪz] n (sl) short for **business**: **the music ~** das Musikgeschäft
bizarre [bɪ'zɑː'] adj bizarr
blab <-bb-> [blæb] (fam) I. vt ausplaudern II. vi plaudern
black [blæk] I. adj schwarz a. fig; ~ **and blue** grün und blau II. n Schwarz nt III. vt (darken) schwarz färben
black and white I. adj ① (documented) [**down**] **in** ~ schwarz auf weiß ② (not in colour) schwarzweiß ③ (clear-cut) sehr einfach [o klar] II. n ① (in film, photography) Schwarzweißtechnik f ② (oversimplified

view) Vereinfachung f
blackberry ['blækbəri] n Brombeere f **blackbird** n Amsel f **blackboard** n Tafel f **blackcurrant** [,blæk'kʌrənt] n schwarze Johannisbeere
blacken ['blækən] I. vt schwärzen II. vi schwarz werden
blackhead n Mitesser m
blackmail I. n Erpressung f; **open to ~** erpressbar II. vt erpressen
black mark n Tadel m
black market n Schwarzmarkt m
blackness ['blæknəs] n no pl Schwärze f
blackout ['blækaʊt] n ① (unconsciousness) Ohnmachtsanfall m ② ELEC [Strom]ausfall m
black pudding n BRIT Blutwurst f
Black Sea n Schwarzes Meer
black sheep n (fig) schwarzes Schaf
blacksmith n [Huf]schmied m
bladder ['blædə'] n [Harn]blase f
blade [bleɪd] I. n Klinge f; ~ **of grass** Grashalm m; ~ **of an oar** Ruderblatt nt II. vi SPORTS (fam) bladen
blame [bleɪm] I. vt ■**to ~ sb/sth for sth** [or **sth on sb/sth**] jdm/etw die Schuld an etw dat geben II. n no pl (guilt) Schuld f; **where does the ~ lie?** wer hat Schuld?; **to take the ~** die Schuld auf sich nehmen
blameless ['bleɪmləs] adj schuldlos
bland [blænd] adj fade; (fig) vage; ~ **diet** Schonkost f
blank [blæŋk] I. adj ① leer; ~ **space** Leerraum m; **the screen went ~** das Bild fiel aus ② (without emotion) ausdruckslos ③ (complete) ~ **refusal** glatte Ablehnung II. n (empty space) Leerstelle f ▶ **to draw a ~** kein Glück haben III. vt ■**to ~ out** ausstreichen
blanket ['blæŋkɪt] I. n [Bett]decke f; (fig) Decke f II. vt bedecken III. adj umfassend; coverage ausführlich
blarney ['blɑːni] n no pl [plumpe] Schmeichelei ▶ **to have kissed the B~ Stone** Leute beschwatzen können fam
blasé ['blɑːzeɪ] adj gelangweilt, gleichgültig
blasphemy ['blæsfəmi] n no pl Blasphemie f
blast [blɑːst] I. n ① (explosion) Explosion f ② (noise) **a ~ of music** ein Schwall m Musik; ~ **of a whistle** Pfeifton m; **at full ~** in voller Lautstärke II. interj (fam!) verdammt! III. vt (explode) sprengen
blasted ['blɑːstɪd] adj (fam!) verdammt

blast-off ['blɑːstɒf] n [Raketen]start m
blaze [bleɪz] I. n ① (fire) Brand m ② (light) Glanz m; (fig) ~ **of colour** Farbenpracht f II. vi glühen; fire [hell] lodern; sun brennen ◆**blaze up** vi aufflammen
blazer ['bleɪzəʳ] n Blazer m; **school** ~ Jacke f der Schuluniform
blazing ['bleɪzɪŋ] adj fire lodernd; ~ **hot** glühend heiß
bleach [bliːtʃ] I. vt bleichen II. n <pl -es> (chemical) Bleichmittel nt; (for hair) Blondierungsmittel nt
bleak [bliːk] adj öde; (fig) trostlos
bleary ['blɪəri] adj ① (sleepy) verschlafen; ~ **eyes** müde Augen ② (blurred) verschwommen
bleary-eyed adj **to look** ~ verschlafen aussehen
bleat [bliːt] I. vi sheep blöken II. n of sheep Blöken nt
bled [bled] pt, pp of **bleed**
bleed [bliːd] I. vi <bled, bled> bluten ▶ **my heart** ~**s** (iron) mir blutet das Herz II. vt <bled, bled> **to** ~ **sb dry** (fig) jdn [finanziell] bluten lassen
bleeding ['bliːdɪŋ] adj Brit (fam!) verdammt
bleep [bliːp] Brit I. n tech Piepton m II. vi piepsen III. vt ■**to** ~ **sb** jdn über einen Piepser rufen
bleeper ['bliːpəʳ] n Brit Piepser m
blemish ['blemɪʃ] n <pl -es> Makel m
blend [blend] I. n Mischung f II. vt [miteinander] vermischen III. vi ① ■**to** ~ **with sb/sth** zu jdm/etw passen ② ■**to** ~ **into sth** mit etw dat verschmelzen
blender ['blendəʳ] n Mixer m
bless [bles] <-ed or liter blest, -ed> vt segnen ▶ ~ **him!**/**her!** der/die Gute!; ~ **you!** Gesundheit!
blessed ['blesɪd] adj ① gesegnet ② (euph) dumm; **not a** ~ **soul** keine Menschenseele
blessing ['blesɪŋ] n Segen m ▶ **to be a** ~ **in disguise** sich im Nachhinein als Segen erweisen
blest [blest] pt, pp of **bless**
blew [bluː] pt of **blow**
blighter ['blaɪtəʳ] n Brit (fam) Luder nt
blimey ['blaɪmi] interj Brit (fam) ~**!** [ach] du liebe Zeit!
blind [blaɪnd] I. n ① (for window) Jalousie f; **roller** ~ Rollo nt ② (people) ■**the** ~ pl die Blinden pl II. vt ① ~**ed by tears** blind vor Tränen ② (fig) **to** ~ **sb with science** jdn mit seinem Wissen beeindrucken III. adj ① (sightless) blind; **to go** ~ blind werden ② (fig) blind; ■**to be** ~ **to sth** etw nicht bemerken IV. adv blind; ~ **drunk** stockbetrunken
blindfold ['blaɪn(d)fəʊld] I. n Augenbinde f II. vt ■**to** ~ **sb** jdm die Augen verbinden III. adv ① (eyes covered) mit verbundenen Augen ② (without thinking) ■**to be able to do sth** ~ etw im Schlaf tun können **blindness** ['blaɪndnəs] n no pl Blindheit f **blind spot** n ① MED blinder Fleck ② TRANSP toter Winkel
bling-bling ['blɪŋblɪŋ] n (fam) Klunker m fam
blink [blɪŋk] I. vt **to** ~ **one's eyes** mit den Augen zwinkern; **without** ~**ing an eye** ohne mit der Wimper zu zucken II. vi ① of eye blinzeln ② (of a light) blinken; **to** ~ **left**/**right** links/rechts anzeigen III. n Blinzeln nt ▶ **to be on the** ~ (fam) kaputt sein
blinking ['blɪŋkɪŋ] adj esp Brit (fam) verflixt
blissful ['blɪsfəl] adj glückselig
blister ['blɪstəʳ] I. n Blase f II. vt Blasen hervorrufen auf +dat III. vi skin Blasen bekommen
blithering ['blɪðərɪŋ] adj ~ **idiot** [Voll]idiot(in) m(f)
blizzard ['blɪzəd] n Schneesturm m
bloater ['bləʊtəʳ] n ① FOOD Räucherhering m ② (fam: fat person) Pommespanzer m
blob [blɒb] n ① (spot) Klecks m ② (vague mass) Klümpchen nt
bloc [blɒk] n POL Block m
block [blɒk] I. n ① (solid lump) Block m; ~ **of wood** Holzklotz m ② SPORTS ■~**s** pl Startblock m ③ Brit (building) Hochhaus nt; ~ **of flats** Wohnblock m ④ esp Am, Aus (part of neighbourhood) [Häuser]block m II. vt blockieren; artery, pipeline verstopfen; exit, passage versperren ◆**block off** vt [ver]sperren ◆**block out** vt ① (ignore) emotions, thoughts verdrängen; noise, pain ausschalten ② (obscure) **to** ~ **out the light** das Licht nicht durchlassen [o abhalten] ③ (suppress) unterdrücken ◆**block up** vt blockieren; (clog) verstopfen
blockage ['blɒkɪdʒ] n Verstopfung f
blockbuster I. n book Bestseller m; film Kassenschlager m fam II. adj sehr erfolgreich; ~ **film** [or Am **movie**] Kassenschlager m

block letters *npl* Blockbuchstaben *pl*
blog [blɒg] *n* COMPUT, INET Blog *nt,* Internettagebuch *nt*
blogging ['blɒgɪŋ] *n no pl, no art* COMPUT, INET Blogging *nt* (*das Schreiben von Internet-Tagebüchern*)
blog-o-sphere ['blɒgə(ʊ)sfɪəʳ] *n* COMPUT, INET Blogwelt *f*
bloke [bləʊk] *n* Kerl *m*
blond(e) [blɒnd] I. *adj* blond II. *n* (*person*) Blonde(r) *f(m)*
blood [blʌd] I. *n no pl* Blut *nt* ▶ ~ **is thicker than water** (*prov*) Blut ist dicker als Wasser; **in cold** ~ kaltblütig II. *vt* [neu] einführen
blood clot *n* Blutgerinnsel *nt* **blood donor** *n* Blutspender(in) *m(f)* **blood group** *n* Blutgruppe *f* **blood orange** *n* Blutorange *f* **blood poisoning** *n no pl* Blutvergiftung *f* **blood pressure** *n no pl* Blutdruck *m* **blood product** *n* MED Blutprodukt *nt*
bloodshed *n no pl* Blutvergießen *nt*
bloodshot *adj* blutunterlaufen **bloodstained** *adj* blutbefleckt **bloodstream** *n* Blutkreislauf *m* **blood test** *n* Bluttest *m* **bloodthirsty** *adj* blutrünstig **blood transfusion** *n* [Blut]transfusion *f* **blood vessel** *n* Blutgefäß *nt*
bloody ['blʌdi] I. *adj* ❶ (*with blood*) blutig ❷ BRIT, AUS (*fam!: emphasis*) verdammt; ~ **hell!** (*in surprise*) Wahnsinn!; (*in anger*) verdammt [nochmal]! II. *adv* BRIT, AUS (*fam*) verdammt; ~ **marvellous** großartig *a. iron;* **to be** ~ **useless** zu gar nichts taugen
bloody-minded *adj* stur
bloom [bluːm] I. *n no pl* Blüte *f;* **to come into** ~ aufblühen II. *vi* blühen
bloomer ['bluːməʳ] *n* BRIT (*fam*) Fehler *m*
bloomin' ['bluːmɪn] *adj see* **blooming²**
blooming¹ ['bluːmɪŋ] *adj* blühend
blooming² ['bluːmɪŋ] *adj* BRIT (*fam*) verdammt
blossom ['blɒsəm] I. *n no pl* [Baum]blüte *f* II. *vi* blühen *a. fig*
blot [blɒt] *n* Klecks *m;* **ink** ~ Tintenklecks *m;* **a** ~ **on the landscape** ein Schandfleck *m* in der Landschaft
blotchy ['blɒtʃi] *adj* fleckig
blotting paper *n no pl* Löschpapier *nt*
blouse [blaʊz] *n* Bluse *f*
blow¹ [bləʊ] I. *vi* <blew, blown> ❶ *wind* wehen; **an icy wind began to** ~ ein eisiger Wind kam auf; **the window blew open/shut** das Fenster wurde auf-/zugeweht ❷ (*exhale*) blasen ❸ (*break*) *fuse* durchbrennen ❹ (*fam: leave*) abhauen II. *vt* <blew, blown> ❶ blasen; *wind* wehen; **to** ~ **one's nose** sich *dat* die Nase putzen; **to** ~ **bubbles** [Seifen]blasen machen ❷ (*destroy*) **we blew a tyre** uns ist ein Reifen geplatzt; **I've** ~**n a fuse** mir ist eine Sicherung durchgebrannt ❸ <blowed, blowed> BRIT (*fam: damn*) ~ [**it**]**!** verflixt! ◆**blow away** *vt wind* wegwehen ◆**blow down** I. *vi* umgeweht werden II. *vt* umwehen ◆**blow off** I. *vt* ❶ (*remove*) wegblasen ❷ (*rip off*) wegreißen II. *vi* weggeweht werden ◆**blow out** I. *vt* ❶ *extinguish* ausblasen ❷ (*stop*) **the storm had** ~**n itself out** der Sturm hatte sich ausgetobt ❸ **to** ~ **out** ⌒ **one's brains** sich eine Kugel durch den Kopf jagen II. *vi candle* verlöschen ◆**blow over** I. *vi* ❶ (*fall*) umstürzen ❷ (*stop*) *storm* sich legen ❸ (*fig*) *argument, trouble* sich beruhigen II. *vt* umwerfen ◆**blow up** I. *vi* ❶ (*come up*) *storm* [her]aufziehen ❷ (*explode*) explodieren II. *vt* ❶ (*inflate*) aufblasen ❷ (*enlarge*) vergrößern
blow² [bləʊ] *n* (*hit*) Schlag *m;* **to come to** ~ **s over sth** sich wegen einer S. *gen* prügeln
blowback *n* Rückstoß *m,* unerwarteter Rückschlag
blow-dry I. *vt* <-ie-> fönen II. *n* Fönen *nt*
blower ['bləʊəʳ] *n* BRIT, AUS (*fam*) Telefon *nt*
blown [bləʊn] *adj* <-r, -st> *vt, vi pp of* **blow**
blowout ['bləʊaʊt] *n* ❶ BRIT (*fam: huge meal*) Schlemmerei *f* ❷ AM (*party*) Fete *f*
blowy ['bləʊi] *adj* windig
blubber¹ ['blʌbəʳ] *vi* (*fam*) flennen
blubber² ['blʌbəʳ] *n no pl* Speck *m a. fig*
blue [bluː] I. *adj* <-r, -st> ❶ (*colour*) blau ❷ (*fam*) ~ **movie** Pornofilm *m* ▶ **once in a** ~ **moon** alle Jubeljahre einmal II. *n* Blau *nt*

Blue Peter ist eine Kindersendung, die 1958 zum ersten Mal gesendet wurde und jetzt dreimal pro Woche im Fernsehen gezeigt wird. Auf dem Programm stehen Abenteuer in der Natur, Bastelstunden, Tierpflege und andere praktische Dinge; Wettbewerbe und Sammlungen für gute Zwecke werden außerdem organisiert. Die Sendung möchte den Kindern vor allem soziale Verantwortung näher bringen.

blueberry ['bluːbəri] *n* Heidelbeere *f*

bluebottle n Schmeißfliege f **blue-rinse brigade** [ˌbluːˈrɪn(t)sbrɪgeɪd] n (fam or pej) Omis fpl **blue whale** n Blauwal m

bluff¹ [blʌf] I. vi bluffen II. vt täuschen; **to ~ one's way into/out of sth** sich in etw akk hinein-/aus etw dat herausmogeln III. n (pretence) Bluff m; **to call sb's ~** jdn bloßstellen

bluff² [blʌf] I. n Steilhang m, Steilküste f II. adj manner direkt

bluffer's guide [blʌfəzˈgaɪd] n Ratgeber m für Bluffer

bluish [ˈbluːɪʃ] adj bläulich

blunder [ˈblʌndər] I. n schwer[wiegend]er Fehler II. vi ❶ (make a mistake) einen groben Fehler machen ❷ (act clumsily) ■ **to ~ [about]** [herum]tappen; ■ **to ~ into sth** in etw akk hineinplatzen

blunt [blʌnt] I. adj ❶ stumpf ❷ (outspoken) direkt II. vt ❶ stumpf machen ❷ (fig) enthusiasm dämpfen

bluntly [ˈblʌntli] adv direkt

blur [blɜːʳ] I. vi <-rr-> verschwimmen II. vt <-rr-> verschwimmen lassen III. n no pl undeutliches Bild

blurb [blɜːb] n (fam) Klappentext m

blurred [blɜːd] adj verschwommen

blurt [blɜːt] vt ■ **to ~ out** ⟳ sth mit etw dat herausplatzen fam

blush [blʌʃ] I. vi erröten II. n ❶ (red face) Erröten nt kein pl; **to spare sb's ~es** jdn nicht verlegen machen ❷ Am (blusher) Rouge nt

BNP [ˌbiːenˈpiː] n POL abbrev of **British National Party** Britische Nationalpartei (rechtsradikal)

board [bɔːd] I. n ❶ Brett nt; (blackboard) Tafel f; (notice board) Schwarzes Brett ❷ + sing/pl vb ADMIN Behörde f; **~ of directors** Vorstand m ❸ no pl **full ~** Vollpension f; **half ~** Halbpension f ❹ TRANSP **on ~** an Bord a. fig ▸ **to let sth go by the ~** etw unter den Tisch fallen lassen; **to sweep the ~** alles gewinnen II. vt ❶ ■ **to ~ up** mit Brettern vernageln ❷ plane, ship besteigen III. vi ❶ TOURIST wohnen (als Pensionsgast) ❷ AVIAT **flight BA345 is now ~ing at Gate 2** die Passagiere für Flug BA345 können jetzt über Gate 2 zusteigen

boarder [ˈbɔːdəʳ] n SCH Internatsschüler(in) m(f)

boarding [ˈbɔːdɪŋ] n Unterbringung f in einem Internat

boarding card n BRIT Bordkarte f **boarding fees** npl Internatsgebühren pl **boarding house** n Pension f **boarding kennels** npl Tierpension f **boarding pass** n AM Bordkarte f **boarding school** n Internat nt

board meeting n Vorstandssitzung f

boardroom n Sitzungssaal m

boast [bəʊst] I. vi (pej) prahlen; ■ **to ~ about sth** mit etw dat angeben II. n (pej) großspurige Behauptung

boastful [ˈbəʊstfəl] adj (pej) großspurig; ■ **to be ~** prahlen

boat [bəʊt] n Boot nt; (large) Schiff nt; **to travel by ~** mit dem Schiff fahren ▸ **to be in the same ~** im selben Boot sitzen; **to miss the ~** den Anschluss verpassen; **to push the ~ out** BRIT ganz groß feiern

Das alljährliche **Boat Race** (Bootsrennen) wird an einem Samstag im März auf der **Thames** (Themse) mit jeweils acht Ruderern der Universitäten Oxford und Cambridge ausgetragen. Es ist ein nationales Ereignis mit weltweit 460 Millionen Zuschauern.

boating [ˈbəʊtɪŋ] n no pl Bootfahren nt; **~ lake** See m mit Wassersportmöglichkeiten

boat trip n Bootsfahrt f

bob¹ [bɒb] n BRIT (hist) Schilling m

bob² <-bb-> [bɒb] vi ■ **to ~ [up and down]** sich auf und ab bewegen; ■ **to ~ [up]** [plötzlich] auftauchen a. fig

bobble hat n BRIT Pudelmütze f

bobby [ˈbɒbi] n BRIT (dated fam) Polizist(in) m(f)

body [ˈbɒdi] n ❶ Körper m; **the ~ of Christ** der Leib Christi; **~ and soul** mit Leib und Seele ❷ + sing/pl vb (organized group) Gruppe f; **advisory ~** beratendes Gremium; **governing ~** Leitung f ❸ (corpse) Leiche f; (of an animal) Kadaver m ❹ (substance) of hair Fülle f; of wine Gehalt m ▸ **over my dead ~** nur über meine Leiche

bodyguard n Bodyguard m

body image n Körperwahrnehmung f **body jewellery** n Körperschmuck m **body lotion** n Körperlotion f **body sculpting** [-ˌskʌlptɪŋ] n no pl Bodysculpting nt

bog [bɒg] n ❶ (wet ground) Sumpf m ❷ BRIT, AUS (sl) Klo nt ◆ **bog down** vt ■ **to be ~ged down** stecken bleiben

bogey [ˈbəʊgi] n ❶ BRIT (sl: snot) Popel m

❷ (*golf score*) Bogey *nt*
boggle ['bɒgl] **I.** *vi* sprachlos sein; **the mind ~s** man fasst sich an den Kopf **II.** *vt* **to ~ the mind** unglaublich sein
boggy ['bɒgi] *adj* morastig
bohemian [bə(ʊ)'hiːmiən] **I.** *n* Bohemien *m* **II.** *adj* **~ life** Künstlerleben *nt*
boil [bɔɪl] **I.** *n no pl* kochen; **to let sth come to the** [*or* AM **a**] **~** etw aufkochen lassen ▸ **to go off the ~** BRIT das Interesse verlieren **II.** *vi* ❶ FOOD kochen; **to ~ dry** verkochen; **the kettle's ~ed!** das Wasser hat gekocht! ❷ CHEM den Siedepunkt erreichen ❸ (*fig fam: angry*) **to ~ with rage** vor Wut kochen ❹ (*fig fam*) **I'm ~ing** ich schwitze mich zu Tode **III.** *vt* ❶ (*heat*) kochen ❷ (*bring to boil*) zum Kochen bringen ◆ **boil away** *vi* verkochen ◆ **boil down I.** *vi sauce* einkochen ▸ **it all ~s down to ...** es läuft auf ... hinaus **II.** *vt* ❶ *sauce* einkochen ❷ (*fig: condense*) zusammenfassen ◆ **boil over** *vi* ❶ überkochen ❷ (*fig*) *person* ausrasten ◆ **boil up I.** *vt* ■ **to ~ up ⊃ sth** etw aufkochen **II.** *vi trouble* sich *akk* anstauen
boiled-down ['bɔɪlddaʊn] *adj* gekürzt
boiler ['bɔɪlə*ʳ*] *n* Boiler *m*
boiling ['bɔɪlɪŋ] *adj* ❶ (*100 °C*) kochend ❷ (*extremely hot*) sehr heiß; **I'm ~** ich komme um vor Hitze; **~** [**hot**] **weather** unerträgliche Hitze
boisterous ['bɔɪstərəs] *adj* ❶ (*rough*) wild ❷ (*exuberant*) übermütig
bold [bəʊld] *adj* ❶ (*brave*) mutig; **to take a ~ step** ein Wagnis eingehen ❷ *colour* kräftig; **~ brush strokes** kühne Pinselstriche; **printed in ~ type** fett gedruckt ▸ **as ~ as brass** frech wie Oskar
Bollywood ['bɒliwʊd] *n* (*fam*) Bollywood *nt* (*in Bombay angesiedelte Unterhaltungsfilmindustrie*)
bolt [bəʊlt] **I.** *vi* ❶ (*move quickly*) rasen ❷ (*run away*) ausreißen **II.** *vt* ❶ (*gulp down*) ■ **to ~ sth ⊃** [**down**] etw hinunterschlingen ❷ (*fix*) ■ **to ~ sth on**[**to**] **sth** etw mit etw *dat* verbolzen **III.** *n* ❶ **~ of lightning** Blitz[schlag] *m* ❷ (*screw*) Schraubenbolzen *m*
bolt upright *adv* aufrecht
bomb [bɒm] **I.** *n* Bombe *f*; **unexploded ~** Blindgänger *m* ▸ **to go like a ~** ein Bombenerfolg sein **II.** *vt* bombardieren
bomb crater *n* Bombentrichter *m*

bomber ['bɒmə*ʳ*] *n* Bombenflugzeug *nt*
bombing ['bɒmɪŋ] *n* ❶ MIL Bombardierung *f* ❷ (*terrorist attack*) Bombenanschlag *m*
bombproof *adj* bombensicher
bombshell *n* Bombe *f a. fig;* **to come as a ~** (*fig*) wie eine Bombe einschlagen; **to drop a ~** (*fig*) die Bombe platzen lassen
bone [bəʊn] *n* ❶ ANAT Knochen *m; of fish* Gräte *f* ❷ *no pl* (*material*) Bein *nt;* **made of ~** aus Bein ▸ **to be a bag of ~s** nur noch Haut und Knochen sein; **to work one's fingers to the ~** sich abrackern
bone density *n* MED Knochendichte *f*
bone fracture *n* Knochenbruch *m*
bone idle *adj,* **bone lazy** *adj* (*pej*) stinkfaul
boneyard ['bəʊnjɑːd] *n* (*sl*) Friedhof *m*
bonfire ['bɒnfaɪə*ʳ*] *n* Freudenfeuer *nt*

> **Guy Fawkes** gehörte der katholischen Verschwörung von 1605 an, die als der Gunpowder Plot (Schießpulver-Komplott) bekannt wurde. Sie versuchte das englische **Houses of Parliament** (Parlamentsgebäude) zusammen mit König James I und allen seinen Ministern in die Luft zu sprengen. Guy Fawkes wurde geschnappt als er am 5. November im Keller Sprengstoff auslegte. Er wurde daraufhin gefoltert, vor Gericht gestellt und dann gehängt. Dieses Ereignis wird immer noch am Abend des 5. Novembers (**bonfire night**) mit **bonfire** parties gefeiert, bei denen eine Stoffpuppe, die man als einen **guy** bezeichnet, auf einem Scheiterhaufen verbrannt wird. Außerdem gibt es noch ein großes Feuerwerk.

bonnet ['bɒnɪt] *n* ❶ (*hat*) Mütze *f* ❷ BRIT, AUS AUTO Motorhaube *f*
bonus ['bəʊnəs] *n* FIN Prämie *f;* **Christmas ~** Weihnachtsgratifikation *f;* **productivity ~** Ertragszulage *f;* **~ share** Gratisaktie *f*
bony ['bəʊni] *adj* knochig
boo [buː] **I.** *interj* (*fam*) ❶ (*to surprise*) huh ❷ (*to show disapproval*) buh **II.** *vi* buhen
boob [buːb] *n* ❶ *usu pl* (*sl: breast*) **big ~s** große Titten ❷ (*fam: blunder*) Schnitzer *m* ❸ AM (*person*) Trottel *m*
booby prize *n* Trostpreis *m*
book [bʊk] **I.** *n* ❶ Buch *nt;* **to be in the ~** im Telefonbuch stehen ❷ *pl* FIN ■ **the ~s** die [Geschäfts]bücher *pl;* **on the ~s** eingetragen

▶ **to be in sb's good/bad ~s** bei jdm gut/schlecht angeschrieben sein; **to do sth by the ~** etw nach Vorschrift machen **II.** vt ① (*reserve*) buchen; ■ **to ~ sth for sb** etw für jdn reservieren ② (*by policeman*) verwarnen; **to be ~ed for speeding** eine Verwarnung wegen erhöhter Geschwindigkeit bekommen **III.** vi buchen, reservieren; **to ~ into a hotel** in ein Hotel einchecken; **to be fully ~ed** ausgebucht sein

Der **Booker Prize** (kurz für: Booker McConnell Prize for Fiction) wurde 1969 von der Maschinenbaufirma Booker McConnell ins Leben gerufen. Der angesehene Literaturpreis wird jedes Jahr im September für den besten, im vorangegangenen Jahr auf Englisch erschienenen Roman vergeben.

◆ **book in I.** vi esp BRIT einchecken **II.** vt ■ **to ~ sb ↻ in** für jdn ein Hotel buchen
◆ **book up** vi buchen; ■ **to be ~ed up** ausgebucht sein
bookie ['bʊki] n (*fam*) ① *short for* **bookmaker** Buchmacher(in) *m(f)*, Wettannahme *f*
booking ['bʊkɪŋ] n Reservierung *f;* **advance ~s** Vorreservierung[en] *f*[*pl*]; **a block ~** eine Gruppenreservierung; **to make a ~** etw buchen
booking office n Theaterkasse *f*
bookkeeping n no pl Buchhaltung *f* **bookmaker** n Buchmacher(in) *m(f)* **bookmark** n Lesezeichen *nt* **book review** n Buchbesprechung *f* **book reviewer** n Buchkritiker(in) *m(f)* **bookseller** n Buchhändler(in) *m(f)* **bookshelf** n Bücherregal *nt* **bookshop** n Buchgeschäft *nt* **bookstall** n Bücherstand *m* **bookstore** n AM Buchgeschäft *nt* **book token** n Büchergutschein *m*
boom¹ [buːm] ECON **I.** vi florieren **II.** n Boom *m*, Aufschwung *m*
boom² [buːm] **I.** n Dröhnen *nt kein pl* **II.** vi ■ **to ~ [out]** dröhnen
boost [buːst] **I.** n Auftrieb *m* **II.** vt ansteigen lassen
booster rocket n Trägerrakete *f*
booster seat n AUTO Kindersitz *m*
boot [buːt] **I.** n ① (*footwear*) Stiefel *m* ② (*fam: kick*) Stoß *m;* **to get the ~** (*fig*) hinausfliegen; **to give sb the ~** (*fig*) jdn hinauswerfen ③ BRIT AUTO (*for luggage*) Kofferraum *m;* AM AUTO (*wheel clamp*) Wegfahrsperre *f* ▶ **the ~'s on the other foot** die Lage sieht anders aus; **to be/get too big for one's ~s** hochnäsig sein/werden **II.** vt (*fam*) einen Tritt versetzen; ■ **to be ~ed off sth** achtkantig aus etw *dat* fliegen ◆ **boot out** vt (*fam*) rausschmeißen
booth [buːð, buːθ] n Kabine *f*; (*in a restaurant*) Sitzecke *f*
bootlace n Schnürsenkel *m* **bootleg** adj ① (*sold illegally*) geschmuggelt ② (*illegally made*) illegal hergestellt; **~ alcohol** schwarz gebrannter Alkohol; **~ CDs** Raubpressungen *pl* **bootlicker** n (*pej*) Kriecher(in) *m(f)*
booty call n AM (*sl*) überraschender Besuch bei jdm mit sexuellen Absichten
boo-yah [buːˈjaː] interj AM (*fam*) **~!** haha!
booze [buːz] n (*fam*) ① *no pl* (*alcohol*) Alk *m;* **to be off the ~** nicht mehr trinken ② (*activity*) **to go out on the ~** auf Sauftour gehen
boozer ['buːzə*ʳ*] n (*fam*) ① BRIT (*pub*) Kneipe *f* ② (*person*) Säufer(in) *m(f)*
border ['bɔːdə*ʳ*] **I.** n ① (*frontier*) Grenze *f* ② (*edge*) Begrenzung *f* **II.** vt ① (*be or act as frontier*) grenzen an +*akk* ② (*bound*) begrenzen
bordering ['bɔːdərɪŋ] adj angrenzend
borderline ['bɔːdəlaɪn] **I.** n usu sing Grenze *f fig* **II.** adj usu attr Grenz-; **~ case** Grenzfall *m*
bore¹ [bɔː*ʳ*] pt of **bear**
bore² [bɔː*ʳ*] **I.** n ① (*thing*) langweilige Sache; **what a ~** wie langweilig ② (*person*) Langweiler(in) *m(f)* **II.** vt langweilen
bore³ [bɔː*ʳ*] **I.** vt bohren **II.** vi ■ **to ~ through/into** durchbohren
boredom ['bɔːdəm] n no pl Langeweile *f*
boring ['bɔːrɪŋ] adj langweilig
born [bɔːn] adj geboren; **I was ~ in April** ich bin im April geboren; **she's a Dubliner ~ and bred** sie ist eine waschechte Dublinerin; **English-~** in England geboren
borne [bɔːn] vi pt of **bear**
borough ['bʌrə] n Verwaltungsbezirk *m;* **the London ~ of Westminster** die Londoner Stadtgemeinde Westminster
borrow ['bɒrəʊ] **I.** vt leihen; **to ~ a book from a library** ein Buch aus einer Bibliothek ausleihen **II.** vi Geld leihen
bosom ['bʊzəm] n usu sing ① (*breasts*) Busen *m* ② (*fig*) **in the ~ of one's family** im Schoß der Familie
boss [bɒs] **I.** n Chef(in) *m(f);* **to be one's own ~** sein eigener Herr sein **II.** vt (*fam*)

■ **to ~ sb** [**about**] jdn herumkommandieren
bossy ['bɒsi] *adj* (*pej*) herrschsüchtig
bot [bɒt] *n* COMPUT, INET *short for* **robot** Bot *nt*
botanical [bə'tænɪkəl] *adj* botanisch
botany ['bɒtəni] *n* Botanik *f*
botch [bɒtʃ] I. *n* Pfusch *m;* **to make a ~ of sth** etw verpfuschen II. *vt* ■ **to ~ sth** [**up**] etw verpfuschen
both [bəʊθ] I. *adj, pron* beide; **~ sexes** Männer und Frauen; **would you like milk or sugar or ~?** möchtest du Milch oder Zucker oder beides?; **a picture of ~ of us** ein Bild von uns beiden II. *adv* **I felt ~ happy and sad at the same time** ich war glücklich und traurig zugleich; **~ men and women** sowohl Männer als auch Frauen
bother ['bɒðəʳ] I. *n no pl* ❶ (*effort*) Mühe *f;* (*work*) Aufwand *m;* **it is no ~** [**at all**]! [überhaupt] kein Problem!; **I don't want to put you to any ~** ich will dir keine Umstände machen; **to not be worth the ~** kaum der Mühe wert sein; **to go to** [**all**] **the ~ of doing sth** sich die Mühe machen, etw zu tun ❷ (*trouble*) Ärger *m;* **to get oneself into a spot of ~** in Schwierigkeiten bringen ❸ BRIT (*nuisance*) **to be a ~** lästig sein II. *interj esp* BRIT [**oh**] **~!** [so ein] Mist! III. *vi* **don't ~!** lass nur!; **shall I wait? — no, don't ~** soll ich warten? — nein, nicht nötig; **why ~?** warum sich die Mühe machen?; **you needn't have ~ed** du hättest dir die Mühe sparen können; **don't ~ about** [**doing**] **the laundry** um die Wäsche brauchst du dich nicht zu kümmern; **he hasn't even ~ed to write** er hat sich nicht mal die Mühe gemacht zu schreiben IV. *vt* ❶ (*worry*) beunruhigen; **it ~ed me that I hadn't done anything** es ließ mir keine Ruhe, dass ich nichts getan hatte; **what's ~ing you?** was hast du?; **you shouldn't let that ~ you** du solltest dir darüber keine Gedanken machen ❷ (*concern*) **it doesn't ~ me** das macht mir nichts aus; **it doesn't ~ me if he doesn't turn up** es schert mich wenig, wenn er nicht kommt; **I'm not ~ed about what he thinks** es ist mir egal, was er denkt ❸ (*disturb*) stören; **don't ~ me** [**with that**]! verschone mich damit!; **stop ~ing me when I'm working** stör mich doch nicht immer, wenn ich arbeite; **I'm sorry to ~ you, but ...** entschuldigen Sie bitte [die Störung], aber ... ❹ (*annoy*) belästigen; **quit ~ing me!** lass mich in Ruhe!; **my tooth is ~ing me** mein Zahn macht mir zu schaffen
botheration [ˌbɒðə'reɪʃən] *interj* (*dated*) verflixt! *fam*
Botox® ['bəʊtɒks] *n* Botox *nt*
Botoxed ['bəʊtɒkst] *adj* Botox-gespritzt
bottle ['bɒtl] I. *n* (*container*) Flasche *f;* **baby's ~** Fläschchen *nt;* **a ~ of milk** eine Flasche Milch II. *vt* (*put into bottles*) abfüllen
bottle bank *n* BRIT Altglascontainer *m*
bottled ['bɒtld] *adj* in Flaschen abgefüllt; **~ beer** Flaschenbier *nt*
bottle-feed *vt* **to ~ a baby** ein Baby mit der Flasche füttern
bottle-feeding *n no pl* Fütterung *f* mit der Flasche
bottleneck *n* Engpass *m a. fig*
bottom ['bɒtəm] I. *n* ❶ (*lowest part*) Boden *m;* **pyjama ~s** Pyjamahose *f;* **at the ~ of the page** am Seitenende; **rock ~** (*fig*) Tiefststand *m;* **the ~ of the sea** der Meeresgrund; **at the ~ of the stairs** am Fuß der Treppe; **from top to ~** von oben bis unten; **to sink to the ~** auf den Grund sinken; **to start at the ~** ganz unten anfangen ❷ (*end*) **at the ~ of the garden** im hinteren Teil des Gartens; **at the ~ of the street** am Ende der Straße ❸ ANAT Hinterteil *nt* II. *adj* untere(r, s); **in ~ gear** BRIT im ersten Gang; **the ~ shelf** das unterste Regal III. *vi* ECON ■ **to ~ out** seinen Tiefstand erreichen
bottomless ['bɒtəmləs] *adj* ❶ (*without limit*) unerschöpflich ❷ (*very deep*) unendlich; **a ~ pit** ein Fass *nt* ohne Boden
bought [bɔːt] *vt pt of* **buy**
boulder ['bəʊldəʳ] *n* Felsbrocken *m*
bounce [baʊn(t)s] I. *n* ❶ *ball* Aufprall ❷ (*vitality*) Schwung *m* ❸ AM (*fam: eject, sack*) **to give sb the ~** jdn hinauswerfen II. *vi* ❶ *ball* aufspringen ❷ (*move up and down*) hüpfen ❸ FIN (*fam*) *cheque* platzen III. *vt* aufspringen lassen ◆ **bounce back** *vi* ❶ (*rebound*) zurückspringen ❷ (*fig: recover*) wieder auf die Beine kommen
bouncer ['baʊn(t)səʳ] *n* Rausschmeißer *m*
bound¹ [baʊnd] I. *vi* (*leap*) springen II. *n* (*leap*) Sprung *m*
bound² [baʊnd] *vt usu passive* (*border*) ■ **to be ~ed by sth** von etw *dat* begrenzt werden
bound³ [baʊnd] *adj* **where is this ship ~**

for? wohin fährt dieses Schiff?; **to be ~ for success** (*fig*) auf dem besten Weg sein, erfolgreich zu sein

bound⁴ [baʊnd] **I.** *pt, pp of* **bind II.** *adj* ❶ (*certain*) **she's ~ to come** sie kommt ganz bestimmt; **to be ~ to happen** zwangsläufig geschehen; **it was ~ to happen** das musste so kommen ❷ (*obliged*) verpflichtet

boundary ['baʊndᵊri] *n* Grenze *f*

boundless ['baʊndləs] *adj* grenzenlos

bout [baʊt] *n* Anfall *m*; **a ~ of coughing** ein Hustenanfall *m*; **drinking ~** Trinkgelage *nt*

bow¹ [bəʊ] *n* ❶ (*weapon*) Bogen *m*; **~ and arrow** Pfeil und Bogen ❷ (*knot*) Schleife *f*

bow² [baʊ] **I.** *vi* sich verbeugen (**to** vor); **to ~ to public pressure** (*fig*) sich öffentlichem Druck beugen **II.** *vt* **to ~ one's head** den Kopf senken **III.** *n* ❶ (*bending over*) Verbeugung *f*; **to take a ~** sich [unter Applaus] verbeugen ❷ NAUT Bug *m*; **in the ~[s]** im Bug ◆**bow down** *vi* ❶ (*to show reverence*) sich verbeugen ❷ (*obey sb*) ■**to ~ down to sb** sich jdm fügen ◆**bow out** *vi* sich verabschieden

bowl¹ [bəʊl] *n* ❶ (*dish*) Schüssel *f*; (*shallower*) Schale *f*; **a ~ of soup** eine Tasse Suppe ❷ AM ■**the B~** das Stadion

bowl² [bəʊl] SPORTS **I.** *vi* ❶ (*in cricket*) werfen ❷ (*tenpins*) bowlen; (*skittles*) kegeln **II.** *vt* SPORTS ❶ (*bowling, cricket*) werfen ❷ (*cricket: dismiss*) ■**to ~ sb** jdn ausschlagen **III.** *n* Kugel *f*; BRIT ■**~s** + *sing vb* Bowls *pl*

bow-legged [bəʊ'legɪd] *adj* O-beinig

bowler ['bəʊlə*r*] *n* ❶ (*cricket*) Werfer(in) *m(f)* ❷ (*bowls*) Bowlsspieler(in) *m(f)*

bowling ['bəʊlɪŋ] *n no pl* ❶ (*tenpins*) Bowling *nt* ❷ (*in cricket*) Werfen *nt;* **to open the ~** den ersten Wurf machen

bowling alley *n* (*tenpin*) Bowlingbahn *f*; (*skittles*) Kegelbahn *f*

bowling green *n* Rasenfläche *f* für Bowls

bow tie [bəʊ'taɪ] *n* FASHION Fliege *f*

bow-wow I. *interj* [ˌbaʊ'waʊ] wauwau **II.** *n* ['baʊˌwaʊ] (*childspeak: dog*) Wauwau *m* Kindersprache

box¹ [bɒks] **I.** *n* ❶ (*container*) Kiste *f*; *out of cardboard* Karton *m*; *of cigars, matches* Schachtel *f* ❷ FBALL (*fam*) Strafraum *m* **II.** *vt* ■**to ~ sth [up]** etw [in einen Karton] verpacken

box² [bɒks] *n* (*tree*) Buchsbaum *m*

box³ [bɒks] **I.** *vi* boxen **II.** *vt* ■**to ~ sb** gegen jdn boxen **III.** *n* **to give sb a ~ on the ears** jdm eine Ohrfeige geben ◆**box in** *vt car* einparken; **to feel ~ed in** (*fig*) sich eingeengt fühlen ◆**box up** *vt* [in Kartons] einpacken

boxer ['bɒksə*r*] *n* ❶ (*dog*) Boxer *m* ❷ (*person*) Boxer(in) *m(f)*

boxing ['bɒksɪŋ] *n no pl* Boxen *nt*

Boxing Day *n* BRIT, CAN zweiter Weihnachtsfeiertag, der 26. Dezember

> In Großbritannien wird der 26. Dezember **Boxing Day** genannt. Der Name stammt aus einer Zeit, als Lehrlinge nach dem ersten Weihnachtstag in **boxes** (Schachteln) Trinkgelder bei den Kunden ihrer Meister einsammelten. Früher wurde auch das Geld, das man einem Lieferanten oder Angestellten zu Weihnachten gab, als **Christmas box** bezeichnet.

boxing gloves *npl* Boxhandschuhe *pl*

boxing match *n* Boxkampf *m*

boxing ring *n* Boxring *m*

box junction *n* markierter Kreuzungsbereich, der bei Stau nicht befahren werden darf

box number *n* Chiffre[nummer] *f*

box office *n* Kasse *f* (*im Kino, Theater*)

boy [bɔɪ] **I.** *n* Junge *m* ▶**the big ~s** die Großen; **the ~s in blue** die Polizei; **~s will be ~s** Jungs sind nun mal so **II.** *interj* [oh] **~!** Junge, Junge!

boyfriend *n* Freund *m*

boy scout *n* Pfadfinder *m*

bozo ['bəʊzəʊ] *n esp* AM (*sl*) dummer Kerl *fam*

BP [ˌbiː'piː] *n* MED *abbrev of* **blood pressure** Blutdruck *m*

bra [brɑː] *n* BH *m*

brace [breɪs] **I.** *n* ❶ (*for teeth*) Zahnspange *f* ❷ BRIT, AUS (*for trousers*) ■**~s** *pl* Hosenträger *pl* ❸ *esp* AM (*callipers*) ■**~s** *pl* Stützapparat *m* **II.** *vt* ❶ (*prepare for*) ■**to ~ oneself for sth** sich auf etw *akk* vorbereiten ❷ (*support*) [ab]stützen

bracelet ['breɪslət] *n* Armband *nt*

bracket ['brækɪt] **I.** *n* ❶ *usu pl* (*in writing*) **in [round/square/angle] ~s** in [runden/eckigen/spitzen] Klammern ❷ (*category*) **age ~** Altersgruppe *f*; **income ~** Einkommensstufe *f*; **tax ~** Steuerklasse *f* **II.** *vt* **to ~ sth** etw in Klammern setzen

brag <-gg-> [bræg] *vi, vt* ■ **to ~** [**about sth**] [mit etw] prahlen

braggart ['brægət] *n* (*pej dated*) Prahler(in) *m(f)*

Braille [breɪl] *n no pl* Blindenschrift *f*

brain [breɪn] *n* ❶ (*organ*) Gehirn *nt*; ■ **~s** *pl* [Ge]hirn *nt* ❷ (*intelligence*) Verstand *m*; ■ **~s** *pl* Intelligenz *f kein pl*; **to have ~s** Grips haben ❸ (*fam: intelligent person*) heller Kopf; **the best ~s** die fähigsten Köpfe ▶ **to have sth on the ~** immer nur an etw *akk* denken

brain bucket *n* AM (*sl*) Helm *m* **brain-draining** *adj* (*fig: mentally exhausting*) nervig, stressig **brainpan** *n* (*fam*) Schädel *m fam*

brains trust *n* AM Braintrust *m*, politische/wirtschaftliche Beratergruppe

brain teaser *n* Rätsel *nt* **brainwashing** *n* Gehirnwäsche *f* **brainwave** *n* Geistesblitz *m*

brainy ['breɪni] *adj* gescheit

brake [breɪk] I. *n* Bremse *f* II. *vi* bremsen; **to ~ hard** scharf bremsen

braking ['breɪkɪŋ] *n no pl* Bremsen *nt*

braking distance *n* Bremsweg *m*

bran [bræn] *n no pl* Kleie *f*

branch [brɑːn(t)ʃ] I. *n* ❶ (*of a bough*) Zweig *m*; (*of the trunk*) Ast *m* ❷ *esp* AM **~ of a river** Flussarm *m* ❸ (*local office*) Zweigstelle *f* II. *vi* sich gabeln ◆ **branch off** I. *vi* sich verzweigen II. *vt* **to ~ off a subject** vom Thema abkommen ◆ **branch out** *vi* (*enter a new field*) seine Aktivitäten ausdehnen; **to ~ out on one's own** sich *akk* selbständig machen

branch office *n* Filiale *f*

brand [brænd] I. *n* ❶ (*product*) Marke *f*; **own** [*or* AM **store**] **~** Hausmarke *f* ❷ (*mark*) Brandzeichen *nt* II. *vt* (*fig, pej*) ■ **to be ~ed** [**as**] **sth** als etw gebrandmarkt sein

brand new *adj* [funkel]nagelneu *fam*

brandy ['brændi] *n* Weinbrand *m*

brash [bræʃ] *adj* (*pej*) dreist

brass [brɑːs] *n* ❶ (*metal*) Messing *nt* ❷ (*engraving*) Gedenktafel *f* (*aus Messing*)

brass band *n* Blaskapelle *f*

brassiere ['bræsɪər] *n* (*dated form*) Büstenhalter *m*

brat [bræt] *n* (*pej fam*) Balg *m o nt*

brattishness ['brætɪʃnəs] *n* kindisches Getue

brave [breɪv] I. *adj* mutig ▶ **to put on a ~ face** sich *dat* nichts anmerken lassen II. *vt* trotzen

bravery ['breɪvəri] *n no pl* Tapferkeit *f*, Mut *m*

brawl [brɔːl] I. *n* [lautstarke] Schlägerei II. *vi* sich [lautstark] schlagen

brawling ['brɔːlɪŋ] *n no pl* Schlägereien *pl*

bray [breɪ] I. *vi donkey* schreien II. *n* [Esels]schrei *m*

bread [bred] *n no pl* Brot *nt*

bread and butter *n* ❶ (*food*) Butterbrot *nt*; **~ pudding** Brotauflauf *m* ❷ (*fig*) Lebensunterhalt *m* **bread bin** *n* BRIT, AUS Brotkasten *m* **breadcrumb** *n* Brotkrume *f*; ■ **~s** *pl* (*for coating food*) Paniermehl *nt kein pl*; **to coat with ~s** panieren **breadmaker** *n* Brotbackautomat *m*

breadth [bretθ, bredθ] *n no pl* Breite *f*

breadwinner *n* Ernährer(in) *m(f)*

break [breɪk] I. *n* ❶ (*fracture*) Bruch *m* ❷ (*gap*) Lücke *f* ❸ (*escape*) Ausbruch *m*; **to make a ~** ausbrechen ❹ (*interruption*) Unterbrechung *f*; *esp* BRIT SCH Pause *f*; TV Werbung *f*; **coffee-/lunch ~** Kaffee-/Mittagspause *f*; **Easter/Christmas ~** Oster-/Weihnachtsferien *pl*; **to take a ~** eine Pause machen; **a short ~ in Paris** ein Kurzurlaub in Paris ▶ **give me a ~!** hör auf [damit]! II. *vt* <broke, broken> ❶ (*shatter*) zerbrechen; (*damage*) kaputtmachen; **to ~ one's arm** sich *dat* den Arm brechen; **to ~ sb's heart** (*fig*) jdm das Herz brechen; **to ~ a nail/tooth** sich *dat* einen Nagel/Zahn abbrechen; **to ~ a window** ein Fenster einschlagen ❷ (*momentarily interrupt*) unterbrechen; **fall** abfangen ❸ (*put an end to*) brechen; **to ~ a deadlock** einen toten Punkt überwinden; **to ~ sb's spirit** jdn mutlos machen ❹ (*violate*) **agreement** verletzen; **to ~ a treaty** gegen einen Vertrag verstoßen ❺ (*tell*) **news** ■ **to ~ sth to sb** jdm etw mitteilen III. *vi* <broke, broken> ❶ (*stop working*) kaputtgehen; (*collapse*) zusammenbrechen; (*shatter*) zerbrechen ❷ (*interrupt*) **shall we ~** [**off**] **for lunch?** machen wir Mittagspause? ❸ (*change in voice*) **her voice broke with emotion** vor Rührung versagte ihr die Stimme; **the boy's voice is ~ing** der Junge ist [gerade] im Stimmbruch ❹ **dawn, day** anbrechen ❺ **news** bekannt werden ❻ MED [auf]platzen; **the waters have**

broken die Fruchtblase ist geplatzt ▸**to ~ even** kostendeckend arbeiten; **to ~ free** ausbrechen; **to ~ loose** sich losreißen ♦**break away** vi ❶ (*move away forcibly*) sich losreißen ❷ (*split off*) sich absetzen ♦**break down** I. vi ❶ (*stop working*) stehen bleiben ❷ *marriage* scheitern II. vt ❶ (*force open*) aufbrechen ❷ CHEM aufspalten ♦**break forth** vi **to ~ forth into song** ein Lied anstimmen ♦**break in** I. vi ❶ (*enter by force*) einbrechen ❷ (*interrupt*) unterbrechen II. vt ❶ (*condition*) *shoes* einlaufen ❷ (*tame*) zähmen ♦**break into** vi ❶ (*forcefully enter*) einbrechen in +*akk* ❷ (*start doing sth*) **to ~ into applause/tears** in Beifall/Tränen ausbrechen ♦**break off** I. vt ❶ (*separate forcefully*) abbrechen ❷ *engagement* lösen II. vi abbrechen ♦**break out** vi ❶ (*escape*) ausbrechen ❷ (*begin*) ausbrechen; *storm* losbrechen ❸ **to ~ out in a rash** einen Ausschlag bekommen; **I broke out in a cold sweat** mir brach der kalte Schweiß aus ♦**break through** vi ❶ (*make one's way*) sich durchdrängen ❷ (*be successful*) einschlagen ♦**break up** I. vt ❶ (*end*) beenden ❷ (*split up*) aufspalten; *gang, monopoly* zerschlagen II. vi ❶ (*end relationship*) sich trennen ❷ (*come to an end*) enden; *marriage* scheitern ❸ (*fall apart*) auseinandergehen; *coalition* auseinanderbrechen ❹ SCH **when do you ~ up?** wann beginnen bei euch die Ferien? ❺ (*laugh*) loslachen; *esp* AM (*be upset*) zusammenbrechen

breakable ['breɪkəbl] *adj* zerbrechlich

breakage ['breɪkɪdʒ] *n* Bruch *m;* **~s must be paid for** zerbrochene Ware muss bezahlt werden

breakaway I. *n* ❶ Lossagung *f;* (*splitting off*) Absplitterung *f* ❷ FBALL Konter *m* II. *adj* Splitter-

breakdown *n* ❶ (*collapse*) Zusammenbruch *m* ❷ AUTO Panne *f* ❸ (*list*) Aufgliederung *f* ❹ PSYCH [Nerven]zusammenbruch *m*

breakdown lorry *n* BRIT Abschleppwagen *m*

breakdown service *n* Abschleppdienst *m*

breakfast ['brekfəst] I. *n* Frühstück *nt;* **to have ~** frühstücken II. *vi* (*form*) frühstücken

breakfast bar *n* Frühstückstheke *f*

breakneck *adj* **at ~ speed** mit halsbrecherischer Geschwindigkeit

breakthrough *n* Durchbruch *m* (**in** bei)

breakup *n* Auseinanderbrechen *nt;* (*on rocks*) Zerschellen *nt;* (*of a marriage*) Scheitern *nt*

breast [brest] *n* Brust *f;* (*bust*) Busen *m* ▸**to make a clean ~ of sth** etw gestehen

breast-feed <-fed, -fed> *vi, vt* stillen

breaststroke *n no pl* Brustschwimmen *nt;* **to do** [**the**] **~** brustschwimmen

breath [breθ] *n* ❶ (*air*) Atem *m;* (*act of breathing in*) Atemzug *m;* **bad ~** Mundgeruch *m;* **out of ~** außer Atem; **to take sb's ~ away** jdm den Atem rauben; **to waste one's ~** in den Wind reden ❷ *no pl* (*wind*) **a ~ of air** ein Hauch *m*

breathalyse ['breθəlaɪz], *esp* AM **breathalyze** *vt* ■ **to ~ sb** jdn pusten lassen

breathe [briːð] I. *vi* atmen; **to ~ again/more easily** (*fig*) [erleichtert] aufatmen ▸**to ~ down sb's neck** jdm im Nacken sitzen II. *vt* (*exhale*) [aus]atmen; **to ~ a sigh of relief** erleichtert aufatmen

breather ['briːðəʳ] *n* [Verschnauf]pause *f*

breathing ['briːðɪŋ] *n no pl* Atmung *f*

breathing apparatus *n* Sauerstoffgerät *nt*

breathing space *n* (*fig*) Bewegungsfreiheit *f*

breathless ['breθləs] *adj* atemlos

breathtaking *adj* atemberaubend

bred [bred] *pt, pp of* **breed**

breed [briːd] I. *vt* <bred, bred> züchten II. *vi* <bred, bred> sich fortpflanzen III. *n* ❶ (*of animal*) Rasse *f* ❷ (*fam: of person*) Sorte *f;* **to be a dying ~** einer aussterbenden Gattung angehören

breeding ['briːdɪŋ] *n no pl* Zucht *f*

breeze [briːz] I. *n* Brise *f* II. *vi* ■ **to ~ through sth** etw spielend schaffen

brethren ['breðrən] *npl* REL (*dated*) Brüder *pl*

brew [bruː] I. *n* Gebräu *nt* II. *vi tea* ziehen III. *vt* brauen

brewery ['bruːəri] *n* Brauerei *f*

bribe [braɪb] I. *vt* bestechen II. *n* Bestechung *f;* **to take a ~** sich bestechen lassen

bribery ['braɪbəri] *n no pl* Bestechung *f*

brick [brɪk] *n* Backstein *m* ♦**brick in** *vt* einmauern

bricklayer *n* Maurer(in) *m(f)*

bride [braɪd] *n* Braut *f*

bridegroom ['braɪdɡrʊm, -ɡruːm] *n* Bräutigam *m*

bridesmaid *n* Brautjungfer *f*

bridge [brɪdʒ] I. *n* ❶ Brücke *f* ❷ (*of glasses*) Brillensteg *m* ❸ (*on ship*) Kommandobrücke *f* II. *vt* ■ **to ~ sth** über etw *akk* eine Brücke

schlagen; (*fig*) *gap* etw überwinden
bridle ['braɪdl] I. *n* Zaumzeug *nt* II. *vt* aufzäumen III. *vi* ■**to ~ at sth** sich über etw *akk* entrüsten
bridle path, **bridleway** *n* Reitweg *m*
brief [briːf] I. *adj* kurz; ■**to be ~** sich kurz fassen; **in ~** kurz gesagt II. *n* ❶ BRIT, AUS (*instructions*) Anweisungen *pl* ❷ *pl* ■**~s** *pl* (*underpants*) Slip *m* III. *vt* informieren
briefcase ['briːfkeɪs] *n* Aktentasche *f*
briefing ['briːfɪŋ] *n* [Einsatz]besprechung *f*
briefly ['briːfli] *adv* kurz
bright [braɪt] I. *adj* ❶ (*shining*) *light* hell; (*blinding*) grell ❷ (*vivid*) ~ **blue** strahlend blau ❸ (*intelligent*) intelligent; *child* aufgeweckt ❹ (*promising*) viel versprechend II. *n* AM AUTO ■**~s** *pl* Fernlicht *nt*
brill [brɪl] *adj* BRIT, AUS (*fam*) toll
brilliant ['brɪliənt] I. *adj* ❶ (*brightly shining*) *colour, eyes* leuchtend ❷ (*clever*) *person* hoch begabt ❸ BRIT (*fam: excellent*) hervorragend II. *interj* BRIT (*fam*) toll!
brim [brɪm] I. *n* ❶ (*of hat*) Krempe *f* ❷ (*top*) Rand *m;* **full to the ~** randvoll II. *vi* <-mm-> **her eyes ~med with tears** ihr standen die Tränen in den Augen; **to ~ with ideas** vor Ideen übersprudeln; **to be ~ming with confidence** vor Selbstbewusstsein nur so strotzen
brimful ['brɪmfʊl] *adj* **~ of ideas** voller Ideen
bring <brought, brought> [brɪŋ] *vt* ❶ (*convey*) mitbringen; **to ~ sth to sb's attention** jdn auf etw *akk* aufmerksam machen; **to ~ news** Nachrichten überbringen ❷ (*cause to come/happen*) bringen; **her screams brought everyone running** durch ihre Schreie kamen alle zu ihr gerannt; **to ~ sb luck** jdm Glück bringen ❸ (*force*) ■**to ~ oneself to do sth** sich [dazu] durchringen, etw zu tun ◆**bring about** *vt* ❶ (*cause*) verursachen ❷ (*achieve*) ■**to have been brought about by sth** durch etw *akk* zustande gekommen sein ◆**bring along** *vt* mitbringen ◆**bring back** *vt* zurückbringen ◆**bring down** *vt* ❶ (*fetch down*) herunterbringen ❷ (*make fall over*) zu Fall bringen ❸ (*reduce*) senken ▶**to ~ the house down** einen Beifallssturm auslösen ◆**bring forward** *vt* vorverlegen ◆**bring in** *vt* ❶ (*fetch in*) hereinbringen; *harvest* einbringen ❷ (*earn*) [ein]bringen ◆**bring off** *vt* (*fam*) zustande bringen ◆**bring on** *vt* (*cause to occur*) herbeiführen; MED verursachen; **you brought it on yourself** du bist selbst schuld ◆**bring out** *vt* ❶ (*fetch out*) herausbringen ❷ BRIT, AUS (*encourage*) ■**to ~ sb out** jdm die Hemmungen nehmen ❸ (*reveal*) zum Vorschein bringen ◆**bring over** *vt* herbeibringen ◆**bring round** *vt esp* BRIT (*fetch round*) mitbringen ◆**bring up** *vt* ❶ (*carry up*) heraufbringen ❷ (*rear*) großziehen; **a well brought-up child** ein gut erzogenes Kind ❸ (*mention*) zur Sprache bringen; **to ~ sth up for discussion** etw zur Diskussion stellen ▶**to ~ up the <u>rear</u>** das Schlusslicht bilden
brink [brɪŋk] *n no pl* Rand *m* a. *fig*
brisk [brɪsk] *adj* ❶ (*quick*) zügig ❷ *wind* frisch
bristle ['brɪsl] I. *n* Borste *f*; (*on a face*) [Bart]stoppel *f meist pl* II. *vi fur* sich sträuben
Britain ['brɪtən] *n* Großbritannien *nt*
British ['brɪtɪʃ] I. *adj* britisch II. *npl* ■**the ~** die Briten *pl*
British Broadcasting Corporation *n no pl,* + *sing/pl vb* britische Rundfunkgesellschaft (*die BBC*)
British National Party *n* POL Britische Nationalpartei (*rechtsradikal*)
Briton ['brɪtən] *n* Brite(in) *m(f)*
Brittany ['brɪtəni] *n* die Bretagne
broad [brɔːd] I. *adj* ❶ (*wide*) breit ❷ (*obvious*) **a ~ hint** ein Wink *m* mit dem Zaunpfahl ❸ (*general*) allgemein ❹ (*wide-ranging*) weitreichend ❺ (*strong*) *accent, grin* breit II. *n* AM (*sl*) Tussi *f*
B-road ['biːrəʊd] *n* BRIT ≈ Landesstraße *f*
broad bean *n* dicke Bohne
broadcast ['brɔːdkɑːst] I. *n* Übertragung *f*; (*programme*) Sendung *f* II. *vi, vt* <broadcast *or* AM broadcasted, broadcast *or* AM broadcasted> senden
broadcasting ['brɔːdkɑːstɪŋ] *n no pl* (*radio*) Rundfunk *m*; (*TV*) Fernsehen *nt*
broadcasting station *n* Rundfunkstation *f*
broaden ['brɔːdən] I. *vi* breiter werden II. *vt* ❶ (*make wider*) verbreitern ❷ (*fig*) vergrößern
broad jump *n no pl* AM (*long jump*) Weitsprung *m*
broadly ['brɔːdli] *adv* ❶ (*widely*) breit ❷ (*generally*) allgemein; **~ speaking, ...** ganz allgemein gesehen, ...
broadminded *adj* (*approv*) tolerant

broccoli ['brɒkəli] *n no pl* Brokkoli *m*
brochure ['brəʊʃəʳ] *n* Broschüre *f*
broke [brəʊk] **I.** *pt of* **break**. **II.** *adj* (*fam*) pleite
broken ['brəʊkən] **I.** *pp of* **break**. **II.** *adj* ❶ *arm* gebrochen; *bottle* zerbrochen; ~ **glass** Glasscherben *pl* ❷ **in ~ English** in gebrochenem Englisch
broken-down *adj* kaputt
broken-hearted *adj* untröstlich
brolly ['brɒli] *n* BRIT, AUS (*fam*) Schirm *m*
bronze [brɒnz] *n* Bronze *f*
Bronze Age *n no pl* **the ~** die Bronzezeit
brooch <*pl* -es> [brəʊtʃ] *n* Brosche *f*
brood [bruːd] **I.** *n* Brut *f a. fig* **II.** *vi* **to ~ over sth** über etw *dat* brüten
broody ['bruːdi] *adj* ZOOL brütig
brook [brʊk] *n* Bach *m*
broom [bruːm, brʊm] *n* Besen *m*
broomstick ['bruːmstɪk, 'brʊm-] *n* Besenstiel *m*
Bros. *npl* ECON *abbrev of* **brothers** Gebr.
broth [brɒθ] *n no pl* Brühe *f*
brotha ['brʌðə] *n* AM (*sl*) Digger *m* (*hauptsächlich von Schwarzafrikanern gebrauchte Anrede für einen Mann*)
brother ['brʌðəʳ] **I.** *n* Bruder *m;* **~s and sisters** Geschwister *pl;* **~s in arms** Waffenbrüder *pl* **II.** *interj* (*fam*) Mann!
brother-in-law <*pl* brothers-in-law> *n* Schwager *m*
brought [brɔːt] *pp, pt of* **bring**
brown [braʊn] **I.** *n* Braun *nt* **II.** *adj* braun
brown bread *n no pl* locker gebackenes Brot aus dunklerem Mehl, etwa wie Mischbrot
brownfield *adj* **~ site** aus gewerblichen Brachflächen hervorgegangenes Bauland
brown-nose *vi esp* AM (*pej sl*) katzbuckeln
brown-noser *n esp* AM (*pej sl*) Arschkriecher(in) *m(f)* **brown paper** *n no pl* Packpapier *nt* **brown rice** *n no pl* ungeschälter Reis
browse [braʊz] **I.** *vi* ❶ **to ~ through a magazine** eine Zeitschrift durchblättern ❷ **to ~ [around a shop]** sich [in einem Geschäft] umsehen **II.** *n no pl* ❶ **to have a ~ around** sich umsehen ❷ **to have a ~ through a magazine** eine Zeitschrift durchblättern
browser ['braʊzəʳ] *n* COMPUT Browser *m*
bruise [bruːz] **I.** *n* ❶ blauer Fleck ❷ (*on fruit*) Druckstelle *f* **II.** *vt* **to ~ one's arm** sich am Arm stoßen **III.** *vi* einen blauen Fleck bekommen; *fruit* Druckstellen bekommen
Brummie, Brummy ['brʌmi] BRIT (*fam*) *adj* aus Birmingham *präd;* **~ culture** die für Birmingham typische Kultur
brunt [brʌnt] *n no pl* **to bear the ~ of sth** etw am stärksten zu spüren bekommen
brush [brʌʃ] **I.** *n* <*pl* -es> ❶ (*for hair, cleaning*) Bürste *f;* (*for painting*) Pinsel *m* ❷ *no pl* (*act*) Bürsten *nt;* **to give sth a ~** etw abbürsten ❸ (*encounter*) Zusammenstoß *m;* **to have a ~ with the law** mit dem Gesetz in Konflikt geraten **II.** *vt* ❶ (*clean*) abbürsten; **to ~ one's hair** sich *dat* die Haare bürsten ❷ (*touch lightly*) leicht berühren **III.** *vi* ■ **to ~ against** streifen; ■ **to ~ by** vorbeieilen an +*dat* ♦ **brush aside** *vt* ❶ (*move aside*) wegschieben ❷ *thing* abtun ♦ **brush away** *vt* ❶ (*wipe*) wegwischen ❷ (*dismiss*) [aus seinen Gedanken] verbannen ♦ **brush off** *vt* ❶ (*remove with brush*) abbürsten ❷ (*ignore*) *person* abblitzen lassen; *thing* zurückweisen ♦ **brush up I.** *vi* ■ **to ~ up on sth** etw auffrischen **II.** *vt* auffrischen
brush-off *n no pl* **to get the ~ from sb** von jdm einen Korb bekommen; **to give sb the ~** jdm eine Abfuhr erteilen
Brussels ['brʌsəlz] *n no pl* Brüssel *nt*
Brussel(s) sprout *n* Rosenkohl *m*
brutal ['bruːtəl] *adj* brutal
brute [bruːt] **I.** *n* Bestie *f* **II.** *adj* **~ force** rohe Gewalt
BSE [ˌbiːesˈiː] *n no pl* BRIT *abbrev of* **bovine spongiform encephalopathy** BSE *f*
BST *n no pl abbrev of* **British Summer Time** britische Sommerzeit
bubble ['bʌbl] **I.** *n* Blase *f;* **to blow a ~** eine Seifenblase machen **II.** *vi* kochen *a. fig; coffee, stew* brodeln; *boiling water, fountain* sprudeln; *champagne* perlen ♦ **bubble over** *vi* ■ **to ~ over with sth** vor etw *dat* [über]sprudeln
bubble bath *n* Schaumbad *nt*
bubble gum *n* Bubble Gum® *m*
bubbly ['bʌbli] **I.** *n no pl* (*fam*) Schampus *m* **II.** *adj* ❶ *drink* sprudelnd ❷ *person* temperamentvoll
buck[1] [bʌk] *n* AM, AUS (*fam*) Dollar *m*
buck[2] [bʌk] *n* <*pl* - *or* -s> (*male deer*) Bock *m*
bucket ['bʌkɪt] *n* ❶ (*pail*) Eimer *m* ❷ (*fam: large amounts*) ■ **~s** *pl* Unmengen *pl*
bucketful <*pl* -s *or* bucketsful> *n* Eimer *m*

bucket seat n AUTO, AVIAT Schalensitz m
buckle ['bʌkl] I. n Schnalle f II. vt belt [zu]schnallen ◆ **buckle down** vi sich dahinter klemmen fam ◆ **buckle in** vt anschnallen
Buck's Fizz [bʌks'fɪz] n Orangensaft m mit Sekt [o Champagner] m
bud [bʌd] n Knospe f; **to be in ~** Knospen haben
budding ['bʌdɪŋ] adj (fig) angehend
buddy ['bʌdi] n AM (fam) Kumpel m
buddy system n Sicherheitsmaßnahme, bei der, z.B. bei Ausflügen mit Kindern, die Teilnehmer sich in Paaren zusammenschließen, damit sie aufeinander gegenseitig aufpassen
budge [bʌdʒ] I. vi ❶ (move) sich [vom Fleck] rühren ❷ (change mind) nachgeben; ■ **to ~ from sth** von etw dat abrücken II. vt ❶ (move) [von der Stelle] bewegen ❷ (cause to change mind) umstimmen
budgerigar ['bʌdʒəˀrɪgɑː^r] n Wellensittich m
budget ['bʌdʒɪt] I. n Budget nt; ■ **the B~** der öffentliche Haushalt[splan] II. vi ■ **to ~ for sth** etw [im Budget] vorsehen III. adj preiswert; **~ travel** Billigreisen pl
budget deficit n Haushaltsdefizit nt
buffalo <pl - or -oes> ['bʌfˀləʊ] n Büffel m
buffer ['bʌfəʳ] n Puffer m; (railway) Prellbock m
buffet¹ ['bʊfeɪ, 'bʌ-] n Büfett nt; **~ car** esp BRIT RAIL ≈ Speisewagen m
buffet² ['bʌfɪt] vt [heftig] hin und her bewegen
bug [bʌg] I. n ❶ (insect) ■ **~s** pl Ungeziefer nt kein pl; **bed ~** Bettwanze f ❷ COMPUT Bug m ❸ (listening device) Wanze f II. vt <-gg-> ❶ (install bugs) verwanzen ❷ (fam: annoy) ■ **to ~ sb** [**about sth**] jdm [mit etw] auf die Nerven gehen; **stop ~ging me!** hör auf zu nerven!
bugger ['bʌgəʳ] I. n BRIT, AUS (vulg) Scheißkerl m; **poor ~** (sl) armes Schwein ▶ **it's got ~ all to do with you!** BRIT, AUS (vulg) das geht dich einen Dreck an! II. interj BRIT, AUS (vulg) **~!** Scheiße! III. vt BRIT, AUS (sl: ruin) ruinieren ◆ **bugger off** vi (sl) abhauen ◆ **bugger up** vt (sl) versauen
buggy ['bʌgi] n ❶ BRIT (pushchair) Buggy m ❷ AM (pram) Kinderwagen m
build [bɪld] I. n no pl Körperbau m II. vt <built, built> ❶ (construct) bauen; **building** a. errichten ❷ (fig) aufbauen III. vi <built, built> ❶ (construct) bauen ❷ (increase) zu-

nehmen ◆ **build in** vt einbauen ◆ **build on** vi ❶ (take advantage of) bauen auf +akk ❷ (add extension) anbauen ◆ **build up** I. vt aufbauen II. vi (increase) zunehmen; traffic sich verdichten
builder ['bɪldəʳ] n Bauarbeiter(in) m(f)
building ['bɪldɪŋ] n Gebäude nt
building regulations npl Baugesetze pl
building site n Baustelle f **building society** n BRIT, AUS Bausparkasse f
build quality n no pl of car, computer Verarbeitungsqualität f
build-up n ❶ (increase) Zunahme f; **~ of pressure** Druckanstieg m ❷ (hype) Werbung f
built [bɪlt] pp, pt of **build**
built-in ['bɪltɪn] adj eingebaut; **~ cupboard** Einbauschrank m
built-up ['bɪltʌp] adj ❶ area verbaut ❷ shoes erhöht
bulb [bʌlb] n ❶ BOT Zwiebel f ❷ ELEC [Glüh]birne f
bulge [bʌldʒ] I. n Wölbung f II. vi sich runden; eyes hervortreten
bulging ['bʌldʒɪŋ] adj ❶ (full) container zum Bersten voll ❷ (protruding) eyes hervorquellend
bulk [bʌlk] n ❶ no pl (mass) Masse f ❷ (size) Ausmaß nt ❸ no pl (largest part) Großteil m; **the ~ of the work** die meiste Arbeit
bulky ['bʌlki] adj person massig; object sperrig
bull [bʊl] n Stier m, Bulle m ▶ **like a ~ in a china shop** wie ein Elefant im Porzellanladen; **to take the ~ by the horns** den Stier bei den Hörnern packen
bulldog n Bulldogge f
bulldoze ['bʊldəʊz] vt (level off) einebnen; (clear) räumen
bulldozer ['bʊldəʊzəʳ] n Bulldozer m
bullet ['bʊlɪt] n Kugel f; **~ hole** Einschussloch nt; **~ wound** Schusswunde f ▶ **to bite the ~** in den sauren Apfel beißen; **to give sb the ~** jdn feuern
bulletin board n schwarzes Brett
bulletproof adj kugelsicher
bullfight n Stierkampf m
bullish ['bʊlɪʃ] adj ❶ (aggressive) draufgängerisch ❷ (obstinate) dickköpfig
bullshit (fam!) I. n no pl Schwachsinn m II. vi <-tt-> Scheiß erzählen
bully ['bʊli] I. n Rabauke m; **you're a big ~**

du bist ein ganz gemeiner Kerl **II.** *vt* <-ie-> tyrannisieren

bum [bʌm] **I.** *n* ❶ (*good-for-nothing*) Penner *m* ❷ *esp* BRIT, AUS (*fam: bottom*) Hintern *m* **II.** *adj* (*pej fam*) mies; ~ **rap** AM ungerechte Behandlung **III.** *vt* <-mm-> (*fam*) ▪ **to** ~ **sth off sb** etw von jdm schnorren

bumblebee ['bʌmbl|biː] *n* Hummel *f*

bump [bʌmp] **I.** *n* ❶ (*on head*) Beule *f*; (*in road*) Unebenheit *f* ❷ (*thud*) Bums *m*; **to go** ~ rumsen **II.** *vt* ❶ AUTO zusammenstoßen mit +*dat* ❷ ▪ **to** ~ **one's head** sich am Kopf stoßen **III.** *vi* ▪ **to** ~ **along** entlangrumpeln ♦ **bump off** *vt* (*sl*) umlegen

bumper ['bʌmpə'] *n* Stoßstange *f*

bumper-to-bumper *adv attr* Haube an Haube

bumpy ['bʌmpi] *adj* holp[e]rig; *flight, ride* unruhig

bun [bʌn] *n* ❶ (*pastry*) [rundes] Gebäckstück ❷ *esp* AM (*bread roll*) Brötchen *nt*

bunch <*pl* -es> [bʌn(t)ʃ] **I.** *n* ❶ (*group*) *of flowers* Strauß *m*; *of people* Haufen *m*; ~ **of keys** Schlüsselbund *m*; ~ **of problems** jede Menge Probleme ❷ (*wad*) **in a** ~ aufgebauscht **II.** *vt* bündeln **III.** *vi* sich bauschen

bundle ['bʌndl] **I.** *n* Bündel *nt*; **a** ~ **of nerves** (*fig*) ein Nervenbündel **II.** *vt* **to** ~ **sb into the car** jdn ins Auto verfrachten

bundt cake ['bʊndkeɪk] *n* Napfkuchen *m*

bung [bʌŋ] **I.** *n esp* BRIT Pfropfen *m* **II.** *vt* ❶ *esp* BRIT ▪ **to be** ~**ed up** verstopft sein ❷ *esp* BRIT, AUS (*fam: throw*) schmeißen

bunghole *n* Spundloch *nt*

bungle ['bʌŋgl] **I.** *vt* verpfuschen **II.** *vi* Mist bauen **III.** *n* **to make a** ~ **of sth** etw verpfuschen

bungling ['bʌŋglɪŋ] **I.** *n no pl* Stümperei *f* **II.** *adj* ungeschickt; ~ **idiot** ausgemachter Trottel

bunk [bʌŋk] **I.** *n* ❶ (*in boat*) Koje *f* ❷ (*part of bed*) **bottom/top** ~ unteres/oberes Bett (*eines Etagenbetts*) ▸ **to do a** ~ BRIT, AUS [heimlich] abhauen **II.** *vi* (*fam*) ▪ **to** ~ [**down**] sich aufs Ohr legen

bunk bed *n* Etagenbett *nt*

bunny ['bʌni] *n* (*childspeak*) Häschen *nt*

burb [bɜːrb] *n* AM (*fam*) *short for* **suburb** Vorort *m*

Burberry® ['bɜːbəri] *n* ❶ (*coat*) Burberrymantel *m* ❷ *no pl* (*cloth*) Burberrymantelstoff *m*

burble ['bɜːbl] **I.** *vi* ❶ (*of water*) plätschern ❷ (*pej: babble*) plappern **II.** *vt* (*pej*) brabbeln ♦ **burble away** *vi* drauflos plappern ♦ **burble on** *vi* drauflos quasseln

burden ['bɜːdən] **I.** *n* ❶ Last *f* ❷ (*fig*) Belastung *f* (**to** für); ~ **of proof** Beweislast *f* **II.** *vt* beladen

bureau <*pl* -x *or* AM, AUS *usu* -s> ['bjʊərəʊ] *n* ❶ (*government department*) Amt *nt*, Behörde *f* ❷ AM (*office*) [Informations]büro *nt* ❸ BRIT (*desk*) Sekretär *m* ❹ AM (*chest of drawers*) Kommode *f*

burger ['bɜːgə'] *n* (*fam*) *short for* **hamburger** [Ham]burger *m*

burglar ['bɜːglə'] *n* Einbrecher(in) *m(f)*

burglarproof *adj* einbruchsicher

burglary ['bɜːgləri] *n* Einbruch[diebstahl] *m*

burgle ['bɜːgl] *vt* BRIT, AUS einbrechen in; **they were** ~**d** bei ihnen wurde eingebrochen

burly ['bɜːli] *adj* kräftig [gebaut]

burn¹ [bɜːn] *n* SCOT Bächlein *nt*

burn² [bɜːn] **I.** *n* ❶ (*injury*) Verbrennung *f* ❷ (*damage*) Brandfleck *m* **II.** *vi* <burnt *or* AM *usu* burned, burnt *or* AM *usu* burned> ❶ (*be in flames*) brennen; *house* in Flammen stehen; **to** ~ **to death** verbrennen ❷ FOOD anbrennen ❸ (*sunburn*) einen Sonnenbrand bekommen ❹ (*acid*) ätzen **III.** *vt* <burnt *or* AM *usu* burned, burnt *or* AM *usu* burned> ❶ (*damage with heat*) verbrennen ❷ FOOD anbrennen lassen ❸ (*sunburn*) ▪ **to be** ~**t** einen Sonnenbrand haben ❹ (*acid*) verätzen ♦ **burn away I.** *vi* herunterbrennen; (*continuously*) vor sich hinbrennen **II.** *vt* abbrennen ♦ **burn down I.** *vt* abbrennen **II.** *vi* *building* niederbrennen ♦ **burn out I.** *vi* ❶ *fire, candle* herunterbrennen ❷ *rocket* ausbrennen ❸ AM (*fam: reach saturation*) ▪ **to** ~ **out on sth** etw schnell überhaben **II.** *vt* ❶ (*stop burning*) **the candle** ~**t itself out** die Kerze brannte herunter ❷ (*person*) ▪ **to** ~ [**oneself**] **out** sich völlig verausgaben ♦ **burn up I.** *vi* verbrennen **II.** *vt* *calories* verbrauchen

burning ['bɜːnɪŋ] **I.** *adj* ❶ (*on fire*) brennend; *face* glühend ❷ (*controversial*) *issue* heiß diskutiert; *question* brennend **II.** *n no pl* **there's a smell of** ~ es riecht verbrannt

burnout *n* ❶ *no pl* (*exhaustion*) Erschöpfung ❷ AM (*pej: person*) ausgebrannter Mensch

burnt [bɜːnt] I. *vt, vi pt, pp of* **burn** II. *adj* (*completely*) verbrannt; (*partly*) *food* angebrannt

burp [bɜːp] I. *n* Rülpser *m;* *of a baby* Bäuerchen *nt* II. *vi* rülpsen *fam;* *baby* ein Bäuerchen machen

burrow [ˈbʌrəʊ] I. *n* Bau *m* II. *vt* graben

bursary [ˈbɜːsᵊri] *n esp* BRIT Stipendium *nt*

burst [bɜːst] I. *n* ~ **of activity** plötzliche Geschäftigkeit; ~ **of laughter** Lachsalve *f;* ~ **of speed** Spurt *m* II. *vi* <burst *or* AM *a.* bursted, burst *or* AM *a.* bursted> ❶ (*explode*) platzen ❷ (*fig*) ▪**to be** ~**ing to do sth** darauf brennen, etw zu tun ❸ (*be full*) *suitcase* zum Bersten voll sein; **to be** ~**ing with curiosity/pride** vor Neugier/Stolz platzen III. *vt* <burst *or* AM *a.* bursted, burst *or* AM *a.* bursted> zum Platzen bringen; **she** ~ **a blood vessel** ihr ist eine Ader geplatzt ◆**burst forth** *vi* (*liter*) *sunshine* hervorbrechen; *blossom* ausbrechen ◆**burst in** *vi* herein-/hineinstürzen; ▪**to** ~ **in on sb** bei jdm hereinplatzen; **to** ~ **in on a meeting** in eine Versammlung hineinplatzen ◆**burst out** *vi* ❶ (*hurry out*) herausstürzen ❷ (*commence*) **to** ~ **out crying/laughing** in Tränen-/Gelächter ausbrechen

bury <-ie-> [ˈberi] *vt person* begraben; *thing* vergraben

bus [bʌs] I. *n* <*pl* -es *or* AM *a.* -ses> [Omni]bus *m;* **to go by** ~ mit dem Bus fahren II. *vt* <-ss- *or* AM *usu* -s-> mit dem Bus befördern III. *vi* <-ss- *or* AM *usu* -s-> mit dem Bus fahren

bus driver *n* Busfahrer(in) *m(f)*

bush <*pl* -es> [bʊʃ] *n* ❶ Busch *m;* **in the** ~**es** im Gebüsch ❷ (*fig*) ~ **of hair** [dichtes] Haarbüschel ▸ **to beat about the** ~ um den heißen Brei herumreden

bushy [ˈbʊʃi] *adj* buschig

busily [ˈbɪzɪli] *adv* eifrig; ~ **engaged on sth** intensiv mit etw *dat* beschäftigt

business <*pl* -es> [ˈbɪznɪs] *n* ❶ *no pl* (*commerce*) Handel *m;* **to go out of** ~ das Geschäft aufgeben; **to talk** ~ zur Sache kommen; **on** ~ beruflich ❷ *no pl* (*sales volume*) Geschäft *nt;* **how's** ~**?** was machen die Geschäfte? ❸ (*profession*) Branche *f;* **what line of** ~ **are you in?** in welcher Branche sind Sie tätig? ❹ *no pl* (*matter*) Angelegenheit *f;* **that's none of your** ~ das geht dich nichts an ❺ *no pl* **to mean** ~ es [wirklich] ernst meinen ▸ ~ **before pleasure** (*prov*) erst die Arbeit, dann das Vergnügen; **to be** ~ **as usual** den gewohnten Gang gehen; **to get down to** ~ zur Sache kommen

business address *n* Geschäftsadresse *f* **business card** *n* Visitenkarte *f* **business hours** *npl* Geschäftszeiten *pl* **business trip** *n* Dienstreise *f,* Geschäftsreise *f*

busker [ˈbʌskər] *n* Straßenmusikant(in) *m(f)*

bus lane *n* Busspur *f*

busload *n* Busladung *f*

bus service *n* Busverbindung *f* **bus station** *n* Busbahnhof *m* **bus stop** *n* Bushaltestelle *f*

bust[1] [bʌst] *n* ❶ (*statue*) Büste *f* ❷ (*breasts*) Büste *f*

bust[2] [bʌst] I. *n* ❶ (*recession*) [wirtschaftlicher] Niedergang ❷ (*sl: police raid*) Razzia *f* II. *adj* (*fam*) ❶ (*broken*) kaputt ❷ (*bankrupt*) **to go** ~ Pleite machen III. *vt* <bust *or* AM *usu* busted, bust *or* AM *usu* busted> (*fam*) kaputtmachen

bustle [ˈbʌsl] I. *n no pl* Getriebe *nt* II. *vi* **the street** ~**d with activity** auf der Straße herrschte reger Betrieb; ▪**to** ~ **about** herumwuseln; ▪**to** ~ **in/out** geschäftig hinein-/hinauseilen

bust-up [ˈbʌstʌp] *n* BRIT, AUS (*fam*) Krach *m*

busy [ˈbɪzi] I. *adj* ❶ (*occupied*) beschäftigt; **I'm very** ~ **this week** ich habe diese Woche viel zu tun; **to keep oneself** ~ sich beschäftigen; **to keep sb** ~ jdn in Atem halten ❷ (*active*) *day* arbeitsreich; **I've had a** ~ **day** ich hatte heute viel zu tun; **the busiest time of year** die Jahreszeit, in der am meisten los ist II. *vt* <-ie-> ▪**to** ~ **oneself with sth** sich mit etw *dat* beschäftigen

but [bʌt, bət] I. *conj* ❶ (*although, however*) aber; ~ **then I'm no expert** ich bin allerdings keine Expertin ❷ (*except*) als ❸ (*rather*) sondern; **not only** ... ~ **also** ... [**too**] nicht nur[,] ... sondern auch ... II. *prep* außer +*dat;* **last** ~ **one** vorletzte(r, s); **anything** ~ alles außer; **nothing** ~ **trouble** nichts als Ärger III. *adv* (*form: only*) nur ▸ ~ **for** bis auf; ~ **then** [**again**] (*on the other hand*) andererseits; (*after all*) schließlich

butcher [ˈbʊtʃər] I. *n* Metzger(in) *m(f)* II. *vt* schlachten

but'n'ben [ˌbʌtənˈben] *n* SCOT kleines Häuschen

butt [bʌt] I. *n* ❶ *of rifle* Kolben *m; of cigarette* Stummel *m* ❷ AM (*sl*) Hintern *m;* **to**

get off one's ~ seinen Hintern in Bewegung setzen **II.** *vt* ■**to ~ sb/sth** jdm/etw einen Stoß mit dem Kopf versetzen **III.** *vi person* mit dem Kopf stoßen

butt-baring ['bʌtbeərɪ-ŋ] *adj* AM **~ panties** kaum das Hinterteil bedeckende Höschen

butter ['bʌtər] **I.** *n no pl* Butter *f* **II.** *vt* mit Butter bestreichen

butter-dish *n* Butterdose *f*

butterfly ['bʌtəflaɪ] *n* Schmetterling *m*

buttock ['bʌtək] *n* [Hinter]backe *f;* ■**~s** *pl* Gesäß *nt*

button ['bʌtᵊn] **I.** *n* ❶(*on clothes*) Knopf *m* ❷TECH Knopf *m;* **to push a ~** auf einen Knopf drücken ❸AM (*badge*) Button *m* **II.** *vt* zuknöpfen ▶**to ~ it** den Mund halten

buy [baɪ] **I.** *n* Kauf *m* **II.** *vt* <bought, bought> ❶■**to ~ sb sth** [*or* **sth for sb**] jdm etw kaufen; ■**to ~ sth from** [*or fam* **off**] **sb** jdm etw abkaufen ❷(*fam: believe*) abkaufen ◆**buy back** *vt* zurückkaufen ◆**buy off** *vt* kaufen ◆**buy out** *vt company* aufkaufen; *person* auszahlen ◆**buy up** *vt* aufkaufen

buy-back *n* ECON Rückkauf *m*

buyer ['baɪər] *n* Käufer(in) *m(f);* (*as job*) Einkäufer(in) *m(f)*

buzz [bʌz] **I.** *vi bee, buzzer* summen; **my head was ~ing** mir schwirrten alle möglichen Gedanken durch den Kopf; **the room was ~ing with conversation** das Zimmer war von Stimmengewirr erfüllt **II.** *vt* (*telephone*) anrufen **III.** *n* <*pl* **-es**> ❶ *of a bee, buzzer* Summen *nt; of a fly* Brummen *nt;* **~ of conversation** Stimmengewirr *nt* ❷(*call*) **to give sb a ~** jdn anrufen ◆**buzz around** *vi* herumschwirren ◆**buzz off** *vi* (*fam!*) abziehen

buzz cut *n* Stoppelhaare *pl*

buzzer ['bʌzər] *n* Summer *m*

by [baɪ] **I.** *prep* ❶(*beside*) bei +*dat,* an +*dat;* **come and sit ~ me** komm und setz dich zu mir ❷**~ the arm/hair** am Arm/Schopf; **~ the hand** bei der Hand ❸(*not later than*) bis; **~ 14 February** [spätestens] bis zum 14.02.; **~ now** inzwischen; **~ the time [that] this letter reaches you ...** wenn dieser Brief dich erreicht, ... ❹(*during*) bei +*dat;* **~ candlelight** bei Kerzenlicht; **~ day/night** tagsüber/nachts ❺(*happening progressively*) **bit ~ bit** nach und nach; **day ~ day** Tag für Tag ❻(*agent*) von +*dat;* **a painting ~ Picasso** ein Gemälde von Picasso; **I swear ~ Almighty God that ...** ich schwöre bei dem allmächtigen Gott, dass ... ❼(*by means of*) durch +*akk,* mit +*dat;* **~ boat/bus/car/train** mit dem Schiff/Bus/Auto/Zug; **~ chance** durch Zufall; **~ cheque** mit Scheck; **~ contrast** im Gegensatz ❽(*according to*) nach +*dat,* von +*dat;* **~ birth** von Geburt; **~ law** dem Gesetz nach; **~ profession** von Beruf ❾(*quantity*) **~ the day** tageweise; **~ the hour** stundenweise; **~ the metre** am Meter; **~ the thousand** zu Tausenden ❿(*margin*) um +*akk;* **to go up ~ 20%** um 20 % steigen; **it would be better ~ far to ...** es wäre weitaus besser, ... ⓫MATH **8 divided ~ 4 equals 2** 8 geteilt durch 4 ist 2; **8 multiplied ~ 3 equals 24** 8 mal 3 macht 24 **II.** *adv* ❶(*past*) vorbei; **excuse me, I can't get ~** Entschuldigung, ich komme nicht vorbei; **time goes ~ so quickly** die Zeit vergeht so schnell ❷**close ~** ganz in der Nähe ▶**~ and large** im Großen und Ganzen

bye [baɪ] *interj,* **bye-bye** [ˌbaɪ'baɪ] *interj* (*fam*) tschüs

by-election *n* BRIT, CAN Nachwahl *f*

bypass I. *n* ❶TRANSP Umgehungsstraße *f* ❷MED Bypass *m* **II.** *vt* (*detour*) umfahren

by-product *n* Nebenprodukt *nt;* (*fig*) Begleiterscheinung *f*

Cc

C <*pl* **-'s** *or* **-s**>, **c** <*pl* **-'s**> [si:] *n* ❶C *nt,* c *nt; see also* **A 1** ❷MUS C *nt,* c *nt;* **~ flat** Ces *nt,* ces *nt;* **~ sharp** Cis *nt,* cis *nt* ❸(*school mark*) ≈ Drei *f,* ≈ befriedigend

C ❶*after n abbrev of* **Celsius** C ❷ *abbrev of* **cancer: the Big ~** (*fam*) Krebs *m*

c. *abbrev of* **circa** ca.

cab [kæb] *n* ❶(*of a truck*) Führerhaus *nt* ❷(*taxi*) Taxi *nt*

cabbage ['kæbɪdʒ] *n* Kohl *m kein pl*

cabbie *n,* **cabby** ['kæbi] *n, esp* AM **cab-driver** *n* Taxifahrer(in) *m(f)*

cabin ['kæbɪn] *n* ❶(*on ship*) Kabine *f* ❷(*wooden house*) Hütte *f*

cabin cruiser *n* Kajütboot *nt*

cabinet ['kæbɪnət] *n* ❶(*storage place*)

Schrank *m* ❷ + *sing/pl vb* POL Kabinett *nt*

> In Großbritannien ist das **Cabinet** (Kabinett) ein Gremium wichtiger Minister, das sich regelmäßig mit dem **Prime Minister** trifft. Zusammen erarbeiten sie die Richtlinien der Politik. Das **Shadow Cabinet** (Schattenkabinett) ist ein Gremium wichtiger Mitglieder der Opposition.

cable ['keɪbl] I. *n* ❶ ELEC [Leitungs]kabel *nt*, Leitung *f* ❷ *no pl* TV Kabelfernsehen *nt* II. *vt* TV ■**to be ~d** verkabelt sein
cable car *n* Seilbahn *f*
cable network *n* TV Kabelnetz *nt*
cable television *n no pl*, **cable TV** *n no pl* Kabelfernsehen *nt*
caboose [kəbuːs] *n* AM NAUT Kombüse *f*; RAIL Dienstwagen *m*
cab rank *n* Taxistand *m*
cackle ['kækl] I. *vi* gackern II. *n* ❶ (*chicken noise*) Gackern *nt kein pl* ❷ (*laughter*) Gegacker *nt*
cactus <*pl* -es *or* cacti> ['kæktəs, *pl* -taɪ] *n* Kaktus *m*
cadaverous [kəˈdævərəs] *adj* (*pale*) totenbleich; (*thin*) ausgemergelt; (*about to die*) vom Tode gezeichnet
cadge [kædʒ] *vt, vi* (*fam*) schnorren (**from/ off** von)
Caesarean [sɪˈzeərɪən] *n* MED Kaiserschnitt *m*
café *n*, **cafe** ['kæfeɪ] *n* Café *nt*
cafeteria [ˌkæfəˈtɪərɪə] *n* Cafeteria *f*
caffein(e) ['kæfiːn] *n no pl* Koffein *nt*
cage [keɪdʒ] *n* Käfig *m*
cagey ['keɪdʒɪ] *adj* (*fam*) verschlossen
cagoul(e) [kəˈguːl] *n* BRIT Regenjacke *f* [mit Kapuze]
cake [keɪk] I. *n* Kuchen *m*; (*layered*) Torte *f*; **fish ~** Fischfrikadelle *f*; **potato ~** Kartoffelpuffer *m* ▸ **a piece of ~** (*fam*) ein Klacks *m* II. *vt* **~d with mud** dreckverkrustet
cal. *n abbrev of* **calorie** cal
calamitous [kəˈlæmɪtəs] *adj* verheerend, katastrophal
calcium ['kælsɪəm] *n no pl* Kalzium *nt*
calculate ['kælkjəleɪt] I. *vt* berechnen II. *vi* ■**to ~ [on sth]** [mit etw] rechnen
calculated ['kælkjəleɪtɪd] *adj* beabsichtigt
calculating ['kælkjəleɪtɪŋ] *adj* berechnend
calculation [ˌkælkjəˈleɪʃən] *n* MATH Berechnung *f*; (*estimate*) Schätzung *f*
calculator ['kælkjəleɪtər] *n* Rechner *m*
calendar ['kæləndər] *n* Kalender *m*
calf <*pl* calves> [kɑːf, *pl* kɑːvz] *n* ❶ (*animal*) Kalb *nt* ❷ ANAT Wade *f*
California [ˌkælɪˈfɔːnɪə] *n* Kalifornien *nt*
call [kɔːl] I. *n* ❶ (*on the telephone*) [Telefon]anruf *m*, [Telefon]gespräch *nt*; **to give sb a ~** jdn anrufen; **to make a ~** telefonieren; **to take a ~** ein Gespräch annehmen ❷ (*visit*) Besuch *m* ❸ (*shout*) Ruf *m*; **a ~ for help** ein Hilferuf *m* ❹ *no pl* (*form: need*) Grund *m*; **there was no ~ to shout** es war nicht nötig zu schreien ❺ (*summoning*) Aufruf *m* (**for** zu) ❻ (*decision*) Entscheidung *f* II. *vt* ❶ (*on the telephone*) anrufen; (*by radio*) rufen ❷ (*name*) nennen; **what's that actor ~ed again?** wie heißt dieser Schauspieler nochmal?; **what's that ~ed in Spanish?** wie heißt das auf Spanisch? ❸ (*shout*) rufen; ■**to ~ sth to sb** jdm etw zurufen ❹ (*summon*) rufen; **to ~ a doctor/a taxi** einen Arzt/ein Taxi kommen lassen; **to ~ sb into a room** jdn in ein Zimmer bitten ❺ (*give orders for*) **meeting** einberufen; **strike** ausrufen; **to ~ an election** Wahlen ansetzen III. *vi* ❶ (*telephone*) anrufen; **who's ~ing, please?** wer ist am Apparat? ❷ (*drop by*) vorbeischauen ❸ (*shout*) rufen ◆ **call at** *vi* ❶ (*visit*) ■**to ~ at sth** bei etw *dat* vorbeigehen ❷ *town, station* halten (**at** in) ◆ **call away** *vt* wegrufen ◆ **call back** I. *vt* zurückrufen II. *vi* (*phone*) zurückrufen ◆ **call for** *vi* ❶ (*collect*) abholen ❷ (*shout*) ■**to ~ for sb** nach jdm rufen; **to ~ for help** um Hilfe rufen ◆ **call in** I. *vt* (*ask to come*) [herein]rufen II. *vi* ❶ RADIO anrufen ❷ (*drop by*) ■**to ~ in on sb** bei jdm vorbeischauen ◆ **call off** *vt* (*cancel*) absagen; (*stop*) abbrechen ◆ **call on** *vi* ❶ (*appeal to*) ■**to ~ on sb to do sth** jdn dazu auffordern, etw zu tun ❷ (*visit*) ■**to ~ on sb** bei jdm vorbeischauen ◆ **call out** I. *vt* ❶ (*shout*) rufen; **to ~ out ↻ sth to sb** jdm etw zurufen ❷ (*summon*) **to ~ out the fire brigade** die Feuerwehr alarmieren II. *vi* rufen ◆ **call up** *vt* ❶ *esp* AM (*telephone*) anrufen ❷ COMPUT aufrufen
call box *n* BRIT Telefonzelle *f*
call diversion *n no pl* Rufumleitung *f*
caller ['kɔːlər] *n* ❶ (*on telephone*) Anrufer(in) *m(f)* ❷ (*visitor*) Besucher(in) *m(f)*
calling card *n* ❶ AM (*for telephone*) Tele-

call waiting – canny

fon[kredit]karte *f* ❷ *esp* Am (*personal*) Visitenkarte *f*
call waiting *n no pl* Anklopfen *nt*
calm [kɑ:m] **I.** *adj* ruhig **II.** *n* ❶ (*calmness*) Ruhe *f* ❷ meteo Windstille *f*; **the ~ before the storm** die Ruhe vor dem Sturm **III.** *vt* beruhigen
calorie ['kælǝri] *n* Kalorie *f*; **high/low in ~ s** kalorienreich/-arm; **~ -reduced** brennwertvermindert
calves [kɑ:vz] *n pl of* **calf**
camcorder ['kæmˌkɔ:dǝʳ] *n* Camcorder *m*
came [keɪm] *vi pt of* **come**
camel ['kæmǝl] *n* Kamel *nt*; **~ hair** Kamelhaar *nt*
camera ['kæmǝrǝ] *n* Kamera *f*; **to be on ~** vor der Kamera stehen
camera dock *n* phot, comput Camera Dock *nt*
camera-phone ['kæmǝrǝfǝʊn] *n* Camera Phone *nt* (*Mobiltelefon mit eingebauter Digital-Kamera*)
cami ['kæmi] *n short for* **camisole** Mieder *nt*
camp¹ [kæmp] **I.** *n* ❶ (*encampment*) [Zelt]lager *m*; **summer ~** Sommerlager *nt* ❷ mil [Feld]lager *nt*; **prison/refugee ~** Gefangenen-/Flüchtlingslager *nt* **II.** *vi* ■ **to ~ [out]** zelten
camp² [kæmp] **I.** *n no pl* Manieriertheit *f* **II.** *adj* ❶ (*pej: theatrical*) manieriert ❷ (*effeminate*) tuntenhaft **III.** *vt* ■ **to ~ sth ⟳ up** bei etw *dat* zu dick auftragen
campaign [kæm'peɪn] **I.** *n* Kampagne *f*; **advertising ~** Werbekampagne *f*; **~ of violence** Gewaltaktion *f*; [**election**] **~** Wahlkampf *m* **II.** *vi* kämpfen, sich engagieren
camper ['kæmpǝʳ] *n* ❶ (*person*) Camper(in) *m(f)* ❷ (*vehicle*) Wohnmobil *nt*
campfire *n* Lagerfeuer *nt*
camping ['kæmpɪŋ] *n no pl* Camping *nt*; **to go ~** zelten gehen
campsite *n* Campingplatz *m*
campus ['kæmpǝs] *n* Campus *m*; **on ~** auf dem Campus
can¹ [kæn] **I.** *n* ❶ Dose *f*, Büchse *f* ❷ Am (*fam: toilet*) Klo *nt* ▶ **to have to carry the ~** Brit die Sache ausbaden müssen; **in the ~** film im Kasten **II.** *vt* ❶ (*package*) eindosen ❷ Am (*fam: stop*) **~ it!** hör auf damit!
can² <could, could> [kæn, kǝn] *aux vb* (*be able to*) können; (*be allowed to*) dürfen; **~ you hear me?** hörst du mich?; **you can't park here** hier dürfen Sie nicht parken; **I couldn't see anything** ich konnte nichts sehen; **you could [always] try** du könntest es ja mal versuchen; **you can't** [*or* **cannot**] **be serious!** das ist nicht dein Ernst!; **who ~ blame her?** wer will es ihr verdenken?; **~ do** kein Problem; **no ~ do** tut mir leid
canal [kǝ'næl] *n* Kanal *m*
canapé ['kænǝpeɪ] *n* Cocktailhappen *m*, Kanapee *nt meist pl*
canard ['kænɑ:d] *n* (*liter*) [Zeitungs]ente *f*, Falschmeldung *f*
cancel <Brit -ll- *or* Am *usu* -l-> ['kæn(t)sǝl] *vt* ❶ (*call off*) absagen ❷ (*remove from schedule*) streichen ❸ (*undo*) stornieren
cancellation [ˌkæn(t)sǝl'eɪʃn] *n* ❶ (*calling off*) Absage *f* ❷ (*from schedule*) Streichung *f* ❸ (*undoing*) Stornierung *f*
cancer ['kæn(t)sǝʳ] *n no pl* Krebs *m*; **~ of the stomach/throat** Magen-/Kehlkopfkrebs *m*; **~ check-up** Krebsvorsorgeuntersuchung *f*
Cancer ['kæn(t)sǝʳ] *n no art, no pl* astrol Krebs *m*
cancerous ['kæn(t)sǝrǝs] *adj* krebsartig
candid ['kændɪd] *adj* offen; **~ camera** versteckte Kamera
candidate ['kændɪdǝt] *n* pol, sch Kandidat(in) *m(f)*
candle ['kændl] *n* Kerze *f* ▶ **to burn the ~ at both ends** Raubbau mit seiner Gesundheit treiben
candlelight *n no pl* Kerzenlicht *nt*; **~** [*or* **candlelit**] **dinner** Abendessen bei Kerzenschein *nt*
candlestick *n* Kerzenständer *m*
candy ['kændi] *n* ❶ *no pl* (*sugar*) Kandiszucker *m* ❷ Am (*sweets*) Süßigkeiten *pl*
candyfloss *n no pl* Brit Zuckerwatte *f*
candy store *n* Am Süßwarenladen *m*
cane [keɪn] **I.** *n* ❶ *no pl* (*of plant*) Rohr *nt*; **~ basket** Weidenkorb *m* ❷ (*stick*) Stock *m* **II.** *vt* [mit einem Stock] züchtigen
cane chair *n* Rohrstuhl *m*
cane sugar *n no pl* Rohrzucker *m*
canned [kænd] *adj* ❶ food Dosen- ❷ media **~ music** Musik *f* aus der Konserve
cannon ['kænǝn] **I.** *n* mil Kanone *f* **II.** *vi* ■ **to ~ into sb/sth** mit jdm/etw zusammenprallen
cannot ['kænɒt] *aux vb see* **can not**: **we ~ but succeed** wir können nur gewinnen
canny ['kæni] *adj* ❶ (*clever*) schlau ❷ NBrit,

Scot (approv: nice) nett
canoe [kə'nu:] n Kanu nt
canoeing [kə'nu:ɪŋ] n no pl Paddeln nt
canoeist [kə'nu:ɪst] n Kanufahrer(in) m(f)
canoodle [kə'nu:dl] vi (hum dated fam) [rum]knutschen
can opener n Dosenöffner m
can't [ka:nt] (fam) = **cannot**
canteen [kæn'ti:n] n Kantine f
canvass ['kænvəs] I. vt (gather opinion) befragen; POL werben II. vi POL um Stimmen werben
canyon ['kænjən] n Schlucht f
CAP [ˌsi:eɪ'pi:] n EU abbrev of **Common Agricultural Policy** GAP f
cap [kæp] I. n ① (hat) Mütze f ② (top) Verschlusskappe f ③ (limit) Obergrenze f ④ BRIT (contraceptive) Pessar nt ▸ **to put on one's thinking ~** scharf nachdenken II. vt <-pp-> ① (limit) begrenzen ② usu passive esp BRIT SPORTS für die Nationalmannschaft aufstellen ③ (cover) bedecken; teeth überkronen
capable ['keɪpəbl] adj fähig; ▪ **to be ~ of doing sth** in der Lage sein, etw zu tun
capacity [kə'pæsəti] n ① (available space) Fassungsvermögen nt ② no pl (ability) Fähigkeit f; **mental ~** geistige Fähigkeiten pl ③ no pl (maximum) Kapazität f; **full to ~** absolut voll
cape[1] [keɪp] n Kap nt; **the C~ of Good Hope** das Kap der guten Hoffnung; **~ Horn** Kap Hoorn; **~ Town** Kapstadt nt
cape[2] [keɪp] n Umhang m
capital ['kæpɪtl] n ① (city) Hauptstadt f ② (letter) Großbuchstabe m
capital crime n Kapitalverbrechen nt **capital investment** n FIN Kapitalanlage f; **~ company** Kapitalanlagegesellschaft f **capitalism** ['kæpɪtəlɪzəm] n no pl Kapitalismus m **capitalist** ['kæpɪtəlɪst] I. n Kapitalist(in) m(f) II. adj kapitalistisch **capital letter** n Großbuchstabe m **capital market** n ECON Kapitalmarkt m **capital punishment** n no pl Todesstrafe f
Capitol ['kæpətl] n AM ① (hill) **on ~ Hill** im amerikanischen Kongress ② (building) **State ~** Parlamentsgebäude nt, Kapitol nt
Capricorn ['kæprɪkɔ:n] n no art, no pl ASTROL Steinbock m
capsize [kæp'saɪz] vi NAUT kentern
capsule ['kæpsju:l] n Kapsel f

capsule wardrobe n Grundgarderobe f
captain ['kæptɪn] I. n Kapitän(in) m(f) II. vt anführen; MIL befehligen
caption ['kæpʃən] n ① (heading) Überschrift f ② (under illustration) Bildunterschrift f
captive ['kæptɪv] I. n Gefangene(r) f(m) II. adj gefangen
captivity [kæp'tɪvəti] n no pl Gefangenschaft f
capture ['kæptʃər] I. vt ① (take prisoner) gefangen nehmen; police festnehmen ② (take possession) einnehmen II. n of a person Gefangennahme f; (by police) Festnahme f; of a city Einnahme f
car [ka:r] n ① (vehicle) Auto nt, Wagen m; **by ~** mit dem Auto; **~ rental service** Autovermietung f ② RAIL Waggon m ③ (in airship, balloon) Gondel f
caravan ['kærəvæn] n BRIT Wohnwagen[anhänger] m
carbonated ['ka:bəneɪtɪd] adj kohlensäurehaltig
carbon dioxide n no pl Kohlendioxid nt
carbon monoxide n no pl Kohlenmonoxid nt
car-boot sale n BRIT privater Flohmarkt, bei dem der Kofferraum als Verkaufsfläche dient
carburetor AM see **carburettor**
carburettor [ˌka:bjə'retər] n BRIT AUTO Vergaser m
carcinogenic [ˌka:sɪnə(ʊ)'dʒenɪk] adj Krebs erregend
card [ka:d] n ① no pl (material) Pappe f, Karton m ② (piece of paper) Karte f; (postcard) [Post]karte f, Ansichtskarte f; **birthday ~** Geburtstagskarte f ③ (game) [Spiel]karte f; **[game of] ~s** Kartenspiel nt ④ (for paying) Karte f; **credit/phone ~** Kredit-/Telefonkarte f ⑤ (official document) **identity ~** Personalausweis m; **membership ~** Mitgliedskarte f ▸ **to have a ~ up one's sleeve** noch etwas in petto haben; **to play one's ~s right** geschickt vorgehen
cardboard n no pl Pappe f; **~ box** [Papp]karton m
car deck n NAUT, TRANSP Wagendeck nt
cardiac ['ka:diæk] adj Herz-
cardigan ['ka:dɪgən] n Strickjacke f
cardinal number n Kardinalzahl f
card index n Kartei f
cardio ['ka:rdioʊ] adj AM (fam) short for **cardiovascular** Kardio-

card-key ID [ˌkɑːdkiːaɪˈdiː] *n no pl* Schlüsselkarte *f*
car door *n* Autotür *f*
cardphone *n* Kartentelefon *nt*
card table *n* Kartentisch *m*
care [keəʳ] **I.** *n* ❶ *no pl* (*looking after*) Betreuung *f*; (*in hospital*) Versorgung *f*; **in ~ in** Pflege; **to be taken into ~** in Pflege gegeben werden; **to take good ~ of sb** etw schonen; **take ~ [of yourself]**! pass auf dich auf!; **let me take ~ of it** lass mich das übernehmen; **~ of ...** zu Händen von ... ❷ *no pl* (*caution*) **take ~ you don't fall!** pass auf, dass du nicht hinfällst!; **to do sth with ~** etw sorgfältig machen; **to drive with ~** umsichtig fahren ❸ (*worry*) Sorge *f* **II.** *vi* ❶ (*be concerned*) betroffen sein; **I couldn't ~ less** das ist mir völlig egal; **as if I ~d** als ob mir das etwas ausmachen würde; **for all I ~** meinetwegen; **who ~s?** wen interessiert das schon? ❷ (*look after*) ■**to ~ for sb/sth** sich um jdn/etw kümmern **III.** *vt* ■**sb does not ~ what/who/whether ...** jdm ist es egal, was/wer/ob ...
career [kəˈrɪəʳ] *n* ❶ (*profession*) Beruf *m*; **~s office** BRIT Berufsberatung *f* ❷ (*working life*) Karriere *f*, Laufbahn *f*
carefree *adj* sorgenfrei
careful [ˈkeəfəl] *adj* ❶ (*cautious*) vorsichtig; **to be ~ with sth** mit etw *dat* vorsichtig umgehen; ■**to be ~ [that]** ... darauf achten, dass ... ❷ (*meticulous*) sorgfältig; *analysis* umfassend; **to pay ~ attention to sth** auf etw *akk* genau achten
careless [ˈkeələs] *adj* ❶ (*lacking attention*) unvorsichtig ❷ (*unthinking*) unbedacht ❸ (*not painstaking*) nachlässig
carelessness [ˈkeələsnəs] *n no pl* ❶ (*lack of care*) Nachlässigkeit *f* ❷ (*thoughtlessness*) Gedankenlosigkeit *f*
caretaker *n* BRIT Hausmeister(in) *m(f)*
careworn *n* vergrämt
car ferry *n* Autofähre *f*
cargo [ˈkɑːgəʊ] *n no pl* Fracht *f*; **~ plane** Transportflugzeug *nt*
car hire *n no pl esp* BRIT Autovermietung *f*; **~ company** Autoverleih *m*
car insurance *n no pl* Kfz-Versicherung *f*
carmine [ˈkɑːmaɪn] **I.** *n* Karmin[rot] *nt* **II.** *adj* karminrot
carnival [ˈkɑːnɪvəl] *n* ❶ (*festival*) Volksfest *nt* ❷ (*pre-Lent*) Karneval *m*

Im Westen Londons findet im August auf den Straßen der **Notting Hill Carnival** statt. Den Höhepunkt bildet ein großer Umzug mit exotischen Kostümen und kunstvoll dekorierten Wagen. Begleitet wird das Ganze von lauter Livemusik, die größtenteils karibischen Ursprungs ist – entsprechend der multikulturellen Bevölkerung Londons und Großbritanniens.

carnivorous [kɑːˈnɪvərəs] *adj* Fleisch fressend
carol [ˈkærəl] *n* [**Christmas**] **~** Weihnachtslied *nt*
carol singer *n* Sternsinger(in) *m(f)*
car owner *n* Autobesitzer(in) *m(f)*
car park *n* BRIT, AUS Parkplatz *m*
carpenter [ˈkɑːpəntəʳ] *n* Schreiner(in) *m(f)*
carpenter jeans *npl* Carpenter Jeans *f meist pl*
carpentry [ˈkɑːpəntri] *n no pl* Schreinerhandwerk *nt*, Tischlerhandwerk *nt*; (*in buildings*) Zimmerhandwerk *nt*
carpet [ˈkɑːpɪt] *n* Teppich *m a. fig*; (*fitted*) Teppichboden *m*
carriage [ˈkærɪdʒ] *n* ❶ (*horse-drawn*) Kutsche *f* ❷ BRIT RAIL Personenwagen *m*
carriageway *n* BRIT Fahrbahn *f*
carrier [ˈkæriəʳ] *n* ❶ (*person*) Träger(in) *m(f)* ❷ MIL Transporter *m*; [**aircraft**] **~** Flugzeugträger *m* ❸ (*transport company*) *of people* Personenbeförderungsunternehmen *nt*; *of goods* Spedition *f*
carrier bag *n* BRIT [Plastik]tüte *f*
carrot [ˈkærət] *n* Karotte *f*
carry <-ie-> [ˈkæri] **I.** *vt* ❶ (*bear*) tragen *a. fig*; ■**to ~ sth around** etw mit sich *dat* herumtragen; **to be carried downstream** flussabwärts treiben ❷ (*transport*) transportieren ❸ (*have, incur*) **all cigarette packets ~ a warning** auf allen Zigarettenpäckchen steht eine Warnung; **to ~ conviction** überzeugend sein; **to ~ weight with sb** Einfluss auf jdn haben ❹ (*transmit*) MED übertragen; ELEC leiten **II.** *vi* (*reach*) *sound* zu hören sein ◆**carry along** *vt* mitnehmen; *water, food* bei sich *dat* haben ◆**carry forward** *vt* FIN übertragen ◆**carry off** *vt* ❶ (*take away*) wegtragen ❷ (*succeed*) hinbekommen ◆**carry on I.** *vt* ❶ (*continue*) fortführen; **~ on the good work!** weiter so! ❷ (*con-*

duct) führen; **to ~ on one's work** arbeiten II. *vi* (*continue*) weitermachen ◆**carry out** *vt* ❶ hinaus-/heraustragen ❷ (*perform*) durchführen ◆**carry over** *vt* ❶ (*postpone*) verschieben ❷ FIN vortragen ◆**carry through** *vt* ❶ (*sustain*) durchbringen ❷ (*complete*) durchführen

cart [kɑːt] I. *n* ❶ (*pulled vehicle*) Wagen *m* ❷ AM (*supermarket trolley*) Einkaufswagen *m* II. *vt* (*fam*) schleppen

carton ['kɑːtən] *n* Karton *m*

cartoon [kɑː'tuːn] *n* ❶ (*drawing*) Cartoon *m o nt* ❷ FILM Zeichentrickfilm *m*

cartridge ['kɑːtrɪdʒ] *n* (*for ink, ammunition*) Patrone *f*

cartwheel I. *n* ❶ (*wheel*) Wagenrad *nt* ❷ SPORTS Rad *nt* II. *vi* Rad schlagen

carve [kɑːv] I. *vt* ❶ (*cut a figure*) schnitzen ❷ FOOD tranchieren II. *vi* tranchieren

carving ['kɑːvɪŋ] *n* ❶ ART (*art of cutting*) Bildhauerei *f; of wood* Schnitzen *nt*

carving knife *n* Tranchiermesser *nt*

car wash *n* Autowaschanlage *f*

case¹ [keɪs] *n* ❶ (*situation, instance*) Fall *m;* **in ~ of an emergency** im Notfall; **a ~ in point** ein [zu]treffendes Beispiel; **in most ~s** meistens; **as the ~ may be** wie auch immer; **in ~ ...** falls ...; **just in ~** für alle Fälle ❷ LAW [Rechts]fall *m;* **murder ~** Mordfall *m* ❸ *usu sing* (*arguments*) **to make out a good ~** gute Argumente vorbringen ❹ LING Fall *m;* **to be in the accusative ~** im Akkusativ stehen

case² [keɪs] *n* ❶ (*suitcase*) Koffer *m* ❷ (*packaging plus contents*) Kiste *f* ❸ (*small container*) Schatulle *f* ❹ TYPO **written in lower/upper ~** klein/groß geschrieben

case³ [keɪs] *vt* (*fam*) **to ~ the joint** sich *dat* den Laden mal ansehen

casement ['keɪsmənt] *n,* **casement window** *n* Flügelfenster *nt*

cash [kæʃ] *n no pl* Bargeld *nt* ◆**cash in** *vi* ■**to ~ in on sth** von etw *dat* profitieren

cash card *n esp* BRIT Geldautomatenkarte *f*

cash dispenser *n* BRIT Geldautomat *m*

cash down *adv* COMM **to pay ~** bar bezahlen

cashier [kæʃˈɪər] *n* Kassierer(in) *m(f)*

cash payment *n* Barzahlung *f* **cashpoint** *n* BRIT Geldautomat *m* **cash register** *n* Registrierkasse *f*

casing ['keɪsɪŋ] *n* Hülle *f*

Caspian Sea [ˌkæspiənˈsiː] *n* das Kaspische Meer

casserole ['kæsərəʊl] *n* ❶ (*pot*) Schmortopf *m* ❷ (*stew*) ≈ Eintopf *m*

cassette [kəˈset] *n* Kassette *f;* **~ player/recorder** Kassettenrecorder *m*

cast [kɑːst] I. *n* ❶ + *sing/pl vb* THEAT, FILM Besetzung *f* ❷ (*moulded object*) [Ab]guss *m* ❸ (*plaster*) Gips[verband] *m* II. *vt* <cast, cast> ❶ (*throw*) werfen *a. fig; fishing line* auswerfen ❷ (*allocate roles*) **to ~ sb in a role** jdm eine Rolle geben ◆**cast aside** *vt* sich befreien von +*dat* ◆**cast off** NAUT I. *vt* losmachen II. *vi* ablegen ◆**cast out** *vt* vertreiben

caster sugar *n* BRIT, AUS Streuzucker *m*

casting ['kɑːstɪŋ] *n* ❶ (*mould*) Guss *m* ❷ (*fishing*) Auswerfen *nt*

casting vote *n* entscheidende Stimme

castle ['kɑːsl] *n* ❶ (*fortress*) Burg *f;* (*mansion*) Schloss *nt* ❷ CHESS Turm *m*

cast-off I. *n* ■**~s** *pl* abgelegte Kleidung II. *adj* (*second-hand*) gebraucht

castor ['kɑːstər] *n* (*wheel*) Laufrolle *f*

castor stand *n* AM [Silber]gestell für Salz, Pfeffer und Öl oder Pickles

castor sugar *n* Streuzucker *m*

casual ['kæʒjuəl] *adj* ❶ (*not planned*) zufällig ❷ (*offhand*) beiläufig ❸ (*informal*) lässig; *clothes* leger

casualty ['kæʒjuəlti] *n* ❶ (*accident victim*) [Unfall]opfer *nt;* (*dead person*) Todesfall *m* ❷ *no pl* BRIT (*hospital department*) Unfallstation *f*

cat [kæt] *n* Katze *f* ▶ **to let the ~ out of the bag** die Katze aus dem Sack lassen; **to rain ~s and dogs** wie aus Eimern schütten

CAT [kæt] *n no pl* MED *abbrev of* **computerized axial tomography** Computertomographie *f*

catalog AM *see* **catalogue**

catalogue ['kætəlɒg] I. *n* Katalog *m* II. *vt* katalogisieren

catalyst ['kætəlɪst] *n* Katalysator *m*

catalytic [ˌkætəˈlɪtɪk] *adj* katalytisch; **~ converter** Katalysator *m*

catastrophe [kəˈtæstrəfi] *n* Katastrophe *f*

catastrophic [ˌkætəˈstrɒfɪk] *adj* katastrophal

cat burglar *n* Fassadenkletterer, -kletterin *m, f*

catcall I. *n* (*whistle*) Hinterherpfeifen *nt;* (*boo*) Buhruf *m* II. *vi* (*whistle*) pfeifen; (*hiss*) zischen

catch [kætʃ] I. *n* <*pl* -es> ❶ (*ball*) Fang *m;*

good ~! gut gefangen! ❷ (*fish*) Fang *m* kein *pl* ❸ *no pl* (*trick*) Haken *m;* **what's the ~?** wo ist der Haken? **II.** *vt* <caught, caught> ❶ (*intercept*) fangen; *person* auffangen ❷ (*grab*) ergreifen ❸ (*capture*) *person* ergreifen; (*arrest*) festnehmen; *animal* fangen ❹ (*surprise, get hold of*) erwischen; **have I caught you at a bad time?** komme ich ungelegen?; **to ~ sb in the act** jdn auf frischer Tat ertappen; ■**to ~ sb/oneself doing sth** jdn/sich bei etw *dat* ertappen ❺ MED ■**to ~ sth from sb** sich bei jdm mit etw *dat* anstecken; **to ~ a cold** sich erkälten ❻ ■**to ~ sth in sth** etw in etw *akk* einklemmen; ■**to get caught on sth** an etw *dat* hängen bleiben ❼ (*fig: become involved*) ■**to get caught in sth** in etw *akk* verwickelt werden ❽ *bus, train* nehmen ❾ *attention* erregen ❿ (*hit*) **his head caught the edge of the table** er schlug mit dem Kopf an die Tischkante auf; **to ~ sb on the arm** jdn am Arm treffen ⓫ (*burn*) **to ~ fire** [*or* **light**] Feuer fangen **III.** *vi* <caught, caught> ❶ BRIT, AUS (*grab*) ■**to ~ at sth** nach etw *dat* greifen ❷ (*entangle*) sich in etw *dat* verfangen; ■**to ~ on sth** an etw *dat* hängen bleiben ❸ (*ignite*) Feuer fangen; *engine* zünden ◆**catch on** *vi* (*fam*) ❶ (*become popular*) sich durchsetzen ❷ (*understand*) kapieren ◆**catch out** *vt* BRIT ❶ (*detect*) ertappen ❷ (*trick*) hereinlegen ◆**catch up I.** *vi* ■**to ~ up with** einholen *a. fig;* **she's ~ing up!** sie holt auf! **II.** *vt* ❶ (*reach*) ■**to ~ sb up** jdn einholen ❷ *usu passive* **to get caught up** [**in sth**] sich [in etw *dat*] verfangen

catcher [ˈkætʃəʳ] *n* Fänger(in) *m(f)*
catching [ˈkætʃɪŋ] *adj* ansteckend
catch question *n* Fangfrage *f*
catchup [ˈkætʃʌp, ˈketʃ-] *n* AM FOOD *see* **ketchup**
catchy [ˈkætʃi] *adj* eingängig; **~ tune** Ohrwurm *m*
category [ˈkætəgᵊri] *n* Kategorie *f*
cater [ˈkeɪtəʳ] *vi* ❶ (*serve food, drink*) für Speise und Getränke sorgen ❷ (*provide for*) sich kümmern (**for** um)
catering [ˈkeɪtᵊrɪŋ] *n no pl* ❶ (*trade*) Catering *nt* ❷ (*service*) Cateringservice *m*
caterpillar [ˈkætəpɪləʳ] *n* Raupe *f*
cathedral [kəˈθiːdrᵊl] *n* Kathedrale *f,* Dom *m*
Catholic [ˈkæθᵊlɪk] **I.** *n* Katholik(in) *m(f)* **II.** *adj* katholisch

Catholicism [kəˈθɒlɪsɪzᵊm] *n no pl* Katholizismus *m*
cattery [ˈkætᵊri] *n* ❶ (*for boarding*) Katzenheim *nt* ❷ (*for breeding*) Katzenzucht *f*
cattle [ˈkætl] *npl* Rinder *pl;* **200 head of ~** 200 Stück Vieh
catty [ˈkæti] *adj* gehässig
caught [kɔːt] *pt, pp of* **catch**
cauliflower [ˈkɒlɪflaʊəʳ] *n* Blumenkohl *m*
cause [kɔːz] **I.** *n* ❶ (*of effect*) Ursache *f;* **~ of death** Todesursache *f* ❷ *no pl* (*reason*) Grund *m;* **~ for concern** Anlass *m* zur Sorge; **to be the ~ of sth** der Grund für etw *akk* sein ❸ (*object of support*) Sache *f;* **a good ~** ein guter Zweck **II.** *vt* verursachen; **to ~ trouble** Unruhe stiften
caution [ˈkɔːʃᵊn] **I.** *n* ❶ *no pl* (*carefulness*) Vorsicht *f;* **with** [**great**] **~** [sehr] umsichtig ❷ BRIT (*legal warning*) Verwarnung *f* **II.** *vt* (*form*) ❶ (*warn*) ■**to ~ sb** [**against sth**] jdn [vor etw *akk*] warnen ❷ *esp* BRIT, AUS (*warn officially*) verwarnen
cautious [ˈkɔːʃəs] *adj* vorsichtig
cave [keɪv] **I.** *n* Höhle *f* **II.** *vi* BRIT, AUS Höhlen erforschen
cave art *n* HIST Höhlenmalereien *pl*
cave-in *n* Einsturz *m*
caveman *n* Höhlenmensch *m*
cave painting *n* Höhlenmalerei *f*
cavern [ˈkævᵊn] *n* Höhle *f*
cavity [ˈkævəti] *n* (*hole*) Loch *nt;* (*hollow space*) Hohlraum *m*
cavort [kəˈvɔːt] *vi* (*liter or hum*) [herum]toben *fam*
CBW [ˌsiːbiːˈdʌbljuː] *n abbrev of* **chemical and biological warfare** chemische und biologische Kriegführung
CCL [ˌsiːsiːˈel] *n* BRIT *abbrev of* **climate change levy** Klimaschutzabgabe *f*
CCTV [ˌsiːsiːtiːˈviː] *n abbrev of* **closed-circuit television** Überwachungskamera *f*
CD [ˌsiːˈdiː] *n abbrev of* **compact disc** CD *f*
CDC [ˌsiːdiːˈsiː] *n no pl* AM *abbrev of* **Centers for Disease Control and Prevention** Amerikanische Gesundheitsbehörde *f*
CD player *n* CD-Spieler *m*
CD-ROM [ˌsiːdiːˈrɒm] *n abbrev of* **compact disc read-only memory** CD-ROM *f;* **~ drive** CD-ROM-Laufwerk *nt*
cease [siːs] (*form*) **I.** *vi* aufhören **II.** *vt* beenden; *fire* einstellen
ceasefire *n* Waffenruhe *f*

ceiling ['si:lɪŋ] *n* [Zimmer]decke *f*
celeb [sə'leb] *n short for* **celebrity** Berühmtheit *f*
celebrate ['seləbreɪt] *vi, vt* feiern
celebrated ['seləbreɪtɪd] *adj* berühmt
celebration [ˌselə'breɪʃ°n] *n* Feier *f;* **cause for** ~ Grund *m* zum Feiern; ■ **in** ~ zur Feier
celebrity [sə'lebrəti] *n* berühmte Persönlichkeit
celery ['selᵊri] *n no pl* [Stangen]sellerie *m o f*
cell [sel] *n* Zelle *f*
cellar ['selə'] *n* Keller *m*
cellist ['tʃelɪst] *n* Cellist(in) *m(f)*
cello <*pl* -s> ['tʃeləʊ] *n* Cello *nt*
cellophane® ['seləfeɪn] *n no pl* Cellophan® *nt*
cell phone *n* Mobiltelefon *nt*
cellular ['seljələ'] I. *adj* zellular II. *n* AM Handy *nt*
cement [sɪ'ment] I. *n no pl* Zement *m* II. *vt* (*with concrete*) betonieren; (*with cement*) zementieren; ■ **to** ~ **up** zumauern
cement mixer *n* Betonmischmaschine *f*
cemetery ['semətᵊri] *n* Friedhof *m*
censor ['sen(t)sə'] I. *n* Zensor(in) *m(f)* II. *vt* zensieren
cent [sent] *n* Cent *m;* **to not be worth a** ~ keinen Pfifferling wert sein
centenary [sen'ti:nᵊri] *n,* **centennial** [sen'teniəl] *n* AM Hundertjahrfeier *f;* ~ **celebrations** Feierlichkeiten *pl* zum hundertsten Jahrestag
center *n, vt* AM *see* **centre**
centigrade ['sentɪgreɪd] *n no pl* Celsius
centigram ['sentɪgræm], *esp* BRIT **centigramme** *n* Zentigramm *nt*
centimeter AM *see* **centimetre**
centimetre ['sentɪmi:tə'] *n* Zentimeter *m*
central ['sentrᵊl] *adj* ❶ (*in the middle*) zentral ❷ (*paramount*) wesentlich
central locking *n no pl* Zentralverriegelung *f*
centre ['sentə'] I. *n* ❶ Zentrum *nt; of chocolates* Füllung *f;* **to be the** ~ **of attention** im Mittelpunkt der Aufmerksamkeit stehen ❷ POL Mitte *f;* **left/right of** ~ Mitte links/rechts II. *vi* ■ **to** ~ **upon sth** sich um etw *akk* drehen ◆ **centre around** *vi* ■ **to** ~ **around sb/sth** sich um jdn/etw drehen ◆ **centre on** *vi* ■ **to** ~ **on sb/sth** sich auf etw *akk* konzentrieren
century ['sen(t)ʃᵊri] *n* (*period*) Jahrhundert *nt;* **turn of the** ~ Jahrhundertwende *f*

CEO [ˌsi:i:'əʊ] *n abbrev of* **chief executive officer** Generaldirektor(in) *m(f)*
ceramic [sə'ræmɪk] *adj* keramisch
cereal ['sɪəriəl] *n* ❶ Getreide *nt* ❷ (*for breakfast*) Frühstückszerealien *pl* (*Cornflakes ...*)
cereal bar *n* Müsliriegel *m*
ceremonial [ˌserɪ'məʊniəl] *adj* zeremoniell
ceremony ['serɪməni] *n* Zeremonie *f*, Feier *f*
cert [sɜ:t] *n usu sing* BRIT (*fam*) *short for* **certainty:** ■ **to be a dead** ~ eine todsichere Sache sein
certain ['sɜ:tᵊn] I. *adj* ❶ (*sure*) sicher; (*unavoidable*) bestimmt; **to feel** ~ sicher sein; **to make** ~ [**that ...**] darauf achten[, dass ...]; ■ **for** ~ ganz sicher ❷ (*limited*) gewiss; **to a** ~ **extent** in gewissem Maße ❸ (*particular*) **at a** ~ **age** in einem bestimmten Alter II. *pron* (*form*) einige
certainly ['sɜ:tᵊnli] *adv* ❶ (*surely*) sicher[lich]; (*without a doubt*) gewiss ❷ (*of course*) [aber] selbstverständlich; ~ **not** auf [gar] keinen Fall
certainty ['sɜ:tᵊnti] *n* Gewissheit *f;* **with** ~ mit Sicherheit
certificate [sə'tɪfɪkət] *n* (*official document*) Urkunde *f;* (*attestation*) Bescheinigung *f;* **medical** ~ ärztliches Attest; **marriage** ~ Trauschein *m*
certify <-ie-> ['sɜ:tɪfaɪ] *vt* bescheinigen; **to** ~ **sb** [**as**] **dead** jdn für tot erklären
cervical ['sɜ:vɪkᵊl] *adj* ANAT ❶ (*of neck*) zervikal; ~ **vertebra** Halswirbel *m* ❷ (*of cervix*) Gebärmutterhals-
cession ['seʃ°n] *n no pl* Abtretung *f;* LAW Zession *f*
CET [ˌsi:i:'ti:] *n abbrev of* **Central European Time** MEZ *f*
CFC [ˌsi:ef'si:] *n abbrev of* **chlorofluorocarbon** FCKW *nt*
CGI [ˌsi:gi:'aɪ] *n* FILM *abbrev of* **computer-generated image/imaging** CGI *nt*
chain [tʃeɪn] I. *n* ❶ Kette *f* ❷ (*fig: series*) Reihe *f; of mishaps* Verkettung *f;* ~ **of shops** Ladenkette *f;* **fast food** ~ [Schnell]imbisskette *f* II. *vt* ■ **to** ~ [**up**] [an]ketten
chain-smoker *n* Kettenraucher(in) *m(f)*
chair [tʃeə'] I. *n* ❶ (*seat*) Stuhl *m;* **easy** ~ Sessel *m* ❷ (*head*) Vorsitzende(r) *f(m)* ❸ (*position*) **to take the** ~ den Vorsitz übernehmen ❹ AM ■ **the** ~ der elektrische Stuhl II. *vt* ■ **to** ~ **sth** bei etw *dat* den Vorsitz führen

chair lift n Sessellift m
chairman n Vorsitzende(r) m
chairperson n Vorsitzende(r) f(m)
chairwoman n Vorsitzende f
chalice ['tʃælɪs] n (liter) Kelch m; REL Abendmahlskelch m
chalk [tʃɔːk] **I.** n no pl ❶ (type of stone) Kalkstein m ❷ (for writing) Kreide f ▶ **as alike as ~ and cheese** grundverschieden; **as white as ~** kreidebleich **II.** vt mit Kreide schreiben/zeichnen ◆**chalk out** vt design entwerfen; strategy planen ◆**chalk up** vt ❶ (write) [mit Kreide] aufschreiben ❷ (fig: achieve) verbuchen können
challenge ['tʃælɪndʒ] **I.** n Herausforderung f; **to find sth a ~** etw schwierig finden; **to issue a ~ to sb** jdn herausfordern **II.** vt ❶ (ask to compete) herausfordern ❷ (call into question) in Frage stellen
challenging ['tʃælɪndʒɪŋ] adj [heraus]fordernd
champ [tʃæmp] **I.** n short for **champion** Champion m **II.** vi, vt [geräuschvoll] kauen ▶ **to ~ at the bit** vor Ungeduld fiebern
champagne [ʃæm'peɪn] n Champagner m; **~ brunch** Sektfrühstück nt
champion ['tʃæmpiən] **I.** n SPORTS Champion m; **world ~** Weltmeister(in) m(f); **~ boxer** Boxchampion m **II.** vt verfechten; **to ~ a cause** für eine Sache eintreten **III.** adj BRIT (fam) klasse **IV.** adv BRIT (fam) super
championship ['tʃæmpiənʃɪp] n SPORTS Meisterschaft f
chance [tʃɑːn(t)s] **I.** n ❶ no pl (luck) Zufall m; **by ~** zufällig ❷ (prospect) Chance f; [the] **~s are ...** aller Wahrscheinlichkeit nach ...; **~s of survival** Überlebenschancen pl; **no ~!** BRIT (fam) niemals!; **the ~ of a lifetime** eine einmalige Chance ❸ (risk) Risiko nt; **~ of injury** Verletzungsrisiko nt; **to take no ~s** kein Risiko eingehen **II.** vt (fam) riskieren ▶ **to ~ one's arm** es riskieren
chancellor ['tʃɑːn(t)sələʳ] n Kanzler(in) m(f); (of federal state) [Bundes]kanzler(in) m(f)
chancy ['tʃɑːn(t)si] adj riskant
change [tʃeɪndʒ] **I.** n ❶ (alteration) [Ver]änderung f; **~ of direction** Richtungsänderung f; **~ of pace** Tempowechsel m ❷ no pl (substitution) Wechsel m; **a ~ of clothes** Kleidung f zum Wechseln; **~ of government** Regierungswechsel m ❸ no pl (variety) Abwechslung f ❹ no pl (coins) Kleingeld nt; (money returned) Wechselgeld nt; **could you give me ~ for 50 dollars?** (return all) könnten Sie mir 50 Dollar wechseln?; **to have the correct ~** es passend haben ❺ TRANSP **to have to make several ~s** mehrmals umsteigen müssen **II.** vi ❶ (alter) sich [ver]ändern; traffic light umspringen; **nothing [ever] ~s** alles bleibt beim Alten ❷ (substitute, move) ▪ **to ~** [over] **to sth** zu etw dat wechseln; **to ~ to** [driving] **an automatic** [car] auf ein Auto mit Automatik umsteigen ❸ TRANSP umsteigen; **all ~!** alle aussteigen! ❹ (dress) sich umziehen **III.** vt ❶ (make different) [ver]ändern; (transform) verwandeln; **to ~ one's mind** seine Meinung ändern; **to ~ around** umstellen ❷ (exchange, move) wechseln; (in a shop) umtauschen (**for** gegen); **to ~ places with sb** mit jdm den Platz tauschen ❸ baby [frisch] wickeln; **the baby needs changing** das Baby braucht eine frische Windel; **to ~ one's clothes** sich umziehen ❹ (money) wechseln; **could you ~ a £20 note?** (return all) könnten Sie mir 20 Pfund wechseln? ❺ TRANSP **to ~ planes** das Flugzeug wechseln; **to ~ buses/trains** umsteigen
changeable ['tʃeɪndʒəbl] adj unbeständig; moods wechselnd
change machine n [Geld]wechselautomat m
changeover n usu sing Umstellung f (**to** auf)
changing ['tʃeɪndʒɪŋ] adj wechselnd
channel ['tʃænəl] **I.** n ❶ RADIO, TV Programm nt; **on ~ five** im fünften Programm; **cable ~** Kabelkanal m; **commercial ~** kommerzieller Sender ❷ (waterway) [Fluss]bett nt; (artificial) Kanal m; **the** [**English**] **C~** der Ärmelkanal ❸ (means) Weg m; **through the usual ~s** auf dem üblichen Weg **II.** vt <BRIT -ll- or AM usu -l-> (direct) leiten; **to ~ one's energies/money into sth** seine Energien/sein Geld in etw akk stecken

Die **Channel Islands**, die Kanalinseln, liegen vor der französischen Küste, westlich der Halbinsel Cotentin und gehörten 1066, zur Zeit der normannischen Invasion Englands, den Dukes of Normandy. Seither sind sie ein Schutzgebiet der britischen Krone, sie gehören jedoch, wie auch die **Isle of Man**, nicht zum **United Kingdom** (Vereinigten Königreich). Sie sind in die zwei Verwaltungseinheiten (bailiwicks) **Guernsey** (von wo aus die Inseln Alderney und Sark verwaltet werden) und **Jersey** unterteilt. Sie haben ihre eigene Rechtsprechung, erheben ihre eigenen Steuern und gelten als Steuerparadiese (**tax haven**). Man spricht dort Englisch und Französisch und vereinzelt auch einen normannisch-französischen Dialekt.

channel controller n Intendant(in) m(f) eines Fernsehsenders
Channel Tunnel n no pl ■ **the** ~ der [Ärmel]kanaltunnel
chaos ['keɪɒs] n no pl Chaos nt
chaotic [keɪ'ɒtɪk] adj chaotisch
chap[1] [tʃæp] n BRIT (fam) Typ m
chap[2] <-pp-> [tʃæp] vi skin aufspringen
chap[3] n abbrev of **chapter** Kap.
chapel ['tʃæpəl] n ❶ Kapelle f ❷ (service) Andacht f
chapped [tʃæpt] adj (cracked) aufgesprungen; (rough) spröde
chapter ['tʃæptər] n Kapitel nt; **to quote** ~ **and verse** den genauen Wortlaut [einer S. gen] wiedergeben
character ['kærəktər] n ❶ no pl Charakter m; **to be similar in** ~ sich dat im Wesen ähnlich sein ❷ LIT [Roman]figur f
characteristic [ˌkærəktəˈrɪstɪk] I. n charakteristisches Merkmal II. adj charakteristisch; ■ **to be** ~ **of sth** typisch für etw akk sein
charge [tʃɑːdʒ] I. n ❶ (cost) Gebühr f; **for an extra** ~ gegen Aufpreis; **free of** ~ kostenlos ❷ LAW Anklage f (**of** wegen); ■ ~**s** pl Anklagepunkte pl; **to press** ~**s against sb** gegen jdn Anzeige erstatten ❸ no pl (responsibility) Verantwortung f; **to be in** ~ die Verantwortung tragen; **she's in** ~ **of the department** sie leitet die Abteilung ❹ no pl ELEC Ladung f; **to put on** ~ BRIT aufladen II. vi ❶ FIN eine Gebühr verlangen; **to** ~ **for admission** Eintritt verlangen ❷ ELEC laden ❸ (attack) [vorwärts]stürmen; ~! vorwärts!; ■ **to** ~ **at sb** auf jdn losgehen III. vt ❶ FIN berechnen; **to** ~ **sth to sb's account** etw auf jds Rechnung setzen; **we were not** ~**d** [for it] wir mussten nichts [dafür] bezahlen ❷ LAW ■ **to** ~ **sb** [**with sth**] jdn [wegen einer S. gen] anklagen ❸ ELEC aufladen ❹ (tense, emotional) **a highly** ~**d atmosphere** eine hochgradig geladene Atmosphäre
chargeable ['tʃɑːdʒəbl] adj ❶ LAW strafbar, anrechenbar ❷ esp BRIT (taxable) ~ **income** zu versteuernde Einkünfte pl
charge card n [Kunden]kreditkarte f
charged adj geladen
charger ['tʃɑːdʒər] n ❶ ELEC Ladegerät nt ❷ (liter: horse) Ross nt geh
charger plate n Unterteller m
charity ['tʃærɪti] n ❶ no pl (generosity) Barmherzigkeit f ❷ no pl **to donate sth to** ~ etw für wohltätige Zwecke spenden ❸ (organization) Wohltätigkeitsorganisation f
charity organization n Hilfsorganisation f
charity shop n BRIT Laden, in dem gespendete, meist gebrauchte Waren verkauft werden, um Geld für wohltätige Zwecke zu sammeln
charm [tʃɑːm] I. n no pl Charme m II. vt bezaubern
charming ['tʃɑːmɪŋ] adj (approv) bezaubernd, charmant
chart [tʃɑːt] I. n ❶ (visual) Diagramm nt; NAUT Karte f ❷ pl ■ **the** ~**s** pl die Charts; **to top the** ~**s** ein Nummer eins Hit sein II. vt (plot) aufzeichnen
charter flight n Charterflug m
chary ['tʃeəri] adj (sparing) zurückhaltend; (wary) vorsichtig
chase [tʃeɪs] I. n ❶ (pursuit) Verfolgungsjagd f; **to give** ~ **to sb** jdm hinterherrennen ❷ HUNT Jagd f II. vi ■ **to** ~ **around** herumhetzen III. vt ❶ (pursue) verfolgen ❷ (scare away) ■ **to** ~ **away** vertreiben
chat [tʃæt] I. n ❶ (informal conversation) Unterhaltung f; **to have a** ~ plaudern ❷ no pl (gossip) Gerede nt II. vi <-tt-> ❶ (talk informally) plaudern ❷ COMPUT chatten
chatter ['tʃætər] I. n Geschwätz nt II. vi ❶ (converse) plaudern; ■ **to** ~ **away** endlos schwätzen; ■ **to** ~ **on** unentwegt reden ❷ teeth klappern
chatty ['tʃæti] adj (fam) gesprächig
cheap [tʃiːp] adj billig a. fig; (reduced) ermäßigt ►~ **and cheerful** BRIT, AUS gut und preiswert; ~ **and nasty** BRIT, AUS billig und schäbig
cheat [tʃiːt] I. n ❶ (person) Betrüger(in) m(f) ❷ (fraud) Täuschung f II. vi betrügen III. vt ❶ (treat dishonestly) täuschen ❷ (liter) **to** ~ **death** dem Tod entkommen

check¹ [tʃek] **I.** n ❶ (*inspection*) Kontrolle f ❷ (*look*) **to take a quick** ~ schnell nachsehen ❸ no pl (*restraint*) Kontrolle f; **to keep in** ~ unter Kontrolle halten ❹ (*pattern*) Karo[muster] nt ❺ CHESS Schach nt **II.** *adj* Karo- **III.** *vt* ❶ (*inspect*) überprüfen ❷ (*prevent*) *attack* aufhalten ❸ CHESS Schach bieten **IV.** *vi* ❶ (*examine*) nachsehen, nachschauen *bes* SÜDD, ÖSTERR, SCHWEIZ; ■ **to** ~ **on sth** nach etw *dat* sehen ❷ (*consult*) ■ **to** ~ **with sb** bei jdm nachfragen ◆ **check in I.** *vi* (*at airport*) einchecken; (*at hotel*) sich anmelden **II.** *vt* (*at airport*) abfertigen; (*at hotel*) anmelden ◆ **check off** *vt* abhaken ◆ **check out I.** *vi* sich abmelden **II.** *vt* ❶ (*investigate*) untersuchen ❷ (*sl: observe*) ~ **it out!** schau dir bloß mal das an! ◆ **check up** *vt* ■ **to** ~ **up on** ❶ (*monitor*) überprüfen ❷ (*research*) Nachforschungen anstellen über +*akk*

check² [tʃek] n ❶ AM *see* **cheque** ❷ AM, SCOT (*bill*) Rechnung f

check-in counter n, **check-in desk** n Abfertigungsschalter m

checking ['tʃekɪŋ] n no pl AM gebührenfreie [Scheck]abbuchung

checking account n AM Girokonto nt

check-in time n Eincheckzeit f

checklist n Checkliste f

checkmate CHESS **I.** n no pl Schachmatt nt **II.** *vt* schachmatt setzen

checkout n Kasse f

checkpoint n Kontrollpunkt m

check room n AM ❶ (*for coats*) Garderobe f ❷ (*for luggage*) Gepäckaufbewahrung f

check-up n MED Untersuchung f

cheek [tʃi:k] n ❶ (*of face*) Backe f; **to dance** ~ **to** ~ Wange an Wange tanzen ❷ no pl (*impertinence*) Frechheit f; **to give sb** ~ frech zu jdm sein

cheeky ['tʃi:ki] *adj* frech

cheer [tʃɪəʳ] **I.** n ❶ (*cheering*) Jubel m ❷ no pl (*joy*) Freude f **II.** *vi* ■ **to** ~ **for sb** jdn anfeuern

cheerful ['tʃɪəfəl] *adj* (*happy, bright*) fröhlich; **in a** ~ **mood** gut gelaunt

cheerfulness ['tʃɪəfəlnəs] n no pl Fröhlichkeit f

cheering I. n no pl Jubel m **II.** *adj* jubelnd

cheerio ['tʃɪəriəʊ] *interj* BRIT (*fam*) tschüs[s]

cheerless ['tʃɪələs] *adj* (*gloomy*) düster, trüb; (*joyless*) freudlos

cheery ['tʃɪəri] *adj* fröhlich

cheese [tʃi:z] n no pl Käse m; ~ **sandwich** Käsebrot nt ▶ **say** ~ bitte [schön] lächeln!

cheesecake n Käsekuchen m

cheesed off [ˌtʃi:zd'ɒf] *adj* BRIT, AUS (*fam*) angeödet

cheese fries *npl* mit Käse überbackene Pommes frites *pl*

cheesy ['tʃi:zi] *adj* ❶ käsig ❷ (*fam: smelly*) übel riechend; ~ **feet** Käsefüße *pl* ❸ (*fam: not genuine*) ~ **grin** Zahnpastalächeln nt

cheetah ['tʃi:tə] n Gepard m

chef [ʃef] n Koch m, Köchin f

chem-bio [ˌkemˈbaɪəʊ] *adj short for* **chemical-biological** bio-chemisch

chemical ['kemɪkəl] **I.** n Chemikalie f **II.** *adj* chemisch; ~ **industry** Chemieindustrie f

chemist ['kemɪst] n ❶ (*student of chemistry*) Chemiker(in) m(f) ❷ (*pharmacist*) Apotheker(in) m(f) ❸ BRIT, AUS (*shop*) ~'**s** Drogerie, *in der man auch Medikamente erhält*

chemistry ['kemɪstri] n no pl ❶ Chemie f *a. fig;* ~ **lab**[**oratory**] Chemiesaal m ❷ (*make-up*) chemische Zusammensetzung

chemopreventative [ˌki:məʊprɪˈventətɪv] *adj* MED, CHEM chemopräventiv

chemotherapeutic [ˌki:məʊθerəˈpju:tɪk] *adj* MED, CHEM chemotherapeutisch

cheque [tʃek] n Scheck m (**for** über)

cheque account n Girokonto nt, Scheckkonto nt **chequebook** n Scheckheft nt **cheque card** n Scheckkarte f

cherry ['tʃeri] n Kirsche f

cherry blossom n Kirschblüte f **cherry brandy** n no pl Kirschlikör m **cherry stone** n Kirschkern m

chess [tʃes] n no pl Schach[spiel] nt

chessboard n Schachbrett nt

chessman n, **chesspiece** n Schachfigur f

chest [tʃest] n ❶ ANAT Brust f ❷ (*furniture*) Truhe f

chestnut n Kastanie f; **hot** ~ heiße [Ess]kastanie; **horse** ~ Rosskastanie f

chesty ['tʃesti] *adj* erkältet; ~ **cough** tief sitzender Husten

chew [tʃu:] **I.** n **to have a** ~ **on sth** auf etw *dat* herumkauen **II.** *vt, vi* kauen; **to** ~ **one's fingernails** an den Nägeln kauen ▶ **to bite off more than one can** ~ sich zu viel zumuten

chewing gum n no pl Kaugummi m o nt

chick [tʃɪk] n ❶ (*baby chicken*) Küken nt; (*young bird*) [Vogel]junges nt ❷ (*sl: young*

woman) Mieze *f*, Schnecke *f*
chicken ['tʃɪkɪn] I. *n* ❶ (*farm bird*) Huhn *nt* ❷ *no pl* (*meat*) Hähnchen *nt* ❸ (*pej sl: coward*) Angsthase *m;* **to play** ~ eine Mutprobe machen II. *adj* (*pej sl*) feige ◆ **chicken out** *vi* (*pej sl*) ■ **to** ~ **out of** [**doing**] **sth** vor etw *dat* kneifen **chickenfeed** *n no pl* ❶ (*fodder*) Hühnerfutter *nt* ❷ (*of money*) Peanuts *pl iron* **chickenpox** *n* Windpocken *pl*
chick lit *n* (*fam*) Chick Lit *f* (*Frauenromane für trendy, erfolgreiche Mittzwanziger- bis Mittdreißigerinnen*)
chief [tʃi:f] I. *n* ❶ (*head of organization*) Chef(in) *m(f)* ❷ (*leader of people*) Führer(in) *m(f)* II. *adj* ❶ (*main*) Haupt- ❷ (*head*) ~ **minister** Ministerpräsident(in) *m(f)*
chiefly ['tʃi:fli] *adv* hauptsächlich
child <*pl* -dren> [tʃaɪld, *pl* tʃɪldrən] *n* Kind *nt*
child abuse *n no pl* Kindesmisshandlung *f;* (*sexually*) Kindesmissbrauch *m* **childbearing** I. *n no pl* [Kinder]gebären *nt* II. *adj* gebärfähig **childbirth** *n no pl* Geburt *f* **childhood** ['tʃaɪldhʊd] *n no pl* Kindheit *f*
childish ['tʃaɪldɪʃ] *adj* (*pej*) kindisch
childless ['tʃaɪldləs] *adj* kinderlos
childlike *adj* kindlich
childminder *n* Tagesmutter *f* **childproof** *adj* kindersicher
children ['tʃɪldrən] *n pl of* **child**
child's play *n* **to be** ~ ein Kinderspiel sein
chili <*pl* -es> ['tʃɪli] *n esp* AM *see* **chilli**
chill [tʃɪl] I. *n* ❶ *no pl* (*coldness*) Kühle *f* ❷ (*illness*) **to catch a** ~ sich erkälten II. *adj* (*liter: cold*) kalt ▶ **to take a** ~ **pill** AM (*sl*) sich abregen III. *vi* ❶ abkühlen; ~**ed to the bone** ganz durchgefroren ❷ *esp* AM (*fam: relax*) chillen *sl* IV. *vt* [ab]kühlen [lassen] ◆ **chill out** *vi esp* AM (*sl*) ❶ (*relax*) sich entspannen ❷ (*calm down*) chillen *sl;* ~ **out!** reg dich doch mal ab! *fam*
chilli <*pl* -es> ['tʃɪli] *n* Chili *m*
chill-out ['tʃɪlaʊt] *adj attr room, area* Ruhe-
chilly ['tʃɪli] *adj* kühl *a. fig;* **to feel** ~ frösteln
chime ['tʃaɪm] I. *n* Geläute *nt* II. *vi church bells* läuten III. *vt* **the clock** ~**d eleven** die Uhr schlug elf
chimney ['tʃɪmni] *n* Schornstein *m;* (*of factory*) Schlot *m*
chimneypot *n* Schornsteinaufsatz *m* **chimneystack** *n* BRIT Schornstein *m;* (*of factory*) Schlot *m* **chimneysweep(er)** *n* Schornsteinfeger(in) *m(f)*
chimpanzee [ˌtʃɪmpən'zi:] *n* Schimpanse *m*
chin [tʃɪn] *n* Kinn *nt* ▶ **to keep one's** ~ **up** sich nicht unterkriegen lassen; **keep your** ~ **up!** Kopf hoch!
china ['tʃaɪnə] *n no pl* ❶ (*porcelain*) Porzellan *nt* ❷ (*tableware*) Geschirr *nt*
China ['tʃaɪnə] *n no pl* China *nt*
Chinese <*pl* -> [tʃaɪ'ni:z] I. *n* ❶ (*person*) Chinese(in) *m(f);* ■ **the** ~ *pl* die Chinesen ❷ *no pl* (*language*) Chinesisch *nt* ❸ *no pl* (*food*) chinesisches Essen II. *adj* chinesisch
Chinese cabbage *n* Chinakohl *m*
Chinese restaurant *n* Chinarestaurant *nt*
chink [tʃɪŋk] I. *n* ❶ (*opening*) Spalt *m* ❷ (*noise*) Klirren *nt* II. *vi* klirren
chinwag ['tʃɪnwæg] *n* (*dated fam*) Schwatz *m*
chip [tʃɪp] I. *n* ❶ (*broken-off piece*) Splitter *m* ❷ (*crack*) ausgeschlagene Ecke; **this cup has got a** ~ **in it** diese Tasse ist angeschlagen ❸ BRIT (*fried potato*) ■ ~ **s** *pl* Pommes [frites] *pl;* **fish and** ~**s** Fisch und Chips ❹ AM (*crisp*) Chip *m* ❺ COMPUT Chip *m* II. *vt* <-pp-> abschlagen; (*break off*) abbrechen III. *vi* <-pp-> [leicht] abbrechen ◆ **chip away** *vi* ■ **to** ~ **away at sth** an etw *dat* nagen ◆ **chip in** *vi* (*fam*) ❶ (*pay*) beisteuern ❷ (*help*) mithelfen ❸ BRIT (*interrupt*) dazwischenreden
chip-enhanced *adj* mit einem Mikrochip ausgestattet
chipped [tʃɪpt] *adj* abgeschlagen; *tooth* abgebrochen
chippy ['tʃɪpi] *n* BRIT (*fam*) Frittenbude *f*
chiropractor ['kaɪ(ə)rə(ʊ)ˌpræktər] *n* Chiropraktiker(in) *m(f)*
chirpy ['tʃɜ:pi] *adj* aufgekratzt
chit-chat ['tʃɪtʃæt] *n no pl* (*fam*) Geplauder *nt;* *idle* ~ leeres Gerede
choc-ice ['tʃɒkaɪs] *n* BRIT Eis[riegel] *mit Schokoladenüberzug*
chock [tʃɒk] *n* Bremsklotz *m*, Bremskeil *m*
chock-a-block [ˌtʃɒkə'blɒk] *adj* (*fam*) voll gestopft
chocolate ['tʃɒkəlat] *n* ❶ *no pl* (*substance*) Schokolade *f;* ~ **biscuit** Schokoladenkeks *m;* ~ **mousse** Mousse *f* au chocolat ❷ (*sweet*) Praline *f*
choice [tʃɔɪs] I. *n* ❶ *no pl* (*selection*) Wahl *f;* **it's your choice!** du hast die Wahl! ❷ *no pl*

choir–chuck

a wide ~ of sth eine reiche Auswahl an etw dat ▶ to be spoilt for ~ die Qual der Wahl haben II. adj (top quality) erstklassig
choir [kwaɪəʳ] n Chor m; ~ **stalls** Chorgestühl nt
choke [tʃəʊk] I. n no pl AUTO Choke m II. vt ❶ (suffocate) ersticken ❷ (blocked) ■ to be ~d verstopft sein III. vi (have problems breathing) keine Luft bekommen; **to ~ to death** ersticken; ■ **to ~ on sth** sich an etw dat verschlucken ◆**choke back** vt unterdrücken ◆**choke down** vt hinunterschlucken ◆**choke off** vt drosseln ◆**choke up** vt (fam) überwältigen
choker [ˈtʃəʊkəʳ] n ❶ (necklace) eng anliegende Halskette; (ribbon) Halsband nt ❷ (fam: disappointment) harter Schlag
cholesterol [kəˈlestərɒl] n no pl Cholesterin nt; ~ **level** Cholesterinspiegel m
choose <chose, chosen> [tʃuːz] I. vt [aus]wählen II. vi (select) wählen, aussuchen; **to ~ to do sth** es vorziehen, etw zu tun
choos(e)y [ˈtʃuːzi] adj (fam) ■ **to be ~ [about sth]** [bei etw dat] wählerisch sein
chop [tʃɒp] I. vt <-pp-> ❶ (cut) ■ **to ~ sth** ○ [**up**] etw klein schneiden; wood etw hacken ❷ (reduce) kürzen II. n ❶ (meat) Kotelett nt ❷ (hit) Schlag m ❸ esp BRIT, AUS (fam) **to get the ~** gefeuert werden ◆**chop down** vt fällen ◆**chop off** vt abhacken
chop-chop [ˌtʃɒpˈtʃɒp] interj (fam) hopphopp
chopper [ˈtʃɒpəʳ] n ❶ (sl: helicopter) Hubschrauber m ❷ BRIT (for meat) Hackmesser nt ❸ (sl: motorcycle) Chopper m
chopping [ˈtʃɒpɪŋ] n no pl (wood) Holzhacken nt; (food) Kleinhacken nt
chopstick n usu pl [Ess]stäbchen nt
chord [kɔːd] n Akkord m ▶ **to strike a ~ with sb** jdn berühren
chore [tʃɔːʳ] n **to do the ~s** die Hausarbeit erledigen
chorus [ˈkɔːrəs] n <pl -es> ❶ (refrain) Refrain m ❷ + sing/pl vb (group of singers) Chor m
chose [tʃəʊz] pt of **choose**
Christ [kraɪst] I. n Christus m II. interj (sl) ~ **almighty!** Herrgott noch mal!
christen [ˈkrɪsən] vt ❶ (give name to) taufen ❷ (use for first time) einweihen
christening [ˈkrɪsənɪŋ] n, **christening ceremony** n Taufe f
Christian [ˈkrɪstʃən] I. n Christ(in) m(f) II. adj christlich
Christianity [ˌkrɪstiˈænɪti] n no pl Christentum nt
Christian name n esp BRIT Vorname m
Christmas <pl -es or -ses> [ˈkrɪs(t)məs] n Weihnachten nt; **Happy ~!** Frohe Weihnachten!

In Großbritannien werden ab Anfang Dezember **Christmas cards** (Weihnachtskarten) verschickt. Dieser Brauch wurde Mitte des 19. Jhs. eingeführt. Am **Christmas Eve** (Heiligabend), der in Großbritannien ein gekürzter Werktag ist, hängen Kinder vor dem Schlafengehen **Christmas stockings** (große Socken) oder auch Kopfkissenbezüge auf, die in der Nacht mit Geschenken gefüllt werden. Am **Christmas Day**, dem 25. Dezember, gibt es bei den meisten Familien einen mit Brät gefüllten Truthahn, mit Röstkartoffeln und Preiselbeersoße; anschließend gibt es den **Christmas pudding** oder **plum pudding**, einen gedämpften Kuchen mit Korinthen, Rosinen und Sultaninen. **Christmas crackers**, eine weitere britische Erfindung Mitte des 19. Jhs., sind verzierte Papprollen mit einem kleinen Geschenk in der Mitte, einem witzigen Spruch und einer Papierkrone; sie werden meist während des Mittagessens von jeweils zwei Personen auseinandergerissen.

Christmas carol n Weihnachtslied nt **Christmas Day** n erster Weihnachtsfeiertag **Christmas Eve** n Heiligabend m; **on ~** Heiligabend **Christmas pudding** n BRIT Plumpudding m **Christmas tree** n Weihnachtsbaum m
chronic [ˈkrɒnɪk] adj ❶ (continual) chronisch ❷ BRIT, AUS (fam: extremely bad) furchtbar
chronological [ˌkrɒnəˈlɒdʒɪkəl] adj chronologisch
chubby [ˈtʃʌbi] adj pummelig; ~ **child** Pummelchen nt
chuck [tʃʌk] I. n NBRIT (fam) Schnucki nt II. vt (fam) ❶ (throw) schmeißen ❷ (end a relationship) ■ **to ~ sb** mit jdm Schluss ma-

chen ◆**chuck away** *vt* (*fam*) wegschmeißen ◆**chuck out** *vt* (*fam*) wegschmeißen ◆**chuck up** (*fam*) **I.** *vt* hinschmeißen **II.** *vi* kotzen
chucker-out <*pl* chuckers-out> *n* BRIT (*fam*) Rausschmeißer *m*
chucking-out time [ˌtʃʌkɪŋˈaʊttaɪm] *n* (*fam*) *of pub* Polizeistunde *f*
chuckle [tʃʌkl] **I.** *n* Gekicher *nt kein pl* **II.** *vi* in sich *akk* hineinlachen
chuffed [tʃʌft] *adj* BRIT, AUS (*fam*) froh
chug [tʃʌg] **I.** *vi* <-gg-> tuckern **II.** *n* Tuckern *nt* ◆**chug along** *vi* (*fam*) sich dahinschleppen
chum [tʃʌm] *n* (*fam*) Freund(in) *m(f)*
chummy [ˈtʃʌmi] *adj* (*fam*) freundlich
chump [tʃʌmp] *n* (*fam*) Trottel *m*
chunk [tʃʌŋk] *n* Brocken *m;* ~ **of bread/cheese** [großes] Stück Brot/Käse
chunky [ˈtʃʌŋki] *adj garment* grob; *jewellery* klobig
Chunnel [ˈtʃʌnəl] *n* (*fam*) ■**the** ~ der Kanaltunnel
church [tʃɜːtʃ] *n* <*pl* -es> Kirche *f;* **to go to** ~ in die Kirche gehen; ~ **wedding** kirchliche Trauung
churchgoer *n* Kirchgänger(in) *m(f)*
churchyard *n* Friedhof *m*
chute[1] [ʃuːt] *n* Rutsche *f;* **laundry** ~ Wäscheschacht *m;* **rubbish** ~ Müllschlucker *m*
chute[2] [ʃuːt] *n short for* **parachute** Fallschirm *m*
cider [ˈsaɪdər] *n no pl* Apfelwein *m*
cigar [sɪˈgɑːr] *n* Zigarre *f*
cigarette [ˌsɪgəˈret] *n* Zigarette *f;* ~ **end** Zigarettenstummel *m*
Cinderella [ˌsɪndəˈrelə] *n* Aschenputtel *nt*
cine-camera *n* Filmkamera *f*
cinema [ˈsɪnəmə] *n* Kino *nt*
cinemagoer *n* Kinogänger(in) *m(f)*
cipher [ˈsaɪfər] *n* ❶ (*secret code*) [Geheim]code *m;* (*sign*) Chiffre *f* ❷ AM (*zero*) Null *f*
cipher code *n no pl* Geheimcode *m*
circle [ˈsɜːkl] **I.** *n* Kreis *m;* **to go round in** ~**s** sich im Kreis drehen *a. fig;* ~ **of friends** Freundeskreis *m;* **vicious** ~ Teufelskreis *m* **II.** *vt* ❶ (*draw*) umkringeln ❷ (*walk*) umkreisen **III.** *vi* kreisen
circuit [ˈsɜːkɪt] *n* ❶ ELEC Schaltsystem *nt* ❷ SPORTS Rennstrecke *f;* **to do a** ~ eine Runde drehen ❸ (*circular route*) Rundgang *m* ❹ (*sequence of events*) Runde *f* ❺ LAW Gerichtsbezirk *m*
circuit board *n* Schaltbrett *nt*
circuit training *n* Zirkeltraining *nt*
circular [ˈsɜːkjələr] **I.** *adj* [kreis]rund **II.** *n* Rundschreiben *nt*
circular letter *n* Rundschreiben *nt*
circular saw *n* Kreissäge *f*
circulate [ˈsɜːkjəleɪt] **I.** *vt news* in Umlauf bringen **II.** *vi* zirkulieren
circulation [ˌsɜːkjəˈleɪʃən] *n no pl* MED [Blut]kreislauf *m,* Durchblutung *f*
circulatory [ˌsɜːkjəˈleɪtəri] *adj attr* Kreislauf-
circumstance [ˈsɜːkəmstæn(t)s] *n* Umstände *pl;* **to be a victim of** ~[**s**] ein Opfer der Verhältnisse sein; **in no/these** ~**s** unter keinen/diesen Umständen
circus [ˈsɜːkəs] *n* ❶ Zirkus *m a. fig* ❷ BRIT (*in city*) [runder] Platz; **Piccadilly C**~ Piccadilly Circus *m*
CIS [ˌsiːaɪˈes] *n no pl abbrev of* **Commonwealth of Independent States** GUS *f*
citizen [ˈsɪtɪzən] *n* [Staats]bürger(in) *m(f)*
citric acid *n* Zitronensäure *f*
citrus [ˈsɪtrəs] *n* <*pl* - *or* -es> Zitrusgewächs *nt;* ~ **fruit** Zitrusfrucht *f*
city [ˈsɪti] *n* ❶ [Groß]stadt *f* ❷ ■**the C**~ BRIT das Londoner Banken- und Börsenviertel

Viele amerikanische **cities** (Großstädte) haben Spitznamen. New York heißt **Gotham** oder **The Big Apple**. In Anspielung auf letzteres nennen manche Los Angeles **The Big Orange**, aber andere bevorzugen den Namen **The City of the Angels**. Chicago ist **The Windy City**, und New Orleans heißt **The Big Easy**. **The City of Brotherly Love** bezieht sich auf Philadelphia. Denver wird wegen seiner Höhenlage **The Mile-High City** genannt und Detroit wird als Sitz der Autoindustrie als **Motor City** bezeichnet.

city hall *n* AM Rathaus *nt;* ■**C**~ Stadtverwaltung *f*
civil [ˈsɪvəl] *adj* ❶ (*non-military*) zivil ❷ (*courteous*) höflich
civil court *n* Zivilgericht *nt*
civilian [sɪˈvɪliən] **I.** *n* Zivilist(in) *m(f)* **II.** *adj* Zivil-
civilization [ˌsɪvəlaɪˈzeɪʃən] *n* Zivilisation *f*

civil marriage n Zivilehe f; (ceremony) Ziviltrauung f **civil rights** npl Bürgerrechte pl **civil servant** n [Staats]beamte(r) m, [Staats]beamtin f **civil service** n öffentlicher Dienst

> Der **Civil Service** in Großbritannien ist Teil der Zentralverwaltung des Landes; zu ihm gehören der diplomatische Dienst, das **Inland Revenue** (Finanzamt), das Gesundheits- und Sozialamt und auch staatliche Bildungseinrichtungen. Die **civil servants** (Staatsbeamte) sind fest angestellt und sind von einem Regierungswechsel nicht betroffen.

civil war n Bürgerkrieg m
clad [klæd] adj gekleidet; (covered) bedeckt
claim [kleɪm] I. n ① (assertion) Behauptung f ② (demand for money) Forderung f ③ LAW Klage f II. vt ① (assert) behaupten ② (declare ownership) auf etw akk Anspruch erheben; diplomatic immunity sich berufen auf ③ (require) in Anspruch nehmen ④ (demand in writing) beantragen III. vi seine Ansprüche geltend machen; ■ **to ~ for sth** etw fordern
claimant [kleɪmənt] n Anspruchsteller(in) m(f); **~ to a throne** Thronanwärter(in) m(f)
clamber ['klæmbə'] I. vi klettern II. n usu sing Kletterei f
clammy ['klæmi] adj feuchtkalt
clamp [klæmp] I. n Klammer f; [**wheel**] ~ Parkkralle f II. vt ① (fasten together) ■ **to ~ sth together** etw zusammenklammern ② esp BRIT **to ~ a car** eine Wegfahrsperre an einem Auto anbringen ◆ **clamp down** vi ■ **to ~ down on sth** gegen etw akk scharf vorgehen
clang [klæŋ] I. vi scheppern; bell [laut] läuten II. n usu sing Scheppern nt; bell [lautes] Läuten
clank [klæŋk] I. vi klirren II. n usu sing Klirren nt
clap [klæp] I. n ① Klatschen nt; **to give sb a ~** jdm applaudieren ② (noise) Krachen nt; **~ of thunder** Donner[schlag] m II. vt <-pp-> **to ~ one's hands** in die Hände klatschen; ■ **to ~ sb** jdm Beifall klatschen; **to ~ sb on the back** jdm auf die Schulter klopfen ▶ **to ~ eyes on** [erstmals] zu sehen bekommen III. vi <-pp-> [Beifall] klatschen; **to ~ along** mitklatschen

clapped-out ['klæptaʊt] adj BRIT, AUS (fam) klapprig
clapper ['klæpə'] n Klöppel m ▶ **like the ~s** BRIT (fam) mit einem Affenzahn
claptrap ['klæptræp] n no pl (pej fam) Unsinn m
clarify <-ie-> ['klærɪfaɪ] vt klarstellen
clarity ['klærəti] n no pl Klarheit f
clash [klæʃ] I. vi ① (come into conflict) zusammenstoßen ② (compete against) aufeinandertreffen ③ (contradict) im Widerspruch stehen II. n <pl -es> ① (hostile encounter) Zusammenstoß m ② (contest) Aufeinandertreffen nt ③ (conflict) Konflikt m
clasp [klɑːsp] I. n ① (firm grip) Griff m ② (fastening device) Verschluss m II. vt umklammern
class [klɑːs] I. n <pl -es> ① + sing/pl vb (pupils) [Schul]klasse f ② (lesson) [Unterrichts]stunde f; SPORTS Kurs[us] m ③ + sing/pl vb AM (graduates) Jahrgang m II. adj erstklassig III. vt einstufen
classic ['klæsɪk] I. adj klassisch II. n Klassiker m
classical ['klæsɪkəl] adj klassisch
classics ['klæsɪks] n + sing vb Altphilologie f
classified ['klæsɪfaɪd] adj geheim; ■ **to be ~** unter Verschluss stehen
classify <-ie-> ['klæsɪfaɪ] vt klassifizieren
classmate n Klassenkamerad(in) m(f)
classroom n Klassenzimmer nt
clatter ['klætə'] I. vi klappern mit II. n no pl Klappern nt
clause [klɔːz] n ① (part of sentence) Satzglied nt ② (in a contract) Klausel f
claw [klɔː] I. n Kralle f II. vt [zer]kratzen
clay [kleɪ] n no pl (earth) Lehm m; (for pottery) Ton m
clean [kliːn] I. adj ① (not dirty) sauber ② LAW **to have a ~ record** nicht vorbestraft sein ③ joke anständig II. adv glatt; **the thief got ~ away** der Dieb ist spurlos verschwunden III. vt (remove dirt) sauber machen; car waschen; shoes, windows, teeth putzen; wound reinigen; ■ **to ~ sth off** etw abwischen IV. vi sich reinigen lassen V. n **to give sth a [good] ~** etw [gründlich] sauber machen ◆ **clean down** vt esp BRIT waschen; walls abwaschen; windows putzen ◆ **clean out** vt ① (clean thoroughly) [gründlich] sauber machen; (with water) auswaschen ② **to**

clean up – climb

be completely ~ed out (*fam*) völlig blank sein ◆**clean up I.** *vt* sauber machen; *building* reinigen; **to ~ up the mess** aufräumen **II.** *vi* ❶ (*tidy*) aufräumen; ▪**to ~ up after sb** jdm hinterherräumen ❷ (*fam: make profit*) absahnen

cleaner ['kli:nə^r] *n* ❶ (*person*) Reinigungskraft *f* ❷ *no pl* (*substance*) Reiniger *m*

cleaning ['kli:nɪŋ] *n no pl* Reinigung *f*; **to do the ~** sauber machen

cleaning lady *n*, **cleaning woman** *n* Putzfrau *f*

cleanly ['kli:nli] *adv* sauber

cleanness ['kli:nnəs] *n no pl* Sauberkeit *f*

clean room *n* Reinraum *m*

clean-shaven *adj* glatt rasiert

cleansing cream *n* Reinigungscreme *f*

cleansing tissue *n* Kosmetiktuch *nt*

clean-up *n* Reinigung *f*

clear [klɪə^r] **I.** *adj* ❶ (*understandable*) klar; (*definite*) eindeutig; *signs* deutlich; **as ~ as a bell** glockenhell; [**as**] **~ as day** eindeutig ❷ (*obvious*) klar; **he's got a ~ lead** er führt eindeutig; ▪**to be ~ about sth** sich *dat* über etw *akk* im Klaren sein ❸ (*conscience*) rein ❹ (*liquid*) klar ❺ (*pure*) rein ❻ (*away from*) **keep ~** sich fernhalten ▶**all ~** die Luft ist rein **II.** *n* ▪**to be in the ~** außer Verdacht sein **III.** *adv* ❶ (*away from*) **stand ~ of the doors** (*in underground*) bitte zurückbleiben ❷ (*distinctly*) **loud and ~** klar und deutlich **IV.** *vt* ❶ (*remove doubts*) klären; **to ~ one's head** einen klaren Kopf bekommen ❷ (*remove obstruction*) [weg]räumen; **to ~ one's throat** sich räuspern ❸ (*empty*) ausräumen; *building* räumen; *table* abräumen ❹ (*complete*) erledigen ❺ (*debts*) begleichen ❻ (*give permission*) genehmigen; **to ~ a plane for take-off** ein Flugzeug zum Start freigeben ▶**to ~ the decks** klar Schiff machen **V.** *vi* ❶ (*delete*) löschen ❷ (*become transparent*) sich klären ❸ (*weather*) sich [auf]klären; *fog* sich auflösen ◆**clear away I.** *vt* wegräumen **II.** *vi* abräumen ◆**clear off** *vi* (*fam*) verschwinden ◆**clear out** *vt* ausräumen; *attic* entrümpeln ◆**clear up I.** *vt* ❶ (*explain*) klären ❷ (*clean*) aufräumen **II.** *vi* ❶ (*tidy*) aufräumen; ▪**to ~ up after sb** hinter jdm herräumen ❷ (*stop raining*) aufhören zu regnen; (*brighten up*) sich aufklären

clearance ['klɪər^ən(t)s] *n no pl* ❶ (*act of clearing*) Beseitigung *f*; **slum ~ programme** Slumsanierungsprogramm *nt* ❷ (*space*) Spielraum *m* ❸ *of a debt* Tilgung *f*

clearance sale *n* Räumungsverkauf *m*

clearing ['klɪərɪŋ] *n* Lichtung *f*

clearly ['klɪəli] *adv* ❶ (*distinctly*) klar, deutlich ❷ (*obviously*) offensichtlich

clef [klef] *n* [Noten]schlüssel *m*

clementine ['klemənti:n] *n* Klementine *f*

clench [klen(t)ʃ] *vt* [fest] umklammern; *fist* ballen

clergy ['klɜ:dʒi] *n* + *pl vb* ▪**the ~** die Geistlichkeit; **to join the ~** Geistliche(r) werden

cleric ['klerɪk] *n* Kleriker(in) *m(f)*

clerical ['klerɪk^əl] *adj* ❶ (*of the clergy*) geistlich ❷ (*of offices*) Büro-; **~ error** Versehen *nt*; **~ staff** Büropersonal *nt*; **~ work** Büroarbeit *f*

clerk [klɑ:k] *n* Büroangestellte(r) *f(m)*; Am (*hotel receptionist*) Empfangschef *m*/Empfangsdame *f*

clever <-er, -est> ['klevə^r] *adj* ❶ (*intelligent*) klug, schlau *fam* ❷ (*skilful*) geschickt

clever clogs <*pl* -> *n* Brit, **clever dick** *n* Brit (*pej*) Klugscheißer *m*

cleverness ['klevənəs] *n no pl* ❶ (*quick-wittedness*) Schlauheit *f* ❷ (*skill*) Geschick *nt*

click [klɪk] **I.** *n* ❶ (*short, sharp sound*) Klicken *nt*; *of lock* Einschnappen *nt* ❷ COMPUT Klick *m* **II.** *vi* ❶ (*short, sharp sound*) klicken; *lock* einschnappen ❷ (*fam: become friendly*) sich auf Anhieb verstehen ❸ COMPUT klicken; ▪**to ~ on sth** etw anklicken **III.** *vt* ❶ (*make sound*) **to ~ one's tongue** mit der Zunge schnalzen ❷ COMPUT anklicken

client ['klaɪənt] *n* Kunde *m*, Kundin *f*; LAW Klient(in) *m(f)*

cliff [klɪf] *n* Klippe *f*

climactic [klaɪ'mæktɪk] *adj* sich steigernd

climate ['klaɪmət] *n* Klima *nt a. fig;* **change of ~** Klimawechsel *m*; **to move to a warmer ~** in wärmere Gegenden ziehen

climate change *n no pl* Klimaveränderung *f*

climate change levy *n* Brit Klimaschutzabgabe *f* (*Abgabe auf den Stromverbrauch im nicht-privaten Sektor*)

climax ['klaɪmæks] **I.** *n* ❶ Höhepunkt *m* **II.** *vi* ❶ (*reach a high point*) einen Höhepunkt erreichen; ▪**to ~ in sth** in etw *dat* gipfeln ❷ (*achieve orgasm*) einen Orgasmus haben

climb [klaɪm] **I.** *n* ❶ (*ascent*) Aufstieg *m a. fig* ❷ AVIAT Steigflug *m* ❸ (*increase*) Anstieg *m* (**in** +*gen*) **II.** *vt* (*ascend*) **to ~** [**up**] **a hill**

auf einen Hügel [hinauf]steigen; **to ~ [up] a tree** auf einen Baum [hoch]klettern; **to ~ [up] the stairs** die Treppe hochgehen III. *vi* ❶ (*ascend*) [auf]steigen *a. fig* ❷ (*get into*) hineinklettern (**into** in); **he ~ed into his suit** er stieg in seinen Anzug ◆**climb down** *vi* (*descend*) heruntersteigen; (*from a tree*) herunterklettern (**from** von)

climber ['klaɪmə'] *n* ❶ (*mountaineer*) Bergsteiger(in) *m(f)*; *of rock faces* Kletterer *m*, Kletterin *f* ❷ *social, professional* Aufsteiger(in) *m(f)*

climbing ['klaɪmɪŋ] *n no pl mountains* Bergsteigen *nt*; *rock faces* Klettern *nt*

clinch [klɪn(t)ʃ] I. *n* <*pl* -es> ❶ (*embrace*) Umschlingung *f* ❷ BOXING Clinch *m* II. *vt deal* perfekt machen

clincher [klɪn(t)ʃə'] *n* (*fam*) entscheidender Faktor

cling <clung, clung> [klɪŋ] *vi* ❶ (*hold tightly*) [sich] klammern (**to** an); ~ **on!** halt dich fest! ❷ (*stick*) kleben

clingfilm *n no pl* BRIT Frischhaltefolie *f*

clinging ['klɪŋɪŋ] *adj* ❶ (*close-fitting*) eng anliegend ❷ (*emotionally*) klammernd

clinic ['klɪnɪk] *n* Klinik *f*

clinical ['klɪnɪkəl] *adj* klinisch

clink [klɪŋk] I. *vt, vi* klirren [mit +*dat*]; **to ~ glasses** die Gläser klingen lassen II. *n no pl* Klirren *nt*

clip[1] [klɪp] I. *n* (*fastener*) Klipp *m*; (*for wires*) Klemme *f*; **hair ~** [Haar]spange *f*; **paper ~** Büroklammer *f* II. *vt* <-pp-> ■**to ~ together** zusammenklammern

clip[2] [klɪp] I. *n* ❶ (*trim*) Schneiden *nt* ❷ FILM Ausschnitt *m* II. *vt* <-pp-> ❶ (*trim*) *dog* trimmen; *sheep* scheren; **to ~ one's nails** sich *dat* die Nägel schneiden ❷ (*fig: reduce*) verkürzen

clipboard *n* Klemmbrett *nt*

clipper ['klɪpə'] *n* ❶ NAUT (*hist*) Klipper *m* ❷ AVIAT Clipper *m*

cloak [kləʊk] I. *n* Umhang *m* II. *vt* verhüllen; **to be ~ed in secrecy** geheim gehalten werden

cloakroom *n* ❶ (*for coats*) Garderobe *f* ❷ BRIT (*public toilet*) Toilette *f*

clobber ['klɒbə'] *vt* (*fam*) ❶ (*strike*) verprügeln ❷ (*defeat*) vernichtend schlagen

clock [klɒk] I. *n* Uhr *f*; **to run against the ~** auf Zeit laufen; **round the ~** rund um die Uhr II. *vt* ❶ (*measure speed*) **the police ~ed him doing 90 mph** die Polizei blitzte ihn mit 145 km/h ❷ (*fam: strike*) ■**to ~ sb [one]** jdm eine kleben ◆**clock in** *vi* (*record arrival time*) stechen *fam* ◆**clock out** *vi* (*record departure time*) stechen *fam* ◆**clock up** *vt* ■**to ~ up** ◯ **sth** ❶ (*travel a specific distance*) etw fahren ❷ *esp* BRIT (*attain*) *victory, medal* etw für sich *akk* verbuchen können

clock radio *n* Radiowecker *m*

clock timer *n* Zeitschaltuhr *f*

clockwork *n no pl* Uhrwerk *nt*; **everything is going like ~** alles läuft wie am Schnürchen; **~ toy** Spielzeug *nt* zum Aufziehen; **regular as ~** pünktlich wie ein Uhrwerk

clog [klɒg] I. *n* Holzschuh *m* II. *vi, vt* <-gg-> ■**to ~ [up]** verstopfen

clone [kləʊn] I. *n* Klon *m* II. *vt* klonen

close[1] [kləʊs] I. *adj* ❶ (*near*) nah[e]; **the ~st pub** die nächste Kneipe; ■**to be ~ to sth** in der Nähe einer S. *gen* liegen; **to be ~ to tears** den Tränen nahe sein ❷ (*intimate*) eng; ■**to be ~ to sb** jdm [sehr] nahestehen ❸ (*almost equal*) knapp; **~ race** Kopf-an-Kopf-Rennen *nt* ❹ (*exact*) genau; **to pay ~ attention to sb** jdm gut zuhören; **to keep a ~ eye on sth** etw gut im Auge behalten ❺ (*almost*) **~ to ...** nahezu ...; **~ to midnight** kurz vor Mitternacht ▸ **that was a ~ call!** das war knapp! II. *adv* (*near*) nahe; **please come ~r** kommen Sie doch näher!; **to come ~ to tears** den Tränen nahekommen; **to get ~ to sb/sth** jdm/etw nahekommen; **to hold sb ~** jdn fest an sich drücken; ■**~ by** in der Nähe; ■**from ~ up** aus der Nähe; ■**~ together** dicht beieinander III. *n* BRIT Hof *m*; (*in street names*) Straßenname *f* für Sackgassen

close[2] [kləʊz] I. *vt* ❶ (*shut*) schließen; *book, door, mouth* zumachen ❷ (*end*) schließen; *bank account* auflösen II. *vi* ❶ (*shut*) *wound* sich schließen; *door, lid* zugehen ❷ (*shut down*) schließen ❸ (*end*) zu Ende gehen III. *n no pl* Ende *nt*, Schluss *m*; **to bring sth to a ~** etw beenden; **to come to a ~** zu Ende gehen ◆**close down** *vi* schließen ◆**close in** *vi darkness* hereinbrechen; ■**to ~ in on sb/sth** sich jdm/etw nähern ◆**close off** *vi* absperren ◆**close up** I. *vi* ❶ (*shut*) *flower, oyster, wound* sich schließen ❷ (*move nearer*) *people* zusammenrücken II. *vt* [ab]schließen

closed [kləʊzd] *adj* geschlossen, zu
closed-door *adj* geheim; ~ **meeting** Besprechung *f* hinter verschlossenen Türen
close-down *n* [Geschäfts]schließung *f*; *of a factory* Stilllegung *f*
close-knit *adj* eng verbunden
closely ['kləʊsli] *adv* ① (*near*) dicht ② (*intimately*) eng ③ (*carefully*) sorgfältig
close-up *n* Nahaufnahme *f*
closing ['kləʊzɪŋ] I. *adj* abschließend; ~ **phase** Endphase *f*; ~ **speech** Schlussrede *f* II. *n* ① (*bringing to an end*) Beenden *nt* kein *pl* ② (*end of business hours*) Geschäftsschluss *m*
closing date *n* Schlusstermin *m*; (*for competition*) Einsendeschluss *m* **closing down** *n* Schließung *f* **closing-down sale** *n* Räumungsverkauf *m* **closing time** *n* (*for shop*) Ladenschluss *m*; (*of pub*) Sperrstunde *f*
closure ['kləʊʒəʳ] *n of institution* Schließung *f*; *of street* Sperrung *f*
clot [klɒt] I. *n* MED [**blood**] ~ [Blut]gerinnsel *nt* II. *vi* <-tt-> gerinnen
cloth [klɒθ] *n* ① *no pl* (*material*) Tuch *nt* ② (*for cleaning*) Lappen *m*
clothe [kləʊð] *vt* [be]kleiden *a. fig*
clothes [kləʊ(ð)z] *n pl* Kleider *pl*; (*collectively*) Kleidung *f kein pl*
clothes-hanger *n* Kleiderbügel *m* **clothes horse** *n* Wäscheständer *m* **clothes line** *n* Wäscheleine *f* **clothes peg** *n* BRIT, **clothes pin** *n* AM Wäscheklammer *f*
clothing ['kləʊðɪŋ] *n no pl* Kleidung *f*
cloud [klaʊd] I. *n* Wolke *f*; *of insects* Schwarm *m* ▶ **every ~ has a silver lining** (*prov*) jedes Unglück hat auch sein Gutes; **to be under a ~** keinen guten Ruf haben II. *vt issue* verschleiern
cloudburst *n* Wolkenbruch *m*
clouded ['klaʊdɪd] *adj* ① (*cloudy*) bewölkt ② *liquid* trüb
cloudless ['klaʊdləs] *adj* wolkenlos
cloudy ['klaʊdi] *adj weather* bewölkt; *liquid* trüb
clout [klaʊt] (*fam*) I. *n* (*hit*) Schlag *m*; **to give sb a** ~ jdm eine runterhauen; **to give sth a** ~ auf etw *akk* schlagen II. *vt* ■ **to** ~ **sb** jdm eine schmieren; ■ **to** ~ **sth** auf etw *akk* schlagen
clown [klaʊn] I. *n* ① (*entertainer*) Clown *m* ② (*funny person*) Kasper *m* II. *vi* ■ **to ~ around** herumalbern

club [klʌb] I. *n* ① (*group*) Klub *m*, Verein *m* ② SPORTS (*implement*) Schläger *m* ③ CARDS Kreuz *nt* ④ (*disco*) Klub *m* II. *vt* <-bb-> einknüppeln auf +*akk*; **to ~ sb to the ground** jdn niederknüppeln; **to ~ to death** erschlagen
clubbing ['klʌbɪŋ] *n no pl* **to go ~** in die Disko gehen, clubben gehen *sl*
clue [kluː] *n* ① (*evidence*) Hinweis *m*; (*hint*) Tipp *m* ② (*idea*) Ahnung *f*; **I haven't a ~!** [ich hab'] keine Ahnung! ◆ **clue up** *vt* ■ **to ~ sb up** [**on sth**] jdn [über etw *akk*] informieren
clueless ['kluːləs] *adj* (*fam*) ahnungslos; ■ **to be ~ about sth** von etw *dat* keine Ahnung haben
clump [klʌmp] I. *n* ① (*group*) Gruppe *f*; *of bushes* Gebüsch *nt* ② (*lump*) Klumpen *m* II. *vi* ■ **to ~ around** herumtrampeln
clumsy ['klʌmzi] *adj* (*bungling*) ungeschickt; (*ungainly*) klobig
clung [klʌŋ] *pp, pt of* **cling**
cluster ['klʌstəʳ] I. *n* Bündel *nt*; *of people* Traube *f*; *of gems* Büschel *nt*; ~ **of stars** Sternhaufen *m* II. *vi* ■ **to ~ around sth** sich um etw *akk* scharen
clutch [klʌtʃ] I. *vi* sich klammern (**at** an) II. *vt* umklammern III. *n* ① *usu sing* AUTO Kupplung *f*; **to let the ~ in/out** ein-/auskuppeln ② (*control*) **to fall into the ~es of sb** jdm in die Klauen fallen
clutter ['klʌtəʳ] I. *n no pl* Durcheinander *nt* II. *vt* durcheinanderbringen
coach [kəʊtʃ] I. *n* ① BRIT (*private bus*) Reisebus *m*; **by ~** mit dem Bus ② (*railway carriage*) [Eisenbahn]wagen *m* ③ (*teacher*) SPORTS Trainer(in) *m(f)* II. *vt* SPORTS trainieren
coaching ['kəʊtʃɪŋ] *n no pl* SPORTS Training *nt*
coal [kəʊl] *n* Kohle *f* ▶ **to carry ~s to Newcastle** Eulen nach Athen tragen
coal face *n* MIN Streb *m* **coal-fired** *adj* kohlebeheizt
coalition [ˌkəʊəˈlɪʃᵊn] *n* Koalition *f*
coal mine *n* Kohlenbergwerk *nt* **coal miner** *n* Bergmann *m* **coal mining** *n* Kohle[n]bergbau *m*
coarse [kɔːs] *adj* ① (*rough*) grob ② (*vulgar*) derb
coast [kəʊst] I. *n* Küste *f*; **off the ~** vor der Küste; **on the west ~** an der Westküste ▶ **the ~ is clear** die Luft ist rein II. *vi* dahinrollen; **to ~** [**along**] mühelos vorankommen

coastal ['kəʊstᵊl] *adj* Küsten-
coaster ['kəʊstə^r] *n* Untersetzer *m*
coastguard *n* Küstenwache *f*
coastline *n no pl* Küste[nlinie] *f*
coat [kəʊt] **I.** *n* ❶ (*outer garment*) Mantel *m* ❷ (*animal's fur*) Fell *nt* **II.** *vt* überziehen; **to ~ with breadcrumbs** panieren
coated ['kəʊtɪd] *adj* überzogen; *tongue* belegt
coat hanger *n* Kleiderbügel *m*
coating ['kəʊtɪŋ] *n* Schicht *f*, Überzug *m*
coax [kəʊks] *vt* ■**to ~ sb into doing sth** jdn dazu bringen, etw zu tun
cob¹ [kɒb] *n short for* **corncob** Kolben *m*
cob² [kɒb] *n* BRIT (*bread*) Laib *m*
cobble ['kɒbl] *n* Kopfstein *m*
cobbler ['kɒblə^r] *n* [Flick]schuster *m*
cobweb ['kɒbweb] *n* Spinnennetz *nt*
co-citizen [kəʊ'sɪtɪzᵊn] *n* verantwortungsbewusster Mitbürger, verantwortungsbewusste Mitbürgerin
cock [kɒk] **I.** *n* ❶ (*male chicken*) Hahn *m* ❷ (*vulg: penis*) Schwanz *m* **II.** *adj* ORN männlich **III.** *vt ears* spitzen
cock-a-doodle-doo [ˌkɒkəduːdlˈduː] *n* Kikeriki *nt*
cockerel ['kɒkᵊrᵊl] *n* junger Hahn
cocker spaniel *n* Cockerspaniel *m*
cockpit ['kɒkpɪt] *n* Cockpit *nt*
cocktail ['kɒkteɪl] *n* Cocktail *m*
cock-up ['kɒkʌp] *n* (*sl*) Schlamassel *m*; **what a ~!** so ein Mist!
cocky ['kɒki] *adj* (*fam*) großspurig
cocoa ['kəʊkəʊ] *n no pl* Kakao *m*
coconut ['kəʊkənʌt] *n* Kokosnuss *f*
coconut milk *n* Kokosmilch *f*
coconut shy *n* BRIT Wurfbude *f*
cod <*pl* - *or* -**s**> [kɒd] *n* Kabeljau *m*
coddler ['kɒdlə^r] *n* Eierkocher *m* (*Porzellangefäß zum Zuschrauben zum Pochieren von Eiern*)
code [kəʊd] **I.** *n* ❶ (*ciphered language*) Kode *m* ❷ LAW Kodex *m* **II.** *vt* chiffrieren
code name *n* Deckname *m* **code number** *n* Kodenummer *f* **code word** *n* Kennwort *nt*
codify ['kəʊdɪfaɪ] *vt* LAW kodifizieren; **to ~ grammar** LING Grammatikregeln festlegen
coding ['kəʊdɪŋ] *n* Kodierung *f*
co-ed [ˌkəʊ'ed] *adj* SCH (*fam*) gemischt
co-education [ˌkəʊedʒuːˈkeɪʃᵊn] *n no pl* Koedukation *f*
coerce [kəʊ'ɜːs] *vt* (*form*) ■**to ~ sb into doing sth** jdn dazu zwingen, etw zu tun
coexist [ˌkəʊɪg'zɪst] *vi* nebeneinander bestehen
coffee ['kɒfiː] *n* Kaffee *m*
coffee bar *n* Café *nt* **coffee bean** *n* Kaffeebohne *f* **coffee break** *n* Kaffeepause *f* **coffee cup** *n* Kaffeetasse *f* **coffee-grinder** *n* Kaffeemühle *f* **coffee machine** *n* Kaffeemaschine *f* **coffee pot** *n* Kaffeekanne *f* **coffee shop** *n* Café *nt*
coffin ['kɒfɪn] *n* Sarg *m*
cog [kɒg] *n* (*part of wheel*) Zahn *m*; (*wheel*) Zahnrad *nt*
cognac ['kɒnjæk] *n* Cognac *m*
cohabit [kəʊ'hæbɪt] *vi* (*form*) zusammenleben
cohabitation [kəʊˌhæbɪ'teɪʃᵊn] *n no pl* (*form*) Zusammenleben *nt*
coherent [kə(ʊ)'hɪər^ənt] *adj* zusammenhängend
cohesive [kə(ʊ)'hiːsɪv] *adj* geschlossen
coil [kɔɪl] **I.** *n* ❶ (*wound spiral*) Rolle *f* ❷ (*contraceptive*) Spirale *f* **II.** *vi* sich winden
coin [kɔɪn] **I.** *n* Münze *f* **II.** *vt* ▪**to ~ a phrase** ... ich will mal so sagen ...

Die **coins** (Münzen) der USA haben spezielle Namen. Während ein **dollar** aus 100 **cents** besteht, heißt eine Ein-Cent-Münze ein **penny**. Die nächstkleinste Münze, der **nickel**, ist 5 Cent wert. Eine Zehn-Cent-Münze wird **dime** genannt und die 25-Cent-Münze wird als **quarter** (Vierteldollar) bezeichnet. Es gibt auch **half dollars** und **dollar coins**.

coin-box telephone *n* Münzfernsprecher *m*
coincide [ˌkəʊɪn'saɪd] *vi subjects* übereinstimmen; *events* zusammenfallen
coincidence [kəʊ'ɪn(t)sɪd^ən(t)s] *n* Zufall *m*; **by ~** durch Zufall
coincidental [kəʊˌɪn(t)sɪ'dᵊnt^əl] *adj* zufällig
COL [ˌsiːəʊ'el] *n abbrev of* **computer-oriented language** COL *f*
colcannon [kəl'kænən] *n* FOOD *irisches und schottisches Gericht: gekochter Kohl und gekochte Kartoffeln werden zerstampft und vermischt*
cold [kəʊld] **I.** *adj* kalt; **as ~ as ice** eiskalt; **I'm ~** mir ist kalt ▸ **to get ~ feet** kalte Füße bekommen **II.** *n* ❶ (*low temperature*) Kälte *f* ❷ MED Erkältung *f*, Schnupfen *m*

cold-blooded [ˌkəʊldˈblʌdɪd] *adj* kaltblütig
cold-hearted *adj* kaltherzig
coldish [ˈkəʊldɪʃ] *adj* kühl
coleslaw [ˈkəʊlslɔː] *n no pl* Krautsalat *m*
coley <-(s)> [ˈkəʊli] *n* Brit Seelachs *m*
collaborate [kəˈlæbəreɪt] *vi* ❶ zusammenarbeiten (**on** an) ❷ (*with enemy*) kollaborieren
collaboration [kəˌlæbəˈreɪʃən] *n* ❶ Zusammenarbeit *f* ❷ *no pl* (*with enemy*) Kollaboration *f*
collaborator [kəˈlæbəreɪtəʳ] *n* ❶ (*colleague*) Mitarbeiter(in) *m(f)* ❷ (*pej: traitor*) Kollaborateur(in) *m(f)*
collapse [kəˈlæps] **I.** *vi* ❶ (*fall down*) *things, buildings* einstürzen; *people* zusammenbrechen ❷ (*fail*) zusammenbrechen; *enterprise* zugrunde gehen; *government* stürzen; *talks* scheitern **II.** *n* ❶ (*act of falling down*) Einsturz *m* ❷ (*failure*) Zusammenbruch *m* ❸ MED Kollaps *m*
collapsible [kəˈlæpsɪbl] *adj* zusammenklappbar
collar [ˈkɒləʳ] *n* Kragen *m;* (*for animals*) Halsband *nt*
collar bone *n* Schlüsselbein *nt*
colleague [ˈkɒliːg] *n* [Arbeits]kollege(in) *m(f)*
collect [kəˈlekt] **I.** *adj* AM TELEC ~ **call** R-Gespräch *nt* **II.** *vi* (*gather*) sich versammeln; (*accumulate*) sich ansammeln **III.** *vt* ❶ (*gather*) einsammeln; *money, stamps* sammeln ❷ (*pick up*) abholen
collect call *n* AM R-Gespräch *nt*
collected [kəˈlektɪd] *adj* (*calm*) beherrscht
collection [kəˈlekʃən] *n* ❶ *of money, objects* Sammlung *f;* (*in church*) Kollekte *f* ❷ *of people* Ansammlung *f* ❸ FASHION Kollektion *f*
collective [kəˈlektɪv] **I.** *adj* gemeinsam; *leadership* kollektiv; ~ **interests** Gesamtinteressen *pl* **II.** *n* Gemeinschaft *f*
collector [kəˈlektəʳ] *n* Sammler(in) *m(f)*
college [ˈkɒlɪdʒ] *n* ❶ (*school*) Gymnasium *nt;* (*privately funded*) Kolleg *nt* ❷ (*university*) Universität *f,* Hochschule *f;* **art** ~ Kunstakademie *f;* **to go to** ~ studieren

> **College** bezeichnet die Zeit an der Universität bis zum Abschluss des **bachelor's degree**, normalerweise drei Jahre. Universitäten, an denen die Studenten nur **bachelor's degrees** erwerben können, werden oft **colleges** genannt; ebenso gewisse Berufsschulen. Richtige **universities** dagegen bieten auch **higher degrees** (höhere Abschlüsse) an, wie **master's degrees** und **doctorates**. An **junior colleges** kann man die ersten zwei Collegejahre absolvieren oder einen technischen Beruf erlernen.

collide [kəˈlaɪd] *vi* zusammenstoßen
collision [kəˈlɪʒən] *n* Zusammenstoß *m*
colloquial [kəˈləʊkwiəl] *adj* umgangssprachlich; ~ **language** Umgangssprache *f*
cologne [kəˈləʊn] *n no pl* Kölnischwasser *nt*
colon [ˈkəʊlɒn] *n* ANAT Dickdarm *m*
colonel [ˈkɜːnəl] *n* Oberst *m*
colonize [ˈkɒlənaɪz] *vt* kolonisieren
colonnade [ˌkɒləˈneɪd] *n* ARCHIT Säulengang *m,* Kolonnade *f geh*
colony [ˈkɒləni] *n* Kolonie *f*
color AM *see* **colour**
colored *adj* AM *see* **coloured**
colorful *adj* AM *see* **colourful**
coloring *n no pl* AM *see* **colouring**
colorless *adj* AM *see* **colourless**
colour [ˈkʌləʳ] **I.** *n* ❶ Farbe *f;* **what ~ is her hair?** was hat sie für eine Haarfarbe?; **to have ~ in one's cheeks** gerötete Wangen haben ❷ (*skin colour*) Hautfarbe *f* ▶ **to pass with flying** ~**s** glänzend abschneiden **II.** *vt* ❶ (*change colour of*) färben ❷ (*distort*) beeinflussen **III.** *vi face* rot werden
colour blind *adj* farbenblind
coloured [ˈkʌləd] *adj* farbig; ~ **pencil** Buntstift *m*
colour-fast *adj* farbecht
colourful [ˈkʌləfəl] *adj* ❶ (*full of colour*) *paintings* farbenfroh; *clothing* bunt ❷ (*interesting*) [bunt] schillernd; *past* bewegt
colouring [ˈkʌlərɪŋ] *n no pl* ❶ (*complexion*) Gesichtsfarbe *f* ❷ (*chemical*) Farbstoff *m*
colourless [ˈkʌlələs] *adj* farblos
coloursafe [ˈkʌləseɪf] *adj detergent, bleach* mit Farbschutz *nach n;* ~ **detergents** Colorwaschmittel *nt* **colour scheme** *n* Farbzusammenstellung *f* **colour slide** *n* Farbdia *nt* **colour television** *n* Farbfernseher *m* **colour-themed** *adj table-setting, window display* farblich aufeinander abgestimmt
column [ˈkɒləm] *n* ❶ (*pillar*) Säule *f* ❷ MIL Kolonne *f* ❸ (*article*) Kolumne *f*
comb [kəʊm] **I.** *n* Kamm *m* **II.** *vt* ❶ *hair* käm-

men ❷ (*search thoroughly*) durchkämmen
combat I. *n* ['kɒmbæt] *no pl* Kampf *m* **II.** *vt* <-tt- *or* -t-> ['kɒmbæt] bekämpfen
combination [ˌkɒmbɪ'neɪʃᵊn] *n* Kombination *f* (**of** aus)
combine [kəm'baɪn] **I.** *vt* verbinden **II.** *vi* sich verbinden
combined [kəm'baɪnd] *adj* vereint; ~ **total** Gesamtsumme *f*
comb-over *n* Männerfrisur: die wenigen noch vorhandenen Haare werden quer über die Glatze auf die andere Seite gekämmt
come [kʌm] *vi* <came, come> ❶ (*move towards*) kommen; ~ **here a moment** kommst du mal einen Moment [her]?; **coming!** ich komme! ❷ (*arrive*) ankommen; **has she** ~ **yet?** ist sie schon da?; **Christmas is coming** bald ist Weihnachten; **I think the time has** ~ **to ...** ich denke, es ist an der Zeit, ...; **the year to** ~ das kommende Jahr; **in years to** ~ in der Zukunft ❸ (*accompany someone*) mitkommen ❹ (*originate from*) stammen ❺ (*have priority*) **to** ~ **before sth** wichtiger als etw sein ❻ (*happen*) geschehen; ~ **to think of it ...** wenn ich es mir recht überlege, ...; ~ **what may** komme, was wolle; **you could see it coming** das war ja zu erwarten; **how** ~**?** wieso? ❼ (*be, become*) **to** ~ **under pressure** unter Druck geraten; **to** ~ **into money** zu Geld kommen; **to** ~ **loose** sich [ab]lösen; *door* aufgehen; **nothing came of it** daraus ist nichts geworden ▸ ~ **again?** [wie] bitte?; **to be as stupid as they** ~ dumm wie Stroh sein ◆**come about** *vi* passieren ◆**come across I.** *vi* ❶ *feelings* zum Ausdruck kommen ❷ (*create an impression*) wirken **II.** *vt* (*by chance*) ■**to** ~ **across sb** jdm [zufällig] begegnen; ■**to** ~ **across sth** [zufällig] auf etw *akk* stoßen ◆**come along** *vi* ❶ (*hurry*) ~ **along!** jetzt komm [endlich]! ❷ (*go too*) mitgehen, mitkommen; **I'll** ~ **along later** ich komme später nach ❸ (*progress*) Fortschritte machen ◆**come apart** *vi* auseinanderfallen ◆**come around** *vi see* **come round** ◆**come at** *vi* ■**to** ~ **at sb** auf jdn losgehen; **the ball was coming straight at me** der Ball kam genau auf mich zu ◆**come away** *vi* ❶ (*leave*) weggehen ❷ (*become detached*) sich lösen ◆**come back** *vi* ❶ (*return*) zurückkommen ❷ (*be remembered*) wieder einfallen ❸ *artist* ein Come-back haben

◆**come by** *vi* ❶ (*visit*) vorbeikommen ❷ (*obtain*) kriegen ◆**come down** ❶ (*fall*) fallen; *trousers* rutschen ❷ (*collapse*) einstürzen ❸ (*become less*) sinken ❹ (*amount to*) hinauslaufen (**to** auf) ❺ BRIT UNIV [von der Universität] abgehen ❻ (*be taken ill*) ■**to** ~ **down with sth** sich *dat* etw eingefangen haben ◆**come forward** *vi* sich melden ◆**come in** *vi* ❶ (*enter*) hereinkommen; **do** ~ **in** komm doch rein; ~ **in!** herein! ❷ (*arrive*) ankommen; *ship* einlaufen; *train* einfahren; *plane* landen ❸ (*become fashionable*) in Mode kommen ❹ + *adj* (*be*) **to** ~ **in handy** gelegen kommen ❺ (*play a part*) **where do I** ~ **in?** welche Rolle spiele ich dabei?; **and that's where you** ~ **in** und hier kommst du dann ins Spiel ❻ (*be subjected to*) ■**to** ~ **in for sth** etw erregen; **to** ~ **in for criticism** Kritik hervorrufen ◆**come into** *vi* ❶ (*inherit*) erben ❷ (*be involved*) **where do I** ~ **into it?** was habe ich damit zu tun? ◆**come off** *vi* ❶ (*fam: succeed*) klappen ❷ (*take place*) stattfinden ❸ (*end up*) abschneiden ❹ (*stop taking*) ■**to** ~ **off sth** mit etw *dat* aufhören ▸ ~ **off it!** (*fam*) nun mach mal halblang! ◆**come on** *vi* ~ **on!** (*impatient*) komm jetzt!; (*encouraging*) komm schon!; (*annoyed*) jetzt hör aber auf! ◆**come out** *vi* ❶ (*go outside*) herauskommen; (*go out socially*) ausgehen ❷ *publication* herauskommen ❸ (*end up*) herauskommen; **your painting has** ~ **out really well** Ihr Gemälde ist wirklich gut geworden ❹ PHOT [gut] herauskommen; **damn, the photo hasn't** ~ **out** Mist, das Foto ist nichts geworden ❺ (*tell*) ■**to** ~ **out with sth** *truth* mit etw *dat* herausrücken; **to** ~ **out with a remark** eine Bemerkung loslassen ❻ (*in contest*) **to** ~ **out top/the winner** Beste(r)/Sieger(in) werden ❼ (*reveal homosexuality*) sich outen ❽ (*remove itself*) *tooth* herausfallen ❾ (*break out*) ausbrechen; **to** ~ **out in a rash/spots** einen Ausschlag/Pickel bekommen ◆**come over** *vi* ❶ (*to a place*) [her]überkommen ❷ + *adj* BRIT, AUS (*feel*) **to** ~ **over dizzy** sich [plötzlich ganz] benommen fühlen ❸ (*change point of view*) überwechseln ◆**come round** *vi esp* BRIT, AUS ❶ (*visit sb's home*) vorbeikommen ❷ (*regain consciousness*) [wieder] zu sich kommen ❸ (*change one's mind*) seine Meinung ändern; **to** ~ **round to sb's point of view** sich jds Standpunkt anschließen ❹ (*recur, arrive*) kommen ◆**come through** *vi* ❶ (*survive*) durchkommen ❷ BRIT, AUS *results, visa* eintreffen; *call* eingehen; **my divorce still hasn't ~ through** meine Scheidung ist noch nicht durch ◆**come to** *vi* ❶ (*regain consciousness*) [wieder] zu sich kommen ❷ (*amount to*) sich belaufen auf +*akk;* **that ~s to £25** das macht 25 Pfund ❸ (*reach*) **what is the world coming to?** wo soll das alles nur hinführen?; **writing ~s naturally to me** Schreiben fiel mir noch nie schwer; **it'll ~ to me later** es wird mir schon noch einfallen; **he won't ~ to any harm** ihm wird nichts passieren; **he will never ~ to much** er wird es nie zu viel bringen; **it ~s to the same thing** das läuft auf dasselbe raus; **to ~ to the conclusion ...** zu dem Schluss kommen, dass ...; **to have ~ to a decision** eine Entscheidung getroffen haben; **to ~ to an end** zu Ende gehen; **to ~ to nothing** zu nichts führen; **to ~ to the point** zum Punkt kommen; **to ~ to rest** zum Stehen kommen ❹ (*concern*) **when it ~s to travelling ...** wenn's ums Reisen geht, ... ◆**come under** *vi* ❶ (*be listed under*) stehen unter +*dat;* **soups ~ under 'starters'** Suppen sind als Vorspeisen aufgeführt ❷ (*subject to*) **to ~ under fire/sb's influence** unter Beschuss/jds Einfluss geraten ◆**come up** *vi* ❶ (*to higher place*) hochkommen; *sun, moon* aufgehen; **do you ~ up to Edinburgh often?** kommen Sie oft nach Edinburgh? ❷ (*be mentioned*) aufkommen; *topic* angeschnitten werden; *name* erwähnt werden ❸ LAW *case* verhandelt werden ❹ (*happen*) passieren ❺ **to ~ up for sale** zum Verkauf stehen ❻ (*become vacant*) *job* frei werden ❼ (*on TV*) **coming up next on BBC 2 ...** und auf BBC 2 sehen Sie als Nächstes ... ❽ (*of plants*) herauskommen ◆**come upon** *vi* ◼**to ~ upon sth** [zufällig] auf etw *akk* stoßen; ◼**to ~ upon sb** [zufällig] jdm begegnen

comeback ['kʌmbæk] *n* ❶ (*return*) Comeback *nt* ❷ (*retort*) Reaktion *f*

comedian [kəˈmiːdiən] *n* Komiker(in) *m(f)*

comedown ['kʌmdaʊn] *n no pl* (*fam*) ❶ (*anticlimax*) Enttäuschung *f* ❷ (*decline in status*) Abstieg *m*

comedy ['kɒmədi] *n* Komödie *f*

come-on ['kʌmɒn] *n* (*fam*) Anmache *f*

comer ['kʌmər] *n* junges Talent

comet ['kɒmɪt] *n* Komet *m*

comfort ['kʌm(p)fət] I. *n* ❶ *no pl* (*comfortable feeling*) Bequemlichkeit *f* ❷ *no pl* (*consolation*) Trost *m* ❸ (*pleasurable things in life*) ◼**~s** *pl* Komfort *m kein pl* II. *vt* trösten

comfortable ['kʌm(p)ftəbl] *adj* ❶ (*offering comfort*) bequem; *house, room* komfortabel ❷ (*at ease*) **to be** [*or* **feel**] **~** sich wohl fühlen; **are you ~?** sitzt du bequem?; **to feel ~ with sth** mit etw *dat* zufrieden sein

comfortably ['kʌm(p)ftəbli] *adv* ❶ (*in a comfortable manner*) bequem ❷ (*easily*) leicht ❸ FIN **they are ~ off** es geht ihnen [finanziell] gut; **to live ~** sorgenfrei leben

comforting ['kʌm(p)fətɪŋ] *adj word* tröstend

comfy ['kʌm(p)fi] *adj* (*fam*) bequem

comic ['kɒmɪk] I. *n* ❶ (*magazine*) Comicheft *nt* ❷ (*professional comedian*) Komiker(in) *m(f)* II. *adj* komisch

comical ['kɒmɪkəl] *adj* komisch

comic book *n* AM Comicbuch *nt*

comic strip *n* Comic *m* (*in einer Zeitung*)

coming ['kʌmɪŋ] I. *adj* (*next*) kommend; (*approaching*) herannahend; **this ~ Friday** nächsten Freitag II. *n no pl* (*arrival*) Ankunft *f*

comma [ˌkɒmə] *n* Komma *nt*

command [kəˈmɑːnd] I. *vt* ❶ (*order*) ◼**to ~ sb** jdm einen Befehl geben ❷ MIL ◼**to ~ sth** den Oberbefehl über etw *akk* haben; *company* leiten ❸ (*form: inspire*) gebieten; **to ~ sb's respect** jdm Respekt einflößen II. *vi* Befehle erteilen III. *n* ❶ (*order*) Befehl *m* ❷ *no pl* (*authority*) Kommando *nt;* **to be in ~ of** befehligen; ◼**to be at sb's ~** (*hum*) jdm zur Verfügung stehen

commander [kəˈmɑːndər] *n* MIL Kommandant(in) *m(f)*

commanding [kəˈmɑːndɪŋ] *adj* ❶ (*authoritative*) gebieterisch ❷ (*dominant*) *position* beherrschend

command key *n* COMPUT Befehlstaste *f*

commandment [kəˈmɑː(n)dmənt] *n* REL **the Ten C~s** die Zehn Gebote *pl*

command module *n* Kommandokapsel *f*

commando <*pl* -s *or* -es> [kəˈmɑːndəʊ] *n* + *sing/pl vb* MIL Kommando *nt;* (*individual*) Angehörige(r) *m* eines Kommandotrupps

command prompt *n* COMPUT Befehlsaufforderung *f*

commemorate [kəˈmeməreɪt] *vt* gedenken

+gen
commemorative [kəˈmemərətɪv] *adj* ~ **issue** Gedächtnisausgabe *f*; ~ **plaque** Gedenktafel *f*
commence [kəˈmen(t)s] *vi* (*form*) beginnen
commend [kəˈmend] *vt* ❶ (*praise*) loben ❷ (*recommend*) empfehlen
commendable [kəˈmendəbl] *adj* lobenswert
comment [ˈkɒment] **I.** *n* Kommentar *m* **II.** *vi* einen Kommentar abgeben; ▪ **to** ~ **on sth** sich zu etw *dat* äußern
commentary [ˈkɒmentəri] *n* Kommentar *m* (**on** zu)
commentate [ˈkɒmənteɪt] *vi* TV, RADIO ▪ **to** ~ **on sth** etw kommentieren
commentator [ˈkɒmənteɪtəʳ] *n* Kommentator(in) *m(f)*
commerce [ˈkɒmɜːs] *n* Handel *m*
commercial [kəˈmɜːʃəl] **I.** *adj* ❶ (*relating to commerce*) kaufmännisch ❷ (*profit-orientated*) kommerziell **II.** *n* Werbespot *m*
commission [kəˈmɪʃən] **I.** *vt* (*order*) ▪ **to** ~ **sth** etw in Auftrag geben; ▪ **to** ~ **sb** [**to do sth**] jdn beauftragen[, etw zu tun] **II.** *n* ❶ (*order*) Auftrag *m* ❷ + *sing/pl vb* (*investigative body*) Kommission *f* ❸ (*system of payment*) Provision *f* ❹ *no pl* **in/out of** ~ **machine** in/außer Betrieb
commissioner [kəˈmɪʃənəʳ] *n* Beauftragte(r) *f(m)*; **police** ~ Polizeipräsident(in) *m(f)*
commit <-tt-> [kəˈmɪt] **I.** *vt* ❶ (*carry out*) begehen ❷ (*bind*) *money* bereitstellen; ▪ **to** ~ **oneself to sth** sich etw *dat* voll und ganz widmen ❸ (*entrust*) **to** ~ **sth to memory** sich *dat* etw einprägen; **to** ~ **sth to paper** etw zu Papier bringen **II.** *vi* (*bind oneself*) ▪ **to** ~ **to sth** sich auf etw *akk* festlegen
commitment [kəˈmɪtmənt] *n* ❶ *no pl* (*dedication*) Engagement *nt* ❷ (*obligation*) Verpflichtung *f* (**to** gegenüber); **with absolutely no** ~ **to buy!** es besteht keinerlei Kaufzwang!
committee [kəˈmɪti] *n* + *sing/pl vb* Ausschuss *m*, Komitee *nt*
common [ˈkɒmən] **I.** *adj* <-er, -est *or* more common, most common> ❶ (*often encountered*) üblich, gewöhnlich ❷ (*normal*) normal; ~ **courtesy** ein Gebot *nt* der Höflichkeit ❸ (*shared*) gemeinsam; **by** ~ **consent** mit allgemeiner Einwilligung; **for the** ~ **good** für das Gemeinwohl; **in** ~ gemeinsam ❹ ZOOL, BOT gemein **II.** *n* Gemeindeland *nt*
common land *n* Gemeindeland *nt*
commonly [ˈkɒmənli] *adv* (*often*) häufig; **a** ~ **held belief** eine weit verbreitete Annahme
commonplace **I.** *adj* (*normal*) alltäglich **II.** *n* Gemeinplatz *m*
common room *n* BRIT SCH Gemeinschaftsraum *m*
Commons [ˈkɒmənz] *n* + *sing/pl vb* BRIT POL ▪ **the** ~ das Unterhaus
common sense *n no pl* gesunder Menschenverstand; **a** ~ **approach** ein praktischer Ansatz
Commonwealth [ˈkɒmənwelθ] *n* ▪ **the** ~ das Commonwealth

> Das **Commonwealth of Nations** (früher **British Commonwealth**) ist eine freiwillige Organisation unabhängiger Staaten, die sich nach und nach aus dem alten **British Empire** entwickelt hat. 1931 wurde es offiziell mit dem **Statute of Westminster** gegründet. Zu diesem Zeitpunkt waren Kanada, Australien, Südafrika und Neuseeland bereits selbstverwaltet und waren zusammen mit dem Vereinigten Königreich die ersten Mitglieder. Die meisten der anderen früher von Großbritannien regierten Länder haben sich mit ihrer Unabhängigkeit entschieden, dem **Commonwealth** beizutreten. Heutzutage verbindet die Organisation in erster Linie die kulturelle und wirtschaftliche Zusammenarbeit. Die Staatsoberhäupter der **Commonwealth**-Länder treffen sich zweimal im Jahr.

communal [ˈkɒmjʊnəl, kəˈmjuː-] *adj* ❶ (*shared*) gemeinsam; ~ **bathroom** Gemeinschaftsbad *nt* ❷ (*of racial communities*) Rassen-
communicate [kəˈmjuːnɪkeɪt] **I.** *vt* (*pass on*) mitteilen; *feeling, message* rüberbringen **II.** *vi* (*give information*) kommunizieren; **to** ~ **with one's hands** sich mit den Händen verständigen
communication [kəˌmjuːnɪˈkeɪʃən] *n no pl* ❶ (*being in touch*) Kommunikation *f*; ~ **gap** Informationslücke *f* ❷ (*passing on*) *of ideas* Vermittlung *f* ❸ (*form: thing communicated*) Mitteilung *f*

communism–complete

communism ['kɒmjənɪzᵊm] *n no pl* Kommunismus *m*

communist ['kɒmjənɪst] I. *n* Kommunist(in) *m(f)* II. *adj* kommunistisch

community [kəˈmjuːnəti] *n* ❶ ADMIN Gemeinde *f*; ~ **hospital** Kommunalkrankenhaus *nt* ❷ (*group*) **the business** ~ die Geschäftswelt; **the scientific** ~ die Wissenschaftler *pl*

community center AM *see* **community centre**

community centre *n* Gemeindezentrum *nt*

community home *n* Fürsorgeanstalt *f*

commute [kəˈmjuːt] I. *n* (*fam*) Pendelstrecke *f* II. *vi* pendeln III. *vt* (*form*) umwandeln

commuter [kəˈmjuːtəʳ] *n* Pendler(in) *m(f)*

compact I. *adj* [kəmˈpækt] kompakt II. *vt* [kəmˈpækt] (*form: by a person*) festtreten III. *n* ['kɒmpækt] ❶ (*cosmetics*) Puderdose *f* ❷ AM, AUS AUTO Kompaktwagen *m*

compact disc, AM *a.* **compact disk** *n* Compactdisc *f*

companion [kəmˈpænjən] *n* Begleiter(in) *m(f)*; (*associate*) Gefährte, -in *m, f*

company ['kʌmpəni] *n* ❶ COMM Firma *f*; Unternehmen *nt;* **Adams and C**~ Adams & Co. ❷ *no pl* (*companionship*) Gesellschaft *f*; **present** ~ **excepted** die Anwesenden ausgenommen; **to keep sb** ~ jdm Gesellschaft leisten ❸ THEAT Schauspieltruppe *f*

comparable ['kɒmpᵊrəbl] *adj* vergleichbar (**to/with** mit)

comparative [kəmˈpærətɪv] I. *n* Komparativ *m* II. *adj* ❶ (*involving comparison*) vergleichend ❷ (*relative*) relativ

comparatively [kəmˈpærətɪvli] *adv* ❶ (*relatively*) verhältnismäßig ❷ (*by comparison*) im Vergleich

compare [kəmˈpeəʳ] I. *vt* ❶ vergleichen (**to/with** mit); **to** ~ **notes on sth** (*fig*) Meinungen über etw *akk* austauschen ❷ LING steigern II. *vi* vergleichbar sein; **to** ~ **favourably** vergleichsweise gut abschneiden III. *n no pl* (*liter*) **beyond** ~ unvergleichlich

comparison [kəmˈpærɪsᵊn] *n* Vergleich *m;* **by** ~ **with** verglichen mit; **to bear** ~ einem Vergleich gewachsen sein; **to draw a** ~ einen Vergleich anstellen; **there's no** ~! das ist gar kein Vergleich!

compartment [kəmˈpɑːtmənt] *n* RAIL [Zug]abteil *nt*, Coupé *nt* ÖSTERR

compass <*pl* **-es**> ['kʌmpəs] *n* ❶ (*for showing direction*) Kompass *m* ❷ (*for drawing circles*) Zirkel *m*

compassion [kəmˈpæʃᵊn] *n no pl* **to feel** ~ **for sb** Mitleid mit jdm haben; **with** ~ voller Mitgefühl

compassionate [kəmˈpæʃᵊnət] *adj* mitfühlend

compatible [kəmˈpætɪbl] *adj* ❶ ■ **to be** ~ zusammenpassen ❷ COMPUT, MED kompatibel ❸ (*consistent*) vereinbar

compel <-ll-> [kəmˈpel] *vt* **to feel** ~**led** [**to do sth**] sich gezwungen sehen[, etw zu tun]

compelling [kəmˈpelɪŋ] *adj reason* zwingend

compensate ['kɒmpənseɪt] I. *vt* [finanziell] entschädigen II. *vi* kompensieren

compensation [ˌkɒmpənˈseɪʃᵊn] *n no pl* Entschädigung[sleistung] *f*

compete [kəmˈpiːt] *vi* ~ **to** ~ [**with sb**] [gegen jdn] kämpfen (**for** um)

competent ['kɒmpɪtᵊnt] *adj* (*capable*) fähig; (*qualified*) kompetent

competition [ˌkɒmpəˈtɪʃᵊn] *n no pl* Konkurrenz *f*, Wettbewerb *m*

competitive [kəmˈpetɪtɪv] *adj* ❶ (*characterized by competition*) konkurrierend; (*eager to compete*) kampfbereit; ~ **sports** Leistungssport *m* ❷ COMM konkurrenzfähig; ~ **edge** Wettbewerbsvorteil *m*

competitiveness [kəmˈpetɪtɪvnəs] *n no pl* ❶ (*ambition*) Konkurrenzdenken *nt* ❷ COMM Wettbewerbsfähigkeit *f*

competitor [kəmˈpetɪtəʳ] *n* ❶ (*participant*) [Wettbewerbs]teilnehmer(in) *m(f)* ❷ COMM Konkurrent(in) *m(f)*

compile [kəmˈpaɪl] *vt list* erstellen; *facts* zusammentragen

complacent [kəmˈpleɪsᵊnt] *adj* (*pej*) selbstzufrieden

complain [kəmˈpleɪn] *vi* klagen, sich beklagen (**about/of** über); **stop** ~**ing!** hör auf zu jammern!

complaint [kəmˈpleɪnt] *n* Klage *f*; MED *a.* Beschwerde *f*

complement ['kɒmplɪmənt] I. *vt* ergänzen; **to** ~ **each other** sich [gegenseitig] ergänzen II. *n* Ergänzung *f*

complementary [ˌkɒmplɪˈmentᵊri] *adj* [einander] ergänzend

complete [kəmˈpliːt] I. *vt* ❶ (*add what is missing*) vervollständigen; *form* [vollständig] ausfüllen ❷ (*finish*) fertig stellen; *course* absolvieren **II.** *adj* ❶ (*with nothing missing*) vollständig; **the ~ works of Shakespeare** Shakespeares gesammelte Werke ❷ (*including*) **~ with** inklusive ❸ (*total*) absolut; *stranger, surprise* völlig

completely [kəmˈpliːtli] *adv* völlig; **~ certain** absolut sicher; **to be ~ convinced** der vollen Überzeugung sein

completion [kəmˈpliːʃən] *n no pl* Fertigstellung *f*; **on ~ of the project** nach Abschluss des Projekts

complex I. *adj* [ˈkɒmpleks] komplex; (*complicated*) kompliziert **II.** *n <pl -es>* [ˈkɒmpleks] ❶ ARCHIT Komplex *m*; **shopping ~** Einkaufszentrum *nt* ❷ PSYCH Komplex *m* (**about** wegen); **to give sb a ~** bei jdm Komplexe verursachen

complexion [kəmˈplekʃən] *n* Teint *m*; **clear/spotty ~** reine/unreine Haut; **healthy ~** gesunde Gesichtsfarbe ▶ **to put a different ~ on sth** etw in einem anderen Licht erscheinen lassen

complexity [kəmˈpleksəti] *n* ❶ *no pl* (*intricacy*) Komplexität *f* ❷ (*complication*) Kompliziertheit *f*

complicate [ˈkɒmplɪkeɪt] *vt* [noch] komplizierter machen

complicated [ˈkɒmplɪkeɪtɪd] *adj* kompliziert

complication [ˌkɒmplɪˈkeɪʃən] *n* Komplikation *f*

compliment [ˈkɒmplɪmənt] **I.** *n* Kompliment *nt*; **my ~s to the chef!** mein Kompliment an die Köchin!; **to pay sb a ~** jdm ein Kompliment machen **II.** *vt* ■**to ~ sb** jdm ein Kompliment machen

complimentary [ˌkɒmplɪˈmentəri] *adj* ❶ (*expressing a compliment*) schmeichelhaft ❷ (*free*) Frei-

comply [kəmˈplaɪ] *vi* sich fügen; **to ~ with the regulations** die Bestimmungen erfüllen

compo [ˈkɒmpəʊ] *n short for* **compensation** (*sl*) Entschädigung *f*

component [kəmˈpəʊnənt] *n* [Bestand]teil *m*

compose [kəmˈpəʊz] **I.** *vi* komponieren **II.** *vt* MUS komponieren; LIT verfassen; *letter* aufsetzen

composed [kəmˈpəʊzd] *adj* (*calm*) gefasst

composer [kəmˈpəʊzər] *n* Komponist(in) *m(f)*

composition [ˌkɒmpəˈzɪʃən] *n* ❶ *no pl* (*act*) MUS Komponieren *nt*; LIT Verfassen *nt* ❷ (*piece*) Komposition *f* ❸ *no pl* (*make-up*) Zusammenstellung *f*

composure [kəmˈpəʊʒər] *n no pl* Fassung *f*

compound¹ [kəmˈpaʊnd] *vt* verschlimmern

compound² [ˈkɒmpaʊnd] **I.** *n* ❶ (*combination*) Mischung *f* ❷ CHEM Verbindung *f* **II.** *adj* zusammengesetzt

comprehend [ˌkɒmprɪˈhend] *vi, vt* begreifen, verstehen

comprehensible [ˌkɒmprɪˈhen(t)səbl] *adj* verständlich (**to** für)

comprehension [ˌkɒmprɪˈhen(t)ʃən] *n no pl* Verständnis *nt*; **to be beyond sb's ~** jdm unbegreiflich sein; **listening/reading ~** [**test**] Hör-/Leseverständnistest *m*

comprehensive [ˌkɒmprɪˈhen(t)sɪv] **I.** *adj* umfassend; *answer* ausführlich **II.** *n* BRIT Gesamtschule *f*

compress [kəmˈpres] *vt* ❶ (*squeeze together*) zusammendrücken ❷ (*condense*) zusammenfassen

comprise [kəmˈpraɪz] *vt* (*form*) ■**to ~ sth** aus etw *dat* bestehen

compromise [ˈkɒmprəmaɪz] **I.** *n* Kompromiss *m*; **to reach a ~** zu einem Kompromiss gelangen **II.** *vi* Kompromisse eingehen

compulsion [kəmˈpʌlʃən] *n no pl* Zwang *m*

compulsive [kəmˈpʌlsɪv] *adj* ❶ (*obsessive*) zwanghaft; **~ eating disorder** krankhafte Essstörung ❷ (*captivating*) fesselnd; **~ viewing** TV Pflichttermin *m*; **utterly ~** überaus faszinierend

compulsory [kəmˈpʌlsəri] *adj* obligatorisch; **~ retirement** Zwangspensionierung *f*; **~ subject** Pflichtfach *nt*

compute [kəmˈpjuːt] *vt* berechnen

computer [kəmˈpjuːtər] *n* Computer *m*

computer-aided *adj*, **computer-assisted** *adj* COMPUT computergestützt **computer game** *n* Computerspiel *nt* **computer graphics** *n* + *sing/pl vb* Computergrafik *f*

computerize [kəmˈpjuːtəraɪz] **I.** *vt* computerisieren **II.** *vi* auf EDV umstellen

computer network *n* Rechnernetz *nt* **computer programmer** *n* Programmierer(in) *m(f)* **computer science** *n no pl* Informatik *f* **computer scientist** *n* Informatiker(in) *m(f)* **computer virus** *n* Virus *m*

COMSAT [ˈkɑːmsæt] *n* AM *abbrev of* **communications satellite** Nachrichtensatellit *m*

con¹ [kɒn] (fam) **I.** vt <-nn-> ■ **to ~ sb** jdn reinlegen; ■ **to ~ sb out of sth** jdm etw abluchsen **II.** n Schwindel m kein pl

con² [kɒn] n usu pl (fam) **the pros and ~s** das Pro und Kontra

concatenate [kənˈkætəneɪt] vt COMPUT verketten

concave [ˈkɒnkeɪv] adj konkav

conceal [kənˈsiːl] vt verbergen (**from** vor)

concede [kənˈsiːd] **I.** vt ❶ (acknowledge) zugeben; **to ~ defeat** sich geschlagen geben ❷ SPORTS goal kassieren **II.** vi sich geschlagen geben

conceited [kənˈsiːtɪd] adj eingebildet

conceivable [kənˈsiːvəbl] adj vorstellbar; **by every ~ means** mit allen [nur] erdenklichen Mitteln

conceive [kənˈsiːv] vt ❶ (conceptualize) kommen auf +akk ❷ (create) entwerfen ❸ (imagine) sich dat vorstellen ❹ (become pregnant) empfangen

concentrate [ˈkɒn(t)səntreɪt] **I.** vi ❶ (focus one's thoughts) sich konzentrieren ❷ (come together) sich sammeln **II.** vt konzentrieren; **to ~ one's mind on sth** sich auf etw akk konzentrieren **III.** n Konzentrat nt

concentrated [ˈkɒn(t)səntreɪtɪd] adj konzentriert

concentration [ˌkɒn(t)sənˈtreɪʃən] n ❶ no pl (mental focus) Konzentration f (**on** auf); **to lose [one's] ~** sich nicht mehr konzentrieren können ❷ (accumulation) Konzentrierung f

concept [ˈkɒnsept] n ❶ (abstract idea) Vorstellung f ❷ (plan) Entwurf m

concern [kənˈsɜːn] **I.** n ❶ (interest) Anliegen nt ❷ (worry) Sorge f, Besorgnis f (**about** um); **my ~ is that ...** ich mache mir Sorgen, dass ... ❸ (business) Angelegenheit f; **it's no ~ of mine!** das ist nicht meine Angelegenheit!; **that's none of your ~** das geht dich nichts an ❹ COMM Unternehmen nt; **industrial ~** Industriekonzern m **II.** vt ❶ (apply to) angehen; **as far as I'm ~ed** was mich betrifft ❷ (be sb's business) angehen ❸ (take an interest in) ■ **to ~ oneself with sth** sich mit etw dat befassen

concerned [kənˈsɜːnd] adj ❶ pred (involved) betroffen ❷ (worried) ■ **to be ~ [about sb]** [um jdn] besorgt sein; ■ **to be ~ [about sth]** [wegen einer S. gen] beunruhigt sein; **I'm a bit ~ about your health** ich mache mir Gedanken um deine Gesundheit

concerning [kənˈsɜːnɪŋ] prep bezüglich +gen

concert [ˈkɒnsət] n ❶ MUS Konzert nt; **in ~ live** ❷ (form) **in ~** gemeinsam; **to act in ~** zusammenarbeiten

concerted [kənˈsɜːtɪd] adj ❶ (joint) gemeinsam ❷ (resolute) entschlossen

concession [kənˈseʃən] n ❶ Zugeständnis nt; **as a ~** als Ausgleich ❷ (admission of defeat) Eingeständnis nt [einer Niederlage]

conch <pl -es> [kɒn(t)ʃ] n Trompetenschnecke f

conciliation board n Schlichtungskommission f

concise [kənˈsaɪs] adj präzise

conclude [kənˈkluːd] **I.** vi enden, schließen **II.** vt ❶ (finish) [ab]schließen ❷ (determine) beschließen ❸ (infer) ■ **to ~ [from sth] that ...** [aus etw dat] schließen, dass ...

concluding [kənˈkluːdɪŋ] adj abschließend; **~ remark** Schlussbemerkung f

conclusion [kənˈkluːʒən] n ❶ (end) Abschluss m; of a story Schluss m; **in ~** zum Abschluss ❷ (decision) **to come to a ~** einen Beschluss fassen; **to reach a ~** zu einem Entschluss gelangen ❸ (inference) Schluss m, Schlussfolgerung f

conclusive [kənˈkluːsɪv] adj ❶ (convincing) schlüssig ❷ (decisive) eindeutig

concrete [ˈkɒnkriːt] **I.** n no pl Beton m **II.** adj ❶ path betoniert ❷ proof eindeutig **III.** vt betonieren; ■ **to ~ over** zubetonieren

concrete mixer n Betonmischmaschine f

concur <-rr-> [kənˈkɜː] vi übereinstimmen

concurrent [kənˈkʌrənt] adj gleichzeitig

concussion [kənˈkʌʃən] n no pl Gehirnerschütterung f

condemn [kənˈdem] vt ❶ verurteilen; (fig) verdammen ❷ (declare unsafe) für unbrauchbar erklären

condemnation [ˌkɒndemˈneɪʃən] n Verurteilung f; (fig) Verdammung f

condensation [ˌkɒndenˈseɪʃən] n ❶ no pl (process) Kondensation f ❷ no pl (droplets) Kondenswasser nt

condense [kənˈden(t)s] **I.** vt ❶ (concentrate) gas komprimieren; **~d milk** Kondensmilch f ❷ (form droplets from) kondensieren **II.** vi kondensieren

condescend [ˌkɒndɪˈsend] vi ■ **to ~ to do sth** sich herablassen, etw zu tun

condescending [ˌkɒndɪˈsendɪŋ] adj herablassend

condition [kənˈdɪʃən] I. *n* ❶ (*state*) Zustand *m* ❷ MED Leiden *nt* ❸ (*circumstances*) ■ ~s *pl* Bedingungen *pl* ❹ (*stipulation*) Bedingung *f;* ■ **on the** ~ **that ...** unter der Bedingung, dass ... II. *vt* (*train*) konditionieren

conditional [kənˈdɪʃənəl] I. *adj* bedingt; ■ **to be** ~ [**up**]**on sth** von etw *dat* abhängen II. *n* LING ■ **the** ~ der Konditional

conditionally [kənˈdɪʃənəli] *adv* unter Vorbehalt

conditioned [kənˈdɪʃənd] *adj* (*trained*) konditioniert; (*accustomed*) anerzogen

conditioner [kənˈdɪʃənəʳ] *n no pl* (*for hair*) Pflegespülung *f*

condom [ˈkɒndɒm] *n* Kondom *nt*

conduct I. *vt* [kənˈdʌkt] ❶ (*carry out*) durchführen; *negotiations* führen ❷ (*direct*) leiten; *orchestra* dirigieren ❸ ELEC leiten ❹ (*form: behave*) ■ **to** ~ **oneself** sich benehmen II. *vi* [kənˈdʌkt] MUS dirigieren III. *n* [ˈkɒndʌkt] *no pl* ❶ (*behaviour*) Benehmen *nt* ❷ (*form: management*) Führung *f*

conductor [kənˈdʌktəʳ] *n* ❶ MUS Dirigent(in) *m(f)* ❷ BRIT (*on bus*) Schaffner(in) *m(f)*

cone [kəʊn] *n* ❶ MATH Kegel *m;* ~ **of light** Lichtkegel *m;* **traffic** ~ Leitkegel *m* ❷ FOOD **ice cream** ~ Eistüte *f*

confederation [kən͵fedəreɪʃən] *n* + *sing/pl vb* ❶ POL Bund *m* ❷ ECON Verband *m*

> Der **Confederation Day** oder **Canada Day** ist der Nationalfeiertag Kanadas, der am 1. Juli gefeiert wird.

confer <-rr-> [kənˈfɜːʳ] I. *vt* ■ **to** ~ **sth** [**up**]**on sb** jdm etw verleihen II. *vi* ■ **to** ~ **with sb** sich mit jdm beraten

conference [ˈkɒnfərən(t)s] *n* Konferenz *f,* Tagung *f* (**on** über); **in** ~ in einer Besprechung

conference call *n* Konferenzschaltung *f*

confess [kənˈfes] *vi, vt* ❶ (*admit*) zugeben; ■ **to** ~ **to sth** etw gestehen ❷ REL beichten

confession [kənˈfeʃən] *n* ❶ (*admission*) Geständnis *nt* ❷ REL Beichte *f*

confide [kənˈfaɪd] I. *vt* gestehen; ■ **to** ~ [**to sb**] **that ...** jdm anvertrauen, dass ... II. *vi* ■ **to** ~ **in sb** sich jdm anvertrauen

confidence [ˈkɒnfɪdən(t)s] *n* ❶ *no pl* (*trust*) Vertrauen *nt;* **in** ~ im Vertrauen ❷ (*secrets*) ■ ~s *pl* Vertraulichkeiten *pl* ❸ *no pl* (*self-assurance*) Selbstvertrauen *nt*

confident [ˈkɒnfɪdənt] *adj* ❶ (*certain*) zuversichtlich ❷ (*self-assured*) selbstbewusst

confidential [͵kɒnfrɪˈdən(t)ʃəl] *adj* vertraulich; **to keep sth** ~ etw für sich behalten

confidentially [͵kɒnfrɪˈdən(t)ʃəli] *adv* vertraulich

configure [kənˈfɪɡəʳ] *vt* COMPUT konfigurieren

confine I. *vt* [kənˈfaɪn] ❶ (*restrict*) beschränken (**to** auf) ❷ (*shut in*) einsperren; **he was** ~**d to the house** er war ans Haus gefesselt II. *n* [ˈkɒnfaɪn] ■ **the** ~**s** *pl* die Grenzen *pl*

confinement [kənˈfaɪnmənt] *n no pl* Einsperrung *f;* **solitary** ~ Einzelhaft *f*

confirm [kənˈfɜːm] I. *vt* ❶ (*verify*) bestätigen ❷ (*strengthen*) **to** ~ **sb's faith** jdn in seinem Glauben bestärken ❸ REL ■ **to be** ~**ed** (*Catholic*) gefirmt werden; (*Protestant*) konfirmiert werden II. *vi* bestätigen

confirmation [͵kɒnfəˈmeɪʃən] *n* ❶ (*verification*) Bestätigung *f* ❷ REL (*Catholic*) Firmung *f;* (*Protestant*) Konfirmation *f*

confirmed [kənˈfɜːmd] *adj* erklärt

confiscate [ˈkɒnfɪskeɪt] *vt* beschlagnahmen

conflict I. *n* [ˈkɒnflɪkt] (*clash*) Konflikt *m;* ~ **of interests** Interessenskonflikt *m* II. *vi* [kənˈflɪkt] ■ **to** ~ **with sth** im Widerspruch zu etw *dat* stehen

conflicting [kənˈflɪktɪŋ] *adj* widersprüchlich; *claims* entgegengesetzt

conform [kənˈfɔːm] *vi* sich einfügen; (*agree*) übereinstimmen

confront [kənˈfrʌnt] *vt* ❶ (*face*) ■ **to** ~ **sth** sich etw *dat* stellen ❷ (*compel to deal with*) konfrontieren

confuse [kənˈfjuːz] *vt* ❶ (*perplex*) verwirren ❷ (*complicate*) [noch] verworrener machen

confused [kənˈfjuːzd] *adj* ❶ *people* verwirrt, durcheinander ❷ *situation* verworren

confusing [kənˈfjuːzɪŋ] *adj* verwirrend

confusion [kənˈfjuːʒən] *n no pl* ❶ (*perplexity*) Verwirrung *f* ❷ (*disorder*) Durcheinander *nt;* ■ **to be in** ~ durcheinander sein

congested [kənˈdʒestɪd] *adj* ❶ TRANSP überfüllt ❷ MED verstopft

congestion charge *n* City-Maut *f*

congratulate [kənˈɡrætʃʊleɪt] *vt* ■ **to** ~ **sb** [**on sth**] jdm [zu etw *dat*] gratulieren

congratulation [kən͵ɡrætʃʊˈleɪʃən] *n no pl* Gratulation *f;* ~**s!** herzlichen Glückwunsch!

congregate [ˈkɒŋɡrɪɡeɪt] *vi* sich [ver]sammeln

congregation [͵kɒŋɡrɪˈɡeɪʃən] *n* + *sing/pl*

vb REL [Kirchen]gemeinde *f*
congress ['kɒŋgres] *n* Kongress *m*; **C~** AM POL der Kongress
congressman *n* [Kongress]abgeordnete(r) *m*
congresswoman *n* [Kongress]abgeordnete *f*
conical ['kɒnɪkəl] *adj* konisch; ~ **section** Kegelschnitt *m*
conifer ['kɒnɪfəʳ] *n* Nadelbaum *m*
coniferous [kə(ʊ)'nɪfərəs] *adj* Nadel-
conjugate ['kɒndʒʊgeɪt] LING **I.** *vi* konjugiert werden **II.** *vt* konjugieren
conjunction [kən'dʒʊŋkʃən] *n* ❶ LING Bindewort *nt* ❷ (*combination*) ■ **in** ~ **with sth** in Verbindung mit etw *dat*
conjunctivitis [kən,dʒʊŋ(k)tɪ'vaɪtɪs] *n no pl* Bindehautentzündung *f*
conjure ['kʌndʒəʳ] **I.** *vi* zaubern **II.** *vt* hervorzaubern ◆ **conjure up** *vt* (*fig: produce*) hervorzaubern; *meal* zaubern
conjurer ['kʌndʒərəʳ] *n* Zauberkünstler(in) *m(f)*
conjuring ['kʌndʒərɪŋ] *n no pl* Zaubern *nt*, Zauberei *f*; ~ **trick** Zaubertrick *m*
conjuror *n see* **conjurer**
conk [kɒŋk] **I.** *n* BRIT, AUS (*hum sl: nose*) Zinken *m* **II.** *vt* (*hum fam*) hauen ◆ **conk out** *vi* (*fam*) den Geist aufgeben
conker ['kɒŋkəʳ] *n* BRIT Rosskastanie *f*
con man *n* (*pej*) Schwindler *m*
connect [kə'nekt] **I.** *vi* ❶ (*plug in*) ■ **to** ~ [**up**] **to sth** an etw *akk* angeschlossen werden ❷ (*form network*) ■ **to** ~ **with sth** Anschluss an etw *akk* haben ❸ (*feel affinity*) ■ **to** ~ **with sb** sich auf Anhieb gut mit jdm verstehen **II.** *vt* ❶ ELEC verbinden (**to/with** mit); (*plug in*) anschließen (**to/with** an) ❷ (*make accessible*) ■ **to** ~ **sth** eine Verbindung zu etw *dat* herstellen
connected [kə'nektɪd] *adj pred* ❶ (*joined together*) verbunden (**to/with** mit); (*plugged in*) angeschlossen (**to/with** an) ❷ (*related, being family*) verwandt (**to** mit) ❸ (*having to do with*) in Zusammenhang stehen, zusammenhängen (**to/with** mit)
connecting [kə'nektɪŋ] *adj* ~ **door** Verbindungstür *f*; ~ **flight** Anschlussflug *m*
connection [kə'nekʃən] *n* ❶ *no pl* (*joining, link*) Verbindung *f* (**to/with** mit); ELEC Anschluss *m* (**to** an); **to get a** ~ TELEC [zu jdm] durchkommen ❷ TRANSP Verbindung *f* ❸ (*reference*) **in that/this** ~ in diesem Zusammenhang

connectivity [,kɒnek'tɪvəti] *n* COMPUT Netzwerkfähigkeit *f*
conquer ['kɒŋkəʳ] *vt land* erobern; *mountain* bezwingen; ■ **to** ~ **sb** jdn besiegen ▶ **I came, I saw, I ~ed** (*prov*) ich kam, sah und siegte
conscience ['kɒn(t)ʃən(t)s] *n* Gewissen *nt*; **to do sth with a clear** ~ ruhigen Gewissens etw tun
conscientious [,kɒn(t)ʃi:'en(t)ʃəs] *adj* ❶ (*thorough*) gewissenhaft ❷ (*moral*) **on** ~ **grounds** aus Gewissensgründen
conscious ['kɒn(t)ʃəs] *adj* ❶ MED ■ **to be** [**fully**] ~ bei [vollem] Bewusstsein sein ❷ (*deliberate*) bewusst ❸ (*aware*) bewusst; **fashion** ~ modebewusst
consciousness ['kɒn(t)ʃəsnəs] *n no pl* Bewusstsein *nt a. fig*; **to lose/regain** ~ das Bewusstsein verlieren/wiedererlangen
conscription [kən'skrɪpʃən] *n no pl* MIL Wehrpflicht *f*
consecutive [kən'sekjʊtɪv] *adj days, months* aufeinanderfolgend; *numbers* fortlaufend
consent [kən'sent] (*form*) **I.** *n no pl* Zustimmung *f*; **age of** ~ ≈ Ehemündigkeitsalter *nt*; **by common** ~ nach allgemeiner Auffassung; **informed** ~ erklärtes Einverständnis; **by mutual** ~ im gegenseitigen Einverständnis **II.** *vi* ■ **to** ~ **to sth** etw *dat* zustimmen; ■ **to** ~ **to do sth** einwilligen, etw zu tun
consequence ['kɒn(t)sɪkwən(t)s] *n* ❶ (*result*) Folge *f*; **as a** ~ folglich; **in** ~ folglich ❷ *no pl* (*significance*) Bedeutung *f*; **nothing of** [**any**] ~ nichts Besonderes
consequently ['kɒn(t)sɪkwəntli] *adv* folglich
conservation [,kɒn(t)sə'veɪʃən] *n no pl* (*protection*) Schutz *m*; ~ **area** Naturschutzgebiet *nt*
conservative [kən'sɜ:vətɪv] **I.** *adj* ❶ (*in dress, opinion*) konservativ ❷ POL ■ **C~** konservativ; **did you vote C~?** haben Sie die Konservativen gewählt? **II.** *n* POL ■ **C~** Konservative(r) *f(m)*
conservatory [kən'sɜ:vətri] *n* Wintergarten *m*
conserve [kən'sɜ:v] **I.** *vt* ❶ (*save*) sparen ❷ (*maintain*) erhalten **II.** *n* Eingemachtes *nt kein pl*
consider [kən'sɪdəʳ] *vt* ❶ (*contemplate*) sich *dat* überlegen; ■ **to** ~ **doing sth** daran denken, etw zu tun ❷ (*look at*) betrachten;

(*think of*) denken an +*akk*; **all things ~ed** alles in allem ❸ (*regard as*) ■ **to ~ sb/sth** [**to be**] **sth** jdn/etw für etw *akk* halten; **~ it done!** schon erledigt!; ■ **to be ~ed** [**to be**] **sth** als etw gelten; ■ **to ~ that ...** denken, dass ...

considerable [kənˈsɪdərəbl] *adj* erheblich, beträchtlich

considerate [kənˈsɪdərət] *adj* rücksichtsvoll

consideration [kənˌsɪdərˈeɪʃən] *n* ❶ *no pl* (*thought*) Überlegung *f*; **after careful ~** nach reiflicher Überlegung; ■ **to be under ~** geprüft werden ❷ *no pl* (*account*) **to take into ~** berücksichtigen ❸ (*factor*) Gesichtspunkt *m*

considered [kənˈsɪdəd] *adj opinion* wohl überlegt

considering [kənˈsɪdərɪŋ] **I.** *prep* ■ **~ how/what ...** wenn man bedenkt, wie/was ... **II.** *conj* ■ **~ that ...** dafür, dass ...

consign [kənˈsaɪn] *vt* (*form*) senden; *goods, articles* verschicken

consist [kənˈsɪst] *vi* (*comprise*) ■ **to ~ of sth** aus etw *dat* bestehen

consistency [kənˈsɪstən(t)si] *n no pl* ❶ (*firmness*) Konsistenz *f* ❷ *no pl* (*constancy*) Beständigkeit *f* ❸ *no pl* (*in principles*) Konsequenz *f*

consistent [kənˈsɪstənt] *adj* ❶ (*steady*) beständig; *improvement* ständig ❷ *effort* konsequent

consolation prize *n* Trostpreis *m*

console I. *vt* [kənˈsəʊl] trösten **II.** *n* [ˈkɒnsəʊl] (*control desk*) Schaltpult *nt*

consolidate [kənˈsɒlɪdeɪt] *vi, vt* [sich] festigen

consonant [ˈkɒn(t)sənənt] *n* Konsonant *m*

consortium <*pl* -s *or* -tia> [kənˈsɔːtiəm, *pl* -tiə] *n* Konsortium *nt*

constable [ˈkʌn(t)stəbl] *n* BRIT Polizist(in) *m(f)*

constant [ˈkɒn(t)stənt] **I.** *n* MATH Konstante *f* **II.** *adj* (*continuous*) ständig; (*unchanging*) gleich bleibend; MATH konstant

constantly [ˈkɒn(t)stəntli] *adv* ständig

constitution [ˌkɒn(t)strɪˈtjuːʃən] *n* ❶ (*structure*) Zusammensetzung *f* ❷ POL Verfassung *f*

constitutional [ˌkɒn(t)strɪˈtjuːʃənəl] *adj* konstitutionell; **~ right** Grundrecht *nt*

constrain [kənˈstreɪn] *vt* einschränken

constrict [kənˈstrɪkt] **I.** *vt* verengen **II.** *vi* sich zusammenziehen

construct *vt* [kənˈstrʌkt] ❶ (*build*) bauen; *dam* errichten ❷ (*develop*) *theory* entwickeln

construction [kənˈstrʌkʃən] *n* ❶ *no pl* (*act of building*) Bau *m*; **~ site** Baustelle *f*; **under ~** im Bau ❷ (*how sth is built*) Bauweise *f* ❸ (*object*) Konstruktion *f*

constructive [kənˈstrʌktɪv] *adj* konstruktiv

consul [ˈkɒn(t)səl] *n* Konsul(in) *m(f)*

consulate [ˈkɒn(t)sjulət] *n* Konsulat *nt*

consult [kənˈsʌlt] **I.** *vi* sich beraten **II.** *vt* ❶ (*ask*) ■ **to ~ sb** [**about sth**] jdn [bezüglich einer S. *gen*] um Rat fragen; *doctor, lawyer, specialist* konsultieren ❷ (*look at*) *dictionary* nachschlagen in +*dat*; *diary, list* nachsehen in +*dat*; *oracle* befragen

consultant [kənˈsʌltənt] *n* ❶ (*adviser*) Berater(in) *m(f)* ❷ BRIT MED Facharzt, -ärztin *m, f*

consulting [kənˈsʌltɪŋ] *adj* beratend

consume [kənˈsjuːm] *vt* ❶ (*eat, drink*) konsumieren ❷ (*obsess*) **to be ~d by envy/jealousy** vor Neid/Eifersucht [fast] vergehen

consumer [kənˈsjuːmə] *n* Verbraucher(in) *m(f)*

consumption [kənˈsʌm(p)ʃən] *n no pl* ❶ (*using up*) Verbrauch *m*; (*using*) Konsum *m* ❷ (*eating, drinking*) Konsum *m*

contact [ˈkɒntækt] **I.** *n* ❶ *no pl* (*communication*) Kontakt *m*, Verbindung *f*; **I'll get in ~ with him** ich melde mich bei ihm; **to be in ~** [**with sb**] [mit jdm] in Verbindung stehen ❷ (*person*) **business ~s** Geschäftskontakte *pl*; **to have ~s** Beziehungen haben ❸ *no pl* (*touch*) Kontakt *m* **II.** *vt* ■ **to ~ sb** sich mit jdm in Verbindung setzen; **you can ~ me on 123 456** Sie erreichen mich unter der Nummer 123 456

contact lens *n* Kontaktlinse *f*

contagious [kənˈteɪdʒəs] *adj* ansteckend *a. fig*

contain [kənˈteɪn] *vt* ❶ (*hold, include*) enthalten ❷ (*limit*) in Grenzen halten

container [kənˈteɪnə] *n* ❶ Behälter *m* ❷ TRANSP Container *m*

contaminate [kənˈtæmɪneɪt] *vt* verunreinigen

contamination [kənˌtæmɪˈneɪʃən] *n no pl* Verunreinigung *f*

contemplate [ˈkɒntəmpleɪt] **I.** *vi* nachdenken **II.** *vt* ❶ (*gaze at*) betrachten ❷ (*consider*) in Erwägung ziehen; ■ **to ~ doing sth** daran denken, etw zu tun

contemplation [ˌkɒntəmˈpleɪʃᵊn] *n no pl* ① (*gazing*) Betrachtung *f* ② (*thought*) Nachdenken *nt* (**of** über)

contemporary [kənˈtempᵊrᵊri] **I.** *n* Zeitgenosse, -in *m, f* **II.** *adj* zeitgenössisch

contempt [kənˈtem(p)t] *n no pl* ① (*scorn*) Verachtung *f*; **beneath** ~ unter aller Kritik ② LAW ~ **[of court]** Missachtung *f* [des Gerichts]

contend [kənˈtend] **I.** *vi* ① (*compete*) kämpfen (**for** um) ② (*cope*) ■**to** ~ **with sth** mit etw *dat* fertigwerden müssen **II.** *vt* ■**to** ~ **that ...** behaupten, dass ...

content[1] [ˈkɒntent] *n* ① (*what is inside*) ■~**s** *pl* Inhalt *m* ② (*amount contained*) Gehalt (**of** an)

content[2] [kənˈtent] **I.** *adj* zufrieden; ■**to be [not]** ~ **to do sth** etw [nicht] gerne tun **II.** *vt* ■**to** ~ **oneself with sth** sich mit etw *dat* zufriedengeben **III.** *n no pl* **to one's heart's** ~ nach Herzenslust

contented [kənˈtentɪd] *adj* zufrieden

contentious [kənˈten(t)ʃəs] *adj* umstritten

contentment [kənˈtentmənt] *n no pl* Zufriedenheit *f*; **with** ~ zufrieden

contest I. *n* [ˈkɒntest] ① (*event*) Wettbewerb *m* ② *a*. POL Wettstreit *m* (**for** um) ▶**no** ~ ungleicher Kampf **II.** *vt* [kənˈtest] ① (*compete for*) kämpfen um +*akk* ② POL kandidieren für +*akk;* **to** ~ **a seat** um einen Wahlkreis kämpfen ③ (*dispute*) bestreiten

contestant [kənˈtestᵊnt] *n* ① (*in a competition*) Wettbewerbsteilnehmer(in) *m(f)* ② POL Kandidat(in) *m(f)*

context [ˈkɒntekst] *n* Kontext *m,* Zusammenhang *m*

continent [ˈkɒntɪnənt] *n* ① (*land*) Kontinent *m,* Erdteil *m* ② *no pl* ■**the C**~ Kontinentaleuropa *nt;* **on the C**~ in Europa, auf dem Kontinent

continental [ˌkɒntɪˈnentᵊl] **I.** *adj* ① kontinental; ~ **breakfast** kontinentales Frühstück ② (*European*) europäisch **II.** *n* Europäer(in) *m(f)*

contingency [kənˈtɪndʒᵊn(t)si] *n* (*form*) Eventualität *f*

continual [kənˈtɪnjuəl] *adj* ständig, andauernd

continually [kənˈtɪnjuəli] *adv* ständig, [an]dauernd

continuation [kənˌtɪnjuˈeɪʃᵊn] *n no pl* Fortsetzung *f*

continue [kənˈtɪnju] **I.** *vi* ① (*persist*) andauern; (*go on*) weitergehen; (*in an activity*) weitermachen; ■**to** ~ **doing/to do sth** weiter[hin] etw tun; **to** ~ **talking** weiterreden; ■**to** ~ **with sth** mit etw *dat* weitermachen ② (*remain*) bleiben; **to** ~ **in office** weiter[hin] im Amt bleiben; ■**to** ~ **as sth** weiter als etw tätig sein ③ (*resume*) weitergehen; **to** ~ **on one's way** seinen Weg fortsetzen; ■**to** ~ **with sth** mit etw *dat* weitermachen **II.** *vt* ① (*keep up, carry on*) fortführen; *an action* weitermachen mit +*dat* ② (*resume*) fortsetzen; **to be** ~**d on the next page** auf der nächsten Seite weitergehen

continuous [kənˈtɪnjuəs] *adj* ① (*permanent*) ununterbrochen; (*steady*) stetig ② LING ~ **form** Verlaufsform *f*

contour line *n* GEOG Höhenlinie *f*

contraception [ˌkɒntrəˈsepʃᵊn] *n no pl* [Empfängnis]verhütung *f*

contraceptive [ˌkɒntrəˈseptɪv] **I.** *n* Verhütungsmittel *nt* **II.** *adj* empfängnisverhütend; ~ **pill** [Antibaby]pille *f*

contract[1] [ˈkɒntrækt] **I.** *n* Vertrag *m;* **to be under** ~ [**to sb**] [bei jdm] unter Vertrag stehen **II.** *vt* vertraglich vereinbaren

contract[2] [kənˈtrækt] **I.** *vi* ① (*shrink*) sich zusammenziehen ② LING ■**to** ~ **to sth** zu etw *dat* verkürzt werden **II.** *vt* ① (*tense*) zusammenziehen ② LING verkürzen

contraction [kənˈtrækʃᵊn] *n* ① *no pl of a muscle* Kontraktion *f* ② *of the uterus* Wehe *f;* **she began having** ~**s** bei ihr setzten die Wehen ein

contradict [ˌkɒntrəˈdɪkt] *vt* widersprechen

contradiction [ˌkɒntrəˈdɪkʃᵊn] *n* Widerspruch *m* (**of** gegen); **a** ~ **in terms** ein Widerspruch in sich

contradictory [ˌkɒntrəˈdɪktᵊri] *adj* widersprüchlich; ■**to be** ~ **to sth** etw *dat* widersprechen

contrary[1] [ˈkɒntrᵊri] **I.** *n no pl* ■**the** ~ das Gegenteil; **on the** ~ ganz im Gegenteil **II.** *adj* (*opposite*) entgegengesetzt; ~ **to my advice** entgegen meinem Rat; ~ **to** [**all**] **expectations** wider Erwarten

contrary[2] [kənˈtreəri] *adj* (*argumentative*) widerspenstig

contrast I. *n* [ˈkɒntrɑːst] (*difference*) Gegensatz *m,* Kontrast *m* (**to/with** zu); **by** ~ im Gegensatz **II.** *vt* [kənˈtrɑːst] ■**to** ~ **sth with sth** etw etw *dat* gegenüberstellen **III.** *vi*

[kən'trɑːst] kontrastieren
contribute [kən'trɪbjuːt, BRIT a. 'kɒntrɪbjuːt] **I.** vt money, food beisteuern; ideas beitragen **II.** vi ❶ (give) etwas beisteuern (**towards** zu) ❷ (pay in) einen Beitrag leisten, zuzahlen
contribution [ˌkɒntrɪ'bjuːʃ⁽ə⁾n] n Beitrag m; (to charity) Spende f
contributor [kən'trɪbjuːtə^r] n ❶ (donor) Spender(in) m(f) ❷ (writer) Mitarbeiter(in) m(f)
contributory [kən'trɪbjuːt⁽ə⁾ri] adj (causing) **to be a ~ factor to sth** ein Faktor sein, der zu etw dat beiträgt
control [kən'trəʊl] **I.** n ❶ no pl Kontrolle f; of a country Gewalt f; of a company Leitung f; **to be in ~ of sth** etw unter Kontrolle haben; **out of ~** außer Kontrolle; **to get out of ~** außer Kontrolle geraten; **ball ~** SPORTS Ballführung f; **birth ~** Geburtenkontrolle f; **passport ~** Passkontrolle f; **price ~s** Preiskontrollen pl ❷ TECH Schalter m, Regler m; **~ desk** Schaltpult nt; **volume ~** Lautstärkeregler m ❸ (steering) **to take over the ~s** die Steuerung übernehmen; **~ column** Steuerknüppel m ❹ (person) Kontrollperson f; **~ [group]** Kontrollgruppe f ❺ (base) **~ [room]** Zentrale f; **~ tower** AVIAT Kontrollturm m **II.** vt <-ll-> ❶ (direct) kontrollieren; car steuern ❷ (limit) regulieren ❸ emotions beherrschen ❹ TECH regulieren
control desk n Schaltpult nt
controlled [kən'trəʊld] adj kontrolliert; voice beherrscht
controller [kən'trəʊlə^r] n ❶ (director) Leiter(in) m(f) ❷ AVIAT **air-traffic ~** Fluglotse, Fluglotsin m, f
control lever n Schalthebel m; AVIAT Steuerknüppel m **control light** n Kontrolllampe f
control panel n Schalttafel f; (desk) Schaltpult nt; COMPUT Bedienungspult nt **control point** n Kontrollpunkt m **control tower** n Kontrollturm m **control unit** n COMPUT Steuereinheit f
controversial [ˌkɒntrə'vɜːʃ⁽ə⁾l] adj umstritten
controversy [kən'trɒvəsi, 'kɒntrəvɜːsi] n Kontroverse f
convenience [kən'viːniən(t)s] n ❶ no pl (comfort) Annehmlichkeit f; **at your ~** wenn es Ihnen passt ❷ (device) Annehmlichkeit f; **with all modern ~s** mit allem Komfort
convenient [kən'viːniənt] adj ❶ (useful) zweckmäßig; (suitable) günstig; ▪ **it is [very] ~ that ...** es ist [sehr] praktisch, dass ... ❷ date, time passend; **if it's ~ for you** wenn es Ihnen passt ❸ (beneficial) **to be ~ for sb** jdm gelegen kommen
convent ['kɒnvənt] n [Nonnen]kloster nt
convention [kən'ven(t)ʃ⁽ə⁾n] n ❶ (custom) Brauch m; (social code) Konvention f; **~ dictates that ...** es ist Brauch, dass ... ❷ (agreement) Abkommen nt; **of human rights Convention** f ❸ (conference) Konferenz f; **~ centre** Tagungszentrum nt
conventional [kən'ven(t)ʃ⁽ə⁾nəl] adj konventionell; **~ medicine** Schulmedizin f
converge [kən'vɜːdʒ] vi ❶ lines zusammenlaufen ❷ people **to ~ on a city** scharenweise in eine Stadt kommen
conversation [ˌkɒnvə'seɪʃ⁽ə⁾n] n Gespräch nt, Unterhaltung f; **telephone ~** Telefongespräch nt; **to get into ~ with sb** mit jdm ins Gespräch kommen; **to make ~** Konversation machen
converse¹ [kən'vɜːs] vi (form) sich unterhalten
converse² ['kɒnvɜːs] (form) **I.** n ▪ **the ~** das Gegenteil **II.** adj gegenteilig
conversion [kən'vɜːʃ⁽ə⁾n] n ❶ no pl (change of form or function) Umwandlung f (**into** in) ❷ REL Konversion f ❸ (changing beliefs or opinions) Wandel m
convert I. n ['kɒnvɜːt] REL Bekehrte(r) f(m), Konvertit(in) m(f); **to become a ~ to Islam** zum Islam übertreten **II.** vi [kən'vɜːt] ❶ REL übertreten ❷ (change in function) sich verwandeln lassen **III.** vt [kən'vɜːt] ❶ REL (a. fig) bekehren ❷ (change in form or function) ▪ **to ~ sth [into]** etw umwandeln [in +akk]; ARCHIT etw umbauen [zu +dat] ❸ (calculate) umrechnen
convertible [kən'vɜːtɪbl] **I.** n Kabrio[lett] nt, Kabriole nt ÖSTERR **II.** adj FIN konvertierbar
convex ['kɒnveks] adj konvex; **~ lens** Konvexlinse f
convey [kən'veɪ] vt ❶ (transport) befördern ❷ (transmit) überbringen
convict I. n ['kɒnvɪkt] Strafgefangene(r) f(m) **II.** vi [kən'vɪkt] auf schuldig erkennen **III.** vt [kən'vɪkt] verurteilen
conviction [kən'vɪkʃ⁽ə⁾n] n ❶ (judgement) Verurteilung f (**for** wegen); **previous ~s** Vorstrafen pl ❷ (belief) Überzeugung f; **sb/sth carries ~** jd/etw ist überzeugend; **he's a socialist by ~** er ist ein überzeugter Sozialist

convince [kən'vɪn(t)s] *vt* überzeugen (**of** von)

convincing [kən'vɪn(t)sɪŋ] *adj* überzeugend

cook [kʊk] **I.** *n* Koch *m*, Köchin *f* ▸**too many ~s spoil the broth** (*prov*) viele Köche verderben den Brei **II.** *vi* ❶ (*make meals*) kochen ❷ (*in water*) kochen; *fish, meat* garen ❸ AM (*fam: do well*) so richtig gut einschlagen; **now we're ~in'!** jetzt kann es losgehen! ▸**what's ~ing?** (*sl*) was ist los? **III.** *vt* ❶ (*make*) kochen ❷ (*heat*) kochen

cookbook *n* Kochbuch *nt*

cooked-to-order *adj* nach Wunsch gekocht

cooker ['kʊkə^r] *n* BRIT (*stove*) Herd *m*

cookery ['kʊkəri] **I.** *n no pl* (*cooking*) Kochen *nt* **II.** *adj* Koch-

cookery book *n* BRIT, AUS Kochbuch *nt*

cookie ['kʊki] *n esp* AM (*biscuit*) Keks *m* ▸**tough ~s!** AM Pech gehabt!

cookie sandwich *n* AM *Sandwich aus Keksen mit süßem Belag, meist Eis*

cooking ['kʊkɪŋ] **I.** *n no pl* (*act*) Kochen *nt;* **to do the ~** kochen **II.** *adj* Koch-; **~ foil** BRIT Alufolie *f*

cool [kuːl] **I.** *adj* ❶ (*cold*) kühl ❷ (*clothing*) luftig ❸ (*calm*) cool; **~, calm and collected** kühl, ruhig und besonnen ❹ (*unfriendly, unfeeling*) kühl ❺ (*trendy, great*) geil *sl* **II.** *interj* (*fam*) cool *sl,* geil *sl* **III.** *n no pl* ❶ (*cold*) Kühle *f;* **to stay in the ~** im Kühlen bleiben ❷ (*calm*) Ruhe *f* **IV.** *vi* (*lose heat*) abkühlen (**to** auf) **V.** *vt* ❶ (*make cold*) kühlen ❷ (*sl: calm down*) [just] **~ it!** reg dich ab!

coolheaded *adj* besonnen

cooling ['kuːlɪŋ] *adj* [ab]kühlend

coolness ['kuːlnəs] *n no pl* ❶ (*low temperature*) Kühle *f* ❷ (*unfriendliness*) Kühle *f* ❸ (*relaxed manner*) coole Art *sl*

coop [kuːp] **I.** *n* Hühnerstall *m* **II.** *vt* ■**to ~ up** einsperren

cooperate [kəʊ'ɒpəreɪt] *vi* ❶ (*help*) kooperieren ❷ (*act jointly*) zusammenarbeiten

cooperation [ˌkəʊpəpə'reɪʃ^ən] *n no pl* ❶ (*assistance*) Kooperation *f* ❷ (*joint work*) Zusammenarbeit *f*

cooperative [kəʊ'ɒpərətɪv] **I.** *n* Genossenschaft *f*, Kooperative *f* **II.** *adj* ❶ *attr* ECON genossenschaftlich, kooperativ ❷ (*willing*) hilfsbereit, kooperativ

coordinate I. *n* [kəʊ'ɔːdɪnət] *usu pl* MATH Koordinate *f* **II.** *vi* [kəʊ'ɔːdɪneɪt] ❶ (*act jointly*) zusammenarbeiten ❷ (*match*) zusammenpassen **III.** *vt* [kəʊ'ɔːdɪneɪt] koordinieren *geh; operations, schedules* aufeinander abstimmen

coordination [kəʊˌɔːdɪn'eɪʃ^ən] *n no pl* ❶ (*coordinating*) Koordination *f geh; of operations, schedules* a. Abstimmung *f* ❷ (*cooperation*) Zusammenarbeit *f* ❸ (*dexterity*) Sinn *m* für Koordination

cop [kɒp] **I.** *n* ❶ (*fam: police officer*) Bulle *m;* **to play ~s and robbers** Räuber und Gendarm spielen ❷ *no pl* BRIT (*sl*) **to not be much ~** nicht besonders gut sein **II.** *vt* <-pp-> BRIT, AUS (*sl*) **to ~ it** (*be in trouble*) dran sein ▸**~ a load of that!** kuck dir das mal an!

cope [kəʊp] *vi* zurechtkommen; **to ~ with a problem** ein Problem bewältigen

copier ['kɒpiə^r] *n* (*machine*) Kopiergerät *nt*

co-pilot [ˌkəʊ'paɪlət] *n* Kopilot(in) *m(f)*

copper ['kɒpə^r] *n* ❶ *no pl* (*metal*) Kupfer *nt* ❷ BRIT (*sl: coins*) ■**~s** *pl* Kleingeld *nt kein pl*

cop show *n* Polizeiserie *f*

copulate ['kɒpjəleɪt] *vi* kopulieren

copulation [ˌkɒpjə'leɪʃ^ən] *n no pl* Kopulation *f*

copy ['kɒpi] **I.** *n* ❶ (*duplicate*) Kopie *f;* **a true ~** eine originalgetreue Kopie ❷ (*issue*) Exemplar *nt;* **hard ~** COMPUT [Computer]ausdruck *m* ❸ *no pl* PUBL Manuskript *nt;* **clean ~** Reinschrift *f* **II.** *vt* <-ie-> ❶ (*duplicate*) kopieren; **~** [**down**] *from text* abschreiben ❷ (*imitate*) *person* nachmachen **III.** *vi* <-ie-> ❶ (*imitate*) nachahmen ❷ (*in school*) abschreiben ◆**copy down** *vt text* abschreiben; *spoken words* niederschreiben

copycat I. *n* (*pej fam*) Nachmacher(in) *m(f)* **II.** *adj* imitiert

copying ink *n no pl* Kopiertinte *f*

copying machine *n* Kopiergerät *nt*

copying paper *n* Kopierpapier *nt*

copy reader *n* Manuskriptbearbeiter(in) *m(f);* (*press*) Redakteur(in) *m(f);* (*publishing house*) Lektor(in) *m(f)*

copyright ['kɒpiraɪt] **I.** *n* Copyright *nt,* Urheberrecht *nt* **II.** *vt* urheberrechtlich schützen

coral ['kɒrəl] *n no pl* Koralle *f;* **~ reef** Korallenriff *nt*

cord [kɔːd] **I.** *n* ❶ (*for parcel*) Schnur *f* ❷ ANAT (*umbilical cord*) Nabelschnur *f* ❸ (*trousers*) ■**~s** *pl* Cordhose *f* **II.** *adj*

Cord-
cordless ['kɔːdləs] *adj* schnurlos
cordon ['kɔːdən] **I.** *n* Kordon *m* **II.** *vt* ▪ **to ~ off** ⌕ **sth** etw absperren
corduroy ['kɔːdjərɔɪ] *n* ❶ *no pl* (*material*) Cordsamt *m;* ~ **jacket** Cordjacke *f* ❷ (*trousers*) ▪ ~**s** *pl* Cordhose *f*
core [kɔːʳ] **I.** *n* ❶ *of apple* Kerngehäuse *nt;* **rotten to the ~** völlig verfault ❷ (*fig*) Kern *m;* **rotten/shocked to the ~** bis ins Mark verdorben/erschüttert ❸ GEOL ▪ [**sample**] Bohrprobe *f* ❹ ELEC *of cable* Seele *f* **II.** *adj* zentral **III.** *vt* entkernen
core subject *n* SCH Hauptfach *nt*
core time *n* Kernzeit *f*
cork [kɔːk] **I.** *n* ❶ *no pl* (*material*) Kork *m* ❷ (*stopper*) Korken *m* **II.** *vt* zukorken
corkscrew *n* Korkenzieher *m*
corn¹ [kɔːn] *n* ❶ *no pl* BRIT (*cereal in general*) Getreide *nt;* **field of ~** Kornfeld *nt* ❷ *no pl* AM, AUS (*maize*) Mais *m;* ~ **on the cob** Maiskolben *m*
corn² [kɔːn] *n* MED Hühnerauge *nt*
corn bread *n no pl* AM Maisbrot *nt*
corncob *n* Maiskolben *m*
corner ['kɔːnəʳ] **I.** *n* ❶ Ecke *f; of table* Kante *f;* **on the ~ of the street** an der Straßenecke; **to cut a ~** eine Kurve schneiden; **at every ~** (*fig*) überall; ~ **of one's mouth** Mundwinkel *m* ❷ SPORTS Eckball *m* ▶ **to be in a tight ~** in der Klemme stecken; **to cut ~s** (*financially*) Kosten sparen; (*in procedure*) das Verfahren abkürzen **II.** *adj* Eck- **III.** *vt* ❶ (*trap*) in die Enge treiben ❷ COMM monopolisieren; *market* beherrschen
cornered *adj attr* in die Enge getriebene(r, s)
corner house *n* Eckhaus *nt* **corner kick** *n* SPORTS Eckball *m* **corner seat** *n* Eckplatz *m*
cornfield *n* BRIT Getreidefeld *nt;* AM Maisfeld *nt* **cornflakes** *npl* Cornflakes *pl* **cornflour** *n no pl* BRIT, AUS Maisstärke *f* **cornflower** *n* Kornblume *f*
Cornish ['kɔːnɪʃ] **I.** *adj* aus Cornwall **II.** *n* ▪ **the ~** *pl* die Bewohner von Cornwall
Cornish cream *n no pl* BRIT *dicker Rahm von erhitzter Milch* **Cornish hen** *n kleines Brathuhn* **Cornish pasty** *n* BRIT *Gebäck aus Blätterteig mit Fleisch- und Kartoffelfüllung*
Cornishware ['kɔːnɪʃweəʳ] *n no pl traditionelles Geschirr zum täglichen Gebrauch, mit breiten blau-weißen Streifen*
Cornwall ['kɔːnwɔːl] *n* Cornwall *nt*

corny ['kɔːni] *adj* (*fam: sentimental*) kitschig
coronary ['kɒrənəri] **I.** *n* Herzinfarkt *m* **II.** *adj* koronar
coronation [ˌkɒrəˈneɪʃən] *n* Krönung[szeremonie] *f*
coroner ['kɒrənəʳ] *n* Coroner *m* (*Beamter, der unter verdächtigen Umständen eingetretene Todesfälle untersucht*)
corporal ['kɔːpərəl] *n* Unteroffizier *m*
corporate ['kɔːpərət] *adj* ❶ (*shared*) gemeinsam ❷ (*of corporation*) körperschaftlich; ~ **policy** Firmenpolitik *f*
corporation [ˌkɔːpəˈreɪʃən] *n* BRIT COMM öffentlich-rechtliche Körperschaft; AM [Kapital]gesellschaft *f;* **public ~** BRIT wirtschaftliche Unternehmung der öffentlichen Hand
corpse [kɔːps] *n* Leiche *f*
corpulence ['kɔːpjʊlən(t)s] *n no pl* Korpulenz *f*
correct [kəˈrekt] **I.** *vt* korrigieren **II.** *adj* (*accurate, proper*) korrekt; **that is ~** das stimmt
correction [kəˈrekʃən] *n* ❶ (*change*) Korrektur *f;* **subject to ~** ohne Gewähr ❷ *no pl* (*improvement*) Verbesserung *f*
correction fluid *n no pl* Korrekturflüssigkeit *f*
correctly [kəˈrektli] *adv* korrekt, richtig
correspond [ˌkɒrɪˈspɒnd] *vi* ❶ (*be equivalent of*) entsprechen (**to** +*dat*) ❷ (*write*) korrespondieren
correspondence [ˌkɒrɪˈspɒndən(t)s] *n no pl* (*letter-writing*) Korrespondenz *f;* **to be in ~ with sb** mit jdm in Briefwechsel stehen
correspondent [ˌkɒrɪˈspɒndənt] *n* ❶ (*of letters*) Briefschreiber(in) *m(f)* ❷ (*journalist*) Berichterstatter(in) *m(f)*
corresponding [ˌkɒrɪˈspɒndɪŋ] *adj* (*same*) entsprechend
corridor ['kɒrɪdɔːʳ] *n* Flur *m,* Gang *m;* AVIAT, GEOG *a.* Korridor *m*
corrosion [kəˈrəʊʒən] *n no pl* Korrosion *f*
corrosive [kəˈrəʊsɪv] **I.** *adj* korrosiv; *acid* ätzend **II.** *n* korrodierender Stoff
corrugated ['kɒrəgeɪtɪd] *adj iron, cardboard* gewellt
corrupt [kəˈrʌpt] **I.** *adj* (*dishonest*) korrupt; **with ~ morals** verdorbener Charakter **II.** *vt* ❶ (*debase ethically*) korrumpieren ❷ (*change*) entstellen ❸ COMPUT ~**ed file** fehlerhafte Datei
corruption [kəˈrʌpʃən] *n* ❶ *no pl* (*action*) *of moral standards* Korruption *f* ❷ *no pl* (*dis-*

honesty) Unehrenhaftigkeit *f*
cortisone ['kɔ:tɪzəʊn] *n no pl* Kortison *nt*
cos[1] [kɒz] *n* MATH *abbrev of* **cosine** cos *m*
cos[2] [kəz, kɒz] *conj* BRIT (*fam*) *abbrev of* **because**
cos[3] [kɒs, kɒz] *n* BRIT, AUS Romagnasalat *m*
cosine ['kəʊsaɪn] *n* MATH Kosinus *m*
cosiness ['kəʊzɪnəs] *n no pl* Gemütlichkeit *f*
cos lettuce *n no pl esp* BRIT, AUS Romagnasalat *m*
cosmetic [kɒz'metɪk] I. *n* Kosmetik *f;* ~**s** *pl* Kosmetika *pl* II. *adj* kosmetisch *a. fig*
cost [kɒst] I. *vt* ① <cost, cost> kosten; **drinking and driving** ~ **s lives** Trunkenheit am Steuer fordert Menschenleben ② <-ed, -ed> FIN ■**to** ~ [**out**] [durch]kalkulieren II. *n* ① (*price*) Preis *m*, Kosten *pl* (**of** für); **at no** ~ **to** ohne Kosten für +*akk;* **at huge** ~ für Unsummen; **at** ~ zum Selbstkostenpreis ② (*fig*) Aufwand *m kein pl;* **at all** ~[**s**] um jeden Preis; **at great personal** ~ unter großen persönlichen Opfern
co-star [ˌkəʊ'stɑː(r)] I. *n* einer der Hauptdarsteller; **to be sb's** ~ neben jdm die Hauptrolle spielen II. *vt, vi* <-rr-> ■**to** ~ [**with**] **sb** neben jdm die Hauptrolle spielen
costly ['kɒstli] *adj* kostspielig
cost of living *n no pl* Lebenshaltungskosten *pl*
costume ['kɒstjuːm] *n* ① (*national dress*) Tracht *f;* **historical** ~ historisches Kostüm; **national** ~ Landestracht *f* ② (*decorative dress*) Kostüm *nt;* **to wear a witch**['**s**] ~ als Hexe verkleidet sein
cosy ['kəʊzi] I. *adj* gemütlich, behaglich; (*nice and warm*) mollig warm; *atmosphere* heimelig; *relationship* traut II. *n* **tea/egg** ~ Tee-/Eierwärmer *m*
cot[1] [kɒt] *n* MATH *abbrev of* **cotangent** cot *m*
cot[2] [kɒt] *n* ① BRIT (*baby's bed*) Kinderbett *nt* ② AM (*camp bed*) Feldbett *nt*
cotangent [ˌkəʊ'tændʒənt] *n* MATH Kotangens *m*
cottage ['kɒtɪdʒ] *n* Cottage *nt;* **thatched** ~ [kleines] Landhaus mit Stroh-/Reetdach
cottage cheese *n no pl* Hüttenkäse *m*
cotton ['kɒtən] I. *n* (*material, plant*) Baumwolle *f* II. *adj* Baumwoll- III. *vi* (*fam: understand*) ■**to** ~ **on** [**to sth**] [etw] kapieren
cotton bud *n* BRIT Wattestäbchen *nt* **cotton swab** *n* ① BRIT Tupfer *m* ② AM (*cotton bud*) Wattestäbchen *nt* **cotton wool** *n no pl* BRIT Watte *f* ▶ **to wrap sb in** ~ BRIT jdn in Watte packen
couch [kaʊtʃ] I. *n* <*pl* -es> Couch *f* II. *vt* formulieren
couchette [kuː'ʃet] *n* BRIT RAIL Liege *f* (*in einem Schlafwagen*)
couch potato *n* (*fam*) Fernsehglotzer(in) *m(f)*
cougar ['kuːgə'] *n esp* AM Puma *m*
cough [kɒf] I. *n* Husten *m;* **to give a** ~ (*as warning*) hüsteln II. *vi, vt* husten ◆ **cough up** *vt* husten
cough medicine *n no pl*, **cough mixture** *n* BRIT Hustensaft *m*
cough sweet *n* Hustenbonbon *nt*
could [kʊd, kəd] *pt, subjunctive of* **can**
couldn't ['kʊdənt] = **could not** *see* **can**
council ['kaʊn(t)səl] *n + sing/pl vb* Rat *m;* **local/town** ~ Gemeinde-/Stadtrat *m*
council estate *n* BRIT Siedlung *f* mit Sozialwohnungen **council flat** *n* BRIT, **council house** *n* BRIT Sozialwohnung *f* **Council of Europe** *n* Europarat *m* **Council of Ministers** *n* Ministerrat *m*
counsel ['kaʊn(t)səl] I. *vt* <BRIT -ll- *or* AM *usu* -l-> empfehlen; ■**to** ~ **sb against sth** jdm von etw *dat* abraten II. *n* ① *no pl* (*form: advice*) Rat[schlag] *m* ② (*lawyer*) Anwalt *m*, Anwältin *f*
counseling AM *see* **counselling**
counselling ['kaʊn(t)səlɪŋ] I. *n no pl* psychologische Betreuung; **to be in** ~ in Therapie sein II. *adj* Beratungs-
counsellor ['kaʊn(t)sələ'], AM **counselor** *n* ① (*advisor*) Berater(in) *m(f)* ② AM (*lawyer*) Anwalt *m*, Anwältin *f*
count[1] [kaʊnt] *n* Graf *m*
count[2] [kaʊnt] I. *n* ① (*totalling up*) Zählung *f;* **on the** ~ **of three** bei drei ② (*measured amount*) [An]zahl *f*, Ergebnis *nt;* **final** ~ Endstand *m* ③ (*point*) Punkt *m;* LAW Anklagepunkt *m;* **on all** ~**s** in allen [Anklage]punkten II. *vt* ① (*number*) zählen; ~ [**off**] abzählen ② (*consider*) **to** ~ **oneself lucky** sich glücklich schätzen; ■**to** ~ **sth against sb** jdm etw verübeln ▶ **to** ~ **the cost** [**of sth**] [etw] bereuen III. *vi* zählen; ■**to** ~ **against sb** gegen jdn sprechen; **that's what** ~**s** darauf kommt es an ◆ **count out** I. *vi* ① BRIT (*number off aloud*) abzählen ② BOXING auszählen II. *vt* (*fam*) ~ **me out!** ohne mich!
countable ['kaʊntəbl] *adj* LING zählbar;

~ **noun** zählbares Substantiv
countdown ['kaʊntdaʊn] *n* Countdown *m* (**to** +*gen*)
counter ['kaʊntə^r] **I.** *n* ❶ (*service point*) Theke *f*; [**kitchen**] ~ AM [Küchen]arbeitsplatte *f*; **over the** ~ rezeptfrei ❷ (*person*) Zähler(in) *m(f)* **II.** *vt* arguments widersprechen **III.** *vi* kontern **IV.** *adv* entgegen; **to run** ~ **to sth** etw *dat* zuwiderlaufen
counterattack I. *n* Gegenangriff *m* **II.** *vt* im Gegenzug angreifen **counterblast** *n* (*liter*) Gegenschlag *m* (**to** gegen) **counterclaim** ['kaʊntəkleɪm] LAW **I.** *n* ❶ (*against plaintiff*) Widerklage *f* ❷ (*for damages*) Gegenanspruch *m* **II.** *vi* eine Gegenforderung erheben; ▪**to** ~ **that ...** dagegenhalten, dass ...
counterclockwise *adj* AM (*anticlockwise*) gegen den Uhrzeigersinn
counterfeit ['kaʊntəfɪt] **I.** *adj* gefälscht; ~ **money** Falschgeld *nt* **II.** *vt* fälschen **III.** *n* Fälschung *f*
counterfoil *n* BRIT FIN [Kontroll]abschnitt *m*
counter-intelligence *n* Spionageabwehr *f* **countermeasure** *n* Gegenmaßnahme *f* **counteroffensive** *n* Gegenoffensive *f* **counterpane** *n* Tagesdecke *f* **counterpart** *n* Gegenstück *nt*, Pendant *nt* **counterproductive** *adj* kontraproduktiv **counterweight** *n* Gegengewicht *nt*
countess <*pl* -es> ['kaʊntɪs] *n* Gräfin *f*
countless ['kaʊntləs] *adj* zahllos
country ['kʌntri] **I.** *n* ❶ (*nation*) Land *nt*; ~ **of destination** Bestimmungsland *nt*; ~ **of origin** Herkunftsland *nt*; **native** ~ Heimat *f* ❷ *no pl* (*population*) ▪**the** ~ das Volk; **the whole** ~ das ganze Land ❸ *no pl* (*rural areas*) ▪**the** ~ das Land; **town and** ~ Stadt und Land; ▪**in the** ~ auf dem Land ❹ *no pl* (*land*) Gebiet *nt*; **open** ~ freies Land; **rough** ~ urwüchsige Landschaft **II.** *adj* cottage, lane Land-; ~ **life** Landleben *nt*
countryside *n no pl* Land *nt*; (*scenery*) Landschaft *f*
county ['kaʊnti] *n* ❶ BRIT Grafschaft *f*; **C~ Antrim** die Grafschaft Antrim ❷ AM [Verwaltungs]bezirk *m*
county council *n* + *sing/pl vb* BRIT Grafschaftsrat *m* **county court** *n* + *sing/pl vb* ≈ Amtsgericht *nt* **county town** *n* BRIT Hauptstadt *f* einer Grafschaft
coup d'état <*pl* coups d'état> [ˌkuːdeɪˈtɑː] *n* Staatsstreich *m*

coupé ['kuːpeɪ] *n* Coupé *nt*
couple ['kʌpl] **I.** *n* ❶ *no pl* (*a few*) **a** ~ **of ...** ein paar ...; **every** ~ **of days** alle paar Tage; **in a** ~ **more minutes** in wenigen Minuten; **the first** ~ **of weeks** die ersten Wochen; **another** ~ **of ...** noch ein paar ... ❷ + *sing/pl vb* (*two people*) Paar *nt*; **courting** [*or* AM **dating**] ~ Liebespaar *nt* **II.** *vt* ❶ RAIL kuppeln (**to** an) ❷ *usu passive* (*put together*) ▪**to be** ~**d with sth** mit etw *dat* verbunden sein
couplet ['kʌplət] *n* Verspaar *nt*; **rhyming** ~ Reimpaar *nt*
coupon ['kuːpɒn] *n* ❶ (*voucher*) Coupon *m*, Gutschein *m* ❷ BRIT **football/pools** ~ Totoschein *m*
courage ['kʌrɪdʒ] *n no pl* Mut *m* ▶**to get some** Dutch ~ sich *dat* Mut antrinken
courageous [kəˈreɪdʒəs] *adj* mutig
courgette [kɔːˈʒet] *n esp* BRIT Zucchino *m*
courier ['kʊriə^r] *n* ❶ (*delivery person*) Kurier(in) *m(f)* ❷ (*tour guide*) Reiseführer(in) *m(f)*
course [kɔːs] **I.** *n* ❶ (*of aircraft, ship*) Kurs *m*; **off** ~ nicht auf Kurs; (*fig*) aus der Bahn geraten; **on** ~ auf Kurs; (*fig*) auf dem [richtigen] Weg ❷ (*of road*) Verlauf *m*; (*of river, history, justice*) Lauf *m* ❸ (*way of acting*) ~ [**of action**] Vorgehen *nt*; **the best/wisest** ~ das Beste/Vernünftigste ❹ **in the** ~ **of sth** (*during*) im Verlauf einer S. *gen*; **in the** ~ **of time** im Lauf[e] der Zeit ❺ (*certainly*) **of** ~ natürlich ❻ (*series of classes*) Kurs *m*; **to go on a** ~ BRIT einen Kurs besuchen; **to go away on a training** ~ einen Lehrgang machen ❼ MED ~ [**of treatment**] Behandlung *f*; ~ **of iron tablets** Eisenkur *f*; **to put sb on a** ~ **of sth** jdn mit etw *dat* behandeln ❽ SPORTS Bahn *f*, Strecke *f*; [**golf**] ~ Golfplatz *m* ❾ (*part of meal*) Gang *m* ▶**in due** ~ zu gegebener Zeit; **to stay the** ~ [bis zum Ende] durchhalten; **to take its** ~ seinen Weg gehen **II.** *vi* (*flow*) strömen
court [kɔːt] **I.** *n* ❶ (*judicial body*) Gericht *nt*; **in a** ~ **of law** vor Gericht; **by order of the** ~ durch Gerichtsbeschluss; **to go to** ~ vor Gericht gehen ❷ (*room*) Gerichtssaal *m*; **to appear in** ~ vor Gericht erscheinen ❸ (*playing area*) [Spiel]platz *m*; **badminton/squash** ~ Badminton-/Squashcourt *m*; **grass** ~ Rasenplatz *m* ❹ (*of king, queen*) Hof *m*; ▪**at** ~ bei Hof ❺ (*yard*) Hof *m*; ▪**in the** ~ auf dem Hof **II.** *vt* ❶ (*dated: woo*) umwer-

courtesy – crack

ben ❷ (*ingratiate oneself*) hofieren **III.** *vi* ein Liebespaar sein

courtesy ['kɜːtəsi] *n no pl* (*politeness*) Höflichkeit *f;* **to have the [common] ~ to do sth** so höflich sein, etw zu tun ▶ **[by] ~ of sb/sth** (*thanks to*) dank jdm/etw

courtesy bus *n* BRIT kostenfreier Bus

court hearing *n* [Gerichts]verhandlung *f*

courthouse *n* AM Gerichtsgebäude *nt*

courtroom *n* Gerichtssaal *m* **courtyard** *n* Hof *m;* (*walled-in*) Innenhof *m;* ■ **in the ~** auf dem Hof

cousin ['kʌzən] *n* Vetter *m,* Cousin *m,* Cousine *f*

cover ['kʌvə*] **I.** *n* ❶ (*covering*) Abdeckung *f;* (*of flexible plastic*) Plane *f;* (*for bed*) [Bett]decke *f;* **quilt ~** Bettdeckenbezug *m* ❷ (*sheets*) ■ **the ~s** *pl* das Bettzeug ❸ (*of a book*) Einband *m; of a magazine* Titelseite *f,* Cover *nt* ❹ (*envelope*) **under plain ~** in neutralem Umschlag; **under separate ~** mit getrennter Post ❺ *no pl* (*shelter*) Schutz *m;* **under ~** überdacht; **under ~ of darkness** im Schutz der Dunkelheit ❻ *no pl* (*for animals to hide*) Dickicht *nt* ❼ (*concealing true identity*) Tarnung *f;* **under ~** getarnt; **to blow sb's ~** jdn enttarnen ❽ *no pl* MIL Deckung *f* ❾ *no pl* (*substitute*) Vertretung *f;* **to provide ~ for sb** jdn vertreten **II.** *vt* ❶ (*put over*) bedecken; **to be ~ed [in sth]** [mit etw *dat*] bedeckt sein; **~ed in ink/mud** voller Tinte/Schlamm; **~ed with blood** voll Blut ❷ (*to protect*) abdecken; **they ~ed him with a blanket** sie deckten ihn mit einer Decke zu ❸ (*to hide*) verdecken ❹ (*travel*) fahren; **to ~ a lot of ground** eine große Strecke zurücklegen ❺ (*be enough for*) decken; **will that ~ it?** wird das reichen? ❻ (*insure*) versichern (**against/for** gegen) ❼ (*protect*) ■ **to ~ oneself** sich absichern ❽ MIL **I've got you ~ed!** meine Waffe ist auf Sie gerichtet!; **~ me!** gib mir Deckung! ▶ **to ~ one's back** sich absichern; **to ~ one's tracks** seine Spuren verwischen ◆ **cover for** *vi* ■ **to ~ for sb** ❶ (*do sb's job*) jds Arbeit übernehmen ❷ (*make excuses*) jdn decken ◆ **cover up I.** *vt* ❶ (*protect*) ■ **to ~ [oneself] up** sich bedecken ❷ (*hide*) verdecken **II.** *vi* alles vertuschen; ■ **to ~ up for sb** jdn decken

coverage ['kʌvərɪdʒ] *n no pl* ❶ (*reporting*) Berichterstattung *f* (**of** über); **a lot of media ~** ein großes Medienecho ❷ (*dealing with*) Behandlung *f*

cover charge *n* (*in a restaurant*) Kosten *pl* für das Gedeck

covered ['kʌvəd] *adj* ❶ (*roofed over*) überdacht; **~ wagon** Planwagen *m* ❷ (*insured*) versichert

covering ['kʌvərɪŋ] *n* Bedeckung *f;* **floor ~** Bodenbelag *m*

covering letter *n* BRIT Begleitbrief *m*

cover note *n* ❶ BRIT (*insurance*) vorläufige Deckungskarte ❷ AM, AUS (*letter*) Begleitschreiben *nt*

cover-up *n* Vertuschung *f*

covetous ['kʌvɪtəs] *adj* begehrlich

cow [kaʊ] *n* Kuh *f a. pej;* **herd of ~s** Kuhherde *f* ▶ **until/till the ~s come home** bis in alle Ewigkeit

coward ['kaʊəd] *n* Feigling *m;* **moral ~** Duckmäuser *m*

cowboy *n* Cowboy *m*

cowgirl *n* Cowgirl *nt*

cowpat *n* BRIT Kuhfladen *m*

cowshed *n* Kuhstall *m*

cozy *adj* AM *see* **cosy**

CPU [ˌsiːpiːˈjuː] *n* COMPUT *abbrev of* **central processing unit** CPU *f*

crab [kræb] **I.** *n* Krebs *m* **II.** *vi* <-bb-> (*fam*) nörgeln

crack [kræk] **I.** *n* ❶ (*fissure*) Riss *m* ❷ (*narrow space*) Ritze *f;* **to open sth [just] a ~** etw [nur] einen Spalt öffnen ❸ (*sharp noise*) *of a breaking branch* Knacken *nt; of a rifle* Knall *m; of thunder* Donnerkrachen *nt* ❹ (*sharp blow*) Schlag *m;* **to give sb a ~ over the head** jdm eins überziehen ❺ (*joke*) **a cheap ~** ein schlechter Witz ❻ (*fam: attempt*) Versuch *m;* **to have a ~ at sth** etw [aus]probieren ▶ **at the ~ of dawn** im Morgengrauen; **to get/have a fair ~ of the whip** BRIT eine [echte] Chance bekommen/haben **II.** *vt* ❶ (*break*) **to ~ sth** einen Sprung in eine S. *akk* machen ❷ (*open*) ■ **to ~ sth** ↻ **[open]** etw aufbrechen; *bottle* aufmachen ❸ (*solve*) knacken; **I've ~ed it!** ich hab's! ❹ (*hit*) **to ~ one's head on sth** sich *dat* den Kopf an etw *dat* anschlagen ❺ (*make noise*) **to ~ one's knuckles** mit den Fingern knacken ▶ **to ~ a joke** einen Witz reißen; **to ~ the whip** ein strengeres Regiment aufziehen **III.** *vi* ❶ (*break*) [zer]brechen ❷ (*break down*) zusammenbrechen; *relationship* zerbrechen ❸ (*make noise*) *ice, thunder* krachen ▶ **to get ~ing** (*fam*) loslegen ◆ **crack down** *vi* hart vorgehen (**on** gegen) ◆ **crack up I.** *vi* (*fam: find sth hilarious*) lachen müssen **II.** *vt* ❶ (*assert*) ■ **to ~ sth up to be sth** etw als etw herausstellen ❷ (*fam: amuse*) zum Lachen bringen; **it ~s me up** ich könnte mich kaputtlachen

crackdown *n* scharfes Vorgehen (**on** gegen)

cracked [krækt] *adj* rissig; *cup, glass* gesprungen

cracker ['krækəʳ] *n* ❶ (*biscuit*) Kräcker *m* ❷ (*firework*) Kracher *m* ❸ BRIT (*fam: attractive person*) [s]**he's a real ~** er/sie ist einfach umwerfend

crackers ['krækəz] *adj* (*fam*) verrückt

crackle ['krækl] **I.** *vi* knistern *a. fig; telephone line* knacken **II.** *n* (*on a telephone line*) Knacken *nt; of fire a.* Prasseln *nt*

crackling ['kræklɪŋ] *n* ❶ *no pl of paper* Knistern *nt; of fire* Prasseln *nt* ❷ (*pork skin*) [Braten]kruste *f*

cradle ['kreɪdl] **I.** *n* ❶ (*baby's bed*) Wiege *f a. fig;* **from the ~ to the grave** von der Wiege bis zur Bahre ❷ (*framework*) Gerüst *nt* (*für Reparaturarbeiten*) **II.** *vt* (*sanft*) halten

craft [krɑ:ft] **I.** *n* ❶ <*pl ->* (*ship*) Schiff *nt* ❷ (*trade*) Handwerk *nt kein pl* ❸ (*handmade objects*) ■ **~s** *pl* Kunsthandwerk *nt kein pl* **II.** *vt* kunstvoll fertigen; **a cleverly ~ed poem** ein geschickt verfasstes Gedicht

craftsman *n* gelernter Handwerker; **master ~** Handwerksmeister *m*

crafty ['krɑ:fti] *adj* schlau

cram <-mm-> [kræm] **I.** *vt* stopfen **II.** *vi* büffeln *fam*

cramming ['kræmɪŋ] *n* Büffeln *nt fam*

cramp [kræmp] **I.** *n* [Muskel]krampf *m* **II.** *vt* einengen ▶ **to ~ sb's style** jdn nicht zum Zug kommen lassen

crane [kreɪn] **I.** *n* ❶ (*device*) Kran *m* ❷ (*bird*) Kranich *m* **II.** *vt* **to ~ one's neck** den Hals recken **III.** *vi* ■ **to ~ forward** sich vorbeugen

crank [kræŋk] **I.** *n* (*fam: eccentric*) Spinner(in) *m(f);* **health-food ~** Gesundheitsapostel *m;* **~ call** Juxanruf *m* **II.** *vt* ankurbeln

cranky ['kræŋki] *adj* (*fam: eccentric*) verschroben

crap [kræp] **I.** *vi* <-pp-> (*fam!*) kacken **II.** *n usu sing* (*vulg*) Scheiße *f a. fig;* **to have** [*or* AM **take**] **a ~** kacken **III.** *adj* (*fam!*) mies

crappy ['kræpi] *adj* (*fam!*) Scheiß-

crash [kræʃ] **I.** *n* <*pl -es*> ❶ (*accident*) Unfall *m*, Absturz *m* ❷ (*noise*) Krach *m kein pl;* ■ **with a ~** mit Getöse **II.** *vi* ❶ (*accident*) *driver, car* verunglücken; *plane* abstürzen ❷ (*hit*) ■ **to ~ into sth** auf etw *akk* aufprallen ❸ (*collide with*) ■ **to ~ into sb/sth** mit etw/jdm zusammenstoßen ❹ *cymbals, thunder* donnern; **to come ~ing to the ground** auf den Boden knallen; ■ **to ~ against sth** gegen etw *akk* knallen ❺ COMPUT abstürzen **III.** *vt* ❶ (*damage in accident*) zu Bruch fahren; *plane* eine Bruchlandung machen; **to ~ sth into sth** etw gegen eine S. *akk* fahren/in eine S. *akk* fliegen ❷ (*fam: gatecrash*) **to ~ a party** uneingeladen zu einer Party kommen

crash barrier *n* BRIT, AUS Leitplanke *f* **crash course** *n* Intensivkurs *m*, Crashkurs *m* **crash diet** *n* radikale Abmagerungskur, Crashdiät *f* **crash helmet** *n* Sturzhelm *m*

crashing ['kræʃɪŋ] *adj* (*fam*) total

crash-land *vi* bruchlanden **crash-landing** *n* Bruchlandung *f* **crash program** AM *see* **crash programme crash programme** *n* Intensivkurs *m*

crate [kreɪt] **I.** *n* (*open box*) Kiste *f;* (*for bottles*) [Getränke]kasten *m* **II.** *vt* ■ **to ~** [**up**] in eine Kiste einpacken

crater ['kreɪtəʳ] *n* Krater *m*

crawl [krɔ:l] **I.** *vi* ❶ (*go on all fours*) krabbeln ❷ (*move slowly*) kriechen ❸ (*fam: be obsequious*) kriechen ❹ (*be overrun*) **to be ~ing with sth** von etw *dat* wimmeln **II.** *n no pl* ❶ (*slow pace*) **to move at a ~** im Schneckentempo fahren ❷ (*style of swimming*) Kraulen *nt;* **to do the ~** kraulen

crawler ['krɔ:ləʳ] *n* ❶ (*very young child*) Krabbelkind *nt* ❷ (*pej fam: obsequious person*) Kriecher(in) *m(f)*

crawler lane *n* (*fam*) Kriechspur *f*

crayon ['kreɪɒn] **I.** *n* Buntstift *m;* **wax ~s** Malkreiden *pl* **II.** *vt* ■ **to ~** [**in**] ◯ **sth** etw [mit Buntstift] ausmalen **III.** *vi* [mit Buntstift] malen

craze [kreɪz] *n* Mode[erscheinung] *f*, Fimmel *m pej;* ■ **~ for sth** Begeisterung *f* für etw *akk*

crazy ['kreɪzi] **I.** *adj* verrückt (**about** nach). **II.** *n* AM (*sl*) Verrückte(r) *f(m)*

creak [kri:k] **I.** *vi furniture* knarren **II.** *n of furniture* Knarren *nt*

creaky ['kri:ki] *adj* (*squeaky*) *door* quiet-

schend; *furniture* knarrend
cream [kri:m] **I.** *n* ❶ *no pl* FOOD Sahne *f*, Obers *nt* ÖSTERR; ~ **cake** Sahnetorte *f* ❷ (*cosmetic*) Creme *f* ❸ *no pl* (*colour*) Creme *f* **II.** *adj* cremefarben **III.** *vt* ❶ (*beat*) cremig rühren; ~**ed potatoes** Kartoffelpüree *nt* ❷ (*apply lotion*) eincremen
cream cheese *n* [Doppelrahm]frischkäse *m*
cream-colored *adj* AM *see* **cream-coloured**
cream-coloured *adj* cremefarben
creamy ['kri:mi] *adj* ❶ (*smooth*) cremig ❷ (*off-white*) cremefarben
crease [kri:s] **I.** *n* (*fold*) [Bügel]falte *f*; *of a hat* Kniff *m* **II.** *vt* zerknittern
create [kriˈeɪt] *vt* ❶ (*make*) erschaffen ❷ (*cause*) erzeugen; *impression* erwecken
creation [kriˈeɪʃən] *n* ❶ *no pl* (*making*) [Er]schaffung *f* ❷ (*product*) Erzeugnis *nt*; (*of arts a.*) Werk *nt* ❸ *no pl* REL Schöpfung *f*
creative [kriˈeɪtɪv] *adj* kreativ, schöpferisch; ~ **ability** Kreativität *f*
creator [kriˈeɪtər] *n* Schöpfer(in) *m(f)*
creature ['kri:tʃər] *n* ❶ (*being*) Kreatur *f*, Wesen *nt*; **living** ~**s** Lebewesen *pl* ❷ (*person*) Kreatur *f*, Geschöpf *nt*; ~ **of habit** Gewohnheitstier *nt*
crèche [kreʃ] *n* ❶ BRIT, AUS (*nursery*) Kinderkrippe *f* ❷ AM (*for orphans*) Waisenhaus *nt*
credentials [krɪˈden(t)ʃəlz] *npl* (*letter of introduction*) Empfehlungsschreiben *nt*
credibility [ˌkredəˈbɪləti] *n no pl* Glaubwürdigkeit *f*
credit ['kredɪt] **I.** *n* ❶ *no pl* (*recognition, praise*) Anerkennung *f*; (*respect*) Achtung *f*; **to be a** ~ **to sb/sth** jdm/etw Ehre machen; **it is to sb's** ~ **that ...** es ist jds Verdienst, dass ... ❷ *no pl* (*reliance*) Glaube[n] *m*; **to give sb** ~ **for sth** jdm etw zutrauen ❸ *no pl* COMM Kredit *m*; **on** ~ auf Kredit ❹ FIN Haben *nt*; **in** ~ im Plus ▶ [**give**] ~ **where** ~ **'s due** (*prov*) Ehre, wem Ehre gebührt **II.** *vt* ❶ (*attribute*) zuschreiben ❷ (*believe*) glauben; **would you** ~ **it?!** ist das zu glauben?! ❸ FIN gutschreiben
creditable ['kredɪtəbl] *adj* ehrenwert; *result* verdient
credit card *n* Kreditkarte *f* **credit limit** *n* Kredit[höchst]grenze *f* **credit note** *n* BRIT, AUS Gutschrift *f* **creditworthy** *adj* kreditwürdig
creep [kri:p] **I.** *n* (*fam*) ❶ (*unpleasant person*) Mistkerl *m* ❷ (*unpleasant feeling*)

■ **the** ~**s** *pl* das Gruseln *kein pl*; **I get the** ~**s when ...** es gruselt mich immer, wenn ... **II.** *vi* <crept, crept> ❶ kriechen; *water* steigen ❷ (*fig*) **tiredness crept over her** die Müdigkeit überkam sie ◆ **creep up** *vi* ❶ (*increase steadily*) [an]steigen ❷ (*sneak up on*) sich anschleichen *a. fig* (**behind/on** an)
creepy ['kri:pi] *adj* (*fam*) grus[e]lig, schaurig
cremate [krɪˈmeɪt] *vt* verbrennen
cremation [krɪˈmeɪʃən] *n* Einäscherung *f*
crematorium <*pl* -s *or* -ria> [ˌkreməˈtɔ:riəm, *pl* -riə] *n*, **crematory** ['kri:mətɔ:ri] *n* AM Krematorium *nt*
crept [krept] *pp, pt of* **creep**
crest [krest] **I.** *n* ❶ (*peak*) Kamm *m*; ~ **of a mountain** Bergrücken *m*; ~ **of a roof** Dachfirst *m* ❷ ZOOL Kamm *m* ❸ (*insignia*) Emblem *nt*; **family** ~ Familienwappen *nt* **II.** *vt hill* erklimmen
Creutzfeldt-Jakob disease [ˌkrɔɪtsfelt-ˈjækɒb-] *n* Creutzfeldt-Jakob-Syndrom *nt*
crew [kru:] *n* + *sing/pl vb* AVIAT, NAUT Crew *f*, Besatzung *f*; **ambulance/lifeboat** ~ Rettungsmannschaft *f*; **ground** ~ Bodenpersonal *nt*; **train** ~ Zugpersonal *nt*
crew cut *n* Bürstenschnitt *m*
crib [krɪb] **I.** *n* ❶ AM (*cot*) Gitterbett *nt* ❷ (*fam: plagiarized work*) Plagiat *nt* **II.** *vt, vi* <-bb-> (*pej fam*) abschreiben
cricket[1] ['krɪkɪt] *n* ZOOL Grille *f*
cricket[2] ['krɪkɪt] *n no pl* SPORTS Kricket *nt*

Cricket entstand sehr wahrscheinlich im 16. Jh. als eine Sportart der Schäfer und wurde während des 17. Jhs. bei den Aristokraten beliebt. Ein Match kann sich bis zu fünf Tage hinausziehen. Die ersten **Test Matches** zwischen England und Australien wurden bereits 1877 ausgetragen. Beim **Cricket** gibt es zwei Teams mit je elf Spielern, die abwechselnd als **batsmen** (Schlagmänner) und **fielders** (Fänger) spielen, mit zwei **bowlers** (Werfer) – einen an jedem Ende des Cricketfeldes. **Batsmen** machen Punkte, indem sie nach dem Schlagen **runs** (Punkte) zwischen den beiden **wickets** (Pfostentore) erzielen. Aus dem Spiel (**out**) sind sie aber, wenn sie entweder gefangen werden (**caught**), wenn ein **fielder** den Ball fängt, oder wenn sie ausgeschlagen werden (**bowled**): der **bowler** schlägt dann das **wicket**, oder aber wenn sie **lbw** sind: der **bowler** trifft das Bein des **batsman** (**leg before wicket**).

crime [kraɪm] n ❶ (*illegal act*) Verbrechen nt ❷ no art, no pl (*criminality*) Kriminalität f
crime-busting ['kraɪmbʌstɪŋ] n Verbrechensbekämpfung f
criminal ['krɪmɪnəl] I. n Verbrecher(in) m(f) II. adj ❶ (*illegal*) verbrecherisch; *behaviour* kriminell; ~ **act** Straftat f; ~ **code** Strafgesetzbuch nt; ~ **court** Strafgericht nt ❷ (*fig*) schändlich
crimson ['krɪmzən] I. n no pl Purpur[rot] nt II. adj purpurrot
crinkle ['krɪŋkl] I. vt [zer]knittern II. vi *dress, paper* knittern III. n [Knitter]falte f
cripple ['krɪpl] I. n Krüppel m II. vt ■ **to ~ sb** jdn zum Krüppel machen; ■ **to ~ sth** etw gefechtsunfähig machen
crisis <pl -ses> ['kraɪsɪs, pl -siːz] n Krise f; **to be in** ~ in einer Krise stecken; **energy** ~ Energiekrise f; **a ~ situation** eine Krisensituation
crisp [krɪsp] I. adj ❶ (*hard and brittle*) knusprig; *snow* knirschend ❷ (*firm and fresh*) *apple, lettuce* knackig ❸ (*stiff and smooth*) *paper, tablecloth* steif II. n ❶ BRIT (*potato ~*) Chip m; **burnt to a ~** verkohlt ❷ AM (*crumble*) Obstdessert nt; **cherry ~s** ≈ Kirschtörtchen pl
crispbread n Knäckebrot nt
crispy ['krɪspi] adj knusprig
critic ['krɪtɪk] n Kritiker(in) m(f)
critical ['krɪtɪkəl] adj ❶ (*judgemental*) kritisch; ■ **to be ~ of sb** an jdm etwas auszusetzen haben ❷ (*crucial*) entscheidend ❸ MED kritisch
criticism ['krɪtɪsɪzəm] n Kritik f
criticize ['krɪtɪsaɪz] I. vt kritisch beurteilen; ■ **to ~ sb/sth for sth** jdn/etw wegen einer S. gen kritisieren II. vi kritisieren
croak [krəʊk] I. vi *crow, person* krächzen; *frog* quaken II. vt krächzen
crockery ['krɒkəri] n no pl Geschirr nt
crocodile <pl - or -s> ['krɒkədaɪl] n ZOOL Krokodil nt; ~ **skin** Krokodilleder nt
crook [krʊk] I. n ❶ (*fam: rogue*) Gauner m ❷ usu sing (*curve*) Beuge f II. adj AUS (*fam*) ❶ (*ill*) krank; **to be ~ with a cold** erkältet sein ❷ (*annoyed*) **to go ~ at sb** auf jdn wütend werden III. vt *arm* beugen
crooked ['krʊkɪd] adj ❶ (*fam: dishonest*) unehrlich ❷ (*not straight*) krumm; **the picture's** ~ das Bild hängt schief
crop [krɒp] I. n ❶ (*plant*) Feldfrucht f; (*harvest*) Ernte f ❷ (*fig: group*) Gruppe f II. vt <-pp-> ❶ AM (*plant*) bestellen ❷ *sheep, horses* abgrasen ◆ **crop up** vi (*fam*) auftauchen; **something's ~ped up** es ist etwas dazwischengekommen
crop top n FASHION bauchfreies Top
cross [krɒs] I. n ❶ Kreuz nt a. *fig*; **to die on the** ~ am Kreuz sterben; **sign of the** ~ Kreuzzeichen nt ❷ (*hybrid*) Kreuzung f; (*fig*) Mitteilung f ❸ (*between*) zwischen) Flanke f; BOXING Cross m II. adj verärgert; ■ **to be ~ with sb** auf jdn böse sein; ■ **to get ~ with sb** sich über jdn ärgern III. vt ❶ (*cross over*) überqueren; (a. *on foot*) *bridge, road* gehen über +akk; *border* passieren ❷ FBALL flanken ❸ (*place crosswise*) [über]kreuzen ❹ BRIT, AUS *cheque* zur Verrechnung ausstellen; **~ed cheque** Verrechnungsscheck m ❺ REL ■ **to ~ oneself** sich bekreuz[ig]en ▶ ~ **my heart and hope to die** großes Ehrenwort; **to ~ one's mind** jdm einfallen; **to ~ swords with sb** mit jdm die Klinge kreuzen IV. vi ❶ (*intersect*) sich kreuzen ❷ (*traverse a road*) die Straße überqueren; (*on foot*) über die Straße gehen ◆ **cross off** vt streichen [von +dat] ◆ **cross over** I. vi hinübergehen; (*on boat*) übersetzen II. vt überqueren
crossbar n Querlatte f; *of goal* Torlatte f
cross-channel adj *ferry* Kanal- **cross-country** I. adj Querfeldein-; ~ **race** Geländerennen nt; ~ **skiing** Langlauf m; ~ **skiing course** Loipe f II. adv ❶ (*across a country*) quer durchs Land ❷ (*across countryside*) querfeldein **cross-current** n Gegenströmung f **cross-examination** n Kreuzverhör nt; **under** ~ im Kreuzverhör **cross-examine** vt ■ **to ~ sb** jdn ins Kreuzverhör nehmen a. *fig* **cross-eyed** adj schielend; ■ **to be ~** schielen
crossfade [ˈkrɒsfeɪd] n MUS Kreuzblende f, Überblendung f
crossfire n no pl Kreuzfeuer nt; **to be caught in the** ~ ins Kreuzfeuer geraten a. *fig*
cross-generational [ˌkrɒsdʒenəˈreɪʃənəl] adj *appeal, interest, event* für alle Altersgruppen; **will it have ~ appeal?** wird es alle

Altersgruppen ansprechen?
crossing ['krɒsɪŋ] n (place to cross) Übergang m; (crossroads) [Straßen]kreuzung f; **pedestrian** ~ Zebrastreifen m
cross-legged [ˌkrɒs'legd, -'legɪd] **I.** adj **in a ~ position** mit gekreuzten Beinen **II.** adv **to sit ~** im Schneidersitz [da]sitzen **crossover** n ①(place) Übergang m; RAIL Gleisverbindung f ②(mixed styles) [Stil]mix m **cross-purposes** npl ▶ **to be talking at ~** aneinander vorbeireden **cross-reference** n Querverweis m (to auf); **crossroads** <pl -> n Kreuzung f; (fig) Wendepunkt m; ■ **at a** [or **the**] **~** am Scheideweg **cross-shop** vi ECON auch online oder im Versandhandel kaufen **crosswalk** n AM Fußgängerübergang m **crossword** n Kreuzworträtsel nt
crotchet ['krɒtʃɪt] n MUS Viertelnote f
crouch [kraʊtʃ] **I.** n usu sing Hocke f **II.** vi sich kauern
crow [krəʊ] **I.** n Krähe f ▶ **as the ~ flies** [in der] Luftlinie **II.** vi <crowed, crowed> ①(cry) cock krähen ②(exult) person triumphieren
crowd [kraʊd] **I.** n sing/pl vb ①(throng) [Menschen]menge f; SPORTS, MUS Zuschauermenge f ②(fam: clique) Clique f; **a bad ~** ein übler Haufen ③ no pl (fig) ■ **the ~** die [breite] Masse; **to follow the ~** mit der Masse gehen **II.** vt ①(fill) stadium füllen ②(fam: pressure) ■ **to ~ sb** jdn [be]drängen **III.** vi ■ **to ~ into sth** sich in etw akk hineindrängen ◆ **crowd out** vt heraussdrängen
crowded ['kraʊdɪd] adj überfüllt; timetable übervoll; ■ **~ out** (fam) gerammelt voll
crown [kraʊn] **I.** n ①(of a monarch, a. FIN) Krone f; **~ of thorns** Dornenkrone f ②(top of head) Scheitel m; (of hill) Kuppe f **II.** vt ①krönen; **to ~ sb world champion** jdn zum Weltmeister krönen; teeth überkronen ②(fam: hit on head) ■ **to ~ sb** jdm eins überziehen ▶ **to ~ it all** BRIT, AUS (iron) zur Krönung des Ganzen
crown prince n Kronprinz m
crow's feet npl (wrinkles) Krähenfüße pl
crucial ['kruːʃəl] adj (decisive) entscheidend (to für)
crucifix ['kruːsɪfɪks] n Kruzifix nt
crucifixion [ˌkruːsə'fɪkʃən] n Kreuzigung f
crucify ['kruːsɪfaɪ] vt kreuzigen; (fig fam) verreißen
crude [kruːd] **I.** adj ①(rudimentary) primitiv ②(unsophisticated) plump ③(vulgar) derb ④(unprocessed) roh; **~ oil** Rohöl nt **II.** n Rohöl nt
cruel <BRIT -ll- or AM usu -l-> ['kruːəl] adj (deliberately mean) grausam; remark gemein ▶ **to be ~ to be kind** (prov) jdm beinhart die Wahrheit sagen
cruelty ['kruːəltɪ] n Grausamkeit f (to gegen); **an act of ~** eine grausame Tat; **~ to children** Kindesmisshandlung f
cruet ['kruːɪt] n BRIT Essig-/Ölfläschchen nt
cruise [kruːz] **I.** n Kreuzfahrt f; **to go on a ~** eine Kreuzfahrt machen **II.** vi ①(take a cruise) eine Kreuzfahrt machen; ship kreuzen; **to ~ along the Danube** die Donau entlangschippern ②(fam: drive around aimlessly) herumfahren **III.** vt (sl) **to ~ the bars** in den Bars aufreißen gehen
cruising ['kruːzɪŋ] n AM Herumfahren nt kein pl fam
crumb [krʌm] **I.** n ①Krümel m, Brösel m ÖSTERR a. nt; of bread a. Krume f ②(fig) **a small ~ of comfort** ein kleiner Trost; **a ~ of hope** ein Funke[n] m Hoffnung **II.** interj BRIT, AUS **~s!** ach du meine Güte! **III.** vt AM panieren
crumble ['krʌmbl] **I.** vt zerkrümeln; (break into bits) zerbröckeln **II.** vi ①(disintegrate) zerbröckeln ②(fig) empire zerfallen; opposition [allmählich] zerbrechen **III.** n BRIT mit Streuseln überbackenes Obstdessert
crumbly ['krʌmblɪ] adj food krümelig; stone bröckelig
crummy ['krʌmɪ] adj (fam) mies
crumple ['krʌmpl] **I.** vt zerknittern; paper zerknüllen **II.** vi (become dented) eingedrückt werden
crunch [krʌntʃ] **I.** n ①usu sing (noise) Knirschen nt kein pl ②no pl (fam: difficult situation) Krise f ▶ **when it comes to the ~** wenn es darauf ankommt **II.** vi ①gravel, snow knirschen ②FOOD ■ **to ~ on sth** geräuschvoll in etw akk beißen
crush [krʌʃ] **I.** vt ①(compress) zusammendrücken; (causing serious damage) zerquetschen; MED [sich] etw quetschen ②FOOD zerdrücken ③(defeat) vernichten; hopes zunichtemachen **II.** n ①(fam: crowd) Gedränge nt ②(temporary infatuation) **to have a ~ on sb** in jdn verknallt sein ③no pl (drink) Fruchtsaft m mit zerstoßenem Eis ◆ **crush up** vt zusammenquetschen; Gewürze zersto-

ßen
crush barrier n BRIT Absperrung f
crusher ['krʌʃəʳ] n (a machine for crushing old cars, scrap metal etc.) Presse f
crushing ['krʌʃɪŋ] adj schrecklich; blow hart
crust [krʌst] n Kruste f
crusty ['krʌsti] adj bread knusprig
crutch [krʌtʃ] n ❶ MED Krücke f ❷ ANAT, FASHION Unterleib m; of trousers Schritt m
cry <-ie-> [kraɪ] I. n ❶ no pl (act of shedding tears) Weinen nt ❷ (loud emotional utterance) Schrei m; (shout a.) Ruf m ❸ (appeal) Ruf m (**for** nach); ~ **for help** Hilferuf m ❹ ZOOL, ORN Schreien nt kein pl II. vi weinen (**for** nach) III. vt (shed tears) weinen; **to ~ oneself to sleep** sich in den Schlaf weinen ▶ **to ~ one's eyes out** sich dat die Augen ausweinen ◆ **cry off** vi (fam) einen Rückzieher machen ◆ **cry out** I. vi ❶ (shout) aufschreien ❷ (protest) [lautstark] protestieren ▶ **for ~ing out loud** (fam) verdammt nochmal! II. vt rufen; (scream) schreien
crying ['kraɪɪŋ] I. n no pl Weinen nt; (screaming) Schreien nt II. adj dringend ▶ **it's a ~ shame that ...** es ist jammerschade, dass ...
crystal ['krɪstəl] I. n ❶ CHEM Kristall m ❷ no pl (glass) Kristallglas nt II. adj CHEM kristallin
ct. abbrev of **cent** ct
cub [kʌb] n ZOOL Junge[s] nt
cube [kjuːb] I. n ❶ (shape) Würfel m ❷ MATH Kubikzahl f II. vt MATH hoch drei nehmen; **2 ~d equals 8** 2 hoch 3 ist 8
cubic ['kjuːbɪk] adj ❶ MATH Kubik- ❷ (cube-shaped) würfelförmig
cubicle ['kjuːbɪkl] n Kabine f
cuckoo ['kʊkuː] I. n ORN Kuckuck m II. adj (fam) übergeschnappt
cuckoo clock n Kuckucksuhr f
cucumber ['kjuːkʌmbəʳ] n [Salat]gurke f ▶ **to be** [**as**] **cool as a ~** immer einen kühlen Kopf behalten
cuddle ['kʌdl] I. n (liebevolle) Umarmung; **to give sb a ~** jdn umarmen II. vi kuscheln
cue [kjuː] I. n ❶ THEAT Stichwort nt; (fig a.) Zeichen nt ❷ (billiards) Queue nt ÖSTERR a. m, Billardstock m ▶ [**right**] **on ~** wie gerufen II. vt ■ **to ~ in** ○ **sb** jdm das Stichwort geben
cuff [kʌf] I. n ❶ (of sleeve) Manschette f ❷ AM, AUS (of trouser leg) [Hosen]aufschlag m ❸ (fam) LAW ■ **~s** pl Handschellen pl II. vt ■ **to ~ sb** ❶ (strike) jdm einen Klaps geben ❷ (fam: handcuff) jdm Handschellen anlegen
cuff link n Manschettenknopf m
cul-de-sac <pl -s or culs-de-sac> ['kʌldəsæk] n Sackgasse f a. fig
culprit ['kʌlprɪt] n Schuldige(r) f(m); (hum) Missetäter(in) m(f)
cultivate ['kʌltɪveɪt] vt ❶ AGR anbauen ❷ (fig form) entwickeln
cultural ['kʌltʃərəl] adj kulturell; **~ backwater** Kulturwüste f; **~ exchange** Kulturaustausch m
culture ['kʌltʃəʳ] I. n Kultur f II. vt BIOL züchten
cultured ['kʌltʃəd] adj kultiviert
cumulative ['kjuːmjələtɪv] adj kumulativ; **~ total** Gesamtbetrag m
cunning ['kʌnɪŋ] I. adj idea raffiniert; person a. schlau II. n no pl (ingenuity) Cleverness f, Gerissenheit f
cup [kʌp] I. n ❶ (container) Tasse f; (of paper, plastic) Becher m ❷ SPORTS Pokal m; **the World C~** der Weltcup ❸ (part of bra) Körbchen nt; (size) Körbchengröße f ▶ **that's** [**just**]/**not my ~ of tea** das ist genau/nicht gerade mein Fall II. vt <-pp-> **to ~ one's hands** mit den Händen eine Schale bilden
cupboard ['kʌbəd] n Schrank m, Kasten m ÖSTERR
cup final n Pokalendspiel nt, Cupfinale nt
cupful <pl -s or esp AM cupsful> ['kʌpfʊl] n Tasse f
cuppa ['kʌpə] n BRIT (fam) Tasse f Tee
cup tie n Pokalspiel nt
cup winner n SPORTS Pokalsieger(in) m(f)
curable ['kjʊərəbl] adj heilbar
curb [kɜːb] I. vt zügeln; expenditure senken; inflation bremsen II. n ❶ (control) Beschränkung f; **to keep a ~ on sth** etw im Zaum halten; **to put a ~ on sth** etw zügeln ❷ AM (kerb) Randstein m
curd cheese [ˌkɜːd'-] n no pl esp BRIT Quark m
cure [kjʊəʳ] I. vt heilen a. fig (**of** von); cancer besiegen II. n ❶ (remedy) [Heil]mittel nt (**for** gegen) ❷ no pl (recovery) Heilung f; **she was beyond ~** ihr war nicht mehr zu helfen
curfew ['kɜːfjuː] n Ausgangssperre f; **what time is the ~?** wann ist Sperrstunde?
curio ['kjʊəriəʊ] n Kuriosität f

curiosity [ˌkjʊəriˈɒsəti] *n* ❶ *no pl* (*desire to know*) Neugier[de] *f* ❷ (*object*) Kuriosität *f*
curious [ˈkjʊəriəs] *adj* ❶ (*inquisitive*) neugierig ❷ (*peculiar*) seltsam
curl [kɜːl] **I.** *n* ❶ (*loop of hair*) Locke *f* ❷ (*spiral*) Kringel *m* **II.** *vi* (*of hair*) sich locken; **does your hair ~ naturally?** hast du Naturlocken?; **to ~ up** sich zusammenrollen **III.** *vt* **to ~ oneself into a ball** sich zusammenrollen; **to ~ one's hair** sich *dat* Locken drehen; ■ **to ~ sth [round sth]** etw [um etw *akk*] herumwickeln
curler [ˈkɜːləʳ] *n* Lockenwickler *m*
curly [ˈkɜːli] *adj leaves* gewellt, gekräuselt; *hair a.* lockig
currant [ˈkʌrənt] *n* Korinthe *f*; **~ bun** Korinthenbrötchen *n*
currency [ˈkʌrən(t)si] *n* ❶ (*money*) Währung *f*; [**foreign**] **~** Devisen *pl* ❷ *no pl* (*acceptance*) [weite] Verbreitung *f*; **to gain ~** sich verbreiten
current [ˈkʌrənt] **I.** *adj* gegenwärtig; *issue* aktuell; **in ~ use** gebräuchlich **II.** *n* ❶ (*of air, water*) Strömung *f* ❷ ELEC Strom *m*
current account *n* BRIT Girokonto *nt*
currently [ˈkʌrəntli] *adv* zur Zeit
curriculum <*pl* -la> [kəˈrɪkjələm, *pl* -lə] *n* Lehrplan *m*
curriculum vitae <*pl* -s *or* curricula vitae> [-ˈviːtaɪ] *n* Lebenslauf *m*
curry [ˈkʌri] FOOD **I.** *n* Curry *nt o m;* **hot/medium/mild ~** scharfes/mittelscharfes/mildes Curry **II.** *vt* <-ie-> als Curry zubereiten
curse [kɜːs] **I.** *vi* fluchen **II.** *vt* verfluchen **III.** *n* Fluch *m;* **to put a ~ on sb** jdn verwünschen
cursor [ˈkɜːsəʳ] *n* COMPUT Cursor *m*
cursory [ˈkɜːsəri] *adj glance* flüchtig; *examination* oberflächlich
curt [kɜːt] *adj* (*pej*) schroff, barsch; ■ **to be ~ with sb** zu jdm kurz angebunden sein
curtain [ˈkɜːtən] *n* ❶ Vorhang *m;* [**net**] **~** Gardine *f* ❷ (*fig*) Schleier *m*, Vorhang *m*
curve [kɜːv] **I.** *n* ❶ *of a figure, vase* Rundung *f; of a road* Kurve *f* ❷ MATH Kurve *f* **II.** *vi river, road* eine Kurve machen **III.** *vt* biegen
cushion [ˈkʊʃən] **I.** *n* ❶ (*pillow*) Kissen *nt*, Polster *m* ÖSTERR ❷ (*fig: buffer*) Polster *nt o* ÖSTERR *a. m;* **~ of air** Luftkissen *nt* **II.** *vt* dämpfen *a. fig*
cushy [ˈkʊʃi] *adj* (*pej fam*) bequem; *job* ruhig

cussword *n* AM (*sl*) Schimpfwort *nt*
custard [ˈkʌstəd] *n no pl* ≈ Vanillesoße *f*
custody [ˈkʌstədi] *n no pl* ❶ (*guardianship*) Obhut *f;* LAW Sorgerecht *nt* (**of** für) ❷ (*detention*) Haft *f*
custom [ˈkʌstəm] *n* ❶ (*tradition*) Brauch *m*, Sitte *f* ❷ *no pl* (*usual behaviour*) Gewohnheit *f* ❸ *no pl* (*patronage*) Kundschaft *f*
customary [ˈkʌstəməri] *adj* üblich
customer [ˈkʌstəməʳ] *n* ❶ (*buyer, patron*) Kunde(in) *m(f);* **regular ~** Stammkunde(in) *m(f)* ❷ (*fam: person*) Typ *m*
customer service *n usu pl* Kundendienst *m kein pl*
customs [ˈkʌstəmz] *npl* Zoll *m;* **~ declaration** Zollerklärung *f;* **~ documents** Zollpapiere *pl;* **~ dues/duties** Zollabgaben *pl;* **~ officer/official** Zollbeamte(r) *m*, Zollbeamtin *f*
cut [kʌt] **I.** *n* ❶ (*act*) Schnitt *m;* **my hair needs a ~** mein Haar muss geschnitten werden ❷ (*piece of meat*) Stück *nt;* **cold ~s** Aufschnitt *m* ❸ (*fit*) [Zu]schnitt *m; of shirt, trousers* Schnitt *m* ❹ (*wound*) Schnittwunde *f* ❺ (*decrease*) Senkung *f;* **~ in interest rates** Zinssenkung *f* ❻ *in film* Schnitt *m; in book* Streichung *f* ▶ **the ~ and thrust of sth** das Spannungsfeld einer S. *gen* **II.** *adj* ❶ (*removed*) abgeschnitten; (*sliced*) bread [auf]geschnitten; **~ flowers** Schnittblumen *pl* ❷ *glass, jewel* geschliffen **III.** *interj* FILM **~!** Schnitt! **IV.** *vt* <-tt-, cut, cut> ❶ (*slice*) schneiden (**in** in); *bread* aufschneiden; **to ~ open** aufschneiden ❷ (*sever*) durchschneiden ❸ (*trim*) [ab]schneiden; **to ~ sb's hair** jdm die Haare schneiden ❹ (*decrease*) *costs* senken; *prices* herabsetzen ❺ *film* kürzen; *scene* herausschneiden; **to ~ short** abbrechen; **to ~ sb short** jdn unterbrechen ❻ *corner* schneiden ❼ COMPUT ausschneiden ❽ SPORTS *ball* [an]schneiden ▶ **to ~ it [a bit] fine** [ein bisschen] knapp kalkulieren; **to ~ sb to the quick** jdn ins Mark treffen **V.** *vi* <-tt-, cut, cut> ❶ *knife* schneiden ❷ (*slice easily*) sich schneiden lassen ❸ AM (*fam: push in*) **to ~ [in line]** sich vordrängeln; **no ~ting!** nicht drängeln! ▶ **to ~ to the chase** AM (*fam*) auf den Punkt kommen; **to ~ and run** Reißaus nehmen ◆ **cut across** *vi* ❶ (*to other side*) hinüberfahren ❷ (*take short cut*) durchqueren; **to ~ across country** querfeldein fahren ◆ **cut away** *vt* wegschneiden

◆**cut back** I. vt ❶ HORT zurückschneiden ❷ FIN kürzen II. vi ❶ (*return*) zurückgehen ❷ (*reduce*) ■ to ~ **back on sth** etw kürzen ◆**cut down** I. vt ❶ (*fell*) umhauen ❷ (*reduce*) einschränken; *labour force* abbauen ❸ (*abridge*) kürzen ▶ **to ~ sb down to size** jdn in seine Schranken verweisen II. vi **to ~ down on smoking** das Rauchen einschränken ◆**cut in** I. vi ❶ (*interrupt*) unterbrechen ❷ AUTO einscheren; ■ **to ~ in in front of sb** jdn schneiden II. vt ■ **to ~ sb in** ❶ (*share with*) jdn [am Gewinn] beteiligen ❷ (*include*) jdn teilnehmen lassen; **shall we ~ you in?** willst du mitmachen? ◆**cut into** vt ❶ (*slice*) anschneiden ❷ (*interrupt*) unterbrechen ◆**cut off** vt ❶ (*remove*) abschneiden; ■ **to ~ sth off sth** etw von etw *dat* abschneiden ❷ (*silence*) unterbrechen ❸ (*disconnect*) unterbinden; *electricity* abstellen ❹ (*isolate*) abschneiden; ■ **to ~ oneself off** sich zurückziehen ◆**cut out** I. vt ❶ (*excise*) herausschneiden ❷ (*from paper*) ausschneiden ❸ (*fam: desist*) aufhören mit +*dat*; **~ it out!** hör auf damit! ❹ (*block*) *light* abschirmen ❺ (*exclude*) ausschließen; [**you can**] **~ me out!** ohne mich! ❻ (*disinherit*) **to ~ sb out of one's will** jdn aus seinem Testament streichen II. vi ❶ (*stop operating*) sich ausschalten; *plane's engine* aussetzen ❷ AM AUTO ausscheren; **to ~ out of traffic** plötzlich die Spur wechseln ❸ AM (*depart*) sich davonmachen; **he ~ out after dinner** nach dem Essen schwirrte er ab ◆**cut up** vt ❶ (*slice*) zerschneiden; *food for a child* klein schneiden ❷ (*injure*) ■ **to ~ up** ⊃ **sb** jdm Schnittwunden zufügen ❸ (*fig: sadden*) schwertreffen; ■ **to be ~ up** [**about sth**] [über etw *akk*] zutiefst betroffen sein

cut-and-dried *adj* ❶ (*fixed*) abgemacht; *decision* klar ❷ (*simple*) eindeutig; **~ solution** Patentlösung *f*

cutback ['kʌtbæk] *n* Kürzung *f*

cute <-r, -st> [kjuːt] *adj* süß, niedlich

cut-glass *adj* (*fig*) *accent, voice* kristallklar

cutlery ['kʌtləri] *n no pl* Besteck *nt*

cutlet ['kʌtlət] *n* Kotelett *nt*

cutoff ['kʌtɒf] I. *n* ❶ (*limit*) Obergrenze *f* ❷ (*stop*) Beendigung *f* II. *adj* **~ date** Endtermin *m*

cutout ['kʌtaʊt] I. *n* ❶ (*shape*) Ausschneidefigur *f* ❷ (*stereotype*) **cardboard ~** [Reklame]puppe *f* II. *adj* ausgeschnitten

cut-price I. *adj product, store* Billig-; *clothes* herabgesetzt II. *adv* zu Schleuderpreisen

cut-rate *adj attr* zu verbilligtem Tarif; **~ offer** Billigangebot *nt*

cutting ['kʌtɪŋ] I. *n* ❶ JOURN Ausschnitt *m;* **press ~** Zeitungsausschnitt *m* ❷ HORT Ableger *m* II. *adj comment* scharf

cuz [kəz] *conj* AM (*sl*) *short for* **because** weil

CV [ˌsiːˈviː] *n abbrev of* **curriculum vitae**

cyber- ['saɪbə, AM -ə·] *in compounds* Cyber-, Internet-

cyberbegging *n no pl, no art* COMPUT, INET Betteln *nt* im Internet **cybercash** ['saɪbəkæʃ] *n no pl* Cybergeld *nt* **cybergrowth** *n no pl* Zunahme *f* an Internetbenutzern **cyber-response** *n* COMPUT, INET Internet-Nachfrage *f*, Internet-Response *f* **cyberversion** *n* COMPUT, INET Internet-Version *f*

cycle[1] ['saɪkl] *n short for* **bicycle** I. *n* [Fahr]rad *nt* II. *vi* Rad fahren

cycle[2] ['saɪkl] *n* Zyklus *m;* **~ of life** Lebenskreislauf *m*

cycling ['saɪklɪŋ] *n no pl* Radfahren *nt;* SPORTS Radrennsport *m*

cyclist ['saɪklɪst] *n* Radfahrer(in) *m(f)*

cylinder ['sɪlɪndə·] *n* AUTO, MATH Zylinder *m*

cylindrical [səˈlɪndrɪkəl] *adj* zylindrisch

cymbal ['sɪmbəl] *n usu pl* Beckenteller *m;* ■ **~s** Becken *pl*

cypher *n see* **cipher**

Czech [tʃek] I. *n* ❶ (*person*) Tscheche(in) *m(f)* ❷ *no pl* (*language*) Tschechisch *nt* II. *adj* tschechisch

Czechoslovakia [ˌtʃekə(ʊ)slə(ʊ)ˈvækiə] *n no pl* (*hist*) die Tschechoslowakei

Czech Republic *n no pl* ■ **the ~** die Tschechische Republik

D–dash

D d

D <pl -'s or -s>, **d** <pl -'s> [di:] n ① D nt, d nt; see also **A 1** ② MUS D nt, d nt; ~ **flat** Des nt, des nt; ~ **sharp** Dis nt, dis nt ③ (school mark) ≈ Vier f, ≈ ausreichend

'd¹ [d] = had see have
'd² [d] = would
dab [dæb] vt <-bb-> betupfen; **to ~ one's eyes** sich dat die Augen [trocken] tupfen
DAB [ˌdi:eɪˈbi:] n abbrev of **digital audio broadcasting** digitale Rundfunkübertragung
dachshund [ˈdæksənd] n Dackel m, Dachshund m
daddy [ˈdædi] n (fam) Papi m
daffodil [ˈdæfədɪl] n Osterglocke f
daft [dɑ:ft] adj (fam) doof
dagger [ˈdægəʳ] n Dolch m ▶ **to look ~s at sb** jdn mit Blicken durchbohren
daily [ˈdeɪli] I. adj, adv täglich II. n Tageszeitung f
dairy [ˈdeəri] n (company) Molkerei f; ~ **products** Molkereiprodukte pl
dairy cattle npl Milchvieh nt
daisy [ˈdeɪzi] n Gänseblümchen nt
daisy cutter n ① (in cricket) Daisycutter m (am Boden entlang rollender Ball) ② MIL Flächenbombe f
dam [dæm] I. n [Stau]damm m II. vt <-mm-> stauen
damage [ˈdæmɪdʒ] I. vt ■ **to ~ sth** ① (wreck) etw [be]schädigen ② (blemish) etw dat schaden II. n no pl Schaden m (**to** an)
damn [dæm] I. interj (sl) ■ ~ [**it**]! verdammt! II. adj (sl) ① (cursed) Scheiß-; ~ **fool** Vollidiot m ② (emph) verdammt III. vt ① (sl: curse) verfluchen ② (punish) verdammen IV. adv (fam!) verdammt
damnation [dæmˈneɪʃən] n no pl Verdammnis f
damned [dæmd] I. adj (fam!) ① Scheiß- ② (emph) verdammt II. adv (fam!) verdammt III. n ■ **the ~** pl die Verdammten
Damocles [ˈdæməkli:z] n no pl Damokles m
damp [dæmp] I. adj feucht II. n no pl BRIT, AUS Feuchtigkeit f III. vt befeuchten
dampen [ˈdæmpən] vt ① befeuchten ② (suppress) dämpfen

dance [dɑ:n(t)s] I. vi, vt tanzen II. n Tanz m
dancer [ˈdɑ:n(t)səʳ] n Tänzer(in) m(f)
dancing [ˈdɑ:n(t)sɪŋ] n no pl Tanzen nt
dandelion [ˈdændɪlaɪən] n Löwenzahn m
dandruff [ˈdændrʌf] n no pl [Kopf]schuppen pl
Dane [deɪn] n Däne(in) m(f)
danger [ˈdeɪndʒəʳ] n Gefahr f; ~! **keep out!** Zutritt verboten! Lebensgefahr!
danger area n Gefahrenzone f
dangerous [ˈdeɪndʒərəs] adj gefährlich
dangle [ˈdæŋɡl̩] I. vi baumeln (**from** an) ▶ **to keep sb dangling** jdn zappeln lassen II. vt **to ~ one's feet** mit den Füßen baumeln
Danish [ˈdeɪnɪʃ] I. n ① no pl (language) Dänisch nt ② (people) ■ **the ~** pl die Dänen II. adj dänisch
Danish pastry n Blätterteiggebäck nt
Danube [ˈdænju:b] n no pl ■ **the ~** die Donau
dare [deəʳ] I. vt herausfordern; **I ~ you!** trau dich! II. vi ■ **to ~** [**to**] **do sth** es wagen, etw zu tun ▶ ~ **I say** [**it**] ... ich wage zu behaupten, ...; **who ~s wins** (prov) wer wagt, gewinnt III. n Mutprobe f; **it's a ~!** sei kein Frosch!
daring [ˈdeərɪŋ] I. adj ① (brave) kühn; crime dreist ② (provocative) verwegen II. n no pl Kühnheit f
dark [dɑ:k] I. adj ① dunkel; (gloomy) düster; ~ **blue** dunkelblau ② (fig) dunkel; **in ~est Peru** im tiefsten Peru II. n no pl ■ **the ~** die Dunkelheit ▶ **to keep sb in the ~** jdn im Dunkeln lassen
darken [ˈdɑ:kən] I. vi dunkel werden II. vt abdunkeln
darkly [ˈdɑ:kli] adv ① dunkel, finster ② (sadly) traurig
darkness [ˈdɑ:knəs] n no pl ① Dunkelheit f ② (night) Finsternis f
darling [ˈdɑ:lɪŋ] I. n Liebling m, Schatz m II. adj attr entzückend
darn¹ [dɑ:n] I. vt stopfen II. n gestopfte Stelle
darn² [dɑ:n] (fam) I. interj ~ [**it**]! verflixt noch mal! II. adj **a ~ sight younger** ein ganzes Stück jünger
dart [dɑ:t] I. n ① (weapon) Pfeil m ② SPORTS Wurfpfeil m; ~**s** + sing vb (game) Darts nt II. vi flitzen
dash [dæʃ] I. n <pl -es> ① (rush) Hetze f; **to make a ~ for the door** zur Tür stürzen ② AM SPORTS Kurzstreckenlauf m ③ (bit)

kleiner Zusatz (**of** +*gen*); ~ *of salt* eine Prise Salz ❹ (*punctuation*) Gedankenstrich *m* **II.** *vi* ❶ (*hurry*) sausen; **I've got to** ~ ich muss fort; ■**to** ~ **off** davonjagen ❷ (*hit*) schmettern **III.** *vt* schleudern

dashboard *n* Armaturenbrett *nt*

dashing ['dæʃɪŋ] *adj* schneidig

data ['deɪtə] *npl* + *sing/pl* Daten *pl*

databank *n* Datenbank *f* **database** *n* Datenbestand *m* **data file** *n* Datei *f* **data mining** *n no pl* COMPUT Extrahieren *nt* von Informationen aus großen Datenbeständen **data processing** *n no pl* Datenverarbeitung *f*

date[1] [deɪt] **I.** *n* ❶ (*day*) Datum *nt;* **to be out of** ~ überholt sein; *food* das Verfallsdatum überschritten haben; **to** ~ bis heute ❷ (*appointment*) Termin *m;* **it's a** ~**!** abgemacht!; **to make a** ~ sich verabreden ❸ (*rendezvous*) Verabredung *f;* (*romantic*) Date *nt* **II.** *vt* ❶ (*go out with*) ■**to** ~ **sb** mit jdm gehen ❷ (*find age of*) datieren **III.** *vi* ❶ (*go out*) miteinander gehen ❷ (*originate*) ■**to** ~ **from sth** auf etw *akk* zurückgehen; *tradition* aus etw *dat* stammen

date[2] [deɪt] *n* (*fruit*) Dattel *f*

dated ['deɪtɪd] *adj* überholt

dating agency ['deɪtɪŋ-] *n* BRIT, **dating service** *n* AM, AUS Partnervermittlungsagentur *f*

dative ['deɪtɪv] **I.** *n no pl* ■**the** ~ der Dativ **II.** *adj* **the** ~ **case** der Dativ

daughter ['dɔːtə'] *n* Tochter *f a. fig*

daughter-in-law <*pl* daughters-> *n* Schwiegertochter *f*

dawn [dɔːn] **I.** *n no pl* [Morgen]dämmerung *f;* **at** [**the break of**] ~ im Morgengrauen **II.** *vi* anbrechen *a. fig*

day [deɪ] *n* Tag *m;* **ten** ~**s from now** heute in zehn Tagen; **any** ~ [**now**] jeden Tag; **today of all** ~**s** ausgerechnet heute; **from one** ~ **to the next** (*suddenly*) von heute auf morgen; (*in advance*) im Voraus; **one** ~ eines Tages; **the other** ~ neulich; **some** ~ irgendwann [einmal]; ~ **in,** ~ **out** tagaus, tagein; **the** ~ **after tomorrow** übermorgen; **the** ~ **before yesterday** vorgestern; **to** **the** ~ auf den Tag genau; **to this** ~ bis heute; **these** ~**s** (*recently*) in letzter Zeit; (*nowadays*) heutzutage; (*at the moment*) zur Zeit; **one of these** ~**s** eines Tages; (*soon*) demnächst [einmal]; (*some time or other*) irgendwann [einmal]; **in those** ~**s** damals; **in this** ~ **and age** heutzutage; **of the** ~ Tages-

▶ **any** ~ jederzeit; **to call it a** ~ Schluss machen [für heute]; **to carry the** ~ den Sieg davontragen; **at the end of the** ~ (*in the final analysis*) letzten Endes; (*eventually*) schließlich

daylight *n no pl* Tageslicht *nt;* **in broad** ~ am hellichten Tag[e] ▶ **to see** ~ [allmählich] klarsehen **day nursery** *n* Kindertagesstätte *f* **day return** *n* BRIT Tagesrückfahrkarte *f* **day shift** *n* Tagschicht *f* **daytime** **I.** *n no pl* Tag *m;* **in the** ~ tagsüber **II.** *adj* Tages- **day trip** *n* Tagesausflug *m*

daze [deɪz] **I.** *n no pl* Betäubung *f;* **in a** ~ ganz benommen **II.** *vt* ■**to be** ~**d** wie betäubt sein

dazzle ['dæzl̩] **I.** *vt* blenden **II.** *n no pl* Glanz *m*

dazzled *adj* geblendet *a. fig,* überwältigt *fig*

DD [ˌdiːˈdiː] *n abbrev of* **Doctor of Divinity** Dr. theol.

dead [ded] **I.** *adj* ❶ tot; ~ **body** Leiche *f;* **to drop** ~ tot umfallen; **to shoot sb** ~ jdn erschießen ❷ (*extinct*) ausgestorben; *fire, match, volcano* erloschen ❸ (*numb*) taub; **to go** ~ einschlafen ❹ (*dull*) tot; *party* öde ❺ (*fig fam*) schlapp; **to be** ~ **on one's feet** zum Umfallen müde sein ❻ *telephone* tot **II.** *adv* ❶ (*fam: totally*) absolut; "~ **slow**" „Schritt fahren"; ~ **certain** todsicher; ~ **drunk** stockbetrunken; ~ **easy** kinderleicht; ~ **good** BRIT (*fam*) super; ~ **silent** totenstill; ~ **still** regungslos ❷ (*exactly*) genau; ~ **on five o'clock** Punkt fünf; ~ **on target** genau im Ziel; ~ **on time** auf die Minute genau ▶ **to stop** ~ **in one's tracks** auf der Stelle stehen bleiben **III.** *n* ■**the** ~ *pl* die Toten

dead center *n* AM *see* **dead centre**

dead centre *n* die genaue Mitte **dead-end** **I.** *n* Sackgasse *f a. fig* **II.** *adj* ❶ ~ **street** Sackgasse *f* ❷ (*fig*) aussichtslos **dead heat** *n* totes Rennen; **to end in a** ~ unentschieden ausgehen **deadline** *n* letzter Termin, Deadline *f* **deadlock** ['dedlɒk] *n no pl* toter Punkt

deadly ['dedli] *adj* ❶ tödlich ❷ (*total*) ~ **enemies** Todfeinde *pl;* **in** ~ **earnest** todernst ❸ (*pej fam: dull*) todlangweilig ▶ **the seven** ~ **sins** die sieben Todsünden *pl*

deaf [def] **I.** *adj* taub; (*partially*) schwerhörig; **to go** ~ taub werden; ■**to be** ~ **to sth** (*fig*) taube Ohren für etw *akk* haben ▶ [**as**] ~ **as a post** stocktaub **II.** *n* ■**the** ~ *pl* die Tauben

deaf aid *n* BRIT Hörgerät *nt*
deafen ['defᵊn] *vt* taub machen; (*fig*) betäuben
deafening ['defᵊnɪŋ] *adj* ohrenbetäubend
deaf-mute *n* Taubstumme(r) *f(m)*
deafness ['defnəs] *n no pl* Taubheit *f*; (*partial*) Schwerhörigkeit *f*
deal¹ [diːl] *n no pl* Menge *f*; **a great** ~ eine Menge
deal² <-t, -t> [diːl] I. *n* ❶ (*business*) Geschäft *nt*, Deal *m sl*; **to do a** ~ **with sb** mit jdm ein Geschäft abschließen; **to make sb a** ~ jdm ein Angebot machen ❷ (*agreement*) Abmachung *f*; **it's a** ~ abgemacht ❸ (*treatment*) **a fair/raw** ~ eine faire/ungerechte Behandlung ❹ CARDS Geben *nt*; **it's your** ~ du gibst ▶ **big** ~!, **what's the big** ~? (*fam*) was soll's? II. *vi* ❶ CARDS geben ❷ (*sl: sell drugs*) dealen III. *vt* ❶ (*give*) ■ **to** ~ **sth [out]** verteilen ❷ *esp* AM (*sell*) ■ **to** ~ **sth** mit etw *dat* dealen ◆ **deal with** *vi* ❶ (*handle*) sich befassen mit, sich kümmern um ❷ (*treat*) handeln von ❸ (*do business*) Geschäfte machen mit
dealer ['diːlə'] *n* Händler(in) *m(f)*; **of drugs** Dealer(in) *m(f)*
dealing ['diːlɪŋ] *n* ❶ ■ ~**s** *pl* (*transactions*) Geschäfte *pl*; (*contact*) Umgang *m kein pl* ❷ *no pl* (*behaviour*) Verhalten *nt*
dealt [delt] *pt*, *pp of* **deal**
dear [dɪə'] I. *adj* ❶ lieb; *baby, kitten* süß ❷ (*in letters*) **D~ Jane** Liebe Jane ❸ (*form: costly*) teuer II. *interj* ~ **me!** du liebe Zeit!; **oh** ~! du meine Güte! III. *n* ❶ (*person*) Schatz *m* ❷ (*term of endearment*) **my** ~[**est**] [mein] Liebling *m*
dearly ['dɪəli] *adv* ❶ von ganzem Herzen ❷ **to pay** ~ teuer bezahlen
death [deθ] *n* ❶ der Tod; **to be bored to** ~ sich zu Tode langweilen ❷ Tote(r) *f(m)* ▶ **to be at** ~**'s door** an der Schwelle des Todes stehen
deathbed *n* Totenbett *nt*; **to be on one's** ~ auf dem Sterbebett liegen **death certificate** *n* Sterbeurkunde *f*
deathly ['deθli] *adj*, *adv* tödlich; ~ **hush** Totenstille *f*; ~ **pale** totenbleich
death mask *n* Totenmaske *f* **death penalty** *n* Todesstrafe *f*; **to receive the** ~ zum Tode verurteilt werden **death squad** *n* Todesschwadron *f* **death threat** *n* Morddrohung *f*
debatable [dɪ'beɪtəbl] *adj* umstritten; ■ **it's** ~ **whether ...** es ist fraglich, ob ...

debate [dɪ'beɪt] I. *n* Debatte *f*; **to be open to** ~ sich [erst] noch erweisen müssen II. *vt*, *vi* debattieren
debit ['debɪt] I. *n* Debet *nt*, Soll *nt*; **to be in** ~ im Minus sein II. *vt* abbuchen
debrief [ˌdiː'briːf] *vt* [eingehend] befragen
debt [det] *n* Schuld *f*; **out of** ~ schuldenfrei; **to be in sb's** ~ (*fig*) in jds Schuld stehen
debug <-gg-> [ˌdiː'dʌg] *vt* ■ **to** ~ **sth** ❶ COMPUT bei etw *dat* die Fehler beseitigen; **to** ~ **a program** ein Programm auf Viren hin absuchen ❷ (*remove microphones*) etw entwanzen
decade ['dekeɪd, dɪ'keɪd] *n* Jahrzehnt *nt*
decaf ['diːkæf] *adj* (*fam*) *abbrev of* **decaffeinated**
decaffeinated [dɪ'kæfɪneɪtɪd] *adj* koffeinfrei; *coffee* entkoffeiniert
decal ['diːkæl] *n esp* AM, AUS Abziehbild *nt*
decathlon [dɪ'kæθlɒn] *n* Zehnkampf *m*
decay [dɪ'keɪ] I. *n no pl* ❶ (*deterioration*) Verfall *m*; **urban** ~ Verfall *m* der Städte; **to fall into** ~ verfallen ❷ BIOL Verwesung *f*; BOT Fäulnis *f*; **dental** ~ Zahnfäule *f* II. *vi* ❶ (*deteriorate*) verfallen ❷ BIOL verwesen
deceased [dɪ'siːst] (*form*) I. *n* <*pl* -> ■ **the** ~ der/die Verstorbene, die Verstorbenen *pl* II. *adj* verstorben
deceive [dɪ'siːv] *vt* betrügen; ■ **to** ~ **oneself** sich [selbst] täuschen
December [dɪ'sembə'] *n* Dezember *m*; *see also* **February**
decent ['diːsᵊnt] *adj* ❶ (*acceptable*) anständig ❷ (*good*) nett ❸ (*appropriate*) angemessen; **to do the** ~ **thing** das [einzig] Richtige tun
deceptive [dɪ'septɪv] *adj* täuschend
decide [dɪ'saɪd] I. *vi* sich entscheiden (**on** für); ■ **to** ~ **to do sth** beschließen [*o* sich entschließen], etw zu tun II. *vt* entscheiden
deciding [dɪ'saɪdɪŋ] *adj* entscheidend
decimal ['desɪmᵊl] *n* Dezimalzahl *f*, Dezimale *f*; ~ **place** Dezimalstelle *f*; ~ **point** Komma *nt*
decision [dɪ'sɪʒᵊn] *n* Entscheidung *f* (**about**/**on** über), Entschluss *m*; **to make a** ~ eine Entscheidung fällen
decisive [dɪ'saɪsɪv] *adj* ❶ (*determining*) bestimmend; *battle* entscheidend ❷ (*firm*) entschlossen
deck [dek] I. *n* ❶ *of ship, bus* Deck *nt*; **below** ~**s** unter Deck; **on** ~ an Deck ❷ *esp*

AM, AUS (*porch*) Veranda *f* ❸ ~ **of cards** Spiel *nt* Karten ▶ **to clear** the ~**s** klar Schiff machen **II.** *vt* ■ **to** ~ **sth** [**out**] etw [aus]schmücken

deckchair *n* Liegestuhl *m;* (*on ship*) Deckchair *m*

declaration [ˌdekləˈreɪʃ*ə*n] *n* Erklärung *f;* ~ **of war** Kriegserklärung *f;* **to make a** ~ eine Erklärung abgeben

declare [dɪˈkleə*ʳ*] *vt* ❶ (*announce*) verkünden; **to** ~ **one's love for sb** jdm eine Liebeserklärung machen ❷ (*state*) erklären; **to** ~ **war on sb** jdm den Krieg erklären ❸ ECON deklarieren

declared [dɪˈkleəd] *adj* erklärt; ~ **value** ECON, FIN angemeldeter Wert

declension [dɪˈklen(t)ʃ*ə*n] *n* LING Fall *m*

decline [dɪˈklaɪn] **I.** *n* ❶ (*decrease*) Rückgang *m* ❷ (*deterioration*) Verschlechterung *f* **II.** *vi* ❶ (*diminish*) sinken, nachlassen ❷ (*drop*) abfallen **III.** *vt* ablehnen

declivity <*pl* -ies> [dɪˈklɪvəti] *n* abschüssige Stelle, Abhang *m*

decontaminate [ˌdiːkənˈtæmɪneɪt] *vt* entseuchen

decontamination [ˌdiːkəntæmɪˈneɪʃ*ə*n] *n no pl* Entseuchung *f*

decorate [ˈdekəreɪt] *vt* ❶ schmücken; *cake, window* dekorieren ❷ (*paint*) streichen; (*wallpaper*) tapezieren

decoration [ˌdekəˈreɪʃ*ə*n] *n* Dekoration *f;* (*for Christmas tree*) Schmuck *m kein pl*

decorator [ˈdek*ə*reɪtə*ʳ*] *n* BRIT Maler(in) *m(f)*

decrease I. *vi* [dɪˈkriːs, ˈdiːkriːs] abnehmen, zurückgehen **II.** *vt* [dɪˈkriːs, ˈdiːkriːs] reduzieren **III.** *n* [ˈdiːkriːs] Abnahme *f; numbers* Rückgang *m;* ■ **on the** ~ rückläufig

dedicate [ˈdedɪkeɪt] *vt* widmen; ■ **to** ~ **sth to sb** jdm etw widmen; ■ **to** ~ **oneself to sth** sich etw *dat* widmen

deduct [dɪˈdʌkt] *vt* abziehen

deductable AUS, **deductible** [dɪˈdʌktəb*ə*l] *adj* absetzbar

deduction [dɪˈdʌkʃ*ə*n] *n* ❶ (*inference*) Schlussfolgerung *f* ❷ (*subtraction*) Abzug *m*

deed [diːd] *n* Tat *f;* **dirty** ~**s** Drecksarbeit *f;* **an evil** ~ eine Untat

deejay [ˈdiːdʒeɪ] *n* (*fam*) Discjockey *m*

deep [diːp] **I.** *adj, adv* tief; **the snow was 1 m** ~ der Schnee lag einen Meter hoch; **to let out a** ~ **sigh** tief seufzen; **to take a** ~ **breath** tief Luft holen; ~ **in debt** hoch verschuldet; **with** ~ **regret** mit großem Bedauern; ~ **blue** tiefblau; ~ **red** dunkelrot **II.** *n* (*liter*) ■ **the** ~ die Tiefe

deep-conditioning *adj shampoo* mit pflegender Tiefenwirkung *nach n* **deep-freeze** *n* Tiefkühlschrank *m;* (*chest*) Tiefkühltruhe *f* **deep-frozen** *adj* tiefgefroren **deep-frozen foods** *n pl* Tiefkühlkost *f* **deep-fry** *vt* frittieren

deeply [ˈdiːpli] *adv* ❶ (*very*) äußerst; **to be** ~ **appreciative of sth** etw sehr schätzen; **to be** ~ **insulted** zutiefst getroffen sein; **to** ~ **regret sth** etw sehr bereuen ❷ (*far down*) tief

deep-pocketed *adj* wohlhabend **deep-sea animal** *n* Tiefseetier *nt* **deep-seated** *adj* tief sitzend **deep space** *n* der äußere Weltraum

deer <*pl* -> [dɪə*ʳ*] *n* Hirsch *m;* (*roe* ~) Reh *nt*

defeat [dɪˈfiːt] **I.** *vt* besiegen; (*at games, sport*) schlagen; *hopes* zerschlagen **II.** *n* Niederlage *f*

defect[1] *n* [ˈdiːfekt] Fehler *m;* (*flaw*) Defekt *m*

defect[2] [dɪˈfekt] *vi* POL überlaufen (**to** in)

defective [dɪˈfektɪv] *adj* fehlerhaft; (*flawed*) defekt

defector [dɪˈfektə*ʳ*] *n* Überläufer(in) *m(f)*

defence [dɪˈfen(t)s] *n* ❶ Verteidigung *f a. fig;* **in my** ~ zu meiner Verteidigung; **ministry of** ~ Verteidigungsministerium *nt;* **witness for the** ~ Zeuge(in) *m(f)* der Verteidigung ❷ SPORTS Abwehr *f* ❸ MED ■ ~**s** *pl* Abwehrkräfte *pl*

defenceless [dɪˈfen(t)sləs] *adj* wehrlos

Defence Minister *n* Verteidigungsminister(in) *m(f)*

defend [dɪˈfend] *vt, vi* verteidigen; ■ **to** ~ **oneself** sich wehren

defendant [dɪˈfendənt] *n* Angeklagte(r) *f(m)*

defender [dɪˈfendə*ʳ*] *n* ❶ Beschützer(in) *m(f)* ❷ SPORTS Verteidiger(in) *m(f)*

defense *n esp* AM *see* **defence**

defensive [dɪˈfen(t)sɪv] **I.** *adj* defensiv **II.** *n* Defensive *f;* **to be on the** ~ in der Defensive sein; **to go on the** ~ in die Defensive gehen

defer <-rr-> [dɪˈfɜː*ʳ*] **I.** *vi* (*form*) ■ **to** ~ **to sb/ sth** sich jdm/etw beugen **II.** *vt* verschieben

deferment [dɪˈfɜːmənt] *n,* **deferral** [dɪˈfɜːr*ə*l] *n* Aufschub *m;* LAW Vertagung *f*

defiant [dɪˈfaɪənt] *adj* aufsässig

define [dɪˈfaɪn] *vt* definieren (**by** über); ■ **to be** ~**d against sth** sich [deutlich] gegen etw

definite – deluge

akk abzeichnen
definite ['defɪnət] **I.** *adj* sicher; *answer* klar; *decision* definitiv; *improvement, increase* eindeutig; **there's nothing ~ yet** es steht noch nichts fest; ■**to be ~ about sth** sich *dat* einer S. *gen* sicher sein **II.** *n* (*fam*) **she's a ~ for the Olympic team** sie wird auf jeden Fall in der Olympiamannschaft dabei sein
definitely ['defɪnətli] *adv* ❶ (*obviously*) eindeutig ❷ (*firmly*) endgültig; **we're ~ going** wir gehen auf jeden Fall
definition [ˌdefɪ'nɪʃən] *n* ❶ Definition *f* ❷ *no pl* (*distinctness*) Schärfe *f*; **to lack ~** unscharf sein
deflect [dɪ'flekt] **I.** *vt* ablenken; *ball* abfälschen; ■**to ~ sb from doing sth** jdn davon abbringen, etw zu tun **II.** *vi* ■**to ~ off sth** von etw *dat* abprallen
deflection [dɪ'flekʃən] *n* Ablenkung *f*
defraud [dɪ'frɔːd] *vt* betrügen (**of** um)
defrost [diː'frɒst] *vt* auftauen; *fridge* abtauen
defuse [diː'fjuːz] *vt* entschärfen *a. fig*
defy <-ie-> [dɪ'faɪ] *vt* ❶ (*disobey*) ■**to ~ sb/sth** sich jdm/etw widersetzen; **to ~ description** jeder Beschreibung spotten ❷ (*challenge*) auffordern
degradation [degrə'deɪʃən] *n no pl* ❶ Erniedrigung *f* ❷ (*deterioration*) Verschlechterung *f*
degree [dɪ'griː] *n* ❶ (*amount*) Maß *nt*; (*extent*) Grad *m*; **to the last ~** im höchsten Grad; **by ~s** nach und nach ❷ UNIV Abschluss *m*; **to do a ~ in sth** etw studieren
degree course *n Studiengang, der mit einem „bachelor's degree" abschließt*
dehydrated [ˌdiːhaɪ'dreɪtɪd] *adj* ausgetrocknet
de-ice [ˌdiː'aɪs] *vt* enteisen
dejected [dɪ'dʒektɪd] *adj* niedergeschlagen
dejection [dɪ'dʒekʃən] *n no pl* Niedergeschlagenheit *f*
delay [dɪ'leɪ] **I.** *vt* ❶ (*postpone*) verschieben ❷ (*hold up*) aufhalten **II.** *vi* verschieben **III.** *n* Verzögerung *f*; TRANSP Verspätung *f*; ■**without ~** unverzüglich
delaying [dɪ'leɪɪŋ] *adj* verzögernd; **~ tactics** Verzögerungstaktiken *pl*
delay timer *n* Zeitschaltuhr, *f*
delegate I. *n* ['delɪgət] Delegierte(r) *f(m)* **II.** *vt* ['delɪgeɪt] ❶ (*appoint*) als Vertreter/Vertreterin [aus]wählen ❷ (*assign*) ■**to ~**

sth to sb etw auf jdn übertragen
delegation [ˌdelɪ'geɪʃən] *n* Delegation *f*
delete [dɪ'liːt] *vt* ❶ streichen (**from** aus) ❷ COMPUT löschen
delete key *n* COMPUT Löschtaste *f*
deletion [dɪ'liːʃən] *n* ❶ (*act*) Löschung *f*; *of file* Löschen *nt* ❷ (*item*) Streichung *f*; **to make a ~** etw streichen
deli ['deli] *n* (*fam*) *short for* **delicatessen** Feinkostgeschäft *nt*
deliberate I. *adj* [dɪ'lɪbərət] ❶ absichtlich; *decision, lie* bewusst ❷ (*careful*) vorsichtig **II.** *vi* [dɪ'lɪbəreɪt] (*form*) [gründlich] nachdenken **III.** *vt* [dɪ'lɪbəreɪt] (*form*) beraten
deliberation [dɪˌlɪbə'reɪʃən] *n* ❶ *no pl* (*carefulness*) Bedächtigkeit *f* ❷ (*form: consideration*) Überlegung *f*; **after much ~** nach gründlicher Überlegung
delicacy ['delɪkəsi] *n* ❶ Delikatesse *f* ❷ *no pl* (*discretion*) Feingefühl *nt* ❸ *no pl of health* Zerbrechlichkeit *f*
delicate ['delɪkət] *adj* ❶ (*sensitive*) empfindlich; *china* zerbrechlich ❷ (*tricky*) heikel ❸ (*fine*) fein; **~ cycle** Feinwaschgang *m*
delicatessen [ˌdelɪkə'tesən] *n* Feinkostgeschäft *nt*
delicious [de'lɪʃəs] *adj* köstlich
delight [dɪ'laɪt] **I.** *n* Freude *f*; **in ~** vor Freude **II.** *vi* ■**to ~ in sth** Vergnügen bei etw *dat* empfinden
delightful [dɪ'laɪtfəl] *adj* wunderbar, reizend
delirious [dɪ'lɪriəs] *adj* ❶ im Delirium *nach n* ❷ (*happy*) **to be ~ [with sth]** außer sich [vor etw *dat*] sein
deliriously [dɪ'lɪriəsli] *adv* ❶ im Delirium ❷ (*extremely*) wahnsinnig
deliver [dɪ'lɪvər] **I.** *vt* ❶ (*bring*) liefern; (*by post*) zustellen ❷ *speech* halten ❸ *blow* geben ❹ (*give birth*) zur Welt bringen; *midwife* entbinden **II.** *vi* ❶ (*supply*) liefern ❷ (*fulfil*) ■**to ~ on sth** etw einhalten
delivery [dɪ'lɪvəri] *n* ❶ Lieferung *f*; (*of mail*) Zustellung *f*; **~ time** Lieferzeit *f*; **on ~** bei Lieferung ❷ (*birth*) Entbindung *f*
delivery room *n* Kreißsaal *m* **delivery service** *n* Zustelldienst *m*
delivery suite *n*, **delivery unit** *n* Kreißsaal *m* **delivery van** *n* Lieferwagen *m*
delouse [diː'laʊs] *vt* entlausen
delude [dɪ'luːd] *vt* täuschen; ■**to ~ oneself** sich *dat* etwas vormachen
deluge ['deljudʒ] **I.** *n* (*downpour*) Regen-

guss *m;* (*flood*) Flut *f* **II.** *vt* ■ **to be ~d** überflutet werden
delusive [dɪˈluːsɪv] *adj* trügerisch
de luxe [dɪˈlʌks] *adj* Luxus-
demand [dɪˈmɑːnd] **I.** *vt* ❶ (*insist*) verlangen ❷ (*need*) erfordern **II.** *n* ❶ Forderung *f* (**for** nach); **to make ~s on sb** Anforderungen *pl* an jdn stellen; **on ~** auf Verlangen ❷ (*requirement*) Bedarf *m;* COMM Nachfrage *f;* **in ~** gefragt
demerara [deməˈreərə] *n*, **demerara sugar** *n no pl* brauner Zucker, Farinzucker *m*
demist [dɪˈmɪst] *vt* BRIT *windscreen* frei machen
demister [dɪˈmɪstəʳ] *n* BRIT AUTO Gebläse *nt*
demo [ˈdeməʊ] (*fam*) **I.** *n* Demo *f* **II.** *adj* Demo- **III.** *vt* <-ˈd, -ˈd> (*fam*) demonstrieren
democracy [dɪˈmɒkrəsi] *n* Demokratie *f*
democrat [ˈdeməkræt] *n* Demokrat(in) *m(f)*
democratic [ˌdeməˈkrætɪk] *adj* demokratisch
demography [dɪˈmɒgrəfi] *n no pl* Demographie *f*
demolish [dɪˈmɒlɪʃ] *vt* ❶ *building* abreißen; *wall* einreißen ❷ (*defeat*) zunichtemachen
demolition [ˌdeməlɪʃᵊn] *n* Abriss *m;* (*fig*) Widerlegung *f*
demon [ˈdiːmən] *n* Dämon *m*
demonstrate [ˈdemənstreɪt] **I.** *vt* ❶ (*show*) zeigen; *operation* vorführen ❷ (*prove*) nachweisen **II.** *vi* demonstrieren
demonstration [ˌdemənˈstreɪʃᵊn] *n* ❶ Demonstration *f,* Vorführung *f* ❷ (*protest*) Demonstration *f*
demonstration model *n* Vorführmodell *nt,* SCHWEIZ *meist* Ausstellungsmodell *nt*
demonstrative [dɪˈmɒn(t)strətɪv] *adj* ❶ (*form*) schlüssig; ■ **to be ~ of sth** etw veranschaulichen ❷ (*emotional*) offen
demonstrator [ˈdemənstreɪtəʳ] *n* ❶ Vorführer(in) *m(f)* ❷ (*protester*) Demonstrant(in) *m(f)*
demoralize [dɪˈmɒrᵊlaɪz] *vt* demoralisieren
demote [dɪˈməʊt] *vt* zurückstufen; MIL degradieren
den [den] *n* ❶ (*lair*) Bau *m* ❷ (*playhouse*) Verschlag *m* ❸ (*room*) Bude *f*
denial [dɪˈnaɪəl] *n* Dementi *nt;* (*action*) Leugnen *nt kein pl*
denim [ˈdenɪm] **I.** *n* ❶ *no pl* Denim® *m* ❷ (*fam*) ■ **~s** *pl* Jeans *pl* **II.** *adj* Jeans-
Denmark [ˈdenmɑːk] *n* Dänemark *nt*

denominator [dɪˈnɒmɪneɪtəʳ] *n* MATH Nenner *m*
denounce [dɪˈnaʊn(t)s] *vt* ❶ (*criticize*) anprangern ❷ (*accuse*) entlarven; ■ **to ~ sb to sb** jdn bei jdm denunzieren
dense <-r, -st> [den(t)s] *adj* dicht
densely [ˈden(t)sli] *adv* dicht
denseness [ˈden(t)snəs] *n no pl* Dichte *f*
density [ˈden(t)sɪti] *n* Dichte *f*
dent [dent] **I.** *n* Delle *f* **II.** *vt* einbeulen
dental [ˈdentᵊl] *adj* Zahn-
dentist [ˈdentɪst] *n* Zahnarzt, Zahnärztin *m, f*
dentistry [ˈdentɪstri] *n no pl* Zahnmedizin *f*
dentures [ˈden(t)ʃəz] *npl* [Zahn]prothese *f*
deny <-ie-> [dɪˈnaɪ] *vt* ❶ (*negate*) abstreiten; *accusation* zurückweisen ❷ (*refuse*) ■ **to ~ sth to sb** jdm etw verweigern ❸ (*do without*) ■ **to ~ oneself sth** sich *dat* etw versagen
deodorant [diˈəʊdᵊrᵊnt] *n* Deo[dorant] *nt*
depart [dɪˈpɑːt] **I.** *vi* fortgehen; *plane* abfliegen; *train* abfahren; *ship* ablegen **II.** *vt* **to ~ this life** aus diesem Leben scheiden
departed [dɪˈpɑːtɪd] (*form*) **I.** *adj* verstorben **II.** *n* <*pl* -> ■ **the ~** der/die Verstorbene/die Verstorbenen *pl*
department [dɪˈpɑːtmənt] *n* ❶ UNIV Institut *nt* ❷ COMM Abteilung *f* ❸ ADMIN Amt *nt*
departmental [ˌdɪpɑːtˈmentᵊl] *adj* ❶ UNIV Instituts- ❷ COMM Abteilungs- ❸ ADMIN Amts-
department store *n* Kaufhaus *nt*
departure [dɪˈpɑːtʃəʳ] *n* ❶ Abreise *f;* *plane* Abflug *m;* *ship* Ablegen *nt* ❷ (*leaving*) Abschied *m*
departure gate *n* Flugsteig *m* **departure lounge** *n* Abfahrthalle *f;* AVIAT Abflughalle *f* **departure time** *n* Abfahrtzeit *f;* AVIAT Abflugzeit *f*
depend [dɪˈpend] *vi* ❶ (*follow*) ■ **to ~ on sth** von etw *dat* abhängen; **that ~s** kommt darauf an ❷ (*be helped*) ■ **to ~ on sb/sth** von jdm/etw abhängig sein ❸ (*rely*) ■ **to ~ [up]on sb/sth** sich auf jdn/etw verlassen
dependable [dɪˈpendəbl] *adj* zuverlässig
dependant [dɪˈpendənt] *n* [finanziell] abhängige(r) Angehörige(r) *f(m)*
dependent [dɪˈpendənt] **I.** *adj* ❶ (*conditional*) ■ **to be ~ [up]on sth** von etw *dat* abhängen ❷ (*relying*) abhängig (**on** von); (*for help, goodwill*) angewiesen (**on** auf) **II.** *n* AM *see* **dependant**
depict [dɪˈpɪkt] *vt* (*form*) darstellen

depiction [dɪˈpɪkʃən] n Darstellung f
depleted [dɪˈpliːtɪd] adj verbraucht
deplorable [dɪˈplɔːrəbl] adj beklagenswert; *conditions* erbärmlich
deplore [dɪˈplɔːʳ] vt ❶ (*disapprove*) verurteilen ❷ (*regret*) beklagen
deploy [dɪˈplɔɪ] vt einsetzen
deployment [dɪˈplɔɪmənt] n no pl Einsatz m
deport [dɪˈpɔːt] vt ausweisen; *prisoner* deportieren
deportation [ˌdɪpɔːˈteɪʃən] n Ausweisung f, Abschiebung f
deportee [ˌdɪpɔːˈtiː] n Abgeschobene(r) f(m); (*awaiting deportation*) Abzuschiebende(r) f(m)
depose [dɪˈpəʊz] vt absetzen; *monarch* entthronen
deposit [dɪˈpɒzɪt] I. vt ❶ (*leave*) absetzen ❷ (*pay*) einzahlen; (*as first instalment*) anzahlen ❸ (*as security*) als Sicherheit hinterlegen II. n ❶ (*sediment*) Bodensatz m; *of coal* Vorkommen nt ❷ (*security*) Kaution f; (*on bottle*) Pfand nt
deposit account n BRIT Sparkonto nt
depositor [dɪˈpɒzɪtəʳ] n Anleger(in) m(f)
depreciate [dɪˈpriːʃɪeɪt] I. vi an Wert verlieren II. vt entwerten
depreciation [dɪˌpriːʃɪˈeɪʃən] n no pl Wertminderung f; *of currencies* Entwertung f
depress [dɪˈpres] vt ❶ (*deject*) deprimieren ❷ (*reduce*) drücken ❸ (*form: press*) [nieder]drücken; **to ~ a pedal** auf ein Pedal treten
depressed [dɪˈprest] adj ❶ (*dejected*) deprimiert (**at/over** wegen) ❷ ECON heruntergekommen
depressing [dɪˈpresɪŋ] adj deprimierend
depression [dɪˈpreʃən] n ❶ no pl Depression f; **to suffer from ~** unter Depressionen leiden ❷ ECON Wirtschaftskrise f ❸ METEO Tiefdruckgebiet nt
deprive [dɪˈpraɪv] vt ■**to ~ sb of sth** jdm etw entziehen
deprived [dɪˈpraɪvd] adj sozial benachteiligt
depth [depθ] n Tiefe f a. fig; **in the ~ of winter** mitten im tiefsten Winter ▶**to be out of one's ~** für jdn zu hoch sein
deputize [ˈdepjətaɪz] vi ■**to ~ for sb** für jdn einspringen, jdn vertreten
deputy [ˈdepjəti:] I. n Stellvertreter(in) m(f) II. adj attr stellvertretend
derailment [dɪˈreɪlmənt] n Entgleisung f;

(fig) *of negotiation* Scheitern nt
deregulate [diːˈregjuːleɪt] vt deregulieren
derelict [ˈderəlɪkt] I. adj verlassen; **to lie ~** brachliegen II. n (*form*) Obdachlose(r) f(m)
derision [dɪˈrɪʒən] n no pl Spott m; **to treat sth with ~** etw verhöhnen
derisory [dɪˈraɪsəri] adj ❶ spöttisch ❷ (*negligible*) lächerlich
derive [dɪˈraɪv] I. vt gewinnen; **sb ~s pleasure from doing sth** etw bereitet jdm Vergnügen II. vi ■**to ~ from sth** sich von etw dat ableiten [lassen]
derogatory [dɪˈrɒgətəri] adj abfällig
descale [diːˈskeɪl] vt entkalken
descend [dɪˈsend] I. vi ❶ (*go down*) herunterführen ❷ (*fall*) herabsinken ❸ (*originate*) abstammen II. vt hinuntersteigen
descendant [dɪˈsendənt] n Nachkomme m
descent [dɪˈsent] n ❶ *of plane* [Lande]anflug m ❷ (*way down*) Abstieg m kein pl ❸ no pl (*ancestry*) Abstammung f
describe [dɪˈskraɪb] vt beschreiben; *experience* schildern
description [dɪˈskrɪpʃən] n Beschreibung f; **of every ~** jeglicher Art
descriptive [dɪˈskrɪptɪv] adj beschreibend; *statistics* deskriptiv
desert¹ [dɪˈzɜːt] I. vi desertieren II. vt verlassen
desert² [ˈdezət] n Wüste f a. fig; **island** verlassene Insel
deserts [dɪˈzɜːtz] npl ■**to get one's [just] ~** seine Quittung bekommen
deserve [dɪˈzɜːv] vt verdienen; **what have I done to ~ [all] this?** womit habe ich das verdient?
deservedly [dɪˈzɜːvɪdli] adv verdientermaßen; **~ so** zu Recht
deserving [dɪˈzɜːvɪŋ] adj verdienstvoll; **a ~ cause** eine gute Sache
desiccated [ˈdesɪkeɪtɪd] adj getrocknet; (*unwanted*) vertrocknet; **~ coconut** geraspelte Kokosnuss
design [dɪˈzaɪn] I. vt ❶ (*plan*) entwerfen; *books* gestalten ❷ (*intend*) ■**to be ~ed for sb** für jdn konzipiert sein II. n ❶ (*draft*) Entwurf m ❷ no pl (*art*) Design nt; *of building* Bauart f ❸ (*fam: intentions*) ■**~s** pl Absichten pl III. adj Konstruktions-
designer [dɪˈzaɪnəʳ] n Designer(in) m(f); **~ jeans** Designerjeans f
desirable [dɪˈzaɪərəbl] adj ❶ erstrebenswert

desire [dɪˈzaɪəʳ] I. vt ① (want) wünschen ② (covet) begehren II. n ① (wish) Verlangen nt; (stronger) Sehnsucht f ② (sexual need) Begierde f ② (sexy) begehrenswert

desired adj erwünscht

desk [desk] n ① Schreibtisch m ② (counter) Schalter m

desk lamp n Schreibtischlampe f

desolate [ˈdesələt] I. adj ① trostlos ② (unhappy) niedergeschlagen II. vt ■ to be ~d untröstlich sein

despair [dɪˈspeəʳ] I. n no pl Verzweiflung f; **in** ~ verzweifelt II. vi verzweifeln (**at** an)

despairing [dɪˈspeərɪŋ] adj verzweifelt

desperate [ˈdespərət] adj verzweifelt; (great) dringend; **I'm in a ~ hurry** ich hab's wahnsinnig eilig

desperation [ˌdespəˈreɪʃən] n no pl Verzweiflung f; **in** ~ aus Verzweiflung

despise [dɪˈspaɪz] vt verachten

despite [dɪˈspaɪt] prep ■ ~ **sth** trotz einer S. gen

despondent [dɪˈspɒndənt] adj niedergeschlagen

dessert [dɪˈzɜːt] n Nachtisch m, Dessert nt

dessertspoon n (small) Dessertlöffel m; (larger) Esslöffel m

destination [ˌdestɪˈneɪʃən] n Ziel nt; of journey Reiseziel nt; of letter Bestimmungsort m

destined [ˈdestɪnd] adj pred ① (intended) bestimmt (**for** für) ② (heading towards) vorherbestimmt (**for** für); ~ **to fail** zum Scheitern verurteilt ③ (hum: meant to be) vorherbestimmt

destiny [ˈdestɪniː] n Schicksal nt

destitute [ˈdestɪtjuːt] I. adj mittellos II. n ■ **the** ~ pl die Bedürftigen

de-stress [ˌdiːˈstres] vi Stress abbauen

destroy [dɪˈstrɔɪ] vt ① zerstören ② (do away with) vernichten ③ (kill) auslöschen; pet einschläfern ④ reputation ruinieren

destructible [dɪˈstrʌktəbl] adj zerstörbar

destruction [dɪˈstrʌkʃən] n no pl Zerstörung f; **mass** ~ Massenvernichtung f

destructive [dɪˈstrʌktɪv] adj zerstörerisch; influence, person destruktiv

Det n abbrev of **Detective** Kriminalbeamte, -beamtin m, f

detach [dɪˈtætʃ] vt abnehmen; (permanently) abtrennen

detachable [dɪˈtætʃəbl] adj abnehmbar

detached [dɪˈtætʃt] adj abgelöst; **to become** ~ sich ablösen

detail [ˈdiːteɪl] I. n ① (information) Detail nt, Einzelheit f; **further ~s** nähere Informationen; **to go into** ~ ins Detail gehen ② (triviality) Kleinigkeit f II. vt ① (explain) ausführlich erläutern ② (specify) einzeln aufführen

detailed [ˈdiːteɪld] adj detailliert; description, report ausführlich

detain [dɪˈteɪn] vt ① LAW in Haft nehmen ② (form: delay) aufhalten

detainee [ˌdiːteɪˈniː] n Häftling m

detect [dɪˈtekt] vt ① (catch in act) ertappen ② (discover) entdecken; disease feststellen; mine aufspüren

detectable [dɪˈtektəbl] adj feststellbar; change wahrnehmbar

detection [dɪˈtekʃən] n no pl ① Entdeckung f; of cancer Feststellung f ② (by detective) Ermittlungsarbeit f

detective [dɪˈtektɪv] n ① (in police) Kriminalbeamte(r) f(m), Kriminalbeamte [o -in] f ② (private) [Privat]detektiv(in) m(f)

detective novel n Kriminalroman m, Krimi m fam

detention [dɪˈten(t)ʃən] n ① no pl (state) Haft f ② (act) Festnahme f ③ no pl MIL Arrest m

detention centre n BRIT, **detention home** n AM Jugendstrafanstalt f

deter <-rr-> [dɪˈtɜːʳ] vt verhindern; **to ~ sb** jdn abschrecken

detergent [dɪˈtɜːdʒənt] n Reinigungsmittel nt

deteriorate [dɪˈtɪəriəreɪt] vi ① sich verschlechtern; sales zurückgehen ② (disintegrate) verfallen

determination [dɪˌtɜːmɪˈneɪʃən] n no pl ① (resolve) Entschlossenheit f ② (determining) Bestimmung f

determine [dɪˈtɜːmɪn] vt ① (decide) entscheiden; ■ **to ~ that ...** beschließen, dass ... ② (find out) ermitteln; ■ **to ~ that ...** feststellen, dass ...

determined [dɪˈtɜːmɪnd] adj entschlossen; **she is ~ that ...** sie hat es sich in den Kopf gesetzt, dass ...

deterrent [dɪˈterənt] I. n Abschreckung f, Abschreckungsmittel nt II. adj abschreckend

detest [dɪˈtest] vt verabscheuen

detestable [dɪˈtestəbl] adj abscheulich

detonate [ˈdetəneɪt] vi, vt detonieren

detonation [ˌdetəˈneɪʃən] n Detonation f

detour ['diːtʊəʳ] *n* Umweg *m*
detox ['diːtɒks] **I.** *n short for* **detoxification** Entzug *m* **II.** *vi short for* **detoxify** Entzug machen
detoxification [diːˌtɒksɪfɪ'keɪʃ°n] *n no pl* ❶ (*remove poison*) Entgiftung *f* ❷ (*treatment for addiction*) Entzug *m fam*
detoxification centre *n* Entziehungsanstalt *f* **detoxification programme** *n* Entziehungskur *f*
detoxify <-ie-> [ˌdiː'tɒksɪfaɪ] *vt* entgiften
detractor [dɪ'træktəʳ] *n* Kritiker(in) *m(f)*
detrimental [ˌdetrɪ'ment°l] *adj* schädlich
deuce [djuːs] *n* ❶ AM (*cards, dice*) Zwei *f* ❷ TENNIS Einstand *m*
devalue [ˌdiː'væljuː] *vt* abwerten
devastate ['devəsteɪt] *vt* vernichten; **to be utterly ~d** völlig am Boden zerstört sein
devastating ['devəsteɪtɪŋ] *adj* ❶ verheerend, vernichtend *a. fig* ❷ (*fig fam: overwhelming*) umwerfend
devastation [ˌdevə'steɪʃ°n] *n no pl* ❶ Verwüstung *f* ❷ (*despair*) Verzweiflung *f*
develop [dɪ'veləp] **I.** *vi* sich entwickeln (**into** zu); *abilities* sich entfalten **II.** *vt* ❶ entwickeln; *habit* annehmen ❷ PHOT entwickeln
developing [dɪ'veləpɪŋ] *adj* sich entwickelnd
development [dɪ'veləpmənt] *n* ❶ *no pl* Entwicklung *f* ❷ *no pl* ARCHIT (*work*) Bau *m*
deviate ['diːvieɪt] *vi* abweichen; *from route* sich entfernen
device [dɪ'vaɪs] *n* ❶ (*machine*) Gerät *nt*, Vorrichtung *f* ❷ (*method*) Verfahren *nt*; **stylistic ~** Stilmittel *nt*; **literary ~** literarischer Kunstgriff ❸ (*bomb*) **incendiary ~** Brandsatz *m*
devil ['dev°l] *n* ❶ Teufel *m*; ■**the D~** der Teufel ❷ (*fig*) Teufel(in) *m(f)* ❸ (*fam: sly person*) alter Fuchs ❹ (*fam*) **cheeky ~** Frechdachs *m*; **lucky ~** Glückspilz *m*
devilish ['dev°lɪʃ] *adj* teuflisch; *situation* verteufelt; **~ job** Heidenarbeit *f*
devious ['diːviəs] *adj* ❶ (*dishonest*) verschlagen; *scheme* krumm ❷ (*roundabout*) gewunden; **to take a ~ route** einen Umweg fahren
devise [dɪ'vaɪz] *vt* erdenken; *scheme* aushecken
devoid [dɪ'vɔɪd] *adj* ■**to be ~ of sth** ohne etw sein
devolution [ˌdiːvə'luːʃ°n] *n no pl* POL Dezentralisierung *f*

Devolution heißt in Großbritannien ein Prozess der Verteilung der zentralen Staatsgewalt an Teile des Landes. Das **Scottish Parliament**, die **Northern Ireland Assembly**, und die **Welsh Assembly** haben in regionalen Angelegenheiten alle Befugnisse. Nur England hat kein eigenes Parlament. Das **Parliament of the United Kingdom** in London ist die oberste gesetzgebende Gewalt für alle Teile des Landes, aber es kümmert sich auch um die Belange von England und bestimmt die Außenpolitik, die Verteidigungs- und Wirtschaftspolitik.

devote [dɪ'vəʊt] *vt* widmen; *time* opfern; **to ~ oneself to God** sein Leben Gott weihen
devoted [dɪ'vəʊtɪd] *adj admirer* begeistert; *follower, friend* treu; *servant* ergeben
devotion [dɪ'vəʊʃ°n] *n no pl* ❶ (*loyalty*) Ergebenheit *f* ❷ (*dedication*) Hingabe *f* (**to** an) ❸ (*affection*) Liebe *f*; *of admirer* Verehrung *f*
devour [dɪ'vaʊəʳ] *vt* verschlingen *a. fig*
devout [dɪ'vaʊt] *adj* fromm; (*fig*) [sehr] engagiert; *hope, wish* sehnlich
dew [djuː] *n no pl* Tau *m*
diabetes [ˌdaɪə'biːtiːz] *n no pl* Zuckerkrankheit *f*
diabetic [ˌdaɪə'betɪk] **I.** *n* Diabetiker(in) *m(f)* **II.** *adj* ❶ zuckerkrank ❷ (*for diabetics*) Diabetiker-
diabolical [ˌdaɪə'bɒlɪk°l] *adj* ❶ (*evil*) teuflisch ❷ (*bad*) schrecklich
diagnose ['daɪəgnəʊz] *vt* ❶ MED diagnostizieren ❷ *fault* feststellen
diagnosis <*pl* -ses> [ˌdaɪəg'nəʊsɪs, *pl* -siːz] *n* ❶ Diagnose *f*; **to make a ~** eine Diagnose stellen ❷ *of problem* Beurteilung *f*
diagonal [daɪ'æg°n°l] **I.** *adj* diagonal, schräg **II.** *n* Diagonale *f*
diagram ['daɪəgræm] *n* schematische Darstellung; MATH Diagramm *nt*
dial [daɪəl] **I.** *n of clock* Zifferblatt; *of instrument, radio* Skala *f*; *of telephone* Wählscheibe *f* **II.** *vi, vt* <BRIT -ll- *or* AM *usu* -l-> wählen
dialect ['daɪəlekt] *n* Dialekt *m*
dialling ['daɪəlɪŋ] *n no pl* Wählen *nt*
dialling code *n* BRIT Vorwahl *f*
dialog AM *see* **dialogue**

dialogue ['daɪəlɒg] *n* Dialog *m*
diameter [daɪ'æmətəʳ] *n* Durchmesser *m*
diametrically [ˌdaɪə'metrɪkəli] *adv* ~ **opposed** völlig entgegengesetzt
diamond ['daɪəmənd] *n* ❶ (*stone*) Diamant *m* ❷ MATH Raute *f* ❸ CARDS Karo *nt*
diamond wedding *n* diamantene Hochzeit
diaper ['daɪəpəʳ] *n* AM Windel *f*
diarrhea *esp* AM, **diarrhoea** [ˌdaɪə'rɪə] *n no pl* Durchfall *m*
diary ['daɪəri:] *n* ❶ Tagebuch *nt* ❷ (*schedule*) [Termin]kalender *m*
dice [daɪs] I. *n* <*pl* -> Würfel *m;* (*game*) Würfelspiel *nt;* **to roll the** ~ würfeln ▸**no** ~**!** AM (*fam*) kommt [überhaupt] nicht in Frage! II. *vi* würfeln ▸**to** ~ **with death** mit seinem Leben spielen
dicey ['daɪsi] *adj* (*fam*) riskant
dick [dɪk] *n* ❶ (*pej!: stupid man*) Idiot *m* ❷ (*vulg: penis*) Schwanz *m*
dickey bow *n* BRIT (*fam*) Fliege *f*
dicky ['dɪki] *adj* BRIT, AUS (*sl*) *heart* schwach
dictate [dɪk'teɪt] I. *vt* ❶ (*command*) befehlen ❷ (*recite*) diktieren II. *vi* ▪**to** ~ **to sb** jdm Vorschriften machen
dictation [dɪk'teɪʃən] *n* Diktat *nt*
dictator [dɪk'teɪtəʳ] *n* ❶ (*a. fig*) Diktator *m* ❷ (*reciter*) Diktierende(r) *f(m)*
dictatorship [dɪk'teɪtəʃɪp] *n* Diktatur *f*
dictionary ['dɪkʃənəri] *n* Wörterbuch *nt*
did [dɪd] *pt of* **do**
didn't ['dɪdənt] = **did not** *see* **do**
die[1] [daɪ] *n* <*pl* dice> Würfel *m* ▸**the** ~ **is cast** die Würfel sind gefallen
die[2] <-y-> [daɪ] I. *vi* ❶ sterben (**of** an) ❷ (*end*) vergehen ❸ (*fam: not work*) kaputtgehen; *battery* leer werden ▸**to** ~ **hard** nicht totzukriegen sein II. *vt* sterben ♦ **die away** *vi* schwinden; *sobs* nachlassen; *sound* verhallen ♦ **die back** *vi* absterben ♦ **die down** *vi noise* leiser werden; *rain, wind* schwächer werden; *storm* sich legen ♦ **die off** *vi* aussterben, BOT absterben ♦ **die out** *vi* aussterben
dieback *n* [Ab]sterben *nt* [von Bäumen/Ästen]
diesel ['di:zəl] *n no pl* ❶ Diesel[kraftstoff] *m;* **to run on** ~ mit Diesel fahren ❷ (*vehicle*) Dieselfahrzeug *nt,* Diesel *m*
diesel engine *n* Dieselmotor *m*
diet [daɪət] I. *n* ❶ Nahrung *f;* (*controlled*) Diät *f;* **on a** ~ auf Diät ❷ (*scheme*) Diät *f,* Schlankheitskur *f* II. *vi* Diät halten III. *adj* Diät-
dietary ['daɪətəri] *adj* Ernährungs-, Ess-; (*controlled*) Diät-
dietary fibre *n no pl* Ballaststoffe *pl*
differ ['dɪfəʳ] *vi* ❶ (*be unlike*) sich unterscheiden ❷ (*not agree*) verschiedener Meinung sein
difference ['dɪfərən(t)s] *n* ❶ Unterschied *m;* ~ **in quality** Qualitätsunterschied *m* ❷ (*margin*) Differenz *f;* (*remainder*) Rest *m* ❸ (*disagreement*) Meinungsverschiedenheit *f*
different ['dɪfərənt] *adj* ❶ anders *präd,* andere(r, s) *attr;* **something** ~ etwas anderes; *opinions* unterschiedlich ❷ (*unusual*) ungewöhnlich
differentiate [ˌdɪfə'ren(t)ʃieɪt] *vi, vt* unterscheiden
difficult ['dɪfɪkəlt] *adj* schwierig, schwer; *person* anspruchsvoll; *situation* heikel
difficulty ['dɪfɪkəlti] *n* ❶ *no pl* (*effort*) **with** ~ mit Mühe ❷ *no pl* (*problematic nature*) Schwierigkeit *f* ❸ (*trouble*) Problem *nt,* Schwierigkeit *f*
diffract [dɪ'frækt] *vt* PHYS beugen
diffusion [dɪ'fju:ʒən] *n no pl* Verbreitung *f;* SOCIOL Ausbreitung *f;* CHEM, PHYS Diffusion *f*
dig [dɪg] I. *n* ❶ ARCHEOL Ausgrabung *f* ❷ (*thrust*) Stoß *m;* ~ **in the ribs** Rippenstoß *m;* (*fig: cutting remark*) Seitenhieb *m* (**at** auf) ❸ *esp* BRIT (*fam*) ▪~**s** *pl* [Studenten]bude *f* II. *vi* <-gg-, dug, dug> graben (**for** nach) III. *vt* <-gg-, dug, dug> ❶ graben ❷ ARCHEOL ausgraben ♦ **dig in** I. *vi* ❶ (*fam: begin eating*) zulangen ❷ MIL sich eingraben II. *vt* untergraben ♦ **dig out** *vt* ausgraben *a. fig* ♦ **dig up** *vt* ❶ (*turn over*) umgraben ❷ (*remove*) ausgraben; ARCHEOL freilegen
digest I. *vt* [daɪ'dʒest] ❶ verdauen *a. fig* ❷ CHEM auflösen II. *n* ['daɪdʒest] Auswahl *f* (**of** aus)
digestible [dɪ'dʒestəbl] *adj* verdaulich
digestion [dɪ'dʒestʃən] *n* Verdauung *f*
digger ['dɪgəʳ] *n* Gräber(in) *m(f);* ARCHEOL Ausgräber(in) *m(f);* (*machine*) Bagger *m*
digicam ['dɪdʒɪkæm] *n short for* **digital camera** Digital-Kamera *f*
digit ['dɪdʒɪt] *n* ❶ MATH Ziffer *f;* **three-~ number** dreistellige Zahl ❷ (*finger*) Finger *m;* (*toe*) Zehe *f*
digital ['dɪdʒɪtəl] *adj* digital, Digital-
digitalize ['dɪdʒɪtəlaɪz] *vt* digitalisieren

digital radio *n no pl* Digital Radio *nt*
digitizer ['dɪdʒɪtaɪzəʳ] *n* COMPUT Digitalisierer *m*
dignified ['dɪgnɪfaɪd] *adj* würdig, würdevoll
dignity ['dɪgnɪti] *n no pl* Würde *f;* **human** ~ Menschenwürde *f*
digress [daɪ'gres] *vi* abschweifen
digression [daɪ'greʃən] *n* Abschweifung *f,* Exkurs *m*
dike *n see* **dyke**
dilapidated [dɪ'læpɪdeɪtɪd] *adj* heruntergekommen; *house also* verfallen
dilate [daɪ'leɪt] **I.** *vi* sich weiten **II.** *vt* erweitern
diligent ['dɪlɪdʒənt] *adj* ❶ fleißig ❷ *(painstaking)* sorgfältig
dilute [daɪ'lu:t] **I.** *vt* ❶ verdünnen ❷ *(fig)* abschwächen **II.** *adj* verdünnt
dilution [daɪ'lu:ʃən] *n* ❶ *no pl* Verdünnen *nt* ❷ *(liquid)* Verdünnung *f*
dim <-mm-> [dɪm] **I.** *adj* ❶ *(not bright)* schwach, trüb; *(poorly lit)* schumm[e]rig ❷ *(indistinct)* undeutlich ❸ *(dull)* matt **II.** *vt* abdunkeln **III.** *vi* dunkler werden
dimension [ˌdaɪ'men(t)ʃən] *n* Dimension *f*
diminish [dɪ'mɪnɪʃ] **I.** *vt* vermindern **II.** *vi* sich vermindern; *pain* nachlassen
diminutive [dɪ'mɪnjətɪv] **I.** *adj* ❶ *(small)* winzig ❷ LING diminutiv **II.** *n* LING Verkleinerungsform *f*
dimmer ['dɪməʳ] *n,* **dimmer switch** *n* Dimmer *m,* Helligkeitsregler *m*
dim-witted *adj* dusselig *fam*
din [dɪn] **I.** *n no pl* Lärm *m;* **the ~ of the traffic** der Verkehrslärm **II.** *vt* ▪ **to ~ sth into sb** jdm etw einbläuen
dine [daɪn] *vi (form)* speisen
diner ['daɪnəʳ] *n* ❶ Speisende(r) *f(m);* (*in restaurant*) Gast *m* ❷ AM *Restaurant am Straßenrand mit Theke und Tischen*
dinghy ['dɪŋi] *n* Ding[h]i *nt*
dingy ['dɪndʒi] *adj* düster, schmuddelig; *colour* trüb
dining room *n* Esszimmer *nt;* (*larger*) Speisesaal *m*
dining table *n* Esstisch *m*
dinner ['dɪnəʳ] *n* ❶ Abendessen *nt;* (*warm lunch*) Mittagessen *nt;* ~ **'s ready!** das Essen ist fertig!; **to go out for** ~ essen gehen; **to have** ~ zu Abend/Mittag essen ❷ *(formal meal)* Diner *nt,* Festessen *nt*
dinner jacket *n* Smoking *m* **dinner party** *n* Abendgesellschaft *f* [mit Essen] **dinner service** *n,* **dinner set** *n* Tafelservice *nt* **dinner table** *n* (*in house*) Esstisch *m;* (*at formal event*) Tafel *f* **dinnertime** *n no pl* Essenszeit *f*
dinosaur ['daɪnəsɔːʳ] *n* Dinosaurier *m a. fig*
diode ['daɪəʊd] *n* Diode *f*
dip [dɪp] **I.** *n* ❶ [kurzes] Eintauchen *kein pl* ❷ *(sauce)* Dip *m* ❸ *(swim)* **to go for a** ~ kurz reinspringen ❹ *of road* Vertiefung *f* **II.** *vi* <-pp-> ❶ *(go down)* [ver]sinken; *(lower)* sich senken ❷ *(decline)* fallen; *profits* zurückgehen ❸ *(slope down)* abfallen **III.** *vt* <-pp-> ❶ *(immerse)* [ein]tauchen; (*in sauce*) [ein]tunken ❷ *(put into)* [hinein]stecken ❸ *(lower)* senken; *flag* dippen
◆ **dip into** *vi* ❶ *(read)* ▪ **to** ~ **into sth** einen kurzen Blick auf etw *akk* werfen ❷ *savings* angreifen; **to** ~ **into one's pocket** tief in die Tasche greifen
diploma [dɪ'pləʊmə] *n* Diplom *nt*
diplomacy [dɪ'pləʊməsi] *n no pl* Diplomatie *f a. fig*
diplomat ['dɪpləmæt] *n* Diplomat(in) *m(f) a. fig*
diplomatic [ˌdɪplə'mætɪk] *adj* diplomatisch *a. fig*
dipper ['dɪpəʳ] *n* ❶ ORN Taucher *m* ❷ *(ladle)* Schöpflöffel *m*
dippy ['dɪpi] *adj (sl)* verrückt *fam*
dipstick *n* [Öl]messstab *m*
dip switch *n* BRIT Abblendschalter *m*
direct [dɪ'rekt] **I.** *adj, adv* direkt; ~ **flight** Direktflug *m;* ~ **route** kürzester Weg; **to dial** ~ durchwählen **II.** *vt* ❶ *(control)* leiten; *traffic* regeln ❷ *(order)* anweisen ❸ *(aim)* richten (**at** an); *attention* lenken (**at** auf) ❹ *(give directions)* ▪ **to** ~ **sb to sth** jdm den Weg zu etw *dat* zeigen **III.** *vi* THEAT, FILM Regie führen; MUS dirigieren
direct debit *n no pl* BRIT, CAN Einzugsermächtigung *f* **direct hit** *n* Volltreffer *m*
direction [dɪ'rekʃən] *n* ❶ Richtung *f;* **sense of** ~ Orientierungssinn *m;* **to lack** ~ orientierungslos sein ❷ *no pl (supervision)* Leitung *f* ❸ *no pl* FILM, TV, THEAT Regie *f* ❹ *(instructions)* ▪ ~**s** *pl* Anweisungen *pl*
directive [dɪ'rektɪv] *n* [An]weisung *f*
directly [dɪ'rektli] **I.** *adv* direkt; **I'll be with you** ~ ich bin gleich bei Ihnen; ~ **after/before** unmittelbar danach/davor **II.** *conj* sobald

director [dɪˈrektəʳ] *n* ❶ *of company* Direktor(in) *m(f)* ❷ (*board member*) Mitglied *nt* des Verwaltungsrats ❸ FILM, THEAT Regisseur(in) *m(f); of orchestra* Dirigent(in) *m(f)*

directory [dɪˈrektəri] *n* Telefonbuch *nt;* (*list*) Verzeichnis *nt;* **business** ~ Branchenverzeichnis *nt*

directory assistance *n no pl* AM, AUS *see* **directory enquiries**

directory enquiries *npl* BRIT [Telefon]auskunft *f kein pl*

dirt [dɜːt] *n no pl* ❶ Schmutz *m*, Dreck *m;* **covered in** ~ ganz schmutzig ❷ (*soil*) Erde *f* ❸ (*scandal*) **to dig for** ~ nach Skandalen suchen

dirt cheap *adj* (*fam*) spottbillig

dirty [ˈdɜːti] **I.** *adj* ❶ dreckig, schmutzig ❷ (*fam: nasty*) gemein; *liar* dreckig ❸ (*fam: lewd*) schmutzig; *language* vulgär **II.** *adv* ❶ BRIT, AUS (*sl*) ~ **great** riesig ❷ (*dishonestly*) **to play** ~ unfair spielen ❸ (*obscenely*) **to talk** ~ sich vulgär ausdrücken **III.** *vt* beschmutzen **IV.** *n no pl* BRIT, AUS (*fam*) ▶ **to do the** ~ **on sb** jdn [he]reinlegen

dirty bomb *n* schmutzige Bombe **dirty bomber** *n* Bombenattentäter(in) *m(f)* mit einer schmutzigen Bombe

disability [ˌdɪsəˈbɪləti] *n* Behinderung *f;* ~ **benefit** Erwerbsunfähigkeitsrente *f*

disabled [dɪˈseɪbld] **I.** *adj* ❶ (*handicapped*) behindert; **mentally** ~ geistig behindert ❷ (*for the handicapped*) Behinderten- **II.** *n* ▪ **the** ~ *pl* die Behinderten

disadvantage [ˌdɪsədˈvɑːntɪdʒ] **I.** *n* Nachteil *m;* (*state*) Benachteiligung *f;* **at a** ~ im Nachteil **II.** *vt* benachteiligen

disaffected [ˌdɪsəˈfektɪd] *adj* (*dissatisfied*) unzufrieden; (*estranged*) entfremdet

disagree [ˌdɪsəˈgriː] *vi* ❶ (*dissent*) nicht übereinstimmen; (*with plan, decision*) nicht einverstanden sein; (*with sb*) uneinig sein ❷ (*quarrel*) eine Auseinandersetzung haben

disagreeable [ˌdɪsəˈgriːəbl] *adj* ❶ (*unpleasant*) unangenehm ❷ (*unfriendly*) unsympathisch

disagreement [ˌdɪsəˈgriːmənt] *n* ❶ *no pl* Uneinigkeit *f* ❷ (*argument*) Meinungsverschiedenheit *f* (**over** um/über) ❸ *no pl* (*discrepancy*) Diskrepanz *f*

disallow [ˌdɪsəˈlaʊ] *vt* ❶ (*rule out*) nicht erlauben; SPORTS nicht anerkennen; *goal* annullieren ❷ LAW abweisen

disappear [ˌdɪsəˈpɪəʳ] *vi* ❶ verschwinden; **to** ~ **into thin air** sich in Luft auflösen ❷ (*become extinct*) aussterben

disappearance [ˌdɪsəˈpɪərən(t)s] *n no pl* ❶ Verschwinden *nt* ❷ (*extinction*) Aussterben *nt*

disappoint [ˌdɪsəˈpɔɪnt] *vt* enttäuschen

disappointed [ˌdɪsəˈpɔɪntɪd] *adj* enttäuscht (**at**/**about** über, **in**/**with** mit)

disappointing [ˌdɪsəˈpɔɪntɪŋ] *adj* enttäuschend; **how** ~! so eine Enttäuschung!

disappointment [ˌdɪsəˈpɔɪntmənt] *n* Enttäuschung *f*

disapprove [ˌdɪsəˈpruːv] *vi* dagegen sein; ▪ **to** ~ **of sth** etw missbilligen; ▪ **to** ~ **of sb** jdn ablehnen

disarray [ˌdɪsəˈreɪ] *n no pl* Unordnung *f;* **her hair was in** ~ ihr Haar war [ganz] zerzaust

disassemble [ˌdɪsəˈsembl] *vt* zerlegen

disaster [dɪˈzɑːstəʳ] *n* Katastrophe *f a. fig;* **the evening was a complete** ~ der Abend war der totale Reinfall

disastrous [dɪˈzɑːstrəs] *adj* katastrophal; *decision, impact* verhängnisvoll

disbelief [ˌdɪsbɪˈliːf] *n no pl* Unglaube *m;* **in** ~ ungläubig

disc [dɪsk] *n* ❶ Scheibe *f;* MED Bandscheibe *f* ❷ (*record*) [Schall]platte *f;* (*CD*) CD *f* ❸ COMPUT Diskette *f*

discard **I.** *vt* [dɪˈskɑːd] wegwerfen; *coat, hat* ablegen **II.** *n* [ˈdɪskɑːd] Ausschuss *m kein pl*

discerning [dɪˈsɜːnɪŋ] *adj* urteilsfähig; *palate* fein

discharge **I.** *vt* [dɪsˈtʃɑːdʒ] ❶ (*release*) entlassen (**from** aus) ❷ *weapon* abfeuern ❸ (*pay off*) begleichen ❹ (*perform*) erfüllen **II.** *vi* [dɪsˈtʃɑːdʒ] sich ergießen; *wound* eitern **III.** *n* [ˈdɪstʃɑːdʒ] ❶ *no pl* Entlassung *f* ❷ (*firing*) Abfeuern *nt kein pl* ❸ *of liquid* Ausströmen *nt kein pl* ❹ (*liquid*) Ausfluss *m kein pl* ❺ (*payment*) Begleichung *f*

disciple [dɪˈsaɪpl] *n* Anhänger(in) *m(f);* (*of Jesus*) Jünger *m*

disciplinary [ˌdɪsəˈplɪnəri] *adj* Disziplinar-; ~ **problems** Disziplinprobleme *pl*

discipline [ˈdɪsəplɪn] **I.** *n* Disziplin *f* **II.** *vt* ❶ ▪ **to** ~ **oneself** sich disziplinieren ❷ (*punish*) bestrafen

disc jockey *n* Diskjockey *m*

disclose [dɪsˈkləʊz] *vt* ❶ (*reveal*) bekannt geben ❷ (*uncover*) enthüllen

disclosure [dɪsˈkləʊzəʳ] *n* (*form*) ❶ *no pl*

Bekanntgabe *f* ❷ (*revelation*) Enthüllung *f*
disco ['dɪskəʊ] *n short for* **discotheque** Disco *f*, Disko *f*
discolor AM *see* **discolour**
discolour [dɪ'skʌlər] I. *vi* sich verfärben II. *vt* verfärben
discomfort [dɪ'skʌm(p)fət] *n* ❶ *no pl* Beschwerden *pl* (**in** mit) ❷ *no pl* (*uneasiness*) Unbehagen *nt*
disconcert [ˌdɪskən'sɜːt] *vt* beunruhigen
disconnect [ˌdɪskə'nekt] *vt* trennen; *electricity, gas, phone* abstellen
disconnected [ˌdɪskə'nektɪd] *adj* ❶ [ab]getrennt; (*without supply*) abgestellt ❷ (*incoherent*) zusammenhang[s]los
disconsolate [dɪ'skɒn(t)sələt] *adj* niedergeschlagen
discontented [dɪskən'tentɪd] *adj* unzufrieden
discontinue [ˌdɪskən'tɪnjuː] *vt* abbrechen; *product* auslaufen lassen; *service* einstellen
discotheque ['dɪskəːtek] *n* Diskothek *f*
discount I. *n* ['dɪskaʊnt] Rabatt *m* II. *vt* [dɪ'skaʊnt] ❶ (*disregard*) unberücksichtigt lassen; *possibility* nicht berücksichtigen ❷ (*reduce*) reduzieren
discourage [dɪ'skʌrɪdʒ] *vt* ❶ (*dishearten*) entmutigen ❷ (*dissuade*) ■**to** ~ **sth** von etw *dat* abraten
discouraging [dɪ'skʌrɪdʒɪŋ] *adj* entmutigend
discourteous [dɪ'skɜːtɪəs] *adj* (*form*) unhöflich
discover [dɪ'skʌvər] *vt* ❶ (*find out*) herausfinden ❷ (*find first*) entdecken *a. fig* ❸ (*find*) finden
discovery [dɪ'skʌvəri] *n* Entdeckung *f a. fig*
Discovery Day *n* CAN *no pl* Feiertag in Neufundland und Labrador
discredit [dɪ'skredɪt] I. *vt* ❶ (*disgrace*) in Verruf bringen, diskreditieren ❷ (*cause to appear false*) unglaubwürdig machen II. *n no pl* Misskredit *m*
discreditable [dɪ'skredɪtəbl] *adj* schändlich
discreet [dɪ'skriːt] *adj* ❶ diskret; *colour, pattern* dezent ❷ (*tactful*) taktvoll
discrepancy [dɪ'skrepən(t)si] *n* (*form*) Diskrepanz *f*
discretion [dɪ'skreʃən] *n no pl* ❶ Diskretion *f* ❷ (*judgement*) **to leave sth to sb's** ~ etw in jds Ermessen *nt* stellen; **at sb's** ~ nach jds Ermessen *nt*

discriminate [dɪ'skrɪmɪneɪt] I. *vi* ❶ (*differentiate*) unterscheiden ❷ (*be biassed*) diskriminieren II. *vt* unterscheiden
discriminating [dɪ'skrɪmɪneɪtɪŋ] *adj* (*approv*) kritisch; *palate* fein
discrimination [dɪˌskrɪmɪ'neɪʃən] *n no pl* ❶ (*bias*) Diskriminierung *f* ❷ (*taste*) [kritisches] Urteilsvermögen ❸ (*differentiation*) Unterscheidung *f*
discriminatory [dɪ'skrɪmɪnətəri] *adj* diskriminierend
discus <*pl* -es> ['dɪskəs] *n* Diskus *m*; (*event*) Diskuswerfen *nt*
discuss [dɪ'skʌs] *vt* ❶ besprechen ❷ (*debate*) erörtern, diskutieren
discussion [dɪ'skʌʃən] *n* Diskussion *f*; **to be open to/under** ~ zur Diskussion stehen; ~ **group** Diskussionsrunde *f*
discussion board *n* COMPUT, INET Diskussionsforum *nt*
discus thrower *n* Diskuswerfer(in) *m(f)*
disdainful [dɪs'deɪnfəl] *adj* (*form*) verächtlich
disease [dɪ'ziːz] *n* Krankheit *f a. fig*
diseased [dɪ'ziːzd] *adj* krank
disembark [ˌdɪsɪm'bɑːk] *vi* von Bord gehen
disentangle [ˌdɪsɪn'tæŋgl] *vt* entwirren; ■**to** ~ **oneself** sich befreien
disfavor AM *see* **disfavour**
disfavour [ˌdɪs'feɪvər] *n no pl* Missfallen *nt*; **to be in/fall into** ~ **with sb** bei jdm in Ungnade stehen/fallen
disgrace [dɪs'greɪs] I. *n no pl* Schande *f*; **to bring** ~ **on sb/sth** Schande über jdn/etw bringen II. *vt* ■**to** ~ **sb** Schande über jdn bringen
disgraceful [dɪs'greɪsfəl] *adj* schändlich; *behaviour* skandalös
disgruntled [dɪs'grʌntld] *adj* verstimmt (**with** über)
disguise [dɪs'gaɪz] I. *vt* verbergen; *voice* verstellen; ■**to** ~ **oneself** sich verkleiden II. *n* Verkleidung *f*; (*mask*) Maske *f*
disgust [dɪs'gʌst] I. *n no pl* ❶ Ekel *m* ❷ (*indignation*) Empörung *f* (**at** über); **in** ~ empört II. *vt* anwidern
disgusting [dɪs'gʌstɪŋ] *adj* ❶ widerlich ❷ (*unacceptable*) empörend
dish [dɪʃ] *n* <*pl* -es> ❶ Schale *f*; AM (*plate*) Teller *m* ❷ (*crockery*) ■**the** ~ **es** *pl* das Geschirr *kein pl*; **to do the** ~ **es** [ab]spülen ❸ (*meal*) Gericht *nt*; **side** ~ Beilage *f* ❹ TELEC

Schüssel *f* ♦ **dish out** *vt* ❶ (*give freely*) großzügig verteilen (**to** an); **to ~ out punishment to sb** jdn [be]strafen; **to ~ it out** austeilen ❷ (*serve*) servieren ♦ **dish up** (*fam*) **I.** *vt* auftischen **II.** *vi* anrichten

dish aerial *n* BRIT Satellitenschüssel *f*

dishcloth *n* Geschirrtuch *nt*

dishearten [dɪsˈhɑːtᵊn] *vt* entmutigen

dishonest [dɪsˈɒnɪst] *adj* unehrlich

dishonesty [dɪˈsɒnɪsti] *n* ❶ *no pl* Unehrlichkeit *f* ❷ (*act*) Unredlichkeit *f*

dishonor AM *see* **dishonour**

dishonour [dɪsˈɒnəʳ] **I.** *n no pl* Schande *f* (**to** für); **to bring ~ on sb** jdm Schande bereiten **II.** *vt* ❶ (*disgrace*) ▪ **to ~ sb/sth** dem Ansehen einer Person/Sache schaden ❷ (*not respect*) verletzen

dishrag *n* AM *see* **dishcloth**

dishwasher *n* Geschirrspülmaschine *f*; (*person*) Tellerwäscher(in) *m(f)*

dishy [ˈdɪʃi] *adj* BRIT, AUS (*sl*) sexy *fam*

disillusioned [dɪsɪˈluːʒᵊnd] *adj* desillusioniert

disinclined [ˌdɪsɪnˈklaɪnd] *adj* abgeneigt

disinfectant [ˌdɪsɪnˈfektənt] *n* Desinfektionsmittel *nt*

disintegrate [dɪˈsɪntɪɡreɪt] *vi* zerfallen; (*fig*) zerbrechen

disinterested [dɪˌsɪntrəstɪd, -trɪst-] *adj* ❶ (*impartial*) unparteiisch ❷ (*uninterested*) desinteressiert

disjointed [dɪsˈdʒɔɪntɪd] *adj* zusammenhanglos

disk [dɪsk] *n* ❶ COMPUT Diskette *f*; **~ drive** Laufwerk *nt* ❷ AM *see* **disc**

disk drive *n* COMPUT Laufwerk *nt*; **floppy ~** Diskettenlaufwerk *nt*

diskette [dɪˈsket] *n* Diskette *f*

disk operating system *n* COMPUT Plattenbetriebssystem *nt*

dislike [dɪsˈlaɪk] **I.** *vt* nicht mögen; ▪ **to ~ doing sth** etw nicht gern tun **II.** *n* Abneigung *f* (**of** gegen)

dislocate [ˈdɪsləʊkeɪt] *vt* ▪ **to ~ sth** sich *dat* etw ausrenken

dislodge [dɪsˈlɒdʒ] *vt* lösen; *person* verdrängen

disloyalty [dɪsˈlɔɪəlti] *n no pl* Illoyalität *f* (**to** gegenüber)

dismal [ˈdɪzməl] *adj* ❶ (*gloomy*) düster ❷ (*dreary*) trostlos

dismantle [dɪsˈmæntl] *vt* zerlegen; (*fig*) demontieren

dismay [dɪsˈmeɪ] **I.** *n no pl* Bestürzung *f* (**at/with** über) **II.** *vt* schockieren

dismiss [dɪsˈmɪs] *vt* ❶ (*ignore*) abtun; *idea* aufgeben ❷ (*send away*) wegschicken ❸ (*sack*) entlassen ❹ LAW *case* einstellen

dismissal [dɪsˈmɪsᵊl] *n* ❶ *no pl* (*disregard*) Abtun *nt* ❷ (*the sack*) Entlassung *f* (**from** aus) ❸ LAW *of case* Abweisung *f*

dismount [dɪsˈmaʊnt] *vi* absteigen

disobedience [ˌdɪsə(ʊ)ˈbiːdiən(t)s] *n no pl* Ungehorsam *m* (**to** gegenüber)

disobedient [ˌdɪsə(ʊ)ˈbiːdiənt] *adj* ungehorsam; ▪ **to be ~ to[wards] sb** jdm nicht gehorchen

disobey [ˌdɪsə(ʊ)ˈbeɪ] **I.** *vt orders* nicht befolgen; ▪ **to ~ sb** jdm nicht gehorchen **II.** *vi* ungehorsam sein

disorder [dɪˈsɔːdəʳ] *n* ❶ *no pl* (*disarray*) Unordnung *f*; **to retreat in ~** sich ungeordnet zurückziehen ❷ MED [Funktions]störung *f*; **circulatory ~** Kreislaufstörung *f* ❸ *no pl* (*riot*) Aufruhr *m*; **civil ~** Bürgerunruhen *pl*

disordered [dɪˈsɔːdəd] *adj* unordentlich; *health* gestört

disorderly [dɪˈsɔːdəli] *adj* ❶ (*untidy*) unordentlich ❷ (*unruly*) aufrührerisch

disorganization [dɪˌsɔːɡənaɪˈzeɪʃən] *n no pl* Durcheinander *nt*

disorganized [dɪˈsɔːɡənaɪzd] *adj* schlecht organisiert; *person* unordentlich

disoriented *adj* desorientiert

disown [dɪˈsəʊn] *vt* verleugnen; (*hum a.*) nicht mehr kennen

dispassionate [dɪˈspæʃᵊnət] *adj* objektiv

dispatch [dɪˈspætʃ] **I.** *n* <*pl* -es> ❶ (*item sent*) Sendung *f* ❷ *no pl* (*sending*) Verschicken *nt*; *of person* Entsendung *f* ❸ (*report*) [Auslands]bericht *m*; MIL [Kriegs]bericht *m* **II.** *vt* senden

dispel <-ll-> [dɪˈspel] *vt* zerstreuen

dispensable [dɪˈspen(t)səbl] *adj* entbehrlich

dispense [dɪˈspens] **I.** *vt* austeilen (**to** an); *advice* erteilen **II.** *vi* ▪ **to ~ with sth** auf etw *akk* verzichten

dispenser [dɪˈspensəʳ] *n* Automat *m*

dispensing chemist [dɪˌspen(t)sɪŋˈ-] *n* BRIT, AUS Apotheker(in) *m(f)* **dispensing machine** *n* Automat *m* **dispensing optician** *n* BRIT Optiker(in) *m(f)*

disperse [dɪˈspɜːs] **I.** *vt* ❶ (*dispel*) auflösen;

crowd zerstreuen ❷ (*distribute*) verteilen II. *vi* auseinandergehen

dispirited [dɪˈspɪrɪtɪd] *adj* entmutigt

displace [dɪsˈpleɪs] *vt* ❶ (*oust*) vertreiben ❷ (*replace*) ersetzen ❸ PHYS verdrängen

display [dɪˈspleɪ] I. *vt* ❶ (*on notice board*) aushängen; (*in shop window*) auslegen ❷ (*demonstrate*) zeigen ❸ (*flaunt*) zur Schau stellen II. *n* ❶ (*in museum, shop*) Auslage *f* ❷ (*performance*) Vorführung *f* ❸ (*demonstration*) Demonstration *f* ❹ COMPUT Display *nt*

display window *n* Schaufenster *nt*

displease [dɪsˈpliːz] *vt* ■ **to** ~ **sb** jdm missfallen

displeasure [dɪsˈpleʒəʳ] *n no pl* Missfallen *nt* (**at** über)

disposable [dɪˈspəʊzəbl] I. *adj* ❶ *articles* Wegwerf-; ~ **razor** Einwegrasierer *m*; ~ **towel** Einmalhandtuch *nt* ❷ (*available*) verfügbar II. *n* ■ ~**s** *pl* Wegwerfartikel *pl*

disposal [dɪˈspəʊzəl] *n* ❶ *no pl* Beseitigung *f*; *of waste* Entsorgung *f* ❷ AM Müllschlucker *m* ❸ (*control*) Verfügung *f*

dispose [dɪˈspəʊz] *vt* (*form*) ■ **to** ~ **sb to[wards] sth** jdn zu etw *dat* bewegen

disposed [dɪˈspəʊzd] *adj* (*form*) **to be** ~ **to do sth** geneigt sein, etw zu tun

dispossess [ˌdɪspəˈzes] *vt* enteignen

disproportionate [ˌdɪsprəˈpɔːʃənət] *adj* unangemessen

disprove [dɪˈspruːv] *vt* widerlegen

disputable [dɪˈspjuːtəbl] *adj* strittig

dispute I. *vt* ❶ (*argue*) ■ **to** ~ **sth** sich über etw *akk* streiten ❷ (*oppose*) bestreiten II. *vi* streiten III. *n* Streit *m* (**over** über)

disqualification [dɪˌskwɒlɪfɪˈkeɪʃən] *n* Ausschluss *m*; SPORTS Disqualifikation *f*

disqualify <-ie-> [dɪˈskwɒlɪfaɪ] *vt* ❶ (*expel*) ausschließen; SPORTS disqualifizieren ❷ LAW **to** ~ **sb from driving** jdm den Führerschein entziehen

disquieting [dɪˈskwaɪətɪŋ] *adj* (*form*) beunruhigend

disregard [ˌdɪsrɪˈgɑːd] I. *vt* ignorieren II. *n no pl* Gleichgültigkeit *f* (**for** gegenüber)

disrepair [ˌdɪsrɪˈpeəʳ] *n no pl* Baufälligkeit *f*; **to fall into** ~ verfallen

disreputable [dɪsˈrepjətəbl] *adj* verrufen

disrepute [ˌdɪsrɪˈpjuːt] *n* Verruf *m kein pl*

disrespect [ˌdɪsrɪˈspekt] I. *n no pl* Respektlosigkeit *f* (**for** gegenüber) II. *vt* AM (*fam*) beleidigen

disrespectful [ˌdɪsrɪˈspektfəl] *adj* respektlos

disrupt [dɪsˈrʌpt] *vt* ❶ (*disturb*) stören ❷ (*form: destroy*) zerstören

disruption [dɪsˈrʌpʃən] *n* ❶ (*interruption*) Unterbrechung *f* ❷ *no pl* (*disrupting*) Störung *f*

disruptive [dɪsˈrʌptɪv] *adj* störend; ~ **influence** Störelement *nt*; (*person*) Unruhestifter *m*

dissatisfaction [dɪsˌsætɪsˈfækʃən] *n no pl* Unzufriedenheit *f*

dissatisfied [dɪsˈsætɪsfaɪd] *adj* unzufrieden

dissect [dɪˈsekt, daɪ-] *vt* ❶ (*cut open*) sezieren ❷ (*fig*) analysieren

dissection [dɪˈsekʃən, daɪ-] *n* ❶ *no pl* (*dissecting*) Sezieren *nt* ❷ (*instance*) Sektion *f*

dissent [dɪˈsent] I. *n no pl* ❶ (*disagreement*) Meinungsverschiedenheit *f* ❷ (*protest*) Widerspruch *m* II. *vi* dagegen stimmen; (*disagree*) anderer Meinung sein

dissimilar [dɪsˈsɪmɪləʳ] *adj* unterschiedlich

dissolve [dɪˈzɒlv] I. *vi* ❶ (*be absorbed*) sich auflösen ❷ (*subside*) **to** ~ **in[to] giggles** loskichern ❸ (*dissipate*) verschwinden II. *vt* ❶ (*liquefy*) [auf]lösen ❷ (*annul*) auflösen

dissuade [dɪˈsweɪd] *vt* abbringen

distance [ˈdɪstəns, -n(t)s] I. *n* ❶ (*route*) Strecke *f* ❷ (*measure*) Entfernung *f*; [**with**]**in shouting** ~ in Rufweite ❸ *no pl* (*remoteness*) Ferne *f*; **from a** ~ von weitem ❹ (*fig: aloofness*) Distanz *f kein pl* II. *vt* ■ **to** ~ **oneself** sich distanzieren

distant [ˈdɪstənt] *adj* ❶ (*far*) fern ❷ (*aloof*) unnahbar

distantly [ˈdɪstəntli] *adv* ❶ (*far*) in der Ferne ❷ (*loftily*) distanziert ❸ (*absently*) abwesend

distasteful [dɪˈsteɪstfəl] *adj* abscheulich

distillery [dɪˈstɪləri] *n* Brennerei *f*

distinct [dɪˈstɪŋ(k)t] *adj* ❶ (*different*) verschieden; ■ **to be** ~ **from sth** sich von etw *dat* unterscheiden ❷ (*clear*) deutlich

distinction [dɪˈstɪŋ(k)ʃən] *n* ❶ (*difference*) Unterschied *m* ❷ *no pl* (*eminence*) **of** [**great**] ~ von hohem Rang ❸ *no pl* (*honour*) Ehre *f* ❹ (*award*) Auszeichnung *f*; ■ **with** ~ ausgezeichnet

distinctive [dɪˈstɪŋ(k)tɪv] *adj* charakteristisch

distinguish [dɪˈstɪŋgwɪʃ] I. *vi* unterscheiden II. *vt* ❶ (*tell apart*) unterscheiden; (*positively*) abheben ❷ (*discern*) ausmachen

[können]

distinguishable [dɪˈstɪŋgwɪʃəbl] *adj* unterscheidbar; **to be clearly ~** leicht zu unterscheiden sein

distinguished [dɪˈstɪŋgwɪʃt] *adj* ❶ (*eminent*) *career* hervorragend; *person* von hohem Rang *nach n;* ■ **to be ~ for sth** sich durch etw *akk* auszeichnen ❷ (*stylish*) distinguiert

distort [dɪˈstɔːt] *vt* ❶ verzerren ❷ (*fig*) verdrehen

distortion [dɪˈstɔːʃən] *n* ❶ Verzerrung *f;* *of face* Entstellung *f* ❷ (*fig*) Verdrehung *f*

distract [dɪˈstrækt] *vt* ablenken

distracted [dɪˈstræktɪd] *adj* verwirrt; (*worried*) besorgt

distraction [dɪˈstrækʃən] *n* ❶ (*disturbance*) Störung *f;* **sb finds sth a ~** etw stört jdn ❷ (*diversion*) Ablenkung *f* ❸ (*entertainment*) Zerstreuung *f*

distress [dɪˈstres] **I.** *n no pl* ❶ (*pain*) Leid *nt;* (*anguish*) Kummer *m* ❷ (*despair*) Verzweiflung *f* ❸ (*exhaustion*) Erschöpfung *f* ❹ (*emergency*) Not *f* **II.** *vt* quälen

distressed [dɪˈstrest] *adj* ❶ (*unhappy*) bekümmert ❷ (*shocked*) erschüttert (**at** über) ❸ (*in difficulties*) ■ **to be ~** in Not sein

distressful [dɪˈstresfəl] *adj* Am *see* **distressing**

distressing [dɪˈstresɪŋ] *adj* ❶ (*worrying*) erschreckend ❷ (*painful*) schmerzlich

distribute [dɪˈstrɪbjuːt, Brit *a.* ˈdɪstrɪ-] *vt* verteilen; *goods* vertreiben; **widely ~d** weit verbreitet

distribution [ˌdɪstrɪˈbjuːʃən] *n no pl* ❶ (*sharing*) Verteilung *f* ❷ (*scattering*) Verbreitung *f* ❸ Econ Vertrieb *m*

distribution chain *n* Vertriebsnetz *nt*

district [ˈdɪstrɪkt] *n* Gebiet *nt;* (*in town/ country*) Bezirk *m*

district attorney *n* Am Staatsanwalt, Staatsanwältin *m, f* **district council** *n* Brit Bezirksamt *nt*

distrust [dɪˈstrʌst] **I.** *vt* ■ **to ~ sb/sth** jdm/ etw misstrauen **II.** *n no pl* Misstrauen *nt* (**of** gegen)

distrustful [dɪˈstrʌstfəl] *adj* misstrauisch (**of** gegen)

disturb [dɪˈstɜːb] **I.** *vt* ❶ (*interrupt*) stören ❷ (*worry*) beunruhigen ❸ (*disarrange*) durcheinanderbringen **II.** *vi* stören; "**do not ~**" „bitte nicht stören"

disturbance [dɪˈstɜːbən(t)s] *n* ❶ *no pl* (*annoyance*) Belästigung *f* ❷ (*distraction*) Störung *f*

disturbed [dɪˈstɜːbd] *adj* ❶ beunruhigt ❷ Psych [geistig] verwirrt

disturbing [dɪˈstɜːbɪŋ] *adj* beunruhigend

disunity [dɪsˈjuːnɪti] *n no pl* Uneinigkeit *f*

disuse [dɪsˈjuːs] *n no pl* Nichtgebrauch *m;* **to fall into ~** nicht mehr benutzt werden

disused [dɪsˈjuːzd] *adj* ungenutzt; *building* leer stehend; *warehouse* stillgelegt

ditch [dɪtʃ] **I.** *n <pl* -es*>* Graben *m* **II.** *vt* (*fam*) ❶ (*discard*) wegwerfen ❷ (*break off*) ■ **to ~ sb** jdm den Laufpass geben

dither [ˈdɪðər] **I.** *n no pl* **in a ~** ganz aufgeregt **II.** *vi* schwanken

ditto [ˈdɪtəʊ] *adv* (*likewise*) dito; (*me too*) ich auch

dive [daɪv] **I.** *n* ❶ [Kopf]sprung *m* ❷ *of plane* Sturzflug *m* ❸ (*dash*) ■ **to make a ~ for sth** einen [Hecht]sprung nach etw *dat* machen ❹ (*drop*) [Preis]sturz *m;* **to take a ~** fallen ❺ (*setback*) **to take a ~** einen Schlag erleiden ❻ Fball Schwalbe *f* **II.** *vi* <**dived** *or* Am **dove, dived** *or* Am **dove**> ❶ einen Kopfsprung ins Wasser machen; (*underwater*) tauchen ❷ *plane, bird* ■ **to make** einen Sturzflug machen

diver [ˈdaɪvər] *n* ❶ Taucher(in) *m(f)* ❷ (*bird*) Taucher *m*

diverge [daɪˈvɜːdʒ] *vi* auseinandergehen; ■ **to ~ from sth** von etw *dat* abweichen

diverse [ˈdaɪvɜːs] *adj* ❶ (*varied*) vielfältig ❷ (*unalike*) unterschiedlich

diversion [daɪˈvɜːʃən] *n* ❶ *no pl* (*rerouting*) Verlegung *f* ❷ (*distraction*) Ablenkung *f*

diversity [daɪˈvɜːsəti] *n no pl* Vielfalt *f*

divert [daɪˈvɜːt] *vt* ❶ (*reroute*) verlegen; *traffic* umleiten ❷ (*reallocate*) anders einsetzen ❸ (*distract*) ablenken

diverting [daɪˈvɜːtɪŋ] *adj* unterhaltsam

divide [dɪˈvaɪd] **I.** *n* ❶ (*gulf*) Kluft *f* ❷ (*boundary*) Grenze *f* ❸ Am (*watershed*) Wasserscheide *f* **II.** *vt* ❶ (*split*) teilen ❷ (*share*) aufteilen ❸ Math teilen (**by** durch) ❹ (*separate*) trennen ❺ (*disunite*) spalten **III.** *vi* ❶ (*split*) sich teilen ❷ Math dividieren ♦ **divide off** *vt* [ab]teilen ♦ **divide up I.** *vt* aufteilen **II.** *vi* sich teilen

divided [dɪˈvaɪdɪd] *adj* uneinig

divided highway *n* Am, Aus Schnellstraße *f*

dividend [ˈdɪvɪdend] *n* Dividende *f;* (*fig*) to

pay ~s sich bezahlt machen
dividers [dɪˈvaɪdəz] *npl* Stechzirkel *m*
dividing line *n* Trennlinie *f*
diving [ˈdaɪvɪŋ] *n no pl* Tauchen *nt;* **to go ~** tauchen gehen
diving board *n* Sprungbrett *nt* **diving suit** *n* Taucheranzug *m*
divisible [dɪˈvɪzəbl] *adj* teilbar (**by** durch)
division [dɪˈvɪʒ³n] *n* ❶ *no pl* (*sharing*) Verteilung *f* ❷ *no pl* (*breakup*) Teilung *f* ❸ (*section*) Teil *m* ❹ *no pl* MATH Division *f* ❺ MIL Division *f* ❻ (*department*) Abteilung *f* ❼ (*league*) Liga *f*
divisor [dɪˈvaɪzəʳ] *n* MATH Divisor *m;* (*of fraction*) Nenner *m*
divorce [dɪˈvɔ:s] **I.** *n* Scheidung *f;* **~ proceedings** Scheidungsprozess *m;* **~ settlement** Beilegung *f* der Scheidung **II.** *vt* ❶ (*annul marriage*) ■**to ~ sb** sich von jdm scheiden lassen ❷ (*distance*) ■**to ~ oneself from sth** sich von etw *dat* trennen
divorcee [dɪˈvɔ:si:] *n* Geschiedene(r) *f(m)*
DIY [ˌdi:aɪˈwaɪ] *n no pl* BRIT, AUS *abbrev of* **do-it-yourself** Heimwerken *nt*
dizzy [ˈdɪzi] *adj* ❶ (*unsteady*) schwindlig; **~ spells** Schwindelanfälle *pl* ❷ (*vertiginous*) Schwindel erregend ❸ (*fam: silly*) einfältig
DNA [ˌdi:enˈeɪ] *n no pl abbrev of* **deoxyribonucleic acid** DNS *f*
do [du:] **I.** *aux vb* <does, did, done> ❶ (*negating verb*) **Tony ~esn't like olives** Tony mag keine Oliven; **I ~n't want to go yet!** ich will noch nicht gehen!; **I ~n't smoke** ich rauche nicht; **it ~esn't matter** das macht nichts; **~n't [you] speak to me like that!** sprich nicht so mit mir!; **~n't be silly** sei nicht albern!; BRIT, AUS **~n't let's argue about it** lasst uns deswegen nicht streiten ❷ (*forming question*) **~ you like children?** magst du Kinder?; **did he see you?** hat er dich gesehen?; **what did you say?** was hast du gesagt? ❸ (*for emphasis*) **~ come to our party** ach komm doch zu unserer Party; **can I come? — please ~!** kann ich mitkommen? — aber bitte! ❹ (*inverting verb*) **little ~es she know** sie hat echt keine Ahnung ❺ (*replacing verb*) **she runs much faster than he ~es** sie läuft viel schneller als er; **who ate the cake? — I did!/didn't!** wer hat den Kuchen gegessen? — ich!/ich nicht! ❻ (*requesting affirmation*) **you don't understand the question, ~ you?** Sie verstehen die Frage nicht, stimmt's? **II.** *vt* <does, did, done> ❶ (*perform, undertake*) tun, machen; **just ~ it!** mach's einfach!; **what's the front door ~ing open?** warum steht die Haustür offen?; **that was a stupid thing to ~** das war dumm!; **what have you done with my coat?** wo hast du meinen Mantel hingetan?; **what does your father ~?** was macht dein Vater beruflich?; **don't just stand there, ~ something!** stehen Sie doch nicht nur so rum, tun Sie was!; **I found someone to ~ the garden wall** ich habe jemanden gefunden, der die Gartenmauer bauen wird; **can you ~ me 20 photocopies of this report?** kannst du mir diesen Bericht 20-mal abziehen?; **to ~ the cooking/shopping** kochen/einkaufen; **to ~ the dishes** das Geschirr abspülen; **to ~ the flowers** die Blumen arrangieren; **where do you get your hair done?** zu welchem Friseur gehst du? ❷ (*solve*) lösen; **can you ~ this sum for me?** kannst du das für mich zusammenrechnen? ❸ (*fam: finish*) **are you done?** bist du jetzt fertig? ❹ (*suffice*) ■**to ~ sb** jdm genügen; **that'll ~ me nicely, thank you** das reicht mir dicke, danke! ❺ (*impersonate*) nachmachen ❻ (*fam: cheat*) übers Ohr hauen ❼ (*euph fam: have sex*) ■**to ~ it with sb** mit jdm schlafen ▶ **it isn't done** BRIT es ist nicht üblich; **that ~es it!** so, das war's jetzt!; **that's done it!** jetzt haben wir die Bescherung! **III.** *vi* <does, did, done> ❶ (*behave*) tun; **to ~ well to do sth** gut daran tun, etw zu tun; **~ as I ~** mach's wie ich; **~ as you're told** tu, was man dir sagt ❷ (*fare*) **sb is ~ing badly/fine** jdm geht es schlecht/gut; **mother and baby are ~ing well** Mutter und Kind sind wohlauf ❸ (*fam: finish*) **have you done?** bist du fertig?; **I haven't done with you yet** ich bin noch nicht fertig mit dir ❹ (*be acceptable, suffice*) **that'll ~** das ist o.k. so; **will £10 ~?** reichen 10 Pfund?; **this kind of behaviour just won't ~!** so ein Verhalten geht einfach nicht an! ▶ **that will ~** jetzt reicht's aber!; **how do you ~?** (*form: as introduction*) angenehm **IV.** *n* ❶ *esp* BRIT, AUS (*fam: party*) Fete *f* ❷ BRIT (*fam: treatment*) **fair ~s** gleiches Recht für alle ❸ (*allowed*) **the ~s and ~n'ts** was man tun und was man nicht tun sollte ◆**do away with** *vi* ❶ (*discard*) abschaffen ❷ (*fam: kill*) um die Ecke bringen ◆**do down** *vt* schlecht-

do in – do-gooder

machen ◆**do in** *vt* (*sl: kill*) kaltmachen; ■**to ~ oneself in** sich umbringen ◆**do out** *vt* dekorieren ◆**do over** *vt* (*fam*) ❶ BRIT, AUS (*beat up*) zusammenschlagen ❷ BRIT (*rob*) ausrauben ◆**do up** I. *vt* ❶ (*close*) zumachen; *shoes* zubinden; *zip* zuziehen ❷ (*adorn*) herrichten ❸ (*dress*) ■**to ~ oneself up** sich zurecht machen ❹ (*hair*) **to ~ up one's hair** sich *dat* die Haare hochstecken II. *vi dress* zugehen ◆**do with** *vi* ❶ BRIT (*fam: bear*) ■**sb can't ~ with sth** jd kann etw nicht ertragen ❷ BRIT (*fam: need*) brauchen ❸ (*deal with*) **it's to ~ with sth** es handelt sich um etw *akk* ◆**do without** *vi* ❶ (*not have*) auskommen ohne ❷ (*prefer not to have*) verzichten auf

doc [dɒk, AM dɑːk] *n* (*fam*) short for **doctor** Arzt, Ärztin *m, f*

dock[1] [dɒk] I. *n* ❶ (*wharf*) Dock *nt*; ■**the ~s** *pl* die Hafenanlagen *pl* ❷ AM (*pier*) Kai *m* II. *vi* NAUT anlegen III. *vt* ■**to ~ sth** etw eindocken; AEROSP etw aneinander koppeln

dock[2] [dɒk] *n no pl esp* BRIT LAW **to be in the ~** auf der Anklagebank sitzen

dock[3] [dɒk] *vt* (*reduce*) kürzen (**by** um)

docking ['dɒkɪŋ] *n no pl* ❶ NAUT Eindocken *nt*; AEROSP Ankoppeln *nt* ❷ (*reducing*) Kürzung *f*

dockyard *n* Werft *f*

Doc Martens [ˌdɒk'mɑːtɪnz] *npl* Doc Martens *pl*

doctor ['dɒktə[r]] I. *n* ❶ (*medic*) Arzt, Ärztin *m, f*; **at the ~'s** beim Arzt/bei der Ärztin ❷ (*academic*) Doktor *m* II. *vt* ❶ (*falsify*) fälschen ❷ (*poison*) vergiften ❸ AM (*add alcohol to*) mit Alkohol versetzen

doctoral ['dɒkt(ə)rəl] *adj attr* Doktor-; **~ degree** Doktorgrad *m*

doctoral dissertation *n*, **doctoral thesis** *n* Doktorarbeit *f*

doctorate ['dɒkt(ə)rət] *n* Doktor[titel] *m*

Eine **doctorate** (Doktorwürde) oder ein **doctor's degree** in einem Fach ist der höchste akademische Grad, den man normalerweise für eine wissenschaftliche Arbeit von einer Universität verliehen bekommt. Die am häufigsten verliehene **doctorate** ist eine **PhD** oder eine **DPhil (Doctor of Philosophy)** für eine Doktorarbeit in geisteswissenschaftlichen Fächern; weitere sind: **DMus (Doctor of Music), MD (Doctor of Medicine), LLD (Doctor of Laws),** und **DD (Doctor of Divinity,** Doktor der Theologie). Eine **honorary doctorate** (Ehrendoktor), z.B. einen **DLitt (Doctor of Letters)** oder einen **DSc (Doctor of Science)** kann eine Universität einer Persönlichkeit von hohem Rang auf Grund wichtiger Veröffentlichungen oder sonstiger Arbeiten verleihen.

doctor-recommended *adj* ärztlich empfohlen

document ['dɒkjəmənt] I. *n* Dokument *nt*; *travel* **~s** Reisepapiere *pl* II. *vt* dokumentieren

documentary [ˌdɒkjə'ment(ə)ri] I. *n* Dokumentation *f*, Dokumentarfilm *m* (**on** über) II. *adj* ❶ (*factual*) dokumentarisch, Dokumentar- ❷ (*official*) urkundlich, Urkunden-

docusoap ['dɒkjuːsəʊp, AM 'dɑːkjuːsoʊp] *n* Doku-Soap *f*

dodder ['dɒdə[r]] *vi* (*fam*) wacklig gehen

dodge [dɒdʒ] I. *vt* ❶ (*duck*) ausweichen ❷ (*evade*) sich entziehen; *military service* sich drücken vor II. *vi* ausweichen III. *n* (*fam*) Trick *m*

Dodgem® ['dɒdʒəm] *n*, **Dodgem car**® *n* Autoskooter *m*

dodgy ['dɒdʒi] *adj* BRIT, AUS (*fam*) ❶ (*unreliable*) zweifelhaft; *weather* unbeständig ❷ (*dishonest*) unehrlich

dodo <*pl* -s *or* -es> ['dəʊdəʊ] *n* Dodo *m* ▸ **as** <u>dead</u> **as a ~** völlig überholt

doer ['duːə[r]] *n* (*approv*) Macher *m*

does [dʌz, dəz] *vt*, *vi*, *aux vb 3rd pers sing of* **do**

doesn't [dʌzənt] = **does not** *see* **do I, II**

dog [dɒg] I. *n* ❶ Hund *m*; **good ~!** braver Hund!; **~ food** Hundefutter *nt* ❷ *pl* (*fam: races*) ■**the ~s** das Hunderennen ❸ (*pej sl*) **the** [**dirty**] **~!** der [gemeine] Hund! II. *vt* <-gg-> ❶ (*follow*) ständig verfolgen ❷ (*beset*) begleiten

dog biscuit *n* Hundekuchen *m* **dog collar** *n* ❶ Hundehalsband *nt* ❷ (*fam: of vicar*) Halskragen *m* [eines Geistlichen] **dog-eared** *adj* mit Eselsohren *nach n*

doggy bag *n* Beutel *für Speisereste*

doggy paddle *n* hundeartige Schwimmbewegungen

do-gooder *n* (*esp pej*) Weltverbesserer, Welt-

verbesserin *m, f*
dog-tired *adj* (*fam*) hundemüde **dog walker** *n* Hundeausführer(in) *m(f)*
doily ['dɔɪli] *n* Zierdeckchen *nt,* Platzdeckchen *nt*
doing ['du:ɪŋ] *n* ❶ *no pl* **to be sb's ~** jds Werk sein ❷ *pl* (*activities*) ■ **~s** Tätigkeiten *pl*
do-it-yourself [ˌdu:ɪtjɔ:'self] *n no pl see* **DIY**
dole [dəʊl] I. *n* ■ **the ~** das Arbeitslosengeld II. *vt* ■ **to ~ out** sparsam austeilen (**to** an)
doll [dɒl] I. *n* ❶ Puppe *f* ❷ (*fam: attractive woman*) Puppe *f* II. *vt* ■ **to ~ oneself up** sich herausputzen
dollar ['dɒlə^r] *n* Dollar *m*
dollar store *n* AM Ramschladen *m*
dollop ['dɒləp] *n* Klacks *m kein pl*
dolly ['dɒli] *n* ❶ Püppchen *nt* ❷ FILM Dolly *m*
dolphin ['dɒlfɪn] *n* Delphin *m*
dome [dəʊm] *n* Kuppel *f;* **~ roof** Kuppeldach *nt*
domestic [də'mestɪk] *adj* ❶ (*household*) häuslich; **~ work** Hausarbeit *f* ❷ ECON, POL inländisch; **~ airline** Inlandsfluggesellschaft *f;* **~ market** Binnenmarkt *m;* **~ policy** Innenpolitik *f;* **~ product** einheimisches Produkt
domestic violence *n* Gewalt *f* in der Familie
domiciled ['dɒmɪsaɪld] *adj pred* (*form*) ansässig, domiziliert
dominant ['dɒmɪnənt] *adj* ❶ (*controlling*) vorherrschend ❷ BIOL, MUS dominant
dominate ['dɒmɪneɪt] I. *vt* ❶ (*control*) beherrschen; **they ~d the rest of the match** sie gingen für den Rest des Spieles in Führung ❷ PSYCH dominieren II. *vi* dominieren
Dominica [ˌdɒmɪ'ni:kə] *n* Dominica *nt*
Dominican Republic *n* Dominikanische Republik
donate [də(ʊ)'neɪt] *vt, vi* spenden (**to** für)
donation [də(ʊ)'neɪʃ^ən] *n* ❶ (*contribution*) [Geld]spende *f;* (*endowment*) Stiftung *f;* **~s to political parties** Parteispenden *pl* ❷ *no pl* (*act of donating*) Spenden *nt*
done [dʌn] *pp of* **do**
dongle ['dɒŋgl] *n* COMPUT Dongle *nt fachspr*
donkey ['dɒŋki] *n* Esel *m a. fig*
donkey work *n no pl* (*fam*) Dreck[s]arbeit *f*
donor ['dəʊnə^r] *n* Spender(in) *m(f);* (*for large sums*) Stifter(in) *m(f)*
don't [dəʊnt] *see* **do not** *see* **do I, II**
donut *n* AM, AUS *see* **doughnut**

doodah ['du:dɑ:] *n* BRIT, AUS Dings[bums] *nt kein pl fam,* Dingsda *nt kein pl fam*
doodle ['du:dl] I. *vi* vor sich *akk* hinkritzeln II. *n* Gekritzel *nt kein pl*
doom [du:m] I. *n* ❶ (*fate*) Verhängnis *nt kein pl,* [schlimmes] Schicksal ❷ (*disaster*) Unheil *nt* II. *vt* verdammen
door [dɔ:^r] *n* ❶ Tür *f;* **to be on the ~** Türsteher sein; ■ **at the ~** an der Tür; **out of ~s** im Freien, draußen ❷ (*house*) **two ~s away** zwei Häuser weiter ❸ (*fig*) **to close the ~ on sth** etw ausschließen
doorbell *n* Türklingel *f* **doorknob** *n* Türknauf *m* **doorman** *n* Portier *m* **doormat** *n* ❶ Fußmatte *f,* Fußabstreifer *m bes* SÜDD ❷ (*fig, pej: person*) Waschlappen *m* **doorstep** *n* Türstufe *f;* **right on the ~** (*fig*) direkt vor der Haustür **doorway** *n* [Tür]eingang *m;* **to stand in the ~** in der Tür stehen
dope [dəʊp] I. *n* ❶ *no pl* (*fam: drug*) Rauschgift *nt* ❷ (*sl: idiot*) Trottel *m* II. *vt* dopen
dope dealer *n* (*fam*) Drogenhändler(in) *m(f)*
dopey ['dəʊpi] *adj* ❶ (*drowsy*) benebelt ❷ (*pej: silly*) blöd
dorm [dɔ:m] *n short for* **dormitory** Schlafsaal *m*
dormitory ['dɔ:mɪt^əri] *n* Schlafsaal *m*
dorsal ['dɔ:s^əl] *adj* Rücken-
DOS [dɒs] *n no pl, no art* COMPUT *acr for* **disk operating system** DOS *nt*
dosage ['dəʊsɪdʒ] *n* Dosis *f*
dose [dəʊs] I. *n* Dosis *f a. fig;* **in small ~s** (*fig*) in kleinen Mengen, [nur] für kürze Zeit II. *vt* [medizinisch] behandeln
doss [dɒs] *vi* BRIT, AUS (*fam*) pennen
dosser ['dɒsə^r] *n* BRIT (*pej sl*) ❶ (*homeless*) Penner(in) *m(f)* ❷ (*idle*) Faulenzer(in) *m(f)*
dosshouse *n* BRIT (*sl*) Penne *f*
dot [dɒt] I. *n* Punkt *m;* (*on material*) Tupfen *m;* **at eight o'clock on the ~** Punkt acht Uhr II. *vt* <-tt-> *usu passive* ■ **to be ~ted with sth** mit etw *dat* übersät sein
doting ['dəʊtɪŋ] *adj* vernarrt
double ['dʌbl] I. *adj* ❶ (*twice*) doppelt; **his salary is ~ what I get** sein Gehalt ist doppelt so hoch wie meins; **~ the price** doppelt so teuer ❷ (*two-part*) Doppel-; **~ door[s]** Flügeltür *f* II. *adv* ❶ (*twice as much*) doppelt so viel; **to charge sb ~** jdm das Doppelte berechnen ❷ (*two times*) **to see ~** doppelt sehen ❸ (*in the middle*) **to be bent ~** sich niederbeugen; (*with laughter, pain*) sich krüm-

men; **bent** ~ in gebückter Haltung **III.** *n* ① *no pl* (*quantity*) ■ **the** ~ das Doppelte ② (*whisky, gin*) Doppelte(r) *m* ③ (*doppelgänger*) Doppelgänger(in) *m(f)* ④ FILM Double *nt* ⑤ SPORTS ■ ~ **s** *pl* Doppel *nt;* **mixed** ~ **s** gemischtes Doppel ⑥ (*dice*) Pasch *m;* ~ **four** Viererpasch *m* ▸ ~ **or quits** doppelt oder nichts; **at the** ~ im Eiltempo **IV.** *vt* verdoppeln **V.** *vi* ① (*increase*) sich verdoppeln ② (*dual function*) eine Doppelfunktion haben ◆ **double back** *vi* kehrtmachen ◆ **double up** *vi* ① (*bend over*) sich krümmen ② (*share a room*) sich *dat* ein Zimmer teilen

double-barreled AM *see* **double-barrelled**
double-barrelled *adj* ① *gun* doppelläufig ② AM, AUS (*dual-purpose*) zweideutig ③ *esp* BRIT (*hyphenated*) ~ **name** Doppelname *m*
double bass *n* Kontrabass *m* **double bed** *n* Doppelbett *nt* **double-breasted** *adj* zweireihig; ~ **suit** Zweireiher *m* **double-check** *vt* (*verify again*) noch einmal überprüfen; (*verify in two ways*) zweifach überprüfen **double-cross I.** *vt* ■ **to** ~ **sb** mit jdm ein falsches Spiel treiben **II.** *n* <*pl* **-es**> Doppelspiel *nt* **double-decker** *n* Doppeldecker *m* **double Dutch** *n no pl* ① (*fam*) Kauderwelsch *nt* ② AM (*jump rope style*) Seilhüpfen *nt* mit zwei Seilen **double-edged** *adj* zweischneidig *a. fig* **double feature** *n* FILM Doppelprogramm *nt* **double-glazing** *n no pl* Doppelverglasung *f* **double-jointed** *adj* äußerst gelenkig **double-park** *vt, vi* in der zweiten Reihe parken **double-sided** *adj* doppelseitig **double time** *n no pl* ① **to be paid** ~ den doppelten Stundenlohn erhalten ② MIL Laufschritt *m*

doubt [daʊt] **I.** *n* ① *no pl* Zweifel *m* (**about** an); ■ **to be in** ~ ungewiss sein; **no** ~ zweifellos; **open to** ~ fraglich; **without a** ~ ohne jeden Zweifel; **to cast** ~ **on sth** etw in Zweifel ziehen ② (*reservation*) Ungewissheit *f,* Bedenken *pl* **II.** *vt* ① ■ **to** ~ **sb** jdm misstrauen; ■ **to** ~ **sth** Zweifel an etw *dat* haben ② (*question*) anzweifeln; ■ **to** ~ **sb** jdm nicht glauben ③ (*be unsure*) ■ **to** ~ **that ...** bezweifeln, dass ...; ■ **to** ~ **whether ...** zweifeln, ob ...

doubter ['daʊtə*r*] *n* Zweifler(in) *m(f),* Skeptiker(in) *m(f)*
doubtful ['daʊtfəl] *adj* ① (*expressing doubt*) zweifelnd ② (*uncertain*) unsicher, unschlüssig; ■ **to be** ~ **about sth** über etw *akk* im Zweifel sein ③ (*unlikely*) fraglich, ungewiss; ■ **to** ~ **whether ...** zweifelhaft sein, ob ...
doubtless ['daʊtləs] *adv* sicherlich
dough [dəʊ] *n* ① Teig *m* ② *no pl esp* AM (*sl: money*) Knete *f*
doughnut ['dəʊnʌt] *n* [Berliner] Pfannkuchen *m*
dove[1] [dʌv] *n* Taube *f a. fig*
dove[2] [dəʊv] *vi* AM *pt of* **dive**
Dover ['dəʊvə*r*] *n* Dover *nt*
down[1] [daʊn] **I.** *adv* ① (*to lower*) hinunter; (*to speaker*) herunter; "~!" (*to dog*) „Platz!" ② (*downwards*) nach unten; **head** ~ mit dem Kopf nach unten ③ (*in lower*) unten; ~ **here/there** hier/dort unten ④ (*in the south*) im Süden; (*towards the south*) in den Süden ⑤ (*away from centre*) außerhalb; **he has a house** ~ **by the harbour** er hat ein Haus draußen am Hafen ⑥ (*fam: badly off*) unten; **to be** ~ **on one's luck** eine Pechsträhne haben; **to kick sb when he's** ~ jdn treten, wenn er schon am Boden liegt ⑦ (*ill*) **to be** ~ **with sth** an etw *dat* erkrankt sein; **she's** ~ **with flu** sie liegt mit einer Grippe im Bett; **to come** ~ **with sth** etw kriegen ⑧ SPORTS im Rückstand ⑨ (*at/to lower amount*) **he was only $50** ~ er hatte erst 50 Dollar verloren; **to get the price** ~ den Preis drücken ⑩ (*including*) **from the mayor** ~ angefangen beim Bürgermeister ⑪ (*on paper*) **to have sth** ~ **in writing** etw schriftlich haben; **to get sb** ~ **for sth** jdn für etw *akk* vormerken ⑫ (*as initial payment*) als Anzahlung; **to pay £100** ~ 100 Pfund anzahlen ⑬ (*attributable*) ■ **to be** ~ **to sth** auf etw *akk* zurückzuführen sein; **to be** ~ **to sb** jds Sache sein; **it's all** ~ **to you now** nun ist es an Ihnen ⑭ **that suits me** ~ **to the ground** das ist genau das Richtige für mich **II.** *prep* ① (*in downward direction*) hinunter; (*towards the speaker*) herunter; **up and** ~ **the stairs** die Treppe rauf und runter; **she poured the milk** ~ **the sink** sie schüttete die Milch in den Abfluss ② **to come/go** ~ **the mountain** den Berg herunter-/hinuntersteigen ③ (*along*) entlang; **go** ~ **the street** gehen Sie die Straße entlang; **her hair reached** ~ **her back** ihre Haare bedeckten ihren ganzen Rücken; ~ **the river** flussabwärts ④ (*through time*) ~ **the centuries** die Jahrhunderte hindurch; ~ **the generations**

über Generationen hinweg ⑤ BRIT, AUS (fam: to) **we went ~ the pub** wir gingen in die Kneipe; **to go ~ the shops** einkaufen gehen III. adj <more down, most down> ① (moving downward) abwärtsführend ② (fam: unhappy) niedergeschlagen, down fam ③ (fam: disapproving) ■ **to be ~ on sb** jdn auf dem Kieker haben IV. vt ① (knock down) ■ **to ~ sb** jdn zu Fall bringen; BOXING jdn niederschlagen ② (shoot down) ■ **to ~ sth etw** abschießen ③ esp BRIT **to ~ tools** die Arbeit niederlegen ④ AM, AUS SPORTS (beat) schlagen ⑤ (drink quickly) hinunterkippen V. n ① (bad fortune) **we've had our ups and ~s** wir haben schon Höhen und Tiefen durchgemacht ② no pl (fam: dislike) ■ **to have a ~ on sb** jdn auf dem Kieker haben ③ AM FBALL Versuch m VI. interj **~ with taxes!** weg mit den Steuern!; **~ with the dictator!** nieder mit dem Diktator!

down² [daʊn] n no pl Daunen pl; **~ quilt** Daunendecke f

down-and-out I. adj heruntergekommen II. n (pej) Penner(in) m(f)

downcast adj ① (sad) niedergeschlagen ② eyes gesenkt

downfall n ① (ruin) Untergang m fig; of government Sturz m ② (cause) Ruin m; **drinking was his ~** das Trinken hat ihn ruiniert

downgrade I. vt herunterstufen; ■ **to ~ sb** jdn degradieren II. n ① (demotion) Degradierung f ② AM (slope) Gefälle nt

downhearted adj niedergeschlagen

downhill I. adv bergab, abwärts; **to go ~** heruntergehen; road, path bergab führen II. adj **it's all ~ from here** von hier geht es nur noch bergab; **to be ~ [all the way]** leichter werden

downlighter n Lampe f mit Lichtaustritt nach unten

download vt COMPUT herunterladen (**to** auf)

down payment n Anzahlung f; **to make [or put] a ~ on sth** eine Anzahlung für etw akk leisten

downpour n Regenguss m, Platzregen m

downright I. adj völlig; disgrace ausgesprochen; lie glatt; nonsense komplett II. adv ausgesprochen; **~ dangerous** schlichtweg gefährlich

downshifter ['daʊnʃɪftə^r] n Aussteiger(in) m(f)

downstairs I. adv die Treppe hinunter, nach unten; **there's a man ~** unten steht ein Mann II. adj ① (one floor down) im unteren Stockwerk nach n; **there's a ~ bathroom** unten gibt es ein Badezimmer ② (on the ground floor) im Erdgeschoss nach n III. n no pl Erdgeschoss nt

downstream I. adv stromabwärts II. adj stromabwärts gelegen

downtime n no pl MECH Ausfallzeit f

down-to-earth adj nüchtern

downtown n no pl, no art AM die Innenstadt

downturn n ECON Rückgang m; **economic ~** Konjunkturabschwung m

downward ['daʊnwəd] I. adj nach unten [gerichtet]; **to be on a ~ trend** sich im Abwärtstrend befinden II. adv esp AM see **downwards**

downwards ['daʊnwədz] adv ① (in/to lower) abwärts, nach unten, hinunter ② (to lower number) nach unten

doz. abbrev of **dozen** Dtzd.

doze [dəʊz] I. n Nickerchen nt; **to have a ~** ein Nickerchen machen II. vi dösen

dozen ['dʌzən] n Dutzend nt; **half a ~** ein halbes Dutzend; **two ~ people** zwei Dutzend Leute ▶ **to talk** <u>nineteen</u> **to the ~** reden wie ein Wasserfall

dozy ['dəʊzi] adj ① schläfrig ② BRIT (fam: stupid) dumm; **~ idiot** Trottel m

dp n, **DP** n COMPUT abbrev of **data processing** DV f

drab <-bb-> [dræb] adj trist; colours trüb

draft¹ [drɑːft] I. n ① (sketch) Entwurf m, Vorentwurf m; **rough ~** Rohentwurf m ② no pl (conscript) Einberufung f; **~ card** Einberufungsbescheid m; **~ order** Einberufungsbefehl m II. adj ① Entwurfs-; **~ contract** Vertragsentwurf m ② (conscription) Einberufungs-; **~ board** Wehrersatzbehörde f; **~ exemption** Befreiung f vom Wehrdienst III. vt ① (prepare) entwerfen; bill verfassen ② **to ~ sb into the army** jdn zum Wehrdienst einberufen

draft² [drɑːft] n, adj AM see **draught**

drafty adj AM see **draughty**

drag [dræg] I. n ① no pl PHYS Widerstand m; AVIAT Luftwiderstand m; NAUT Wasserwiderstand m ② no pl (fig: impediment) Hemmschuh m; ■ **a ~ on sb** ein Klotz an jds Bein ③ no pl (fam: bore) langweilige Sache; **what a ~!** so'n Mist! sl ④ no pl (fam: cross dress) Fummel m II. vt <-gg-> ① (tug) ziehen; **to**

~ **one's heels** schlurfen; (*fig*) sich *dat* Zeit lassen ❷(*coerce*) schleifen; **I don't want to ~ you away** ich will dich hier nicht wegreißen ❸(*involve*) ■**to ~ sb into sth** jdn in etw *akk* hineinziehen ❹(*force*) ■**to ~ sth out of sb** etw aus jdm herausbringen; **to ~ the truth out of sb** jdm die Wahrheit entlocken III. *vi* <-gg-> ❶(*trail*) schleifen ❷(*pej: proceed*) sich [da]hinziehen; **to ~ to a close** schleppend zu Ende gehen ♦**drag away** *vt* wegschleppen; **I can't ~ myself away from this view** ich kann mich von diesem Anblick nicht losreißen ♦**drag behind** *vi* trödeln, hinterherbummeln ♦**drag down** *vt* ❶herunterziehen; ■**to ~ sb down with one** jdn mit sich *dat* reißen ❷(*depress*) zermürben ♦**drag on** *vi* (*pej*) sich [da]hinziehen ♦**drag out** *vt* in die Länge ziehen ♦**drag up** *vt* (*fig*) wieder ausgraben

drag lift *n* Schlepplift *m*
dragon ['drægən] *n* ❶Drache *m* ❷(*woman*) Drachen *m* ❸AUS (*lizard*) Eidechse *f*
dragonfly *n* Libelle *f*
drag queen *n* Transvestit *m*, Tunte *f pej sl*
drain [dreɪn] I. *n* ❶(*pipe*) Rohr *nt*; (*under sink*) Abflussrohr *nt*; (*at roadside*) Gully *m*; **to be down the ~** für immer verloren sein ❷(*plumbing*) ■**~s** *pl* Kanalisation *f* ❸(*strain*) Belastung *f*; ■**to be a ~ on sth** eine Belastung für etw *akk* darstellen II. *vt* ❶entwässern; *vegetables* abgießen; *noodles/rice* abtropfen lassen ❷(*tire*) [völlig] auslaugen III. *vi* ❶(*flow away*) ablaufen ❷(*become dry*) *food, washing-up* abtropfen ♦**drain away** *vi* ablaufen; (*fig*) [dahin]schwinden ♦**drain off** *vt water* abgießen; *noodles/rice* abtropfen lassen

draining board ['dreɪnɪŋ-] *n* Abtropfbrett *nt*
drainpipe *n* Regenrohr *nt*; (*for sewage*) Abflussrohr *nt*
drama ['drɑːmə] I. *n* ❶*no pl* (*art*) Schauspielkunst *f* ❷(*work*) Drama *nt a. fig*; **television ~** Fernsehspiel *nt* II. *adj* ~ **critic** Theaterkritiker(in) *m(f)*; ~ **school** Schauspielschule *f*
dramatic [drəˈmætɪk] *adj* ❶dramatisch ❷(*pej: theatrical*) theatralisch ❸~ **irony** tragische Ironie; ~ **poetry** dramatische Dichtung
dramedy ['dræmədi] *n* AM *Film oder Fernsehserie, deren Handlung als Komödie angelegt ist*

drank [dræŋk] *pt of* **drink**
drastic ['dræstɪk] *adj* drastisch; *change* radikal
draught [drɑːft] I. *n* ❶(*air*) [Luft]zug *m kein pl*; **there's a ~** es zieht; **to sit in a ~** im Zug sitzen ❷*no pl* **on ~** vom Fass ❸(*of ship*) Tiefgang *m* ❹BRIT, AUS (*game*) ■**~s** *pl* Damespiel *nt* II. *adj* ❶~ **beer** Fassbier *nt* ❷~ **animal** Zugtier *nt*
draughty ['drɑːfti] *adj* zugig
draw [drɔː] I. *n* ❶(*contest*) Unentschieden *nt*; **to end in a ~** unentschieden enden ❷*of lots* Verlosung *f* ❸*of gun* Ziehen *nt* II. *vt* <drew, -n> ❶(*sketch*) zeichnen; *line* ziehen; **I ~ the line there** (*fig*) da ist bei mir Schluss ❷(*depict*) darstellen ❸(*pull*) ziehen; **to ~ the curtains** die Vorhänge zuziehen/aufziehen ❹(*attract*) ■**to ~ sb** jdn anlocken; ■**to ~ sth** etw auf sich *akk* ziehen; **to ~ attention to oneself** Aufmerksamkeit erregen; ■**to feel ~n towards sb** sich zu jdm hingezogen fühlen ❺(*involve*) ■**to ~ sb into sth** jdn in etw *akk* hineinziehen ❻(*elicit*) hervorrufen; **to ~ a confession from sb** jdm ein Geständnis entlocken ❼(*formulate*) *comparison* anstellen; *conclusion, parallel* ziehen ❽(*extract*) ziehen; **has it ~n blood?** blutet es? ❾CARDS ziehen ❿(*select*) ziehen; **to ~ lots for sth** um etw *akk* losen ⓫*water* holen ⓬FIN *money* abheben ⓭(*inhale*) **to ~ a [deep] breath** [tief] Luft holen III. *vi* <drew, -n> ❶(*sketch*) zeichnen ❷(*proceed*) sich bewegen; *vehicle, ship* fahren; **to ~ alongside sth** mit etw *dat* gleichziehen ❸(*approach*) **to ~ to a close** zu Ende gehen; **to ~ near[er]** näher rücken ❹(*make use of*) ■**to ~ on sb** auf jdn zurückkommen; ■**to ~ on sth** auf etw *akk* zurückgreifen ❺SPORTS unentschieden spielen; **they drew 1–1** sie trennten sich 1:1 unentschieden ♦**draw aside** *vt* zur Seite ziehen; ■**to ~ sb aside** jdn beiseitenehmen ♦**draw in** I. *vi* ❶(*arrive*) *train* einfahren; *car* anhalten ❷(*shorten*) *days* kürzer werden II. *vt* ❶(*involve*) hineinziehen ❷(*inhale*) **to ~ in a [deep] breath** [tief] Luft holen ♦**draw off** *vt* ❶*liquid* ablassen ❷*gloves* ausziehen ♦**draw on** I. *vt* anziehen II. *vi* ❶(*pass slowly*) *evening, summer* vergehen ❷(*form: approach*) **winter ~s on** der Winter naht ♦**draw out** I. *vt* ❶(*prolong*) in die Länge ziehen; *vowels* dehnen ❷(*pull out*) heraus-

ziehen ❸ FIN (*withdraw*) abheben ❹ (*persuade*) aus der Reserve locken II. *vi* ❶ (*depart*) ausfahren ❷ (*lengthen*) länger werden ◆ **draw up** I. *vt* ❶ (*draft*) aufsetzen; *agenda, list, syllabus* aufstellen; *guidelines* festlegen; *plan* entwerfen ❷ (*pull up*) heranziehen; ~ **up a chair!** hol dir doch einen Stuhl! II. *vi car* vorfahren; *train* einfahren

drawback *n* Nachteil *m*

drawer[1] ['drɔ:ʳ] *n* Schublade *f*; **chest of** ~ **s** Kommode *f*

drawer[2] ['drɔ:əʳ] *n* ❶ (*of cheque*) Aussteller(in) *m(f)* ❷ (*sb who draws*) Zeichner(in) *m(f)*

drawing ['drɔ:ɪŋ] *n* ❶ *no pl* (*art*) Zeichnen *nt* ❷ (*picture*) Zeichnung *f*

drawing board *n* Zeichenbrett *nt;* **to go back to the** ~ (*fig*) noch einmal von vorn anfangen **drawing pin** *n* BRIT, AUS Reißzwecke *f* **drawing room** *n* (*form*) Wohnzimmer *nt*

drawn [drɔ:n] I. *pp of* **draw** II. *adj* ❶ (*tired*) abgespannt ❷ SPORTS ~ **game** Unentschieden *nt*

drawstring *n* Zugband *nt*

drawstring pants *npl* Tunnelzughose *f*

dread [dred] I. *vt* ■ **to** ~ **sth** sich vor etw *dat* [sehr] fürchten; ■ **to** ~ **doing sth** [große] Angst haben, etw zu tun II. *n no pl* Furcht *f*; **to live in** ~ **of sth** in [ständiger] Angst vor etw *dat* leben; **to fill sb with** ~ jdn mit Angst und Schrecken erfüllen

dreadful ['dredfəl] *adj* ❶ schrecklich, furchtbar; **I feel** ~ (*unwell*) ich fühle mich scheußlich ❷ (*bad quality*) miserabel

dreadfully ['dredfəli] *adv* ❶ schrecklich, entsetzlich ❷ (*very*) furchtbar; **he was** ~ **upset** er hat sich furchtbar aufgeregt; **I'm** ~ **sorry** es tut mir schrecklich leid

dream [dri:m] I. *n* Traum *m a. fig;* ■ **to have a** ~ [**about sth**] [von etw] träumen; ■ **to be in a** ~ vor sich *akk* hinträumen; **to work like a** ~ wie eine Eins funktionieren; **in your** ~ **s!** du träumst wohl! II. *adj* Traum- III. *vi, vt* <dreamt *or* dreamed, dreamt *or* dreamed> träumen *a. fig;* ~ **on!** (*iron*) träum [nur schön] weiter! ◆ **dream up** *vt* sich *dat* ausdenken

dreamt [drem(p)t] *pt, pp of* **dream**

dreary ['drɪəri] *adj* ❶ (*depressing*) trostlos; *day* trüb ❷ (*monotonous*) eintönig

dredge [dredʒ] I. *n* [Schwimm]bagger *m* II. *vt* ausbaggern

drench [dren(t)ʃ] *vt* durchnässen; **to get** ~ **ed to the skin** nass bis auf die Haut werden; ~ **ed in sweat** schweißgebadet

dress [dres] I. *n* <*pl* -es> ❶ (*garment*) Kleid *nt* ❷ *no pl* (*clothing*) Kleidung *f* II. *vi* ❶ (*put on*) ■ **to** ~ sich anziehen ❷ (*wear*) sich kleiden III. *vt* ❶ (*clothe*) ■ **to** ~ **sb/oneself** jdn/sich anziehen ❷ (*salad*) anmachen ❸ (*bandage*) verbinden ◆ **dress down** I. *vi* sich leger anziehen II. *vt* zurechtweisen ◆ **dress up** I. *vi* ❶ sich fein anziehen ❷ (*disguise oneself*) sich verkleiden II. *vt* ❶ verkleiden ❷ (*improve*) verschönern

dress circle *n* erster Rang

dressing ['dresɪŋ] *n* ❶ *no pl* Anziehen *nt* ❷ (*for salad*) Dressing *nt* ❸ (*bandage*) Verband *m*

dressing-down *n* (*fam*) Standpauke *f;* **to get a** ~ zurechtgewiesen werden **dressing gown** *n* Bademantel *m* **dressing table** *n* Frisierkommode *f*

dressmaking *n no pl* Schneidern *nt*

dress rehearsal *n* THEAT Generalprobe *f*

drew [dru:] *pt of* **draw**

dribble ['drɪbl] I. *vi* ❶ *baby* sabbern ❷ (*trickle*) tropfen ❸ SPORTS dribbeln II. *vt* SPORTS dribbeln mit III. *n* ❶ *no pl* (*saliva*) Sabber *m* ❷ SPORTS Dribbling *nt kein pl*

dribs [drɪbz] *npl* **in** ~ **and drabs** kleckerweise

dried [draɪd] I. *pt, pp of* **dry** II. *adj* getrocknet; ~ **flowers** Trockenblumen *pl;* ~ **fruit** Dörrobst *nt*

dried up *adj pred,* **dried-up** *adj attr* ausgetrocknet

drift [drɪft] I. *vi* treiben; *balloon* schweben; *mist, fog, clouds* ziehen; *snow* angeweht werden; **to** ~ **out to sea** aufs offene Meer hinaustreiben; **to** ~ **along** (*fig*) sich treiben lassen; **to** ~ **away** *people* davonschlendern II. *n* ❶ (*movement*) Strömen *nt;* ~ **from the land** Landflucht *f* ❷ (*trend*) Trend *m* ❸ *of snow* Verwehung *f* ❹ (*meaning*) **to catch** [*or* **get**] **sb's** ~ verstehen, was jd sagen will ◆ **drift apart** *vi* einander fremd werden ◆ **drift off** *vi* einschlummern

drill[1] [drɪl] I. *n* Bohrer *m* II. *vt, vi* bohren; ■ **to** ~ **through sth** etw durchbohren III. *adj* Bohr-

drill[2] [drɪl] I. *n* ❶ (*exercise*) Übung *f;* MIL Drill *m* ❷ (*fam: routine*) **what's the** ~ **?** wie wird das gemacht?; **to know the** ~ wissen, wie es geht **II.** *vi* exerzieren

drilling rig *n* (*on land*) Bohrturm *m*; (*offshore*) Bohrinsel *f*

drink [drɪŋk] **I.** *n* ❶ Getränk *nt*; **can I get you a** ~**?** kann ich Ihnen etwas zu trinken bringen?; **a** ~ **of juice** ein Schluck *m* Saft; **to have a** ~ etw trinken ❷ (*alcoholic*) ■ ~**s** *pl* Getränke *pl*; **whose turn is it to buy the** ~**s?** wer gibt die nächste Runde aus? ❸ *no pl* (*alcohol*) **smelling of** ~ mit einer [Alkohol]fahne **II.** *vi*, *vt* <drank, drunk> trinken; **to** ~ **and drive** unter Alkoholeinfluss fahren; **I'll** ~ **to that** darauf trinke ich; **he** ~**s like a fish** er säuft wie ein Loch; **to** ~ **oneself to death** sich zu Tode saufen; **my car** ~**s petrol** (*fig*) mein Auto schluckt viel Benzin ◆**drink in** *vt* [begierig] in sich *akk* aufnehmen

drinkable ['drɪŋkəbl] *adj* trinkbar

drink-driving *n no pl* BRIT, AUS Trunkenheit *f* am Steuer

drinker ['drɪŋkəʳ] *n* Trinker(in) *m(f)*

drinking ['drɪŋkɪŋ] **I.** *n no pl* Trinken *nt*; **this water is not for** ~ das ist kein Trinkwasser; ~ **and driving is dangerous** Alkohol am Steuer ist gefährlich **II.** *adj* Trink-; ~ **bout** Sauftour *f*

drinking fountain *n* Trinkwasserbrunnen *m*

Ein **drinking fountain** ist ein kleines Becken, aus dem man Wasser trinken kann. Man drückt auf einen Knopf oder tritt auf einen Fußschalter, um einen kleinen Wasserstrahl zu erzeugen. **Drinking fountains** findet man besonders häufig in Nordamerika und Australien z.B. an Schulen, in öffentlichen Gebäuden und manchmal auch in Supermärkten.

drinking water *n no pl* Trinkwasser *nt*

drip [drɪp] **I.** *vi* <-pp-> tropfen; (*in single drops*) tröpfeln **II.** *vt* <-pp-> [herunter]tropfen lassen; **to** ~ **blood** Blut verlieren **III.** *n* ❶ *no pl* (*act*) Tropfen *nt*; *of rain* Tröpfeln *nt* ❷ (*drop*) Tropfen *m* ❸ MED Tropf *m*; **to be on a** ~ am Tropf hängen

dripping ['drɪpɪŋ] **I.** *adj* ❶ tropfend; ■**to be** ~ tropfen ❷ (*very wet*) klatschnass ❸ (*hum, iron: covered*) ■**to be** ~ **with sth** über und über mit etw *dat* behängt sein **II.** *adv* ~ **wet** klatschnass **III.** *n* Schmalz *nt*

drive [draɪv] **I.** *n* ❶ (*trip*) Fahrt *f*; **to go for a** ~ eine Spazierfahrt machen; **a day's** ~ eine Tagesfahrt; **an hour's** ~ **away** eine Autostunde entfernt ❷ *no pl* TECH Antrieb *m* ❸ *no pl* (*steering*) **left-/right-hand** ~ Links-/Rechtssteuerung *f* ❹ *no pl* (*energy*) Tatkraft *f*; (*vigour*) Schwung *m* ❺ *no pl* PSYCH Trieb *m* ❻ (*campaign*) Aktion *f*; **economy** ~ Sparmaßnahmen *pl* ❼ SPORTS Treibschlag *m*, Drive *m* ❽ COMPUT Laufwerk *nt*; **hard** ~ Festplatte *f* ❾ (*of animals*) Treiben *nt kein pl*; **cattle** ~ Viehtrieb *m* **II.** *vt* <drove, -n> ❶ fahren; **to** ~ **a bus** einen Bus lenken; (*as a job*) Busfahrer(in) *m(f)* sein ❷ (*force on*) antreiben; **the wind drove the snow into my face** der Wind wehte mir den Schnee ins Gesicht; **to** ~ **sb from sth** jdn aus etw *dat* vertreiben; (*fig*) **he was** ~**n by greed** Gier bestimmte sein Handeln; **to** ~ **oneself too hard** sich *dat* zu viel zumuten ❸ (*power*) *engine* antreiben **III.** *vi* <drove, -n> ❶ fahren; **to learn to** ~ den Führerschein machen ❷ *rain, snow* peitschen; *clouds* jagen ◆**drive at** *vi* **what are you driving at?** worauf wollen Sie [eigentlich] hinaus? ◆**drive off I.** *vt* ❶ (*expel*) vertreiben ❷ (*repel*) zurückschlagen **II.** *vi* wegfahren ◆**drive out I.** *vt* hinausjagen; (*fig*) austreiben **II.** *vi* hinausfahren; (*come out*) herausfahren ◆**drive up I.** *vt price* hochtreiben **II.** *vi* vorfahren; ■**to** ~ **up to a ramp** an eine Rampe heranfahren

driven ['drɪvən] **I.** *pp of* **drive II.** *adj* ❶ (*ambitious*) ehrgeizig ❷ (*powered*) angetrieben ▶ **as pure as the** ~ **snow** so unschuldig wie ein Engel

driver ['draɪvəʳ] *n* ❶ Fahrer(in) *m(f)*; *of train* Führer(in) *m(f)* ❷ (*golf*) Driver *m*

driver's license *n* AM Führerschein *m*

driving ['draɪvɪŋ] **I.** *n no pl* (*of vehicle*) Fahren *nt*; **drunk** ~ Trunkenheit *f* am Steuer **II.** *adj* ❶ (*on road*) Fahr-; ~ **conditions** Straßenverhältnisse *pl* ❷ *rain* peitschend ❸ (*motivating*) treibend

driving ban *n* Fahrverbot *nt* **driving force** *n no pl* treibende Kraft **driving instructor** *n* Fahrlehrer(in) *m(f)* **driving lesson** *n* Fahrstunde *f*; ■~**s** *pl* Fahrunterricht *m* **driving licence** *n* BRIT Führerschein *m* **driving test** *n* Fahrprüfung *f*

drizzle ['drɪzl] **I.** *n no pl* ❶ (*rain*) Nieselregen *m* ❷ (*small amount*) ein paar Spritzer **II.** *vi* nieseln

droop [dru:p] *vi* ① (*hang down*) schlaff herunterhängen; *flowers* die Köpfe hängen lassen ② (*lack energy*) schlapp sein

drop [drɒp] I. *n* ① (*vertical*) Gefälle *nt*; (*difference*) Höhenunterschied *m* ② (*decrease*) Rückgang *m*; ~ **in temperature** Temperaturrückgang *m* ③ (*by aircraft*) Abwurf *m* ④ *of liquid* Tropfen *m*; ~ **of rain** Regentropfen *m*; ~**s of paint** Farbspritzer *pl*; **by** ~ tropfenweise ⑤ (*fam: drink*) Schluck *m* ⑥ (*sweet*) **fruit** ~ Fruchtbonbon *nt* ⑦ (*collection point*) [Geheim]versteck *nt* ▶ **at the** ~ **of a** <u>hat</u> im Handumdrehen; **a** ~ **in the ocean** ein Tropfen *m* auf den heißen Stein II. *vt* <-pp-> ① fallen lassen; *anchor* [aus]werfen; *bomb, leaflets* abwerfen; **to** ~ **a bombshell** (*fig*) eine Bombe platzen lassen ② (*lower*) senken ③ (*fam: send*) **to** ~ **sb a line** jdm ein paar Zeilen schreiben ④ (*dismiss*) entlassen ⑤ (*give up*) aufgeben; **let's** ~ **the subject** lassen wir das Thema; **to** ~ **everything** alles stehen und liegen lassen ⑥ (*abandon*) fallen lassen ⑦ SPORTS ausschließen (**from** aus) ⑧ (*leave out*) weglassen ⑨ (*fam: hint*) **to** ~ [**sb**] **a hint** [jdm gegenüber] eine Anspielung machen ▶ **to** ~ **sb** <u>right</u> **in it** jdn [ganz schön] reinreiten; **to** <u>let</u> **it** ~ **that ...** beiläufig erwähnen, dass ... III. *vi* <-pp-> ① (*descend*) [herunter]fallen; *jaw* herunterklappen; *curtain* fallen *a. fig* ② (*lower*) sinken; *prices, level* fallen ③ (*fam: tire*) umfallen; **to be fit to** ~ zum Umfallen müde sein; **to** ~ [**down**] **dead** tot umfallen; ~ **dead!** (*fam*) scher dich zum Teufel!
♦**drop across** *vi* (*fam*) vorbeikommen
♦**drop behind** *vi* zurückfallen ♦**drop down** *vi* herunterfallen; **to** ~ **down dead** tot umfallen ♦**drop in** *vi* (*fam*) vorbeischauen (**on** bei) ♦**drop off** I. *vt* (*fam*) ■**to** ~ **sth off** etw abliefern; ■**to** ~ **sb off** jdn absetzen II. *vi* ① (*fall off*) abfallen ② (*decrease*) zurückgehen; *support, interest* nachlassen ③ (*fam: fall asleep*) einschlafen ♦**drop out** *vi* (*retire*) ausscheiden; (*from society*) aussteigen

drop-in center AM *see* **drop-in centre**
drop-in centre *n*, **drop-in facility** *n* Beratungsstelle *f*
dropout *n* ① (*from university*) [Studien]abbrecher(in) *m(f)*; (*from school*) Schulabgänger(in) *m(f)* ② (*nonconventional*) Aussteiger(in) *m(f)*
drought [draʊt] *n* Dürre[periode] *f*

drove [drəʊv] *pt of* **drive**
drown [draʊn] I. *vt* ertränken; ■**to be** ~**ed** ertrinken ▶**to** ~ **one's** <u>sorrows</u> seinen Kummer ertränken II. *vi* ertrinken *a. fig*
drowning *n* Ertrinken *nt*
drowsy ['draʊzi] *adj* schläfrig; (*after waking*) verschlafen
drug [drʌɡ] I. *n* ① (*medicine*) Medikament *nt* ② (*narcotic*) Droge *f*, Rauschgift *nt*; **to be on** ~**s** Drogen nehmen ③ (*fig*) Droge *f* II. *vt* <-gg-> ■**to** ~ **sb** jdm Beruhigungsmittel verabreichen; (*secretly*) jdn unter Drogen setzen
drug addict *n* Drogensüchtige(r) *f(m)* **drug addiction** *n no pl* Drogenabhängigkeit *f*
druggist ['drʌɡɪst] *n* AM Apotheker(in) *m(f)*
drug pusher *n* (*pej fam*) Drogenhändler(in) *m(f)*
drum [drʌm] I. *n* ① Trommel *f*; ■ ~**s** *pl* (*kit*) Schlagzeug *nt* ② (*sound*) ~ **of hooves** Pferdegetrappel *nt* ③ (*vat*) Trommel *f*; **oil** ~ Ölfass *nt* II. *vi* <-mm-> ① trommeln; (*on drum kit*) Schlagzeug spielen ② (*strike*) ■**to** ~ **on sth** auf etw *akk* trommeln III. *vt* <-mm-> (*fam*) ① **to** ~ **one's fingers** [**on the table**] [mit den Fingern] auf den Tisch trommeln ② (*repeat*) ■**to** ~ **sth into sb** jdm etw einhämmern
drummer ['drʌmər] *n* Trommler(in) *m(f)*; (*on drum kit*) Schlagzeuger(in) *m(f)*
drumstick *n* ① Trommelstock *m* ② (*leg*) Keule *f*; Schlegel *m* SÜDD, ÖSTERR
drunk [drʌŋk] I. *adj* ① (*inebriated*) betrunken; ~ **driving** Trunkenheit *f* am Steuer; ~ **as a skunk** (*fam*) total blau; **blind** ~ stockbetrunken; **to get** ~ sich betrinken ② (*fig: overcome*) trunken II. *n* (*pej*) Betrunkene(r) *f(m)* III. *vt, vi pp of* **drink**
drunkard ['drʌŋkəd] *n* (*pej*) Trinker(in) *m(f)*
drunken ['drʌŋkən] *adj* (*pej*) ① betrunken ② (*involving alcohol*) ~ **brawl** Streit *m* zwischen Betrunkenen; **in a** ~ **stupor** im Vollrausch
dry [draɪ] I. *adj* <-ier, -iest *or* -er, -est> ① trocken; **as** ~ **as a bone** knochentrocken; **to go** ~ austrocknen ② (*without alcohol*) alkoholfrei ▶**to** <u>run</u> ~ unproduktiv werden II. *vt* <-ie-> trocknen; *fruit, meat* dörren; (*dry out*) austrocknen; (*dry up*) abtrocknen; ■**to** ~ **oneself** sich abtrocknen III. *vi* <-ie-> ① trocknen ② (*dry up*) abtrocknen ♦**dry up** I. *vi* ① austrocknen; *spring, well* versiegen;

liquid trocknen ❷ (*dry the dishes*) abtrocknen ❸ (*fig: stop talking*) den Faden verlieren ❹ (*fig*) *funds* schrumpfen **II.** *vt* ❶ *dishes* abtrocknen ❷ (*dry out*) austrocknen

dry cleaner's *n* Reinigung *f*

dryer ['draɪəʳ] *n* ❶ (*for laundry*) [Wäsche]trockner *m* ❷ (*for hair*) Fön *m*; (*overhead*) Trockenhaube *f*

dry ice *n no pl* Trockeneis *nt* **dry land** *no pl n* Festland *nt*

DS [ˌdiːˈes] *n abbrev of* **Detective Sergeant** Kriminalmeister(in) *m(f)*

DSL [ˌdiːesˈel] *n* INET, TELEC *acr for* **digital subscriber line** DSL *kein art*

DTP [ˌdiːtiːˈpiː] *n abbrev of* **desktop publishing** DTP *nt*

dual [ˈdjuːəl] *adj* (*double*) doppelt; (*two different*) zweierlei; ~ **ownership** Miteigentümerschaft *f*; ~ **role** Doppelrolle *f*

dual carriageway *n* BRIT ≈ Schnellstraße *f* **dual currency phase** *n* EU Doppelwährungsphase *f*

dub <-bb-> [dʌb] *vt* ❶ (*knight*) **to ~ sb a knight** jdn zum Ritter schlagen ❷ (*fig: call*) nennen ❸ synchronisieren; **to ~ into English** ins Englische übersetzen

dubbing [ˈdʌbɪŋ] *n* Synchronisation *f*

dubious [ˈdjuːbɪəs] *adj* ❶ zweifelhaft, fragwürdig ❷ (*unsure*) unsicher; **to be/feel ~ about whether ...** bezweifeln, ob ...

Dubliner [ˈdʌblɪnəʳ] *n* Dubliner(in) *m(f)*

duchess <*pl* -es> [ˈdʌtʃɪs] *n* Herzogin *f*

duck[1] [dʌk] *n* ❶ *fam* Ente *f* ❷ *no pl* BRIT (*fam*) Schätzchen *nt* ▶ **to take to sth like a ~ to water** bei etw *dat* gleich in seinem Element sein

duck[2] [dʌk] **I.** *vi* ❶ **to ~** [**down**] sich ducken ❷ **to ~ under water** [unter]tauchen ❸ **to ~ out of sight** sich verstecken **II.** *vt* ❶ **to ~ one's head** den Kopf einziehen; **to ~ one's head under water** den Kopf unter Wasser tauchen ❷ (*avoid*) ■**to ~ sth** etw *dat* ausweichen *a. fig*

ducky [ˈdʌki] *n* BRIT (*dated fam*) Schätzchen *nt*

due [djuː] **I.** *adj* ❶ (*payable*) fällig; ~ **date** Fälligkeitstermin *m*; **to fall ~** fällig werden ❷ (*entitled*) ■**sb is ~ sth** jdm steht etw zu ❸ (*appropriate*) gebührend; **without ~ care and attention** fahrlässig; **with ~ care** mit der nötigen Sorgfalt; **after ~ consideration** nach reiflicher Überlegung; **with** [**all**] ~ *respect* bei allem [gebotenen] Respekt ❹ (*expected*) **what time is the next bus ~** [**to arrive/leave**]? wann kommt/fährt der nächste Bus?; **their baby is ~ in January** sie erwarten ihr Baby im Januar; **when are you ~?** wann ist es denn so weit?; **in ~ course** zu gegebener Zeit ❺ (*owing*) ■**~ to sth** wegen [*o* auf Grund] einer S. *gen*; ■**to be ~ to sb/sth** jdm/etw zuzuschreiben sein **II.** *n* ❶ (*justice*) **to give sb his/her ~** jdm Gerechtigkeit widerfahren lassen ❷ (*fees*) ■**~s** *pl* Gebühren *pl* ❸ (*debts*) ■**~s** *pl* Schulden *pl*; (*obligations*) Verpflichtungen *pl* **III.** *adv* ~ **north** genau nach Norden

dug [dʌg] *pt, pp of* **dig**

duke [djuːk] *n* Herzog *m*

dull [dʌl] **I.** *adj* ❶ (*pej: boring*) langweilig; **as ~ as ditchwater** stinklangweilig; **deadly ~** todlangweilig ❷ (*faded*) glanzlos; *weather* trüb ❸ (*indistinct*) dumpf **II.** *vt* schwächen; *pain* betäuben

duly [ˈdjuːli] *adv* ❶ (*appropriately*) gebührend ❷ (*expectedly*) wie erwartet

dumb [dʌm] *adj* ❶ (*mute*) stumm ❷ (*pej fam: stupid*) dumm

dumbed-down [ˌdʌmdˈdaʊn] *adj* vereinfacht

dumbstruck *adj* sprachlos

dummy [ˈdʌmi] **I.** *n* ❶ (*doll*) Schaufensterpuppe *f*; (*crash test ~*) Dummy *m*; **to stand there like a stuffed ~** (*fam*) wie ein Ölgötze dastehen ❷ (*substitute*) Attrappe *f* ❸ BRIT, AUS (*for baby*) Schnuller *m* **II.** *adj* (*duplicate*) nachgemacht; (*false*) falsch; ~ **run** Probelauf *m* **III.** *vi* AM (*fam*) ■**to ~ up** dichthalten

dump [dʌmp] **I.** *n* ❶ (*for rubbish*) Müll[ablade]platz *m*; (*fig, pej: messy place*) Dreckloch *nt*; (*badly run place*) Sauladen *m* ❷ (*storage place*) Lager *nt* **II.** *vt* ❶ (*offload*) abladen ❷ (*throw down*) hinknallen; **where can I ~ my coat?** wo kann ich meinen Mantel lassen? ❸ (*fam: abandon*) fallen lassen; *sth unwanted* loswerden ❹ (*fam: leave*) ■**to ~ sb** jdm den Laufpass geben **III.** *vi* AM (*fam*) ■**to ~ on sb** jdn fertigmachen

dumping [ˈdʌmpɪŋ] *n no pl* ECON Dumping *nt*

dumpling [ˈdʌmplɪŋ] *n* Knödel *m*, Kloß *m*

dumps [dʌmps] *npl* (*fam*) **to be** [**down**] **in the ~** niedergeschlagen sein

dune [djuːn] *n* Düne *f*

dungarees [ˌdʌŋɡəˈriːz] *npl* BRIT Latzhose *f*; AM Jeans[hose] *f*

dungeon [ˈdʌndʒən] *n* Verlies *nt*

dunk [dʌŋk] *vt* [ein]tunken

dup. *n abbrev of* **duplicate** Duplikat *nt*

duplicate I. *vt* [ˈdjuːplɪkeɪt] ■ **to** ~ **sth** (*copy*) eine zweite Anfertigung von etw *dat* machen; (*repeat*) etw noch einmal machen II. *adj* [ˈdjuːplɪkət] Zweit-; ~ **key** Nachschlüssel *m* III. *n* [ˈdjuːplɪkət] Duplikat *nt*; **of document** Zweitschrift *f*; **in** ~ in zweifacher Ausfertigung

durable [ˈdjʊərəbl] *adj* ❶ (*tough*) strapazierfähig ❷ (*long-lived*) dauerhaft

duration [ˌdjʊ(ə)ˈreɪʃən] *n no pl* Dauer *f*; **of film** Länge *f*; **for the** ~ bis zum Ende

Durex® [ˈdjʊəreks] *n* BRIT Gummi *m sl*, Kondom *nt*

during [ˈdjʊərɪŋ] *prep* während +*gen*

dusk [dʌsk] *n no pl* [Abend]dämmerung *f*; ~ **is falling** es dämmert; **after/at** ~ nach/bei Einbruch der Dunkelheit

dust [dʌst] I. *n no pl* Staub *m*; **covered in** ~ völlig verstaubt ▶ **to bite the** ~ ins Gras beißen; **to eat sb's** ~ AM von jdm abgehängt werden; **to turn to** ~ (*liter*) zu Staub werden II. *vt* ❶ (*clean*) objects abstauben ❷ (*spread over finely*) bestäuben III. *vi* Staub wischen

dustbin *n* BRIT Mülltonne *f* **dustcart** *n* BRIT Müllwagen *m* **dust cover** *n* (*for furniture*) Schonbezug *m*; (*for devices*) Abdeckhaube *f*; (*on book*) Schutzumschlag *m*

duster [ˈdʌstər] *n* Staubtuch *nt*; **feather** ~ Staubwedel *m*

dust jacket *n* Schutzumschlag *m* **dustman** *n* BRIT Müllmann *m* **dust mite** *n* Hausmilbe *f* **dustpan** *n* Schaufel *f*; ~ **and brush** Schaufel *f* und Besen *m*

dusty [ˈdʌsti] *adj* staubig; *objects* verstaubt

Dutch [dʌtʃ] I. *adj* holländisch, niederländisch II. *n* ❶ *no pl* (*language*) Holländisch *nt*, Niederländisch *nt* ❷ (*people*) ■ **the** ~ *pl* die Holländer III. *adv* **to go** ~ getrennte Kasse machen

duty [ˈdjuːti] I. *n* ❶ *no pl* (*obligation*) Pflicht *f*; **to do sth out of** ~ etw aus Pflichtbewusstsein tun ❷ (*task*) Aufgabe *f*, Pflicht *f* ❸ *no pl* (*work*) Dienst *m*; **to do** ~ **for sb** jdn vertreten; **on/off** ~ im/nicht im Dienst ❹ (*revenue*) Zoll *m* (**on** auf); **customs duties** Zollabgaben *pl*; **to be free of** ~ zollfrei sein II. *adj attr* diensthabend

duty-free I. *adj* zollfrei II. *n* ■ ~ **s** *pl* zollfreie Waren

duvet [ˈdjuːveɪ, ˈduː-] *n* Steppdecke *f*, Daunendecke *f*

DVR [ˌdiːviːˈɑːʳ] *n abbrev of* **digital video recorder** digitaler Videorecorder

DVT [ˌdiːviːˈtiː] *n no pl* MED *abbrev of* **deep vein thrombosis** tiefe Venenthrombose

dwarf [dwɔːf] I. *n* <*pl* -s *or* dwarves> Zwerg(in) *m(f)* II. *adj* Zwerg- III. *vt* überragen; (*fig*) in den Schatten stellen

dwarves [dwɔːvz] *n pl of* **dwarf**

dwell <dwelt *or* -ed, dwelt *or* -ed> [dwel] *vi* (*form*) wohnen

dwelt [dwelt] *pp*, *pt of* **dwell**

dwindle [ˈdwɪndl] *vi* abnehmen; *numbers* zurückgehen

dye [daɪ] I. *vt* färben II. *n* Färbemittel *nt*

dying [ˈdaɪɪŋ] *adj* sterbend; (*fig*) aussterbend

dyke [daɪk] *n* ❶ (*wall*) Deich *m* ❷ (*channel*) [Abfluss]graben *m* ❸ (*pej! sl: lesbian*) Lesbe *f*

dynamic [daɪˈnæmɪk] *adj* dynamisch

dynamite [ˈdaɪnəmaɪt] I. *n no pl* Dynamit *nt* *a. fig* II. *vt* mit Dynamit sprengen

d'you [dʒuː, djuː, dʒə, djə] (*fam*) = **do you** *see* **do**

E e

E <*pl* -'s *or* -s>, **e** <*pl* -'s> [iː] *n* ❶ E *nt*, e *nt*; *see also* **A 1** ❷ MUS E *nt*, e *nt*; ~ **flat** Es *nt*, es *nt*; ~ **sharp** Eis *nt*, eis *nt* ❸ (*school mark*) ≈ Fünf *f*, ≈ mangelhaft

E[1] *n no pl abbrev of* **east** O

E[2] *n* (*fam*) *abbrev of* **ecstasy** Ecstasy *f*

each [iːtʃ] *adj*, *pron* jede(r, s); ~ **other** einander; ~ **and every one** jede(r, s) Einzelne; **500 miles** ~ **way** 500 Meilen in eine Richtung; **give the kids one piece** ~ gib jedem Kind ein Stück

eager <-er, -est *or* more eager, most eager> [ˈiːɡəʳ] *adj* ❶ (*hungry*) begierig (**for** auf) ❷ (*enthusiastic*) eifrig; ■ **to be** ~ **to do sth** etw unbedingt tun wollen

eagerness [ˈiːɡənəs] *n no pl* Eifer *m*; ~ **to learn** Lerneifer *m*

eagle [ˈiːɡl] *n* Adler *m*

eagle-eyed *adj* scharfsichtig; ■ **to be** ~ Adleraugen haben

ear¹ [ɪəʳ] *n* Ohr *nt;* ~**, nose and throat specialist** Hals-Nasen-Ohren-Arzt, -Ärztin *m, f;* **from** ~ **to** ~ von einem Ohr zum anderen ▶**to be all** ~**s** ganz Ohr sein; **to keep one's** ~**s open** die Ohren offen halten; **sb's** ~**s are burning** jdm klingen die Ohren; **to close one's** ~**s to sth** etw ignorieren

ear² [ɪəʳ] *n* AGR Ähre *f*

earache *n no pl* Ohrenschmerzen *pl* **eardrum** *n* Trommelfell *nt* **ear infection** *n* Ohrenentzündung *f*

earl [ɜːl] *n* Graf *m*

earlobe *n* Ohrläppchen *nt*

early <-ier, -iest *or* more early, most early> ['ɜːli] I. *adj* ❶ (*in the day*) früh; ~ **edition** Morgenausgabe *f;* **the** ~ **hours** die frühen Morgenstunden; **in the** ~ **morning** am frühen Morgen ❷ (*of a period*) früh, Früh-; **she is in her** ~ **thirties** sie ist Anfang dreißig; **in the** ~ **afternoon** am frühen Nachmittag; **at an** ~ **age** in jungen Jahren; **from an** ~ **age** von klein auf ❸ (*prompt*) schnell; ~ **payment appreciated** um baldige Zahlung wird gebeten ❹ (*before expected*) vorzeitig; (*comparatively early*) [früh]zeitig; **to have an** ~ **lunch** früh zu Mittag essen II. *adv* früh

earn [ɜːn] *vt* ❶ (*be given*) verdienen ❷ (*yield*) einbringen

earned autonomy *n* BRIT durch Verdienste erzielte Autonomie *f* (*gutgeführten Schulen, Stadtbezirken und Trusts des NHS wird auf bestimmten Gebieten größere Entscheidungsfreiheit gewährt*)

earnings ['ɜːnɪŋz] *npl* Einkommen *nt; of business* Ertrag *m*

earphones *npl* Kopfhörer *m* **earpiece** *n* Hörer *m* **earplug** *n usu pl* Ohrenstöpsel *nt* **earring** *n* Ohrring *m* **earshot** *n no pl* [**with**]**in/ out of** ~ in/außer Hörweite

earth [ɜːθ] I. *n* ❶ *no pl* die Erde; **how/ what/who/where/why on earth …** wie/ was/wer/wo/warum um alles in der Welt … ❷ *no pl* (*soil*) Erde *f,* Boden *m* ❸ *no pl* BRIT, AUS ELEC Erdung *f* ▶**to charge/cost/pay the** ~ BRIT ein Vermögen verlangen/kosten/ bezahlen II. *vt* BRIT erden

earthly ['ɜːθli] I. *adj* ❶ irdisch ❷ (*fam: possible*) möglich II. *n* BRIT (*fam*) **to not have an** ~ **chance** [**of doing sth**] nicht die geringste Chance haben[, etw zu tun]

earthquake *n* Erdbeben *nt*

ease [iːz] I. *n no pl* ❶ (*effortlessness*) Leichtigkeit *f* ❷ (*comfort*) **to be at** ~ sich wohl fühlen; [**stand**] **at** ~! MIL rührt euch!; **to put sb at** [**their**] ~ jdm die Befangenheit nehmen II. *vt* ❶ *pain* lindern; **to** ~ **the tension** die Anspannung lösen ❷ (*move*) **she** ~**d the lid off** sie löste den Deckel behutsam ab III. *vi* nachlassen ◆ **ease off** *vi* ❶ (*decrease*) nachlassen ❷ (*work less*) **to** ~ **off** [**at work**] [auf der Arbeit] kürzertreten

easily ['iːzɪli] *adv* ❶ (*without difficulty*) leicht; (*effortlessly*) mühelos; **to win** ~ spielend gewinnen ❷ (*by far*) **to be** ~ **the …** + *superl* bei weitem der/die/das … sein

east [iːst] I. *n no pl* ❶ Osten *m; to the* ~ **of** sth östlich einer S. *gen; from/to the* ~ **of** von/ nach Osten ❷ (*part of region, town*) ■ **the E**~ der Osten; **the Near/Middle/Far** ~ der Nahe/Mittlere/Ferne Osten II. *adj* östlich, Ost-; ~ **wind** Ostwind *m* III. *adv* ostwärts, nach Osten; **to face** ~ nach Osten liegen

Easter ['iːstəʳ] *n no art* Ostern *nt;* **at** ~ an Ostern

Easter Day *n* Ostersonntag *m* **Easter egg** *n* Osterei *nt* **Easter holidays** *npl* Osterferien *pl*

easterly ['iːstəli] I. *adj* östlich, Ost- II. *n* Ostwind *m*

Easter Monday *n* Ostermontag *m*

eastern ['iːstən] *adj* ❶ östlich, Ost-; **the** ~ **seaboard** AM die Ostküste ❷ (*Asian*) orientalisch

Easter Sunday *n* Ostersonntag *m*

East Germany *n no pl* HIST Ostdeutschland *nt*

eastward ['iːstwəd] I. *adj* östlich, nach Osten *nach* II. *adv* ostwärts, nach Osten

eastwards ['iːstwədz] *adv* ostwärts, nach Osten

easy <-ier, -iest *or* more easy, most easy> ['iːzi] I. *adj* ❶ leicht, einfach; **as** ~ **as anything** kinderleicht; ~ **money** leicht verdientes Geld ❷ (*effortless*) leicht, mühelos ❸ (*trouble-free*) angenehm; (*comfortable*) bequem ❹ (*not worried*) **conscience** ruhig; **to not feel** ~ **about sth** sich bei etw *dat* nicht wohl fühlen ❺ (*fam: indifferent*) **I'm** ~ mir ist es egal ❻ (*pleasing*) ~ **on the ear/ eye** angenehm für das Ohr/Auge II. *adv* ❶ (*cautiously*) vorsichtig; ~ **does it** immer langsam ❷ **take it** ~**!** immer mit der Ruhe! ▶~ **come,** ~ **go** (*fam*) wie gewonnen, so zerronnen **III.** *interj* (*fam*) locker

easy-going *adj* (*approv*) unkompliziert

eat <ate, eaten> [iːt] **I.** *vt* essen; *animal* fressen; **to** ~ **breakfast** frühstücken; **to** ~ **lunch/supper** zu Mittag/Abend essen ▶**I'll** ~ **my hat if ...** ich fresse einen Besen, wenn ...; ~ **your heart out** platze ruhig vor Neid; **what's** ~**ing you?** was bedrückt dich? **II.** *vi* essen ▶**you are what you** ~ (*prov*) der Mensch ist, was er isst

eaten ['iːtᵊn] *pp of* **eat**

eating disorder *n* Essstörung *f*

echo ['ekəʊ] **I.** *n* <*pl* -**es**> ❶ Echo *nt* ❷ (*fig*) Anklang *m* (**of** an) **II.** *vi* [wider]hallen **III.** *vt* (*copy*) wiedergeben; (*reflect*) widerspiegeln

eclectic [ekˈlektɪk] *adj* eklektisch

eclipse [ɪˈklɪps] **I.** *n* ❶ Finsternis *f*; ~ **of the sun** Sonnenfinsternis *f* ❷ *no pl* (*fig: decline*) Niedergang *m* **II.** *vt* verfinstern

eco-conscious *adj* umweltbewusst

eco-doom *n no pl* Öko-Pessimismus *m* **eco-drive** *adj attr* mit Eco-Drive-Antrieb *nach n* **eco-friendly** <more eco-friendly, most eco-friendly> *adj* umweltfreundlich **eco-label** *n* Umweltetikett *nt*, Umweltgütesiegel *nt* ÖSTERR, SCHWEIZ

ecological [ˌiːkəˈlɒdʒɪkᵊl] *adj* ökologisch; ~ **catastrophe** Umweltkatastrophe *f*

ecologically [ˌiːkəˈlɒdʒɪkᵊli] *adv* ökologisch; ~ **friendly** umweltfreundlich; ~ **harmful** umweltschädlich

ecologist [iːˈkɒlədʒɪst] *n* Ökologe(in) *m(f)*

ecology [iːˈkɒlədʒi] *n no pl* Ökologie *f*

ecology movement *n* Umweltbewegung *f*

ecology party *n* Umweltpartei *f*, Öko-Partei *f*

economic [ˌiːkəˈnɒmɪk] *adj* ökonomisch, wirtschaftlich; ~ **aid** Wirtschaftshilfe *f*; ~ **downturn** Konjunkturabschwächung *f*; ~ **forecast** Wirtschaftsprognose *f*

economical [ˌiːkəˈnɒmɪkᵊl] *adj* ❶ (*cost-effective*) wirtschaftlich, ökonomisch ❷ (*thrifty*) sparsam; **to be** ~ **with the truth** mit der Wahrheit hinter dem Berg halten

economics [ˌiːkəˈnɒmɪks] *npl + sing vb* (*science*) Wirtschaftswissenschaft[en] *f*[*pl*]; (*management studies*) Betriebswirtschaft *f*

economist [ɪˈkɒnəmɪst] *n* Wirtschaftswissenschaftler(in) *m(f)*; (*in industrial management*) Betriebswirtschaftler(in) *m(f)*

economize [ɪˈkɒnəmaɪz] *vi* sparen (**on** an)

economy [ɪˈkɒnəmi] *n* ❶ Wirtschaft *f* ❷ (*thriftiness*) Sparsamkeit *f kein pl;* **to make economies** Einsparungen machen

ecstasy ['ekstəsɪ] *n* ❶ Ekstase *f* ❷ *no pl* (*sl: drug*) ■ **E**~ Ecstasy *f*

ECU ['ekjuː, 'eɪkjuː] *n* (*hist*) *abbrev of* **European Currency Unit** ECU *m o f*

ED [ˌiːˈdiː] *n no pl* MED *abbrev of* **erectile dysfunction** Erektionsstörung *f*

Eden ['iːdᵊn] *n no pl* (*also fig*) Eden *nt;* **the garden of** ~ der Garten Eden

edge [edʒ] **I.** *n* ❶ (*boundary*) Rand *m a. fig; of lake* Ufer *nt;* **at the** ~ **of the road** am Straßenrand; **the** ~ **of the table** die Tischkante ❷ (*blade*) Schneide *f;* (*sharp side*) Kante *f* ❸ *no pl* (*sharpness*) Schärfe *f* ❹ (*nervousness*) **to be on** ~ nervös sein **II.** *vt* **to** ~ **one's way forward** sich langsam vorwärtsbewegen **III.** *vi* **to** ~ **forward** langsam voranrücken

edgy ['edʒi] *adj* (*fam*) nervös

edible ['edɪbl] *adj* essbar; ~ **mushroom** Speisepilz *m*

Edinburgh ['edɪnbᵊrə] *n* Edinburg[h] *nt*

> Seit 1947 findet jedes Jahr für drei Wochen ab Mitte August in Edinburgh, der Hauptstadt Schottlands, das **Edinburgh International Festival** mit vielen Theater-, Musik-, Opern-, Tanz- und Kunstveranstaltungen statt. Gleichzeitig gibt es ein großes **Film Festival**, ein **Jazz Festival** und ein **Book Festival**. Neben dem offiziellen Festival hat sich ein sehr großes, lebendiges und innovatives **Festival Fringe** mit über 1.000 verschiedenen Veranstaltungen entwickelt.

edit ['edɪt] *vt* redigieren; COMPUT editieren

edition [ɪˈdɪʃᵊn] *n* ❶ (*issue*) Ausgabe *f* ❷ (*broadcast*) Folge *f*

editor ['edɪtə'] *n* ❶ (*of book, newspaper*) Herausgeber(in) *m(f)* ❷ (*of press or publishing department*) Redakteur(in) *m(f);* **sports** ~ Sportredakteur(in) *m(f)*

editorial [ˌedɪˈtɔːriəl] **I.** *n* Leitartikel *m* **II.** *adj* Redaktions-, redaktionell; ~ **staff** + *sing/pl vb* Redaktion *f*

educate ['edʒʊkeɪt] *vt* unterrichten; (*train*) ausbilden

educated ['edʒʊkeɪtɪd] *adj* gebildet; **to**

make an ~ guess eine fundierte Vermutung äußern

education [ˌedʒʊˈkeɪʃᵊn] *n no pl* ❶ Bildung *f;* (*training*) Ausbildung *f* ❷ (*system*) Erziehungswesen *nt*

educational [ˌedʒʊˈkeɪʃᵊnᵊl] *adj* Bildungs-, pädagogisch; **~ background** schulischer Werdegang; **~ film** Lehrfilm *m;* **~ psychology** Schulpsychologie *f;* **~ qualifications** schulische Qualifikationen

eerie <-r, -st> [ˈtəri] *adj* unheimlich

effect [ɪˈfekt] I. *n* ❶ (*consequence*) Auswirkung *f* ([up]on auf), Folge *f* ([up]on für) ❷ *no pl* (*influence*) Einfluss *m* (**on** auf) ❸ *no pl* (*force*) **to come into ~** in Kraft treten; **to take ~** *medicine* wirken ❹ (*result*) Wirkung *f;* (*success*) Erfolg *m;* **to good ~** mit Erfolg ❺ *no pl* (*esp pej: attention-seeking*) **for ~** aus Effekthascherei II. *vt* bewirken

effective [ɪˈfektɪv] *adj* ❶ (*competent*) fähig ❷ (*efficacious*) wirksam, effektiv ❸ (*real*) tatsächlich ❹ (*operative*) gültig ❺ (*striking*) effektvoll, wirkungsvoll

efficiency [ɪˈfɪʃn(t)si] *n no pl* Leistungsfähigkeit *f; of machine* Wirkungsgrad *m*

efficient [ɪˈfɪʃᵊnt] *adj* ❶ (*productive*) leistungsfähig; *person* tüchtig ❷ (*economical*) wirtschaftlich

effort [ˈefət] *n* Mühe *f,* Anstrengung *f;* **to make an ~** (*physically*) sich anstrengen; (*mentally*) sich bemühen; **a poor ~** eine schwache Leistung

effortless [ˈefətləs] *adj* mühelos; *grace* natürlich

egg [eg] I. *n* ❶ Ei *nt;* [half] **a dozen ~s** ein [halbes] Dutzend Eier ❷ (*cell*) Eizelle *f* ▶ **to be left with ~ on one's face** dumm dastehen; **a bad ~** ein Gauner *m* II. *vt* **to ~ sb on** jdn anstacheln

egg cell *n* Eizelle *f* **egg cup** *n* Eierbecher *m* **eggshell** *n* Eierschale *f* **egg spoon** *n* Eierlöffel *m* **egg timer** *n* Eieruhr *f* **egg yolk** *n* Eigelb *nt*

e-gift [ˈiːgɪft] *n* INET Internet-Geschenk *nt*

egoist [ˈiːgəʊɪst] *n* (*pej*) Egoist *m*

egoistic [ˌiːgəʊˈɪstɪk] *adj* (*pej*) egoistisch

ego surf *vi* INET ego-surfen (*im Internet den eigenen Namen eingeben*)

ego surfing *n no pl, no art* INET Ego-Surfen *nt* (*Eingabe des eigenen Namens im Internet*)

eh [eɪ] *interj* (*fam*) ■ **~?** (*confused*) was?, hä?; (*surprised*) wie bitte?; (*requesting*) was?

Eiffel Tower [ˌaɪfᵊlˈtaʊəʳ] *n* ■ **the ~** der Eiffelturm

eight [eɪt] I. *adj* acht; **~ times three is 24** acht mal drei ist 24; **the score is ~ three** es steht acht zu drei; **there are ~ of us** wir sind [zu] acht; **in packets of ~** in einer Achterpackung; **~ times** achtmal; **a family of ~** eine achtköpfige Familie; **one in ~** [people] jeder Achte; **a boy of ~** ein achtjähriger Junge; **at ~** [**o'clock**] um acht [Uhr]; [**at**] **about ~** [**o'clock**] gegen acht [Uhr]; **half past ~** halb neun; **at ~ thirty** um halb neun, um acht Uhr dreißig II. *n* Acht *f*

eighteen [eɪˈtiːn] I. *adj* achtzehn; *see also* **eight** II. *n* ❶ Achtzehn *f; see also* **eight** ❷ BRIT FILM **~ certificate** [Alters]freigabe *f* ab 18 Jahren

eighth [eɪtθ] I. *adj* achte(r, s); **the ~ person** der/die Achte; **every ~ person** jeder Achte; **in ~ place** an achter Stelle; **the ~ largest ...** der/die/das achtgrößte ... II. *n no pl* ❶ ■ **the ~** der/die/das Achte; **~** [**in line**] als Achter an der Reihe ❷ (*date*) ■ **the ~** [**of the month**] *spoken* der Achte [des Monats]; ■ **the 8th** [**of the month**] *written* der 8. [des Monats]

eight-hour *adj attr* achtstündig; **~ day** Achtstundentag *m*

eightieth [ˈeɪtiəθ] I. *adj* achtzigste(r, s); *see also* **eighth** II. *n* ■ **the ~** der/die/das Achtzigste; *see also* **eighth**

eighty [ˈeɪti] I. *adj* achtzig; *see also* **eight** II. *n* ❶ Achtzig *f; see also* **eight** ❷ (*age*) **in one's eighties** in den Achtzigern ❸ (*decade*) ■ **the eighties** *pl* die achtziger Jahre ❹ (*temperature*) **in the eighties** um die 30 Grad Celsius warm

Eire [ˈeərə] *n* Eire *nt,* Irland *nt*

either [ˈaɪðəʳ, ˈiː-] I. *conj* **~ ... or ...** entweder ... oder ... II. *adv* ❶ + *neg* (*as well*) **she doesn't/hasn't ~** sie auch nicht ❷ + *neg* (*to boot*) **it's really good and not very expensive ~** es ist wirklich gut – und nicht einmal sehr teuer III. *adj* ❶ (*both*) **on ~ side** auf beiden Seiten ❷ (*one*) eine(r, s) [von beiden]; **~ person** jede(r) der beiden; **~ way** so oder so IV. *pron no pl* **~ of you** eine(r) von euch beiden

eject [ɪˈdʒekt] I. *vt* auswerfen (**from** aus); ■ **to ~ sb** jdn hinauswerfen (**from** aus) II. *vi* den Schleudersitz betätigen

elaborate I. *adj* [ɪˈlæbərət] kompliziert; (*artistic*) kunstvoll [gearbeitet] II. *vi* [ɪˈlæbəreɪt] ins Detail gehen; ■ **to ~ on sth** etw näher ausführen

elastic [ɪˈlæstɪk] I. *adj* elastisch II. *n* elastisches Material; (*rubber*) Gummi *m o nt*

elbow [ˈelbəʊ] I. *n* ❶ Ellbogen *m* ❷ *of pipe, river* Knie *nt*; *of road, river* Biegung *f* II. *vt* ■ **to ~ sb** jdm mit dem Ellbogen einen Stoß versetzen

elbow room *n* ❶ Ellbogenfreiheit *f* ❷ (*fig*) Bewegungsfreiheit *f*

elder[1] [ˈeldər] I. *n* Ältere(r) *f(m)*; **church-/village ~** Kirchen-/Dorfälteste(r) *f(m)* II. *adj* ältere(r, s)

elder[2] [ˈeldər] *n* (*tree*) Holunder *m*

elderly [ˈeldəli] I. *adj* ältere(r, s), ältlich II. *n* ■ **the ~** *pl* ältere Menschen

eldest [ˈeldɪst] I. *adj* älteste(r, s) II. *n no pl* ■ **the ~** der/die Älteste

elect [ɪˈlekt] *vt* ❶ (*vote*) wählen (**to** in) ❷ (*choose*) ■ **to ~ to do sth** sich [dafür] entscheiden, etw zu tun

election [ɪˈlekʃən] *n* Wahl *f*

election campaign *n* Wahlkampf *m* **election day** *n* Wahltag *m* **election defeat** *n* Wahlniederlage *f*

electioneering [ɪˌlekʃəˈnɪərɪŋ] *n no pl* (*pej*) Wahlpropaganda *f*

election manifesto *n* Wahlprogramm *nt* **election meeting** *n* Wahlversammlung *f* **election poster** *n* Wahlplakat *nt* **election result** *n usu pl* Wahlergebnis *nt meist pl* **election speech** *n* Wahlrede *f*

electoral [ɪˈlektərəl] *adj* Wahl-

electorate [ɪˈlektərət] *n + sing/pl vb* Wählerschaft *f*

electric [ɪˈlektrɪk] *adj* elektrisch; **~ blanket** Heizdecke *f*; **~ guitar** E-Gitarre *f*; **~ motor** Elektromotor *m*

electrical [ɪˈlektərɪkəl] *adj* elektrisch; **~ device** Elektrogerät *nt*

electrician [ˌelɪkˈtrɪʃən, ˌiːlekˈ-] *n* Elektriker(in) *m(f)*

electricity [ˌelɪkˈtrɪsəti, ˌiːlekˈ-] *n no pl* Elektrizität *f*, [elektrischer] Strom; **heated/powered by ~** elektrisch beheizt/angetrieben

electricity board *n* BRIT Stromanbieter *nt*

electrolysis [ˌelɪkˈtrɒləsɪs, ˌiːlekˈ-] *n no pl* Elektrolyse *f*

electromagnet *n* Elektromagnet *m*

electromagnetic *adj* elektromagnetisch

electron [ɪˈlektrɒn] *n* Elektron *nt*; **~ microscope** Elektronenmikroskop *nt*

electronic [ˌelekˈtrɒnɪk, ˌiːlekˈ-] *adj* elektronisch; **~ calculator** Elektronenrechner *m*

electronics [ˌelekˈtrɒnɪks, ˌiːlekˈ-] *n + sing/ pl vb* Elektronik *f*

electron microscope *n* Elektronenmikroskop *nt*

elegant [ˈelɪgənt] *adj* elegant

element [ˈelɪmənt] *n* Element *nt*

elementary [ˌelɪˈmentəri] *adj* elementar; *mistake* grob; **~ course** Grundkurs *m*; **~ education** AM Elementarunterricht *m*

elephant [ˈelɪfənt] *n* Elefant *m*

elevated [ˈelɪveɪtɪd] *adj* erhöht, höher liegend; **~ road** Hochstraße *f*

elevator [ˈelɪveɪtər] *n* AM Aufzug *m*, Lift *m*

eleven [ɪˈlevən] I. *adj* elf; *see also* **eight** II. *n* Elf *f*; *see also* **eight**

eleventh [ɪˈlevənθ] I. *adj* elfte(r, s); *see also* **eighth** II. *n* **the ~** der/die/das Elfte; *see also* **eighth**

eligible [ˈelɪdʒəbl] *adj* ❶ ■ **to be ~** in Frage kommen ❷ (*entitled*) berechtigt (**for** zu); **~ to vote** wahlberechtigt

eliminate [ɪˈlɪmɪneɪt] *vt* ❶ (*eradicate*) beseitigen ❷ (*exclude*) ausschließen ❸ SPORTS ■ **to be ~d** ausscheiden

elimination contest *n* Wettbewerb *m* durch Ausscheidung

eloquence [ˈeləkwən(t)s] *n* Sprachgewandtheit *f*, Wortgewandtheit *f*

El Salvador [ˌelˈsælvədɔːr] *n* El Salvador *nt*

else [els] *adv* ❶ (*other*) **anything ~ would be fine** alles andere wäre toll; **anywhere ~** irgendwo anders; **everybody ~** alle anderen; **everything ~** alles andere; **everywhere ~** überall sonst; **how/what/where/who/why ~ ...?** wie/was/wo/wer/warum sonst ...?; **why ~ would he come?** warum sollte er denn sonst kommen? ❷ (*more*) sonst noch; **anything ~?** sonst noch etwas?; **no, thank you, nothing ~** nein danke, das ist alles; **nobody/nothing ~** sonst niemand/nichts; **somewhere ~** noch woanders ❸ (*otherwise*) sonst; **or ~!** (*fam*) sonst gibt's was!

elsewhere [ˈels(h)weər] *adv* woanders

e-mail [ˈiːmeɪl] I. *n abbrev of* **electronic mail** E-Mail *f* II. *vt* ■ **to ~ sb sth** jdm etw mailen

e-mail address *n* E-Mail-Adresse *f*
embark [ɪmˈbɑːk, emˈ-] *vi* sich einschiffen
embarrass [ɪmˈbærəs] *vt* in Verlegenheit bringen
embarrassed [ɪmˈbærəst] *adj* verlegen; **to feel ~** verlegen sein; **I feel so ~ (about it)** das ist mir so peinlich; **to make sb feel ~** jdn verlegen machen
embarrassing [ɪmˈbærəsɪŋ] *adj* peinlich
embarrassment [ɪmˈbærəsmənt] *n* (*instance*) Peinlichkeit *f*; (*feeling*) Verlegenheit *f*; **to cause ~ to sb** jdn in Verlegenheit bringen
embassy [ˈembəsi] *n* Botschaft *f*
embed <-dd-> [ɪmˈbed, emˈ-] *vt* einlassen; (*fig*) verankern
embedded *adj* eingebettet *a. fig*
embers [ˈembəz] *npl* Glut *f*
embrace [ɪmˈbreɪs, emˈ-] I. *vt* umarmen II. *n* Umarmung *f*
embroider [ɪmˈbrɔɪdəʳ, emˈ-] I. *vi* sticken II. *vt pattern* sticken; *cloth* besticken
embryo [ˈembrɪəʊ] *n* Embryo *m o* ÖSTERR *a. nt*
emerald [ˈemərəld] *n* Smaragd *m*
emerge [ɪˈmɜːdʒ, iːˈ-] *vi* ❶ (*exit*) herauskommen (**from** aus) ❷ (*surface*) auftauchen (**from** aus) ❸ (*fig: become known*) sich herausstellen
emergency [ɪˈmɜːdʒən(t)si, iːˈ-] *n* ❶ Notfall *m*; **in case of ~** im Notfall ❷ POL Notstand *m*; **state of ~** Ausnahmezustand *m* ❸ AM (*ER*) Notaufnahme *f*
emerging *adj attr problem* auftauchend; *market* aufstrebend
emigrant [ˈemɪgrənt] *n* Auswanderer(in) *m(f)*; (*refugee*) Emigrant(in) *m(f)*
emigrate [ˈemɪgreɪt] *vi* auswandern; *refugee* emigrieren
emigration [ˌemɪˈgreɪʃən] *n* Auswanderung *f*
eminent [ˈemɪnənt] *adj* [hoch] angesehen
emission [ɪˈmɪʃən, iːˈ-] *n* Emission *f*, Abgabe *f*; *of gas, liquid, odour* Ausströmen *nt*; *of heat, light* Ausstrahlen *nt*
emit <-tt-> [ɪˈmɪt, iːˈ-] *vt* abgeben; *fumes, smoke, cry* ausstoßen; *gas, odour* verströmen
emote [ɪˈməʊt] *vi* Emotionen spielen lassen
emoticon [ɪˈməʊtɪkɒn] *n* INET Emoticon *nt*
emotion [ɪˈməʊʃən] *n* Gefühl *nt*
emotional [ɪˈməʊʃənəl] *adj* ❶ emotional; *decision* gefühlsmäßig ❷ PSYCH *development* seelisch
emotionless [ɪˈməʊʃənləs] *adj* emotionslos; *face* ausdruckslos
emotive [ɪˈməʊtɪv] *adj* emotional; **~ term** Reizwort *nt*
emperor [ˈempərəʳ] *n* Kaiser *m*
emphasis <*pl* -ses> [ˈem(p)fəsɪs] *n* Betonung *f*
emphasize [ˈem(p)fəsaɪz] *vt* betonen
emphatic [ɪmˈfætɪk, emˈ-] *adj* nachdrücklich; *denial* entschieden
empire [ˈempaɪəʳ] *n* Imperium *nt a. fig*
employ [ɪmˈplɔɪ] *vt* (*pay to do work*) beschäftigen; (*take into service*) einstellen; ■ **to ~ sb to do sth** jdn beauftragen, etw zu tun
employee [ɪmˈplɔɪiː] *n* Angestellte(r) *f(m)*; (*vs employer*) Arbeitnehmer(in) *m(f)*; ■ **~s** *pl* (*in company*) Belegschaft *f*; (*vs employers*) Arbeitnehmer *pl*
employer [ɪmˈplɔɪəʳ] *n* Arbeitgeber(in) *m(f)*
employment [ɪmˈplɔɪmənt] *n no pl* ❶ (*having work*) Beschäftigung *f*; (*taking on*) Anstellung *f*; **level of ~** Beschäftigungsgrad *m*; **in ~** erwerbstätig; **out of ~** erwerbslos ❷ (*profession*) Beruf *m*
empress <*pl* -es> [ˈemprəs] *n* Kaiserin *f*
emptiness [ˈem(p)tɪnəs] *n no pl* Leere *f*
empty [ˈem(p)ti] I. *adj* leer *a. fig*; *house* leer stehend; *castle* unbewohnt II. *vt* <-ie-> [ent]leeren; (*pour*) schütten III. *vi* <-ie-> sich leeren
empty-handed *adj* mit leeren Händen *nach n* **empty weight** *n* Leergewicht *nt*
emu <*pl* - *or* -s> [ˈiːmjuː] *n* Emu *m*
EMU [ˌiːemˈjuː] *n no pl* ECON *abbrev of* **economic and monetary union** EWU *f*
emulate [ˈemjəleɪt] *vt* ■ **to ~ sb** jdm nacheifern
emulsion [ɪˈmʌlʃən] *n* ❶ Emulsion *f* ❷ BRIT (*paint*) Dispersionsfarbe *f*
enable [ɪˈneɪbl] *vt* ❶ ■ **to ~ sb to do sth** jdm ermöglichen, etw zu tun ❷ COMPUT aktivieren
encase [ɪnˈkeɪs] *vt* ■ **to be ~d** ummantelt sein; *waste* eingeschlossen sein; **~d in plaster** eingegipst
encash [ɪnˈkæʃ] *vt* BRIT *cheque* einlösen
enchant [ɪnˈtʃɑːnt] *vt* entzücken
enchanting [ɪnˈtʃɑːntɪŋ] *adj* bezaubernd
encircle [ɪnˈsɜːkl] *vt* umgeben
enclose [ɪnˈkləʊz] *vt* ❶ (*surround*) umgeben ❷ (*in letter*) beilegen

enclosed [ɪnˈkləʊzd] *adj* (*separated*) abgegrenzt; (*shut in*) eingeschlossen

enclosure [ɪnˈkləʊʒəʳ] *n* ① eingezäuntes Grundstück; (*for animals*) Gehege *nt* ② (*in letter*) Anlage *f*

encode [ɪnˈkəʊd] *vt* kodieren

encompass [ɪnˈkʌmpəs] *vt* umfassen

encore [ˈɒŋkɔːʳ] *n* Zugabe *f*; **for an** ~ als Zugabe; (*fig*) obendrein

encounter [ɪnˈkaʊntəʳ] **I.** *vt* ① (*experience*) ■**to ~ sb/sth** auf jdn/etw stoßen ② (*meet*) [unerwartet] treffen **II.** *n* Begegnung *f*

encourage [ɪnˈkʌrɪdʒ] *vt* ① ■**to ~ sb** jdm Mut zusprechen; (*confidence*) jdn ermutigen ② (*urge*) ■**to ~ sb to do sth** jdn [dazu] ermuntern, etw zu tun

encouragement [ɪnˈkʌrɪdʒmənt] *n no pl* Ermutigung *f*; (*urging*) Ermunterung *f*

encouraging [ɪnˈkʌrɪdʒɪŋ] *adj* ermutigend

encyclop(a)edia [ɪnˌsaɪkləˈpiːdɪə] *n* Lexikon *nt*

end [end] **I.** *n* ① Ende *nt*; (*completion*) Schluss *m*; **for hours on** ~ stundenlang; **no ~ of trouble** reichlich Ärger; **to come to an** ~ zu Ende gehen; **without** ~ unaufhörlich; ~ **to** ~ der Länge nach ② *usu pl* (*aims*) Ziel *nt* ③ SPORTS [Spielfeld]hälfte *f* ▶ **to go off the deep** ~ hochgehen; **the** ~ **justifies the means** (*prov*) der Zweck heiligt die Mittel; **to make** ~**s meet** mit seinem Geld zurechtkommen **II.** *vt* beenden ▶ **to** ~ **it all** Selbstmord begehen **III.** *vi* enden ◆ **end up** *vi* enden; **to** ~ **up teaching** schließlich Lehrer/Lehrerin werden

endanger [ɪnˈdeɪndʒəʳ] *vt* gefährden; ~**ed species** vom Aussterben bedrohte Art

endangered species [ɪnˌdeɪndʒədˈ-] *n* vom Aussterben bedrohte Tierart

endeavor AM *see* **endeavour**

endeavour [ɪnˈdevəʳ] BRIT **I.** *vi* sich bemühen **II.** *n* Bemühung *f*

ending [ˈendɪŋ] *n* ① Ende *nt*, Schluss *m*; *of day* Abschluss *m*; *of story, book* Ausgang *m*; **happy** ~ Happyend *nt* ② LING Endung *f*

endless [ˈendləs] *adj* endlos; (*innumerable*) unzählig

endorphin [enˈdɔːfɪn] *n* Endorphin *nt*; ~ **rush** Endorphinausschüttung *f*

endorse [ɪnˈdɔːs] *vt* unterstützen; FIN indossieren

endorsement [ɪnˈdɔːsmənt] *n* ① Billigung *f* ② FIN Indossament *nt* ③ BRIT LAW Strafvermerk *m* (*im Führerschein*)

endurance [ɪnˈdjʊərən(t)s] *n no pl* Ausdauer *f*, Durchhaltevermögen *nt*

endure [ɪnˈdjʊəʳ] **I.** *vt* ertragen; (*suffer*) erleiden **II.** *vi* fortdauern

end user *n* ① Endverbraucher(in) *m(f)* ② COMPUT Anwender(in) *m(f)*

ENE *abbrev of* **east-north-east** ONO

enemy [ˈenəmi] **I.** *n* Feind(in) *m(f)* **II.** *adj* feindlich; ~ **action** Feindeinwirkung *f*

energetic [ˌenəˈdʒetɪk] *adj* voller Energie *nach n*, energiegeladen

energy [ˈenədʒi] *n* ① *no pl* Energie *f*, Kraft *f* ② SCI Energie *f*; **sources of** ~ Energiequellen *pl*

energy resources *npl* Energieressourcen *pl*

energy saving *n* Energiesparen *nt* **energy-saving** *adj attr* Energie sparend

enforce [ɪnˈfɔːs] *vt* durchsetzen; **to** ~ **the law** dem Gesetz Geltung verschaffen

engage [ɪnˈgeɪdʒ] **I.** *vt* ① anstellen; *actor* engagieren; **to** ~ **a lawyer** sich *dat* einen Anwalt nehmen ② **to** ~ **sb in a conversation** jdn in ein Gespräch verwickeln ③ (*use*) einschalten; **to** ~ **the clutch** einkuppeln **II.** *vi* ■**to** ~ **in sth** sich an etw *dat* beteiligen

engaged [ɪnˈgeɪdʒd] *adj* ① beschäftigt; *toilet, phone* besetzt ② (*to marry*) verlobt (**to** mit); **the** ~ **couple** die Verlobten *pl*

engagement [ɪnˈgeɪdʒmənt] *n* ① Verabredung *f* ② (*to marry*) Verlobung *f* (**to** mit)

engagement book *n*, **engagement diary** *n* Terminkalender *m* **engagement ring** *n* Verlobungsring *m*

engaging [ɪnˈgeɪdʒɪŋ] *adj* bezaubernd; *manner* einnehmend

engine [ˈendʒɪn] *n* Motor *m*; *of plane* Triebwerk *nt*; *of train* Lok[omotive] *f*

engineer [ˌendʒɪˈnɪəʳ] **I.** *n* ① Ingenieur(in) *m(f)*; MIL Pionier *m* ② AM *of train* Lok[omotiv]führer(in) *m(f)* **II.** *vt* konstruieren

engineering [ˌendʒɪˈnɪərɪŋ] *n no pl* Technik *f*, Ingenieurwissenschaft *f*; [**mechanical**] ~ Maschinenbau *m*

England [ˈɪŋglənd] *n* England *nt*

English [ˈɪŋglɪʃ] **I.** *n* ① *no pl* Englisch *nt*; **the King's/Queen's** ~ die englische Hochsprache ② (*people*) ■**the** ~ *pl* die Engländer **II.** *adj* englisch; ~ **department** UNIV Institut *nt* für Anglistik

English Channel *n* ■**the** ~ der Ärmelkanal

English speaker *n* Englischsprachige(r) *f(m)* **English-speaking** *adj* englischsprachig

enjoy [ɪn'dʒɔɪ] *vt* genießen; **did you ~ the film?** hat dir der Film gefallen?; **to ~ good health** sich guter Gesundheit erfreuen; ▪ **to ~ oneself** sich amüsieren; **~ yourself!** viel Spaß!

enjoyable [ɪn'dʒɔɪəbl] *adj* angenehm, nett; (*entertaining*) unterhaltsam

enjoyment [ɪn'dʒɔɪmənt] *n no pl* Vergnügen *nt,* Spaß *m* (**of** an)

enlarge [ɪn'lɑːdʒ] I. *vt* vergrößern; (*expand*) erweitern II. *vi* ❶ sich vergrößern ❷ ▪ **to ~ [up]on sth** sich zu etw *dat* ausführlich äußern

enlargement [ɪn'lɑːdʒmənt] *n* Vergrößerung *f*; (*expanding*) Erweiterung *f*

enlist [ɪn'lɪst] I. *vi* sich melden; **to ~ in the army** in die Armee eintreten II. *vt* anwerben

enormous [ɪ'nɔːməs] *adj* enorm, riesig; (*overwhelming*) gewaltig

enough [ɪ'nʌf] I. *adj* genug, genügend; **that should be ~** das dürfte reichen; **just ~ room** gerade Platz genug II. *adv* ❶ (*adequately*) genug; **are you warm ~?** ist es dir warm genug? ❷ (*quite*) **he seems nice ~** er scheint so weit recht nett zu sein; **curiously ~** seltsamerweise III. *interj* **~!** jetzt reicht es aber! IV. *pron no pl* ❶ (*sufficient*) genug; **there's ~ for everybody** es ist für alle genug da; **there's not quite ~** es reicht nicht ganz ❷ (*too much*) **that is quite ~** das ist mehr als genug

enquire [ɪn'kwaɪər] *vi* sich erkundigen (**about/after** nach); '**~ within**' 'Näheres im Geschäft'; ▪ **to ~ into sth** etw untersuchen

enquiry [ɪn'kwaɪəri] *n* ❶ Anfrage *f*, Erkundigung *f*; **on ~** auf Anfrage ❷ (*investigation*) Untersuchung *f*; **to make enquiries** Nachforschungen anstellen

enraged [ɪn'reɪdʒd] *adj* wütend

enrol <-ll-> [ɪn'rəʊl] I. *vi* sich einschreiben; **for course** sich anmelden II. *vt* aufnehmen

enrollment AM *see* **enrolment**

enrolment [ɪn'rəʊl-] *n* Einschreibung *f*; (*for course*) Anmeldung *f*

en route [ˌɑ̃ː(n)'ruːt] *adv* unterwegs; **~ from London to Tokyo** auf dem Weg von London nach Tokyo

ensuing [ɪn'sjuːɪŋ] *adj* [darauf] folgend

en suite bathroom *n* angeschlossenes Badezimmer

ensure [ɪn'ʃɔːr] *vt* sicherstellen; (*warrant*) garantieren

entail [ɪn'teɪl] *vt* mit sich bringen

entangle [ɪn'tæŋgl] *vt* **to get ~d in sth** sich in etw *dat* verfangen; (*fig*) sich in etw *akk* verwickeln

enter ['entər] I. *vt* ❶ (*go into*) hineingehen in +*akk;* *building, room* betreten; *phase* eintreten in +*akk;* (*penetrate*) eindringen in +*akk* ❷ *data* eingeben ❸ (*join*) beitreten +*dat;* **to ~ the priesthood** Priester werden II. *vi* ❶ ▪ **to ~ for sth** sich für etw *akk* [an]melden ❷ THEAT auftreten

enter key *n* COMPUT Eingabetaste *f*

enterprise ['entəpraɪz] *n* ❶ Unternehmen *nt*; **private ~** Privatwirtschaft *f* ❷ *no pl* (*initiative*) Unternehmungsgeist *m*

enterprising ['entəpraɪzɪŋ] *adj* unternehmungslustig; (*ingenious*) einfallsreich

entertain [ˌentə'teɪn] I. *vt* ❶ unterhalten ❷ (*invite*) zu sich einladen; (*to dine*) bewirten II. *vi* Gäste haben

entertaining [ˌentə'teɪnɪŋ] I. *adj* unterhaltsam II. *n no pl* **to do a lot of ~** häufig jdn bewirten

entertainment [ˌentə'teɪnmənt] *n* Unterhaltung *f*

enthusiasm [ɪn'θjuːziæzəm] *n* Begeisterung *f*

enthusiastic [ɪn'θjuːziæstɪk] *adj* begeistert (**about** von); ▪ **to become ~ about sth** sich für etw *akk* begeistern

enticing [ɪn'taɪsɪŋ] *adj* verlockend

entire [ɪn'taɪər] *adj* ganz; (*complete*) vollständig

entirely [ɪn'taɪərli] *adv* ganz; **to agree ~** völlig übereinstimmen

entitle [ɪn'taɪtl] *vt usu passive* **he is ~d to a discount** er hat Anspruch auf Rabatt; **~d to vote** stimmberechtigt; ▪ **to ~ sb to do sth** jdn dazu berechtigen, etw zu tun

entrance[1] ['entrən(t)s] *n* ❶ Eingang *m;* (*road*) Einfahrt *f* ❷ (*entering*) Eintritt *m;* THEAT Auftritt *m*

entrance[2] [ɪn'trɑːn(t)s] *vt* entzücken

entrance examination *n* Aufnahmeprüfung *f* **entrance fee** *n* Eintritt *m,* ÖSTERR *a.* Entree *nt;* (*for competition*) Teilnahmegebühr *f* **entrance form** *n* Antragsformular *nt;* (*for competition*) Teilnahmeformular *nt*

entrance hall n Eingangshalle f **entrance requirement** n Aufnahmebedingung f
entrant ['entrənt] n Teilnehmer(in) m(f)
entrée ['ã:(n)treɪ] n ❶ BRIT (*starter*) Vorspeise f ❷ AM (*main course*) Hauptgericht nt
entrepreneur [ˌɒntrəprə'nɜ:ʳ] n Unternehmer(in) m(f)
entrepreneurship [ˌɒntrəprə'nɜ:rʃɪp] n Unternehmertum nt
entrust [ɪn'trʌst] vt ■ **to ~ sth to sb** jdm etw anvertrauen
entry ['entri] n ❶ (*entering*) Eintritt m; (*by car*) Einfahrt f; (*into country*) Einreise f; (*into activity*) Aufnahme f ❷ (*entrance*) Eingang m; (*road*) Einfahrt f
entry fee n Eintritt m, ÖSTERR a. Entree nt **entry form** n Antragsformular nt; (*for competition*) Teilnahmeformular nt **entryphone** n BRIT [Tür]sprechanlage f **entry test** n Zulassungstest m
enunciate [ɪ'nʌn(t)sieɪt] I. vi sich artikulieren; **to ~ clearly** deutlich sprechen II. vt aussprechen
envelop [ɪn'veləp, en'-] vt einhüllen
envelope ['envələʊp] n [Brief]umschlag m
enviable ['enviəbl] adj beneidenswert
envious ['enviəs] adj neidisch (**of** auf)
environment [ɪn'vaɪ(ə)rənmənt] n ❶ no pl ■ **the ~** die Umwelt ❷ (*surroundings*) Umgebung f
environmental [ɪnˌvaɪ(ə)rən'mentəl] adj Umwelt-; **negative ~ impact** Umweltbelastung f
envy ['envi] I. n no pl Neid m (**of** auf) ▶ **to be green with ~** grün vor Neid sein II. vt <-ie-> ■ **to ~ sb sth** jdn um etw akk beneiden
enzyme ['enzaɪm] n Enzym nt
epicenter AM see **epicentre**
epicentre ['epɪsentəʳ] n Epizentrum nt
epilog AM see **epilogue**
epilogue ['epɪlɒg] n Epilog m
episode ['epɪsəʊd] n ❶ Episode f; **unfortunate ~** bedauerlicher Vorfall ❷ *of series* Folge f
equal ['i:kwəl] I. adj ❶ gleich; **of ~ size** gleich groß; **~ in volume** vom Umfang her gleich; **~ status** Gleichstellung f ❷ (*able*) **to be ~ to a task** einer Aufgabe gewachsen sein II. n Gleichgestellte(r) f(m); **to have no ~** unübertroffen sein
equality [ɪ'kwɒləti] n no pl Gleichberechtigung f; **racial ~** Rassengleichheit f
equalize ['i:kwəlaɪz] I. vt gleichmachen; *pressure* ausgleichen II. vi BRIT, AUS SPORTS den Ausgleich erzielen
equalizer ['i:kwəlaɪzəʳ] n BRIT, AUS Ausgleichstor nt
equally ['i:kwəli] adv ebenso; **~ good** gleich gut; **to contribute ~** gleichermaßen beitragen
equal opportunities npl BRIT, **equal opportunity** n AM Chancengleichheit f
equal(s) sign n MATH Gleichheitszeichen nt
equate [ɪ'kweɪt] I. vt gleichsetzen II. vi ■ **to ~ to sth** etw dat entsprechen
equation [ɪ'kweɪʒən] n MATH Gleichung f ▶ **the other side of the ~** die Kehrseite der Medaille
equator [ɪ'kweɪtəʳ] n no pl (**on the**) **~** [am] Äquator m
equatorial [ˌekweɪ'tɔ:riəl] adj äquatorial
equidistant [ˌi:kwɪ'dɪstənt] adj gleich weit entfernt
equilateral [ˌi:kwɪ'lætərəl] adj MATH gleichseitig
equip <-pp-> [ɪ'kwɪp] vt ausstatten; (*specialized*) ausrüsten
equipment [ɪ'kwɪpmənt] n no pl Ausrüstung f, Ausstattung f
equitable ['ekwɪtəbl] adj gerecht
equivalent [ɪ'kwɪvələnt] I. adj äquivalent, entsprechend; ■ **to be ~ to sth** etw dat entsprechen II. n Äquivalent nt (**for/of** für), Entsprechung f
era ['ɪərə] n Ära f
eradicate [ɪ'rædɪkeɪt] vt ausrotten
erase [ɪ'reɪz] vt entfernen; *rubber* ausradieren
eraser [ɪ'reɪzəʳ] n esp AM Radiergummi m
erect [ɪ'rekt] I. adj ❶ aufrecht ❷ ANAT erigiert II. vt errichten
erode [ɪ'rəʊd] vt, vi erodieren
erosion [ɪ'rəʊʒən] n no pl Erosion f
erotic [ɪ'rɒtɪk] adj erotisch
erratic [er'ætɪk] adj sprunghaft, unregelmäßig
error ['erəʳ] n Fehler m, Irrtum m; **~ of judgment** Fehleinschätzung f; **in ~** aus Versehen
error message n COMPUT Fehlermeldung f
erupt [ɪ'rʌpt] vi ausbrechen; (*fig*) explodieren; **to ~ into violence** gewalttätig werden
eruption [ɪ'rʌpʃən] n Ausbruch m a. fig
escalate ['eskəleɪt] I. vi eskalieren, sich ausweiten II. vt ausweiten

escalator ['eskəleɪtə'] n Rolltreppe f
e-scam ['iːskæm] n INET Internet-Betrügerei f
escape [ɪ'skeɪp, es'-] I. vi ❶ fliehen; (*successfully*) entkommen; (*from cage, prison*) ausbrechen; ■ **to ~ from sb** vor jdm fliehen ❷ (*avoid harm*) [mit dem Leben] davonkommen; **to ~ unhurt** unverletzt bleiben ❸ COMPUT **to ~ from a program** ein Programm verlassen II. vt ❶ ■ **to ~ sth** aus etw *dat* fliehen; ■ **to ~ sb** vor jdm fliehen ❷ (*avoid*) entgehen +*dat* ❸ **his address ~s me** seine Adresse ist mir entfallen ❹ (*be emitted*) ■ **to ~ sb** jdm entfahren III. n ❶ Flucht f a. fig (**from** aus); ~ **route** Fluchtweg f ❷ no pl (*avoidance*) Entkommen nt; **there's no ~** daran führt kein Weg vorbei; **to have a narrow ~** gerade noch davongekommen sein

escort I. vt [ɪ'skɔːt, es'-] eskortieren; MIL Geleitschutz geben +*dat*; **to ~ sb to safety** jdn in Sicherheit bringen II. n ['eskɔːt] ❶ Begleiter(in) m(f) ❷ no pl (*guard*) Eskorte f, Begleitschutz m; **police ~** Polizeieskorte f; **under police ~** unter Polizeischutz

ESE n abbrev of **east-south-east** OSO

especially [ɪ'speʃli, es'-] adv besonders; **I chose this ~ for you** ich habe das extra für dich ausgesucht

espionage ['espɪɑːʒ] n no pl Spionage f

essay ['eseɪ] n Essay m o nt (**on** über)

essence ['esən(t)s] n ❶ Wesentliche(s) nt; *of problem* Kern m ❷ **the [very] ~ of stupidity** der Inbegriff der Dummheit

essential [ɪ'sen(t)ʃəl] I. adj ❶ unbedingt erforderlich; *vitamins* lebenswichtig ❷ (*basic*) essenziell; ~ **component** Grundbestandteil m II. n ❶ **the ~s** pl das Wesentliche *kein pl*; **the ~s of Spanish** die Grundzüge des Spanischen

essentially [ɪ'sen(t)ʃəli] adv im Grunde [genommen]

establish [ɪ'stæblɪʃ, es'-] vt ❶ gründen; *contact* aufnehmen ❷ **to ~ order** für Ordnung sorgen ❸ **to ~ one's superiority** sich als überlegen erweisen

established [ɪ'stæblɪʃt, es'-] adj ❶ fest; **it is ~ practice ...** es ist üblich, ... ❷ (*proven*) nachgewiesen ❸ (*founded*) gegründet

establishment [ɪ'stæblɪʃmənt, es'-] n ❶ Unternehmen nt; **educational ~** Bildungseinrichtung f ❷ no pl (*ruling group*) ■ **the ~** das Establishment

estate [ɪ'steɪt, es'-] n ❶ (*land*) Gut nt; **country ~** Landgut nt ❷ BRIT (*buildings*) Siedlung f; **housing ~** [Wohn]siedlung f

estate agent n BRIT Immobilienmakler(in) m(f) **estate car** n BRIT Kombi[wagen] m

esthetics n AM see **aesthetics**

estimate I. vt ['estɪmeɪt] [ein]schätzen II. n ['estɪmət] Schätzung f; ECON Kostenvoranschlag m; **conservative ~** vorsichtige Einschätzung; **at a rough ~** grob geschätzt

estimated ['estɪmeɪtɪd] adj geschätzt; (*expected*) voraussichtlich; ~ **figure** Schätzung f

estimation [ˌestɪ'meɪʃən] n no pl Einschätzung f; **in my ~** meiner Ansicht nach

Estonia [es'təʊniə] n Estland nt

Estonian [es'təʊniən] I. adj estnisch II. n ❶ Este, Estin m, f ❷ (*language*) Estnisch nt

estuary ['estjʊəri] n Flussmündung f

Estuary English (von Thames estuary, dem Mündungsgebiet der Themse) ist die spöttische Bezeichnung für die neuerdings modische, vom Cockney (ein Dialekt des East End Londons) beeinflusste Aussprache vieler junger Leute und auch von Leuten mittleren Alters aller Klassen im gesamten Südosten Englands.

e-tail ['iːteɪl] n no pl INET Internet-Handel m

e-tailer ['iːteɪlə'] n Internethändler m

etc. adv abbrev of **et cetera** usw., etc.

et cetera [ɪt'setərə] adv und so weiter

etch [etʃ] vt ätzen; **to be ~ed on sb's memory** in jds Gedächtnis eingebrannt sein

ETD [ˌiːtiː'diː] abbrev of **estimated time of departure** RAIL voraussichtliche Abfahrtzeit; AVIAT voraussichtliche Abflugzeit

eternal [ɪ'tɜːnəl] adj ewig a. fig; (*fam: persistent*) endlos; ~ **flame** ewiges Licht

eternally [ɪ'tɜːnəli] adv ewig; (*fam: persistently*) unaufhörlich

eternity [ɪ'tɜːnəti] n no pl Ewigkeit f a. fig; **for all ~** bis in alle Ewigkeit

ethical ['eθɪkəl] adj ethisch

ethics ['eθɪks] n + sing vb Ethik f

ethnic ['eθnɪk] adj ethnisch; **the ~ Chinese** die Volkschinesen; ~ **costumes** Landestrachten pl

EU n no pl ■ **the ~** die Europäische Union

Eucharist ['juːkərɪst] n no pl REL Eucharistie f

EUR n short for **Euro** EUR

euro ['jʊərəʊ] n Euro m

Euro- *in compounds* Euro-; ~**MP** Europaabgeordnete(r) *f(m)*
eurocent *n* Eurocent *m*
Eurocheque *n* Euroscheck *m*
euro coins *npl* Euromünzen *pl* **Eurocurrency** *n* Euro-Währung *f* **Euroland** *n no pl* (*fam*) Eurozone *f*
Europe ['jʊərəp] *n no pl* Europa *nt*
European [ˌjʊərə'piən] I. *adj* europäisch II. *n* Europäer(in) *m(f)*
European Central Bank *n* Europäische Zentralbank **European Community** *n no pl* (*hist*) ■**the** ~ die Europäische Gemeinschaft **European Court of Justice** *n* Europäischer Gerichtshof **European Parliament** *n no pl* Europaparlament *nt* **European Union** *n no pl* Europäische Union
Eurovision ['jʊərəʊvɪʒən] *n no pl* Eurovision *f*
eurozone *n* Eurozone *f*
evacuate [ɪ'vækjueɪt] *vt* evakuieren; *area, building* räumen
evacuation [ɪˌvækju'eɪʃən] *n* Evakuierung *f*; (*of area, building*) Räumung *f*
evacuee [ɪˌvækju'iː] *n* Evakuierte(r) *f(m)*
evade [ɪ'veɪd] *vt* ausweichen +*dat*; (*shirk*) sich entziehen +*dat*
evaluate [ɪ'væljueɪt] *vt* bewerten; *results* auswerten; *person* beurteilen
evaluation [ɪˌvælju'eɪʃən] *n* Schätzung *f*; *of treatment* Beurteilung *f*; *of book* Bewertung *f*
evangelical [ˌiːvæn'dʒelɪkəl] *adj* evangelisch
evaporate [ɪ'væpəreɪt] I. *vi* verdampfen II. *vt* verdampfen lassen
evasion [ɪ'veɪʒən] *n* Ausweichen *nt*
evasive [ɪ'veɪsɪv] *adj* ausweichend; **to take** ~ **action** ein Ausweichmanöver machen
eve [iːv] *n no pl* Vorabend *m*
Eve [iːv] *n no art* Eva *f*
even ['iːvən] I. *adv* ❶ (*unexpectedly*) selbst; ~ **Chris was there** selbst Chris war da ❷ (*indeed*) sogar; **not** ~ [noch] nicht einmal ❸ (*despite*) ~ **if ...** selbst wenn ...; ~ **so** trotzdem ❹ + *comp* ~ **colder** noch kälter II. *adj* ❶ (*level*) eben; *row* gerade; *in height* auf gleicher Höhe ❷ (*equal*) gleich [groß] III. *vt* ebnen ◆**even out** I. *vt* ausgleichen II. *vi* sich ausgleichen; *prices* sich einpendeln ◆**even up** *vt* ausgleichen
evening ['iːvnɪŋ] I. *n* Abend *m*; **have a nice** ~ schönen Abend!; **all** ~ den ganzen Abend; **on Friday** ~**s** freitagabends II. *adj attr* Abend-
evening class *n* Abendkurs *m* **evening dress** *n* ❶ Abendkleid *nt* ❷ *no pl* (*outfit*) **to wear** ~ Abendkleidung tragen **evening paper** *n* Abendzeitung *f* **evening performance** *n* Abendvorstellung *f* **evening prayer** *n* Abendgebet *nt* **evening service** *n* Abendgottesdienst *m*
evenly ['iːvənli] *adv* ❶ gleichmäßig; **to be** ~ **matched** einander ebenbürtig sein ❷ (*placidly*) gelassen
event [ɪ'vent] *n* ❶ Ereignis *nt*; **series of** ~**s** Reihe *f* von Vorfällen; **sporting** ~ Sportveranstaltung *f* ❷ (*case*) Fall *m*; **in the** ~ **that ...** falls ...
even-tempered *adj* ausgeglichen
eventful [ɪ'ventfəl] *adj* ereignisreich
eventual [ɪ'ventʃuəl] *adj* **this led to her** ~ **dismissal** das führte schließlich [*o* letzten Endes] zu ihrer Entlassung; **nobody could guess the** ~ **outcome** niemand ahnte, wie es schließlich [*o* letzten Endes] ausgehen würde
eventuality [ɪˌventʃu'æləti] *n* Eventualität *f*; **in that** ~ in diesem Fall
eventually [ɪ'ventʃuəli] *adv* ❶ schließlich, endlich ❷ (*some day*) irgendwann
ever ['evəʳ] *adv* ❶ (*at any time*) je[mals]; **nothing** ~ **happens here** hier ist nie was los; **to hardly** ~ **do sth** etw so gut wie nie tun; **as good as** ~ so gut wie eh und je; **worse than** ~ schlimmer als je zuvor ❷ (*always*) **happily** ~ **after** glücklich bis ans Ende ihrer Tage; **as** ~ wie gewöhnlich; ~ **since ...** seitdem ... ❸ (*of all time*) **the first performance** ~ die allererste Darbietung ❹ (*stressing*) **how** ~ **could anyone ...?** wie kann jemand nur ...?; **what** ~ **have you done?** was hast du bloß getan?; **am I** ~ **!** und wie!
every ['evri] *adj* ❶ jede(r, s) ❷ (*stressing*) ganz und gar; ~ **bit as ... as ...** genauso ... wie ...; **to have** ~ **chance** die besten Chancen haben; ~ **which way** AM in alle Richtungen
everybody ['evriˌbɒdi] *pron indef, + sing vb* jede(r); ~ **in favour?** alle, die dafür sind?; **goodbye,** ~ auf Wiedersehen alle miteinander; ~ **but Jane** alle außer Jane; ~ **else** alle anderen **everyday** *adj attr* alltäglich; ~ **language** Alltagssprache *f*; ~ **life** Alltagsleben *nt*; **a word in** ~ **use** ein umgangssprachlich

verwendetes Wort **everyone** ['evriwʌn] *pron see* **everybody everything** ['evriθɪŋ] *pron indef* alles; **money isn't** ~ Geld ist nicht alles; **how's** ~ **?** wie steht's?; **to blame** ~ **on sth/sb** etw/jdm die ganze Schuld geben; **and** ~ und allem drum und dran **everywhere** ['evri(h)weəʳ] *adv* überall; ~ **else** überall sonst; **to travel** ~ überallhin reisen

evict [ɪ'vɪkt] *vt* **to** ~ **sb** *tenant* jdm kündigen; *undesirable* jdn rausschmeißen

evidence ['evɪdᵊn(t)s] I. *n no pl* ❶ Beweis[e] *m[pl]*; **to find no** ~ **of sth** keinen Anhaltspunkt für etw *akk* haben; ■ **on the** ~ **of** im Hinblick auf +*akk* ❷ (*at court*) Beweisstück *nt;* **to turn Queen's/King's** ~ BRIT als Kronzeuge auftreten; **written** ~ schriftliches Beweismaterial; **to give** ~ aussagen (**on** über, **against** gegen) II. *vt* ■ **to be** ~ **d by sth** sich in etw *dat* ausdrücken

evidence-based ['evɪdᵊn(t)sbeɪst] *adj* belegbar, nachgewiesen

evident ['evɪdᵊnt] *adj* offensichtlich; ■ **to be** ~ **to sb** jdm klar sein; ■ **to be** ~ **in sth** in etw *dat* zu erkennen sein

evil ['iːvᵊl] I. *adj* böse II. *n* Übel *nt;* (*personification*) das Böse; **good and** ~ Gut und Böse; **the lesser of two** ~**s** das kleinere von zwei Übeln

evocative [ɪ'vɒkətɪv] *adj* evokativ

evoke [ɪ'vəʊk] *vt* hervorrufen; (*recall*) an etw *akk* erinnern

evolution [ˌiːvə'luːʃᵊn] *n no pl* Evolution *f;* (*fig*) Entwicklung *f*

evolve [ɪ'vɒlv] I. *vi* sich entwickeln II. *vt* entwickeln

ewe [juː] *n* Mutterschaf *nt;* ~ **'s milk** Schafsmilch *f*

ex <*pl* -**es**> [eks] *n* (*fam: lover*) Ex-Freund(in) *m(f);* (*spouse*) Ex-Mann, Ex-Frau *m, f*

exact [ɪg'zækt] *adj* genau; **to be the** ~ **equivalent of sth** etw *dat* genau entsprechen; **an** ~ **science** eine exakte Wissenschaft

exacting [ɪg'zæktɪŋ] *adj* (*demanding*) anstrengend; (*stringent*) hoch

exactly [ɪg'zæktli] *adv* ❶ genau; ~**!** ganz genau!; ~ **the same** genau dasselbe ❷ (*hardly*) ■ **not** ~ eigentlich nicht, nicht gerade

exaggerate [ɪg'zædʒəreɪt] *vt, vi* übertreiben

exaggerated [ɪg'zædʒəreɪtɪd] *adj* übertrieben

exaggeration [ɪgˌzædʒə'reɪʃᵊn] *n* Übertreibung *f;* **a bit of an** ~ ein bisschen übertrieben

exam [ɪg'zæm] *n* Prüfung *f*

examination [ɪgˌzæmɪ'neɪʃᵊn] *n* ❶ Prüfung *f;* UNIV Examen *nt;* ~ **results** Prüfungs-/Examensergebnisse *pl* ❷ (*investigation*) Untersuchung *f;* (*verification*) Überprüfung *f;* **to be under** ~ untersucht werden ❸ (*check-up*) Untersuchung *f;* **to undergo a medical** ~ sich ärztlich untersuchen lassen

examine [ɪg'zæmɪn] *vt* ❶ prüfen ❷ (*check up*) untersuchen

examinee [ɪgˌzæmɪ'niː] *n* Examenskandidat(in) *m(f)*

examiner [ɪg'zæmɪnəʳ] *n* ❶ Prüfer(in) *m(f)* ❷ (*medic*) **medical** ~ Gerichtsmediziner(in) *m(f)*

examining board *n* Prüfungsausschuss *m*

example [ɪg'zɑːmpl] *n* Beispiel *nt;* **for** ~ zum Beispiel; **to make an** ~ **of sb** an jdm ein Exempel statuieren

exasperating [ɪg'zæspᵊreɪtɪŋ] *adj* ärgerlich

exasperation [ɪgˌzæspə'reɪʃᵊn] *n no pl* Verzweiflung *f* (**at** über); **in** ~ verärgert

excavate ['ekskəveɪt] I. *vt* ❶ ausheben ❷ ARCHEOL ausgraben II. *vi* Ausgrabungen machen

excavation [ˌekskə'veɪʃᵊn] *n* Ausheben *nt;* ARCHEOL Ausgrabung *f*

exceed [ɪk'siːd] *vt* überschreiten

exceedingly [ɪk'siːdɪŋli] *adv* äußerst

excel <-ll-> [ɪk'sel] I. *vi* sich auszeichnen; ■ **to** ~ **at sth** sich bei etw *dat* hervortun II. *vt* ■ **to** ~ **oneself** sich selbst übertreffen

excellence ['eksᵊlᵊn(t)s] *n no pl* Vorzüglichkeit *f;* **of performance** hervorragende Qualität

excellent ['eksᵊlᵊnt] *adj* ausgezeichnet; *quality, reputation* hervorragend; **taste** auserwählt

except [ɪk'sept] I. *prep* ■ ~ [**for**] außer +*dat* II. *conj* ❶ (*only*) doch, nur ❷ (*besides*) außer [dass] III. *vt* (*form*) ausschließen; **present company** ~**ed** Anwesende ausgenommen

excepting [ɪk'septɪŋ] *prep* außer +*dat;* **not** ~ nicht ausgenommen; **always** ~ natürlich mit Ausnahme

exception [ɪk'sepʃᵊn] *n* Ausnahme *f;* **without** ~ ausnahmslos; **to take** ~ [**to sth**] Anstoß *m* [an etw *dat*] nehmen; **with the** ~ **of ...** mit Ausnahme von ...

exceptional [ɪkˈsepʃənəl] *adj* außergewöhnlich

exceptionally [ɪkˈsepʃənəli] *adv* außergewöhnlich; (*outstandingly*) ungewöhnlich

excerpt [ˈeksɜːpt] *n* Auszug *m* (**from** aus)

excess [ɪkˈses, ek-] **I.** *n* <*pl* -es> ❶ *no pl* (*extreme*) Übermaß *nt* (**of** an) ❷ (*surplus*) Überschuss *m* (**of** an); **in ~ of ...** mehr als ... **II.** *adj attr* ~ **amount** Mehrbetrag *m*; ~ **charge** Zusatzgebühr *f*; ~ **fare** Zuschlag *m*; ~ **fat** überschüssiges Fett

excess baggage *n no pl* Übergepäck *nt*

excess expenditure *n* Mehrausgabe *f*

excessive [ɪkˈsesɪv, ek-] *adj* übermäßig; *claim* übertrieben

excess luggage *n no pl* Übergepäck *nt*

exchange [ɪksˈtʃeɪndʒ, eks-] **I.** *vt* austauschen; *in shop* umtauschen (**for** gegen); **to ~ words** einen Wortwechsel haben **II.** *n* ❶ (*trade*) Tausch *m*; **in ~** dafür ❷ FIN Währung *f*; **foreign ~** Devisen *pl*; **rate of ~** Wechselkurs *m* ❸ (*interchange*) Wortwechsel *m*; ~ **of blows** Schlagabtausch *m*; ~ **of fire** Schusswechsel *m*; ~ **of letters** Briefwechsel *m*

exchangeable [ɪksˈtʃeɪndʒəbl, eks-] *adj* austauschbar

exchange control *n* FIN Devisenbewirtschaftung *f* **exchange course mechanism** *n* FIN Wechselkursmechanismus *m* **exchange rate** *n* Wechselkurs *m* **exchange regulations** *npl* FIN Devisenbestimmungen *pl* **exchange student** *n* SCH Austauschschüler(in) *m(f)*; UNIV Austauschstudent(in) *m(f)*

exchequer [ɪksˈtʃekəʳ, eks-] *n no pl* BRIT ■ **the E~** das Finanzministerium

excise[1] [ˈeksaɪz] *n* FIN ~ **duty** Verbrauchssteuer *f* (**on** für)

excise[2] [ekˈsaɪz] *vt* entfernen

excitable [ɪkˈsaɪtəbl, ek-] *adj* erregbar

excite [ɪkˈsaɪt, ek-] *vt* begeistern; (*stimulate*) erregen

excited [ɪkˈsaɪtɪd, ek-] *adj* aufgeregt; (*thrilled*) begeistert; **to be ~ about sth** von etw *dat* begeistert sein

excitement [ɪkˈsaɪtmənt, ek-] *n* Aufregung *f*; **what ~!** wie aufregend!; **in a state of ~** in heller Aufregung

exciting [ɪkˈsaɪtɪŋ, ek-] *adj* aufregend; *development, story* spannend

exclaim [ɪksˈkleɪm, eks-] **I.** *vi* **to ~ in delight** vor Freude aufschreien **II.** *vt* ausrufen

exclamation [ˌekskləˈmeɪʃən] *n* Ausruf *m*; ~ **s of happiness** Freudengeschrei *nt*

exclude [ɪksˈkluːd, eks-] *vt* ausschließen

excluding [ɪksˈkluːdɪŋ, eks-] *prep* ausgenommen +*gen*

exclusion [ɪksˈkluːʒən, eks-] *n* Ausschluss *m* (**from** von)

exclusive [ɪksˈkluːsɪv, eks-] **I.** *adj* ❶ (*excluding*) ausschließlich; (*limited to, select*) exklusiv; **for the ~ use of ...** nur für ... bestimmt; ~ **interview** Exklusivinterview *nt* ❷ (*sole*) einzig **II.** *n* MEDIA Exklusivbericht *m*

exclusively [ɪksˈkluːsɪvli, eks-] *adv* ausschließlich

excruciating [ɪksˈkruːʃieɪtɪŋ, ek-] *adj* ❶ schmerzhaft; **an ~ pain** fürchterliche Schmerzen ❷ (*fig*) qualvoll

excursion [ɪksˈkɜːʃən, eks-] *n* Ausflug *m*; **to go on an ~** einen Ausflug machen

excusable [ɪkˈskjuːzəbl, ek-] *adj* verzeihlich, entschuldbar

excuse I. *vt* [ɪkˈskjuːz, ek-] ❶ entschuldigen; (*make exception*) hinwegsehen über +*akk*; ■ **to ~ sb [for] sth** jdm etw entschuldigen; ■ **to ~ sb from sth** jdn von etw *dat* befreien ❷ (*attract attention*) ~ **me!** entschuldigen Sie bitte!, Entschuldigung!; (*beg pardon*) [ich bitte vielmals um] Entschuldigung; ~ **me?** wie bitte? **II.** *n* [ɪkˈskjuːs, ek-] ❶ Entschuldigung *f* ❷ (*justification*) Ausrede *f*; **to make an ~** sich entschuldigen

ex-directory [ˌeksdəˈrektəri] *adj* BRIT, AUS ~ **number** Geheimnummer *f*; ■ **to be ~** nicht im Telefonbuch stehen

execute [ˈeksɪkjuːt] *vt* ❶ (*form: perform*) durchführen ❷ (*kill*) hinrichten

execution [ˌeksɪˈkjuːʃən] *n* ❶ *no pl* (*performance*) Durchführung *f*; **to put a plan into ~** einen Plan ausführen ❷ (*killing*) Hinrichtung *f*

executive [ɪgˈzekjətɪv, eg-] **I.** *n* leitender Angestellter/leitende Angestellte; **advertising** ~ Werbemanager(in) *m(f)*; **junior/senior** ~ untere/höhere Führungskraft **II.** *adj attr* Exekutiv-; ~ **car** Vorstandswagen *m*; ~ **committee** [geschäftsführender] Vorstand; ~ **council** Ministerrat *m*; ~ **decisions** Führungsentscheidungen *pl*; ~ **editor** Chefredakteur(in) *m(f)*

executive-produce *vt* FILM, TV ■ **to ~ sth** etw als leitender Produzent/leitende Produzentin übernehmen

exempt [ɪgˈzempt, eg-] **I.** vt befreien; *conscript* freistellen **II.** adj befreit; ~ **from duty** zollfrei

exemption [ɪgˈzempʃən, eg-] n no pl Befreiung f; *of conscript* Freistellung f; ~ **from taxes** Steuerfreiheit f

exercise [ˈeksəsaɪz] **I.** vt ❶ trainieren ❷ *(form: use)* üben; *authority, control* ausüben **II.** vi trainieren **III.** n ❶ *(exertion)* Bewegung f; *(training)* Übung f; **outdoor** ~ Bewegung f im Freien; **to do** ~**s** Gymnastik machen; **to do leg** ~**s** Beinübungen machen; **to take** ~ sich bewegen ❷ *(practice)* Übung f; SCH, UNIV Aufgabe f ❸ *usu sing (act)* Aufgabe f **IV.** adj attr Trainings-; ~ **class** Fitnessklasse f; ~ **video** Übungsvideo nt

exercise book n Heft nt

exert [ɪgˈzɜːt, eg-] vt ❶ *control* ausüben ❷ *(labour)* ■ **to** ~ **oneself** sich anstrengen

exertion [ɪgˈzɜːʃən, eg-] n no pl Ausübung f

exhale [eksˈheɪl] vt, vi ausatmen

exhaust [ɪgˈzɔːst, eg-] **I.** vt ❶ ermüden; ■ **to** ~ **oneself** sich strapazieren ❷ *(use up)* erschöpfen **II.** n ‑ [fumes] Abgase pl

exhausted [ɪgˈzɔːstɪd, eg-] adj erschöpft

exhausting [ɪgˈzɔːstɪŋ, eg-] adj anstrengend

exhaustion [ɪgˈzɔːstʃən, eg-] n no pl Erschöpfung f

exhaustive [ɪgˈzɔːstɪv, eg-] adj erschöpfend; *list* vollständig

exhaust pipe n Auspuffrohr nt

exhaust system n Abgasanlage f; *of car* Auspuff m

exhibit [ɪgˈzɪbɪt, eg-] **I.** n ❶ Ausstellungsstück nt ❷ *(evidence)* Beweisstück nt **II.** vt ausstellen

exhibition [ˌeksɪˈbɪʃən] n Ausstellung f (**about** über)

exhibitor [ɪgˈzɪbɪtəʳ, eg-] n Aussteller(in) m(f)

exhilarating [ɪgˈzɪləreɪtɪŋ, egˈ-] adj berauschend

exhilaration [ɪgˌzɪləˈreɪʃən, eg,-] n no pl Hochgefühl nt

ex-husband n Exmann m

exile [ˈeksaɪl] **I.** n no pl Exil nt, Verbannung f (**from** aus) **II.** vt verbannen

exist [ɪgˈzɪst, egˈ-] vi ❶ existieren, bestehen; **if such a thing** ~**s** wenn es so etwas gibt ❷ *(live)* leben; ■ **to** ~ **on sth** von etw *dat* leben

existence [ɪgˈzɪstən(t)s, egˈ-] n ❶ *no pl* Existenz f, Bestehen nt; **to be in** ~ existieren, bestehen; **to come into** ~ entstehen; **to go out of** ~ verschwinden ❷ *(life)* Leben nt

existing [ɪgˈsɪstɪŋ, eg-] adj existierend, bestehend; *rules* gegenwärtig

exit [ˈeksɪt, ˈegz-] **I.** n ❶ *(way out)* Ausgang m ❷ *(departure)* Weggehen nt ❸ *(road)* Ausfahrt f, Abfahrt f **II.** vt verlassen **III.** vi hinausgehen

exit visa n Ausreisevisum nt

exorbitant [ɪgˈzɔːbɪtənt, eg-] adj überhöht

exotic [ɪgˈzɒtɪk, eg-] adj exotisch; *(fig)* fremdländisch

expand [ɪkˈspænd, ek-] **I.** vi ❶ zunehmen, expandieren ❷ ECON expandieren **II.** vt erweitern

expandable [ɪkˈspændəbl, ek-] adj dehnbar; *business, project* entwicklungsfähig

expansion [ɪkˈspæn(t)ʃən, ek-] n no pl ❶ Erweiterung f ❷ ECON Expansion f

expatriate *(form)* **I.** n [ɪkˈspætrɪət, ek-] *[ständig]* im Ausland Lebende(r) f(m); **German** ~ im Ausland lebende(r) Deutsche(r); ~ **community** Ausländergemeinde f **II.** vt [ɪkˈspætrɪeɪt, ek-] ausbürgern

expect [ɪkˈspekt, ek-] vt ❶ erwarten; **that was to be** ~**ed** das war zu erwarten; **I** ~ **ed as much** damit habe ich gerechnet; ■ **to** ~ **sb to do sth** erwarten, dass jd etw tut ❷ *(fam: suppose)* glauben; **I** ~ **so/not** ich denke schon/nicht

expectancy [ɪkˈspektən(t)si, ek-] n no pl Erwartung f; **air of** ~ erwartungsvolle Atmosphäre

expectant [ɪkˈspektənt, ek-] adj erwartungsvoll; *mother* werdend

expectation [ˌekspekˈteɪʃən] n Erwartung f; **to have great** ~**s for sb/sth** große Erwartungen in jdn/etw setzen

expedition [ˌekspɪˈdɪʃən] n Expedition f; MIL Feldzug m; **shopping** ~ Einkaufstour f

expel <-ll-> [ɪkˈspel, ek-] vt ❶ ausschließen (**from** aus); *from country* ausweisen (**from** aus) ❷ *(force out)* vertreiben (**from** aus)

expenditure [ɪkˈspendɪtʃəʳ, ek-] n ❶ no pl *(spending)* Ausgabe f; ~ **of time** Zeitaufwand m ❷ *(sum)* Ausgaben pl, Aufwendungen pl (**on** für)

expense [ɪkˈspen(t)s, ek-] n ❶ [Un]kosten pl, Ausgaben pl; **at great** ~ mit großen Kosten; **to go to great** ~ sich in Unkosten stürzen; **at one's own** ~ auf eigene Kosten; **to put sb to**

expense account – exposure

the ~ of sth jdm die Kosten für etw *akk* zumuten ❷ *(fig)* **at sb's ~** auf jds Kosten *pl;* **at the ~ of sth** auf Kosten einer S. *gen*

expense account *n* Spesenrechnung *f*

expense allowance *n* Aufwandsentschädigung *f*, SCHWEIZ a. Umtriebsentschädigung *f*

expensive [ɪkˈspen(t)sɪv, ek-] *adj* teuer; *hobby* kostspielig; **to be an ~ mistake for sb** jdn teuer zu stehen kommen

experience [ɪkˈspɪərɪən(t)s, ek-] I. *n* ❶ *no pl* Erfahrung *f;* ~ **of life** Lebenserfahrung *f;* **driving ~** Fahrpraxis *f;* **to gain ~** Erfahrungen sammeln; **from my own ~** aus eigener Erfahrung; ■ **to have ~ in/of sth** Erfahrung in etw *dat* haben ❷ *(instance)* Erfahrung *f,* Erlebnis *nt;* **to have an ~** eine Erfahrung machen ▶ **to put sth down to ~** etw als Erfahrung abbuchen II. *vt* erleben; *(endure)* kennen lernen

experienced [ɪkˈspɪərɪən(t)st, ek-] *adj* erfahren; *eye* geschult; **more ~** mit mehr Erfahrung *nach n*

experiment I. *n* [ɪkˈsperɪmənt, ek-] Experiment *nt,* Versuch *m;* **by ~** durch Ausprobieren II. *vi* [ɪkˈsperɪment] experimentieren; ■ **to ~ on sb/sth** an jdm/etw Versuche machen

experimental [ɪkˌsperɪˈmentəl, ek-] *adj* ❶ experimentell ❷ *(for experiments)* Versuchs-

expert [ˈekspɜːt] I. *n* Experte(in) *m(f),* Fachmann, Fachfrau *m, f;* LAW Sachverständige(r) *f(m);* **gardening ~** Fachmann , Fachfrau *m, f* für Gartenbau II. *adj* ❶ fachmännisch; *(skilled)* erfahren ❷ *(excellent)* ausgezeichnet; *liar* perfekt; ■ **to be ~ at sth** sehr gut in etw *dat* sein

expert advice *n no pl* fachmännischer Rat

expire [ɪkˈspaɪəʳ] I. *vi* ablaufen; *contract* auslaufen II. *vt* ausatmen

expiry [ɪkˈspaɪ(ə)ri] *n no pl* Ablauf *m;* ■ **before/on the ~ of sth** vor/nach Ablauf einer S. *gen*

expiry date *n of drugs, food* Verfallsdatum *nt; of credit card, passport* Ablaufdatum *nt*

explain [ɪkˈspleɪn, ek-] I. *vt* ❶ erklären; *reason, motive* erläutern ❷ *(justify)* begründen II. *vi* eine Erklärung geben; **I just can't ~** ich kann es mir einfach nicht erklären; **let me ~** lassen Sie es mich erklären

explanation [ˌekspləˈneɪʃən, ek-] *n* Erklärung *f; of reason, motive* Erläuterung *f;* **to give [sb] an ~ for sth** [jdm] etw erklären; **in ~ [of sth]** als Erklärung [für etw]

explanatory [ɪkˈsplænətəri, ek-] *adj* erklärend; *footnotes, statement* erläuternd; ~ **diagram** Schaubild *nt* zur Erläuterung

explicit [ɪkˈsplɪsɪt, ek-] *adj (precise)* klar, deutlich; *agreement, order* ausdrücklich

explode [ɪkˈspləʊd, ek-] I. *vi* explodieren *a. fig; tyre* platzen; **to ~ in anger** vor Wut platzen II. *vt* sprengen; *bomb* zünden

exploit I. *n* [ˈeksplɔɪt] Heldentat *f* II. *vt* [ɪkˈsplɔɪt, ek-] ausbeuten

exploitation [ˌeksplɔɪˈteɪʃən] *n no pl* Ausbeutung *f*

exploration [ˌekspləˈreɪʃən] *n* ❶ Erforschung *f; of enclosed space* Erkundung *f;* **voyage of ~** Entdeckungsreise *f* ❷ *(examination)* Untersuchung *f* **(of** von)

exploratory [ɪkˈsplɒrətəri, ek-] *adj* Forschungs-; *drilling,* auch Probe-; ~ **talks** Sondierungsgespräche *pl*

explore [ɪkˈsplɔːʳ, ek-] I. *vt* erforschen, erkunden II. *vi* sich umschauen; **to go exploring** auf Erkundung[stour] gehen

explorer [ɪkˈsplɔːrəʳ, ek-] *n* Forscher(in) *m(f)*

explosion [ɪkˈspləʊʒən, ek-] *n* Explosion *f a. fig;* ~ **of anger** Wutausbruch *m*

explosive [ɪkˈspləʊsɪv, ek-] I. *adj* explosiv *a. fig; issue, situation* [hoch] brisant; ~ **force** Sprengkraft *f;* ~ **substance** Explosivstoff *m;* **to have an ~ temper** zu Wutausbrüchen neigen II. *n* Sprengstoff *m*

export I. *vt* [ɪkˈspɔːt, ek-] exportieren II. *n* [ˈekspɔːt, ek-] Export *m;* **for ~** für den Export

expose [ɪkˈspəʊz, ek-] *vt* ❶ freilegen ❷ *(subject to)* aussetzen **(to** +*dat*); **to ~ sb to danger** jdn einer Gefahr aussetzen; **to ~ sb to ridicule** jdn dem Spott preisgeben; ■ **to be ~d to sth** etw *dat* ausgesetzt sein ❸ *scandal, plot* aufdecken; ■ **to ~ sb** jdn entlarven; ■ **to ~ oneself [to sb]** sich [vor jdm] entblößen

exposed [ɪkˈspəʊzd, ek-] *adj* ❶ freigelegt ❷ *(unprotected)* ungeschützt; *position* exponiert; **to be ~ to rain** dem Regen ausgesetzt sein

exposure [ɪkˈspəʊʒəʳ, ek-] *n* ❶ *(subjection to)* Aussetzung *f; to weather* Ausgesetztsein *nt;* ~ **to radiation** Bestrahlung *f* ❷ *no pl (contact)* Kontakt *m* **(to** mit) ❸ *no pl of fraud* Entlarvung *f* ❹ PHOT Belichtung *f*

exposure meter n PHOT Belichtungsmesser m

express [ɪkˈspres, ekˈ-] I. vt ① ausdrücken; (say) aussprechen; ■ **to ~ oneself** sich ausdrücken ② MATH darstellen II. adj ① express; **by ~ delivery** per Eilzustellung ② (precise) bestimmt; **for the ~ purpose** eigens zu dem Zweck III. adv per Express IV. n ① Express[zug] m ② no pl (courier) **by ~** per Eilboten

expression [ɪkˈspreʃən, ekˈ-] n ① Ausdruck m, Äußerung f; **to find ~ in sth** in etw dat seinen Ausdruck finden; **freedom of ~** Freiheit f der Meinungsäußerung ② (facial) [Gesichts]ausdruck m; **to have a glum ~** ein mürrisches Gesicht machen

expressionless [ɪkˈspreʃənləs, ekˈ-] adj ausdruckslos

expressive [ɪkˈspresɪv, ekˈ-] adj ausdrucksvoll; voice ausdrucksstark; ■ **to be ~ of sth** etw ausdrücken

expressly [ɪkˈspresli, ekˈ-] adv ausdrücklich

expressway n AM, AUS Schnellstraße f

ex-prisoner n ehemaliger Häftling

expulsion [ɪkˈspʌlʃən, ekˈ-] n no pl Ausschluss m (**from** aus); from country Ausweisung f (**from** aus)

exquisite [ɪkˈskwɪzɪt, ekˈ-] adj erlesen, exquisit; **~ timing** ein ausgeprägtes Zeitgefühl

extend [ɪkˈstend, ekˈ-] I. vt ① (stretch) ausstrecken ② (prolong) verlängern ③ aerial verlängern ④ (expand) erweitern II. vi sich erstrecken; over time sich hinziehen; ■ **to ~ beyond sth** über etw akk hinausgehen

extended [ɪkˈstendɪd, ekˈ-] adj verlängert; (detailed) umfassend

extension [ɪkˈsten(t)ʃən, ekˈ-] I. n ① no pl (stretching) Ausstrecken nt ② (lengthening) Verlängerung f; **~ table** Ausziehtisch m ③ (prolonging) Verlängerung f ④ no pl (expansion) Erweiterung f, Vergrößerung f ⑤ (annexe) Erweiterungsbau m (**to** an) II. adj AM, AUS UNIV Fern-

extension cord n AM, AUS Verlängerungskabel nt **extension ladder** n Ausziehleiter f **extension lead** n BRIT Verlängerungskabel nt

extensive [ɪkˈsten(t)sɪv, ekˈ-] adj ① ausgedehnt; bombing schwer ② (far-reaching) weitreichend; (detailed) ausführlich

extent [ɪkˈstent, ekˈ-] n ① no pl (size) Größe f, Ausdehnung f; (length) Länge f ② no pl (range) Umfang m ③ no pl (quantity) Ausmaß nt ④ (degree) Grad m kein pl, Maß nt kein pl; **to a certain ~** in gewissem Maße; **to the same ~ as ...** in gleichem Maße wie ...; **to some ~** bis zu einem gewissen Grad; **to such an ~** dermaßen; **to that ~** in diesem Punkt, insofern

exterior [ɪkˈstɪəriəʳ, ekˈ-] I. n ① Außenseite f; of building Außenfront f ② (appearance) Äußere nt II. adj Außen-

exterminate [ɪkˈstɜːmɪneɪt, ekˈ-] vt ausrotten, vernichten

external [ɪkˈstɜːnəl, ekˈ-] adj ① (exterior) äußerlich; angle, pressure, world Außen-; **~ appearance** Aussehen nt ② (from outside) äußere(r, s) ③ (on surface) äußerlich ④ (foreign) auswärtig; **~ affairs** Außenpolitik f

extinct [ɪkˈstɪŋkt, ekˈ-] adj ① ausgestorben; custom, empire, people untergegangen ② (inactive) erloschen; **to become ~** erlöschen

extinction [ɪkˈstɪŋkʃən, ekˈ-] n no pl ① Aussterben nt; of custom, empire, people Untergang m; (deliberate) Ausrottung f ② (inactivity) Erlöschen nt

extinguish [ɪkˈstɪŋgwɪʃ, ekˈ-] vt [aus]löschen

extort [ɪkˈstɔːt, ekˈ-] vt erpressen (**out of/from** von)

extortion [ɪkˈstɔːʃən, ekˈ-] n no pl Erpressung f; **that's sheer ~!** das ist ja Wucher!

extortionate [ɪkˈstɔːʃənət, ekˈ-] adj ① übermäßig; **that's ~!** das ist ja Wucher!; **~ prices** Wucherpreise pl ② (using force) erpresserisch

extra [ˈekstrə] I. adj zusätzlich; **some ~ time/money** etwas mehr Zeit/Geld; **~ charge** Aufschlag m; **to take ~ care** besonders vorsichtig sein; **to make an ~ effort** sich besonders anstrengen II. adv ① (more) mehr; **to charge/pay ~** einen Aufpreis verlangen/bezahlen; **to cost ~** gesondert berechnet werden ② (especially) besonders III. n ① (perk) Zusatzleistung f ② (charge) Aufschlag m

extra charge n Zuschlag m

extract I. vt [ɪkˈstrækt, ekˈ-] ① [heraus]ziehen (**from** aus); bullet entfernen; tooth ziehen ② (obtain) gewinnen (**from** aus); oil fördern II. n [ˈekstrækt] ① (excerpt) Auszug m (**from** aus) ② no pl (concentrate) Extrakt m

extraction [ɪkˈstrækʃən, ekˈ-] n ① no pl

Herausziehen *nt*; *of bullet* Entfernen *nt*; *of tooth* [Zahn]ziehen *nt* ❷ (*obtainment*) Gewinnung *f*

extracurricular [ˌekstrəkəˈrɪkjələʳ] *adj* außerhalb des Stundenplans *nach n*; (*fig*) außerplanmäßig

extradite [ˈekstrədaɪt] *vt* ausliefern (**from** von, **to** an)

extradition [ˌekstrəˈdɪʃ°n] *n no pl* Auslieferung *f*

extramarital [ˌekstrəˈmærɪt°l] *adj* außerehelich

extraordinary [ɪkˈstrɔːd°n°ri] *adj* außerordentlich, außergewöhnlich

extra time *n no pl* BRIT, AUS SPORTS [Spiel]verlängerung *f*; **they had to play ~** sie mussten nachspielen

extravagant [ɪkˈstrævəgənt] *adj* ❶ (*flamboyant*) extravagant ❷ (*luxurious*) üppig

extreme [ɪkˈstriːm] I. *adj* ❶ (*utmost*) äußerste(r, s); *cold, difficulties, weather* extrem ❷ (*radical*) radikal, extrem II. *n* Extrem *nt*; **to drive sb to ~s** jdn zum Äußersten treiben; **in the ~** äußerst

extremely [ɪkˈstriːmli] *adv* äußerst; **~ unpleasant** höchst unangenehm; **I'm ~ sorry** es tut mir außerordentlich leid

extroverted [ˈekstrəvɜːtɪd] *adj* extravertiert

exuberant [ɪgˈzjuːb°r°nt] *adj* überschwänglich, ausgelassen

exultant [ɪgˈzʌlt°nt] *adj* jubelnd; (*triumphant*) triumphierend

ex-wife *n* Exfrau *f*

eye [aɪ] I. *n* ❶ Auge *nt*; **to give sb a black ~** jdm ein blaues Auge verpassen; **as far as the ~ can see** so weit das Auge reicht; **to roll one's ~s** mit den Augen rollen ❷ (*eyelet*) Öse *f*; *of needle* Öhr *nt* ❸ BOT, METEO Auge *nt* ▸ **to cry one's ~s out** sich *dat* die Augen ausheulen; **she has ~s in the back of her head** sie hat ihre Augen überall; **to keep an ~ out for sb/sth** nach jdm/etw Ausschau halten; **to make ~s at sb** jdm [schöne] Augen machen; **to open sb's ~s [to sth]** jdm die Augen [für etw] öffnen; **to see ~ to ~ with sb on sth** mit jdm einer Meinung über etw *akk* sein; **with one's ~s shut** mit geschlossenen Augen; **an ~ for an ~, a tooth for a tooth** (*prov*) Auge um Auge, Zahn um Zahn; **to turn a blind ~ [to sth]** [bei etw] beide Augen zudrücken II. *adj attr* Augen-; **~ specialist** Augenarzt, -ärztin *m, f* III. *vt* <-d, -d, -ing *or* eying> beäugen

The London Eye ist der umgangssprachliche Name für das **Millennium Wheel** (Riesenrad), das von British Airways am Südufer der Themse in London errichtet wurde, um den Jahreswechsel 1999/2000 zu feiern. Es besitzt 32 getrennte Abteile, die einen während einer 30-minütigen Fahrt in 135 m Höhe bringen. Von oben kann man dann fast 40 km weit sehen. Im Riesenrad können bis zu 800 Fahrgäste mitfahren.

eyeball I. *n* Augapfel *m* ▸ **to be drugged to the ~s** völlig zu sein; [**to be**] **~ to ~** [**with sb**] [jdm] Auge in Auge [gegenüberstehen]; **to be up to one's ~s in work** bis über beide Ohren in Arbeit stecken II. *vt* (*fam*) ❶ mit einem durchdringenden Blick ansehen ❷ AM (*measure*) nach Augenmaß einschätzen

eyebrow *n* Augenbraue *f*

eyebrow pencil *n* Augenbrauenstift *m*

eye contact *n no pl* **to make ~ [with sb]** Blickkontakt [mit jdm] aufnehmen

eyedrops *npl* Augentropfen *pl*

eyelash *n* Wimper *f*

eyelid *n* Augenlid *nt* **eyeliner** *n no pl* Eyeliner *m* **eye-opener** *n* (*fig*) ■ **to be an ~ for sb** jdm die Augen öffnen; (*startling*) alarmierend für jdn sein **eye-opening** *adj* aufschlussreich, erhellend **eyepiece** *n* Okular *nt* **eye shadow** *n no pl* Lidschatten *m* **eyesight** *n no pl* Sehvermögen *nt*, Sehkraft *f*; **bad/good ~** schlechte/gute Augen; **failing ~** nachlassende Sehkraft **eyesore** *n* Schandfleck *m* **eyestrain** *n no pl* Überanstrengung *f* der Augen **eyetooth** *n* Augenzahn *m*; (*fig*) **I'd give my eyeteeth for that** ich würde alles darum geben ▸ **to cut one's eyeteeth** AM erwachsen werden **eyewitness** *n* Augenzeuge(in) *m(f)*

e-zine [ˈiːziːn] *n* Internet-Magazin *nt*

F f

F <pl -'s or -s>, **f** <pl -'s> [ef] n ① F nt, f nt; see also **A** 1 ② MUS F nt, f nt; ~ **flat** Fes nt, fes nt; ~ **sharp** Fis nt, fis nt ③ (school mark) ≈ Sechs f, ≈ ungenügend

fabric ['fæbrɪk] n no pl Stoff m

fabulous ['fæbjələs] adj fabelhaft, toll fam

face [feɪs] I. n ① Gesicht nt a. fig; **I don't want to see your ~ here again!** (fam) ich will dich hier nie wiedersehen!; **with a ~ like thunder** mit finsterer Miene; **with a happy/smiling ~** mit strahlender Miene; **~ down/up** mit dem Gesicht nach unten/oben ② **north ~** Nordseite f ③ no pl (reputation) **to lose/save ~** das Gesicht verlieren/wahren ④ no pl ▪ **in the ~ of sth** angesichts einer S. gen ▶ **to disappear off the ~ of the earth** wie vom Erdboden verschluckt sein; **to put on a brave ~** gute Miene zum bösen Spiel machen II. vt ① (look at) ▪ **to ~ sb/sth** sich jdm/etw zuwenden ② (point at) ▪ **to ~ sth** zu etw dat [hin] zeigen; room, window auf etw akk [hinaus]gehen ③ (be confronted) ▪ **to ~ sth** sich etw dat gegenübersehen; **to ~ criticism** Kritik ausgesetzt sein; **to be ~d with the truth** mit der Wahrheit konfrontiert werden ④ (deal with) criticism, fears sich stellen +dat; **let's ~ it** machen wir uns doch nichts vor ⑤ (bear) ertragen; **he can't ~ work today** er ist heute nicht imstande zu arbeiten ▶ **to ~ the music** für die Folgen geradestehen III. vi ① (point) **to ~ backwards/downwards/east/forwards** nach hinten/unten/Osten/vorne zeigen ② (look to) blicken; **to ~ south/west** room, window nach Süden/Westen [hinaus]gehen; **to sit facing away from sb/sth** mit dem Rücken zu jdm/etw sitzen ◆ **face up** I. vi ▪ **to ~ up to sth** etw dat ins Auge sehen II. vi nach oben zeigen

facecloth n Waschlappen m **face cream** n no pl Gesichtscreme f **face-to-face** adv persönlich; **to come ~ with sth** direkt mit etw dat konfrontiert werden **face value** n Nennwert m; **to take sth at ~** etw für bare Münze nehmen

facility [fə'sɪlɪti] n ① no pl (ease) Leichtigkeit f ② (extra) **memory ~** TELEC Speicherfunktion f; **overdraft ~** Überziehungsmöglichkeit f ③ esp AM (equipment) Einrichtung f; **toilet facilities** Toiletten pl

facsimile machine n Faxgerät nt

fact [fækt] n ① no pl (reality) Wirklichkeit f ② (single truth) Tatsache f; **the ~ [of the matter] is that ...** Tatsache ist, dass ... ▶ **~s and figures** Fakten und Zahlen

fact-finding adj attr Untersuchungs-; **~ mission** Erkundungsmission f; **~ tour** Informationsreise f

factor ['fæktər] n Faktor m; **to be a contributing ~ in sth** zu etw dat beitragen; **two is a ~ of six** sechs ist durch zwei teilbar ◆ **factor in** vt ▪ **to ~ sth in** etw mitrechnen [o berücksichtigen]

factory ['fæktəri] n Fabrik f; (plant) Werk nt

factual ['fæktʃʊəl] adj sachlich; **~ account** Tatsachenbericht m

faculty ['fækəlti] n ① (department) **the F~ of Arts/Law/Science** die philosophische/juristische/naturwissenschaftliche Fakultät ② (ability) Fähigkeit f

fad [fæd] n Modeerscheinung f; **the latest ~** der letzte Schrei

fade [feɪd] I. vi ① (pale) ausbleichen, verblassen ② (abate) nachlassen ③ (disappear) FILM, TV ausgeblendet werden II. vt ausbleichen ◆ **fade away** vi courage, hope schwinden; memories verblassen; beauty verblühen ◆ **fade in** FILM, TV I. vi eingeblendet werden II. vt einblenden ◆ **fade out** I. vi ausgeblendet werden II. vt ausblenden

fag [fæg] n ① BRIT, AUS (fam: cigarette) Kippe f ② esp AM (pej sl: homosexual) Schwule(r) m

fail [feɪl] I. vi ① (not succeed) versagen; attempt, plan scheitern; **if all else ~s** zur Not ② (not do) ▪ **to ~ to do sth** versäumen, etw zu tun ③ SCH, UNIV durchfallen ④ (weaken) nachlassen; **my courage ~ed** der Mut verließ mich; **to be ~ing fast** im Sterben liegen II. vt ① (not pass) durchfallen bei; ▪ **to ~ sb** jdn durchfallen lassen ② **my courage ~ed me** mich verließ der Mut; **words ~ me** mir fehlen die Worte III. n **without ~** auf jeden Fall

failing ['feɪlɪŋ] I. adj **~ eyesight** Sehschwäche f; **to be in ~ health** eine angeschlagene Gesundheit haben; **in the ~ light** in der Dämmerung II. n Schwäche f III. prep man-

gels +*gen;* ■ ~ **that** ansonsten
failure ['feɪljəʳ] *n* ❶ *no pl* (*no success*) Scheitern *nt,* Versagen *nt;* ~ **rate** Durchfallquote *f;* **to end in** ~ scheitern ❷ (*flop*) Misserfolg *m;* **an utter** ~ ein totaler Reinfall ❸ MED, TECH Versagen *nt kein pl* ❹ AGR **crop** ~ Missernte *f*
faint [feɪnt] **I.** *adj* ❶ (*slight*) *light, smile, voice* matt; *sound, suspicion, hope* leise; **to bear a** ~ **resemblance to sb** jdm ein wenig ähnlich sehen ❷ (*unclear*) undeutlich **II.** *vi* ohnmächtig werden
fair[1] [feəʳ] **I.** *adj* ❶ (*reasonable*) fair; *wage* angemessen; (*legitimate*) berechtigt; **you're not being** ~ das ist unfair; ~ **enough!** (*fam: approved*) na schön!; (*agreed*) dagegen ist nichts einzuwenden! ❷ (*just*) gerecht, fair; **to get one's** ~ **share** seinen Anteil bekommen; ■ **to be** ~ **to[wards] sb** jdm gegenüber gerecht sein ❸ (*large*) ziemlich; **we've had a** ~ **amount of rain** es hat ziemlich viel geregnet ❹ (*good*) ziemlich gut; **to have a** ~ **idea that ...** sich *dat* ziemlich sicher sein, dass ... ❺ *skin* hell; **to have** ~ **hair** blond sein **II.** *adv* fair
fair[2] [feəʳ] *n* ❶ Jahrmarkt *m,* Rummel[platz] *m bes* NORDD ❷ (*trade, industry*) Messe *f;* **craft** ~ Kunsthandwerkmarkt *m*
fairground *n* Rummelplatz *m*
fairly ['feəli] *adv* ❶ (*quite*) ziemlich; ~ **recently** vor kurzem ❷ (*justly*) fair ▶ ~ **and squarely** einzig und allein
fairness ['feənəs] *n no pl* ❶ (*justice*) Fairness *f;* Gerechtigkeit *f;* **sense of** ~ Gerechtigkeitsempfinden *nt;* **in** [**all**] ~ fairerweise ❷ *of hair, skin* Helligkeit *f*
fairy ['feəri] *n* Fee *f*
fairy-tale *adj attr* Märchen-
faith [feɪθ] *n* ❶ *no pl* Vertrauen *nt* (**in** zu); **to put one's** ~ **in sb/sth** auf jdn/etw vertrauen ❷ REL Glaube *m* (**in** an) ❸ *no pl* (*promise*) **to keep** ~ **with sb/sth** jdm/etw gegenüber Wort halten
faithful ['feɪθfəl] **I.** *adj* ❶ treu ❷ REL gläubig **II.** *n* ■ **the** ~ *pl* die Gläubigen *pl*
faithfully ['feɪθfəli] *adv* treu; **to promise** ~ hoch und heilig versprechen; **Yours f~** BRIT, AUS mit freundlichen Grüßen
fake [feɪk] **I.** *n* Fälschung *f;* (*of gun*) Attrappe *f* **II.** *adj* Kunst-; *antique* falsch; ~ **tan** Solariumsbräune *f* **III.** *vt* ❶ fälschen ❷ (*pretend*) vortäuschen
fall [fɔːl] **I.** *n* ❶ (*tumble*) Fall *m;* (*harder*) Sturz *m;* **to have a nasty** ~ schwer stürzen ❷ *no pl* (*descent*) Fallen *nt;* **the rise and** ~ **of the tide** Ebbe und Flut ❸ [**heavy**] ~ **s of rain/snow** [heftige] Regen-/Schneefälle ❹ *no pl* (*decrease*) Rückgang *m* (**in** +*gen*); ~ **in value** Wertverlust *m* ❺ *no pl* (*defeat*) *of city* Einnahme *f; of dictator, regime* Sturz *m* ❻ AM (*autumn*) Herbst *m* ❼ (*waterfall*) ■ ~ **s** *pl* Wasserfall *m;* [**the**] **Niagara F~s** die Niagarafälle **II.** *adj attr* AM Herbst- **III.** *vi* <fell, fallen> ❶ (*tumble*) fallen; (*harder*) stürzen; **to** ~ **into sb's/each other's arms** jdm/sich in die Arme fallen; **to** ~ **under a bus** unter einen Bus geraten; **to** ~ **to one's death** in den Tod stürzen ❷ (*hang*) fallen; **his hair fell around his shoulders** sein Haar fiel ihm auf die Schulter ❸ (*descend*) fallen ❹ (*slope*) [steil] abfallen ❺ (*decrease*) sinken ❻ (*be defeated*) gestürzt werden; ■ **to** ~ **to sb** jdm in die Hände fallen ❼ (*become*) **to** ~ **asleep** einschlafen; **to** ~ **ill** krank werden ❽ **to** ~ **into debt** sich verschulden; **to** ~ **in love** sich verlieben ♦ **fall about** *vi* BRIT, AUS (*fam*) ■ **to** ~ **about** [**laughing**] sich vor Lachen schütteln ♦ **fall away** *vi* ❶ (*detach*) abfallen ❷ (*slope*) abfallen ♦ **fall back** *vi* ❶ (*retreat*) zurückweichen ❷ (*resort to*) ■ **to** ~ **back** [**up**]**on sth/sb** auf etw *akk* zurückgreifen/auf jdn zurückkommen ♦ **fall behind I.** *vi* ❶ (*slow*) zurückfallen ❷ (*achieve less*) zurückbleiben; (*at school*) hinterherhinken **II.** *vt* ■ **to** ~ **behind sb/sth** hinter jdn/etw zurückfallen ❷ (*achieve less*) ■ **to** ~ **behind sb/sth** hinter jdm/etw zurückbleiben ♦ **fall down** *vi* ❶ (*tumble*) hinunterfallen; (*topple*) hinfallen ❷ (*collapse*) einstürzen; ■ **to be** ~**ing down** abbruchreif sein ❸ (*fail*) ■ **to** ~ **down on sth** mit etw *dat* scheitern ♦ **fall for** *vt* ❶ (*love*) ■ **to** ~ **for sb** sich in jdn verlieben ❷ (*be deceived by*) ■ **to** ~ **for sth** auf etw *akk* hereinfallen ♦ **fall in** *vi* ❶ (*drop*) hineinfallen ❷ (*collapse*) einstürzen ❸ (*join*) ■ **to** ~ **in behind sb** hinter jdm herlaufen; ■ **to** ~ **in with sb** sich jdm anschließen ♦ **fall off** *vi* ❶ ■ **to** ~ **off sth** von etw *dat* fallen ❷ (*decrease*) zurückgehen ❸ (*decline*) abfallen ♦ **fall on** *vt* ❶ (*attack*) ■ **to** ~ **on sb** über jdn herfallen ❷ (*liter: embrace*) **they fell on each other** sie fielen sich in die Arme ❸ (*be assigned to*) ■ **to** ~ **on sb** jdm zufallen ♦ **fall out** *vi* ❶ herausfallen; *teeth, hair* ausfallen ❷ (*quarrel*) ■ **to**

~ **out** [**with sb**] sich [mit jdm] [zer]streiten ◆**fall over** *vi* hinfallen; (*harder*) stürzen; *object* umfallen; (*harder*) umstürzen ◆**fall through** *vi* scheitern; *plan* ins Wasser fallen ◆**fall to** *vi* ❶ (*liter: start*) ■**to ~ to doing sth** beginnen, etw zu tun ❷ (*be assigned to*) ■**to ~ to sb** jdm zufallen

fallen ['fɔːlən] *adj* ❶ (*on ground*) abgefallen; *tree* umgestürzt; ~ **leaves** Laub *nt* ❷ (*overthrown*) gestürzt

false [fɔːls] *adj* falsch; *imprisonment* unrechtmäßig; *optimism* trügerisch; ~ **start** Fehlstart *m a. fig*

falsehood ['fɔːls(h)ʊd] *n* Unwahrheit *f*

falsify <-ie-> ['fɔːlsɪfaɪ] *vt* fälschen

fame [feɪm] *n no pl* Ruhm *m*

familiar [fəˈmɪliəʳ] *adj* ❶ (*well-known*) vertraut; **this looks ~ to me** das kommt mir irgendwie bekannt vor ❷ (*acquainted*) ■**to be ~ with sth/sb** etw/jdn kennen; **yours is not a name I'm ~ with** Ihr Name kommt mir nicht bekannt vor ❸ (*informal*) vertraulich; **to be on ~ terms** [**with sb**] [mit jdm] befreundet sein

family ['fæməli] **I.** *n* Familie *f;* **a ~ of four** eine vierköpfige Familie; **to be** [**like**] **one of the ~** [praktisch] zur Familie gehören **II.** *adj attr* Familien-

family allowance *n* BRIT ≈ Kindergeld *nt*

family doctor *n* Hausarzt, Hausärztin *m, f*

family man *n* ❶ (*homeloving*) Familienmensch *m* ❷ (*father*) Familienvater *m*

family name *n* Familienname *m* **family planning** *n no pl* Familienplanung *f* **family tree** *n* Familienstammbaum *m*

famine ['fæmɪn] *n* Hungersnot *f*

famous ['feɪməs] *adj* berühmt ▶~ **last words** wer's glaubt, wird selig!

famously ['feɪməsli] *adv* ❶ (*well-known*) bekanntermaßen ❷ (*fam*) **to get on ~** sich blendend verstehen

fan[1] [fæn] *n* Fan *m;* (*admirer*) Bewunderer, Bewunderin *m, f;* **I'm a great ~ of your work** ich schätze Ihre Arbeit sehr

fan[2] [fæn] **I.** *n* ❶ Fächer *m* ❷ (*electrical*) Ventilator *m* **II.** *vt* <-nn-> *flames* anfachen; ■**to ~ oneself** sich *dat* Luft zufächeln

fanatic [fəˈnætɪk] **I.** *n* ❶ (*pej*) Fanatiker(in) *m(f)* ❷ (*enthusiast*) **fellow ~** Mitbegeisterte(r) *f/m;* **fitness ~** ein Fitnessfan *m* **II.** *adj* fanatisch

fanatical [fəˈnætɪkəl] *adj* besessen (**about** von)

fan belt *n* AUTO Keilriemen *m*

fan club *n + sing/pl vb* Fanclub *m*

fancy ['fæn(t)si] **I.** *vt* <-ie-> *esp* BRIT ❶ (*want*) wollen; ■**sb fancies sth** jdm gefällt etw ❷ ■**to ~ sb** jdn attraktiv finden; (*sexually*) etwas von jdm wollen ❸ (*pej: be full of*) ■**to ~ oneself** sich *dat* toll vorkommen ❹ (*imagine*) ~ [**that**]! stell dir das [mal] vor!; ~ **seeing you here!** na, so was! du hier! **II.** *n no pl* ❶ (*liking*) Vorliebe *f;* **to take a ~ to sth/sb** Gefallen an etw/jdm finden ❷ (*whim*) Laune *f;* **when the ~ takes him** wenn ihm gerade danach ist **III.** *adj* ❶ (*elaborate*) aufwändig; *pattern* ausgefallen; *car* schick ❷ (*whimsical*) versponnen ❸ (*fam: expensive*) Nobel-; ~ **foods** Delikatessen *pl*

fancy dress *n no pl esp* BRIT, AUS Kostüm *nt;* **to go/come in ~** verkleidet sein; **to wear ~** sich verkleiden **fancy-free** *adj* sorglos

fan mail *n no pl* Fanpost *f*

fantastic [fænˈtæstɪk] *adj* (*fam*) ❶ fantastisch, toll *fam;* **a ~ idea** eine Superidee *fam* ❷ (*huge*) enorm

fanzine ['fænziːn] *n* Fanmagazin *nt*

FAO [ˌeferˈəʊ] *n abbrev of* **Food and Agriculture Organization** Organisation *f* für Ernährung und Landwirtschaft der Vereinten Nationen

far <farther *or* further, farthest *or* furthest> [fɑːʳ] **I.** *adv* ❶ (*in place*) weit; **how much further is it?** wie weit ist es denn noch?; **have you come very ~?** kommen Sie von weit her?; **as ~ as the eye can see** so weit das Auge reicht; **to be ~ down the list** weit unten auf der Liste stehen ❷ (*in time*) weit; **some time ~ in the future** irgendwann in ferner Zukunft; **lunch isn't ~ off** wir essen bald zu Mittag; **he's not ~ off seventy** er geht auf die siebzig zu ❸ (*in progress*) weit; **as ~ as I can** soweit es mir möglich ist; **as ~ as possible** so oft wie möglich; **to not get very ~ with sb** bei jdm nicht viel erreichen ❹ (*much*) weit, viel; **I'd ~ rather ...** ich würde viel lieber ...; ~ **better/nicer** viel besser/netter; ~ **more difficult** viel schwieriger ▶~ **and away** mit Abstand; **sb will go ~** jd wird es zu etwas bringen **II.** *adj* ❶ (*opposite*) **at the ~ end** am anderen Ende; **on the ~ bank** am gegenüberliegenden Ufer ❷ (*distant*) fern; **in the ~ distance** in weiter Ferne ▶**so ~ so good** so weit, so gut

faraway [ˌfɑːrəˈweɪ] *adj* fern
fare [feəʳ] I. *n* Fahrpreis *m* II. *vi* (*form*) **how is she faring?** wie geht es ihr?; **he ~d badly there** dort ist es ihm schlecht ergangen
Far East *n no pl* ■**the ~** der Ferne Osten
farewell [ˌfeəˈwel] I. *interj* (*form*) leb/lebt/leben Sie wohl II. *n* Abschied *m* III. *adj attr* Abschied[s]-
fare zone *n* Tarifzone *f* (*für öffentliche Verkehrsmittel*)
far-fetched *adj* weit hergeholt
farm [fɑːm] I. *n* Bauernhof *m;* **chicken ~** Hühnerfarm *f;* **health ~** Schönheitsfarm *f;* **trout ~** Forellenzucht *f* II. *vt* bebauen
farmer [ˈfɑːməʳ] *n* Bauer, Bäuerin *m, f*
farmers' market *n* Bauernmarkt *m*
farmhand *n* Landarbeiter(in) *m(f)*
farmhouse *n* Bauernhaus *nt;* **~ cheese** Bauernkäse *m*
farming [ˈfɑːmɪŋ] *n no pl* Ackerbau und Viehzucht
farmyard *n* Hof *m*
far-off *adj* fern; (*remote*) [weit] entfernt **far-reaching** *adj* weitreichend **far-right** *adj* rechtsextrem **far-sighted** *adj* weitsichtig
fart [fɑːt] (*fam!*) I. *n* Furz *m;* **to let off a ~** furzen II. *vi* furzen
farther [ˈfɑːðəʳ] I. *adv comp of* **far** weiter; **how much ~ is it to the airport?** wie weit ist es noch zum Flughafen? II. *adj comp of* **far** ❶ **at the ~ end** am anderen Ende ❷ (*additional*) weitere(r, s)
farthest [ˈfɑːðɪst] I. *adv superl of* **far** am weitesten; **the ~ east** am weitesten östlich II. *adj superl of* **far** am weitesten; **the ~ place** der am weitesten entfernte Ort
fascinate [ˈfæsɪneɪt] *vt* faszinieren
fascinating [ˈfæsɪneɪtɪŋ] *adj* faszinierend
fascination [ˌfæsɪˈneɪʃən] *n no pl* Faszination *f;* **to watch in ~** fasziniert zusehen
fascism *n no pl* Faschismus *m*
fascist I. *n* Faschist(in) *m(f)* II. *adj* faschistisch
fashion [ˈfæʃən] I. *n* ❶ Mode *f;* **in the latest ~** nach der neuesten Mode; **in ~** in Mode ❷ (*clothes*) ■ **~s** *pl* Mode *f* ❸ *no pl* (*industry*) Modebranche *f* II. *vt* ausarbeiten
fashionable [ˈfæʃənəbl] *adj* modisch, schick; ■**to be/become ~** in Mode sein/werden; **~ restaurant** Schickerialokal *nt*
fashion designer *n* Modedesigner(in) *m(f)*
fashionista [ˌfæʃənˈiːstə] *n* (*fan*) Modefreak *m;* (*designer*) Modepapst, -päpstin *m, f;* (*journalist*) Trendjournalist(in) *m(f)*
fashion show *n* Modenschau *f*
fast[1] [fɑːst] I. *adj* ❶ schnell; **to be a ~ reader/runner** schnell lesen/laufen ❷ **clock** ■ **to be ~** vorgehen ❸ (*firm*) fest; **to make sth ~ [to sth]** etw [an etw *dat*] festmachen II. *adv* ❶ schnell ❷ (*firmly*) fest; **to be ~ asleep** tief schlafen
fast[2] [fɑːst] I. *vi* fasten II. *n* Fastenzeit *f;* **to break one's ~** das Fasten brechen
fasten [ˈfɑːsən] I. *vt* ❶ (*close*) schließen; **to ~ one's seat belt** sich anschnallen ❷ (*secure*) befestigen (**to** an) ▶ **to ~ one's eyes** [*or* **gaze**] **on sb/sth** den Blick auf jdn/etw heften II. *vi* sich schließen lassen ◆**fasten down** *vt* befestigen ◆**fasten on** *vt* befestigen ◆**fasten up** I. *vt* zumachen; *buttons* zuknöpfen II. *vi* zugemacht werden
fastener [ˈfɑːsənəʳ] *n* Verschluss *m;* **snap ~** Druckknopf *m;* **zip ~** Reißverschluss *m*
fat [fæt] I. *adj* <-tt-> ❶ dick, fett ❷ (*thick*) dick ❸ (*fam: little*) **~ chance we've got** da haben wir ja Mordschancen *iron* II. *n* Fett *nt;* **layer of ~** Fettschicht *f*
fatal [ˈfeɪtəl] *adj* ❶ tödlich; **~ blow** Todesstoß *m* ❷ (*disastrous*) fatal
fatality [fəˈtælətɪ] *n* Todesopfer *nt*
fatally [ˈfeɪtəli] *adv* tödlich; **~ ill** sterbenskrank
fat cat *n* (*fam*) Bonze *m*
fate [feɪt] *n* Schicksal *nt;* **to leave sb to his/her ~** jdn seinem Schicksal überlassen ▶ **a ~ worse than death** eine Unerfreulichkeit
fated [ˈfeɪtɪd] *adj* vom Schicksal bestimmt
fathead *n* (*fam*) Schafskopf *m*
father [ˈfɑːðəʳ] I. *n* Vater *m;* **on one's ~'s side** väterlicherseits; **like ~, like son** wie der Vater, so der Sohn II. *vt* **to ~ a child** ein Kind zeugen
Father Christmas *n esp* BRIT der Weihnachtsmann
fatherhood [ˈfɑːðəhʊd] *n no pl* Vaterschaft *f*
father-in-law <*pl* fathers- *or* BRIT *a.* -s> *n* Schwiegervater *m*
fatherless [ˈfɑːðələs] *adj* vaterlos
fatherly [ˈfɑːðəli] *adj* väterlich
Father's Day *n no pl* Vatertag *m*
fatten [ˈfætən] *vt animal* mästen; ■**to ~ sb up** jdn herausfüttern
fattening [ˈfætənɪŋ] *adj* **to be ~** dick machen
fat transfer *n* MED Fettunterspritzung *f,* Lipo-

transfer *nt fachspr*
fatty ['fæti] **I.** *adj* ❶ *food* fett[haltig] ❷ MED Fett-; ~ **tissue** Fettgewebe *nt* **II.** *n* (*pej fam*) Dickerchen *nt*
faucet ['fɑːsɪt] *n* AM (*tap*) Wasserhahn *m*
fault [fɔːlt] **I.** *n* ❶ *no pl* Schuld *f*; **it's all your ~** das ist ganz allein deine Schuld; **it's your own ~** du bist selbst schuld daran; **to find ~ with sb/sth** etwas an jdm/etw auszusetzen haben ❷ (*weakness*) Fehler *m;* **she was generous to a ~** sie war zu großzügig; **his/her main ~** seine/ihre größte Schwäche ❸ (*defect*) Fehler *m,* Defekt *m;* **a ~ on the line** eine Störung in der Leitung ❹ TENNIS Fehler *m* **II.** *vt* ■ **to ~ sb/sth** Fehler/einen Fehler an jdm/etw finden
faultless ['fɔːltləs] *adj* fehlerfrei; *performance a.* fehlerlos
faulty ['fɔːlti] *adj* ❶ (*unsound*) fehlerhaft ❷ (*defect*) defekt
favor AM *see* **favour**
favorable *adj* AM *see* **favourable**
favorite AM *see* **favourite**
favour ['feɪvəʳ] **I.** *n* ❶ *no pl* (*approval*) **in ~ of** für; ■ **to be in ~** dafür sein; **all those in ~, ...** alle, die dafür sind, ...; **to show ~ to sb** jdn bevorzugen ❷ *no pl* (*advantage*) **in ~ of** für; **to have sth in one's ~** etw als Vorteil haben; **the wind was in our ~** der Wind war günstig für uns ❸ (*kind act*) Gefallen *m kein pl;* **I'm not asking for ~s** ich bitte nicht um Gefälligkeiten ▶ **do me a ~!** BRIT (*fam*) tu mir einen Gefallen! **II.** *vt* ❶ (*prefer*) vorziehen ❷ (*approve*) gutheißen; ■ **to ~ doing sth** es gutheißen, etw zu tun
favourable ['feɪvʳəbl] *adj* ❶ (*approving*) positiv, zustimmend; **in a ~ light** mit Wohlwollen ❷ (*advantageous*) günstig (**to** für)
favourite I. *adj attr* Lieblings- **II.** *n* ❶ Liebling *m;* **Elvis is a ~ of mine** Elvis ist einer meiner Lieblingsstars ❷ (*contestant*) Favorit(in) *m(f)*
fawning ['fɔːnɪŋ] *adj* kriecherisch
fax [fæks] **I.** *n* <*pl* -es> Fax *nt* **II.** *vt* faxen
fax machine *n* Fax[gerät] *nt*
fear [fɪəʳ] **I.** *n* ❶ *no pl* Angst *f,* Furcht *f;* **to have a ~ of sth** vor etw *dat* Angst haben; **in ~ of one's life** in Todesangst ❷ (*worry*) **~s for sb's safety** Sorge *f* um jds Sicherheit; **sb's worst ~s** jds schlimmste Befürchtungen **II.** *vt* ❶ fürchten; **nothing to ~** nichts zu befürchten ❷ (*form: regret*) ■ **to ~ [that] ...** [be]fürchten, dass ... **III.** *vi* ■ **to ~ for sb/sth** sich *dat* um jdn/etw Sorgen machen

fearful ['fɪəfʳl] *adj* ängstlich; **~ of causing a scene, ...** aus Angst, eine Szene auszulösen, ...
feasible ['fiːzəbl] *adj* ❶ (*practicable*) durchführbar; **financially/politically ~** finanziell/politisch möglich; **technically ~** technisch machbar ❷ (*possible*) möglich
feast [fiːst] **I.** *n* Festessen *nt;* **~ for the ear/eye** Ohrenschmaus *m*/Augenweide *f;* **~ day** [kirchlicher] Festtag **II.** *vi* schlemmen; ■ **to ~ on sth** sich an etw *dat* gütlich tun
feat [fiːt] *n* ❶ (*deed*) Heldentat *f* ❷ (*skill*) [Meister]leistung *f;* **~ of engineering** technische Großtat
feather ['feðəʳ] *n* Feder *f* ▶ **a ~ in sb's cap** etwas, worauf jd stolz sein kann; **as light as a ~** federleicht
feature ['fiːtʃəʳ] **I.** *n* ❶ (*aspect*) Merkmal *nt,* Kennzeichen *nt;* **special ~** Besonderheit *f* ❷ (*trait*) ■ **~s** *pl* Gesichtszüge *pl* ❸ (*film*) Spielfilm *m;* **double ~** zwei Spielfilme *pl* in einem **II.** *vt* ❶ (*show*) aufweisen ❷ (*star*) ■ **featuring sb** mit jdm in der Hauptrolle ❸ (*report*) ■ **to ~ sth** über etw *akk* groß berichten **III.** *vi* vorkommen; **to ~ high on the list** ganz oben auf der Liste stehen
feature film *n* Spielfilm *m* **feature story** *n* Sonderbericht *m*
featurette [ˌfiːtʃərˈet] *n* Extras *pl,* Dokumentation *f* zu den Dreharbeiten (*auf DVDs*)
February ['februʳri] *n* Februar *m,* Feber *m* ÖSTERR; **in the middle of ~** Mitte Februar; **last/next/this ~** vergangenen/kommenden/diesen Februar; **in/during ~** im Februar
Fed [fed] *n* AM (*fam*) ❶ (*police*) FBI-Agent(in) *m(f)* ❷ (*bank*) **the ~** der Zentralbankrat
federal ['fedʳrʳl] *adj* föderativ; **~ republic** Bundesrepublik *f;* **at ~ level** auf Bundesebene
federation [ˌfedʳrˈeɪʃʳn] *n* Föderation *f*
fed up *adj* (*fam*) ■ **to be ~** die Nase voll haben
fee [fiː] *n* Gebühr *f;* **lawyer's ~** Rechtsanwaltshonorar *nt;* **legal ~s** Rechtskosten *pl*
feeble <-r, -st> ['fiːbl] *adj* schwach; *attempt* müde; *joke, excuse* lahm
feeble-minded *adj* schwachsinnig
feed [fiːd] **I.** *n* ❶ *no pl* (*fodder*) Futter *nt*

② *for baby* Mahlzeit *f* **II.** *vt* <fed, fed> **①** ■**to ~ sb/oneself** jdm zu essen geben/allein essen; *animal, invalid, baby* füttern **②** (*provide food for*) ernähren; **that's not going to ~ ten people** das reicht nicht für zehn Personen **III.** *vi* <fed, fed> **①** *animal* weiden; *baby* gefüttert werden **②** *river* ■**to ~ into sth** in etw *akk* münden ◆**feed in** *vt* COMPUT eingeben ◆**feed off** *vi,* **feed on** *vi* ■**to ~ off** [*or* **on**] **sth** sich von etw *dat* ernähren ◆**feed up** *vt animal* mästen; *person* aufpäppeln

feedback *n no pl* **①** Feedback *nt* **②** ELEC Rückkopplung *f*

feeding bottle *n* Fläschchen *nt*

feel [fi:l] **I.** *vt* <felt, felt> **①** fühlen; *one's age* spüren; **to ~ the cold/heat** unter der Kälte/Hitze leiden; **to ~ nothing for sb** für jdn nichts empfinden **②** (*think*) **how do you ~ about it?** was hältst du davon?; **to ~ that ...** der Meinung sein, dass ... **II.** *vi* <felt, felt> **①** + *adj* (*sense*) **my eyes ~ sore** meine Augen brennen; **to ~ foolish** sich *dat* dumm vorkommen; **to ~ better/ill** sich besser/krank fühlen; **to ~ free to do sth** etw ruhig tun; ■**to ~ for sb** mit jdm fühlen **②** + *adj* (*seem*) scheinen **③** (*search*) tasten (**for** nach); ■**to ~ along sth** etw abtasten **④** (*want*) ■**to ~ like sth** zu etw *dat* Lust haben; ■**to ~ like doing sth** Lust haben, etw zu tun **III.** *n no pl* **①** (*texture*) **the ~ of wool** das Gefühl von Wolle **②** (*touch*) Berühren *nt* **③** (*talent*) Gespür *nt* ◆**feel about** *vi* ■**to ~ about for sth** nach etw *dat* tasten ◆**feel for** *vt* ■**to ~ for sb** mit jdm Mitleid haben

feeling ['fi:lɪŋ] *n* **①** Gefühl *nt* (**of** +*gen*); *dizzy ~* Schwindelgefühl *nt;* **to cause bad ~** [*or* AM **~s**] böses Blut verursachen; **~ for language** Sprachgefühl *nt* **②** (*opinion*) Ansicht *f* (**about/on** über); **what are your ~s about ...?** wie denken Sie über ...?

feet [fi:t] *n pl of* **foot**

fell¹ [fel] *pt of* **fall**

fell² [fel] **I.** *vt* **①** (*cut down*) fällen **②** (*knock down*) niederstrecken **II.** *n* Hochmoor *nt* (*in Nordengland und Schottland*) **III.** *adj* ▸ **at** [*or* **with**] **one ~ swoop** auf einen Streich

fellow ['feləʊ] **I.** *n* **①** (*fam*) Kerl *m* **②** BRIT (*scholar*) Fellow *m* **II.** *adj attr* ~ **citizen** Mitbürger(in) *m(f);* ~ **countrymen** Landsleute *pl;* ~ **student** Kommilitone(in) *m(f);* ~ **sufferer** Leidensgenosse(in) *m(f)*

fellow member *n* POL Parteigenosse, -genossin *m, f;* *of club* Klubkamarad(in) *m(f)*

fellow passenger *n* Mitreisende(r) *f(m)*

felt¹ [felt] *pt, pp of* **feel**

felt² [felt] *n no pl* Filz *m*

felt-tip *n,* **felt-tip pen** *n* Filzstift *m*

female ['fi:meɪl] **I.** *adj* weiblich **II.** *n* **①** (*animal*) Weibchen *nt* **②** (*woman*) Frau *f*

feminine ['femɪnɪn] **I.** *adj* feminin, weiblich **II.** *n* LING Femininum *nt*

feminist ['femɪnɪst] **I.** *n* Feminist(in) *m(f)* **II.** *adj* feministisch

fence [fen(t)s] **I.** *n* Zaun *m;* (*in horse race*) Hindernis *nt* ▸ **to sit on the ~** neutral bleiben **II.** *vi* fechten **III.** *vt* einzäunen

fencer ['fen(t)sə͏ʳ] *n* Fechter(in) *m(f)*

fencing ['fen(t)sɪŋ] *n no pl* **①** SPORTS Fechten *nt* **②** (*barrier*) Einzäunung *f*

fend [fend] **I.** *vi* ■**to ~ for oneself** für sich selbst sorgen **II.** *vt* ■**to ~ off sb/sth** jdn/etw abwehren

ferocious [fəˈrəʊʃəs] *adj* wild; (*violent*) heftig

ferry ['feri] **I.** *n* Fähre *f;* **by ~** mit der Fähre **II.** *vt* <-ie-> **to ~ sb/sth** [**across**] jdn/etw übersetzen; **to ~ sb about** (*fig*) jdn herumfahren

ferry boat *n* Fährschiff *nt* **ferryman** *n* Fährmann *m*

fertile ['fɜ:taɪl] *adj* fruchtbar; (*fig*) *imagination* lebhaft

fertility [fəˈtɪləti] *n no pl* Fruchtbarkeit *f*

fertilize ['fɜ:tɪlaɪz] *vt* **①** AGR düngen **②** BIOL befruchten

fertilizer ['fɜ:tɪlaɪzəʳ] *n* Dünger *m*

festival ['festɪvəl] *n* **①** (*day*) Fest *nt* **②** (*event*) Festival *nt;* **the Salzburg F~** die Salzburger Festspiele *pl*

festive ['festɪv] *adj* festlich; ~ **mood** Feststimmung *f*

festivity [fesˈtɪvəti] *n* ■**festivities** *pl* Feierlichkeiten *pl*

fetch [fetʃ] **I.** *vt* **①** (*get*) holen **②** (*sell for*) erzielen **II.** *vi* ~ ! bring [es] her!

fetching ['fetʃɪŋ] *adj* schick

fetus *n* AM *see* **foetus**

fever ['fi:vəʳ] *n* Fieber *nt kein pl;* **to have a ~** Fieber haben; (*fig*) **election/football ~** Wahl-/Fußballfieber *nt;* **a ~ of excitement** fieberhafte Erregung; **at ~ pitch** fieberhaft

feverish ['fi:vᵊrɪʃ] *adj* **①** (*ill*) fiebrig **②** (*frantic*) fieberhaft

few [fju:] I. *adj* ❶ (*some*) **a** ~ ein paar, einige; **every** ~ **days** alle paar Tage; **quite a** ~ ziemlich viele ❷ (*not many*) wenige; ~ **things in this world** nur weniges auf der Welt; **not a** ~ **readers** nicht wenige Leser; **as** ~ **as ...** nur ... ▸ **to be** ~ **and far between** dünn gesät sein II. *pron* ❶ (*some*) **a** ~ **of these apples** ein paar von diesen Äpfeln; **a** ~ **of us** einige von uns ❷ (*not many*) wenige; ~ **can do that** nur wenige können das; **the** ~ **who came ...** die paar Leute, die kamen, ... III. *n* ▪ **the** ~ *pl* ❶ (*elite*) die Auserwählten ❷ (*minority*) die Minderheit

fiancé [fiˈɑ̃:(n)seɪ] *n* Verlobte(r) *m*

fiancée [fiˈɑ̃:(n)seɪ] *n* Verlobte *f*

fib [fɪb] (*fam*) I. *vi* <-bb-> schwindeln; ▪ **to** ~ **to sb** jdn anschwindeln II. *n* Schwindelei *f*; **to tell a** ~ schwindeln

fibber [ˈfɪbəʳ] *n* (*fam*) Schwindler(in) *m(f)*

fiber *n* AM *see* **fibre**

fiberglass *n* AM *see* **fibreglass**

fibre [ˈfaɪbəʳ] *n* ❶ Faden *m*; (*in cloth*) Faser *f* ❷ *no pl* FOOD Ballaststoffe *pl*

fibreglass *n no pl* Glasfaser *f* **fibre optic cable** *n* Glasfaserkabel *nt*

fibrin [ˈfaɪbrɪn] *n* MED Fibrin *nt fachspr*

fibrinogen [faɪˈbrɪnə(ʊ)dʒən] *n* MED Fibrinogen *nt*

fiction [ˈfɪkʃən] *n no pl* Erzählliteratur *f*; ~ **writer** Prosaschriftsteller(in) *m(f)*

fictional [ˈfɪkʃənəl] *adj* erfunden; *character* fiktiv

fictitious [fɪkˈtɪʃəs] *adj* ❶ (*false*) falsch ❷ (*imaginary*) [frei] erfunden

fiddle [ˈfɪdl] I. *n* (*fam*) ❶ Fidel *f* ❷ BRIT (*fraud*) Betrug *m kein pl*; **to be on the** ~ krumme Dinger drehen ▸ [as] **fit as a** ~ kerngesund; **to play second** ~ **to sb** in jds Schatten *m* stehen II. *vt* (*fam*) frisieren III. *vi* ▪ **to** ~ **with sth** ❶ (*finger*) an etw *dat* herumfummeln ❷ (*tinker*) an etw *dat* herumbasteln

fiddly <-ier, -iest *or* more fiddly, most fiddly> [ˈfɪdli] *adj* BRIT (*fam*) kniff[e]lig

fidget [ˈfɪdʒɪt] I. *n* ❶ Zappelphilipp *m* ❷ ▪ **to have/get the** ~**s** *pl* zapp[e]lig sein/werden II. *vi* zappeln; **stop** ~**ing!** hör auf so rumzuzappeln!

fidgety [ˈfɪdʒəti] *adj* zapp[e]lig

fiefdom [ˈfi:fdəm] *n* HIST Lehnsgut *nt*

field [fi:ld] I. *n* ❶ (*meadow*) Wiese *f*; (*pasture*) Weide *f*; (*for crops*) Feld *nt*, Acker *m* ❷ SPORTS Spielfeld *nt* ❸ (*expanse*) **gas** ~ Gasfeld *nt* ❹ (*discipline*) Gebiet *nt* ▸ **to leave the** ~ **clear for sb** jdm das Feld überlassen II. *vi* SPORTS als Fänger(in) *m(f)* spielen III. *vt ball* fangen

fielder [ˈfi:ldəʳ] *n* Feldspieler(in) *m(f)*

field events *npl* SPORTS Sprung- und Wurfdisziplinen *pl* **field glasses** *npl* Feldstecher *m* **field mouse** *n* Feldmaus *f* **fieldsman** *n* SPORTS Fänger *m* **field sports** *npl* Sport *m* im Freien (*bes Jagen und Fischen*) **fieldwork** *n no pl* Feldforschung *f* **fieldworker** *n* Außendienstmitarbeiter(in) *m(f)*; (*gathering data*) Feldforscher(in) *m(f)*

fierce [fɪəs] *adj* ❶ *animal* wild ❷ *attack, competition* scharf; *debate* hitzig; *fighting* erbittert; *winds* tobend

fiery [ˈfaɪ(ə)ri] *adj* ❶ glühend ❷ (*spicy*) feurig ❸ **he has a** ~ **temper** er ist ein Hitzkopf

fifteen [fɪfˈti:n] I. *adj* fünfzehn; *see also* **eight** II. *n* Fünfzehn *f*; **to be given a** ~ **certificate** ab 15 [Jahren] freigegeben sein; *see also* **eight**

fifteenth [fɪfˈti:nθ] I. *adj* fünfzehnte(r, s) II. *n* ❶ ▪ **the** ~ der/die/das Fünfzehnte ❷ (*fraction*) Fünfzehntel *nt*

fifth [fɪfθ] I. *adj* fünfte(r, s); **every** ~ **person** jeder Fünfte; *see also* **eighth** II. *n* ❶ ▪ **the** ~ der/die/das Fünfte; *see also* **eighth** ❷ (*fraction*) Fünftel *nt*; *see also* **eighth** III. *adv* fünftens; *see also* **eighth**

fiftieth [ˈfɪftiəθ] I. *adj* fünfzigste(r, s); *see also* **eighth** II. *n* ❶ ▪ **the** ~ der/die/das Fünfzigste; *see also* **eighth** ❷ (*fraction*) Fünfzigstel *nt*; *see also* **eighth** III. *adv* fünfzigstens; *see also* **eighth**

fifty [ˈfɪfti] I. *adj* fünfzig; *see also* **eight** II. *n* ❶ Fünfzig *f*; *see also* **eight** ❷ (*banknote*) Fünfziger *m*

fig[1] [fɪg] *n* Feige *f*

fig[2] [fɪg] I. *n abbrev of* **figure** Abb. *f* II. *adj abbrev of* **figurative** fig.

fight [faɪt] I. *n* ❶ Kampf *m* (**against** gegen, **for** um); (*brawl*) Rauferei *f*; (*with fists*) Schlägerei *f* ❷ BOXING Kampf *m*, Fight *m* II. *vi* ❶ kämpfen; *children* sich raufen; ▪ **to** ~ **with sb** (*against*) gegen jdn kämpfen ❷ (*quarrel*) sich streiten (**about/over** um) III. *vt* <fought, fought> ❶ ▪ **to** ~ **sb/sth** gegen jdn/etw kämpfen; *battle* schlagen; *crime, fire* bekämpfen ❷ (*in boxing*) ▪ **to** ~ **sb** gegen jdn boxen ◆ **fight back** *vi* zurückschlagen; (*defend oneself*) sich zur

Wehr setzen ◆**fight off** *vt* ■**to ~ off ○ sb** jdn abwehren; *reporter* abwimmeln; ■**to ~ off ○ sth** etw bekämpfen

fighter ['faɪtəʳ] *n* ❶ Kämpfer(in) *m(f)* ❷ *(plane)* Kampfflugzeug *nt*

fighting ['faɪtɪŋ] I. *n no pl* Schlägereien *pl* II. *adj* kämpferisch

figurative ['fɪgjᵊrətɪv] *adj* bildlich; LING figurativ

figuratively ['fɪgjᵊrətɪvli] *adv* bildlich, figurativ; ~ **speaking** bildlich gesprochen

figure ['fɪgəʳ] I. *n* ❶ *(shape)* Figur *f* ❷ *(person)* Gestalt *f* ❸ MATH *(digit)* Ziffer *f;* *(numeral)* Zahl *f;* **he is good at ~s** er ist ein guter Rechner; **double/single ~s** zweistellige/einstellige Zahlen II. *vt* AM voraussehen III. *vi* ❶ *(make sense)* **that ~s** das hätte ich mir denken können ❷ AM *(count on)* ■**to ~ on sth** mit etw *dat* rechnen ◆**figure out** *vt* ❶ *(work out)* herausfinden; MATH ausrechnen ❷ *(understand)* begreifen

figure-skating *n no pl* Eiskunstlauf *m*

Fiji ['fi:dʒi:] *n* ■**the ~ Islands** die Fidschiinseln *pl*

file¹ [faɪl] I. *n* ❶ *(folder)* [Akten]hefter *m* ❷ COMPUT Datei *f* ❸ *(database)* Akte *f* (**on** über); **to keep a ~ on sb/sth** eine Akte über jdn/etw führen II. *vt* ❶ *(put in folder)* ablegen, abheften ❷ *(submit)* abgeben III. *vi* ■**to ~ for sth** auf etw *akk* klagen; **to ~ for divorce** die Scheidung beantragen

file² [faɪl] I. *n* Reihe *f;* **in single ~** im Gänsemarsch II. *vi* nacheinander gehen ◆**file in** *vi* **they ~d in** nach und nach kamen sie herein ◆**file out** *vi* **the guests began to ~ out** ein Gast nach dem anderen ging

file³ [faɪl] I. *n* *(tool)* Feile *f* II. *vt* feilen; **to ~ one's nails** sich *dat* die Nägel feilen; ■**to ~ down** abfeilen

file name *n* COMPUT Dateiname *m*

filing ['faɪlɪŋ] *n no pl* ❶ *(archiving)* Ablage *f* ❷ *no pl* COMPUT Archivierung *f*

filing cabinet *n* Aktenschrank *m*

fill [fɪl] I. *n* **to drink/eat one's ~** seinen Durst stillen/sich satt essen; **to have one's ~ of sth** genug von etw *dat* haben II. *vt* ❶ füllen; *tooth* plombieren; *vacuum, gap* schließen ❷ *(pervade)* erfüllen III. *vi* sich füllen ◆**fill in** I. *vt* ❶ *(inform)* informieren (**on** über) ❷ *(seal)* [aus]füllen; *cracks* zuspachteln II. *vi* ■**to ~ in [for sb]** [für jdn] einspringen ◆**fill out** I. *vt* ausfüllen II. *vi* sich ausdehnen ◆**fill up** I. *vt* ❶ voll füllen; AUTO voll tanken ❷ *(sate)* ■**to ~ up ○ sb** jdn satt bekommen; ■**to ~ oneself up** sich vollstopfen II. *vi* sich füllen; AUTO [voll] tanken

fillet ['fɪlɪt] I. *n* Filet *nt* II. *vt* filetieren; *fish* entgräten

filling ['fɪlɪŋ] I. *n* Füllmasse *f;* *(for teeth)* Füllung *f;* FOOD Füllung *f* II. *adj* sättigend

filling station *n* Tankstelle *f*

fill-in-the-bubble *adj attr* SCH, UNIV **~ test** Test *m* mit auszufüllender Sprechblase

film [fɪlm] I. *n* ❶ Film *m;* **to get into ~s** zum Film gehen ❷ *(layer)* Schicht *f;* **~ of oil** Ölfilm *m* II. *adj attr* Film- III. *vt, vi* filmen, drehen

film camera *n* Filmkamera *f* **film speed** *n* ❶ *(exposure)* Lichtempfindlichkeit *f* ❷ *(pace)* Laufgeschwindigkeit *f* **film star** *n* Filmstar *m* **film studio** *n* Filmstudio *nt*

filter ['fɪltəʳ] I. *n* Filter *m* II. *vt* filtern; *(fig)* selektieren III. *vi* ❶ *(pervade)* dringen (**into** in) ❷ BRIT AUTO **to ~ left/right** sich links/rechts einordnen ◆**filter out** I. *vi* durchsickern II. *vt* herausfiltern (**from** aus) ◆**filter through** *vi light* durchscheinen; *sound* durchdringen

filter lane *n* BRIT Abbiegespur *f* **filter paper** *n* Filterpapier *nt* **filter tip** *n* ❶ Filterzigarette *f* ❷ *(filter)* Filter *m*

filthy ['fɪlθi] I. *adj* ❶ schmutzig, dreckig *fam* ❷ *(bad-tempered) look* vernichtend; **he was in a ~ mood** er hatte furchtbare Laune ❸ BRIT scheußlich; **~ weather** Schmuddelwetter *nt* II. *adv* *(fam)* furchtbar; **~ rich** stinkreich

fin [fɪn] *n* Flosse *f*

final ['faɪnᵊl] I. *adj* ❶ letzte(r, s); **in the ~ analysis** letzten Endes; **~ chapter** Schlusskapitel *nt;* **~ payment** Abschlusszahlung *f;* **~ result** Endergebnis *nt;* **in the ~ stages** in der Schlussphase ❷ *(decisive)* endgültig; **that's ~!** und damit basta! II. *n* ❶ Endspiel *nt,* Finale *nt* ❷ BRIT UNIV ■**~s** *pl* [Schluss]examen *nt;* **to take one's ~s** Examen machen

finalist ['faɪnᵊlɪst] *n* Finalist(in) *m(f)*

finalize ['faɪnᵊlaɪz] *vt* ❶ *(end)* zum Abschluss bringen ❷ *(agree)* endgültig festlegen

finally ['faɪnᵊli] *adv* ❶ *(at long last)* schließlich; *(expressing relief)* endlich ❷ *(in conclusion)* abschließend, zum Schluss

finance ['faɪnæn(t)s] I. *n* ❶ *no pl* Finanzwirtschaft *f* ❷ *(money)* Geldmittel *pl;* **~s** Finan-

zen *pl* II. *vt* finanzieren
financial [faɪˈnæn(t)ʃəl] *adj* finanziell, Finanz-; ~ **resources** Geldmittel *pl*
find [faɪnd] I. *n* Fund *m*; (*person*) Entdeckung *f* II. *vt* <found, found> finden; **to ~ what/where/who ...** herausfinden, was/wo/wer ...; **she was found unconscious** sie wurde bewusstlos aufgefunden; **to ~ oneself alone** auf einmal allein sein; **to ~ sb guilty** jdn für schuldig erklären; **to ~ that ...** feststellen, dass ...; (*realize*) sehen, dass ... III. *vi* ▸**seek and you shall ~** (*prov*) wer such[e]t, der findet ◆**find out** I. *vt* ❶ (*detect*) erwischen ❷ (*discover*) herausfinden II. *vi* dahinterkommen; **to ~ out about sb/sth** (*get information*) sich über jdn/etw informieren; (*learn*) über jdn/etw etwas erfahren

finder [ˈfaɪndəʳ] *n* Finder(in) *m(f)* ▸**~s keepers[, losers weepers]** wer's findet, dem gehört's

finding [ˈfaɪndɪŋ] *n* ❶ (*discovery*) Entdeckung *f* ❷ (*result of inquiry*) [Urteils]spruch *m*; *usu pl* (*result of investigation*) Ergebnis *nt*

fine¹ [faɪn] I. *adj* ❶ (*acceptable*) in Ordnung *präd*; **seven's ~ by me** sieben [Uhr] passt mir gut ❷ (*excellent*) glänzend; *food* ausgezeichnet; **the ~st pianist** der/die beste Pianist(in); **the ~st wines** die erlesensten Weine ❸ (*iron*) schön ❹ **~r points** Feinheiten *pl*; **not to put too ~ a point on it, ...** um ganz offen zu sein, ... II. *adv* fein, [sehr] gut

fine² [faɪn] I. *n* Geldstrafe *f*; **heavy/small ~** hohe/niedrige Geldstrafe II. *vt* zu einer Geldstrafe verurteilen

fine art *n no pl*, **fine arts** *npl* schöne Künste
fine-tooth(ed) comb *n* fein gezahnter Kamm ▸**to examine sth with a ~** etw sorgfältig unter die Lupe nehmen *fam*

finger [ˈfɪŋgəʳ] I. *n* Finger *m* ▸**the ~ of suspicion** die Verdachtsmomente *pl*; **to be all ~s and thumbs** BRIT, AUS zwei linke Hände haben; **to give sb the ~** AM jdm den Stinkefinger zeigen; **to lay a ~ on sb** jdm ein Haar krümmen II. *vt* ❶ anfassen; **to ~ the strings** in die Saiten greifen ❷ AM (*choose*) aussuchen

fingernail *n* Fingernagel *m* **fingerprint** I. *n* Fingerabdruck *m* II. *vt* **to ~ sb** jdm die Fingerabdrücke abnehmen **fingertip** *n* Fingerspitze *f* ▸**to have sth at one's ~s** etw perfekt beherrschen

finish [ˈfɪnɪʃ] I. *n* ❶ Ende *nt*; *of race* Endspurt *m*; (*finishing line*) Ziel *nt*; **close ~** Kopf-an-Kopf-Rennen *nt*; **to be in at the ~** in der Endrunde sein ❷ (*treatment*) letzter Schliff ▸**a fight to the ~** ein Kampf *m* bis zur Entscheidung II. *vi* enden, aufhören; (*conclude*) schließen; **have you quite ~ed?** (*iron*) bist du endlich fertig? III. *vt* ❶ (*end*) beenden; **to ~ doing sth** mit etw *dat* fertig sein ❷ (*complete*) fertig stellen ❸ (*stop*) aufhören; **I ~ work at 5 p.m.** ich mache um 5 Uhr Feierabend ◆**finish off** I. *vt* ❶ (*get done*) fertig stellen ❷ (*make nice*) den letzten Schliff geben ❸ *food* aufessen; *drink* austrinken II. *vi* abschließen ◆**finish up** I. *vi* ❶ (*stop work*) fertig werden ❷ **to ~ up drunk** am Ende betrunken sein; **to ~ up in hospital** im Krankenhaus landen II. *vt* aufessen ◆**finish with** *vt* fertig sein mit; *person* Schluss machen mit

finished [ˈfɪnɪʃt] *adj* ❶ *pred* fertig (**with** mit); **the ~ product** das Endprodukt ❷ (*crafted*) **beautifully ~** wunderbar bearbeitet ❸ (*used up*) verbraucht ❹ (*tired*) erschöpft; (*ruined*) erledigt

finishing line *n*, **finishing post** *n* Ziellinie *f*
finite [ˈfaɪnaɪt] *adj* begrenzt; MATH endlich
fir [fɜːʳ] *n* Tanne *f*
fir cone *n* BRIT Tannenzapfen *m*
fire [ˈfaɪəʳ] I. *n* ❶ *no pl* Feuer *nt*; **to play with ~** mit dem Feuer spielen *a. fig*; **electric ~** Elektroofen *m*; **gas ~** Gasofen *m*; **open ~** offener Kamin ❷ *no pl* (*dangerous*) Brand *m*; **~ damage** Brandschaden *m*; **~!** Feuer!; **destroyed by ~** völlig abgebrannt; **to be on ~** brennen, in Flammen stehen ❸ *no pl* MIL Feuer *nt*, Beschuss *m*; **to be/come under ~** beschossen werden; (*fig*) unter Beschuss geraten ❹ *no pl* (*fervour*) Feuer *nt* II. *vt* ❶ (*bake*) brennen ❷ (*shoot*) abfeuern; **to ~ a gun at sb/sth** auf jdn/etw schießen; (*fig*) **to ~ a salute** Salut schießen ❸ (*sack*) feuern III. *vi* feuern, schießen (**at** auf) ◆**fire away** *vi* losschießen *a. fig* ◆**fire off** *vt* abfeuern

fire alarm *n* ❶ (*device*) Feuermelder *m* ❷ (*sound*) Feueralarm *m*
firearm *n* Schusswaffe *f* **fire brigade** *n* BRIT Feuerwehr *f* **firecracker** *n* Kracher *m* **fire department** *n* AM Feuerwehr *f* **fire engine** *n* Feuerwehrauto *nt* **fire escape** *n* (*stairs*)

Feuertreppe f; (*ladder*) Feuerleiter f **fire extinguisher** n Feuerlöscher m **firefighter** n Feuerwehrmann, -frau m, f **fire hazard** n Brandrisiko nt **fire house** n AM Feuerwache f **fireman** n Feuerwehrmann m **fireplace** n Kamin m **fireproof I.** *adj* feuerfest **II.** *vt* feuerfest machen **fireside** n [offener] Kamin **firewoman** n Feuerwehrfrau f **firewood** n no pl Brennholz nt **firework** n Feuerwerkskörper m; ■ ~ s pl (*display*) Feuerwerk nt **firm¹** [fɜːm] n Firma f, Unternehmen nt **firm²** [fɜːm] **I.** *adj* fest; COMM stabil; *basis* sicher; ■ **to be** ~ **with sb** jdm gegenüber bestimmt auftreten; **to be a** ~ **believer in sth** fest an etw *akk* glauben **II.** *adv* fest; **to stand** ~ standhaft bleiben **III.** *vi* sich stabilisieren **first** [fɜːst] **I.** *adj* erste(r, s); ~ **thing tomorrow** morgen als Allererstes; **the** ~ **ever** (*fam*) der/die/das Allererste; **the** ~ **ever radio broadcast** die allererste Rundfunksendung ▶ ~ **among equals** Primus inter pares; ~ **things** ~ eins nach dem anderen **II.** *adv* ❶ (*firstly*) zuerst; ■ ~ **of all** zu[aller]erst; ■ ~ **off** (*fam*) erst [einmal] ❷ (*before others*) als Erste(r, s); **head** ~ mit dem Kopf voraus ▶ ~ **come** ~ **served** (*prov*) wer zuerst kommt, mahlt zuerst; ~ **and foremost** vor allem; ~ **and last** in erster Linie **III.** n ❶ ■ **the** ~ der/die/das Erste ❷ (*start*) ■ **at** ~ anfangs; **from the** [**very**] ~ von Anfang an ❸ BRIT UNIV Eins f ❹ no pl AUTO der erste Gang **first aid** n erste Hilfe; **to give sb** ~ jdm erste Hilfe leisten; ~ **box** Verbandskasten m; ~ **certificate** Erste-Hilfe-Schein m **first class** n erste Klasse **first-class I.** *adj* ❶ (*best*) Erste[r]-Klasse-; ~ **mail** bevorzugt beförderte Post ❷ (*approv: wonderful*) erstklassig **II.** *adv* erster Klasse **firstly** [ˈfɜːs(t)li] *adv* erstens **first name** n Vorname m **first night** n THEAT Premiere f **first-rate** *adj* erstklassig **fish** [fɪʃ] **I.** n <pl -es or -> Fisch m ▶ **to be a small** ~ **in a big pond** nur einer von vielen sein; **like a** ~ **out of water** wie ein Fisch auf dem Trockenen; **to have bigger** ~ **to fry** Wichtigeres zu tun haben **II.** *vi* ❶ fischen; (*with rod*) angeln ❷ (*look for*) herumsuchen; ■ **to** ~ **for sth** nach etw *dat* suchen **III.** *vt* befischen **fishbone** n [Fisch]gräte f **fishcake** n Fischfrikadelle f **fisherman** n Fischer m; (*hobbyist*) Angler m **fish finger** n Fischstäbchen nt **fishing** [ˈfɪʃɪŋ] n no pl ❶ Fischen nt; (*with rod*) Angeln nt ❷ (*looking for*) ~ **for compliments** Suche f nach Komplimenten; ~ **for information** Informationssuche f **fishing line** n Angelleine f **fishing rod** n Angel[rute] f **fishmonger** n BRIT Fischhändler(in) m(f) **fishpond** n Fischteich m **fishy** [ˈfɪʃi] *adj* ❶ fischig; ~ **smell** Fischgeruch m ❷ (*pej fam*) verdächtig; **there is something** ~ **about that** daran ist irgendetwas faul **fist** [fɪst] n Faust f **fit¹** [fɪt] n Anfall m; **to be in** ~ **s of laughter** sich kaputtlachen; **in a** ~ **of generosity** in einer Anwandlung von Großzügigkeit ▶ **in** ~ **s and starts** sporadisch **fit²** [fɪt] **I.** *adj* <-tt-> ❶ (*suitable*) geeignet; ~ **for human habitation** bewohnbar; **that's all he's** ~ **for** das ist alles, wozu er taugt ❷ (*able*) fähig; ~ **to travel** reisetauglich; ~ **to work** arbeitsfähig ❸ (*appropriate*) angebracht; **do what you think** ~ tun Sie, was Sie für richtig halten ❹ (*worthy*) würdig; **to be not** ~ **to be seen** sich nicht sehen lassen können **II.** n no pl Sitz m; **these shoes are a good** ~ diese Schuhe passen gut **III.** *vt* <fits, fitting, fitted *or* AM *a*. fit> ❶ (*be appropriate*) ■ **to** ~ **sb/sth** sich für jdn/etw eignen ❷ (*correspond with*) entsprechen +*dat;* **the punishment should always** ~ **the crime** die Strafe sollte immer dem Vergehen angemessen sein ❸ (*make correspond*) ■ **to** ~ **sth to sth** etw etw *dat* anpassen ❹ FASHION ■ **to** ~ **sb** jdm passen **IV.** *vi* <fits, fitting, fitted *or* AM *a*. fit> passen; FASHION sitzen; ■ **to** ~ **into sth** in etw *akk* hineinpassen ◆ **fit in I.** *vi* (*get on well*) sich einfügen ❷ (*conform*) dazupassen **II.** *vt* einschieben ◆ **fit out** *vt* ausstatten; (*for a purpose*) ausrüsten ◆ **fit together** *vi* zusammenpassen ◆ **fit up** *vt* ausstatten

fitness [ˈfɪtnəs] n no pl ❶ (*ability*) Eignung f ❷ (*health*) Fitness f **fitted** [ˈfɪtɪd] *adj* (*adapted*) geeignet; (*tailormade*) maßgeschneidert; ~ **kitchen** BRIT Einbauküche m **fitting** [ˈfɪtɪŋ] **I.** n ❶ ■ ~ **s** pl Ausstattung f, Einrichtungsgegenstände pl; **bathroom** ~ **s** Badezimmereinrichtung f ❷ *of clothes* Anprobe f **II.** *adj* passend; **it is** ~ **that ...** es

schickt sich, dass ...
five [faɪv] **I.** *adj* fünf; *see also* **eight II.** *n* ❶ Fünf *f*; ~ **o'clock shadow** nachmittäglicher Stoppelbart; *see also* **eight** ❷ (*hand*) **gimme** ~! (*fam*) Aufforderung zur Begrüßung o nach einem Erfolg die Hand hochzuheben, so dass man mit der eigenen Hand dagegenschlagen kann ❸ (*fam*) **to take** ~ sich *dat* eine kurze Pause genehmigen
fiver ['faɪvəʳ] *n* BRIT (*fam*) Fünfpfundnote *f*; AM Fünfdollarschein *m*
fix [fɪks] **I.** *n* ❶ (*fam: dilemma*) Klemme *f*; **to be in a** ~ in der Klemme sitzen ❷ (*sl: drugs*) Schuss *m*, Fix *m* **II.** *vt* ❶ (*fasten*) befestigen, festmachen; ■ **to** ~ **sth to sth** etw an etw *dat* anbringen ❷ (*decide*) festlegen; *rent, price* festsetzen ❸ (*repair*) reparieren, in Ordnung bringen ❹ (*concentrate*) richten (**on** auf) ❺ (*stare*) fixieren ◆ **fix on** *vt* ■ **to** ~ **[up]on sth** sich auf etw *akk* festlegen ◆ **fix up** *vt* ❶ (*supply*) ■ **to** ~ **up** ⟳ **sb** jdn versorgen ❷ (*arrange*) ■ **to** ~ **up** ⟳ **sth** etw arrangieren ❸ (*fam: mend*) in Ordnung bringen
fixed [fɪkst] *adj* fest; *gaze* starr; ~ **charges** Fixkosten *pl*; **how are you** ~ **for cash?** wie steht's bei dir mit Geld?
fixture ['fɪkstʃəʳ] *n* ❶ eingebautes Teil; **bath** ~**s** Badezimmerarmaturen *pl*; **to be a permanent** ~ (*fig, hum*) zum [lebenden] Inventar gehören ❷ BRIT, AUS SPORTS [Sport]veranstaltung *f*; ~ **list** Spielplan *m*
fizz [fɪz] **I.** *vi* ❶ (*bubble*) sprudeln ❷ (*hiss*) zischen **II.** *n no pl* ❶ (*bubbles*) Sprudeln *nt* ❷ (*drink*) Sprudel *m*
fizzle ['fɪzl̩] *vi* zischen ◆ **fizzle out** *vi* *fireworks, enthusiasm* verpuffen; *interest* stark nachlassen
fizzy ['fɪzi] *adj* sprudelnd; **to be** ~ sprudeln; ~ **drink** Getränk *nt* mit Kohlensäure
flabby ['flæbi] *adj* schwabbelig; (*fig*) schlapp
flag[1] [flæg] *n* (*paving*) [Stein]platte *f*
flag[2] [flæg] **I.** *n* Fahne *f*; (*national*) Flagge *f* **II.** *vt* <-gg-> ❶ (*mark*) markieren ❷ (*signal*) **to** ~ **[down]** anhalten **III.** *vi* <-gg-> *enthusiasm* abflauen; *interest* nachlassen
flagpole *n* Fahnenmast *m*, Flaggenmast *m*
flagrant ['fleɪgrənt] *adj* offenkundig
flair [fleəʳ] *n no pl* ❶ Talent *nt*; **to have a** ~ **for music** musikalisch veranlagt sein; **to have a** ~ **for languages** sprachbegabt sein ❷ (*style*) Stil *m*
flake [fleɪk] **I.** *n of chocolate* Raspel *f*; *of metal* Span *m*; *of pastry* Krümel *m*; *of wallpaper* Fetzen *m*; ~**s of skin** [Haut]schuppen *pl*; ~ **of snow** Schneeflocke *f* **II.** *vi skin* sich schuppen; *paint* abblättern; *plaster* abbröckeln ◆ **flake out** *vi* BRIT (*fam*) zusammenklappen
flaky ['fleɪki] *adj* flockig; *pastry* blättrig; *paint* bröcklig; *skin* schuppig
flame [fleɪm] **I.** *n* Flamme *f a. fig*; ■ **to be/go up in** ~**s** in Flammen stehen/aufgehen; **to burst into** ~ in Brand geraten **II.** *vi* brennen; (*fig*) glühen
flaming ['fleɪmɪŋ] *adj* ❶ (*bright*) flammend ❷ (*fig*) **to be in a** ~ **temper** vor Wut kochen ❸ *attr* BRIT (*fam!: intensifier*) verdammt
flammable ['flæməbl] *adj* leicht entflammbar; **highly** ~ feuergefährlich
flan [flæn] *n* Obsttorte *f*; (*savoury*) Pastete *f* mit Käse oder Schinken
Flanders ['flɑːndəz] *n* Flandern *nt*
flannel ['flænəl] *n* ❶ *no pl* Flanell *m* ❷ BRIT (*facecloth*) Waschlappen *m* ❸ ■ ~**s** *pl* Flanellhose *f*
flap [flæp] **I.** *vt* <-pp-> **to** ~ **one's wings** mit den Flügeln schlagen **II.** *vi* <-pp-> ❶ flattern; *wings* schlagen ❷ ■ **to** ~ **about** nervös auf und ab laufen **III.** *n* ❶ Flattern *nt* ❷ (*overlap*) **pocket** ~ Taschenklappe *f*; ~ **of skin** Hautlappen *m* ❸ (*fam*) ■ **to be in a** ~ schrecklich aufgeregt sein
flare [fleəʳ] **I.** *n* ❶ (*signal*) Leuchtkugel *f* ❷ (*of trousers*) Schlag *m*; ■ ~**s** *pl* Schlaghose *f* **II.** *vi* ❶ (*burn*) aufflammen ❷ FASHION sich aufweiten **III.** *vt* **to** ~ **one's nostrils** die Nasenflügel aufblähen
flash [flæʃ] **I.** *n* <*pl* -es> ❶ [Licht]blitz *m*; (*glint*) [Auf]blitzen *nt kein pl*; (*explosion*) Stichflamme *f*; ~ **of lightning** Blitz *m* ❷ (*fig*) ~ **of anger/temper** Wut-/Temperamentsausbruch *m*; ~ **of inspiration** Geistesblitz *m* ❸ (*moment*) Augenblick *m* ❹ PHOT Blitz *m*; **to use [a]** ~ mit Blitzlicht fotografieren ▶ **a** ~ **in the pan** ein Strohfeuer *nt*; **like a** ~ blitzartig **II.** *adj* (*pej fam*) protzig **III.** *vt* ❶ (*light*) leuchten lassen; **to** ~ **sb** (*in car*) jdm die Lichthupe machen ❷ (*look*) zuwerfen **IV.** *vi* ❶ blitzen; AUTO die Lichthupe machen; **lightning** ~**ed** es blitzte ❷ (*fig: appear*) kurz auftauchen; *thought* schießen; **my whole life** ~**ed before me** mein ganzes Leben lief im Zeitraffer vor mir ab ❸ (*fam: expose genitals*) ■ **to** ~ **[at] [sb]** sich [jdm]

exhibitionistisch zeigen
flashback *n* Rückblende *f*
flasher ['flæʃəʳ] *n* ❶ AUTO Lichthupe *f* ❷ (*fam*) Exhibitionist *m*
flashgun *n* Blitzlicht *nt* **flashlight** *n* ❶ Blitzlicht *nt* ❷ AM (*torch*) Taschenlampe *f* **flashpoint** *n* CHEM Flammpunkt *m*
flashy ['flæʃi] *adj* protzig
flask [flɑːsk] *n* Flachmann *m;* (*thermos*) Thermosflasche *f;* CHEM Kolben *m*
flat¹ [flæt] **I.** *adj* <-tt-> ❶ flach; *surface* eben ❷ (*stale*) schal ❸ BRIT, AUS *battery* leer ❹ *tyre* platt ▶ **and that's** ~ und dabei bleibt es **II.** *adv* <-tt-> ❶ flach; **to fall** ~ **on one's face** der Länge nach hinfallen ❷ (*levelly*) platt ▶ **in no time** ~ in Sekundenschnelle; ~ **fall** ~ *attempt* scheitern; *performance* durchfallen; *joke* nicht ankommen **III.** *n* ❶ flache Seite ❷ (*ground*) Ebene *f;* **mud** ~**s** *pl* Sumpfebene *f;* **salt** ~ **s** *pl* Salzwüste *f*
flat² [flæt] *n* BRIT, AUS [Etagen]wohnung *f;* ■ ~**s** *pl* Wohnblock *m*
flat-footed *adj* plattfüßig; **to be** ~ Plattfüße haben **flat-pack** *adj attr furniture* zur Selbstmontage *nach n,* im Flachkarton *nach n* **flat panel** *n* Flachbildschirm *m*
flatten ['flæt°n] *vt* ❶ flach machen; *ground* eben machen ❷ (*knock down*) einebnen; *person* niederstrecken
flatter¹ ['flætəʳ] *vt* ■**to** ~ **sb** jdm schmeicheln; **don't** ~ **yourself!** bilde dir ja nichts ein!
flatter² ['flætəʳ] *adj comp of* **flat**
flattering ['flæt°rɪŋ] *adj* schmeichelhaft; (*fawning*) schmeichlerisch
flattery ['flæt°ri] *n no pl* Schmeicheleien *pl* ▶ ~ **will get you nowhere** mit Schmeicheleien erreicht man nichts
flavonoid ['fleɪvənɔɪd] *n* CHEM Flavonoid *nt*
flavor AM *see* **flavour**
flavoring *n* AM *see* **flavouring**
flavour ['fleɪvəʳ] **I.** *n* ❶ [Wohl]geschmack *m,* Aroma *nt;* (*specific*) Geschmacksrichtung *f,* Sorte *f;* **to add** ~ **to sth** etw *dat* Geschmack verleihen ❷ (*fig*) Anflug *m* **II.** *vt* würzen
flavouring ['fleɪv°rɪŋ] *n* Aroma *nt,* Geschmacksstoff *m*
flea [fliː] *n* Floh *m* ▶ **to send sb away with a** ~ **in their ear** jdm eine Abfuhr erteilen
flea market *n* Flohmarkt *m*
fled [fled] *vi, vt pp, pt of* **flee**
flee <fled, fled> [fliː] **I.** *vi* fliehen (**from** vor); (*seek safety*) flüchten; **to** ~ **abroad** [sich] ins Ausland flüchten **II.** *vt country* fliehen aus; *danger* fliehen vor
fleeting ['fliːtɪŋ] *adj* flüchtig; *beauty* vergänglich; ~ **visit** Kurzbesuch *m*
flesh [fleʃ] *n no pl* Fleisch *nt;* *of fruit* [Frucht]fleisch *nt* ▶**to be** [**only**] ~ **and blood** auch [nur] ein Mensch sein; **one's own** ~ **and blood** sein eigen[es] Fleisch und Blut; **to have one's pound** of ~ seinen vollen Anteil bekommen
flew [fluː] *vi, vt pp, pt of* **fly**
flex [fleks] **I.** *vt* beugen; *muscles* [an]spannen; **to** ~ **one's muscles** (*fig*) seine Muskeln spielen lassen **II.** *vi* sich beugen; *muscles* sich [an]spannen **III.** *n* [Anschluss]kabel *nt*
flexible ['fleksɪbl] *adj* ❶ biegsam ❷ (*fig*) flexibel; ~ **working hours** gleitende Arbeitszeit
flexitime ['fleksɪtaɪm] *n no pl* Gleitzeit *f;* **to work** ~ gleitende Arbeitszeit haben
flick [flɪk] **I.** *n* ❶ (*blow*) [kurzer] Schlag ❷ (*movement*) kurze Bewegung; *of switch* Klicken *nt* ❸ BRIT (*fam*) ■**the** ~ **s** *pl* das Kino **II.** *vt* ❶ (*strike*) ■**to** ~ **sb/sth** jdm/etw einen [leichten] Schlag versetzen ❷ (*move*) *whip* schnalzen mit; **to** ~ **channels** (*fam*) durch die Kanäle zappen; **to** ~ **a knife open** ein Messer aufschnappen lassen; **to** ~ **the light switch on/off** das Licht an-/ausknipsen ◆**flick through** *vi* (*fam*) [schnell] durchblättern
flicker ['flɪkəʳ] **I.** *vi* flackern; *TV* flimmern; (*fig*) aufflackern **II.** *n* Flackern *nt kein pl; of TV* Flimmern *nt kein pl;* (*fig*) Anflug *m;* ~ **of hope** Hoffnungsschimmer *m*
flier ['flaɪəʳ] *n* ❶ Flieger(in) *m(f);* **frequent** ~ Vielflieger(in) *m(f)* ❷ (*leaflet*) Flugblatt *nt*
flight¹ [flaɪt] *n* ❶ (*flying*) Flug *m;* **to take** ~ auffliegen; **in** ~ im Flug ❷ + *sing/pl vb* (*group*) Schwarm *m; of migrating birds* [Vogel]zug *m; of aircraft* [Flieger]staffel *f* ❸ **a** ~ [**of stairs**] eine Treppe; **we live three** ~**s up** wir wohnen drei Treppen hoch ❹ (*fig: whim*) **a** ~ **of fancy** ein geistiger Höhenflug
flight² [flaɪt] *n* Flucht *f;* **to put sb to** ~ jdn in die Flucht schlagen
flight attendant *n* Flugbegleiter(in) *m(f)*
flight deck *n* ❶ (*on ship*) Flugdeck *nt* ❷ (*on plane*) Cockpit *nt* **flight number** *n* Flugnummer *f* **flight risk** *n* potentieller Überläufer *m*/potentielle Überläuferin *f*
flimflamming ['flɪmflæmɪŋ] *adj* (*fam*) intri-

gant, mauschelnd *attr fam*
flimsy ['flɪmzi] *adj* ❶ *structure* instabil, unsolide ❷ *clothing* dünn, leicht
fling [flɪŋ] **I.** *n* ❶ [mit Schwung ausgeführter] Wurf ❷ (*fig: good time*) ausgelassene Zeit; **to have a ~ with sb** mit jdm etwas haben **II.** *vt* <flung, flung> werfen; **to ~ open** aufreißen; **to ~ one's head back** den Kopf in den Nacken werfen; ■ **to ~ oneself at sb/sth** sich auf jdn/etw stürzen; (*fig*) sich jdm an den Hals werfen; ■ **to ~ oneself into sth** (*fig*) sich in etw *akk* stürzen ◆ **fling off** *vt* abwerfen *a. fig; blanket* wegstoßen ◆ **fling out** *vt* (*fam*) ausrangieren; *person* rausschmeißen
flip [flɪp] **I.** *vt* <-pp-> ❶ *switch* drücken ❷ (*turn over*) umdrehen; *coin* werfen ▶ **to ~ one's lid** ausflippen **II.** *vi* <-pp-> ❶ ■ **to ~ [over]** sich [schnell] [um]drehen; *vehicle* sich überschlagen ❷ (*fig sl*) ausflippen **III.** *n* ❶ (*throw*) Werfen *nt* ❷ (*movement*) Ruck *m;* **to have a [quick] ~ through sth** etw im Schnellverfahren tun
flip-flop *n* ❶ (*shoe*) Badelatsche *f* ❷ AM SPORTS Flic[k]flac[k] *m*
flip-fold seat [ˌflɪpfəʊld'siːt] *n* umklappbarer [o hochfaltbarer] Sitz
flipper ['flɪpəʳ] *n* [Schwimm]flosse *f*
flirt [flɜːt] **I.** *vi* flirten **II.** *n* [gern] flirtender Mann/flirtende Frau; **she's a dreadful ~** sie kann das Flirten nicht lassen
float [fləʊt] **I.** *n* ❶ (*for fishing*) [Kork]schwimmer *m* ❷ (*vehicle*) Festzugswagen *m;* **milk ~** Milch[auslieferˌ]wagen *m* ❸ BRIT, AUS *in till* Wechselgeld *nt* **II.** *vi* ❶ (*not sink*) schwimmen, oben bleiben ❷ (*drift*) treiben ❸ (*fig*) schweben; **to ~ through one's mind** jdm in den Sinn kommen **III.** *vt* ❶ ECON *business* gründen ❷ (*on water*) treiben lassen ◆ **float off** *vi* wegtreiben; (*in air*) davonschweben
floating islands *n + sing vb* Baiser-Häubchen auf Vanillecreme
flock [flɒk] **I.** *n + sing/pl vb* Herde *f;* *of birds* Schar *f,* Schwarm *m; of people* Schar *f* **II.** *vi* sich scharen; ■ **to ~ to sth** zu etw *dat* in Scharen kommen
flokati rug [fləˈkɑːtiːrʌg] *n* Flokati *m*
flood [flʌd] **I.** *n* ❶ Überschwemmung *f,* Hochwasser *nt kein pl;* ■ **the F~** REL die Sintflut ❷ (*fig*) Flut *f;* **to be in ~s of tears** von Tränen überströmt sein ❸ (*tide*) ~ [tide] Flut *f* **II.** *vt* ❶ überschwemmen *a. fig; room* unter Wasser setzen ❷ AUTO absaufen lassen **III.** *vi* überschwemmt werden, unter Wasser stehen
floodlight *n* Scheinwerfer *m;* (*light*) Flutlicht *nt;* **under ~s** bei Flutlicht
floor [flɔːʳ] *n* ❶ [Fuß]boden *m;* GEOG Boden *m* ❷ (*storey*) Stock *m,* Stockwerk *nt,* Etage *f;* **on the third ~** im dritten Stock ❸ (*area*) Bereich *m;* **factory ~** Fabrikhalle *f;* **on the shop ~** im Betrieb
floorboard *n* Diele *f* **floorplate** *n* ARCHIT Netto-Grundfläche *f*
flop [flɒp] **I.** *vi* <-pp-> ❶ (*drop*) sich fallen lassen ❷ (*fail*) ein Flop sein; *performance* durchfallen **II.** *n* ❶ *no pl* Plumps *m* ❷ (*failure*) Flop *m*
floppy ['flɒpi] **I.** *adj* schlaff; *hair* [immer wieder] herabfallend; **~ ears** Schlappohren *pl;* **~ hat** Schlapphut *m* **II.** *n* COMPUT (*fam*) Floppy [Disk] *f*
Florida ['flɒrɪdə] *n* Florida *f*
florist ['flɒrɪst] *n* Florist(in) *m(f);* ■ **~'s** Blumengeschäft *nt*
flour ['flaʊəʳ] *n no pl* Mehl *nt*
flourish ['flʌrɪʃ] *vi* blühen; COMM *a.* florieren
flourishing ['flʌrɪʃɪŋ] *adj* (*also fig*) blühend; COMM *a.* florierend
flow [fləʊ] **I.** *vi* fließen *a. fig; air, light, warmth* strömen; **the beer was ~ing** das Bier floss in Strömen; **the conversation began to ~** die Unterhaltung kam in Gang **II.** *n usu sing* Fluss *m a. fig;* (*volume*) Durchflussmenge *f;* **~ of goods** Güterverkehr *m;* **~ of ideas/information** Ideen-/Informationsfluss *m;* **~ of traffic** Verkehrsfluss *m* ▶ **in full ~** voll in Fahrt; **to go against/with the ~** gegen den/mit dem Strom schwimmen
flower ['flaʊəʳ] **I.** *n* Blume *f;* (*blossom*) Blüte *f;* **to be in ~** blühen **II.** *vi* blühen *a. fig*
flower arrangement *n* Blumengesteck *nt* **flowerbed** *n* Blumenbeet *nt* **flowerpot** *n* Blumentopf *m*
flown [fləʊn] *vi, vt pp of* **fly**
flu [fluː] *n no pl short for* **influenza** Grippe *f*
fluent ['fluːənt] *adj language* fließend; *rhetoric* gewandt; **to be ~ in a language** eine Sprache fließend beherrschen
fluffy ['flʌfi] *adj feathers* flaumig; *pillows* flauschig weich; *clouds* aufgelockert; **~ toy** Kuscheltier *nt*
fluid ['fluːɪd] **I.** *n* Flüssigkeit *f;* **bodily ~s** Körpersäfte *pl* **II.** *adj* ❶ flüssig ❷ (*fig: changeable*) veränderlich

flung [flʌŋ] *pp, pt of* **fling**

flunk [flʌŋk] *vt* (*fam*) durchfallen in +*dat*

flurry ['flʌri] *n* ❶ Schauer *m;* ~ **of snow** Schneeschauer *m* ❷ ~ **of excitement** große Aufregung *f*

flush[1] [flʌʃ] *n* (*cards*) Flush *m*

flush[2] [flʌʃ] I. *vi* ❶ (*blush*) erröten (**with** vor) ❷ (*empty*) spülen; **the toilet won't** ~ die Spülung geht nicht II. *vt* spülen

flushed [flʌʃt] *adj* rot im Gesicht *nach n;* ~ **with success** triumphierend

fluster ['flʌstə'] I. *vt* nervös machen II. *n no pl* ▪ **to be/get in a** ~ nervös sein/werden

flute [fluːt] *n* Flöte *f*

flutter ['flʌtə'] I. *vi* flattern II. *vt* **the bird** ~**ed its wings** der Vogel schlug mit den Flügeln; **to** ~ **one's eyelashes** mit den Wimpern klimpern *hum* III. *n* ❶ Flattern *nt kein pl* ❷ **all of a** ~ völlig aus dem Häuschen

fly[1] [flaɪ] I. *vi* <flew, flown> ❶ fliegen; **we're** ~**ing at 9000 metres** wir fliegen in 9000 Meter Höhe; **he flew across the Atlantic** er überflog den Atlantik; **we flew from Heathrow** wir flogen von Heathrow ab ❷ **I must** ~ ich muss mich sputen; **the door flew open** die Tür flog auf II. *vt* <flew, flown> fliegen ◆**fly away** *vi plane, pilot* abfliegen; *bird, insect* wegfliegen ◆**fly in** *vi, vt* einfliegen; **she's** ~**ing in from New York** sie kommt mit dem Flugzeug aus New York ◆**fly off** *vi plane, pilot* abfliegen; *bird, insect, hat* wegfliegen; **she flew off to India** sie flog nach Indien ◆**fly out** *vi* ausfliegen; **he's** ~**ing out to Australia** er fliegt nach Australien

fly[2] [flaɪ] *n* Fliege *f* ◆ **the** ~ **in the ointment** das Haar in der Suppe; **to be a** ~ **on the wall** Mäuschen sein

flyer *n see* **flier**

flying ['flaɪɪŋ] I. *n no pl* Fliegen *nt;* **to be scared of** ~ Angst vorm Fliegen haben II. *adj attr* fliegend, Flug-

Ein **flying doctor** ist in Australien ein Arzt, der mit seinem Flugzeug abgelegene ländliche Gebiete versorgt. Es kommt oft vor, dass ein **flying doctor** über Funk Medikamente verschreibt. Für zwei Drittel der Bevölkerung Australiens ist das die einzige verfügbare medizinische Versorgung.

flying saucer *n* fliegende Untertasse **flying visit** *n* Stippvisite *f fam* **flyover** *n* ❶ BRIT (*bridge*) Überführung *f* ❷ AM (*flight*) Luftparade *f*

foam [fəʊm] I. *n no pl* ❶ (*bubbles*) Schaum *m* ❷ (*plastic*) Schaumstoff *m* II. *vi* schäumen ▪ **to be** ~**ing at the mouth** vor Wut schäumen

focal ['fəʊkəl] *adj* im Brennpunkt stehend

focus <*pl* -es *or* -ci> ['fəʊkəs, *pl* -saɪ] I. *n* ❶ Mittelpunkt *m*, Brennpunkt *m;* **to be the** ~ **of attention** im Mittelpunkt stehen ❷ **in/out of** ~ scharf/nicht scharf eingestellt II. *vi* <-s- *or* -ss-> ❶ sich konzentrieren ([**up**]**on** auf) ❷ (*see*) klar sehen III. *vt* <-s- *or* -ss-> ❶ konzentrieren (**on** auf) ❷ *camera, telescope* scharf einstellen (**on** auf)

foetus ['fiːtəs] *n* Fetus *m*

fog [fɒg] *n* Nebel *m*

foggy ['fɒgi] *adj* neblig ▶ **to not have the foggiest** [**idea**] keine blasse Ahnung haben

foil[1] [fɔɪl] *n* Folie *f*

foil[2] [fɔɪl] *vt* ▪ **to** ~ **sth** etw verhindern; ▪ **to** ~ **sb** jdn vereiteln; ~**ed again!** (*hum*) wieder mal alles umsonst!

fold [fəʊld] I. *n* Falte *f* II. *vt* ❶ falten (**into** zu); *letter* zusammenfalten; *arms* verschränken ❷ (*wrap*) einwickeln III. *vi* zusammenklappen ◆**fold up** *vt, vi* zusammenfalten

folder ['fəʊldə'] *n* ❶ (*holder*) Mappe *f* ❷ COMPUT Ordner *m*

folding ['fəʊldɪŋ] *adj attr* ~ **bed** Klappbett *nt;* ~ **door** Falttür *f*

folk [fəʊk] I. *n* ❶ *pl* Leute *pl* ❷ *no pl* (*music*) Folk *m* II. *adj* ❶ (*traditional*) Volks- ❷ (*music*) Folk-

folk music *n no pl* Folk *m* **folk song** *n* Volkslied *nt*

follow ['fɒləʊ] I. *vt* ❶ (*take same route*) folgen +*dat* ❷ (*pursue*) verfolgen ❸ (*happen next*) ▪ **to** ~ **sth** auf etw *akk* folgen ❹ (*succeed*) ▪ **to** ~ **sb** jdm nachfolgen ❺ (*imitate*) ▪ **to** ~ **sb** es jdm gleichtun; ▪ **to** ~ **sth** etw nachmachen; ~ **that!** mach mir das erst mal nach! ❻ (*obey*) befolgen; *guidelines* sich halten an +*akk* II. *vi* ❶ (*happen next*) folgen ❷ (*result*) sich ergeben (**from** aus) ◆**follow on** *vi* ❶ *person* nachkommen ❷ *fact* sich [aus etw *dat*] ergeben ◆**follow through** I. *vt* zu Ende verfolgen II. *vi* SPORTS durchschwingen ◆**follow up** I. *vt* ❶ (*investigate*) weiterverfolgen ❷ (*do next*) **he** ~**ed up his act with** [*or* **by**] **a song** er schloss seine

Nummer mit einem Lied ab **II.** *vi* **she ~ed up with a song** zum Schluss sang sie ein Lied
follower ['fɒləʊəʳ] *n* Anhänger(in) *m(f)*
following ['fɒləʊɪŋ] **I.** *adj attr* folgende(r, s); **we didn't arrive until the ~ day** wir kamen erst am nächsten Tag an **II.** *n* ❶ + *pl vb* ■**the ~** Folgendes; *persons* folgende Personen ❷ *usu sing,* + *sing/pl vb (fans)* Anhänger *pl*
follow-up I. *n* Fortsetzung *f* **(to** von) **II.** *adj attr* Folge-; **~ treatment** Nachbehandlung *f*
fond [fɒnd] *adj* ❶ ■**to be ~ of sb/sth** jdn/etw gern mögen; ■**to be ~ of doing sth** etw gerne machen ❷ *attr (naive) hope* kühn; *belief* allzu zuversichtlich
food [fu:d] *n* ❶ *no pl* Essen *nt,* Nahrung *f*; **baby ~** Babynahrung *f* ❷ *(foodstuff)* Nahrungsmittel *pl* ▶ **~ for thought** Stoff *m* zum Nachdenken
food chain *n* Nahrungskette *f* **food intolerance** *n* Lebensmittelunverträglichkeit *f* **food poisoning** *n no pl* Lebensmittelvergiftung *f* **food processor** *n* Küchenmaschine *f* **food scientist** *n* Lebensmittelwissenschaftler(in) *m(f)*
fool [fu:l] **I.** *n* ❶ Dummkopf *m;* **he's no ~** er ist nicht blöd; **to play the ~** herumalbern; **to make a ~ of sb/oneself** jdn/sich lächerlich machen; **to be nobody's ~** nicht blöd sein ❷ *(jester)* [Hof]narr *m* ▶ **more ~ you** BRIT selber schuld **II.** *adj attr (fam)* blöd **III.** *vt* täuschen; ■**to ~ sb into doing sth** jdn [durch einen Trick] dazu bringen, etw zu tun ▶ **you could have ~ed me** das kannst du mir nicht weismachen
foolish ['fu:lɪʃ] *adj* töricht; **she was afraid that she would look ~** sie hatte Angst, sich zu blamieren
foolproof *adj* idiotensicher
foot [fʊt] *n* <*pl* feet> ❶ Fuß *m;* **what size are your feet?** welche Schuhgröße haben Sie?; **to be [back/quick] on one's feet** [wieder/schnell] auf den Beinen sein; **to leap to one's feet** aufspringen; **to put one's feet up** die Füße hochlegen; **at sb's feet** zu jds Füßen; **on ~** zu Fuß ❷ <*pl* foot *or* feet> *(length)* Fuß *m* (= *0,348 Meter*) ❸ *(base)* Fuß *m;* **at the ~ of the bed** am Fußende des Betts; **at the ~ of the page** am Seitenende ▶ **to have a ~ in both camps** auf beiden Seiten beteiligt sein; **to put one's best ~ for-**

ward sich anstrengen; **to never put a ~ wrong** nie einen Fehler machen; **to rush sb off his/her feet** jdn beschäftigen; **to think on one's feet** eine schnelle Entscheidung treffen; **to be under sb's feet** zwischen jds Füßen herumlaufen; **my ~** so ein Quatsch!
football ['fʊtbɔ:l] *n* ❶ *no pl (soccer)* Fußball *m* ❷ *no pl* AM *(American football)* Football *m* ❸ *(ball)* Fußball/Football *m*
football hooligan *n* Fußballrowdy *m*
footbridge *n* Fußgängerbrücke *f*
footing ['fʊtɪŋ] *n no pl* ❶ *(foothold)* Halt *m* ❷ *(basis)* **on an equal ~** auf gleicher Basis; **on a war ~** im Kriegszustand
footpath *n* Fußweg *m* **footprint** *n* Fußabdruck *m* **footrest** *n* Fußstütze *f* **footstep** *n* Schritt *m* ▶ **to follow in sb's ~** in jds Fußstapfen treten
for [fɔ:ʳ, fəʳ] **I.** *conj* denn **II.** *prep* ❶ *(intended)* für ❷ *(respecting)* **that's too strong ~ me** das ist mir zu stark; **luckily ~ me** zu meinem Glück; **that's children ~ you!** so sind Kinder eben!; **demand ~ money** Bedarf *m* an Geld; **to have a need ~ sth** etw brauchen; **a cheque ~ £100** ein Scheck über 100 Pfund; **~ rent/sale** zu vermieten/verkaufen; **to ask ~ sth** um etw *akk* bitten; **to feel ~ sb** mit jdm fühlen; **I feel sorry ~ her** sie tut mir leid; **to prepare ~ sth** sich auf etw *akk* vorbereiten; **to wait ~ sb/sth** auf jdn/etw warten; **as ~ me** was mich betrifft ❸ *(with time, distance)* **he was jailed ~ twelve years** er musste für zwölf Jahre ins Gefängnis; **I'm just going out ~ a bit** ich gehe mal kurz raus; **~ Christmas** zu Weihnachten; **to practise ~ half an hour** eine halbe Stunde üben; **~ the moment** im Augenblick; **~ the time being** für den Augenblick; **~ the first time** zum ersten Mal ❹ *(purpose)* **what's that ~?** wofür ist das?; **what did you do that ~?** wozu hast du das getan?; **that's not ~ eating** das ist nicht zum Essen; **~ your information** zu Ihrer Information ❺ *(reason)* **he apologized ~ being late** er entschuldigte sich wegen seiner Verspätung; **he's only in it ~ the money** er tut es nur wegen des Geldes; **not ~ a million dollars** um nichts in der Welt; **~ various reasons** aus verschiedenen Gründen
forbade [fəˈbæd] *pt of* **forbid**
forbid <-dd-, forbade, forbidden> [fəˈbɪd] *vt* ■**to ~ sb sth** jdm etw verbieten

forbidden – forgo

forbidden [fə'bɪdən] I. *adj* verboten II. *pp of* **forbid**

forbidding [fə'bɪdɪŋ] *adj* abschreckend

force [fɔːs] I. *n* ❶ *no pl* (*power*) Kraft *f*; (*intensity*) Stärke *f*; *of blow* Wucht *f* ❷ *no pl* (*violence*) Gewalt *f*; **by ~** mit Gewalt; **to be in/come into ~** in Kraft sein/treten ❸ (*group*) Truppe *f*; **police ~** Polizei *f*; **Air F~** Luftwaffe *f*; **to join ~s** sich zusammentun II. *vt* zwingen; **to ~ a smile** gezwungen lächeln; **to ~ one's way** sich *dat* seinen Weg bahnen; ■**to ~ sth on sb** jdm etw aufzwingen; ■**to ~ sth into sth** etw in etw *akk* [hinein]zwängen ◆**force off** *vt* ■**to ~ sth** ⟲ **off** etw gewaltsam abmachen ◆**force upon** *vt* ■**to ~ sth upon sb** jdm etw aufzwingen

forced [fɔːst] *adj* ❶ erzwungen; **~ labour** Zwangsarbeit *f*; **~ landing** Notlandung ❷ *smile* gezwungen

forceful ['fɔːsfəl] *adj* kraftvoll; *personality* stark

forcibly ['fɔːsəbli] *adv* gewaltsam

forearm[1] ['fɔːrɑːm] *n* Unterarm *m*

forearm[2] [fɔːrɑːm] *vt* ■**to ~ oneself** sich wappnen

forecast [fɔːrkɑːst] I. *n* Prognose *f*; *of weather* [Wetter]vorhersage *f* II. *vt* <-cast *or* -casted, -cast *or* -casted> vorhersagen; ECON prognostizieren; ■**to ~ that/what/who ...** prophezeien, dass/was/wer ...

forecourt *n* ❶ (*yard*) Vorhof *m* ❷ TENNIS Halfcourt *m*

forefinger *n* Zeigefinger *m*

forefront *n no pl* **at the ~** an der Spitze

forego <-went, -gone> *vt see* **forgo**

foregone [fɔːˈgɒn] *pp of* **forego**

foreground *n* Vordergrund *m*

forehand *n* Vorhand *f*; **on the ~** mit der Vorhand

forehead ['fɒrɪd] *n* Stirn *f*

foreign ['fɒrɪn] *adj* ❶ (*from abroad*) ausländisch, fremd; **~ countries** Ausland *nt kein pl* ❷ (*with abroad*) **~ policy** Außenpolitik *f*; **~ travel** Auslandsreise *f* ❸ (*alien*) fremd; **~ body** Fremdkörper *m*

foreign affairs *npl* Außenpolitik *f kein pl*

foreign correspondent *n* Auslandskorrespondent(in) *m(f)* **foreign currency** *n* Fremdwährung *f*; Valuta *f fachspr*

foreigner ['fɒrɪnər] *n* Ausländer(in) *m(f)*

foreign exchange *n no pl* Devisen *pl* **foreign language** *n* Fremdsprache *f*

Foreign Office *n no pl* BRIT Außenministerium *nt* **Foreign Secretary** *n* BRIT Außenminister(in) *m(f)*

foreman *n* ❶ (*worker*) Vorarbeiter *m* ❷ LAW Sprecher *m* (*der Geschworenen*)

foremost ['fɔːməʊst] *adj* führend; **first and ~** zuallererst

forename *n* (*form*) Vorname *m*

forerunner *n* ❶ Vorläufer(in) *m(f)* ❷ (*sign*) Vorzeichen *nt*

foresee <-saw, -seen> [fɔːˈsiː] *vt* vorhersehen

foreseeable [fɔːˈsiːəbl] *adj* absehbar; **in the ~ future** in absehbarer Zeit

foreshadow *vt* ■**to be ~ed [by sth]** [durch etw *akk*] angedeutet werden

foresight *n no pl* Weitblick *m*; ■**to have the ~ to do sth** so vorausschauend sein, etw zu tun

forest ['fɒrɪst] *n* Wald *m a. fig*; **the Black F~** der Schwarzwald

forestall [fɔːˈstɔːl] *vt* zuvorkommen +*dat*

forester ['fɒrɪstər] *n* Förster(in) *m(f)*

forestry ['fɒrɪstri] *n no pl* Forstwirtschaft *f*

foretaste ['fɔːteɪst] *n usu sing* Vorgeschmack *m*

forever [fəˈrevər] *adv* ❶ ewig *a. fig* ❷ (*fam; constantly*) ständig; ■**to be ~ doing sth** etw ständig machen

forewarn [fɔːˈwɔːn] *vt* vorwarnen ▶ **~ed is forearmed** (*prov*) bist du gewarnt, bist du gewappnet

forewent [fɔːˈwent] *pt of* **forego**

forewoman *n* ❶ (*worker*) Vorarbeiterin *f* ❷ *esp* AM LAW Vorsitzende *f*

foreword *n* Vorwort *nt*

forgave [fəˈgeɪv] *n pt of* **forgive**

forge [fɔːdʒ] I. *n* Schmiede *f* II. *vt* ❶ (*copy*) fälschen ❷ (*shape*) schmieden

forgery ['fɔːdʒəri] *n* ❶ (*copy*) Fälschung *f* ❷ *no pl* (*crime*) Fälschen *nt*

forget <-got, -gotten *or* AM *a.* -got> [fəˈget] *vt, vi* vergessen; **not ~ting** nicht zu vergessen; **to ~ the past** die Vergangenheit ruhen lassen

forgetful [fəˈgetfəl] *adj* vergesslich

forgive <-gave, -given> [fəˈgɪv] *vt* ■**to ~ sb [for] sth** jdm etw verzeihen, *geh* vergeben; **~ me, but ...** Entschuldigung, aber ...

forgiven [fəˈgɪvən] *pp of* **forgive**

forgiving [fəˈgɪvɪŋ] *adj* versöhnlich

forgo <-went, -gone> [fɔːˈgəʊ] *vt* ■**to ~ sth**

auf etw *akk* verzichten
forgot [fəˈgɒt] *pt of* **forget**
forgotten [fəˈgɒtᵊn] I. *pp of* **forget** II. *adj* vergessen
fork [fɔːk] I. *n* ❶ Gabel *f* ❷ (*division*) Gabelung *f*; **take the left** ~ nehmen Sie die linke Abzweigung ❸ *of bicycle* ▪ ~**s** *pl* [Rad]gabel *f* II. *vi* ❶ (*divide*) sich gabeln ❷ (*turn*) **to** ~ **left** nach links abzweigen
forked [fɔːkt] *adj* gegabelt; *tongue* gespalten; ~ **lightning** Linienblitz *m*
fork-lift truck *n* Gabelstapler *m*
form [fɔːm] I. *n* ❶ (*type*) Form *f*, Art *f*; *of disease* Erscheinungsbild *nt*; *of energy* Typ *m*; **art** ~ Kunstform *f*; ~ **of exercise** Sportart *f*; ~ **of government** Regierungsform *f*; **life** ~ Lebensform *f* ❷ *no pl* (*manifestation*) Form *f*, Gestalt *f* ❸ (*paper*) Formular *nt*; **application** ~ Bewerbungsbogen *m*; **entry** ~ Anmeldeformular *m* ❹ (*shape*) Form *f*; *of person* Gestalt *f* ❺ *no pl* (*fitness*) Form *f*, Kondition *f*; **to be in good** ~ [gut] in Form sein ❻ Brit sch (*class*) Klasse *f*; (*year*) Jahrgangsstufe *f* II. *vt* ❶ (*shape*) formen *a. fig* (**into** zu) ❷ (*arrange*) bilden ❸ (*set up*) gründen; *committee, government* bilden; **to** ~ **an alliance with sb** sich mit jdm verbünden III. *vi* sich bilden; *idea* Gestalt annehmen; ▪ **to** ~ **into sth** sich zu etw *dat* formen
formal [ˈfɔːmᵊl] *adj* ❶ (*ceremonious*) formell; ~ **dress** Gesellschaftskleidung *f* ❷ (*serious*) förmlich ❸ (*official*) offiziell ❹ (*nominal*) formal
formality [fɔːˈmæləti] *n* ❶ *no pl* (*decorum*) Förmlichkeit *f* ❷ (*convention*) Formalität *f*; **to be** [**just**] **a** ~ [eine] [reine] Formsache sein
formalize [ˈfɔːmᵊlaɪz] *vt* formell bekräftigen
format [ˈfɔːmæt] I. *n* Format *nt* II. *vt* <-tt-> formatieren
formation [fɔːˈmeɪʃᵊn] *n* ❶ *no pl* Bildung *f* ❷ geol, mil Formation *f*
formatting *n* comput Formattierung *f*
former [ˈfɔːməʳ] I. *adj attr* ehemalig, früher II. *n* ▪ **the** ~ der/die/das Erstere
formerly [ˈfɔːməʳli] *adv* früher
formidable [ˈfɔːmɪdəbl] *adj* (*difficult*) schwierig; (*huge*) kolossal
formula <*pl* -s *or* -e> [ˈfɔːmjələ, *pl* -liː] *n* ❶ math Formel *f* ❷ food Babymilchpulver *nt*
forsake <forsook, -n> [fəˈseɪk] *vt* (*liter*) ❶ (*give up*) aufgeben ❷ (*old: abandon*) verlassen
forsaken [fəˈseɪkᵊn] I. *pp of* **forsake** II. *adj* verwahrlost
forsook [fəˈsʊk] *pt of* **forsake**
fort [fɔːt] *n* Fort *nt* ▶ **to hold the** ~ die Stellung halten
forth [fɔːθ] *adv* **back and** ~ vor und zurück; **to go** ~ hinausgehen; **to pace back and** ~ auf und ab gehen; **to ride** ~ losreiten ▶ [**and so on**] **and so** ~ und so weiter [und so fort]
forthcoming [ˌfɔːθˈkʌmɪŋ] *adj* ❶ (*planned*) bevorstehend ❷ *book, film* in Kürze erscheinend ❸ (*available*) verfügbar; ▪ **to be** ~ *money* zur Verfügung gestellt werden
forthright [ˈfɔːθraɪt] *adj* direkt
forthwith [ˌfɔːθˈwɪθ] *adv* (*form*) unverzüglich
fortieth [ˈfɔːtiəθ] I. *adj* vierzigste(r, s); *see also* **eighth** II. *n* ❶ ▪ **the** ~ der/die/das Vierzigste; *see also* **eighth** ❷ (*fraction*) Vierzigstel *nt*; *see also* **eighth**
fortify <-ie-> [ˈfɔːtɪfaɪ] *vt* ❶ mil befestigen ❷ ▪ **to** ~ **oneself** sich stärken ❸ (*enrich*) anreichern
fortnight [ˈfɔːtnaɪt] *n* Brit, Aus zwei Wochen, vierzehn Tage; **a** ~ **on Monday** Montag in zwei Wochen; **in a** ~[**'s time**] in zwei Wochen
fortnightly [ˈfɔːtnaɪtli] I. *adj* vierzehntägig II. *adv* alle zwei Wochen
fortunate [ˈfɔːtʃᵊnət] *adj* glücklich; ▪ **to be** ~ Glück haben; ▪ **it is** ~ [**for sb**] **that ...** es ist [jds] Glück, dass ...
fortunately [ˈfɔːtʃᵊnətli] *adv* zum Glück; ~ **for him** zu seinem Glück
fortune [ˈfɔːtʃuːn] *n* ❶ (*money*) Vermögen *nt* ❷ *no pl* (*form: luck*) Schicksal *nt*; **a stroke of good** ~ ein Glücksfall *m*; **good/ill** ~ Glück/Pech *nt*; **to tell sb's** ~ jds Schicksal vorhersagen
fortune teller *n* Wahrsager(in) *m(f)*
forty [ˈfɔːti] I. *adj* vierzig; *see also* **eight** II. *n* Vierzig *f*; *see also* **eight**
forward [ˈfɔːwəd] I. *adv* (*to front*) nach vorn[e]; (*onwards*) vorwärts; **to lean** ~ sich vorlehnen; **to be** [**no**] **further** ~ (*fig*) [nicht] weiter sein II. *adj* ❶ (*to front*) Vorwärts-; ~ **pass** sports Vorpass *m* ❷ (*near front*) vordere(r, s) ❸ (*of future*) *planning* Voraus- *f* III. *n* Stürmer(in) *m(f)* IV. *vt* weiterleiten (**to** an); **"please** ~ **"** „bitte nachsenden"
forward-looking *adj* vorausschauend
forwards [ˈfɔːwədz] *adv see* **forward**

forwent [fɔː'went] *pt of* **forgo**
foster ['fɒstə'] **I.** *vt child* aufziehen, in Pflege nehmen; *relations* pflegen **II.** *vi* ein Kind in Pflege nehmen **III.** *adj attr* Pflege-
foster brother *n* Pflegebruder *m* **foster child** *n* Pflegekind *nt* **foster father** *n* Pflegevater *m* **foster home** *n* Pflegefamilie *f* **foster mother** *n* Pflegemutter *f* **foster sister** *n* Pflegeschwester *f*
fought [fɔːt] *pt, pp of* **fight**
foul [faʊl] **I.** *adj* ❶ (*polluted*) verpestet; *air* stinkend ❷ (*disgusting*) abscheulich; *smell* faul ❸ (*unpleasant*) *mood* fürchterlich; ■ **to be ~ to sb** fies zu jdm sein **II.** *n* Foul *nt* (**on** an) **III.** *vt* ❶ (*pollute*) verschmutzen ❷ SPORTS foulen
foul-mouthed *adj* unflätig
found¹ [faʊnd] *pt, pp of* **find**
found² [faʊnd] *vt* gründen
foundation [ˌfaʊn'deɪʃ⁰n] *n* ❶ (*basis*) Fundament *nt a. fig;* **to be without ~** (*fig*) jeglicher Grundlage entbehren ❷ *no pl* (*establishing*) Gründung *f* ❸ (*organization*) Stiftung *f*
foundation subject *n* BRIT Pflichtfach *nt*
founder ['faʊndə'] *n* Gründer(in) *m(f)*
fountain ['faʊntɪn] *n* ❶ Brunnen *m* ❷ (*fig: spray*) Schwall *m;* **~ of water** Wasserstrahl *m*
fountain pen *n* Füllfederhalter *m*, Füllfeder *f bes* ÖSTERR, SÜDD, SCHWEIZ
four [fɔː'] **I.** *adj* vier; *see also* **eight II.** *n* ❶ Vier *f; see also* **eight** ❷ SPORTS (*rowers*) Vierer *m;* **to hit a ~** (*points*) vier Punkte erzielen
four-door *adj car* viertürig
fourteen [ˌfɔː'tiːn] **I.** *adj* vierzehn; *see also* **eight II.** *n* Vierzehn *f; see also* **eight**
fourteenth [ˌfɔː'tiːnθ] **I.** *adj* vierzehnte(r, s) **II.** *n* ❶ ■ **the ~** der/die/das Vierzehnte ❷ (*date*) ■ **the ~** der Vierzehnte ❸ (*fraction*) Vierzehntel *nt*
fourth [fɔːθ] **I.** *adj* vierte(r, s); *see also* **eighth II.** *n* ❶ ■ **the ~** der/die/das Vierte; *see also* **eighth** ❷ (*date*) **the ~** der Vierte; *see also* **eighth** ❸ (*fraction*) Viertel *nt; see also* **eighth III.** *adv* viertens

Der **Fourth of July** oder **Independence Day** ist der höchste amerikanische nichtkonfessionelle Feiertag zum Gedenken an die **Declaration of Independence** (Unabhängigkeitserklärung), in der die amerikanischen Kolonien am 4. Juli 1776 ihre Unabhängigkeit von Großbritannien erklärten. Man trifft sich zu Picknicks, Familienfeiern und professionellen Baseballspielen. Als Höhepunkt gibt es dann überall ein großes Feuerwerk.

four-wheel drive I. *n* Allradantrieb *m,* Vierradantrieb *m* **II.** *adj* mit Allradantrieb [*o* Vierradantrieb] *nach n*
fox [fɒks] *n* Fuchs *m*
foyer ['fɔɪeɪ] *n* Foyer *nt*
fraction ['frækʃ⁰n] *n* ❶ Bruchzahl *f,* Bruch *m* ❷ (*part*) Bruchteil *m;* (*fig*) **a ~ of an inch** eine Spur; **by a ~** um Haaresbreite
fracture ['frækt∫ə'] **I.** *vt, vi* brechen; **to ~ one's leg** sich *dat* das Bein brechen **II.** *n* Bruch *m*
fragile ['frædʒaɪl] *adj* ❶ zerbrechlich ❷ (*ailing*) schwach
fragment I. *n* ['frægmənt] ❶ (*shard*) Splitter *m* ❷ (*overheard*) Brocken *m fam* **II.** *vi* [fræg'mənt] zerbrechen *a. fig;* (*burst*) zerbersten
fragrance ['freɪgrən(t)s] *n* Duft *m*
fragrant ['freɪgrənt] *adj* duftend
frame [freɪm] **I.** *n* ❶ Rahmen *m;* (*of door, window also*) Zarge *f;* (*of picture*) [Bilder]rahmen *m;* ■ **to be in the ~** (*fig*) unter Verdacht stehen ❷ **~ of glasses** ■ **~s** *pl* Brillengestell *nt* ❸ (*body*) Körper *m* **II.** *vt* ❶ (*put in*) einrahmen ❷ (*enclose*) umrahmen
frame-up *n* (*fam*) abgekartetes Spiel **framework** *n* Gerüst *nt,* Gestell *nt;* (*fig*) Rahmen *m*
France [frɑːn(t)s] *n no pl* Frankreich *nt*
frank¹ [fræŋk] *adj* aufrichtig; **to be ~** [**with you**] ehrlich gesagt
frank² [fræŋk] *vt* (*stamp*) frankieren
frankfurter ['fræŋkfɜːtə'] *n* Frankfurter *f,* Wienerli *nt* SCHWEIZ
frantic ['fræntɪk] *adj* ❶ (*distracted*) verrückt (**with** vor) ❷ (*hectic*) hektisch
frat-boy ['frætbɔɪ] *n* AM UNIV (*pej fam*) Mitglied einer Studentenverbindung, der viel trinkt und sich vor allem für Mädchen interessiert
fraud [frɔːd] *n* ❶ *no pl* (*deceit*) Betrug *m* ❷ LAW [arglistige] Täuschung
fraudulent ['frɔːdjələnt] *adj* betrügerisch

fray [freɪ] **I.** *vi* ausfransen; (*fig*) anspannen **II.** *n* Auseinandersetzung *f;* **to enter** [*or* **join**] **the** ~ sich einmischen

freak [fri:k] **I.** *n* etwas Außergewöhnliches; (*person*) Missgeburt *f;* **a** ~ **of nature** eine Laune der Natur **II.** *vi* (*fam*) ausflippen

freckle ['frekl] *n usu pl* Sommersprosse *f*

free [fri:] **I.** *adj* frei; ~ **of charge** kostenlos; ~ **of pain/tax** schmerz-/steuerfrei; ~ **copy/ticket** Freiexemplar *nt*/Freikarte *f;* ~ **play** MECH Spielraum *m;* ~ **speech** Redefreiheit *f;* ~ **time** Freizeit *f;* ■ **to be** ~ **of sb/sth** jdn/etw los sein; ■ **to be** ~ [**to do sth**] Zeit haben[, etw zu tun]; **to work sth** ~ etw lösen ▶ ~ **and easy** locker **II.** *adv* frei, gratis; ~ **of charge** kostenlos; **for** ~ gratis, umsonst **III.** *vt* freilassen; ■ **to** ~ **sb/an animal** jdn/ein Tier befreien (**from** von) ◆ **free up** *vt* freimachen

freebie ['fri:bi] *n* (*fam*) Werbegeschenk *nt*

freedom ['fri:dəm] *n* Freiheit *f;* ~ **of choice** Wahlfreiheit *f;* ~ **of the city** Ehrenbürgerschaft *f;* ~ **of information** freier Informationszugang

free enterprise *n no pl* freies Unternehmertum **freehold I.** *n* Eigentumsrecht *nt* (*an Grundbesitz*) **II.** *adj* Eigentums- **free kick** *f* Freistoß *m*

freelance ['fri:lɑ:n(t)s] **I.** *n* Freiberufler(in) *m(f)* **II.** *adj, adv* freiberuflich **III.** *vi* frei[beruflich] arbeiten

freely ['fri:li] *adv* ❶ (*unrestrictedly*) frei ❷ (*unobstructedly*) ungehindert ❸ (*frankly*) offen

free-range *adj* Freiland-; ~ **eggs** Eier *pl* aus Freilandhaltung **free speech** *n no pl* Redefreiheit *f* **freestyle** *n no pl* Freistil *m* **freeway** *n* AM, AUS Autobahn *f* **freewheel** *f* **to** ~ [**downhill**] im Freilauf [den Hügel hinunter]fahren **free will** *n no pl* freier Wille; ■ **to do sth of one's own** ~ etw aus freien Stücken tun

freeze [fri:z] **I.** *n* ❶ Frost *m;* **big** ~ harter Frost ❷ (*block*) Einfrieren *nt* **II.** *vi* <froze, frozen> ❶ *water* gefrieren; **to** ~ **solid** festfrieren ❷ (*a. fig: feel cold*) [sehr] frieren; **to** ~ **to death** erfrieren ❸ *impers* ■ **it's freezing** es friert **III.** *vt* <froze, frozen> ❶ (*ice*) gefrieren lassen ❷ (*block*) einfrieren

freezer ['fri:zə^r] *n* Gefrierschrank *m;* **chest-/upright** ~ Gefriertruhe *f*/Gefrierschrank *m*

freezing ['fri:zɪŋ] **I.** *adj* frostig; **it's** ~ es ist eiskalt; **I'm** ~ mir ist eiskalt **II.** *n no pl* ❶ (*0°C*) **above/below/near** ~ über/unter/nahe dem Gefrierpunkt ❷ (*blocking*) Einfrieren *nt*

freight [freɪt] **I.** *n no pl* ❶ (*goods*) Frachtgut *nt* ❷ (*transport*) Fracht *f;* **to send sth by** ~ etw als Fracht senden **II.** *adv* als Fracht **III.** *vt* als Frachtgut befördern

freight car *n* AM Güterwagen *m*

freighter ['freɪtə^r] *n* (*ship*) Frachter *m;* (*plane*) Frachtflugzeug *nt*

freight train *n* Güterzug *m*

French [fren(t)ʃ] **I.** *adj* französisch; ~ **people** [die] Franzosen *pl* **II.** *n* ❶ *no pl* Französisch *nt;* ~ **lesson** Französischstunde *f* ❷ (*people*) ■ **the** ~ *pl* die Franzosen

French dressing *n no pl* Vinaigrette *f* **French fried potatoes** *npl,* **French fries** *npl* Pommes frites *pl* **French horn** *n* Waldhorn *nt* **Frenchman** *n* Franzose *m* **French window** *n usu pl* Verandatür *f* **Frenchwoman** *n* Französin *f*

frequency ['fri:kwən(t)si] *n* ❶ *no pl* Häufigkeit *f;* **with increasing** ~ immer öfter ❷ (*Hz*) Frequenz *f*

frequent I. *adj* ['fri:kwənt] häufig; ~ **flyer** Vielflieger(in) *m(f)* **II.** *vt* [frɪ'kwent] häufig besuchen

fresh [freʃ] *adj* frisch *a. fig;* ~ **snow** Neuschnee *m;* ~ **start** Neuanfang *m;* ~ **water** Süßwasser *nt;* ~ **from the oven** ofenfrisch; **to get a breath of** ~ **air** frische Luft schnappen

freshen ['freʃ^ən] **I.** *vt* *drink* auffüllen; *make-up* auffrischen **II.** *vi* frischer werden; *wind* auffrischen

friction ['frɪkʃ^ən] *n no pl* ❶ Reibung *f* ❷ (*disagreement*) Reiberei[en] *f*[*pl*]

Friday ['fraɪdeɪ] *n* Freitag *m; see also* **Tuesday**

fridge [frɪdʒ] *n* (*fam*) Kühlschrank *m*

fried [fraɪd] *adj* gebraten; ~ **chicken** Brathähnchen *nt;* ~ **potatoes** Bratkartoffeln *pl*

fried egg *n* Spiegelei *nt*

friend [frend] *n* Freund(in) *m(f);* **a** ~ **of mine** ein Freund *m*/eine Freundin von mir; ■ **to be** ~**s** [**with sb**] [mit jdm] befreundet sein; **to make** ~**s** [**with sb**] sich [mit jdm] anfreunden

friendly ['frendli] **I.** *adj* ❶ freundlich; ■ **to be** ~ **with sb** mit jdm befreundet sein ❷ (*pleasant*) angenehm ❸ (*uncompetitive*) freundschaftlich; ~ **match** Freundschaftsspiel *nt*

friendship–fruition

II. n BRIT Freundschaftsspiel nt
friendship ['fren(d)ʃɪp] n Freundschaft f
fright [fraɪt] n ① no pl Angst f; **to take** ~ [**at sth**] [vor etw dat] Angst bekommen ② usu sing (experience) Schrecken m; **to get a** ~ erschrecken; **to give sb a** ~ jdn erschrecken
frighten ['fraɪtən] vt ■**to** ~ **sb** jdm Angst machen; **to** ~ **sb to death** jdn zu Tode erschrecken; ■**to** ~ **sb out of doing sth** jdn von etw dat abschrecken
frightful ['fraɪtfəl] adj ① (bad) entsetzlich ② (extreme) schrecklich, furchtbar; **to get into** ~ **trouble** furchtbaren Ärger bekommen
fringe [frɪndʒ] I. n ① (edge) Franse f ② BRIT, AUS (hair) Pony m ③ BRIT ART ■**the** ~ die Alternativszene II. vt usu passive umgeben III. adj attr ~ **benefits** zusätzliche Leistungen pl; ~ **medicine/theatre** BRIT Alternativmedizin f/Alternativtheater nt
fringe group n + sing/pl vb Randgruppe f
frisk [frɪsk] I. vi ■**to** ~ [**about**] herumtollen II. vt abtasten (**for** nach)
fritter ['frɪtəʳ] I. n Fettgebackenes nt (mit Obst-/Gemüsefüllung) II. vt ■**to** ~ **away** ↻ **sth** etw vergeuden; money verschleudern
frivolous ['frɪvələs] adj ① carefree leichtfertig ② (not serious) frivol
frizzy <-ie-> ['frɪzi] adj gekräuselt
fro [frəʊ] adv **to and** ~ hin und her
frock [frɒk] n Kleid nt; **posh** ~ BRIT (hum) Ausgehkleid nt
frog [frɒg] n Frosch m ▶**to have a** ~ **in one's throat** einen Frosch im Hals haben
from [frɒm, frəm] prep ① (off) von; (out of) aus ② (based on) ~ **here** von hier [aus]; ~ **her own experience** aus eigener Erfahrung ③ (leaving) ~ **Washington to Florida** von Washington nach Florida ④ (after) ~ **25 to 200** von 25 auf 200; ~ **10 a.m. to 2 p.m.** von 10.00 Uhr bis 14.00 Uhr; ~ **tomorrow** ab morgen ⑤ (originating) **I'm** ~ **New York** ich komme aus New York; **fresh** ~ **the States** gerade aus den USA; ~ **the Latin** aus dem Lateinischen ⑥ (separated) **a mile** ~ **home** eine Meile von zu Hause entfernt ⑦ (belonging) **who is the card** ~? von wem ist die Karte? ⑧ (made of) aus ⑨ (deducted) **three** ~ **sixteen is thirteen** sechzehn minus drei ist dreizehn ⑩ (due to) **he died** ~ **his injuries** er starb an seinen Verletzungen

front [frʌnt] I. n ① usu sing (side) Vorderseite f; of building Front f; **to lie on one's** ~ auf dem Bauch liegen; ■**from the** ~ von vorne ② (area) ■**the** ~ der vordere Bereich; ■**at the** ~ vorn[e] ③ (ahead) ■**in** ~ vorn[e]; ■**in** ~ **of sth/sb** vor etw/jdm; **in the row in** ~ in der Reihe vor uns ④ (advance) ■**up** ~ im Voraus ⑤ **to put on a bold** ~ kühn auftreten ⑥ (activity) Front f; **on the domestic** ~ an der Heimfront II. adj attr ① vorder[st]e(r, s); ~ **garden** Vorgarten m ② (concealing) Deck- III. vt ① (head) vorstehen +dat ② TV moderieren
front bench n BRIT POL vordere Sitzreihe (für führende Regierungs- und Oppositionspolitiker) **front door** n Vordertür f; of house Haustür f **front-end** adj attr ① AUTO Vorder- ② COMPUT Frontend- ③ (fam: of money) Voraus-
frontier [frʌn'tɪəʳ] n ① Grenze f ② AM (outliers) ■**the** ~ das Grenzland
frontier station n Grenzstation f
front line n MIL Frontlinie f; (fig) vorderste Front **front page** n Titelseite f; **to make the** ~ auf die Titelseite kommen **front runner** n (also fig) Spitzenreiter(in) m(f) **front-wheel drive** I. n Vorderradantrieb m II. adj mit Vorderradantrieb nach n
frost [frɒst] I. n Frost m; **12 degrees of** ~ 12 Grad minus II. vt AM cake glasieren
frosted ['frɒstɪd] adj ① ~ **glass** Milchglas nt ② AM cake glasiert
frosty ['frɒsti] adj ① (cold) frostig ② (iced) vereist
frothy ['frɒθi] adj schaumig
frown [fraʊn] I. vi die Stirn runzeln; (in thought) nachdenklich die Stirn runzeln; ■**to** ~ **at sb/sth** jdn/etw missbilligend ansehen II. n Stirnrunzeln nt kein pl; ~ **of disapproval** missbilligender Blick
froze [frəʊz] pt of **freeze**
frozen ['frəʊzən] I. pp of **freeze** II. adj ① water gefroren ② food [tief]gefroren; ~ **food** Tiefkühlkost f
fruit [fruːt] I. n Frucht f a. fig; (collectively) Obst nt II. vi [Früchte] tragen
fruitcake n no pl Früchtebrot nt
fruiterer ['fruːtərəʳ] n esp BRIT Obsthändler(in) m(f)
fruitful ['fruːtfəl] adj fruchtbar a. fig
fruition [fruː'ɪʃən] n no pl Verwirklichung f; **to come to** [or **reach**] ~ verwirklicht werden

fruit knife *n* Obstmesser *nt*
fruitless ['fruːtləs] *adj* fruchtlos
fruit salad *n no pl* Obstsalat *m*
fruity ['fruːti] *adj* fruchtig
frustrate [frʌs'treɪt] *vt* frustrieren
frustrated [frʌs'treɪtɪd] *adj* frustriert
frustration [frʌs'treɪʃən] *n* Frustration *f;* **to work off one's** ~ seinen Frust abreagieren
fry [fraɪ] **I.** *vt, vi* <-ie-> braten **II.** *npl* Brut *f* ▶**small** ~ kleine Fische; (*person*) kleiner Fisch
frying pan ['fraɪɪŋ-] *n* Bratpfanne *f*
fry-up *n* BRIT (*fam*) Pfannengericht *nt*
ft *n abbrev of* **feet, foot** ft
F to F *adv abbrev of* **face-to-face** persönlich
fuck [fʌk] (*vulg*) **I.** *n* ❶ Fick *m* ❷ *no pl* **for** ~ **'s sake!** zum Teufel!; ■**what/who/why/where the** ~ ... was/wer/warum/wo zum Teufel ... **II.** *interj* Scheiße! **III.** *vt* ❶ (*sex*) vögeln; **go** ~ **yourself!** verpiss dich!, scheiß dich! *bes* SÜDD, ÖSTERR ❷ (*damn*) ~ **that idea** scheiß auf diese Idee; [**oh**] ~ **it!** verdammte Scheiße!; ~ **me!** ich glaub, ich spinne!; ~ **you!** leck mich am Arsch! **IV.** *vi* ❶ (*sex*) ficken ❷ (*confuse*) ■**to** ~ **with sb** jdn verscheißern
fucker ['fʌkər] *n* (*vulg*) Arsch *m*
fuck-up *n no pl* (*vulg*) Scheiße *f pej derb*
fuel ['fjuːəl] **I.** *n* Brennstoff *m;* (*for engines*) Kraftstoff *m*, Treibstoff *m* **II.** *vt* <BRIT -ll- *or* AM *usu* -l-> ❶ ■**to be** ~**led** [**by sth**] [mit etw] betrieben werden ❷ (*fig*) nähren; *resentment* schüren
fuel cell *n* Brennstoffzelle *f* **fuel consumption** *n no pl* Brennstoffverbrauch *m; of engine* Treibstoffverbrauch *m* **fuel gage** *n* AM *see* **fuel gauge** **fuel gauge** *n* Tankanzeige *f* **fuel poverty** *n no pl* Situation, in der Personen mit niedrigem Einkommen einen Großteil ihres Einkommens für Heizkosten u.ä. ausgeben müssen
fulfil <-ll-> [fʊl'fɪl], AM, AUS **fulfill** *vt* ❶ erfüllen; *ambition* erreichen ❷ (*perform*) nachkommen +*dat; contract, promise* erfüllen
fulfilment *n* AM, AUS *see* **fulfilment**
fulfilment [fʊl'fɪlmənt] *n no pl* Erfüllung *f*
full [fʊl] **I.** *adj* voll (**of** von); (*sated*) satt; *explanation* vollständig; *life* ausgefüllt; ~ **of tears/surprises** voller Tränen/Überraschungen; **a look** ~ **of hatred** ein hasserfüllter Blick; ■**to be** ~ **of sth** (*keen*) von etw *dat* ganz begeistert sein; **to be** ~ **of oneself** eingebildet sein; **with one's mouth** ~ mit vollem Mund; [**at**] ~ **speed** mit voller Geschwindigkeit; ~ **steam ahead** Volldampf voraus **II.** *adv* ❶ (*completely*) voll ❷ (*directly*) direkt **III.** *n* **in** ~ zur Gänze; **to the** ~ bis zum Äußersten
fullback *n* ❶ (*defender*) Außenverteidiger(in) *m(f)* ❷ (*at end of field*) Schlussspieler(in) *m(f)* **full-bodied** *adj food* voll; *wine* vollmundig **full-cream milk** *n no pl* Vollmilch *f* **full-grown** *adj* ausgewachsen **full moon** *n* Vollmond *m* **full-page** *adj attr* ganzseitig **full stop** *n* ❶ BRIT, AUS (*punctuation*) Punkt *m* ❷ (*halt*) **to come to a** ~ zum Stillstand kommen ❸ BRIT **I'm not going,** ~ ich gehe nicht und damit Schluss **full time** *n* SPORTS Spielende *nt* **full-time** **I.** *adj* ❶ Ganztags-; ~ **job** Vollzeitbeschäftigung *f* ❷ SPORTS End-; ~ **score** Endstand *m* **II.** *adv* ganztags
fully ['fʊli] *adv* ❶ völlig; ~ **intending to return** mit der vollen Absicht zurückzukommen; ~ **booked** ausgebucht ❷ (*in detail*) detailliert
fumble ['fʌmbl] **I.** *vi* ❶ ■**to** ~ [**around** [*or* **about**]] **with sth** an etw *dat* [herum]fingern; ■**to** ~ **for sth** nach etw *dat* tasten ❷ SPORTS den Ball fallen lassen **II.** *vt ball* fallen lassen **III.** *n* SPORTS [Ballannahme]fehler *m*
fume [fjuːm] **I.** *n usu pl* ■~**s** Abgase *pl* **II.** *vi* vor Wut schäumen
fun [fʌn] **I.** *n no pl* Spaß *m;* **it was good** ~ es hat viel Spaß gemacht; **that sounds like** ~ das klingt gut; **what** ~**!** super!; **to be full of** ~ immer unternehmungslustig sein; **to spoil sb's** ~ jdm den Spaß verderben ▶~ **and games** das reine Vergnügen **II.** *adj* <-nn-> (*fam*) lustig
function ['fʌŋ(k)ʃən] **I.** *n* ❶ (*task*) Aufgabe *f;* (*purpose*) Funktion *f* ❷ (*event*) Veranstaltung *f* **II.** *vi* funktionieren; ■**to** ~ **as sth** als etw dienen; *person* als etw fungieren
functional ['fʌŋ(k)ʃənəl] *adj* ❶ (*with purpose*) funktional ❷ (*operational*) funktionstüchtig; **to be** ~ funktionieren
fund [fʌnd] **I.** *n* ❶ (*reserve*) Fonds *m;* **disaster** ~ Notfonds *m* ❷ (*money*) ■~**s** *pl* [finanzielle] Mittel *pl;* **to allocate** ~**s** Gelder bewilligen **II.** *vt* finanzieren; **privately** ~**ed** frei finanziert
fundamental [ˌfʌndə'mentəl] *adj* grundlegend (**to** für); *difference* wesentlich; *ques-*

tion entscheidend; **to be of ~ importance to sth** für etw *akk* von zentraler Bedeutung sein
fundamentally [ˌfʌndəˈmentəli] *adv* ❶ (*basically*) im Grunde ❷ (*essentially*) grundsätzlich
funeral [ˈfjuːnərəl] *n* Beerdigung *f*
funeral parlor *n* AM *see* **funeral parlour**
funeral parlour *n* Bestattungsunternehmen *nt*
funfair *n* BRIT Vergnügungspark *m;* (*temporary*) Rummelplatz *m*, Kir[ch]tag *m* ÖSTERR
fungus <*pl* -es *or* -gi> [ˈfʌŋɡəs, *pl* -ɡaɪ] *n* Pilz *m*
fun-loving *adj* lebenslustig
funnel [ˈfʌnəl] I. *n* Trichter *m;* (*on ship*) Schornstein *m* II. *vt* <BRIT -ll- *or* AM *usu* -l-> ❶ [mit einem Trichter] einfüllen ❷ (*fig: direct*) zuleiten III. *vi* fließen
funny [ˈfʌni] I. *adj* ❶ (*amusing*) lustig, witzig ❷ (*odd*) komisch, merkwürdig ❸ (*shady*) verdächtig; **~ business** krumme Sachen II. *adv* (*fam*) komisch, merkwürdig
funny bone *n* (*fam*) Musikantenknochen *m*
fur [fɜː] I. *n* ❶ *no pl* Fell *nt* ❷ (*processed*) Pelz *m* ▶ **the ~ flies** die Fetzen fliegen II. *vi* <-rr-> ■ **to ~ up** *kettle* verkalken
furious [ˈfjʊəriəs] *adj* ❶ [sehr] wütend; *argument* heftig ❷ (*intense*) heftig; **at a ~ pace** in rasender Geschwindigkeit; **fast and ~** rasant
furl [fɜːl] *vt* einrollen
furnish [ˈfɜːnɪʃ] *vt* ❶ *room* einrichten ❷ (*supply*) liefern; ■ **to ~ sb with sth** jdn mit etw *dat* versorgen
furniture [ˈfɜːnɪtʃə'] *n no pl* Möbel *pl;* **piece of ~** Möbelstück *nt;* **to be part of the ~** (*fig*) zum Inventar gehören
furniture van *n* Möbelwagen *m*
furry [ˈfɜːri] *adj* pelzig; (*long fur*) wollig
further [ˈfɜːðə'] I. *adj comp of* **far** ❶ weiter [entfernt] ❷ (*additional*) weiter; **until ~ notice** bis auf weiteres II. *adv comp of* **far** ❶ weiter; **a bit ~ on** [noch] etwas weiter ❷ (*greater*) weiter; **~ and ~** [immer] weiter; **to take sth ~** mit etw *dat* weitermachen ❸ (*more*) [noch] weiter; **I have nothing ~ to say** ich habe nichts mehr zu sagen; **to not go any ~** nicht weitergehen III. *vt* fördern; **to ~ sb's interests** jds Interessen förderlich sein
furthermore [ˌfɜːðəˈmɔː'] *adv* außerdem
furthest [ˈfɜːðɪst] I. *adj superl of* **far** ❶ am weitesten entfernte(r, s) ❷ (*fig*) extremste(r, s) II. *adv superl of* **far** am weitesten; **that's the ~ I can see** weiter [entfernt] erkenne ich nichts mehr
fury [ˈfjʊəri] *n no pl* ❶ Wut *f;* **in a ~** wütend; **like ~** wie verrückt ❷ (*intensity*) Ungestüm *nt*
fuse [fjuːz] I. *n* ❶ Sicherung *f* ❷ *of bomb* Zündvorrichtung *f* ▶ **sb has a short ~** jd wird schnell wütend II. *vi* ❶ BRIT **the lights have ~d** die Sicherungen der Lampen sind durchgebrannt ❷ (*join*) sich vereinigen; **to ~ together** miteinander verschmelzen III. *vt* BRIT die Sicherung einer S. *gen* zum Durchbrennen bringen
fuse box *n* Sicherungskasten *m*
fusion food *n no pl* Fusion Food *f* (*Kombination von Zutaten und Zubereitungsarten aus den Küchen der Welt*)
fuss [fʌs] I. *n* ❶ [übertriebene] Aufregung ❷ (*attention*) [übertriebener] Aufwand, Getue *nt pej;* **to make a ~** einen Aufstand machen; **to make a ~ about sth** um etw *akk* viel Aufhebens machen II. *vi* aufgeregt sein; ■ **to ~ with sth** [hektisch] an etw *dat* herumhantieren III. *vt* ■ **to ~ sb** jdm auf die Nerven gehen; **stop ~ing me!** lass mich doch in Ruhe!
fuss-free *adj* (*fam*) problemlos, unkompliziert
fussy [ˈfʌsi] *adj* ❶ pingelig, mäkelig *pej* ❷ (*overdone*) [zu] verspielt, überladen
futile [ˈfjuːtaɪl] *adj* sinnlos; (*pointless*) nutzlos; **to prove ~** vergebens sein
future [ˈfjuːtʃə'] I. *n usu sing* ❶ Zukunft *f;* **plans for the ~** Zukunftspläne *pl;* **at some point in the ~** irgendwann einmal; **in the near ~** in naher Zukunft ❷ LING **~ tense** Futur *nt;* **to be in the ~ tense** im Futur stehen II. *adj attr* zukünftig; **for ~ reference** zur späteren Verwendung
fuze *n*, *vt* AM *see* **fuse**
fuzz [fʌz] *n no pl* ❶ (*fluff*) Fussel[n] *pl* ❷ (*hair*) Flaum *m* ❸ + *sing/pl vb* BRIT, AM (*sl: police*) ■ **the ~** die Bullen *pl*
fuzzy [ˈfʌzi] *adj* ❶ (*fluffy*) flaumig ❷ (*frizzy*) wuschelig ❸ **my head is so ~** ich bin ganz benommen

Gg

G <pl -'s or -s>, **g** <pl -'s> [dʒiː] n ① G nt, g nt; see also **A** 1 ② MUS G nt, g nt; ~ **flat** Ges nt, ges nt; ~ **sharp** Gis nt, gis nt
Gabon [gæbˈɒn] n Gabun nt
Gabonese [ˌgæbəˈniːz] I. adj gabunisch II. n Gabuner(in) m(f)
gadget [ˈgædʒɪt] n [praktisches] Gerät
gage n, vt AM see **gauge**
gagging [ˈgægɪŋ] pers part **gag** III: ■ **to be ~ for sth** (sl) etw dringend brauchen
gagging order [ˈgægɪŋ-] n (fam) Nachrichtensperre f
gaily [ˈgeɪli] adv ① fröhlich ② (brightly) freundlich; ~ **coloured** farbenfroh
gain [geɪn] I. n ① no pl Zunahme f kein pl; in speed Erhöhung f kein pl; ~ **in weight** Gewichtszunahme f ② (profit) Gewinn m II. vt ① (obtain) gewinnen; access, entry sich dat verschaffen ② ■ **to ~ speed** an Tempo gewinnen III. vi ① zunehmen; prices, numbers [an]steigen ② (profit) profitieren
gala [ˈgɑːlə] n ① Gala f ② BRIT (competition) Sportfest nt
galaxy [ˈgæləksi] n Galaxie f
gale [geɪl] n Sturm m; ~-**force wind** Wind m mit Sturmstärke
gale warning n Sturmwarnung f
gallerist [ˈgælərɪst] n Galerist(in) m(f)
gallery [ˈgælᵊri] n Galerie f
gallon [ˈgælən] n Gallone f; **imperial/US** ~ britische/amerikanische Gallone; ■ ~**s of sth** (fig) Unmengen pl von [o an] etw dat
gallop [ˈgæləp] I. vi galoppieren II. n usu sing Galopp m; **to break into a** ~ in Galopp verfallen
gamble [ˈgæmbl] I. n usu sing Risiko nt; **to take a** ~ ein Risiko eingehen II. vi ① [um Geld] spielen; **to ~ on dogs/horses** auf Hunde/Pferde wetten ② (risk) ■ **to ~ on sth** sich auf etw akk verlassen; ■ **to ~ that ...** sich darauf verlassen, dass ...
gambler [ˈgæmblər] n Spieler(in) m(f)
gambling [ˈgæmblɪŋ] n no pl das Glücksspiel
game¹ [geɪm] I. n Spiel nt; **let's have a ~ of tennis** lass uns Tennis spielen; **what's your ~?** (fig fam) was soll das?; **to play ~s with sb** (fig) mit jdm spielen; ■ ~**s** pl BRIT SCH [Schul]sport m kein pl ▶ **to be on the** ~ BRIT (fam) auf den Strich gehen; **the ~ is up** das Spiel ist aus II. adj bereit
game² [geɪm] n no pl Wild nt; **big** ~ Großwild nt
gammon [ˈgæmən] n no pl BRIT leicht geräucherter Schinken
gang [gæŋ] I. n Gruppe f; of criminals Bande f II. vi ■ **to ~ up** sich zusammentun
gangly <-ier, -iest> [ˈgæŋgli] adj schlaksig
gangster [ˈgæŋ(k)stər] n Gangster(in) m(f)
gangway I. n ① Landungsbrücke f ② BRIT (aisle) [Durch]gang m II. interj (fam) ~! Platz da!
gaol [dʒeɪl] n BRIT (dated) see **jail**
gap [gæp] n ① Lücke f a. fig ② (in time) Pause f ③ (difference) Unterschied m; **age** ~ Altersunterschied m
gape [geɪp] vi glotzen; ■ **to ~ at sb/sth** jdn/etw [mit offenem Mund] anstarren
gaping [ˈgeɪpɪŋ] adj weit geöffnet; wound klaffend; hole gähnend
gapper [ˈgæpər] n (fam) jd, der ein Jahr Auszeit nimmt (oft zwischen Schule und Studienantritt)
gap year n ein freies Jahr, oft zwischen Schule und Studienantritt
garage [ˈgærɑːʒ] I. n ① Garage f ② (repair) [Kfz-]Werkstatt f ③ BRIT (dealer) Autohändler(in) m(f) II. vt in die Garage stellen
garbage [ˈgɑːbɪdʒ] n no pl AM, AUS (rubbish) Müll m a. fig
garbage can n AM, CAN (dustbin) Mülleimer m **garbage chute** n esp AM, CAN (rubbish chute) Müllschlucker m **garbage collector** n AM, CAN (dustman) Müllmann m fam, Kehrichtmann m SCHWEIZ **garbage dump** n AM, CAN (rubbish dump) Mülldeponie f **garbage truck** n AM, AUS, CAN (dustbin lorry) Müllwagen m, Kehrichtwagen f SCHWEIZ
garble [ˈgɑːbl] vt durcheinanderbringen; (deliberately) verdrehen
garden [ˈgɑːdᵊn] I. n Garten m; **back** ~ Garten m hinter dem Haus; **front** ~ Vorgarten m; ■ ~**s** pl Gartenanlage f, Gärten pl II. vi im Garten arbeiten
gardener [ˈgɑːdᵊnər] n Gärtner(in) m(f)
gardening [ˈgɑːdᵊnɪŋ] n no pl Gartenarbeit f; (discipline) Gartenpflege f; ~ **tools** Gartengeräte pl
garden party n [großes] Gartenfest
gargle [ˈgɑːgl] I. vi gurgeln II. n no pl Gur-

geln *nt*

garlic ['gɑːlɪk] *n no pl* Knoblauch *m*

garment ['gɑːmənt] *n* Kleidungsstück *nt*

garrulity [gæˈruːləti] *n no pl* Schwatzhaftigkeit *f pej*, Redseligkeit *f*; (*wordiness*) Langatmigkeit *f*

gas [gæs] **I.** *n* <*pl* -es *or* -sses> ❶ Gas *nt*; **natural** ~ Erdgas *nt* ❷ *no pl* Am (*fam*: *petrol*) Benzin *nt*; **to get** ~ tanken **II.** *vt* <-ss-> vergasen **III.** *vi* <-ss-> (*fam*) quatschen

gas cooker *n* Brit Gasherd *m*; (*smaller*) Gaskocher *m*

gaseous ['gæsiəs] *adj* gasförmig

gas fire *n* Brit Gasofen *m* **gas fitter** *n* Brit Gasinstallateur(in) *m(f)*

gash [gæʃ] **I.** *n* <*pl* -es> (*injury*) [tiefe] Schnittwunde; (*tear*) [tiefer] Schlitz **II.** *vt* aufschlitzen; ▪**to** ~ **sth open** *leg, arm* sich *dat* etw aufreißen; *head, knee, elbow* sich *dat* etw aufschlagen

gas heat *n* Am *see* **gas heating gas heating** *n no pl* [zentrale] Gasheizung **gasman** *n* Brit (*fam*) Gasableser(in) *m(f)* **gas mask** *n* Gasmaske *f* **gas meter** *n* Gaszähler *m*

gasoline ['gæsᵊliːn] *n* Am Benzin *nt*; ~ **tax** Kraftstoffsteuer *f*

gasp [gɑːsp] **I.** *vi* ❶ (*pant*) keuchen; (*inhale*) tief einatmen ❷ (*speak*) nach Luft ringen ❸ Brit (*fam*) ▪**to be** ~**ing for sth** großes Verlangen nach etw *dat* haben; **I'm** ~**ing!** ich verdurste/will eine Zigarette! **II.** *n* **he gave a** ~ **of amazement** ihm blieb vor Überraschung die Luft weg

gas pipe *n* Gasleitung *f* **gas pump** *n* Am Zapfsäule *f* **gas ring** *n* Brit Gaskocher *m* **gas station** *n* Am Tankstelle *f* **gas station operator** *n* Am, Can Tankwart(in) *m(f)* **gas stove** *n* Gasherd *m*; (*smaller*) Gaskocher *m*

gassy ['gæsi] *adj* kohlensäurehaltig

gastroenteritis [ˌgæstrəʊˌentəˈraɪtɪs] *n no pl* MED Magen-Darm-Katarrh *m*

gasworks *n* + *sing vb* Gaswerk *nt*

gate [geɪt] *n* ❶ Tor *nt*; (*at airport*) Flugsteig *m*, Gate *nt*; (*to garden, courtyard*) Pforte *f* ❷ (*spectators*) Zuschauerzahl *f* ❸ *no pl* (*money*) Einnahmen *pl*

gatecrash *vt* (*fam*) ▪**to** ~ **sb's party** bei jdm [he]reinplatzen *fam* **gatecrasher** *n* (*fam*) un[ein]geladener Gast **gatekeeper** *n* Pförtner(in) *m(f)* **gate money** *n no pl* Brit, Aus Einnahmen *pl* (*aus Eintrittskartenverkäufen*) **gatepost** *n* Torpfosten *m*

▶**between** you, me[,] **and the** ~ unter uns [gesagt] **gateway** *n* ❶ Eingangstor *nt* ❷ (*fig*) Tor *nt*

gather ['gæðəʳ] **I.** *vt* ❶ (*collect*) sammeln; **we** ~**ed our things together** wir suchten unsere Sachen zusammen ❷ (*hold*) **to** ~ **sb in one's arms** jdn in die Arme nehmen ❸ (*pleat*) kräuseln ❹ (*gain*) **to** ~ **momentum** in Fahrt kommen; **to** ~ **speed** schneller werden ❺ (*understand*) verstehen **II.** *vi* sich sammeln; *crowd* sich versammeln

gathering ['gæðᵊrɪŋ] **I.** *n* Versammlung *f*; **family** ~ Familientreffen *nt* **II.** *adj clouds, storm* heraufziehend; *darkness* zunehmend

gauge [geɪdʒ] **I.** *n* ❶ (*meter*) Messgerät *nt* ❷ (*bore*) Durchmesser *m* ❸ RAIL Spurweite *f* **II.** *vt* ❶ (*measure*) messen ❷ (*judge*) beurteilen; (*estimate*) [ab]schätzen

gauntlet ['gɔːntlət] *n* [Stulpen]handschuh *m* ▶**to** run **the** ~ Spießruten laufen

gauze [gɔːz] *n no pl* Gaze *f*

gave [geɪv] *pt of* **give**

gawk [gɔːk] *vi*, **gawp** [gɔːp] *vi* (*fam*) glotzen; ▪**to** ~ **at sb/sth** jdn/etw anglotzen

gawky ['gɔːki] *adj* schlaksig, linkisch, unbeholfen

gawp [gɔːp] Brit **I.** *n* (*fam*) langer Blick **II.** *vi* (*fam*) glotzen; ▪**to** ~ **at sb** jdn anglotzen

gay [geɪ] *adj* schwul, gay; ~ **bar** Schwulenlokal *nt*; ~ **scene** Schwulenszene *f*

gaze [geɪz] **I.** *vi* starren; ▪**to** ~ **at sb/sth** jdn/etw anstarren **II.** *n* Blick *m*

GB[1] [ˌdʒiːˈbiː] *n no pl abbrev of* **Great Britain** GB

GB[2] [ˌdʒiːˈbiː] *n* <*pl* -> *abbrev of* **Gigabyte** GB *nt*

GCHQ [ˌdʒiːsiːeɪtʃˈkjuː] *n* Brit *abbrev of* **Government Communications Headquarters** Zentrale des britischen Nachrichtendienstes

Gdns *abbrev of* **Gardens** bei Adressenangaben, z.B.: 25 Egerton Gdns

GDR [ˌdʒiːdiːˈɑːʳ] *n* (*hist*) *abbrev of* **German Democratic Republic** DDR *f*

gear [gɪəʳ] **I.** *n* ❶ Gang *m*; **to change** [*or* Am **shift**] ~**s** schalten; ▪ ~**s** *pl* Getriebe *nt*; *of bicycle* Gangschaltung *f* ❷ *no pl* (*fig*) **to step up a** ~ einen Gang zulegen ❸ *no pl* (*equipment*) Ausrüstung *f*; (*clothes*) Kleidung *f* **II.** *vt* ausrichten (**to** auf)

gearbox *n* Getriebe *nt* **gearshift** *n* Am *see* **gear stick gear stick** *n* Schalthebel *m*, Schaltknüppel *m*

geese [giːs] *n pl of* **goose**
Geiger counter ['gaɪgə,-] *n* Geigerzähler *m*
gem [dʒem] *n* Edelstein *m*; (*fig*) ~ **of a car/house** klasses Auto/prunkvolles Haus
Gemini ['dʒemɪnaɪ, -niː] *n* ASTROL Zwillinge *pl*
gen [dʒen] BRIT **I.** *n no pl* (*sl*) Informationen *pl* **II.** *vi* <-nn-> (*sl*) ■ **to** ~ **up on sth** sich über etw *akk* informieren
gender ['dʒendə^r] *n* Geschlecht *nt*
gender-bending ['dʒendəbendɪŋ] *adj attr* (*fam*) hormonell wirksam; ~ **hormones** sich auf die Geschlechtsmerkmale auswirkende Hormone
gendered ['dʒendəd] *adj* geschlechtsspezifisch
gender stereotyping [-'steriə(ʊ)taɪpɪŋ] *n no pl* geschlechtspezifische Rollenverteilung
gene [dʒiːn] *n* Gen *nt*
general ['dʒen^ər^əl] **I.** *adj* allgemein; ~ **idea** ungefähre Vorstellung; ~ **impression** Gesamteindruck *m*; ~ **meeting** Vollversammlung *f*; **as a** ~ **rule** im Allgemeinen **II.** *n* General(in) *m(f)*
general anaesthetic *n no pl* Vollnarkose *f* **General Assembly** *n no pl* [UNO-]Vollversammlung *f* **general delivery** *n no pl* AM ■ "~" „postlagernd" **general director** *n* Generaldirektor(in) *m(f)* **general election** *n* Parlamentswahlen *pl*
generalize ['dʒen^ər^əlaɪz] *vi, vt* ■ **to** ~ [**about sth**] [etw] verallgemeinern
generally ['dʒen^ər^əli] *adv* ① (*usually*) normalerweise, im Allgemeinen ② **to be** ~ **available** der Allgemeinheit zugänglich sein; ~ **speaking** im Allgemeinen
general manager *n* Geschäftsführer(in) *m(f)* **General Post Office** *n* Hauptpost *f* **general practitioner** *n* Arzt , Ärztin *m, f* für Allgemeinmedizin, praktischer Arzt/praktische Ärztin **general store** *n* AM Gemischtwarenladen *m* **general strike** *n* Generalstreik *m* **general view** *n no pl* ■ **the** ~ die allgemein verbreitete Meinung
generate ['dʒen^əreɪt] *vt* erzeugen; *controversy, enthusiasm* hervorrufen
generation [,dʒenə'reɪʃ^ən] *n* Generation *f*
generator ['dʒen^əreɪtə^r] *n* Generator *m*; (*fig*) ~ **of new ideas** Ideenlieferant(in) *m(f)*
generous ['dʒen^ərəs] *adj* großzügig
gene therapy *n usu sing* Gentherapie *f*
genetic [dʒə'netɪk] *adj* genetisch; ~ **disease** Erbkrankheit *f*
genetic bottleneck *n* BIOL genetischer Engpass
geneticist [dʒə'netɪsɪst] *n* Genetiker(in) *m(f)*
Geneva [dʒə'niːvə] *n* Genf *nt*
Geneva Convention ['dʒəniːvə-] *n* ■ **the** ~ die Genfer Konvention
genitalia [,dʒenɪ'teɪliə] *npl*, **genitals** ['dʒenɪt^əlz] *npl* Geschlechtsorgane *pl*
genitive ['dʒenɪtɪv] *n* Genitiv *m*; **to be in the** ~ im Genitiv stehen; ~ **case** Genitiv *m*
genius <*pl* -es *or* -nii> ['dʒiːniəs, *pl* niaɪ] *n* ① Genie *nt* ② **to have a** ~ **for sth** eine [besondere] Gabe für etw *akk* haben
genocide ['dʒenəsaɪd] *n no pl* Völkermord *m*
gent [dʒent] *n* (*hum fam*) *short for* **gentleman** Gentleman *m*
gentle ['dʒentl] *adj* sanft; (*loving*) zart; ~ **exercise** leichte sportliche Betätigung; ■ **to be** ~ **with sb** behutsam mit jdm umgehen
gentleman ['dʒentlmən] *n* ① Gentleman *m*; **a perfect** ~ ein wahrer Gentleman ② (*man*) Herr *m*; **ladies and gentlemen** (*to audience*) meine Damen und Herren; ~**'s club** Herrenklub *m*
gentleness ['dʒentlnəs] *n no pl* Sanftheit *f*
genuine ['dʒenjuɪn] *adj* ① (*real*) echt ② (*sincere*) ehrlich
genus <*pl* -nera> ['dʒenəs, *pl* -^ərə] *n* BIOL Gattung *f*
geographer [dʒiː'ɒgrəfə^r] *n* Geograph(in) *m(f)*
geographic(al) [,dʒiːə(ʊ)'græfɪk(^əl)] *adj* geographisch
Geographic Information System *n* Geographisches Informationssystem *nt*
geography [dʒiː'ɒgrəfi, 'dʒɒg-] *n no pl* Geographie *f*; SCH Erdkunde *f*; **physical/political** ~ Geophysik/-politik *f*
geological [,dʒiːə(ʊ)'lɒdʒɪk^əl] *adj* geologisch
geologist [dʒiː'ɒlədʒɪst] *n* Geologe(in) *m(f)*
geology [dʒiː'ɒlədʒi] *n no pl* Geologie *f*
geometric(al) [,dʒiːə(ʊ)'metrɪk(^əl)] *adj* geometrisch
geometry [dʒiː'ɒmɪtri] *n no pl* Geometrie *f*
germ [dʒɜːm] *n* Keim *m*, Bakterie *f*; **to spread** ~**s** Keime verbreiten
German ['dʒɜːmən] **I.** *n* ① Deutsche(r) *f(m)* ② *no pl* (*language*) Deutsch *nt* **II.** *adj*

deutsch
Germanic [dʒəˈmænɪk] *adj* [indo]germanisch
German measles *n* + *sing vb* Röteln *pl*
German shepherd *n* Schäferhund *m*
Germany [ˈdʒɜːməni] *n* Deutschland
germ-free *adj* keimfrei; (*sterile*) steril
germinate [ˈdʒɜːmɪneɪt] **I.** *vi* keimen **II.** *vt* zum Keimen bringen
germination [ˌdʒɜːmɪˈneɪʃən] *n no pl* Keimen *nt*
germ warfare *n* Bakterienkrieg *m*
gerund [ˈdʒerənd] *n* LING Gerundium *nt*
gestation [dʒesˈteɪʃən] *n no pl* Schwangerschaft *f*; *of animals* Trächtigkeit *f*; (*fig*) Reifwerden *nt*
gesticulate [dʒesˈtɪkjəleɪt] *vi* (*form*) gestikulieren
gesture [ˈdʒestʃər] **I.** *n* Geste *f*; **a ~ of defiance** eine trotzige Geste **II.** *vi* deuten (**to** auf)
get <got, got *or* AM *usu* gotten> [get] **I.** *vt* ❶ (*obtain*) erhalten; **to ~ time off** frei bekommen ❷ (*receive*) bekommen ❸ (*experience*) erleben; **we don't ~ much snow here** hier schneit es nicht sehr viel; **I got quite a surprise** ich war ganz schön überrascht ❹ (*deliver*) ■**to ~ sth to sb** jdm etw bringen ❺ (*fam: contract*) sich *dat* holen; **to ~ the flu** sich *dat* die Grippe einfangen ❻ (*fetch*) **can I ~ you a drink?** möchtest du was trinken? ❼ **to ~ a train** einen Zug nehmen; (*catch*) einen Zug erwischen *fam* ❽ (*earn*) verdienen ❾ (*fam: answer*) **to ~ the door** aufmachen; **to ~ the telephone** ans Telefon gehen ❿ (*induce*) ■**to ~ sb/sth to do sth** jdn/etw dazu bringen, etw zu tun ⓫ + *pp* (*cause to be*) **to ~ sth confused** etw verwechseln; **to ~ sth finished** etw fertig machen ⓬ (*transfer*) ■**to ~ sb/sth somewhere** jdn/etw irgendwohin bringen ⓭ (*understand*) verstehen; **to ~ the message** [es] kapieren **II.** *vi* ❶ + *adj* (*become*) werden; **~ well soon!** gute Besserung!; **to ~ used to sth** sich an etw *akk* gewöhnen ❷ + *adv* (*reach*) kommen ❸ + *adv* (*progress*) **to ~ nowhere** es nicht weit bringen ❹ (*have chance*) ■**to ~ to do sth** die Möglichkeit haben, etw zu tun ❺ (*must*) ■**to have got to do sth** etw machen müssen ◆**get about** *vi* herumkommen ◆**get across** *vt* verständlich machen ◆**get ahead** *vi* vorwärtskommen ◆**get along** *vi* ❶ *see* **get on** II 1, 2 ❷ (*hurry*) weitermachen ◆**get around** *vi* ❶ *see* **get round** I ❷ *see* **get about** ◆**get at** *vi* ❶ (*fam: imply*) ■**to ~ at sth** auf etw *akk* hinauswollen *fam* ❷ BRIT, AUS (*fam: criticize*) ■**to ~ at sb** jdn kritisieren ❸ (*reach*) ■**to ~ at sth** an etw *akk* rankommen *fam* ◆**get away** *vi* ❶ (*leave*) fortkommen, wegkommen ❷ (*escape*) ■**to ~ away [from sb/sth]** [vor jdm] flüchten, jdm/etw entkommen ❸ (*fam*) **~ away [with you]!** ach, hör auf! ❹ (*succeed*) ■**to ~ away with sth** mit etw *dat* durchkommen ◆**get back I.** *vt* zurückholen; *strength* zurückgewinnen **II.** *vi* ❶ (*return*) zurückkommen ❷ ■**to ~ back into sth** wieder mit etw *dat* beginnen ◆**get behind** *vi* ❶ (*support*) unterstützen ❷ (*be late*) in Rückstand geraten ◆**get by** *vi* ■**to ~ by [on/with sth]** [mit etw *dat*] auskommen ◆**get down I.** *vt* ❶ (*remove*) runternehmen (**from/off** von) ❷ (*depress*) fertigmachen **II.** *vi* ❶ (*descend*) herunterkommen (**from/off** von) ❷ (*bend down*) sich runterbeugen ◆**get in I.** *vt* ❶ hereinholen ❷ *word* einwerfen ❸ (*fam: find time for*) reinschieben **II.** *vi* ❶ hineingehen ❷ (*arrive*) ankommen ❸ (*become elected*) an die Macht kommen ◆**get into** *vi* ❶ ■**to ~ into sth** in etw *akk* [ein]steigen ❷ (*be interested*) ■**to ~ into sb/sth** sich für jdn/etw interessieren ❸ (*affect*) **what's got into you?** was ist in dich gefahren? ◆**get off I.** *vi* ❶ (*exit*) aussteigen ❷ (*dismount*) absteigen ❸ (*sleep*) **to ~ off [to sleep]** einschlafen ❹ (*unscathed*) davonkommen **II.** *vt* ❶ (*send*) versenden ❷ (*remove*) nehmen von ❸ (*to sleep*) in den Schlaf wiegen ❹ LAW freibekommen ◆**get on I.** *vt* ❶ anziehen; *hat* aufsetzen ❷ **to ~ it on [with sb]** (*sl*) etwas mit jdm haben **II.** *vi* ❶ (*be friends*) sich verstehen ❷ BRIT (*manage*) vorankommen ❸ (*age*) alt werden; **to be ~ting on in years** an Jahren zunehmen ◆**get out I.** *vi* ❶ *news* herauskommen ❷ AM **~ out [of here]!** ach komm! **II.** *vt* ❶ (*fetch*) herausbringen (**of** aus) ❷ (*remove*) herausbekommen ◆**get over I.** *vi* ❶ ■**to ~ over sb/sth** über jdn/etw hinwegkommen ❷ ■**to ~ sth over [with]** etw hinter sich *akk* bringen **II.** *vt idea* rüberbringen ◆**get round I.** *vt* ❶ *news* sich verbreiten ❷ (*do*) ■**to ~ round to [doing] sth** es schaffen, etw zu tun **II.** *vt* ❶ (*evade*) *the law* umgehen ❷ BRIT

(*persuade*) ■ **to ~ round sb to do sth** jdn dazu bringen, etw zu tun ◆ **get through** I. *vi* ❶ (*make understood*) ■ **to ~ through to sb that/how ...** jdm klarmachen, dass/wie ... ❷ *on phone* zu jdm durchkommen II. *vt* ❶ (*use up*) aufbrauchen ❷ (*finish*) erledigen ❸ (*survive*) überstehen ◆ **get together** I. *vi* sich treffen II. *vt* **to ~ it together** es zu etwas bringen ◆ **get up** I. *vt* ❶ (*climb*) hinaufsteigen ❷ (*organize*) zusammenstellen II. *vi* ❶ aufstehen ❷ BRIT *wind* auffrischen

getaway *n* (*fam*) ❶ Flucht *f*; **to make a ~** entwischen ❷ (*trip*) Trip *m*

getaway car *n* Fluchtauto *nt*

get-together *n* (*fam*) Treffen *nt*

get-up *n* (*fam*) Kluft *f*

ghastly ['gɑːstli] *adj* ❶ (*fam: frightful*) schrecklich, fürchterlich ❷ (*unpleasant, unwell*) grässlich, scheußlich

Ghent [gent] *n* Gent *nt*

gherkin ['gɜːkɪn] *n* Essiggurke *f*

ghetto ['getəʊ] *n* <*pl* -s *or* -es> G[h]etto *nt*

ghost [gəʊst] *n* Geist *m*; **~ of the past** Gespenst *nt* der Vergangenheit ▶ **to give up the ~** den Geist aufgeben

ghostly ['gəʊstli] *adj* ❶ geisterhaft ❷ (*eerie*) gespenstisch

ghost story *n* Gespenstergeschichte *f*

GI [ˌdʒiːˈaɪ] *n* (*fam*) GI *m*

giant ['dʒaɪənt] I. *n* Riese *m* a. *fig;* **industrial ~s** Industriegiganten II. *adj* riesig; **to make ~ strides** große Fortschritte machen

Gibraltar [dʒɪˈbrɒltəʳ] *n* Gibraltar *nt*

giddily ['gɪdɪli] *adv* ❶ (*dizzily*) benommen ❷ (*frivolously*) leichtfertig

giddiness ['gɪdɪnəs] *n no pl* Schwindelgefühl *nt*

giddy ['gɪdi] *adj* schwind[e]lig

gift [gɪft] *n* ❶ Geschenk *nt* a. *fig* ❷ (*donation*) Spende *f* ❸ (*talent*) Talent *nt*

gifted ['gɪftɪd] *adj* begabt; (*artistic*) begnadet

gift shop *n* Geschenkartikelladen *m* **gift token** *n*, **gift voucher** *n* Geschenkgutschein *m*

gig [gɪg] I. *n* Gig *m* II. *vi* <-gg-> auftreten

gigantic [dʒaɪˈgæntɪk] *adj* gigantisch; **~ bite** Riesenbissen *m*

giggle ['gɪgl] I. *vi* kichern (**at** über) II. *n* ❶ Gekicher *nt kein pl;* **to get/have [a fit of] the ~s** einen Lachanfall bekommen ❷ *no pl* BRIT, AUS (*fam*) **to do sth for a ~** etw zum Spaß machen

gimmick ['gɪmɪk] *n* ❶ (*trick*) Trick *m* ❷ (*attraction*) Attraktion *f*

gimmicky ['gɪmɪki] *adj* marktschreierisch

gin [dʒɪn] *n* Gin *m*

ginger ['dʒɪndʒəʳ] I. *n no pl* ❶ Ingwer *m* ❷ (*colour*) gelbliches Braun II. *adj* gelblich braun

gingerbread *n no pl* Lebkuchen *m* **gingerhaired** *adj* dunkelblond

gingerly ['dʒɪndʒəli] *adv* behutsam

ginger nut *n* BRIT, AUS, *esp* AM **ginger snap** *n* Ingwerkeks *m* o ÖSTERR a. *nt*

gipsy *n esp* BRIT *see* **gypsy**

giraffe [dʒɪˈrɑːf] *n* Giraffe *f*

girl [gɜːl] *n* Mädchen *nt*

girlfriend *n* Freundin *f* **Girl Guide** *n* BRIT (*dated*) Pfadfinderin *f*

girlhood ['gɜːlhʊd] *n no pl* (*dated*) Mädchenjahre *pl*

girlie ['gɜːli], **girlish** ['gɜːlɪʃ] *adj* mädchenhaft

Girl Scout *n* Pfadfinderin *f*

girly ['gɜːli] *adj see* **girlie**

giro account *n* Girokonto *nt*

GIS [ˌdʒiːaɪˈes] *n abbrev of* **geographic information system** GIS *nt*

gist [dʒɪst] *n* ■ **the ~** das Wesentliche; **to get the ~ of sth** den Sinn von etw *dat* verstehen

give [gɪv] I. *vt* <gave, given> ❶ ■ **to ~ sb sth** jdm etw geben; (*as present*) jdm etw schenken; (*donate*) jdm etw spenden; **~n the choice** wenn ich die Wahl hätte; **what gave you that idea?** wie kommst du denn auf die Idee?; **to ~ sb a cold** jdn mit seiner Erkältung anstecken; **to ~ sb his/her due** jdm Ehre erweisen; **to ~ sb encouragement** jdn ermutigen; **to be ~n to life imprisonment** lebenslang bekommen ❷ (*emit*) **to ~ a bark/cry/groan** bellen/aufschreien/aufstöhnen ❸ (*produce*) *result, number* ergeben; *warmth* spenden ❹ (*do*) **to ~ one's best** sein Bestes geben; **to ~ sb a [dirty] look** jdm einen vernichtenden Blick zuwerfen ❺ (*admit*) **I'll ~ you that** das muss man dir lassen ❻ ■ **to be ~n to sth** zu etw *dat* neigen II. *vi* <gave, given> ❶ (*donate*) spenden (**to** für) ❷ (*yield*) nachgeben; *bed* federn III. *n no pl* Nachgiebigkeit *f*; **to [not] have much ~** [nicht] sehr nachgeben ◆ **give away** *vt* ❶ *freebie* verschenken ❷ *bride* zum Altar führen ❸ (*reveal*) **to ~ the game away** alles verraten ◆ **give back** *vt* zurückgeben (to +*dat*) ◆**give in** I. *vi* ❶ (*yield*) nachgeben (to +*dat*); **to ~ in to blackmail** auf Erpressung eingehen; **to ~ in to temptation** der Versuchung erliegen ❷ (*surrender*) aufgeben II. *vt* abgeben; *document* einreichen ◆**give off** *vt* abgeben; *smell, smoke* ausströmen ◆**give out** I. *vi* ❶ (*run out*) ausgehen; *energy* zu Ende gehen ❷ (*fail*) versagen II. *vt* ❶ (*distribute*) verteilen (**to** an) ❷ (*announce*) verkünden ◆**give over** I. *vt* ❶ ■**to ~ sth over [to sb]** [jdm] etw übergeben ❷ ■**to be ~n over to sth** für etw *akk* beansprucht werden; ■**to ~ oneself over to sth** sich etw ganz hingeben II. *vi* Brit (*fam*) ❶ (*stop*) aufhören ❷ (*doubt*) **they've doubled your salary? ~ over!** sie haben wirklich dein Gehalt verdoppelt?! ◆**give up** I. *vi* aufgeben II. *vt* ❶ (*quit*) aufgeben; *habit* ablegen; ■**to ~ up doing sth** mit etw *dat* aufhören ❷ (*surrender*) ■**to ~ up sth to sb** jdm etw überlassen; **to ~ oneself up [to the police]** sich [der Polizei] stellen ❸ (*devote*) ■**to ~ oneself up to sth** sich etw *dat* hingeben

give-and-take *n no pl* ❶ Geben und Nehmen *nt* ❷ Am (*debate*) Meinungsaustausch *m*

giveaway I. *n* ❶ *no pl* (*fam: telltale*) **to be a dead ~** alles verraten ❷ (*freebie*) Werbegeschenk *nt* II. *adj* (*low*) **~ price** Schleuderpreis *m*

given ['gɪvən] I. *n* gegebene Tatsache; **to take sth as a ~** etw als gegeben annehmen II. *adj* ❶ (*certain*) gegeben ❷ (*specified*) festgelegt ❸ (*tend*) ■**to be ~ to doing sth** gewöhnt sein, etw zu tun, zu etw *dat* neigen III. *pp of* **give** IV. *prep* ■**~ sth** angesichts einer S. *gen*

giver ['gɪvəʳ] *n* Spender(in) *m(f)*

glacial ['gleɪsiəl] *adj* ❶ glazial; **~ lake** Gletschersee *m* ❷ (*freezing*) eisig *a. fig*

glacier ['glæsiəʳ] *n* Gletscher *m*

glad <-dd-> [glæd] *adj pred* froh; **to be ~ about sth** sich über etw *akk* freuen; ■**to be ~ for sb** sich für jdn freuen

gladly ['glædli] *adv* gern[e]

glamorous ['glæmərəs] *adj* glamourös

glance [glɑːn(t)s] I. *n* Blick *m*; **at first ~** auf den ersten Blick; **to see at a ~** mit einem Blick erfassen II. *vi* ■**to ~ at sth** auf etw *akk* schauen; ■**to ~ up [from sth]** [von etw *dat*] aufblicken ◆**glance off** *vi* abprallen

glare [gleəʳ] I. *n* ❶ (*look*) wütender Blick ❷ *no pl* (*light*) grelles Licht; **~ of the sun** grelles Sonnenlicht II. *vi* ❶ (*look*) ■**to ~ [at sb]** [jdn an]starren ❷ (*shine*) blenden; **the sun is glaring in my eyes** die Sonne blendet mich in den Augen

glaring ['gleərɪŋ] *adj* ❶ (*staring*) stechend ❷ (*blinding*) blendend; *light* grell ❸ *mistake* eklatant

glass [glɑːs] *n* ❶ *no pl* Glas *nt;* **pane of ~** Glasscheibe *f;* **broken ~** Glasscherben *pl* ❷ (*cup*) Glas *nt;* **a ~ of water** ein Glas *nt* Wasser ❸ *pl* (*spectacles*) [**a pair of**] **~es** eine Brille; **to wear ~es** eine Brille tragen

glass fibre *n* Glasfasern *pl*

glassful *n* Glas *nt* voll

glasshouse *n* Gewächshaus *nt*

glaze [gleɪz] I. *n* Glasur *f* II. *vt* ❶ glasieren ❷ *window* verglasen III. *vi* ■**to ~ [over]** *eyes* glasig werden

glazier ['gleɪziəʳ] *n* Glaser(in) *m(f)*

gleam [gliːm] I. *n* Schimmer *m* II. *vi* schimmern

glee [gliː] *n no pl* Entzücken *nt*

gleeful ['gliːfəl] *adj* ausgelassen

glide [glaɪd] I. *vi* ❶ hingleiten ❷ (*fly*) gleiten II. *n* Gleiten *nt kein pl*

glider ['glaɪdəʳ] *n* Segelflugzeug *nt*

glider pilot *n* Segelflieger(in) *m(f)*

gliding ['glaɪdɪŋ] *n no pl* Segelfliegen *nt;* **to take sb ~** mit jdm Segelfliegen gehen

gliding club *n* Segelflugverein *m*

glimmer ['glɪməʳ] I. *vi* schimmern II. *n* Schimmer *m kein pl;* **~ of hope/light** Hoffnungs-/Lichtschimmer *m*

glimpse [glɪm(p)s] I. *vt* flüchtig sehen II. *n* [kurzer/flüchtiger] Blick

glint [glɪnt] I. *vi* glitzern II. *n* Glitzern *nt*

glisten ['glɪsən] *vi* glitzern, glänzen

glitter ['glɪtəʳ] I. *vi* glitzern; *eyes* funkeln ▶ **all that ~s is not gold** (*prov*) es ist nicht alles Gold, was glänzt II. *n no pl* ❶ (*sparkling*) Glitzern *nt;* (*fig*) Prunk *m* ❷ (*tinsel*) Glitzerwerk *n*

glittering ['glɪtərɪŋ] *adj* ❶ (*sparkling*) glitzernd ❷ (*impressive*) glanzvoll ❸ (*appealing*) prächtig

glitzy ['glɪtsi] *adj* glanzvoll

gloat [gləʊt] I. *vi* sich hämisch freuen; ■**to ~ over sth** sich an etw *dat* weiden II. *n* **to have a ~ [over sth]** seine Schadenfreude über etw *akk* zeigen

global ['gləʊbəl] *adj* ❶ global ❷ (*entire*) umfassend ▶ **to go ~** (*fam*) auf den Weltmarkt vorstoßen, weltweit Bedeutung erlangen

globalization [ˌgləʊbəlaɪˈzeɪʃən] *n no pl* Globalisierung *f*

globe [gləʊb] *n* ❶ ■ **the ~** die Erde; **to circle the ~** die Welt umreisen ❷ (*map*) Globus *m*

globetrotter *n* Globetrotter(in) *m/f*

globocop [ˈgləʊbəʊkɒp] *n* Weltpolizist(in) *m/f*

gloom [gluːm] *n no pl* ❶ Düsterheit *f*; **to emerge from the ~** aus dem Dunkel auftauchen ❷ (*depression*) Hoffnungslosigkeit *f*

gloomy [ˈgluːmi] *adj* ❶ düster ❷ (*dismal*) trostlos; *thoughts* trübe; ■ **to be ~ about sth** für etw *akk* schwarzsehen

glorious [ˈglɔːriəs] *adj* ❶ glorreich ❷ (*splendid*) prachtvoll

glory [ˈglɔːri] *n* ❶ *no pl* (*honour*) Ruhm *m*; **~ days** Blütezeit *f* ❷ (*splendour*) Herrlichkeit *f*, Pracht *f* ❸ *no pl* REL Ehre *f*; **~ to God in the highest** Ehre sei Gott in der Höhe ▶ **~ be!** Gott sei Dank!

glossy [ˈglɒsi] **I.** *adj* glänzend; **~ magazine/paper** Hochglanzmagazin/-papier *nt* **II.** *n* ❶ Hochglanzmagazin *nt* ❷ AM, AUS (*picture*) [Hoch]glanzabzug *m*

glove [glʌv] *n usu pl* Handschuh *m*; **rubber/woollen ~s** Gummi-/Wollhandschuhe *pl*; **a pair of ~s** ein Paar *nt* Handschuhe; **to fit like a ~** wie angegossen passen

glove compartment *n* Handschuhfach *nt*

glow [gləʊ] **I.** *n no pl* Leuchten *nt*; *of lamp, sun* Scheinen *nt*; *of cigarette, sunset* Glühen *nt* **II.** *vi* ❶ leuchten ❷ (*red hot*) glühen

glower [ˈglaʊəʳ] **I.** *vi* verärgert aussehen; ■ **to ~ at sb** jdn zornig anstarren **II.** *n* finsterer Blick

glucose [ˈgluːkəʊs] *n no pl* Traubenzucker *m*

glue [gluː] **I.** *n* Klebstoff *m* **II.** *vt* kleben; ■ **to ~ sth on** etw ankleben; ■ **to ~ sth together** etw zusammenkleben

glue stick *n* Klebestift *m*

glum <-mm-> [glʌm] *adj* niedergeschlagen; *expression* mürrisch

GM¹ [ˌdʒiːˈem] *adj* BRIT SCH *abbrev of* **grant-maintained** öffentlich bezuschusst

GM² [ˌdʒiːˈem] *n* ECON *abbrev of* **general manager** Hauptgeschäftsführer(in) *m/f*

GM³ [ˌdʒiːˈem] *adj abbrev of* **genetically modified** gentechnisch behandelt

GMO [ˌdʒiːemˈəʊ] *n abbrev of* **genetically modified organism** gentechnisch veränderter Organismus

gnashers [ˈnæʃəz] *npl* BRIT (*fam: teeth*) Kauwerkzeuge *pl*

gnaw [nɔː] **I.** *vi* nagen *a. fig* (**on/[away] at an**) **II.** *vt* ❶ ■ **to ~ sth** an etw *dat* kauen ❷ (*fig*) **to be ~ed by guilt** von Schuld geplagt sein

gnawing [ˈnɔːɪŋ] **I.** *adj* nagend **II.** *n no pl* Nagen *nt*

go [gəʊ] **I.** *vi* <goes, went, gone> ❶ (*proceed*) gehen; *vehicle* fahren; *plane* fliegen; **you ~ first!** geh du zuerst!; ■ **to ~ towards sb/sth** auf jdn/etw zugehen; **to ~ home** nach Hause gehen ❷ (*travel*) reisen; **to ~ by bike** mit dem Fahrrad fahren; **to ~ on a cruise** eine Kreuzfahrt machen; **to ~ on [a] holiday** in Urlaub gehen; **to ~ to Italy** nach Italien fahren; **last year I went to Spain** letztes Jahr war ich in Spanien; **to ~ on a journey** [*or* **trip**] verreisen, eine Reise machen; **to ~ by plane** fliegen; **to ~ abroad** ins Ausland gehen ❸ (*disappear*) verschwinden; **where have my keys ~ne?** wo sind meine Schlüssel hin?; **my toothache's ~ne!** meine Zahnschmerzen sind weg!; **to ~ missing** verschwinden ❹ (*leave*) gehen; **the bus has ~ne** der Bus ist schon weg; **let's ~!** los jetzt!; **to let ~ of sth/sb** etw/jdn loslassen ❺ (*do*) **to ~ looking for sb/sth** jdn/etw suchen gehen ❻ (*attend*) **to ~ to church/a concert** in die Kirche/ins Konzert gehen; **to ~ to the doctor** zum Arzt gehen ❼ (*answer*) **I'll ~** (*phone*) ich geh ran ❽ + *adj* (*become*) werden; **the line has ~ne dead** die Leitung ist tot; **the milk's ~ne sour** die Milch ist sauer; **I went cold** mir wurde kalt; **to ~ to sleep** einschlafen ❾ + *adj* (*be*) **to ~ hungry/thirsty** hungern/dursten ❿ (*turn out*) **how did your party ~?** und, wie war deine Party?; **how's your thesis ~ing?** was macht deine Doktorarbeit?; **how are things ~ing?** und, wie läuft's?; **things have ~ne well** es ist gut gelaufen; **to ~ according to plan** nach Plan laufen; **to ~ from bad to worse** vom Regen in die Traufe kommen; **to ~ wrong** schieflaufen ⓫ (*pass*) vergehen; **only two days to ~** nur noch zwei Tage ⓬ (*begin*) **one, two, three, ~!** eins, zwei, drei, los!; **here ~es!** jetzt geht's los! ⓭ (*belong*) hingehören;

where do you want that to ~? wo soll das hin? ⓬ (*be awarded*) ■to ~ to sb an jdn gehen; *property* auf jdn übergehen ⓯ (*extend*) gehen; **the meadow ~es down to the stream** die Weide erstreckt sich bis hinunter zum Bach ⓰ (*function*) *watch* gehen; **to get sth ~ing** etw in Gang bringen; **come on! keep ~ing!** ja, weiter!; **to keep a fire ~ing** ein Feuer am Brennen halten ⓱ (*have recourse*) gehen; **to ~ to the police** zur Polizei gehen; **to ~ to war** in den Krieg ziehen ⓲ (*match*) ■to ~ **with sth** [zu etw] passen ⓳ (*fit*) **five ~es into ten two times** fünf geht zweimal in zehn; **will that ~ into the suitcase?** wird das in den Koffer passen? ⓴ (*be sold*) weggehen; ■to ~ to sb an jdn gehen; **to be ~ing cheap** billig zu haben sein ㉑ (*sound*) machen; **there ~es the bell** es klingelt; **ducks ~ 'quack'** Enten machen ‚quack'; **with sirens ~ing** mit heulender Sirene ㉒ (*accepted*) **anything ~es** alles ist erlaubt; **that ~es for all of you** das gilt für euch alle! ㉓ (*be told, sung*) gehen; *title, theory* lauten; **the story ~es that ...** es heißt, dass ... ㉔ (*compared to*) **as things ~** verglichen mit anderen Dingen **II.** *aux vb future tense* ■to be ~ing to do sth etw tun werden **III.** *vt* <goes, went, gone> ❶ (*become*) **my mind went a complete blank** ich hatte voll ein Brett vorm Kopf! ❷ (*fam: say*) **she ~es to me: I never want to see you again!** sie sagt zu mir: ich will dich nie wiedersehen! ❸ AM *route* nehmen ▶ **sb will ~ a long way** jd wird es weit bringen **IV.** *n* <*pl* -es> ❶ (*turn*) **you've had your ~ already!** du warst schon dran!; **it's Stuart's ~ now** jetzt ist Stuart dran; **can I have a ~?** darf ich mal? ❷ (*attempt*) Versuch *m;* **have a ~!** versuch es doch einfach mal!; **at one ~** auf einen Schlag; **to give sth a ~** etw versuchen ❸ *no pl* (*energy*) Antrieb *m;* **full of ~** voller Elan ❹ (*fam: activity*) **it's all ~ here** hier ist immer was los ❺ **to have a ~ at sb** (*criticize*) jdn runtermachen; (*attack*) über jdn herfallen ▶ **from the word ~** von Anfang an ◆ **go about I.** *vi* ❶ herumlaufen; (*with car*) herumfahren; **to ~ about in groups** in Gruppen herumziehen ❷ NAUT wenden ❸ (*be in circulation*) *rumour, illness* herumgehen **II.** *vt* ❶ (*treat*) *problem* angehen ❷ **to ~ about one's business** seinen Geschäften nachgehen ◆ **go after** *vi* ■to ~ **after sb**

❶ (*follow*) nach jdm gehen ❷ (*chase*) jdn verfolgen ◆ **go against** *vi* ■to ~ **against sb** ❶ (*disfavour*) zu jds Ungunsten *pl* ausgehen ❷ (*disobey*) sich jdm widersetzen ◆ **go ahead** *vi* ❶ vorgehen; (*in vehicle*) vorausfahren ❷ (*proceed*) vorangehen; (*speak*) losschießen ◆ **go along** *vi* ❶ entlanggehen; (*in vehicle*) entlangfahren ❷ (*progress*) weitergehen ❸ (*accompany*) mitgehen ❹ (*agree*) ■to ~ **along with sth/sb** etw/jdm zustimmen ◆ **go around** *vi* ❶ (*move around*) **they went around the room** sie liefen im Zimmer herum; **they went around Europe for two months** sie reisten zwei Monate lang durch Europa ❷ (*move in a curve*) herumgehen um +*akk; vehicle* herumfahren um +*akk* ❸ (*be in circulation*) *rumour, illness* herumgehen ❹ (*be enough*) **there won't be enough soup to ~ around** die Suppe wird nicht für alle reichen ▶ **what ~es around, comes around** (*prov*) alles rächt sich früher oder später ◆ **go at** *vi* ❶ (*attack*) ■to ~ **at sb** auf jdn losgehen; (*fig: eat ravenously*) ■to ~ **at sth** über etw *akk* herfallen ❷ (*work*) ■to ~ **at sth** sich an etw *akk* machen; **to ~ at it** loslegen ◆ **go away** *vi* ❶ weggehen; (*in vehicle*) wegfahren; **~ away!** geh weg! ◆ **go back** *vi* ❶ zurückgehen; ■to ~ **back to sb** zu jdm zurückkehren ❷ (*revert*) ■to ~ **back to sth** auf etw *akk* zurückgreifen; ■to ~ **back to doing sth** wieder mit etw *dat* anfangen ❸ (*reverse*) zurückgehen ❹ (*dishonour*) **to ~ back on sth** von etw *dat* zurücktreten ◆ **go beyond** *vi* ■to ~ **beyond sth** ❶ (*pass*) an etw *dat* vorübergehen ❷ (*exceed*) über etw *akk* hinausgehen ◆ **go by** *vi* ❶ vorbeigehen ❷ (*of time*) vergehen; **in days ~ne by** (*form*) in früheren Tagen ❸ AM (*visit*) ■to ~ **by sb** bei jdm vorbeischauen ❹ (*refer to*) ■to ~ **by sth** nach etw *dat* gehen ◆ **go down** *vi* ❶ (*descend*) hinuntergehen; (*follow*) entlanggehen; *sun, moon* untergehen ❷ (*lessen*) nachlassen ❸ (*deteriorate*) nachlassen; **to ~ down in sb's opinion** in jds Ansehen sinken ❹ (*beaten*) unterliegen; **to ~ down fighting/without a fight** kämpfend/kampflos untergehen ❺ (*sicken*) **to ~ down with the flu** die Grippe bekommen ❻ **to ~ down a list** eine Liste [von oben nach unten] durchgehen ◆ **go for** *vi* ❶ (*fetch*) holen ❷ (*try*) **~ for it!** nichts wie ran! ❸ (*attack*) ■to ~ **for sb** auf jdn losgehen ④ *(apply)* **that ~es for me too** das gilt auch für mich ⑤ *(fam: like)* ■**to ~ for sth/sb** auf etw/jdn stehen ⑥ *(advantage)* **he has his experience abroad ~ing for him** seine Auslandserfahrung spricht für ihn ◆**go in** *vi* ① hineingehen ② *(fit)* hineinpassen ③ *worker* arbeiten gehen ④ *(hide)* **as soon as the sun ~es in, ...** sobald es sich bewölkt, ... ⑤ *(cooperate)* ■**to ~ in with sb** sich mit jdm zusammentun ◆**go into** *vi* ① ■**to ~ into sth** in etw *akk* gehen ② *(crash)* ■**to ~ into sth** in etw *akk* hineinfahren ③ *(check)* ■**to ~ into sth** etw erörtern ④ *(join)* ■**to ~ into sth** etw *dat* beitreten ⑤ **to ~ into action** in Aktion treten; **to ~ into a coma** ins Koma fallen; **to ~ into detail** ins Detail gehen; **to ~ into effect** in Kraft treten; **to ~ into hysterics** hysterisch werden; **to ~ into journalism** Journalist/Journalistin werden; **to ~ into mourning** trauern; **to ~ into reverse** in den Rückwärtsgang schalten; **to ~ into a trance** in Trance [ver]fallen ◆**go off** *vi* ① weggehen; THEAT abgehen ② *light* ausgehen; **to ~ off the air** den Sendebetrieb einstellen ③ *alarm* losgehen ④ *bomb* hochgehen ◆**go on** *vi* ① weitergehen; *vehicle* weiterfahren; **to ~ on ahead** vorausgehen ② *(extend)* sich erstrecken ③ *(continue)* weitermachen; **I can't ~ on** ich kann nicht mehr; **he went on to say that ...** dann sagte er, dass ...; **to ~ on trying** es weiter versuchen; **to be always ~ing on [about sth]** andauernd [über etw *akk*] reden ④ *(criticize)* ■**to ~ on at sb** an jdm herumnörgeln ⑤ *(happen)* passieren; **what's ~ing on here?** was geht denn hier vor? ⑥ *(develop)* **he went on to become a teacher** später wurde er Lehrer ⑦ *(start)* anfangen; **to ~ on a diet** auf Diät gehen; **to ~ on the dole** stempeln gehen; **to ~ on [a] holiday** in Urlaub gehen; **to ~ on the pill** die Pille nehmen; **to ~ on strike** in den Streik treten; **to ~ on tour** auf Tournee gehen ⑧ *lights* angehen ⑨ *(refer to)* ■**to ~ on sth** sich auf etw *akk* stützen ⑩ *(encouraging)* **~ on, have another drink** na komm, trink noch einen ◆**go out** *vi* ① [hinaus]gehen; **to ~ out to work** arbeiten gehen; **to ~ out jogging/shopping** joggen/einkaufen gehen ② *(emigrate)* auswandern ③ *(visit)* ausgehen; **to ~ out for a meal** essen gehen ④ *(date)* ■**to ~ out with sb** mit jdm gehen ⑤ *fire* ausgehen ⑥ *(be sent out)* verschickt werden; **word has gone out that ...** es wurde bekannt, dass ... ⑦ *(sympathize)* **my heart ~es out to him** ich fühle mit ihm ⑧ *tide* zurückgehen; **when the tide ~es out** bei Ebbe ◆**go over** *vi* ① *(cross)* hinübergehen; *(in vehicle)* hinüberfahren ② *(visit)* ■**to ~ over to sb** zu jdm rübergehen ③ *(change)* ■**to ~ over to sth** zu etw *dat* übergehen; **to ~ over to the enemy** zum Feind überlaufen ④ *(be received)* **to ~ over [badly/well]** [schlecht/gut] ankommen ◆**go round** *vi see* **go around** ◆**go through** *vi* ① durchgehen ② *(experience)* durchmachen ③ *(discuss)* durchgehen ④ *(be approved) plan* durchgehen ⑤ *(use up)* aufbrauchen ⑥ *(perform)* ■**to ~ through with sth** durchziehen ◆**go together** *vi* zusammenpassen ◆**go under** *vi* ① untergehen ② *(fail)* scheitern ◆**go up** *vi* ① hinaufgehen; *(climb)* hinaufsteigen ② *(increase)* steigen; **everything is ~ing up!** alles wird teurer!; **to ~ up 2%** um 2 % steigen ③ *(approach)* ■**to ~ up to sb/sth** auf jdn/etw zugehen ④ *(extend)* ■**to ~ up to sth** [bis] zu etw *dat* hingehen ◆**go with** *vt* ① *(accompany)* ■**to ~ with sb** mit jdm mitgehen; ■**to ~ with sth** zu etw *dat* gehören ② *(be associated with)* ■**to ~ with sth** mit etw *dat* einhergehen ◆**go without** *vi* ■**to ~ without sth** ohne etw *akk* auskommen

go-ahead ['gəʊəhed] **I.** *n no pl* Erlaubnis *f* (**for** zu); **to give/get the ~** grünes Licht geben/erhalten **II.** *adj* BRIT, AUS fortschrittlich

goal [gəʊl] *n* ① Ziel *nt* ② SPORTS Tor *nt;* **~ area** Torraum *m;* **to keep ~** das Tor hüten

goalie ['gəʊli] *n (fam)*, **goalkeeper** *n* Tormann, Torfrau *m, f*

goal line *n* Torlinie *f* **goal-oriented** *adj* zielorientiert **goalpost** *n* Torpfosten *m*, Goalpfosten *m* SCHWEIZ

goat [gəʊt] *n* Ziege *f;* **~'s milk** Ziegenmilch *f* ▶ **to get sb's ~** jdn auf die Palme bringen

goatee [gəʊ'tiː] *n* Spitzbart *m*

gob [gɒb] *n* BRIT, AUS *(sl: mouth)* Maul *nt;* **shut your ~!** halt's Maul!

gobble ['gɒbl̩] **I.** *vi turkey* kollern **II.** *vt (fam)* [hinunter]schlingen

go-between ['gəʊbɪˌtwiːn] *n* Vermittler(in) *m(f)*

go-cart *n* AM *see* **go-kart**

god [gɒd] *n* Gott *m;* **~ of war** Kriegsgott *m*

god-awful *adj (fam)* beschissen *sl* **godchild**

n Patenkind *nt* **goddamned** *adj* (*pej!*) gottverdammt **goddaughter** *n* Patentochter *f* **goddess** <*pl* -es> ['gɒdes] *n* Göttin *f*; **screen** ~ [Film]diva *f*
godfather *n* ❶ (*godparent*) Patenonkel *m*, Pate *m* ❷ (*mafia*) Pate *m* **god-fearing** *adj* gottesfürchtig **godforsaken** *adj attr* gottverlassen *fam* **godmother** *n* Patentante *f*; **fairy** ~ gute Fee **godparent** *n* Pate, Patin *m*, *f* **godsend** *n* (*fam*) Gottesgeschenk *nt* **godson** *n* Patensohn *m*
goer ['gəʊəʳ] *n* (*fam*) ❶ Geher *m*; **my car's not much of a** ~ mein Auto ist nicht besonders schnell ❷ BRIT (*fig: woman*) Feger *m*
goes [gəʊz] *3rd pers sing of* **go**
go-getter *n* Tatmensch *m*
go-getting *adj* tatkräftig
goggle ['gɒgl] I. *vi* (*fam*) glotzen; ■ **to** ~ **at sb/sth** jdn/etw anglotzen II. *n* [**a pair of**] ~ **s** eine [Schutz]brille
goggle-box *n* BRIT (*fam*) Glotze *f* **goggle-eyed** *adj* (*fam*) mit Kulleraugen *nach n*
going ['gəʊɪŋ] I. *n* ❶ Gehen *nt* ❷ (*departure*) Weggang *m* ❸ (*conditions*) **easy/rough** ~ günstige/ungünstige Bedingungen ❹ *of track* Bahn *f* II. *adj* **to get/keep sth** ~ etw in Gang bringen/halten
going price *n* (*market price*) Marktwert *m*; (*current price*) aktueller Preis
goings-on *npl* Vorfälle *pl*
go-kart *n* Gokart *m*
gold [gəʊld] *n* Gold *nt* ▶ [**as**] **good as** ~ mustergültig
golden ['gəʊldən] *adj* golden *a. fig;* ~ **brown** goldbraun
goldfish *n* Goldfisch *m* **gold medal** *n* Goldmedaille *f* **goldmine** *n* Goldmine *f*; (*fig*) Goldgrube *f fam*
golf [gɒlf] I. *n no pl* Golf *nt*; **a round of** ~ eine Runde Golf; ~ **cart** Golfwagen *m* II. *vi* Golf spielen
golf ball *n* Golfball *m* **golf club** *n* ❶ Golfschläger *m* ❷ + *sing/pl vb* (*members*) Golfclub *m* **golf course** *n* Golfplatz *m*
golfer ['gɒlfəʳ] *n* Golfer(in) *m(f)*
golf links *npl* AM Golfplatz *m*; BRIT Golfplatz *m* an der Küste
gone [gɒn] I. *pp of* **go** II. *prep* BRIT **it's just** ~ **ten o'clock** es ist kurz nach zehn Uhr III. *adj* ❶ (*missing*) weg ❷ (*dead*) tot; **to be pretty far** ~ beinahe tot sein
goner ['gɒnəʳ] *n* (*fam*) **to be a** ~ es nicht mehr lange machen
goo [guː] *n no pl* (*fam*) Schmiere *f*
good [gʊd] I. *adj* <better, best> ❶ gut; **weather** ~ schön; ~ **morning/evening** guten Morgen/Abend; **have a** ~ **day!** schönen Tag noch!; **to have a** ~ **time** [viel] Spaß haben; ~ **dog!** braver Hund!; **to do a** ~ **job** gute Arbeit leisten; **it's a** ~ **job** [**that**] ... zum Glück ...; **the** ~ **life** das süße Leben ❷ (*kind*) **it was very** ~ **of you to help us** es war sehr lieb von dir, uns zu helfen ❸ (*thorough*) gut; **to have a** ~ **laugh** ordentlich lachen ❹ (*substantial*) beträchtlich; **to make** ~ **money** gutes Geld verdienen; **a** ~ **deal** jede Menge ❺ (*reliable*) **to be** [**as**] ~ **as one's word** vertrauenswürdig sein ❻ ■ **as** ~ **as ...** (*almost*) so gut wie ... ❼ (*in exclamations*) ~ **old Chris!** der gute alte Chris!; ~ **gracious!** ach du liebe Zeit!; ~ **grief!** du meine Güte! ▶ **it's as** ~ **as it gets** besser wird's nicht mehr II. *adv* ❶ AM, DIAL (*fam: well*) gut ❷ (*fam: thoroughly*) gründlich; **to do sth** ~ **and proper** etw richtig gründlich tun III. *n no pl* ❶ Gute *nt*; ~ **and evil** Gut und Böse; **to be up to no** ~ nichts Gutes im Schilde führen; **to do** ~ Gutes tun; ■ **the** ~ *pl* die Guten *pl* ❷ (*benefit*) Wohl *nt*; **to do more harm than** ~ mehr schaden als nützen; **for the** ~ **of his health** seiner Gesundheit zuliebe
goodby AM *see* **goodbye**
goodbye I. *interj* [gʊ(d)'baɪ] auf Wiedersehen; **to wave** ~ zum Abschied winken II. *n* [gʊd'baɪ] Abschied *m;* **to say one's** ~**s** sich verabschieden
good-for-nothing I. *n* Taugenichts *m* II. *adj* nichtsnutzig **Good Friday** *n* Karfreitag *m* **good-humored** *adj* AM *see* **good-humoured good-humoured** [ˌgʊd'hjuːməd] *adj* ❶ (*cheerful*) fröhlich ❷ (*good-natured*) gutmütig **good-looking** *adj* <more good-looking *or* better-looking, most good-looking *or* best-looking> gut aussehend **good looks** *npl* gutes Aussehen
goodly ['gʊdli] *adj attr* (*old*) ansehnlich
good-natured *adj* gutmütig
goodness ['gʊdnəs] I. *n no pl* ❶ (*virtue*) Tugendhaftigkeit *f* ❷ (*kindness*) Freundlichkeit *f*, Güte *f* ❸ *of food* Wertvolle(s) *nt* ❹ (*for emphasis*) **for** ~**' sake** du liebe Güte; ~ **knows** weiß der Himmel; **thank** ~ Gott sei Dank II. *interj* ~ [**gracious**] [**me**]!, **my** ~**!** [ach du] meine Güte

goods [gʊdz] I. *npl* Waren *pl*, Güter *pl*; **sports** ~ Sportartikel *pl*; **manufactured** ~ Fertigprodukte *pl*; **stolen** ~ Diebesgut *nt* II. *adj attr* BRIT Güter-; ~ **vehicle** Nutzfahrzeug *nt*

good-sized *adj attr* [recht] groß **good-tempered** *adj* gutmütig

goody ['gʊdi] I. *n* tolle Sache; (*titbit*) Leckerbissen *m* II. *interj* (*usu childspeak*) spitze

goody-two-shoes *n* (*pej fam*) Tugendbold *m*

gooey ['guːi] *adj* (*fam*) klebrig; (*fig*) schmalzig

goof [guːf] *esp* AM I. *n* (*fam*) Patzer *m* II. *vi* (*fam*) **to** ~ [**up**] Mist bauen ◆ **goof up** AM I. *vt* (*fam*) vermasseln II. *vi* (*fam*) Mist bauen

goofy ['guːfi] *adj esp* AM (*fam*) doof

goose [guːs] *n* <*pl* geese> Gans *f* ▶ **to cook sb's** ~ jdm die Suppe versalzen

gooseberry ['gʊzbᵊri] *n* Stachelbeere *f* ▶ **to play** ~ BRIT das fünfte Rad am Wagen sein

goosebumps *npl esp* AM, **gooseflesh** *n no pl*, **goose pimples** *npl* Gänsehaut *f kein pl*

goosestep I. *vi* <-pp-> im Stechschritt marschieren II. *n no pl* Stechschritt *m*

gorge [gɔːdʒ] I. *n* Schlucht *f* II. *vi* sich vollessen III. *vt* ■ **to** ~ **oneself on sth** sich mit etw *dat* vollstopfen

gorgeous ['gɔːdʒəs] *adj* ① herrlich, großartig; **the bride looked** ~ die Braut sah zauberhaft aus; **hello, G~**! hallo, du Schöne! ② (*fam: pleasant*) ausgezeichnet, fabelhaft

gorilla [gəˈrɪlə] *n* Gorilla *m a. fig*

gorse [gɔːs] *n no pl* Stechginster *m*

gory ['gɔːri] *adj* blutig; *film* blutrünstig

go-slow *n* BRIT Bummelstreik *m*

gospel ['gɒspᵊl] *n* ■ **the** ~ das Evangelium; **the G~ according to Saint Mark** das Evangelium nach Markus; (*fig*) Grundsätze *pl*; **to take sth as** ~ etw für bare Münze nehmen

gossip ['gɒsɪp] I. *n* ① *no pl* Klatsch *m*; **idle** ~ leeres Geschwätz ② (*pej: person*) Tratschbase *f* II. *vi* ① (*chatter*) schwatzen ② (*rumours*) tratschen

gossip column *n* Klatschspalte *f*

got [gɒt] *pt, pp of* **get**

gotten ['gɒtᵊn] AM, AUS *pp of* **got**

govern ['gʌvᵊn] I. *vt* ① regieren ② ■ **to be** ~**ed by sth** durch etw *akk* bestimmt werden II. *vi* regieren; **fit/unfit to** ~ regierungsfähig/-unfähig

governing ['gʌvᵊnɪŋ] *adj* regierend; ~ **body** Vorstand *m*; **self-**~ autonom

government ['gʌvᵊnmənt] *n* Regierung *f*; **local** ~ Kommunalverwaltung *f*; **in** ~ BRIT, AUS an der Regierung; ~ **agency** Behörde *f*; ~ **grant** staatlicher Zuschuss *m*; ~ **intervention** Eingreifen *nt* der Regierung; ~ **policy** Regierungspolitik *f*; ~ **property** Staatseigentum *nt*; ~ **spending** Staatsausgaben *pl*; ~ **securities** staatliche Wertpapiere *pl*; ~ **subsidy** Subvention *f*

GP [ˌdʒiːˈpiː] *n abbrev of* **general practitioner**

GPO [ˌdʒiːpiːˈəʊ] *n* BRIT *abbrev of* **General Post Office** Hauptpostamt *nt*

GPU [ˌdʒiːpiːˈjuː] *n* COMPUT *abbrev of* **graphics processing unit** GPU *f*

grab [græb] I. *n* ① Griff *m*; **to make a** ~ **for sth** nach etw *dat* greifen ② (*gripper*) Greifer *m* ▶ **to be up for** ~**s** zu haben sein II. *vt* <-bb-> ① [sich *dat*] schnappen; ■ **to** ~ **hold of sb/sth** jdn/etw festhalten ② **to** ~ **a bite** [**to eat**] schnell einen Happen essen; **to** ~ **some sleep** [ein wenig] schlafen III. *vi* <-bb-> grapschen; ■ **to** ~ **at sb** jdn begrapschen

grab-and-go *adj* (*fam*) *meal* zum Mitnehmen *nach n*

grace [greɪs] *n* ① *no pl of movement* Grazie *f*; *of appearance* Anmut *f* ② *of behaviour* Anstand *m kein pl*; **social** ~**s** gesellschaftliche Umgangsformen ③ *no pl* (*mercy*) Gnade *f* ④ *no pl* (*favour*) Gnade *f*; **to fall from** ~ in Ungnade fallen ⑤ *no pl* (*prayer*) Tischgebet *nt* ⑥ *no pl* (*title*) **Your** ~ (*duke, duchess*) Eure Hoheit; (*archbishop*) Eure Exzellenz

gracious ['greɪʃəs] I. *adj* ① (*kind*) liebenswürdig ② (*merciful*) gnädig II. *interj* [**good**] ~ [**me**]! [du] meine Güte!

grade [greɪd] I. *n* ① (*rank*) Rang *m* ② *of salary* Gehaltsstufe *f* ③ (*of quality*) Qualität *f* ④ SCH (*mark*) Note *f* ⑤ AM (*gradient*) Neigung *f* II. *vt* ① SCH, UNIV benoten ② (*categorize*) einteilen

grading *n* ① (*gradation*) Maßeinteilung *f* ② (*of colours etc.*) Abstufung *f* ③ (*classification*) Klassifizierung *f*; SCH Benotung *f*

gradual ['grædʒuəl] *adj* ① (*not sudden*) allmählich ② (*not steep*) sanft

gradually ['grædʒuəli] *adv* ① (*not suddenly*) allmählich ② (*not steeply*) sanft

graduate I. *n* ['grædʒuət] ① UNIV Absolvent(in) *m(f);* ~ **student** Student(in) *m(f)* mit Universitätsabschluss; ~ **unemployment** Akademikerarbeitslosigkeit *f* ❷ AM SCH Schulabgänger(in) *m(f)* **II.** *vi* ['ɡrædʒʊeɪt] ❶ UNIV einen akademischen Grad erwerben; **to ~ with honours** seinen Abschluss mit Auszeichnung machen ❷ AM SCH die Abschlussprüfung bestehen **III.** *vt* ['ɡrædʒʊeɪt] ❶ (*calibrate*) einteilen ❷ AM (*award degree*) ■ **to ~ sb** jdn graduieren

graduated ['ɡrædʒʊeɪtɪd] *adj* FIN gestaffelt

graduation [ˌɡrædʒʊ'eɪʃən] *n* ❶ *no pl* SCH, UNIV (*completion*) [Studien]abschluss *m* ❷ (*ceremony*) Abschlussfeier *f*

grain [ɡreɪn] *n* ❶ Korn *nt*, Körnchen *nt;* **~ of sand/wheat** Sand-/Weizenkorn *nt* ❷ *no pl* (*texture*) Maserung *f*

grain export *n* Getreideexport *m* **grain market** *n* Getreidemarkt *m*

gram [ɡræm] *n* Gramm *nt*

grammar ['ɡræmər] *n* Grammatik *f;* **to be good/bad ~** grammatikalisch richtig/falsch sein

grammar book *n* Grammatik *f* **grammar school** *n* ❶ AM (*elementary school*) Grundschule *f* ❷ BRIT (*upper level school*) ≈ Gymnasium *nt*

grammatical [ɡrə'mætɪkəl] *adj* grammati[kali]sch

gramme *n* BRIT *see* **gram**

gran [ɡræn] *n* (*fam*) *short for* **grandmother** Oma *f*, Omi *f*

granary bread *n no pl* BRIT, **granary loaf** *n* BRIT ≈ Mehrkornbrot *nt*

grand [ɡrænd] **I.** *adj* ❶ prächtig, großartig; **to make a ~ entrance** einen großen Auftritt haben *f* ❷ (*fam: excellent*) großartig ❸ **he lived to the ~ old age of 97** er erreichte das gesegnete Alter von 97 Jahren ❹ (*far-reaching*) **~ ambitions/ideas** große Pläne/Ideen; **on a ~ scale** in großem Rahmen ❺ (*total*) **~ total** Gesamtsumme *f* **II.** *n* ❶ <*pl* -> (*fam: $/£1000*) Mille *f* ❷ (*piano*) Flügel *m*

Das **Grand National** ist ein britisches Pferderennen und das berühmteste Hindernisrennen der Welt. 1836 fand das erste Rennen statt und seit 1839 wird es jedes Jahr in Aintree in Liverpool abgehalten. Die Rennstrecke ist 7,2 km lang und hat 31 schwierige Hindernisse.

---

grandad ['ɡrændæd] *n* (*fam: grandfather*) Opa *m*

grandchild *n* Enkelkind *nt* **granddad** *n* (*fam*) *see* **grandad granddaughter** *n* Enkeltochter *f* **grandfather** *n* Großvater *m*

grand jury *n* + *sing/pl vb* AM Anklagejury *f*

grandma *n* (*fam*) Oma *f*, Omi *f* **grandmaster** *n* ❶ Großmeister(in) *m(f)* ❷ (*Freemason*) Großmeister *m* **grandmother** *n* Großmutter *f* **grandpa** *n* (*fam*) Opa *m*, Opi *f* **grandparent** *n* Großvater, Großmutter *m, f*; ■ **~s** *pl* Großeltern *pl* **grand piano** *n* [Konzert]flügel *m* **grandson** *n* Enkel[sohn] *m* **grandstand** *n* [Haupt]tribüne *f* **grand sum** *n*, **grand total** *n* Gesamtsumme *f*

granite ['ɡrænɪt] *n no pl* Granit *m*

grannie, granny ['ɡræni] *n* (*fam*) Oma *f*, Omi *f*

grant [ɡrɑːnt] **I.** *n* ❶ Zuschuss *m* oft *pl;* (*subsidy*) Subvention *f* ❷ UNIV Stipendium *nt;* [**government**] **~** ≈ Bafög *nt* **II.** *vt* ❶ (*allow*) ■ **to ~ sb sth** jdm etw gewähren; *favour* jdm etw erweisen ❷ (*confess*) zugeben; **~ed, ...** zugegeben, ...

granulated ['ɡrænjəleɪtɪd] *adj* granuliert; **~ sugar** Kristallzucker *m*

grape [ɡreɪp] **I.** *n* [Wein]traube *f*; **a bunch of ~s** eine [ganze] Traube **II.** *adj attr* Trauben-

grapefruit <*pl* - *or* -s> ['ɡreɪpfruːt] *n* Grapefruit *f* **grapevine** *n* Weinstock *m* ▶ **sb hears sth on** [*or* **through**] **the ~** etw kommt jdm zu Ohren; **I heard** [**it**] **on the ~ that ...** ich habe munkeln hören, dass ...

graph [ɡrɑːf] *n* Diagramm *nt*, Graph *m*; **bar** [*or* **block**] **~** Säulendiagramm *nt*

graphic ['ɡræfɪk] *adj* ❶ grafisch ❷ (*vivid*) anschaulich; **in ~ detail** haarklein ❸ ART Grafik-; **~ design** Grafikdesign *nt*

graphics ['ɡræfɪks] *npl* Grafik *f*

graphics card *n* Grafikkarte *f* **graphics screen** *n* Grafikbildschirm *m*

grapple ['ɡræpl] *vi* ■ **to ~ with sb** mit jdm; ■ **to ~ for sth** um etw *akk* kämpfen; **to ~ with a problem** mit einem Problem zu kämpfen haben

grasp [ɡrɑːsp] **I.** *n no pl* ❶ Griff *m;* (*fig*) **to be within sb's ~** zum Greifen nahe sein ❷ **to have a good ~ of a subject** ein Fach gut beherrschen **II.** *vt* [fest] [er]greifen; **to ~ sb by the arm/hand** jdn am Arm/an der Hand fassen **III.** *vi* ■ **to ~ at sth** nach etw *dat* greifen; (*fig*) **to ~ at the opportunity** die

Gelegenheit beim Schopfe packen
grasping ['grɑːspɪŋ] *adj* (*fig*) habgierig
grass <*pl* -**es**> [grɑːs] **I.** *n* ❶ Gras *nt;* **to put cattle out to ~** [das] Vieh auf die Weide treiben ❷ *no pl* (*fam: dope*) Gras *nt sl* **II.** *adj* Gras-; ~ **court** Rasenplatz *m;* ~ **verges** BRIT Grünstreifen *pl* **III.** *vt* mit Gras bepflanzen **IV.** *vi* BRIT, AUS (*sl*) singen; ▪**to** ~ **on sb** jdn verpfeifen
grasshopper *n* Heuschrecke *f* **grass snake** *n* AM Grasnatter *f;* BRIT Ringelnatter *f*
grate[1] [greɪt] *n* ❶ Rost *m* ❷ (*hearth*) Kamin *m*
grate[2] [greɪt] **I.** *vi* ❶ kratzen ❷ *noise* in den Ohren wehtun; **to ~ on sb['s nerves]** jdm auf die Nerven gehen **II.** *vt* reiben
grateful ['greɪtfəl] *adj* dankbar
grater ['greɪtə^r] *n* Reibe *f*
grating ['greɪtɪŋ] **I.** *n* Gitter *nt* **II.** *adj* knirschend
gratitude ['grætɪtjuːd] *n no pl* Dankbarkeit *f*
gratuity [grə'tjuːəti] *n* ❶ Trinkgeld *nt* ❷ AM (*bribe*) **illegal** ~ Bestechungsgeld *nt*
grave[1] [greɪv] *n* Grab *nt* ▶ **to have one foot in the** ~ mit einem Bein im Grab stehen
grave[2] [grɑːv] *adj face, music* ernst; (*bad*) *news* schlimm; (*worrying*) *conditions* bedenklich; *decision* schwerwiegend; *mistake* gravierend
gravel ['grævəl] *n no pl* Kies *m;* ~ **road** Schotterstraße *f*
gravel pit *n* Kiesgrube *f*
gravestone *n* Grabstein *m* **graveyard** *n* Friedhof *m*
graving dock *n* Trockendock *nt*
gravitational [ˌgrævɪ'teɪʃənəl] *adj* Gravitations-
gravity ['grævəti] *n no pl* ❶ Schwerkraft *f;* **the force of** ~ die Schwerkraft; **the law of** ~ das Gesetz der Schwerkraft ❷ (*dignity*) Ernst *m*
gravy ['greɪvi] *n no pl* [Braten]soße *f*
gravy boat *n* Sauciere *f,* Soßenschüssel *f*
gray *adj* AM *see* **grey**
graze[1] [greɪz] *n* Schürfwunde *f* **II.** *vt* streifen
graze[2] [greɪz] **I.** *vi* grasen, weiden **II.** *vt animals* weiden lassen; *meadow* abgrasen
grease [griːs] **I.** *n* Fett *nt;* ~ **mark** Fettfleck *m* **II.** *vt* [ein]fetten; MECH schmieren ▶ **like ~d lightning** wie ein geölter Blitz
greasepaint *n* Fettschminke *f* **greaseproof paper** *n* Pergamentpapier *nt;* (*for oven*) Backpapier *nt* **grease spot** *n* Fettfleck *m*
greasy ['griːsi] *adj* ❶ fettig; *food* fett ❷ (*fig*) schmierig
greasy pole *n* (*fig*) mit Hindernissen gespickte Karriereleiter
great [greɪt] **I.** *adj* ❶ (*big*) groß; **a ~ deal of time/money** eine Menge Zeit/Geld; **to a ~ extent** im Großen und Ganzen ❷ (*famous*) groß ❸ (*wonderful*) großartig, hervorragend, toll *fam;* **to not feel all that ~** sich gar nicht gut fühlen; ~! (*iron fam*) na prima! **II.** *adv* (*fam*) ~ **big/long** riesengroß/-lang **III.** *n* Größe *f;* (*in titles*) **Alexander/Catherine the** ~ Alexander der Große/Katharina die Große

great-aunt *n* Großtante *f*
Great Britain *n* Großbritannien *nt*

Great Britain besteht aus dem Königreich England, dem Königreich Schottland und dem Fürstentum Wales. Zusammen mit Nordirland bilden diese Länder das **United Kingdom** (Vereinigte Königreich). Der geographische Begriff **British Isles** (Britische Inseln) bezieht sich auf die Hauptinsel Großbritannien, einschließlich Irlands, die Isle of Man, die Hebrides, Orkney, Shetland, die Scilly Isles und die Channel Islands (Kanalinseln).

greatcoat *n* BRIT [schwerer] [Winter]mantel
great-grandchild *n* Urenkel(in) *m(f)* **great-granddaughter** *n* Urenkelin *f* **great-grandfather** *n* Urgroßvater *m* **great-grandmother** *n* Urgroßmutter *f* **great-grandson** *n* Urenkel *m*
greatly ['greɪtli] *adv* sehr; ~ **impressed** tief beeindruckt; **to ~ regret** zutiefst bedauern
greatness ['greɪtnəs] *n no pl* Bedeutsamkeit *f*
great-uncle *n* Großonkel *m*
Grecian ['griːʃən] *adj* griechisch
Greece [griːs] *n* Griechenland *nt*
greed [griːd] *n no pl* Gier *f* (**for** nach)
greedy ['griːdi] *adj* gierig; (*covetous*) habgierig; ▪**to be ~ for sth** (*fig*) gierig nach etw *dat* sein; **~-guts** + *sing vb* BRIT, AUS (*fam*) [kleiner] Vielfraß; ~ **pig** (*pej*) Vielfraß *m*
Greek [griːk] **I.** *n* ❶ Grieche(in) *m(f)* ❷ (*language*) Griechisch *nt;* **ancient** ~ Altgriechisch *nt;* **modern** ~ Neugriechisch *nt*

II. *adj* griechisch

green [gri:n] **I.** *n* ① *no pl* Grün *nt* ② (*food*) ■ ~s *pl* Blattgemüse *nt kein pl* ③ POL **G**~ Grüne(r) *f(m)* **II.** *adj* grün; ~ **issues** Umweltschutzfragen *pl*

greenback *n* (*fam*) ① AM Dollar[schein] *m* ② (*frog*) Laubfrosch *m* **green belt** *n* Grüngürtel *m* **green card** *n* ① BRIT [internationale] Grüne [Versicherungs]karte ② AM Greencard *f* (*Aufenthaltserlaubnis mit Arbeitsgenehmigung*)

greenery ['gri:nᵊri] *n no pl* Grün *nt*

greengage *n* [grüne] Reneklode

greengrocer *n* BRIT Obst- und Gemüsehändler(in) *m(f)*; **at the ~'s** im Obst- und Gemüseladen

greenhouse *n* Gewächshaus *nt*

greenhouse effect *n no pl* ■ ~ Treibhauseffekt *m*

greenish ['gri:nɪʃ] *adj* grünlich

greenness ['gri:nnəs] *n no pl* Grün[e] *nt*

green pepper *n* grüne Paprikaschote

Greenwich ['grenɪdʒ] *n* Greenwich *nt* (*Stadtteil Groß-Londons*)

greet [gri:t] *vt* ① [be]grüßen; (*receive*) empfangen ② (*react*) reagieren; **the unions ~ed his decision with delight/anger** die Gewerkschaften haben seine Entscheidung sehr begrüßt/mit Zorn aufgenommen

greeting ['gri:tɪŋ] *n* Begrüßung *f*; **she smiled at me in ~** sie begrüßte mich mit einem Lächeln; ■ ~s *pl* Grüße *pl*; **warm ~s to you all** herzliche Grüße an euch alle

Grenada [grə'neɪ:də] *n* Grenada *nt*

Grenadan [grə'neɪ:dən] **I.** *adj* grenadisch **II.** *n* Grenader(in) *m(f)*

grenade [grə'neɪd] *n* Granate *f*

grew [gru:] *pt of* **grow**

grey [greɪ] **I.** *n no pl* Grau *nt* **II.** *adj* grau *a. fig*; **face** [asch]grau

greyhound *n* Windhund *m*

grey pound *n* BRIT Finanzkraft *f* der Senioren

grid [grɪd] *n* ① Gitter *nt* ② (*lines*) Gitternetz *nt*

grid square *n* Planquadrat *nt*

grief [gri:f] *n no pl* ① tiefe Trauer, Kummer *m* ② (*bother*) **to cause ~** für Ärger sorgen; **to come to ~** (*fail*) scheitern; (*have an accident*) zu Schaden kommen ③ **good ~!** du liebe Zeit!

grieve [gri:v] **I.** *vi* bekümmert sein; ■ **to ~ for sb** um jdn trauern; ■ **to ~ over sth** über etw *akk* betrübt sein **II.** *vt* ■ **to ~ sb** jdm Kummer bereiten

grill [grɪl] **I.** *n* Grill *m*; (*barbecue*) [Grill]rost *m* **II.** *vt* ① grillen ② (*fam: interrogate*) ausquetschen

grille [grɪl] *n* Gitter *nt*

grilling ['grɪlɪŋ] *n* (*fam*) strenges Verhör; **to give sb a [good] ~** jdn [ordentlich] in die Mangel nehmen

grim [grɪm] *adj* ① grimmig, verbissen ② (*unpleasant*) trostlos; **to feel ~** sich miserabel fühlen

grin [grɪn] **I.** *n* Grinsen *nt kein pl* **II.** *vi* grinsen ▶ **to ~ and bear it** gute Miene zum bösen Spiel machen

grind [graɪnd] **I.** *n no pl* (*fam*) **the daily ~** der tägliche Trott; **to be a real ~** sehr mühsam sein **II.** *vt* <ground, ground> ① mahlen; AM, AUS *meat* fein hacken; **to ~ sth [in]to a powder** etw fein zermahlen ② *knife* schleifen ◆ **grind down** *vt* ① abschleifen; *mill* zerkleinern; **to ~ sth down to flour** etw zermahlen ② (*wear*) abtragen ③ (*tire*) zermürben ◆ **grind out** *vt* ① (*produce*) ununterbrochen produzieren ② *cigarette* ausdrücken

grindstone ['graɪn(d)stəʊn] *n* Schleifstein *m* ▶ **to keep one's nose to the ~** sich [bei der Arbeit] ranhalten

grip [grɪp] **I.** *n* Griff *m kein pl a. fig*; **to keep a [firm] ~ on sth** etw festhalten **II.** *vt* <-pp-> ① packen ② (*fig*) packen; (*interest*) fesseln **III.** *vi* <-pp-> greifen

gripping ['grɪpɪŋ] *adj* packend, fesselnd

gristle ['grɪsl] *n no pl* Knorpel *m*

grit [grɪt] **I.** *n no pl* ① Splitt *m* ② (*fig: courage*) Schneid *m* **II.** *vt* <-tt-> ① streuen ② **to ~ one's teeth** die Zähne zusammenbeißen *a. fig*

grizzly ['grɪzli] **I.** *adj* BRIT quengelig **II.** *n* Grizzlybär(in) *m(f)*

groan [grəʊn] **I.** *n* Stöhnen *nt kein pl* **II.** *vi* ① [auf]stöhnen; **to ~ inwardly** einen inneren Seufzer ausstoßen; ■ **to ~ about sth** (*fig*) sich über etw *akk* beklagen ② (*creak*) ächzen

grocer ['grəʊsə'] *n* Lebensmittelhändler(in) *m(f)*

grocery ['grəʊsᵊri] *n* Lebensmittelgeschäft *nt*

groggy ['grɒgi] *adj* angeschlagen

groin [grɔɪn] *n* Leiste *f*

groom [gru:m] **I.** *n* ① Bräutigam *m* ② (*keeper*) Pferdepfleger(in) *m(f)* **II.** *vt*

■ **to ~ an animal** einem Tier das Fell pflegen
grooming *n* INET **internet ~** *Kontaktaufnahme mit sexuellen Absichten über das Internet mit Minderjährigen*
groove [gruːv] *n* Rille *f*
groovy <-ie-> ['gruːvi] *adj (dated sl)* doll
grope [grəʊp] **I.** *n (fam)* Befummeln *nt kein pl* **II.** *vi* ■ **to ~ about** herumtasten; ■ **to ~ for sth** nach etw *dat* tasten **III.** *vt* ❶ **to ~ one's way** sich *dat* tastend seinen Weg suchen ❷ *(fam)* ■ **to ~ sb** jdn befummeln
gross[1] <*pl* - *or* -es> [grəʊs] *n* Gros *nt;* **by the ~** en gros
gross[2] [grəʊs] **I.** *adj* ❶ grob ❷ *(ugly)* abstoßend; *(revolting)* ekelhaft **II.** *adj* Brutto-; **~ domestic/national product** Bruttoinlands-/Bruttosozialprodukt *nt* **III.** *vt* FIN brutto einnehmen
gross income *n* ECON ❶ Bruttoeinkommen *nt* ❷ *(profit)* Bruttoerlös *m*
grossly ['grəʊsli] *adv* extrem
gross-out ['grəʊsaʊt] *adj attr esp* AM *(fam)* derb, widerlich
gross profit *n* FIN Bruttogewinn *m*
grotty <-ie-> ['grɒti] *adj* BRIT *(fam)* mies; *(soiled)* gammelig
grouch [graʊtʃ] **I.** *n* <*pl* -es> ❶ Griesgram *m pej* ❷ *(complaint)* Beschwerde *f* **II.** *vi* [herum]nörgeln (**about** an)
grouchy ['graʊtʃi] *adj* griesgrämig
ground[1] [graʊnd] **I.** *n no pl* ❶ [Erd]boden *m,* Erde *f;* **to above/below ~** über/unter der Erde; **to fall to the ~** zu Boden fallen; **to go to ~** *animal* in Deckung gehen ❷ *no pl (area)* [ein Stück] Land *nt;* **level ~** flaches Gelände; **waste ~** brachliegendes Land; **to gain/lose ~** MIL Boden gewinnen/verlieren; *(fig)* an Boden gewinnen/verlieren ❸ ■ **~s** *pl (environs)* Anlagen *pl* ❹ SPORTS Platz *m,* [Spiel]feld *nt* ❺ **common ~** Gemeinsame(s) *nt;* **in his lectures he covered a lot of ~** in seinen Vorträgen sprach er vieles an ❻ ■ **~s** *pl (reasons)* Grund *m;* **~s for divorce** Scheidungsgrund *m* ❼ ELEC Erde *f* ▶ **to break new ~** bahnbrechend sein; *person* Neuland betreten **II.** *vt* ❶ ■ **to be ~ed** *plane* nicht starten können; *(fig fam)* Hausarrest haben ❷ NAUT auf Grund setzen; ■ **to be ~ed** auflaufen ❸ *(base)* ■ **to be ~ed [up]on sth** auf etw *dat* basieren
ground[2] [graʊnd] **I.** *vt pt of* **grind II.** *adj* gemahlen **III.** *n* ■ **~s** *pl* [Boden]satz *m kein pl*
ground crew *n* + *sing/pl vb* AVIAT Bodenpersonal *nt kein pl* **ground floor** *n* Erdgeschoss *nt,* Parterre *nt;* **to live on the ~** parterre [*o* im Erdgeschoss] wohnen **ground frost** *n* Bodenfrost *m*
grounding ['graʊndɪŋ] *n no pl* Grundlagen *pl*
groundless ['graʊndləs] *adj* grundlos
ground personnel *n* + *pl vb* AVIAT Bodenpersonal *nt*
groundsheet *n* BRIT Bodenplane *f*
groundskeeper *n* AM *see* **groundsman**
groundsman *n* BRIT, AUS Platzwart *m*
ground staff *n no pl,* + *sing/pl vb* ❶ AVIAT Bodenpersonal *nt* ❷ SPORTS Wartungspersonal *nt* **groundwork** *n no pl* Vorarbeit *f*
group [gruːp] **I.** *n* ❶ + *sing/pl vb* Gruppe *f;* **~s of four or five** Vierer- oder Fünfergruppen *pl;* **~ of trees** Baumgruppe *f;* **to get into ~s** sich in Gruppen zusammentun ❷ ECON Konzern *m* **II.** *adj attr* Gruppen- **III.** *vt* gruppieren **IV.** *vi* sich gruppieren; **to ~ together** sich zusammentun
group practice *n* Gemeinschaftspraxis *f*
group therapy *n no pl* Gruppentherapie *f*
group ticket *n* Sammelfahrschein *m;* TOURIST Gruppenticket *nt*
grow <grew, grown> [grəʊ] **I.** *vi* wachsen; **to ~ taller/wiser** größer/weiser werden; **~ing old** das Älterwerden; **to ~ to like sth** langsam beginnen, etw zu mögen **II.** *vt* ❶ **to ~ sth from seed** etw aus Samen ziehen ❷ **the male deer ~s large antlers** dem Hirsch wächst ein mächtiges Geweih
◆ **grow into** *vi* ■ **to ~ into sth** in etw *akk* hineinwachsen; *(fig)* sich in etw *akk* eingewöhnen ◆ **grow out** *vi* ■ **to ~ out of sth** aus etw *dat* herauswachsen; *adult* für etw *akk* [schon] zu alt sein ◆ **grow up** *vi* ❶ erwachsen werden; **oh, ~ up!** wann wirst du endlich erwachsen? ❷ *(arise)* entstehen
growing ['grəʊɪŋ] **I.** *n no pl* Anbau *m* **II.** *adj attr* ❶ *see* **growing pains** ❷ *(increasing)* zunehmend
growing pains *npl* Wachstumsschmerzen *pl;* *(adolescence)* Pubertätsprobleme *pl;* *(fig)* Anfangsschwierigkeiten *pl*
growl [graʊl] **I.** *n* Knurren *nt kein pl* **II.** *vi* knurren; ■ **to ~ at sb** jdn anknurren; ■ **to ~ out sth** etw in einem knurrigen Ton sagen
grown [grəʊn] **I.** *adj attr* erwachsen; **fully ~**

ausgewachsen **II.** *pp of* **grow**
grown-up ['grəʊnʌp] (*fam*) **I.** *n* Erwachsene(r) *f(m)* **II.** *adj* erwachsen
growth [grəʊθ] *n* ❶ *no pl* Wachstum *nt;* ~ **industry** Wachstumsindustrie *f* ❷ (*plants*) Triebe *pl*
grub [grʌb] **I.** *n* ❶ Larve *f* ❷ *no pl* (*fam: food*) Fressalien *pl;* ~['s] **up!** Essen fassen!; **pub** ~ Kneipenessen *nt* **II.** *vi* <-bb-> **to** ~ **about** [*or* **around**] [**for sth**] [nach etw *dat*] wühlen **III.** *vt* <-bb-> AM (*fam: cadge*) schnorren
grubby <-ie-> ['grʌbi] *adj* (*fam*) schmudd[e]lig; *hands* schmutzig
grudge [grʌdʒ] **I.** *n* Groll *m* kein *pl;* **to have** [*or* **bear**] **a** ~ **against sb** einen Groll gegen jdn hegen **II.** *vt* ■ **to** ~ **sb sth** jdm etw missgönnen
grudgingly ['grʌdʒɪŋli] *adv* widerwillig
grueling *adj* AM *see* **gruelling**
gruelling ['grʊəlɪŋ] *adj* aufreibend, zermürbend
gruesome ['gru:səm] *adj* grausig, schauerlich
gruff [grʌf] *adj* barsch
grumble ['grʌmbl] **I.** *n* Gemurre *nt kein pl* **II.** *vi* murren; **mustn't** ~ ich kann nicht klagen
grump [grʌmp] *n* (*fam*) Griesgram *m pej*
grumpy <-ie-> ['grʌmpi] *adj* (*fam*) mürrisch, brummig, grantig
grunt [grʌnt] **I.** *n* Grunzen *nt kein pl;* **to give a** ~ grunzen **II.** *vi* grunzen
guarana [gwɑːˈrɑːnə] *n* Guarana *nt*
guarantee [ˌgærᵊnˈtiː] **I.** *n* Garantie *f;* **to give sb one's** ~ jdm etw garantieren; **moneyback** ~ Rückerstattungsgarantie *f;* **two-year** ~ Garantie *f* auf 2 Jahre; **to be** [**still**] **under** ~ [noch] Garantie haben **II.** *vt* ❶ garantieren; ■ **to** ~ **sb sth** jdm etw zusichern; ■ **to** ~ **that ...** gewährleisten, dass ... ❷ LAW ■ **to** ~ **sth** für etw *akk* bürgen
guaranteed [ˌgærᵊnˈtiːd] *adj* garantiert
guarantor [ˌgærᵊnˈtɔːʳ] *n* Garant(in) *m(f);* LAW Bürge(in) *m(f)*
guard [gɑːd] **I.** *n* ❶ Wache *f;* (*sentry*) Wach[t]posten *m;* **border** ~ Grenzposten *m;* **prison** ~ AM Gefängniswärter(in) *m(f)* ❷ (*stance*) Deckung *f;* **to be on one's** ~ [**against sth/sb**] (*fig*) [vor etw/jdm] auf der Hut sein ❸ (*device*) Schutz *m* **II.** *vt* ❶ bewachen; **heavily** ~**ed** scharf bewacht ❷ (*not tell*) für sich behalten; **closely** ~**ed secret** sorgsam gehütetes Geheimnis **III.** *vi* ■ **to** ~ **against sth** sich vor etw *dat* schützen
guard dog *n* Wachhund *m* **guard duty** *n* Wachdienst *m;* **to be on** ~ **duty** Wachdienst haben
guarded ['gɑːdɪd] *adj* zurückhaltend; (*cautious*) vorsichtig
guardian ['gɑːdiən] *n* ❶ LAW Vormund *m* ❷ (*form: protector*) Hüter(in) *m(f)*
guardian angel *n* Schutzengel *m a. fig*
guardianship ['gɑːdiənʃɪp] *n no pl* ❶ LAW Vormundschaft *f* ❷ (*form: care*) Obhut *f*
guard rail *n* [Schutz]geländer *nt*
Guatemala [ˌgwɑːtəˈmɑːlə] Guatemala *nt*
Guernsey ['gɜːnziː] *n* [**the island of**] ~ Guernsey *nt*
gue(r)rilla [gəˈrɪlə] *n* Guerillakämpfer(in) *m(f);* ~ **warfare** Guerillakrieg *m*
guess [ges] **I.** *n* <*pl* -es> Vermutung *f;* (*estimate*) Schätzung *f;* **you've got three** ~ **es** dreimal darfst du raten; **lucky** ~ Glückstreffer *m;* **to have a** ~ raten ▶ **it's anyone's** ~ weiß der Himmel **II.** *vi* ❶ raten; **how did you** ~? wie bist du darauf gekommen? ❷ *esp* AM (*suppose*) denken; (*suspect*) annehmen; **I** ~ **you're right** du wirst wohl recht haben **III.** *vt* raten; (*estimate*) schätzen; ~ **where I'm calling from** rate mal, woher ich anrufe; ~ **what?** stell dir vor!
guesswork ['geswɜːk] *n no pl* Spekulation *f* oft *pl*
guest [gest] **I.** *n* Gast *m* ▶ **be my** ~ nur zu! **II.** *vi* als Gaststar auftreten; **to** ~ **on an album** als Gaststar an einem Album mitwirken
guesthouse *n* Gästehaus *nt* **guestroom** *n* Gästezimmer *nt* **guest worker** *n* Gastarbeiter(in) *m(f)*
guidance ['gaɪdᵊn(t)s] *n no pl* ❶ Beratung *f;* (*direction*) [An]leitung *f;* **spiritual** ~ geistiger Rat ❷ (*steering*) Steuerung *f*
guide [gaɪd] **I.** *n* ❶ Führer(in) *m(f);* TOURIST *a.* Fremdenführer(in) *m(f);* **tour** ~ Reiseführer(in) *m(f)* ❷ (*book*) Reiseführer *m* ❸ (*hint*) Anhaltspunkt *m* ❹ BRIT ■ **the G** ~ **s** *pl* die Pfadfinderinnen *fpl* **II.** *vt* ❶ ■ **to** ~ **sb** jdn führen *a. fig* ❷ (*instruct*) anleiten ❸ (*steer*) führen; **the plane was** ~**d in to land** das Flugzeug wurde zur Landung eingewiesen ❹ (*affect*) leiten
guided ['gaɪdɪd] *adj* ❶ geführt; ~ **tour** Füh-

rung *f* ② (*steered*) [fern]gelenkt; ~ **missile** Lenkflugkörper *m*
guide dog *n* Blindenhund *m*
guideline *n usu pl* Richtlinie *f*
guiding hand [ˌgaɪdɪŋ'-] *n* (*fig*) leitende Hand
guiding principle *n* Richtschnur *f*
guild [gɪld] *n* + *sing/pl vb* Gilde *f*; *of craftsmen* Innung *f*, Zunft *f*; **writers'** ~ Schriftstellerverband *m*
guilder ['gɪldə^r] *n* Gulden *m*
guillotine ['gɪləti:n] *n* ① Guillotine *f*, Fallbeil *nt*; **to go to the** ~ unter der Guillotine sterben ② BRIT, AUS (*for paper*) Papierschneidemaschine *f*
guilt [gɪlt] *n no pl* Schuld *f*; **feelings of** ~ Schuldgefühle *pl*
guiltless ['gɪltləs] *adj* schuldlos
guilty <-ie-> ['gɪlti] *adj* schuldig; ~ **conscience** schlechtes Gewissen; **to prove sb** ~ jds Schuld *f* beweisen; **until proven** ~ bis die Schuld erwiesen ist
Guinean ['gɪnɪən] **I.** *adj* guineisch **II.** *n* Guineer(in) *m(f)*
guinea pig *n* Meerschweinchen *nt*
guinea tee *n* (*sl*) ärmelloses T-Shirt
guitar [gɪ'tɑ:^r] *n* Gitarre *f*
guitarist [gɪ'tɑ:rɪst] *n* Gitarrist(in) *m(f)*
gulf [gʌlf] *n* ① Golf *m*; ■ **the G~** der [Persische] Golf; **the G~ of Mexico** der Golf von Mexiko; **the G~ states** die Golfstaaten *pl* ② (*gap*) [tiefe] Kluft
gull [gʌl] *n* Möwe *f*
gullible ['gʌlɪbl] *adj* leichtgläubig
gully ['gʌli] *n* [enge] Schlucht *f*; (*drain*) Rinne *f*
gulp [gʌlp] **I.** *n* [großer] Schluck; **to get a** ~ **of air** Luft holen; **in one** [*or* **at a**] ~ in einem Zug **II.** *vt* [hinunter]schlucken; *drink* hinunterstürzen **III.** *vi* ① (*sob*) schlucken ② (*breathe*) tief Luft holen; **to** ~ **for air** nach Luft schnappen
gum[1] [gʌm] *n* ■ ~[s] Zahnfleisch *nt kein pl*; ~ **shield** Mundschutz *m*
gum[2] [gʌm] *n* ① *no pl* Gummi *nt*; (*on stamps etc.*) Gummierung *f* ② (*sweet*) **chewing** ~ Kaugummi *m o nt*; **fruit/wine** ~ BRIT Fruchtgummi/Weingummi *m o nt* ③ (*tree*) Gummibaum *m* ◆ **gum up** *vt* verkleben ▶ **to** ~ **up the** works [den Ablauf] blockieren
gun [gʌn] **I.** *n* ① [Schuss]waffe *f*; (*pistol*) Pistole *f*; (*rifle*) Gewehr *nt*; **big** ~ Kanone *f*; (*fig*) hohes Tier; **with all** ~**s blazing** aus allen Rohren feuernd ② SPORTS Startpistole *f*; **to jump the** ~ einen Frühstart verursachen ③ AM (*person*) Bewaffnete(r) *f(m)*; **hired** ~ Auftragskiller(in) *m(f)* **II.** *vt* <-nn-> AM (*fam*) *engine* hochjagen
gunfight *n* Schießerei *f* **gunfire** *n* Schießerei *f*; (*of cannons*) Geschützfeuer *nt*
gunky ['gʌŋki] *adj* (*fam*) pappig
gunman <*pl* -men> *n* Bewaffnete(r) *m* **gunpowder** *n no pl* Schießpulver *nt* **gun-running** *n no art, no pl* Waffenschmuggel *m* **gunshot** *n* [Gewehr]schuss *m*; ~ **wound** Schusswunde *f*
gurgle ['gɜ:gl] **I.** *n* Glucksen *nt kein pl* **II.** *vi* glucksen
gush [gʌʃ] **I.** *n no pl* Schwall *m*; (*fig*) Erguss *m* **II.** *vi* ① [hervor]strömen ② (*praise*) [übertrieben] schwärmen; ■ **to** ~ **over sth** über etw *akk* ins Schwärmen geraten
gushing ['gʌʃɪŋ] *adj attr* schwärmerisch
gust [gʌst] **I.** *n* [Wind]stoß *m*, Bö[e] *f* **II.** *vi* böig wehen
gusty ['gʌsti] *adj* böig
gut [gʌt] **I.** *n* ① Darm[kanal] *m* ② (*string*) Darmsaite *f* ③ (*sl: belly*) Bauch *m*; **beer** ~ Bierbauch *m* ④ (*fam: bowels*) ■ ~**s** *pl* Eingeweide *pl* ⑤ (*fam: courage*) ■ ~**s** *pl* Mumm *m kein pl* **II.** *vt* <-tt-> *animal* ausnehmen
gutbucket ['gʌtbʌkɪt] *n* BRIT (*fam*) Vielfraß *m fam*
gutless ['gʌtləs] *adj* (*fam*) feige
gutsy <-ie-> ['gʌtsi] *adj* mutig
gutter ['gʌtə^r] **I.** *n* Dachrinne *f*; (*on road*) Rinnstein *m* **II.** *vi flame* flackern
gutter press *n no pl* BRIT Sensationspresse *f*
guy [gaɪ] *n* ① (*fam*) Kerl *m*, Typ *m* ② *pl* (*fam: people*) **hi** ~**s!** hallo Leute!; **are you** ~**s coming to lunch?** kommt ihr [mit] zum Essen?
guzzle ['gʌzl] (*fam*) **I.** *vt* in sich *akk* hineinstopfen; *drink* in sich *akk* hineinkippen **II.** *vi* schlingen
gym [dʒɪm] *n* ① *short for* **gymnastics** Turnen *nt kein pl* ② *short for* **gymnasium** Turnhalle *f*
gym-goer *n* (*fam*) Besucher(in) *m(f)* eines Fitnesscenters
gymnasium <*pl* -s *or* -sia> [dʒɪm'neɪzɪəm, *pl* -zɪə] *n* Turnhalle *f*
gymnast ['dʒɪmnæst] *n* Turner(in) *m(f)*

gymnastic [dʒɪmˈnæstɪk] *adj* turnerisch, Turn-
gymnastics [dʒɪmˈnæstɪks] *npl* Turnen *nt kein pl; (fig)* **mental** ~ Gehirnakrobatik *f*
gym shoes *npl* Turnschuhe *pl* **gym shorts** *npl* Turnhose *f*
gypsy [ˈdʒɪpsi] *n* Zigeuner(in) *m(f)*

H h

H <*pl* -'s *or* -s>, **h** <*pl* -'s> [eɪtʃ] *n* H *nt*, h *nt; see also* **A 1**
ha [hɑː] *interj* ha
habit [ˈhæbɪt] *n* ❶ Gewohnheit *f;* **a bad/ good** ~ eine schlechte/gute [An]gewohnheit ❷ *(fam: addiction)* **to have a heroin** ~ heroinsüchtig sein ❸ *(cloak)* Habit *m o nt*
habitable [ˈhæbɪtəbl] *adj* bewohnbar
habitual [həˈbɪtjʊəl] *adj* ❶ ständig ❷ *(usual)* gewohnt ❸ *(due to habit)* gewohnheitsmäßig; ~ **smoker** Gewohnheitsraucher(in) *m(f)*
hack [hæk] **I.** *vt* ❶ hacken; **to** ~ **sb/sth to pieces** jdn/etw zerstückeln ❷ COMPUT ▪**to** ~ **sth** in etw *akk* eindringen **II.** *vi* ❶ ▪**to** ~ [**away**] **at sth** auf etw *akk* einhacken ❷ COMPUT ▪**to** ~ **into sth** in etw *akk* eindringen
hacker [ˈhækər] *n* COMPUT Hacker(in) *m(f)*
hacksaw *n* Bügelsäge *f*
had [hæd, həd] **I.** *vt* ❶ *pt, pp of* **have** ❷ *(fam)* **to have** ~ **it** *(stop)* genug haben; *(fail)* kaputt sein **II.** *adj (fam)* ▪**to be** ~ [he]reingelegt werden
haddock <*pl* -> [ˈhædək] *n* Schellfisch *m*
hadn't [ˈhædᵊnt] = **had not** *see* **have**
haemophilia [ˌhiːməˈfɪliə] *n no pl* Bluterkrankheit *f*, Hämophilie *f fachspr*
haemophiliac [ˌhiːməˈfɪliæk] *n* Bluter(in) *m(f)*
haemorrhage [ˈhemᵊrɪdʒ] **I.** *n* [starke] Blutung **II.** *vi* [stark] bluten
haemorrhoids [ˈhemᵊrɔɪdz] *npl* Hämorrhoiden *pl*
hag [hæg] *n* Hexe *f*
haggle [ˈhægl] **I.** *vi* ❶ ▪**to** ~ [**over sth**] [um etw *akk*] feilschen ❷ *(argue)* ▪**to** ~ **over sth** [sich] über etw *akk* streiten **II.** *n* Gefeilsche *nt*

hail¹ [heɪl] *vt* ❶ [be]grüßen ❷ *(form: call)* zurufen; *taxi* rufen ❸ *(acclaim)* ▪**to** ~ **sb/sth** jdm/etw zujubeln
hail² [heɪl] **I.** *n no pl* Hagel *m;* ~ **of bullets/ stones** Kugel-/Steinhagel *m;* ~ **of insults** Schwall *m* von Beschimpfungen **II.** *vi impers* ▪**it's** ~**ing** es hagelt
hailstone *n* Hagelkorn *nt*
hair [heər] *n* ❶ Haar *nt* ❷ *no pl (on head)* Haar *nt*, Haare *pl; (on body)* Behaarung *f;* **to do sb's** ~ jdn frisieren ▸ **keep your** ~ **on!** BRIT, AUS immer mit der Ruhe!; **to let one's** ~ **down** sich gehen lassen; **to make sb's** ~ **stand on end** jdm die Haare zu Berge stehen lassen
hairbrush *n* Haarbürste *f* **haircare** *n* Haarpflege *f* **hair conditioner** *n* Pflegespülung *f* **hair curler** *n* Lockenwickler *m* **haircut** *n* Haarschnitt *m*, Frisur *f;* **I need a** ~ ich muss mal wieder zum Friseur; **to get a** ~ sich *dat* die Haare schneiden lassen
hairdo <*pl* -s> *n* [kunstvolle] Frisur
hairdresser *n* Friseur(in) *m(f)*, Friseuse *f;* ▪**the** ~**'s** der Friseur[salon] **hairdressing salon** *n* Friseursalon *m* **hairdrier** *n,* **hairdryer** *n* Föhn *m; (hooded)* Trockenhaube *f* **hair gel** *n* Haargel *nt* **hairgrip** *n* BRIT Haarklammer *f*
hairless [ˈheələs] *adj* unbehaart; *(bald)* glatzköpfig
hairline *n* Haaransatz *m*
hairline crack *n* Haarriss *m*
hair mask *n* Haarmaske *f (Pflegespülung mit Tiefenwirkung zum Ausspülen)* **hairnet** *n* Haarnetz *nt* **hair perfume** *n* Duftspray *m* für die Haare **hairpiece** *n* Haarteil *nt*
hairpin *n* Haarnadel *f*
hairpin bend *n* BRIT, AUS, **hairpin curve** *n,* **hairpin turn** *n* AM Haarnadelkurve *f*
hair-raising *adj (fam)* haarsträubend **hair remover** *n* Enthaarungsmittel *nt* **hair restorer** *n* Haarwuchsmittel *nt* **hairslide** *n* BRIT, AUS Haarspange *f* **hair-splitting I.** *n no pl* Haarspalterei *f* **II.** *adj* haarspalterisch
hairspray *n* Haarspray *nt* **hairstyle** *n* Frisur *f*
hairy <-ie-> [ˈheəri] *adj* ❶ haarig ❷ *(of hair)* aus Haar *nach* ❸ *(fig fam: risky)* haarig; *situation* brenzlig
haka [ˈhɑːkə] *n Kriegstanz der Maoris, der in abgewandelter Form von neuseeländischen Rugbymannschaften vor einem Spiel aufge-*

führt wird
half [hɑːf] **I.** *n <pl* halves*>* ① Hälfte *f;* **a kilo and a** ~ eineinhalb Kilo; ~ **an apple** ein halber Apfel; ~ **a dozen** ein halbes Dutzend; ~ **the amount** der halbe Betrag; **by** ~ um die Hälfte; **to cut sth in** ~ etw halbieren; **to fold in** ~ zur Mitte falten ② BRIT (*fam: beer*) kleines Bier (*entspricht ca. 1/4 Liter*) ③ FBALL Läufer(in) *m(f)* ▶ **given ~ a chance** wenn man die Möglichkeit hätte; **I'll go halves with you** ich mach mit dir halbehalbe; ~ **a second** BRIT einen Moment **II.** *adj* halbe(r, s); ~ [**a**] **per cent** ein halbes Prozent; **a ~ pint of lager** ein kleines Helles **III.** *adv* ① **my little brother is ~ as tall as me** mein kleiner Bruder ist halb so groß wie ich; **he is ~ my weight** er wiegt halb so viel wie ich ② (*almost*) fast ③ (*partially*) **it wasn't ~ as good** das war bei weitem nicht so gut; ~ **asleep** halb wach ④ (*time*) [**at**] ~ **past nine** [um] halb zehn; **at ~ past on the dot** um Punkt halb

half a dozen *n* ein halbes Dutzend
halfback *n* FBALL Läufer(in) *m(f);* (*in rugby*) Halbspieler(in) *m(f)*
half-baked *adj* (*fig fam*) unausgereift **half-brother** *n* Halbbruder *m* **half-cock** *n* (*on pistol*) Vorderladerstellung *f* **half-dozen** *n* ein halbes Dutzend **half-empty** *adj* halb leer **half-full** *adj* halb voll **half-hearted** *adj* halbherzig **half-price** *adj, adv* zum halben Preis **half-sister** *n* Halbschwester *f* **half-time I.** *n* Halbzeit *f;* (*break*) Halbzeitpause *f* **II.** *adj attr* Halbzeit-

halfway I. *adj* **at the ~ point of the race** nach der Hälfte des Rennens **II.** *adv* in der Mitte; ~ **through dinner** mitten beim Abendessen; ~ **decent** (*fig fam*) halbwegs anständig; ~ **down** [**sth**] in der Mitte [einer S. *gen*]; ~ **down page 27** mitten auf Seite 27; ~ **up** auf halber Höhe

half-yearly *adj, adv* halbjährlich
hall [hɔːl] *n* ① (*lobby*) Korridor *m*, Diele *f,* Flur *m* ② (*building*) Halle *f;* (*public room*) Saal *m;* **school ~** Aula *f;* **town ~** Rathaus *nt* ③ UNIV ~ [**of residence**] [Studenten]wohnheim *nt*

Halloween [ˌhæləʊ'wiːn] *n* Halloween *nt*
hall porter *n* BRIT Portier *m*
hallucinate [hə'luːsɪneɪt] *vi* halluzinieren
hallucination [həˌluːsɪ'neɪʃ(ə)n] *n* Halluzination *f*

hallucinogenic [həˌluːsɪnə(ʊ)'dʒenɪk] *adj* halluzinogen
halo *<pl* -s *or* -es*>* ['heɪləʊ] *n* Heiligenschein *m;* ~ **of light** Lichtkranz *m*
halogen bulb *n* Halogenglühbirne *f*
halt [hɒlt] **I.** *n no pl* ① Stillstand *m;* **to come to a ~** zum Stehen kommen; **to grind to a ~** (*fig*) zum Erliegen kommen ② (*break*) Pause *f;* MIL Halt *m* **II.** *vt* zum Stillstand bringen; *fight* beenden **III.** *vi* ① zum Stillstand kommen ② (*break*) eine Pause machen; MIL Halt machen **IV.** *interj* halt

halve [hɑːv] **I.** *vt* halbieren **II.** *vi* sich halbieren
ham [hæm] **I.** *n no pl* Schinken *m* **II.** *adj attr* ~ **sandwich** Schinkenbrot *nt* **III.** *vt* **to ~ it up** übertrieben darstellen
hamburger ['hæmˌbɜːgə'] *n* Hamburger *m*
hammer ['hæmə'] **I.** *n* ① Hammer *m* ② SPORTS [Wurf]hammer *m;* [**throwing**] **the ~** das Hammerwerfen **II.** *vt* ① *nail* einschlagen; **to ~ sth into sb** (*fig*) jdm etw einhämmern ② (*fam: defeat*) **Germany ~ed Holland 6-1** Deutschland war Holland mit 6:1 haushoch überlegen ◆ **hammer in** *vt* einschlagen ◆ **hammer out** *vt* ① *dent* ausbeulen ② *difficulties* bereinigen

hammock ['hæmək] *n* Hängematte *f*
hamper[1] ['hæmpə'] *n* [Deckel]korb *m;* (*for gifts*) Geschenkkorb *m*
hamper[2] ['hæmpə'] *vt* behindern
hamster ['hæm(p)stə'] *n* Hamster *m*
hamstring ['hæmstrɪŋ] **I.** *n* Kniesehne *f;* **to pull a ~** sich *dat* eine Kniesehnenzerrung zuziehen **II.** *vt* <-strung, -strung> *usu passive* (*fig*) **to be hamstrung** lahm gelegt sein
hand [hænd] **I.** *n* ① Hand *f;* **by ~** von Hand; **get your ~s off!** Hände weg!; **~s up!** Hände hoch!; **~ in ~** Hand in Hand; **on ~s and knees** auf allen vieren; **to hold sb's ~** jdm die Hand halten ② ■ **at ~** (*present*) vorliegend; (*close*) in Reichweite; **to take sb/sth in ~** sich *dat* jdn/etw vornehmen; ■ **on ~** zur Verfügung ③ (*help*) **would you like a ~?** soll ich Ihnen helfen?; **to lend sb a ~** jdm helfen ④ (*worker*) Arbeiter(in) *m(f)* ⑤ (*expert*) **an old ~ at sth** ein alter Hase in etw *dat* ⑥ (*on clock*) Zeiger *m* ⑦ CARDS **a ~ of poker** eine Runde Poker ▶ **many ~s make light work** (*prov*) viele Hände machen der Arbeit bald ein Ende; **to keep a firm ~ on sth** etw fest im Griff behalten; **to have one's**

~s full jede Menge zu tun haben **II.** *vt* ■ **to ~ sb sth** jdm etw [über|geben ▶ **you've got to ~ it to sb** man muss es jdm lassen ◆ **hand back** *vt* zurückgeben ◆ **hand down** *vt* weitergeben ◆ **hand in** *vt* einreichen; *homework* abgeben ◆ **hand on** *vt* ■ **to ~ sth** ⟳ **on** [**to sb**] etw [an] jdn] weitergeben; (*bequeath*) [jdm] etw vererben ◆ **hand out** *vt* austeilen (**to** an); *homework, advice* geben (**to** +*dat*) ◆ **hand over** *vt* ❶ herüber-/hinüberreichen; (*present*) übergeben ❷ ■ **to ~ sb over** [**to sb**] jdn [jdm] übergeben ◆ **hand round** *vt* BRIT herumreichen; (*distribute*) austeilen

handbag *n* Handtasche *f* **handbook** *n* Handbuch *nt;* **student ~** Vorlesungsverzeichnis *nt* **handbrake** *n* Handbremse *f*

handcuff **I.** *vt* ■ **to ~ sb** jdm Handschellen anlegen **II.** *n* ■ ~**s** *pl* Handschellen *pl*

handful ['hæn(d)fʊl] *n* ❶ Handvoll *f;* **a ~ of people** wenige Leute ❷ *no pl* (*person*) Nervensäge *f*

hand-geometry technology *n* Handgeometrie-Technologie *f*

hand grenade *n* Handgranate *f*

handicap ['hændɪkæp] **I.** *n* ❶ Handicap *nt* ❷ SPORTS Handicap *nt* ❸ (*dated: disability*) Behinderung *f* **II.** *vt* <-pp-> benachteiligen

handkerchief ['hæŋkətʃiːf] *n* Taschentuch *nt*

handle ['hændl] **I.** *n* Griff *m;* (*curved also*) Henkel *m; of door* Klinke *f* ▶ **to fly off the ~** hochgehen **II.** *vt* ❶ (*manage*) schaffen ❷ *goods* befördern ❸ (*touch*) anfassen

handlebars *npl* Lenkstange *f*

handling ['hændlɪŋ] *n no pl* ❶ (*touching*) Berührung *nt* ❷ (*treatment*) Handhabung *f* (**of** +*gen*); *of person* Behandlung *f* (**of** +*gen*); (*of machine*) Umgang *m* (**of** mit) ❸ AUTO Fahrverhalten *nt*

handling charge *n,* **handling fee** *n* Bearbeitungsgebühr *f;* FIN Kontoführungsgebühr *f*

hand luggage *n no pl* Handgepäck *nt* **handmade** *adj* handgearbeitet; *paper* handgeschöpft **hand-operated** *adj* handbetrieben **handout** *n* ❶ Almosen *nt;* **government ~** staatliche Unterstützung ❷ (*leaflet*) Flugblatt *nt;* *for students* Arbeitsblatt *nt* **handpicked** *adj* handverlesen a. *fig* **handrail** *n* Geländer *nt* **handshake** *n* Händedruck *m*

handsome ['hæn(d)səm] *adj* ❶ gut aussehend ❷ (*generous*) **a ~ sum** eine stolze Summe

hands-on *adj attr* praktisch

handspring *n* Handstandüberschlag *m*

handstand *n* Handstand *m kein pl* **hand wipe** *n* Erfrischungstuch *nt* **handwriting** *n no pl* Handschrift *f* **handwritten** *adj* handgeschrieben

handy <-ie-> ['hændi] *adj* ❶ praktisch, geschickt SÜDD; (*easy to handle*) handlich ❷ (*useful*) nützlich; **to come in ~** [**for sth**] [jdm/etw] gelegen kommen ❸ (*near*) griffbereit; *place* in der Nähe *nach n*

handyman <*pl* -men> *n* Heimwerker(in) *m(f)*

hang [hæŋ] **I.** *n no pl* ❶ *of drapery* Fall *m; of clothes* Sitz *m* ❷ (*fig fam*) **to get the ~ of sth** bei etw *dat* den [richtigen] Dreh herausbekommen **II.** *vt* <hung, hung> ❶ (*mount*) aufhängen (**on** an) ❷ (*decorate*) behängen ❸ <hung *or* hanged, hung *or* hanged> (*kill*) [auf]hängen; ■ **to ~ oneself** sich aufhängen ❹ (*droop*) **to ~ one's head** den Kopf hängen lassen **III.** *vi* <hung, hung> ❶ hängen (**from** an); ■ **to ~ down** herunterhängen ❷ <hanged, hanged> (*die*) hängen ❸ <hung, hung> (*persist*) mist, smell hängen ❹ <hung, hung> (*rely*) ■ **to ~** [**up**]**on sb/sth** von jdm/etw abhängen ❺ <hung, hung> (*keep*) ■ **to ~ onto sth** etw behalten ❻ <hung, hung> AM (*fam*) **he can go ~!** zum Henker mit ihm! ▶ **to ~ in there** am Ball bleiben ◆ **hang about** *vi* ❶ (*fam: idle*) herumtrödeln ❷ (*wait*) warten; BRIT **~ about, ...** Moment mal, ... ❸ BRIT (*fam*) ■ **to ~ about with sb** [ständig] mit jdm zusammenstecken ◆ **hang back** *vi* ❶ (*be slow*) sich zurückhalten ❷ (*stay behind*) zurückbleiben ◆ **hang behind** *vi* hinterhertrödeln ◆ **hang on** *vi* ❶ ■ **to ~ on to sth** sich an etw *dat* festhalten; **to ~ on tight** sich gut festhalten ❷ (*fam: persist*) durchhalten ❸ **~ on** [**a minute**] wart mal, einen Augenblick; **~ on!** Moment! ◆ **hang out I.** *vt* heraushängen; *washing* aufhängen **II.** *vi* ❶ heraushängen ❷ (*sl: idle*) rumhängen ▶ **to let it all ~ out** die Sau rauslassen ◆ **hang together** *vi argument* schlüssig sein; *alibi* keine Widersprüche *pl* aufweisen ◆ **hang up I.** *vi* ❶ hängen ❷ (*end call*) auflegen **II.** *vt* aufhängen; *phone* auflegen

hanger ['hæŋəʳ] *n* [Kleider]bügel *m*

hang-gliding *n no pl* Drachenfliegen *nt*

hangover *n* Kater *m*

hang-up *n* (*fam*) Komplex *m* (**about** wegen)
hankie ['hæŋki] *n*, **hanky** *n* (*fam*) *short for* **handkerchief** Taschentuch *nt*
happen ['hæpən] *vi* ① geschehen, passieren; *event* stattfinden; **what's ~ing?** was geht? ② (*by chance*) ■ **to ~ to do sth** zufällig etw tun; **it just so ~s that ...** wie's der Zufall will, ... ③ (*liter: come across*) ■ **to ~ [up]on sb/sth** jdm/etw zufällig begegnen ④ (*actually*) **as it ~s** tatsächlich
happily ['hæpɪli] *adv* ① glücklich; (*cheerfully*) fröhlich ② (*willingly*) gern
happiness ['hæpɪnəs] *n no pl* Glück *nt*; (*contentment*) Zufriedenheit *f*; (*cheerfulness*) Fröhlichkeit *f*
happy <-ie-> ['hæpi] *adj* ① glücklich; (*contented*) zufrieden; (*cheerful*) fröhlich ② (*willing*) ■ **to be ~ to do sth** etw gerne tun ③ (*in greetings*) **~ birthday** alles Gute zum Geburtstag; **~ Easter** frohe Ostern; **a ~ New Year** ein glückliches neues Jahr
harbor AM *see* **harbour**
harbour ['hɑ:bər] I. *n* Hafen *m* II. *vt* ① ■ **to ~ sb** jdm Unterschlupf gewähren ② *feelings* hegen
hard [hɑ:d] I. *adj* ① hart; **frozen ~** hart gefroren; **[as] ~ as a rock** steinhart ② (*tough*) zäh, hart ③ (*difficult*) schwierig; **it's ~ to say** es ist schwer zu sagen ④ (*onerous*) anstrengend; **to be ~ work** harte Arbeit sein; **to be a ~ worker** fleißig sein ⑤ (*severe*) hart; **~ luck!** [so ein] Pech!; **[as] ~ as nails** knallhart ⑥ (*unlucky*) ■ **to be ~ on sb** hart für jdn sein ⑦ (*potent*) stark; *drug* hart II. *adv* ① hart; **to set ~** hart werden; *concrete* fest werden ② (*strongly*) fest[e], kräftig; **to rain ~** stark regnen; **to try ~** sich sehr bemühen ③ (*severely*) schwer ▸ **to be ~ done by** BRIT unfair behandelt werden
hardback I. *adj* gebunden II. *n* gebundenes Buch; ■ **in ~** gebunden
hard-boiled *adj* hart gekocht **hard copy** *n* COMPUT Ausdruck *m* **hard currency** *n* harte Währung **hard disk** *n* COMPUT Festplatte *f* **hard drug** *n* harte Droge **hard-earned** *adj* ehrlich verdient; *pay* sauer verdient
harden ['hɑ:dən] I. *vt* ① härten ② (*toughen*) *attitude* verhärten; ■ **to ~ sb [to sth]** jdn [gegen etw *akk*] abhärten II. *vi* ① sich verfestigen, hart werden ② (*toughen*) sich verhärten
hard feelings *npl* **no ~?** alles klar? **hard-hearted** *adj* hartherzig
hardly ['hɑ:dli] *adv* kaum; **it's ~ my fault!** ich kann ja wohl kaum was dafür!; **~ ever** so gut wie nie
hardship ['hɑ:dʃɪp] *n* Not *f*
hard shoulder *n* BRIT befestigter Seitenstreifen **hard target** *n* MIL, POL hartes Ziel **hard-wearing** *adj* strapazierfähig **hard-working** *adj* fleißig
hare [heər] *n* <*pl* -s *or* -> [Feld]hase *m*
harm [hɑ:m] I. *n no pl* Schaden *m*; **to mean no ~** es nicht böse meinen; **to come to [no] ~** [nicht] zu Schaden kommen II. *vt* ■ **to ~ sth** etw *dat* Schaden zufügen; ■ **to ~ sb** jdm schaden
harmful ['hɑ:mfəl] *adj* schädlich; *words* verletzend
harmless ['hɑ:mləs] *adj* harmlos
harmonium [hɑ:'məʊniəm] *n* Harmonium *nt*
harsh [hɑ:ʃ] *adj* ① rau; *winter* streng ② (*severe*) hart; (*critical*) scharf; ■ **to be ~ on sb** streng mit jdm sein
harvest ['hɑ:vɪst] I. *n* Ernte *f*; (*season*) Erntezeit *f* II. *vt* ernten
harvest festival *n* BRIT Erntedankfest *nt*
has [hæz, həz] *3rd pers sing of* **have**
has-been ['hæzbi:n] *n* (*fam*) ehemalige Größe
hash [hæʃ] I. *n* ① AM FOOD Haschee *nt* ② *no pl* (*fam: shambles*) **to make a ~ of sth** etw vermasseln ③ (*fam: hashish*) Hasch *nt* II. *vt* (*fam*) ■ **to ~ up ↻ sth** etw vermasseln
hasn't ['hæzənt] = **has not** *see* **have**
hassle ['hæsl] (*fam*) I. *n* Mühe *f kein pl* II. *vt* schikanieren
haste [heɪst] *n no pl* Eile *f*; (*rush*) Hast *f*; **to make ~** sich beeilen; **in ~** hastig
hasty <-ie-> ['heɪsti] *adj* ① eilig, hastig ② (*rashly*) übereilt
hat [hæt] *n* Hut *m*; (*cap*) Mütze *f* ▸ **~s off to sb/sth** Hut ab vor jdm/etw; **to eat one's ~ if ...** einen Besen fressen, wenn ...
hatch[1] <*pl* -es> [hætʃ] *n* ① Durchreiche *f* ② NAUT Luke *f* ▸ **down the ~!** runter damit!
hatch[2] [hætʃ] I. *vi* schlüpfen II. *vt* ausbrüten *a. fig*
hatchback ['hætʃbæk] *n* ① (*door*) Heckklappe *f* ② (*car*) Wagen *m* mit Heckklappe
hate [heɪt] I. *n* ① *no pl* Hass *m*; **feelings of ~** Hassgefühle *pl*; **~ mail** hasserfüllte Briefe *pl*

❷ *(thing)* **pet ~** Gräuel *nt* II. *vt* hassen; **to ~ sb's guts** jdn wie die Pest hassen
hateful ['heɪtfəl] *adj* ❶ *(dated)* hasserfüllt; *(spiteful)* gemein ❷ *(unpleasant)* abscheulich; *person* unausstehlich; **~ remarks** hässliche Bemerkungen
hatred ['heɪtrɪd] *n no pl* Hass *m* (**of**/**for** auf)
haul [hɔ:l] I. *n* ❶ *usu sing* **to give a ~** [kräftig] ziehen ❷ *(catch)* Ausbeute *f* (**of** von/an) ❸ *(distance)* Strecke *f*; **it was a long ~** *(fig)* es hat sich lange hingezogen II. *vt* ❶ ziehen; *(lug)* schleppen ❷ *goods* befördern ◆ **haul up** *vt* hochziehen; *(lug)* hochschleppen
haunt [hɔ:nt] I. *vt* ❶ ■ **to ~ sth** in etw *dat* spuken; ■ **to be ~ed by sb/sth** von jdm/ etw heimgesucht werden ❷ *memories* heimsuchen II. *n* Treffpunkt *m*; *(pub)* Stammlokal *nt*
haunted ['hɔ:ntɪd] *adj* ❶ **this house is ~!** in diesem Haus spukt es!; **~ castle** Spukschloss *nt*; **~ house** Gespensterhaus *nt* ❷ *look* gehetzt
have [hæv, həv] I. *aux vb* <has, had, had> ❶ *(forming past tenses)* **he has never been to Scotland before** er war noch nie zuvor in Schottland; **we had been swimming** wir waren schwimmen gewesen ❷ ■ **to ~ sth done** etw tun lassen; **to ~ one's hair cut** sich *dat* die Haare schneiden lassen ❸ *(must)* ■ **to ~ [got] to do sth** etw tun müssen; **what time ~ we got to be there?** wann müssen wir dort sein? ❹ *(form: if)* ■ **had sb done sth, ...** hätte jd etw getan, ..., wenn jd etw getan hätte, ... II. *vt* <has, had, had> ❶ ■ **to ~ [got] sth** etw haben; **he's got green eyes** er hat grüne Augen; **we're having a wonderful time in Venice** wir verbringen eine wundervolle Zeit in Venedig ❷ *(engage in)* *bath* nehmen; *nap, party, walk* machen; **to ~ a swim** schwimmen; **to ~ a try** es versuchen ❸ *(consume)* *food* essen; *cigarette* rauchen; **to ~ lunch/dinner** zu Mittag/Abend essen ❹ *(receive)* erhalten; **okay, let's ~ it!** okay, her damit! ❺ *(be obliged)* ■ **to ~ [got] sth to do** etw tun müssen ❻ **to be having a baby** ein Baby bekommen ▶ **to ~ had it** *(be broken)* hinüber sein; *(be tired)* fix und fertig sein; *(be in trouble)* dran sein ◆ **have back** *vt* zurückhaben; *(person)* wieder nehmen ◆ **have in** *vt* ❶ ■ **to ~ in ↻ sb [to do sth]** jdn kommen lassen[, um etw zu tun] ❷ *(fam: be able)* ■ **to ~ [got] it in one** das Zeug[s] zu etw haben ▶ **to ~ [got] it in for sb** jdn auf den Kieker haben ◆ **have off** *vt* BRIT, AUS *(vulg)* ■ **to ~ it off [with sb]** es [mit jdm] treiben ◆ **have on** *vt* ❶ *clothes* tragen ❷ BRIT *(fam: trick)* ■ **to ~ sb on** jdn auf den Arm nehmen ◆ **have out** *vt* ❶ *(remove)* sich *dat* herausnehmen lassen ❷ *(fam: argue)* ■ **to ~ it out [with sb]** es [mit jdm] ausdiskutieren ◆ **have over** *vt* ■ **to ~ sb over** jdn zu sich einladen
haven't ['hævənt] = **have not** *see* **have**
Havre ['(h)ɑ:vrə] *n* ■ **Le ~** Le Havre
hawk [hɔ:k] *n* ❶ Habicht *m*; *(fig)* **to have eyes like a ~** Adleraugen haben ❷ POL Falke *m*
hay [heɪ] *n no pl* Heu *nt* ▶ **to hit the ~** sich in die Falle hauen
hay fever *n no pl* Heuschnupfen *m*
haystack *n* Heuhaufen *m*
haywire *adj (fam)* **to go ~** verrückt spielen
hazard ['hæzəd] I. *n* Gefahr *f*; **fire ~** Brandrisiko *nt*; **health ~** Gefährdung *f* der Gesundheit II. *vt* ❶ *(risk)* wagen ❷ *(endanger)* gefährden
hazard lights *npl* AUTO Warnblinkanlage *f*
hazardous ['hæzədəs] *adj* gefährlich; *(risky)* riskant; **~ to one's health** gesundheitsgefährdend
haze [heɪz] I. *n* ❶ Dunst[schleier] *m*; **heat ~** Hitzeflimmern *nt* ❷ *(fig)* Benommenheit *f* II. *vt* AM schikanieren
hazelnut *n* Haselnuss *f*
hazy ['heɪzi] *adj* ❶ dunstig, diesig ❷ ■ **to be ~ about sth** sich nur vage an etw *akk* erinnern [können]
HBO [,eɪtʃbi:'əʊ] *n abbrev of* **Home Box Office** *Kabelsender in den USA*
H-bomb ['eɪtʃbɒm] *n abbrev of* **hydrogen bomb** H-Bombe *f*
he [hi:, hi] I. *pron* er; *(some person)* er/sie/ es II. *n* Er *m*
head [hed] I. *n* ❶ Kopf *m*; **from ~ to foot** von Kopf bis Fuß; **~ over heels** Kopf über Hals; **to use one's ~** seinen Verstand benutzen ❷ *(unit)* **a ~** pro Kopf ❸ *no pl of bed, table* Kopfende *nt; of nail* Kopf *m* ❹ *(boss)* Chef(in) *m(f)*; *(supervisor)* Leiter(in) *m(f)*; **~ of state** Staatsoberhaupt *nt* ❺ BRIT SCH Schulleiter(in) *m(f)*, Rektor(in) *m(f)* ❻ *usu pl (coin)* **~s or tails?** Kopf oder Zahl? ❼ *of pimple* Pfropf *m* ▶ **to have one's ~ in the clouds** in höheren Regionen schweben; **to**

do sb's ~ in BRIT (*fam*) jdm auf den Wecker gehen; **to be ~ over** <u>heels</u> **in love** bis über beide Ohren verliebt sein; **to** <u>laugh</u> **one's ~ off** sich halb totlachen **II.** *adj attr* leitend **III.** *vt* ❶ (*lead*) anführen ❷ (*supervise*) leiten ❸ FBALL köpfen **IV.** *vi* gehen/fahren; **to ~ home** sich auf den Heimweg machen ◆ **head back** *vi* zurückgehen; *in vehicle* zurückfahren ◆ **head off I.** *vt* ❶ (*intercept*) abfangen ❷ (*fig: avoid*) abwenden **II.** *vi* ■ **to ~ off to[wards]** sth sich zu etw begeben ◆ **head up** *vt* leiten

headache *n* Kopfschmerzen *pl*; (*fig*) Problem *nt* **headband** *n* Stirnband *nt* **head first** *adv* kopfüber

headlamp *n*, **headlight** *n* Scheinwerfer *m*

headline *n* Schlagzeile *f*

headliner *n* Hauptattraktion *f*; **the ~ is ...** der Star des Abends ist ...

headmaster *n* Schulleiter *m*, Rektor *m* **headmistress** *n* Schulleiterin *f*, Rektorin *f* **head office** *n* Zentrale *f*

head-on I. *adj* Frontal- **II.** *adv* frontal; (*fig*) direkt

headphones *npl* Kopfhörer *m*

headquarters *npl* + *sing/pl vb* Hauptsitz *m*; MIL Hauptquartier *nt*

headrest *n*, **head restraint** *n* Kopfstütze *f* **headroom** *n no pl* lichte Höhe; *for ceiling* Kopfhöhe *f*; (*in cars*) Kopffreiheit *f* **headscarf** *n* Kopftuch *nt* **headset** *n* Headset *nt*

head start *n* Vorsprung *m*; **to give sb a ~** jdm einen Vorsprung lassen

head waiter *n* Oberkellner *m*

headway *n no pl* **to make ~** [gut] vorankommen

heal [hi:l] **I.** *vt* heilen; *differences* beilegen **II.** *vi* heilen *a. fig*

healing ['hi:lɪŋ] **I.** *adj* heilsam **II.** *n no pl* Heilung *f*; *of cuts* Verheilen *nt*

health [helθ] *n no pl* Gesundheit *f*; **your ~!** Pros[i]t!

health center AM *see* **health centre health centre** *n* Ärztezentrum *nt* **health certificate** *n* Gesundheitszeugnis *nt* **health club** *n* Fitnessclub *m* **health food shop** *n*, AM **health food store** *n* Naturkostladen *m*, Bioladen *m*; (*more formal*) Reformhaus *nt* **health insurance** *n no pl* Krankenversicherung *f*; **~ company** Krankenkasse *f* **Health Service** *n* BRIT ■ **the ~** der [staatliche] Gesundheitsdienst **health visitor** *n* BRIT Krankenpfleger(in) *m(f)* der Sozialstation

healthy ['helθi] *adj* gesund *a. fig*; (*ample*) ordentlich; (*salubrious*) gesundheitsfördernd

heap [hi:p] **I.** *n* ❶ Haufen *m a. fig*; **~ of clothes** Kleiderhaufen *m*; **to collapse in a ~** zu Boden sacken ❷ (*fam: lots*) ■ **~s [of]** jede Menge [+*gen*] **II.** *vt* aufhäufen; (*fig*) **to ~ criticism on sb** massive Kritik an jdm üben

hear <heard, heard> [hɪə^r] **I.** *vt* ❶ hören; ■ **to ~ sb do sth** hören, wie jd etw tut ❷ LAW *case* verhandeln **II.** *vi* hören (**about/of** von) ▶ <u>do</u> **you ~?** verstehst du/verstehen Sie?; **~! ~!** hört, hört! *a. iron*

heard [hɜ:d] *pt*, *pp of* **hear**

hearing ['hɪərɪŋ] *n* ❶ *no pl* Gehör *nt*; **hard of ~** schwerhörig ❷ *no pl* (*earshot*) [**with**]**in** [**sb's**] **~ in** [jds] Hörweite *f* ❸ (*examination*) Anhörung *f*; **disciplinary ~** Disziplinarverfahren *nt*

hearing aid *n* Hörgerät *nt*

heart [hɑ:t] *n* ❶ Herz *nt a. fig*; **my ~ goes out to her** ich fühle mit ihr; **to come from the ~** von Herzen kommen; **to one's ~'s content** nach Herzenslust; **to break sb's ~** jdm das Herz brechen; **with all one's ~** von ganzem Herzen ❷ *no pl* (*courage*) Mut *m*; **to lose ~** den Mut verlieren; **sb's ~ sinks** jdm wird das Herz schwer ❸ CARDS ■ **~s** *pl* Herz *nt kein pl*; **queen of ~s** Herzdame *f* ▶ **at ~** im Grunde seines Herzens; **by ~** auswendig; **to have a change of ~** sich anders besinnen

heart attack *n* Herzanfall *m*; (*fatal*) Herzinfarkt *m* **heartbreaking** *adj* herzzerreißend

heartbroken *adj* todunglücklich, untröstlich **heartburn** *n no pl* Sodbrennen *nt*

hearten ['hɑ:t^ən] *vt usu passive* ermutigen

heartening ['hɑ:t^ənɪŋ] *adj* ermutigend

heartfelt *adj* tief empfunden; (*sincere*) aufrichtig

heart-lung machine *n* Herz-Lungen-Maschine *f*

heartrending *adj* herzzerreißend

heart-throb *n* (*fam*) Schwarm *m* **heart-to-heart I.** *adj attr* [ganz] offen **II.** *n* **to have a ~** sich aussprechen **heart-warming** *adj* herzerfreuend

heat [hi:t] **I.** *n* ❶ *no pl* Wärme *f*; (*hotter*) Hitze *f* ❷ *no pl* (*fig*) **in the ~ of the moment** in der Hitze des Gefechts; **the ~ is on** es weht ein scharfer Wind ❸ SPORTS Vorlauf *m* ❹ *no pl* ZOOL ■ **on** [*or* AM **in**] **~** brünstig **II.** *vt* erhitzen, heiß machen; *food* aufwärmen; *house, room* heizen **III.** *vi* warm werden ◆ **heat up I.** *vt* heiß machen; *food* aufwärmen **II.** *vi* warm werden

heated ['hiːtɪd] *adj* ❶ erhitzt; *room* geheizt ❷ (*emotional*) hitzig; **to get ~ about sth** sich über etw *akk* aufregen

heater ['hiːtəʳ] *n* [Heiz]ofen *m*, Heizgerät *nt*; (*in car*) Heizung *f*; **water ~** Boiler *m*

heat gauge *n* Temperaturanzeiger *m*

heather ['heðəʳ] *n no pl* Heidekraut *nt*

heating ['hiːtɪŋ] *n no pl* ❶ Heizen *nt*; PHYS Erwärmung *f* ❷ (*device*) Heizung *f*; **~ engineer** Heizungsmonteur(in) *m(f)*

heatproof *adj* hitzebeständig **heat rash** *n* Hitzeausschlag *m* **heat-resistant** *adj*, **heat-resisting** *adj* hitzebeständig; *ovenware* feuerfest

heatwave *n* Hitzewelle *f*

heaven ['hevᵊn] *n no pl* Himmel *m a. fig* ▶ **~ forbid!** Gott bewahre!; **good ~s!** du lieber Himmel!; **to stink to high ~** zum Himmel stinken; **in seventh ~** im siebten Himmel; **thank ~s!** Gott sei Dank!

heavily ['hevɪli] *adv* ❶ (*very*) stark; **~ armed/guarded** schwer bewaffnet/bewacht; **to sleep ~** tief schlafen ❷ (*weighted*) schwer; *move* schwerfällig ❸ (*severely*) schwer; **to rain/snow ~** stark regnen/schneien ❹ (*with effort*) schwer

heavy ['hevi] *adj* ❶ schwer ❷ (*intense*) stark; **to be under ~ fire** unter schwerem Beschuss stehen ❸ *drinker, smoker* stark ❹ (*fig: oppressive*) drückend; *weather* schwül ❺ (*hard*) schwierig; *breathing* schwer ❻ (*thick*) dick; *cloud* schwer; *traffic* stark

heavy going *n no art, no pl* ■ **to be ~** schwierig [*o* eine Schinderei] sein **heavy-handed** *adj* ungeschickt **heavyweight I.** *n* Schwergewicht *nt a. fig* **II.** *adj* ❶ im Schwergewicht *nach n* ❷ (*weighty*) schwer

he'd¹ [hiːd] = **he had** *see* **have**
he'd² [hiːd] = **he would** *see* **will**

hedge [hedʒ] **I.** *n* Hecke *f* **II.** *vt* **to ~ one's bets** nicht alles auf eine Karte setzen

hedgehog *n* Igel *m*

hedgerow *n* Hecke *f*, Knick *m* NORDD

heed [hiːd] (*form*) **I.** *vt* beachten **II.** *n no art, no pl* Beachtung *f*; **to pay ~/no ~ to sth** auf etw *akk* achten/nicht achten

heel [hiːl] **I.** *n* ❶ Ferse *f* ❷ *of shoe* Absatz *m*; [**high**] **~s** *pl* Stöckelschuhe *pl* ▶ **down at ~** heruntergekommen **II.** *interj* ■ **~!** bei Fuß! **III.** *vt* **to ~ a shoe** einen neuen Absatz an einen Schuh machen ▶ **well ~ed** gut betucht

heel bar *n* Schuh[sofort]reparaturservice *m*

hefty ['hefti] *adj* ❶ (*strong*) kräftig ❷ (*large*) mächtig; **~ workload** hohe Arbeitsbelastung ❸ (*considerable*) deutlich, saftig *fam*

hegemony [hɪ'gemǝni] *n no pl* Hegemonie *f*

height [haɪt] *n* ❶ Höhe *f*; *of person* [Körper]größe *f*; **at chest ~** in Brusthöhe; **to be 6 metres in ~** 6 Meter hoch sein; ■ **~s** *pl* Höhen *pl*; **fear of ~s** Höhenangst *f* ❷ (*fig*) Höhepunkt *m*; **at the ~ of summer** im Hochsommer

heir [eəʳ] *n* Erbe(in) *m(f)*; **~ to the throne** Thronfolger(in) *m(f)*

heiress <*pl* -es> ['eǝres] *n* Erbin *f*

heirloom ['eǝluːm] *n* Erbstück *nt*

held [held] *vt, vi pt, pp of* **hold**

helicopter ['helɪkɒptǝʳ] *n* Hubschrauber *m*

helipad ['helɪ-] *n* Hubschrauberlandeplatz *m*

heliport *n* Heliport *m*, Hubschrauberlandeplatz *m*

hell [hel] **I.** *n no pl* ❶ *no art* Hölle *f*; **to go to ~** in die Hölle kommen ❷ *no art* (*fig fam*) **to ~ with it!** ich hab's satt!; **to ~ with you!** du kannst mich mal!; **to make sb's life ~** jdm das Leben zur Hölle machen; **to raise ~** einen Höllenlärm machen ❸ (*fam: emphatic*) **he's one ~ of a guy!** er ist echt total in Ordnung!; **a ~ of a lot** verdammt viel; **as cold as ~** saukalt ▶ **come ~ or high water** komme, was wolle; **to do sth for the ~ of it** etw aus reinem Vergnügen machen; **like ~** wie verrückt **II.** *interj* **oh ~!** Scheiße! *sl*; **~ no!** bloß nicht!

he'll¹ [hiːl] = **he will¹** *see* **will**
he'll² [hiːl] = **he shall** *see* **shall**

hellish ['helɪʃ] **I.** *adj* höllisch *a. fig*; *cold, heat* mörderisch **II.** *adv* BRIT (*fam*) verdammt

hellishly ['helɪʃli] *adv* (*fam*) ❶ (*dreadfully*) höllisch ❷ (*very*) verdammt

hello [hel'əʊ] **I.** *n* Hallo *nt*; **to say ~ to sb** jdn [be]grüßen **II.** *interj* hallo!

helm [helm] **I.** *n* Ruder *nt a. fig* **II.** *vt* ■ **to ~ sth** etw leiten

helmet ['helmǝt] *n* Helm *m*

help [help] **I.** *n no pl* Hilfe *f*; (*financial*) Unterstützung *f*; **to cry for ~** nach Hilfe schreien; **a great ~ you are!** (*iron*) eine tolle Hilfe bist du! **II.** *interj* ■ **~!** Hilfe! **III.** *vi* helfen

(**with** bei) **IV.** vt ❶ (*assist*) ■ **to ~ sb** jdm helfen; **so ~ me God** so wahr mir Gott helfe ❷ (*improve*) verbessern; (*alleviate*) lindern ❸ (*contribute*) ■ **to ~ sth** zu etw beitragen ❹ (*prevent*) **I can't ~ it!** ich kann nichts dagegen machen!; **I can't ~ thinking that ...** ich denke einfach, dass ... ❺ (*take*) ■ **to ~ oneself** sich bedienen; ■ **to ~ oneself to sth** sich *dat* etw nehmen **V.** *adj attr* Hilfe-
◆ **help out I.** *vt* ■ **to ~ out ◯ sb** jdm [aus]helfen **II.** *vi* aushelfen; ■ **to ~ out with sth** bei etw *dat* helfen
helper ['helpə^r] *n* Helfer(in) *m(f)*; (*assistant*) Gehilfe(in) *m(f)*
helpful ['helpf^əl] *adj* hilfreich; *person* hilfsbereit; **to be ~ [to sb]** [jdm] helfen; **I was only trying to be ~** ich wollte nur helfen
helping ['helpɪŋ] **I.** *n* Portion *f*; **to take a second ~ [of sth]** sich *dat* etw noch einmal nehmen **II.** *adj attr* hilfreich; **to give sb a ~ hand** jdm helfen
helpless ['helpləs] *adj* hilflos; (*impotent*) machtlos; **to be ~ with laughter** sich vor Lachen kaum noch halten können
helpline *n* Notruf *m*
hem [hem] *n* Saum *m*
hemophilia *n* A<small>M</small> *see* **haemophilia**
hemophiliac *n* A<small>M</small> *see* **haemophiliac**
hemorrhage *n, vi* A<small>M</small> *see* **haemorrhage**
hemorrhoids *n* A<small>M</small> *see* **haemorrhoids**
hen [hen] *n* Henne *f*, Huhn *nt*
hence [hen(t)s] *adv* ❶ *after n* von jetzt an; **four weeks ~** in vier Wochen ❷ (*therefore*) daher
hencoop *n*, **henhouse** *n* Hühnerstall *m*
hen night *n* Party am Abend vor der Hochzeit für die Braut und ihre Freundinnen
heptathlon [hep'tæθlɒn] *n* Siebenkampf *m*
her [hɜː^r, hə^r] **I.** *pron pers* sie *akk*, ihr *dat*; **it is/was ~** sie ist's/war's **II.** *adj poss* ihr(e, n); (*ship, country, boat, car*) sein(e, n); **what's ~ name?** wie heißt sie? **III.** *n* (*fam*) Sie *f*; **is it a him or a ~?** ist es ein Er oder eine Sie?
herb [hɜːb] *n* [Gewürz]kraut *nt meist pl*; **~ garden** Kräutergarten *m*
herbal ['hɜːb^əl] *adj* Kräuter-
herbivorous [hɜː'bɪv^ərəs] *adj* Pflanzen fressend
herd [hɜːd] **I.** *n* + *sing/pl vb* Herde *f*; *of wild animals* Rudel *nt*; **~ of cattle** Viehherde *f* **II.** *vt* treiben
here [hɪə^r] **I.** *adv* hier; (*with movement*) hierher/hierhin; **come ~!** komm [hier]her!; **give it ~!** (*fam*) gib mal her!; **~ I am!** hier bin ich!; **~ they are!** da sind sie!; **~ comes the train** da kommt der Zug; **~ goes!** (*fam*) los geht's!; **~'s to you!** auf Ihr/dein Wohl!; **~ and now** [jetzt] sofort; **from ~ on in** von jetzt an **II.** *interj* ■ **~!** he!; **~, ...** na komm, ...
herewith *adv* (*form*) anbei, hiermit; **enclosed ~** beiliegend
heritable ['herɪtəbl] *adj* ❶ B<small>IOL</small> erblich, Erb- ❷ L<small>AW</small> vererblich, vererbbar
hero <*pl* -es> ['hɪərəʊ] *n* Held *m*; **to die a ~'s death** den Heldentod sterben
heroic [hɪ'rəʊɪk] **I.** *adj* ❶ heldenhaft; *try* kühn; **~ deed** Heldentat *f* ❷ L<small>IT</small> heroisch **II.** *n* **~s** *pl* Heldentaten *pl*
heroin ['herəʊɪn] *n no pl* Heroin *nt*
heroin addict *n* Heroinsüchtige(r) *f(m)*
heroine ['herəʊɪn] *n* Heldin *f*
heroism ['herəʊɪz^əm] *n no pl* Heldentum *nt*; **act of ~** heldenhafte Tat
heron <*pl* -s *or* -> ['her^ən] *n* Reiher *m*
herring <*pl* -s *or* -> ['herɪŋ] *n* Hering *m*
hers [hɜːz] *pron pers* **it's ~** (*person or animal*) es gehört ihr; **a good friend of ~** eine gute Freundin von ihr
herself [hə'self] *pron refl* sich *dat o akk*; (*emph: personally*) selbst; **she told me ~** sie hat es mir selbst erzählt; **[all] by ~** ganz alleine; **all to ~** ganz für sich
he's¹ [hiːz] = **he is** *see* **be**
he's² [hiːz] = **he has** *see* **have**
hesitant ['hezɪt^ənt] *adj* zögernd; *person* unschlüssig
hesitantly ['hezɪt^əntli] *adv* unentschlossen; *smile* zögernd
hesitate ['hezɪteɪt] *vi* ❶ zögern; **don't ~ to call me** ruf mich einfach an ❷ (*falter*) stocken
hesitation [ˌhezɪ'teɪʃ^ən] *n no pl* Zögern *nt*, Unentschlossenheit *f*
heterosexual [ˌhet^ərə(ʊ)'sekʃu^əl] **I.** *adj* heterosexuell **II.** *n* Heterosexuelle(r) *f(m)*
het up [ˌhet'ʌp] *adj pred* (*fam*) aufgeregt; ■ **to get ~ about sth** sich über etw *akk* aufregen
hexagon ['heksəgən] *n* Sechseck *nt*
hexagonal [hek'sæg^ən^əl] *adv* sechseckig
hey [heɪ] *interj* (*fam*) he!
hi [haɪ] *interj* hallo!
hibernate ['haɪbəneɪt] *vi* [seinen] Winterschlaf halten

hibernation [ˌhaɪbəˈneɪʃən] *n no pl* Winterschlaf *m;* **to go into** ~ in den Winterschlaf verfallen

hiccup [ˈhɪkʌp] **I.** *n* Schluckauf *m;* **to have the** ~**s** den Schluckauf haben **II.** *vi* schlucksen

hick [hɪk] *n* AM, AUS *(pej fam)* Provinzler(in) *m(f)*

hick town *n* AM, AUS *(pej fam)* [Bauern]kaff *nt*

hid [hɪd] *vt pt of* **hide**

hidden [ˈhɪdən] **I.** *vt pp of* **hide II.** *adj* versteckt; *(secret)* heimlich

hide[1] [haɪd] *n* Haut *f a. fig; (with fur)* Fell *nt*

hide[2] [haɪd] **I.** *n* BRIT, AUS Versteck *nt;* HUNT Ansitz *m* **II.** *vt* <hid, hidden> ❶ verstecken (**from** vor) ❷ *(keep secret)* verbergen (**from** vor) **III.** *vi* <hid, hidden> sich verstecken (**from** vor) ◆ **hide away I.** *vt* verstecken **II.** *vi* sich verstecken ◆ **hide out, hide up** *vi* sich versteckt halten

hide-and-seek *n no pl* Versteckspiel *nt;* **to play** ~ Verstecken spielen

hideaway *n (fam)* Versteck *nt a. fig*

hideous [ˈhɪdiəs] *adj* ❶ grässlich, scheußlich ❷ *(terrible)* schrecklich, furchtbar

hideout *n* Versteck *nt*

hiding[1] [ˈhaɪdɪŋ] *n usu sing (fam)* ❶ *(beating)* Tracht *f* Prügel ❷ *(defeat)* Schlappe *f*

hiding[2] [ˈhaɪdɪŋ] *n no pl* **to be in** ~ sich versteckt halten; **to go into** ~ untertauchen

hi-fi [ˈhaɪˈfaɪ] *n (fam) short for* **high fidelity** Hi-Fi-Anlage *f*

high [haɪ] **I.** *adj* ❶ hoch *präd,* hohe(r, s) *attr;* ~ **marks** gute Noten; **of** ~ **rank** hochrangig; ~ **and mighty** *(fam)* herablassend; ~ **wind** starker Wind; ~ **in calories** kalorienreich ❷ *(drugged)* high ▶ ~ **time** höchste Zeit **II.** *adv* ~ **and low** überall **III.** *n* ❶ Höchststand *m* ❷ METEO Hoch *nt*

high chair *n* Hochstuhl *m*

high court *n* oberstes Gericht

high-density *adj* ❶ kompakt; ~ **housing** dicht bebautes Wohngebiet ❷ COMPUT mit hoher Dichte *nach n;* ~ **disk** HD-Diskette *f*

higher-up *n (fam)* hohes Tier *fam*

high-flyer *n,* **high-flier** *n* Überflieger(in) *m(f)*

high frequency *n* Hochfrequenz *f*

high-handed *adj* selbstherrlich

high heels *npl* hohe Absätze; *(shoes)* hochhackige Schuhe

highjack *vt see* **hijack**

high jump *n no pl* Hochsprung *m* ▶ **to be for the** ~ BRIT in Teufels Küche kommen

Highland dress schottische Tracht

highlands [ˈhaɪləndz] *npl* Hochland *nt kein pl*

high-level *adj* auf höchster Ebene *nach n*

highlight I. *n* ❶ Höhepunkt *m* ❷ *(streak)* ■ ~ **s** *pl* Strähnchen *pl* **II.** *vt* ❶ hervorheben, unterstreichen ❷ *(dye)* **to have one's hair** ~**ed** sich *dat* Strähnchen machen lassen

highlighter *n* Textmarker *m*

highly [ˈhaɪli] *adv* ~ **amusing** ausgesprochen amüsant; ~ **educated** hochgebildet; ~ **skilled** hoch qualifiziert

high-necked *adj* hochgeschlossen

Highness [ˈhaɪnəs] *n* ■ **Her/His/Your** ~ Ihre/Seine/Eure Hoheit

high-performance *adj* Hochleistungs- **high-pitched** *adj* ❶ *voice* hoch ❷ *roof* steil **high point** *n* Höhepunkt *m* **high-powered** *adj* ❶ Hochleistungs-; *car* stark ❷ *(influential)* einflussreich **high pressure** *n no pl* METEO Hochdruck *m* **high-pressure I.** *adj* ❶ Hochdruck- ❷ *(fig)* ~ **sales techniques** aggressive Verkaufstechniken **II.** *vt* AM unter Druck setzen **high-protein** *adj* eiweißreich **high-ranking** <higher-ranking, highest-ranking> *adj* hochrangig

high-rise building *n,* **high-rise flats** *npl* BRIT Hochhaus *nt*

high-risk <higher-risk, highest-risk> *adj* hochriskant; **to be in a** ~ **category** einer Risikokategorie angehören

high school *n* ≈ Oberschule *f*

high season *n* Hochsaison *f* **high-speed train** *n* Hochgeschwindigkeitszug *m* **high-spirited** *adj* ausgelassen; *horse* temperamentvoll **high spirits** *npl* Hochstimmung *f kein pl*

high street *n* BRIT Haupt[einkaufs]straße *f*

high tea *n* BRIT *frühes Abendessen bestehend aus einem gekochten Essen, Brot und Tee*

high-tech *adj* Hightech- **high technology** *n no pl* Hightech *nt,* Hochtechnologie *f* **high-tension** *adj* Hochspannungs-

high tide *n no pl* Flut *f;* **at** ~ bei Flut **high water** *n no pl* Flut *f* **high-water mark** *n* Hochwassermarke *f*

highway I. *n* AM, AUS Highway *m;* BRIT *(form)* Bundesstraße *f* **II.** *adj attr* Straßen-;

~ **fatalities** Verkehrstote *pl;* ~ **restaurant** Autobahnrestaurant *nt*

Highway Code *n* BRIT ■ **the** ~ die Straßenverkehrsordnung

hijack ['haɪdʒæk] **I.** *vt* entführen; (*fig*) klauen *sl* **II.** *n* Entführung *f*

hijacker ['haɪdʒækə'] *n* Entführer(in) *m(f)*

hijacking ['haɪdʒækɪŋ] *n no pl* Entführung *f*

hike [haɪk] **I.** *n* ❶ Wanderung *f;* **to go on a** ~ wandern gehen; **to take a** ~ (*fam*) abhauen ❷ AM (*fam*) ~ **in prices** Preiserhöhung *f* **II.** *vi* wandern

hiker ['haɪkə'] *n* Wanderer, Wand[r]erin *m, f*

hiking ['haɪkɪŋ] *n no pl* Wandern *nt;* **to go** ~ wandern gehen

hill [hɪl] *n* ❶ Hügel *m;* (*higher*) Berg *m* ❷ (*slope*) Steigung *f*

hillside *n* Hang *m* **hilltop** *n* Hügelkuppe *f* **hillwalking** *n no pl* BRIT Bergwandern *nt*

hilly ['hɪli] *adj* hügelig; (*steeper*) bergig

him [hɪm, ɪm] *pron object* ihn *akk,* ihm *dat;* **who?** ~ **?** wer? der?; **that's** ~ **all right** das ist er in der Tat

Himalayas [ˌhɪməˈleɪjəz] *npl* ■ **the** ~ der Himalaya

himself [hɪm'self] *pron refl* sich *dat o akk;* (*emph: personally*) selbst; [**all**] **by** ~ ganz alleine; **all to** ~ ganz für sich

hindrance ['hɪndrən(t)s] *n* Behinderung *f;* **you're more of a** ~ **than a help** du störst mehr, als dass du hilfst

hindsight *n no pl* **in** ~, **with** [**the benefit of**] ~ im Nachhinein

hinge [hɪndʒ] **I.** *n* Scharnier *nt;* *of door, window* Angel *f* **II.** *vi* ■ **to** ~ [**up**]**on sb/sth** von jdm/etw abhängen

hint [hɪnt] **I.** *n* ❶ *usu sing* (*trace*) Spur *f* ❷ (*allusion*) Andeutung *f;* **he gave me no** ~ **that ...** er gab mir nicht den leisesten Wink, dass ...; **to drop a** ~ eine Andeutung machen ❸ (*advice*) Hinweis *m,* Tipp *m* **II.** *vt* ■ **to** ~ **that ...** andeuten, dass ... **III.** *vi* ■ **to** ~ **at sth** auf etw *akk* anspielen; ■ **to** ~ **that ...** andeuten, dass ...

hip [hɪp] **I.** *n* ❶ Hüfte *f;* **with a 38-inch** ~ mit einer Hüftweite von 96 cm ❷ BOT Hagebutte *f* **II.** *adj* <-pp-> (*fam*) hip

hipbone *n* Hüftknochen *m* **hip flask** *n* Flachmann *m hum fam*

hippo ['hɪpəʊ] *n* (*fam*) *short for* **hippopotamus**

hippopotamus <*pl* -es *or* -mi> [ˌhɪpəˈpɒtəməs, *pl* -maɪ] *n* Nilpferd *nt*

hippy ['hɪpi] *n* Hippie *m*

hire [haɪə'] **I.** *n no pl* Mieten *nt;* **'for** ~ **'** „zu vermieten'; **car** ~ **business** BRIT Autoverleih *m* **II.** *vt* ❶ mieten; *dress* ausleihen ❷ (*employ*) einstellen ◆ **hire out** *vt* vermieten; *bicycle, clothes* verleihen

hire purchase *n* BRIT Ratenkauf *m;* **to buy something on** ~ etw auf Raten kaufen

his [hɪz, ɪz] **I.** *pron pers* **it's** ~ (*person or animal*) es gehört ihm, es ist seins; **some friends of** ~ einige seiner Freunde **II.** *adj poss* sein(e, -er, -es); **what's** ~ **name?** wie heißt er?

hiss [hɪs] **I.** *vi* zischen; (*whisper*) fauchen; ■ **to** ~ **at sb** jdn anfauchen **II.** *vt* ❶ (*utter*) fauchen ❷ (*disapprove*) ■ **to** ~ **sb/sth** etw/ jdn auszischen **III.** *n* <*pl* -es> Zischen *nt kein pl*

historic [hɪˈstɒrɪk] *adj* historisch

historical [hɪˈstɒrɪkəl] *adj* geschichtlich, historisch; ~ **accuracy** Geschichtstreue *f*

history ['hɪstəri] **I.** *n* ❶ *no pl* Geschichte *f;* **to go down in** ~ in die Geschichte eingehen ❷ (*fig*) ■ **sb is** ~ jd ist fertig; **ancient** ~ kalter Kaffee ❸ *usu sing* (*background*) Vorgeschichte *f* **II.** *adj attr* Geschichts-

hit [hɪt] **I.** *n* ❶ Schlag *m* ❷ (*shot*) Treffer *m;* **to suffer a direct** ~ direkt getroffen werden ❸ (*success*) Hit *m;* **to be a** [**big**] ~ **with sb** bei jdm gut ankommen ❹ INET Besuch *m* einer Webseite ❺ COMPUT (*match*) Treffer *m* **II.** *vt* <-tt-, hit, hit> ❶ schlagen ❷ *button* drücken ❸ (*collide*) ■ **to** ~ **sth** gegen etw *akk* stoßen; *car* gegen etw *akk* krachen *fam* ❹ (*shoot*) ■ **to be** ~ getroffen werden ❺ (*fam: meet*) **we should** ~ **the main road soon** wir müssten bald auf die Hauptstraße stoßen; **to** ~ **rock bottom** einen historischen Tiefstand erreichen ❻ (*fam: go to*) **let's** ~ **the dance floor** lass uns tanzen! ❼ (*occur*) ■ **to** ~ **sb** jdm auffallen **III.** *vi* ❶ **to** ~ **hard** kräftig zuschlagen; ■ **to** ~ **at sb/sth** nach jdm/etw schlagen ❷ (*attack*) ■ **to** ~ **at sb** jdn attackieren *a. fig* ◆ **hit back** *vi* zurückschlagen; ■ **to** ~ **back at sb** jdm Kontra geben ◆ **hit off** *vt* ■ **to** ~ **it off** [**with sb**] (*fam*) sich prächtig [mit jdm] verstehen ◆ **hit on** *vt see* **hit upon** ◆ **hit out** *vi* ■ **to** ~ **out** [**at sb**] [auf jdn] einschlagen; (*fig*) [jdn] scharf attackieren ◆ **hit upon** *vi* ■ **to** ~ **upon sth** auf etw *akk* kommen

hit-and-run I. *n no pl* Fahrerflucht *f;* MIL Überraschungsüberfall *m* II. *adj* unfallflüchtig; ~ **accident** Unfall *m* mit Fahrerflucht; ~ **attack** MIL Blitzangriff *m*

hitch [hɪtʃ] I. *n* <*pl* -es> Haken *m;* **to go off without a** ~ reibungslos ablaufen II. *vt* ❶ festmachen (**to** an); *trailer* anhängen (**to** an) ❷ (*fam: hitch-hike*) **to** ~ **a lift** trampen, per Anhalter fahren III. *vi* (*fam*) trampen ◆ **hitch up** *vt* ❶ festmachen (**to** an); *trailer* anhängen (**to** an) ❷ (*pull up*) *trousers* hochziehen

hitcher ['hɪtʃər] *n* Anhalter(in) *m(f)*, Tramper(in) *m(f)*

hitch-hike *vi* per Anhalter fahren, trampen **hitch-hiker** *n* Anhalter(in) *m(f)*, Tramper(in) *m(f)* **hitch-hiking** *n no pl* Trampen *nt*

HIV [ˌeɪtʃaɪ'viː] *n no pl abbrev of* **human immunodeficiency virus** HIV *nt*

hive [haɪv] *n* Bienenstock *m*

hl *abbrev of* **hectolitre** hl

ho [hoʊ] *n* AM (*pej! sl*) Schlampe *f*

hoard [hɔːd] I. *n* Vorrat *m* (**of** an) II. *vt* horten; *food a.* hamstern III. *vi* Vorräte anlegen

hoar frost *n no pl* [Rau]reif *m*

hoarse [hɔːs] *adj* heiser

hoax [hoʊks] I. *n* Täuschung *f;* **bomb** ~ vorgetäuschte Bombendrohung II. *adj attr* vorgetäuscht III. *vt* [he]reinlegen; **to** ~ **sb into believing sth** jdm etw weismachen

hob [hɒb] *n* BRIT Kochfeld *nt*

hobble ['hɒbl] I. *vi* hinken, humpeln II. *n* Hinken *nt kein pl,* Humpeln *nt kein pl*

hobby ['hɒbi] *n* Hobby *nt*

hockey ['hɒki] *n no pl* Hockey *nt;* ~ **stick** Hockeyschläger *m*

hog [hɒg] I. *n* AM Schwein *nt;* BRIT Mastschwein *nt* ▸ **to go the whole** ~ Nägel mit Köpfen machen II. *vt* <-gg-> (*fam*) ■ **to** ~ **sth** etw in Beschlag nehmen; **to** ~ **the bathroom** das Badezimmer mit Beschlag belegen; **to** ~ **the road** die ganze Straße [für sich] beanspruchen

Hogmanay ['hɒgmənei] *n* SCOT *traditionelles schottisches Neujahrsfest*

Hogmanay sagt man in Schottland für **New Year's Eve** (Silvester), den 31. Dezember. Die Schotten sind dafür bekannt, **Hogmanay** besonders ausgelassen zu feiern. In den letzten Jahren ist es Brauch geworden, dass Tausende von Leuten im Zentrum Edinburghs zusammenkommen, wo dann auf den Straßen eine große Silvesterparty mit Bands und Feuerwerk stattfindet. Das Wort **Hogmanay** stammt aus Nordfrankreich: **hoginané** und bedeutet ursprünglich etwa: *bitte ein Geschenk zum neuen Jahr.*

hoist [hɔɪst] I. *vt* hochheben; *flag, sail* hissen II. *n* Winde *f*

hold [hoʊld] I. *n* ❶ Halt *m kein pl;* **to keep** ~ **of sth** etw festhalten; **sb loses** ~ **of sth** jdm entgleitet etw; **to take** ~ (*fig*) *fire, epidemic* übergreifen ❷ SPORTS Griff *m* (**on** an) ❸ TELEC **to be on** ~ in der Warteschleife sein ❹ (*delay*) **to put sth on** ~ etw auf Eis legen *fig* ❺ (*control*) **get** [a] ~ **of yourself!** reiß dich zusammen! ❻ NAUT, AVIAT Frachtraum *m* II. *vt* <held, held> ❶ **to** ~ **sb in one's arms** jdn in den Armen halten; **to** ~ **sth in place** etw halten ❷ (*carry*) [aus]halten, tragen ❸ (*keep*) halten; **to** ~ **sb's attention** jdn fesseln; **to** ~ **sb** [**in custody**]/**hostage**/**prisoner** jdn in Haft/als Geisel/gefangen halten ❹ ~ **it** [**right there**]! stopp!; **to** ~ **one's breath** die Luft anhalten ❺ (*contain*) fassen; **this room** ~**s 40 people** dieser Raum bietet 40 Personen Platz; **the rack** ~**s 100 CDs** in den Ständer passen 100 CDs ◆ **hold against** *vt* ■ **to** ~ **sth against sb** jdm etw vorwerfen ◆ **hold back** I. *vt* (*stop*) aufhalten; (*impede*) hindern; *information* geheim halten; **to** ~ **back tears** Tränen zurückhalten II. *vi* ■ **to** ~ **back from doing sth** etw unterlassen ◆ **hold down** *vt* niederhalten; *levels, prices* niedrighalten ◆ **hold forth** *vi* ■ **to** ~ **forth** [**about sth**] sich [über etw *akk*] auslassen ◆ **hold in** *vt* zurückhalten; **to** ~ **in one's fear** seine Angst unterdrücken; **to** ~ **one's stomach in** seinen Bauch einziehen ◆ **hold off** I. *vt* ❶ MIL abwehren ❷ (*defer*) verschieben II. *vi* warten; **the rain held off all day** es hat den ganzen Tag nicht geregnet ◆ **hold on** *vi* ❶ *usu passive* ■ **to be held on by/with sth** mit etw *dat* befestigt sein ❷ (*continue*) durchhalten ❸ (*wait*) ~ **on!** Moment bitte! ◆ **hold onto** *vt* ❶ festhalten ❷ (*keep*) behalten ◆ **hold out** I. *vt* ausstrecken; ■ **to** ~ **out** ⟲ **sth to sb** jdm etw hinhalten II. *vi* ❶ (*resist*) durchhalten; **to** ~

out for sth auf etw *dat* bestehen ❷ *(not tell)* **to ~ out on sb** jdm etw verheimlichen ◆**hold over** *vt* ❶ *(defer)* aufschieben ❷ Am *(extend)* verlängern ◆**hold to** *vi* **can I ~ you to that?** bleibst du bei deinem Wort? ◆**hold together** *vi, vt* zusammenhalten ◆**hold under** *vt* unterdrücken ◆**hold up** *vt* ❶ hochhalten; **to ~ up one's hand** die Hand heben; ▪ **to be held up by sth** von etw *dat* gestützt werden ❷ *(delay)* aufhalten; **held up in the post** bei der Post liegen geblieben ◆**hold with** *vi (fam)* ▪ **to ~ with sth** mit etw *dat* einverstanden sein

holdall *n* Brit Reisetasche *f*
holdback *n* Raffarm *m*
holder ['həʊldə^r] *n* ❶ Halter *m*; **cigarette ~** Zigarettenspitze *f* ❷ *(owner)* Besitzer(in) *m(f);* **account ~** Kontoinhaber(in) *m(f);* **passport ~** Passinhaber(in) *m(f);* **record ~** Rekordhalter(in) *m(f)*
hold-up *n* ❶ *(crime)* Raubüberfall *m* ❷ *(delay)* Verzögerung *f* ❸ ~**s** *pl* halterlose Strümpfe *pl*
hole [həʊl] **I.** *n* ❶ Loch *nt a. fig; (den)* Bau *m;* **18-~ course** Golfplatz *m* mit 18 Löchern ❷ *(fig: fault)* Schwachstelle *f;* **to pick ~s** [**in sth**] [etw] kritisieren **II.** *vt* einlochen ◆**hole up** *vi (fam)* sich verkriechen
holiday ['hɒlədeɪ] **I.** *n* ❶ Brit, Aus Urlaub *m*, Ferien *pl;* **school ~s** Ferien *pl;* **to go on a skiing ~** Skiurlaub machen ❷ *(day)* Feiertag *m* **II.** *vi* Brit, Aus Urlaub machen
holiday address *n* Brit, Aus Urlaubsadresse *f*, Ferienadresse *f* Schweiz **holiday camp** *n* Brit, Aus Ferienlager *nt* **holiday course** *n* Brit, Aus Ferienkurs *m* **holiday entitlement** *n* Brit, Aus Urlaubsanspruch *m* **holiday flat** *n* Brit, Aus Ferienwohnung *f* **holiday house** *n* Brit, Aus Ferienhaus *nt* **holidaymaker** *n* Brit, Aus Urlauber(in) *m(f)*
holiday resort *n* Brit, Aus Urlaubsort *m*
holiness ['həʊlɪnəs] *n no pl* Heiligkeit *f*
Holland ['hɒlənd] *n no pl* Holland *nt*
hollow ['hɒləʊ] **I.** *adj* ❶ hohl; *cheeks* eingefallen ❷ *(fig)* wertlos; *promise* leer **II.** *n* ❶ Senke *f* ❷ Am *(valley)* Tal *nt* **III.** *adv* hohl **IV.** *vt* ▪ **to ~** [**out**] aushöhlen
holly ['hɒlɪ] *n* Stechpalme *f*
hologram ['hɒləgræm] *n* Hologramm *nt*
holography [hɒl'ɒgrəfi] *n no pl* Holographie *f*
holy ['həʊli] *adj* heilig ▶ **~ cow** [*or fam!* **shit**]**!** du heilige Scheiße!
Holy Communion *n* ❶ heilige Kommunion ❷ *(bread and wine)* heiliges Abendmahl
Holy Father *n* ▪ **the ~** der Heilige Vater
home [həʊm] **I.** *n* ❶ Zuhause *nt;* **to be away from ~** von zu Hause weg sein; **at ~** zu Hause, zuhause Österr, Schweiz; **to leave ~** [von zu Hause] ausziehen; **to work from ~** zu Hause arbeiten ❷ *(house)* Haus *nt;* (*flat*) Wohnung *f;* **luxury ~** Luxusheim *nt;* **starter ~** erstes eigenes Heim ❸ *(family)* Zuhause *nt kein pl;* **to come from a broken ~** aus zerrütteten Familienverhältnissen stammen ❹ *(institute)* Heim *nt;* **old people's ~** Altersheim *nt* ❺ *(origin)* Heimat *f* ❻ Sports **away from ~** auswärts; **at ~** zu Hause ▶ **~ sweet ~** *(prov)* trautes Heim, Glück allein **II.** *adv* ❶ *(at abode)* zu Hause, zuhause Österr, Schweiz, daheim *bes* Südd, Österr, Schweiz; *(to abode)* nach Hause, nachhause Österr, Schweiz ❷ *(origin)* **to go/return ~** in seine Heimat zurückgehen/zurückkehren **III.** *vi* ▪ **to ~ in on sth** genau auf etw *akk* zusteuern; *(fig)* [sich *dat*] etw herausgreifen
home address *n* Heimatadresse *f*, Privatanschrift *f* **home affairs** *n pl* Brit Pol innere Angelegenheiten; **~ correspondent** Korrespondent(in) *m(f)* für Innenpolitik
homebody *n esp* Am *(fam)* häuslicher Mensch; *(dull)* Stubenhocker(in) *m(f) pej fam*
home cooking *n no pl* Hausmannskost *f*
home economics *n + sing vb* Hauswirtschaft[slehre] *f* **home-grown** *adj* aus dem eigenen Garten *nach n*, aus eigenem Anbau *nach n* **home help** *n* Brit Haushaltshilfe *f*
homeland *n* Heimat *f*, Heimatland *nt*
homeless ['həʊmləs] **I.** *adj* obdachlos; *(uprooted)* heimatlos **II.** *n* **the ~** *pl* die Obdachlosen *pl*
home-made *adj* hausgemacht; *cake* selbst gebacken; *jam* selbst gemacht
Home Office *n + sing/pl vb* Brit ▪ **the ~** das Innenministerium
homeopath ['həʊmɪə(ʊ)pæθ] *n* Homöopath(in) *m(f)*
homeopathic [ˌhəʊmɪə(ʊ)'pæθɪk] *adj* homöopathisch
homeopathy [ˌhəʊmɪ'ɒpəθi] *n no pl* Homöopathie *f*
home page *n* Inet Homepage *f*
Home Secretary *n* Brit Innenminister(in)

m(f)
homesick *adj* **to be** ~ Heimweh haben
home straight *n*, **home stretch** *n* Zielgerade *f a. fig* **home team** *n* + *sing/pl vb* Heimmannschaft *f* **hometown** *n* AM Heimatstadt *f* **home truth** *n* bittere Wahrheit
homeward ['həʊmwəd] **I.** *adv* heimwärts, nach Hause **II.** *adj* ~ **journey** Heimreise *f*
homework *n no pl* Hausaufgaben *pl a. fig*
homeworker *n* Heimarbeiter(in) *m(f)*
homey <homier, homiest> ['həʊmi] *adj* AM, AUS heimelig
homicide ['hɒmɪsaɪd] *n* ❶ *no pl* Mord *m* ❷ (*death*) Mordfall *m;* ~ **rate** Mordrate *f;* ~ **squad** Mordkommission *f*
homo milk *n no pl* CAN [homogenisierte] Vollmilch *f*
Homo sapiens [ˌhəʊməʊˈsæpiənz] *n no pl* Homo sapiens *m*
homosexual [ˌhəʊmə(ʊ)ˈsekʃʊəl] **I.** *adj* homosexuell **II.** *n* Homosexuelle(r) *f(m)*
Honduras [hɒnˈdjʊərəs] *n* Honduras *nt*
honest ['ɒnɪst] *adj* ❶ ehrlich ❷ (*trusty*) redlich ❸ *attr* (*correct*) ehrlich, ordentlich
honestly ['ɒnɪstli] **I.** *adv* ehrlich **II.** *interj* ❶ [ganz] ehrlich! ❷ (*disapproving*) also ehrlich!
honesty ['ɒnɪsti] *n no pl* Ehrlichkeit *f;* **in all** ~ ganz ehrlich ▶ ~ **is the best policy** (*prov*) ehrlich währt am längsten
honey ['hʌni] *n* ❶ *no pl* Honig *m* ❷ *esp* AM (*fam*) Schatz *m*
honeybee *n* [Honig]biene *f* **honeycomb** *n* Honigwabe *f;* (*wax*) Bienenwabe *f;* ~ **pattern** Wabenmuster *nt*
honeyed ['hʌnid] *adj* honigsüß
honeymoon *n* Flitterwochen *pl*
honk [hɒŋk] *vi* ❶ hupen ❷ *goose* schreien
honor AM *see* **honour**
honorable *adj* AM *see* **honourable**
honorary ['ɒnərəri] *adj* ehrenamtlich
honour ['ɒnə'] **I.** *n* ❶ *no pl* Ehre *f;* **word of** ~ Ehrenwort *nt;* ■ **in** ~ **of sb/sth** zu Ehren einer Person/S. *gen* ❷ (*award*) Auszeichnung *f* ❸ **Your H**~ Euer Ehren **II.** *vt* ❶ ehren ❷ (*fulfil*) erfüllen ❸ FIN akzeptieren
honourable ['ɒnərəbl] *adj* ❶ ehrenhaft; *agreement* ehrenvoll ❷ BRIT **the** ~ **member for Bristol West** der Herr Abgeordnete für West-Bristol
honours degree *n* BRIT UNIV Examen *nt* mit Auszeichnung **honours list** *n* BRIT *Liste von Leuten, die öffentlich durch die Monarchin oder den Monarchen geehrt werden und einen Titel (z.B. MBE, OBE) erhalten*
hons *n short for* **honours** höherer akademischer Grad
hood¹ [hʊd] *n* ❶ (*cap*) Kapuze *f* ❷ (*mask*) Maske *f* ❸ (*shield*) Haube *f* ❹ AM (*bonnet*) [Motor]haube *f*
hood² [hʊd] *n* AM (*sl*) ■ **the** ~ die Nachbarschaft
hooded ['hʊdɪd] *adj* ❶ Kapuzen- ❷ (*masked*) maskiert
hoodie, hoody *n* ['hʊdi] Kapuzenjacke *f,* Kapuzenshirt *nt*
hoof [huːf] **I.** *n* <*pl* hooves *or* -s> Huf *m* **II.** *vt* (*fam*) **to** ~ **it** laufen
hook [hʊk] **I.** *n* Haken *m;* **to leave the phone off the** ~ den Telefonhörer nicht auflegen ▶ **to be off the** ~ aus dem Schneider sein; **to get the** ~ AM entlassen werden; **to let sb off the** ~ jdn herauspauken; **to sling one's** ~ BRIT die Hufe schwingen **II.** *vt* ❶ ■ **to** ~ **sth to sth** etw an etw *dat* festhaken ❷ **to** ~ **a fish** einen Fisch an die Angel bekommen ◆ **hook up I.** *vt* ❶ aufhängen ❷ (*connect*) anschließen (**to** an) ❸ AM (*fam: supply*) ■ **to** ~ **sb up with sth** jdm etw besorgen **II.** *vi* ■ **to** ~ **up** [**to sth**] sich [an etw *akk*] anschließen
hooked [hʊkt] *adj* ❶ hakenförmig; ~ **nose** Hakennase *f* ❷ (*addicted*) abhängig; ~ **on drugs** drogenabhängig ❸ (*interested*) ■ **to be** ~ total begeistert sein; ■ **to be** ~ **on sth** völlig besessen von etw sein
hooker ['hʊkə'] *n* ❶ AM, AUS (*fam*) Nutte *f* ❷ (*rugby*) Hakler(in) *m(f)*
hooky [ˈhʊki] *n no pl* AM, AUS (*fam*) **to play** ~ die Schule schwänzen
hooligan ['huːlɪɡən] *n* Hooligan *m*
hooptie ['huːpti] *n* AM (*sl: car*) Kiste *f fam*
hooray [hʊˈreɪ, hə-] *interj, n see* **hurray**
Hooray Henry <*pl* -s *or* -ries> *n* BRIT (*fam*) *lautstark auftretender junger Angehöriger der Oberschicht*
hoot [huːt] **I.** *n* ❶ Hupen *nt kein pl* ❷ *of owl* Schrei *m* ❸ (*outburst*) **to give a** ~ **of laughter** losprusten ▶ **to be a** [**real**] ~ zum Brüllen sein **II.** *vi* ❶ hupen ❷ *owl* schreien ❸ **to** ~ **with laughter** in johlendes Gelächter ausbrechen **III.** *vt* **to** ~ **one's horn** auf die Hupe drücken; **to** ~ **one's horn at sb** jdn anhupen

hooter ['huːtər] *n* ① Sirene *f* ② AM (*fam!: breasts*) ~**s** *pl* Titten *pl*

hoover® ['huːvər] BRIT, AUS **I.** *n* Staubsauger *m* **II.** *vt, vi* [staub]saugen

hooves [huːvz] *n pl of* **hoof**

hop [hɒp] **I.** *vi* <-pp-> ① hüpfen; *hare* hoppeln ② SPORTS springen **II.** *vt* <-pp-> ① **to ~ sth** über etw *akk* springen ② BRIT (*fam*) **to ~ it** abhauen **III.** *n* ① Hüpfer *m* ② (*fam: trip*) [*short*] ~ [Katzen]sprung *m*

hope [həʊp] **I.** *n* Hoffnung *f*; **to give up ~** die Hoffnung aufgeben; **to live in ~** hoffen; **in the ~ of doing sth** in der Hoffnung, etw zu tun **II.** *vi* hoffen (**for** auf); **it's good news, I ~** hoffentlich gute Nachrichten; **to ~ for the best** das Beste hoffen

hopeful ['həʊpfəl] **I.** *adj* zuversichtlich; **to be ~ of sth** auf etw *akk* hoffen **II.** *n usu pl* viel versprechende Personen; **young ~s** viel versprechende junge Talente

hopefully ['həʊpfəli] *adv* ① (*in hope*) hoffnungsvoll ② (*it is hoped*) hoffentlich

hopeless ['həʊpləs] *adj* hoffnungslos; *situation* aussichtslos

hopelessly ['həʊpləsli] *adv* hoffnungslos; **he's ~ in love with her** er hat sich bis über beide Ohren in sie verliebt

hopping mad *adj* (*fam*) auf hundertachtzig; **to be ~ with sb** stinksauer auf jdn sein

horizon [həˈraɪzən] *n* Horizont *m;* **on the ~** am Horizont; (*fig*) in Sicht

horizontal [ˌhɒrɪˈzɒntəl] **I.** *adj* horizontal, waag[e]recht **II.** *n no pl* **the ~** die Horizontale

hormone ['hɔːməʊn] *n* Hormon *nt*

horn [hɔːn] *n* ① Horn *nt* ② MUS Horn *nt* ③ (*beeper*) Hupe *f;* **to sound one's ~** (*fam*) auf die Hupe drücken

hornet ['hɔːnɪt] *n* Hornisse *f*

horoscope ['hɒrəskəʊp] *n* Horoskop *nt*

horrendous [hɒˈrendəs] *adj* schrecklich; *conditions* entsetzlich

horrible ['hɒrəbl] *adj* schrecklich; (*mean*) gemein

horrid ['hɒrɪd] *adj* (*fam*) fürchterlich; (*mean*) gemein

horrific [hɒˈrɪfɪk] *adj* ① entsetzlich, grausig ② (*fam: high*) *losses, prices* horrend

horrify <-ie-> ['hɒrɪfaɪ] *vt* entsetzen

horror ['hɒrər] *n* Entsetzen *nt*, Grauen *nt* (**at** über); **in ~** entsetzt

horror-stricken *adj*, **horror-struck** *adj* von Entsetzen gepackt; **to watch ~** voller Entsetzen zusehen

hors d'oeuvre <*pl* - *or* -s> [ˌɔːˈdɜːv] *n* ① BRIT, AUS (*starter*) Hors d'oeuvre *nt* ② AM (*canapés*) Appetithäppchen *nt*

horse [hɔːs] *n* Pferd *nt;* **~ and carriage** Pferdekutsche *f;* **~ and cart** Pferdefuhrwerk *nt;* **to eat like a ~** fressen wie ein Scheunendrescher ▶ **to be a dark ~** BRIT sein Licht unter den Scheffel stellen; **to back the wrong ~** aufs falsche Pferd setzen; **to hold one's ~s** die Luft anhalten

horseback *n* **on ~** zu Pferd **horsebox** *n* BRIT, **horsecar** *n* AM Pferdetransporter *m* **horse chestnut** *n* Rosskastanie *f* **horseplay** *n no pl* wilde Ausgelassenheit **horsepower** *n* <*pl* -> Pferdestärke *f;* **10-~ engine** Motor *m* mit 10 PS **horse race** *n* Pferderennen *nt* **horse racing** *n* Pferderennsport *m;* **to go ~** zum Pferderennen gehen **horseshoe** *n* Hufeisen *nt* **horse van** *n* AM *see* **horsebox**

hose [həʊz] *n* ① Schlauch *m* ② *pl* FASHION Strumpfwaren *pl*

hospice ['hɒspɪs] *n* Hospiz *nt*

hospitable [hɒsˈpɪtəbl] *adj* ① gastfreundlich; **to be ~ to[wards] sb** jdn gastfreundlich aufnehmen ② (*pleasant*) angenehm

hospital ['hɒspɪtəl] *n* Krankenhaus *nt*, Spital *nt* SCHWEIZ; **to have to go to ~** ins Krankenhaus müssen

hospitality [ˌhɒspɪˈtæləti] **I.** *n no pl* ① Gastfreundschaft *f* ② (*food*) Bewirtung *f* **II.** *adj attr* ~ **coach** kostenloser Zubringerbus; **~ suite** Gästelounge *f*

hospitalize ['hɒspɪtəlaɪz] *vt* **to be ~d** ins Krankenhaus eingewiesen werden

host¹ [həʊst] **I.** *n* ① Gastgeber(in) *m(f)* ② (*stager*) Veranstalter(in) *m(f)* ③ (*compère*) Showmaster(in) *m(f)* ④ COMPUT Hauptrechner *m* **II.** *adj attr* ~ **country** Gastland *nt;* **~ family** Gastfamilie *f* **III.** *vt* ① (*stage*) ausrichten ② *compère* moderieren

host² [həʊst] *n usu sing* **a [whole] ~ of sth** jede Menge von etw *dat*

hostage ['hɒstɪdʒ] *n* Geisel *f;* **to hold/take sb ~** jdn als Geisel festhalten/nehmen

host country *n* Gastland *nt*

hostel ['hɒstəl] *n* Wohnheim *nt;* BRIT (*for homeless*) Obdachlosenheim *nt;* [**youth**] **~** Jugendherberge *f*

hostess [ˈhəʊstɪs] *n* <*pl* -es> Gastgeberin *f;*

(*animator*) Animierdame *f*; (*on plane*) Stewardess *f*
hostile ['hɒstaɪl] *adj* ❶ feindselig ❷ (*difficult*) hart, widrig; *climate* rau ❸ ECON, MIL feindlich
hostility [hɒs'tɪləti] *n* ❶ *no pl* Feindseligkeit *f*; ~ **to foreigners/technology** Ausländer-/Technikfeindlichkeit *f* ❷ MIL ■**hostilities** *pl* Feindseligkeiten *pl*
hot [hɒt] **I.** *adj* <-tt-> ❶ heiß; **she was** ~ ihr war heiß ❷ (*spicy*) scharf ❸ (*close*) **in** ~ **pursuit** dicht auf den Fersen; **you're getting** ~ (*in guessing game*) wärmer ❹ (*fam: good*) **to be** ~ **stuff** absolute Spitze sein; ~ **tip** heißer Tipp ❺ (*sl: sexy*) heiß ❻ (*new*) heiß; ~ **gossip** das Allerneueste **II.** *vt* <-tt-> ■**to** ~ **up** *engine* frisieren **III.** *vi* <-tt-> ■**to** ~ **up** *pace* sich steigern; *situation* sich verschärfen **IV.** *n* ▶**to** **have** the ~**s for sb** scharf auf jdn sein
hotchpotch ['hɒtʃpɒtʃ] *n no pl* Mischmasch *m* (**of** aus)
hot dog *n* ❶ Wiener Würstchen *nt*; (*in roll*) Hotdog *m* ❷ AM, AUS (*fig fam: show-off*) Angeber(in) *m(f)*
hotel [hə(ʊ)'tel] *n* Hotel *nt*
hotel accommodation *n* ❶ *no pl* (*room*) Hotelzimmer *nt* ❷ AM ■~**s** *pl* Hotelunterkunft *f kein pl* **hotel bill** *n* Hotelrechnung *f* **hotel register** *n* Gästebuch *nt* **hotel staff** *n + sing/pl vb* Hotelpersonal *nt*
hotfoot (*fam*) **I.** *vt* ▶**to** ~ **it home** schnell nach Hause rennen **II.** *vi* AM eilen
hothead *n* Hitzkopf *m*
hot-headed *adj* hitzköpfig
hothouse *n* Treibhaus *nt*
hotly ['hɒtli] *adv* heftig; ~ **contested** heiß umkämpft
hotplate *n* Kochplatte *f*; (*for plate*) Warmhalteplatte *f*
hot potato *n* POL (*fig*) heißes Eisen **hot seat** *n* ❶ (*focus*) **to be in the** ~ im Rampenlicht stehen ❷ AM elektrischer Stuhl **hotshot** *n* (*fam*) Kanone *f* **hot spot** *n* ❶ (*disco*) heißer Schuppen ❷ (*conflict*) Krisenherd *m* ❸ INET Zugangspunkt *m* zu einer drahtlosen Internetverbindung **hot stuff** *n no art, no pl* ❶ (*fam: skilful*) ■**to be** ~ ein Ass sein ❷ (*sl: woman*) heiße Braut; (*man*) heißer Typ **hot-tempered** *adj* heißblütig
hottie ['hɒti] *n* (*sl*) scharfes Weib *fam*
hot-water bottle *n* Wärmflasche *f*

hound [haʊnd] **I.** *n* [Jagd]hund *m* **II.** *vt* jagen
hour [aʊəʳ] *n* Stunde *f*; **50 kilometres an** ~ 50 Kilometer pro Stunde; **£10 an** ~ 10 Pfund die Stunde; **24** ~**s a day** 24 Stunden am Tag; ~ **after** ~ Stunde um Stunde; **to be paid by the** ~ pro Stunde bezahlt werden; **for** ~**s** stundenlang; **at all** ~**s** zu jeder Tages- und Nachtzeit; **till all** ~**s** bis früh in den Morgen; **opening** ~**s** Öffnungszeiten *pl*
hour hand *n* Stundenzeiger *m*
hourly ['aʊəli] *adj, adv* stündlich; ~ **rate** Stundensatz *m*
house I. *n* [haʊs] Haus *nt*; **in the** ~ im Hause; **on the** ~ auf Kosten des Hauses; **to play to a full** ~ THEAT vor vollem Haus spielen; ~ **of cards** Kartenhaus *nt*; **the H~ of Windsor** das Haus Windsor ▶**to go all around** the ~**s** umständlich vorgehen **II.** *vt* [haʊz] ■**to** ~ **sb** jdn unterbringen; ■**to** ~ **sth** etw beherbergen
houseboat *n* Hausboot *nt*
house doctor *n* Wohnberater(in) *m(f)* (*in einer Fernsehserie, bei der es um Verbesserungen oder Reparaturen am Haus geht*)
household I. *n* Haushalt *m* **II.** *adj attr* Haushalts-; ~ **goods** Hausrat *m*
householder *n* Hauseigentümer(in) *m(f)*
house-hunt *vi* nach einem Haus suchen
house husband *n* Hausmann *m* **housekeeper** *n* Haushälter(in) *m(f)* **housekeeping** *n no pl* ❶ Haushalten *nt* ❷ (*money*) Haushaltsgeld *nt* **houseplant** *n* Zimmerpflanze *f* **house-proud** *adj* BRIT, AUS ■**to be** ~ sich sehr um sein Zuhause kümmern, weil man großen Wert auf Heimeligkeit etc. legt
house-train *vt* stubenrein machen **house-trained** *adj* BRIT, AUS stubenrein **house-warming party** *n* Einweihungsparty *f* **housewife** <*pl* -ves> *n* Hausfrau *f* **housework** *n no pl* Hausarbeit *f*
housing ['haʊzɪŋ] *n* ❶ *no pl* Wohnungen *pl* ❷ (*case*) Gehäuse *nt*
housing benefit *n* BRIT Wohngeld *nt kein pl* **housing conditions** *npl* Wohnbedingungen *pl* **housing development** *n* AM *see* **housing estate housing estate** *n* BRIT Wohnsiedlung *f* **housing shortage** *n* Wohnungsnot *f kein pl*
HOV [ˌeɪtʃoʊ'viː] *n* AM *abbrev of* **high occupancy vehicle** Fahrzeug mit mindestens zwei Insassen
hover ['hɒvəʳ] *vi* ❶ schweben; *hawk a.* ste-

hen ❷ (*fig*) **to ~ in the background/near a door** sich im Hintergrund/in der Nähe einer Tür herumdrücken

hovercraft <*pl - or* -**s**> *n* Luftkissenboot *nt*

hoverport *n* Anlegestelle *f* für Luftkissenboote

how [haʊ] **I.** *adv* wie; **~ far/long/many** wie weit/lange/viele; **~ much** wie viel; **~ are you?** wie geht es Ihnen?; **~'s work?** was macht die Arbeit?; **~ do you do?** (*greeting*) Guten Tag!; **~ come?** wie das?; **~ do you know that?** woher weißt du das?; **just do it any old ~** mach's wie du willst; **~ about it?** was meinst du?; **~ about a movie?** wie wäre es mit Kino?; **and ~!** und ob!; **~ about that!** was sagt man dazu! **II.** *n* **the ~[s] and why[s]** das Wie und Warum

however [haʊˈevəʳ] **I.** *adv* ❶ + *adj* egal wie ❷ (*but*) jedoch **II.** *conj* wie auch immer; **~ you do it, ...** wie auch immer du es machst, ...

howl [haʊl] **I.** *n of animal, wind* Heulen *nt kein pl; of person* Geschrei *nt kein pl;* **~ of pain** Schmerzensschrei *m;* **~s of protest** Protestgeschrei *nt* **II.** *vi* heulen ◆ **howl down** *vt* niederschreien

howler [ˈhaʊləʳ] *n* (*error*) Schnitzer *m*

howling [ˈhaʊlɪŋ] **I.** *adj* ❶ *animal, wind* heulend; *person* schreiend ❷ (*fam: great*) riesig; **~ success** Riesenerfolg *m* **II.** *n no pl* Heulen *nt*

hp *n abbrev of* **horsepower** PS; **4 ~ engine** Motor *m* mit 4 PS

HP [ˌeɪtʃˈpiː] *n* BRIT (*fam*) *abbrev of* **hire purchase**

HTML *n no pl* INET *abbrev of* **Hypertext Mark-up Language** HTML

hub [hʌb] *n* ❶ Nabe *f* ❷ (*base*) Basis *f*

hubcap [ˈhʌbkæp] *n* Radkappe *f*

huddle [ˈhʌdl] **I.** *n* ❶ [wirrer] Haufen; *of people* Gruppe *f;* **to stand in a ~** dicht zusammengedrängt stehen ❷ AM (*in football*) **to make a ~** die Köpfe zusammenstecken **II.** *vi* sich [zusammen]drängen ◆ **huddle down** *vi* sich niederkauern ◆ **huddle together** *vi,* **huddle up** *vi* sich zusammenkauern

huff [hʌf] **I.** *vi* **to ~ and puff** schnaufen und keuchen **II.** *n* (*fam*) **to be in a ~** eingeschnappt sein; **to get into a ~** einschnappen; **to go off in a ~** beleidigt abziehen

hug [hʌg] **I.** *vt* <-gg-> ❶ umarmen; **to ~ one's knees** seine Knie umklammern ❷ (*fig*) **the dress ~ged her body** das Kleid lag eng an ihrem Körper an; **to ~ the shore** sich dicht an der Küste halten **II.** *vi* <-gg-> sich umarmen **III.** *n* Umarmung *f;* **to give sb a ~** jdn umarmen

huge [hjuːdʒ] *adj* ❶ riesig; **~ success** Riesenerfolg *m* ❷ (*impressive*) gewaltig; *costs* immens

hugely [ˈhjuːdʒli] *adv* ungeheuer

hugger-mugger [ˈhʌgəmʌgəʳ] *n no pl* Verwirrung *f*

hullo [həˈləʊ] *interj* BRIT *see* **hello**

hum [hʌm] **I.** *vi* <-mm-> ❶ summen; **to ~ under one's breath** vor sich *akk* hinsummen ❷ brausen; *engine* brummen; *machine* surren; *insect* summen **II.** *vt* <-mm-> summen **III.** *n* Brausen *nt; of machine* Brummen *nt; of insect* Summen *nt*

human [ˈhjuːmən] **I.** *n* Mensch *m* **II.** *adj* menschlich; **~ chain** Menschenkette *f;* **~ relationships** die Beziehungen des Menschen

humane [hjuːˈmeɪn] *adj* human

humanist [ˈhjuːmənɪst] *n* Humanist(in) *m(f)*

humanitarian [hjuːˌmænɪˈteərɪən] **I.** *n* Menschenfreund(in) *m(f)* **II.** *adj* humanitär

humanity [hjuːˈmænəti] *n no pl* ❶ die Menschheit ❷ (*quality*) Menschlichkeit *f;* **to treat sb with ~** jdn human behandeln

humankind *n no pl* die Menschheit

humanly [ˈhjuːmənli] *adv* menschlich; **to do everything ~ possible** alles Menschenmögliche tun

humble [ˈhʌmbl] **I.** *adj* <-r, -st> ❶ bescheiden ❷ (*respectful*) demütig; **please accept our ~ apologies** wir bitten ergebenst um Verzeihung **II.** *vt* ■ **to be ~d by sth** durch etw gedemütigt werden

humid [ˈhjuːmɪd] *adj* feucht

humidifier [hjuːˈmɪdɪfaɪəʳ] *n* Luftbefeuchter *m*

humidity [hjuːˈmɪdəti] *n no pl* [Luft]feuchtigkeit *f*

humiliate [hjuːˈmɪlieɪt] *vt* ❶ demütigen ❷ (*embarrass*) blamieren

humiliation [hjuːˌmɪliˈeɪʃən] *n* Demütigung *f*

humility [hjuːˈmɪləti] *n no pl* Demut *f;* (*modesty*) Bescheidenheit *f*

Hummer® [ˈhʌmər] *n* Hummer® *m* (*Geländewagen, Jeepnachfolger der US-Armee*)

humor *n* AM *see* **humour**

humorous [ˈhjuːmərəs] *adj* lustig; *person*

humorvoll
humour ['hjuːməʳ] *I. n* ① *no pl* Humor *m*; **his speech was full of** ~ seine Rede war voller Witz ② (*form: mood*) Laune *f II. vt* ■**to ~ sb** jdm seinen Willen lassen
hump [hʌmp] *I. n* ① kleiner Hügel; (*in road*) Buckel *m* ② (*on camel*) Höcker *m* ▸**sb has got the ~** jd ist sauer *II. vt* (*fam*) schleppen
humpback *n* ① Buck[e]lige(r) *f(m)* ② (*back*) Buckel *m* **humpbacked** *adj* bucklig; *bridge* gewölbt
humus ['hjuːməs] *n no pl* HORT Humus *m*
hunch [hʌntʃ] *I. n* <*pl* -es> ① (*hump*) Buckel *m* ② (*feeling*) Gefühl *nt*; **to act on a ~** nach Gefühl handeln; **to have a ~ that ...** das [leise] Gefühl haben, dass ... *II. vi* sich krümmen *III. vt* **to ~ one's back** einen Buckel machen; **to ~ one's shoulders** die Schultern hochziehen
hunchback *n* ① Bucklige(r) *f(m)* ② (*back*) Buckel *m*
hundred ['hʌndrəd] *I. n* ① *<pl ->* Hundert *f*; **a ~ to one** hundert zu eins; **eight ~** achthundert ② *<pl ->* (*speed*) **to drive a ~** hundert fahren ③ (*century*) **the eighteen ~s** das achtzehnte Jahrhundert ④ (*many*) **by the ~s** zu Hunderten; **~s and ~s** Hunderte und aber Hunderte; **~s of cars** Hunderte von Autos *II. adj* hundert; **a ~ miles** [ein]hundert Meilen; **a ~ and five** [ein]hundert[und]fünf; **a ~ per cent** hundert Prozent; (*adjective*) hundertprozentig
hundredth ['hʌndrədθ] *I. n* ① Hundertste(r) *f(m)* ② (*fraction*) Hundertstel *nt II. adj* ① hundertste(r, s); **for the ~ time** zum hundertsten Mal ② (*in fraction*) hundertstel
hung [hʌŋ] *I. pt, pp of* **hang** *II. adj* **~ jury** Jury, die zu keinem Mehrheitsurteil kommt
Hungarian [hʌŋˈgeəriən] *I. n* ① Ungar(in) *m(f)* ② *no pl* (*language*) Ungarisch *nt II. adj* ungarisch
Hungary ['hʌŋgəri] *n no pl* Ungarn *nt*
hunger ['hʌŋgəʳ] *I. n no pl* Hunger *m a. fig*; **to die of ~** verhungern *II. vi* ■**to ~ after sth** nach etw *dat* hungern
hungry ['hʌŋgri] *adj* hungrig *a. fig*; **to go ~** hungern; ■**to be ~** Hunger haben; ■**to be ~ for sth** hungrig nach etw *dat* sein
hunk [hʌŋk] *n* ① Stück *nt* ② (*fam: man*) **~ of a man** Bild *nt* von einem Mann
hunt [hʌnt] *I. n* ① Jagd *f* ② (*search*) Suche *f II. vt* ① jagen ② (*search*) ■**to ~ sb/sth** Jagd auf jdn/etw machen *III. vi* ① jagen ② (*search*) suchen; ■**to ~ through sth** etw durchsuchen
hunter ['hʌntəʳ] *n* ① Jäger(in) *m(f)* ② (*dog*) Jagdhund *m*
hunting ['hʌntɪŋ] *n no pl* das Jagen, die Jagd; **to go ~** auf die Jagd gehen
hunting season *n* Jagdzeit *f*
hurdle ['hɜːdl] *I. n* Hürde *f a. fig*; SPORTS ■**~s** *pl* Hürdenlauf *m*; (*horseracing*) Hürdenrennen *nt*; **to fall at the first ~** [bereits] an der ersten Hürde scheitern *II. vt* überspringen
hurdler ['hɜːdləʳ] *n* Hürdenläufer(in) *m(f)*
hurdle race *n* Hürdenlauf *m*; (*for horses*) Hürdenrennen *nt*
hurl [hɜːl] *vt* schleudern; **to ~ oneself at sb/sth/into sth** sich auf jdn/etw/in etw *akk* stürzen
hurrah [həˈrɑː], **hurray** [həˈreɪ] *interj* hurra; **~ for the Queen!** ein Hoch der Königin!
hurricane ['hʌrɪkən] *n* Orkan *m*; (*tropical*) Hurrikan *m*; **~-force wind** orkanartiger Wind
hurricane warning *n* Orkanwarnung *f*
hurried ['hʌrid] *adj* hastig; (*rash*) überstürzt
hurry ['hʌri] *I. n no pl* Eile *f*; **what's [all] the ~?** wozu die Eile?; **there's no [great] ~** es hat keine Eile; **to leave in a ~** hastig aufbrechen; **to need sth in a ~** etw sofort brauchen *II. vi* <-ie-> sich beeilen; **there's no need to ~** lassen Sie sich ruhig Zeit *III. vt* <-ie-> ■**to ~ sb** jdn hetzen ◆**hurry along** *I. vi* sich beeilen *II. vt* [zur Eile] antreiben; *process* beschleunigen ◆**hurry away**, **hurry off** *I. vi* schnell weggehen *II. vt* schnell wegbringen ◆**hurry on** *vi* weitereilen ◆**hurry up** *I. vi* sich beeilen; **~ up!** beeil dich! *II. vt* zur Eile antreiben
hurt [hɜːt] *I. vi* <hurt, hurt> ① wehtun ② (*harm*) schaden *a. fig II. vt* <hurt, hurt> ① (*a. fig*) ■**to ~ sb** jdm wehtun; ■**to ~ oneself** sich verletzen ② (*harm*) ■**to ~ sb/sth** jdm/etw schaden; **to ~ sb's feelings/pride** jds Gefühle/Stolz verletzen *III. adj attr* ① verletzt ② *feelings* verletzt *IV. n* Schmerz *m*; (*injury*) Verletzung *f*
hurtful ['hɜːtfəl] *adj* verletzend
hurtle ['hɜːtl] *I. vi* rasen; **the boy came hurtling round the corner** der Junge kam um die Ecke geschossen *II. vt* ■**to ~ sb/sth against sth** jdn/etw gegen etw *akk* schleudern

husband [ˈhʌzbən(d)] *n* Ehemann *m;* **that's my** ~ das ist mein Mann; ~ **and wife** Mann und Frau

hush [hʌʃ] **I.** *n no pl* Stille *f;* **a bit of** ~ **now, please!** ein bisschen Ruhe jetzt, bitte!; **deathly** ~ Totenstille *f* **II.** *interj* ■ ~ **!** pst! **III.** *vt* zum Schweigen bringen; (*soothe*) beruhigen ◆ **hush up** *vt* vertuschen **hush-hush** *adj* (*fam*) [streng] geheim **hush money** *n no pl* (*fam*) Schweigegeld *nt*

husky[1] <-ie-> [ˈhʌski] *adj* ❶ *voice* rau ❷ (*strong*) kräftig [gebaut]

husky[2] [ˈhʌski] *n* (*dog*) Husky *m*

hustle [ˈhʌsl] **I.** *vt* ❶ treiben ❷ (*coerce*) ■ **to** ~ **sb into doing sth** jdn [be]drängen, etw zu tun ❸ AM (*fam: achieve*) [hartnäckig] erkämpfen **II.** *vi* unter Hochdruck arbeiten; **to** ~ **for business** sich fürs Geschäft abstrampeln **III.** *n* Gedränge *nt;* ~ **and bustle** geschäftiges Treiben

hustler [ˈhʌslə^r] *n* Betrüger(in) *m(f)*

hustling *n no pl* [Straßen]prostitution *f*

hut [hʌt] *n* Hütte *f*

hutch [hʌtʃ] *n* Käfig *m;* (*for rabbits*) Stall *m*

hydration pack *n* Hydration Pack *nt* (*kleiner Rucksack mit Wasserfach oder Trinkflaschentasche und Schlauchverbindung mit Mundstück*)

hydroelectric [ˌhaɪdrəʊˈlektrɪk] *adj* hydroelektrisch; ~ **power station** Wasserkraftwerk *nt*

hydrofoil [ˈhaɪdrə(ʊ)fɔɪl] *n* Tragflächenboot *nt*

hydrogen [ˈhaɪdrədʒən] *n no pl* Wasserstoff *m*

hydrogen bomb *n* Wasserstoffbombe *f*

hydrosensor [ˈhaɪdrə(ʊ)sen(t)sə^r] *n* TECH Aquasensor *m*

hygiene [ˈhaɪdʒiːn] *n no pl* Hygiene *f;* **personal** ~ Körperpflege *f*

hygienic [haɪˈdʒiːnɪk] *adj* hygienisch

hymn [hɪm] *n* ❶ Kirchenlied *nt* ❷ (*praise*) Hymne *f*

hymnal [ˈhɪmnəl] *n,* **hymnbook** [ˈhɪmbʌk] *n* Gesangbuch *nt*

hype [haɪp] **I.** *n no pl* Reklameaufwand *m;* **media** ~ Medienrummel *m* **II.** *vt* ■ **to** ~ **sth** etw [in den Medien] hochjubeln

hyper [ˈhaɪpə^r] *adj* (*fam*) aufgedreht; **to go** ~ ausrasten

hyperliberal [ˌhaɪpəˈlɪbərəl] *adj* extrem liberal **hypermarket** *n* Verbrauchermarkt *m*

hypertext *n no pl* INET Hypertext *m fachspr*

hyperthyroidism [ˌhaɪpəˈθaɪrɔɪdɪzəm] *n no pl* MED Überfunktion *f* der Schilddrüse

hyphen [ˈhaɪfən] *n* Bindestrich *m*

hyphenate [ˈhaɪfəneɪt] *vt* mit Bindestrich schreiben

hypnosis [hɪpˈnəʊsɪs] *n no pl* Hypnose *f;* ■ **to be under** ~ sich in Hypnose befinden

hypnotherapy [ˌhɪpnə(ʊ)ˈθerəpi] *n no pl* MED Hypnotherapie *f*

hypnotist [ˈhɪpnətɪst] *n* Hypnotiseur(in) *m(f)*

hypnotize [ˈhɪpnətaɪz] *vt* hypnotisieren *a. fig*

hypocrite [ˈhɪpəkrɪt] *n* Heuchler(in) *m(f),* Scheinheilige(r) *f(m)*

hypotenuse [haɪˈpɒtənjuːz] *n* MATH Hypotenuse *f*

hypothetical [ˌhaɪpə(ʊ)ˈθetɪkəl] *adj* hypothetisch

hypothyroidism [ˌhaɪpə(ʊ)ˈθaɪrɔɪdɪzəm] *n* MED Unterfunktion *f* der Schilddrüse

hysterectomy [ˌhɪstəˈrektəmi] *n* MED Hysterektomie *f*

hysteric [hɪˈsterɪk] *adj* hysterisch

hysterical [hɪˈsterɪkəl] *adj* ❶ hysterisch ❷ (*fam: funny*) ausgelassen heiter

I <*pl* -ˈs *or* -s>, **i** <*pl* -ˈs> [aɪ] *n* I *nt,* i *nt; see also* **A I**

I [aɪ] *pron pers* ich; ~ **for one ...** ich meinerseits ...; **accept me for what** ~ **am** nimm mich so, wie ich bin

IAEA [ˌaɪeɪiːˈeɪ] *n abbrev of* **International Atomic Energy Agency:** ■ **the** ~ die IAEO

IBS [ˌaɪbiːˈes] *n no pl* MED *abbrev of* **irritable bowel syndrome** Reizdarm *m*

ice [aɪs] **I.** *n no pl* Eis *nt* ▶ **to break the** ~ das Eis zum Schmelzen bringen **II.** *vt* glasieren

Ice Age *n* Eiszeit *f* **iceberg** *n* Eisberg *m* **icebox** *n* ❶ BRIT (*freezer*) Eisfach *nt* ❷ AM (*fridge*) Kühlschrank *m* **ice-breaker** *n* Eisbrecher *m;* (*fig*) *Spiele zur Auflockerung der Atmosphäre* **ice cap** *n* Eiskappe *f* (*an den*

Polen) **ice-cold** *n* eiskalt **ice cream** *n* Eis *nt* **ice cube** *n* Eiswürfel *m*
iced [aɪst] *adj* eisgekühlt
ice hockey *n* Eishockey *nt* **ice lolly** *n* BRIT Eis *nt* am Stiel **ice pack** *n* Eisbeutel *m* **ice rink** *n* Schlittschuhbahn *f* **ice-skate** *vi* Schlittschuh laufen **ice skating** *n no pl* Schlittschuhlaufen *nt*
I Ching [ˌiːˈtʃɪŋ] *n* I Ging *nt*
icicle [ˈaɪsɪkl] *n* Eiszapfen *m*
iciness [ˈaɪsɪnəs] *n no pl* ① Vereisung *f* ② (*cold*) klirrende Kälte
icing [ˈaɪsɪŋ] *n* Zuckerguss *m* ▶ **to be the ~ on the cake** [bloß] schmückendes Beiwerk sein
icing sugar *n* Puderzucker *m*
icon [ˈaɪkɒn] *n* ① (*also fig*) Ikone *f* ② COMPUT Symbol *nt*
ICU [ˌaɪsiːˈjuː] *n abbrev of* **intensive care unit** Intensivstation *f*
icy [ˈaɪsi] *adj* ① vereist ② (*hostile*) frostig
I'd¹ [aɪd] = **I would** *see* **would**
I'd² [aɪd] = **I had** *see* **have**
ID [ˌaɪˈdiː] *n no pl abbrev of* **identification** ① *abbrev of* **ID card** ② COMPUT Kennzahl *f*
ID card *n* [Personal]ausweis *m*
idea [aɪˈdɪə, -ˈdiːə] *n* ① (*notion*) Vorstellung *f*; **whatever gave you that ~?** wie kommst du denn [bloß] darauf?; **to get ~s** (*fam*) auf dumme Gedanken kommen; **to give sb ~s** (*fam*) jdn auf dumme Gedanken bringen ② (*purpose*) ▪ **the ~** der Zweck ③ (*suggestion*) Idee *f*; **that's an ~!** (*fam*) das ist eine gute Idee! ④ (*knowledge*) Begriff *m*; **to have an ~ of sth** eine Vorstellung von etw *dat* haben; **to have no ~** (*fam*) keine Ahnung haben
ideal [aɪˈdɪəl, -ˈdiːəl] **I.** *adj* ideal **II.** *n* Ideal *nt*
identical [aɪˈdentɪkəl] *adj* identisch (**to** mit)
identifiable [aɪˌdentɪˈfaɪəbl] *adj* erkennbar; (*traceable*) nachweisbar
identification [aɪˌdentɪfɪˈkeɪʃən] *n no pl* ① *of person* Identifizierung *f*; *of problem, aims* Identifikation *f* ② (*papers*) Ausweispapiere *pl* ③ (*sympathy*) Identifikation *f* (**with** mit)
identification papers *npl* Ausweispapiere *pl*
identification parade *n* BRIT Gegenüberstellung, um einen Täter zu identifizieren
identify <-ie-> [aɪˈdentɪfaɪ] **I.** *vt* ① (*recognize*) identifizieren ② (*name*) ▪ **to ~ sb** jds Identität *f* feststellen ③ (*associate*) ▪ **to ~ sb with sb/sth** jdn mit jdm/etw assoziieren **II.** *vi* ▪ **to ~ with sb** sich mit jdm identifizieren

identikit® [aɪˈdentɪkɪt] **I.** *n* BRIT, AUS Phantombild *nt* **II.** *adj attr* Phantom-
identity [aɪˈdentɪti] *n* Identität *f*
identity card *n* [Personal]ausweis *m* **identity theft** *n* SOCIOL Identitätsdiebstahl *m* **identity thief** *n* SOCIOL Identitätsdieb(in) *m(f)*
idiom [ˈɪdiəm] *n* ① (*phrase*) [idiomatische] Redewendung ② (*language*) Idiom *nt*
idiomatic [ˌɪdiə(ʊ)ˈmætɪk] *adj* idiomatisch
idiot [ˈɪdiət] *n* (*fam*) Idiot *m*
idiotic [ˌɪdiˈɒtɪk] *adj* (*fam*) idiotisch; *idea* hirnverbrannt
idle [ˈaɪdl] **I.** *adj* faul **II.** *vi* ① (*laze*) faulenzen ② *engine* leerlaufen
if I. *conj* ① (*in case*) wenn, falls; **even ~ ...** selbst [dann,] wenn ...; ▪ **~ ..., then ...** wenn ..., dann ... ② **~ I had only known!** hätte ich es nur gewusst! ③ (*whether*) ob ④ (*although*) wenn auch ▶ **~ anyone/anything/anywhere** wenn überhaupt; **barely/hardly/rarely ... ~ at all** kaum ..., wenn überhaupt; **~ ever** wenn [überhaupt] je[mals]; **little/few ~ any** wenn [überhaupt], dann wenig/wenige; **... ~ not ...** ..., wenn nicht [sogar] ... **II.** *n* Wenn *nt* ▶ **no ~s and buts** kein Wenn und Aber *fam*
iffy [ˈɪfi] *adj* (*fam*) ungewiss
igloo [ˈɪgluː] *n* Iglu *m o nt*
ignite [ɪgˈnaɪt] **I.** *vi* Feuer fangen; ELEC zünden **II.** *vt* (*form*) anzünden
ignition [ɪgˈnɪʃən] *n* ① AUTO Zündung *f* ② *no pl* (*form: igniting*) Entzünden *nt*
ignition key *n* Zündschlüssel *m* **ignition switch** <-es> *n* Zündschalter *m*
ignorance [ˈɪgnərən(t)s] *n no pl* Unwissenheit *f*
ignorant [ˈɪgnərənt] *adj* unwissend; ▪ **to be ~ about sth** sich in etw *dat* nicht auskennen
ignorantly [ˈɪgnərəntli] *adv* unwissentlich
ignore [ɪgˈnɔːʳ] *vt* ignorieren
ill [ɪl] **I.** *adj* ① krank; **I feel ~** mir ist gar nicht gut; **to be critically ~** in Lebensgefahr schweben; **to fall ~** krank werden ② (*bad*) schlecht; (*harmful*) schädlich; **no ~ feeling!** Schwamm drüber!; **~ fortune** Pech *nt*; **~ health** angegriffene Gesundheit **II.** *n* ① ▪ **~s** *pl* das Übel ② ▪ **the ~** *pl* die Kranken *pl*
I'll [aɪl] = **I will** *see* **will**
ill-advised *adj* unklug

illegal [ɪˈliːgəl] **I.** *adj* illegal **II.** *n esp* Am (*fam*) Illegale(r) *f(m)*
illegible [ɪˈledʒəbl] *adj* unleserlich
illegitimate [ˌɪlɪˈdʒɪtəmət] *adj* unehelich
ill-informed *adj* falsch informiert
illiterate [ɪˈlɪtərət] **I.** *n* Analphabet(in) *m(f)* **II.** *adj* analphabetisch; (*ignorant*) ungebildet
ill-judged *adj* unüberlegt, verfehlt **ill-mannered** *adj* unhöflich; *child* ungezogen
illness [ˈɪlnəs] *n* Krankheit *f*
illogical [ɪˈlɒdʒɪkəl] *adj* unlogisch
ill-tempered *adj* schlecht gelaunt **ill-timed** *adj* ungelegen
illuminate [ɪˈluːmɪneɪt] *vt* erhellen; (*spotlight*) beleuchten
illuminating [ɪˈluːmɪneɪtɪŋ] *adj* (*form*) aufschlussreich
illumination [ɪˌluːmɪˈneɪʃən] *n no pl* (*form*) Beleuchtung *f*
illusion [ɪˈluːʒən] *n* Illusion *f*; **to create the ~ of sth** die Illusion erwecken, dass etw ist
illustrate [ˈɪləstreɪt] *vt* ❶ veranschaulichen ❷ *book* illustrieren
illustration [ˌɪləˈstreɪʃən] *n* Illustration *f*
I'm [aɪm] = **I am** *see* **be**
image [ˈɪmɪdʒ] **I.** *n* ❶ (*likeness*) Ebenbild *nt* ❷ (*picture*) Bild *nt* ❸ (*reputation*) Image *nt* **II.** *vt* ■ **to ~ sth** sich *dat* etw vorstellen
imagery [ˈɪmɪdʒəri] *n no pl* Bildersprache *f*
imaginable [ɪˈmædʒɪnəbl] *adj* erdenklich
imaginary [ɪˈmædʒɪnəri] *adj* imaginär
imagination [ɪˌmædʒɪˈneɪʃən] *n* Fantasie *f*; **lack of ~** Fantasielosigkeit *f*; **not by any stretch of the ~** beim besten Willen nicht
imaginative [ɪˈmædʒɪnətɪv] *adj* fantasievoll
imagine [ɪˈmædʒɪn] *vt* ❶ ■ **to ~ sb/sth** sich *dat* jdn/etw vorstellen ❷ (*assume*) ■ **to ~ sth** sich *dat* etw denken
imaging *n no pl* COMPUT digitale Bildverarbeitung
imbalance [ɪmˈbælən(t)s] *n* Ungleichgewicht *nt*
imbecile [ˈɪmbəsiːl] **I.** *n* (*fam*) Idiot *m pej fam* **II.** *adj attr* schwachsinnig *pej fam*
IMF [ˌaɪemˈef] *n no pl abbrev of* **International Monetary Fund:** ■ **the ~** der IWF
imitate [ˈɪmɪteɪt] *vt* imitieren
imitation [ˌɪmɪˈteɪʃən] **I.** *n* ❶ *no pl* (*mimicry*) Imitation *f* ❷ (*act*) Imitieren *nt* **II.** *adj attr* (*plastic*) Kunst-; *jewel* unecht
immaculate [ɪˈmækjələt] *adj* makellos
immature [ˌɪməˈtjʊəʳ,] *adj* ❶ unreif; (*childish*) kindisch *meist pej* ❷ (*unripe*) unreif; (*sexually*) nicht geschlechtsreif; *plan* unausgereift
immaturity [ˌɪməˈtjʊərəti] *n no pl* Unreife *f*
immeasurable [ɪˈmeʒərəbl] *adj* grenzenlos; *effect* gewaltig
immediacy [ɪˈmiːdiəsi] *n no pl* Unmittelbarkeit *f*; (*topicality*) Aktualität *f*
immediate [ɪˈmiːdiət] *adj* ❶ umgehend ❷ *attr* (*near*) unmittelbar; **sb's ~ family** jds nächste Angehörige; **sb's ~ friends** jds engste Freunde ❸ (*direct*) direkt
immediately [ɪˈmiːdiətli] **I.** *adv* ❶ sofort, gleich ❷ (*closely*) direkt, unmittelbar **II.** *conj* BRIT sobald
immense [ɪˈmen(t)s] *adj* riesig, enorm
immerse [ɪˈmɜːs] *vt* eintauchen; (*fig*) ■ **to ~ oneself in sth** sich in etw *akk* vertiefen
immersion heater *n* Tauchsieder *m*
immigrant [ˈɪmɪgrənt] **I.** *n* Einwanderer(in) *m(f)* **II.** *adj attr* Immigranten-, Einwanderer-; **~ population** Einwanderer *pl*
immigrate [ˈɪmɪgreɪt] *vi* einwandern
immigration [ˌɪmɪˈgreɪʃən] *n no pl* ❶ Einwanderung *f* ❷ AM ■ **~s** *pl* ≈ Grenzschutz *m* (*an Flughäfen*)
imminent [ˈɪmɪnənt] *adj* bevorstehend *attr*; *danger* drohend
immobilize [ɪˈməʊbəlaɪz] *vt* ❶ lahmlegen; **to ~ a car/machine** einen Wagen/eine Maschine betriebsuntauglich machen ❷ **my leg was ~d in a plaster cast** mein Bein wurde mit einem Gipsverband ruhig gestellt
immoral [ɪˈmɒrəl] *adj* unmoralisch
immortal [ɪˈmɔːtəl] **I.** *adj* unsterblich; *life* ewig **II.** *n* Unsterbliche(r) *f(m)*
immortality [ˌɪmɔːˈtæləti] *n no pl* Unsterblichkeit *f*
immovable [ɪˈmuːvəbl] **I.** *adj* ❶ unbeweglich ❷ (*fig*) unerschütterlich; *belief, opinion* fest **II.** *n* ■ **~s** *pl* Immobilien *pl*
immune [ɪˈmjuːn] *adj pred* ❶ immun (**to** gegen/für) ❷ (*fig: safe*) sicher (**from** vor)
immunity [ɪˈmjuːnəti] *n no pl* ❶ Immunität *f* ❷ (*fig*) Unempfindlichkeit *f*
immunize [ˈɪmjənaɪz] *vt* immunisieren
immunodeficiency [ˌɪmjənə(ʊ)dɪˈfɪʃən(t)si] *n* MED Immunschwäche *f*
impact I. *n* [ˈɪmpækt] ❶ *no pl* Aufprall *m*; (*force*) Wucht *f*; **on ~** beim Aufprall ❷ (*fig: effect*) Auswirkung[en] *f*[*pl*] **II.** *vt* [ɪmˈpækt] *esp* AM, AUS beeinflussen **III.** *vi* [ɪmˈpækt]

impartial – impracticable

❶ aufschlagen ❷ *esp* Am, Aus ■ **to ~ on sb/sth** jdn/etw beeinflussen
impartial [ɪmˈpɑːʃ°l] *adj* unparteiisch
impartiality [ɪmˌpɑːʃiˈæləti] *n no pl* Unvoreingenommenheit *f*
impassable [ɪmˈpɑːsəbl̩] *adj* unpassierbar
impasse [ˈɪmpɑːs] *n* Sackgasse *f a. fig*
impassioned [ɪmˈpæʃ°nd] *adj* leidenschaftlich
impassive [ɪmˈpæsɪv] *adj* ausdruckslos
impatience [ɪmˈpeɪʃ°n(t)s] *n no pl* Ungeduld *f*
impatient [ɪmˈpeɪʃ°nt] *adj* ungeduldig (**with** gegenüber)
impeach [ɪmˈpiːtʃ] *vt* ■ **to ~ sb for sth** jdn wegen einer S. *gen* anklagen
impeachment [ɪmˈpiːtʃmənt] *n* Amtsenthebungsverfahren *nt*
impede [ɪmˈpiːd] *vt* behindern
imperative [ɪmˈperətɪv] **I.** *adj* ❶ unbedingt erforderlich ❷ (*commanding*) gebieterisch **II.** *n* ❶ [Sach]zwang *m;* (*duty*) Verpflichtung *f* ❷ *no pl* LING **the ~** der Imperativ
imperceptible [ˌɪmpəˈseptəbl̩] *adj* unmerklich
imperfect [ɪmˈpɜːfɪkt] **I.** *adj* fehlerhaft; (*incomplete*) unvollkommen **II.** *n no pl* LING ■ **the ~** das Imperfekt
imperfection [ˌɪmpəˈfekʃ°n] *n* ❶ Fehler *m,* Mangel *m* ❷ *no pl* (*state*) Unvollkommenheit *f*
imperial [ɪmˈpɪəriəl] *adj* ❶ imperialistisch *oft pej;* (*of British empire*) Empire-, des Empires nach *n* ❷ (*measure*) **the ~ system** das britische System der Maße und Gewichte
impersonal [ɪmˈpɜːs°n°l] *adj* unpersönlich
impersonate [ɪmˈpɜːs°neɪt] *vt* imitieren
impertinence [ɪmˈpɜːtɪnən(t)s] *n no pl* Unverschämtheit *f,* Frechheit *f*
impertinent [ɪmˈpɜːtɪnənt] *adj* unverschämt
impetuous [ɪmˈpetʃuəs] *adj* impulsiv; *nature* hitzig
impetus [ˈɪmpɪtəs] *n no pl* Anstoß *m*
implacable [ɪmˈplækəbəl] *adj* unnachgiebig
implant I. *n* [ˈɪmplɑːnt] Implantat *nt* **II.** *vt* [ɪmˈplɑːnt] ❶ einpflanzen ❷ (*fig*) einprägen
implausible [ɪmˈplɔːzəbl̩] *adj* unglaubwürdig
implement I. *n* [ˈɪmplɪmənt] Gerät *nt;* (*tool*) Werkzeug *nt* **II.** *vt* [ˈɪmplɪment] einführen; (*realize*) durchführen
implicate [ˈɪmplɪkeɪt] *vt* ❶ ■ **to ~ sb in sth** jdn mit etw *dat* in Verbindung bringen ❷ (*imply*) andeuten
implication [ˌɪmplɪˈkeɪʃ°n] *n* ❶ Verwicklung *f* ❷ *no pl* (*hint*) Implikation *f geh*
implicit [ɪmˈplɪsɪt] *adj* ❶ indirekt ❷ (*found*) ■ **to be ~ in sth** mit etw *dat* verbunden sein ❸ (*full*) bedingungslos
implicitly [ɪmˈplɪsɪtli] *adv* ❶ implizit ❷ (*fully*) völlig, bedingungslos
implore [ɪmˈplɔːʳ] *vt* anflehen
imploring [ɪmˈplɔːrɪŋ] *adj* flehend
imply <-ie-> [ɪmˈplaɪ] *vt* ❶ andeuten ❷ (*entail*) erfordern
impolite [ˌɪmpəˈlaɪt] *adj* unhöflich
impoliteness [ˌɪmpəˈlaɪtnəs] *n no pl* Unhöflichkeit *f*
import I. *vt, vi* [ɪmˈpɔːt] importieren (**from** aus) **II.** *n* [ˈɪmpɔːt] Import *m*
importance [ɪmˈpɔːt°n(t)s] *n no pl* ❶ Wichtigkeit *f* ❷ (*influence*) Bedeutung *f*
important [ɪmˈpɔːt°nt] *adj* ❶ wichtig ❷ (*influential*) bedeutend
importantly [ɪmˈpɔːt°ntli] *adv* wichtig; (*self-importantly*) wichtigtuerisch
importer [ˈɪmpɔːtəʳ] *n* Importeur(in) *m(f);* (*company*) Importeur *m;* (*country*) Importnation *f*
impose [ɪmˈpəʊz] **I.** *vt* durchsetzen; (*order*) verhängen; *law* verfügen; **to ~ taxes on sb** jdm Steuern auferlegen **II.** *vi* ■ **to ~ on sb** sich jdm aufdrängen
imposing [ɪmˈpəʊzɪŋ] *adj* beeindruckend, stattlich
imposition [ˌɪmpəˈzɪʃ°n] *n* ❶ *no pl* Einführung *f* ❷ (*inconvenience*) Belastung *f*
impossibility [ɪmˌpɒsəˈbɪləti] *n* ❶ *no pl* Unmöglichkeit *f* ❷ (*thing*) Ding *nt* der Unmöglichkeit
impossible [ɪmˈpɒsəbl̩] **I.** *adj* ❶ unmöglich ❷ (*difficult*) ausweglos **II.** *n no pl* ■ **the ~** das Unmögliche; **to ask the ~** Unmögliches verlangen
imposter *n,* **impostor** [ɪmˈpɒstəʳ] *n* Hochstapler(in) *m(f)*
impotence [ˈɪmpətən(t)s] *n no pl* ❶ Machtlosigkeit *f* ❷ (*sexual*) Impotenz *f*
impotent [ˈɪmpətənt] *adj* ❶ machtlos ❷ (*sterile*) impotent
impound [ɪmˈpaʊnd] *vt* beschlagnahmen
impoverish [ɪmˈpɒv°rɪʃ] *vt* arm machen
impracticable [ɪmˈpræktɪkəbl̩] *adj* undurchführbar

impractical [ɪmˈpræktɪkəl] *adj* unpraktisch; (*unfit*) untauglich

imprecise [ˌɪmprɪˈsaɪs] *adj* ungenau

impregnable [ɪmˈpregnəbl] *adj* ❶ uneinnehmbar ❷ BRIT, AUS (*fig: undefeatable*) unschlagbar

impregnate [ˈɪmpregneɪt] *vt usu passive* ❶ imprägnieren ❷ (*fertilize*) befruchten

impress [ɪmˈpres] **I.** *vt* ❶ beeindrucken; ▪ **to be ~ed [by sb/sth]** [von jdm/etw] beeindruckt sein ❷ (*convince*) ▪ **to ~ sth on sb** jdn von etw *dat* überzeugen **II.** *vi* Eindruck machen, imponieren

impression [ɪmˈpreʃən] *n* ❶ (*opinion*) Eindruck *m*; **to be under the ~ that ...** den Eindruck haben, dass ...; **to have/get the ~ that ...** den Eindruck haben/bekommen, dass ... ❷ (*feeling*) Eindruck *m;* **to make an ~ on sb** auf jdn Eindruck machen ❸ (*copy*) Imitation *f*

impressionable [ɪmˈpreʃənəbl] *adj* [leicht] beeinflussbar

impressive [ɪmˈpresɪv] *adj* beeindruckend

imprint I. *vt* [ɪmˈprɪnt] *usu passive* ❶ (*mark*) prägen ❷ (*print*) drucken (**on** auf) **II.** *n* [ˈɪmprɪnt] (*mark*) Abdruck *m; on coin, leather* Prägung *f*

imprison [ɪmˈprɪzən] *vt usu passive* inhaftieren

imprisonment [ɪmˈprɪzənmənt] *n no pl* Haft *f*

improbability [ɪmˌprɒbəˈbɪləti] *n no pl* Unwahrscheinlichkeit *f*

improbable [ɪmˈprɒbəbl] *adj* unwahrscheinlich

improper [ɪmˈprɒpəʳ] *adj* ❶ falsch ❷ *inappropriate* unpassend

improve [ɪmˈpruːv] **I.** *vt* verbessern **II.** *vi* besser werden, sich verbessern; ▪ **to ~ on sth** etw [noch] verbessern; **to ~ with age** mit dem Alter immer besser werden

improvement [ɪmˈpruːvmənt] *n* ❶ (*instance*) Verbesserung *f* ❷ *no pl* (*activity*) Verbesserung *f;* **room for ~** Steigerungsmöglichkeiten *pl*

improvisation [ˌɪmprəvaɪˈzeɪʃən] *n* Improvisation *f*

improvise [ˈɪmprəvaɪz] *vt, vi* improvisieren

imprudent [ɪmˈpruːdənt] *adj* leichtsinnig

impudence [ˈɪmpjədən(t)s] *n no pl* Unverschämtheit *f*

impudent [ˈɪmpjədənt] *adj* unverschämt

impulse [ˈɪmpʌls] *n* ❶ (*urge*) a. ELEC Impuls *m* ❷ (*motive*) Antrieb *m*

impulsive [ɪmˈpʌlsɪv] *adj* impulsiv; (*spontaneous*) spontan

impunity [ɪmˈpjuːnəti] *n no pl* Straflosigkeit *f*

impure [ɪmˈpjʊəʳ] *adj* unrein; (*polluted*) verunreinigt

impurity [ɪmˈpjʊərəti] *n no pl* Verunreinigung *f*

in [ɪn] **I.** *prep* ❶ (*located*) in; **~ a savings account** auf einem Sparkonto; **to ride ~ a car** [im] Auto fahren; **to be ~ hospital** im Krankenhaus sein; **~ the street** auf der Straße ❷ *after vb* (*into*) in; **to get ~ the car** ins Auto steigen ❸ AM (*at*) auf; **Boris is ~ college** Boris ist auf dem College ❹ (*part of*) in; **there are 31 days ~ March** der März hat 31 Tage ❺ **he cried out ~ pain** er schrie vor Schmerzen; **he always drinks ~ excess** er trinkt immer zu viel; **~ anger** im Zorn; **difference ~ quality** Qualitätsunterschied *m;* **to be ~ [no] doubt** [nicht] zweifeln; **~ horror** voller Entsetzen; **~ all honesty** in aller Aufrichtigkeit; **to be ~ a hurry** es eilig haben; **to be ~ a good mood** guter Laune sein; **~ secret** heimlich ❻ (*with*) **to pay ~ cash** [in] bar bezahlen; **~ writing** schriftlich ❼ **~ E minor** in e-Moll; **~ English/French/German** auf Englisch/Französisch/Deutsch; **to speak ~ a loud/small voice** mit lauter/leiser Stimme sprechen ❽ (*during*) **~ 1968** [im Jahre] 1968; **~ the end** am Ende; **~ March/May** im März/Mai; **~ the morning/afternoon/evening** morgens/nachmittags/abends ❾ (*within*) in; **~ record time** in Rekordzeit ❿ (*since*) seit; **I haven't seen her ~ years** ich habe sie seit Jahren nicht gesehen ⓫ (*active*) **he's ~ computers** er hat mit Computern zu tun; **she works ~ publishing** sie arbeitet bei einem Verlag ⓬ (*wearing*) **you look nice ~ green** Grün steht dir; **the woman ~ the hat** die Frau mit dem Hut; **to be ~ disguise** verkleidet sein; **~ the nude** nackt; **to be ~ uniform** Uniform tragen ⓭ (*result*) **~ conclusion** schließlich; **~ fact** tatsächlich ⓮ **~ doing so** dabei, damit ⓯ **he's about six foot ~ height** er ist ca. zwei Meter groß; **to be equal ~ weight** gleich viel wiegen; **~ total** insgesamt ⓰ (*comparing*) pro; **one ~ ten people** jeder zehnte ⓱ *after vb* **to be interested ~ sth** sich für etw *akk* interessieren

⑱ *after n* **to have confidence ~ sb** jdm vertrauen **II.** *adv* ❶ herein; **come ~!** herein!; **she was locked ~** sie war eingesperrt; **she didn't ask me ~** sie hat mich nicht hereingebeten ❷ (*arrived*) **the train got ~ very late** der Zug ist sehr spät eingetroffen ❸ **is the tide coming ~ or going out?** kommt oder geht die Flut? ❹ **to hand sth ~** etw abgeben ▸ **day ~, day out** tagein, tagaus; **to let sb ~ on sth** jdn in etw *akk* einweihen **III.** *adj* ❶ *pred* (*there*) da; (*at home*) zu Hause ❷ *after n* (*entry*) Einwärts-; **door ~** Eingangstür *f* ❸ (*trendy*) in ❹ *pred* (*submitted*) **the application must be ~ by May 31** die Bewerbung muss bis zum 31. Mai eingegangen sein ▸ **to be ~ on sth** über etw *akk* Bescheid wissen **IV.** *n* ▸ **to know the ~s and outs of sth** sich in einer S. *dat* genau auskennen

inability [ˌɪnə'bɪləti] *n no pl* Unfähigkeit *f*
inaccessible [ˌɪnək'sesəbl] *adj* unzugänglich
inaccurate [ɪn'ækjərət] *adj* ungenau
inaction [ɪn'ækʃn] *n no pl* Untätigkeit *f*
inactive [ɪn'æktɪv] *adj* untätig, inaktiv
inadequate [ɪn'ædɪkwət] *adj* unangemessen; **woefully ~** völlig unzulänglich; **to feel ~** Minderwertigkeitsgefühle haben
inadvertent [ˌɪnəd'vɜːtənt] *adj* unachtsam
inadvisable [ˌɪnəd'vaɪzəbl] *adj* nicht empfehlenswert
inanimate [ɪ'nænɪmət] *adj* leblos
inapplicable [ˌɪnə'plɪkəbl] *adj* unanwendbar
inappropriate [ˌɪnə'prəʊpriət] *adj* ungeeignet; (*inconvenient*) ungelegen
inarticulate [ˌɪnɑː'tɪkjələt] *adj* ❶ (*unclear*) undeutlich; *speech* zusammenhangslos ❷ *fear, worry* unausgesprochen
inasmuch as [ɪnəz'mʌtʃəz] *conj* (*form*) insofern [als]
inattentive [ˌɪnə'tentɪv] *adj* unaufmerksam
inaudible [ɪ'nɔːdəbl] *adj* unhörbar
inauguration [ɪˌnɔːgjə'reɪʃn] *n* ❶ *no pl* Eröffnung *f* ❷ (*induction*) Amtseinführung *f*
inauspicious [ˌɪnɔː'spɪʃəs] *adj* (*form*) ungünstig
inborn [ˌɪn'bɔːn] *adj* angeboren
in-box *n* COMPUT Posteingangsordner *m*
inbuilt [ˌɪn'bɪlt] *adj* BRIT eingebaut
incalculable [ɪn'kælkjələbl] *adj* ❶ (*great*) unabsehbar; *costs* unüberschaubar ❷ (*inestimable*) nicht zu ermessen *präd,* unvorstellbar
incapable [ɪn'keɪpəbl] *adj* unfähig
incapacity [ˌɪnkə'pæsəti] *n no pl* Unfähigkeit *f*
incendiary [ɪn'sendiəri] *adj* ❶ *attr* Brand- ❷ (*fig: provocative*) aufstachelnd *attr,* aufrührerisch
incense[1] ['ɪnsen(t)s] *n no pl* ❶ Räuchermittel *nt;* (*in church*) Weihrauch *m* ❷ (*smoke*) wohlriechender Rauch
incense[2] [ɪn'sen(t)s] *vt* empören; **to be ~d by sb/sth** über jdn/etw erbost sein
incentive [ɪn'sentɪv] **I.** *n* Anreiz *m* **II.** *adj attr* Vorteile bringend; **~ discount** Treuerabatt *m;* **~ offer** Gratisangebot *nt*
incentive scheme *n* Prämiensystem *nt*
inception [ɪn'sepʃn] *n no pl* Anfang *m;* (*of company*) Gründung *f*
incessant [ɪn'sesənt] *adj* ununterbrochen
inch [ɪn(t)ʃ] **I.** *n* <*pl* -es> ❶ Zoll *m* (*2,54 cm*) ❷ (*distance*) **just an ~/just ~es** ganz knapp **II.** *vi* sich [ganz] langsam bewegen
♦ **inch forward** *vi* sich stückchenweise vorwärtsbewegen
incidence ['ɪn(t)sɪdən(t)s] *n* Auftreten *nt*
incident ['ɪn(t)sɪdənt] *n* ❶ [Vor]fall *m;* **isolated ~** Einzelfall *m;* **minor ~** Bagatelle *f* ❷ (*story*) Begebenheit *f*
incidental [ˌɪn(t)sɪ'dentəl] *adj* ❶ zufällig; (*in passing*) beiläufig ❷ (*related*) begleitend *attr,* verbunden; ▪ **to be ~ to sth** mit etw *dat* einhergehen
incidentally [ˌɪn(t)sɪ'dentəli] *adv* ❶ (*by the way*) übrigens ❷ (*in passing*) nebenbei; (*accidentally*) zufällig
incinerate [ɪn'sɪnəreɪt] *vt* verbrennen
incinerator [ɪn'sɪnəreɪtə] *n* Verbrennungsanlage *f*
incision [ɪn'sɪʒn] *n* [Ein]schnitt *m*
incisive [ɪn'saɪsɪv] *adj description* klar; *remark* schlüssig
incite [ɪn'saɪt] *vt* aufstacheln
inclination [ˌɪnklɪ'neɪʃn] *n* ❶ Neigung *f,* Hang *m kein pl* ❷ *no pl* (*preference*) [besondere] Neigung
incline I. *vi* [ɪn'klaɪn] ❶ (*tend*) tendieren (**towards** zu) ❷ (*lean*) sich neigen **II.** *vt* [ɪn'klaɪn] ▪ **to be ~d to do sth** dazu neigen, etw zu tun **III.** *n* ['ɪnklaɪn] Neigung *f*
inclined [ɪn'klaɪnd] *adj* ❶ *pred* bereit; **to be ~ to agree/disagree** eher zustimmen/nicht

zustimmen ❷ (*sloped*) schief
inclose *vt see* **enclose**
include [ɪnˈkluːd] *vt* beinhalten; (*add*) beifügen; ■ **to ~ sb/sth in sth** jdn/etw in etw *akk* einbeziehen
including [ɪnˈkluːdɪŋ] *prep* einschließlich
inclusion [ɪnˈkluːʒᵊn] *n no pl* Einbeziehung *f*
inclusive [ɪnˈkluːsɪv] *adj* ❶ einschließlich; **all-~ rate** Pauschale *f* ❷ *after n* ■ **sth ~** [bis] einschließlich etw
incoherent [ˌɪnkə(ʊ)ˈhɪərᵊnt] *adj* zusammenhanglos; **sb is ~** jd redet wirr
income [ˈɪŋkʌm] *n* Einkommen *nt; of company* Einnahmen *pl*
income support *n no pl* BRIT ≈ Sozialhilfe *f;* **to be on ~** ≈ Sozialhilfe bekommen **income tax** *n* Einkommensteuer *f*
incoming [ˈɪŋkʌmɪŋ] *adj attr* ankommend; **~ call** [eingehender] Anruf; **~ tide** [ansteigende] Flut
incommensurable [ˌɪnkəˈmen(t)ʃᵊrəbl] *adj* inkommensurabel *geh,* nicht vergleichbar
incomparable [ɪnˈkɒmpᵊrəbl] *adj* unvergleichbar
incompatible [ˌɪnkəmˈpætəbl] *adj* unvereinbar; COMPUT inkompatibel; ■ **to be ~ persons** nicht zusammenpassen; ■ **to be ~ with sth** mit etw *dat* unvereinbar sein
incompetent [ɪnˈkɒmpɪtᵊnt] **I.** *adj* inkompetent; ■ **to be ~ for sth** für etw *akk* ungeeignet sein **II.** *n* Dilettant(in) *m(f)*
incomplete [ˌɪnkəmˈpliːt] *adj* unvollständig
incomprehensible [ɪnˌkɒmprɪˈhen(t)səbl] *adj* unverständlich; *act* unbegreiflich
incomprehensibly [ɪnˌkɒmprɪˈhen(t)səbli] *adv* unverständlicherweise, unbegreiflicherweise
incomprehension [ɪnˌkɒmprɪˈhen(t)ʃᵊn] *n no pl* Unverständnis *nt,* Verständnislosigkeit *f*
inconceivable [ˌɪnkənˈsiːvəbl] *adj* undenkbar; ■ **it is ~ that ...** es ist unvorstellbar, dass ...
inconclusive [ˌɪnkənˈkluːsɪv] *adj* nicht überzeugend; *results, test* ergebnislos
inconsequential [ɪnˌkɒn(t)sɪˈkwen(t)ʃᵊl] *adj* unlogisch; (*unimportant*) unbedeutend
inconsiderate [ˌɪnkənˈsɪdᵊrət] *adj* rücksichtslos (**towards** gegenüber); *remark* taktlos
inconsistent [ˌɪnkənˈsɪstənt] *adj* ❶ widersprüchlich ❷ (*unsteady*) unbeständig
inconsolable [ˌɪnkənˈsəʊləbl] *adj* untröstlich
inconspicuous [ˌɪnkənˈspɪkjuəs] *adj* unauffällig
incontrovertible [ˌɪnˌkɒntrəˈvɜːtəbl] *adj* (*form*) unwiderlegbar
inconvenience [ˌɪnkənˈviːniən(t)s] **I.** *n no pl* Unannehmlichkeit[en] *f*[*pl*] **II.** *vt* ■ **to ~ sb** jdm Unannehmlichkeiten bereiten
inconvenient [ˌɪnkənˈviːniənt] *adj* ungelegen; *place* ungünstig [gelegen]; *things, doings* beschwerlich, lästig
incorrect [ˌɪnkᵊˈrekt] *adj* falsch; *calculation* fehlerhaft; (*improper*) unkorrekt
incorruptible [ˌɪnkəˈrʌptəbl] *adj* unbestechlich; (*virtuous*) integer
increase I. *vi* [ɪnˈkriːs] (*rise*) [an]steigen; (*intensify*) zunehmen **II.** *vt* [ɪnˈkriːs] (*raise*) erhöhen; (*enlarge*) vergrößern **III.** *n* Anstieg *m,* Zunahme *f;* **~ in production** Steigerung *f* der Produktion; **to be on the ~** ansteigen
increasing [ɪnˈkriːsɪŋ] *adj* steigend, zunehmend
incredible [ɪnˈkredɪbl] *adj* ❶ unglaublich ❷ (*fam: good*) fantastisch
incriminate [ɪnˈkrɪmɪneɪt] *vt* beschuldigen
incubation period *n* Brut[zeit] *f; of disease* Inkubationszeit *f*
incur <-rr-> [ɪnˈkɜː*r*] *vt* ❶ hinnehmen müssen; *debt* machen; **to ~ costs** Kosten haben ❷ **to ~ the anger of sb** jdn verärgern
incurable [ɪnˈkjʊərəbl] *adj* unheilbar; *habit* nicht ablegbar
in-dash *adj* AUTO ins Armaturenbrett integriert
indebted [ɪnˈdetɪd] *adj pred* ❶ (*obliged*) [zu Dank] verpflichtet ❷ (*owing*) verschuldet
indecent [ɪnˈdiːsᵊnt] *adj* ungehörig; (*unseemly*) unschicklich; *proposal* unsittlich
indecipherable [ˌɪndɪˈsaɪfᵊrəbl] *adj* unlesbar; *handwriting* kaum zu entziffernd
indecision [ˌɪndɪˈsɪʒᵊn] *n no pl* Unentschlossenheit *f*
indecisive [ˌɪndɪˈsaɪsɪv] *adj* unentschlossen (*inconclusive*) unschlüssig
indecisiveness [ˌɪndɪˈsaɪsɪvnəs] *n no pl* Unschlüssigkeit *f*
indeclinable [ˌɪndɪˈkleɪnəbl] *adj* LING undeklinierbar
indeed [ɪnˈdiːd] *adv* ❶ wirklich; (*actually*) tatsächlich ❷ (*affirming*) allerdings
indefensible [ˌɪndɪˈfen(t)səbl] *adj* unentschuldbar; (*untenable*) unhaltbar

indefinable [ˌɪndɪˈfaɪnəbl] *adj* undefinierbar
indefinite [ɪnˈdefɪnət] *adj* ❶ unbestimmt ❷ (*vague*) unklar; *answer* nicht eindeutig
indelible [ɪnˈdeləbl] *adj* (*staining*) unlöschbar; *ink* unlöslich
independence [ˌɪndɪˈpendən(t)s] *n no pl* Unabhängigkeit *f*
independent [ˌɪndɪˈpendənt] **I.** *adj* ❶ unabhängig (**from** von) ❷ (*uninfluenced*) unabhängig (**of** von) **II.** *n* POL Parteilose(r) *f(m)*
in-depth [ˌɪnˈdepθ] *adj* gründlich; *investigation* eingehend
indescribable [ˌɪndɪˈskraɪbəbl] *adj* unbeschreiblich
indestructible [ˌɪndɪˈstrʌktəbl] *adj* unzerstörbar
index [ˈɪndeks, *pl* -dɪsiːz] **I.** *n* ❶ <*pl* -es> Index *m*; *of sources* Quellenverzeichnis *nt* ❷ <*pl* -dices *or* -es> ECON Index *m fachspr* ❸ <*pl* -dices *or* -es> (*measure*) Anzeichen *nt* (**of** für) **II.** *vt book* mit einem Verzeichnis versehen; *keyword* etw in ein Verzeichnis aufnehmen
indexer [ˈɪndeksəʳ] *n* Indexer *m*
index finger *n* Zeigefinger *m* **index-linked** *adj* BRIT ECON indexgebunden *fachspr*
indicate [ˈɪndɪkeɪt] **I.** *vt* ❶ zeigen; *gauge* anzeigen ❷ (*imply*) ■ **to** ~ **sth** auf etw *akk* hindeuten **II.** *vi* BRIT blinken
indication [ˌɪndɪˈkeɪʃən] *n* [An]zeichen *nt* (**of** für), Hinweis *m* (**of** auf); **early** ~**s** erste Anzeichen
indicative [ɪnˈdɪkətɪv] *adj* ❶ hinweisend *attr;* ■ **to be** ~ **of sth** etw erkennen lassen ❷ LING indikativisch *fachspr*
indicator [ˈɪndɪkeɪtəʳ] *n* ❶ (*evidence*) Indikator *m fachspr; of fact, trend* deutlicher Hinweis ❷ BRIT (*light*) Blinker *m*, [Fahrt]richtungsanzeiger *m bes* SCHWEIZ ❸ (*gauge*) Anzeiger *m* ❹ BRIT *at airport, station* Anzeigetafel *f*
indices [ˈɪndɪsiːz] *n pl of* **index I 2, 3**
indict [ɪnˈdaɪt] *vt* anklagen
Indies [ˈɪndɪz] *npl* (*hist*) ■ **the** ~ der indische Subkontinent
indifference [ɪnˈdɪfərən(t)s] *n no pl* Gleichgültigkeit *f* (**to**[**wards**] gegenüber)
indifferent [ɪnˈdɪfrənt] *adj* ❶ gleichgültig (**to** gegenüber) ❷ (*middling*) [mittel]mäßig
indigenous [ɪnˈdɪdʒɪnəs] *adj* [ein]heimisch; ~ **people** Einheimische *pl*
indigestible [ˌɪndɪˈdʒestəbl] *adj* schwer verdaulich; (*bad*) ungenießbar
indigestion [ˌɪndɪˈdʒestʃən] *n no pl* Magenverstimmung *f*
indignant [ɪnˈdɪgnənt] *adj* empört (**at/about** über)
indignation [ˌɪndɪgˈneɪʃən] *n no pl* Empörung *f* (**at/about** über)
indignity [ɪnˈdɪgnəti] *n* Demütigung *f*
indirect [ˌɪndɪˈrekt] *adj* indirekt; (*fig*) *benefits* mittelbar **by** ~ **means** auf Umwegen
indiscipline [ɪnˈdɪsəplɪn] *n no pl* (*form*) Disziplinlosigkeit *f*
indiscreet [ˌɪndɪˈskriːt] *adj* indiskret; (*tactless*) taktlos (**about** in Bezug auf)
indiscretion [ˌɪndɪˈskreʃən] *n no pl* Indiskretion *f;* (*tactlessness*) Taktlosigkeit *f*
indiscriminate [ˌɪndɪˈskrɪmɪnət] *adj* ❶ unüberlegt ❷ (*random*) wahllos
indispensable [ˌɪndɪˈspen(t)səbl] *adj* unentbehrlich (**for/to** für)
indistinct [ˌɪndɪˈstɪŋ(k)t] *adj* ❶ undeutlich; (*blurred*) verschwommen ❷ (*vague*) verschwommen
indistinguishable [ˌɪndɪˈstɪŋgwɪʃəbl] *adj* nicht unterscheidbar
individual [ˌɪndɪˈvɪdʒuəl] **I.** *n* ❶ Einzelne(r) *f(m)*, Individuum *nt geh* ❷ (*special person*) [selbständige] Persönlichkeit **II.** *adj* ❶ *attr* einzeln ❷ (*particular*) individuell
individualism [ˌɪndɪˈvɪdʒuəlɪzəm] *n no pl* Individualismus *m*
individualist [ˌɪndɪˈvɪdʒuəlɪst] *n* Individualist(in) *m(f)*
indivisible [ˌɪndɪˈvɪzəbl] *adj* unteilbar
indolence [ˈɪndələn(t)s] *n no pl* Trägheit *f*
indoor [ˌɪnˈdɔːʳ] *adj attr* ❶ Innen-; ~ **plant** Zimmerpflanze *f* ❷ (*for use inside*) Haus-, für zu Hause *nach n*
indoors [ˌɪnˈdɔːz] *adv* herein, nach drinnen
induce [ɪnˈdjuːs] *vt* ❶ ■ **to** ~ **sb to do sth** jdn dazu bringen, etw zu tun ❷ (*cause*) hervorrufen ❸ *abortion, birth, labour* einleiten
induction course *n* Einführungskurs *m*
indulge [ɪnˈdʌldʒ] **I.** *vt* ❶ (*satisfy*) ■ **to** ~ **sth** etw *dat* nachgeben; **to** ~ **sb's every wish** jdm jeden Wunsch erfüllen ❷ (*spoil*) verwöhnen **II.** *vi* ❶ (*euph: drink*) sich *dat* einen genehmigen *fam o euph* ❷ (*commit*) ■ **to** ~ **in sth** in etw *dat* schwelgen
indulgent [ɪnˈdʌldʒənt] *adj* ❶ (*lenient*) nachgiebig (**towards** gegenüber) ❷ (*toler-*

ant) nachsichtig

industrial [ɪnˈdʌstriəl] *adj* ❶ industriell; ~ **output** Industrieproduktion *f* ❷ *attr* (*not domestic*) Industrie-

industrialist [ɪnˈdʌstriəlɪst] *n* Industrielle(r) *f(m)*

industrialization [ɪnˌdʌstriəlaɪˈzeɪʃᵊn] *n no pl* Industrialisierung *f*

industrialize [ɪnˈdʌstriəlaɪz] **I.** *vi* eine Industrie ansiedeln; *nation* zum Industriestaat werden **II.** *vt* industrialisieren

industrious [ɪnˈdʌstriəs] *adj* fleißig; (*busy*) eifrig

industry [ˈɪndəstri] *n* ❶ *no pl* Industrie *f* ❷ (*sector*) Branche *f* ❸ *no pl* (*form: diligence*) Fleiß *m*

inedible [ɪˈnedɪbl̩] *adj* nicht essbar

ineffective [ˌɪnɪˈfektɪv] *adj* unwirksam

ineffectual [ˌɪnɪˈfektʃuᵊl] *adj* ineffektiv *geh*

inefficient [ˌɪnɪˈfɪʃᵊnt] *adj* ineffizient; (*person*) unfähig

ineligible [ɪˈnelɪdʒəbl̩] *adj* ❶ nicht berechtigt (**for** zu) ❷ ■ **to be ~ for sth** *in character* für etw *akk* nicht geeignet sein

ineluctable [ˌɪnɪˈlʌktəbl̩] *adj* unbarmherzig; (*relentless*) unausweichlich

inept [ɪˈnept] *adj* unbeholfen (**at** in); (*unskilled*) ungeschickt (**at** in)

inequality [ˌɪnɪˈkwɒləti] *n* Ungleichheit *f*

inequitable [ɪˈnekwɪtəbl̩] *adj* (*form*) ungerecht

inescapable [ˌɪnɪˈskeɪpəbl̩] *adj* unvermeidlich; *fate* unentrinnbar

inevitable [ɪˈnevɪtəbl̩] **I.** *adj* ❶ unvermeidlich; *conclusion, result* zwangsläufig ❷ (*fam: predictable*) unvermeidlich **II.** *n no pl* ■ **the ~** das Unvermeidbare *a. iron*

inexact [ˌɪnɪɡˈzækt] *adj* ungenau

inexcusable [ˌɪnɪkˈskjuːzəbl̩] *adj* unverzeihlich

inexhaustible [ˌɪnɪɡˈzɔːstəbl̩] *adj* unerschöpflich

inexpensive [ˌɪnɪkˈspen(t)sɪv] *adj* preisgünstig

inexperienced [ˌɪnɪkˈspɪəriən(t)st] *adj* unerfahren; ■ **to be ~ in sth** mit etw *dat* nicht vertraut sein

inexplicable [ˌɪnɪkˈsplɪkəbl̩] **I.** *adj* unerklärlich **II.** *n no pl* ■ **the ~** das Unerklärliche

inexpressible [ˌɪnɪkˈspresəbl̩] *adj* unbeschreiblich

infallibility [ɪnˌfælə'bɪləti] *n no pl* Unfehlbarkeit *f*

infallible [ɪnˈfæləbl̩] *adj* unfehlbar

infallibly [ɪnˈfæləbli] *adv* ❶ fehlerfrei ❷ (*always*) immer

infamous [ˈɪnfəməs] *adj* ❶ berüchtigt ❷ *lie* infam *pej*

infancy [ˈɪnfən(t)si] *n* früh[est]e Kindheit

infant [ˈɪnfənt] **I.** *n* ❶ Säugling *m* ❷ BRIT, AUS (*child*) Kleinkind *nt* **II.** *adj attr* ~ **daughter** kleines Töchterchen; ~ **prodigy** Wunderkind *nt*; BRIT, AUS ~ **class** SCH erste/zweite Grundschulklasse; ~ **teacher** Grundschullehrer(in) *m(f)*

infantile [ˈɪnfəntaɪl] *adj* (*pej*) kindisch *meist pej*

infantry [ˈɪnfəntri] *n no pl, + sing/pl vb* ■ **the ~** die Infanterie

infatuated [ɪnˈfætjueɪtɪd] *adj* vernarrt (**with** in)

infect [ɪnˈfekt] *vt* infizieren *a. fig*

infection [ɪnˈfekʃᵊn] *n* Infektion *f*

infectious [ɪnˈfekʃəs] *adj* ansteckend *a. fig*

infer <-rr-> [ɪnˈfɜːʳ] *vt* schließen (**from** aus)

inference [ˈɪnfᵊrᵊn(t)s] *n* (*form*) ❶ *no pl* [Schluss]folgern *nt*; **by ~** folglich ❷ (*conclusion*) Schluss *m*

inferior [ɪnˈfɪəriəʳ] **I.** *adj* ❶ minderwertig; *mind* unterlegen ❷ *rank* [rang]niedriger **II.** *n* ■ **~s** *pl* Untergebene *pl*

inferiority [ɪnˌfɪəriˈɒrəti] *n no pl* ❶ Minderwertigkeit *f*; *of workmanship* schlechte Qualität *f* ❷ (*rank*) Unterlegenheit *f*

inferiority complex *n* Minderwertigkeitskomplex *m*

infernal [ɪnˈfɜːnᵊl] *adj* ❶ REL (*liter*) höllisch, Höllen- ❷ (*dreadful*) höllisch ❸ *attr* (*fam: annoying*) grässlich

inferno [ɪnˈfɜːnəʊ] *n* ❶ flammendes Inferno ❷ (*liter: hell*) Inferno *nt geh*

infertile [ɪnˈfɜːtaɪl] **I.** *adj* unfruchtbar **II.** *n* ■ **the ~** *pl* zeugungsunfähige Personen

infertility [ˌɪnfəˈtɪləti] *n no pl* Unfruchtbarkeit *f*

infest [ɪnˈfest] *vt* befallen (**with** von)

infestation [ˌɪnfesˈteɪʃᵊn] *n* ❶ *no pl* (*state*) Verseuchung *f* ❷ (*instance*) Befall *m* (**of** durch); ~ **of rats** Rattenplage *f*

infidelity [ˌɪnfɪˈdeləti] *n* ❶ *no pl* Verrat *m* (**to** gegenüber/an) ❷ (*sexual*) ■ **infidelities** *pl* Seitensprünge *pl*

infighting [ˈɪnfaɪtɪŋ] *n no pl* interne Machtkämpfe

infiltrate ['ɪnfɪltreɪt] vt ① ■to ~ sb/sth jdn/etw unterwandern; *spy;* ■to ~ sth in etw *akk* eingeschleust werden ② *(idea, theory)* ■to ~ sth etw durchdringen ③ *gas, liquid* ■to ~ sth in etw *akk* eindringen

infinite ['ɪnfɪnət] I. *adj* ① unendlich; *space* unbegrenzt ② *(great)* grenzenlos; **to take ~ care** ungeheuer vorsichtig sein ③ MATH unendlich II. *n* ① ■**the ~** die Unendlichkeit ② REL ■**the I~** Gott *m*

infinitesimal [,ɪnfɪnɪ'tesɪməl] *adj (form)* winzig; MATH infinitesimal *fachspr*

infinitive [ɪn'fɪnɪtɪv] I. *n* LING Infinitiv *m;* **to be in the ~** im Infinitiv stehen II. *adj attr* Infinitiv-; **~ form** Grundform *f,* Infinitiv *m*

infinity [ɪn'fɪnəti] *n no pl* ① MATH das Unendliche ② *(immeasurability)* die Unendlichkeit

infirm [ɪn'fɜːm] I. *adj* ① *(ill)* gebrechlich ② *(form: weak)* schwach II. *n* ■**the ~** *pl* die Kranken und Pflegebedürftigen

infirmary [ɪn'fɜːməri] *n* ① *(dated: hospital)* Krankenhaus *nt* ② AM *(room)* Krankenzimmer *nt*

inflame [ɪn'fleɪm] *vt* ① *(stir up)* entfachen ② *(anger)* aufbringen; *(stronger)* erzürnen

inflammable [ɪn'flæməbl] *adj* ① [leicht] entzündbar ② *(fig: touchy)* explosiv

inflammation [,ɪnflə'meɪʃən] *n* Entzündung *f;* ~ **of the ear/eye** Ohren-/Augenentzündung *f*

inflammatory [ɪn'flæmətəri] *adj* ① MED entzündlich, Entzündungs- ② *(provoking)* hetzerisch

inflatable [ɪn'fleɪtəbl] I. *adj* aufblasbar; ~ **boat** Schlauchboot *nt* II. *n esp* BRIT Schlauchboot *nt*

inflate [ɪn'fleɪt] I. *vt* ① aufblasen ② *(exaggerate)* aufblähen *fig, pej* II. *vi* sich mit Luft füllen

inflated [ɪn'fleɪtɪd] *adj* ① aufgeblasen ② *(exaggerated)* aufgebläht *fig, pej;* **to have an ~ idea of sth** eine übertriebene Vorstellung von etw *dat* besitzen ③ ECON *price* überhöht

inflation [ɪn'fleɪʃən] *n no pl* ① ECON Inflation *f* ② *(filling)* Aufblasen *nt*

inflationary [ɪn'fleɪʃənəri] *adj* FIN inflationär, Inflations-

inflexible [ɪn'fleksəbl] *adj (usu pej)* ① starr ② *(persistent)* unbeugsam

inflict [ɪn'flɪkt] *vt* ① ■to ~ sth on sb jdm etw zufügen ② *(usu hum)* **to ~ oneself/one's company on sb** sich jdm aufdrängen

in-flight *adj attr* Bord-, während des Fluges nach *n*

inflow ['ɪnfləʊ] I. *n no pl* ① *(arrival)* Zustrom *m* ② *(supply)* ~ **of air/fuel** Luft-/Benzinzufuhr *f* II. *adj attr* AUTO ~ **pipe** Ansaugrohr *nt*

influence ['ɪnfluən(t)s] I. *n* ① Einfluss *m;* **to fall under sb's ~** unter jds Einfluss geraten; *(stronger)* in jds Bann geraten ② *no pl (power)* Einfluss *m* (**on** auf) II. *vt* beeinflussen; **to be easily ~d** beeinflussbar sein

influential [,ɪnflu'en(t)ʃəl] *adj* einflussreich

influenza [,ɪnflu'enzə] *n no pl (form)* Grippe *f*

influx ['ɪnflʌks] *n no pl* Zustrom *m* (**of** an); *of capital* Zufuhr *f* (**of** an)

info ['ɪnfəʊ] *n (fam) short for* **information** Information[en] *f[pl]*

inform [ɪn'fɔːm] I. *vt* ① informieren ② *usu passive (affect)* ■to be ~ed by sth von etw *dat* geprägt sein II. *vi* ■to ~ **against/on sb** jdn anzeigen

informal [ɪn'fɔːməl] *adj* informell; *atmosphere, party* zwanglos; *meeting* inoffiziell

informant [ɪn'fɔːmənt] *n* Informant(in) *m(f)*

informatics [,ɪnfə'mætɪks] *n + sing vb* Informatik *f kein pl*

information [,ɪnfə'meɪʃən] *n* ① *no pl* Information *f;* **a piece of ~** eine Information; **a lot of/a little ~** viele/wenige Informationen; **for your ~** als Information; *(annoyed)* damit Sie es wissen ② *(enquiry desk)* Information *f* ③ AM *(telephone operator)* Auskunft *f*

information science *n usu pl* Informatik *f kein pl* **information superhighway** *n* ■**the ~** die Datenautobahn, das Internet **information technology** *n no pl* Informationstechnologie *f*

informative [ɪn'fɔːmətɪv] *adj* informativ

informer [ɪn'fɔːmər] *n* Informant(in) *m(f)*

infrared [,ɪnfrə'red] *adj* infrarot

infrequent [ɪn'friːkwənt] *adj* selten

infringe [ɪn'frɪndʒ] I. *vt* verletzen; **to ~ a law** gegen ein Gesetz verstoßen II. *vi* ■to ~ [up]on sth etw verletzen

infuriate [ɪn'fjʊərieɪt] *vt* wütend machen

ingenious [ɪn'dʒiːniəs] *adj* ausgeklügelt

ingoing ['ɪn,ɡəʊɪŋ] *adj attr* eingehend

ingrained [ɪn'ɡreɪnd] *adj* ① fest sitzend *attr;* **to be ~ with dirt** stark verschmutzt sein ② *(fig: deep)* tief sitzend *attr*

ingratitude [ɪnˈgrætɪtjuːd] *n no pl* Undankbarkeit *f*
ingredient [ɪnˈgriːdiənt] *n* Zutat *f*
ingrowing [ɪnˈgrəʊɪŋ] *adj*, **ingrown** [ɪnˈgrəʊn] *adj usu attr* eingewachsen
inhabit [ɪnˈhæbɪt] *vt* bewohnen
inhabitable [ɪnˈhæbɪtəbl] *adj* bewohnbar
inhabitant [ɪnˈhæbɪtənt] *n* Einwohner(in) *m(f); of building* Bewohner(in) *m(f)*
inhale [ɪnˈheɪl] **I.** *vt* einatmen; *smoker* inhalieren **II.** *vi* einatmen
inhaler [ɪnˈheɪlər] *n* MED Inhalationsapparat *m*
inherit [ɪnˈherɪt] **I.** *vt* erben (**from** von); *(fig)* übernehmen (**from** von) **II.** *vi* erben
inheritance [ɪnˈherɪtən(t)s] *n* ❶ Erbe *nt kein pl* ❷ *no pl (inheriting)* Erben *nt*
inhibition [ˌɪn(h)ɪˈbɪʃən] *n* ❶ *usu pl* Hemmung *f* ❷ *no pl (inhibiting)* Einschränken *nt*
inhospitable [ˌɪnhɒsˈpɪtəbl] *adj* ❶ ungastlich ❷ *(unpleasant)* unwirtlich
in-house I. *adj attr* hauseigen **II.** *adv* intern, im Hause
inhuman [ɪnˈhjuːmən] *adj* unmenschlich
inhumane [ˌɪnhjuːˈmeɪn] *adj* inhuman; *(barbaric)* barbarisch
initial [ɪˈnɪʃəl] **I.** *adj attr* anfänglich, erste(r, s) **II.** *n* Initiale *f*
initially [ɪˈnɪʃəli] *adv* anfangs, zunächst
initiation [ɪˌnɪʃiˈeɪʃən] *n* ❶ *no pl* Einleitung *f* ❷ *(introduction)* Einführung *f* (**into** in); *of member* Aufnahme *f* (**into** in)
initiative [ɪˈnɪʃətɪv] *n no pl* ❶ [Eigen]initiative *f* ❷ *(power)* Initiative *f*
initiator [ɪˈnɪʃieɪtər] *n* Urheber(in) *m(f),* Initiator(in) *m(f)*
inject [ɪnˈdʒekt] *vt* ❶ spritzen (**into** in); BRIT, AUS impfen (**against** gegen) ❷ *(fig)* ▪ **to ~ sth into sth** etw in etw *akk* [hinein]bringen
injection [ɪnˈdʒekʃən] *n* ❶ Spritze *f* ❷ ~ **of cash** Geldspritze *f fam* ❸ TECH Einspritzung *f*
injunction [ɪnˈdʒʌŋ(k)ʃən] *n* ❶ [gerichtliche] Verfügung *f* ❷ *(warning)* Ermahnung *f*
injure [ˈɪndʒər] *vt* ❶ *(hurt)* verletzen ❷ *(damage)* ▪ **to ~ sth** etw *dat* schaden
injury [ˈɪndʒəri] *n* Verletzung *f*
injury time *n no pl* BRIT, AUS Nachspielzeit *f*
injustice [ɪnˈdʒʌstɪs] *n* Ungerechtigkeit *f*
ink [ɪŋk] **I.** *n no pl* Tinte *f;* ART Tusche *f;* (*for pad*) Farbe *f* **II.** *vt* ❶ TYPO einfärben ❷ ECON unterschreiben
ink bottle *n* Tintenfass *nt* **inkjet printer** *n* Tintenstrahldrucker *m*
inkling [ˈɪŋklɪŋ] *n* ❶ *(suspicion)* Ahnung *f;* **to have an ~ of sth** etw ahnen ❷ *(hint)* Hinweis *m*
inland I. *adj* [ˈɪnlənd] *usu attr* ❶ *(national)* Binnen- ❷ *esp* BRIT ADMIN, ECON inländisch **II.** *adv* [ˈɪnlænd] ins Landesinnere
Inland Revenue *n + sing/pl vb* BRIT, NZ ▪ **the ~** ≈ das Finanzamt
in-laws [ˈɪnlɔːz] *npl* Schwiegereltern *pl*
inlet [ˈɪnlet] *n* ❶ [schmale] Bucht; *of sea* Meeresarm *m* ❷ TECH *of machine* Einlass[kanal] *m*
inmate [ˈɪnmeɪt] *n* Insasse(in) *m(f);* **prison ~** Gefängnisinsasse(in) *m(f)*
inmost [ˈɪnməʊst] *adj (liter)* ❶ innerste(r, s) ❷ *(secret)* geheimste(r, s), intimste(r, s)
inn [ɪn] *n* Gasthaus *nt*
inner [ˈɪnər] *adj usu attr* ❶ Innen-, innere(r, s) ❷ *(emotional)* innere(r, s); ~ **feelings** tiefste Gefühle
innermost [ˈɪnəməʊst] *adj attr* ❶ innerste(r, s) ❷ *(secret)* geheimste(r, s), intimste(r, s)
inner tube *n* Schlauch *m*
inning [ˈɪnɪŋ] *n* SPORTS ❶ AM *(baseball)* Inning *nt* ❷ BRIT *(cricket)* ▪ ~ **-s** *+ sing vb* Durchgang *m,* Innings *nt fachspr*
innkeeper *n (old)* Gastwirt(in) *m(f)*
innocence [ˈɪnəsən(t)s] *n no pl* Unschuld *f*
innocent [ˈɪnəsənt] **I.** *adj* ❶ unschuldig ❷ *(artless)* unschuldig ❸ *(uninvolved)* unbeteiligt; **an ~ victim** ein unschuldiges Opfer **II.** *n* **to be an ~** naiv sein
innovate [ˈɪnəʊveɪt] **I.** *vi* sich erneuern **II.** *vt* **to ~ a product** ein neues Produkt einführen
innovation [ˌɪnəʊˈveɪʃən] *n* ❶ Neuerung *f;* *(product)* Innovation *f* ❷ *no pl (improving)* [Ver]änderung *f*
innuendo <*pl* -s *or* -es> [ˌɪnjuˈendəʊ] *n* ❶ *(insinuation)* Anspielung *f* (**about** auf) ❷ *(remark)* Zweideutigkeit *f*
innumerate [ɪˈnjuːmərət] *adj esp* BRIT ▪ **to be ~** nicht rechnen können
inoculate [ɪˈnɒkjəleɪt] *vt* impfen (**against** gegen)
inoculation [ɪˌnɒkjəˈleɪʃən] *n* Impfung *f*
inoffensive [ˌɪnəˈfen(t)sɪv] *adj* unauffällig
inoperable [ɪˈnɒpərəbl] *adj* ❶ MED inoperabel ❷ *(not working)* nicht funktionsfähig
inoperative [ɪˈnɒpərətɪv] *adj (form)* ❶ *(not*

in effect) ungültig; **to be/become ~** *rule* außer Kraft sein/treten ❷ (*not working*) nicht funktionsfähig

in-patient *n* stationärer Patient/stationäre Patientin

input ['ɪnpʊt] **I.** *n* ❶ *no pl* (*contribution*) Beitrag *m;* (*of work*) [Arbeits]aufwand *m* ❷ COMPUT, ELEC (*component*) Anschluss *m* ❸ *no pl* COMPUT (*data*) Input *m;* (*entering*) Eingabe *f* **II.** *adj attr* COMPUT Eingabe- **III.** *vt* <-tt-, input, input> COMPUT eingeben; (*with scanner*) einscannen

input data *n* + *sing/pl vb* COMPUT Eingabedaten *pl*

inquest ['ɪŋkwest] *n* gerichtliche Untersuchung [der Todesursache]; (*fig*) Untersuchung *f*

inquire *vt, vi esp* AM *see* **enquire**

inquiry *n esp* AM *see* **enquiry**

inquisitive [ɪnˈkwɪzətɪv] *adj* ❶ (*eager*) wissbegierig; (*curious*) neugierig ❷ (*prying*) neugierig

insane [ɪnˈseɪn] *adj* ❶ geistesgestört ❷ (*fam: crazy*) verrückt

insanitary [ɪnˈsænɪtəri] *adj* unhygienisch

insanity [ɪnˈsænəti] *n no pl* Wahnsinn *a. fig*

inscription [ɪnˈskrɪpʃən] *n* Inschrift *f*

insect ['ɪnsekt] *n* Insekt *nt;* **~ bite** Insektenstich *m*

insecticide [ɪnˈsektɪsaɪd] *n* Insektenvernichtungsmittel *nt*

insecure [ˌɪnsɪˈkjʊər] *adj* unsicher

insensitive [ɪnˈsen(t)sətɪv] *adj* ❶ (*tactless*) gefühllos ❷ (*unappreciative*) gleichgültig (**to** gegenüber) ❸ *usu pred* (*physically*) unempfindlich (**to** gegen)

inseparable [ɪnˈsepərəbl] *adj* ❶ untrennbar [miteinander verbunden] ❷ (*emotionally*) unzertrennlich

insert I. *vt* [ɪnˈsɜːt] ■**to ~ sth** [**into sth**] ❶ etw [in etw *akk*] [hinein]stecken; *coins* etw [in etw *akk*] einwerfen ❷ *words* etw [in etw *akk*] einfügen **II.** *n* ['ɪnsɜːt] ❶ (*pages*) Werbebeilage[n] *f*[*pl*] ❷ (*shoe*) Einlage *f*

in-service *adj attr* **~ course** [innerbetriebliche] Fortbildung

inside [ˌɪnˈsaɪd] **I.** *n* ❶ *no pl* Innere *nt;* **from the ~** von innen ❷ *of hand, door* Innenseite *f;* (*lane*) Innenspur *f* ❸ (*in organization*) Innere *nt;* **someone on the ~** ein Insider *m/* eine Insiderin *f* **II.** *adv* ❶ (*in interior*) innen ❷ (*indoors*) innen; (*into*) hinein ❸ (*fig: in*

oneself) im Inneren **III.** *adj attr* ❶ (*inner*) Innen-, innere(r, s) ❷ (*indoor*) Innen- **IV.** *prep* ■ **~ sth** (*into*) in etw *akk* [hinein]; (*in*) in etw *dat*

insider [ɪnˈsaɪdər] *n* Insider(in) *m(f)*

insight ['ɪnsaɪt] *n* ❶ Einsicht *f,* Einblick *m* (**into** in); **to gain an ~ into sth/sb** jdn/etw verstehen lernen ❷ *no pl* (*perceptiveness*) Verständnis *nt;* **to have ~ into sth** etw verstehen

insignificant [ˌɪnsɪgˈnɪfɪkənt] *adj* ❶ (*trifling*) unbedeutend ❷ (*trivial*) belanglos ❸ (*undistinguished*) unbedeutend

insincere [ˌɪnsɪnˈsɪər] *adj* unaufrichtig; (*false*) falsch

insist [ɪnˈsɪst] **I.** *vi* ❶ (*demand*) bestehen ([**up**]**on** auf) ❷ ■**to ~ on doing sth** sich nicht von etw *dat* abbringen lassen **II.** *vt* ■**to ~ that ...** fest behaupten, dass ...

insistence [ɪnˈsɪst(ə)n(t)s] *n no pl* Bestehen *nt* (**on** auf)

insistent [ɪnˈsɪstənt] *adj* beharrlich; *appeals, demands* nachdrücklich

insofar as [ˌɪnsə(ʊ)ˈfɑːræz] *adv* (*form*) soweit

insole ['ɪnsəʊl] *n* Innensohle *f;* (*insert*) Einlegesohle *f*

insolent ['ɪn(t)sələnt] *adj* unverschämt

insoluble [ɪnˈsɒljəbl] *adj* ❶ nicht löslich ❷ *puzzle* unlösbar

insomnia [ɪnˈsɒmniə] *n no pl* Schlaflosigkeit *f*

inspect [ɪnˈspekt] *vt* ❶ untersuchen ❷ (*officially*) kontrollieren

inspection [ɪnˈspekʃən] *n* ❶ [Über]prüfung *f* ❷ (*official*) Kontrolle *f*

inspector [ɪnˈspektər] *n* ❶ Inspektor(in) *m(f);* **tax ~** Steuerprüfer(in) *m(f)* ❷ (*police*) Inspektor(in) *m(f)*

inspiration [ˌɪn(t)spəˈreɪʃən] *n* ❶ *no pl* Inspiration *f* ❷ (*source*) Inspiration *f*

inspire [ɪnˈspaɪər] *vt* ❶ inspirieren ❷ (*cause*) ■**to ~ sth** [**in sb**] etw [bei jdm] hervorrufen

instability [ˌɪnstəˈbɪləti] *n no pl* ❶ Instabilität *f a. fig* ❷ PSYCH Labilität *f*

instal <-ll-> [ɪnˈstɔːl], AM *usu* **install** *vt* ❶ *machinery* aufstellen; *heating, plumbing* installieren; *kitchen, bathroom* einbauen; *wiring, pipes* verlegen; *telephone, washing machine* anschließen ❷ COMPUT installieren

installation [ˌɪnstəˈleɪʃən] *n* ❶ *no pl of machinery* Aufstellen *nt; of appliance, heat-*

ing, plumbing Installation *f; of kitchen, bathroom* Einbau *m; of telephone, washing machine* Anschluss *m* ② (*facility*) Anlage *f* ③ (*in office*) Amtseinsetzung *f kein pl*
installment *n* AM *see* **instalment**
instalment [ɪnˈstɔːlmənt] *n* ① (*part*) Folge *f* ② (*payment*) Rate *f*
instance [ˈɪn(t)stən(t)s] *n* ① Fall *m;* **in this ~** in diesem Fall ② **for ~** zum Beispiel ③ (*form*) **in the first ~** zunächst
instant [ˈɪn(t)stənt] **I.** *n* ① (*moment*) Moment *m*, Augenblick *m;* **the next ~** im nächsten Moment ② ■**the ~** sobald **II.** *adj* ① sofortige(r, s) ② (*in bags*) Tüten-; (*in tins*) Dosen-; **~ coffee** Pulverkaffee *m;* **~ soup** Tütensuppe *f*
instantly [ˈɪn(t)stəntli] *adv* sofort
instead [ɪnˈsted] **I.** *adv* stattdessen **II.** *prep* ■**~ of sth/sb** [an]statt einer S./einer Person gen
instigate [ˈɪn(t)stɪɡeɪt] *vt* einleiten
instil <-ll-> [ɪnˈstɪl], AM *usu* **instill** *vt* ■**to ~ sth into sb** jdm etw einflößen
instinct [ˈɪn(t)stɪŋ(k)t] *n* ① Instinkt *m;* **her first ~ was to shout** ihr erster Impuls war zu schreien ② *no pl* (*behaviour*) Instinkt *m*
instinctive [ɪnˈstɪŋ(k)tɪv] *adj* instinktiv; (*innate*) natürlich, angeboren
institute [ˈɪn(t)stɪtjuːt] **I.** *n* Institut *nt;* (*university*) Hochschule *f* **II.** *vt* ① (*set up*) einführen ② (*perform*) einleiten
institution [ˌɪn(t)stɪˈtjuːʃ(ə)n] *n* ① *no pl* (*setting up*) Einführung *f* ② (*building*) Heim *nt*, Anstalt *f* ③ (*custom*) Institution *f*
instruct [ɪnˈstrʌkt] *vt* ① ■**to ~ sb in sth** jdm etw beibringen ② (*order*) anweisen
instruction [ɪnˈstrʌkʃ(ə)n] *n* ① *usu pl* Anweisung *f* ② *no pl* (*teaching*) Unterweisung *f* ③ (*description*) ■**~s** *pl* Anleitung *f*
instruction book *n of computer* Handbuch *nt; of machine* Gebrauchsanweisung *f*
instruction leaflet *n* Informationsblatt *nt;* (*for use*) Gebrauchsanweisung *f*
instructive [ɪnˈstrʌktɪv] *adj* lehrreich, aufschlussreich
instructor [ɪnˈstrʌktə*ʳ*] *n* ① Lehrer(in) *m(f);* **driving/ski ~** Fahr-/Skilehrer(in) *m(f)* ② AM (*lecturer*) Dozent(in) *m(f)*
instructress <*pl* -es> [ɪnˈstrʌktrəs] *n* (*dated*) Lehrerin *f*
instrument [ˈɪnstrəmənt] *n* Instrument *nt*
instrumental [ˌɪn(t)strəˈment(ə)l] **I.** *adj* ① MUS instrumental ② (*influential*) förderlich **II.** *n* Instrumental[stück] *nt*
instrument board *n*, **instrument panel** *n* AUTO Armaturenbrett *nt;* AVIAT, NAUT Instrumententafel *f*
insufficient [ˌɪnsəˈfɪʃ(ə)nt] *adj* zu wenig *präd*, unzureichend
insular [ˈɪn(t)sjələ*ʳ*] *adj* ① (*parochial*) provinziell ② GEOG Insel-
insularity [ˌɪn(t)sjəˈlærəti] *n no pl* Provinzialität *f*
insulate [ˈɪn(t)sjəleɪt] *vt* ① isolieren ② (*fig: shield*) [be]schützen (**from** vor)
insulating [ˈɪn(t)sjəleɪtɪŋ] *adj attr* Isolier-
insulation [ˌɪn(t)sjəˈleɪʃ(ə)n] *n no pl* ① Isolierung *f* ② (*fig: protection*) Schutz *m*
insult I. *vt* [ɪnˈsʌlt] beleidigen; **to feel/be ~ed** beleidigt sein **II.** *n* [ˈɪnsʌlt] Beleidigung *f;* **to be an ~ to sb/sth** für jdn/etw eine Beleidigung sein
insurance [ɪnˈʃʊə*ʳ*(ə)n(t)s] *n no pl* ① Versicherung *f;* **to take out ~ [against sth]** sich [gegen etw *akk*] versichern ② (*payout*) Versicherungssumme *f* ③ (*premium*) [Versicherungs]prämie *f*
insurance policy *n* ① Versicherungspolice *f* ② (*fig*) **as an ~** zur Sicherheit
insure [ɪnˈʃʊə*ʳ*] **I.** *vt* versichern (**against** gegen) **II.** *vi* ① sich versichern (**with** bei) ② (*protect*) ■**to ~ against sth** sich gegen etw *akk* absichern
insured [ɪnˈʃʊəd] **I.** *adj* versichert **II.** *n* ■**the ~** der/die Versicherte/die Versicherten
insurer [ɪnˈʃʊərə*ʳ*] *n* Versicherer, Versicherin *m, f;* (*agent*) Versicherungsvertreter(in) *m(f)*
intact [ɪnˈtækt] *adj usu pred* intakt
intake [ˈɪnteɪk] **I.** *n* ① (*ingestion*) Aufnahme *f* ② (*amount*) aufgenommene Menge; **alcohol ~** Alkoholkonsum *m* ③ (*people*) Aufnahmequote *f* **II.** *adj attr* Ansaug-, Saug-
integer [ˈɪntɪdʒə*ʳ*] *n* MATH ganze Zahl
integral [ˈɪntɪɡrəl] **I.** *adj* ① (*central*) wesentlich ② (*whole*) vollständig ③ (*built-in*) eingebaut **II.** *n* MATH Integral *nt*
integrated [ˈɪntɪɡreɪtɪd] *adj* einheitlich; ■**to be ~ into sth** in etw *akk* integriert sein
intellect [ˈɪnt(ə)lekt] *n no pl* Verstand *m*, Intellekt *m*
intellectual [ˌɪnt(ə)lˈektjuəl] **I.** *n* Intellektuelle(r) *f(m)* **II.** *adj* intellektuell, geistig
intelligence [ɪnˈtelɪdʒ(ə)n(t)s] *n no pl* ① Intelligenz *f* ② + *sing/pl vb* (*department*) Ge-

heimdienst *m;* **military** ~ militärischer Geheimdienst ❸ + *sing/pl* vb (*information*) [nachrichtendienstliche] Informationen; **according to our latest** ~ unseren letzten Meldungen zufolge

intelligence service *n* Geheimdienst *m*

intelligence test *n* Intelligenztest *m*

intelligent [ɪnˈtelɪdʒ³nt] *adj* klug, intelligent

intend [ɪnˈtend] *vt* (*plan*) beabsichtigen; **what do you** ~ **to do about it?** was willst du in der Sache unternehmen?; **no disrespect** ~**ed** [das] war nicht böse gemeint; **to** ~ **no harm** nichts Böses wollen

intended [ɪnˈtendɪd] *adj* vorgesehen, beabsichtigt; LAW geplant

intense [ɪnˈten(t)s] *adj* ❶ intensiv; *odour* stechend; *cold* bitter; *desire, heat* glühend ❷ (*serious*) ernst

intensification [ɪnˌten(t)sɪfɪˈkeɪʃ³n] *n no pl* Verstärkung *f*

intensify <-ie-> [ɪnˈten(t)sɪfaɪ] **I.** *vt* intensivieren; *conflict* verschärfen; *fears* verstärken **II.** *vi* stärker werden

intensity [ɪnˈten(t)səti] *n no pl* Stärke *f; of feelings* Intensität *f*

intensive [ɪnˈten(t)sɪv] *adj* intensiv

intent [ɪnˈtent] **I.** *n no pl* Absicht *f;* ▪ **with** ~ **to do sth** mit dem Vorsatz, etw zu tun **II.** *adj* ❶ (*absorbed*) aufmerksam; ~ **look** forschender Blick ❷ *pred* ▪ **to be** ~ **on sth** auf etw *akk* versessen sein; ▪ **to be** ~ **on doing sth** fest entschlossen sein, etw zu tun

intention [ɪnˈten(t)ʃ³n] *n* Absicht *f;* **to be full of good** ~**s** voller guter Vorsätze sein

intentional [ɪnˈten(t)ʃ³n³l] *adj* absichtlich

interactive [ˌɪntə³ˈæktɪv] *adj* interaktiv

interactive TV *n no pl* interaktives Fernsehen

interactivity [ˌɪntə³æcˈtɪvəti] *n* Interaktivität *f*

intercept [ˌɪntə³ˈsept] *vt* abfangen; **to** ~ **a call** eine Fangschaltung legen

interception [ˌɪntə³ˈsepʃ³n] *n* Abfangen *nt*

interchange **I.** *n* [ˈɪntə³tʃeɪndʒ] (*form*) Austausch *m;* ~ **of ideas** Gedankenaustausch *m* **II.** *vt* [ˌɪntə³ˈtʃeɪndʒ] austauschen **III.** *vi* [ˌɪntə³ˈtʃeɪndʒ] wechseln

interchangeable [ˌɪntə³ˈtʃeɪndʒəbl] *adj* austauschbar; *word* synonym

intercity [ˌɪntə³ˈsɪti] **I.** *n* Intercity *m* **II.** *adj attr* Intercity-

intercom [ˈɪntəkɒm] *n* [Gegen]sprechanlage *f*

intercourse [ˈɪntəkɔːs] *n no pl* [Geschlechts]verkehr *m*

interest [ˈɪntrəst] **I.** *n* ❶ Interesse *nt* (**in** an); (*hobby*) Hobby *nt;* **just out of** ~ (*fam*) nur interessehalber; **vested** ~ eigennütziges Interesse; **to lose** ~ **in sb/sth** das Interesse an jdm/etw verlieren; ▪ **to be in sb's** ~ in jds Interesse liegen ❷ *no pl* (*importance*) Interesse *nt;* **buildings of historical** ~ historisch interessante Gebäude; **to be of** ~ **to sb** für jdn von Interesse sein ❸ *no pl* FIN Zinsen *pl;* **rate of** ~ Zinssatz *m* **II.** *vt* interessieren

interested [ˈɪntrəstɪd] *adj* interessiert; **are you** ~ **in a game of tennis?** hast du Lust, mit mir Tennis zu spielen?; **to be** ~ **in sth/sb** sich für etw/jdn interessieren

interesting [ˈɪntrəstɪŋ] *adj* interessant

interfere [ˌɪntəˈfɪə³] *vi* ❶ (*meddle*) ▪ **to** ~ [**in sth**] sich [in etw *akk*] einmischen ❷ (*disturb*) ▪ **to** ~ **with sb/sth** jdn/etw stören ❸ RADIO, TECH ▪ **to** ~ **with sth** etw überlagern

interference [ˌɪntəˈfɪə³n(t)s] *n no pl* ❶ (*meddling*) Einmischung *f;* **free from** ~ ohne Beeinträchtigung ❷ RADIO, TECH Störung *f*

interior [ɪnˈtɪərɪə³] **I.** *adj attr* ❶ Innen- ❷ (*country*) Inlands-, Binnen-; ~ **minister** Innenminister(in) *m(f)* **II.** *n* ❶ Innere *nt* ❷ POL ▪ **the I**~ das Innere; **the ministry of the** ~ das Innenministerium; **the US I**~ **Department** das Amerikanische Innenministerium

interior designer *n* Innenarchitekt(in) *m(f)*

intermarriage [ˌɪntəˈmærɪdʒ] *n no pl* Mischehen *pl*

intermediate **I.** *adj* [ˌɪntəˈmiːdɪət] ❶ *level* mittel ❷ *skill* Mittel- **II.** *vi* [ˌɪntəˈmiːdɪeɪt] vermitteln

intermingle [ˌɪntəˈmɪŋgl] *vi* sich vermischen

intermission [ˌɪntəˈmɪʃ³n] *n* Pause *f*

intermittent [ˌɪntəˈmɪt³nt] *adj* periodisch

intern **I.** *vt* [ɪnˈtɜːn] internieren **II.** *vi* [ɪnˈtɜːn] *esp* AM ein Praktikum absolvieren **III.** *n* [ˈɪntɜːn] *esp* AM Praktikant(in) *m(f)*

internal [ɪnˈtɜːn³l] *adj* innere(r, s); (*in company*) innerbetrieblich; (*in country*) Binnen-; *investigation, memo* intern; **for** ~ **use only** vertraulich

internalize [ɪnˈtɜːn³laɪz] *vt* verinnerlichen

international [ˌɪntəˈnæʃ³n³l] **I.** *adj* international; ~ **call/flight** Auslandsgespräch *nt*/-flug *m* **II.** *n* BRIT SPORTS Nationalspieler(in) *m(f)*

internationalize [ˌɪntəˈnæʃ³n³laɪz] *vt* internationalisieren

Internet ['ɪntənet] **I.** *n* ■ **the** ~ das Internet; **to browse** [*or* **surf**] **the** ~ im Internet surfen; **on the** ~ im Internet **II.** *adj attr* Internet-

Internet banking *n no pl* Internetbanking *nt* **Internet search engine** *n* Internet-Suchmaschine *f*

interphone *n* AM *see* **intercom**

interplay ['ɪntəpleɪ] *n no pl* Zusammenspiel *nt* (**of** von)

Interpol ['ɪntəpɒl] *n no art,* + *sing/pl vb* Interpol *f*

interpret [ɪn'tɜːprɪt] **I.** *vt* ❶ interpretieren ❷ (*perform*) wiedergeben **II.** *vi* dolmetschen

interpreter [ɪn'tɜːprɪtəʳ] *n* ❶ Interpret(in) *m(f)* ❷ (*translator*) Dolmetscher(in) *m(f)*

Inter-Rail® [ˌɪntə'reɪl] **I.** *n* Interrail *nt* **II.** *vi* Interrail machen

interrelated [ˌɪntərɪ'leɪtɪd] *adj* zusammenhängend *attr;* ~ **problems** miteinander zusammenhängende Probleme

interrelation [ˌɪntərɪ'leɪʃən] *n,* **interrelationship** [ˌɪntərɪ'leɪʃənʃɪp] *n* Wechselbeziehung *f,* Zusammenhang *m*

interrogate [ɪn'terəgeɪt] *vt* verhören

interrogation [ɪnˌterə'geɪʃən] *n* Verhör *nt*

interrogative [ˌɪntə'rɒgətɪv] LING **I.** *n* Interrogativ *nt fachspr* **II.** *adj* interrogativ *fachspr,* Frage-

interrupt [ˌɪntə'rʌpt] *vt, vi* unterbrechen

interruption [ˌɪntə'rʌpʃən] *n* Unterbrechung *f*

intersection [ˌɪntə'sekʃən] *n* Schnittpunkt *m*

interval ['ɪntəvəl] *n* ❶ Abstand *m* ❷ (*section*) Abschnitt *m*

intervene [ˌɪntə'viːn] *vi* ❶ (*step in*) einschreiten ❷ (*interrupt*) sich einmischen

intervening [ˌɪntə'viːnɪŋ] *adj attr* dazwischenliegend *attr*

intervention [ˌɪntə'ven(t)ʃən] *n* Eingreifen *nt*

interview ['ɪntəvjuː] **I.** *n* ❶ (*for job*) Vorstellungsgespräch *nt* ❷ (*on TV*) Interview *nt* (**with** mit) ❸ (*talk*) Unterredung *f* **II.** *vi* (*for job*) ein Vorstellungsgespräch führen; (*on TV*) ein Interview geben

interviewee [ˌɪntəvjuː'iː] *n* Interviewte(r) *f(m)*

interviewer ['ɪntəvjuːəʳ] *n* Interviewer(in) *m(f)*

intestine [ɪn'testɪn] *n usu pl* Darm *m*

intimate[1] ['ɪntɪmət] **I.** *adj* ❶ (*close*) eng, vertraut; *atmosphere* gemütlich ❷ (*detailed*) gründlich ❸ (*private*) intim **II.** *n* Vertraute(r) *f(m),* enger Freund/enge Freundin

intimate[2] ['ɪntɪmeɪt] *vt* andeuten

intimidate [ɪn'tɪmɪdeɪt] *vt* einschüchtern

intimidation [ɪnˌtɪmɪ'deɪʃən] *n no pl* Einschüchterung *f*

into ['ɪntə, -tu] *prep* ❶ in; **to go** ~ **town** in die Stadt gehen ❷ (*toward*) **she looked** ~ **the mirror** sie sah in den Spiegel ❸ (*fam*) **to be** ~ **sth/sb** an etw/jdm interessiert sein; **what sort of music are you** ~**?** auf welche Art von Musik stehst du? ❹ (*involved in*) **he got** ~ **some trouble** er bekam einige Schwierigkeiten ❺ (*fam*) **to lay** ~ **sb for sth** jdn wegen etw *dat* anschreien ❻ (*wear*) **I can't get** ~ **these trousers** ich komme nicht in diese Hose rein

intolerable [ɪn'tɒlərəbl] *adj* unerträglich

intolerant [ɪn'tɒlərənt] *adj* intolerant

intoxicating [ɪn'tɒksɪkeɪtɪŋ] *adj* berauschend *a. fig*

intoxication [ɪnˌtɒksɪ'keɪʃən] *n no pl* ❶ Rausch *m* ❷ MED Vergiftung *f*

intransitive [ɪn'træn(t)sətɪv] LING **I.** *adj* intransitiv **II.** *n* Intransitivum *nt fachspr*

intra-uterine device *n* MED Intrauterinpessar *nt*

in-tray ['ɪntreɪ] *n* Ablage *f* für Eingänge

intricate ['ɪntrɪkət] *adj* kompliziert; *plot* verschlungen; *question* verzwickt

intrigue I. *vt* [ɪn'triːg] faszinieren; (*arouse curiosity*) neugierig machen; ■ **to be** ~**d by sth** von etw *dat* fasziniert sein **II.** *vi* [ɪn'triːg] intrigieren **III.** *n* ['ɪntriːg] Intrige *f* (**against** gegen)

intriguing [ɪn'triːgɪŋ] *adj* faszinierend

introduce [ˌɪntrə'djuːs] *vt* ❶ ■ **to** ~ **sb** [**to sb**] jdn [jdm] vorstellen ❷ (*start*) einführen

introduction [ˌɪntrə'dʌkʃən] *n* ❶ (*contact*) Vorstellung *f* ❷ (*starting*) Einführung *f* ❸ (*preface*) Einleitung *f*

introductory [ˌɪntrə'dʌktəri] *adj* ❶ (*preliminary*) einleitend ❷ (*starting*) einführend

intrude [ɪn'truːd] *vi* ❶ (*meddle*) stören; ■ **to** ~ **into sth** sich in etw *akk* einmischen ❷ (*encroach*) **am I intruding?** störe ich gerade?

intruder [ɪn'truːdəʳ] *n* Eindringling *m;* (*thief*) Einbrecher(in) *m(f)*

intrusion [ɪn'truːʒən] *n* (*interruption*) Störung *f;* (*encroachment*) Verletzung *f;* MIL Einmarsch *m*

intrusive [ɪn'truːsɪv] *adj* aufdringlich

intuition [ˌɪntjuː'ɪʃən] *n* Intuition *f*

intuitive [ɪnˈtjuːɪtɪv] *adj* intuitiv
invade [ɪnˈveɪd] **I.** *vt* ❶ **to ~ a country** in ein Land einmarschieren ❷ (*fig*) **to ~ sb's privacy** jds Privatsphäre verletzen **II.** *vi* einfallen
invader [ɪnˈveɪdə^r] *n* MIL Angreifer(in) *m(f)*
invalid[1] [ˈɪnvəlɪd] **I.** *n* Invalide(r) *f(m)* **II.** *adj* invalide, körperbehindert
invalid[2] [ɪnˈvælɪd] *adj* ungültig
invalidation [ɪnˌvælɪˈdeɪʃ^ən] *n no pl* (*annulment*) Ungültigkeitserklärung *f;* LAW Nichtigkeitsurteil *f*
invaluable [ɪnˈvæljuəb!] *adj* unbezahlbar
invariable [ɪnˈveərɪəb!] **I.** *adj* unveränderlich **II.** *n* ❶ LING *Substantiv, bei dem Singular und Plural gleich sind* ❷ MATH Konstante *f*
invasion [ɪnˈveɪʒ^ən] *n* ❶ Invasion *f* ❷ (*interference*) Eindringen *nt kein pl*
invent [ɪnˈvent] *vt* erfinden
invention [ɪnˈvent(ʃ)^ən] *n* ❶ Erfindung *f* ❷ *no pl* (*creativity*) Einfallsreichtum *m*
inventive [ɪnˈventɪv] *adj* einfallsreich; *skill* schöpferisch
inventor [ɪnˈventə^r] *n* Erfinder(in) *m(f)*
inventory [ˈɪnv^əntri] *n* ❶ ECON (*catalogue*) Inventar *nt* ❷ AM ECON (*stock*) [Lager]bestand *m* ❸ ECON (*stock counting*) Inventur *f;* **to take ~** Inventur machen
inverse [ɪnˈvɜːs] **I.** *adj attr* umgekehrt; **~ function** MATH Umkehrfunktion *f* **II.** *n no pl* Gegenteil *nt*
invert [ɪnˈvɜːt] *vt* (*form*) umkehren
invest [ɪnˈvest] **I.** *vt* ❶ FIN investieren ❷ (*form: install*) [in Amt und Würden] einsetzen **II.** *vi* ■ **to ~ in sth** [sein Geld] in etw *akk* investieren
investigate [ɪnˈvestɪgeɪt] *vt* untersuchen; *explore* erforschen
investigation [ɪnˌvestɪˈgeɪʃ^ən] *n* [Über]prüfung *f;* (*official*) Untersuchung *f;* (*by police*) Ermittlung *f*
investigator [ɪnˈvestɪgeɪtə^r] *n* Ermittler(in) *m(f)*
investment [ɪnˈves(t)mənt] **I.** *n* ❶ (*investing*) Investierung *f* ❷ FIN Investition *f* ❸ FIN (*share*) Einlage *f* **II.** *adj* Anlage-, Investitions-, Investment-
investment trust *n* Investmentgesellschaft *f*
investor [ɪnˈvestə^r] *n* [Kapital]anleger(in) *m(f)*, Investor(in) *m(f) fachspr*
invigilate [ɪnˈvɪdʒəleɪt] *vt* BRIT, AUS SCH, UNIV **to ~ an examination** die Aufsicht bei einer Prüfung führen
invigilator [ɪnˈvɪdʒəleɪtə^r] *n* BRIT, AUS SCH, UNIV Aufsicht *f*
invigorating [ɪnˈvɪg^əreɪtɪŋ] *adj* ❶ stärkend; *climate* kräftigend ❷ (*fig: stimulating*) belebend
invincible [ɪnˈvɪn(t)səb!] *adj* ❶ unschlagbar ❷ (*inexorable*) unüberwindlich
invisible [ɪnˈvɪzəb!] *adj* ❶ unsichtbar ❷ (*hidden*) verborgen
invitation [ˌɪnvɪˈteɪʃ^ən] *n* ❶ Einladung *f* (**to** zu) ❷ (*incitement*) Aufforderung *f* (**to** zu)
invite I. *n* [ˈɪnvaɪt] (*fam*) Einladung *f* (**to** zu) **II.** *vt* [ɪnˈvaɪt] ❶ einladen; **to ~ sb to dinner** jdn zum Essen einladen ❷ (*request*) ■ **to ~ sb to do sth** jdn auffordern, etw zu tun ❸ ECON **to ~ applications** Stellen ausschreiben ❹ (*fig: tempt*) herausfordern
inviting [ɪnˈvaɪtɪŋ] *adj* ❶ einladend ❷ (*tempting*) verlockend
invoice [ˈɪnvɔɪs] ECON **I.** *vt* ■ **to ~ sb** jdm eine Rechnung ausstellen **II.** *n* [Waren]rechnung *f* (**for** für); **to submit an ~** eine Rechnung vorlegen
involuntary [ɪnˈvɒlənt^əri] *adj* unfreiwillig; (*coerced*) erzwungen
involve [ɪnˈvɒlv] *vt* ❶ (*include*) beinhalten; (*encompass*) umfassen ❷ (*affect*) betreffen ❸ ■ **sth ~s sb/sth** jd/etw ist an etw *dat* beteiligt ❹ ■ **to ~ sb in sth** jdn an etw *dat* beteiligen ❺ ■ **to ~ oneself in sth** sich in etw *dat* engagieren ❻ *usu passive* ■ **to be ~d in sth** mit etw *dat* zu tun haben; ■ **to be ~d with sb** mit jdm zu tun haben
involved [ɪnˈvɒlvd] *adj* ❶ (*intricate*) kompliziert; *story* verworren ❷ *after n* (*implicated*) **all persons ~** alle Beteiligten
inward [ˈɪnwəd] **I.** *adj* ❶ (*in-going*) nach innen gehend ❷ (*incoming*) Eingangs-, eingehend **II.** *adv* einwärts, nach innen; **~ bound road** stadteinwärts führende Straße
inwardly [ˈɪnwədli] *adv* ❶ (*to inside*) nach innen ❷ (*internally*) innerlich, im Innern
inwards [ˈɪnwədz] *adv* ❶ (*to inside*) einwärts, nach innen ❷ (*spiritually*) im Innern
I/O COMPUT *abbrev of* **input/output** Input/Output *nt*
IOU [ˌaɪəʊˈjuː] *n* (*fam*) *abbrev of* **I owe you** Schuldschein *m*
IOW *n abbrev of* **Isle of Wight** Isle of Wight *f*
IQ [ˌaɪˈkjuː] *n abbrev of* **intelligence quotient** IQ *m*

IRA [ˌaɪɑːˈreɪ] *n* ❶ *no pl, + sing/pl vb abbrev of* **Irish Republican Army**: ■ the ~ die IRA ❷ AM FIN *abbrev of* **Individual Retirement Account** [steuerbegünstigte] Altersvorsorge

IRBM [ˌaɪɑːbiːˈem] *n abbrev of* **intermediate-range ballistic missile** Mittelstreckenraketengeschoss *nt*

Ireland [ˈaɪələnd] *n* Irland *nt*

Irish [ˈaɪ(ə)rɪʃ] I. *adj* irisch II. *n pl* ■ the ~ die Iren *pl*

Die **Irish Republic** oder **Republic of Ireland** (Republik Irland), ist die unabhängige Republik im Süden, im Zentrum und Nordwesten Irlands. Durch das **Anglo-Irish Treaty** (anglo-irische Abkommen) von 1921 erhielt Irland, wie auch Kanada und Australien, den dominion status innerhalb des Commonwealth als der Irish Free State. Die Republik zog sich 1949 aus dem Commonwealth zurück und schloss sich 1973 der Europäischen Gemeinschaft an. Das Staatsoberhaupt ist der für sieben Jahre gewählte **President**.

Irishman *n* Ire *m* **Irishwoman** *n* Irin *f*

iris recognition *n no pl* Iriserkennung *f* (*zur Identifizierung einer Person*)

iron [ˈaɪən] I. *n* ❶ *no pl* Eisen *nt* ❷ (*appliance*) [Bügel]eisen *nt* ❸ (*golf*) Eisen *nt*, Eisenschläger *m* ❹ (*fig*) **will of** ~ eiserne Wille ▸ **to have** [too] **many/other ~s in the fire** [zu] viele/andere Eisen im Feuer haben II. *adj* ❶ Eisen- ❷ (*fig*) eisern III. *vt, vi* bügeln

Iron Age I. *n* Eisenzeit *f* II. *adj* eisenzeitlich; ~ **settlement** Siedlung *f* aus der Eisenzeit

Iron Curtain *n* POL (*hist*) ■ the ~ der Eiserne Vorhang

ironic [aɪ(ə)ˈrɒnɪk] *adj* ironisch

ironing [ˈaɪənɪŋ] *n no pl* ❶ Bügeln *nt* ❷ (*laundry*) Bügelwäsche *f*

ironing board *n* Bügelbrett *nt*

irony [ˈaɪ(ə)rᵊni] *n no pl* Ironie *f*

irrational [ɪˈræʃᵊnᵊl] *adj* irrational

irregular [ɪˈregjələʳ] I. *adj* ❶ (*erratic*) unregelmäßig ❷ (*intermittent*) unregelmäßig ❸ (*form*) *conduct* regelwidrig; *customs* sonderbar II. *n* MIL Partisan(in) *m(f)*

irrelevance [ɪˈreləvᵊn(t)s] *n*, **irrelevancy** [ɪˈreləvᵊn(t)si] *n* (*form*) Unerheblichkeit *f*; *of details* Bedeutungslosigkeit *f*, Irrelevanz *f*

form

irrelevant [ɪˈreləvᵊnt] *adj* belanglos, unerheblich

irreparable [ɪˈrepərᵊbl̩] *adj* irreparabel; *loss* unersetzlich

irreplaceable [ˌɪrɪˈpleɪsəbl̩] *adj* unersetzlich; *resources* nicht erneuerbar

irresistible [ˌɪrɪˈzɪstəbl̩] *adj* ❶ unwiderstehlich; *argument* schlagend ❷ *appearance* äußerst anziehend

irrespective [ˌɪrɪˈspektɪv] *adv* (*form*) ■ ~ **of sth** ohne Rücksicht auf etw *akk*, ungeachtet einer S. *gen*

irresponsible [ˌɪrɪˈspɒn(t)səbl̩] *adj* unverantwortlich; *person* verantwortungslos

irreverent [ɪˈrevᵊrᵊnt] *adj* respektlos

irreversible [ˌɪrɪˈvɜːsəbl̩] *adj* ❶ nicht umkehrbar ❷ *cushion* nicht doppelseitig wendbar

irrigation [ˌɪrɪˈgeɪʃᵊn] *n no pl* Bewässerung *f*; *of crops* Berieselung *f*

irrigation plant *n* Bewässerungsanlage *f*

irritable [ˈɪrɪtəbl̩] *adj* reizbar

irritant [ˈɪrɪtᵊnt] *n* ❶ Reizstoff *m* ❷ (*annoyance*) Ärgernis *nt*

irritate [ˈɪrɪteɪt] *vt* [ver]ärgern

irritation [ˌɪrɪˈteɪʃᵊn] *n* ❶ *no pl* Ärger *m* ❷ (*nuisance*) Ärgernis *nt* ❸ (*inflammation*) Reizung *f*; ~ **of the eye** Augenreizung *f*

is [ɪz, z] *aux vb 3rd pers sing of* **be**

ISD [ˌaɪesˈdiː] *n abbrev of* **international subscriber dialling** Ferngespräche *pl* ohne Vermittlung

ISDN [ˌaɪesdiːˈen] *n* TELEC *abbrev of* **integrated services digital network** ISDN *nt*

Islam [ˈɪzlɑːm] *n no art, no pl* [der] Islam

Islamic [ɪzˈlɑːmɪk] *adj* REL islamisch

Islamophobia [ˌɪslɑːməˈfəʊbɪə] *n no pl* Anti-Islamismus *m*

island [ˈaɪlənd] *n* Insel *f a. fig*

islander [ˈaɪləndəʳ] *n* Insulaner(in) *m(f)*

Isle of Wight [ˈwaɪt] *n* Isle of Wight *f*

isn't [ˈɪzᵊnt] = **is not** *see* **be**

isolate [ˈaɪsəleɪt] *vt* ❶ ■ **to ~ sb/sth** [**from sb/sth**] jdn/etw [von jdm/etw] trennen ❷ **to ~ a substance** eine Substanz isolieren ❸ **to ~ a problem** ein Problem gesondert betrachten

isolated [ˈaɪsəleɪtɪd] *adj* ❶ (*outlying*) abgelegen ❷ (*solitary*) einsam [gelegen] ❸ *country* isoliert ❹ (*lonely*) einsam; **to feel** ~ sich einsam fühlen

isolation [ˌaɪsəˈleɪʃ(ə)n] *n no pl* ❶ (*separation*) Isolation *f* ❷ *of hotel, lake* Abgelegenheit *f* ❸ *of village* Einsamkeit *f* ❹ (*loneliness*) Isolation *f*

isolation ward *n* Isolierstation *f*

isosceles triangle [aɪˌsɒsəˈliːzˈ-] *n* gleichschenkliges Dreieck

ISP [ˌaɪesˈpiː] *n* COMPUT, INET *abbrev of* **Internet service provider** ISP *m*

issue [ˈɪʃuː] I. *n* ❶ (*topic*) Thema *nt;* (*question*) Frage *f;* **the point at** ~ der strittige Punkt; **side** ~ Nebensache *f;* **burning** ~ brennende Frage; **to address an** ~ ein Thema ansprechen; **to avoid the** ~ [dem Thema] ausweichen; **to be** [**not**] **at** ~ [nicht] zur Debatte stehen; **to confuse an** ~ etwas durcheinanderbringen; **to make an** ~ **of sth** etw aufbauschen; **to raise an** ~ eine Frage aufwerfen ❷ *of periodical* Ausgabe *f* ❸ *no pl* (*copies*) Auflage *f* ❹ *no pl of goods, notes, stamps* Ausgabe *f;* **date of** ~ *of a passport* Ausstellungsdatum *nt* II. *vt* ❶ *licence, permit* ausstellen; **to** ~ **an arrest warrant** AM einen Haftbefehl erlassen; **to** ~ **banknotes** Banknoten in Umlauf bringen ❷ **to** ~ **a call for sth** zu etw *dat* aufrufen; **to** ~ **an order to sb** jdm einen Befehl erteilen ❸ **to** ~ **sb with sth** jdn mit etw *dat* ausstatten III. *vi* (*form*) ❶ (*come out*) ausströmen; *smoke* hervorquellen; ▪ **to** ~ **from sth** aus etw *dat* dringen ❷ (*originate*) ▪ **to** ~ **from sth** einer S. *gen* entspringen

it [ɪt] *pron* ❶ es *nom, akk,* ihm *dat;* (*of unspecified sex*) er/sie/es *nom,* ihn/sie/es *akk,* ihm/ihr/ihm *dat;* **a room with two beds in** ~ ein Raum mit zwei Betten darin ❷ (*activity*) **stop** ~! hör auf [damit]! ❸ (*in time phrases*) **what day is** ~? welchen Tag haben wir heute?; **what time is** ~? wie spät ist es? ❹ (*in weather phrases*) ~**'s raining/snowing** es regnet/schneit; ~**'s beautiful weather** es ist schönes Wetter ❺ *subject* (*former*) es; ~**'s no use** es hat keinen Sinn; ~**'s true** es stimmt; ~**'s a shame** es ist schade; ~**'s interesting** es ist interessant ❻ (*emph*) ~ **was Chris who said that, not Michael** Chris war es, der das gesagt hat, nicht Michael ❼ (*situation*) es; ~ **appears that we have lost** mir scheint, wir haben verloren; ~ **sounds an absolutely awful situation** das klingt nach einer schrecklichen Situation; **if** ~**'s convenient** wenn es Ihnen/dir passt; **they made a mess of** ~ sie versauten es *sl;* **we had a hard time of** ~ **during the drought** während der Dürre hatten wir es schwer ❽ **that's** ~! das ist es! ❾ **to get** ~ Probleme kriegen; **that's not** ~ das ist es nicht ❿ **that's** ~ das war's ⓫ (*fam*) **to do** ~ es treiben ▶ **go for** ~! ran!; **go for** ~, **girl!** du schaffst es, Mädchen!; **to have** ~ **in for sb** es auf jdn abgesehen haben; **this is** ~ jetzt geht's los; **to run for** ~ davonlaufen; **that's** ~ das ist der Punkt

IT [ˌaɪˈtiː] *n no pl* COMPUT *abbrev of* **Information Technology** IT *f*

Italian [ɪˈtæliən] I. *n* ❶ Italiener(in) *m(f)* ❷ (*language*) Italienisch *nt* II. *adj* italienisch

italic [ɪˈtælɪk] *adj* kursiv

Italy [ˈɪtəli] *n* Italien *nt*

itch [ɪtʃ] I. *n* <*pl* -es> ❶ Juckreiz *m;* **I've got an** ~ **on my back** es juckt mich am Rücken ❷ (*fig fam*) **to have an** ~ **for sth** wild darauf etw *akk* sein *sl* II. *vi* ❶ jucken ❷ (*fig fam*) ▪ **to be** ~**ing to do sth** ganz wild darauf sein, etw zu tun; **she was** ~**ing to hit him** es juckte ihr in den Fingern, ihm eine runterzuhauen; ▪ **to** ~ **for sth** ganz wild auf etw *akk* sein; **to be** ~**ing for trouble/a fight** auf Ärger/Streit aus sein

itchy [ˈɪtʃi] *adj* ❶ juckend; **I've got an** ~ **scalp** meine Kopfhaut juckt ❷ *clothes* kratzig

item [ˈaɪtəm] *n* ❶ Punkt *m;* (*in catalogue*) Artikel *m;* (*in account book*) Posten *m;* ~ **of clothing** Kleidungsstück *nt;* ~ **of furniture** Möbelstück *nt;* ~ **in a list** Posten *m* auf einer Liste; **luxury** ~ Luxusartikel *m;* ~ **by** ~ Punkt *m* für Punkt ❷ (*object of interest*) Anliegen *nt,* Gegenstand *m* ❸ (*fig fam: couple*) **are you two an** ~, **or just friends?** habt ihr beiden etwas miteinander, oder seid ihr nur Freunde?

itinerary [aɪˈtɪnərəri] *n* ❶ (*course*) Reiseroute *f* ❷ (*outline*) Reiseplan *m*

it'll[1] [ˈɪtəl] = **it will** *see* **will**[1]

it'll[2] [ˈɪtəl] = **it shall** *see* **shall**

ITN [ˌaɪtiːˈen] *n no pl* BRIT *abbrev of* **Independent Televison News** britischer Fernsehsender

its [ɪts] *pron poss* sein(e)

it's[1] [ɪts] = **it is** *see* **be**

it's[2] [ɪts] = **it has** *see* **have**

itself [ɪtˈself] *pron refl* ❶ sich [selbst] ❷ (*specifically*) **the shop** ~ **started 15 years ago**

das Geschäft selbst öffnete vor 15 Jahren; **to be punctuality** ~ die Pünktlichkeit in Person sein ❸ *(alone)* **to keep sth to** ~ etw geheim halten; (**all**) **by** ~ [ganz] allein

ITV [ˌaɪtiːˈviː] *n no pl, no art* BRIT *abbrev of* **Independent Television** *englisches Privatfernsehen*

I've [aɪv] = **I have** *see* **have**

ivory [ˈaɪvᵊri] **I.** *n* ❶ *no pl* Elfenbein *nt* ❷ *(tusk)* Stoßzahn *m* ❸ *(article)* Elfenbeinarbeit *f* **II.** *adj* ❶ elfenbeinern, Elfenbein- ❷ *(colour)* elfenbeinfarben

Ivory Coast *n* ■ **the** ~ die Elfenbeinküste

ivory tower I. *n (form)* ❶ *(remote place)* weltabgeschiedener Ort, Elfenbeinturm *m* ❷ *(aloofness)* Weltabgeschiedenheit *f;* **to live in an** ~ im Elfenbeinturm leben **II.** *adj* weltabgewandt

ivy [ˈaɪvi] *n* Efeu *m*

Jj

J <*pl* -'s *or* -s>, **j** <*pl* -'s> [dʒeɪ] *n* J *nt,* j *nt; see also* **A** 1

jab [dʒæb] **I.** *n* ❶ *(poke)* Stoß *m* ❷ BOXING Gerade *f* **II.** *vt* <-bb-> *(poke or prick)* stechen; **to** ~ **a finger at sb/sth** auf jdn/etw mit dem Finger tippen **III.** *vi* <-bb-> *(poke)* schlagen

jack [dʒæk] *n* ❶ AUTO Wagenheber *m* ❷ CARDS Bube *m* ◆ **jack in** *vt* BRIT *(fam)* **job** hinschmeißen ◆ **jack up I.** *vt* ❶ *(raise a heavy object)* hoch heben ❷ *(fig fam: raise)* erhöhen **II.** *vi (sl)* fixen *fam*

Jack [dʒæk] *n* ~ **the Lad** BRIT *(fam)* Prahlhans *m*

jacket [ˈdʒækɪt] *n* ❶ Jacke *f* ❷ *(of a book)* Schutzumschlag *m*

jacket potato *n* Folienkartoffel *f*

jack-in-the-box *n* Schachtelmännchen *nt*

jackpot *n* Hauptgewinn *m;* **to hit the** ~ den Hauptgewinn ziehen

jacuzzi® *n,* **Jacuzzi**® [dʒəˈkuːzi] *n* Whirlpool *m*

jaded [ˈdʒeɪdɪd] *adj* ❶ *(exhausted)* erschöpft ❷ *(dulled)* übersättigt

Jag [dʒæg] *n* AUTO *(fam) short for* **Jaguar**® Jag *m*

jagged [ˈdʒægɪd] *adj* gezackt; *cut, tear* ausgefranst; *(fig) nerves* angeschlagen

jail [dʒeɪl] **I.** *n* Gefängnis *nt* **II.** *vt* einsperren

jailbreak *n* Gefängnisausbruch *m*

jailer [ˈdʒeɪləʳ] *n* Gefängnisaufseher(in) *m(f)*

jailhouse *n esp* AM Gefängnis *nt*

jam¹ [dʒæm] *n* FOOD Marmelade *f*

jam² [dʒæm] **I.** *n* ❶ *(fam: awkward situation)* Klemme *f* ❷ *(of traffic)* Stau *m* ❸ MUS Jamsession *f* **II.** *vt* <-mm-> ❶ *(block)* verklemmen ❷ *(cram inside)* [hinein]zwängen (**into** in) **III.** *vi* <-mm-> ❶ *(become stuck)* sich verklemmen ❷ *(play music)* jammen

jam jar *n* Marmeladenglas *nt*

jam-packed *adj (fam) bus, shop* gerammelt voll

January [ˈdʒænjuᵊri] *n* Januar *m,* Jänner *m* ÖSTERR, SÜDD, SCHWEIZ; *see also* **February**

Japan [dʒəˈpæn] *n* Japan *nt*

Japanese [ˌdʒæpᵊnˈiːz] **I.** *n* <*pl* -> ❶ *(person)* Japaner(in) *m(f)* ❷ *(language)* Japanisch *nt* **II.** *adj* japanisch

jar¹ [dʒɑːʳ] *n (of glass)* Glas[gefäß] *nt; (of clay, without handle)* Topf *m*

jar² [dʒɑːʳ] **I.** *vt* <-rr-> *(strike)* schleudern (**against** gegen) **II.** *vi* <-rr-> ■ **to** ~ **on sb** jdm auf den Nerv gehen **III.** *n (sudden unpleasant shake)* Ruck *m*

javelin [ˈdʒævᵊlɪn] *n* Speer *m; (sport)* Speerwerfen *nt*

jaw [dʒɔː] *n* Kiefer *m;* **lower/upper** ~ Unter-/Oberkiefer *m*

jazz [dʒæz] **I.** *n no pl (music)* Jazz *m* ▶ **and all that** ~ *(pej fam)* und all so was **II.** *vt* AM *(sl)* ■ **to** ~ **sb** jdn für dumm verkaufen ◆ **jazz up** *vt (fig fam: brighten or enliven)* aufpeppen

jazzy [ˈdʒæzi] *adj* ❶ *(of or like jazz)* Jazz-, jazzartig ❷ *(approv fam) colours* knallig

JCB® [ˌdʒeɪsiːˈbiː] *n* BRIT [Erdräum]bagger *m*

jealous [ˈdʒeləs] *adj* ❶ *(resentful)* eifersüchtig (**of** auf) ❷ *(envious)* neidisch; ■ **to be** ~ **of sb** auf jdn neidisch sein

jealousy [ˈdʒeləsi] *n* ❶ *(resentment)* Eifersucht *f* ❷ *no pl (envy)* Neid *m*

jeans [dʒiːnz] *npl* Jeans[hose] *f*

jeep [dʒiːp] *n* Jeep *m,* Geländewagen *m*

jeer [dʒɪəʳ] **I.** *vt* ausbuhen *fam* **II.** *vi (comment)* spotten (**at** über) **III.** *n* höhnische Bemerkung *f*

jelly [ˈdʒeli] *n* ❶ *(substance)* Gelee *nt* ❷ BRIT, AUS *(dessert)* Wackelpudding *m fam* ❸ AM

(*jam*) Gelee *m o nt*
jelly baby *n* BRIT Fruchtgummi *nt* (*in Form eines Babys*) **jelly bean** *n* [bohnenförmiges] Geleebonbon **jellyfish** *n* Qualle *f* **jelly wax** *n* Gelwachs *nt*
jeopardy ['dʒepədi] *n no pl* Gefahr *f*
jerk [dʒɜːk] **I.** *n* ❶ (*sudden sharp movement*) Ruck *m* ❷ AM (*pej sl: a stupid person*) Trottel *m fam* ❸ (*weightlifting*) Stoß *m* **II.** *vi* zucken; **to** ~ **upwards** hochschnellen **III.** *vt* ❶ (*move sharply*) ■ **to** ~ **sb/sth** jdn/etw mit einem Ruck ziehen ❷ (*weightlifting*) stoßen
jerky ['dʒɜːki] **I.** *adj* movement ruckartig **II.** *n no pl* AM luftgetrocknetes Fleisch
jersey ['dʒɜːzi] *n* ❶ (*garment*) Pullover *m* ❷ (*sports team shirt*) Trikot *nt*
Jesus, Jesus Christ [ˌdʒiːzəsˈkraɪst] **I.** *n no art, no pl* Jesus *m* **II.** *interj* (*pej sl*) Mensch! *fam*
jet[1] [dʒet] **I.** *n* ❶ AVIAT [Düsen]jet *m* ❷ (*thin stream*) Strahl *m* **II.** *vi* <-tt-> mit einem Jet fliegen, jetten *fam*
jet[2] [dʒet] *n no pl* (*gemstone*) Gagat *m*
jet engine *n* Düsentriebwerk *nt* **jet fighter** *n* Düsenjäger *m* **jetfoil** *n* Tragflügelboot *nt* **jet lag** *n no pl* Jetlag *m* **jet plane** *n* Düsenflugzeug *nt* **jet-propelled** *adj* mit Düsenantrieb *nach n*; ■ **to be** ~ einen Düsenantrieb haben
jet set *n no pl* (*fam*) Jetset *m*
jetty ['dʒeti] *n* Pier *m*
Jew [dʒuː] *n* Jude *m*, Jüdin *f*
jewel ['dʒuːəl] *n* ❶ (*precious stone*) Edelstein *m*, Juwel *o nt* ❷ (*fig*) Kostbarkeit *f*
jeweler *n* AM *see* **jeweller**
jeweller ['dʒuːələʳ] *n* Juwelier(in) *m(f)*
jewellery ['dʒuːəlri] *n no pl* Schmuck *m*
jewelry *n* AM *see* **jewellery**
Jewess <*pl* -es> ['dʒuːəs] *n* (*pej!*) Jüdin *f*
Jewish ['dʒuːɪʃ] *adj* jüdisch
jiffy ['dʒɪfi] *n no pl* (*fam*) Augenblick *m*; **in a** ~ gleich
Jiffy bag® *n* gepolsterte Versandtasche
jigsaw ['dʒɪɡsɔː] *n* ❶ (*mechanical*) Laubsäge *f* ❷ (*electric*) Stichsäge *f* ❸ (*puzzle*) ~ [**puzzle**] Puzzle[spiel] *nt*
jingle ['dʒɪŋɡl] **I.** *vt bells* klingeln lassen; **to** ~ **coins** mit Münzen klimpern **II.** *vi bells* bimmeln **III.** *n* ❶ *no pl* (*metallic ringing*) *of bells* Bimmeln *nt* ❷ (*in advertisements*) Jingle *m*
job [dʒɒb] **I.** *n* ❶ (*employment*) Stelle *f*; **full-time/part-time** ~ Vollzeit-/Teilzeitstelle *f*; **holiday/Saturday job** Ferien-/Samstagsjob *m*; **nine-to-five** ~ Achtstundentag *m*; **steady** ~ feste Stelle; **to be out of a** ~ arbeitslos sein ❷ (*piece of work*) Arbeit *f*; (*task*) Aufgabe *f* ❸ (*sl: crime*) Ding *nt fam*; **to do a** ~ ein Ding drehen *fam* ❹ *no pl* (*duty*) Aufgabe *f* ❺ *no pl* (*problem*) **it was quite a** ~ das war gar nicht so einfach ▶ ~ **for the boys** BRIT (*pej fam*) unter der Hand vergebene Arbeit; **to do the** ~ den Zweck erfüllen **II.** *vt* <-bb-> ❶ AM (*fam: cheat*) ■ **to** ~ **sb** jdn übers Ohr hauen ❷ STOCKEX **to** ~ **stocks** mit Aktien handeln **III.** *vi* <-bb-> ❶ (*do casual work*) jobben *fam* ❷ STOCKEX als Broker tätig sein
job advertisement *n* Stellenanzeige *f* **job application** *n* Bewerbung *f* **job centre** *n* BRIT Arbeitsamt *nt* **job creation** *n no pl* Arbeitsbeschaffung *f*; ~ **scheme** BRIT, AUS Arbeits[platz]beschaffungsprogramm *nt* **job cuts** *npl* Stellenabbau *m kein pl* **job description** *n* Stellenbeschreibung *f* **job hunt** *n* (*fam*) Stellensuche *f* **job interview** *n* Bewerbungsgespräch *nt*
jobless ['dʒɒbləs] **I.** *adj* arbeitslos **II.** *n esp* BRIT ■ **the** ~ *pl* die Arbeitslosen *pl*
jobless figures *npl esp* BRIT Arbeitslosenzahlen *pl*
job lot *n* [Waren]posten *m*; **I bought a** ~ **of children's books which were being sold off cheaply** ich habe eine ganze Sammlung Kinderbücher gekauft, die verramscht wurden **job market** *n* Arbeitsmarkt *m* **job rating** *n* Arbeitsbewertung *f* **jobseeker** *n* Arbeitsuchende(r) *f(m)* **jobshare** BRIT **I.** *n* Arbeitsplatzteilung *f* **II.** *vi* sich *dat* einen Arbeitsplatz teilen **job title** *n* Berufsbezeichnung *f*
jock [dʒɒk] *n* (*sl*) SPORTS *short for* **jockstrap** Suspensorium *nt*
jockey ['dʒɒki] **I.** *n* Jockey *m* **II.** *vi* ■ **to** ~ **for sth** um etw *akk* konkurrieren **III.** *vt* ■ **to** ~ **sb into doing sth** jdn dazu drängen, etw zu tun
jockstrap *n* Suspensorium *nt*
jog [dʒɒɡ] **I.** *n no pl* (*run*) Dauerlauf *m*; **to go for a** ~ joggen gehen *fam* **II.** *vi* <-gg-> joggen ♦ **jog along** *vi* (*fam*) *person* dahintrotten
jogger ['dʒɒɡəʳ] *n* Jogger(in) *m(f)*
jogging ['dʒɒɡɪŋ] *n no pl* Joggen *nt*; **to go** [**out**] ~ joggen gehen

john [dʒɑːn] *n* AM, AUS (*fam: toilet*) Klo *nt fam*

johnnie *n*, **johnny** ['dʒɒni] *n* BRIT (*sl*) [**rubber**] ~ Pariser *m*

join [dʒɔɪn] I. *vt* ❶ ▪**to** ~ **sth** [**to sth**] etw [mit etw *dat*] verbinden; ▪**to** ~ **sth together** etw zusammenfügen ❷ ▪**to** ~ **sb** sich zu jdm gesellen ❸ *club, party* beitreten, Mitglied werden; **to** ~ **the army** Soldat werden ❹ ▪**to** ~ **sth** bei etw *dat* mitmachen; **let's** ~ **the dancing** lass uns mittanzen ❺ ▪**to** ~ **sb in** [**doing**] **sth** jdm bei etw *dat* zur Seite stehen ❻ **to** ~ **forces with sb** sich mit jdm zusammentun ❼ **to** ~ **a plane/train** in ein Flugzeug/einen Zug zusteigen II. *vi* ❶ ▪**to** ~ [**with sth**] sich [mit etw *dat*] verbinden ❷ ▪**to** ~ **with sb in doing sth** sich mit jdm *dat* zusammenschließen, um etw zu tun III. *n* (*seam*) Verbindung[sstelle] *f*, Fuge *f*

joiner ['dʒɔɪnə'] *n* (*skilled worker*) Tischler(in) *m/f*

joint [dʒɔɪnt] I. *adj* gemeinsam; ~ **undertaking** Gemeinschaftsunternehmen *nt* II. *n* ❶ (*connection*) Verbindungsstelle *f* ❷ ANAT Gelenk *nt*; **to put sth out of** ~ etw ausrenken ❸ (*cannabis cigarette*) Joint *m sl*

joint account *n* Gemeinschaftskonto *nt*

jointed ['dʒɔɪntɪd] *adj* (*having joints*) gegliedert; **double** ~ extrem gelenkig

joint efforts *npl* gemeinsame Anstrengungen *pl*

jointly ['dʒɔɪntli] *adv* gemeinsam

joint owner *n* Miteigentümer(in) *m/f*; *of a company* Mitinhaber(in) *m/f*

joke [dʒəʊk] I. *n* ❶ (*action*) Spaß *m*; (*trick*) Streich *m*; (*amusing story*) Witz *m*; **dirty** ~ Zote *f*; **to crack/tell** ~**s** Witze reißen *fam*/erzählen; **to get a** ~ einen Witz kapieren; **to get beyond a** ~ nicht mehr witzig sein ❷ (*fam: sth very easy*) Kinderspiel *nt* II. *vi* scherzen; ▪**to be joking** Spaß machen; **you must be joking!** das meinst du doch nicht im Ernst!

joker ['dʒəʊkə'] *n* ❶ (*one who jokes*) Spaßvogel *m* ❷ CARDS Joker *m*

joking ['dʒəʊkɪŋ] I. *adj* scherzhaft II. *n no pl* Scherzen *nt*; ~ **apart** Spaß beiseite

jokingly ['dʒəʊkɪŋli] *adv* im Scherz

jolly ['dʒɒli] I. *adj* (*happy, cheerful*) lustig; *evening* nett; *room* freundlich II. *adv* BRIT (*fam*) riesig; **I** ~ **well hope so!** das will ich doch hoffen!

jolt [dʒəʊlt] I. *n* ❶ (*sudden jerk*) Stoß *m*, Ruck *m* ❷ (*shock*) Schlag *m*; **his self-confidence took a sudden** ~ sein Selbstvertrauen wurde plötzlich erschüttert; **to wake up with a** ~ aus dem Schlaf hochschrecken II. *vt* ❶ (*jerk*) durchrütteln ❷ (*fig: shake*) wachrütteln ❸ (*fig*) **to** ~ **sb into action** jdn zum Handeln veranlassen

jostle ['dʒɒsl] I. *vt* anrempeln; FBALL rempeln II. *vi* ❶ (*push*) [sich *akk*] drängeln *fam* ❷ ▪**to** ~ **for sth** *business, influence* um etw *akk* konkurrieren

jot [dʒɒt] I. *n no pl* ▶ **not a** ~ **of good** keinerlei Nutzen; **not a** ~ **of truth** nicht ein Körnchen Wahrheit II. *vt* <-tt-> notieren

jotter ['dʒɒtə'] *n* BRIT, AUS, **jotter pad** *n* BRIT, AUS Notizblock *m*

jottings ['dʒɒtɪŋz] *npl* Notizen *pl*

journal ['dʒɜːn°l] *n* ❶ (*periodical*) Zeitschrift *f* ❷ **to keep a** ~ Tagebuch führen

journalism ['dʒɜːn°lɪz°m] *n no pl* Journalismus *m*

journalist ['dʒɜːn°lɪst] *n* Journalist(in) *m/f*

journey ['dʒɜːni] *n* Reise *f*; **car/train** ~ Auto-/Zugfahrt *f*

joy [dʒɔɪ] *n* ❶ (*gladness*) Freude *f*; **to jump for** ~ einen Freudensprung machen; **to weep with** ~ vor Freude weinen ❷ (*liter: expression of gladness*) Fröhlichkeit *f*

joyful ['dʒɔɪfᵊl] *adj face, person* fröhlich

joyless ['dʒɔɪləs] *adj childhood, time* freudlos

joyous ['dʒɔɪəs] *adj* (*liter*) *event, news* freudig

joyride *n* [waghalsige] Spritztour (*in einem gestohlenen Auto*)

joystick *n* Joystick *m*

JP *n abbrev of* **Justice of the Peace** Friedensrichter(in) *m/f*

jubilant ['dʒuːbɪlənt] *adj* glücklich; *crowd* jubelnd *attr*

jubilation [ˌdʒuːbɪˈleɪʃᵊn] *n no pl* Jubel *m*

jubilee ['dʒuːbɪliː] *n* Jubiläum *nt*

judge [dʒʌdʒ] I. *n* ❶ LAW Richter(in) *m/f* ❷ (*at a competition*) Preisrichter(in) *m/f*; SPORTS Punktrichter(in) *m/f*, Kampfrichter(in) *m/f* II. *vi* ❶ (*decide*) urteilen ❷ (*estimate*) schätzen III. *vt* ❶ (*decide*) beurteilen ❷ (*estimate*) schätzen ❸ (*rank*) einstufen

judg(e)ment ['dʒʌdʒmənt] *n* ❶ LAW Urteil *nt* ❷ (*opinion*) Urteil *nt*; **error of** ~ Fehleinschätzung *f* ❸ (*discernment*) Urteilsvermögen *nt*

judicial [dʒuːˈdɪʃəl] *adj* gerichtlich; ~ **review** gerichtliche Überprüfung (*der Vorinstanzentscheidung*)

judiciary [dʒuːˈdɪʃəri] *n* + *sing/pl vb* ■ **the** ~ (*people*) der Richterstand

judicious [dʒuːˈdɪʃəs] *adj choice, person* klug

judo [ˈdʒuːdəʊ] *n no pl* Judo *nt*

jug [dʒʌg] *n* Kanne *f*, Krug *m*

juggernaut [ˈdʒʌgənɔːt] *n* ❶ (*heavy lorry*) Schwerlastwagen *m* ❷ (*overpowering institution*) Gigant *m*

juggle [ˈdʒʌgl] **I.** *vt* ■ **to** ~ **sth** mit etw *dat* jonglieren **II.** *vi* ❶ (*fig, pej: manipulate*) etw manipulieren ❷ (*pej*) ■ **to** ~ **with sth** mit etw *dat* herumspielen

juggler [ˈdʒʌglə^r] *n* Jongleur(in) *m(f)*

Jugoslav [ˈjuːgə(ʊ)slɑːv] **I.** *adj* jugoslawisch **II.** *n* Jugoslawe *m*, Jugoslawin *f*

Jugoslavia [juːgə(ʊ)ˈslɑːvɪə] *n* Jugoslawien

Jugoslavian [juːgə(ʊ)ˈslɑːvɪən] **I.** *adj* ❶ (*of the country*) Jugoslawien- ❷ (*nationality*) jugoslawisch **II.** *n* Jugoslawe *m*, Jugoslawin *f*

juice [dʒuːs] *n* ❶ *no pl* (*of fruit, vegetable*) Saft *m*; **lemon** ~ Zitronensaft *m* ❷ *pl* (*liquid in meat*) [Braten]saft *m kein pl* ❸ (*sl: petrol*) Sprit *m fam*

juiced-up *adj attr* aufgepeppt *fam*

juicy [ˈdʒuːsi] *adj* ❶ (*succulent*) saftig ❷ (*fam: bountiful*) saftig; *profit* fett ❸ (*fam: interesting*) *role, task* reizvoll ❹ (*fam: suggestive*) *details, scandal* pikant

juju [ˈdʒuːdʒuː] *n no pl* Karma *nt*

jukebox [ˈdʒuːkbɒks] *n* Jukebox *f*

July [dʒʊˈlaɪ] *n* Juli *m*; *see also* **February**

jumble [ˈdʒʌmbl] **I.** *n no pl* (*also fig: chaos*) Durcheinander *nt a. fig* **II.** *vt* ■ **to** ~ [**up**] in Unordnung bringen

jumble sale *n* Brit Flohmarkt *m*; (*for charity*) Wohltätigkeitsbasar *m*

jumbo [ˈdʒʌmbəʊ] **I.** *adj attr* Riesen- **II.** *n* (*fam*) Koloss *m*; AVIAT Jumbo *m*

jump [dʒʌmp] **I.** *n* ❶ (*leap*) Sprung *m* ❷ (*fig: rise*) Sprung *m*; *of prices, temperatures, value* [sprunghafter] Anstieg ❸ (*shock*) [nervöse] Zuckung; **to wake up with a** ~ aus dem Schlaf hochfahren **II.** *vi* ❶ (*leap*) springen; **to** ~ **to sb's defence** (*fig*) jdm zur Seite springen; **to** ~ **to one's feet** aufspringen ❷ (*rise*) sprunghaft ansteigen ❸ (*fig: change*) springen ❹ (*be startled*) einen Satz machen; **to make sb** ~ jdn erschrecken ▶ **to** ~ **to conclusions** voreilige Schlüsse ziehen; **to** ~ **for joy** einen Freudensprung machen; *heart* vor Freude hüpfen **III.** *vt* ❶ (*leap over*) überspringen ❷ (*skip*) *line, page, stage* überspringen ❸ *esp* AM (*fam: attack*) überfallen ◆ **jump at** *vi* ❶ (*attack*) ■ **to** ~ **at sb** auf jdn losgehen ❷ (*accept*) ■ **to** ~ **at sth** *idea, suggestion* sofort auf etw *akk* anspringen *fam*; *offer* sich auf etw *akk* stürzen ◆ **jump in** *vi* hineinspringen; (*into vehicle*) einsteigen ◆ **jump out** *vi* ■ **to** ~ **out of sth** *bed, car, window* aus etw *dat* springen ◆ **jump up** *vi* aufspringen

jumped-up [ˌdʒʌm(p)tˈʌp] *adj* Brit (*pej fam*) aufgeblasen

jumper [ˌdʒʌmpə^r] *n* ❶ (*person*) Springer(in) *m(f)* ❷ Brit, Aus (*pullover*) Pullover *m*

jumping jack *n* ❶ (*firework*) Knallfrosch *m* ❷ (*toy figure*) Hampelmann *m*

jump leads *npl* Brit Starthilfekabel *nt*, Überbrückungskabel *nt*

jump start **I.** *vt* Starthilfe geben **II.** *n* Starthilfe *f*

jumpsuit *n* Overall *m*

jumpy [ˈdʒʌmpi] *adj* (*fam*) ❶ (*nervous*) nervös ❷ (*easily frightened*) schreckhaft

junction [ˈdʒʌŋkʃən] *n* (*road*) Kreuzung *f*; (*motorway*) Autobahnkreuz *nt*

June [dʒuːn] *n* Juni *m*; *see also* **February**

jungle [ˈdʒʌŋgl] *n* (*a. fig*) Dschungel *m*

junior [ˈdʒuːnɪə^r] **I.** *adj* ❶ (*younger*) junior *nach n* ❷ *attr* SPORTS Junioren-, Jugend- ❸ *attr* SCH ~ **college** AM Juniorencollege *nt* (*die beiden ersten Studienjahre umfassende Einrichtung*); ~ **school** Brit Grundschule *f*; ~ **high school** AM Aufbauschule *f* (*umfasst in der Regel die Klassenstufen 7–9*) **II.** *n* ❶ *no pl esp* AM (*son*) Sohn *m* ❷ (*younger*) Jüngere(r) *f(m)* ❸ (*low-ranking person*) unterer Angestellter/untere Angestellte; **office** ~ Bürogehilfe(in) *m(f)* ❹ Brit .SCH Grundschüler(in) *m(f)*

junk¹ [dʒʌŋk] *n no pl* (*worthless stuff*) Ramsch *m fam*

junk² [dʒʌŋk] *n* NAUT Dschunke *f*

junk food *n* Schnellgerichte *pl*; (*pej*) ungesundes Essen

junkie [ˈdʒʌŋki] *n* (*sl*) Fixer(in) *m(f) fam*; **fitness** ~ (*hum*) Fitnessfreak *m*

junk mail *n no pl* Wurfsendungen *pl*, Reklame *f*

junk shop *n* Trödelladen *m*
juror ['dʒʊərə'] *n* Preisrichter(in) *m(f)*; LAW Geschworene(r) *f(m)*
jury ['dʒʊəri] *n + sing/pl vb* ❶ LAW ▪ **the** ~ die Geschworenen *pl;* **member of the** ~ Geschworene(r) *f(m);* **to be on a** ~ Geschworene(r) *f(m)* sein ❷ (*competition*) Jury *f;* SPORTS Kampfgericht *nt*
just I. *adv* [dʒʌst, dʒəst] ❶ (*in a moment*) gleich; **we're** ~ **about to leave** wir wollen gleich los ❷ (*directly*) direkt, gleich ❸ (*recently*) gerade [eben], [so]eben ❹ (*now*) gerade; ▪ **to be** ~ **doing sth** gerade dabei sein, etw zu tun ❺ (*exactly*) genau; ~ **as I thought!** das habe ich mir schon gedacht!; **that's** ~ **it!** das ist es ja gerade!; ~ **now** gerade; ~ **then** gerade in diesem Augenblick; ~ **as well** ebenso gut; ~ **as/when ...** gerade in dem Augenblick als ... ❻ (*only*) nur, bloß *fam;* (*simply*) einfach; ~ **for fun** nur [so] zum Spaß; [**not**] ~ **anybody** [nicht] einfach irgendjemand ❼ (*barely*) gerade noch/mal; **the stone** ~ **missed me** der Stein hat mich nur knapp verfehlt; ~ **in time** gerade noch rechtzeitig ❽ *with imper* ~ **imagine!** stell dir das mal vor!; ~ **listen!** hör mal!; ~ **look at this!** schau dir das mal an!; ~ **shut up!** halt mal den Mund! ▸ **that's** ~ **my luck** so etwas kann wirklich nur mir passieren; ~ **a minute!** (*please wait*) einen Augenblick [bitte]!; (*as interruption*) Moment [mal]!; **it's** ~ **one of those things** (*prov*) so etwas passiert eben II. *adj* [dʒʌst] ❶ (*fair*) gerecht (**to** gegenüber) ❷ (*justified*) *punishment* gerecht; **to have** ~ **cause to do sth** einen triftigen Grund haben, etw zu tun ▸ **to get one's** ~ **deserts** bekommen, was man verdient hat III. *n* [dʒʌst] ▪ **the** ~ *pl* die Gerechten *pl*
justice ['dʒʌstɪs] *n* ❶ (*fairness*) Gerechtigkeit *f;* ~ **has been done** der Gerechtigkeit wurde Genüge getan; **to do sth** ~ etw *dat* gerecht werden ❷ (*administration of the law*) Justiz *f;* **a miscarriage of** ~ ein Justizirrtum *m;* **to bring sb to** ~ jdn vor Gericht bringen
justifiable ['dʒʌstɪfaɪəbl] *adj* zu rechtfertigen präd, berechtigt
justification [ˌdʒʌstɪfɪ'keɪʃ°n] *n no pl* Rechtfertigung *f*
justify <-ie-> ['dʒʌstɪfaɪ] *vt* rechtfertigen; ▪ **to** ~ **oneself to sb** sich jdm gegenüber rechtfertigen
justly ['dʒʌstli] *adv* zu Recht; **to act** ~ gerecht handeln
jut <-tt-> [dʒʌt] I. *vi* ▪ **to** ~ [**out**] herausragen II. *vt* vorschieben
juvenile ['dʒu:vªnaɪl] I. *adj* ❶ (*youth*) Jugend-, jugendlich ❷ (*pej: childish*) kindisch II. *n* Jugendliche(r) *f(m)*

K k

K <*pl* -'s *or* -s>, **k** <*pl* -'s> [keɪ] *n* K *nt,* k *nt; see also* **A 1**
K <*pl* -> *n* ❶ *abbrev of* **kilobyte** KB ❷ *after n abbrev of* **kelvin** K
K <*pl* -> *n* BRIT (*fam*) 1000 Pfund; AM, AUS 1000 Dollar
kamikaze attack *n* Kamikazeangriff *m*
kangaroo <*pl* -s *or* -> [ˌkæŋɡªr'u:] *n* Känguru *nt*
kangaroo court *n* selbst ernanntes Gericht
kangaroo pocket *n* Kängurutasche *f*
kaput [kə'pʊt] *adj pred* (*fam*) kaputt präd
karate [kə'rɑːti] *n no pl* Karate *nt;* ~ **chop** Karateschlag *m*
kayak ['kaɪæk] *n* Kajak *m o selten a. nt*
kayaking *n no pl* Kajakfahren *nt*
KB *n abbrev of* **kilobyte** KB
kebab [kɪ'bæb] *n* Kebab *m*
kecks [keks] *npl* (*fam*) [Unter]hosen *f[pl]*
keel [ki:l] I. *n* NAUT Kiel *m* ▸ **to be back on an even** ~ *person* wieder obenauf sein; *matter* wieder im Lot sein II. *vi* ▪ **to** ~ **over** NAUT kentern
keen [ki:n] *adj* ❶ (*enthusiastic*) leidenschaftlich; *hunter* begeistert; ▪ **to be** ~ **on doing sth** etw leidenschaftlich gern tun; ▪ **to be** ~ **on sb** auf jdn scharf sein *sl* ❷ (*extreme*) *pain* stark; *competition* scharf; *desire* heftig; *interest* lebhaft ❸ (*sharp*) *blade* scharf; *wind* schneidend; *noise, voice* schrill
keep [ki:p] I. *n no pl* [Lebens]unterhalt *m* II. *vt* <kept, kept> ❶ (*hold onto*) behalten; *bills, receipts* aufheben; **to** ~ **one's sanity** sich geistig gesund halten ❷ (*have in particular place*) **he** ~**s a glass of water next to his bed** er hat immer ein Glas Wasser neben seinem Bett stehen ❸ (*store*) aufbewahren ❹ (*detain*) aufhalten; **to** ~ **sb waiting** jdn

warten lassen ⑤ (*prevent*) ■ to ~ sb from doing sth jdn davon abhalten, etw zu tun ⑥ (*maintain*) to ~ one's balance das Gleichgewicht halten; to ~ sb/sth under control jdn/etw unter Kontrolle halten; to ~ count of sth etw mitzählen; to ~ house den Haushalt führen; to ~ sb/sth in mind jdn/etw im Gedächtnis behalten; to ~ one's mouth shut den Mund halten; to ~ track of sb/sth jdn/etw im Auge behalten; to ~ sb awake jdn wach halten; to ~ sth closed/open etw geschlossen/geöffnet lassen; to ~ sb/sth warm jdn/etw warm halten ⑦ (*own*) *animals* halten ⑧ (*guard*) bewachen; to ~ goal im Tor stehen ⑨ (*not reveal*) ■ to ~ sth from sb jdm etw *akk* vorenthalten ⑩ (*stick to*) *appointment, treaty* einhalten; to ~ the faith glaubensstark sein ⑪ (*make records*) to ~ a record of sth über etw *akk* Buch führen ▶ to ~ an eye out for sth nach etw *dat* Ausschau halten III. *vi* <kept, kept> ① (*stay fresh*) *food* sich halten ② (*wait*) Zeit haben; your questions can ~ until later deine Fragen können noch warten ③ (*stay*) bleiben; she's ill and has to ~ to her bed sie ist krank und muss das Bett hüten; to ~ quiet still sein ④ (*continue*) don't stop, ~ walking bleib nicht stehen, geh weiter; don't ~ asking silly questions stell nicht immer so dumme Fragen ⑤ (*stop oneself*) ■ to ~ from doing sth etw unterlassen ⑥ (*adhere to*) ■ to ~ to sth an etw *dat* festhalten; (*not digress*) bei etw *dat* bleiben; to ~ to a schedule einen Zeitplan einhalten ▶ how are you ~ing? BRIT wie geht's dir so? ◆ keep ahead *vi* ■ to ~ ahead of sb jdm vorausbleiben; to ~ ahead of the others den anderen voraus sein ◆ keep away I. *vi* ■ to ~ away [from sb/sth] sich [von jdm/etw] fernhalten; I just can't seem to ~ away from chocolate (*hum*) irgendwie kann ich Schokolade einfach nicht widerstehen *fam* II. *vt* ■ to ~ sb/sth away jdn/etw fernhalten ◆ keep back I. *vi* zurückbleiben; (*stay at distance*) Abstand halten II. *vt* ① (*hold away*) zurückhalten ② (*prevent advance*) ■ to ~ back ⟲ sb jdn aufhalten ◆ keep down I. *vi* unten bleiben II. *vt* (*suppress*) unterdrücken ◆ keep in I. *vt* ① (*detain*) dabehalten; (*at home*) jdn nicht aus dem Haus [gehen] lassen ② (*not reveal*) to ~ in one's emotions seine Gefühle zurückhalten II. *vi* ■ to ~ in with sb sich gut mit jdm stellen ◆ keep off I. *vi* wegbleiben; "Wet cement, ~ off!" „Frischer Zement, nicht betreten!"; to ~ off alcohol das Trinken lassen II. *vt* ① (*hold away*) ■ to ~ sb/sth off sth jdn/etw von etw *dat* fernhalten ② (*protect from*) ■ to ~ off ⟲ sth etw abhalten ◆ keep on I. *vi* ① (*continue*) ■ to ~ on doing sth etw weiter[hin] tun ② (*pester*) ■ to ~ on at sb jdm keine Ruhe lassen; ~ on at him about the money he owes us sprich ihn immer wieder auf das Geld an, das er uns schuldet II. *vt* ■ to ~ on ⟲ sth *clothes* etw anbehalten ◆ keep out *vi* draußen bleiben; "Keep Out" „Zutritt verboten"; to ~ out of trouble Ärger vermeiden ◆ keep together *vi* ① (*stay in a group*) zusammenbleiben; (*remain loyal*) zusammenhalten ② MUS Takt halten ◆ keep up I. *vt* ① (*hold up*) hochhalten; these poles ~ the tent up diese Stangen halten das Zelt aufrecht ② (*hold awake*) wach halten ③ (*continue doing*) fortführen; ~ it up! [nur] weiter so! II. *vi* ① (*continue*) *noise, rain* andauern ② (*not fall behind*) ■ to ~ up with sb/sth mit jdm/etw mithalten

keeper ['ki:pəʳ] *n* *of a shop* Inhaber(in) *m(f)*; *of a zoo* Wärter(in) *m(f)*; *of keys* Verwahrer(in) *m(f)*

keep-fit *n no pl* Fitnesstraining *nt*

keeping ['ki:pɪŋ] *n no pl* ① (*guarding*) Verwahrung *f* ② (*maintenance*) the ~ of the law das Hüten des Gesetzes ③ (*obeying*) Einhalten *nt*; in ~ with an agreement entsprechend einer Vereinbarung

keg beer *n no pl* Fassbier *nt*

kennel ['kenəl] *n* ① (*dog house*) Hundehütte *f* ② (*dog boarding*) Hundepension *f*

kept [kept] I. *vt, vi pt, pp of* **keep** II. *adj attr* ausgehalten; he is a ~ man er lässt sich aushalten; ~ woman Mätresse *f*

kerb [kɜːb] *n* BRIT, AUS Randstein *m*

ketchup ['ketʃʌp] *n no pl* Ketschup *m o nt*

kettle ['ketl] *n* ① (*to boil water*) [Wasser]kessel *m;* (*cauldron*) [großer] Kessel; to put the ~ on Wasser aufsetzen ② (*kettledrum*) [Kessel]pauke *f*

key[1] [kiː] *n* GEOG [Korallen]riff *nt*

key[2] [kiː] *n* ① (*a. fig: for a lock*) Schlüssel *m* ② (*button*) *of a computer, piano* Taste *f*; *of a flute* Klappe *f* ③ (*to symbols*) Zeichenerklärung *f*; (*for solutions*) Lösungsschlüssel *m* ❹ MUS Tonart *f*; **change of** ~ Tonartwechsel *m*; **in/off** ~ richtig/falsch **II.** *adj factor, industry, role* Schlüssel-; ~ **contribution/ingredient** Hauptbeitrag *m*/-zutat *f*; ~ **decision** wesentliche Entscheidung; ~ **point** springender Punkt; ~ **witness** Kronzeuge(in) *m(f)* ◆ **key in** *vt* **to** ~ **in text** Text eingeben ◆ **key up** *vt a person* jdn aufregen; **to be** ~**ed up for sth** auf etw *akk* eingestimmt sein; **to be all** ~**ed up** völlig überdreht sein

keyboard I. *n* ❶ (*of a computer*) Tastatur *f*; (*of a piano*) Klaviatur *f* ❷ (*musical instrument*) Keyboard *nt* **II.** *vt, vi* tippen

keyboarding *n no pl* Texteingabe *f*

keyboard instrument *n* Tasteninstrument *nt*

keyboardist *n* Keyboardspieler(in) *m(f)*

keyhole *n* Schlüsselloch *nt*

keyhole surgery *n* endoskopische Chirurgie

key money *n no pl* Abstandsgeld *nt*

keynote address *n*, **keynote speech** *n* programmatische Rede

keypad *n* Tastenfeld *nt*

key ring *n* Schlüsselring *m*

KIA [ˌkaɪəˈreɪ] *adj abbrev of* **killed in action** gef.

kick [kɪk] **I.** *n* ❶ (*with foot*) [Fuß]tritt *m*, Stoß *m*; (*in sports*) Schuss *m*; **to need a** ~ **up the arse** (*fig fam*) einen [kräftigen] Tritt in den Hintern nötig haben; **to give sth a** ~ gegen etw *akk* treten ❷ (*exciting feeling*) Nervenkitzel *m*; **he gets a** ~ **out of that** das macht ihm einen Riesenspaß ❸ (*trendy interest*) Tick *m fam*; **he's on a religious** ~ er ist [gerade] auf dem religiösen Trip *fam* **II.** *vt* ❶ (*with foot*) treten; *a ball* schießen; **to** ~ **oneself** (*fig*) sich in den Hintern beißen *fam* ❷ (*put*) **to** ~ **sth into high gear** etw auf Hochtouren bringen ❸ (*get rid of*) *accent* ablegen; *habit* aufgeben ▶ **to** ~ **sb's ass** AM (*fam!*) jdm eine Abreibung verpassen; **to** ~ **some ass** AM (*fam!*) Terror machen; **to** ~ **ass** AM (*fam!*) haushoch gewinnen; **to** ~ **the bucket** (*fam*) ins Gras beißen **III.** *vi* ❶ (*with foot*) treten (**at** nach) ❷ *esp* AM (*complain*) meckern *fam* (**about** über) ▶ **to be alive and** ~**ing** (*fam*) gesund und munter sein ◆ **kick about, kick around I.** *vi* (*fam*) [he]rumliegen **II.** *vt* (*with foot*) ■**to** ~ **sth around** etw [in der Gegend] herumkicken *fam* ◆ **kick away** *vt* wegstoßen ◆ **kick back**

I. *vt* (*with foot*) zurücktreten; *ball* zurückschießen; **to** ~ **back the blanket** sich aufdecken **II.** *vi* AM (*fam: relax*) relaxen ◆ **kick in I.** *vt door, window* eintreten **II.** *vi* ❶ (*start*) *approach, drug, measure* wirken ❷ (*to contribute*) ■**to** ~ **in for sth** einen Beitrag zu etw *dat* leisten ◆ **kick off I.** *vi* beginnen; FBALL anstoßen **II.** *vt* beginnen ◆ **kick out I.** *vt* (*throw out*) hinauswerfen **II.** *vi* ■**to** ~ **out against sb/sth** sich mit Händen und Füßen gegen jdn/etw wehren ◆ **kick up** *vi* **to** ~ **up dust** (*a. fig*) Staub aufwirbeln ▶ **to** ~ **up a fuss** einen Wirbel machen *fam*

kick-off *n* FBALL Anstoß *m*

kicktail *adj* (*of skateboard*) nach oben gebogen

kid [kɪd] **I.** *n* (*child*) Kind *nt*; AM, AUS (*young person*) Jugendliche(r) *f(m)*; (*male*) Bursche *m*; (*female*) Mädchen *nt*; ~ **brother/sister** *esp* AM kleiner Bruder/kleine Schwester **II.** *vi* <-dd-> (*fam*) Spaß machen; **just** ~**ding!** war nur Spaß!; **no** ~**ding?** ohne Scherz? **III.** *vt* (*fam*) ■**to** ~ **sb** jdn verulken; **you're** ~**ding me!** das ist doch nicht dein Ernst!

kidnap [ˈkɪdnæp] **I.** *vt* <-pp-> entführen **II.** *n no pl* Entführung *f*; LAW Menschenraub *m*

kidnapper [ˈkɪdnæpəʳ] *n* Entführer(in) *m(f)*

kidnapping [ˈkɪdnæpɪŋ] *n* Entführung *f*; LAW Menschenraub *m*

kidney [ˈkɪdni] *n* Niere *f*; ~ **donor** Nierenspender(in) *m(f)*; ~ **failure** Nierenversagen *nt*; ~ **machine** künstliche Niere

kidney-shaped *adj* nierenförmig

kid-oriented [ˌkɪdˈɔːrientɪd] *adj* AM (*fam*) für Kinder [gemacht]

kill [kɪl] **I.** *n no pl* ❶ (*of animal*) **a fresh** ~ eine frisch geschlagene Beute ❷ HUNT [Jagd]beute *f* ❸ MIL (*fam*) Zerstörung *f* ▶ **to go in for the** ~ zum entscheidenden Schlag ausholen **II.** *vi* ❶ (*end life*) töten ❷ (*fig fam: hurt*) unheimlich wehtun ▶ **to be dressed to** ~ todschick angezogen sein *fam* **III.** *vt* ❶ (*end life*) umbringen *a. fig*; **to** ~ **sb by drowning/strangling** jdn ertränken/erwürgen; **to be** ~**ed in an accident** bei einem Unfall ums Leben kommen ❷ (*destroy*) zerstören; **to** ~ **the smell/sound/taste of sth** einer S. *dat* den Geruch/Klang/Geschmack [völlig] nehmen ❸ (*spoil*) *fun, joke* [gründlich] verderben ❹ (*stop*) **to** ~ **a bill** eine Gesetzesvorlage zu Fall bringen

❺ *esp* AM (*fam: consume*) vernichten; *food* verputzen; *drink* leer machen; **to ~ a bottle of whiskey** eine Flasche Whiskey köpfen ❻ (*fam: amuse*) **that story ~s me** diese Geschichte find ich zum Totlachen ❼ (*fig fam: hurt*) ■**to ~ sb** jdn umbringen; **my shoes/these stairs are ~ing me!** meine Schuhe/diese Treppen bringen mich noch mal um! ❽ (*fig fam: overtax*) **to ~ oneself doing sth** sich mit etw *dat* umbringen ▶**to ~ time** die Zeit totschlagen; **to ~ two birds with one stone** (*prov*) zwei Fliegen mit einer Klappe schlagen ◆**kill off** *vt* ❶ (*destroy*) *disease, species* ausrotten; **to ~ off** ○ **pests** Schädlinge vernichten ❷ *esp* AM (*fam: finish*) **to ~ off** ○ **a bottle** eine Flasche leeren

killer ['kɪlər] **I.** *n* ❶ (*person*) Mörder(in) *m(f)*; (*thing*) Todesursache *f* ❷ (*agent*) Vertilgungsmittel *nt;* **weed ~** Unkrautvertilgungsmittel *nt* ❸ (*fam: difficult thing*) **to be a ~** ein harter Brocken sein ❹ (*good joke*) ■**to be a ~** zum Totlachen sein *fam;* **the ~** AM (*funniest part*) der Hammer *fig fam* **II.** *adj* ❶ *attr* (*deadly*) tödlich; *heat, hurricane* mörderisch ❷ AM, AUS (*fam: excellent*) *car, job, party* Wahnsinns-

killer instinct *n* ❶ (*in animals*) Tötungsinstinkt *m* ❷ (*fig: mean streak*) **to have the ~** bereit sein, über Leichen zu gehen

killer whale *n* Schwertwal *m*

killing ['kɪlɪŋ] **I.** *n* ❶ (*act*) Tötung *f;* (*case*) Mord[fall] *m* ❷ (*fig fam: lots of money*) **to make a ~** einen Mordsgewinn machen **II.** *adj attr* ❶ (*causing death*) tödlich ❷ (*fig: difficult*) mörderisch *fam*

kilo ['kiːləʊ] *n* Kilo *nt*

kilobyte ['kɪləbaɪt] *n* Kilobyte *nt*

kilogram ['kɪləgræm], BRIT *a.* **kilogramme** *n* Kilogramm *nt*

kilometer AM *see* **kilometre**

kilometre [kɪ'lɒmɪtər, 'kɪlə(ʊ)miːtər] *n* Kilometer *m*

kilt [kɪlt] *n* Kilt *m*

Der **kilt** oder **Highland dress** eines Schotten stammt aus dem 16. Jh. und bestand damals aus einem einzigen Stück Stoff. Im 17. Jh. wurden daraus zwei getrennte Kleidungsstücke: der **kilt** (Schottenrock) und das **plaid** (Umhangtuch aus Wolle). Aus dieser Zeit stammt auch der **sporran** (ein Beutel, der am Gürtel hängt). Erst im 18. Jh. wurden die unterschiedlichen **tartans** (Schottenmuster) für einzelne Familien oder **clans** entworfen. Zu besonderen Anlässen, wie Hochzeiten, tragen viele Männer auch heute noch einen **kilt**.

---

kin [kɪn] *n* + *pl vb* [Bluts]verwandte *pl;* **the next of ~** die nächsten Angehörigen

kind¹ [kaɪnd] *adj* ❶ (*generous, helpful*) nett; (*in a letter*) **with ~ regards** mit freundlichen Grüßen; ■**to be ~ to sb** nett zu jdm sein ❷ (*gentle*) ■**to be ~ to sb/sth** jdn/etw schonen; **this shampoo is ~ to your hair** dieses Shampoo pflegt dein Haar auf schonende Weise

kind² [kaɪnd] **I.** *n* ❶ (*group*) Art *f;* **I don't usually like that ~ of film** normalerweise mag ich solche Filme nicht; **he's not that ~ of person** so einer ist der nicht *fam;* **to stick with one's ~** unter sich *dat* bleiben; **to be one of a ~** einzigartig sein ❷ (*limited*) **I guess you could call this success of a ~** man könnte das, glaube ich, als so etwas wie einen Erfolg bezeichnen ❸ *no pl* (*similar way*) **nothing of the ~** nichts dergleichen **II.** *adv* ■**~ of** irgendwie

kind-hearted *adj* gütig

kindly ['kaɪndli] **I.** *adj person* freundlich; *smile, voice* sanft **II.** *adv* ❶ (*in a kind manner*) freundlich ❷ (*please*) freundlicherweise; **you are ~ requested to leave the building** sie werden freundlich[st] gebeten, das Gebäude zu verlassen

kindness ['kaɪndnəs] *n* <*pl* -es> ❶ *no pl* (*attitude*) Freundlichkeit *f;* **to show sb ~** jdm Gutes tun; ■**out of ~** aus Gefälligkeit ❷ (*act*) Gefälligkeit *f*

king [kɪŋ] *n* König *m*

kingdom ['kɪŋdəm] *n* ❶ (*country*) Königreich *nt* ❷ (*area of control*) Reich *nt;* **the ~ of Heaven** das Reich Gottes; **animal/plant ~** Tier-/Pflanzenreich *nt*

kingfisher *n* Eisvogel *m*

king-size(d) *adj* extragroß

kink [kɪŋk] *n* ❶ (*twist*) *in hair* Welle *f;* *in a pipe* Knick *m* ❷ AM, AUS (*sore muscle*) [Muskel]krampf *m* ❸ (*problem*) Haken *m fam*

kinky ['kɪŋki] *adj* ❶ *hair* gewellt ❷ (*unusual*) spleenig; **~ sex** Sex *m* der anderen Art

kiosk ['kiːɒsk] *n* ❶ (*stand*) Kiosk *m* ❷ BRIT (*phone booth*) Telefonzelle *f*

kip [kɪp] *n no pl* BRIT, AUS (*fam*) Nickerchen *nt;* **to get some ~** sich mal eben aufs Ohr hauen
kipper ['kɪpəʳ] *n* Bückling *m*
kiss [kɪs] **I.** *n* <*pl* -es> (*with lips*) Kuss *m;* **French ~** Zungenkuss *m;* **to give sb a ~** jdm einen Kuss geben **II.** *vi* [sich *akk*] küssen; **to ~ and make up** sich mit einem Kuss versöhnen; **to ~ and tell** mit intimen Enthüllungen an die Öffentlichkeit gehen **III.** *vt* (*with lips*) küssen (**on** auf); **to ~ sb goodbye/goodnight** jdm einen Abschieds-/Gutenachtkuss geben ▸ **~ my arse** [*or* AM **ass**] (*fam!*) du kannst mich mal!; **to ~ sb's ass** *esp* AM (*fam!*) jdm in den Arsch kriechen *derb*
kisser ['kɪsəʳ] *n* **to be a lousy ~** miserabel küssen
kiss-off *n* AM (*fam*) Laufpass *m*
kiss-proof *adj* kussecht
kit [kɪt] **I.** *n* ❶ (*set*) Ausrüstung *f;* (*for a model*) Bausatz *m;* **first aid ~** Verbandskasten *m;* **tool ~** Werkzeugkasten *m* ❷ (*outfit*) Ausrüstung *f* ❸ *esp* BRIT (*uniform*) Montur *f;* (*sl: clothes*) Klamotten *pl;* **to get one's ~ off** seine Klamotten ausziehen **II.** *vt* <-tt-> *usu passive esp* BRIT ■**to ~ out** ⟲ **sb** jdn ausrüsten
kitchen ['kɪtʃɪn] *n* Küche *f*
kitchenette [ˌkɪtʃɪ'net] *n* Kochnische *f*
kitchen foil *n no pl* Alufolie *f* **kitchen knife** *n* Küchenmesser *nt* **kitchen paper** *n no pl* Küchenpapier *nt* **kitchen sink** *n* Spüle *f* ▸ **everything but the ~** aller nur mögliche Krempel *fam* **kitchen table** *n* Küchentisch *m* **kitchen towel** *n* ❶ *no pl* Küchentuch *nt* ❷ AM (*tea towel*) Geschirrtuch *nt* **kitchen unit** *n* Küchenelement *nt* (*einer Einbauküche*)
kite [kaɪt] *n* Drachen *m;* **to fly a ~** einen Drachen steigen lassen
Kite mark *n* BRIT [amtliches] Qualitätssiegel
kitten ['kɪtᵊn] **I.** *n* Kätzchen *nt* **II.** *vi* [Junge] werfen
kitty ['kɪti] *n* ❶ (*childspeak: kitten or cat*) Miezekatze *f;* **~, ~!** Miez, Miez! ❷ (*money*) gemeinsame Kasse
kJ *abbrev of* **kilojoule** kJ
Kleenex® ['kli:neks] *n* Tempo[taschentuch]® *nt*
km/h *abbrev of* **kilometres per hour** km/h
knack [næk] *n no pl* ❶ (*trick*) Kniff *m fam;* **to get the ~ of sth** herausfinden, wie etw geht *fam* ❷ (*talent*) Geschick *nt*
knackered ['nækəd] *adj pred* BRIT, AUS (*fam*) [fix und] fertig
knave [neɪv] *n* CARDS Bube *m*
knee [ni:] **I.** *n* Knie *nt;* **on one's hands and ~s** auf allen vieren *fam;* **to get down on one's ~s** niederknien; **to put sb across one's ~** jdn übers Knie legen *fam;* **to put sb on one's ~** jdn auf den Schoß nehmen ▸ **to be/go weak at the ~s** weiche Knie haben/bekommen; **to bring sb to their ~s** jdn in die Knie zwingen **II.** *vt* ■**to ~ sb** jdn mit dem Knie stoßen
kneecap *n* ❶ (*patella*) Kniescheibe *f* ❷ (*covering*) Knieschützer *m*
kneel <knelt *or esp* AM kneeled, knelt> [ni:l] *vi* knien; ■**to ~ before sb** vor jdm niederknien
knee sock *n* Kniestrumpf *m*
knees-up *n* BRIT (*fam*) [ausgelassene] Party
knelt [nelt] *pt of* **kneel**
knew [nju:] *pt of* **know**
knickers ['nɪkəʳz] *npl* ❶ BRIT (*underwear*) [Damen]schlüpfer *m* ❷ AM (*knickerbockers*) Knickerbocker[s] *pl* ▸ **to get one's ~ in a twist** BRIT, AUS (*hum fam: get angry*) sich aufregen; (*get worried*) den Kopf verlieren
knife [naɪf] **I.** *n* <*pl* knives> Messer *nt* ▸ **you could [have] cut the air with a ~** die Stimmung war zum Zerreißen gespannt; **to put the ~ into sb** jdm in den Rücken fallen; **to go under the ~** MED unters Messer kommen *fam.* **II.** *vt* ■**to ~ sb** auf jdn einstechen
knife-edge I. *n* Messerschneide *f* **II.** *adj attr* ❶ (*narrow*) messerscharf ❷ (*fig: uncertain*) *situation* gefährlich
knife sharpener *n* Messerschleifer(in) *m(f)*
knifing ['naɪfɪŋ] *n* Messerstecherei *f*
knight [naɪt] **I.** *n* ❶ (*title*) Ritter *m* ❷ CHESS Springer *m* ▸ **[a] ~ in shining armour** [ein] Ritter ohne Furcht und Tadel **II.** *vt* ■**to ~ sb** jdn zum Ritter schlagen
knighthood ['naɪthʊd] *n* Ritterstand *m;* **to give sb a ~** jdn in den Ritterstand erheben *geh*

> In Großbritannien werden Leute, die sich mit außerordentlichen Leistungen um das Land verdient gemacht haben, in den **knighthood** (Adelsstand) erhoben und erhalten den Titel **Sir** vor ihrem Namen, z.B. **Sir John Smith** (Anrede:

„Sir John"). Die Frau eines **Sir** hat den Titel **Lady**, z.B. **Lady Smith** (und man würde sie auch so anreden). Zusammen hießen sie **Sir John and Lady Smith**. Seit 1917 ist es auch für eine Frau möglich, den Titel **Dame** für Verdienste um das Land zu erhalten; z.B. **Dame Mary Smith** (Anrede: „Dame Mary").

knit [nɪt] **I.** n ❶ (*stitch*) Strickart f ❷ (*clothing*) ■ ~s pl Stricksachen pl **II.** vi <knitted or knit, knitted or AM a. knit> ❶ (*with yarn*) stricken ❷ (*mend*) broken bone zusammenwachsen **III.** vt <knitted or knit, knitted or AM a. knit> (*with yarn*) stricken ▶ **to ~ one's brows** die Augenbrauen zusammenziehen [o Stirn runzeln] ◆ **knit together** vi ❶ (*combine*) sich zusammenfügen ❷ (*mend*) broken bone zusammenwachsen
knitting ['nɪtɪŋ] n no pl ❶ (*action*) Stricken nt ❷ (*product*) Gestrickte(s) nt
knitting-needle n Stricknadel f
knitwear n no pl Strickwaren pl
knob [nɒb] n ❶ (*handle*) of a cane Knauf m; of a door Griff m; of a bedhead rundes Teil; (*dial*) Knopf m; **to twiddle a ~** an einem Knopf drehen ❷ (*small amount*) Klümpchen nt; **a ~ of butter** ein Stückchen nt Butter ❸ esp AM (*hill*) Kuppe f ❹ (*vulg: penis*) Schwanz m
knock [nɒk] **I.** n ❶ (*sound*) Klopfen nt; **there was a ~ on the door** es hat [an der Tür] geklopft ❷ (*blow*) Schlag m; **to be able to withstand ~s** stoßsicher sein ❸ no pl of engine Klopfen nt ❹ (*fig: setback*) Schlag m; **to take a ~** (*fam*) einen Tiefschlag erleiden; (*in confidence*) einen Knacks bekommen ❺ (*fam: critical comment*) Kritik f **II.** vi ❶ (*strike noisily*) klopfen; **to ~ at the door/on the window** an die Tür/ans Fenster klopfen ❷ (*collide with*) stoßen (**into/against** gegen) ❸ engine, pipes klopfen ❹ (*fam: be approaching*) **to be ~ing on 40/50/60** auf die 40/50/60 zugehen ▶ **to ~ on wood** AM, AUS dreimal auf Holz klopfen **III.** vt ❶ (*hit*) ■ **to ~ sth** gegen etw akk stoßen; **she ~ed the glass off the table** sie stieß gegen das Glas und es fiel vom Tisch ❷ (*blow*) ■ **to ~ sb** jdm einen Schlag versetzen; **to ~ sb to the ground** jdn zu Boden werfen; **to ~ sb unconscious** jdn bewusstlos schlagen; (*fig*) **to ~ sb's self-esteem** jds Selbstbewusstsein anschlagen ❸ (*drive, demolish*) ■ **to ~ sth out of sb** jdm etw austreiben; **to ~ some sense into sb** jdn zur Vernunft bringen ❹ (*fam: criticize*) ■ **to ~ sb/sth** jdn/etw schlechtmachen ▶ **to ~ 'em dead** AM (*fam*) es jdm zeigen; **to ~ sth on the <u>head</u>** BRIT, AUS (*stop sth*) etw dat ein Ende bereiten; (*complete sth*) etw zu Ende bringen; **to ~ an <u>idea</u> on the head** BRIT, AUS einen Gedanken verwerfen; **to ~ sb <u>sideways</u>** jdn umhauen fam **IV.** interj "~ ~" „klopf, klopf" ◆ **knock about, knock around I.** vi (*fam*) ❶ (*be present*) person [he]rumhängen; object, thing [he]rumliegen; ■ **to ~ about with sb** esp BRIT sich mit jdm [he]rumtreiben ❷ BRIT (*have a sexual relationship*) ■ **to ~ about with sb** es mit jdm treiben euph fam **II.** vt ❶ (*hit*) ■ **to ~ sb about** jdn verprügeln ❷ (*play casually*) **to ~ a ball about** einen Ball hin- und herspielen ◆ **knock back** vt (*fam*) ❶ (*drink quickly*) hinunterkippen; **to ~ a beer back** ein Bier zischen ❷ BRIT, AUS (*cost a lot*) ■ **to ~ sb back** jdn eine [hübsche] Stange Geld kosten ❸ (*surprise*) ■ **to ~ sb back** jdn umhauen ◆ **knock down** vt ❶ (*cause to fall*) umstoßen; (*with a car, motorbike, etc.*) umfahren ❷ (*demolish*) niederreißen ❸ (*reduce*) price herunterhandeln ❹ AM (*fam: earn*) **to ~ down a few thousand** ein paar Tausender kassieren ◆ **knock off I.** vt ❶ (*cause to fall off*) hinunterstoßen; **to ~ sb off their pedestal** jdn von seinem Podest stoßen ❷ (*reduce a price*) [im Preis] herabsetzen ❸ BRIT (*sl: steal*) klauen fam ❹ (*fam: murder*) umlegen ❺ (*produce quickly*) schnell erledigen; (*easily*) etw mit links machen fam ❻ (*fam: stop*) aufhören ❼ AM (*fam: rob*) **to ~ off a bank/a shop** eine Bank/einen Laden ausräumen **II.** vi (*fam*) Schluss machen ◆ **knock out** vt ❶ (*render unconscious*) ■ **to ~ out ○ sb** jdn bewusstlos werden lassen; (*in a fight*) jdn k.o. schlagen ❷ (*forcibly remove*) **to ~ out two teeth** sich dat zwei Zähne ausschlagen ❸ pipe ausklopfen ❹ (*eliminate*) ausschalten; **to be ~ed out of a competition** aus einem Wettkampf ausscheiden ❺ AUS, NZ (*fam: earn a specified sum of money*) **to ~ out £2000** 2000 Pfund kassieren ❻ (*produce quickly*) hastig entwerfen; *draft, manuscript, story a.*

runterschreiben *fam* ❼ (*fam: astonish and impress*) umhauen ◆**knock over** *vt* ❶ (*cause to fall*) umstoßen; (*with a bike, car*) etw/jdn umfahren ❷ AM (*rob a shop*) **to ~ over a shop** einen Laden ausräumen *fam* ◆**knock together** *vt* ❶ (*fam: complete quickly*) etw zusammenschustern ❷ BRIT (*remove wall*) **to ~ together two rooms/buildings** die Wand zwischen zwei Zimmern/Gebäuden einreißen ◆**knock up I.** *vt* ❶ (*make quickly*) zusammenschustern *fam* ❷ BRIT, AUS (*fam: awaken*) aus dem Schlaf trommeln ❸ (*sl: impregnate*) **to get ~ed up** sich schwängern lassen **II.** *vi* BRIT (*in a racket game*) ein paar Bälle schlagen

knockdown *adj attr* ❶ (*very cheap*) **~ price** Schleuderpreis *m fam* ❷ (*physically violent*) niederschmetternd; **~ blow** BOXING Niederschlag *m*

knocker ['nɒkə^r] *n* Türklopfer *m*

knocking-off time *n no pl* Feierabend *m*

knockout I. *n* ❶ BRIT, AUS (*tournament*) Ausscheidungs[wett]kampf *m* ❷ BOXING Knock-out *m* **II.** *adj* ❶ BRIT, AUS (*elimination*) Ausscheidungs- ❷ BOXING **~ blow** Knock-out-Schlag *m*

knock-up *n usu sing* BRIT Einspielen *nt*

knot¹ [nɒt] **I.** *n* ❶ (*tied join*) Knoten *m;* **to untie a ~** einen Knoten lösen ❷ (*chignon*) [Haar]knoten *m* ▶**to tie the ~** (*fam*) heiraten **II.** *vt* <-tt-> knoten; *a tie* binden **III.** *vi* <-tt-> *muscles* sich verspannen

knot² [nɒt] *n* NAUT Knoten *m*

know [nəʊ] **I.** *vt* <knew, known> ❶ (*have information, knowledge*) wissen; *facts, results* kennen; **do you ~ where the post office is?** können Sie mir bitte sagen, wo die Post ist?; **I ~ no fear** ich habe vor nichts Angst; **that's worth ~ing** das ist gut zu wissen; **that's what I'd like to ~ too** das würde ich auch gerne wissen!; **for all I ~** soweit ich weiß *fam;* **I knew it!** wusste ich's doch! *fam;* **but she's not to ~** aber sie soll nichts davon erfahren; **God ~s I've done my best** ich habe weiß Gott mein Bestes gegeben; **to ~ how to drive a car** Auto fahren können; **to ~ sth by heart** etw auswendig können; **to ~ what one is doing** wissen, was man tut; **to let sb ~ sth** jdn etw wissen lassen ❷ (*be certain*) ■**to not ~ whether ...** sich *dat* nicht sicher sein, ob ... ❸ (*be acquainted with*) ■**to ~ sb** jdn kennen; **~ing Sarah, she'll have done a good job** so wie ich Sarah kenne, hat sie ihre Sache bestimmt gut gemacht; **she ~s Paris well** sie kennt sich in Paris gut aus; **to ~ sb by name/by sight/personally** jdn dem Namen nach/vom Sehen/persönlich kennen; **to get to ~ sb/each other** jdn/sich kennen lernen ❹ (*have understanding*) verstehen; **do you ~ what I mean?** verstehst du, was ich meine? ❺ (*experience*) **I've never ~n anything like this** so etwas habe ich noch nicht erlebt ❻ (*recognize*) erkennen (**by** an); **I ~ a good thing when I see it** ich merke gleich, wenn was gut ist ❼ (*be able to differentiate*) **don't worry, she won't ~ the difference** keine Angst, sie wird den Unterschied [gar] nicht merken ❽ *passive* (*well-known*) ■**to be ~n for sth** für etw *akk* bekannt sein; **to make sth ~n** etw bekannt machen ▶**to ~ no bounds** keine Grenzen kennen; **to ~ one's place** wissen, wo man steht; **to ~ the score** wissen, was gespielt wird; **to ~ one's stuff** sein Geschäft verstehen **II.** *vi* <knew, known> ❶ (*have knowledge*) [Bescheid] wissen; **I was not to ~ until years later** das sollte ich erst Jahre später erfahren; **you never ~** man kann nie wissen; **as far as I ~** so viel ich weiß; **who ~s?** wer weiß?; **how should I ~?** wie soll ich das wissen?; **she didn't want to ~** sie wollte nichts davon wissen; **just let me ~, OK?** sag' mir einfach Bescheid, OK? ❷ (*fam: understand*) begreifen; **"I don't ~," he said, "why can't you ever be on time?"** „ich begreife das einfach nicht", sagte er, „warum kannst du nie pünktlich sein?" ❸ (*said to agree with sb*) **I ~** ich weiß ❹ (*conversation filler*) **he's so boring and, you ~, sort of spooky** er ist so langweilig und, na ja, irgendwie unheimlich ▶**you ought to ~ better** du solltest es eigentlich besser wissen

know-all *n* (*pej fam*) Besserwisser(in) *m(f)*

know-how *n no pl* Know-how *nt*

knowing ['nəʊɪŋ] **I.** *adj* wissend *attr; look, smile* viel sagend **II.** *n no pl* Wissen *nt*

knowingly ['nəʊɪŋli] *adv* ❶ (*meaningfully*) viel sagend ❷ (*with full awareness*) bewusst

know-it-all ['nəʊɪtɔːl] *n* AM Besserwisser(in) *m(f) pej*

knowledge ['nɒlɪdʒ] *n no pl* ❶ (*body of learning*) Kenntnisse *pl* (**of** in); **~ of French** Französischkenntnisse *pl;* **to have [no/**

knowledgeable – lack

some] ~ **of sth** [keine/gewisse] Kenntnisse über etw *akk* besitzen; **to have a thorough ~ of sth** ein fundiertes Wissen in etw *dat* besitzen ❷ *(acquired information)* Wissen *nt;* **to be common ~** allgemein bekannt sein ❸ *(awareness)* Wissen *nt;* **to deny all ~ [of sth]** jegliche Kenntnis [über etw *akk*] abstreiten; **it has been brought to our ~ that ...** wir haben davon Kenntnis erhalten, dass ...

knowledg(e)able ['nɒlɪdʒəbl] *adj (well informed)* sachkundig; *(experienced)* bewandert

known [nəʊn] **I.** *vt, vi pp of* **know II.** *adj* ❶ *(publicly recognized)* bekannt; **it is a little/well ~ fact that ...** es ist nur wenigen/allgemein bekannt, dass ... ❷ *(understood)* bekannt; **no ~ reason** kein erkennbarer Grund ❸ *(tell publicly)* **to make sth ~** etw bekannt machen

knuckle ['nʌkl] **I.** *n* ❶ ANAT [Finger]knöchel *m* ❷ *(cut of meat)* Hachse *f*, Haxe *f* SÜDD ❸ AM *(knuckleduster)* ■**~s** *pl* Schlagring *m* **II.** *vi* ■ **to ~ down** sich dahinter klemmen

kohl [kəʊl] *n no pl* Kajal *nt*

kook [kuːk] *n esp* AM *(fam)* Ausgeflippte(r) *f(m)*, Spinner(in) *m(f) pej*

Koran [kɒrˈɑːn] *n no pl* ■**the ~** der Koran

kph *abbrev of* **kilometres per hour** km/h

Kraut [kraʊt] *n (pej! fam)* Deutsche(r) *f(m)*

kumquat ['kʌmkwɒt] *n* Kumquat[orange] *f*

Kwanzaa ['kwænzə] *n no pl* von Amerikanern afrikanischer Herkunft vom 26. Dezember bis 1. Januar gefeiertes, nicht-religiöses Fest

L

L <*pl* -'s *or* -s>, **l** <*pl* -'s> [el] *n* L *nt,* l *nt; see also* **A 1**

l [el] *n* ❶ *abbrev of* **litre** l ❷ *abbrev of* **left** l.

L *n* ❶ *abbrev of* **lake** ❷ FASHION *abbrev of* **Large** L ❸ BRIT AUTO *abbrev of* **learner** Fahrschüler(in) *m(f) (großes L, das man an seinem Auto anbringt, um anzuzeigen, dass hier ein[e] Fahrschüler[in], der/die noch keinen Führerschein hat, in Begleitung eines Führerscheininhabers fährt)*

LA [ˌelˈeɪ] *n abbrev of* **Los Angeles** Los Angeles *nt*

lab [læb] *n short for* **laboratory** Labor *nt*

label ['leɪbəl] **I.** *n* ❶ *(on bottles)* Etikett *nt;* *(in clothes)* Schild[chen] *nt* ❷ *(brand name)* Marke *f;* *(company)* Plattenfirma *f* ❸ *(set description)* Bezeichnung *f* **II.** *vt* <BRIT-ll- *or* AM *usu* -l-> *(affix labels)* etikettieren; *(mark)* kennzeichnen; *(write on)* beschriften

labial ['leɪbɪəl] *adj* LING labial

labor *n* AM *see* **labour**

laboratory [ləˈbɒrətəri] *n* Labor[atorium] *nt;* **~ assistant** Laborant(in) *m(f);* **~ test** Labortest *m*

laborer *n* AM *see* **labourer**

laborious [ləˈbɔːrɪəs] *adj* ❶ *(onerous)* mühsam ❷ *(usu pej: strained)* umständlich

labor union *n* AM Gewerkschaft *f*

labour ['leɪbə] **I.** *n* ❶ *(work)* Arbeit *f;* **division of ~** Arbeitsteilung *f;* **manual ~** körperliche Arbeit ❷ *no pl (workers)* Arbeitskräfte *pl;* **skilled ~** ausgebildete Arbeitskräfte; **semi-skilled ~** angelernte Arbeitskräfte; **unskilled ~** ungelernte Arbeitskräfte ❸ *no pl (childbirth)* Wehen *pl;* **to go into ~** Wehen bekommen **II.** *vi* ❶ *(do physical work)* arbeiten; **to do ~ing work** körperlich arbeiten ❷ *(work hard)* sich abmühen; ■**to ~ on sth** hart an etw *dat* arbeiten ❸ *(do sth with effort)* ■**to ~** sich [ab]quälen; ■**to ~ on sth** sich mit etw *dat* abplagen

labour camp *n* Arbeitslager *nt*

labourer ['leɪbərə] *n* Hilfsarbeiter(in) *m(f)*

labour force *n* + *sing/pl vb (working population)* Arbeiterschaft *f;* *(a company's employees)* Belegschaft *f*

labour pains *npl* MED Wehen *pl*

Labour Party *n no pl* BRIT POL ■**the ~** die Labour Party

labour relations *npl* Arbeitgeber-Arbeitnehmerverhältnis *nt*

labour-saving *adj* arbeitssparend

labour ward *n* Kreißsaal *m*

lace [leɪs] **I.** *n* ❶ *no pl (decorative cloth)* Spitze *f;* *(decorative edging)* Spitzenborte *f* ❷ *(cord)* Band *nt;* **shoe ~s** Schnürsenkel *pl bes* NORDD, Schuhbänder *pl* DIAL **II.** *vt (fasten)* shoes zubinden ◆ **lace up** *vt* boots, shoes zuschnüren

lace-ups *npl* Schnürschuhe *pl*

lack [læk] **I.** *n no pl* Mangel *m* (**of** an); **~ of confidence** mangelndes Selbstvertrauen;

lacking – landlady

~ **of money** Geldmangel *m* **II.** *vt* ■ **to ~ sth** etw nicht haben; **what we ~ is ...** was uns fehlt, ist ...

lacking ['lækɪŋ] *adj pred* ■ **to be ~ in sth** an etw *dat* mangeln

lad [læd] *n* ❶ BRIT, SCOT (*boy*) Junge *m* ❷ BRIT, SCOT (*a man's male friends*) ■ **the ~s** die Kumpels *pl fam;* **come on, ~s, let's get started!** kommt, Jungs, lasst uns anfangen!

ladder ['lædə^r] **I.** *n* ❶ (*device for climbing*) Leiter *f;* **to be up a ~** auf einer Leiter stehen; **to go up a ~** auf eine Leiter steigen ❷ (*hierarchy*) [Stufen]leiter *f* ❸ BRIT, AUS (*in stockings, tights*) Laufmasche *f* **II.** *vt* BRIT, AUS **to ~ tights** eine Laufmasche in eine Strumpfhose machen **III.** *vi* BRIT, AUS *stockings, tights* eine Laufmasche bekommen

laddish ['lædɪʃ] *adj* BRIT (*pej*) jungenhaft, spitzbübisch

laden ['leɪdən] *adj* beladen

ladle ['leɪdl] **I.** *n* [Schöpf]kelle *f* **II.** *vt* **to ~ out the soup** die Suppe austeilen

lady ['leɪdi] *n* ❶ (*woman*) Frau *f;* (*more polite*) Dame *f;* **a ~ doctor** eine Ärztin; **cleaning ~** Putzfrau *f;* **old/young ~** alte/junge Dame ❷ (*form: polite address*) **ladies and gentlemen!** meine [sehr verehrten] Damen und Herren!

ladybird *n* BRIT, AUS Marienkäfer *m*

ladyboy *n* junger Transvestit (*vor allem in Südostasien*)

lag¹ [læg] **I.** *n* (*lapse*) Rückstand *m;* (*falling behind*) Zurückbleiben *nt kein pl;* **time ~** Zeitabstand *m* **II.** *vi* <-gg-> zurückbleiben; **sales are ~ging** der Verkauf läuft schleppend; ■ **to ~ behind** [**sb/sth**] [hinter jdm/etw] zurückbleiben

lag² <-gg-> [læg] *vt* (*insulate*) isolieren

lager ['lɑːgə^r] *n* ❶ *no pl* (*beer*) Lagerbier *nt* ❷ (*a portion of lager*) [helles] Bier; **a glass of ~** ein Helles *nt*

lager lout *n* BRIT (*fam*) betrunkener Rowdy *pej*

lagging ['lægɪŋ] *n* Isolierung *f*

laid [leɪd] *pt, pp of* **lay**

lain [leɪn] *pp of* **lie**

lake [leɪk] *n* See *m*

lamb [læm] **I.** *n* ❶ (*young sheep*) Lamm *nt;* (*fig*) Schatz *m fam* ❷ *no pl* (*meat*) Lamm[fleisch] *nt* **II.** *vi* lammen

lambswool *n no pl* Lammwolle *f*

lame [leɪm] *adj* ❶ (*crippled*) lahm ❷ (*fig: weak*) lahm *pej fam; argument* schwach

lament [lə'ment] **I.** *n* MUS, LIT Klagelied *nt* (**for** über) **II.** *vt* (*a. iron*) ■ **to ~ sb** um jdn trauern **III.** *vi* ■ **to ~ over sth** etw beklagen *geh*

lamentable [lə'mentəbl] *adj* beklagenswert; *piece of work* erbärmlich

lamp [læmp] *n* Lampe *f;* **street ~** Straßenlaterne *f*

lamppost *n* Laternenpfahl *m*

lampshade *n* Lampenschirm *m*

land [lænd] **I.** *n* ❶ *no pl* (*not water*) Land *nt;* **to travel by ~** auf dem Landweg reisen ❷ *no pl* (*ground*) Land *nt;* (*soil*) Boden *m;* **building ~** Bauland *nt;* **agricultural ~** Ackerland *nt;* **piece/plot of ~** (*for building*) Grundstück *nt;* (*for farming*) Stück *nt* Land; **waste ~** Brachland *nt* ❸ *no pl* (*countryside*) ■ **the ~** das Land ❹ (*particular area of ground*) Grundstück *nt;* **private ~** Privatbesitz *m;* **state ~[s]** AM staatlicher Grundbesitz ❺ (*country, region*) Land *nt* ❻ AM (*euph: Lord*) **for ~'s sake** um Gottes Willen ▶ **to see how the ~ lies** die Lage peilen **II.** *vi* ❶ AVIAT, AEROSP landen (**on** auf) ❷ NAUT *vessel* anlegen; *people* an Land gehen ❸ (*come down, fall*) landen; **to ~ on one's feet** auf den Füßen landen; (*fig*) [wieder] auf die Füße fallen ❹ *blow, punch* sitzen ❺ (*fam: end up, arrive*) landen **III.** *vt* ❶ (*bring onto land*) *plane* landen; *boat* an Land ziehen ❷ (*unload*) an Land bringen; *cargo* löschen; *passengers* von Bord [gehen] lassen; *troops* anlanden ❸ (*fam: obtain*) *contract, offer, job* an Land ziehen *fig* ❹ (*fam: burden*) ■ **to ~ sb with sth** jdm etw aufhalsen; ■ **to be ~ed with sb** jdn am Hals haben ❺ (*fam: place*) ■ **to ~ sb in sth** jdn in etw *akk* bringen; **that could have ~ed you in jail** deswegen hättest du im Gefängnis landen können

landing ['lændɪŋ] *n* ❶ (*staircase space*) Treppenabsatz *m* ❷ (*aircraft touchdown*) Landung *f;* **to make an emergency ~** notlanden ❸ (*nautical landfall*) Landung *f* ❹ SPORTS (*coming to rest*) Landung *f*

landing gear *n* Fahrgestell *nt* **landing stage** *n* Landungssteg *m* **landing strip** *n* Landebahn *f*

landlady *n* ❶ (*house owner*) Hausbesitzerin *f;* (*of rented property*) Vermieterin *f* ❷ (*of pub or hotel*) [Gast]wirtin *f* ❸ (*of a boarding house*) Pensionswirtin *f*

landlocked *adj* von Land umgeben; ~ **country** Binnenstaat *m*

landlord *n* ❶ (*house owner*) Hausbesitzer *m*; (*of rented property*) Vermieter *m* ❷ (*of pub or hotel*) [Gast]wirt *m* ❸ (*of boarding house*) Pensionswirt *m*

landmark *n* ❶ (*point of recognition*) Erkennungszeichen *nt* ❷ (*important event*) Meilenstein *m*

landowner *n* Grundbesitzer(in) *m(f)*

landscape I. *n* Landschaft *f* II. *adj attr* Landschafts- III. *vt* [landschafts]gärtnerisch gestalten

landslide *n* ❶ GEOL Erdrutsch *m* ❷ POL Erdrutsch[wahl]sieg *m*

lane [leɪn] *n* ❶ (*narrow road*) Gasse *f*, enge Straße; **country** ~ schmale Landstraße ❷ (*marked strip*) [Fahr]spur *f*; SPORTS Bahn *f*; **cycle** ~ Fahrradweg *m*; **in the fast/middle** ~ auf der Überholspur/mittleren Spur

language [ˈlæŋgwɪdʒ] *n* ❶ (*of nation*) Sprache *f*; **a foreign** ~ eine Fremdsprache; **sb's native** ~ jds Muttersprache ❷ *no pl* (*words*) Sprache *f*; (*style of expression*) Ausdrucksweise *f*, Sprache *f*; **bad** ~ Schimpfwörter *pl* ❸ (*of specialist group*) Fachsprache *f*

lank [læŋk] *adj hair* strähnig

lanky [ˈlæŋki] *adj* hoch aufgeschossen

lantern [ˈlæntən] *n a.* ARCHIT Laterne *f*

lap¹ [læp] *n* Schoß *m* ▶ **to live in the** ~ **of luxury** ein Luxusleben führen

lap² [læp] I. *n* ❶ SPORTS Runde *f*; **to do a** ~ [of honour] BRIT eine Ehrenrunde drehen ❷ (*fig: stage*) Etappe *f* II. *vt* <-pp-> ❶ (*overtake*) überrunden ❷ *usu passive* (*liter: wrap*) ■ **to be** ~**ped in sth** in etw *akk* gehüllt sein III. *vi* ❶ (*in car racing*) eine Runde drehen ❷ (*project*) hängen (**over** über)

lap³ [læp] I. *vt* ❶ (*drink*) lecken, schlecken SÜDD, ÖSTERR ❷ (*hit gently*) *waves* [sanft] gegen etw *akk* schlagen II. *vi* ■ **to** ~ **against sth** *waves* [sanft] gegen etw *akk* schlagen ◆**lap up** *vt* (*drink*) [auf]lecken, [auf]schlecken SÜDD, ÖSTERR

lap belt *n* Beckengurt *m*

lapel [ləˈpel] *n* Revers *nt*

lapse [læps] I. *n* ❶ (*mistake*) Versehen *nt*; (*moral*) Fehltritt *m*; ~ **of attention** Aufmerksamkeitsmangel *m*; ~ **of judgement** Fehleinschätzung *f* ❷ *no pl* (*of time*) Zeitspanne *f* II. *vi* ❶ (*fail*) *attention, concentration* abschweifen ❷ (*end*) ablaufen; *contract a.* erlöschen ❸ (*pass into*) ■ **to** ~ **into sth** in etw *akk* verfallen; **to** ~ **into silence** in Schweigen verfallen

lapsed [læpst] *adj attr* ❶ (*no longer involved*) *member* ehemalig; ~ **Catholic** vom Glauben abgefallener Katholik ❷ (*discontinued*) *policy, subscription* abgelaufen

laptop *n*, **laptop computer** *n* Laptop *m*

larch <*pl* -es> [lɑ:tʃ] *n* Lärche *f*

lard [lɑ:d] I. *n no pl* Schweineschmalz *nt* II. *vt* (*a. fig*) spicken

larder [ˈlɑ:də'] *n* Speisekammer *f*

lardy [ˈlɑ:di] *adj* (*fam or pej*) fett

large [lɑ:dʒ] I. *adj* ❶ (*in size*) groß ❷ (*in quantity, extent*) groß, beträchtlich; **a** ~ **number of people/things** viele Menschen/Dinge ❸ (*hum o euph: fat*) wohlbeleibt ▶ ~**r than life** (*fig*) *person* aufgeschlossen; **by and** ~ im Großen und Ganzen II. *n* ❶ (*not caught*) ■ **to be at** ~ auf freiem Fuß sein ❷ (*in general*) ■ **at** ~ im Allgemeinen

largely [ˈlɑ:dʒli] *adv* größtenteils

large-scale *adj esp attr* ❶ (*extensive*) umfangreich; ~ **manufacturer/producer** Großerzeuger *m*/-produzent *m* ❷ (*made large*) **a** ~ **map** eine große Karte mit großem Maßstab

lark¹ [lɑ:k] *n* (*bird*) Lerche *f*

lark² [lɑ:k] I. *n esp* BRIT (*fam: joke*) Spaß *m*; **for a** ~ aus Jux *fam* II. *vi* (*fam*) ■ **to** ~ **about** herumblödeln

laser [ˈleɪzə'] *n* Laser *m*; ~ **beam** Laserstrahl *m*; ~ **printer** Laserdrucker *m*; ~ **show** Lasershow *f*

lash¹ <*pl* -es> [læʃ] *n* ANAT [Augen]wimper *f*

lash² [læʃ] I. *n* <*pl* -es> ❶ (*whip*) Peitsche *f* ❷ (*stroke of whip*) Peitschenhieb *m* II. *vt* ❶ (*whip*) auspeitschen ❷ (*strike violently*) ■ **to** ~ **sth** gegen etw *akk* schlagen ❸ (*strongly criticize*) ■ **to** ~ **sb** heftige Kritik an jdm üben III. *vi* ❶ (*strike*) schlagen (**at** gegen); (*fig*) *rain, wave* peitschen (**at** gegen) ❷ (*move violently*) schlagen ◆**lash about**, **lash around** *vi* [wild] um sich *akk* schlagen ◆**lash down** I. *vt* festbinden II. *vi rain* niederprasseln ◆**lash out** I. *vi* ❶ (*physically*) ■ **to** ~ **out at sb** auf jdn einschlagen ❷ (*verbally*) ■ **to** ~ **out at sb** jdn scharf kritisieren ❸ BRIT, AUS (*fam: spend freely*) sich *dat* etw leisten II. *vt* BRIT, AUS **to** ~ **out £500/$40** £500/$40 springen lassen *fam*

last¹ [lɑ:st] *n* (*for shoemaker*) Leisten *m*

last² [lɑ:st] I. *adj* ❶ *attr* (*after all the others*)

■ **the ~ ...** der/die/das letzte ...; **to arrive/come ~** als Letzte(r) *f(m)* ankommen/kommen; **to do sth ~ thing** etw als Letztes tun; **the ~ one** der/die/das Letzte; **she was the ~ one to arrive** sie kam als Letzte an ❷ (*lowest in order, rank*) letzte(r, s); ■ **to be ~** Letzte(r) *f(m)* sein; (*in a race, competition*) Letzte(r) *f(m)* werden ❸ *attr* (*final, remaining*) letzte(r, s); **at the ~ minute/moment** in letzter Minute/im letzten Moment ❹ *attr* (*most recent, previous*) letzte(r, s); **the week/year before ~** vorletzte Woche/vorletztes Jahr ❺ *attr* (*most unlikely*) **she was the ~ person I expected to see** sie hätte ich am allerwenigsten erwartet ▶ **to have the ~ laugh** zuletzt lachen *fig;* (*show everybody*) es allen zeigen; **sth is on its ~ legs** (*fam*) etw macht es nicht mehr lange II. *adv* ❶ (*most recently*) das letzte Mal, zuletzt ❷ (*after the others*) als Letzte(r, s); **until ~** bis zuletzt ❸ (*lastly*) zuletzt, zum Schluss; **~ but not least** nicht zuletzt III. *n* <*pl* -> ❶ (*one after all the others*) ■ **the ~** der/die/das Letzte; **she was the ~ to arrive** sie kam als Letzte ❷ (*only one left, final one*) ■ **the ~** der/die/das Letzte ❸ (*remainder*) ■ **the ~** der letzte Rest ❹ (*most recent, previous one*) ■ **the ~** der/die/das Letzte; **the ~ we heard from her, ...** als wir das letzte Mal von ihr hörten, ... ❺ (*fam: end*) **you haven't heard the ~ of this!** das letzte Wort ist hier noch nicht gesprochen!; **to see the ~ of sth** (*fam*) etw nie wiedersehen müssen; **at ~** endlich

last³ [lɑ:st] I. *vi* ❶ (*go on for*) [an]dauern ❷ (*endure*) halten; *enthusiasm, intentions* anhalten II. *vt supplies* [aus]reichen; **to ~ [sb] a lifetime** ein Leben lang halten

lasting ['lɑ:stɪŋ] *adj* dauerhaft, andauernd; *impression* nachhaltig

lastly ['lɑ:stli] *adv* schließlich

last-minute *adj* in letzter Minute *nach n;* **~ booking** Last-Minute-Buchung *f*

last name *n* Nachname *m*, Familienname *m*

latch [lætʃ] I. *n* Riegel *m* II. *vi* ❶ *esp* BRIT (*fam: understand*) ■ **to ~ on [to sth]** [etw] kapieren ❷ (*fam: attach oneself to*) ■ **to ~ on to sb/sth** sich an jdn/etw hängen

late [leɪt] I. *adj* <-r, -st> ❶ (*behind time*) verspätet *attr;* ■ **to be ~** *bus, flight, train* Verspätung haben; *person* zu spät kommen, sich verspäten; **sorry I'm ~** tut mir leid, dass ich zu spät komme; ■ **to be ~ for sth** zu spät zu etw *dat* kommen ❷ (*in the day*) spät; **let's go home, it's getting ~** lass uns nach Hause gehen, es ist schon spät ❸ *attr* (*towards the end*) spät; **in the ~ afternoon/evening** spät am Nachmittag/Abend; **~ October** Ende Oktober; **~ summer/autumn** der Spätsommer/-herbst ❹ *attr* (*former*) früher, ehemalig ❺ *attr* (*deceased*) verstorben II. *adv* <-r, -s> ❶ (*after the expected time*) spät; **the train arrived ~** der Zug hatte Verspätung; **can I stay up ~ tonight?** darf ich heute länger aufbleiben?; **Ann has to work ~ today** Ann muss heute Überstunden machen ❷ (*at an advanced time*) **~ in the afternoon/at night** am späten Nachmittag/Abend; **~ in the evening/night** spät am Abend/in der Nacht; **~ in the day** spät [am Tag]; **too ~ in the day** (*a. fig*) zu spät ❸ (*recently*) **as ~ as** noch; **of ~** in letzter Zeit

latecomer *n* Nachzügler(in) *m(f)*

lately ['leɪtli] *adv* ❶ (*recently*) kürzlich, in letzter Zeit ❷ (*short time ago*) kürzlich, vor kurzer Zeit; **until ~** bis vor kurzem

later ['leɪtər] I. *adj comp of* **late** ❶ *attr* (*at future time*) später ❷ *pred* (*less punctual*) später II. *adv comp of* **late** ❶ (*at later time*) später, anschließend; **no ~ than nine o'clock** nicht nach neun Uhr; **see you ~!** bis später! ❷ (*afterwards*) später, danach

latest ['leɪtɪst] I. *adj superl of* **late** (*most recent*) ■ **the ~ ...** der/die/das jüngste [*o* letzte] ...; **her ~ movie** ihr neuester Film II. *n* **have you heard the ~?** hast du schon das Neueste gehört? III. *adv* **at the [very] ~** bis [aller]spätestens

Latin ['lætɪn] I. *n no pl* Latein *nt* II. *adj* ❶ LING lateinisch ❷ (*of Latin origin*) lateinisch

latish ['leɪtɪʃ] (*fam*) I. *adj* ziemlich spät II. *adv* etwas spät

latitude ['lætɪtjuːd] *n* Breite *f*, Breitengrad *m*

latter ['lætər] I. *adj attr* ❶ (*second of two*) zweite(r, s) ❷ (*near the end*) spätere(r, s); **in the ~ part of the year** in der zweiten Jahreshälfte II. *pron* ■ **the ~** der/die/das Letztere

latterly ['lætəli] *adv* in letzter Zeit, neuerdings

laugh [lɑ:f] I. *n* ❶ (*sound*) Lachen *nt kein pl* ❷ (*fam: amusing activity*) Spaß *m;* **to do sth for a ~** etw [nur] aus Spaß tun II. *vi* ❶ (*express amusement*) lachen; **to make sb ~**

jdn zum Lachen bringen; ■to ~ at sb/sth über jdn/etw lachen ❷ (*fig fam: scorn*) ■to ~ at sb/sth sich über jdn/etw lustig machen ▶to ~ in sb's face jdn auslachen; to ~ one's head off (*fam*) sich totlachen; no ~ing matter nicht zum Lachen

laughable ['lɑːfəbl] *adj* lächerlich *pej*, lachhaft *pej*

laughing gas ['lɑːfɪŋ-] *n no pl* Lachgas *nt*

laughing stock *n* ■to be a ~ die Zielscheibe des Spotts sein

laughter ['lɑːftəʳ] *n no pl* Gelächter *nt*, Lachen *nt*

launch [lɔːn(t)ʃ] I. *n* ❶ (*introductory event*) Präsentation *f* ❷ (*boat*) Barkasse *f* ❸ (*of boat*) Stapellauf *m*; (*of rocket, spacecraft*) Start *m* II. *vt* ❶ *ship* vom Stapel lassen; *missile, torpedo* abschießen; *rocket, spacecraft* starten ❷ (*begin something*) beginnen; to ~ an attack zum Angriff übergehen ◆**launch into** *vi* ■to ~ into sth sich [begeistert] in etw *akk* stürzen *fig*; to ~ into a verbal attack eine Schimpfkanonade loslassen ◆**launch out** *vi* anfangen, beginnen

launching pad *n*, **launch pad** *n* ❶ (*starting area*) Abschussrampe *f* ❷ (*fig: starting point*) Anfang *m*

laund(e)rette [ˌlɔːndəˈret] *n*, **laundromat**® ['lɔːndroʊmæt] *n* AM, AUS Waschsalon *m*

laundry ['lɔːndri] *n* ❶ *no pl* (*dirty clothes*) Schmutzwäsche *f*; to do the ~ Wäsche waschen ❷ *no pl* (*washed clothes*) frische Wäsche ❸ (*place*) Wäscherei *f*

laundry basket *n*, AM *a.* **laundry hamper** *n* Wäschekorb *m*

laundry service *n* Wäscheservice *m*, Wäscherei *f*

lavatory ['lævətəri] *n usu* BRIT Toilette *f*; go to the ~ auf die Toilette gehen

lavatory seat *n esp* BRIT Toilettensitz *m*

law [lɔː] *n* ❶ (*rule*) Gesetz *nt* ❷ *no pl* (*legal system*) Recht *nt*; to be above the ~ über dem Gesetz stehen; to break/obey the ~ das Gesetz brechen/befolgen ❸ *no pl* UNIV Jura *kein art* ▶the ~ of the jungle das Gesetz des Stärkeren

law-abiding *adj* gesetzestreu **law court** *n* Gericht *nt* **law enforcement** *n no pl esp* AM Gesetzesvollzug *m*

lawful ['lɔːfəl] *adj* (*form*) gesetzlich; *heir, owner* gesetzmäßig

lawless ['lɔːləs] *adj* ❶ (*without laws*) gesetzlos ❷ (*illegal*) gesetzwidrig

lawn [lɔːn] *n* Rasen *m*

lawnmower *n* Rasenmäher *m*

lawn tennis *n no pl* (*form*) Rasentennis *nt*

law school *n esp* AM juristische [*o* ÖSTERR juridische] Fakultät

law student *n* Jurastudent(in) *m(f)*, Jusstudent(in) *m(f)* ÖSTERR, SCHWEIZ

lawsuit *n* Klage *f*, Prozess *m*

lawyer ['lɔɪəʳ] *n* Rechtsanwalt *m*, Rechtsanwältin *f*

laxative ['læksətɪv] I. *n* Abführmittel *nt* II. *adj attr* abführend

lay¹ [leɪ] *adj attr* ❶ (*not professional*) laienhaft ❷ (*not clergy*) weltlich, Laien-

lay² [leɪ] *pt of* lie

lay³ [leɪ] I. *n* (*general appearance*) Lage *f* II. *vt* <laid, laid> ❶ (*spread*) legen (on auf) ❷ (*place*) ■to ~ sth somewhere etw irgendwohin legen ❸ (*put down*) verlegen; to ~ the foundations of a building das Fundament für ein Gebäude legen ❹ *the table* decken ❺ (*render*) to ~ sth bare etw offenlegen; to ~ sb bare jdn bloßstellen ❻ (*deposit*) to ~ an egg ein Ei legen ❼ (*wager*) setzen; to ~ a bet on sth auf etw *akk* wetten ❽ (*assert*) to ~ a charge against sb gegen jdn Anklage erheben; to ~ claim to sth auf etw *akk* Anspruch erheben ❾ *usu passive* (*vulg: have sexual intercourse*) to get laid flachgelegt werden *sl* ▶to ~ hands on sb Hand an jdn legen; to ~ sth to rest *fears, suspicions* etw beschwichtigen; to ~ it on [a bit thick] etw zu dick auftragen *fam* III. *vi* <laid, laid> *hen* [Eier] legen ◆**lay about** *vi* ❶ (*strike out wildly*) ■to ~ about oneself wild um sich *akk* schlagen ❷ (*fig: be indiscriminately critical*) zu einem Rundumschlag ausholen ◆**lay aside** *vt* ❶ (*put away*) beiseitelegen ❷ (*fig: stop*) *project, work* auf Eis legen *fam* ❸ (*fig: forget*) *differences* beilegen ❹ (*save*) beiseitelegen ◆**lay back** *vt* zurücklegen; to ~ back one's ears *animal* die Ohren anlegen ◆**lay by** *vt* ❶ (*save up*) beiseitelegen, sparen ❷ AM (*grow a last crop on*) to ~ by a field ein Feld ein letztes Mal bestellen ◆**lay down** *vt* ❶ (*place on a surface*) hinlegen (on auf) ❷ (*relinquish*) *weapons* niederlegen ❸ (*decide on*) festlegen ▶to ~ down one's life for sb/sth sein Leben für jdn/etw geben ◆**lay into** *vi* ❶ (*fam*) ■to ~ into sb (*physically*) jdn angreifen; (*verbally*) jdn zur Schnecke machen ❷ (*eat heartily*) ■**to ~ into sth** etw verschlingen ◆**lay off I.** *vt* ❶ ■**to ~ off** ○ **sb** (*from work*) jdm kündigen ❷ ■**to ~ off sb** (*stop molesting*) jdn in Ruhe lassen **II.** *vi* aufhören; **to ~ off smoking** das Rauchen aufgeben ◆**lay on** *vt* ❶ (*make available*) ■**to ~ on** ○ **sth** für etw *akk* sorgen ❷ (*install*) *electricity* anschließen ◆**lay out** *vt* ❶ (*arrange*) planen; *campaign* organisieren ❷ (*spread out*) *map* ausbreiten ❸ *usu passive* (*design*) ■**to be laid out** angeordnet sein ◆**lay up** *vt usu passive* (*fam*) **to be laid up [in bed] with flu** mit einer Grippe im Bett liegen

layabout *n* (*pej fam*) Faulenzer(in) *m(f)*

lay-by *n* ❶ Brit (*on road*) Haltebucht *f,* Rastplatz *m* ❷ *no pl* Aus (*form of purchasing*) Ratenkauf *m*

layer ['leɪəʳ] **I.** *n* ❶ (*of substance*) Schicht *f* ❷ (*fig: level*) *of bureaucracy* Stufe *f* **II.** *vt* ■**to ~ sth [with sth]** etw [abwechselnd mit etw *dat*] in Schichten anordnen

layered ['leɪəd] *adj* Stufen-, Schicht-

lay-off *n* (*from work*) Entlassung *f*

layout *n* ❶ (*plan*) *of building, house* Raumaufteilung *f* ❷ (*of written material*) Layout *nt*

layover *n* Am (*stopover*) Aufenthalt *m*; (*of plane*) Zwischenlandung *f*

laziness ['leɪzɪnəs] *n no pl* Faulheit *f*

lazy ['leɪzi] *adj* ❶ (*pej: unwilling to work*) faul ❷ (*relaxed*) müßig geh

lead[1] [led] *n* ❶ *no pl* (*metal*) Blei *nt*; **to contain ~** bleihaltig sein ❷ (*pencil filling*) Mine *f* ❸ *no pl* (*graphite*) Graphit *m*

lead[2] [liːd] **I.** *n* ❶ THEAT, FILM Hauptrolle *f* ❷ *usu sing* (*guiding in dance*) Führung *f kein pl* ❸ *no pl* (*front position*) Führung *f*; ■**to be in the ~** (*position in advance*) Vorsprung *m*; ■**to have a ~ of five metres/minutes [over sb]** einen Vorsprung von fünf Metern/Minuten [vor jdm] haben ❺ (*connecting wire*) Kabel *nt* ❻ Brit, Aus (*rope for pet*) Leine *f;* ■**to be on a ~** angeleint sein **II.** *vt* <led, led> ❶ (*be in charge*) führen; *delegation, discussion, inquiry* leiten ❷ (*guide*) führen ❸ (*go in advance*) **to ~ the way** vorangehen ❹ (*cause to have*) **to ~ sb into trouble** jdn in Schwierigkeiten bringen ❺ (*pej: cause to do*) ■**to ~ sb to do sth** jdn dazu verleiten, etw zu tun ❻ ECON, SPORTS (*be ahead of*) anführen **III.** *vi* <led, led> ❶ (*be in charge*) die Leitung innehaben ❷ (*be guide*) vorangehen; **to ~ from the front** (*fig*) den Ton angeben ❸ (*be directed towards*) ■**to ~ somewhere** irgendwohin führen ❹ (*implicate*) ■**to ~ to sth** auf etw *akk* hinweisen ❺ (*cause to develop, happen*) ■**to ~ to sth** zu etw *dat* führen ◆**lead along** *vt* führen ◆**lead aside** *vt* beiseitenehmen ◆**lead astray** *vt* auf Abwege führen ◆**lead away** *vt* wegbringen; **he was led away by the police** er wurde von der Polizei abgeführt ◆**lead back** *vt* zurückführen ◆**lead off I.** *vt* ❶ (*initiate*) ■**to ~ off** ○ **sth** etw eröffnen ❷ (*take away*) ■**to ~ sb off** jdn wegführen **II.** *vi* (*perform first*) beginnen ◆**lead on I.** *vi* vorangehen; (*in a car*) voranfahren **II.** *vt* (*pej*) ■**to ~ sb on** ❶ (*deceive*) jdm etw vormachen ❷ (*raise false hopes, sexually*) jdm zum Spaß den Kopf verdrehen ◆**lead up** *vi* hinführen (**to** zu); **what's this all ~ing up to?** was soll das Ganze?

leaded ['ledɪd] **I.** *adj* ❶ (*of fuel*) verbleit ❷ (*of windows*) bleiverglast **II.** *n no pl* verbleites Benzin

leader ['liːdəʳ] *n* ❶ (*head*) Leiter(in) *m(f)*, Führer(in) *m(f)* ❷ (*first in competition*) Erste(r) *f(m)* ❸ (*most successful*) Führende(r) *f(m)* ❹ Brit MUS (*of orchestra*) erster Geiger/erste Geigerin

leadership ['liːdəʃɪp] *n no pl* ❶ (*action of leading*) Führung *f* ❷ (*position*) Leitung *f,* Führung *f,* Führerschaft *f* ❸ + *sing/pl vb* (*people in charge*) ■**the ~** die Leitung

lead-free ['led-] *adj* bleifrei

leading[1] ['liːdɪŋ] **I.** *adj attr* führend; **~ article** Brit JOURN Leitartikel *m;* **~ question** Suggestivfrage *f* **II.** *n no pl* (*guidance*) Führung *f*

leading[2] ['ledɪŋ] *n no pl* Brit (*of roof*) Verbleiung *f*

lead pencil [led'-] *n* Bleistift *m*

lead singer [liːd'-] *n* Leadsänger(in) *m(f)*

lead story [liːd'-] *n* Aufmacher *m*

leaf [liːf] **I.** *n* <*pl* leaves> [liːvz] (*part of plant*) Blatt *nt*; **dead ~** verwelktes Blatt ▶**to shake like a ~** wie Espenlaub zittern **II.** *vi* (*of book, periodical*) ■**to ~ through sth** etw durchblättern

leaflet ['liːflət] **I.** *n* (*for advertising*) Prospekt *m* ÖSTERR *a. nt*; (*for instructions*) Merkblatt *nt*; (*for political use*) Flugblatt *nt*; (*brochure*) Broschüre *f* **II.** *vi* (*in street*) auf der Straße

Prospekte verteilen; (*by mail*) per Post Werbematerial verschicken **III.** *vt* <-**t**-> Handzettel verteilen; (*by mail*) Handzettel irgendwohin verschicken; (*for advertising*) Werbematerial verteilen

leafy ['liːfi] *adj* ❶ (*of place*) belaubt ❷ HORT Blatt-, blattartig

league [liːg] *n* ❶ (*group*) Bund *m* ❷ (*esp pej: agreement to cooperate*) ■**to be in ~ with sb** mit jdm gemeinsame Sache machen ❸ (*in competitive sport*) Liga *f;* **to be bottom/top of the ~** den Tabellenschluss bilden/Tabellenführer sein ❹ (*class*) Klasse *f*

leak [liːk] **I.** *n* Leck *nt;* **a gas ~** eine undichte Stelle in der Gasleitung **II.** *vi* (*of container, surface*) undicht sein; *bucket, hose* undicht sein; *tap* tropfen; *tyre* Luft verlieren **III.** *vt* ■**to ~ sth** ❶ (*of container, surface*) verlieren; *gas, liquid* austreten lassen ❷ (*fig*) confidential information durchsickern lassen

leaky ['liːki] *adj* leck

lean¹ [liːn] **I.** *adj* ❶ *animal* mager; *person* schlank ❷ *meat* mager ❸ (*of period of time*) mager **II.** *n no pl* mageres Fleisch

lean² [liːn] **I.** *vi* <leant *or* AM *usu* leaned, leant *or* AM *usu* leaned> ❶ (*incline*) sich beugen; (*prop*) sich lehnen; **to ~ to the left/right** sich nach links/rechts lehnen; ■**to ~ against sth** sich an etw *akk* lehnen; ■**to ~ forward** sich nach vorne lehnen ❷ (*fig: opinion*) neigen; **I ~ towards the view that ...** ich neige zur Ansicht, dass ... **II.** *vt* <leant *or* AM *usu* leaned, leant *or* AM *usu* leaned> lehnen (**on** auf) ◆ **lean on** *vi* (*fig: rely*) ■**to ~ on sb/sth** sich auf jdn/etw verlassen ◆ **lean over** *vi* ■**to ~ over sb/sth** sich über jdn/etw beugen

leaning ['liːnɪŋ] *n esp pl* Neigung *f geh* (**towards** zu)

leant [lent] *vt, vi pt, pp of* **lean**

leap [liːp] **I.** *n* ❶ (*jump*) Sprung *m;* (*bigger*) Satz *m* ❷ (*fig: increase*) Sprung *m* (**in** bei) ❸ (*fig: change*) **a ~ of faith/imagination** ein Sinneswandel *m*/Gedankensprung *m* **II.** *vi* <leapt *or* AM *esp* leaped, leapt *or* AM *esp* leaped> ❶ (*jump*) springen; ■**to ~ forward** nach vorne springen; ■**to ~ on sb/sth** sich auf jdn/etw stürzen ❷ (*rush*) **to ~ to sb's defence** zu jds Verteidigung eilen ❸ (*be enthusiastic*) **to ~ with joy** vor Freude einen Luftsprung machen **III.** *vt* <leapt *or* AM *usu* leaped, leapt *or* AM *usu* leaped> ■**to ~ sth** über etw *akk* springen, etw überspringen ◆ **leap out** *vi* ❶ (*jump out*) herausspringen (**out of** aus) ❷ (*fig: grab attention*) ■**to ~ out at sb** jdm ins Auge springen ◆ **leap up** *vi* ❶ (*jump up*) aufspringen ❷ (*fig: increase*) in die Höhe schießen

leapt [lept] *vt, vi pt, pp of* **leap**

learn [lɜːn] **I.** *vt* <learnt *or* AM *usu* learned, learnt *or* AM *usu* learned> lernen; ■**to ~ how to do sth** lernen, wie man etw tut ▶ **to ~ sth by <u>heart</u>** etw auswendig lernen **II.** *vi* <learnt *or* AM *usu* learned, learnt *or* AM *usu* learned> ❶ (*master*) lernen (**about** über); **to ~ by one's mistakes** aus seinen Fehlern lernen ❷ (*become aware of*) ■**to ~ about sth** von etw *dat* erfahren

learned¹ [lɜːnd] *adj* angelernt

learned² ['lɜːnɪd] *adj* (*form*) gelehrt

learner ['lɜːnə^r] *n* ❶ (*one who's learning, training*) Lernende(r) *f(m);* (*beginner*) Anfänger(in) *m(f);* (*pupil*) Schüler(in) *m(f)* ❷ BRIT (*learner driver*) Fahrschüler(in) *m(f)*

learning ['lɜːnɪŋ] *n no pl* ❶ (*acquisition of knowledge*) Lernen *nt* ❷ (*education*) Bildung *f*

learning disability *n* Lernstörung *f*

learnt [lɜːnt] *vt, vi pt, pp of* **learn**

leaseholder *n of flat, house* Mieter(in) *m(f); of equipment, vehicle* Leasingnehmer(in) *m(f)*

leash [liːʃ] **I.** *n* (*lead*) Leine *f;* **pets must be on a ~** Haustiere müssen angeleint sein **II.** *vt dog* anleinen

least [liːst] **I.** *adv* am wenigsten; **the ~ little thing** die kleinste Kleinigkeit; **~ of all** am allerwenigsten **II.** *adj* geringste(r, s) **III.** *n* ■**the ~** das Geringste; ■**at ~** mindestens, wenigstens

leather ['leðə^r] *n* ❶ *no pl* (*material*) Leder *nt* ❷ (*for polishing*) Lederlappen *m*

leathery ['leðəri] *adj* ❶ ledrig ❷ (*pej*) *meat, pastry* zäh

leave [liːv] **I.** *n no pl* ❶ (*departure*) Abreise *f* ❷ (*farewell*) Abschied *m* ❸ (*vacation time*) Urlaub *m;* **maternity ~** Mutterschaftsurlaub *m;* **to be/go on ~** in Urlaub sein/gehen **II.** *vt* <left, left> ❶ (*depart from*) *place* verlassen; (*of train, ferry*) abfahren; **to ~ Konstanz/the station** von Konstanz/aus dem Bahnhof abfahren ❷ (*go away permanently*) *one's husband/wife* verlassen; **to ~ home** von zu Hause weggehen; **to ~ school** die

Schule beenden; **to ~ work** aufhören zu arbeiten ❸ (*not take away with*) [zurück]lassen ❹ (*forget to take*) vergessen ❺ (*let traces remain*) *footprints, stains* hinterlassen ❻ (*cause to remain in a certain state*) **to ~ sb alone** jdn alleine lassen; **to ~ sth on/open** etw eingeschaltet/offen lassen ❼ (*not change*) lassen ❽ (*not eat*) übrig lassen ❾ (*be survived by*) *wife, children* hinterlassen ❿ (*put off doing*) lassen; **don't ~ it too late!** schieb es nicht zu lange auf! ⓫ (*not discuss further*) **let's ~ it at that** lassen wir es dabei bewenden ⓬ (*assign*) ▪**to ~ sth to sb** *decision* jdm etw überlassen ▶**to ~ nothing/sth to chance** nichts/etw dem Zufall überlassen; **to ~ sb alone** jdn in Ruhe lassen; **~ well [enough] alone!** lass die Finger davon! **III.** *vi* <left, left> [weg]gehen; *vehicle* abfahren; *plane* abfliegen ◆**leave behind** *vt* ❶ (*not take along*) zurücklassen ❷ (*leave traces*) hinterlassen ◆**leave off** **I.** *vt* ❶ (*omit*) auslassen; **to ~ sb/sb's name off a list** jdn/jds Namen nicht in eine Liste aufnehmen ❷ (*not wear*) **to ~ one's coat off** seinen Mantel nicht anziehen **II.** *vi* (*fam*) aufhören; ▪**to ~ off sth** mit etw *dat* aufhören ◆**leave on** *vt* *light, radio* anlassen ◆**leave out** *vt* auslassen ◆**leave over** *vt usu passive* ▪**to be left over** übrig geblieben sein

leaving party *n* Abschiedsparty *f*
lecture ['lektʃər] **I.** *n* (*formal speech*) Vortrag *m* (**on/about** über); UNIV Vorlesung *f* (**on** über) **II.** *vi* ❶ UNIV eine Vorlesung halten (**in/on** über) ❷ (*pej: criticize*) belehren (**about** über) **III.** *vt* ▪**to ~ sb on sth** ❶ UNIV vor jdm über etw *akk* eine Vorlesung halten ❷ (*criticize*) jdm wegen einer S. *gen* eine Standpauke halten *fam;* (*advise*) jdm über etw *akk* einen Vortrag halten *fam*
lecture notes *npl* Vorlesungsmitschrift *f*
lecturer ['lektʃərər] *n* ❶ (*speaker*) Redner(in) *m(f)* ❷ (*at university*) Dozent(in) *m(f)*
lecture room *n* UNIV Hörsaal *m*
lecture tour *n* Vortragsreise *f*
led [led] *pt, pp of* **lead**
LED [ˌeliːˈdiː] *n acr for* **light-emitting diode** LED *f*
ledge [ledʒ] *n* Sims *m o nt;* (*in rocks*) Felsvorsprung *m*
leek [liːk] *n* Lauch *m*
left¹ [left] *pt, pp of* **leave**

left² [left] **I.** *n* ❶ *no pl* (*direction*) **from ~ to right** von links nach rechts ❷ (*left turn*) **to make a ~** [nach] links abbiegen ❸ (*street on the left*) **the first/second/third ~** die erste/zweite/dritte Straße links ❹ *no pl* (*left side*) ▪**the ~** die linke Seite; ▪**on/to the ~** links ❺ *no pl* (*political grouping*) ▪**the ~** die Linke; **party on the ~** Linkspartei *f* **II.** *adj* ❶ (*position, direction*) linke(r, s) ❷ (*political direction*) linke(r, s), linksgerichtet **III.** *adv* (*direction*) nach links; (*side*) links
left-hand *adj attr* ❶ (*on sb's left side*) linke(r, s) ❷ SPORTS **~ catch/shot/volley** mit links gefangener Ball/ausgeführter Schuss/ausgeführter Volley **left-handed** *adj* ❶ (*of person*) linkshändig; **she is ~** sie ist Linkshänderin ❷ *attr* (*for left hand use*) Linkshänder- ❸ (*turning to left*) *racetrack* linksläufig **left-hander** *n* ❶ (*person*) Linkshänder(in) *m(f)* ❷ (*curve in road*) Linkskurve *f* ❸ (*hit*) Schlag *m* mit der Linken
left-luggage *n*, **left-luggage office** *n* BRIT Gepäckaufbewahrung *f*
leftovers *npl* ❶ (*food*) Reste *pl* ❷ (*parts remaining*) Überreste *pl*
left wing *n + sing/pl vb* ▪**the ~** ❶ POL die Linke; **the ~ of the party** der linke Parteiflügel ❷ SPORTS der linke Flügel
left-wing *adj* linksgerichtet, links *präd*
left-winger *n* ❶ POL Linke(r) *f(m)* ❷ SPORTS Linksaußen *m*
leg [leg] *n* ❶ (*limb*) Bein *nt* ❷ (*meat*) Keule *f,* Schlegel *m* SÜDD, ÖSTERR ❸ (*clothing part*) [Hosen]bein *nt* ❹ (*support*) Bein *nt;* **chair/table ~** Stuhl-/Tischbein *nt* ❺ (*segment*) Etappe *f* ❻ AM (*fam*) **to have ~s** (*remain popular*) langfristig halten ▶ **to be on one's last ~s** auf den letzten Loch pfeifen; **break a ~!** Hals- und Beinbruch!; **to give sb a ~ up** (*help to climb*) jdm hinaufhelfen
legal ['liːgəl] *adj* ❶ (*permissible by law*) legal ❷ (*required by law*) gesetzlich [vorgeschrieben] ❸ (*concerning the law*) rechtlich; **~ system** Rechtssystem *nt* ❹ (*of courts*) gerichtlich; (*of lawyers*) juristisch
legality [liːˈgæləti] *n* ❶ *no pl* (*lawfulness*) Legalität *f*, Gesetzmäßigkeit *f* ❷ (*laws*) ▪**legalities** *pl* gesetzliche Bestimmungen
legalize ['liːgəlaɪz] *vt* legalisieren *geh*
legally ['liːgəli] *adv* ❶ (*permissible by law*) legal ❷ (*required by law*) **~ obliged/required** gesetzlich verpflichtet/vorge-

schrieben ❸ (*according to the law*) rechtmäßig

legend ['ledʒənd] **I.** *n* ❶ (*old story*) Sage *f*; (*about saint*) Legende *f* ❷ (*famous person*) Legende *f*; legendäre Gestalt **II.** *adj pred* ■ **to be** ~ Legende sein

legendary ['ledʒəndᵊri] *adj* ❶ (*mythical*) sagenhaft ❷ (*extremely famous*) legendär

leggings ['legɪnz] *npl* ❶ (*tight-fitting*) Leggings *pl* ❷ (*for protection*) Überhose *f*

leggy ['legi] *adj* ❶ (*of woman*) langbeinig, mit langen Beinen *nach n* ❷ (*of young animal, child*) staksig

legible ['ledʒəbl] *adj* lesbar

legitimate I. *adj* [lɪ'dʒɪtəmət] ❶ (*legal*) rechtmäßig ❷ (*reasonable*) *excuse, reason* gerechtfertigt **II.** *vt* [lɪ'dʒɪtəmeɪt] ❶ (*make legal*) für rechtsgültig erklären ❷ (*make acceptable*) anerkennen

legless ['legləs] *adj pred* BRIT (*sl: extremely drunk*) sternhagelvoll *fam*

legroom *n no pl* Beinfreiheit *f*

leisure ['leʒəʳ] **I.** *n no pl* Freizeit *f*; **to lead a life of** ~ ein müßiges Leben führen ▸ **at [one's]** ~ in aller Ruhe **II.** *adj clothes* Freizeit-

leisure centre *n* BRIT, **leisure complex** *n* BRIT Freizeitcenter *nt*

leisurely ['leʒəli] **I.** *adj* ruhig, geruhsam; **at a** ~ **pace** gemessenen Schrittes **II.** *adv* gemächlich

lemon ['lemən] **I.** *n* ❶ (*fruit*) Zitrone *f* ❷ *no pl* (*colour*) Zitronengelb *nt* **II.** *adj* ~ [**yellow**] zitronengelb

lemonade [ˌleməˈneɪd] *n* Zitronenlimonade *f*

lemon juice *n* Zitronensaft *m* **lemon peel** *n*, **lemon rind** *n* Zitronenschale *f* **lemon squash** *n* BRIT, AUS ❶ *no pl* (*concentrate*) Zitronensirup *m* ❷ (*drink*) Zitronensaftgetränk *nt* **lemon tea** *n* Tee *m* mit Zitrone

lend <lent, lent> [lend] **I.** *vt* ❶ (*loan*) leihen ❷ (*impart*) ■ **to** ~ **sth to sb** jdm etw verleihen ▸ **to** ~ **an ear to sb** jdm zuhören; **to** ~ **a hand** helfen **II.** *vi* ■ **to** ~ **to sb** jdm Geld leihen; *bank* jdm Kredit gewähren

lender ['lendəʳ] *n* Verleiher(in) *m(f)*; (*money lender*) Kreditgeber(in) *m(f)*

lending ['lendɪŋ] *n no pl* Leihen *nt*

length ['leŋ(k)θ] *n* ❶ *no pl* (*measurement*) Länge *f*; **to be 2 metres in** ~ 2 Meter lang sein ❷ (*piece*) Stück *nt*; *of cloth, wallpaper* Bahn *f* ❸ (*winning distance*) Länge *f* [Vorsprung] ❹ *no pl* (*duration*) Dauer *f*; **at** ~ (*finally*) nach langer Zeit; (*in detail*) ausführlich

lengthen ['leŋ(k)θən] **I.** *vt* verlängern; *clothes* länger machen **II.** *vi* [immer] länger werden

lengthways ['leŋ(k)θweɪz], **lengthwise** ['leŋ(k)θwaɪz] **I.** *adv* der Länge nach **II.** *adj* Längs-

lengthy ['leŋ(k)θi] *adj* (*lasting a long time*) [ziemlich] lange; *applause* anhaltend

lenient ['liːniənt] *adj* nachsichtig, milde

lens <*pl* -es> [lenz] *n* (*optical instrument, part of eye*) Linse *f*; (*in camera, telescope a.*) Objektiv *nt*; (*in glasses*) Glas *nt*; [**contact**] ~ Kontaktlinse *f*

lent [lent] *vt, vi pt, pp of* **lend**

Lent [lent] *n no pl, no art* Fastenzeit *f*

lentil ['lentᵊl] *n* Linse *f*

Leo ['liːəʊ] *n* ASTRON, ASTROL ❶ *no art* Löwe *m*; **to be born under** ~ im Zeichen des Löwen geboren sein ❷ (*person*) Löwe *m*

leopard ['lepəd] *n* Leopard(in) *m(f)*

leotard ['liːətɑːd] *n* Trikot *nt*; (*for gymnastics a.*) Turnanzug *m*

lesbian ['lezbiən] **I.** *n* Lesbierin *f*, Lesbe *f* **II.** *adj* lesbisch

less [les] **I.** *adv comp of* **little** ❶ (*to a smaller extent*) weniger; **the** ~ **... the better** je weniger ..., umso besser; **much** ~ **complicated** viel einfacher; ~ **expensive** billiger; ~ **and** ~ immer weniger ❷ (*not the least bit*) ~ **than happy** nicht gerade glücklich **II.** *adj comp of* **little** (*smaller amount of*) weniger **III.** *pron indef* (*smaller amount*) weniger; **a little/lot** ~ etwas/viel weniger; ~ **of a problem** ein geringeres Problem **IV.** *prep* ■ ~ **sth** minus [*o* abzüglich] einer S. *gen*

lessen ['lesᵊn] **I.** *vi* schwächer werden; *fever* sinken **II.** *vt* verringern

lesser ['lesəʳ] *adj attr* ❶ (*smaller in amount*) geringer; **the** ~ **of two evils** das kleinere Übel ❷ (*lower*) *work of art, artist* unbedeutend

less-is-more [lesɪzmɔːʳ] *adj* **a** ~ **attitude** eine neue Bescheidenheit

lesson ['lesᵊn] *n* ❶ (*teaching period*) Stunde *f*; ■ ~**s** *pl* Unterricht *m kein pl*; **to take acting** ~**s** Schauspielunterricht nehmen ❷ (*from experience*) Lehre *f*, Lektion *f*

lest [lest] *conj* (*liter*) ❶ (*for fear that*) aus Furcht, dass ...; ~ **we forget** wir mögen nicht vergessen *form* ❷ (*in case*) falls

let¹ [let] *n* SPORTS Netzball *m*

let² [let] **I.** *n no pl esp* BRIT (*rent*) Vermietung *f* **II.** *vt* <-tt-, let, let> ❶ (*allow*) ■ **to ~ sb do sth** jdn etw tun lassen; **to ~ sb alone** jdn in Ruhe lassen ❷ (*give permission*) ■ **to ~ sb do sth** jdn etw tun lassen ❸ (*in suggestions*) **~'s go out to dinner!** lass uns Essen gehen! ❹ (*when thinking, for examples*) **~'s see, ...** also, ...; **~ me think** Moment [mal], ... ❺ (*expressing defiance*) **~ it rain** von mir aus kann es ruhig regnen ❻ *esp* BRIT, AUS (*rent out*) vermieten ◆ **let by** *vt* vorbeilassen ◆ **let down** *vt* ❶ ■ **to ~ down** ◯ **sb** (*disappoint*) jdn enttäuschen ❷ (*lower slowly*) ■ **to ~ down** ◯ **sth** etw herunterlassen ▶ **to ~ one's hair down** sich gehen lassen; **to ~ the side down** BRIT, AUS die anderen im Stich lassen ◆ **let in** *vt* ❶ (*allow to enter*) hereinlassen; ■ **to ~ oneself in** aufschließen ❷ (*allow to know*) ■ **to ~ sb in on sth** jdn in etw *akk* einweihen ◆ **let off** *vt* ❶ (*emit*) ausstoßen; *bad smell* verbreiten ▶ (*fire*) *gun* abfeuern; *bomb, fireworks* zünden ❸ (*not punish*) **you won't be ~ off next time** das nächste Mal wirst du nicht davonkommen ◆ **let on I.** *vi* (*fam*) ■ **to ~ on about sth** [**to sb**] [jdm] etwas von etw *dat* verraten **II.** *vt* (*fam*) ■ **to ~ on that ...** ❶ (*divulge*) verraten, dass ... ❷ (*pretend*) so tun, als ob ... ◆ **let out** *vt* ❶ (*release*) herauslassen; **I'll ~ myself out** ich finde selbst hinaus ❷ (*emit*) ausstoßen; **to ~ out a groan** [auf]stöhnen; **to ~ out a shriek** aufschreien ❸ (*make wider*) *clothes* weiter machen ❹ *esp* BRIT (*rent out*) ■ **to ~ out** ◯ **sth** [**to sb**] [jdm] etw vermieten ◆ **let up** *vi* (*fam*) ❶ (*decrease*) aufhören; *rain a.* nachlassen ❷ (*release*) **to ~ up on the accelerator** den Fuß vom Gas nehmen ❸ (*give up*) lockerlassen *fam*

lethal ['liːθəl] *adj* tödlich

lethargic [ləˈθɑːdʒɪk] *adj* lethargisch

letter ['letəʳ] *n* ❶ (*message*) Brief *m* (**from** von, **to** an); **a business/love ~** ein Geschäfts-/Liebesbrief *m;* **to inform sb by ~** jdn schriftlich verständigen ❷ (*of alphabet*) Buchstabe *m;* **in capital ~s** in Großbuchstaben; **in small ~s** in Kleinbuchstaben

letter bomb *n* Briefbombe *f*

letterhead *n* ❶ (*at top of letter*) Briefkopf *m* ❷ *no pl* (*paper*) Geschäfts-/Firmenbriefpapier *nt*

lettering ['letərɪŋ] *n no pl* Beschriftung *f*

lettuce ['letɪs] *n* ❶ *no pl* BOT Lattich *m* ❷ FOOD Blattsalat *m;* (*with firm head*) Kopfsalat *m*

level ['levəl] **I.** *adj* ❶ (*horizontal*) horizontal, waag(e)recht ❷ (*flat*) eben ❸ *pred* (*at an equal height*) ■ **to be ~** [**with sth**] auf gleicher Höhe [mit etw *dat*] sein ❹ *pred esp* BRIT, AUS (*in a race*) gleichauf; (*equal on points*) punkt(e)gleich ❺ (*calm*) *voice* ruhig; **in a ~ voice** mit ruhiger Stimme **II.** *n* ❶ (*quantity*) Niveau *nt;* (*height*) Höhe *f*; **at eye ~** in Augenhöhe; **above/below sea ~** über/unter dem Meeresspiegel ❷ (*extent*) Ausmaß *nt* ❸ (*storey*) Stockwerk *nt;* **ground ~** Erdgeschoss *nt* ❹ *no pl* (*rank*) Ebene *f* ❺ (*social, intellectual, moral*) Niveau *nt* **III.** *vt* <BRIT -ll- *or* AM *usu* -l-> ❶ (*flatten*) *ground* [ein]ebnen; *wood* [ab]schmirgeln ❷ (*direct*) **to ~ accusations against sb** Beschuldigungen gegen jdn erheben ◆ **level off, level out** *vi* ❶ (*after dropping*) *plane* sich fangen; *pilot* das Flugzeug abfangen ❷ (*become equal*) sich angleichen ❸ *path, road* flach werden ◆ **level up I.** *vt* (*make equal*) angleichen; (*increase*) anheben **II.** *vi* AM (*confess*) gestehen ◆ **level with** *vi esp* AM (*fam*) ■ **to ~ with sb** ehrlich zu jdm sein

level crossing *n* BRIT, AUS Bahnübergang *m*

level-headed *adj* ❶ (*sensible*) vernünftig ❷ (*calm*) ruhig

lever ['liːvəʳ] **I.** *n* ❶ TECH Hebel *m* ❷ (*fig: threat*) Druckmittel *nt* **II.** *vt* ❶ (*lift with a lever*) ■ **to ~ sth up** etw aufstemmen ❷ (*move with effort*) ■ **to ~ oneself** [**up**] sich hochstemmen

liability [laɪəˈbɪləti] *n* ❶ *no pl* (*financial responsibility*) Haftung *f* ❷ FIN ■ **liabilities** *pl* Verbindlichkeiten *pl* ❸ (*handicap*) Belastung *f*

liable ['laɪəbl] *adj* ❶ (*likely*) ■ **to be ~ to do sth** Gefahr laufen, etw zu tun ❷ (*prone*) ■ **to be ~ to sth** anfällig für etw *akk* sein ❸ LAW haftbar

liar ['laɪəʳ] *n* Lügner(in) *m(f)*

lib [lɪb] *n no pl* (*fam*) *short for* **liberation** Befreiungsbewegung *f*

libel ['laɪbəl] LAW **I.** *n no pl* Verleumdung *f* **II.** *vt* <BRIT -ll- *or* AM *usu* -l-> verleumden

libellous ['laɪbələs], AM **libelous** *adj* verleumderisch

liberal ['lɪbərəl] **I.** *adj* ❶ (*tolerant*) liberal; *attitude, church, person a.* tolerant, aufgeschlossen ❷ (*progressive*) liberal, fortschrittlich

liberate – life

❸ *(generous)* großzügig; *portion* groß **II.** *n* Liberale(r) *f(m)*

liberate ['lɪbəreɪt] *vt* ❶ *(free)* befreien (**from** von) ❷ *(fig, hum fam: steal)* ■**to ~ sth** etw mitgehen lassen

liberation [ˌlɪbəˈreɪʃən] *n no pl* Befreiung *f* (**from** von)

liberty ['lɪbəti] *n* ❶ *no pl (freedom)* Freiheit *f;* **to be at ~** frei sein; **to be at ~ to do sth** etw tun können ❷ *(incorrect behaviour)* **it's [a bit of] a ~** es ist [ein bisschen] unverschämt ❸ *(form: legal rights)* ■**liberties** *pl* Grundrechte *pl*

Libra ['liːbrə] *n* ASTRON, ASTROL ❶ *no art* Waage *f;* **to be born under ~** im Zeichen der Waage geboren sein ❷ *(person)* Waage *f;* **she is a ~** sie ist Waage

librarian [laɪˈbreərɪən] *n* Bibliothekar(in) *m(f)*

library ['laɪbrəri] **I.** *n* ❶ *(public)* Bibliothek *f*, Bücherei *f;* **public ~** Leihbücherei *f* ❷ *(private)* Bibliothek *f* **II.** *adj* software, visit Bibliotheks-; **~ book** Leihbuch *nt*

licence ['laɪsən(t)s] *n* ❶ *(permit)* Genehmigung *f*, Erlaubnis *f;* *(formal permission)* Lizenz *f;* **driving ~** Führerschein *m* ❷ *no pl (form)* Freiheit *f*

license ['laɪsən(t)s] **I.** *n* AM *see* **licence II.** *vt* ■**to ~ sb to do sth** jdm die Lizenz erteilen, etw zu tun

licensed ['laɪsən(t)st] *adj* ❶ *(with official approval)* zugelassen ❷ BRIT *(serving alcohol)* **a ~ restaurant** ein Restaurant *nt* mit Schankerlaubnis

lick [lɪk] **I.** *n* ❶ *(with tongue)* Lecken *nt kein pl*, Schlecken *nt kein pl* ❷ *(fam: small quantity)* ■**a ~ of** ein wenig **II.** *vt* ❶ *(with tongue)* lecken; **plate** ablecken ❷ *esp* AM *(fam: defeat)* ■**to ~ sb** jdn [doch glatt] in die Tasche stecken

lid [lɪd] *n* ❶ *(covering)* Deckel *m* ❷ *(eyelid)* Lid *nt*

lie¹ [laɪ] **I.** *vi* <-y-> *(tell untruth)* lügen; ■**to ~ about sth** *intentions, plans* falsche Angaben über etw *akk* machen; ■**to ~ about sb** über jdn die Unwahrheit erzählen; ■**to ~ to sb** jdn belügen **II.** *n* Lüge *f;* **to tell ~s** Lügen erzählen

lie² [laɪ] **I.** *n* ❶ *no pl (position)* Lage *f* ❷ *no pl esp* BRIT, AUS *(shape)* **the ~ of the land** die Beschaffenheit des Geländes; *(fig)* die Lage; **to find out the ~ of the land** das Gelände

242

erkunden; *(fig)* die Lage sondieren **II.** *vi* <-y-, lay, lain> ❶ *(be horizontal, resting)* liegen; **to ~ on one's back** auf dem Rücken liegen ❷ *(become horizontal)* sich hinlegen ❸ *(be in a particular state)* **to ~ in wait** auf der Lauer liegen; **to ~ dying** im Sterben liegen ❹ *(remain)* liegen bleiben ❺ *(be situated)* liegen; **to ~ to the east of sth** im Osten einer S. *gen* liegen ❻ *(weigh)* **to ~ heavily on sb's mind** jdn schwer bedrücken ❼ *(be the responsibility of)* **the decision ~s with you** die Entscheidung liegt bei dir ◆**lie about** *vi*, **lie around** *vi* ❶ *(be situated)* herumliegen *fam* ❷ *(be lazy)* herumgammeln *fam* ◆**lie back** *vi* ❶ *(recline)* sich zurücklegen ❷ *(fig: relax)* sich entspannen ◆**lie behind** *vi* ❶ *(be cause of)* ■**to ~ behind sth** etw *dat* zugrunde liegen ❷ *(be past)* ■**to ~ behind [sb]** hinter jdm liegen ◆**lie down** *vi* sich hinlegen ◆**lie in** *vi* BRIT *(fam: stay in bed)* im Bett bleiben

lieutenant [lefˈtenənt] *n* ❶ *(deputy)* Stellvertreter(in) *m(f)* ❷ MIL Leutnant *m*

life <*pl* lives> [laɪf, *pl* laɪvz] *n* ❶ *(existence)* Leben *nt;* **it's a matter of ~ and death!** es geht um Leben und Tod!; **to lose one's ~** ums Leben kommen; **to save sb's ~** jdm das Leben retten; **to take one's own ~** sich *dat* [selbst] das Leben nehmen ❷ *no pl (quality, force)* Leben *nt;* **I love ~** ich liebe das Leben ❸ *no pl (living things collectively)* Leben *nt;* **plant ~** Pflanzenwelt *f* ❹ *no pl (mode or aspect of existence)* Leben *nt;* **family ~** Familienleben *nt;* **love ~** Liebesleben *nt* ❺ *no pl (energy)* Lebendigkeit *f;* **to be full of ~** vor Leben [nur so] sprühen; **to bring sth to ~** etw lebendiger machen; **to come to ~** lebendig werden *fig* ❻ *(total circumstances of individual)* Leben *nt;* **she only wants two things in ~** sie wünscht sich nur zwei Dinge im Leben; **who's the man in your ~ now?** [und] wer ist der neue Mann in deinem Leben?; **to want sth out of ~** etw vom Leben erwarten ❼ *(human activities)* Leben *nt* ❽ *(biography)* Biografie *f* ❾ *(time until death)* Leben *nt;* ■**for ~** *friendship* lebenslang; **a job for ~** eine Stelle auf Lebenszeit ❿ *(duration) of device, battery* Lebensdauer *f; of contract* Laufzeit *f* ⓫ *no pl (fam: prison sentence)* **to be doing/get ~** lebenslänglich sitzen *fam*/bekommen ⓬ *(reality)* **true to ~** wirklichkeitsgetreu ▶**to frighten the ~ out**

of sb jdn zu Tode erschrecken; **for the** ~ **of me** (*fam*) um alles in der Welt; **larger than** ~ car, house riesig; *person* energiegeladen und charismatisch; **that's** ~ **!** so ist das Leben [eben]!

lifebelt *n* Brit Rettungsring *m* **lifeboat** *n* Rettungsboot *nt* **life cycle** *n* Lebenszyklus *m* **life drawing** *n* Aktzeichnung *f* **life expectancy** *n* Lebenserwartung *f* **life form** *n* Lebewesen *f* **lifeguard** *n* (*in baths*) Bademeister(in) *m(f)*; (*on beach*) Rettungsschwimmer(in) *m(f)* **life imprisonment** *n no pl* lebenslängliche Freiheitsstrafe **life insurance** *n no pl* Lebensversicherung *f* **life jacket** *n* Schwimmweste *f*

lifeless ['laɪfləs] *adj* ❶ (*inanimate*) *body* leblos; *planet* unbelebt ❷ (*dull*) *game, story* langweilig; *person* teilnahmslos

lifelike *adj* lebensecht; *imitation* a. naturgetreu

lifelong *adj attr* lebenslang

life raft *n* Rettungsfloß *nt*; (*rubber dinghy*) Schlauchboot *nt* **lifesaver** *n* ❶ (*person*) [Lebens]retter(in) *m(f)*; (*on beach*) Rettungsschwimmer(in) *m(f)*; (*in baths*) Bademeister(in) *m(f)* ❷ (*fig fam: thing*) die Rettung **life sentence** *n* lebenslängliche Freiheitsstrafe **life-size(d)** *adj* in Lebensgröße *nach n*, lebensgroß

lifespan *n* Lebenserwartung *f kein pl*; *of thing* Lebensdauer *f kein pl*

lifestyle *n* Lebensstil *m*

life support system *n* MED (*machine*) lebenserhaltender Apparat **life-threatening** *adj disease, illness* lebensbedrohend; *situation* lebensgefährlich **lifetime** *n usu sing* ❶ (*time one is alive*) Lebenszeit *f*; **in one's** ~ im Laufe seines Lebens; **once in a** ~ einmal im Leben ❷ (*time sth exists*) Lebensdauer *f kein pl* ❸ (*fig: long time*) **it seems like a** ~ es kommt mir vor wie eine Ewigkeit; **to last a** ~ *objects, devices* ein Leben lang halten; *memories, good luck* das ganze Leben [lang] andauern ▶ **the chance of a** ~ eine einmalige Chance

lift [lɪft] **I.** *n* ❶ Brit (*elevator*) Aufzug *m*; **to take the** ~ den Aufzug nehmen ❷ (*for skiers*) Skilift *m* ❸ (*act of lifting*) [Hoch]heben *nt kein pl* ❹ (*increase*) Anstieg *m kein pl*; (*increase in amount*) Erhöhung *f* [eines Betrags] ❺ (*fam: plagiarizing*) *of ideas* Klauen *nt kein pl* ❻ *no pl* MECH Hubkraft *f* ❼ (*weight*) [Hoch]heben *nt kein pl* ❽ (*ride*) Mitfahrgelegenheit *f;* **to give sb a** ~ jdn [im Auto] mitnehmen **II.** *vt* ❶ (*raise*) [hoch]heben; (*slightly*) anheben ❷ (*direct upward*) *eyes* aufschlagen ❸ (*increase*) *amount, prices, rates* erhöhen ❹ (*airlift*) fliegen ❺ *usu passive* (*in surgery*) *face, breasts* straffen lassen ❻ (*dig up*) ausgraben ❼ (*elevate*) **to** ~ **sb's confidence** jds Vertrauen stärken **III.** *vi* ❶ (*be raised*) sich heben ❷ (*disperse*) *cloud, fog* sich auflösen ❸ (*become happier*) *mood* sich heben ◆ **lift down** *vt* Brit, Aus herunterheben ◆ **lift off** *vi* ❶ (*leave the ground*) abheben ❷ (*come off*) sich hochheben lassen ◆ **lift up** *vt* hochheben; **to** ~ **up a lid** einen Deckel hochklappen

light¹ [laɪt] **I.** *n* ❶ *no pl* (*brightness*) Licht *nt;* **is there enough** ~**?** ist es hell genug? ❷ (*light-giving thing*) Licht *nt;* (*lamp*) Lampe *f* ❸ *no pl* (*fire*) Feuer *nt;* (*flame*) [Kerzen]flamme *f* ❹ *no pl* (*daylight*) [Tages]licht *nt* ❺ *usu pl* (*traffic light*) Ampel *f* ❻ (*sparkle*) Strahlen *nt kein pl* **II.** *adj* ❶ (*bright*) hell ❷ (*pale*) hell; (*stronger*) blass- **III.** *vt* <lit *or* lighted, lit *or* lighted> ❶ (*illuminate*) erhellen ❷ (*guide with light*) leuchten **IV.** *vi* <lit *or* lighted, lit *or* lighted> ❶ (*burn*) brennen ❷ (*fig: become animated*) *eyes* aufleuchten ◆ **light up I.** *vt* ❶ *hall, room* erhellen ❷ *cigar, cigarette, pipe* anzünden ❸ (*make animated*) **to** ~ **up** ↻ **sb's eyes** jds Augen aufleuchten lassen **II.** *vi* ❶ (*become illuminated*) aufleuchten ❷ (*start smoking*) sich *dat* eine [Zigarette] anstecken *fam*

light² [laɪt] **I.** *adj* ❶ leicht ❷ (*for small loads*) Klein- ❸ MIL ~ **infantry** leichte Infanterie ❹ (*of food and drink*) leicht ❺ (*low in intensity*) **it's only** ~ **rain** es nieselt nur ❻ (*easily disturbed*) ~ **sleep** leichter Schlaf ❼ (*easily done*) *sentence* mild ❽ (*gentle*) leicht; *kiss* zart **II.** *adv* **to travel** ~ mit leichtem Gepäck reisen

light bulb *n* Glühbirne *f*

lighten¹ ['laɪtən] **I.** *vt* ❶ (*make less heavy*) leichter machen ❷ (*fig: make easier to bear*) erleichtern ❸ (*fig: make less serious*) aufheitern **II.** *vi* ❶ (*become less heavy or severe*) leichter werden ❷ (*fig: cheer up*) bessere Laune bekommen

lighten² ['laɪtən] **I.** *vi* (*become brighter*) heller werden, sich aufhellen **II.** *vt* **to** ~ **one's**

hair sich *dat* die Haare heller färben
lighter[1] ['laɪtəʳ] *n* Feuerzeug *nt*
lighter[2] ['laɪtəʳ] *n* NAUT Leichter *m*
light-headed *adj* (*faint*) benommen; (*dizzy*) schwind[e]lig
lighthouse *n* Leuchtturm *m*
lighting ['laɪtɪŋ] *n no pl* Beleuchtung *f;* (*equipment*) Beleuchtungsanlage *f*
lightly ['laɪtli] *adv* ❶ (*not seriously*) leichtfertig ❷ (*gently*) leicht; (*not much*) wenig ❸ (*not deeply*) leicht; **to sleep ~** einen leichten Schlaf haben ❹ (*slightly*) leicht; **~ cooked vegetables** Gemüse, das nur ganz kurz gegart wird
lightning ['laɪtnɪŋ] METEO **I.** *n no pl* Blitz *m;* **thunder and ~** Blitz und Donner; **to be struck by ~** vom Blitz getroffen werden **II.** *adj attr* **~ quick** blitzschnell
lightning conductor *n* BRIT, **lightning rod** *n* AM Blitzableiter *m a. fig*
lightweight I. *n* ❶ *no pl* SPORTS Leichtgewicht *nt* ❷ (*boxer*) Leichtgewichtler(in) *m(f)* ❸ (*lightly built person*) Leichtgewicht *nt fam;* (*pej: lacking endurance*) Schwächling *m fam* **II.** *adj* ❶ (*weighing little*) leicht ❷ (*trivial*) trivial ❸ (*pej: unimportant*) bedeutungslos
light year *n* ❶ ASTRON Lichtjahr *nt* ❷ (*fig*) **to be ~s away/ahead** Lichtjahre entfernt/voraus sein
likable *adj* AM, AUS *see* **likeable**
like[1] [laɪk] **I.** *prep* ❶ (*similar to*) wie; **~ most people** wie die meisten Leute; **~ father, ~ son** wie der Vater, so der Sohn; **what does it taste ~?** wie schmeckt es?; **he looks ~ his brother** er sieht seinem Bruder ähnlich ❷ *after n* (*such as*) wie; **why are you talking to me ~ that?** warum sprichst du so mit mir?; ▶ **it looks ~ rain/snow** es sieht nach Regen/Schnee aus; **that's more ~ it!** das ist schon besser! **II.** *conj* (*fam*) ❶ (*the same as*) wie; **let's go swimming in the lake ~ we used to** lass uns im See schwimmen gehen wie früher ❷ (*as if*) als ob; **she's the boss** sie tut so, als sei sie die Chefin **III.** *n* **have you ever seen the ~?** hast du so was schon gesehen? **IV.** *adj* ❶ *attr* (*similar*) ähnlich; **to be of [a] ~ mind** gleicher Meinung sein ❷ *pred true to original* ähnlich; *statue, painting* naturgetreu **V.** *adv* ❶ (*sl: somehow*) irgendwie; **it was kind of funny ~** es war irgendwie schon komisch, ne [*o* SÜDD gell] ❷ (*sl: in direct speech*) **I was ~, "what are you guys doing here?"** ich sagte nur, „was macht ihr hier eigentlich?"
like[2] [laɪk] **I.** *vt* ❶ (*enjoy*) mögen; **how do you ~ my new shoes?** wie gefallen dir meine neuen Schuhe?; ■**to ~ doing sth** etw gern tun ❷ (*want*) **whether you ~ it or not** ob es dir passt oder nicht; **would you ~ a drink?** möchten Sie etwas trinken? ❸ (*prefer*) **I ~ to get up early** ich stehe gerne früh auf **II.** *vi* **as you ~** wie Sie wollen **III.** *n* ■ **~s** *pl* Neigungen *pl*
likeable ['laɪkəbl] *adj* liebenswert
likelihood ['laɪklihʊd] *n no pl* Wahrscheinlichkeit *f;* **there is a great ~ that ...** es ist sehr wahrscheinlich, dass ...; **in all ~** aller Wahrscheinlichkeit nach
likely ['laɪkli] **I.** *adj* <-ier, -iest *or* more likely, most likely> wahrscheinlich **II.** *adv* <more likely, most likely> **most/very ~** höchstwahrscheinlich/sehr wahrscheinlich; **not ~!** auf keinen Fall!
like-minded *adj* gleich gesinnt
liken ['laɪkən] *vt* ■**to ~ sb/sth to sb/sth** jdn/etw mit jdm/etw vergleichen
likeness <*pl* -es> ['laɪknəs] *n* ❶ (*resemblance*) Ähnlichkeit *f* (**to** mit) ❷ (*semblance*) Gestalt *f* ❸ (*portrait*) Abbild *nt*
likewise ['laɪkwaɪz] *adv* ebenfalls, gleichfalls; **to do ~** es genauso machen
liking ['laɪkɪŋ] *n no pl* Vorliebe *f;* (*for person*) Zuneigung *f;* **to develop/have a ~ for sth** eine Vorliebe für etw *akk* entwickeln/haben ▶ **for one's ~** für jds Geschmack
lilac ['laɪlək] **I.** *n* ❶ (*bush*) Flieder *m* ❷ *no pl* (*colour*) Lila *nt* **II.** *adj* lila
lily ['lɪli] *n* Lilie *f*
limb [lɪm] *n* ❶ ANAT Glied *nt;* ■**~s** Gliedmaßen *pl* ❷ BOT Ast *m*
lime[1] [laɪm] **I.** *n no pl* GEOL Kalk *m* **II.** *vt* kalken
lime[2] [laɪm] *n* (*fruit*) Limette *f;* (*tree*) Limonenbaum *m*
lime[3] [laɪm] *n* (*linden tree*) Linde *f*
limit ['lɪmɪt] **I.** *n* ❶ (*utmost point*) [Höchst]grenze *f;* **to put a ~ on sth** etw begrenzen; **to overstep the ~** zu weit gehen ❷ (*boundary*) Grenze *f* ❸ (*of a person*) Grenze[n] *f[pl];* **to know one's/no ~s** seine/keine Grenzen kennen ❹ (*restriction*) Beschränkung *f;* **age ~** Altersgrenze *f;* **weight ~** Gewichtsbeschränkung *f*

limited – list

⑤ *(speed)* [zulässige] Höchstgeschwindigkeit ⑥ *(blood alcohol level)* Promillegrenze *f* ⑦ MATH *(value)* Grenzwert *m* **II.** *vt* ① *(reduce)* einschränken ② *(restrict)* ■ **to ~ oneself to sth** sich auf etw *akk* beschränken

limited ['lɪmɪtɪd] *adj* ① *(restricted)* choice, intelligence begrenzt ② *(having limits)* begrenzt (**to** auf) ③ BRIT **Smith and Jones L~** Smith and Jones GmbH

limo ['lɪməʊ] *n* (*fam*) *short for* **limousine** [Luxus]limousine *f*

limp[1] [lɪmp] **I.** *vi* hinken; *(fig)* mit Müh und Not vorankommen **II.** *n no pl* Hinken *nt;* **to walk with a ~** hinken

limp[2] [lɪmp] *adj* ① *(not stiff)* schlaff; cloth, material weich ② *(weak)* schlapp; efforts halbherzig

line[1] [laɪn] **I.** *n* ① *(mark)* Linie *f;* **dividing ~** Trennungslinie *f;* **straight ~** gerade Linie ② SPORTS Linie *f* ③ *(wrinkle)* Falte *f* ④ *(contour)* Linie *f* ⑤ *(boundary)* Grenze *f* ⑥ *(cord)* Leine *f* ⑦ TELEC [Telefon]leitung *f;* **please hold the ~!** bitte bleiben Sie am Apparat! ⑧ COMPUT **to go on ~** online gehen ⑨ *(row of words)* Zeile *f* ⑩ *(row of things, people)* Reihe *f* ⑪ *(succession)* Linie *f* ⑫ *esp* AM *(queue)* Schlange *f* ⑬ *(product type)* Sortiment *nt* ⑭ *(course)* **~ of argument** Argumentation *f* ⑮ *(policy)* Linie *f;* **party ~** Parteilinie *f* ▶ **right down the ~** *esp* AM voll und ganz **II.** *vt* ① *(mark)* paper linieren ② *(stand at intervals)* **to ~ the streets** die Straßen säumen *geh* ◆ **line up I.** *vt* ① *(put in row)* ■ **to ~ up** ○ **sth** etw in einer Reihe aufstellen ② *(organize)* **have you got anyone ~d up to do the catering?** haben Sie jemanden für das Catering engagiert? **II.** *vi* ① *(stand in row)* sich [in einer Reihe] aufstellen ② AM *(wait)* sich anstellen

line[2] [laɪn] *vt* ① *(cover)* clothing füttern; drawers von innen auslegen ② *(fam: fill)* **to ~ one's pockets [with sth]** sich *dat* die Taschen [mit etw *dat*] füllen

linen ['lɪnɪn] *n no pl* Leinen *nt;* **bed ~** Bettwäsche *f*

linen basket *n* Wäschekorb *m*

liner ['laɪnə[r]] *n* ① *(lining)* Einsatz *m;* [**dust**]**bin** [*or* AM **garbage can**] **~** Müllsack *m* ② NAUT Liniendampfer *m;* **ocean ~** Ozeandampfer *m*

linguist ['lɪŋgwɪst] *n* ① LING *(specialist)* Linguist(in) *m(f)* ② *(sb who speaks different languages)* Sprachkundige(r) *f(m)*

lining ['laɪnɪŋ] *n* ① *(fabric)* Futter *nt; of coat, jacket* Innenfutter *nt; of dress, skirt* Unterrock *m* ② *of stomach* Magenschleimhaut *f; of digestive tract* Darmschleimhaut *f; of brake* Bremsbelag *m*

link [lɪŋk] **I.** *n* ① *(connection)* Verbindung *f* (**between** zwischen); *(between people, nations)* Beziehung *f* (**between** zwischen) ② RADIO, TELEC Verbindung *f;* INET, COMPUT Link *m fachspr* ③ TRANSP **rail ~** Bahnverbindung *f* **II.** *vt* ① *(connect)* verbinden ② *(clasp)* **to ~ arms** sich unterhaken **III.** *vi* *(connect)* sich zusammenfügen lassen

link-up *n* Verbindung *f* (**between** zwischen)

lion ['laɪən] *n* ZOOL, ASTROL Löwe *m*

lioness <*pl* -es> ['laɪənes] *n* Löwin *f*

lip [lɪp] *n* ① ANAT Lippe *f* ② *(rim)* Rand *m; of a pitcher, jug* Schnabel *m* ③ *no pl (fam: cheek)* Unverschämtheiten *pl*

lip salve *n no pl* BRIT MED ① *(cream)* Lippenpflege *f* ② *(stick)* Lippenpomade *f*

lip service *n no pl (pej)* Lippenbekenntnis *nt*

lipstick *n no pl* Lippenstift *m*

liqueur [lɪˈkjʊə[r]] *n* Likör *m*

liquid ['lɪkwɪd] **I.** *adj* ① *(water-like)* flüssig, Flüssig- ② *attr* CHEM verflüssigt ③ FIN [frei] verfügbar **II.** *n* Flüssigkeit *f*

liquidate ['lɪkwɪdeɪt] **I.** *vt* ① ECON company, firm auflösen ② FIN **to ~ assets** Mittel verfügbar machen; **to ~ debts** Schulden tilgen ③ *(form: kill)* ■ **to ~ sb** jdn liquidieren *geh* **II.** *vi* ECON liquidieren

liquidation [ˌlɪkwɪˈdeɪʃ[ə]n] *n* ① FIN *of company* Auflösung *f; of debts* Tilgung *f;* **to go into ~** in Liquidation gehen ② *(form: killing)* Liquidierung *f geh*

liquid bandage *n* MED Wundkleber *m*

liquid crystal television *n* Fernseher *m* mit LCD-Flachbildschirm

liquidize ['lɪkwɪdaɪz] *vt* **to ~ food** Nahrungsmittel pürieren

liquidizer ['lɪkwɪdaɪzə[r]] *n* Mixgerät *nt,* Mixer *m fam*

liquid soap *n no pl* Flüssigseife *f*

Lisbon ['lɪzbən] *n* Lissabon *nt*

lisp [lɪsp] **I.** *n no pl* Lispeln *nt* **II.** *vi, vt* lispeln

list[1] [lɪst] **I.** *n* Liste *f;* **~ of names** Namensliste *f;* *(in books)* Namensverzeichnis *nt;* **shopping ~** Einkaufszettel *m* **II.** *vt* auflisten; **to be ~ed in the phone book** im Telefonbuch stehen **III.** *vi* **to ~ at $700/£15** $700/£15

kosten
list² [lɪst] NAUT I. *vi* Schlagseite haben II. *n* Schlagseite *f*
listen ['lɪsᵊn] I. *vi* ❶ (*pay attention*) zuhören; ■ **to ~ to sb/sth** jdm/etw zuhören; **~ to this!** hör dir das an! *fam;* **to ~ carefully** [ganz] genau zuhören; **to ~ to the news/radio** Nachrichten/Radio hören ❷ (*pay heed*) zuhören; **don't ~ to them** hör nicht auf sie II. *interj* hör mal!; **~, we really need to ...** [jetzt] hör mal, wir müssen ... III. *n no pl* **have a ~ to this!** hör dir das an! ◆ **listen in** *vi* (*secretly*) mithören; (*without participating*) mitanhören; (*to radio*) hören
listener ['lɪsᵊnəʳ] *n* ❶ (*in a conversation*) Zuhörer(in) *m(f)*; **to be a good ~** gut zuhören können ❷ (*to lecture, concert*) Hörer(in) *m(f)*
lit [lɪt] *vi, vt pt, pp of* **light**
lite [laɪt] *adj* (*fig fam*) *literature, TV* leicht *pej*, anspruchslos *pej*
liter *n* AM *see* **litre**
literacy ['lɪtᵊrəsi] *n no pl* Lese- und Schreibfähigkeit *f*; **computer ~** Computerkenntnisse *pl*
literal ['lɪtᵊrᵊl] *adj* ❶ (*not figurative*) wörtlich ❷ (*word-for-word*) *translation, transcript* wörtlich ❸ (*not exaggerated*) buchstäblich, im wahrsten Sinne des Wortes *präd* ❹ (*fam: for emphasis*) **fifteen years of ~ hell** fünfzehn Jahre lang die reinste Hölle
literally ['lɪtᵊrᵊli] *adv* ❶ (*in a literal manner*) [wort]wörtlich ❷ (*actually*) buchstäblich; **quite ~** in der Tat ❸ (*fig fam: for emphasis*) echt
literary ['lɪtᵊrᵊri] *adj attr* (*of literature*) *criticism, prize* Literatur-
literate ['lɪtᵊrət] *adj* ❶ (*able to read and write*) ■ **to be ~** lesen und schreiben können ❷ (*well-educated*) gebildet
literature ['lɪtrətʃəʳ] *n no pl* ❶ (*written works*) Literatur *f*; **nineteenth-century ~** die Literatur des 19. Jahrhunderts ❷ (*specialist texts*) Fachliteratur *f* (**on**/**about** über) ❸ (*printed matter*) Informationsmaterial *nt*
Lithuania [ˌlɪθjuˈeɪniə] *n* Litauen *nt*
Lithuanian [ˌlɪθjuˈeɪniən] I. *n* ❶ (*person*) Litauer(in) *m(f)* ❷ *no pl* (*language*) Litauisch *nt* II. *adj* litauisch
litre ['liːtəʳ] *n* Liter *m o nt*; **two ~s** [**of milk**/**beer**] zwei Liter [Milch/Bier]; **per ~** pro Liter

litter ['lɪtəʳ] I. *n* ❶ *no pl* (*rubbish*) Müll *m*, Abfall *m* ❷ + *sing/pl vb* ZOOL Wurf *m* II. *vt* ❶ (*make untidy*) **dirty clothes ~ed the floor** dreckige Wäsche lag über den Boden verstreut ❷ *usu passive* (*fig: fill*) ■ **to be ~ed with sth** mit etw *dat* übersät sein
little ['lɪtl] I. *adj* ❶ (*small*) klein; (*for emphasis*) richtige(r, s), kleine(r, s) ❷ (*young*) klein; **~ brother/sister** kleiner Bruder/kleine Schwester ❸ *attr* (*short in distance*) kurz ❹ *attr* (*unimportant*) klein II. *adv* ❶ (*somewhat*) ■ **a ~ ...** ein wenig ... ❷ (*hardly*) wenig; **~ more than an hour ago** vor kaum einer Stunde III. *pron sing* ❶ (*small quantity*) ■ **a ~** ein wenig (**of** von) ❷ (*not much*) wenig; **as ~ as possible** möglichst wenig; **the ~ ...** das wenige ... ❸ (*short time*) **it's a ~ after six** es ist kurz nach sechs
live¹ [laɪv] I. *adj* ❶ *attr* (*living*) lebend; **~ animals** echte Tiere ❷ RADIO, TV live; **~ broadcast** Liveübertragung *f* ❸ ELEC geladen; **~ wire** Hochspannungskabel *nt* ❹ (*unexploded*) scharf II. *adv* RADIO, TV live
live² [lɪv] I. *vi* ❶ (*be alive*) leben; **will she ~?** wird sie überleben? ❷ (*spend life*) leben ❸ (*subsist*) leben (**by** von) ❹ (*fig: be remembered*) weiterleben ❺ (*have interesting life*) **to ~ a little** das Leben genießen ❻ (*reside*) wohnen II. *vt* **to ~ one's own life** sein eigenes Leben leben ▶ **to ~ a lie** mit einer Lebenslüge leben ◆ **live down** *vt* ■ **to ~ down** ↷ über etw *akk* hinwegkommen ◆ **live in** *vi* [mit] im selben Haus wohnen; *student, nurse* im Wohnheim wohnen ◆ **live off**, AM *a.* **live off of** *vi* ❶ (*depend*) ■ **to ~ off sb** auf jds Kosten leben ❷ ■ **to ~ off sth** (*support oneself*) *inheritance, pension* von etw *dat* leben; (*eat*) von etw *dat* leben ◆ **live on** *vi* ❶ (*continue*) weiterleben; *tradition* fortbestehen ❷ *see* **live off 2** ◆ **live out** *vt* **to ~ out** ↷ **one's life** sein Leben verbringen ◆ **live through** *vi* überstehen; **to ~ through an experience** eine Erfahrung durchmachen ◆ **live together** *vi* zusammenleben; *residents* zusammenwohnen ◆ **live up to** *vi* **to ~ up to sb's expectations** jds Erwartungen gerecht werden
lively ['laɪvli] *adj* ❶ (*full of energy*) *city, child, street* lebhaft; *child, eyes, tune* munter ❷ (*bright*) *colour* hell ❸ (*lifelike*) lebendig ❹ (*enduring*) *tradition* lebendig ❺ (*brisk*) rege ❻ (*stimulating*) *discussion, style* lebhaft

liver ['lɪvə^r] *n* FOOD, ANAT Leber *f*
liver complaint *n* Leberschaden *m*
liveried ['lɪv^ərid] *adj* livriert
liver sausage *n no pl* Leberwurst *f*
livid ['lɪvɪd] *adj* (*fam: furious*) wütend
living ['lɪvɪŋ] **I.** *n* ❶ *usu sing* (*livelihood*) Lebensunterhalt *m* ❷ *no pl* (*lifestyle*) Lebensstil *m* ❸ *pl* ■ **the ~** (*people*) die Lebenden *pl* **II.** *adj* ❶ (*alive*) lebend *attr;* ~ **creatures** Lebewesen *pl* ❷ (*exact*) **to be the ~ image of sb** jdm wie aus dem Gesicht geschnitten sein ❸ (*still used*) lebendig; *language* lebend
living conditions *n* Lebensbedingungen *pl*
living quarters *npl* Wohnbereich *m;* MIL Quartier *nt* **living room** *n* Wohnzimmer *nt*
lizard ['lɪzəd] *n* Eidechse *f*
llama ['lɑːmə] *n* Lama *nt*
load [ləʊd] **I.** *n* ❶ (*amount carried*) Ladung *f;* **with a full ~ of passengers** mit Passagieren [voll] besetzt ❷ (*burden*) Last *f* ❸ (*fam: lots*) **a ~ of work** ein Riesenberg an Arbeit ❹ (*fam: plenty*) ■ **~s** jede Menge **II.** *adv* ■ **~s** *pl* (*sl*) **~ better** tausendmal besser *fam* **III.** *vt* ❶ (*fill*) *gun a.* laden; *container* beladen ❷ (*fig: burden*) aufladen **IV.** *vi* [ver]laden ♦**load down** *vt* ■ **to ~ sth** ↻ **down** etw schwer beladen ♦**load up I.** *vt* aufladen; **to ~ up a container** einen Container beladen **II.** *vi* beladen
loaded ['ləʊdɪd] *adj* ❶ (*carrying sth*) beladen ❷ (*with ammunition*) geladen ❸ (*having excess*) überladen (**with** mit) ❹ *pred* (*fam: rich*) steinreich ❺ *pred esp* AM (*sl: drunk*) besoffen *fam*
loaf¹ <*pl* loaves> [ləʊf] *n* Brot *nt,* Brotlaib *m*
loaf² [ləʊf] *vi* faulenzen; **to ~ about** herumgammeln *fam*
loan [ləʊn] **I.** *n* ❶ (*money*) Kredit *m;* **to take out a ~** ein Darlehen aufnehmen ❷ (*object*) Leihgabe *f* ❸ (*act*) **to be on ~** geliehen sein **II.** *vt* leihen
lobby ['lɒbi] **I.** *n* ❶ ARCHIT Eingangshalle *f;* **hotel/theatre ~** Hotel-/Theaterfoyer *nt* ❷ POL Lobby *f;* **the anti-abortion ~** die Lobby der Abtreibungsgegner **II.** *vi* <-ie-> ■ **to ~ for/against sth** seinen Einfluss [mittels eines Interessensverbandes] für/gegen etw *akk* geltend machen **III.** *vt* <-ie-> ■ **to ~ sb/sth** [**to do sth**] jdn/etw beeinflussen [etw zu tun]
lobster ['lɒbstə^r] *n* ZOOL, FOOD Hummer *m*
local ['ləʊk^əl] **I.** *adj* ❶ (*neighbourhood*) hiesig, örtlich; **~ branch** Filiale *f; of a bank,* *shop* Zweigstelle *f* ❷ MED lokal **II.** *n* ❶ *usu pl* (*inhabitant*) Ortsansässige(r) *f(m)* ❷ BRIT (*fam: pub*) Stammkneipe *f*
local call *n* Ortsgespräch *nt* **local government** *n of towns* Stadtverwaltung *f; of counties* Bezirksverwaltung *f* **local time** *n* Ortszeit *f*
locate [lə(ʊ)'keɪt] **I.** *vt* ❶ (*find*) ausfindig machen; *plane, sunken ship* orten ❷ (*situate*) bauen; **to be ~d** liegen, sich befinden (**in/at** an) **II.** *vi* AM sich niederlassen
location [lə(ʊ)'keɪʃ^ən] *n* ❶ (*place*) Lage *f; company* Standort *m* ❷ FILM Drehort *m* ❸ *no pl* (*act*) Positionsbestimmung *f*
loch [lɒk, SCOT lɒx] *n* SCOT ❶ (*lake*) See *m* ❷ (*fjord*) Meeresarm *m*
lock¹ [lɒk] **I.** *n* ❶ (*fastening device*) Schloss *nt;* **bicycle ~** Fahrradschloss *nt* ❷ NAUT Schleuse *f* ❸ (*in wrestling*) Fesselgriff *m* **II.** *vt* ❶ (*fasten*) abschließen ❷ *usu passive* (*entangle*) sich verhaken **III.** *vi* ❶ (*become secured*) schließen ❷ (*become fixed*) binden ❸ NAUT eine Schleuse passieren ♦**lock away** *vt* ❶ (*secure*) wegschließen ❷ (*for peace and quiet*) ■ **to ~ oneself away** [**in one's office**] sich [in seinem Büro] einschließen ♦**lock on** *vi* MIL **to ~ on to a target** ein genaues Ziel ausmachen ♦**lock out** *vt* aussperren ♦**lock up I.** *vt* ❶ (*shut, secure*) abschließen; *documents, money* wegschließen ❷ (*put in custody*) einsperren **II.** *vi* abschließen, zuschließen
lock² [lɒk] *n* (*curl*) [Haar]locke *f*
locker ['lɒkə^r] *n* Schließfach *nt;* MIL Spind *m*
lockout *n* (*esp pej*) Aussperrung *f*
locksmith *n* Schlosser(in) *m(f)*
loco ['ləʊkəʊ] *n* (*fam*) *short for* **locomotive** Lok *f*
lodge [lɒdʒ] **I.** *n* ❶ (*house*) Hütte *f;* **gatekeeper's ~** Pförtnerhaus *nt* ❷ (*meeting place*) Loge *f* **II.** *vt* ❶ (*present formally*) *appeal, objection, complaint* einlegen ❷ *esp* BRIT, AUS (*form: store*) ■ **to ~ sth with sb/sth** etw bei jdm/etw hinterlegen ❸ (*make fixed*) hineinstoßen **III.** *vi* ❶ (*become fixed*) stecken bleiben ❷ (*form: reside*) logieren
lodger ['lɒdʒə^r] *n* Untermieter(in) *m(f);* **to take in ~s** Zimmer [unter]vermieten
lodging ['lɒdʒɪŋ] *n* ❶ *no pl* (*form: accommodation*) Unterkunft *f* ❷ *esp* BRIT (*fam: rented room*) ■ **~s** *pl* möbliertes Zimmer
loft [lɒft] **I.** *n* ❶ (*attic*) Speicher *m,* Estrich *m*

SCHWEIZ; (*for living*) Dachwohnung *f*, Loft *m* ❷ (*gallery in church*) **organ**/**choir** ~ Empore *f* {*für die Orgel/den* [*Kirchen*]*chor*} ❸ (*pigeon house*) Taubenschlag *m* **II.** *vt* ball hochschlagen (**over** über)

log¹ [lɒg] *n* (*fam*) *short for* **logarithm** Logarithmus *m*

log² [lɒg] **I.** *n* ❶ (*branch*) [gefällter] Baumstamm; (*tree trunk*) [Holz]block *m*; (*for fire*) [Holz]scheit *nt* ❷ (*record*) NAUT Logbuch *nt* ❸ (*systematic record*) Aufzeichnungen *pl* **II.** *vt* <-gg-> ❶ (*enter into record*) aufzeichnen; *phone calls* registrieren ❷ (*achieve*) **to ~ [up] a distance** eine Strecke zurücklegen ❸ *forest* abholzen **III.** *vi* <-gg-> Bäume fällen

logic ['lɒdʒɪk] *n no pl* Logik *f*; **flawed ~** unlogischer Gedankengang

logical ['lɒdʒɪkəl] *adj* ❶ (*according to laws of logic*) logisch ❷ (*correctly reasoned*) vernünftig

logo ['ləʊgəʊ] *n* Logo *m o nt*

loin [lɔɪn] *n* ❶ *usu pl* ANAT, FOOD Lende *f* ❷ (*liter: sexual organs*) ■**~s** *pl* Lenden *pl liter*

loiter ['lɔɪtə'] *vi* ❶ (*hang about idly*) **to ~ about** herumhängen *sl*; (*pej*) herumlungern *fam* ❷ (*travel lazily*) [herum]trödeln

loll [lɒl] **I.** *vi* (*be lazy*) lümmeln; (*sit lazily*) faul dasitzen **II.** *vt* **to ~ out one's tongue** die Zunge herausstrecken

lollipop ['lɒlɪpɒp] *n* Lutscher *m*, ÖSTERR *a.* Schlecker *m*, Schleckstängel *m* SCHWEIZ

lolly ['lɒli] *n* ❶ BRIT, AUS (*fam*) Lutscher *m* ❷ AUS, NZ (*boiled sweet*) Bonbon *m o nt*

lone [ləʊn] *adj attr* einsam

loneliness ['ləʊnlɪnəs] *n no pl* Einsamkeit *f*

lonely <-ier, -iest *or* more lonely, most lonely> ['ləʊnli] *adj* einsam; **to feel ~** sich einsam fühlen

loner ['ləʊnə'] *n* (*usu pej*) Einzelgänger(in) *m(f)*

long¹ [lɒŋ] **I.** *adj* ❶ (*in space*) lang; (*over great distance*) weit; (*elongated*) lang, länglich; (*fam: tall*) groß, lang *fam* ❷ (*in time*) lang; (*tedious*) lang[wierig] ❸ (*in scope*) lang; *book* dick ❹ *pred* (*fam: ample*) ■**to be ~ on sth** etw reichlich haben ▶ **in the ~ run** auf lange Sicht [gesehen] **II.** *adv* ❶ (*for a long time*) lang[e]; **have you been waiting ~?** wartest du schon lange? ❷ (*at a distant time*) lange; **~ ago** vor langer Zeit ❸ (*after implied time*) lange; **how much ~er will it take?** wie lange wird es noch dauern? ❹ (*throughout*) **all day/night ~** den ganzen Tag/die ganze Nacht [lang] ▶ **as ~ as ...** (*during*) solange ... **III.** *n no pl* (*long time*) eine lange Zeit; **it won't take ~** es wird nicht lange dauern ▶ **before [very] ~** schon [sehr] bald

long² [lɒŋ] *vi* sich sehnen (**for** nach)

long³ *n* GEOG *abbrev of* **longitude** Länge *f*

long-distance I. *adj attr* ❶ (*between distant places*) Fern-, Weit-; **~ flight** Langstreckenflug *m*; **~ relationship** Beziehung zwischen zwei weit voneinander entfernt wohnenden Partnern ❷ SPORTS Langstrecken-; **~ race** Langstreckenlauf *m* **II.** *adv* **to travel ~** eine Fernreise machen **long-haired** <longer-, longest-> *adj* langhaarig; *animals* Langhaar-

long haul *n* ❶ (*long distance*) Langstreckentransport *m*; **~ flight** Langstreckenflug *m* ❷ (*prolonged effort*) Anstrengung *f* über eine lange Zeit hinweg ❸ *esp* AM (*long time*) **to be in sth for the ~** sich langfristig für etw *akk* engagieren; **over the ~** auf lange Sicht

longing ['lɒŋɪŋ] **I.** *n* Sehnsucht *f*, Verlangen *nt* (**for** nach) **II.** *adj attr* (*showing desire*) sehnsüchtig

longish ['lɒŋɪʃ] *adj* (*fam*) ziemlich lang

longitude ['lɒndʒɪtjuːd] *n* GEOG Länge *f*

long jump *n* SPORTS ❶ (*sports discipline*) ■**the ~** *no pl* der Weitsprung ❷ (*action*) ■**~s** *pl* Weitsprünge *pl*

long-lived <longer-, longest-> *adj* langlebig; *feud* [seit langem] bestehend **long-lost** *adj attr* lang verloren geglaubt *attr*; *person* lang vermisst geglaubt **long-range** *adj* ❶ (*in distance*) Langstrecken- ❷ (*long-term*) langfristig **long shot** *n* **to be a ~** ziemlich aussichtslos sein; **[not] by a ~** (*fam*) bei weitem [nicht] **long-sighted** *adj* ❶ (*having long sight*) weitsichtig ❷ *esp* AM (*fig: having foresight*) vorausschauend **long-standing** *adj* seit langem bestehend; *friendship, relationship* langjährig **long-suffering** *adj* langmütig **long-term** *adj attr* langfristig; **~ memory** Langzeitgedächtnis *nt*; **~ strategy** Langzeitstrategie *f* **long wave** *n* RADIO Langwelle *f* **longways** *adv* der Länge nach, längs **long-winded** *adj* langatmig

loo [luː] *n* BRIT, AUS (*fam*) Klo *nt*; **to need to go to the ~** aufs Klo [gehen] müssen

look [lʊk] **I.** *n* ❶ *usu sing* (*glance*) Blick *m*; **to**

give sb a ~ jdn ansehen; (*glimpse*) jdm einen Blick zuwerfen; **to have a ~ round** sich umsehen ❹ (*facial expression*) [Gesichts]ausdruck *m*, Miene *f* ❺ *no pl* (*examination*) Betrachtung *f*; **may I have a ~?** darf ich mal sehen?; **to have a ~ at sth** sich *dat* etw ansehen ❹ *no pl* (*search*) **to have a ~** nachsehen ❺ *no pl* (*appearance*) Aussehen *nt*; ■ **~s** *pl* Aussehen *nt* kein *pl* ❻ FASHION Look *m* ▶ **if ~s could kill** wenn Blicke töten könnten **II.** *interj* (*explanatory*) schau mal *fam* **III.** *vi* ❶ (*glance*) schauen; **to ~ the other way/away** wegsehen ❷ (*search*) suchen; (*in an encyclopaedia*) nachschlagen; **to keep ~ing** weitersuchen ❸ (*appear*) **she doesn't ~ her age** man sieht ihr ihr Alter nicht an; **to ~ bad/tired/gut** schlecht/müde/gut aussehen; **it ~s very unlikely that ...** es scheint sehr unwahrscheinlich, dass ...; ■ **to ~ like sb/sth** (*resemble*) jdm/etw ähnlich sehen ❹ (*pay attention*) **~ where you're going!** pass auf, wo du hintrittst! ❺ (*face*) **to ~ north/east** nach Norden/Osten [hin] liegen **IV.** *vt* **to ~ sb in the eye/face** jdm in die Augen/ins Gesicht sehen ▶ **to ~ daggers at sb** jdn mit Blicken durchbohren ◆ **look about** *vi* ■ **to ~ about for sth** sich nach etw *dat* umsehen ◆ **look after** *vi* ❶ (*glance*) nachsehen +*dat* ❷ (*take care of, be responsible for*) ■ **to ~ after sb/sth** sich um jdn/etw kümmern ❸ (*keep an eye on*) ■ **to ~ after sb/sth** auf jdn/etw aufpassen ◆ **look ahead** *vi* ❶ (*glance*) nach vorne sehen ❷ (*fig: plan*) vorausschauen ◆ **look around** *vi see* **look round** ◆ **look at** *vi* ❶ (*glance*) ansehen ❷ (*examine*) ■ **to ~ at sth/sb** sich *dat* etw/jdn ansehen ❸ (*regard*) ■ **to ~ at sth** etw betrachten ◆ **look away** *vi* wegsehen ◆ **look back** *vi* ❶ (*glance*) zurückschauen ❷ (*remember*) zurückblicken (**on/at** auf) ◆ **look down** *vi* ❶ (*glance*) nach unten sehen; ■ **to ~ down at/on sb/sth** zu jdm/etw hinuntersehen ❷ (*fig: despise*) ■ **to ~ down [up]on sb/sth** auf jdn/etw herabsehen ◆ **look for** *vi* ❶ (*seek*) ■ **to ~ for sb/sth** nach jdm/etw suchen; **to ~ for a job** Arbeit suchen ❷ (*anticipate*) ■ **to ~ for sb/sth** jdn/etw erwarten ◆ **look forward** *vi* ❶ (*glance*) nach vorne sehen ❷ (*anticipate, enjoy*) ■ **to ~ forward to sth** sich auf etw *akk* freuen ◆ **look in** *vi* ❶ (*glance*) hineinsehen ❷ (*visit*) ■ **to ~ in [on sb]** bei jdm vorbeischauen *fam* ◆ **look into** *vi* ■ **to ~ into sth** ❶ (*glance*) in etw *akk* [hinein]sehen; **to ~ into sb's eyes/face** jdm in die Augen/ins Gesicht sehen ❷ (*examine*) etw untersuchen ◆ **look on** *vi* ❶ (*glance*) betrachten ❷ (*regard*) **to ~ on sth with disquiet/favour** etw mit Unbehagen/Wohlwollen betrachten ▶ **to ~ on the bright side [of sth]** die positiven Seiten [einer S. *gen*] sehen ◆ **look out I.** *vi* ❶ (*search, wait*) ■ **to ~ out for sb/sth** nach jdm/etw Ausschau halten ❷ (*be careful*) aufpassen; ■ **to ~ out for sb/sth** sich vor jdm/etw in Acht nehmen ❸ (*care for*) ■ **to ~ out for oneself** seine eigenen Interessen verfolgen **II.** *vt* BRIT ■ **to ~ out ○ sth** etw heraussuchen ◆ **look over I.** *vi* ■ **to ~ over sth** ❶ (*glance*) über etw *akk* blicken ❷ (*offer a view*) **window, room** auf etw *akk* [hinaus]gehen **II.** *vt* ❶ (*view*) besichtigen; (*inspect, survey*) inspizieren ❷ (*examine briefly*) durchsehen ◆ **look round** *vi* BRIT, AUS ❶ (*glance*) sich umsehen ❷ (*search*) ■ **to ~ round for sb/sth** sich nach jdm/etw umsehen ❸ (*examine*) ■ **to ~ round sth** sich *dat* etw ansehen ◆ **look through** *vi* ❶ (*glance*) ■ **to ~ through sth** durch etw *akk* [hindurch]sehen; **to ~ through a window** aus einem Fenster sehen ❷ (*fig: understand*) ■ **to ~ through sb** jdn durchschauen ❸ (*fig: ignore*) ■ **to ~ [straight] through sb** [einfach] durch jdn hindurchschauen ❹ (*peruse*) ■ **to ~ through sth** etw durchsehen ◆ **look to** *vi* ❶ (*consider*) ■ **to ~ to sth** sich um etw *akk* kümmern; **to ~ to one's motives** seine Motive [genau] prüfen ❷ (*rely on*) ■ **to ~ to sb** auf jdn bauen ◆ **look up I.** *vi* ❶ (*glance*) ■ **to ~ up at sb/sth** zu jdm/etw hinaufsehen; ■ **to ~ up [from sth]** [von etw *dat*] aufsehen ❷ (*improve*) besser werden; *increase, rise* steigen **II.** *vt* ❶ (*fam: visit*) ■ **to ~ up ○ sb** bei jdm vorbeischauen ❷ (*search for*) nachschlagen

lookalike *n* Doppelgänger(in) *m(f)*

lookout *n* ❶ (*observation post*) Beobachtungsposten *m* ❷ (*person*) Wache *f* ❸ *esp* BRIT (*fam: outlook*) Aussichten *pl* ❹ (*be alert for*) **to keep a ~ [for sb/sth]** [nach jdm/etw] Ausschau halten

loony ['luːni] (*fam*) **I.** *n* (*mad person*) Irre(r) *f(m)* **II.** *adj* verrückt

loop [luːp] **I.** *n* ❶ (*shape*) Schleife *f*; *of a*

string, wire Schlinge *f; of a river* Schleife *f* ❷ AVIAT Looping *m* ❸ (*in skating*) Schleife *f* ❹ (*contraceptive*) Spirale *f* **II.** *vt* (*form into loop*) ~ **the rope over the bar** schling das Seil um die Stange **III.** *vi* ❶ (*form a loop*) eine Schleife machen; *road, stream* sich schlängeln ❷ AVIAT einen Looping drehen

loophole *n* LAW Gesetzeslücke *f;* **to exploit a** ~ eine Gesetzeslücke nutzen

loose [luːs] **I.** *adj* ❶ (*not tight*) locker; *skin* schlaff; ~ **cash/coins** Kleingeld *nt;* ~ **sheets of paper** lose Blätter Papier; **to hang** ~ lose herabhängen; **to work itself** ~ sich lockern ❷ *hair* offen ❸ (*not confined*) frei ❹ (*not exact*) ungefähr *attr;* (*not strict*) lose ❺ *clothing* weit, locker ❻ (*relaxed*) locker ❼ (*indiscreet*) - **tongue** loses Mundwerk *fam* ▸ **to hang** ~ AM (*sl*) cool bleiben **II.** *n no pl* LAW **to be on the** ~ frei herumlaufen **III.** *vt* ❶ (*set free*) freilassen; ~ **the dogs!** lass die Hunde los! ❷ (*untie*) *knot, rope* lösen

loosely ['luːsli] *adv* ❶ (*not tightly*) lose; **to hang** ~ schlaff herunterhängen ❷ (*not exactly*) ungefähr; ~ **speaking** grob gesagt ❸ (*not strictly*) locker ❹ (*not closely*) lose; ~ **related** entfernt verwandt

loosen ['luːsən] **I.** *vt* ❶ (*make less tight*) **to** ~ **one's collar** seinen [Hemd]kragen aufmachen ❷ (*make more lax*) *policy, rules* lockern ❸ (*relax*) *grip, muscles* lockern **II.** *vi* sich lockern

loot [luːt] **I.** *n no pl* ❶ MIL Kriegsbeute *f* ❷ (*plunder*) [Diebes]beute *f* ❸ (*hum fam: money*) Zaster *m* **II.** *vt* (*plunder*) [aus]plündern **III.** *vi* plündern

looting ['luːtɪŋ] *n no pl* Plünderei *f*

lope [ləʊp] *vi* in großen Sprüngen rennen

lopsided *adj* schief; (*fig*) einseitig

lord [lɔːd] *n* ❶ (*nobleman*) Lord *m* ❷ (*ruler*) ~ **of the manor** Gutsherr *m;* (*fig*) Herr *m* im Haus

Lord Mayor *n* BRIT Oberbürgermeister(in) *m(f)*

lorry ['lɒri] *n* BRIT Last[kraft]wagen *m;* ~ **driver** Lastwagenfahrer(in) *m(f)*

lose <lost, lost> [luːz] **I.** *vt* ❶ (*forfeit*) verlieren; ▪ **to** ~ **sth to sb** etw an jdn verlieren ❷ (*through death*) **she lost her son in the fire** ihr Sohn ist beim Brand umgekommen ❸ *usu passive* **to be lost** *things* verschwunden sein ❹ (*waste*) *opportunity* versäumen ❺ *watch, clock* **to** ~ **time** nachgehen ❻ (*not find*) verlieren ❼ AM (*fam: get rid of*) abschütteln ❽ (*fam: confuse*) **you've lost me there** da kann ich dir nicht ganz folgen ❾ (*not win*) verlieren ❿ (*forget*) *language, skill* verlernen ▸ **to** ~ **heart** den Mut verlieren; **to** ~ **one's heart to sb** sein Herz [an jdn] verlieren; **to** ~ **it** (*fam*) durchdrehen; **to** ~ **track** [**of sth**] (*not follow*) [etw *dat*] [geistig] nicht folgen können **II.** *vi* ❶ (*be beaten*) verlieren (**to** gegen) ❷ (*flop*) ein Verlustgeschäft sein ❸ (*invest badly*) Verlust machen (**on** bei)

loser ['luːzər] *n* Verlierer(in) *m(f)*

loss <*pl* -es> [lɒs] *n* Verlust *m* ▸ **to be at a** ~ nicht mehr weiterwissen

loss-making *adj* ~ **business** Verlustbetrieb *m*

lost [lɒst] **I.** *pt, pp of* **lose II.** *adj* ❶ (*unable to find way*) ▪ **to be** ~ sich verirrt haben; **to get** ~ sich verirren ❷ (*no longer to be found*) ~ **articles** abhandengekommene Artikel; **to get** ~ verschwinden ❸ *pred* (*helpless*) **to feel** ~ sich verloren fühlen; ▪ **to be** ~ **without sb/sth** ohne jdn/etw verloren sein ❹ (*preoccupied*) **to be** ~ **in contemplation** [völlig] in Gedanken versunken sein ❺ (*wasted*) verpasst; *time* verschwendet ❻ (*perished, destroyed*) *soldiers* gefallen ▸ **to be** ~ **on sb** nicht verstanden werden

lost property *n no pl* ❶ (*articles*) Fundsachen *pl* ❷ BRIT, AUS (*office*) Fundbüro *nt*

lot [lɒt] **I.** *pron* ❶ (*much, many*) ▪ **a** ~ viel ❷ (*everything*) ▪ **the** ~ alles **II.** *adv* (*fam*) ▪ **a** ~ viel; **thanks a** ~! vielen Dank!; **your sister looks a** ~ **like you** deine Schwester sieht dir sehr ähnlich; **we go on holidays a** ~ wir machen oft Urlaub **III.** *n* ❶ + *sing/pl vb* BRIT, AUS (*group*) Trupp *m fam;* BRIT (*usu pej fam: group of people*) Haufen *m;* **are you** ~ **coming to lunch?** kommt ihr alle zum Essen? ❷ (*chance*) **to choose** [**sb/sth**] **by** ~ [jdn/etw] durch Losentscheid bestimmen ❸ *no pl* (*fate*) Los *nt geh* ❹ *esp* AM, AUS (*land*) Stück *nt* Land; **building** ~ Bauplatz *m;* **parking** ~ Parkplatz *m*

lotion ['ləʊʃən] *n no pl* Lotion *f;* **suntan** ~ Sonnenöl *nt/*-creme *f*

lotta ['lɒtə] (*fam*) *short for* **lot of** eine Menge

lottery ['lɒtəri] *n* Lotterie *f;* ~ **ticket** Lotterielos *nt*

loud [laʊd] **I.** *adj* ❶ (*audible*) laut ❷ (*pej: insistent*) [aufdringlich] laut ❸ (*pej: garish*)

auffällig **II.** *adv* laut; ~ **and clear** laut und deutlich
loudmouth *n* (*fam*) Großmaul *nt*
loudspeaker *n* Lautsprecher *m*
lounge [laʊndʒ] **I.** *n* ❶ (*public room*) Lounge *f*; *of hotel* Hotelhalle *f*; **departure** ~ Abflughalle *f* ❷ BRIT (*sitting room*) Wohnzimmer *nt* ❸ BRIT (*period of lounging*) Faulenzen *nt* **II.** *vi* = [**about, around**] (*lie*) [faul] herumliegen; (*sit*) [faul] herumsitzen; (*stand*) [faul] herumstehen
lounge bar *n* BRIT *der vornehmere Teil eines Pubs*
lounge suit *n* BRIT Straßenanzug *m*
lousy [ˈlaʊzi] *adj* ❶ (*fam: bad*) lausig; ~ **weather** Hundewetter *nt* ❷ (*meagre*) lausig ❸ *pred* (*ill*) **to feel** ~ sich hundeelend fühlen
lout [laʊt] *n* (*fam*) Flegel *m*; **lager** ~**s** BRIT (*pej*) Saufköpfe *pl derb*
loutish [ˈlaʊtɪʃ] *adj* (*fam*) rüpelhaft
love [lʌv] **I.** *n* ❶ *no pl* (*affection*) Liebe *f*; ■ **to be in** ~ **with sb** in jdn verliebt sein; **to be head over heels in** ~ bis über beide Ohren verliebt sein; **to fall in** ~ **with sb** sich in jdn verlieben; **to make** ~ **to sb** mit jdm schlafen ❷ (*interest*) Leidenschaft *f*; (*with activities*) Liebe *f*; **she has a great** ~ **of music** sie liebt die Musik sehr ❸ *esp* BRIT (*fam: darling*) Schatz *m* ❹ *no pl* TENNIS null **II.** *vt* (*be in love with*) lieben; (*greatly like*) sehr mögen **III.** *vi* AM verliebt sein
loveable [ˈlʌvəbl] *adj* liebenswert
love bunnies *npl* (*fam*) Turteltauben *pl*
love-hate relationship *n* Hassliebe *f* **love letter** *n* Liebesbrief *m* **love life** *n* Liebesleben *nt kein pl*
lovely [ˈlʌvli] **I.** *adj* ❶ (*beautiful*) schön; *house* wunderschön; **to look** ~ reizend aussehen ❷ (*fam: pleasant*) wunderbar, herrlich; **how** ~ **to see you!** wie schön, dich zu sehen! ❸ (*charming*) nett, liebenswürdig **II.** *n* Schönheit *f*
lover [ˈlʌvəʳ] *n* ❶ (*person in love*) Liebende(r) *f(m)* ❷ (*sexual partner*) Liebhaber(in) *m(f)*; ■ ~**s** *pl* Liebespaar *nt sing* ❸ (*enthusiast*) Liebhaber(in) *m(f)* (**of** von)
lovesick *adj* **to be** ~ Liebeskummer haben **love song** *n* Liebeslied *nt* **love story** *n* Liebesgeschichte *f*
loving [ˈlʌvɪŋ] *adj* (*feeling love*) liebend; (*showing love*) liebevoll

low¹ [ləʊ] **I.** *adj* ❶ (*in height*) niedrig; *neckline* tief; *slope* flach ❷ (*in number*) gering, wenig ❸ (*depleted*) knapp; *stocks* gering ❹ (*not loud*) leise; ~ **groaning** verhaltenes Stöhnen ❺ (*not high-pitched*) *voice* tief ❻ (*not intense*) niedrig ❼ (*not good*) *morale, visibility* schlecht; *quality* minderwertig; **to have a** ~ **opinion of sb** von jdm nicht viel halten ❽ (*not important*) niedrig, gering ❾ (*unfair, mean*) gemein ❿ (*sad*) **in** ~ **spirits** niedergeschlagen; **to feel** ~ niedergeschlagen sein **II.** *adv* ❶ (*in height*) niedrig; **to be cut** ~ *dress, blouse* tief ausgeschnitten sein ❷ (*to a low level*) tief; **to turn the music** ~**er** die Musik leiser stellen ❸ (*cheap*) billig **III.** *n* ❶ (*low level*) Tiefpunkt *m* ❷ METEO Tief *nt* ❸ AUTO erster Gang
low² [ləʊ] **I.** *n* (*of cow*) Muhen *nt* **II.** *vi* cow muhen
low-cal [ˈləʊkæl] *adj* (*fam*), **low-calorie** *adj* kalorienarm **low-cut** *adj dress* tief ausgeschnitten, mit tiefem Ausschnitt *nach n* **low demand** *n* niedrige Nachfrage **low-down** *adj* (*fam*) mies, gemein
lower¹ [ˈləʊəʳ] **I.** *adj* ❶ (*less high*) niedriger; (*situated below*) untere(r, s), Unter- ❷ (*less in hierarchy*) *status, rank* niedere(r, s), untere(r, s) **II.** *vt* ❶ (*move downward*) herunterlassen; **to** ~ **one's arm/hands** den Arm/die Hände senken; **to** ~ **one's eyes** die Augen niederschlagen ❷ (*decrease*) verringern; **to** ~ **one's voice** seine Stimme senken ❸ (*demean*) ■ **to** ~ **oneself to do sth** sich herablassen, etw zu tun **III.** *vi* sinken; *voice* leiser werden
lower² [laʊəʳ] *vi person* ein finsteres Gesicht machen; *light* dunkler werden; ~**ing skies** verhangener Himmel
lower-case *n* **in** ~ in Kleinbuchstaben
low-key *adj* unauffällig, zurückhaltend; **to keep sth** ~ vermeiden, dass etw Aufsehen erregt **low-level radiation** *n no pl* Niedrigstrahlung *f* **low-maintenance** *adj* pflegeleicht **low-necked** *adj* ~ **dress** Kleid *nt* mit tiefem Ausschnitt **low-pitched** *adj voice, note* tief **low pressure** *n* PHYS Niederdruck *m*; METEO Tiefdruck *m* **low-pressure** *adj* ❶ (*not stressful*) stressfrei ❷ (*not aggressive*) unaufdringlich ❸ METEO ~ **area** Tiefdruckgebiet *nt* **low profile** *n* Zurückhaltung *f*; **to keep a** ~ sich zurückhalten; (*fig*) im Hintergrund bleiben **low-rise** *adj attr*

~ **building** Flachbau *m;* ~ **trousers** auf den Hüften sitzende Hosen **low season** *n* Nebensaison *f* **low tide** *n,* **low water** *n* no *pl* Niedrigwasser *nt; of sea* Ebbe *f*

loyal ['lɔɪəl] *adj* treu; (*correct*) loyal; ■**to be** ~ **to sb/sth** jdm/etw treu sein

loyalty ['lɔɪəlti] *n* ① *no pl* (*faithfulness*) Treue *f* (**to** zu) ② (*feelings*) ■**loyalties** *pl* Loyalitätsgefühle *pl*

lubricate ['lu:brɪkeɪt] *vt* ① (*grease*) schmieren ② (*make slippery*) [ein]ölen

luck [lʌk] *n* no *pl* ① (*fortune*) Glück *nt;* **as** ~ **would have it** wie es der Zufall wollte; **just my** ~**!** Pech gehabt!; **no such** ~**!** (*fam*) schön wär's!; **a stroke of** ~ ein Glücksfall *m;* **bad** ~ [**on sb**] Pech *nt* [für jdn]; **to be in/out of** ~ Glück/kein Glück haben ② (*success*) Erfolg *m;* **any** ~ **with booking your flight?** hat es mit der Buchung deines Fluges geklappt?

luckily ['lʌkɪli] *adv* glücklicherweise

lucky ['lʌki] *adj* ① (*fortunate*) glücklich; **you** ~ **thing!** (*fam*) du Glückliche(r)!; ~ **her!** die Glückliche! ② (*bringing fortune*) Glück bringend, Glücks-

Luddite ['lʌdaɪt] *n* ① (*hist*) Maschinenstürmer *m* ② (*usu pej: anti-technology*) Technikfeind(in) *m(f)*

luggage ['lʌgɪdʒ] *n* no *pl* [Reise]gepäck *nt;* **a piece of** ~ ein Gepäckstück *nt*

luggage rack *n* esp BRIT Gepäckablage *f; of a bicycle* Gepäckträger *m*

lukewarm [ˌluːkˈwɔːm] *adj* ① (*tepid*) lau[warm] ② (*fig: not enthusiastic*) mäßig

lullaby ['lʌləbaɪ] *n* Schlaflied *nt*

lumbar puncture *n* MED Lumbalpunktion *f*

lumber¹ ['lʌmbə'] *vi person* schwerfällig gehen; *tank* rollen; *cart, wagon* [dahin]rumpeln

lumber² ['lʌmbə'] I. *n* no *pl* ① esp BRIT (*junk*) Krempel *m* pej fam ② esp AM, AUS (*timber*) Bauholz *nt* II. *vt* BRIT, AUS (*fam*) ■**to** ~ **sb with sth** jdm etw aufhalsen III. *vi* Holz fällen

luminous ['lu:mɪnəs] *adj* ① (*bright*) leuchtend *a. fig,* strahlend *a. fig* ② (*phosphorescent*) phosphoreszierend, Leucht- ③ (*brilliant*) genial

lump [lʌmp] I. *n* ① (*chunk*) Klumpen *m;* **three** ~**s of sugar** drei Stück Zucker ② (*sl: heap*) Haufen *m* fam ③ MED (*swelling*) Schwellung *f* ④ (*fam: person*) Brocken *m* II. *vt* ① (*combine*) ■**to** ~ **sth with sth** etw mit etw *dat* zusammentun *fam* ② (*sl: endure*) **to** ~ **it** etw hinnehmen III. *vi* FOOD *flour, sauce* klumpen

lump sugar *n* no *pl* Würfelzucker *m* **lump sum** *n,* **lump sum payment** *n* (*paid at once*) Einmalzahlung *f;* **to pay sth in a** ~ etw pauschal bezahlen

lumpy ['lʌmpi] *adj liquid* klumpig; *figure* plump; *person* pummelig

lunacy ['lu:nəsi] *n* no *pl* Wahnsinn *m a. fig*

lunar ['lu:nə'] *adj attr* Mond-, lunar *fachspr*

lunatic ['lu:nətɪk] I. *n* Irre(r) *f(m)* pej derb; MED Geistesgestörte(r) *f(m);* LAW [geistig] Unzurechnungsfähige(r) *f(m)* II. *adj* verrückt *fam o pej;* MED geistesgestört; LAW [geistig] unzurechnungsfähig

lunch [lʌn(t)ʃ] I. *n* <*pl* -**es**> ① (*mid-day meal*) Mittagessen *nt;* **what's for** ~**?** was gibt's zu Mittag?; **to have** ~ zu Mittag essen ② (*mid-day break*) Mittagspause *f;* **to be out to** ~ in der Mittagspause sein ③ (*light meal*) Imbiss *m* II. *vi* zu Mittag essen; ■**to** ~ **on sth** etw zu Mittag essen

lunch break *n* Mittagspause *f*

luncheon ['lʌn(t)ʃən] *n* (*form*) Mittagessen *nt*

luncheon meat *n* Frühstücksfleisch *nt*

luncheon voucher *n* BRIT Essensmarke *f*

lunch hour *n* Mittagspause *f*

lunchtime *n* (*midday*) Mittagszeit *f;* (*lunchbreak*) Mittagspause *f;* **at** ~ mittags

lung [lʌŋ] *n* Lungenflügel *m;* ■**the** ~ **s** *pl* die Lunge *sing*

lung cancer *n* no *pl* Lungenkrebs *m*

lurch¹ [lɜːtʃ] *n* **to leave sb in the** ~ jdn im Stich lassen

lurch² [lɜːtʃ] I. *n* <*pl* -**es**> Ruck *m a. fig* II. *vi crowd, person* torkeln

lure [lʊə'] I. *vt* [an]locken; ■**to** ~ **sb away from sth** jdn von etw *dat* weglocken II. *n* ① *no pl* (*fig: power of attraction*) Reiz *m* ② (*decoy*) Köder *m a. fig*

lurk [lɜːk] *vi* lauern *a. fig;* (*fig*) ■**to** ~ **behind sth** hinter etw *dat* stecken

lust [lʌst] I. *n* ① (*sexual drive*) Lust *f* (**for** nach) ② (*desire*) Begierde *f* (**for** nach) II. *vi* ■**to** ~ **after sb** jdn begehren *geh o hum;* ■**to** ~ **after sth** gierig nach etw *dat* sein

lustrous ['lʌstrəs] *adj* glänzend, strahlend; *hair* glänzend, schimmernd; *smile* strahlend

Luxembourg ['lʌksᵊmbɜːg] *n* Luxemburg *nt*

Luxembourger ['lʌksᵊmbɜːgə'] *n* Luxem-

burger(in) *m(f)*
luxury ['lʌkʃªri] *n* ❶ *no pl* (*self-indulgence*) Luxus *m* ❷ (*luxurious item*) Luxus[artikel] *m*
lying¹ ['laɪɪŋ] *vi present part of* **lie**
lying² ['laɪɪŋ] **I.** *adj attr* verlogen, lügnerisch **II.** *n no pl* Lügen *nt*
lyric ['lɪrɪk] **I.** *adj* lyrisch **II.** *n* ❶ (*poem*) lyrisches Gedicht ❷ (*words for song*) ■ **~s** *pl* [Lied]text *m*

Mm

M <*pl* -'s *or* -s>, **m** <*pl* -'s> [em] *n* ❶ M *nt*, m *nt*; *see also* **A 1** ❷ (*Roman numeral*) M *nt*, m *nt*
M I. *adj* FASHION *abbrev of* **medium** M **II.** *n* BRIT *abbrev of* **motorway** ≈ A *f*
m I. *n* <*pl* -> ❶ *abbrev of* **metre** m. ❷ *abbrev of* **mile** ❸ *abbrev of* **million** Mill., Mio. ❹ *abbrev of* **minute** Min. **II.** *adj* ❶ *abbrev of* **male** männl. ❷ *abbrev of* **masculine** m ❸ *abbrev of* **married** verh.
ma [mɑː] *n* (*fam: mother*) Mama *f*, Mutti *f*
MA [ˌem'eɪ] *n abbrev of* **Master of Arts**
ma'am¹ [mæm] *n short for* **madam** gnädige Frau *form*
ma'am² [mɑːm] *n* BRIT Majestät *f*
mac [mæk] *n esp* BRIT (*fam*) *short for* **macintosh** Regenmantel *m*
Mac¹ [mæk] *n* ❶ (*Scotsman*) Schotte *m* ❷ AM (*fam*) **hallo, ~ !** hallo, Alter!
Mac² [mæk] *n* COMPUT (*fam*) *short for* **Macintosh**® Mac *m fam*
macaroni [ˌmækə'rəʊni] *n no pl* Makkaroni *pl*
macaroon [ˌmækə'ruːn] *n* Makrone *f*
machine [mə'ʃiːn] **I.** *n* ❶ (*mechanical device*) Maschine *f*, Apparat *m*; **by ~** maschinell ❷ (*automobile, plane*) Maschine *f* **II.** *vt* (*produce*) maschinell herstellen
machine gun *n* Maschinengewehr *nt*
machinery [mə'ʃiːnªri] *n no pl* Maschinen *pl*
mackerel <*pl* -s *or* -> ['mækªrªl] *n* Makrele *f*
mackintosh ['mækɪntɒʃ] *n* BRIT Regenmantel *m*
macro- ['mækrəʊ] *in compounds* makro-, Makro-

macroeconomics [ˌmækrə(ʊ)iːkə'nɒmɪks] *n + sing vb* Makroökonomie *f*
mad <-dd> [mæd] *adj* ❶ *esp* BRIT (*fam: insane*) wahnsinnig, verrückt, durchgeknallt *fam;* **to go ~** den Verstand verlieren ❷ *esp* BRIT (*fig fam*) [**stark**] **raving ~** total verrückt ❸ (*frantic*) wahnsinnig *fam;* **I'm in a ~ rush** ich hab's wahnsinnig eilig; **like ~** wie verrückt
madam ['mædəm] *n no pl* (*form of address*) gnädige Frau; (*in titles*) **M~ President** Frau Präsidentin; **Dear M~, ...** (*in letter*) Sehr geehrte gnädige Frau, ...
madcap ['mædkæp] *adj attr* verrückt; *idea* ausgeflippt
mad cow disease *n* Rinderwahnsinn *m*
madden ['mædªn] *vt* ■ **to ~ sb** (*drive crazy*) jdn um den Verstand bringen; (*anger*) jdn maßlos ärgern
maddening ['mædªnɪŋ] *adj* äußerst ärgerlich; *habit* nervend; **her absent-mindedness is ~ at times** ihre Zerstreutheit ist manchmal zum Verrücktwerden
made [meɪd] **I.** *pp, pt of* **make II.** *adj* **to have [got] it ~** es geschafft haben *fam*
made-to-measure *adj* maßgeschneidert
made-up *adj* ❶ (*imaginary*) [frei] erfunden, ausgedacht ❷ (*wearing make-up*) geschminkt
madhouse *n* (*fig fam*) Irrenanstalt *nt*
madly ['mædli] *adv* wie verrückt
madness ['mædnəs] *n no pl* ❶ (*insanity*) Wahnsinn *m*, Geisteskrankheit *f geh* ❷ (*folly*) Verrücktheit *f*
mafia ['mæfiə] *n + sing/pl vb* Mafia *f*
mag [mæg] *n* (*fam*) *short for* **magazine** Blatt *nt*
magazine [ˌmægə'ziːn] *n* ❶ (*publication*) Zeitschrift *f* ❷ (*gun part*) Magazin *nt*
magenta [mə'dʒentə] *adj* magentarot
magic ['mædʒɪk] **I.** *n no pl* ❶ (*sorcery*) Magie *f*, Zauber *m* ❷ (*tricks*) Zaubertrick[s] *m*[*pl*]; **to do ~** zaubern **II.** *adj* ❶ (*supernatural*) magisch, Zauber- ❷ (*extraordinary*) *moment* zauberhaft **III.** *interj* BRIT (*fam*) großartig
magical ['mædʒɪkªl] *adj* ❶ (*magic*) magisch, Zauber- ❷ (*extraordinary*) *moment* zauberhaft
magic carpet *n* fliegender Teppich
magician [mə'dʒɪʃªn] *n* Zauberer, Zauberin *m, f*, Magier(in) *m(f) geh*

magistrate ['mædʒɪstreɪt] *n* **to appear before a** ~ vor einem Schiedsgericht erscheinen

maglev ['mæglev] *n no pl short for* **magnetic levitation** magnetisches Schweben; ~ **train** Magnet[schwebe]bahn *f*

magnate ['mægneɪt] *n* Magnat *m*

magnet ['mægnət] *n (a. fig)* Magnet *m*

magnetic [mæg'netɪk] *adj* magnetisch; ~ **strip** Magnetstreifen *m*

magnetism ['mægnətɪzᵊm] *n no pl (phenomenon)* Magnetismus *m; (charge)* magnetische Kräfte *pl*

magnificent [mæg'nɪfɪsᵊnt] *adj house, concert* wunderbar, großartig; **to look** ~ wunderschön aussehen

magnify <-ie-> ['mægnɪfaɪ] *vt (make bigger)* vergrößern

magpie ['mægpaɪ] *n (bird)* Elster *f*

mahogany [mə'hɒgᵊni] *n* ❶ *(tree)* Mahagonibaum *m* ❷ *no pl (wood)* Mahagoni[holz] *nt*

maid [meɪd] *n (servant)* Dienstmädchen *nt; (in a hotel)* Zimmermädchen *nt*

maiden name *n* Mädchenname *m*

maiden speech *n* POL Jungfernrede *f*

mail¹ [meɪl] AM **I.** *n no pl* Post *f;* **to answer** ~ die Post beantworten; **to come in the** ~ mit der Post kommen **II.** *vt* **to** ~ **a letter/package** *(at post office)* einen Brief/ein Paket aufgeben

mail² [meɪl] *n no pl* ❶ *(armour)* Panzer *m;* **chain** ~ Kettenpanzer *m* ❷ *of an animal* Panzer *m*

mailbag *n* Postsack *m;* **since the controversial programme the BBC's** ~ **has been bulging** seit der umstrittenen Sendung quillt der Briefkasten der BBC über

mailbox *n* AM Briefkasten *m,* Postkasten *m bes* NORDD

mailing list *n* Adressenliste *f*

mailing tube *n* Paketrolle *f*

mailman *n* AM Briefträger(in) *m(f),* Postbote(in) *m(f)*

mail-order catalog *n* AM *see* **mail-order catalogue**

mail-order catalogue *n* [Versand]katalog *m*

mailshot *n esp* BRIT Hauswurfsendung *f*

main [meɪn] **I.** *adj attr* Haupt-; ~ **concern** wichtigstes Anliegen **II.** *n* TECH ❶ *(pipe)* Hauptleitung *f;* *(cable)* Hauptkabel *nt* ❷ BRIT ■**the** ~**s** *pl* ELEC *(switch)* der Hauptschalter; *(for water, gas)* der Haupthahn; **switch off the electricity at the** ~**s before starting work** vor Arbeitsbeginn die Stromversorgung am Hauptschalter ausschalten ▶ **in the** ~ im Allgemeinen

mainframe *n* Hauptrechner *m*

mainland I. *n no pl* ■**the** ~ das Festland **II.** *adj attr* ~ **Britain** die britische Hauptinsel; ~ **China** China *nt;* ~ **Europe** europäisches Festland

mainly ['meɪnli] *adv* hauptsächlich, in erster Linie

main road *n* Hauptstraße *f* **mainsail** *n* Hauptsegel *nt,* Großsegel *nt* **mainspring** *n* Triebfeder *f a. fig* **mainstream I.** *n no pl* Hauptströmung *f;* ■**the** ~ *(fig)* der Mainstream **II.** *adj book, film, music* kommerziell

maintain [meɪn'teɪn] *vt* ❶ *(keep)* [bei]behalten; *blockade* aufrechterhalten; **to** ~ **the lead** in Führung bleiben; **to** ~ **a low profile** sich zurückhalten ❷ *(in good condition)* instand halten

maintenance ['meɪntᵊnən(t)s] **I.** *n no pl* ❶ *of relations, peace* Beibehaltung *f,* Wahrung *f* ❷ *of a car, garden* Pflege *f; of a building, monument* Instandhaltung *f; of a machine* Wartung *f* **II.** *adj attr* Wartungs-, Instandhaltungs-; ~ **check** Wartung *f*

maisonette *n,* **maisonnette** [ˌmeɪzᵊn'et] *n* BRIT Maiso[n]nette *f*

maize [meɪz] *n no pl esp* BRIT Mais *m*

majesty ['mædʒəsti] *n* ❶ *no pl (beauty) of a sunset* Herrlichkeit *f* ❷ *(royal title)* [Her/His/Your] **M**~ [Ihre/Seine/Eure] Majestät

major ['meɪdʒəʳ] **I.** *adj* ❶ *attr (important)* bedeutend, wichtig; *(main)* Haupt- ❷ *attr (serious) crime* schwer **II.** *n* ❶ MIL *(officer rank)* Major(in) *m(f)* ❷ AM, AUS UNIV *(primary subject)* Hauptfach *nt* **III.** *vi* UNIV **to** ~ **in German studies/physics/biology** Deutsch/Physik/Biologie als Hauptfach studieren

majorette [ˌmeɪdʒᵊr'et] *n* Majorette *f*

major general *n* Generalmajor(in) *m(f)*

majority [mə'dʒɒrəti] **I.** *n* ❶ + *sing/pl vb (greater part)* Mehrheit *f;* **in the** ~ **of cases** in der Mehrzahl der Fälle; **the** ~ **of the votes** die Stimmenmehrheit ❷ POL *(winning margin)* [Stimmen]mehrheit *f* **II.** *adj attr* POL Mehrheits-

make [meɪk] **I.** *n* ❶ ECON *(brand)* Fabrikat *nt,* Marke *f* ❷ *(pej)* **to be on the** ~ geldgierig sein **II.** *vt* <made, made> ❶ *(produce)* machen; *company, factory* herstellen; **to ~ coffee/soup/supper** Kaffee/Suppe/das Abendessen kochen; ■ **to be made for sth** für etw *akk* [wie] geschaffen sein ❷ **she'll ~ a great mother** sie wird eine tolle Mutter abgeben ❸ (*cause*) machen; **to ~ sb laugh** jdn zum Lachen bringen ❹ (*force*) ■ **to ~ sb do sth** jdn zwingen, etw zu tun ❺ + *adj* (*cause to be*) machen; **to ~ sth public** etw veröffentlichen; **to ~ oneself understood** sich verständlich machen ❻ (*perform*) **to ~ a call** anrufen; **to ~ a deal** einen Handel schließen; **to ~ a decision** eine Entscheidung fällen; **to ~ an effort** sich anstrengen; **to ~ a promise** etw versprechen; **to ~ smalltalk** Konversation betreiben; **to ~ a start** anfangen; **to ~ way** den Weg frei machen ❼ (*amount to*) **five plus five ~s ten** fünf und fünf ist zehn ❽ (*earn, get*) **he ~s £50,000 a year** er verdient 50.000 Pfund im Jahr; **to ~ friends** Freundschaften schließen; **to ~ a killing** einen Riesengewinn machen; **to ~ a living** seinen Lebensunterhalt verdienen ❾ (*consider important*) **don't ~ too much of his grumpiness** gib nicht zu viel auf seine mürrische Art ❿ (*fam: get to, reach*) **the fire made the front page** das Feuer kam auf die Titelseite; **to ~ it** es schaffen ⓫ (*render perfect*) **that made my day!** das hat mir den Tag gerettet!; **you've got it made!** du hast ausgesorgt! III. *vi* <made, made> ❶ (*be about to*) **just as we made to leave, the phone rang** gerade als wir gehen wollten, klingelte das Telefon ❷ (*pretend*) **he made as if to leave the room** er machte Anstalten, das Zimmer zu verlassen ♦ **make for, make towards** *vi* ❶ (*head for*) ■ **to ~ for sth** auf etw *akk* zugehen; (*by car or bus*) auf etw *akk* zufahren ❷ (*be*) **Kant ~s for hard reading** Kant ist schwer zu lesen ♦ **make of** *vt* ❶ (*understand*) **I can't ~ anything of this book** ich verstehe dieses Buch nicht ❷ (*think*) **what do you ~ of his speech?** was hältst du von seiner Rede? ♦ **make off** *vi* (*fam*) ❶ (*leave*) abhauen ❷ (*steal*) ■ **to ~ off with sth** etw mitgehen lassen *fam* ♦ **make out** I. *vi* (*fam*) ❶ (*manage*) *person* zurechtkommen ❷ AM (*sl: have sex*) rummachen *sl* II. *vt* ❶ (*write out*) ausschreiben; *cheque* ausstellen ❷ (*see*) *writing, numbers* entziffern ♦ **make over** *vt* ❶ LAW (*transfer ownership*) **to ~ over ↷ a house/a business/land to sb** jdm ein Haus/ein Geschäft/Land überschreiben ❷ *esp* AM (*redo*) umändern ♦ **make up** I. *vt* ❶ (*invent*) **she made the whole thing up** sie hat das alles nur erfunden ❷ (*prepare*) fertig machen; **to ~ up a bed** das Bett machen ❸ (*put on make-up*) ■ **to ~ oneself up** sich schminken ❹ (*produce*) **to ~ up ↷ curtains/a dress** Vorhänge/ein Kleid machen ❺ (*compensate*) **to ~ up a deficit** ein Defizit ausgleichen; **to ~ up time** Zeit wieder gutmachen; *train* Zeit wieder herausfahren ❻ *usu passive* (*comprise*) ■ **to ~ up ↷ sth** etw ausmachen ❼ (*decide*) **to ~ up one's mind** sich entscheiden ❽ (*reconcile*) **to ~ it up with sb** sich mit jdm versöhnen II. *vi* sich versöhnen; **kiss and ~ up** küsst euch und vertragt euch wieder ♦ **make up to** *vt* AUS, BRIT ■ **to ~ up to sb** sich bei jdm lieb Kind machen *fam*

maker ['meɪkə^r] *n* ❶ (*manufacturer*) Hersteller(in) *m(f)*, Produzent(in) *m(f)* ❷ *esp* BRIT ■ **~s** *pl* Hersteller(in) *m(f)*

make-up *n* ❶ *no pl* (*cosmetics*) Make-up *nt*; **to put on ~** sich schminken; **~ artist** Visagist(in) *m(f)* ❷ (*composition*) Zusammensetzung *f* ❸ (*character*) Veranlagung *f*

making ['meɪkɪŋ] *n* ❶ *no pl* (*production*) Herstellung *f* ❷ *no pl* (*success*) **it was the ~ of her** das hat sie zu dem gemacht, was sie [heute] ist

malaria [məˈleərɪə] *n no pl* Malaria *f*

male [meɪl] I. *adj* männlich; **~ choir** Männerchor *m* II. *n* (*person*) Mann *m*; (*animal*) Männchen *nt*

malevolence [məˈlevələn(t)s] *n no pl* Bosheit *f*, Niedertracht *f liter*

malfunction [ˌmælˈfʌŋ(k)ʃən] I. *vi* (*not work properly*) nicht funktionieren; (*stop working*) ausfallen II. *n* Ausfall *m*; *of liver, kidney* Funktionsstörung *f*

malicious [məˈlɪʃəs] *adj* boshaft, niederträchtig

malignant [məˈlɪgnənt] *adj* MED bösartig

mall [mɔːl] *n* (*covered row of shops*) [große] Einkaufspassage; (*indoor shopping centre*) [überdachtes] Einkaufszentrum

malnutrition [ˌmælnjuːˈtrɪʃən] *n no pl* Unterernährung *f*

malpractice [ˌmælˈpræktɪs] *n no pl* (*faulty work*) Berufsvergehen *nt*; (*criminal misconduct*) [berufliches] Vergehen

malt [mɔːlt] I. n no pl ❶ (grain) Malz nt ❷ (whisky) Maltwhisky m II. vt to ~ **barley** Gerste mälzen
Malta ['mɔːltə] n no pl Malta nt

Die **Republic of Malta** (Republik Malta), die von 1814 bis 1947 britische Kronkolonie und Flottenstützpunkt war, ist in den letzten Jahren als ein **English language learning centre** (Sprachzentrum für Englisch) bekannt geworden. Vor allem Jugendliche aus ganz Europa besuchen Malta, um an renommierten Schulen Englischkurse zu belegen.

mammal ['mæməl] n Säugetier nt, Säuger m
mammary gland n Milchdrüse f
mammoth ['mæməθ] I. n Mammut nt II. adj (fig) Mammut-, riesig
man [mæn] I. n <pl men> ❶ (male adult) Mann m; **men's clothing** Herrenkleidung f; **the men's [room]** die Herrentoilette ❷ (brave person) Mann m; **to take sth like a ~** etw wie ein [richtiger] Mann ertragen ❸ (person) Mensch m; **to be sb's right-hand ~** jds rechte Hand sein; **every ~ for himself** jeder für sich ❹ no pl, no art (mankind) der Mensch, die Menschheit ❺ (particular type) **he's not a ~ to ...** er ist nicht der Typ, der ...; **to be a ladies' ~** ein Frauenheld m sein; **the ~ in the street** der kleine Mann; **the odd ~ out** der Außenseiter II. interj (fam: to emphasize) Mensch, Mann III. vt <-nn-> fortress, picket besetzen; phone, gun bedienen; ship bemannen; **~ the pumps!** alle Mann an die Pumpen!
manage ['mænɪdʒ] I. vt ❶ (run) leiten ❷ (control) steuern; (administer) verwalten ❸ (accomplish) schaffen; **you ~ 8 o'clock?** ginge es um 8 Uhr? ❹ (cope with) ▪to ~ **sb** mit jdm zurechtkommen II. vi ❶ (succeed) es schaffen; (cope, survive) zurechtkommen; **we'll ~!** wir schaffen das schon! ❷ (get by) ▪to ~ **on/without sth** mit etw dat/ohne etw akk auskommen
management ['mænɪdʒmənt] n ❶ no pl of business Management nt, [Geschäfts]führung f, [Unternehmens]leitung f ❷ + sing/pl vb (managers) [Unternehmens]leitung f, of hospital, theatre Direktion f; **junior ~** untere Führungsebene; (trainees) Führungsnachwuchs m; **middle ~** mittlere Führungsebene; **senior ~** oberste Führungsebene, Vorstand m ❸ no pl (handling) Umgang m (of mit); of finances Verwalten nt
management negotiator n Verhandlungsführer(in) m(f) der Arbeitgeber
management studies n + sing/pl vb Betriebswirtschaft[slehre] f
manager ['mænɪdʒər] n ❶ (business executive) Geschäftsführer(in) m(f); (in big business) Manager(in) m(f); **bank ~** Filialleiter(in) m(f) einer Bank ❷ SPORTS (coach) [Chef]trainer(in) m(f)
manageress <pl -es> [ˌmænɪdʒər'es] n Geschäftsführerin f (in einem Laden oder Café)
managing director n [Haupt]geschäftsführer(in) m(f)
managing editor n Verlagsdirektor(in) m(f)
mandarin ['mændərɪn] n ❶ (fruit) Mandarine f ❷ (hist: Chinese official) Mandarin m
Mandarin ['mændərɪn] n no pl LING Mandarin nt
maneuver AM see **manoeuvre**
maneuverable adj AM see **manoeuvrable**
manger ['meɪndʒər] n (old) Futtertrog m; (in bible) Krippe f
mangle¹ ['mæŋgl] vt usu passive (crush) zerstören
mangle² ['mæŋgl] n ❶ BRIT (hist: wringer) [Wäsche]mangel f ❷ AM (ironing machine) [Heiß]mangel f
manhole n Einstieg m; (shaft) Einstiegsschacht m
manhunt n [Ring]fahndung f; (after a criminal) Verbrecherjagd f
maniac ['meɪniæk] n (fam: crazy person) Verrückte(r) f(m)
manifesto <pl -s or -es> [ˌmænɪ'festəʊ] n Manifest nt
manil(l)a envelope n Briefumschlag m aus Manilapapier
manipulate [mə'nɪpjəleɪt] vt ❶ (esp pej: manage cleverly) geschickt mit jdm/etw umgehen; (influence) jdn/etw manipulieren ❷ (with hands) handhaben; (adjust) einstellen
manipulation [məˌnɪpjə'leɪʃən] n ❶ (esp pej: clever management) Manipulation f ❷ (handling) Handgriff m ❸ COMPUT (by person) Bearbeiten nt
mankind [mæn'kaɪnd] n no pl Menschheit f
manly ['mænli] adj (approv) männlich
man-made adj künstlich
manned [mænd] adj AEROSP bemannt

manner ['mænəʳ] *n no pl* ❶ (*way*) Weise *f*, Art *f*; **in a ~ of speaking** sozusagen ❷ (*polite behaviour*) ▪ **~s** *pl* Manieren *pl*; **it's bad ~s to ...** es gehört sich nicht, ...

mannerism ['mænərɪzəm] *n* Eigenart *f*

manoeuvrable [mə'nu:vərəbl] *adj* beweglich; *ship, vessel* manövrierfähig

manoeuvre [mə'nu:vəʳ] **I.** *n* ❶ *usu pl* (*military exercise*) Manöver *nt* ❷ (*planned move*) Manöver *nt*, Operation *f* **II.** *vt* ❶ (*move*) ▪ **to ~ sth somewhere** etw irgendwohin manövrieren ❷ (*pressure sb*) **to ~ sb into a compromise** jdn geschickt zu einem Kompromiss zwingen **III.** *vi* ❶ (*move*) manövrieren ❷ MIL (*hold exercises*) Manöver abhalten

manor ['mænəʳ] *n* (*country house*) Landsitz *m*, Herrenhaus *nt*

manpower *n no pl* Arbeitskräfte *pl*

mansion ['mæn(t)ʃən] *n* Villa *f*; (*of ancient family*) Herrenhaus *nt*

manslaughter *n no pl* Totschlag *m*

mantelpiece ['mæntəlpi:s] *n* Kaminsims *m o nt*

manual ['mænjuəl] **I.** *adj* ❶ (*done with hands*) manuell, Hand-; **~ dexterity** handwerkliches Geschick; **~ labour** körperliche Arbeit ❷ (*hand-operated*) manuell, Hand-; AUTO **~ transmission** Schaltgetriebe *nt* **II.** *n* ❶ (*book*) Handbuch *nt*; **training ~** Lehrbuch *nt* ❷ AUTO (*vehicle*) Auto *nt* mit Gangschaltung

manually ['mænjuəli] *adv* manuell

manufacture [ˌmænjə'fæktʃəʳ] **I.** *vt* ❶ (*produce commercially*) herstellen ❷ (*fabricate*) erfinden **II.** *n no pl* Herstellung *f*, Erzeugung *f*

manufacturer [ˌmænjə'fæktʃərəʳ] *n* Hersteller *m*, Erzeuger *m*

manufacturing [ˌmænjə'fæktʃərɪŋ] **I.** *adj* Herstellungs-, Produktions-; **~ industry** verarbeitende Industrie **II.** *n no pl* Fertigung *f*

manure [mə'njuəʳ] **I.** *n no pl* Dung *m* **II.** *vt* düngen (*mit Mist*)

manuscript ['mænjəskrɪpt] *n* ❶ (*author's script*) Manuskript *nt* ❷ (*handwritten text*) Manuskript *nt*, Handschrift *f*

Manx [mæŋks] **I.** *adj* (*of Isle of Man*) der Insel Man; **~ cat** Man[x]katze *f* (*stummelschwänzige Katze*) **II.** *n no pl, no art* LING Sprache *f* der Insel Man

Die **Isle of Man** (Insel Man) gehört nicht zum **United Kingdom**, dem Vereinigten Königreich. Sie ist ein Schutzgebiet der Krone und hat als Oberhaupt einen Lieutenant Governor. In der Eisenzeit wurde sie von den Kelten besiedelt und das keltische Manx wurde bis Mitte des 19. Jhs. überall auf der Insel gesprochen. Sie hat ihr eigenes Parlament (Tynwald), gibt ihre eigenen Geldscheine und Münzen heraus und erhebt unabhängig Steuern, so dass sie wie die **Channel Islands** (Kanalinseln) ein **tax haven** (Steuerparadies) ist.

many ['meni] **I.** *pron* (*a great number*) viele; **too ~** zu viele; **as ~** genauso viele; **as ~ as ...** so viele wie ...; **a good ~ of us** viele von uns; ▪ **~ a/an ...** manch ein ...; **~ a time** oft **II.** *n* (*the majority*) ▪ **the ~** *pl* die Mehrheit *sing*; **music for the ~** Musik für die breite Masse

many-sided *adj* vielseitig; (*complex*) vielschichtig

map [mæp] **I.** *n* ❶ GEOG [Land]karte *f*; **~ of Paris** Stadtplan *m* von Paris; **road ~** Straßenkarte *f* ❷ (*simple diagram*) Plan *m* **II.** *vt* <-pp-> kartographieren *fachspr*

marathon ['mærəθən] *n* ❶ (*race*) Marathon[lauf] *m*; **~ runner** Marathonläufer(in) *m(f)* ❷ (*very long event*) Marathon *nt fam*

marble ['mɑ:bl] **I.** *n* ❶ *no pl* (*stone*) Marmor *m* ❷ (*for games*) Murmel *f* ▸ **to lose one's ~s** (*fam*) verrückt werden **II.** *vt* marmorieren

marble cake *n* Marmorkuchen *m*

marbled ['mɑ:bld] *adj* marmoriert

march [mɑ:tʃ] **I.** *n* <*pl* -es> ❶ MIL Marsch *m*; **a 20 km ~** ein Marsch *m* über 20 km; **to be on the ~** auf dem Marsch sein, marschieren ❷ (*demonstration*) Demonstration *f*; **to go on a ~** demonstrieren gehen **II.** *vi* marschieren **III.** *vt* ❶ (*walk in step*) **to ~ 12 miles** 12 Meilen marschieren ❷ (*force to walk*) ▪ **to ~ sb off** jdn wegführen

March <*pl* -es> [mɑ:tʃ] *n* März *m; see also* **February**

marching orders *n* Marschbefehl *m*; **to get one's ~** (*fam: job, flat*) die Kündigung bekommen; (*relationship*) den Laufpass bekommen

margarine [ˌmɑ:dʒə'ri:n] *n no pl* Margarine *f*

marge [mɑ:dʒ] *n* BRIT (*fam*) *short for* **mar-**

garine Margarine *f*
margin ['mɑːdʒɪn] *n* ① (*outer edge*) Rand *m*; TYPO [Seiten]rand *m* ② (*amount*) Differenz *f*, Abstand *m* ③ **a ~ of error** eine Fehlerspanne
marginally ['mɑːdʒɪnəli] *adv* geringfügig; **~ better** etwas besser
marina [məˈriːnə] *n* Jachthafen *m*
marinate ['mærɪneɪt] *vt* marinieren
marine [məˈriːn] I. *adj attr* ① (*of sea*) Meeres-, See- ② (*of shipping*) Schiffs- II. *n* Marineinfanterist *m*; **the ~s** die Marineinfanterie
marital ['mærɪtəl] *adj* ehelich, Ehe-; **~ status** Familienstand *m*
mark [mɑːk] I. *n* ① (*spot, stain*) Fleck *m*; (*on the skin*) Mal *nt*; (*when burnt*) Brandmal *nt geh*; (*scratch*) Kratzer *m* ② (*identifying feature*) [Kenn]zeichen *nt*, Merkmal *nt*; ZOOL Kennung *f* ③ (*fig: indication*) Zeichen *nt* ④ (*sign to indicate position*) Markierung *f*; **adjusting ~** TECH Einstellmarke *f* ⑤ (*sign to distinguish*) Zeichen *nt* ⑥ (*signature*) Kreuz *nt* ⑦ (*score*) **to get full ~s [for sth]** BRIT, AUS die Bestnote [für etw *akk*] erhalten ⑧ (*point*) Marke *f* ⑨ (*a. fig: target*) Ziel *nt*; **to hit the ~** [genau] ins Schwarze treffen *a. fig* II. *vt* ① (*stain*) schmutzig machen ② *usu passive* (*scar*) **his face was ~ed for life** er hat bleibende Narben im Gesicht zurückbehalten ③ (*indicate*) markieren ④ (*label*) beschriften ⑤ (*commemorate*) ■**to ~ sth** an etw *akk* erinnern ⑥ SCH zensieren; ■**to ~ sb** jdn benoten III. *vi* ① (*get dirty*) schmutzig werden, schmutzen ② SCH (*give marks*) Noten vergeben ◆**mark down** *vt* ① (*reduce the price of*) heruntersetzen ② (*give a lower grade*) ■**to ~ down** ⟳ **sb** jdm eine schlechtere Note geben ◆**mark off** *vt* ① (*separate off*) abgrenzen ② (*cross off*) durchstreichen; **to ~ off** ⟳ **sth with an X** etw mit einem X markieren ◆**mark out** *vt* ① (*outline*) abstecken, markieren ② BRIT, AUS (*distinguish*) unterscheiden ◆**mark up** *vt* (*increase the price of*) heraufsetzen; *shares* aufwerten
markdown *n* ECON ① (*price reduction*) Preissenkung *f*; STOCKEX Kursabschlag *m* ② (*reduced item*) Sonderangebot *nt*
marked [mɑːkt] *adj* ① (*clear*) deutlich, ausgeprägt; (*striking*) auffallend, markant; **a ~ improvement** eine deutliche Verbesserung ② (*with distinguishing marks*) markiert, gekennzeichnet

marker ['mɑːkəʳ] *n* ① (*sign or symbol*) [Kenn]zeichen *nt*, Marke *f* ② (*felt-tipped pen*) Filzstift *m*
marker pen *n* Textmarker *m*
market ['mɑːkɪt] I. *n* Markt *m*; **housing ~** Wohnungsmarkt *m*; **job ~** Stellenmarkt; **stock ~** Börse *f*; **the open ~** der freie Markt; **to put sth on the ~** etw auf den Markt bringen; **to put a house on the ~** ein Haus zum Verkauf anbieten II. *vt* (*sell*) vermarkten, verkaufen; (*put on market*) auf den Markt bringen
marketing ['mɑːkɪtɪŋ] *n no pl* ① (*selling*) Marketing *nt*, Vermarktung *f* ② AM (*shopping*) Einkaufen *nt* **marketplace** *n* ① (*place*) Marktplatz *m* ② (*commercial environment*) Markt *m* **market research** *n no pl* Marktforschung *f* **market share** *n* Marktanteil *m* **market town** *n* BRIT Marktort *m* **market trader** *n* Markthändler(in) *m(f)*
marking ['mɑːkɪŋ] *n* ① (*identifying marks*) ■**~s** *pl* Markierungen *pl*, Kennzeichnungen *pl* ② *no pl* SCH (*work*) Korrigieren *nt*
markup ['mɑːkʌp] *n* [Kalkulations]aufschlag *m*
marmalade ['mɑːməleɪd] *n no pl* Orangenmarmelade *f*
marquee [mɑːˈkiː] *n* ① BRIT, AUS (*tent*) Festzelt *nt* ② AM (*door canopy*) Vordach *nt*
marriage ['mærɪdʒ] *n* ① (*wedding*) Heirat *f*; (*at the church*) Trauung *f* ② (*relationship*) Ehe *f* (**to** mit) ③ *no pl* (*state*) Ehe *f*
marriage bureau *n esp* BRIT Eheanbahnungsinstitut *nt* **marriage ceremony** *n* Trauung *f*, Eheschließung *f form* **marriage certificate** *n* Heiratsurkunde *f* **marriage guidance** *n* BRIT, AUS Eheberatung *f*; **~ office** Eheberatungsstelle *f*
married ['mærɪd] *adj* verheiratet; **~ couple** Ehepaar *nt*; **to get ~ [to sb]** [jdn] heiraten
marry ['mæri] I. *vt* ① (*wed*) heiraten ② (*officiate at ceremony*) trauen, verheiraten ③ (*marry off*) verheiraten (**to** mit) II. *vi* heiraten; **to ~ into a wealthy family** in eine reiche Familie einheiraten
marsh <*pl* -es> [mɑːʃ] *n* Sumpf *m*, Sumpfland *nt*
marshy ['mɑːʃi] *adj* sumpfig
martial ['mɑːʃəl] *adj* kriegerisch, Kriegs-; **~ law** Kriegsrecht *nt*; **to declare [a state of] ~** das Kriegsrecht ausrufen; **~ music** Militär-

musik f
martyr ['mɑːtə'] I. n Märtyrer(in) m(f) II. vt usu passive ■ **to be ~ed** [**for sth**] [für etw akk] [den Märtyrertod] sterben
marvel ['mɑːvəl] n Wunder nt
marvellous ['mɑːvələs] adj, **marvelous** adj AM wunderbar, großartig
mascara [məˈskɑːrə] n no pl Wimperntusche f
masculine ['mæskjəlɪn] adj männlich, maskulin
mash [mæʃ] I. n ❶ no pl BRIT (fam: from potatoes) Kartoffelbrei m, Püree nt ❷ (mixture) Brei m II. vt zerdrücken, [zer]stampfen
mask [mɑːsk] I. n Maske f a. fig II. vt verbergen, verstecken
masochist ['mæsəkɪst] n Masochist(in) m(f)
mass [mæs] I. n ❶ usu sing (formless quantity) Masse f; **a ~ of dough** ein Teigklumpen m; **a ~ of rubble** ein Haufen m Schutt ❷ usu sing (large quantity) Menge f; **a ~ of contradictions** eine Reihe von Widersprüchen; **the ~ of the people** die breite Masse ❸ no pl PHYS Masse f II. vi crowd sich ansammeln; troops aufmarschieren
Mass [mæs] n REL, MUS Messe f
massacre ['mæsəkə'] I. n (killing) Massaker nt, Blutbad nt II. vt ❶ (kill) massakrieren ❷ (fig: defeat) vernichtend schlagen
massage ['mæsɑː(dʒ)] I. n Massage f; **to give sb a ~** jdn massieren; **to have a ~** sich massieren lassen; **~ parlour** (for treatment) Massagepraxis f; (for sex) Massagesalon m euph II. vt (rub) massieren
massive ['mæsɪv] adj riesig, enorm
mass media n + sing/pl vb ■ **the ~** die Massenmedien pl **mass meeting** n Massenversammlung f; (at an event) Massenveranstaltung f **mass murderer** n Massenmörder(in) m(f) **mass-produce** vt serienmäßig herstellen **mass production** n Massenproduktion f **mass unemployment** n no pl Massenarbeitslosigkeit f
mast [mɑːst] n ❶ NAUT [Schiffs]mast m ❷ (flag pole) [Fahnen]mast m
master ['mɑːstə'] I. n ❶ (of slave, servant) Herr m; (of dog) Herrchen nt; **to be ~ of one's fate** sein Schicksal in der Hand haben; **to be ~ of the situation** Herr der Lage sein ❷ (expert) Meister(in) m(f); **he was a ~ of disguise** er war ein Verwandlungskünstler ❸ (specialist instructor) Lehrer m; BRIT SCH Lehrer m ❹ (dated: title for young boy) Anrede für einen Jungen oder Jugendlichen, heute noch bei Adressen auf Briefen ❺ (dated: man of the house) ■ **the ~** der Hausherr ❻ (master copy) Original nt II. vt ❶ (cope with) meistern; **to ~ one's fear of flying** seine Flugangst überwinden ❷ (become proficient) beherrschen
master bedroom n großes Schlafzimmer **master copy** n Original nt **master key** n Generalschlüssel m
masterly ['mɑːstəli] adj meisterhaft, Meister-
mastermind I. n führender Kopf II. vt ■ **to ~ sth** etw federführend leiten
Master of Arts n ❶ (degree) ≈ Magister Artium m; **to take a ~** einen Magisterabschluss machen ❷ (person) Magister m
Master of Science ■ **to be a ~** ≈ ein Diplom nt in einer Naturwissenschaft haben
masterpiece n Meisterwerk nt, Meisterstück nt
master switch n Hauptschalter m
mat [mæt] I. n ❶ (for floor) Matte f; (for furniture) Untersetzer m ❷ (thick layer) **a ~ of hair** dichtes Haar II. vt <-tt-> usu passive ■ **to be ~ted with sth** mit etw dat bedeckt sein
match¹ <pl -es> [mætʃ] n (for lighting) Streichholz nt; **a box of ~es** eine Schachtel Streichhölzer
match² [mætʃ] I. n <pl -es> ❶ SPORTS Spiel nt; **football ~** Fußballspiel nt ❷ usu sing (matching thing) **to be a good ~** gut zusammenpassen ❸ (one of pair) Gegenstück nt ❹ usu sing (equal) ebenbürtiger Gegner/ebenbürtige Gegnerin (**for** für) II. vi (harmonize) zusammenpassen III. vt ❶ (complement) ■ **to ~ sth** zu etw dat passen ❷ (find complement) ■ **to ~ sth** [**with sth**] etw [auf etw akk] abstimmen ❸ (equal) ■ **to ~ sb/sth** jdm/etw gleichkommen
matchbox n Streichholzschachtel f
matching ['mætʃɪŋ] adj attr [zusammen]passend
match point n TENNIS Matchball m
matchstick n Streichholz nt; **~ arms** sehr dünne Arme; **~ man** Strichmännchen nt fam
matchwood n no pl Kleinholz nt
mate¹ [meɪt] I. n ❶ BRIT, AUS (friend) Freund(in) m(f) ❷ BRIT, AUS (fam: form of address) Kumpel m ❸ (ship's officer) Schiffsoffizier m; **first/second ~** Erster/

Zweiter Offizier **II.** *vi* ① BIOL *animals* sich paaren (**with** mit) ② (*join or connect mechanically*) ■**to ~ to sth** sich an etw *akk* ankuppeln **III.** *vt* **to ~ two animals** zwei Tiere miteinander paaren

mate² [meɪt] CHESS **I.** *n* [Schach]matt *nt* **II.** *vt* [schach]matt setzen

material [məˈtɪərɪəl] **I.** *n* ① (*substance*) Material *nt* a. *fig*; **building ~** Baumaterial *nt*; **raw ~** Rohmaterial *nt* ② *no pl* (*cloth*) Stoff *m* ③ (*equipment*) ■ **~s** *pl* Material *nt*; **writing ~s** Schreibzeug *nt* **II.** *adj* ① (*physical*) materiell; **~ damage** Sachschaden *m* ② (*important*) wesentlich

maternal [məˈtɜːnəl] *adj* ① (*motherly*) mütterlich, Mutter- ② (*of mother's family*) mütterlicherseits *nach n*

maternity [məˈtɜːnəti] *n no pl* Mutterschaft *f*; **~ clinic** Entbindungsklinik *f*; **~ clothes** Umstandskleidung *f kein pl*, Umstandsmode *f kein pl*; **~ hospital** Entbindungsklinik *f*; **~ leave** Mutterschaftsurlaub *m*; **~ ward** Entbindungsstation *f*

matey [ˈmeɪti] BRIT, AUS **I.** *adj* (*fam*) ■ **to be ~** sich gut verstehen **II.** *n* (*fam*) Kumpel *m*

math [mæθ] *n* AM (*fam*) *short for* **mathematics** Mathe *f*

mathematical [ˌmæθəˈmætɪkəl] *adj* mathematisch

mathematician [ˌmæθəməˈtɪʃən] *n* Mathematiker(in) *m(f)*

mathematics [ˌmæθəˈmætɪks] *n + sing vb* Mathematik *f*

maths [mæθs] *n + sing vb* BRIT, AUS (*fam*) *short for* **mathematics** Mathe *f*

matinée [ˈmætɪneɪ] *n*, **matinee** *n* Matinee *f*

matriculation [məˌtrɪkjəˈleɪʃən] *n* UNIV Immatrikulation *f*

matrimony [ˈmætrɪməni] *n no pl* Ehe *f*

matt [mæt], AM **matte** *adj* matt

matted [ˈmætɪd] *adj* verflochten; *hair* verfilzt

matter [ˈmætər] **I.** *n* ① *no pl* (*material*) Materie *f*; **printed ~** Gedrucktes *nt*; **reading ~** Lesestoff *m* ② (*affair*) Angelegenheit *f*, Sache *f*; **the truth of the ~ is ...** in Wirklichkeit ...; **a ~ of urgency** etwas Dringendes; **family ~s** Familienangelegenheiten *pl* ③ *no pl* (*question*) Frage *f*; **as a ~ of fact** eigentlich; **as a ~ of interest** interessehalber; **a ~ of taste** eine Geschmackssache; **a ~ of time** eine Frage der Zeit ④ *no pl* **the subject ~ of the book** das Thema des Buches; **it's no laughing ~** das ist nicht zum Lachen ⑤ (*problem*) **is anything the ~?** stimmt etwas nicht?; **what's the ~ with you?** was ist los mit dir?; **no ~ what/when/who ...** egal, was/wann/wer ... ⑥ ■ **~s** *pl* (*state of affairs*) die Situation ⑦ LAW **~ of fact** Tatfrage *f*; **~ of law** Rechtsfrage *f* **II.** *vi* **what ~s now is that ...** worauf es jetzt ankommt, ist, dass ...; **it doesn't ~** das ist egal

matter-of-fact *adj* ① (*emotionless*) sachlich, nüchtern ② (*straightforward*) geradeheraus *präd*, direkt

mattress <*pl* -es> [ˈmætrəs] *n* Matratze *f*

mature [məˈtjʊər] **I.** *adj* ① (*adult*) erwachsen; *animal* ausgewachsen; (*like an adult*) reif ② (*ripe*) reif ③ FIN (*payable*) fällig **II.** *vi* ① (*physically*) erwachsen werden, heranreifen ② (*ripen*) [heran]reifen **III.** *vt* FOOD reifen lassen

maturity [məˈtjʊərəti] *n no pl* ① (*adulthood*) Erwachsensein *nt* ② (*developed form, ripeness, wisdom*) Reife *f*

mauve [məʊv] *adj* mauve

maxima [ˈmæksɪmə] *n pl of* **maximum**

maximum [ˈmæksɪməm] **I.** *adj attr* maximal, Höchst-, Maximal- **II.** *n* <*pl* -ima *or* -s> [-ɪmə] Maximum *nt* **III.** *adv* maximal

may <3rd pers. sing may, might, might> [meɪ] *aux vb* ① (*indicating possibility*) können; **be that as it ~** wie dem auch [immer] sei ② (*be allowed*) dürfen, können ③ (*expressing wish*) mögen; **~ she rest in peace** möge sie in Frieden ruhen *form*

May [meɪ] *n* (*month*) Mai *m*; *see also* **February**

maybe [ˈmeɪbi] **I.** *adv* ① (*perhaps*) vielleicht, möglicherweise; **~ we should start again** vielleicht sollten wir noch mal anfangen ② (*approximately*) circa, ungefähr **II.** *n* Vielleicht *nt*; **to be a definite ~** [sehr] wahrscheinlich sein

May bug *n* Maikäfer *m*

mayor [meər] *n* Bürgermeister(in) *m(f)*

mayoress <*pl* -es> [ˌmeəˈres] *n esp* BRIT ① (*woman mayor*) Bürgermeisterin *f* ② (*mayor's wife*) Frau *f* des Bürgermeisters

maypole *n* Maibaum *m*

maze [meɪz] *n* Labyrinth *nt* a. *fig*, Irrgarten *m* a. *fig*

MB [ˌemˈbiː] *n* COMPUT *abbrev of* **megabyte** MB *nt*

MD [ˌemˈdiː] *n* AM, AUS *abbrev of* **Doctor of**

Medicine Dr. med.

me [miː, mɪ] *pron object* ❶ (*1st person singular*) mir *in dat*, mich *in akk;* **wait for** ~ **!** warte auf mich!; **hi, it's** ~ hallo, ich bin's; **you have more than** ~ du hast mehr als ich; **between you and** ~ unter uns [gesagt] ❷ Am (*fam: myself*) mir *in dat*, mich *in akk* ▸ **goodness** ~ **!** du lieber Himmel!

meadow ['medəʊ] *n* Wiese *f*

meager Am *see* **meagre**

meagre ['miːg‑ər] *adj* mager, dürftig, kärglich

meal[1] [miːl] *n* Mahlzeit *f*, Essen *nt;* **to go out for a** ~ essen gehen

meal[2] [miːl] *n* AGR [grobes] Mehl

mealtime *n* Essenszeit *f*

mean[1] [miːn] *adj* ❶ *esp* Brit (*miserly*) geizig, knauserig, kleinlich ❷ (*unkind*) gemein, fies *fam* ❸ (*bad*) schlecht; **he's no** ~ **cook** er ist kein schlechter Koch

mean[2] <meant, meant> [miːn] *vt* ❶ (*signify*) *word, symbol* bedeuten; **no** ~ **s** no nein heißt nein ❷ **what do you** ~ **by that?** was willst du damit sagen? ❸ (*be sincere*) **I** ~ **what I say** es ist mir ernst mit dem, was ich sage ❹ (*intend*) wollen; **he didn't** ~ **any harm** er wollte nichts Böses; **to** ~ **business** es ernst meinen; **to** ~ **well** es gut meinen

mean[3] [miːn] **I.** *n* (*average*) Mittel *nt;* (*average value*) Mittelwert *m;* (*fig*) Mittelweg *m* **II.** *adj* durchschnittlich

meaning ['miːnɪŋ] *n* ❶ (*sense*) Bedeutung *f;* **the** ~ **of life** der Sinn des Lebens; **what is the** ~ **of this?** was soll das heißen? ❷ (*importance*) Bedeutung *f*, Sinn *m;* **to have** ~ **for sb** jdm etwas bedeuten

meaningful ['miːnɪŋfəl] *adj* ❶ (*important*) bedeutsam, wichtig ❷ (*implying something*) bedeutungsvoll, viel sagend

meaningless ['miːnɪŋləs] *n* (*without importance*) bedeutungslos; (*nonsensical*) sinnlos

means <*pl* ‑> [miːnz] *n* ❶ (*method*) Weg *m;* **ways and** ~ Mittel und Wege; ~ **of communication** Kommunikationsmittel *nt;* ~ **of support** Einkommen *nt* ❷ (*income*) ■ ~ *pl* Geldmittel *nt pl;* **private** ~ Privatvermögen *nt* ▸ **a** ~ **to an end** ein Mittel zum Zweck

meant [ment] *pt, pp of* **mean**

meantime *n* **for the** ~ vorerst; **in the** ~ inzwischen, in der Zwischenzeit

meanwhile [ˌmiːn'(h)waɪl] *adv* inzwischen, unterdessen, mittlerweile

measles ['miːz|z] *n + sing vb* Masern *pl*

measure ['meʒər] **I.** *n* ❶ (*unit*) Maß *nt*, Maßeinheit *f;* **a** ~ **of length** ein Längenmaß *nt* ❷ (*fig: degree*) Maß ~ in hohem Maß ❸ (*measuring instrument*) Messgerät *nt;* (*ruler, yardstick*) Messstab *m* ❹ (*indicator*) Maßstab *m* **II.** *vt* [ab|messen **III.** *vi* messen

measured ['meʒəd] *adj* gemäßigt; *voice, tone* bedächtig; *response* wohl überlegt

measurement ['meʒəmənt] *n* ❶ (*size*) ■ **sb's** ~ **s** *pl* jds Maße *pl*, jds Größe *f;* **chest** ~ Brustumfang *m* ❷ *no pl* (*measuring*) Messung *f*

measuring cup ['meʒərɪŋ‑] *n esp* Am, Aus *see* **measuring jug measuring cylinder** *n* Messzylinder *m* **measuring equipment** *n no pl* Messgerät[e] *nt*[*pl*] **measuring jug** *n* Brit Messbecher *m* **measuring spoon** *n* Messlöffel *m* **measuring tape** *n* Messband *m*

meat [miːt] *n* Fleisch *nt;* (*fig: subject matter*) Substanz *f*

meatball *n* Fleischklößchen *nt* **meat-eater** *n* Fleischfresser *m* **meat grinder** *n* Am Fleischwolf *m* **meat loaf** *n* Hackbraten *m* **meat products** *npl* Fleischwaren *f pl*

Mecca ['mekə] *n* ❶ REL Mekka *nt* ❷ (*centre of attraction*) ■ **a** ~ Mekka *nt fig*

mechanic [mɪ'kænɪk] *n* Mechaniker(in) *m(f)*

mechanical [mɪ'kænɪkəl] *adj* ❶ *machines* mechanisch, Maschinen‑; (*technical*) technisch ❷ (*machine-like*) mechanisch, automatisch

medal ['medəl] *n* [Ehren]medaille *f*, Auszeichnung *f;* SPORTS Medaille *f*

medalist *n* Am *see* **medallist**

medallion [mɪ'dæliən] *n* Medaillon *nt*

medallist ['medəlɪst] *n* Medaillengewinner(in) *m(f)*

meddle ['medl] *vi* sich einmischen (**in**); ■ **to** ~ **with sth** sich mit etw *dat* abgeben

media ['miːdiə] *n* ❶ *pl of* **medium** ❷ + *sing/pl vb* (*the press*) ■ **the** ~ die Medien *pl;* **in the** ~ in den Medien; ~ **coverage** Berichterstattung *f;* **a** ~ **event** ein Medienereignis *nt;* ~ **hype** Medienrummel *m*

mediaeval *adj see* **medieval**

mediator ['miːdieɪtər] *n* Vermittler(in) *m(f)*

medic ['medɪk] *n* (*fam*) ❶ (*doctor*) Doktor *m fam*, Medizinmann *m hum fam* ❷ Am MIL,

NAUT Sanitäter(in) *m(f)*
medical ['medɪkªl] **I.** *adj facilities, research* medizinisch; **~ attention** ärztliche Behandlung **II.** *n (fam)* ärztliche Untersuchung; **to have a ~** sich ärztlich untersuchen lassen
medication [ˌmedɪ'keɪʃªn] *n* MED ❶ *no pl (course of drugs)* Medikamente *pl;* **to be on ~ for sth** Medikamente gegen etw *akk* [ein]nehmen ❷ *(drug)* Medikament *nt;* **he was taken off the ~** das Medikament wurde bei ihm abgesetzt
medicine ['medsªn] *n* ❶ *no pl (for illness)* Medizin *f,* Medikamente *pl;* **to take [one's] ~** [seine] Medizin einnehmen ❷ *(substance)* Medikament *nt;* **cough ~** Hustenmittel *nt* ❸ *no pl (medical science)* Medizin *f;* **to practise ~** den Arztberuf ausüben
medieval [ˌmedi'iːvªl] *adj* mittelalterlich
meditate ['medɪteɪt] **I.** *vi* ❶ *(think deeply)* ■ **to ~ on sth** über etw *akk* nachdenken ❷ *(as spiritual exercise)* meditieren **II.** *vt (form: plan)* planen
Mediterranean [ˌmedɪtªr'eɪnɪən] **I.** *n* Mittelmeer *nt* **II.** *adj climate* mediterran; **~ cooking** Mittelmeerküche *f;* **~ looks** südländisches Aussehen
medium ['miːdɪəm] **I.** *adj* ❶ *(average)* durchschnittlich, mittel; **of ~ height** von mittlerer Größe ❷ FOOD *steak* halb durch **II.** *n <pl -s or -dia>* ❶ *(means)* Medium *nt,* Mittel *nt;* PUBL, TV Medium *nt* ❷ *(art material)* Medium *nt*
medium-dry *adj wine* halbtrocken **medium-rare** *adj* FOOD englisch **medium-size(d)** *adj* mittelgroß **medium term** *n* **in the ~** mittelfristig; **growth over the ~** mittelfristiges Wachstum **medium wave** *n esp* BRIT Mittelwelle *f*
meet [miːt] **I.** *n* ❶ *(sporting event)* Sportveranstaltung *f* ❷ BRIT *(fox hunt)* Jagdtreffen *nt (zur Fuchsjagd)* **II.** *vt <met, met>* ❶ *(by chance)* treffen; **I met her in the street** ich bin ihr auf der Straße begegnet ❷ *(by arrangement)* ■ **to ~ sb** sich mit jdm treffen ❸ *(collect)* abholen; **a bus ~s every train** zu jedem Zug gibt es einen Anschlussbus ❹ **Peter, ~ Judith** Peter, darf ich dir Judith vorstellen? ❺ *(come into contact)* ■ **to ~ sth** auf etw *akk* treffen; **his eyes met hers** ihre Blicke trafen sich ❻ *(experience)* ■ **to ~ sth** mit etw *dat* konfrontiert sein ▸ **to ~ one's death** den Tod finden; **to make ends ~** über die Runden kommen **III.** *vi* <met, met> ❶ *(by chance)* sich begegnen ❷ *(by arrangement)* sich treffen ❸ **no, we haven't met** nein, wir kennen uns noch nicht ◆ **meet with I.** *vi* ❶ *esp* AM *(have meeting)* ■ **to ~ with sb** jdn treffen ❷ *(experience)* ■ **to ~ with sth** *problems* auf etw *akk* stoßen; **to ~ with approval** Beifall finden; **to ~ with success** Erfolg haben **II.** *vt* ❶ *(respond to)* **the announcement was met with loud applause** die Ankündigung wurde mit lautem Beifall aufgenommen ❷ *(match)* **to ~ force with force** auf Gewalt mit Gewalt reagieren
meeting ['miːtɪŋ] *n* ❶ *(organized gathering)* Versammlung *f,* Sitzung *f;* **business ~** geschäftliche Besprechung ❷ *(coming together)* Treffen *nt;* **chance ~** zufälliges Treffen ❸ SPORTS Veranstaltung *f*
megadose ['megədəʊs] *n (fam)* Riesenportion *f*
megalomart ['megªləʊmɑːt] *n* AM Hypermarkt *m*
mega-retailer *n* Rieseneinzelhandelsunternehmen *nt*
melanoma [ˌmelə'nəʊmə] *n* Melanom *nt;* **malignant ~** bösartiges Melanom

Der **Melbourne Cup** (Pokal), der immer am ersten Dienstag im November abgehalten wird, ist Australiens beliebtestes Pferderennen. An diesem Renntag kommt in ganz Australien für drei Minuten alles zum Stillstand, da dann alle Arbeiter das Rennen im Fernsehen oder Radio verfolgen. Millionen von Dollar werden verwettet; im ganzen Land zieht man sich festlich an und mittags gibt es Hähnchen mit Sekt.

melody ['melədi] *n* Melodie *f*
melon ['melən] *n* Melone *f*
melt [melt] **I.** *n* ❶ *(thaw)* Schneeschmelze *f* ❷ AM FOOD *Sandwich mit geschmolzenem Käse* **II.** *vi* ❶ *(turn into liquid)* schmelzen; **to ~ in the mouth** auf der Zunge zergehen ❷ *(fig: become tender)* dahinschmelzen **III.** *vt* ❶ *(make liquid)* schmelzen ❷ *(fig: make tender)* erweichen
melting point *n* Schmelzpunkt *m*
melting pot *n (fig)* Schmelztiegel *m fig;* **cultural ~** Schmelztiegel *m* der Kulturen
member ['membəʳ] *n* ❶ *(of group)* Angehö-

rige(r) *f(m)*; *of a club, party* Mitglied *nt* ❷ Brit (*Member of Parliament*) ■ **M~** Parlamentsmitglied *nt,* Abgeordnete(r) *f(m)*

Member of Parliament *n* Parlamentsmitglied *nt,* Abgeordnete(r) *f(m)*

Member of the European Parliament *n* Abgeordnete(r) *f(m)* des Europaparlaments

membership ['membəʃɪp] *n* ❶ (*people*) ■ **the** ~ + *sing/pl vb* die Mitglieder *pl* ❷ *no pl* (*being member*) Mitgliedschaft *f* ❸ (*fee*) Mitgliedsbeitrag *m*

membership card *n* Mitgliedsausweis *m*

memo¹ ['meməʊ] *n short for* **memorandum** Memo *nt*

memo² ['meməʊ] *vt* ■ **to ~ sb** jdm ein Memo schicken

memo pad *n* Notizblock *m*

memorable ['memᵊrəbl] *adj* denkwürdig; *evening, tune* unvergesslich

memorial [məˈmɔːriəl] *n* Denkmal *nt*; MIL Ehrenmal *nt*

Der **Memorial Day** ist der letzte Montag im Mai und ist fast überall in den USA (außer in ein paar Südstaaten) ein gesetzlicher Feiertag. An diesem Tag gedenkt man der Gefallenen aller US-Kriege.

memorize ['memᵊraɪz] *vt* ■ **to ~ sth** sich *dat* etw einprägen

memory ['memᵊri] *n* ❶ *no pl* (*ability to remember*) Gedächtnis *nt* (**for** für); **loss of ~** Gedächtnisschwund *m;* **within living/ sb's ~** soweit man/jd zurückdenken kann ❷ *no pl* (*remembrance*) Andenken *nt*; **in ~ of** zum Gedenken an +*akk* ❸ *no pl* COMPUT Speicher *m*

memory lane *n no pl* ▶ **to take a stroll down ~** in Erinnerungen schwelgen *geh*

memory span *n* PSYCH Gedächtnisspanne *f*

men [men] *n pl of* **man**

menacing ['menɪsɪŋ] *adj attr* drohend

menacingly ['menɪsɪŋli] *adv* drohend

mend [mend] I. *n* (*repair*) Flickstelle *f* ▶ **to be on the ~** (*fam*) auf dem Weg der Besserung sein II. *vt* ❶ (*repair*) reparieren; *torn clothes* ausbessern, flicken ❷ (*fig: improve*) verbessern ▶ **to ~ fences** Unstimmigkeiten ausräumen; **to ~ one's ways** sich bessern III. *vi* gesund werden *a. fig; bone* heilen

men's room *n esp* AM, **men's toilet** *n* Herrentoilette *f*

mental ['mentᵊl] *adj* ❶ (*of the mind*) geistig, mental; **~ process** Denkprozess *m* ❷ (*psychological*) psychisch, seelisch; **~ cruelty** seelische Grausamkeit; **~ illness** Geisteskrankheit *f*

mentally ['mentᵊli] *adv* ❶ (*psychologically*) psychisch; **~ deranged/stable** psychisch gestört/stabil ❷ (*intellectually*) geistig; **~ disabled** geistig behindert

mention ['men(t)ʃᵊn] I. *n* ❸ (*reference*) Erwähnung *f;* **no ~ was made of sb/sth** jd/ etw wurde nicht erwähnt; **to get a ~** erwähnt werden ❷ (*honour*) lobende Erwähnung II. *vt* erwähnen; **don't ~ it!** gern geschehen!; **not to ~ ...** ganz zu schweigen von ...

menu ['menjuː] *n* ❶ (*in restaurant*) Speisekarte *f* ❷ COMPUT Menü *nt*

MEP [ˌemiːˈpiː] *n* Brit *abbrev of* **Member of the European Parliament**

mercantile ['mɜːkᵊntaɪl] *adj* (*form*) kaufmännisch, Handels-

merchant ['mɜːtʃᵊnt] *n* Händler(in) *m(f),* Kaufmann *m,* Kauffrau *f*

merchant bank *n* Handelsbank *f* **merchant marine** *n* AM *see* **merchant navy merchant navy** *n* Brit Handelsmarine *f* **merchant ship** *n* Handelsschiff *nt*

mercury ['mɜːkjᵊri] *n no pl* (*metal*) Quecksilber *nt*

Mercury ['mɜːkjᵊri] *n no art, no pl* (*planet*) Merkur *m*

mercy ['mɜːsi] *n no pl* (*compassion*) Mitleid *nt,* Erbarmen *nt;* (*forgiveness*) Gnade *f;* **to beg for ~** um Gnade bitten

mere [mɪəʳ] *adj* nur, nichts als

merely ['mɪəli] *adv* nur, bloß *fam*

merge [mɜːdʒ] I. *vi* ❶ (*join*) zusammenkommen; *roads* zusammenlaufen ❷ ECON *companies, organizations* fusionieren ❸ (*fuse*) verschmelzen (**with/into** mit); ■ **to ~ into each other** ineinander übergehen II. *vt* **to ~ two classes** SCH zwei Klassen zusammenlegen

merger ['mɜːdʒəʳ] *n* ECON Fusion *f*

merit ['merɪt] I. *n* ❶ *no pl* (*worthiness*) Verdienst *nt* ❷ (*good quality*) gute Eigenschaft, Vorzug *m* ❸ (*intrinsic nature*) ■ **on its own ~s** für sich *akk* betrachten II. *vt* verdienen

merry ['meri] *adj* ❶ (*happy*) fröhlich; **M~ Christmas** Frohe [*o* Fröhliche] Weihnachten ❷ Brit (*fam: slightly drunk*) angesäuselt

merry-go-round *n* Karussell *nt*

mess [mes] *n* <*pl* -**es**> ① *usu sing* (*untidy state*) Unordnung *f*, Durcheinander *nt*; **you look a complete ~!** du siehst ja schlimm aus!; **to be in a ~** in Unordnung sein ② *usu sing* (*disorganized state*) Chaos *nt*; ■ **to be a ~** chaotisch sein

message ['mesɪdʒ] *n* ① (*communication*) Nachricht *f*, Botschaft *f*; **to deliver a ~ [to sb]** [jdm] eine Nachricht überbringen ② (*teaching*) Aussage *f*; **to get the ~** (*fam*) kapieren

messenger ['mesɪndʒəʳ] *n* Bote(in) *m(f)*

mess-up *n* (*fam*) Durcheinander *nt*

messy ['mesi] *adj* ① (*untidy*) unordentlich; *person* schlampig ② (*dirty*) schmutzig, dreckig

met¹ [met] *vt*, *vi pt of* **meet**

met² [met] *adj* BRIT (*fam*) *short for* **meteorological** meteorologisch; **the M~ Office** das Wetteramt

Met [met] *n* BRIT ■ **the ~** *short for* **Metropolitan Police**

metal ['metəl] **I.** *n* Metall *nt*; **precious ~** Edelmetall *nt* **II.** *adj* aus Metall *nach n*

metallic [mə'tælɪk] *adj* ① (*like metal*) metallisch; **~ paint** Metalleffektlack *m* ② (*containing metal*) metallhaltig; **~ alloy** Metalllegierung *f*

metaphor ['metəfəʳ] *n* Metapher *f* (**for** für)

metaphoric(al) [ˌmetə'fɒrɪk(əl)] *adj* metaphorisch

meteorology [ˌmiːtiəʳ'ɒlədʒi] *n no pl* Meteorologie *f*

meter¹ ['miːtəʳ] *n* Messuhr *f*, Zähler *m*; [**parking**] **~** Parkuhr *f*; [**taxi**] **~** Taxameter *nt o m*

meter² *n* AM *see* **metre**

method ['meθəd] *n* ① (*way of doing sth*) Methode *f*, Art und Weise *f* ② *no pl* (*order*) System *nt*

methodical [mə'θɒdɪkəl] *adj* ① (*ordered*) methodisch, systematisch ② (*careful*) sorgfältig

metre ['miːtəʳ] *n* ① (*unit of measurement*) Meter *m*; **the 100/1500 ~s** der 100-/1500-Meter-Lauf ② (*poetic rhythm*) Metrum *nt*

metric ['metrɪk] *adj* metrisch

metro ['metroʊ] *adj attr* AM *short for* **metropolitan** Stadt-

metropolis [mə'trɒpəlɪs] *n* (*form*) ① (*large city*) Metropole *f geh* ② (*chief city*) Hauptstadt *f*

metropolitan [ˌmetrə'pɒlɪtən] *adj* ① (*of large city*) weltstädtisch ② (*of chief city*) hauptstädtisch

Metropolitan Police *n no pl* BRIT ■ **the ~** die Londoner Polizei

mice [maɪs] *n pl of* **mouse**

mickey ['mɪki] *n* BRIT, AUS (*fam*) **to take the ~ out of sb** jdn aufziehen *fam*, sich über jdn lustig machen

micro ['maɪkrə(ʊ)] *n* (*fam*) *short for* **microcomputer** Mikrocomputer *m*

microbiology *n no pl* Mikrobiologie *f*

microbrowser *n* INET Mikrobrowser *m*

microchip *n* Mikrochip *m*

microfine [maɪkrə(ʊ)faɪn] *adj attr* winzig

microphone *n* Mikrofon *nt*

microprocessor *n* Mikroprozessor *m*

microscope ['maɪkrəskəʊp] *n* Mikroskop *nt*; **to put sth under the ~** (*fig*) etw unter die Lupe nehmen

microscopic [ˌmaɪkrə'skɒpɪk] *adj* ① (*fam: tiny*) winzig; **to look at sth in ~ detail** etw haargenau prüfen ② (*visible with microscope*) *algae, creature* mikroskopisch klein

microwave **I.** *n* ① (*oven*) Mikrowellenherd *m*, Mikrowelle *f* ② (*wave*) Mikrowelle *f* **II.** *vt* in der Mikrowelle erwärmen

mid- [mɪd] *in compounds* **in ~-April** Mitte April; **in the ~-80s** Mitte der achtziger Jahre; **temperatures in the ~-20s** Temparaturen um 25 Grad; **he's in his ~-thirties** er ist Mitte dreißig

midday *n no pl* Mittag *m*; **at ~** mittags, um die Mittagszeit

middle ['mɪdl] **I.** *n* ① (*centre*) Mitte *f*; *of fruit, nuts* Innere[s] *nt*; (*centre part*) *of book, film, story* Mittelteil *m* ② (*in time, space*) mitten; **in the ~ of the night** mitten in der Nacht; **in the ~ of nowhere** (*fig*) am Ende der Welt; **in the ~ of summer** mitten im Sommer; **in the ~ of 1985/March/the century** Mitte 1985/März/des Jahrhunderts ③ (*between things*) Mitte *f*; **let's split the cost right down the ~!** lass uns die Kosten teilen! **II.** *adj attr* mittlere(r, s)

middle age *n no pl* mittleres Alter; **in ~ after** *n* mittleren Alters

middle-aged *adj* mittleren Alters *nach n*

Middle Ages *n* ■ **the ~** *pl* das Mittelalter

middle class *n* ① (*with average income*)

Mittelstand *m;* **lower/upper** ~ unterer/gehobener Mittelstand ❷ *(as a whole)* ■ **the** ~ der Mittelstand
middle-class *adj* Mittelstands-, mittelständisch; *(pej)* spießig
Middle East *n* ■ **the** ~ der Nahe Osten
middle name *n* zweiter Vorname
middle-of-the-road *adj* ❶ *(moderate) opinions, views* gemäßigt ❷ *(pej: boring) film, music* mittelmäßig, anspruchslos
middling ['mɪdlɪŋ] *adj (fam)* ❶ *(average)* mittlere(r, s); **to be of** ~ **height/weight** mittlerer Größe/mittleren Gewichts sein ❷ *(not very good)* mittelmäßig
midfield *n* Mittelfeld *nt*
midge [mɪdʒ] *n* [kleine] Mücke
midget ['mɪdʒɪt] **I.** *n (dwarf)* Liliputaner(in) *m(f); (child)* Knirps *m fam,* Zwerg *m hum* **II.** *adj attr (small)* winzige(r, s), Mini-
midnight *n no pl* Mitternacht *f;* **at** ~ um Mitternacht
midsummer *n no pl* Hochsommer *m*
midterm I. *n no pl (mid-point) of political office* Halbzeit *f* der Amtsperiode; SCH Schulhalbjahr *nt;* UNIV Semesterhälfte *f* **II.** *adj* ~ **elections** Zwischenwahlen *pl*
midway I. *adv* [ˌmɪdˈweɪ] auf halbem Weg; ~ **through the film, the projector broke** mitten im Film ging der Projektor kaputt **II.** *adj* [ˌmɪdˈweɪ] *attr* auf halbem Weg **III.** *n* ['mɪdweɪ] AM *Mittelweg einer Ausstellung oder eines Jahrmarktes, an dem sich die Hauptattraktionen befinden*
midwife ['mɪdwaɪf] *n* Hebamme *f*
midwinter *n no pl* Mitte *f* des Winters; *(winter solstice)* Wintersonnenwende *f*
might¹ [maɪt] **I.** *pt of* **may II.** *aux vb* ❶ *(expressing possibility)* **that old bridge** ~ **be dangerous** die alte Brücke könnte gefährlich sein; *(could)* **someone phoned at six, it** ~ **have been him** um sechs rief jemand an, das könnte er gewesen sein ❷ *(conceding a fact)* **United** ~ **be an excellent team, but ...** United mag eine hervorragende Mannschaft sein, aber ... ❸ *esp* BRIT *(form: polite form of may)* ~ **I ...?** dürfte ich [vielleicht] ...? ❹ *(form: making a suggestion)* ~ **I make a suggestion?** dürfte ich vielleicht einen Vorschlag machen?
might² [maɪt] *n no pl* ❶ *(authority)* Macht *f* ❷ *(strength)* Kraft *f;* MIL Stärke *f*
mighty ['maɪti] **I.** *adj* ❶ *(powerful) river,* *dinosaur* gewaltig; *king, country* mächtig ❷ *(large in number) army, fleet* gewaltig **II.** *adv* AM *(fam)* sehr; **that was** ~ **nice of you** das war wirklich nett von dir
migraine ['miːgreɪn] *n* Migräne *f*
mike [maɪk] *n (fam) short for* **microphone** Mikro *nt*
mild [maɪld] **I.** *adj* ❶ *(gentle) person* sanft; *soap, laundry detergent* schonend; *(not severe)* leicht ❷ MED *(not strong)* leicht, schwach ❸ *cheese, whiskey* mild **II.** *n no pl* BRIT mild schmeckendes, dunkles Bier
mildly ['maɪldli] *adv* ❶ *(gently)* leicht; *speak, smile* sanft ❷ *(slightly) surprised, worried, annoyed* leicht ❸ *(as an understatement)* **to put it** ~ um es [mal] milde auszudrücken
mile [maɪl] *n* ❶ *(distance)* Meile *f;* **a nautical** ~ eine Seemeile; **to be** ~**s away** *(fig)* meilenweit entfernt sein; **to be** ~ **from anywhere** völlig abgeschieden sein ❷ **to be** ~**s better** bei weitem besser sein; **to be a** ~ **off** meilenweit danebenliegen
mileage ['maɪlɪdʒ] *n no pl* ❶ *(petrol efficiency)* Kraftstoffverbrauch *m;* **he gets bad/good** ~ **from his car** sein Auto verbraucht viel/wenig Kraftstoff ❷ *(distance travelled)* Meilenstand *m*
militant ['mɪlɪtᵊnt] **I.** *adj* militant **II.** *n* Kämpfer(in) *m(f);* POL militantes Mitglied
military ['mɪlɪtri] *n pl* ■ **the** ~ das Militär
military academy *n* ❶ *(for cadets)* Militärakademie *f* ❷ AM *(for pupils)* sehr strenge Privatschule **military casualties** *npl* Kriegsopfer *pl* **military police** *npl* ■ **the** ~ die Militärpolizei **military service** *n no pl* Wehrdienst *m*
militiaman *n* Milizionär *m*
milk [mɪlk] **I.** *n no pl* Milch *f; (breast milk)* Muttermilch *f; (in coconuts)* Kokosmilch *f;* **goat's/sheep's/cow's** ~ Ziegen-/Schafs-/Kuhmilch *f;* **chocolate-flavoured** ~ Schokoladenmilch *f;* **full fat** [*or* AM **whole**] ~ Vollmilch *f;* **long-life** ~ H-Milch *f;* **skimmed** ~ entrahmte Milch **II.** *vt* ❶ *(get milk) cow, goat* melken ❷ *(exploit)* melken, schröpfen *fam;* **to** ~ **a story** JOURN eine Story ausschlachten
milk chocolate *n no pl* Milchschokolade *f* **milkman** *n* BRIT Milchmann *m* **milk powder** *n no pl* Milchpulver *nt* **milk shake** *n* Milchshake *m* **milk tooth** *n* Milchzahn *m*
milky ['mɪlki] *adj* ❶ *(with milk)* mit Milch

mill–mingle

nach n; ~ **coffee/tea** Milchkaffee/-tee *m* ❷ *(not clear) glass, water* milchig
mill [mɪl] **I.** *n* ❶ *(building)* Mühle *f* ❷ *(factory)* Fabrik *f;* **cotton** ~ Baumwollspinnerei *f* **II.** *vt grain, coffee* mahlen
millennial [mɪˈleniəl] *adj* tausendjährig; ~ **celebrations** Tausendjahrfeiern *pl*
millennium <*pl* -s *or* -nia> [mɪˈleniəm, *pl* -niə] *n* ❶ *(1000 years)* Jahrtausend *nt,* Millennium *nt geh* ❷ *(anniversary)* Jahrtausendfeier *f* ❸ REL *(reign of Christ)* Tausendjähriges Reich
millepede [ˈmɪlɪpiːd] *n* Tausendfüßler *m*
miller [ˈmɪlər] *n* Müller(in) *m(f)*
milligram, BRIT *a.* **milligramme** [ˈmɪlɪɡræm] *n* Milligramm *nt*
milliliter AM *see* **millilitre**
millilitre [ˈmɪlɪˌliːtər] *n* Milliliter *m*
million [ˈmɪljən] *n* *(1,000,000)* Million *f;* **a ~ pounds** eine Million Pfund; **eight ~ [people]** acht Millionen [Menschen]; **half a ~** eine halbe Million
millionaire [ˌmɪljəˈneər] *n* Millionär *m*
millionth [ˈmɪljən(t)θ] **I.** *adj* millionste(r, s) **II.** *n* Millionstel *nt*
millipede *n see* **millepede**
mimic [ˈmɪmɪk] **I.** *vt* <-ck-> nachahmen **II.** *n* Imitator(in) *m(f)*
mince [mɪn(t)s] **I.** *vt* FOOD *meat* hacken ▶ **to not ~ [one's] words** kein Blatt vor den Mund nehmen **II.** *vi* trippeln, tänzeln **III.** *n no pl* BRIT, AUS Hackfleisch *nt*
mincemeat pie *n* AM *see* **mince pie**
mince pie *n* BRIT *kleines Törtchen mit Füllung aus Dörrobst und Gewürze, das traditionell in der Weihnachtszeit gegessen wird*
mincer [ˈmɪn(t)sər] *n* Fleischwolf *m*
mind [maɪnd] **I.** *n* ❶ *(brain, intellect)* Geist *m,* Verstand *m;* **frame of** ~ seelische Verfassung; **to have a logical** ~ logisch denken können; **to use one's** ~ seinen Verstand gebrauchen ❷ *(sanity)* Verstand *m;* **to be out of one's** ~ den Verstand verloren haben; **to drive sb out of his/her** ~ jdn wahnsinnig machen ❸ *(thoughts)* Gedanken *pl;* **what's on your ~?** woran denkst du?; **to be in the back of sb's** ~ in jds *dat* Hinterkopf sein; **to bear sth in** ~ etw nicht vergessen; **bearing in ~ that ...** angesichts der Tatsache, dass ...; **to read sb's** ~ jds Gedanken lesen ❹ *(intention)* **to know one's [own]** ~ wissen, was man will; **to make up one's** ~ sich entscheiden ❺ **to give sb a piece of one's** ~ jdm seine Meinung sagen; **to be of the same** ~ der gleichen Meinung sein **II.** *vt* ❶ *(be careful of)* ■ **to** ~ **sth** auf etw *akk* aufpassen; ~ **the step!** Vorsicht Stufe! ❷ *(care about)* ■ **to** ~ **sb** sich um jdn kümmern; **don't** ~ **me** nimm keine Rücksicht auf mich; **don't** ~ **what she says** kümmer dich nicht darum, was sie sagt; **never** ~ **her!** vergiss sie doch einfach! ❸ *(make certain)* ■ **to** ~ **that ...** denk daran, dass ... ❹ *(look after)* ■ **to** ~ **sb/sth** auf jdn/ etw aufpassen; *(fig)* **I'm ~ing the shop** ich kümmere mich hier um den Laden *fam* ❺ *(fam: object)* **do you** ~ **my smoking?** stört es Sie, wenn ich rauche? ▶ **to** ~ **one's p's and q's** sich gut benehmen; ~ **you** allerdings **III.** *vi* ❶ *(care)* sich *dat* etwas daraus machen; **I don't** ~ das ist mir egal; **never ~!** [ist doch] egal!; **never ~, I'll do it myself!** vergiss es, ich mach's selbst! ❷ *(object)* etwas dagegen haben; **do you** ~ **if I ...?** stört es Sie, wenn ich ...?
mind-expanding *adj* bewusstseinserweiternd
mindless [ˈmaɪn(d)ləs] *adj* ❶ *(pointless)* sinnlos; *violence, jealousy* blind ❷ *(not intellectual) job, talk, work* geistlos
mine[1] [maɪn] *pron poss* meine(r, s); **she's an old friend of** ~ sie ist eine alte Freundin von mir
mine[2] [maɪn] **I.** *n* ❶ *(excavation)* Bergwerk *nt;* *(fig: valuable source)* Fundgrube *f;* **a coal** ~ eine Kohlengrube ❷ MIL *(explosive)* Mine *f* **II.** *vt* ❶ *(obtain resources) coal, iron, diamonds* abbauen ❷ *(plant mines)* **to** ~ **an area** ein Gebiet verminen
minefield *n* Minenfeld *nt;* *(fig)* gefährliches Terrain
miner [ˈmaɪnər] *n* Bergarbeiter(in) *m(f)*
mineral [ˈmɪnərəl] *n* ❶ *(inorganic substance)* Mineral *nt* ❷ *(when obtained by mining)* [Gruben]erz *nt,* Mineral *nt* ❸ *(in nutrition)* Mineral *nt*
mineral water *n no pl* Mineralwasser *nt;* **carbonated/still** ~ kohlensäurehaltiges/stilles Mineralwasser
minestrone [ˌmɪnɪˈstrəʊni] *n no pl* Minestrone *f*
mingle [ˈmɪŋɡl] **I.** *vt usu passive* mischen **II.** *vi* *(socialize)* sich untereinander vermischen; **to** ~ **with the guests** sich unter die Gäste mischen

minibus *n* Kleinbus *m*
minicab *n* BRIT Kleintaxi *nt*
mini-camera *n* Minikamera *f*
minimal ['mɪnɪməl] *adj* minimal, Mindest-; **with ~ effort** mit möglichst wenig Anstrengung
minimize ['mɪnɪmaɪz] *vt* ❶ (*reduce*) auf ein Minimum beschränken, minimieren ❷ (*underestimate*) schlechtmachen; **to ~ sb's concerns** jds Sorgen herunterspielen
minimum ['mɪnɪməm] **I.** *n* <*pl* -s *or* -ima> Minimum *nt;* **a ~ of 3 hours** mindestens 3 Stunden; **to keep sth to a ~** etw so niedrig wie möglich halten **II.** *adj* ❶ (*lowest possible*) Mindest-; **~ requirements** Mindestanforderungen *pl* ❷ (*very low*) Minimal-, minimal
mining ['maɪnɪŋ] **I.** *n no pl* Bergbau *m* **II.** *adj attr* Bergbau-, Bergwerks-
miniskirt *n* Minirock *m*
minister ['mɪnɪstər] **I.** *n* ❶ (*in government*) Minister(in) *m(f)* ❷ (*diplomat*) Gesandte(r) *f(m)* ❸ (*protestant priest*) Pfarrer(in) *m(f)* **II.** *vi* (*be of service*) ■**to ~ to sb** jdm zu Diensten sein
ministry ['mɪnɪstri] *n* ❶ (*in government*) Ministerium *nt;* **~ of agriculture/defence/transport** Landwirtschafts-/Verteidigungs-/Verkehrsministerium *nt* ❷ POL (*period of government*) Amtszeit *f* ❸ *no pl* (*priesthood*) ■**the ~** der geistliche Stand
minor ['maɪnər] **I.** *adj* ❶ (*small*) detail, criticism nebensächlich; character, plot unbedeutend; crime, violation geringfügig; **to be of ~ importance** von geringer Bedeutung sein ❷ (*low-ranking*) official, supervisor untergeordnet **II.** *n* ❶ (*underage person*) Minderjährige(r) *f(m)* ❷ MUS Moll *nt;* **D ~** d-Moll ❸ AM SPORTS (*minor leagues*) ■**the ~s** *pl* niedrige Klassen *pl* **III.** *vi* AM, AUS UNIV **to ~ in biology/linguistics/math** Biologie/Linguistik/Mathematik im Nebenfach studieren
minority [maɪ'nɒrəti] *n* Minderheit *f;* **in a ~ of cases** in wenigen Fällen; **a ~ of people** eine Minderheit; **to be in the ~** in der Minderheit sein
mint¹ [mɪnt] **I.** *n* ❶ (*coin factory*) Münzanstalt *f*, Prägeanstalt *f* ❷ (*fig fam: lots of money*) **to make/cost a ~** einen Haufen Geld machen/kosten *fam* **II.** *vt* money, a coin prägen **III.** *adj attr* (*fig*) nagelneu *fam*; **in ~ condition** in tadellosem Zustand

mint² [mɪnt] *n* ❶ *no pl* (*herb*) Minze *f* ❷ (*sweet*) Pfefferminz[bonbon] *nt*
minus ['maɪnəs] **I.** *prep* MATH minus; **what is 57 ~ 39?** was ist 57 minus 39?; **two ~ one equals one** zwei minus eins gleich eins **II.** *n* <*pl* -es> ❶ (*minus sign*) Minus[zeichen] *nt* ❷ (*disadvantage*) Minus *nt* **III.** *adj attr* ❶ (*disadvantage*) **~ point** Minuspunkt *m* ❷ (*number*) minus
minute¹ ['mɪnɪt] *n* ❶ (*sixty seconds*) Minute *f* ❷ (*short time*) Moment *m*, Minute *f;* [wait] **just a ~!** (*for delay*) einen Moment noch!; (*in disbelief*) Moment mal! ❸ (*soon*) **at any ~** jede Minute; **in a ~** gleich, sofort; **this ~** sofort ❹ (*specific point in time*) Minute *f;* **to do sth at the last ~** etw in letzter Minute tun
minute² [maɪ'nju:t] *adj* (*small*) winzig; **in ~ detail** bis ins kleinste Detail
minute hand *n* Minutenzeiger *m*
miracle ['mɪrəkl] *n* (*a. fig*) Wunder *nt;* **to perform a ~** ein Wunder vollbringen; **by some ~** wie durch ein Wunder
miraculous [mɪ'rækjələs] *adj* wunderbar; **to make a ~ recovery** wie durch ein Wunder genesen
mirror ['mɪrər] **I.** *n* ❶ Spiegel *m* ❷ (*fig: reflection*) Spiegelbild *nt fig* **II.** *vt* widerspiegeln
mirror image *n* Spiegelbild *nt*
misbehave [ˌmɪsbɪ'heɪv] *vi adult* sich schlecht benehmen; *child* ungezogen sein
misbehavior AM *see* **misbehaviour**
misbehaviour [ˌmɪsbɪ'heɪvjər] *n no pl by adult* schlechtes Benehmen; *by child* Ungezogenheit *f*
misc. *adj short for* **miscellaneous** verschiedene(r, s)
miscalculate [ˌmɪs'kælkjəleɪt] *vt* ❶ MATH falsch berechnen ❷ (*misjudge*) falsch einschätzen
miscalculation [ˌmɪsˌkælkjə'leɪʃən] *n* ❶ MATH Fehlkalkulation *f* ❷ (*in planning*) Fehleinschätzung *m;* **to make a ~ in sth** etw falsch einschätzen
miscarriage [mɪ'skærɪdʒ] *n* ❶ MED Fehlgeburt *f* ❷ LAW **~ of justice** Justizirrtum *m*
miscarry <-ie-> [mɪ'skæri] *vi* ❶ (*in pregnancy*) eine Fehlgeburt haben ❷ (*fig: fail*) plan, project scheitern
mischief ['mɪstʃɪf] *n no pl* Unfug *m;* **to get up to ~** Unfug anstellen wollen; **to mean ~** Unfrieden stiften wollen

miscount I. *n* ['mɪskaʊnt] falsche Zählung; POL *of votes* falsche Auszählung II. *vi* [mɪ'skaʊnt] sich verzählen III. *vt* [mɪ'skaʊnt] falsch [ab]zählen; POL *votes* falsch auszählen

miser ['maɪzə*r*] *n* Geizhals *m*, Geizkragen *m*

miserable ['mɪzərəbl] *adj* ❶ (*unhappy*) unglücklich, elend; **to feel ~** sich elend fühlen ❷ *attr* (*bad-tempered*) griesgrämig; (*repulsive*) unausstehlich ❸ (*very unpleasant*) schauderhaft ❹ (*inadequate*) armselig, dürftig

miserably ['mɪzərəbli] *adv* ❶ (*unhappily*) traurig, niedergeschlagen ❷ (*extremely*) schrecklich

misery ['mɪzəri] *n* ❶ *no pl* (*suffering*) Elend *nt*, Not *f* ❷ *no pl* (*unhappiness*) Jammer *m* ❸ (*strain*) ▪**miseries** *pl* Qualen *pl*

misfit ['mɪsfɪt] *n* Außenseiter(in) *m(f)*, Eigenbrötler(in) *m(f)*

misfortune [mɪs'fɔ:tʃu:n] *n no pl* (*bad luck*) Pech *nt*, Unglück *nt*

misguided [mɪs'gaɪdɪd] *adj attempt, measure* unsinnig; *effort, policy* verfehlt; *enthusiasm, idealism* falsch

mishap ['mɪshæp] *n* Unglück *nt*, Unfall *m*, Panne *f*

mishear [mɪs'hɪə*r*] I. *vt* <-heard, -heard> falsch hören II. *vi* <-heard, -heard> sich verhören

misinform [ˌmɪsɪn'fɔ:m] *vt* falsch informieren

misjudge [mɪs'dʒʌdʒ] *vt prospects, situation* falsch einschätzen

mislead <-led, -led> [mɪ'sli:d] *vt* ❶ (*deceive*) täuschen, irreführen ❷ (*lead astray*) verführen, verleiten

misleading [mɪ'sli:dɪŋ] *adj* irreführend

misplace [mɪ'spleɪs] *vt* verlegen

misprint ['mɪsprɪnt] *n* Druckfehler *m*

mispronounce [ˌmɪsprə'naʊn(t)s] *vt* falsch aussprechen

misread <-read, -read> [mɪs'ri:d] *vt word, text* falsch lesen

misrepresent [ˌmɪsreprɪ'zent] *vt* falsch darstellen; ▪**to ~ sb as sth/sth** jdn als jd/etw hinstellen; **to ~ facts** Tatsachen entstellen; LAW falsche Tatsachen vorspiegeln

miss[1] [mɪs] *n* ❶ (*young unmarried woman*) Fräulein *nt* ❷ (*title*) **M~** Fräulein *nt*; **M~ America** Miss Amerika ❸ SCH **M~** Frau X

miss[2] [mɪs] I. *n* <*pl* -es> ❶ (*failure*) Fehlschlag *m*, Misserfolg *m;* SPORTS (*hit*) Fehltreffer *m;* (*shot*) Fehlschuss *m* ❷ BRIT, AUS (*fam: skip*) **to give sth a ~** *dance, dessert* etw auslassen II. *vi* ❶ (*not hit*) nicht treffen; *projectile a.* danebengehen ❷ (*be unsuccessful*) missglücken, fehlschlagen III. *vt* ❶ (*not hit*) verfehlen, nicht treffen ❷ (*not meet*) *bus, train* verpassen ❸ (*be absent*) versäumen, verpassen ❹ (*not use*) *opportunity* verpassen ❺ (*avoid*) vermeiden; **I narrowly ~ed being run over** ich wäre fast überfahren worden ❻ (*not notice*) nicht bemerken

◆**miss out** I. *vt* ❶ (*accidentally*) vergessen, übersehen ❷ (*deliberately*) [absichtlich] übersehen, auslassen, weglassen II. *vi* zu kurz kommen; **you really ~ed out** da ist dir echt was entgangen *fam;* ▪**to ~ out on sth** *opportunity* sich *dat* etw entgehen lassen

mis-sell <-sold, -sold> [mɪs'sel] *vt* ▪**to ~ sth** [to sb] [jdn] bei einem Kauf falsch beraten

missile ['mɪsaɪl] *n* ❶ MIL Flugkörper *m*, Rakete *f* ❷ (*thrown object*) [Wurf]geschoss *nt*

missing ['mɪsɪŋ] *adj* ❶ (*disappeared*) *thing* verschwunden; *person* vermisst; **to report sb/sth ~** jdn/etw als vermisst melden ❷ MIL (*absent*) verschollen; **~ in action** [nach Kampfeinsatz] vermisst

mission ['mɪʃən] *n* ❶ (*task*) Einsatz *m*, Mission *f* ❷ (*goal*) Ziel *nt* ❸ (*group sent*) Delegation *f*

misspell <-spelt *or* AM -spelled, -spelt *or* AM -spelled> [mɪs'spel] *vt* ❶ (*spell wrongly*) falsch buchstabieren ❷ (*write wrongly*) falsch schreiben

mist [mɪst] I. *n* ❶ *no pl* (*light fog*) [leichter] Nebel, Dunst *m* ❷ (*blur*) Schleier *m* ❸ (*condensation*) Beschlag *m;* **there was a ~ on the windows** die Fenster waren beschlagen; (*vapour*) Hauch *m* II. *vi glass, tiles* [sich] beschlagen, anlaufen

mistake [mɪ'steɪk] I. *n* Fehler *m*, Irrtum *m*, Versehen *nt;* **there must be some ~** da kann etwas nicht stimmen; **spelling ~** Rechtschreibfehler *m;* **to learn from one's ~s** aus seinen Fehlern lernen; **by ~** aus Versehen, versehentlich; **my ~** meine Schuld II. *vt* <-took, -taken> falsch verstehen; **there's no mistaking a painting by Picasso** ein Gemälde von Picasso ist unverwechselbar

mistaken [mɪ'steɪkən] I. *pp of* **mistake** II. *adj* irrtümlich, falsch; ▪**to be ~** sich irren (**about** in); ~ **belief** Irrglaube *m;* ~ **identity** Personenverwechslung *f;* ~ **policy** verfehlte Politik

Mister ['mɪstər] *n* ❶(*Mr*) Herr *m* ❷(*a. iron, pej fam: form of address*) Chef *m;* **hey,** ~**!** he, Sie da! *fam;* **listen up,** ~**!** hör mal zu, mein Freund! ❸(*a. iron, pej fam: prefixed title*) ~ **Big** der große Chef; ~ **Know-it-all** der Klugscheißer

mistook [mɪˈstʊk] *pt of* **mistake**

mistreat [mɪsˈtriːt] *vt* misshandeln

mistress <*pl* -es> ['mɪstrəs] *n* ❶(*sexual partner*) Geliebte *f* ❷(*woman in charge*) Herrin *f;* **the ~ of the house** die Frau des Hauses ❸ BRIT (*schoolteacher*) **German ~** Deutschlehrerin *f*

mistrust [mɪˈstrʌst] **I.** *n no pl* Misstrauen *nt,* Argwohn *m* **II.** *vt* misstrauen

mistrustful [mɪˈstrʌstfəl] *adj* misstrauisch (**of** gegenüber), argwöhnisch

misty ['mɪsti] *adj* ❶(*slightly foggy*) [leicht] neblig, dunstig ❷(*blurred*) undeutlich, verschwommen

misunderstand <-stood, -stood> [ˌmɪsʌndəˈstænd] **I.** *vt* missverstehen **II.** *vi* sich irren

misunderstanding [ˌmɪsʌndəˈstændɪŋ] *n* ❶(*misinterpretation*) Missverständnis *nt* ❷(*quarrel*) Meinungsverschiedenheit *f*

mitten ['mɪtən] *n* Fausthandschuh *m,* Fäustling *m*

mix [mɪks] **I.** *n* ❶(*combination*) Mischung *f;* **a ~ of people** eine bunt gemischte Gruppe ❷(*pre-mixed ingredients*) Fertigmischung *f;* **bread ~** Brotbackmischung *f* **II.** *vi* ❶(*combine*) sich mischen [lassen]; (*go together*) zusammenpassen ❷(*make contact with people*) unter Leute gehen; *host* sich unter die Gäste mischen **III.** *vt* ❶(*blend ingredients*) [miteinander] [ver]mischen; *dough* anrühren; *drink* mixen ❷(*combine*) **to ~ love with toughness** Liebe und Strenge miteinander verbinden ◆ **mix in I.** *vi* sich einfügen **II.** *vt* untermischen ◆ **mix up** *vt* ❶(*mistake for another*) verwechseln ❷(*put in wrong order*) durcheinanderbringen ❸(*bewilder*) ■ **to ~ up** ↻ **sb** jdn durcheinanderbringen

mixed [mɪkst] *adj* ❶(*mingled*) gemischt ❷(*for both sexes*) gemischt ❸(*positive and negative*) gemischt, unterschiedlich; ~ **blessing** kein reiner Segen

mixer ['mɪksər] *n* ❶(*machine*) Mixer *m,* Mixgerät *nt* ❷(*drink*) ~ [**drink**] Mixgetränk *nt*

mixture ['mɪkstʃər] *n* ❶(*combination*) Mischung *f; of ingredients* Gemisch *nt* ❷(*mixed fluid substance*) Mischung *f,* Mixtur *f;* **cough ~** Hustensaft *m* ❸ *no pl* (*act of mixing*) Mischen *nt,* Vermengen *nt*

mix-up *n* ❶(*confused state*) Durcheinander *nt,* Verwirrung *f* ❷(*fight*) Schlägerei *f*

mm *n abbrev of* **millimetre** mm

MMR [ˌemem'ɑːr] *n* MED *abbrev of* **measles, mumps and rubella** MMR; ~-**injection** [*or fam* -**jab**] MMR-Spritze *f*

MMS <-, -> [ˌemem'es] *n* TELEC *abbrev of* **Multimedia Messaging Service** MMS *f*

mo¹ *n* AM *abbrev of* **month**

mo² [məʊ] *n* (*fam*) *short for* **moment** Moment *m;* **wait a ~!** Moment mal!

moan [məʊn] **I.** *n* ❶(*groan*) Stöhnen *nt* ❷(*complaint*) Klage *f* **II.** *vi* ❶(*groan*) stöhnen ❷(*complain*) klagen, sich beschweren; ■ **to ~ about sth** über etw *akk* jammern; ■ **to ~ at sb** jdm etw vorjammern; ■ **to ~ that ...** darüber jammern, dass ...

mobile ['məʊbaɪl] **I.** *adj* ❶(*able to move*) beweglich ❷(*flexible*) beweglich, wendig ❸(*in a vehicle*) mobil; ■ **to be ~** motorisiert sein; ~ **canteen** Kantine *f* auf Rädern **II.** *n* ❶ TELEC Mobiltelefon *nt,* Handy *nt* ❷(*ceiling decoration*) Mobile *nt*

mobile Internet *n no pl* mobiles Internet

mobile message *n* Textnachricht *f*

mobility scooter *n* Elektromobil *nt* (*für Senioren*)

mock [mɒk] **I.** *adj* ❶(*not real*) nachgemacht, Schein-; ~ **leather** Lederimitat *nt* ❷(*practice*) Probe-, simuliert **II.** *n* BRIT (*fam*) Probeexamen *nt* **III.** *vi* spotten, höhnen; ■ **to ~ sb** sich über jdn lustig machen, jdn verspotten

mockumentary [ˌmɒkjəmentəri] *n* Spielfilm, oft eine Parodie, im Stil eines Dokumentarfilms

mod con [ˌmɒdˈkɒn] *n* BRIT, AUS *short for* **modern convenience** moderner Komfort

model ['mɒdəl] **I.** *n* ❶(*representation*) Modell *nt;* COMPUT [schematische] Darstellung, Nachbildung *f,* Simulation *f* ❷(*example*) Modell *nt,* Vorbild *nt* ❸(*perfect example*) Muster *nt;* **to be the very ~ of sth** (*fig*) der Inbegriff von etw *dat* sein ❹(*mannequin*) Model *nt* ❺(*for painter*) Modell *nt* ❻(*ver-*

sion) Modell *nt* **II.** *vt* <-ll-> ❶ (*make figure*) modellieren ❷ (*on computer*) [schematisch] darstellen, nachbilden, simulieren ❸ (*show clothes*) vorführen

modem ['məʊdəm] *n* Modem *nt*

moderate I. *adj* ['mɒdərət] ❶ (*neither large nor small*) *amount, quantity, size* mittlere(r, s); *improvement, increase* leicht, nicht allzu groß ❷ (*not excessive*) mäßig, gemäßigt; *drinker, eater* mäßig ❸ POL gemäßigt **II.** *n* ['mɒdərət] POL Gemäßigte(r) *f(m)* **III.** *vt* ['mɒdəreɪt] **to ~ one's voice** seine Stimme senken

modern ['mɒdən] *adj* modern; **~ times** Neuzeit *f*

modernize ['mɒdənaɪz] **I.** *vt* modernisieren **II.** *vi* modern werden, sich der modernen Zeit anpassen

modest ['mɒdɪst] *adj* ❶ (*not boastful*) bescheiden ❷ (*fairly small*) *income, increase* bescheiden

modesty ['mɒdɪsti] *n* (*approv: without boastfulness*) Bescheidenheit *f*

modification [ˌmɒdɪfɪ'keɪʃən] *n* Modifikation *f*, [Ab]änderung *f*

modular ['mɒdjələr] *adj* modular, Modul-, Baukasten-; **~ system** UNIV Kursmodulsystem *nt*

module ['mɒdju:l] *n* (*unit*) Modul *nt*, Baustein *m*

moist [mɔɪst] *adj* feucht; *cake* saftig

moisten ['mɔɪsən] *vt* anfeuchten

moisture ['mɔɪstʃər] *n* Feuchtigkeit *f*

moisturizer ['mɔɪstʃəraɪzər] *n* Feuchtigkeitscreme *f*

molar ['məʊlər] *n* Backenzahn *m*

mold *n*, *vi* AM *see* **mould**

moldy *adj* AM *see* **mouldy**

mole[1] [məʊl] *n* ZOOL Maulwurf *m a. fig*

mole[2] [məʊl] *n* ANAT [kleines] Muttermal

mole[3] [məʊl] *n* NAUT Mole *f*

molecular [mə(ʊ)'lekjələr] *adj* molekular, Molekular-

molehill ['məʊlhɪl] *n* Maulwurfshügel *m*

molten ['məʊltən] *adj* geschmolzen

mom-and-pop *adj* AM **~ business** Familienunternehmen *nt*

moment ['məʊmənt] *n* ❶ (*very short time*) Moment *m*, Augenblick *m*; **just a ~, please** nur einen Augenblick, bitte; **not a ~ too soon** gerade noch rechtzeitig; **at any ~** jeden Augenblick; **in a ~** gleich, sofort ❷ (*specific time*) Zeitpunkt *m*; **a ~ in time** ein historischer Augenblick; **the ~ of truth** die Stunde der Wahrheit

momentarily ['məʊməntərəli] *adv* ❶ (*briefly*) kurz, eine Weile; **to pause ~** kurz innehalten ❷ (*for some time*) momentan ❸ (*instantly*) augenblicklich

momentary ['məʊməntəri] *adj* ❶ (*brief*) kurz ❷ (*transitory*) momentan, vorübergehend

momentous [mə(ʊ)'mentəs] *adj* bedeutsam, weitreichend, folgenschwer

momentum [mə(ʊ)'mentəm] *n no pl* ❶ (*force*) Schwung *m*, bewegende Kraft, Wucht *f*; **to gain ~** in Schwung kommen; **to give ~ to sth** etw in Schwung bringen ❷ PHYS Moment *nt*, Bewegungsgröße *f*

monarch ['mɒnək] *n* Monarch(in) *m(f)*, Herrscher(in) *m(f)*

monarchy ['mɒnəki] *n* Monarchie *f*

monastery ['mɒnəstəri] *n* [Mönchs]kloster *nt*

Monday ['mʌndeɪ] *n* Montag *m; see also* **Tuesday**

monetary ['mʌnɪtəri] *adj* ECON Geld-, monetär *fachspr,* Währungs-, Münz-

money ['mʌni] *n no pl* (*cash*) Geld *nt;* **to be short of ~** knapp bei Kasse sein *fam;* **to put ~ into sth** Geld in etw *akk* stecken *fam;* **to raise ~** Geld aufbringen; **to spend ~** Geld ausgeben ▶ **to be in the ~** in Geld schwimmen; **to be [not] made of ~** [k]ein Krösus sein **moneybox** *n* BRIT Sparbüchse *f; for collection* Sammelbüchse *f* **money-changer** *n* ❶ (*person*) [Geld]wechsler(in) *m(f)* ❷ (*device*) [tragbarer] Münzwechsler *m* **money order** *n esp* AM, AUS Postanweisung *f*, Zahlungsanweisung *f*

monitor ['mɒnɪtər] **I.** *n* ❶ (*screen*) Bildschirm *m*, Monitor *m;* **colour ~** Farbbildschirm *m*, Farbmonitor *m* ❷ POL (*observer*) Beobachter(in) *m(f)* ❸ (*device*) Anzeigegerät *nt*, Monitor *m* **II.** *vt* ❶ (*check*) beobachten, kontrollieren, überprüfen ❷ (*view, listen in on*) abhören

monk [mʌŋk] *n* Mönch *m*

monkey ['mʌŋki] **I.** *n* ❶ (*animal*) [langschwänziger] Affe ❷ (*fam: mischievous child*) Schlingel *m* ▶ **I don't give a ~'s [what]** ... BRIT (*sl*) es interessiert mich einen Dreck [was] ... *fam* **II.** *vt* AM nachäffen

monkfish *n* Seeteufel *m*

monopolize [məˈnɒpəlaɪz] *vt* ① ECON (*control*) monopolisieren, [allein] beherrschen ② **to ~ the conversation** das Gespräch an sich reißen

monopoly [məˈnɒpəli] *n* Monopol *nt;* ■ **to have a ~ of/on sth** ein Monopol auf etw *akk* haben

monorail [ˈmɒnə(ʊ)reɪl] *n* Einschienenbahn *f*

monotonous [məˈnɒtənəs] *adj* eintönig, monoton

monotony [məˈnɒtəni] *n no pl* Monotonie *f*, Eintönigkeit *f*

mono-wing *adj* AVIAT mit einer Tragfläche *nach n*

monsoon [mɒnˈsuːn] *n* ① (*wind*) Monsun *m* ② (*season of heavy rain*) ■ **the ~[s]** der Monsun *kein pl*

monster [ˈmɒn(t)stə^r] I. *n* ① (*imaginary creature*) Monster *nt*, Ungeheuer *nt* ② (*unpleasant person*) Scheusal *nt*, Ungeheuer *nt* II. *adj attr* (*fam: huge*) ungeheuer, riesig; **~ meeting** Mammutsitzung *f*

monstrous [ˈmɒn(t)strəs] *adj* ① (*huge*) monströs, ungeheuer ② (*outrageous*) ungeheuerlich ③ (*awful*) grässlich

month [mʌn(t)θ] *n* Monat *m;* **to take a two ~ holiday** zwei Monate Urlaub nehmen; **a ~ 's notice** eine einmonatige Kündigungsfrist

monthly [ˈmʌn(t)θli] I. *adj* monatlich, Monats- II. *adv* monatlich, einmal im Monat III. *n* Monatsschrift *f*, monatlich erscheinende Zeitschrift

monument [ˈmɒnjəmənt] *n* ① (*fig: memorial*) Mahnmal *nt fig* ② (*historical structure*) Denkmal *nt*

monumental [ˌmɒnjəˈmentəl] *adj* ① (*tremendous*) gewaltig, kolossal, eindrucksvoll ② ART (*large-scale*) monumental

moo [muː] I. *n* Muhen *nt kein pl* II. *interj* muh III. *vi* muhen

mood¹ [muːd] *n* Laune *f*, Stimmung *f;* **in a bad/good ~** gut/schlecht gelaunt; **the public ~** die allgemeine Stimmung; **to be in a talkative ~** zum Erzählen aufgelegt sein

mood² [muːd] *n* LING Aussageweise *f*, Modus *m fachspr*

moody [ˈmuːdi] *adj* ① (*sullen*) missmutig, verdrossen ② (*temperamental*) launisch

moon [muːn] I. *n no pl* ASTRON Mond *m;* **full ~** Vollmond *m;* **new ~** Neumond *m* ▶ **to be over the ~ about sth** über etw *akk* überglücklich sein II. *vi* ① (*sl*) ■ **to ~ [at sb]** [jdm] seinen nackten Hintern zeigen ② (*remember nostalgically*) ■ **to ~ over sb/sth** von jdm/ etw träumen

moonlight I. *n no pl* (*moonshine*) Mondlicht *nt* II. *vi* <-lighted> (*fam: work at a second job*) schwarzarbeiten

moonlit *adj attr* (*lighted*) mondhell; **~ room** Zimmer *nt* im Mondlicht

moor¹ [mɔː^r] *n* Heideland *nt*, [Hoch]moor *nt*

moor² [mɔː^r] NAUT I. *vt* vertäuen, festmachen *fachspr* II. *vi* festmachen *fachspr*

mooring [ˈmɔːrɪŋ] *n* NAUT ① (*berth*) Anlegeplatz *m*, Liegeplatz *m* ② (*ropes*) ■ **~s** *pl* Vertäuung *f fachspr*

moose <*pl* -> [muːs] *n* Elch *m*

mop [mɒp] I. *n* Mopp *m;* **dish ~** BRIT Schwammtuch *nt* II. *vt* <-pp-> ① (*clean with mop*) feucht wischen ② (*wipe*) **to ~ one's face/brow** sich *dat* den Schweiß vom Gesicht/von der Stirn wischen

moped [ˈməʊped] *n* Moped *nt*

moral [ˈmɒrəl] I. *adj* ① (*ethical*) moralisch, ethisch, sittlich; **on ~ grounds** aus moralischen Gründen ② (*virtuous*) *person* moralisch, anständig II. *n* ① (*of story*) Moral *f* ② (*standards of behaviour*) ■ **~s** *pl* Moralvorstellungen *pl*, moralische Grundsätze

morale [məˈrɑːl] *n no pl* Moral *f*, Stimmung *f;* **~ is high/low** die Stimmung ist gut/ schlecht; **~ booster** Stimmungsaufheller *m*

morality [məˈræləti] *n* ① *no pl* (*moral principles*) moralische Grundsätze ② (*moral system*) Ethik *f*

moralize [ˈmɒrəlaɪz] *vi* moralisieren, ■ **to ~ about sth** über etw *akk* Moral predigen

more [mɔː^r] I. *adj comp of* **many, much** noch mehr; **two ~ days until Christmas** noch zwei Tage bis Weihnachten; **some ~ coffee?** noch etwas Kaffee? II. *pron* ① (*greater amount*) mehr; **tell me ~** erzähl' mir mehr; **~ and ~ came** es kamen immer mehr; **is there any ~?** ist noch etwas da?; **no ~** nichts weiter; (*countable*) keine mehr ② **all the ~ ...** umso mehr ...; **the ~ the better** je mehr desto besser III. *adv* ① (*forming comparatives*) **let's find a ~ sensible way of doing it** wir sollten eine vernünftigere Lösung finden; **~ importantly** wichtiger noch ② (*to a greater extent*) mehr; **to think ~ of sb** eine höhere Meinung von jdm haben; **we'll be ~ than happy to help** wir

helfen sehr gerne ❸ (*longer*) **to be no ~ times** vorüber sein; **I don't do yoga any ~** ich habe mit Yoga aufgehört ❹ (*rather*) eher; **~ dead than alive** mehr tot als lebendig ▶ **~ or less** mehr oder weniger; **that's ~ like it** schon besser; **~ often than not** meistens
moreover [mɔːrˈəʊvəʳ] *adv* (*form*) zudem, ferner
morgue [mɔːg] *n esp* AM, AUS (*mortuary*) Leichen[schau]haus *nt*
morning [ˈmɔːnɪŋ] **I.** *n* Morgen *m*, Vormittag *m*; **all ~** den ganzen Vormittag; **at four in the ~** um vier Uhr früh; **[from] ~ till night** von morgens bis abends; **tomorrow ~** morgen Vormittag; **yesterday ~** gestern Morgen **II.** *interj* (*fam*) Morgen!; **good ~!** guten Morgen!
morning-after pill *n* ■ **the ~** die Pille danach
morning (news)paper *n* Morgenzeitung *f*
morning sickness *n no pl* morgendliche Übelkeit
morphine [ˈmɔːfiːn] *n* Morphium *nt*
Morse [mɔːs] *n*, **Morse code** *n no pl* Morsezeichen *pl*, Morsealphabet *nt*
mortal [ˈmɔːtᵊl] **I.** *adj* ❶ (*subject to death*) sterblich ❷ (*human*) menschlich, Menschen- ❸ (*temporal*) irdisch **II.** *n* (*liter*) Sterbliche(r) *f(m)*; **ordinary ~** (*hum*) Normalsterbliche(r) *f(m)*
mortality [mɔːˈtæləti] *n no pl* ❶ (*condition*) Sterblichkeit *f* ❷ (*character*) Vergänglichkeit *f*
mortgage [ˈmɔːgɪdʒ] **I.** *n* COMM, LAW Hypothek *f*; **to pay the ~** die Hypothek abtragen; **to pay off a ~** eine Hypothek tilgen **II.** *vt* hypothekarisch belasten
mortuary [ˈmɔːtʃuᵊri] *n* Leichen[schau]haus *nt*
mosaic [məʊˈzeɪɪk] *n* Mosaik *nt*
Moscow [ˈmɒskəʊ] *n* Moskau *nt*
Moslem *adj, n see* **Muslim**
mosque [mɒsk] *n* Moschee *f*
mosquito <*pl* -es *or* -s> [mɒsˈkiːtəʊ] *n* Moskito *m*; **~ net** Moskitonetz *nt*
moss <*pl* -es> [mɒs] *n* ❶ (*plant*) Moos *nt* ❷ BRIT, SCOT (*bog*) ■ **the ~es** das [Torf]moor *kein pl*
mossy [ˈmɒsi] *adj* bemoost, moosbedeckt
most [məʊst] **I.** *pron* ❶ (*largest quantity*) ■ **the ~** am meisten; **at the [very] ~** [aller]höchstens ❷ *pl* (*the majority*) die Mehrheit ❸ (*best*) ■ **the ~** höchstens; **to get the ~ out of life** das meiste aus dem Leben machen; **to make the ~ of sth** das Beste aus etw *dat* machen **II.** *adj* ❶ (*greatest in amount, degree*) am meisten ❷ (*majority of, nearly all*) die meisten **III.** *adv* ❶ (*forming superlative*) im Deutschen durch Superlativ ausgedrückt; **that's what I'm ~ afraid of** davor habe ich die meiste Angst; **~ easily/rapidly/thoroughly** am leichtesten/schnellsten/gründlichsten ❷ (*form: extremely*) höchst, äußerst; **~ certainly** ganz bestimmt; **~ likely** höchstwahrscheinlich; **~ unlikely** höchst unwahrscheinlich ❸ **at ~** höchstens; **~ of all, I hope that ...** ganz besonders hoffe ich, dass ...
mostly [ˈməʊs(t)li] *adv* ❶ (*usually*) meistens ❷ (*in the main*) größtenteils, im Wesentlichen
MOT [ˌeməʊˈtiː] **I.** *n* BRIT (*fam*) *abbrev of* **Ministry of Transport** Verkehrsministerium *nt*; **~ [test]** TÜV *m*; **~ [certificate]** TÜV-Bescheinigung *f* **II.** *vt* <MOT'd, MOT'd> *usu passive* (*fam*) **to ~ a car** ein Auto zum TÜV bringen
motel [məʊˈtel] *n* Motel *nt*
moth [mɒθ] *n* Motte *f*, Nachtfalter *m*
mothball **I.** *n* Mottenkugel *f* **II.** *vt* einmotten
moth-eaten *adj* ❶ (*eaten into*) mottenzerfressen ❷ (*outmoded*) *ideas, theories* verstaubt
mother [ˈmʌðəʳ] **I.** *n* (*female parent*) Mutter *f* ▶ **the ~ of all ...** der/die/das allergrößte ...; (*the most extreme: worst*) der/die/das Schlimmste aller *gen* ...; **the ~ of all battles** die Mutter aller Schlachten; **the ~ of all storms** der Sturm der Stürme **II.** *vt* bemuttern
motherhood [ˈmʌðəhʊd] *n no pl* Mutterschaft *f*
mother-in-law <*pl* mothers- *or* -s> *n* Schwiegermutter *f*
motherly [ˈmʌðᵊli] *adj* (*usu approv*) mütterlich; **~ love** Mutterliebe *f*
mother tongue *n* Muttersprache *f*
mothproof *adj* mottenfest
motion [ˈməʊʃᵊn] **I.** *n* ❶ *no pl* (*movement*) Bewegung *f*, Gang *m*; **in slow ~** in Zeitlupe; **to put sth in ~** etw in Gang bringen ❷ (*gesture*) Bewegung *f*, Zeichen *nt*; **~ of the hand/head** Hand-/Kopfbewegung *f* ❸ POL (*proposal*) Antrag *m fachspr*; **to defeat a ~** einen Antrag ablehnen; **to pass a ~** einen

Antrag annehmen **II.** *vt* ■ **to ~ sb to do sth** jdn durch einen Wink auffordern, etw zu tun
motionless ['məʊʃənləs] *adj* bewegungslos, reg[ungs]los
motion picture *n* AM [Spiel]film *m*
motivate ['məʊtɪveɪt] *vt* ❶ (*provide with motive*) **what ~d their sudden change of heart?** was war der innere Anlass für ihren plötzlichen Sinneswandel?; **motivating force** treibende Kraft ❷ (*arouse interest*) anregen, anspornen; ■ **to ~ sb to do sth** jdn dazu bewegen, etw zu tun
motivation [ˌməʊtɪˈveɪʃən] *n* ❶ (*reason*) Begründung *f*, Veranlassung *f* (**for** für) ❷ *no pl* (*drive*) Antrieb *m*, Motivation *f*
motive ['məʊtɪv] **I.** *n* Motiv *nt*, Beweggrund *m* (**for** für); **ulterior ~** tieferer Beweggrund, Hintergedanke *m* **II.** *adj attr* PHYS, TECH (*creating motion*) bewegend, Antriebs-
motor ['məʊtə^r] **I.** *n* ❶ (*engine*) Antriebsmaschine *f*, [Verbrennungs]motor *m*, Triebwerk *nt* ❷ BRIT (*fam: car*) Auto *nt* **II.** *adj attr* ❶ BRIT, AUS (*of motor vehicles*) Auto- ❷ ANAT Bewegungs-, Muskel-, motorisch *fachspr* **III.** *vi* (*drive*) [Auto] fahren
motorbike *n* (*fam*) Motorrad *nt* **motorboat** *n* Motorboot *nt* **motor car** *n* BRIT Automobil *nt*, Kraftfahrzeug *nt* **motorcycle** *n* Motorrad *nt* **motorcycling** *n no pl* Motorradfahren *nt* **motorcyclist** *n* Motorradfahrer(in) *m(f)* **motor-driven** *adj* Motor-, mit Motorantrieb *nach n*
motoring ['məʊtərɪŋ] **I.** *adj attr* BRIT Fahr-; **~ offence** LAW Verkehrsdelikt *nt*; **~ organization** Automobilklub *m*; **~ school** Fahrschule *f* **II.** *n* Fahren *nt*
motorist ['məʊtərɪst] *n* Kraftfahrer(in) *m(f)*, Automobilist(in) *m(f)* ÖSTERR, SCHWEIZ
motor racing *n* BRIT Autorennsport *m* **motor scooter** *n* Motorroller *m* **motor vehicle** *n* Kraftfahrzeug *nt* **motor vehicle licensing centre** *n* BRIT (*form*) Zulassungsstelle *f* **motorway** *n* BRIT Autobahn *f*
motto <*pl* -s *or* -es> ['mɒtəʊ] *n* Motto *nt*
mould[1] [məʊld] *n no pl* BOT Schimmel *m*
mould[2] [məʊld] **I.** *n* ❶ (*shape*) Form *f* ❷ (*fig*) Typ *m*; **to be out of the same ~** sich *dat* gleichen wie ein Ei dem anderen **II.** *vt* formen; (*fig*) ■ **to ~ sb into sth** jdn zu etw *dat* machen
mouldy ['məʊldi] *adj food* schimmelig, verschimmelt; ■ **to go ~** [ver]schimmeln

mound [maʊnd] *n* (*pile*) Haufen *m;* (*small hill*) Hügel *m*
mount [maʊnt] **I.** *n* ❶ (*horse*) Pferd *nt* ❷ (*backing, setting*) *of a picture, photo* Halterung *f* **II.** *vt* ■ **to ~ sth** ❶ (*support for equipment*) etw aufhängen ❷ (*go up*) etw hochsteigen ❸ (*fix for display*) etw befestigen; **to ~ sth in a frame** etw rahmen **III.** *vi* ❶ (*increase*) wachsen, [an]steigen, größer werden ❷ (*get on a horse*) aufsteigen
mountain ['maʊntɪn] *n* Berg *m;* **~s** Berge *pl;* (*group of mountains*) Gebirge *nt;* **~ chain** Gebirgskette *f*, Bergkette *f*
mountaineer [ˌmaʊntɪˈnɪə^r] *n* Bergsteiger(in) *m(f)*
mountaineering [ˌmaʊntɪˈnɪərɪŋ] *n no pl* Bergsteigen *nt*
mountainous ['maʊntɪnəs] *adj* gebirgig, bergig; (*fig*) riesig
mountain range *n* Gebirgszug *m*
mourn [mɔːn] **I.** *vi* trauern (**for** um) **II.** *vt* ❶ (*feel sorrow*) ■ **to ~ sb/sth** um jdn/etw trauern ❷ (*fig: regret*) beklagen
mourner ['mɔːnə^r] *n* Trauernde(r) *f(m);* (*at a funeral*) Trauergast *m*
mourning ['mɔːnɪŋ] *n no pl* ❶ (*grieving*) Trauer *f;* ■ **to be in ~ for sb** um jdn trauern; (*wear black clothes*) Trauer tragen ❷ (*wailing*) Klagegeschrei *nt*
mouse <*pl* mice> [maʊs, *pl* maɪs] *n* ZOOL, COMPUT Maus *f*
mouse-hole *n* Mauseloch *nt* **mouse mat** *n* BRIT, **mouse pad** *n* AM COMPUT Mauspad *nt* **mouse potato** *n* COMPUT Computerhocker(in) *m(f)* **mousetrap** *n* Mausefalle *f*
moustache [məˈstɑːʃ] *n* Schnurrbart *m*
mouth [maʊθ] *n* ❶ (*of human*) Mund *m; of animal* Maul *nt;* **to have a big ~** ein großes Mundwerk haben *fam;* **to keep one's ~ shut** seinen Mund halten *fam* ❷ (*opening*) Öffnung *f; of a river* Mündung *f*
mouthful ['maʊθfʊl] *n* ❶ *of food* Bissen *m; of drink* Schluck *m* ❷ (*fam*) **a ~ of abuse** ein Schwall Schimpfwörter
mouth organ *n* Mundharmonika *f* **mouthpiece** *n of a telephone* Sprechmuschel *f; of a musical instrument, snorkel* Mundstück *nt* **mouth-to-mouth** (**resuscitation**) *n* Mund-zu-Mund-Beatmung *f* **mouthwash** *n* Mundwasser *nt* **mouth-watering** *adj* [sehr] appetitlich, köstlich
mouthy ['maʊθi] *adj* (*fam*) großmäulig *pej*

move [muːv] **I.** *n* ❶ *no pl* (*movement*) Bewegung *f*; **she made a sudden ~ towards me** plötzlich bewegte sie sich auf mich zu; **to be on the ~** unterwegs sein; **to make a ~** (*fam: leave*) sich auf den Weg machen; **to make no ~** sich nicht rühren ❷ (*step*) Schritt *m*; (*measure*) Maßnahme *f*; **to make the first ~** den ersten Schritt tun ❸ (*in games*) Zug *m*; CHESS [Schach]zug *m*; **it's your ~** du bist dran ▶ **to get a ~ on** (*fam*) sich beeilen; **to make one's ~ on sb** (*fam*) sich an jdn heranmachen **II.** *vi* ❶ (*change position*) sich bewegen; (*go*) gehen; **no one ~d** keiner rührte sich; **keep moving!** bitte gehen Sie weiter!; **to ~** [**out of the way**] aus dem Weg gehen; **to begin to ~** sich in Bewegung setzen ❷ (*fig: change*) **to ~ off a subject** das Thema wechseln ❸ (*fig: progress*) vorankommen; **to ~ with the times** mit der Zeit gehen; **to ~ forward** Fortschritte machen ❹ (*change address*) umziehen ❺ (*fam: hurry*) sich beeilen; **~!** nun mach schon! ❻ (*fam: start*) **to get moving** loslegen; **to get moving on sth** mit etw *dat* loslegen **III.** *vt* ❶ (*change position of*) bewegen; (*place somewhere else*) woanders hinstellen; (*push somewhere else*) verrücken; (*clear*) wegräumen; (*rearrange*) *furniture* umstellen ❷ (*reschedule*) verlegen, verschieben ❸ (*transfer*) verlegen; **to ~ office** in ein anderes Büro ziehen ❹ (*cause emotions*) ■ **to ~ sb** jdn bewegen; **to ~ sb to tears** jdn zu Tränen rühren ❺ ■ **to ~ sb to do sth** jdn [dazu] bringen, etw zu tun ◆ **move about, move around I.** *vi* ❶ (*go around*) herumgehen ❷ (*travel*) umherreisen ❸ (*move house*) oft umziehen **II.** *vt* ❶ (*change position of*) [hin und her] bewegen ❷ (*fam: at work*) **to ~ sb ○ about** jdn oft versetzen ◆ **move along I.** *vt* ■ **to ~ sb ○ along** jdn zum Weitergehen bewegen; **to ~ a car along** ein Auto vorbeiwinken **II.** *vi* ❶ (*walk further on*) weitergehen; (*run further on*) weiterlaufen ❷ (*make room*) aufrücken, Platz machen ◆ **move away I.** *vi* ❶ (*leave*) weggehen; *vehicle* wegfahren ❷ (*move house*) wegziehen; **to ~ away from home** von zu Hause ausziehen **II.** *vt* wegräumen; (*push away*) wegrücken ◆ **move back I.** *vi* ❶ (*return*) zurückkommen ❷ (*withdraw*) zurückweichen; **move back!** zurücktreten! **II.** *vt* ❶ (*put back*) zurückstellen ❷ (*push back*) zurückschieben; *car* zurücksetzen ◆ **move down I.** *vi* ❶ (*change position*) sich nach unten bewegen; (*slip down*) runterrutschen *fam*; (*make room*) aufrücken ❷ (*change value*) *shares, prices* fallen ❸ SCH **to ~ down a class** AM eine Klasse zurückgestuft werden ❹ SPORTS **to ~ down** [**a division**] absteigen **II.** *vt* (*change position of*) nach unten bewegen; (*place lower down*) nach unten stellen ◆ **move in I.** *vi* ❶ (*enter a new home*) einziehen; ■ **to ~ in with sb** zu jdm ziehen ❷ (*a. fig: advance to attack*) anrücken *a. fig;* **the painters are moving in next week** (*fam*) nächste Woche kommen die Maler; **to ~ in on a new market** sich auf einem neuen Markt etablieren **II.** *vt* ❶ (*change position of*) nach innen bewegen ❷ (*send*) einsetzen ◆ **move off I.** *vi* sich in Bewegung setzen; (*walk*) losgehen **II.** *vt* wegräumen ◆ **move on I.** *vi* ❶ (*continue a journey*) sich wieder auf den Weg machen; (*walk*) weitergehen ❷ (*advance*) sich weiterentwickeln; (*progress in career*) beruflich weiterkommen ❸ (*change subject*) ■ **to ~ on to sth** zu etw *dat* übergehen **II.** *vt* (*cause to leave*) zum Weitergehen auffordern; (*in a vehicle*) zum Weiterfahren auffordern ◆ **move out I.** *vi* ❶ (*stop inhabiting*) ausziehen; **to ~ out of a flat/house** aus einer Wohnung/einem Haus ausziehen ❷ (*cease involvement*) ■ **to ~ out** [**of sth**] sich [von etw *dat*] zurückziehen ❸ (*leave*) *troops* abziehen **II.** *vt* ❶ (*clear*) *troops* wegräumen ❷ (*make leave*) **to ~ out ○ a tenant** einem Mieter kündigen; **to ~ one's troops out** [**of an area**] seine Truppen [aus einem Gebiet] abziehen ◆ **move over I.** *vi* ❶ (*make room*) Platz machen, aufrücken ❷ (*switch*) ■ **to ~ over to sth** zu etw *dat* übergehen **II.** *vt* (*put aside*) zur Seite räumen ◆ **move up I.** *vi* ❶ (*a. fig: advance*) aufrücken ❷ (*make room*) Platz machen, aufrücken **II.** *vt* (*change position of*) nach oben bewegen; (*put in a higher place*) nach oben räumen

movement ['muːvmənt] *n* ❶ (*change of position*) Bewegung *f* ❷ *no pl* (*general activity*) Bewegung *f* ❸ MUS (*part of symphony*) Satz *m* ❹ *no pl* (*tendency*) Tendenz *f*

movie ['muːviː] *n esp* AM, AUS (*film*) [Kino]film *m*; ■ **the ~s** *pl* das Kino; **to be in the ~s** (*fam*) im Filmgeschäft sein

movie camera *n* Filmkamera *f* **moviegoer**

n esp AM, AUS Kinogänger(in) *m/f* **movie star** *n* Filmstar *m*

moving ['muːvɪŋ] **I.** *n no pl* Umziehen *nt* **II.** *adj* ❶ *attr* MECH beweglich ❷ *attr* (*motivating*) Antriebs-; **the ~ force** die treibende Kraft ❸ (*causing emotion*) bewegend, ergreifend

mow <mowed, mown *or* mowed> [məʊ] **I.** *vi* (*cut grass, grain*) mähen **II.** *vt field* abmähen; **to ~ the lawn** den Rasen mähen

mower ['məʊəʳ] *n* Rasenmäher *m*; (*on a farm*) Mähmaschine *f*

mown [məʊn] **I.** *pp of* mow **II.** *adj* gemäht; *field* abgemäht

MP [ˌemˈpiː] BRIT, CAN POL *abbrev of* **Member of Parliament**

mph [ˌempiˈeɪtʃ] *abbrev of* **miles per hour**: **to do 50 ~** 50 Meilen pro Stunde fahren (*eine Meile entspricht 1,56 km*)

Mr ['mɪstəʳ] *n no pl* (*title for man*) Herr *m*

Mrs ['mɪsɪz] *n no pl* (*title for married woman*) Frau, Fr.

Ms [ˌemˈes] *n no pl* (*title for woman, married or unmarried*) Fr., Frau (*Alternativbezeichnung zu Mrs und Miss, die sowohl für verheiratete wie unverheiratete Frauen zutrifft*)

MS *n no pl abbrev of* **multiple sclerosis** MS *f*

ms [ˌemˈes] *n abbrev of* **manuscript** Mskr.

much [mʌtʃ] **I.** *adj* <more, most> + *sing* viel; **there wasn't ~ post** es kam nicht viel Post; **how ~ ...?** wie viel ...?; **half/twice as ~ too ~** [~] viel zu viel **II.** *pron* ❶ (*relative amount*) viel; **this ~ is certain** so viel ist sicher; **half/twice as ~** halb/doppelt so viel; **however ~ you dislike her ...** wie unsympathisch sie dir auch sein mag, ... ❷ (*great deal*) viel; **my new stereo isn't up to ~** meine neue Anlage taugt nicht viel *fam* ❸ **with neg** (*pej: poor example*) **he's not ~ to look at** er sieht nicht gerade umwerfend aus ❹ (*larger part*) **~ of the day** der Großteil des Tages ❺ (*be redundant*) **so ~ for ...** das war's dann wohl mit ... ❻ **with interrog how ~ is it?** was kostet das? **III.** *adv* <more, most> ❶ (*greatly*) sehr; **~ to our surprise** zu unserer großen Überraschung; **to not be ~ good at sth** in etw *dat* nicht sehr gut sein ❷ (*by far*) bei weitem ❸ (*nearly*) fast; **~ the same** fast so ❹ (*specifying degree*) **I like him as ~ as you do** ich mag ihn genauso sehr wie du; **thank you very ~** herzlichen Dank

❺ (*exactly that*) genau das; **I had expected as ~** so etwas hatte ich schon erwartet ❻ **do you see ~ of her?** siehst du sie öfters? **IV.** *conj* (*although*) auch wenn, wenngleich *geh;* **~ as I like you, ...** so gern ich dich auch mag, ...

muck [mʌk] *n no pl* BRIT (*dirt*) Dreck *m fam;* (*waste*) Müll *m;* [**to be**] **common as ~** (*fam*) furchtbar ordinär [sein] *pej* ♦ **muck about, muck around** (*fam*) **I.** *vi* Unfug treiben; ■ **to ~ about with sth** an etw *dat* herumfummeln **II.** *vt* ■ **to ~ sb about** mit jdm umspringen[, wie es einem gefällt]; **stop ~ing me about!** sag mir endlich, was Sache ist! ♦ **muck up** *vt* BRIT (*fam*) ■ **to ~ up ↻ sth** etw vermasseln; *exam* versieben

muck-up *n* (*fam*) Reinfall *m*

mucky ['mʌki] *adj* ❶ (*dirty*) schmutzig, dreckig ❷ (*fam: sordid*) *joke, comment* schlüpfrig, unanständig

mud [mʌd] *n no pl* Schlamm *m* ▶ **to drag sb's <u>name</u> through the ~** jds Namen in den Schmutz ziehen

muddle ['mʌdl] **I.** *n* Durcheinander *nt;* **to be/get in a ~** durcheinander sein/durcheinandergeraten **II.** *vi* ■ **to ~ along** vor sich *akk* hin wurs[ch]teln *fam*

muddy ['mʌdi] **I.** *vt* (*make dirty*) verschmutzen, schmutzig machen **II.** *adj* schlammig; (*dirty*) schmutzig

mudguard *n of a car* Kotflügel *m;* *of a bicycle* Schutzblech *nt*

mudpack *n* Gesichtsmaske *f*

muesli ['mjuːzli] *n no pl* Müsli *nt,* Müesli *nt* SCHWEIZ

mug [mʌɡ] **I.** *n* (*cup*) Becher *m* (*mit Henkel*) **II.** *vt* <-gg-> ■ **to ~ sb** jdn überfallen und ausrauben

mugger ['mʌɡəʳ] *n* (Straßen)räuber(in) *m/f*

muggy ['mʌɡi] *adv weather* schwül

mule¹ [mjuːl] *n* (*animal*) Maultier *nt,* Muli *nt* SÜDD, ÖSTERR

mule² [mjuːl] *n* (*shoe*) halboffener Schuh; (*slipper*) Pantoffel *m*

mull [mʌl] *vt* (*sweeten*) **~ed wine** Glühwein *m*

mullet *n* ❶ (*fam: hairstyle*) Vokuhila *m sl* (*vorne kurz, hinten lang*) ❷ (*fish*) **grey ~** Meeräsche *f;* **red ~** Meerbarbe *f*

multibrand *adj* **a ~ retailer** ein nicht an eine bestimmte Marke gebundener Einzelhändler

multicolored *adj* AM *see* **multicoloured**

multicoloured *adj* bunt, mehrfarbig
multilayered *adj* vielschichtig
multilingual *adj* mehrsprachig
multimedia **I.** *n no pl* Multimedia *f* **II.** *adj* multimedial
multimillionaire *n* Multimillionär(in) *m(f)*
multinational **I.** *n* multinationaler Konzern, Multi *m fam* **II.** *adj* multinational
multiplatinum *adj* Multiplatin-
multiplayer ['mʌltɪpleɪəʳ] *adj attr computer game* Multiplayer-, für mehrere Spieler nach *n*
multiple ['mʌltɪpl] **I.** *adj attr* vielfach, vielfältig **II.** *n* ❶ (*number*) Vielfache[s] *nt* ❷ (*shop with many branches*) [Laden]kette *f*
multiplication [ˌmʌltɪplɪ'keɪʃ°n] *n no pl* Multiplikation *f*
multiply <-ie-> ['mʌltɪplaɪ] **I.** *vt* multiplizieren (**by** mit) **II.** *vi* sich vermehren; (*through reproduction a.*) sich fortpflanzen
multi-purpose *adj* multifunktional, Mehrzweck-
multi-storey *adj* mehrstöckig, mehrgeschossig; ~ **car park** BRIT Parkhaus *nt*
multi-tasking **I.** *n* COMPUT Ausführen *nt* mehrerer Programme, Multitasking *nt* **II.** *adj attr* (*fig*) gleichzeitig mehreren Aufgaben nachkommend *attr*; **she is a hard-working, ~ singer, actor, dancer and producer** sie arbeitet hart und ist gleichzeitig Sängerin, Schauspielerin, Tänzerin und Produzentin
multitude ['mʌltɪtjuːd] *n* ❶ (*numerous sum*) Vielzahl *f* ❷ (*crowd*) ■ **the ~s** *pl* die Allgemeinheit; **~s of people** eine Vielzahl von Personen
mum[1] [mʌm] *n* (*fam: mother*) Mama *f*, Mutti *f bes* NORDD
mum[2] [mʌm] *adj* (*fam: silent*) still; **to keep ~** den Mund halten
mumble ['mʌmbl] *vt, vi* nuscheln
mummy[1] ['mʌmi] *n* (*fam: mother*) Mama *f*, Mami *f*, Mutti *f bes* NORDD
mummy[2] ['mʌmi] *n* (*corpse*) Mumie *f*
mumps [mʌmps] *n + sing vb* MED Mumps *m*
munch [mʌn(t)ʃ] *vi, vt* mampfen
Munich ['mjuːnɪk] *n* München *nt*
mural ['mjʊərəl] **I.** *n* Wandgemälde *nt* **II.** *adj* Wand-
murder ['mɜːdəʳ] **I.** *n* (*crime*) Mord *m*, Ermordung *f* (**of** an); **mass ~** Massenmord *m*; **to commit ~** einen Mord begehen; **to be convicted of ~** wegen Mordes verurteilt werden **II.** *vt* ermorden, umbringen *a. fig*
murderer ['mɜːdərəʳ] *n* Mörder(in) *m(f)*
murderess ['mɜːdərɪs] *n* Mörderin *f*
murderous ['mɜːdərəs] *adj* (*cruel*) mordlüstern, blutrünstig; *look, hatred* tödlich
murky ['mɜːki] *adj* düster; *night* finster
murmur ['mɜːməʳ] **I.** *vi* murmeln; ■ **to ~ about sth** (*complain*) wegen einer S. *gen* murren **II.** *vt* murmeln, raunen **III.** *n* Gemurmel *nt kein pl*, Raunen *nt kein pl*; **a ~ of agreement** ein zustimmendes Raunen
muscle ['mʌsl] *n* ❶ (*contracting tissue*) Muskel *m* ❷ (*fig: influence*) Stärke *f*; **to flex a ~** Stärke zeigen ♦ **muscle in** *vi* sich [rücksichtslos] einmischen; ■ **to ~ in on sth** sich irgendwo [mit aller Gewalt] hineindrängeln
muscular ['mʌskjələʳ] *adj* ❶ (*relating to muscles*) muskulär, Muskel- ❷ (*strong*) muskulös
museum [mjuː'ziːəm] *n* Museum *nt*
mushroom ['mʌʃrʊm, -ruːm] *n* Pilz *m*; **edible/poisonous ~** essbarer/giftiger Pilz
music ['mjuːzɪk] *n no pl* ❶ (*pattern of sounds*) Musik *f*; **classical ~** klassische Musik; **to put on ~** [etwas] Musik auflegen ❷ (*notes*) Noten *pl*
musical ['mjuːzɪk°l] **I.** *adj* musikalisch, Musik- **II.** *n* Musical *nt*
musical box *n*, **music box** *n* AM Spieluhr *f*
musician [mjuː'zɪʃ°n] *n* Musiker(in) *m(f)*
music stand *n* Notenständer *m*
Muslim ['mʊslɪm] **I.** *n* Moslem(in) *m(f)*, Muslim(in) *m(f)* **II.** *adj* moslemisch, muslimisch
mussel ['mʌs°l] *n* [Mies]muschel *f*
must [mʌst] **I.** *aux vb* ❶ (*be obliged*) müssen; ■ **~ not** nicht dürfen ❷ (*be required*) müssen; **~ you leave so soon?** müssen Sie schon so früh gehen? ❸ (*should*) **you ~ come and visit us** Sie sollten uns bald einmal besuchen kommen ❹ (*be certain to*) müssen; **you ~ be joking!** du machst wohl Witze! ❺ (*be necessary*) müssen; **you ~n't worry too much about it** jetzt mach dir deswegen nicht so viele Sorgen ❻ (*show irritation*) müssen; **smoke if you ~ then** dann rauche, wenn es [denn] unbedingt sein muss **II.** *n no pl* Muss *nt kein pl*; ■ **to be a ~** ein Muss *nt* sein; **this book is a ~!** dieses Buch muss man gelesen haben! **III.** *in compounds* -see, -do **this film is a ~-see** diesen Film muss man einfach gesehen haben

mustache *n* AM *see* **moustache**
mustard ['mʌstəd] *n no pl* Senf *m*
must-have *adj attr* (*fam*) unentbehrlich
mustn't ['mʌsᵊnt] *short for* **must not** *see* **must**
mutiny ['mju:tɪni] I. *n* Meuterei *f* II. *vi* <-ie-> meutern
mutter ['mʌtəʳ] I. *vi* ❶ (*mumble*) ■ **to ~ [away to oneself]** irgendetwas [vor sich *akk* hin]murmeln ❷ (*spread rumour*) ■ **to ~ about sth** etw munkeln II. *vt* (*complain softly*) brummen, murmeln; **to ~ sth to sb under one's breath** jdm etw zuraunen
mutton ['mʌtᵊn] *n no pl* Hammel *m*, Hammelfleisch *nt*
mutual ['mju:tʃu:əl] *adj* gegenseitig, beiderseitig; **the feeling is ~** das [Gefühl] beruht auf Gegenseitigkeit; **~ agreement** wechselseitige Übereinkunft
muzzle ['mʌzl] I. *n* ❶ (*animal mouth*) Schnauze *f*, Maul *nt* ❷ (*mouth covering*) Maulkorb *m* II. *vt* ■ **to ~ an animal** einem Tier einen Maulkorb anlegen; ■ **to ~ sb/the press** jdn/die Presse mundtot machen
my [maɪ] I. *adj poss* mein(e); **my brother and sister** mein Bruder und meine Schwester; **one of my friends** einer meiner Freunde/eine meiner Freundinnen; **I've hurt my foot** ich habe mir den Fuß verletzt; **I need a car of ~ own** ich brauche ein eigenes Auto II. *interj* ach, oh; **~ ~** na, so was
myself [maɪ'self] *pron refl* ❶ (*direct object of verb*) mir +*dat*, mich +*akk*; **I caught sight of ~ in the mirror** ich sah mich im Spiegel; **I strolled around, muttering to ~** ich wanderte umher und murmelte vor mich hin ❷ (*emph form: I, me*) ich; **people like ~** Menschen wie ich ❸ (*emph: me personally*) ich persönlich; **I wrote it ~** ich schrieb es selbst ❹ (*me alone*) **I never get an hour to ~** ich habe nie eine Stunde für mich; **I live by ~** ich lebe alleine; **[all] by ~** [ganz] alleine
mysterious [mɪ'stɪəriəs] *adj* geheimnisvoll, mysteriös; **in ~ circumstances** unter mysteriösen Umständen
mystery ['mɪstᵊri] *n* (*secret*) Geheimnis *nt*; (*puzzle*) Rätsel *nt*; **that's a ~ to me** das ist mir schleierhaft
mystery play *n* Mysterienspiel *nt*
myth [mɪθ] *n* Mythos *m*; **creation ~** Schöpfungsmythos *m*
mythical ['mɪθɪkᵊl] *adj* ❶ (*fictional*) sagenhaft, legendär ❷ (*supposed*) gedacht, imaginär
mythology [mɪ'θɒlədʒi] *n no pl* Mythologie *f*

N n

N <*pl* -'s *or* -s>, **n** <*pl* -'s> [en] *n* N *nt*, n *nt*; *see also* **A 1**
N *n no pl abbrev of* **North** N
n *n* MATH (*unknown number*) x
n/a, **NA** *abbrev of* **not applicable** entf.; *abbrev of* **not available** nicht verfügbar
nab <-bb-> [næb] *vt* (*fam*) schnappen; **could you ~ me a seat?** könntest du mir vielleicht einen Platz freihalten?
naff [næf] BRIT I. *adj* (*sl*) geschmacklos II. *vi* (*sl*) ■ **to ~ off** Leine ziehen
nag¹ [næg] *n* (*horse*) [alte Schind]mähre
nag² [næg] I. *vi* <-gg-> [herum]nörgeln (**at** an) II. *vt* <-gg-> ■ **to ~ sb** (*annoy*) jdn nicht in Ruhe lassen III. *n* (*fam*) Nervensäge *f*
nagging ['nægɪŋ] I. *n no pl* Nörgelei *f* II. *adj* ❶ (*criticizing*) nörgelnd ❷ (*persistent*) quälend
nail [neɪl] I. *n* ❶ (*small metal spike*) Nagel *m* ❷ (*body part*) [Finger-/Zeh]nagel *m*; **to bite one's ~s** an den Fingernägeln kauen II. *vt* (*fasten*) nageln (**to** an)
nail-biting I. *n no pl* Nägelkauen *nt* II. *adj film* spannungsgeladen **nail clippers** *npl* Nagelknipser *m* **nail file** *n* Nagelfeile *f* **nail polish** *n* Nagellack *m* **nail scissors** *npl* Nagelschere *f* **nail varnish** *n* Nagellack *m*
naked ['neɪkɪd] *adj* (*a. fig*) nackt; *flame* offen
name [neɪm] I. *n* ❶ (*title*) Name *m*; **hello, my ~'s Michael** hallo, ich heiße Michael; **what's your ~?** wie heißen Sie?; **first ~** Vorname *m*; **last ~** Nachname *m*; **in our ~** in unserem Namen ❷ (*reputation*) Ruf *m*; **to give sb/sth a good ~** jdm/etw einen guten Ruf verschaffen II. *vt* (*call*) **they ~d their little boy Peter** sie nannten ihren kleinen Sohn Peter
namely ['neɪmli] *adv* nämlich
nameplate *n of a person* Namensschild *nt*
nan [næn] *n* (*fam*) Omi *f*
nanny ['næni] *n* ❶ (*grandmother*) Oma *f*

❷ (*babyminder*) Kindermädchen *nt*
nap [næp] *n* (*short sleep*) Nickerchen *nt;* **to take a ~** ein Nickerchen machen
napkin ['næpkɪn] *n* Serviette *f*
nappy ['næpi] *n* Windel *f;* **disposable ~** Wegwerfwindel *f*
narcissistic [ˌnɑːsɪ'sɪstɪk] *adj* narzisstisch
narcotic [nɑː'kɒtɪk] **I.** *n* Rauschgift *nt;* MED Narkotikum *nt* **II.** *adj* MED narkotisch
narrate [nə'reɪt] *vt* erzählen
narrator [nə'reɪtəʳ] *n* Erzähler(in) *m(f)*
narrow ['nærəʊ] **I.** *adj* (*thin*) eng, schmal **II.** *vt* verengen
narrow boat *n* Kanalboot *nt*
narrowly ['nærəʊli] *adv* (*barely*) knapp
narrow-minded *adj* engstirnig
nasty ['nɑːsti] *adj* ❶ (*bad*) scheußlich, widerlich; ■**to be ~ to sb** zu jdm gemein sein ❷ (*serious*) schlimm, böse
nation ['neɪʃᵊn] *n* ❶ (*country, state*) Nation *f,* Land *nt;* **all across the ~** im ganzen Land ❷ (*people*) Volk *nt*
national ['næʃᵊnᵊl] **I.** *adj* ❶ (*of a nation*) *matter, organization* national; *flag, team, dish, hero* National-; **~ government** Landesregierung *f* ❷ (*particular to a nation*) Landes-, Volks- **II.** *n* Staatsangehörige(r) *f/m*

Das **national emblem** (Nationalsymbol) Englands ist die **Tudor rose**, die weiße, flache Rose des Königshauses York auf der roten Rose des Hauses Lancaster. Irlands Nationalsymbol ist der **shamrock**, eine Art Klee, den der Schutzpatron St Patrick zur Veranschaulichung der Dreieinigkeit verwendet haben soll. Die **thistle** (Distel) von Schottland wurde von König James III im 15. Jh. als Nationalsymbol ausgewählt. Der **dragon** (Drachen) von Wales wurde vor sehr langer Zeit als ein Emblem auf den Kriegsfahnen verwendet. Die Waliser haben auch den **leek** (Lauch) als Symbol, der, nach Shakespeare, bei der Schlacht von Poitiers gegen die Franzosen 1356 getragen wurde; die **daffodil** (Osterglocke) ist ein hübscherer Ersatz dafür aus dem 20. Jh.

National Front *n* BRIT POL (*hist*) rechtsradikale Partei
National Health Service *n* BRIT staatlicher Gesundheitsdienst
nationality [ˌnæʃᵊn'æləti] *n* ❶ (*esp cultural*) Nationalität *f* ❷ *no pl* (*legal*) Staatsangehörigkeit *f*
nationwide I. *adv* landesweit, im ganzen Land **II.** *adj coverage, strike, campaign* landesweit
native ['neɪtɪv] **I.** *adj* (*of one's birth*) beheimatet; **~ country** Heimatland *nt;* **~ language** Muttersprache *f* **II.** *n* Einheimische(r) *f(m)*
native American *n* amerikanischer Ureinwohner/amerikanische Ureinwohnerin
Nativity [nə'tɪvəti] *n no pl* ■**the ~** die Geburt Christi
NATO, Nato ['neɪtəʊ] *n no pl, no art acr for* **North Atlantic Treaty Organisation** NATO *f*
natter ['nætəʳ] *esp* BRIT **I.** *vi* (*fam*) quatschen **II.** *n* (*fam*) Schwatz *m;* **to have a ~** [**with sb**] [mit jdm] quatschen
natural ['nætʃᵊrᵊl] **I.** *adj* ❶ (*not artificial*) *flavour, ingredients, mineral water* natürlich; *colour, curls, dye, fertilizer* Natur- ❷ **~ state** Naturzustand *m* ❸ **to die of ~ causes** eines natürlichen Todes sterben **II.** *n* (*approv fam*) Naturtalent *nt*
natural childbirth *n no pl* natürliche Geburt
natural gas *n no pl* Erdgas *nt* **natural history** *n no pl* Naturgeschichte *f;* (*as topic of study*) Naturkunde *f*
naturalist ['nætʃᵊrᵊlɪst] *n* Naturforscher(in) *m(f)*
naturally ['nætʃᵊrᵊli] *adv* (*of course*) natürlich; (*as expected*) verständlicherweise
natural resources *npl* Bodenschätze *pl* **natural science** *n,* **natural sciences** *npl* Naturwissenschaft *f* **natural selection** *n* natürliche Auslese
nature ['neɪtʃəʳ] *n no pl* ❶ *no art* (*natural environment*) Natur *f;* **to let ~ take its course** der Natur ihren Lauf lassen ❷ (*innate qualities*) Art *f;* **what is the ~ of your problem?** worum handelt es sich bei Ihrem Problem?; **by ~** von Natur aus ❸ (*character*) Naturell *nt,* Art *f*
nature conservation *n no pl* Naturschutz *m* **nature lover** *n* Naturfreund(in) *m(f)*
nature reserve *n* Naturschutzgebiet *nt* **nature study** *n no pl* Naturkunde *f* **nature trail** *n* Naturlehrpfad *m*
naturopath ['neɪtʃᵊrə(ʊ)pæθ] *n* Naturheil-

kundler(in) *m(f)*

naught [nɔ:t] *n* **①** *no pl* (*liter: nothing*) Nichts *nt* **②** Am, Aus *see* **nought**

naughty ['nɔ:ti] *adj* **①** (*badly behaved*) *children* ungezogen **②** (*hum fam: erotic*) unanständig

nautical mile *n* Seemeile *f*

naval ['neɪvəl] *adj* Marine-; ~ **power** Seemacht *f*

navel ['neɪvəl] *n* ANAT Nabel *m*

navigate ['nævɪgeɪt] *vt, vi* navigieren

navigator ['nævɪgeɪtər] *n* Navigator(in) *m(f)*

navy ['neɪvi] I. *n* **①** + *sing/pl vb* (*armed forces*) ■**the N**~ die Marine **②** (*colour*) Marineblau *nt* II. *adj* marineblau

NB [ˌenˈbiː] *adv no pl abbrev of* **nota bene** NB

near [nɪər] I. *adj* **①** (*close in space*) nahe, in der Nähe; **where's the ~est phone box?** wo ist die nächste Telefonzelle? **②** (*close in time*) nahe **③** (*most similar*) **he rounded up the sum to the ~est dollar** er rundete die Summe auf den nächsten Dollar auf **④** *attr* (*close to being*) **that's a ~ certainty/impossibility** das ist so gut wie sicher/unmöglich II. *adv* **①** (*close in space/time*) nahe **②** (*almost*) beinahe, fast III. *prep* **①** (*in proximity to*) ■**~ [to]** nahe [bei] +*dat;* **do you live ~ here?** wohnen Sie hier in der Nähe? **②** (*almost time of*) **I'm nowhere ~ finishing the book** ich habe das Buch noch längst nicht ausgelesen **③** (*close to a state*) **we came ~ to being killed** wir wären beinahe getötet worden **④** (*similar in quantity or quality*) **he's ~er 70 than 60** er ist eher 70 als 60 IV. *vt* ■**to ~ sth** sich etw *dat* nähern V. *vi* sich nähern, näher rücken

nearby [ˌnɪəˈbaɪ] I. *adj* nahe gelegen II. *adv* in der Nähe

Near East *n* Naher Osten

nearly ['nɪəli] *adv* fast, beinahe

near miss *n* **①** MIL Beinahetreffer *m* **②** (*near-accident*) Beinaheunfall *m*

nearside BRIT, AUS I. *n* Beifahrerseite *f* II. *adj attr* auf der Beifahrerseite *nach n*

near-sighted *adj esp* AM kurzsichtig

neat [ni:t] *adj* **①** (*well-ordered*) ordentlich; **~ and tidy** sauber und ordentlich **②** (*undiluted*) pur **③** *esp* AM, AUS (*fam: very good*) toll, klasse

necessarily ['nesəsˈrəli] *adv* notwendigerweise; (*inevitably*) unbedingt

necessary ['nesəsˈri] I. *adj* nötig, notwendig; **strictly ~** unbedingt nötig II. *n* ■**the ~** das Nötige

necessity [nəˈsesəti] *n no pl* Notwendigkeit *f*

neck [nek] *n* **①** ANAT Hals; (*nape*) Nacken *m* **②** FASHION Kragen *m* ▶ **~ and ~** Kopf an Kopf

necklace ['nekləs] *n* [Hals]kette *f* **neckline** *n* Ausschnitt *m* **necktie** *n esp* AM Krawatte *f*

née [neɪ] *adj pred* geborene

need [ni:d] I. *n* **①** *no pl* (*requirement*) Bedarf *m* (**for** an); **as the ~ arises** bei Bedarf; **to be [badly] in ~ of sth** etw [dringend] brauchen **②** *no pl* (*necessity*) Notwendigkeit *f;* **if ~ be** falls nötig **③** *no pl* (*poverty, requiring help*) Not *f;* **children in ~** Kinder in Not II. *vt* **①** (*require*) brauchen; **your trousers ~ washing** deine Hose müsste mal gewaschen werden **②** (*must*) ■**to ~ to do sth** etw tun müssen III. *aux vb* **①** BRIT (*must*) **~ I say more?** muss ich noch mehr sagen?; **~ you ask?** (*iron*) da fragst du doch? **②** BRIT (*didn't have to*) **you ~n't have washed all the dishes** du hättest nicht das ganze Geschirr abwaschen müssen

needle ['niːdl] I. *n* **①** (*for sewing*) Nadel *f;* **knitting ~** Stricknadel *f;* **~ and thread** Nadel und Faden **②** MED, BOT Nadel *f;* **to get a ~** AM, AUS (*fam*) geimpft werden II. *vt* ärgern

needless ['ni:dləs] *adj* unnötig; **~ to say ...** selbstverständlich ...

needlessly ['ni:dləsli] *adv* unnötig[erweise]

needy ['ni:di] I. *adj* (*poor*) bedürftig, Not leidend *attr* II. *n* ■**the ~** *pl* die Bedürftigen *pl*

negative ['negətɪv] I. *adj* (*all meanings*) negativ; **~ answer** ablehnende Antwort II. *n* **①** (*negation*) Verneinung *f;* **in the ~** abschlägig; LING in der Verneinungsform **②** PHOT Negativ *nt* **③** MATH **two ~s make a positive** zweimal minus macht plus

neglect [nɪˈglekt] *vt* vernachlässigen; ■**to ~ to do sth** [es] versäumen, etw zu tun

neglectful [nɪˈglektfəl] *adj* nachlässig (**of** gegenüber); **~ parents** pflichtvergessen; **to be ~ of sth** etw vernachlässigen

negligent ['neglɪdʒənt] *adj* nachlässig; LAW fahrlässig

negligible ['neglɪdʒəbl] *adj* unbedeutend; *amount* geringfügig

negotiate [nɪˈgəʊʃieɪt] I. *vt* (*discuss*) aushandeln II. *vi* verhandeln (**for/on** über)

negotiation [nɪˌgəʊʃiˈeɪʃən] *n* Verhandlung *f*

negotiator [nɪˈgəʊʃieɪtər] n Unterhändler(in) m/f

neigh [neɪ] I. n Wiehern nt kein pl II. vi wiehern

neighbor n AM see **neighbour**

neighborhood n AM see **neighbourhood**

neighboring adj AM see **neighbouring**

neighborly adj AM see **neighbourly**

neighbour [ˈneɪbər] I. n Nachbar(in) m/f II. vi [an]grenzen (**on** an)

neighbourhood [ˈneɪbəhʊd] n (*district*) Viertel nt; (*people*) Nachbarschaft f

neighbouring [ˈneɪbərɪŋ] adj attr benachbart, Nachbar-

neighbourly [ˈneɪbəli] adj gutnachbarlich

neither [ˈnaɪðər] I. adv ① (*not either*) weder; ~ ... **nor** ... [**nor** ...] weder ... noch ... [oder ...] ② (*also not*) auch nicht II. adj attr keine(r, s) von beiden III. pron (*not either of two*) keine(r, s) von beiden IV. conj ■ ~ ... **nor** ... weder ... noch

neon [ˈniɒn] n no pl Neon nt; ~ **lamp** Neonlampe f; ~ **sign** Leuchtreklame f

neonatal [ˌniə(ʊ)ˈneɪtəl] adj attr Neugeborenen-; ~ **care/unit** Neugeborenenpflege/-station f

neo-Nazi [ˌniə(ʊ)ˈnɑːtsi] I. n Neonazi m II. adj group, newspaper neonazistisch

nephew [ˈnefjuː] n Neffe m

nerve [nɜːv] n ① ANAT Nerv m ② no pl (*courage*) Mut m; **to keep/lose one's** ~ die Nerven behalten/verlieren ③ (*nervousness*) ■ ~s pl Nervosität f kein pl; (*stress*) Nerven pl ④ (*impudence*) Frechheit f; **that man has such a** ~! der Mann hat [vielleicht] Nerven! ▶ **to be a** <u>bundle</u> **of** ~s ein Nervenbündel nt sein; **to get on sb's** ~s (*fam*) jdm auf die Nerven gehen

nervous [ˈnɜːvəs] adj nervös; (*anxious*) ängstlich; ■ **to be** ~ **about sth** wegen etw dat nervös sein

nervousness [ˈnɜːvəsnəs] n no pl Nervosität f

nervy [ˈnɜːvi] adj ① (*nervous*) nervös ② AM (*pej: impudent*) unverschämt

nest [nest] I. n Nest nt a. fig II. vi nisten

nest egg n Notgroschen m

nesting box n esp BRIT Nistkasten m

Net n no pl INET, COMPUT ■ **the** ~ das Netz

net¹ [net] I. n Netz nt a. fig; **fishing** ~ Fischernetz nt II. vt <-tt-> ① (*catch*) ■ **to** ~ **sth** fish etw mit einem Netz fangen ② (*fig: get*) ■ **to** ~ **oneself sth** sich dat etw angeln

net² [net] I. adj FIN netto; ~ **profit/results** Reingewinn m/Endergebnis nt; ~ **wages** Nettolöhne pl II. vt (*after tax*) netto verdienen

netball n BRIT no pl Korbball m

Net-based adj INET netzbasiert

net curtain n Tüllgardine f

Netherlands [ˈneðələn(d)z] n ■ **the** ~ die Niederlande pl

netiquette [ˈnetɪket] n no pl COMPUT Netiquette f

Netspeak adj COMPUT Internet-Jargon m

nett adj, vt BRIT see **net²**

netting [ˈnetɪŋ] n no pl Netzgewebe nt

nettle [ˈnetl] n Nessel f; **stinging** ~s Brennnesseln pl

network [ˈnetˌwɜːk] I. n ① (*structure*) Netz[werk] nt ② (*fig: people*) Netz nt II. vt (*link*) a. COMPUT vernetzen (**to** mit) III. vi Kontakte knüpfen; ■ **to** ~ **with sb** mit jdm Kontakt knüpfen

networker n Networker(in) m/f

networking [ˈnetˌwɜːkɪŋ] n no pl ① (*making contacts*) Kontaktknüpfen nt ② COMPUT Vernetzen nt

neurosurgeon [ˌnjʊərəʊˈsɜːdʒən] n Neurochirurg(in) m/f

neurosurgery [ˌnjʊərəʊˈsɜːdʒəri] n no pl Neurochirurgie f

neurotic [njʊəˈrɒtɪk] I. n Neurotiker(in) m/f II. adj neurotisch

neuter [ˈnjuːtər] I. adj sächlich; ~ **noun** Neutrum nt II. vt **to** ~ **an animal** male ein Tier kastrieren; female ein Tier sterilisieren

neutral [ˈnjuːtrəl] I. adj neutral II. n ① (*country*) neutrales Land ② (*gears*) Leerlauf m; **in** ~ im Leerlauf

neutrality [njuːˈtræləti] n no pl Neutralität f

never [ˈnevər] adv nie, niemals; ~ **again!** nie wieder!; ~ **before** noch nie [zuvor]; ~ **ever** nie im Leben; ~ **mind!** mach' dir nichts draus! fam

never-ending adj endlos

nevertheless [ˌnevəðəˈles] adv dennoch, nichtsdestoweniger

new [njuː] I. adj neu; **that's nothing** ~! das ist nichts Neues!; **I'm** ~ **around here** ich bin neu hier II. n no pl ■ **the** ~ das Neue

newbie [ˈnjuːbi] n COMPUT Anfänger(in) m/f

newcomer n (*new arrival*) Neuankömmling m; (*novice*) Neuling m

newish ['nju:ɪʃ] *adj* (*fam*) relativ neu
newly ['nju:li] *adv* kürzlich, neulich; ~ **married** jung verheiratet; ~ **painted** frisch gestrichen
news [nju:z] *n no pl* ① (*new information*) Neuigkeit *f;* **to break the** ~ **to sb** jdm die schlechte Nachricht überbringen; **really! that's** ~ **to me** tatsächlich! das ist mir neu ② (*media*) Nachrichten *pl;* **to be in the** ~ in den Schlagzeilen sein; **on the** ~ (*in TV, radio*) in den Nachrichten
news agency *n* Nachrichtenagentur *f* **newsagent** *n* BRIT, AUS ① (*shop*) Zeitschriftengeschäft *nt;* **at the** ~**'s** beim Zeitschriftengeschäft ② (*person*) Zeitungshändler(in) *m(f)* **newsflash** *n* Kurzmeldung *f* **news item** *n* Nachricht *f* **newsletter** *n* Rundschreiben *nt* **news magazine** *n* Nachrichtenmagazin *nt* **newspaper** *n* ① (*journal*) Zeitung *f;* **daily** ~ Tageszeitung *f* ② (*material*) Zeitungspapier *nt* **newsreader** *n* BRIT, AUS Nachrichtensprecher(in) *m(f)* **newsreel** *n* Wochenschau *f* **newsroom** *n* Nachrichtenredaktion *f* **newsstand** *n* Zeitungsstand *m* **newsworthy** *adj* berichtenswert
newsy ['nju:zi] *adj* informativ
New Year *n* Neujahr *nt kein pl;* **Happy** ~ gutes neues Jahr
next [nekst] **I.** *adj* ① (*coming immediately after*) nächste(r, s); **this time** ~ **year** nächstes Jahr um diese Zeit; ~ **month** nächsten Monat; [**the**] ~ **time** nächstes Mal ② (*next in order, space*) nächste(r, s), folgende(r, s); **who's** ~ **please?** wer ist der/die Nächste? **II.** *adv* ① (*subsequently*) dann, gleich darauf; **so what happened** ~? was geschah als Nächstes? ② (*again*) das nächste Mal ③ (*second*) zweit-; **the** ~ **best thing** die zweitbeste Sache ④ (*to one side*) ■ ~ **to sth/sb** neben etw/jdm ⑤ (*following in importance*) ■ ~ **to sth** nach etw *dat* ⑥ (*almost*) ■ ~ **to ...** beinahe ..., fast ...; ~ **to nothing** fast gar nichts ▶ **what** ~! und was kommt dann? **III.** *n* ~ **in line** der/die/das Nächste
next door I. *adv* nebenan; **we live** ~ **to the airport** wir wohnen direkt neben dem Flughafen **II.** *adj pred buildings* nebenan *nach n* **next-door** *adj attr buildings* nebenan *nach n; people* benachbart; *neighbour* direkt **next-gen** *adj* (*fam*) *short for* **next-generation** futuristisch **next of kin** *n + sing/pl vb* nächste(r) Angehörige(r)
NF [,en'ef] *n* BRIT POL (*hist*) *abbrev of* **National Front**
NHS [,eneɪtʃ'es] *n* BRIT *abbrev of* **National Health Service**
Niagara Falls [naɪ,ægərə'fɔ:lz] *n* ■ **the** ~ die Niagarafälle *pl*
nib [nɪb] *n* [Schreib]feder *f*
nibble ['nɪbl] **I.** *n* ① (*bite*) Bissen *m* ② (*snack*) ■ ~**s** *pl* BRIT (*fam*) Häppchen *pl* **II.** *vt* knabbern **III.** *vi* ① ■ **to** ~ **at/on sth** an etw *dat* herumknabbern ② (*eat into*) ■ **to** ~ **away at sth** an etw *dat* nagen *fig*
nice [naɪs] *adj* nett; (*pleasant*) schön, angenehm; **did you have a** ~ **holiday?** war es schön im Urlaub?; ~ **one!** (*approv fam*) nicht schlecht!; ~ **work!** (*approv fam*) gute Arbeit!; ~ **and warm** schön warm
nicely ['naɪsli] *adv* (*pleasantly*) nett; (*well*) gut, nett; **that'll do** ~ das reicht völlig; **to do very** ~ gut voran kommen
nicety ['naɪsəti] *n* Feinheit *f*
niche [ni:ʃ] *n* Nische *f*
nick [nɪk] **I.** *n* ① (*chip*) Kerbe *f* ② BRIT (*sl: prison*) ■ **the** ~ *no pl* der Knast *fam* **II.** *vt* ① (*chip*) einkerben; (*cut*) einschneiden ② BRIT, AUS (*fam: steal*) ■ **to** ~ **sth** etw mitgehen lassen ③ AM (*fam: cheat*) ■ **to** ~ **sb** jdn abzocken *sl* **III.** *vi* BRIT, AUS (*sl*) ■ **to** ~ **in/off** hinein-/davonhuschen
nickel ['nɪkl] *n* ① *no pl* (*metal*) Nickel *nt* ② AM (*coin*) Fünfcentstück *nt*
nickname ['nɪkneɪm] *n* Spitzname *m;* (*affectionate*) Kosename *m*
nicotine ['nɪkəti:n] *n no pl* Nikotin *nt*
niece *n* Nichte *f*
nifty ['nɪfti] *adj* (*approv fam: stylish*) elegant
niggardly ['nɪɡədli] *adj* (*pej: stingy*) geizig
niggle ['nɪɡl] **I.** *vi* ① (*find fault*) nörgeln ② (*worry*) beunruhigen, nagen *fig* (**at** an) **II.** *vt* ■ **to** ~ **sb** an jdm herumnörgeln
niggling ['nɪɡlɪŋ] *adj attr* nagend *fig*
niggly ['nɪɡli] *adj arguments* pingelig; *person* nörglerisch
night [naɪt] *n* ① (*darkness*) Nacht *f;* ~ **and day** Tag und Nacht; **to have an early** ~ früh zu Bett gehen; **to spend the** ~ **with sb** (*as a friend, relation*) bei jdm übernachten; (*sexually*) die Nacht mit jdm verbringen; ~ **after** ~ Nacht für Nacht; **at** ~ nachts ② (*evening*) Abend *m;* **the other** ~ neulich abends; **to have a** ~ **out** [abends] ausgehen; **by** ~

abends; ~ **after** ~ Abend für Abend ❸ THEAT, FILM **first** ~ Premiere *f*

nightbird *n* BRIT Nachteule *f* **night blindness** *n no pl* Nachtblindheit *f* **nightcap** *n* ❶ (*hat*) Schlafmütze *f* ❷ (*drink*) Schlaftrunk *m* **nightclothes** *npl* Nachtwäsche *f kein pl*; (*pyjama*) Schlafanzug *m* **nightclub** *n* Nachtklub *m* **night cream** *n* Nachtcreme *f* **nightdress** *n* Nachthemd *nt* **nightfall** *n no pl* Einbruch *m* der Nacht **nightgown** *n* Nachthemd *nt* **nightie** ['naɪti] *n* (*fam*) Nachthemd *nt*

nightingale ['naɪtɪŋgeɪl] *n* Nachtigall *f*

nightlife *n no pl* Nachtleben *nt* **nightlight** *n* Nachtlicht *nt* **nightlong** (*liter*) **I.** *adv* die ganze Nacht [über] **II.** *adj* sich über die ganze Nacht hinziehend

nightly ['naɪtli] **I.** *adv* jede Nacht **II.** *adj* (*each night*) [all]abendlich; (*nocturnal*) nächtlich

nightmare ['naɪtmeəʳ] **I.** *n* Alptraum *m* **II.** *adj* (*fam*) *problems, scenario* alptraumhaft

nightmarish ['naɪtmeərɪʃ] *adj* alptraumhaft

night-nurse *n* Nachtschwester *f* **night-porter** *n* Nachtportier *m* **night safe** *n* BRIT Nachttresor *m* **night school** *n* Abendschule *f* **night shift** *n* Nachtschicht *f* **nightshirt** *n* [Herren]nachthemd *nt* **nightspot** *n* (*fam*) Nachtklub *m* **night storage heater** *n* BRIT Nachtspeicherofen *m* **night-time** *n* Nacht[zeit] *f* **night-watch** *n* Nachtwache *f* **night watchman** *n* Nachtwächter *m*

nihilism ['niːɪlɪzᵊm] *n no pl* Nihilismus *m*
nihilist ['niːɪlɪst] *n* Nihilist(in) *m(f)*
nihilistic [ˌniːɪl'ɪstɪk] *adj* nihilistisch
nil [nɪl] *n no pl* (*nothing*) Nichts *nt*, Null *f*
Nile [naɪl] *n* ■**the** [**river**] ~ der Nil
nimble ['nɪmbl] *adj* (*usu approv: agile*) gelenkig, beweglich

Nimby *n*, **nimby** <*pl* -s> ['nɪmbi] *n* (*pej*) *acr for* **not in my back yard** Person, die sich gegen umstrittene Bauvorhaben in der eigenen Nachbarschaft stellt, aber nichts dagegen hat, wenn diese woanders realisiert werden

nine [naɪn] **I.** *adj* neun; ~ **times out of ten** in neun von zehn Fällen; *see also* **eight II.** *n* Neun *f*; *see also* **eight** ▶ **be dressed** [BRIT **up**] **to the** ~**s** (*fam*) in Schale [geworfen] sein

9-11, 9/11 [ˌnaɪnɪ'levᵊn] *n no pl*, *no art* der 11. September (*Terrorangriffe am 11.9.2001 auf das World Trade Center in New York und das Pentagon in Washington*)

ninepins ['naɪnpɪnz] *npl* Kegeln *nt kein pl*
nineteen [ˌnaɪn'tiːn] **I.** *n* Neunzehn *f*; *see also* **eight II.** *adj* neunzehn; *see also* **eight**
nineteenth [ˌnaɪn'tiːn(t)θ] **I.** *n* ❶ (*after 18th*) Neunzehnte(r, s); *see also* **eighth** ❷ (*fraction*) Neunzehntel *nt*; *see also* **eighth II.** *adj* neunzehnte(r, s); *see also* **eighth III.** *adv* an neunzehnter Stelle
ninetieth ['naɪntiəθ] **I.** *n* ❶ (*after 89th*) Neunzigste(r, s) ❷ (*fraction*) Neunzigstel *nt* **II.** *adj* neunzigste(r, s) **III.** *adv* an neunzigster Stelle
ninety ['naɪnti] **I.** *n* Neunzig *f* **II.** *adj* neunzig
ninth ['naɪn(t)θ] **I.** *n* ❶ (*after 8th*) Neunte(r, s) ❷ (*fraction*) Neuntel *nt* **II.** *adj* neunte(r, s) **III.** *adv* an neunter Stelle

nip [nɪp] **I.** *vt* <-pp-> beißen **II.** *vi* <-pp-> ❶ (*bite*) beißen ❷ BRIT, AUS (*fam: go quickly*) ■**to** ~ **along** entlangflitzen *fam*; **I** ~**ped round to Bill's to borrow some sugar** ich bin schnell zu Bill rübergegangen, um mir etwas Zucker zu borgen **III.** *n* ❶ (*pinch*) Kniff *m* ❷ *no pl* **there's a** ~ **in the air** es ist frisch

nipple ['nɪpl] *n* ❶ ANAT Brustwarze *f* ❷ (*of baby bottle*) Sauger *m*

nippy ['nɪpi] *adj* ❶ BRIT, AUS (*fam: quick*) schnell ❷ (*fam: cold*) kühl

nit [nɪt] *n* ❶ ZOOL Nisse *f* ❷ *esp* BRIT, AUS (*pej fam: idiot*) Blödmann *m*

nitpicking ['nɪtpɪkɪŋ] **I.** *adj* (*pej fam*) pingelig **II.** *n no pl* (*pej fam*) Krittelei *f*

nitpicky <-ier, -iest> ['nɪtpɪki] *adj* (*fam*) pedantisch

nitrate ['naɪtreɪt] *n* Nitrat *nt*
nitric ['naɪtrɪk] *adj* ~ **acid** Salpetersäure *f*
nitrite ['naɪtraɪt] *n* Nitrit *nt*
nitrogen ['naɪtrədʒən] *n no pl* Stickstoff *m*
nitroglycerin(e) [ˌnaɪtrə(ʊ)'glɪsᵊriːn] *n no pl* Nitroglyzerin *nt*
nitrous ['naɪtrəs] *adj* ~ **oxide** Lachgas *nt*
nitty-gritty [ˌnɪti'grɪti] *n no pl* (*fam*) **to get down to the** ~ zur Sache kommen
nitwit ['nɪtwɪt] *n* (*pej fam*) Schwachkopf *m*
NNE *abbrev of* **north-northeast** NNO
NNW *abbrev of* **north-northwest** NNW
no [nəʊ, nə] **I.** *adj* ❶ (*not any*) kein(e); ~ **one** keiner ❷ (*in signs*) '~ **parking**' ‚Parken verboten' ❸ *with gerund* (*impossible*) **there's** ~ **denying** es lässt sich nicht leugnen **II.** *adv* ❶ (*not at all*) nicht ❷ (*alternative*) **or** ~

(*form*) oder nicht **III.** *n* <*pl* -es *or* -s> (*negation*) Nein *nt kein pl;* (*refusal*) Absage *f* **IV.** *interj* ❶ (*refusal*) nein ❷ (*distress*) **oh ~!** oh nein!

No. *n*, **no.** <*pl* Nos. *or* nos.> *n see* **number** Nr.

nobble ['nɒbl] *vt* Brit, Aus (*sl*) ❶ (*bribe*) bestechen ❷ (*spoil*) ruinieren

Nobel prize [ˌnəʊbel'-] *n* Nobelpreis *m;* **~ winner** Nobelpreisträger(in) *m(f)*

nobility [nə(ʊ)'bɪləti] *n no pl* ❶ + *sing/pl vb* (*aristocracy*) ■ **the ~** der Adel ❷ (*approv: character*) hohe Gesinnung

noble ['nəʊbl] **I.** *adj* ❶ (*aristocratic*) ad[e]lig ❷ (*approv: estimable*) *ideals, motives, person* edel *geh*, nobel *geh* **II.** *n* Ad[e]lige(r) *f(m)*

nobleman *n* Ad[e]liger *m*, Edelmann *m hist*

noble-minded *adj* (*approv*) edel gesinnt *geh*, von edler Gesinnung *nach n geh*

nobly ['nəʊbli] *adv* nobel *geh*, edel *geh*

nobody ['nəʊbədi] **I.** *pron indef pron, sing* (*no people*) niemand, keiner; **~ else** niemand anders **II.** *n* <*pl* -dies> (*sb of no importance*) Niemand *m*

no-claim(s) bonus *n* Brit, Aus, **no-claims discount** *n* Brit, Aus Schadenfreiheitsrabatt *m*

no-confidence vote *n* Misstrauensvotum *nt*

nocturnal [nɒk'tɜːnəl] *adj* nächtlich *attr*, Nacht-

nod [nɒd] **I.** *n usu sing* Nicken *nt kein pl;* **to give sb a ~** jdm zunicken **II.** *vt* <-dd-> ❶ **~ one's head** mit dem Kopf nicken ❷ **to ~ a farewell to sb** jdm zum Abschied zunicken **III.** *vi* <-dd-> nicken

nodding ['nɒdɪŋ] *adj* (*head*) nickend

node [nəʊd] *n* Knoten *m;* comput Schnittstelle *f*

nodule ['nɒdjuːl] *n* Knötchen *nt*

no-go area *n* Brit, **no-go zone** *n* Am (*prohibited*) verbotene Zone

no-hoper *n* Brit, Aus Taugenichts *m*

nohow ['nəʊhaʊ] *adv esp* Am (*fam*) keinesfalls, auf gar keinen Fall

noise [nɔɪz] *n* ❶ *no pl* (*loudness*) Lärm *m*, Krach *m;* **deafening ~** ohrenbetäubender Lärm; **to make a ~** Krach *m* machen ❷ (*sound*) Geräusch *nt* ❸ *no pl* elec (*interference*) Rauschen *nt* ▸ **to make a ~** Aufsehen *nt* erregen

noise barrier *n* Lärmschutzwand *f*

noiseless ['nɔɪzləs] *adj breath, flight* geräuschlos, lautlos

noise pollution *n no pl* Lärmbelästigung *f*

noise prevention *n no pl* Lärmvermeidung *f*

noisy ['nɔɪzi] *adj* laut, lärmend

nomad ['nəʊmæd] *n* Nomade(in) *m(f);* (*fig*) Wandervogel *m hum*

nomadic [nə(ʊ)'mædɪk] *adj* nomadisch, Nomaden-

no-man's-land *n no pl* ❶ mil Niemandsland *nt* ❷ (*limbo*) Schwebezustand *m*

nominal ['nɒmɪnəl] *adj* dem Namen nach *nach n*, nominell

nominally ['nɒmɪnəli] *adv* dem Namen nach, nominell

nominate ['nɒmɪneɪt] *vt* ❶ (*propose*) nominieren ❷ (*appoint*) ■ **to ~ sb [as] sth** jdn zu etw *dat* ernennen

nomination [ˌnɒmɪ'neɪʃən] *n* ❶ (*proposal*) Nominierung *f* (**for** für) ❷ (*appointment*) Ernennung *f* (**to** zu)

nominative ['nɒmɪnətɪv] **I.** *n* ■ **the ~** der Nominativ **II.** *adj* Nominativ-; **to be in the ~ case** im Nominativ stehen

nominee [ˌnɒmɪ'niː] **I.** *n* Kandidat(in) *m(f);* **Oscar ~s** Oscar-Anwärter *pl* **II.** *adj attr* nominiert

non- [ˌnɒn] *in compounds* Nicht-, nicht-

non-acceptance *n no pl* Nichtakzeptanz *f*

nonagenarian [ˌnəʊnədʒə'neərɪən] **I.** ■ **to be a ~** in den Neunzigern sein **II.** *adj* in den Neunzigern *nach n*

non-aggression *n no pl* Gewaltverzicht *m;* **~ pact/treaty** Nichtangriffspakt *m*

non-alcoholic *adj drink, beer* alkoholfrei

non-aligned *adj* neutral; pol blockfrei

non-appearance *n no pl* law Nichterscheinen *nt* vor Gericht

non-attendance *n no pl* (*at school, a hearing*) Abwesenheit *f*

nonchalance ['nɒn(t)ʃələn(t)s] *n no pl* Gleichgültigkeit *f*

nonchalant ['nɒn(t)ʃələnt] *adj* gleichgültig

non-com [ˌnɒn'kɒm] *n* mil (*fam*) *short for* **non-commissioned officer**

non-combatant *n* mil Zivilist(in) *m(f)*

non-combustible *adj* nicht brennbar

non-commissioned officer *n* mil Unteroffizier(in) *m(f)*

non-committal [ˌnɒnkə'mɪtəl] *adj letter, tone* unverbindlich

non-compliance *n no pl* **with an order** Nichtbeachtung *f;* **with a wish** Nichterfül-

lung *f*
non compos mentis [ˌnɒnˌkɒmpəs'mentɪs] *adj pred* LAW nicht im Vollbesitz seiner geistigen Kräfte
nonconformist I. *adj* nonkonformistisch II. *n* Nonkonformist(in) *m(f)*
nonconformity *n no pl* Nonkonformismus *m* (**in**/**to** gegenüber)
non-contributory *adj* beitragsfrei
non-cooperation *n no pl* Kooperationsverweigerung *f*
non-deposit bottle *n* Einwegflasche *f*
nondescript ['nɒndɪskrɪpt] *adj person, building* unscheinbar
non-durables *npl* Verbrauchsgüter *pl*
none [nʌn] I. *pron* ❶ *(not any)* keine(r, s); ~ **of it matters anymore** das spielt jetzt keine Rolle mehr; ~ **of the brothers/staff** + *sing/pl vb* keiner der Brüder/Angestellten ❷ *(no person, no one)* ~ **other than** ... kein Geringerer/keine Geringere als ... ▶ **to be second to** ~ unvergleichlich sein II. *adv* kein bisschen; ~ **too intelligent/pleased** *(form)* nicht sonderlich intelligent/erfreut
nonentity [ˌnɒn'entəti] *n no plural (insignificance)* Bedeutungslosigkeit *f* *(pej: nobody)* ■ **a** ~ ein Niemand *m*
non-essential I. *adj* überflüssig, unnötig II. *n* unnötige Sache
nonetheless [ˌnʌnðə'les] *adv* nichtsdestoweniger, trotzdem
non-event *n* *(fam)* *of party* Reinfall *m*; *in one's life* Enttäuschung *f*
non-existence *n no pl* Nichtvorhandensein *nt*
non-existent *adj* nicht vorhanden
non-fat *adj food* fettfrei
non-fiction *n no pl* Sachliteratur *f*
non-flammable *adj material* nicht entflammbar
non-infectious *adj disease* nicht ansteckend
non-interference *n no pl* Nichteinmischung *f*
non-iron *adj* bügelfrei
non-member *n* Nichtmitglied *nt*; ~ **country** Nichtmitgliedsland *nt*
non-negotiable *adj* ❶ LAW *terms, conditions* nicht verhandelbar ❷ FIN *document, bill of exchange* nicht übertragbar
no-no <*pl* -**es**> *n* *(fam)* Unding *nt*
no-nonsense *adj attr person, manner* sachlich, nüchtern
nonplus <-**ss**-> [ˌnɒn'plʌs] *vt* verblüffen

non-polluting *adj by-product* ungiftig
non-productive *adj* unproduktiv; *(ineffective)* unwirksam
nonprofit *adj esp* AM, **non-profit-making** *adj* ~ **organization** gemeinnützige Organisation
non-proliferation *n no pl* POL Nichtverbreitung *f*
non-refundable *adj payment* nicht zurückzahlbar
non-renewable resources *npl* nicht erneuerbare Energien *pl*
non-resident I. *adj* *(non local)* auswärtig II. *n* Nichtortsansässige(r) *f(m)*
non-returnable *adj bottle, can* Einweg-
non-scheduled *adj* unplanmäßig
nonsense ['nɒnsᵊn(t)s] I. *n no pl* Unsinn *m*, Quatsch *m* II. *adj attr* unsinnig, sinnlos
nonsensical ['nɒnsen(t)sɪkl] *adj idea, plan* unsinnig
non-shrink *adj material, clothing* einlaufsicher
non-skid *adj*, **non-slip** *adj surface* rutschfest
non-smoker *n* ❶ *(person)* Nichtraucher(in) *m(f)* ❷ BRIT *(fam: in train)* Nichtraucherabteil *nt*
non-starter *n* ❶ SPORTS Nichtstartende(r) *f(m)* ❷ *(fam: idea)* Reinfall *m*; *(person)* Niete *f*
non-stick *adj* antihaftbeschichtet
non-stop I. *adj* Nonstop- II. *adv* nonstop
non-swimmer *n* Nichtschwimmer(in) *m(f)*
non-taxable *adj income* steuerfrei
non-toxic *adj material, substance* ungiftig
non-verbal *adj communication* nonverbal
non-violent *adj protest* gewaltfrei
non-voting *adj shares* nicht stimmberechtigt
noodle ['nuːdl] I. *n* Nudel *f*; AM Pasta *f* II. *vi* AM *(fam)* herumpfuschen; ■ **to** ~ [**around**] **with sth** mit etw *dat* herummachen
nook [nʊk] *n* Nische *f*, Ecke *f*
nookie *n*, **nooky** ['nʊki] *n no pl* *(sl)* Sex *m fam*
noon [nuːn] *n no pl* Mittag *m*; **by** ~ bis Mittag; **about** ~ um die Mittagszeit
no-one ['nəʊwʌn] *pron indef see* **nobody**
noose [nuːs] *n* Schlinge *f*
nope [nəʊp] *adv* *(sl)* nö *fam*
nor [nɔːʳ, nəʳ] *conj* ❶ *(and not)* noch; **neither** ... ~ ... weder ... noch ... ❷ *after neg esp* BRIT *(neither)* [und] ... auch nicht
Nordic ['nɔːdɪk] *adj country, person* nordisch
norm [nɔːm] *n* Norm *f*

normal ['nɔːmᵊl] **I.** *adj* normal; **as** [**is**] ~ wie üblich **II.** *n no pl* Normalzustand *m;* **to return to** ~ sich normalisieren
normality [nɔːˈmæləti] *n no pl* Normalität *f*
normalize ['nɔːmᵊlaɪz] **I.** *vt blood pressure* normalisieren **II.** *vi situation, relations* sich normalisieren
normally ['nɔːmᵊli] *adv* ① (*usually*) normalerweise ② (*in a normal way*) normal
Norman ['nɔːmən] HIST **I.** *adj* normannisch; **the** ~ **Conquest** der normannische Eroberungszug **II.** *n* Normanne *m*, Normannin *f*
north [nɔːθ] **I.** *n no pl* ① (*direction*) Norden *m;* ■ **in the** [*or fam* **up**] ~ im Norden ② (*region*) ■ **the N**~ BRIT (*North England*) Nordengland *nt;* AM der Norden, die Nordstaaten *pl* **II.** *adj* nördlich, Nord-; ~ **of Manchester** nördlich von Manchester **III.** *adv* nordwärts
North America *n* Nordamerika *nt* **northeast I.** *n no pl* Nordosten *m* **II.** *adj* nordöstlich **III.** *adv* nordostwärts **northeastern** *adj attr* nordöstlich, Nordost-
northerly ['nɔːðᵊli] *adj* nördlich, Nord-
northern ['nɔːðᵊn] *adj attr* nördlich
northerner ['nɔːðᵊnəʳ] *n* BRIT Nordengländer(in) *m(f);* AM Nordstaatler(in) *m(f);* (*fig, hum*) Nordlicht *nt*
Northern Ireland *n* Nordirland *nt*

> **Northern Ireland**, das oft auch einfach **Ulster** genannt wird, ist der nordöstliche Teil Irlands, der Teil des **United Kingdom** (Vereinigtes Königreich) blieb, als der Rest des Landes 1921 den Status eines **dominion** (Herrschaftsgebiet) innerhalb des Commonwealth erhielt. Das neue **Northern Ireland Assembly** (Parlament) wurde am 25. Juni 1998 gegründet und hat 108 Abgeordnete; es kann in regionalen Angelegenheiten Gesetze erlassen und tagt im **Stormont Castle** in der Nähe von Belfast.

northernmost ['nɔːðᵊnməʊst] *adj* nördlichste(r, s)
Northern Territory *n* AUS Nordterritorium *nt*
North Pole *n* ■ **the** ~ der Nordpol **North Sea** *n* ■ **the** ~ die Nordsee **North-South divide** *n* ■ **the** ~ das Nord-Süd-Gefälle
northward ['nɔːθwəd] **I.** *adj migration* nach Norden *nach n*, Nord-; ~ **direction** nördliche Richtung **II.** *adv* nach Norden

northwest I. *n no pl* Nordwesten *m* **II.** *adj* nordwestlich, Nordwest-; ~ **wind** Wind *m* von Nordwest **III.** *adv* nach Nordwesten
northwesterly *adj* nordwestlich, Nordwest-; ~ **wind** Wind *m* aus Nordwest **Northwest Territories** *npl* CAN Nordwestterritorien *pl*
Norway ['nɔːweɪ] *n* Norwegen *nt*
Norwegian [nɔːˈwiːdʒᵊn] **I.** *n* ① (*person*) Norweger(in) *m(f)* ② *no pl* (*language*) Norwegisch *nt* **II.** *adj* norwegisch, Norwegisch-
nose [nəʊz] **I.** *n* ① (*organ*) Nase *f*; **runny** ~ laufende Nase ② (*front*) Schnauze *f fam* ③ *no pl* (*smell*) Geruchssinn *m* ▶ **to get up sb's** ~ BRIT, AUS (*fam*) jdm auf den Wecker gehen; **on the** ~ AM (*fam*) genau **II.** *vi* **to** ~ **forwards** sich vorsichtig vorwärtsbewegen **III.** *vt* **to** ~ **one's way forwards/in/out/ up** sich vorsichtig seinen Weg vorwärts/hinein-/hinaus-/hinaufbahnen ◆ **nose about I.** *vi* (*fam*) herumstöbern *fam* **II.** *vt* ■ **to** ~ **about sth** in etw *dat* herumstöbern ◆ **nose out I.** *vt* ① (*discover*) *secrets, details* herausfinden ② (*outdo*) ■ **to** ~ **sb** ⊃ **out** jdn ausstechen **II.** *vi* sich langsam herausbewegen
nosebag *n* Hafersack *m* **nosebleed** *n* Nasenbluten *nt* **nose cone** *n* AVIAT Rumpfspitze *f* **nosedive I.** *n* AVIAT Sturzflug *m* **II.** *vi* AVIAT im Sturzflug heruntergehen **nose job** *n* MED (*fam*) Nasenkorrektur *f* **nose ring** *n* Nasenring *m*
nosey ['nəʊzi] *adj* (*pej*) neugierig
nosh [nɒʃ] **I.** *n no pl* BRIT, AUS (*sl: food*) Fressalien *pl fam* **II.** *vi* ■ **to** ~ **on sth** etw futtern **III.** *vt* futtern *sl*
nosh-up *n* BRIT, AUS (*sl*) Gelage *nt fam*
no-smoking *adj area* Nichtraucher-; ~ **area** Nichtraucherzone *f*
nostalgia [nɒsˈtældʒə] *n no pl* Nostalgie *f*
nostalgic [nɒsˈtældʒɪk] *adj* nostalgisch
no-strike agreement *n* Streikverbotsabkommen *nt*
nostril ['nɒstrᵊl] *n of a person* Nasenloch *nt; of a horse* Nüster *f*
nosy ['nəʊzi] *adj* (*pej*) neugierig; ~ **parker** *esp* BRIT (*pej fam*) neugierige Person
not [nɒt] *adv* nicht; **it's** ~ **unusual** das ist nicht ungewöhnlich; **it's a girl,** ~ **a boy** es ist ein Mädchen, kein Junge; **she's** ~ **a teacher** sie ist keine Lehrerin; **it's cold, isn't it?** es ist kalt, nicht [wahr]?; ~ **me!** ich nicht!; **he's** ~ **bad-looking** er sieht nicht

schlecht aus; **I hope ~!** ich hoffe nicht!
notable ['nəʊtəbl] **I.** *adj* ❶ (*eminent*) *collection, philosopher* bedeutend ❷ (*remarkable*) *achievement* beachtlich **II.** *n* Berühmtheit *f*
notably ['nəʊtəbli] *adv* (*particularly*) insbesondere, vor allem
notary (**public**) <*pl* -ies public> ['nəʊtəri] *n* Notar(in) *m(f)*
notation [nə(ʊ)'teɪʃən] *n* ❶ MATH, MUS Notation *f fachspr* ❷ (*note*) Notiz *f*
notch [nɒtʃ] *n* <*pl* -es> ❶ (*indentation*) Einkerbung *f* ❷ (*for comparison*) Grad *m*; **a ~ above/below sb/sth** eine Klasse besser/schlechter als jd/etw
note [nəʊt] **I.** *n* ❶ (*record*) Notiz *f*; **to write sb a ~** jdm eine Nachricht hinterlassen ❷ (*attention*) **to take ~ of sth** von etw *dat* Notiz nehmen ❸ (*sound*) Ton *m*; **to strike the right ~** den richtigen Ton treffen **II.** *vt* (*notice*) wahrnehmen; (*remark*) anmerken
notebook *n* ❶ (*book*) Notizbuch *nt* ❷ COMPUT Notebook *nt*
noted ['nəʊtɪd] *adj attr* bekannt (**for** für)
notepad *n* ❶ (*pad*) Notizblock *m* ❷ COMPUT Notepad *nt* **notepaper** *n no pl* Briefpapier *nt* **noteworthy** ['nəʊt,wɜːði] *adj conclusions, results* beachtenswert; **nothing/something ~** nichts/etwas Besonderes
not-for-profit *adj organisation, company* nicht auf Gewinn ausgerichtet *attr*
nothing ['nʌθɪŋ] **I.** *pron indef* ❶ (*not anything*) nichts; **to count for ~** nichts gelten; **~ else** nichts weiter ❷ (*of no importance*) nichts; **~ much** nicht viel; **to be ~ to sb** jdm nichts bedeuten; **it's ~** (*fam*) nicht der Rede wert ❸ (*zero*) Null *f* ▶ **come to ~** sich zerschlagen; [**all**] **for ~** [vollkommen] umsonst; **not for ~** nicht umsonst; **there's ~ in it** es ist nichts dran **II.** *adj attr* (*fam*) *activity* belanglos **III.** *n* (*fam*) ❶ (*person*) Niemand *m* ❷ (*thing*) Unwichtigkeit *f* **IV.** *adv* (*not*) überhaupt nicht
nothingness ['nʌθɪŋnəs] *n no pl* ❶ (*emptiness*) Nichts *nt* ❷ (*worthlessness*) Bedeutungslosigkeit *f*
no-throw *n* SPORTS Fehlwurf *m*
notice ['nəʊtɪs] **I.** *vt* ❶ (*see*) bemerken; (*catch*) mitbekommen; (*perceive*) wahrnehmen ❷ (*pay attention to*) beachten; (*become aware of*) ■ **to ~ sb/sth** auf jdn/etw aufmerksam werden **II.** *n* ❶ *no pl* (*attention*) Beachtung *f*; **it came to my ~ that ...** es ist mir zu Ohren gekommen, dass ...; **to take ~ of sb/sth** von jdm/etw Notiz nehmen ❷ (*poster*) Plakat *nt* ❸ *no pl* (*information in advance*) **to give sb ~** jdn [vorab] informieren; **at a day's/four days' ~** binnen eines Tages/vier Tagen ❹ *no pl* (*to end an arrangement*) **to give** [**in**] **one's ~** kündigen
noticeable ['nəʊtɪsəbl] *adj improvement, increase* merklich
notice-board *n* Aushang *m*, schwarzes Brett
notifiable ['nəʊtɪfaɪəbl] *adj disease* meldepflichtig; *offence* anzeigepflichtig
notification [,nəʊtɪfɪ'keɪʃən] *n* Mitteilung *f*
notify <-ie-> ['nəʊtɪfaɪ] *vt* ■ **to ~ sb** [**of sth**] jdn [über etw *akk*] unterrichten
notion ['nəʊʃən] *n* (*belief*) Vorstellung *f*; (*vague idea*) Ahnung, f (**of** von)
notional ['nəʊʃənəl] *adj* (*form*) fiktiv; *payment* nominell
notoriety [,nəʊtər'aɪəti] *n no pl* [traurige] Berühmtheit (**for** wegen)
notorious [nə(ʊ)'tɔːriəs] *adj temper, thief* notorisch; **to be ~ for sth** bekannt für etw *akk* sein
no-touch *adj attr taps, switches* kontaktlos
notwithstanding [,nɒtwɪθ'stændɪŋ] (*form*) **I.** *prep* ungeachtet *+gen* **II.** *adv* trotzdem **III.** *conj* ■ **~ that ...** obwohl, ...
nougat ['nuːgɑː] *n no pl* Nougat *nt*
nought [nɔːt] *n* ❶ *esp* BRIT Null *f* ❷ *no pl see* **naught**
noun [naʊn] *n* Hauptwort *nt*, Substantiv *nt*
nourish ['nʌrɪʃ] *vt* ❶ (*feed*) ernähren ❷ (*form: cherish*) **to ~ ambitions** Ambitionen haben
nourishing ['nʌrɪʃɪŋ] *adj* (*healthy*) *food, drink* nahrhaft
nourishment ['nʌrɪʃmənt] *n no pl* ❶ (*food*) Nahrung *f* ❷ (*vital substances*) Nährstoffe *pl*
nous [naʊs] *n no pl* BRIT, AUS (*fam*) Grips *m*; **business ~** Geschäftssinn *m*
novel¹ ['nɒvəl] *n* (*book*) Roman *m*; **detective ~** Kriminalroman *m*
novel² ['nɒvəl] *adj* (*new*) neuartig; *way, approach, idea* neu
novelist ['nɒvəlɪst] *n* Romanautor(in) *m(f)*
novella <*pl* -s *or* novelle> [nə(ʊ)'velə] *n* LIT Novelle *f*
novelty ['nɒvəlti] *n* ❶ (*new thing*) Neuheit *f* ❷ *no pl* (*newness*) Neuartigkeit *f*; **to have ~ value** den Reiz des Neuen haben ❸ (*trinket*) Krimskrams *m*; (*funny*) Scherzartikel *m*;

November [nɒˈvembə^r] *n* November *m*; *see also* **February**

novice [ˈnɒvɪs] **I.** *n* ❶ (*learner*) Anfänger(in) *m(f)* ❷ REL Novize(in) *m(f)* **II.** *adj* ❶ (*learner*) *pilot, skier* unerfahren ❷ REL ~ **monk/nun** Mönch *m*/Nonne *f* in der Ausbildung

now [naʊ] **I.** *adv* ❶ (*at present*) jetzt; **until** ~ bis jetzt ❷ (*at once*) [**right**] ~ jetzt, sofort, gleich ❸ (*till today*) jetzt [schon] ❹ (*soon*) **the puppies will be born any day** ~ die Hundewelpen können jetzt jeden Tag zur Welt kommen ❺ (*short time ago*) **just** ~ gerade eben ❻ (*after repetition*) **what do you want** ~? was willst du denn nun? ❼ (*occasionally*) [**every**] ~ **and then** ab und zu ❽ (*as introduction*) **and** ~ **for something completely different** und nun zu etwas völlig anderem ❾ (*in request, command*) ~, **where did I put my hat?** wo habe ich denn jetzt nur meinen Hut hingelegt? ❿ (*in irony*) ~, ~ so, so **II.** *n* Jetzt *nt*; **that's all for** ~ das ist für den Augenblick alles; **by** ~ mittlerweile; **from** ~ **on** ab sofort **III.** *conj* ~ [**that**] ..., jetzt, wo ... **IV.** *adj* (*fam: trendy, up to date*) in *präd,* aktuell

nowadays [ˈnaʊədeɪz] *adv* heutzutage

nowhere [ˈnəʊ(h)weə^r] **I.** *adv* nirgends, nirgendwo; **she was** ~ **to be seen** sie war nirgends zu sehen; [**as if**] **from** ~ [wie] aus dem Nichts **II.** *n* Nirgendwo *nt* **III.** *adj attr* (*fam*) ausweglos

nowt [naʊt] *pron* BRIT, DIAL nix *fam*

noxious [ˈnɒkʃəs] *adj* (*form: toxic*) *chemicals, fumes* giftig

nozzle [ˈnɒzl̩] *n* Düse *f*; *of petrol pump* [Zapf]hahn *m*

nuance [ˈnjuːɑːn(t)s] *n* Nuance *f*

nub [nʌb] *n* (*crux*) Kernpunkt *m*; **the** ~ **of the matter** der springende Punkt

nubile [ˈnjuːbaɪl] *adj* (*hum*) [sehr] anziehend

nuclear [ˈnjuːklɪə^r] *adj* ❶ (*of energy*) Kern-, Atom- ❷ MIL nuklear, atomar; ~-**free zone** atomwaffenfreie Zone ❸ NUCL Kern-

nucleic acid [njuːˌkliːɪk-] *n* BIOL, CHEM Nukleinsäure *f*

nucleus <*pl* -clei *or* -es> [ˈnjuːklɪəs] *n a.* BIOL, NUCL Kern *m*

nude [njuːd] **I.** *adj* nackt; ~ **model** Aktmodel *nt* **II.** *n* ❶ ART Akt *m* ❷ (*nakedness*) **in the** ~ nackt; **to sunbathe/swim in the** ~ nackt sonnenbaden/schwimmen

nudge [nʌdʒ] **I.** *vt* ❶ (*push*) stoßen ❷ (*fig: urge*) **to** ~ **sb into sth** jdn zu etw *dat* drängen ❸ (*approach*) **he must be nudging 60 now** er muss jetzt auch schon auf die 60 zugehen **II.** *n* (*push*) Schubs *m*

nudism [ˈnjuːdɪzəm] *n no pl* Freikörperkultur *f*

nudist [ˈnjuːdɪst] *n* Nudist(in) *m(f)*; ~ **beach** FKK-Strand *m*; ~ **camp** FKK-Lager *nt*

nudity [ˈnjuːdəti] *n no pl* Nacktheit *f*

nugget [ˈnʌgɪt] *n* ❶ (*lump*) Klumpen *m*; **gold** ~ Goldklumpen *m* ❷ FOOD **chicken** ~ Hähnchennugget *nt*

nuisance [ˈnjuːsən(t)s] *n* ❶ (*pesterer*) Belästigung *f*, Plage *f* ❷ (*annoyance*) Ärger *m*; **what a** ~! wie ärgerlich!

nuke [njuːk] (*sl*) **I.** *vt* ❶ MIL atomar angreifen ❷ *esp* AM, AUS (*in microwave*) warm machen **II.** *n* ❶ (*power station*) Atomkraftwerk *nt* ❷ (*bomb*) Atombombe *f*

null [nʌl] *adj*, **null and void** *adj pred* LAW null und nichtig

nullification [ˌnʌlɪfɪˈkeɪʃən] *n of an agreement, a law, a treaty* Ungültigkeitserklärung *f*

nullify <-ie-> [ˈnʌlɪfaɪ] *vt* (*invalidate*) für ungültig erklären

numb [nʌm] **I.** *adj* ❶ *limbs* taub; ~ **with cold** taub vor Kälte; **to feel** ~ sich taub anfühlen; **to go** ~ einschlafen ❷ (*torpid*) benommen; **to feel** ~ sich benommen fühlen ❸ (*shocked*) **to be** ~ **with disbelief** ungläubig starren **II.** *vt* ❶ *limbs* taub machen ❷ (*fig*) **to be** ~**ed by sth** durch etw *akk* abgestumpft sein

number¹ [ˈnʌmbə^r] **I.** *n* ❶ MATH Zahl *f*; (*sums*) ~**s** *pl* Rechnen *nt kein pl* ❷ *no pl,* + *sing/pl vb* (*amount*) [An]zahl *f*; **for a** ~ **of reasons** aus vielerlei Gründen ❸ (*issue*) Ausgabe *f*; **back** ~ frühere Ausgabe ▸ **by** [**sheer**] **force of** ~**s** [allein] aufgrund zahlenmäßiger Überlegenheit; **to look out for** ~ **one** (*fam*) sich nur um sich selbst kümmern **II.** *vt* ❶ (*mark in series*) nummerieren ❷ (*form: include*) **to** ~ **sb among sth** jdn zu etw *dat* zählen

number² [ˈnʌmə^r] *adj comp of* **numb**

numbering [ˈnʌmbərɪŋ] *n no pl* Nummerierung *f*

numberless [ˈnʌmbələs] *adj* (*esp liter*) zahl-

los, unzählig
number plate *n* Brit Nummernschild *nt*
numbness ['nʌmnəs] *n no pl of limbs* Taubheit *f*
numeracy ['nju:mərəsi] *n no pl* MATH Rechnen *nt*
numeral ['nju:mərəl] *n* Ziffer *f*
numerate ['nju:mərət] *adj* rechenfähig
numeration [ˌnju:məˈreɪʃən] *n no pl* (*form*) Nummerierung *f*
numerical [nju:ˈmerɪkl] *adj* numerisch; **in ~ order** in numerischer Reihenfolge; ~ **skills** rechnerische Fähigkeiten
numeric keypad *n* COMPUT Ziffernblock *m*
numerous ['nju:mərəs] *adj* zahlreich
nun [nʌn] *n* Nonne *f*
nunnery ['nʌnəri] *n* (*liter or dated*) [Nonnen]kloster *nt*
nuptial [nʌpʃəl] *adj* (*form, liter*) ehelich; ~ **vows** Ehegelöbnis *nt*
nurse [nɜːs] **I.** *n* ❶ (*at hospital*) [Kranken]schwester *f*; (*male*) Krankenpfleger *m* ❷ (*nanny*) Kindermädchen *nt* **II.** *vt* ❶ (*care for*) pflegen ❷ (*heal*) [aus]kurieren **III.** *vi* in der Krankenpflege arbeiten
nursery ['nɜːsəri] **I.** *n* (*crèche*) Kindergarten *m*; (*school*) Vorschule *f* **II.** *adj* Kinder-; ~ **facilities** Betreuungsmöglichkeiten *pl* für Kleinkinder; ~ **teacher** (*at crèche*) Kindergärtner(in) *m(f)*; (*at school*) Vorschullehrer(in) *m(f)*
nursery rhyme *n* Kinderreim *m*; (*song*) Kinderlied *nt* **nursery school** *n* Vorschule *f*
nursery slopes *npl* Brit ski Anfängerhügel *m*
nursing ['nɜːsɪŋ] **I.** *n no pl* ❶ (*taking care*) [Kranken]pflege *f*; **to go into** ~ Krankenpfleger(in) werden ❷ (*feeding*) Stillen *nt* **II.** *adj* (*caring*) Krankenpflege-; ~ **profession** Krankenpflegeberuf *m*
nurture ['nɜːtʃər] **I.** *vt* (*form*) ❶ (*raise*) aufziehen ❷ (*encourage*) fördern **II.** *n no pl* (*upbringing*) Erziehung *f*
nut [nʌt] **I.** *n* ❶ (*fruit*) Nuss *f* ❷ TECH Mutter *f* ❸ (*fam: madman*) Bekloppte(r) *f(m) sl* ❹ (*fam: fool*) Verrückte(r) *f(m)* ❺ (*fam: head*) Schädel *m*; **to do one's** ~ Brit, Aus durchdrehen; **to use one's** ~ sein Hirn be-
nutzen ▶ **the ~ s and bolts of sth** die fundamentalen Grundlagen einer S. *gen*; **a hard ~ to crack** (*problem*) eine harte Nuss **II.** *vt* <-tt-> (*fam*) ■ **to ~ sb** jdm eine Kopfnuss geben
nutcracker *n* Nussknacker *m*
nuthatch *n* ORN Kleiber *m*
nuthouse *n* (*sl*) Klapsmühle *f fam*
nutmeg ['nʌtmeg] *n* ❶ (*fruit*) Muskatnuss *f* ❷ *no pl* (*spice*) Muskat *m*
nutrient ['nju:triənt] **I.** *n* Nährstoff *m* **II.** *adj* ❶ BIOL, FOOD Nährstoff- ❷ (*nourishing*) nahrhaft
nutrition [nju:ˈtrɪʃən] *n no pl* ❶ (*eating*) Ernährung *f*; ~ **content** Nährstoffgehalt *m* ❷ (*science*) Ernährungswissenschaft *f*
nutritional [nju:ˈtrɪʃənəl] *adj* Ernährungs-; ~ **supplement** Nahrungsergänzung *f*; ~ **value** Nährwert *m*
nutritionist [nju:ˈtrɪʃənɪst] *n* Ernährungswissenschaftler(in) *m(f)*
nutritious [nju:ˈtrɪʃəs] *adj* nährstoffreich; (*nourishing*) nahrhaft
nuts [nʌts] **I.** *npl esp* AM (*fam!*) Eier *pl vulg* **II.** *adj pred* ❶ (*madly foolish*) ■ **to be ~** verrückt sein ❷ (*angry*) **to go ~** ausrasten ❸ (*enthusiastic*) ■ **to be ~ about sb/sth** verrückt nach jdm/etw sein
nutshell *n no pl* Nussschale *f* ▶ **in a ~** kurz gesagt
nutter ['nʌtər] *n* Brit, Aus (*pej fam*) ❶ (*madman*) Verrückte(r) *f(m)* ❷ (*fool*) Spinner(in) *m(f)*
nutty ['nʌti] *adj* ❶ (*full of nuts*) mit vielen Nüssen *nach n* ❷ (*tasting like nuts*) taste, aroma nussig ❸ (*fam: enthusiastic*) ■ **to be ~ about sb/sth** ganz verrückt nach jdm/auf etw *akk* sein
nuzzle ['nʌzl] **I.** *vt* [sanft] berühren **II.** *vi* ■ **to ~ [up] against sb/sth** [sich] an jdn/etw ankuscheln; ■ **to ~ in[to] sth** dogs, horses die Schnauze in etw *akk* drücken
nylon ['naɪlɒn] *n no pl* Nylon *nt*
nymph [nɪm(p)f] *n* Nymphe *f*
nymphomaniac [ˌnɪm(p)fə(ʊ)ˈmeɪniæk] (*pej*) **I.** *n* Nymphomanin *f* **II.** *adj* nymphomanisch

O o

O <pl -'s or -s>, **o** <pl -'s> [əʊ] n ❶ O nt, o nt; see also **A 1** ❷ (blood type) O ❸ (zero) Null f; **my phone number is three, ~, five, one** meine Telefonnummer ist drei, null, fünf, eins

oak [əʊk] I. n ❶ (tree) Eiche f ❷ no pl (wood) Eiche f, Eichenholz nt II. adj ❶ (wooden) furniture aus Eichenholz nach n ❷ (of tree) leaves Eichen-

OAP [ˌəʊeɪˈpiː] n BRIT abbrev of **old age pensioner**

oar [ɔːʳ] n Ruder nt

oasis <pl -ses> [əʊˈeɪsɪs] n (a. fig) Oase f

oat [əʊt] n Hafer m; **rolled ~s** pl Haferflocken pl

oath [əʊθ] n ❶ (promise) Eid m; **to be under ~** unter Eid stehen ❷ (curse) Fluch m

obedience [əˈ(ʊ)biːdɪən(t)s] n no pl Gehorsam m (**to** gegenüber)

obedient [əˈ(ʊ)biːdɪənt] adj gehorsam; child, dog a. folgsam

obey [əˈ(ʊ)beɪ] vt gehorchen +dat; order, rules befolgen

object[1] [ˈɒbdʒɪkt] n ❶ (thing) a. LING Objekt nt ❷ usu sing (form: focus) Gegenstand m

object[2] [ɒbˈdʒekt] vi (oppose, disapprove) dagegen sein; **to ~ to sth** mit etw dat nicht einverstanden sein; (stronger) sich dat etw verbitten

objection [əbˈdʒekʃən] n Einwand m, Widerspruch m

objective [əbˈdʒektɪv] I. n ❶ (aim) Ziel nt ❷ PHOT Objektiv nt II. adj ❶ (unbiased) objektiv ❷ (actual) sachlich

objector [əbˈdʒektəʳ] n Gegner(in) m(f) (**to** +gen)

obligation [ˌɒblɪˈɡeɪʃən] n Verpflichtung f (**to** gegenüber)

oblige [əˈblaɪdʒ] I. vt ❶ (force) ■**to feel ~d to do sth** sich verpflichtet fühlen, etw zu tun ❷ (please) ■**to ~ sb** jdm einen Gefallen erweisen ❸ (to thank) **much ~d!** herzlichen Dank! II. vi helfen

oblong [ˈɒblɒŋ] I. n Rechteck nt II. adj rechteckig

obscene [əbˈsiːn] adj ❶ (offensive) obszön; language vulgär ❷ (immoral) schamlos

obscure [əbˈskjʊəʳ] I. adj ❶ author, place, origins unbekannt ❷ reasons, comment, text schwer verständlich II. vt ❶ view versperren ❷ (make unclear) unklar machen

observant [əbˈzɜːvənt] adj (approv) ❶ (sharp-eyed) aufmerksam ❷ (heeding religious rule) praktizierend attr

observation [ˌɒbzəˈveɪʃən] n ❶ no pl (watching closely) Beobachtung f; by police Überwachung f ❷ no pl (noticing things) Beobachtung f ❸ (form: thought) Überlegung f

observation tower n Aussichtsturm m

observation ward n Beobachtungsstation f

observatory [əbˈzɜːvətri] n Observatorium nt

observe [əbˈzɜːv] I. vt ❶ (watch closely) beobachten; by police überwachen ❷ (form: notice) bemerken ❸ (form) ceasefire, neutrality einhalten ❹ (maintain) **to ~ silence** Stillschweigen bewahren II. vi zusehen

observer [əbˈzɜːvəʳ] n Beobachter(in) m(f); (spectator) Zuschauer(in) m(f)

obsessed [əbˈsest] adj **to be ~ed with sth/sb** von etw/jdm besessen sein

obsession [əbˈseʃən] n ❶ (preoccupation) Besessenheit f ❷ PSYCH (distressing idea) Zwangsvorstellung f

obsessive [əbˈsesɪv] I. adj zwanghaft; **~ behaviour** Zwangsverhalten nt II. n Besessene(r) f(m)

obsolete [ˈɒbsəliːt] adj veraltet; design altmodisch; law nicht mehr gültig

obstacle [ˈɒbstəkəl] n Hindernis nt; **~ race** Hindernisrennen nt

obstinate [ˈɒbstɪnət] adj hartnäckig; refusal stur

obstruct [əbˈstrʌkt] vt ❶ (block) blockieren; pipe verstopfen; reform im Wege stehen; **to ~ sb's airways** jds Atemwege pl verstopfen ❷ (interfere with) **to ~ the course of justice** die Rechtsfindung behindern

obstruction [əbˈstrʌkʃən] n ❶ (blockage) Blockierung f; pipes Verstopfung f; traffic [Verkehrs]stau m; MED Verstopfung f ❷ LAW Behinderung f

obstructionism [əbˈstrʌkʃənɪzəm] n no pl (pej) Obstruktionspolitik f

obstructive [əbˈstrʌktɪv] adj (pej) hinderlich; **~ tactics** Verschleppungstaktik f; **to be ~ person** sich querstellen fam

obtain [əbˈteɪn] vt (to be given) bekommen; permission erhalten; (to go and get) sich dat

verschaffen
obtainable [əbˈteɪnəbl] *adj* erhältlich
obtrusive [əbˈtruːsɪv] *adj* ① (*conspicuous*) zu auffällig ② (*importunate*) aufdringlich; *smell* penetrant
obtuse [əbˈtjuːs] *adj* ① MATH (*angle*) stumpf ② (*form*) *person* begriffsstutzig
obvious [ˈɒbvɪəs] I. *adj* offensichtlich; *displeasure* deutlich; *lie* offenkundig; **for ~ reasons** aus ersichtlichen Gründen II. *n* ■ **the ~** das Offensichtliche
obviously [ˈɒbvɪəsli] *adv* offensichtlich; **he was ~ very upset** er war sichtlich sehr aufgebracht
occasion [əˈkeɪʒən] I. *n* ① (*particular time*) Gelegenheit *f*, Anlass *m;* (*event*) Ereignis *nt;* **on one ~** einmal ② (*opportunity*) Gelegenheit *f* II. *vt* (*form*) hervorrufen
occasional [əˈkeɪʒənəl] *adj* gelegentlich
occasionally [əˈkeɪʒənəli] *adv* gelegentlich
occasional table *n* Beistelltisch *m*
occupancy rate *n* Belegrate *f*
occupant [ˈɒkjəpənt] *n* (*form*) ① (*tenant*) Bewohner(in) *m(f)* ② (*title holder*) Inhaber(in) *m(f)*
occupation [ˌɒkjəˈpeɪʃən] *n* ① (*form: profession*) Beruf *m* ② (*form: pastime*) Beschäftigung *f* ③ *no pl* MIL Besetzung *f*
occupational [ˌɒkjəˈpeɪʃənəl] *adj* Berufs-, beruflich
occupier [ˈɒkjəpaɪəʳ] *n* ① (*tenant*) Bewohner(in) *m(f)* ② (*conqueror*) Besatzer(in) *m(f)*
occupy <-ie-> [ˈɒkjəpaɪ] *vt usu passive* ① (*fill*) ausfüllen; (*live in*) bewohnen; *room* belegen; *throne* innehaben ② (*preoccupy*) ■ **to ~ oneself** sich beschäftigen ③ (*take control of*) besetzen
occur <-rr-> [əˈkɜːʳ] *vi* ① (*take place*) geschehen; *symptom* auftreten; *change* stattfinden ② (*exist*) vorkommen ③ (*come to mind*) ■ **to ~ to sb** jdm einfallen
occurrence [əˈkʌrən(t)s] *n* ① (*event*) Vorfall *m*, Ereignis *nt* ② *no pl* (*incidence*) Vorkommen *nt; disease* Auftreten *nt*
OCD [ˌəʊsiːˈdiː] *n* MED *abbrev of* **obsessive-compulsive disorder** Zwangsneurose *f*
ocean [ˈəʊʃən] *n* Meer *nt;* **Indian ~** Indischer Ozean
o'clock [əˈklɒk] *adv* **it's two ~** es ist zwei Uhr
octagon [ˈɒktəgən] *n* Achteck *nt*

October [ɒkˈtəʊbəʳ] *n* Oktober *m; see also* **February**
octopus <*pl* -es *or* -pi> [ˈɒktəpəs, *pl* -pəsɪz, -paɪ] *n* Tintenfisch *m;* (*large*) Krake *f*
odd [ɒd] I. *adj* ① (*strange*) merkwürdig, seltsam; *person, thing a.* eigenartig ② *attr shoes, socks* einzeln ③ MATH ungerade ④ *attr* (*occasional*) gelegentlich, Gelegenheits- II. *n* ■ **~s** *pl* ■ **the ~s are ...** es ist sehr wahrscheinlich, dass ... ▶ **~s and ends** Krimskrams *m kein pl;* <u>**against all** [**the**] **~s**</u> entgegen allen Erwartungen
oddly [ˈɒdli] *adv* seltsam; **~ enough** merkwürdigerweise
odds-on *adj* sehr wahrscheinlich; *favourite* klar
odor *n* AM *see* **odour**
odorless *adj* AM *see* **odourless**
odour [ˈəʊdəʳ] *n* Geruch *m;* **sweet ~** Duft *m*
odourless [ˈəʊdələs] *adj* (*form*) geruchlos
of [ɒv, əv] *prep* ① *after n* (*belonging to*) von +*dat;* **a friend ~ mine** ein Freund von mir; **the cause ~ the disease** die Krankheitsursache; **the colour ~ her hair** ihre Haarfarbe ② *after n* (*expressing relationship*) von +*dat;* **an admirer ~ Picasso** ein Bewunderer Picassos ③ *after n* (*expressing a whole's part*) von +*dat;* **both ~ us** wir beide; **most ~ them** die meisten von ihnen; **one ~ the cleverest** eine(r) der Schlauesten ④ *after n* (*expressing quantities*) **a cup ~ tea** eine Tasse Tee; **a drop ~ rain** ein Regentropfen; **a litre ~ water** ein Liter Wasser; **a lot ~ money** eine Menge Geld; **a piece ~ cake** ein Stück Kuchen ⑤ *after vb o n* (*consisting of*) aus +*dat* ⑥ *after n* (*done to*) **the destruction ~ the rain forest** die Zerstörung des Regenwalds ⑦ (*expressing cause*) **to die ~ sth** an etw *dat* sterben ⑧ *after vb* (*concerning*) **speaking ~ sb/sth, ...** wo wir gerade von jdm/etw sprechen, ...; **I am certain ~ that** ich bin mir dessen sicher; **to be afraid ~ sb/sth** vor jdm/etw Angst haben; **to be fond ~ swimming** gerne schwimmen; **to be jealous ~ sb** auf jdn eifersüchtig sein; **to be sick ~ sth** etw satthaben; **what ~ it?** na und? ⑨ *after n* (*expressing position*) von +*dat;* **in the back ~ the car** hinten im Auto; **on the corner ~ the street** an der Straßenecke; **on the left ~ the picture** links auf dem Bild ⑩ (*expressing age*) von +*dat;* **he's a man ~ about 50** er ist um die 50

Jahre alt ⑪ *after n* (*denoting example of category*) **I hate this kind ~ party** ich hasse diese Art von Party ⑫ *after n* (*typical of*) **the grace ~ a dancer** die Anmut einer Tänzerin ⑬ *after n* (*expressing characteristic*) **I want a few minutes ~ quiet!** ich will ein paar Minuten Ruhe! ⑭ *after n* (*in time phrases*) **the eleventh ~ March** der elfte März ⑮ *after n* (*expressing removal*) **to get rid ~ sb** jdn loswerden; *after adj;* **free ~ charge** kostenlos ⑯ AM (*to*) vor; **it's quarter ~ five** es ist viertel vor fünf

off [ɒf] **I.** *prep* ① (*indicating removal*) von +*dat;* **keep your dog ~ my property!** halten Sie Ihren Hund von meinem Grundstück fern! ② *after vb* (*moving down*) hinunter [von] +*dat;* (*towards sb*) herunter [von] +*dat;* **they jumped ~ the cliff** sie sprangen von der Klippe ③ *after vb* (*moving away*) [weg]von +*dat;* **let's get ~ the bus here** lass uns hier aus dem Bus aussteigen ④ (*away from*) weg von +*dat;* **~ the point** nicht relevant; **~ the record** nicht für die Öffentlichkeit bestimmt; **~ the subject** nicht zum Thema gehörend; **far ~** weit entfernt ⑤ (*fam: stop liking*) **to be ~ one's food** keinen Appetit haben; **to go ~ sb/sth** jdn/etw nicht mehr mögen ⑥ (*subsisting*) **they live ~ an inheritance** sie leben von einer Erbschaft ⑦ (*from source*) **to get sth ~ sb** (*fam*) etw von jdm bekommen **II.** *adv* ① (*not on*) aus; **to switch/turn ~ sth** etw ausschalten ② (*away*) weg-; **someone's run ~ with my pen** jemand hat mir meinen Stift geklaut *fam;* **to see sb ~** jdn verabschieden ③ (*removed*) ab-; **I'll take my jacket ~** ich ziehe meine Jacke aus ④ (*completely*) **to burn ~** ⟳ **sth** etw verbrennen; **to kill ~** ⟳ **sth** etw vernichten; **to pay ~** ⟳ **sth** etw abbezahlen ⑤ (*in bad shape*) schlecht; **to go ~** sich verschlechtern; *food* schlecht werden ⑥ (*distant in time*) entfernt; **to be far ~** weit weg sein ⑦ (*stopped*) abgesagt; **to call sth ~** etw absagen ⑧ (*discounted*) reduziert; **to get money ~** Rabatt bekommen ⑨ (*separated*) **to shut ~ streets** Straßen sperren; **to fence sth ~** etw abzäunen ⑩ (*expressing riddance*) **to laugh sth ~** etw mit einem Lachen abtun **III.** *adj* ① (*not working*) außer Betrieb; (*switched off*) aus[geschaltet] ② *pred* FOOD (*bad*) verdorben ③ (*not at work*) ■ **to be ~** freihaben; **to have/take some time ~** einige Zeit freibekommen/freinehmen ④ *pred* (*fam: in bad shape*) schlecht ⑤ (*provided for*) **sb is badly/well ~** jdm geht es [finanziell] schlecht/gut **IV.** *n no pl* **to be ready for the ~** bereit zum Gehen sein

off-center AM *see* **off-centre**
off-centre *adj* nicht in der Mitte *präd*
off-chance *n* ■ **on the ~** auf gut Glück
off-color AM *see* **off-colour**
off-colour *adj* ① (*somewhat sick*) unpässlich ② (*somewhat obscene*) schlüpfrig
offence [əˈfen(t)s] *n* ① LAW (*crime*) Straftat *f;* **serious ~** schweres Vergehen ② *no pl* (*upset feelings*) Beleidigung *f;* **no ~ intended** nimm es mir nicht übel; **to cause ~** Anstoß erregen; **to cause ~ to sb** (*hurt*) jdn kränken; (*insult*) jdn beleidigen ③ AM SPORTS (*attack*) Angriff *m*
offend [əˈfend] **I.** *vi* ① (*commit a criminal act*) eine Straftat begehen ② (*form: infringe*) verstoßen (**against** gegen) **II.** *vt* (*insult*) beleidigen; (*hurt*) kränken; **to be easily ~ed** schnell beleidigt sein
offender [əˈfendər] *n* [Straf]täter(in) *m(f)*
offense *n esp* AM *see* **offence**
offensive [əˈfen(t)sɪv] **I.** *adj* ① (*causing offence*) anstößig; **~ language** Anstoß erregende Ausdrucksweise ② (*attack*) Angriffs- **II.** *n* MIL Angriff *m;* **to go on the ~** in die Offensive gehen; **to launch an ~** eine Offensive starten

offensive weapon *n* MIL Offensivwaffe *f*
offer [ˈɒfər] **I.** *n* ① (*proposal*) Angebot *nt* ② ECON Angebot *nt;* **to make an ~ for sth** ein Gebot für etw *akk* abgeben **II.** *vt* ① (*present for acceptance*) anbieten ② (*put forward*) vorbringen; *congratulations* aussprechen ③ (*provide*) bieten; **to ~ an incentive** einen Anreiz geben **III.** *vi* sich bereit erklären
offhand I. *adj* ① (*uninterested*) gleichgültig ② (*informal*) lässig **II.** *adv* ohne weiteres; **to quote sth ~** etw auf Anhieb angeben
office [ˈɒfɪs] *n* ① (*room*) Büro *nt;* (*firm*) Geschäftsstelle *f; lawyer* Kanzlei *f* ② BRIT POL **Foreign/Home O~** Außen-/Innenministerium *nt* ③ POL (*authoritative position*) Amt *nt;* **to come into ~** sein Amt antreten

office automation *n* COMPUT Büroautomatisierung *f* **office block** *n* BRIT, AUS Bürogebäude *nt* **office building** *n* Bürohaus *nt,* Bürogebäude *nt* **office equipment** *n no pl* Büroeinrichtung *f* **office hours** *npl* Geschäftszeit[en] f|pl]

officer ['ɒfɪsəʳ] n ❶ MIL Offizier(in) m(f) ❷ (authoritative person) Beamte(r) m, Beamte [o -in] f; ~! Herr Wachtmeister!; **personnel** ~ Personalreferent(in) m(f); [**police**] ~ Polizeibeamte(r) f(m), Polizist(in) m(f)

office staff n + sing/pl vb Büropersonal nt **office supplies** npl Bürobedarf m kein pl **office worker** n Büroangestellte(r) f(m)

official [ə'fɪʃəl] I. n ❶ (holding public office) Amtsperson f, Beamte(r) m, Beamte [o -in] f ❷ (responsible person) Funktionsträger(in) m(f); **trade-union** ~ Gewerkschaftsfunktionär(in) m(f) ❸ (referee) Schiedsrichter(in) m(f) II. adj ❶ (relating to an office) offiziell, amtlich; ~ **residence** Amtssitz m ❷ (authorized) offiziell; inquiry, record amtlich

officially [ə'fɪʃəli] adv offiziell

off-licence n BRIT Wein- und Spirituosengeschäft nt

off-peak I. adj ❶ telephone call außerhalb der Hauptsprechzeiten nach n ❷ electricity supply Schwachlastzeit- II. adv ❶ (of telephone call) außerhalb der Hauptsprechzeiten ❷ TOURIST **to travel** ~ außerhalb der Hauptsaison verreisen

off-putting adj abschreckend; appearance, manner abstoßend; experience schrecklich

off season n ■**the** ~ die Nebensaison

offshore I. adj ❶ (at sea) küstennah ❷ FIN Auslands- II. adv (of wind movement) von der Küste her; **to drop anchor/fish** ~ vor der Küste ankern/fischen; **to fish** ~ vor der Küste fischen

offside I. adj ❶ SPORTS abseits ❷ attr esp BRIT AUTO auf der Fahrerseite nach n II. adv abseits III. n SPORTS Abseits nt

offside rule n Abseitsregel f

off-white n gebrochenes Weiß

often ['ɒf(ə)n] adv oft; ■**it's not** ~ **that ...** es kommt selten vor, dass ...; **as** ~ **as not** meistens; **every so** ~ gelegentlich

oh[1] [oʊ] interj ❶ (to show surprise, disappointment, pleasure) oh; ~ **damn!** verdammt! pej fam; ~ **dear!** oje!; ~ **well** na ja; ~ **yes?** ach ja? ❷ (by the way) ach, übrigens

oh[2] [əʊ] n BRIT (in phone numbers) Null f

OHP [ˌəʊeɪtʃ'piː] n abbrev of **overhead projector** Overheadprojektor m

oil [ɔɪl] I. n ❶ (lubricant) [Erd]öl nt ❷ no pl (petroleum) [Erd]öl nt ❸ FOOD [Speise]öl nt ❹ (for cosmetic use) **suntan** ~ Sonnenöl nt ❺ pl (oil-based paints) Ölfarben pl II. vt (treat) ölen

oil change n Ölwechsel m **oil company** n Ölfirma f **oil consumption** n no pl Ölverbrauch m **oil level** n TECH Ölstand m **oil painting** n Ölbild nt, Ölgemälde nt **oil pipeline** n Ölpipeline f **oil-producing** adj attr [Erd]öl produzierend **oil production** n no pl [Erd]ölförderung f **oil rig** n Bohrinsel f **oilskin** n ❶ no pl (waterproof cloth) Öltuch nt ❷ ■~**s** pl Ölzeug nt kein pl **oil slick** n Ölteppich m **oil tanker** n Öltanker m **oil well** n Ölquelle f

oily ['ɔɪli] adj ❶ (oil-like) ölig ❷ FOOD ölig ❸ hair, skin fettig ❹ objects schmierig

ointment ['ɔɪntmənt] n Salbe f

OK, okay [ə(ʊ)'keɪ] (fam) I. adj ❶ pred (acceptable) okay; **if it's** ~ **with you, ...** wenn es dir recht ist, ... ❷ pred person in Ordnung ❸ pred (not outstanding) nicht schlecht ❹ pred ■**to be** ~ **about sth** mit etw dat einverstanden sein ❺ pred **to be** ~ **for work** genug Arbeit haben ❻ (pleasant) **to be an** ~ **bloke** [or AM **guy**] ein prima Kerl sein II. interj okay; ~ **then** also gut III. vt ■**to** ~ **sth** zu etw dat sein Okay geben IV. n **to get the** ~ das Okay bekommen; **to give** [**sth**] **the** ~ das Okay [zu etw dat] geben V. adv gut

old [əʊld] I. adj ❶ person, animal, object alt ❷ after n (denoting an age) alt ❸ attr (former) ehemalig; job alt ❹ attr (fam: expression of affection) [gute(r)] alte(r) II. n ■**the** ~ pl die Alten pl; **young and** ~ Jung und Alt

old age n no pl Alter nt **old age pensioner** n AUS, BRIT Rentner(in) m(f) **old-fashioned** adj (esp pej) altmodisch **old people's home** n Seniorenheim nt **old-style** adj pred im alten Stil nach n

oligarchy ['ɒlɪgɑːki] n Oligarchie f

olive ['ɒlɪv] n ❶ (fruit) Olive f; ~ **oil** Olivenöl nt ❷ (tree) Olivenbaum m

Olympic [ə(ʊ)'lɪmpɪk] adj attr olympisch; ~ **champion** Olympiasieger(in) m(f); ~ **stadium** Olympiastadion nt

omelet(te) ['ɒmlət] n Omelett nt

omit <-tt-> [ə(ʊ)'mɪt] I. vt auslassen; (ignore) übergehen II. vi ■**to** ~ **to do sth** es unterlassen, etw zu tun

on [ɒn] I. prep ❶ (on top of) auf +dat ❷ with verbs of motion (onto) auf +akk; **let's hang**

a picture ~ the wall lass uns ein Bild an die Wand hängen ③ (*situated on*) an +*dat,* auf +*dat;* they lay ~ the beach sie lagen am Strand ④ (*from*) an +*dat;* a huge chandelier hung ~ the ceiling ein großer Kronleuchter hing von der Decke herab ⑤ (*clothing*) an +*dat;* with shoes ~ his feet mit Schuhen an den Füßen ⑥ (*hurt by*) an +*dat;* she tripped ~ the wire sie blieb an dem Kabel hängen; to stumble ~ sth über etw *akk* stolpern ⑦ (*supported by a part of the body*) auf +*dat;* to lie ~ one's back auf dem Rücken liegen ⑧ (*about*) über +*akk;* essays ~ a wide range of issues Aufsätze zu einer Vielzahl von Themen ⑨ (*based on*) auf +*akk* ... hin; ~ account of wegen +*dat;* ~ purpose absichtlich; to be based ~ sth auf etw *dat* basieren; to rely ~ sb sich auf jdn verlassen ⑩ (*as member of*) in +*dat;* how many people are ~ your staff? wie viele Mitarbeiter haben Sie? ⑪ (*against*) auf +*akk;* don't be so hard ~ him! sei nicht so streng mit ihm!; to place a limit ~ sth etw begrenzen; to force one's will ~ sb jdm seinen Willen aufzwingen ⑫ (*through device of*) an +*dat,* he's ~ the phone er ist am Telefon; Chris is ~ drums Chris ist am Schlagzeug ⑬ (*through medium of*) auf +*dat;* to put sth down ~ paper etw aufschreiben; to come out ~ video als Video herauskommen ⑭ (*on day of*) an +*dat;* what are you doing ~ Friday? was machst du am Freitag? ⑮ (*at time of*) bei +*dat;* ~ the count of three, start running! bei drei lauft ihr los!; ~ receiving her letter als ich ihren Brief erhielt; ~ the dot [auf die Sekunde] pünktlich ⑯ (*engaged in*) bei +*dat;* we were ~ page 42 wir waren auf Seite 42; to work ~ sth an etw *dat* arbeiten ⑰ (*regularly taking*) to be ~ medication Medikamente einnehmen ⑱ BRIT (*paid by*) auf +*dat;* this meal is ~ me das Essen bezahle ich ⑲ (*sustained by*) mit +*dat,* von +*dat;* does this radio run ~ batteries? läuft dieses Radio mit Batterien? ⑳ (*connected to*) an +*dat;* to be ~ the phone Aus, BRIT telefonisch erreichbar sein ㉑ (*according to*) auf +*dat;* ~ the whole insgesamt ㉒ (*experiencing*) he's out ~ a date er hat gerade eine Verabredung; to set sth ~ fire etw anzünden ㉓ (*compared with*) sales are up ~ last year der Umsatz ist höher als im letzten Jahr ▶ to have time ~ one's hands noch genug Zeit haben; what are you ~? (*fam*) bist du noch bei Sinnen? II. *adv* ❶ (*in contact with*) auf; to screw sth ~ etw anschrauben ❷ (*on body*) an; get your shoes ~! zieh dir die Schuhe an!; to have/try sth ~ etw anhaben/anprobieren; with nothing ~ nackt ❸ (*indicating continuance*) weiter; the noise just went ~ and ~ der Lärm hörte gar nicht mehr auf; he talked ~ and ~ er redete pausenlos ❹ (*in forward direction*) vorwärts; from that day ~ von diesem Tag an; what are you doing later ~? was hast du nachher vor?; to urge sb ~ jdn anspornen ❺ (*scheduled*) geplant; I've got nothing ~ next week ich habe nächste Woche nichts vor ❻ (*functioning*) an; to leave the light ~ das Licht anlassen; to switch/turn sth ~ etw einschalten ❼ (*aboard*) to get ~ einsteigen ▶ to go ~ about sth Aus, BRIT dauernd über etw *akk* reden; to hang ~ warten; that's not ~ BRIT, Aus (*fam*) das ist nicht in Ordnung; ~ and off ab und zu; to be ~ to something (*fam*) etw spitz gekriegt haben; you're ~! abgemacht! *fam* III. *adj attr* ❶ AM (*good*) gut ❷ ELEC, TECH ~ switch Einschalter *m*

once [wʌn(t)s] I. *adv* ❶ (*one time*) einmal; ~ in a lifetime einmal im Leben; ~ a week einmal pro Woche; [every] ~ in a while hin und wieder; ~ and for all ein für alle Mal; ~ again wieder einmal; just this ~ nur dieses eine Mal; ~ or twice ein paar Mal; ■ for ~ ausnahmsweise ❷ (*in the past*) einst *geh,* früher; ~ upon a time ... (*liter*) es war einmal ... ❸ (*some point in time*) ~ more noch einmal; ■ at ~ (*simultaneously*) auf einmal; (*immediately*) sofort II. *conj* (*as soon as*) sobald

oncoming [ˈɒnˌkʌmɪŋ] *adj attr* (*approaching*) [heran]nahend; ~ traffic Gegenverkehr *m*

one [wʌn] I. *n* ❶ (*unit*) eins; a hundred and ~ einhundert[und]eins; *see also* eight ❷ (*figure*) Eins *f; see also* eight ❸ (*size of garment, merchandise*) Größe eins ❹ *no pl* (*unity*) ■ to be ~ sein II. *adj* ❶ *attr* (*not two*) ein(e); ~ hundred/thousand einhundert/-tausend; ~ million eine Million; ~ third/fifth ein Drittel/Fünftel *nt; see also* eight ❷ *attr* (*one of a number*) ein(e) ❸ *attr* (*single, only*) einzige(r, s) ❹ *attr* (*some future*) irgendein(e); ~ day irgendwann ❺ *attr* (*some in the past*) ein(e); ~ day/

evening/night eines Tages/Abends/Nachts ⑥ (*identical*) ein(e); **to be of ~ mind** einer Meinung sein; **~ and the same** ein und der-/die-/dasselbe ⑦ (*time*) ~ **[o'clock]** eins, ein Uhr; **at ~** um eins **III.** *pron* ① (*single item*) eine(r, s); **not a single ~** kein Einziger/keine Einzige/kein Einziges; **~ at a time** immer nur eine(r, s); **[all] in ~** [alles] in einem; **~ [thing] after another** eines nach dem anderen; **this/that ~** diese(r, s)/jene(r, s); **these/those ~s** diese/jene ② (*single person*) eine(r); **she thought of her loved ~s** sie dachte an ihre Lieben; **~ and all** (*liter*) alle; **~ after another** eine/einer nach der/dem anderen; **~ by ~** nacheinander ③ (*dated form: any person*) man ④ (*form: I*) ich; (*we*) wir; **~ gets the impression that ...** ich habe den Eindruck, dass ... ▶ **to get ~ up on sb** jdn übertrumpfen

one-armed *adj* einarmig **one-note** *adj* (*fig*) *performance, literary style* monoton, eintönig **one-piece** (**swimsuit**) *n* Einteiler *m*

oneself [wʌnˈself] *pron refl* ① *after vb, after prep* (*direct object*) sich ② (*emph: myself*) selbst ③ (*personally*) selbst; **to see/taste/read/feel sth for ~** etw selbst sehen/kosten/lesen/fühlen ④ (*alone*) **to have sth to ~** etw für sich haben; **to keep sth for ~** sich *dat* etw behalten; **[all] by ~** [ganz] alleine

one-way *adj* in einer Richtung *nach n;* (*fig*) einseitig; **~ street** Einbahnstraße *f*

ongoing [ˈɒnˌgəʊɪŋ] *adj* laufend *attr*, im Gang *präd*

onion [ˈʌnjən] *n* Zwiebel *f*

online gaming *n* Online-Spiel *nt*

onlooker [ˈɒnˌlʊkəʳ] *n* (*a. fig*) Zuschauer(in) *m(f)*; (*after accident*) Schaulustige(r) *f(m)*

only [ˈəʊnli] **I.** *adj attr* einzige(r, s); **the ~ one** der/die/das Einzige; **the ~ thing** das Einzige; **the ~ way** die einzige Möglichkeit **II.** *adv* ① (*exclusively*) nur; **for members ~** nur für Mitglieder ② (*just*) erst; **~ the other day** erst neulich; **~ just** gerade erst ③ (*merely*) nur, bloß; **not ~ ..., but also ...** nicht nur ..., sondern auch ... ④ (*unavoidably*) nur, unweigerlich ⑤ (*to express wish*) **if ~ ...** wenn nur ... ▶ **you ~ live once** (*prov*) man lebt nur einmal **III.** *conj* ① (*however*) aber, jedoch; **he's a good athlete, ~ he smokes too much** er ist ein guter Sportler, bloß raucht er zu viel ② (*in addition*) **not ~ can she sing, she can act too** sie kann nicht nur singen, sie kann auch schauspielern

o.n.o. *adv* BRIT, AUS COMM *abbrev of* **or nearest offer** VHB

onside [ˌɒnˈsaɪd] *adj, adv* SPORTS nicht abseits; ▪ **to be ~** nicht im Abseits stehen; ▪ **to bring sb ~** (*fig*) jdn auf seine Seite bringen

onto, on to [ˈɒntuː] *prep* ① *after vb* **to get ~ a bus/plane/train** in einen Bus/ein Flugzeug/einen Zug einsteigen; **to get ~ a bike/horse** auf ein Fahrrad/Pferd [auf]steigen ② *after vb* (*to surface of*) auf +*akk* ③ *after vb* (*connected to*) auf +*akk*

onward [ˈɒnwəd] **I.** *adj attr* (*of journey*) Weiter-; **~ and upward** steil nach oben **II.** *adv* ① (*into the future*) **from that day/time ~** von diesem Tag/dieser Zeit an ② (*of direction*) weiter

open [ˈəʊpən] **I.** *adj* ① *container, eyes, garment, door, window* offen, auf *präd*; *pass a.* geöffnet; **wide ~** [sperrangel]weit geöffnet; **to push sth ~** etw aufstoßen ② *pred shop, bar, museum* geöffnet; **is the supermarket ~ yet?** hat der Supermarkt schon auf? ③ *case, decision, question* offen; **to have/keep an ~ mind** unvoreingenommen sein/bleiben; **~ ticket** Ticket *nt* mit offenem Reisedatum ④ (*not enclosed*) offen; **to be in the ~ air** an der frischen Luft sein; **on the ~ road** auf freier Strecke ⑤ (*accessible to all*) offen, öffentlich zugänglich; **to have ~ access to sth** freien Zugang zu etw *dat* haben ⑥ *pred* (*frank*) offen; ▪ **to be ~ with sb** offen zu jdm sein ⑦ *pred* ▪ **to be ~ to sth** für etw *akk* offen sein ⑧ (*available*) frei, verfügbar ⑨ *pred* (*exposed*) offen, ungeschützt; **to be ~ to criticism** kritisierbar sein; **to be ~ to doubt** zweifelhaft sein ▶ **to be an ~ book** *person* [wie] ein offenes Buch sein **II.** *n* ① *no pl* ▪ **[out] in the ~** draußen ② *no pl* (*not secret*) **to bring sth out into the ~** etw publik machen; **to come out into the ~** ans Licht kommen ③ SPORTS (*competition*) ▪ **O~** [offene] Meisterschaft **III.** *vi* ① (*from closed*) sich öffnen, aufgehen ② (*give access*) ▪ **to ~ onto sth** [direkt] zu etw *dat* führen ③ *cafe, shop, museum* öffnen ④ *piece of writing or music, story* beginnen, anfangen ⑤ *new business* eröffnen, aufmachen **IV.** *vt* ① *book, magazine, newspaper* aufschlagen; *box, window, bottle* aufmachen; *curtains* aufziehen ② *meeting, rally* eröffnen ③ *bank* *account, business* eröffnen ❹ (*for customers, visitors*) öffnen ▶**to ~ sb's eyes to sb/sth** jdm die Augen über jdn/etw öffnen; **to ~ the floodgates** [**to sb/sth**] [jdm/etw] Tür und Tor öffnen *pej* ◆ **open out** I. *vi* ❶ (*move apart*) sich ausbreiten ❷ *flower* aufblühen, sich öffnen ❸ (*grow wider*) sich erweitern; *street, river* breiter werden ❹ *person* sich öffnen; **to ~ out to sb** sich jdm gegenüber öffnen II. *vt* (*unfold*) **to ~ out ⊂ a map/newspaper** eine [Land]karte auseinanderfalten/eine Zeitung aufschlagen ◆ **open up** I. *vi* ❶ *shop* eröffnen ❷ *person* sich öffnen II. *vt* ❶ *canal, pipe* passierbar machen; *car, house, store* aufschließen ❷ (*expand*) erweitern

open-air *adj* im Freien *nach n*; **~ concert** Open-Air-Konzert *nt*; **~ stage** Freilichtbühne *f*; **~ swimming pool** Freibad *nt*

open-ended *adj* mit offenem Ausgang *nach n*; *question* ungeklärt

opener ['əʊpənər] *n* ❶ (*opening device*) Öffner *m* ❷ (*remark*) Anfang *m* ❸ AM (*fam*) **for ~s** für den Anfang

opening ['əʊpənɪŋ] I. *n* ❶ *no pl* (*action*) Öffnen *nt* ❷ (*hole*) Öffnung *f*; (*in traffic*) Lücke *f* ❸ (*opportunity*) günstige Gelegenheit ❹ (*vulnerable spot*) Blöße *f* ❺ (*introduction*) Einführung *f* ❻ (*inauguration*) Eröffnung *f* II. *adj attr* (*at beginning*) Anfangs-, Eröffnungs-

opening balance *n* FIN Eröffnungsbilanz *f* **opening bid** *n* Eröffnungsgebot *nt* **opening hours** *npl* Öffnungszeiten *pl* **opening night** *n* THEAT Premierenabend *m* **opening time** *n* Öffnungszeit *f*

openly ['əʊpənli] *adv* ❶ (*frankly*) offen ❷ (*publicly*) öffentlich

open-minded *adj* (*to new ideas*) aufgeschlossen; (*not prejudiced*) unvoreingenommen

open sandwich *n* belegtes Brot

Open University *n no pl esp* BRIT ≈ Fernuniversität *f*

Die **Open University** (Fernuniversität), die 1971, als sie in Großbritannien gegründet wurde, noch die **University of the Air** genannt wurde, ist eine Hochschule, an der Studenten von zu Hause aus studieren können. Unterrichtet wird über Fernseh- und Radioprogramme und die Übungsmaterialien werden den Studenten zugeschickt.

opera ['ɒpərə] *n* Oper *f*

operate ['ɒpəreɪt] I. *vi* ❶ (*work, run*) funktionieren ❷ (*act*) vorgehen; MIL operieren; [*criminal*] *mind* arbeiten ❸ (*produce an effect*) [be]wirken II. *vt* ❶ (*work*) bedienen ❷ (*manage*) betreiben

operatic [ˌɒpəˈrætɪk] *adj* Opern-

operating ['ɒpəreɪtɪŋ] *adj attr* ❶ (*in charge*) Dienst habend ❷ MED Operations-

operation [ˌɒpəˈreɪʃən] *n* ❶ *no pl* (*way of functioning*) Funktionsweise *f* ❷ *no pl* (*functioning state*) Betrieb *m*; LAW Wirksamkeit *f*; **to come into ~** *machine* in Gang kommen; *plan, rule, law* in Kraft treten ❸ (*process*) Vorgang *m* ❹ (*activity*) Unternehmung *f*; MIL Operation *f* ❺ (*surgery*) Operation *f*

operational [ˌɒpəˈreɪʃənəl] *adj* ❶ (*in business*) betrieblich, Betriebs- ❷ (*functioning*) betriebsbereit

operative ['ɒpərətɪv] I. *n* ❶ (*in a factory*) [Fach]arbeiter(in) *m(f)* ❷ (*secret agent*) Geheimagent(in) *m(f)* II. *adj* ❶ (*functioning*) in Betrieb *präd*; *regulations* gültig ❷ *attr* (*surgical*) operativ

operator ['ɒpəreɪtər] *n* ❶ (*worker*) Bediener(in) *m(f)*; **machine ~** Maschinist(in) *m(f)* ❷ (*switchboard worker*) Telefonist(in) *m(f)* ❸ (*company*) Unternehmer(in) *m(f)*; **tour ~** Reiseveranstalter(in) *m(f)* ❹ (*fam: clever person*) gewiefte Person; **smooth ~** Schlawiner *m fam*

opinion [əˈpɪnjən] *n* ❶ (*belief*) Meinung *f*, Ansicht *f*; **popular ~** weit verbreitete Meinung; **public ~** die öffentliche Meinung ❷ (*view on topic*) Einstellung *f*, Standpunkt *m* (**on** zu); **difference of ~** Meinungsverschiedenheit *f*; **just a matter of ~** reine Ansichtssache; **in my ~** meiner Meinung nach

opinion poll *n* Meinungsumfrage *f*

opponent [əˈpəʊnənt] *n* POL Widersacher(in) *m(f)*; SPORTS Gegner(in) *m(f)*

opportunity [ˌɒpəˈtjuːnəti] *n* ❶ (*occasion*) Gelegenheit *f*; **a window of ~** eine Chance; **at the earliest ~** bei der erstbesten Gelegenheit; **at every ~** bei jeder Gelegenheit ❷ (*for advancement*) Möglichkeit *f*

oppose [əˈpəʊz] *vt* ❶ (*disapprove*) ablehnen ❷ (*resist*) ■**to ~ sb/sth** sich jdm/etw widersetzen ❸ SPORTS ■**to ~ sb** gegen jdn antreten ④ POL ■to ~ sb jds Gegenspieler(in) *m(f)* sein

opposed [əˈpəʊzd] *adj pred* ① *(against)* ■to be ~ to sth gegen etw *akk* sein ② *(contrary)* ■as ~ to im Gegensatz zu +*dat*

opposing [əˈpəʊzɪŋ] *adj attr* entgegengesetzt; *(in conflict)* einander widersprechend

opposite [ˈɒpəzɪt] I. *n* Gegenteil II. *adj* ① *interests* gegensätzlich ② *(facing)* gegenüberliegend; *direction* entgegengesetzt; **who owns that shop ~?** wem gehört der Laden gegenüber? III. *adv* gegenüber IV. *prep* ① *(across from)* gegenüber +*dat* ② FILM, TV, THEAT **to play ~ sb** jds Gegenrolle spielen

opposition [ˌɒpəˈzɪʃən] *n* ① *no pl (resistance)* Widerstand *m* (**to** gegen) ② + *sing/pl vb (party not in power)* Opposition[spartei] *f*; **leader of the O~** Oppositionsführer(in) *m(f)* ③ *(contrast)* Gegensatz *m* ④ *(opposing player)* Gegner(in) *m(f)*

Die **Opposition** ist ein Sammelbegriff für alle nicht an der Regierung beteiligten Parteien im britischen Parlamentssystem. Die größte dieser Parteien ist die offizielle Opposition und hat ihr eigenes **Shadow Cabinet**, d.h. eine Gruppe von **Shadow Ministers**, die auf der **Front Bench** gegenüber den **Government ministers** (Regierungsminister) sitzen.

optical [ˈɒptɪkəl] *adj* optisch
optician [ɒpˈtɪʃən] *n* Optiker(in) *m(f)*
optimism [ˈɒptɪmɪzəm] *n no pl* Optimismus *m*
optimist [ˈɒptɪmɪst] *n* Optimist(in) *m(f)*
optimistic [ˌɒptɪˈmɪstɪk] *adj* optimistisch
optimum [ˈɒptɪməm] I. *n <pl* -tima *or* -s> Optimum *nt* II. *adj* optimal
option [ˈɒpʃən] *n* ① *(choice)* Wahl *f*; *(possibility)* Möglichkeit *f*; **to not be an ~** nicht in Frage kommen ② *(freedom to choose)* Wahlmöglichkeit *f* ③ *(right to buy or sell)* Option *f*
optional [ˈɒpʃənəl] *adj* wahlfrei
or [ɔːʳ] *conj* ① *(as a choice)* oder ② *(otherwise)* sonst; ■**either ... ~ ...** entweder...[,] oder ③ *(and also not)* ■**not ... ~ ...** weder ... noch ... ④ *(being non-specific or unsure)* **someone/somewhere/sometime ~ other** [irgend]jemand/irgendwo/irgendwann

oral [ˈɔːrəl] I. *adj* ① *(spoken)* mündlich ② MED, PSYCH oral II. *n* mündliche Prüfung

orange [ˈɒrɪndʒ] I. *n* ① *(fruit)* Orange *f*, Apfelsine *f* ② *(colour)* Orange *nt* II. *adj* ① *drink, ice, tree* Orangen- ② *(colour)* orange[farben]

orangeade [ˌɒrɪndʒˈeɪd] *n* BRIT Orangenlimonade *f*

orange juice *n no pl* Orangensaft *m* **orange peel** *n* Orangenschale *f*

orbit [ˈɔːbɪt] I. *n* ① *(constant course)* Umlaufbahn *f* ② *(trip around)* Umkreisung *f* ③ *(eye socket)* Augenhöhle *f* II. *vi* kreisen III. *vt* umkreisen

orbital [ˈɔːbɪtəl] I. *n* NUCL Orbital *nt o m fachspr* II. *adj* orbital

orchard [ˈɔːtʃəd] *n* Obstgarten *m*
orchestra [ˈɔːkɪstrə] *n* + *sing/pl vb (musicians)* Orchester *nt*
orchestral [ɔːˈkestrəl] *adj* Orchester-, orchestral
orchestra pit *n* Orchestergraben *m*
orchid [ˈɔːkɪd] *n* Orchidee *f*
ordeal [ɔːˈdiːl] *n* Qual *f*
order [ˈɔːdəʳ] I. *n* ① *no pl (being tidy, organized)* Ordnung *f*; **to put sth in ~** etw ordnen ② *no pl (sequence)* Reihenfolge *f*; **word ~** Wortstellung *f* ③ *(command)* Befehl *m*; LAW Verfügung *f*; **doctor's ~s** ärztliche Anweisung ④ *(in a restaurant)* Bestellung *f* ⑤ COMM Auftrag *m*; **to put in an ~** eine Bestellung aufgeben ⑥ *no pl (discipline)* Disziplin *f*; **~!** [~!] **please quieten down!** Ruhe bitte! Seien Sie bitte leise!; **to be in ~** in Ordnung sein ⑦ *no pl (condition)* Zustand *f*; **to be in good ~** in einem guten Zustand sein; **"out of ~"** „außer Betrieb" ⑧ *no pl* ■**in ~ to do sth** um etw zu tun; ■**in ~ for ...** damit ... ⑨ *(type)* Art *f*; *(dimension)* Größenordnung *f*; **of the highest ~** von höchster Qualität ⑩ *(system, constitution)* Ordnung *f* ⑪ BIOL, MATH Ordnung *f* ⑫ REL **to take holy ~s** die Weihen empfangen II. *vi* bestellen; **are you ready to ~?** möchten Sie schon bestellen? III. *vt* ① *(decide, decree)* anordnen ② *(command)* befehlen ③ *(in a restaurant)* bestellen ④ COMM bestellen

order form *n* Bestellformular *nt*
orderly [ˈɔːdəli] I. *n* ① *(hospital attendant)* ≈ [Kranken]pfleger(in) *m(f)*; *(unskilled)* Hilfskraft *f* ② *(medical sergeant)* Sanitätsunterof-

fizier *m* **II.** *adj* ❶ (*tidy*) ordentlich ❷ (*well-behaved*) gesittet

ordinal [ˈɔːdɪnᵊl] *n,* **ordinal number** *n* Ordinalzahl *f*

ordinarily [ˈɔːdᵊnᵊrᵊli] *adv* gewöhnlich, normalerweise

ordinary [ˈɔːdᵊnᵊri] **I.** *adj* gewöhnlich, normal **II.** *n* ▪ **the** ~ das Übliche; **out of the** ~ außergewöhnlich

ordnance [ˈɔːdnən(t)s] *n no pl* MIL Geschütze *pl*

organ [ˈɔːgən] **I.** *n* ❶ MUS Orgel *f* ❷ ANAT Organ *nt* ❸ (*fig: mouthpiece*) Organ *nt* **II.** *adj* MUS *music, player* Orgel-

organ donor *n* MED Organspender(in) *m(f)*

organic [ɔːˈgænɪk] *adj* ❶ (*of bodily organs*) organisch ❷ (*living*) organisch ❸ AGR ~ **fruits** Obst *nt* aus biologischem Anbau; ~ **farming methods** biodynamische Anbaumethoden

organism [ˈɔːgənɪzᵊm] *n* Organismus *m*

organist [ˈɔːgənɪst] *n* Organist(in) *m(f)*

organization [ˌɔːgᵊnaɪˈzeɪʃᵊn] *n* ❶ *no pl* (*action*) Organisation *f* ❷ + *sing/pl vb* (*association, company*) Organisation *f* ❸ *no pl* (*tidiness*) Ordentlichkeit *f* ❹ *no pl* (*composition*) Anordnung *f*

organizational [ˌɔːgᵊnaɪˈzeɪʃᵊnᵊl] *adj* organisatorisch

organize [ˈɔːgᵊnaɪz] *vt* ❶ *activities* organisieren; *books, files* ordnen ❷ POL [politisch] organisieren ❸ (*prepare*) vorbereiten

organized [ˈɔːgᵊnaɪzd] *adj* organisiert

orgasm [ˈɔːgæzᵊm] *n* Orgasmus *m*

oriental [ˌɔːriˈentᵊl] *adj* orientalisch

orientation [ˌɔːriənˈteɪʃᵊn] *n* ❶ *no pl* (*being oriented*) Orientierung *f;* **to lose one's** ~ die Orientierung verlieren ❷ (*tendency*) Ausrichtung *f;* **sexual** ~ sexuelle Neigung ❸ (*attitude*) Orientierung *f;* **political** ~ politische Gesinnung

origin [ˈɒrɪdʒɪn] *n* ❶ (*beginning, source*) Ursprung *m;* *of a river* Quelle *f;* ▪ **in** ~ ursprünglich ❷ (*place sth/sb comes from*) Herkunft *f kein pl;* (*ancestry a.*) Abstammung *f kein pl*

original [əˈrɪdʒɪnᵊl] **I.** *n* Original *nt* **II.** *adj* ❶ (*first*) ursprünglich; **the** ~ **version** die Originalversion ❷ (*unique*) originell ❸ (*from creator*) **is this an** ~ **Rembrandt?** ist das ein echter Rembrandt?; ~ **painting** Original *nt*

originality [əˌrɪdʒɪˈnæləti] *n no pl* Originalität *f*

originally [əˈrɪdʒɪnᵊli] *adv* (*at first*) ursprünglich

originate [əˈrɪdʒɪneɪt] **I.** *vi* entstehen, seinen Anfang nehmen; *aeroplane* starten; *train, bus* losfahren **II.** *vt* hervorbringen; **to** ~ **a rumour** ein Gerücht in die Welt setzen

originator [əˈrɪdʒɪneɪtəʳ] *n* Urheber(in) *m(f);* (*founder*) Gründer(in) *m(f);* (*inventor*) Erfinder(in) *m(f)*

ornament I. *n* [ˈɔːnəmənt] ❶ Schmuck *m;* **Christmas** ~**s** Weihnachtsschmuck *m;* (*figurine*) Figürchen *nt* ❷ *usu pl* MUS Ornament *nt* **II.** *vt* [ˈɔːnəment] dekorieren

ornamental [ˌɔːnəˈmentᵊl] *adj* Zier-, dekorativ

ornithology [ˌɔːnɪˈθɒlədʒi] *n no pl* Ornithologie *f*

orphan [ˈɔːfᵊn] **I.** *n* Waise *f* **II.** *adj* Waisen-, verwaist *f* **III.** *vt* ▪ **to be** ~**ed** [zur] Waise werden

orphanage [ˈɔːfᵊnɪdʒ] *n* Waisenhaus *nt*

orthodontist [ˌɔːθə(ʊ)ˈdɒntɪst] *n* Kieferorthopäde *m,* Kieferorthopädin *f*

Oscar [ˈɒskəʳ] *n* FILM Oscar *m;* ~ **winner** Oscar-Preisträger(in) *m(f)*

ostrich [ˈɒstrɪtʃ] **I.** *n* ORN Strauß *m* **II.** *adj egg, meat* Straußen-

other [ˈʌðəʳ] **I.** *adj* ❶ (*different*) andere(r, s); **there's no** ~ **way** anders geht es nicht; **some** ~ **time** ein anderes Mal; **in** ~ **words** mit anderen Worten ❷ (*not long ago*) **the** ~ **day** neulich; **the** ~ **evening/morning/night** neulich abends/morgens/nachts ❸ (*alternative*) andere(r, s); **one's** ~ **half** (*euph*) meine bessere Hälfte; **on the** ~ **hand** andererseits ❹ (*not being exact*) **some man or** ~ irgendein Mann; **some time or** ~ irgendwann [einmal]; **somehow or** ~ irgendwie **II.** *pron* ❶ (*the remaining*) ▪ **the** ~ der/die/das andere; **one from the** ~ voneinander; **one or the** ~ eines davon ❷ + *sing vb* **one or** [**the**] ~ **of sth** eine(r, s) von etw *dat*

otherwise [ˈʌðəwaɪz] **I.** *adj pred* (*dated form*) anders präd **II.** *adv* ❶ (*differently*) anders ❷ (*except for this*) sonst ❸ (*alternatively*) **to be** ~ **engaged** anderweitig zu tun haben **III.** *conj* andernfalls

OTT [ˌəʊtiːˈtiː] BRIT (*fam*) *abbrev of* **over the top: her outfit was a bit** ~ also diesmal ist sie mit ihrem Outfit definitiv zu weit gegangen!

ouch [aʊtʃ] *interj* aua, autsch

ought [ɔːt] *aux vb* ❶ (*indicating duty, advice*) ■ **sb ~ to do sth** jd sollte etw tun; **we ~ not to have agreed** wir hätten nicht zustimmen sollen ❷ (*indicating probability*) **ten minutes ~ to be enough time** zehn Minuten müssten eigentlich genügen

ounce [aʊn(t)s] *n* Unze *f*

our [aʊəʳ] *adj poss* unser(e)

ours [aʊəz] *pron poss* (*belonging to us*) unsere(r, s); **he's a cousin of ~** er ist ein Cousin von uns

ourselves [aʊə'selvz] *pron refl* ❶ *after vb, after prep* (*direct object*) uns; **we enjoyed ~ at the party very much** wir hatten großen Spaß bei der Party ❷ (*form: we, us*) wir ❸ (*emph: personally*) wir persönlich; **we invented it ~** wir erfanden das selbst ❹ (*alone*) **to have sth [all] to ~** etw [ganz] für uns haben; ■ **[all] by ~** [ganz] allein

out [aʊt] **I.** *adj pred* ❶ (*absent*) ■ **to be ~** abwesend sein ❷ (*outside*) ■ **to be ~ [somewhere]** [irgendwo] draußen sein ❸ (*on the move*) **to be ~ [and about]** unterwegs sein; **to be ~ on one's rounds** seine Runde machen ❹ (*in blossom*) blühen ❺ (*available*) erhältlich; (*on the market*) auf dem Markt ❻ (*known*) heraus; *secret* gelüftet; **[the] truth will ~** die Wahrheit wird ans Licht kommen ❼ (*asleep*) schlafen; (*unconscious*) bewusstlos ❽ (*finished*) aus ❾ SPORTS ■ **to be ~** (*not playing*) nicht [mehr] im Spiel sein; (*outside a boundary*) *ball, player* im Aus sein ❿ *light, TV* aus ⓫ (*unfashionable*) out ⓬ *homosexual* ■ **to be ~** sich geoutet haben *fam* **II.** *adv* ❶ (*not in sth*) außen; (*not in a room*) draußen; **"keep ~!"** „betreten verboten!"; **to keep sb/sth ~** jdn/etw nicht hereinlassen ❷ (*outwards*) heraus; **get ~!** raus hier! *fam;* **~ with it** heraus damit! *fam;* **to turn sth inside ~** *clothes* etw auf links drehen ❸ (*away from home*) **to eat ~** im Restaurant essen; **to go ~** ausgehen ❹ (*extinguish*) **to put a fire ~** ein Feuer löschen; **to cross sth ~** etw ausstreichen ❺ (*fully, absolutely*) **burnt ~** (*a. fig*) ausgebrannt; **tired ~** völlig erschöpft; **~ and away** AM bei weitem ❻ (*aloud*) **to cry ~ in pain** vor Schmerzen aufschreien ❼ (*to an end, finished*) **over and ~** AVIAT Ende; **to die ~** aussterben ❽ (*unconscious*) **to knock sb ~** jdn bewusstlos schlagen; **to pass ~** in Ohnmacht fallen ❾ (*open*) **to open sth ~** etw auseinanderfalten ❿ (*at a distant place*) **~ at sea** auf See; **~ west** im Westen **III.** *prep* (*fam*) aus + *dat;* **to run ~ the door** zur Tür hinausrennen

outboard, outboard motor *n* Außenbordmotor *m*

outbreak *n of a disease, hostilities, a war* Ausbruch *m*

outburst *n* Ausbruch *m;* **an ~ of anger** ein Wutanfall *m*

outclass *vt* in den Schatten stellen

outcome *n* Ergebnis *nt*

outcry *n* lautstarker Protest (**over** gegen); **to provoke a public ~** einen Sturm der Entrüstung in der Öffentlichkeit auslösen

outdated *adj* veraltet; *ideas, views* überholt

outdo <-did, -done> *vt* übertreffen

outdoor *adj* **~ concert** Open-Air-Konzert *nt;* **~ sports** Sportarten *pl* im Freien

outdoors [ˌaʊt'dɔːz] **I.** *n* + *sing vb* **in the great ~** in der freien Natur **II.** *adv* im Freien

outer ['aʊtəʳ] **I.** *n* BRIT SPORTS äußerster Ring (*einer Zielscheibe*) **II.** *adj* ❶ (*external*) äußerlich, Außen- ❷ (*far from centre*) äußere(r, s), Außen-; **one's ~ circle of friends** jds weiterer Bekanntenkreis

outermost ['aʊtəməʊst] *n attr* äußerste(r, s); *layer* oberst

outfit I. *n* ❶ (*clothes*) Kleidung *f;* **cowboy ~** Cowboykostüm *nt* ❷ (*fam: group*) Verein *m* ❸ (*equipment*) Ausrüstung *f* **II.** *vt* <-tt-> ■ **to ~ sb with sth** jdn mit etw *dat* ausrüsten

outgoing *adj* ❶ (*approv: extroverted*) kontaktfreudig ❷ *attr* (*retiring*) [aus]scheidend

outgrow <-grew, -grown> *vt* ❶ (*become too big for*) ■ **to ~ sth** aus etw *dat* herauswachsen ❷ (*leave behind*) ■ **to ~ sth** einer S. *gen* entwachsen

outing ['aʊtɪŋ] *n* ❶ (*trip*) Ausflug *m;* **to go on an ~** einen Ausflug machen ❷ (*fam: appearance*) [öffentlicher] Auftritt ❸ *no pl* (*revealing homosexuality*) Outing *nt*

outlaw ['aʊtlɔː] **I.** *n* (*criminal*) Bandit(in) *m(f);* (*fugitive from law*) Geächtete(r) *f(m)* **II.** *vt* für ungesetzlich erklären

outlet *n* ❶ (*exit*) Ausgang *m;* for water Abfluss *m;* (*chimney*) Abzug *m* ❷ AUTO, TECH Abluftstutzen *m* ❸ COMM Verkaufsstelle *f*

outline I. *n* ❶ (*brief description*) Übersicht *f* (**of** über); *in novel-writing* Entwurf *m;* (*general summary*) Zusammenfassung *f* ❷ (*contour*) Umriss *m; against fading light* Silhouette *f* **II.** *vt* ■ **to ~ sth** ❶ (*draw*) die Umrisse von etw *dat* zeichnen ❷ (*summarize*) etw [kurz] umreißen

outlive *vt* überleben *a. fig*

outlook *n* ❶ (*view*) Aussicht *f* ❷ (*future prospect*) Aussicht[en] *f*[*pl*] ❸ METEO [Wetter]aussichten *pl*

outnumber *vt* zahlenmäßig überlegen sein; ▪**to be ~ed** in der Unterzahl sein

out of *prep* ❶ *after vb* (*towards outside*) aus +*dat* ❷ *after vb o n* (*situated away from*) außerhalb +*gen;* **he is ~ town this week** er ist diese Woche nicht in der Stadt; **she is ~ the country until July 4th** sie hält sich bis zum 4. Juli außer Landes auf; **he's ~ the office at the moment** er ist zurzeit nicht an seinem [Arbeits]platz; **five miles ~ San Francisco** fünf Meilen außerhalb von San Francisco ❸ *after vb* (*taken from*) von +*dat;* **he copied his essay straight ~ a textbook** er schrieb seinen Aufsatz wörtlich aus einem Lehrbuch ab; **she had to pay for it ~ her own pocket** sie musste es aus der eigenen Tasche bezahlen ❹ (*excluded from*) aus +*dat;* **I'm glad to be ~ it** ich bin froh, dass ich das hinter mir habe; **giving up is ~ the question** Aufgeben kommt überhaupt nicht infrage ❺ (*spoken by*) aus +*dat;* **I couldn't get the secret ~ her** ich konnte ihr das Geheimnis nicht entlocken ❻ (*made from*) aus +*dat* ❼ (*motivated by*) aus +*dat* ❽ *after n* (*ratio of*) von +*dat;* **no one got 20 ~ 20 for the test** niemand bekam alle 20 möglichen Punkte für den Test ❾ (*without*) **they were ~ luck** sie hatten kein Glück [mehr]; **you're ~ time** Ihre Zeit ist um; **they had run ~ cash** sie hatten kein Bargeld mehr; **I'm sorry sir, we're ~ the salmon** tut mir leid, der Lachs ist aus, [*all*] **~ breath** [völlig] außer Atem; **to be ~ work** ohne Arbeit sein ❿ (*beyond*) außer +*dat;* **the photo is ~ focus** das Foto ist unscharf; **he's been ~ touch with his family for years** er hat seit Jahren keinen Kontakt mehr zu seiner Familie; **get ~ the way!** aus dem Weg!; **~ order** außer Betrieb ▸**to get ~ hand** außer Kontrolle geraten; **he must be ~ his mind!** er muss den Verstand verloren haben!; **~ place** fehl am Platz

out of date *adj pred,* **out-of-date** *adj attr* veraltet; *clothing* altmodisch

out of the way *adj pred,* **out-of-the-way** *adj attr spot, place* abgelegen

out-patient *n* ambulanter Patient/ambulante Patientin

outplay *vt* ▪**to ~ sb** besser spielen als jd

output I. *n no pl* ECON Ausstoß *m;* COMPUT Ausgabe *f;* ELEC Leistung *f* **II.** *vt image, data* ausgeben

output device *n* COMPUT Ausgabegerät *nt*

outrage I. *n* ['aʊtreɪdʒ] ❶ *no pl* Empörung *f* (**at** über); **to express ~** sich entsetzt zeigen ❷ (*deed*) Schandtat *f;* (*crime*) Verbrechen *nt* **II.** *vt* [aʊt'reɪdʒ] ▪**to ~ sb** jdn erzürnen; ▪[**to be**] **~d by sth** entrüstet über etw *akk* [sein]

outrageous [,aʊt'reɪdʒəs] *adj* ❶ (*terrible*) empörend; (*unacceptable*) unerhört ❷ (*unusual and shocking*) außergewöhnlich ❸ (*exaggerated*) ungeheuerlich; *story, statement a.* unwahrscheinlich

outright I. *adj attr* ❶ (*total*) total ❷ (*undisputed*) offensichtlich ❸ (*direct*) direkt **II.** *adv* ❶ (*totally*) total ❷ (*clearly*) eindeutig ❸ (*directly*) offen

outset *n no pl* Anfang *m;* ▪**at the ~** am Anfang; ▪**from the ~** von Anfang an

outshine <-shone *or* -shined, -shone *or* -shined> *vt* ❶ (*shine more brightly*) überstrahlen ❷ (*be better*) ▪**to ~ sb** jdn in den Schatten stellen

outside I. *n* ❶ (*exterior*) Außenseite *f;* ▪**from the ~** von außen ❷ (*external appearance*) ▪**on the ~** äußerlich ❸ (*not within boundary*) ▪**on the ~** draußen **II.** *adj attr* ❶ *door, entrance* äußere(r, s); **~ seat** Sitz *m* am Gang; **~ wall** Außenmauer *f* ❷ (*external*) **the world ~** die Welt draußen ❸ (*highest, largest*) höchste(r, s) *attr,* äußerste(r, s) *attr* **III.** *adv* ❶ (*not in building*) außen ❷ (*in open air*) im Freien **IV.** *prep* (*beyond*) außerhalb (**of** von)

outside line *n* Telefonleitung *f* für externe Gespräche

outsider [,aʊt'saɪdəʳ] *n* ❶ (*not a member*) Außenstehende(r) *f(m)* ❷ (*outcast*) Außenseiter(in) *m(f)* ❸ (*in sports*) Außenseiter(in) *m(f)*

outskirts ['aʊtskɜːts] *npl* Stadtrand *m*

outstanding [,aʊt'stændɪŋ] *adj* ❶ (*excellent*) außergewöhnlich; *effort, contribution* bemerkenswert ❷ (*clearly noticeable*) auffallend ❸ FIN (*unpaid*) ausstehend ❹ *problems* ungelöst

outstretched [,aʊt'stretʃt] *adj* ausgestreckt;

arms a. ausgebreitet
out there *adj pred* AM (*fam*) verrückt
out-tray *n* Ablage *f* für Ausgangspost
outward ['aʊtwəd] **I.** *adj attr* ❶ (*exterior*) äußere(r, s), Außen- ❷ (*going out*) ausgehend; ~ **flight** Hinflug *m* **II.** *adv* nach außen; **the door opens** ~ die Tür geht nach außen auf
outwardly ['aʊtwədli] *adv* äußerlich, nach außen hin
outwards ['aʊtwədz] *adv* nach außen
oven ['ʌvən] *n* [Back]ofen *m*, Backrohr *nt* ÖSTERR; **microwave** ~ Mikrowelle *f*
ovencloth *n* Topflappen *m* **oven glove** *n* BRIT, **oven mitt** *n* AM, AUS Topfhandschuh *m* **ovenproof** *adj* hitzebeständig **oven-ready** *adj* bratfertig, backfertig
over ['əʊvə'] **I.** *adv pred* ❶ (*across*) hinüber; ~ **here** hier herüber; ~ **there** dort drüben ❷ (*another way up*) **to turn** ~ umdrehen ❸ (*downwards*) **to fall** ~ hinfallen; **to knock sth** ~ etw umstoßen ❹ (*changing hands*) **to change** ~ **to sth** auf etw *akk* umsteigen *fam;* **to hand sth** ~ etw übergeben ❺ (*finished*) ■ **to be** ~ vorbei sein; **to get sth** ~ **and done with** etw hinter sich *akk* bringen ❻ (*remaining*) übrig ❼ (*thoroughly*) **to talk sth** ~ etw durchsprechen ❽ AM (*again*) **all** ~ alles noch einmal **II.** *prep* ❶ (*across*) über +*akk* ❷ (*on the other side of*) über +*dat;* **the diagram is** ~ **the page** das Diagramm ist auf der nächsten Seite ❸ (*above*) über +*dat* ❹ (*everywhere*) [**all**] ~ [überall] in +*dat;* **all** ~ **the world** in der ganzen Welt ❺ (*during*) in +*dat,* während +*gen;* ~ **the years** mit den Jahren ❻ (*more than, longer than*) über +*dat;* ~ **and above that** darüber hinaus ❼ (*through*) **he told me** ~ **the phone** er sagte es mir am Telefon ❽ (*past*) **is he** ~ **the flu yet?** hat er seine Erkältung auskuriert?
overall I. *n* ['əʊvərɔːl] BRIT [Arbeits]kittel *m;* ■ ~**s** *pl* Overall *m* **II.** *adj* [ˌəʊvər'ɔːl] *attr* ❶ (*general*) Gesamt-, allgemein ❷ (*over all others*) Gesamt-; *majority* absolut **III.** *adv* insgesamt
overbalance I. *vi person* das Gleichgewicht verlieren **II.** *vt* ■ **to** ~ **sb** jdn aus dem Gleichgewicht bringen
overboard *adv* über Bord
overbook I. *vt usu passive* ■ **to be** ~**ed** überbucht sein **II.** *vi* zu viele Buchungen vornehmen

overcast *adj sky* bedeckt
overcharge I. *vt* ❶ (*charge too much*) ■ **to** ~ **sb** jdm zu viel berechnen ❷ ELEC *electrical device* überlasten **II.** *vi* zu viel berechnen
overcoat *n* Mantel *m*
overcome <-came, -come> **I.** *vt* ❶ (*cope with*) bewältigen; *crisis, opposition, fear* überwinden ❷ *fumes, exhausts* von etw *dat* ohnmächtig werden **II.** *vi* siegen
overconfident *adj* (*extremely self-assured*) übertrieben selbstbewusst
overcrowded *adj* ❶ (*with people*) überfüllt; ~ **town** übervölkerte Stadt ❷ (*with things*) überladen
overdo <-did, -done> *vt* ❶ (*overexert oneself*) **to** ~ **it** sich überanstrengen; (*overindulge*) es übertreiben ❷ (*exaggerate*) übertreiben ❸ (*overcook*) *in water* verkochen; *in oven* verbraten
overdone *adj* ❶ (*exaggerated*) übertrieben ❷ *in water* verkocht; *in oven* verbraten
overdose I. *n* ['əʊvədəʊs] Überdosis *f* **II.** *vi* [ˌəʊvə'dəʊs] eine Überdosis nehmen
overdraft *n* Kontoüberziehung *f*
overdraw <-drew, -drawn> **I.** *vi* [sein Konto] überziehen **II.** *vt* **to** ~ **one's account** sein Konto überziehen
overdue *adj usu pred* überfällig
overestimate I. *n* [ˌəʊvərˈestɪmət] Überbewertung *f* **II.** *vt* [ˌəʊvərˈestɪmeɪt] ❶ (*value too highly*) überbewerten ❷ (*estimate too much*) überschätzen
overexcited *adj usu pred* ■ **to be/become** ~ ganz aufgeregt sein/werden
overflow I. *n* ['əʊvəfləʊ] ❶ *no pl* (*act of spilling*) Überlaufen *nt* ❷ (*overflowing liquid*) überlaufende Flüssigkeit ❸ (*outlet*) Überlauf *m* **II.** *vi* [ˌəʊvəˈfləʊ] *river, tank* überlaufen **III.** *vt* [ˌəʊvəˈfləʊ] ■ **to** ~ **sth** etw zum Überlaufen bringen
overgrown *adj* (*with plants*) überwuchert
overhang I. *n* ['əʊvəhæŋ] Überhang *m;* TECH vorspringender Teil **II.** *vt* <-hung, -hung> [ˌəʊvəˈhæŋ] ■ **to** ~ **sth** etw *akk* hinausragen; ARCHIT über etw *akk* hervorstehen
overhead I. *n* ['əʊvəhed] ❶ (*running costs of business*) ■ ~**s** *pl* BRIT, AUS, ■ ~ AM laufende Geschäftskosten ❷ (*fam: projector*) Overheadprojektor *m* **II.** *adj* ['əʊvəhed] *attr* ❶ (*above head level*) Hoch-; ELEC oberirdisch ❷ (*of business running costs*) laufend **III.** *adv* [ˌəʊvəˈhed] in der Luft; **a plane**

circled ~ ein Flugzeug kreiste über uns

overhear <-heard, -heard> *vt* ■ **to** ~ **sb** jdn unabsichtlich belauschen

overheat I. *vt* überhitzen **II.** *vi* sich überhitzen *a. fig; motor a.* heiß laufen

overjoyed [ˌəʊvəˈdʒɔɪd] *adj pred* überglücklich (**at** über)

overland I. *adj* [ˈəʊvəlænd] *attr* Überland-, Land-; ~ **journey** Reise *f* auf dem Landweg **II.** *adv* [ˌəʊvəˈlænd] auf dem Landweg

overlap I. *n* [ˈəʊvəlæp] ① (*overlapping part*) Überlappung *f*; GEOL, PHYS Überlagerung *f* ② (*similarity*) Überschneidung *f* **II.** *vi* <-pp-> [ˌəʊvəˈlæp] ① (*lie edge over edge*) sich überlappen ② (*be partly similar*) sich überschneiden **III.** *vt* <-pp-> [ˌəʊvəˈlæp] ■ **to** ~ **sth** ① (*place edge over edge*) etw überlappen lassen ② (*extend over*) etw überschneiden lassen

overleaf *adv* auf der Rückseite; **see** ~ siehe umseitig!

overload I. *n* [ˈəʊvˌləʊd] ① ELEC Überlast[ung] *f*; TRANSP Übergewicht *nt* ② *no pl* (*excess*) Überbelastung *f* **II.** *vt* [ˌəʊvəˈləʊd] ① *vehicle* überladen ② COMPUT, ELEC überlasten

overlook [ˌəʊvəˈlʊk] *vt* ① (*look out onto*) überblicken ② (*not notice*) übersehen; (*forget*) vergessen ③ (*disregard*) ■ **to** ~ **sth** über etw *akk* hinwegsehen

overnight I. *adj* ① *attr* (*for a night*) Nacht-, Übernachtungs-; ~ **stay** Übernachtung *f* ② (*sudden*) ganz plötzlich; ~ **success** Blitzerfolg *m* **II.** *adv* (*till next day*) in der Nacht, über Nacht

overpass *n* AM Überführung *f*

overpay <-paid, -paid> *vt* ① (*over-remunerate*) überbezahlen ② (*pay more than required*) ■ **to** ~ **sth** für etw *akk* zu viel bezahlen

overpopulated *adj* überbevölkert

overpower *vt* überwältigen; SPORTS bezwingen

overpowering *adj* überwältigend; *smell* durchdringend

overrate *vt* überbewerten

overreact *vi* überreagieren; ■ **to** ~ **to sth** auf etw *akk* unangemessen reagieren

overreaction *n* Überreaktion *f* (**to** auf)

overriding I. *adj attr* vorrangig **II.** *n no pl* Fahren *nt* über das Fahrziel hinaus

overrun I. *n* Kostenüberschreitung *f* **II.** *vt* <-ran, -run> ① MIL (*occupy*) überrollen ② (*spread over*) sich in etw *dat* ausbreiten **III.** *vi* <-ran, -run> ① (*exceed time*) überziehen ② (*financially*) überschreiten

overseas I. *adj* [ˈəʊvəsiːz] *attr* (*abroad*) Übersee-; ~ **assignment** Auslandseinsatz *m* **II.** *adv* [ˌəʊvəˈsiːz] (*in foreign country*) im Ausland

overshadow *vt* ① (*cast shadow over*) überschatten ② (*make insignificant*) in den Schatten stellen

oversight *n* ① (*mistake*) Versehen *nt* ② *no pl* (*form: surveillance*) Aufsicht *f*

oversleep <-slept, -slept> *vi* verschlafen

overspend <-spent, -spent> **I.** *vi* zuviel [Geld] ausgeben; **to** ~ **on a budget** ein Budget überschreiten **II.** *vt* überziehen; *budget, target* überschreiten

overstaffed *adj* überbesetzt

overstay *vt* **to** ~ **a visa** ein Visum überschreiten; **to** ~ **one's welcome** jds Gastfreundschaft *f* überbeanspruchen

overstep <-pp-> *vt* überschreiten ▶ **to** ~ **the mark** zu weit gehen

overtake <-took, -taken> *vt, vi* überholen

overthrow I. *n* [ˈəʊvəθrəʊ] ① (*removal from power*) Sturz *m* ② SPORTS (*in baseball, cricket*) zu weiter Wurf **II.** *vt* <-threw, -thrown> [ˌəʊvəˈθrəʊ] (*topple*) stürzen; **to** ~ **the enemy** einen Gegner aus dem Weg räumen

overtime *n no pl* ① (*extra work*) Überstunden *pl* ② AM SPORTS (*extra time*) Verlängerung *f*

overturn I. *vi* umstürzen; *car* sich überschlagen **II.** *vt* ① (*turn upside down*) umstoßen ② (*reverse*) revidieren

overview *n* Überblick *m* (**of** über)

overweight I. *n* [ˈəʊvəˌweɪt] *no pl* AM Übergewicht *nt* **II.** *adj* [ˌəʊvəˈweɪt] zu schwer; *person a.* übergewichtig

overwhelming [ˌəʊvəˈ(h)welmɪŋ] *adj* überwältigend; *desire, need* unwiderstehlich

overwork I. *n* [ˈəʊvəwɜːk] *no pl* Überarbeitung *f* **II.** *vi* [ˌəʊvəˈwɜːk] sich überarbeiten **III.** *vt* [ˌəʊvəˈwɜːk] (*give too much work*) ■ **to** ~ **sb** jdn [mit Arbeit] überlasten

owe [əʊ] *vt* ① (*be in debt*) ■ **to** ~ **sb sth** jdm etw schulden; **to** ~ **sb thanks/gratitude** jdm zu Dank verpflichtet sein ② (*be indebted*) ■ **to** ~ **sb sth** jdm etw verdanken

owing [ˈəʊɪŋ] *adj pred* ausstehend

owl [aʊl] *n* Eule *f*

own [əʊn] **I.** *pron* ❶ (*belonging, relating to*) ■ **sb's** ~ jds eigene(r, s); **his time is his** ~ er kann über seine Zeit frei verfügen ❷ (*people*) **our/their** ~ unsere/ihre Leute *fam* ▶ **to be in a class of one's** ~ eine Klasse für sich *akk* sein; [**all**] **on one's/its** ~ [ganz] allein[e] **II.** *adj attr* eigene(r, s); **you'll have to make up your** ~ **mind** das musst du für dich alleine entscheiden ▶ **to do one's** ~ **thing** (*fam*) tun, was man will; **sb's** ~ **flesh and blood** jds eigen[es] Fleisch und Blut *geh* **III.** *vt* ❶ (*possess*) besitzen; **to be privately** ~**ed** im Privatbesitz sein ❷ (*form: admit*) ■ **to** ~ **that** ... zugeben, dass ... **IV.** *vi* (*form*) ■ **to** ~ **to sth** etw eingestehen

owner ['əʊnə'] *n* Besitzer(in) *m(f)*

ownership ['əʊnəʃɪp] *n no pl* Besitz *m*, Eigentum *nt*

ox <*pl* -**en**> [ɒks] *n* Ochse *m*

oxen ['ɒksən] *n pl of* **ox**

oxidize ['ɒksɪdaɪz] *vi, vt* oxidieren

oxtail soup *n* Ochsenschwanzsuppe *f*

oxygen ['ɒksɪdʒən] *n no pl* Sauerstoff *m*; ~ **cylinder** Sauerstoffflasche *f*; ~ **mask** Sauerstoffmaske *f*

oyster ['ɔɪstə'] *n* Auster *f* ▶ **the world is sb's** ~ jdm steht die Welt offen

oz <*pl* -> *n abbrev of* **ounce**

Oz [ɒz] *n* BRIT, AUS (*fam*) Australien *nt*

ozone layer *n* Ozonschicht *f*

Pp

P <*pl* -'s *or* -s>, **p** <*pl* -'s> [piː] *n* p *nt*, P *nt*; *see also* **A 1**

p [piː] **I.** *n* ❶ <*pl* -> *abbrev of* **penny, pence** ❷ <*pl* pp> *abbrev of* **page** S. **II.** *adv* MUS *abbrev of* **piano** p

pa [pɑː] *n* (*fam or dated: father*) Papa *m*

p.a. [ˌpiːˈeɪ] *adv abbrev of* **per annum** p.a.

PA [ˌpiːˈeɪ] *n* ❶ *abbrev of* **personal assistant** pers. Ass. ❷ *abbrev of* **public address system**

pace [peɪs] **I.** *n* ❶ (*speed*) Tempo *nt*; **to set the** ~ das Tempo vorgeben ❷ (*step*) Schritt *m*; **to keep** ~ **with sb/sth** mit jdm/etw Schritt halten **II.** *vt* (*walk up and down*) **he** ~**d the room nervously** er ging nervös im Zimmer auf und ab

pacemaker *n* ❶ SPORTS Schrittmacher(in) *m(f)* ❷ MED [Herz]schrittmacher *m*

Pacific [pəˈsɪfɪk] **I.** *n no pl* ■ **the** ~ der Pazifik **II.** *adj* pazifisch, Pazifik-

pacifist ['pæsɪfɪst] **I.** *n* Pazifist(in) *m(f)* **II.** *adj* pazifistisch

pack [pæk] **I.** *n* ❶ (*backpack*) Rucksack *m*; (*bundle*) Bündel *nt* ❷ (*packet*) Packung *f* ❸ + *sing/pl vb* (*group*) Gruppe *f* **II.** *vi* ❶ (*for a journey*) packen ❷ (*fit in*) passen (**into** in) ▶ **to send sb** ~**ing** (*fam: send away*) jdn fortschicken **III.** *vt* ❶ (*put into a container*) einpacken, verpacken ❷ (*fill*) *bag, suitcase, trunk* packen ❸ (*a. fig: cram*) voll packen (**with** mit); ■ **to be** ~**ed** [**with people**] gerammelt voll [mit Leuten] sein *fam* ◆ **pack away** *vt* wegpacken, wegräumen ◆ **pack in** **I.** *vt* ❶ (*put in*) einpacken; (*in units for sale*) abpacken ❷ (*cram in*) hineinstopfen ❸ (*fam: give up*) hinschmeißen **II.** *vi* (*fam: stop work*) Feierabend machen ◆ **pack off** *vt* (*fam*) wegschicken; **to** ~ **sb off to bed** jdn ins Bett schicken ◆ **pack up** **I.** *vt* ❶ (*put away*) zusammenpacken ❷ (*fam: give up*) hinschmeißen **II.** *vi* (*fam: stop work*) Feierabend machen

package ['pækɪdʒ] **I.** *n* Paket *nt* **II.** *vt* verpacken

package deal *n* Pauschalangebot *nt* **package holiday** *n* BRIT Pauschalurlaub *m* **package tour** *n*, AM *a.* **package trip** *n* Pauschalurlaub *m*

packaging ['pækɪdʒɪŋ] *n no pl* ❶ (*materials*) Verpackungsmaterial *nt* ❷ (*activity*) Verpackung *f*

pack animal *n* Packtier *nt*, Lasttier *nt*

packet ['pækɪt] *n* Packung *f*, Schachtel *f*; **a** ~ **of cigarettes** eine Schachtel Zigaretten; **a** ~ **of crisps** eine Tüte Chips

pack ice *n no pl* Packeis *nt*

packing ['pækɪŋ] *n no pl* ❶ (*action*) Packen *nt* ❷ (*protective wrapping*) Verpackung *f*

packing routine *n* COMPUT Packroutine *f*

pad¹ [pæd] *vi* trotten; (*walk softly*) tappen

pad² [pæd] **I.** *n* ❶ (*cushioning material*) Polster *nt*; **cotton wool** ~ Wattebausch *m*; (*protector*) **knee** ~ Knieschoner *m*; (*for shaping*) **shoulder** ~ Schulterpolster *nt* ❷ (*of paper*) Block *m* ❸ (*on animal's foot*) Ballen *m* ❹ AEROSP, AVIAT Abflug- und Landeplatz *m* ❺ (*fam: abode*) Bude *f* **II.** *vt* <-dd-> [aus]polstern ◆ **pad out** *vt* (*a. iron*) ausschmücken

padded ['pædɪd] *adj* [aus]gepolstert; *envelope* gefüttert

padding ['pædɪŋ] *n no pl* (*protective material*) Polsterung *f*

paddle¹ ['pædl] **I.** *n* ❶ (*oar*) Paddel *nt* ❷ NAUT (*on paddle wheel*) Schaufel *f* **II.** *vt* (*row*) **to ~ a boat** ein Boot mit Paddeln bewegen **III.** *vi* (*row, swim*) paddeln

paddle² ['pædl] **I.** *n* Planschen *nt kein pl* **II.** *vi* planschen

paddlesports ['pædl|spɔːts] *npl* Paddelsport *m*

paddling pool *n esp* BRIT, AUS Planschbecken *nt*

padlock ['pædlɒk] **I.** *n* Vorhängeschloss *nt* **II.** *vt* [mit einem Vorhängeschloss] verschließen

paediatrician [ˌpiːdɪə'trɪʃ*ə*n] *n* Kinderarzt *m*, Kinderärztin *f*

paediatrics [ˌpiːdɪ'ætrɪks] *npl + sing vb* Kinderheilkunde *f*

page¹ [peɪdʒ] **I.** *n* ❶ (*single sheet*) Blatt *nt*; (*single side*) Seite *f* ❷ COMPUT Seite *f* **II.** *vi* ❶ (*read*) *book, magazine* durchblättern ❷ COMPUT ▪ **to ~ up/down** auf der Seite nach oben/unten gehen

page² [peɪdʒ] **I.** *n* (*hotel worker*) Page *m* **II.** *vt* (*over loudspeaker*) ausrufen; (*by pager*) anpiepsen

page layout *n* Seitenlayout *m*

page proof *n* Korrekturfahne *f*

pager ['peɪdʒə*ʳ*] *n* Pager *m*

paid [peɪd] **I.** *pt, pp of* **pay II.** *adj attr* bezahlt ▶ **to put ~ to sth** BRIT, AUS etw zunichtemachen

pain [peɪn] **I.** *n* ❶ (*feeling*) Schmerz *m*; **a ~ in one's side** Schmerzen *pl* in der Seite ❷ *no pl* (*physical suffering*) Schmerz[en] *m[pl]*; **to be in ~** Schmerzen haben ❸ (*fam: nuisance*) **that child is a real ~** das Kind ist eine Nervensäge **II.** *vt* ▪ **it ~s sb to do sth** es tut jdm leid, etw zu tun

painful ['peɪnf*ə*l] *adj* ❶ (*causing physical pain*) schmerzhaft ❷ (*upsetting*) schmerzlich

painkiller *n* Schmerzmittel *nt*

painless ['peɪnləs] *adj* schmerzlos

pain management *n* MED Palliativmedizin *f*, Schmerztherapie *f*

paint [peɪnt] **I.** *n* ❶ *no pl* (*substance*) Farbe *f*; (*on car*) Lack *m* ❷ (*art colour*) ▪ **~s** *pl* Farben *pl*; **oil ~s** Ölfarben *pl* **II.** *vi* ❶ ART malen; **to ~ in oils** mit Ölfarben malen ❷ (*decorate rooms*) streichen **III.** *vt* ❶ (*make picture*) malen ❷ (*apply make-up*) **she ~ed her nails a bright red** sie lackierte ihre Nägel knallrot

paintbox *n* Malkasten *m* **paintbrush** *n* [Farb]pinsel *m*

painter¹ ['peɪntə*ʳ*] *n* ❶ (*artist*) [Kunst]maler(in) *m(f)* ❷ (*decorator*) Maler(in) *m(f)*; **~ and decorator** Maler *m* und Tapezierer

painter² ['peɪntə*ʳ*] *n* NAUT Fangleine *f*

pain threshold *n* ❶ (*start of pain*) Schmerzschwelle *f* ❷ (*limit of endurance*) Schmerzgrenze *f*

painting ['peɪntɪŋ] *n* ❶ (*picture*) Bild *nt* ❷ *no pl* (*art*) Malerei *f* ❸ *no pl* (*house decorating*) Streichen *nt*

paint kettle *n* Farbeimer *m* **paint stripper** *n* Abbeizmittel *nt*

paintwork *n no pl of a house, room, wall* Anstrich *m*; *of a car* Lackierung *f*

pair [peə*ʳ*] **I.** *n* ❶ (*two items*) Paar *nt*; **a ~ of socks** ein Paar *nt* Socken ❷ (*two-part item*) Paar *nt*; **a ~ of glasses** eine Brille; **a ~ of scissors** eine Schere; **a ~ of trousers** eine Hose ❸ + *sing/pl vb* (*two people, a. couple*) Paar *nt*; **in ~s** paarweise **II.** *vt usu passive* ▪ **to be ~ed with sb/sth** mit jdm/etw ein Paar bilden ◆ **pair off I.** *vi* einen Partner/eine Partnerin finden **II.** *vt* ▪ **to ~ sb off [with sb]** jdn [mit jdm] verkuppeln *fam*

pajamas *npl* AM *see* **pyjamas**

Pakistan [ˌpɑːkɪ'stɑːn] *n* Pakistan *nt*

Pakistani [ˌpɑːkɪ'stɑːni] **I.** *n* Pakistaner(in) *m(f)* **II.** *adj* pakistanisch

pal [pæl] *n* (*fam*) Kumpel *m*

palace ['pælɪs] *n* Palast *m*

pale¹ [peɪl] **I.** *adj* blass **II.** *vi* (*go white*) bleich werden

pale² [peɪl] *n* (*post*) Pfosten *m* ▶ **beyond the ~** indiskutabel

paleness ['peɪlnəs] *n no pl* Blässe *f*

Palestine ['pæləstaɪn] *n* Palästina *nt*

Palestinian [ˌpælə'stɪnɪən] **I.** *n* Palästinenser(in) *m(f)* **II.** *adj* palästinensisch

palm¹ [pɑːm] *n* (*tree*) Palme *f*

palm² [pɑːm] *n* (*of hand*) Handfläche *f*; **to read sb's ~** jdm aus der Hand lesen

palm off – paralysis

◆**palm off** *vt* ■**to ~ off** ◯ **sth on sb** jdm etw andrehen *fam*
palmtop *n* COMPUT Palmtop *m* **palm tree** *n* Palme *f*
pamper ['pæmpər] *vt* verwöhnen
pamphlet ['pæmflɪt] *n* [kleine] Broschüre *f*
pan [pæn] **I.** *n* Pfanne *f*; AM (*for oven cooking*) Topf *m* **II.** *vt* <-nn-> AM (*cook*) [in der Pfanne] braten ◆**pan out** *vi* (*develop*) sich entwickeln
pancake *n* Pfannkuchen *m*
panda ['pændə] *n* Panda *m*
pane [peɪn] *n* [Fenster]scheibe *f*
panel ['pænəl] **I.** *n* ❶ (*wooden*) [Holz]paneel *nt* ❷ (*metal*) Blech *nt* ❸ AUTO **instrument ~** Armaturenbrett *nt* **II.** *vt* <BRIT -ll- *or* AM *usu* -l-> täfeln (**in** mit)
panel discussion *n* Podiumsdiskussion *f*
panel game *n* BRIT TV Ratespiel *nt*
paneling *n* AM *see* **panelling**
panelist *n* AM *see* **panellist**
panelling ['pænəlɪŋ] *n no pl* [Holz]täfelung *f*
panellist ['pænəlɪst] *n* TV, RADIO (*on quiz show*) Mitglied *nt* [eines Rateteams]; (*on discussion platform*) Diskussionsteilnehmer(in) *m(f)*
panic ['pænɪk] **I.** *n no pl* Panik *f*, panische Angst; **to get in[to] a ~** in Panik geraten **II.** *vi* <-ck-> in Panik geraten
panic room *n* Panikraum *m* **panic-stricken** [,strɪkən] *adj* von Panik ergriffen
pansy ['pænzi] *n* ❶ (*flower*) Stiefmütterchen *nt* ❷ (*pej fam: effeminate male*) Waschlappen *m*
pant [pænt] **I.** *vi* keuchen **II.** *n* Keuchen *nt kein pl*
panther <*pl* - *or* -s> ['pæn(t)θər] *n* ❶ (*leopard*) Panther *m* ❷ AM *a.* (*cougar*) Puma *m*
panties ['pæntiz] *npl* (*fam*) [Damen]slip *m*
pantomime ['pæntəmaɪm] *n* ❶ BRIT (*play*) lustiges, hauptsächlich für Kinder bestimmtes Weihnachtsspiel ❷ (*mime*) Pantomime *f*
pantry ['pæntri] *n* Vorratskammer *f*
pants [pænts] *n pl* [**a pair of**] **~s** *esp* BRIT [eine] Unterhose; AM [eine (lange)] Hose ▶**to bore the ~s off sb** (*fam*) jdn zu Tode langweilen; **to scare the ~s off sb** jdm einen Riesenschrecken einjagen; **to be caught with one's ~ down** (*fam*) auf frischer Tat ertappt werden
pants suit *n* AM, **pantsuit** ['pæntsu:t] *n* AM,

AUS Hosenanzug *m*
pantyhose *npl* AM, AUS Strumpfhose *f*
panty liner *n* Slipeinlage *f*
papal ['peɪpəl] *adj* päpstlich, Papst-
paper ['peɪpər] **I.** *n* ❶ *no pl* (*for writing*) Papier *nt*; **a piece of ~** ein Blatt *nt* Papier; **recycled ~** Altpapier *nt* ❷ (*newspaper*) Zeitung *f* ❸ (*wallpaper*) Tapete *f* ❹ *usu pl* (*document*) Dokument *nt* ❺ (*credentials*) ■**~s** *pl* [Ausweis]papiere *pl* ❻ BRIT, AUS UNIV **to write a ~** eine Hausarbeit schreiben **II.** *vt* tapezieren
paperback *n* Taschenbuch *nt*
paper bag *n* Papiertüte *f* **paper boy** *n* Zeitungsausträger *m* **paper clip** *n* Büroklammer *f* **paper cup** *n* Pappbecher *m* **paper girl** *n* Zeitungsausträgerin *f* **paper mill** *n* Papierfabrik *f* **paper millionaire** *n* STOCKEX Aktienmillionär(in) *m(f)* **paper money** *n no pl* Papiergeld *nt* **paper napkin** *n* [Papier]serviette *f* **paper profit** *n* rechnerischer Gewinn **paper round** *n* BRIT, **paper route** *n* AM Zeitungszustellung *f*; **to have a ~** Zeitungen austragen **paper-thin** *adj* hauchdünn **paper tissue** *n* Papiertaschentuch *nt*
paperwork *n no pl* Schreibarbeit *f*; **to do ~** [den] Papierkram machen *fam*
paprika ['pæprɪkə] *n no pl* Paprika *m*
par. *short for* **paragraph** Abs.
parachute ['pærəʃu:t] **I.** *n* Fallschirm *m*; **~ jump** Fallschirmabsprung *m* **II.** *vi* mit dem Fallschirm abspringen
parade [pə'reɪd] **I.** *n* ❶ (*procession*) Parade *f* ❷ MIL [Truppen]parade *f* **II.** *vi* (*walk in procession*) einen Umzug machen **III.** *vt* vorführen
paradise ['pærədaɪs] *n no pl* Paradies *nt*; ■**P~** das Paradies
paragliding ['pærəˌglaɪdɪŋ] *n no pl* Gleitschirmfliegen *nt*
paragraph ['pærəgrɑ:f] *n* ❶ (*text*) Absatz *m* ❷ (*newspaper article*) [kurze] Zeitungsnotiz
parallel ['pærəlel] **I.** *adj* parallel **II.** *n* Parallele *f*; ■**without ~** ohnegleichen *f*
parallel bars *npl* (*in gymnastics*) Barren *m*
Paralympic Games *npl*, **Paralympics** [,pærə'lɪmpɪks] *npl* ■**the ~** die Paralympischen Spiele *pl*
paralyse ['pærəlaɪz] *vt* BRIT, AUS ❶ MED (*a. fig*) lähmen ❷ (*bring to halt*) lahmlegen
paralysis <*pl* -ses> [pə'ræləsɪs, *pl* -si:z] *n* Lähmung *f a. fig*

paralytic [ˌpærəˈlɪtɪk] **I.** *adj* MED paralytisch, Lähmungs- **II.** *n* Paralytiker(in) *m(f)* fachspr
paralyze [ˈpærəlaɪz] *vt* AM *see* **paralyse**
paramedic [ˌpærəˈmedɪk] *n* Sanitäter(in) *m(f)*
paramilitary [ˌpærəˈmɪlɪtᵊri] **I.** *adj* paramilitärisch **II.** *n* Milizionär(in) *m(f)*
paranoid [ˌpærəˈnɔɪd] **I.** *adj* PSYCH paranoid **II.** *n* Paranoiker(in) *m(f)* geh
paraphrase [ˈpærəfreɪz] **I.** *vt* umschreiben; ▪**to** ~ **sb** jdn frei zitieren **II.** *n* Paraphrase *f* geh
parasite [ˈpærəsaɪt] *n* Parasit *m a. fig*
paratrooper [ˈpærəˌtruːpəʳ] *n* Fallschirmjäger(in) *m(f)*
paratroops [ˈpærətruːps] *npl* Fallschirmtruppen *pl*
parboil [ˈpɑːbɔɪl] *vt* **to** ~ **food** Lebensmittel kurz vorkochen (*um sie dann weiterzuverarbeiten*)
parcel [ˈpɑːsᵊl] **I.** *n* (*for mailing*) Paket *nt;* (*small parcel*) Päckchen *nt* **II.** *vt* <BRIT -ll- *or* AM *usu* -l-> einpacken
parcel office *n* BRIT Paketabfertigung *f*
parcel post *n* Paketpost *f*
pardon [ˈpɑːdᵊn] **I.** *n no pl* LAW Begnadigung *f* **II.** *vt* ❶ (*forgive*) verzeihen, entschuldigen ❷ LAW begnadigen **III.** *interj* (*apology*) **I beg your** ~! [*or* AM *a.* ~ **me!**] Entschuldigung!, tut mir leid!; (*request for repetition*) ~? wie bitte?
parent [ˈpeərᵊnt] **I.** *n* ❶ *of a child* Elternteil *m;* ▪~**s** Eltern *pl;* **single** ~ Alleinerziehende(r) *f(m)* ❷ *of an animal* Elterntier *nt; of a plant* Mutterpflanze *f* ❸ (*parent company*) Muttergesellschaft *f* **II.** *vt* AM großziehen
parental [pəˈrentᵊl] *adj* elterlich, Eltern-; ~ **control** Beaufsichtigung *f* durch die Eltern; ~ **leave** Erziehungsurlaub *m*
parent company *n* Muttergesellschaft *f*
parenthood [ˈpeərᵊnthʊd] *n no pl* Elternschaft *f*
parish [ˈpærɪʃ] *n* REL [Pfarr]gemeinde *f*
parity [ˈpærəti] *n no pl* ❶ (*equality*) Gleichheit *f* ❷ FIN, MATH Parität *f*
park [pɑːk] **I.** *n* ❶ (*for recreation*) Park *m* ❷ *esp* BRIT SPORTS (*fam*) ▪**the** ~ der [Sport]platz ❸ *esp* BRIT AUTO **car** ~ [PKW-]Parkplatz *m* **II.** *vt* ❶ AUTO (ein]parken ❷ (*fig fam: position*) abladen; **to** ~ **oneself** sich [irgendwo] hinpflanzen **III.** *vi* parken
park-and-ride [ˌpɑːkənˈraɪd] *n* Park-and-Ride-System *nt*
park home *n* AM Wohnmobil *nt*
parking [ˈpɑːkɪŋ] *n no pl* ❶ (*action*) Parken *nt* ❷ (*space*) Parkplatz *m*
parking area *n* Parkplatz *m* **parking bay** *n* Parkbucht *f* **parking disc** *n* Parkscheibe *f* **parking light** *n* AM, AUS Standlicht *nt* **parking lot** *n esp* AM Parkplatz *m* **parking meter** *n* Parkuhr *f* **parking ticket** *n* Strafzettel *m* für unerlaubtes Parken
park keeper *n* BRIT Parkaufseher(in) *m(f)*
parkway *n* AM, AUS (*highway*) Autobahn *f*
parky [ˈpɑːki] *adj* BRIT (*fam*) *weather* frisch
Parl. *abbrev of* **Parliament** Parlament *nt*
parliament [ˈpɑːləmənt] *n* ❶ *no art, no pl* (*institution*) ▪**P**~ Parlament *nt;* ▪**in P**~ im Parlament ❷ (*period*) Legislaturperiode *f*

Das britische **Parliament** besteht aus den beiden **Houses of Parliament** und dem Monarchen. Die zwei **Houses of Parliament** befinden sich im Palace of Westminster in London. Das Unterhaus, das vom Volk gewählt wird, und das die meisten der Minister stellt, heißt das **House of Commons**. Seine Abgeordneten heißen **members of parliament** oder **MPs**. Das Oberhaus, das **House of Lords**, kann nur bedingt Gesetze verabschieden. Die Abgeordneten, die **peers of the realm**, lassen sich in drei Gruppen einteilen. Einige haben aufgrund ihres Amtes, entweder als Richter, als **law lords** oder als Bischöfe der anglikanischen Kirche, der **Church of England**, einen Sitz im Oberhaus. Einige werden auf Lebenszeit als **life peers** ernannt und wieder andere haben ihren Sitz mit ihrem Adelstitel geerbt. Ein Ausschuss von Richtern des **House of Lords** ist in den meisten Belangen das höchste Gericht im Vereinigten Königreich.

parliamentary [ˌpɑːləˈmentᵊri] *adj* ~ **bill** parlamentarischer Gesetzentwurf; ~ **candidate** Kandidat(in) *m(f)* für das Parlament; ~ **debate/election/session** Parlamentsdebatte *f*/-wahl *f*/-sitzung *f*
parlor *n* AM *see* **parlour**
parlour [ˈpɑːləʳ] *n* Salon *m;* **ice-cream** ~ Eisdiele *f;* **funeral** ~ Bestattungsinstitut *nt*
parody [ˈpærədi] **I.** *n* (*a. pej*) Parodie *f* (**of**

auf) **II.** *vt* <-ie-> parodieren
parole [pəˈrəʊl] *n no pl* bedingte Haftentlassung
parrot [ˈpærət] **I.** *n* (*bird*) Papagei *m* **II.** *vt* (*pej*) nachplappern; ■ **to ~ sb** jdn nachäffen
parsley [ˈpɑːsli] *n no pl* Petersilie *f*
parsnip [ˈpɑːsnɪp] *n* Pastinak *m*
part [pɑːt] **I.** *n* ❶ (*not the whole*) Teil *m;* **she's ~ of the family** sie gehört zur Familie; **in ~** teilweise; **for the most ~** zum größten Teil ❷ *a.* TECH (*component*) Teil *nt;* [*spare*] **~s** Ersatzteile *pl* ❸ (*unit*) [An]teil *m* ❹ FILM, TV Folge *f* ❺ ANAT **body ~** Körperteil *m* ❻ *usu pl* GEOG Gegend *f;* **in our/your ~ of the world** bei uns/Ihnen; **in this ~ of the world** hierzulande ❼ THEAT (*a. fig*) Rolle *f* ❽ *no pl* (*involvement*) Beteiligung *f* (**in** an); **to take ~ in sth** an etw *dat* teilnehmen ▶ **for my ~, ...** was mich betrifft, ...; **to look the ~** entsprechend aussehen **II.** *adj attr* teilweise **III.** *vi* ❶ (*separate*) sich trennen ❷ (*become separated*) curtains, seams aufgehen **IV.** *vt* (*separate*) trennen (**from** von) ▶ **to ~ company** sich trennen
partial [ˈpɑːʃəl] *adj* ❶ (*incomplete*) Teil-; **their success was only ~** sie hatten nur teilweise Erfolg ❷ (*biased*) parteiisch ❸ *pred* (*be fond of*) ■ **to be ~ to sth** eine Vorliebe für etw *akk* haben
partially [ˈpɑːʃəli] *adv* teilweise
participant [pɑːˈtɪsɪpənt] *n* Teilnehmer(in) *m(f)*
participate [pɑːˈtɪsɪpeɪt] *vi* teilnehmen
participation [pɑːˌtɪsɪˈpeɪʃən] *n no pl* Teilnahme *f* (**in** an)
participle [ˈpɑːtɪsɪpl] *n* Partizip *nt*
particle [ˈpɑːtɪkl] *n* ❶ Teilchen *nt;* **~ of dust** Staubkörnchen *nt* ❷ (*fig*) Spur *f*
particular [pɑːˈtɪkjələʳ] **I.** *adj* ❶ *attr* (*individual*) bestimmt ❷ *attr* (*special*) besondere(r, s); **no ~ reason** kein bestimmter Grund ❸ *pred* (*fussy*) eigen; (*demanding*) anspruchsvoll **II.** *n* (*form*) ❶ (*detail*) Einzelheit *f;* **in every ~** bis ins Detail ❷ (*information*) ■ **~s** *pl* Einzelheiten *pl*
particularly [pɑːˈtɪkjələli] *adv* besonders, vor allem
parting [ˈpɑːtɪŋ] **I.** *n* ❶ (*farewell*) Abschied *m;* (*separation*) Trennung *f* ❷ BRIT, AUS *of hair* Scheitel *m* **II.** *adj attr* Abschieds-; **~ shot** (*fig*) letztes [sarkastisches] Wort
partition [pɑːˈtɪʃən] **I.** *n* ❶ *no pl* POL Teilung *f*

❷ (*structure*) Trennwand *f* **II.** *vt* ❶ POL [auf]teilen ❷ (*divide*) [unter]teilen
partly [ˈpɑːtli] *adv* zum Teil, teils, teilweise
partner [ˈpɑːtnəʳ] **I.** *n* ❶ (*owner*) Teilhaber(in) *m(f);* (*in a law firm*) Sozius *m* ❷ (*accomplice*) **~ in crime** Komplize *m,* Komplizin *f* ❸ (*spouse*) Ehepartner(in) *m(f);* (*unmarried*) [Lebens]partner(in) *m(f)* **II.** *vt* ■ **to ~ sb** jds Partner sein
partnership [ˈpɑːtnəʃɪp] *n no pl* (*condition*) Partnerschaft *f*
part owner *n* Miteigentümer(in) *m(f)* **part ownership** *n* Miteigentümerschaft *f* **part payment** *n* Teilzahlung *f* **part-time I.** *adj* Teilzeit-, Halbtags-; **~ staff** Teilzeitkräfte *pl* **II.** *adv* **to work ~** halbtags arbeiten
party [ˈpɑːti] **I.** *n* ❶ (*celebration*) Party *f* ❷ + *sing/pl vb* POL Partei *f;* **opposition ~** Oppositionspartei *f* ❸ + *sing/pl vb* (*group*) [Reise]gruppe *f;* **coach ~** Gruppe *f* von Busreisenden; **school ~** Schülergruppe *f;* **search ~** Suchtrupp *m* ❹ (*person involved*) Partei *f* ❺ (*fam: person*) Person *f* **II.** *vi* <-ie-> (*fam*) feiern
party-goer *n* Partygänger(in) *m(f)*
party headquarters *n* POL Parteizentrale *f*
party line *n* ❶ POL Parteilinie *f* ❷ TELEC Gemeinschaftsanschluss *m* **party political broadcast** *n* BRIT, AUS Wahlsendung *f* [einer Partei] **party politics** *n* + *sing/pl vb* Parteipolitik *f*
party popper *n* BRIT Partyknaller *m*
pashmina [pæfˈmiːnə] *n* Pashminaschal *m*
pass [pɑːs] **I.** *n* <*pl* -es> ❶ (*road*) Pass *m;* **mountain ~** [Gebirgs]pass *m* ❷ SPORTS (*of a ball*) Pass *m,* Vorlage *f* (*für ein Tor*) ❸ SCH, UNIV Bestehen *nt* einer Prüfung; (*grade*) „Bestanden" ❹ (*permit*) Passierschein *m;* (*for a festival*) Eintrittskarte *f;* (*for public transport*) [Wochen-/Monats-/Jahres-]karte *f* **II.** *vt* ❶ (*go past*) ■ **to ~ sb/sth** an jdm/etw vorbeigehen; (*in car*) an jdm/etw vorbeifahren ❷ (*overtake*) überholen ❸ (*exceed*) **to ~ a limit** eine Grenze überschreiten ❹ (*hand to*) ■ **to ~ sth to sb** jdm etw geben ❺ SPORTS **to ~ the ball** den Ball abgeben; **to ~ the ball to sb** jdm den Ball zuspielen ❻ (*succeed*) *exam, test* bestehen ❼ (*of time*) **to ~ the time** sich *dat* die Zeit vertreiben ❽ *usu passive esp* POL *law* ■ **to be ~ed** verabschiedet werden ❾ (*utter*) **to ~ a comment** einen Kommentar abgeben ❿ MED (*form: excrete*)

to ~ water Wasser lassen **III.** *vi* ❶ (*move by*) vorbeigehen; *road* vorbeiführen; **to ~ unnoticed** unbemerkt bleiben ❷ (*overtake*) überholen ❸ (*enter*) eintreten; **to allow sb to ~** jdn durchlassen ❹ SPORTS (*of a ball*) zuspielen ❺ SCH (*succeed*) bestehen ◆**pass away I.** *vi* ❶ (*euphem: die*) entschlafen *geh* ❷ *anger* verrauchen **II.** *vt* **we ~ed away the evening watching TV** wir verbrachten den Abend mit Fernsehen ◆**pass by I.** *vi* ❶ *time* vergehen ❷ (*go past*) [an jdm/etw] vorbeigehen; (*in vehicle*) [an jdm/etw] vorbeifahren **II.** *vt* ❶ (*miss sb*) ■**to ~ es sb by** etw geht an jdm vorbei ❷ (*go past*) ■**to ~ by ⟳ sb/sth** an jdm/etw vorübergehen ◆**pass down** *vt* ❶ *usu passive* (*bequeath*) ■**to be ~ed down** weitergegeben werden ❷ (*hand down*) hinunterreichen ◆**pass off I.** *vt* ❶ (*hide*) abtun; **to ~ off one's embarrassment** seine Verlegenheit überspielen ❷ (*pretend*) ■**to ~ oneself off as sb** sich als jd ausgeben **II.** *vi* ❶ (*take place*) verlaufen ❷ (*fade*) nachlassen ◆**pass on I.** *vi* ❶ (*proceed*) fortfahren, weitermachen ❷ (*euphem: die*) entschlafen **II.** *vt* ❶ BIOL weitergeben (**to** an) ❷ (*forward*) *information, news* weitergeben ❸ *usu passive clothes, traditions* ■**to be ~ed on** weitergegeben werden ◆**pass out** *vi* ❶ (*faint*) in Ohnmacht fallen, bewusstlos werden ❷ (*leave*) hinausgehen; ■**to ~ out of sth** etw verlassen ◆**pass over I.** *vt* ❶ *usu passive* (*not promote*) ■**to be ~ed over** [**for promotion**] [bei der Beförderung] übergangen werden ❷ (*overlook*) übergehen **II.** *vi* entschlafen *euphem* ◆**pass through I.** *vi* durchreisen; **we were only ~ing through** wir waren nur auf der Durchreise **II.** *vt* **the cook ~ed the carrots through the mixer** der Koch pürierte die Karotten im Mixer ◆**pass up** *vt* ■**to ~ up ⟳ sth** sich *dat* etw entgehen lassen

passage ['pæsɪdʒ] *n* ❶ (*narrow corridor*) Gang *m*, Flur *m*; **underground ~** Unterführung *f* ❷ (*long path*) Durchgang *m* ❸ LIT (*excerpt*) [Text]passage *f*; MUS Stück *nt* ❹ (*onward journey*) Durchfahrt *f* ❺ (*dated: sea voyage*) Überfahrt *f*

passageway *n* Korridor *m*, [Durch]gang *m*
passbook *n* Sparbuch *n*
passenger ['pæsəndʒər] *n* (*on a bus, tube*) Fahrgast *m*; (*on a plane*) Passagier(in) *m(f)*; (*on a train*) Reisende(r) *f(m)*; (*in a car*) Mitfahrer(in) *m(f)*, Insasse(in) *m(f)*

passenger list *n* Passagierliste *f* **passenger train** *n* Personenzug *m*
passer-by <*pl* passers-> [ˌpɑːsəˈbaɪ] *n* Passant(in) *m(f)*
passing ['pɑːsɪŋ] **I.** *adj attr* ❶ (*going past*) *vehicle* vorbeifahrend; *person* vorbeikommend ❷ *glance, thought* flüchtig; **a ~ fancy** nur so eine Laune **II.** *n no pl* (*end*) Niedergang *m;* **the ~ of an era** das Ende einer Ära
passing-out ceremony *n* BRIT, AUS, **passing-out parade** *n* BRIT, AUS MIL, UNIV Abschlusszeremonie *f*
passing place *n* Ausweichstelle *f*
passion ['pæʃən] *n* ❶ (*love*) Leidenschaft *f* ❷ (*fancy*) Vorliebe *f*; **to have a ~ for doing sth** etw leidenschaftlich gerne tun ❸ (*strong emotion*) **crime of ~** Verbrechen *nt* aus Leidenschaft; **to hate sth with a ~** etw aus tiefstem Herzen hassen
passionate ['pæʃənət] *adj* leidenschaftlich
passive ['pæsɪv] **I.** *n no pl* LING Passiv *nt* **II.** *adj* ❶ (*inactive*) passiv ❷ (*indifferent*) teilnahmslos ❸ (*submissive*) unterwürfig; **to be too ~** sich *dat* zu viel gefallen lassen
pass key *n* Hauptschlüssel *m*
pass mark *n* BRIT, AUS SCH, UNIV Ausreichend *nt* (*Mindestnote für das Bestehen einer Prüfung*)
passport ['pɑːspɔːt] *n* [Reise]pass *m;* (*fig*) Schlüssel *m* (**to** zu); **~ control** Passkontrolle *f;* **~ holder** [Reise]passinhaber(in) *m(f)*
password *n* FIN Kennwort *nt;* COMPUT Passwort *nt*

past [pɑːst] **I.** *n no pl* ❶ (*not present*) Vergangenheit *f;* (*past life*) Vorleben *nt* ❷ LING Vergangenheit[sform] *f* **II.** *adj* ❶ *attr* (*preceding*) vergangen; **over the ~ two days** während der letzten beiden Tage ❷ (*over*) vorüber, vorbei **III.** *adv* **to go ~ sb/sth** an jdm/etw vorbeigehen; *vehicle* an jdm/etw vorbeifahren **IV.** *prep* ❶ (*to other side*) an +*dat* ... vorbei; **to go/drive/walk ~** vorbeigehen/-fahren/-laufen ❷ (*after the hour of*) nach +*dat;* **it's quarter ~ five** es ist Viertel nach Fünf ❸ (*beyond*) **the meat was ~ the expiry date** das Fleisch hatte das Verfallsdatum überschritten ❹ (*further than*) über +*akk* ... hinaus; **he can't see ~ the issue** er kann einfach nicht über die Sache hinaus sehen

pasta ['pæstə] *n no pl* Nudeln *pl*

paste [peɪst] I. *n no pl* ❶ (*soft substance*) Paste *f* ❷ (*sticky substance*) Kleister *m* ❸ FOOD (*mixture*) Teig *m* II. *vt* ❶ (*affix*) kleben (**on**|**to**) auf) ❷ COMPUT einfügen

pasteurize [ˌpæstʃəˈraɪz] *vt* pasteurisieren

pastry [ˈpeɪstri] *n* ❶ *no pl* (*dough*) [Kuchen]teig *m;* **choux/puff/shortcrust** ~ Brand-/Blätter-/Mürbeteig *m* ❷ (*cake*) Gebäckstück *nt*

pasture land *n no pl* Weideland *nt*

pasty[1] [ˈpæsti] *n* BRIT, CAN (Teig)pastete *f*

pasty[2] [ˈpeɪsti] *adj* (*pej*) *complexion* bleich, käsig *fam*

pat [pæt] I. *vt* <-tt-> tätscheln; **to ~ sb/oneself on the back** (*fig*) jdm/sich selbst auf die Schulter klopfen; **to ~ vegetables dry** Gemüse trocken tupfen II. *n* (*tap*) [freundlicher] Klaps, Tätscheln *nt kein pl;* **a ~ on the back** (*fig*) ein [anerkennendes] Schulterklopfen

patch [pætʃ] I. *n* <*pl* **-es**> ❶ (*spot*) Fleck[en] *m;* ■**in ~es** stellenweise; **fog ~** Nebelfeld *nt;* **vegetable ~** [kleines] Gemüsebeet ❷ BRIT (*fam: phase*) Phase *f;* **to go through a bad ~** eine schwere Zeit durchmachen ❸ *vt* (*cover*) flicken ♦ **patch up** *vt* ❶ (*repair*) zusammenflicken *fam* ❷ (*fig: conciliate*) **to ~ up one's marriage** seine Ehe kitten *fam;* **to ~ up a quarrel** einen Streit beilegen

patchy [ˈpætʃi] *adj* ❶ METEO ungleichmäßig; **~ cloud/rain** stellenweise wolkig/Regen ❷ (*fig: inconsistent*) von sehr unterschiedlicher Qualität *nach n, präd;* (*incomplete*) unvollständig

pâté [ˈpæteɪ] *n* Pastete *f*

patent [ˈpeɪtənt, ˈpæt-] I. *n* LAW Patent *nt* (**on** auf); **to take out a ~ on sth** [sich *dat*] etw patentieren lassen II. *adj* ❶ *attr* (*copyrighted*) Patent-, patentiert ❷ (*form: blatant*) offenkundig III. *vt* **to ~ an/one's invention** eine Erfindung/sich *dat* seine Erfindung patentieren lassen

paternal [pəˈtɜːnəl] *adj* väterlich; **~ ancestors/relatives** Vorfahren *pl*/Verwandte *pl* väterlicherseits

paternity leave *n no pl* Vaterschaftsurlaub *m*

paternity suit *n* Vaterschaftsprozess *m*

path [pɑːθ] *n* ❶ (*way*) Weg *m,* Pfad *m* ❷ (*direction*) Weg *m; of a bullet* Bahn *f* ❸ (*fig: course*) Weg *m*

pathetic [pəˈθetɪk] *adj* ❶ (*heart-rending*) Mitleid erregend; **a ~ sight** ein Bild des Jammers ❷ (*pej: pitiful*) jämmerlich; *attempt* kläglich

pathogen [ˈpæθə(ʊ)dʒən] *n* Krankheitserreger *m*

pathway *n* ❶ Weg *m* a. *fig* ❷ MED, BIOL Leitungsbahn *f*

patience [ˈpeɪʃən(t)s] *n no pl* ❶ Geduld *f* ❷ BRIT, AUS CARDS Patience *f*

patient [ˈpeɪʃənt] I. *adj* geduldig; **just be ~!** hab noch etwas Geduld!; ■**to be ~ with sb** mit jdm Geduld haben II. *n* MED Patient(in) *m(f)*

patio [ˈpætiəʊ] *n* ❶ (*courtyard*) Innenhof *m;* **on the ~** im Innenhof ❷ (*veranda*) Terrasse *f*, Veranda *f;* **on the ~** auf der Terrasse

patriotic [ˌpætriˈɒtɪk, ˌpeɪ-] *adj* patriotisch

patrol [pəˈtrəʊl] I. *vi* <-ll-> patrouillieren II. *vt* <-ll-> **to ~ one's beat** (*police*) auf Streife sein; (*watchman*) seine Runde machen III. *n* Patrouille *f;* **highway ~** AM *Polizei, die die Highways überwacht*

patrol car *n* Streifenwagen *m* **patrol duty** *n* Streifendienst *m* **patrolman** *n* AM, AUS Streifenpolizist(in) *m(f)*

patronize [ˈpætrəˌnaɪz] *vt* ❶ (*form: frequent*) ■**to ~ sth** [Stamm]kunde bei etw *dat* sein ❷ (*pej: treat condescendingly*) ■**to ~ sb** jdn herablassend behandeln

patronizing [ˈpætrəˌnaɪzɪŋ] *adj* (*pej*) herablassend

patter [ˈpætər] I. *n no pl* (*sound*) *of rain* Prasseln *nt; of feet* Getrippel *nt* II. *vi feet* trippeln; *rain* prasseln

pattern [ˈpætən] *n* ❶ (*structure, design*) a. ECON Muster *nt* ❷ FASHION (*for sewing*) Schnitt *m*

patty melt *n* AM Hamburger mit Zwiebeln und oft auch Käse auf Roggenbrot

paunch <*pl* **-es**> [pɔːn(t)ʃ] *n* Bauch *m,* Wanst *m fam*

pause [pɔːz] I. *n* Pause *f* II. *vi speaker* innehalten; (*hesitate*) zögern; **to ~ for thought** eine Denkpause einlegen

pave [peɪv] *vt usu passive* ❶ (*cover*) pflastern; (*fig*) **the streets are ~d with gold** das Geld liegt auf der Straße ❷ (*fig: prepare*) **to ~ the way for sth** etw *dat* den Weg ebnen

pavement [ˈpeɪvmənt] *n* ❶ BRIT (*footway*) Gehsteig *m,* Bürgersteig *m* ❷ *no pl* AM, AUS (*road surface*) Asphalt *m*

pavement artist *n* BRIT Pflastermaler(in) *m(f)*

pavilion [pəˈvɪljən] *n* ❶ BRIT SPORTS Klubhaus *nt* ❷ AM (*block*) Gebäudeflügel *m* ❸ AM (*venue*) Pavillon *m*

paving stone *n esp* BRIT Pflasterstein *m*

paw [pɔ:] I. *n* Pfote *f*; *of a big cat, bear* Pranke *f* II. *vt* ❶ (*scrape*) **to ~ the ground** scharren ❷ (*fam: touch*) begrabschen III. *vi* dog, bull, horse scharren

pawn¹ [pɔ:n] *n* CHESS Bauer *m*

pawn² [pɔ:n] *vt* verpfänden

pawnbroker *n* Pfandleiher(in) *m(f)* **pawnshop** *n* Pfandleihe *f* **pawn ticket** *n* Pfandschein *m*

pay [peɪ] I. *n no pl* (*wages*) Lohn *m*; (*salary*) Gehalt *nt; of a civil servant* Bezüge *pl; of a soldier* Sold *m* II. *vt* <paid, paid> ❶ (*give*) [be]zahlen; *money* bezahlen ❷ (*deposit*) einzahlen (**into** auf) ❸ (*give money to*) ■ **to ~ sb** jdn bezahlen ❹ (*fig: suffer*) **to ~ the price** [**for sth**] [für etw *akk*] bezahlen ❺ (*bestow*) **to ~ attention** Acht geben III. *vi* <paid, paid> ❶ (*give money*) [be]zahlen ❷ (*be worthwhile*) sich auszahlen; ■ **it ~s to do sth** es lohnt sich, etw zu tun ❸ (*fig: suffer*) ■ **to ~** [**for sth**] [für etw *akk*] bezahlen ◆ **pay back** *vt* ❶ (*give back*) zurückzahlen ❷ (*fig: for revenge*) ■ **to ~ sb back for sth** jdm etw heimzahlen ◆ **pay down** *vt* anzahlen ◆ **pay in** I. *vi* ❶ LAW Geld bei Gericht hinterlegen ❷ (*to a scheme*) einzahlen II. *vt* einzahlen ◆ **pay off** I. *vt* (*repay*) abbezahlen; *mortgage* tilgen II. *vi* (*fig fam*) sich auszahlen ◆ **pay out** I. *vt* ❶ (*spend*) ausgeben ❷ (*give out*) aus[be]zahlen ❸ BRIT (*take revenge*) **I'll ~ you out for this!** das wirst du mir [noch] büßen! II. *vi* FIN **to ~ out** [**on a policy**] [be]zahlen ◆ **pay over** *vt* BRIT aushändigen ◆ **pay up** I. *vi* [be]zahlen II. *vt* [vollständig] zurückzahlen; **to ~ up a debt** eine Schuld [vollständig] begleichen

payable [ˈpeɪəbl] *adj attr* zahlbar; (*due*) fällig

pay as you earn *n* BRIT *Steuerverfahren, bei dem der Arbeitgeber die Lohnsteuer direkt an das Finanzamt weiterleitet*

pay award *n* Lohnerhöhung *f*

payback period *n* Amortisationszeit *f fachspr*

pay check AM *see* **pay cheque pay cheque** *n* Lohnscheck *m* **pay claim** *n* BRIT, AUS Lohnforderung *f* **pay day** *n no pl* Zahltag *m* **pay deal** *n* Lohnvereinbarung *f* **pay desk** *n* Kasse *f*

PAYE [ˌpi:eɪwaɪˈi:] *n no pl* BRIT *abbrev of* **pay as you earn**

payee [peɪˈi:] *n* Zahlungsempfänger(in) *m(f)*

payer [ˈpeɪəʳ] *n* Zahler(in) *m(f);* **fee ~** Gebührenzahler(in) *m(f)*

pay freeze *n* Lohnstopp *m*

paying [ˈpeɪɪŋ] *adj attr* zahlend

payment [ˈpeɪmənt] *n* ❶ (*sum*) Zahlung *f;* (*fig*) Lohn *m;* **one-off ~** BRIT einmalige Zahlung ❷ (*act of paying*) Bezahlung *f*

pay packet *n* BRIT, AUS (*for blue-collar worker*) Lohntüte *f;* (*for white-collar worker*) Gehalt *nt*

payphone *n* Münzfernsprecher *m*

pay raise *n* AM *see* **pay rise**

pay rise *n* BRIT, AUS (*for blue-collar worker*) Lohnerhöhung *f;* (*for white-collar worker*) Gehaltserhöhung *f*

payroll *n usu sing* (*for blue-collar worker*) Lohnliste *f;* (*for white-collar worker*) Gehaltsliste *f*

pay round *n* Tarifrunde *f* **pay settlement** *n* Tarifvereinbarung *f*

payslip *n* (*for blue-collar worker*) Lohnzettel *m;* (*for white-collar worker*) Gehaltsstreifen *m*

pay talks *npl* Tarifverhandlungen *pl* **pay TV** *n no pl* (*fam*) Pay-TV *nt*

PC¹ [ˌpi:ˈsi:] *n abbrev of* **personal computer** PC *m*

PC² [ˌpi:ˈsi:] *n* BRIT *abbrev of* **police constable**

PC³ [ˌpi:ˈsi:] I. *n abbrev of* **political correctness** II. *adj abbrev of* **politically correct**

PE [ˌpi:ˈi:] *n no pl abbrev of* **physical education**

pea [pi:] *n* Erbse *f*

peace [pi:s] *n no pl* ❶ (*no war*) Frieden *m;* **to make ~** Frieden schließen ❷ (*social order*) Ruhe *f*, Frieden *m* ❸ (*tranquillity*) **~ of mind** Seelenfrieden *m;* **~ and quiet** Ruhe und Frieden; **to leave sb in ~** jdn in Frieden lassen ❹ REL **~ be with you** Friede sei mit dir

peaceful [ˈpi:sfəl] *adj* friedlich; *nation a.* friedfertig

peacekeeping I. *n no pl* Friedenssicherung *f* II. *adj* Friedens-; **~ force** Friedenstruppe *f*

peace-loving *adj* friedliebend **peacemaker** *n* Frieden[s]stifter(in) *m(f)* **peacemaking** *n* Befriedung *f geh* **peace movement** *n* Friedensbewegung *f* **peace negotiations** *npl* Friedensverhandlungen *pl*

peace offer *n*, **peace offering** *n* Friedensangebot *nt* **peace pipe** *n* Friedenspfeife *f* **peace settlement** *n* Friedensabkommen *nt* **peacetime** *n no pl* Friedenszeiten *pl* **peace treaty** *n* Friedensvertrag *m*

peach [pi:tʃ] I. *n* <*pl* -es> (*fruit*) Pfirsich *m*; (*tree*) Pfirsichbaum *m* II. *adj* (*colour*) pfirsichfarben

peacock ['pi:kɒk] *n* Pfau *m*

peak [pi:k] I. *n* Gipfel *m* a. *fig*; *of a curve, line* Scheitelpunkt *m*; **to be at the very ~ of one's fitness** in Topform sein; **to reach a ~** den Höchststand erreichen II. *vi career* den Höhepunkt erreichen; *athletes* [seine] Höchstleistung erbringen; *skill* zur Perfektion gelangen; *figures, rates, production* den Höchststand erreichen III. *adj attr* ① (*busiest*) Haupt-; ~ **hours** Stoßzeit *f*; ~ **season** Hochsaison *f*; ~ **viewing time** Hauptsendezeit *f* ② (*best, highest*) Spitzen-; ~ **capacity** Auslastung *f*; **to reach ~** voll ausgelastet sein; ~ **demand** Spitzenbedarf *m* (**for** an); ~ **productivity** maximale Produktivität

peal [pi:l] I. *n* Dröhnen *nt kein pl*; ~ **of bells** Glockengeläut[e] *nt kein pl* II. *vi thunder* dröhnen; *bells* läuten

peanut ['pi:nʌt] *n* ① (*nut*) Erdnuss *f*; ~ **butter** Erdnussbutter *f* ② (*fam: very little*) ■ ~**s** *pl* Klacks *m*; **to pay ~s** einen Hungerlohn zahlen

pear [peəʳ] *n* Birne *f*; ~ **tree** Birnbaum *m*

pearl [pɜ:l] I. *n* ① (*jewel*) Perle *f*; **string of** ~**s** Perlenkette *f* ② (*fig: a drop*) Tropfen *m*, Perle *f* ③ (*fig: fine example*) Juwel *nt* ► ~ **of wisdom** Weisheit *f* II. *adj* perlweiß

pearlescent [pɜ:l'esᵊnt] *adj car paintwork, nail polish* Perlmutt-

peasant ['pezᵊnt] *n* ① (*small farmer*) [Klein]bauer *m*, [Klein]bäuerin *f* ② (*pej! fam*) Bauer *m*

pebble ['pebl] *n* Kieselstein *m*

peck [pek] I. *n* ① (*bite*) Picken *nt kein pl*; **to give sb/sth a ~** nach jdm/etw hacken ② (*quick kiss*) Küsschen *nt* II. *vt* ① (*bite*) ■ **to ~ sb/sth** nach jdm/etw hacken ② (*kiss quickly*) **to ~ sb on the cheek** jdn flüchtig auf die Wange küssen III. *vi* ① picken; ■ **to ~ at sth** (*with beak*) etw aufpicken; (*with pointed tool*) gegen etw *akk* hämmern ② (*nibble*) **to ~ at one's food** in seinem Essen herumstochern

peckish ['pekɪʃ] *adj* BRIT, AUS **to feel a bit ~** den kleinen Hunger verspüren

peculiar [pɪ'kju:lɪəʳ] *adj* ① (*strange*) seltsam, merkwürdig ② (*nauseous*) unwohl; **to have a ~ feeling** sich eigenartig fühlen ③ (*belonging to, special*) ■ **to be ~ to sb** typisch für jdn sein

pedal ['pedᵊl] I. *n* Pedal *nt* II. *vt* <BRIT, AUS -ll- *or* AM *usu* -l-> **to ~ a bicycle** Rad fahren III. *vi* <BRIT, AUS -ll- *or* AM *usu* -l-> Rad fahren; **she ~ed through the city** sie radelte durch die Stadt

pedal bin *n* Treteimer *m* **pedal boat** *n*, **pedalo** ['pedᵊləʊ] *n* Tretboot *nt*

pedestrian [pɪ'destrɪən] *n* Fußgänger(in) *m(f)*; ~ **crossing** Fußgängerübergang *m*

pedestrianize [pɪ'destrɪənaɪz] *vt* ■ **to ~ sth** etw in eine Fußgängerzone umwandeln; ~**d area** Fußgängerzone *f*

pediatrician *n* AM *see* **paediatrician**

pediatrics *npl + sing vb* AM *see* **paediatrics**

pedigree ['pedɪgri:] I. *n* ① (*genealogy*) Stammbaum *m* ② (*background*) Laufbahn *f* ③ (*history of idea*) Geschichte *f* II. *adj dog, cattle, horse* reinrassig, mit Stammbaum nach *n*

pedlar ['pedləʳ] *n* BRIT, AUS ① (*drug dealer*) Drogenhändler(in) *m(f)* ② (*hist: travelling salesman*) Hausierer(in) *m(f)* ③ (*pej*) ~ **of gossip** Klatschmaul *nt*; ~ **of lies** Lügenmaul *nt*

pee [pi:] (*fam*) I. *n no pl* ① (*urine*) Pipi *nt Kindersprache* ② (*act*) Pinkeln *nt*; **to have/need a ~** pinkeln gehen/müssen II. *vi* pinkeln *fam*; **to ~ in one's pants** in die Hose[n] machen III. *vt* ■ **to ~ oneself** sich vollpinkeln

peek [pi:k] I. *n* (*brief look*) flüchtiger Blick II. *vi* gucken *fam*; ■ **to ~ into sth** in etw *akk* hineinspähen

peel [pi:l] I. *n* (*skin of fruit*) Schale *f* II. *vt fruit* schälen III. *vi paint, rust, wallpaper* sich lösen; *skin* sich schälen ♦ **peel off** I. *vt* schälen; *clothing* abstreifen II. *vi* (*come off*) *poster, wallpaper* sich lösen

peeler ['pi:ləʳ] *n* Schäler *m*

peelings ['pi:lɪŋz] *npl* Schalen *pl*

peep¹ [pi:p] I. *n usu sing* ① (*sound*) Laut *m*; **to not give a ~** keinen Laut von sich *dat* geben ② (*bird sound*) Piep[ser] *m*; **to make a ~** piepsen II. *vt* flüstern III. *vi* piepsen; **to ~ at sth/sb** etw/jdn anpiepsen

peep² [pi:p] **I.** *n* (*look*) [verstohlener] Blick; **to have a ~ at sth** auf etw *akk* einen kurzen Blick werfen **II.** *vi* (*look*) ▪ **to ~ at sth/sb** verstohlen auf etw/jdn blicken; ▪ **to ~ into sth** einen Blick in etw *akk* werfen

peer¹ [pɪəʳ] *vi* (*look closely*) spähen; **to ~ into the distance** in die Ferne starren; **to ~ over one's glasses** über die Brille schauen

peer² [pɪəʳ] *n* ❶ (*equal*) Gegenstück *nt*; **to have no ~s** unvergleichlich sein ❷ BRIT (*noble*) Angehöriger *m* des britischen Hochadels; POL Peer *m*

peg [peg] **I.** *n* Haken *m*; **clothes ~** Wäscheklammer *f*; **to buy off the ~** (*fig*) von der Stange kaufen ▶ **to take sb down a peg or two** jdn demütigen **II.** *vt* <-gg-> ▪ **to ~ sth** ❶ (*bind down*) etw mit Haken sichern ❷ (*hold at certain level*) etw fixieren ◆ **peg away** *vi* (*fam*) schuften; ▪ **to ~ away at sth** sich in etw *akk* hineinknien ◆ **peg out I.** *vt* ❶ (*hang out*) ▪ **to ~ out clothes** Wäsche aufhängen ❷ (*mark*) ▪ **to ~ sth** ⊃ **out** etw markieren **II.** *vi* ❶ (*fig fam: die*) den Löffel abgeben ❷ (*stop working*) *machine* den Geist aufgeben

pejorative [prˈdʒɒrətɪv] (*form*) **I.** *adj* abwertend **II.** *n* abwertender Ausdruck

pelican [ˈpelɪkən] *n* Pelikan *m*

pelt¹ [pelt] *n* (*animal skin*) Fell *nt*; (*fur*) Pelz *m*

pelt² [pelt] **I.** *vt* (*bombard*) ▪ **to ~ sb with sth** jdn mit etw *dat* bewerfen **II.** *vi* ❶ *impers* (*rain heavily*) ▪ **it's ~ing** es schüttet ❷ **to ~ across the yard/into the room** über den Hof/in das Zimmer rennen **III.** *n no pl* ▶ **to drive at full ~** mit Höchstgeschwindigkeit fahren

pen¹ [pen] **I.** *n* (*writing utensil*) Feder *f*; **ballpoint ~** Kugelschreiber *m*; **felt-tip ~** Filzstift *m*; **fountain ~** Füller *m* **II.** *vt* <-nn-> schreiben

pen² [pen] **I.** *n* ❶ (*enclosed area*) Pferch *m* ❷ AM (*fig sl: jail*) Knast *m fam* **II.** *vt* <-nn-> *usu passive* ▪ **to be ~ned** eingesperrt sein

penalty [ˈpenəlti] *n* ❶ LAW Strafe *f*; **on ~ of arrest** unter Androhung einer Haftstrafe; **maximum/minimum ~** Höchst-/Mindeststrafe *f* ❷ (*fig: punishment*) Strafe *f* ❸ FBALL **to award a ~** einen Elfmeter geben

penalty area *n* Strafraum *m* **penalty box** *n* ❶ FBALL Strafraum *m* ❷ (*in ice hockey*) Strafbank *f* **penalty clause** *n* [restriktive] Vertragsklausel **penalty kick** *n* SPORTS Strafstoß *m*; FBALL Elfmeter *m*

pence [pen(t)s] *n pl of* **penny**

pencil [ˈpen(t)səl] **I.** *n* Bleistift *m*; **coloured ~** Farbstift *m*; **eyeliner/eyeshadow ~** Eyeliner-/Lidschattenstift *m*; **to sharpen a ~** einen Bleistift spitzen **II.** *vt* <BRIT -ll- *or* AM *usu* -l-> mit Bleistift schreiben

pencil case *n* Federmäppchen *nt*, Federpennal *nt* ÖSTERR **pencil sharpener** *n* [Bleistift]spitzer *m*

pendant [ˈpendənt] **I.** *n* Anhänger *m*; **to wear a ~** eine Halskette mit Anhänger tragen **II.** *adj* herabhängend *attr*

pending [ˈpendɪŋ] **I.** *adj* LAW anhängig; *deal* bevorstehend **II.** *prep* (*form*) **~ an investigation** bis zu einer Untersuchung

penetrate [ˈpenɪtreɪt] *vt* ▪ **to ~ sth** ❶ (*move into*) in etw *akk* eindringen ❷ (*spread through*) *smell* etw durchdringen ❸ (*fig: see through*) etw ergründen; **to ~ sb's mind** jdn durchschauen

penetrating [ˈpenɪtreɪtɪŋ] *adj* durchdringend *attr*; *analysis* eingehend; *mind* scharf; *voice* schrill; **to give sb a ~ look** jdn mit einem bohrenden Blick ansehen

penfriend *n* BRIT, AUS Brieffreund(in) *m(f)*

penguin [ˈpeŋgwɪn] *n* Pinguin *m*

penholder *n* ❶ (*shaft*) Federhalter *m* ❷ (*rack*) Behälter *m* für Schreibutensilien

penicillin [ˌpenɪˈsɪlɪn] *n* Penicillin *nt*

peninsula [pəˈnɪn(t)sjələ] *n* Halbinsel *f*

penis <*pl* -es *or* -nes> [ˈpiːnɪs, *pl* -niːz] *n* Penis *m*

penknife *n* Taschenmesser *nt*

penniless [ˈpenɪləs] *adj* mittellos

penny <*pl* -nies *or* BRIT **pence**> [ˈpeni, *pl* pen(t)s] *n* Penny *m* ▶ **to be worth every ~** sein Geld wert sein; **the ~ [has] dropped** BRIT der Groschen ist gefallen

pen pal *n* Brieffreund(in) *m(f)*

pension [ˈpen(t)ʃən] *n* (*retirement money*) Rente *f*; (*for civil servants*) Pension *f*; **to live on a ~** von der Rente leben ◆ **pension off** *vt* ▪ **to ~ off** ⊃ **sb** jdn [vorzeitig] pensionieren

pensioner [ˈpen(t)ʃənəʳ] *n* BRIT Rentner(in) *m(f)*; (*civil servant*) Pensionär(in) *m(f)*

pension fund *n* Pensionskasse *f* **pension scheme** *n* BRIT, AUS Rentenversicherung *f*

pentagon [ˈpentəgən] *n* ❶ MATH Fünfeck *nt* ❷ AM POL ▪ **the P~** das Pentagon

pentathlon [pen'tæθlɒn] *n* Fünfkampf *m*
pent-in *adj*, **pent-up** *adj emotions* aufgestaut
penultimate [pəˈnʌltɪmət] (*form*) I. *n* ■ **the ~** der/die/das Vorletzte II. *adj attr* vorletzte(r, s)
people ['pi:pl] *n* ❶ *pl* (*persons*) Leute *pl*, Menschen *pl;* **the right ~** die richtigen Leute ❷ *pl* (*comprising a nation*) Volk *nt* ❸ *pl* (*ordinary citizens*) ■ **the ~** das Volk, die breite Masse
pepper ['pepəʳ] I. *n* ❶ *no pl* (*spice*) Pfeffer *m;* **black/ground/white ~** schwarzer/gemahlener/weißer Pfeffer ❷ (*vegetable*) Paprika *f* II. *vt* ❶ (*add pepper*) pfeffern ❷ (*pelt*) ■ **to ~ sth/sb with sth** etw/jdn mit etw *dat* bombardieren; **to ~ sb with bullets** jdn mit Kugeln durchsieben; ■ **to be ~ed with sth** *speech, comments* mit etw *dat* gespickt sein; *landscape, hill* mit etw *dat* übersät sein; **to be ~ed with mistakes** vor Fehlern strotzen
peppercorn *n* Pfefferkorn *nt* **pepper mill** *n* Pfeffermühle *f* **peppermint** *n* ❶ *no pl* (*plant*) Pfefferminze *f* ❷ (*sweet*) Pfefferminz[bonbon] *nt* **pepper pot** *n* BRIT, AUS, **pepper shaker** *n* AM Pfefferstreuer *m*
pep talk *n* Motivationsgespräch *nt*
per [pɜːʳ, pəʳ] *prep* ❶ (*for a, in a*) pro; **~ person/litre/mile/hour** pro Person/Liter/Meile/Stunde ❷ (*through means of*) per; **~ mail/telephone/fax** per Post/Telefon/Fax
per cent [pəˈsent], AM **percent** I. *n* Prozent *nt* II. *adv* -prozentig; **I'm 100 ~ sure that ...** ich bin mir hundertprozentig sicher, dass ... III. *adj attr* **25/50 ~** 25-/50-prozentig
percentage point *n* Prozentpunkt *m*
perception [pəˈsepʃən] *n usu sing* Wahrnehmung *f kein pl*
perceptive [pəˈseptɪv] *adj* einfühlsam; (*attentive*) aufmerksam
perch[1] [pɜːtʃ] I. *n* < *pl* -es> ❶ (*for birds*) Sitzstange *f* ❷ (*high location*) Hochsitz *m* II. *vi* ■ **to ~ on sth** auf etw *dat* sitzen III. *vt* ■ **to ~ sth somewhere** etw auf etw *akk* stecken
perch[2] <*pl* - *or* -es> [pɜːtʃ] *n* (*fish*) Flussbarsch *m*
percussion [pəˈkʌʃən] *n no pl* Percussion *f*, Schlagzeug *nt*
percussionist [pəˈkʌʃənɪst] *n* Schlagzeuger(in) *m(f)*
perfect I. *adj* ['pɜːfɪkt] vollkommen, perfekt II. *vt* [pəˈfekt] perfektionieren III. *n* ['pɜːfɪkt] *no pl* LING Perfekt *nt;* **future ~** vollendete Zukunft; **past ~** Plusquamperfekt *nt;* [**present**] **~** Perfekt *nt*
perfection [pəˈfekʃən] *n no pl* Perfektion *f*, Vollkommenheit *f;* **to attain ~** Perfektion erlangen
perfectly ['pɜːfɪktli] *adv* vollkommen, perfekt; **~ clear** absolut klar *fam;* **to be ~ honest ...** ehrlich gesagt, ...
perform [pəˈfɔːm] I. *vt* ❶ (*entertain*) vorführen; *play, opera* aufführen ❷ (*do*) **to ~ one's duty/a function** seine Pflicht/eine Funktion erfüllen; **to ~ a task** eine Aufgabe verrichten II. *vi* ❶ (*on stage*) auftreten ❷ (*function*) funktionieren; **to ~ poorly/well** schlecht/gut funktionieren ❸ (*do, act*) **to ~ badly/well** schlecht/gut sein
performance [pəˈfɔːmən(t)s] *n* ❶ (*entertaining, showing*) Vorführung *f;* *of a play, opera, ballet, symphony* Aufführung *f;* *of a part* Darstellung *f;* *of a song, musical piece* Darbietung *f;* (*show, event*) Vorstellung *f;* **to put on a ~ of a play** ein Stück aufführen; **to give a ~** eine Vorstellung geben ❷ (*capability, effectiveness*) Leistung *f;* **high/poor ~** hohe/niedrige Leistung ❸ (*level of achievement*) Leistung *f;* **to give a good/poor ~** eine starke/schwache Leistung zeigen; **~ report** Leistungsbericht *m* ❹ *no pl* (*execution*) ■ **the ~ of sth** die Ausführung einer S. *gen;* **the ~ of a duty/task** die Erfüllung einer Pflicht/Aufgabe ❺ (*fam: fuss*) Theater *nt kein pl fig, pej* ❻ BRIT (*fam: difficult job*) **to be quite/such a ~** eine Heidenarbeit sein
performer [pəˈfɔːməʳ] *n* (*artist*) Künstler(in) *m(f);* (*actor*) Darsteller(in) *m(f)*
perfume I. *n* ['pɜːfjuːm] ❶ Parfüm *nt* ❷ *of a flower* Duft *m* II. *vt* [pəˈfjuːm] parfümieren
perhaps [pəˈhæps, præps] *adv* ❶ (*maybe*) vielleicht; **~ so** ja, vielleicht ❷ (*about*) etwa, ungefähr
peril ['perəl] *n* (*form: danger*) Gefahr *f;* (*risk*) Risiko *nt;* **to be in ~** in Gefahr sein
perilous ['perələs] *adj* (*form: dangerous*) gefährlich
period ['pɪəriəd] I. *n* ❶ (*length of time*) Zeitspanne *f*, Periode *f;* **he was unemployed for a long ~** [**of time**] er war lange [Zeit] arbeitslos; **for a ~ of three months** für die Dauer von drei Monaten ❷ (*lesson*) Stunde *f* ❸ (*time in life, history, development*) Zeit *f;*

(*distinct time*) Zeitabschnitt *m;* (*phase*) Phase *f;* **incubation** ~ Inkubationszeit *f;* ~ **of office** Amtszeit *f;* **colonial** ~ Kolonialzeit *f* ④ GEOL Periode *f geh* ⑤ (*fam: menstruation*) Periode *f* ⑥ AM LING (*a. fig: full stop*) Punkt *m* **II.** *adj* ① (*of an earlier period*) chair, vase, drama historisch ② (*concerning menstruation*) cramps, pains Menstruations-

periodical [ˌpɪərɪˈɒdɪkəl] **I.** *n* Zeitschrift *f;* (*specialist journal a.*) Periodikum *nt fachspr* **II.** *adj attr* periodisch *geh,* regelmäßig wiederkehrend

perish [ˈperɪʃ] *vi* ① (*form, liter: die*) sterben; (*be destroyed*) untergehen *a. fig* ② BRIT, AUS *rubber, leather* brüchig werden

perishable [ˈperɪʃəbl] *adj* ① *food* [leicht] verderblich ② (*transitory*) vergänglich

perishing [ˈperɪʃɪŋ] *adj* BRIT, AUS (*fam: extremely cold*) bitterkalt

perjury [ˈpɜːdʒəri] *n* Meineid *nt;* **to commit** ~ einen Meineid schwören

perk¹ [pɜːk] *n* ① (*additional benefit*) Vergünstigung *f* ② (*advantage*) Vorteil *m*

perk² [pɜːk] **I.** *vt* (*fam*) **to** ~ **coffee** Kaffee machen **II.** *vi* (*fam*) durchlaufen ◆ **perk up** **I.** *vi* ① (*cheer up*) aufleben, munter werden ② (*become livelier*) munter werden **II.** *vt* ① (*cheer up*) aufheitern ② (*energize*) aufmuntern

perm [pɜːm] **I.** *n* (*fam*) *short for* **permanent wave** Dauerwelle *f* **II.** *vt* **to** ~ **hair** Dauerwellen machen; ~**ed hair** Dauerwellen *pl*

permanent [ˈpɜːmənənt] *adj* ① (*lasting indefinitely*) permanent, ständig; ~ **abode** fester Wohnsitz ② (*continual*) ständig, permanent

permission [pəˈmɪʃən] *n no pl* Erlaubnis *f;* (*from an official body*) Genehmigung *f;* **with your** ~, **I'd like to ...** wenn Sie gestatten, würde ich gerne ...

permit I. *n* [ˈpɜːmɪt] Genehmigung *f;* **export** ~ Exporterlaubnis *f;* **residence** ~ Aufenthaltsgenehmigung *f;* **work** ~ Arbeitserlaubnis *f* **II.** *vt* <-tt-> [pəˈmɪt] ① (*allow, give permission*) gestatten, erlauben ② (*make possible*) ■ **to** ~ **sb to do sth** jdm ermöglichen, etw zu tun **III.** *vi* [pəˈmɪt] (*allow*) erlauben, gestatten; **weather** ~**ting** vorausgesetzt, das Wetter spielt mit

perpendicular [ˌpɜːpənˈdɪkjʊləʳ] **I.** *adj* senkrecht (**to** zu), perpendikular *fachspr* **II.** *n* Senkrechte *f;* MATH, ARCHIT ■ **the** ~ das Lot

perpetual [pəˈpetʃuəl] *adj attr* ① (*everlasting*) immer während, ständig ② (*repeated*) fortgesetzt, wiederholt

perplex [pəˈpleks] *vt* ① (*confuse*) verwirren; (*puzzle*) verblüffen ② (*complicate*) verkomplizieren

persecute [ˈpɜːsɪkjuːt] *vt usu passive* verfolgen; ■ **to be** ~**d for sth** wegen einer S. *gen* verfolgt werden

persecution [ˌpɜːsɪˈkjuːʃən] *n usu sing* Verfolgung *f;* ~ **complex/mania** Verfolgungswahn *m*

persevere [ˌpɜːsɪˈvɪəʳ] *vi* nicht aufgeben, beharrlich bleiben; (*continue*) mit etw *dat* weitermachen

persist [pəˈsɪst] *vi* ① (*continue to exist*) andauern; *cold, heat, rain* anhalten ② (*to not give up*) beharrlich bleiben; ■ **to** ~ **in sth** an etw *dat* festhalten ③ (*continue*) ■ **to** ~ **in doing sth** nicht aufhören, etw zu tun

persistent [pəˈsɪstənt] *adj* ① (*long lasting*) *difficulties* anhaltend ② (*constant*) unaufhörlich

person <*pl* **people** *or form* -**s**> [ˈpɜːsən] *n* ① (*human*) Person *f,* Mensch *m;* **not a single** ~ **came** kein Mensch kam; **morning/night** ~ Morgen-/Nachtmensch *m;* **people** ~ geselliger Mensch ② LING (*verb form*) Person *f*

personal [ˈpɜːsənəl] *adj* persönlich; ~ **belongings** persönliches Eigentum; ~ **data** Personalien *pl;* **to make a** ~ **appearance** persönlich erscheinen

personal computer *n* Personal Computer *m*

personal day *n* AM (*fam*) **to take a** ~ aus persönlichen Gründen einen Tag frei nehmen

personality [ˌpɜːsənˈæləti] *n* ① (*character*) Persönlichkeit *f,* Charakter *m;* **to have a strong** ~ eine starke Persönlichkeit sein ② (*celebrity*) ■ **a** ~ eine Persönlichkeit

personally [ˈpɜːsənəli] *adv* persönlich

personnel [ˌpɜːsənˈel] *n* ① *pl* (*employees*) Personal *nt kein pl* ② *no pl* (*human resources department*) Personalabteilung *f*

personnel department *n* Personalabteilung *f* **personnel director** *n* Personalchef(in) *m(f)*

perspective [pəˈspektɪv] *n* Perspektive *f;* ■ ~ **on sth** Einschätzung *f* einer S. *gen;* **from a historical** ~ aus geschichtlicher Sicht; **in** ~ perspektivisch

Perspex® ['pɜːspeks] *n no pl* BRIT, AUS Plexiglas *nt*

perspire [pə'spaɪəʳ] *vi* schwitzen

persuade [pə'sweɪd] *vt* (*talk into*) überreden; (*convince*) überzeugen; ■ **to ~ sb into sth** jdn zu etw *dat* überreden

persuasion [pə'sweɪʒən] *n usu sing* (*talking into*) Überredung *f*; (*convincing*) Überzeugung *f*

persuasive [pə'sweɪsɪv] *adj* überzeugend

perverse [pə'vɜːs] *adj* (*pej*) ❶ (*deliberately unreasonable*) abwegig; *person* eigensinnig ❷ (*sexually deviant*) pervers

perversion [pə'vɜːʃən] *n* (*pej*) ❶ (*unnatural behaviour*) Perversion *f* ❷ (*corruption*) Pervertierung *f geh*; ~ **of justice** Rechtsbeugung *f*

pervert I. *n* ['pɜːvɜːt] (*pej*) ❶ (*sexual deviant*) Perverse(r) *f(m)* ❷ (*creepy person*) Persverling *m pej fam* II. *vt* [pə'vɜːt] (*pej*) ❶ (*corrupt*) ■ **to ~ sb** jdn verderben ❷ (*distort*) ■ **to ~ sth** etw verdrehen

pesky ['peski] *adj esp* AM (*fam*) verdammt *fam*; ~ **fly** lästige Fliege; ~ **kid** nerviges Kind

pessimism ['pesɪmɪzəm] *n no pl* Pessimismus *m*

pessimist ['pesɪmɪst] *n* Pessimist(in) *m(f)*

pessimistic [ˌpesɪ'mɪstɪk] *adj* pessimistisch

pest [pest] *n* ❶ (*destructive animal*) Schädling *m* ❷ (*fig fam: annoying person*) Nervensäge *f fam*; (*annoying thing*) Plage *f*

pest control *n* ❶ *no pl* (*removal*) Schädlingsbekämpfung *f* ❷ (*service*) Kammerjäger *m*

pester ['pestəʳ] *vt* belästigen; ■ **to ~ sb for sth** jdm mit etw *dat* keine Ruhe lassen

pesticide ['pestɪsaɪd] *n* Schädlingsbekämpfungsmittel *nt*

pet [pet] I. *n* ❶ (*animal*) Haustier *nt* ❷ (*pej: favourite*) Liebling *m* II. *adj* ❶ (*animals*) Tier-; ~ **cat** Hauskatze *f* ❷ (*favourite*) project, charity Lieblings- III. *vt* <-tt-> streicheln

petal ['petəl] *n* Blütenblatt *nt*

peter ['piːtəʳ] *vi* ■ **to ~ out** zu Ende gehen; *conversation, interest* sich totlaufen

petition [pə'tɪʃən] I. *n* ❶ (*signed document*) Petition *f* (**against** gegen, **for** für); ❷ LAW (*written request*) Gesuch *nt* II. *vi* ❶ (*start a written action*) ■ **to ~ about sth** für etw *akk* Unterschriften sammeln ❷ LAW (*request formally*) ■ **to ~ for sth** einen Antrag auf etw *akk* stellen III. *vt* ■ **to ~ sb for sth** jdn um etw *akk* ersuchen *form*

petrol ['petrəl] *n no pl* BRIT, AUS Benzin *nt;* **unleaded** ~ bleifreies Benzin

petrol can *n* BRIT, AUS Benzinkanister *m* **petrol company** *n* Erdölgesellschaft *f* **petrol consumption** *n no pl* BRIT, AUS Benzinverbrauch *m* **petrol engine** *n* BRIT, AUS Benzinmotor *m*

petroleum [pə'trəʊlɪəm] *n* Erdöl *nt*

petrol gauge *n* Benzinuhr *f* **petrol pipe** *n* BRIT, AUS Benzinleitung *f* **petrol pump** *n* BRIT, AUS Zapfsäule *f*; (*nozzle*) Zapfhahn *m* **petrol station** *n* BRIT, AUS Tankstelle *f* **petrol tank** *n* BRIT, AUS Benzintank *m*

pet-sitter *n* Haustiersitter *m*

petticoat ['petɪkəʊt] *n* (*hist*) Unterrock *m;* (*stiff*) Petticoat *m*

petty ['peti] *adj* (*pej: insignificant*) unbedeutend; (*trivial*) trivial

pew [pjuː] *n* Kirchenbank *f*

phantom ['fæntəm] I. *n* Geist *m*, Gespenst *nt* II. *adj attr* ❶ (*ghostly*) Geister- ❷ (*caused by mental illusion*) Phantom-

pharmacist ['fɑːməsɪst] *n* Apotheker(in) *m(f)*

pharmacy ['fɑːməsi] *n* ❶ (*store*) Apotheke *f* ❷ *no pl* (*course of study*) Pharmazie *f*

phase [feɪz] I. *n* Phase *f*; **moon** ~ Mondphase *f*; **developmental** ~ Entwicklungsphase *f*; **to go through a** ~ eine Phase durchlaufen II. *vt usu passive* (*implement*) stufenweise durchführen; (*introduce*) stufenweise einführen ◆ **phase in** *vt* stufenweise einführen ◆ **phase out** *vt* ❶ ECON (*gradually stop*) auslaufen lassen ❷ (*fig: get rid of*) ■ **to ~ sb out** jdn abservieren *fam*

PhD [ˌpiːeɪtʃ'diː] *n abbrev of* **Doctor of Philosophy** Dr., Doktor *m;* ~ **student** Doktorand(in) *m(f);* ~ **thesis** Doktorarbeit *f*

pheasant <*pl* -s *or* -> ['fezənt] *n* Fasan *m*

phenomenal [fɪ'nɒmɪnəl] *adj* (*great*) phänomenal

phenomenon <*pl* -mena *or* -s> [fɪ'nɒmɪnən, *pl* -mɪnə] *n* Phänomen *nt geh*

philistine ['fɪlɪstaɪn] (*pej*) I. *n* Banause *m* II. *adj* banausisch

philosopher [fɪ'lɒsəfəʳ] *n* Philosoph(in) *m(f)*

philosophic(al) [ˌfɪlə'sɒfɪk(əl)] *adj* ❶ PHILOS philosophisch ❷ (*calm*) gelassen

philosophize [fɪ'lɒsəfaɪz] *vi* philosophieren

philosophy [fɪ'lɒsəfi] *n no pl* Philosophie *f*

phobia ['fəʊbɪə] *n* Phobie *f*

phone [fəʊn] I. *n* Telefon *nt;* **she put the** ~

down on me sie hat [bei unserem Gespräch] einfach aufgelegt; **to answer the** ~ ans Telefon gehen; **to hang up the** ~ auflegen; **to pick up the** ~ abheben; **to speak [to sb] on the** ~ [mit jdm] telefonieren; **on the** ~ am Telefon; BRIT **to be on the** ~ telefonieren **II.** *vt* anrufen **III.** *vi* telefonieren ◆**phone back** *vt* zurückrufen ◆**phone in I.** *vi* anrufen; **to** ~ **in ill** sich telefonisch krank melden **II.** *vt* (*information*) telefonisch durchgeben ◆**phone up** *vt* anrufen

phone booth *n* Telefonzelle *f*
phonecard *n* Telefonkarte *f*
phone-in I. *n* Sendung, bei der sich das Publikum telefonisch beteiligen kann **II.** *adj attr* ~ **programme** Sendung mit telefonischer Publikumsbeteiligung
phone number *n* Telefonnummer *f*
phonetic [fə(ʊ)'netɪk] *adj* LING phonetisch
phoney ['fəʊni] (*pej*) **I.** *adj* (*fam*) *accent, smile* aufgesetzt **II.** *n* (*impostor*) Hochstapler(in) *m(f)*
phosphorescent [ˌfɒsfə'resənt] *adj* phosphoreszierend
phosphorus ['fɒsfərəs] *n no pl* Phosphor *m*
photo ['fəʊtəʊ] *n short for* **photograph** Foto *nt*
photo-ageing *n no pl* Hautalterung *f* durch Sonnenstrahlen
photocall *n* Fototermin *m*
photochromic *adj* PHOT *lenses* phototrop
photocopier *n* [Foto]kopierer *m*
photocopy I. *n* [Foto]kopie *f* **II.** *vt* [foto]kopieren
photo-editing *n* COMPUT, PHOT digitale Bildbearbeitung **photo finish** *n* SPORTS Fotofinish *nt* **photoflash** ['fəʊtəʊˌflæʃ] *n* Blitzlicht *nt*
photograph ['fəʊtəɡrɑːf] **I.** *n* Fotografie *f*, Foto *nt;* **aerial** ~ Luftaufnahme *f;* **colour/black-and-white** ~ Farbfotografie/Schwarz-Weiß-Fotografie *f* **II.** *vt* fotografieren **III.** *vi* **to** ~ **well/badly** gut/schlecht auf Fotos aussehen
photograph album *n* Fotoalbum *nt*
photographer [fə'tɒɡrəfər] *n* Fotograf(in) *m(f)*
photographic [ˌfəʊtə'ɡræfɪk] *adj* fotografisch; ~ **equipment** Fotoausrüstung *f*
photography [fə'tɒɡrəfi] *n no pl* Fotografie *f*
photojournalism *n no pl* Fotojournalismus *m*
photometer [fə(ʊ)'tɒmɪtər] *n* Photometer *nt*

photomontage [ˌfəʊtə(ʊ)mɒn'tɑːʒ] *n* Fotomontage *f* **photo opportunity** *n* Fototermin *m* **photo reporter** *n* Fotoreporter(in) *m(f)* **photoshoot** *n* Fototermin *m*
photosynthesis *n no pl* BIOL, CHEM Photosynthese *f*
phrasal ['freɪzəl] *adj* LING Satz-; ~ **verb** Phrasal Verb *nt* (*Grundverb mit präpositionaler oder adverbialer Ergänzung*)
phrase [freɪz] **I.** *n* (*words*) Satz *m;* (*idiomatic expression*) Ausdruck *m* **II.** *vt* formulieren
phrase book *n* Sprachführer *m*
physical ['fɪzɪkəl] *adj* ❶ (*of the body*) *condition, strength* körperlich, physisch *geh;* **to have a** ~ **disability** körperbehindert sein ❷ (*sexual*) *contact, love* körperlich ❸ (*material*) physisch
physical education *n no pl* SCH Sport[unterricht] *m*
physician [fɪ'zɪʃən] *n esp* AM (*GP*) Arzt *m*, Ärztin *f*
physicist ['fɪzɪsɪst] *n* Physiker(in) *m(f)*
physics ['fɪzɪks] *n + sing vb* Physik *f*
physio ['fɪziəʊ] *n* ❶ BRIT, AUS (*fam*) *short for* **physiotherapist** Physiotherapeut(in) *m(f)* ❷ *no pl esp* BRIT *short for* **physiotherapy** Physiotherapie *f*
physioball [fɪziəʊbɔːl] *n* Gymnastikball *m*
physiotherapist [ˌfɪziə(ʊ)'θerəpɪst] *n esp* BRIT Physiotherapeut(in) *m(f) fachspr,* Krankengymnast(in) *m(f)* **physiotherapy** [ˌfɪziə(ʊ)'θerəpi] *n no pl esp* BRIT Physiotherapie *f fachspr*
physique [fɪ'ziːk] *n* Körperbau *m;* (*appearance*) Figur *f*
pianist ['piːənɪst] *n* Klavierspieler(in) *m(f);* (*professional*) Pianist(in) *m(f)*
piano [pi'ænəʊ] *n* Klavier *nt*, Piano *nt;* **to play [the]** ~ Klavier spielen; ■**at the** ~ am Klavier; ~ **recital** Klavierkonzert *nt;* ~ **stool** Klavierstuhl *m*
pick [pɪk] **I.** *n* ❶ (*choice*) Auswahl *f;* **to have first** ~ die erste Wahl haben; **to take one's** ~ sich *dat* etw aussuchen ❷ + *sing/pl vb* (*best*) ■**the** ~ **of sth** das Beste ❸ (*pickaxe*) Spitzhacke *f* ❹ MUS Plättchen *nt* **II.** *vt* ❶ (*select*) aussuchen ❷ (*fam: start*) **to** ~ **a fight with sb** mit jdm einen Streit anzetteln ❸ (*scratch*) ■**to** ~ **sth** an etw *dat* kratzen **III.** *vi* ❶ (*be choosy*) aussuchen ❷ (*toy with*) ■**to** ~ **at one's food** in seinem Essen herumstochern ❸ (*scratch*) ■**to** ~ **at sth** an etw

dat [herum]kratzen ◆ **pick off** *vt* ❶ (*shoot*) ■ **to ~ off** ⟲ **sb/sth** jdn/etw einzeln abschießen ❷ (*fig: take best*) ■ **to ~ off** ⟲ **sth** sich *dat* das Beste herauspicken ◆ **pick on** *vi* ■ **to ~ on sb** ❶ (*select*) jdn aussuchen ❷ (*victimize*) auf jdm herumhacken ◆ **pick out** *vt* ❶ (*select*) aussuchen ❷ (*recognize*) erkennen ❸ (*highlight*) hervorheben ◆ **pick over, pick through** *vt* ■ **to ~ sth** ⟲ **over** etw gut durchsehen ◆ **pick up I.** *vt* ❶ (*lift*) aufheben; **to ~ up the phone** [den Hörer] abnehmen ❷ (*stand up*) ■ **to ~ oneself up** aufstehen; (*collect oneself*) sich aufrappeln *fam* ❸ (*learn*) aufschnappen ❹ (*collect*) abholen; **to ~ up passengers** Fahrgäste aufnehmen ❺ (*on radio*) *a signal* empfangen ❻ (*increase*) *speed* schneller werden **II.** *vi* ❶ (*improve*) sich bessern, besser werden ❷ (*resume*) **to ~ up where one left off** da weitermachen, wo man aufgehört hat

picket ['pɪkɪt] **I.** *n* ❶ (*striker*) Streikposten *m*; (*blockade*) Streikblockade *f* ❷ (*stake*) Palisade *f* **II.** *vt* ■ **to ~ sth** vor etw *dat* Streikposten aufstellen **III.** *vi* demonstrieren

picketing ['pɪkɪtɪŋ] *n no pl* (*by strikers*) Aufstellen *nt* von Streikposten

picket line *n* Streikpostenkette *f*

picking list *n* AM ❶ COMM Entnahmeliste *f* ❷ COMPUT Pickliste *f*

pickle ['pɪkl] **I.** *n* ❶ *no pl* [Mixed] Pickles *pl*; (*sauce*) Relish *nt* ❷ AM (*conserved gherkin*) saure Gurke **II.** *vt* einlegen

pickled ['pɪkld] *adj* (*preserved*) eingelegt

pickpocket *n* Taschendieb(in) *m(f)*

pickup *n* ❶ (*fam: collection*) Abholen *nt kein pl*; **we arranged a ten o'clock ~ to take Cathy to the station** wir verabredeten mit Cathy, dass wir sie um zehn Uhr abholen und zum Bahnhof bringen würden ❷ (*increase*) Ansteigen *nt kein pl*, Zunahme *f* ❸ (*van*) Kleintransporter *m*

picnic ['pɪknɪk] **I.** *n* Picknick *nt*; **to go on a ~** ein Picknick machen; **to be no ~** (*fig*) kein Spaziergang sein **II.** *vi* <-ck-> picknicken

picnicker ['pɪknɪkər] *n* jd, der ein Picknick macht

picture ['pɪktʃər] **I.** *n* ❶ (*painting, drawing*) Bild *nt* ❷ (*photograph*) Bild *nt*, Foto *nt*; **to take a ~** ein Foto machen ❸ (*on TV screen*) [Fernseh]bild *nt* ❹ (*film*) Film *m* ❺ (*cinema*) ■ **the ~s** *pl* das Kino ❻ (*fig: impression*) Bild *nt*; **this is not an accurate ~** das ist eine Verdrehung der Tatsachen; **mental ~** Vorstellung *f* ❼ (*embodiment*) ■ **the ~ of sth** der Inbegriff einer S. *gen* ▶ **to be in the ~** (*informed*) im Bilde sein; **to get the ~** etw verstehen **II.** *vt* ■ **to ~ sth** sich *dat* etw vorstellen; (*depict*) etw darstellen **III.** *vi* ■ **to ~ to oneself how ...** sich *dat* vorstellen, wie ...

picture book *n* Bilderbuch *nt* **picture frame** *n* Bilderrahmen *m* **picture gallery** *n* [Kunst]galerie *f* **picture messaging** *n* Picture Messaging *nt* **picture postcard** *n* Ansichtskarte *f*

pidgin ['pɪdʒɪn] *adj attr* Pidgin-; **~ English** gebrochenes Englisch

pie [paɪ] *n* Pastete *f*

piece [piːs] **I.** *n* ❶ (*bit*) Stück *nt*; (*part*) Teil *nt o m*; *of bread* Scheibe *f*; *of cake* Stück *nt*; **a ~ of broken glass** eine Glasscherbe; [**all**] **in one ~** heil; ■ **~ by ~** Stück für Stück ❷ (*item*) Stück *nt*; **~ of baggage** Gepäckstück *nt*; **~ of paper** Blatt *nt* Papier ❸ (*nonphysical item*) **a ~ of advice** ein Rat *m*; **a ~ of evidence** ein Beweis *m*; **a ~ of information** eine Information ❹ MUS, THEAT Stück *nt*, Werk *nt*; **a ~ of writing** ein literarisches Werk ▶ **to be a ~ of cake** (*fam*) kinderleicht sein **II.** *vt* ■ **to ~ together sth** etw zusammensetzen; (*reconstruct*) etw rekonstruieren

piece rate *n* Akkordlohn *m* **piecework** *n no pl* Akkordarbeit *f* **pieceworker** *n* Akkordarbeiter(in) *m(f)*

pie chart *n* MATH Tortendiagramm *nt*

pier [pɪər] *n* NAUT Pier *m o fachspr f*, Hafendamm *m*; (*landing stage*) Landungsbrücke *f*

pierce [pɪəs] **I.** *vt* (*make hole in*) durchstechen; (*more forceful*) durchstoßen; **to have ~d ears** Ohrlöcher haben **II.** *vi* (*drill*) ■ **to ~ into sth** sich in etw *akk* bohren

piercing ['pɪəsɪŋ] **I.** *adj* ❶ (*loud*) durchdringend; (*pej*) *voice a.* schrill ❷ (*cold*) eisig ❸ (*penetrating*) *eyes, gaze, look* durchdringend, stechend **II.** *n no pl* (*body-piercing*) Piercing *nt*

pig [pɪg] *n* ❶ Schwein *nt* ❷ (*fam: greedy person*) Vielfraß *m* ❸ (*pej fam: bad person*) Schwein *nt* ◆ **pig out** *vi* (*fam*) ■ **to ~ out** [**on sth**] sich [mit etw *dat*] vollstopfen

pigeon ['pɪdʒən] *n* Taube *f*

pigeon-hole I. *n* [Post]fach *nt*, Ablage *f* **II.** *vt* (*categorize*) ■ **to ~ sb/sth** jdn/etw in eine Schublade stecken

piggyback I. *n* **to give sb a** ~ jdn huckepack nehmen **II.** *vi* huckepack machen
piggy bank *n* Sparschwein *nt*
pigheaded *adj* (*pej*) stur, starrköpfig
piglet ['pɪglət] *n* Ferkel *nt*
pigpen *n* AM *see* **pigsty pigsty** *n* (*a. fig, pej*) Schweinestall *m* **pigtail** *n* (*hair*) Pferdeschwanz *m;* (*braided*) Zopf *m*
Pilates ['pɪlɑːteɪz] *n no pl* SPORTS Pilates *nt*
pile [paɪl] **I.** *n* ❶ (*stack*) Stapel *m;* (*heap*) Haufen *m* ❷ (*fam: large amount*) Haufen *m* **II.** *vt* stapeln (**on**|**to**) auf) **III.** *vi* ❶ (*fam: crowd into*) **to ~ onto the bus** sich in den Bus reindrücken ❷ (*collide*) ■ **to ~ into sth** ineinanderrasen ◆ **pile in** *vi* in etw *akk* [hinein]strömen; (*forcefully*) sich in etw *akk* [hinein]drängen ◆ **pile on** *vt* anhäufen; **you're really piling it on with the compliments tonight** du bist ja heute Abend so großzügig mit Komplimenten *hum* ◆ **pile up I.** *vi debts, problems* sich anhäufen; (*get more frequent*) sich häufen **II.** *vt* anhäufen
piles [paɪlz] *npl* (*fam*) Hämorrhoiden *pl*
pile-up *n* Massenkarambolage *f*
pilfer ['pɪlfər] *vt, vi* klauen
pilgrimage ['pɪlgrɪmɪdʒ] *n* REL Pilgerfahrt *f*
pill [pɪl] *n* ❶ (*tablet*) Tablette *f* ❷ (*contraceptive*) ■ **the** ~ die Pille; **to be on the** ~ die Pille nehmen
pillar ['pɪlər] *n* ❶ (*column*) Pfeiler *m,* Säule *f* ❷ (*fig: mainstay*) Stütze *f*
pillar box *n* BRIT Briefkasten *m*
pillow ['pɪloʊ] **I.** *n* ❶ [Kopf]kissen *nt* ❷ AM (*cushion*) Kissen *nt* **II.** *vt* **to ~ one's head on sth** seinen Kopf auf etw *akk* legen
pillowcase *n* [Kopf]kissenbezug *m*
pilot ['paɪlət] **I.** *n* ❶ AVIAT Pilot(in) *m(f);* NAUT Lotse *m,* Lotsin *f* ❷ TV Pilotfilm *f* ❸ TECH (*pilot light*) Kontrolllampe *f* **II.** *vt* ❶ AVIAT, NAUT *aircraft* fliegen ❷ (*test*) **to ~ a project** ein Pilotprojekt durchführen **III.** *adj usu attr* Pilot-; **a ~ test** ein erster Test
pilot boat *n* Lotsenboot *nt* **pilot light** *n* ❶ (*monitoring light*) Kontrolllampe *f* ❷ (*flame*) Zündflamme *f* **pilot plant** *n* Versuchsanlage *f* **pilot program** *n* AM *see* **pilot scheme pilot scheme** *n* BRIT, AUS Testreihe *f*
pilot's licence, AM **pilot's license** *n* Pilotenschein *m*
pilot survey *n* Pilotuntersuchung *f* **pilot-test** *vt* ■ **to ~ sth** eine erste Testreihe von etw *dat* durchführen **pilot-testing** *n no pl* Durchführung *f* einer ersten Testreihe
pimp [pɪmp] *n* Zuhälter *m*
pimple ['pɪmpl] *n* Pickel *m*
pimply ['pɪmpli] *adj* pickelig
pin [pɪn] **I.** *n* ❶ (*sharp object*) Nadel *f;* **drawing ~** Reißzwecke *f* ❷ (*for clothing*) [Ansteck]nadel *f* **II.** *vt* <-nn-> ❶ (*attach with pin*) befestigen ([**up**]**on/to** an); **to ~ back one's ears** *esp* BRIT (*fig fam*) die Ohren spitzen ❷ (*hold firmly*) **she was ~ned under a fallen beam** sie saß unter einem heruntergefallenen Balken fest ◆ **pin down** *vt* ❶ (*define exactly*) genau definieren ❷ (*make decide*) ■ **to ~ down** ⟳ **sb** jdn festnageln ❸ (*hold fast*) ■ **to ~ down** ⟳ **sb** jdn fest halten ◆ **pin up** *vt* anstecken; **to ~ up one's hair** die Haare hochstecken; **to ~ up a picture on the wall** ein Bild an die Wand hängen
PIN [pɪn] *n abbrev of* **personal identification number** PIN *f*
pinball machine *n* Flipper *m*
pincer ['pɪn(t)sər] *n* ❶ *usu pl* ZOOL Schere *f* ❷ (*tool*) ■ **~s** *pl* [Kneif]zange *f*
pinch [pɪn(t)ʃ] **I.** *vt* ❶ (*nip*) kneifen, zwicken *bes* SÜDD, ÖSTERR ❷ (*fam: steal*) klauen **II.** *vi* kneifen, zwicken **III.** *n* <*pl* -es> ❶ (*nip*) Kneifen *nt,* Zwicken *nt* ❷ (*small quantity*) *of salt* Prise *f*
pine¹ [paɪn] *n* ❶ (*tree*) Kiefer *f* ❷ *no pl* (*wood*) Kiefer *f,* Kiefernholz *nt* ❸ BRIT (*stone pine*) Pinie *f*
pine² [paɪn] *vi* sich vor Sehnsucht verzehren *liter;* ■ **to ~ for sb/sth** sich nach jdm/etw sehnen
pineapple ['paɪnæpl] *n* Ananas *f*
pine cone *n* Kiefernzapfen *m;* BRIT (*of stone pine*) Pinienzapfen *m*
pine needle *n* Kiefernnadel *f;* BRIT (*of stone pine*) Piniennadel *f*
ping [pɪŋ] **I.** *n* [kurzes] Klingeln; *of glass* Klirren *nt* **II.** *vi* ❶ (*make sound*) [kurz] klingeln; *glass* klirren ❷ AM, AUS AUTO *engine* klingeln
ping-pong ['pɪŋ,pɒŋ] *n no pl* (*fam*) Tischtennis *nt,* Pingpong *nt*
pink [pɪŋk] **I.** *n* Rosa *nt,* Pink *nt* **II.** *adj* rosa, pink
pinpoint I. *vt* [genau] feststellen **II.** *adj attr* sehr genau, haargenau; **~ accuracy** hohe Genauigkeit **III.** *n* winziger Punkt
pinprick *n* Nadelstich *m;* (*fig: cause of irri-*

tation) [kleine] Widrigkeit
pinstripe *n* ❶ *no pl* (*pattern*) Nadelstreifen *m* ❷ (*suit*) Nadelstreifenanzug *m*
pint [paɪnt] *n* ❸ (*measurement*) Pint *nt* (*0,568 l*) ❷ BRIT (*fam: beer*) ≈ eine Halbe
pioneer [ˌpaɪəˈnɪəʳ] I. *n* Pionier(in) *m(f)* II. *adj* Pionier-, bahnbrechend; (*innovative*) innovativ III. *vt* ■ **to ~ sth** den Weg für etw *akk* bereiten
pious [ˈpaɪəs] *adj* fromm
pip[1] [pɪp] *n* BOT Kern *m*
pip[2] [pɪp] *n usu pl esp* BRIT Piep *m*
pip[3] <-pp-> [pɪp] *vt* BRIT (*fam*) ■ **to ~ sb** jdn [knapp] besiegen
pipe [paɪp] I. *n* ❶ TECH (*tube*) Rohr *nt* ❷ (*for smoking*) Pfeife *f* II. *vt* ❶ (*transport*) *gas, oil, water* leiten ❷ (*speak shrilly*) piepsen III. *vi* piepsen ◆ **pipe down** *vi* (*fam: be quiet*) den Mund halten ◆ **pipe up** *vi* den Mund aufmachen
pipe cleaner *n* Pfeifenreiniger *m* **pipe dream** *n* [Tag]traum *m* **pipe-fitter** *n* Installateur(in) *m(f)* (*von Rohrleitungen*) **pipeline** *n* Pipeline *f*; **in the ~** (*fig*) in Planung
piper [ˈpaɪpəʳ] *n* Dudelsackspieler(in) *m(f)*
pipe smoker *n* Pfeifenraucher(in) *m(f)*
piping [ˈpaɪpɪŋ] I. *n no pl* Paspel *f*; (*on furniture*) Kordel *f* II. *adv* **~ hot** kochend heiß
piracy [ˈpaɪ(ə)rəsi] *n no pl* ❶ (*at sea*) Piraterie *f*, Seeräuberei *f* ❷ (*of copyrights*) Raubkopieren *nt*; **software/video ~** Software-/Videopiraterie *f*
pirate [ˈpaɪ(ə)rət] I. *n* ❶ (*buccaneer*) Pirat(in) *m(f)* ❷ (*plagiarizer*) Raubkopierer(in) *m(f)* II. *adj attr video, CD* raubkopiert III. *vt* ■ **to ~ sth** eine Raubkopie von etw *dat* machen
Pisces <*pl* -> [ˈpaɪsiːz] *n* ASTROL ❶ *no pl* (*sign*) Fische *pl* ❷ (*person*) Fisch *m*
piss [pɪs] (*fam!*) I. *n* *no pl* Pisse *f derb*
▶ **to take the ~ [out of sb]** BRIT jdn verarschen *derb* II. *vi* pissen *fam;* **~ off!** verpiss dich! III. *vt* ■ **to ~ oneself** in die Hose machen; (*laugh*) sich *dat* vor Lachen in die Hosen machen ◆ **piss about, piss around** BRIT, AUS I. *vi* (*fam!: be silly*) Blödsinn machen II. *vt* (*fam!*) ■ **to ~ sb about** (*waste time*) jds Zeit *f* verschwenden
pissed [pɪst] *adj* (*fam!*) ❶ BRIT, AUS besoffen *fam;* **to be ~ out of one's head** sternhagelvoll sein ❷ ~ [off] [stink]sauer
piss-up *n* BRIT, AUS (*fam!*) Besäufnis *nt*

pistachio [pɪˈstɑːʃɪəʊ] *n* Pistazie *f*
piste [piːst] *n* Piste *f*
pistol [ˈpɪstᵊl] *n* Pistole *f;* **~ shot** [Pistolen]schuss *m*
piston [ˈpɪstən] *n* Kolben *m;* **~ engine** Kolbenmotor *m*
pit[1] [pɪt] *n* ❶ (*in ground*) Grube *f*; (*scar*) Narbe *f* ❷ (*mine*) Bergwerk *nt* ❸ *esp* BRIT THEAT (*seating area*) Parkett *nt*
pit[2] [pɪt] I. *n esp* AM (*stone*) Kern *m* II. *vt* <-tt-> ❶ FOOD entkernen ❷ ■ **to ~ sth against sth** *products* etw gegen etw *akk* ins Rennen schicken
pitch[1] *n no pl* (*tar*) Pech *nt*
pitch[2] [pɪtʃ] I. *n* <*pl* -es> ❶ BRIT, AUS (*sports field*) [Spiel]feld *nt*; BRIT (*for camping*) [Zelt]platz *m* ❷ (*baseball throw*) Wurf *m* ❸ *no pl* MUS Tonhöhe *f* ❹ (*fig: worked-up*) **to be at fever ~** [furchtbar] aufgeregt sein ❺ *no pl* (*persuasion*) [sales] **~** [Verkaufs]sprüche *pl a. pej fam* II. *vt* ❶ (*throw*) werfen ❷ (*set up*) aufstellen; **to ~ a tent** ein Zelt aufschlagen ❸ (*target*) ■ **to ~ sth at sb** etw auf jdn ausrichten III. *vi* ❶ (*move*) *ship* stampfen *fachspr* ❷ SPORTS (*in baseball*) werfen; (*in cricket*) [auf den Boden] aufkommen ◆ **pitch in** *vi* (*fam: contribute*) mit anpacken; ■ **to ~ in with sth** sich mit etw *dat* einbringen
pitch-black *adj* pechschwarz
pitch darkness *n no pl* völlige Dunkelheit
pitched [pɪtʃt] *adj* ❶ (*with tar*) geteert ❷ (*sloping*) **~ roof** Dachschräge *f*
pitcher[1] [ˈpɪtʃəʳ] *n* (*jug*) [Henkel]krug *m*
pitcher[2] [ˈpɪtʃəʳ] *n* SPORTS (*in baseball*) Werfer(in) *m(f)*, Pitcher(in) *m(f) fachspr*
pitchfork *n* (*for hay*) Heugabel *f*; (*for manure*) Mistgabel *f*
pitfall *n usu pl* Falle *f*; *of a language, subject* Hauptschwierigkeit *f*
pith [pɪθ] *n no pl* ❶ (*of orange, grapefruit*) weiße Innenhaut ❷ (*in plants*) Mark *nt* ❸ (*fig: essence*) Kern *m*
pithy [ˈpɪθi] *adj* ❶ (*succinct*) prägnant ❷ (*of citrus fruits*) dickschalig
pitiful [ˈpɪtɪfᵊl] *adj* ❶ (*arousing pity*) bemitleidenswert ❷ (*unsatisfactory*) jämmerlich
pitiless [ˈpɪtɪləs] *adj* erbarmungslos, unbarmherzig
pitta [ˈpɪtə] *n*, **pitta bread** *n no pl* Pittabrot *nt*
pity [ˈpɪti] I. *n no pl* ❶ (*compassion*) Mitleid *nt;* **to feel ~ for sb** mit jdm Mitleid haben

② (*shame*) **what a** ~! wie schade! **II.** *vt* <-ie-> ■**to** ~ **sb** Mitleid mit jdm haben
pivot ['pɪvət] **I.** *n* ① MECH, TECH (*shaft*) [Dreh]zapfen *m* ② (*fig: key person*) Schlüsselfigur *f* **II.** *vi* ■**to** ~ **around sth** ① (*a. fig: revolve*) um etw *akk* kreisen ② (*fig: depend on*) von etw *dat* abhängen
pizza ['piːtsə] *n* Pizza *nt*
placard ['plækɑːd] *n* Plakat *nt*
place [pleɪs] **I.** *n* ① (*location*) Ort *m;* ~ **of birth** Geburtsort *m;* ~ **of residence** Wohnort *m;* ~ **of work** Arbeitsplatz *m* ② (*position*) Stelle *f;* **this is the exact** ~! das ist genau die Stelle!; **if I were in your** ~ ... ich an deiner Stelle ... ③ *no pl* (*appropriate setting*) [geeigneter] Ort ④ (*home*) Wohnung *f;* **I'm looking for a** ~ **to live** ich bin auf Wohnungssuche ⑤ (*fig: position, rank*) Stellung *f* ⑥ (*instead of*) ■**in** ~ **of** stattdessen ⑦ (*proper position*) ■**to be in** ~ an seinem Platz sein; (*fig: completed*) fertig sein; **to be out of** ~ nicht an der richtigen Stelle sein ⑧ (*job, position*) Stelle *f;* (*at university*) Studienplatz *m* ⑨ (*ranking*) Platz *m* ▶ **all over the** ~ überall; **in the first** ~ zuerst **II.** *vt* ① (*position*) ■**to** ~ **sth somewhere** etw irgendwohin stellen; (*lay*) etw irgendwohin legen; **to** ~ **a bet on sth** auf etw *akk* wetten ② (*impose*) **to** ~ **a limit on sth** etw begrenzen ③ (*ascribe*) **to** ~ **the blame on sb** jdm die Schuld geben ④ (*arrange for*) **to** ~ **sth at sb's disposal** jdm etw überlassen ⑤ (*burden*) **to** ~ **sb under pressure** jdn unter Druck setzen; **to** ~ **a strain on sb/sth** jdn/etw belasten ⑥ *passive* (*good position*) ■**to be well** ~**d for sth** für etw *akk* eine gute Ausgangsposition haben
place card *n* Tischkarte *f* **place mat** *n* Set *nt* o *m*, Platzdeckchen *nt* **place name** *n* Ortsname *m*
plague [pleɪg] **I.** *n* ① (*disease*) Seuche *f;* ■**the** ~ die Pest; **to avoid sb/sth like the** ~ jdn/etw wie die Pest meiden ② *of insects* Plage *f* **II.** *vt* bedrängen; (*irritate*) ärgern
plaice <*pl* -> [pleɪs] *n* Scholle *f*
plain [pleɪn] **I.** *adj* ① (*simple*) einfach; (*not flavoured*) natur *nach n;* ~ **food** einfaches Essen ② (*uncomplicated*) einfach; ~ **and simple** ganz einfach ③ (*clear*) klar, offensichtlich; **her meaning was** ~ es war klar, was sie meinte **II.** *adv* ① (*simply*) ohne großen Aufwand ② (*fam: downright*) einfach **III.** *n* ① (*area of flat land*) Ebene *f* ② (*in knitting*) rechte Masche
plainly ['pleɪnli] *adv* ① (*simply*) einfach, schlicht ② (*clearly*) deutlich, klar
plain-paper *adj attr* Normalpapier-
plain-spoken *adj* ■**to be** ~ eine deutliche Sprache sprechen; **he's very** ~ er ist sehr direkt
plait [plæt] *esp* BRIT **I.** *n* (*hair*) Zopf *m* **II.** *vt, vi* flechten
plan [plæn] **I.** *n* ① (*detailed scheme*) Plan *m* ② (*intention*) Plan *m*, Absicht *f;* **what are your** ~**s for this weekend?** was hast du dieses Wochenende vor? ③ (*drawing*) ■~**s** *pl* Pläne *pl;* **to draw up** ~ eine Planskizze machen **II.** *vt* <-nn-> ① (*draft*) planen ② (*prepare*) vorbereiten ③ (*envisage*) planen ④ (*intend*) vorhaben **III.** *vi* ① (*prepare*) planen ② (*expect*) ■**to** ~ **on sth** mit etw *dat* rechnen
plane[1] [pleɪn] **I.** *n* (*aircraft*) Flugzeug *nt;* **to board the** ~ das Flugzeug besteigen; **by** ~ mit dem Flugzeug; ~ **crash** Flugzeugunglück *nt* **II.** *vi* (*glide*) gleiten
plane[2] [pleɪn] *n* ① (*surface*) Fläche *f;* MATH Ebene *f* ② (*level*) Ebene *f*
plane[3] [pleɪn] **I.** *n* (*tool*) Hobel *m* **II.** *vt* hobeln; (*until smooth*) abhobeln
plane[4] [pleɪn] *n* BOT Platane *f*
planet ['plænɪt] *n* Planet *m;* **to be on a different** ~ (*fig*) in einer anderen Welt sein
planetarium <*pl* -s *or* -ria> [ˌplænɪˈteəriəm, *pl* -riə] *n* Planetarium *nt*
plank [plæŋk] *n* ① (*timber*) Brett *nt*, Latte *f* ② (*fig: element*) Pfeiler *m*
planner ['plænə'] *n* Planer(in) *m(f)*
planning ['plænɪŋ] *n no pl* Planung *f;* ~ **application** Bauantrag *m;* ~ **board** Planungsgremium *nt;* ~ **permission** Baugenehmigung *f;* **at the** ~ **stage** in der Planung[sphase]
plant [plɑːnt] **I.** *n* ① BOT Pflanze *f* ② (*factory*) Werk *nt*, Betrieb *m* **II.** *vt* ① (*put in earth*) pflanzen ② (*lodge*) platzieren; **to** ~ **oneself on the sofa** (*fam*) sich aufs Sofa pflanzen ③ (*circulate*) verbreiten; **to** ~ **a rumour** ein Gerücht in die Welt setzen
plantation [ˌplænˈteɪʃ*ə*n] *n* ① (*estate*) Plantage *f* ② (*plants*) Pflanzung *f;* (*trees*) Schonung *f*
plaque [plɑːk, plæk] *n* ① (*plate*) Tafel *f;* **brass** ~ Messingschild *nt* ② *no pl* MED

[Zahn]belag *m*

plaster ['plɑːstə'] **I.** *n no pl* ❶ (*in building*) [Ver]putz *m* ❷ MED Gips[verband] *m* ❸ BRIT (*for cuts*) Pflaster *nt* **II.** *vt* ❶ (*mortar*) verputzen ❷ (*fam: put all over*) voll kleistern

plasterboard *n no pl* Gipskarton *m*

plaster cast *n* Gipsverband *m;* ART Gipsabguss *m*

plastered ['plɑːstəd] *adj pred* (*fam*) stockbesoffen; **to get** ~ sich zusaufen

plasterer ['plɑːstərə'] *n* Gipser(in) *m(f)*

plastic ['plæstɪk] **I.** *n* ❶ (*material*) Plastik *nt kein pl* ❷ (*industry*) ■ ~ s *pl* Kunststoffindustrie *f* ❸ *no pl* (*fam: credit card*) Plastikgeld *nt* **II.** *adj* ❶ (*of plastic*) Plastik-; ~ **bag** Plastiktüte *f;* ~ **bullet** Gummigeschoss *nt;* ~ **explosive** Plastiksprengstoff *m* ❷ (*pej: artificial*) künstlich

Plasticine® ['plæstəsiːn] *n no pl* BRIT Plastilin *nt*

plastic surgery *n no pl* Schönheitschirurgie *f*

plate [pleɪt] **I.** *n* ❶ (*dish*) Teller *m* ❷ (*panel*) Platte *f* ❸ (*sign*) Schild *nt* ❹ AUTO Nummernschild *nt;* **licence** ~ Nummernschild *nt* **II.** *vt* überziehen

plated ['pleɪtɪd] *adj* überzogen; ~ **with chrome/gold/silver** verchromt/vergoldet/versilbert

plateful ['pleɪtfʊl] *n* Teller *m;* **a** ~ **of lasagne** ein Teller *m* [voll] Lasagne

plate glass *n no pl* Flachglas *nt fachspr*

plate rack *n* Geschirrständer *m*

platform ['plætfɔːm] *n* ❶ (*elevated area*) Plattform *f;* (*raised structure*) Turm *m* ❷ (*on station*) Bahnsteig *m*

platinum ['plætɪnəm] *n no pl* Platin *nt*

platonic [plə'tɒnɪk] *adj* platonisch

platter ['plætə'] *n* ❶ (*food selection*) Platte *f* ❷ AM, AUS (*main course*) Teller *m*

play [pleɪ] **I.** *n* ❶ *no pl* (*game, recreation*) Spiel *nt;* **to be at** ~ spielen ❷ AM SPORTS (*move*) Spielzug *m* ❸ THEAT [Theater]stück *nt* ❹ *no pl* (*change*) **the** ~ **of light** [**on sth**] das Spiel des Lichts [auf etw *dat*] ❺ *no pl* (*interaction*) Zusammenspiel *nt* **II.** *vi* ❶ (*amuse oneself*) spielen ❷ SPORTS spielen; **to** ~ **in the match** am Spiel teilnehmen ❸ THEAT spielen **III.** *vt* ❶ (*take part in*) spielen; **to** ~ **cards/darts/tag** Karten/Darts/Fangen spielen ❷ (*compete against*) ■ **to** ~ **sb** gegen jdn spielen ❸ (*execute*) **to** ~ **a shot** schießen; (*in snooker*) stoßen; ■ **to** ~ **the ball** den Ball spielen ❹ (*have*) **to** ~ **a part** eine Rolle spielen ❺ THEAT spielen; **to** ~ **the lead** die Hauptrolle spielen ❻ MUS spielen ❼ CARDS (*put down*) **to** ~ **an ace/a king** ein Ass/einen König [aus]spielen ▶ **to** ~ **one's cards right** geschickt taktieren; **to** ~ **the game** BRIT sich an die [Spiel]regeln halten ◆ **play about** *vi see* **play around** ◆ **play along I.** *vi* ■ **to** ~ **along with it** gute Miene zum bösen Spiel machen; ■ **to** ~ **along with sth** etw [zum Schein] mitmachen **II.** *vt* (*pej*) ■ **to** ~ **sb along** jdn hinhalten ◆ **play around** *vi* ❶ (*mess around*) *children* spielen; **stop** ~**ing around!** hör mir den Blödsinn auf! *fam* ❷ (*pej fam: be unfaithful*) fremdgehen *fam* ❸ (*experiment, tamper*) ■ **to** ~ **around with sth** mit etw *dat* [herum]spielen; (*try out*) etw ausprobieren ◆ **play down** *vt* herunterspielen ◆ **play off I.** *vi* ■ **to** ~ **off for sth** um etw *akk* spielen **II.** *vt* ■ **to** ~ **off** ◯ **sb against sb** jdn gegen jdn ausspielen ◆ **play on** *vi* ❶ (*exploit*) ■ **to** ~ **on sth** etw ausnutzen ❷ (*liter: develop cleverly*) **to** ~ **on a phrase/word** mit einem Ausdruck/einem Wort spielen ◆ **play out I.** *vt* ❶ *usu passive* (*take place*) ■ **to be** ~**ed out** sich abspielen ❷ (*act out*) umsetzen **II.** *vi esp* AM bekannt werden; (*make itself felt*) sich manifestieren ◆ **play through** *vt* MUS [von Anfang bis Ende] [durch]spielen; **to** ~ **through a series of pieces** eine Reihe von Stücken spielen ◆ **play up I.** *vt* ❶ (*emphasize*) hochspielen ❷ BRIT (*fam: cause trouble*) ■ **to** ~ **up** ◯ **sb** jdm zu schaffen machen **II.** *vi* (*fam*) ❶ (*flatter*) ■ **to** ~ **up to sb** sich bei jdm einschmeicheln ❷ BRIT (*misbehave*) sich danebenbenehmen *fam*

play-act *vi* (*pretend emotion*) Theater spielen *fig;* (*make fuss*) Theater machen *fig*

playback *n* ❶ (*pre-recorded version*) Playback *nt* ❷ *no pl* (*replaying*) Wiederholung *f* einer Aufnahme

playboy *n* (*usu pej*) Playboy *m*

player ['pleɪə'] *n* ❶ SPORTS Spieler(in) *m(f);* **football** ~ Fußballspieler(in) *m(f)* ❷ (*musical performer*) Spieler(in) *m(f);* **cello** ~ Cellist(in) *m(f)* ❸ (*hist: actor*) Schauspieler(in) *m(f)* ❹ (*playback machine*) **CD** ~ CD-Player *m;* **video** ~ Videorecorder *m* ❺ POL (*fam: participant*) ■ **to be a** ~ eine Rolle spielen

playful ['pleɪfəl] *adj* ❶ (*not serious*) spielerisch, scherzhaft ❷ (*frolicsome*) verspielt; **he**

was in a ~ mood er war zum Spielen/Scherzen aufgelegt

playground *n* Spielplatz *m* **playgroup** *n* Spielgruppe *f*; *(kindergarten)* Kindergarten *m*

playing card ['pleɪɪŋ-] *n* Spielkarte *f*

playing field *n* Sportplatz *m*

play-off *n* Play-off *nt*; **~ game** Entscheidungsspiel *nt*

playpen *n* Laufstall *m* **playroom** *n* Spielzimmer *nt* **playschool** *n* BRIT Kindergarten *m* **playtime** *n no pl* ① *(in school)* Pause *f* ② *(for recreation)* Freizeit *f*

playwright *n* Dramatiker(in) *m(f)*

plc [ˌpiːel'siː] *n esp* BRIT *abbrev of* **public limited company** AG *f*

plead <pleaded, pleaded *or* SCOT, AM *a.* pled, pled> [pliːd] I. *vi* ① *(implore)* [flehentlich] bitten, flehen; ■ **to ~ with sb** [**to do sth**] jdn anflehen[, etw zu tun] ② LAW *(as advocate)* plädieren ③ + *adj* LAW *(answer charge)* **to ~ guilty** sich schuldig bekennen II. *vt* ① *(claim)* behaupten; **to ~ insanity** auf Unzurechnungsfähigkeit plädieren ② *(argue for)* **to ~ sb's cause** jds Fall vortragen

pleasant ['plezənt] *adj* ① *(pleasing)* day, experience, sensation, time angenehm, schön ② *(friendly)* freundlich, liebenswürdig

please [pliːz] I. *interj* ① *(in requests)* bitte ② *(when accepting sth)* ja, bitte; **may I ...? — ~ do** darf ich ...? — selbstverständlich ③ BRIT SCH *(to attract attention)* **~, Miss/Sir, I know the answer!** bitte, ich weiß die Antwort! II. *vt (make happy)* ■ **to ~ sb** jdm gefallen; **it ~s me to see ...** es freut mich, ... zu sehen; **oh well, ~ yourself** bitte, wie du meinst III. *vi* ① *(be agreeable)* **eager to ~** [unbedingt] gefallen wollen ② *(wish)* **come whenever you ~** kommt, wann immer ihr wollt

pleased [pliːzd] *adj* ① *(happy)* froh, erfreut; *(content)* zufrieden; ■ **to be ~ about sth** sich über etw *akk* freuen ② *(willing)* **I'm only too ~ to help** ich helfe wirklich gerne

pleasing ['pliːzɪŋ] *adj* angenehm; **to be ~ to the ear/eye** hübsch klingen/aussehen

pleasurable ['pleʒərəbl] *adj* angenehm

pleasure ['pleʒər] *n* ① *no pl (enjoyment)* Freude *f*, Vergnügen *nt*; **to give sb ~** jdm Freude bereiten ② *(source of enjoyment)* Freude *f*

pleasure boat *n* Vergnügungsdampfer *m*

pleat [pliːt] *n* Falte *f*

pleb [pleb] *n usu pl* BRIT *(pej fam) short for* **plebeian** Proll *m*; ■ **the ~s** der Mob

pledge [pledʒ] I. *n* ① *(promise)* Versprechen *nt*; **to fulfil a ~** ein Versprechen halten; **to make a ~ that ...** geloben, dass ... ② *(token)* **a ~ of friendship/loyalty** ein Unterpfand *nt* der Freundschaft/der Treue ③ *(promise of donation)* Spendenzusage *f* II. *vt* ① *(solemnly promise)* versprechen; **I've been ~d to secrecy** ich bin zur Verschwiegenheit verpflichtet worden; **to ~ loyalty** Treue schwören ② *(promise to contribute)* money versprechen

plentiful ['plentɪfəl] *adj* reichlich *präd*; **~ supply** großes Angebot

plenty ['plenti] I. *n no pl (form: abundance)* Reichtum *m*; **to live in ~** im Überfluss leben II. *adv (fam)* **~ more** noch viel mehr; **she has ~ more ideas** sie hat noch viele Ideen; **~ good/bad** AM sehr gut/schlecht III. *pron* ① *(more than enough)* mehr als genug; **~ of money/time** viel Geld/Zeit ② *(a lot)* genug; **~ to do/see** viel zu tun/sehen; AM *(fam)* **this car cost me ~** dieses Auto hat mich eine Stange Geld gekostet

pliers ['plaɪəz] *npl* [**a pair of**] ~ [eine] Zange

plight [plaɪt] *n* Not[lage] *f*, schwierige Lage

plimsoll ['plɪm(p)səl] *n* BRIT Turnschuh *m*

plod [plɒd] I. *n* Marsch *m* II. *vi* <-dd-> ① *(walk slowly)* stapfen ② *(work slowly)* ■ **to ~ through sth** sich durch etw *akk* hindurcharbeiten

plodding ['plɒdɪŋ] *adj* mühselig

plonk¹ [plɒŋk] *n no pl esp* BRIT, AUS *(fam: wine)* Gesöff *nt pej*

plonk² [plɒŋk] I. *n (fam: sound)* Ploppen *nt* II. *adv (fam)* dumpf knallend; **I heard something go ~** ich hörte, wie etwas plopp machte III. *vt (fam)* ① *(set down heavily)* ■ **to ~ sth somewhere** etw irgendwo hinknallen ② *(sit heavily)* **to ~ oneself down on a chair/sofa** sich auf einen Stuhl/ein Sofa plumpsen lassen

plonker ['plɒŋkər] *n* BRIT *(sl)* Blödmann *m fam*

plop [plɒp] I. *n* Platsch[er] *m fam*; **it fell into the water with a ~** es platschte ins Wasser II. *adv* platschend III. *vi* <-pp-> *(fall into liquid)* platschen *fam*

plot [plɒt] I. *n* ① *(conspiracy)* Verschwörung *f* ② LIT *(storyline)* Handlung *f* ③ *(of land)*

Parzelle f II. vt <-tt-> ❶ (conspire) [im Geheimen] planen a. hum ❷ (mark out) ■ to ~ sth etw [graphisch] darstellen III. vi <-tt-> ■ to ~ to do sth (a. hum) planen, etw zu tun

plotter ['plɒtə'] n ❶ (conspirator) Verschwörer(in) m/f ❷ COMPUT Plotter m

plough [plaʊ] I. n Pflug m II. vt ❶ AGR pflügen ❷ (move with difficulty) **to ~ one's way through sth** sich dat seinen Weg durch etw akk bahnen III. vi ❶ AGR pflügen ❷ (move with difficulty) ■ **to ~ through sth** sich durch etw akk durchkämpfen ◆ **plough back** vt ■ **to ~ back ↻ sth** plants etw unterpflügen; **to ~ back profits** (fig) Profite reinvestieren ◆ **plough up** vt **to ~ up fields/land** Felder/Land umpflügen; **to ~ up sb's lawn** jds Rasen umgraben

Plough [plaʊ] n no pl ASTRON ■ **the ~** der Große Wagen

ploughman's lunch n BRIT, AUS Mittagessen, das aus Brot, Käse und Pickle besteht

plow n AM see plough

PLP [ˌpiːɛlˈpiː] n BRIT POL abbrev of **Parliamentary Labour Party** Parlamentsfraktion f der Labour Party

pluck [plʌk] I. n Mut m, Schneid m o ÖSTERR f fam II. vt ❶ (pick) ■ **to ~ sth** fruit, flower etw abpflücken ❷ (remove) feathers ausrupfen ❸ (pull) **he ~ed the letter out of my hand** er riss mir den Brief aus der Hand ❹ (remove from situation) ■ **to ~ sb from sth** jdn aus etw dat herausholen III. vi zupfen (**at** an)

plucky ['plʌki] adj schneidig

plug [plʌg] I. n ❶ (connector) Stecker m ❷ (socket) Steckdose f ❸ (for basin, sink) Stöpsel m ❹ (stopper) Pfropfen m ❺ (fam: publicity) Werbung ❻ (spark plug) Zündkerze f II. vt <-gg-> ❶ (stop up) hole, leak stopfen ❷ (publicize) anpreisen ◆ **plug away** vi verbissen arbeiten (**at** an) ◆ **plug in** I. vt anschließen II. vi (electrical device) sich anschließen lassen

plughole n Abfluss m

plug-in n COMPUT Plug-in nt (Erweiterung für ein existierendes Softwareprogramm)

plum [plʌm] I. n ❶ (fruit) Pflaume f ❷ (tree) ~ [**tree**] Pflaumenbaum m ❸ (colour) Pflaumenblau nt II. adj (colour) pflaumenfarben

plumber ['plʌmə'] n Klempner(in) m/f, Sanitär(in) m/f SCHWEIZ

plumbing ['plʌmɪŋ] I. n no pl Wasserleitungen pl II. adj attr ~ **contractor** beauftragter Installateur/beauftragte Installateurin

plumb line n Lot nt

plummet ['plʌmɪt] vi ❶ (plunge) fallen; (with loud noise) [herunter]donnern ❷ (be reduced) **house prices have ~ed** die Häuserpreise sind in den Keller gefallen

plump [plʌmp] I. adj (rounded) rund; (euph) person füllig, mollig II. ■ **to ~ for sb/sth** sich für jdn/etw entscheiden III. vt **to ~ a cushion/pillow** ein Kissen/Kopfkissen aufschütteln ◆ **plump up** vt cushion, pillow aufschütteln

plunge [plʌndʒ] I. n ❶ (drop) Sprung m; (fall) Sturz m, Fall m ❷ (swim) ~ [**in the pool**] Schwimmen [im Pool] nt kein pl ❸ (sharp decline) Sturz m II. vi ❶ (fall) stürzen (**into** in) ❷ (dash) stürzen (**into** in); **she ~d forward** sie warf sich nach vorne ❸ (fig: begin abruptly) ■ **to ~ into sth** sich in etw akk [hinein]stürzen fig III. vt ❶ (immerse) ■ **to ~ sth into sth** etw in etw akk eintauchen ❷ (thrust) **to ~ a dagger/knife/needle into sb** jdn mit einem Dolch/einem Messer/einer Nadel stechen

plunge pool n kleiner Swimmingpool; (in sauna) Tauchbecken nt

pluperfect [ˌpluːˈpɜːfɪkt] I. adj LING Plusquamperfekt- II. n LING ■ **the ~** das Plusquamperfekt

plural ['plʊər^əl] I. n ■ **the ~** der Plural; **in the ~** im Plural II. adj ❶ LING Plural-, pluralisch ❷ (pluralistic) pluralistisch

plus [plʌs] I. prep plus +dat II. n <pl -es or pl -ses> Plus nt kein pl fam; MATH a. Pluszeichen nt III. adj ❶ attr (above zero) plus; ~ **two degrees** zwei Grad plus ❷ (slightly better than) **A ~** ≈ Eins plus f

plush [plʌʃ] I. adj ❶ (luxurious) exklusiv; ~ **restaurant** Nobelrestaurant nt ❷ (made of plush) Plüsch- II. n Plüsch m

plus-size adj attr person übergroß; clothing in Übergrößen, Übergröße-

plutonium [pluːˈtəʊniːəm] n no pl Plutonium nt

plywood ['plaɪwʊd] n no pl Sperrholz nt

pm adv, **p.m.** [ˌpiːˈɛm] adv abbrev of **post meridiem**: **one ~** ein Uhr mittags, dreizehn Uhr; **eight ~** acht Uhr abends, zwanzig Uhr

PM [ˌpiːˈɛm] n BRIT abbrev of **Prime Minister** Premierminister(in) m/f

pneumatic [njuːˈmætɪk] adj pneumatisch

pneumonia [njuːˈməʊniːə] *n no pl* Lungenentzündung *f*

poach[1] [pəʊtʃ] *vt* FOOD pochieren

poach[2] [pəʊtʃ] **I.** *vt* ❶ (*catch illegally*) wildern ❷ (*steal*) ▪ **to ~ sth** sich *dat* etw unrechtmäßig aneignen **II.** *vi* ❶ (*catch illegally*) wildern ❷ (*steal*) stehlen

poacher[1] [ˈpəʊtʃəʳ] *n* FOOD Dünster *m;* **egg ~** Eierkocher *m*

poacher[2] [ˈpəʊtʃəʳ] *n* (*thief*) Wilderer *m*

poaching [ˈpəʊtʃɪŋ] *n no pl* ❶ HUNT Wilderei *f* ❷ (*taking unfairly*) Wegnehmen *nt*

POB [ˌpiːəʊˈbiː] *n abbrev of* **post office box** Postfach *nt*

PO box *n abbrev of* **Post Office Box: ~ 3333** Postfach 3333

pocket [ˈpɒkɪt] **I.** *n* ❶ (*in clothing*) Tasche *f;* **coat/jacket/trouser ~** Mantel-/Jacken-/Hosentasche *f* ❷ (*on bag, in car*) Fach *nt* **II.** *vt* ❶ (*put in one's pocket*) in die Tasche stecken ❷ (*keep sth for oneself*) behalten ❸ SPORTS (*in snooker, billiards*) **to ~ a ball** einen Ball ins Loch spielen **III.** *adj* (*pocket-sized*) *knife, phone, calculator* Taschen-

pocketbook *n* AM ❶ (*woman's handbag*) Handtasche *f* ❷ (*paperback*) Taschenbuch *nt* **pocket-cam** *n short for* **pocket camera** Pocketkamera *f* **pocket knife** *n* Taschenmesser *nt* **pocket money** *n no pl* Taschengeld *nt*

pockmark *n* Pockennarbe *f*

pod [pɒd] *n* ❶ (*seed container*) Hülse *f* ❷ (*on aircraft*) Gondel *f*

podium <*pl* -dia> [ˈpəʊdiəm, *pl* -diə] *n* Podium *nt*

poem [ˈpəʊɪm] *n* (*a. fig*) Gedicht *nt*

poet [ˈpəʊɪt] *n* Dichter(in) *m(f)*

poetry [ˈpəʊɪtri] *n no pl* ❶ (*genre*) Dichtung *f*, Lyrik *f* ❷ (*poetic quality*) Poesie *f*

point [pɔɪnt] **I.** *n* ❶ (*sharp end*) Spitze *f* ❷ (*dot*) Punkt *m;* **~ of light** Lichtpunkt *m* ❸ (*punctuation mark*) Punkt ❹ (*decimal point*) Komma ❺ (*particular time*) Zeitpunkt *m;* **at this/that ~ in time** zu dieser/jener Zeit; **at that ~** zu diesem Zeitpunkt ❻ (*about to do*) **I was on the ~ of leaving him** ich war kurz davor, ihn zu verlassen ❼ **ok ok, you've made your ~!** ja, ich hab's jetzt verstanden!; **my ~ exactly** das sag ich ja *fam;* **ok, ~ taken** ok, ich hab schon begriffen *fam;* **~ of law** Rechtsfrage *f* ❽ *no pl* (*most important idea*) **the ~ is ...** der Punkt ist nämlich der, ...; **that's beside the ~!** darum geht es doch gar nicht! ❾ **but that's the whole ~!** aber das ist doch genau der Punkt!; **what's the ~ anyway?** was soll's? ❿ (*stage in process*) Punkt *m;* **from that ~ on ...** von diesem Moment an ...; **the high ~ of the evening ...** der Höhepunkt des Abends ...; **... when it came to the ~ ...** ... als es soweit war, ...; **up to a ~** bis zu einem gewissen Grad ⓫ **bad/good ~s** schlechte/gute Seiten; **sb's strong ~s** jds Stärken *pl* ⓬ BRIT RAIL ▪ **~s** *pl* Weichen *pl* **II.** *vi* ❶ (*with finger*) deuten, zeigen (**at/to** auf) ❷ (*be directed*) weisen; **to ~ east/west** nach Osten/Westen zeigen ❸ (*indicate*) hinweisen (**to** auf) **III.** *vt* ❶ (*aim*) *weapon* ▪ **to ~ sth at sb/sth** etw [auf jdn/etw] richten ❷ (*direct*) **to ~ sb in the direction of sth** jdm den Weg zu etw *dat* beschreiben ◆ **point out** *vt* ❶ (*show*) ▪ **to ~ out** ⟲ **sth** auf etw *akk* hinweisen; (*with finger*) etw zeigen ❷ (*inform*) ▪ **to ~ out that ...** darauf aufmerksam machen, dass ... ◆ **point up** *vt* (*form*) hervorheben; (*show*) zeigen

point-blank I. *adv* ❶ (*at very close range*) aus nächster Nähe ❷ (*bluntly*) geradewegs, unumwunden **II.** *adj attr* ❶ (*very close*) nah ❷ (*blunt*) unverhohlen

pointed [ˈpɔɪntɪd] *adj* ❶ (*with sharp point*) spitz ❷ (*emphatic*) pointiert *geh; criticism* scharf; *question* unverblümt

pointer [ˈpɔɪntəʳ] *n* ❶ (*on dial*) Zeiger *m* ❷ (*red*) Zeigestock *m* ❸ *usu pl* (*fam: tip*) Tipp *m* ❹ (*indicator*) Gradmesser *m fig*

pointless [ˈpɔɪntləs] *adj* sinnlos, zwecklos

poison [ˈpɔɪzən] **I.** *n* Gift *nt;* (*fig*) **to lace sth with ~** etw mit Gift präparieren **II.** *vt* **to poison sb/sth** jdn/etw vergiften

poison gas *n no pl* Giftgas *nt*

poisonous [ˈpɔɪzənəs] *adj* ❶ (*containing poison*) giftig; **~ mushroom** Giftpilz *m;* **~ snake** Giftschlange *f* ❷ (*malicious*) giftig *fig*, boshaft

poke[1] [pəʊk] *n* ❶ *esp* SCOT (*bag*) Beutel *m* ❷ AM (*fam: purse*) Portmonee *nt*

poke[2] [pəʊk] **I.** *n* (*jab*) Stoß *m* **II.** *vt* ❶ (*prod*) anstoßen; (*with umbrella, stick*) stechen ❷ ▪ **to ~ sth into sth** (*prod with*) etw in etw *akk* stecken ❸ (*stir*) **to ~ [up] a fire** ein Feuer schüren ❹ AM (*fam: hit*) ▪ **to ~ sb** [**on the nose**] jdn [auf die Nase] hauen ▶ **to ~ fun at sb** sich über jdn lustig machen **III.** *vi*

① *(jab repeatedly)* herumfummeln *fam* (at an) ② *(break through)* ■to ~ through durchscheinen

poker[1] ['pəʊkəʳ] *n (card game)* Poker *m o nt*; **a game of** ~ eine Runde Poker

poker[2] ['pəʊkəʳ] *n (fireplace tool)* Schürhaken *m*

pokey ['pəʊki] *adj*, **poky** ['pəʊki] *adj (pej: small)* room winzig

Poland ['pəʊlənd] *n* Polen *nt*

polar ['pəʊləʳ] *adj attr* ① *(near pole)* polar; ~ **bear** Eisbär *m;* ~ **explorer** Polarforscher(in) *m(f);* ~ **lights** Polarlicht *nt* ② *(opposite)* gegensätzlich, polar *geh*

pole[1] [pəʊl] *n* ① Stange *f;* (*pointed at one end*) Pfahl *m;* **flag**~ Fahnenmast *m*

pole[2] [pəʊl] *n* ① GEOG, ELEC Pol *m*; **the North/South P**~ der Nord-/Südpol ② *(extreme)* Extrem *nt*; **to be** ~**s apart** Welten voneinander entfernt sein

Pole [pəʊl] *n* Pole *m*, Polin *f*

Pole Star *n no pl* Polarstern *m*

pole vault *n* Stabhochsprung *m*

pole-vaulter *n* Stabhochspringer(in) *m(f)*

police [pə'liːs] I. *n* + *pl vb* ① *(force)* ■**the** ~ die Polizei *kein pl*; **to call the** ~ die Polizei rufen ② *(police officers)* Polizisten *mpl*, Polizistinnen *fpl* II. *vt* ① *(guard)* überwachen ② *(regulate)* ■to ~ **sb/sth/oneself** jdn/etw/sich selbst kontrollieren ③ AM MIL ■to ~ **sth** *an event* irgendwo Wache halten

police car *n* Polizeiauto *nt* **police constable** *n* BRIT Polizeiwachtmeister(in) *m(f)* **police dog** *n* Polizeihund *m* **police escort** *n* Polizeieskorte *f* **police force** *n no pl* ■the ~ die Polizei **policeman** *n* Polizist *m* **police officer** *n* Polizeibeamte(r) *m*, Polizeibeamte [*o* -in] *f* **police raid** *n* Razzia *f* **police reporter** *n* Polizeireporter(in) *m(f)* **police state** *n (pej)* Polizeistaat *m* **police station** *n* Polizeiwache *f* **policewoman** *n* Polizistin *f*

policy[1] ['pɒləsi] *n* ① *(plan)* Programm *nt*, Strategie *f* ② *no pl* Politik *f;* **a change in** ~ ein Richtungswechsel *m* in der Politik; **company** ~ Firmenpolitik *f;* **domestic** ~ Innenpolitik *f;* **to make** ~ **on sth** Richtlinien *pl* für etw *akk* festlegen

policy[2] ['pɒləsi] *n (in insurance)* Police *f*, Polizze *f* ÖSTERR

policyholder *n* Versicherungsnehmer(in) *m(f)* **policy maker** *n* POL Parteiideologe *m*,

Parteiideologin *f* **policy-making** *n no pl* Politikgestaltung *f* **policy number** *n* Versicherungsnummer *f*, Polizzennummer *f* ÖSTERR **policy owner** *n* Versicherungsnehmer(in) *m(f)* **policy statement** *n* Aussage *f*

polio ['pəʊliəʊ] *n,* **poliomyelitis** [ˌpəʊliə(ʊ)maɪə'laɪtɪs] *n (spec)* Kinderlähmung *f*

polish ['pɒlɪʃ] I. *n* ① *(substance)* Politur *f;* **shoe** ~ Schuhcreme *f* ② *usu sing (act)* Polieren *nt kein pl* II. *vt (rub)* polieren ◆ **polish off** *vt* ① *(eat up) food* verdrücken *fam* ② *(deal with)* ■to ~ **off** ◯ **sth** etw schnell erledigen ◆ **polish up** *vt* aufpolieren; *(fig)* auffrischen

Polish ['pəʊlɪʃ] I. *n* Polnisch *nt* II. *adj* polnisch

polished ['pɒlɪʃt] *adj* ① *(gleaming)* glänzend *attr* ② *(showing great skill)* formvollendet

polite [pə'laɪt] *adj* ① *(courteous)* höflich ② *(cultured)* vornehm

politeness [pə'laɪtnəs] *n no pl* Höflichkeit *f*

political [pə'lɪtɪkᵊl] *adj* ① *(of politics)* politisch; ~ **leaders** politische Größen *pl* ② *esp* AM *(pej: tactical)* taktisch

political correctness *n no pl* politische Korrektheit

politically correct *adj* politisch korrekt

politician [ˌpɒlɪ'tɪʃᵊn] *n* Politiker(in) *m(f)*

politics ['pɒlətɪks] *npl* ① + *sing vb* Politik *f kein pl*; **global/local** ~ Welt-/Lokalpolitik *f kein pl* ② + *pl vb (political beliefs)* politische Ansichten *pl* ③ + *sing vb (within group)* **office** ~ Büroklüngelei *f pej*

poll [pəʊl] I. *n* ① *(public survey)* Erhebung *f;* **an opinion** ~ eine Meinungsumfrage ② *(voting places)* ■the ~**s** *pl* die Wahllokale *pl* ③ *(result of vote)* [Wähler]stimmen *pl* II. *vt* ① *(canvass in poll)* befragen ② *(receive)* **the party** ~**ed 67% of the vote** die Partei hat 67 % der Stimmen erhalten

pollen ['pɒlən] *n no pl* Blütenstaub *m;* ~ **count** Pollenflug *m kein pl*

polling booth *n* BRIT, AUS Wahlkabine *f* **polling card** *n* BRIT, AUS Wahlbenachrichtigung *f form* **polling day** *n no art* BRIT, AUS Wahltag *m* **polling place** *n* AM *see* **polling station polling station** *n* BRIT, AUS Wahllokal *nt*

pollutant [pə'luːtᵊnt] *n* Schadstoff *m*

pollute [pə'luːt] *vt* ① *(contaminate)* verschmutzen ② *(fig: corrupt)* besudeln *fig*, *pej*;

to ~ sb's mind jds Charakter verderben
polluter [pəˈluːtəʳ] n Umweltverschmutzer(in) m(f)
pollution [pəˈluːʃən] n no pl (polluting) Verschmutzung f; **air** ~ Luftverschmutzung f; **environmental** ~ Umweltverschmutzung f; **toxic** ~ Verseuchung f mit giftigen Substanzen
polo [ˈpəʊləʊ] n ❶ no pl SPORTS Polo nt ❷ (shirt) Polohemd nt
polo neck n Rollkragen m
polystyrene [ˌpɒlɪˈstaɪ(ə)riːn] n no pl BRIT, AUS Styropor® nt
polytechnic [ˌpɒlɪˈteknɪk] n esp BRIT Fachhochschule f
polythene [ˈpɒlɪθiːn] BRIT, AUS I. n no pl Polyäthylen nt II. adj sheet, wrap Polyäthylen-; ~ **bag** Plastiktüte f
polyunsaturated fats n, **polyunsaturates** [ˌpɒlɪʌnˈsætʃ(ə)reɪts] npl mehrfach ungesättigte Fettsäuren
polyurethane [ˌpɒlɪˈjʊərəθeɪn] n no pl Polyurethan nt
pomp [pɒmp] n no pl Pomp m, Prunk m
pompous [ˈpɒmpəs] adj ❶ (self-important) selbstgefällig ❷ (pretentious) language geschraubt pej
pond [pɒnd] n ❶ (body of water) Teich m ❷ (hum: Atlantic Ocean) ■ **the** ~ der große Teich
ponder [ˈpɒndəʳ] I. vt **to** ~ **sth** etw durchdenken II. vi nachdenken (**on** über); **he appeared to be ~ing deeply** er schien tief in Gedanken versunken; ■ **to** ~ **whether/why ...** sich fragen, ob/warum ...
ponderous [ˈpɒndərəs] adj (pej) ❶ (heavy and awkward) mühsam ❷ (laborious) schwerfällig
pong [pɒŋ] BRIT, AUS I. n (fam) Mief m pej II. vi (fam) ■ **to** ~ **of sth** nach etw dat miefen pej
pony [ˈpəʊnɪ] n (small horse) Pony nt
ponytail n Pferdeschwanz m; (braided) Zopf m
poodle [ˈpuːdl] n Pudel m
pool¹ [puːl] I. n ❶ (natural) Tümpel m ❷ (of liquid) Lache f; ~ **of blood** Blutlache f ❸ (construction) Becken nt; **ornamental** ~ Zierteich m; [**swimming**] ~ Schwimmbecken nt II. vi liquid sich stauen
pool² [puːl] I. n ❶ (supply) Pool m fachspr; **gene** ~ Erbmasse f ❷ no pl SPORTS Poolbillard

nt; **to shoot** ~ esp AM (fam) Poolbillard spielen ❸ pl BRIT ■ **the** ~**s** Toto nt o m II. vt zusammenlegen
pooped [puːpt] adj usu pred esp AM, AUS (fam) erledigt; **I'm ~!** bin ich geschafft!
poor [pɔːʳ] I. adj ❶ (lacking money) arm ❷ (inadequate) unzureichend, schlecht; attendance gering; **their French is still quite** ~ ihr Französisch ist noch ziemlich bescheiden; **to make a ~ job of sth** bei etw dat schlechte Arbeit leisten ❸ attr (deserving of pity) arm II. n ■ **the** ~ pl die Armen pl
poorly [ˈpɔːlɪ] I. adv ❶ (not rich) arm; ■ **to be ~ off** arm [dran] sein fam ❷ (inadequately) schlecht II. adj pred **to feel** ~ sich schlecht fühlen
pop¹ [pɒp] I. n no pl (music) Pop m II. adj attr ❶ (popular) populär; ~ **concert** Popkonzert nt; ~ **culture** Popkultur f; ~ **group** Popgruppe f; ~ **music** Popmusik f; ~ **singer** Popsänger(in) m(f); ~ **song** Popsong m; ~ **star** Popstar m ❷ (a. pej: popularized) populär
pop² [pɒp] n esp AM (esp childspeak fam) Papa m
pop³ [pɒp] I. n ❶ (noise) Knall m ❷ no pl (fam: effervescent drink) Brause f ❸ usu sing AM, AUS COMM (fam) ■ **a** ~ pro Stück II. adv **to go** ~ (make noise) einen Knall machen III. vi <-pp-> ❶ (make noise) knallen ❷ (burst) platzen ❸ (go quickly) ■ **to** ~ **out** hinausgehen; ■ **to** ~ **over** vorbeikommen IV. vt <-pp-> ❶ (burst) platzen lassen ❷ (put quickly) ~ **the pizza in the oven** schieb' die Pizza in den Ofen ▶ **to** ~ **one's clogs** BRIT (fam) den Löffel abgeben ◆ **pop in** vi vorbeischauen; **to keep ~ping in and out** dauernd rein und rauslaufen ◆ **pop off** vi ❶ (hum fam: die) abkratzen derb (fam: leave) abhauen ◆ **pop out** vi ❶ (come out) herausspringen ❷ (leave) kurz weg sein; ■ **to** ~ **out for sth** schnell etw besorgen ◆ **pop up** vi ❶ (appear unexpectedly) auftauchen; **to** ~ **up out of nowhere** aus dem Nichts auftauchen ❷ (in pop-up book) sich aufrichten
popcorn n no pl Popcorn nt
pope [pəʊp] n Papst m
poplar [ˈpɒpləʳ] n Pappel f
popper [ˈpɒpəʳ] n BRIT (fam) Druckknopf m
poppet [ˈpɒpɪt] n esp BRIT, AUS (fam) Schatz m; (form of address a.) Schätzchen nt

poppy ['pɒpi] *n* Mohn *m kein pl,* Mohnblume *f;* ~ **seed** Mohnsamen *m*

Der **Remembrance Sunday, Remembrance Day** oder auch **Poppy Day** ist der zweite Sonntag im November (zur Erinnerung an den Armistice Day am 11. November 1918) an dem aller Soldaten, die in den beiden Weltkriegen starben, in Gottesdiensten und Zeremonien gedacht wird. Die Leute tragen überall rote Mohnblumen aus Stoff, welche die auf den Schlachtfeldern von Flandern nach dem Ersten Weltkrieg blühenden Mohnblumen symbolisieren sollen. Um 11 Uhr wird immer ein zweiminütiges Schweigen eingehalten.

popular ['pɒpjələʳ] *adj* ❶ (*widely liked*) beliebt, populär; ■ **to be** ~ **with sb** bei jdm beliebt sein ❷ *attr* (*not high-brow*) populär; **the** ~ **press** die Massenmedien *pl* ❸ *attr* (*widespread*) weit verbreitet; **it is a** ~ **belief that …** viele glauben, dass …

popularity [,pɒpjʊ'lærəti] *n no pl* Beliebtheit *f,* Popularität *f*

population [,pɒpjə'leɪʃ⁰n] *n* ❶ *usu sing* (*inhabitants*) Bevölkerung *f kein pl;* **the civilian** ~ die Zivilbevölkerung ❷ *no pl* (*number of people*) Einwohnerzahl *f;* **a** ~ **of 1.2 million** 1,2 Millionen Einwohner ❸ BIOL Population *f fachspr,* Bestand *m;* **the deer** ~ der Hirschbestand

population density *n no pl* Bevölkerungsdichte *f* **population explosion** *n* Bevölkerungsexplosion *f*

populous ['pɒpjələs] *adj* (*form*) bevölkerungsreich; *region, area* dicht besiedelt

porcelain ['pɔːsəlɪn] *n no pl* Porzellan *nt*

porch <*pl* -es> [pɔːtʃ] *n* ❶ (*without walls*) Vordach *nt;* (*with walls*) Vorbau *m;* of a church Portal *nt* ❷ AM (*veranda*) Veranda *f*

porcupine ['pɔːkjəpaɪn] *n* Stachelschwein *nt*

pore¹ [pɔːʳ] *n* Pore *f*

pore² [pɔːʳ] *vi* brüten (**over** über); **to** ~ **over books** über Büchern hocken *fam;* **to** ~ **over a map/newspaper** eine Landkarte/Zeitung eingehend studieren

pork [pɔːk] *n no pl* Schweinefleisch *nt;* ~ **chop** Schweinekotelett *nt;* ~ **pie** Schweinefleischpastete *f*

pornographic [,pɔːnə'græfɪk] *adj* pornografisch, Porno-

pornography [pɔː'nɒgrəfi] *n no pl* Pornografie *f*

porous ['pɔːrəs] *adj* ❶ (*permeable*) porös ❷ (*not secure*) durchlässig

porpoise ['pɔːpəs] *n* Tümmler *m*

porridge ['pɒrɪdʒ] *n no pl* Porridge *m o nt,* Haferbrei *m;* ~ **oats** Haferflocken *pl*

port¹ [pɔːt] *n* ❶ (*harbour*) Hafen *m* ❷ (*town*) Hafenstadt *f*

port² [pɔːt] *n no pl* AVIAT, NAUT Backbord *nt* ÖSTERR *a. m*

port³ [pɔːt] *n* COMPUT Anschluss *m,* Port *m fachspr*

port⁴ [pɔːt] *n no pl* (*wine*) Portwein *m*

portable ['pɔːtəbl] *adj* tragbar; ~ **radio** Kofferradio *nt*

portacabin *n* BRIT Wohncontainer *m*

porter ['pɔːtəʳ] *n* ❶ (*baggage-carrier*) Gepäckträger *m;* (*on expedition*) Träger *m* ❷ *no pl* (*beer*) Porter *nt* ❸ *esp* BRIT (*doorkeeper*) Portier *m,* Portiersfrau *f*

portfolio [,pɔːt'fəʊliəʊ] *n* ❶ (*case*) Aktenmappe *f* ❷ (*of drawings, designs*) Mappe *f* ❸ POL (*ministerial position*) Geschäftsbereich *m*

portion ['pɔːʃ⁰n] I. *n* ❶ (*part*) Teil *m* ❷ (*share*) Anteil *m* ❸ (*serving*) Portion *f* II. *vt* ■ **to** ~ **out** ⊃ **sth** etw aufteilen

portly ['pɔːtli] *adj* (*esp hum*) korpulent

portrait ['pɔːtrɪt] *n* ❶ (*picture*) Porträt *nt,* Bildnis *nt;* **to paint a** ~ **of sb** jds Porträt malen ❷ (*fig: description*) Bild *nt*

portraitist ['pɔːtrɪtɪst] *n,* **portrait painter** *n* Porträtmaler(in) *m(f)*

portray [pɔː'treɪ] *vt* ❶ (*paint*) porträtieren ❷ (*describe*) darstellen

portrayal [pɔː'treɪəl] *n* Darstellung *f;* (*in literature*) Schilderung *f*

Portugal ['pɔːtʃəgəl] *n* Portugal *nt*

Portuguese [,pɔːtʃə'giːz] I. *n* ❶ <*pl* -> (*person*) Portugiese(in) *m(f)* ❷ *no pl* (*language*) Portugiesisch *nt* II. *adj* ❶ (*of Portugal*) portugiesisch ❷ (*of language*) *course, teacher* Portugiesisch-

pose [pəʊz] I. *n* ❶ (*bodily position*) Haltung *f,* Pose *f* ❷ *usu sing* (*pretence*) Getue *nt* II. *vi* ❶ (*adopt position*) posieren ❷ (*pretend*) ■ **to** ~ **as sth** sich als etw ausgeben III. *vt* (*cause*) aufwerfen; **to** ~ **a threat to sb/sth** eine Bedrohung für jdn/etw darstellen

poseable ['pəʊzəbl] *adj soft toy* beweglich; *doll* Glieder-

poser ['pəʊzə^r] *n* (*fam*) ❶ (*problem*) schwierige Frage ❷ (*pej: person*) Angeber(in) *m/f*
posh [pɒʃ] (*fam*) **I.** *adj* ❶ (*stylish*) vornehm, piekfein; ~ **car** Luxusschlitten *m fam* ❷ *esp* BRIT (*upper-class*) vornehm; **a ~ woman** eine feine Dame **II.** *adv* BRIT (*fam*) vornehm; **she talks dead ~** sie spricht so furchtbar gestelzt
position [pə'zɪʃ^ən] **I.** *n* ❶ (*place*) Platz *m*, Stelle *f*; *building* Lage *f* ❷ (*appointed place*) Platz *m*; **to be in ~** an seinem/ihrem Platz sein; **to get into ~** seinen/ihren Platz einnehmen ❸ (*in navigation*) Position *f*, Standort *m* ❹ (*posture*) Stellung *f*, Lage *f*; **lying/sitting ~** liegend/sitzend ❺ SPORTS (*in team*) [Spieler]position *f* ❻ (*rank*) Position *f*, Stellung *f* ❼ BRIT, AUS (*in race*) Platz *m* ❽ (*job*) Stelle *f* **II.** *vt* platzieren
positive ['pɒzətɪv] *adj* ❶ (*certain*) sicher, bestimmt; ■ **to be ~ about sth** sich *dat* einer S. gen sicher sein ❷ (*optimistic*) positiv; *criticism* konstruktiv ❸ MED positiv
positively ['pɒzətɪvli] *adv* ❶ (*definitely*) bestimmt; *say, promise* fest ❷ (*optimistically*) positiv ❸ (*fam: completely*) völlig, absolut
possess [pə'zes] *vt* ❶ (*own, have*) besitzen ❷ LAW (*carry illegally*) [illegal] besitzen ❸ (*fam: cause*) **what ~ed you?** was ist denn [bloß] in dich gefahren? ❹ *usu passive* (*control*) **to be ~ed by demons/the Devil** von Dämonen/vom Teufel besessen sein
possession [pə'zeʃ^ən] *n* ❶ *no pl* (*having*) Besitz *m*; ■ **to be in sb's ~** sich in jds *dat* Besitz befinden ❷ *usu pl* (*something owned*) Besitz *m kein pl* ❸ POL (*area of land*) Besitzung[en] *f[pl]* geh ❹ *no pl* SPORTS **to gain ~** in Ballbesitz gelangen
possessive [pə'zesɪv] *adj* ❶ (*not sharing*) eigen ❷ (*jealous*) besitzergreifend; **he's very ~ towards his wife** was seine Frau angeht, ist er sehr besitzergreifend ❸ LING (*showing possession*) possessiv
possibility [ˌpɒsə'bɪləti] *n* ❶ (*event or action*) Möglichkeit *f*; **there is every ~ that ...** es ist sehr wahrscheinlich, dass ... ❷ (*likelihood*) Möglichkeit *f*, Wahrscheinlichkeit *f*; **there's a ~ that ...** es kann sein, dass ... ❸ (*potential*) ■ **possibilities** *pl* Möglichkeiten *pl*
possible ['pɒsəbl] *adj* ❶ *usu pred* (*feasible*) möglich; **it's just not ~** das ist einfach nicht machbar; **as much/soon as ~** so viel/bald wie möglich ❷ (*that could happen*) möglich, vorstellbar
possibly ['pɒsəbli] *adv* ❶ (*feasibly*) **to do all that one ~ can** alles Menschenmögliche tun ❷ (*perhaps*) möglicherweise, vielleicht; **very ~** durchaus möglich
post [pəʊst] **I.** *n* ❶ (*pole*) Pfosten *m*, Pfahl *m*; **concrete/iron/wooden ~** Beton-/Eisen-/Holzpfosten *m* ❷ (*in a race*) ■ **the finishing ~** der Zielpfosten ❸ (*job, position*) Stelle *f*; *a.* MIL Posten *m* ❹ *no pl* BRIT (*mail*) Post *f*; **is there any ~ for me?** ist Post für mich da?; **by ~** mit der Post; **by return of ~** postwendend; **by separate ~** mit getrennter Post; **to come in the ~** mit der Post kommen; **parcel ~** Paketpost *f* **II.** *vt* ❶ (*send sth*) [per Post] schicken; (*at a post office*) aufgeben; (*in a post/pillar box*) werfen in +*akk* ❷ (*send sb*) versetzen; **she was ~ed to London** sie wurde nach London versetzt ❸ (*give notice*) [durch Aushang] bekannt geben ❹ (*stick*) ~ **no bills!** Plakate ankleben verboten!
post-9-11 ['pəʊstnaɪnɪˌlev^ən], **post-Sept. 11** ['pəʊstsep,tembə^rɪˌlev^ən] *adj* nach dem 11. September *nach n* (*bezieht sich auf die Zeit nach dem 11. September 2001, nach den Terrorangriffen auf New York und Washington*)
postage ['pəʊstɪdʒ] *n no pl* Porto *nt*; **~ paid** [porto]frei; **~ stamp** Postwertzeichen *nt*
postal ['pəʊst^əl] *adj attr* Post-, postalisch *geh*
post-apocalyptic [ˌpəʊstəˌpɒkə'lɪptɪk] *adj book/film setting, society* post-apokalyptisch
postbag *n* BRIT ❶ (*letters*) Zuschriften *pl* ❷ (*bag*) Postsack *m* **postbox** *n esp* BRIT, AUS Briefkasten *m* **postcard** *n* Postkarte *f* **postcode** *n* BRIT, AUS Postleitzahl *f*
post-date *vt* (*give later date*) vordatieren; **~d cheque** [*or* AM **check**] vordatierter Scheck
poster ['pəʊstə^r] *n* ❶ (*advertisement*) [Werbe]plakat *nt* ❷ (*large picture*) Poster *nt*
poste restante [ˌpəʊst'restɑ:nt] **I.** *n usu sing* Aufbewahrungs- und Abholstelle *f* für postlagernde Briefe und Sendungen; (*on envelopes*) '~' ,postlagernd' **II.** *adv* postlagernd, poste restante
post-free BRIT **I.** *adj* gebührenfrei **II.** *adv* portofrei, gebührenfrei
postgraduate I. *n* Postgraduierte(r) *f(m) fachspr*, Student(in) *m/f* im Aufbaustudium (*nach Erreichen des ersten akademischen*

Grades) **II.** *adj attr* weiterführend, Postgraduierten-

posting ['pəʊstɪŋ] *n esp* BRIT ❶ *(appointment to job)* Versetzung *f* ❷ *(location)* Ort, an den jd versetzt wird

postman *n* Postbote *m*, Briefträger *m*

postmark **I.** *n* Poststempel *m* **II.** *vt usu passive* ■ **to be ~ed** abgestempelt sein

post-mortem [ˌpəʊs(t)'mɔːtəm] **I.** *n* MED Autopsie *f* **II.** *adj attr* nach dem Tod *nach n,* postmortal

post-natal *adj* nach der Geburt *nach n,* postnatal *fachspr*

post office *n* Postamt *nt,* Post *f;* ■ **the P~O~** die Post *kein pl* **post office box** *n* Postfach *nt* **post-paid** *adj, adv* portofrei, gebührenfrei

postpone [pəʊs(t)'pəʊn] *vt* verschieben

postponement [pəʊs(t)'pəʊnmənt] *n* ❶ *(delay)* Verschiebung *f* ❷ *no pl (deferment)* Aufschub *m*

postscript *n* ❶ *(to a letter)* Postskript[um] *nt* ❷ *(to piece of writing)* Nachwort *nt*

posture ['pɒstʃə^r] **I.** *n* ❶ *no pl (natural)* [Körper]haltung *f,* Pose *f* ❷ *no pl (attitude)* Haltung *f* **(on** zu) **II.** *vi (pej)* sich in Pose werfen

postviral [ˌpəʊs(t)'vaɪrəl] *adj* MED postviral; ~ **[fatigue] syndrome** Erschöpfungssyndrom *nt*

post-war *adj* Nachkriegs-, der Nachkriegszeit *nach n;* ~ **Europe** Nachkriegseuropa *nt*

postwoman *n* Postbotin *f,* Briefträgerin *f*

pot[1] *n no pl (sl: hashish)* Pot *nt*

pot[2] [pɒt] **I.** *n* ❶ *(for cooking)* Topf *m* ❷ *(container)* Topf *m;* *(glass)* Glas *nt;* **coffee ~/tea~** Kaffee-/Teekanne *f* ❸ *(amount)* **a ~ of coffee/tea** eine Kanne Kaffee/Tee **II.** *vt* <-tt-> ❶ *(put in pot) plants* eintopfen ❷ SPORTS *(in billiards, snooker)* einlochen

potato <*pl* -es> [pə'teɪtəʊ] *n* Kartoffel *f,* Erdapfel *m* ÖSTERR; **baked ~** Ofenkartoffel *f;* **fried/roasted ~es** Brat-/Röstkartoffeln *pl;* **mashed ~[es]** Kartoffelbrei *m*

potato chips *npl* AM, AUS *see* **potato crisps**
potato crisps *npl* BRIT Kartoffelchips *pl*
potato masher *n* Kartoffelstampfer *m*
potato peeler *n* Kartoffelschäler *m*

potent ['pəʊtənt] *adj* ❶ *(strong)* mächtig; *antibiotic, drink* stark; *argument* schlagkräftig ❷ *(sexual)* potent

potential [pə(ʊ)'ten(t)ʃəl] **I.** *adj* potenziell geh, möglich **II.** *n no pl* Potenzial *nt geh;* **to have [a lot of] ~** *building, idea* [vollkommen] ausbaufähig sein; *person* [sehr] begabt sein

potentially [pə(ʊ)'ten(t)ʃəli] *adv* potenziell *geh;* ~ **disastrous/successful** möglicherweise verheerend/erfolgreich

pothole *n* ❶ *(in road)* Schlagloch *nt* ❷ *(underground hole)* Höhle *f*

pot luck *n no pl* Zufallstreffer *m*

pot roast *n* Schmorbraten *m*

potshot *n (with gun)* blinder Schuss; *(fig: verbal attack)* Seitenhieb *m*

potted ['pɒtɪd] *adj attr* ❶ *(in a pot)* Topf- ❷ *(preserved)* eingelegt

potter[1] ['pɒtə^r] *n (with clay)* Töpfer(in) *m(f)*

potter[2] ['pɒtə^r] *esp* BRIT **I.** *n no pl (stroll)* Bummel *m* **II.** *vi* bummeln

pottery ['pɒtəri] *n* ❶ *no pl (activity)* Töpfern *nt* ❷ *(objects)* Keramik *f kein pl*

potty ['pɒti] **I.** *adj esp* BRIT *(fam)* verrückt; ■ **to be ~ about sb/sth** nach jdm/etw verrückt sein **II.** *n* Töpfchen *nt*

pouch <*pl* -es> [paʊtʃ] *n* Beutel *m*

poultry ['pəʊltri] *n* Geflügel *nt;* ~ **farm** Geflügelfarm *f;* ~ **farming** Geflügelzucht *f*

pounce [paʊn(t)s] *vi* ❶ *(jump)* losspringen, einen Satz machen ❷ *(fig: seize opportunity)* zuschlagen

pound [paʊnd] **I.** *n* ❶ *(money)* Pfund *nt;* ~ **coin** Pfundmünze *f* ❷ *(weight)* ≈ Pfund *nt* *(454 g)* **II.** *vt* ❶ *(hit repeatedly)* ■ **to ~ sth** auf etw *akk* hämmern ❷ MIL *(bombard)* **to ~ the enemy positions/town** die feindlichen Stellungen/Stadt bombardieren **III.** *vi* ❶ *(strike repeatedly)* hämmern **(on** an/gegen) ❷ *(run noisily)* stampfen

pounding ['paʊndɪŋ] **I.** *n* ❶ *no pl (noise) of guns* Knattern *nt;* *of heart* Schlagen *nt;* *(in head)* Pochen *nt* ❷ *(attack)* Beschuss *m kein pl* **II.** *adj drum, music* dröhnend

pour [pɔː^r] **I.** *vt (cause to flow)* gießen **(into** in, **onto** auf); *drink* eingießen, einschenken; ~ **yourself a drink** nimm dir was zu trinken **II.** *vi* ❶ *(fill glasses, cups)* eingießen, einschenken ❷ *(flow)* fließen **(into** in, **out** aus) ❸ *impers (rain)* **it's ~ing [with rain]** es schüttet *fam* ◆ **pour in** *vi* hereinströmen, hineinströmen ◆ **pour out** **I.** *vt* ❶ *(serve from a container) liquids* ausgießen; *solids* ausschütten ❷ *(fig: recount)* **to ~ out one's worries** sich *dat* Sorgen von der Seele reden **II.** *vi* ❶ *(come out)* ausströmen ❷ *(be expressed) words* herauskommen *fig*

pout [paʊt] **I.** *vi* schmollen **II.** *n* Schmollmund *m*

poverty ['pɒvəti] *n no pl* ① *(state of being poor)* Armut *f* ② *(form: lack)* Mangel *m* (**of** an)

poverty-stricken *adj* bitterarm

powder ['paʊdəʳ] **I.** *n* ① *no pl* Pulver *nt*; ~ **snow** Pulverschnee *m* ② *no pl* (*make-up*) Puder *m* **II.** *vt* pudern; ■ **to be** ~**ed with sth** mit etw *dat* bestreut sein

powdered ['paʊdəd] *adj* ① *(in powder form)* Pulver-, pulverisiert ② *(covered with powder)* gepudert

powdery ['paʊdəri] *adj* pulvrig

power ['paʊəʳ] **I.** *n* ① *no pl (control)* Macht *f*; *(influence)* Einfluss *m*; **to have sb in one's ~** jdn in seiner Gewalt haben ② *no pl (political control)* Macht *f*; **to come to ~** an die Macht kommen; **executive/legislative ~** die exekutive/legislative Gewalt; **to seize ~** die Macht ergreifen ③ *(nation)* [Führungs]macht *f* ④ *(person, group)* Macht *f*; *(person a.)* treibende Kraft ⑤ *no pl (right)* Berechtigung *f* ⑥ *(authority)* ■ ~**s** *pl* Kompetenz[en] *f[pl]* ⑦ *no pl (ability)* Vermögen *nt*; **it is beyond my ~ to …** es steht nicht in meiner Macht, …; **to do everything in one's ~** alles in seiner Macht Stehende tun ⑧ *no pl (strength)* Kraft *f*; *(of sea, wind, explosion)* Gewalt *f*; *(of nation, political party)* Stärke *f*, Macht *f* ⑨ *no pl (emotion)* Intensität *f*; *of words* Macht *f* ⑩ *no pl (electricity)* Strom *m*, Elektrizität *f*; **nuclear ~** Atomenergie *f* ⑪ *no pl (output)* Leistung *f*, Kraft *f* ⑫ *no pl* MATH Potenz *f*; **two to the ~ [of] four** zwei hoch vier ▶ **the ~s that be** die Mächtigen **II.** *vt* antreiben

power-assisted *adj attr* Servo-; ~ **steering** Servolenkung *f* **powerboat** *n* Rennboot *nt* **power brakes** *npl* Servobremsen *pl* **power cable** *n* Stromkabel *nt* **power cut** *n* BRIT, AUS Stromausfall *m*

powerful ['paʊəfəl] *adj* ① *(mighty)* mächtig; *(influential)* einflussreich ② *(physically strong)* stark, kräftig ③ *(effect, influence)* stark ④ *(emotionally moving)* mitreißend ⑤ TECH, TRANSP leistungsstark

powerfully ['paʊəfəli] *adv* ① *(strongly)* stark ② *(using great force)* kraftvoll, mit Kraft

powerless ['paʊələs] *adj* machtlos (**against** gegen)

power line *n* Stromkabel *nt* **power pack** *n* ELEC ① *(source)* Leistungsaggregat *nt* ② *(transformer)* Netzgerät *nt* **power plant** *n* ① *esp* AM Kraftwerk *nt* ② TECH *(engine)* Triebwerk *nt* **power player** *n* jd, der seine Macht für politische oder wirtschaftliche Ziele einsetzt **power point** *n* BRIT, AUS Steckdose *f* **power station** *n* Kraftwerk *nt* **power steering** *n no pl* Servolenkung *f*

PR [ˌpiːˈɑːʳ] *n no pl* ① *abbrev of* **public relations** PR; **a ~ campaign/exercise** eine PR-Kampagne/PR-Maßnahme ② *abbrev of* **proportional representation** Verhältniswahlsystem *nt*

practicable ['præktɪkəbl] *adj (form)* durchführbar, machbar

practical ['præktɪkəl] **I.** *adj* ① *(not theoretical)* praktisch ② *(suitable)* praktisch; ■ **to be ~ for sth** sich zu etw *dat* eignen ③ *(approv: good at doing things)* praktisch [veranlagt] **II.** *n* praktische Prüfung

practically ['præktɪkəli] *adv* praktisch; **we're ~ home** wir sind fast zu Hause

practice ['præktɪs] **I.** *n* ① *no pl (preparation)* Übung *f*; ■ **to be out of/in ~** aus der/in Übung sein ② *(training session)* [Übungs]stunde *f*; SPORTS Training *nt* ③ *no pl (actual performance)* Praxis *f* ④ *(business)* Praxis *f* **II.** *vt* AM *see* **practise**

practiced *adj* AM *see* **practised**

practicing *adj attr* AM *see* **practising**

practise ['præktɪs] **I.** *vt* ① *(rehearse)* ■ **to ~ [doing] sth** etw üben; *(improve particular skill)* an etw *dat* arbeiten; **to ~ the flute** Flöte üben ② *(do regularly)* praktizieren ③ *(work in)* praktizieren **II.** *vi* ① *(improve skill)* üben; SPORTS trainieren ② *(work in a profession)* praktizieren

practised ['præktɪst] *adj* ① *(experienced)* erfahren; ■ **to be ~ in sth** in etw *dat* geübt sein ② *(form: obtained by practice)* gekonnt

practising ['præktɪsɪŋ] *adj attr* praktizierend

praise [preɪz] **I.** *vt* ① *(express approval)* loben ② *(worship)* **to ~ God/the Lord** Gott/den Herrn preisen *geh* **II.** *n no pl (approval)* Lob *nt*; **to heap ~ on sb** jdn mit Lob überschütten

praiseworthy ['preɪzˌwɜːði] *adj* lobenswert

pram [præm] *n* BRIT, AUS Kinderwagen *m*

prank [præŋk] *n* Streich *m*

prat [præt] **I.** *n* BRIT *(fam)* Trottel *m pej*; **to make a ~ of oneself** sich zum Narren machen **II.** *vi* <-tt-> BRIT *(fam)* ■ **to ~ about**

herumspinnen

prattle ['prætl] I. vi ① (*talk foolishly*) plappern; ② *to* ~ *away* ununterbrochen plappern ② (*talk at length*) labern *pej fam* II. *n no pl* (*foolish talk*) Geplapper *nt*

prawn [prɔ:n] *n* Garnele *f*, Krabbe *f fam;* ~ **cocktail** Krabbencocktail *m*

pray [preɪ] *vi* ① beten; **let us** ~ lasset uns beten ② (*fig: hope*) ■ *to* ~ *for sth* auf etw *akk* hoffen

prayer ['preə'] *n* Gebet *nt;* **to answer sb's** ~[**s**] jds Gebet[e] erhören; **to say a** ~ **for sb** für jdn beten; ~ **book** Gebetbuch *nt;* ~ **meeting** Gebetsstunde *f;* ~ **rug** Gebetsteppich *m;* ~ **wheel** Gebetsmühle *f*

praying mantis *n* Gottesanbeterin *f*

pre-9-11 ['pri:ˌnaɪnɪˌlevən], **pre-Sept. 11** ['pri:sepˌtembər'ɪˌlevən] *adj* vor dem 11. September *nach n* (*bezieht sich auf die Zeit vor dem 11. September 2001, nach den Terrorangriffen auf New York und Washington*)

preach [pri:tʃ] I. *vi* ① (*give a sermon*) predigen; ■ *to* ~ *to sb* vor jdm predigen ② (*pej: lecture*) ■ *to* ~ *at sb* jdm eine Predigt halten *fig* II. *vt to* ~ *a sermon* eine Predigt halten

preacher ['pri:tʃə'] *n* ① (*priest*) Geistliche(r) *f(m)*, Pfarrer(in) *m(f)* ② *esp* AM Prediger(in) *m(f)*

pre-arrange [ˌpri:ə'reɪndʒ] *vt usu passive* vorplanen

precarious [prɪ'keəriəs] *adj* (*hazardous*) gefährlich

precaution [prɪ'kɔ:ʃən] *n* Vorkehrung *f;* **fire** ~**s** Brandschutzmaßnahmen *pl*

precautionary [prɪ'kɔ:ʃənəri] *adj* Vorsichts-

precede [pri:'si:d] *vt* (*in space*) vorangehen; ■ *sb/sth is* ~*d by sb/sth* jd/etw geht jdm/etw voran

precedence ['presɪdəntˌs] *n no pl* ① (*priority*) Priorität *f;* **to give** ~ **to sb/sth** jdm/etw den Vorrang geben ② (*form: order of priority*) Rangordnung *f*

precedent ['presɪdənt] *n* ① (*example*) vergleichbarer Fall, Präzedenzfall *m geh;* **to set a** ~ einen Präzedenzfall schaffen ② *no pl* (*past procedure*) Tradition *f*

preceding [pri:'si:dɪŋ] *adj attr* vorhergehend, vorangegangen; **the** ~ **page** die vorige Seite; **the** ~ **year** das Jahr davor

precinct ['pri:sɪŋ(k)t] *n* ① (*boundaries*) ■ ~**s** *pl* Bereich *m* ② BRIT (*restricted traffic zone*) verkehrsberuhigte Zone; **pedestrian** ~ Fußgängerzone *f*

precious ['preʃəs] I. *adj* ① (*of great value*) wertvoll, kostbar; ■ *to be* ~ *to sb* jdm viel bedeuten; ~ **stone** Edelstein ② (*pej: affected*) *manner, style* geziert II. *adv* (*fam*) ~ **little** herzlich wenig

precipice ['presɪpɪs] *n* (*steep drop*) Abgrund *m;* (*cliff face*) Steilhang *m;* **to fall over a** ~ in einen Abgrund stürzen

précis ['preɪsi:] I. *n* <*pl* -> Zusammenfassung *f* II. *vt* (*form*) [kurz] zusammenfassen

precise [prɪ'saɪs] *adj* ① (*exact*) genau, präzise ② (*approv: careful*) sorgfältig; ■ *to be* ~ *about doing sth* etw sehr genau nehmen

precisely [prɪ'saɪsli] *adv* ① (*exactly*) genau, präzise ② (*just*) genau; ~ **because** eben wegen

preclude [prɪ'klu:d] *vt* (*form*) ausschließen

precocious [prɪ'kəʊʃəs] *adj* ① (*developing early*) frühreif; ~ **talent** frühe Begabung ② (*pej: maturing too early*) altklug

precociousness [prɪ'kəʊʃəsnəs] *n*, **precocity** [prɪ'kɒsəti] *n no pl* Frühreife *f*

preconceived [ˌpri:kən'si:vd] *adj* (*esp pej*) vorgefasst

preconception [ˌpri:kən'sepʃən] *n* (*esp pej*) vorgefasste Meinung

precondition [ˌpri:kən'dɪʃən] *n* Vorbedingung *f*, Voraussetzung *f*

pre-cook [ˌpri:'kʊk] *vt* vorkochen

predate [ˌpri:'deɪt] *vt* (*form*) zeitlich vorausgehen

predator ['predətə'] *n* (*animal*) Raubtier *nt;* (*bird*) Raubvogel *m*

predatory ['predətəri] *adj* Raub-, räuberisch

predecessor [ˌpri:dɪ'sesə'] *n* Vorgänger(in) *m(f)*

predestination [ˌpri:destɪ'neɪʃən] *n no pl* REL Vor[her]bestimmung *f*

predicament [prɪ'dɪkəmənt] *n* Notlage *f;* **to be in a** ~ sich in einer misslichen Lage befinden

predict [prɪ'dɪkt] *vt* vorhersagen; *sb's future* prophezeien

predictable [prɪ'dɪktəbl] *adj* ① (*foreseeable*) vorhersehbar, voraussagbar ② (*pej: not very original*) berechenbar

prediction [prɪ'dɪkʃən] *n* (*forecast*) Vorhersage *f*, Voraussage *f;* ECON, POL Prognose *f*

predominant [prɪ'dɒmɪnənt] *adj* vorherrschend, beherrschend; ■ *to be* ~ führend

predominate [prɪˈdɒmɪneɪt] *vi* ❶ (*be most important*) vorherrschen ❷ (*be more numerous*) überwiegen

prefab [ˈpriːfæb] (*fam*) **I.** *n short for* **prefabricated house** Fertighaus *nt* **II.** *adj short for* **prefabricated** vorgefertigt

prefabricate [ˌpriːˈfæbrɪkeɪt] *vt* vorfertigen

preface [ˈprefɪs] **I.** *n* ❶ (*introduction*) Einleitung *f* ❷ (*fig: preceding event*) ■ **as a** ~ als Einstieg **II.** *vt* ❶ (*provide with preface*) ■ **to** ~ **sth** eine Einleitung zu etw *dat* verfassen ❷ (*lead up to*) einleiten

prefect [ˈpriːfekt] *n* ❶ (*official*) Präfekt(in) *m(f)* ❷ *esp* BRIT, AUS SCH *Schüler, der die Jüngeren beaufsichtigen muss*

prefer <-rr-> [prɪˈfɜː^r] *vt* vorziehen, bevorzugen; **she ~s Daniel to his brother** sie mag Daniel lieber als seinen Bruder

preferable [ˈprefərəbl] *adj* besser

preferably [ˈprefərəbli] *adv* am besten, vorzugsweise

preference [ˈprefər^ən(t)s] *n* ❶ *no pl* (*priority*) Priorität *f*, Vorzug *m*; **to be given** ~ Vorrang haben ❷ *no pl* (*greater liking*) Vorliebe *f* (**for** für)

preferential [ˌprefəˈren(t)ʃ^əl] *adj attr* Vorzugs-, Präferenz-; **to get** ~ **treatment** bevorzugt behandelt werden

preferred [prɪˈfɜːd] *adj attr* bevorzugt, Lieblings-; **the** ~ **choice** die erste Wahl

prefix I. *n* <*pl* -es> [ˈpriːfɪks] ❶ LING Präfix *nt fachspr*, Vorsilbe *f* ❷ (*something prefixed*) Namensvorsatz *m* **II.** *vt* [ˌpriːˈfɪks] ■ **to** ~ **sth with sth** etw einer S. *dat* voranstellen

pregnancy [ˈpregnən(t)si] *n* Schwangerschaft *f*; ZOOL Trächtigkeit *f*; ~ **test** Schwangerschaftstest *m*

pregnant [ˈpregnənt] *adj woman* schwanger; *animal* trächtig; **she's eight months** ~ sie ist im achten Monat [schwanger]

preheat [ˌpriːˈhiːt] *vt* vorheizen

prehistoric [ˌpriː(h)ɪˈstɒrɪk] *adj* ❶ (*before written history*) prähistorisch ❷ (*pej fam: outdated*) steinzeitlich

prehistory [ˌpriːˈhɪstəri] *n no pl* Prähistorie *f geh*, Vorgeschichte *f*

prejudge [ˌpriːˈdʒʌdʒ] *vt* ■ **to** ~ **sb/sth** vorschnell ein Urteil über jdn/etw fällen

prejudice [ˈpredʒədɪs] **I.** *n* Vorurteil *nt* (**against** gegen); **racial** ~ Rassenvorurteil *nt* **II.** *vt* ❶ (*harm*) schädigen; **to** ~ **sb's chances** jds Chancen beeinträchtigen ❷ (*bias*) beeinflussen; ■ **to** ~ **sb against sb/sth** jdn gegen jdn/etw einnehmen

prejudiced [ˈpredʒədɪst] *adj* voreingenommen; **he is racially** ~ er hat Rassenvorurteile; ■ **to be** ~ **against sb/sth** Vorurteile gegen jdn/etw haben

prejudicial [ˌpredʒəˈdɪʃ^əl] *adj* (*form*) abträglich; ■ **to be** ~ **to sb/sth** jdm/etw abträglich sein

prelim [ˈpriːlɪm] *n short for* **preliminary** ❶ (*examination*) Vorprüfung *f* ❷ SPORTS Vorrunde *f*

preliminary [prɪˈlɪmɪn^əri] **I.** *adj attr* einleitend; (*preparatory*) vorbereitend; ~ **arrangements** Vorbereitungen *pl* **II.** *n* ❶ (*introduction*) Einleitung *f*; (*preparation*) Vorbereitung *f* ❷ SCH, UNIV Vorprüfung *f* ❸ SPORTS (*heat*) Vorrunde *f*

prelude [ˈpreljuːd] **I.** *n* ❶ *usu sing* (*preliminary*) Vorspiel *nt*, Auftakt *m* ❷ MUS Prélude *nt* **II.** *vt* einleiten

premarital [ˌpriːˈmærɪt^əl] *adj* vorehelich

premature [ˈpremətʃə^r] *adj* ❶ (*too early*) verfrüht, vorzeitig ❷ MED ~ **baby** Frühgeburt *f*

premeditated [ˌpriːˈmedɪteɪtɪd] *adj* vorsätzlich, geplant

premier [ˈpremiə^r] **I.** *n* Premierminister(in) *m(f)*; CAN, AUS Ministerpräsident(in) *m(f)* **II.** *adj attr* führend; **the** ~ **sports arena** das bedeutendste Stadion

première [ˈpremieə^r] **I.** *n* Premiere *f*, Uraufführung *f* **II.** *vt* uraufführen

premise I. *n* [ˈpremɪs] Prämisse *f geh*, Voraussetzung *f*; ■ **on the** ~ **that ...** unter der Voraussetzung, dass ... **II.** *vt* [prɪˈmaɪz] (*form: base*) basieren; ■ **to** ~ **sth on sth** etw auf etw *akk* [auf]bauen

premises [ˈpremɪsɪz] *npl* ❶ (*building[s]*) Gebäude *nt;* **school** ~ Schulgelände *nt;* **off the** ~ außerhalb des Gebäudes/Geländes ❷ (*personal property*) Land *nt*, Grundstück *nt*

premium [ˈpriːmiəm] **I.** *n* ❶ (*insurance payment*) [Versicherungs]prämie *f* ❷ (*extra charge*) Zuschlag *m;* ■ **a** ~ **on sth** ein Preisaufschlag auf etw *akk* ❸ (*bonus*) Prämie *f* **II.** *adj attr* ❶ (*high*) hoch ❷ (*top-quality*) Spitzen-

Premium Bond *n* BRIT Sparprämienanleihe *f*

premodern [ˌpriːˈmɒd^ən] *adj culture, society* prämodern; *way of life* althergebracht; *world* rückständig

preoccupation [priːˌɒkjəˈpeɪʃᵊn] n ❶ (dominant concern) Sorge f; **main ~** Hauptsorge f ❷ no pl (state of mind) ■ [a] **~ with sth** ständige [gedankliche] Beschäftigung mit etw dat

preoccupied [ˌpriːˈɒkjəpaɪd] adj ❶ (distracted) gedankenverloren ❷ (worried) besorgt

preoccupy <-ie-> [ˌpriːˈɒkjəpaɪ] vt ■ **to ~ sb** jdn [sehr stark] beschäftigen

pre-owned [ˈpriːoʊnd] adj AM AUTO short for **previously owned** car Gebraucht-

prep [prep] n no pl (fam) ❶ (preparation) Vorbereitung f ❷ BRIT SCH (homework) Hausaufgaben pl

prepaid [ˌpriːˈpeɪd] adj im Voraus bezahlt; **~ reply** frankierte Rückantwortkarte

preparation [ˌprepəˈreɪʃᵊn] n ❶ no pl (getting ready) Vorbereitung f; of food Zubereitung f; **to do a lot of/very little ~** [for sth] sich sehr gut/kaum [auf etw akk] vorbereiten; **in ~ for sth** als Vorbereitung auf etw akk ❷ (measures) ■ **~s** pl Vorbereitungen pl (for für); (precautions) Vorkehrungen pl ❸ (substance) Präparat nt, Mittel nt

preparatory [prɪˈpærətᵊri] adj vorbereitend attr, Vorbereitungs-; **to be ~** [to sth] als Vorbereitung [auf etw akk] dienen

prepare [prɪˈpeəʳ] I. vt ❶ (get ready) vorbereiten (for auf); **to ~ the way** [for sb/sth] den Weg [für jdn/etw] bereiten ❷ (make) zubereiten; **to ~ breakfast/dinner/lunch** das Frühstück/Abendessen/Mittagessen machen II. vi ■ **to ~ for sth** sich auf etw akk vorbereiten

prepared [prɪˈpeəd] adj ❶ pred (ready) bereit, fertig fam ❷ pred (willing) ■ **to be ~ to do sth** bereit sein, etw zu tun

prepay <-paid, -paid> [ˌpriːˈpeɪ] vt im Voraus bezahlen

prepayment [ˌpriːˈpeɪmənt] n Vorauszahlung f

preposition [ˌprepəˈzɪʃᵊn] n Verhältniswort nt, Präposition f

prep school n (fam) ❶ BRIT vorbereitende Privatschule für die Aufnahme an einer „Public School" (höheren Privatschule) ❷ AM vorbereitende [Privat]schule für die Aufnahme an einem College

pre-school [ˈpriːskuːl] I. n AM, AUS Kindergarten m II. adj attr vorschulisch, Vorschul-

prescribe [prɪˈskraɪb] vt ❶ (medical) ■ **to ~ sth** etw verschreiben; ■ **to be ~d sth** etw verschrieben bekommen ❷ (recommend) ■ **to ~ sth** [**to sb**] special diet [jdm] etw verordnen

prescription [prɪˈskrɪpʃᵊn] n ❶ (medical) Rezept nt (**for** für); **on ~** auf Rezept ❷ (form: rule) Vorschrift f (**for** für)

presence [ˈprezᵊn(t)s] n ❶ no pl (attendance) Anwesenheit f ❷ (approv: dignified bearing) Haltung f ❸ (supernatural) Gegenwart f kein pl

present¹ [ˈprezᵊnt] I. n ❶ no pl (now) ■ **the ~** die Gegenwart; **at ~** zurzeit, gegenwärtig ❷ no pl LING Präsens nt II. adj ❶ attr (current) derzeitig, gegenwärtig; **the ~ month** der laufende Monat ❷ attr (in attendance) anwesend; (existing) vorhanden

present² [ˈprezᵊnt] n Geschenk nt; **to get sth as a ~** etw geschenkt bekommen

present³ [prɪˈzent] vt ❶ (give formally) gift schenken; award, medal überreichen ❷ (hand over, show) vorlegen ❸ (put forward) präsentieren; argument anführen; suggestion unterbreiten ❹ (face, confront) **to ~ sb with a challenge** jdn vor eine Herausforderung stellen ❺ (form: introduce) ■ **to ~ sb** [**to sb**] jdn [jdm] vorstellen ❻ (compère) TV programme moderieren

presentable [prɪˈzentəbl] adj person vorzeigbar

presentation [ˌprezᵊnˈteɪʃᵊn] n ❶ (giving) Präsentation f; of a theory Darlegung f; of a dissertation, thesis Vorlage f ❷ (lecture, talk) Präsentation f (**on** zu) ❸ no pl (display) of photographs, works Ausstellung f

present-day adj usu attr heutig attr; **~ London** das heutige London

presently [ˈprezᵊntli] adv ❶ (soon) bald, gleich ❷ esp BRIT, AUS (now) zurzeit, gegenwärtig

preservation [ˌprezəˈveɪʃᵊn] I. n no pl ❶ (upkeep) Erhaltung f ❷ (conservation) Bewahrung f; of order Aufrechterhaltung f II. adj attr Konservierungs-

preservative [prɪˈzɜːvətɪv] n Konservierungsstoff m

preserve [prɪˈzɜːv] I. vt ❶ (maintain) erhalten; customs, tradition bewahren ❷ (conserve) konservieren; wood [mit Holzschutzmittel] behandeln II. n ❶ usu pl (food) Eingemachte(s) nt kein pl ❷ (domain) Domäne f; of a department Ressort nt ❸ esp AM (reserve) Reservat nt; **nature/wildlife ~**

Naturschutzgebiet *nt*
preserved [prɪˈzɜːvd] *adj* ❶(*maintained*) konserviert ❷ FOOD eingemacht, eingelegt
pre-shrunk [ˌpriːˈʃrʌŋk] *adj clothes* vorgewaschen
presidency [ˈprezɪdən(t)si] *n* Präsidentschaft *f*; (*of company*) Aufsichtsratsvorsitz *m*
president [ˈprezɪdənt] *n* Präsident(in) *m(f)*
presidential [ˌprezɪˈden(t)ʃəl] *adj* Präsidenten-; ~ **candidate** Präsidentschaftskandidat(in) *m(f)*
Presidents' Day *n no pl* AM *amerikanischer Feiertag am dritten Montag im Februar zum Gedenken an die Geburtstage von Washington und Lincoln*
press [pres] **I.** *n* <*pl* -es> ❶(*push*) Druck *m*; **at the** ~ **of a button** auf Knopfdruck ❷(*ironing*) Bügeln *nt kein pl* ❸(*news media, newspapers*) ■**the** ~ + *sing/pl vb* die Presse *f* ❹(*instrument*) Presse *f* **II.** *vt* ❶(*push*) **to** ~ **sth** [auf] etw *akk* drücken; **to** ~ **on the brake pedal** auf das Bremspedal treten ❷(*flatten*) zusammendrücken ❸(*extract juice from*) auspressen ❹(*iron*) bügeln ❺(*manufacture*) CD, *record* pressen ❻(*fig: urge, impel*) bedrängen; **to** ~ **sb into a role** jdn in eine Rolle hineindrängen ❼ LAW (*bring*) **to** ~ **charges** Anklage erheben (**against** gegen) **III.** *vi* ❶(*push*) drücken ❷(*be urgent*) drängen ◆ **press on** *vi* ■**to** ~ **on** [**with sth**] [mit etw *dat*] weitermachen; **to** ~ **on with one's journey** seine Reise fortsetzen
press agency *n* Presseagentur *f* **press campaign** *n* Pressekampagne *f* **press card** *n* Presseausweis *m* **press clipping** *n* Zeitungsausschnitt *m* **press conference** *n* Pressekonferenz *f* **press coverage** *n* ❶(*scale of reporting*) Berichterstattung *f* (*in der Presse*) ❷(*footage*) [Fernseh]übertragung *f* **press gallery** *n* Pressetribüne *f* **press gang I.** *n* (*hist*) Werber *pl fachspr* **II.** *vt* ■**to press-gang sb into doing sth** jdn [dazu] zwingen, etw zu tun
pressing [ˈpresɪŋ] **I.** *adj* (*urgent*) *issue, matter* dringend **II.** *n* (*manufacture of CD, record*) Pressung *f*
press office *n* Pressestelle *f* **press officer** *n* Pressereferent(in) *m(f)* **press photographer** *n* Pressefotografin) *m(f)* **press release** *n* Pressemitteilung *f*, Pressemeldung *f* **press report** *n* Pressebericht *m*

press stud *n* BRIT, AUS Druckknopf *m*
press-up *n* BRIT Liegestütz *m*
pressure [ˈpreʃəʳ] **I.** *n* ❶ *no pl* (*physical force*) Druck *m*; **to apply** ~ Druck ausüben ❷ *no pl* (*stress*) Druck *m*, Stress *m*, Belastung *f*; **to be under** ~ unter Druck stehen; **there is a lot of** ~ **on sb** jd hat Stress; **to put** ~ **on sb** jdn unter Druck setzen **II.** *vt esp* AM ■**to** ~ **sb to do sth** jdn dazu drängen, etw zu tun
pressure cooker *n* Schnellkochtopf *m* **pressure gauge** *n* Druckmesser *m* **pressure group** *n* Interessengruppe *f*
pressurize [ˈpreʃəraɪz] *vt* ❶(*control air pressure*) druckfest halten; ~**d cabin** Druckkabine *f* ❷(*persuade by force*) ■**to** ~ **sb to do sth** jdn [massiv] dazu drängen, etw zu tun
prestige [presˈtiːʒ] **I.** *n no pl* Prestige *nt*, Ansehen *nt* **II.** *adj* angesehen; *hotel* vornehm
prestigious [presˈtɪdʒəs] *adj* angesehen, Prestige-
presumably [prɪˈzjuːməbli] *adv* vermutlich
presume [prɪˈzjuːm] *vt* (*suppose, believe*) annehmen, vermuten; **to be** ~**d innocent** als unschuldig gelten; **I** ~ **so/not** ich denke ja/nein
presumption [prɪˈzʌmpʃən] *n* ❶(*assumption*) Annahme *f*, Vermutung *f* ❷ *no pl* (*form: arrogance*) Überheblichkeit *f*
presumptuous [prɪˈzʌmptʃʊəs] *adj person, behaviour* anmaßend, überheblich
pretence [prɪˈten(t)s] *n no pl* ❶(*false behaviour, insincerity*) Vortäuschung *f*; **under false** ~**s** *a.* LAW unter Vorspiegelung falscher Tatsachen; **to keep up a** ~ **of sth** etw vortäuschen ❷(*story, excuse*) Vorwand *m*
pretend [prɪˈtend] *vt* vorgeben, vortäuschen; **to** ~ **surprise** so tun, als ob man überrascht wäre; ■**to** ~ **to be sb/sth** so tun, als sei man jd/etw; **I'll just** ~ **that I didn't hear that** ich tue einfach so, als hätte ich das nicht gehört
pretense *n no pl esp* AM *see* **pretence**
pretentious [prɪˈten(t)ʃəs] *adj* (*pej*) großspurig
pretext [ˈpriːtekst] *n* Vorwand *m*; **on the** ~ **of doing sth** unter dem Vorwand, etw zu tun
prettification [ˌprɪtɪfɪˈkeɪʃən] *n* (*fig*) Ausschmückung *f*, verschönte Darstellung
pretty [ˈprɪti] **I.** *adj* (*attractive*) *person* hübsch; *thing* nett **II.** *adv* (*fam*) ❶(*fairly*)

ziemlich; ~ **good** (*fam*) ganz gut ❷ (*almost*) ~ **well everything** beinah alles; ~ **much** fast **III.** *vt* ■**to** ~ **oneself** ⊃ sich zurechtmachen; ■**to** ~ **up** ⊃ sth etw verschönern

prevailing [prɪˈveɪlɪŋ] *adj attr wind* vorherrschend; *weather* derzeit herrschend; **under the** ~ **circumstances** unter den gegebenen Umständen

prevent [prɪˈvent] *vt* verhindern; *crime* verhüten; MED vorbeugen; ■**to** ~ **sb/sth [from] doing sth** jdn/etw daran hindern, etw zu tun

prevention [prɪˈven(t)ʃən] *n no pl of accident* Vermeidung *f*; *of crime* Verhütung *f*; *of disaster* Verhinderung *f*; *of disease* Vorbeugung *f*

preventive [prɪˈventɪv] *adj* vorbeugend, Präventiv-; ■**to be** ~ zur Vorbeugung dienen

preview [ˈpriːvjuː] *n of a film, play* Vorpremiere *f*; (*trailer*) Vorschau *f*; *of an exhibition* Vernissage *f*

previous [ˈpriːvɪəs] *adj attr* ❶ (*former*) vorig, vorausgegangen; (*prior*) vorherig; ~ **conviction** Vorstrafe *f* ❷ (*preceding*) vorig, vorhergehend; **on the** ~ **day** am Tag davor

previously [ˈpriːvɪəslɪ] *adv* (*beforehand*) zuvor, vorher

prey [preɪ] **I.** *n no pl* Beute *f a. fig* **II.** *vi* ■**to** ~ **on sth** Jagd auf etw *akk* machen; ■**to** ~ **on sb** jdn ausnutzen

price [praɪs] **I.** *n* Preis *m*; **to pay a [heavy/ small]** ~ einen [hohen/geringen] Preis zahlen **II.** *vt* ■**to** ~ **sth** (*mark with price*) etw auszeichnen

price bracket *n* Preisklasse *f* **price control** *n* Preiskontrolle *f* **price cutting** *n* [plötzliche] Preissenkung **price label** *n* Preisschild *nt*

priceless [ˈpraɪsləs] *adj* ❶ (*invaluable*) unbezahlbar, von unschätzbarem Wert *nach n* ❷ (*fig fam: funny*) köstlich

price list *n* Preisliste *f* **price tag** *n*, **price ticket** *n* ❶ (*label*) Preisschild *nt* ❷ (*fam: cost*) Preis *m* (**for** für)

pricey [ˈpraɪsɪ] *adj* (*fam*) teuer

prick [prɪk] **I.** *n* ❶ (*act of piercing*) Stechen *nt*; (*pierced hole, mark*) Stich *m* ❷ (*sharp pain*) Stich *m* **II.** *vt* stechen; **to** ~ **a potato with a fork** eine Kartoffel mit einer Gabel einstechen

prickle [ˈprɪkl] **I.** *n* ❶ (*thorn*) *of plant* Dorn *m*; *of animal* Stachel *m* ❷ (*sensation*) *by beard, wool* Kratzen *nt* **II.** *vi of beard, wool* jucken, kratzen

prickly [ˈprɪklɪ] *adj* ❶ (*thorny*) stachelig ❷ (*scratchy*) kratzig ❸ (*fam: easily offended*) *person* [leicht] reizbar

pricy *adj see* **pricey**

pride [praɪd] **I.** *n* ❶ *no pl* (*satisfaction*) Stolz *m* ❷ *no pl* (*arrogance*) Hochmut *m*, Überheblichkeit *f* ❸ (*animal group*) **a** ~ **of lions** ein Rudel *nt* Löwen **II.** *vt* ■**to** ~ **oneself on sth** auf etw *akk* [besonders] stolz sein

priest [priːst] *n* Priester *m*

priesthood [ˈpriːsthʊd] *n no pl* ❶ (*position, office*) Priestertum *nt* ❷ (*body of priests*) Priesterschaft *f*

primarily [praɪˈmerəlɪ] *adv* vorwiegend, hauptsächlich

primary [ˈpraɪmərɪ] **I.** *adj* ❶ (*principal*) primär *geh*, Haupt-; ~ **concern** Hauptanliegen *nt* ❷ (*not derivative*) roh gewonnen, Roh- ❸ *esp* BRIT, AUS (*education*) Grundschul[s]-; ~ **school** Grundschule *f* **II.** *n* AM POL (*election*) Vorwahl *f*

prime [praɪm] **I.** *adj attr* ❶ (*main*) wesentlich, Haupt-; ~ **of importance** von äußerster Wichtigkeit; ~ **objective** oberstes Ziel ❷ (*best*) erstklassig **II.** *n no pl* Blütezeit *f fig*; **to be in one's** ~ im besten Alter sein **III.** *vt* ❶ (*prepare*) vorbereiten ❷ TECH, MIL (*for exploding*) scharf machen; *canvas, metal, wood* grundieren

prime minister *n* Premierminister(in) *m(f)*

prime number *n* Primzahl *f*

primer[1] [ˈpraɪmə^r] *n* (*paint*) Grundierfarbe *f*

primer[2] [ˈpraɪmə^r] *n* SCH (*dated*) Fibel *f*

prime time *n* Hauptsendezeit *f*

primitive [ˈprɪmɪtɪv] *adj* ❶ (*early stage*) primitiv; ZOOL urzeitlich ❷ (*pej: simple*) primitiv

primrose [ˈprɪmrəʊz] *n* [gelbe] Schlüsselblume

Primus® [ˈpraɪməs] *n*, **Primus stove**® *n* Campingkocher *m*

prince [prɪn(t)s] *n* (*royal*) Prinz *m*; (*head of principality*) Fürst *m*

princess <*pl* -**es**> [prɪnˈses] *n* Prinzessin *f*

principal [ˈprɪn(t)səpl] **I.** *adj attr* (*most important*) Haupt-, hauptsächlich; **one of the** ~ **towns** eine der bedeutendsten Städte **II.** *n* ❶ AM, AUS SCH Direktor(in) *m(f)* ❷ MUS Solist(in) *m(f)*

principle [ˈprɪn(t)səpl] *n* ❶ (*basic concept*)

Prinzip *nt;* **basic** ~ Grundprinzip *nt* ❷ *(fundamental)* Grundlage *f* ❸ *(approv: moral code)* Prinzip *nt*
print [prɪnt] **I.** *n* ❶ *(lettering)* Gedruckte(s) *nt;* **the small** ~ das Kleingedruckte ❷ *no pl (printed form)* Druck *m;* **to appear in** ~ veröffentlicht werden; **to be in/out of** ~ erhältlich/vergriffen sein ❸ *(printed media)* ■ **in** ~ in der Presse ❹ *(photo)* Abzug *m;* *(film)* Kopie *f; (reproduction)* Kopie *f; (copy of artwork)* Druck *m* ❺ *(pattern)* [Druck]muster *nt;* **floral** ~ Blumenmuster *nt* ❻ *(footprint)* Fußabdruck *m; (fam: fingerprint)* Fingerabdruck *m* **II.** *vt* ❶ TYPO drucken; **to** ~ **a magazine/newspaper** eine Zeitschrift/Zeitung herausgeben ❷ PUBL veröffentlichen; *(in magazine, newspaper)* abdrucken ❸ COMPUT etw ausdrucken ❹ PHOT abziehen ❺ *(on fabric)* bedrucken; ~**ed by hand** handbedruckt ❻ *(write by hand)* in Druckschrift schreiben **III.** *vi* ❶ *(be in preparation)* sich im Druck befinden ❷ *(make copy)* drucken ❸ *(write in unjoined letters)* in Druckschrift schreiben

printer ['prɪntər] *n* ❶ *(person)* Drucker(in) *m(f)* ❷ *(machine)* Drucker *m;* ~ **driver** Druckertreiber *m*

printing ['prɪntɪŋ] *n* ❶ *no pl (act)* Drucken *nt* ❷ *(print run)* Auflage *f* ❸ *no pl (handwriting)* Druckschrift *f*

printing press *n* Druckerpresse *f*

printout *n* Ausdruck *m*

print run *n* ❶ TYPO Auflage *f* ❷ COMPUT Drucklauf *m*

prior[1] ['praɪər] **I.** *adv* ■ ~ **to sth** vor etw *dat* **II.** *adj attr (earlier)* frühere(r, s), vorherige(r, s); ~ **engagement** vorher getroffene Verabredung **III.** *n* AM *(prior conviction)* Vorstrafe *f*

prior[2] ['praɪər] *n (of abbey/priory)* Prior *m*

priority [praɪˈɒrəti] **I.** *n* ❶ *(deserving greatest attention)* vorrangige Angelegenheit; **first/top** ~ Angelegenheit *f* von höchster Priorität; **my first** ~ **is to find somewhere to live** für mich ist es vorrangig, eine Wohnung zu finden; **to get one's priorities right** seine Prioritäten richtig setzen ❷ *no pl (great importance)* Priorität *f* ❸ *no pl (precedence)* Vorrang *m;* **to give** ~ **to sb/sth** jdm/etw den Vorzug geben ❹ *no pl (right of way)* Vorfahrt *f* **II.** *adj* ❶ *(urgent)* task vordringlich; ~ **mail** AM Expresszustellung *f* ❷ *(preferential)* vorrangig

priory ['praɪəri] *n* Priorat *nt*

prise [praɪz] *vt esp* BRIT, AUS ■ **to** ~ **sth open** etw [mit einem Hebel] aufbrechen; **to** ~ **sb's hand open** jds Hand [mit Gewalt] öffnen

prism ['prɪzəm] *n* Prisma *nt*

prison ['prɪzən] *n* Gefängnis *nt a. fig;* **to be in** ~ im Gefängnis sitzen; **to go to** ~ ins Gefängnis kommen

prison camp *n (for POWs)* [Kriegs]gefangenenlager *nt; (for political prisoners)* Straflager *nt* **prison cell** *n* Gefängniszelle *f*

prisoner ['prɪzənər] *n* Gefangene(r) *f(m) a. fig,* Häftling *m;* **to hold sb** ~ jdn gefangen halten; **to take sb** ~ jdn gefangen nehmen

prissy ['prɪsi] *adj (pej)* person zickig *fam*

privacy ['prɪvəsi] *n no pl* ❶ *(personal realm)* Privatsphäre *f* ❷ *(time alone)* Zurückgezogenheit *f*

private ['praɪvɪt] **I.** *adj* ❶ *(personal, not open to public)* privat, Privat- ❷ *(confidential)* vertraulich ❸ *(not social)* zurückhaltend, introvertiert **II.** *n* ❶ *no pl (not in public)* ■ **in** ~ privat, LAW unter Ausschluss der Öffentlichkeit ❷ *(soldier)* Gefreiter *m*

privately ['praɪvɪtli] *adv* ❶ *(not in public)* privat; **to speak** ~ **with sb** mit jdm unter vier Augen sprechen ❷ *(secretly)* heimlich, insgeheim

privatization [ˌpraɪvɪtaɪˈzeɪʃən] *n no pl* Privatisierung *f*

privatize ['praɪvɪtaɪz] *vt* privatisieren

privilege ['prɪvəlɪdʒ] *n* ❶ *(special right)* Privileg *nt,* Vorrecht *nt* ❷ *(honour)* Ehre *f* ❸ *no pl (advantage)* Privileg *nt,* Sonderrecht *nt*

privileged ['prɪvəlɪdʒd] *adj* ❶ privilegiert ❷ LAW communication, information vertraulich

prize [praɪz] **I.** *n* ❶ *(sth won)* Preis *m; (in lottery)* Gewinn *m* ❷ *(reward)* Lohn *m* **II.** *adj attr (prize-winning)* preisgekrönt **III.** *vt* schätzen; ■ **to** ~ **sth above sth** etw über etw *dat* stellen

prize-giving *n* Preisverleihung *f* **prize list** *n* Gewinnerliste *f* **prize money** *n no pl* Geldpreis *m;* SPORTS Preisgeld *nt* **prizewinner** *n* Gewinner(in) *m(f)* **prize-winning** *adj attr* preisgekrönt

pro[1] [prəʊ] *(fam)* **I.** *n* Profi *m* **II.** *adj attr* Profi-

pro[2] [prəʊ] **I.** *adv* dafür **II.** *n* Pro *nt;* ■ **the** ~**s of sth** die Vorteile *pl* einer S. *gen;* **the** ~**s**

and cons of sth das Pro und Kontra einer S. gen **III.** *prep* (*in favour of*) für +*akk* **IV.** *adj* pro-; **a measure's ~ arguments** die Argumente *pl* für eine Maßnahme

probability [ˌprɒbəˈbɪləti] *n* Wahrscheinlichkeit *f;* **high/strong ~** hohe/große Wahrscheinlichkeit

probable [ˈprɒbəbl] **I.** *adj* wahrscheinlich **II.** *n* Kandidat(in) *m(f)*

probation [prə(ʊ)ˈbeɪʃ⁰n] *n no pl* ❶ (*trial period*) Probezeit *f;* **to be on ~** Probezeit haben ❷ LAW Bewährung *f;* **to be [out] on ~** auf Bewährung [draußen] sein

probe [prəʊb] **I.** *vi* ❶ (*investigate*) forschen (**for** nach) ❷ (*physically search*) Untersuchungen durchführen **II.** *vt* ❶ (*investigate*) untersuchen; *mystery* ergründen ❷ MED untersuchen **III.** *n* ❶ (*investigation*) Untersuchung *f;* **~ into a murder/scandal** Untersuchung *f* eines Mordes/Skandals ❷ MED Sonde *f*

probiotic [prəʊbaɪˈɒtɪk] *adj bacteria* probiotisch

problem [ˈprɒbləm] *n* ❶ (*difficulty*) Schwierigkeit *f,* Problem *nt;* **it's not my ~!** das ist [doch] nicht mein Problem!; **what's your ~?** was ist [mit dir] los?; **no ~** (*sure*) kein Problem; (*don't mention it*) keine Ursache ❷ (*task*) Aufgabe *f* ❸ MATH [Rechen]aufgabe *f,* Problem *nt*

problematic(al) [ˌprɒbləˈmætɪk(⁰l)] *adj* ❶ (*difficult*) problematisch ❷ (*questionable*) fragwürdig

procedure [prəˈ(ʊ)siːdʒəʳ] *n* ❶ (*particular course of action*) Verfahren *nt;* **standard ~** übliche Vorgehensweise ❷ (*operation*) Vorgang *m* ❸ LAW Verfahren *nt,* Prozess *m*

proceed [prəˈ(ʊ)siːd] *vi* ❶ (*form*) ❶ (*make progress*) fortschreiten, vorangehen ❷ (*advance*) vorrücken ❸ (*continue*) fortfahren ❹ ■**to ~ from sth** von etw *dat* kommen

proceeding [prəˈ(ʊ)siːdɪŋ] *n* ❶ (*action*) Vorgehen *nt kein pl;* (*manner*) Vorgehensweise *f* ❷ LAW ■**~s** *pl* Verfahren *nt* ❸ (*event*) ■**~s** *pl* Veranstaltung *f*

proceeds [ˈprəʊsiːdz] *npl* Einnahmen *pl*

process [ˈprəʊses] **I.** *n* <*pl* -es> ❶ (*set of actions*) Prozess *m* ❷ (*method*) Verfahren *nt* ❸ *no pl* (*going on*) Verlauf *m* **II.** *vt* ❶ (*deal with*) bearbeiten; ■**to ~ sb** jdn abfertigen ❷ COMPUT verarbeiten ❸ (*treat*) behandeln; *food* haltbar machen, konservieren

processing [ˈprəʊsesɪŋ] *n no pl* ❶ (*dealing with*) *of application* Bearbeitung *f* ❷ (*treatment*) TECH Weiterverarbeitung *f* ❸ COMPUT Verarbeitung *f*

procession [prəˈseʃ⁰n] *n* ❶ (*line*) Umzug *m;* REL Prozession *f;* **funeral ~** Trauerzug *m* ❷ (*fig: group*) Schlange *f*

proclaim [prə(ʊ)ˈkleɪm] *vt* ❶ (*form: announce*) verkünden ❷ (*liter: signify*) zum Ausdruck bringen

prod [prɒd] **I.** *n* ❶ (*tool*) Ahle *f;* **cattle ~** [elektrischer] Viehtreibstab ❷ (*poke*) Schubs *m fam,* [leichter] Stoß **II.** *vt* <-dd-> (*poke*) stoßen; **to ~ a cow with a stick** eine Kuh mit einem Stock vorwärtstreiben

produce I. *vt* [prəˈdjuːs] ❶ (*make*) herstellen, produzieren; *coal, oil* fördern; *electricity* erzeugen ❷ (*bring about*) bewirken, hervorrufen ❸ FILM, MUS produzieren **II.** *vi* [prəˈdjuːs] ❶ (*bring results*) Ergebnisse erzielen; ECON einen Gewinn erwirtschaften ❷ (*give output*) produzieren **III.** *n* [ˈprɒdjuːs] *no pl* ❶ AGR Erzeugnisse *pl,* Produkte *pl* ❷ AM (*fruit and vegetables*) Obst *nt* und Gemüse *nt*

producer [prəˈdjuːsəʳ] *n* ❶ (*manufacturer*) Hersteller *m,* Produzent *m;* AGR Erzeuger *m* ❷ FILM, TV Produzent(in) *m(f)*

product [ˈprɒdʌkt] *n* ❶ (*sth produced*) Produkt *nt,* Erzeugnis *nt* ❷ (*result*) Ergebnis *nt* ❸ MATH Produkt *nt*

production [prəˈdʌkʃ⁰n] *n* ❶ *no pl* (*process*) Produktion *f,* Herstellung *f; of coal* Förderung *f; of energy* Erzeugung *f* ❷ *no pl* (*yield*) Produktion *f* ❸ *no pl* FILM, TV Produktion *f;* THEAT Inszenierung *f*

production costs *npl* Produktionskosten *pl*
production line *n* Fließband *nt* **production manager** *n* Produktionsleiter(in) *m(f)*
production values *n pl* FILM, TV Produktionsqualität *f*

productive [prəˈdʌktɪv] *adj* ❶ (*with large output*) produktiv; *land, soil* fruchtbar ❷ (*profitable*) *business* rentabel

productivity [ˌprɒdʌkˈtɪvəti] *n no pl* ❶ (*output*) Produktivität *f;* **~ agreement** Produktivitätsvereinbarung *f;* **~ bonus** Leistungszulage *f* ❷ (*effectiveness*) Effektivität *f*

profess [prəˈfes] *vt* ❶ (*claim*) erklären; (*insistently*) beteuern ❷ (*affirm*) sich zu etw *dat* bekennen

professed [prəˈfest] *adj attr* ❶ (*openly*

declared) Marxist erklärt ❷ (*alleged*) angeblich

profession [prəˈfeʃ^ən] *n* ❶ (*field of work*) Beruf *m;* **teaching** ~ Lehrberuf *m* ❷ (*body of workers*) Berufsstand *m*

professional [prəˈfeʃ^ən^əl] **I.** *adj* ❶ (*of a profession*) beruflich, Berufs- ❷ (*not tradesman*) freiberuflich, akademisch ❸ (*expert*) fachmännisch ❹ (*approv: businesslike*) professionell **II.** *n* ❶ (*not an amateur*) Fachmann *m,* Fachfrau *f;* SPORTS Profi *m fam* ❷ (*not a tradesman*) Akademiker(in) *m(f)*

professor [prəˈfesə^r] *n* UNIV Professor(in) *m(f);* AM *a.* (*lecturer*) Dozent(in) *m(f)*

proficiency [prəˈfɪʃ^ən(t)si] *n no pl* Tüchtigkeit *f,* Können *nt;* ~ **in a language** Sprachkenntnisse *pl*

proficient [prəˈfɪʃ^ənt] *adj* fähig, tüchtig; **to be** ~ **in a language** eine Sprache beherrschen

profile [ˈprəʊfaɪl] **I.** *n* ❶ (*side view*) Profil *nt* ❷ (*description*) Porträt *nt fig* ❸ (*public image*) **to raise sb's** ~ jdn hervorheben ▸**to keep a low** ~ sich zurückhalten **II.** *vt* ❶ (*write*) porträtieren *fig* ❷ (*draw*) im Profil zeichnen

profit [ˈprɒfɪt] **I.** *n* ❶ (*money earned*) Gewinn *m;* **gross/net** ~ Brutto-/Reingewinn *m* ❷ (*advantage*) Nutzen *m* **II.** *vi* ❶ (*gain financially*) profitieren (**by/from** von), Gewinn machen ❷ (*benefit*) profitieren (**by/from** von)

profitability [ˌprɒfɪtəˈbɪləti] *n no pl* Rentabilität *f*

profitable [ˈprɒfɪtəbl] *adj* ❶ (*in earnings*) Gewinn bringend, rentabel, profitabel ❷ (*advantageous*) nützlich, vorteilhaft

profiteering [ˌprɒfɪˈtɪərɪŋ] *n no pl* ❶ (*profitseeking*) Geschäftemacherei *f pej* ❷ (*selling at too high prices*) Wucher *m pej*

profit margin *n* Gewinnspanne *f* **profit-sharing** *n no pl* Gewinnbeteiligung *f* **profit-taking** *n no pl* Gewinnmitnahme *f*

profound [prəˈfaʊnd] *adj* ❶ (*extreme*) tief gehend; *change* tief greifend ❷ (*strongly felt*) tief, heftig

program [ˈprəʊgræm] **I.** *n* ❶ COMPUT Programm *nt* ❷ *esp* AM, AUS *see* **programme II.** *vt* <-mm-> ❶ COMPUT programmieren ❷ *esp* AM, AUS *see* **programme**

programer *n* AM *see* **programmer**

programmable [prəˈʊˈgræməbl] *adj* programmierbar

programme [ˈprəʊgræm] **I.** *n* ❶ RADIO, TV Programm *nt; (single broadcast)* Sendung *f* ❷ (*list of events*) Programm *nt* ❸ (*plan*) Programm *nt,* Plan *m* **II.** *vt* <-mm-> programmieren; ▪**to** ~ **sb to do sth** jdn darauf programmieren, etw zu tun

programmer [ˈprəʊgræmə^r] *n* ❶ (*operator*) Programmierer(in) *m(f)* ❷ (*component*) Programmiergerät *nt*

programming [ˈprəʊgræmɪŋ] *n no pl* ❶ COMPUT Programmieren *nt* ❷ RADIO, TV Programmgestaltung *f*

progress I. *n* [ˈprəʊgres] *no pl* ❶ (*onward movement*) Vorwärtskommen *nt;* **to make slow/good** ~ langsam/gut vorwärtskommen ❷ (*development*) Fortschritt *m* ❸ (*to be going*) **to be in** ~ im Gange sein **II.** *vi* [prəˈʊˈgres] ❶ (*develop*) Fortschritte machen; **how's the work** ~**ing?** wie geht's mit der Arbeit voran? ❷ (*move onward*) *in space* vorankommen; *in time* fortschreiten

progressive [prəˈʊˈgresɪv] **I.** *adj* ❶ (*gradual*) fortschreitend; (*gradually increasing*) zunehmend ❷ (*reformist, forward-looking*) progressiv; POL fortschrittlich ❸ LING (*verb form*) ~ **form** Verlaufsform *f* **II.** *n* ❶ (*reformist*) Progressive(r) *f(m)* ❷ LING ▪**the** ~ die Verlaufsform

prohibit [prəˈʊˈhɪbɪt] *vt* ❶ (*forbid*) verbieten; **to be** ~**ed by law** gesetzlich verboten sein; ▪**to** ~ **sb from doing sth** jdm verbieten, etw zu tun ❷ (*prevent*) verhindern

prohibition [ˌprəʊ(h)ɪˈbɪʃ^ən] *n* ❶ (*ban*) Verbot *nt* ❷ *no pl* (*banning*) Verbieten *nt*

prohibitive [prəˈʊˈhɪbətɪv] *adj* ❶ (*too expensive*) *price* unerschwinglich ❷ (*prohibiting*) ~ **measures** Verbotsmaßnahmen *pl*

project I. *n* [ˈprɒdʒekt] ❶ (*undertaking*) Projekt *nt* ❷ (*plan*) Plan *m* **II.** *vt, vi* [prəˈʊˈdʒekt] ❶ (*forecast*) vorhersagen ❷ (*propel*) schleudern ❸ *slides, film* projizieren (**onto** auf) **III.** *vi* [prəˈʊˈdʒekt] ❶ (*protrude*) hervorragen, [hinaus]ragen (**over** über) ❷ THEAT *voice* laut und deutlich sprechen

projection [prəˈʊˈdʒekʃ^ən] *n* ❶ (*forecast*) Prognose *f; of expenses* Voranschlag *m* ❷ (*protrusion*) Vorsprung *m*

projectionist [prəˈʊˈdʒekʃ^ənɪst] *n* Filmvorführer(in) *m(f)*

projector [prə(ʊ)'dʒektə^r] n Projektor m

prolific [prə(ʊ)'lɪfɪk] adj ① (*productive*) produktiv ② (*producing many offspring*) fruchtbar ③ pred (*abundant*) ■ **to be ~** in großer Zahl vorhanden sein

prolog n AM see **prologue**

prologue ['prəʊlɒg] n ① (*introduction*) Vorwort nt ② (*fig fam: preliminary event*) Vorspiel nt (**to** zu)

prolong [prə(ʊ)'lɒŋ] vt verlängern

prom [prɒm] n ① AM (*school dance*) Ball am Ende des Jahres in einer amerikanischen High School ② BRIT (*concert*) **the P~s** Konzertreihe in London in der Albert Hall, deren Parkettsitze dafür entfernt werden, so dass die meisten Zuschauer stehen ③ BRIT (*seaside walkway*) [Strand]promenade f

promenade [ˌprɒmə'nɑːd] n [Strand]promenade f; **~ concert** BRIT see **prom 3**

prominent ['prɒmɪnənt] adj ① (*projecting*) vorstehend attr ② (*conspicuous*) auffällig ③ (*distinguished*) prominent

promiscuous [prə'mɪskjuəs] adj (*pej*) promisk

promise ['prɒmɪs] I. vt versprechen a. fig II. vi ① (*pledge*) versprechen; **I ~!** ich verspreche es! ② (*be promising*) **to ~ well** viel versprechen III. n ① (*pledge*) Versprechen nt ② no pl (*potential*) **to show ~** aussichtsreich sein

promising ['prɒmɪsɪŋ] adj viel versprechend

promote [prə'məʊt] vt ① (*raise in rank*) befördern (**to** zu) ② SPORTS ■ **to be ~d** aufsteigen ③ AM SCH ■ **to be ~d** versetzt werden ④ (*encourage*) fördern; **to ~ awareness of sth** etw ins Bewusstsein rufen

promotion [prə'məʊʃ^ən] n ① no pl (*in rank*) Beförderung f (**to** zu) ② (*raise in status*) Beförderung f ③ SPORTS Aufstieg m ④ (*encouragement*) Förderung f

promotional material n Werbematerial nt

prompt [prɒm(p)t] I. vt ① (*spur*) veranlassen; ■ **to ~ sb [to do sth]** jdn [dazu] veranlassen, etw zu tun ② THEAT soufflieren ③ COMPUT auffordern II. adj ① (*swift*) prompt; ■ **to be ~ in doing sth** etw schnell tun ② (*punctual*) pünktlich III. adv pünktlich IV. n ① COMPUT Prompt m fachspr ② THEAT Stichwort nt

promptly ['prɒm(p)tli] adv ① (*quickly*) prompt ② (*fam: immediately afterward*) gleich danach

prone [prəʊn] adj ① (*disposed*) ■ **to be ~ to sth** zu etw *dat* neigen; ■ **to be ~ to do sth** dazu neigen, etw zu tun ② (*flat*) ■ **to lie ~** auf dem Bauch liegen

prong [prɒŋ] n Zacke f

pronoun ['prəʊnaʊn] n Pronomen nt

pronounce [prə'naʊn(t)s] vt ① (*speak*) aussprechen ② (*announce*) verkünden ③ (*declare*) erklären

pronounced [prə'naʊn(t)st] adj deutlich; *accent* ausgeprägt

pronunciation [prəˌnʌn(t)si'eɪʃ^ən] n usu no pl Aussprache f

proof [pruːf] I. n ① no pl (*confirmation, evidence*) Beweis m (**of** für) ② TYPO Korrekturfahne f ③ MATH Beweis m ④ no pl (*degree of strength*) Volumenprozent nt, Vol.-% nt II. adj unempfindlich (**against,** gegen) III. vt (*treat*) imprägnieren

proof-read <-read, -read> vt, vi Korrektur lesen

prop [prɒp] n usu pl Requisite f

propaganda [ˌprɒpə'gændə] n no pl (*usu pej*) Propaganda f

propel <-ll-> [prə'pel] vt antreiben; (*fig*) **the country was being ~led towards civil war** das Land wurde in den Bürgerkrieg getrieben

propellant [prə'pelənt] n ① (*fuel*) Treibstoff m ② (*gas*) Treibgas nt

propeller [prə'pelə^r] n Propeller m

proper ['prɒpə^r] I. adj ① (*real*) echt, richtig ② (*correct*) richtig ③ (*socially respectable*) anständig II. adv BRIT (*fam*) ① (*very*) richtig fam ② (*usu hum: genteelly*) vornehm

properly ['prɒpəli] adv ① (*correctly*) richtig; **~ speaking** genau genommen ② (*socially respectably*) anständig

proper name n, **proper noun** n Eigenname m

property ['prɒpəti] n ① no pl (*things owned*) Eigentum nt ② no pl (*owned buildings*) Immobilienbesitz m; (*owned land*) Grundbesitz m ③ (*piece of real estate*) Immobilie f; **~ developer** Immobilienmakler(in) m(f)

prophecy ['prɒfəsi] n ① (*prediction*) Prophezeiung f ② no pl (*ability*) Weissagen nt

prophesy <-ie-> ['prɒfəsaɪ] I. vt prophezeien II. vi Prophezeiungen machen

prophet ['prɒfɪt] n ① (*a. fig: religious figure*) Prophet m ② (*precursor*) Vorkämpfer(in) m(f)

prophetic [prə(ʊ)'fetɪk] *adj* prophetisch
proponent [prə(ʊ)'pəʊnənt] *n* Befürworter(in) *m(f)*
proportion [prə'pɔ:ʃ°n] *n* ① (*part*) Anteil *m* ② *no pl* (*relation*) Proportion *f,* Verhältnis *nt* (**to** zu) ③ (*balance*) Verhältnis *nt;* **to have/ keep a sense of** ~ bei etw *dat* den richtigen Maßstab anlegen ④ (*size*) ▪ ~**s** *pl* Ausmaße *pl*
proportional [prə'pɔ:ʃ°n°l] *adj* proportional (**to** zu); **inversely** ~ umgekehrt proportional
proportioned [prə'pɔ:ʃ°nd] *adj* **beautifully/finely** ~ ebenmäßig/anmutig proportioniert
proposal [prə'pəʊz°l] *n* ① (*suggestion*) Vorschlag *m* ② (*offer of marriage*) Antrag *m*
propose [prə'pəʊz] **I.** *vt* ① (*suggest, nominate*) vorschlagen ② (*intend*) ▪**to** ~ **to do/ doing sth** beabsichtigen, etw zu tun **II.** *vi* ▪**to** ~ [**to sb**] [jdm] einen [Heirats]antrag machen
proposer [prə'pəʊzə'] *n* (*of motion*) Antragsteller(in) *m(f);* (*of candidate*) Vorschlagende(r) *f(m)*
proposition [ˌprɒpə'zɪʃ°n] **I.** *n* ① (*assertion*) Aussage *f* ② (*proposal*) Vorschlag *m* **II.** *vt* ▪**to** ~ **sb** jdm ein eindeutiges Angebot machen *euph*
proprietor [prə'praɪətə'] *n* Inhaber(in) *m(f)*
proprietress <*pl* -es> [prə'praɪətrɪs] *n* Inhaberin *f*
propriety [prə'praɪəti] *n* ① *no pl* (*decency*) Anstand *m* ② *no pl* (*correctness*) Richtigkeit *f*
propulsion [prə'pʌlʃ°n] *n no pl* Antrieb *m*
proscribe [prə(ʊ)'skraɪb] *vt* (*form*) verbieten
proscription [prə(ʊ)'skrɪpʃ°n] *n no pl* (*form*) Verbot *nt*
prose [prəʊz] *n no pl* Prosa *f*
prosecute ['prɒsɪkju:t] **I.** *vt* ▪**to** ~ **sb** jdn strafrechtlich verfolgen **II.** *vi* ① (*bring a charge*) Anzeige erstatten, gerichtlich vorgehen ② (*in court*) für die Anklage zuständig sein
prosecuting ['prɒsɪkju:tɪŋ] *adj attr* Anklage-; ~ **attorney** Staatsanwalt *m,* Staatsanwältin *f*
prosecution [ˌprɒsɪ'kju:ʃ°n] *n* ① *no pl* (*legal action*) strafrechtliche Verfolgung ② (*case*) Anklage[erhebung] *f* (**for** wegen) ③ *no pl* (*legal team*) ▪**the** ~ die Anklagevertretung

prosecutor ['prɒsɪkju:tə'] *n* Ankläger(in) *m(f)*
prospect *n* ['prɒspekt] ① (*idea*) Aussicht *f* (**of** auf) ② (*likelihood*) Aussicht *f,* Wahrscheinlichkeit *f* (**of** auf) ③ (*opportunities*) ▪ ~**s** *pl* Aussichten *pl,* Chancen *pl;* **to have no** ~**s** keine Zukunft haben
prospective [prə'spektɪv] *adj* voraussichtlich; *candidate* möglich
prospector [prə'spektə'] *n* MIN Prospektor(in) *m(f)*
prospectus [prə'spektəs] *n* Prospekt *m*
prosper ['prɒspə'] *vi* ① (*financially*) florieren ② (*physically*) gedeihen
prosperity [prɒs'perəti] *n no pl* Wohlstand *m*
prosperous ['prɒsp°rəs] *adj business* gut gehend; *economy* blühend
prostitute ['prɒstɪtju:t] **I.** *n* Prostituierte(r) *f(m)* **II.** *vt* ① (*sexually*) ▪**to** ~ **oneself** sich prostituieren ② (*debase*) **to** ~ **one's talents** seine Talente verschleudern
prostitution [ˌprɒstɪ'tju:ʃ°n] *n no pl* Prostitution *f*
protagonist [prəʊ'tæg°nɪst] *n* ① (*main character*) Protagonist(in) *m(f)* ② (*advocate*) Verfechter(in) *m(f)* (**of** von)
protect [prə'tekt] *vt* schützen (**against** gegen, **from** vor)
protection [prə'tekʃ°n] *n* ① (*defence*) Schutz *m* (**against** gegen, **from** vor) ② *no pl* (*paid to criminals*) Schutzgeld *nt*
protection dog *n* AM Wachhund *m* **protection factor** *n* Lichtschutzfaktor *m*
protective [prə'tektɪv] *adj* ① (*affording protection*) Schutz- ② (*wishing to protect*) fürsorglich (**towards** gegenüber)
protector [prə'tektə'] *n* ① (*person*) Beschützer *m* ② (*device*) Schutzvorrichtung *f*
protein ['prəʊti:n] *n* ① *no pl* (*collectively*) Eiweiß *nt* ② (*specific substance*) Protein *nt*
protest I. *n* ['prəʊtest] ① (*strong complaint*) Protest *m* ② (*demonstration*) Protestkundgebung *f* **II.** *vi* [prə(ʊ)'test] protestieren **III.** *vt* [prə(ʊ)'test] ① (*assert*) beteuern ② AM (*object to*) ▪**to** ~ **sth** gegen etw *akk* protestieren
Protestant ['prɒtɪst°nt] **I.** *n* Protestant(in) *m(f)* **II.** *adj* protestantisch; (*in Germany*) evangelisch
protester [prə'testə'] *n* (*objector*) Protestierende(r) *f(m);* (*demonstrator*) Demons-

trant(in) *m(f)*
protest march *n* Protestmarsch *m*
protest vote *n* Proteststimme *f*
protracted [prəʊˈtræktɪd] *adj* langwierig
protractor [prəʊˈtræktəʳ] *n* ❶ MATH Winkelmesser *m* ❷ (*muscle*) Streckmuskel *m*
protruding [prəʊˈtruːdɪŋ] *adj attr* herausragend; *jaw* vorstehend; *ears* abstehend
proud [praʊd] **I.** *adj* ❶ (*pleased*) stolz (**of** auf) ❷ (*having self-respect*) stolz ❸ (*pej: arrogant*) eingebildet **II.** *adv* **to do sb ~** BRIT, AUS (*treat well*) jdn verwöhnen; (*please by doing well*) jdn mit Stolz erfüllen
provable [ˈpruːvəbl] *adj* beweisbar; *theory* nachweisbar
prove <-d, -d *or* AM *usu* proven> [pruːv] **I.** *vt* ❶ (*establish*) beweisen ❷ (*show*) **during the rescue she ~d herself to be a highly competent climber** während der Rettungsaktion erwies sie sich als sehr geübte Kletterin **II.** *vi* + *n/adj* sich erweisen; **to ~ successful** sich als erfolgreich erweisen
proven [ˈpruːvən] **I.** *vt, vi esp* AM *pp of* **prove** **II.** *adj* nachgewiesen; *remedy* erprobt
proverb [ˈprɒvɜːb] *n* Sprichwort *nt*
provide [prəˈ(ʊ)vaɪd] **I.** *vt* zur Verfügung stellen, bereitstellen; *evidence, explanation* liefern; ■ **to ~ sb with sth** jdn mit etw *dat* versorgen **II.** *vi* ❶ (*form: anticipate*) ■ **to ~ for sth** für etw *akk* vorsorgen; ■ **to ~ against sth** Vorkehrungen gegen etw *akk* treffen ❷ (*look after*) ■ **to ~ for sb/oneself** für jdn/sich selbst sorgen
provided [prəˈ(ʊ)vaɪdɪd] **I.** *adj* mitgeliefert, beigefügt **II.** *conj see* **providing (that)**
provider [prəˈ(ʊ)vaɪdəʳ] *n* ❶ (*supplier*) Lieferant(in) *m(f)* ❷ (*breadwinner*) Ernährer(in) *m(f)*
providing (that) [prəˈ(ʊ)vaɪdɪŋ] *conj* sofern
province [ˈprɒvɪn(t)s] *n* (*territory*) Provinz *f*
provincial [prəˈ(ʊ)vɪn(t)ʃəl] **I.** *adj* ❶ (*of a province*) Provinz- ❷ (*pej: unsophisticated*) provinziell **II.** *n* ❶ (*province inhabitant*) Provinzbewohner(in) *m(f)* ❷ (*pej: unsophisticated person*) Provinzler(in) *m(f)*
provision [prəˈ(ʊ)vɪʒən] *n* ❶ *no pl* (*providing*) Versorgung *f*; (*financial precaution*) Vorkehrung *f* ❷ (*something supplied*) Vorrat *m* (**of** an) ❸ (*stipulation*) Auflage *f*; **with the ~ that ...** unter der Bedingung, dass ...
provisional [prəˈ(ʊ)vɪʒənəl] *adj* vorläufig
proviso [prəˈ(ʊ)vaɪzəʊ] *n* Auflage *f*, Bedingung *f*; **with/on the ~ that ...** unter der Bedingung, dass ...
provocation [ˌprɒvəˈkeɪʃən] *n* Provokation *f*
provocative [prəˈvɒkətɪv] *adj* ❶ (*provoking*) provokativ *geh* ❷ (*sexually arousing*) provokant
provoke [prəˈvəʊk] *vt* ❶ (*vex*) ■ **to ~ sb** jdn provozieren ❷ (*give rise to*) *surprise, outrage* hervorrufen
provoking [prəˈvəʊkɪŋ] *adj* provozierend *attr*; *question* provokativ *geh*
prowl [praʊl] **I.** *n* (*fam*) Streifzug *m* **II.** *vt* durchstreifen **III.** *vi* ■ **to ~** [**around**] umherstreifen
proximity [prɒkˈsɪməti] *n no pl* Nähe *f*
proxy [ˈprɒksi] *n* Bevollmächtigte(r) *f(m)*; **to sign** Zeichnungsbevollmächtigte(r)
prudent [ˈpruːdənt] *adj* vorsichtig, umsichtig; *action* klug
prune [pruːn] **I.** *vt* HORT [be]schneiden; (*fig*) reduzieren **II.** *n* (*plum*) Dörrpflaume *f*
pry[1] <-ie-> [praɪ] *vi* neugierig sein; ■ **to ~ about** herumschnüffeln *fam*
pry[2] <-ie-> [praɪ] *vt esp* AM (*prise*) ■ **to ~ sth open** etw aufbrechen
PS [ˌpiːˈes] *n abbrev of* **postscript** PS *nt*
psalm [sɑːm] *n* REL Psalm *m*
pseudonym [ˈsjuːdənɪm] *n* Pseudonym *nt*
psychiatric [ˌsaɪkiˈætrɪk] *adj* psychiatrisch
psychiatrist [saɪˈkaɪətrɪst] *n* Psychiater(in) *m(f)*
psychiatry [saɪˈkaɪətri] *n no pl* Psychiatrie *f*
psychic(al) [ˈsaɪkɪk(əl)] *adj* ❶ (*supernatural*) übernatürlich ❷ (*of the mind*) psychisch
psychoanalyse [ˌsaɪkəʊˈænəlaɪz] *vt* psychoanalysieren
psychoanalysis [ˌsaɪkəʊəˈnæləsɪs] *n no pl* Psychoanalyse *f*
psychoanalyst [ˌsaɪkəʊˈænəlɪst] *n* Psychoanalytiker(in) *m(f)*
psychoanalytic(al) [ˌsaɪkəʊˌænəlˈɪtɪk(əl)] *adj* psychoanalytisch
psychobabble [ˈsaɪkəʊˌbæbl] *n no pl* (*pej fam*) Psychogeschwätz *nt sl*
psychological [ˌsaɪkəˈlɒdʒɪkəl] *adj* ❶ (*of the mind*) psychisch ❷ (*of psychology*) psychologisch
psychologist [saɪˈkɒlədʒɪst] *n* Psychologe(in) *m(f)*
psychology [saɪˈkɒlədʒi] *n* Psychologie *f*
psychopath [ˈsaɪkə(ʊ)pæθ] *n* Psychopath(in) *m(f)*

psychopathic [ˌsaɪkə(ʊ)'pæθɪk] *adj* psychopathisch

psychotherapist [ˌsaɪkə(ʊ)'θerəpɪst] *n* Psychotherapeut(in) *m(f)*

psychotherapy [ˌsaɪkə(ʊ)'θerəpi] *n no pl* Psychotherapie *f*

psy-warrior [saɪ'wɔːriəʳ] *n* MIL *short for* **psychological warrior** Experte *m*/Expertin *f* in psychologischer Kriegführung

PTA [ˌpiːtiː'eɪ] *n abbrev of* **parent-teacher association** Eltern-Lehrer-Organisation *f*

pto [ˌpiːtiː'əʊ] *abbrev of* **please turn over** b.w.

pub [pʌb] *n (fam) short for* **public house** Kneipe *f*

puberty ['pjuːbəti] *n no pl* Pubertät *f*

public ['pʌblɪk] **I.** *adj* öffentlich **II.** *n + sing/pl vb* ❶ *(the people)* ■**the ~** die Öffentlichkeit, die Allgemeinheit ❷ *(patrons)* Anhängerschaft *f*; *of newspapers* Leser *pl*

public address system *n* Lautsprecheranlage *f*

publican ['pʌblɪkən] *n* BRIT, AUS Kneipenbesitzer(in) *m(f)*

public appearance *n* öffentlicher Auftritt

public appointment *n* POL, ADMIN öffentliche Bestellung

publication [ˌpʌblɪ'keɪʃ⁽ə⁾n] *n* ❶ *no pl (publishing)* Veröffentlichung *f* ❷ *(published work)* Publikation *f*

public bar *n* ❶ [Steh]ausschank *m* ❷ BRIT *der weniger vornehme Teil eines Pubs*

public company *n* BRIT Aktiengesellschaft *f* **public convenience** *n* BRIT, AUS *(form)* öffentliche Toilette **public defender** *n* AM LAW Pflichtverteidiger(in) *m(f)*

public health service *n* [staatliches] Gesundheitssystem **public holiday** *n* gesetzlicher Feiertag **public house** *n* BRIT *(form)* Kneipe *f fam*

publicity [pʌb'lɪsəti] **I.** *n no pl* ❶ *(promotion)* Publicity *f*, Reklame *f* ❷ *(attention)* Aufmerksamkeit *f* **II.** *adj* Publicity-, Werbe-; **~ campaign** Werbekampagne *f*; **~ department** Werbeabteilung *f*; **~ stunt** Werbegag *m fam*

publicize ['pʌblɪsaɪz] *vt* bekannt machen

public library *n* öffentliche Bibliothek

public limited company *n* BRIT Aktiengesellschaft *f*

publicly ['pʌblɪkli] *adv* ❶ *(not privately)* öffentlich ❷ *(by the state)* staatlich

public opinion *n* öffentliche Meinung

public property *n no pl* Staatseigentum *nt*
public prosecution *n* Staatsanwaltschaft *f*
public prosecutor *n* Staatsanwalt *m*, Staatsanwältin *f*

public relations *npl* MEDIA, POL Public Relations *pl*, Öffentlichkeitsarbeit *f kein pl;* **~ consultant** PR-Berater(in) *m(f);* **~ officer** Öffentlichkeitsreferent(in) *m(f)* **public school** *n* BRIT höhere Privatschule *f*; AM, AUS, SCOT staatliche Schule **public sector** *n* öffentlicher Sektor **public service** *n* ❶ *(domain)* öffentlicher Dienst ❷ *no pl (common good)* Dienst *m* an der Allgemeinheit **public-spirited** *adj (approv)* von Gemeinsinn zeugend *attr;* **she's a very ~ person** sie hat viel Gemeinsinn **public telephone** *n esp* BRIT öffentlicher Fernsprecher **public transport** *n* BRIT, **public transportation** *n esp* AM öffentliche Verkehrsmittel

publish ['pʌblɪʃ] *vt article, result* veröffentlichen; *book, magazine* herausgeben

publisher ['pʌblɪʃəʳ] *n* ❶ *(company)* Verlag *m* ❷ *(person)* Verleger(in) *m(f)* ❸ AM *(newspaper owner)* Herausgeber(in) *m(f)*

publishing ['pʌblɪʃɪŋ] **I.** *n no pl, no art* Verlagswesen *nt* **II.** *adj attr* Verlags-

pudding ['pʊdɪŋ] *n* ❶ BRIT *(dessert course)* Nachspeise *f* ❷ *esp* BRIT *(with suet pastry)* [Fleisch]pastete *f*

puddle ['pʌdl] *n* Pfütze *f*

pudgy ['pʌdʒi] *adj esp* AM rundlich; *face* schwammig

puff [pʌf] **I.** *n* ❶ *(fam: short blast)* Windstoß *m; of breath* Atemstoß *m* ❷ *no pl* BRIT *(fam: breath)* Puste *f fam;* **to be out of ~** außer Puste sein ❸ *(on a cigarette)* Zug *m* ❹ *(savoury snack)* [Mais]flips *pl*, [Erdnuss]flips *pl* **II.** *vi* ❶ *(breathe heavily)* schnaufen ❷ *(smoke)* paffen **III.** *vt* ❶ *(smoke)* paffen ❷ *(fam: praise)* aufbauschen ◆ **puff out** *vt* ❶ *(expand)* aufblähen; *feathers* aufplustern ❷ BRIT *(exhaust)* erschöpfen ◆ **puff up I.** *vt* ❶ *(make swell)* [an]schwellen lassen ❷ *(fig)* ■**to ~ oneself up** *person* sich aufblasen **II.** *vi* [an]schwellen

puff pastry *n no pl* Blätterteig *m*

puffy ['pʌfi] *adj* geschwollen, verschwollen

puke [pjuːk] **I.** *vi (sl)* ■**to ~ [up]** kotzen *sl* **II.** *n no pl (sl)* Kotze *f sl*

pull [pʊl] **I.** *n* ❶ *(tug)* Zug *m*, Ziehen *nt* ❷ *no pl (force)* Zugkraft *f* ❸ *(on a cigarette)* Zug *m; (on a bottle)* Schluck *m* ❹ *(attraction) of* *an event, a thing* Anziehung *f* ⑤ MED Zerrung *f* II. *vt* ① (*draw*) ziehen; **to ~ the curtains** die Vorhänge zuziehen; **to ~ the trigger** abdrücken ② (*put on*) **to ~ sth over one's head** sich *dat* etw über den Kopf ziehen ③ MED (*strain*) *muscle, tendon* zerren ④ (*fam: take out*) *gun, knife, tooth* ziehen ⑤ AM SPORTS (*withdraw*) **to ~ a player** einen Spieler aus dem Spiel nehmen ▶ **to ~ a face** [at sb] [jdm] eine Grimasse schneiden; **to ~ sb's leg** (*fam*) jdn auf den Arm nehmen; **to ~ one's weight** (*fam*) seinen [An]teil beitragen III. *vi* ① (*draw*) ■**to ~** [at sth] [an etw *dat*] ziehen; "~" „Ziehen" ② (*drive*) ■**to ~ into sth** in etw *akk* hineinfahren ◆**pull about** *vt* herumzerren ◆**pull apart** ① (*break*) zerlegen ② (*separate*) auseinanderziehen ③ (*criticize*) *book, play* zerpflücken ◆**pull away** I. *vi* ■**to ~ away from sb/sth** ① (*leave*) sich von jdm/etw wegbewegen; **the bus ~ed away** der Bus fuhr davon ② (*leave behind*) jdn/etw zurücklassen ③ SPORTS *runner* sich vom Feld absetzen II. *vt* wegreißen; ■**to ~ sth away** ↻ **from sb/sth** jdm/etw etw entreißen ◆**pull back** I. *vi* ① (*recoil*) zurückschrecken ② MIL sich zurückziehen ③ (*back out*) ■**to ~ back** einen Rückzieher machen (**from** von) II. *vt* ① (*draw back*) zurückziehen ② (*score*) [wieder] aufholen ◆**pull down** *vt* ① (*move down*) herunterziehen ② (*demolish*) *building* abreißen ③ (*fig: hold back*) ■**to ~ down** ↻ **sb** jdn [moralisch] runterziehen *fam* ◆**pull in** I. *vi* TRANSP ① (*arrive*) einfahren ② (*move over*) [wieder] einscheren II. *vt* ① (*attract*) anziehen ② (*fam: arrest*) einkassieren ◆**pull off** I. *vt* ① (*take off*) [schnell] ausziehen ② (*fam: succeed*) durchziehen II. *vi* losfahren, abfahren ◆**pull out** I. *vi* ① (*move out*) *vehicle* ausscheren; **to ~ out of a road** von einer Straße abfahren ② (*leave*) ausfahren ③ (*withdraw*) aussteigen *fam* II. *vt* ① MIL **to ~ out troops** Truppen abziehen ② (*get out*) ■**to ~ sth out of sth** etw aus etw *dat* [heraus]ziehen ◆**pull over** I. *vt* ① (*make fall*) umreißen ② (*stop*) anhalten II. *vi vehicle* zur Seite fahren ◆**pull round** BRIT I. *vi* (*recover*) sich erholen II. *vt* (*turn round*) [her]umdrehen ◆**pull through** I. *vi* (*survive*) durchkommen II. *vt* ■**to ~ sb/sth through** [sth] jdn/etw [durch etw *akk*] durchbringen ◆**pull together** I. *vt* ① (*regain composure*) ■**to ~ oneself together** sich zusammennehmen ② (*organize*) auf die Beine stellen *fig fam* II. *vi* zusammenarbeiten ◆**pull up** I. *vt* ① (*raise*) hochziehen; *chair* heranziehen ② (*fam: reprimand*) ■**to ~ sb up** jdn zurechtweisen II. *vi vehicle* [heranfahren und] anhalten

pulley ['pʊli] *n* Flaschenzug *m*

pull-in *n* BRIT Raststätte *f*

pull-out I. *n* ① MIL Rückzug *m* ② MEDIA [Sonder]beilage *f* II. *adj* herausziehbar

pullover *n esp* BRIT Pullover *m*

pull-up *n* (*exercise*) Klimmzug *m*

pulpit ['pʌlpɪt] *n* Kanzel *f*

pulpy ['pʌlpi] *adj* breiig, matschig

pulsate [pʌl'seɪt] *vi* pulsieren; (*with noise*) *building, loudspeaker* vibrieren

pulse[1] [pʌls] I. *n* ① (*heartbeat*) Puls *m*; **to take sb's ~** jds Puls fühlen ② (*vibration*) [Im]puls *m* ③ (*fig: mood*) *geh;* **to take the ~ of sth** etw sondieren *geh;* **to have/keep one's finger on the ~** am Ball sein/bleiben II. *vi* pulsieren

pulse[2] [pʌls] *n* FOOD Hülsenfrucht *f*

pump[1] [pʌmp] *n* ① BRIT, AUS (*for gymnastics*) Gymnastikschuh *m*; (*for dancing*) Tanzschuh *m* ② AM, AUS (*court shoe*) Pumps *m*

pump[2] [pʌmp] I. *n* Pumpe *f* II. *vt* pumpen

pumpkin ['pʌmpkɪn] *n* ① (*vegetable*) [Garten]kürbis *m* ② AM (*fig: term of endearment for child*) Schatz *m*, Mäuschen *nt*

pun [pʌn] I. *n* Wortspiel *nt* II. *vi* <-nn-> Wortspiele machen

punch[1] [pʌn(t)ʃ] *n* (*drink: hot or cold*) Punsch *m;* (*cold*) Bowle *f*

punch[2] [pʌn(t)ʃ] I. *n* <*pl* -es> ① (*hit*) [Faust]schlag *m* ② (*perforation*) Lochen *nt kein pl* ③ (*piercing tool*) Stanzwerkzeug *nt;* [*hole*] ~ (*for paper*) Locher *m* II. *vt* ① (*hit*) schlagen; **to ~ sb in the eye/nose** jdm aufs Auge/auf die Nase schlagen ② (*stamp*) *coin, ring* stempeln; *paper* lochen

punchcard *n* COMPUT (*hist*) Lochkarte *f*

punch-clock *n* Stechuhr *f*

punchline *n* Pointe *f*

punch-up *n* BRIT Schlägerei *f*

punctual ['pʌŋktʃʊəl] *adj* pünktlich

punctuality [ˌpʌŋktʃʊ'æləti] *n no pl* Pünktlichkeit *f*

punctuation [ˌpʌŋktʃʊ'eɪʃ^ən] *n no pl* Zeichensetzung *f*

puncture ['pʌŋktʃər] **I.** vt ❶ (*pierce*) *cardboard, leather* durchstechen ❷ (*fig: make collapse*) *dream, hope* zerstören; *mood* verderben **II.** vi (*burst*) *tyre* ein Loch bekommen; *plastic* einreißen **III.** n Reifenpanne *f*

pungency ['pʌndʒən(t)si] n *of smell, taste* Schärfe *f*

punish ['pʌnɪʃ] vt ❶ (*penalize*) bestrafen; **to ~ sb heavily/severely** jdn hart/streng bestrafen ❷ (*treat roughly*) strapazieren ❸ (*exert oneself*) ▪**to ~ oneself** sich [ab]quälen

punishable ['pʌnɪʃəbl] adj LAW strafbar; **murder is ~ by life imprisonment** Mord wird mit lebenslanger Haft bestraft

punishing ['pʌnɪʃɪŋ] adj attr (*fig*) ❶ (*heavy*) *pace, workload* Mords-, mörderisch *fig fam* ❷ (*brutal*) mörderisch *fig fam*, gnadenlos

punishment ['pʌnɪʃmənt] n ❶ (*penalty*) Bestrafung *f*, Strafe *f*; **capital ~** Todesstrafe *f* ❷ TECH (*severe handling*) Strapazierung *f*; (*rough treatment*) grobe Behandlung ❸ (*strain*) Strapaze *f*

punitive ['pju:nətɪv] adj (*form*) ❶ (*penalizing*) Straf-; **to take ~ action** Strafmaßnahmen treffen (**against** gegen) ❷ ECON, FIN (*severe*) streng

punk [pʌŋk] n ❶ *esp* AM (*pej sl: worthless person*) Dreckskerl *m*; (*troublemaker*) Rabauke *m fam* ❷ (*pej: young rebel*) Revoluzzer(in) *m(f)* ❸ *no pl* (*music*) Punk[rock] *m*; (*fan*) Punker(in) *m(f)*

punnet ['pʌnɪt] n BRIT, AUS [Obst]körbchen *nt*

punt¹ [pʌnt] SPORTS **I.** vt **to ~ the ball** den Ball aus der Hand schießen; *in American football* einen Befreiungsschlag ausführen **II.** n (*kick*) *in American football* Befreiungsschlag *m*; *in rugby* Falltritt *m*

punt² [pʌnt] NAUT **I.** vt, vi staken *fachspr*; **to go ~ing** Stechkahn fahren **II.** n Stechkahn *m*

punt³ [pʌnt] **I.** vi *at card game* gegen die Bank setzen; *at horse races* wetten **II.** n Wette *f*

puny ['pju:ni] adj ❶ (*pej: sickly*) *person* schwächlich ❷ (*fig, pej: lacking in power*) schwach

pup [pʌp] **I.** n ❶ (*baby dog*) junger Hund, Welpe *m* ❷ (*baby animal*) *of a fox, otter, seal* Junge(s) *nt* **II.** vi <-pp-> [Junge] werfen

pupa <*pl* -s *or* -pae> ['pju:pə, *pl* -pi:] n BIOL ❶ (*covering*) Puppe *f* ❷ (*stage*) Puppenstadium *nt*

pupate ['pju:peɪt] vi BIOL sich verpuppen

pupil¹ ['pju:pəl] n SCH Schüler(in) *m(f)*

pupil² ['pju:pəl] n ANAT Pupille *f*

puppet ['pʌpɪt] n [Hand]puppe *f*; (*on strings*) Marionette *f a. pej, fig;* **~ show** Marionettentheater *nt*

puppeteer [ˌpʌpɪ'tɪər] n ❶ THEAT Puppenspieler(in) *m(f)* ❷ (*pej: manipulator*) **to be the ~ of sth** der Drahtzieher/die Drahtzieherin einer S. *gen* sein

puppy ['pʌpi] n ❶ (*baby dog*) junger Hund, Welpe *m* ❷ (*baby animal*) Junge(s) *nt*

purchase ['pɜ:tʃəs] **I.** vt ❶ (*form: buy*) kaufen, erstehen *geh* ❷ FIN, LAW (*form: acquire*) [käuflich] erwerben ❸ (*pej: by bribery*) ▪**to ~ sth** *career, success* sich *dat* etw erkaufen **II.** n (*form*) ❶ (*something to be bought*) [Handels]ware *f*; (*something bought*) Kauf *m*; **to make a ~** einen Kauf tätigen; *bulky goods* eine Anschaffung machen ❷ (*act of buying*) Kauf *m* ❸ FIN, LAW (*acquisition*) Erwerb *m kein pl* ❹ *no pl* (*spec: hold*) Halt *m*; TECH (*grip*) Haftung *f fachspr*

purchaser ['pɜ:tʃəsər] n ❶ (*buyer*) Käufer(in) *m(f)*; FIN, LAW Erwerber(in) *m(f)* ❷ (*purchasing agent*) Einkäufer(in) *m(f)*

purchasing ['pɜ:tʃəsɪŋ] n *no pl* (*form*) Erwerb *m geh*, [Ein]kaufen *nt*; **~ department** Einkaufsabteilung *f*; **~ power** Kaufkraft *f kein pl*

pure [pjʊər] adj ❶ (*unmixed*) rein, pur ❷ (*clean*) *air, water* sauber, klar ❸ (*fig: utter*) pur ❹ (*free of evil*) unschuldig, rein

pure-bred I. n reinrassiges Tier **II.** adj reinrassig

purée ['pjʊəreɪ] **I.** vt <puréed, puréeing> pürieren **II.** n *no pl* Püree *nt*

purely ['pjʊəli] adv ❶ (*completely*) rein, ausschließlich ❷ (*merely*) bloß, lediglich ❸ (*free of evil*) unschuldig

purge [pɜ:dʒ] **I.** vt (*a. fig: cleanse*) ▪**to ~ sb/sth of sth** jdn/etw von etw *dat* reinigen *a. fig* **II.** vi MED **to binge and ~** sich vollstopfen und [anschließend] erbrechen **III.** n ❶ (*cleaning out*) Reinigung *f* ❷ POL (*getting rid of*) Säuberung[saktion] *f*

purify ['pjʊərɪfaɪ] vt ❶ (*cleanse*) *air, metal, water* reinigen (**of** von) ❷ REL (*cleanse morally*) reinigen, läutern

puritan ['pjʊərɪt²n] **I.** n (*Protestant*) Puritaner(in) *m(f)*; ▪**the P~s** *pl* die Puritaner *pl* **II.** adj puritanisch *a. fig*

puritanical [ˌpjʊərɪˈtænɪkəl] *adj* (*usu pej*) puritanisch

purity [ˈpjʊərəti] *n no pl* ① (*cleanness*) Sauberkeit *f* ② (*freedom from admixture*) Reinheit *f*

purple [ˈpɜːpl] I. *adj* (*red/blue mix*) violett; (*more red*) lila[farben] II. *n* ① (*blue/red mix*) Violett *nt*; (*more red*) Lila *nt* ② (*robe*) Purpur *m kein pl*

purpose [ˈpɜːpəs] *n* ① (*reason*) Grund *m*; **to do sth for financial/humanitarian ~s** etw aus finanziellen/humanitären Gründen tun ② (*goal*) Absicht *f*, Ziel *nt*; **to have a ~ in life** ein Lebensziel haben; **to all intents and ~s** in jeder Hinsicht ③ (*resoluteness*) Entschlossenheit *f*

purpose-built *adj* ① (*manufactured*) *part of machinery* speziell gefertigt, Spezial- ② (*erected*) speziell gebaut, Zweck-

purposeful [ˈpɜːpəsfəl] *adj* ① (*singleminded*) zielstrebig ② (*resolute*) entschlossen

purposely [ˈpɜːpəsli] *adv* ① (*intentionally*) absichtlich, bewusst ② (*expressly*) ausdrücklich, gezielt

purr [pɜːʳ] I. *vi* ① (*cat*) schnurren ② (*engine*) surren II. *n* ① (*cat's sound*) Schnurren *nt kein pl* ② (*engine noise*) Surren *nt kein pl*

purse [pɜːs] I. *n* ① BRIT (*for money*) Geldbeutel *m*, Geldbörse *f* ② AM (*handbag*) Handtasche *f* ③ (*financial resources*) **public ~** Staatskasse *f* II. *vt* **to ~ one's lips** die Lippen schürzen

pursue [pəˈsjuː] *vt* verfolgen *a. fig*

pursuer [pəˈsjuːəʳ] *n* Verfolger(in) *m(f)*

pursuit [pəˈsjuːt] *n* ① (*chase*) Verfolgung[sjagd] *f*; *of knowledge, fulfilment* Streben *nt* (**of** nach) ② (*activity*) Aktivität *f*, Beschäftigung *f*

pus [pʌs] *n no pl* Eiter *m*

push [pʊʃ] I. *n* <*pl* -es> ① (*shove*) Stoß *m*; (*slight push*) Schubs *m fam* ② (*press*) Druck *m* ③ (*concerted effort*) Anstrengung[en] *f[pl]*, Kampagne *f* II. *vt* ① (*shove*) schieben; (*in a crowd*) drängeln ② (*move forcefully*) schieben; (*give a push*) stoßen ③ (*manoeuvre*) ■**to ~ sb towards sth** jdn in eine Richtung drängen ④ (*impose*) ■**to ~ sth [on sb]** [jdm] etw aufdrängen ⑤ (*pressure*) ■**to ~ sb into doing sth** jdn [dazu] drängen, etw zu tun ⑥ (*press*) drücken ⑦ (*demand a lot*) ■**to ~ oneself** sich *dat* alles abverlangen ⑧ *esp* BRIT (*be short of*) **to be ~ed for money/time** wenig Geld/Zeit haben ⑨ (*approach*) **to be ~ing 30/40** auf die 30/40 zugehen III. *vi* ① (*exert force*) dränge[l]n; (*press*) drücken ② (*manoeuvre through*) sich durchdrängen ◆**push along** I. *vi* (*fig fam: leave [one's host]*) sich [wieder] auf die Socken machen II. *vt* vorantreiben ◆**push around** *vt* ① (*move around*) herumschieben; (*violently*) herumstoßen ② (*fig, pej: bully*) ■**to ~ sb ○ around** jdn herumkommandieren ◆**push aside** *vt* ① (*move away*) zur Seite schieben; (*violently*) zur Seite stoßen ② (*fig, usu pej: not think about*) *problem* verdrängen ◆**push away** *vt* wegschieben ◆**push back** *vt* zurückschieben, zurückdrängen ◆**push down** *vt* ① (*knock down*) umstoßen ② (*press down*) *lever* hinunterdrücken ◆**push forward** I. *vt* ① *approv, fig: advance*) *development, process* [ein großes Stück] voranbringen ② (*present forcefully*) in den Vordergrund stellen ③ (*draw attention*) ■**to ~ oneself forward** sich vordrängen II. *vi* ① (*continue*) weitermachen ② (*continue travelling*) weiterfahren ◆**push in** I. *vt* (*break*) eindrücken II. *vi* ① (*fig, a. pej: force way in*) sich hineindrängen ② (*fig, pej: jump queue*) sich vordränge[l]n ◆**push off** I. *vi* (*fig, a. pej fam: leave*) sich verziehen II. *vt* NAUT abstoßen ◆**push on** I. *vi* ① (*continue despite trouble*) ■**to ~ on with sth** *plan, project* mit etw *dat* weiterkommen ② (*continue travelling*) [noch] weiterfahren II. *vt* [energisch] vorantreiben ◆**push out** I. *vt* ① (*force out*) *person, cat, dog* hinausjagen ② (*dismiss*) hinauswerfen II. *vi* HORT *buds, flowers* sprießen ◆**push over** *vt* umwerfen, umstoßen ◆**push through** I. *vi* (*manoeuvre through*) ■**to ~ through sth** sich durch etw *akk* drängen II. *vt* POL (*make pass*) *bill, motion* durchdrücken *fam* ◆**push up** I. *vt* ① (*move higher*) **to ~ a bike up a hill** ein Fahrrad den Hügel hinaufschieben ② ECON (*cause increase*) *demand* steigern II. *vi* ① (*fig: grow*) *weeds* [nach oben] schießen ② (*fig fam: move*) [rüber]rutschen

pushbike *n* BRIT, AUS (*fam*) [Fahr]rad *nt*

push-button I. *adj* Druckknopf-, [Druck]tasten-; **~ telephone** Druckstastentelefon *nt* II. *n* Druckknopf *m*, [Druck]taste *f*

pushcart *n* ① (*barrow*) Schubkarren *m*

② (*trolley*) Einkaufswagen *m* **pushchair** *n* BRIT [Kinder]sportwagen *m* **pushover** *n* ① (*approv, fig fam: easy success*) Kinderspiel *nt kein pl* ② (*fig, pej fam: easily defeated opponent*) leichter Gegner/leichte Gegnerin **pushpin** *n* AM Reißzwecke *f* **push-start** I. *vt* ① (*jump-start*) *car* anschieben ② (*fig: begin improvement*) **to ~ the economy** die Wirtschaft ankurbeln II. *n* ① (*jump-start*) *of a car* Anschieben *nt kein pl* ② (*fig: helpful prompt*) Starthilfe *f* **push-up** *n* Liegestütz *m*

pushy ['pʊʃi] *adj* (*fig fam*) ① (*ambitious*) tatkräftig ② (*pej: aggressive*) aggressiv

puss <*pl* -es> [pʊs] *n* ① (*fam*) Mieze[katze] *f* ② AM (*fig, a. pej fam: female*) Puppe *f*

pussy ['pʊsi] *n* (*fam: cat*) Mieze[katze] *f*

put <-tt-, put, put> [pʊt] I. *vt* ① (*place*) ■**to ~ sth somewhere** etw irgendwohin stellen; (*lay down*) etw irgendwohin legen; **~ your clothes in the closet** häng deine Kleider in den Schrank; **to stay ~** *person* sich nicht von der Stelle rühren ② (*invest*) **to ~ effort/energy/money/time into sth** Mühe/Energie/Geld/Zeit in etw *akk* stecken ③ (*impose*) **to ~ the blame on sb** jdm die Schuld geben; **to ~ an embargo on sth** ein Embargo über etw *akk* verhängen; **to ~ faith in sth** sein Vertrauen in etw *akk* setzen ④ (*present*) **to ~ sth to a discussion** etw zur Diskussion stellen; **to ~ a question to sb** jdm eine Frage stellen; **to ~ sth to a vote** etw zur Abstimmung bringen ⑤ (*include*) ■**to ~ sth in[to] sth** etw in etw *akk o dat* aufnehmen; **to ~ sth on the agenda** etw auf die Tagesordnung setzen ⑥ (*indicating change of condition*) **to ~ sb at risk** jdn in Gefahr bringen; **to ~ sb in a good/bad mood** jds Laune heben/verderben; **to ~ one's affairs in order** seine Angelegenheiten in Ordnung bringen ⑦ (*express*) **how should I ~ it?** wie soll ich mich ausdrücken?; **to ~ it bluntly** um es deutlich zu sagen; **that's ~ting it mildly** das ist ja noch milde ausgedrückt ⑧ (*write*) **to ~ a cross/tick next to sth** etw ankreuzen/abhaken ⑨ (*estimate, value*) **she ~s her job above everything else** für sie geht ihr Beruf allem anderen vor; **to ~ sb/sth in a category** jdn/etw in eine Kategorie einordnen II. *vi* NAUT **to ~ to sea** in See stechen ◆**put about** I. *vt* ① (*scatter within*) verteilen ② (*spread rumour*) verbreiten ③ BRIT (*fam: be promiscuous*) ■**to ~ it about** mit jedem/jeder ins Bett gehen ④ (*fam: be extroverted*) ■**to ~ oneself about** sich in Szene setzen II. *vi* NAUT wenden ◆**put across** *vt* ① (*make understood*) vermitteln ② (*fam: trick*) **to ~ one across sb** jdn hintergehen ◆**put aside** *vt* ① (*save*) auf die Seite legen ② (*postpone*) ■**to ~ aside** ○ **sth** mit etw dat aufhören ◆**put away** *vt* ① (*tidy up*) wegräumen; (*in storage place*) einräumen ② (*set aside*) *book, game, glasses* beiseitelegen ③ (*save*) *money, savings* zurücklegen ④ (*fam: eat a lot*) ■**to ~ away** ○ **sth** etw in sich *akk* hineinstopfen ⑤ (*fam: have institutionalized*) ■**to ~ sb away** (*in an old people's home*) jdn in Pflege geben; (*in prison*) jdn einsperren ◆**put back** *vt* ① (*replace*) zurückstellen ② (*reassemble*) ■**to ~ sth back together** etw wieder zusammensetzen ③ (*postpone*) verschieben; *time, clock* zurückstellen ◆**put by** *vt* zurücklegen; *money a.* auf die hohe Kante legen ◆**put down** I. *vt* ① (*set down*) ablegen, abstellen ② (*put to bed*) **to ~ a child down** ein Kind ins Bett bringen ③ (*lower*) *arm, feet* herunternehmen; **to ~ down the [tele]phone** [den Hörer] auflegen; ■**to ~ sb** ○ **down** jdn runterlassen ④ (*spread*) **to ~ down poison** Gift auslegen; **to ~ down roots** (*a. fig*) Wurzeln schlagen ⑤ (*write*) aufschreiben ⑥ ECON (*leave as deposit*) *money* anzahlen ⑦ (*stop*) *rebellion* niederschlagen ⑧ (*deride*) ■**to ~ down** ○ **sb/oneself** jdn/sich schlechtmachen ⑨ (*give as cause*) ■**to ~ sth down to sth** etw auf etw *akk* zurückführen II. *vi* AVIAT landen ◆**put forward** *vt* ① (*propose*) *idea, plan* vorbringen; **to ~ forward a proposal** einen Vorschlag machen; *candidate* vorschlagen ② (*make earlier*) vorverlegen (**to** auf) ③ (*set later*) **to ~ the clock/time forward** die Uhr vorstellen ◆**put in** I. *vt* ① (*place in*) hineinsetzen/-legen/-stellen ② (*add*) *food, ingredients* hinzufügen; *plants* [ein]pflanzen ③ (*install*) installieren ④ (*enter, submit*) ■**to ~ sb/sth** ○ **in for sth** jdn/etw für etw anmelden; **to ~ in an order for sth** etw bestellen ⑤ (*cause to be*) **to ~ sb in a rage** jdn wütend machen II. *vi* ① NAUT anlegen; **to ~ into Hamburg/harbour** in Hamburg/in den Hafen einlaufen ② ■**to ~ in for sth** *job* sich um etw *akk* bewerben; *pay rise, transfer*

etw beantragen ◆**put off** vt ❶ (*delay*) verschieben; (*avoid*) **we've been ~ting off the decision about whether to have a baby** wir haben die Entscheidung, ob wir ein Kind haben wollen, vor uns her geschoben ❷ (*fob off*) vertrösten ❸ (*deter*) abschrecken ❹ (*distract*) ablenken; **you're ~ting me right off** du bringst mich völlig raus ◆**put on** vt ❶ (*wear*) *clothes, shoes* anziehen; **to ~ on make-up** Make-up auflegen ❷ (*pretend*) vorgeben; **it's all ~ on** es ist alles nur Schau ❸ (*turn on*) einschalten; **to ~ on the brakes** bremsen; **to ~ on Mozart** Mozart auflegen ❹ (*provide*) bereitstellen; **to ~ on an exhibition** eine Ausstellung veranstalten ❺ (*increase*) **to ~ on weight** zunehmen ❻ (*bet*) **to ~ money on a horse** Geld auf ein Pferd setzen ❼ (*allow to speak on phone*) **to ~ sb on [the telephone]** jdm den Hörer weitergeben ◆**put out** I. vt ❶ (*place outside*) **to ~ the washing out [to dry]** die Wäsche draußen aufhängen; **to ~ sb/sth out of business** jdn/etw aus dem Geschäft drängen ❷ (*extend*) *hand, foot* ausstrecken; **she ~ her head out of the window** sie lehnte den Kopf aus dem Fenster ❸ MEDIA (*publish, circulate*) veröffentlichen ❹ (*produce*) herstellen ❺ (*place ready*) ■**to ~ sth out [for sb/sth]** *cutlery, plate* [jdm/etw] etw hinstellen ❻ (*inconvenience*) ■**to ~ sb out** jdm Umstände machen ❼ (*bother*) ■**to be ~ out by sth** über etw *akk* verärgert sein ❽ (*eliminate*) **to ~ sb out of the competition** jdn aus dem Rennen werfen II. vi NAUT (*set sail*) in See stechen ◆**put over** vt ❶ (*make understood*) verständlich machen ❷ (*fool*) **to ~ one over on sb** sich mit jdm einen Scherz erlauben ◆**put through** vt ❶ (*insert through*) ■**to ~ sth through sth** etw durch etw *akk* schieben; (*pierce*) etw durch etw *akk* stechen ❷ TELEC (*connect*) ■**to ~ sb through to sb** jdn mit jdm verbinden ❸ (*cause to undergo*) **to ~ sb through hell** jdm das Leben zur Hölle machen ❹ (*support*) **to ~ sb through college/school** jdn zum College/zur Schule schicken ◆**put together** vt ❶ (*assemble*) zusammensetzen; *machine, model* zusammenbauen ❷ (*place near*) zusammenschieben ❸ (*make*) zusammenstellen; **to ~ together a dinner/snack** ein Mittagessen/einen Imbiss fertig machen; **to ~ together a list** eine Liste aufstellen ❹ MATH (*add*) **to ~ 10 and 15 together** 10 und 15 zusammenzählen ❺ FOOD (*mix*) mischen ◆**put up** vt ❶ (*hang up*) *decorations, curtains* aufhängen ❷ (*raise*) hochheben; **to ~ one's feet up** die Füße hochlegen; **to ~ one's hair up** sich *dat* das Haar aufstecken ❸ (*build*) bauen ❹ (*pay*) bezahlen; **to ~ up bail** eine Kaution zahlen; **to ~ up a reward** eine Belohnung aussetzen ❺ (*cause to do*) ■**to ~ sb up to sth** jdn zu etw *dat* verleiten ❻ (*give shelter to*) unterbringen ❼ (*resist*) **to ~ up a struggle** kämpfen; **the villagers did not ~ up any resistance** die Dorfbewohner leisteten keinen Widerstand ◆**put up with** vt behaviour sich *dat* gefallen lassen; *conditions* sich abfinden mit +*dat; person* sich abgeben mit +*dat*
put-on n AM (*fam*) ❶ (*act of teasing*) Scherz *m* ❷ (*affected manner*) Schau *f* fig fam, Getue *nt* fam
putt [pʌt] SPORTS I. vt, vi putten II. n Putt *m*
putter¹ ['pʌtər] n SPORTS ❶ (*golf club*) Putter *m* ❷ (*golfer*) Einlocher(in) *m(f)*
putter² ['pʌtə-] vi AM ❶ (*busy oneself*) geschäftig sein, werkeln SÜDD ❷ (*move slowly*) [herum]trödeln
putting ['pʌtɪŋ] I. n no pl SPORTS *in golf* Putten *nt* II. adj attr zum Putten *nach n*
putty ['pʌti] I. n no pl [Dichtungs]kitt *m* II. vt <-ie-> [ver]kitten, [ver]spachteln
put-up adj (*fam*) abgekartet
put-upon adj (*fam*) ausgenutzt
puzzle ['pʌzl] I. n ❶ (*test of ingenuity*) Rätsel *nt;* **jigsaw ~** Puzzle *nt* ❷ (*test of patience*) Geduldspiel *nt* II. vt vor ein Rätsel stellen III. vi ■**to ~ about sth** über etw *akk* nachgrübeln
puzzled ['pʌzld] adj ❶ (*helpless*) *expression* ratlos ❷ (*confused*) verwirrt
puzzling ['pʌzlɪŋ] adj ❶ (*mysterious*) *mechanism, story* rätselhaft ❷ (*difficult*) *question, situation* schwierig
PVR [ˌpiːviːɑːr] n abbrev of **personal video recorder** Personal Video Recorder *m*
pyjamas [pɪˈdʒɑːməz] npl [**a pair of**] **~** [ein] Pyjama *m*
pylon ['paɪlɒn] n ❶ ELEC freitragender Leitungsmast; [**electricity**] **~** Hochspannungsmast *m* ❷ AVIAT Orientierungsturm *m*
pyramid ['pɪrəmɪd] n Pyramide *f*
Pyrenees [ˌpɪrəˈniːz] npl ■**the ~** die Pyrenäen *pl*

Pyrex® ['paɪ(ə)reks] **I.** *n* Pyrex-Glas® **II.** *adj attr baking dish, pan* Pyrex-®, aus Pyrex-Glas® *nach n*

pyromaniac [ˌpaɪ(ə)rə(ʊ)'meɪniæk] *n* Brandstifter(in) *m(f)* (*aus krankhafter Veranlagung*)

python <*pl* -s *or* -> ['paɪθən] *n* Python *m*

Q q

Q <*pl* -'s *or* -s>, **q** <*pl* -'s> [kjuː] *n* Q *nt,* q *nt; see also* **A 1**

Q [kjuː] *n abbrev of* **Queen** Königin *f*

QC [ˌkjuː'siː] *n* BRIT *abbrev of* **Queen's Counsel** Kronanwalt *m,* Kronanwältin *f*

qtr *abbrev of* **quarter** Viertel *nt*

quack¹ [kwæk] **I.** *n* (*duck's sound*) Quaken *nt* **II.** *vi* quaken

quack² [kwæk] *n* (*pej: fake doctor*) Quacksalber(in) *m(f)*

quadrangular [kwɒd'ræŋɡjələʳ] *adj* viereckig

quadratic [kwɒd'rætɪk] *adj* quadratisch

quadrilateral [ˌkwɒdrɪ'lætərəl] **I.** *adj* vierseitig **II.** *n* Viereck *nt*

quadruped ['kwɒdrʊped] **I.** *adj* ZOOL vierfüßig **II.** *n* Vierfüßer *m*

quadruple ['kwɒdrʊpl] **I.** *vt* vervierfachen **II.** *adj* vierfach *attr*

quadruplet ['kwɒdrʊplət] *n* Vierling *m*

quaint [kweɪnt] *adj* (*charming*) reizend; *landscape, village* malerisch

quake [kweɪk] **I.** *n* (*fam*) [Erd]beben *nt* **II.** *vi* ❶ *earth* beben ❷ (*fig: shake*) zittern; **her voice ~d with emotion** ihre Stimme bebte vor Erregung

qualification [ˌkwɒlɪfɪ'keɪʃən] *n* ❶ (*skill*) Qualifikation *f;* (*document*) Abschlusszeugnis *nt* ❷ *no pl* (*completion of training*) Abschluss *m* seiner Ausbildung; *from school* [Schul]abschluss *m; from university* [Studien]abschluss *m* ❸ (*restriction*) Einschränkung *f* ❹ (*change*) [Ab]änderung *f* ❺ (*condition*) [notwendige] Voraussetzung *f;* **~ for an examination** AM UNIV Zulassung zu einer Prüfung *f*

qualified ['kwɒlɪfaɪd] *adj* ❶ (*competent*) qualifiziert; **well ~** gut geeignet ❷ (*certified*) ausgebildet; **~ mason** Maurermeister(in) *m(f);* **~ radiologist** ausgebildeter Radiologe/ausgebildete Radiologin; (*at university*) graduiert ❸ (*restricted*) bedingt; **to be a ~ success** ein mäßiger Erfolg sein ❹ (*eligible*) berechtigt

qualify <-ie-> ['kwɒlɪfaɪ] **I.** *vt* ❶ (*make competent*) qualifizieren ❷ (*make eligible*) ■ **to ~ sb [for sth]** jdm das Recht [auf etw *dat*] geben; ■ **to ~ sb to do sth** jdn berechtigen etw zu tun ❸ *criticism, judgement* einschränken **II.** *vi* ❶ (*complete training*) die Ausbildung abschließen; UNIV das Studium abschließen ❷ (*prove competence*) ■ **to ~** [**for sth**] sich [für etw *akk*] qualifizieren ❸ (*meet requirements*) *for citizenship, membership* die [nötigen] Voraussetzungen erfüllen; *for benefits, a job* in Frage kommen

qualifying ['kwɒlɪfaɪɪŋ] **I.** *n no pl* ❶ (*meeting requirement*) Qualifizierung *f* ❷ (*restricting*) Einschränkung *f* **II.** *adj attr* ❶ (*restrictive*) einschränkend ❷ (*testing standard*) Qualifikations-, Eignungs-

quality ['kwɒləti] **I.** *n* ❶ (*standard*) Qualität *f;* MECH, TECH Gütegrad *m fachspr;* **~ of life** Lebensqualität *f* ❷ (*character*) Art *f;* **the unique ~ of their relationship** die Einzigartigkeit ihrer Beziehung ❸ (*feature*) Merkmal *nt;* **managerial qualities** Führungsqualitäten *pl;* **the school has many excellent qualities** die Schule hat viele Vorzüge; **this cheese has a rather rubbery ~ to it** dieser Käse hat etwas ziemlich Gummiartiges an sich **II.** *adj* [qualitativ] hochwertig, Qualitäts-; **~ control** Qualitätskontrolle *f;* **~ time** *no pl* die Zeit, die man dafür aufbringt, familiäre Beziehungen zu entwickeln und zu pflegen

quantify <-ie-> ['kwɒntɪfaɪ] *vt* mengenmäßig messen

quantitative ['kwɒntɪtətɪv] *adj* quantitativ

quantity ['kwɒntəti] *n* ❶ (*amount*) Menge *f* ❷ (*large amount*) große Menge[n] *f[pl]* ❸ *pl* (*huge amount*) Unmenge[n] *f[pl]*

quantity discount *n* Mengenrabatt *m*

quantity surveyor *n* BRIT ARCHIT Kostenplaner(in) *m(f)*

quarantine ['kwɒrəntiːn] **I.** *n* Quarantäne *f* **II.** *vt* unter Quarantäne stellen

quarrel ['kwɒrəl] **I.** *n* ❶ (*argument*) Streit *m;* **to have a ~** sich streiten ❷ (*cause of complaint*) Einwand *m* **II.** *vi* <-ll-> (*argue*)

sich streiten ❷ (*disagree with*) **you can't ~ with that** daran gibt es nichts auszusetzen
quarrelsome [ˈkwɒrəlsəm] *adj* (*pej*) streitsüchtig
quarry[1] [ˈkwɒri] **I.** *n* (*rock pit*) Steinbruch *m*; (*fig*) Fundgrube *f* **II.** *vt* <-ie-> *marble, stone* brechen
quarry[2] [ˈkwɒri] *n* ❶ (*hunted animal*) Jagdbeute *f* ❷ (*fig: victim*) Opfer *nt*
quarter [ˈkwɔːtəʳ] **I.** *n* ❶ (*one fourth*) Viertel *nt;* **a ~ [of a pound] of tea** ein Viertel[pfund] Tee; **a ~ of a century** ein Vierteljahrhundert *nt;* **a ~ of an hour** eine Viertelstunde; **an hour and a ~** eineinviertel Stunden ❷ (*1/4 of year*) Quartal *nt;* AM (*school term*) Quartal *nt* ❸ AM (*25 cents*) Vierteldollar *m* ❹ (*area*) Gegend *f* ❺ *pl* (*lodgings*) Wohnung *f* ▶ **at close ~s** in jds Nähe **II.** *vt* (*cut into four*) vierteln **III.** *adj* Viertel-
quarterfinal *n* SPORTS Viertelfinale *nt*
quarterly [ˈkwɔːtəlɪ] *adj, adv* vierteljährlich
quartet *n,* **quartette** [kwɔːˈtet] *n* MUS Quartett *nt*
quartz [kwɔːts] *n no pl* Quarz *m;* **rose ~** Rosenquarz *m;* **~ clock** Quarzuhr *f*
quash [kwɒʃ] *vt* ❶ (*destroy*) zermalmen; *hopes, plans* zunichtemachen ❷ (*fig*) *rebellion, revolt* niederschlagen; *objection* zurückweisen
quaver [ˈkweɪvəʳ] **I.** *vi* (*shake*) *person, voice* zittern **II.** *n* ❶ (*shake*) Zittern *nt kein pl* ❷ BRIT, AUS MUS (*note*) Achtelnote *f fachspr*
quay [kiː] *n* Kai *m,* Kaje *f* NORDD
queasy [ˈkwiːzi] *adj* ❶ *person, stomach* [über]empfindlich ❷ (*upset*) übel nach *n;* **he feels ~** ihm ist übel
queen [kwiːn] **I.** *n* ❶ (*female monarch*) Königin *f;* **the ~ of England** die englische Königin ❷ (*fig: top lady*) **beauty ~** Schönheitskönigin *f* ❸ (*in cards, chess*) Dame *f* ❹ (*pej fam: flamboyant gay man*) Tunte *f oft pej sl;* **drag ~** Transvestit *m* **II.** *vt* [zur Königin] krönen
queen bee *n* ZOOL Bienenkönigin *f fachspr*
Queen Mother *n* Königinmutter *f*
Queen's English *n no pl* BRIT Standardenglisch *nt* **Queen's Speech** *n* BRIT POL von der Königin zur Eröffnung einer parlamentarischen Sitzungsperiode verlesene Regierungserklärung
queer [kwɪəʳ] **I.** *adj* ❶ (*strange*) seltsam; **to have ~ ideas** schräge Ideen haben ❷ (*usu pej: homosexual*) schwul *fam* ❸ (*suspicious*) merkwürdig **II.** *n* (*pej fam: homosexual*) Schwule(r) *m oft pej; female* Lesbe *f oft pej*
quell [kwel] *vt* ❶ *opposition, protest* [gewaltsam] unterdrücken; *rebellion, revolt* niederschlagen ❷ (*fig*) **to ~ one's anger** seinen Zorn zügeln; **to ~ one's fear** seine Angst überwinden ❸ (*fig: quiet*) beschwichtigen
quench [kwen(t)ʃ] *vt* ❶ (*a. fig*) *fire, flames* löschen; (*fig*) dämpfen ❷ (*a. fig: satisfy*) befriedigen; *thirst* löschen
query [ˈkwɪəri] **I.** *n* (*a. fig: question*) Rückfrage *f* **II.** *vt* <-ie-> (*form*) ❶ (*question*) in Frage stellen; **to ~ whether ...** bezweifeln, dass ... ❷ AM (*put questions to*) befragen
quest [kwest] *n* (*a. fig*) Suche *f* (**for** nach); **a ~ for a treasure** eine Schatzsuche
question [ˈkwestʃən] **I.** *n* ❶ (*inquiry*) Frage *f;* **to put a ~ to sb** jdm eine Frage stellen; **in answer to your ~** um Ihre Frage zu beantworten; **to pop the ~** jdm einen [Heirats]antrag machen ❷ *no pl* (*doubt*) **to be beyond ~** außer Zweifel stehen; **to call sth into ~** etw bezweifeln; **without ~** zweifellos ❸ (*matter*) **to be out of the ~** nicht in Frage kommen **II.** *vt* ❶ (*ask*) ▪ **to ~ sb about sth** jdn über etw *akk* befragen ❷ (*interrogate*) ▪ **to ~ sb [about sth]** jdn [zu etw *dat*] verhören ❸ (*doubt*) bezweifeln ❹ SCH **to ~ sb on sth** jdn in etw *akk* prüfen
questionable [ˈkwestʃənəbl̩] *adj* ❶ (*uncertain*) zweifelhaft; *future* ungewiss ❷ (*not respectable*) fragwürdig; **~ business** bedenkliche Geschäfte
questioner [ˈkwestʃənəʳ] *n* Fragesteller(in) *m(f)*
questioning [ˈkwestʃənɪŋ] **I.** *n no pl* Befragung *f; by police* Verhör *nt;* **to be brought in for ~** ins Verhör genommen werden *fachspr* **II.** *adj* forschend; *look* fragend
question mark *n* (*a. fig*) Fragezeichen *nt*
question master *n* BRIT Quizmaster *m*
questionnaire [ˌkwestʃəˈneəʳ] *n* Fragebogen *m;* **analysis/construction** die Analyse/Erstellung von Fragebögen
question time *n* Zeit *f* für Fragen, Diskussionszeit *f;* POL *in parliament* Fragestunde *f*
queue [kjuː] **I.** *n* BRIT, AUS (*line*) Schlange *f;* **a ~ of people** eine Menschenschlange; **to join the ~** sich mit anstellen; **to jump the ~** sich vordräng[e]ln **II.** *vi* anstehen

quibble ['kwɪbl] I. n ① (*pej: petty argument*) Spitzfindigkeit f ② (*a. pej: minor criticism*) Krittelei f (**about/over** an) II. vi ■ **to ~ about sth** sich über etw *akk* streiten

quiche <pl -> [kiːʃ] n Quiche f

quick [kwɪk] I. adj ① (*a. fig: fast*) schnell; **to be ~ about sth** sich mit etw *dat* beeilen; **in ~ succession** in schneller [Ab]folge ② (*short*) kurz; **to have a ~ look at sth** sich *dat* etw kurz ansehen; **could I have a ~ word?** könnte ich Sie kurz sprechen? ③ (*alert*) [geistig] gewandt; **~ wit** Aufgewecktheit f II. adv schnell, rasch III. *interj* schnell

quick-acting adj schnell wirksam

quicken ['kwɪkən] I. vt ① (*make faster*) beschleunigen ② (*fig: awaken*) anregen; **to ~ sb's curiosity/interest** jds Neugier/Interesse wecken II. vi schneller werden; **his pulse ~ed** sein Pulsschlag erhöhte sich

quick-freeze <-froze, -frozen> vt tiefgefrieren

quick-frozen adj tiefgefroren *attr*

quickie ['kwɪki] I. n (*fam: fast thing*) kurze Sache; **to make it a ~** es kurz machen II. adj (*a. pej fam*) Schnell-, schnell [hingehauen]; **a ~ divorce** eine schnelle und unkomplizierte Scheidung

quickly ['kwɪkli] adv schnell, rasch

quicksand n no pl Treibsand m

quick-tempered adj hitzköpfig

quick-witted adj (*alert*) aufgeweckt; (*quick in replying*) schlagfertig

quid <pl -> [kwɪd] n BRIT (*fam: money*) Pfund *nt*; **could you lend me ten ~, mate?** kannst du mir zehn Piepen leihen?

quiet [kwaɪət] I. adj <-er, -est *or* more quiet, most quiet> ① (*not loud*) *voice, machine* leise ② (*silent*) ruhig; **please be ~** sei bitte!; **to keep ~** ruhig sein ③ (*not talkative*) still; *person* schweigsam ④ (*not busy*) *street, town* ruhig ▶ **as ~ as a <u>mouse</u>** mucksmäuschenstill *fam* II. n no pl ① (*silence*) Stille f ② (*lack of excitement*) Ruhe f; **peace and ~** Ruhe und Frieden ▶ **on the ~** heimlich III. vt *esp* AM besänftigen; **to ~ children** Kinder zur Ruhe bringen IV. vi *esp* AM sich beruhigen

quieten ['kwaɪətən] I. vi ① (*become quiet*) sich beruhigen ② (*become calm*) ruhiger werden II. vt beruhigen; **to ~ sb's fears** jds Ängste zerstreuen ♦ **quieten down** I. vi ① (*become quiet*) leiser werden ② (*become calm*) sich beruhigen II. vt (*make less noisy*) zur Ruhe bringen; **go and ~ those children down** stell die Kinder mal ruhig! *fam*

quietly ['kwaɪətli] adv ① (*not loudly*) leise ② (*silently*) still; **to wait ~** ruhig warten

quietness ['kwaɪətnəs] n no pl Ruhe f; (*silence*) Stille f

quill [kwɪl] n (*feather*) Feder f

quilt [kwɪlt] I. n Steppdecke f; **patchwork ~** Quilt m II. vt [ab]steppen

quince [kwɪn(t)s] I. n Quitte f; **~ [tree]** Quittenbaum m II. adj *jam, jelly, tart* Quitten-

quinine ['kwɪniːn] n no pl Chinin nt

quint [kwɪnt] n AM (*fam*) *short for* **quintuplet** Fünfling m

quintet(te) [kwɪn'tet] n Quintett nt

quintuple ['kwɪntjuːpl] vi, vt verfünffachen

quintuplet [kwɪn'tjuːplət] n Fünfling m

quip [kwɪp] I. n witzige Bemerkung II. vi <-pp-> witzeln

quirk [kwɜːk] n ① (*odd habit*) Marotte f ② (*oddity*) Merkwürdigkeit f kein pl; **by some strange ~ of fate** durch eine [merkwürdige] Laune des Schicksals

quit <-tt-, quit *or* quitted, quit *or* quitted> [kwɪt] I. vi ① (*resign*) *worker* kündigen; *manager, official* zurücktreten ② COMPUT (*exit*) aussteigen ③ *esp* AM (*give up*) aufgeben II. vt ① *esp* AM (*stop*) **will you ~ that!** wirst du wohl damit aufhören!; **to ~ smoking** das Rauchen aufgeben ② (*give up*) aufgeben; **to ~ one's job** kündigen ③ *building, place* verlassen ④ COMPUT (*end*) **to ~ the program** aus dem Programm aussteigen

quite [kwaɪt] adv ① (*fairly*) ziemlich; (*fam*) **she's ~ something!** sie ist wirklich klasse!; **I had to wait ~ a time** ich musste ganz schön lange warten *fam* ② (*completely*) ganz, völlig; **~ honestly, ...** ehrlich gesagt ...

quits [kwɪts] adj pred quitt; (*fam*) **to be ~ [with sb]** [mit jdm] quitt sein; **to call it ~** es gut sein lassen

quitter ['kwɪtər] n *esp* AM jdm, der schnell aufgibt

quiver¹ ['kwɪvər] I. n (*shiver*) Zittern nt kein pl II. vi zittern; **to ~ with rage** vor Wut beben

quiver² ['kwɪvər] n (*arrow holder*) Köcher m

quiz [kwɪz] I. n <pl -es> ① (*question game*) Quiz nt ② AM SCH, UNIV (*test*) [kurze] Prüfung II. adj ① *question* Quiz-; **~ night** BRIT Quizabend *m;* ~ **team** Rateteam *nt* ❷ AM SCH, UNIV *question, results* Prüfungs- **III.** *vt* ❶ (*question*) befragen (**about** zu) ❷ AM SCH, UNIV prüfen (**on** über)

quizmaster *n* Quizmaster *m* **quiz show** *n* Quizsendung *f*

quota ['kwəʊtə] *n* ❶ (*fixed amount*) Quote *f* ❷ (*fig: proportion*) Quantum *nt*

quotation [kwə(ʊ)'teɪʃən] *n* ❶ (*from book, person*) Zitat *nt;* ▪ **a ~ from sb/sth** ein Zitat *nt* von jdm/aus etw *dat* ❷ *no pl* (*quoting*) Zitieren *nt* ❸ (*estimate*) Kostenvoranschlag *m*

quotation marks *npl* Anführungszeichen *pl*

quote [kwəʊt] **I.** *n* ❶ (*fam: quotation*) Zitat *nt* ❷ (*fam: quotation marks*) ▪ **~s** *pl* Gänsefüßchen *pl fam* ❸ (*fam: estimate*) Kostenvoranschlag *m* ▶ **Mr Brown stated that, ~ [unquote], ...** Hr. Brown meinte, ich zitiere ... **II.** *vt* ❶ (*say words of*) zitieren; ▪ **to ~ sb on sth** jdn zu etw *dat* zitieren; **but don't ~ me on that!** aber sag's nicht weiter! *fam* ❷ ▪ **to ~ a price** einen Preis nennen **III.** *vi* zitieren

R r

R <*pl* -'**s** *or* -**s**>, **r** <*pl* -'**s**> [ɑːʳ] *n* R *nt*, r *nt; see also* **A 1**

r *adv abbrev of* **right** re.

R¹ [ɑːʳ] *n no pl* ❶ (*Queen*) *abbrev of* **Regina** Regina ❷ (*King*) *abbrev of* **Rex** Rex ❸ *abbrev of* **river**

R² *adv* AM FILM *abbrev of* **Restricted: rated ~** nicht für Jugendliche unter 16 Jahren

rabbi ['ræbaɪ] *n* Rabbiner *m*

rabbit ['ræbɪt] *n* ❶ (*animal*) Kaninchen *nt;* ~ **hole** Kaninchenbau *m;* ~ **hutch** Kaninchenstall *m* ❷ *no pl* (*meat*) Hase *m kein pl*

rabies ['reɪbiːz] *n* + *sing vb* Tollwut *f*

race¹ [reɪs] **I.** *n* ❶ (*competition*) Rennen *nt* ❷ *no pl* (*rush*) Hetze *f* **II.** *vi* ❶ (*compete*) *people* Rennen laufen ❷ (*rush*) rennen

race² [reɪs] *n* ❶ (*ethnic grouping*) Rasse *f;* **the human ~** die menschliche Rasse ❷ + *sing/pl vb* (*people*) Volk *nt*

racecourse *n* Rennbahn *f* **racehorse** *n* Rennpferd *nt*

racer ['reɪsəʳ] *n* ❶ (*runner*) [Renn]läufer(in) *m(f);* (*horse*) Rennpferd *nt* ❷ (*cycle*) Rennrad *nt*

race relations *npl* Beziehungen *pl* zwischen den Rassen **race riot** *n* Rassenunruhen *pl*

racial ['reɪʃəl] *adj* ❶ (*to do with race*) rassisch, Rassen-; ~ **profiling** Profiling *nt* aufgrund der Rassenzugehörigkeit ❷ (*motivated by racism*) rassistisch; ~ **discrimination/ segregation** Rassendiskriminierung *f*/-trennung *f*

racing ['reɪsɪŋ] *n no pl* ❶ (*in horse racing: event*) Pferderennen *nt* ❷ (*conducting races*) Rennen *nt*

racing bicycle *n*, **racing bike** *n* (*fam*) Rennrad *nt* **racing car** *n* Rennwagen *m* **racing driver** *n* Rennfahrer(in) *m(f)*

racism ['reɪsɪzəm] *n no pl* Rassismus *m*

racist ['reɪsɪst] **I.** *n* Rassist(in) *m(f)* **II.** *adj* rassistisch

rack¹ [ræk] *n no pl* **to go to ~ and ruin** verkommen, vor die Hunde gehen *fam*

rack² [ræk] **I.** *n* ❶ (*for storage*) Regal *nt;* **clothes ~** AM Kleiderständer *m;* **magazine/ newspaper ~** Zeitschriften-/Zeitungsständer *m* ❷ (*for torture*) Folterbank *f* ❸ FOOD **~ of lamb** Lammrippchen *pl* **II.** *vt* (*hurt*) quälen; **to be ~ed with doubts/pain** von Zweifeln/Schmerzen gequält werden ▶ **to ~ one's brains** sich *dat* den Kopf zerbrechen

racket¹ ['rækɪt] *n* ❶ SPORTS Schläger *m* ❷ (*game*) ▪ **~s** *pl* Racketball *nt kein pl*

racket² ['rækɪt] *n* (*fam*) ❶ (*din*) Krach *m* ❷ (*pej: dishonest scheme*) unsauberes Geschäft; **protection ~** Schutzgelderpressung *f*

racketeer [ˌrækɪ'tɪəʳ] *n* (*pej*) Gangster *m*

racy ['reɪsi] *adj* ❶ (*risqué*) *behaviour, novel* anzüglich ❷ (*sexy*) *clothing* gewagt

radar ['reɪdɑːʳ] *n no pl* Radar *m o nt;* ~ **screen** Radarschirm *m;* ~ **trap** Radarfalle *f*

radial ['reɪdiəl] **I.** *adj* ❶ (*radiating*) strahlenförmig ❷ TECH radial *fachspr* **II.** *n* Gürtelreifen *m*

radiant ['reɪdiənt] *adj* ❶ (*happy*) strahlend *attr fig* ❷ *attr* PHYS (*shining*) Strahlungs-

radiate ['reɪdieɪt] **I.** *vi* ❶ (*spread out*) ▪ **to ~ [from sth]** strahlenförmig [von etw *dat*] ausgehen ❷ (*be given off*) ▪ **to ~ from sth** von etw *dat* abstrahlen **II.** *vt* (*a. fig*) ausstrahlen

radiation [ˌreɪdi'eɪʃən] *n no pl* ❶ (*radiated*

energy) Strahlung *f* ② (*emitting*) Abstrahlen *nt*

radiation therapy *n* Strahlentherapie *f*

radiator ['reɪdieɪtəʳ] *n* ① (*heating device*) Heizkörper *m* ② (*to cool engine*) Kühler *m*

radical ['rædɪkəl] **I.** *adj* ① POL radikal ② (*fundamental*) fundamental ③ MED radikal **II.** *n* (*person*) Radikale(r) *f(m)*

radio ['reɪdiəʊ] **I.** *n* ① (*receiving device*) Radio *nt* SÜDD, ÖSTERR, SCHWEIZ *a. m;* **to turn the ~ on/off** das Radio an-/ausmachen ② (*transmitter and receiver*) Funkgerät *nt;* **on/over the ~** über Funk ③ *no pl* (*broadcasting*) Radio *nt*, [Rund]funk *m;* **to listen to the ~** Radio hören; **what's on the ~?** was kommt im Radio? **II.** *adj* ① (*of communications*) *frequency, receiver* Funk- ② (*of broadcasting*) *broadcast, commercial* Radio- **III.** *vt* ① (*call on radio*) *base, shore* anfunken ② (*send by radio*) funken **IV.** *vi* **to ~ for help/assistance** über Funk Hilfe/Unterstützung anfordern

radioactive [ˌreɪdiəʊ'æktɪv] *adj* radioaktiv

radioactivity [ˌreɪdiəʊæk'tɪvəti] *n no pl* Radioaktivität *f*

radio alarm *n*, **radio alarm clock** *n* Radiowecker *m* **radio announcer** *n* Rundfunk-/Radiosprecher(in) *m(f)* **radio broadcast** *n* Radiosendung *f* **radio cassette recorder** *n* Radiorecorder *m* **radio contact** *n* Funkkontakt *m*

radiographer [ˌreɪdi'ɒɡrəfəʳ] *n* Röntgenassistent(in) *m(f)*

radiography [ˌreɪdi'ɒɡrəfi] *n* Röntgenographie *f*

radio ham *n* Funkamateur(in) *m(f)*

radiological [ˌreɪdiəʊ'lɒdʒɪkəl] *adj* PHYS, MED radiologisch *fachspr*, Röntgen-

radiologist [ˌreɪdi'ɒlədʒɪst] *n* Radiologe(in) *m(f)*

radiology [ˌreɪdi'ɒlədʒi] *n no pl* Radiologie *f*

radio microphone *n* Funkmikrofon *nt* **radio operator** *n* Funker(in) *m(f)* **radiopager** *n* Piepser *m fam* **radio play** *n* Hörspiel *nt* **radio programme** *n* Radioprogramm *nt* **radio station** *n* ① (*radio channel*) Radiosender *m* ② (*building*) Rundfunkstation *f* **radio telescope** *n* Radioteleskop *nt*

radiotherapy *n no pl* Strahlentherapie *f*

radish <*pl* -es> ['rædɪʃ] *n* Rettich *m*

radius <*pl* -dii> ['reɪdiəs, *pl* -diaɪ] *n* Radius *m*

RAF [ˌɑːʳeɪ'ef] *n abbrev of* **Royal Air Force:** ■**the** ~ die R.A.F.

raffle ['ræfl] **I.** *n* Tombola *f* **II.** *vt* verlosen

raft [rɑːft] **I.** *n* (*vessel*) Floß *nt* **II.** *vi* an einem Rafting teilnehmen **III.** *vt* ■**to ~ sth** etw auf einem Floß transportieren

rag¹ [ræɡ] *n* (*old cloth*) Lumpen *m*

rag² [ræɡ] **I.** *n* BRIT (*students' fund-raising event*) studentische karnevalistische Veranstaltung, um Spenden für wohltätige Zwecke zu sammeln **II.** *vi* <-gg-> AM (*pej sl*) ■**to ~ on sb** jdn nerven *sl*

rag³ [ræɡ] *n* MUS Ragtime *m*

rage [reɪdʒ] **I.** *n* ① *no pl* (*violent anger*) Wut *f*, Zorn *m* ② (*fit of anger*) **to get in a ~** sich aufregen (**about** über) ③ (*mania*) **to be [all] the ~** der letzte Schrei sein *fam* **II.** *vi* (*express fury*) toben; ■**to ~ at sb** jdn anschreien

ragged ['ræɡɪd] *adj* ① (*torn*) *clothes* zerlumpt; *cuffs, hem* ausgefranzt ② (*jagged*) ~ **coastline** zerklüftete Küste

raging ['reɪdʒɪŋ] *adj* ① GEOG (*flowing fast*) reißend *attr* ② (*burning fiercely*) *fire* lodernd *attr; inferno* flammend *attr* ③ (*fam: extreme*) äußerst; *bore* total *fam*

raid [reɪd] **I.** *n* ① MIL Angriff *m* ② (*robbery*) Überfall *m* (**on** auf) ③ (*by police*) Razzia *f* **II.** *vt* ① MIL überfallen ② (*steal from*) ausplündern; *bank, post office* überfallen; (*fig*) *fridge, piggybank* plündern *hum* ③ (*by police*) eine Razzia durchführen

rail¹ [reɪl] *vi* wettern (**against/at** gegen)

rail² [reɪl] **I.** *n* ① *no pl* (*transport system*) Bahn *f;* **by ~** mit der Bahn ② (*railway track*) Schiene *f* ③ (*on stairs*) Geländer *nt;* (*on fence*) Stange *f;* (*on ship*) Reling *f* ④ (*to hang things on*) [**hanging**] ~ Halter *m*, Stange *f;* **off the** ~ von der Stange **II.** *adj pass, strike,* **worker** Bahn-

railcard *n* BRIT Bahnkarte *f*

railing ['reɪlɪŋ] *n* ① (*fence*) Geländer *nt* ② (*on a ship*) Reling *f*

railroad I. *n* AM ① (*train track*) Schienen *pl*, Gleise *pl* ② (*railway system*) [Eisen]bahn *f kein pl* **II.** *vt* zwingen; ■**to have been ~ed into sth** gezwungen worden sein, etw zu tun

railway ['reɪlweɪ] **I.** *n esp* BRIT ① (*train tracks*) Gleise *pl*, Schienen *pl* ② (*rail system*) ■**the ~[s]** die [Eisen]bahn **II.** *adj museum,*

tunnel [Eisen]bahn-; ~ **yard** Rangierbahnhof *m*
railway bridge *n* Eisenbahnbrücke *f* **railway crossing** *n* Bahnübergang *m* **railway engine** *n* Lokomotive *f* **railway line** *n* Bahnlinie *f* **railway station** *n* Bahnhof *m* **railway track** *n* Gleis *nt*
rain [reɪn] **I.** *n* ① *no pl* Regen *m*; **pouring** ~ strömender Regen; **in the** ~ im Regen ② *(rainy season)* ■**the** ~**s** *pl* die Regenzeit *f* **II.** *vi impers* regnen; **it's** ~**ing** es regnet ♦ **rain off** BRIT, **rain out** *vt passive* AM ■**to be** ~**ed off** wegen Regens abgesagt werden
rainbow ['reɪnbəʊ] *n* Regenbogen *m* **rain cloud** *n* Regenwolke *f* **raincoat** *n* Regenmantel *m* **raindrop** *n* Regentropfen *m* **rainfall** *n no pl* ① *(period of rain)* Niederschlag *m* ② *(quantity of rain)* Niederschlagsmenge *f* **rain forest** *n* Regenwald *m* **rainstorm** *n* starke Regenfälle *pl*
rainy ['reɪni] *adj* regnerisch
raise [reɪz] **I.** *n* AM, AUS *(rise)* Gehaltserhöhung *f* **II.** *vt* ① *(lift)* heben; *anchor* lichten; **to** ~ **one's arm/hand/leg** den Arm/die Hand/das Bein heben; **to** ~ **one's eyebrows** die Augenbrauen hochziehen ② *drawbridge* hochziehen ③ *morale* heben; *quality* verbessern ④ *a cheer, a laugh* hervorrufen; *doubts, hopes* wecken ⑤ *an issue, a question* aufwerfen; *an objection* erheben ⑥ *capital, money* aufbringen ⑦ *(bring up) children* aufziehen
raisin ['reɪzɪn] *n* Rosine *f*
rake [reɪk] **I.** *n (garden tool)* Harke *f*, Rechen *m* **II.** *vt* ① *(treat) soil* harken ② *(gather up)* [zusammen]rechen; *leaves, the lawn* rechen **III.** *vi* ■**to** ~ **through sth** etw durchsuchen ♦ **rake in** *vt* ① *(work in)* rechen ② *(fam) money* kassieren ♦ **rake up** *vt* ① *(gather up)* zusammenrechen; *(fig)* einstreichen
rally ['ræli] **I.** *n* ① *(motor race)* Rallye *f*; ~ **driver** Rallyefahrer(in) *m(f)* ② *(in tennis)* Ballwechsel *m* ③ *(meeting)* [Massen]versammlung *f*, Zusammenkunft *f* **II.** *vt* <-ie-> sammeln; *support* gewinnen **III.** *vi* <-ie-> *(support)* ■**to** ~ **behind sb** sich geschlossen hinter jdn stellen ♦ **rally round** *vi (support)* ■**to** ~ **round sb** jdn unterstützen
ram [ræm] **I.** *n* ① *(sheep)* Widder *m*, Schafbock *m* ② *(implement)* Rammbock *m*, Ramme *f* **II.** *vt* <-mm-> ① *(hit)* rammen ② *(push in)* **he** ~**med the sweets into his mouth** er stopfte sich die Süßigkeiten in den Mund ③ *(push down)* **to** ~ **down the soil** den Boden feststampfen ④ *(slam in)* **to** ~ **sth home bolt** etw zuknallen **III.** *vi* <-mm-> ■**to** ~ **into sth** gegen etw *akk* prallen
RAM [ræm] *n* COMPUT *acr for* **Random Access Memory** RAM *m o nt*
ramble ['ræmbl] **I.** *n* Wanderung *f*, Spaziergang *m* **II.** *vi* ① *(walk)* wandern *(through durch)* ② *(be incoherent)* faseln *fam; (be too detailed)* vom Hundersten ins Tausendste kommen
rambler ['ræmblə^r] *n* ① *(walker)* Wanderer *m*, Wanderin *f* ② HORT, BOT *(rose)* Kletterrose *f*
rambling ['ræmblɪŋ] **I.** *n* ■~**s** *pl* Gefasel *nt kein pl pej* **II.** *adj* ① *(sprawling) building* weitläufig ② BOT, HORT rankend *attr*; Kletter- ③ *(incoherent)* zusammenhanglos
ramp [ræmp] *n (slope)* Rampe *f*; AVIAT Gangway *f*
rampage **I.** *n* ['ræmpeɪdʒ] Randale *f*; **on the** ~ angriffslustig **II.** *vi* [ræm'peɪdʒ] randalieren
rampant ['ræmpənt] *adj* ① *(unrestrained)* ungezügelt ② *(spreading)* ■**to be** ~ grassieren
ran [ræn] *pt of* **run**
ranch [rɑːn(t)ʃ] AM **I.** *n* <*pl* -es> Farm *f*, Ranch *f* **II.** *vi* Viehwirtschaft treiben **III.** *vt cattle, mink, salmon* züchten
rancher ['rɑːn(t)ʃə^r] *n* ① *(ranch owner)* Viehzüchter(in) *m(f)* ② *(ranch worker)* Farmarbeiter(in) *m(f)*
rancid ['ræn(t)sɪd] *adj* ranzig; **to go** ~ ranzig werden
random ['rændəm] **I.** *n no pl* **at** ~ *(aimlessly)* willkürlich; *(by chance)* zufällig **II.** *adj* zufällig, wahllos; **a** ~ **sample** eine Stichprobe
randy ['rændi] *adj (fam)* geil
rang [ræŋ] *pt of* **ring**
range[1] [reɪndʒ] **I.** *n* ① *no pl (limit)* Reichweite *f; (area)* Bereich *m*; **to be out of** ~ außer Reichweite sein ② *(series of things)* Reihe *f*; **narrow/wide** ~ **of sth** kleine/große Auswahl an etw *dat* ③ *(selection)* Angebot *nt*, Sortiment *nt* ④ MIL *firing* ~ Schießplatz *m* **II.** *vi* ① *(vary)* schwanken ② ■**to** ~ **from sth to sth** von etw *dat* bis etw *dat* reichen
range[2] [reɪndʒ] *n (of mountains)* Hügelkette *f*, Bergkette *f*
range[3] [reɪndʒ] *n (stove)* [Koch]herd *m*
ranger ['reɪndʒə^r] *n* Förster(in) *m(f)*; AM

(*mounted soldier*) Ranger(in) *m(f)*

rank[1] [ræŋk] **I.** *n* ❶ *no pl* POL (*position*) Position *f* ❷ MIL Dienstgrad *m*, Rang *m;* ■**the ~s** *pl* (*non-officers*) einfache Soldaten *pl* ❸ (*membership*) ■**the ~s** Mitglieder *pl* **II.** *vi* ❶ (*hold a position*) ■**to ~ above sb** einen höheren Rang als jd einnehmen ❷ (*be classified as*) **to ~ among** zählen zu *dat*

rank[2] [ræŋk] *adj* ❶ (*growing thickly*) *of a plant* üppig wuchernd ❷ (*rancid*) stinkend *attr;* ■**to be ~ with sth** nach etw *dat* stinken

rankle ['ræŋkl̩] *vi* ■**to ~ with sb** jdm zu schaffen machen

ransom ['ræn(t)səm] **I.** *n* Lösegeld *nt* **II.** *adj amount, demand, pickup* Lösegeld- **III.** *vt* auslösen

rant [rænt] **I.** *n no pl* ❶ (*angry talk*) Geschimpfe *nt* ❷ (*tirade*) Schimpfkanonade *f* **II.** *vi* [vor sich *akk* hin] schimpfen

rap[1] [ræp] **I.** *n* (*knock*) Klopfen *nt kein pl*, Pochen *nt kein pl;* **to give sb a ~ on the knuckles** jdm auf die Finger klopfen **II.** *vt* <-pp-> ❶ (*strike*) ■**to ~ sth** an etw *akk* klopfen ❷ (*fig: criticize*) ■**to ~ sb** jdn scharf kritisieren

rap[2] [ræp] **I.** *n no pl* MUS Rap *m* **II.** *vi* MUS rappen

rape[1] [reɪp] **I.** *n* ❶ *no pl* (*sexual assault*) Vergewaltigung *f* ❷ *no pl* (*fig: destruction*) Zerstörung *f* **II.** *vt* vergewaltigen **III.** *vi* eine Vergewaltigung begehen

rape[2] [reɪp] *n no pl* AGR Raps *m*

rapeseed oil *n* Rapsöl *nt*

rapid ['ræpɪd] *adj* ❶ (*quick*) schnell; *change, growth* rasch ❷ (*sudden*) plötzlich

rapist ['reɪpɪst] *n* Vergewaltiger *m*

rapture ['ræptʃə^r] *n* ❶ *no pl* (*bliss*) Verzückung *f* ❷ *pl* (*expression of joy*) **to be in ~ about sth** entzückt über etw *akk* sein

rapturous ['ræptʃ^ərəs] *adj* ❶ (*delighted*) entzückt, hingerissen ❷ *applause* stürmisch

rare[1] [reə^r] *adj* (*uncommon*) rar, selten

rare[2] [reə^r] *adj meat* nicht durch[gebraten] präd, blutig

rarefied ['reərɪfaɪd] *adj* ❶ (*of air*) dünn ❷ (*fig: select*) exklusiv

rarely ['reəli] *adv* selten

rarity ['reərəti] *n* Rarität *f*, Seltenheit *f*

rascal ['rɑːsk^əl] *n* (*scamp*) Schlingel *m*; (*child*) Frechdachs *m*

rash[1] [ræʃ] *n* <*pl* -es> MED Ausschlag *m*

rash[2] [ræʃ] *adj* übereilt, hastig, vorschnell

rasher ['ræʃə^r] *n* **~ [of bacon]** Speckscheibe *f*

raspberry ['rɑːzb^əri] **I.** *n* (*fruit*) Himbeere *f* **II.** *adj cake, jam* Himbeer-

rat [ræt] **I.** *n* Ratte *f a. fig* ▶ **to smell a ~** Lunte riechen **II.** *vi* <-tt-> ■**to ~ on sb** jdn verraten

rate [reɪt] **I.** *n* ❶ (*speed*) Geschwindigkeit *f;* **at one's own ~** in seinem eigenen Rhythmus ❷ (*measure*) Maß *nt*, Menge *f;* **unemployment ~** Arbeitslosenrate *f* ❸ (*payment*) Satz *m* ▶ **at any ~** (*whatever happens*) auf jeden Fall **II.** *vt* ❶ (*regard*) einschätzen; **she ~s him among her closest friends** sie zählt ihn zu ihren engsten Freunden ❷ (*be worthy of*) **to ~ a mention** erwähnenswert sein

rather ['rɑːðə^r] *adv* ❶ (*somewhat*) ziemlich; **I ~ doubt ...** ich bin nicht ganz sicher, ob ... ❷ (*very*) ziemlich, recht; **it's ~ a shame that ...** es ist wirklich schade, dass ... ❸ (*in preference to*) **I'd like to stay at home this evening ~ than going out** ich möchte heute Abend lieber zu Hause bleiben und nicht ausgehen

rating ['reɪtɪŋ] *n* ❶ *no pl* (*assessment*) Einschätzung *f* ❷ (*regard*) Einstufung *f* ❸ (*audience*) ■**~s** *pl* [Einschalt]quoten *pl*

ratio ['reɪʃiəʊ] *n* Verhältnis *nt*

ration ['ræʃ^ən] **I.** *n* ❶ (*fixed amount*) Ration *f;* **~ of food** Essensration *f* ❷ (*food supplies*) ■**~s** *pl* [Lebensmittel]marken *pl* **II.** *vt* rationieren, beschränken (to auf)

rational ['ræʃ^ən^əl] *adj* rational

rationalization [ˌræʃ^ən^əlaɪ'zeɪʃ^ən] *n no pl* Rationalisierung *f*

rationalize ['ræʃ^ən^əlaɪz] *vt, vi* rationalisieren

rationing ['ræʃ^ənɪŋ] *n no pl* Rationierung *f*

rat race *n* erbarmungsloser Konkurrenzkampf *m;* **to join the ~** sich ins Heer der arbeitenden Bevölkerung einreihen

rattle ['ræt̩l] **I.** *n* ❶ *no pl* (*sound*) Klappern *nt* ❷ MUS Rassel *f* **II.** *vi* ❶ (*make noise*) klappern; *engine* knattern; *keys* rasseln ❷ (*move noisily*) rattern ❸ (*talk*) ■**to ~ on** [drauflos]quasseln *fam* **III.** *vt* (*jangle*) ■**to ~ sth** *windows* etw zum Klirren bringen; *keys* mit etw *dat* rasseln

rattlesnake *n* Klapperschlange *f*

ratty ['ræti] *adj* BRIT (*fam*) gereizt

rave [reɪv] **I.** *n* BRIT (*fam*) Fete *f*, Rave *m* o *nt* (*mit Technomusik*) **II.** *adj attr* begeistert, enthusiastisch; *reviews* glänzend **III.** *vi* ① (*talk wildly*) toben, wüten; **to rant and ~ toben** ② (*fam: praise*) schwärmen; **to ~ about sth** von etw *dat* schwärmen

raven ['reɪvən] *n* Rabe *m*

ravenous ['rævənəs] *adj* (*very hungry*) ausgehungert; (*predatory*) räuberisch; *appetite* unbändig

ravine [rə'viːn] *n* Schlucht *f*

raving ['reɪvɪŋ] **I.** *n no pl* (*delirium*) wirres Gerede **II.** *adj attr* absolut; **a ~ lunatic** ein kompletter Idiot **III.** *adv* völlig

raw [rɔː] *adj* ① (*unprocessed*) roh, unbehandelt; **~ sewage** ungeklärte Abwässer *pl* ② (*uncooked*) roh ③ (*of information*) Roh-; **~ figures** Schätzungen *pl* ④ (*unbridled*) rein; *energy* pur; *power* roh ⑤ (*sore*) wund; (*fig*) *nerves, emotions* empfindlich

Rawlplug® ['rɔːlˌplʌg] *n* BRIT Dübel *m*

ray¹ [reɪ] *n* ① (*beam*) Strahl *m* ② PHYS (*radiation*) Strahlung *f*

ray² [reɪ] *n* (*fish*) Rochen *m*

razor ['reɪzə] *n* Rasierapparat *m*, Rasierer *m fam;* (*cutthroat*) Rasiermesser *nt;* **~ blade** Rasierklinge *f*

razor sharp *adj pred*, **razor-sharp** *adj attr* ① (*sharp*) scharf wie ein Rasiermesser ② (*fig: intelligent*) *person* [äußerst] scharfsinnig; *brain* [messer]scharf

RC [ˌɑːˈsiː] *n abbrev of* **Roman Catholic** r.-k., röm.-kath.

RE¹ [ˌɑːˈriː] *n no pl* BRIT SCH *abbrev of* **religious education** Religionslehre *f*

RE² [ˌɑːˈriː] *n* BRIT + *pl vb* MIL *abbrev of* **Royal Engineers** Pionierkorps der britischen Armee

reach [riːtʃ] **I.** *n* <*pl* -es> ① *no pl* (*arm length*) Reichweite *f* ② *no pl* (*distance to travel*) **to be within [easy] ~** [ganz] in der Nähe sein ③ *no pl* (*power*) Reichweite *f* **II.** *vi* ① (*stretch*) langen *fam,* greifen ② (*touch*) herankommen ③ (*extend*) reichen (**to** bis zu) **III.** *vt* ① (*arrive at*) erreichen; **I ~ed chapter five** ich bin bis Kapitel fünf gekommen; *agreement, consensus* erzielen ② (*extend to*) ■**to ~ sth** bis zu etw *dat* führen ③ (*touch*) **to be able to ~ sth** an etw *akk* herankommen ④ (*contact*) erreichen ◆**reach down** *vi* ① (*stretch*) hinuntergreifen; ■**to ~ down for sth** nach etw *dat* greifen ② (*extend*) hinabreichen ◆**reach out I.** *vt* **to ~ out ◌ one's hand** die Hand ausstrecken **II.** *vi* die Hand ausstrecken; ■**to ~ out for sth** nach etw *dat* greifen ◆**reach over** *vi* hinübergreifen; ■**to ~ over for sth** nach etw *dat* greifen ◆**reach up** *vi* (*stretch*) nach oben greifen, hinauflangen *fam;* ■**to ~ up for sth** nach etw *dat* greifen

react [riˈækt] *vi* reagieren (**to** auf); **to be slow to ~** langsam reagieren

reaction [riˈækʃən] *n* ① (*response*) Reaktion *f* (**to** auf) ② *pl* (*reflexes*) Reaktionsvermögen *nt kein pl* ③ MED, SCI Reaktion *f*

reactionary [riˈækʃənəri] **I.** *adj* POL (*pej*) reaktionär **II.** *n* POL (*pej*) Reaktionär(in) *m/f*

reactor [riˈæktə] *n* Reaktor *m;* **nuclear ~** Kernreaktor *m*

read¹ [riːd] **I.** *n usu sing* ① BRIT, AUS (*act of reading*) Lesen *nt* ② (*fam: book*) **to be a good ~** sich gut lesen [lassen] **II.** *vt* <read, read> ① (*understand written material*) lesen ② (*speak aloud*) **to ~ sth aloud** etw laut vorlesen ③ BRIT UNIV (*form*) studieren **III.** *vi* <read, read> ① (*understand written material*) lesen ② (*speak aloud*) **to ~ aloud** laut vorlesen ③ (*create impression*) **to ~ well** *book, letter, article* sich gut lesen ◆**read off** *vt* ① *measurements, technical readings* ablesen ② (*enumerate*) herunterlesen ◆**read on** *vi* weiterlesen ◆**read out** *vt* ① (*read aloud*) laut vorlesen ② COMPUT auslesen ◆**read over, read through** *vt* [schnell] durchlesen ◆**read up** *vi* nachlesen; ■**to ~ up on sth** sich über etw *akk* informieren

read² [red] **I.** *vt, vi pt, pp of* **read II.** *adj* ▶**to take sth as ~** etw als selbstverständlich voraussetzen

readable ['riːdəbl] *adj* ① (*legible*) lesbar, leserlich ② (*enjoyable to read*) lesenswert ③ (*easy to read*) [gut] lesbar

reader ['riːdə] *n* ① (*person who reads*) Leser(in) *m/f* ② (*person who reads aloud*) Vorleser(in) *m/f* ③ (*book of extracts*) Aufsatzsammlung *f;* SCH Lesebuch *nt*

readership ['riːdəʃɪp] *n + sing/pl vb* Leserschaft *f*

readily ['redɪli] *adv* ① (*willingly*) bereitwillig ② (*easily*) einfach, ohne weiteres

readiness ['redɪnəs] *n no pl* ① (*willingness*) Bereitwilligkeit *f,* Bereitschaft *f* ② (*preparedness*) Bereitschaft *f*

reading ['riːdɪŋ] *n* ① *no pl* (*activity*) Lesen *nt* ② *no pl* (*material to be read*) Lesestoff *m;* **to catch up on one's ~** den Stoff nachholen

③ no pl (with indication of quality) **compulsory** ~ Pflichtlektüre f ④ (recital, a. religious) Lesung f ⑤ (interpretation) of a literary work Deutung f, Interpretation f; of a situation, the facts Einschätzung f ⑥ (amount shown) Anzeige f; **meter** ~ Zählerstand m
reading glasses npl Lesebrille f **reading lamp** n Leselampe f
readjust [ˌriːəˈdʒʌst] I. vt (correct) [wieder] neu anpassen; **he ~ed his tie** er rückte seine Krawatte zurecht II. vi ① (adjust again) objects, machines sich neu einstellen ② (readapt) ■**to ~ to sth** sich wieder an etw akk gewöhnen
read-only adj COMPUT Nur-Lese-, Fest-
ready [ˈredi] adj ① pred (prepared) fertig, bereit; **to get ~** sich fertig machen ② (willing) bereit; **he is always ~ with compliments** er verteilt gerne Komplimente ③ (on verge of) ■**to be ~ to do sth** kurz davorstehen, etw zu tun; **he looked ~ to collapse** er sah aus, als würde er gleich zusammenbrechen ▶ **~, steady, go!** BRIT SPORTS auf die Plätze, fertig, los!
ready cash n Bargeld nt
real [rɪəl] I. adj ① (not imaginary) wirklich, real ② (genuine) echt ③ (for emphasis) ~ **bargain** echt günstiges Angebot; **to be a ~ dump** die reinste Müllkippe sein fam ④ (hum: proper) man richtig; **gentleman** wahr ⑤ (fam: utter) disaster echt ▶ **get ~!** esp AM (fam) mach dir doch nichts vor!; **for ~** (fam) echt, wahr II. adv esp AM (fam) wirklich
realist [ˈrɪəlɪst] I. n a. ART, LIT Realist(in) m(f) II. adj ART, LIT realistisch
realistic [ˌrɪəˈlɪstɪk] adj a. ART, LIT realistisch
reality [rɪˈæləti] n ① no pl (the actual world) Realität f, Wirklichkeit f; **to face ~** den Tatsachen ins Auge sehen ② (fact) Tatsache f; **to become a ~** wahr werden ▶ **in ~** in Wirklichkeit
reality series n Reality-Serie f **reality television** n, **reality TV** n Reality-Fernsehen nt
realization [ˌrɪəlaɪˈzeɪʃən] n ① (awareness) Erkenntnis f; **the ~ was dawning that ...** allmählich dämmerte ihnen, dass ... ② no pl (fulfilment) Realisierung f, Verwirklichung f
realize [ˈrɪəlaɪz] vt ① (be aware of) ■**to ~ sth** sich dat einer S. gen bewusst sein; (become aware of) etw erkennen ② (make real) verwirklichen

really [ˈrɪəli] I. adv ① (in fact) wirklich, tatsächlich ② (used to stress sth) wirklich; **the film was ~ good** der Film war echt stark fam ③ (seriously) ernsthaft; **did you ~ believe that ...** haben Sie im Ernst geglaubt, dass ... II. interj ① (indicating surprise, disbelief) wirklich, tatsächlich; **I'm getting married to Fred — ~? when?** Fred und ich werden heiraten — nein, wirklich? wann denn? ② (indicating annoyance) also wirklich, [also] so was
reap [riːp] vt ernten a. fig; **to ~ the benefits [of sth]** [für etw akk] entlohnt werden
reappear [ˌriːəˈpɪər] vi wieder auftauchen; moon, sun wieder zum Zorschein kommen
reapply <-ie-> [ˌriːəˈplaɪ] I. vi ■**to ~ for sth** sich nochmals um etw akk bewerben II. vt ① (apply differently) **to ~ a principle/rule** ein Prinzip/eine Regel anders anwenden ② (spread again) erneut auftragen
rear¹ [rɪər] I. n ① (back) ■**the ~** der hintere Teil ② ANAT (fam: buttocks) Hintern m II. adj attr ① (backward) hintere(r, s), Hinter- ② AUTO Heck-; ~ **axle/wheel** Hinterachse f/-rad nt
rear² [rɪər] I. vt ① usu passive (bring up) a child großziehen ② (breed) livestock züchten ③ (raise) **to ~ one's head** den Kopf heben II. vi (rise up on hind legs) horse, pony sich aufbäumen
rear-engined adj mit Heckantrieb nach n
rearrange [ˌriːəˈreɪndʒ] vt ① (arrange differently) umstellen ② (change) ■**to ~ sth** meeting, appointment etw [zeitlich] verlegen
rear-view mirror n Rückspiegel m
rear-wheel drive n Hinterradantrieb m
reason [ˈriːzən] I. n ① (cause) Grund m (**for** für); **for some ~** aus irgendeinem Grund ② no pl (power to think) Denkvermögen nt ③ no pl (common sense) Vernunft f; **to see ~** auf die Stimme der Vernunft hören II. vi (persuade) ■**to ~ with sb** vernünftig mit jdm reden III. vt (deduce) ■**to ~ that ...** schlussfolgern, dass ...
reasonable [ˈriːzənəbl] adj ① (sensible) vernünftig ② (understanding) person einsichtig; **be ~!** sei [doch] vernünftig! ③ (justified) angebracht ④ chance reell; compromise vernünftig
reasonably [ˈriːzənəbli] adv ① (in a sensible manner) vernünftig ② (fairly) ziemlich, ganz

reassurance [ˌriːəˈʃʊərˀn(t)s] *n* ❶ *no pl* (*action*) Bestärkung *f* ❷ (*statement*) Versicherung *f*

reassure [ˌriːəˈʃʊər] *vt* ■ **to ~ sb** jdn [wieder] beruhigen

reassuring [ˌriːəˈʃʊərɪŋ] *adj* beruhigend

rebadge [riːˈbædʒ] *vt* ■ **to ~ sth** *product range, model of car* etw mit einem neuen Markenzeichen versehen [auf den Markt bringen]

rebate [ˈriːbeɪt] *n* Rückzahlung *f*, Rückvergütung *f*

rebel I. *n* [ˈrebˀl] Rebell(in) *m(f)* II. *adj* [ˈrebˀl] *army, guerrillas* aufständisch, rebellierend III. *vi* <-ll-> [rɪˈbel] rebellieren (**against** gegen)

rebellion [rɪˈbeliən] *n no pl* Rebellion *f*

rebellious [rɪˈbeliəs] *adj* ❶ (*insubordinate*) *child* aufsässig, widerspenstig ❷ POL rebellierend, aufständisch

reboot [ˌriːˈbuːt] COMPUT I. *vt computer system* neu starten II. *vi* rebooten *fachspr* III. *n* Rebooten *nt kein pl fachspr*

rebound I. *vi* [rɪˈbaʊnd] ❶ (*bounce back*) abprallen, zurückprallen; ■ **to ~ off sth** von etw *dat* abprallen ❷ (*have negative effect*) ■ **to ~ on sb** auf jdn zurückfallen II. *n* [ˈriːbaʊnd] *no pl* (*ricochet*) Abprallen *nt*

rebrand [ˌriːˈbrænd] *vt* ■ **to ~ sth** etw ein anderes Markenimage verschaffen

recall I. *vt* [rɪˈkɔːl] ❶ (*remember*) ■ **to ~ sth** sich an etw *akk* erinnern ❷ COMPUT *data* abrufen ❸ (*order to return*) *person, product* zurückrufen II. *n* [rɪˈkɔːl] ❶ (*instance of recalling*) Zurückrufung *f* ❷ ECON *of a product* Rückruf *m*

recap¹ [ˈriːkæp] I. *vt, vi* <-pp-> *short for* **recapitulate** [kurz] zusammenfassen II. *n short for* **recapitulation** [kurze] Zusammenfassung

recap² *vt* AM AUTO *tyres* runderneuern

recede [rɪˈsiːd] *vi* (*move farther away*) *sea, tide* zurückgehen

receding hairline *n* einsetzende Stirnglatze

receipt [rɪˈsiːt] I. *n* ❶ *no pl* (*act of receiving*) Eingang *m* ❷ (*statement acknowledging payment*) Quittung *f* II. *vt bill* quittieren

receive [rɪˈsiːv] I. *vt* ❶ (*get*) bekommen, erhalten; **to ~ Communion** die heilige Kommunion empfangen ❷ (*be awarded*) *degree, knighthood* erhalten ❸ *guest* empfangen ❹ RADIO, TV empfangen ❺ *blow, shock* erleiden II. *vi* (*in tennis*) den Ball bekommen

receiver [rɪˈsiːvər] *n* ❶ (*telephone component*) Hörer *m* ❷ RADIO, TV Empfänger *m* ❸ (*person*) Empfänger(in) *m(f)*

recent [ˈriːsˀnt] *adj* kürzlich; **~ developments** die neuesten Entwicklungen; **~ events** die jüngsten Ereignisse; **in ~ times** in der letzten Zeit

recently [ˈriːsˀntli] *adv* kürzlich, vor kurzem, neulich

reception [rɪˈsepʃˀn] *n* ❶ *no pl* (*receiving*) Aufnehmen *nt* ❷ *no pl* RADIO, TV Empfang *m* ❸ (*social occasion*) Empfang *m* ❹ *no pl, no art* (*area for greeting guests*) Rezeption *f*

reception class *n* BRIT SCH erste Klasse

reception desk *n* Rezeption *f*

receptionist [rɪˈsepʃˀnɪst] *n* (*in hotels*) Empfangschef *m;* (*female*) Empfangsdame *f;* (*with offices*) Empfangssekretärin *f*

recession [rɪˈseʃˀn] *n* Rezession *f*

recharge [ˌriːˈtʃɑːdʒ] I. *vt battery* [neu] aufladen; **to ~ one's batteries** (*fig*) neue Kräfte tanken II. *vi battery* sich [neu] aufladen

rechargeable [ˌriːˈtʃɑːdʒəbl] *adj* [wieder] aufladbar

recipe [ˈresɪpi] *n* Rezept *nt;* (*fig*) **a ~ for success** ein Erfolgsrezept *nt*

recipient [rəˈsɪpiənt] *n* Empfänger(in) *m(f)*

recital [rɪˈsaɪtˀl] *n* ❶ (*performance*) *of poetry, music* Vortrag *m;* **piano ~** Klavierkonzert *nt* ❷ (*description*) Schilderung *f*

recite [rɪˈsaɪt] I. *vt* vortragen II. *vi* rezitieren, vortragen

reckless [ˈrekləs] *adj* (*not cautious*) leichtsinnig; *disregard, speed* rücksichtslos; LAW grob fahrlässig

reckon [ˈrekˀn] I. *vt* ❶ (*calculate*) berechnen ❷ (*judge*) **I don't ~ much to their chances of winning** bei ihnen rechne ich nicht wirklich mit Gewinnchancen II. *vi* ❶ (*fam*) meinen ❷ ■ **to ~ on sth/sb** (*need*) auf etw/jdn zählen ❸ (*take into account*) ■ **to ~ with sth/sb** mit etw/jdm rechnen ◆ **reckon in** *vt overtime, tax* [mit] einrechnen ◆ **reckon on** *vt* ■ **to ~ on sth/sb** (*need*) auf etw/jdn zählen; (*hope*) mit etw/jdm rechnen ◆ **reckon up** *vt bill, costs, estimate* zusammenrechnen ◆ **reckon with** *vt* ■ **to ~ with sth/sb** mit etw/jdm rechnen ◆ **reckon without** *vt* ■ **to ~ without sth/sb** mit etw/jdm nicht rechnen

reckoning [ˈrekˀnɪŋ] *n* ❶ *no pl* (*calculation*)

Berechnung *f* ❷ (*vengeance*) Abrechnung *f*
reclaim [rɪˈkleɪm] **I.** *vt* (*claim back*) zurückverlangen; *luggage* abholen; **to ~ land from the sea** dem Meer Land abgewinnen **II.** *n* **baggage ~ [area]** Gepäckausgabe *f*

recline [rɪˈklaɪn] **I.** *vi person* sich zurücklehnen **II.** *vt* **to ~ one's head against sth** den Kopf an etw *akk* lehnen

recliner [rɪˈklaɪnəʳ] *n* [verstellbarer] Lehnstuhl

recognition [ˌrekəgˈnɪʃən] *n no pl* ❶ (*act, instance*) [Wieder]erkennung *f*; **to have changed beyond ~** nicht mehr zu erkennen sein ❷ (*appreciation, acknowledgement*) Anerkennung *f*

recognizable [ˌrekəgˈnaɪzəbl] *adj* erkennbar

recognize [ˈrekəgnaɪz] *vt* ❶ (*identify*) *person, symptoms* erkennen; (*know again*) *person, place* wiedererkennen ❷ (*demonstrate appreciation, acknowledge*) anerkennen

recognized [ˈrekəgnaɪzd] *adj attr* anerkannt

recoil I. *vi* [rɪˈkɔɪl] ❶ (*spring back*) zurückspringen; **to ~ in horror** zurückschrecken ❷ *rubber band, spring* zurückschnellen **II.** *n* [ˈriːkɔɪl] Rückstoß *m*

recollect [ˌrekəˈlekt] **I.** *vt* ■**to ~ sth/sb** sich an etw/jdn erinnern **II.** *vi* sich erinnern

recollection [ˌrekəˈlekʃən] *n* ❶ (*memory*) Erinnerung *f*; **to have no ~ of sth** sich an etw *akk* nicht erinnern können ❷ *no pl* (*ability to remember*) **power of ~** Erinnerungsvermögen *nt*

recommend [ˌrekəˈmend] *vt* empfehlen

recommendable [ˌrekəˈmendəbl] *adj* empfehlenswert

recommendation [ˌrekəmenˈdeɪʃən] *n* Empfehlung *f*

reconcile [ˈrekənsaɪl] *vt* ❶ (*make friends*) versöhnen ❷ (*make compatible*) *conflict* schlichten; ■**to ~ sth with sth** etw mit etw *dat* vereinbaren ❸ (*accept*) ■**to ~ oneself to sth** sich mit etw *dat* abfinden

reconciliation *n* ❶ (*of good relations*) Aussöhnung *f*, Versöhnung *f* ❷ *no pl* (*making compatible*) Beilegung *f*

reconnaissance [rɪˈkɒnɪsən(t)s] MIL **I.** *n* Aufklärung *f*; **to be on ~** auf Spähpatrouille sein **II.** *adj attr* Aufklärungs-; **~ patrol** Spähpatrouille *f*

reconsider [ˌriːkənˈsɪdəʳ] **I.** *vt* [noch einmal] überdenken; *facts* neu erwägen **II.** *vi* sich [noch einmal] überlegen

reconstruct [ˌriːkənˈstrʌkt] *vt* ❶ (*build again*) wieder aufbauen; *economy, a government* wieder herstellen ❷ (*in an investigation*) *crime, events* rekonstruieren

reconstruction [ˌriːkənˈstrʌkʃən] *n* ❶ *no pl* (*rebuilding*) Rekonstruktion *f*; *of a country* Wiederaufbau *m* ❷ (*reorganization*) *system* Neustrukturierung *f*

record I. *n* [ˈrekɔːd] ❶ (*information*) Aufzeichnungen *pl*; (*document*) Akte *f*; (*minutes*) Protokoll *nt* ❷ *no pl* (*past history*) Vorgeschichte *f*; **medical ~** Krankenakte *nt* ❸ (*music*) [Schall]platte *f* ❹ SPORTS Rekord *m*; **world ~** Weltrekord *m* **II.** *adj* [ˈrekɔːd] Rekord-; **to reach a ~ high/low** ein Rekordhoch/Rekordtief *nt* erreichen **III.** *vt* [rɪˈkɔːd] ❶ (*store*) *facts, events* aufzeichnen; *birth, death* registrieren ❷ (*register*) *speed, temperature* messen ❸ (*for later reproduction*) FILM, MUS aufnehmen; *event* dokumentieren **IV.** *vi* [rɪˈkɔːd] (*on tape, cassette*) Aufnahmen machen

record-breaking *adj attr* Rekord-

recorded [rɪˈkɔːdɪd] *adj* ❶ (*appearing in records*) verzeichnet, dokumentiert, belegt ❷ (*stored electronically*) aufgenommen, aufgezeichnet

recorder [rɪˈkɔːdəʳ] *n* ❶ (*record-keeper*) Registriergerät *nt* ❷ MUS Blockflöte *f* ❸ BRIT LAW (*judge*) Anwalt *m*/Anwältin *f* in Richterfunktion

record holder *n* Rekordhalter(in) *m(f)*

recording [rɪˈkɔːdɪŋ] *n* Aufnahme *f*; **~ session** Aufnahme *f*; **~ studio** Aufnahme-/Tonstudio *nt*

record label *n* Plattenlabel *nt* **record player** *n* [Schall]plattenspieler *m*

recount[1] **I.** *vt* [ˌriːˈkaʊnt] (*count again*) nachzählen **II.** *vi* [ˌriːˈkaʊnt] POL eine erneute Stimmenauszählung durchführen **III.** *n* [ˈriːkaʊnt] POL erneute Stimmenauszählung

recount[2] [rɪˈkaʊnt] *vt* (*tell*) [ausführlich] erzählen

recover [rɪˈkʌvəʳ] **I.** *vt* ❶ (*get back*) *one's health* zurückerlangen; *sth lent* zurückbekommen; *stolen goods* sicherstellen; **to ~ consciousness** wieder zu Bewusstsein kommen; **to ~ data** Daten wiederherstellen ❷ (*obtain*) *coal, ore* gewinnen **II.** *vi* sich erholen; ■**to ~ from sth** sich von etw *dat* erholen

re-cover [ˌriːˈkʌvəʳ] *vt chair, sofa* neu bezie-

hen
recovery [rɪˈkʌvᵊri] n ① *no pl* MED (*action*) Erholung *f*; *of sight, hearing* Wiedererlangung *f*; **to be beyond** ~ nicht mehr zu retten sein ② *no pl* (*getting back*) a. FIN Wiedererlangung *f*
recovery service n Abschleppdienst *m*
recreate [ˌriːkriˈeɪt] vt (*reproduce*) nachstellen
recreation [ˌrekriˈeɪʃᵊn] n ① (*hobby*) Freizeitbeschäftigung *f*, Hobby *nt* ② *no pl* (*fun*) Erholen *nt*; **to do sth for** ~ etw zur Erholung tun
recreational [ˌrekriˈeɪʃᵊnᵊl] adj Freizeit-, Erholungs-; ~ **drug** weiche Droge; ~ **vehicle** AM Caravan *m*, Wohnwagen *m*
recreation ground n BRIT Freizeitgelände *nt*
recreation room n Aufenthaltsraum *m*
recruit [rɪˈkruːt] I. vt ① (*persuade to join*) *employees* einstellen; **to** ~ **volunteers** Freiwillige finden ② (*form*) rekrutieren II. vi *army* Rekruten anwerben III. n MIL Rekrut(in) *m(f)*; *to party, club* neues Mitglied; *staff* neu eingestellte Arbeitskraft
recruitment consultant n Angestellte(r) einer Personalagentur
rectangle [ˈrektæŋɡl] n Rechteck *nt*
rectangular [rekˈtæŋɡjəlᵊr] adj rechteckig; *coordinates* rechtwinklig
rector [ˈrektər] n ① BRIT REL (*parish priest*) Pfarrer(in) *m(f)* ② SCOT UNIV (*student rep*) Rektor(in) *m(f)*; AM (*head of school*) Rektor(in) *m(f)*
recur <-rr-> [rɪˈkɜːr] vi ① (*happen again*) *event* wieder passieren, sich wiederholen ② (*come to mind*) ■**to** ~ **to sb** jdm wieder einfallen
recurrence [rɪˈkʌrᵊn(t)s] n Wiederholung *f*, erneutes Auftreten
recurrent [rɪˈkʌrᵊnt] adj attr, **recurring** [rɪˈkɜːrɪŋ] adj attr sich wiederholend; *dream, nightmare* [ständig] wiederkehrend
recycle [rɪˈsaɪkl] vt ① (*convert into sth new*) recyceln, wieder aufbereiten ② (*fig: use again*) wiederverwenden
recycling [rɪˈsaɪklɪŋ] I. n *no pl* Recycling *nt*, Wiederverwertung *f* II. *adj attr* Recycling-; ~ **bin** Wertstofftonne *f*
red [red] I. adj <-dd-> ① (*colour*) rot ② (*fig: flushing*) **she's gone bright** ~ **with embarrassment/anger** sie ist ganz rot vor Verlegenheit/Wut [geworden] II. n ① (*colour*) Rot *nt*; [dressed] **all in** ~ ganz in Rot gekleidet ② *no pl* FIN **to be in the** ~ in den roten Zahlen sein ▶ **to see** ~ rot sehen
red carpet n *no pl* roter Teppich a. *fig*
Red Crescent n ■**the** ~ der Rote Halbmond
Red Cross n ■**the** ~ das Rote Kreuz
red deer n *no pl* (*animal*) Rothirsch *m*; (*species*) Rotwild *nt*
redden [ˈredᵊn] I. vi *face, eyes* sich röten II. vt rot färben
reddish [ˈredɪʃ] adj rötlich
redecorate [ˌriːˈdekəreɪt] I. vt (*by painting*) neu streichen; (*by wallpapering*) neu tapezieren II. vi renovieren
redeem [rɪˈdiːm] vt ① (*compensate for*) *fault, mistake* wettmachen ② REL **to** ~ **sb** jdn erlösen ③ (*convert*) *bond, coupon* einlösen
Redeemer [rɪˈdiːmər] n REL ■**the** ~ der Erlöser
redeeming [rɪˈdiːmɪŋ] adj attr ausgleichend; **he has absolutely no** ~ **qualities** er hat aber auch gar nichts Gewinnendes an sich
redemption [rɪˈdem(p)ʃᵊn] n *no pl* ① (*from blame, guilt*) Wiedergutmachung *f*; REL (*from sin*) Erlösung *f* ② (*rescue*) **to be beyond** ~ nicht mehr zu retten sein
redevelop [ˌriːdɪˈveləp] vt sanieren
redevelopment [ˌriːdɪˈveləpmənt] I. n Sanierung *f* II. *adj fund, loan* Sanierungs-
red-haired adj rothaarig
red-handed adj **to catch sb** ~ jdn auf frischer Tat ertappen
redhead n Rothaarige(r) *f(m)*, Rotschopf *m*
red-headed adj rothaarig
red herring n ① (*fish*) Räucherhering *m* ② (*sth misleading*) Ablenkungsmanöver *nt*
red-hot adj ① (*glowing*) **to be** ~ [rot] glühen; (*fig: very hot*) glühend heiß sein ② (*brand new*) *news, data* brandaktuell *fam*
redial [ˌriːˈdaɪəl] I. vt <BRIT -ll- or AM *usu* -l-> TELEC **to** ~ **a number** eine Nummer nochmals wählen II. vi <BRIT -ll- or AM *usu* -l-> wieder anrufen III. n *no pl* Wahlwiederholung *f*
redirect [ˌriːdɪˈrekt] vt **to** ~ **one's interests** seine Interessen neu ausrichten; **to** ~ **a letter/package** einen Brief/ein Paket nachsenden; **to** ~ **traffic** Verkehr umleiten
rediscover [ˌriːdɪsˈkʌvər] vt wieder entdecken
red light n rote Ampel

red-light district *n* Rotlichtviertel *nt*
redness ['rednəs] *n no pl* Röte *f*
redo <-did, -done> [ˌriːˈduː] *vt* ❶ (*do again*) ■ **to ~ sth** etw noch einmal machen ❷ (*redecorate*) renovieren
redouble [ˌriːˈdʌbl̩] I. *vt* verdoppeln II. *vi* sich verdoppeln
red pepper *n* ❶ (*fresh*) rote(r) Paprika ❷ *no pl* (*powdered*) Paprikagewürz *nt*
Red Sea *n* ■ **the ~** das Rote Meer
red tape *n no pl* Bürokratie *f*
reduce [rɪˈdjuːs] *vt* ❶ (*make less*) verringern, reduzieren; *price* heruntersetzen; *taxes* senken ❷ (*make smaller*) verkleinern; *liquids, a sauce* einkochen lassen ❸ (*bring down*) **to ~ sb to tears** jdn zum Weinen bringen
reduced [rɪˈdjuːst] *adj attr* ❶ (*in price*) reduziert, heruntergesetzt ❷ (*in number, size*) reduziert, verringert; **~ risk** niedriges Risiko; **~ [jail] sentence** herabgesetzte [Gefängnis]strafe
reduction [rɪˈdʌkʃən] *n no pl* (*decrease*) Reduzierung *f*, Verringerung *f*; *in taxes* Senkung *f*; *in production, output* Drosselung *f*
redundancy [rɪˈdʌndən(t)si] *n no pl* BRIT, AUS Entlassung *f* (*aus Arbeitsmangel oder Rationalisierungsgründen*); **voluntary ~** freiwilliges Ausscheiden; **~ payment** Entlassungsgeld *nt*
redundant [rɪˈdʌndənt] *adj* ❶ (*superfluous*) überflüssig; LING redundant ❷ BRIT, AUS (*unemployed*) arbeitslos; **to make sb ~** jdn entlassen
reed [riːd] I. *n* ❶ BOT (*plant*) Schilf[gras] *nt* ❷ BRIT (*straw*) Stroh *nt* (*zum Decken von Strohdächern*) ❸ MUS (*of an instrument*) Rohrblatt *nt* II. *adj curtain* aus Schilfrohr
reef [riːf] *n* ❶ GEOG Riff *nt*; **coral ~** Korallenriff *nt* ❷ (*of a sail*) Reff *nt*
reel [riːl] I. *n* ❶ (*device*) Rolle *f*; (*for film, yarn, tape*) Spule *f* ❷ (*unit*) **~ of film** Filmrolle *f*; **~ of thread** Fadenspule *f* II. *vt* **to ~ thread** Faden *m* aufspulen
re-elect [ˌriːɪˈlekt] *vt* wieder wählen
re-enter [ˌriːˈentər] *vt* ❶ (*go in again*) *country* wieder einreisen in +*akk*; *house, store* wieder hineingehen in +*akk*; *room* wieder betreten ❷ (*enrol*) ■ **to ~ sth** sich wieder an etw *dat* beteiligen; **to ~ Parliament** wieder ins Parlament einziehen ❸ COMPUT (*type in*) nochmals eingeben
re-entry [ˌriːˈentri] *n no pl* (*going in*) Wiedereintritt *m*; (*into a country*) Wiedereinreise *f*; (*for an exam*) Wiederantreten *nt*
ref [ref] *n* (*fam*) *abbrev of* **referee** Schieri *m*
refectory [rɪˈfektəri] *n of a school* Speisesaal *m*; *of a university* Mensa *f*
refer <-rr-> [rɪˈfɜːr] *vt* ❶ (*to an authority, expert*) **the patient was ~red to a specialist** der Patient wurde an einen Facharzt überwiesen; **to ~ a decision to sb** jdm eine Entscheidung übergeben ❷ (*allude*) **who are you ~ring to?** wen meinst du?; **~ring to your letter/phone call, ...** Bezug nehmend auf Ihren Brief/Anruf ... ❸ (*consult*) ■ **to ~ to sb** sich an jdn wenden; ■ **to ~ to sth** etw zu Hilfe nehmen
referee [ˌrefəˈriː] I. *n* ❶ (*umpire*) Schiedsrichter *m* ❷ BRIT (*endorser*) Referenz *f* II. *vt* **to ~ a match** bei einem Spiel Schiedsrichter sein III. *vi* Schiedsrichter sein
reference [ˈrefərən(t)s] *n* ❶ (*to an authority*) Rücksprache *f*; (*to a book, article*) Verweis *m*; **to make ~ to sth** etw erwähnen ❷ (*responsibility*) **terms of ~** Aufgabenbereich *m* ❸ (*allusion*) Anspielung *f*; (*direct mention*) Bezugnahme *f* ❹ (*recommendation*) [Arbeits]zeugnis *nt*, Referenz *f geh*
reference book *n* Nachschlagewerk *nt*
reference library *n* Präsenzbibliothek *f*
reference number *n* (*in letters*) Aktenzeichen *nt*; (*on goods*) Artikelnummer *f*
referendum <*pl* -s *or* -da> [ˌrefəˈrendəm, *pl* -də] *n* POL Referendum *nt*
refill I. *n* [ˈriːfɪl] Auffüllen *nt*, Nachfüllen *nt*; *for fountain pen* Nachfüllpatrone *f* II. *vt* [ˌriːˈfɪl] **to ~ a cup/glass** eine Tasse/ein Glas wieder füllen
refine [rɪˈfaɪn] *vt* ❶ (*from impurities*) raffinieren ❷ (*fig: improve*) verfeinern
refined [rɪˈfaɪnd] *adj* ❶ (*processed*) raffiniert; *foods* aufbereitet ❷ (*approv: sophisticated*) [hoch] entwickelt; **~ tastes** feiner Geschmack ❸ (*well-mannered*) kultiviert
refinery [rɪˈfaɪnəri] *n* Raffinerie *f*
reflation [ˌriːˈfleɪʃən] *n* ECON Reflation *f*, Konjunkturbelebung *f*
reflect [rɪˈflekt] I. *vt* ❶ (*throw back*) ■ **to be ~ed in sth** sich in etw *dat* spiegeln; *heat, light, sound* reflektieren ❷ (*show*) ■ **to ~ sth** *hard work, one's views* etw zeigen ❸ (*think*) ■ **to ~ that ...** denken, dass ... II. *vi* ❶ *light, mirror* reflektieren ❷ (*ponder*) nachdenken (**on/upon** über)

reflection [rɪˈflekʃən] *n* ❶ (*reflecting*) Reflexion *f* ❷ (*mirror image*) Spiegelbild *nt* ❸ (*fig: indication*) Ausdruck *m* ❹ *no pl* (*consideration*) Betrachtung *f;* **on** ~ nach reiflicher Überlegung

reflective [rɪˈflektɪv] *adj* ❶ *glass, clothing* reflektierend ❷ *person* nachdenklich

reflector [rɪˈflektəʳ] *n* ❶ (*device*) Reflektor *m;* *on a bicycle, car* Rückstrahler *m* ❷ (*telescope*) Spiegelteleskop *nt*

reflex [ˈriːfleks] *n* <*pl* -es> Reflex *m;* ~ **action** Reflexhandlung *f*

reflexive [rɪˈfleksɪv] **I.** *adj* AM ❶ (*involuntary*) reflexartig ❷ LING reflexiv **II.** *n* LING Reflexiv *nt*

reflexologist [ˌriːflekˈsɒlədʒɪst] *n* MED Reflexologe *m*, Reflexologin *f*

reform [rɪˈfɔːm] **I.** *vt institution, system* reformieren **II.** *vi person* sich bessern **III.** *n* Reform *f*

reformation [ˌrefəˈmeɪʃən] *n of institution* Reformierung *f; of person* Besserung *nt*

reformer [rɪˈfɔːməʳ] *n* Reformer(in) *m(f);* REL Reformator *m*

refract [rɪˈfrækt] *vt* PHYS **to** ~ **a ray of light** einen Lichtstrahl brechen

refraction [rɪˈfrækʃən] *n no pl* Refraktion *f fachspr,* Brechung *f*

refrain¹ [rɪˈfreɪn] *n* (*in a song*) Refrain *m*

refrain² [rɪˈfreɪn] *vi* sich zurückhalten; **kindly** ~ **from smoking/talking** wir bitten, das Rauchen/Sprechen zu unterlassen

refresh [rɪˈfreʃ] *vt* ❶ (*reinvigorate*) *sleep, a holiday* erfrischen ❷ (*cool*) abkühlen ❸ (*fig*) *one's knowledge, skills* auffrischen ❹ AM (*refill*) **to** ~ **sb's coffee/glass/lemonade** jds Kaffee/Glas/Limonade nachfüllen

refreshing [rɪˈfreʃɪŋ] *adj* ❶ (*rejuvenating*) *air, colour, drink* erfrischend ❷ (*pleasing*) [herz]erfrischend; **a** ~ **change** eine willkommene Abwechslung

refreshment [rɪˈfreʃmənt] *n* ❶ (*rejuvenation*) Erfrischung *f,* Belebung *f* ❷ ■ ~**s** *pl* Erfrischungen *pl;* **light** ~**s** Erfrischungsgetränke und Snacks

refrigerate [rɪˈfrɪdʒəreɪt] **I.** *vt food, drink* im Kühlschrank aufbewahren **II.** *vi* ~ **after opening** nach dem Öffnen kühl aufbewahren

refrigerator [rɪˈfrɪdʒəreɪtəʳ] *n* Kühlschrank *m*

refuel <BRIT -ll- *or* AM *usu* -l-> [ˌriːˈfjuːəl] *vi, vt* auftanken

refuge [ˈrefjuːdʒ] *n* ❶ (*secure place*) Zuflucht *f,* Zufluchtsort *m;* **women's** ~ Frauenhaus *nt* ❷ (*from reality*) **to seek** ~ **in sth** in etw *dat* Zuflucht suchen

refugee [ˌrefjʊˈdʒiː] *n* Flüchtling *m;* **economic** ~ Wirtschaftsflüchtling *m;* **political** ~ politischer Flüchtling; ~ **camp** Flüchtlingslager *nt*

refund I. *vt* [ˌriːˈfʌnd] **to** ~ **expenses/money** Auslagen/Geld zurückerstatten **II.** *n* [ˈriːfʌnd] Rückzahlung *f*

refusal [rɪˈfjuːzəl] *n* Ablehnung *f; of offer* Zurückweisung *f; of invitation* Absage *f*

refuse¹ [rɪˈfjuːz] **I.** *vi* ablehnen; *horse* verweigern **II.** *vt* ablehnen, zurückweisen; **to** ~ **sb credit** jdm keinen Kredit gewähren; **to** ~ **an offer** ein Angebot ausschlagen

refuse² [ˈrefjuːs] *n* (*rubbish*) Abfall *m,* Müll *m;* ~ **bin** Mülltonne *f;* ~ **collection** Müllabfuhr *f;* ~ **collector** Müllwerker *m;* ~ **dump** Mülldeponie *f*

refutable [ˈrefjʊtəbl] *adj* widerlegbar, falsifizierbar *geh*

regain [rɪˈgeɪn] *vt* wiederbekommen, zurückbekommen; **to** ~ **one's footing** wieder Halt finden; **to** ~ **one's health** wieder gesund werden

regal [ˈriːgəl] *adj* königlich, majestätisch

regard [rɪˈgɑːd] **I.** *vt* betrachten; **to** ~ **sb with great respect** jdn sehr schätzen; ■ **as** ~ **s** ... was ... angeht, **II.** *n* ❶ (*consideration*) Rücksicht *f;* **without** ~ **for sb/sth** ohne Rücksicht auf jdn/etw ❷ (*respect*) Achtung *f* (**for** vor); **to hold sb in high** ~ Hochachtung vor jdm haben ❸ (*aspect*) **in this** ~ in dieser Hinsicht ❹ (*concerning*) ■ **with** ~ **to** ... in Bezug auf ...

regarding [rɪˈgɑːdɪŋ] *prep* bezüglich +*gen*

regardless [rɪˈgɑːdləs] *adv* trotzdem; ~ **of the expense** ungeachtet der Kosten; **to press on** ~ trotzdem weitermachen

region [ˈriːdʒən] *n* ❶ (*geographical*) Region *f;* **the Birmingham** ~ die Region um Birmingham ❷ (*administrative*) [Verwaltungs]bezirk *m,* Provinz *f* ❸ (*approximately*) ■ **in the** ~ **of** ... etwa bei ..., im Bereich von ..

regional [ˈriːdʒənəl] *adj* regional

register [ˈredʒɪstəʳ] **I.** *n* ❶ (*official list*) Register *nt,* Verzeichnis *nt* ❷ BRIT SCH Klassenbuch *nt,* Namensliste *f;* **to take the** ~ die Namen aufrufen ❸ (*device*) Registriergerät *nt;* AM (*till*) Kasse *f* **II.** *vt* ❶ (*report*) registrieren; *a* *birth, death* anmelden; *a car* zulassen ❷ (*notice*) ■ **to ~ sth** sich *dat* etw merken **III.** *vi* sich melden; **to ~ at a hotel** sich in einem Hotel anmelden; **to ~ as unemployed** sich arbeitslos melden

registered ['redʒɪstəd] *adj* registriert, gemeldet; **~ nurse** staatlich anerkannte Krankenschwester

registration [ˌredʒɪ'streɪʃ°n] *n* ❶ (*action*) Anmeldung *f*; (*at university*) Einschreibung *f*; **car ~** Autozulassung *f* ❷ AUTO (*certificate*) Kraftfahrzeugbrief *m*; (*number*) Kraftfahrzeugkennzeichen *nt*

registration document *n* BRIT Kraftfahrzeugbrief *m* **registration fee** *n* Anmeldegebühr *f*; UNIV Einschreibegebühr *f* **registration number** *n* Kraftfahrzeugkennzeichen *nt*

registry ['redʒɪstri] *n* BRIT Standesamt *nt*; **business ~** Handelsregister *nt*; **land ~** Katasteramt *nt*

regret [rɪ'gret, re-] **I.** *vt* <-tt-> bedauern **II.** *vi* <-tt-> ■ **to ~ to do sth** bedauern, etw tun zu müssen **III.** *n* Bedauern *nt kein pl*; **a pang of ~** ein Anflug *m* von Reue

regretful [rɪ'gretf°l, re-] *adj* bedauernd; ■ **to be ~ about sth** etw bedauern

regretfully [rɪ'gretf°li, re-] *adv* mit Bedauern; **I left New York ~** schweren Herzens verließ ich New York

regrettable [rɪ'gretəbl, re-] *adj* bedauerlich

regular ['regjələʳ] **I.** *adj* ❶ (*routine*) regelmäßig; **~ customer** Stammkunde *m*, Stammkundin *f*; **~ income** geregeltes Einkommen ❷ (*steady in time*) regelmäßig; **to keep ~ hours** sich an feste Zeiten halten ❸ (*not unusual*) üblich, normal; **~ gas** AM Normalbenzin *nt* ❹ *attr* AM (*size*) **~ fries** normale Portion Pommes Frites **II.** *n* (*customer*) Stammgast *m*

regularity [ˌregjə'lærəti] *n no pl* (*in time*) Regelmäßigkeit *f*, Gleichmäßigkeit *f*

regulate ['regjəleɪt] *vt* ❶ (*supervise*) regeln, steuern; ■ **to ~ whether/how/when ...** festlegen, ob/wie/wann ... ❷ (*adjust*) regulieren

regulation [ˌregjə'leɪʃ°n] **I.** *n* ❶ (*rule*) Vorschrift *f*, Bestimmung *f* (**on** über); **in accordance with the ~s** vorschriftsmäßig; **rules and ~s** Regeln und Bestimmungen ❷ *no pl* (*supervision*) Überwachung *f* **II.** *adj* vorgeschrieben; **the ~ pin-stripe suit** der obligatorische Nadelstreifenanzug

regulator ['regjəleɪtəʳ] *n* Regulator *m*

rehabilitate [ˌriːhə'bɪlɪteɪt] *vt* ❶ (*have therapy*) rehabilitieren; *criminal* resozialisieren ❷ (*restore reputation*) rehabilitieren

rehabilitation [ˌriːhəˌbɪlɪ'teɪʃ°n] *n no pl* ❶ *of criminals* Resozialisierung *f*; *of drug addicts* Rehabilitation *f* ❷ (*of reputation*) Rehabilitation *f*

rehearsal [rɪ'hɜːs°l] *n* THEAT Probe *f*; ■ **to be in ~** geprobt werden

rehearse [rɪ'hɜːs] **I.** *vt* ❶ (*practise*) proben; (*in thought*) [in Gedanken] durchgehen ❷ (*prepare*) ■ **to ~ sb** jdn vorbereiten **II.** *vi* proben

reign [reɪn] **I.** *vi* ❶ (*be king, queen*) regieren, herrschen; **to ~ over a country** ein Land regieren ❷ (*be dominant*) dominieren; ■ **to ~ over sb/sth** jdn/etw beherrschen **II.** *n* Herrschaft *f*; **during the ~ of Queen Victoria** unter der Herrschaft von Königin Victoria

reimburse [ˌriːɪm'bɜːs] *vt* entschädigen; *losses* ersetzen; *expenses* [rück]erstatten

rein [reɪn] **I.** *n usu pl* Zügel *m* ▶ **to give free ~ to sb** jdm freie Hand lassen; **to keep a tight ~ on sb/sth** jdn/etw an der kurzen Leine halten **II.** *vt* **to ~ sb/sth in** jdn/etw zügeln

reincarnate [ˌriːɪn'kɑːneɪt] *usu passive* **I.** *vi* ■ **to be ~d** wiedergeboren werden **II.** *vt* (*fig*) ■ **to ~ sth** etw wieder zum Leben erwecken

reindeer <*pl* -> ['reɪndɪəʳ] *n* Rentier *nt*

reinforce [ˌriːɪn'fɔːs] *vt* verstärken; *argument* untermauern

reinforcement [ˌriːɪn'fɔːsmənt] *n no pl* Verstärkung *f*

reinsurance [ˌriːɪn'ʃʊər°ns] *n no pl* Rückversicherung *f*

re-introduce [ˌriːɪntrə'djuːs] *vt* wieder einführen; **to ~ an animal into the wild** ein Tier in die Wildnis zurückführen

reject I. *vt* [rɪ'dʒekt] ❶ (*decline*) ablehnen, zurückweisen; **to ~ an excuse** eine Entschuldigung nicht annehmen ❷ (*snub*) ■ **to ~ sb** jdn abweisen; **to feel ~ed** sich als Außenseiter fühlen ❸ MED **to ~ a drug** ein Medikament nicht vertragen **II.** *n* ['riːdʒekt] ❶ (*product*) Fehlerware *f*, Ausschussware *f* ❷ (*person*) Außenseiter(in) *m(f)*

rejection [rɪ'dʒekʃ°n] *n* ❶ (*dismissing*) Ablehnung *f*, Absage *f* ❷ MED Abstoßung *f*

rejoice [rɪˈdʒɔɪs] *vi* sich freuen; ■ **to ~ in doing sth** genießen, etw zu tun

rejoicing [rɪˈdʒɔɪsɪŋ] *n no pl* Freude *f* (**at** über)

rejuvenate [rɪˈdʒuːvəneɪt] *vt* ❶ (*energize*) revitalisieren *geh* ❷ (*make younger*) verjüngen; (*modernize*) *factory, town* modernisieren

relapse I. *n* [ˈriːlæps] MED Rückfall *m*; (*in economy*) Rückschlag *m* II. *vi* [rɪˈlæps] **to ~ into coma/sleep** in ein Koma/einen Schlaf verfallen

relate [rɪˈleɪt] I. *vt* ❶ (*show relationship*) in Verbindung bringen (**to** mit) ❷ (*narrate*) erzählen; ■ **to ~ sth to sb** jdm etw berichten II. *vi* (*fam: get along*) ■ **to ~ to sb/sth** eine Beziehung zu jdm/etw finden

related [rɪˈleɪtɪd] *adj* ❶ (*connected*) verbunden ❷ *species, language* verwandt (**to** mit); **to be ~ by blood** blutsverwandt sein; **closely/distantly ~** nah/entfernt verwandt

relating to [rɪˈleɪtɪŋ-] *prep* in Zusammenhang mit +*dat*

relation [rɪˈleɪʃən] *n* ❶ *no pl* (*correspondence*) Verbindung *f*, Bezug *m*; **in ~ to** in Bezug auf +*akk* ❷ (*relative*) Verwandte(r) *f(m)*; **is Hans any ~ to you?** ist Hans irgendwie mit dir verwandt?

relationship [rɪˈleɪʃənʃɪp] *n* ❶ (*connection*) Beziehung *f* ❷ (*in family*) Verwandtschaftsverhältnis *nt* ❸ (*association*) Verhältnis *nt*; ■ **to be in a ~ with sb** mit jdm eine feste Beziehung haben

relative [ˈrelətɪv] I. *adj* ❶ (*connected to*) relevant (**to** für) ❷ (*corresponding*) jeweilig; ■ **to be ~ to sth** von etw *dat* abhängen ❸ (*comparative*) relativ, vergleichbar II. *adv* ■ **~ to** sich beziehend auf +*akk* III. *n* Verwandte(r) *f(m)*; **distant ~** entfernter Verwandter/entfernte Verwandte

relatively [ˈrelətɪvli] *adv* relativ

relativity [ˌreləˈtɪvəti] *n no pl* Relativität *f*; **[Einstein's] Theory of R~** [Einsteins] Relativitätstheorie *f*

relax [rɪˈlæks] I. *vi* sich entspannen; **~!** entspann dich!; (*don't worry*) beruhige dich! II. *vt* **to ~ one's muscles** (*by resting*) die Muskeln entspannen; (*by massage or movement*) die Muskeln lockern

relaxation [ˌriːlækˈseɪʃən] I. *n* ❶ (*recreation*) Entspannung *f* ❷ (*liberalizing*) **~ of discipline** Nachlassen *nt* der Disziplin; **~ of laws** Liberalisierung *f* von Gesetzen II. *adj attr* Entspannungs-

relay [ˈriːleɪ] I. *vt* ■ **to ~ sth to sb** jdm etw mitteilen; *a message* weiterleiten; *TV pictures* übertragen II. *n* ❶ (*group*) Ablösung *f*; *of workers* Schicht *f* ❷ SPORTS **~** [*race*] Staffellauf *m* ❸ ELEC (*device*) Relais *nt*

release [rɪˈliːs] I. *vt* ❶ (*set free*) freilassen ❷ LAW entlassen ❸ (*fig: free from suffering*) befreien ❹ (*move sth from fixed position*) *brake* lösen; PHOT *shutter* betätigen ❺ (*allow to escape*) *gas, steam* freisetzen ❻ (*relax pressure*) loslassen; **to ~ one's grip** seinen Griff lockern ❼ (*make public*) verbreiten; (*issue*) veröffentlichen; *film, CD* herausbringen II. *n no pl* ❶ LAW Entlassung *f* ❷ (*mechanism*) Auslöser *m* ❸ (*action*) *of a handbrake* Lösen *nt* ❹ *no pl* (*publication*) Veröffentlichung *f*; **press ~** Pressemitteilung *f*; (*new CD*) Neuerscheinung *f*

relegate [ˈrelɪgeɪt] *vt usu passive* ❶ (*lower in status*) degradieren ❷ BRIT SPORTS absteigen lassen; **to be ~d** absteigen

relent [rɪˈlent] *vi people* nachgeben; *wind, rain* nachlassen

relentless [rɪˈlentləs] *adj* (*unwilling to compromise*) unnachgiebig; (*without stopping*) unablässig; **~ summer heat** anhaltende sommerliche Hitze; ■ **to be ~ in doing sth** etw unermüdlich tun

relevant [ˈrelevənt] *adj* ❶ (*appropriate*) relevant; **to be** [**hardly**] **~ to sth** für etw *akk* [kaum] von Bedeutung sein ❷ (*important*) wichtig, bedeutend

reliability [rɪˌlaɪəˈbɪləti] *n no pl* ❶ (*dependability*) Zuverlässigkeit *f* ❷ (*trustworthiness*) Vertrauenswürdigkeit *f*

reliable [rɪˈlaɪəbl] *adj* ❶ (*dependable*) verlässlich, zuverlässig ❷ (*credible*) glaubwürdig ❸ (*trustworthy*) seriös

reliance [rɪˈlaɪən(t)s] *n no pl* ❶ (*dependence*) Verlass *m* (**on** auf) ❷ (*trust*) Vertrauen *nt*

reliant [rɪˈlaɪənt] *adj* ■ **to be ~ on sb/sth** von jdm/etw abhängig sein

relief [rɪˈliːf] *n* ❶ *no pl* (*assistance for poor*) Hilfsgüter *pl*; **to be on ~** AM (*fam*) von der Sozialhilfe leben; **disaster/famine ~** Katastrophen-/Hungerhilfe *f* ❷ (*diminution*) Entlastung *f*; **tax ~** Steuerermäßigung *f* ❸ (*release from tension*) Erleichterung *f*; **to**

breathe a sigh of ~ erleichtert aufatmen
relief worker *n* Mitarbeiter(in) *m(f)* einer Hilfsorganisation; (*in third-world countries*) Entwicklungshelfer(in) *m(f)*
relieve [rɪˈliːv] *vt* ❶ (*assist*) ■ **to** ~ **sb** jdm [in einer Notsituation] helfen; ■ **to** ~ **sth** etw lindern ❷ (*take burden from*) ■ **to** ~ **sb of sth** jdm etw abnehmen ❸ (*take over*) ■ **to** ~ **sb** jdn ablösen ❹ (*alleviate*) *pain, suffering* lindern; *tension* abbauen; *pressure* verringern
religion [rɪˈlɪdʒən] *n no pl* (*faith in god(s)*) Religion *f*; (*set of beliefs*) Glaube *m*
religious [rɪˈlɪdʒəs] *adj* ❶ (*of religion*) religiös, Religions-; ~ **freedom** Religionsfreiheit *f*; ~ **holiday** religiöser Feiertag; ~ **service** Gottesdienst *m* ❷ (*pious*) religiös, fromm; **deeply** ~ tief religiös
relish [ˈrelɪʃ] I. *n* ❶ *no pl* (*enjoyment*) Genuss *m*; ■ **with** ~ genüsslich ❷ (*chunky sauce*) Relish *nt* II. *vt* genießen; ■ **to** ~ **doing sth** etw sehr gern tun
reload [ˌriːˈləʊd] *vt weapon* nachladen; *camera, software* neu laden; *ship* wieder beladen
reluctance [rɪˈlʌktəns] *n no pl* Widerwillen *m*; ■ **with** ~ widerwillig, ungern
reluctant [rɪˈlʌktənt] *adj* widerwillig; ■ **to be** ~ **to do sth** sich dagegen sträuben, etw zu tun; etw nur ungern tun
rely [rɪˈlaɪ] *vi* ❶ (*have confidence in*) ■ **to** ~ **on sb/sth** sich auf jdn/etw verlassen ❷ (*be dependent on*) ■ **to** ~ **on sb/sth** von jdm/etw abhängen
remain [rɪˈmeɪn] *vi* ❶ (*stay*) bleiben; **to** ~ **in bed** im Bett bleiben; **to** ~ **behind** zurückbleiben ❷ + *n o adj* (*not change*) bleiben; **to** ~ **aloof** Distanz wahren; **to** ~ **undecided** sich nicht entscheiden können
remaining [rɪˈmeɪnɪŋ] *adj attr* übrig, restlich; **our only** ~ **hope** unsere letzte Hoffnung
remains [rɪˈmeɪnz] *npl* ❶ (*leftovers*) Überbleibsel *pl*, Überreste *pl* ❷ (*form: corpse*) sterbliche Überreste; **animal/human** ~ tierische/menschliche Überreste
remand [rɪˈmɑːnd] I. *vt usu passive* (*form*) **to** ~ **on bail** auf Kaution freilassen II. *n no pl* **to be on** ~ in Untersuchungshaft sitzen *fam*; ~ **centre** Untersuchungsgefängnis *nt*
remark [rɪˈmɑːk] I. *vt* äußern, bemerken; **sb once** ~**ed** [that] ... jd hat einmal gesagt, dass ... II. *vi* eine Bemerkung machen; ■ **to** ~ **on sb/sth** sich über jdn/etw äußern III. *n* Bemerkung *f*, Äußerung *f* (**about** über)
remarkable [rɪˈmɑːkəbl] *adj* ❶ (*approv: extraordinary*) bemerkenswert, erstaunlich ❷ (*surprising*) merkwürdig; **it's** ~ [**that**] ... es ist erstaunlich, dass ...
remarriage [ˌriːˈmærɪdʒ] *n* Wiederverheiratung *f*
remarry <-ie-> [ˌriːˈmæri] I. *vt* wieder heiraten II. *vi* sich wieder verheiraten
remedy [ˈremədi] I. *n* ❶ (*medicinal agent*) Heilmittel *nt* (**for** gegen) ❷ (*solution*) Mittel *nt* (**for** zu), Lösung *f* (**for** für) II. *vt* in Ordnung bringen; *a mistake* berichtigen; *poverty* beseitigen
remember [rɪˈmembəʳ] I. *vt* ❶ (*recall*) ■ **to** ~ **sb/sth** sich an jdn/etw erinnern; (*memorize*) ■ **to** ~ **sth** sich *dat* etw merken ❷ (*commemorate*) ■ **to** ~ **sb/sth** einer Person/einer S. *gen* gedenken ❸ (*form: greetings*) ■ **to** ~ **sb to sb** jdn von jdm grüßen II. *vi* (*recall*) sich erinnern; ■ **to** ~ [**that**] ... sich daran erinnern, [dass] ...; **I can't** ~ ich kann mich nicht erinnern
remind [rɪˈmaɪnd] *vt* erinnern; **that** ~**s me!** das erinnert mich an etwas!; ■ **to** ~ **sb to do sth** jdn daran erinnern, etw zu tun; ■ **to** ~ **sb about sth** jdn an etw *akk* erinnern
reminder [rɪˈmaɪndəʳ] *n* ❶ (*prompting recall*) Mahnung *f* ❷ (*awakening memories*) Erinnerung *f* (**of** an)
remittance [rɪˈmɪtəns] *n* (*form*) Überweisung *f*
remorse [rɪˈmɔːs] *n no pl* (*form*) Reue *f*; **feeling of** ~ Gefühl *nt* der Reue; **to feel** ~ **for sth** etw bereuen
remote <-er, -est *or* more remote, most remote> [rɪˈməʊt] *adj* ❶ (*distant in place*) fern, entfernt; (*isolated*) abgelegen ❷ (*distant in time*) lang vergangen ❸ (*slight*) gering; *resemblance* entfernt
remote-controlled *adj* ferngesteuert
removal [rɪˈmuːvəl] *n* ❶ *esp* BRIT (*changing address*) Umzug *m*; ~ **expenses** Umzugskosten *pl*; ~ **firm** Umzugsfirma *f*; ~ **man** Möbelpacker(in) *m(f)*; ~ **van** Möbelwagen *m* ❷ *no pl* (*expulsion*) Beseitigung *f*; *of a dictator* Absetzung *f* ❸ *no pl* (*cleaning*) Entfernung *f*
remove [rɪˈmuːv] *vt* ❶ (*take away*) entfernen; *obstacle* beseitigen; **to** ~ **a mine** MIL eine Mine räumen; **to** ~ **a roadblock** eine Straßensperre beseitigen ❷ (*get rid of*) ent-

fernen; *(cancel)* streichen; *make-up, stain* entfernen; **to ~ the film from the camera** den Film aus der Kamera nehmen ❸ *(form: dismiss)* entlassen

remover [rɪˈmuːvəʳ] *n* ❶ BRIT *(sb doing home removals)* Möbelpacker *m* ❷ *(cleaning substance)* Reinigungsmittel *nt;* **nail-varnish ~** Nagellackentferner *m;* **stain ~** Fleckenentferner *m*

rename [ˌriːˈneɪm] *vt* umbenennen

render [ˈrendəʳ] *vt (form)* ❶ *(cause to become)* **to ~ sb speechless** jdn sprachlos machen ❷ *(interpret)* wiedergeben ❸ *(offer)* **to ~ assistance** Hilfe leisten

rendezvous [ˈrɒndɪvuː] I. *n* <*pl* -> ❶ *(meeting)* Rendezvous *nt,* Treffen *nt* ❷ *(meeting place)* Treffpunkt *m,* Treff *m fam* II. *vi* sich heimlich treffen

renew [rɪˈnjuː] *vt* ❶ *(resume)* erneuern; **to ~ pressure** erneut Druck ausüben ❷ *(revalidate) book, membership, visa* verlängern lassen ❸ *(grant continued validity) passport* verlängern

renewable [rɪˈnjuːəbl] *adj* ❶ *energy sources* erneuerbar ❷ *contract, passport* verlängerbar

renewed [rɪˈnjuːd] *adj* erneuert *attr;* **~ interest** wieder erwachtes Interesse

renovate [ˈrenəveɪt] *vt* renovieren

renovation [ˌrenəˈveɪʃən] *n (small and large scale)* Renovierung *f;* (*large scale only*) Sanierung *f;* **to be under ~** gerade renoviert werden

rent [rent] I. *n (for accommodation)* Miete *f;* (*esp for land and business*) Pacht *f;* ■ **for ~** zu vermieten II. *vt* ❶ *(let) flat, house, office* vermieten ❷ *(hire)* mieten; *land, business* pachten

rental [ˈrentəl] I. *n* Miete *f;* **video and television ~** Leihgebühr *f* für Video- und Fernsehgeräte II. *adj attr* Miet-; **~ agency** Verleih *m;* **~ library** AM Leihbücherei *f*

rent-free *adj* mietfrei

reopen [ˌriːˈəʊpən] I. *vt* ❶ *(open again) door, window* wieder aufmachen ❷ *negotiations* wieder aufnehmen II. *vi* wieder eröffnen

reorder [ˌriːˈɔːdəʳ] I. *n* Nachbestellung *f* II. *vt* ❶ *(order again)* nachbestellen ❷ *(rearrange)* umordnen

reorganization [riːˌɔːgənaɪˈzeɪʃən] *n* Umstrukturierung *f;* LAW Neuordnung *f*

reorganize [riːˈɔːgənaɪz] I. *vt* umorganisieren, reorganisieren II. *vi* reorganisieren, eine Umstrukturierung vornehmen

rep [rep] *n* ❶ *(fam: salesperson)* short for **representative** Vertreter(in) *m(f)* ❷ *no pl* THEAT *(fam)* short for **repertory company/theatre** Repertoireensemble *nt*

repair [rɪˈpeəʳ] I. *vt* ❶ *(restore)* reparieren; *road* ausbessern ❷ *(put right)* [wieder] in Ordnung bringen; *damage* wieder gutmachen II. *n* ❶ *(overhaul)* Reparatur *f;* ■ **~s** *pl* Reparaturarbeiten *pl* (**to** an); **in need of ~** reparaturbedürftig ❷ *(state)* Zustand *m;* **to be in good/bad ~** in gutem/schlechtem Zustand sein

repair kit *n* Flickzeug *nt kein pl* **repairman** *n (for domestic installations)* Handwerker *m;* (*for cars*) Mechaniker *m;* **TV ~** Fernsehtechniker *m* **repair shop** *n* Reparaturwerkstatt *f*

repay <-paid, -paid> [ˌriːˈpeɪ] *vt (pay back)* zurückzahlen; ■ **to ~ sb** jdm Geld zurückzahlen

repayable [ˌriːˈpeɪəbl] *adj* rückzahlbar

repayment [ˌriːˈpeɪmənt] *n of a loan* Rückzahlung *f*

repeat [rɪˈpiːt] I. *vt* ❶ *(say again)* wiederholen; **~ after me** bitte mir nachsprechen ❷ *(communicate)* **don't ~ this but ...** sag es nicht weiter, [aber] ... ❸ *(do again)* wiederholen; **history ~s itself** die Geschichte wiederholt sich II. *n* Wiederholung *f* III. *adj attr* Wiederholungs-; **~ business** Stammkundschaft *f*

repeated [rɪˈpiːtɪd] *adj* wiederholt

repel <-ll-> [rɪˈpel] *vt* ❶ *(ward off)* zurückweisen, abweisen ❷ *(disgust)* ■ **sb is ~led by sth** etw stößt jdn ab

repellent [rɪˈpelənt] I. *n* Insektenspray *nt* II. *adj* abstoßend, widerwärtig

repetition [ˌrepɪˈtɪʃən] *n* Wiederholung *f;* **sth is full of ~** etw ist voll von Wiederholungen

repetitive [rɪˈpetətɪv] *adj* sich wiederholend *attr,* monoton *pej*

replace [rɪˈpleɪs] *vt* ❶ *(take the place of)* ersetzen (**with** durch) ❷ *(put back)* ■ **to ~ sth** etw [an seinen Platz] zurücklegen

replacement [rɪˈpleɪsmənt] I. *n* ❶ *(substitute)* Ersatz *m* ❷ *no pl (substitution)* Ersetzung *f* II. *adj attr* Ersatz-; **~ hip/knee joint** künstliches Hüft-/Kniegelenk

replay I. *vt* [ˌriːˈpleɪ] ❶ *(game) match, game* wiederholen ❷ *(recording) video* nochmals abspielen **II.** *n* ['ri:pleɪ] ① (*match*) Wiederholungsspiel *nt* ② (*recording*) Wiederholung *f*

reply [rɪ'plaɪ] **I.** *vi* <-ie-> ① (*respond*) antworten, erwidern; **to ~ to letters/a question** Briefe/eine Frage beantworten ② (*fig: react*) ▪ **to ~ to sth** auf etw *akk* reagieren **II.** *n* ① (*answer*) Antwort *f* (**to** auf) ② (*reaction*) Reaktion *f* (**to** auf)

reply-paid *adj* BRIT ~ **envelope** Freiumschlag *m;* **to make a letter** ~ einen Brief freimachen

report [rɪ'pɔ:t] **I.** *n* ① (*news*) Meldung *f* (**on** über); ~**s in the newspaper/press** Zeitungs-/Presseberichte *pl* ② (*formal statement*) Bericht *m* (**on** über); [**school**] ~ BRIT Schulzeugnis *nt;* **stock market/weather** ~ Börsen-/Wetterbericht *m* ③ (*unproven claim*) Gerücht *nt;* **according to ~s ...** Gerüchten zufolge ... **II.** *vt* ① (*communicate information*) ▪ **to ~ sth** etw berichten ② (*denounce*) ▪ **to ~ sb** jdn melden; **to ~ sb to the police** jdn anzeigen **III.** *vi* ① (*make public*) Bericht erstatten ② ADMIN (*be accountable to sb*) ▪ **to ~ to sb** jdm unterstehen

report card *n* AM [Schul]zeugnis *nt*

reported [rɪ'pɔ:tɪd] *adj* gemeldet; **there has been a ~ hijack in Tel Aviv** einer Meldung zufolge hat in Tel Aviv eine Entführung stattgefunden

reporter [rɪ'pɔ:tə^r] *n* Reporter(in) *m(f)*

represent [ˌreprɪ'zent] *vt* ① (*act on behalf of*) vertreten, repräsentieren ② (*depict*) darstellen, zeigen

representative [ˌreprɪ'zentətɪv] **I.** *adj* ① POL repräsentativ; ~ **democracy/government** parlamentarische Demokratie/Regierung ② (*like others*) cross section, result repräsentativ **II.** *n* ① (*person*) [Stell]vertreter(in) *m(f);* ECON Vertreter(in) *m(f)* ② POL Abgeordnete(r) *f(m);* **elected** ~ gewählter Vertreter/gewählte Vertreterin ③ AM (*member of House of Representatives*) Mitglied *nt* des Repräsentantenhauses

repression [rɪ'preʃ^ən] *n no pl* ① POL Unterdrückung *f* ② PSYCH Verdrängung *f*

repressive [rɪ'presɪv] *adj* repressiv *geh; regime* unterdrückerisch

reprimand ['reprɪmɑ:nd] **I.** *vt* rügen, tadeln **II.** *n* Rüge *f*

reprint **I.** *vt* [ˌri:'prɪnt] nachdrucken **II.** *n* ['ri:prɪnt] Nachdruck *m*

reprisal [rɪ'praɪz^əl] *n* Vergeltungsmaßnahme *f*

reproach [rɪ'prəʊtʃ] **I.** *vt* ▪ **to ~ sb** jdm Vorwürfe machen; ▪ **to ~ sb with sth** jdm etw vorwerfen; ▪ **to ~ oneself** sich *dat* Vorwürfe machen **II.** *n* <*pl* -es> Vorwurf *m*

reproachful [rɪ'prəʊtʃf^əl] *adj* vorwurfsvoll

reprocess [ˌri:'prəʊses] *vt* wiederaufbereiten

reprocessing plant *n* Wiederaufbereitungsanlage *f*

reproduce [ˌri:prə'dju:s] **I.** *vi* ① (*produce offspring*) sich fortpflanzen; (*multiply*) sich vermehren ② (*be copied*) sich kopieren lassen **II.** *vt* ① (*produce offspring*) ▪ **to ~ oneself** sich fortpflanzen; (*multiply*) sich vermehren ② (*produce a copy*) reproduzieren

reproduction [ˌri:prə'dʌkʃ^ən] **I.** *n* ① *no pl* (*producing offspring*) Fortpflanzung *f;* (*multiplying*) Vermehrung *f* ② *no pl* (*copying*) Vervielfältigung *f* ③ (*copy*) Reproduktion *f* **II.** *adj* (*copying an earlier style*) *chair, furniture* nachgebaut

reptile ['reptaɪl] *n* Reptil *nt*

republic [rɪ'pʌblɪk] *n* Republik *f*

republican [rɪ'pʌblɪkən] **I.** *n* Republikaner(in) *m(f)* **II.** *adj* republikanisch

Republican [rɪ'pʌblɪkən] **I.** *n* ① AM POL Republikaner(in) *m(f)* ② (*supporter of Irish Republicanism*) Republikaner(in) *m(f)* **II.** *adj* ① AM POL republikanisch ② (*concerning Republicanism in Ireland*) republikanisch

repugnant [rɪ'pʌgnənt] *adj* (*form*) widerlich; ▪ **to be ~ to sb** jdn anwidern; *behaviour* abstoßend

repulse [rɪ'pʌls] *vt* ① MIL abwehren; *an offensive* zurückschlagen ② (*reject*) zurückweisen

repulsion [rɪ'pʌlʃ^ən] *n no pl* ① (*disgust*) Abscheu *m,* Ekel *m* ② PHYS Abstoßung *f,* Repulsion *f fachspr*

repulsive [rɪ'pʌlsɪv] *adj* abstoßend

reputable ['repjətəbl] *adj* angesehen, achtbar

reputation [ˌrepjə'teɪʃ^ən] *n no pl* ① (*general estimation*) Ruf *m;* **to have a ~ for sth** für etw *akk* bekannt sein; **to have a ~ as sth** einen Ruf als etw haben ② (*high regard*) Ansehen *nt,* guter Ruf

repute [rɪ'pju:t] *n no pl* Ansehen *nt;* **of ~** angesehen; **sth of ill/good ~** etw von zweifelhaftem/gutem Ruf

request [rɪˈkwest] **I.** *n* ❶ (*act of asking*) Bitte *f* (**for** um), Anfrage *f* (**for** nach); **at sb's** ~ auf jds Bitte hin ❷ (*formal entreaty*) Antrag *m*; **to submit a** ~ **that ...** beantragen, dass ... **II.** *vt* ■**to** ~ **sth** ❶ (*ask for*) um etw *akk* bitten ❷ RADIO (*ask for song*) [sich *dat*] etw wünschen

request stop *n* BRIT TRANSP Bedarfshaltestelle *f*

require [rɪˈkwaɪəʳ] *vt* ❶ (*need*) brauchen; ■**to be** ~**d for sth** für etw *akk* erforderlich sein ❷ (*demand*) ■**to** ~ **sth** [**of sb**] etw [von jdm] verlangen

requirement [rɪˈkwaɪəmənt] *n* Voraussetzung *f* (**for** für); **minimum** ~ Grundvoraussetzung *f*

resale [ˈriːseɪl] *n* Wiederverkauf *m*

rescue [ˈreskjuː] **I.** *vt* retten; **to** ~ **sb from danger** jdn aus einer Gefahr retten **II.** *n* Rettung *f*; **to come to sb's** ~ jdm zu Hilfe kommen

research **I.** *n* [rɪˈsɜːtʃ] ❶ *no pl* (*study*) Forschung *f* ❷ *no pl* (*study of*) Erforschung *f* **II.** *adj* [rɪˈsɜːtʃ] *project, unit, work* Forschungs-; ~ **scientist/worker** Forscher(in) *m(f)* **III.** *vi* [rɪˈsɜːtʃ] forschen; ■**to** ~ **in**[**to**] **sth** etw erforschen **IV.** *vt* [rɪˈsɜːtʃ] ❶ SCI erforschen ❷ JOURN recherchieren

researcher [rɪˈsɜːtʃəʳ] *n* Forscher(in) *m(f)*

resemble [rɪˈzembl] *vt* ähneln

resent [rɪˈzent] *vt* ■**to** ~ **sb/sth** sich [sehr] über jdn/etw ärgern; ■**to** ~ **doing sth** etw [äußerst] ungern tun

resentful [rɪˈzentfəl] *adj* ❶ (*feeling resentment*) verbittert, verärgert; ■**to be** ~ **of sb/sth** sich über jdn/etw ärgern ❷ (*showing resentment*) nachtragend

resentment [rɪˈzentmənt] *n* Verbitterung *f*, Groll *m*; **to feel** [**a**] ~ **against sb** einen Groll gegen jdn hegen

reservation [ˌrezəˈveɪʃən] *n* ❶ *usu pl* (*doubt*) Bedenken *pl* ❷ TOURIST Reservierung *f*; **to make a** ~ reservieren

reserve [rɪˈzɜːv] **I.** *n* ❶ *no pl* (*form: doubt*) Zurückhaltung *f*; **with** ~ mit Vorbehalt ❷ (*store*) Reserve *f*, Vorrat *m* ❸ (*area*) Reservat *nt*; **wildlife** ~ Naturschutzgebiet *nt* **II.** *vt* ❶ (*keep*) aufheben ❷ (*save*) reservieren

reserved [rɪˈzɜːvd] *adj* ❶ (*booked*) reserviert ❷ (*restrained*) *person* reserviert

reservoir [ˈrezəvwɑːʳ] *n* ❶ Wasserreservoir *nt* ❷ (*fig*) Reservoir *nt*

reshuffle [ˌriːˈʃʌfl] **I.** *vt* POL *cabinet, organization* umbilden **II.** *n* POL Umbildung *f*

residence [ˈrezɪdən(t)s] *n* ❶ (*form: domicile*) Wohnsitz *m*; **to take up** ~ **in a country** sich in einem Land niederlassen ❷ *no pl* (*act of residing*) Wohnen *nt*; ■**to be in** ~ wohnen ❸ (*building*) Wohngebäude *nt* ❹ UNIV (*for research*) Forschungsaufenthalt *m*

residence permit *n* Aufenthaltserlaubnis *f*

resident [ˈrezɪdənt] **I.** *n* Bewohner(in) *m(f)*; ~ **of a hotel** [Hotel]gast *m*; **local** ~ Anwohner(in) *m(f)*; **is she a** ~ **of Canada?** lebt sie in Kanada? **II.** *adj* ansässig, wohnhaft; (*living where one is employed*) im Haus lebend nach *n*; ~ **doctor** Arzt/Ärztin im Haus

residential [ˌrezɪˈden(t)ʃəl] *adj* ❶ (*housing area*) Wohn-; ~ **district** Wohngebiet *nt* ❷ (*concerning residence*) Aufenthalts-

resign [rɪˈzaɪn] **I.** *vi* (*leave one's job*) kündigen; **to** ~ **from an office/post** von einem Amt/einem Posten zurücktreten **II.** *vt* (*give up*) aufgeben

resignation [ˌrezɪɡˈneɪʃən] *n* ❶ (*official letter*) Kündigung *f*; **to hand in one's** ~ seine Kündigung einreichen ❷ *no pl* (*act of resigning*) Kündigung *f*

resigned [rɪˈzaɪnd] *adj* resigniert; ■**to be** ~ **to sth** sich mit etw *dat* abgefunden haben

resilient [rɪˈzɪliənt] *adj* ❶ (*able to keep shape*) *material* elastisch ❷ (*fig: able to survive setbacks*) unverwüstlich

resist [rɪˈzɪst] **I.** *vt* ❶ (*fight against*) ■**to** ~ **sth** etw *dat* Widerstand leisten; **to** ~ **arrest** LAW sich der Verhaftung widersetzen ❷ (*refuse to accept*) ■**to** ~ **sth** sich gegen etw *akk* wehren, sich etw *dat* widersetzen ❸ (*not give into*) widerstehen; **she couldn't** ~ **laughing** sie musste einfach loslachen *fam* **II.** *vi* ❶ (*fight an attack*) sich wehren ❷ (*refuse sth*) widerstehen

resistance [rɪˈzɪstən(t)s] *n* ❶ *no pl* (*military opposition*) Widerstand *m* (**to** gegen) ❷ (*organization*) ■**the R~** der Widerstand; **the** [**French**] **R~** die [französische] Résistance ❸ (*refusal to accept*) Widerstand *m* (**to** gegen)

resistant [rɪˈzɪstənt] *adj* ❶ (*refusing to accept*) ablehnend; ■**to be** ~ **to sth** *dat* ablehnend gegenüberstehen ❷ (*hardened against damage*) resistent (**to** gegen)

resistor [rɪˈzɪstəʳ] *n* ELEC Widerstand *m*

resit *esp* BRIT I. *vt* <-tt-, -sat, -sat> [ˌriːˈsɪt] *examination* wiederholen II. *n* [ˈriːsɪt] SCH, UNIV Wiederholungsprüfung *f*

reskill [ˌriːˈskɪl] *vt* ■**to ~ sb** jdn umschulen

resolution [ˌrezəˈluːʃən] *n* ❶ *no pl* (*approv: determination*) Entschlossenheit *f* ❷ *no pl* (*form: solving of*) Lösung *f*; *of crises* Überwindung *f* ❸ POL (*proposal*) Resolution *f*

resort [rɪˈzɔːt] I. *n* ❶ (*place for holidays*) Urlaubsort *m*, *no pl* (*recourse*) Einsatz *m*, Anwendung *f*; **as a last ~** als letzter Ausweg II. *vi* ■**to ~ to sth** auf etw *akk* zurückgreifen, etw anwenden

resounding [rɪˈzaʊndɪŋ] *adj pred* ❶ (*very loud*) schallend ❷ (*emphatic*) unglaublich

resource [rɪˈzɔːs] I. *n* ❶ *usu pl* (*asset*) Ressource *f* ❷ *pl* (*source of supply*) Ressourcen *pl*; **natural ~s** Bodenschätze *pl* ❸ *pl* (*wealth*) [finanzielle] Mittel II. *vt* ausstatten

resourceful [rɪˈzɔːsfəl] *adj* (*approv*) einfallsreich

respect [rɪˈspekt] I. *n* ❶ *no pl* (*esteem*) Respekt *m*, Achtung *f* (**for** vor) ❷ *no pl* (*consideration*) Rücksicht *f*; **out of ~ for sb's feelings** aus Rücksicht auf jds Gefühle ▶ **in all/many/some ~s** in allen/vielen/einigen Punkten; **in every ~** in jeglicher Hinsicht II. *vt* respektieren; **to ~ sb's decision/ wishes/privacy** jds Entscheidung/Wünsche/Privatsphäre respektieren

respectable [rɪˈspektəbl] *adj* ❶ (*decent*) anständig, ehrbar ❷ (*presentable*) anständig, ordentlich ❸ (*acceptable*) *salary,* so anständig ❹ (*hum: be dressed*) **to make oneself ~** sich *dat* was anziehen *fam*

respected [rɪˈspektɪd] *adj* angesehen

respectful [rɪˈspektfəl] *adj* respektvoll; **to be ~ of sth** etw respektieren

respectfully [rɪˈspektfəli] *adv* respektvoll; **R~ yours** hochachtungsvoll, Ihr(e)

respecting [rɪˈspektɪŋ] *prep* (*form*) bezüglich +*gen*

respective [rɪˈspektɪv] *adj attr* jeweilig

respectively [rɪˈspektɪvli] *adv* beziehungsweise

respirator [ˈrespəreɪtəʳ] *n* ❶ MED (*breathing equipment*) Beatmungsgerät *nt* ❷ (*air-filtering mask*) Atem[schutz]gerät *nt*

respond [rɪˈspɒnd] I. *vt* ■**to ~ that ...** erwidern, dass ... II. *vi* ❶ (*answer*) antworten (**to** auf) ❷ MED (*react*) **to ~ to treatment** auf eine Behandlung ansprechen

response [rɪˈspɒn(t)s] *n* ❶ (*answer*) Antwort *f* (**to** auf) ❷ (*act of reaction*) Reaktion *f*; **to meet with a bad/good ~** eine schlechte/gute Resonanz finden

responsibility [rɪˌspɒn(t)səˈbɪləti] *n* ❶ *no pl* Verantwortung *f* (**for** für) ❷ (*duty*) Verantwortlichkeit *f*, Zuständigkeit *f* ❸ *no pl* (*being responsible*) Verantwortung *f*; **sense of ~** Verantwortungsbewusstsein *nt*; **to carry a lot of ~** eine große Verantwortung tragen

responsible [rɪˈspɒn(t)səbl] *adj* ❶ (*accountable*) verantwortlich (**for** für); **to hold sb ~** jdn verantwortlich machen; LAW jdn haftbar machen ❷ (*in charge*) verantwortlich, zuständig ❸ (*sensible*) verantwortungsbewusst

responsive [rɪˈspɒn(t)sɪv] *adj* gut reagierend; **I always found him very ~** ich fand ihn immer sehr entgegenkommend

rest¹ [rest] *n* + *sing/pl vb* (*remainder*) ■**the ~** der Rest

rest² [rest] I. *n* ❶ (*period of repose*) [Ruhe]pause *f*; **to have a ~** eine Pause machen ❷ *no pl* (*repose*) Erholung *f*; **for a ~** zur Erholung ❸ (*support*) Stütze *f*, Lehne *f* II. *vt* ❶ (*repose*) **to ~ oneself** sich ausruhen ❷ (*support*) lehnen ❸ LAW (*conclude evidence*) **to ~ one's case** seine Beweisführung abschließen III. *vi* ❶ (*cease activity*) [aus]ruhen, sich ausruhen ❷ (*not to mention sth*) **to let sth ~** etw ruhen lassen; (*fam*) **let it ~!** lass es doch auf sich beruhen! ❸ (*depend on*) ■**to ~ on sb/sth** auf jdm/etw ruhen

restaurant [ˈrestər̃(ŋ)] *n* Restaurant *nt*, Gaststätte *f*; **~ car** BRIT TRANSP Speisewagen *m*

rest day *n* Ruhetag *m*

restful [ˈrestfəl] *adj* erholsam; *sound* beruhigend

rest home *n* Altersheim *nt*

restless [ˈrestləs] *adj* ❶ (*agitated*) unruhig ❷ (*uneasy*) rastlos; **to get ~** anfangen, sich unwohl zu fühlen ❸ (*wakeful*) ruhelos

restoration [ˌrestəˈreɪʃən] *n* ❶ *no pl* (*act of restoring*) Restaurieren *nt* ❷ (*instance of restoring*) Restaurierung *f* ❸ *no pl* (*re-establishment*) Wiederherstellung *f* ❹ *no pl* (*form: return to owner*) Rückgabe *f*

restore [rɪˈstɔːʳ] *vt* ❶ (*renovate*) restaurieren ❷ (*re-establish*) wiederherstellen; **to ~ a law** ein Gesetz wieder einführen ❸ (*form: return to owner*) ■**to ~ sth to sb** jdm etw zurückgeben ❹ *(reinstate)* **to ~ sb to power** jdn wieder an die Macht bringen

restrain [rɪ'streɪn] *vt* zurückhalten; *(forcefully)* bändigen; ■**to ~ oneself** sich beherrschen

restraint [rɪ'streɪnt] *n* ❶ *no pl (self-control)* Beherrschung *f*; **to exercise ~** Zurückhaltung *f* üben ❷ *(restriction)* Einschränkung *f*

restrict [rɪ'strɪkt] *vt* ❶ *(limit)* beschränken, einschränken ❷ *(deprive of right)* ■**to ~ sb from sth** jdm etw untersagen

restricted [rɪ'strɪktɪd] *adj* ❶ *(limited) choice, vocabulary* begrenzt ❷ *(subject to limitation)* eingeschränkt

restriction [rɪ'strɪkʃən] *n (limit)* Begrenzung *f*, Beschränkung *f*, Einschränkung *f*

restrictive [rɪ'strɪktɪv] *adj (esp pej)* einschränkend, einengend; *measure* restriktiv

restring <-strung, -strung> [rɪ'strɪŋ] *vt instrument* neu besaiten; *tennis racket* neu bespannen

restroom *n esp* Am *(toilet)* Toilette *f*

restructuring [ˌriː'strʌktʃərɪŋ] *n* Umstrukturierung *f*

result [rɪ'zʌlt] I. *n* ❶ *(consequence)* Folge *f*; ■**with the ~ that ...** mit dem Ergebnis, dass ...; ■**as a ~ of sth** als Folge einer S. *gen* ❷ *(outcome)* Ergebnis *nt* ❸ *(satisfactory outcome)* Erfolg *m*, Resultat *nt* II. *vi* ❶ *(ensue)* resultieren (**from** aus), sich ergeben ❷ *(cause)* ■**to ~ in sth** etw zur Folge haben

resume [rɪ'zjuːm] I. *vt* ❶ *(start again)* wieder aufnehmen; *journey* fortsetzen ❷ *(form: reoccupy) seat* wieder einnehmen II. *vi* wieder beginnen; *(after short interruption)* weitergehen

résumé ['rezjuːmeɪ] *n* ❶ *(summary)* Zusammenfassung *f* (**of** über), Resümee *nt geh* ❷ Am, Aus *(curriculum vitae)* Lebenslauf *m*

resumption [rɪ'zʌm(p)ʃən] *n* ❶ *no pl (act) of a game, talks* Wiederaufnahme *f* ❷ *(instance)* Wiederbeginn *m kein pl*

resurrection [ˌrezə'rekʃən] *n no pl* Wiederbelebung *f*; *of a law* Wiedereinführung *f*

retail business *n* Econ Einzelhandel *m*; *(shop)* Einzelhandelsgeschäft *nt*

retailer ['riːteɪlə'] *n* Einzelhändler(in) *m(f)*

retail price *n* Einzelhandelspreis *m* **retail trade** *n* Einzelhandel *m*

retain [rɪ'teɪn] *vt* ❶ *(keep)* behalten; **to ~ sb's attention** jds Aufmerksamkeit halten ❷ *(not alter)* ■**to ~ sth** etw beibehalten, bei etw *dat* bleiben ❸ *(not lose)* speichern ❹ *(remember)* ■**to ~ sth** sich *dat* etw merken

retake I. *vt* <-took, -taken> [ˌriː'teɪk] ❶ *(take again) exam* wiederholen ❷ *(regain)* wiedergewinnen; **to ~ the lead** Sports sich wieder an die Spitze setzen II. *n* ['riːteɪk] ❶ *esp* Brit *(exam)* Wiederholungsprüfung *f* ❷ *(filming again)* Neuaufnahme *f*

retaliate [rɪ'tælɪeɪt] *vi* Vergeltung üben; *for insults* sich revanchieren

retaliation [rɪˌtælɪ'eɪʃən] *n no pl* Vergeltung *f*; *(in fighting)* Vergeltungsschlag *m*

retard I. *vt* [rɪ'tɑːd] *(form)* verzögern, verlangsamen; **to ~ economic growth** das Wirtschaftswachstum bremsen II. *n* ['riːtɑːrd] Am *(pej! fam)* Idiot *m*

retch [retʃ] *vi* würgen; **to make sb ~** jdn zum Würgen bringen

retentive [rɪ'tentɪv] *adj* aufnahmefähig

rethink I. *vt* <-thought, -thought> [ˌriː'θɪŋk] überdenken II. *vi* <-thought, -thought> [ˌriː'θɪŋk] überlegen III. *n* ['riːθɪŋk] *no pl* Überdenken *nt*; **to have a ~** etw noch einmal überdenken

reticence ['retɪsən(t)s] *n no pl* Zurückhaltung *f*

reticent ['retɪsənt] *adj (form)* zurückhaltend; *(taciturn)* wortkarg

retina <*pl* -s *or* -nae> ['retɪnə, *pl* -niː] *n* Netzhaut *f*, Retina *f fachspr*

retire [rɪ'taɪə'] I. *vi* ❶ *(stop working)* in den Ruhestand treten; *worker* in Rente gehen; *civil servant* in Pension gehen ❷ *(form: withdraw)* sich zurückziehen II. *vt (cause to stop working)* ■**to ~ sb** jdn in den Ruhestand versetzen

retired [rɪ'taɪəd] *adj (not working any longer)* im Ruhestand *präd*; *worker* in Rente *präd*; *civil servant* pensioniert

retirement [rɪ'taɪəmənt] *n* ❶ *(from job)* Ausscheiden *nt* aus dem Arbeitsleben; *of a civil servant* Pensionierung *f*; **~ age** *of a worker* Rentenalter *nt*; *of a civil servant* Pensionsalter *nt*; **~ pension** *for a worker* [Alters]rente *f*; *for a civil servant* [Alters]ruhegeld *nt*, Pension *f* ❷ *no pl esp* Sports *(ceasing to compete)* Ausscheiden *nt* ❸ *no pl (after working life)* Ruhestand *m*

retirement pension *n* [Alters]rente *f*

retiring [rɪ'taɪərɪŋ] *adj* ❶ *attr (stopping work)* ausscheidend ❷ *(reserved)* zurückhaltend

retrace [rɪˈtreɪs] *vt* zurückverfolgen; *in mind* [geistig] nachvollziehen; **to ~ one's steps** denselben Weg zurückgehen

retract [rɪˈtrækt] **I.** *vt* ❶ (*withdraw*) zurückziehen; *offer, statement* zurücknehmen ❷ (*draw back*) zurückziehen; (*into body*) einziehen **II.** *vi* ❶ (*withdraw words*) einen Rückzieher machen *fam* ❷ (*be drawn back*) eingezogen werden

retractable [rɪˈtræktəbl] *adj* einziehbar

retrain [ˌriːˈtreɪn] **I.** *vt* umschulen **II.** *vi* umgeschult werden

retreat [rɪˈtriːt] **I.** *vi* ❶ MIL sich zurückziehen ❷ (*move backwards*) zurückweichen; (*become smaller*) *flood waters* zurückgehen; *shares* fallen ❸ (*withdraw*) sich zurückziehen; (*hide*) sich verstecken **II.** *n* ❶ MIL (*withdrawal*) Rückzug *m* ❷ *no pl* (*withdrawal*) Abkehr *f* (**from** von) ❸ (*private place*) Zufluchtsort *m* ❹ REL **to go on ~** in Klausur gehen

retrial [ˌriːˈtraɪəl] *n* LAW Wiederaufnahmeverfahren *nt*

retribution [ˌretrɪˈbjuːʃən] *n no pl* (*form*) Vergeltung *f*

retrieval [rɪˈtriːvəl] *n no pl* ❶ (*regaining*) Wiedererlangen *nt* ❷ (*rescuing*) Rettung *f* ❸ COMPUT **data/information ~** Daten-/Informationsabruf *m;* (*when lost*) Retrieval *nt fachspr*

retrieve [rɪˈtriːv] *vt* ❶ (*get back*) wiederfinden; **to ~ forgotten memories** sich wieder erinnern können ❷ (*fetch*) herausholen, zurückholen ❸ (*rescue*) retten ❹ COMPUT *data* abrufen

retrofit <-fitted, -fitted> [ˈretrə(ʊ)fɪt] *vt component, accessory* nachträglich in etw *akk* einbauen

retrospect [ˈretrə(ʊ)spekt] *n no pl* **in ~** im Rückblick [*o* Nachhinein]

retrospective [ˌretrə(ʊ)ˈspektɪv] **I.** *adj* ❶ (*looking back*) rückblickend; *mood* nachdenklich ❷ *esp* LAW (*form*) rückwirkend **II.** *n* Retrospektive *f*

return [rɪˈtɜːn] **I.** *n* ❶ (*to a place/time*) Rückkehr *f* (**to** zu); **~ home** Heimkehr *f;* **his ~ to power** POL seine Wiederwahl ❷ (*reoccurrence*) *of an illness* Wiederauftreten *nt* ❸ (*giving back*) Rückgabe *f* ❹ BRIT, AUS (*ticket*) Hin- und Rückfahrkarte *f* ❺ SPORTS (*stroke*) Rückschlag *m* ❻ *no pl* (*on keyboard*) Returntaste *f* **II.** *adj attr postage, flight, trip* Rück- **III.** *vi* ❶ (*come/go back*) zurückkehren ❷ (*revert to*) ▪ **to ~ to sth** etw wieder aufnehmen; **to ~ to a subject** auf ein Thema zurückkommen **IV.** *vt* ❶ (*give back*) zurückgeben; ▪ **to ~ sth to sb** (*in person*) jdm etw zurückgeben; (*by post*) jdm etw zurückschicken ❷ (*reciprocate*) erwidern; **to ~ sb's call** jdn zurückrufen; **to ~ a favour** sich revanchieren ❸ (*place back*) zurückstellen, zurücklegen

return fare *n* Preis *m* für eine Rückfahrkarte; AVIAT Preis *m* für ein Rückflugticket

returning officer *n* NBRIT, CAN POL Wahlleiter(in) *m(f)*

return match *n* Rückspiel *nt* **return ticket** *n* ❶ BRIT, AUS (*ticket there and back*) Hin- und Rückfahrkarte *f;* AVIAT Hin- und Rückflugticket *nt* ❷ AM (*ticket for return*) Rückfahrkarte *f*

reunification [ˌriːjuːnɪfɪˈkeɪʃən] *n no pl* Wiedervereinigung *f*

reunion [ˌriːˈjuːnɪən] *n* ❶ (*gathering*) Treffen *nt*, Zusammenkunft *f* ❷ *no pl* (*form: bringing together*) Wiedervereinigung *f;* **~ of people** Zusammenführung *f* von Menschen

reunite [ˌriːjuːˈnaɪt] **I.** *vt* ▪ **to ~ sb with sb** jdn mit jdm [wieder] zusammenbringen **II.** *vi* sich wiedervereinigen; *people* wieder zusammenkommen

reusable [ˌriːˈjuːzəbl] *adj* (*in the same shape*) wiederverwendbar; (*reprocessed*) wiederverwertbar

reuse [ˌriːˈjuːz] *vt* ❶ (*use again*) wiederverwenden ❷ (*recycle by processing*) *waste material* wiederverwerten

rev¹ [rev] *n* (*fam*) *short for* **revolution** Drehzahl *f;* ▪ **~ s** *pl* Umdrehungen *pl* [pro Minute]

rev² <-vv-> [rev] *vt* **to ~ an engine** einen Motor auf Touren bringen; (*noisily*) einen Motor aufheulen lassen

reveal [rɪˈviːl] *vt* ❶ (*allow to be seen*) zeigen, zum Vorschein bringen; *a talent* erkennen lassen ❷ (*disclose*) enthüllen, offenlegen; ▪ **to ~ that ...** enthüllen, dass ...; ▪ **to ~ how/where/why ...** verraten, wie/wo/warum ...

revelation [ˌrevəˈleɪʃən] *n* ❶ *no pl* (*act of revealing*) Enthüllung *f*, Aufdeckung *f* ❷ (*sth revealed*) Enthüllung *f* ❸ *no pl* REL Offenbarung *f*

reveler AM *see* **reveller**

reveller ['revələr] *n* Feiernde(r) *f(m)*
revenge [rɪ'vendʒ] **I.** *n no pl* ❶ (*retaliation*) Rache *f*; **to get one's ~** sich rächen ❷ (*desire for retaliation*) Rachedurst *m* **II.** *vt* rächen
revenue ['revənjuː] *n* ❶ *no pl* (*income*) Einkünfte *pl* (**from** aus) ❷ *no pl* (*of a state*) öffentliche Einnahmen, Staatseinkünfte *pl* ❸ *pl* (*instances of income*) **sales ~s** Verkaufseinnahmen *pl*
revenue officer *n* Finanzbeamte(r), -beamtin *m, f*
reverence ['revərən(t)s] *n no pl* Verehrung *f* (**for** für); **to feel ~ for sb** jdn hoch schätzen
reverend ['revərənd] *n* ≈ Pfarrer *m*, ≈ Pastor *m*
reverent ['revərənt] *adj* ehrfürchtig, ehrfurchtsvoll
reverse [rɪ'vɜːs] **I.** *vt* ❶ *esp* BRIT, AUS (*move sth backwards*) zurücksetzen ❷ (*change to opposite*) umkehren; **to ~ the charges** ein R-Gespräch führen **II.** *vi esp* BRIT, AUS (*move backwards*) rückwärtsfahren; (*short distance*) zurücksetzen **III.** *n* ❶ *no pl* (*opposite*) ■**the ~** das Gegenteil; **no, quite the ~!** nein, ganz im Gegenteil! ❷ (*gear*) Rückwärtsgang *m* ❸ (*back*) ■**the ~** die Rückseite **IV.** *adj* umgekehrt; *direction* entgegengesetzt
reversible [rɪ'vɜːsəbl] *adj* ❶ (*inside out*) zum Wenden *nach n*; **~ coat** Wendejacke *f* ❷ (*alterable*) umkehrbar
review [rɪ'vjuː] **I.** *vt* ❶ (*examine*) [erneut] [über]prüfen; (*reconsider*) überdenken; **to ~ salaries** die Gehälter revidieren ❷ (*look back over*) zurückblicken auf +*akk* ❸ AM (*study again*) wiederholen **II.** *n* ❶ (*assessment*) Überprüfung *f*; **to come under ~** überprüft werden ❷ (*summary*) Überblick *m* (**of** über); **wage ~** Gehaltsrevision *f* ❸ (*criticism*) *of a book, play* Kritik *f*, Rezension *f*; **film ~** Filmbesprechung *f*
reviewer [rɪ'vjuːər] *n* Kritiker(in) *m(f)*; *of plays, literature a.* Rezensent(in) *m(f)*
revise [rɪ'vaɪz] **I.** *vt* ❶ (*reread*) überarbeiten; *book* redigieren ❷ (*reconsider*) überdenken ❸ BRIT, AUS (*study again*) wiederholen **II.** *vi* BRIT, AUS **to ~ for an exam** auf eine Prüfung lernen
revision [rɪ'vɪʒən] *n* ❶ *no pl* (*act of revising*) Revision *f*, Überarbeitung *f* ❷ (*reconsidered version*) Neufassung *f*; **~ of a book** überarbeitete Ausgabe; **~ of a contract** Neufassung *f* eines Vertrages ❸ *no pl* BRIT, AUS (*studying a subject again*) Wiederholung *f* [des Stoffs]
revive [rɪ'vaɪv] **I.** *vt* ❶ (*bring back to life*) wiederbeleben ❷ (*give new energy*) beleben ❸ (*resurrect*) wieder aufleben lassen; *economy* ankurbeln; **to ~ sb's hopes** jdm neue Hoffnungen machen; *idea* wieder aufgreifen **II.** *vi* ❶ (*be restored to consciousness*) wieder zu sich *dat* kommen ❷ (*be restored to health*) *person, animal, plant* sich erholen ❸ (*be resurrected*) sich erholen; *economy a.* wieder aufblühen
revocation [,revəʊ'keɪʃən] *n* Widerruf *m*, Aufhebung *f*
revolt [rɪ'vəʊlt] **I.** *vi* rebellieren, revoltieren **II.** *vt* ■**to ~ sb** jdn abstoßen; ■**to be ~ed by sth** von etw *dat* angeekelt sein **III.** *n* ❶ (*rebellion*) Revolte *f*, Aufstand *m* ❷ *no pl* (*insurrection*) **to rise in ~** einen Aufstand machen (**against** gegen)
revolting [rɪ'vəʊltɪŋ] *adj* abstoßend; *smell* ekelhaft; ■**it is ~ that ...** es ist widerlich, dass ...
revolution [,revə'luːʃən] *n* ❶ (*a. fig: overthrow*) Revolution *f* ❷ TECH Umdrehung *f*; **~s per minute** Drehzahl *f*/Umdrehungen *pl* pro Minute
revolutionary [,revə'luːʃənəri] **I.** *n* Revolutionär(in) *m(f)* **II.** *adj* revolutionär *a. fig*; (*fig*) bahnbrechend
revolutionize [,revə'luːʃənaɪz] *vt* revolutionieren
revolve [rɪ'vɒlv] **I.** *vi* sich drehen; **to ~ on an axis** sich um eine Achse drehen **II.** *vt* drehen
revolving [rɪ'vɒlvɪŋ] *adj attr* rotierend, Dreh-
revulsion [rɪ'vʌlʃən] *n no pl* Abscheu *f*; **in ~** mit Abscheu; **to fill sb with ~** jdn mit Abscheu erfüllen
reward [rɪ'wɔːd] **I.** *n* Belohnung *f*; *for merit, service* Anerkennung *f*; **to offer a ~** eine Belohnung aussetzen **II.** *vt* belohnen
rewarding [rɪ'wɔːdɪŋ] *adj* befriedigend; *experience* lohnend; **a ~ task** eine dankbare Aufgabe
rewind *vt* <-wound, -wound> [,riː'waɪnd] *cable* aufwickeln; *cassette, tape* zurückspulen
rhetorical [rɪ'tɒrɪkəl] *adj* rhetorisch
rheumatism ['ruːmətɪzəm] *n no pl* Rheuma *nt*, Rheumatismus *m*
Rhine [raɪn] *n no pl* GEOG ■**the ~** der Rhein
rhinoceros <*pl* -es *or* -> [raɪ'nɒsərəs] *n*

Nashorn *nt*, Rhinozeros *nt*
rhombus <*pl* -es *or* -bi> ['rɒmbəs, *pl* -baɪ] *n* Rhombus *m*, Raute *f*
rhubarb ['ruːbɑːb] *n no pl* Rhabarber *m*
rhyme [raɪm] **I.** *n* ① *no pl* (*identity in sound*) Reim *m*; ▪**in** ~ gereimt, in Reimform ② (*poem*) Reim[vers] *m* **II.** *vi* ▪**to** ~ [**with sth**] sich [auf etw *akk*] reimen **III.** *vt* reimen
rhythm ['rɪðəm] *n* Rhythmus *m*, Takt *m*; **sense of** ~ Rhythmusgefühl *nt*
rhythmic(al) ['rɪðmɪk(əl)] *adj* rhythmisch
rib [rɪb] *n* ① ANAT Rippe *f*; ~ **cage** Brustkorb *m* ② FOOD ▪~**s** Rippchen *nt* ③ *no pl* (*in knitting*) Rippung *f*
ribbon ['rɪbən] *n* ① (*strip of fabric*) Band *nt*; (*fig*) Streifen *m* ② (*rag*) ▪**in** ~**s** in Fetzen
rib cage *n* ANAT Brustkorb *m*
rice [raɪs] **I.** *n no pl* Reis *m*; **brown** ~ Naturreis *m* **II.** *vt* AM **to** ~ **potatoes/vegetables** Kartoffeln/Gemüse passieren
rice pudding *n no pl* Milchreis *m*
rich [rɪtʃ] **I.** *adj* ① (*wealthy*) reich; **to get** ~ **quick** schnell zu Reichtum kommen ② (*abounding*) reich (**in** an); ~ **in detail** sehr detailliert; ~ **in vitamins** vitaminreich ③ (*very fertile*) *land* fruchtbar; *earth, soil a.* fett ④ (*opulent*) *carvings, furniture* prachtvoll ⑤ (*of food*) gehaltvoll; (*hard to digest*) schwer ⑥ (*intense*) *colour* satt; *flavour* reich **II.** *n* ▪**the** ~ *pl* die Reichen *pl*
rid <-dd-, rid *or old* ridded, rid *or old* ridded> [rɪd] *vt* ▪**to** ~ **sth/sb of sth** etw/jdn von etw *dat* befreien; ▪**to be** ~ **of sb/sth** jdn/etw los sein; **to get** ~ **of sb/sth** jdn/etw loswerden
ridden ['rɪdən] *pp of* **ride**
riddle ['rɪdl] *n* Rätsel *nt a. fig*
ride [raɪd] **I.** *n* ① (*journey*) Fahrt *f* (**on** mit); (*on a horse*) Ritt *m*; **bus** ~ Busfahrt *f*; **to go for a** ~ eine Fahrt machen; (*on a horse*) ausreiten ② AM (*person*) Fahrer(in) *m(f)* ③ (*trip costing nothing*) Mitfahrgelegenheit *f*; **to give sb a** ~ jdn [im Auto] mitnehmen ④ (*at a fair*) [Karussell]fahrt *f* ▸ **to take sb for a** ~ (*fam*) jdn übers Ohr hauen **II.** *vt* <rode, ridden> ① (*sit on*) *bicycle, motorcycle* fahren; *horse* reiten; *esp* AM (*as a passenger*) *bus, train* fahren ② *usu passive* (*full of*) **to be ridden with guilt** von [schweren] Schuldgefühlen geplagt werden **III.** *vi* <rode, ridden> ① (*on animal*) reiten; ▪**to** ~ **by** vorbeireiten ② (*on vehicle*) fahren ◆ **ride out** *vt* überstehen; *crisis* durchstehen ◆ **ride up** *vi* *T-shirt, skirt* hochrutschen
rider ['raɪdəʳ] *n of a horse* Reiter(in) *m(f)*; *of a vehicle* Fahrer(in) *m(f)*
ridge [rɪdʒ] *n* ① GEOG Grat *m* ② *of a roof* Dachfirst *m* ③ METEO ~ **of high/low pressure** Hoch-/Tiefdruckkeil *m*
ridicule ['rɪdɪkjuːl] **I.** *n no pl* Spott *m*, Hohn *m*; **to hold sb/sth up to** ~ sich über jdn/etw lustig machen **II.** *vt* verspotten
ridiculous [rɪ'dɪkjələs] **I.** *adj* ① (*comical*) lächerlich, albern; **to make oneself look** ~ sich lächerlich machen ② BRIT (*approv sl: incredible*) unglaublich **II.** *n no pl* ▪**the** ~ das Absurde
riding ['raɪdɪŋ] **I.** *n* ① *no pl* (*sport*) Reiten *nt* ② CAN POL (*constituency*) Wahlbezirk *m* **II.** *adj attr* Reit-; ~ **crop** Reitgerte *f*; ~ **school** Reitschule *f*
rifle ['raɪfl] *n* Gewehr *nt*
rifle range *n* ① (*for practice*) Schießstand *m* ② (*shooting distance*) ▪**within** ~ in Schussweite [eines Gewehrs]
rift [rɪft] *n* ① (*open space*) Spalt *m* ② GEOL [Erd]spalt *m* ③ (*fig: disagreement*) Spaltung *f* (**between** zwischen); **to heal a** ~ eine Kluft überbrücken
rift valley *n* GEOG Grabenbruch *m*
rig[1] [rɪg] *vt* <-gg-> (*pej*) *results, prices* manipulieren
rig[2] [rɪg] *n* ① NAUT Takelage *f* ② (*apparatus*) Vorrichtung *f* ③ **drilling** ~ Bohrinsel *f*; **gas/ oil** ~ Gas-/Ölbohrinsel *f*
rigging[1] ['rɪgɪŋ] *n no pl* ① NAUT Auftakeln *nt* ② AVIAT Aufrüstung *f*
rigging[2] ['rɪgɪŋ] *n no pl* (*manipulating*) Manipulation *f*; Wahlmanipulation *f*
right [raɪt] **I.** *adj* ① (*morally good*) richtig; (*fair*) gerecht; **you're** ~ **to be annoyed** du bist zu Recht verärgert; **to do the** ~ **thing** das Richtige tun ② (*correct*) richtig; *time* genau; **the** ~ **way round** richtig herum; **to get sth** ~ etw richtig machen; **am I** ~ **in thinking that ...** gehe ich recht in der Annahme, dass ... ③ (*best*) richtig; **to be in the** ~ **place at the** ~ **time** zur rechten Zeit am rechten Ort sein ④ (*healthy*) **to be not** [**quite**] ~ **in the head** (*fam*) nicht [ganz] richtig im Kopf sein ⑤ (*not left*) rechte(r, s); **to make a** ~ **turn** rechts abbiegen ⑥ (*conservative*) rechte(r, s) ⑦ *attr esp* BRIT (*fam: complete*) total **II.** *adv* ① (*completely*) völlig, ganz;

~ **through** durch und durch ②(*all the way*) ganz; (*directly*) genau, direkt ③(*fam: immediately*) gleich; **I'll be ~ with you** ich komme sofort ④(*morally good*) **to do ~ by sb** sich jdm gegenüber anständig verhalten ⑤(*properly*) gut ⑥(*not left*) rechts; **to turn ~** [nach] rechts abbiegen ▶ ~ **away** (*fam*) sofort **III.** *n* ① *no pl* (*goodness*) Recht *nt* ②(*morally correct*) das Richtige ③(*claim, entitlement*) Recht *nt*; **women's ~s** die Rechte *pl* der Frau[en] ④ *pl* (*authority, ownership*) Rechte *pl* ⑤ *no pl* (*right side*) rechte Seite; **on the ~** rechts, auf der rechten Seite; **on my/her ~** rechts [von mir/ihr] ⑥ + *sing/pl vb* POL ■**the R~** die Rechte; **the far ~** die Rechtsextremen *pl* **IV.** *vt* ①(*correct position*) aufrichten; (*correct condition*) in Ordnung bringen ②(*rectify*) *mistake, wrong* wiedergutmachen **V.** *interj* (*fam*) ①(*okay*) in Ordnung, okay *fam*; **~ you are!** in Ordnung! ② BRIT (*fam: agreed*) **too ~!** wohl wahr! ③(*as introduction*) **~, let's go** also, nichts wie los *fam*
right angle *n* rechter Winkel **right-angled** *adj* rechtwinklig
rightful ['raɪtfᵊl] *adj attr* rechtmäßig
right-hand *adj attr* ①(*on the right*) rechte(r, s); **~ drive** Rechtslenkung *f* ②(*with the right hand*) mit der Rechten *nach n*; **~ punch** rechter Haken **right-handed** *adj* rechtshändig **right-hander** *n* ①(*person*) Rechtshänder(in) *m(f)* ②(*in boxing*) rechter Haken ③(*bend*) Rechtskurve *f*
rightly ['raɪtli] *adv* ①(*correctly*) richtig ②(*justifiably*) zu Recht; **quite ~** völlig zu Recht
right-minded *adj* (*approv*) vernünftig
right of way <*pl* rights-> *n* ① *no pl* (*right to pass*) Durchgangsrecht *nt* ② AUTO Vorfahrt *f*
right-wing *adj* rechts *präd*, rechte(r, s) **right wing** *n* + *sing/pl vb* POL, SPORTS ■**the ~** der rechte Flügel
rigid ['rɪdʒɪd] *adj* ①(*inflexible*) starr, steif; **to be bored ~** BRIT (*fam*) zu Tode gelangweilt sein ②(*fig: unalterable*) *routine, rules* starr; (*overly stringent*) streng
rigorous ['rɪgᵊrəs] *adj* ①(*thorough*) [peinlich] genau, präzise ②(*disciplined*) strikt, streng
rim [rɪm] *n* ①(*brim*) *of a cup, plate* Rand *m* ②(*boundary*) Rand *m*; **on the Pacific ~** am Rande des Pazifiks ③ *of a wheel* Felge *f* ④ *usu pl of spectacle frames* Fassung *f*
rind [raɪnd] *n no pl* Schale *f*; (*of a tree*) [Baum]rinde *f*; *bacon ~* [Speck]schwarte *f*; [**grated**] **lemon ~** [geriebene] Zitronenschale
ring¹ [rɪŋ] **I.** *n* ①(*jewellery*) Ring *m* ②(*circular object*) Ring *m* ③ BRIT (*cooking device*) Kochplatte *f* ④(*arena*) Ring *m*; *circus ~* Manege *f* ⑤(*circle*) *of people, objects* Kreis *m* **II.** *vt* ① *usu passive* (*surround*) umringen ② BRIT (*draw*) einkreisen
ring² [rɪŋ] **I.** *n* ①(*act of sounding bell*) Klingeln *nt kein pl* ②(*sound made*) Klingeln *nt kein pl*, Läuten *nt kein pl* ③ *usu sing esp* BRIT (*telephone call*) **to give sb a ~** jdn anrufen **II.** *vi* <rang, rung> ①(*produce bell sound*) *telephone* klingeln ②(*have humming sensation*) klingen **III.** *vt* <rang, rung> ①(*make sound*) *bell* läuten; **to ~ the alarm** Alarm auslösen ②(*of a church*) **to ~ the hour** die Stunde schlagen ③ *esp* BRIT (*call on telephone*) anrufen; ■**to ~ sb back** jdn zurückrufen ◆ **ring off** *vi* BRIT auflegen ◆ **ring out I.** *vi* ertönen **II.** *vt* ausläuten ◆ **ring up I.** *vt* ① *esp* BRIT (*telephone*) anrufen ② COMM **to ~ up an amount** einen Betrag [in die Kasse] eintippen **II.** *vi* BRIT anrufen
ring binder *n* Ringbuch *nt* **ring finger** *n* Ringfinger *m*
ringing ['rɪŋɪŋ] **I.** *adj attr* (*resounding*) schallend; **~ cheer** lauter Jubel; **~ crash** ohrenbetäubendes Krachen **II.** *n no pl* Klingeln *nt*
ringleader *n* Anführer(in) *m(f)*
ringlet ['rɪŋlɪt] *n usu pl* Locke *f*
ring road *n* BRIT, AUS Ringstraße *f*
ringside *n* ■**the ~** (*in boxing*) die Sitzreihe am Boxring; (*in a circus*) die Sitzreihe an der Manege
rink [rɪŋk] *n* ice ~ Eisbahn *f*; **rollerskating ~** Rollschuhbahn *f*
rinse [rɪns] **I.** *n* ①(*action*) Spülung *f*; **to give one's hair a ~** sich *dat* die Haare spülen ②(*for mouth*) Mundspülung *f* **II.** *vt, vi* spülen; **to ~ one's mouth** [**out**] sich *dat* den Mund ausspülen
rinse aid *n* Klarspüler *m*
riot ['raɪət] **I.** *n* ①(*disturbance*) Krawall *m*, Unruhen *pl*; (*uproar*) Aufstand *m a. fig* ② *no pl* (*fig: display*) **a ~ of colour**[**s**] eine Farbenpracht ③ *no pl* (*fig: outburst*) **a ~ of emotions** ein Gefühlsausbruch *m* **II.** *vi* ①(*act violently*) randalieren ②(*fig: behave uncontrollably*) wild feiern

rioter ['raɪətəʳ] *n* Aufständische(r) *f(m)*
riot gear *n no pl* Schutzanzug *m*
rioting ['raɪətɪŋ] *n no pl* Randalieren *nt*, Krawalle *pl*
rip [rɪp] **I.** *n* ❶ (*tear*) Riss *m* ❷ *usu sing* (*act*) Zerreißen *nt*; (*with knife*) Zerschlitzen *nt* **II.** *vt* <-pp-> zerreißen; **to ~ sth into shreds** etw zerfetzen; **to ~ sth open** etw aufreißen; ■**to ~ sth apart** etw auseinanderreißen **III.** *vi* <-pp-> ❶ (*tear*) reißen ❷ (*rush*) ■**to ~ through sth** durch etw *akk* fegen ◆**rip down** *vt* (*poster*) runterreißen; (*building*) abreißen ◆**rip off** *vt* ❶ (*take off fast*) abreißen ❷ (*fam: overcharge*) ■**to ~ off** ○ **sb** jdn übers Ohr hauen ❸ (*fam: steal*) mitgehen lassen; **to ~ off ideas** Ideen klauen ◆**rip out** *vt* herausreißen ◆**rip up** *vt* zerreißen; **to ~ the carpets up** den Teppichboden herausreißen
RIP [ˌɑːraɪˈpiː] *abbrev of* **rest in peace** R.I.P.
ripen ['raɪpᵊn] **I.** *vi* [heran]reifen *a. fig* **II.** *vt fruit* reifen lassen
rip-off *n* (*fam*) Wucher *m kein pl pej*; (*fraud*) Schwindel *m*, Beschiss *m kein pl derb*
rise [raɪz] **I.** *n* ❶ (*upward movement*) *of theatre curtain* Hochgehen *nt kein pl*, Heben *nt kein pl*; *of the sun* Aufgehen *nt kein pl* ❷ (*in fishing*) Steigen *nt kein pl* ❸ (*in society*) Aufstieg *m*; ~ **to power** Aufstieg *m* an die Macht **II.** *vi* <rose, risen> ❶ (*ascend*) steigen ❷ (*become visible*) *moon, sun* aufgehen ❸ (*improve position*) aufsteigen; **to ~ to fame** berühmt werden ❹ (*from a chair*) sich erheben ❺ (*get out of bed*) aufstehen ❻ (*rebel*) ■**to ~ against sb/sth** sich gegen jdn/etw auflehnen ❼ (*incline upwards*) *ground* ansteigen ❽ FOOD *yeast, dough* aufgehen ❾ *mood, spirit* steigen
risen ['rɪzᵊn] *pp of* **rise**
riser ['raɪzəʳ] *n* ❶ (*person*) **early ~** Frühaufsteher(in) *m(f)*; **late ~** Spätaufsteher(in) *m(f)* ❷ AM (*platform*) ■**~s** *pl* Tribüne *f*
rising ['raɪzɪŋ] **I.** *adj attr* ❶ (*getting higher*) *flood waters* steigend; *sun* aufgehend ❷ (*increasing*) *costs* steigend; *fury* wachsend ❸ (*angled upwards*) *ground* [auf]steigend **II.** *n* Aufstand *m*, Erhebung *f*
risk [rɪsk] **I.** *n* Risiko *nt*; ■**at the ~ of doing sth** auf die Gefahr hin, etw zu tun; **fire ~** Brandgefahr *f*; **~ assessment** Risikoanalyse *f*; **~ liability** Risikohaftung *f* **II.** *vt* riskieren
risky ['rɪski] *adj* riskant

risotto [rɪˈzɒtəʊ] *n* Risotto *m o* ÖSTERR, SCHWEIZ *a.* nt
rival ['raɪvᵊl] **I.** *n* Rivale *m*, Rivalin *f*; COMM Konkurrent *m*; *arch* **~** Erzrivale *m*, Erzrivalin *f*; **bitter ~s** scharfe Rivalen; **closest ~** größter Rivale/größte Rivalin **II.** *adj* konkurrierend *attr*; **~ brand** Konkurrenzmarke *f* **III.** *vt* <BRIT -ll- *or* AM *usu* -l-> ■**to ~ sb/sth** mit jdm/etw konkurrieren
rivalry ['raɪvᵊlri] *n* Rivalität *f* (**among** unter); **friendly ~** freundschaftlicher Wettstreit
river ['rɪvəʳ] *n* ❶ Fluss *m*; **the R~ Thames** die Themse; **down ~** stromabwärts; **up ~** stromaufwärts ❷ (*fig*) Strom *m*
river bed *n* Flussbett *nt* **river police** *n no pl*, + *sing/pl vb* Wasserschutzpolizei *f* **riverside** *n* [Fluss]ufer *nt*
riveting ['rɪvɪtɪŋ] *adj* (*fam*) fesselnd
RN [ˌɑːrˈen] *n* ❶ BRIT MIL *abbrev of* **Royal Navy** ❷ AM *abbrev of* **registered nurse** examinierte Krankenschwester/examinierter Krankenpfleger
RNLI [ˌɑːrenelˈaɪ] *n* BRIT *abbrev of* **Royal National Lifeboat Institution** ≈ DLRG *f*
road [rəʊd] *n* ❶ Straße *f*; **main ~** Hauptstraße *f*; **to cross the ~** die Straße überqueren ❷ (*fig: course*) Weg *m*; **to be on the ~ to recovery** sich auf dem Wege der Besserung befinden
road accident *n* Verkehrsunfall *m* **roadblock** *n* Straßensperre *f* **road fund licence** *n* BRIT Steuerplakette *f* **road haulage** *n no pl* BRIT Güterverkehr *m* (*auf den Straßen*) **road hog** *n* (*pej fam*) Verkehrsrowdy *m* **road map** *n* Straßenkarte *f* **road rage** *n no pl* aggressives Verhalten im Straßenverkehr **road safety** *n no pl* Verkehrssicherheit *f* **road sign** *n* Verkehrsschild *nt* **road sweeper** *n* Straßenkehrer(in) *m(f)*, Straßenfeger(in) *m(f)* SÜDD **road-test** *vt car* Probe fahren **road user** *n* Verkehrsteilnehmer(in) *m(f)* **roadworks** *npl* Straßenbauarbeiten *pl*
roam [rəʊm] **I.** *vi* ❶ (*travel aimlessly*) **to ~ about/around/over/through** umherstreifen, umherziehen ❷ *mind, thoughts* abschweifen **II.** *vt* **to ~ the streets** durch die Straßen ziehen *fam*; *dog* herumstreunen
roar [rɔːʳ] **I.** *n* ❶ (*bellow*) *of a lion, person* Brüllen *nt kein pl*, Gebrüll *nt kein pl* ❷ (*loud noise*) *of an aircraft, a cannon* Donnern *nt kein pl* ❸ (*laughter*) schallendes Gelächter **II.** *vi* ❶ (*bellow*) *lion, person* brüllen; ■**to ~**

at sb jdn anbrüllen ❷ (*make a loud noise*) *aircraft, cannon* donnern **III.** *vt* brüllen
roaring ['rɔːrɪŋ] *adj attr* ❶ (*noisy*) *animal, crowd* brüllend; *inanimate object* lärmend; *aircraft, cannon* donnernd ❷ (*fam: for emphasis*) **to be a ~ success** ein Bombenerfolg sein
roast [rəʊst] **I.** *vt* (*heat*) rösten; *meat* braten **II.** *vi* braten **III.** *adj attr* Brat-; **~ beef** Roastbeef *nt;* **~ chicken** Brathähnchen *nt* **IV.** *n* ❶ Braten *m* ❷ *no pl* (*process*) Rösten *nt* ❸ (*coffee*) Röstung *f*
roasting ['rəʊstɪŋ] **I.** *adj attr* ❶ (*for roasting*) zum Braten *nach n* ❷ (*fam: hot*) knallheiß **II.** *n* ❶ *no pl* (*action of cooking*) Braten *nt* ❷ *usu sing* (*fam: criticism*) Standpauke *f*; **to give sb a ~** jdm eine Standpauke halten
rob <-bb-> [rɒb] *vt* ❶ (*steal from*) ■**to ~ sb** jdn bestehlen; (*violently*) jdm rauben; **to ~ a bank** eine Bank ausrauben ❷ *usu passive* (*fam: overcharge*) ■**to ~ sb** jdn ausnehmen
robber ['rɒbəʳ] *n* Räuber(in) *m(f)*
robbery ['rɒbəri] *n* Raubüberfall *m;* **bank ~** Bankraub *m;* **armed ~** bewaffneter Raubüberfall
robe [rəʊb] *n* ❶ (*long garment*) langes Kleid, Abendkleid *nt* ❷ (*dressing gown*) Morgenmantel *m*
robin ['rɒbɪn] *n, liter* **robin redbreast** *n* Rotkehlchen *nt*
robot ['rəʊbɒt] *n* Roboter *m*
robotics [rə(ʊ)'bɒtɪks] *n + sing vb* Robotik *f kein pl*
rock¹ [rɒk] *n* ❶ *no pl* (*mineral material*) Stein *m* ❷ (*sticking out of ground*) Fels[en] *m* ❸ GEOL Gestein *nt* ❹ (*Gibraltar*) ■**the R~** der Felsen von Gibraltar ❺ AM, AUS (*a stone*) Stein *m* ❻ *no pl* BRIT **stick of ~** Zuckerstange *f* ❼ (*fam: diamond*) Klunker *m*
rock² [rɒk] **I.** *n* ❶ *no pl* (*music*) Rockmusik *f* ❷ (*movement*) Schaukeln *nt kein pl*, Wiegen *nt kein pl* **II.** *vt* (*cause to move*) schaukeln; (*gently*) wiegen; **to ~ a child to sleep** ein Kind in den Schlaf wiegen **III.** *vi* ❶ (*move*) schaukeln; **to ~ back and forth** hin und her schaukeln ❷ (*play music*) Rock[musik] spielen
rock and roll *n no pl* Rock and Roll *m* **rock band** *n* Rockband *f* **rock bottom** *n* Tiefpunkt *m;* **to be at ~** am Tiefpunkt [angelangt] sein; *person a.* am Boden zerstört sein **rock bun** *n* BRIT, AUS, **rock cake** *n* BRIT, AUS [kleiner] Rosinenkuchen **rock climber** *n* Bergsteiger(in) *m(f)* **rock climbing** *n no pl* Klettern *nt*
rocker ['rɒkəʳ] *n* ❶ (*musician*) Rockmusiker(in) *m(f);* (*fan*) Rockfan *m* ❷ BRIT (*hist: in '60s motorcycle cult*) Rocker(in) *m(f)* ❸ (*chair*) Schaukelstuhl *m*
rockery ['rɒkəri] *n* Steingarten *m*
rocket¹ ['rɒkɪt] **I.** *n* ❶ (*missile*) [Marsch]flugkörper *m;* (*for space travel*) Rakete *f* ❷ (*firework*) [Feuerwerks]rakete *f* **II.** *vi* ■**to ~ [up]** *costs, prices* hochschnellen
rocket² ['rɒkɪt] *n no pl* FOOD Rauke *f*
rockfall *n* Steinschlag *m kein pl*
rocking ['rɒkɪŋ] *adj* schaukelnd, schwankend; **~ chair** Schaukelstuhl *m;* **~ horse** Schaukelpferd *nt*
rock music *n no pl* Rockmusik *f*
rock salt *n no pl* Steinsalz *nt*
rock star *n* Rockstar *m*
rocky ['rɒki] *adj* ❶ (*characterized by rocks*) felsig ❷ (*full of rocks*) *soil* steinig
Rocky Mountains *n* ■**the ~** die Rocky Mountains *pl*
rod [rɒd] *n* ❶ (*bar*) Stange *f* ❷ (*staff*) Stab *m* ❸ (*cane*) Rohrstock *m*
rode [rəʊd] *pt of* **ride**
rodent ['rəʊdənt] *n* Nagetier *nt*
roe¹ [rəʊ] *n no pl of female fish* Rogen *m; of male fish* Milch
roe² <*pl* -s *or* -> [rəʊ] *n* (*deer*) Reh *nt*
roger ['rɒdʒəʳ] *interj* ~! verstanden!, roger! *sl*
rogue [rəʊg] **I.** *n* (*pej*) Gauner(in) *m(f)* **II.** *adj company, organization* skrupellos; **~ state** Schurkenstaat *m*
role [rəʊl] *n* ❶ Rolle *f;* **leading ~** Hauptrolle *f;* **supporting ~** Nebenrolle *f* ❷ (*function*) Rolle *f,* Funktion *f*
role model *n* Rollenbild *nt* **role play** *n,* **role playing** *n no pl* Rollenspiel *nt* **role reversal** *n* Rollentausch *m kein pl*
roll [rəʊl] **I.** *n* ❶ (*cylinder*) Rolle *f;* **a ~ of film/paper** eine Rolle Film/Papier ❷ (*cylindrical mass*) Rolle *f* ❸ (*list*) [Namens]liste *f;* **electoral ~** Wählerverzeichnis *nt* ❹ FOOD (*bread*) Brötchen *nt; (meat)* Roulade *f;* (*cake, pastry*) Rolle *f* ❺ *no pl* (*movement*) Rollen *nt* ❻ *no pl* (*unsteady movement*) *of a car, plane, ship* Schlingern *nt* ❼ SPORTS, AVIAT Rolle *f;* **a backward ~** eine Rolle rückwärts ❽ *usu sing* (*sound*) *of thunder* [G]rollen *nt kein pl* **II.** *vt* ❶ (*make move around axis*) rol-

len; **to ~ one's eyes** die Augen verdrehen ② (*make turn over*) drehen ③ (*push on wheels*) rollen; (*when heavier*) schieben ④ (*wind*) aufrollen; **to ~ wool into a ball** Wolle aufwickeln ⑤ *pastry* ausrollen ⑥ *dice* würfeln **III.** *vi* ① (*move around axis*) rollen (*off* von); (*turn over*) sich herumrollen; (*wallow*) sich [herum]wälzen ② (*flow*) waves rollen; *tears* kullern ③ (*move on wheels*) rollen ④ (*oscillate*) *ship, plane* schlingern ⑤ SPORTS, AVIAT eine Rolle machen ◆**roll back I.** *vt* ① (*move back*) zurückrollen; (*push back*) zurückschieben; (*fold back*) zurückschlagen ② (*fig: reverse development*) *advances* umkehren; **to ~ back the years** die Uhr zurückdrehen *fig* **II.** *vi* ① (*move backwards*) zurückrollen ② ECON, FIN *prices, wages* sinken ◆**roll in I.** *vi* (*fam*) ① (*move in*) hineinrollen; (*come in*) hereinrollen ② (*be received*) *offers* [massenhaft] eingehen **II.** *vt* (*bring in*) hereinrollen ◆**roll on I.** *vi* ① (*move further*) weiterrollen ② (*continue*) weitergehen; *time* verfliegen **II.** *vt* (*apply*) aufwalzen ◆**roll out I.** *vt* ① (*bring out*) herausrollen ② *dough* ausrollen **II.** *vi* (*move outside*) hinausrollen ◆**roll over I.** *vi* herumrollen; *person, animal* sich umdrehen; **to ~ over onto one's side** sich auf die Seite rollen **II.** *vt* ① (*turn over*) umdrehen; **~ him over onto his back/side** dreh ihn auf den Rücken/die Seite ② FIN *credit* erneuern ◆**roll up I.** *vt* ① (*move up, around axis*) hochrollen; *clothes* hochkrempeln ② (*coil*) aufrollen ③ FIN, ECON *credit* verlängern **II.** *vi* ① (*move up*) hochrollen ② (*fam: arrive*) aufkreuzen ③ BRIT, AUS (*participate*) **~ up!** treten Sie näher!

roll bar *n* Überrollbügel *m*
roll-call *n* Namensaufruf *m kein pl*
roller ['rəʊlə^r] *n* ① TECH Walze *f* ② (*for paint*) Rolle *f*, Roller *m*
roller blind *n esp* BRIT, AUS Rollo *nt* **roller coaster** *n* Achterbahn *f* **roller-skate** *vi* Rollschuh laufen [*o* fahren]
rolling pin *n* Nudelholz *nt*
roll-out ['rəʊlaʊt] *n* COMM Markteinführung *f*
ROM [rɒm] *n no pl abbrev of* **Read Only Memory** ROM *m o nt*
Roman ['rəʊmən] **I.** *adj* römisch **II.** *n* Römer(in) *m(f)*
roman blind *n* Raffrollo *nt*
Roman Catholic I. *adj* römisch-katholisch **II.** *n* Katholik(in) *m(f)*
romance [rə(ʊ)'mæn(t)s] *n* ① *no pl* (*romanticism*) Romantik *f* ② (*love affair*) Romanze *f*, Liebesaffäre *f*; **whirlwind ~** heftige Liebesaffäre ③ (*movie*) Liebesfilm *m;* (*book*) Liebesroman *m*
Romance [rə(ʊ)'mæn(t)s] LING **I.** *n* romanische Sprachen *fpl* **II.** *adj attr* romanisch
Romania [rʊ'meɪnɪə] *n* Rumänien *nt*
Romanian [rʊ'meɪnɪən] **I.** *adj* rumänisch **II.** *n* ① (*person*) Rumäne *m*, Rumänin *f* ② *no pl* (*language*) Rumänisch *nt*
romantic [rə(ʊ)'mæntɪk] **I.** *adj* romantisch **II.** *n* Romantiker(in) *m(f)*
rom-com ['rɒmkɒm] *n short for* **romantic comedy** Liebeskomödie *f*
Rome [rəʊm] *n* Rom *nt*
roof [ru:f] **I.** *n* ① (*top of house*) Dach *nt* ② (*attic*) Dachboden *m* ③ (*ceiling*) *of a cave* Decke *f* **II.** *vt* überdachen
roof garden *n* Dachgarten *m* **roof light** *n* Dachfenster *nt* **roof rack** *n* AUTO Dachgepäckträger *m* **roofshade** *n* Wintergarten-Jalousie *f*, Jalousie *f* für Glasbauten
rook¹ [rʊk] *n* ORN Krähe *f*
rook² [rʊk] *n* CHESS Turm *m*
rookie ['rʊki] *n esp* AM, AUS (*fam*) Neuling *m;* MIL Rekrut(in) *m(f)*
room [ru:m] *n* ① *no pl* (*space*) Platz *m*, Raum *m* ② (*scope*) Raum *m;* **~ for manoeuvre** Bewegungsspielraum *m* ③ (*building section*) Zimmer *nt;* **double/single ~** Doppel-/Einzelzimmer *nt*
roomful ['ru:mfʊl] *n usu sing* **a ~ of boxes/people** ein Zimmer *nt* voller Kisten/Leute
room-mate *n,* AM *usu* **roommate** *n* ① (*sharing room*) Zimmergenosse *m*, Zimmergenossin *f* ② AM (*sharing flat or house*) Mitbewohner(in) *m(f)*
room service *n no pl* Zimmerservice *m*
roomy ['ru:mi] *adj* (*approv*) geräumig
rooster ['ru:stə^r] *n* AM, AUS ZOOL (*cockerel*) Hahn *m*
root [ru:t] **I.** *n* ① (*embedded part*) Wurzel *f;* **to take ~** Wurzeln schlagen *a. fig* ② (*fig: basic cause*) Wurzel *f*, Ursprung *m;* (*essential substance*) Kern *m kein pl* ③ LING Stamm *m* **II.** *vt cuttings, plant* einpflanzen **III.** *vi* ① *plant* wurzeln, Wurzeln schlagen ② (*fam: support*) ■**to ~ for sb** jdm die Daumen drücken ③ (*search*) ■**to ~ through sth** etw durchstöbern

rooted ['ruːtɪd] *adj* verwurzelt ▶ **to be ~ to the spot** wie angewurzelt dastehen
root vegetable *n* (*beets, carrots*) Wurzel *f*, Wurzelgemüse *nt*; (*celery, potatoes*) Knolle *f*
rope [rəʊp] I. *n* ❶ (*cord*) Seil *nt*, Strick *m*; NAUT Tau *nt* ❷ AM (*lasso*) Lasso *nt* II. *vt* anseilen, festbinden (**to** an)
rope ladder *n* Strickleiter *f*
ropey *adj*, **ropy** ['rəʊpi] *adj* ❶ (*rope-like*) seilartig ❷ BRIT, AUS (*pej fam: ill*) elend; **~ tyres** schlechte Reifen
rose¹ [rəʊz] I. *n* ❶ (*flower*) Rose *f*; (*bush*) Rosenstrauch *m* ❷ *no pl* (*colour*) Rosa *nt* ▶ **to come up [smelling of] ~s** bestens laufen *fam* II. *adj* rosa
rose² [rəʊz] *pt of* **rise**
rosebud *n* Rosenknospe *f* **rose bush** *n* Rosenstrauch *m* **rose garden** *n* Rosengarten *m* **rose hip** *n* Hagebutte *f*
rosemary ['rəʊzməri] *n no pl* Rosmarin *m*
roster ['rɒstər] I. *n esp* AM, AUS ❶ (*list*) Liste *f*; (*plan*) Plan *m*; **duty ~** Dienstplan *m* ❷ SPORTS Spielerliste *f* II. *vt usu passive* ■ **to ~ sb/sth** jdn/etw auf den Dienstplan setzen
rostrum <*pl* -**s** *or* -**tra**> ['rɒstrəm, *pl* -trə] *n* (*raised platform*) Tribüne *f*, Podium *nt*
rosy ['rəʊzi] *adj* rosig *a. fig*
rot [rɒt] I. *n no pl* ❶ (*process*) Fäulnis *f* ❷ (*decayed matter*) Verfaultes *nt*, Verwestes *nt* ❸ BRIT (*fig*) ■ **the ~** der Verfall II. *vi* <-tt-> ❶ (*decay*) verrotten; *teeth, meat* verfaulen ❷ (*deteriorate*) *institution, society* verkommen
rota ['rəʊtə] *n esp* BRIT (*list*) Liste *f*; (*plan*) Plan *m*
rotary engine *n* AUTO Wankelmotor *m*
rota system *n* BRIT Dienstplan *m*
rotate [rə(ʊ)'teɪt] I. *vi* ❶ (*revolve*) rotieren (**around** um), ❷ (*alternate*) wechseln II. *vt* ❶ (*cause to turn*) drehen ❷ (*alternate*) *troops* auswechseln; **to ~ crops** im Fruchtwechsel anbauen
rotation [rə(ʊ)'teɪʃ^ən] *n* Rotation *f*, Umdrehung *f*; **crop ~** AGR Fruchtwechsel *m*; **the earth's ~** die Erdumdrehung
rote [rəʊt] *n no pl* (*usu pej*) **to learn sth by ~** etw auswendig lernen
rotor ['rəʊtər] *n* Rotor *m*
rotten ['rɒt^ən] I. *adj* ❶ (*decayed*) verfault; *fruit* verdorben *f*, ❷ (*corrupt*) korrupt, völlig verdorben *fig* ❸ (*fam: very bad*) mies; **to feel ~** sich mies fühlen II. *adv* (*fam*) total *fam*; **to be spoiled ~** *child* völlig verzogen sein
rough [rʌf] I. *adj* ❶ (*uneven*) rau; *ground, terrain* uneben ❷ (*not soft*) *sound, voice* rau, hart ❸ (*harsh*) rau, hart ❹ (*fam: difficult*) hart, schwer ❺ BRIT (*fam: ill*) **to look ~** mitgenommen aussehen ❻ (*imprecise*) grob II. *adv* (*fam*) rau ▶ **to sleep ~** BRIT im Freien schlafen III. *vt* (*fam*) **to ~ it** [ganz] primitiv leben
rough-and-tumble *adj attr* **~ atmosphere** raue Atmosphäre
roughen ['rʌf^ən] *vt* aufrauen
roughly ['rʌfli] *adv* ❶ (*harshly*) grob, roh ❷ (*without refinement*) **~ built** grob zusammengezimmert ❸ (*approximately*) grob; **~ the same** ungefähr gleich
round [raʊnd] I. *adj* <-er, -est> ❶ (*circular*) rund; *face* rundlich ❷ (*even number*) rund II. *adv esp* BRIT ❶ (*in circular motion*) **to go ~** sich umdrehen ❷ (*here and there*) **to run ~** herumrennen *fam* ❸ (*to a specific place*) **to come ~** vorbeikommen *fam;* **to go ~** *virus, rumours* umgehen ❹ (*surrounding*) rundherum; **all year ~** das ganze Jahr hindurch ❺ (*towards other direction*) **to turn ~** sich umdrehen III. *prep* ❶ (*surrounding*) um +*akk;* **he put his arms ~ her** er legte seine Arme um sie ❷ (*circling*) um +*akk;* **the moon goes ~ the earth** der Mond kreist um die Erde ❸ (*curving to other side of*) um +*akk;* **to be just ~ the corner** gleich um die Ecke sein IV. *n* ❶ (*for all*) Runde *f* ❷ (*series*) Folge *f*; **~ of talks** Gesprächsrunde *f* ❸ (*salvo*) **~ of applause** Beifall *m* ❹ *esp* BRIT, AUS (*delivery route*) Runde *f*; **to do a paper ~** Zeitungen austragen V. *vt* ❶ (*make round*) umrunden ❷ (*go around*) **to ~ the corner** um die Ecke biegen ◆ **round down** *vt number, sum* abrunden ◆ **round off** *vt* abrunden ◆ **round out** *vt story* abrunden ◆ **round up** *vt* ❶ (*increase*) *figure* aufrunden ❷ (*gather*) *people* zusammentrommeln *fam; things* zusammentragen
roundabout ['raʊndə,baʊt] I. *n* ❶ BRIT, AUS (*traffic*) Kreisverkehr *m* ❷ BRIT (*at a funfair*) Karussell *nt* II. *adj* umständlich; **to take a ~ route** einen Umweg machen; **to give a ~ statement** eine unklare Aussage machen
round-the-clock *adj, adv* rund um die Uhr; **to be open ~** *shops* durchgehend geöffnet haben; **to work ~** rund um die Uhr arbeiten
round trip I. *n* Rundreise *f* II. *adv* AM **to fly ~**

ein Rückflugticket haben
roundup *n* ① (*gathering*) Versammlung *f*; *of criminals, suspects* Festnahme *f* ② (*summary*) Zusammenfassung *f*
rousing ['raʊzɪŋ] *adj* mitreißend; *cheer, reception* stürmisch; **to receive a ~ welcome** überschwänglich empfangen werden
route [ruːt AM raʊt] *n* ① (*way*) Strecke *f*, Route *f*; **the ~ to success** der Weg zum Erfolg ② TRANSP Linie *f* ③ AM (*delivery path*) Runde *f*; **to have a paper ~** Zeitungen austragen ④ AM (*road*) Route *f*
routine [ruːˈtiːn] I. *n* ① (*habit*) Routine *f* ② (*dancing*) Figur *f* II. *adj* ① (*regular*) routinemäßig; **to become ~** zur Gewohnheit werden ② (*pej: uninspiring*) routinemäßig
row¹ [raʊ] *n* ① (*line*) Reihe *f*; **~s of people** Menschenschlangen *pl*; **in ~s** reihenweise ② (*street*) Straße *f* ③ (*in succession*) **in a ~** hintereinander
row² [raʊ] I. *n esp* BRIT, AUS ① (*quarrel*) Streit *m*, Krach *m fam* ② (*noise*) Lärm *m*, Krach *m kein pl* II. *vi esp* BRIT (*fam*) sich streiten
row³ [raʊ] I. *vt, vi boat* rudern II. *n usu sing* Rudern *nt kein pl*
rowboat ['rəʊbəʊt] *n* AM (*rowing boat*) Ruderboot *nt*
rowdy ['raʊdi] *adj* (*pej*) laut, rüpelhaft; *party* wild
rower ['rəʊə^r] *n* Ruderer *m*, Ruderin *f*
rowing ['rəʊɪŋ] *n no pl* Rudern *nt*; **~ boat** Ruderboot *nt*; **~ club** Ruderklub *m*
rowlock ['rɒlək] *n* Dolle *f*
royal ['rɔɪəl] I. *adj* <-er, -est> ① (*of a monarch*) königlich ② (*fig*) fürstlich ③ *esp* AM (*fam: big*) gewaltig II. *n* (*fam*) Angehörige(r) *f(m)* der königlichen Familie
Royal Air Force *n no pl, + sing/pl vb* BRIT ■**the ~** die Königliche Luftwaffe **Royal Highness** *n* ■**Your/His/Her ~** Eure/Seine/Ihre Königliche Hoheit
royalist ['rɔɪəlɪst] I. *n* Royalist(in) *m(f)* II. *adj* royalistisch
Royal Navy *n no pl, + sing/pl vb* BRIT ■**the ~** die Königliche Marine
royalty ['rɔɪəlti] *n* ① *no pl, + sing/pl vb* (*sovereignty*) Königshaus *nt*; **to treat sb like ~** jdn fürstlich behandeln ② PUBL ■**royalties** *pl* Tantiemen *pl*
RPG [ˌɑːpiːˈdʒiː] *n abbrev of* **rocket propelled grenade** MIL Granate *f* mit Raketenantrieb

rpm <*pl* -> [ˌɑːpiːˈem] *n* AUTO, AVIAT *abbrev of* **revolutions per minute** U/min
RSPCA [ˌɑːesˌpiːsiːˈeɪ] *n no pl, + sing/pl vb* BRIT *abbrev of* **Royal Society for the Prevention of Cruelty to Animals** ≈ Tierschutzverein *m*
RSVP [ˌɑːresviːˈpiː] *abbrev of* **répondez s'il vous plaît** u. A. w. g.
rub [rʌb] I. *n* Reiben *nt kein pl*; **to give sth a ~** etw reiben II. *vt* <-bb-> reiben; (*with ointment*) einreiben; **to ~ one's hands together** sich *dat* die Hände reiben; **to ~ sth clean** etw sauber wischen III. *vi* <-bb-> reiben; *shoes, collar* scheuern ♦ **rub down** *vt* **to ~ down a surface** eine Fläche abreiben; (*clean*) eine Fläche abwischen; **to ~ down a dog** einen Hund trocken reiben ♦ **rub in** *vt* ① (*spread*) einreiben ② (*fam: keep reminding*) ■**to ~ it in** auf etw *dat* herumreiten ▶ **to ~ sb's nose in it** jdm etw unter die Nase reiben *fam* ♦ **rub off** I. *vi* ① (*become clean*) wegreiben; *stains* rausgehen ② (*fam: affect*) ■**sth ~s off on sb** etw färbt auf jdn ab II. *vt* wegwischen ♦ **rub out** I. *vt* ① (*erase*) ausradieren ② AM (*sl: murder*) ■**to ~ out** ⟲ **sb** jdn abmurksen *sl* II. *vi stain* herausgehen; (*erase*) sich ausradieren lassen
rubber ['rʌbə^r] *n* ① *no pl* (*elastic substance*) Gummi *m o nt* ② BRIT, AUS (*eraser*) Radiergummi *m* ③ AM (*shoes*) ■**~s** *pl* Überschuhe *pl* (*aus Gummi*)
rubber band *n* Gummiband *nt* **rubber boot** *n* Gummistiefel *m* **rubber bullet** *n* Gummigeschoss *nt*
rubbernecker ['rʌbəˌnekə^r] *n* (*sl: sb who gawks*) Schaulustige(r) *f(m)*, Gaffer(in) *m(f) pej*
rubber-stamp I. *vt* (*often pej*) genehmigen; *decision* bestätigen II. *n* Stempel *m*; (*fig*) Genehmigung *f*
rubber tree *n* Kautschukbaum *m*
rubbery ['rʌbəri] *adj* (*rubber-like*) gummiartig; *meat* zäh
rubbish ['rʌbɪʃ] I. *n no pl esp* BRIT ① (*waste*) Müll *m* ② (*fig fam: nonsense*) Quatsch *m* II. *vt* BRIT, AUS (*fam*) als Unsinn abtun III. *adj* BRIT (*fam*) **I'm ~ at maths** in Mathe bin ich eine absolute Null
rubbish bin *n* Abfalleimer *m* **rubbish chute** *n* Müllschlucker *m* **rubbish collection** *n* Müllabfuhr *f* **rubbish container** *n* Müllcontainer *m* **rubbish dump** *n*, **rubbish tip**

n Mülldeponie *f*
rubble ['rʌbl̩] *n no pl* ❶ (*smashed rock*) Trümmer *pl;* **to reduce sth to ~** etw in Schutt und Asche legen ❷ (*not bricks*) Bauschutt *m*
rubella [ruːˈbelə] *n no pl* MED Röteln *pl*
ruby ['ruːbi] **I.** *n* Rubin *m* **II.** *adj* rubinrot
rucksack ['rʌksæk] *n* BRIT Rucksack *m*
rudder ['rʌdə'] *n* [Steuer]ruder *nt*
rudderless ['rʌdələs] *adj* ruderlos, ohne Ruder *präd, nach n;* (*fig*) führerlos
ruddy ['rʌdi] *adj* rötlich
rude [ruːd] *adj* ❶ (*impolite*) unhöflich; *behaviour* unverschämt; *gesture* ordinär; *joke* unanständig ❷ *attr* (*sudden*) unerwartet; *awakening, surprise* böse
rudimentary [ˌruːdɪˈmentəri] *adj* (*form: basic*) elementar
ruffle ['rʌfl̩] **I.** *vt* (*agitate*) durcheinanderbringen; *hair* zerzausen ▶ **to ~ sb's feathers** jdn auf die Palme bringen *fam* **II.** *n* Rüsche *f*
rug [rʌg] *n* (*carpet*) Teppich *m*
rugby ['rʌgbi] *n no pl* Rugby *nt*
rugged ['rʌgɪd] *adj* (*uneven*) *terrain, ground* uneben; *cliff, mountain* zerklüftet
ruin ['ruːɪn] **I.** *vt* (*destroy*) zerstören; **to ~ sb's day** jdm den Tag vermiesen; **to ~ one's eyesight** sich *dat* die Augen verderben **II.** *n* ❶ (*building*) Ruine *f;* **to be in ~s** eine Ruine sein; **to fall into ~s** zu einer Ruine verfallen ❷ *no pl* (*bankruptcy*) Ruin *m*
rule [ruːl] **I.** *n* ❶ (*instruction*) Regel *f; ~* **s and regulations** Regeln und Bestimmungen; **to be against the ~s** gegen die Regeln verstoßen ❷ *no pl* (*control*) Herrschaft *f;* **the ~ of law** die Rechtsstaatlichkeit ▶ **as a [general] ~** in der Regel **II.** *vt* ❶ (*govern*) regieren ❷ (*decide*) ■ **to ~ that ...** entscheiden, dass ... **III.** *vi* ❶ (*control*) herrschen; *king, queen* regieren ❷ LAW ■ **to ~ on sth** in etw *dat* entscheiden ◆ **rule off** *vt* ausmessen; *margin* ziehen ◆ **rule out** *vt* ausschließen
rule book *n* Vorschriftenbuch *nt*
ruler ['ruːlə'] *n* ❶ (*person*) Herrscher(in) *m(f)* ❷ (*device*) Lineal *nt*
ruling ['ruːlɪŋ] **I.** *adj attr* ❶ (*governing*) herrschend ❷ (*primary*) hauptsächlich **II.** *n* LAW Entscheidung *f*
rum [rʌm] *n* Rum *m*
Rumania [ruˈmeɪnɪə] *n no pl see* **Romania**
Rumanian [ruˈmeɪnɪən] *see* **Romanian**
rumble ['rʌmbl̩] **I.** *n* ❶ (*sound*) Grollen *nt*

kein *pl; of stomach* Knurren *nt; ~* **s of discontent** Anzeichen *pl* von Unzufriedenheit ❷ *esp* AM, AUS (*fam*) Schlägerei *f* **II.** *vi* rumpeln; *stomach* knurren **III.** *vt* BRIT (*fam*) durchschauen
rumbling ['rʌmblɪŋ] **I.** *n* ❶ (*indication*) ■ *~* **s** *pl* [erste] Anzeichen *pl* ❷ (*sound*) Grollen *nt; of distant guns* Donnern *nt* **II.** *adj* grollend *attr*
rummy ['rʌmi] *n no pl* CARDS Rommé *nt*
rumor AM *see* **rumour**
rumour ['ruːmə'] BRIT, AUS **I.** *n* Gerücht *nt; ~* **has it [that]** ... es geht das Gerücht um, dass ...; **to spread a ~** ... das Gerücht verbreiten, dass ... **II.** *vt passive* **it is ~ed that ...** es wird gemunkelt, dass ...
rump [rʌmp] *n* ❶ *of an animal* Hinterbacken *pl* ❷ (*beef*) Rumpsteak *nt* ❸ (*hum: buttocks*) Hinterteil *nt fam*
run [rʌn] **I.** *n* ❶ (*jog*) Lauf *m;* **to break into a ~** zu laufen beginnen; **to go for a ~** laufen gehen ❷ (*journey*) Strecke *f* ❸ (*period*) Dauer *f; ~* **of bad/good luck** Pech-/Glückssträhne *f* ❹ ECON **test ~** Probelauf *m* ❺ **chicken ~** Hühnerhof *m* ❻ SPORTS (*in cricket, baseball*) Run *m* ❼ (*fam: diarrhoea*) **to have the ~s** Dünnpfiff haben *sl* ▶ **in the long ~** auf lange Sicht gesehen; **in the short ~** kurzfristig **II.** *vi* <ran, run> ❶ (*move fast*) laufen, rennen; **to ~ for the bus** dem Bus nachlaufen; **to ~ for cover** schnell in Deckung gehen; **to ~ for one's life** um sein Leben rennen ❷ (*operate*) fahren, verkehren; **to keep the economy ~ning** die Wirtschaft am Laufen halten ❸ (*go*) verlaufen ❹ (*last*) [an]dauern; **the film ~s for two hours** der Film dauert zwei Stunden ❺ (*be*) **inflation is ~ning at 10%** die Inflationsrate beträgt 10 % ❻ (*flow*) fließen; **my nose is ~ning** meine Nase läuft ▶ **to ~ amok** Amok laufen; **to ~ low** *supplies* [langsam] ausgehen **III.** *vt* <ran, run> ❶ (*drive*) **to ~ sb to the station** jdn zum Bahnhof bringen ❷ (*pass*) **he ran a vacuum cleaner over the carpet** er saugte den Teppich ab ❸ *computer program, engine, dishwasher* laufen lassen; **to ~ additional trains** zusätzliche Züge einsetzen ❹ (*manage*) *business* leiten; *government, household* führen; **don't tell me how to ~ my life!** erklär mir nicht, wie ich mein Leben leben soll! ❺ (*in newspaper*) **to ~ a story about sth** über etw *akk* berichten

③ (*incur*) **to ~ a risk** ein Risiko eingehen ⑦ (*perform small tasks*) **to ~ errands** Botengänge machen ▸ **to ~ the show** verantwortlich sein ◆ **run about** *vi see* **run around** ◆ **run across** *vi* zufällig treffen; **to ~ across a problem** auf ein Problem stoßen ◆ **run after** *vi* hinterherlaufen +*dat* ◆ **run along** *vi* (*fam*) **~!** troll dich! ◆ **run around** *vi* ① (*bustle*) herumrennen *fam* ② (*spend time with*) ■ **to ~ around with sb** sich mit jdm herumtreiben *fam* ◆ **run away** *vi* ① (*leave*) *person* weglaufen; ■ **to ~ away from sb** jdn verlassen; **to ~ away from home** von zu Hause weglaufen ② (*leave, elope*) weglaufen; **to ~ away together** gemeinsam durchbrennen *fam* ◆ **run back** *vi* zurücklaufen ◆ **run down** I. *vt* ① (*fam: criticize*) runtermachen ② (*exhaust*) ■ **to ~ oneself down** sich auslaugen *fam* II. *vi* BRIT (*become reduced*) reduziert werden ◆ **run in** *vt* (*fam: arrest*) einlochen ◆ **run into** *vi* ① (*hit*) ■ **to ~ into sb/sth** in jdn/etw hineinrennen ② (*come across*) ■ **to ~ into sb** jdm über den Weg laufen; **to ~ into sth** (*fig*) auf etw *akk* stoßen; **to ~ into debt** sich in Schulden stürzen; **to ~ into bad weather** in schlechtes Wetter geraten ◆ **run off** *vi* ① (*fam: leave*) abhauen; ■ **to ~ off with sb/sth** mit jdm/etw durchbrennen ② (*break off*) *path, track* abbiegen ◆ **run on** *vi* ① (*continue*) **the game ran on for too long** das Spiel zog sich zu lange hin ② (*power with*) ■ **to ~ on sth** mit etw *dat* betrieben werden ◆ **run out** *vi* ① (*finish*) ausgehen; **the milk has ~ out** die Milch ist alle ② (*expire*) *passport* ablaufen; *licence* auslaufen ③ (*leave*) ■ **to ~ out on sb** jdn verlassen ◆ **run over** I. *vt* überfahren II. *vi* ① (*exceed*) **to ~ over time** überziehen ② (*overflow*) *water, bath, sink* überlaufen ◆ **run through** I. *vt* ■ **to ~ sb through** jdn durchbohren *dat* II. *vi* ① (*examine*) ■ **to ~ through sth** etw durchgehen ② (*practise*) durchspielen ◆ **run up** I. *vt* ① (*increase*) **to ~ up ⟳ a debt** Schulden machen ② (*produce*) **to ~ up a dress** ein Kleid nähen II. *vi* **to ~ up against opposition/problems** auf Widerstand/ Probleme stoßen

runabout *n* (*car*) [kleiner] Stadtflitzer *fam*
runaround *n no pl* (*fig*) **to get the ~** im Dunkeln gelassen werden
runaway I. *adj attr* ① (*out of control*) *economy, vehicle* außer Kontrolle geraten ② (*escaped*) *animal, prisoner* entlaufen ③ (*enormous*) **~ success** Riesenerfolg *m fam* II. *n* Ausreißer(in) *m(f) fam*
rundown I. *n* ['rʌndaʊn] ① (*report*) zusammenfassender Bericht ② *no pl* (*reduction*) Kürzung *f* II. *adj* [ˌrʌn'daʊn] (*dilapidated*) verwahrlost, heruntergekommen
rung[1] [rʌŋ] *n* Sprosse *f*; (*fig*) Stufe *f*
rung[2] [rʌŋ] *pp of* **ring**
run-in ['rʌnɪn] *n* (*fam: argument*) Krach *m*
runner ['rʌnə^r] *n* ① (*person*) Läufer(in) *m(f)*; (*horse*) Rennpferd *nt* ② AUS (*plimsoll*) Turnschuh *m*
runner bean *n* BRIT Stangenbohne *f*
runner-up *n* Zweite(r); **to be the ~** den zweiten Platz belegen
running ['rʌnɪŋ] I. *n no pl* (*not walking*) Laufen *nt*, Rennen *nt* ▸ **to be in/out of the ~** mit/nicht mit im Rennen sein II. *adj* ① *after n* (*in a row*) nacheinander *nach n*, hintereinander *nach n* ② (*ongoing*) [fort]laufend
running costs *npl* Betriebskosten *pl*; *of a car* Unterhaltskosten *pl* **running joke** *n* immer wiederkehrender Scherz
runny ['rʌni] *adj nose* laufend *attr*
run-off *n* ① (*in an election*) Stichwahl *f* ② (*in a race*) Entscheidungslauf *m*
run-through *n* ① (*examination*) Durchgehen *nt* ② (*outline*) kurze Zusammenfassung
run-up *n* ① SPORTS Anlauf *m* [zum Absprung] ② *esp* BRIT (*fig: prelude*) Vorlauf *m*
runway *n* AVIAT Start- und Landebahn *f*; SPORTS Anlaufbahn *f*
rural ['rʊərᵊl] *adj* ländlich, Land-
rush[1] [rʌʃ] *n* BOT Binse *f*
rush[2] [rʌʃ] I. *n* ① (*hurry*) Eile *f*; **slow down! what's the ~?** mach langsam! wozu die Eile?; **to be in a ~** in Eile sein; **to leave in a ~** sich eilig auf den Weg machen ② (*rapid movement*) Losstürzen *nt*, Ansturm *m* ③ (*a. fig: surge*) Schwall *m*, Woge *f* ④ (*migration*) **gold ~** Goldrausch *m* II. *vi* ① (*hurry*) eilen, hetzen; **stop ~ing!** hör auf zu hetzen!; ■ **to ~ about** herumhetzen; ■ **to ~ in** hineinstürmen; ■ **to ~ out** hinausstürzen; *water* herausschießen ② (*hurry into*) ■ **to ~ into sth** *decision, project* etw überstürzen III. *vt* ① (*send quickly*) **she was ~ed to hospital** sie wurde auf schnellstem Weg ins Krankenhaus gebracht ② (*pressure*) ■ **to ~ sb** [**into sth**] jdn [zu etw *dat*] treiben; **don't ~ me!**

dräng mich nicht! ❸ (*do hurriedly*) **to ~ one's food** hastig essen; **let's not ~ things** lass uns nichts überstürzen ◆ **rush at** *vi* auf etw *akk* stürzen ◆ **rush out** *vt* COMM schnell auf den Markt bringen

rushes ['rʌʃɪz] *npl* erste Probekopie (*eines Films*)

rush hour *n* Hauptverkehrszeit *f*

Russia ['rʌʃə] *n* Russland *nt*

Russian ['rʌʃən] I. *adj* russisch II. *n* ❶ (*person*) Russe *m*, Russin *f* ❷ (*language*) Russisch *nt*

rust [rʌst] I. *n no pl* ❶ (*decay*) Rost *m* ❷ (*colour*) Rostbraun *nt* II. *vi* rosten; ■ **to ~ away/through** ver-/durchrosten III. *vt* rostig machen; (*fig*) einrosten lassen

rust-colored AM *see* **rust-coloured**

rust-coloured *adj* rostfarben

rustle ['rʌsl] I. *vi leaves, paper* rascheln II. *vt* ❶ (*make noise*) **to ~ paper** mit Papier rascheln ❷ (*steal*) **to ~ cattle** Vieh stehlen III. *n of paper, leaves* Rascheln *nt*

rustler ['rʌslər] *n esp* AM, AUS Viehdieb(in) *m(f)*

rusty ['rʌsti] *adj* ❶ (*covered in rust*) rostig, verrostet ❷ (*fig: out of practice*) eingerostet; **my Russian is a bit rusty** ich bin mit meinem Russisch etwas aus der Übung

rut [rʌt] *n* [Rad]spur *f*, [Wagen]spur *f* ▶ **to be [stuck] in a ~** in einen [immer gleichen] Trott geraten sein

ruthless ['ruːθləs] *adj cold, punishment* unbarmherzig; *remark, treatment* mitleid[s]los

rye [raɪ] *n no pl* Roggen *m*

S s

S <*pl* -'s *or* -s>, **s** <*pl* -'s> [es] *n* S *nt*, s *nt*; *see also* **A** 1

S¹ *n no pl abbrev of* **south** S

S² *adj* FASHION *abbrev of* **small** S

s <*pl* -> *abbrev of* **second** s, sek., Sek.

sabotage ['sæbətɑː(d)ʒ] I. *vt efforts, plan* sabotieren II. *n* Sabotage *f*; **act of ~** Sabotageakt *m*

saccharin ['sækərɪn] *n no pl* Süßstoff *m*

sachet ['sæʃeɪ] *n* [kleiner] Beutel; **~ of sugar** Zuckertütchen *nt*

sack [sæk] I. *n* ❶ (*bag*) Beutel *m*, Tüte *f* ❷ *no pl* (*dismissal*) Laufpass *m fam;* **to get the ~** rausgeschmissen werden II. *vt* rausschmeißen *fam*

sacred ['seɪkrɪd] *adj* ❶ *place* heilig ❷ *poetry, music* geistlich

sacrifice ['sækrɪfaɪs] I. *vt* opfern *a. fig* II. *vi* **to ~ to the gods** den Göttern Opfer bringen III. *n* Opfer *nt*

sacrilege ['sækrɪlɪdʒ] *n* Sakrileg *nt geh;* (*fig*) Verbrechen *nt*

sacrilegious [ˌsækrɪ'lɪdʒəs] *adj* frevelhaft; (*fig*) verwerflich

SAD [ˌeser'diː] *n abbrev of* **seasonal affective disorder** Winterdepression *f*

sad <-dd-> [sæd] *adj* ❶ (*unhappy*) traurig; **to look ~** betrübt aussehen; **to make sb ~** jdn betrüben ❷ (*unsatisfactory*) traurig, bedauerlich ❸ (*depressing*) *news* traurig; *incident* betrüblich; *weather* trist

sadden ['sædən] *vt usu passive* traurig machen; **to be deeply ~ed** tieftraurig sein

saddle ['sædl] I. *n* (*seat*) Sattel *m* II. *vt* ❶ (*put saddle on*) satteln ❷ (*fam: burden*) **to be ~d with sth** etw am Hals haben

sadistic [sə'dɪstɪk] *adj* sadistisch

sadness ['sædnəs] *n no pl* Traurigkeit *f* (**about/at** über)

sae *n*, **SAE** [ˌeser'iː] *n abbrev of* **stamped addressed envelope** frankierter Rückumschlag

safari [sə'fɑːri] *n* Safari *f;* **~ park** Safaripark *m*

safe [seɪf] I. *adj* ❶ (*secure*) sicher; **~ journey!** gute Reise!; **to keep sth in a ~ place** etw sicher aufbewahren; **to feel ~** sich sicher fühlen ❷ (*certain*) [relativ] sicher; **it's a ~ bet that ...** man kann davon ausgehen, dass ... ❸ (*avoiding risk*) vorsichtig; **to make the ~ choice** auf Nummer Sicher gehen *fam* ▶ **to be in ~ hands** in guten Händen sein; **to be as ~ as houses** BRIT bombensicher sein *fam;* **to play it ~** auf Nummer Sicher gehen *fam* II. *n* Tresor *m*, Safe *m*

safe-deposit box *n* Tresorfach *nt*, [Bank]schließfach *nt*

safeguard ['seɪfgɑːd] I. *vt* (*form*) schützen (**against** vor); **to ~ sb's interests/rights** jds Interessen/Rechte wahren II. *n* Schutz *m* (**against** vor) **safekeeping** *n no pl* [sichere] Aufbewahrung; **to be in sb's ~** in jds Ge-

wahrsam sein **safe sex** *n no pl* Safer Sex *m*
safety ['seɪfti] *n no pl* Sicherheit *f;* **place of ~** sicherer Ort ▶ **there's ~ in numbers** (*prov*) in der Gruppe ist man sicherer
safety belt *n* Sicherheitsgurt *m* **safety catch** *n* Sicherung *f;* **is the ~ on?** ist die Waffe gesichert? **safety curtain** *n* THEAT eiserner Vorhang **safety glass** *n no pl* Sicherheitsglas *nt* **safety lock** *n* ❶ (*on gun*) Sicherung *f* ❷ (*secure lock*) Sicherheitsschloss *nt* **safety margin** *n* Sicherheitsabstand *m;* ECON, STOCKEX Sicherheitsmarge *f* **safety net** *n* Sicherheitsnetz *nt* **safety pin** *n* Sicherheitsnadel *f* **safety regulations** *npl* Sicherheitsvorschriften *pl* **safety valve** *n* Sicherheitsventil *nt*
sag [sæg] **I.** *vi* <-gg-> ❶ (*droop*) [herab]hängen; *bed, roof, rope* durchhängen ❷ (*weaken*) sinken; (*decline*) nachgeben **II.** *n no pl* ❶ (*droop*) Durchhängen *nt* ❷ (*fall*) [Ab]sinken *nt*
Sagittarius [ˌsædʒɪˈteəriəs] *n* ASTROL Schütze *m*
said [sed] **I.** *pp, pt of* **say II.** *adj attr* LAW besagt
sail [seɪl] **I.** *n* ❶ (*of ship*) Segel *nt;* **to hoist/lower the ~s** die Segel setzen/einholen ❷ (*of windmill*) Flügel *m* ▶ **to set ~** in See stechen **II.** *vi* ❶ (*by ship*) fahren, reisen; **to ~ around the world** die Welt umsegeln ❷ (*move effortlessly*) gleiten; **to ~ along** dahingleiten **III.** *vt* (*navigate*) *ship* steuern; *yacht* segeln
sailboard *n* Surfbrett *nt*
sailboat *n* AM Segelboot *nt*
sailing ['seɪlɪŋ] *n* Segeln *nt;* **~ boat** Segelboot *nt*
sailor ['seɪlə'] *n* ❶ (*ship crew member*) Matrose *m* ❷ (*person who sails*) Segler(in) *m(f)*
sailplane *n* Segelflugzeug *nt*
saint [seɪnt, sᵊnt] *n* (*holy person*) Heilige(r) *f(m);* **S~ Peter** der heilige Petrus; **S~ Paul's Cathedral** Paulskathedrale *f*
saintly ['seɪntli] *adj* heilig, fromm
sake [seɪk] *n* ❶ (*purpose*) **for the ~ of sth** um einer S. *gen* willen; **for the ~ of peace** um des [lieben] Friedens willen ❷ (*benefit*) **for sb's ~** jdm zuliebe ▶ **for goodness** [*or* **heaven's**] **~** um Gottes [*o* Himmels] willen
salable ['seɪləbl] *adj esp* AM verkäuflich
salad ['sæləd] *n* Salat *m;* **~ bowl** Salatschüssel *f;* **~ cream** BRIT [Salat]mayonnaise *f;*
~ dressing Dressing *nt*
salami [səˈlɑːmi] *n* Salami *f*
salaried ['sælᵊriːd] *adj* bezahlt; **~ employee** Gehaltsempfänger(in) *m(f)*
salary ['sæləri] *n* Gehalt *nt;* **annual ~** Jahresgehalt *nt;* **to raise sb's ~** jds Gehalt erhöhen; **~ cut** Gehaltskürzung *f;* **~ earner** Gehaltsempfänger(in) *m(f);* **~ increase** Gehaltserhöhung *f;* **~ scale** Gehaltsskala *f*
sale [seɪl] *n* ❶ (*act of selling*) Verkauf *m;* **to make a ~** ein Verkaufsgeschäft abschließen; ■ **for ~** zu verkaufen ❷ (*amount sold*) Absatz *m* ❸ (*at reduced prices*) Ausverkauf *m;* ■ **the ~s** *pl* der Schlussverkauf *kein pl* ❹ *pl* (*department*) ■ **S~s** Verkaufsabteilung *f*
saleable ['seɪləbl] *adj* verkäuflich
sale price *n* Verkaufspreis *m*
sales book *n* Warenausgangsbuch *nt*
sales clerk *n* AM Verkäufer(in) *m(f)*
sales conference *n* Vertreterkonferenz, *f*
sales department *n* Verkaufsabteilung *f*
sales executive *n* Vertriebsleiter(in) *m(f)*
salesgirl *n* Verkäuferin *f* **sales invoice** *n* Verkaufsrechnung *f* **sales literature** *n* Verkaufsprospekte *pl* **salesman** *n* Verkäufer *m*, Handelsvertreter *m;* **door-to-door ~** Hausierer *m* **salesperson** *n* Verkäufer(in) *m(f)* **sales receipt** *n* Kassenzettel *m*
saleswoman *n* Verkäuferin *f*
saliva [səˈlaɪvə] *n no pl* Speichel *m;* **~ test** Speichelprobe *f*
salmon ['sæmən] **I.** *n* <*pl - or* -s> *no pl* Lachs *m;* **smoked ~** Räucherlachs *m* **II.** *adj* lachsfarben
salmonella poisoning *n no pl* Salmonellenvergiftung *f*
saloon [səˈluːn] *n* BRIT Limousine *f*
salsa ['sælsə] *n no pl* ❶ (*spicy sauce*) Salsasoße *f* ❷ (*music*) Salsamusik *f*
salt [sɔːlt] **I.** *n* Salz *nt;* **a pinch of ~** eine Prise Salz ▶ **to rub ~ in sb's wound** Salz in jds Wunde streuen **II.** *vt* (*season food*) salzen
salt cellar *n* Salzstreuer *m* **salt water** *n no pl* Salzwasser *nt* **salt-water** *adj attr* Salzwasser-; **~ fish** Meeresfisch *m;* **~ lake** Salzsee *m*
salty ['sɔːlti] *adj* salzig
salute [səˈluːt] **I.** *vt* (*form: greet*) grüßen; (*welcome*) begrüßen **II.** *vi* MIL salutieren **III.** *n* ❶ (*gesture*) Gruß *m* ❷ MIL Salut *m;* **to give a ~** salutieren
salvage ['sælvɪdʒ] **I.** *vt* ❶ (*rescue*) *cargo* bergen ❷ (*preserve*) *reputation* wahren **II.** *n no*

pl (*rescue*) Bergung *f*
salvation [sælˈveɪʃᵊn] *n no pl* ❶ (*rescue*) Rettung *f*; **to be beyond ~** nicht mehr zu retten sein ❷ REL Erlösung *f*
Salvation Army *n no pl* Heilsarmee *f*
salve [sælv] *n* ❶ (*ointment*) Heilsalbe *f* ❷ (*sth that soothes*) Linderung *f*
Samaritan [səˈmærɪtᵊn] *n* ❶ (*kindly person*) barmherziger Mensch ❷ BRIT (*organization*) ■ **the ~s** *pl* die Telefonseelsorge *kein pl*
samba [ˈsæmbə] *n* Samba *f o m*
same [seɪm] I. *adj attr* ❶ (*exactly similar*) ■ **the ~ ...** der/die/das gleiche ...; (*identical*) der-/die-/dasselbe; **she's the ~ age as me** sie ist genauso alt wie ich ❷ (*not another*) ■ **the ~ ...** der/die/das gleiche ...; **at the ~ time** gleichzeitig; **it's the ~ old story** es ist die alte Geschichte ▸ **to be in the ~ boat** im gleichen Boot sitzen II. *pron* ■ **the ~** der-/die-/dasselbe; **men are all the ~** die Männer sind alle gleich; **to be one and the ~** ein und der-/die-/dasselbe sein ▸ **all the ~** trotzdem; [**the**] **~ to you** danke, gleichfalls III. *adv* ■ **the ~** gleich; **I feel just the ~ as you do** mir geht es genauso wie dir
sameness [ˈseɪmnəs] *n no pl* (*identity*) Gleichheit *f*; (*uniformity*) Gleichförmigkeit *f*
sample [ˈsɑːmpl] I. *n* ❶ (*small quantity*) Probe *f*, Muster *nt*; MED *of blood, urine* Probe *f*; **free ~** Gratisprobe *f* ❷ (*representative group*) *of people* Querschnitt *m*; *of things* Stichprobe *f* II. *vt* ❶ (*try*) [aus]probieren; *food* kosten ❷ MUS mischen
sanatorium <*pl* -s *or* -ria> [ˌsænəˈtɔːriəm, *pl* -riə] *n* Sanatorium *nt*
sanction [ˈsæŋ(k)ʃᵊn] I. *n* ❶ LAW, POL Sanktion *f*; **to impose/lift ~s** Sanktionen verhängen/aufheben ❷ *no pl* (*approval*) Zustimmung *f* II. *vt* (*allow*) sanktionieren *geh*
sanctity [ˈsæŋ(k)təti] *n no pl* Heiligkeit *f*
sanctuary [ˈsæŋ(k)tʃʊəri] *n* ❶ (*holy place*) Heiligtum *nt*; (*near altar*) Altarraum *m* ❷ *no pl* (*refuge*) Zuflucht *f* ❸ (*for animals*) Schutzgebiet *nt*; **wildlife ~** Wildschutzgebiet *nt*
sand [sænd] I. *n no pl* Sand *m*; ■ **~s** *pl* (*beach*) Sandstrand *m* II. *vt* (*with sandpaper*) [ab]schmirgeln; (*smooth*) abschleifen
sandal [ˈsændᵊl] *n* Sandale *f*
sandbag I. *n* Sandsack *m* II. *vt* <-gg-> (*protect*) mit Sandsäcken schützen **sandbank** *n* Sandbank *f* **sandcastle** *n* Sandburg *f* **sand**

dune *n* Sanddüne *f* **sandglass** *n* Sanduhr *f* **sandpaper** I. *n no pl* Schmirgelpapier *nt* II. *vt* abschmirgeln **sandpit** *n esp* BRIT Sandkasten *m*
sandwich [ˈsænwɪdʒ] I. *n* <*pl* -es> Sandwich *m o nt*; **sub**[**marine**] **~** AM Riesensandwich *m o nt fam* ▸ **to be one ~ short of a picnic** (*hum fam*) völlig übergeschnappt sein II. *vt* ❶ (*fit together*) aufeinanderschichten ❷ (*squeeze*) einklemmen; **to ~ sth in between sth** etw [zwischen etw *dat*] dazwischenschieben
sandwich course *n* BRIT UNIV *Studium, bei dem theoretische und praktische Abschnitte abwechseln*
sandy [ˈsændi] *adj* ❶ (*containing sand*) sandig ❷ (*of texture*) körnig
sane [seɪn] *adj person* geistig gesund; LAW zurechnungsfähig
sang [sæŋ] *pt of* **sing**
sanitary [ˈsænɪtᵊri] *adj* hygienisch; (*installations*) sanitär *attr*
sanitation [ˌsænɪˈteɪʃᵊn] *n no pl* ❶ (*health conditions*) Hygiene *f* ❷ (*water disposal*) Abwasserkanalisation *f*
sanity [ˈsænəti] *n no pl* (*mental health*) gesunder Verstand; LAW Zurechnungsfähigkeit *f*
sank [sæŋk] *pt of* **sink**
Santa *n*, **Santa Claus** [ˌsæntəˈklɔːz] *n no pl* (*Father Christmas*) Weihnachtsmann *m*; (*on December 6*) Nikolaus *m*
sap¹ [sæp] *n no pl* (*of tree*) Saft *m*
sap² [sæp] *vt* <-pp-> (*drain*) ■ **to ~ sb of sth** jdm etw nehmen; **to ~ sb's energy** an jds *dat* Energie zehren
sap³ [sæp] *n* (*sl: fool*) Trottel *m pej fam*
sapling [ˈsæplɪŋ] *n* junger Baum
sarcasm [ˈsɑːkæzᵊm] *n no pl* Sarkasmus *m* ▸ **~ is the lowest form of wit** (*prov*) Sarkasmus ist die niedrigste Form der Schlagfertigkeit
sarcastic [sɑːˈkæstɪk] *adj person, remark* sarkastisch; *tongue* scharf
sardine [sɑːˈdiːn] *n* Sardine *f*; **to be squashed like ~s** wie die Ölsardinen zusammengepfercht sein
sarky [ˈsɑːki] *adj* BRIT, AUS (*fam*) sarkastisch
SARS, Sars [sɑːz] *n no pl, no art* MED *acr for* **severe acute respiratory syndrome** SARS
SAS [ˌeserˈes] *n* BRIT MIL *abbrev of* **Special Air Service** Spezialflufteinheit *f*
sash¹ <*pl* -es> [sæʃ] *n* FASHION Schärpe *f*

sash² <*pl* -es> [sæʃ] *n* (*in windows*) Fensterrahmen *m*
sassy ['sæsi] *adj esp* AM (*fam: lively*) spritzig
sat [sæt] *pt, pp of* **sit**
Satan ['seɪtᵊn] *n no pl* Satan *m*
satchel ['sætʃᵊl] *n* [Schul]ranzen *m*
satellite ['sætᵊlaɪt] *n* Satellit *m;* ~ **broadcasting** Satellitenübertragung *f;* ~ **dish** Satellitenschüssel *f;* ~ **television** Satellitenfernsehen *nt;* ~ **town** Trabantenstadt *f*
satin ['sætɪn] *n* Satin *m*
satire ['sætaɪəʳ] *n* LIT Satire *f*
satirical [sə'tɪrɪkᵊl] *adj* (*literature, film*) satirisch; (*mocking, joking*) ironisch
satirize ['sætᵊraɪz] *vt* satirisch darstellen
satisfaction [ˌsætɪs'fækʃᵊn] *n no pl* ❶ (*fulfilment*) Zufriedenheit *f;* **sb derives** ~ **from** [**doing**] **sth** etw bereitet jdm [große] Befriedigung ❷ (*sth producing fulfilment*) Genugtuung *f geh*
satisfactory [ˌsætɪs'fæktᵊri] *adj* befriedigend; UNIV, SCH ≈ befriedigend; MED zufrieden stellend
satisfied ['sætɪsfaɪd] *adj* zufrieden
satisfy <-ie-> ['sætɪsfaɪ] I. *vt* ❶ (*meet needs*) zufrieden stellen; *curiosity, need* befriedigen ❷ (*fulfil*) *demand* befriedigen II. *vi* (*form*) befriedigen
satisfying ['sætɪsfaɪɪŋ] *adj* zufrieden stellend, befriedigend
satphone ['sætfəʊn] *n short for* **satellite phone** Satellitentelefon *nt*
satsuma [ˌsæt'suːmə] *n* BRIT, AM Satsuma *f*
saturation point *n* Sättigungspunkt *m;* **to reach** ~ den Sättigungsgrad erreichen
Saturday ['sætədeɪ] *n* Samstag *m*, Sonnabend *m* NORDD; *see also* **Tuesday**
Saturn ['sætən] *n no pl* ASTRON Saturn *m*
sauce [sɔːs] I. *n* ❶ (*liquid*) Soße *f* ❷ (*of fruit*) **apple** ~ Apfelmus *nt*, Apfelkompott *nt* ❸ AM (*pej sl: alcohol*) Alkohol *m* ❹ (*fam: impertinence*) Unverschämtheit *f* II. *vt* ❶ (*dated fam: be cheeky*) ■ **to** ~ **sb** zu jdm frech sein ❷ (*fam: add interest*) ■ **to** ~ **sth up** etw würzen *fig*
sauceboat *n* Sauciere *f*
saucepan *n* Kochtopf *m*
saucer ['sɔːsəʳ] *n* Untertasse *f;* **to have eyes like** ~**s** große Augen haben
saucy ['sɔːsi] *adj* ❶ (*impertinent*) frech ❷ BRIT freizügig; ~ **underwear** Reizwäsche *f*
sauna ['sɔːnə, 'saʊnə] *n* Sauna *f*

sausage ['sɒsɪdʒ] *n no pl* Wurst *f;* (*small*) Würstchen *nt*
sausage dog *n* BRIT (*fam*) Dackel *m* **sausage meat** *n no pl* Wurstfüllung *f* **sausage roll** *n* BRIT, AUS ≈ Würstchen *nt* im Schlafrock
savage ['sævɪdʒ] I. *adj* ❶ (*primitive*) wild ❷ (*fierce*) brutal II. *n* (*pej: barbarian*) Barbar(in) *m(f)* III. *vt* anfallen
save [seɪv] I. *vt* ❶ (*rescue*) retten (**from** vor); **to** ~ **the day** die Situation retten; **to** ~ **sb's life** jds Leben retten ❷ (*keep*) aufheben; *money* sparen; (*collect*) *stamps, ornaments* sammeln ❸ (*avoid wasting*) *time, energy* sparen; **to** ~ **one's breath** sich *dat* seine Worte sparen ❹ (*spare from doing*) ■ **to** ~ **sb** [**doing**] **sth** jdm etw ersparen ❺ COMPUT speichern ❻ SPORTS **to** ~ **a goal** ein Tor verhindern ▶ **a stitch in time** ~**s nine** (*prov*) was du heute kannst besorgen, das verschiebe nicht auf morgen II. *vi* (*at a bank*) sparen (**for** für); III. *n* FBALL Abwehr *f*
saver ['seɪvəʳ] *n* (*person saving money*) Sparer(in) *m(f);* (*investor*) Anleger(in) *m(f)*
saving ['seɪvɪŋ] I. *n* ❶ *usu pl* (*money*) Ersparte(s) *nt kein pl;* ■ ~**s** *pl* Ersparnisse *pl* ❷ *no pl* (*result of economizing*) Ersparnis *f* ❸ *no pl* (*rescue, preservation*) Rettung *f* II. *adj* rettend
savings account ['seɪvɪŋz-] *n* Sparkonto *nt*
savings bank *n* Sparkasse *f* **savings book** *n* Sparbuch *nt*
savior AM *see* **saviour**
saviour ['seɪvjəʳ] *n* Retter(in) *m(f);* ■ **the S~** REL der Erlöser
savor *n* AM *see* **savour**
savory ['seɪvᵊri] *n* AM *see* **savoury**
savour ['seɪvəʳ] *vt* auskosten, genießen
savoury ['seɪvᵊri] I. *adj* (*not sweet*) pikant; (*salty*) salzig II. *n* BRIT [pikantes] Häppchen
savoy [sə'vɔɪ] *n,* **savoy cabbage** *n no pl* Wirsing *m*
saw¹ [sɔː] *pt of* **see**
saw² [sɔː] I. *n* Säge *f;* **chain** ~ Kettensäge *f* II. *vt* <-ed, sawn *or esp* AM -ed> [zer]sägen; **to** ~ **a tree down** einen Baum umsägen III. *vi* sägen
sawdust *n no pl* Sägemehl *nt*
sawn ['sɔːn] *pp of* **saw**
Saxon ['sæksᵊn] I. *n* [Angel]sachse *m,* [Angel]sächsin *f* II. *adj* ❶ (*of Saxony*) sächsisch ❷ (*hist: in England*) [angel]sächsisch

Saxony ['sæksəni] *n no pl* Sachsen *nt*
saxophone ['sæksəfəʊn] *n* Saxophon *nt*
saxophonist ['sæksəfəʊnɪst] *n* Saxophonist(in) *m(f)*
say [seɪ] **I.** *vt* <said, said> sagen; **I'm sorry, what did you ~?** Entschuldigung, was hast du gesagt?; **what did you ~ to him?** was hast du ihm gesagt?; **to ~ goodbye to sb** sich von jdm verabschieden; **to ~ yes/no to sth** etw annehmen/ablehnen; **having said that, ...** abgesehen davon ...; **to have a lot/ nothing to ~** viel/nicht viel reden; **~ no more!** alles klar!; **when all is said and done** letzten Endes; **it is said [that] he's over 100** er soll über 100 Jahre alt sein; **the sign ~s ...** auf dem Schild steht ...; **my watch ~s 3 o'clock** auf meiner Uhr ist es 3 [Uhr]; ■ **to ~ when/where etc.** sagen, wann/wo usw.; **to ~ when** sagen, wenn es genug ist; **[let's] ~ ...** sagen wir [mal] ...; *(assuming)* angenommen **II.** *vi* <said, said> sagen; **I can't ~ for certain, but ...** ich kann es nicht mit Sicherheit behaupten, aber ...; **hard to ~** schwer zu sagen; **is Spanish a difficult language to learn? — they ~ not** ist Spanisch schwer zu lernen? — angeblich nicht **III.** *n no pl* Meinung *f*; **to have one's ~** seine Meinung sagen **IV.** *interj* ❶ AM *(fam)* sag mal ...; **~, how about going out tonight?** sag mal, was hältst du davon, wenn wir heute Abend ausgehen? ❷ *(fam: to express doubt)* **~s you!** das glaubst aber auch nur du!; **~s who?** wer sagt das?

saying ['seɪɪŋ] *n* ❶ *no pl (act)* Sprechen *nt*; **it goes without ~** es versteht sich von selbst ❷ *(adage)* Sprichwort *nt*; **as the ~ goes** wie es so schön heißt

say-so *n no pl (fam)* ❶ *(approval)* Erlaubnis *f* ❷ *(assertion)* Behauptung *f*

scab [skæb] *n (of wound)* Kruste *f*, Schorf *m*

scaffolding ['skæfəldɪŋ] *n no pl* [Bau]gerüst *nt*

scald [skɔːld] **I.** *vt* verbrühen **II.** *n* MED Verbrühung *f*

scalding ['skɔːldɪŋ] *adj* ❶ *liquid* kochend ❷ *(extreme)* **~ criticism** scharfe Kritik

scale¹ [skeɪl] **I.** *n* ❶ *(on skin)* Schuppe *f* ❷ *no pl (mineral coating)* Ablagerung *f* ❸ *(dental plaque)* Zahnstein *m* ▶ **the ~s fall from sb's eyes** *(liter)* es fällt jdm wie Schuppen von den Augen **II.** *vt* ❶ **to ~ a fish** einen Fisch abschuppen ❷ **to ~ teeth** Zahnstein entfernen

scale² [skeɪl] *n usu pl (weighing device)* Waage *f*

scale³ [skeɪl] **I.** *n* ❶ *(system of gradation)* Skala *f*; *(of map)* Maßstab *m* ❷ *no pl* ■ **to be to ~** *building, drawing* maßstab[s]getreu sein ❸ *(relative degree, extent)* Umfang *m*; **on a large/small ~** im großen/kleinen Rahmen ❹ *no pl (size)* Ausmaß *nt* **II.** *vt (climb)* erklimmen *geh*; **to ~ a mountain** einen Berg besteigen ◆ **scale down I.** *vt* reduzieren; ECON einschränken **II.** *vi* verkleinern ◆ **scale up I.** *vt* erweitern; *transportation system* ausbauen; ECON erhöhen **II.** *vi* expandieren

scallop ['skæləp] *n* FOOD Jakobsmuschel *f*; ZOOL Kammmuschel *f*

scalp [skælp] **I.** *n (head skin)* Kopfhaut *f* **II.** *vt* ❶ *(hist: remove head skin)* skalpieren ❷ AM, AUS *(fam: resell)* zu einem Wucherpreis weiterverkaufen

scaly ['skeɪli] *adj* ❶ ZOOL, MED schuppig ❷ TECH verkalkt

scam [skæm] *n (fam)* Betrug *m*

scamper ['skæmpə'] **I.** *vi* flitzen *fam* **II.** *n no pl* Flitzen *nt fam*

scan [skæn] **I.** *vt* <-nn-> ❶ *(scrutinize)* absuchen **(for** nach) ❷ *(glance through)* überfliegen ❸ COMPUT einlesen, einscannen **II.** *vi* <-nn-> ❶ *(glance through)* [flüchtig] durchsehen ❷ LIT *(conform to verse)* das korrekte Versmaß haben **III.** *n* ❶ *(glancing through)* [flüchtige] Durchsicht ❷ MED Abtastung *f*, Scan *m*; **brain ~** Computertomographie *f* des Schädels; **ultrasound ~** Ultraschalluntersuchung *f*

scandal ['skændəl] *n* ❶ *(cause of outrage)* Skandal *m* ❷ *no pl (gossip)* Skandalgeschichte *f*

Scandinavia [ˌskændɪ'neɪviə] *n no pl* Skandinavien *nt*

Scandinavian [ˌskændɪ'neɪviən] **I.** *adj* skandinavisch **II.** *n* Skandinavier(in) *m(f)*

scanner ['skænə'] *n* COMPUT, MED Scanner *m*

scanning *n* COMPUT, MED Scannen *nt*

scapegoat ['skeɪpgəʊt] *n* Sündenbock *m*; **to make a ~ of sb** jdn zum Sündenbock machen

scar [skɑː'] **I.** *n* ❶ MED Narbe *f*; **~ tissue** Narbengewebe *nt* ❷ GEOL blanker Fels **II.** *vt* <-rr-> **to be ~ red for life** fürs [ganze] Leben gezeichnet sein **III.** *vi* vernarben

scarce [skeəs] *adj* knapp; *(rare)* rar

scarcely ['skeəsli] *adv* (*barely*) kaum
scare [skeə^r] I. *n* ❶ (*fright*) Schreck[en] *m;* **to give sb a ~** jdm einen Schreck[en] einjagen ❷ (*public panic*) Hysterie *f;* **bomb ~** Bombendrohung *f* II. *adj attr* Panik-; **~ tactic** Panikmache *f* III. *vt* ▪to **~ sb** jdm Angst machen ▶**to ~ sb to death** jdn zu Tode ängstigen
scarecrow ['skeəkrəʊ] *n* Vogelscheuche *f*
scarf <*pl* -s *or* **scarves**> [skɑːf] *n* Schal *m;* **silk ~** Seidentuch *nt*
scarlet ['skɑːlət] I. *n no pl* Scharlachrot *nt* II. *adj* scharlachrot
scarlet fever *n no pl* Scharlach *m*
scarper [skɑːpə^r] *vi* BRIT, AUS (*sl*) sich verziehen
scarves [skɑːvz] *n pl of* **scarf**
scary ['skeəri] *adj* ❶ (*frightening*) Furcht erregend ❷ (*uncanny*) unheimlich
scat [skæt] *interj* (*fam*) ▪**~!** hau ab!
scathing ['skeɪðɪŋ] *adj criticism* scharf; *remark* bissig
scatter ['skætə^r] I. *vt* verstreuen II. *vi crowd, protesters* sich zerstreuen
scatterbrain *n* zerstreute Person **scatterbrained** *adj* zerstreut
scattered ['skætəd] *adj* ❶ (*strewn about*) verstreut ❷ (*far apart*) weit verstreut
scattering ['skætərɪŋ] *n* ❶ (*amount*) vereinzeltes Häufchen ❷ (*act of strewing*) Streuen *nt* ❸ *no pl* PHYS Streuung *f*
scene [siːn] *n* ❶ THEAT, FILM (*of drama*) Szene *f;* (*scenery*) Kulisse *f;* **change of ~** Szenenwechsel *m* ❷ LAW Tatort *m* ❸ (*milieu*) Szene *f*
scenery ['siːnəri] *n no pl* ❶ (*landscape*) Landschaft *f* ❷ THEAT, FILM Bühnenbild *nt* ❸ (*fig*) **change of ~** Tapetenwechsel *m*
scent [sent] I. *n* ❶ (*aroma*) Duft *m* ❷ (*animal smell*) Fährte *f;* ▪**to be on the ~ of sth/sb** (*a. fig*) etw/jdm auf der Fährte sein *a. fig* II. *vt* ❶ (*smell*) wittern ❷ (*detect*) ahnen; **to ~ danger** Gefahr ahnen
sceptic ['skeptɪk] *n* Skeptiker(in) *m(f)*
sceptical ['skeptɪkəl] *adj* skeptisch
schedule ['ʃedjuːl] I. *n* (*timetable*) [Zeit-/Fahr]plan *m;* (*plan of work*) Zeitplan *m;* **to draw up a ~** einen Plan erstellen; **to keep to a ~** sich an einen Zeitplan halten; **ahead of ~** früher als geplant II. *vt meeting* ansetzen; **they've ~d him to speak at three o'clock** sie haben seine Rede für drei Uhr geplant
scheduled ['ʃedjuːld] *adj attr* geplant; TRANSP planmäßig
scheme [skiːm] I. *n* ❶ (*pej: plot*) [finsterer] Plan; LAW, POL Verschwörung *f* ❷ *esp* BRIT (*official plan*) Projekt *nt;* **pension ~** Altersversorgung *f* ❸ (*overall pattern*) Gesamtbild *nt;* **colour ~** Farb[en]zusammenstellung *f* II. *vi* (*pej*) planen
scheming ['skiːmɪŋ] I. *adj attr* (*pej*) intrigant *geh* II. *n no pl* Intrigieren *nt*
schizophrenia [ˌskɪtsə(ʊ)'friːniə] *n no pl* ❶ MED Schizophrenie *f* ❷ (*fam: of behaviour*) schizophrenes Verhalten
schizophrenic [ˌskɪtsə(ʊ)'frenɪk] I. *adj* schizophren II. *n* Schizophrene(r) *f(m)*
schnapps [ʃnæps] *n no pl* Schnaps *m*
schnitzel ['ʃnɪtsəl] *n* Schnitzel *nt*
scholar ['skɒlə^r] *n* UNIV ❶ (*academic*) Gelehrte(r) *f(m)* ❷ (*good learner*) Student(in) *m(f);* **I'm not much of a ~ myself** ich persönlich bin kein großer Lerner
scholarship ['skɒləʃɪp] *n* ❶ *no pl* (*academic achievement*) **her book is a work of great ~** ihr Buch ist eine großartige wissenschaftliche Arbeit ❷ (*financial award*) Stipendium *nt*
school[1] [skuːl] I. *n* ❶ (*for children*) Schule *f;* **primary ~** [*or* AM **elementary**] Grundschule *f;* **secondary ~** ≈ weiterführende Schule; **to attend** [*or* **go to**] **~** zur Schule gehen ❷ AM (*fam: university*) Universität *f* ❸ (*university division*) Fakultät *f* ❹ (*for learning one subject*) Schule *f;* **dance/driving ~** Tanz-/Fahrschule *f* II. *vt* ❶ (*educate*) erziehen ❷ (*train*) schulen; *dog* dressieren
school[2] [skuːl] I. *n* ZOOL Schule *f;* (*shoal*) Schwarm *m* II. *vi* ZOOL einen Schwarm bilden
school age *n* schulpflichtiges Alter **school attendance** *n* Schulbesuch *m;* **~ is low** in der Schule wird oft gefehlt **school bag** *n* Schultasche *f* **school board** *n* AM Schulbehörde *f* **schoolbook** *n* Schulbuch *nt* **schoolboy** *n* Schuljunge *m,* Schüler *m* **schoolchild** *n* Schulkind *nt* **schooldays** *npl* Schulzeit *f kein pl* **school dinner** *n* Schulessen *nt* **school fees** *npl* Schulgeld *nt kein pl* **schoolgirl** *n* Schulmädchen *nt,* Schülerin *f*
schooling ['skuːlɪŋ] *n no pl* (*education*) Ausbildung *f*

school leaver *n* BRIT, AUS Schulabgänger(in) *m(f)* **school magazine** *n* Schülerzeitung *f* **schoolmaster** *n* (*dated*) Lehrer *m* **schoolmate** *n* Schulfreund(in) *m(f)*, Schulkamerad(in) *m(f)* **schoolmistress** *n* (*dated*) Lehrerin *f* **school report** *n* [Schul]zeugnis *nt* **schoolroom** *n* Klassenzimmer *nt* **schoolteacher** *n* Lehrer(in) *m(f)*

science ['saɪən(t)s] *n no pl* [Natur]wissenschaft *f*; **applied/pure** ~ angewandte/reine Wissenschaft

science fiction *n no pl* LIT, FILM Sciencefiction *f*

scientific [ˌsaɪən'tɪfɪk] *adj* ❶ (*relating to exact science*) naturwissenschaftlich ❷ (*relating to science*) wissenschaftlich; ~ **community** Wissenschaftsgemeinde *f*

scientist ['saɪəntɪst] *n* Wissenschaftler(in) *m(f)*; **research** ~ Forscher(in) *m(f)*

scissors ['sɪzəz] *npl* [**a pair of**] ~ [eine] Schere

scoff[1] [skɒf] I. *vi* spotten; (*laugh*) lachen; ▪**to** ~ **at sth/sb** sich über etw/jdn lustig machen II. *n* Spott *m*

scoff[2] [skɒf] *vt esp* BRIT (*fam: eat*) verschlingen

scold [skəʊld] *vt* ausschimpfen

scone [skɒn] *n* brötchenartiges Gebäck, das lauwarm mit einer Art dicker Sahne und Marmelade gegessen wird

scoop [skuːp] I. *n* ❶ (*utensil*) Schaufel *f*; (*ladle*) Schöpflöffel *m*; **ice-cream** ~ Eisportionierer *m*; **measuring** ~ Messlöffel *m* ❷ (*amount*) Löffel *m*; *of ice cream* Kugel *f* II. *vt* sand, dirt schaufeln; ice cream, pudding löffeln

scoot [skuːt] *vi* (*fam*) rennen, springen; **I'll have to** ~ **or** ... ich muss schnell machen, sonst ... *fam*

scooter ['skuːtə'] *n* [Tret]roller *m*; **motor** ~ Motorroller *m*

scope [skəʊp] *n no pl* ❶ (*range*) Rahmen *m* ❷ (*possibility*) Möglichkeit *f*

scorch [skɔːtʃ] I. *vt* versengen II. *vi* versengt werden III. *n* <*pl* **-es**> versengte Stelle; ~ **mark** Brandfleck *m*

scorcher ['skɔːtʃə'] *n* (*fam*) sehr heißer Tag

scorching ['skɔːtʃɪŋ] *adj* sengend; **it's** ~ [**hot**] **outside** es ist glühend heiß draußen

score [skɔː'] I. *n* ❶ (*of points*) Punktestand *m*; (*of game*) Spielstand *m*; **at half time, the** ~ **stood at two all** zur Halbzeit stand es zwei zu zwei; **final** ~ Endstand *m* ❷ (*esp form*) ▪~**s** *pl* (*very many*) Dutzende *pl* ❸ (*dispute*) Streit[punkt] *m*; **to settle a** ~ eine Rechnung begleichen ▶**to know the** ~ wissen, wie der Hase läuft *fam* II. *vt* ❶ goal schießen; point machen ❷ (*mark, cut*) einkerben III. *vi* ❶ (*make a point*) einen Punkt machen ❷ (*achieve result*) abschneiden

scoreboard *n* Anzeigetafel *f* **scorecard** *n* Spielstandskarte *f*

scorer ['skɔːrə'] *n* ❶ (*scorekeeper*) Punktezähler(in) *m(f)* ❷ (*player who scores*) Torschütze *m*, Torschützin *f*

Scorpio ['skɔːpiəʊ] *n* ASTROL Skorpion *m*

scorpion ['skɔːpiən] *n* Skorpion *m*

Scot [skɒt] *n* Schotte *m*, Schottin *f*

Scotch [skɒtʃ] I. *n* <*pl* **-es**> ❶ *no pl* (*whisky*) Scotch *m* ❷ (*dated: people*) ▪**the** ~ *pl* die Schotten II. *adj* (*dated*) schottisch

scot-free *adv* ❶ (*without punishment*) straffrei; **to get off** ~ straffrei davonkommen ❷ (*unchallenged*) unbehelligt; (*unharmed*) ungeschoren

Scotland ['skɒtlənd] *n* Schottland *nt*

Scots [skɒts] I. *adj* schottisch II. *n* ❶ *no pl* LING Schottisch *nt* ❷ *pl* ▪**the** ~ die Schotten *pl*

Scotsman *n* Schotte *m* **Scotswoman** *n* Schottin *f*

Scottish ['skɒtɪʃ] I. *adj* schottisch II. *n* ▪**the** ~ *pl* die Schotten *pl*

Die **Scottish National Party (SNP)** hat sich als Ziel die Unabhängigkeit für Schottland gesetzt. Sie wurde 1932 gegründet, aber hatte zunächst wenig Erfolg bei den Wählern. Bei der zweiten Parlamentswahl 1974 gewann sie dann 30% der Stimmen in Schottland. 1997 schloss sich die Partei mit den Liberal Democrats und der Labour Party zusammen und gemeinsam gewannen sie einen Volksentscheid für die **devolution** (Dezentralisierung) für Schottland. Die Partei ist im Allgemeinen linksgerichtet. Am 11. September 1997 entschieden sich die Schotten durch ein Referendum für ein eigenes Parlament, nachdem sie fast 300 Jahre darauf verzichten mussten. Das neue **Scottish Parliament**, das Gesetze erlassen und Steuern erheben darf und seinen Sitz in der Nähe des Holyroodhouse in Edinburgh hat, begann 1999 mit seiner Arbeit und besteht aus 129 Abgeordneten.

scout [skaʊt] I. n ① (*boy scout*) Pfadfinder *m;* AM (*girl scout*) Pfadfinderin *f;* (*organization*) ■**the S~s** *pl* die Pfadfinder ② (*talent searcher*) Talentsucher(in) *m(f)* ③ (*soldier*) Kundschafter(in) *m(f)* II. *vi* ① (*reconnoitre*) kundschaften ② (*search*) **to ~ for new talent** nach neuen Talenten suchen III. *vt* (*reconnoitre*) auskundschaften

scoutmaster *n* Pfadfinderführer(in) *m(f)*

scowl [skaʊl] I. *n* mürrischer [Gesichts]ausdruck II. *vi* mürrisch [drein]blicken

scrabble ['skræbl] *vi* ① (*grope*) [herum]wühlen (**for** nach) ② (*claw for grip*) greifen (**for** nach)

scram <-mm-> [skræm] *vi* (*fam*) abhauen

scramble ['skræmbl] I. *n* ① *no pl* (*scrambling*) Kletterpartie *f* ② *no pl* (*rush*) Gedrängel *nt* II. *vi* ① (*climb*) klettern; (*over difficult terrain a.*) kraxeln *bes* SÜDD, ÖSTERR *fam* ② (*move hastily*) hasten; **to ~ for the exit** zum Ausgang stürzen ③ (*compete*) ■**to ~ for sth** sich um etw *akk* reißen III. *vt* ① FOOD verrühren; **to ~ eggs** Rühreier machen ② (*encode*) verschlüsseln

scrap¹ [skræp] I. *n* ① (*small piece, amount*) Stück[chen] *nt; of cloth, paper* Fetzen *m;* **not a ~** kein bisschen ② (*leftover food*) ■**~s** *pl* Speisereste *pl* ③ *no pl* (*old metal*) Schrott *m* II. *vt* <-pp-> ① (*get rid of*) wegwerfen ② (*fam: abandon*) aufgeben

scrap² [skræp] *n* (*fam: fight*) Gerangel *nt*

scrapbook *n* [Sammel]album *nt*

scrape [skreɪp] I. *n* ① *no pl* (*for cleaning*) [Ab]kratzen *nt* ② (*on skin*) Abschürfung *f* II. *vt* ① (*remove outer layer*) [ab]schaben; (*remove excess dirt*) [ab]kratzen ② (*scratch*) **to ~ sth** sich *dat* etw aufschürfen; *car* verkratzen III. *vi* (*rub*) reiben; (*brush*) bürsten; (*scratch*) kratzen

scrap heap *n* Schrotthaufen *m* **scrap iron** *n no pl* Alteisen *nt,* Schrott *m*

scrappy ['skræpi] *adj* (*haphazard*) zusammengestückelt; (*lacking consistency*) unausgewogen; (*incomplete*) *education, report* lückenhaft; (*uneven in quality*) *handwriting* krakelig *fam*

scrap value *n no pl* Schrottwert *m*

scratch [skrætʃ] I. *n* <*pl* -es> ① (*scrape*) Kratzer *m,* Schramme *f* ② *no pl* (*acceptable standard*) **to not be up to ~** zu wünschen übrig lassen ③ (*beginning state*) **to start [sth] from ~** [mit etw *dat*] bei null anfangen II. *vt* ① (*cut slightly*) ■**to ~ sth** etw zerkratzen; ■**to ~ sb** jdn kratzen ② (*relieve an itch*) kratzen III. *vi* ① (*use claws, nails*) kratzen ② (*relieve an itch*) sich kratzen

scratch card *n* Rubbellos *nt*

scratchy ['skrætʃi] *adj* kratzig *a. fig*

scrawl [skrɔ:l] I. *vt* [hin]kritzeln II. *n no pl* (*untidy writing*) Gekritzel *nt pej*

scream [skri:m] I. *n* ① (*loud shrill cry*) Schrei *m;* **a ~ of fear/for help** ein Aufschrei/Hilfeschrei *m* ② (*of animal*) Gekreisch[e] *nt kein pl* II. *vi* ① (*cry out loudly*) *with fear, pain, rage* schreien; ■**to ~ at sb** jdn anschreien; **to ~ with laughter** vor Lachen brüllen ② *animals* schreien III. *vt* (*cry loudly*) schreien, brüllen *bes* SÜDD *fam*

screech [skri:tʃ] I. *n* <*pl* -es> *of person* Schrei *m; of animal* Kreischen *nt kein pl; of brakes, tyres* Quietschen *nt kein pl* II. *vi person* schreien; *animal* kreischen; *brakes, tyres* quietschen

screen [skri:n] I. *n* ① (*in cinema*) Leinwand *f;* (*of television, computer*) Bildschirm *m* ② (*panel for privacy*) Trennwand *f* ③ (*on car*) Windschutzscheibe *f* ④ (*test*) Kontrolle *f;* **health ~** Vorsorgeuntersuchung *f* II. *vt* ① (*conceal*) abschirmen; **to ~ sth from view** etw vor Einblicken schützen ② (*shield*) schützen (**from** vor) ③ (*examine closely*) überprüfen; ■**to ~ sb for sth** MED jdn auf etw *akk* hin untersuchen ◆**screen off** *vt* abtrennen (**from** von)

screening ['skri:nɪŋ] *n* ① (*in cinema*) Filmvorführung *f* ② MED (*X-ray*) Röntgenuntersuchung *f*

screenshot *n* COMPUT Screen Shot *m*

screw [skru:] I. *n* ① (*metal fastener*) Schraube *f* ② *no pl* (*turn*) Drehung *f* ▶ **to have a ~ loose** (*hum fam*) nicht ganz dicht sein *pej* II. *vt* ① (*with a screw*) schrauben; (*by twisting*) zudrehen ② (*vulg: have sex with*) bumsen *sl* ◆**screw down** *vt* (*with screws*) festschrauben; (*by twisting*) fest zudrehen ◆**screw off** *vt* abschrauben ◆**screw on** I. *vt* ① (*with screws*) anschrauben ② (*by twisting*) aufschrauben; **to ~ sth on tight** etw fest zudrehen II. *vi* ① (*with screws*) angeschraubt werden ❷ (*by twisting*) aufgeschraubt werden ◆ **screw up** I. vt ❶ (*with screws*) zuschrauben; (*by turning*) zudrehen ❷ (*crush*) zusammenknüllen ❸ (*twist into a shape*) **to ~ up one's face/mouth** das Gesicht/den Mund verziehen II. vi (*sl: fail, make a mess*) Mist bauen *fam*

screwcap ['skru:kæp] *adj bottle, jar* mit Schraubverschluss *nach n*

screwdriver *n* ❶ (*tool*) Schraubenzieher *m* ❷ (*cocktail*) Screwdriver *m*

screwed [skru:d] *adj pred* (*sl: stymied*) festgefahren; (*in a hopeless situation*) geliefert

screw top *n* Schraubverschluss *m*

scribble ['skrɪbl] I. vt [hin]kritzeln II. vi ❶ (*make marks, write*) kritzeln ❷ (*hum: write*) schriftstellern *fam* III. *n* (*mark, words*) Gekritzel *nt kein pl pej*

scripture *n*, **Scripture** ['skrɪptʃəʳ] *n* ❶ *no pl* (*the Bible*) die Bibel ❷ (*sacred writings*) ▪ **the ~s** [*or* **the S~s**] *pl* die heiligen Schriften *pl*

scriptwriter *n* FILM, TV Drehbuchautor(in) *m(f);* RADIO Rundfunkautor(in) *m(f)*

scroll [skrəʊl] I. *n* ❶ (*roll of paper*) [Schrift]rolle *f* ❷ ARCHIT (*Schnecke f fachspr*) II. vi COMPUT scrollen *fachspr*

Scrooge [skru:dʒ] *n* (*pej*) Geizhals *m*

scrounge [skraʊndʒ] (*fam*) I. *n no pl* (*pej o hum*) **to be on the ~** schnorren II. vt (*pej*) ▪ **to ~ sth** [**off sb**] etw [von jdm] schnorren *fam*

scrounger ['skraʊndʒəʳ] *n* (*pej fam*) Schnorrer(in) *m(f)*

scrub[1] [skrʌb] *n no pl* ❶ (*trees and bushes*) Gestrüpp *nt* ❷ (*area*) Busch *m*

scrub[2] [skrʌb] I. *n* **to give sth a** [**good**] **~** etw [gründlich] [ab]schrubben *fam* II. vt <-bb-> ❶ (*clean*) [ab]schrubben *fam* ❷ (*fam: cancel, abandon*) fallen lassen

scrubber ['skrʌbəʳ] *n*, **scrubbing brush** *n* Schrubber *m;* (*smaller*) Scheuerbürste *f*

scruff [skrʌf] *n* (*of neck*) Genick *nt;* **by the ~ of the neck** am Genick

scruffy ['skrʌfi] *adj clothes* schmuddelig *pej fam;* person vergammelt *pej fam*

scrumptious ['skrʌm(p)ʃəs] *adj* (*fam*) lecker

scrunch [skrʌn(t)ʃ] I. *n no pl* Knirschen *nt* II. vi (*make noise*) knirschen; (*with the mouth*) geräuschvoll kauen III. vt ❶ (*crunch*) knirschen ❷ (*crush up*) zerknüllen

scrutinize ['skru:tɪnaɪz] vt [genau] untersuchen; *text* studieren

scuba diving *n no pl* Sporttauchen *nt*

scuff [skʌf] I. vt ❶ (*mark*) verschrammen; (*wear away*) abwetzen ❷ (*drag along the ground*) **to ~ one's feet** schlurfen II. vi ❶ (*wear away*) sich abwetzen ❷ (*shuffle*) schlurfen

scuffle ['skʌfl] I. *n* ❶ (*short fight*) Handgemenge *nt* ❷ (*sound, movement*) Schlurfen *nt* II. vi ▪ **to ~** [**with sb**] sich [mit jdm] balgen

sculpture ['skʌlptʃəʳ] I. *n* ❶ *no pl* (*art*) Bildhauerei *f* ❷ (*object*) Skulptur *f* II. vt (*make with a chisel*) [heraus]meißeln; (*in clay*) modellieren III. vi bildhauern *fam*

scum [skʌm] *n no pl* ❶ (*foam*) Schaum *m;* (*layer of dirt*) Schmutzschicht *f* ❷ (*pej: evil people*) Abschaum *m*

scummy ['skʌmi] *adj* (*with a foamy layer*) schaumig; (*fam: dirty*) schmutzig

scurry ['skʌri] I. vi <-ie-> *small animal* huschen; *person* eilen II. *n no pl* (*hurry*) Eilen *nt;* **the ~ of feet/footsteps** das Getrappel von Füßen/Schritten

scuttle[1] ['skʌtl] vi *person* hasten, flitzen *fam*

scuttle[2] ['skʌtl] vt ❶ (*sink*) versenken ❷ (*put an end to*) zunichtemachen

scuttle away vi, **scuttle off** vi (*run*) davoneilen

sea [si:] *n* ▪ **the ~** das Meer, die See; **the open ~** das offene Meer, die hohe See; **the Dead ~** das Tote Meer; **a ~ of flames/people** ein Flammen-/Menschenmeer *nt*

seafood *n no pl* Meeresfrüchte *pl* **seafront** *n* (*promenade*) Strandpromenade *f;* (*beach*) Strand *m* **seagull** *n* Möwe *f* **seahorse** *n* Seepferdchen *nt*

seal[1] [si:l] *n* ZOOL Seehund *m*, Robbe *f*

seal[2] [si:l] I. *n* ❶ (*insignia, stamp*) Siegel *nt* ❷ (*to prevent opening*) *on goods* Verschluss *m;* (*on doors*) Siegel *nt* II. vt ❶ (*stamp*) siegeln ❷ (*prevent from being opened*) [fest] verschließen ❸ (*make airtight*) luftdicht verschließen; (*make watertight*) verschließen; *window, gaps* abdichten

sea legs *npl* NAUT **to find one's ~** seefest werden **sea level** *n no pl* Meeresspiegel *m;* **at ~** auf Meereshöhe **sea lion** *n* Seelöwe *m* **seam** [si:m] *n* Naht *f;* **to be bursting at the ~s** (*fig*) aus allen Nähten platzen *fam;* **to fall**

apart at the ~s aus den Nähten gehen
seamy ['siːmi] *adj* ❶ (*run down*) heruntergekommen ❷ (*dodgy*) *district* zwielichtig; **the ~ side of life** die Schattenseite des Lebens
search [sɜːtʃ] **I.** *n* ❶ (*for object, person*) Suche *f* (**for** nach) ❷ LAW Durchsuchung *f* ❸ COMPUT Suchlauf *m* **II.** *vi* suchen; ■ **to ~ through sth** etw durchsuchen **III.** *vt* ❶ (*try to find in*) *building, bag* durchsuchen; *place, street* absuchen ❷ (*examine carefully*) absuchen; *conscience, heart* prüfen ◆ **search out** *vt* ausfindig machen
search function *n* COMPUT Suchfunktion *f*
searching ['sɜːtʃɪŋ] *adj gaze, look* forschend; *inquiry* eingehend; *question* tief gehend
searchlight *n* Suchscheinwerfer *m* **search party** *n* Suchtrupp *m* **search warrant** *n* Durchsuchungsbefehl *m*
searing ['sɪəʳɪŋ] *adj attr* ❶ (*scorching*) sengend ❷ (*painfully burning*) brennend
sea salt *n* Meersalz *nt* **seashell** *n* Muschel *f* **seashore** *n no pl* Strand *m* **seasick** *adj* seekrank **seasickness** *n no pl* Seekrankheit *f*
seaside *esp* BRIT **I.** *n no pl* ■ **the ~** die [Meeres]küste; ■ **at the ~** am Meer **II.** *adj attr* See-; **a ~ holiday** Ferien *pl* am Meer
season ['siːzᵊn] **I.** *n* ❶ (*period of year*) Jahreszeit *f*; **the ~ of Advent/Lent** die Advents-/Fastenzeit; **the Christmas/Easter ~** die Weihnachts-/Osterzeit ❷ (*period of ripeness*) Saison *f*; **apple/ strawberry ~** Apfel-/Erdbeerzeit *f* ❸ ZOOL fruchtbare Zeit; **to be in ~** brünstig sein ❹ SPORTS Saison *f*; **fishing/hunting ~** Angel-/Jagdzeit *f* **II.** *vt* (*add flavouring*) würzen
seasonal ['siːzᵊnᵊl] *adj* ❶ (*connected with time of year*) jahreszeitlich bedingt; ~ **work** Saisonarbeit *f* ❷ (*grown in a season*) Saison-
seasoning ['siːzᵊnɪŋ] *n* ❶ *no pl* (*salt and pepper*) Würze *f* ❷ (*herb or spice*) Gewürz *nt*
season ticket *n* Dauerkarte *f*; (*for public transport*) Monats-/Jahreskarte *f*; SPORTS Saisonkarte *f*; THEAT Abonnement *nt*
seat [siːt] **I.** *n* ❶ (*sitting place*) [Sitz]platz *m*; (*in a car*) Sitz *m*; (*in bus, train*) Sitzplatz *m*; **is this ~ free/taken?** ist dieser Platz frei/besetzt? ❷ (*form: buttocks*) Gesäß *nt* ❸ POL Sitz *m*; **marginal/safe ~** knappes/sicheres Mandat ❹ (*location*) *of aristocrat, government* Sitz *m* **II.** *vt* (*provide seats*) setzen;

■ **to ~ oneself** (*form*) sich setzen; **to ~ 2500** *room, stadium* 2500 Menschen fassen
seat belt *n* Sicherheitsgurt *m*; **to fasten one's ~** sich anschnallen
-seater ['siːtəʳ] *in compounds* -sitzig; **two~ |car/plane|** Zweisitzer *m*
seating ['siːtɪŋ] *n no pl* (*seats*) Sitzgelegenheiten *pl*; ~ **for 6/2000** Sitzplätze *pl* für 6/2000 Personen
seating arrangements *npl*, **seating plan** *n* Sitzordnung *f*
seatmate *n* Sitznachbar(in) *m(f)*
seawater *n no pl* Meerwasser *nt* **seaweed** *n no pl* [See]tang *m* **seaworthy** *adj* seetauglich
secluded [sɪˈkluːdɪd] *adj spot, house* abgelegen; **to live a ~ life** zurückgezogen leben
second¹ ['sekᵊnd] **I.** *adj* ❶ *usu attr* (*next after first*) zweite(r, s); **the ~ time** das zweite Mal ❷ (*next after winner*) zweite(r, s); **to finish ~** Zweite(r) werden; **to be in ~ place** auf Platz zwei sein ❸ (*not first in importance, size*) zweit-; **the ~ biggest town** die zweitgrößte Stadt; **to be ~ to none** unübertroffen sein ❹ *attr* (*another*) zweite(r, s), Zweit-; ~ **car** Zweitwagen *m* ▶ **to be ~ nature to sb** jdm in Fleisch und Blut übergegangen sein **II.** *n* ❶ BRIT UNIV ≈ Zwei *f*; **an upper/a lower ~** eine Zwei plus/minus ❷ *no pl* AUTO zweiter Gang ❸ (*extra helping*) ■ ~**s** *pl* Nachschlag *m kein pl* **III.** *adv* zweitens **IV.** *vt* (*support, back up*) *proposal* unterstützen, befürworten
second² ['sekᵊnd] *n* ❶ (*sixtieth of a minute*) Sekunde *f*; **with [only] ~s to spare** in [aller]letzter Sekunde ❷ (*very short time*) Sekunde *f*, Augenblick *m*; **you go on, I'll only be a ~** geh du weiter, ich komme gleich nach
secondary ['sekᵊndᵊri] *adj* ❶ (*not main*) zweitrangig; **to play a ~ role** eine untergeordnete Rolle spielen ❷ (*education*) höher; ~ **education** höhere Schulbildung
secondary school *n* weiterführende Schule
second best *adj* zweitbeste(r, s); **to feel ~** sich minderwertig fühlen
second class I. *n no pl* (*mail*) gewöhnliche Post; (*in travel*) zweite Klasse **II.** *adv* ❶ TRANSP **to travel ~** zweiter Klasse reisen ❷ BRIT (*by second-class mail*) auf dem gewöhnlichen Postweg **second-class** *adj* ❶ TRANSP zweiter Klasse *nach n* ❷ (*pej: inferior*) zweitklassig **second cousin** *n* Cousin *m*/Cousine *f* zweiten Grades

second floor *n* BRIT, AUS zweiter Stock; AM, AUS erster Stock **second-hand I.** *adj* ① (*used*) gebraucht; *clothes* secondhand; ~ **car** Gebrauchtwagen *m* ② *attr* (*for second-hand goods*) Gebraucht-, Secondhand-; ~ **bookshop** Antiquariat *nt* **II.** *adv* gebraucht **second language** *n* erste Fremdsprache

secondly ['sekəndli] *adv* zweitens

second-rate *adj* (*pej*) zweitklassig *pej*

secrecy ['si:krəsi] *n no pl* ① (*act of keeping secret*) Geheimhaltung *f* ② (*ability of keeping secret*) Verschwiegenheit *f*

secret ['si:krət] **I.** *n* ① (*undisclosed information*) Geheimnis *nt;* ■**in** ~ insgeheim ② (*special knack*) **the** ~ **of success** das Geheimnis des Erfolgs **II.** *adj* ① (*known to few people*) geheim, Geheim-; **to keep sth** ~ etw geheim halten ② (*doing sth secretly*) heimlich

secretary ['sekrətri] *n* ① (*office assistant*) Sekretär(in) *m(f)* ② COMM Assistent(in) *m(f)* der Geschäftsführung ③ BRIT Staatssekretär(in) *m(f);* AM Minister(in) *m(f)*

secretive ['sɪkrətɪv] *adj behaviour* geheimnisvoll; *character* verschlossen

sect [sekt] *n* Sekte *f*

section ['sekʃn] **I.** *n* ① (*component part*) Teil *nt; of road* Teilstrecke *f* ② *of book* Abschnitt *m; of newspaper* Teil *m* ③ (*area*) Bereich *m;* ~ **non-smoking** ~ (*in restaurant*) Nichtraucherbereich *m;* (*in railway carriage*) Nichtraucherabteil *nt* ④ (*department*) Abteilung *f* ⑤ (*profile*) Schnitt *m* **II.** *vt* ① (*to separate*) [unter]teilen ② (*cut*) zerschneiden; BIOL segmentieren *fachspr*

sector ['sektəʳ] *n* ① (*part of economy*) Sektor *m,* Bereich *m;* **the private/public** ~ der private/öffentliche Sektor ② (*area of land*) Sektor *m,* Zone *f*

secure [sɪ'kjʊəʳ] **I.** *adj* <-r, -st *or* more secure, the most secure> ① (*certain, permanent*) sicher; **financially** ~ finanziell abgesichert ② *usu pred* (*safe, confident*) sicher ③ (*safely guarded*) bewacht; (*safe against interception*) abhörsicher; ~ **against theft** diebstahlsicher **II.** *vt* ① (*obtain*) sich *dat* sichern ② (*make safe*) [ab]sichern; **to** ~ **sb/sth against sth** jdn/etw vor etw *dat* schützen ③ (*fasten*) befestigen (to an)

security [sɪ'kjʊərəti] *n* Sicherheit *f;* **maximum-**~ **prison** Hochsicherheitsgefängnis *nt;* **lax/tight** ~ lasche/strenge Sicherheitsvorkehrungen

Security Council *n* Sicherheitsrat *m* **security forces** *npl* MIL Sicherheitskräfte *pl*

security guard *n* Sicherheitsbeamte(r) *m,* Sicherheitsbeamte [*o* -in] *f*

sedation [sɪ'deɪʃn] *n no pl* MED Ruhigstellung *f;* **to be under** ~ unter dem Einfluss von Beruhigungsmitteln stehen

sedative ['sedətɪv] **I.** *adj* beruhigend **II.** *n* Beruhigungsmittel *nt*

seduce [sɪ'dju:s] *vt* ① verführen ② (*fig*) ■**to** ~ **sb into doing sth** jdn dazu verleiten, etw zu tun

seduction [sɪ'dʌkʃn] *n no pl* Verführung *f*

seductive [sɪ'dʌktɪv] *adj* ① verführerisch ② (*fig*) *argument, offer* verlockend

see <saw, seen> [si:] **I.** *vt* ① (*perceive with eyes*) sehen; **I've never** ~**n anything quite like this before** so etwas habe ich ja noch nie gesehen; **I saw her coming** ich habe sie kommen sehen ② (*watch as a spectator*) *film, play* [sich *dat*] [an]sehen; **this film is really worth** ~**ing** dieser Film ist echt sehenswert ③ (*visit place*) *famous building, place* ansehen; **to** ~ **the sights** die Sehenswürdigkeiten besichtigen ④ (*understand*) verstehen; **I** ~ **what you mean** ich weiß, was du meinst ⑤ (*consider*) sehen; **as I** ~ **it ...** so wie ich das sehe ... ⑥ (*learn, find out*) feststellen; **that remains to be** ~**n** das wird sich zeigen ⑦ (*meet socially*) sehen; ~ **you later!** (*fam*) bis später!, tschüs! ⑧ (*have meeting with*) sehen; (*talk to*) sprechen; (*receive*) empfangen ⑨ (*have relationship with*) ■**to be** ~**ing sb** mit jdm zusammen sein *fam* ⑩ (*envisage, foresee*) sich *dat* vorstellen; **to** ~ **it coming** es kommen sehen ⑪ (*witness, experience*) [mit]erleben; **I've** ~**n it all** mich überrascht nichts mehr; **to live to** ~ **sth** etw erleben ⑫ (*accompany*) begleiten; **to** ~ **sb to the door/home** jdn zur Tür/nach Hause bringen *geh* ⑬ *in imper* (*refer to*) ■ ~ **...** siehe ...; ~ **below/page 23** siehe unten/Seite 23 **II.** *vi* ① (*use eyes*) sehen; **... but** ~**ing is believing** ... doch ich habe es mit eigenen Augen gesehen! ② (*look*) sehen; **let me** ~**!** lass mich mal sehen! ③ (*understand, realize*) **— oh, I** ~**!** ... — aha!; **I** ~ ich verstehe; ~**?!** siehst du?!; **I** ~ **from your report ...** Ihrem Bericht entnehme ich, ... ④ (*find out*) nachsehen; (*in* *the future*) herausfinden; **wait and** ~ abwarten und Tee trinken ◆ **see about** *vi* ❶ (*fam: deal with*) ■**to** ~ **about sth** sich um etw *akk* kümmern; **I've come to** ~ **about the TV** ich soll mir den Fernseher ansehen ❷ (*consider*) **I'll** ~ **about it** ich will mal sehen ▶ **we'll** ~ **about that!** (*fam*) das werden wir ja sehen! ◆ **see in** I. *vi* hineinsehen II. *vt* hineinbringen; **to** ~ **in** ↻ **the New Year** das neue Jahr begrüßen ◆ **see into** *vi* ❶ (*look into*) hineinsehen ❷ (*find out about*) **to** ~ **into the future** in die Zukunft schauen ◆ **see off** *vt* ❶ (*say goodbye*) verabschieden; **to** ~ **sb off at the airport/station** jdn zum Flughafen/Bahnhof bringen ❷ (*drive away*) verjagen ❸ (*get the better of*) ■**to** ~ **off** ↻ **sb/sth** mit jdm/etw fertigwerden *fam* ◆ **see out** I. *vt* ❶ (*escort to door*) hinausbegleiten; **I can** ~ **myself out, thanks** danke, ich finde alleine hinaus ❷ (*continue to end of*) durchstehen II. *vi* hinaussehen ◆ **see through** I. *vt* ❶ (*look through*) ■**to** ~ **through sth** durch etw *akk* hindurchsehen ❷ (*not be deceived by*) durchschauen II. *vi* ❶ (*sustain*) ■**to** ~ **sb through** jdm über die Runden helfen *fam;* (*comfort*) jdm beistehen ❷ (*continue to the end of*) zu Ende bringen ◆ **see to** *vi* ■**to** ~ **to sb/sth** sich um jdn/etw kümmern; ■**to** ~ **to it that ...** dafür sorgen, dass ...

seed [si:d] I. *n* ❶ BOT Same[n] *m; of grain* Korn *nt;* ■~**s** *pl* AGR Saat *f kein pl;* **to go to** ~ Samen bilden ❷ (*fig*) Keim *m;* **to sow the** ~**s of sth** etw säen; **to go to** ~ *person* herunterkommen II. *vt* ❶ (*sow with seed*) besäen ❷ (*drop its seed*) ■**to** ~ **itself** sich aussäen ❸ (*help start*) bestücken

seed bank *n* AGR, BOT Samenbank *f*

seedling ['si:dlɪŋ] *n* Setzling *m*

seedy [si:di] *adj* ❶ (*dirty and dubious*) *district, hotel* zwielichtig ❷ (*full of seeds*) *bread* mit ganzen Getreidekörnern *nach n*

seeing ['si:ɪŋ] *conj* ~ **that .../~ as** [**how**] **...** da ...

seek <sought, sought> [si:k] I. *vt* ❶ (*form: look for*) suchen ❷ (*try to obtain or achieve*) erstreben; **to** ~ **asylum/refuge/shelter** Asyl/Zuflucht/Schutz suchen; **to** ~ **employment** eine Stelle suchen ❸ (*ask for*) erbitten *geh;* **to** ~ **advice from sb** jdn um Rat bitten II. *vi* (*form: search*) suchen

seem [si:m] *vi* ❶ (*appear to be*) scheinen;

he's sixteen, but he ~s younger er ist sechzehn, wirkt aber jünger; ■**to** ~ **as if ...** so scheinen, als ob ... ❷ (*appear*) ■**it** ~**s** [**that**] ... anscheinend ...; ■**it** ~**s as if ...** es scheint, als ob ...

seeming ['si:mɪŋ] *adj attr* (*form*) scheinbar

seemingly ['si:mɪŋli] *adv* scheinbar

seen [si:n] *pp of* **see**

seep [si:p] *vi* sickern; (*fig*) *information, truth* durchsickern ◆ **seep away** *vi* versickern

see-saw ['si:sɔ:] I. *n* (*for children*) Wippe *f* II. *vi* ❶ (*play*) wippen ❷ (*fig*) sich auf und ab bewegen

see-through *adj* ❶ (*transparent*) durchsichtig ❷ (*of very light material*) durchscheinend

segregate ['segrɪgeɪt] *vt* absondern; *races, sexes* trennen

segregation [ˌsegrɪ'geɪʃ°n] *n no pl* Trennung *f;* **racial** ~ Rassentrennung *f*

seize [si:z] *vt* ❶ (*grab*) ergreifen, packen ❷ *usu passive* (*fig: overcome*) ■**to be** ~**d with sth** von etw *dat* ergriffen werden ❸ (*make use of*) *initiative, opportunity* ergreifen ❹ (*capture*) einnehmen; *criminal* festnehmen; *power* ergreifen ❺ (*confiscate*) beschlagnahmen ◆ **seize up** *vi engine, machine* stehen bleiben; *economy* zum Erliegen kommen

seizure ['si:ʒəʳ] *n no pl* (*taking*) Ergreifung *f;* ~ **of power** Machtergreifung *f*

seldom ['seldəm] *adv* selten; ~ **if ever** fast nie

select [sɪ'lekt] I. *adj* ❶ (*high-class*) *hotel, club* exklusiv ❷ (*carefully chosen*) ausgewählt; *team* auserwählt II. *vt* aussuchen; ■**to** ~ **sb** jdn auswählen III. *vi* ■**to** ~ **from sth** aus etw *dat* [aus]wählen

selection [sɪ'lekʃ°n] *n* ❶ *no pl* (*choosing*) Auswahl *f;* BIOL Selektion *f geh;* **to make one's** ~ seine Wahl treffen ❷ *no pl* (*being selected*) Wahl *f* ❸ *usu sing* (*range*) Auswahl *f,* Sortiment *nt*

selective [sɪ'lektɪv] *adj* ❶ (*careful about choosing*) wählerisch; *reader, shopper* kritisch; **to have a** ~ **memory** (*pej, hum*) ein selektives Erinnerungsvermögen haben ❷ (*choosing the best*) ausgewählt; ~ **breeding** Zuchtwahl *f*

self <*pl* selves> [self] *n* (*personality*) ■**one's** ~ das Selbst; **to be** [**like**] **one's former** ~ wieder ganz der/die Alte sein

self-addressed envelope *n* adressierter

Rückumschlag **self-adhesive** *adj stamps, envelopes, labels* selbstklebend **self-assertive** *adj* ▪**to be** ~ sich behaupten **self-assured** *adj* selbstbewusst, selbstsicher **self-awareness** *n no pl* Selbsterkenntnis *f* **self-catering** *n no pl* BRIT, AUS Selbstverpflegung *f* **self-centered** AM *see* **self-centred** **self-centred** *adj* (*pej*) egozentrisch *pej;* ~ **person** Egozentriker(in) *m(f)* **self-complacent** *adj* selbstzufrieden **self-composed** *adj* beherrscht; **to remain** ~ gelassen bleiben **self-confessed** *adj attr* selbsterklärt; **she's a** ~ **thief** sie bezeichnet sich selbst als Diebin **self-confidence** *n no pl* Selbstvertrauen *nt* **self-conscious** *adj* gehemmt; *laugh, smile* verlegen **self-contained** *adj* ❶ (*complete*) selbstgenügsam; ~ **community** autarke Gemeinschaft ❷ (*separate*) ~ **apartment** separate Wohnung **self-control** *n no pl* Selbstbeherrschung *f;* **to exercise** ~ Selbstdisziplin üben **self-critical** *adj* selbstkritisch **self-deceit**, **self-deception** *n no pl* Selbstbetrug *m* **self-defeating** *adj* aussichtslos **self-defence**, AM **self-defense** *n no pl* Selbstverteidigung *f;* **to kill sb in** ~ jdn in Notwehr töten **self-destruct** *vi* sich selbst zerstören; *materials* zerfallen **self-discipline** *n no pl* Selbstdisziplin *f* **self-employed** I. *adj* selbständig; *journalist* freiberuflich II. *n* ▪**the** ~ *pl* die Selbständigen **self-esteem** *n no pl* Selbstwertgefühl *nt* **self-explanatory** *adj* selbsterklärend **self-expression** *n no pl* Selbstdarstellung *f* **self-important** *adj* selbstgefällig **self-indulgent** *adj* genießerisch **self-inflicted** *adj* selbst zugefügt [*o* beigebracht] **self-interest** *n no pl* Eigeninteresse *f*
selfish ['selfɪʃ] *adj* selbstsüchtig; *motive* eigennützig
selfishness ['selfɪʃnəs] *n no pl* Selbstsucht *f*
selfless ['selfləs] *adj* selbstlos
self-pity *n no pl* Selbstmitleid *nt* **self-portrait** *n* Selbstbildnis *nt;* **to draw/paint a** ~ sich selbst porträtieren **self-possessed** *adj* selbstbeherrscht **self-preservation** *n no pl* Selbsterhaltung *f* **self-reliant** *adj* selbständig **self-respect** *n no pl* Selbstachtung *f* **self-respecting** *adj attr* ❶ (*having self-respect*) Selbstachtung besitzend ❷ (*esp hum: good*) anständig **self-righteous** *adj* selbstgerecht **self-sacrifice** *n no pl* Selbstaufopferung *f;* **to require** ~ Opferbereit-schaft verlangen **self-satisfied** *adj* selbstzufrieden **self-service** *n no pl* Selbstbedienung *f* **self-sufficient** *adj* selbständig **self-supporting** *adj* ❶ (*independent*) finanziell unabhängig ❷ ARCHIT selbsttragend **self-taught** *adj* ❶ (*educated*) selbst erlernt; ~ **person** Autodidakt(in) *m(f)* ❷ (*acquired*) autodidaktisch **self-willed** [-'wɪld] *adj* starrköpfig **self-winding watch** *n* Armbanduhr *f* mit Selbstaufzug
sell [sel] I. *vt* <sold, sold> ❶ (*for money*) verkaufen; **I sold him my car for £600** ich verkaufte ihm mein Auto für 600 Pfund; **to ~ property** Besitz veräußern ❷ (*persuade*) ▪**to** ~ **sth** [**to sb**] jdm für etw *akk* gewinnen; **to** ~ **an idea to sb** jdm eine Idee schmackhaft machen *fam* II. *vi* <sold, sold> (*give for money*) verkaufen ▸**to** ~ **like hot cakes** wie warme Semmeln weggehen III. *n* ❶ *no pl* Ware *f;* **to be a hard/soft** ~ schwer/leicht verkäuflich sein ❷ *no pl* STOCKEX ▪**to be a** ~ *shares* zum Verkauf stehen ◆ **sell off** *vt* verkaufen ◆ **sell out** I. *vi* ❶ *entire stock* ausverkaufen; **I'm sorry, we've sold out** es tut mir leid, aber wir sind ausverkauft ❷ (*be completely booked*) ▪**to be sold out** *performance* ausverkauft sein ❸ FIN ▪**to** ~ **out to sb** an jdn verkaufen ❹ (*do what others want*) ▪**to** ~ **out to sb** sich jdm verkaufen II. *vt* ▪**to be sold out** ausverkauft sein ◆ **sell up** *vi, vt* BRIT, AUS verkaufen
sellable ['seləbl] *adj* [gut] verkäuflich; **I'm convinced that my idea is** ~ ich bin mir sicher, dass sich meine Idee verkaufen lässt
sell-by date *n esp* BRIT Mindesthaltbarkeitsdatum *nt;* **past the** ~ nach Ablauf des Mindesthaltbarkeitsdatums; **to be past one's** ~ (*hum fam*) seine besten Jahre hinter sich *dat* haben
seller ['selə^r] *n* ❶ (*person*) Verkäufer(in) *m(f)* ❷ (*product*) Verkaufsschlager *m*
selling ['selɪŋ] *n no pl* Verkaufen *nt*
Sellotape® ['selə(ʊ)teɪp] *n no pl* BRIT Tesafilm® *m*
sell-out *n* ❶ (*approv: sales*) Ausverkauf *m* ❷ (*betrayal*) Auslieferung *f*
selves [selvz] *n pl of* **self**
semi <*pl* -s> ['semi] *n* (*fam*) ❶ BRIT, AUS (*house*) Doppelhaushälfte *f* ❷ SPORTS Halbfinale *nt*
semicircle *n* Halbkreis *m* **semicircular** *adj formation* halbkreisförmig **semicolon** *n*

Semikolon *nt*, Strichpunkt *m* **semiconductor** *n* Halbleiter *m* **semi-conscious** *adj* halb bewusstlos; *feeling, memory* teilweise unbewusst **semi-detached** I. *n* Doppelhaushälfte *f* II. *adj* Doppelhaus- **semi-final** *n* Halbfinale *nt* **semi-finalist** *n* SPORTS Halbfinalist(in) *m(f)*

seminar ['semɪnɑːʳ] *n* Seminar *nt;* **training ~** Übung *f*

semi-precious *adj* ~ **stone** Halbedelstein *m*

semolina [ˌsemªl'iːnə] *n no pl* Gries *m*

senate ['senɪt] *n no pl,* + *sing/pl vb* Senat *m;* **the US S~** der US-Senat

senator ['senətəʳ] *n* ❶ *(member)* Senator(in) *m(f)* ❷ *(title)* ■**S~** Senator

send <sent, sent> [send] *vt* ❶ *(forward)* ■**to ~ [sb] sth** jdm etw [zu]schicken; **to ~ sth by airmail/post** etw per Luftpost/mit der Post schicken; **to ~ invitations** Einladungen verschicken ❷ *(pass on)* ■**to ~ sb sth** jdm etw übermitteln [lassen]; **Maggie ~ s her love** Maggie lässt dich grüßen ❸ *(dispatch)* schicken; **to ~ sb to prison** jdn ins Gefängnis stecken ❹ *(transmit)* senden; **to ~ a message in Morse code** eine Nachricht morsen; **to ~ a signal** ein Signal aussenden ❺ *(cause)* versetzen; **to ~ sb into a panic** jdn in Panik versetzen ◆**send away** I. *vi* ■**to ~ away for sth** sich *dat* etw zuschicken lassen II. *vt* wegschicken ◆**send back** *vt* zurückschicken ◆**send for** *vi* ❶ *(summon)* rufen ❷ *(ask)* brochure, information anfordern; **to ~ for help** Hilfe holen ◆**send in** *vt* ❶ *(submit)* bill einsenden, einreichen; *report* einschicken ❷ *(dispatch)* *reinforcements* einsetzen ◆**send off** I. *vt* ❶ *(post)* abschicken ❷ BRIT, AUS SPORTS **to get sent off** einen Platzverweis bekommen ❸ *(dismiss)* wegschicken ❹ *(dispatch)* fortschaffen II. *vi* ■**to ~ off for sth** etw anfordern ◆**send on** *vt letters* nachsenden ◆**send out** I. *vi* ■**to ~ out for sth** *pizza* etw telefonisch bestellen II. *vt* ❶ *(emit)* abgeben ❷ *(post)* verschicken (**to** an) ◆**send up** *vt* ❶ *(bring up)* zuschicken ❷ *(fam: parody)* ■**to ~ up ⟳ sb** jdn nachäffen

sender ['sendəʳ] *n* Absender(in) *m(f);* **return to ~ — not known at this address** Empfänger unbekannt verzogen

send-off *n* Verabschiedung *f;* **to give sb a ~** jdn verabschieden

send-up *n* (*fam*) Parodie *f*

senile ['siːnaɪl] *adj* senil

senior ['siːnɪəʳ] I. *adj* ❶ *(form: older)* älter ❷ *attr (chief)* Ober-; ~ **executive** Vorstandsvorsitzende(r) *f/m)* II. *n* ❶ *(older person)* Senior(in) *m(f);* **she's my ~ by three years** sie ist drei Jahre älter als ich ❷ *(employee)* Vorgesetzte(r) *f/m)* ❸ *(pupil)* Oberstufenschüler(in) *m(f) (in Großbritannien und USA Bezeichnung für Schüler einer Highschool oder einer Collegeabgangsklasse)*

senior citizen *n* ■~**s** *pl* ältere Menschen, Senioren *pl* **senior partner** *n* Seniorpartner(in) *m(f)*

sensation [sen'seɪʃªn] *n* ❶ *(physical, mental)* Gefühl *nt;* ~ **of heat/cold** Hitze-/Kälteempfindung *f;* **to have the ~ that ...** das Gefühl haben, dass ... ❷ *(stir)* Sensation *f;* **to cause a ~** Aufsehen erregen

sensational [sen'seɪʃªnªl] *adj* sensationell; (*very good a.*) fantastisch

sense [sen(t)s] I. *n* ❶ *no pl (judgement)* Verstand *m;* **to make [good] ~** sinnvoll sein ❷ *(reason)* ■**one's ~ s** *pl* jds gesunder Menschenverstand; **to take leave of one's ~ s** den Verstand verlieren ❸ *(faculty)* Sinn *m;* ~ **of hearing** Gehör *nt;* ~ **of sight** Sehvermögen *nt;* ~ **of smell/taste/touch** Geruchs-/Geschmacks-/Tastsinn *m* ❹ *(feeling)* Gefühl *nt;* ~ **of direction** Orientierungssinn *m;* ~ **of duty** Pflichtgefühl *nt;* ~ **of time** Zeitgefühl *nt* ❺ *(meaning)* Bedeutung *f,* Sinn *m;* **to make ~** einen Sinn ergeben ❻ *(way)* Art *f;* **in a ~** in gewisser Weise II. *vt* wahrnehmen; ■**to ~ that ...** spüren, dass ...; **to ~ danger** Gefahr wittern

senseless ['sen(t)sləs] *adj* ❶ *(pointless) violence, waste* sinnlos ❷ *(foolish) argument* töricht ❸ *(unconscious)* besinnungslos

sense organ *n* Sinnesorgan *nt*

sensibility [ˌsen(t)sɪ'bɪləti] *n* ❶ *no pl (sensitiveness)* Einfühlungsvermögen *nt* ❷ *no pl (understanding)* Verständnis *nt*

sensible ['sen(t)sɪbl̩] *adj* ❶ *(rational)* vernünftig; ~ **decision** weise Entscheidung ❷ *(suitable) clothes* angemessen

sensibly ['sen(t)sɪbli] *adv* ❶ *(rationally)* vernünftig ❷ *(suitably)* angemessen; ~ **dressed** passend gekleidet

sensitive ['sen(t)sɪtɪv] *adj* ❶ *(kind)* verständnisvoll ❷ *(controversial) issue* heikel ❸ *(touchy)* empfindlich; ■**to be ~ to sth** empfindlich auf etw *akk* reagieren

❹ (*responsive*) empfindlich (**to** gegenüber)
sent [sent] *pp, pt of* **send**
sentence ['sentən(t)s] I. *n* ❶ (*court decision*) Urteil *nt*; (*punishment*) Strafe *f*; **to serve a** ~ eine Strafe verbüßen ❷ (*word group*) Satz *m* II. *vt* verurteilen (**to** zu)
sentimental [ˌsentɪ'mentəl] *adj* ❶ (*emotional*) *mood, person* gefühlvoll; ~ **value** ideeller Wert ❷ (*pej: overly emotional*) *person* sentimental; *music, style* kitschig; *story* rührselig
sentry ['sentri] *n* Wache *f*; ~ **box** Wachhäuschen *nt*
separable ['sepərəbl] *adj* ❶ (*form: able to separate*) [ab]trennbar ❷ LING trennbar
separate I. *adj* ['sepərət] (*not joined*) getrennt, separat; (*independent*) einzeln *attr*; **to keep sth** ~ etw auseinanderhalten II. *vi* ['sepəreɪt] ❶ (*become detached*) sich trennen; CHEM sich scheiden ❷ (*of cohabiting couple*) sich trennen; (*divorce*) sich scheiden lassen III. *vt* ['sepəreɪt] trennen
separated ['sepəreɪtɪd] *adj* getrennt
September [sep'tembər] *n* September *m*; *see also* **February**
septic ['septɪk] *adj* septisch; **to go** ~ eitern
sequel ['siːkwəl] *n* ❶ (*continuation*) Fortsetzung *f* ❷ (*follow-up*) Nachspiel *nt*
sequence ['siːkwən(t)s] *n* ❶ (*order of succession*) Reihenfolge *f*; (*connected series*) Abfolge *f* ❷ (*part of film*) Sequenz *f*
sequin ['siːkwɪn] *n* Paillette *f*
Serb [sɜːb], **Serbian** ['sɜːbiən] I. *adj* serbisch II. *n* ❶ (*person*) Serbe *m*, Serbin *f* ❷ *no pl* (*language*) Serbisch *nt*
Serbia ['sɜːbiə] *n* Serbien *nt*
Serbo-Croat [ˌsɜːbəʊ'krəʊæt] *n* LING Serbokroatisch *nt*
sergeant ['sɑːdʒənt] *n* ❶ (*military officer*) Unteroffizier *m* ❷ (*police officer*) ≈ Polizeimeister(in) *m(f)*
serial ['sɪəriəl] I. *n* MEDIA, PUBL Fortsetzungsgeschichte *f* II. *adj* Serien-; ~ **port** COMPUT serielle Schnittstelle *f*
series <*pl* -> ['sɪəriːz] *n* ❶ (*set of events*) Reihe *f*; (*succession*) Folge *f* ❷ SPORTS, TV Serie *f* ❸ PUBL Reihe *f* (**on** über)
serious ['sɪəriəs] *adj* ❶ (*earnest, determined*) *person* ernst; ▪ **to be** ~ **about** sb/sth es mit jdm/etw ernst meinen ❷ (*grave*) *accident, crime* schwer; *allegation* schwerwiegend; *argument, disagreement, threat* ernsthaft ❸ (*significant*) bedeutend; *literature, writer* anspruchsvoll
seriously ['sɪəriəsli] *adv* ❶ (*in earnest*) ernst; **to take sb/sth** ~ jdn/etw ernst nehmen; **no,** ~, … nein, [ganz] im Ernst, … ❷ (*gravely, badly*) schwer; ~ **ill/wounded** schwer krank/verletzt
sermon ['sɜːmən] *n* Predigt *f* (**on** über); **to deliver a** ~ eine Predigt halten
serpent ['sɜːpənt] *n* (*liter*) Schlange *f*
servant ['sɜːvənt] *n* Bedienstete(r) *f(m)*
serve [sɜːv] I. *n* (*in tennis*) Aufschlag *m*; (*in volleyball*) Angabe *f* II. *vt* ❶ (*in restaurant, shop*) bedienen; (*present food, drink*) servieren; (*be enough for*) reichen; ~ **s 4 to 5** ergibt 4 bis 5 Portionen ❷ (*work for*) ▪ **to** ~ **sth** etw *dat* dienen; **to** ~ **the public** im Dienste der Öffentlichkeit stehen ❸ (*complete due period*) ableisten; **to** ~ **a prison sentence** eine Haftstrafe absitzen *fam* ❹ (*provide for*) versorgen ❺ (*perform a function*) **to** ~ **a purpose** einen Zweck erfüllen ❻ TENNIS **to** ~ **an ace** ein Ass schlagen III. *vi* ❶ (*provide food, drink*) servieren ❷ (*work for*) dienen; **to** ~ **in the army** in der Armee dienen; **to** ~ **on a jury** Geschworene(r) *f(m)* sein ❸ (*function*) ▪ **to** ~ **as sth** als etw dienen ❹ (*be acceptable*) seinen Zweck erfüllen; (*suffice*) genügen ❺ SPORTS aufschlagen, Aufschlag haben ◆ **serve up** *vt* servieren
server ['sɜːvər] *n* ❶ (*utensil*) Vorlegebesteck *nt* ❷ COMPUT Server *m* ❸ REL Ministrant(in) *m(f)* ❹ SPORTS Aufschläger(in) *m(f)*
service ['sɜːvɪs] I. *n* ❶ *no pl* (*help for customers*) Service *m*; (*in restaurants, shops*) Bedienung *f*; **customer** ~ Kundendienst *m* ❷ (*act of working*) Dienst *m*, Dienstleistung *f* ❸ (*form: assistance*) Unterstützung *f*; (*aid, help*) Hilfe *f*; **to be of** ~ [**to sb**] [jdm] von Nutzen sein ❹ POL Dienst *m*; **civil/diplomatic** ~ öffentlicher/diplomatischer Dienst ❺ (*public system*) Dienst *m*; **ambulance** ~ Rettungsdienst *m*; **bus/train** ~ Bus-/Zugverbindung *f*; **postal** ~ Postwesen *nt* ❻ (*roadside facilities*) ▪ ~**s** *pl* Raststätte *f* ❼ REL Gottesdienst *m*, Messe *f* ❽ *esp* BRIT (*maintenance check*) Wartung *f*; AUTO Inspektion *f* II. *vt* warten
service area *n* Raststätte *f* **service center** *n* AM ❶ (*on freeway*) Raststätte *f* ❷ *see* **service centre service centre** *n* (*garage*)

Werkstatt *f* **service charge** *n* Bedienungsgeld *nt* **service contract** *n* ❶ (*employment*) Arbeitsvertrag *m* ❷ (*warranty*) Garantie *f* **service department** *n* Kundendienstabteilung *f* **service entrance** *n* Personaleingang *m* **service hatch** *n* Durchreiche *f* **service manual** *n* Wartungshandbuch *nt* **service road** *n* (*subsidiary road*) Nebenstraße *f*; (*access road*) Zufahrtsstraße *f*; (*for residents only*) Anliegerstraße *f* **service station** *n* Tankstelle *f*

serviette [ˌsɜːviˈet] *n esp* BRIT Serviette *f*

serving [ˈsɜːvɪŋ] *n* ❶ *of food* Portion *f* **II.** *adj attr* ❶ (*person working*) dienend; **the longest-~minister** der am längsten im Amt befindliche Minister ❷ (*imprisoned*) inhaftiert

sesame [ˈsesəmi] *n no pl* Sesam *m*

session [ˈseʃ(ə)n] *n* ❶ (*formal meeting*) Sitzung *f*; (*term of office*) Legislaturperiode *f* ❷ (*period for specific activity*) Stunde *f*; **recording** ~ Aufnahme *f*; **training** ~ Trainingsstunde *f*

set [set] **I.** *adj* ❶ *pred* (*ready*) bereit, fertig; ▪**to be** [**all**] ~ [**for sth**] [für etw *akk*] bereit sein; **ready, get ~, go!** auf die Plätze, fertig, los! ❷ (*fixed*) *pattern, time* fest[gesetzt]; ~ **phrase** feststehender Ausdruck; ~ **menu** Tageskarte *f*; ~ **price** Festpreis *m* ❸ (*unlikely to change*) **to be ~ in one's ways** in seinen Gewohnheiten festgefahren sein; **the rain is ~ to continue all week** der Regen wird wohl noch die ganze Woche andauern ❹ *attr* (*assigned*) vorgegeben; ~ **book** Pflichtlektüre ❺ (*determined*) ▪**to be** [**dead**] ~ **on sth** zu etw *dat* [wild] entschlossen sein **II.** *n* ❶ (*collection, group*) Satz *m*; (*of two items*) Paar *nt*; **chess** ~ Schachspiel *nt*; ~ **of encyclopaedias** Enzyklopädiereihe *f*; ~ **of rules** Regelwerk *nt*; ~ **of teeth** Gebiss *nt* ❷ + *sing/pl vb* (*group of people*) Kreis *m* ❸ THEAT Bühnenbild *nt*; FILM Szenenaufbau *m* ❹ (*appliance*) Gerät *nt*; (*television*) Fernseher *m* ❺ SPORTS Satz *m* **III.** *vt* <set, set> ❶ (*place*) stellen, setzen; (*on its side*) legen; **to ~ sb on his/her way** (*fig*) jdn losschicken ❷ *usu passive* (*be located*) **their house is ~ on a hill** ihr Haus liegt auf einem Hügel ❸ (*cause to be, start*) **to ~ a boat afloat** ein Boot zu Wasser lassen; **to ~ sth on fire** etw in Brand setzen; **to ~ sb straight** jdn berichtigen ❹ (*prepare*) vorbereiten; **to ~ the table** den Tisch decken ❺ (*adjust*) einstellen; *alarm, clock* stellen ❻ (*fix*) festsetzen; *date, time* ausmachen; *deadline* setzen ❼ (*establish*) *record* aufstellen; **to ~ the pace** das Tempo angeben ❽ ANAT einrenken; *broken bone* einrichten ❾ *esp* BRIT, AUS (*assign*) *homework* aufgeben; **to ~ a task for sb** jdm eine Aufgabe stellen **IV.** *vi* <set, set> ❶ (*grow together*) *bones* zusammenwachsen ❷ (*become firm*) *concrete, jelly* fest werden ❸ (*sink*) *sun* untergehen ◆**set about** *vi* (*start work upon*) ▪**to ~ about sth** *job, task* sich an etw *akk* machen ◆**set against** *vt* ❶ (*balance*) gegenüberstellen ❷ (*make oppose*) ▪**to ~ sb against sb else** jdn gegen jdn anderen aufhetzen ◆**set apart** *vt* unterscheiden ◆**set aside** *vt* ❶ (*put to side*) beiseitelegen, beiseitestellen ❷ (*keep for special use*) *money* auf die Seite legen; *time* einplanen ◆**set back** *vt* ❶ (*delay*) zurückwerfen; *deadline* verschieben ❷ (*position*) zurücksetzen (**from** von) ◆**set down** *vt* ❶ (*drop off*) absetzen ❷ (*put down*) absetzen ❸ AVIAT landen ❹ (*write down*) aufschreiben ❺ (*establish as a rule*) **to ~ down codes of practice** Verfahrensregeln aufstellen ◆**set in** *vi bad weather* einsetzen; *complications* sich einstellen ◆**set off** **I.** *vi* sich auf den Weg machen; (*in car*) losfahren **II.** *vt* ❶ (*initiate*) *alarm, reaction* auslösen ❷ (*cause to do*) ▪**to ~ sb off doing sth** jdn dazu bringen, etw zu tun ◆**set out** **I.** *vt* ❶ (*arrange*) *goods* auslegen; *chairs, chess pieces* aufstellen ❷ (*explain*) *idea, point* darlegen **II.** *vi* ❶ (*begin journey*) sich auf den Weg machen; (*in car*) losfahren ❷ (*intend*) ▪**to ~ out to do sth** beabsichtigen, etw zu tun ◆**set to** *vi* (*begin work*) loslegen *fam*; **to ~ to work** sich an die Arbeit machen ◆**set up** *vt* ❶ *camp* aufschlagen; *roadblock* errichten ❷ *business* einrichten; **to ~ up shop** sich niederlassen ❸ COMPUT *program* installieren; *system* konfigurieren ❹ (*fam: deceive, frame*) übers Ohr hauen

setback *n* Rückschlag *m*; **to suffer a** ~ einen Rückschlag erleiden

setsquare *n* AUS, BRIT [Zeichen]dreieck *nt*

settee [setˈiː] *n* Sofa *nt*, Couch *f*

setting [ˈsetɪŋ] *n usu sing* ❶ (*location*) Lage *f*; (*surroundings*) Umgebung *f* ❷ (*in film, novel*) Schauplatz *m* ❸ (*adjustment on appliance*) Einstellung *f* ❹ (*place at table*)

Gedeck *nt*
settle ['setl] **I.** *vi* ❶ (*get comfortable*) es sich *dat* bequem machen ❷ (*calm down*) *person* sich beruhigen; *weather* beständig werden ❸ (*end dispute*) sich einigen ❹ (*form: pay*) begleichen; ■**to** ~ **with sb** mit jdm abrechnen ❺ (*take up residence*) sich niederlassen ❻ (*get used to*) ■**to** ~ **into sth** sich an etw *akk* gewöhnen **II.** *vt* ❶ (*calm down*) beruhigen ❷ (*decide*) entscheiden; (*deal with*) regeln; (*bring to conclusion*) erledigen; *argument* beilegen; **to** ~ **one's affairs** (*form*) seine Angelegenheiten regeln ❸ (*colonize*) besiedeln ◆ **settle down** *vi* ❶ (*get comfortable*) es sich *dat* bequem machen ❷ (*adjust*) sich eingewöhnen ❸ (*calm down*) sich beruhigen ◆ **settle for** *vt* ■**to** ~ **for sth** mit etw *dat* zufrieden sein ◆ **settle in** *vi people* sich einleben; *things* sich einpendeln ◆ **settle on** *vt* ■**to** ~ **on sth** ❶ (*decide on*) sich für etw *akk* entscheiden ❷ (*agree on*) sich auf etw *akk* einigen ◆ **settle up** *vi* abrechnen
settled ['setld] *adj* ❶ *pred* (*comfortable, established*) ■**to be** ~ sich eingelebt haben; **to feel** ~ sich heimisch fühlen ❷ (*calm*) ruhig
settle-for-less *adj* **a** ~ **attitude** eine Kompromisshaltung
settlement ['setlmənt] *n* ❶ (*resolution*) Übereinkunft *f*; (*agreement*) Vereinbarung *f*; LAW Vergleich *m*; *of conflict* Lösung *f* ❷ FIN, ECON Bezahlung *f* ❸ (*colony*) Siedlung *f*
settler ['setlər] *n* Siedler(in) *m(f)*
set-to *n* (*fam*) Streit *m*
set-top box *n* TV Set Top Box, f (*für den Empfang des digitalen Fernsehens*)
set-up *n* ❶ (*way things are arranged*) Aufbau *m*; (*arrangement*) Einrichtung *f* ❷ (*fam: act of deception*) abgekartetes Spiel
seven ['sevən] **I.** *adj* sieben; *see also* **eight II.** *n* Sieben *f*; *see also* **eight**
sevenfold ['sevənfəʊld] *adj, adv* siebenfach
seventeen ['sevənti:n] **I.** *adj* siebzehn; *see also* **eight II.** *n* Siebzehn *f*; *see also* **eight**
seventeenth ['sevənti:n(t)θ] **I.** *adj* siebzehnte(r, s) **II.** *n* ❶ (*date*) ■**the** ~ der Siebzehnte ❷ (*fraction*) Siebzehntel *nt*
seventh ['sevən(t)θ] **I.** *adj* siebte(r, s) ▶ **to be in** ~ **heaven** im siebten Himmel sein **II.** *n* ❶ (*date*) ■**the** ~ der Siebte ❷ (*fraction*) Siebtel *nt*
seventy ['sevənti] **I.** *adj* siebzig **II.** *n* Siebzig *f*

several ['sevərəl] **I.** *adj* ❶ (*some*) mehrere, einige ❷ *attr* (*form, liter: respective*) einzeln **II.** *pron* mehrere, einige
severe [sə'vɪər] *adj* ❶ (*very serious*) schwer, schlimm; *pain* heftig; *cutback* drastisch; *blow, concussion, injury* schwer ❷ (*harsh*) *criticism, punishment* hart; (*strict*) streng; ~ **cold** eisige Kälte; ~ **reprimand** scharfer Tadel
sew <sewed, sewn *or* sewed> [səʊ] **I.** *vt* nähen; **to** ~ **on a button** einen Knopf annähen; **to** ~ **on a patch** einen Flicken aufnähen **II.** *vi* nähen ◆ **sew up** *vt* ❶ (*repair*) zunähen; *wound* nähen ❷ (*fam: complete successfully*) zum Abschluss bringen
sewage ['su:ɪdʒ] *n no pl* Abwasser *nt*; **raw** ~ ungeklärte Abwässer *pl*
sewer¹ ['sʊər] *n* Abwasserkanal *m*
sewer² ['səʊɪŋ] *n* Näher(in) *m(f)*
sewing ['səʊɪŋ] *n no pl* ❶ (*activity*) Nähen *nt* ❷ (*things to sew*) Näharbeit *f* **II.** *adj attr* Näh-; ~ **machine** Nähmaschine *f*
sewn [səʊn] *pp of* **sew**
sex [seks] *n* <*pl* -es> ❶ (*gender*) Geschlecht *nt*; **the battle of the** ~**es** (*fig*) der Kampf der Geschlechter; **the opposite** ~ das andere Geschlecht ❷ *no pl* (*intercourse*) Sex *m*, Geschlechtsverkehr *m*; **to have** ~ Sex haben; **to have** ~ **with sb** mit jdm schlafen
sex appeal *n no pl* Sexappeal *m* **sex discrimination** *n no pl* Diskriminierung *f* aufgrund des Geschlechts **sex education** *n no pl* Sexualerziehung *f*
sexism ['seksɪzəm] *n no pl* Sexismus *m*
sexist ['seksɪst] **I.** *adj* (*pej*) sexistisch **II.** *n* Sexist(in) *m(f)*
sex life *n* Sexualleben *nt* **sex selection** *n* MED Geschlechtswahl *f* des Kindes
sexual ['sekʃʊəl] *adj* ❶ (*referring to gender*) geschlechtlich; ~ **discrimination** Diskriminierung *f* aufgrund des Geschlechts ❷ (*erotic*) sexuell; ~ **attraction** sexuelle Anziehung
sexuality [ˌsekʃʊ'æləti] *n no pl* Sexualität *f*
sexually ['sekʃʊəli] *adv* ❶ (*referring to gender*) geschlechtlich ❷ (*erotically*) sexuell
sexy ['seksi] *adj* (*fam*) sexy
Sgt *n abbrev of* **sergeant** Uffz.
shabby ['ʃæbi] *adj* ❶ (*worn*) schäbig ❷ (*poorly dressed*) ärmlich gekleidet
shack [ʃæk] *n* Hütte *f*
shade [ʃeɪd] **I.** *n* ❶ *no pl* (*area out of sun-*

light) Schatten *m;* **a patch of** ~ ein schattiges Plätzchen; **in the** ~ im Schatten ❷(*lampshade*) [Lampen]schirm *m* ❸(*variation of colour*) Farbton *m;* **~s of grey** Grautöne *pl* ❹(*fam: sunglasses*) ■ ~ *pl* Sonnenbrille *f* II. *vt* [vor der Sonne] schützen; **an avenue ~d by trees** eine von Bäumen beschattete Allee; **to** ~ **one's eyes** seine Augen beschirmen

shading ['ʃeɪdɪŋ] *n no pl* Schattierung *f*

shadow ['ʃædəʊ] I. *n* ❶(*produced by light*) Schatten *m;* **to cast a** ~ **over sth/sb** [s]einen Schatten auf etw/jdn werfen *a. fig* ❷(*under eye*) Augenring *m* ❸(*on X-ray*) Schatten *m* ❹(*smallest trace*) Hauch *m,* Anflug *m* ❺(*secret follower*) Beschatter(in) *m(f)* II. *vt* ❶(*overshadow*) verdunkeln ❷(*follow secretly*) beschatten ❸ SPORTS (*stay close to*) decken

Shadow Cabinet *n* POL ■ **the** ~ das Schattenkabinett

shadowy ['ʃædəʊi] *adj* (*out of sun*) schattig, (*dark*) düster; ~ **outline** Schattenriss

shady ['ʃeɪdi] *adj* ❶(*in shade*) schattig ❷(*fam: dubious*) fragwürdig

shaft [ʃɑːft] *n* ❶(*hole*) Schacht *m;* **lift** [*or* AM **elevator**] ~ Aufzugsschacht *m;* **ventilation** ~ Lüftungsschacht *m* ❷(*of tool*) Schaft *m*

shagged out [ʃægd'aʊt] *adj pred* BRIT, AUS (*sl, fam!*) ausgepumpt *fam*

shaggy ['ʃægi] *adj* ❶(*hairy*) struppig ❷(*unkempt*) zottelig; ~ **hair** Zottelhaar *nt*

shake [ʃeɪk] I. *n* ❶(*action*) Schütteln *nt kein pl;* **a** ~ **of one's head** ein Kopfschütteln ❷(*nervousness*) **to get the ~s** (*fam*) Muffensausen kriegen ❸ *esp* AM (*fam: milkshake*) Shake *m* II. *vt* <shook, shaken> ❶(*vibrate*) schütteln; ~ **well before using** vor Gebrauch gut schütteln; ■ **to** ~ **sth over sth** etw über etw *akk* streuen; **to** ~ **one's head** den Kopf schütteln ❷(*shock*) erschüttern; **the news has ~n the whole country** die Nachricht hat das ganze Land schwergetroffen III. *vi* <shook, shaken> ❶(*quiver*) beben; **his voice shook with emotion** seine Stimme zitterte vor Rührung ❷(*fam: agree*) ■ **to** ~ [**on sth**] sich *dat* [in einer Sache] die Hand reichen ▶ **to** ~ **like a leaf** wie Espenlaub zittern ◆ **shake off** *vt* ❶(*remove*) abschütteln ❷(*get rid of*) überwinden; ■ **to** ~ **off** ⌐ **sb** jdn loswerden; *pursuer* jdn abschütteln ◆ **shake out** *vt* ausschütteln ◆ **shake up** *vt* ❶(*mix*) mischen ❷(*shock*) aufwühlen

shaken ['ʃeɪkən] I. *vi, vt pp of* **shake** II. *adj* erschüttert

shakeout ['ʃeɪkaʊt] *n* ❶ ECON radikale Umorganisation; (*involving redundancies*) Rationalisierung *f* ❷(*on a stock market*) Glattstellung *f*

shake-up ['ʃeɪkʌp] *n* Veränderung *f,* Umstrukturierung *f*

shakily ['ʃeɪkɪli] *adv* ❶(*unsteadily*) wack[e]lig; *voice, hands* zittrig ❷(*uncertainly*) unsicher

shaking I. *n* (*jolting*) Schütteln *nt;* (*trembling*) Zittern *nt* II. *adj* zitternd; **with** ~ **knees/hands** mit zitternden Knien/Händen

shaky ['ʃeɪki] *adj* ❶ *hands, voice* zittrig; *ladder, table* wack[e]lig ❷(*unstable*) *basis, foundation* unsicher; **his English is rather** ~ sein Englisch ist etwas holprig

shall [ʃæl, ʃəl] *aux vb* ❶ *usu* BRIT (*future*) ■ **I** ~ **...** ich werde ... ❷ *esp* BRIT (*ought to, must*) ■ **I/he/she** ~ **...** ich/er/sie soll ... ❸(*expressing what is mandatory*) **it** ~ **be unlawful ...** es ist verboten, ...

shallow ['ʃæləʊ] *adj* ❶(*not deep*) seicht; *ditch, pan* flach; ~ **pool** Kinderbecken *nt* ❷(*light*) ~ **breathing** flacher Atem

sham [ʃæm] (*pej*) I. *n usu sing* Trug *m kein pl,* Betrug *m kein pl* II. *vt* <-mm-> vortäuschen III. *vi* <-mm-> sich verstellen

shamble ['ʃæmbl̩] *vi* (*walk*) watscheln; (*shuffle*) schlurfen

shambles ['ʃæmbl̩z] *n +sing vb* (*fam*) ■ **a** ~ ein heilloses Durcheinander; **to be in a** ~ sich in einem chaotischen Zustand befinden

shame [ʃeɪm] I. *n no pl* ❶(*feeling*) Scham *f;* **have you no ~?** schämst du dich nicht?; ~ **on you!** schäm dich! ❷(*disgrace*) Schande *f* ❸(*a pity*) Jammer *m;* **what a ~!** wie schade! II. *vt* ❶(*make ashamed*) beschämen ❷(*bring shame on*) ■ **to** ~ **sb/sth** jdm/etw Schande machen

shameful ['ʃeɪmfəl] *adj* ❶(*causing shame*) schimpflich; *defeat* schmachvoll ❷(*disgraceful*) empörend; ■ **it's** ~ **that ...** es ist eine Schande, dass ...

shameless ['ʃeɪmləs] *adj* schamlos

shampoo [ʃæm'puː] I. *n no pl* Shampoo *nt;* **a** ~ **and set** Waschen und Legen II. *vt* shamponieren

shandy [ˈʃændi] *n esp* BRIT, AUS Radler *nt bes* SÜDD, Alsterwasser *nt* NORDD

shan't [ʃɑːnt] = **shall not** *see* **shall**

shape [ʃeɪp] **I.** *n* ❶ (*outline*) Form *f*; BIOL Gestalt *f*; MATH Figur *f*; **to lose its ~** die Form verlieren; **to take ~** Form annehmen ❷ *no pl* (*condition*) **to be in great ~** in Hochform sein; **to knock sb into ~** jdn zurechtstutzen *fam* **II.** *vt* ❶ (*mould*) [aus]formen ❷ (*influence*) prägen; **to ~ sb's character/personality** jds Charakter *m*/Persönlichkeit *f* formen **III.** *vi* sich entwickeln

share [ʃeəʳ] **I.** *n* ❶ (*part*) Teil *m*, Anteil *m*; **the lion's ~ of sth** der Löwenanteil von etw *dat*; **~ of the vote** Stimmenanteil *m* ❷ *usu pl* (*in company*) Aktie *f*; **stocks and ~s** Wertpapiere *pl* **II.** *vi* ❶ (*with others*) teilen ❷ ■ **to ~ in sth** (*have part of*) an etw *dat* teilhaben; (*participate*) an etw *dat* beteiligt sein **III.** *vt* ❶ (*divide*) teilen; **to ~ responsibility** Verantwortung gemeinsam tragen ❷ (*have in common*) gemeinsam haben; **to ~ sb's concern** jds Besorgnis *f* teilen ❸ (*communicate*) **to ~ a secret [with sb]** jdn in ein Geheimnis einweihen ▶ **a problem ~d is a problem halved** (*prov*) geteiltes Leid ist halbes Leid

shark <*pl* -s *or* -> [ʃɑːk] *n* Hai[fisch] *m*

sharp [ʃɑːp] **I.** *adj* ❶ *blade, knife* scharf; *point, pencil, angle* spitz; *bend* scharf ❷ *attack, rebuke* scharf; **~ criticism** beißende Kritik ❸ (*sudden*) plötzlich; (*marked*) *drop, rise* stark ❹ (*perceptive*) scharfsinnig; **~ mind** scharfer Verstand ❺ MUS **C ~** Cis *nt*; **F ~** Fis *nt* **II.** *adv* (*exactly*) genau; **the performance will start at 7.30 ~** die Aufführung beginnt um Punkt 7.30 Uhr **III.** *n* MUS Kreuz *nt*

sharpen [ˈʃɑːpən] *vt* ❶ (*make sharp*) schärfen; *pencil* spitzen; *scissors, knife* schleifen ❷ (*intensify*) verschärfen ❸ (*improve*) schärfen; **to ~ one's mind** den Verstand schärfen

sharpener [ˈʃɑːpənəʳ] *n* **pencil ~** Bleistiftspitzer *m*; **knife ~** Messerschleifgerät *nt*

sharp-eyed *adj* scharfsichtig **sharp-tempered** *adj* leicht erregbar **sharp-tongued** *adj* scharfzüngig **sharp-witted** *adj* scharfsinnig

shatter [ˈʃætəʳ] **I.** *vi* zerspringen; **the glass ~ed into a thousand tiny pieces** das Glas zerbrach in tausend winzige Stücke **II.** *vt* ❶ (*smash*) zertrümmern ❷ (*fig*) vernichten; **to ~ sb's dreams/illusions** jds Träume/Illusionen zunichtemachen ❸ BRIT (*fam: exhaust*) schlauchen; **I'm ~ed!** ich bin fix und fertig!

shattering [ˈʃætərɪŋ] *adj* (*fam*) ❶ (*very upsetting*) erschütternd ❷ (*destructive*) vernichtend ❸ BRIT (*exhausting*) aufreibend

shatterproof [ˈʃætəpruːf] *adj* bruchsicher; *windscreen* splitterfrei

shave [ʃeɪv] **I.** *n* Rasur *f*; **I need a ~** ich muss mich rasieren ▶ **a close ~** ein knappes Entkommen **II.** *vi* sich rasieren **III.** *vt* rasieren

shaven [ˈʃeɪvən] *adj* rasiert; *head* kahl geschoren

shaver [ˈʃeɪvəʳ] *n* Rasierapparat *m*

shaving [ˈʃeɪvɪŋ] **I.** *adj attr* Rasier-; **~ cream** Rasiercreme *f* **II.** *n usu pl* Hobelspan *m*

shawl [ʃɔːl] *n* Schultertuch *nt*

she [ʃiː, ʃi] **I.** *pron* ❶ (*female person, animal*) sie; ■ **~ who ...** (*particular person*) diejenige, die ...; (*any person*) wer ❷ (*inanimate thing*) es **II.** *n usu sing* ■ **a ~** (*person*) eine Sie; (*animal*) ein Weibchen *nt*

shears [ʃɪəz] *npl* TECH [große] Schere; *metal* Metallschere *f*; [**garden**] **~** Gartenschere *f*

sheath knife *n* Dolch *m*

shed[1] [ʃed] *n* Schuppen *m*; **garden ~** Gartenhäuschen *nt*

shed[2] <-dd-, shed, shed> [ʃed] **I.** *vt* ❶ (*cast off*) ablegen; *antlers, leaves* abwerfen; *hair* verlieren; **to ~ a few kilos/pounds** ein paar Kilo/Pfund abnehmen; **to ~ one's skin** sich häuten; **to ~ one's winter coat** das Winterfell verlieren ❷ (*get rid of*) ablegen; **to ~ one's inhibitions/insecurity** seine Hemmungen/Unsicherheit verlieren ❸ (*generate*) *blood, tears* vergießen; *light* verbreiten ❹ BRIT (*drop accidentally*) **a lorry has ~ a load of gravel across the road** ein LKW hat eine Ladung Kies auf der Straße verloren **II.** *vi snakes* sich häuten; *cats* haaren

she'd[1] [ʃiːd] = **she would** *see* **would**

she'd[2] [ʃiːd] = **she had** *see* **have**

sheep <*pl* -> [ʃiːp] *n* Schaf *nt*; **flock of ~** Schafherde *f* ▶ **to separate the ~ from the goats** die Schafe von den Böcken trennen

sheepdog *n* Schäferhund *m*

sheepish [ˈʃiːpɪʃ] *adj* unbeholfen; *smile* verlegen

sheepskin *n* Schaffell *nt*

sheer [ʃɪəʳ] **I.** *adj* ❶ (*utter*) pur, rein, schier; **~ bliss** eine wahre Wonne; **~ coincidence** reiner Zufall ❷ (*vertical*) *cliff, drop* steil

II. *adv* steil

sheet [ʃi:t] *n* ❶ *(for bed)* Laken *nt* ❷ *(of paper)* Blatt *nt* ❸ *(large area)* ~ **of ice** Eisschicht *f;* ~ **of water** ausgedehnte Wasserfläche

sheet feed *n* COMPUT Einzelblatteinzug *m*

sheet lightning *n no pl* Wetterleuchten *nt*

sheik(h) [ʃeɪk, ʃi:k] *n* Scheich *m*

shelf <*pl* **shelves**> [ʃelf] *n* ❶ *(for storage)* [Regal]brett *nt*, Bord *nt*; *(set of shelves)* Regal *nt* ❷ GEOL Schelf *m o nt*

shell [ʃel] I. *n* ❶ *of egg, nut* Schale *f; of tortoise* Panzer *m; of pea* Hülse *f;* (*on beach*) Muschel *f* ❷ *(of a building)* Mauerwerk *nt* ❸ *(for artillery)* Granate *f;* AM *(cartridge)* Patrone *f* II. *vt* ❶ *(remove shell)* schälen ❷ *(bombard)* [mit Granaten] bombardieren ◆ **shell out** *vi* (*fam*) ■ **to** ~ **out for sth/sb** für etw/jdn bezahlen

she'll [ʃi:l] = **she shall** *see* **shall**

she'll [ʃi:l] = **she will** *see* **will**[1]

shellfish <*pl* -> *n* Schalentier *nt*

shelling [ˈʃelɪŋ] *n no pl* Bombardierung *f;* (*shellfire*) Geschützfeuer *nt*

shell-shocked *adj* ❶ *(after battle)* kriegsneurotisch ❷ *(fig: dazed)* völlig geschockt

shell suit *n* Trainingsanzug *m* (*mit Wasser abweisender Nylonoberfläche*)

shelter [ˈʃeltəʳ] I. *n* ❶ *no pl* Schutz *m;* **to find/take** ~ Schutz finden/suchen ❷ *(structure)* Unterstand *m;* (*sth to sit in*) Häuschen *nt;* **bus** ~ Häuschen *nt* an der Bushaltestelle; **a** ~ **for the homeless/battered wives** im Obdachlosenheim *nt*/Frauenhaus *nt* II. *vi* Schutz suchen III. *vt* schützen (**from** vor)

sheltered [ˈʃeltəd] *adj* ❶ *(against weather)* geschützt ❷ *(pej: overprotected)* behütet ❸ ~ **accommodation** Alten[wohn]heim *nt*

shelves [ʃelvz] *n pl of* **shelf**

she's[1] [ʃi:z, ʃɪz] = **she is** *see* **be**

she's[2] [ʃi:z, ʃɪz] = **she has** *see* **have**

shield [ʃi:ld] I. *n* ❶ *(defensive weapon)* [Schutz]schild *m* ❷ *(with coat of arms)* [Wappen]schild *nt* ❸ *(protective device)* Schutz *m kein pl* ❹ SPORTS Trophäe *f* II. *vt* beschützen (**from** vor); **to** ~ **one's eyes** die Augen schützen

shift [ʃɪft] I. *vt* ❶ *(move)* [weg]bewegen; (*move slightly*) *furniture* verschieben ❷ *(transfer elsewhere)* **to** ~ **the emphasis** die Betonung verlagern ❸ AM MECH **to** ~ **gears** schalten II. *vi* ❶ *(move)* sich bewegen; *(change position)* die Position verändern; **it won't** ~ es lässt sich nicht bewegen ❷ AM AUTO **to** ~ **into reverse** den Rückwärtsgang einlegen ❸ BRIT (*sl: move over*) ~ **up/over a bit!** rutsch mal ein bisschen rüber! *fam* III. *n* ❶ *(alteration)* Wechsel *m*, Änderung *f;* **a** ~ **in opinion** ein Meinungsumschwung *m* ❷ *(period of work)* Schicht *f;* **day/night** ~ Tag-/Nachtschicht *f* ❸ *(type of dress)* Hänger *m*

shifting [ˈʃɪftɪŋ] *adj attr* sich verändernd

shift key *n* COMPUT Shift-Taste *f*

shifty [ˈʃɪfti] *adj* hinterhältig; ~ **eyes** unsteter Blick; **to look** ~ verdächtig aussehen

shimmery [ˈʃɪməri] *adj* funkelnd

shin [ʃɪn] *n* ❶ *(of leg)* Schienbein *nt* ❷ *no pl* (*of beef*) Hachse *f*

shine [ʃaɪn] I. *n no pl* Glanz *m* ▸ **to take a** ~ **to sb** jdn ins Herz schließen II. *vi* <shone *or* shined, shone *or* shined> ❶ *(give off light) moon, sun* scheinen; *stars* leuchten ❷ *(be gifted)* glänzen III. *vt* <shone *or* shined, shone *or* shined> ❶ *(point light)* **to** ~ **a beam of light at sth/sb** etw/jdn anstrahlen ❷ *(polish)* polieren ◆ **shine down** *vi* herabscheinen ◆ **shine out** *vi* ❶ *(be easily seen)* [auf]leuchten ❷ *(excel, stand out)* herausragen

shiner [ˈʃaɪnəʳ] *n* (*fam*) Veilchen *nt*

shingles [ˈʃɪŋglz] *npl + sing vb* MED Gürtelrose *f*

shining [ˈʃaɪnɪŋ] *adj* ❶ *(gleaming)* glänzend ❷ *(with happiness)* strahlend

shiny [ˈʃaɪni] *adj* glänzend; *(very clean) surface, metal* [spiegel]blank; ■ **to be** ~ glänzen

ship [ʃɪp] I. *n* Schiff *nt;* **cargo/passenger** ~ Fracht-/Passagierschiff *nt;* ■ **by** ~ mit dem Schiff; *(goods)* per Schiff II. *vt* <-pp-> ❶ *(send by boat)* verschiffen ❷ *(transport)* transportieren ◆ **ship out** I. *vt* per Schiff senden II. *vi* (*fam*) sich verziehen

shipping company *n* Reederei *f*

shipping department *n* Versandabteilung *f*

shipshape *adj pred* (*fam*) aufgeräumt; **to get sth** ~ etw aufräumen **shipwreck** I. *n* ❶ *(accident)* Schiffbruch *m* ❷ *(remains)* [Schiffs]wrack *nt* II. *vt usu passive* ■ **to be** ~**ed** Schiffbruch erleiden **shipyard** *n* [Schiffs]werft *f*

shire [ˈʃaɪəʳ] *n* BRIT Grafschaft *f*

shirk [ʃɜ:k] (*pej*) I. *vt* meiden; **to** ~ **one's responsibilities** sich seiner Verantwortung entziehen **II.** *vi* ■**to** ~ **from sth** sich etw *dat* entziehen

shirker [ˈʃɜːkəʳ] *n* (*pej*) Drückeberger(in) *m(f) fam*

shirt [ʃɜːt] *n* Hemd *nt* ▶ **keep your** ~ **on!** *reg* dich ab!

shirtsleeve *n usu pl* Hemdsärmel *m* ▶ **to roll up one's** ~**s** die Ärmel hochkrempeln *fam*

shirty [ˈʃɜːti] *adj* BRIT, AUS (*pej fam*) sauer *sl;* **don't get** ~ **with me!** sei nicht so griesgrämig!

shit [ʃɪt] (*fam!*) **I.** *n* ❶ *no pl* (*faeces*) Scheiße *f* derb ❷ (*diarrhoea*) ■**the** ~**s** *pl* Dünnschiss *m* kein *pl* derb ❸ *no pl* (*nonsense*) Scheiße *m* derb **II.** *interj* Scheiße derb **III.** *vi* <-tt-, shit *or* shitted *or* BRIT *a.* shat, shit *or* shitted *or* BRIT *a.* shat> scheißen derb

shitty [ˈʃɪti] *adj* (*fam!*) beschissen derb

shiver [ˈʃɪvəʳ] **I.** *n* ❶ (*shudder*) Schauder *m;* **a** ~ **went up and down my spine** mir lief es kalt den Rücken hinunter ❷ MED ■**the** ~**s** *pl* Schüttelfrost *m* kein *pl* **II.** *vi* zittern; **to** ~ **with cold** frösteln; **to** ~ **like a leaf** wie Espenlaub zittern

shivery [ˈʃɪvᵊri] *adj* fröstelnd; **to feel** ~ frösteln

shock¹ [ʃɒk] **I.** *n* ❶ (*unpleasant surprise*) Schock *m;* **a** ~ **to the system** eine schwierige Umstellung; **to come as a** ~ ein Schock sein ❷ (*fam*) ELEC elektrischer Schlag ❸ *no pl* (*serious health condition*) Schock[zustand] *m;* **to be in** [**a state of**] ~ unter Schock stehen **II.** *vt, vi* schockieren; (*deeply*) erschüttern; **to** ~ **sb deeply** jdn zutiefst erschüttern

shock² [ʃɒk] *n* ~ **of hair** [Haar]schopf *m*

shock absorber *n* AUTO Stoßdämpfer *m*

shocker [ˈʃɒkəʳ] *n* (*fam*) ❶ (*shocking thing*) Schocker *m* ❷ (*very bad thing*) Katastrophe *f*

shocking [ˈʃɒkɪŋ] *adj* ❶ (*distressing, offensive*) schockierend; *crime* abscheulich ❷ *esp* AM (*surprising*) völlig überraschend ❸ *esp* BRIT (*fam: appallingly bad*) schrecklich, furchtbar

shockproof *adj* ❶ (*undamagable*) bruchsicher ❷ (*not producing electric shock*) berührungssicher

shock wave *n* ❶ PHYS Druckwelle *f* ❷ (*fig*) **the news sent** ~**s through the financial world** die Nachricht erschütterte die Finanzwelt

shod [ʃɒd] **I.** *pt, pp of* **shoe II.** *adj* beschuht; ~ **in boots** in Stiefeln

shoddy [ˈʃɒdi] *adj* (*pej: poorly produced*) schlampig [gearbeitet] *fam;* (*rundown*) schäbig

shoe [ʃuː] **I.** *n* ❶ (*for foot*) Schuh *m;* **a pair of** ~**s** ein Paar *nt* Schuhe ❷ (*horseshoe*) Hufeisen *nt* ▶ **to put oneself in sb's** ~**s** sich in jds *akk* Lage *f* versetzen **II.** *vt* <shod *or* AM *a.* shoed, shod *or* AM *a.* shoed> **to** ~ **a horse** ein Pferd beschlagen

shoelace *n usu pl* Schnürsenkel *m;* **to do up one's** ~**s** sich *dat* die Schuhe zubinden

shoe polish *n no pl* Schuhcreme *f* **shoe size** *n* Schuhgröße *f* **shoestring** *n usu pl* AM Schnürsenkel *m* ▶ **to do sth on a** ~ (*fam*) etw mit wenig Geld machen

shone [ʃɒn] *pt, pp of* **shine**

shoo [ʃuː] (*fam*) **I.** *interj* (*to child*) husch [husch] **II.** *vt* wegscheuchen

shook [ʃʊk] *n pt of* **shake**

shoot [ʃuːt] **I.** *n* ❶ (*on plant*) Trieb *m;* **green** ~**s** (*fig*) erste [hoffnungsvolle] Anzeichen ❷ (*hunt*) Jagd *f* ❸ PHOT Aufnahmen *pl* **II.** *vi* <shot, shot> ❶ (*discharge weapon*) schießen (**at** auf); **to** ~ **to kill** mit Tötungsabsicht schießen ❷ SPORTS schießen ❸ + *adv/prep* (*move rapidly*) **to** ~ **to fame** über Nacht berühmt werden ❹ (*film*) filmen, drehen **III.** *vt* <shot, shot> ❶ (*fire*) schießen ❷ (*hit*) anschießen; (*dead*) erschießen ❸ PHOT *film* drehen ♦ **shoot down** *vt* ❶ (*kill*) erschießen ❷ AVIAT, MIL abschießen ♦ **shoot off I.** *vt usu passive* wegscheuchen ▶ **to** ~ **one's mouth off** (*sl*) sich *dat* das Maul zerreißen derb **II.** *vi vehicle* schnell losfahren; *people* eilig aufbrechen ♦ **shoot out** *vi* ❶ (*emerge suddenly*) plötzlich hervorschießen ❷ (*gush forth*) *water* herausschießen; *flames* hervorbrechen ♦ **shoot up** *vi* ❶ (*increase rapidly*) schnell ansteigen; *skyscraper* in die Höhe schießen ❷ (*fam: grow rapidly*) *child* schnell wachsen

shooter [ˈʃuːtəʳ] *n* SPORTS (*in netball*) [Tor]schütze *m*, [Tor]schützin *f*; (*in basketball*) Korbschütze *m*, Korbschützin *f*

shooting [ˈʃuːtɪŋ] **I.** *n* ❶ (*attack with gun*) Schießerei *f*; (*from more than one side*) Schusswechsel *m* ❷ *no pl* (*sport*) Jagen *nt*; **grouse** ~ Moorhuhnjagd *f* ❸ *no pl* FILM Drehen *nt* **II.** *adj attr* ~ **pain** stechender Schmerz

shooting star *n* ❶ (*meteor*) Sternschnuppe *f* ❷ (*person*) Shootingstar *m*

shop [ʃɒp] **I.** *n* ❶ (*store*) Geschäft *nt*, Laden

shopaholic–should

m; **baker's** ~ *esp* Brit Bäckerei ❷ Brit, Aus (*shopping*) Einkauf *m;* **to do the weekly** ~ die wöchentlichen Einkäufe erledigen ▸ **to be all over the** ~ Brit (*fam*) ein [völliges] Durcheinander sein **II.** *vi* <-pp-> einkaufen; **to** ~ **till you drop** (*hum*) eine Shoppingorgie veranstalten

shopaholic [ʃɒpəˈhɒlɪk] *n* Einkaufssüchtige(r) *f(m)*

shop assistant *n* Verkäufer(in) *m(f)* **shopkeeper** *n* Ladeninhaber(in) *m(f)*

shoplifter *n* Ladendieb(in) *m(f)* **shoplifting** *n no pl* Ladendiebstahl *m*

shopper [ˈʃɒpəʳ] *n* Käufer(in) *m(f)*

shopping [ˈʃɒpɪŋ] *n no pl* ❶ (*buying in shops*) Einkaufen *nt;* **Christmas** ~ Weihnachtseinkäufe *pl;* **to go** ~ einkaufen gehen ❷ (*purchases*) Einkäufe *pl;* **bags of** ~ volle Einkaufstaschen

shopping arcade *n* Einkaufspassage *f* **shopping bag** *n* Einkaufstasche *f;* **plastic** ~ Plastiktragetasche *f* **shopping cart** *n* Am Einkaufswagen *m* **shopping center** Am *see* **shopping centre** **shopping centre** *n* Einkaufszentrum *nt* **shopping list** *n* Einkaufsliste *f* **shopping mall** *n esp* Am, Aus überdachtes Einkaufszentrum **shopping trolley** *n* Brit Einkaufswagen *m*

shop-soiled *adj* Brit, Aus leicht beschädigt

shop window *n* Schaufenster *nt*

shore [ʃɔːʳ] *n* (*coast*) Küste *f;* *of river, lake* Ufer *nt;* (*beach*) Strand *m*

shoreline *n* Küstenlinie *f*

short [ʃɔːt] **I.** *adj* ❶ (*not long*) kurz; **Bob's** ~ **for Robert** Bob ist die Kurzform von Robert ❷ (*not tall*) klein ❸ (*not far*) kurz; ~ **distance** kurze Strecke; **at** ~ **range** aus kurzer Entfernung ❹ (*brief*) kurz; **to have a** ~ **memory** ein kurzes Gedächtnis haben; **at** ~ **notice** kurzfristig; ~ **and sweet** kurz und schmerzlos ❺ (*not enough*) **to be** ~ [**of cash**] (*fam*) knapp bei Kasse sein; **to be** ~ **of space** wenig Platz haben ❻ *pred* (*not friendly*) ▪ **to be** ~ [**with sb**] [jdm gegenüber] kurz angebunden sein ▸ **to have a** ~ **fuse** schnell wütend werden; **to draw the** ~ **straw** den Kürzeren ziehen **II.** *n* ❶ elec (*fam*) Kurzer *m* ❷ Brit (*fam: alcoholic drink*) Kurzer *m* **III.** *adv* **to cut sth** ~ etw abkürzen; **to fall** ~ **of sth** etw nicht erreichen ▸ **in** ~ kurz gesagt

shortage [ˈʃɔːtɪdʒ] *n* Mangel *m kein pl* (**of**

an); **water** ~ Wassermangel *m*

short-change *vt* ▪ **to** ~ **sb** (*after purchase*) jdm zu wenig Wechselgeld herausgeben

short circuit *n* Kurzschluss *m*

shortcoming *n usu pl* Mangel *m;* *of person* Fehler *m;* *of system* Unzulänglichkeit *f*

short cut *n* Abkürzung *f*

shortcut key *n* comput Tastenkombination *f*

shorten [ˈʃɔːtən] **I.** *vt* (*make shorter*) kürzen; *name* abkürzen **II.** *vi* (*become shorter*) kürzer werden

shorthand *n no pl* Kurzschrift *f,* Stenografie *f;* **to do** ~ stenografieren

shorthanded *adj* unterbesetzt

short list *n* Liste *f* der aussichtsreichsten Bewerber/Bewerberinnen; **to be on the** ~ in der engeren Wahl sein

short-lived [-ˈlɪvd] *adj* kurzlebig; *happiness, triumph* kurz; ▪ **to be** ~ von kurzer Dauer sein

shortly [ˈʃɔːtli] *adv* (*soon*) in Kürze, bald; ~ **after ...** kurz nachdem ...; ~ **afterwards** kurz danach

short-range *adj* ❶ mil Kurzstrecken- ❷ (*short-term*) kurzfristig; ~ **weather forecast** Wettervorhersage *f* für die nächsten Tage

shorts [ʃɔːts] *n pl* ❶ (*short trousers*) kurze Hose, Shorts *pl* ❷ Am (*underpants*) Unterhose *f*

short-sighted *adj* kurzsichtig *a. fig* **short-sleeved** [-ˌsliːvd] *adj* kurzärmelig **short-staffed** [-ˈstɑːft] *adj* unterbesetzt **short story** *n* Kurzgeschichte *f* **short-tempered** [-ˈtempəd] *adj* cholerisch **short-term** *adj* kurzfristig; ~ **memory** Kurzzeitgedächtnis *nt;* ~ **outlook** Aussichten *pl* für die nächste Zeit **short wave** *n* Kurzwelle *f* **short-winded** [-ˈwɪndɪd] *adj* kurzatmig

shot [ʃɒt] **I.** *n* ❶ *of weapon* Schuss *m* ❷ sports (*heavy metal ball*) Kugel *f* ❸ sports (*in tennis, golf*) Schlag *m;* (*in football, ice hockey*) Schuss *m* ❹ *no pl* (*ammunition*) Schrot *m o nt* ❺ (*photograph*) Aufnahme *f* ❻ (*fam: injection*) Spritze *f* ❼ *of alcohol* Schuss *m* **II.** *vt, vi pp, pt of* **shoot**

shotgun *n* Schrotflinte *f* ▸ **to ride** ~ Am (*fam*) vorne sitzen (*im Auto*)

shot put *n* sports ▪ **the** ~ Kugelstoßen *nt kein pl*

shot putter *n* Kugelstoßer(in) *m(f)*

should [ʃʊd] *aux vb* ❶ (*expressing advisabil-*

ity, obligation) ■**sb/sth ~ ...** jd/etw sollte ...; **you ~ be ashamed of yourselves** ihr solltet euch [was] schämen; **~ I apologize to him?** soll[te] ich mich bei ihm entschuldigen? ❷ (*expressing expectation*) ■**sb/sth ~ ...** jd/etw sollte [o müsste] [eigentlich] ...; **there ~n't be any problems** es dürfte eigentlich keine Probleme geben; **I ~ be so lucky** (*fam*) schön wär's! ❸ (*form: expressing a possibility*) **in case sth/sb ~ do sth** falls etw/jd etw tun sollte ❹ (*rhetorical*) ■**why ~ sb/sth ...?** warum sollte jd/etw ...? ❺ (*could*) **where's Stuart? — how ~ I know?** wo ist Stuart? — woher soll[te] ich das wissen.

shoulder ['ʃəʊldəʳ] **I.** *n* ❶ (*joint*) Schulter *f;* **a ~ to cry on** (*fig*) eine Schulter zum Ausweinen; **to shrug one's ~s** mit den Achseln zucken ❷ FASHION Schulter *f* ❸ (*meat*) Schulter *f;* **of beef** Bug *m* ❹ (*of road*) **soft/hard ~** unbefestigtes/befestigtes Bankett **II.** *vt* (*accept*) auf sich *akk* nehmen; **to ~ the cost of sth** die Kosten für etw *akk* tragen; **to ~ responsibility** Verantwortung übernehmen

shoulder bag *n* Umhängetasche *f* **shoulder blade** *n* ANAT Schulterblatt *nt* **shoulder-fired** *adj* MIL **a ~ missile** eine von der Schulter gestartete Rakete **shoulder pad** *n* Schulterpolster *nt o* ÖSTERR *m;* SPORTS *a.* Schulterschoner *m* **shoulder strap** *n* Riemen *m*

shouldn't ['ʃʊdənt] = **should not** *see* **should**

shout [ʃaʊt] **I.** *n* ❶ (*loud cry*) Ruf *m,* Schrei *m;* **a ~ from the audience** ein Zuruf *m* aus dem Publikum; **~ of joy** Freudenschrei *m* ❷ BRIT, AUS (*fam: round of drinks*) Runde *f* **II.** *vi* ■**to ~ at sb** jdn anschreien; **to ~ for help** um Hilfe rufen **III.** *vt* rufen, schreien ♦ **shout down** *vt* niederschreien *fam* ♦ **shout out** *vt* [aus]rufen

shouting ['ʃaʊtɪŋ] *n no pl* Schreien *nt,* Geschrei *nt*

shove [ʃʌv] **I.** *n* Ruck *m;* **to give sth a ~** etw [weg]rücken **II.** *vt* ❶ (*push*) schieben; ■**to ~ sb around** jdn herumstoßen *fam* ❷ (*place*) **to ~ sth into a bag** etw in eine Tasche stecken **III.** *vi* ❶ (*push*) drängen ❷ (*fam: move aside*) ■**to ~ along** beiseiterücken ♦ **shove off** *vi* ❶ (*fam!, sl: go away*) abhauen *sl* ❷ NAUT (*push away*) [vom Ufer] abstoßen

shovel ['ʃʌvəl] **I.** *n* ❶ (*tool*) Schaufel *f;* **of earthmoving machine** Baggerschaufel *f* ❷ (*shovelful*) **a ~ of coal/dirt/snow** eine Schaufel [voll] Kohle/Erde/Schnee **II.** *vt, vi* <BRIT -ll- *or* AM *usu* -l-> schaufeln

show [ʃəʊ] **I.** *n* ❶ (*showing*) Demonstration *f geh;* **~ of kindness** Geste *f* der Freundlichkeit; **~ of solidarity** Solidaritätsbekundung *f geh* ❷ *no pl* (*display, impression*) Schau *f;* **to make a ~ of sth** etw zur Schau stellen ❸ *no pl* (*impressive sight*) Schauspiel *nt geh* ❹ (*exhibition, event*) Schau *f,* Ausstellung *f;* **slide ~** Diavortrag *m;* ■**to be on ~** ausgestellt sein ❺ (*entertainment*) Show *f;* (*on TV a.*) Unterhaltungssendung *f;* (*at a theatre*) Vorstellung *f;* **puppet ~** Puppenspiel *nt* ❻ *no pl* (*fam: activity, affair*) Sache *f;* **who's running the ~?** wer ist hier der Boss? *fam* **II.** *vt* <showed, shown *or* showed> ❶ (*display, project*) zeigen; (*exhibit*) ausstellen; (*perform*) vorführen ❷ (*expose*) sehen lassen; **this carpet ~s all the dirt** bei dem Teppich kann man jedes bisschen Schmutz sehen ❸ (*reveal, express*) zeigen; **to ~ promise** viel versprechend sein; **to ~ compassion** [**for sb**] [mit jdm] Mitleid haben ❹ (*record*) anzeigen; *statistics* [auf]zeigen; **to ~ a loss/profit** einen Verlust/Gewinn aufweisen ❺ (*explain*) ■**to ~ sb sth** jdm etw zeigen ❻ (*record*) anzeigen; *statistics* [auf]zeigen ▶ **to ~ sb the door** jdm die Tür weisen **III.** *vi* <showed, shown *or* showed> ❶ (*be visible*) zu sehen sein, erscheinen; **to let sth ~** sich *dat* etw anmerken lassen ❷ *esp* AM, AUS (*fam: arrive*) auftauchen ❸ (*be shown*) *film* laufen *fam* ♦ **show around** *vt* AM *see* **show round** ♦ **show in** *vt* (*bring*) hereinführen; (*take*) hineinführen ♦ **show off I.** *vt* ■**to ~ off** ○ **sb/sth** mit jdm/etw angeben **II.** *vi* angeben ♦ **show out** *vt* hinausführen; **will you ~ Ms Richards out please?** würden Sie Frau Richards bitte zur Tür bringen?; **I'll ~ myself out** ich finde schon allein hinaus ♦ **show round** *vt* ❶ (*take on tour*) herumführen; **to ~ sb round the house** jdm das Haus zeigen ❷ (*pass round*) **to ~ sth round** etw herumzeigen ♦ **show up I.** *vi* (*appear*) sich zeigen **II.** *vt* ❶ (*make visible*) zeigen ❷ (*expose*) aufdecken; ■**to ~ up** ○ **sb** jdn entlarven

showdown *n* Showdown *m*

shower ['ʃaʊəʳ] **I.** *n* ❶ (*brief fall*) Schauer *m;* **~ of rain/snow** Regen-/Schneeschauer *m* ❷ (*spray*) Regen *m;* **~ of sparks** Funkenregen *m* ❸ (*for bathing*) Dusche *f;* **to have a ~** duschen ❹ AM (*party*) Frauenparty vor einer Hochzeit, Geburt etc., bei der Geschenke überreicht werden II. *vt* ❶ (*with liquid*) bespritzen; **to ~ sb with champagne** jdn mit Champagner bespritzen ❷ (*fig*) ▪**to ~ sb with sth** *compliments, presents* jdn/etw mit etw *dat* überhäufen III. *vi* (*take a shower*) duschen

shower cabinet *n* Duschkabine *f* **shower gel** *n* Duschgel *nt*

showery ['ʃaʊəri] *adj* mit vereinzelten Regenschauern *nach n;* **~ weather** regnerisches Wetter

show flat *n* Musterwohnung *f* **showground** *n* Veranstaltungsgelände *nt* **show home** *n* BRIT Musterhaus *nt*

showing ['ʃəʊɪŋ] *n usu sing* ❶ (*exhibition*) Ausstellung *f* ❷ (*broadcasting*) Übertragung *f* ❸ (*performance in competition*) Vorstellung *f*

show jumper *n* ❶ (*horse*) Springpferd *nt* ❷ (*rider*) Springreiter(in) *m(f)* **show jumping** *n no pl* Springreiten *nt*

shown ['ʃəʊn] *vt, vi pp, pt of* **show**

show-off *n* Angeber(in) *m(f)*

showroom *n* Ausstellungsraum *m*

show trial *n* Schauprozess *m*

showy ['ʃəʊi] *adj* auffällig

shrank [ʃræŋk] *vt, vi pt of* **shrink**

shred [ʃred] I. *n usu pl* (*thin long strip*) Streifen *m;* **to leave sb's reputation in ~s** jds Ruf *m* ruinieren; **to be in ~s** zerfetzt sein; **to tear sb to ~s** (*fig*) jdn in Stücke reißen ❷ *no pl* (*tiny bit*) of hope Funke *m;* **there isn't a ~ of evidence** es gibt nicht den geringsten Beweis II. *vt* <-dd-> *paper, textiles* zerkleinern; *vegetables* hacken

shredder ['ʃredə'] *n* Reißwolf *m,* Shredder *m;* **garden ~** Häcksler *m*

shriek [ʃriːk] I. *n* [schriller, kurzer] Schrei; *of seagull* Kreischen *nt kein pl;* **~ of delight** Freudenschrei *m* II. *vi* kreischen; *with laughter* brüllen; (*with pain*) schreien III. *vt* schreien; **to ~ abuse at sb** jdn lauthals beschimpfen

shrink [ʃrɪŋk] I. *vi* <shrank or *esp* AM shrunk, shrunk or AM *a.* shrunken> ❶ (*become smaller*) schrumpfen; *sweater* eingehen ❷ (*pull back*) ▪**to ~ away** zurückweichen; ▪**to ~ from [doing] sth** sich vor etw *dat* drücken *fam* II. *vt* <shrank or AM *esp* shrunk, shrunk *or* AM *a.* shrunken> schrumpfen lassen; **to ~ costs** die Kosten senken III. *n* (*fam*) Psychiater(in) *m(f)*

shrivel <BRIT -ll- or AM *usu* -l-> ['ʃrɪvəl] *vi* [zusammen]schrumpfen; *fruit* schrumpeln; *plants* welken; *skin* faltig werden ◆**shrivel up** *vi* zusammenschrumpfen; *fruit* schrumpeln ▸**to want to ~ up and die** in den Boden versinken wollen

shrub [ʃrʌb] *n* Strauch *m,* Busch *m*

shrug [ʃrʌg] I. *n of one's shoulders* Achselzucken *nt kein pl* II. *vi* <-gg-> die Achseln zucken III. *vt* <-gg-> **to ~ one's shoulders** die Achseln zucken; (*fig*) tatenlos zusehen ◆**shrug off** *vt* **to ~ off** ↻ **sth** etw mit einem Achselzucken abtun; (*get rid of*) etw loswerden

shrunk [ʃrʌŋk] *vt, vi pp, pt of* **shrink**

shudder ['ʃʌdə'] I. *vi* zittern; *ground* beben; **to ~ to a halt** mit einem Rucken zum Stehen kommen II. *n* Schaudern *nt kein pl;* **Wendy gave a ~ of disgust** Wendy schüttelte sich vor Ekel

shuffle ['ʃʌfl] I. *n* ❶ CARDS **to give the cards a ~** die Karten mischen ❷ (*rearrangement*) Neuordnung *f kein pl* ❸ AM, AUS, CAN (*shake-up*) **cabinet ~** Kabinettsumbildung *f* ❹ *no pl of feet* Schlurfen *nt* II. *vt* ❶ CARDS mischen ❷ (*drag*) **to ~ one's feet** schlurfen III. *vi* ❶ CARDS Karten mischen ❷ (*sort through*) ▪**to ~ through sth** etw durchblättern ❸ (*drag one's feet*) schlurfen; ▪**to ~ along** (*fig*) sich dahinschleppen

shush [ʃʊʃ] I. *interj* sch!, pst! II. *vt* (*fam*) ▪**to ~ sb** jdm sagen, dass er/sie still sein soll

shut [ʃʌt] I. *adj* geschlossen; *curtains* zugezogen; **to slam a door** ~ eine Tür zuschlagen; **to slide** ~ sich automatisch schließen II. *vt* <-tt-, shut, shut> (*close*) schließen, zumachen; *book* zuklappen ▸**~ your face/ mouth!** (*fam!*) halt die Klappe! *fam* III. *vi* <-tt-, shut, shut> schließen, zumachen ◆**shut away** *vt* einschließen, einsperren; ▪**to ~ oneself away** sich einschließen ◆**shut down** I. *vt* ❶ (*stop operating*) schließen ❷ (*turn off*) abstellen; *computer, system* herunterfahren II. *vi business, factory* zumachen; *engine* sich abstellen ◆**shut in** *vt* einschließen, einsperren; ▪**to ~ oneself in** sich einsperren ◆**shut off** *vt* ❶ (*isolate*) **to ~ oneself off** sich zurückziehen ❷ (*turn off*) abstellen, ausmachen ◆**shut out** *vt* ❶ (*block* *out*) ausschließen; (*fig*) *thoughts* verdrängen; **to ~ out the light** das Licht abschirmen; **to ~ out pain** Schmerz ausschalten ❷(*exclude*) ■**to ~ out sb [from sth]** jdn [von etw *dat*] ausschließen *a. fig* ◆ **shut up** I. *vt* ❶(*confine*) einsperren ❷AUS, BRIT (*close*) schließen; **to ~ up shop** das Geschäft schließen ❸(*fam: cause to stop talking*) zum Schweigen bringen II. *vi* ❶AUS, BRIT (*close*) [seinen Laden] zuschließen ❷(*fam: stop talking*) den Mund halten

shutter ['ʃʌtər] *n* ❶PHOT [Kamera]verschluss *m*, Blende *f*; **to open the ~** die Blende öffnen ❷*usu pl* (*window cover*) Fensterladen *m*

shuttle ['ʃʌtl] I. *n* ❶(*train*) Pendelzug *m*; (*plane*) Pendelmaschine *f*; **air ~ [service]** Shuttleflug *m*; **space ~** Raumfähre *f* ❷(*weaving bobbin*) Weberschiffchen *nt* ❸SPORTS (*fam*) Federball *m* II. *vt* hin- und zurückbefördern III. *vi* hin- und zurückfahren

shuttle bus *n* Zubringerbus *m* **shuttlecock** [-kɒk] *n* Federball *m* **shuttle flight** *n* Shuttleflug *m* **shuttle service** *n* Shuttleservice *nt*

shy [ʃaɪ] I. *adj* (*timid*) schüchtern; **~ smile** scheues Lächeln II. *vi* <-ie-> *horse* scheuen

shyness ['ʃaɪnəs] *n no pl* Schüchternheit *f*

Siamese twins *npl* siamesische Zwillinge

sick [sɪk] I. *adj* ❶(*ill*) krank; **to be off ~** krankgemeldet sein; **to call in ~** sich krankmelden ❷ *pred* (*in stomach*) **to be ~** sich erbrechen, spucken *fam*; **to feel ~** sich schlecht fühlen ❸ *pred* (*fam: fed up*) ■**to be ~ of sth/sb** von etw/jdm die Nase voll haben *fam*; **it makes me ~ ...** es regt mich auf ... ❹(*fam: cruel and offensive*) geschmacklos II. *n* ❶(*ill people*) ■**the ~** *pl* die Kranken *pl* ❷ *no pl* BRIT (*fam: vomit*) Erbrochene(s) *nt*

sick bag *n* MED, AVIAT Speibeutel *m* **sickbay** *n* MIL Krankenstation *f*

sickening ['sɪkənɪŋ] *adj* (*repulsive*) *cruelty* entsetzlich; *smell* widerlich, ekelhaft; (*annoying*) [äußerst] ärgerlich

sick leave *n no pl* MED **to be on ~** krankgeschrieben sein

sickness <*pl* -es> ['sɪknəs] *n* ❶(*illness*) Krankheit *f*; (*nausea*) Übelkeit *f* ❷ *no pl* (*vomiting*) Erbrechen *nt*

sickness benefit *n* BRIT, AUS, **sick pay** *n no pl* Krankengeld *nt*

side [saɪd] I. *n* ❶(*vertical surface*) *of car, box* Seite *f*; *of hill, cliff* Hang *m*; (*wall*) *of house, cave, caravan* [Seiten]wand *f*; ■**at the ~ of sth** neben etw *dat* ❷(*of somebody*) Seite *f*; **~ by ~** nebeneinander, Seite an Seite ❸(*face, surface*) *of coin, record, box* Seite *f*; **this ~ up!** (*on a parcel*) oben! ❹(*page*) Seite *f* ❺(*edge, border, line*) Rand *m*; *of table, square, triangle* Seite *f*; *of road* [Straßen]rand *m*; **on all ~s** auf allen Seiten ❻(*half*) *of bed, house* Hälfte *f*; *of town, road, brain, room* Seite *f* ❼(*direction*) Seite *f*; **to put sth to one ~** etw beiseitelassen; **to take sb to one ~** jdn auf die Seite nehmen ❽ + *sing/pl vb* (*opposing party*) *of dispute, contest* Partei *f*, Seite *f*; **to take ~s** Partei ergreifen ❾ + *sing/pl vb* (*team*) Mannschaft *f*, Seite *f* ❿(*aspect*) Seite *f*; **to look on the bright[er] ~ of life** zuversichtlich sein ⓫ *esp* AM (*~ dish*) Beilage *f* ▶ **the other ~ of the coin** die Kehrseite der Medaille; **to get on the wrong ~ of sb** es sich *dat* mit jdm verderben II. *adj* Neben-; **~ job** Nebenbeschäftigung *f*, Nebenjob *m fam* III. *vi* ■**to ~ against sb** sich gegen jdn stellen; ■**to ~ with sb** zu jdm halten

sideboard *n* ❶(*buffet*) Anrichte *f*, Sideboard *nt* ❷BRIT (*fam: sideburns*) ■**~s** *pl* Koteletten *pl*

side dish *n* FOOD Beilage *f*

side effect *n* Nebenwirkung *f*

sideline *n* ❶(*secondary job*) Nebenbeschäftigung *f*; (*money*) Nebenerwerb *m* ❷ *esp* AM SPORTS Seitenlinie *f*

side road *n* Seitenstraße *f*, Nebenstraße *f*

side salad *n* Beilagensalat *m*

sidestep I. *vt*, *vi* <-pp-> ausweichen II. *n* Schritt *m* zur Seite; (*fig*) Ausweichmanöver *nt*; (*in dancing*) Seitenschritt *m*; (*in sports*) Ausfallschritt *m*

side street *n* Seitenstraße *f*

sidetrack I. *vt* ❶(*distract*) ablenken ❷(*put on ice*) auf Eis legen II. *n* ❶(*distraction*) Abschweifung *f* ❷RAIL (*siding*) Rangiergleis *nt*

sidewalk *n* AM (*pavement*) Bürgersteig *m*

sideways ['saɪdweɪz] I. *adv* ❶(*to, from a side*) seitwärts; **the fence is leaning ~** der Zaun steht schief ❷(*facing a side*) seitwärts II. *adj* seitlich; **he gave her a ~ glance** er sah sie von der Seite an

sidle ['saɪdl] *vi* schleichen; ■**to ~ up** sich anschleichen

siesta [siˈestə] *n* Siesta *f*
sieve [sɪv] **I.** *n* Sieb *nt* ▶ **to have a memory like a ~** ein Gedächtnis wie ein Sieb haben **II.** *vt* sieben **III.** *vi* (*fig*) **to ~ through a contract** einen Vertrag genau durchgehen
sift [sɪft] **I.** *n usu sing* Sieben *nt* **II.** *vt* ❶(*using sieve*) **to ~ flour/sand** Mehl/Sand sieben ❷(*examine closely*) durchsieben **III.** *vi* **to ~ through archives** Archive durchsehen
sigh [saɪ] **I.** *n* Seufzer *m;* **a ~ of relief** ein Seufzer *m* der Erleichterung; **to heave a ~** seufzen **II.** *vi* seufzen; **to ~ with relief** vor Erleichterung [auf]seufzen
sight [saɪt] **I.** *n* ❶ *no pl* (*ability to see*) [**sense of**] **~** Sehvermögen *nt;* (*strength of vision*) Sehkraft *f;* **to lose one's ~** das Sehvermögen verlieren ❷ *no pl* (*visual access*) Sicht *f;* (*visual range*) Sichtweite *f;* **get out of my ~!** (*fam*) geh mir aus den Augen!; **to be in/come into ~** in Sichtweite sein/kommen; **out of ~** außer Sichtweite; **to keep out of ~** sich nicht sehen lassen ❸ *no pl* (*act of seeing*) Anblick *m;* **love at first ~** Liebe auf den ersten Blick; **to know sb by ~** jdn vom Sehen her kennen ❹ *no pl* (*image, spectacle*) Anblick *m;* **to not be a pretty ~** kein angenehmer Anblick sein; **to be a ~** (*fam: ridiculous*) lächerlich aussehen; (*terrible*) furchtbar aussehen ❺(*attractions*) ■**~s** *pl* Sehenswürdigkeiten *pl* ▶ **out of ~, out of mind** (*prov*) aus den Augen, aus dem Sinn; **to set one's ~ on sth** sich *dat* etw zum Ziel machen **II.** *vt* sichten
sightseeing **I.** *n no pl* Besichtigungen *pl,* Sightseeing *nt* **II.** *adj attr* Sightseeing- **sightseer** [ˈsaɪtˌsiːəʳ] *n* Tourist(in) *m(f)*
sign [saɪn] **I.** *n* ❶(*gesture*) Zeichen *nt;* **to make the ~ of the cross** sich bekreuzigen; **a rude ~** eine unverschämte Geste ❷(*notice*) [Straßen-/Verkehrs]schild *nt;* **stop ~** Stoppschild *nt* ❸ ASTROL (*of the zodiac*) Sternzeichen *nt;* ❹(*indication*) [An]zeichen *nt;* **~ of life** Lebenszeichen *nt;* **a ~ of the times** ein Zeichen *nt* der Zeit ❺ MATH Zeichen *nt* **II.** *vt* ❶(*with signature*) *letter* unterschreiben; *contract, cheque* unterzeichnen; *book, painting* signieren ❷(*employ under contract*) *athlete, musician* [vertraglich] verpflichten **III.** *vi* ❶(*write signature*) unterschreiben ❷(*make motion*) gestikulieren
◆**sign in** **I.** *vi* sich eintragen **II.** *vt* eintragen

◆**sign off** *vi* RADIO, TV (*from broadcast*) sich verabschieden; (*end a letter*) zum Schluss kommen ◆**sign on** **I.** *vi* ❶(*for work*) sich verpflichten; (*for a course*) sich einschreiben (**for** für) ❷(*begin broadcasting*) auf Sendung gehen ❸ BRIT (*fam: register unemployment*) sich melden **II.** *vt* verpflichten ◆**sign out I.** *vi* sich austragen; (*at work*) sich abmelden **II.** *vt* **to ~ out books** Bücher ausleihen ◆**sign over** *vt* übertragen ◆**sign up I.** *vi* (*for work*) sich verpflichten; (*for a course*) sich einschreiben **II.** *vt* **to ~ sb ⊃ up** jdn verpflichten; **to ~ sb up for a course** jdn für einen Kurs anmelden
signal [ˈsɪgnəl] **I.** *n* ❶(*gesture*) Zeichen *nt* ❷(*indication*) [An]zeichen *nt* ❸(*traffic light*) Ampel *f;* (*for trains*) Signal *nt* ❹ ELEC, RADIO (*transmission*) Signal *nt;* (*reception*) Empfang *m* ❺ AM AUTO (*indicator*) Blinker *m* **II.** *vt, vi* <BRIT -ll- *or* AM *usu* -l-> signalisieren
signal lamp *n* Signallampe *f*
signatory [ˈsɪgnətəri] *n* Unterzeichner(in) *m(f)*
signature [ˈsɪgnətʃəʳ] *n* ❶(*person's name*) Unterschrift *f;* *of artist* Signatur *f;* **to give sth one's ~** etw unterschreiben ❷(*characteristic*) Erkennungszeichen *nt*
significance [sɪgˈnɪfɪkən(t)s] *n no pl* ❶(*importance*) Wichtigkeit *f;* **to be of no ~** bedeutungslos sein ❷(*meaning*) Bedeutung *f*
significant [sɪgˈnɪfɪkənt] *adj* ❶(*considerable*) beachtlich, bedeutend; (*important*) bedeutsam; *date, event* wichtig ❷(*meaningful*) bedeutsam; **a ~ look** ein viel sagender Blick
signify <-ie-> [ˈsɪgnɪfaɪ] **I.** *vt* ❶(*form: mean*) bedeuten ❷(*indicate*) andeuten **II.** *vi* ❶(*make known*) es zeigen ❷(*form: matter*) eine Rolle spielen
sign language *n* Gebärdensprache *f*
signpost I. *n* Wegweiser *m;* (*fig: advice*) Hinweis *m* **II.** *vt usu passive* aufzeigen; *route* beschildern, ausschildern
silence [ˈsaɪlən(t)s] **I.** *n no pl* (*absolute*) Stille *f;* (*by an individual*) Schweigen *nt;* (*calmness*) Ruhe *f;* **a minute of ~** eine Schweigeminute; **to eat/sit/work in ~** still essen/sitzen/arbeiten ▶ **~ is golden** (*prov*) Schweigen ist Gold **II.** *vt* zum Schweigen bringen; *doubts* verstummen lassen
silent [ˈsaɪlənt] *adj* ❶(*without noise*) still; (*not active*) ruhig ❷(*not talking*) schweig-

sam, still; ■**to be** ~ schweigen; **to go** ~ verstummen
silently ['saɪləntli] *adv* (*quietly*) lautlos; (*without talking*) schweigend; (*with little noise*) leise
silicon ['sɪlɪkən] *n no pl* Silizium *nt*; ~ **chip** Siliziumchip *m*
silk [sɪlk] *n* Seide *f*; ~ **paper** Seidenpapier *nt*
silky ['sɪlki] *adj* seidig
sill [sɪl] *n* (*of door*) Türschwelle *f*; (*of window*) Fensterbank *f*
silliness ['sɪlɪnəs] *n no pl* Albernheit *f*
silly ['sɪli] *adj* ❶ (*foolish*) albern, dumm; **don't be** ~! (*make silly suggestions*) red keinen Unsinn!; **to look** ~ albern aussehen ❷ *pred* (*senseless*) **to be bored** ~ zu Tode gelangweilt sein *fam*
silver ['sɪlvəʳ] *n no pl* ❶ (*metal*) Silber *nt* ❷ (*coins*) Münzgeld *nt* ❸ (*cutlery*) ■**the** ~ das [Tafel]silber
silver foil *n* Silberfolie *f*, Alufolie *f* **silver jubilee** *n* silbernes Jubiläum **silver surfer** *n* Senioren-Netzsurfer(in) *m/f* *fam*
silverware *n no pl* ❶ (*articles*) Silberwaren *pl* ❷ (*cutlery*) Silberbesteck *nt*, Silber *nt*
silver wedding anniversary *n* silberne Hochzeit
similar ['sɪmɪləʳ] *adj* ähnlich; ■**to be** ~ **to sb/sth** jdm/etw ähnlich sein
similarity [ˌsɪmɪ'lærəti] *n* Ähnlichkeit *f* (**to** mit)
simile ['sɪmɪli] *n* LIT, LING Gleichnis *nt*
simmer ['sɪməʳ] **I.** *n usu sing* Sieden *nt* **II.** *vt food* auf kleiner Flamme kochen lassen; *water* sieden lassen ◆**simmer down** *vi* sich beruhigen
simple <-r, -st *or* more simple, most simple> ['sɪmpl] *adj* ❶ (*not elaborate*) *food, dress* einfach ❷ (*not difficult*) einfach ❸ *attr* (*honest*) schlicht; **the** ~ **fact is that ...** Tatsache ist, dass ...
simple-minded *adj* (*fam*) ❶ (*dumb*) einfach ❷ (*naive*) einfältig
simplicity [sɪm'plɪsəti] *n no pl* ❶ (*plainness*) Einfachheit *f*, Schlichtheit *f* ❷ (*easiness*) Einfachheit *f*; **to be** ~ **itself** die Einfachheit selbst sein
simplification [ˌsɪmplɪfɪ'keɪʃ°n] *n* Vereinfachung *f*
simply ['sɪmpli] *adv* ❶ (*not elaborately*) einfach ❷ (*just*) nur; (*absolutely*) einfach; **you** ~ **must try this!** du musst das einfach versuchen!
simulation [ˌsɪmjə'leɪʃ°n] *n of leather, a diamond* Imitation *f*; *of a feeling* Vortäuschung *f*
simultaneous [ˌsɪm°l'teɪniəs] *adj* gleichzeitig
sin [sɪn] **I.** *n* Sünde *f*; **he's** [as] **ugly as** ~ er ist unglaublich hässlich; **to live in** ~ in wilder Ehe leben **II.** *vi* <-nn-> sündigen
since [sɪn(t)s] **I.** *adv* ❶ (*from that point on*) seitdem; **ever** ~ seitdem ❷ (*ago*) **long** ~ seit langem, schon lange; **not long** ~ vor kurzem [erst] **II.** *prep* seit +*dat*; ~ **Saturday/last week** seit Samstag/letzter Woche **III.** *conj* ❶ (*because*) da, weil ❷ (*from time that*) seit, seitdem
sincere [sɪn'sɪəʳ] *adj person* ehrlich; *congratulations, gratitude* aufrichtig
sincerely [sɪn'sɪəli] *adv* ❶ (*in a sincere manner*) ehrlich, aufrichtig ❷ (*ending letter*) [**yours**] ~ mit freundlichen Grüßen
sine [saɪn] *n* MATH Sinus *m*
sing <sang *or* AM *a.* sung, sung> **I.** *vi* ❶ singen ❷ (*high-pitched noise*) *kettle* pfeifen; *locusts* zirpen; *wind* pfeifen **II.** *vt* singen; **to** ~ **the praises of sb/sth** ein Loblied auf jdn/etw singen ◆**sing along** *vi* mitsingen ◆**sing out I.** *vi* ❶ (*sing loudly*) laut singen ❷ (*fam: call out*) Bescheid geben **II.** *vt* (*fam*) ■**to** ~ **out** ⊂ **sth** über etw *akk* Bescheid geben ◆**sing up** *vi esp* BRIT, AUS lauter singen
singer ['sɪŋəʳ] *n* Sänger(in) *m/f*
singing ['sɪŋɪŋ] *n no pl* Singen *nt*; ~ **lesson** Gesang[s]stunde *f*
single ['sɪŋgl] **I.** *adj* ❶ *attr* (*one only*) einzig; **with a** ~ **blow** mit nur einem Schlag; **not a** ~ **soul** keine Menschenseele; **every** ~ **thing** [absolut] alles; **every** ~ **time** jedes Mal ❷ (*without partner*) ledig; ~ **father/mother** allein erziehender Vater/allein erziehende Mutter **II.** *n* ❶ BRIT, AUS (*one-way ticket*) Einzelfahrkarte *f* ❷ (*record*) Single *f* **III.** *vi* SPORTS (*baseball*) mit einem Schlag das erste Base erreichen ◆**single out** *vt* (*for positive characteristics*) auswählen; (*for negative reasons*) herausgreifen
singledom ['sɪŋgldəm] *n* (*hum fam*) Single-Dasein *nt*
single-figure *adj* einstellig **single-handed I.** *adv* [ganz] allein; **he sailed round the world** ~ er segelte als Einhandsegler um die Welt **II.** *adj* allein
singlehood ['sɪŋglhʊd] *n no pl* AM Sin-

gletum *nt*

single-minded *adj* zielstrebig **single-parent family** *n* Familie *f* mit [nur] einem Elternteil **single-sex** *adj* nach Geschlechtern getrennt; ~ **school** [**for boys/girls**] reine Jungen- /Mädchenschule

singlet ['sɪŋglɪt] *n esp* Brit, Aus ärmelloses Trikot; (*underwear*) Unterhemd *nt*

single ticket *n* Brit einfache Fahrkarte, Einzelfahrkarte *f*

singleton ['sɪŋgltən] *n* Single *m*

singly ['sɪŋgli] *adv* einzeln

singsong ['sɪŋsɒŋ] I. *n* ❶ Brit, Aus (*singing session*) **to have a** ~ gemeinsam Lieder singen ❷ *no pl* (*way of speaking*) Singsang *m* II. *adj attr* **to speak in a** ~ **voice** in einem Singsang sprechen

singular ['sɪŋgjələ^r] I. *adj* ❶ LING Singular-; **to be** ~ im Singular stehen; ~ **form** Singularform *f*; ~ **noun** Substantiv *nt* im Singular ❷ (*form: extraordinary*) einzigartig II. *n no pl* LING Singular *m*

sink [sɪŋk] I. *n* ❶ (*kitchen* ~) Spüle *f*, Spülbecken *nt* ❷ (*washbasin*) Waschbecken *nt* II. *vi* <sank *or* sunk, sunk>, *vi* ❶ (*not float*) untergehen, (*in mud, snow*) einsinken ❸ (*go downward*) sinken; *sun, moon* untergehen ❹ (*decrease*) *amount, value* sinken; *demand, sales, a.* zurückgehen ❺ (*become lower in pitch*) sich senken ❻ (*decline*) *standard, quality* nachlassen; *moral character* sinken III. *vt* <sank *or* sunk, sunk> ❶ (*cause to submerge*) versenken ❷ (*ruin*) *hopes, plans* zunichtemachen ❸ (*settle*) *differences* beilegen ◆ **sink back** *vi* ❶ (*lean back*) zurücksinken; **to** ~ **back on the sofa** aufs Sofa sinken ❷ (*relapse*) ■ **to** ~ **back into sth** [wieder] in etw *akk* [zurück]verfallen ◆ **sink down** *vi* ❶ (*descend gradually*) sinken ❷ (*go down*) zurücksinken ◆ **sink in** I. *vi* ❶ (*into a surface*) einsinken ❷ (*be absorbed*) *liquid, cream* einziehen II. *vt* ❶ (*force into*) **to** ~ **a knife in sth** ein Messer in etw *akk* rammen ❷ (*invest*) **to** ~ **one's money in sth** sein Geld in etw *akk* stecken *fam*

sinking ['sɪŋkɪŋ] *adj attr* ❶ (*not floating*) sinkend ❷ (*emotion*) **a** ~ **feeling** ein flaues Gefühl [in der Magengegend]; **with a** ~ **heart** resigniert

sinner ['sɪnə^r] *n* Sünder(in) *m(f)*

sip [sɪp] I. *vt, vi* <-pp-> nippen II. *n* Schlück-chen *nt;* **to have a** ~ einen kleinen Schluck nehmen

sir [sɜ:^r, sə^r] *n no pl* ❶ Brit (*reference to schoolteacher*) ~! Herr Lehrer! ❷ (*form of address*) Herr *m;* **Dear** ~ **or Madam,** ... Sehr geehrte Damen und Herren ... ❸ (*not at all*) **no,** ~! Am (*fam*) auf keinen Fall!

siren ['saɪ(ə)rən] *n* Sirene *f*

sirloin steak *n* Lendensteak *nt*

sis [sɪs] *n esp* Am (*fam*) *short for* **sister** Schwesterherz *nt hum*

sissy ['sɪsi] I. *n* (*pej fam*) Waschlappen *m* II. *adj* (*pej fam*) verweichlicht

sista ['sɪstə] *n* Am (*sl*) *hauptsächlich von Schwarzafrikanern gebrauchte Anrede für eine weibliche Person*

sister ['sɪstə^r] *n* ❶ Schwester *f* ❷ (*nun*) [Ordens]schwester *f* ❸ Brit, Aus (*nurse*) [Kranken]schwester *f*

sister-in-law <*pl* sisters- *or* -s> *n* Schwägerin *f*

sit <-tt-, sat, sat> [sɪt] I. *vi* ❶ (*seated*) sitzen; **to** ~ **at the desk/table** am Schreibtisch/Tisch sitzen; **to** ~ **for one's portrait** jdm Porträt sitzen; **to** ~ **for an exam** *esp* Brit eine Prüfung ablegen ❷ (*sit down*) sich hinsetzen; (*to a dog*) ~! Platz!, Sitz! ❸ (*fit*) passen; *clothes* sitzen ▶ **to** ~ **on the fence** sich nicht entscheiden können; **to** ~ **tight** (*not move*) sich nicht rühren II. *vt* ❶ (*put on seat*) setzen ❷ Brit (*take exam*) **to** ~ **an exam** eine Prüfung ablegen ◆ **sit about** *esp* Brit, **sit around** *vi* herumsitzen ◆ **sit back** *vi* ❶ (*lean back in chair*) sich zurücklehnen ❷ (*do nothing*) die Hände in den Schoß legen ◆ **sit down** I. *vi* ❶ (*take a seat*) sich [hin]setzen; **to** ~ **down to dinner** sich zum Essen an den Tisch begeben ❷ (*be sitting*) sitzen ❸ (*take time*) sich [in Ruhe] hinsetzen; ■ **to** ~ **down with sb** sich mit jdm zusammensetzen II. *vt* ❶ (*put in a seat*) setzen ❷ (*take a seat*) ■ **to** ~ **oneself down** sich hinsetzen ◆ **sit in** *vi* ❶ (*attend*) dabeisitzen; **to** ~ **in on a conference/meeting** einer Konferenz/einem Treffen beisitzen ❷ (*represent*) ■ **to** ~ **in for sb** jdn vertreten ◆ **sit on** *vi* ❶ (*be member of*) **to** ~ **on a board/a committee** Mitglied eines Ausschusses/Komitees sein ❷ (*fam: not act on sth*) ■ **to** ~ **on sth** auf etw *akk* sitzen ❸ (*fam: unaware of value*) ■ **to be** ~**ting on sth** auf etw *dat* sitzen ❹ (*fam: rebuke*) ■ **to** ~ **on sb** jdm einen Dämpfer verpassen ◆**sit out I.** *vi* ❶(*sit outdoors*) draußen sitzen ❷(*not dance*) einen Tanz auslassen **II.** *vt* (*not participate*) auslassen; *in game, competition* aussetzen ◆**sit through** *vi* über sich *akk* ergehen lassen ◆**sit up I.** *vi* ❶(*sit erect*) aufrecht sitzen; **to ~ up straight** sich gerade hinsetzen ❷(*fam: pay attention*) **to ~ up and take notice** aufhorchen **II.** *vt* aufrichten

sitcom ['sɪtkɒm] *n* (*fam*) *short for* **situation comedy** Sitcom *f*

site [saɪt] *n* ❶(*place*) Stelle *f*, Platz *m*, Ort *m* ❷(*plot*) Grundstück *nt;* **building ~** Baugelände *nt;* **caravan ~** Campingplatz *m* [für Wohnwagen] ❸(*building location*) Baustelle *f;* **on ~** vor Ort ❹(*on Internet*) [**web**] **~** Website *f;* **fan ~** Fanpage *f*

sit-in *n* Sit-in *nt*

sitting duck *n* leicht zu treffendes Ziel; (*fig*) leichte Beute

sitting room *n esp* BRIT Wohnzimmer *nt*

situate ['sɪtjueɪt] *vt* ❶(*form: position*) platzieren; *patch, bed* anlegen ❷(*form: place in context*) im Zusammenhang sehen (**in** zu)

situated ['sɪtjueɪtɪd] *adj pred* ❶(*located*) gelegen; **to be ~ near the church** in der Nähe der Kirche liegen ❷(*in a state*) **to be well/badly ~** [finanziell] gut/schlecht gestellt sein

situation [ˌsɪtju'eɪʃᵊn] *n* ❶(*circumstances*) Situation *f*, Lage *f* ❷(*location*) Lage *f*, Standort *m*

sit-up *n* SPORTS Sit-up *m* (*Bauchmuskelübung*)

six [sɪks] **I.** *adj* sechs; *see also* **eight** ▶**to be ~ feet under** (*hum*) sich *dat* die Radieschen von unten anschauen *sl* **II.** *pron* sechs; *see also* **eight** ▶**~ of one and half a dozen of the other** gehupft wie gesprungen; **to knock sb for ~** BRIT (*amaze*) jdn umhauen **III.** *n* Sechs *f; see also* **eight**

six-figure sum *n* sechsstelliger Betrag

sixteen [ˌsɪk'stiːn] **I.** *adj* sechzehn; *see also* **eight II.** *n* Sechzehn *f; see also* **eight**

sixteenth [ˌsɪk'stiːnθ] **I.** *adj* sechzehnte(r, s) **II.** *n* ❶(*date*) ■**the ~** der Sechzehnte ❷(*fraction*) Sechzehntel *nt o* SCHWEIZ *a. m*

sixth [sɪksθ] **I.** *adj* sechste(r, s) **II.** *n* ❶(*date*) ■**the ~** der Sechste ❷(*fraction*) Sechstel *nt o* SCHWEIZ *a. m*

sixtieth ['sɪkstiəθ] **I.** *adj* sechzigste(r, s) **II.** *n* ❶(*date*) ■**the ~** der Sechzigste ❷(*fraction*) Sechzigstel *nt o* SCHWEIZ *a. m*

sixty ['sɪksti] **I.** *adj* sechzig **II.** *n* Sechzig *f*

size [saɪz] **I.** *n* ❶ *usu sing* (*magnitude*) Größe *f; amount, debt* Höhe *f;* **a company of that ~** eine Firma dieser Größenordnung; **to be the same ~** genauso groß sein; **to increase/decrease in ~** größer/kleiner werden; **to double in ~** seine Größe verdoppeln ❷(*measurement*) Größe *f;* **the shirt is a couple of ~s too big** das Hemd ist ein paar Nummern zu groß; **collar/shoe ~** Kragenweite *f*/Schuhgröße *f* **II.** *vt* nach Größe ordnen ◆**size up** *vt* [prüfend] abschätzen; **to ~ each other up** sich gegenseitig taxieren

sizeable ['saɪzəbl] *adj* ziemlich groß; **a ~ amount** eine beträchtliche Summe

skate¹ [skeɪt] *n* (*flat fish*) Rochen *m*

skate² [skeɪt] **I.** *n* (*ice skate*) Schlittschuh *m;* (*roller skate*) Rollschuh *m* ▶ **to put one's ~s on** BRIT (*fam*) einen Zahn zulegen *sl* **II.** *vi* (*on ice*) Schlittschuh laufen; (*on roller skates*) Rollschuh fahren ▶ **to be skating on thin ice** sich auf dünnem Eis bewegen *fig*

skateboard ['skeɪtbɔːd] *n* Skateboard *nt*

skateboarder ['skeɪtˌbɔːdəʳ] *n* Skateboarder(in) *m(f)*

skater ['skeɪtəʳ] *n* ❶(*on ice*) Schlittschuhläufer(in) *m(f);* **figure ~** Eiskunstläufer(in) *m(f)* (*on roller skates*) Rollschuhfahrer(in) *m(f);* (*on roller blades*) Skater(in) *m(f)*

skating rink *n* ❶(*ice skating*) Eisbahn *f* ❷(*roller skating*) Rollschuhbahn *f*

skeleton ['skelɪtᵊn] *n* ❶(*bones*) Skelett *nt* ❷(*framework*) *of boat, plane* Gerippe *nt; of building* Skelett *nt* ▶ **to have ~s in the cupboard** [*or* AM *a.* **closet**] eine Leiche im Keller haben *fam*

skeleton key *n* Dietrich *m* **skeleton staff** *n* Minimalbesetzung *f*

skeptic *n* AM, AUS *see* **sceptic**

skeptical *adj* AM, AUS *see* **sceptical**

sketch [sketʃ] **I.** *n* <*pl* -es> Skizze *f* **II.** *vt* ❶(*rough drawing*) skizzieren ❷(*write in outline*) umreißen **III.** *vi* Skizzen machen

sketchy ['sketʃi] *adj* (*not detailed*) flüchtig; (*incomplete*) lückenhaft

skewed ['skjuːd] *adj* schief

skewer ['skjuːəʳ] **I.** *n* Spieß *m* **II.** *vt* aufspießen

ski [skiː] **I.** *n* Ski *m;* **on ~s** auf Skiern **II.** *vi* Ski fahren [*o* laufen]; **to ~ down the slope** die Piste herunterfahren

ski boot *n* Skischuh *m*

skid [skɪd] **I.** *vi* <-dd-> (*on foot*) rutschen;

(*in a vehicle*) schleudern; **to ~ to a halt** schlitternd zum Stehen kommen **II.** *n* (*slide while driving*) Rutschen *nt;* **to go into a ~** ins Schleudern geraten

skier ['skiːəʳ] *n* Skifahrer(in) *m(f)*

ski goggles *npl* Skibrille *f*

skiing ['skiːɪŋ] *n no pl* Skifahren *nt;* **~ holiday** Skiurlaub *m*

ski instructor *n* Skilehrer *m* **ski jump** *n* ❶ (*runway*) Sprungschanze *f* ❷ *no pl* (*jump*) Skisprung *m;* (*event*) Skispringen *nt*

skilful ['skɪlfəl] *adj* ❶ (*adroit*) geschickt ❷ (*showing skill*) gekonnt

ski lift *n* Skilift *m*

skill [skɪl] *n* ❶ *no pl* (*expertise*) Geschick *nt;* **to involve some ~** einige Geschicklichkeit erfordern ❷ (*particular ability*) Fähigkeit *f;* (*technique*) Fertigkeit *f;* **language ~s** Sprachkompetenz *f;* **negotiating ~s** Verhandlungsgeschick *nt*

skilled [skɪld] **I.** *adj* ❶ (*trained*) ausgebildet; (*skilful*) geschickt ❷ (*requiring skill*) Fach-; **semi-~ occupation** Anlernberuf *m* **II.** *n* ■ **the ~** *pl* qualifiziertes [Fach]personal

skillful *adj* AM *see* **skilful**

skim <-mm-> [skɪm] **I.** *vt* ❶ (*move lightly above*) streifen; **to ~ the surface of sth** (*fig*) nur an der Oberfläche von etw *dat* kratzen ❷ (*read*) überfliegen ❸ FOOD (*remove from surface*) abschöpfen; **to ~ the cream from the milk** die Milch entrahmen **II.** *vi* ■ **to ~ over sth** über etw *akk* hinwegstreifen

ski mask *n* Skimaske *f*

skimmed milk [ˌskɪmd'-] *n no pl* Magermilch *f*

skin [skɪn] **I.** *n* ❶ *usu sing* (*on body*) Haut *f;* (*animal hide*) Fell *nt;* **to have a thick ~** ein dickes Fell haben ❷ (*rind*) *of fruit, potato* Schale *f* ▶ **to be nothing but ~ and bone[s]** nur noch Haut und Knochen sein; **by the ~ of one's teeth** nur mit knapper Not **II.** *vt* <-nn-> häuten; *fruit* schälen; **to ~ sb alive** (*hum*) Hackfleisch aus jdm machen *fam*

skincare *n no pl* Hautpflege *f* **skin-deep** *adj pred* oberflächlich; **beauty is only ~** man darf nicht nur nach den Äußerlichkeiten urteilen **skinhead** *n* Skinhead *m*

skinny ['skɪni] *adj* mager

skinny-dip <-pp-> *vi* (*fam*) im Adams-/Evakostüm baden *hum sl*

skint [skɪnt] *adj pred* BRIT (*sl*) ■ **to be ~** pleite sein *fam*

skin-tight *adj* hauteng

skip¹ [skɪp] **I.** *vi* <-pp-> ❶ (*hop*) hüpfen; (*with rope*) seilspringen ❷ (*omit*) springen; ■ **to ~ over sth** etw überspringen ❸ (*fam: go quickly*) **to ~ over to France** eine Spritztour nach Frankreich machen **II.** *vt* <-pp-> ❶ AM **to ~ rope** seilspringen ❷ (*leave out*) überspringen, auslassen ❸ (*not participate in*) ■ **to ~ sth** an etw *dat* nicht teilnehmen; **to ~ breakfast** das Frühstück auslassen; **to ~ classes** den Unterricht schwänzen *fam* **III.** *n* Hüpfer *m;* **to give a ~ of joy** einen Freudensprung machen

skip² [skɪp] *n* BRIT, AUS (*rubbish container*) [Müll]container *m*

ski pole *n* Skistock *m*

skipper ['skɪpəʳ] *n* Kapitän *m*

skipping rope *n* BRIT, **skip rope** *n* AM Springseil *nt*, Hüpfseil *nt fam*

ski rack *n* Skiträger *m* **ski resort** *n* Wintersportort *m*

skirt [skɜːt] **I.** *n* Rock *m* **II.** *vt* ❶ (*encircle*) umgeben; (*proceed around edge of*) umfahren ❷ (*avoid*) *questions* [bewusst] umgehen

ski run *n* Skipiste *f* **ski school** *n* Skischule *f* **ski slope** *n* Skipiste *f*

skittle ['skɪtl] *n esp* BRIT ❶ (*target*) Kegel *m* ❷ (*bowling game*) ■ **~s** *pl* Kegeln *nt kein pl*

skive [skaɪv] *vi* BRIT (*fam*) sich drücken
◆ **skive off** *vi* BRIT (*fam*) sich verdrücken; **to ~ off school** die Schule schwänzen *sl;* **to ~ off work** blau machen *fam*

skiver ['skaɪvəʳ] *n* BRIT (*fam*) Drückeberger(in) *m(f)*

skull [skʌl] *n* Schädel *m*

sky [skaɪ] *n* Himmel *m;* ■ **skies** *pl* Himmel *m;* **sunny skies** sonniges Wetter ▶ **the ~'s the limit** alles ist möglich

sky-blue *adj attr* himmelblau **skydiving** *n no pl* Fallschirmspringen *nt* **sky-high** **I.** *adv* (*direction*) [hoch] in die Luft; (*position*) [hoch] am Himmel; **to blow a building ~** etw in die Luft sprengen; **to go ~** *prices* in die Höhe schnellen **II.** *adj* (*fig*) *prices, premiums* Schwindel erregend hoch **skyjack** **I.** *vt* entführen **II.** *n* Flugzeugentführung *f* **skylight** *n* Oberlicht *nt; in roof* Dachfenster *nt* **skyline** *n of city* Skyline *f;* (*horizon*) Horizont *m* **skyscraper** *n* Wolkenkratzer *m*

slab [slæb] *n* ❶ (*of rock*) Platte *f;* (*of wood*) Tafel *f;* **paving ~** Pflasterstein *m* ❷ (*of food*) [dicke] Scheibe; **a ~ of cake** ein [großes]

Stück Kuchen

slack [slæk] **I.** *adj* ❶ *(not taut)* schlaff ❷ *(pej: lazy)* träge ❸ *market* flau **II.** *adv* schlaff **III.** *n no pl* ❶ *(looseness)* Schlaffheit *f;* **to cut sb some ~ AM** *(fam)* jdm Spielraum einräumen ❷ *(coal)* [Kohlen]grus *m* **IV.** *vi (fam)* faulenzen

slacken ['slækᵊn] **I.** *vt* ❶ *(make less tight)* lockern lassen; **to ~ one's grip** seinen Griff lockern ❷ *(reduce) pace* verlangsamen **II.** *vi* ❶ *(become less tight)* sich lockern ❷ *(diminish)* langsamer werden; *demand, intensity* nachlassen ◆ **slacken off I.** *vi (at work)* es langsamer angehen lassen **II.** *vt* reduzieren; *speed* drosseln

slacker ['slækəʳ] *n (fam)* Faulenzer(in) *m/f*

slackness ['slæknəs] *n no pl (looseness)* Schlaffheit *f*

slacks [slæks] *npl* [**a pair of**] ~ [eine] Hose

slag [slæg] **I.** *n no pl* ❶ *(in mining)* Schlacke *f* ❷ BRIT *(pej fam!: slut)* Schlampe *f* derb **II.** *vt* <-gg-> *(fam)* ■ **to ~ [off]** ⊃ **sb/sth** über jdn/etw herziehen

slagheap ['slæghi:p] *n* Schlackehügel *m*

slam [slæm] **I.** *n* ❶ *(sound)* Knall *m;* of door Zuschlagen *nt* ❷ *(punch)* Schlag *m* **II.** *vt* <-mm-> ❶ *(close) door* zuschlagen, zuknallen *fam* ❷ *(hit hard)* schlagen **III.** *vi* <-mm-> ❶ *(shut noisily)* zuschlagen ❷ *(hit hard)* **to ~ on the brakes** voll auf die Bremsen treten

slammer ['slæməʳ] *n (sl: prison)* ■ **the ~** das Kittchen *fam*

slander ['sla:ndəʳ] LAW **I.** *n no pl* Verleumdung *f* **II.** *vt* verleumden

slanderous ['sla:ndᵊrəs] *adj* verleumderisch

slang [slæŋ] **I.** *n no pl* Slang *m;* **teenage ~** Jugendsprache *f* **II.** *adj attr* Slang-; **~ term** [*or* **word**] Slangausdruck *m*

slanging match *n esp* BRIT, AUS Schlagabtausch *m*

slangy ['slæŋi] *adj (fam)* salopp

slant [sla:nt] **I.** *vi* sich neigen **II.** *vt* ❶ *(make diagonal)* ausrichten ❷ *(present for)* zuschneiden; *(pej: in biased way)* zurechtbiegen *fig fam* **III.** *n* ❶ *(slope)* Neigung *f* ❷ *(perspective)* Tendenz *f;* **to have a right-wing ~** rechtsgerichtet sein

slanting ['sla:ntɪŋ] *adj* schräg; **~ roof** Schrägdach *nt*

slap [slæp] **I.** *n* ❶ *(with hand)* Klaps *m fam;* **to give sb a ~ on the back** jdm [anerkennend] auf den Rücken klopfen; **a ~ in the face** eine Ohrfeige; *(fig)* ein Schlag ins Gesicht ❷ *(noise)* Klatschen *nt* **II.** *vt* <-pp-> ❶ *(with hand)* schlagen; **to ~ sb in the face** jdn ohrfeigen; **to ~ sb on the back** jdn auf den Rücken schlagen; **to ~ sb's wrist** *(fig)* jdn zurechtweisen ❷ *(strike)* schlagen (**against** gegen) **III.** *vi water* ■ **to ~ against sth** gegen etw *akk* schlagen ◆ **slap down** *vt* ❶ *(put down)* hinknallen *fam* ❷ *(silence rudely)* ■ **to ~ sb down** jdn zusammenstauchen *fam* ◆ **slap on** *vt (fam) make-up, paint, suncream* draufklatschen

slap-bang *adv* BRIT *(fam)* genau **slapdash** *adj (pej fam)* schlampig **slaphead** *n* BRIT *(pej sl)* Glatzkopf *m fam* **slap-up** *adj attr* BRIT, AUS **a ~ meal** ein Essen mit allem Drum und Dran *fam*

slash [slæʃ] **I.** *vt* ❶ *(cut deeply)* aufschlitzen *fam;* **to ~ one's wrists** sich *dat* die Pulsadern aufschneiden ❷ *(reduce) budget* kürzen; *price* senken **II.** *vi (with a knife)* ■ **to ~ at sb/sth** [mit einem Messer] auf jdn/etw losgehen **III.** *n* <*pl* -es> ❶ *(cut on person)* Schnittwunde *f; (in object)* Schnitt *m* ❷ *in prices, costs* Reduzierung *f* ❸ *(punctuation mark)* Schrägstrich *m*

slate [sleɪt] **I.** *n* ❶ *no pl (rock)* Schiefer *m* ❷ *(on roof)* [Dach]schindel *f* ▶ **to have a clean ~** eine weiße Weste haben; **to wipe the ~ clean** reinen Tisch machen **II.** *adj* Schiefer- **III.** *vt* ❶ *(cover with slates)* decken ❷ *usu passive* AM, AUS *(assign)* ■ **to be ~d for sth** für etw *akk* vorgesehen sein ❸ BRIT, AUS *(fam: criticize severely)* zusammenstauchen

slaughter ['slɔ:təʳ] **I.** *vt (kill)* abschlachten; *animal* schlachten **II.** *n no pl (killing)* Abschlachten *nt;* of animals Schlachten *nt*

Slav [sla:v] **I.** *n* Slawe *m,* Slawin *f* **II.** *adj* slawisch

slave [sleɪv] **I.** *n* Sklave *m,* Sklavin *f* **II.** *vi* schuften; ■ **to ~ [away] at sth** sich mit etw *dat* herumschlagen

slavery ['sleɪvᵊri] *n no pl* Sklaverei *f*

Slavic ['sla:vɪk] *adj* slawisch

slaw [slɔ:] *n* AM, AUS *(fam) short for* **coleslaw** Krautsalat *m*

sleaze [sli:z] *n* ❶ *no pl (immorality)* Korruption *f* ❷ *(fam: person)* ~ **[bag/ball]** schmieriger Typ

sleazy ['sli:zi] *adj* anrüchig; *area* zweifelhaft; ~ **bar** Spelunke *f fam*

sled [sled] AM *see* **sledge**
sledge [sledʒ] **I.** *n* Schlitten *m* **II.** *vi* BRIT **to go sledging** Schlittenfahren [*o* DIAL Rodeln] gehen **III.** *vt* mit dem Schlitten transportieren
sledgehammer *n* Vorschlaghammer *m*
sleek [sliːk] **I.** *adj* ❶ (*glossy*) geschmeidig ❷ (*well-groomed*) gepflegt **II.** *vt* glätten
sleep [sliːp] **I.** *n* ❶ *no pl* (*resting state*) Schlaf *m*; (*nap*) Nickerchen *nt*; **to go [back] to ~** [wieder] einschlafen; **to put an animal to ~** ein Tier einschläfern ❷ *no pl* (*in eyes*) ▪ **~[y]** Schlaf *m* **II.** *vi* <slept, slept> ❶ schlafen; **~ tight!** schlaf schön!; **to ~ late** lange schlafen, ausschlafen; **to ~ sound[ly]** [tief und] fest schlafen; **to ~ rough** BRIT auf der Straße schlafen; ▪ **to ~ with sb** mit jdm schlafen ❷ (*fig: be buried*) ruhen ▶ **to ~ on it** eine Nacht darüber schlafen **III.** *vt* **to ~ two/ten** zwei/zehn Personen beherbergen können
◆ **sleep around** *vi* (*fam*) herumschlafen
◆ **sleep in** *vi* ❶ (*sleep late*) ausschlafen ❷ (*sleep at work*) im Hause wohnen
◆ **sleep off** *vt hangover* ausschlafen; *cold, headache* sich gesund schlafen; **to ~ it off** seinen Rausch ausschlafen ◆ **sleep out** *vi* draußen schlafen ◆ **sleep over** *vi* über Nacht bleiben, übernachten ◆ **sleep through** *vi* weiterschlafen; **I must have slept through the alarm** ich muss den Wecker verschlafen haben ◆ **sleep together** *vi* (*have sex*) miteinander schlafen; (*share bedroom*) zusammen [in einem Zimmer] schlafen
sleeper ['sliːpə'] *n* ❶ (*person who sleeps*) Schläfer(in) *m(f)*; **to be a heavy/light ~** einen festen/leichten Schlaf haben ❷ *esp* AM (*pyjamas*) ▪ **~s** *pl* Schlafanzug *m* ❸ BRIT, AUS (*on railway track*) Schwelle *f* ❹ (*earring*) Kreole *f* ❺ (*dormant spy, terrorist*) Sleeper *m*
sleeping ['sliːpɪŋ] *adj attr* schlafend *attr* ▶ **let ~ dogs lie** (*prov*) schlafende Hunde soll man nicht wecken *prov*
sleeping bag *n* Schlafsack *m* **Sleeping Beauty** *n* Dornröschen *nt* **sleeping car** *n* Schlafwagen *m* **sleeping pill** *n* Schlaftablette *f* **sleeping policeman** *n* BRIT Bodenschwelle *f*
sleepless ['sliːpləs] *adj* schlaflos
sleepover *n* BRIT Party *f* mit Übernachtung
sleepwalk *vi* schlafwandeln **sleepwalker** *n* Schlafwandler(in) *m(f)*

sleepy ['sliːpi] *adj* (*drowsy*) schläfrig; **to feel ~** müde sein
sleepyhead ['sliːpihed] *n* (*fam*) Schlafmütze *f hum*
sleet [sliːt] **I.** *n no pl* Eisregen *m* **II.** *vi impers* **it is ~ing** es fällt Eisregen
sleeve [sliːv] *n* ❶ (*on clothing*) Ärmel *m*; **to roll up one's ~s** die Ärmel hochkrempeln *a. fig* ❷ (*for rod, tube*) Manschette *f* ❸ (*for record*) [Schallplatten]hülle *f*
sleeveless ['sliːvləs] *adj* ärmellos *attr*
sleigh [sleɪ] *n* Pferdeschlitten *m*; **~ bed** Schlittenbett *nt*
slender ['slendə'] *adj* ❶ *legs, waist* schlank; *railings, poles* schmal ❷ *majority, resources* knapp
slept [slept] *pt, pp of* **sleep**
slice [slaɪs] **I.** *n* ❶ *of bread, ham* Scheibe *f*; *of cake, pizza* Stück *nt* ❷ (*portion*) Anteil *m* ❸ (*tool*) Pfannenwender *m*; **a cake ~** ein Tortenheber *m* **II.** *vt* (*cut in slices*) in Scheiben schneiden; *cake, pizza* in Stücke schneiden **III.** *vi* ❶ (*food*) sich schneiden lassen ❷ (*cut*) ▪ **to ~ through sth** etw durchschneiden ◆ **slice off** *vt* abschneiden
◆ **slice up** *vt* ❶ (*make slices*) in Scheiben schneiden; *bread* aufschneiden ❷ (*divide*) *profits* aufteilen
sliced [slaɪst] *adj* geschnitten; *bread* aufgeschnitten
slick [slɪk] **I.** *adj* ❶ (*skilful*) gekonnt; *performance* tadellos ❷ (*pej: overly-polished*) *answer, manner* glatt ❸ (*shiny*) *hair* geschniegelt *fam* **II.** *n* ❶ (*oil slick*) Ölteppich *m* ❷ AM (*glossy*) Hochglanzmagazin *nt* **III.** *vt* **to ~ back/down one's hair** sich *dat* die Haare nach hinten klatschen/anklatschen *fam*
slid [slɪd] *pp, pt of* **slide**
slide [slaɪd] **I.** *vi* <slid, slid> ❶ (*glide*) rutschen; (*smoothly*) gleiten; **to ~ down the bannisters** das Geländer herunterrutschen ❷ (*decline in value*) *currency* sinken ❸ (*get into*) **to ~ into chaos** in ein Chaos geraten ▶ **to let sth/things ~** etw/die Dinge schleifen lassen **II.** *vt* <slid, slid> **she slid the hatch open** sie schob die Luke auf **III.** *n* ❶ (*act of sliding*) Rutschen *nt* ❷ (*at playground*) Rutsche *f* ❸ GEOG **earth ~** Erdrutsch *m* ❹ *usu sing* (*decline*) Sinken *nt* ❺ PHOT Dia *nt* ❻ BRIT (*hair clip*) Haarspange *f*
slide projector *n* Diaprojektor *m* **slide rule**

n Rechenschieber *m*

sliding ['slaɪdɪŋ] *adj attr* Schiebe-; ~ **door** Schiebetür *f*

slight [slaɪt] **I.** *adj* ❶ (*small*) gering; **the ~est thing** die kleinste Kleinigkeit; **not in the ~est** nicht im Geringsten ❷ (*barely noticeable*) klein; **to have a ~ accent** einen leichten Akzent haben ❸ (*slim and delicate*) *person* zierlich **II.** *n* Beleidigung *f* **III.** *vt* beleidigen

slightly ['slaɪtli] *adv* ein wenig, etwas; **I feel ~ peculiar** ich fühle mich irgendwie komisch; **to know sb ~** jdn flüchtig kennen

slim [slɪm] **I.** *adj* <-mm-> ❶ *person, figure* schlank; *object* dünn ❷ *chance* gering; *profits, income* mager **II.** *vi* <-mm-> abnehmen

slimebag *n* (*pej fam*) Schleimer(in) *m(f)*

slimy ['slaɪmi] *adj* (*a. fig*) schleimig

sling [slɪŋ] **I.** *n* (*for broken arm*) Schlinge *f*; (*for baby*) Tragetuch *nt*; (*for camera, gun*) Tragegurt *m* **II.** *vt* <slung, slung> ❶ (*fling*) werfen, schleudern ❷ (*hang*) **soldiers with rifles slung over their shoulders** Soldaten mit geschulterten Gewehren

slink <slunk, slunk> [slɪŋk] *vi* schleichen; ■ **to ~ away** [sich] davonschleichen

slip [slɪp] **I.** *n* ❶ (*fall*) **to have a ~** ausrutschen und hinfallen; (*in price, value*) Fall *m* ❷ (*paper*) **sales ~** Kassenzettel *m*; **a ~ of paper** ein Stück *nt* Papier ❸ (*mistake*) Flüchtigkeitsfehler *m*; **a ~ of the tongue** ein Versprecher *m* ❹ (*petticoat*) Unterrock *m* **II.** *vi* <-pp-> ❶ (*lose position*) *person* ausrutschen; *knife, hand* abrutschen ❷ (*move quietly*) **to ~ into the house** ins Haus schleichen ❸ (*decline*) *dollar, productivity* sinken ❹ (*make mistake*) sich versprechen; **to let sth ~ secret** etw ausplaudern ❺ (*change clothing*) ■ **to ~ out of sth** etw ausziehen; ■ **to ~ into sth** in etw *akk* schlüpfen **III.** *vt* <-pp-> ❶ (*put smoothly*) **he ~ped his arm around her waist** er legte seinen Arm um ihre Taille; **to ~ sb money/a note** jdm Geld/eine Nachricht zustecken ❷ MED **to ~ a disc** sich *dat* einen Bandscheibenschaden zuziehen ◆ **slip away** *vi* ❶ (*leave unnoticed*) *person* sich wegstehlen ❷ (*not be kept*) ■ **to ~ away [from sb]** *control, power* [jdm] entgleiten ❸ (*time*) verstreichen ◆ **slip by** *vi* ❶ (*pass quickly*) *years* verfliegen ❷ (*move past*) *person* vorbeihuschen ❸ (*go unnoticed*) *mistake, remark* durchgehen ◆ **slip down** *vi* ❶ *trousers, socks* herunterrutschen ❷ (*food, drink*) **a cool beer ~s down wonderfully easily** ein kühles Bier geht runter wie nichts ◆ **slip in I.** *vt* einbringen **II.** *vi person* sich hereinschleichen ◆ **slip off I.** *vi* ❶ (*leave unnoticed*) sich davonstehlen ❷ (*fall off*) herunterrutschen **II.** *vt* abstreifen ◆ **slip on** *vt* anziehen; *ring* sich *dat* anstecken ◆ **slip out** *vi* ❶ (*for short time*) **to ~ out for a moment** kurz weggehen ❷ *words, secret* herausrutschen ◆ **slip up** *vi* einen Fehler begehen

slip-on I. *adj attr* ~ **shoes** Slipper *pl* **II.** *n* ■ ~**s** *pl* Slipper *pl*

slippers ['slɪpəz] *npl* Hausschuhe *pl*

slippery ['slɪpəri] *adj* ❶ (*of surface, object*) rutschig; *road* glatt; (*fig*) *situation* unsicher ❷ (*pej: untrustworthy*) windig *fam*

slip road *n* BRIT Zubringer *m*

slipshod *adj* schludrig

slip-up *n* Fehler *m*

slit [slɪt] **I.** *vt* <-tt-, slit, slit> aufschlitzen; **to ~ one's wrists** sich *dat* die Pulsadern aufschneiden **II.** *n* ❶ (*tear*) Schlitz *m* ❷ (*narrow opening*) *of door* Spalt *m*

slither ['slɪðəʳ] *vi lizard, snake* kriechen; *person* rutschen

sliver ['slɪvəʳ] *n* ❶ (*shard*) Splitter *m*; **a ~ of light** ein Lichtschimmer ❷ (*small piece*) **a ~ of cheese** ein Scheibchen *nt* Käse; **a ~ of cake** ein Stückchen *nt* Kuchen

slob [slɒb] **I.** *n* (*pej fam*) Gammler(in) *m(f)* **II.** *vi* ■ **to ~ about** herumgammeln *fam o pej*

slog [slɒg] **I.** *n* ❶ *no pl* (*fam: hard work*) Schufterei *f* ❷ (*hit*) wuchtiger Schlag **II.** *vi* <-gg-> (*fam*) ❶ (*walk*) **to ~ up the hill** sich auf den Hügel schleppen ❷ (*work*) sich durcharbeiten (**through** durch)

slogan ['sləʊgən] *n* Slogan *m*; **campaign ~** Wahlspruch *m*

slo-mo ['sləʊməʊ] *n* (*fam*) *short for* **slow motion** Zeitlupe *f*

slop [slɒp] **I.** *n* ❶ (*waste*) ■ ~**s** *pl* Abfälle *pl*; (*food waste*) Essensreste *pl* ❷ *no pl* (*pej fam: food*) Schlabber *m* **II.** *vt* <-pp-> (*fam*) verschütten **III.** *vi* <-pp-> (*fam*) *a liquid* überschwappen

slope [sləʊp] **I.** *n* ❶ (*hill*) Hang *m*; **ski ~** Skipiste *f* ❷ *no pl* (*angle*) Neigung *f*; ~ **of a roof** Dachschräge *f*; **to be at a ~** eine Schräge haben **II.** *vi* ❶ (*incline, decline*) *ground* abfal-

len; ■**to ~ down/up** abfallen/ansteigen ❷(*lean*) sich neigen III. *vt roof, path* schräg anlegen ◆**slope off** *vi* sich verziehen *fam*
sloping ['sləʊpɪŋ] *adj attr* schräg; (*upwards*) ansteigend; (*downwards*) abfallend; **~ shoulders** hängende Schultern
sloppiness ['slɒpɪnəs] *n no pl* Schlampigkeit *f*
sloppy ['slɒpi] *adj* ❶(*careless*) schlampig ❷(*hum o pej: overly romantic*) kitschig; **~ love song** Schnulze *f fam* ❸(*pej: too wet*) triefend *attr; kiss* feucht
slot [slɒt] I. *n* ❶(*narrow opening*) Schlitz *m*; (*groove*) Rille *f*; (*for money*) Geldeinwurf *m* ❷TV Sendezeit *f; advertising* ~ Werbepause *f* II. *vt* <-tt-> [hinein]stecken (**into** in) III. *vi* <-tt-> ■**to ~ into sth** in etw *akk* hineinpassen ◆**slot in** I. *vi* hineinstecken II. *vt* ❶(*into frame*) einpassen ❷(*into schedule*) dazwischenschieben *fam* ◆**slot together** I. *vi parts* zusammenpassen II. *vt* ■**to ~ together** ⟲ **sth** etw ineinanderstecken
slot machine *n* ❶(*for gambling*) Spielautomat *m* ❷BRIT, AUS (*vending machine*) [Münz]automat *m* **slot meter** *n* Münzautomat *m*
slouch [slaʊtʃ] I. *n* <*pl* -es> (*bad posture*) krumme Haltung II. *vi* ❶(*have shoulders bent*) gebeugt stehen; **she sat ~ed over her desk** sie hing über ihrem Schreibtisch ❷(*walk*) **to ~ along the street** die Straße entlangschlendern
Slovak(ian) ['sləʊvæk, sləʊ'vækɪən] I. *n* ❶(*person*) Slowake *m*, Slowakin *f* ❷ *no pl* (*language*) Slowakisch *nt* II. *adj* slowakisch
Slovakia [slə(ʊ)'vækɪə] *n no pl* die Slowakei
Slovene [slə(ʊ)'vi:n] I. *n* ❶(*person*) Slowene *m*, Slowenin *f* ❷ *no pl* (*language*) Slowenisch *nt* II. *adj* slowenisch
Slovenia [slə(ʊ)'vi:nɪə] *n no pl* Slowenien *nt*
Slovenian [slə(ʊ)'vi:nɪən] I. *n* ❶(*person*) Slowene(in) *m(f)* ❷ *no pl* (*language*) Slowenisch *nt* II. *adj* slowenisch
slovenly ['slʌvənli] *adj* schlampig; **a ~ appearance** ein ungepflegter Eindruck
slow [sləʊ] I. *adj* ❶(*without speed*) langsam; *business, market* flau; ■**to be ~ to do sth** lange brauchen, um etw zu tun; **to make ~ progress** [nur] langsam vorankommen ❷(*not quick-witted*) begriffsstutzig; **to be ~ on the uptake** schwer von Begriff sein ❸ *clock, watch* **to be** [**5 minutes**] **~** [5 Mi-

nuten] nachgehen II. *vi* langsamer werden; **to ~ to a crawl** fast zum Stillstand kommen III. *vt* verlangsamen ◆**slow down** I. *vt* verlangsamen II. *vi* ❶(*reduce speed*) langsamer werden ❷(*relax more*) kürzertreten *fam*
slowcoach *n* BRIT, AUS (*fam*) lahme Ente
slow cooker *n* Crock-Pot® *m* (*elektrischer Kochtopf mit Keramiktopfeinsatz, in dem der Inhalt bei konstant niedriger Temperatur gegart wird*)
slowly ['sləʊli] *adv* langsam; **~ but surely** langsam, aber sicher
slow motion I. *n no pl* FILM Zeitlupe *f* II. *adj* Zeitlupen- **slow-moving** <slower-, slowest-> *adj* sich [nur] langsam bewegend; *story, film, plot* langatmig; *traffic* zähflüssig
slowpoke *n* AM (*childspeak fam: slowcoach*) lahme Ente
slow train *n* Bummelzug *m fam* **slow-witted** *adj* begriffsstutzig, schwer von Begriff *nach n*
sluggish ['slʌgɪʃ] *adj* träge; *market* flau; *engine* lahm
sluice [slu:s] I. *n* Schleuse *f* II. *vi* ■**to ~ out** [**from sth**] *water* herausschießen [aus etw *dat*] III. *vt* ■**to ~ sth down** etw [mit dem Schlauch] abspritzen
slum [slʌm] I. *n* Slum *m*, Elendsviertel *nt* II. *vi* <-mm-> **to go ~ming** sich unters gemeine Volk mischen III. *vt* <-mm-> **to ~ it** (*iron*) primitiv leben
slum clearance *n no pl* Beseitigung *f* der Slums **slum dweller** *n* Slumbewohner(in) *m(f)*
slump [slʌmp] I. *n* ECON ❶(*decline*) [plötzliche] Abnahme; **~ in prices** Preissturz *m* ❷(*recession*) Rezession *f*; **economic ~** Wirtschaftskrise *f* II. *vi* ❶(*fall dramatically*) *prices* stürzen; *numbers, sales* zurückgehen ❷(*fall heavily*) fallen
slung [slʌŋ] *pt, pp of* **sling**
slunk [slʌŋk] *pt, pp of* **slink**
slur [slɜ:ʳ] I. *vt* <-rr-> ❶(*pronounce unclearly*) undeutlich artikulieren; (*because of alcohol*) lallen ❷(*damage sb's reputation*) verleumden II. *n* Verleumdung *f*; **to cast a ~ on sb/sth** jdn/etw in einem schlechten Licht erscheinen lassen
slurp [slɜ:p] (*fam*) I. *vi, vt* (*drink noisily*) schlürfen II. *n* Schlürfen *nt*
slush [slʌʃ] *n no pl* ❶(*melting snow*) [Schnee]matsch *m* ❷(*pej: oversentimental language*) Gefühlsduselei *f*

slushy ['slʌʃi] *adj* ① (*melting*) matschig ② (*oversentimental*) kitschig

slut [slʌt] *n* (*pej: promiscuous woman*) Schlampe *f derb*

sly [slaɪ] *adj* ① (*secretive*) verstohlen; *smile* verschmitzt; **on the** ~ heimlich ② (*cunning*) gerissen ▶ **as ~ as a fox** schlau wie ein Fuchs

smack¹ [smæk] **I.** *n* ① (*slap*) [klatschender] Schlag; **a ~ on the bottom** ein fester Klaps auf den Hintern ② (*hearty kiss*) Schmatz[er] *m* ③ (*loud noise*) Knall *m* **II.** *adv* ① (*exactly*) direkt; **his shot landed ~ in the middle of the target** sein Schuss landete haargenau im Zentrum der Zielscheibe ② (*forcefully*) voll *fam;* **I walked ~ into a lamp post** ich lief voll gegen einen Laternenpfahl **III.** *vt* ① (*slap*) ■**to ~ sb** jdm eine knallen *fam* ② (*slap sth against sth*) ■**to ~ sth on sth** etw auf etw *akk* knallen

smack² [smæk] *n no pl* (*sl*) Heroin *nt*

smacking ['smækɪŋ] *n* ~ **is not allowed** Kinder zu hauen ist nicht erlaubt

small [smɔːl] **I.** *adj* ① (*not large*) klein; *amount a.* gering; ~ **circulation** MEDIA niedrige Auflage; ~ **percentage** geringe Prozentzahl; ~ **town** Kleinstadt *f* ② (*young*) klein; ~ **child** Kleinkind *nt* ③ (*insignificant*) unbedeutend; ~ **consolation** ein schwacher Trost; **to make sb look** ~ jdn niedermachen *fam* ▶ **to be grateful for** ~ **mercies** mit wenig zufrieden sein; **it's a ~ world!** (*prov*) die Welt ist klein! **II.** *n no pl* **the ~ of the back** das Kreuz

small ad *n* Kleinanzeige *f* **small businessman** *n* Kleinunternehmer *m* **small change** *n no pl* Kleingeld *nt* **small-minded** *adj* (*pej*) engstirnig

smallpox *n no pl* Pocken *pl*

small print *n no pl* **the ~** das Kleingedruckte **small-scale** <smaller-, smallest-> *adj* ~ **map** Karte *f* in einem kleinen Maßstab; **a ~ operation** (*fig*) ein kleiner Betrieb

smarmy ['smɑːmi] *adj* (*pej*) schmeichlerisch; ~ **charm** schmieriger Charme

smart [smɑːt] **I.** *adj* ① (*intelligent*) schlau, clever *fam;* **to make a ~ move** klug handeln ② (*stylish*) schick ③ (*quick and forceful*) [blitz]schnell **II.** *n* ① AM (*sl: intelligence*) ■**the ~s** *pl* die [nötige] Intelligenz ② (*sharp pain*) Schmerz *m* **III.** *vi eyes, wound* brennen; ■**to ~ from sth** unter etw *dat* leiden

smart alec(k) ['smɑːtˌælek] *n* (*pej fam*) Schlauberger(in) *m(f)* **smart arse** BRIT, AUS, **smart ass** *n* (*pej fam!*) Klugscheißer(in) *m(f) sl*

smarten ['smɑːtᵊn] **I.** *vt* ■**to ~ oneself up** sich in Schale werfen *fam;* **to ~ up one's act** sich ins Zeug legen *fam* **II.** *vi* ■**to ~ up** mehr Wert auf sein Äußeres legen

smart phone *n* Smart Phone *nt*

smash [smæʃ] **I.** *n* <*pl* -es> ① (*crashing sound*) Krachen *nt* ② SPORTS Schlag *m;* TENNIS Schmetterball *m* ③ (*smash hit*) Superhit *m fam* **II.** *vt* ① (*break into pieces*) zerschlagen; *window* einschlagen ② (*strike against*) schmettern (**against** gegen) ③ SPORTS *record* brechen; *ball* schmettern **III.** *vi* ① (*break into pieces*) zerbrechen ② (*strike against*) prallen (**into** gegen); ■**to ~ through sth** etw durchbrechen ♦ **smash in** *vt* einschlagen ♦ **smash up** *vt* zertrümmern; **to ~ up a car** ein Auto zu Schrott fahren

smashed [smæʃt] *adj pred* sternhagelvoll *fam;* **to get** ~ sich volllaufen lassen

smash hit *n* Superhit *m fam*

smashing ['smæʃɪŋ] *adj* BRIT (*fam*) klasse

smattering ['smætᵊrɪŋ] *n usu sing* ① (*very small amount*) **a ~ of applause** [ein] schwacher Applaus ② (*slight knowledge*) **to have a ~ of a language** ein paar Brocken einer Sprache können

smear [smɪəʳ] **I.** *vt* (*spread messily*) ■**to ~ sth on sth** etw mit etw *dat* beschmieren **II.** *n* ① (*blotch*) Fleck *m* ② (*public accusations*) Verleumdung *f;* ~ **tactics** Verleumdungstaktik *f* ③ MED ~ [**test**] Abstrich *m*

smell [smel] **I.** *n* ① (*sense*) Geruch *m;* **sense of ~** Geruchssinn *m* ② (*characteristic odour*) Geruch *m;* *of perfume* Duft *m* ③ (*pej: bad odour*) Gestank *m* **II.** *vb* <smelt *or* AM -ed, smelt *or* AM -ed> ① (*perceive*) riechen ② (*give off odour*) riechen; (*pleasantly*) duften; (*badly*) stinken; ■**to ~ of sth** nach etw *dat* riechen ▶ **to ~ fishy** verdächtig sein **III.** *vt* <smelt *or* AM -ed, smelt *or* AM -ed> riechen ▶ **to ~ sth a mile off** etw schon von weitem riechen; **to ~ a rat** den Braten riechen *fam*

smelly ['smeli] *adj* (*pej*) stinkend *attr*

smelt¹ [smelt] *vi*, *vt* BRIT, AUS *pt*, *pp of* **smell**

smelt² [smelt] *vt metal* [er]schmelzen; **to ~ iron from its ores** Eisenerze zu Eisen verhütten

smile [smaɪl] **I.** *n* Lächeln *nt;* **wipe that ~**

off your face! hör auf, so zu grinsen!; **to be all ~s** über das ganze Gesicht strahlen; **to give sb a ~** jdm zulächeln II. *vi* lächeln; ■**to ~ at sb** jdn anlächeln; ■**to ~ to oneself** in sich *akk* hineinlächeln

smiling ['smaɪlɪŋ] *adj* lächelnd, strahlend

smirk [smɜːk] (*pej*) I. *vi* grinsen; ■**to ~ at sb** jdn süffisant anlächeln II. *n* Grinsen *nt*

smog [smɒg] *n no pl* Smog *m;* **~ alert** Smogalarm *m*

smoke [sməʊk] I. *n* ❶ *no pl* (*from burning*) Rauch *m;* **drifts of ~** Rauchschwaden *pl* ❷ (*act of smoking*) **to have a ~** eine rauchen *fam* ❸ (*fam: cigarettes*) ■**~s** *pl* Glimmstängel *pl* ▶**to go up in ~** in Rauch [und Flammen] aufgehen II. *vt* ❶ (*use tobacco*) rauchen ❷ FOOD räuchern III. *vi* rauchen
♦**smoke out** *vt* ausräuchern; ■**to ~ sb out** (*fig*) jdn entlarven **smoke bomb** *n* MIL Rauchbombe *f*

smoked [sməʊkt] *adj* geräuchert; **~ fish** Räucherfisch *m*

smoke detector *n* Rauchmelder *m* **smokehouse** *n* Räucherei *f*

smokeless ['sməʊkləs] *adj* ❶ rauchfrei ❷ AM **~ tobacco** Kautabak *m*

smoker ['sməʊkə^r] *n* (*person*) Raucher(in) *m(f);* **~'s cough** Raucherhusten *m*

smoke-stained *adj* rauchgeschwärzt

smoking ['sməʊkɪŋ] I. *n no pl* Rauchen *nt;* **~ ban** Rauchverbot *nt* II. *adj* **non-~** Nichtraucher-

smoking car *n* AM *see* **smoking compartment**

smoking compartment *n* RAIL Raucherabteil *nt*

smoky ['sməʊki] *adj* ❶ (*filled with smoke*) verraucht ❷ (*producing smoke*) rauchend *attr*

smolder *vi* AM *see* **smoulder**

smooch [smuːtʃ] I. *vi* (*fam*) schmusen; (*more vigorously*) knutschen II. *n usu sing* (*fam*) Schmusen *nt;* (*more vigorous*) Knutschen *nt*

smooth [smuːθ] I. *adj* ❶ (*not rough*) glatt; *sea, flight* ruhig; **as ~ as silk** seidenweich ❷ (*well-mixed*) sämig; **~ sauce** glatte Soße ❸ (*free from difficulty*) problemlos II. *vt* ❶ (*make less difficult*) **to ~ the path [to sth]** den Weg [zu etw *dat*] ebnen ❷ (*rub in evenly*) ■**to ~ sth into sth** etw in etw *akk* einmassieren ♦**smooth away** *vt* glätten
♦**smooth down** *vt* glatt streichen
♦**smooth over** *vt* in Ordnung bringen

smoothie ['smuːθi] *n* ❶ (*pej: charmer*) Charmeur *m* ❷ *esp* AM, AUS (*drink*) Smoothie *m* (*Getränk aus Yoghurt und Früchten*)

smooth-shaven *adj* glatt rasiert

smother ['smʌðə^r] *vt* ❶ (*suffocate*) ersticken (**with** mit) ❷ (*suppress*) *hopes* zerstören ❸ (*cover*) ■**to be ~ed in sth** von etw *dat* völlig bedeckt sein

smoulder ['sməʊldə^r] *vi* ❶ (*burn slowly*) schwelen; *cigarette* glimmen ❷ (*fig*) **to ~ with desire/jealousy/rage** vor Verlangen/Eifersucht/Zorn glühen

SMS [ˌesem'es] *n abbrev of* **short message service:** **~ messaging** SMS-Messaging *nt*

smudge [smʌdʒ] I. *vt* (*smear*) *lipstick* verwischen II. *vi* verlaufen; **her mascara had ~d** ihre Wimperntusche war verschmiert III. *n* (*a. fig*) Fleck *m*

smudge-proof ['smʌdʒpruːf] *adj* *lipstick* kussecht; *mascara* wischfest

smudgy ['smʌdʒi] *adj* verschmiert

smug <-gg-> [smʌg] *adj* selbstgefällig

smuggle ['smʌgl] *vt* schmuggeln

smuggling ['smʌglɪŋ] *n no pl* Schmuggel *m*

smutty ['smʌti] *adj* (*pej*) schmutzig

snack [snæk] I. *n* Snack *m*, Imbiss *m;* **to have a ~** eine Kleinigkeit essen II. *vi* naschen

snack bar *n* Imbissstube *f*

snacky ['snæki] *adj* (*fam*) *food, meal* für zwischendurch *nach n*

snag [snæg] I. *n* ❶ (*disadvantage*) Haken *m fam* ❷ (*damage to textiles*) gezogener Faden II. *vt* <-gg-> aufreißen; **be careful not to ~ your coat on the barbed wire** pass auf, dass du mit deiner Jacke nicht am Stacheldraht hängen bleibst

snail [sneɪl] *n* Schnecke *f;* **at a ~'s pace** im Schneckentempo

snail mail *n no pl* (*hum fam*) Schneckenpost *f*

snake [sneɪk] I. *n* Schlange *f* II. *vi* sich schlängeln

snake bite *n* Schlangenbiss *m*

snap [snæp] I. *n* ❶ *usu sing* (*act*) Knacken *nt* ❷ (*photograph*) Schnappschuss *m* ❸ AM (*snap fastener*) Druckknopf *m* ❹ *no pl* BRIT (*game*) Schnippschnapp *nt* II. *interj* (*fam: game*) schnippschnapp! III. *vi* <-pp->

❶ (*break cleanly*) auseinanderbrechen ❷ (*spring into position*) einrasten ❸ (*sudden bite*) schnappen (**at** nach) ❹ (*speak sharply*) bellen *fam;* ■**to ~ at sb** jdn anfahren **IV.** *vt* <-pp-> ❶ (*break cleanly*) entzweibrechen; ■**to ~ sth ↻ off** etw abbrechen ❷ (*close sharply*) zuknallen; *book* zuklappen ❸ (*attract attention*) **to ~ one's fingers** mit den Fingern schnippen ◆**snap out** *vi* (*get over*) ■**to ~ out of sth** etw überwinden; **~ out of it!** krieg dich wieder ein! ◆**snap up** *vt* schnell kaufen

snappy ['snæpi] *adj* ❶ (*fam: smart, fashionable*) schick; **to be a ~ dresser** immer schick gekleidet sein ❷ (*quick*) zackig; **make it ~!** mach fix! *fam*

snarl[1] [snɑːl] **I.** *vi* ❶ (*growl*) *dog* knurren ❷ (*speak angrily*) ■**to ~ at sb** jdn anknurren **II.** *n* ❶ (*growl*) Knurren *nt* ❷ (*angry utterance*) **to say sth with a ~** etw knurren

snarl[2] [snɑːl] **I.** *n* (*knot*) Knoten *m* **II.** *vi* (*become tangled*) sich verheddern

snarl-up *n* **traffic ~** Verkehrschaos *nt*

snatch [snætʃ] **I.** *n* <*pl* -es> ❶ (*sudden grab*) schneller Griff; **to make a ~ at sth** nach etw *dat* greifen ❷ (*theft*) Diebstahl *m* (*durch Entreißen*) **II.** *vt* ❶ (*grab quickly*) schnappen ❷ (*steal*) sich *dat* greifen **III.** *vi* (*grab quickly*) greifen (**at** nach) ◆**snatch away** *vt* ■**to ~ sth away from sb** jdm etw entreißen ◆**snatch up** *vt* sich *dat* schnappen

snazzy ['snæzi] *adj* (*sl*) schick *fam*

sneak [sniːk] **I.** *vi* <-ed *or esp* AM snuck, -ed *or esp* AM snuck> ❶ (*move stealthily*) schleichen; **to ~ off** sich davonstehlen ❷ BRIT (*pej fam: denounce*) petzen; ■**to ~ on sb** jdn verpetzen **II.** *vt* <-ed *or esp* AM snuck, -ed *or esp* AM snuck> (*view secretly*) **to ~ a look at sb/sth** einen verstohlenen Blick auf jdn/etw werfen **III.** *n* BRIT (*pej fam*) Petzer(in) *m(f)*

sneaker ['sniːkə] *n usu pl* AM Turnschuh *m*

sneaking ['sniːkɪŋ] *adj attr* heimlich; **~ feeling** leises Gefühl; **~ suspicion** leiser Verdacht

sneaky ['sniːki] *adj* raffiniert

sneer [snɪə] **I.** *vi* ❶ (*smile derisively*) spöttisch grinsen ❷ (*express disdain*) spotten (**at** über) **II.** *n* spöttisches Lächeln

sneering ['snɪərɪŋ] *adj* spöttisch

sneeze [sniːz] **I.** *vi* niesen ▶ **not** to be **~d at**

nicht zu verachten sein **II.** *n* Niesen *nt*

snicker ['snɪkə] AM *see* **snigger**

snide [snaɪd] *adj* (*pej*) *remark* abfällig

sniff [snɪf] **I.** *n* Riechen *nt;* *dog* Schnüffeln *nt* **II.** *vi* ❶ (*inhale sharply*) die Luft einziehen; *animal* wittern; ■**to ~ at sth** an etw *dat* schnuppern ❷ (*show disdain*) ■**to ~ at sth** über etw *akk* die Nase rümpfen ▶ **not** to be **~ed at** nicht zu verachten sein **III.** *vt* (*test by smelling*) ■**to ~ sth** an etw *dat* riechen ◆**sniff out** *vt* aufspüren; (*fig*) entdecken

sniffer dog *n* Spürhund *m*

sniffle ['snɪfl] **I.** *vi* schniefen **II.** *n* ❶ (*repeated sniffing*) Schniefen *nt* ❷ MED **the ~s** *pl* leichter Schnupfen

snigger ['snɪgə] **I.** *vi* kichern (**at** über) **II.** *n* Kichern *nt,* Gekicher *nt*

snip [snɪp] **I.** *n* ❶ (*cut*) Schnitt *m;* **to give sth a ~** etw [ab]schneiden ❷ (*piece*) **a ~ of cloth** ein Stück *nt* Stoff **II.** *vt* schneiden

sniper ['snaɪpə] *n* MIL Heckenschütze *m*

sniping *n* (*criticism*) scharfes Kritisieren

snitch [snɪtʃ] **I.** *vi* (*pej sl*) petzen; ■**to ~ on sb** jdn verpfeifen *fam* **II.** *n* <*pl* -es> (*pej sl: informer*) Petzer(in) *m(f)*

snivel ['snɪvəl] *vi* <BRIT -ll- *or* AM *usu* -l-> (*cry*) flennen *pej fam*

snobbish ['snɒbɪʃ] *adj* snobistisch

snog [snɒg] **I.** *vi* <-gg-> BRIT (*fam*) [rum]knutschen (**with** mit) **II.** *vt* <-gg-> BRIT (*fam*) küssen **III.** *n* (*fam*) **to have a ~** rumknutschen

snoop [snuːp] **I.** *n* (*fam*) ❶ (*look*) Herumschnüffeln *nt kein pl;* **to have a ~** sich [mal] ein bisschen umschauen *fam* ❷ (*interloper*) Schnüffler(in) *m(f) fam;* (*spy*) Spion(in) *m(f)* **II.** *vi* (*fam*) ❶ (*look secretly*) [herum]schnüffeln ❷ (*spy on*) ■**to ~ on sb** jdn ausspionieren

snooty ['snuːti] *adj* (*fam*) hochnäsig

snooze [snuːz] (*fam*) **I.** *vi* ein Nickerchen machen **II.** *n* Nickerchen *nt*

snore [snɔː] **I.** *vi* schnarchen **II.** *n* Schnarchen *nt kein pl*

snort [snɔːt] **I.** *vi* schnauben; **to ~ with laughter** vor Lachen [los]prusten **II.** *vt* (*sl: inhale*) **to ~ cocaine** Kokain schnupfen **III.** *n* (*noise*) Schnauben *nt kein pl*

snot [snɒt] *n no pl* (*fam: mucus*) Rotz *m*

snotty ['snɒti] *adj* (*fam*) ❶ (*full of mucus*) Rotz-; **~ handkerchief** vollgerotztes Taschentuch *fam* ❷ (*pej: rude*) rotzfrech *sl*

snout [snaʊt] *n* (*nose*) *of animal* Schnauze *f*; *of pig* Rüssel *m*

snow [snəʊ] **I.** *n* ❶ *no pl* Schnee *m;* **a blanket of** ~ **lay on the ground** der Boden war schneebedeckt ❷ (*snowfall*) Schneefall *m* **II.** *vi impers* **it's** ~**ing** es schneit ◆**snow in** *vt usu passive* **to be/get** ~**ed in** eingeschneit sein/werden ◆**snow under** *vt usu passive* **to be** ~**ed under with work** mit Arbeit eingedeckt sein

snowball I. *n* Schneeball *m* **II.** *vi* lawinenartig anwachsen; **to keep** ~**ing** eskalieren **snowboard** *n* Snowboard *nt* **snowbound** *adj* (*snowed-in*) eingeschneit; *road* wegen Schnees gesperrt **snow-capped** *adj* schneebedeckt **snow chains** *npl* AUTO Schneeketten *pl* **snowdrift** *n* Schneewehe *f* **snowfall** *n* ❶ *no pl* (*amount*) Schneemenge *f* ❷ (*snowstorm*) Schneefall *m* **snowflake** *n* Schneeflocke *f* **snow goggles** *npl* Schneebrille *f* **snowman** *n* Schneemann *m* **snowmobile** ['snəʊməˌbiːl] *n* Schneemobil *nt* **snowstorm** *n* Schneesturm *m* **snow tire** AM *see* **snow tyre snow tyre** *n* BRIT Winterreifen *m*

snowy ['snəʊi] *adj* (*snow-covered*) verschneit; *mountain* schneebedeckt

snub [snʌb] **I.** *vt* <-bb-> (*offend by ignoring*) brüskieren **II.** *n* Brüskierung *f*

snub-nosed *adj attr person* stupsnasig

snuff [snʌf] **I.** *n* Schnupftabak *m* **II.** *vt* **to** ~ **it** BRIT, AUS (*fam*) abkratzen *sl*

snuffle ['snʌfl] **I.** *vi* ❶ (*sniffle*) schniefen *fam* ❷ (*speak nasally*) ▪**to** ~ [**out**] näseln **II.** *n* ❶ (*runny nose*) laufende Nase ❷ (*noisy breathing*) Schnüffeln *nt kein pl*

snug [snʌg] *adj* ❶ (*cosy*) kuschelig, gemütlich; (*warm*) mollig warm ❷ FASHION (*tight*) eng; **to be a** ~ **fit** eng anliegen ▸ **to feel as** ~ **as a bug in a rug** es so richtig mollig warm und gemütlich haben

snuggle ['snʌgl] **I.** *vi* sich kuscheln; ▪**to** ~ [**up**] **with sb** mit jdm kuscheln **II.** *vt* ❶ (*hold*) an sich *akk* drücken ❷ *usu passive* (*nestle*) ▪**to be** ~**d** sich schmiegen **III.** *n* (*sl*) Umarmung *f*

so [səʊ] **I.** *adv* ❶ (*to an indicated degree*) so; **look, the gap was about** ~ **wide** schau mal, die Lücke war ungefähr so groß ❷ (*to a great degree*) **I am** ~ **cold** mir ist so kalt; **what's** ~ **wrong with that?** was ist denn daran so falsch? ❸ (*in such a way*) so; **gently fold in the eggs like** ~ rühren Sie die Eier auf diese Weise vorsichtig unter ❹ (*perfect*) [**to be**] **just** ~ genau richtig [sein]; **I want everything just** ~ ich will, dass alles perfekt ist ❺ (*also, likewise*) auch; **I** [**very much**] **hope** ~! das hoffe ich doch sehr! ❻ (*yes*) ja; **I'm afraid** ~ ich fürchte ja ❼ (*that*) das; ~ **they say** so sagt man; **I told you** ~ ich habe es dir ja gesagt ❽ (*as stated*) so; (*true*) wahr; **is that** ~? stimmt das?; ~ **it is** das stimmt; **if** ~ ... wenn das so ist ... ❾ (*this way, like that*) so; **and** ~ **it was that** ... und so kam es, dass ...; **and** ~ **on** und so weiter; ~ **to speak** sozusagen ▸ ~ **far** ~ **good** so weit, so gut; ~ **what?** na und? *fam* **II.** *conj* ❶ (*therefore*) deshalb, daher; **I couldn't find you** ~ **I left** ich konnte dich nicht finden, also bin ich gegangen ❷ (*introducing a sentence*) also; ~ **where have you been?** wo warst du denn die ganze Zeit?; ~ **what's the problem?** wo liegt denn das Problem? ❸ (*in order to*) damit; **be quiet** ~ **she can concentrate** sei still, damit sie sich konzentrieren kann ▸ ~ **long as** ... (*if*) sofern; ~ **there!** (*hum*) ätsch! **III.** *adj* (*sl*) typisch *fam;* **that's** ~ **70's** das ist typisch 70er

soak [səʊk] **I.** *n* (*immersion*) Einweichen *nt kein pl* **II.** *vt* ❶ (*immerse*) einweichen ❷ (*make wet*) durchnässen **III.** *vi* (*immerse*) einweichen lassen ◆**soak in I.** *vi* ❶ (*absorb*) einziehen ❷ (*understand*) in den Schädel gehen *fam;* **will it ever** ~ **in?** ob er/sie das wohl jemals kapiert? *fam* **II.** *vt* einsaugen; (*fig*) in sich *akk* aufnehmen ◆**soak off** *vt* [mit Wasser] ablösen ◆**soak up** *vt* ❶ (*absorb*) aufsaugen; (*fig*) [gierig] in sich *akk* aufnehmen ❷ (*bask in*) **to** ~ **up the atmosphere** die Atmosphäre in sich *akk* aufnehmen

soaking ['səʊkɪŋ] **I.** *n* ❶ (*immersion*) Einweichen *nt kein pl* ❷ (*becoming wet*) Nasswerden *nt kein pl;* **to get a** ~ patschnass werden *fam* **II.** *adj* ~ [**wet**] klatschnass *fam*

so-and-so ['səʊən(d)səʊ] *n* ❶ (*fam: unspecified person*) Herr/Frau Soundso; (*unspecified thing*) das und das ❷ (*pej fam: disliked person*) Miststück *nt*

soap [səʊp] **I.** *n* ❶ *no pl* (*substance*) Seife *f* ❷ TV (*fam*) Seifenoper *f* **II.** *vt* einseifen

soap dispenser *n* Seifenspender *m* **soap opera** *n* TV, MEDIA Seifenoper *f* **soap powder** *n no pl* Seifenpulver *nt*

soapy ['səʊpɪ] *adj* seifig; ~ **water** Seifenwasser *nt*

soar [sɔːʳ] *vi* ❶ (*rise*) aufsteigen; *mountain peaks* sich erheben ❷ (*increase*) *temperature, prices* in die Höhe schnellen ❸ (*glide*) *bird* [in großer Höhe] segeln; [*hang-*]*glider* gleiten

sob [sɒb] **I.** *n* Schluchzen *nt kein pl* **II.** *vi* <-bb-> schluchzen **III.** *vt* <-bb-> ❶ (*cry*) **to ~ one's heart out** sich *dat* die Seele aus dem Leib weinen ❷ (*say while crying*) schluchzen

sober ['səʊbəʳ] *adj* ❶ (*not drunk*) nüchtern; **to be stone cold ~** stocknüchtern sein *fam* ❷ (*unemotional*) *thought, judgement* sachlich, nüchtern ◆ **sober up I.** *vi* (*become less drunk*) nüchtern werden **II.** *vt* (*make less drunk*) nüchtern machen

sob story *n* (*fam*) ❶ (*story*) rührselige Geschichte ❷ (*excuse*) Ausrede *f*

so-called ['səʊkɔːld] *adj attr* so genannt

soccer ['sɒkəʳ] *n no pl* Fußball *m*

sociable ['səʊʃəbl] **I.** *adj* ❶ (*keen to mix*) gesellig ❷ (*friendly*) freundlich, umgänglich **II.** *n* Am (*party*) Treffen *nt;* **church ~** Gemeindefest *nt*

social ['səʊʃəl] *adj* ❶ (*of human contact*) Gesellschafts-, gesellschaftlich; **I'm a ~ drinker** ich trinke nur, wenn ich in Gesellschaft bin ❷ SOCIOL (*concerning society*) gesellschaftlich, Gesellschafts-; ~ **science** Gesellschaftswissenschaften *pl*; (*of human behaviour*) sozial, Sozial-; ~ **skills** soziale Fähigkeiten

socialist ['səʊʃəlɪst] **I.** *n* Sozialist(in) *m(f)* **II.** *adj* sozialistisch

socialize ['səʊʃəlaɪz] **I.** *vi* unter Leuten sein; ■ **to ~ with sb** mit jdm gesellschaftlich verkehren **II.** *vt* SOCIOL, BIOL sozialisieren; *offender* [re]sozialisieren

social phobia *n* Sozialphobie *f* **social science** *n* Sozialwissenschaft *f* **social security** *n no pl* ❶ BRIT, AUS (*welfare*) Sozialhilfe *f* ❷ AM (*pension*) Sozial[versicherungs]rente *f*

society [sə'saɪətɪ] *n* ❶ (*all people*) Gesellschaft *f* ❷ (*elite*) die [feine] Gesellschaft ❸ (*form: company*) Gesellschaft *f* ❹ (*organization*) Verein *m*

sociolinguistics [ˌsəʊʃɪəʊlɪŋ'gwɪstɪks] *n* Soziolinguistik *f*

sociology [ˌsəʊʃɪ'ɒlədʒɪ, -sɪ-] *n no pl* Soziologie *f*

sock [sɒk] *n* Socke *f*

socket ['sɒkɪt] *n* ❶ ELEC (*for a plug*) Steckdose *f*; (*for lamps*) Fassung *f* ❷ ANAT, MED **arm-/hip/knee ~** Arm-/Hüft-/Kniegelenkpfanne *f*; **eye ~** Augenhöhle *f*

sod[1] [sɒd] *n* Grassode *f*, Grasnarbe *f*

sod[2] [sɒd] *n* BRIT ❶ (*sl: mean person*) Sau *f* derb ❷ (*fam!: person*) **lucky ~** Glückspilz *m*; **poor ~** armes Schwein ◆ **sod off** *vi* BRIT (*fam!*) ~ **off!** zieh Leine! *sl*

sodden ['sɒdən] *adj* (*soaked*) durchnässt; *grass* durchweicht

sodding ['sɒdɪŋ] *adj attr* BRIT (*sl*) verdammt

sofa ['səʊfə] *n* Sofa *nt*; ~ **bed** Schlafcouch *f*

soft [sɒft] *adj* ❶ (*not hard*) weich; *cheeks, skin* zart ❷ (*subtle*) *colour* zart ❸ (*not loud*) *music* gedämpft; *sound, voice* leise ▶ **to have a ~ spot for sb** eine Schwäche für jdn haben

soft-boiled *adj egg* weich [gekocht]

soften ['sɒfən] **I.** *vi* ❶ (*melt*) weich werden; *ice cream* schmelzen ❷ (*moderate*) nachgiebiger werden **II.** *vt* ❶ (*melt*) weich werden lassen ❷ (*moderate*) mildern ◆ **soften up I.** *vt* ❶ (*make less hard*) weicher machen ❷ (*win over*) erweichen; (*persuade*) rumkriegen *fam* **II.** *vi* weich werden

soft-hearted *adj* ❶ (*compassionate*) weichherzig ❷ (*gullible*) leichtgläubig

softie ['sɒftɪ] *n* (*fam*) Softie *m*

softly ['sɒftlɪ] *adv* ❶ (*not hard*) sanft ❷ (*quietly*) leise ❸ (*dimly*) ~ **lit** schwach beleuchtet

softness ['sɒftnəs] *n no pl* Weichheit *f*; *of skin* Glätte *f*; *of hair* Seidigkeit *f*; *of colours* Zartheit *f*

software ['sɒf(t)weəʳ] *n no pl* COMPUT Software *f*; ~ **engineer/writer** Programmierer(in) *m(f)*; ~ **package** Softwarepaket *nt*

softy *n see* **softie**

soggy ['sɒgɪ] *adj* ❶ (*sodden*) durchnässt; (*boggy*) glitschig *fam*; *soil* aufgeweicht ❷ FOOD matschig

soil[1] [sɔɪl] *vt* (*form*) ❶ (*dirty*) verschmutzen ❷ (*foul*) verunreinigen

soil[2] [sɔɪl] *n no pl* ❶ (*earth*) Boden *m*, Erde *f* ❷ (*territory*) Boden *m*

solar ['səʊləʳ] *adj* Solar-, Sonnen-; ~ **calculator** Rechner *m* mit Solarzellen; ~ **cell** Solarzelle *f*; ~ **eclipse** Sonnenfinsternis *f*; ~ **energy** Solarenergie *f*; ~ **heating** Solarheizung *f*; ~ **panel** Sonnenkollektor *m*;

sold [səʊld] *pt, pp of* **sell**
soldier ['səʊldʒəʳ] *n* Soldat(in) *m(f)*
sold out *adj* ausverkauft
sole[1] [səʊl] *adj attr* ❶ (*only*) einzig, alleinig ❷ (*exclusive*) Allein-
sole[2] [səʊl] *n* ❶ FASHION [Schuh]sohle *f* ❷ ANAT [Fuß]sohle *f*
sole[3] <*pl - or -s*> [səʊl] *n* (*fish*) Seezunge *f*
solely ['səʊlli] *adv* einzig und allein, nur
solemn ['sɒləm] *adj* ❶ (*ceremonial*) feierlich ❷ (*grave*) ernst
solicit [sə'lɪsɪt] *vt* (*form: ask for*) ■ **to ~ sth** um etw *akk* bitten
solicitor [sə'lɪsɪtəʳ] *n* ❶ *esp* BRIT, AUS LAW Rechtsanwalt *m*, Rechtsanwältin *f* (*der/die seine/ihre Mandanten nur in den unteren Instanzen vertreten darf, im Gegensatz zum* **barrister**) ❷ AM POL Rechtsreferent(in) *m(f)* (*einer Stadt*)
solid ['sɒlɪd] I. *adj* ❶ (*hard*) fest; *chair, wall* solide; *foundation* stabil ❷ (*not liquid*) fest ❸ (*completely*) ganz; *silver, wood* massiv ❹ (*concrete*) *plan* konkret; *evidence* handfest; *grounding* solide ❺ (*sound*) solide II. *n* ❶ PHYS fester Stoff, Festkörper *m* ❷ MATH Körper *m* ❸ FOOD ■ **~s** *pl* feste Nahrung *kein pl*
solidify <-ie-> [sə'lɪdɪfaɪ] I. *vi* ❶ (*harden*) fest werden ❷ (*fig: take shape*) *plans* sich konkretisieren II. *vt* ❶ (*harden*) fest werden lassen ❷ (*fig: reinforce*) festigen
solidly ['sɒlɪdli] *adv* ❶ (*sturdily*) solide; **to be ~ built** solide gebaut sein ❷ (*uninterruptedly*) *work* ununterbrochen
solitary ['sɒlɪtᵊri] *adj* ❶ (*single*) einzeln *attr*; ZOOL solitär ❷ (*lonely*) einsam; (*remote*) abgeschieden
solo ['səʊləʊ] I. *adj attr* (*unaccompanied*) Solo- II. *adv* (*single-handed*) allein; MUS solo III. *n* MUS Solo *nt*
soloist ['səʊləʊɪst] *n* Solist(in) *m(f)*
soluble ['sɒljəbl] *adj* löslich
solution [sə'lju:fᵊn] *n* ❶ (*to problem*) Lösung *f*; (*to riddle, puzzle*) [Auf]lösung *f* ❷ (*in business*) Vorrichtung *f*; **software ~s** Softwareanwendungen *pl* ❸ CHEM (*liquid*) Lösung *f*
solvable ['sɒlvəbl] *adj* lösbar
solve [sɒlv] *vt* lösen; *crime* aufklären
solvent ['sɒlvᵊnt] I. *n* CHEM Lösungsmittel *nt* II. *adj* ❶ FIN zahlungsfähig ❷ (*fam: having sufficient money*) flüssig
somber *adj* AM *see* **sombre**
sombre ['sɒmbəʳ] *adj* ❶ (*sad*) düster; *setting* ernst ❷ (*dark-coloured*) dunkel; *day* trüb, finster
some [sʌm, səm] I. *adj attr* ❶ (*unknown amount: + pl n*) einige, ein paar; (*+ sing n*) etwas; **there's ~ cake in the kitchen** es ist noch Kuchen in der Küche ❷ (*certain: + pl n*) gewisse ❸ (*general, unknown*) irgendein(e); **he's in ~ kind of trouble** er steckt in irgendwelchen Schwierigkeiten ❹ (*noticeable*) gewiss; **to ~ extent** bis zu einem gewissen Grad ❺ (*slight, small amount*) etwas; **there is ~ hope that he will get the job** es besteht noch etwas Hoffnung, dass er die Stelle bekommt II. *pron* ❶ (*unspecified amount of sth*) welche(r, s); **if you need money, I can lend you ~** wenn du Geld brauchst, kann ich dir gerne welches leihen ❷ (*at least a small number*) einige, manche ❸ *+ pl vb* (*proportionate number*) einige, ein paar; **~ of you have already met Imran** einige von euch kennen Imran bereits ❹ (*certain people*) **~ just never learn!** gewisse Leute lernen es einfach nie! ❺ *+ sing vb* (*proportionate number*) ein bisschen; **have ~ of this champagne, it's very good** trink ein wenig von dem Champagner, er ist sehr gut III. *adv* (*roughly*) ungefähr, in etwa
somebody ['sʌmbədi] *pron indef* jemand; **~ or other** irgendwer; **~ else** jemand anders
somehow ['sʌmhaʊ] *adv* irgendwie
someone ['sʌmwʌn] *pron see* **somebody**
someplace ['sʌmpleɪs] *adv* AM *see* **somewhere**
somersault ['sʌməsɔ:lt] I. *n* Salto *m* II. *vi* einen Salto machen; *vehicle, car* sich überschlagen
something ['sʌm(p)θɪŋ] *pron indef* ❶ (*object*) etwas; **she has ~ for you** sie hat etwas für dich; **~ else** etwas anderes ❷ (*action*) etwas; **to do ~** [**about sth/sb**] etwas [gegen etw/jdn] unternehmen ❸ (*unknown thing*) etwas; **~ about her frightened me** etwas an ihr machte mir Angst ❹ (*outstanding quality*) etwas; **there's ~ about her** sie hat etwas ❺ (*not exact*) **... or ~** (*fam: similar*) ... oder so; **she works for a bank or ~** sie arbeitet für eine Bank oder so was
sometime ['sʌmtaɪm] *adv* irgendwann; **come up and see me ~** komm mich mal besuchen;

~ **soon** demnächst irgendwann, bald einmal
sometimes ['sʌmtaɪmz] *adv* manchmal
somewhat ['sʌm(h)wɒt] *adv* etwas, ein wenig [*o* bisschen] **somewhere** ['sʌm(h)weəʳ] *adv* ❶ (*in unspecified place*) irgendwo; ~ **else** woanders, irgendwo anders ❷ (*to unspecified place*) irgendwohin; ~ **else** woandershin, irgendwo anders hin
son [sʌn] *n* Sohn *m*
song [sɒŋ] *n* ❶ Lied *nt* ❷ (*singing*) Gesang *m*
songbook *n* Liederbuch *nt*
son-in-law <*pl* sons- *or* -s> *n* Schwiegersohn *m*
soon [suːn] *adv* ❶ (*in a short time*) bald; ~ **after sth** kurz nach etw *dat;* **no** ~ **er said than done** gesagt, getan ❷ (*early*) früh; **the** ~ **er the better** je eher, desto besser; **not a moment too** ~ gerade noch rechtzeitig ❸ (*rather*) lieber; **I'd** ~ **not speak to him** ich würde lieber nicht mit ihm sprechen
soot [sʊt] *n no pl* Ruß *m*
soothing ['suːðɪŋ] *adj* ❶ (*calming*) beruhigend; *bath* entspannend ❷ (*pain-relieving*) [*Schmerz*] lindernd
sophisticated [səˈfɪstɪkeɪtɪd] *adj* (*approv*) ❶ (*urbane*) [geistig] verfeinert; (*cultured*) kultiviert, gebildet; *audience, readers* niveauvoll ❷ (*highly developed*) hoch entwickelt
sophomore [ˈsɑːfəmɔːr] *n* AM (*in college*) Student(in) *m(f)* im zweiten Studienjahr; (*at high school*) Schüler(in) *m(f)* einer Highschool im zweiten Jahr
sopping ['sɒpɪŋ] (*fam*) **I.** *adj* klatschnass **II.** *adv* ~ **wet** klatschnass
soppy ['sɒpi] *adj* (*fam*) gefühlsdus[e]lig *pej; story, film* schmalzig
sore [sɔːʳ] **I.** *adj* (*hurting*) schlimm, weh; ~ **muscles** Muskelkater *m;* ~ **point** (*fig*) wunder Punkt **II.** *n* wunde Stelle; **to open an old** ~ (*fig*) alte Wunden aufreißen
sorely ['sɔːli] *adv* sehr, arg; **to be** ~ **tempted to do sth** stark versucht sein, etw zu tun
sorrow ['sɒrəʊ] *n* (*form: feeling*) Betrübnis *f,* Traurigkeit *f*
sorry ['sɒri] **I.** *adj* ❶ *pred* (*regretful*) **I'm/she's** ~ es tut mir/ihr leid; ■**to be** ~ **about sth** etw bedauern; **to say** ~ [**to sb**] sich [bei jdm] entschuldigen ❷ *pred* (*sad*) traurig; ■**to be** ~ **for oneself** (*esp pej*) sich selbst bemitleiden; **sb feels** ~ **for sb/sth** jd/etw

tut jdm leid ❸ *attr* (*wretched*) armselig, jämmerlich **II.** *interj* ❶ (*expressing apology*) ■~! Verzeihung!, Entschuldigung! ❷ *esp* BRIT, AUS (*asking sb to repeat sth*) ■~? wie bitte?
sort [sɔːt] **I.** *n* ❶ (*type*) Sorte *f,* Art *f* ❷ (*person*) **I know your** ~! Typen wie euch kenne ich [zur Genüge]! *fam* ▶ **nothing of the** ~ nichts dergleichen; **something of the** ~ so etwas in der Art **II.** *adv* (*fam*) ■~ **of** ❶ (*rather*) irgendwie; **that's** ~ **of difficult to explain** das ist nicht so einfach zu erklären ❷ (*not exactly*) mehr oder weniger, so ungefähr **III.** *vt* (*classify*) sortieren **IV.** *vi* ■**to** ~ **through sth** etw sortieren ◆ **sort out** *vt* ❶ (*arrange*) ordnen, sortieren ❷ (*tidy up mess*) in Ordnung bringen
sort code *n* FIN ≈ Bankleitzahl *f*
SOS [ˌesəʊˈes] *n* SOS *nt*
so-so ['səʊsəʊ] (*fam*) **I.** *adj* so lala *präd,* mittelprächtig *hum* **II.** *adv* so lala
sought [sɔːt] *pt, pp of* **seek**
soul [səʊl] *n* ❶ (*spirit*) Seele *f* ❷ (*person*) Seele *f fig;* **not a** ~ keine Menschenseele ❸ *no pl* MUS Soul *m*
soul-destroying *adj esp* BRIT (*pej*) nervtötend; *work* geisttötend **soul-searching** *n no pl* Prüfung *f* des Gewissens
sound¹ [saʊnd] *n* (*sea channel*) Meerenge *f;* (*inlet*) Meeresarm *m*
sound² [saʊnd] **I.** *n* ❶ (*noise*) Geräusch *nt;* (*musical tone*) *of a bell* Klang *m* ❷ *no pl* PHYS Schall *m* ❸ *no pl* RADIO, TV (*volume*) Ton *m* ❹ *no pl* (*impression*) **I don't like the** ~ **of it** das klingt gar nicht gut **II.** *vi* ❶ (*resonate*) erklingen; *alarm* ertönen ❷ (*fam: complain*) ■**to** ~ **off** herumtönen **III.** *vt* (*produce sound from*) **to** ~ **the alarm** den Alarm auslösen; **to** ~ **the [car] horn** hupen ◆ **sound out** *vt* ■**to** ~ **out** ⟳ **sb** bei jdm vorfühlen; (*ask*) bei jdm anfragen
sound³ [saʊnd] **I.** *adj* ❶ (*healthy*) gesund; (*in good condition*) intakt ❷ (*trustworthy*) solide; (*reasonable*) vernünftig; *advice* gut **II.** *adv* **to be** ~ **asleep** tief [und fest] schlafen
soundproof I. *adj* schalldicht **II.** *vt* schalldicht machen
soup [suːp] *n* Suppe *f;* **packet** ~ Tütensuppe *f;* ~ **kitchen** Armenküche *f;* ~ **plate** Suppenteller *m*
sour ['saʊəʳ] **I.** *adj* ❶ (*in taste*) sauer ❷ (*fig: bad-tempered*) griesgrämig, missmutig **II.** *vt*

source–spangled

❶ (*give sour taste*) sauer machen ❷ (*fig: make unpleasant*) trüben, beeinträchtigen III. *vi* ❶ (*become sour*) sauer werden ❷ (*fig*) getrübt werden

source [sɔːs] *n* Quelle *f;* ~ **of information** Informationsquelle *f;* ■ ~ **s** *pl* LIT (*for article, essay*) Quellen[angaben] *pl;* **according to Government** ~**s** wie in Regierungskreisen verlautete

south [saʊθ] I. *n no pl* (*compass direction*) Süden *m;* **Canberra lies to the** ~ **of Sydney** Canberra liegt südlich von Sydney; (*southern US states*) ■ **the S~** die Südstaaten *pl* II. *adj* (*opposite of north*) Süd-, südlich III. *adv* (*toward the south*) **my room faces** ~ mein Zimmer ist nach Süden ausgerichtet; **due** ~ direkt nach Süden

South Africa *n* Südafrika *nt* **South African** I. *adj* südafrikanisch II. *n* Südafrikaner(in) *m(f)* **South America** *n* Südamerika *nt* **South American** I. *adj* südamerikanisch II. *n* Südamerikaner(in) *m(f)*

southbound *adj* [in] Richtung Süden; ~ **passengers** Richtung Süden reisende Passagiere

south-east I. *n no pl* Südosten *m* II. *adj* Südost-, südöstlich; ~ **wind** Südostwind *m* III. *adv* südostwärts, nach Südosten **south-easterly** *adj,* **south-eastern** *adj* südöstlich **south-eastward(s)** *adj, adv* südostwärts

southerly ['sʌðəli] I. *adj* südlich; **in a** ~ **direction** in südlicher Richtung II. *adv* südlich; (*going south*) südwärts III. *n* Südwind *m*

southern ['sʌðən] *adj* südlich, Süd-

southerner ['sʌðənəʳ] *n* **to be a** ~ aus dem Süden kommen; AM ein Südstaatler sein

South Pole *n* Südpol *m*

southward(s) ['saʊθwəd(z)] *adj, adv* südlich

south-west I. *n no pl* Südwesten *m* II. *adj* südwestlich, Südwest- III. *adv* südwestwärts, nach Südwesten **south-westerly** *adj,* **south-western** *adj* südwestlich **south-westward(s)** *adj, adv* südwestwärts

souvenir [ˌsuːvəˈnɪəʳ] *n* Andenken *nt* (**of** an)

Soviet Union *n no pl* (*hist*) ■ **the** ~ die Sowjetunion

sow¹ <sowed, sown *or* sowed> [saʊ] *vt, vi* (*plant*) säen *a. fig;* **to** ~ **doubts** [**in sb's mind**] Zweifel [in jdm] wecken

sow² [saʊ] *n* (*pig*) Sau *f*

sown [saʊn] *vt, vi pp of* **sow**¹

sox [sɒks] *npl* (*fam*) Socken *pl*

soy [sɔɪ] AM *see* **soya**

soya ['sɔɪə] *n no pl* BRIT Soja *f;* ~ **bean** Sojabohne *f;* ~ **sauce** Sojasoße *f*

sozzled ['sɒzld] *adj pred* (*fam*) besoffen

spa [spɑː] *n* ❶ (*spring*) Heilquelle *f* ❷ (*place*) [Bade]kurort *m,* Bad *nt*

space [speɪs] *n* ❶ *no pl* (*expanse*) Raum *m;* **wide open** ~ das weite, offene Land ❷ (*gap*) Platz *m;* (*between two things*) Zwischenraum *m* ❸ *no pl* (*vacancy*) Platz *m,* Raum *m* ❹ *no pl* (*cosmos*) Weltraum *m*

space bar *n* COMPUT Leertaste *f*

space blanket *n* Rettungsdecke *f* **space capsule** *n* Weltraumkapsel *f* **space center** AM *see* **space centre space centre** *n* Weltraumzentrum *nt* **spacecraft** <*pl* -> *n* Raumfahrzeug *nt* **space flight** *n* [Welt]raumflug *m* **space lab** *n,* **space laboratory** *n* Weltraumlabor *nt* **space medicine** *n no pl* Raumfahrtmedizin *f* **space probe** *n* Raumsonde *f* **space research** *n no pl* [Welt]raumforschung *f*

space-saving *adj* Platz sparend; *furniture* Raum sparend

spaceship *n* Raumschiff *nt* **space shuttle** *n* [Welt]raumfähre *f* **space station** *n* [Welt]raumstation *f* **space travel** *n no pl* Raumfahrt *f* **space walk** *n* Weltraumspaziergang *m*

spacing ['speɪsɪŋ] *n no pl* Abstände *pl*

spacious ['speɪʃəs] *adj* (*approv*) *house, room* geräumig

spade [speɪd] *n* ❶ (*tool*) Spaten *m* ❷ CARDS Pik *nt*

spadework ['speɪdwɜːk] *n no pl* Vorarbeit *f*

spaghetti [spəˈgeti] *n no pl* Spaghetti *pl*

Spain [speɪn] *n no pl* Spanien *nt*

Spam® [spæm] *n no pl* Frühstücksfleisch *nt*

spam [spæm] *n no pl* COMPUT (*sl*) Spammail *f,* Spam *m*

spambot ['spæmbɒt] *n* COMPUT, INET Spambot-Programm *nt*

span¹ [spæn] I. *n usu sing* ❶ (*period of time*) Spanne *f;* **attention** ~ Konzentrationsspanne *f;* **life** ~ Lebensspanne *f* ❷ (*distance*) Breite *f;* **wing** ~ Flügelspannweite *f* II. *vt* <-nn-> ❶ (*stretch over*) ■ **to** ~ **sth** *bridge, arch* etw überspannen ❷ (*contain*) *knowledge* umfassen

span² [spæn] *vt, vi* BRIT *pt of* **spin**

spangled ['spæŋgld] *adj* ❶ (*with spangles*)

mit Pailletten besetzt ❷ (*shiny*) glitzernd ❸ (*fig: covered*) ■ **to be ~ with sth** mit etw *dat* übersät sein

Spaniard ['spænjəd] *n* Spanier(in) *m(f)*

Spanish ['spænɪʃ] **I.** *n* ❶ *no pl* (*language*) Spanisch *nt* ❷ + *pl vb* (*people*) ■ **the ~** die Spanier *pl* **II.** *adj* spanisch

spank [spæŋk] **I.** *vt* ■ **to ~ sb** jdm den Hintern versohlen **II.** *n* Klaps *m fam*

spanking ['spæŋkɪŋ] **I.** *adj* (*fam or approv: fast*) schnell; **at a ~ pace** in einem hohen Tempo **II.** *n* Tracht *f* Prügel

spanner ['spænə^r] *n* BRIT, AUS Schraubenschlüssel *m*

spare [speə^r] **I.** *vt* ❶ (*not kill*) verschonen; (*go easy on*) schonen; (*avoid*) ersparen; **to ~ sb embarrassment/worry** jdm Peinlichkeiten/Sorgen ersparen ❷ (*not use*) sparen; **to ~ no costs** keine Kosten scheuen; **there's no time to ~** es ist keine Zeit übrig **II.** *adj* ❶ (*extra*) Ersatz-; **~ [bed]room** Gästezimmer *nt*; **to have some ~ cash** noch etwas Geld übrig haben ❷ BRIT (*sl: crazy*) **to drive sb ~** jdn wahnsinnig machen *fam* **III.** *n* ❶ (*reserve*) Reserve *f* ❷ (*parts*) ■ **~s** *pl* Ersatzteile *pl*

spare time *n no pl* Freizeit *f* **spare tire** AM *see* **spare tyre**

spare tyre *n* AUTO Ersatzreifen *m*

spark [spɑ:k] **I.** *n* ❶ (*fire, electricity*) Funke[n] *m* ❷ (*fig: trace*) **a ~ of hope** ein Fünkchen *nt* Hoffnung ❸ (*fig: person*) **a bright ~** ein Intelligenzbolzen *m* **II.** *vt* (*ignite, cause*) entfachen *a. fig*; *interest* wecken **III.** *vi* Funken sprühen

sparkle ['spɑ:kl] **I.** *vi* ❶ (*a. fig: glitter*) funkeln, glitzern ❷ (*fig: be witty*) sprühen (**with** vor) **II.** *n no pl* ❶ (*a. fig: light*) Funkeln *nt*, Glitzern *nt* ❷ (*fig: liveliness*) **sth lacks ~** einer S. *dat* fehlt es an Schwung

sparkler ['spɑ:klə^r] *n* (*firework*) Wunderkerze *f*

sparkling ['spɑ:klɪŋ] *adj* ❶ glänzend; *eyes* funkelnd ❷ (*fig, approv: lively*) *person* vor Leben sprühend ❸ (*bubbling*) *drink* mit Kohlensäure *nach n*

spark plug *n* AUTO Zündkerze *f*

sparrow ['spærəʊ] *n* Spatz *m*

sparse [spɑ:s] *adj* ❶ (*scattered, small*) spärlich ❷ (*meagre*) dünn, dürftig

spat¹ [spæt] *vt, vi pt, pp of* **spit**

spat² [spæt] **I.** *n* (*fam*) Krach *m* **II.** *vi* <-tt-> [sich] streiten [*o* zanken]

spate [speɪt] *n no pl* ❶ *esp* BRIT (*flood*) **to be in full ~** Hochwasser führen ❷ (*fig: large number*) ■ **a ~ of sth** eine Flut von etw *dat*

spatial ['speɪʃ^əl] *adj* räumlich

spatter ['spætə^r] **I.** *vt* bespritzen; **to ~ sb with water** jdn nass spritzen **II.** *vi raindrops* prasseln

spawn [spɔ:n] **I.** *vt* ❶ (*lay eggs*) *fish, frog* ablegen ❷ (*fig: produce*) hervorbringen **II.** *vi* ❶ *frog* laichen ❷ (*fig: grow*) entstehen **III.** *n* <*pl* -> ❶ *no pl* (*eggs*) Laich *m* ❷ (*liter or pej: offspring*) Brut *f*

speak <**spoke, spoken**> [spi:k] **I.** *vi* ❶ (*say words*) sprechen ❷ (*converse*) sich unterhalten; ■ **to ~ to** [*or esp* AM **with**] **sb** mit jdm reden; **to ~ on the telephone** telefonieren ❸ + *adv* (*view*) **broadly ~ing** im Allgemeinen; **strictly ~ing** genau genommen **II.** *vt* ❶ (*say*) sagen; **to not ~ a word** kein Wort herausbringen ❷ (*language*) sprechen; **to ~ English fluently** fließend Englisch sprechen ◆ **speak against** *vi* ■ **to ~ against sth** sich gegen etw *akk* aussprechen ◆ **speak for** *vt* ❶ (*support*) ■ **to ~ for sb/sth** jdn/etw unterstützen ❷ (*represent*) ■ **to ~ for sb** in jds Namen sprechen ◆ **speak out** *vi* seine Meinung deutlich vertreten; ■ **to ~ out on sth** sich über etw *akk* äußern ◆ **speak up** *vi* ❶ (*raise voice*) lauter sprechen ❷ (*support*) seine Meinung sagen; **to ~ up for sb/sth** für jdn/etw eintreten

speaker ['spi:kə^r] *n* ❶ (*orator*) Redner(in) *m(f)* ❷ (*chair*) ■ **S~** Sprecher(in) *m(f)* ❸ (*loudspeaker*) Lautsprecher *m*

speaking ['spi:kɪŋ] **I.** *n no pl* (*act*) Sprechen *nt* **II.** *adj attr* (*able to speak*) sprechend ▶ **to be on ~ terms** (*acquainted*) miteinander bekannt sein

spear [spɪə^r] **I.** *n* (*weapon*) Speer *m*, Lanze *f* **II.** *vt* aufspießen

spearhead I. *n* ❶ (*point of spear*) Speerspitze *f* ❷ (*fig: leading group or thing*) Spitze *f* **II.** *vt* (*a. fig*) anführen

special ['speʃ^əl] **I.** *adj* ❶ (*more*) besondere(r, s); **to pay ~ attention to sth** bei etw *dat* ganz genau aufpassen ❷ (*unusual*) besondere(r, s); *circumstances* außergewöhnlich; **~ case** Ausnahme *f* ❸ *attr* (*for particular purpose*) speziell **II.** *n* ❶ *esp* AM, AUS (*meal*) Tagesgericht *nt* ❷ *pl esp* AM (*bargains*) ■ **~s** Sonderangebote *pl*

specialist ['speʃəlɪst] I. n ❶ (*expert*) Fachmann m, Fachfrau f ❷ (*doctor*) Facharzt m, Fachärztin f II. *adj attr bookshop, knowledge* Fach-

speciality [ˌspeʃɪ'æləti] n *esp* BRIT ❶ (*product, quality*) Spezialität f ❷ (*feature*) besonderes Merkmal; (*iron or pej*) Spezialität f *iron*

specialize ['speʃəlaɪz] vi sich spezialisieren (**in** auf)

specially ['speʃəli] adv ❶ (*specifically*) speziell, extra; ~ **designed/made** speziell angefertigt/hergestellt ❷ (*particularly*) besonders

specialty ['speʃəlti] n AM, AUS *see* **speciality**

species <*pl* -> ['spi:ʃi:z] n BIOL Art f, Spezies f *fachspr*

specific [spə'sɪfɪk] *adj* ❶ (*exact*) genau; **could you be a bit more ~?** könntest du dich etwas klarer ausdrücken? ❷ *attr* (*particular*) bestimmt, speziell; ~ **details** besondere Einzelheiten ❸ (*characteristic*) spezifisch, typisch

specifically [spə'sɪfɪkli] *adv* ❶ (*particularly*) speziell, extra ❷ (*clearly*) ausdrücklich

specification [ˌspesɪfɪ'keɪʃ°n] n ❶ (*specifying*) Angabe f ❷ (*plan*) detaillierter Entwurf; (*for building*) Bauplan m

specify <-ie-> ['spesɪfaɪ] *vt* angeben; (*list in detail*) spezifizieren

specimen ['spesəmɪn] n ❶ (*example*) Exemplar *nt;* ~ **of earth** Bodenprobe f ❷ MED Probe f

speck [spek] n (*spot, stain*) Fleck *m; of blood, mud* Spritzer m

specs¹ [speks] *npl* (*fam*) *short for* **specifications** technische Daten

specs² [speks] *npl esp* BRIT (*fam*) *short for* **spectacles** Brille f

spectacle ['spektəkl] n ❶ (*display*) Spektakel *nt* ❷ (*event*) Schauspiel *nt geh*

spectacle case n BRIT Brillenetui *nt*

spectacles ['spektəklz] *npl* BRIT Brille f

spectacular [spek'tækjələʳ] *adj* ❶ (*wonderful*) *dancer, scenery* atemberaubend, großartig ❷ (*striking*) *increase, failure* spektakulär, sensationell

spectator [spek'teɪtəʳ] n Zuschauer(in) *m(f)*

spectrum <*pl* -tra *or* -s> ['spektrəm, *pl* -trə] n Spektrum *nt*

speculation [ˌspekjə'leɪʃ°n] n Spekulation f

sped [sped] *pt, pp of* **speed**

speech <*pl* -es> [spi:tʃ] n ❶ *no pl* (*faculty of speaking*) Sprache *f;* (*act of speaking*) Sprechen *nt;* **in everyday** ~ in der Alltagssprache ❷ (*oration*) Rede *f;* **freedom of** ~ POL Redefreiheit f

speech day n BRIT Schulfeier f **speech defect** n Sprachfehler m

speechless ['spi:tʃləs] *adj* (*shocked*) sprachlos

speech therapist n Logopäde *m,* Logopädin f

speed [spi:d] I. n ❶ (*velocity*) Geschwindigkeit *f,* Tempo *nt;* ~ **of light/sound** Licht-/Schallgeschwindigkeit *f;* **maximum** ~ Höchstgeschwindigkeit f ❷ *no pl* (*quickness*) Schnelligkeit f ❸ (*gear*) Gang m ❹ *no pl* (*sl: drug*) Speed *m* II. *vi* <sped, sped> ❶ (*rush*) sausen, flitzen; ▪**to** ~ **along** vorbeisausen ❷ (*drive too fast*) rasen ◆**speed up** *vi* ❶ (*accelerate*) beschleunigen, schneller werden ❷ (*improve*) sich verbessern, eine Steigerung erzielen

speedboat n Rennboot *nt* **speed bump** n Bodenschwelle f **speed-dial button** ['spi:dˌdaɪəlˌbʌt°n] n Kurzwahltaste f

speeding ['spi:dɪŋ] n *no pl* Geschwindigkeitsüberschreitung *f,* Rasen *nt fam*

speed limit n Geschwindigkeitsbegrenzung f **speed sailing** n *no pl* SPORTS Strandsegeln *nt*

speedy ['spi:di] *adj* schnell; *decision, solution a.* rasch; *delivery, service, recovery* prompt

spell¹ [spel] n (*charmed state*) Zauber *m,* Bann *m geh;* (*words*) Zauberspruch *m;* **to cast a** ~ **on sb** jdn verzaubern

spell² [spel] n ❶ (*period of time*) Weile *f;* **to go through a bad** ~ eine schwierige Zeit durchmachen ❷ (*period of weather*) ~ **of sunny weather** Schönwetterperiode *f;* **cold/hot** ~ Kälte-/Hitzewelle f

spell³ <spelled *or* BRIT *a.* spelt, spelled *or* BRIT *a.* spelt> [spel] I. *vt* ❶ (*using letters*) buchstabieren ❷ (*signify*) bedeuten II. *vi* (*in writing*) richtig schreiben ◆**spell out** *vt* ❶ (*using letters*) buchstabieren ❷ (*explain*) klarmachen

spellbound ['spelbaʊnd] *adj* gebannt, fasziniert; **to be** ~ **by sth** von etw *dat* wie verzaubert sein; **to hold sb** ~ jdn fesseln

spelling ['spelɪŋ] I. n *no pl* Rechtschreibung f II. *adj attr* Rechtschreib-; ~ **check** Rechtschreibüberprüfung f

spelt [spelt] *pp, pt of* **spell**
spend [spend] **I.** *vt* <spent, spent> ❶ *money* ausgeben (**on** für) ❷ *time* verbringen; **to ~ time doing sth** Zeit damit verbringen, etw zu tun **II.** *n* BRIT Ausgabe *f*
spending ['spendɪŋ] *n no pl* Ausgaben *pl* (**on** für)
spending money *n no pl* (*as allowance*) Taschengeld *nt*; (*for special circumstances*) frei verfügbares Geld **spending spree** *n* Großeinkauf *m*
spent [spent] **I.** *pp, pt of* **spend II.** *adj* ❶ (*used up*) verbraucht ❷ (*tired*) *person* ausgelaugt; **to feel ~** sich erschöpft fühlen
sperm <*pl - or -*s> [spɜːm] *n* Sperma *nt*
spew [spjuː] **I.** *vt* ❶ (*emit*) ausspeien; *lava* auswerfen ❷ (*vomit*) erbrechen **II.** *vi* ❶ (*flow out*) *exhaust, lava* austreten ❷ (*vomit*) erbrechen
sphere [sfɪəʳ] *n* ❶ (*round object*) Kugel *f* ❷ (*area*) Bereich *m*; **social ~** soziales Umfeld
spherical ['sferɪkəl] *adj* kugelförmig
sphincter ['sfɪŋ(k)təʳ] *n* ANAT Schließmuskel *m*
spice [spaɪs] **I.** *n* (*aromatic*) Gewürz *nt* **II.** *vt* (*flavour*) würzen (**with** mit)
spicy ['spaɪsi] *adj food* würzig; (*hot*) scharf
spider ['spaɪdəʳ] *n* Spinne *f*; **~'s web** Spinnennetz *nt*
spike [spaɪk] **I.** *n* ❶ (*nail*) Nagel *m*; *of a rail* Spitze *f*; *of a plant, animal* Stachel *m*; *of shoe* Spike *m* ❷ AM (*stiletto heels*) ■ **~s** *pl* Pfennigabsätze *pl* ❸ SPORTS (*shoes*) ■ **~s** *pl* Spikes *pl* **II.** *vt* ❶ (*with pointy object*) aufspießen ❷ (*fam*) **to ~ sb's drink** Drogen/einen Schuss Alkohol in jds Getränk geben
spiky ['spaɪki] *adj* (*with spikes*) *fence* mit Metallspitzen nach *n*; *branch, plant* dornig; *animal, bush* stachelig
spill [spɪl] **I.** *n* (*spilled liquid*) Verschüttete(s) *nt*; (*pool*) Lache *f*; (*stain*) Fleck *m*; **oil ~** Ölteppich *m* **II.** *vt* <spilt *or* AM, AUS *usu* spilled, spilt *or* AM, AUS *usu* spilled> ❶ (*tip over*) verschütten ❷ (*scatter*) verstreuen ◆ **spill over** *vi* ❶ (*overflow*) überlaufen ❷ (*spread to*) ■ **to ~ over into sth** *conflict, violence* sich auf etw *akk* ausdehnen
spilt [spɪlt] *pp, pt of* **spill**
spin [spɪn] **I.** *n* ❶ (*rotation*) Drehung *f*; **to send a car into a ~** ein Auto zum Schleudern bringen ❷ (*in washing machine*) Schleudern *nt kein pl* ❸ *no pl* (*fam: positive slant*) **to put a ~ on sth** etw ins rechte Licht rücken **II.** *vi* <-nn-, spun *or* BRIT *a.* span, spun> ❶ (*rotate*) *earth, wheel* rotieren; *washing machine* schleudern ❷ (*fig: be dizzy*) **my head is ~ning** mir dreht sich alles *fam* ❸ (*make thread*) spinnen **III.** *vt* <-nn-, spun *or* BRIT *a.* span, spun> ❶ (*rotate*) drehen ❷ (*give positive slant*) ins rechte Licht rücken ❸ (*make thread of*) spinnen ◆ **spin off** *vt* ECON *subsidiary* ausgliedern ◆ **spin out I.** *vi* AM **to ~ out of control** *car* außer Kontrolle geraten **II.** *vt* (*prolong*) ■ **to ~ out** ⊃ **sth** etw ausdehnen ◆ **spin round** *vi* sich drehen; *person* sich umdrehen
spinach ['spɪnɪtʃ] *n no pl* Spinat *m*
spin-drier *n* Wäscheschleuder *f*
spine [spaɪn] *n* ❶ (*spinal column*) Wirbelsäule *f* ❷ (*spike*) *of a fish, hedgehog* Stachel *m* ❸ *of a book* [Buch]rücken *m*
spiral ['spaɪərəl] **I.** *n* Spirale *f* **II.** *adj attr* spiralförmig **III.** *vi* <BRIT -ll- *or* AM *usu* -l-> ❶ (*move up*) sich hochwinden; *smoke, hawk* spiralförmig aufsteigen ❷ (*fig: increase*) ansteigen
spire [spaɪəʳ] *n* Turmspitze *f*
spirit ['spɪrɪt] *n* ❶ (*sb's soul*) Geist *m* ❷ (*ghost*) Geist *m*, Gespenst *nt* ❸ REL ■ **the [Holy] S~** der Heilige Geist ❹ *no pl* (*mood*) Stimmung *f*; **team ~** Teamgeist *m*; **to lift sb's ~s** jds Stimmung heben ❺ *no pl* (*vitality*) Temperament *nt* ❻ (*whisky, rum*) ■ **~s** *pl* Spirituosen *pl*
spirited ['spɪrɪtɪd] *adj* (*approv*) temperamentvoll; *discussion* lebhaft
spiritual ['spɪrɪtʃuəl] *adj* ❶ (*relating to the spirit*) geistig, spirituell ❷ REL *leader* religiös
spit[1] [spɪt] *n* ❶ (*rod for roasting*) Bratspieß *m* ❷ (*beach*) Sandbank *f*
spit[2] [spɪt] **I.** *n* (*fam: saliva*) Spucke *f* **II.** *vi* <-tt-, spat *or* spit, spat *or* spit> ❶ (*expel saliva*) spucken; ■ **to ~ at sb** jdn anspucken ❷ *impers* (*fam: raining*) **it is ~ting** [**with rain**] es tröpfelt ❸ (*crackle*) *bacon, fat* brutzeln; *fire* zischen; (*hiss*) *cat* fauchen **III.** *vt* <-tt-, spat *or* spit, spat *or* spit> (*out of mouth*) ausspucken ◆ **spit out** *vt* ❶ (*from mouth*) ausspucken ❷ (*fig: say angrily*) fauchen, pfauchen ÖSTERR, SÜDD
spite [spaɪt] **I.** *n no pl* ❶ (*desire to hurt*) Bosheit *f* ❷ (*despite*) ■ **in ~ of sth** trotz einer S. *dat* **II.** *vt* ärgern

spiteful ['spaɪtfəl] *adj* gehässig
spitting distance *n* **to be in** [*or* **within**] **~ of sth** (*fam*) nur einen Steinwurf [*o* Katzensprung] von etw *dat* entfernt sein
spitting image *n* Ebenbild *nt*
splash [splæʃ] **I.** *n* <*pl* -es> ❶ (*sound*) Platschen *nt kein pl* ❷ (*water*) Spritzer *m* ❸ (*small amount*) of sauce, dressing Klecks *m fam; of water, lemonade* Spritzer *m* **II.** *vt* (*scatter liquid*) verspritzen; (*spray*) bespritzen **III.** *vi* ❶ (*hit ground*) rain, waves klatschen ❷ (*play in water*) ■ **to ~** [**about**] [herum]planschen ◆**splash down** *vi* AEROSP wassern ◆**splash out** *vi* BRIT, AUS (*fam*) ■ **to ~ out on sth** Geld für etw *akk* hinauswerfen
splatter ['splætər] *vt* bespritzen
splendid ['splendɪd] *adj* großartig *a. iron*
splendor ['splendər] AM *see* **splendour**
splendour ['splendər] *n no pl* Pracht *f*
splint [splɪnt] *n* ❶ MED Schiene *f* ❷ (*for lighting fire*) Splintkohle *f*
splinter ['splɪntər] **I.** *n* Splitter *m;* **~** [**of wood**] Holzsplitter *m,* Schiefer *m* ÖSTERR **II.** *vi* splittern
split [splɪt] **I.** *n* ❶ (*crack*) Riss *m;* (*in wall, wood*) Spalt *m* ❷ *in opinion* Kluft *f* ❸ (*share*) Anteil *m* ❹ (*marital separation*) Trennung *f* ❺ (*with legs*) **to do the ~s** [einen] Spagat machen **II.** *vt* <-tt-, split, split> ❶ (*divide*) teilen; **to ~ sth in half** etw halbieren ❷ (*fig: create division*) *group, party* spalten **III.** *vi* <-tt-, split, split> ❶ (*divide*) *wood, stone* [entzwei]brechen; *seam, cloth* aufplatzen; *hair* splissen; **to ~ into groups** sich aufteilen ❷ (*end relationship*) sich trennen ◆**split off I.** *vt* (*break off*) abbrechen; (*separate*) abtrennen **II.** *vi* ❶ (*become detached*) sich lösen ❷ (*leave*) ■ **to ~ off from sth** *party, group* sich von etw *dat* abspalten ◆**split up I.** *vt* ❶ (*share*) aufteilen ❷ (*separate*) teilen **II.** *vi* ❶ (*divide up*) sich teilen; **to ~ up into groups** sich in Gruppen aufteilen ❷ (*end relationship*) sich trennen; ■ **to ~ up with sb** sich von jdm trennen
split-up *n* Trennung *f*
splodge [splɒdʒ] **I.** *n esp* BRIT (*fam*) Klecks *m* **II.** *vt esp* BRIT (*fam*) bespritzen
splotchy ['splɒtʃi] *adj* fleckig
splutter ['splʌtər] **I.** *vi* ❶ (*make noises*) stottern ❷ (*spit*) spucken ❸ (*backfire*) *car, lorry* stottern **II.** *vt* ❶ (*say*) **to ~ an excuse** eine Entschuldigung hervorstoßen ❷ (*spit out*) *water* ausspucken **III.** *n of a person* Prusten *nt kein pl; of a car* Stottern *nt kein pl*
spoil [spɔɪl] **I.** *n* ❶ *no pl* (*debris*) Schutt *m* ❷ (*profits*) ■ **~s** *pl* Beute *f kein pl* **II.** *vt* <spoiled *or* BRIT *usu* spoilt, spoiled *or* BRIT *usu* spoilt> ❶ (*ruin*) verderben; **to ~ the coastline** die Küste verschandeln *fam* ❷ (*treat well*) verwöhnen; **to ~ a child** (*pej*) ein Kind verziehen
spoilsport ['spɔɪlspɔːt] *n* (*pej fam*) Spielverderber(in) *m(f)*
spoilt [spɔɪlt] **I.** *vt, vi esp* BRIT *pp, pt of* **spoil** **II.** *adj appetite* verdorben; *view, coastline* verschandelt *fam; child* verwöhnt
spoke¹ [spəʊk] *n* Speiche *f* ▶ **to put a ~ in sb's wheel** BRIT jdm einen Knüppel zwischen die Beine werfen
spoke² [spəʊk] *pt of* **speak**
spoken [spəʊkən] **I.** *pp of* **speak** **II.** *adj attr* (*not written*) gesprochen
spokesperson <*pl* -people> *n* Sprecher(in) *m(f)*
sponge [spʌndʒ] **I.** *n* ❶ (*foam cloth*) Schwamm *m* ❷ (*soft cake*) Rührkuchen *m;* (*without fat*) Biskuit[kuchen] *m* ❸ (*fam: parasitic person*) Schnorrer(in) *m(f)* **II.** *vt* (*clean*) [mit einem Schwamm] abwischen ◆**sponge down, sponge off** *vt* ■ **to ~ down** ⌾ **sth** etw [mit einem Schwamm] abwaschen; ■ **to ~ down** ⌾ **sb** jdn [mit einem Schwamm] waschen ◆**sponge on** *vt* (*pej fam*) ausnutzen
sponge bag *n* BRIT, AUS Waschbeutel *m*
sponge cake *n* Biskuitkuchen *m*
sponger ['spʌndʒər] *n* (*pej*) Schmarotzer(in) *m(f)*
sponsor ['spɒn(t)sər] **I.** *vt* (*support*) *person* sponsern; *government* unterstützen **II.** *n* Sponsor(in) *m(f);* (*of a charity*) Förderer *m,* Förderin *f*
spontaneous [spɒnˈteɪnɪəs] *adj* ❶ (*unplanned*) spontan ❷ (*approv: unrestrained*) impulsiv
spookiness ['spuːkinəs] *n* (*fam*) gespenstische Stimmung *f*
spooky ['spuːki] *adj* (*fam: scary*) schaurig; *house, woods* unheimlich; *story, film* gespenstisch
spoon [spuːn] **I.** *n* Löffel *m* **II.** *vt* ❶ löffeln ❷ SPORTS **to ~ the ball** den Ball schlenzen
spoonful <*pl* -s *or* spoonsful> ['spuːnfʊl] *n*

Löffel *m*

sport [spɔːt] I. *n* ❶ (*game*) Sport *m*; (*type of*) Sportart *f*; **indoor** ~ Hallensport *m*; **outdoor** ~ Sport *m* im Freien ❷ AUS (*form of address*) **hello** ~ na, Kumpel *fam* II. *vt* (*esp hum*) ■**to** ~ **sth** (*wear*) etw tragen

sporting ['spɔːtɪŋ] *adj* SPORTS ❶ *attr* (*involving sports*) Sport- ❷ (*approv fam*) fair

sports announcer ['spɔːts-] *n* Sportreporter(in) *m(f)* **sports arena** *n* Sportstadion *nt* **sports bar** *n* Bar mit Fernseher für Sportübertragungen **sports bra** *n* Sport-BH *m* **sports car** *n* Sportwagen *m* **sports coat** *n* Sportsakko *nt* **sports commentator** *n* Sportkommentator(in) *m(f)* **sports day** *n* BRIT SCH Sportfest *nt* **sports drink** *n* elektrolytisches Getränk, Sportlergetränk *nt fam* **sports equipment** *n no pl* Sportausrüstung *f* **sports field**, **sports ground** *n* Sportplatz *m* **sports jacket** *n* Sportsakko *nt*

sportsman *n* Sportler *m*

sportsmanship *n no pl* Fairness *f*

sports medicine *n no pl* Sportmedizin *f* **sports page** *n* Sportseite *f* **sports section** *n* Sportteil *m* **sports truck** *n* Sports Truck *m* (*sportwagenähnlicher Laster*)

sportswear *n no pl* Sportkleidung *f*

sportswoman *n* Sportlerin *f*

sports writer *n* Sportjournalist(in) *m(f)*

sporty ['spɔːti] *adj* ❶ (*athletic*) sportlich ❷ (*fast*) *car* schnell

spot [spɒt] I. *n* ❶ (*mark*) Fleck *m* ❷ (*dot*) Punkt *m*; (*pattern*) Tupfen *m* ❸ BRIT (*pimple*) Pickel *m* ❹ (*place*) Stelle *f*; **on the** ~ an Ort und Stelle II. *vt* <-tt-> entdecken; ■**to** ~ **sb doing sth** jdn bei etw *dat* erwischen

spot check *n* Stichprobe *f*

spotless ['spɒtləs] *adj* makellos

spotlight *n* Scheinwerfer *m*; **to be in the** ~ (*fig*) im Rampenlicht stehen

spot-on *adj pred* BRIT, AUS (*fam: exact*) haargenau; (*correct*) goldrichtig

spotted ['spɒtɪd] *adj* (*pattern*) getupft, gepunktet

spotty ['spɒti] *adj* ❶ BRIT, AUS (*pimply*) pickelig ❷ AM, AUS (*patchy*) bescheiden *iron*

spout [spaʊt] I. *n* ❶ (*opening*) Ausguss *m*; (*of a teapot, jug*) Schnabel *m* ❷ (*discharge*) Strahl *m* II. *vt* ❶ (*pej: hold forth*) faseln *fam* ❷ (*discharge*) speien III. *vi* ❶ (*pej: hold forth*) Reden schwingen *fam* ❷ (*gush*) hervorschießen

sprain [spreɪn] I. *vt* verstauchen; **to** ~ **one's ankle** sich *dat* den Knöchel verstauchen II. *n* Verstauchung *f*

sprang [spræŋ] *vi*, *vt pt of* **spring**

sprawl [sprɔːl] I. *n* ❶ *no pl* (*slouch*) **to lie in a** ~ ausgestreckt daliegen ❷ *usu sing* (*expanse*) Ausdehnung *f* II. *vi* ❶ (*slouch*) herumlümmeln *pej fam* ❷ (*expand*) sich ausbreiten

sprawling ['sprɔːlɪŋ] *adj* (*pej*) ❶ (*expansive*) ausgedehnt ❷ (*irregular*) unregelmäßig

spray[1] [spreɪ] I. *n* ❶ *no pl* (*mist, droplets*) Sprühnebel *m*; *of fuel, perfume* Wolke *f*; *of water* Gischt *m o f* ❷ (*spurt*) *of perfume* Spritzer *m* ❸ (*sprinkler*) Sprühvorrichtung *f* ❹ (*aerosol*) Spray *m o nt* II. *vt* ❶ (*cover*) besprühen; *plants* spritzen ❷ (*disperse in a mist*) sprühen III. *vi* spritzen

spray[2] [spreɪ] *n* ❶ (*branch*) Zweig *m* ❷ (*bouquet*) Strauß *m*

spread [spred] I. *n* ❶ (*act of spreading*) Verbreitung *f* ❷ (*range*) Vielfalt *f* ❸ JOURN Doppelseite *f* ❹ FOOD Aufstrich *m* II. *vi* <spread, spread> ❶ (*extend over larger area*) *fire* sich ausbreiten; *news, panic* sich verbreiten ❷ (*stretch*) sich erstrecken ❸ FOOD sich streichen lassen III. *vt* <spread, spread> ❶ (*open, extend*) ausbreiten ❷ FOOD **to** ~ **toast with jam** Toast mit Marmelade bestreichen ❸ *fertilizer* streuen; *disease* übertragen; *panic, rumour* verbreiten

spreadsheet *n* Tabellenkalkulation *f*

spree [spriː] *n* Gelage *nt*; **killing** ~ Gemetzel *nt*; **shopping** ~ Einkaufstour *f*

sprightly ['spraɪtli] *adj* munter; *old person* rüstig

spring [sprɪŋ] I. *n* ❶ (*season*) Frühling *m*; **in the** ~ im Frühling ❷ TECH Feder *f* ❸ (*elasticity*) Sprungkraft *f* ❹ (*source of water*) Quelle *f* II. *vi* <sprang *or* AM *a.* sprung, sprung> ❶ (*move quickly*) springen; **to** ~ **into action** den Betrieb aufnehmen; **to** ~ **open** aufspringen; **to** ~ **shut** zufallen ❷ (*suddenly appear*) **to** ~ **up** auftauchen; **to** ~ **to mind** in den Kopf schießen

springboard *n* Sprungbrett *nt a. fig*

spring-clean I. *vi* Frühjahrsputz machen II. *vt* **to** ~ **a house/room** in einem Haus/einem Zimmer Frühjahrsputz machen

spring onion *n* BRIT, AUS Frühlingszwiebel *f*

spring roll *n* Frühlingsrolle *f*

springy ['sprɪŋi] *adj* federnd *attr*, elastisch
sprinkle ['sprɪŋkl] I. *vt* ❶ (*scatter*) streuen (**on** auf) ❷ (*cover*) bestreuen (**with** mit) ❸ (*water*) **to** ~ **the lawn** den Rasen sprengen II. *n usu sing* **a** ~ **of rain/snow** leichter Regen/Schneefall
sprinkling ['sprɪŋklɪŋ] *n see* **sprinkle**
sprint [sprɪnt] I. *vi* sprinten II. *n* SPORTS Sprint *m*; **100-metre** ~ Hundertmeterlauf *m*
sprinter ['sprɪntəʳ] *n* Sprinter(in) *m(f)*
spritzer ['sprɪtsəʳ] *n* Schorle *f*
sprout [spraʊt] I. *n* ❶ (*shoot*) Spross *m* ❷ *esp* BRIT (*vegetable*) Rosenkohl *m kein pl* II. *vi* (*grow*) sprießen *geh*, wachsen III. *vt* BOT *buds, leaves* treiben
spruce[1] [spruːs] *n* BOT Fichte *f*
spruce[2] [spruːs] I. *adj* (*smart*) adrett II. *vt* **to** ~ **sth up** etw auf Vordermann bringen; **to** ~ **oneself up** sich zurechtmachen
sprung [sprʌŋ] I. *adj* BRIT gefedert II. *pp, pt of* **spring**
spud [spʌd] *n* BRIT (*fam*) Kartoffel *f*, Erdapfel *m* DIAL, ÖSTERR
spun [spʌn] *pp, pt of* **spin**
spur [spɜːʳ] I. *n* ❶ (*on a heel*) Sporn *m* ❷ (*fig: encouragement*) Ansporn *m kein pl* ▶ **on the** ~ **of the moment** spontan II. *vt* <-rr-> **to** ~ [**on**] (*encourage*) anspornen
spurt [spɜːt] I. *n* ❶ (*jet*) Strahl *m* ❷ (*surge*) Schub *m*; **to do sth in** ~**s** etw schubweise machen II. *vt* [ver]spritzen III. *vi* spritzen
spy [spaɪ] I. *n* Spion(in) *m(f)* II. *vi* spionieren ❷ (*peep*) ■ **to** ~ **into sth** in etw *akk* spähen III. *vt* (*see*) sehen
squabble [skwɒbl] I. *n* Zankerei *f*, Streiterei *f* II. *vi* sich zanken (**over/about** um)
squad [skwɒd] *n* + *sing/pl vb* ❶ (*group*) Einheit *f* ❷ SPORTS Kader *m* ▶ **the awkward** ~ (*fam or pej*) die Querulantenriege
squalid ['skwɒlɪd] *adj* (*pej: dirty*) schmutzig
squander ['skwɒndəʳ] *vt* verschwenden, vergeuden; **to** ~ **a chance** eine Chance vertun
square [skweəʳ] I. *n* ❶ (*shape*) Quadrat *m* ❷ (*street*) Platz *m*; **town** ~ zentraler Platz II. *adj* ❶ (*square-shaped*) quadratisch ❷ *metre, mile* Quadrat- ❸ (*fam: level*) plan; **to be** [**all**] ~ auf gleich sein III. *adv* direkt, geradewegs IV. *vt* ■ **to** ~ **sth** ❶ (*make square*) etw quadratisch machen ❷ (*settle*) *matter* etw in Ordnung bringen ❸ MATH etw quadrieren

Square dance nennt man einen amerikanischen Volkstanz. Gruppen von vier Paaren tanzen dabei in Quadraten, Kreisen oder zwei Reihen; sie führen Muster aus, die von einem **caller** ausgerufen werden. Der **caller** kann die Anweisungen singen oder sprechen. Musiker mit Geigen, Banjos und Gitarren begleiten oft das **square dancing**.

square number *n* MATH Quadratzahl *f*
square root *n* MATH Quadratwurzel *f*
squash[1] [skwɒʃ] *n esp* AM (*pumpkin*) Kürbis *m*
squash[2] [skwɒʃ] I. *n* ❶ *no pl* (*dense pack*) Gedränge *nt* ❷ *no pl* SPORTS Squash *nt*; ~ **court** Squashcourt *m*; ~ **racket/racquet** Squashschläger *m* ❸ BRIT, AUS (*diluted drink*) Fruchtsaftgetränk *nt* II. *vt* ❶ (*crush*) zerdrücken; **to** ~ **sth flat** etw platt drücken ❷ (*push*) **can you** ~ **this into your bag for me?** kannst du das für mich in deine Tasche stecken?
squashy ['skwɒʃi] *adj* weich
squat [skwɒt] I. *vi* <-tt-> ❶ (*crouch*) hocken; ■ **to** ~ [**down**] sich hinhocken ❷ (*occupy illegally*) *house* besetzen; *land* sich illegal ansiedeln II. *n* ❶ *no pl* (*position*) Hocke *f*; (*exercise*) Kniebeuge *f* ❷ (*abode*) besetztes Haus III. *adj* <-tt-> niedrig; *person* gedrungen, untersetzt
squatter ['skwɒtəʳ] *n* (*illegal house-occupier*) Hausbesetzer(in) *m(f)*
squeak [skwiːk] I. *n* Quietschen *nt kein pl*; *of a mouse* Pieps[er] *m fam* II. *vi* (*make sound*) quietschen; *mouse* piepsen
squeal [skwiːl] I. *n* (*schriller*) Schrei; *of tyres* Quietschen *nt kein pl*; *of brakes* Kreischen *nt kein pl*; *of a pig* Quieken *nt kein pl* II. *vi* (*scream*) kreischen; *pig* quieken; *tyres* quietschen; *brakes* kreischen; **to** ~ **with pain** vor Schmerz schreien
squeamish ['skwiːmɪʃ] I. *adj* zimperlich *pej*; ■ **to be** ~ **about doing sth** sich vor etw *dat* ekeln II. *npl* **to not be for the** ~ nichts für schwache Nerven sein
squeeze [skwiːz] I. *n* ❶ (*press*) Drücken *nt kein pl* ❷ ECON (*limit*) Beschränkung *f*; **a** ~ **on spending** eine Beschränkung der Ausgaben ❸ *no pl* (*fit*) Gedränge *nt* II. *vt* ❶ (*press*) drücken; *a lemon* auspressen; *a sponge* ausdrücken; **freshly** ~**d orange**

juice frisch gepresster Orangensaft ❷ (*push in*) [hinein]zwängen; (*push through*) [durch]zwängen **III.** *vi* (*fit into*) ■ **to ~ into sth** sich in etw *akk* [hinein]zwängen; ■ **to ~ past sth** sich an etw *dat* vorbeizwängen

squelch [skweltʃ] **I.** *vi* mud, water patschen *fam* **II.** *n usu sing* Gepatsche *nt kein pl fam*

squid <*pl* - *or* -s> [skwɪd] *n* Tintenfisch *m*

squiggle ['skwɪgl] *n* Schnörkel *m*

squint [skwɪnt] **I.** *vi* ❶ blinzeln, die Augen zusammenkneifen ❷ MED schielen **II.** *n* MED Schielen *nt kein pl*

squirm [skwɜːm] **I.** *vi* sich winden; **to ~ in pain** sich vor Schmerzen krümmen **II.** *n* Krümmen *nt kein pl*

squirrel ['skwɪrəl] *n* Eichhörnchen *nt*

squirt [skwɜːt] **I.** *vt* ❶ (*spray*) spritzen ❷ (*cover*) ■ **to ~ sb with sth** jdn mit etw *dat* bespritzen **II.** *vi* ■ **to ~ out** herausspritzen, herausschießen **III.** *n* (*quantity*) Spritzer *m*

St *n* ❶ *abbrev of* **saint** St. ❷ *abbrev of* **street** Str.

st <*pl* -> *n* BRIT *abbrev of* **stone** I 2

stab [stæb] **I.** *vt* <-bb-> ■ **to ~ sb** auf jdn einstechen; **the victim was ~bed** das Opfer erlitt eine Stichverletzung; **to ~ sb in the back** (*fig*) jdm in den Rücken fallen **II.** *vi* <-bb-> ■ **to ~ at sb/sth** auf jdn/etw einstechen **III.** *n* ❶ (*with weapon*) Stich *m* ❷ (*wound*) Stichwunde *f* ❸ (*pain*) Stich *m*; **~ of envy** Anflug *m* von Neid

stabbing ['stæbɪŋ] **I.** *n* (*assault*) Messerstecherei *f* **II.** *adj* pain stechend; fear, memory durchdringend

stability [stə'bɪləti] *n no pl* Stabilität *f*; **mental ~** [seelische] Ausgeglichenheit

stabilize ['steɪbəlaɪz] **I.** *vt* stabilisieren **II.** *vi* sich stabilisieren; **his condition has now ~d** MED sein Zustand ist jetzt stabil

stable¹ <-r, -st *or* more stable, most stable> ['steɪbl] *adj* stabil

stable² ['steɪbl] **I.** *n* (*building*) Stall *m* **II.** *vt* **to ~ a horse** ein Pferd unterstellen

stack [stæk] **I.** *n* ❶ *of videos* Stapel *m*; *of papers* Stoß *m*; *of hay, straw* Schober *m*; *of hi-fi equipment* Stereoturm *m* ❷ (*fam: large amount*) Haufen *m sl*; **we've got ~s of time** wir haben massenhaft Zeit **II.** *vt* ❶ (*arrange in pile*) [auf]stapeln ❷ (*fill*) **to ~ a dishwasher** eine Spülmaschine einräumen; **to ~ shelves** Regale auffüllen

stadium <*pl* -s *or* -dia> ['steɪdiəm, *pl* -iə] *n* Stadion *n*

staff¹ [stɑːf] **I.** *n* ❶ + *sing/pl vb* (*employees*) Belegschaft *f*; **members of ~** Mitarbeiter *pl*; **nursing ~** Pflegepersonal *nt* ❷ + *sing/pl vb* SCH, UNIV Lehrkörper *m*; **teaching ~** Lehrpersonal *nt* **II.** *vt usu passive* **many charities are ~ed with volunteers** viele Wohltätigkeitsvereine beschäftigen ehrenamtliche Mitarbeiter

staff² [stɑːf] *n* (*ceremonial rod*) Stab *m*; (*stick*) Stock *m*

staffing ['stɑːfɪŋ] *n no pl* Personalpolitik *f*

staffroom *n* SCH Lehrerzimmer *nt*

stag [stæg] *n* ❶ ZOOL Hirsch *m* ❷ **~ night/party** Junggesellenabschiedsparty *f*

stage [steɪdʒ] **I.** *n* ❶ (*period*) Etappe *f*, Station *f*; **crucial ~** entscheidende Phase; **early ~** Frühphase *f* ❷ *of a journey, race* Etappe *f*, Abschnitt *m* ❸ THEAT (*platform*) Bühne *f* ❹ (*scene*) Geschehen *nt kein pl*; **the world ~** die [ganze] Welt; **the political ~** die politische Bühne **II.** *vt* ❶ THEAT aufführen; **to ~ a concert** ein Konzert geben ❷ (*organize*) *a congress, meeting* veranstalten; *a demonstration, strike* organisieren

stage direction *n* Bühnenanweisung *f*

stage effect *n* Bühneneffekt *m* **stage fright** *n no pl* Lampenfieber *nt*

stagger ['stægəʳ] **I.** *vi* ❶ (*totter*) ■ **to ~ somewhere** irgendwohin wanken [*o* torkeln]; **to ~ to one's feet** sich aufrappeln ❷ (*waver*) schwanken, wanken **II.** *vt* ❶ (*shock*) ■ **to ~ sb** jdn erstaunen ❷ (*arrange*) ■ **to ~ sth** etw staffeln

staggered ['stægəd] *adj* gestaffelt

staggering ['stægərɪŋ] *adj* (*amazing*) erstaunlich, umwerfend *fam*

stagnant ['stægnənt] *adj* (*not flowing*) stagnierend; **~ air** stehende Luft

stagnate [stæg'neɪt] *vi* ❶ (*stop flowing*) stauen ❷ (*stop developing*) stagnieren

stain [steɪn] **I.** *vt* (*discolour*) verfärben; (*cover with spots*) Flecken auf etw *dat* machen **II.** *vi* ❶ (*cause discolouration*) abfärben, Flecken machen ❷ (*discolour*) sich verfärben **III.** *n* ❶ (*discoloration*) Verfärbung *f*, Fleck *m* ❷ (*blemish*) Makel *m*

stained [steɪnd] *adj* ❶ (*discoloured*) verfärbt; (*with spots*) fleckig ❷ (*dyed*) gefärbt ❸ (*blemished*) befleckt

stainless ['steɪnləs] *adj* makellos; *character*

tadellos

stair [steəʳ] *n* ① (*set of steps*) ~s *pl* Treppe *f;* **a flight of** ~s eine Treppe ② (*step*) Treppenstufe *f*

staircase *n* Treppenhaus *nt,* Treppenaufgang *m;* **spiral** ~ Wendeltreppe *f*

stairlift *n* Treppenlift *m*

stake¹ [steɪk] *n* (*stick*) Pfahl *m,* Pflock *m*

stake² [steɪk] **I.** *n* ① (*wager*) Einsatz *m* ② (*interest*) FIN, ECON Anteil *m* ▶ **to be at** ~ (*in question*) zur Debatte stehen; (*at risk*) auf dem Spiel stehen **II.** *vt* **to** ~ **money** Geld setzen

stakeholder *n* Teilhaber(in) *m(f)*

stale [steɪl] *adj* (*not fresh*) fade, schal; *beer, lemonade* abgestanden; *air* muffig; *bread* altbacken

stalk¹ [stɔːk] *n* (*stem*) Stiel *m*

stalk² [stɔːk] **I.** *vt* ① (*hunt*) jagen; **to go** ~**ing** auf die Pirsch gehen ② (*harass*) ■ **to** ~ **sb** jdm nachstellen **II.** *vi* ■ **to** ~ **by** vorbeistolzieren **III.** *n* ① (*pursuit*) Pirsch *f* ② (*gait*) Stolzieren *nt*

stall [stɔːl] **I.** *n* ① (*for selling*) [Verkaufs]stand *m* ② (*for animal*) Stall *m,* Verschlag *m* ③ AM (*for parking*) [markierter] Parkplatz ④ (*for racehorse*) Box *f* **II.** *vi* ① (*stop running*) *car, engine* stehen bleiben ② (*come to standstill*) zum Stillstand kommen ③ (*fam: delay*) zögern **III.** *vt* ① *a car, an engine* abwürgen ② (*delay*) aufhalten, verzögern

stall holder *n* BRIT Markthändler(in) *m(f)*

stamina ['stæmɪnə] *n no pl* Durchhaltevermögen *nt,* Ausdauer *f*

stammer ['stæməʳ] **I.** *n* Stottern *nt;* **to have a** ~ stottern **II.** *vi* stottern

stamp [stæmp] **I.** *n* ① (*implement, mark*) Stempel *m;* ~ **of approval** Genehmigungsstempel *m* ② (*adhesive*) [**postage**] ~ Briefmarke *f;* ~ **album** Briefmarkenalbum *nt* ③ (*step*) Stampfer *m fam* **II.** *vt* ① (*mark*) [ab]stempeln ② (*affix postage to*) **to** ~ **a letter** einen Brief frankieren ③ (*crush*) zertreten; (*stomp*) **to** ~ **one's foot** mit dem Fuß aufstampfen **III.** *vi* ① (*step*) stampfen; ■ **to** ~ [**up**]**on sth** auf etw *akk* treten ② (*walk*) stampfen, stapfen

stampede [stæm'piːd] **I.** *n* ① *of animals* wilde Flucht ② *of people* [Menschen]auflauf *m* **II.** *vi animals* durchgehen; *people* irgendwohin stürzen

stance [stɑːn(t)s] *n* ① (*posture*) Haltung *f* kein *pl* ② (*attitude*) Standpunkt *m*

stand [stænd] **I.** *n* ① (*physical position*) Stellung *f* ② (*position on an issue*) Einstellung *f* (**on** zu); **to make a** ~ **against sth** sich gegen etw *akk* auflehnen ③ *usu pl* (*in stadium*) [Zuschauer]tribüne *f* ④ (*support*) Ständer *m* ⑤ (*stall*) [Verkaufs]stand *m* **II.** *vi* <stood, stood> ① (*be upright*) stehen; **to** ~ **clear** aus dem Weg gehen, beiseitetreten; **to** ~ **tall** gerade stehen; **to** ~ **still** stillstehen; **to** ~ **in sb's way** jdm im Weg stehen ② FOOD (*remain untouched*) stehen ③ + *adj* (*be in a specified state*) stehen; **I never know where I** ~ **with my boss** ich weiß nie, wie ich mit meinem Chef dran bin *fam;* **to** ~ **alone** beispiellos sein ④ (*remain valid*) gelten; **does that still** ~**?** ist das noch gültig? ⑤ BRIT, AUS (*be a candidate for office*) ■ **to** ~ **for sth** für etw *akk* kandidieren **III.** *vt* <stood, stood> ① (*place upright*) ■ **to** ~ **sth somewhere** etw irgendwohin hinstellen ② (*refuse to be moved*) **to** ~ **one's ground** wie angewurzelt stehen bleiben ③ (*bear*) ■ **to** ~ **sth** etw ertragen [*o fam* aushalten] ④ (*fam*) **to** ~ **a chance of doing sth** gute Aussichten haben, etw zu tun ◆ **stand about, stand around** *vi* herumstehen ◆ **stand aside** *vi* ① (*move aside*) zur Seite treten ② (*not get involved*) ■ **to** ~ **aside** [**from sth**] sich [aus etw *dat*] heraushalten ③ (*resign*) zurücktreten ◆ **stand back** *vi* zurücktreten; ■ **to** ~ **back from sth** (*fig: take detached view*) etw aus der Distanz betrachten; (*be located away from*) abseits von etw *dat* liegen ◆ **stand by** *vi* ① (*observe*) dabeistehen, zugucken *fam* ② (*be ready*) bereitstehen ③ (*support*) ■ **to** ~ **by sb** zu jdm stehen ◆ **stand down** *vi* BRIT, AUS (*resign*) zurücktreten ② (*relax*) entspannen ◆ **stand for** *vi* ① (*tolerate*) ■ **to not** ~ **for sth** sich *dat* etw nicht gefallen lassen ② (*represent*) ■ **to** ~ **for sth** für etw *akk* stehen ◆ **stand in** *vi* **to** ~ **in for sb** für jdn einspringen ◆ **stand out** *vi* hervorragen; **to** ~ **out in a crowd** sich von der Menge abheben ◆ **stand over** *vi* ① (*supervise*) ■ **to** ~ **over sb** jdm auf die Finger schauen *fam* ② LAW (*adjourn*) aufgeschoben werden ◆ **stand up** *vi* ① (*rise*) aufstehen; (*be standing*) stehen ② (*endure*) ■ **to** ~ **up** [**to sth**] [etw *dat*] standhalten ③ (*confront*) ■ **to** ~ **up to sb** sich jdm widersetzen

standard – start up

standard ['stændəd] I. n ❶ (*level of quality*) Standard m, Qualitätsstufe f; **to raise ~s** das Niveau heben ❷ (*criterion*) Gradmesser m, Richtlinie f ❸ (*principles*) ■ **~s** pl Wertvorstellungen pl II. adj ❶ (*customary*) Standard- ❷ (*average*) durchschnittlich ❸ (*authoritative*) **~ book** Standardwerk m ❹ Am (*manual*) **~ transmission** Standardgetriebe nt

standardize ['stændədaɪz] I. vt ❶ (*make conform*) standardisieren ❷ (*compare*) vereinheitlichen II. vi ■ **to ~ on sth** etw zum Vorbild nehmen

standard lamp n Brit, Aus Stehlampe f

standby <pl -s> ['stæn(d)baɪ] I. n ❶ no pl (*readiness*) **on ~** in Bereitschaft ❷ (*backup*) Reserve f ❸ (*plane ticket*) Stand-by-Ticket nt ❹ (*traveller*) Fluggast m mit Stand-by-Ticket II. adj attr Ersatz-

stand-in n Vertretung f; FILM, THEAT Ersatz m

standing ['stændɪŋ] I. n no pl Status m, Ansehen nt II. adj attr ❶ (*upright*) [aufrecht] stehend ❷ (*permanent*) ständig ❸ (*stationary*) stehend

stand-offish [-'ɒfɪʃ] adj (*pej fam*) kühl, reserviert

standpoint n Standpunkt m; **depending on your ~, ...** je nachdem, wie man es betrachtet, ...

standstill n no pl Stillstand m; **to be at a ~** zum Erliegen kommen

stand-up adj attr **~ comedian** Alleinunterhalter(in) m(f)

stank [stæŋk] pt of **stink**

staple[1] ['steɪpl] I. n ❶ (*for paper*) Heftklammer f ❷ (*not for paper*) Krampe f II. vt heften; ■ **to ~ sth together** etw zusammenheften

staple[2] ['steɪpl] I. n ❶ (*main component*) Grundstock m; FOOD Grundnahrungsmittel nt ❷ ECON Hauptprodukt nt II. adj attr Haupt-; **~ foods** Grundnahrungsmittel pl

stapler ['steɪplə'] n Hefter m, Tacker m fam

star [stɑː'] I. n ❶ (*symbol*) a. ASTRON Stern m ❷ (*asterisk*) Sternchen nt ❸ (*performer*) Star m II. vi <-rr-> THEAT, FILM **to ~ in a film/play** in einem Film/Theaterstück die Hauptrolle spielen III. adj attr Star-; **Natalie is the ~ student in this year's ballet class** Natalie ist die beste Schülerin der diesjährigen Ballettklasse

starboard ['stɑːbəd] n NAUT Steuerbord nt kein pl

starch [stɑːtʃ] I. n no pl Stärke f II. vt **to ~ a collar** einen Kragen stärken

starchy ['stɑːtʃi] adj ❶ FOOD stärkehaltig ❷ FASHION gestärkt

stardom ['stɑːdəm] n no pl Leben nt als Star

stare [steə'] I. n Starren nt; **she gave him a long ~** sie starrte ihn unverwandt an; **accusing ~** vorwurfsvoller Blick II. vi ❶ (*look at*) starren, ■ **to ~ at sb/sth** jdn/etw anstarren ❷ (*eyes wide open*) große Augen machen III. vt (*look at*) **to ~ sb in the eye** jdn anstarren

staring ['steərɪŋ] adj eyes starrend

stark [stɑːk] I. adj ❶ (*bare*) landscape karg; (*austere*) schlicht ❷ (*obvious*) krass; **~ reality** die harte Realität ❸ attr (*sheer*) total II. adv **~ naked** splitterfasernackt fam

starkers ['stɑːkəz] adj pred BRIT, AUS (*fam*) im Adams-/Evaskostüm hum, nackert ÖSTERR

starry-eyed adj idealist blauäugig, verzückt; lover hingerissen

star-studded adj ❶ ASTRON mit Sternen übersät ❷ FILM, THEAT (*fam*) mit Stars besetzt; **~ cast** Starbesetzung f

start [stɑːt] I. n usu sing ❶ (*beginning*) Anfang m, Beginn m; **to make a ~ on sth** mit etw dat anfangen; **from the ~** von Anfang an; **from ~ to finish** von Anfang bis Ende ❷ (*foundation*) of a company Gründung f ❸ SPORTS (*beginning place*) Start m ❹ (*sudden movement*) Zucken nt; **to give a ~** zusammenzucken II. vi ❶ (*begin*) anfangen, beginnen; **don't you ~!** jetzt fang du nicht auch noch an! fam; **to ~ afresh** von neuem beginnen; ■ **to ~ to do sth** anfangen[,] etw zu tun ❷ (*fam: begin harassing, attacking*) ■ **to ~ on sb** sich dat jdn vornehmen fam ❸ (*begin to operate*) vehicle, motor anspringen III. vt ❶ (*begin*) ■ **to ~ [doing] sth** anfangen[,] etw zu tun; **he ~ed work at 16** mit 16 begann er zu arbeiten ❷ (*set in motion*) ■ **to ~ sth** etw ins Leben rufen; **to ~ a fight** Streit anfangen ❸ MECH einschalten; **to ~ a car** ein Auto starten ◆ **start back** vi ❶ (*jump back*) zurückschrecken ❷ (*return*) sich auf den Rückweg machen ◆ **start off** I. vi ❶ (*begin activity*) anfangen, beginnen ❷ (*embark*) losfahren; **they ~ed off in New Orleans** sie starteten in New Orleans II. vt ■ **to ~ sth ⊃ off** etw beginnen ◆ **start out** vi ❶ (*begin*) anfangen, beginnen ❷ (*embark*) aufbrechen ◆ **start up**

I. *vt* ① (*organize*) **to ~ up a business** ein Unternehmen gründen ② MECH **to ~ up a motor** einen Motor anlassen **II.** *vi* ① (*occur*) beginnen ② (*begin running*) *motorized vehicle* anspringen

starter ['stɑːtəʳ] *n* ① *esp* BRIT FOOD (*fam*) Vorspeise *f* ② MECH Anlasser *m*

starter PC *n* Computer *m* für Anfänger

starting ['stɑːtɪŋ] *adj attr* SPORTS Start-

startle ['stɑːtl̩] *vt* erschrecken; **the noise ~d the birds** der Lärm schreckte die Vögel auf

startling ['stɑːtlɪŋ] *adj* (*surprising*) überraschend; (*alarming*) erschreckend

start-up *n* ① COMM [Neu]gründung *f*; (*company*) Start-up[-Unternehmen] *nt* ② MECH Start *m*, Inbetriebnahme *f* ③ COMPUT Hochfahren *nt kein pl*

starvation [stɑːˈveɪʃən] *n no pl* ① (*death from hunger*) Hungertod *m;* **to die of ~** verhungern ② (*serious malnutrition*) Unterernährung *f*

starve [stɑːv] **I.** *vi* ① (*die of hunger*) verhungern; (*suffer from hunger*) hungern ② (*fam: be very hungry*) **to be starving** ausgehungert sein **II.** *vt* ① (*deprive of food*) aushungern; **to ~ oneself to death** sich zu Tode hungern ② *usu passive* (*fig: deprive*) **to be ~d of sth** um etw *akk* gebracht werden

stash [stæʃ] **I.** *n* <*pl* -es> (*cache*) [geheimes] Lager, Vorrat *m* **II.** *vt* (*fam*) verstecken; *money* bunkern

state [steɪt] **I.** *n* ① (*existing condition*) Zustand *m* ② (*physical condition*) körperliche Verfassung *f*; **~ of exhaustion/fatigue** Erschöpfungs-/Ermüdungszustand *m* ③ PSYCH (*frame of mind*) Gemützustand *m;* **unconscious ~** Bewusstlosigkeit *f;* **to be in a ~** mit den Nerven fertig sein; **to be in a fit ~ to do sth** in der Lage sein, etw zu tun ④ (*nation*) Staat *m* ⑤ (*unit within nation: USA*) [Bundes]staat *m;* (*Germany*) Land *nt* ⑥ (*civil government*) Staat *m* **II.** *adj attr* ① (*pertaining to a nation*) staatlich, Staats- ② (*pertaining to civil government*) Regierungs-; **~ secret** (*a. fig*) Staatsgeheimnis *nt;* **~ subsidy** [staatliche] Subvention **III.** *vt* ① (*express*) aussprechen, äußern; **to ~ one's case** seine Sache vortragen; **to ~ one's objections** seine Einwände vorbringen; **to ~ the source** die Quelle angeben; ■ **to ~ that ...** erklären, dass ... ② (*specify, fix*) nennen, angeben

State Department *n no pl, + sing/pl vb* AM ■ **the ~** das US-Außenministerium

state education *n no pl* staatliches Bildungswesen

stateless ['steɪtləs] *adj* staatenlos; **~ person** Staatenlose(r) *f(m)*

statement ['steɪtmənt] *n* ① (*act of expressing sth*) Äußerung *f*, Erklärung *f* ② (*formal declaration*) Stellungnahme *f;* **to make a ~ to the press** eine Presseerklärung abgeben ③ LAW Aussage *f* ④ (*bank statement*) [Konto]auszug *m*

state of the art *adj pred*, **state-of-the-art** *adj attr* auf den neuesten Stand der Technik nach *n*, hoch entwickelt, hochmodern

station ['steɪʃən] **I.** *n* ① RAIL Bahnhof *m; subway ~* AM, **tube ~** BRIT U-Bahn-Haltestelle *f* ② (*for designated purpose*) -station *f;* **petrol ~** BRIT [*or* AM **gas**] **~** Tankstelle *f;* **police ~** Polizeiwache *f* ③ (*broadcasting station*) Sender *m;* **radio ~** Radiosender *m;* **TV ~** Fernsehsender *m* **II.** *vt* postieren, aufstellen; *soldiers, troops* stationieren

stationary ['steɪʃənəri] *adj* (*not moving*) ruhend; **we were ~ at a set of traffic lights** wir standen an einer Ampel

stationery ['steɪʃənəri] *n no pl* Schreibwaren *pl;* (*writing paper*) Schreibpapier *nt*

station wagon *n* AM, AUS Kombi[wagen] *m*

statistics [stəˈtɪstɪks] *npl* Statistik *f*

statue ['stætʃuː] *n* Statue *f*, Standbild *nt*

Statue of Liberty *n* ■ **the ~** die Freiheitsstatue

status ['steɪtəs] *n no pl* Status *m;* (*prestige a.*) Prestige *nt;* **legal ~** Rechtsposition *f*

stay [steɪ] **I.** *n* (*act of remaining*) Aufenthalt *m;* **overnight ~** Übernachtung *f* **II.** *vi* ① (*remain*) bleiben; **to ~ in touch** in Verbindung bleiben; **to ~ tuned** RADIO, TV am Apparat bleiben ② (*reside*) wohnen; **to ~ overnight** übernachten ♦ **stay away** *vi* wegbleiben, fernbleiben; ■ **to ~ away from sb/sth** jdn/etw meiden ♦ **stay behind** *vi* [noch] [da]bleiben ♦ **stay down** *vi* ① *food* im Magen bleiben ② (*remain lowered*) unten bleiben ③ SCH sitzen bleiben ♦ **stay in** *vi* zu Hause bleiben ♦ **stay on** *vi* ① (*remain longer*) [noch] bleiben ② (*remain in place*) *lid, top* halten; *sticker* haften ③ (*remain in operation*) *light* an bleiben; *device* eingeschaltet bleiben ♦ **stay out** *vi* ① (*not come home*) ausbleiben, wegbleiben ② (*continue a* *strike*) weiter streiken ❸ (*not become involved*) **to ~ out of trouble** sich *dat* Ärger vom Hals halten *fam* ♦ **stay up** *vi* ❶ aufbleiben, wach bleiben ❷ *tent* stehen bleiben; *poster* hängen bleiben; **his socks won't ~ up** seine Socken rutschen ständig

staying power ['steɪɪŋ-] *n no pl* ❶ (*physical stamina*) Ausdauer *f* ❷ (*mental stamina*) Durchsetzungsvermögen *nt*

STD [ˌestiːˈdiː] *n* MED *abbrev of* **sexually transmitted disease** Geschlechtskrankheit *f*

steady ['stedi] **I.** *adj* ❶ (*stable*) fest, stabil ❷ (*regular*) kontinuierlich, gleich bleibend; *breathing, flow* regelmäßig; *rain* anhaltend; *speed* konstant ❸ (*not wavering*) fest; **~ hand** ruhige Hand ❹ (*regular*) regelmäßig; **~ boyfriend/girlfriend** fester Freund/feste Freundin **II.** *vt* <-ie-> ❶ (*stabilize*) stabilisieren; **to ~ oneself** Halt finden ❷ (*make calm*) **to ~ one's aim** sein Ziel fixieren; **to ~ one's nerves** seine Nerven beruhigen **III.** *adv* (*still*) **to hold sth ~** etw festhalten

steak [steɪk] *n* ❶ *no pl* (*superior cut of beef*) zum Kurzbraten geeignetes Stück vom Rind; **rump ~** Rumpsteak *nt* ❷ *no pl* (*poorer-quality beef*) Rindfleisch *nt;* **braising ~** Schmorfleisch *nt*

steal [stiːl] **I.** *n esp* AM (*fam*) Schnäppchen *nt* **II.** *vt* <stole, stolen> ❶ (*take illegally*) stehlen, klauen *fam* ❷ (*do surreptitiously*) **she stole a glance at her watch** sie lugte heimlich auf ihre Armbanduhr **III.** *vi* <stole, stolen> ❶ (*take things illegally*) stehlen ❷ (*move surreptitiously*) sich wegstehlen; **he stole out of the room** er stahl sich aus dem Zimmer

steam [stiːm] **I.** *n no pl* Dampf *m* **II.** *vi, vt* dampfen; **to ~ open a letter** einen Brief über Wasserdampf öffnen ♦ **steam up I.** *vi mirror, window* beschlagen **II.** *vt* **the windows are ~ed up** die Fenster sind beschlagen

steamer ['stiːmər] *n* ❶ (*boat*) Dampfer *m* ❷ FOOD Dünster *m*

steamy ['stiːmi] *adj* ❶ (*full of steam*) dampfig ❷ (*fam: torrid, sexy*) heiß, scharf; *love scene, novel a.* prickelnd

steel [stiːl] **I.** *n* Stahl *m* **II.** *vt* ■ **to ~ oneself [to do sth]** all seinen Mut zusammennehmen[, um etw zu tun]

steep[1] [stiːp] *adj* ❶ (*sharply sloping*) steil; *slope* abschüssig ❷ (*dramatic*) drastisch, dramatisch

steep[2] [stiːp] *vt* ❶ (*soak in liquid*) tränken ❷ *usu passive* (*imbue*) ■ **to be ~ed in sth** von etw *dat* durchdrungen sein; **~ed in history** geschichtsträchtig

steeple ['stiːpl] *n* ARCHIT (*spire*) Turmspitze *f; of a church* Kirchturm *m*

steer [stɪər] **I.** *n* ZOOL junger Ochse **II.** *vt* ❶ (*direct*) steuern ❷ (*follow*) **to ~ a course** einen Kurs einschlagen **III.** *vi* steuern, lenken; *vehicle* sich lenken lassen

steering wheel *n* Steuer[rad] *nt; of a car a.* Lenkrad *nt*

stein [staɪn] *n* Bierkrug *m*, Stein *m*

stem [stem] **I.** *n of a tree, bush* Stamm *m; of a leaf, flower* Stiel *m*, Stängel *m; of a glass* [Glas]stiel *m* **II.** *vt* <-mm-> eindämmen, aufhalten; **to ~ the flow of blood** die Blutung stillen **III.** *vi* <-mm-> (*be traced back*) ■ **to ~ back to sth** sich zurückverfolgen lassen; ■ **to ~ from sb/sth** auf jdn/etw zurückzuführen sein

step[1] [step] **I.** *n* ❶ (*foot movement*) Schritt *m;* **to be/walk in ~** im Gleichschritt sein/laufen ❷ *no pl* (*manner of walking*) Gang *m* ❸ (*dance movement*) [Tanz]schritt *m* ❹ (*stair*) Stufe *f;* **a flight of ~s** eine Treppe ❺ (*fig*) Schritt *m;* **one ~ at a time** eins nach dem anderen; **to take drastic ~s** zu drastischen Schritten greifen **II.** *vi* <-pp-> (*tread*) treten; (*walk*) gehen; ■ **to ~ over sth** über etw *akk* steigen; **to ~ on sb's foot** jdm auf den Fuß treten ♦ **step aside** *vi* zur Seite treten, Platz machen ♦ **step back** *vi* ❶ (*move back*) zurücktreten ❷ (*fig*) Abstand nehmen ♦ **step down** *vi* ❶ (*resign*) zurücktreten, sein Amt niederlegen ❷ LAW *witness* den Zeugenstand verlassen ♦ **step in** *vi* ❶ (*enter building*) eintreten; (*enter vehicle*) einsteigen ❷ (*intervene*) eingreifen, einschreiten ♦ **step out** *vi* ❶ (*leave temporarily*) [kurz] weggehen ❷ (*walk vigorously*) ausschreiten ♦ **step up** *vt* verstärken; **the pace of the reforms is being ~ped up** die Reformen werden jetzt beschleunigt

step[2] [step] *n no pl* SPORTS *short for* **step aerobics** Stepaerobic *nt*

stepbrother *n* Stiefbruder *m* **stepchild** *n* Stiefkind *nt* **stepdaughter** *n* Stieftochter *f* **stepfather** *n* Stiefvater *m*

stepladder *n* Stehleiter *f*, Trittleiter *f*

stepmother *n* Stiefmutter *f*
stepper [stepəʳ] *n* SPORTS Stepper *m*
stepping stone *n* ❶ (*stone*) [Tritt]stein *m* ❷ (*fig: intermediate stage*) Sprungbrett *nt*
stepson *n* Stiefsohn *m*
stereo <*pl* -os> ['steriəʊ] *n* ❶ *no pl* (*transmission*) Stereo *nt* ❷ (*fam: unit*) Stereoanlage *f*
stereotype ['steriə(ʊ)taɪp] I. *n* Stereotyp *nt* II. *vt* **to ~ sb/sth** jdn/etw in ein Klischee zwängen
sterile [steraɪl] *adj* ❶ MED (*unable to reproduce*) unfruchtbar, steril; (*free from bacteria*) steril, keimfrei ❷ AGR *soil* unfruchtbar
sterilize ['sterəlaɪz] *vt* MED ❶ *usu passive* (*make infertile*) sterilisieren ❷ (*disinfect*) desinfizieren; **to ~ water** Wasser abkochen
sterling ['stɜːlɪŋ] I. *n no pl* ❶ FIN Sterling *m*, [britisches] Pfund ❷ (*metal*) Sterlingsilber *nt* II. *adj* (*approv*) gediegen, meisterhaft; **to make a ~ effort** beachtliche Anstrengungen unternehmen
stern[1] [stɜːn] *adj* (*severe*) ernst; (*strict*) streng, unnachgiebig; **a ~ warning** eine eindringliche Warnung
stern[2] [stɜːn] *n* NAUT Heck *nt*
Stetson® ['stetsən] *n* FASHION Stetson *m* fachspr, Cowboyhut *m*
stew [stjuː] I. *n* Eintopf *m* II. *vt meat* schmoren; **to ~ plums** Pflaumenkompott kochen III. *vi* ❶ (*simmer*) *meat* [vor sich *dat* hin] schmoren ❷ (*fam: be upset*) schmollen
stewed [stjuːd] *adj* ❶ (*cooked by stewing*) ~ **apples** Apfelkompott *nt*; ~ **meat** geschmortes Fleisch ❷ *esp* AM (*fam: drunk*) besoffen
stick[1] [stɪk] *n* ❶ (*small branch*) Zweig *m*; (*piece of wood*) Stock *m* ❷ (*severe criticism*) **to get ~** herbe Kritik einstecken müssen; **to give sb ~** jdn heruntermachen ❸ (*a piece of sth*) **carrot ~s** lange Mohrrübenstücke; **a ~ of chewing gum** ein Stück Kaugummi ❹ (*used in a certain function*) Stock *m*; **hockey/polo ~** Hockey-/Poloschläger *m*
stick[2] <stuck, stuck> [stɪk] I. *vi* ❶ (*fix by adhesion*) kleben; (*be fixed*) zugeklebt bleiben ❷ (*be unable to move*) feststecken; *door, window, gear* klemmen; **help me up – I'm stuck** hilf mir mal – ich stecke fest ❸ (*fig: be unable to continue*) ■ **to be stuck** nicht weiter wissen ❹ (*persevere*) ■ **to ~ at sth** an etw *dat* dranbleiben ❺ (*keep within limits*) **to ~ to one's budget** sich an sein Budget halten; **to ~ to a diet** eine Diät einhalten ▶ **to ~ to one's guns** nicht lockerlassen II. *vt* ❶ (*affix*) kleben (**to** an) ❷ (*fam: put*) ~ **your things wherever you like** stellen Sie Ihre Sachen irgendwo ab; **to ~ one's head around the door** seinen Kopf durch die Tür stecken ◆ **stick around** *vi* (*fam*) da bleiben ◆ **stick down** *vt* festkleben ◆ **stick in** *vi* **to get stuck in** BRIT (*fam: start*) anfangen; (*start eating*) [mit dem Essen] anfangen ◆ **stick out** I. *vt* ❶ (*make protrude*) **to ~ out one's hand** die Hand ausstrecken; **to ~ one's tongue out** die Zunge herausstrecken ❷ (*endure*) ■ **to ~ it out** es [bis zum Ende] durchhalten II. *vi* (*protrude*) [her]vorstehen; *hair, ears* abstehen; *nail* herausstehen ◆ **stick together** I. *vt* zusammenkleben II. *vi* ❶ (*adhere*) zusammenkleben ❷ (*fig: remain loyal*) zusammenhalten ◆ **stick up** I. *vt* (*fam*) ❶ (*attach*) **to ~ up a notice** einen Aushang machen ❷ (*raise*) **if you have a question, ~ your hand up** meldet euch, wenn ihr eine Frage habt II. *vi* ❶ (*protrude*) hochragen, emporragen ❷ (*stand on end*) abstehen ❸ ■ **to ~ up for sb** (*defend*) sich für jdn einsetzen; (*support*) jdn unterstützen
sticker ['stɪkəʳ] *n* Aufkleber *m*; **price ~** Preisschild[chen] *nt*
sticking plaster *n* BRIT [Heft]pflaster *nt*
stick-on *adj attr* Klebe-
sticky ['stɪki] *adj* ❶ (*texture*) klebrig ❷ (*sweaty*) *person* verschwitzt; *weather* schwül; *air* stickig ❸ (*fig: difficult*) *question, situation* heikel
stiff [stɪf] I. *adj* ❶ (*rigid*) steif (**with** vor) ❷ (*dense*) *paste* dick; *mixture, dough* fest ❸ (*manner*) steif; (*forced*) *smile* gezwungen; **to keep a ~ upper lip** Haltung bewahren ❹ (*strong*) *opposition* stark; *breeze* steif; *criticism* herb II. *adv* **to be scared ~** zu Tode erschrocken sein
stiffen ['stɪfən] I. *vi* ❶ (*tense up*) sich versteifen; *muscles* sich verspannen; (*with fear, fright*) erstarren ❷ FOOD *cream, egg whites* steif werden ❸ (*become stronger*) stärker werden II. *vt* ❶ (*make rigid*) versteifen ❷ (*make more severe*) **to ~ a penalty/the rules** eine Strafe/die Regeln verschärfen ❸ (*strengthen*) [ver]stärken
stifle ['staɪfl] I. *vi* ersticken II. *vt* ❶ (*smother*) ersticken ❷ (*fig: suppress*) unterdrücken

stifling ['staɪflɪŋ] *adj fumes, smoke* erstickend; *heat, humidity* drückend

still¹ [stɪl] **I.** *n* ① *no pl* (*peace*) Stille *f* ② *usu pl* (*photo*) Standfoto *nt* **II.** *adj* ① (*peaceful*) ruhig, friedlich ② (*motionless*) reglos, bewegungslos; **to keep ~ still** halten; **to sit/stand ~** still sitzen/stehen ③ (*not fizzy*) ohne Kohlensäure *nach n*

still² [stɪl] *adv* ① (*continuing situation*) [immer] noch, noch immer; (*in future as in past*) nach wie vor ② (*nevertheless*) trotzdem; **..., but he's ~ your brother** ..., er ist immer noch dein Bruder ③ (*greater degree*) noch; **better/worse ~** noch besser/schlimmer

stillbirth *n* Totgeburt *f* **stillborn** *adj* tot geboren

stilted ['stɪltɪd] *adj* (*pej: stiff and formal*) *way of talking* gestelzt; (*not natural*) *behaviour* unnatürlich, gespreizt

stimulate ['stɪmjəleɪt] *vt* ① (*encourage*) beleben, ankurbeln ② (*excite*) ■ **to ~ sb/sth** jdn/etw stimulieren/anregen

stimulus <*pl* -li> ['stɪmjələs, *pl* -laɪ] *n* ① (*economic boost*) Anreiz *m*, Stimulus *m geh* ② (*motivation*) Ansporn *m kein pl*

sting [stɪŋ] **I.** *n* ① BIOL *of a bee* Stachel *m*; *of a jellyfish* Brennfaden *m* ② (*wound*) Stich *m*; *of jellyfish* Brennen *nt* ③ *no pl* (*from antiseptic, ointment*) Brennen *nt* **II.** *vi* <stung, stung> *bee* stechen; *disinfectant, sunburn* brennen; *wound, cut* schmerzen **III.** *vt* <stung, stung> ① (*wound*) *insect* stechen; (*jellyfish*) brennen ② (*cause pain*) brennen

stinging nettle *n* Brennnessel *f*

stingy ['stɪndʒi] *adj* (*fam*) geizig, knaus[e]rig *pej fam;* **to be ~ with money** mit Geld knausern

stink [stɪŋk] **I.** *n usu sing* (*smell*) Gestank *m* **II.** *vi* <stank *or* stunk, stunk> ① (*smell bad*) stinken; ■ **to ~ of sth** nach etw *dat* stinken ② (*fig fam: be bad*) **his acting ~s** er ist ein miserabler Schauspieler

stinker ['stɪŋkəʳ] *n* ① (*pej fam: person*) **what a ~ that man is!** was ist er nur für ein Ekel! ② (*fam: sth difficult*) harter Brocken

stipulate ['stɪpjəleɪt] *vt* (*person*) verlangen; (*contract*) festlegen; (*law, legislation*) vorschreiben

stipulation [ˌstɪpjəˈleɪʃ[ə]n] *n* Auflage *f*, Bedingung *f*; (*in contract*) Klausel *f*

stir [stɜːʳ] **I.** *n usu sing* ① (*with spoon*) [Um]rühren *nt* ② (*physical movement*) Bewegung *f;* (*of emotion*) Erregung *f* ③ (*excitement*) Aufruhr *f;* **to cause a ~** Aufsehen erregen **II.** *vt* <-rr-> ① (*mix*) rühren; ■ **to ~ sth into sth** etw in etw *akk* [hin]einrühren ② (*physically move*) rühren, bewegen ③ (*awaken, arouse*) **to ~ sb from a dream** jdn aus einem Traum reißen; **to ~ emotions** Emotionen aufwühlen **III.** *vi* <-rr-> ① (*mix*) rühren ② (*move*) sich regen; *person a.* sich rühren ③ (*awaken*) wach werden ④ BRIT, AUS (*cause trouble*) Unruhe stiften

stir-fry I. *n* Chinapfanne *f* **II.** *vi, vt* <-ie-> kurz anbraten

stirring ['stɜːrɪŋ] **I.** *n* Regung *f* **II.** *adj appeal, song, speech* bewegend, aufwühlend

stitch [stɪtʃ] **I.** *n* <*pl* -es> ① (*in sewing*) Stich *m*; (*in knitting, crocheting*) Masche *f* ② (*method*) Stichart *f;* **blanket/cross ~** Langetten-/Kreuzstich *m* ③ (*for a wound*) Stich *m;* **to have one's ~es taken out** die Fäden gezogen bekommen ④ (*pain*) Seitenstechen *nt kein pl;* **to be in ~es** (*fig*) sich schieflachen **II.** *vi* sticken; (*sew*) nähen **III.** *vt* nähen

stock¹ [stɒk] *n no pl* FOOD Brühe *f;* **fish ~** Fischfond *m*

stock² [stɒk] **I.** *n* ① (*reserves*) Vorrat *m* (**of** an); **housing ~** Bestand *m* an Wohnhäusern; **a ~ of knowledge** (*fig*) ein Wissensschatz *m* ② *no pl* (*inventory*) Bestand *m;* **to be in/out of ~** vorrätig/nicht vorrätig sein; **to take ~** Inventur machen ③ ■ **~s** (*shares in a company*) Aktien *pl;* **~ and shares** Wertpapiere *pl* **II.** *adj attr* ① (*in inventory*) Lager-, Vorrats- ② (*standard*) Standard- **III.** *vt* ① (*keep in supply*) ■ **to ~ sth** etw führen ② (*fill up*) **to ~ the shelves** die Regale auffüllen

stockbroker *n* Börsenmakler(in) *m(f)*

stock exchange *n* Börse *f*

stocking ['stɒkɪŋ] *n* ① (*leg garment*) ■ **~s** *pl* Strümpfe *pl* ② (*hist: sock*) Strumpf *m*

stock market *n* [Wertpapier]börse *f*

stockpile I. *n* Vorrat *m;* **~ of weapons** Waffenlager *nt* **II.** *vt* ■ **to ~ sth** Vorräte an etw *dat* anlegen; **to ~ weapons** ein Waffenarsenal anlegen

stocky ['stɒki] *adj* stämmig, kräftig

stodgy ['stɒdʒi] *adj* ① *food* schwer [verdaulich], pampig *pej fam* ② (*dull*) langweilig, fad

stoke [stəʊk] *vt* schüren *a. fig*

stole¹ [stəʊl] *pt of* **steal**

stole² [stəʊl] n ❶ (*scarf*) Stola *f* ❷ (*priest's vestments*) [Priester]stola *f*

stolen ['stəʊlən] I. *vt pp of* **steal** II. *adj* ❶ (*by thief*) gestohlen; ~ **goods** Diebesgut *nt* ❷ (*fig: quick and secret*) *glance, kiss* verstohlen

stomach ['stʌmək] I. *n* ❶ (*digestive organ*) Magen *m;* **to have a pain in one's** ~ Magenschmerzen haben; **to have an upset** ~ eine Magenverstimmung haben ❷ (*abdomen*) Bauch *m;* **to have a big/flat** ~ einen dicken/flachen Bauch haben II. *adj cramp, operation* Magen-; ~ **muscles** Bauchmuskeln *pl* III. *vt* (*fam*) **to be hard to** ~ schwer zu verkraften sein

stomach ache *n usu sing* Magenschmerzen *pl* **stomach upset** *n* Magenverstimmung *f*

stone [stəʊn] I. *n* ❶ Stein *m* ❷ <*pl* -> BRIT (*14 lbs*) britische Gewichtseinheit, die 6,35 kg entspricht II. *adj attr floor, wall* Stein-; ~ **statue** Statue *f* aus Stein III. *vt* ❶ (*throw stones at*) **to** ~ **sb** [**to death**] jdn steinigen ❷ (*remove pit*) *cherries, olives* entsteinen

Stone Age *n* ■ **the** ~ die Steinzeit

stone-cold I. *adj* eiskalt II. *adv* **to be** ~ **sober** stocknüchtern sein *fam*

stoned [stəʊnd] *adj* ❶ (*without pits*) *olives, cherries* entsteint ❷ (*sl: drugged*) high ❸ (*sl: drunk*) besoffen

stone dead *adj pred* mausetot *fam* **stone deaf** *adj* stocktaub *fam*

stony ['stəʊni] *adj* ❶ (*with many stones*) *beach, ground* steinig ❷ (*fig: unfeeling*) *look, eyes, face* steinern

stood [stʊd] *pt, pp of* **stand**

stool [stuːl] *n* ❶ (*seat*) Hocker *m;* **kitchen** ~ Küchenschemel *m;* **piano** ~ Klavierstuhl *m* ❷ (*faeces*) Stuhl *m*

stoop¹ [stuːp] I. *n usu sing* krummer Rücken, Buckel *m* II. *vi* sich beugen; ■ **to** ~ **down** sich bücken; **to** ~ **to sb's level** (*fig*) sich auf jds Niveau *nt* herablassen

stoop² [stuːp] *n* AM (*porch*) offene Veranda

stop [stɒp] I. *vt* <-pp-> ❶ (*stop from moving*) **to** ~ **sb/a car** jdn/ein Auto anhalten; **to** ~ **one's car** anhalten; ~ **that man!** haltet den Mann! ❷ (*make cease*) stoppen, beenden; (*temporarily*) unterbrechen; ~ **it!** hör auf [damit]!; **to** ~ **the bleeding** die Blutung stillen; **to** ~ **the clock** die Uhr anhalten ❸ (*cease an activity*) ■ **to** ~ **sth** mit etw *dat* aufhören; **what time do you usually** ~ **work?** wann hören Sie normalerweise auf zu arbeiten? ❹ (*prevent*) ■ **to** ~ **sb** [**from**] **doing sth** jdn davon abhalten, etw zu tun ❺ (*block*) ■ **to** ~ **sth** etw verstopfen; *gap, hole, leak* etw [zu]stopfen II. *vi* <-pp-> ❶ (*cease moving*) *person* stehen bleiben; *car* [an]halten; ~! halt!; **to** ~ **dead** abrupt innehalten ❷ (*cease, discontinue*) *machine* nicht mehr laufen; *clock, heart, watch* stehen bleiben; *rain* aufhören ❸ (*cease an activity*) aufhören; **she** ~**ped drinking** sie trinkt nicht mehr ❹ BRIT (*fam: stay*) bleiben; **to** ~ **at a hotel** in einem Hotel übernachten ❺ TRANSP *bus, train* halten III. *n* ❶ (*cessation of movement, activity*) Halt *m;* **to come to a** ~ stehen bleiben; *car a.* anhalten; **to put a** ~ **to sth** etw *dat* ein Ende setzen ❷ (*break*) Pause *f;* AVIAT Zwischenlandung *f* ❸ TRANSP Haltestelle *f* ◆**stop behind** *vi* (*fam*) noch bleiben ◆**stop by** *vi* (*fam*) vorbeischauen ◆**stop in** *vi* (*fam*) zuhause bleiben, daheim bleiben *bes* ÖSTERR, SCHWEIZ, SÜDD ◆**stop off** *vi* kurz bleiben, Halt machen; (*while travelling*) Zwischenstation machen ◆**stop out** *vi* BRIT (*fam*) wegbleiben ◆**stop over** *vi* ❶ (*while travelling*) Zwischenstation machen ❷ BRIT (*stay the night*) über Nacht bleiben ◆**stop up** I. *vi* BRIT (*fam: not go to bed*) aufbleiben II. *vt* ■ **to** ~ **sth** ⌔ **up** etw verstopfen; **to** ~ **up a hole** ein Loch [zu]stopfen

stop-and-go *n no pl, no art* Stop-and-go-Verkehr *m*

stopover *n of plane* Zwischenlandung *f; of person* Zwischenstation *f;* (*length of break*) Zwischenaufenthalt *m*

stop sign *n* Stoppschild *nt*

stopwatch *n* Stoppuhr *f*

storage ['stɔːrɪdʒ] *n no pl of food, goods* Lagerung *f; of books* Aufbewahrung *f; of water, electricity* Speicherung *f;* COMPUT *of data* Speicherung *f*

storage space *n* ❶ *no pl* (*capacity*) Stauraum *m* ❷ (*in warehouse*) Lagerraum *m*

store [stɔːʳ] I. *n* ❶ (*supply*) Vorrat *m* (**of** an) ❷ *esp* AM, AUS (*any shop*) Laden *m; esp* BRIT (*large shop*) Geschäft *nt* ❸ (*warehouse*) Lager *nt;* **grain** ~ Getreidespeicher *m* II. *vt* ❶ *information, electricity* [auf]speichern; *supplies* lagern ❷ COMPUT [ab]speichern

store card *n* Kunden[kredit]karte *f*

storehouse *n* AM (*warehouse*) Kaufhaus *nt,* Warenhaus *nt*

storey ['stɔːri] *n* Stockwerk *nt*, Stock *m*, Etage *f*; **a three-~[ed] house** ein dreistöckiges Haus

-storied ['stɔːrid] *adj* AM -stöckig

stork [stɔːk] *n* Storch *m*

storm [stɔːm] **I.** *n* ❶ (*strong wind*) Sturm *m*; (*with thunder*) Gewitter *nt* ❷ MIL (*a. fig*) Sturm *m* **II.** *vi* (*move fast*) stürmen, jagen; ▪**to ~ off** davonstürmen **III.** *vt* stürmen

storm cloud *n* Gewitterwolke *f*; (*fig liter*) dunkle Wolken *pl*

Stormont ['stɔːmɒnt] *n* Stormont Castle in Belfast, Sitz des nordirischen Parlaments, auch benutzt zur Bezeichnung der nordirischen Regierung

stormy ['stɔːmi] *adj* stürmisch

story[1] ['stɔːri] *n* ❶ (*tale*) Geschichte *f*; (*narrative*) Erzählung *f*; (*plot*) Handlung *f* ❷ (*rumour*) Gerücht *nt*; **the ~ goes that ...** man erzählt sich, dass ... ❸ (*version*) Fassung *f*; **sb's side of the ~** jds Version der Geschichte ❹ (*news report*) Beitrag *m*; (*in newspaper*) Artikel *m*

story[2] *n* AM *see* **storey**

stout[1] [staʊt] *n* Stout *m* (*dunkles Bier*)

stout[2] [staʊt] *adj* ❶ (*corpulent*) beleibt, korpulent *geh* ❷ (*thick and strong*) kräftig, stabil

stoutly ['staʊtli] *adv* ❶ (*of person*) **~ built** stämmig gebaut ❷ (*strong*) stabil; **~ made boots** feste Stiefel

stove [stəʊv] *n* ❶ (*heater*) Ofen *m* ❷ *esp* AM, AUS (*for cooking*) Herd *m*

stowaway ['stəʊəˌweɪ] *n* blinder Passagier/blinde Passagierin

straggle ['stræɡl] *vi* ❶ (*move as a disorganized group*) umherstreifen ❷ *hair, beard* zottelig herunterhängen

straggler ['stræɡlə^r] *n* Nachzügler(in) *m(f)*

straight [streɪt] **I.** *n* ❶ (*race track*) Gerade *f*; **in the home ~** in der Zielgeraden ❷ CARDS Sequenz *f* **II.** *adj* ❶ (*without curve*) gerade; *hair* glatt; **the picture isn't ~** das Bild hängt schief ❷ (*frank*) *advice, denial* offen, freimütig ❸ (*heterosexual*) heterosexuell, hetero *fam* ❹ (*clear, uncomplicated*) **~ answer** eindeutige Antwort; (*in exams*) **~ A's** glatte Einser ❺ (*fam: serious*) ernst[haft]; **to keep a ~ face** ernst bleiben ❻ *pred* (*fam: quits*) **to be ~** quitt sein **III.** *adv* ❶ (*in a line*) gerade[aus]; **go ~ along this road** folgen Sie immer dieser Straße; **he drove ~ into the tree** er fuhr frontal gegen den Baum ❷ (*directly*) direkt *fam*

straightaway [ˌstreɪtə'weɪ] *adv esp* BRIT sofort, auf der Stelle

straighten ['streɪt^ən] **I.** *vt* ❶ (*make straight, level*) gerade machen; **to ~ one's hair** sein Haar glätten ❷ (*arrange in place*) richten; **to ~ one's tie** seine Krawatte zurechtrücken **II.** *vi person* sich aufrichten; *road, river* gerade werden ◆**straighten out I.** *vt* ❶ (*make straight*) gerade machen; **to ~ out one's clothes** seine Kleider glatt streichen ❷ (*put right*) in Ordnung bringen; (*clarify*) klarstellen; **to ~ out a misunderstanding** ein Missverständnis aus der Welt schaffen **II.** *vi* gerade werden ◆**straighten up I.** *vi* ❶ (*stand upright*) sich aufrichten ❷ (*move straight*) *vehicle, ship* [wieder] geradeaus fahren; *aircraft* [wieder] geradeaus fliegen **II.** *vt* ▪**to ~ up ⟳ sth** ❶ (*make level*) etw gerade machen ❷ (*tidy up*) etw aufräumen

straightforward [streɪt'fɔːwəd] *adj* ❶ (*direct*) direkt ❷ (*honest*) *answer, person* ehrlich ❸ (*easy*) einfach, leicht

straight-out *adj esp* AM (*fam*) offen, unverblümt

strain[1] [streɪn] *n of virus* Art *f*

strain[2] [streɪn] **I.** *n usu sing* ❶ *no pl* (*physical/emotional pressure*) Druck *m*; **to put a ~ on sth** einen Druck auf etw *akk* ausüben ❷ (*pulled tendon, muscle*) Zerrung *f* **II.** *vi* ❶ (*pull*) ziehen; **the dog is ~ing on the leash** der Hund zerrt an der Leine ❷ (*try hard*) sich anstrengen **III.** *vt* ▪**to ~ sth** ❶ (*pull*) an etw *dat* ziehen; MED, SPORTS etw zerren ❷ (*overexert*) etw [stark] beanspruchen; **to ~ one's eyes** die Augen überanstrengen

strained [streɪnd] *adj* ❶ (*forced*) bemüht, angestrengt; **a ~ smile** ein gequältes Lächeln ❷ (*tense*) *relations* belastet, angespannt ❸ (*stressed*) abgespannt

strait [streɪt] *n* GEOG Meerenge *f*

strand[1] [strænd] **I.** *vt* **to ~ a boat** ein Boot auf Grund setzen **II.** *vi whale* stranden

strand[2] [strænd] *n* (*single thread*) Faden *m*; *of rope* Strang *m*; *of hair* Strähne *f*

stranded ['strændɪd] *adj* (*beached*) gestrandet; ▪**to be ~** ❶ (*fig*) festsitzen; (*without money*) auf dem Trockenen sitzen *hum*

strange [streɪndʒ] *adj* ❶ (*peculiar, odd*) sonderbar, merkwürdig; (*unusual*) ungewöhnlich ❷ (*exceptional*) erstaunlich, bemerkenswert; **a ~ twist of fate** eine besondere Laune des Schicksals ❸ (*not known*) fremd, unbekannt

strangely ['streɪndʒli] *adv* ❶ (*oddly*) merkwürdig, sonderbar ❷ (*unexpectedly*) **she was ~ calm** sie war auffällig still; **~ enough** seltsamerweise

stranger ['streɪndʒəʳ] *n* Fremde(r) *f(m)*; **she is a ~ to me** ich kenne sie nicht; **hello, ~!** (*fam*) hallo, lange nicht gesehen!

strangle ['stræŋgl] *vt* ❶ (*murder*) ■ **to ~ sb** jdn erdrosseln ❷ (*fig: suppress*) ■ **to ~ sth** etw unterdrücken

strap [stræp] **I.** *n* (*for fastening*) Riemen *m*; (*for safety*) Gurt *m*; (*for clothes*) Träger *m*; **watch ~** Uhrarmband *nt* **II.** *vt* <-pp-> ❶ (*fasten*) befestigen ❷ (*bandage*) bandagieren

strapless ['stræpləs] *adj* trägerlos

strapping ['stræpɪŋ] **I.** *n* (*bandage*) Bandage *f* **II.** *adj* (*hum fam*) kräftig, stämmig; **~ girl** dralles Mädchen; **~ lad** strammer Bursche

strategy ['strætədʒi] *n* Strategie *f*

stratified ['strætɪfaɪd] *adj* geschichtet, in Schichten aufgeteilt

straw [strɔː] *n* ❶ *no pl* (*crop, fodder*) Stroh *nt* ❷ (*for drinking*) Strohhalm *m* ▶ **to be the final ~** das Fass zum Überlaufen bringen; **to draw the short ~** den Kürzeren ziehen

strawberry ['strɔːbəri] *n* Erdbeere *f*

stray [streɪ] **I.** *vi* ❶ (*wander*) streunen; (*go astray*) sich verirren; **to ~ off course** vom Kurs abkommen ❷ (*fig: digress*) abweichen; *orator, thoughts* abschweifen **II.** *n* (*animal*) streunendes [Haus]tier **III.** *adj attr* ❶ *animal* streunend, herrenlos ❷ (*isolated*) vereinzelt; (*occasional*) gelegentlich; **a ~ lock of hair** eine widerspenstige Locke

streak [striːk] **I.** *n* ❶ (*line*) Streifen *m*; (*mark of colour*) Spur *f*; (*on window*) Schliere *f* ❷ (*strip*) Strahl *m* ❸ (*character tendency*) [Charakter]zug *m*, Ader *f* **II.** *vt usu passive* ■ **to be ~ed** gestreift sein **III.** *vi* ❶ (*move very fast*) flitzen *fam;* **to ~ across the street** über die Straße fegen ❷ (*fam: run naked in public*) flitzen

streaker ['striːkəʳ] *n* (*fam*) Flitzer(in) *m(f)*

streaky ['striːki] *adj* streifig; *pattern* gestreift; **~ bacon** durchwachsener Speck

stream [striːm] **I.** *n* ❶ (*small river*) Bach *m*, Flüsschen *nt* ❷ (*flow*) of liquid Strahl *m*; of people Strom *m* ❸ (*continuous series*) Flut *f*; **a ~ of abuse** eine Schimpfkanonade ❹ (*current*) Strömung *f a. fig*; **the Gulf S~** der Golfstrom **II.** *vi* ❶ (*flow*) *blood, tears* strömen; *water* fließen, rinnen ❷ (*move in numbers*) strömen

streamer ['striːməʳ] *n* (*decoration*) of ribbon Band *nt*; of paper Luftschlange *f*

streamline ['striːmlaɪn] *vt* ■ **to ~ sth** ❶ (*shape aerodynamically*) etw stromlinienförmig [aus]formen ❷ (*fig: improve efficiency*) etw rationalisieren

streamlined ['striːmlaɪnd] *adj* ❶ (*aerodynamic*) stromlinienförmig ❷ (*efficient*) rationalisiert

street [striːt] *n* Straße *f*; ■ **in the ~** auf der Straße; **I live in** [*or* AM **on**] **King S~** ich wohne in der King Street; **main/side ~** Haupt-/Seitenstraße *f*; **to cross the ~** die Straße überqueren

streetcar *n* AM (*tram*) Straßenbahn *f* **street cred**(**ibility**) *n no pl* In-Sein *nt sl*; **that jacket won't do much for your ~** mit diesem Jackett bist du einfach nicht in **street light** *n* Straßenlicht *nt*

streetwise *adj* gewieft, raffiniert, ausgekocht

strength [streŋ(k)θ] *n* ❶ *no pl* (*power*) Kraft *f*, Stärke *f*; **brute ~** schiere Muskelkraft ❷ *no pl* (*health and vitality*) Robustheit *f*; **to gain ~** wieder zu Kräften kommen ❸ (*potency*) of tea Stärke *f*; of a drug Konzentration *f*; of medicine Wirksamkeit *f* ❹ (*attribute*) of a person Stärke *f* ❺ (*intensity*) Intensität *f*; of a colour Leuchtkraft *f*; of belief Stärke *f*

strengthen ['streŋ(k)θən] **I.** *vt* ❶ (*make stronger*) kräftigen, stärken; (*fortify*) verstärken ❷ (*support*) ■ **to ~ sb** jdn bestärken; ■ **to ~ sth** etw untermauern **II.** *vi* ❶ (*become stronger*) stärker werden; *muscles* kräftiger werden; *wind* auffrischen ❷ FIN, STOCKEX (*increase in value*) an Wert gewinnen; *currency* zulegen

strenuous ['strenjʊəs] *adj* ❶ (*exhausting*) anstrengend ❷ (*energetic*) energisch, heftig; **despite ~ efforts** trotz aller Bemühungen

stress [stres] **I.** *n* <*pl* -es> ❶ (*mental strain*) Stress *m*, Belastung *f* ❷ *no pl* (*emphasis*) Bedeutung *f* ❸ LING (*pronunciation*) Betonung *f* **II.** *vt* ❶ (*emphasize*) betonen; **I'd just like to ~ that ...** ich möchte lediglich darauf hinweisen, dass ... ❷ (*strain*) belasten; ■ **to ~ sb** jdn stressen ◆ **stress out** *vt* (*fam*) ■ **to be**

stressed–string

~ **ed out** völlig gestresst sein
stressed [strest] *adj* (*under mental pressure*) gestresst
stressful ['stresfʊl] *adj* stressig *fam,* anstrengend; ~ **situation** Stresssituation *f*
stretch [stretʃ] I. *n* <*pl* -es> ❶ *no pl* (*elasticity*) Dehnbarkeit *f*; *of fabric* Elastizität *f* ❷ (*muscle extension*) Dehnungsübungen *pl*, Strecken *nt kein pl*; **to have a** ~ sich [recken und] strecken ❸ (*an extended area*) Stück *nt;* ~ **of coast** Küstenabschnitt *m;* ~ **of railway** Bahnstrecke *f* ❹ SPORTS **the home** ~ die Zielgerade ❺ (*period of time*) Zeitspanne *f* II. *adj attr* Stretch- III. *vi* ❶ *rubber, elastic* sich dehnen; *clothes* weiter werden ❷ (*extend the muscles*) Dehnungsübungen machen ❸ (*cover an area*) sich erstrecken IV. *vt* ❶ (*extend*) [aus]dehnen, strecken; (*extend by pulling*) dehnen; **to** ~ **one's legs** sich *dat* die Beine vertreten ❷ (*demand a lot of*) ■**to** ~ **sb/sth** jdn/etw fordern; **to** ~ **sb's budget** jds Budget *nt* strapazieren ❸ SPORTS (*to improve*) **to** ~ **one's lead** seinen Vorsprung ausbauen ❹ (*go beyond*) ■**to** ~ **sth** über etw *akk* hinausgehen
stretcher ['stretʃə'] I. *n* MED Tragbahre *f* II. *vt* ■**to** ~ **sb** [**off**] jdn auf einer Tragbahre [weg]tragen
strict [strɪkt] *adj* ❶ (*severe*) streng; *boss* strikt; *penalty* hart ❷ (*demanding compliance*) streng, genau; ~ **time limit** festgesetzte Frist; ~ **neutrality** strikte Neutralität ❸ (*absolute*) streng; **in the** ~**est confidence** streng vertraulich ❹ (*unswerving*) streng; ~ **Catholics** strenggläubige Katholiken
strictly ['strɪktli] *adv* ❶ (*demanding compliance*) streng; ~ **forbidden** streng verboten ❷ (*precisely*) ~ **defined** genau definiert; ~ **speaking** genau genommen ❸ (*absolutely*) streng; ~ **confidential** streng vertraulich
stride [straɪd] I. *vi* <strode, stridden> **to** ~ **purposefully up to sth** zielstrebig auf etw *akk* zugehen; ■**to** ~ **across sth** über etw *akk* hinwegschreiten II. *n* (*step*) Schritt *m;* **to take sth in** [BRIT **one's**] ~ (*fig*) mit etw *dat* gut fertigwerden
strike¹ [straɪk] I. *n* ❶ (*of labour*) Streik *m*, Ausstand *m;* **to call a** ~ einen Streik ausrufen ❷ (*occurrence*) **one-~-and-you're-out policy** Politik *f* des harten Durchgreifens

438

II. *vi* streiken, in den Ausstand treten *form*
strike² [straɪk] I. *n* ❶ MIL Angriff *m* ❷ (*discovery*) Fund *m* II. *vt* <struck, struck *or old,* Am *a.* stricken> ❶ (*beat*) schlagen; ■**to** ~ **sth** (*bang against*) gegen etw *akk* schlagen; (*bump against*) gegen etw *akk* stoßen ❷ (*send by hitting*) *a ball* schlagen; FBALL schießen ❸ (*impress*) ■**to be struck by sth** von etw *dat* beeindruckt sein ❹ (*give an impression*) ■**to** ~ **sb as ...** jdm ... scheinen ❺ (*occur to*) **has it ever struck you that ...?** ist dir je der Gedanke gekommen dass ...?; **it's just struck me that ...** mir ist gerade eingefallen, dass ... ❻ (*achieve*) **to** ~ **a balance** einen Mittelweg finden ❼ (*discover*) **to** ~ **gold** auf Gold stoßen ❽ (*play*) **to** ~ **a chord/note** einen Akkord/Ton anschlagen III. *vi* <struck, struck *or old,* Am *a.* stricken> ❶ (*reach aim, have impact*) treffen; *lightning* einschlagen; **to** ~ **home** ins Schwarze treffen ❷ (*cause suffering*) *illness, disaster* ausbrechen; *fate* zuschlagen ❸ (*find*) ■**to** ~ **on/upon sth** etw finden; **she has just struck upon an idea** ihr ist gerade eine Idee gekommen ❹ (*clock*) schlagen
♦ **strike back** *vi* (*a. fig*) zurückschlagen
♦ **strike down** *vt* ❶ (*knock down*) ■**to** ~ **down** ⟳ **sb** jdn niederschlagen ❷ *usu passive* (*become ill*) ■**to be struck down with sth** [schwer] an etw *dat* erkranken ♦ **strike off** *vt usu passive* BRIT, AUS ■**to** ~ **sb off for sth** jdm wegen einer S. *gen* die Zulassung entziehen ♦ **strike out** *vi* ❶ (*hit out*) zuschlagen; ■**to** ~ **out at sb** nach jdm schlagen; (*fig*) jdn scharf angreifen ❷ (*start afresh*) neu beginnen; **to** ~ **out on one's own** eigene Wege gehen ♦ **strike through** *vt* ■**to** ~ **sth through** etw [durch]streichen ♦ **strike up** I. *vt* ❶ (*initiate*) anfangen; **to** ~ **up a conversation** ein Gespräch anfangen ❷ (*start playing*) **to** ~ **up a song** ein Lied anstimmen II. *vi* beginnen, anfangen
strike ballot *n* Streikabstimmung *f*
striker ['straɪkə'] *n* ❶ (*in football*) Stürmer(in) *m(f)* ❷ (*worker*) Streikende(r) *f(m)*
striking ['straɪkɪŋ] *adj* (*unusual*) bemerkenswert, auffallend; *differences* erheblich; *personality* beeindruckend; *result* erstaunlich
string [strɪŋ] *n* ❶ *no pl* (*twine*) Schnur *f*, Kordel *f*; **ball of** ~ Knäuel *m o nt* ❷ *pl* (*fig: controls*) **with** ~**s attached** mit Bedingungen verknüpft ❸ *usu pl* (*of a puppet*)

Fäden *pl* ❹ (*in music*) Saite *f*; **to pluck a ~** eine Saite zupfen ❺ (*in an orchestra*) ■ **the ~s** *pl* (*instruments*) die Streichinstrumente *pl* ❻ COMPUT Zeichenfolge *f*; **search ~** Suchbegriff *m* ◆ **string along** *vt* (*fam*) ■ **to ~ sb ◯ along** ❶ (*deceive*) jdn täuschen, jdn übers Ohr hauen *fam* ❷ (*delay*) jdn hinhalten ◆ **string out** I. *vi* sich verteilen II. *vt* ■ **to ~ sth ◯ out** etw verstreuen; (*prolong*) etw ausdehnen ◆ **string up** *vt* ❶ (*hang*) ■ **to ~ up ◯ sth** etw aufhängen ❷ ■ **to ~ up ◯ sb** (*fam: execute*) jdn [auf]hängen

string band *n* kleines Streichorchester

string-pulling *n* Strippenziehen *nt*; **she did some ~ to get the job** sie hat ihre Beziehungen spielen lassen, um die Stelle zu bekommen

strip [strɪp] I. *n* ❶ (*narrow piece*) Streifen *m*; **narrow ~ of land** schmales Stück Land; **thin ~** schmaler Streifen ❷ BRIT, AUS SPORTS (*team kit*) Trikot *nt* ❸ (*undressing*) Strip[tease] *m* II. *vt* <-pp-> ❶ (*lay bare*) *house, cupboard* leer räumen, ausräumen; **~ped pine** abgebeizte Kiefer; **to ~ sth bare** etw kahl fressen ❷ (*dismantle*) ■ **to ~ sth** etw auseinandernehmen ❸ *usu passive* (*remove*) ■ **to ~ sb of sth** jdn einer S. *gen* berauben III. *vi* <-pp-> AM, AUS sich ausziehen; **~ped to the waist** mit nacktem Oberkörper

stripe [straɪp] *n* ❶ (*band*) Streifen *m* ❷ MIL (*chevron*) [Ärmel]streifen *m*

striped [straɪpt] *adj* gestreift, Streifen-

stripper ['strɪpə'] *n* ❶ (*person*) Stripper(in) *m(f)* ❷ *no pl* (*solvent*) Farbentferner *m*; (*for wallpaper*) Tapetenlöser *m*

strive <strove *or* -d, striven *or* -d> [straɪv] *vi* sich bemühen; ■ **to ~ after sth** nach etw *dat* streben, etw anstreben

strode [strəʊd] *pt of* **stride**

stroke [strəʊk] I. *vt* ❶ (*rub*) streicheln; **to ~ one's hair into place** sich das Haar glatt streichen ❷ (*hit*) **to ~ the ball** den Ball [leicht] streifen II. *n* ❶ (*rub*) Streicheln *nt kein pl* ❷ MED Schlaganfall *m* ❸ (*mark*) Strich *m* ❹ (*form: blow*) Schlag *m*, Hieb *m* ❺ *no pl* (*swimming style*) **breast ~** Brustschwimmen *nt* ❻ (*piece*) **a ~ of luck** ein Glücksfall *m*; **a ~ of bad luck** Pech *nt*

stroll [strəʊl] I. *n* Spaziergang *m*; **to go for a ~** spazieren gehen II. *vi* (*amble*) schlendern, bummeln

strong [strɒŋ] I. *adj* ❶ (*physically powerful*) kräftig, stark; **to be as ~ as an ox** bärenstark sein ❷ (*powerful*) stark; *economy* gesund; *reaction* heftig; *resistance* erbittert ❸ (*deep-seated*) überzeugt; *conviction* fest; **to have ~ views on sth** eine Meinung über etw *akk* energisch vertreten ❹ (*effective*) gut, stark; **tact is not her ~ point** Takt ist nicht gerade ihre Stärke ❺ (*very likely*) groß, hoch; **~ likelihood** hohe Wahrscheinlichkeit ❻ (*pungent*) streng; *flavour* kräftig; *smell* beißend II. *adv* (*fam*) **to come on ~** (*sexually*) rangehen *fam*; (*aggressively*) in Fahrt kommen *fam*; **still going ~** noch gut in Form

strongly ['strɒŋli] *adv* ❶ (*powerfully*) stark; **to ~ criticize sb** jdn heftig kritisieren; **to ~ deny sth** etw energisch bestreiten; **to be ~ opposed to sth** entschieden gegen etw *akk* sein; **to ~ recommend sth** etw dringend empfehlen ❷ (*pungently*) stark; **to smell ~ of sth** stark nach etw *dat* riechen

strong-minded *adj* willensstark, entschlossen

stroppy ['strɒpi] *adj* BRIT, AUS (*fam*) muffig *fam*, gereizt; **to get ~** pampig werden *fam*

strove [strəʊv] *pt of* **strive**

struck [strʌk] *pt, pp of* **strike**

structure ['strʌktʃə'] I. *n* ❶ (*arrangement*) Struktur *f*, Aufbau *m* ❷ (*system*) Struktur *f* II. *vt* strukturieren; (*construct*) konstruieren

struggle ['strʌgl] I. *n* ❶ (*great effort*) Kampf *m* (**for** um); **uphill ~** mühselige Aufgabe, harter Kampf; **without a ~** kampflos ❷ (*fight*) Kampf *m* (**against** gegen) II. *vi* ❶ (*toil*) sich abmühen; ■ **to ~ with sth** sich mit etw *dat* herumschlagen ❷ (*fight*) kämpfen, ringen; **to ~ for survival** ums Überleben kämpfen

strung [strʌŋ] *pt, pp of* **string**

stub [stʌb] I. *n* (*of a ticket, cheque*) Abriss *m*; (*of a cigarette*) [Zigaretten]stummel *m*; *of a pencil* Stummel *m* II. *vt* <-bb-> **to ~ one's toes** sich die Zehen anstoßen

stubborn ['stʌbən] *adj* ❶ (*obstinate*) *of a person* stur *fam* ❷ (*persistent*) hartnäckig; *problem* vertrackt

stuck [stʌk] I. *pt, pp of* **stick** II. *adj* ❶ (*unmovable*) fest; **the door is ~** die Tür klemmt ❷ *pred* (*trapped*) ■ **to be ~ in sth** in etw *dat* feststecken; ■ **to be ~ with sb** jdn am Hals haben ❸ *pred* (*at a loss*) ■ **to be ~** nicht klarkommen *fam*; **I'm really ~** ich komme einfach nicht weiter

stuck-up *adj* (*pej fam*) hochnäsig *fam*, eingebildet

stud¹ [stʌd] *n* ❶ (*horse*) Zuchthengst *m* ❷ (*breeding farm*) Gestüt *nt*

stud² [stʌd] *n* ❶ (*jewellery*) Stecker *m* ❷ TECH Stift *m* ❸ AM (*in a tire*) Spike *m*

student ['stjuːdᵊnt] *n* ❶ (*at university*) Student(in) *m(f)*; (*pupil*) Schüler(in) *m(f)*; **postgraduate ~** Habilitand(in) *m(f)* ❷ (*unofficial learner*) **to be a ~ of sth** sich mit etw *dat* befassen

studied ['stʌdid] *adj* wohl überlegt, [gut] durchdacht; *elegance* kunstvoll; *insult* gezielt

studio ['stjuːdiəʊ] *n* ❶ (*artist's room*) Atelier *nt* ❷ (*photography firm*) Studio *nt* ❸ (*film company*) Filmgesellschaft *f* ❹ (*recording area*) Studio *nt*

studio apartment *n esp* AM Appartement *nt*

studious ['stjuːdiəs] *adj* lernbegierig, lerneifrig

study ['stʌdi] **I.** *vt* <-ie-> ❶ (*scrutinize*) ■ **to ~ sth/sb** etw/jdn studieren, sich mit etw/jdm befassen ❷ (*learn*) studieren; (*at school*) lernen **II.** *vi* <-ie-> lernen; (*at university*) studieren **III.** *n* ❶ (*investigation*) Untersuchung *f*; (*academic investigation*) Studie *f* ❷ *no pl* (*studying*) Lernen *nt*; (*at university*) Studieren *nt* ❸ (*room*) Arbeitszimmer *nt*

stuff [stʌf] **I.** *n no pl* ❶ (*fam: indeterminate matter*) Zeug *nt oft pej fam*; **his latest book is good ~** sein neues Buch ist echt gut; **that's the ~!** BRIT (*fam*) so ist's richtig!; **to know one's ~** sich auskennen ❷ (*possessions*) Sachen *pl*, Zeug *nt oft pej fam* **II.** *vt* ❶ (*fam: gorge*) ■ **to ~ sb/oneself** jdn/sich vollstopfen; ❍ **to ~ down** ❍ **sth** etw in sich hineinstopfen *pej*; **to ~ one's face** sich *dat* den Bauch vollschlagen *fam* ❷ (*vulg: strong disapproval*) **~ it!** Scheiß drauf! *derb*; *esp* BRIT, AUS **~ him!** der kann mich mal! *derb* ❸ (*push inside*) stopfen ❹ (*in taxidermy*) **to ~ animals** Tiere ausstopfen

stuffing ['stʌfɪŋ] *n no pl* Füllung *f*

stuffy ['stʌfi] *adj* (*pej*) ❶ (*prim*) spießig ❷ (*airless*) stickig, miefig, muffig

stumble ['stʌmbl] *vi* ❶ (*trip*) stolpern, straucheln; ■ **to ~ on sth** über etw *akk* stolpern ❷ (*fig*) **to ~ from one mistake to another** vom einen Fehler zum nächsten stolpern ❸ (*stagger*) ■ **to ~ about** herumtappen ❹ (*find*) ■ **to ~ across sb/sth** [zufällig] auf jdn/etw stoßen

stumbling block *n* Stolperstein *m*, Hindernis *nt*; ■ **to be a ~ to sth** ein Hindernis für etw *akk* sein

stump [stʌmp] **I.** *n* ❶ (*part left*) *of a tree* Stumpf *m*; *of an arm* Armstumpf *m* ❷ AM POL **out on the ~** im Wahlkampf **II.** *vt* ❶ (*usu fam: baffle*) ■ **to ~ sb** jdn verwirren ❷ *esp* AM POL **to ~ the country/a state** Wahlkampfreisen durch das Land/einen Staat machen

stun <-nn-> [stʌn] *vt* ❶ (*shock*) betäuben; (*amaze*) verblüffen; **~ned silence** fassungsloses Schweigen ❷ (*make unconscious*) ■ **to ~ sb/an animal** jdn/ein Tier betäuben

stung [stʌŋ] *pp, pt of* **sting**

stunk [stʌŋk] *pt, pp of* **stink**

stunned [stʌnd] *adj* fassungslos, sprachlos, geschockt

stunning ['stʌnɪŋ] *adj* ❶ (*approv: gorgeous*) toll *fam*, fantastisch, umwerfend ❷ (*amazing*) unfassbar

stunt flying *n no pl* Kunstflug *m*

stupendous [stjuːˈpendəs] *adj* (*immense*) gewaltig, enorm; (*amazing*) erstaunlich

stupid ['stjuːpɪd] **I.** *adj* <-er, -est *or* more stupid, most stupid> ❶ (*slow-witted*) dumm, blöd *fam*, einfältig; **don't be ~!** sei doch nicht blöd! *fam* ❷ (*silly*) blöd *fam*; **have your ~ book!** behalte doch dein blödes Buch! *fam* **II.** *n* (*fam*) Blödmann *m*, Dummkopf *m*

stupidity [stjuːˈpɪdəti] *n no pl* Dummheit *f*, Blödheit *f fam*, Einfältigkeit *f*

sturdy ['stɜːdi] *adj* (*robust*) *box, chair, wall* stabil; **~ shoes** festes Schuhwerk

stutter ['stʌtəʳ] **I.** *vi, vt* stottern **II.** *n* Stottern *nt kein pl*; **to have a bad ~** stark stottern

sty [staɪ] *n* ❶ (*pig pen*) Schweinestall *m* ❷ MED (*in eye*) Gerstenkorn *nt*

style [staɪl] **I.** *n* ❶ (*distinctive manner*) Stil *m*, Art *f*; **in the ~ of sb/sth** im Stil von jdm/etw; **in the Gothic ~** ARCHIT, ART im gotischen Stil ❷ (*approv: stylishness*) Stil *m*; **to have real ~** Klasse haben; **to travel in ~** mit allem Komfort [ver]reisen ❸ (*fashion*) Stil *m*; **the latest ~** die neueste Mode **II.** *vt* (*arrange*) *plan, design* entwerfen; **to ~ hair** die Haare frisieren

style sheet *n* COMPUT Stylesheet *nt*

styling *adj attr* Styling-; **~ aids** Stylingprodukte *pl*

stylish ['staɪlɪʃ] *adj* (*approv*) ❶ (*chic*) elegant; (*smart*) flott *fam* ❷ (*polished*) stilvoll

stylist ['staɪlɪst] *n* **hair** ~ Friseur(in) *m(f)*, Friseuse *f*

Styrofoam® ['staɪərəfoʊm] *n no pl* AM (*polystyrene*) Styropor® *nt*

sub I. *n* ❶ (*fam*) *short for* **substitute** Vertretung *f* ❷ (*fam*) *short for* **submarine** U-Boot *nt* ❸ AM (*fam*) *short for* **submarine sandwich** Jumbo-Sandwich *nt* **II.** *vi* <-bb-> *short for* **substitute**: ■ **to** ~ **for sb** für jdn einspringen, jdn vertreten

subconscious [sʌb'kɒn(t)ʃəs] **I.** *n no pl* Unterbewusstsein *nt*, [das] Unterbewusste **II.** *adj attr* unterbewusst

subdivide [ˌsʌbdɪ'vaɪd] *vt* unterteilen (**into** in); **to** ~ **sth among several people** etw nochmals unter mehreren Personen aufteilen

subdue [sʌb'djuː] *vt* (*get under control*) unter Kontrolle bringen; (*bring into subjection*) *rebels* unterwerfen; (*suppress*) unterdrücken

subhuman [sʌb'hjuːmən] *adj* unmenschlich, menschenunwürdig

subject I. *n* ['sʌbdʒɪkt, -dʒekt] ❶ (*theme, topic*) Thema *nt*; **to wander off the** ~ vom Thema abschweifen ❷ (*person*) Versuchsperson *f* ❸ (*field*) Fach *nt*; (*at school*) [Schul]fach *nt* ❹ LING Subjekt *nt*, Satzgegenstand *m* **II.** *adj* ['sʌbdʒɪkt] ❶ *attr* POL (*dominated*) *people* unterworfen ❷ *pred* (*exposed to*) ■ **to be** ~ **to sth** etw *dat* ausgesetzt sein; **to be** ~ **to depression** zu Depressionen neigen ❸ (*contingent on*) ■ **to be** ~ **to sth** von etw *dat* abhängig sein; ~ **to payment** vorbehaltlich einer *gen* Zahlung **III.** *adv* ['sʌbdʒɪkt] ■ ~ **to** wenn; ~ **to your consent** vorbehaltlich Ihrer *gen* Zustimmung **IV.** *vt* [səb'dʒekt] (*cause to undergo*) ■ **to** ~ **sb to sth** jdn etw *dat* aussetzen; ■ **to be** ~**ed to sth** etw ausgesetzt sein

subject index *n* Sachregister *nt*

subjective [səb'dʒektɪv] *adj* subjektiv

subject matter *n* Thema *nt*; *of a meeting* Gegenstand *m*

subjunctive [səb'dʒʌŋ(k)tɪv] **I.** *n no pl* LING Konjunktiv *m* **II.** *adj* LING konjunktivisch, Konjunktiv-

sublet [sʌb'let] **I.** *vt* <-tt-, sublet, sublet> untervermieten **II.** *n* untervermietetes Objekt

submarine [ˌsʌbməˈriːn] **I.** *n* ❶ (*boat*) U-Boot *nt*, Unterseeboot *nt* ❷ AM (*doorstep sandwich*) Jumbo-Sandwich *nt* **II.** *adj* Unterwasser-, submarin *fachspr*

submerge [səb'mɜːdʒ] **I.** *vt* ❶ (*place under water*) tauchen (**in** in) ❷ (*immerse*) ■ **to** ~ **oneself in sth** sich in etw *akk* vertiefen **II.** *vi* abtauchen, untertauchen

submerged [səb'mɜːdʒd] *adj* ❶ (*under water*) unter Wasser *nach n*; (*sunken*) versunken ❷ (*hidden*) versteckt

submission [səb'mɪʃən] *n no pl* ❶ (*compliance*) Unterwerfung *f*; *to orders, wishes* Gehorsam *m* ❷ *no pl* (*handing in*) Einreichung *f*, Abgabe *f*

submissive [səb'mɪsɪv] *adj* (*subservient*) unterwürfig *pej*; (*humble*) demütig

submit <-tt-> [səb'mɪt] **I.** *vt* ❶ (*yield*) ■ **to** ~ **oneself to sth/sb** sich etw/jdm unterwerfen ❷ (*agree to undergo*) **to** ~ **oneself to a treatment** sich einer Behandlung unterziehen ❸ (*hand in*) einreichen **II.** *vi* (*resign*) aufgeben; (*yield*) nachgeben; **to** ~ **to sb's will** jds Willen nachgeben

subordinate I. *n* [sə'bɔːdənət] Untergebene(r) *f(m)* **II.** *vt* [sə'bɔːdɪneɪt] unterordnen; ■ **to be** ~**d to sb** jdm/etw untergeordnet sein **III.** *adj* [sə'bɔːdənət] ❶ (*secondary*) zweitrangig, nebensächlich ❷ (*lower in rank*) untergeordnet, rangniedriger

sub-post office [ˌsʌb'pəʊstˌɒfɪs] *n* BRIT Poststelle *f*

subscribe [səb'skraɪb] **I.** *vt* ❶ PUBL (*arrange to offer*) subskribieren *fachspr* ❷ (*form: sign*) unterzeichnen **II.** *vi* ❶ (*pay regularly for*) **to** ~ **to sth** *newspaper, magazine* etw abonnieren ❷ (*donate*) spenden; **to** ~ **to an appeal** sich an einer Spendenaktion beteiligen ❸ STOCKEX (*offer to purchase*) **to** ~ **for shares** Aktien *pl* zeichnen ❹ (*agree with*) **to** ~ **to sth** etw beipflichten

subscriber [səb'skraɪbəʳ] *n* ❶ (*regular payer*) *newspaper, magazine* Abonnent(in) *m(f)* ❷ (*form: signatory*) Unterzeichnete(r) *f(m)* ❸ (*to a fund*) Spender(in) *m(f)* ❹ (*to an opinion*) Befürworter(in) *m(f)* (**to** +*gen*)

subscription [səb'skrɪpʃən] *n* ❶ *to a newspaper, magazine* Abonnementgebühr *f*; **to cancel/renew a** ~ ein Abonnement kündigen/verlängern; **to take out a** ~ **to sth** etw abonnieren ❷ (*membership fee*) [Mitglieds]beitrag *m*

subsequent ['sʌbsɪkwənt] *adj* (*resulting*)

[nach]folgend, anschließend; ~ **to sth** im Anschluss an etw *akk*

subsequently ['sʌbsɪkwəntli] *adv* (*later*) später, anschließend, danach

subside [səb'saɪd] *vi* ❶ (*abate*) nachlassen, sich legen, abklingen ❷ (*into sth soft or liquid*) absinken, einsinken, sich senken

subsidiary [səb'sɪdiəri] **I.** *adj* untergeordnet, Neben-, subsidiär *fachspr*; ~ **reasons** zweitrangige Gründe **II.** *n* ECON Tochtergesellschaft *f*

subsidize ['sʌbsɪdaɪz] *vt* subventionieren [*o* finanziell unterstützen]

subsidy ['sʌbsɪdi] *n* Subvention *f* (**to** für); **to receive a** ~ subventioniert werden

subsist [səb'sɪst] *vi* ❶ (*exist*) existieren ❷ (*make a living*) leben; ■ **to** ~ **on sth** von etw *dat* leben

substance ['sʌbstən(t)s] *n* ❶ (*material element*) Substanz *f*, Stoff *m*; (*material*) Materie *f kein pl*; **chemical** ~ Chemikalie *f*; **illegal** ~ (*form*) Droge *f* ❷ *no pl* (*essence*) Substanz *f* ❸ (*decisive significance*) Gewicht *nt*; **the book lacks** ~ das Buch hat keine Substanz

substandard [sʌb'stændəd] *adj* unterdurchschnittlich, minderwertig

substantial [səb'stæn(t)ʃəl] *adj attr* ❶ (*significant*) bedeutend; *contribution* wesentlich; *difference* erheblich; ~ **evidence** hinreichender Beweis ❷ (*weighty*) überzeugend, stichhaltig ❸ *amount* beträchtlich; *fortune* bedeutend

substantially [səb'stæn(t)ʃəli] *adv* ❶ (*significantly*) beträchtlich, erheblich ❷ (*in the main*) im Wesentlichen

substantive ['sʌbstəntɪv] *adj* beträchtlich, wesentlich; *argument* stichhaltig; ~ **law** materielles Recht

substitute ['sʌbstɪtjuːt] **I.** *vt* ersetzen, austauschen; ■ **to** ~ **sb for sb** SPORTS jdn gegen jdn auswechseln **II.** *vi* (*take over from*) als Ersatz dienen, einspringen (**for** für); ■ **to** ~ **for sb** jdn vertreten **III.** *n* (*replacement*) Ersatz *m*; **there's no** ~ **for sth/sb** es geht nichts über etw/jdn

substitution [ˌsʌbstɪ'tjuːʃən] *n* ❶ (*replacement*) Ersetzung *f* ❷ SPORTS Austausch *m*

subtitle ['sʌbˌtaɪtl] **I.** *vt* (*add captions*) untertiteln **II.** *n* (*caption*) ■ ~**s** *pl* Untertitel *pl*

subtle <-er, -est *or* more subtle, most subtle> ['sʌtl] *adj* ❶ (*approv: understated*) fein[sinnig], subtil ❷ (*approv: delicate*) *flavour, nuance* fein; ~ **tact** ausgeprägtes Taktgefühl ❸ (*slight but significant*) fein, subtil; ~ **hint** kleiner Hinweis

subtotal ['sʌbˌtəʊtəl] *n* Zwischensumme *f*

subtract [səb'trækt] *vt* ■ **to** ~ **sth [from sth]** etw [von etw *dat*] abziehen; **four** ~**ed from ten equals six** zehn minus vier ergibt sechs

subtraction [səb'trækʃən] *n no pl* Subtraktion *f*

subtropical [sʌb'trɒpɪkəl] *adj* subtropisch; ~ **regions** Subtropen *pl*

suburb ['sʌbɜːb] *n* (*outlying area*) Vorort *m*; ■ **the** ~**s** *pl* der Stadtrand, die Randbezirke *pl*

suburban [sə'bɜːbən] *adj* (*of the suburbs*) Vorstadt-, Vorort-, vorstädtisch

subvention [səb'ven(t)ʃən] *n* [staatliche] Subvention

subversive [səb'vɜːsɪv] **I.** *adj* subversiv *geh*, umstürzlerisch, staatsgefährdend **II.** *n* Umstürzler(in) *m(f)*, subversives Element *pej*

subvert [sʌb'vɜːt] *vt* ■ **to** ~ **sth** ❶ (*overthrow*) stürzen ❷ (*undermine principle*) untergraben

subway ['sʌbweɪ] *n* ❶ BRIT, AUS (*walkway*) Unterführung *f* ❷ *esp* AM (*underground railway*) U-Bahn *f*

sub-zero [sʌb'zɪərəʊ] *adj* unter Null [Grad] nach *n*; ~ **temperatures** Minusgrade *pl*

succeed [sək'siːd] **I.** *vi* ❶ (*achieve purpose*) Erfolg haben, erfolgreich sein; ■ **to** ~ **in sth** mit etw *dat* Erfolg haben; ■ **to** ~ **in doing sth** etw mit Erfolg tun ❷ (*follow*) nachfolgen, die Nachfolge antreten; **to** ~ **to the throne** die Thronfolge antreten **II.** *vt* **to** ~ **sb in office** jds Amt übernehmen

succeeding [sək'siːdɪŋ] *adj attr* ❶ (*next in line*) [nach]folgend ❷ (*subsequent*) aufeinanderfolgend; ~ **generations** spätere Generationen

success <*pl* -es> [sək'ses] *n no pl* (*attaining goal*) Erfolg *m*; **to be a big** ~ **with sb** bei jdm einschlagen; **to make a** ~ **of sth** mit etw *dat* Erfolg haben

successful [sək'sesfəl] *adj* erfolgreich

succession [sək'seʃən] *n no pl* ❶ (*sequence*) Folge *f*, Reihe *f*; *of events, things a.* Serie *f*; ■ **in** [**close**] ~ [dicht] hintereinander ❷ (*line of inheritance*) Nachfolge *f*; ~ **to the throne** Thronfolge *f*

successive [sək'sesɪv] *adj attr* aufeinanderfolgend; **six ~ weeks** sechs Wochen hintereinander

successor [sək'sesəʳ] *n* Nachfolger(in) *m(f)*; **~ in office** Amtsnachfolger(in) *m(f)*; **~ to the throne** Thronfolger(in) *m(f)*

such [sʌtʃ, sətʃ] **I.** *adj* ❶ *attr* (*of that kind*) solcher(r, s); **~ a thing** so etwas [*o fam* was]; **I said no ~ thing** so etwas habe ich nie gesagt; **there's no ~ thing as ghosts** so etwas wie Geister gibt es nicht ❷ (*so great*) solche(r, s), derartig; **he's ~ an idiot!** er ist so ein Idiot!; **why are you in ~ a hurry?** warum bist du derart in Eile? **II.** *pron* ❶ (*of that type*) solche(r, s); **~ is life** so ist das Leben; **the wound was ~ that ...** die Wunde war so groß, dass ... ❷ (*introducing examples*) **~ as** wie ❸ (*strictly speaking*) ■ **as ~** an [und für] sich, eigentlich **III.** *adv* so; **~ a big city!** was für eine große Stadt!; **it's ~ a long time ago** es ist [schon] so langer her; **to be ~ a long way [away]** so weit weg sein; **~ that ...** so ... dass ...

such and such *adj attr* (*fam*) der und der/ die und die/das und das; **to arrive at ~ a time** um die und die Zeit ankommen

suchlike ['sʌtʃlaɪk] **I.** *pron* derlei, dergleichen **II.** *adj attr* derlei; **food, drink, clothing and ~ provisions** Essen, Trinken, Kleidung und Ähnliches

suck [sʌk] **I.** *n* (*draw in*) Saugen *nt*; (*keep in the mouth*) Lutschen *nt* **II.** *vt* ❶ (*draw into mouth*) ■ **to ~ sth** an etw *dat* saugen ❷ *sweets* lutschen; **to ~ one's thumb** [am] Daumen lutschen ❸ (*strongly attract*) ■ **to ~ sb/sth under** jdn/etw in die Tiefe ziehen **III.** *vi* ❶ (*draw into mouth*) saugen, nuckeln *fam*; ■ **to ~ on sth** an etw *dat* saugen ❷ *sweets* lutschen; **to ~ on a dummy** BRIT/ **pacifier** AM am Schnuller saugen ❸ *esp* AM (*sl: be disagreeable*) ätzend sein; **man this job ~s!** Mann, dieser Job ist echt Scheiße! ◆ **suck in** *vt* ❶ (*draw in*) **jet engines ~ in vast quantities of air** Strahltriebwerke ziehen große Mengen Luft ein ❷ *usu* ECON (*import*) anziehen ◆ **suck up I.** *vt* ■ **to ~ up ↻ sth** ❶ (*consume*) etw aufsaugen ❷ (*absorb*) *liquid, moisture* etq aufsaugen; *gases* ansaugen **II.** *vi* (*pej fam*) ■ **to ~ up to sb** sich bei jdm einschmeicheln

sucker ['sʌkəʳ] *n* ❶ (*pej fam: gullible person*) Einfaltspinsel *m*, Simpel *m* DIAL ❷ BOT (*part of plant*) Wurzelspross *m*

sudden ['sʌdən] *adj* plötzlich, jäh; **so why the ~ change?** wieso plötzlich diese Änderung?; **it was so ~** es kam so überraschend; **to get a ~ fright** plötzlich Angst bekommen; **~ movement** abrupte Bewegung; **all of a ~** (*fam*) [ganz] plötzlich, urplötzlich

sudden death *n* FBALL Elfmeterschießen *nt*

suddenly ['sʌdənli] *adv* plötzlich, auf einmal

suds [sʌdz] *npl* (*soapy mixture*) Seifenwasser *nt kein pl;* (*mostly foam*) Schaum *m kein pl*

sue [suː] **I.** *vt* verklagen; **to ~ sb for damages** jdn auf Schadenersatz verklagen; **to ~ sb for divorce** gegen jdn die Scheidung einreichen **II.** *vi* ❶ (*legal action*) klagen, prozessieren, Klage erheben; **he ~d for libel** er klagte wegen Beleidigung ❷ (*entreat*) **to ~ for peace** um Frieden bitten

suede [sweɪd] *n* Wildleder *nt,* Veloursleder *nt*

suffer ['sʌfəʳ] **I.** *vi* ❶ leiden ❷ (*be ill with*) ■ **to ~ from sth** an etw *dat* leiden ❸ (*deteriorate*) leiden, Schaden erleiden; **his work ~s from it** seine Arbeit leidet darunter ❹ (*experience sth negative*) ■ **to ~ from sth** unter etw *dat* zu leiden haben; **the economy ~ed from the strikes** die Streiks machten der Wirtschaft zu schaffen ❺ (*be punished*) ■ **to ~ for sth** für etw *akk* büßen **II.** *vt* ■ **to ~ sth** etw erleiden; **to ~ a breakdown** einen Zusammenbruch haben; **to ~ misfortune** Pech haben; **to ~ neglect** vernachlässigt werden

suffering ['sʌfərɪŋ] *n* ❶ (*pain*) Leiden *nt* ❷ *no pl* (*distress*) Leid *nt*

suffice [sə'faɪs] *vi* genügen, [aus]reichen; **~ [it] to say that ...** es genügt [*o* reicht] wohl, wenn ich sage, dass ...

sufficient [sə'fɪʃənt] **I.** *adj* genug, ausreichend; ■ **to be ~ for sth/sb** für etw/jdn ausreichen [*o* genügen] **II.** *n* genügende Menge; **they didn't have ~ to live on** sie hatten nicht genug zum Leben

suffix ['sʌfɪks] **I.** *n* ❶ LING Suffix *nt fachspr,* Nachsilbe *f* ❷ BRIT MATH Zusatz *m,* tief gestellte Zahl **II.** *vt* anfügen, anhängen

suffocate ['sʌfəkeɪt] **I.** *vi* ersticken *a. fig* **II.** *vt* ❶ (*asphyxiate*) ersticken ❷ (*fig: suppress*) erdrücken

suffocating ['sʌfəkeɪtɪŋ] *adj usu attr* erstickend; *air* stickig; *atmosphere* erdrückend

sugar ['ʃʊgəʳ] **I.** *n* ❶ *no pl* Zucker *m;* **caster ~** BRIT Streuzucker *f* ❷ *esp* AM (*sl: term of affection*) Schätzchen *nt fam* **II.** *vt* (*sweeten*) zuckern; *coffee, tea* süßen

sugar basin *n* BRIT Zuckerdose *f* **sugar-coated** *adj* verzuckert **sugar lump** *n esp* BRIT Zuckerwürfel *m*

sugary ['ʃʊgəri] *adj* ❶ (*sweet*) zuckerhaltig; **the cake was far too ~** der Kuchen war viel zu süß ❷ (*sugar-like*) zuckerig

suggest [sə'dʒest] *vt* ❶ (*propose*) ▪**to ~ sth** [**to sb**] [jdm] etw vorschlagen; ▪**to ~ doing sth** vorschlagen, etw zu tun ❷ (*indicate*) ▪**to ~ sth** auf etw *akk* hinweisen ❸ (*indirectly state*) ▪**to ~ sth** etw andeuten ❹ (*come to mind*) ▪**to ~ itself** idea, thought sich aufdrängen; **does anything ~ itself?** fällt euch dazu etwas ein?

suggestion [sə'dʒestʃ∫ən] *n* ❶ (*idea*) Vorschlag *m;* **to be always open to ~** immer ein offenes Ohr haben; **at sb's ~** auf jds *akk* Vorschlag *m* hin ❷ *no pl* (*hint*) Andeutung *f* ❸ (*indication*) Hinweis *m*

suggestive [sə'dʒestɪv] *adj* ❶ (*that suggests*) andeutend ❷ *usu pred* (*form: evocative*) hinweisend ❸ (*risqué*) zweideutig

suicide ['suːɪsaɪd] *n* Selbstmord *m a. fig;* **to commit ~** Selbstmord begehen

suit [suːt] **I.** *n* ❶ (*jacket and trousers*) Anzug *m;* **three-piece ~** Dreiteiler *m* ❷ (*for sports*) Anzug *m;* **bathing/diving/ski ~** Bade-/Taucher-/Skianzug *m* ❸ (*covering*) **~ of armour** [Ritter]rüstung *f* ❹ CARDS Farbe *f* ❺ LAW Prozess *m* **II.** *vt* ❶ (*be convenient for*) ▪**to ~ sb** jdm passen [*o* recht sein]; **that ~s me fine** das passt mir gut ❷ (*choose*) ▪**to ~ oneself** tun, was man will ❸ (*enhance*) ▪**to ~ sb** *clothes* jdm stehen; ▪**to ~ sth** zu etw *dat* passen ❹ (*be right for*) ▪**to ~ sb** jdm [gut] bekommen; ▪**to ~ sth** sich für etw *akk* eignen **III.** *vi* angemessen sein, passen

suitable ['suːtəbl] *adj* geeignet, passend; *clothes* angemessen

suitcase *n* Koffer *m*

sulfuric *adj* AM *see* **sulphuric**

sulk [sʌlk] **I.** *vi* schmollen, beleidigt sein **II.** *n* **to be in a ~** beleidigt sein, schmollen; **to go into a ~** einschnappen *fam*

sulky ['sʌlki] *adj person* beleidigt, eingeschnappt *fam; face* mürrisch

sullen ['sʌlən] *adj* (*pej: bad-tempered*) missmutig, mürrisch

sulphuric [sʌl'fjʊərɪk] *adj* Schwefel-

sultana [səl'tɑːnə] *n* FOOD Sultanine *f*

sultry ['sʌltri] *adj* ❶ METEO schwül ❷ (*sexy*) erotisch

sum [sʌm] *n* ❶ (*money*) Summe *f*, Betrag *m;* **five-figure ~** fünfstelliger Betrag ❷ *no pl* (*total*) Summe *f* ❸ **to do ~s** rechnen

summarize ['sʌməraɪz] **I.** *vt* [kurz] zusammenfassen **II.** *vi* zusammenfassen; **to ~, ...** kurz gesagt, ...

summary ['sʌməri] **I.** *n* Zusammenfassung *f; of a plot, contents* [kurze] Inhaltsangabe **II.** *adj* ❶ (*brief*) knapp, gedrängt ❷ LAW *conviction, execution* im Schnellverfahren nach *n*

summer ['sʌməʳ] *n* Sommer *m;* **a ~'s day** ein Sommertag *m;* **in** [**the**] **~** im Sommer; **in the ~ of '68** im Sommer '68

summer holiday *n*, **summer holidays** *npl* Sommerurlaub *m;* SCH, UNIV Sommerferien *pl*

summertime *n* Sommerzeit *f;* **in the ~** im Sommer

summit ['sʌmɪt] *n a.* POL Gipfel *m*

summon ['sʌmən] *vt* ❶ (*call*) ▪**to ~ sb** jdn rufen; **to ~ a council/meeting** einen Rat/eine Versammlung einberufen; **to be ~ed to appear in court** vor Gericht geladen werden ❷ (*gather*) **to ~ up the courage/the strength to do sth** den Mut/die Kraft aufbringen, etw zu tun

summons ['sʌmənz] **I.** *n* <*pl* -es> LAW [Vor]ladung *f;* **to issue a ~** [vor]laden, eine Ladung ergehen lassen **II.** *vt* LAW ▪**to ~ sb** jdn vorladen lassen

sun [sʌn] **I.** *n* ❶ (*star*) Sonne *f;* **the rising/setting ~** die aufgehende/untergehende Sonne; **to try everything under the ~** alles Mögliche versuchen ❷ *no pl* **the ~** (*sunshine*) die Sonne, der Sonnenschein; **to sit in the ~** in der Sonne sitzen **II.** *vi* ▪**to ~ oneself** sich sonnen

sun-baked *adj* [von der Sonne] ausgedörrt

sunbathe *vi* sonnenbaden

sunbed *n esp* BRIT ❶ (*chair*) Liegestuhl *m* ❷ (*bed*) Sonnenbank *f* **sunburn I.** *n no pl* Sonnenbrand *m;* **to get/prevent ~** einen Sonnenbrand bekommen/vermeiden **II.** *vi* <-ed *or* -burnt, -ed *or* -burnt> sich *dat* verbrennen [*o fam* einen Sonnenbrand holen]

sunburned *adj*, **sunburnt** *adj* sonnenverbrannt **suncream** *n no pl* Son-

nen[schutz]creme *f*
sundae ['sʌndeɪ] *n* Eisbecher *m*
Sunday ['sʌndeɪ] *n* Sonntag *m; see also* **Tuesday**
Sunday school *n* Sonntagsschule *f*
sun deck *n* Sonnendeck *nt* **sundial** *n* Sonnenuhr *f*
sundown *n esp* AM, AUS Sonnenuntergang *m*
sundry ['sʌndri] **I.** *adj attr* verschieden ▶ **all and ~** (*fam*) Hinz und Kunz *pej fam*, jedermann **II.** *n* ■**sundries** *pl* Verschiedenes *nt kein pl*
sunflower *n* Sonnenblume *f*
sung [sʌŋ] *pp of* **sing**
sunglasses *npl* Sonnenbrille *f* **sun hat** *n* Sonnenhut *m*
sunk [sʌŋk] *pp of* **sink**
sunken ['sʌŋkən] *adj* ❶ *attr* (*submerged*) *ship* gesunken ❷ *attr* (*below surrounding level*) tief[er] liegend *attr;* ~ **bath** eingelassene Badewanne
sunlight *n no pl* Sonnenlicht *nt*
sunlit *adj* sonnenbeschienen; *room* sonnig
sunny ['sʌni] *adj* (*bright*) sonnig; ~ **intervals** Aufheiterungen *pl;* **a few ~ spells** einige sonnige Abschnitte
sunrise *n* Sonnenaufgang *m* **sunroof** *n* Schiebedach *nt*
sunset *n* Sonnenuntergang *m*
sunshade *n* ❶ (*umbrella*) Sonnenschirm *m* ❷ AM (*awning*) Markise *f*
sunshine ['sʌnʃaɪn] *n no pl* ❶ (*sunlight*) Sonnenschein *m;* **to bask in the ~** sich in der Sonne aalen *fam* ❷ METEO (*sunny weather*) sonniges Wetter
sunstroke *n no pl* Sonnenstich *m*
suntan I. *n* Sonnenbräune *f;* **deep ~** tiefe Bräune; **to get a ~** braun werden **II.** *vi* <-nn-> sich von der Sonne bräunen lassen
suntan cream *n,* **suntan lotion** *n* Sonnencreme *f*
suntanned *adj* sonnengebräunt, braun gebrannt
suntan oil *n* Sonnenöl *nt*
suntrap *n* BRIT, AUS sonniges Plätzchen
sunup *n* AM Sonnenaufgang *m*
sun visor *n* AUTO Sonnenblende *f*
super ['suːpəʳ] **I.** *adj* (*fam: excellent*) super, klasse, fantastisch **II.** *interj* super!, spitze! **III.** *adv* (*fam*) besonders **IV.** *n* BRIT (*fam: superintendent*) Aufseher(in) *m(f)*
superb [suː'pɜːb] *adj* ❶ (*excellent*) ausgezeichnet, hervorragend ❷ (*impressive*) erstklassig
supercenter ['suːpɚsentɚ] *n* AM Hypermarkt *m*
supercool ['suːpəkuːl] *adj* (*fam*) hervorragend *sl*
superficial [ˌsuːpə'fɪʃəl] *adj* oberflächlich
superfluous [suː'pɜːfluəs] *adj* überflüssig
superglue® **I.** *n* Sekundenkleber *m;* (*fig*) **to stick like ~ to sb** an jdm wie eine Klette hängen **II.** *vt* festkleben
superintendent [ˌsuːpərɪn'tendənt] *n* ❶ (*person in charge*) Aufsicht *f; of schools* Oberschulrat, -rätin *m, f* ❷ BRIT (*police officer*) Hauptkommissar(in) *m(f)*
superior [suː'pɪəriəʳ] **I.** *adj* ❶ (*higher in rank*) höhergestellt, vorgesetzt; ■**to be ~** [**to sb**] [jdm] vorgesetzt sein ❷ (*better*) überlegen; **to be ~ in numbers** in der Überzahl sein **II.** *n* (*higher person*) Vorgesetzte(r) *f(m)*
superiority [suːˌpɪəri'ɒrəti] *n no pl* Überlegenheit *f* (**over** über)
superlative [suː'pɜːlətɪv] **I.** *adj* ❶ (*best*) unübertrefflich, sagenhaft ❷ LING superlativisch *fachspr;* ~ **form** Superlativ *m* **II.** *n* LING (*form*) Superlativ *m*
supermarket ['suːpəˌmɑːkɪt] *n* Supermarkt *m;* ~ **trolley** Einkaufswagen *m* **superpower** *n* Supermacht *f* **supersized** ['suːpəsaɪzd] *adj* gigantisch
supersonic [ˌsuːpə'sɒnɪk] *adj* Überschall-
superstitious [ˌsuːpə'stɪʃəs] *adj* abergläubisch
superstore ['suːpəstɔːʳ] *n* Großmarkt *m,* Verbrauchermarkt *m*
supervise ['suːpəvaɪz] *vt* beaufsichtigen
supervision [ˌsuːpə'vɪʒən] *n no pl of children* Beaufsichtigung *f;* ■**without ~** unbeaufsichtigt
supervisor ['suːpəvaɪzəʳ] *n* (*person in charge*) Aufsichtsbeamte(r) *m,* Aufsichtsbeamte [*o* -in] *f;* (*in factory*) Vorarbeiter(in) *m(f)*
supervisory [ˌsuːpə'vaɪzəri] *adj* Aufsichts-
supper ['sʌpəʳ] *n* Abendessen *nt,* Abendbrot *nt,* Nachtmahl *nt* ÖSTERR
supple ['sʌpl] *adj human body* gelenkig, geschmeidig; *leather* geschmeidig
supplement I. *n* ['sʌplɪmənt] ❶ (*something extra*) Ergänzung *f* (**to** zu) ❷ MED **vitamin ~** Nahrungsmittelergänzung *f* ❸ (*section*) Beilage *f* ❹ BRIT (*surcharge*) Zuschlag *m* **II.** *vt*

['sʌplɪmənt] ergänzen; **to ~ one's income by doing sth** sein Einkommen aufbessern, indem man etw tut

supplemental ['sʌpləmentᵊl] *adj* AM *see* **supplementary**

supplementary ['sʌpləmentᵊri] *adj* ❶ (*additional*) ergänzend *attr*, zusätzlich, Zusatz- ❷ MATH supplementär

supplier [sə'plaɪəʳ] *n* Lieferant(in) *m(f)*; (*company*) Lieferfirma *f*

supply [sə'plaɪ] **I.** *vt* <-ie-> ❶ (*provide sth*) ■**to ~ sth** für etw *akk* sorgen, etw bereitstellen ❷ (*provide sb with sth*) ■**to ~ sb** jdn versorgen; ECON jdn mit etw *dat* beliefern ❸ (*satisfy*) **to ~ a demand** eine Nachfrage befriedigen **II.** *n* ❶ (*stock*) Vorrat *m* (**of** an) ❷ *no pl* (*action*) Versorgung *f*; **oil/petrol ~** Öl-/Benzinzufuhr *f* ❸ ECON Angebot *nt*; **~ and demand** Angebot und Nachfrage; **to be in short ~** Mangelware sein ❹ ■**supplies** *pl* (*provision*) Versorgung *f kein pl*; **to cut off supplies** die Lieferungen einstellen ❺ (*amount available*) ■**supplies** *pl* Vorräte *pl*

supply teacher *n* BRIT, AUS Aushilfslehrer(in) *m(f)*, Vertretungslehrer(in) *m(f)*

support [sə'pɔːt] **I.** *vt* ❶ (*hold up*) stützen; ■**to be ~ed on/by sth** von etw *dat* gestützt werden; ■**to ~ oneself on sth** sich auf etw *akk* stützen ❷ (*provide with necessities*) ■**to ~ sb** für jds *akk* Lebensunterhalt *m* aufkommen; **to ~ a family** eine Familie unterhalten ❸ (*encourage*) unterstützen; **plan** befürworten ❹ SPORTS **to ~ a sportsman/team** für einen Sportler/ein Team sein **II.** *n* ❶ (*prop*) Stütze *f*; ARCHIT Träger *m* ❷ *no pl* (*act of holding*) **to give sth ~** etw *dat* Halt geben ❸ *no pl* (*material assistance*) Unterstützung *f*; LAW Unterhalt *m* ❹ *no pl* (*comfort*) Stütze *f fig*; **to give sb moral ~** jdn moralisch unterstützen ❺ COMPUT Support *m*

supportable [sə'pɔːtəbl] *adj* (*form*) vertretbar

supporter [sə'pɔːtəʳ] *n* (*encouraging person*) Anhänger(in) *m(f)*; *of a campaign, policy* Befürworter(in) *m(f)*

supportive [sə'pɔːtɪv] *adj* (*approv*) ■**to be ~ of sb** jdn unterstützen; ■**to be ~ of sth** etw unterstützen [*o* befürworten]

suppose [sə'pəʊz] *vt* ❶ (*think likely*) ■**to ~** [**that**] ... annehmen [*o* vermuten], dass ...; **I don't ~ you could ...** Sie könnten mir nicht zufällig ... ❷ (*believe*) glauben, vermuten; **her new book is ~d to be very good** ihr neues Buch soll sehr gut sein ❸ *pred* (*expected*) **you're ~d to be asleep** du solltest eigentlich schon schlafen ❹ *pred, usu neg* (*allowed*) **you're not ~d to park here** Sie dürfen hier nicht parken ▶**I ~ so** wahrscheinlich

supposed [sə'pəʊzd] *adj attr* vermutet, angenommen

supposedly [sə'pəʊzɪdli] *adv* ❶ (*allegedly*) angeblich ❷ (*apparently*) anscheinend, scheinbar

supposing [sə'pəʊzɪŋ] *conj* angenommen; **~ he doesn't show up?** was, wenn er nicht erscheint?; **but ~ ...** aber wenn ...; **always ~ ...** immer unter der Annahme, dass ...

suppress [sə'pres] *vt* ❶ (*end*) unterdrücken; *revolution* niederschlagen ❷ (*restrain*) *feelings, urges* unterdrücken ❸ (*inhibit*) hemmen ❹ PSYCH *ideas, memories* verdrängen

supremacy [suː'preməsi] *n no pl* Vormachtstellung *f*; SPORTS Überlegenheit *f*

supreme [suː'priːm] **I.** *adj* ❶ (*superior*) höchste(r, s), oberste(r, s) ❷ (*extreme*) äußerste(r, s), größte(r, s) **II.** *n no pl* FOOD **turkey ~** ≈ Putengeschnetzeltes *nt* (*in Sahnesauce*)

surcharge ['sɜːtʃɑːdʒ] **I.** *n* Zuschlag *m* **II.** *vt usu passive* ■**to ~ sth** einen Zuschlag auf etw *akk* erheben

sure [ʃʊəʳ] **I.** *adj* ❶ *pred* (*confident*) sicher; ■**to be ~** [**that**] ... [sich *dat*] sicher sein, dass ...; **are you ~?** bist du sicher?; **I'm not really ~** ich weiß nicht so genau; **to feel ~** [**that**] ... überzeugt [davon] sein, dass ... ❷ (*certain*) sicher, gewiss; **where are we ~ to have good weather?** wo werden wir aller Voraussicht nach gutes Wetter haben? ❸ (*true*) sicher; **one ~ way** [**of doing sth**] ein sicherer Weg [etw zu tun] ❹ *attr* (*reliable*) **a ~ sign of sth** ein sicheres Zeichen für etw *akk* ▶**~ enough** tatsächlich **II.** *adv esp* AM (*fam: certainly*) echt; **I ~ am hungry!** hab ich vielleicht einen Hunger! **III.** *interj* (*fam*) **oh ~!** (*iron*) [aber] natürlich!

sure-footed *adj* ❶ (*able to walk*) trittsicher ❷ (*confident*) sicher, souverän *geh*

surely ['ʃɔːli, 'ʃʊə-] *adv* ❶ (*certainly*) sicher[lich] ❷ (*showing astonishment*) doch; **~ you don't expect me to believe that!** du erwartest doch wohl nicht, dass ich dir das abnehme!; ~ **not!** das darf doch wohl nicht wahr sein!

surf [sɜːf] **I.** *n* Brandung *f* **II.** *vi* ❶ (*on surfboard*) surfen ❷ (*windsurf*) windsurfen **III.** *vt* COMPUT **to ~ the Internet** im Internet surfen

surface ['sɜːfɪs] **I.** *n* Oberfläche *f*; **road ~** Straßenbelag *m*; **on the ~** (*fig*) äußerlich betrachtet **II.** *vi* auftauchen *a. fig* **III.** *vt* ■ **to ~ sth** etw mit einem Belag versehen **IV.** *adj attr* ❶ (*of outer part*) oberflächlich; (*outward*) äußerlich ❷ (*not underwater*) Überwasser-

surface area *n* Fläche *f* **surface tension** *n* PHYS Oberflächenspannung *f*

surfboard ['sɜːfbɔːd] *n* Surfbrett *nt*

surfer ['sɜːfə'] *n*, AUS *fam* **surfie** ['sɜːfi] *n* Surfer(in) *m(f)*

surfing ['sɜːfɪŋ] *n no pl* Surfen *nt*; (*windsurfing*) Windsurfen *nt*

surge [sɜːdʒ] **I.** *vi* ❶ (*move powerfully*) *sea* branden; *waves, people* wogen ❷ (*increase strongly*) *profits* [stark] ansteigen ❸ (*fig*) ■ **to ~ [up]** (*well up*) *emotion* aufwallen **II.** *n* ❶ (*sudden increase*) [plötzlicher] Anstieg ❷ (*large wave*) Woge *f*; (*tidal breaker*) Flutwelle *f* ❸ (*fig: wave of emotion*) Welle *f*

surgeon ['sɜːdʒən] *n* Chirurg(in) *m(f)*

surgery ['sɜːdʒəri] *n* ❶ BRIT, AUS (*doctor's premises*) [Arzt]praxis *f*; **~ hours** Sprech[stunden]zeiten *pl* ❷ *no pl* (*surgical treatment*) chirurgischer Eingriff

surgical ['sɜːdʒɪkəl] *adj* ❶ (*used by surgeons*) *gloves, instruments* chirurgisch ❷ (*orthopaedic*) orthopädisch; **~ stocking** Stützstrumpf *m*

surly ['sɜːli] *adj* unwirsch, ruppig

surname ['sɜːneɪm] *n* Familienname *m*, Nachname *m*

surpass [sə'pɑːs] *vt* übertreffen; ■ **to ~ oneself** sich selbst übertreffen

surplus ['sɜːpləs] **I.** *n* <*pl* -**es**> Überschuss *m* (**of** an) **II.** *adj* überschüssig

surprise [sə'praɪz] **I.** *n* Überraschung *f*; **~! ~!** (*fam*) Überraschung! *a. iron*; **to take sb by ~** jdn überraschen; **to sb's [great] ~** zu jds [großem] Erstaunen **II.** *vt* überraschen; **well, you do ~ me** nun, das erstaunt mich!; ■ **to ~ sb doing sth** jdn bei etw *dat* ertappen **III.** *adj attr* überraschend, unerwartet

surprising [sə'praɪzɪŋ] *adj* überraschend

surprisingly [sə'praɪzɪŋli] *adv* ❶ (*remarkably*) erstaunlich ❷ (*unexpectedly*) überraschenderweise

surrender [sə'rendə'] **I.** *vi* ❶ MIL aufgeben, kapitulieren; ■ **to ~ to sb** sich jdm ergeben ❷ (*fig: give in*) nachgeben, kapitulieren; **to ~ to temptation** der Versuchung erliegen **II.** *vt* (*form*) ❶ (*give*) ■ **to ~ sth [to sb]** [jdm] etw übergeben; **to ~ a claim** auf einen Anspruch verzichten; **to ~ weapons** Waffen abgeben ❷ (*abandon*) ■ **to ~ oneself to sth** sich etw *dat* überlassen **III.** *n no pl* Kapitulation *f* (**to** vor)

surrogate ['sʌrəgɪt] **I.** *adj attr* Ersatz- **II.** *n* Ersatz *m*, Surrogat *nt geh* (**for** für)

surround [sə'raʊnd] **I.** *vt* ❶ (*enclose*) umgeben ❷ (*encircle*) einkreisen; MIL umstellen ❸ (*have as companions*) ■ **to ~ oneself with sb** sich mit jdm umgeben **II.** *n esp* BRIT ❶ (*border*) Rahmen *m* ❷ (*area around sth*) Umrahmung *f*, Einfassung *f*

surrounding [sə'raʊndɪŋ] *adj attr* umgebend; **~ area** Umgebung *f*; **the ~ buildings/ gardens** die umliegenden Gebäude/Gärten

surroundings [sə'raʊndɪŋs] *npl* Umgebung *f*

surveillance [sɜː'veɪlən(t)s] *n no pl* Überwachung *f*, Kontrolle *f*; **to be under ~** unter Beobachtung stehen

survey I. *vt* [sə'veɪ] ❶ (*research*) befragen ❷ (*look at*) betrachten ❸ (*map out*) vermessen ❹ BRIT *building, house* begutachten **II.** *n* ['sɜːveɪ] ❶ (*opinion poll*) Untersuchung *f*; (*research*) Studie *f*; **local/nationwide ~** örtliche/landesweite Umfrage ❷ (*overview*) Übersicht *f*

survival [sə'vaɪvəl] *n no pl* Überleben *nt*; **chance of ~** Überlebenschance *f* ▶ **the ~ of the fittest** das Überleben des Stärkeren

survive [sə'vaɪv] **I.** *vi* ❶ (*stay alive*) überleben, am Leben bleiben; ■ **to ~ on sth** sich mit etw *dat* am Leben halten ❷ (*fig*) erhalten bleiben; *monument* überdauern; *tradition* fortbestehen **II.** *vt* überleben

surviving [sə'vaɪvɪŋ] *adj* ❶ (*still living*) noch lebend ❷ (*outliving relative*) hinterblieben; **~ dependant** unterhaltspflichtige(r) Hinterbliebene(r) ❸ (*fig: still existing*) [noch] vorhanden

survivor [sə'vaɪvə'] *n* Überlebende(r) *f(m)*

susceptible [sə'septəbl] *adj* ❶ *usu pred* (*easily influenced*) ■ **to be ~ to sth** für etw *akk* empfänglich sein ❷ MED anfällig (**to** für)

suspect I. vt [səˈspekt] ❶ (*think likely*) vermuten; I ~ed as much das habe ich mir gedacht ❷ (*consider guilty*) verdächtigen; ■ to be ~ed of sth einer S. *gen* verdächtigt werden II. *n* [ˈsʌspekt] Verdächtige(r) *f(m)*; (*fig*) Verursacher(in) *m(f)* III. *adj* [ˈsʌspekt] ❶ *usu attr* (*possibly dangerous*) verdächtig, suspekt ❷ (*possibly defective*) zweifelhaft

suspend [səˈspend] *vt* ❶ (*stop temporarily*) [vorübergehend] aussetzen, einstellen ❷ LAW (*make temporarily inoperative*) to ~ a sentence eine Strafe [zur Bewährung] aussetzen ❸ (*from work*) suspendieren; (*from school*) [zeitweilig] [vom Unterricht] ausschließen; SPORTS sperren ❹ *usu passive* (*hang*) herabhängen (from von)

suspender [səˈspendər] *n* ❶ (*for stockings*) ~ [belt] Strumpfbandhalter *m* ❷ AM (*braces*) ■ ~s *pl* Hosenträger *pl*

suspense [səˈspen(t)s] *n no pl* Spannung *f*; to keep sb in ~ jdn im Ungewissen lassen

suspension [səˈspen(t)ʃən] *n* ❶ *no pl* (*temporary stoppage*) [zeitweilige] Einstellung *f*; ❷ (*from work, school*) Suspendierung *f*; SPORTS Sperrung *f* ❸ AUTO Federung *f*, Radaufhängung *f*

suspension bridge *n* Hängebrücke *f*

suspicion [səˈspɪʃən] *n* Verdacht *m*; to be above ~ über jeglichen Verdacht erhaben sein; to be under ~ unter Verdacht stehen

suspicious [səˈspɪʃəs] *adj* ❶ (*causing suspicion*) verdächtig ❷ (*feeling suspicion*) misstrauisch; ■ to be ~ of sth einer S. *dat* gegenüber skeptisch sein

suss [sʌs] *vt esp* BRIT, AUS ■ to ~ [out] ⊂ sb/sth ❶ (*understand*) jdn/etw durchschauen ❷ (*discover*) jdm/etw auf die Spur kommen; ■ to ~ [out] that ... herausfinden, dass ...

sustain [səˈsteɪn] *vt* ❶ (*form: suffer*) to ~ damage Schaden erleiden; *object* beschädigt werden ❷ (*maintain*) aufrechterhalten

sustainable [səˈsteɪnəbl] *adj* ❶ (*maintainable*) haltbar; *argument* stichhaltig; ■ sth is ~ etw kann aufrechterhalten werden ❷ ECOL erhaltbar; *resources* erneuerbar

sustained [səˈsteɪnd] *adj* ❶ (*long-lasting*) anhaltend ❷ (*determined*) nachdrücklich; to make a ~ effort to do sth entschieden an etw *akk* herangehen

sustenance [ˈsʌstɪnən(t)s] *n no pl* ❶ (*form: food*) Nahrung *f* ❷ (*form: nutritious value*) Nährwert *m*

swab [swɒb] *n* MED ❶ (*pad*) Tupfer *m* ❷ (*test sample*) Abstrich *m*

swagger [ˈswægər] I. *vi* (*walk boastfully*) stolzieren II. *n no pl* Angeberei *f pej fam*, Prahlerei *f*

swallow¹ [ˈswɒləʊ] *n* (*bird*) Schwalbe *f*

swallow² [ˈswɒləʊ] I. *n* ❶ (*action*) Schlucken *nt kein pl* ❷ (*quantity*) Schluck *m* II. *vt* ❶ (*eat*) [hinunter]schlucken; (*greedily*) verschlingen ❷ (*fig: engulf*) ■ to ~ [up] ⊂ sb/sth jdn/etw verschlingen ❸ (*fig: suppress*) *disappointment* hinunterschlucken *fam*; to ~ one's pride seinen Stolz überwinden III. *vi* schlucken ◆ **swallow down** *vt* ■ to ~ down ⊂ sth etw hinunterschlucken; (*gulp down*) etw hinunterschlingen

swam [swæm] *vi, vt pt of* **swim**

swamp [swɒmp] I. *vt* ❶ (*fill with water*) *boat* voll laufen lassen ❷ (*flood*) überschwemmen, unter Wasser setzen ❸ (*fig: overwhelm*) überschwemmen; I'm ~ed with work at the moment im Moment ersticke ich in Arbeit II. *n* Sumpf *m*

swan [swɒn] I. *n* Schwan *m* II. *vi* <-nn-> BRIT, AUS (*usu pej fam*) to ~ about herumtrödeln; to ~ down the street die Straße hinunterschlendern; to ~ into the room ins Zimmer spazieren kommen; to ~ off abziehen

swank [swæŋk] (*pej*) I. *vi* (*fam*) herumprotzen (**about** mit) II. *n no pl* (*fam*) Prahlerei *f pej*

swanky [ˈswæŋki] *adj* (*fam*) ❶ (*stylish*) schick ❷ (*pej: boastful*) protzig *pej fam*

swap [swɒp] I. *n* ❶ (*exchange*) Tausch *m*; (*interchange*) Austausch *m* ❷ (*deal*) Tauschhandel *m* II. *vt, vi* <-pp-> tauschen; ■ to ~ sth for sth etw gegen etw *akk* eintauschen; ■ to ~ with sb mit jdm tauschen

swarm [swɔ:m] I. *n* ❶ (*of insects*) Schwarm *m* ❷ + *sing/pl vb* (*fig: of people*) Schar *f* II. *vi* ZOOL *insects* schwärmen

swastika [ˈswɒstɪkə] *n* Hakenkreuz *nt*

sway [sweɪ] I. *vi person* schwanken; *trees* sich wiegen; to ~ from side to side hin und her schwanken II. *vt* ❶ (*swing*) schwenken; *wind* wiegen ❷ *usu passive* (*influence*) ■ to be ~ed by sb/sth sich von jdm/etw beeinflussen lassen

swear <swore, sworn> [sweər] I. *vi* ❶ (*curse*) fluchen (**at** auf) ❷ (*take an oath*) schwören, einen Eid ablegen II. *vt* schwören; to ~ an oath einen Eid leisten [*o* ablegen]

♦ **swear in** *vt usu passive* vereidigen
swearing *n* Fluchen *nt*
swear word *n* derbes Schimpfwort, Fluch *m*
sweat [swet] **I.** *n no pl* ❶ (*perspiration*) Schweiß *m* ❷ (*fig fam: worried state*) **to work oneself into a ~ [about sth]** sich [wegen einer S. *dat*] verrückt machen *fam* **II.** *vi* (*perspire*) schwitzen (**with** vor) **III.** *vt* ▶ **to ~ blood** Blut [und Wasser] schwitzen *fam*
♦ **sweat out** *vt* **to ~ it out** (*exercise hard*) sich verausgaben; (*suffer while waiting*) zittern

sweat [swet] *n* (*fam*) *short for* **sweatshirt**
sweater ['swetəʳ] *n* Pullover *m*, Sweater *m*
sweat gland *n* Schweißdrüse *f* **sweatshirt** *n* Sweatshirt *nt*
sweaty ['sweti] *adj* ❶ (*covered in sweat*) *person* verschwitzt ❷ (*causing sweat*) *work* schweißtreibend
swede [swi:d] *n* BRIT, AUS FOOD Kohlrübe *f*
Swede [swi:d] *n* Schwede *m*, Schwedin *f*
Sweden ['swi:dən] *n no pl* Schweden *nt*
Swedish ['swi:dɪʃ] **I.** *n no pl* Schwedisch *nt*, das Schwedische **II.** *adj* schwedisch
sweep [swi:p] **I.** *n* ❶ *no pl* (*a clean with a brush*) Kehren *nt*, Fegen *nt* NORDD ❷ (*hist: chimney sweep*) Schornsteinfeger(in) *m(f)* ❸ (*range*) Reichweite *f* **II.** *vt* <swept, swept> ❶ (*with a broom*) kehren, fegen NORDD ❷ (*take in powerful manner*) **smiling, he swept me into his arms** lächelnd schloss er mich in seine Arme ❸ (*spread*) **a 1970s fashion revival is ~ing Europe** ein Modetrend wie in den 70ern rollt derzeit über Europa hinweg ▶ **to ~ sb off his/her feet** jdm den Kopf verdrehen *fam* ♦ **sweep along I.** *vt* **to ~ sb along** jdn mitreißen **II.** *vi* wind, rain dahinfegen; *water* dahinrollen; *epidemics* grassieren ♦ **sweep aside** *vt* ❶ (*cause to move*) [hin]wegfegen ❷ (*fig: dismiss*) *doubts, objections* beiseiteschieben, abtun ♦ **sweep away** *vt* (*remove*) [hin]wegfegen; *water* fortspülen ♦ **sweep down I.** *vt* ■ **to ~ down** ○ **sth** etw mitreißen **II.** *vi* (*roll towards*) abfallen; **the mountains ~ down to the sea** die Berge fallen zum Meer hin ab ♦ **sweep out I.** *vt* auskehren, ausfegen NORDD **II.** *vi* hinausstürmen ♦ **sweep up I.** *vt* (*brush up*) zusammenkehren, zusammenfegen NORDD **II.** *vi* (*move towards*) heranrauschen
sweeper ['swi:pəʳ] *n* ❶ (*device*) Kehrmaschine *f* ❷ (*person*) [Straßen]feger(in) *m(f)* ❸ FBALL Libero *m*
sweeping ['swi:pɪŋ] *adj* (*large-scale*) weitreichend; *changes* einschneidend; *cuts* drastisch

sweet [swi:t] **I.** *adj* ❶ (*like sugar*) süß ❷ (*not dry*) *wine* lieblich ❸ (*fig: endearing*) süß, niedlich; (*pleasant*) angenehm **II.** *n* ❶ *esp* BRIT, AUS (*candy*) Süßigkeit *f meist pl*; **boiled ~** Bonbon *nt* ❷ BRIT, AUS (*dessert*) Nachspeise *f* ❸ (*fam: term of endearment*) Schatz *m*
sweet-and-sour *adj* süßsauer **sweet chestnut** *n* Esskastanie *f* **sweetcorn** *n no pl* [Zucker]mais *m*
sweeten ['swi:tən] *vt* ❶ (*make sweet*) süßen ❷ (*make more amenable*) ■ **to ~ [up]** ○ **sb** jdn günstig stimmen
sweetener ['swi:tənəʳ] *n no pl* Süßstoff *m*
sweetheart *n* ❶ (*liter: girlfriend, boyfriend*) Freund(in) *m(f)* ❷ (*term of endearment*) Liebling *m*, Schatz *m fam*
sweetie ['swi:ti] *n* ❶ (*childspeak: candy*) Bonbon *m o nt* ❷ (*nice person*) Schatz *m fam* ❸ (*term of endearment*) Liebling *m*
sweetness ['swi:tnəs] *n no pl* ❶ (*sweet taste*) Süße *f* ❷ (*fig: pleasantness*) *of sb's nature* Freundlichkeit *f*
sweet-talk *vt* ■ **to ~ sb** jdn einwickeln *fam*; ■ **to ~ sb into doing sth** jdn beschwatzen etw zu tun
sweet tooth *n* **to have a ~** gerne Süßigkeiten essen
swell <swelled, swollen *or* swelled> [swel] **I.** *vt* ❶ (*enlarge*) anwachsen lassen; *rain* anschwellen lassen ❷ (*fig: increase*) [an]steigen lassen **II.** *vi* ❶ (*become swollen*) ■ **to ~ [up]** anschwellen ❷ (*increase*) zunehmen; *population* ansteigen **III.** *adj* AM (*dated fam*) spitze
swelling ['swelɪŋ] *n* MED (*lump*) Schwellung *f*, Geschwulst *f*
sweltering ['sweltərɪŋ] *adj* drückend heiß; *heat, weather* schwül
swept [swept] *vt, vi pt of* **sweep**
swerve [sw3:v] **I.** *vi* (*change direction*) [plötzlich] ausweichen; *horse* seitlich ausbrechen; *car* ausscheren **II.** *n* ❶ (*sudden move*) plötzliche Seitenbewegung, Schlenker *m* ❷ (*fig*) Abweichung *f*; POL Richtungswechsel *m*
swift[1] [swɪft] *adj* schnell
swift[2] [swɪft] *n* ORN Mauersegler *m*

swiftly ['swɪftli] *adv* schnell, rasch

swig [swɪg] (*fam*) **I.** *vt* <-gg-> schlucken **II.** *n* Schluck *m*

swim [swɪm] **I.** *vi* <swam *or* AUS *a.* swum, swum, -mm-> schwimmen *a. fig*; **to go ~ming** schwimmen gehen **II.** *vt* <swam *or* AUS *a.* swum, swum, -mm-> **to ~ a river/channel** einen Fluss/Kanal durchschwimmen; **to ~ a few strokes** ein paar Züge schwimmen **III.** *n* Schwimmen *nt kein pl;* **to go for/have a ~** schwimmen gehen/schwimmen

swimmer ['swɪmə^r] *n* ❶ (*person*) Schwimmer(in) *m(f)* ❷ AUS (*fam: clothes*) ∎**~s** *pl* Schwimmsachen *pl*

swimming ['swɪmɪŋ] *n no pl* Schwimmen *nt*

swimming baths *n pl* BRIT Schwimmbad *nt*

swimming cap *n* Badekappe *f*, Badehaube *f* ÖSTERR **swimming costume** *n* BRIT, AUS Badeanzug *m* **swimming match** *n* Schwimmwettbewerb *m* **swimming pool** *n* Schwimmbecken *nt;* (*private*) Swimmingpool *m;* (*public*) Schwimmbad *nt;* **indoor/outdoor ~** Hallen-/Freibad *nt* **swimming trunks** *npl* Badehose *f*

swimsuit *n esp* AM Badeanzug *m*

swindle ['swɪndl] **I.** *vt* betrügen; ∎**to ~ sb out of sth** jdn um etw *akk* betrügen **II.** *n* Betrug *m kein pl außer* SCHWEIZ

swine [swaɪn] *n* ❶ <*pl* - *or* -s> (*pej fam: person*) Schwein *nt* ❷ <*pl* -> (*liter: pig*) Schwein *nt*

swing [swɪŋ] **I.** *n* ❶ (*movement*) Schwingen *nt kein pl* ❷ (*hanging seat*) Schaukel *f* ❸ (*change*) Schwankung *f;* POL Umschwung *m* ❹ *no pl* MUS Swing *m* ▶ **to be in full ~** voll im Gang sein **II.** *vi* <swung, swung> ❶ (*move*) [hin und her] schwingen; (*move circularly*) sich drehen ❷ (*attempt to hit*) zum Schlag ausholen; ∎**to ~ at sb** nach jdm schlagen ❸ (*in playground*) schaukeln ❹ (*alternate*) *mood* schwanken **III.** *vt* <swung, swung> ❶ (*move*) [hin- und her]-schwingen; (*on a swing*) *child* schaukeln ❷ (*fam: arrange*) **to ~ it** es deichseln; **to ~ an election** (*pej*) eine Wahl herumreißen **IV.** *adj voter, state* entscheidend ◆ **swing around, swing round I.** *vi* ❶ (*turn around*) sich schnell umdrehen; (*in surprise, fright*) herumfahren ❷ (*go fast*) **she swung around the corner at full speed** sie kam mit vollem Tempo um die Ecke geschossen **II.** *vt* ❶ (*turn round*) ∎**to ~ sth around** etw [her]umdrehen ❷ (*change*) **to ~ a conversation [a]round to sth** ein Gespräch auf etw *akk* bringen

swing door *n* BRIT, AUS Schwingtür *f*, Pendeltür *f*

swipe [swaɪp] **I.** *vi* schlagen (**at** nach) **II.** *vt* ❶ BRIT (*swat*) [hart] schlagen ❷ (*pass through*) *magnetic card* durchziehen, einlesen **III.** *n* Schlag *m;* **to take a ~ at sb/sth** auf jdn/etw losschlagen

swirl [swɜːl] **I.** *vi* wirbeln **II.** *vt* (*move circularly*) ∎**to ~ sth around** etw herumwirbeln **III.** *n of water* Strudel *m; of snow, wind* Wirbel *m; of dust* Wolke *f*

swish [swɪʃ] **I.** *vi* ❶ (*make hissing noise*) zischen ❷ (*make brushing noise*) rascheln **II.** *vt liquid* hin und her schwenken **III.** *adj* <-er, -est> (*fam: posh*) todschick **IV.** *n* (*sound*) Rascheln *nt kein pl*

Swiss [swɪs] **I.** *adj* Schweizer-, schweizerisch **II.** *n* <*pl* -> Schweizer(in) *m(f)*

switch [swɪtʃ] **I.** *n* <*pl* -es> ❶ (*control*) Schalter *m;* **to flick a ~** einen Schalter an-/ausknipsen ❷ (*substitution*) Wechsel *m meist sing* ❸ AM RAIL (*points*) Weiche *f* **II.** *vi* wechseln, tauschen **III.** *vt* ❶ (*adjust settings*) umschalten ❷ (*change abruptly*) wechseln ❸ (*substitute*) auswechseln ◆ **switch off I.** *vt* ELEC ausschalten **II.** *vi* ❶ (*turn off*) ausschalten ❷ (*stop paying attention*) abschalten *fam* ◆ **switch on I.** *vt* ELEC (*a. fig*) einschalten; *the TV* anmachen; **to ~ on the charm** seinen ganzen Charme aufbieten **II.** *vi* einschalten, anschalten ◆ **switch over** *vi* wechseln (**to** zu); TV umschalten (**to** auf)

switchman <-men> *n* AM Weichensteller(in) *m(f)*

switchyard *n* AM Rangierbahnhof *m*

Switzerland ['swɪtsələnd] *n* die Schweiz; **to ~** in die Schweiz

swivel ['swɪvəl] **I.** *n* Drehring *m*, Drehgelenk *nt* **II.** *vt* <BRIT, AUS -ll- *or* AM *usu* -l-> drehen **III.** *vi* <BRIT, AUS -ll- *or* AM *usu* -l-> sich drehen

swivel chair *n* Drehstuhl *m*

swollen ['swəʊlən] **I.** *pp of* swell **II.** *adj* ❶ (*puffy*) geschwollen; *face* aufgequollen ❷ (*larger than usual*) angeschwollen

swoop [swuːp] **I.** *n* Sturzflug *m* **II.** *vi* (*dive*) niederstoßen, herabstoßen

swop <-pp-> [swɒp] *vt, vi esp* BRIT, CAN *see* **swap**

sword [sɔːd] *n* Schwert *nt*

swore [swɔːʳ] *pt of* **swear**

sworn [swɔːʳn] **I.** *pp of* **swear II.** *adj attr* beschworen, beeidet; ~ **enemy** Todfeind(in) *m(f)*

swot <-tt-> [swɒt] **I.** *vt, vi* BRIT, AUS (*fam*) **to ~ [up (on)]** büffeln, pauken **II.** *n* (*pej*) Streber(in) *m(f)*

swozzled [swɑːzld] *adj pred* AM (*sl*) besoffen *derb*

swum [swʌm] *pp, a.* Aus *pt of* **swim**

swung [swʌŋ] *pt, pp of* **swing**

syllable ['sɪləbl] *n* Silbe *f;* (*fig*) **they haven't spoken one ~ to each other all day** sie haben den ganzen Tag über noch keinen Ton miteinander gesprochen

syllabus <*pl* -es *or form* syllabi> ['sɪləbəs, *pl* -aɪ] *n* Lehrplan *m*

symbol ['sɪmbəl] *n* Symbol *nt*, Zeichen *nt*

symbolize ['sɪmbəlaɪz] *vt* symbolisieren

symmetrical [sɪ'metrɪkəl] *adj* symmetrisch; *face* ebenmäßig

symmetry ['sɪmətri] *n no pl* (*balance*) Symmetrie *f;* (*evenness*) Ebenmäßigkeit *f*

sympathetic [ˌsɪmpə'θetɪk] *adj* ❶ (*understanding*) verständnisvoll; ▪**to be ~ about sth** für etw *akk* Verständnis haben; (*sympathizing*) mitfühlend ❷ (*likeable*) *fictional characters* sympathisch

sympathize ['sɪmpəθaɪz] *vi* ❶ (*show understanding*) Verständnis haben; (*show compassion*) Mitleid haben ❷ (*agree with*) sympathisieren

sympathy ['sɪmpəθi] *n* ❶ *no pl* (*compassion*) Mitleid *nt* (**for** mit); (*commiseration*) Mitgefühl *nt* ❷ (*condolences*) ▪**sympathies** *pl* Beileid *nt kein pl*

symphony ['sɪm(p)fəni] *n* Sinfonie *f*, Symphonie *f;* ~ **orchestra** Sinfonieorchester *nt*

symptom ['sɪm(p)təm] *n* ❶ MED Symptom *nt*, Krankheitszeichen *nt* ❷ (*fig: indicator*) [An]zeichen *nt*, Symptom *nt geh*

synagogue ['sɪnəgɒg] *n* Synagoge *f*

synchronize ['sɪŋkrənaɪz] **I.** *vt* aufeinander abstimmen **II.** *vi* zeitlich zusammenfallen

synchrony ['sɪŋkrəni] *n no pl* SCI Synchronie *f*

syndicate I. *n* ['sɪndɪkət] ❶ + *sing/pl vb* COMM, FIN Syndikat *nt*, Verband *m* ❷ JOURN Pressesyndikat *nt* **II.** *vt* ['sɪndɪkeɪt] ❶ JOURN an mehrere Zeitungen verkaufen ❷ (*finance*) über ein Syndikat finanzieren

syndrome ['sɪndrəʊm] *n* MED (*a. fig*) Syndrom *nt*

synonym ['sɪnənɪm] *n* Synonym *nt*

synonymous [sɪ'nɒnɪməs] *adj* synonym

synopsis <*pl* -ses> [sɪ'nɒpsɪs, *pl* -siːz] *n* Zusammenfassung *f*

synthetic [sɪn'θetɪk] **I.** *adj* synthetisch, künstlich; ~ **fibre** Kunstfaser *f* **II.** *n* synthetischer Stoff

syringe [sɪ'rɪndʒ] *n* MED Spritze *f*

syrup ['sɪrəp] *n no pl* Sirup *m*

system ['sɪstəm] *n* System *nt*

systematic [ˌsɪstə'mætɪk] *adj* systematisch

system error *n* Systemfehler *m* **system registry** *n* Systemregistrierung *f*

T t

T <*pl* -'s *or* -s>, **t** <*pl* -'s> [tiː] *n* T *nt*, t *nt; see also* **A 1** ▶**to a ~** (*fam*) **that fits him to a ~** das passt ihm wie angegossen; **that's Philip to a ~** das ist Philip, wie er leibt und lebt

t *n abbrev of* **metric ton t**

T [tiː] *n* (*fam*) *short for* **T-shirt** T-Shirt *nt*

ta [tɑː] *interj* BRIT (*fam: thanks*) danke

tab [tæb] *n* ❶ (*flap*) Lasche *f;* (*on file*) [Kartei]reiter *m* ❷ COMPUT Schreibschutz *m* ❸ (*fam: bill*) Rechnung *f;* **to pick up the ~** die Rechnung übernehmen ❹ AM (*ring pull*) Dosenring *m*

table ['teɪbl] *n* ❶ Tisch *m;* **to lay the ~** den Tisch decken ❷ (*information*) Tabelle *f* ▶**to turn the ~s on sb** jdm gegenüber den Spieß umdrehen *fam*

tablecloth *n* Tischtuch *nt* **tablespoon** *n* (*for measuring*) Esslöffel *m;* (*for serving*) Servierlöffel *m*

tablet ['tɒblət] *n* ❶ (*pill*) Tablette *f* ❷ (*flat slab*) Block *m;* ~ **of soap** BRIT Stück *nt* Seife ❸ (*writing pad*) Notizblock *m*

table tennis *n no pl* Tischtennis *nt*

tabloid ['tæblɔɪd] *n* Boulevardzeitung *f*

taboo [tə'buː], **tabu I.** *n* Tabu *nt;* **to break a ~** gegen ein Tabu verstoßen **II.** *adj* tabu,

Tabu-; **a ~ subject** ein Tabuthema *nt*
tabular ['tæbjələʳ] *adj* tabellarisch
tabulate ['tæbjəleɪt] *vt* (*form*) tabellarisch [an]ordnen
tachometer [tæk'ɒmɪtəʳ] *n* Tachometer *m*
tack [tæk] **I.** *n* ❶ (*nail*) kurzer Nagel; (*pin*) Reißzwecke *f* ❷ *no pl* (*riding gear*) Sattel- und Zaumzeug *nt* **II.** *vt* ❶ (*nail down*) festnageln ❷ *hem* heften **III.** *vi* NAUT wenden
tackle ['tækl] **I.** *n no pl* ❶ (*gear*) Ausrüstung *f*; NAUT Tauwerk *nt*; **fishing ~** Angelausrüstung *f* ❷ (*lifting device*) Winde *f*; **block and ~** Flaschenzug *m* **II.** *vt* ❶ *problem* angehen ❷ SPORTS ■ **to ~ sb** jdn angreifen
tacky[1] ['tæki] *adj* (*sticky*) klebrig
tacky[2] ['tæki] *adj esp* AM (*pej fam: in bad taste*) billig
tactful ['tæktf*ə*l] *adj* taktvoll
tactic ['tæktɪk] *n* (*strategy*) Taktik *f*; **delaying ~s** Verzögerungstaktik *f*; **dubious ~s** zweifelhafte Methoden
tactical ['tæktɪk*ə*l] *adj a.* MIL, POL taktisch
tactician [tæk'tɪʃ*ə*n] *n* Taktiker(in) *m(f)*
tactless ['tæktləs] *adj* taktlos
tadpole ['tædpəʊl] *n* Kaulquappe *f*
taffy ['tæfi] *n* AM *see* **toffee**
tag [tæg] **I.** *n* ❶ (*label*) Schild[chen] *nt*; (*on food, clothes*) Etikett *nt* ❷ *no pl* (*children's game*) Fangen *nt* **II.** *vt* <-gg-> (*label*) mit einem Schild versehen; *suitcase* mit Anhänger versehen ◆**tag along** *vi* (*fam*) hinterherlaufen ◆**tag on** I. *vt* ■**to ~ on** ○ **sth** etw anhängen **II.** *vi* **to ~ on to a group** sich einer Gruppe anschließen ◆**tag together** *vt* AM zusammenheften
tail [teɪl] *n* ❶ (*of animal*) Schwanz *m*; *of horse also* Schweif *m geh*; **to wag one's ~** mit dem Schwanz wedeln ❷ *of aeroplane* Rumpfende *nt*; *of car* Heck *nt* ❸ (*reverse of coin*) **heads or ~s?** Kopf oder Zahl? ▶**to keep on sb's ~** jdm auf den Fersen bleiben ◆**tail back** *vi* BRIT sich stauen ◆**tail off** *vi* nachlassen; *sound, voice* schwächer werden
tailback *n* BRIT [Rück]stau *m*
tailgate table *n* umklappbare Abdeckplatte [als Tisch]
tail light *n* Rücklicht *nt*
tailor ['teɪləʳ] **I.** *n* Schneider(in) *m(f)*; **~'s chalk** Schneiderkreide *f*; **~'s dummy** Schneiderpuppe *f* **II.** *vt* ❶ (*make clothes*) [nach Maß] schneidern ❷ (*modify*) *to sb's needs* abstimmen

tailor-made *adj* maßgeschneidert; **to have sth ~** [sich *dat*] etw [maß]schneidern lassen
take [teɪk] **I.** *n* ❶ *no pl* (*money received*) Einnahmen *pl* ❷ (*filming of a scene*) Take *m o nt fachspr* **II.** *vt* <took, taken> ❶ nehmen; (*accept*) *advice, bet, offer* annehmen; (*receive*) erhalten, bekommen; **to ~ sth badly/well** etw schlecht/gut aufnehmen; **to ~ offence** beleidigt sein; **to ~ pity on sb/sth** mit jdm/etw Mitleid haben; **to ~ sth seriously** etw ernst nehmen ❷ (*tolerate*) ertragen; **to be able to ~ a joke** einen Spaß verstehen ❸ (*require*) erfordern; **I ~ [a] size five** ich habe Schuhgröße fünf; **to ~ one's time** die *dat* Zeit lassen ❹ (*travel by*) nehmen; **to ~ the bus/car/train** mit dem Bus/Auto/Zug fahren ❺ (*consume*) *medicine* einnehmen ❻ (*capture*) gefangen nehmen; *city* einnehmen; *power* ergreifen ❼ (*assume*) **to ~ office** ein Amt antreten ❽ (*have*) **to ~ a rest/walk** eine Pause/einen Spaziergang machen ❾ (*write*) **to ~ an exam** eine Prüfung ablegen; **to ~ notes** sich *dat* Notizen machen ❿ (*for example*) **~ last week/me, ...** letzte Woche/ich zum Beispiel ... ⑪(*understand*) **I ~ it [that] ...** ich nehme an, [dass] ...; **to ~ sb's/the point** jds/den Standpunkt verstehen; **point ~n** [habe] verstanden ▶**to ~ sb by surprise** jdn überraschen; **she's got what it ~s** sie kann was; **what do you ~ me for?** wofür hältst du mich? ◆**take aback** *vt* (*surprise*) verblüffen; ■**to be ~n aback** verblüfft sein ◆**take after** *vi* ■**to ~ after sb** nach jdm kommen ◆**take along** *vt* mitnehmen ◆**take apart** *vt* auseinandernehmen ◆**take away** *vt* wegnehmen; ■**to ~ away** ○ **sb** jdn mitnehmen ◆**take back** *vt* ❶ (*retract*) *remark* zurücknehmen ❷ (*return*) [wieder] zurückbringen; **to ~ sb back [home]** jdn nach Hause bringen ◆**take down** *vt* ❶ (*write down*) [sich *dat*] notieren; **to ~ down notes** sich *dat* Notizen machen ❷ (*remove*) abnehmen ❸ (*disassemble*) abschlagen ◆**take in** *vt* ❶ (*bring inside*) *person* hineinführen; *sth* hineinbringen ❷ (*accommodate*) aufnehmen; **to ~ in lodgers** Zimmer vermieten ❸ (*admit*) *hospital* aufnehmen ❹ (*deceive*) hereinlegen; ■**to be ~n in [by sb/sth]** sich [von jdm/etw] täuschen lassen ❺ (*understand*) aufnehmen; **to ~ in a situation** eine Situation erfassen ◆**take off**

I. *vt* ❶ (*remove*) abnehmen; *clothes* ausziehen; *coat a.* ablegen; *hat* absetzen; **to ~ sth off the market** etw vom Markt nehmen; ■ **to ~ sth off sb** (*fam*) jdm etw wegnehmen ❷ (*bring away*) **he was ~n off to hospital** er wurde ins Krankenhaus gebracht ❸ (*not work*) **to ~ time off [work]** [sich *dat*] freinehmen **II.** *vi* ❶ *aeroplane* abheben ❷ (*fam: leave*) verschwinden ◆ **take on** *vt* ❶ *responsibility* auf sich *akk* nehmen ❷ *colour, expression* annehmen ❸ *workers, staff* einstellen ❹ *goods, a load* laden ◆ **take out** *vt* ❶ herausnehmen; (*bring outside*) hinausbringen; **to ~ out the rubbish** [*or* Am **trash**] den Müll hinausbringen ❷ Am *food* (*take away*) mitnehmen ❸ (*deduct*) herausnehmen; **to ~ time out** sich *dat* eine Auszeit nehmen ◆ **take over I.** *vt* übernehmen; (*fig*) in Beschlag nehmen **II.** *vi* (*assume responsibility*) ■ **to ~ over [from sb]** jdn ablösen; **the night shift ~s over at six o'clock** die Nachtschicht übernimmt um achtzehn Uhr ◆ **take to** *vi* ❶ (*start to like*) ■ **to ~ to sb/sth** an jdm/etw Gefallen finden ❷ (*begin as a habit*) anfangen; **to ~ to drink/drugs** anfangen zu trinken/Drogen zu nehmen ❸ (*go to*) **to ~ to one's bed** sich ins Bett legen; **to ~ to the hills** in die Berge flüchten ◆ **take up** *vt* ❶ (*bring up*) hinaufbringen; (*pick up*) aufheben; **to ~ up arms against sb** die Waffen gegen jdn erheben ❷ (*start doing*) anfangen; **to ~ up the piano/fishing** anfangen Klavier zu spielen/zu angeln ❸ (*start to discuss*) ■ **to ~ sth up with sb** etw mit jdm erörtern ❹ (*accept*) *challenge, offer* annehmen

takeaway *n* Brit, Aus ❶ Imbissbude *f* ❷ (*food*) Essen *nt* zum Mitnehmen; **Chinese ~** chinesisches Essen zum Mitnehmen

take-home pay *n no pl* Nettoeinkommen *nt*; *of employee* Nettogehalt *nt*

taken ['teɪkən] **I.** *vt, vi pp of* **take II.** *adj pred* begeistert; ■ **to be ~ with sb/sth** von jdm/etw angetan sein

take-off *n* ❶ aviat Start *m*; **to be ready for ~** startklar sein ❷ Brit, Aus (*imitation*) Parodie *f* (**of** auf)

take-out *n* Am *see* **takeaway**

takeover *n* Übernahme *f*

taking ['teɪkɪŋ] **I.** *n* ❶ (*receipts*) ■ **~s** *pl* Einnahmen *pl* ❷ med (*consumption*) Einnahme *f* **II.** *adj* einnehmend

talcum powder *n no pl* Talkpuder *m*

tale [teɪl] *n* ❶ (*story*) Geschichte *f*; lit Erzählung *f*; **fairy ~** Märchen *nt* ❷ (*lie*) Märchen *nt*; **tall ~s** Lügenmärchen *pl* ▶ **to live to tell the ~** (*also hum fam*) überleben

talent ['tælənt] *n* ❶ (*natural ability*) Talent *nt*, Begabung *f*; **of great ~** sehr talentiert ❷ *no pl* (*talented person*) Talente *pl*; **new/promising/young ~** neue/viel versprechende/junge Talente

talented ['tæləntɪd] *adj* begabt

Taliban ['tælɪbæn] *n no pl* Taliban *f*

talk [tɔːk] **I.** *n* ❶ (*discussion*) Gespräch *nt*; (*conversation*) Unterhaltung *f*; **to have a ~ with sb** mit jdm reden; **heart-to-heart ~** offene Aussprache; **to make small ~** Konversation betreiben ❷ (*lecture*) Vortrag *m* ❸ (*formal discussions*) ■ **~s** *pl* Gespräche *pl*; **peace ~s** Friedensverhandlungen *pl* **II.** *vi* (*speak*) sprechen, reden (**about** über, **to** mit); **to ~ to sb on the phone** mit jdm telefonieren; ■ **to ~ to oneself** Selbstgespräche führen ▶ **to be ~ing through one's hat** (*pej! fam*) nur so daherreden *fam* **III.** *vt* (*fam: discuss*) **to ~ business/money/politics** über Geschäfte/Geld/Politik sprechen ▶ **to ~ nonsense** (*pej*) Unsinn reden; **to ~ a blue streak** Am ohne Punkt und Komma reden *fam* ◆ **talk back** *vi* eine freche Antwort geben ◆ **talk down I.** *vt* (*dissuade*) ■ **to ~ sb down from sth** jdm etw ausreden **II.** *vi* (*pej*) ■ **to ~ down to sb** mit jdm herablassend reden ◆ **talk out** *vt* ❶ (*discuss thoroughly*) ■ **to ~ out ⟳ sth** etw ausdiskutieren ❷ (*be persuasive*) **to ~ one's way out of sth** sich aus etw *dat* herausreden ❸ (*convince not to*) ■ **to ~ sb out of sth** jdm etw ausreden ◆ **talk over** *vt* durchsprechen ◆ **talk round** *vt* jdn überreden (**to** zu) **II.** *vi* ■ **to ~ [a]round sth** um etw *akk* herumreden *fam* ◆ **talk through** *vt* durchsprechen; (*reassure with talk*) ■ **to ~ sb through sth** jdm bei etw *dat* gut zureden

talkative ['tɔːkətɪv] *adj* gesprächig, redselig

talker ['tɔːkəʳ] *n* (*person who speaks*) Sprechende(r) *f(m)*; (*talkative person*) Schwätzer(in) *m(f) pej*

talking point *n* ❶ (*topic*) Gesprächsthema *nt* ❷ (*fig: feature*) wesentlicher Vorzug

talking-to *n* (*pej*) Standpauke *f fam*; **to give sb a [good] ~** jdm eine [ordentliche] Standpauke halten

talk show n TV Talkshow f

tall [tɔːl] adj ① *building, fence, grass* hoch; *person* groß; **to be six feet ~** 1,83 m groß sein; **to grow ~** groß werden ② (*long*) *rod, stalk* lang ▶ **to stand ~** selbstbewusst auftreten; **~ story** unglaubliche Geschichte

tally ['tælɪ] I. n usu sing ① (*list for goods*) Stückliste f; (*for single item*) [Zähl]strich m ② (*count*) [zahlenmäßige] Aufstellung; **to keep a ~** eine [Strich]liste führen II. vi <-ie-> *figures, signatures* übereinstimmen (**with** mit) III. vt ① (*count*) ■**to ~ [up] sth** *amounts, sums* etw zusammenzählen ② (*check off*) *goods, items* nachzählen

tambourine [ˌtæmbəˈriːn] n Tamburin nt fachspr

tame [teɪm] I. adj ① *animal* zahm; *child* folgsam ② *book, joke* lahm II. vt (*also fig*) *person, river, animal* zähmen, bändigen

tamper ['tæmpə'] vi ■**to ~ with sth** ① (*handle improperly*) an etw dat herummachen fam ② (*engage improperly*) sich [insgeheim] in etw akk einmischen

tampon ['tæmpɒn] n Tampon m

tan [tæn] I. vi <-nn-> braun werden II. vt <-nn-> ① *skin* bräunen; **to be ~ned** braun gebrannt sein ② CHEM *hides, leather* gerben III. n ① (*skin*) [Sonnen]bräune f; **to get a ~** braun werden ② (*light brown*) Gelbbraun nt IV. adj *clothing, shoes* gelbbraun

tandem ['tændəm] I. n ① (*bicycle*) Tandem nt; (*carriage*) [Wagen]gespann nt ② TECH *of cylinders, drives* Reihe[nanordnung] f II. adv **to ride ~** Tandem fahren

tang [tæŋ] n (*smell*) [scharfer] Geruch; (*taste*) [scharfer] Geschmack

tangent ['tændʒənt] n MATH Tangente f fachspr ▶ **to fly off on a ~** [plötzlich] das Thema wechseln

tangerine [ˌtændʒəˈriːn] n Mandarine f

tangible ['tændʒəbl] adj ① (*also fig: perceptible*) fassbar; *benefits, results, success* greifbar; *difference, disappointment* spürbar ② (*real*) real; **~ advantage** echter Vorteil; **~ gain** realer Gewinn; **~ property** LAW Sachvermögen nt

Tangier [tænˈdʒɪə'] n Tanger nt

tangle ['tæŋgl] I. n ① (*also fig, pej: mass*) *of hair, wool* [wirres] Knäuel; ■**to be in a ~** *hair, wool* verfilzt sein ② (*also fig, pej: confusion*) Durcheinander nt; **to get into a ~**

sich verfangen II. vt (*also fig, pej*) durcheinanderbringen; *threads* verwickeln

tank [tæŋk] n ① *for liquid* [Flüssigkeits]behälter m; *for gas, oil* Tank m; **fish ~** Aquarium nt; **hot-water ~** Heißwasserspeicher m ② MIL Panzer m

tanker ['tæŋkə'] n ① NAUT Tanker m; **oil ~** Öltanker m ② AVIAT Tankflugzeug nt

tanned [tænd] adj ① *skin* braun [gebrannt] ② *hides, leather* gegerbt

tantalize ['tæntəlaɪz] I. vt ① (*excite*) reizen; (*fascinate*) in den Bann ziehen ② (*keep in suspense*) auf die Folter spannen II. vi (*excite*) reizen

tantalizing ['tæntəlaɪzɪŋ] adj verlockend; *smile* verführerisch

tantrum ['tæntrəm] n Wutanfall m; **to throw a ~** einen Wutanfall bekommen

Tanzania [ˌtænzəˈnɪə] n Tansania nt

Tanzanian [ˌtænzəˈnɪən] adj tansanisch

tap¹ [tæp] I. n ① BRIT Wasserhahn m; **to turn the ~ on/off** den Hahn auf-/zudrehen ② (*outlet*) Hahn m; **beer on ~** Bier nt vom Fass; **to be on ~** (*fig*) [sofort] verfügbar sein II. vt <-pp-> ① TELEC *conversation* abhören ② *energy, sources* erschließen ③ (*let out*) [ab]zapfen ④ MED punktieren

tap² [tæp] I. n ① [leichter] Schlag ② (*tap-dancing*) Stepp[tanz] m II. adj attr Stepp- III. vt <-pp-> ① *door, window* [leicht] klopfen (an/gegen); **to ~ sb on the shoulder** jdm auf die Schulter tippen ② MED *chest* abklopfen

tap dance n Stepptanz m

tape [teɪp] I. n ① (*strip*) Band nt; SPORTS (*for marking*) Zielband nt; (*for measuring*) Maßband nt; TYPO Lochstreifen m; **sticky ~** BRIT, AUS Klebeband nt ② (*spool*) *for recording* [Ton-/Magnet]band nt; **audio ~** Audiokassette f; **to record sth on ~** etw auf Band aufnehmen II. vt ① (*kleben*) **she ~d a note to the door** sie heftete eine Nachricht an die Tür ② (*record*) aufnehmen

tape-deck n Tapedeck nt

tape measure n Maßband nt

taper ['teɪpə'] I. n ① (*candle*) [spitz zulaufende] Wachskerze ② *of column, spire* Verjüngung f II. vt *column, spire* verjüngen III. vi *column, spire* sich verjüngen (**into** zu)

tape recorder n Tonbandgerät nt **tape recording** n Tonbandaufnahme f

tapered wing n AVIAT spitz zulaufender Flü-

gel

tar [tɑːʳ] I. *n no pl* ❶ (*on roads*) Teer *m*, Asphalt *m* ❷ (*in cigarettes*) Teer *m* II. *vt* <-rr-> *road* teeren

target ['tɑːgɪt] I. *n* ❶ Ziel *nt*; ■**to be on** ~ auf [Ziel]kurs liegen; **to hit the** ~ ins Schwarze treffen ❷ ECON (*goal*) Zielsetzung *f*, [Plan]ziel *nt* II. *vt* <BRIT -tt- *or* AM *usu* -t-> (*address, direct*) [ab]zielen (auf), sich richten (an)

targeted *adj* BRIT *customer, group* Ziel-; *profit* angestrebt; **to be** ~ als Zielgruppe ausgewählt werden; **places** ~ **by terrorists** von Terroristen ins Visier genommene Orte

target practice *n* MIL Übungsschießen *nt*, Zielschießen *nt*

tariff ['tærɪf] *n* ❶ (*form: table of charges*) Preisliste *f*; *of insurance* [Versicherungs]tarif *m* ❷ (*table of customs*) Zolltarif *m*

tarmac® ['tɑːmæk] I. *n no pl* BRIT (*paving material*) Asphalt *m*; ■**the** ~ (*road*) die Fahrbahn II. *vt* <-ck-> BRIT asphaltieren

tarnish ['tɑːnɪʃ] I. *vi* ❶ (*dull*) stumpf werden ❷ (*fig, pej: lose shine*) an Glanz verlieren II. *vt* (*dull*) trüben III. *n* ❶ (*dull condition*) Stumpfheit *f* ❷ (*coating*) Belag *m*

tarot ['tærəʊ] *n* CARDS Tarot *nt* o *m*

tarpaulin [tɑːˈpɔːlɪn] *n no pl* (*fabric*) [wasserdichtes] geteertes Leinwandgewebe

tart¹ [tɑːt] I. *n* ❶ (*small pastry*) [Obst]törtchen *nt* ❷ BRIT (*cake*) [Obst]torte *f*; **custard** ~ Vanillecremetorte *f* II. *adj* (*sharp*) *sauce, soup* scharf

tart² [tɑːt] *n* (*usu pej fam: loose female*) Schlampe *f* ♦ **tart up** *vt esp* BRIT (*fam or pej*) ■**to** ~ **oneself up** sich aufdonnern

tartan ['tɑːtən] I. *n no pl* (*cloth*) Schottenstoff II. *adj* Schotten-

tartar(e) sauce *n no pl* Remouladensoße *f*

task [tɑːsk] *n* Aufgabe *f*; ~ **in hand** zu erledigende Arbeit; **to set sb the** ~ **of doing sth** jdn [damit] beauftragen, etw zu tun

task force *n* ❶ MIL (*unit*) Eingreiftruppe *f* ❷ COMM (*group*) Arbeitsgruppe *f*

taste [teɪst] I. *n no pl* Geschmack *m*; **sense of** ~ Geschmackssinn *m*; **to be in poor** ~ geschmacklos sein; **to have [good]** ~ [einen guten] Geschmack haben II. *vt* ❶ schmecken; (*test*) probieren ❷ (*experience briefly*) *luxury, success* [einmal] erleben III. *vi* schmecken; ■**to** ~ **of sth** nach etw *dat* schmecken; **to** ~ **like sth** wie etw schme-

cken

tasteful ['teɪstfəl] *adj* ❶ (*appetizing*) schmackhaft ❷ (*decorous*) geschmackvoll, stilvoll

tasteless ['teɪstləs] *adj* ❶ geschmacksneutral; (*unappetizing*) fad[e] ❷ (*pej: unstylish, offensive*) geschmacklos

tastemaker ['teɪstmeɪkəʳ] *n* Trendsetter(in) *m(f)*

tasty ['teɪsti] *adj* lecker

ta-ta [təˈtɑː] *interj esp* BRIT (*fam*) tschüs

tattoo¹ [tætˈuː] *n* MIL Zapfenstreich *m*

tattoo² [tætˈuː] I. *n* Tätowierung *f* II. *vt* tätowieren

tatty ['tæti] *adj* (*pej*) ❶ (*tawdry*) geschmacklos [aufgemacht] ❷ (*showing wear*) zerfleddert; *book also* abgegriffen

taught [tɔːt] *pt, pp of* **teach**

taunt [tɔːnt] I. *vt* ❶ (*mock*) verspotten ❷ (*tease*) **to** ~ **sb about sth** jdn wegen einer S. *gen* hänseln II. *n* ❶ spöttische Bemerkung; (*tease*) Hänselei *f*

Taurus ['tɔːrəs] *n* ASTROL Stier *m*

taut [tɔːt] *adj* ❶ (*tight*) *rope* straff [gespannt] ❷ (*pej: tense*) *face, nerves* angespannt

tavern ['tævən] *n* BRIT (*old: pub*) Schenke *f*

tax [tæks] I. *n* <*pl* -es> ~ Steuer *f*; **income** ~ Einkommenssteuer *f*; **to collect/levy** ~ **es** Steuern einziehen/erheben ❷ *no pl* (*levying*) Besteuerung *f* II. *vt* ❶ besteuern; **to be** ~**ed [heavily/lightly]** [hoch/niedrig] besteuert werden ❷ (*burden*) belasten

taxable ['tæksəbl] *adj* steuerpflichtig; ~ **income** zu versteuerndes Einkommen

tax adviser *n* Steuerberater(in) *m(f)*

tax allowance *n* FIN Steuerfreibetrag *m*

tax assessment *n* FIN (*valuation*) Steuerveranlagung *f*

taxation [tækˈseɪʃən] *n no pl* ❶ Besteuerung *f* ❷ (*money obtained*) Steuereinnahmen *pl*; **direct/indirect** ~ direkte/indirekte Steuern

tax avoidance *n* FIN [legale] Steuerumgehung

tax bracket *n* FIN Steuerklasse *f* **tax-deductible** *adj* AM, AUS FIN steuerlich absetzbar **tax disc** *n* BRIT FIN (*on motor vehicle*) Steuerplakette *f*, Vignette *f* ÖSTERR, SCHWEIZ

tax dodger *n* FIN (*fam*) Steuerhinterzieher(in) *m(f)* **tax-free** *adj* steuerfrei

taxi ['tæksi] I. *n* Taxi *nt* II. *vi* AVIAT (*move*) rollen

taxi-driver *n* Taxifahrer(in) *m(f)* **taxi rank** *n* BRIT, **taxi stand** *n* AM Taxistand *m*

taxpayer n Steuerzahler(in) m(f)
tax rebate n FIN Steuernachlass m **tax relief** n FIN Steuervergünstigung f **tax return** n FIN Steuererklärung f **tax revenues** npl Steueraufkommen nt **tax-sensitive** adj steuerbegünstigt **tax system** n Steuerwesen nt **tax year** n FIN Steuerjahr nt
tea [tiː] n ❶ no pl (plant) Tee m, Teepflanze f ❷ (drink) Tee m; **fennel/peppermint** ~ Fenchel-/Pfefferminztee m ❸ (cup of tea) Tasse f Tee; **two ~s, please** zwei Tee, bitte ❹ BRIT (late afternoon meal) Tee m (mit Tee, Sandwiches, Kuchen); **afternoon** ~ Fünfuhrtee m
tea bag n Teebeutel m **tea break** n Teepause f
teach <taught, taught> [tiːtʃ] I. vt unterrichten; ■to ~ **sb sth** jdm etw beibringen; **this has taught him a lot** daraus hat er viel gelernt II. vi unterrichten
teacher ['tiːtʃər] n Lehrer(in) m(f); **English/physics** ~ Englisch-/Physiklehrer(in) m(f); **supply** [or AM **substitute**] ~ Aushilfslehrer(in) m(f)
teacher training n Lehrerausbildung f **teacher training college** n, **teacher's college** n pädagogische Hochschule
teaching ['tiːtʃɪŋ] I. n ❶ no pl Unterrichten nt ❷ no pl (profession) Lehrberuf m II. adj aids, methods Lehr-, Unterrichts-
teaching staff n + sing/pl vb Lehrerkollegium nt
tea cloth n ❶ BRIT (for dishes) Geschirrtuch nt ❷ (for table) [kleine] Tischdecke **tea cosy** n Teewärmer m **teacup** n Teetasse f **tea-leaves** npl [zurückgebliebene] Teeblätter pl
team [tiːm] n + sing/pl vb ❶ Team nt; SPORTS a. Mannschaft f; **research** ~ Forschungsgruppe f ❷ (harnessed animals) Gespann nt ◆**team up** vi ein Team bilden (**with** mit)
team effort n Teamarbeit f **team-mate** n Mitspieler(in) m(f) **team spirit** n Teamgeist m **team work** n Teamarbeit f
tea party n Teegesellschaft f **teapot** n Teekanne f
tear¹ [tɪər] n (watery fluid) Träne f; ■**to be in ~s** weinen; **~s of frustration/remorse** Tränen pl der Enttäuschung/Reue
tear² [teər] I. n in cloth, muscle Riss m; in wall Spalte f II. vt <tore, torn> ❶ fabric, paper zerreißen; **to ~ a hole in one's trousers** sich dat ein Loch in die Hose reißen ❷ **to ~ a muscle** sich dat einen Muskelriss zuziehen III. vi <tore, torn> [zer]reißen
◆**tear apart** vt ❶ fabric, paper zerreißen ❷ (attack) article, book verreißen ◆**tear at** vt ❶ (pull) bandage, fastener herumreißen (an); **to ~ at sb's heartstrings** jdm das Herz zerreißen ❷ (fam: eat) sich hermachen (über) ◆**tear away** vt (make leave) ■**to ~ sb away** jdn wegreißen; ■**to ~ oneself away** sich losreißen ◆**tear down** vt ❶ (destroy) abreißen ❷ (discredit) ■**to ~ sb ⌂ down** jdn schlechtmachen ◆**tear into** vt heftig kritisieren ◆**tear off** vt abreißen ◆**tear open** vt envelope, parcel aufreißen ◆**tear out** vt hair ausreißen; page herausreißen ◆**tear up** vt ❶ (rip) zerreißen ❷ (destroy) kaputtmachen fam
tearaway ['teərəweɪ] n BRIT, AUS (fam) Randalierer(in) m(f)
teardrop n (tear) Träne f
tearful ['tɪəfəl] adj ❶ (inclined to cry) den Tränen nah präd ❷ farewell, reunion tränenreich
tear gas n no pl Tränengas nt
tearing ['teərɪŋ] adj attr rasend
tear jerker n (fam) Schnulze f
tea room n, **tea shop** n Teestube f
tease [tiːz] I. n Quälgeist m fam; (playfully) neckische Person II. vt ❶ (make fun of) aufziehen ❷ (provoke) provozieren III. vi sticheln
teaser ['tiːzər] n (riddle) harte Nuss fam
teaspoon n Teelöffel m **teaspoonful** n Teelöffelvoll m **tea-strainer** n Teesieb nt
teat [tiːt] n ❶ (of breast) Zitze f ❷ (artificial) Sauger m
teatime n Teestunde f **tea towel** n Geschirrtuch nt **tea tray** n Tablett nt zum Teeservieren **tea trolley** n esp BRIT Teewagen m **tea urn** n esp BRIT Teespender m **tea wagon** n AM (tea trolley) Teewagen m
technical ['teknɪkəl] adj ❶ technisch ❷ (detailed) Fach-; ~ **aspects** fachliche Aspekte; ~ **term** Fachausdruck m ❸ (in technique) technisch
technician [tek'nɪʃən] n Techniker(in) m(f)
technique [tek'niːk] n Technik f, Verfahren nt; (method) Methode f
techno ['teknəʊ] n no pl Techno m o nt
technocrat ['teknəʊ] n Technokrat(in) m(f)
technological [ˌteknə'lɒdʒɪkəl] adj technologisch

technology [tek'nɒlədʒi] *n* Technologie *f*, Technik *f*; **computer** ~ Computertechnik *f*

teddy bear *n* Teddybär *m*

tee [tiː] *n* (*in golf*) Abschlagstelle *f* ◆ **tee off** *vi* ❶ (*in golf*) abschlagen ❷ (*fam: begin*) beginnen

teem [tiːm] *vi* ■**to** ~ **with sth** von etw *dat* wimmeln

teenage(d) ['tiːneɪdʒ(d)] *adj attr* jugendlich; (*sb who is a teenager*) im Teenageralter nach *n*

teenager ['tiːnˌeɪdʒəʳ] *n* Teenager *m*

teens [tiːnz] *npl* Jugendjahre *pl*; ■**to be in one's** ~ im Teenageralter sein

teeny *adj*, **teeny weeny** [ˌtiːni'wiːni] *adj* (*fam*) klitzeklein; **a** ~ **bit** (*hum*) ein klein wenig

tee shirt *n* T-Shirt *nt*

teeth [tiːθ] *n pl of* **tooth**

teethe [tiːð] *vi* zahnen

teetotal [ˌtiː'təʊtəl] *adj* ■**to be** ~ abstinent sein

teetotaler *n* A͟͟M *see* **teetotaller**

teetotaller [ˌtiː'təʊtələʳ] *n* Abstinenzler(in) *m(f)*

telecommunications [ˌtelɪkəˌmjuːnɪ'keɪʃənz] *npl* + *sing vb* Fernmeldewesen *nt kein pl*

telecommuting [ˌtelɪkə'mjuːtɪŋ] *n* C͟O͟M͟P͟U͟T͟ Telearbeit *f*

telecopy ['telɪkɒpi] *n* A͟M͟ Fax *n*, Telekopie *f form*

telegram ['telɪgræm] *n* Telegramm *nt*

telepathy [tɪ'lepəθi] *n no pl* Telepathie *f*

telephone ['telɪfəʊn] I. *n* ❶ (*device*) Telefon *nt*; **mobile** [*or* A͟M͟ *a.* **cell[ular]**] ~ Handy *m fam* ❷ *no pl* (*system*) ■**by** ~ telefonisch; ■**on the** ~ am Telefon II. *vt* anrufen

telephone book *n* Telefonbuch *nt* **telephone booth** *n* A͟M͟ *see* **telephone box telephone box** *n* B͟R͟I͟T͟ Telefonzelle *f* **telephone call** *n* Telefonanruf *m*; **to make a** ~ telefonieren **telephone conversation** *n* Telefongespräch *nt* **telephone directory** *n* Telefonverzeichnis *nt* **telephone exchange** *n* Fernsprechvermittlung *f* **telephone information service** *n* (*form*) Telefonauskunft *f* **telephone message** *n* (*form*) telefonische Nachricht **telephone number** *n* Telefonnummer *f* **telephone operator** *n* A͟M͟ Vermittlung *f* **telephone rates** *npl* Telefontarife *pl*

telephonist [tɪ'lefənɪst] *n* B͟R͟I͟T͟ Telefonist(in) *m(f)*

telephoto lens *n* Teleobjektiv *nt*

telepic [tel'epɪk] *n short for* **television epic** TV-Epos *nt*

teleprocessing [ˌtelɪ'prəʊsesɪŋ] *n* C͟O͟M͟P͟U͟T͟ Datenfernverarbeitung *f ohne pl*

telesales ['telɪseɪlz] *npl* Telefonmarketing *nt kein pl*

telescope ['telɪskəʊp] *n* Teleskop *nt*

telescopic [ˌtelɪ'skɒpɪk] *adj* (*collapsible*) ausziehbar; ~ **lens** Teleobjektiv *nt*

teleshopping ['telɪˌʃɒpɪŋ] *n* (*shop*) Internetshop *m*

televise ['telɪvaɪz] *vt* [im Fernsehen] übertragen

television ['telɪvɪʒən] *n* ❶ (*device*) Fernsehgerät *nt*, Fernseher *m fam* ❷ *no pl* (*TV broadcasting*) Fernsehen *nt*

television announcer *n* Fernsehsprecher(in) *m(f)* **television camera** *n* Fernsehkamera *f* **television program** A͟M͟ *see* **television programme television programme** *n* Fernsehprogramm *nt* **television set** *n* Fernsehapparat *m*, Fernseher *m* **television studio** *n* Fernsehstudio *nt*

teleworker ['telɪˌwɜːkəʳ] *n* Telearbeiter(in) *m(f)*

tell [tel] I. *vt* <told, told> ❶ sagen; (*relate*) erzählen; **to** ~ **a lie** lügen; **to** ~ **the truth** die Wahrheit sagen; **you're** ~**ing me!** (*fam*) wem sagst du das! ❷ (*instruct*) **do as you're told!** (*fam*) mach, was man dir sagt! ❸ (*discern*) erkennen; (*notice*) [be]merken; **to** ~ **the time** die Uhr lesen II. *vi* <told, told> (*liter*) ■**to** ~ **of sb/sth** von jdm/etw erzählen; **her face told of her anger** aus ihrem Gesicht sprach Zorn ◆ **tell apart** *vt* auseinanderhalten ◆ **tell off** *vt* (*reprimand*) ausschimpfen (**about/for** wegen)

teller ['teləʳ] *n* ❶ (*vote counter*) Stimmenzähler(in) *m(f)* ❷ A͟M͟, A͟U͟S͟ (*bank employee*) Kassierer(in) *m(f)*

telling ['telɪŋ] I. *adj* (*revealing*) aufschlussreich; (*effective*) wirkungsvoll II. *n* Erzählung *f*

telling-off <*pl* tellings-> [ˌtelɪŋ'ɒf] *n* Tadel *m*; **to give sb a** ~ **for** [**doing**] **sth** jdn für etw *akk* tadeln

telltale ['telteɪl] I. *n* (*pej*) Petze *f* II. *adj* verräterisch

telly ['teli] *n* B͟R͟I͟T͟, A͟U͟S͟ (*fam*) Glotze *f pej*; ■**on**

~ im Fernsehen

temp [temp] (*fam*) **I.** *n* (*temporary employee*) Zeitarbeiter(in) *m(f)* **II.** *vi* aushilfsweise arbeiten; **to be ~ing** auf befristete Zeit arbeiten

temper ['tempər] **I.** *n usu sing* (*state of mind*) Laune *f*; (*angry state*) Wut *f kein pl*; **to have a ~** leicht reizbar sein **II.** *vt* (*form: mitigate*) ausgleichen (**with** durch)

temperamental [ˌtempərə'mentəl] *adj* launisch

temperature ['temprətʃər] *n* Temperatur *f*; **body ~** Körpertemperatur *f*; **to have a ~** Fieber haben; **to take sb's ~** jds Temperatur messen

tempest ['tempɪst] *n* Sturm *m*

temple[1] ['templ] *n* REL Tempel *m*

temple[2] ['templ] *n* ANAT Schläfe *f*

tempo <*pl* -s *or* -pi> ['tempəʊ, *pl* -piː] *n* Tempo *nt*

temporarily ['tempərəli] *adv* vorübergehend

temporary ['tempərəri] *adj* (*not permanent*) vorübergehend; (*with specific limit*) befristet; **~ staff** Aushilfspersonal *nt*

tempt [tempt] *vt* ❶ (*entice*) in Versuchung führen; ■**to be ~ed** schwachwerden; ■**to be ~ed to do sth** versucht sein, etw zu tun ❷ (*attract*) reizen ▶**to ~ fate** das Schicksal herausfordern

temptation [temp'teɪʃən] *n* (*enticement*) Versuchung *f* ▶**and lead us not into ~** REL und führe uns nicht in Versuchung

tempting ['temptɪŋ] *adj* verführerisch; *offer also* verlockend

ten [ten] **I.** *adj* zehn; *see also* **eight** ▶**to be ~ a penny** BRIT wie Sand am Meer sein **II.** *n* Zehn *f*; **~ to one** zehn zu eins; **~s of thousands** zehntausende; *see also* **eight**

tenant ['tenənt] *n of rented accommodation* Mieter(in) *m(f)*; *of leasehold* Pächter(in) *m(f)*

tend[1] [tend] *vi* ❶ (*be directed towards*) tendieren ❷ (*incline*) neigen (**to[wards**] zu)

tend[2] [tend] *vt* sich kümmern (um); **to ~ sheep** Schafe hüten

tendency ['tendən(t)si] *n* Tendenz *f*; (*inclination*) Neigung *f*; ■**to have a ~ to[wards] sth** zu etw *dat* neigen

tender[1] ['tendər] *adj* ❶ *meat, skin* zart ❷ (*liter: youthful*) zart; **at a ~ age of 5** im zarten Alter von 5 Jahren ❸ (*affectionate*) zärtlich; **to have a ~ heart** ein weiches Herz haben

tender[2] ['tendər] **I.** *n* COMM (*price quote*) Angebot *nt*; **to submit a ~** ein Angebot machen **II.** *vt* (*form*) **to ~ the exact fare** das Fahrgeld genau abgezählt bereithalten **III.** *vi* COMM ein Angebot machen

tenderness ['tendənəs] *n no pl* ❶ (*fondness*) Zärtlichkeit *f* ❷ (*physical sensitivity*) [Schmerz]empfindlichkeit *f*

tendon ['tendən] *n* Sehne *f*

tenfold I. *adj* zehnfach **II.** *adv* um das Zehnfache

tennis ['tenɪs] *n no pl* Tennis *nt*

tennis ball *n* Tennisball *m* **tennis court** *n* Tennisplatz *m* **tennis racket** *n* Tennisschläger *m*

tenor ['tenər] *n* Tenor *m*; (*voice also*) Tenorstimme *f*

tenpin bowling *n no pl* Bowling *nt*

tense[1] [ten(t)s] *n* LING Zeit[form] *f*

tense[2] [ten(t)s] **I.** *adj muscle, person, voice* angespannt **II.** *vt muscle* anspannen

tension ['ten(t)ʃən] *n no pl* ❶ (*tightness*) Spannung *f* ❷ (*uneasiness*) [An]spannung *f*

tent [tent] *n* Zelt *nt*

tentacle ['tentəkl] *n* Tentakel *m*; (*as a sensor*) Fühler *m* ▶**to have one's ~s in sth** die Finger in etw *dat* haben

tentative ['tentətɪv] *adj* ❶ (*provisional*) vorläufig ❷ (*hesitant*) vorsichtig

tenth [ten(t)θ] **I.** *n* ■**the ~** der Zehnte; ■**a ~** ein Zehntel *nt* **II.** *adj attr* zehnte(r, s); ■**to be ~** Zehnte(r, s) sein **III.** *adv* als Zehnte(r, s)

tent peg *n* Hering *m*

tent pole *n* Zeltstange *f*

tepid ['tepɪd] *adj* lau[warm]; *applause* schwach

terabyte [terəbaɪt] *n* COMPUT Terabyte *m*

term [tɜːm] **I.** *n* ❶ (*of two*) Semester *nt*; (*of three*) Trimester *nt* ❷ (*set duration*) *of job* Amtszeit *f*; *of prison sentence* Gefängnisstrafe *f* ❸ (*range*) Dauer *f* ❹ (*phrase*) Ausdruck *m*; **~ of abuse** Schimpfwort *nt*; **technical ~** Fachausdruck *m* **II.** *vt* bezeichnen

terminal ['tɜːmɪnəl] **I.** *adj* ❶ (*fatal*) End-; **~ cancer** Krebs im Endstadium; **~ patient** Sterbepatient(in) *m(f)* ❷ TRANSP Terminal-; **~ building** Flughafengebäude *nt* **II.** *n* ❶ TRANSP Terminal *m o nt*; **air ~** Flughafengebäude *nt*; **ferry ~** Bestimmungshafen *m*; **rail ~** Endstation *f* ❷ (*part of computer*) Terminal *nt*

terminate ['tɜːmɪneɪt] **I.** *vt* beenden; *contract* aufheben **II.** *vi* enden
termini ['tɜːmɪnaɪ] *n pl of* **terminus**
terminus <*pl* -es *or* -ni> ['tɜːmɪnəs, *pl* -naɪ] *n* Endstation *f*; *of train also* Endbahnhof *m*
terrace ['terɪs] **I.** *n* Terrasse *f*; Brit ▪~**s** *pl* (*in a stadium*) Tribüne *f* **II.** *vt* terrassenförmig anlegen
terraced house *n* Reihenhaus *nt*
terracotta [ˌterəˈkɒtə] *n no pl* Terrakotta *f*
terrible ['terəbl] *adj* schrecklich, furchtbar
terribly ['terəbli] *adv* ❶ (*awfully*) schrecklich ❷ (*fam: extremely*) außerordentlich
terrific [təˈrɪfɪk] *adj* (*fam: excellent*) großartig, toll *fam*
terrify <-ie-> ['terəfaɪ] *vt* [fürchterlich] erschrecken; ▪**terrified** verängstigt
terrifying ['terəfaɪɪŋ] *adj thought, sight* entsetzlich; *speed* Angst erregend
territory ['terɪtᵊri] *n* ❶ (*area of land*) Gebiet *nt* ❷ *no pl* POL Hoheitsgebiet *nt* ❸ BIOL Revier *nt*
terror ['terəʳ] *n* ❶ *no pl* (*great fear*) schreckliche Angst ❷ (*political violence*) Terror *m*; **war on** ~ Bekämpfung *f* des Terrorismus
terrorism ['terᵊrɪzᵊm] *n no pl* Terrorismus *m*; **act of** ~ Terroranschlag *m*
terrorist ['terᵊrɪst] **I.** *n* Terrorist(in) *m(f)* **II.** *adj attr* terroristisch; ~ **attack** Terroranschlag *m*
terrorize ['terᵊraɪz] *vt* (*frighten*) in Angst und Schrecken versetzen; (*coerce by terrorism*) terrorisieren
tertiary ['tɜːʃᵊri] **I.** *adj* ❶ drittrangig; ~ **education** Hochschulbildung *f* ❷ MED *burns* dritten Grades *nach n* ❸ GEOL **T**~ Tertiär- **II.** *n* GEOL Tertiär *nt*
test [test] **I.** *n* Prüfung *f*, Test *m*; SCH Klassenarbeit *f*; UNIV Klausur *f*; **aptitude** ~ Eignungstest *m*; **blood** ~ Blutuntersuchung *f*; **driving** ~ Fahrprüfung *f*; **to put sth to the** ~ etw auf die Probe stellen **II.** *vt* ❶ SCH prüfen, testen ❷ (*try to discover*) untersuchen ❸ (*try to the limit*) ▪**to** ~ **sb/sth** jdn/etw auf die Probe stellen
testament ['testəmənt] *n* ❶ LAW Testament *nt*; **last will and** ~ Testament *nt* ❷ (*evidence*) Beweis *m*; ▪**to be [a]** ~ **to sth** etw beweisen ❸ REL **the New/Old T**~ das Neue/Alte Testament
test bench *n* Prüfstand *m* **test case** *n* LAW Musterprozess *m* **test drive** *n* Probefahrt *f*

testicle ['testɪkl] *n* Hoden *m*
testify <-ie-> ['testɪfaɪ] *vi* ❶ LAW (*give evidence*) [als Zeuge(in) *m(f)*] aussagen; ▪**to** ~ **against/for sb** gegen/für jdn aussagen ❷ (*prove*) ▪**to** ~ **to sth** von etw *dat* zeugen *geh*
testimony ['testɪməni] *n* [Zeugen]aussage *f*; **to bear** ~ **to sth** etw bezeugen; **to give** ~ aussagen
testing ['testɪŋ] **I.** *n no pl* Testen *nt*, Prüfen *nt* **II.** *adj attr situation* schwierig
test pilot *n* Testpilot(in) *m(f)* **test stage** *n* Versuchsstadium *nt* **test tube** *n* Reagenzglas *nt*
tetanus ['tetᵊnəs] *n no pl* Tetanus *m*
tetchy ['tetʃi] *adj* reizbar
tether ['teðəʳ] **I.** *n* [Halte]seil *nt* ▶ **to be at the end of one's** ~ am Ende seiner Kräfte sein **II.** *vt* **to** ~ **an animal [to sth]** ein Tier [an etw *dat*] anbinden
Texan ['teksᵊn] **I.** *n* Texaner(in) *m(f)* **II.** *adj* texanisch
Texas ['teksəs] *n* Texas *nt*
text [tekst] **I.** *n* ❶ *no pl* Text *m* ❷ (*book*) Schrift *f*; **set** ~ Pflichtlektüre *f* **II.** *vt* TELEC ▪**to** ~ **[sb] sth** [jdm] eine SMS[-Nachricht] senden
textbook **I.** *n* Lehrbuch *nt* **II.** *adj attr* (*usual*) Lehrbuch-; ~ **methods** Schulbuchmethoden *pl*
texter ['tekstəʳ] *n* **she is an avid** ~ sie schickt oft SMS
text-friendly *adj* mit SMS-Funktion *nach n*
textile ['tekstaɪl] *n* Stoff *m*; ▪~**s** *pl* Textilien *pl*
text-message ['tekstˌmesɪdʒ] **I.** *n* SMS *f* **II.** *vt* ▪**to** ~ **sb** jdm eine SMS[-Nachricht] senden; ▪**to** ~ **sth** etw per SMS schicken
Thai [taɪ] **I.** *n* ❶ (*person*) Thai *m o f*, Thailänder(in) *m(f)* ❷ (*language*) Thai *nt* **II.** *adj* thailändisch
Thailand ['taɪlænd] *n* Thailand *nt*
Thames [temz] *n no pl* Themse *f*; **the River** ~ die Themse
than [ðæn, ðᵊn] **I.** *prep* ❶ *after superl* (*in comparison to*) als; **bigger/earlier** ~ größer/früher als ❷ (*instead of*) **rather** ~ **sth** anstatt etw *gen* ❸ (*besides*) **other** ~ **sb/sth** außer jdm/etw *dat*; **other** ~ **that ...** abgesehen davon ... **II.** *conj* als
thank [θæŋk] *vt* ▪**to** ~ **sb** jdm danken, sich bei jdm bedanken; ~ **you [very much]**!

danke [sehr]!, vielen herzlichen Dank
thankful ['θæŋkfəl] *adj* ❶ *(grateful)* dankbar **(for** für) ❷ *(pleased)* froh
thankless ['θæŋkləs] *adj* ❶ *(not rewarding)* wenig lohnend ❷ *(ungrateful) person, behaviour* undankbar
thanksgiving [,θæŋks'gɪvɪŋ] *n no pl* ❶ *(gratitude)* Dankbarkeit *f;* **a prayer of** ~ ein Dankgebet *nt* ❷ Am *(public holiday)* ■ T~ Thanksgiving *nt*

Thanksgiving (Erntedank) ist einer der höchsten Feiertage in den USA. Er wird am vierten Donnerstag im November gefeiert. Traditionell treffen sich die meisten Leute mit ihrer Familie zu einem Festessen mit **stuffed turkey** (gefülltem Truthahn), **cranberry sauce** (Preiselbeersoße), **yams** (Süßkartoffeln) und **corn** (Mais).

thank you *n* Danke[schön] *nt;* **to say [a]** ~ **to sb** sich *akk* bei jdm bedanken
thank-you note *n,* **thank-you letter** *n* Dankesbrief *m*
that [ðæt, ðət] I. *adj dem (person, thing specified)* der/die/das; *(farther away)* der/die/das [... dort [*o* da]]; **who is** ~ **girl?** wer ist das Mädchen? II. *pron* ❶ *dem (person, thing, action specified)* das; *(farther away)* das [da [*o* dort]]; ~**'s enough** das reicht; **who's** ~**?** wer ist das?; ~**'s why** deshalb ❷ *dem, after prep* **after**/**before** ~ danach/davor; **over**/**under** ~ darüber/darunter ❸ *rel (which, who)* der/die/das; **the baby smiles at anyone** ~ **smiles at her** das Baby lächelt alle an, die es anlächeln ❹ *rel (when)* als; **the year** ~ **Anna was born** das Jahr, in dem Anna geboren wurde III. *conj* ❶ dass; **I knew** ~ ... ich wusste, dass ...; **it was so dark** [~] **I couldn't see anything** es war so dunkel, dass ich nichts sehen konnte; **considering** [~] ... wenn man bedenkt, dass ...; **supposing** [~] ... angenommen, dass ... ❷ *(with a purpose)* **so** ~ damit ❸ *(as a reason)* weil, da [ja]; **now** ~ **we've bought a house** ... jetzt, wo wir ein Haus gekauft haben .. IV. *adv* so; **it wasn't** [**all**] ~ **good** so gut war es [nun] auch wieder nicht
thatch [θætʃ] I. *n no pl (roof)* Reetdach *nt* II. *vt* mit Reet decken
thaw [θɔ:] I. *n (weather)* Tauwetter *nt* II. *vi (unfreeze)* auftauen III. *vt* FOOD auftauen

the [ði:, ði, ðə] I. *art def* ❶ *before masc n* der; *before fem n* die; *before neuter n* das; **at** ~ **cinema** im Kino; **on** ~ **table** auf dem Tisch ❷ *(in titles)* der/die; **Edward** ~ **Seventh** Eduard der Siebte ❸ *(before adjective)* der/die/das; ~ **inevitable** das Unvermeidliche ❹ *(to represent group)* der/die/das; *(with mass group)* die; ~ **democrats**/**poor** die Demokraten/Armen ❺ *(with superlative)* der/die/das; ~ **highest**/**longest** ... der/die/das höchste/längste ... ❻ *(with dates)* der; ~ **24th of May, May** ~ **24th** der 24. Mai; *(with time period)* **in** ~ **eighties** in den achtziger Jahren II. *adv + comp* **all** ~ **better**/**worse** umso besser/schlechter; ~ **colder it got,** ~ **more she shivered** je kälter es wurde, desto mehr zitterte sie
theater *n* Am *see* **theatre**
theatre ['θɪətə'] *n* ❶ Theater *nt;* **lecture** ~ Hörsaal *m* ❷ Brit med Operationssaal *m* ❸ *no pl (dramatic art)* Theater *nt;* **the Greek** ~ das griechische Theater
theatre company *n* [Theater]ensemble *nt,* Schauspieltruppe *f* **theatre critic** *n* Theaterkritiker(in) *m(f)* **theatregoer** *n* Theaterbesucher(in) *m(f)*
theatrical [θi'ætrɪkəl] *adj* ❶ *(of theatre)* Theater- ❷ *(exaggerated)* theatralisch
theft [θeft] *n* Diebstahl *m*
their [ðeə', ðə'r] *adj poss* ❶ *(of them)* ihr(e); **the children brushed** ~ **teeth** die Kinder putzten sich die Zähne; **she took** ~ **picture** sie fotografierte sie ❷ *(his or her)* **has everybody got** ~ **passport?** hat jeder seinen Pass dabei?
theirs [ðeəz] *pron* ihr(e, es); **they think everything is** ~ sie glauben, dass ihnen alles gehört; **a favourite game of** ~ eines ihrer Lieblingsspiele
them [ðem, ðəm] *pron object pron* ❶ *(persons, animals)* sie *in akk,* ihnen *in dat;* **I told** ~ **that** ... ich habe ihnen gesagt, dass ...; **the dogs are hungry — could you feed** ~**?** die Hunde haben Hunger — könntest du sie füttern? ❷ *(objects)* sie *in akk;* **I've lost my keys — I can't find** ~ **anywhere** ich habe meine Schlüssel verloren — ich kann sie nirgends finden ❸ *(him or her)* ihm/ihr *in dat,* ihn/sie *in akk;* **we want to show every customer that we appreciate** ~ wir wollen jedem Kunden zeigen, wie sehr wir ihn schätzen

theme [θiːm] *n* (*subject*) Thema *nt*
theme music *n no pl* FILM, TV Titelmusik *f*
theme park *n* Themenpark *m*
themselves [ðəmˈselvz] *pron refl* ❶ (*direct object*) sich; **the children behaved ~ very well** die Kinder benahmen sich sehr gut ❷ (*form: them*) sie selbst; **besides their parents and ~, no one else will attend their wedding** außer ihren Eltern und ihnen selbst wird niemand zu ihrer Hochzeit kommen ❸ (*emph: personally*) selbst; **to see/feel/try sth for ~** etw selbst sehen/fühlen/versuchen
then [ðen] **I.** *adj* (*form*) damalige(r, s) **II.** *adv* ❶ (*after that*) dann, danach ❷ (*at an aforementioned time*) damals; **before ~** davor, vorher; **by ~** bis dahin ❸ (*however*) **but ~** aber schließlich ❹ (*unwilling agreement*) **all right ~** na gut
theology [θiˈɒlədʒi] *n no pl* Theologie *f*
theoretical [θɪəˈretɪkəl] *adj* theoretisch
theory [ˈθɪəri] *n* ❶ *no pl* (*rules*) Theorie *f* ❷ (*possible explanation*) Theorie *f*; **in ~** theoretisch
therapeutic [ˌθerəˈpjuːtɪk] *adj* therapeutisch
therapist [ˈθerəpɪst] *n* Therapeut(in) *m(f)*
therapy [ˈθerəpi] *n* Therapie *f*, Behandlung *f*; **occupational ~** Beschäftigungstherapie *f*
there [ðeəʳ, ðəʳ] **I.** *adv* ❶ dort, da; **to be ~ for sb** für jdn da sein; **here and ~** hier und da; **in/out/over ~** da drin[nen]/da draußen/da drüben ❷ (*to a place*) dahin, dorthin; **~ and back** hin und zurück ❸ (*sentence introduction*) **~ appears to be ...** es scheint ...; **~ comes a point where ...** es kommt der Punkt, an dem ... ▶ **to be neither here nor ~** keine Rolle spielen; **~ you have it** na siehst du **II.** *interj* ❶ (*expressing sympathy*) da!; **~, ~!** ganz ruhig!, schon gut! ❷ (*fam*) **so ~!** und damit basta!
thereabouts [ˈðeərəbaʊts] *adv* ❶ (*in that area*) dort in der Nähe ❷ (*approximate time*) **or ~** oder so
thereafter *adv* (*form*) darauf; **shortly ~** kurze Zeit später
thereby *adv* dadurch
therefore [ˈðeəfɔːʳ] *adv* deshalb, daher
therein [ˌðeəˈrɪn] *adv* (*form or dated*) darin
thereupon [ˌðeərəˈpɒn] *adv* (*form*) daraufhin
thermal [ˈθɜːməl] **I.** *n* ❶ (*air current*) Thermik *f* ❷ (*underwear*) ■ **~s** *pl* Thermounterwäsche *f kein pl* **II.** *adj attr* MED Thermal-; **~ bath** Thermalbad *nt*
thermometer [θɜːˈmɒmɪtəʳ] *n* Thermometer *nt o* SCHWEIZ *a. m*
Thermos® [ˈθɜːmɒs] *n*, **Thermos® bottle** *n*, **Thermos® flask** *n* Thermosflasche *f*
thermostat [ˈθɜːməstæt] *n* Thermostat *m*
these [ðiːz] **I.** *adj pl of* **this II.** *pron dem pl of* **this** diese; **are ~ your bags?** sind das hier deine Taschen; **~ are my kids** das sind meine Kinder; **~ here** die da
thesis <*pl* -ses> [ˈθiːsəs, *pl* -siːz] *n* (*written study*) wissenschaftliche Arbeit; (*for diploma*) Diplomarbeit *f*; **doctoral ~** Doktorarbeit *f*
they [ðeɪ] *pron pers* ❶ (*3rd person plural*) sie; **~ are pretty** sie sind hübsch ❷ (*he or she*) er/sie; **ask a friend if ~ could help** frag einen Freund, ob er/sie helfen kann ❸ (*people in general*) sie; **~ say ...** es heißt ... ❹ (*fam: those with authority*) **~ cut my water off** man hat mir das Wasser abgestellt
they'd[1] [ðeɪd] = **they had** *see* **have**
they'd[2] [ðeɪd] = **they would** *see* **would**
they'll [ðeɪl] = **they will** *see* **will**[1]
they're [ðeəʳ] = **they are** *see* **be**
they've [ðeɪv] = **they have** *see* **have**
thick [θɪk] **I.** *adj* ❶ *coat, layer* dick; (*bushy*) *eyebrows* dicht; *hair also* voll ❷ *after n* (*measurement*) dick ❸ (*dense*) dicht; **~ with smoke** verraucht ❹ (*pej sl: mentally slow*) dumm ▶ **to have ~ skin** ein dickes Fell haben **II.** *n no pl* (*fam*) ■ **in the ~ of sth** mitten[drin] in etw *dat* **III.** *adv* (*heavily*) dick; **the snow lay ~ on the path** auf dem Weg lag eine dicke Schneedecke ▶ **to lay it on ~** dick auftragen *fam*
thicken [ˈθɪkən] **I.** *vt sauce* eindicken **II.** *vi* ❶ (*become less fluid*) dick[er] werden ❷ (*become denser*) dicht[er] werden ▶ **the plot ~s** (*prov*) die Sache wird langsam interessant
thickness [ˈθɪknəs] *n* ❶ *no pl* (*size*) Dicke *f* ❷ (*denseness*) Dichte *f*
thick-skinned *adj* dickhäutig; **to be ~** ein dickes Fell haben
thief <*pl* thieves> [θiːf] *n* Dieb(in) *m(f)* ▶ **like a ~ in the night** wie ein Dieb in der Nacht
thieving [ˈθiːvɪŋ] **I.** *n* (*liter, form*) Stehlen *nt* **II.** *adj attr* diebisch; **take your ~ hands off my cake!** (*hum*) lass deine Finger von meinem Kuchen!

thigh [θaɪ] *n* |Ober|schenkel *m*

thimble ['θɪmbl] *n* Fingerhut *m*

thin <-nn-> [θɪn] **I.** *adj* dünn; *for* leicht; *hair, crowd* spärlich; ~ **line** feine Linie; (*fig*) schmaler Grat ▶ **out of** ~ **air** aus dem Nichts; **to disappear into** ~ **air** sich in Luft auflösen **II.** *vt* <-nn-> ❶ (*make more liquid*) verdünnen ❷ (*remove some*) ausdünnen, lichten **III.** *vi* <-nn-> ❶ *soup* dünner werden; *crowd* sich zerstreuen; *fog* sich lichten ❷ (*become worn*) *material* sich verringern, abnehmen ◆**thin out I.** *vt* ausdünnen; *plants* pikieren **II.** *vi* weniger werden, sich verringern

thing [θɪŋ] *n* ❶ (*unspecified object*) Ding *nt*, Gegenstand *m*; (*unspecified idea, event*) Sache *f*; **to not be sb's** ~ nicht jds Ding *nt* sein *fam*; **the whole** ~ das Ganze; **just the** ~ genau das Richtige ❷ (*possessions*) ■~**s** *pl* Besitz *m* kein *pl*; (*for special purpose*) Sachen *pl* ❸ (*the situation*) **how are** ~**s [with you]**? (*fam*) wie geht's [dir]? ❹ (*fam: person*) **you lucky** ~! du Glückliche(r)!; **lazy** ~ Faulpelz *m* ▶ **to be onto a good** ~ (*fam*) etwas Gutes auftun

think [θɪŋk] **I.** *n no pl* (*fam*) **to have a** ~ **about sth** sich *dat* etw überlegen, über etw *akk* nachdenken **II.** *vi* <thought, thought> ❶ (*reason, have views/ideas*) denken; **not everybody** ~**s like you** nicht jeder denkt wie du; **to** ~ **highly of sb/sth** viel von jdm/etw halten; **I thought as much!** das habe ich mir schon gedacht!; ■**to** ~ **of sb/sth an** jdn/etw denken ❷ (*believe*) denken, glauben; **yes, I** ~ **so** ich glaube schon; **no, I don't** ~ **so** ich glaube nicht ❸ (*intend*) ■**to** ~ **of doing sth** erwägen, etw zu tun ❹ (*come up with*) **to** ~ **of an idea/solution** auf eine Idee/Lösung kommen ❺ (*reflect*) [nach]denken, überlegen **III.** *vt* <thought, thought> ❶ (*hold an opinion*) denken, glauben; **to** ~ **to oneself that ...** [bei] sich *dat* denken, dass ...; **who do you** ~ **you are?** für wen hältst du dich eigentlich? ❷ (*intend*) **I** ~ **I'll go for a walk** ich denke, ich mache einen Spaziergang ❸ (*remember*) ■**to** ~ **to do sth** daran denken, etw zu tun ◆**think about** *vi* ❶ denken (an) ❷ (*reflect*) nachdenken (über) ❸ (*consider*) ■**to** ~ **about sth** sich *dat* etw überlegen ◆**think ahead** *vi* vorausdenken; (*be foresighted*) sehr vorausschauend sein ◆**think back** *vi* zurückdenken (**to** an); ■**to** ~ **back over sth** sich *dat* etw noch einmal vergegenwärtigen ◆**think out** *vt* ❶ durchdenken; **a well thought out plan** ein gut durchdachter Plan ❷ (*plan*) vorausplanen ◆**think over** *vt* überdenken, ich überleg's mir noch mal *fam* ◆**think through** *vt* [gründlich] durchdenken ◆**think up** *vt* (*fam*) sich *dat* ausdenken

thinker ['θɪŋkə'] *n* Denker(in) *m(f)*

thinking ['θɪŋkɪŋ] **I.** *n no pl* ❶ Denken *nt*; **to do some** ~ **about sth** sich *dat* über etw *akk* Gedanken machen ❷ (*reasoning*) Überlegung *f*; **good** ~! **that's a brilliant idea!** nicht schlecht! eine geniale Idee! ❸ (*opinion*) Meinung *f*; **to my way of** ~ meiner Ansicht nach **II.** *adj attr* denkend, vernünftig

third [θɜːd] **I.** *n* ❶ (*fraction*) Drittel *nt* ❷ (*number 3*) Dritte(r, s); **George the T~** Georg der Dritte **II.** *adj* dritte(r, s); ~ **best** drittbeste(r, s); **the** ~ **time** das dritte Mal

third age *n* ■**the** ~ das dritte Leben

thirdly ['θɜːdli] *adv* drittens

third-party liability *n no pl* Haftpflicht *f*

third rate *adj* minderwertig **Third World** *n* ■**the** ~ die Dritte Welt

thirst [θɜːst] *n no pl* ❶ Durst *m*; **to die of** ~ verdursten ❷ (*fig*) Verlangen *nt*; ~ **for knowledge** Wissensdurst *m*; ~ **for power** Machtgier *f*

thirsty ['θɜːsti] *adj* durstig; **gardening is** ~ **work** Gartenarbeit macht durstig; ■**to be** ~ **for sth** (*fig*) nach etw *dat* hungern

thirteen [θɜːˈtiːn] **I.** *n* Dreizehn *f*; *see also* **eight II.** *adj* dreizehn; *see also* **eight**

thirteenth [θɜːˈtiːn(t)θ] **I.** *n* ❶ (*after twelfth*) ■**the** ~ der/die/das Dreizehnte; *see also* **eighth** ❷ (*fraction*) Dreizehntel *nt*; *see also* **eighth II.** *adj* dreizehnte(r, s); *see also* **eighth III.** *adv* als Dreizehnte(r, s); *see also* **eighth**

thirtieth ['θɜːtiəθ] **I.** *n* ❶ Dreißigste(r, s); *see also* **eighth** ❷ (*date*) **the** ~ der Dreißigste; *see also* **eighth** ❸ (*fraction*) Dreißigstel *nt*; *see also* **eighth II.** *adj* dreißigste(r, s); *see also* **eighth**

thirty ['θɜːti] **I.** *n* Dreißig *f*; *see also* **eight II.** *adj* dreißig; *see also* **eight**

this [ðɪs, ðəs] **I.** *adj attr* ❶ diese(r, s); **can you sign** ~ **form for me?** kannst du dieses Formular für mich unterschreiben? ❷ (*close in future*) diese(r, s); **I'll do it** ~ **Monday** ich erledige es diesen Montag; (*of today*) ~ **morning/evening** heute Morgen/Abend; ~ **minute** sofort ▶ **watch** ~ **space** BRIT man darf gespannt sein **II.** *pron* ❶ (*the thing/matter here*) das; **is** ~ **your bag?** ist das deine Tasche?; **what's all** ~ **about?** was soll das [Ganze] hier?; **listen to** ~ ... hör dir das an ... ❷ (*the person here*) das; ~ **is my husband, Stefan** das ist mein Ehemann Stefan; ~ **is the captain speaking** hier spricht der Kapitän ❸ (*with an action*) das; **like** ~ so ▶ ~ **and that** (*fam*) dies und das **III.** *adv* so; ~ **far and no further** (*also fig*) bis hierher und nicht weiter

thistle ['θɪsl] *n* Distel *f*

thorn [θɔ:n] *n* Dorn *m*; (*bush with prickles*) Dornenstrauch *m* ▶ **to be a** ~ **in sb's side** jdm ein Dorn im Auge sein

thorny ['θɔ:ni] *adj* ❶ (*with thorns*) dornig ❷ (*difficult*); *issue* heikel

thorough ['θʌrə] *adj* ❶ (*detailed*) genau ❷ (*careful*) sorgfältig, gründlich ❸ *attr* (*complete*) komplett

thoroughfare *n* (*form*) Durchgangsstraße *f*; "**no** ~ " „keine Durchfahrt"

thoroughly ['θʌrəli] *adv* ❶ (*in detail*) genau, sorgfältig ❷ (*completely*) völlig; **to** ~ **enjoy sth** etw ausgiebig genießen

those [ðəʊz] **I.** *adj dem pl* of **that** ❶ diese; **look at** ~ **lads over there** schau' dir die Typen da drüben an; **how much are** ~ **brushes?** wie viel kosten die Bürsten da? ❷ (*familiar referent*) jene; **several people died in** ~ **riots** mehrere Menschen starben bei jenen Unruhen ❸ (*singling out*) **I like** ~ **biscuits with the almonds in them** ich mag die Kekse mit den Mandeln drinnen **II.** *pron pl* of **that** ❶ (*people, objects over there*) diejenigen; **what are** ~ **?** was ist das?; **these peaches aren't ripe, try** ~ **on the table** diese Pfirsiche sind noch nicht reif, versuch' die auf dem Tisch; ~ **are my kids over there** das sind meine Kinder da drüben ❷ (*past times*) damals; ~ **were the days** das war eine tolle Zeit ❸ (*the people*) ■ ~ **who ...** diejenigen, die ...

though [ðəʊ] **I.** *conj* ❶ (*despite the fact that*) obwohl ❷ (*however*) [je]doch ❸ (*fam: nevertheless*) dennoch; **the report was fair,** ~ der Bericht war trotz allem fair ❹ (*if*) ■ **as** ~ als ob **II.** *adv* trotzdem, dennoch

thought [θɔ:t] **I.** *n* ❶ *no pl* Nachdenken *nt,* Überlegen *nt;* **food for** ~ Denkanstöße *pl;* **freedom of** ~ Gedankenfreiheit *f;* **train of** ~ Gedankengang *m* ❷ (*opinion, idea*) Gedanke *m;* **to spare a** ~ **for sb/stb** an jdn/etw denken ▶ **it's the** ~ **that counts** (*fam*) der gute Wille zählt **II.** *vt, vi pt, pp of* **think**

thoughtful ['θɔ:tfəl] *adj* ❶ (*considerate*) aufmerksam ❷ (*mentally occupied*) nachdenklich

thoughtless ['θɔ:tləs] *adj* ❶ (*inconsiderate*) rücksichtslos ❷ (*without thinking*) unüberlegt

thought-out *adj* durchdacht

thought-provoking *adj* nachdenklich stimmend; **she made some very** ~ **remarks** ihre Bemerkungen gaben mir zu denken

thousand ['θaʊzənd] **I.** *n* ❶ *no pl* Tausend *f;* **one** ~ **/two** ~ [ein]tausend/zweitausend; **the year two** ~ **and five** [das Jahr] zweitausend und fünf; **a** ~ **pounds** [ein]tausend Pfund ❷ *pl* (*fam: lots*) ■ ~ **s** Tausende *pl* **II.** *adj attr* tausend; **I've said it a** ~ **times** ich habe es jetzt unzählige Male gesagt

thousandth ['θaʊzən(d)θ] **I.** *n* (*in series*) Tausendste(r, s); (*fraction*) Tausendstel *nt* **II.** *adj* tausendste(r, s); ■ **the** ~ **...** der/die/das tausendste ...; **a** ~ **part** ein Tausendstel *nt;* **the** ~ **time** das tausendste Mal

thrash [θræʃ] *vt* ❶ verprügeln ❷ (*fam: defeat*) haushoch schlagen ◆ **thrash out** *vt* ❶ (*fam: discuss*) ausdiskutieren ❷ (*produce by discussion*) aushandeln

thrashing ['θræʃɪŋ] *n* Prügel *pl;* **to give sb a** [**good**] ~ jdm eine [anständige] Tracht Prügel verpassen

thread [θred] **I.** *n* ❶ *no pl* (*for sewing*) Garn *nt* ❷ (*fibre*) Faden *m,* Faser *f* **II.** *vt a needle* einfädeln

threat [θret] *n* ❶ Drohung *f;* **death** ~ Morddrohung *f;* **an empty** ~ eine leere Drohung ❷ LAW (*menace*) Bedrohung *f* ❸ *no pl* (*potential danger*) Gefahr *f,* Bedrohung *f;* ~ **of war** Kriegsgefahr *f*

threaten ['θretən] **I.** *vt* ❶ ■ **to** ~ **sb** jdn bedrohen; ■ **to** ~ **sb with sth** jdm mit etw *dat* drohen; **to** ~ **sb with violence** jdm Gewalt androhen ❷ (*be a danger*) gefährden **II.** *vi* drohen; ■ **to** ~ **to do sth** damit drohen, etw zu tun

threatening ['θretənɪŋ] *adj* ❶ (*hostile*) drohend, Droh-; ~ **letter** Drohbrief *m* ❷ (*menacing*) bedrohlich; *clouds* dunkel

three [θriː] **I.** *n* ❶ Drei *f; see also* **eight** ❷ (*quantity*) drei; **in ~s** in Dreiergruppen ❸ (*the time*) drei [Uhr]; **at ~ pm** um drei Uhr [nachmittags], um fünfzehn Uhr ▶ **two's company, ~'s a crowd** drei sind einer zu viel **II.** *adj* drei; **I'll give you ~ guesses** dreimal darfst du raten; *see also* **eight**

three-D *adj* (*fam*) *short for* **three-dimensional** 3-D· **three-dimensional** *adj* dreidimensional

threefold I. *adj* dreifach **II.** *adv* ■ **the ~** das Dreifache

three-hander [ˌθriːˈhændər] *n* THEAT Drei-Personen-Stück *nt* **three-part** *adj attr* dreistimmig **three-piece I.** *adj* ❶ (*of three items*) dreiteilig ❷ (*of three people*) Dreimann- **II.** *n* Dreiteiler *m* **three-quarter** *adj attr* dreiviertel

threshold [ˈθreʃ(h)əʊld] *n* ❶ [Tür]schwelle *f* ❷ (*beginning*) Anfang *m,* Beginn *m* ❸ (*limit*) Grenze *f,* Schwelle *f;* **~ country** Schwellenland *nt;* **pain ~** Schmerzgrenze *f*

threw [θruː] *pt of* **throw**

thrifting [ˈθrɪftɪŋ] *n no pl* Trödeln *nt*

thrill [θrɪl] **I.** *n* (*wave of emotion*) Erregung *f;* (*titillation*) Nervenkitzel *m* **II.** *vt* (*excite*) erregen; (*fascinate*) faszinieren

thriller [ˈθrɪlər] *n* Thriller *m*

thrilling [ˈθrɪlɪŋ] *adj* aufregend; *story* spannend; **~ sight** überwältigender Anblick

thriving [ˈθraɪvɪŋ] *adj* blühend; *business* florierend; *community* gut funktionierend

throat [θrəʊt] *n* ❶ (*inside of the neck*) Rachen *m,* Hals *m;* **to have a sore ~** Halsschmerzen haben; **to clear one's ~** sich räuspern ❷ (*front of the neck*) Kehle *f,* Hals *m*

throb [θrɒb] **I.** *n* Klopfen *nt;* *of heart, pulse* Pochen *nt* **II.** *vi* <-bb-> klopfen; *pulse, heart* pochen

throne [θrəʊn] *n* Thron *m;* REL Stuhl *m;* **heir to the ~** Thronerbe(in) *m(f);* **to ascend to the ~** den Thron besteigen

throttle [ˈθrɒtl] **I.** *n* AUTO Gaspedal *nt;* **at full/half ~** mit voller/halber Geschwindigkeit **II.** *vt* ❶ AUTO **to ~ the engine** Gas wegnehmen ❷ (*strangle*) erdrosseln ♦ **throttle back I.** *vi* den Motor drosseln **II.** *vt* drosseln

through [θruː] **I.** *prep* ❶ durch; **we drove ~ the tunnel** wir fuhren durch den Tunnel; **her words kept running ~ my head** ihre Worte gingen mir ständig durch den Kopf; **he cut ~ the string** er durchschnitt die Schnur; **she looked ~ her mail** sie sah ihre Post durch ❷ (*during*) während; **they drove ~ the night** sie fuhren durch die Nacht ❸ (*to the finish*) **to get ~ sth** etw durchstehen ❹ *esp* AM (*up until*) bis; **she works Monday ~ Thursday** sie arbeitet von Montag bis Donnerstag ❺ (*because of*) wegen, durch ❻ (*by means of*) über; **~ chance** durch Zufall ❼ MATH (*divided into*) durch **II.** *adj* ❶ *pred* (*finished*) fertig ❷ *attr* TRANSP (*without stopping*) durchgehend; **~ station** Durchgangsbahnhof *m* **III.** *adv* ❶ durch; **the train goes ~ to Hamburg** der Zug fährt bis nach Hamburg durch; **to be halfway ~** etw halb durch haben; **to think sth ~** etw durchdenken ❷ (*from outside to inside*) völlig; **cooked ~** durchgegart; **soaked ~** völlig durchnässt

throughout [θruːˈaʊt] **I.** *prep* ❶ (*all over in*) **people ~ the country** Menschen im ganzen Land ❷ (*at times during*) während; **~ the performance** die ganze Vorstellung über **II.** *adv* ❶ (*in all parts*) vollständig ❷ (*the whole time*) die ganze Zeit [über]

through traffic *n no pl* Durchgangsverkehr *m;* "**no ~!**" „keine Durchfahrt!" **through train** *n* durchgehender Zug

throughway *n* AM Autobahn *f*

throw [θrəʊ] **I.** *n* ❶ Wurf *m;* **a stone's ~ [away]** (*fig*) nur einen Steinwurf von hier ❷ (*fam: each*) ■ **a ~** pro Stück; **they're charging nearly £100 a ~ for concert tickets!** eine Konzertkarte kostet fast 100 Pfund ❸ (*furniture cover*) Überwurf *m* **II.** *vi* <threw, thrown> werfen **III.** *vt* <threw, thrown> ❶ werfen; *dice* würfeln; (*hurl*) schleudern; ■ **to ~ sb sth** jdm etw zuwerfen; **to ~ a glance at sb/sth** einen Blick auf jdn/etw werfen; ■ **to ~ oneself onto sb/sth** sich auf jdn stürzen/auf etw *akk* werfen ❷ (*dedicate*) ■ **to ~ oneself into sth** sich in etw *akk* stürzen ❸ (*pottery*) töpfern ❹ (*show emotion*) **to ~ a fit** (*fam*) einen Anfall bekommen ❺ (*give*) **to ~ a party** eine Party geben ♦ **throw away I.** *vt* ❶ (*discard*) wegwerfen ❷ (*waste*) verschwenden; **to ~ money away on sth** Geld für etw *akk* zum Fenster hinauswerfen **II.** *vi* (*in card games*) abwerfen ♦ **throw back** *vt hair, head* nach hinten werfen; *curtains* aufreißen; *whisky, beer* hinunterstürzen ♦ **throw down** *vt* ❶ herunterwerfen; **to ~ oneself down** sich niederwerfen ❷(*deposit forcefully*) hinwerfen; **to ~ down one's weapons** die Waffen strecken ◆**throw in** I. *vt* ■**to ~ sth in**[**to**] **sth** etw in etw *akk* [hinein]werfen; (*include in price*) ■**to ~ sth ⊃ in** etw gratis dazugeben II. *vi* [den Ball] einwerfen ◆**throw off** *vt* ❶ herunterreißen *fam; clothing* schnell ausziehen ❷(*jump*) ■**to ~ oneself off sth** sich von etw *dat* hinunterstürzen ◆**throw on** *vt* ❶(*place*) werfen (auf) ❷(*pounce upon*) ■**to ~ oneself on sb** sich auf jdn stürzen; ■**to ~ oneself on**[**to**] **sth** sich auf etw *akk* niederwerfen ❸(*cast*) **to ~ light on a crime** ein Verbrechen aufklären ◆**throw open** *vt* aufreißen; (*fig*) etw zugänglich machen ◆**throw out** *vt* ❶(*fling outside*) hinauswerfen ❷(*eject*) hinauswerfen ❸(*discard*) wegwerfen; **to ~ out a case** einen Fall abweisen ◆**throw together** *vt* (*fam: make quickly*) **to ~ a meal together** eine Mahlzeit zaubern ◆**throw up** I. *vt* ❶ hochwerfen; **to ~ up one's hands** die Hände hochreißen ❷(*build quickly*) schnell errichten ❸(*fam: vomit*) erbrechen II. *vi* (*fam*) sich übergeben

throwaway ['θrəʊəweɪ] *adj attr* (*disposable*) wegwerfbar; **~ razor** Einwegrasierer *m*; **~ culture** Wegwerfkultur *f*

throw-in *n* SPORTS Einwurf *m*

throwing ['θrəʊɪŋ] *n no pl* Werfen *nt; of clay* Töpfern an der Drehscheibe

thrown [θrəʊn] *pp of* **throw**

thru [θruː] *prep, adv, adj usu* AM (*fam*) *see* **through**

thrush[1] <*pl* -es> [θrʌʃ] *n* ORN Drossel *f*

thrush[2] <*pl* -es> [θrʌʃ] *n* MED Soor *m*; (*of vagina*) Pilzinfektion *f*

thrust [θrʌst] I. *n* ❶ Stoß *m* ❷ *no pl* (*impetus, purpose*) Stoßrichtung *f*; **the main ~ of an argument** die Hauptaussage eines Arguments ❸ *no pl* TECH Schubkraft *f* II. *vi* <thrust, thrust> **to ~ at sb with a knife** nach jdm mit einem Messer stoßen III. *vt* <thrust, thrust> ❶(*push with force*) **to ~ the money into sb's hand** jdm das Geld in die Hand stecken ❷(*stab, pierce*) stechen ❸(*impel*) hineinstoßen

thrusting ['θrʌstɪŋ] *adj* zielstrebig

thruway *n esp* AM *see* **throughway**

thud [θʌd] I. *vi* <-dd-> dumpf aufschlagen II. *n* dumpfer Schlag; **~ of hooves/shoes** Geklapper *nt* von Hufen/Schuhen

thug [θʌg] *n* (*pej*) Schlägertyp *m*

thumb [θʌm] I. *n* Daumen *m* ▶ **to stand out like a sore ~** unangenehm auffallen; **to twiddle one's ~** Däumchen drehen *fam* II. *vt* **to ~ a lift/ride** per Anhalter fahren, trampen

thumb-index *n* Daumenregister *nt* **thumbnail** *n* Daumennagel *m* **thumbnail sketch** *n* Abriss *m* **thumbtack** *n* AM, AUS (*drawing-pin*) Reißnagel *m* **thumb typing** *n no pl* Tippen auf einer winzigen Tastatur nur mit beiden Daumen

thump [θʌmp] I. *n* dumpfer Knall; **to give sb a ~** jdm eine knallen II. *vt* schlagen III. *vi* ■**to ~ on sth** auf etw *akk* schlagen; *heart* klopfen

thumping ['θʌmpɪŋ] (*fam*) I. *adj* kolossal; **to have a ~ headache** grässliches Kopfweh haben; **to tell ~ lies** faustdicke Lügen verbreiten *fam* II. *adv* unglaublich *fam*

thunder ['θʌndə'] I. *n no pl* ❶ METEO Donner *m*; **clap of ~** Donnerschlag *m*; **rumble of ~** Donnergrollen *nt* ❷(*loud sound*) Getöse *nt* II. *vi* (*make rumbling noise*) donnern; ■**to ~ by** vorbeidonnern III. *vt* brüllen

thunderclap *n* Donnerschlag *m* **thundercloud** *n usu pl* Gewitterwolke *f*

thundering ['θʌndərɪŋ] I. *n no pl* Donnern *nt* II. *adj* ❶(*extremely loud*) tosend ❷(*enormous*) enorm

thunderous ['θʌndərəs] *adj attr* donnernd; **~ applause** Beifallsstürme *pl*

thunderstorm *n* Gewitter *nt*

thundery ['θʌndəri] *adj* gewittrig

Thursday ['θɜːzdeɪ] *n* Donnerstag *m; see also* **Tuesday**

thus [ðʌs] *adv* ❶(*therefore*) folglich ❷(*in this way*) so

thyme [taɪm] *n no pl* Thymian *m*

Tibet [tɪ'bet] *n no pl* GEOG Tibet *nt*

tick[1] [tɪk] *n* ZOOL Zecke *f*

tick[2] [tɪk] I. *n* ❶(*sound of watch*) Ticken *nt kein pl*; '**~ tock**' (*fam*) ‚ticktack' ❷(*mark*) Haken *m* II. *vi* **what makes sb ~** was jdn bewegt III. *vt* abhaken ◆**tick off** *vt* ❶ abhaken; **to ~ off sth on one's fingers** etw an den Fingern abzählen ❷BRIT, AUS (*fam: reproach*) schelten ◆**tick over** I. *vi esp* BRIT ❶ TECH (*operate steadily*) auf Leerlauf geschaltet sein ❷(*function at minimum level*) am Laufen halten II. *vt* **to keep things ~ing over** die Dinge am Laufen halten

ticket ['tɪkɪt] *n* ❶(*card*) Karte *f*; **cinema/**

concert ~ Kino-/Konzertkarte *f*; **cloak-room** ~ Garderobenmarke *f*; **lottery** ~ Lottoschein *m*; **plane** ~ Flugticket *nt*; **return** ~ Rückfahrkarte *f* ❷ (*price tag*) Etikett *nt* ❸ (*notification of offence*) Strafzettel *m* ▶ **just the** ~ (*dated*) passt perfekt
ticket agency *n* Kartenbüro *nt* **ticket-collector** *n* (*on the train*) Schaffner(in) *m(f)*; (*on the platform*) Bahnsteigschaffner(in) *m(f)* **ticket counter** *n* Fahrkartenschalter *m* **ticket holder** *n* Kartenbesitzer(in) *m(f)* **ticket machine** *n* Fahrkartenautomat *m* **ticket-office** *n* RAIL Fahrkartenschalter *m*; THEAT Vorverkaufsschalter *m*
ticking-off <*pl* tickings-> *n* BRIT (*fam*) Tadel *m*; **to get a** ~ **from sb** von jdm getadelt werden
tickle ['tɪkl] I. *vi* kitzeln II. *vt* kitzeln; **to** ~ **sb's fancy** (*fam*) jdn reizen; ■ **to be** ~**d that** ... sich darüber amüsieren, dass ... III. *n no pl* ❶ (*itch*) Jucken *nt* ❷ (*irritation*) **a** ~ **in one's throat** ein Kratzen *nt* im Hals
ticklish ['tɪklɪʃ] *adj* kitzlig
tidal ['taɪdəl] *adj* ~ **basin** Tidebecken *nt*; ~ **harbour** den Gezeiten unterworfener Hafen
tidal wave *n* Flutwelle *f*
tide [taɪd] *n* ❶ Gezeiten *pl*; **flood** ~ Springflut *f*; **high** ~ Flut *f*; **low** ~ Ebbe *f*; **the** ~ **is in/out** es ist Flut/Ebbe ❷ (*trend*) Welle *f*; **the** ~ **has turned** die Meinung ist umgeschlagen
tidy ['taɪdi] I. *adj* ❶ ordentlich; **neat and** ~ sauber und ordentlich ❷ (*fam: considerable*) beträchtlich; ~ **sum** hübsche Summe *fam* II. *n* he gave his room a good ~ er räumte sein Zimmer gründlich auf III. *vt* aufräumen
tie [taɪ] I. *n* ❶ Krawatte *f*; **bow** ~ Fliege *f* ❷ *pl* (*links*) **diplomatic** ~**s** diplomatische Beziehungen; **family** ~**s** Familienbande *pl* ❸ (*equal score*) Punktegleichstand *m kein pl* II. *vi* <-y-> ❶ (*fasten*) schließen ❷ (*equal in points*) ■ **to** ~ **with sb/sth** denselben Platz wie jd/etw belegen III. *vt* <-y-> *parcel* verschnüren; *shoelaces* zubinden; *ribbon* binden; **to** ~ **sb's hands** jds Hände fesseln; **to** ~ **a knot** einen Knoten machen ▶ **sb's hands are** ~**d** jds Hände sind gebunden; **to** ~ **the knot** sich das Ja-Wort geben ◆ **tie back** *vt* zurückbinden ◆ **tie down** *vt* festbinden; (*restrict*) ■ **to be** ~**d down** gebunden sein; ■ **to** ~ **sb down to sth** (*fam*) jdn auf etw *akk* festlegen ◆ **tie in** *vi* ■ **to** ~ **in with sth** mit etw *dat* übereinstimmen ◆ **tie up** *vt* ❶ (*bind*) festbinden; *hair* hochbinden ❷ (*delay*) aufhalten ❸ (*busy*) ■ **to be** ~**d up** beschäftigt sein ❹ ■ **to be** ~**d up with sth** mit etw *dat* zusammenhängen ▶ **to** ~ **up some loose ends** etw erledigen
tie-back *n* Raffhalter *m* (*für Gardinen*)
tiepin *n* Krawattennadel *f*
tier [tɪəʳ] I. *n* (*row*) Reihe *f*; (*level*) Lage *f*; ~ **of management** Managementebene *f* II. *vt* (*next to each other*) aufreihen
tiger ['taɪgəʳ] *n* Tiger *m*
tight [taɪt] I. *adj* ❶ (*firm*) fest; *clothes* eng; *bend* eng; *budget* knapp; **to keep a** ~ **hold on sth** etw streng kontrollieren ❷ (*close together*) dicht; **in** ~ **formation** in geschlossener Formation ❸ (*stretched tautly*) gespannt; *muscle* verspannt ▶ **to keep a** ~ **rein over sb** jdn fest an die Kandare nehmen; **to run a** ~ **ship** ein strenges Regime führen II. *adv pred* straff; **to close/seal sth** ~ etw fest verschließen/versiegeln ▶ **sleep** ~ schlaf gut
tighten ['taɪtən] I. *vt* ❶ festziehen; *rope* festbinden ❷ (*increase pressure*) verstärken; **to** ~ **one's grip on sth** den Druck auf etw *akk* verstärken ▶ **to** ~ **one's belt** den Gürtel enger schnallen; **to** ~ **the reins** die Zügel anziehen II. *vi* straff werden
tightrope *n* Drahtseil *nt*; **to walk the** ~ auf dem Drahtseil tanzen
tights [taɪts] *npl* Strumpfhose *f*; **pair of** ~ Strumpfhose *f*
tigress <*pl* -es> ['taɪgres] *n* Tigerin *f*
tile [taɪl] I. *n* Fliese *f*; **roof** ~ Dachziegel *m* ▶ **to have a night** [out] **on the** ~**s** BRIT die Stadt unsicher machen *fam* II. *vt* fliesen
till[1] [tɪl] I. *prep see* **until** II. *conj see* **until**
till[2] [tɪl] *n* Kasse *f* ▶ **to be caught with one's hand in the** ~ auf frischer Tat ertappt werden *fam*
till[3] [tɪl] *vt soil* bestellen
tiller ['tɪləʳ] *n* Ruderpinne *f fachspr*; **at the** ~ am Ruder
tilt [tɪlt] I. *n* ❶ (*slope*) Neigung *f* ❷ (*of opinion*) Schwenk *m* ▶ [at] **full** ~ mit voller Kraft II. *vi* ❶ (*slope*) sich neigen ❷ (*of opinion*) ■ **to** ~ **away from sth/sb** sich von etw/jdm abwenden
timber ['tɪmbəʳ] I. *n no pl esp* BRIT Bauholz *nt*; **to fell** ~ Holz fällen II. *interj* "T~!"

„Achtung, Baum!"

time [taɪm] **I.** n ❶ no pl Zeit f; ~ **stood still** die Zeit stand still; **as** ~ **goes by** im Lauf[e] der Zeit; **for all** ~ für immer; **in** ~ mit der Zeit; **over** ~ im Lauf[e] der Zeit ❷ no pl (period, duration) Zeit f; ~'**s up** (fam) die Zeit ist um; **it will take some** ~ es wird eine Weile dauern; **breakfast/holiday** ~ Frühstücks-/Urlaubszeit f; **extra** ~ SPORTS Verlängerung f; **free** ~ Freizeit f; **injury** ~ BRIT SPORTS Nachspielzeit f; **period of** ~ Zeitraum m; **in one week's** ~ in einer Woche; **some/a long** ~ **ago** vor einiger/langer Zeit; **to pass the** ~ sich dat die Zeit vertreiben; **for a long/short** ~ [für] lange/kurze Zeit; **for the** ~ **being** vorläufig; **in no** ~ [at all] im Nu ❸ (pertaining to clocks) **what's the** ~? wie spät ist es?; **the** ~ **is 8:30** es ist 8.30 Uhr; **to tell the** ~ die Uhr lesen; **Greenwich Mean T**~ Greenwicher Zeit f; (specific time or hour) Zeit f; **arrival/departure** ~ Ankunfts-/Abfahrtszeit f; **this** ~ **tomorrow/next month** morgen/nächsten Monat um diese Zeit ❹ (occasion) Mal nt; **for the first** ~ zum ersten Mal; **some other** ~ ein andermal; **from** ~ **to** ~ ab und zu ❺ (frequency) Mal nt; ~ **and** [~] **again** immer [und immer] wieder; **three** ~**s as much** dreimal so viel ❻ no pl (correct moment) **it's** ~ **for bed** es ist Zeit, ins Bett zu gehen; **in** [**good**] ~ rechtzeitig; **on** ~ pünktlich ❼ usu pl (era, lifetime) Zeit f; **at his** ~ **of life** in seinem Alter ❽ MATH **two** ~**s five is ten** zwei mal fünf ist zehn ❾ no pl MUS Takt m; **to get out of** ~ aus dem Takt kommen; **to keep** ~ den Takt halten; **in three-four** ~ im Dreivierteltakt ❿ (work) **part** ~ Teilzeit f; **to have** ~ **off** frei haben ⓫ ([not] like) **to not have much** ~ **for sb** jdn nicht mögen ▸ ~ **is of the essence** die Zeit drängt; ~ **is money** (prov) Zeit ist Geld **II.** vt ❶ (measure duration) ■ **to** ~ **sb over 100 metres** jds Zeit beim 100-Meter-Lauf nehmen ❷ (choose best moment for) ■ **to** ~ **sth** den richtigen Zeitpunkt wählen

time bomb n (also fig) Zeitbombe f **time clock** n Stechuhr f **time-consuming** adj zeitintensiv **time difference** n Zeitunterschied m **timekeeper** n ❶ (in sports) Zeitnehmer m ❷ (clock, watch) Zeitmesser m; **to be a bad/good** ~ **person** sein Zeitsoll nie/immer erfüllen **time lag** n Zeitdifferenz f **time-lapse** adj attr film, photography Zeitraffer- **time limit** n Zeitbeschränkung f **time line** n zeitlicher Ablauf

timely ['taɪmli] adj rechtzeitig; remark passend; ~ **arrival** Ankunft f zur rechten Zeit; **in a** ~ **manner** rasch

time management n Zeiteinteilung f **timeout** n < pl times- or -s> (in sports) Auszeit f **II.** interj AM Stopp

timer ['taɪmər] n ❶ Timer m; (for eggs) Eieruhr f ❷ (time recorder) Zeitmesser m ❸ AM (time switch) Zeitschalter m

time-saving adj Zeit sparend **time scale** n Zeitrahmen m; ~ **of events** zeitliche Abfolge von Ereignissen **time sheet** n Arbeitsblatt nt **time switch** n BRIT, AUS Zeitschalter m **timetable I.** n (for bus, train) Fahrplan m; (for events, project) Programm nt **II.** vt usu passive planen **time zone** n Zeitzone f

timid <-er, -est or more timid, most timid> ['tɪmɪd] adj ängstlich; (shy) schüchtern

timing ['taɪmɪŋ] n no pl Timing nt; **perfect** ~! genau zum richtigen Zeitpunkt!

tin [tɪn] **I.** n ❶ no pl (metal) Zinn nt ❷ esp BRIT (can) Büchse f, Dose f **II.** vt <-nn-> esp BRIT in Dosen konservieren

tin can n Blechdose f

tinfoil ['tɪnfɔɪl] n no pl Alufolie f

tinge [tɪndʒ] **I.** n ❶ of colour Hauch m; ~ **of red** [leichter] Rotstich ❷ of emotion Anflug m kein pl **II.** vt usu passive ❶ (with colours) **to be** ~**d with orange** mit Orange [leicht] getönt sein ❷ (with an emotion) ~**d with admiration/regret** mit einer Spur von Bewunderung/Bedauern

tingle ['tɪŋgl] **I.** vi kribbeln; **to** ~ **with desire** vor Verlangen brennen; **to** ~ **with excitement** vor Aufregung zittern; **sb's spine** ~**s** jdm läuft ein Schauer über den Rücken **II.** n no pl Kribbeln nt

tinned [tɪnd] adj BRIT, AUS konserviert; ~ **fruit** Dosenfrüchte pl; ~ **milk** Büchsenmilch f

tin-opener n BRIT, AUS Dosenöffner m

tinsel ['tɪn(t)səl] n no pl Lametta nt

tint [tɪnt] **I.** n (hue) Farbton m; **warm** ~ warme Farbe **II.** vt hair tönen

tiny ['taɪni] adj winzig; **teeny** ~ (fam) klitzeklein

tip[1] [tɪp] **I.** n Spitze f ▸ **the** ~ **of the iceberg** die Spitze des Eisbergs; **it's on the** ~ **of my tongue** es liegt mir auf der Zunge **II.** vt <-pp-> **to** ~ **an a spear with poison** einen

Speer in Gift [ein]tauchen; **mountains ~ped with snow** Berge *pl* mit schneebedeckten Gipfeln

tip² [tɪp] **I.** *n* BRIT ❶ (*rubbish dump*) Deponie *f* ❷ (*fam: mess*) Saustall *m pej sl* **II.** *vt* <-pp-> ❶ (*empty out*) ■ **to ~ sth into sth** etw in etw *akk* ausschütten ❷ (*tilt*) neigen; **to ~ the window** das Fenster kippen **III.** *vi* <-pp-> (*tilt*) umkippen ◆ **tip off** *vt* einen Tipp geben ◆ **tip out I.** *vi* herauskippen **II.** *vt* ausleeren ◆ **tip over** *vt, vi* umschütten, umkippen ◆ **tip up** *vt, vi* kippen; *seat* hochklappen

tip³ [tɪp] **I.** *n* ❶ (*money*) Trinkgeld *nt;* **to leave a 10% ~** 10 % Trinkgeld geben ❷ (*suggestion*) Rat[schlag] *m*, Tipp *m fam;* **take a ~ from me ...** wenn du mich fragst, ... **II.** *vt* <-pp-> ❶ *a waiter* Trinkgeld geben ❷ *esp* BRIT (*predict*) tippen (auf) **III.** *vi* <-pp-> Trinkgeld geben

tip-off *n* (*fam*) Tipp *m*

tipsy ['tɪpsi] *adj* beschwipst

tiptoe ['tɪptəʊ] **I.** *n* **on ~|s|** auf Zehenspitzen **II.** *vi* auf Zehenspitzen gehen; ■ **to ~ in/out** hinein-/hinausschleichen

tip-up seat *n* Klappsitz *m*

tirade [taɪ'reɪd] *n* Tirade *f geh*

tire¹ ['taɪəʳ] *n* AM Reifen *m*

tire² ['taɪəʳ] **I.** *vt* ermüden; **to ~ oneself doing sth** von etw *dat* müde werden **II.** *vi* müde werden; ■ **to ~ of sth/sb** etw/jdn satthaben *fam*

tired <-er, -est *or* more tired, most tired> ['taɪəd] *adj* ❶ müde ❷ (*bored with*) **to be sick and ~ of sth/sb** von etw/jdm die Nase gestrichen voll haben *fam*

tiredness ['taɪədnəs] *n no pl* Müdigkeit *f*

tireless ['taɪələs] *adj* unermüdlich

tiresome ['taɪəsəm] *adj* mühsam; *habit* unangenehm

tiring ['taɪərɪŋ] *adj* ermüdend

tissue ['tɪʃuː, -sjuː] *n* ❶ (*for noses*) Papiertaschentuch *nt*, Tempo® *nt* ❷ (*for wrapping*) Seidenpapier *nt* ❸ *no pl* (*of animals or plants*) Gewebe *nt*

tissue banking *n no pl* MED Transplantatkonservierung *f*

tit [tɪt] *n* ❶ (*bird*) Meise *f;* **blue ~** Blaumeise *f* ❷ (*vulg: breast*) Titte *f* ▶ **~ for tat** wie du mir, so ich dir

title ['taɪtl] **I.** *n* ❶ Titel *m;* **job ~** Berufsbezeichnung *f* ❷ (*film credits*) ■ **~s** *pl* Vor-/Nachspann *m* **II.** *vt book, film* betiteln

titleholder *n* Titelverteidiger(in) *m(f)* **title page** *n* Titelblatt *nt* **title role** *n* Titelrolle *f* **title track** *n* Titelsong *m*

titter ['tɪtəʳ] **I.** *vi* kichern **II.** *n* Gekicher *nt kein pl*

to [tuː, tu, tə] **I.** *prep* ❶ (*moving towards*) zu; (*a named place*) nach; **we moved ~ Germany last year** wir sind letztes Jahr nach Deutschland gezogen; **she goes ~ university** sie geht auf die Universität; **she walked over ~ the window** sie ging [hinüber] zum Fenster; **~ the north/south** nördlich-/südlich; **from place ~ place** von Ort zu Ort ❷ (*in direction of*) auf; ■ **to point ~ sth** auf etw *akk* zeigen ❸ (*in contact with*) an; **cheek ~ cheek** Wange an Wange; **tie the lead ~ the fence** mach die Leine am Zaun fest ❹ (*with indirect object*) ■ **~ sb/sth** jdm/etw; **to be married ~ sb** mit jdm verheiratet sein; **to tell/show sth ~ sb** jdm etw erzählen/zeigen ❺ (*in response*) auf; **her reply ~ the question** ihre Antwort auf die Frage; **and what was her response ~ that?** und wie lautete ihr Antwort darauf? ❻ (*compared to*) mit; **I prefer beef ~ seafood** ich ziehe Rindfleisch Meeresfrüchten vor ❼ (*in scores*) zu ❽ (*until*) bis, zu; **unemployment has risen ~ almost 5 million** die Arbeitslosigkeit ist auf fast 5 Millionen angestiegen; **and ~ this day ...** und bis auf den heutigen Tag ...; **he drank himself ~ death** er trank sich zu Tode; **from morning ~ night** von morgens bis abends ❾ BRIT (*in clock times*) vor, bis SÜDD; **it's twenty ~ six** es ist zwanzig vor sechs ❿ (*in honour of*) auf; **here's ~ you!** auf dein/Ihr Wohl!; **the record is dedicated ~ her mother** die Schallplatte ist ihrer Mutter gewidmet ▶ **there's not much ~ it** das ist nichts Besonderes **II.** *to form infin* ❶ (*expressing intention*) **I'll have ~ tell him** ich werde es ihm sagen müssen; **to be about ~ do sth** gerade etw tun wollen; **she's gone ~ pick Jean up** sie ist Jean abholen gegangen; **we tried ~ help** wir versuchten zu helfen; (*omitting verb*) **would you like to go? — yes, I'd love ~** möchtest du hingehen? — ja, sehr gern ❷ (*expressing requests, wishes*) zu; **I asked her ~ give me a call** ich bat sie, mich anzurufen; (*expressing wish*) **would you like ~ dance?** möchten

Sie tanzen? ③ *(after wh- words)* **I don't know what ~ do** ich weiß nicht, was ich tun soll; **I don't know where ~ begin** ich weiß nicht, wo ich anfangen soll **III.** *adv* zu; **to push the door ~** die Tür anlehnen; **to come ~** zu sich *dat* kommen

toad [təʊd] *n* Kröte *f*

toad-in-the-hole *n* BRIT *in Teig gebackene Wurst* **toadstool** *n* Giftpilz *m*

toast [təʊst] **I.** *n* ① *no pl* Toast *m*; **slice of ~** Scheibe *f* Toast ② *(when drinking)* Toast *m*; **to drink a ~ to sb/sth** auf jdn/etw trinken **II.** *vt* ① *nuts* rösten; *bread, muffin* toasten ② *(drink to)* trinken (auf)

toaster ['təʊstə'] *n* Toaster *m*

toast rack *n* Toastständer *m*

tobacco [tə'bækəʊ] *n no pl* Tabak *m*

tobacconist [tə'bækənɪst] *n* Tabakwarenhändler(in) *m(f)*

-to-be [tə'biː] *in compounds boss-, husband-* zukünftige(r, s) *attr;* **bride-~** zukünftige Braut; **mother-~** werdende Mutter

toboggan [tə'bɒgən] **I.** *n* Schlitten *m*, Rodel *f* ÖSTERR **II.** *vi* Schlitten fahren, rodeln ÖSTERR

toboggan run *n*, **toboggan slide** *n* Rodelbahn *f*

today [tə'deɪ] **I.** *adv* heute; *(nowadays)* heutzutage **II.** *n no pl* heutiger Tag; **~'s date** heutiges Datum; **~'s paper** Zeitung *f* von heute

toddler ['tɒdlə'] *n* Kleinkind *nt*

to-do [tə'duː] *n usu sing (fam)* Getue *nt pej*

toe [təʊ] *n (on foot)* Zehe *f*; *of sock, shoe* Spitze *f* ► **to step on sb's ~s** jdm [zu] nahetreten

toe cap *n* Schuhkappe *f*

toehold *n* ① *(in climbing)* Halt *m* für die Zehen ② *(starting point)* Ausgangspunkt *m*; **to get a ~** in Fuß fassen **toenail** *n* Zehennagel *m* **toe-tapping** ['təʊtæpɪŋ] *adj music* mitreißend, rhythmisch

toffee ['tɒfi] *n* Toffee *nt*, Sahnebonbon *nt*

toffee apple *n* kandierter Apfel

tofu ['təʊfuː] *n no pl* Tofu *m*

together [tə'geðə'] **I.** *adv* ① zusammen, **close ~** nah beisammen; **to add sth ~** etw zusammenzählen; **to go ~** zusammenpassen ② *(collectively)* zusammen, gemeinsam; **all ~ now** jetzt alle miteinander ③ *(in relationship)* zusammen; **to be [back] ~** [wieder] zusammen sein; **to get ~** zusammenkommen **II.** *adj (fam)* ausgeglichen

Togo ['təʊgəʊ] *n* Togo *nt*

Togolese [ˌtəʊgəʊ'liːz] **I.** *adj* togoisch **II.** *n* Togoer(in) *m(f)*

toilet ['tɔɪlɪt] *n* Toilette *f*, Klo *nt fam*; **to go to the ~** *esp* BRIT auf die Toilette gehen

toilet paper *n* Toilettenpapier *nt*

toiletries ['tɔɪlɪtriz] *npl* Toilettenartikel *pl*

toiletries bag *n* Kulturbeutel *m*

toilet roll *n* BRIT, AUS Rolle *f* Toilettenpapier

token ['təʊkən] **I.** *n* ① *(symbol)* Zeichen *nt;* **~ of sb's affection** ein Zeichen *nt* für jds Zuneigung ② BRIT, AUS *(voucher)* Gutschein *m* ③ *(money substitute)* Chip *m* ► **by the same ~** aus demselben Grund **II.** *adj attr* ① *(symbolic)* nominell ② *(pej: an appearance of)* Schein-; **a ~ offer** ein Pro-forma-Angebot *nt*

told [təʊld] *pt, pp of* **tell**

tolerance ['tɒlərən(t)s] *n* ① *no pl* Toleranz *f* **(of/towards** gegenüber); **~ of children** Nachsicht *f* mit Kindern ② *(capacity to endure)* Toleranz *f*, Widerstandsfähigkeit *f* **(to** gegen); **~ to alcohol/a drug** Alkohol-/Medizinverträglichkeit *f*

tolerant ['tɒlərənt] *adj* tolerant **(of/towards** gegenüber)

tolerate ['tɒləreɪt] *vt* ① tolerieren; ■ **to ~ sb** jdn ertragen ② *(resist) pain, stress* aushalten; *drug* vertragen

toll¹ [təʊl] *n* ① *(for motorways etc.)* Maut *f* ② AM *(for phone call)* [Fernsprech]gebühr *f*

toll² [təʊl] *vt, vi bell* läuten

toll call *n* AM Ferngespräch *nt* **toll-free** *adj* gebührenfrei **toll road** *n* Mautstraße *f*

tomato <*pl* -es> [tə'mɑːtəʊ] *n* Tomate *f*, Paradeiser *m* ÖSTERR

tomato juice *n no pl* Tomatensaft *m* **tomato ketchup** *n no pl* Tomatenketchup *nt* **tomato soup** *n no pl* Tomatensuppe *f*

tomb [tuːm] *n* Grab *nt*; *(mausoleum)* Gruft *f*

tomboy ['tɒmbɔɪ] *n* Wildfang *m*

tombstone ['tuːmstəʊn] *n* Grabstein *m*

tomcat ['tɒmkæt] *n* Kater *m*

tomorrow [tə'mɒrəʊ] **I.** *adv* morgen **II.** *n* morgiger Tag; **~'s problems/technology/youth** Probleme *pl*/Technologie *f*/Jugend *f* von morgen; **~ morning** morgen früh ► **~ is another day** *(prov)* morgen ist auch noch ein Tag

ton <*pl* - *or* -s> [tʌn] *n* ① Tonne *f*; **long ~** *1016,05 kg;* **short ~** *907,185 kg* ② *(fam)* **to weigh a ~** Unmengen wiegen

tone [təʊn] **I.** *n* ① MUS **half/whole ~** Halb-/

Ganzton *m;* (*of instrument*) Klang *m* ❷ (*manner of speaking*) Ton *m;* **an apologetic/a disrespectful** ~ ein entschuldigender/respektloser Ton ❸ TELEC Ton *m;* **dialling** [*or* AM **dial**] ~ Wählton *m* ❹ (*of colour*) Farbton *m* ❺ *no pl* (*of muscles*) Tonus *m fachspr* **II.** *vt muscles* fit halten **III.** *vi* ▪**to** ~ **with sth** mit etw *dat* harmonieren ◆ **tone down** *vt* abmildern; *colour, sound* abschwächen

tone control *n* Klangregler *m*

tone-deaf *adj* ▪**to be** ~ unmusikalisch sein

toner ['təʊnəʳ] *n* ❶ (*for skin*) Gesichtswasser *nt* ❷ (*for photographs*) Toner *m*

toner cartridge *n,* **toner cassette** *n* TYPO Tonerpatrone *f*

Tonga ['tɒŋə] *n* Tonga *nt*

Tongan ['tɒŋən] **I.** *adj* tongaisch **II.** *n* ❶ (*person*) Tongaer(in) *m(f)* ❷ LING Tongasprache *f*

tongs [tɒŋz] *npl* Zange *f;* **fire** ~ Feuerzange *f*

tongue [tʌŋ] **I.** *n* Zunge *f;* **to bite one's** ~ sich *dat* in die Zunge beißen ▸ **to set** ~**s wagging** Gerede verursachen **II.** *vt* MUS mit Zungenschlag spielen

tongue-tied *adj* sprachlos; **to be** ~ **with surprise** vor Überraschung kein Wort herausbekommen **tongue twister** *n* Zungenbrecher *m*

tonic[1] ['tɒnɪk] *n* ❶ (*medicine*) Tonikum *nt geh* ❷ (*sth that rejuvenates*) Erfrischung *f*

tonic[2] ['tɒnɪk] *n,* **tonic water** *n* Tonic[water] *nt*

tonight [tə'naɪt] **I.** *adv* heute Abend; (*after midnight*) heute Nacht **II.** *n* der heutige Abend; ~**'s meeting** das Treffen des heutigen Abends

tonsillitis [ˌtɒn(t)səˈlaɪtɪs] *n no pl* Mandelentzündung *f*

tonsils ['tɒn(t)s(ə)lz] *npl* MED Mandeln *pl*

tony ['təʊni] *adj attr* AM (*fam: classy*) *clothing* todschick; *restaurant, boutique, resort* nobel

too [tu:] *adv* ❶ (*overly*) *big, heavy, small* zu; **to be** ~ **bad** wirklich schade sein; **far** ~ **difficult** viel zu schwierig ❷ (*very*) sehr; **to not be** ~ **sure if ...** sich *dat* nicht ganz sicher sein, ob ... ❸ (*also*) auch; **me** ~**!** ich auch! ▸ ~ **right!** AUS stimmt genau!

took [tʊk] *vt, vi pt of* **take**

tool [tu:l] *n* ❶ Werkzeug *nt* ❷ (*aid*) Mittel *nt* ❸ (*occupational necessity*) Instrument *nt;* **to be a** ~ **of the trade** zum Handwerkszeug gehören

tool bag *n* Werkzeugtasche *f* **tool box** *n* Werkzeugkiste *f* **tool chest** *n* Werkzeugkasten *m* **toolmaker** *n* Werkzeugmacher(in) *m(f)* **tool shed** *n* Geräteschuppen *m*

tooth <*pl* teeth> [tu:θ, *pl* ti:θ] *n* ❶ Zahn *m;* **to bare one's teeth** die Zähne fletschen; **to brush one's teeth** die Zähne putzen ❷ *usu pl of comb* Zinke *f; of saw* [Säge]zahn *m; of cog* Zahn *m* ▸ **to fight** ~ **and nail** [to do sth] mit aller Macht [um etw *akk*] kämpfen; **to get one's teeth into sth** sich in etw *akk* hineinstürzen

toothache *n no pl* Zahnschmerzen *pl* **toothbrush** *n* Zahnbürste *f* **toothpaste** *n no pl* Zahnpasta *f* **toothpick** *n* Zahnstocher *m*

top[1] [tɒp] *n* Kreisel *m*

top[2] [tɒp] **I.** *n* ❶ oberes Ende, Spitze *f; of mountain* [Berg]gipfel *m; of tree* [Baum]krone *f;* **from** ~ **to bottom** von oben bis unten; **to get on** ~ **of sth** etw in den Griff bekommen ❷ *no pl* (*highest rank*) Spitze *f* ❸ FASHION Top *nt* ❹ (*in addition to*) **on** ~ **of that ...** obendrein ... ❺ (*lid*) Deckel *m* ▸ **from** ~ **to toe** von Kopf bis Fuß; **the Big T**~ das Großzelt; **to go over** **the** ~ überreagieren **II.** *adj* ❶ *attr* (*highest*) oberste(r, s); ~ **floor** oberstes Stockwerk ❷ (*best*) beste(r, s); **sb's** ~ **choice** jds erste Wahl ❸ *athlete, candidate* Spitzen- ❹ (*maximum*) höchste(r, s); ~ **speed** Höchstgeschwindigkeit *f* **III.** *adv* BRIT **to come** ~ [**of the class**] Klassenbeste(r) *f(m)* sein **IV.** *vt* <-pp-> ❶ (*be at top of*) anführen; **to** ~ **a list** obenan auf einer Liste stehen ❷ (*surpass*) übertreffen ◆ **top off** *vt* ❶ FOOD garnieren (**with** mit) ❷ *esp* AM, AUS (*conclude satisfactorily*) abrunden (**with** mit) ◆ **top up** *vt* nachfüllen; ▪**to** ~ **sb up** (*fam*) jdm nachschenken

topcoat *n* Deckanstrich *m*

top copy *n* Original[manuskript] *nt* **top dog** *n* (*fam*) Boss *m* **top executive** *n* Topmanager(in) *m(f)* **top hat** *n* Zylinder *m* **top-heavy** *adj* kopflastig

topic ['tɒpɪk] *n* Thema *nt*

topical ['tɒpɪk(ə)l] *adj* aktuell

topless ['tɒpləs] **I.** *adj* oben ohne *präd* **II.** *adv* **to go** ~ oben ohne gehen

top-level *adj negotiations, talks* Spitzen-

topmost *adj attr* oberste(r, s)

topping ['tɒpɪŋ] *n* Garnierung *f*

topple ['tɒpl] **I.** *vt* (*knock over*) umwerfen

II. *vi* stürzen; *prices* fallen ◆**topple over I.** *vt* umwerfen **II.** *vi* umfallen, stürzen (über) **top price** *n* Höchstpreis *m* **top priority** *n* höchste Priorität **top quality** *n* Spitzenqualität *f* **top salary** *n* Spitzengehalt *nt* **top secret** *adj* streng geheim **top-selling** *adj attr* meistverkauft **top speed** *n* Höchstgeschwindigkeit *f*

torch [tɔ:tʃ] **I.** *n* <*pl* -es> ❶ Aus, Brit Taschenlampe *f* ❷ (*burning stick*) Fackel *f*; **Olympic** ~ olympisches Feuer ▶ **to carry a** ~ **for sb** nach jdm schmachten **II.** *vt* (*fam*) in Brand setzen

torchlight I. *n no pl* Fackelschein *m* **II.** *adj attr* Fackel-

tore [tɔ:ʳ] *vi, vt pt of* **tear**

torment ['tɔ:ment] **I.** *n* ❶ (*mental suffering*) Qual *f* ❷ (*physical pain*) starke Schmerzen *pl;* ■ **to be in** ~ unter starken Schmerzen leiden **II.** *vt* quälen; **to be** ~**ed by grief** großen Kummer haben

torn [tɔ:n] **I.** *vi, vt pp of* **tear II.** *adj pred* (*unable to choose*) [innerlich] zerrissen

tornado [tɔ:'neɪdəʊ] *n* <*pl* -s *or* -es> Tornado *m*

torpedo [tɔ:'pi:dəʊ] Mil, Naut **I.** *n* <*pl* -es> Torpedo *m* **II.** *vt* torpedieren

torrent ['tɒrənt] *n* Sturzbach *m;* ~**s [of rain]** sintflutartige Regenfälle; **to come down in** ~**s** in Strömen gießen

torrential [tə'ren(t)ʃəl] *adj* sintflutartig

tortoise ['tɔ:təs] *n* [Land]schildkröte *f*

tortoiseshell I. *n no pl* Schildpatt *nt* **II.** *adj attr* Schildpatt-

torture ['tɔ:tʃəʳ] **I.** *n* ❶ *no pl* Folter *f* ❷ (*painful suffering*) Qual *f,* Tortur *f* **II.** *vt* foltern; ■ **to be** ~**d by sth** von etw *dat* gequält werden

Tory ['tɔ:ri] Pol **I.** *n* Brit (*British Conservative*) Tory *m* (*Angehöriger der britischen konservativen Partei*) **II.** *adj* Tory-

toss <*pl* -es> [tɒs] **I.** *n* Wurf *m;* **to win/ lose the** ~ den Münzwurf gewinnen/verlieren ▶ **I don't care a** ~ Brit (*fam*) das ist mir piepegal **II.** *vt* werfen; **to** ~ **one's head** den Kopf zurückwerfen; **to** ~ **a coin** eine Münze werfen ▶ **to** ~ **one's hat in the ring** *esp* Am in den Wahlkampf einsteigen **III.** *vi* knobeln (**for** um) ▶ **to** ~ **and turn** sich hin und her wälzen ◆**toss about, toss around** *vt* hin und her werfen; (*fig*) *proposal* zur Debatte stellen ◆**toss away** *vt* wegwerfen ◆**toss off** *vi* Brit, Aus (*vulg*) sich *dat* einen runterholen ◆**toss out** *vt* hinauswerfen ◆**toss up** *vi* eine Münze werfen

toss-up *n* ❶ *uncertain situation* ungewisse Situation; ■ **to be a** ~ [noch] offen sein ❷ (*tossing a coin*) Werfen *nt* einer Münze

total ['təʊtəl] **I.** *n* Gesamtsumme *f;* **in** ~ insgesamt **II.** *adj* ❶ *attr* (*complete*) gesamt ❷ (*absolute*) völlig; **to be a** ~ **stranger** vollkommen fremd sein **III.** *vt* <Brit -ll- *or* Am *usu* -l-> (*add up*) zusammenrechnen

totalitarian [tə(ʊ),tælɪ'teərɪən] *adj* Pol totalitär

totally ['təʊtəli] *adv* völlig

tote [təʊt] *n short for* **tote bag** Einkaufstasche *f*

totter ['tɒtəʳ] *vi* wanken

toucan ['tu:kæn] *n* Tukan *m*

touch [tʌtʃ] **I.** *n* <*pl* -es> ❶ Berührung *f;* **at the** ~ **of a button** auf Knopfdruck ❷ *no pl* (*ability to feel*) Tasten *nt;* **the sense of** ~ der Tastsinn ❸ *no pl* (*communication*) Kontakt *m;* **to be in** ~ **with sb/sth** mit jdm/etw *dat* in Kontakt sein ❹ *no pl* (*small amount*) Spur *f;* (*rather*) ■ **a** ~ ziemlich **II.** *vt* ❶ berühren, anfassen ❷ (*move emotionally*) bewegen ▶ **to** ~ **a [raw] nerve** einen wunden Punkt berühren; ~ **wood** Brit wenn alles gut geht **III.** *vi* berühren ◆**touch down** *vi* Aviat landen ◆**touch off** *vt* auslösen ◆**touch on, touch upon** *vi* ansprechen ◆**touch up** *vt* ❶ (*improve*) auffrischen; *photograph* retuschieren ❷ Brit (*fam: assault sexually*) begrapschen

touchdown *n* Aerosp, Aviat Landung *f*

touché [tu'ʃeɪ] *interj* eins zu null für dich

touched [tʌtʃt] *adj pred* gerührt

touching ['tʌtʃɪŋ] **I.** *adj* berührend **II.** *n* Berühren *nt kein pl*

touchline *n* Brit Sports Seitenlinie *f*

touchy ['tʌtʃi] *adj* (*fam*) ❶ *person* empfindlich ❷ *situation* heikel

tough [tʌf] **I.** *adj* ❶ *object* robust; *person, animal, meat* zäh; *law* streng; **to be as** ~ **as old boots** nicht unterzukriegen sein ❷ (*fam: unlucky*) ~ **luck!** so ein Pech! *a. iron* **II.** *n esp* Am (*fam*) Rowdy *m pej*

toughen ['tʌfən] **I.** *vt* ❶ verstärken; ~**ed glass** gehärtetes Glas ❷ (*make difficult to cut*) hart werden lassen **II.** *vi* stärker werden

toupee ['tu:peɪ] *n* Toupet *nt*

tour [tɔ:ʳ, tʊəʳ] **I.** *n* Reise *f,* Tour *f;* **guided** ~

Führung *f*; **sightseeing** ~ Rundfahrt *f*; **to be/go on** ~ auf Tournee sein/gehen **II.** *vt* ❶ (*travel around*) bereisen ❷ (*visit professionally*) besuchen **III.** *vi* ■**to** ~ [**with sb**] [mit jdm] auf Tournee gehen
tourism ['tɔːrɪzᵊm, 'tʊə-] *n no pl* Tourismus *m*
tourist ['tɔːrɪst, 'tʊə-] *n* Tourist(in) *m(f)*
tourist bureau *n* Fremdenverkehrsamt *nt* **tourist class** *n* Touristenklasse *f* **tourist guide** *n* ❶ (*book*) Reiseführer *m* ❷ (*person*) Fremdenführer(in) *m(f)* **tourist industry** *n* Tourismusindustrie *f* **tourist information office** *n*, **tourist office** *n* Touristeninformation *f* **tourist ticket** *n* Touristenkarte *f* **tourist visa** *n* Reisevisum *nt*
tournament ['tɔːnəmənt, 'tʊə-] *n* Turnier *nt*
tour operator *n* Reiseveranstalter *m*
tout [taʊt] **I.** *n* (*pej*) Schwarzhändler(in) *m(f)* **II.** *vt* (*advertise*) Reklame machen (für)
tow¹ [təʊ] *n* (*fibre*) Werg *nt*
tow² [təʊ] **I.** *n* Schleppen *nt kein pl*; **to give sb a** ~ jdn abschleppen; **to have sb in** ~ jdn im Schlepptau haben **II.** *vt* ziehen; *vehicle* abschleppen
toward(s) [təˈwɔːd(z)] *prep* ❶ (*in direction of*) in Richtung; **she walked** ~ **him** sie ging auf ihn zu; **he leaned** ~ **her** er lehnte sich zu ihr ❷ (*near*) nahe; **we're well** ~ **the front of the queue** wir sind nahe dem Anfang der Schlange ❸ (*just before*) gegen; ~ **midnight/the end of the year** gegen Mitternacht/Ende des Jahres ❹ (*to goal of*) **to count** ~ **sth** auf etw *akk* angerechnet werden
tow bar *n* Abschleppstange *f*
tow boat *n* AM NAUT Schlepper *m*
towel ['taʊəl] **I.** *n* Handtuch *nt*; **paper** ~ Papiertuch *nt*; **tea** ~ Geschirrtuch *nt* ▶**to throw in the** ~ das Handtuch werfen **II.** *vt* <-ll-> **to** ~ **sth dry** etw trockenreiben
towelette [ˌtaʊəˈlet] *n* Erfrischungstuch *nt*
toweling AM *see* **towelling**
towelling ['taʊəlɪŋ] *n no pl* Frottee *nt o m*
towel rack *n* AM *see* **towel rail**
towel rail *n* BRIT, AUS Handtuchhalter *m*
tower [taʊəʳ] *n* Turm *m*; **office** ~ Bürohochhaus *nt* ▶**a** ~ **of strength** ein Fels in der Brandung ◆**tower above**, **tower over** *vi* aufragen; ■**to** ~ **above sb/sth** jdn/etw überragen
tower block *n* BRIT Hochhaus *nt*

town [taʊn] *n* Stadt *f*; **home** ~ Heimatstadt *f*; ■**to be in** ~ in der Stadt sein; (*downtown*) ■**[the]** ~ das Zentrum
town centre *n* ■**the** ~ das Stadtzentrum
town council *n* Stadtrat *m* **town hall** *n* Rathaus *nt* **town house** *n* ❶ (*residence*) Stadthaus *nt* ❷ *esp* AM (*row house*) Reihenhaus *nt* **town planning** *n no pl* Stadtplanung *f*
townspeople *npl* Stadtbevölkerung *f kein pl*
town twinning *n no pl* Städtepartnerschaft *f*
towrope *n* Abschleppseil *nt*
tow truck *n* AM, AUS Abschleppwagen *m*
toy [tɔɪ] *n* Spielzeug *nt*; **cuddly** ~ Kuscheltier *nt*
toyshop *n* Spielwarengeschäft *nt*
trace [treɪs] **I.** *n* ❶ (*sign*) Zeichen *nt*, Spur *f*; **to disappear without a** ~ spurlos verschwinden ❷ (*slight amount*) Spur *f*; ~**s of cocaine/poison** Kokain-/Giftspuren *pl*; ~ **of a smile** Anflug *m* eines Lächelns ❸ (*electronic search*) Aufzeichnung *f* **II.** *vt* (*follow trail*) auffinden; ■**to** ~ **sb** jds Spur verfolgen
tracing ['treɪsɪŋ] *n* Skizze *f*
tracing paper *n no pl* Pauspapier *nt*
track [træk] **I.** *n* ❶ (*path*) Weg *m*, Pfad *m* ❷ RAIL ■~**s** *pl* Gleise *pl*, Schienen *pl*; AM (*platform*) Bahnsteig *m* ❸ (*for curtains*) Schiene *f* ❹ *usu pl* (*mark*) Spur *f*; *of deer* Fährte *f* ❺ *no pl* (*course*) Weg *m*; **to be on the right/wrong** ~ auf dem richtigen/falschen Weg sein ❻ SPORTS *for running* Laufbahn *f* ▶**to be off the beaten** ~ abgelegen sein; **to keep** ~ **of sb/sth** jdn/etw im Auge behalten; **to make** ~**s** (*fam*) sich aufmachen; **to stop in one's** ~**s** vor Schreck erstarren **II.** *vt* (*pursue*) verfolgen; **to** ~ **an animal** die Fährte eines Tieres verfolgen; ■**to** ~ **sb** jds Spur verfolgen ◆**track down** *vt* aufspüren; *information* ausfindig machen
track and field *n no pl* SPORTS Leichtathletik *f*
tracker dog *n* Spürhund *m*
track event *n* SPORTS Laufwettbewerb *m*
tracking station *n* AEROSP Bodenstation *f*
track record *n* ❶ SPORTS Streckenrekord *m* ❷ *of company, person* Erfolgsbilanz *f*
track shoe *n* Laufschuh *m*
tracksuit *n* Trainingsanzug *m*
traction ['trækʃᵊn] *n no pl* ❶ *of car, wheels* Bodenhaftung *f* ❷ MED Strecken *nt*; **to be in** ~ im Streckverband liegen
tractor ['træktəʳ] *n* Traktor *m*

trade [treɪd] I. n ① no pl Handel m; (type of business) Branche f; **building** ~ Baugewerbe nt; ■**the** ~ die Branche ② (handicraft) Handwerk nt; **to learn a** ~ ein Handwerk erlernen ③ METEO ■**the** ~**s** pl der Passat II. vi ① (exchange) tauschen (**with** mit) ② (do business) Geschäfte machen ③ STOCKEX handeln III. vt ① austauschen; bets abschließen; insults, punches austauschen ② STOCKEX handeln ◆ **trade in** vt in Zahlung geben

trade agreement n Handelsabkommen nt
trade association n Wirtschaftsverband m
trade fair n Messe f
trade-in value n Gebrauchtwert m **trade journal** n Handelsblatt nt **trademark** n ① (of company) Warenzeichen nt ② (of person, music) charakteristisches Merkmal **trade name** n Markenname m **trade-off** n Einbuße f **trade price** n BRIT Großhandelspreis m

trader ['treɪdəʳ] n ① (person) Händler(in) m(f); STOCKEX Wertpapierhändler(in) m(f) ② (ship) Handelsschiff nt

trade route n Handelsweg m **trade secret** n Betriebsgeheimnis nt

tradesman ['treɪdzmən] n (shopkeeper) Händler m; (craftsman) Handwerker m

trade union n Gewerkschaft f **trade unionist** n Gewerkschafter(in) m(f) **trade war** n Handelskrieg m **trade wind** n Passat m

trading ['treɪdɪŋ] n no pl Handel m; **Sunday** ~ BRIT Offenhalten nt der Geschäfte am Sonntag

trading estate n BRIT Industriegelände nt
trading floor n Börsenparkett nt **trading licence** n Gewerbekonzession f **trading partner** n Handelspartner(in) m(f) **trading standards officer** n Gewerbeaufsichtsbeamte(r), -beamtin m, f

tradition [trəˈdɪʃən] n Tradition f, Brauch m
traditional [trəˈdɪʃənəl] adj traditionell; person konservativ

traffic ['træfɪk] I. n no pl ① Verkehr m; **air/rail** ~ Luft-/Bahnverkehr m ② (in illegal items) illegaler Handel (**in** mit); **drug** ~ Drogenhandel m II. vi <-ck-> handeln; **to** ~ **in arms** Waffenhandel betreiben; **to** ~ **in drugs** mit Drogen handeln

traffic accident n Verkehrsunfall m **traffic circle** n AM Kreisverkehr m **traffic island** n ① (pedestrian island) Verkehrsinsel f ② AM (central reservation) Mittelstreifen m **traffic jam** n Stau m

trafficker ['træfɪkəʳ] n (pej) Händler(in) m(f); **arms** ~ Waffenschieber(in) m(f)

traffic light n Ampel f **traffic warden** n BRIT Verkehrspolizist(in) m(f)

tragedy ['trædʒədi] n Tragödie f; **it's a** ~ **that ...** es ist tragisch, dass ...

tragic ['trædʒɪk] adj tragisch

trail [treɪl] I. n ① (path) Weg m, Pfad m ② (track) Spur f; ~ **of dust/smoke** Staubwolke f/Rauchfahne f II. vt ■**to** ~ **sb** ① (follow) jdm auf der Spur sein ② (in a competition) hinter jdm liegen III. vi ① (drag) schleifen ② (be losing) zurückliegen ③ (move sluggishly) ■**to** ~ [**after sb**] [hinter jdm her] trotten ◆ **trail away** vi verstummen ◆ **trail behind** I. vi zurückbleiben II. vt hinterherlaufen

trail-blazing ['treɪlbleɪzɪŋ] adj attr bahnbrechend

trailer ['treɪləʳ] n ① Anhänger m ② AM (caravan) Wohnwagen m

trailer camp, trailer park n AM Wohnwagenabstellplatz m

trailwear n no pl Outdoor-Kleidung f

train [treɪn] I. n ① RAIL Zug m; **to board a** ~ in einen Zug einsteigen; **to change** ~**s** umsteigen ② (series) Serie f; ~ **of thought** Gedankengang m II. vi trainieren (**for** für) III. vt (teach) ausbilden; ■**to** ~ **sb for sth** jdn für etw akk ausbilden; **to** ~ **dogs** Hunde abrichten

train accident n Zugunglück nt **train driver** n Lokführer(in) m(f)

trained [treɪnd] adj ① (educated) ausgebildet ② (expert) ear, eye geschult

trainee [ˌtreɪˈniː] n Auszubildende(r) f(m)
traineeship [ˌtreɪˈniːʃɪp] n Ausbildung f
trainee teacher n Referendar(in) m(f), Probelehrer(in) m(f) ÖSTERR

trainer ['treɪnəʳ] n ① (teacher) Trainer(in) m(f); (of animals) Dresseur(in) m(f); (in circus) Dompteur, Dompteuse m, f ② BRIT (shoe) Turnschuh m

train ferry n Zugfähre f

training ['treɪnɪŋ] I. n no pl ① Ausbildung f; (seminar) Schulung f ② SPORTS Training nt; ■**to be in** ~ **for sth** für etw akk trainieren II. adj attr Schulungs-

training camp n SPORTS Trainingscamp nt
training course n Vorbereitungskurs m
training program n AM see **training pro-**

gramme training programme n BRIT, AUS Ausbildungsprogramm nt
train service n no pl Zugverkehr m; (*between two towns*) [Eisen]bahnverbindung f
trait [treɪ, treɪt] n Eigenschaft f; **character** ~ Charakterzug m; **genetic** ~ genetisches Merkmal
traitor ['treɪtəʳ] n Verräter(in) m(f)
trajectory [trə'dʒektəri] n PHYS Flugbahn f; MATH Kurve f
tram [træm] n BRIT, AUS Straßenbahn f
tramline n BRIT, AUS ❶ (*route*) Straßenbahnlinie f ❷ (*tracks*) ■~s pl Straßenbahnschienen pl
tramp [træmp] I. vi (*walk*) marschieren; (*walk heavily*) trampeln II. n ❶ (*poor person*) Vagabund(in) m(f), Sandler(in) m(f) ÖSTERR ❷ no pl (*stomping sound*) schwere Schritte pl; (*tiring walk*) Fußmarsch m
trample ['træmpl] I. vt niedertrampeln; *flowers, crops* zertrampeln II. vi ■to ~ **on sth** auf etw dat herumtrampeln
trampoline ['træmpəliːn] n Trampolin nt
tranquil ['træŋkwɪl] adj *setting* ruhig; *voice, expression* gelassen
tranquilizer n AM see **tranquillizer**
tranquillizer ['træŋkwɪlaɪzəʳ] n Beruhigungsmittel nt
transact [træn'zækt] I. vt *deal* abschließen; *negotiations* durchführen II. vi to ~ **with sb** mit jdm verhandeln
transaction [træn'zækʃən] n ECON Transaktion f; **business** ~ Geschäft nt
transcribe [træn'skraɪb] vt *conversation, recording* protokollieren; LING transkribieren; **to** ~ **shorthand** Kurzschrift [in Langschrift] übertragen
transcript ['træn(t)skrɪpt] n ❶ (*copy*) Abschrift f ❷ AM (*school records*) ■~s pl Zeugnisse pl
transcription [træn'skrɪpʃən] n (*copy*) Abschrift f, Protokoll nt
transfer I. vt <-rr-> [træn(t)s'fɜːʳ] ❶ *money* überweisen ❷ (*re-assign*) versetzen; *power* abgeben; *responsibility* übertragen ❸ (*redirect*) übertragen; *a call* weiterleiten II. vi <-rr-> [træn(t)s'fɜːʳ] (*change job*) überwechseln III. n ['træn(t)sfɜːʳ] ❶ *of money* Überweisung f; *of ownership* Übertragung f; ~ **of power** Machtübertragung f ❷ no pl *of patients, prisoners* Verlegung f (**to** in/nach) ❸ (*at work*) Versetzung f
transferred charge call [ˌtræn(t)sfɜːdˈtʃɑːdʒ-] n BRIT R-Gespräch nt
transform [træn(t)s'fɔːm] vt ❶ (*change*) verwandeln ❷ ELEC transformieren *fachspr*
transformation [ˌtræn(t)sfə'meɪʃən] n Verwandlung f; (*in theatre*) Verwandlungsszene f
transformer [træn(t)s'fɔːməʳ] n ELEC Transformator m *fachspr*
transfusion [træn(t)s'fjuːʒən] n no pl MED Transfusion f
transgenic [trænz'dʒenɪk] adj BIOL, AGR transgen
transient ['trænzɪənt] I. adj ❶ (*temporary*) vergänglich ❷ (*mobile*) ~ **population** nicht ansässiger Teil der Bevölkerung II. n Durchreisende(r) f(m)
transistor [træn'zɪstəʳ] n ELEC Transistor m *fachspr*
transit ['træn(t)sɪt] I. n no pl Transit m II. vt durchqueren
transit business n Transitgeschäft nt **transit camp** n Auffanglager nt **transit desk** n AVIAT Transitschalter m
transition [træn'zɪʃən] n Übergang m; ■to **be in** ~ in einer Übergangsphase sein
transitional [træn'zɪʃənəl] adj Übergangs-
transitive ['træn(t)sətɪv] LING I. adj transitiv II. n Transitiv nt
transit lounge n Transitraum m **transit passenger** n Transitreisende(r) f(m) **transit visa** n Transitvisum nt
translate [trænz'leɪt] vt übersetzen; **to** ~ **sth from English into German** etw aus dem Englischen ins Deutsche übersetzen
translation [trænz'leɪʃən] n ❶ Übersetzung f ❷ no pl (*process*) Übersetzen nt
translator [trænz'leɪtəʳ] n Übersetzer(in) m(f)
translucent [trænz'luːsənt] adj lichtdurchlässig; (*fig*) *writing, logic, prose* klar
translucid [trænz'luːsɪd] adj see **translucent**
transmission [trænz'mɪʃən] n ❶ no pl (*act of broadcasting*) Übertragen nt; (*broadcast*) Sendung f ❷ no pl *of disease* Übertragung f; *of hereditary disease* Vererbung f ❸ (*in car engine*) Getriebe nt
transmission speed n COMPUT Übertragungsgeschwindigkeit f
transmit <-tt-> [trænz'mɪt] I. vt ❶ MED (*pass*

on) übertragen ② (*impart*) übermitteln **II.** *vi* RADIO senden

transmitter [trænz'mɪtər] *n* Sender *m*

transmitting station *n* Sendestation *f*

transparency [træns'pærᵊn(t)si] *n* ① *no pl* (*quality*) Lichtdurchlässigkeit *f* ② *no pl* (*obviousness*) Durchschaubarkeit *f* ③ (*slide*) Dia *nt*; (*for overhead*) Overheadfolie *f*

transparent [træns'pærᵊnt] *adj* ① durchsichtig ② (*fig*) transparent *geh*

transplant I. *vt* [træn'splɑːnt] ① MED (*from donor*) transplantieren ② (*re-plant*) umpflanzen ③ (*relocate*) umsiedeln **II.** *n* ['træn(t)splɑːnt] MED Transplantation *f fachspr*

transport I. *vt* [træn'spɔːt] (*carry*) transportieren, befördern **II.** *n* ['træn(t)spɔːt] ① *no pl* (*conveying*) Transport *m*, Beförderung *f* ② *no pl* (*traffic*) Verkehrsmittel *nt*; **public ~** öffentliche Verkehrsmittel *pl*

transportation [ˌtræn(t)spɔːˈteɪʃᵊn] *n no pl* Transport *m*, Beförderung *f*

transport café *n* BRIT Fernfahrerraststätte *f*

trap [træp] **I.** *n* (*snare*) Falle *f*; (*ambush*) Hinterhalt *m*; **to set a ~** eine Falle aufstellen; **to fall into a ~** in die Falle gehen **II.** *vt* <-pp-> ① (*snare*) ▪ **to ~ an animal** ein Tier [in einer Falle] fangen ② *usu passive* (*confine*) ▪ **to be ~ped** eingeschlossen sein; **to feel ~ped** sich gefangen fühlen ③ (*catch*) *finger, nerve* einklemmen

trapdoor *n* (*door*) Falltür *f*

trapeze [trəˈpiːz] *n* Trapez *nt*

trapezium <*pl* -s *or* -zia> [trəˈpiːziəm, *pl* -ziə] *n* BRIT, AUS, AM **trapezoid** ['træpɪzɔɪd] *n* MATH Trapez *nt*

trapper ['træpər] *n* Trapper(in) *m(f)*; **fur ~** Pelztierjäger(in) *m(f)*

trash [træʃ] **I.** *n no pl* AM ① (*waste*) Müll *m*, Abfall *m* ② (*pej fam: junk*) Ramsch *m* **II.** *vt* (*fam: wreck*) kaputt machen

trash can *n* AM (*dustbin*) Mülltonne *f* **trashtalk** *vt* AM ▪ **to ~ sb** jdn schlechtmachen

trashy ['træʃi] *adj* (*pej fam*) wertlos; **~ novels** Kitschromane *pl*

trauma ['trɔːmə] *n* <*pl* -s *or* -ta> ① *no pl* (*shock*) Trauma *nt* ② MED (*injury*) Trauma *nt*

traumatic [trɔːˈmætɪk] *adj* (*disturbing*) traumatisierend; (*upsetting*) furchtbar

traumatize ['trɔːmətaɪz] *vt usu passive* ▪ **to be ~d by sth** durch etw *akk* traumatisiert sein

travel ['trævᵊl] **I.** *vi* <BRIT **-ll-** *or* AM *usu* **-l-**> reisen; (*by air*) fliegen; **to ~ by car/train** mit dem Auto/Zug fahren **II.** *vt* <BRIT **-ll-** *or* AM *usu* **-l-**> ▪ **to ~ a country/the world** ein Land/die Welt bereisen **III.** *n* ① *no pl* Reisen *nt* ② *pl* (*journey*) ▪ **~s** *pl* Reise *f*

travel agency *n* Reisebüro *nt* **travel card** *n* Tages-/Wochen-/Monatskarte *f*; (*for train also*) Netzkarte *f* **travel cot** *n* BRIT Kinderreisebett[chen] *nt*

traveler *n* AM *see* **traveller**

travel expenses *npl* Reisekosten *pl*

traveling *n* AM *see* **travelling**

travel insurance *n no pl* Reiseversicherung *f*; (*for cancellations*) Reiserücktrittsversicherung *f*

traveller ['trævᵊlər] *n* ① Reisende(r) *f(m)* ② BRIT (*gypsy*) Zigeuner(in) *m(f)*

travelling ['trævᵊlɪŋ] *n no pl* Reisen *nt*

travelling bag *n* Reisetasche *f* **travelling circus** *n* Wanderzirkus *m* **travelling clock** *n* Reisewecker *m* **travelling salesman** *n* (*dated*) Vertreter(in) *m(f)*

travel-sick *adj* reisekrank

travel sickness *n no pl* Reisekrankheit *f*

trawler ['trɔːlər] *n* Trawler *m*

tray [treɪ] *n* ① Tablett *nt* ② *esp* BRIT (*for papers*) Ablage *f*; **in-~/out-~** Ablage für Posteingänge/-ausgänge

traybake ['treɪbeɪk] *n* dünner Blechkuchen (*oft auch nach Keksrezepten gebacken*), häufig mit Schokoladen- oder Zuckerguss

treacherous ['tretʃᵊrəs] *adj* ① (*esp old: deceitful*) verräterisch; (*disloyal*) treulos ② (*dangerous*) tückisch; *sea, weather* trügerisch

treachery ['tretʃᵊri] *n no pl* (*esp old*) Verrat *m*

treacle ['triːkl] *n no pl* BRIT Melasse *f*

treacly ['triːkli] *adj* ① (*sticky*) sirupartig ② (*pej: sentimental*) zuckersüß

tread [tred] **I.** *vi* <trod *or* AM *a.* treaded, trodden *or* AM, AUS trod> ① (*step*) treten; **to ~ carefully** vorsichtig auftreten ② (*maltreat*) ▪ **to ~ on sb** jdn treten **II.** *vt* <trod *or* AM *a.* treaded, trodden *or* AM, AUS trod> ▪ **to ~ sth down** *grass* etw niedertreten; **to ~ water** Wasser treten **III.** *n* ① *no pl* Tritt *m*, Schritt *m* ② (*profile*) *of tyre* [Reifen]profil *nt*

treason ['triːzᵊn] *n no pl* [Landes]verrat *m*; **high ~** LAW Hochverrat *m*

treasonable ['triːzᵊnəbl] *adj*, **treasonous**

['tri:zᵊnəs] *adj* (*form*) verräterisch
treasure ['treʒəʳ] **I.** *n* ❶ *no pl* (*hoard*) Schatz *m* ❷ (*valuables*) ■ ~**s** *pl* Schätze *pl* **II.** *vt* [hoch]schätzen; **to ~ the memory/memories of sb/sth** die Erinnerung[en] an jdn/etw bewahren
treasure hunt *n* Schatzsuche *f*
treasurer ['treʒᵊrəʳ] *n* Schatzmeister(in) *m(f)*; *of club* Kassenwart(in) *m(f)*
treasury ['treʒᵊri] *n* ❶ (*office*) ■**the** ~ die Schatzkammer ❷ *no pl* POL ■**the T**~ das Finanzministerium
Treasury Secretary *n* AM Finanzminister(in) *m(f)*
treat [tri:t] **I.** *vt* ❶ MED *a.* behandeln; **to ~ sb/sth badly** jdn/etw schlecht behandeln ❷ (*regard*) betrachten (**as** als); **to ~ sth with contempt** etw mit Verachtung begegnen ❸ (*pay for*) **to ~ sb** [**to sth**] jdn [zu etw *dat*] einladen; ■**to ~ oneself** [**to sth**] sich *dat* etw gönnen ❹ *usu passive* (*process*) behandeln (**with** mit); *sewage* klären **II.** *n* [besonderes] Vergnügen; **to give oneself a ~** sich *dat* etw gönnen; [**it's**] **my ~** ich lade Sie ein
treatment ['tri:tmənt] *n* Behandlung *f*
treaty ['tri:ti] *n* Vertrag *m* (**between** zwischen, **on** über); **peace ~** Friedensvertrag *m*
treble ['trebl] **I.** *adj* ❶ (*three*) dreifach ❷ *attr* MUS Diskant- **II.** *adv* das Dreifache **III.** *vt* verdreifachen **IV.** *n* Sopran *m*
treble clef *n* MUS Violinschlüssel *m* **treble recorder** *n* MUS Altflöte *f*
tree [tri:] *n* Baum *m;* **money doesn't grow on ~s** Geld wächst nicht an Bäumen
treeline *n no pl* ■**the ~** die Baumgrenze
tree-lined *adj* von Bäumen gesäumt **tree surgeon** *n* Baumchirurg(in) *m(f)* **treetops** *n pl* ■**the ~** die [Baum]wipfel *pl* **tree trunk** *n* Baumstamm *m*
trek [trek] **I.** *vi* <-kk-> wandern **II.** *n* Wanderung *f*
trekking ['trekɪŋ] *n* Trekking *nt*
tremble ['trembl] **I.** *vi* (*shake*) zittern; *lip, voice* beben; **to ~ like a leaf** zittern wie Espenlaub **II.** *n* Zittern *nt*
tremendous [trɪ'mendəs] *adj* ❶ (*big*) enorm; *crowd, scope* riesig; *success* enorm ❷ (*good*) super
tremor ['treməʳ] *n* ❶ Zittern *nt;* MED Tremor *m* ❷ (*earthquake*) Beben *nt*
trench <*pl* -es> [tren(t)ʃ] *n* (*hole*) Graben *m;* MIL Schützengraben *m*
trend [trend] *n* Trend *m,* Tendenz *f;* **the latest ~** der letzte Schrei *fam*
trendsetter ['trend,setəʳ] *n* Trendsetter(in) *m(f)*
trendy ['trendi] *adj* modisch
trespass **I.** *n* <*pl* -es> ['trespəs] ❶ LAW (*intrusion*) unbefugtes Betreten ❷ (*old: sin*) Sünde *f* (**against** gegen) **II.** *vi* ['trespəs] (*intrude*) unbefugt eindringen; **to ~ on sb's land** jds Land unerlaubt betreten
trespasser ['trespəsəʳ] *n* Eindringling *m;* "**~s will be prosecuted!**" „unbefugtes Betreten wird strafrechtlich verfolgt"
triad ['traɪæd] *n* MUS Dreiklang *m*
trial [traɪəl] **I.** *n* ❶ LAW Prozess *m,* [Gerichts]verhandlung *f;* **to stand ~** vor Gericht stehen ❷ (*test*) Probe *f,* Test *m;* **clinical ~s** klinische Tests *pl* **II.** *vt* <-ll- *or* -l-> *drugs* testen
trial period *n* Probezeit *f* **trial run** *n* ❶ (*preparation*) Generalprobe *f* ❷ (*test drive*) Probefahrt *f*
triangle ['traɪæŋgl] *n* ❶ Dreieck *nt* ❷ (*percussion*) Triangel *f*
triangular [traɪ'æŋgjələʳ] *adj* dreieckig
triathlon [traɪ'æθlɒn] *n* Triathlon *nt*
tribal ['traɪbᵊl] *adj* Stammes-
triband ['traɪbænd] *adj mobile phone* mit Triband-Funktion *nach n*
tribe [traɪb] *n* + *sing/pl vb* Stamm *m*
tribesman ['traɪbzmən] *n* Stammesangehöriger *m*
tribulation [ˌtrɪbjə'leɪʃᵊn] *n no pl* (*form*) Leiden *nt;* **trials and ~s** Schwierigkeiten *pl*
tribunal [traɪ'bju:nᵊl] *n* ❶ (*court*) Gericht *nt* ❷ (*investigative body*) Untersuchungsausschuss *m*
tribune ['trɪbju:n] *n* (*dais*) Tribüne *f*
tributary ['trɪbjətᵊri] **I.** *n* Nebenfluss *m* **II.** *adj* (*form: secondary*) Neben-
tribute ['trɪbju:t] *n* (*respect*) Tribut *m;* **to pay ~ to sb/sth** jdm/etw Tribut zollen *geh*
trick [trɪk] **I.** *n* ❶ (*ruse*) Trick *m;* **to play a ~ on sb** jdm einen Streich spielen ❷ (*knack*) Kunstgriff *m;* **he knows all the ~s of the trade** er ist ein alter Hase ❸ (*illusion*) **a ~ of the light** eine optische Täuschung ❹ (*cards*) Stich *m;* **to take a ~** einen Stich machen ▶ **a dirty ~** ein gemeiner Trick **II.** *adj attr question* Fang- **III.** *vt* ❶ (*deceive*) täuschen; ■**to ~ sb into doing sth** jdn dazu bringen, etw zu tun ❷ (*fool*) reinlegen *fam*

trickery ['trɪkªri] *n no pl* (*pej*) Betrug *m*
trickle ['trɪkl] **I.** *vi* (*flow*) sickern; (*in drops*) tröpfeln **II.** *vt* tröpfeln, träufeln **III.** *n* (*flow*) Rinnsal *nt geh; of blood* Tropfen *pl* ◆ **trickle away** *vi* ❶ langsam abfließen ❷ (*fig: stop gradually*) versiegen
tricky ['trɪki] *adj* ❶ (*deceitful*) betrügerisch ❷ (*sly*) raffiniert
tricycle ['traɪsɪkl] *n* Dreirad *nt*
trifle ['traɪfl] *n* ❶ BRIT Trifle *nt* (*Biskuitdessert mit Obst und Schlagsahne*) ❷ (*form: petty thing*) Kleinigkeit *f* ❸ + *adj* (*form: slightly*) **I'm a ~ surprised about your proposal** ich bin über deinen Vorschlag etwas erstaunt
trifling ['traɪflɪŋ] *adj* (*form*) unbedeutend; *sum of money* geringfügig
trigger ['trɪgəʳ] **I.** *n* (*gun part*) Abzug *m;* **to pull the ~** abdrücken **II.** *vt* auslösen
trike [traɪk] *n short for* **tricycle** Dreirad *nt*
trillion ['trɪljən] *n* <*pl - or* -s> Billion *f*
trilogy ['trɪlədʒi] *n* Trilogie *f*
trim [trɪm] **I.** *n no pl* ❶ (*cutting*) Nachschneiden *nt* ❷ (*edging*) Applikation *f* **II.** *adj* <-mer, -mest> ❶ (*neat*) ordentlich; *lawn* gepflegt ❷ (*slim*) schlank **III.** *vt* <-mm-> ❶ (*cut*) [nach]schneiden; *beard, hedge* stutzen ❷ (*decorate*) schmücken (**with** mit) ◆ **trim away** *vt* ❶ (*cut*) wegschneiden ❷ (*edit*) zusammenstreichen ◆ **trim down** *vi* abnehmen ◆ **trim off** *vt* ❶ (*cut*) abschneiden ❷ (*reduce*) kürzen
trimming ['trɪmɪŋ] *n* ❶ *no pl* (*cutting*) Nachschneiden *nt* ❷ (*pieces*) ■ **~s** *pl* Abfälle *pl* ❸ (*accompaniment*) ■ **the ~s** *pl* das Zubehör
Trinidad ['trɪnɪdæd] *n no pl* Trinidad *nt*
Trinidadian [ˌtrɪnɪˈdædiən] **I.** *adj* trinidadisch **II.** *n* Trinidader(in) *m(f)*
trio <*pl* -s> ['triːəʊ] *n* (*three*) Trio *nt* (**of** von)
trip [trɪp] **I.** *n* ❶ (*journey*) Reise *f*, Fahrt *f;* **round ~** Rundreise *f* ❷ *esp* BRIT (*outing*) Ausflug *m* **II.** *vi* <-pp-> (*unbalance*) stolpern ▶ **to ~ off the tongue** leicht von der Zunge gehen **III.** *vt* <-pp-> (*unbalance*) ■ **to ~ sb** jdm ein Bein stellen ◆ **trip over** *vt* (*be hindered*) stolpern (über) ▶ **to ~ over one's words** über seine Worte stolpern ◆ **trip up** **I.** *vt* ❶ (*unbalance*) ■ **to ~ up** ⟲ **sb** jdm ein Bein stellen ❷ (*foil*) zu Fall bringen **II.** *vi* ❶ (*stumble*) stolpern ❷ (*blunder*) einen Fehler machen
triple ['trɪpl] **I.** *adj* ❶ *attr* (*threefold*) dreifach ❷ *attr* (*of three parts*) Dreier- **II.** *adv* dreimal so viel **III.** *vt* verdreifachen
triplet ['trɪplət] *n usu pl* (*baby*) Drilling *m*
tripod ['traɪpɒd] *n* Stativ *nt*
tripping *adj* trippelnd
triumph ['traɪəm(p)f] **I.** *n* ❶ (*victory*) Triumph *m*, Sieg *m* (**over** über) ❷ *no pl* (*joy*) Siegesfreude *f* **II.** *vi* (*win*) triumphieren (**over** über)
triumphant [traɪˈʌm(p)fənt] *adj* ❶ (*victorious*) siegreich ❷ (*successful*) erfolgreich
trivial ['trɪviəl] *adj* (*unimportant*) trivial; *issue* belanglos
trod [trɒd] *pt, pp of* **tread I, II**
trolley ['trɒli] *n esp* BRIT, AUS (*cart*) Karren *m;* **luggage ~** Gepäckwagen *m;* **shopping ~** Einkaufswagen *m* ▶ **to be off one's ~** *esp* BRIT, AUS nicht mehr ganz dicht sein *fam*
trombone [trɒmˈbəʊn] *n* Posaune *f*
troop [truːp] **I.** *n* ❶ (*group*) Truppe *f; of animals* Schar *f* ❷ (*soldiers*) ■ **~s** *pl* Truppen *pl* **II.** *vi* ■ **to ~ off** (*fam*) abziehen
trophy ['trəʊfi] *n* (*prize*) Preis *m;* (*memento*) Trophäe *f; war ~* Kriegsbeute *f kein pl*
tropic ['trɒpɪk] *n* ❶ (*latitude*) Wendekreis *m* ❷ (*hot region*) ■ **the ~s** *pl* die Tropen *pl*
tropical ['trɒpɪkəl] *adj* Tropen-; **~ hardwoods** tropische Harthölzer
trot [trɒt] **I.** *n no pl* (*pace*) Trab *m; of horse* Trott; ■ **the ~s** *pl* Dünnpfiff *m* **II.** *vi* <-tt-> ❶ (*walk*) trotten ❷ (*ride*) im Trab reiten **III.** *vt* <-tt-> *horse* traben lassen ◆ **trot along** *vi* trotten ◆ **trot off** *vi* (*fam*) losziehen ◆ **trot out** *vt* (*pej*) vorführen
trotter ['trɒtəʳ] *n* ❶ FOOD ■ **~s** *pl* Schweinshaxen *pl* ❷ (*horse*) Traber *m*
trouble ['trʌbl] **I.** *n* ❶ *no pl* (*difficulties*) Schwierigkeiten *pl;* (*annoyance*) Ärger *m;* (*problem*) Problem *nt;* **to spell ~** (*fam*) nichts Gutes bedeuten ❷ *no pl* (*inconvenience*) Umstände *pl;* **it's no ~ at all** das macht gar keine Umstände *dat* ❸ *no pl* (*physical ailment*) **stomach ~** Magenbeschwerden *pl* **II.** *vt* ❶ (*form: cause inconvenience*) ■ **to ~ sb for sth** jdn um etw akk bemühen *geh* ❷ (*cause worry*) beunruhigen **III.** *vi* sich bemühen
troubled ['trʌbld] *adj* ❶ (*beset*) *situation* bedrängt ❷ (*worried*) besorgt
troublemaker *n* Unruhestifter(in) *m(f)*
troubleshooting *n no pl* ❶ (*fixing*) Fehler-/Störungsbeseitigung *f* ❷ (*mediation*) Ver-

mittlung *f*
troublesome ['trʌblsəm] *adj* schwierig
trouble spot *n* Unruheherd *m*
trough [trɒf] *n* ❶ (*bin*) Trog *m* ❷ (*low*) Tiefpunkt *m;* (*in economy*) Talsohle *f;* METEO Trog *m*
trousers ['traʊzəz] *npl* Hose *f;* **a pair of** ~ eine Hose ▶ **to wear the** ~ die Hosen anhaben *fam*
trouser suit *n* BRIT Hosenanzug *m*
trout [traʊt] *n* <*pl* -s *or* -> Forelle *f*
trout farm *n* Forellenzucht *f*
trowel ['traʊəl] *n* ❶ (*gardening*) kleiner Spaten ❷ (*building*) Maurerkelle *f*
truant ['truːənt] I. *n* Schulschwänzer(in) *m(f) fam;* **to play** ~ [**from school**] *esp* BRIT, AUS [die Schule] schwänzen *fam* II. *vi esp* BRIT, AUS [die Schule] schwänzen *fam*
truce [truːs] *n* Waffenstillstand *m* (**between** zwischen)
truck [trʌk] I. *n* ❶ (*lorry*) Last[kraft]wagen *m;* **pickup** ~ Lieferwagen *m* ❷ BRIT (*train*) Güterwagen *m* II. *vt esp* AM per Lastwagen transportieren
truck driver *n,* **trucker** ['trʌkə^r] *n* Lastwagenfahrer(in) *m(f);* (*long-distance*) Fernfahrer(in) *m(f)*
truck stop *n* AM, AUS [Fernfahrer]raststätte *f*
trudge [trʌdʒ] I. *vi* ❶ (*walk*) wandern; **to** ~ **along/down sth** etw entlang-/hinunterlatschen *fam* ❷ (*work*) ■ **to** ~ **through sth** etw durchackern II. *n* ❶ (*walk*) [anstrengender] Fußmarsch ❷ (*work*) mühseliger Weg
true [truː] I. *adj* <-r, -st> ❶ wahr; **it is** ~ [**to say**] **that ...** es stimmt, dass ...; **to ring** ~ glaubhaft klingen ❷ *attr* (*actual*) echt, wahr, wirklich; ~ **love** wahre Liebe ❸ (*loyal*) treu; ■ **to be** ~ **to sb/sth/oneself** jdm/etw/sich *dat* treu sein ▶ ~ **to form** wie zu erwarten II. *adv* ❶ (*admittedly*) stimmt ❷ (*exactly*) genau
truffle ['trʌfl] *n* Trüffel *f o m*
truly ['truːli] *adv* ❶ (*not falsely*) wirklich, wahrhaftig ❷ (*genuinely*) wirklich, echt ❸ (*form: sincerely*) ehrlich, aufrichtig; **Yours** ~**,** (*in private letter*) dein(e)/Ihr(e)
trump [trʌmp] I. *n* CARDS Trumpf *m* II. *vt* CARDS übertrumpfen ◆ **trump up** *vt* erfinden
trumpet ['trʌmpɪt] I. *n* Trompete *f* II. *vi* trompeten III. *vt* (*esp pej*) ausposaunen *fam*
trumpeter ['trʌmpɪtə^r] *n* Trompeter(in) *m(f)*
truncheon ['trʌn(t)ʃ^ən] *n* BRIT, AUS Schlagstock *m*
trunk [trʌŋk] *n* ❶ (*stem*) Stamm *m* ❷ (*body*) Rumpf *m* ❸ (*of elephant*) Rüssel *m* ❹ AM (*boot of car*) Kofferraum *m*
trunk call *n* BRIT (*dated*) Ferngespräch *nt*
trunk road *n* BRIT Fern[verkehrs]straße *f*
trust [trʌst] I. *n* ❶ *no pl* Vertrauen *nt* ❷ FIN Treuhand *f kein pl;* **investment** ~ Investmentfonds *m;* **charitable** ~ Stiftung *f* II. *vt* vertrauen (auf); ■ **to** ~ **sb to do sth** jdm zutrauen, dass er/sie etw tut; ■ **to** ~ **sb with sth** jdm etw anvertrauen III. *vi* ❶ (*form*) ■ **to** ~ **in sb/sth** auf jdn/etw vertrauen ❷ (*form: hope*) ■ **to** ~ **to** [**that**] ... hoffen, [dass] ...
trusted ['trʌstɪd] *adj attr* ❶ (*loyal*) getreu *geh* ❷ (*proved*) bewährt
trustee [trʌsˈtiː] *n* Treuhänder(in) *m(f);* **board of** ~**s** Kuratorium *nt*
trust fund *n* Treuhandfonds *m*
trusting ['trʌstɪŋ] *adj* ❶ (*artless*) vertrauensvoll ❷ (*gullible*) leichtgläubig
trustworthy ['trʌstˌwɜːði] *adj* vertrauenswürdig
trusty ['trʌsti] *adj attr* (*hum*) zuverlässig
truth <*pl* -s> [truːθ] *n no pl* Wahrheit *f;* ■ **the** ~ **of the** Wahrheit (**about** über)
truthful ['truːθf^əl] *adj* ❶ (*true*) wahr ❷ (*sincere*) ehrlich
try [traɪ] I. *n* ❶ Versuch *m;* **to give sth a** ~ etw ausprobieren ❷ (*in rugby*) Versuch *m* II. *vi* <-ie-> ❶ versuchen ❷ (*make an effort*) sich bemühen III. *vt* <-ie-> ❶ versuchen ❷ (*put to test*) *patience* auf die Probe stellen ❸ LAW vor Gericht stellen ◆ **try for** *vt* sich bemühen (um) ◆ **try on** *vt* anprobieren ◆ **try out** *vt* ausprobieren
trying ['traɪɪŋ] *adj* anstrengend; *time, phase* schwierig
try-on *n* BRIT, AUS (*fam*) [Täuschungs]versuch *m*
try-out *n* (*fam*) SPORTS Testspiel *nt*
tsar [zɑː^r] *n* BRIT, AUS Zar *m;* **drug** ~ Drogenzar *m*
tsarina [zɑːˈriːnə] *n* BRIT, AUS Zarin *f*
tsetse fly ['tetsi-] *n* Tsetsefliege *f*
T-shirt ['tiːʃɜːt] *n* T-Shirt *nt*
tsunami [tsuːˈnɑːmi] *n* Tsunami *m*
tub [tʌb] *n* ❶ (*vat*) Kübel *m* ❷ (*fam: bath*) [Bade]wanne *f*
tubby ['tʌbi] *adj* (*fam*) pummelig
tube [tjuːb] *n* ❶ (*pipe*) Röhre *f;* (*bigger*) Rohr *nt;* **inner** ~ Schlauch *m;* **test** ~ Reagenzglas

nt ❷ *of toothpaste, cream* Tube *f* ❸ *no pl* Brit (*fam: railway*) ■ **the ~** die [Londoner] U-Bahn

tubeless ['tju:bləs] *adj* **~ tyre** schlauchloser Reifen

tuberculosis [tju:ˌbɜ:kjə'ləʊsɪs] *n no pl* Tuberkulose *f*

tuberculous [tju:'bɜ:kjələs] *adj* tuberkulös

tube station *n* U-Bahnstation *f*

tubular bells *npl* Glockenspiel *nt*

tuck [tʌk] I. *n* ❶ (*pleat*) Abnäher *m;* (*ornament*) Biese *f* ❷ (*med*) **a tummy ~** Operation, bei der am Bauch Fett abgesaugt wird II. *vt* (*fold*) stecken; **to ~ sb into bed** jdn ins Bett [ein]packen *fam* ◆**tuck away** *vt* ❶ (*stow*) verstauen; (*hide*) verstecken ❷ *usu passive* (*lie*) ■ **to be ~ed away somewhere** irgendwo versteckt liegen ◆**tuck in** I. *vt* (*fold*) hineinstecken; **to ~ in one's shirt** sein Hemd in die Hose stecken II. *vi* (*fam*) reinhauen ◆**tuck up** *vt* ❶ (*fold*) **to ~ up one's feet/legs** seine Füße/Beine anziehen ❷ Brit (*put to bed*) ■ **to ~ up ⟳ sb** jdn ins Bett stecken *fam*

tuck shop *n* Brit (*dated*) Schulkiosk *nt* (*für Snacks und Süßwaren*)

Tuesday ['tju:zdeɪ] *n* Dienstag *m;* [**on**] **~ afternoon/evening/morning/night** [am] Dienstagnachmittag/-abend/-morgen/ -nacht; **a week/fortnight on ~** Dienstag in einer Woche/zwei Wochen; **a week/fortnight last ~** Dienstag vor einer Woche/zwei Wochen; **one ~** an einem Dienstag; [**on**] **~** [am] Dienstag; [**on**] **~s** dienstags

tuft [tʌft] *n* Büschel *nt*

tug [tʌg] I. *n* ❶ (*pull*) Ruck *m* (**at** an); **to give sth a ~** an etw *dat* zerren ❷ (*boat*) Schlepper *m* II. *vt* <-gg-> ziehen III. *vi* <-gg-> zerren (**at** an)

tuition [tju'ɪʃən] *n no pl esp* Brit (*teaching*) Unterricht *m* (**in** in)

tulip ['tju:lɪp] *n* Tulpe *f*

tulle [tju:l] *n no pl* Tüll *m*

tumble ['tʌmbl] I. *vi* (*fall*) fallen; (*faster*) stürzen II. *n* (*fall*) Sturz *m;* **to take a ~** stürzen ◆**tumble down** I. *vi building* einstürzen II. *vt* hinabstürzen ◆**tumble over** I. *vi* (*unbalance*) hinfallen; (*collapse*) umfallen II. *vt* stürzen (über)

tumbledown *adj attr building* baufällig

tumble drier, tumble dryer *n* Wäschetrockner *m*

tumbler ['tʌmbləʳ] *n* ❶ (*glass*) [Trink]glas *nt* ❷ (*acrobat*) Bodenakrobat(in) *m(f)*

tummy [tʌmi] *n* (*fam*) Bauch *m*

tummy ache *n* (*fam*) Bauchweh *nt kein pl*

tumor *n* Am *see* **tumour**

tumour ['tju:məʳ] *n* Geschwulst *f,* Tumor *m*

tumultuous [tju:'mʌltjuəs] *adj* (*loud*) lärmend; *applause* stürmisch

tuna ['tju:nə] *n no pl* Thunfisch *m*

tune [tju:n] I. *n* ❶ Melodie *f* ❷ Brit tech Einstellung *f* II. *vt* radio, auto einstellen ◆**tune in** I. *vi* ❶ radio, tv einschalten; **to ~ in to a channel/station** einen Kanal/Sender einstellen ❷ (*fam: be sensitive to sth*) ■ **to be ~d in to sth** eine Antenne für etw *akk* haben II. *vt* Aus radio, tv einschalten ◆**tune up** *vi, vt* mus stimmen

tuner ['tju:nəʳ] *n* ❶ tech Empfänger *m* ❷ mus (*person*) Stimmer(in) *m(f)*

tunic ['tju:nɪk] *n* Kittel *m;* hist Tunika *f*

tuning fork *n* mus Stimmgabel *f*

Tunisia [tju:'nɪzɪə] *n* Tunesien *nt*

Tunisian [tju:'nɪzɪən] I. *n* Tunesier(in) *m(f)* II. *adj* tunesisch

tunnel ['tʌnəl] I. *n* Tunnel *m;* zool, biol Gang *m* ▸ **to see** [**the**] **light at the end of the ~** das Licht am Ende des Tunnels sehen II. *vi* <Brit -ll- *or* Am *usu* -l-> einen Tunnel graben; **to ~ under a river** einen Fluss untertunneln

tuppence ['tʌpən(t)s] *n no pl* Brit (*fam*) zwei Pence; (*fig*) **to not give ~ for sth** keinen Pfifferling auf etw *akk* geben *fam;* **to not matter ~** überhaupt keine Rolle spielen

turbine ['tɜ:baɪn] *n* Turbine *f*

turbocharged *adj* ❶ tech mit Turboaufladung *nach n* ❷ (*sl: energetic*) Turbo-

turbo diesel *n* tech Turbodiesel *m* **turbo engine** *n* tech Turbomotor *m*

turbulence ['tɜ:bjələn(t)s] *n no pl* Turbulenz *f;* **air ~** Turbulenzen *pl*

turbulent ['tɜ:bjələnt] *adj* turbulent; *sea also* unruhig

turd [tɜ:d] *n* (*vulg*) Scheißhaufen *m derb*

turf <*pl* -s *or* Brit *usu* **turves**> [tɜ:f] I. *n* ❶ *no pl* (*grassy earth*) Rasen *m* ❷ (*square of grass*) Sode *f* II. *vt* Rasen verlegen

Turk [tɜ:k] *n* Türke(in) *m(f)*

turkey ['tɜ:ki] *n* ❶ zool Pute(r) *f(m)* ❷ *no pl* (*meat*) Truthahn *m,* Putenfleisch *nt*

Turkey ['tɜ:ki] *n no pl* geog Türkei *f*

Turkish ['tɜ:kɪʃ] I. *adj* türkisch II. *n* Türkisch *nt*

Turkish delight *n no pl* Lokum *nt* (*geleeartiges, mit Puderzucker bestäubtes Konfekt*)
turmeric ['tɜːmərɪk] *n no pl* Kurkuma *f*, Gelbwurz *f*
turn [tɜːn] **I.** *n* ① (*rotation*) Drehung *f*; **give the screw a couple of ~s** drehen Sie die Schraube einige Male um ② (*change in direction*) Kurve *f*; SPORTS Wende *f* ③ (*changing point*) **the ~ of the century** die Jahrhundertwende ④ (*allotted time*) **it's my ~ now!** jetzt bin ich dran!; **to do sth in ~** etw abwechselnd tun ⑤ ([*dis*]*service*) **to do sb a good/bad ~** jdm einen guten/schlechten Dienst erweisen ▶ **one good ~ deserves another** (*prov*) eine Hand wäscht die andere **II.** *vt* ① (*rotate*) drehen ② (*switch direction*) wenden; **to ~ round the corner** um die Ecke biegen ③ (*change*) ■ **to ~ sth/sb into sth** etw/jdn in etw *akk* umwandeln ▶ **to ~ a blind eye to sth** die Augen vor etw *dat* verschließen; **to ~ the tables** [**on sb**] den Spieß umdrehen **III.** *vi* ① (*rotate*) sich drehen; *person* sich umdrehen ② (*switch direction*) *car* wenden; *wind* drehen ③ (*for aid or advice*) **to ~ to sb for help/money** jdn um Hilfe/Geld bitten ④ (*change*) werden; ■ **to ~ into sth** zu etw werden ⑤ (*turn attention to*) ■ **to ~ to sth** sich etw *dat* zuwenden ◆ **turn about, turn around I.** *vi* sich *akk* umdrehen **II.** *vt* ■ **to ~ sth about** etw wenden ◆ **turn against I.** *vi* sich auflehnen (gegen) **II.** *vt* ■ **to ~ sb against sth/sb** jdn gegen jdn/etw aufwiegeln ◆ **turn away I.** *vi* sich abwenden **II.** *vt* ① (*move*) wegrücken; **to ~ one's face away** seinen Blick abwenden ② (*refuse entry*) abweisen ◆ **turn back I.** *vi* [wieder] zurückgehen; (*fig*) **there's no ~ing back now!** jetzt gibt es kein Zurück [mehr]! **II.** *vt* ① (*send back*) zurückschicken ② (*put back*) **to ~ back** ○ **the clocks** die Uhren zurückstellen; **to ~ back time** (*fig*) die Zeit zurückdrehen ◆ **turn down** *vt* ① (*reject*) abweisen ② (*reduce level*) niedriger stellen ◆ **turn in I.** *vt* ① (*give to police*) abgeben ② (*fam: to the police*) ■ **to ~ sb** ○ **to** jdn verpfeifen **II.** *vi* ① (*fam: go to bed*) sich in die Falle hauen ② (*inwards*) **his toes ~ in when he walks** er läuft über den großen Onkel *fam* ◆ **turn off I.** *vt* (*switch off*) abschalten; *light* ausmachen; *radio, TV* ausschalten **II.** *vi* abbiegen; **to ~ off the path** den Weg verlassen ◆ **turn on I.** *vt* ① *computer, radio* einschalten ② (*fam: excite*) anmachen **II.** *vi* ① (*switch on*) einschalten ② (*attack*) ■ **to ~ on sb** auf jdn losgehen ◆ **turn out I.** *vi* ① (*work out*) sich entwickeln; **how did it ~ out?** wie ist es gelaufen? *fam* ② (*be revealed*) sich herausstellen; **it ~ed out that ...** es stellte sich heraus, dass ... **II.** *vt* ① (*empty contents*) [aus]leeren; **to ~ out one's pockets** die Taschen umdrehen ② (*produce*) produzieren ◆ **turn over I.** *vi* ① *person* sich umdrehen; *car* sich überschlagen ② *engine* laufen ③ BRIT TV umschalten ▶ **to ~ over in one's grave** sich im Grabe umdrehen **II.** *vt* ① (*move*) umdrehen; *page* umblättern; *soil* umgraben ② (*ponder*) sorgfältig überdenken ▶ **to ~ over a new leaf** einen [ganz] neuen Anfang machen ◆ **turn up I.** *vi* ① (*show up*) erscheinen ② (*become available*) sich ergeben **II.** *vt* (*increase volume*) aufdrehen
turnabout *n* Umschwung *m*
turning ['tɜːnɪŋ] *n* (*road*) Abzweigung *f*
turning area *n* AUTO Wendeplatz *m* **turning point** *n* Wendepunkt *m*
turnip ['tɜːnɪp] *n* [Steck]rübe *f*
turn-off ['tɜːnɒf] *n* ① (*sth unappealing*) Gräuel *nt* ② (*fam: sexually unappealing*) **to be a real ~** abstoßend sein
turnout ['tɜːnaʊt] *n no pl* (*attendance*) Teilnahme *f* (**for** an)
turnover ['tɜːnˌəʊvə^r] *n* ① COMM Umsatz *m* ② (*in staff*) Fluktuation *f geh*
turnstile *n* SPORTS Drehkreuz *nt*
turntable *n* TECH, RAIL Drehscheibe *f*
turn-up ['tɜːnʌp] *n esp* BRIT Aufschlag *m* ▶ **to be a ~ for the book**[**s**] (*fam*) mal ganz was Neues sein
turquoise ['tɜːkwɔɪz] **I.** *n* ① GEOL (*stone*) Türkis *m* ② (*colour*) Türkis *nt* **II.** *adj* türkis[farben]
turret ['tʌrɪt] *n* ① [Mauer]turm *m* ② MIL **bomber's/ship's ~** Geschützturm *m* eines Bombers/eines Schiffes
turtle <*pl* - *or* -**s**> ['tɜːtl] *n* Schildkröte *f*
tusk [tʌsk] *n* Stoßzahn *m*
tussle ['tʌsl] **I.** *vi* ① (*scuffle*) sich balgen (**with** mit) ② (*quarrel*) ■ **to ~** [**with sb**] **over sth** [mit jdm] über etw *akk* streiten **II.** *n* (*struggle*) Rauferei *f*
tutor ['tjuːtə^r] **I.** *n* Nachhilfelehrer(in) *m(f)*; BRIT UNIV Tutor(in) *m(f)* **II.** *vt* Privatunterricht erteilen

tutorial [tjuː'tɔːriəl] *n* Tutorium *nt geh*
tux <*pl* -es> [tʌks] *n* AM (*fam*) short for **tuxedo** Smoking *m*
tuxedo [tʌk'siːdoʊ] *n* AM (*dinner jacket*) Smoking *m*
TV [ˌtiːˈviː] *n* (*appliance*) *abbrev of* **television** Fernseher *m*
TV guide *n* Fernsehzeitschrift *f* **TV star** *n* Fernsehstar *m*
tweak [twiːk] I. *vt* ① (*pull sharply*) zupfen ② (*adjust*) ■ **to** ~ **sth** etw gerade ziehen II. *n* Zupfen *nt kein pl*
tweezers ['twiːzəz] *npl* Pinzette *f*
twelfth [twelfθ] I. *adj* zwölfte(r, s) II. *adv* als zwölfte(r, s) III. *n* ■ **the** ~ der/die/das Zwölfte
twelve [twelv] I. *adj* zwölf; *see also* **eight** II. *n* Zwölf *f*; SPORTS **the England** ~ die England-Zwölf; *see also* **eight**
twentieth ['twentiɪθ] I. *adj* zwanzigste(r, s) II. *adv* an zwanzigster Stelle III. *n* ■ **the** ~ der/die/das Zwanzigste
twenty ['twenti] I. *adj* zwanzig; *see also* **eight** II. *n* Zwanzig *f*; *see also* **eight**
twice [twaɪs] I. *adv* zweimal; ~ **a day** zweimal täglich II. *adj* doppelt
twiddle ['twɪdl] I. *vt* [herum]drehen (an); **to** ~ **one's thumbs** Däumchen drehen II. *n* [Herum]drehen *nt kein pl*
twig[1] [twɪg] *n* Zweig *m*
twig[2] <-gg-> [twɪg] *vt, vi* (*understand*) kapieren *fam*
twilight ['twaɪlaɪt] *n no pl* Dämmerung *f,* Zwielicht *nt;* **the** ~ **of sb's life** jds Lebensabend
twin [twɪn] I. *n* Zwilling *m* II. *adj* Zwillings- III. *vt* <-nn-> ■ **to** ~ **sth** [**with sth**] etw [mit etw *dat*] [partnerschaftlich] verbinden IV. *vi* <-nn-> eine Städtepartnerschaft bilden
twin bed *n* Einzelbett *nt* (*eines von zwei gleichen Betten*)
twin brother *n* Zwillingsbruder *m*
twine [twaɪn] I. *vi* (*twist around*) ■ **to** ~ **around sth** sich um etw *akk* schlingen II. *n no pl* Schnur *f*
twin-engined *adj* zweimotorig
twinge [twɪndʒ] *n* Stechen *nt kein pl;* **a** ~ **of fear** eine leise Furcht; **a** ~ **of pain** ein stechender Schmerz
twinkle ['twɪŋkl] I. *vi* funkeln II. *n no pl* Funkeln *nt*
twinkling ['twɪŋklɪŋ] *adj* funkelnd

twinning ['twɪnɪŋ] *n no pl* gemeinsame Durchführung
twin sister *n* Zwillingsschwester *f*
twin town *n* BRIT Partnerstadt *f*
twirl [twɜːl] I. *vi* wirbeln II. *vt* rotieren lassen; (*in dancing*) ■ **to** ~ **sb** jdn [herum]wirbeln III. *n* Wirbel *m;* (*in dancing*) Drehung *f*
twist [twɪst] I. *vt* ① [ver]drehen; (*coil*) herumwickeln (**around** um); ■ **to** ~ **sth on/off** etw auf-/zudrehen ② (*sprain*) sich verrenken II. *vi* ① (*squirm*) sich winden ② (*dance*) twisten III. *n* ① Drehung *f;* **to give sth a** ~ etw [herum]drehen ② (*sharp bend*) Kurve *f* ③ (*unexpected change*) Wendung *f* ④ (*dance*) ■ **the** ~ der Twist ▶ **to send sb round the** ~ BRIT (*fam*) jdn verrückt machen
twisted ['twɪstɪd] *adj* ① (*bent and turned*) verdreht; ~ **ankle** gezerrter Knöchel ② (*winding*) verschlungen ③ (*perverted*) verdreht; **a** ~ **mind** ein verworrener Geist
twister ['twɪstə'] *n* Tornado *m*
twit [twɪt] *n esp* BRIT (*pej fam*) Trottel *m*
twitch ['twɪtʃ] I. *vi, vt* zucken II. *n* <*pl* -es> **to have a [nervous]** ~ nervöse Zuckungen haben
twitter ['twɪtə'] I. *vi* ① (*chirp*) zwitschern ② (*talk rapidly*) ■ **to** ~ **away** vor sich *akk* hinplappern II. *n* Gezwitscher *nt kein pl*
two [tuː] I. *adj* zwei; **are you** ~ **coming over?** kommt ihr zwei 'rüber?; ~ [**o'clock**] zwei [Uhr]; **to break sth in** ~ etw entzwei brechen; **to cut sth in** ~ etw durchschneiden; **the** ~ **of you** ihr beide; *see also* **eight** ▶ **to throw in one's** ~ cents **worth** AM, AUS (*fam*) seinen Senf dazugeben; ~ **can play at that** game (*prov*) wie du mir, so ich dir II. *n* Zwei *f; see also* **eight**
two-dimensional *adj* zweidimensional; (*pej*) *character, plot* flach **two-door** I. *adj attr* AUTO zweitürig II. *n* zweitüriges Auto
two-edged *adj* (*a. fig*) zweischneidig **two-faced** *adj* (*pej*) falsch
twofold ['tuːfəʊld] I. *adj* (*double*) zweifach; (*with two parts*) zweiteilig II. *adv* (*double*) zweifach; **to increase sth** ~ etw verdoppeln
two-part *adj attr* zweiteilig **two-piece** *n* ① (*suit*) Zweiteiler *m* ② (*bikini*) Bikini *m*
two-seater *n* (*car, sofa*) Zweisitzer *m*
twosome ['tuːsəm] *n* ① (*duo*) Duo *nt;* (*couple*) Paar *nt* ② (*dance for two*) Paartanz *m*

two-way *adj attr* ❶ *(traffic)* ~ **street/tunnel** Straße *f*/Tunnel *m* mit Gegenverkehr ❷ *conversation, process* wechselseitig ❸ ELEC ~ **switch** Wechselschalter *m*

TXT [tekst] *vt short for* **text**: ■ **to** ~ **sth** etw texten

TXT messaging *n no pl short for* **text messaging** Versenden *nt* von SMS-Nachrichten

tycoon [taɪˈkuːn] *n* [Industrie]magnat(in) *m(f)*

type [taɪp] **I.** *n* ❶ *(kind)* Art *f; of hair, skin* Typ *m; of food, vegetable* Sorte *f* ❷ *(character)* Typ *m;* ■ **to be sb's** ~ jds Typ sein *fam* **II.** *vt* ❶ *(write with machine)* tippen ❷ *(categorize)* typisieren *geh* ◆ **type out** *vt* tippen ◆ **type up** *vt report* erfassen

typewriter *n* Schreibmaschine *f*

typewritten *adj* Maschine geschrieben

typhoon [taɪˈfuːn] *n* Taifun *m*

typical [ˈtɪpɪkəl] *adj* typisch; *symptom also* charakteristisch (**of** für)

typify <-ie-> [ˈtɪpɪfaɪ] *vt* kennzeichnen; *(symbolize)* ein Symbol sein (für)

typing [ˈtaɪpɪŋ] **I.** *n no pl* Tippen *nt* **II.** *adj attr* Tipp-; ~ **error** Tippfehler *m*

typist [ˈtaɪpɪst] *n* Schreibkraft *f*

tyranny [ˈtɪrəni] *n* Tyrannei *f*

tyrant [ˈtaɪərənt] *n* Tyrann(in) *m(f)*

tyre [taɪər] *n* Reifen *m;* **spare** ~ Ersatzreifen *m*

tyre pressure *n no pl* Reifendruck *m*

Tyrol [tɪˈrəʊl] *n no pl* GEOG ■ **the** ~ Tirol *nt*

tzar [zɑːr] *n see* **tsar**

tzetze fly [ˈtetsiˌflaɪ] *n see* **tsetse fly**

Uu

U <*pl* -'s *or* -s>, **u** <*pl* -'s> [juː] *n* ❶ U *nt*, u *nt; see also* **A 1** ❷ *(sl: you)* du

U¹ [juː] *n* BRIT FILM *see* **universal** jugendfrei

U² [juː] AM, AUS *(fam)* *abbrev of* **university** Uni *f*

udder [ˈʌdər] *n* Euter *nt*

UEFA [juːˈeɪfə] *n no pl,* + *sing/pl vb* SPORTS *acr for* **Union of European Football Associations** UEFA *f*

UFO [ˈjuːefəʊ] *n* <*pl* s *or* -'s> *abbrev of* **unidentified flying object** UFO *nt*

Uganda [juːˈgændə] *n* Uganda *nt*

Ugandan [juːˈgændən] **I.** *n* Ugander(in) *m(f)* **II.** *adj* ugandisch

ugh [ʊg, ʊh] *interj (fam)* igitt!

ugliness [ˈʌglɪnəs] *n no pl* Hässlichkeit *f*

ugly [ˈʌgli] *adj* ❶ hässlich; **to feel/look** ~ sich *akk* hässlich fühlen/hässlich aussehen ❷ *(unpleasant)* *scene* hässlich; *weather* scheußlich; *rumours* übel; **to turn** ~ eine üble Wendung nehmen

UHF [juːeɪtʃˈef] *n abbrev of* **ultrahigh frequency** UHF

UK [juːˈkeɪ] *n abbrev of* **United Kingdom**: ■ **the** ~ das Vereinigte Königreich

Ukraine [juːˈkreɪn] *n* ■ **the** ~ die Ukraine

Ukrainian [juːˈkreɪniən] **I.** *n* ❶ *(person)* Ukrainer(in) *m(f)* ❷ *(language)* Ukrainisch *nt* **II.** *adj* ukrainisch

ulcer [ˈʌlsər] *n* MED Geschwür *nt;* **stomach** ~ Magengeschwür *nt*

Ulster [ˈʌlstəʳ] *n no pl* Nordirland *nt*, Ulster *nt*

ulterior [ʌlˈtɪəriər] *adj (secret)* versteckt; ~ **motive** Hintergedanke *m*

ultimate [ˈʌltɪmət] **I.** *adj attr* ❶ *(unbeatable)* beste(r, s) ❷ *(highest degree)* höchste(r, s) ❸ *(final)* letzte(r, s); *decision also* endgültig; **the** ~ **destination** das Endziel ❹ *(fundamental)* grundsätzlich; **the** ~ **problem** das Grundproblem **II.** *n (the best)* ■ **the** ~ das Nonplusultra

ultimately [ˈʌltɪmətli] *adv (in the end)* letzten Endes; *(eventually)* letztlich

ultimatum <*pl* -ta *or* -tums> [ʌltɪˈmeɪtəm] *n* Ultimatum *nt*

ultrafeminine [ˌʌltrəˈfemɪnɪn] *adj* ultrafeminin

ultra-precise *adj* äußerst genau

ultra-reliable *adj* extrem zuverlässig

ultrasound *n no pl* Ultraschall *m*

ultraviolet *adj* ultraviolett; ~ **lamp** UV-Lampe *f*

Ulysses [ˈjuːlɪsiːz] *n* Odysseus *kein art*

umbilical [ʌmˈbɪlɪkl] *adj attr* ANAT Nabel-

umbilical cord *n* ANAT Nabelschnur *f*

umbrella [ʌmˈbrelə] *n* Regenschirm *m; (sun protection)* Sonnenschirm *m*

umbrella organization *n* Dachorganisation *f*

umpire [ˈʌmpaɪər] **I.** *n* Schiedsrichter(in) *m(f)* **II.** *vt game, match* leiten

umpteen [ʌm(p)ˈtiːn] *adj (fam)* zig; **to do**

umpteenth–unbeaten

sth ~ **times** etw zigmal tun

umpteenth [ʌm(p)'tiːnθ] *adj* (*fam*) x-te(r, s)

UN [juː'en] *n abbrev of* **United Nations**: ■ **the** ~ die UN[O]; **ambassador to the** ~ UN[O]-Botschafter(in) *m(f)*

unable [ʌn'eɪbl] *adj* unfähig; ■ **to be** ~ **to do sth** unfähig sein, etw zu tun; **he was** ~ **to look her in the eye** er konnte ihr nicht in die Augen schauen

unabridged [ˌʌnə'brɪdʒd] *adj* LIT, PUBL ungekürzt

unacceptable [ˌʌnək'septəbl] *adj behaviour, excuse* inakzeptabel; *offer* unannehmbar

unaccompanied [ˌʌnə'kʌmpənɪd] *adj* ohne Begleitung *nach n, präd*

unaccountable [ˌʌnə'kaʊntəbl] *adj* ❶ (*not responsible*) nicht verantwortlich ❷ (*inexplicable*) unerklärlich

unaccounted for [ˌʌnə'kaʊntɪd fɔːʳ] *adj* ❶ (*unexplained*) ungeklärt ❷ (*not included in count*) nicht erfasst; *person* vermisst

unaccustomed [ˌʌnə'kʌstəmd] *adj* ❶ (*seldom seen*) selten ❷ (*new*) ungewohnt; **to be** ~ **to doing sth** es nicht gewohnt sein, etw zu tun

unaddressed [ˌʌnə'drest] *adj* ❶ *envelope* nicht adressiert ❷ *question* unbeantwortet

unadulterated [ˌʌnə'dʌltəreɪtɪd] *adj* (*absolute*) unverfälscht; (*pure*) *substance, alcohol* rein, unvermischt; *wine* nicht gepanscht; ~ **nonsense** blanker Unsinn

unadventurous [ˌʌnəd'ventʃərəs] *adj person* wenig unternehmungslustig; *life* unspektakulär

unaffected [ˌʌnə'fektɪd] *adj* ❶ (*unchanged*) unberührt; (*unmoved*) unbeeindruckt ❷ (*down to earth*) natürlich

unafraid [ˌʌnə'freɪd] *adj* unerschrocken; ■ **to be** ~ **of sb/sth** vor jdm/etw keine Angst haben; ■ **to be** ~ **of doing sth** keine Angst davor haben, etw zu tun

unaided [ʌn'eɪdɪd] *adj* ohne fremde Hilfe *nach n*

unaltered [ʌn'ɔːltəd] *adj* unverändert

unambiguous [ˌʌnæm'bɪɡjuəs] *adj* unzweideutig

unanimity [ˌjuːnə'nɪməti] *n no pl* (*form*) Einstimmigkeit *f*

unanimous [juː'nænɪməs] *adj* einstimmig

unannounced [ˌʌnə'naʊn(t)st] **I.** *adj* unangekündigt; ~ **visitor** unerwarteter Gast **II.** *adv* unangemeldet

unanswerable [ʌn'ɑːn(t)sərəbl] *adj* ❶ unbeantwortbar; ■ **to be** ~ nicht zu beantworten sein ❷ (*form: irrefutable*) unwiderlegbar

unanswered [ʌn'ɑːn(t)səd] *adj* unbeantwortet

unappetizing [ʌn'æpətaɪzɪŋ] *adj* unappetitlich

unapproachable [ˌʌnə'prəʊtʃəbl] *adj* unzugänglich; *person also* unnahbar

unarmed [ʌn'ɑːmd] *adj* unbewaffnet

unashamed [ˌʌnə'ʃeɪmd] *adj* schamlos; *attitude* unverhohlen

unasked [ʌn'ɑːskt] *adj* ❶ (*not questioned*) ungefragt; **an** ~ **question** eine Frage, die keiner zu stellen wagt ❷ (*not requested*) ■ ~-**for** ungebeten

unassignable [ˌʌnə'saɪnəbl] *adj* LAW nicht übertragbar

unassisted [ˌʌnə'sɪstɪd] *adj* ununterstützt, ohne Beistand *nach n*

unassuming [ˌʌnə'sjuːmɪŋ] *adj* (*approv*) bescheiden

unattached [ˌʌnə'tætʃt] *adj* ❶ (*not connected*) einzeln ❷ (*not in relationship*) ungebunden

unattainable [ˌʌnə'teɪnəbl] *adj* unerreichbar; **an** ~ **dream** ein ferner Traum

unattended [ˌʌnə'tendɪd] *adj child, baggage* unbeaufsichtigt; **to leave sth/sb** ~ etw/jdn allein lassen

unattractive [ˌʌnə'træktɪv] *adj* unattraktiv

unauthorized [ʌn'ɔːθəraɪzd] *adj* nicht autorisiert

unavailable [ˌʌnə'veɪləbl] *adj* ❶ nicht verfügbar; *person* nicht erreichbar; (*busy*) nicht zu sprechen ❷ (*in relationship*) ■ **to be** ~ vergeben sein

unavoidable [ˌʌnə'vɔɪdəbl] *adj* unvermeidlich

unaware [ˌʌnə'weəʳ] *adj* ■ **to be** ~ **of sth** sich *dat* einer S. *gen* nicht bewusst sein

unawares [ˌʌnə'weəz] *adv* unerwartet; **to catch sb** ~ jdn überraschen

unbalance [ʌn'bælən(t)s] *vt* aus dem Gleichgewicht bringen *a. fig*

unbalanced [ʌn'bælən(t)st] *adj* ❶ (*uneven*) schief; *account* nicht ausgeglichen; JOURN einseitig; *diet* unausgewogen ❷ (*unstable*) labil; **mentally** ~ psychisch labil

unbearable [ʌn'beərəbl] *adj* unerträglich

unbeatable [ʌn'biːtəbl] *adj* unschlagbar

unbeaten [ʌn'biːtən] *adj* ungeschlagen

unbelievable [ˌʌnbɪˈliːvəbl] *adj* unglaublich
unbending [ʌnˈbendɪŋ] *adj* (*form*) unnachgiebig
unbias(s)ed [ʌnˈbaɪəst] *adj* unparteiisch; *judge* nicht befangen
unbleached [ʌnˈbliːtʃt] *adj* ungebleicht
unblemished [ʌnˈblemɪʃt] *adj* makellos; *reputation* tadellos
unbolt [ʌnˈbəʊlt] *vt* entriegeln
unborn [ʌnˈbɔːn] **I.** *adj* (*not yet born*) ungeboren **II.** *n* ▪the ~ *pl* ungeborene Kinder
unbreakable [ʌnˈbreɪkəbl] *adj* unzerbrechlich; *record* nicht zu brechen; *rule* unumstößlich
unbroken [ʌnˈbrəʊkən] *adj* (*not broken*) unbeschädigt; **an ~ promise** ein gehaltenes Versprechen
unbuckle [ʌnˈbʌkl] *vt* aufschnallen; *seatbelt* öffnen
unbutton [ʌnˈbʌtən] *vt* aufknöpfen
uncalled for *adj pred*, **uncalled-for** [ʌnˈkɔːldfɔːʳ] *adj attr* unnötig; **an ~ remark** eine unpassende Bemerkung
uncanny [ʌnˈkæni] *adj* unheimlich; **an ~ likeness** eine unglaubliche Ähnlichkeit
uncared for *adj pred*, **uncared-for** [ʌnˈkeədfɔːʳ] *adj attr* ungepflegt
uncarpeted [ʌnˈkɑːpɪtɪd] *adj* nicht mit Teppich ausgelegt
unceasing [ʌnˈsiːsɪŋ] *adj* (*form*) unaufhörlich; **~ efforts/support** unablässige Anstrengungen/Unterstützung
uncertain [ʌnˈsɜːtən] *adj* unsicher; **in no ~ terms** klar und deutlich **an ~ future** eine ungewisse Zukunft
uncertainty [ʌnˈsɜːtənti] *n* ❶ (*unpredictability*) Unbeständigkeit *f* ❷ *no pl* (*doubtfulness*) Ungewissheit *f*
unchain [ʌnˈtʃeɪn] *vt* losketten; (*fig*) entfesseln
unchallenged [ʌnˈtʃælɪndʒd] *adj* unangefochten; **to go ~** unangefochten bleiben
unchanged [ʌnˈtʃeɪndʒd] *adj* unverändert
uncharacteristic [ˌʌnkærəktərˈɪstɪk] *adj* untypisch (**of** für)
uncharitable [ʌnˈtʃærɪtəbl] *adj* ❶ (*severe*) unbarmherzig ❷ (*unkind*) unfair; ▪**to be ~ [of sb] to do sth** gemein [von jdm] sein, etw zu tun
unchecked [ʌnˈtʃekt] *adj* unkontrolliert; **to continue ~** ungehindert weitergehen
uncivil [ʌnˈsɪvəl] *adj* unhöflich
unclaimed [ʌnˈkleɪmd] *adj* *winnings* nicht beansprucht; *letter, baggage* nicht abgeholt
uncle [ˈʌŋkl] *n* Onkel *m*
unclear [ʌnˈklɪəʳ] *adj* ❶ (*not certain*) unklar; ▪**to be ~ about sth** in Bezug auf etw *akk* nicht sicher sein ❷ (*vague*) vage
uncomfortable [ʌnˈkʌm(p)ftəbl] *adj* *bed, chair* unbequem; **to feel ~** *person* sich unwohl fühlen; **an ~ silence** eine gespannte Stille
uncommon [ʌnˈkɒmən] *adj* (*rare*) selten; *name also* ungewöhnlich
uncommonly [ʌnˈkɒmənli] *adv* ungewöhnlich; (*exceptionally*) äußerst
uncomplainingly [ˌʌnkəmˈpleɪnɪŋli] *adv* ohne zu klagen
uncompromising [ʌnˈkɒmprəmaɪzɪŋ] *adj* kompromisslos; **to take an ~ stand** eindeutig Stellung beziehen
unconcerned [ˌʌnkənˈsɜːnd] *adj* ❶ (*not worried*) unbekümmert; ▪**to be ~ about sth/sb** sich *dat* keine Sorgen über etw/jdn machen ❷ (*indifferent*) desinteressiert; ▪**to be ~ with sth/sb** nicht an etw/jdm interessiert sein
unconditional [ˌʌnkənˈdɪʃənəl] *adj* bedingungslos; *love also* rückhaltlos
unconfirmed [ˌʌnkənˈfɜːmd] *adj* unbestätigt
unconnected [ˌʌnkəˈnektɪd] *adj* unzusammenhängend
unconscious [ʌnˈkɒn(t)ʃəs] **I.** *adj* ❶ MED bewusstlos; **~ state** Bewusstlosigkeit *f*; **to knock sb ~** jdn bewusstlos schlagen ❷ PSYCH unbewusst; **the ~ mind** das Unterbewusste **II.** *n no pl* PSYCH ▪**the ~** das Unterbewusstsein
unconsciously [ʌnˈkɒn(t)ʃəsli] *adv* unbewusst
unconsciousness [ʌnˈkɒn(t)ʃəsnəs] *n no pl* ❶ MED Bewusstlosigkeit *f* ❷ (*unawareness*) Unbewusstheit *f*
unconstitutional [ʌnˌkɒn(t)stɪˈtjuːʃənəl] *adj* verfassungswidrig
uncontrollable [ˌʌnkənˈtrəʊləbl] *adj* unkontrollierbar; *bleeding, urge* unstillbar
uncontrolled [ˌʌnkənˈtrəʊld] *adj* unkontrolliert; **~ aggression** unbeherrschte Aggressivität
unconventional [ˌʌnkənˈven(t)ʃənəl] *adj* unkonventionell
unconvinced [ˌʌnkənˈvɪn(t)st] *adj* nicht überzeugt

unconvincing [ˌʌnkən'vɪn(t)sɪŋ] *adj* ❶(*not persuasive*) nicht überzeugend; **rather ~** wenig überzeugend ❷(*not credible*) unglaubwürdig

uncooked [ʌn'kʊkt] *adj* roh

uncooperative [ˌʌnkəʊ'ɒpərətɪv] *adj* unkooperativ

uncork [ʌn'kɔːk] *vt* entkorken; (*fig*) **to ~ one's feelings** aus sich *dat* herausgehen

uncover [ʌn'kʌvəʳ] *vt* ❶(*lay bare*) freilegen ❷(*disclose*) entdecken; **to ~ a scandal/secret** einen Skandal/ein Geheimnis aufdecken

uncrushable [ʌn'krʌʃəbl] *adj* ❶ *material* knitterfrei ❷ *spirit* unbeugsam

undamaged [ʌn'dæmɪdʒd] *adj* unbeschädigt, unversehrt

undaunted [ʌn'dɔːntɪd] *adj usu pred* unerschrocken; **to remain ~** unverzagt bleiben

undecided [ˌʌndɪ'saɪdɪd] *adj* unentschlossen

undelivered [ˌʌndɪ'lɪvəd] *adj* nicht zugestellt

undemanding [ˌʌndɪ'mɑːndɪŋ] *adj* anspruchslos

undeniable [ˌʌndɪ'naɪəbl] *adj* unbestritten; **~ evidence** eindeutiger Beweis

undeniably [ˌʌndɪ'naɪəbli] *adv* unbestreitbar

under ['ʌndəʳ] **I.** *prep* ❶(*below*) unter +*dat*; *with verbs of motion* unter +*akk;* **he walked ~ the bridge** er lief unter die Brücke ❷(*supporting*) unter +*dat;* **to break ~ the weight** unter dem Gewicht zusammenbrechen ❸(*less than*) unter +*dat;* **to cost ~ £5** weniger als fünf Pfund kosten ❹(*governed by*) unter +*dat;* **they are ~ strict orders** sie haben strenge Anweisungen ❺(*in condition/state of*) unter +*dat;* **~ repair** in Reparatur ▶[**already**] **~ way** [bereits] im Gange **II.** *adv* (*sink*) **to go ~** untergehen; *company* Pleite machen

underachieve *vi* weniger leisten als erwartet

undercharge *vt, vi* zu wenig berechnen

underclothes *npl,* **underclothing** *n no pl* (*form*) Unterwäsche *f*

undercoat *n no pl* (*paint*) Grundierung *f*

undercover **I.** *adj attr* geheim; **~ police officer** Geheimpolizist(in) *m/f* **II.** *adv* geheim

undercurrent *n* ❶(*of sea, river*) Unterströmung *f* ❷(*fig*) Unterton *m*

undercut <-cut, -cut> *vt* unterbieten

underdeveloped *adj* unterentwickelt; **~ country** Entwicklungsland *nt;* **an ~ resource** ein unzureichend ausgebeuteter Rohstoff

underdog *n* Außenseiter(in) *m/f;* **to side with the ~** den Außenseiter/die Außenseiterin unterstützen

underdone *adj* (*undercooked*) nicht gar

underestimate **I.** *vt* unterschätzen **II.** *vi* eine zu geringe Schätzung abgeben **III.** *n* Unterbewertung *f*

undereye circles [ˌʌndəraɪ'sɜːk|z] *n pl* dunkle Augenringe

underfoot *adv* unter den Füßen; **it was very muddy ~** der Weg war sehr schlammig

undergo <-went, -gone> *vt* **to ~ a change** eine Veränderung durchmachen

undergraduate *n* Student(in) *m/f*

underground **I.** *adj* ❶ *attr* RAIL U-Bahn-; **~ station** U-Bahn-Station ❷ unterirdisch; **~ cable** Erdkabel *nt* ❸ POL Untergrund-; **~ movement** Untergrundbewegung *f* **II.** *adv* unter der Erde **III.** *n* ❶ *no pl esp* BRIT RAIL U-Bahn *f;* ■ **by ~** mit der U-Bahn ❷ POL ■ **the ~** der Untergrund, die Untergrundbewegung

underground railway *n* Untergrundbahn *f*

undergrowth *n no pl* Dickicht *nt;* **dense ~** dichtes Gestrüpp

underhand *adj* BRIT hinterhältig; **~ dealings** betrügerische Machenschaften

underline *vt* ❶(*draw a line beneath*) unterstreichen; **to ~ sth in red** etw rot unterstreichen ❷(*emphasize*) betonen

underlying *adj attr* ❶ GEOG tiefer liegend ❷(*real, basic*) zugrunde liegend; **the ~ reason for sth** der Grund für etw

undermanned *adj* unterbesetzt

undermine *vt* ❶(*tunnel under*) untertunneln ❷(*weaken*) untergraben; *currency, confidence* schwächen

underneath [ˌʌndə'niːθ] **I.** *prep* unter +*dat;* *with verbs of motion* unter +*akk* **II.** *adv* darunter **III.** *n no pl* ■ **the ~** die Unterseite **IV.** *adj* untere(r, s)

undernourished *adj* unterernährt **underpaid** *adj* unterbezahlt

underpants *npl* Unterhose *f*

underpass <*pl* -es> *n* Unterführung *f*

underprivileged **I.** *adj* unterprivilegiert **II.** *n* ■ **the ~** *pl* die Unterprivilegierten *pl* **underrate** *vt* unterschätzen

underside *n usu sing* Unterseite *f*
undersigned <*pl* -> *n* (*form*) ■ **the** ~ der/die Unterzeichnete
understaffed *adj* unterbesetzt
understand <-stood, -stood> [ˌʌndəˈstænd] **I.** *vt* ❶ verstehen; **to not ~ a single word** kein einziges Wort verstehen; **to ~ one another** sich verstehen ❷ (*sympathize with*) ■ **to ~ sb/sth** für jdn/etw Verständnis haben ❸ (*empathize*) ■ **to ~ sb** sich in jdn einfühlen können ❹ (*be informed*) ■ **to ~ [that]** ... hören, dass ... **II.** *vi* ❶ (*comprehend*) verstehen, kapieren *fam* ❷ (*infer*) ■ **to ~ from sth that** ... aus etw *dat* schließen, dass ...
understandable [ˌʌndəˈstændəbl] *adj* verständlich
understanding [ˌʌndəˈstændɪŋ] **I.** *n* ❶ *no pl* Verständnis *nt* ❷ (*agreement*) Übereinkunft *f;* **to come to an ~** zu einer Übereinkunft kommen ❸ *no pl* (*harmony*) Verständigung *f* **II.** *adj* (*approv*) verständnisvoll
understatement [ˌʌndəˈsteɪtmənt] *n* Untertreibung *f*, Understatement *nt*
understood [ˌʌndəˈstʊd] *pt, pp of* **understand**
understudy [ˈʌndəˌstʌdi] THEAT **I.** *n* Zweitbesetzung *f* **II.** *vt* <-ie-> ■ **to ~ sb** jdn als Zweitbesetzung vertreten
undertake <-took, -taken> [ˌʌndəˈteɪk] *vt* ❶ (*set about, take on*) durchführen; **to ~ an offensive** in die Offensive gehen ❷ (*form: guarantee*) ■ **to ~ to do sth** sich verpflichten, etw zu tun; ■ **to ~ [that]** ... garantieren, [dass] ...
undertaker [ˈʌndəteɪkəʳ] *n* ❶ (*person*) Leichenbestatter(in) *m(f)* ❷ (*firm*) Bestattungsinstitut *nt*
undertaking [ˌʌndəˈteɪkɪŋ] *n* ❶ (*project*) Unternehmung *f;* **noble ~** edles Unterfangen *iron geh* ❷ (*form: pledge*) Verpflichtung *f*
undervalue *vt* unterbewerten; *person* unterschätzen
underwater **I.** *adj* Unterwasser- **II.** *adv* unter Wasser
underwear *n no pl* Unterwäsche *f*
underweight *adj* untergewichtig
underworld *n* ❶ *no pl* (*criminal milieu*) Unterwelt *f* ❷ (*afterworld*) ■ **the U~** die Unterwelt
undeserved [ˌʌndɪˈzɜːvd] *adj* unverdient
undesirable [ˌʌndɪˈzaɪ(ə)rəbl] **I.** *adj* unerwünscht; **an ~ character** ein windiger Typ *pej fam* **II.** *n usu pl* unerwünschte Person
undetected [ˌʌndɪˈtektɪd] *adj* unentdeckt
undeveloped [ˌʌndɪˈveləpt] *adj* ❶ *land, site* unerschlossen ❷ BIOL, BOT unausgereift ❸ PHOT nicht entwickelt ❹ ECON unterentwickelt
undid [ʌnˈdɪd] *pt of* **undo**
undies [ˈʌndiz] *npl* (*fam*) Unterwäsche *f kein pl*
undisciplined [ʌnˈdɪsɪplɪnd] *adj* undiszipliniert
undivided [ˌʌndɪˈvaɪdɪd] *adj* ❶ (*not split*) ungeteilt ❷ **~ attention** ungeteilte Aufmerksamkeit
undo <-did, -done> [ʌnˈduː] *vt* ❶ (*unfasten*) öffnen ❷ (*cancel*) **to ~ the damage** den Schaden beheben; **to ~ the good work** die gute Arbeit zunichtemachen ❸ COMPUT rückgängig machen
undoing [ʌnˈduːɪŋ] *n no pl* Ruin *m;* **to be sb's ~** jds Ruin *m* sein
undone [ʌnˈdʌn] **I.** *vt pp of* **undo** **II.** *adj* **to come ~** aufgehen
undoubted [ʌnˈdaʊtɪd] *adj* unbestritten
undoubtedly [ʌnˈdaʊtɪdli] *adv* zweifellos
undress [ʌnˈdres] **I.** *vt* ausziehen; **to ~ sb with one's eyes** (*fig*) jdn mit den Augen ausziehen **II.** *vi* sich ausziehen **III.** *n no pl* (*hum*) **in a state of ~** spärlich bekleidet
undressed [ʌnˈdrest] *adj pred* unbekleidet; **to get ~** sich ausziehen
undue [ʌnˈdjuː] *adj* (*form*) ungebührlich; **to cause ~ alarm** die Pferde scheu machen; **~ pressure** übermäßiger Druck
unduly [ʌnˈdjuːli] *adv* unangemessen; *concerned* übermäßig
unearned [ʌnˈɜːnd] *adj* ❶ (*undeserved*) unverdient ❷ (*not worked for*) nicht erarbeitet; **~ income** (*from real estate*) Besitzeinkommen *nt*
unearthly [ʌnˈɜːθli] *adj* ❶ (*eerie*) gespenstisch; *beauty* übernatürlich ❷ (*fam: inconvenient*) unmöglich *meist pej;* **at some ~ hour** zu einer unchristlichen Zeit
unease [ʌnˈiːz], **uneasiness** [ʌnˈiːzɪnəs] *n no pl* Unbehagen *nt* (**over/at** über)
uneasy [ʌnˈiːzi] *adj* ❶ (*anxious*) besorgt; *smile* gequält ❷ (*causing anxiety*) unangenehm; *feeling* ungut
uneconomical [ʌnˌiːkəˈnɒmɪkəl] *adj* unwirtschaftlich

unemployed [ˌʌnɪmˈplɔɪd] **I.** *n* ■ **the** ~ *pl* die Arbeitslosen **II.** *adj* arbeitslos

unemployment [ˌʌnɪmˈplɔɪmənt] *n no pl* ① (*state*) Arbeitslosigkeit *f* ② (*rate*) Arbeitslosenrate *f;* **long-/short-term** ~ Langzeit-/Kurzzeitarbeitslosigkeit *f;* **mass** ~ Massenarbeitslosigkeit *f*

unemployment benefit *n* Brit, Aus, **unemployment insurance** *n no pl* Am Arbeitslosenunterstützung *f*

unendurable [ˌʌnɪnˈdjʊərəbl] *adj* unerträglich

unequal [ʌnˈiːkwəl] *adj* ① (*different*) unterschiedlich ② (*unjust*) ungerecht; *contest* ungleich ③ (*inadequate*) ■ **to be** ~ **to sth** etw *dat* nicht gewachsen sein

uneven [ʌnˈiːvən] *adj* ① uneben; (*unequal*) ungleich ② (*of inadequate quality*) uneinheitlich ③ (*odd*) ungerade

uneventful [ˌʌnɪˈventfəl] *adj* ereignislos

unexceptional [ˌʌnɪkˈsepʃənəl] *adj* nicht außergewöhnlich

unexpected [ˌʌnɪkˈspektɪd] **I.** *adj* unerwartet; *opportunity* unvorhergesehen **II.** *n no pl* ■ **the** ~ das Unerwartete

unexplored [ˌʌnɪkˈsplɔːd] *adj* unerforscht

unfair [ʌnˈfeəʳ] *adj* ungerecht

unfaithful [ʌnˈfeɪθfəl] *adj* ① (*adulterous*) untreu ② (*disloyal*) illoyal *geh*

unfamiliar [ˌʌnfəˈmɪljəʳ] *adj* ① (*new*) unvertraut; *experience* ungewohnt; ■ **to be** ~ **to sb** jdm fremd sein ② (*unacquainted*) ■ **to be** ~ **with sth** mit etw *dat* nicht vertraut sein

unfasten [ʌnˈfɑːsən] **I.** *vt button, belt* öffnen; *jewellery* abnehmen **II.** *vi* aufgehen

unfavorable *adj* Am *see* **unfavourable**

unfavourable [ʌnˈfeɪvərəbl] *adj* ① (*adverse*) ungünstig; *comparison* unvorteilhaft ② (*disadvantageous*) nachteilig; **to appear in an** ~ **light** in einem ungünstigen Licht erscheinen

unfilled [ʌnˈfɪld] *adj* leer; *position, job* offen

unfinished [ʌnˈfɪnɪʃt] *adj* unvollendet; ~ **business** (*also fig*) offene Fragen *pl;* **to leave sth** ~ etw unvollendet lassen

unfit [ʌnˈfɪt] *adj* ① nicht fit ② (*incompetent*) ungeeignet (**for** für); ■ **to be** ~ **to do sth** unfähig sein, etw zu tun

unfold [ʌnˈfəʊld] **I.** *vt* ① entfalten ② *ideas, plans* darlegen; *story* entwickeln **II.** *vi* (*develop*) sich entwickeln

unforeseeable [ˌʌnfɔːˈsiːəbl] *adj* unvorhersehbar

unforeseen [ˌʌnfɔːˈsiːn] *adj* unvorhergesehen

unforgettable [ˌʌnfəˈgetəbl] *adj* unvergesslich

unforgivable [ˌʌnfəˈgɪvəbl] *adj* unverzeihlich; **an** ~ **sin** eine Todsünde

unfortunate [ʌnˈfɔːtʃənət] **I.** *adj* ① (*unlucky*) unglücklich; **to be** ~ **that ...** ungünstig sein, dass ... ② (*regrettable*) bedauerlich **II.** *n* (*form or hum*) Unglücksselige(r) *f(m)*

unfortunately [ʌnˈfɔːtʃənətli] *adv* unglücklicherweise

unfriendly [ʌnˈfrendli] *adj* unfreundlich; (*hostile*) feindlich; **environmentally** ~ umweltschädlich

unfulfilled [ˌʌnfʊlˈfɪld] *adj* ① (*not carried out*) unvollendet ② (*unsatisfied*) unausgefüllt

unfurnished [ʌnˈfɜːnɪʃt] *adj* unmöbliert

ungainly [ʌnˈgeɪnli] *adj* unbeholfen

ungrateful [ʌnˈgreɪtfəl] *adj* undankbar

unguarded [ʌnˈgɑːdɪd] *adj* ① unbewacht; *border* offen ② (*careless, unwary*) unvorsichtig; **in an** ~ **moment** in einem unbedachten Augenblick

unhappiness [ʌnˈhæpɪnəs] *n no pl* Traurigkeit *f*

unhappy [ʌnˈhæpi] *adj* unglücklich

unharmed [ʌnˈhɑːmd] *adj* unversehrt

unhealthy [ʌnˈhelθi] *adj* ① (*unwell*) kränklich ② (*harmful to health*) ungesund

unheard [ʌnˈhɜːd] *adj* ungehört

unheard-of *adj* ① (*unknown*) unbekannt ② (*unthinkable*) undenkbar

unhesitating [ʌnˈhezɪteɪtɪŋ] *adj* unverzüglich

unhook [ʌnˈhʊk] *vt* ① abhängen; *fish* vom Haken nehmen ② *clothing* aufmachen

unhoped-for [ʌnˈhəʊptˌfɔːʳ] *adj* unverhofft

unhurt [ʌnˈhɜːt] *adj* unverletzt

uni [ˈjuːni] *n* Brit, Aus (*fam*) *short for* **university** Uni *f*

unicorn [ˈjuːnɪkɔːn] *n* Einhorn *nt*

uniculture [ˈjuːnɪkʌltʃəʳ] *n* Einheitskultur *f*

unidentified [ˌʌnaɪˈdentɪfaɪd] *adj* nicht identifiziert

unidentified flying object *n* unbekanntes Flugobjekt

unification [ˌjuːnɪfɪˌkeɪʃən] *n no pl* Vereinigung *f*

uniform [ˈjuːnɪfɔːm] **I.** *n* Uniform *f* **II.** *adj* einheitlich; *quality, treatment* gleich bleibend; *temperature, rate* konstant

uniformity [ˌjuːnɪˈfɔːmətɪ] *n no pl* (*sameness*) Einheitlichkeit *f;* (*pej*) Eintönigkeit *f*

unify [ˈjuːnɪfaɪ] *vt, vi* [sich] vereinigen

unimaginable [ˌʌnɪˈmædʒɪnəbl̩] *adj* unvorstellbar

unimpressed [ˌʌnɪmˈprest] *adj pred* unbeeindruckt

uninhabitable [ˌʌnɪnˈhæbɪtəbl̩] *adj* unbewohnbar

uninhabited [ˌʌnɪnˈhæbɪtɪd] *adj* unbewohnt

uninhibited [ˌʌnɪnˈhɪbɪtɪd] *adj* ungehemmt

uninjured [ʌnˈɪndʒəd] *adj* unverletzt

uninsured [ˌʌnɪnˈʃʊəd] *adj* ▪**to be ~ against sth** [gegen etw *akk*] nicht versichert sein

unintelligent [ˌʌnɪnˈtelɪdʒ ənt] *adj* unintelligent

unintelligible [ˌʌnɪnˈtelɪdʒəbl̩] *adj* unverständlich

unintentional [ˌʌnɪnˈten(t)ʃən əl] *adj* unabsichtlich; *humour* unfreiwillig

unintentionally [ˌʌnɪnˈten(t)ʃən əlɪ] *adv* unabsichtlich

uninterested [ʌnˈɪntrəstɪd] *adj* uninteressiert; ▪**to be ~ in sth/sb** kein Interesse an etw/jdm haben

uninteresting [ʌnˈɪntrəstɪŋ] *adj* uninteressant

uninterrupted [ʌnˌɪntərˈʌptɪd] *adj* ununterbrochen; *rest, view* ungestört

uninvited [ˌʌnɪnˈvaɪtɪd] *adj guest* ungeladen; *question* unerwünscht

union [ˈjuːnjən] *n* ❶ *no pl* (*state*) Union *f;* **monetary ~** Währungsunion *f* ❷ + *sing/pl vb* (*organization*) Verband *m;* (*trade union*) Gewerkschaft *f*

Union Jack *n* Union Jack *m* (*britische Nationalflagge*)

unique [juːˈniːk] *adj* einzigartig; *opportunity, experience* einmalig

unison [ˈjuːnɪs ən] **I.** *n no pl* ❶ MUS Gleichklang *m;* **to sing in ~** einstimmig singen ❷ (*simultaneously*) ▪**to do sth in ~** gleichzeitig dasselbe tun **II.** *adj attr* MUS einstimmig

unit [ˈjuːnɪt] *n* ❶ (*standard of quantity*) Einheit *f;* **~ of currency** Währungseinheit *f* ❷ + *sing/pl vb* (*group of people*) Abteilung *f* ❸ MECH Einheit *f;* **central processing ~** Zentraleinheit *f* ❹ AM, AUS (*apartment*) Wohnung *f*

unite [juːˈnaɪt] **I.** *vt* ❶ (*join together*) vereinigen (**with** mit) ❷ (*bring together*) verbinden (**with** mit) **II.** *vi* (*join in common cause*) sich vereinigen, sich zusammentun

united [juːˈnaɪtɪd] *adj* ❶ (*joined together*) vereinigt; **~ Germany** wiedervereinigtes Deutschland ❷ (*joined in common cause*) **to present a ~ front** Einigkeit demonstrieren

United Arab Emirates *npl* ▪**the ~** die Vereinigten Arabischen Emirate

United Kingdom *n* ▪**the ~** das Vereinigte Königreich

unity [ˈjuːnətɪ] *n usu no pl* Einheit *f;* (*harmony*) Einigkeit *f*

Univ. *abbrev of* **University** Univ.

universal [ˌjuːnɪˈvɜːs əl] *adj* universell; *agreement* allgemein; **~ language** Weltsprache *f;* **a ~ truth** eine allgemein gültige Wahrheit

universe [ˈjuːnɪvɜːs] *n* ASTRON ▪**the ~** das Universum

university [ˌjuːnɪˈvɜːsətɪ] *n* Universität *f*

university education *n* Hochschulbildung *f*

university lecture *n* Vorlesung *f* **university lecturer** *n* Hochschuldozent(in) *m(f)*

university town *n* Universitätsstadt *f*

unjust [ʌnˈdʒʌst] *adj* ungerecht

unjustifiable [ʌnˌdʒʌstɪˈfaɪəbl̩] *adj* nicht zu rechtfertigen *präd*

unjustified [ʌnˈdʒʌstɪfaɪd] *adj* ungerechtfertigt

unjustly [ʌnˈdʒʌstlɪ] *adv* (*pej*) ungerecht; (*wrongfully*) zu Unrecht

unkind [ʌnˈkaɪnd] *adj* ❶ (*not kind*) unfreundlich, gemein ❷ *pred* (*not gentle*) **to be ~ to hair/skin/surfaces** die Haare/die Haut/Oberflächen angreifen

unkindly [ʌnˈkaɪndlɪ] *adv* unfreundlich; **she speaks ~ of him** sie hat für ihn kein gutes Wort übrig

unknown [ʌnˈnəʊn] **I.** *adj* unbekannt; **~ to me, ...** ohne mein Wissen ... **II.** *n* (*sth not known*) Ungewissheit *f*

unlawful [ʌnˈlɔːf əl] *adj* rechtswidrig; **~ possession of sth** illegaler Besitz einer S. *gen*

unleaded [ʌnˈledɪd] *adj* unverbleit; *petrol* bleifrei

unless [ʌnˈles] *conj* außer wenn, wenn nicht; **~ I'm mistaken** wenn ich mich nicht irre; **he won't come ~ he has time** er wird nicht kommen, außer wenn er Zeit hat

unlike [ʌnˈlaɪk] **I.** *adj pred* unähnlich **II.** *prep* ❶ (*different from*) **to be ~ sb/sth** jdm/etw

nicht ähnlich sein ❷ (*in contrast to*) im Gegensatz zu
unlikely [ʌnˈlaɪkli] *adj* unwahrscheinlich; **it seems ~ that ...** es sieht nicht so aus, als ...
unlimited [ʌnˈlɪmɪtɪd] *adj* unbegrenzt
unload [ʌnˈləʊd] **I.** *vt* ❶ *vehicle* entladen; *container, boot of car* ausladen ❷ (*fam: get rid of*) abstoßen **II.** *vi* ❶ (*remove contents*) abladen ❷ (*discharge goods*) entladen
unlock [ʌnˈlɒk] *vt* ❶ (*release a lock*) aufschließen ❷ (*release*) freisetzen
unlocked [ʌnˈlɒkt] *adj door* unverschlossen
unloved [ʌnˈlʌvd] *adj* ungeliebt
unlucky [ʌnˈlʌki] *adj* ❶ (*unfortunate*) glücklos; **he's always been ~** er hat immer Pech ❷ (*bringing bad luck*) ■**to be ~** Unglück bringen
unmanned [ˈʌnmænd] *adj* unbemannt
unmarried [ʌnˈmærɪd] *adj* unverheiratet
unmentionable [ʌnˈmen(t)ʃənəbl] *adj* unaussprechlich; ■**to be ~** tabu sein
unmentioned [ʌnˈmen(t)ʃnd] *adj* unerwähnt
unmitigated [ʌnˈmɪtɪɡeɪtɪd] *adj* absolut; *contempt* voll
unmoved [ʌnˈmuːvd] *adj usu pred* unbewegt
unnatural [ʌnˈnætʃərəl] *adj* unnatürlich; PSYCH abnorm
unnecessarily [ʌnˌnesəˈserɪli] *adv* unnötigerweise; **~ complex** unnötig kompliziert
unnecessary [ʌnˈnesəsəri] *adj* unnötig
unnoticed [ʌnˈnəʊtɪst] *adj pred* unbemerkt; **to go ~ that ...** nicht bemerkt werden, dass ...
unobtainable [ˌʌnəbˈteɪnəbl] *adj* unerreichbar
unoccupied [ʌnˈɒkjəpaɪd] *adj* ❶ (*uninhabited*) unbewohnt ❷ MIL nicht besetzt
unofficial [ˌʌnəˈfɪʃəl] *adj* inoffiziell; **in an ~ capacity** inoffiziell
unopened [ʌnˈəʊpənd] *adj* ungeöffnet, [noch] verschlossen
unpack [ʌnˈpæk] *vt, vi* auspacken; *car* ausladen
unpaid [ʌnˈpeɪd] *adj* unbezahlt
unpleasant [ʌnˈplezənt] *adj* ❶ (*not pleasing*) unangenehm ❷ (*unfriendly*) unfreundlich
unpleasantness [ʌnˈplezəntnəs] *n* ❶ *no pl* Unerfreulichkeit *f*; (*unfriendly feelings*) Unstimmigkeit[en] *f*[*pl*], Spannungen *pl* ❷ (*instance*) Gemeinheit *f*

unplug <-gg-> [ʌnˈplʌɡ] *vt* ausstecken
unpolluted [ˌʌnpəˈluːtɪd] *adj* unverschmutzt
unpopular [ʌnˈpɒpjələr] *adj* ❶ (*not liked*) unbeliebt ❷ (*not widely accepted*) unpopulär; **to be ~** wenig Anklang finden
unpopularity [ʌnˌpɒpjəˈlærəti] *n no pl of person* Unbeliebtheit *f*
unprecedented [ʌnˈpresɪdəntɪd] *adj* noch nie da gewesen; **on an ~ scale** in bislang ungekanntem Ausmaß
unpredictable [ˌʌnprɪˈdɪktəbl] *adj* unvorhersehbar; *weather* unberechenbar
unprepared [ˌʌnprɪˈpeəd] *adj* unvorbereitet; ■**to be ~ for sth** *an event* auf etw *akk* nicht vorbereitet sein; *a reaction, emotion* auf etw *akk* nicht gefasst sein
unprintable [ʌnˈprɪntəbl] *adj* JOURN nicht druckfähig
unprofessional [ˌʌnprəˈfeʃənəl] *adj* (*pej*) ❶ (*amateurish*) unprofessionell, unfachmännisch ❷ (*contrary to standards*) **~ conduct** berufswidriges Verhalten
unprofitable [ʌnˈprɒfɪtəbl] *adj* unrentabel; **to be ~** keinen Gewinn abwerfen
unprompted [ʌnˈprɒm(p)tɪd] *adj* unaufgefordert
unpronounceable [ˌʌnprəˈnaʊn(t)səbl] *adj* (*fam*) unaussprechlich
unprotected [ˌʌnprəˈtektɪd] *adj* ❶ schutzlos; (*unguarded*) unbewacht ❷ *sex* ungeschützt
unproved [ʌnˈpruːvd] *adj,* **unproven** [ʌnˈpruːvən] *adj* unbewiesen, nicht bewiesen
unpublished [ʌnˈpʌblɪʃt] *adj* unveröffentlicht
unpunished [ʌnˈpʌnɪʃt] *adj* unbestraft
unqualified [ʌnˈkwɒlɪfaɪd] *adj* ❶ unqualifiziert, ungeeignet ❷ (*unreserved*) bedingungslos; **an ~ disaster** eine Katastrophe grenzenlosen Ausmaßes
unquestionable [ʌnˈkwestʃənəbl] *adj* fraglos; *evidence, fact* unumstößlich
unquestioning [ʌnˈkwestʃənɪŋ] *adj* bedingungslos
unravel <BRIT -ll- *or* AM *usu* -l-> [ʌnˈrævəl] **I.** *vt knitting* auftrennen; (*untangle*) entwirren; *knot* aufmachen **II.** *vi* sich auftrennen
unreadable [ʌnˈriːdəbl] *adj* (*pej*) unleserlich
unreal [ʌnˈrɪəl] *adj* unwirklich
unrealistic [ˌʌnrɪəˈlɪstɪk] *adj* unrealistisch, realitätsfern
unreasonable [ʌnˈriːzənəbl] *adj* ❶ unver-

nünftig ❷ (*unfair*) übertrieben; *demand* überzogen; **don't be so ~! he's doing the best he can** verlang nicht so viel! er tut sein Bestes

unrecognizable [ˌʌnrekəgˈnaɪzəbl̩] *adj* ■ **to be ~** nicht wiederzuerkennen sein

unreliability [ˌʌnrɪlaɪəˈbɪlɪti] *n no pl* Unzuverlässigkeit *f*

unreliable [ˌʌnrɪˈlaɪəbl̩] *adj* unzuverlässig

unrepeatable [ˌʌnrɪˈpiːtəbl̩] *adj* nicht wiederholbar

unreserved [ˌʌnrɪˈzɜːvd] *adj* ❶ (*without reservations*) uneingeschränkt ❷ (*not having been reserved*) nicht reserviert ❸ (*not standoffish*) offen; **~ friendliness** Herzlichkeit *f*

unreservedly [ˌʌnrɪˈzɜːvɪdli] *adv* vorbehaltlos; **to apologize ~** sich ohne Einschränkungen entschuldigen

unrest [ʌnˈrest] *n no pl* Unruhen *pl*; **ethnic/social ~** ethnische/soziale Spannungen

unrestrained [ˌʌnrɪˈstreɪnd] *adj* uneingeschränkt; *criticism* hart

unrestricted [ˌʌnrɪˈstrɪktɪd] *adj* uneingeschränkt

unrewarding [ˌʌnrɪˈwɔːdɪŋ] *adj* nicht lohnend, undankbar *fig*

unripe [ʌnˈraɪp] *adj* unreif

unrivalled [ʌnˈraɪvəld] *adj* einzigartig

unroll [ʌnˈrəʊl] I. *vt poster* aufrollen II. *vi* sich abrollen [lassen]

unruffled [ʌnˈrʌfld] *adj* ❶ (*not agitated*) gelassen ❷ *feathers* glatt; *hair* ordentlich

unruly <-ier, -iest *or* more unruly, most unruly> [ʌnˈruːli] *adj* ungebärdig; *crowd* aufrührerisch; *children* außer Rand und Band; *hair* nicht zu bändigen

unsafe [ʌnˈseɪf] *adj* ❶ unsicher; *sex* ungeschützt; ■ **to be ~ to do sth** gefährlich sein, etw zu tun ❷ *pred* (*in danger*) nicht sicher

unsaid [ʌnˈsed] I. *adj* (*form*) ungesagt; **to leave sth ~** etw ungesagt lassen II. *vt pt, pp of* **unsay**

unsatisfactory [ʌnˌsætɪsˈfæktəri] *adj* unzureichend; *answer* unbefriedigend; (*grade*) ungenügend

unsatisfied [ʌnˈsætɪsfaɪd] *adj* ❶ (*not content*) unzufrieden; **to leave sb/sth ~** jdn/etw nicht befriedigen ❷ (*not convinced*) nicht überzeugt

unsay <-said, -said> [ʌnˈseɪ] *vt* ■ **to ~ sth** etw zurücknehmen [*o* ungesagt machen]

unscheduled [ʌnˈʃedjuːld] *adj* außerplanmäßig; *stop* außerfahrplanmäßig

unscientific [ˌʌnsaɪənˈtɪfɪk] *adj* unwissenschaftlich

unscrupulous [ʌnˈskruːpjələs] *adj* (*pej*) skrupellos

unsealed [ʌnˈsiːld] *adj* unversiegelt

unseat [ʌnˈsiːt] *vt* ■ **to ~ sb** jdn seines Amtes entheben

unseemly [ʌnˈsiːmli] *adj* (*form or dated*) unschicklich

unseen [ʌnˈsiːn] *adj* ungesehen, unbemerkt

unselfish [ʌnˈselfɪʃ] *adj* selbstlos

unsettle [ʌnˈsetl̩] *vt* ❶ (*make nervous*) verunsichern ❷ (*make unstable*) stören

unsettled [ʌnˈsetld] *adj* ❶ (*unstable*) instabil; *weather* unbeständig ❷ (*troubled*) unruhig ❸ (*unresolved*) noch anstehend

unsettling [ʌnˈsetlɪŋ] *adj* beunruhigend; **to have the ~ feeling that ...** das ungute Gefühl haben, dass ...

unshakable [ʌnˈʃeɪkəbl̩] *adj*, **unshakeable** *adj belief, feeling* unerschütterlich; *alibi* felsenfest

unshaved [ʌnˈʃeɪvd] *adj*, **unshaven** [ʌnˈʃeɪvən] *adj* unrasiert

unsightly <-ier, -iest *or* more unsightly, most unsightly> [ʌnˈsaɪtli] *adj* unansehnlich

unsigned [ʌnˈsaɪnd] *adj* ❶ (*lacking signature*) nicht unterschrieben ❷ (*not under contract*) nicht unter Vertrag stehend *attr*

unskilled [ʌnˈskɪld] *adj* ❶ ungeschickt ❷ (*not requiring skill*) ungelernt; **~ job** Tätigkeit *f* für ungelernte Arbeitskräfte

unsociable [ʌnˈsəʊʃəbl̩] *adj* ungesellig

unsocial [ʌnˈsəʊʃəl] *adj* BRIT nicht sozialverträglich; **to work ~ hours** außerhalb der normalen Arbeitszeiten arbeiten

unsold [ʌnˈsəʊld] *adj* unverkauft

unsophisticated [ˌʌnsəˈfɪstɪkeɪtɪd] *adj* einfach

unspeakable [ʌnˈspiːkəbl̩] *adj* unbeschreiblich

unstable [ʌnˈsteɪbl̩] *adj* ❶ (*not firm*) nicht stabil ❷ (*fig*) instabil; **emotionally ~** [psychisch] labil

unstuck [ʌnˈstʌk] *adj* **to come ~** sich [ab]lösen; (*fig*) ins Schleudern geraten

unsuccessful [ˌʌnsəkˈsesfəl] *adj* erfolglos; *attempt* vergeblich

unsuitable [ʌnˈsjuːtəbl̩] *adj* nicht geeignet

unsure [ʌnˈʃʊər] *adj* unsicher; ■ **to be ~ of**

oneself kein Selbstvertrauen haben
unsurpassed [ˌʌnsəˈpɑːst] *adj* unübertroffen, einzigartig
unsuspecting [ˌʌnsəˈspektɪŋ] *adj* ahnungslos
unsweetened [ʌnˈswiːtənd] *adj esp* FOOD ungesüßt
unthinkable [ʌnˈθɪŋkəbl] I. *adj* ❶ (*unimaginable*) undenkbar ❷ (*shocking*) unfassbar II. *n no pl* ■ **the** ~ das Unvorstellbare
unthinking [ʌnˈθɪŋkɪŋ] *adj* unbedacht; (*unintentional*) unabsichtlich
untidiness [ʌnˈtaɪdɪnəs] *n no pl* Unordnung *f*; *of person, dress* Unordentlichkeit *f*
untidy [ʌnˈtaɪdi] *adj* ❶ (*disordered*) unordentlich ❷ (*not well organized*) unsystematisch
untie <-y-> [ʌnˈtaɪ] *vt* ❶ (*undo*) lösen ❷ *boat* losbinden
until [ʌnˈtɪl] I. *prep* bis; **two more days** ~ **Easter** noch zwei Tage bis Ostern; **not** ~ **seven** erst um sieben; **not** ~ **tomorrow** erst morgen II. *conj* (*esp form*) bis; **I laughed** ~ **tears rolled down my face** ich lachte, bis mir die Tränen kamen; **he won't stop** ~ **everything is finished** er hört nicht auf, bevor nicht alles fertig ist; ■ **to not do sth** ~ **...** etw erst [dann] tun, wenn ...
untimely [ʌnˈtaɪmli] *adj* (*form: inopportune*) ungelegen
untiring [ʌnˈtaɪərɪŋ] *adj* unermüdlich
untold [ʌnˈtəʊld] *adj* ❶ *attr* (*immense*) unsagbar; *damage* immens ❷ (*not told*) ungesagt
untouched [ʌnˈtʌtʃt] *adj* ❶ unberührt; *food, drink* nicht angerührt ❷ (*not affected*) ■ **to be** ~ **by sth** von etw *dat* nicht betroffen sein
untreated [ʌnˈtriːtɪd] *adj* unbehandelt; ~ *sewage* ungeklärte Abwässer
untrue [ʌnˈtruː] *adj* ❶ (*false*) unwahr, falsch ❷ *pred* (*not faithful*) untreu; ■ **to be** ~ **to sb/sth** jdm/etw untreu sein
untrustworthy [ʌnˈtrʌstˌwɜːði] *adj* unzuverlässig
untruthful [ʌnˈtruːθfəl] *adj* unwahr; *person* unaufrichtig
unused[1] [ʌnˈjuːzd] *adj* unbenutzt; **to go** ~ nicht genutzt werden
unused[2] [ʌnˈjuːst] *adj pred* ■ **to be** ~ **to sth** an etw *akk* nicht gewöhnt sein
unusual [ʌnˈjuːʒəl] *adj* ❶ ungewöhnlich; (*for a person*) untypisch ❷ (*remarkable*) außergewöhnlich
unusually [ʌnˈjuːʒəli] *adv* ungewöhnlich; ~ **for me, ...** ganz gegen meine Gewohnheit ...
unvarying [ʌnˈveərɪɪŋ] *adj* unveränderlich, gleich bleibend; *landscape* eintönig
unveil [ʌnˈveɪl] I. *vt* ❶ (*remove covering*) enthüllen; *face* entschleiern ❷ (*present to public*) der Öffentlichkeit vorstellen II. *vi* den Schleier abnehmen
unwaged [ʌnˈweɪdʒd] *adj* BRIT ❶ unbezahlt ❷ (*out of work*) arbeitslos
unwarranted [ʌnˈwɒrəntɪd] *adj* (*form*) ungerechtfertigt; *fears* unbegründet
unwell [ʌnˈwel] *adj pred* unwohl; ■ **sb is** ~ jdm geht es nicht gut
unwieldy [ʌnˈwiːldi] *adj* ❶ (*cumbersome*) unhandlich ❷ (*ineffective*) unüberschaubar
unwilling [ʌnˈwɪlɪŋ] *adj* widerwillig; ■ **to be** ~ **to do sth** nicht gewillt sein, etw zu tun
unwillingly [ʌnˈwɪlɪŋli] *adv* ungern
unwind <unwound, unwound> [ʌnˈwaɪnd] I. *vi* ❶ (*unroll*) sich abwickeln ❷ (*relax*) sich entspannen II. *vt* abwickeln
unwired *adj* drahtlos
unwise [ʌnˈwaɪz] *adj* unklug
unwitting [ʌnˈwɪtɪŋ] *adj* ❶ (*unaware*) ahnungslos ❷ (*unintentional*) unbeabsichtigt
unwittingly [ʌnˈwɪtɪŋli] *adv* unwissentlich, unabsichtlich
unworthy [ʌnˈwɜːði] *adj* (*pej*) unwürdig; **to be** ~ **of interest** nicht von Interesse sein
unwrap <-pp-> [ʌnˈræp] *vt* ❶ *gift* auspacken ❷ (*reveal*) enthüllen
unwritten [ʌnˈrɪtən] *adj* nicht schriftlich fixiert; ~ **traditions** mündliche Überlieferungen
unzip <-pp-> [ʌnˈzɪp] *vt* ❶ den Reißverschluss aufmachen ❷ COMPUT auspacken
up [ʌp] I. *adv* ❶ nach oben, hinauf; **hands** ~! Hände hoch!; **four flights** ~ vier Etagen höher; **halfway** ~ auf halber Höhe; **farther** ~ weiter oben ❷ (*out of bed*) ■ **to be** ~ **late** lange aufbleiben; ~ **and about** auf den Beinen ❸ (*toward*) ■ ~ **to sb/sth** auf jdn/ etw zu; **to walk** ~ **to sb** auf jdn zugehen ❹ (*to point of*) ~ **until** bis +*akk*; ~ **to yesterday** bis gestern ❺ (*in opposition to*) **to be** ~ **against sb/sth** es mit jdm/etw zu tun haben ❻ (*depend on*) **to be** ~ **to sb** von jdm abhängen; **I'll leave it** ~ **to you** ich überlasse dir die Entscheidung ❼ (*contrive*) **to be**

~ **to sth** etw vorhaben; **to be ~ to no good** nichts Gutes im Schilde führen ❸ (*be adequate*) **to be ~ to sth** einer Sache *dat* gewachsen sein; **are you sure you're ~ to it?** bist du sicher, dass du das schaffst?; **his German isn't ~ to much** sein Deutsch ist nicht besonders gut **II.** *prep* ❶ hinauf, herauf; ~ **the ladder/mountain/stairs** die Leiter/den Berg/die Treppe hinauf; ~ **and down** auf und ab; **he's ~ that ladder** er steht dort oben auf der Leiter ❷ (*along*) [*just*] ~ **the road** ein Stück die Straße hinauf; ~ **the river** flussauf[wärts] ▶ **to be ~ the creek** [**without a paddle**] [schön] in der Klemme sitzen; ~ **yours!** (*vulg*) ihr könnt/du kannst mich mal! **III.** *adj* ❶ *attr* (*moving upward*) nach oben ❷ *pred* (*leading*) in Führung; **Liverpool is two goals ~** Liverpool liegt mit zwei Toren in Führung ❸ *pred* (*functioning properly*) funktionstüchtig; **do you know when the server will be ~ again?** weißt du, wann der Server wieder in Betrieb sein wird? ❹ *pred* (*finished*) vorbei, um; **your time is ~!** Ihre Zeit ist um! ❺ *pred* (*scheduled*) **to be ~ for sale** zum Verkauf stehen ❻ *pred* (*fam*) **something is ~** irgendetwas ist im Gange; **what's ~?** was ist los?; **how well ~ are you in Spanish?** (*fam*) wie fit bist du in Spanisch?; **who's ~ for a walk?** wer hat Lust auf einen Spaziergang? **IV.** *n* (*good period*) Hoch *nt;* ~ **s and downs** Höhen und Tiefen *pl* ▶ **to be on the ~ and ~** Brit, Aus (*fam*) im Aufwärtstrend begriffen sein **V.** *vt* <-pp-> (*increase*) erhöhen; *price, tax* anheben

up-and-coming *adj attr* aufstrebend
upbeat [ˈʌpbiːt] **I.** *n* mus Auftakt *m* **II.** *adj* (*fam*) optimistisch
upbringing [ˈʌpˌbrɪŋɪŋ] *n usu sing* Erziehung *f*
upcoming [ˈʌpˌkʌmɪŋ] *adj esp* Am bevorstehend
update I. *vt* [ʌpˈdeɪt] aktualisieren; comput ein Update machen **II.** *n* [ˈʌpdeɪt] Aktualisierung *f*; comput Update *nt sl*
updo *n* hochgesteckte Haare
updraught *n* Zug *m;* aviat Aufwind *m*
upfront [ʌpˈfrʌnt] *adj* (*fam*) ❶ *pred* (*frank*) offen; **to be ~ about sth** etw offen sagen ❷ *attr* (*advance*) Voraus-; ~ **payment** Anzahlung *f*
upgrade I. *vt* [ʌpˈɡreɪd] ❶ verbessern; comput erweitern ❷ *a person* befördern **II.** *n* [ˈʌpɡreɪd] ❶ comput Aufrüsten *nt* ❷ Am (*slope*) Steigung *f*
upgradeable [ʌpˈɡreɪdəbl] *adj* comput aufrüstbar
upheaval [ʌpˈhiːvəl] *n no pl* (*change*) Aufruhr *m;* **political ~** politische Umwälzung[en]
uphill [ʌpˈhɪl] **I.** *adv* bergauf **II.** *adj* ❶ (*ascending*) bergauf ❷ (*difficult*) mühselig; ~ **battle** harter Kampf **III.** *n* Steigung *f*
uphold <-held, -held> [ʌpˈhəʊld] *vt* aufrechterhalten; *traditions* pflegen; **to ~ the law** das Gesetz [achten und] wahren
upholstery [ʌpˈhəʊlstəri] *n no pl* Polsterung *f*
UPI [ˌjuːpiːˈaɪ] *n* Am *abbrev of* **United Press International** UPI
upkeep [ˈʌpkiːp] *n no pl* ❶ (*maintenance*) Instandhaltung *f* ❷ *of person* Unterhalt *m*
uplighter *n* Lampe *f* mit Lichtaustritt nach unten
upload *vt* comput laden
upon [əˈpɒn] *prep* (*usu form*) ❶ auf +*dat;* *with verbs of motion* auf +*akk;* **he put his hand ~ her shoulder** er legte seine Hand auf ihre Schulter ❷ (*at time of*) bei +*dat;* ~ **arrival** bei Ankunft ❸ (*concerning*) **we settled ~ a price** wir einigten uns auf einen Preis; **he was intent ~ following in his father's footsteps** er war entschlossen, in die Fußstapfen seines Vaters zu treten
upper [ˈʌpər] **I.** *adj attr* ❶ obere(r, s); *arm, jaw etc.* Ober- ❷ *rank* höhere(r, s); **the ~ middle class** die gehobene Mittelschicht ❸ *location* höher gelegen; **the U~ Rhine** der Oberrhein **II.** *n* (*part of shoe*) Obermaterial *nt*
upper class *n* + *sing/pl vb* Oberschicht *f*
upper-class *adj* der Oberschicht *nach n;* **in ~ circles** in den gehobenen Kreisen
uppermost [ˈʌpəməʊst] **I.** *adj* ❶ oberste(r, s), höchste(r, s) ❷ (*most important*) wichtigste(r, s); **to be ~ in one's mind** jdn am meisten beschäftigen **II.** *adv* ganz oben
upright [ˈʌpraɪt] **I.** *adj* ❶ aufrecht ❷ (*honest*) anständig **II.** *n* archit [Stütz]pfeiler *m*
uprising [ˈʌpˌraɪzɪŋ] *n* Aufstand *m;* **popular ~** Volkserhebung *f*
uproar [ˈʌprɔːr] *n no pl* ❶ (*noise*) Lärm *m* ❷ (*protest*) Aufruhr *m*
uproot [ʌpˈruːt] *vt* ❶ bot herausreißen ❷ (*fig*) ■ **to ~ oneself** seine Heimat verlas-

sen

upset I. *vt* [ʌpˈset] ❶ aus der Fassung bringen; (*distress*) mitnehmen; ■ **to ~ oneself** sich aufregen ❷ (*push over*) umwerfen; *glass* umstoßen, umkippen; *boat* zum Kentern bringen **II.** *adj* [ʌpˈset] ❶ *pred* (*sad*) traurig; (*distressed*) bestürzt; ■ **to be ~ [that]** ... traurig sein, dass ...; **to be ~ to hear/read/see that** ... mit Bestürzung hören/lesen/sehen, dass ... ❷ (*up-ended*) umgestoßen **III.** *n* [ˈʌpset] ❶ *no pl* Ärger *m* ❷ (*fam*) **stomach ~** Magenverstimmung *f*

upside down *adj* auf dem Kopf stehend *attr*; **that picture is ~** das Bild hängt verkehrt herum

upstage *vt* ■ **to ~ sb** jdm die Schau stehlen

upstairs [ʌpˈsteəz] **I.** *adj* oben *präd*, obere(r, s) *attr* **II.** *adv* **the people who live ~** die Leute über uns; **to run ~** nach oben rennen

upstream [ʌpˈstriːm] **I.** *adj* **the ~ part of the river** der obere Teil des Flusses **II.** *adv* flussaufwärts; **to swim ~** gegen den Strom schwimmen

uptake [ˈʌpteɪk] *n no pl* Aufnahme *f* ▶ **to be quick/slow on the ~** (*fam*) schnell schalten/schwer von Begriff sein

uptight [ʌpˈtaɪt] *adj* (*fam*) ❶ nervös; **don't get ~ about the exam** mach dich wegen der Prüfung nicht verrückt ❷ (*stiff in outlook*) verklemmt

up-to-date *adj attr* zeitgemäß

up-to-the-minute *adj* hochaktuell

upturn [ˈʌptɜːn] *n* Aufschwung *m*; **~ in the economy** Konjunkturaufschwung *m*

upturned [ˈʌptɜːnd] *adj* nach oben gewendet; **~ nose** Stupsnase *f*

upward [ˈʌpwəd] **I.** *adj usu* AM Aufwärts-, nach oben *nach n*; **~ movement** Aufwärtsbewegung *f* **II.** *adv* nach oben, aufwärts

upwardly [ˈʌpwədli] *adv* nach oben, aufwärts; **~ mobile** aufstrebend und erfolgreich

upwards [ˈʌpwədz] *adv see* **upward II**

uranium [jʊəˈreɪniəm] *n no pl* CHEM, PHYS Uran *nt*

urban [ˈɜːbən] *adj attr* städtisch; **~ area** Stadtgebiet *nt*; **~ decay** Verfall *m* der Innenstadt; **~ population** Stadtbevölkerung *f*

urbanization [ˌɜːbənaɪˈzeɪʃən] *n no pl* Verstädterung *f*

urge [ɜːdʒ] **I.** *n* (*strong desire*) Verlangen *nt* (**for** nach); **to get the ~ to do sth** Lust bekommen, etw zu tun; **irresistible ~** unwi-

derstehliches Verlangen **II.** *vt* ❶ (*try to persuade*) ■ **to ~ sb [to do sth]** jdn drängen[, etw zu tun] ❷ (*advocate*) ■ **to ~ sth** auf etw *akk* dringen; **to ~ caution/vigilance** zur Vorsicht/Wachsamkeit mahnen ◆ **urge on** *vt* ■ **to ~ sb on [to do sth]** jdn [dazu] antreiben[, etw zu tun]

urgency [ˈɜːdʒən(t)si] *n no pl* ❶ (*top priority*) Dringlichkeit *f*; *of problem also* Vordringlichkeit *f* ❷ (*insistence*) Eindringlichkeit *f*

urgent [ˈɜːdʒənt] *adj* ❶ dringend; **to be in ~ need of sth** dringend etw benötigen ❷ (*insistent*) eindringlich; *steps* eilig; *plea* deutlich

urgently [ˈɜːdʒəntli] *adv* ❶ (*imperatively*) dringend ❷ (*insistently*) eindringlich

urinal [jʊəˈraɪnəl, -rɪ-] *n* Pissoir *nt*

urine [ˈjʊərɪn] *n no pl* Urin *m*

urn [ɜːn] *n* ❶ (*for remains*) [Grab]urne *f* ❷ (*for drinks*) **tea ~** Teekessel *m*

urologist [jʊəˈrɒlədʒɪst] *n* MED Urologe, Urologin *m, f*

Uruguay [ˈjʊərəgwaɪ] *n* Uruguay *nt*

Uruguayan [ˌjʊərəˈgwaɪən] *adj* uruguayisch

us [ʌs, əs] *pron* (*object of we*) uns *in dat o akk*; **let ~ know** lassen Sie es uns wissen; **both/many of ~** wir beide/viele von uns; **it's ~** wir sind's; **older than ~** älter als wir

USA [ˌjuːesˈeɪ] *n no pl abbrev of* **United States of America**: ■ **the ~** die USA *pl*

usable [ˈjuːzəbl] *adj* brauchbar, nutzbar

USB [ˌjuːesˈbiː] *n* COMPUT, INET *acr for* **Universal Serial Bus** USB

use I. *vt* [juːz] ❶ benutzen; *chance, one's skills* nutzen; *dictionary, idea* verwenden ❷ (*manipulate*) benutzen; (*exploit*) ausnutzen ❸ (*need*) **I could ~ some help** ich könnte etwas Hilfe gebrauchen; **I could ~ a drink now** ich könnte jetzt einen Drink vertragen **II.** *n* [juːs] ❶ Verwendung *f*, Benutzung *f*; **for ~ in an emergency** für den Notfall; **for ~ in case of fire** bei Feuer; **for external ~ only** nur zur äußerlichen Anwendung; **to make ~ of sth** etw benutzen; **can you make ~ of that?** kannst du das gebrauchen? ❷ (*usefulness*) Nutzen *m*; **is this of any ~ to you?** kannst du das vielleicht gebrauchen?; **it's no ~ [doing sth]** es hat keinen Zweck[, etw zu tun] ❸ (*right to use*) **to have the ~ of sth** *room, car* etw benutzen dürfen ❹ (*out of order*) ■ **to be out of ~** nicht funktionieren ◆ **use up** *vt strength*,

energy verbrauchen

used¹ [juːst] *vt only in past* **he ~ to teach** er hat früher unterrichtet; **my father ~ to say ...** mein Vater sagte [früher] immer, ...

used² [juːzd] *adj* ❶ (*not new*) gebraucht; **~ clothes** Secondhandkleidung *f* ❷ (*familiar with*) gewohnt; ▪ **to be ~ to sth** etw gewohnt sein; **to become ~ to sth** sich an etw *akk* gewöhnen

useful ['juːsfəl] *adj* nützlich (**for** für); **to make oneself ~** sich nützlich machen; **to come in ~** gut zu gebrauchen sein

usefulness ['juːsfəlnəs] *n no pl* Nützlichkeit *f*; *of contribution, information also* Brauchbarkeit *f*

useless ['juːsləs] *adj* ❶ (*pointless*) sinnlos; ▪ **it's ~** [**doing sth**] es ist sinnlos[, etw zu tun] ❷ (*fam: incompetent*) zu nichts zu gebrauchen *präd*; **he's a ~ goalkeeper** er taugt nichts als Torwart ❸ **to be ~** nichts taugen; **to render sth ~** etw unbrauchbar machen

Usenet ['juːznet] *n* COMPUT, INET Usenet *nt*

user ['juːzʳ] *n* Benutzer(in) *m(f)*; **drug ~** Drogenkonsument(in) *m(f)*

user-friendly *adj* COMPUT benutzerfreundlich

US-friendly <-ier, -iest> *adj* **~ governments** den USA wohlgesonnene Regierungen

usher ['ʌʃəʳ] I. *n* Platzanweiser(in) *m(f)* II. *vt* **to ~ sb into a room/to his seat** jdn in einen Raum hineinführen/zu seinem Platz führen

usherette [ˌʌʃəˈret] *n* (*dated*) Platzanweiserin *f*

USSR [ˌjuːeseˈsɑːʳ] *n* (*hist*) *abbrev of* **Union of Soviet Socialist Republics** UdSSR *f*

usual ['juːʒəl] I. *adj* üblich, normal; **as** [**per**] **~** wie üblich II. *n* (*fam: regular drink*) ▪ **the ~** das Übliche

usually ['juːʒəli] *adv* normalerweise

USW [ˌjuːesˈdʌbljuː] *n abbrev of* **ultrashort waves** UKW

utility [juːˈtɪləti] I. *n* ❶ (*usefulness*) Nützlichkeit *f* ❷ *usu pl* (*public service*) Leistungen *pl* der öffentlichen Versorgungsbetriebe II. *adj* (*useful*) Mehrzweck-; **~ vehicle** Mehrzweckfahrzeug *nt*

utilize ['juːtɪlaɪz] *vt* nutzen

utmost ['ʌtməʊst] I. *adj attr* größte(r, s); **with the ~ care/precision** so sorgfältig/genau wie möglich II. *n no pl* ▪ **the ~** das Äußerste (**in** an); ▪ **at the ~** höchstens; ▪ **to the ~** bis zum Äußersten; **to try one's ~** sein Bestes geben

utter¹ ['ʌtəʳ] *adj attr* vollkommen; **~ fool** Vollidiot(in) *m(f) fam;* **~ nonsense** absoluter Blödsinn; **a complete and ~ waste of time** eine totale Zeitverschwendung

utter² ['ʌtəʳ] *vt* ❶ (*liter*) **no one ~ed a sound** keiner brachte einen Ton heraus; **to ~ a groan** stöhnen; **without ~ing a word** ohne ein Wort zu sagen ❷ (*liter: put into words*) sagen; **oath** schwören; *prayer* sprechen

utterly ['ʌtəli] *adv* vollkommen; **to be ~ convinced that ...** vollkommen [davon] überzeugt sein, dass ...

U-turn ['juːtɜːn] *n* ❶ (*of a car*) Wende *f*; **to do a ~** wenden ❷ (*change of plan*) Kehrtwendung *f*

UV [ˌjuːˈviː] *abbrev of* **ultraviolet** UV

UVF [ˌjuːviːˈef] *n abbrev of* **Ulster Volunteer Force** UVF

Uzbekistan [ʊzˌbekɪˈstɑːn] *n no pl* Usbekistan *nt*

V

V <*pl* -'s *or* -s> *n*, **v** <*pl* -'s> [viː] *n* ❶ V *nt*, v *nt; see also* **A 1** ❷ (*shape*) V *nt;* **V-shaped neck** V-Ausschnitt *m*

v [viː] I. *adv abbrev of* **very** II. *n* LING *abbrev of* **verb** v III. *prep abbrev of* **verse, verso, versus** vs.

vac [væk] I. *n* ❶ BRIT (*fam*) *short for* **vacation** Semesterferien *pl* ❷ (*fam*) *short for* **vacuum cleaner** Staubsauger *m* II. *vt* <-cc-> (*fam*) *short for* **vacuum clean** [staub]saugen

vacancy ['veɪkən(t)si] *n* ❶ (*unoccupied room*) freies Zimmer; **'vacancies'** ‚Zimmer frei'; **'no vacancies'** ‚belegt' ❷ (*employment*) freie Stelle; **to fill a ~** eine [freie] Stelle besetzen

vacant ['veɪkənt] *adj* ❶ *bed, chair, seat* frei; (*on toilet door*) **'~'** ‚frei' ❷ *position, job* unbesetzt; **to fall ~** frei werden ❸ (*expressionless*) leer; **~ stare** ausdrucksloser Blick

vacate [vəˈkeɪt] *vt* räumen; *job* aufgeben;

seat frei machen

vacation [vəˈkeɪʃən] *n* ❶ AM (*holiday*) Ferien *pl*, Urlaub *m;* **to take a** ~ Urlaub machen ❷ UNIV Semesterferien *pl*

vaccinate [ˈvæksɪneɪt] *vt* impfen (**against** gegen)

vaccination [ˌvæksɪˈneɪʃən] *n* [Schutz]impfung *f* (**against** gegen)

vaccine [ˈvæksiːn] *n* Impfstoff *m*

vacuum <*pl* -s *or form* -cua> [ˈvækjuːm, *pl* -kjuə] **I.** *n* ❶ Vakuum *nt* ❷ (*fig: gap*) Vakuum *nt fig*, Lücke *f;* **to fill/leave a** ~ eine Lücke füllen/hinterlassen **II.** *vt* [staub]saugen; ■ **to** ~ **up** ⌒ **sth** etw aufsaugen

vacuum cleaner *n* Staubsauger *m* **vacuum suction** *n* Vakuumabsaugung *f*

vagina [vəˈdʒaɪnə] *n* ANAT Vagina *f*

vagrant [ˈveɪɡrənt] *n* (*dated*) Landstreicher(in) *m(f)*

vague [veɪɡ] *adj* ❶ ungenau; *memory, promises* vage; *figure, shape* verschwommen ❷ (*imprecise*) zerstreut; ■ **to be** ~ **about sth** sich [nur] vage zu etw *dat* äußern

vain [veɪn] *adj* ❶ (*pej*) eitel; (*conceited*) eingebildet ❷ (*futile*) sinnlos; **in** ~ vergeblich, umsonst

valentine [ˈvæləntaɪn] *n* Person, die am Valentinstag von ihrem Verehrer/ihrer Verehrerin beschenkt wird; **the message on the card said "be my** ~**!"** auf der Karte stand: „sei mein Schatz am Valentinstag!"

Valentine's Day *n* Valentinstag *m*

valid [ˈvælɪd] *adj* ❶ *argument, decision* begründet ❷ *passport, qualification* gültig

validity [vəˈlɪdəti] *n no pl* Gültigkeit *f*

valley [ˈvæli] *n* Tal *nt*

valuable [ˈvæljuəbl] *adj* wertvoll; *gems* kostbar

valuation [ˌvæljuˈeɪʃən] *n* ❶ (*instance*) Schätzwert *m* ❷ FIN Bewertung *f*

value [ˈvæljuː] **I.** *n* ❶ *no pl* Wert *m;* (*significance*) Bedeutung *f* ❷ (*moral ethics*) ■ ~**s** *pl* Werte *pl* **II.** *vt* ❶ (*deem significant*) schätzen; **to** ~ **sb as a friend** jdn als Freund schätzen ❷ FIN schätzen; ■ **to have sth** ~**d** etw schätzen lassen

value-added tax *n* Mehrwertsteuer *f*

valued [ˈvæljuːd] *adj* (*approv form*) geschätzt

valueless [ˈvæljuːləs] *adj* wertlos

valve [vælv] *n* ❶ (*control device*) Ventil *nt* ❷ (*body part*) Klappe *f*

vampire [ˈvæmpaɪəʳ] *n* Vampir *m*

van [væn] *n* ❶ Transporter *m;* **delivery** ~ Lieferwagen *m* ❷ AM (*car type*) Kleinbus *m*

vandal [ˈvændəl] *n* Vandale *m pej*

vandalism [ˈvændəlɪzəm] *n no pl* Vandalismus *m*

vandalize [ˈvændəlaɪz] *vt* mutwillig zerstören; *building* verwüsten

vanilla [vəˈnɪlə] *n no pl* Vanille *f*

vanish [ˈvænɪʃ] *vi* verschwinden; **to** ~ **into thin air** sich in Luft auflösen; **to** ~ **without trace** spurlos verschwinden

vanity [ˈvænəti] *n* ❶ *no pl* Eitelkeit *f* ❷ AM, AUS (*Vanitory unit*) Schminktisch *m*

vanity bag *n,* **vanity case** *n* Schminktasche *f*

vantage point *n* ❶ (*outlook*) Aussichtspunkt *m* ❷ (*fig: ideological perspective*) Blickpunkt *m*

vapor *n* AM *see* **vapour**

vaporous [ˈveɪpərəs] *adj* dunstig, nebelhaft *a. fig*

vapour [ˈveɪpəʳ] *n* (*steam*) Dampf *m;* (*breath*) Atem[hauch] *m*

vapour trail *n* Kondensstreifen *m*

variable [ˈveəriəbl] **I.** *n* Variable *f* **II.** *adj* variabel, veränderlich; *quality* wechselhaft

variance [ˈveəriən(t)s] *n* ❶ *no pl* (*variation*) Abweichung *f* ❷ *no pl* (*form: at odds*) ■ **to be at** ~ **with sth** mit etw *dat* nicht übereinstimmen

variant [ˈveəriənt] **I.** *n* Variante *f* **II.** *adj attr* variierend, unterschiedlich

variation [ˌveəriˈeɪʃən] *n* ❶ *no pl* Abweichung *f* ❷ (*difference*) Schwankung[en] *f[pl]*

varied [ˈveərid] *adj* unterschiedlich; *career* bewegt

variety [vəˈraɪəti] *n* ❶ *no pl* Vielfalt *f;* (*differing from one another*) Verschiedenartigkeit *f;* **a** ~ **of courses** verschiedene Kurse; **in a** ~ **of ways** auf vielfältige Weise ❷ (*type*) Sorte *f;* **a new** ~ **of tulip/sweetcorn** eine neue Tulpen-/Maissorte

variety show *n* Varieteeshow *f*

varifocal [ˈveərɪfəʊkəl] *adj lenses, glasses* Gleitsicht-

various [ˈveəriəs] *adj* verschieden

varnish [ˈvɑːnɪʃ] **I.** *n* <*pl* -es> Lack *m;* (*on painting*) Firnis *m* **II.** *vt* lackieren

vary <-ie-> [ˈveəri] **I.** *vi* variieren, verschieden sein; **to** ~ **greatly** stark voneinander abweichen **II.** *vt* variieren; **to** ~ **one's diet** ab-

wechslungsreich essen
varying ['veərɪŋ] *adj* unterschiedlich; (*fluctuating*) variierend
vase [vɑːz] *n* Vase *f*
vast [vɑːst] *adj* gewaltig, riesig; *majority* überwältigend
vastly ['vɑːstli] *adv* wesentlich, erheblich; ~ **superior** haushoch überlegen
vat [væt] *n* (*for beer, wine*) Fass *nt*; (*with open top*) Bottich *m*
VAT [ˌviːerˈtiː] *n no pl* BRIT *abbrev of* **value added tax** MwSt *f*
Vatican ['vætɪkən] *n no pl* ■ the ~ der Vatikan
vault [vɔːlt] I. *n* ❶ (*arch*) Gewölbebogen *m* ❷ (*ceiling*) Gewölbe *nt* ❸ (*strongroom*) Tresorraum *m* ❹ (*in church*) Krypta *f* II. *vt* (*jump*) ■ **to ~ sth** über etw *akk* springen
vaulting horse *n* Sprungpferd *nt*
vCard ['viːkɑːd] *n* COMPUT, INET *short for* **virtual business card** virtuelle Geschäftskarte
VCR [ˌviːsiːˈɑːr] *n* AM *abbrev of* **video cassette recorder** Videorekorder *m*
VDU [ˌviːdiːˈjuː] *n abbrev of* **visual display unit** Sichtgerät *nt*
VE [ˌviːˈiː] *abbrev of* **Victory in Europe** Sieg *m* in Europa; **VE Day** *Tag an dem der Sieg der Alliierten im Zweiten Weltkrieg in Europa gefeiert wird*
veal [viːl] *n no pl* Kalbfleisch *nt*
vector ['vektər] *n* ❶ Vektor *m* ❷ (*disease transmitter*) Überträger *m*
veer [vɪər] *vi* ❶ (*alter course*) abdrehen ❷ (*alter goal*) umschwenken; ■ **to ~ towards sth** auf etw *akk* hinsteuern; **to ~ from one's usual opinions** von seiner üblichen Meinung abgehen
veg[1] [vedʒ] *n no pl* (*fam*) *short for* **vegetable(s)** Gemüse *nt;* **fruit and ~ shop** Obst- und Gemüseladen *m*
veg[2] [vedʒ] *vi* (*fam*) ■ **to ~ out** herumhängen
vegan ['viːgən] I. *n* Veganer(in) *m(f)* II. *adj* vegan
vegetable ['vedʒtəbl] *n* ❶ (*plant*) Gemüse *nt;* **fresh fruit and ~s** frisches Obst und Gemüse ❷ (*fig, pej fam*) **to be a ~** vor sich *dat* hin vegetieren
vegetable fat *n* pflanzliches Fett **vegetable garden** *n* Gemüsegarten *m* **vegetable kingdom** *n no pl* Pflanzenreich *nt* **vegetable oil** *n* pflanzliches Öl

vegetarian [ˌvedʒɪˈteərɪən] I. *n* Vegetarier(in) *m(f)* II. *adj* vegetarisch
vegetate ['vedʒɪteɪt] *vi* vegetieren
vegetation [ˌvedʒɪˈteɪʃən] *n no pl* Pflanzen *pl*; (*in specific area*) Vegetation *f*
veggie[1] ['vedʒi] *n* (*fam*) *short for* **vegetarian** Vegetarier(in) *m(f)*
veggie[2] ['vedʒi] *n esp* AM, AUS (*fam*) *short for* **vegetable** Gemüse *nt*
veggieburger ['vedʒiˌbɜːgər] *n* Gemüseburger *m*
vehemence ['viːəmən(t)s] *n no pl* Vehemenz *f*
vehement ['viːəmənt] *adj* vehement, heftig
vehicle ['vɪəkl] *n* Fahrzeug *nt*
vehicle registration centre *n* BRIT Kfz-Zulassungsstelle *f* **vehicle registration number** *n* Kfz-Kennzeichen *nt*
veil [veɪl] I. *n* (*also fig*) Schleier *m* II. *vt usu passive* ❶ (*cover by veil*) ■ **to be ~ed** verschleiert sein ❷ (*envelop*) einhüllen
veiled [veɪld] *adj* ❶ verschleiert ❷ (*fig: concealed*) verschleiert; *criticism, hint, threat* versteckt
vein [veɪn] *n* Vene *f*; (*any blood vessel*) Ader *f*
Velcro® ['velkrəʊ] *n no pl* Klettverschluss *m*
velocity [vɪˈlɒsəti] I. *n* (*form*) Geschwindigkeit *f* II. *adj attr* Geschwindigkeits-
velvet ['velvɪt] *n no pl* Samt *m*
velvety ['velvɪti] *adj* (*fig*) samtig
vendetta [venˈdetə] *n* Vendetta *f*
vending machine *n* Automat *m*
vendor ['vendɔːr] *n* Straßenverkäufer(in) *m(f)*
venetian blind *n* Jalousie *f*
Venezuela [ˌvenɪˈzweɪlə] *n* Venezuela *nt*
Venezuelan [ˌvenɪˈzweɪlən] I. *adj* venezolanisch II. *n* Venezolaner(in) *m(f)*
vengeance ['vendʒən(t)s] *n no pl* Rache *f;* **to exact ~** Rache üben
venison ['venɪsən] *n no pl* Rehfleisch *nt*
venom ['venəm] *n no pl* Gift *nt*
venomous ['venəməs] *adj* giftig *a. fig*
ventilate ['ventɪleɪt] *vt* belüften
ventilation [ˌventɪˈleɪʃən] *n no pl* Belüftung *f*
ventilator ['ventɪleɪtər] *n* ❶ (*air outlet*) Abzug *m* ❷ (*breathing apparatus*) Beatmungsgerät *nt*
ventriloquist [venˈtrɪləkwɪst] *n* Bauchredner(in) *m(f)*

venture ['ventʃəʳ] **I.** n Projekt nt; ECON Unternehmen nt **II.** vt ▪to ~ sth etw vorsichtig äußern

venue ['venjuː] n Veranstaltungsort m; (for competition) Austragungsort m

Venus ['viːnəs] n no pl Venus f

veranda(h) [vəˈrændə] n Veranda f

verb [vɜːb] n Verb nt

verbal ['vɜːbəl] **I.** adj ❶ (oral) mündlich ❷ (pertaining to verb) ~ **noun** Verbalsubstantiv nt **II.** n BRIT (sl) ▪~s pl mündliche Aussage

verbally ['vɜːbəli] adv verbal, mündlich

verbatim [vɜːˈbeɪtɪm] **I.** adj wörtlich **II.** adv wortwörtlich

verdict ['vɜːdɪkt] n Urteil nt; ~ **of not guilty** Freispruch m; **unanimous** ~ einstimmiges Urteil

verge [vɜːdʒ] n (physical edge) Rand m; **on the ~ of the desert** am Rand der Wüste ◆**verge on** vi **to** ~ **on the ridiculous** ans Lächerliche grenzen

verifiable [ˌverɪˈfaɪəbl] adj verifizierbar geh; fact überprüfbar

verification [ˌverɪfɪˈkeɪʃən] n no pl Verifizierung f geh; (checking) Überprüfung f

verify <-ie-> ['verɪfaɪ] vt verifizieren geh; (check) überprüfen; (confirm) belegen

vermicelli [ˌvɜːmɪˈtʃeli] npl ❶ (pasta) Fadennudeln pl ❷ BRIT (in baking) Schokosplitter pl

vermin ['vɜːmɪn] npl (pej) Schädlinge pl; **to control** ~ Ungeziefer bekämpfen

verruca <pl -s or -ae> [vəˈruːkə, pl -kiː] n Warze f

versatile ['vɜːsətaɪl] adj vielseitig

versatility [ˌvɜːsəˈtɪləti] n no pl (flexibility) Vielseitigkeit f; (adjustability) Anpassungsfähigkeit f

verse [vɜːs] n ❶ no pl (poetical writing) Dichtung f; **volume of** ~ Gedichtband m; **in** ~ in Versen m ❷ (stanza) a. MUS Strophe f

versed [vɜːst] adj (form) **to be** [**well**] ~ **in sth** in etw dat [sehr] versiert sein geh

version ['vɜːʃən, -ʒən] n Version f; of book, text, film Fassung f

versus ['vɜːsəs] prep gegen

vertebra <pl -brae> ['vɜːtɪbrə, pl -briː] n Wirbel m

vertebrate ['vɜːtɪbreɪt] BIOL **I.** n Wirbeltier nt **II.** adj attr Wirbel-

vertical ['vɜːtɪkəl] **I.** adj senkrecht, vertikal **II.** n (vertical line) Senkrechte f

vertigo ['vɜːtɪgəʊ] n no pl Schwindel m; MED Gleichgewichtsstörung f

verve [vɜːv] n no pl Begeisterung f

very ['veri] **I.** adv ❶ sehr; **how are you?** — ~ **well, thanks** wie geht es dir? — sehr gut, danke; ~ **much** sehr; **not** ~ **much** ... nicht besonders ... ❷ + superl (to add force) aller-; **the** ~ **best** der/die/das Allerbeste; **at the** ~ **most/least** allerhöchstens/zumindest; **the** ~ **next day** schon am nächsten Tag ❸ (I agree) ~ **well** [also] gut **II.** adj attr genau; **at the** ~ **bottom** zuunterst; **at the** ~ **end of sth** ganz am Ende einer S. gen; **the** ~ **thought ...** allein der Gedanke ...

vessel ['vesəl] n ❶ NAUT (form) Schiff nt ❷ (form: for liquid) Gefäß nt

vest [vest] **I.** n ❶ BRIT (underwear) Unterhemd nt ❷ esp AM (outer garment) Weste f ❸ BRIT (T-shirt) ~ [**top**] ärmelloses T-Shirt **II.** vt usu passive (form: give) **to be** ~**ed with the power to do sth** berechtigt sein, etw zu tun

vet [vet] **I.** n Tierarzt, Tierärztin m, f **II.** vt <-tt-> (examine) überprüfen

veteran ['vetərən] **I.** n Veteran(in) m(f) **II.** adj attr (experienced) erfahren

veterinarian [ˌvetərɪˈneriən] n AM (vet) Tierarzt, Tierärztin m, f

veterinary ['vetərɪnəri] adj attr tierärztlich; ~ **medicine** Tiermedizin f

veto ['viːtəʊ] **I.** n <pl -es> ❶ Veto nt; ~ **of a measure** Veto nt gegen eine Maßnahme; **presidential** ~ Veto nt des Präsidenten ❷ (right of refusal) Vetorecht nt; **to put a** ~ **on sth** esp BRIT (fig) etw verbieten **II.** vt ▪to ~ **sth** ein Veto gegen etw akk einlegen

v. g. abbrev of **very good** sehr gut

VHF [ˌviːeɪtʃˈef] **I.** n no pl abbrev of **very high frequency** UKW **II.** adj attr abbrev of **very high frequency** UKW-

via ['vaɪə] prep ❶ (through) über ❷ (using) per, via

viable ['vaɪəbl] adj ❶ (feasible) machbar ❷ (successful) existenzfähig

viaduct ['vaɪədʌkt] n Viadukt m o nt; (bridge) Brücke f

vial [vaɪ(ə)l] n Phiole f, [Glas]fläschchen nt

vibes [vaɪbz] npl (fam) ❶ (atmosphere) Schwingungen pl ❷ (vibraphone) Vibraphon nt

vibrant ['vaɪbrənt] adj person lebhaft;

(*dynamic*) dynamisch; *economy* boomend; *colour* leuchtend
vibrate [vaɪˈbreɪt] *vi* vibrieren; *person* zittern
vibration [vaɪˈbreɪʃən] *n* Vibration *f*, Erschütterung *f*
vicar [ˈvɪkəʳ] *n* Pfarrer *m*
vicarage [ˈvɪkərɪdʒ] *n* Pfarrhaus *nt*
vice[1] [vaɪs] *n* (*weakness*) Laster *nt*
vice[2] [vaɪs] *n* (*tool*) Schraubstock *m*
vice-chairman *n* stellvertretende(r) Vorsitzende(r) **vice-chancellor** *n* (*senior official*) Vizekanzler(in) *m(f)*; BRIT UNIV Rektor(in) *m(f)* **Vice President** *n*, **vice-president** *n* Vizepräsident(in) *m(f)*
vice squad *n* Sittendezernat *nt*
vice versa [ˌvaɪsɪˈvɜːsə] *adv* umgekehrt
vicinity [vɪˈsɪnəti] *n* Nähe *f*; (*surrounding area*) Umgebung *f*; ■ **in the ~ [of sth]** in der Nähe [einer S. *gen*]
vicious [ˈvɪʃəs] *adj* ❶ (*malicious*) boshaft, gemein ❷ (*causing pain*) grausam
vicious circle *n*, **vicious cycle** *n* Teufelskreis *m*; **to be caught in a ~** in einen Teufelskreis geraten
victim [ˈvɪktɪm] *n* ❶ Opfer *nt*; **to fall ~ to sb/sth** jdm/etw zum Opfer fallen ❷ (*fig*) **to fall ~ to sb's charms** jds Charme *m* erliegen
victimize [ˈvɪktɪmaɪz] *vt* ungerecht behandeln
victor [ˈvɪktəʳ] *n* Sieger(in) *m(f)*
Victoria Cross [vɪkˌtɔːriəˈkrɒs] *höchste Tapferkeitsauszeichnung in Großbritannien*
Victorian [vɪkˈtɔːriən] I. *adj* viktorianisch II. *n* Viktorianer(in) *m(f)*
victorious [vɪkˈtɔːriəs] *adj* siegreich; **to emerge ~** als Sieger/Siegerin hervorgehen
victory [ˈvɪktəri] *n* Sieg *m* (**against** über); **to win a ~ [in sth]** [bei etw *dat*] einen Sieg erringen
vid [vɪd] *n* (*fam*) *short for* **video** Video *nt*
video [ˈvɪdiəʊ] I. *n* ❶ *no pl* (*recording*) Video *nt* ❷ (*tape*) Videokassette *f* II. *vt* auf Video aufnehmen
video camera *n* Videokamera *f* **video cassette** *n* Videokassette *f* **video game** *n* Videospiel *nt* **videophone** *n* Bildtelefon *nt* **video recorder** *n* Videorekorder *m* **video set** *n* Videogerät *nt* **video surveillance** *n no pl* Videoüberwachung *f* **videotape** *n* ❶ (*cassette*) Videokassette *f* ❷ *no pl* (*tape*) Videoband *nt* **video transmitter** *n* Videosender *m*

Vienna [viˈenə] *n* Wien *nt*
Viennese [ˌviəˈniːz] I. *n* <*pl* -> Wiener(in) *m(f)* II. *adj* Wiener-, wienerisch
Vietcong <*pl* -> [ˌvjetˈkɒn] *n* Vietkong *m*
Vietnam [ˌvjetˈnæm] *n* Vietnam *nt*
Vietnamese [ˌvjetnəˈmiːz] I. *adj* vietnamesisch II. *n* ❶ (*language*) Vietnamesisch *nt* ❷ (*person*) Vietnamese(in) *m(f)*
view [vjuː] I. *n* ❶ *no pl* (*sight*) Sicht *f*; **to come into ~** sichtbar werden; **to disappear from ~** [in der Ferne] verschwinden; **to hide from ~** sich dem Blick entziehen ❷ (*panorama*) [Aus]blick *m*; **he paints rural ~s** er malt ländliche Motive; **he lifted his daughter up so that she could get a better ~** er hob seine Tochter hoch, so dass sie besser sehen konnte ❸ (*opportunity to observe*) Besichtigung *f* ❹ *no pl* (*for observation*) **to be on ~** *works of art* ausgestellt werden ❺ (*opinion*) Ansicht *f*, Meinung *f* (**about/on** über); **point of ~** Standpunkt *m*; **from my point of ~ ...** meiner Meinung nach ...; **to share a ~** gleicher Meinung sein; ■ **in sb's ~** jds Ansicht *f* nach ❻ (*fig: perspective*) Ansicht *f*; ■ **in ~ of sth** angesichts einer S. *gen* II. *vt* ❶ (*watch*) ■ **to ~ sth** etw betrachten; (*as a spectator*) etw zusehen ❷ (*fig: consider*) betrachten; **we ~ the situation with concern** wir betrachten die Lage mit Besorgnis ❸ (*inspect*) ■ **to ~ sth** sich *dat* etw ansehen
viewer [ˈvjuːəʳ] *n* ❶ (*person*) [Fernseh]zuschauer(in) *m(f)* ❷ (*for film*) Filmbetrachter *m*; (*for slides*) Diabetrachter *m*
viewfinder *n* PHOT [Bild]sucher *m*
viewing [ˈvjuːɪŋ] *n no pl* ❶ (*inspection*) Besichtigung *f* ❷ FILM Anschauen *nt*; TV Fernsehen *nt*
viewpoint *n* ❶ (*fig: opinion*) Standpunkt *m*; (*aspect*) Gesichtspunkt *m* ❷ (*place*) Aussichtspunkt *m*
vigil [ˈvɪdʒɪl] *n* [Nacht]wache *f*
vigilant [ˈvɪdʒɪlənt] *adj* wachsam; **to be ~ about/for sth** auf etw *akk* achten
vigor *n no pl* AM, AUS *see* **vigour**
vigorous [ˈvɪɡərəs] *adj* ❶ (*energetic*) energisch ❷ (*flourishing*) kräftig
vigour [ˈvɪɡəʳ] *n no pl* (*liveliness*) Energie *f*, [Tat]kraft *f*; **to do sth with ~** etw mit vollem Eifer tun
vile [vaɪl] *adj* ❶ (*disgusting*) gemein, niederträchtig ❷ (*fam: unpleasant*) abscheulich

village ['vɪlɪdʒ] n Dorf nt
village green n Dorfwiese f
villager ['vɪlɪdʒəʳ] n Dorfbewohner(in) m(f)
villain ['vɪlən] n Verbrecher(in) m(f)
vindictive [vɪn'dɪktɪv] adj nachtragend; (*longing for revenge*) rachsüchtig
vine [vaɪn] n ① (*grape plant*) Weinrebe f ② (*climbing plant*) Rankengewächs nt
vinegar ['vɪnɪgəʳ] n no pl Essig m
vinegary ['vɪnɪgəri] adj ① (*of taste*) sauer ② (*full of vinegar*) Essig-
vineyard ['vɪnjəd] n Weinberg m
vintage ['vɪntɪdʒ] I. n ① (*wine*) Jahrgangswein m ② (*wine year*) Jahrgang m II. adj ① FOOD Jahrgangs- ② BRIT, AUS AUTO Oldtimer-; ~ **car** Oldtimer m
viola[1] [vi'əʊlə] n MUS Viola f, Bratsche f
viola[2] ['vaɪələ] n BOT Veilchen nt
violate ['vaɪəleɪt] vt ① (*not comply with*) brechen; *regulation* verletzen; **to** ~ **a law/rule** gegen ein Gesetz/eine Regel verstoßen ② *privacy, rights* verletzen ③ (*form: rape*) vergewaltigen
violation [ˌvaɪə'leɪʃən] n of rules, the law Verletzung f, Verstoß m
violence ['vaɪələn(t)s] n no pl Gewalt f (**against** gegen); **act of** ~ Gewalttat f
violent ['vaɪələnt] adj ① gewalttätig; *person also* brutal ② *attack, protest, pain* heftig
violet ['vaɪələt] I. n Veilchen nt; (*colour*) Violett nt II. adj violett
violin [ˌvaɪə'lɪn] n Violine f, Geige f
violinist [vaɪə'lɪnɪst] n Violinist(in) m(f)
V.I.P., VIP [ˌviːaɪ'piː] I. n abbrev of **very important person** Promi m fam II. adj attr abbrev of **very important person** area, tent VIP-
viral ['vaɪ(ə)rəl] adj Virus-, viral fachspr; ~ **infection** Virusinfektion f
virgin ['vɜːdʒɪn] I. n Jungfrau f II. adj attr ① (*chaste*) jungfräulich ② (*fig: unexplored*) unerforscht; ~ **territory** Neuland nt ③ *forest* unberührt
virgin forest n Urwald m
virginity [və'dʒɪnəti] n no pl Jungfräulichkeit f
Virgo ['vɜːgəʊ] n no art ASTROL Jungfrau f
virile ['vɪraɪl] adj (approv) ① (*full of sexual energy*) potent ② (*energetic*) *voice* kraftvoll
virility [vɪ'rɪləti] n no pl (approv) ① (*sexual vigour*) Potenz f ② (*vigour*) Kraft f
virtual ['vɜːtʃʊəl] adj ① (*almost certain*) so gut wie, quasi; **to be a** ~ **unknown** praktisch unbekannt sein ② COMPUT, PHYS virtuell
virtually ['vɜːtʃʊəli] adv ① (*almost*) praktisch ② COMPUT virtuell
virtual office n virtuelles Büro **virtual shopping mall** n virtuelle Einkaufspassage **virtual storage** n virtueller Speicher
virtue ['vɜːtjuː, -tʃuː] n ① Tugend f ② no pl (*morality*) Tugendhaftigkeit f
virtuous ['vɜːtʃʊəs, -tjʊ-] adj ① tugendhaft ② (*pej: morally better*) moralisch überlegen
virulent ['vɪrʊlənt] adj ① MED virulent fachspr ② (*form: fierce*) bösartig
virus ['vaɪ(ə)rəs] n <pl -es> ① MED Virus nt o fam m ② COMPUT Virus m
visa ['viːzə] n Visum nt; **entry/exit** ~ Einreise-/Ausreisevisum nt
vise n AM see **vice**
visibility [ˌvɪsə'bɪləti] n no pl ① (*of view*) Sichtweite f; **good/poor** ~ gute/schlechte Sicht ② (*being seen*) Sichtbarkeit f
visible ['vɪsəbl] adj sichtbar; **to be barely** ~ kaum zu sehen sein
vision ['vɪʒən] n ① no pl (*sight*) Sehvermögen nt; **to have blurred** ~ verschwommen sehen ② (*mental image*) Vorstellung f; ~ **of the future** Zukunftsvision f
visit ['vɪzɪt] I. n ① Besuch m; **to have a** ~ **from sb** von jdm besucht werden; **to pay a** ~ **to sb** jdn besuchen; (*for professional purposes*) jdn aufsuchen ② AM (*fam: chat*) Plauderei f II. vt besuchen; (*for professional purposes*) aufsuchen III. vi einen Besuch machen; ▪ **to** ~ **with sb** AM sich mit jdm treffen
visiting ['vɪzɪtɪŋ] adj attr Gast-; ~ **professor** Gastprofessor
visitor ['vɪzɪtəʳ] n Besucher(in) m(f); (*in a hotel*) Gast m
visor ['vaɪzəʳ] n ① Visier nt ② AM (*brim of cap*) Schild nt
visual ['vɪʒʊəl] I. adj visuell, Seh-; ~ **imagery** Bildersymbolik f II. n ▪ ~**s** pl Bildmaterial nt
visualize ['vɪʒʊəlaɪz] vt ▪ **to** ~ **sth** ① (*imagine*) sich dat etw akk vorstellen ② (*foresee*) etw erwarten
vital ['vaɪtəl] adj ① (*essential*) unerlässlich; **to play a** ~ **part** eine entscheidende Rolle spielen; **to be of** ~ **importance** von entscheidender Bedeutung sein ② (*approv: energetic*) vital, lebendig
vitality [vaɪ'tæləti] n no pl (approv: energy) Vitalität f

vitamin ['vɪtəmɪn] n Vitamin nt
vitamin deficiency n no pl Vitaminmangel m **vitamin tablets** npl Vitamintabletten pl
viva ['vaɪvə] n BRIT see **viva voce** mündliche Prüfung
vivacious [vɪ'veɪʃes] adj (lively) lebhaft; (cheerful) munter
vivid ['vɪvɪd] adj ① account, description anschaulich, lebendig ② (of mental ability) lebhaft; **to have ~ memories of sth** sich lebhaft an etw akk erinnern können
vixen ['vɪksən] n Füchsin f
V-neck ['viːnek] n FASHION V-Ausschnitt m
vocabulary [və(ʊ)'kæbjələri] n Vokabular nt, Wortschatz m
vocal ['vəʊkəl] adj ① (of voice) stimmlich; communication mündlich ② (outspoken) laut; ■ **to be ~** sich freimütig äußern; **to become ~** laut werden
vocalist ['vəʊkəlɪst] n Sänger(in) m(f)
vocation [və(ʊ)'keɪʃən] n ① (calling) Berufung f; **to have a ~ for sth** sich zu etw dat berufen fühlen ② usu sing (trade) Beruf m
vocational [və(ʊ)'keɪʃənəl] adj beruflich; **~ training** Berufsausbildung f
vociferation [vəʊˌsɪfə'reɪʃən] n (form) Aufschrei m
vociferous [və(ʊ)'sɪfərəs] adj lautstark; (impetuous) vehement
vodka ['vɒdkə] n Wodka m
vogue [vəʊg] n Mode f; ■ **to be in ~/out of ~** in Mode/aus der Mode sein; **to be back in ~** wieder Mode sein
voice [vɔɪs] I. n ① Stimme f; **at the top of one's ~** in voller Lautstärke; **to keep one's ~ down** leise sprechen; **inner ~** innere Stimme ② (opinion) Stimme f; **to make one's ~ heard** sich dat Gehör verschaffen II. vt zum Ausdruck bringen; complaint vorbringen; desire aussprechen
voice-activated adj **~ dialling** Wählen nt mittels Spracheingabe **voice-capable** adj ELEC mit Sprachbefehl nach n **voice command** n Sprachbefehl m
voiced [vɔɪst] adj LING stimmhaft
voiceless ['vɔɪsləs] adj stumm a. fig; (lacking power) ohne Mitspracherecht nach n; LING stimmlos
voice mail n no pl Voicemail f fachspr **voice-over** n TV, FILM Begleitkommentar m fachspr
void [vɔɪd] I. n Leere f kein pl a. fig; (in building) Hohlraum m; ■ **into the ~** ins Leere II. adj ① (invalid) nichtig ② (liter: lacking in) **he's completely ~ of charm** er hat absolut keinen Charme III. vt esp AM (declare invalid) aufheben
volatile ['vɒlətaɪl] I. adj ① (changeable) unbeständig; (unstable) instabil ② (explosive) situation explosiv ③ CHEM flüchtig II. n usu pl sich schnell verflüchtigende Substanz
vol-au-vent ['vɒlə(ʊ)vɑ̃(ŋ)] n FOOD Vol-au-vent m, [Königin]pastete f
volcanic [vɒl'kænɪk] adj ① GEOL vulkanisch, Vulkan- m ② (fig) emotion aufbrausend
volcano <pl -oes or -os> [vɒl'keɪnəʊ] n Vulkan m a. fig; (of emotion) Pulverfass nt fig
vole [vəʊl] n Wühlmaus f
volition [və(ʊ)'lɪʃən] n no pl (form) Wille m
volley ['vɒli] I. n ① (fig: onslaught) Flut f ② (hail) Hagel m; **~ of bullets** Kugelhagel m ③ TENNIS Volley m II. vi TENNIS einen Volley schlagen III. vt TENNIS **to ~ a ball** einen Ball volley nehmen
volleyball ['vɒlibɔːl] n no pl Volleyball m
volt [vəʊlt, vɒlt, AM voʊlt] n Volt nt
voltage ['vəʊltɪdʒ] n Spannung f; **high/low ~** Hoch-/Niederspannung f
voltage detector n ELEC Spannungsdetektor m **voltage drop** n ELEC Spannungsabfall m
volume ['vɒljuːm] n ① no pl (space) Volumen nt ② no pl (amount) Umfang m ③ no pl (sound level) Lautstärke f ④ (book of set) Band m
volume control, volume regulator n Lautstärkeregler m
voluntary ['vɒləntəri] adj freiwillig; **~ work for the Red Cross** ehrenamtliche Tätigkeit für das Rote Kreuz
voluntary euthanasia n freiwillige Euthanasie **voluntary organization** n + sing/pl vb Freiwilligenorganisation f **voluntary redundancy** n freiwilliges Ausscheiden
volunteer [ˌvɒlən'tɪər] I. n ① (unpaid worker) ehrenamtlicher Mitarbeiter/ehrenamtliche Mitarbeiterin ② (willing person) Freiwillige(r) f(m) II. vt ■ **to ~ oneself for sth** sich freiwillig zu etw dat melden III. vi ① **to ~ to do sth** sich [freiwillig] anbieten, etw zu tun ② (join) **to ~ for the army** sich freiwillig zur Armee melden
vomit ['vɒmɪt] I. vi [sich] erbrechen II. vt ■ **to ~ [up]** ⟳ **sth** etw erbrechen III. n no pl Erbrochene(s) nt

voodoo ['vuːduː] *n no pl* ① (*black magic*) Voodoo *m* ② (*fam: jinx*) Hexerei *f*

vote [vəʊt] **I.** *n* ① Stimme *f*; **to cast one's ~** seine Stimme abgeben ② (*election*) Abstimmung *f*; **to hold a ~** eine Abstimmung durchführen ③ *no pl* (*right*) ■**the ~** das Wahlrecht **II.** *vi* ① (*elect*) wählen; **to ~ in an election** zu einer Wahl gehen ② (*formally choose*) ■**to ~ to do sth** dafür stimmen, etw zu tun; ■**to ~ on sth** über etw *akk* abstimmen **III.** *vt* ③ (*elect*) ■**to ~ sb in** jdn wählen; **to ~ sb into office** jdn ins Amt wählen; **to ~ sb out [of office]** jdn [aus dem Amt] abwählen ② (*propose*) ■**to ~ that ...** vorschlagen, dass ... ◆**vote down** *vt* niederstimmen ◆**vote in** *vt* LAW ■**to ~ in** ⟳ **sb** jdn [durch Abstimmung] wählen ◆**vote out** *vt* LAW ■**to ~ out** ⟳ **sb** jdn abwählen

voter ['vəʊtə^r] *n* Wähler(in) *m(f)*

voting ['vəʊtɪŋ] **I.** *adj attr* wahlberechtigt **II.** *n no pl* Wählen *nt*

voting booth *n* Wahlkabine *f*

voting box <-es> *n* Wahlurne *f*

vouch [vaʊtʃ] *vi* ■**to ~ for sb/sth** sich für jdn/etw verbürgen; ■**to ~ that ...** dafür bürgen, dass ...

voucher ['vaʊtʃə^r] *n* AUS, BRIT Gutschein *m*; **school ~** AM *öffentliche Mittel, die in Amerika bereitgestellt werden, damit Eltern ihre Kinder in Privatschulen schicken können*

vow [vaʊ] **I.** *vt* geloben *geh* **II.** *n* Versprechen *nt*; ■**-s** *pl* (*of marriage*) Eheversprechen *nt*; (*of religious order*) Gelübde *nt geh*; **to take a ~** ein Gelübde ablegen *geh*

vowel ['vaʊəl] *n* Vokal *m*, Selbstlaut *m*

voyage ['vɔɪɪdʒ] *n* Reise *f*; (*by sea*) Seereise *f*; **~ of discovery** (*also fig*) Entdeckungsreise *f*

vulgar ['vʌlgə^r] *adj* ordinär, vulgär

vulnerable ['vʌlnərəbl] *adj* verletzlich; ■**to be ~ to sth** anfällig für etw *akk* sein; **to be ~ to attack/criticism** Angriffen/Kritik ausgesetzt sein; **to feel ~** sich verwundbar fühlen

vulture ['vʌltʃə^r] *n* (*also fig*) Geier *m a. fig*

W <*pl* -'s *or* -s>, **w** <*pl* -'s> ['dʌbljuː] *n* W *nt*, w *nt*; *see also* **A 1**

W¹ *n no pl abbrev of* **West** W

W² <*pl* -> *n abbrev of* **Watt** W

wad [wɒd] *n* (*for stuffing*) Pfropfen *m*; *of cotton wool* Wattebausch *m*

waddle ['wɒdl] **I.** *vi* watscheln **II.** *n no pl* Watschelgang *m*

wade [weɪd] *vi* waten

wader ['weɪdə^r] *n* ① ORN Watvogel *m* ② (*boots*) ■**~s** *pl* Watstiefel *pl*

wafer ['weɪfə^r] *n* Waffel *f*

waffle¹ ['wɒfl] *vi* (*pej fam*) ■**to ~ on** schwafeln

waffle² ['wɒfl] *n* FOOD Waffel *f*

waffle iron *n* Waffeleisen *nt*

wag [wæg] **I.** *vt* <-gg-> **to ~ one's finger** mit dem Finger drohen; **to ~ one's tail** *dog* mit dem Schwanz wedeln **II.** *n usu sing* Wackeln *nt kein pl*; *of the tail* Wedeln *nt kein pl*

wage [weɪdʒ] *n* Lohn *m*; **to get a decent/ good/low ~** anständig/gut/wenig verdienen

wage adjustment *n* Lohnangleichung *f* **wage bill** *n* Lohnrechnung *f* **wage claim** *n* Lohnforderung *f* **wage costs** *npl* Lohnkosten *pl* **wage dispute** *n* Lohnstreitigkeit *f* **wage earner** *n* Lohnempfänger(in) *m(f)* **wage freeze** *n* Lohnstopp *m*; **to impose a ~** einen Lohnstopp verhängen **wage increase** *n* Lohnerhöhung *f* **wage level** *n* Lohnniveau *nt* **wage negotiation** *n* Lohnverhandlung *f* **wage packet** *n* AUS, BRIT Lohn *m*

wager ['weɪdʒə^r] **I.** *n* Wette *f* **II.** *vt* ■**to ~ that ...** wetten, dass ...

wages clerk *n* Lohnbuchhalter(in) *m(f)*

wage slip *n* Lohnzettel *m*

wages policy <-ies> *n* Lohnpolitik *ohne pl*

wage worker *n* AM Lohnempfänger(in) *m(f)*

waggle ['wægl] **I.** *n* Wackeln *nt kein pl* **II.** *vt*, *vi* wackeln

wag(g)on ['wægən] *n* ① (*cart*) Wagen *m* ② AUS, BRIT (*for freight*) Wagon *m*; **goods ~** Güterwagon *m*

wagon train *n* Planwagenzug *m*

wail [weɪl] (*esp pej*) **I.** *vi* jammern **II.** *vt* ■**to**

~ **that ...** jammern, dass ... **III.** *n* Gejammer *nt kein pl*

wailing ['weɪlɪŋ] *adj* jammernd; ~ **cries** Klagegeschrei *nt*

waist [weɪst] *n* Taille *f; of skirts, trousers* Bund *m*

waistband *n* Bund *m* **waistcoat** *n* BRIT Weste *f* **waist-deep** *adj, adv* hüfthoch **waistline** *n* Taille *f*

wait [weɪt] **I.** *n no pl* Warten *nt* (**for** auf) ▸ **to lie in** ~ [**for sb**] [jdm] auflauern **II.** *vi* ❶ warten (**for** auf); ~ **a minute!** Moment mal!; **I can't** ~ ich kann's kaum erwarten; **to keep sb** ~**ing** jdn warten lassen; [**just**] **you** ~! warte [du] nur! *fig* ❷ (*serve*) ■ **to** ~ **on sb** jdn bedienen ◆ **wait about, wait around** *vi* warten ◆ **wait behind** *vi* zurückbleiben ◆ **wait in** *vi* zu Hause warten ◆ **wait on I.** *vi* noch länger warten **II.** *vt* ■ **to** ~ **on sb** jdn bedienen ◆ **wait out** *vt* aussitzen ◆ **wait up** *vi* ❶ (*not go to bed*) ■ **to** ~ **up for sb** wegen jdm aufbleiben ❷ AM (*wait*) ■ ~ **up!** warte mal!

waiter ['weɪtər] *n* Bedienung *f,* Kellner *m;* ~! Herr Ober!

waiting ['weɪtɪŋ] *n no pl* ❶ die Warterei (**for** auf) ❷ BRIT (*parking*) **"no** ~**"** „Halten verboten" ❸ (*service*) Bedienen *nt*

waiting game *n* **to play a** ~ zunächst einmal abwarten **waiting list** *n* Warteliste *f* **waiting room** *n* Wartezimmer *nt*

waitress <*pl* -es> ['weɪtrɪs] *n* Kellnerin *f,* Bedienung *f*

wake¹ [weɪk] *n* NAUT Kielwasser *nt;* ■ **in the** ~ **of sth** (*fig*) infolge einer S. *gen*

wake² [weɪk] *n* (*vigil*) Totenwache *f*

wake³ <woke, woken> [weɪk] **I.** *vi* aufwachen **II.** *vt* aufwecken ◆ **wake up I.** *vi* aufwachen *a. fig* **II.** *vt* (*rouse*) aufwecken ▸ **to** ~ **the dead** die Toten auferwecken

Wales [weɪlz] *n no pl* Wales *nt*

walk [wɔːk] **I.** *n* Gehen *nt;* (*as recreation*) Spaziergang *m* **II.** *vi* (*on foot*) laufen; (*not running*) gehen; (*for recreation*) spazieren gehen **III.** *vt* **to** ~ **sb home** jdn nach Hause bringen; **to** ~ **the dog** den Hund ausführen ◆ **walk about** *vi,* **walk around** *vi* herumlaufen ◆ **walk away** *vi* ■ **to** ~ **away with sth** etw spielend gewinnen ◆ **walk back** *vi* zurücklaufen ◆ **walk in** *vi* hereinkommen; ■ **to** ~ **in on sb/sth** bei jdm/etw hereinplatzen *fam* ◆ **walk off I.** *vt* **to** ~ **off a meal** einen Verdauungsspaziergang machen **II.** *vi* weggehen ◆ **walk on** *vi* THEAT eine Nebenrolle spielen ◆ **walk out** *vi* (*leave*) gehen; ■ **to** ~ **out on sb** jdn im Stich lassen ◆ **walk over** *vt* (*fig*) **to** ~ [**all**] **over sb** jdn ausnutzen [*o bes* SÜDD, ÖSTERR ausnützen] ◆ **walk through** *vt* ❶ (*accompany*) ■ **to** ~ **sb through sth** etw mit jdm durchgehen ❷ THEAT ■ **to** ~ **through sth** etw [ein]üben ◆ **walk up** *vi* ❶ (*go up*) hinaufgehen ❷ (*approach*) ■ **to** ~ **up to sb** auf jdn zugehen

walkabout *n esp* BRIT (*fam*) Rundgang *m* ▸ **to go** ~ (*hum*) *person* verschwinden

walker ['wɔːkər] *n* Fußgänger(in) *m(f);* (*for recreation*) Spaziergänger(in) *m(f)*

walkie-talkie [ˌwɔːkiˈtɔːki] *n* [tragbares] Funksprechgerät, Walkie-Talkie *nt*

walk-in *adj* begehbar; ~ **wardrobe** begehbarer Kleiderschrank

walking ['wɔːkɪŋ] **I.** *n no pl* Gehen *nt;* (*as recreation*) Spazierengehen *nt* **II.** *adj attr* ❶ Geh-; **to be within** ~ **distance** zu Fuß erreichbar sein ❷ (*hum fam*) wandelnd; **to be a** ~ **encyclopaedia** ein wandelndes Lexikon sein

walking shoes *npl* Wanderschuhe *pl* **walking stick** *n* Spazierstock *m; for old people* Stock *m* **walking tour** *n* (*in town*) [Stadt]rundgang *m*

walk-on I. *adj attr* THEAT, FILM ~ **part** Statistenrolle *f* **II.** *n* Statist(in) *m(f)*

walkout *n* Arbeitsniederlegung *f;* **to stage a** ~ aus Protest die Arbeit niederlegen

walkover *n* (*easy victory*) leichter Sieg, Spaziergang *m fam*

walk-through *n* Probe *f*

walkway *n* [Fuß]weg *m;* **moving** ~ Laufband *nt*

wall [wɔːl] *n* ❶ Mauer *f;* (*of a room*) Wand *f;* **city** ~ Stadtmauer *f;* **the Berlin W**~ (*hist*) die Berliner Mauer *hist* ❷ MED, ANAT Wand *f* ❸ (*barrier*) Mauer *f* ▸ ~**s have ears** (*prov*) die Wände haben Ohren; **to be a fly on the** ~ Mäuschen spielen ◆ **wall in** *vt usu passive* ummauern ◆ **wall off** *vt usu passive* durch eine Mauer abtrennen ◆ **wall up** *vt* zumauern

wall bars *npl* Sprossenwand *f* **wall chart** *n* Schautafel *f* **wall clock** *n* Wanduhr *f*

wallet ['wɒlɪt] *n* Brieftasche *f;* (*for documents*) Dokumentenmappe *f*

Wallonia [wəˈləʊniə] *n* Wallonien *nt*

wallop ['wɒləp] (*fam*) **I.** *vt* schlagen **II.** *n* Schlag *m*

wallow ['wɒləʊ] **I.** *n usu sing* Bad *nt a. fig* **II.** *vi* ▪ **to ~ in sth** sich in etw *dat* wälzen; **to ~ in luxury** im Luxus baden

wallpaper I. *n* Tapete *f*; **a roll of** ~ eine Tapetenrolle; **to put up** ~ tapezieren **II.** *vt* tapezieren

wall socket *n* [Wand]steckdose *f*

walnut ['wɔːlnʌt] *n* Walnuss *f*

walrus <*pl* - *or* -**es**> ['wɔːlrəs] *n* Walross *nt*

walrus moustache *n* Schnauzbart *m*

waltz [wɒls] **I.** *n* <*pl* -**es**> Walzer *m* **II.** *vi* (*dance*) Walzer tanzen ◆ **waltz about** *vi*, **waltz around** *vi* herumtanzen ◆ **waltz in** *vi* hereintanzen *fam* ◆ **waltz off** *vi* abtanzen *fam* ◆ **waltz out** *vi* (*fam*) abrauschen; **to ~ out of the room** aus dem Zimmer *nt* rauschen

wand [wɒnd] *n* Zauberstab *m*

wander ['wɒndəʳ] **I.** *n usu sing* (*fam*) Bummel *m* **II.** *vi* (*go aimlessly*) umherirren; (*walk slowly*) bummeln

wane [weɪn] *vi* abnehmen; *interest, popularity* schwinden *geh*

wangle ['wæŋgl] *vt* (*fam*) deichseln; **to ~ one's way into sth** sich in etw *akk* [hinein]mogeln

wanna ['wɒnə] (*fam*) = **want to** *see* **want II**

want [wɒnt] **I.** *n* ❶ (*need*) Bedürfnis *nt*; **to be in ~ of sth** etw benötigen ❷ *no pl* (*lack*) Mangel *m*; **to live in** ~ Not leiden; **for ~ of sth** aus Mangel an etw *dat* **II.** *vt* ❶ (*wish*) wünschen, wollen; (*politely*) mögen; ▪ **to ~ sb to do sth** wollen, dass jd etw tut; ▪ **to ~ sth done** wünschen, dass etw getan wird; **what do you ~ to eat?** was möchtest du essen? ❷ (*need*) brauchen; **you'll ~ a coat on** du wirst einen Mantel brauchen ◆ **want in** *vi* (*fam*) ▪ **to ~ in [on sth]** [bei etw *dat*] dabei sein wollen ◆ **want out** *vi* (*fam*) ▪ **to ~ out [of sth]** [aus etw *dat*] aussteigen wollen

wanting ['wɒntɪŋ] *adj pred* ▪ **to be** ~ fehlen; **to be found to be** ~ sich als unzulänglich erweisen

war [wɔːʳ] *n* ❶ *no pl* Krieg *m*; **state of** ~ Kriegszustand *m*; **at** ~ (*also fig*) im Kriegszustand; **to go to** ~ in den Krieg ziehen; **the cold** ~ (*hist*) der Kalte Krieg; **the Great W**~ der Erste Weltkrieg ❷ (*conflict*) Kampf *m*; **class** ~ *esp* BRIT Klassenkampf *m*

war bond *n* Kriegsanleihe *f* **war correspondent** *n* Kriegsberichterstatter(in) *m(f)* **war crime** *n* Kriegsverbrechen *nt* **war criminal** *n* Kriegsverbrecher(in) *m(f)* **war cry** *n* Schlachtruf *m*

ward [wɔːd] *n* ❶ (*in hospital*) Station *f* ❷ BRIT (*political area*) Wahlbezirk *m* ◆ **ward off** *vt* abwehren

warden ['wɔːdən] *n* ❶ (*building manager*) [Heim]leiter(in) *m(f)* ❷ (*public official*) **park** ~ Parkwächter(in) *m(f)*; **traffic** ~ BRIT Verkehrspolizist(in) *m(f)*

warder ['wɔːdəʳ] *n esp* BRIT [Gefängnis]aufseher(in) *m(f)*

wardrobe ['wɔːdrəʊb] *n* ❶ (*cupboard*) [Kleider]schrank *m* ❷ *no pl* (*clothes*) Garderobe *f*

wardrobe trunk *n* Schrankkoffer *m*

warehouse ['weəhaʊs] *n* Lagerhaus *nt*

warehouse keeper *n* Lagerverwalter(in) *m(f)*

warfare ['wɔːfeəʳ] *n no pl* Krieg[s]führung *f*

warhead ['wɔːhed] *n* Sprengkopf *m*

warily ['weərəli] *adv* vorsichtig; (*suspiciously*) misstrauisch

warlike ['wɔːlaɪk] *adj* ❶ (*military*) kriegerisch ❷ (*hostile*) militant

warlord *n* Kriegsherr *m*

warm [wɔːm] **I.** *adj* ❶ warm ❷ (*affectionate*) warm; *person* warmherzig; *welcome* herzlich **II.** *n* **to come into the** ~ ins Warme kommen; **to have a** ~ sich [auf]wärmen **III.** *vt* wärmen; **to ~ the soup** die Suppe aufwärmen ▶ **to ~ the heart** das Herz erwärmen ◆ **warm up I.** *vi* ❶ *engine, machine* warm laufen ❷ (*limber up*) aufwärmen **II.** *vt engine* warm laufen lassen

warm-blooded *adj* warmblütig **warm front** *n* METEO Warmfront *f* **warm-hearted** *adj* warmherzig

warmth [wɔːmθ] *n no pl* ❶ (*heat*) Wärme *f* ❷ (*affection*) Herzlichkeit *f*

warm-up *n* [Sich]aufwärmen *nt kein pl*

warn [wɔːn] **I.** *vi* warnen **II.** *vt* warnen; ▪ **to ~ that ...** darauf hinweisen, dass ...

warning ['wɔːnɪŋ] *n* Warnung *f*; **a word of** ~ ein guter Rat

warning light *n* Warnleuchte *f* **warning shot** *n* Warnschuss *m*

warp [wɔːp] **I.** *vi wood* sich verziehen **II.** *vt wood* verziehen **III.** *n* ❶ (*in wood*) verzogene Stelle ❷ *no pl* (*threads*) ~ **and weft**

Kette und Schuss
warpath *n no pl* **to be on the** ~ (*hum fam*) auf dem Kriegspfad sein
warped [wɔːpt] *adj* ❶ (*bent*) verzogen ❷ (*fig: perverted*) verschroben *pej*
warrant ['wɒrənt] I. *n* ❶ (*document*) [Vollziehungs]befehl *m;* **arrest** ~ Haftbefehl *m;* **search** ~ Durchsuchungsbefehl *m* ❷ FIN Bezugsrecht *nt* II. *vt* ❶ (*justify*) rechtfertigen ❷ (*form: guarantee*) garantieren
warranty ['wɒrənti] *n* Garantie *f*
warren ['wɒrən] *n* ❶ (*burrows*) Kaninchenbau *m* ❷ (*maze*) Labyrinth *nt*
warring ['wɔːrɪŋ] *adj attr* **the** ~ **factions** die Krieg führenden Parteien
warrior ['wɒriəʳ] *n* (*usu hist*) Krieger *m*
Warsaw ['wɔːsɔː] *n* Warschau *nt*
Warsaw Pact [ˌwɔːsɔːˈpækt] *n,* **Warsaw Treaty** *n* (*hist*) **the** ~ der Warschauer Pakt
warship ['wɔːʃɪp] *n* Kriegsschiff *nt*
wart [wɔːt] *n* Warze *f;* ~**s and all** (*fig fam*) mit all seinen/ihren Fehlern und Schwächen
warthog ['wɔːθɒg] *n* Warzenschwein *nt*
wartime *n no pl* Kriegszeit[en] *f|pl|* **wartorn** *adj usu attr* vom Krieg erschüttert
wary ['weəri] *adj* vorsichtig; ▪ **to be** ~ **about doing sth** etw nur ungern tun; ▪ **to be** ~ **of sb/sth** sich vor jdm/etw in Acht nehmen
war zone *n* Kriegsgebiet *nt*
was [wɒz, wəz] *pt of* be
wash [wɒʃ] I. *n* <*pl* -es> ❶ *usu sing* Waschen *nt kein pl;* **to have a** ~ sich waschen ❷ *no pl* (*clothes*) ▪ **to do a** ~ Wäsche waschen; **to be in the** ~ in der Wäsche sein II. *vt* ❶ (*clean*) waschen; *dishes* abwaschen ❷ *usu passive* (*sweep*) **to be** ~**ed ashore** an Land gespült werden III. *vi* **sth won't** ~ **with sb** etw hat keinerlei Wirkung bei jdm ◆ **wash away** *vt* ❶ wegspülen ❷ (*fig: eliminate*) **to** ~ **away sb's sins** jdn von seinen Sünden reinwaschen ◆ **wash down** *vt* ❶ (*swallow*) hinunterspülen ❷ (*clean*) waschen ◆ **wash off** I. *vi* sich abwaschen lassen II. *vt* abwaschen ◆ **wash out** I. *vi* sich herauswaschen lassen II. *vt* ❶ (*clean inside*) auswaschen ❷ (*remove*) herauswaschen ◆ **wash over** *vi* ❶ (*flow over*) ▪ **to** ~ **over sb/sth** über jdn/etw [hinweg]spülen ❷ (*fig: overcome*) überkommen ◆ **wash up** I. *vi dishes* spülen, abwaschen II. *vt sea* anspülen
washable ['wɒʃəbl] *adj* **machine**-~ waschmaschinenfest

washbag *n* Kulturbeutel *m* **washbasin** *n* Waschbecken *nt* **wash-bowl** *n* AM (*washbasin*) Waschbecken *nt;* (*bowl*) Waschschüssel *f* **washcloth** *n* AM (*face cloth*) Waschlappen *m* **washday** *n* Waschtag *m*
washed-out [ˌwɒʃtˈaʊt] *adj* ❶ *clothes* verwaschen ❷ (*tired*) fertig *fam*
washer ['wɒʃəʳ] *n* ❶ AM (*washing machine*) Waschmaschine *f* ❷ (*ring*) Unterlegscheibe *f*
washing ['wɒʃɪŋ] *n no pl* Wäsche *f;* **to do the** ~ [Wäsche] waschen
washing machine *n* Waschmaschine *f*
washing powder *n* BRIT Waschpulver *nt*
Washington [ˌwɒʃɪŋtən] *n* (*US state*) Washington *nt*
Washington D.C. *n* (*US city*) Washington *nt*
washing-up *n no pl* BRIT, AUS **to do the** ~ spülen, abwaschen
washing-up basin *n* BRIT Spülbecken *nt*
washing-up bowl *n* BRIT Spülschüssel *f*
washing-up liquid *n* BRIT Spülmittel *nt*
washout *n usu sing* (*fam*) Reinfall *m*
washroom *n* AM (*toilet*) Toilette *f*
wasn't ['wɒzənt] = **was not** *see* be
wasp [wɒsp] *n* Wespe *f*
wasps' nest *n* Wespennest *nt*
waste [weɪst] I. *n* ❶ *no pl* (*misuse*) Verschwendung *f;* ~ **of effort** vergeudete Mühe; **to lay** ~ **to the land** das Land verwüsten; ~ **of resources** Vergeudung von Ressourcen *f* ❷ *no pl* (*unwanted matter*) Abfall *m;* **to go to** ~ verkommen ❸ (*excrement*) Exkremente *pl* II. *vt* verschwenden III. *vi* ▸ ~ **not, want not** (*prov*) spare in der Zeit, dann hast du in der Not ◆ **waste away** *vi* dahinsiechen *geh;* (*get thinner*) immer dünner werden
wastebasket *n* AM Papierkorb *m* **waste disposal** *n no pl* Abfallbeseitigung *f,* Müllentsorgung *f* **waste-disposal unit** *n* Müllschlucker *m*
wasteful ['weɪs(t)fəl] *adj* verschwenderisch
wasteland *n* ❶ (*neglected land*) unbebautes Land ❷ (*fig: unproductive area*) Öde *f*
wastepaper *n no pl* Papiermüll *m;* (*for recycling*) Altpapier *nt* **wastepaper basket** *n,* BRIT, AUS *a.* **wastepaper bin** *n* Papierkorb *m* **waste pipe** *n* Abflussrohr *nt* **waste product** *n* Abfallprodukt *nt* **waste reprocessing** *n no pl* Müllwiederaufbereitung *f* **waste separation** *n no pl* Mülltrennung *f* **waste steam** *n no pl* Abdampf *m* **wastewater** *n* Abwasser *nt*

watch [wɒtʃ] **I.** n ❶ (on wrist) Armbanduhr f; (on chain) Taschenuhr f ❷ no pl (observation) Wache f **II.** vt ❶ beobachten; **to ~ TV** fernsehen ❷ (keep vigil) ■**to ~ sb/sth** auf jdn/etw aufpassen ❸ (be careful) **~ it!** pass auf!; **~ yourself!** sieh dich vor! ▶ **~ this space!** mach dich auf etwas gefasst!; **to ~ one's step** aufpassen **III.** vi ❶ (look) zusehen, zuschauen ❷ (be attentive) aufpassen ◆**watch out** vi ❶ (keep lookout) ■**to ~ out for sb/sth** nach jdm/etw Ausschau halten ❷ (beware of) **~ out!** Achtung!

watchdog n ❶ (guard dog) Wachhund m ❷ (fig: organization) Überwachungsgremium nt; (state-controlled) Aufsichtsbehörde f

watcher ['wɒtʃər] n Zuschauer(in) m(f); (observer) Beobachter(in) m(f)

watchful ['wɒtʃfəl] adj wachsam

watchman n Wachmann m; **night ~** Nachtwächter m

watchstrap n esp BRIT Uhr[arm]band nt

watchtower n Wachturm m

water ['wɔːtər] **I.** n ❶ no pl Wasser nt ❷ (urine) **to pass ~** Wasser lassen ❸ (area of water) ■ **~ s** pl Gewässer pl; **coastal ~ s** Küstengewässer ❹ MED **~ on the brain** Wasserkopf m; **~ on the knee** Kniegelenkerguss m ▶ **blood is thicker than ~** (prov) Blut ist dicker als Wasser; **to keep one's head above ~** sich über Wasser halten; **come hell or high ~** komme was [da] wolle **II.** vt bewässern; garden sprengen; flowers, plants gießen **III.** vi ❶ (produce tears) tränen ❷ (salivate) **my mouth is watering** mir läuft das Wasser im Munde zusammen

water-borne adj ❶ (transported) zu Wasser befördert ❷ (transmitted) disease durch Trinkwasser übertragen **water bottle** n Wasserflasche f **water butt** n BRIT Regentonne f **water cannon** n Wasserwerfer m **water carrier** n ❶ esp BRIT ASTROL ■**the ~** der Wassermann ❷ (water pipe) Wasserleitung f **water color** AM see **water colour water colour** n ❶ (paint) Aquarellfarbe f ❷ (picture) Aquarell nt **water content** n Wassergehalt m **water-cooled** adj wassergekühlt **watercress** n no pl BOT Brunnenkresse f **water-driven** adj wasserbetrieben

waterfall n Wasserfall m

waterfront n Ufer nt

water heater n Heißwassergerät nt **water hole** n Wasserloch nt **water hose** n Wasserschlauch m

watering ['wɔːtərɪŋ] n of land Bewässerung f; of garden Sprengen nt

watering can n Gießkanne f

water jump n SPORTS Wassergraben m **water level** n ❶ (of surface water) Wasserstand m; of river Pegel[stand] m ❷ (of groundwater) Grundwasserspiegel m **water lily** n Seerose f, Teichrose f **water line** n no pl NAUT Wasserlinie f; GEOL Grundwasserspiegel m **waterlogged** adj boat, ship voll gelaufen; ground feucht **water main** n Haupt[wasser]leitung f **watermelon** n Wassermelone f **water meter** n Wasserzähler m **water pipe** n ❶ (conduit) Wasserleitung f ❷ (hookah) Wasserpfeife f **water pistol** n Wasserpistole f **water polo** n Wasserball m kein pl **water pressure** n Wasserdruck m **waterproof** **I.** adj wasserdicht **II.** n esp BRIT (coat) Regenmantel m **III.** vt wasserundurchlässig machen **water-repellent** adj Wasser abweisend

watershed n ❶ Wasserscheide f ❷ (fig: great change) Wendepunkt m

water shortage n Wassermangel m kein pl **waterside** n no pl (beside lake) Seeufer nt; (beside river) Flussufer nt

water-ski **I.** vi Wasserski fahren **II.** n Wasserski m **water softener** n Wasserenthärter m **water-soluble** adj wasserlöslich **water supply** n usu sing Wasservorrat m **watertable** n Grundwasserspiegel m **water tank** n Wassertank m

watertight ['wɔːtətaɪt] adj wasserdicht

water tower n Wasserturm m **water vole** n Schermaus f **water wave** n Wasserwelle f **waterway** n Wasserstraße f, Schifffahrtsweg m **waterwings** npl Schwimmflügel pl **waterworks** npl ❶ (facility) Wasserwerk nt ❷ (fam: in body) [Harn]blase f ▶ **to turn on the ~** (pej) losheulen

watery <more, most or -ier, -iest> ['wɔːtəri] adj ❶ (pej: bland, thin) drink dünn; soup wässrig ❷ light, sun fahl; smile müde

watt n ELEC, PHYS Watt nt

wattage ['wɒtɪdʒ] n no pl ELEC Wattzahl f

wave [weɪv] **I.** n ❶ Welle f ❷ (fig) **~ of emotion** Gefühlswallung f; **~ of redundancies** Entlassungswelle f; **~ of terrorism** Terrorwelle f ❸ (gesture) Wink m; **to give sb a ~** jdm [zu]winken **II.** vi ❶ winken; **I ~ d at him**

across the room ich winkte ihm durch den Raum zu ❷ *flag* wehen III. *vt* to ~ sb goodbye jdm zum Abschied [nach]winken; to ~ a magic wand einen Zauberstab schwingen ◆wave aside *vt* to ~ aside an idea/an objection/a suggestion eine Idee/einen Einwand/Vorschlag abtun ◆wave down *vt* anhalten ◆wave on *vt* the policeman ~d the traffic on der Polizist winkte den Verkehr durch ◆wave through *vt* durchwinken

wave-band *n* Wellenbereich *m* wavelength *n* PHYS Wellenlänge *f*

wave power *n no pl* Wellenkraft *f*

waver ['weɪvə'] *vi* ❶ (*lose determination*) wanken ❷ (*become unsteady*) *eyes* flackern; *voice* beben ❸ (*be indecisive*) schwanken; ■ to ~ over sth sich *dat* etw hin- und herüberlegen

waverange *n* Wellenbereich *m*

wavy ['weɪvi] *adj* wellig; ~ pattern Wellenmuster *nt*

wax¹ [wæks] I. *n* ❶ Wachs *nt*; (*for shoes*) Schuhcreme *f* ❷ (*inside ear*) Ohrenschmalz *nt* II. *vt* ❶ (*polish*) wachsen; *shoes* wichsen ❷ (*remove hair*) enthaaren

wax² [wæks] *vi moon* zunehmen

waxwork *n* Wachsfigur *f*

waxy ['wæksi] *adj* (*like wax*) Wachs-, aus Wachs *nach n*

way [weɪ] I. *n* ❶ (*road*) Weg *m*; one-~-street Einbahnstraße *f* ❷ (*route*) the ~ in/out ... beim Hineingehen/Hinausgehen ...; I'm on my ~ out ich bin gerade am Gehen; "W~ In/Out" „Eingang/Ausgang"; to ask the ~ nach dem Weg fragen; to be on the ~ *letter, baby* unterwegs sein; to go separate ~s getrennte Wege gehen; to go the wrong ~ sich verlaufen; (*in car*) sich verfahren; to lead the ~ vorausgehen; to lose one's ~ sich verirren; to pay one's ~ (*fig*) für sich *akk* selbst aufkommen; to show sb the ~ jdm den Weg zeigen ❸ (*fig: be just doing*) to be [well] on the ~ to doing sth auf dem besten Weg[e] sein, etw zu tun ❹ (*distance*) Weg *m*, Strecke *f*; to be a long/short ~ off (*in space*) weit entfernt/sehr nahe sein; (*in time*) fern/nahe sein ❺ (*facing direction*) "this ~ up" „hier oben"; this ~ round so herum; to be the wrong ~ up auf dem Kopf stehen ❻ (*direction*) which ~ are you going? in welche Richtung gehst du?; this ~, please! hier entlang bitte! ❼ (*manner*) Art *f*, Weise *f*; that's just the ~ it is so ist das nun einmal; ~ of life Lebensweise *f* ❽ (*respect*) Weise *f*, Hinsicht *f*; in many/some ~s in vielerlei/gewisser Hinsicht ❾ *no pl* (*free space*) Weg *m*, Platz *m*; to be in sb's ~ jdm im Weg sein *a. fig*; to get out of sb's/sth's ~ jdm/etw aus dem Weg gehen; to keep out of the ~ wegbleiben ❿ (*method*) Art *f* [und Weise]; ~s and means Mittel und Wege ⓫ *no pl* (*condition*) Zustand *m*; to be in a bad ~ in schlechter Verfassung sein ⓬ (*desire*) to have one's [own] ~ seinen Willen bekommen ▶ by the ~ übrigens II. *adv* (*fam: used for emphasis*) weit; to be ~ past sb's bedtime (*fam*) für jdn allerhöchste Zeit zum Schlafengehen sein

way out *n* Ausgang *m*

way-out *adj* (*sl*) irre, abgefahren

wayside *n* Straßenrand *m*; to fall by the ~ (*fig*) auf der Strecke bleiben

we [wiː, wi] *pron pers* ❶ (*1st person plural*) wir; if you don't hurry up, ~'ll be late wenn du dich nicht beeilst, kommen wir zu spät ❷ (*speaker/writer for group*) wir; in this section ~ discuss ... in diesem Abschnitt besprechen wir .. ❸ (*all people*) wir; ~ all ... wir alle ... ❹ (*form: royal I*) wir; the royal ~ das königliche Wir

weak [wiːk] *adj* ❶ schwach; *coffee, tea* dünn ❷ (*ineffective*) *leader* unfähig; *argument, attempt* schwach

weaken ['wiːkən] I. *vi* schwächer werden II. *vt* schwächen

weak-kneed [-'niːd] *adj* (*pej fam*) feige, ängstlich

weakling ['wiːklɪŋ] *n* (*pej*) Schwächling *m*

weakly ['wiːkli] *adv* ❶ (*without strength*) schwach, kraftlos ❷ (*unconvincingly*) schwach, matt

weakness <*pl* -es> ['wiːknəs] *n* ❶ *no pl* (*physical frailty*) Schwäche *f* ❷ (*area of vulnerability*) Schwachstelle *f*

wealth [welθ] *n no pl* ❶ Reichtum *m* ❷ (*large amount*) Fülle *f*; to have a ~ of sth reich an etw *dat* sein

wealthy ['welθi] I. *adj* reich, wohlhabend II. *n* ■ the ~ *pl* die Reichen *pl*

weapon ['wepən] *n* (*also fig*) Waffe *f*; nuclear ~s Atomwaffen *pl*

wear [weə'] I. *n* ❶ (*clothing*) Kleidung *f*;

casual/sports ~ Freizeit-/Sport[be]kleidung f ❷ (*amount of use*) Gebrauch m; **signs of** ~ Abnutzungserscheinungen; ~ **and tear** Verschleiß m **II.** vt <wore, worn> tragen; **to** ~ **glasses** eine Brille tragen ▶**to** ~ **the trousers** (*fam*) die Hosen anhaben **III.** vi <wore, worn> (*get thinner*) *clothes* abtragen; *machine parts* abnutzen ◆**wear away** vi sich abnutzen ◆**wear down** vt zermürben ◆**wear off** vi *effect* nachlassen ◆**wear on** vi *time* hinziehen ◆**wear out I.** vi abnutzen **II.** vt erschöpfen

wearing ['weərɪŋ] *adj* ermüdend

weary ['wɪəri] **I.** *adj* ❶ (*tired*) müde ❷ (*bored*) gelangweilt **II.** vt <-ie-> (*liter*) ❶ (*make tired*) ermüden ❷ (*make bored*) langweilen **III.** vi <-ie-> ■**to** ~ **of sth** von etw *dat* genug haben

weasel ['wiːzəl] n Wiesel nt

weather ['weðə'] **I.** n no pl METEO Wetter nt; (*climate*) Witterung f; **in all** ~**s** bei jedem Wetter ▶**to make heavy** ~ **of sth** sich *dat* mit etw *dat* schwertun; **to be under the** ~ (*fam*) angeschlagen sein **II.** vi *object* verwittern; *person* altern **III.** vt *usu passive wood* auswittern

weather-beaten *adj face, skin* wettergegerbt; *object* verwittert **weather forecast** n Wettervorhersage f **weatherman** n Wettermann m *fam*

weave [wiːv] **I.** vt <wove *or* AM *a.* weaved, woven *or* AM *a.* weaved> ❶ weben ❷ (*also fig: intertwine things*) ■**to** ~ **sth together** etw zusammenflechten ❸ (*also fig: move*) **to** ~ **one's way through sth** sich *dat* einen Weg durch etw *akk* bahnen **II.** vi <wove *or* AM *a.* weaved, woven *or* AM *a.* weaved> ❶ weben ❷ (*also fig: move*) sich durchschlängeln **III.** n Webart f

web [web] n ❶ Netz nt; **spider['s]** ~ Spinnennetz nt; **to spin a** ~ ein Netz spinnen; (*fig*) **a** ~ **of intrigue** ein Netz von Intrigen nt ❷ COMPUT ■**the** ~ das Netz

webaddict n COMPUT Internetsüchtige(r) f/m)

web-footed [-ˈfʊtɪd] *adj* mit Schwimmfüßen *nach* n

weblog n (*an amateur diary posted on the Internet*) Weblog nt **web page** n, **website** n COMPUT Website f **web surfer** n COMPUT Internetsurfer(in) m(f) **webzine** ['webziːn] n INET Webzine nt

wed <wedded *or* wed, wedded *or* wed> [wed] **I.** vt ❶ (*form or dated: marry*) ■**to** ~ **sb** jdn ehelichen *veraltend o hum* ❷ (*fig: unite*) ■**to** ~ **sth and sth** etw mit etw *dat* vereinen **II.** vi sich vermählen *geh*

we'd[1] [wiːd, wɪd] = **we had** *see* **have**
we'd[2] [wiːd, wɪd] = **we would** *see* **would**

wedded ['wedɪd] **I.** *adj attr* verheiratet, Ehe-; ~ **bliss** Eheglück nt **II.** *pt, pp of* **wed**

wedding ['wedɪŋ] n Hochzeit f

wedding anniversary n Hochzeitstag m **wedding cake** n no pl Hochzeitstorte f **wedding day** n Hochzeitstag m **wedding dress** n Brautkleid nt **wedding ring** n Ehering m, Trauring m

wedge [wedʒ] **I.** n (*tapered block*) Keil m ▶**the thin end of the** ~ der Anfang vom Ende **II.** vt (*jam into*) einkeilen

Wednesday ['wenzdeɪ] n Mittwoch m; *see also* **Tuesday**

wee [wiː] *adj attr* SCOT (*fam*) winzig

weed [wiːd] **I.** n ❶ Unkraut nt kein pl ❷ no pl (*sl: marijuana*) Gras nt **II.** vt **to** ~ **the garden** den Garten jäten

weedkiller n Unkrautvernichtungsmittel nt

weedy ['wiːdi] *adj* ❶ von Unkraut überwachsen ❷ BRIT (*pej fam: of person*) [spindel]dürr

week [wiːk] n ❶ (*seven days*) Woche f; **for** ~**s** [**on end**] wochenlang; **last** ~ letzte Woche; **once/twice a** ~ einmal/zweimal die Woche ❷ (*work period*) [Arbeits]woche f

weekday n Wochentag m; ■**on** ~**s** an Wochentagen, wochentags

weekend n Wochenende nt; ■**this** ~ (*present*) dieses Wochenende; (*future*) kommendes Wochenende; ■**at the** ~[**s**]/**at** ~**s** am Wochenende/an Wochenenden

weekend warrior n Sonntagssportler(in) m(f)

weekly ['wiːkli] **I.** *adj* wöchentlich; ~ **magazine** Wochenzeitschrift f; **bi**-~ zweimal wöchentlich **II.** *adv* wöchentlich; **to exercise** ~ wöchentlich trainieren **III.** n (*newspaper*) Wochenzeitung f

weel-kent ['wiːlkent] *adj attr* SCOT vertraut

weep [wiːp] **I.** vi <wept, wept> ❶ (*also liter: cry*) weinen; (*sob*) schluchzen; **to** ~ **with joy/sorrow** vor Freude/Kummer weinen ❷ (*secrete liquid*) nässen **II.** n no pl (*liter*) Weinen nt; **to have a** [**good**] ~ sich [ordentlich] ausweinen

weeping ['wiːpɪŋ] **I.** *adj attr* ❶ (*of person*)

weinend ② (*of wound*) nässend **II.** *n no pl* Weinen *nt*

wee-wee ['wi:wi:] *n no pl* (*childspeak fam*) Pipi *nt*

w.e.f. *abbrev of* **with effect from** gültig ab

weft [weft] *n no pl* FASHION ■ **the** ~ die Kette; **warp and** ~ Kette und Schuss

weigh [weɪ] **I.** *vi* ① (*in measurement*) wiegen ② (*fig: be important*) **to** ~ **heavily** eine große Bedeutung haben **II.** *vt* (*measure*) wiegen ◆ **weigh down** *vt* (*to burden*) niederdrücken; ■ **to be** ~**ed down with sth** schwer mit etw *dat* beladen sein ◆ **weigh in** *vi* ① (*be weighed*) **to** ~ **in at 60 kilos** 60 Kilo auf die Waage bringen ② (*fam*) ■ **to** ~ **in with sth** *opinion, proposal* etw einbringen ◆ **weigh out** *vt* abwiegen ◆ **weigh up** *vt* ① (*consider*) abwägen ② (*evaluate*) einschätzen

weigh-in *n no pl* SPORTS Wiegen *nt*

weight [weɪt] **I.** *n no pl* Gewicht; **to lose/put on** ~ ab-/zunehmen; **to lift a heavy** ~ ein schweres Gewicht heben; SPORTS **to lift** ~**s** Gewicht[e] heben ▶ **to take the** ~ **off one's feet** es sich *dat* bequem machen **II.** *vt* ■ **to** ~ **sth down** etw beschweren

weight-bearing *adj exercise, activity* unter Einsatz des eigenen Körpergewichts [als Belastungsreiz] nach *n*

weighting ['weɪtɪŋ] *n no pl* ① BRIT (*additional allowance*) Zulage *f* ② MATH Gewichtung *f*

weightless ['weɪtləs] *adj* schwerelos

weightlessness ['weɪtləsnəs] *n no pl* Schwerelosigkeit *f*

weightlifter *n* Gewichtheber(in) *m(f)*

weightlifting *n no pl* Gewichtheben *nt*

weighty ['weɪti] *adj* ① (*heavy*) schwer ② (*fig: important*) [ge]wichtig; ~ **issues** wichtige Angelegenheiten

weir [weɪər] *n* Wehr *nt*

weird [weɪəd] *adj* (*fam*) seltsam, komisch; **that's** ~ das ist aber merkwürdig

weirdo ['weɪədəʊ] *n* <*pl* -os> (*pej fam*) seltsame Person

welcome ['welkəm] **I.** *vt* willkommen heißen; (*be glad of*) begrüßen **II.** *n* **to give sb a warm** ~ jdm einen herzlichen Empfang bereiten **III.** *adj* willkommen; **to make sb very** ~ jdn sehr freundlich aufnehmen; ~ **chance** willkommene Gelegenheit **IV.** *interj* ~ **to Birmingham** [herzlich] willkommen in Birmingham

welcoming ['welkəmɪŋ] *adj* Begrüßungs-; ~ **smile** freundliches Lächeln

weld [weld] **I.** *vt* (*join material*) schweißen; ■ **to** ~ **sth together** etw zusammenschweißen **II.** *n* Schweißnaht *f*

welfare ['welfeər] *n no pl* ① Wohlergehen *nt* ② (*state aid*) Sozialhilfe *f*; ~ **policy** Gesundheits- und Sozialpolitik *f*; ■ **to be on** ~ AM von [der] Sozialhilfe leben

welfare services *npl* ① (*state support*) Sozialleistungen *pl* ② + *sing vb* (*office*) Sozialamt *nt* **welfare state** *n* Sozialstaat *m*, Wohlfahrtsstaat *m oft pej* **welfare work** *n no pl* Fürsorgearbeit *f* **welfare worker** *n* Sozialarbeiter(in) *m(f)*

we'll [wi:l, wɪl] = **we will** *see* will[1]

well[1] [wel] **I.** *adj* <better, best> *usu pred* ① (*healthy*) gesund; **to be alive and** ~ gesund und munter sein; **to feel** ~ sich gut fühlen; **to get** ~ gesund werden; **get** ~ **soon!** gute Besserung! ② (*okay*) **all's** ~ **here** hier ist alles in Ordnung; **all** ~ **and good** gut und schön **II.** *adv* <better, best> ① gut; ~ **spotted!** gut aufgepasst!; ~ **done!** gut gemacht!, super! *fam;* **to mean** ~ es gut meinen; **to speak** ~ **of sb/sth** nur Gutes über jdn/etw sagen; **to know sb** ~ jdn gut kennen ② (*used for emphasis*) [sehr] wohl; ~ **and truly** ganz einfach ③ (*justifiably*) wohl; **you may** ~ **ask!** das kann man wohl fragen! ④ (*also*) **as** ~ auch; (*and*) ... **as** ~ **as** ... sowie **III.** *interj* also; (*showing hesitation*) tja; ~ [, ~]! sieh mal einer an!; **oh** ~, **it doesn't matter** ach [was], das macht doch nichts **IV.** *n no pl* **to wish sb** ~ jdm alles Gute wünschen

well[2] [wel] *n* ① (*for water*) Brunnen *m* ② (*for mineral*) Schacht *m;* **oil** ~ Ölquelle *f* ◆ **well up** *vi tears* ~**ed up in her eyes** Tränen stiegen ihr in die Augen

well-advised *adj pred* (*form*) ■ **to be** ~ **to do sth** gut beraten sein, etw zu tun **well-balanced** *adj* ① (*not one-sided*) *article, report* objektiv ② (*of food*) *diet, meal* ausgewogen **well-behaved** *adj* (*of child*) artig; (*of dog*) brav **well-being** *n no pl* Wohl[ergehen] *nt;* **a feeling of** ~ ein wohliges Gefühl **well-bred** *adj* wohlerzogen *geh* **well-chosen** *adj* gut gewählt; [**to say**] **a few** ~ **words** ein paar passende Worte [sagen] **well-connected** *adj* ■ **to be** ~ gute Beziehungen haben; **a ~ family** eine angesehene Familie **well-deserved** *adj* wohlverdient **well-developed** *adj* gut entwickelt; **a ~ sense of humour** ein ausgeprägter Sinn für Humor **well-done** *adj* ❶ (*of meat*) gut durch[gebraten] ❷ (*of work*) gut gemacht **well-dressed** *adj* gut gekleidet **well-earned** *adj* wohlverdient **well-educated** *adj* gebildet **well-fed** *adj* [ausreichend] mit Nahrung versorgt **well-founded** *adj* [wohl]begründet; **~ fears/suspicions** [wohl]begründete Ängste/Vermutungen **well-informed** *adj* (*approv*) gut informiert; **to be ~ on a subject** über ein Thema gut Bescheid wissen

wellington ['welɪŋtən] *esp* BRIT, **wellington boot** *n esp* BRIT Gummistiefel *m*

well-intentioned *adj* gut gemeint **well-known** *adj* [allgemein] bekannt; (*famous*) berühmt **well-mannered** *adj* wohlerzogen **well-meaning** *adj* wohlmeinend; **~ advice/comments** gut gemeinte Ratschläge/Kommentare **well-meant** *adj* gut gemeint **well-off** I. *adj* <better-, best-> ❶ (*wealthy*) wohlhabend ❷ *pred* (*fortunate*) gut dran *fam;* **to not know when one is ~** nicht wissen, wann es einem gut geht II. *n* ■ **the ~** *pl* die Wohlhabenden *pl* **well-organized** *adj* gut organisiert **well-paid** *adj* gut bezahlt **well-placed** *adj* gut platziert; **a ~ remark** eine an richtiger Stelle gemachte Bemerkung **well-read** *adj* ❶ (*knowledgeable*) [sehr] belesen ❷ (*frequently read*) viel gelesen *attr* **well-spoken** *adj* (*speaking pleasantly*) höflich; (*articulate*) beredt **well-thought-of** *adj* (*highly regarded*) angesehen; (*recognized*) anerkannt **well-timed** *adj* zeitlich gut gewählt; **his remark was ~** seine Bemerkung kam zur rechten Zeit **well-to-do** (*fam*) I. *adj* [gut] betucht II. *n* ■ **the ~** *pl* die [Gut]betuchten *pl* **well-wisher** *n* Sympathisant(in) *m(f)* **well-worn** *adj* *clothes* abgetragen; *object* abgenützt

welly ['welɪ] *n esp* BRIT (*fam*) *short for* **wellington** Gummistiefel *m*

Welsh [welʃ] I. *adj* walisisch II. *n* ❶ *no pl* (*Celtic language*) Walisisch *nt* ❷ (*inhabitants, people of Wales*) ■ **the ~** *pl* die Waliser *pl*

Am 18. September 1997 stimmten die Waliser durch ein Referendum für die Errichtung einer **Welsh Assembly** (eines Parlaments), die einige der Befugnisse des Secretary of State for Wales übernehmen sollte. Die **Assembly** mit 60 Abgeordneten hat seit 1999 in der Landeshauptstadt Cardiff ihren Sitz.

Welshman *n* Waliser *m*
Welsh rabbit, Welsh rarebit [- 'reəbɪt] *n no pl geschmolzener Käse auf Toastbrot*
Welshwoman *n* Waliserin *f*
went [went] *pt of* **go**
wept [wept] *pt, pp of* **weep**
were [wɜːʳ, wəʳ] *pt of* **be**
we're [wiːəʳ] = **we are** *see* **be**
weren't [wɜːnt] = **were not** *see* **be**
west [west] I. *n no pl* ❶ (*direction*) ■ W~ Westen *m;* **~-facing** westwärts; **to be to the ~ of sth** westlich von etw *dat* liegen ❷ (*of the US*) **the Wild W~** der Wilde Westen ❸ + *sing/pl vb* POL ■ **the W~** die westliche Welt II. *adj* westlich; **the ~ coast of Ireland** die Westküste Irlands; **to be due ~ of sth** genau westlich von etw *dat* liegen III. *adv* westwärts; **to go/head/travel ~** nach Westen gehen/ziehen/reisen

westbound *adj* in Richtung Westen
West End I. *n no pl* ■ **the ~** das [Londoner] Westend II. *adj attr* (*of central London*) **the ~ theatres** die Theater *pl* des Londoner Westends
westerly ['westəli] *adj* westlich; **~ gales/winds** Weststürme/-winde *pl*
western ['westən] I. *adj attr* GEOG West-, westlich; **~ Europe** Westeuropa *nt* II. *n* (*film*) Western *m*
westerner ['westənəʳ] *n* POL Abendländer(in) *m(f)*
westernize ['westənaɪz] I. *vt* verwestlichen II. *vi* sich dem Westen anpassen
West Germany *n no pl* (*hist*) Westdeutschland *nt*
West Virginia *n* West Virginia *nt*
westward(s) ['wes(t)wəd(z)] *adj* westlich; *road* nach Westen

wet [wet] I. *adj* <-tt-> nass; (*moist*) feucht; *weather* regnerisch; ■ **~ through** [völlig] durchnässt; **"~ paint!"** „frisch gestrichen!" ▶ **to be a ~** <u>blanket</u> ein Spielverderber *m/* eine Spielverderberin sein II. *vt* <-tt-, **wet** *or* **wetted**, **wet** *or* **wetted**> ❶ (*moisten*) anfeuchten; (*saturate*) nass machen ❷ (*urinate*) **to ~ the bed** das Bett nass ma-

wether ['weðə'] n ZOOL Hammel m

wet room n Nasszelle f **wet shave** n Nassrasur f

we've [wi:v, wiv] = **we have** see **have**

whack [(h)wæk] I. vt (fam) ① (hit) schlagen ② (defeat) [haushoch] besiegen II. n ① (blow) Schlag m; **to give sb/an animal a ~** jdm/einem Tier einen Schlag versetzen ② no pl (fam) **to pay full ~** den vollen Satz bezahlen ③ no pl (fam: deal) **a fair ~** ein fairer Handel ▸ **to be out of ~** AM, AUS nicht in Ordnung sein; **to have a ~ at sth** (fam) etw mal versuchen

whacked [(h)wækt] adj pred (fam: exhausted) kaputt

whacking ['(h)wækɪŋ] I. adj attr riesig II. adv enorm; **a ~ big kiss** ein dicker Kuss III. n BRIT, AUS Prügel pl

whale [(h)weɪl] n Wal m ▸ **to have a ~ of a time** eine großartige Zeit haben

whaling ['(h)weɪlɪŋ] n no pl Walfang m

wharf <pl **wharves** or -s> [(h)wɔ:f, pl (h)wɔ:vz] n Kai m

what [(h)wɒt] I. pron ① interrog (asking for specific information) was?; **~ is your name?** wie heißt du?; **~ are you looking for?** wonach suchst du?; **~ about sb/sth?** (fam) was ist mit jdm/etw?; **~ is sb/sth like?** wie ist jd/etw?; **~ if ...?** was ist, wenn ...?; **so ~?** (fam) na und? ② rel was; **~'s more ...** darüber hinaus ...; **you'll never guess ~ ...** du wirst es nie erraten ...; **do ~ you can but I don't think anything will help** tu, was du kannst, aber glaub' nicht, dass etwas hilft II. adj ① (which) welche(r, s); **~ time is it?** wie spät ist es?; **~ sort of** was für ein[e]; **~ sort of car do you drive?** was für ein Auto fährst du? ② (emphasis) was für; **~ a day!** was für ein Tag!; **~ luck!** was für ein Glück!; **~ a pity!** wie schade! III. adv was; **~ do qualifications matter?** was zählen schon Qualifikationen?; **~ does it matter?** was macht's? fam IV. interj (fam: pardon?) **~?** I **can't hear you** was? ich höre dich nicht; **~!** **you left him there alone!** was? du hast ihn da allein gelassen?

whatever [(h)wɒt'evə'] I. pron ① (anything that) was [auch immer]; **I eat ~ I want** ich esse, was ich will; **~ that means** was auch immer das heißen soll ② (fam) wie du willst; **I'll bring red wine then — sure, ~** ich hole also Rotwein — ja, ist mir recht ③ rel was auch immer, egal was; **~ happens** was auch passieren mag ④ interrog was in aller Welt; **~ are you talking about?** worüber in Gottes Namen sprichst du? II. adj ① (any) was auch immer; **take ~ action is needed** mach, was auch immer nötig ist ② (regardless of) gleichgültig welche(r, s); **we'll go ~ the weather** wir fahren bei jedem Wetter; **~ the outcome of the war, ...** wie der Krieg auch ausgehen wird, ... III. adv with neg (whatsoever) überhaupt; **there is no evidence ~ to show that ...** es gibt keinerlei Beweis dafür, dass ...

whatsoever [ˌ(h)wɒtsəʊ'evə'] adv überhaupt; **I have no idea ~** ich habe nicht die leiseste Idee

wheat [(h)wi:t] n no pl Weizen m

wheat belt n esp AM Weizengürtel m (extensives Weizenanbaugebiet)

wheatgerm n no pl Weizenkeim m

wheel [wi:l] I. n ① Rad nt; **front/rear ~** Vorder-/Hinterrad nt ② (for steering) Steuer nt; ▪ **to be at the ~** am Steuer sitzen ③ (fam) ▪**~** pl fahrbarer Untersatz hum ④ (at fairground) **the [big] ~** das Riesenrad II. vt ▪ **to ~ to sth** etw rollen ◆ **wheel around, wheel round** vi BRIT, AUS sich schnell umdrehen; (esp out of shock) herumfahren

wheelbarrow n Schubkarre f **wheelchair** n Rollstuhl m **wheel clamp** I. n esp BRIT, AUS Parkkralle f II. vt **to ~ a car** ein Auto mit einer Parkkralle festsetzen

wheeler-dealer [ˌ(h)wi:lə'di:lə'] n (pej fam) Schlitzohr nt

wheelie bin n BRIT, AUS Mülltonne f mit Rollen

wheeling ['(h)wi:lɪŋ] n no pl **~ and dealing** (pej fam) Mauschelei f

wheeze [(h)wi:z] I. vi keuchen II. n Keuchen nt kein pl

when [(h)wen] I. adv ① interrog wann; **~ do you want to go?** wann möchtest du gehen?; **do you know ~ he'll be back?** weißt du, wann er zurückkommt?; **to tell sb ~ to do sth** jdm sagen, wann er/sie etw tun soll; **since ~ ...?** seit wann ...? ② rel wenn; (at which, on which) wo; **March is the month ~ the monsoon arrives** im März kommt der Monsun; **there are times ~ ...** es gibt Momente, wo ... II. conj ① (at, during the *time*) als; **I loved that film ~ I was a child** als Kind liebte ich diesen Film ❷ (*after*) wenn; **call me ~ you've finished** ruf mich an, wenn du fertig bist ❸ (*whenever*) wenn; **I hate it ~ there's no one in the office** ich hasse es, wenn niemand im Büro ist ❹ (*and just then*) als; **I was just getting into the bath ~ the telephone rang** ich stieg gerade in die Badewanne, als das Telefon läutete

whenever [(h)wen'evəʳ] **I.** *conj* wann auch immer; (*every time*) jedes Mal, wenn ...; **I blush ~ I think about it** ich werde immer rot, wenn ich daran denke **II.** *adv* ❶ wann auch immer; **~ possible** wenn möglich ❷ *interrog* wann denn [nur]; **~ am I going to be finished with all this work?** wann werde ich je mit dieser ganzen Arbeit fertig sein?

where [(h)weəʳ] *adv* ❶ *interrog* wo; **~ does he live?** wo wohnt er?; **~ are you going?** wohin gehst du? ❷ *rel* wo; **this is ~ I live** hier wohne ich

whereabouts I. *n* [ˈ(h)weərəbaʊts] + *sing/pl vb, no pl* Aufenthaltsort *m* **II.** *adv* [ˌ(h)weərəˈbaʊts] (*fam*) wo [genau]; **~ in Manchester do you live?** wo genau in Manchester wohnst du?

whereas [(h)weəˈræz] *conj* ❶ (*in contrast to*) während, wo[hin]gegen ❷ (*considering that*) in Anbetracht dessen, dass ...

whereby [(h)weəʳˈbaɪ] *conj* (*form*) wodurch, womit

wherein [(h)weəˈrɪn] *conj* (*old form: in which*) worin

whereupon [ˌ(h)weərəˈpɒn] *conj* (*form*) worauf[hin]

wherever [(h)weəˈrevəʳ] **I.** *conj* wohin auch immer; (*in all places*) wo auch immer; **~ you look there are pictures** wohin du auch schaust, überall sind Bilder **II.** *adv* ❶ (*in every case*) wann immer; **~ possible** wenn möglich ❷ *interrog* wo [nur]; **~ did you get that idea!** wie bist du nur auf diese Idee gekommen!

whet <-tt-> [(h)wet] *vt* (*stimulate*) **to ~ sb's appetite** [**for sth**] jdm Appetit [auf etw *akk*] machen

whether [ˈ(h)weðəʳ] *conj* ❶ (*if*) ob; **to ask ~** fragen, ob ❷ (*no difference if*) **~ you like it or not** ob es dir [nun] gefällt oder nicht

whew [fjuː] *interj* (*fam*) puh

which [(h)wɪtʃ] **I.** *pron* ❶ *interrog* welche(r, s); **~ [one] is mine?** welches gehört mir? ❷ *rel* (*with defining clause*) der/die/das; (*with non-defining clause*) was; **a conference in Vienna ~ ended on Friday** eine Konferenz in Wien, die am Freitag geendet hat; **at/upon ~ ...** woraufhin ... **II.** *adj* ❶ *interrog* welche(r, s); **~ doctor did you see?** bei welchem Arzt warst du? ❷ *rel* der/die/das; **it might be made of plastic, in ~ case you could probably carry it** es könnte aus Plastik sein – in dem Fall könntest du es wahrscheinlich tragen

whichever [(h)wɪtʃˈevəʳ] **I.** *pron* wer/was auch immer; **which bar would you prefer to meet in? — ~, it doesn't matter to me** in welcher Bar sollen wir uns treffen? — wo du willst – mir ist es egal **II.** *adj attr* ❶ (*any one*) **choose ~ brand you prefer** wähle die Marke, die du lieber hast; **you may pick ~ puppy you want** du kannst den Welpen nehmen, der dir gefällt ❷ (*regardless of which*) egal welche(r, s); **~ way** wie auch immer

whiff [(h)wɪf] **I.** *n usu sing* (*smell*) Hauch *m kein pl* **II.** *vi* BRIT (*fam*) ■ **to ~** [**of sth**] nach etw *dat* riechen

while [(h)waɪl] **I.** *n no pl* Weile *f*; **all the ~** die ganze Zeit [über]; **a ~ ago** vor einer Weile; **in a ~** in Kürze; **to be worth** [**the**] **~** die Mühe wert sein **II.** *conj* ❶ (*during which time*) während ❷ (*although*) obwohl; **~ I fully understand your point of view, ...** wenn ich Ihren Standpunkt auch vollkommen verstehe, ...

whim [(h)wɪm] *n* Laune *f*; **to indulge sb's every ~** jds Launen ertragen

whimper [ˈ(h)wɪmpəʳ] **I.** *vi* (*of person*) wimmern; (*of dog*) winseln **II.** *n* (*of person*) Wimmern *nt kein pl*; (*of dog*) Winseln *nt kein pl*

whine [(h)waɪn] **I.** *vi* jammern **II.** *n usu sing* Jammern *nt kein pl*

whinge [(h)wɪndʒ] **I.** *n usu sing* Gejammer *nt pej fam* **II.** *vi* BRIT, AUS (*pej fam*) meckern

whip [(h)wɪp] **I.** *n* Peitsche *f* **II.** *vt* <-pp-> ❶ (*hit*) [mit der Peitsche] schlagen; *a horse* die Peitsche geben ❷ *cream, egg whites* schlagen ♦ **whip away** *vt* wegziehen, wegreißen ♦ **whip back** *vi* ❶ (*bounce back*) zurückfedern ❷ (*fig: return*) zurückeilen ♦ **whip off** *vt clothes* vom Leib reißen; *tablecloth* wegziehen ♦ **whip on** *vt* ❶ (*urge on*) antreiben ❷ *clothes* überwerfen ◆ **whip up** *vt* (*excite*) **to ~ up support** Unterstützung finden

whiplash *n* ❶ (*blow*) Peitschenhieb *m* ❷ *no pl* MED (*injury to neck*) ~ [**injury**] Schleudertrauma *nt*

whipped cream *n* Schlagsahne *f,* Schlagobers *nt* ÖSTERR, Nidel *m o f* SCHWEIZ

whipping ['(h)wɪpɪŋ] *n no pl* [Aus]peitschen *nt kein pl;* **to get / give a ~** Prügel beziehen / austeilen

whipping cream *n no pl* Schlagsahne *f,* Schlagobers *nt* ÖSTERR, Nidel *m o f* SCHWEIZ

whipping top *n* Kreisel *m*

whip-round *n* BRIT (*fam*) **to have a ~** [**for sb**] [für jdn] sammeln

whir *n, vi* AM *see* **whirr**

whirl [(h)wɜːl] **I.** *vi, vt* wirbeln **II.** *n no pl* Wirbel *m*

whirlpool ['(h)wɜːlpuːl] *n* (*pool*) Whirlpool *m;* (*in river, sea*) Strudel *m* **whirlwind** ['(h)wɜːlwɪnd] *n* METEO Wirbelwind *m*

whirr [(h)wɜːʳ] **I.** *vi insects* summen; *machines* surren **II.** *n usu sing of insects* Summen *nt kein pl; of machines* Surren *nt kein pl*

whisk [(h)wɪsk] **I.** *n* (*kitchen tool*) Schneebesen *m;* **electric ~** [elektrisches] Rührgerät **II.** *vt cream, egg whites* schlagen

whisker ['(h)wɪskəʳ] *n* ❶ *usu pl* (*of animal*) Schnurrhaar[e] *nt*[*pl*] ❷ ■ **~s** *pl* (*of man: beard*) Bartstoppeln *pl* ▶ **by a ~** um Haaresbreite

whiskey *esp* AM, IRISH, **whisky** ['hwɪski] *n* BRIT, AUS *no pl* Whisk[e]y *m*

whisper ['(h)wɪspəʳ] **I.** *vi, vt* flüstern **II.** *n* Flüstern *nt kein pl,* Geflüster *nt*

whistle ['(h)wɪsl] **I.** *vi* pfeifen; ■ **to ~ at sb** hinter jdm herpfeifen **II.** *vt* pfeifen **III.** *n* ❶ *no pl* (*sound*) *also of wind* Pfeifen *nt* ❷ (*device*) Pfeife *f*

white [(h)waɪt] **I.** *n* ❶ *no pl* (*colour*) Weiß *nt* ❷ *of egg* Eiweiß *nt* **II.** *adj* ❶ (*colour*) weiß; **black and ~** schwarz-weiß ❷ FOOD *coffee* mit Milch; *pepper, rum, sugar* weiß

Whitehall *n* ❶ (*offices of Britain's government*) Whitehall ❷ (*fig: government of Britain*) Whitehall **white horse** *n* ❶ ZOOL Schimmel *m* ❷ BRIT ■ **~s** *pl* Schaumkronen *pl* **White House** *n no pl* **the ~** das Weiße Haus **white lie** *n* Notlüge *f*

whiten ['(h)waɪtən] **I.** *vt* weiß machen; *shoe, wall* weißen ÖSTERR, SCHWEIZ, SÜDD **II.** *vi* weiß werden

white-out *n* ❶ (*blizzard*) [starker] Schneesturm ❷ *no pl* AM, AUS (*for erasing*) Tipp-Ex® *nt*

whitewash I. *n* ❶ *no pl* (*solution*) Tünche *f* ❷ (*pej: coverup*) Schönfärberei *f* **II.** *vt* ❶ *walls* tünchen ❷ (*pej, fig: conceal*) schönfärben

whitewater rafting *n no pl* Wildwasserfahren *nt*

white wine *n* Weißwein *m*

Whit Monday *n* Pfingstmontag *m*

Whitsun ['(h)wɪtsən] *n* Pfingsten *nt;* **at ~** an Pfingsten

Whit Sunday *n* Pfingstsonntag *m*

whiz AM *see* **whizz**

whizz [(h)wɪz] *vi* ❶ (*fam*) **to ~ by** vorbeijagen ❷ (*fig*) *time* rasen

whiz(z) kid *n* Wunderkind *nt,* Genie *nt oft hum*

whizzy ['wɪzi] *adj* (*fam*) ausgeklügelt, ausgefeilt

who [huː] *pron* ❶ *interrog* (*which person*) wer; (*whom*) wem *in dat,* wen *in akk;* **~ did this?** wer war das?; **~'s she?** wer ist sie?; **~ knows?** wer weiß?; **~ do you want to talk to?** mit wem möchten Sie sprechen? ❷ *rel* (*with defining clause*) der / die / das; **I think it was your dad ~ phoned** ich glaube, das war dein Vater, der angerufen hat

whoa [(h)wəʊ] *interj* (*command to stop horse*) brr, hoo

whodun(n)it [ˌhuːˈdʌnɪt] *n* (*fam*) Krimi *m*

whoever [huːˈevəʳ] *pron* ❶ *rel* wer auch immer; **come out, ~ you are** kommen Sie heraus, wer auch immer Sie sind ❷ *interrog* (*who on earth*) wer; **~ told you that?** wer hat dir das erzählt?

whole [həʊl] **I.** *adj* ❶ (*entire*) ganz, gesamt; **the ~** [**wide**] **world** die ganze [weite] Welt ❷ (*in one piece*) ganz, heil; (*intact*) intakt **II.** *n* ❶ (*entire thing*) ■ **a ~** ein Ganzes *nt* ❷ (*in total*) **as a ~** als Ganzes [betrachtet] **III.** *adv* ganz; **a ~ new approach** ein ganz neuer Ansatz

wholefood *n* BRIT *no pl* Vollwertkost *f*

wholefood shop *n* BRIT Reformhaus *nt*

whole-hearted [-ˈhɑːtɪd] *adj* ❶ (*sincere*) aufrichtig; (*cordial*) herzlich ❷ (*committed*) engagiert, rückhaltlos

whole-hog ['hoʊlhɑːg] *adv* **to go ~ on sth**

(*fam*) bei etw *dat* aufs Ganze gehen
wholesale ['həʊlseɪl] *adj* ❶ *attr* ~ **business** Großhandel *m* ❷ (*usu pej: on large scale*) Massen-
wholesaler ['həʊlseɪlə^r] *n* Großhändler(in) *m(f)*
wholesome ['həʊlsəm] *adj* (*approv: promoting well-being*) wohltuend; (*healthy*) gesund
who'll [huːl] = **who will** *see* **who**
wholly ['həʊl(l)i] *adv* ganz, völlig
whom [huːm] *pron* (*form*) ❶ *interrog, after vb or prep* wem *dat*, wen *akk*; **to** ~ **do you wish to speak?** mit wem möchten Sie sprechen? ❷ *rel* der/die/das; **none/some/several/all of** ~ ... keiner/einige/mehrere/alle, die ...
whoop [(h)wuːp] I. *vi* jubeln II. *n* (*shout of excitement*) Jauchzer *m*; **to give a** ~ **of triumph** einen Triumphschrei loslassen
whoopee *interj* [(h)wʊˈpiː] hurra; (*iron*) toll
whooping cough *n no pl* Keuchhusten *m*
whoops [(h)wʊps] *interj* (*fam*) hoppla; ~ **a daisy** (*childspeak*) hopsala
whopper [ˈ(h)wɒpə^r] *n* (*hum fam: huge thing*) Apparat *m sl*; **that's a** ~ **of a fish** das ist ja ein Riesenfisch
whopping [ˈ(h)wɒpɪŋ] (*fam*) I. *adj* saftig; **a** ~ **lie** eine faustdicke Lüge II. *n* AM (*beating*) Prügel *pl*
whore [hɔː^r] *n* (*pej*) Nutte *f sl*
who's [huːz] = **who is, who has** *see* **who**
whose [huːz] I. *adj* ❶ (*in questions*) wessen; ~ **round is it?** wer ist dran? ❷ (*indicating possession*) dessen; **she's the woman** ~ **car I crashed into** sie ist die Frau, in deren Auto ich gefahren bin II. *pron poss, interrog* wessen; ~ **is this bag?** wessen Tasche ist das?
why [(h)waɪ] I. *adv* warum; ~ **did he say that?** warum hat er das gesagt?; (*for that reason*) **the reason** ~ **I** ... der Grund, warum ich ... II. *interj esp* AM (*dated*) ~**, if it isn't old Georgie Frazer!** na, wenn das nicht Georgie Frazer ist!
wick [wɪk] *n* Docht *m* ▶ **to get on sb's** ~ BRIT (*fam*) jdm auf den Keks gehen
wicked [ˈwɪkɪd] I. *adj* ❶ (*evil*) böse ❷ (*approv sl: excellent*) saugut II. *n pl* ∎**the** ~ die Bösen *pl*
wicker [ˈwɪkə^r] *n no pl* Korbgeflecht *nt*
wicker bottle *n* Korbflasche *f*
wicket [ˈwɪkɪt] *n* BRIT ❶ (*target in cricket*) Tor *nt*, Wicket *nt fachspr* ❷ (*area in cricket*) Spielbahn *f*
wicket-keeper *n* BRIT Torwächter(in) *m(f)*, Goalie *m* SCHWEIZ
wide [waɪd] I. *adj* ❶ breit; (*considerable*) enorm, beträchtlich ❷ *after n* (*with a width of*) breit; **the swimming pool is 5 metres** ~ der Swimmingpool ist 5 Meter breit ❸ (*varied*) breit gefächert; **a** ~ **range of goods** ein großes Sortiment an Waren II. *adv* weit; ~ **open** weit geöffnet
wide-angle, wide-angle lens *n* PHOT Weitwinkelobjektiv *nt fachspr*
wide-awake *adj* hellwach
wide-eyed *adj* mit großen Augen *nach n*; (*fig*) blauäugig
widely ['waɪdli] *adv* breit; (*extensively*) weit; ~ **accepted/admired/believed** weithin akzeptiert/bewundert/geglaubt
widen ['waɪdən] *vt* (*make broader*) verbreitern; (*make wider*) erweitern
wide-open *adj* ❶ (*undecided*) völlig offen ❷ (*vulnerable, exposed*) anfällig
widespread *adj* weit verbreitet; **there is** ~ **speculation that** ... es wird weithin spekuliert, dass ...
widow ['wɪdəʊ] I. *n* (*woman*) Witwe *f* II. *vt usu passive* ∎**to be** ~**ed** zur Witwe/zum Witwer werden
widowed ['wɪdəʊd] *adj* verwitwet
widower ['wɪdəʊə^r] *n* Witwer *m*
widow's allowance *n* Witwenunterstützung *f*
widow's pension *n* Witwenrente *f*
width [wɪdθ] *n* ❶ *no pl* (*measurement*) Breite *f*; *of clothes* Weite *f* ❷ (*unit*) Breite *f* ❸ *no pl* (*fig: scope, range*) Größe *f*
wield [wiːld] *vt* ∎**to** ~ **sth** *tool, weapon* etw schwingen
wife <*pl* **wives**> [waɪf] *n* [Ehe]frau *f*, Gattin *f form o hum*
wig [wɪg] *n* Perücke *f*
wiggle ['wɪgl] I. *vt, vi* wackeln II. *n* (*movement*) Wackeln *nt kein pl*; **she walks with a sexy** ~ sie hat einen sexy Gang *fam*
wild [waɪld] I. *adj* ❶ wild; *cat, duck, goose* Wild- ❷ *country, landscape* rau, wild; ~ **flowers** wild wachsende Blumen ❸ *people* unzivilisiert; *behaviour* undiszipliniert ❹ (*uncontrolled*) unbändig; *hair, lifestyle* wirr ❺ (*stormy*) *wind, weather* stürmisch ❻ (*excited*) wild, ungezügelt; (*angry*)

wütend; **in ~ rage** in blinder Wut **II.** *adv* wild; **to run ~ child, person** sich *dat* selbst überlassen sein; *animals* frei herumlaufen **III.** *n* (*natural environment*) ■ **the ~** die Wildnis

wild boar *n* ZOOL Wildschwein *nt*

wilderness <*pl* -es> ['wɪldənəs] *n usu no pl* Wildnis *f*

wildfire *n no pl* Lauffeuer *nt;* **to spread like ~** (*fig*) sich wie ein Lauffeuer verbreiten

wild goose <- **geese**> *n* Wildgans *f*

wild-goose chase *n* (*hopeless search*) aussichtslose Suche; (*pointless venture*) fruchtloses Unterfangen

wildlife I. *n no pl* [natürliche] Tier- und Pflanzenwelt **II.** *adj club, photography* Natur-; **~ reserve** Wildreservat *nt*

wildly ['waɪldli] *adv* ❶ wild; (*boisterously*) unbändig; **to behave ~** sich wie wild aufführen *fam* ❷ (*haphazardly*) ungezielt ❸ (*fam: extremely*) äußerst; **~ exaggerated** maßlos übertrieben

wilful ['wɪlfəl] *adj* ❶ *usu attr* (*deliberate*) bewusst, absichtlich ❷ (*self-willed*) eigensinnig

will¹ <would, would> [wɪl] **I.** *aux vb* ❶ (*in future tense*) werden; **do you think he ~ come?** glaubst du, dass er kommt?; **I'll answer the telephone** ich gehe ans Telefon ❷ (*with tag question*) **you won't forget to tell him, ~ you?** du vergisst aber nicht, es ihm zu sagen, oder? ❸ (*expressing intention*) werden; **I ~ always love you** ich werde dich immer lieben ❹ (*in requests, instructions*) **~ you stop that!** hör sofort damit auf! ❺ (*expressing facts*) **fruit ~ keep longer in the fridge** Obst hält sich im Kühlschrank länger **II.** *vi* (*form*) wollen; **as you ~** wie du willst

will² [wɪl] **I.** *n* ❶ *no pl* (*faculty*) Wille *m;* **strength of ~** Willensstärke *f* ❷ *no pl* (*desire*) Wille *m* ❸ LAW letzter Wille, Testament *nt* ▶ **with the best ~ in the world** beim besten Willen **II.** *vt* ■ **to ~ sb to do sth** jdn [durch Willenskraft] dazu bringen, etw zu tun

willful *adj* AM *see* **wilful**

willing ['wɪlɪŋ] **I.** *adj* ❶ *pred* (*not opposed*) bereit, gewillt *geh;* ■ **to be ~ to do sth** bereit sein, etw zu tun ❷ (*enthusiastic*) willig; **~ hands** bereitwillige Hilfe **II.** *n no pl* BRIT **to show ~** [seinen] guten Willen zeigen

willingly ['wɪlɪŋli] *adv* ❶ (*gladly*) gern[e] ❷ (*voluntarily*) freiwillig

willingness ['wɪlɪŋnəs] *n no pl* (*readiness*) Bereitschaft *f*

willow ['wɪləʊ] *n* BOT Weide *f*

willowy ['wɪləʊi] *adj person* gertenschlank

willpower *n no pl* Willenskraft *f*

wilt¹ [wɪlt] *vi* ❶ (*droop*) *plants* [ver]welken ❷ (*lose energy*) *person* schlappmachen *fam*

wilt² [wɪlt, ᵊlt] (*old*) *2nd pers sing of* **will**

wily ['waɪli] *adj* listig; *deception, plan* raffiniert; *person also* gewieft

win [wɪn] **I.** *vt* <won, won> ❶ gewinnen; **to ~ an election** eine Wahl gewinnen; **to ~ a victory** einen Sieg erringen; **to ~ sb's approval** jds Anerkennung finden ❷ (*extract*) *ore, coal* abbauen **II.** *vi* <won, won> gewinnen; **to ~ hands down** (*fam*) spielend gewinnen **III.** *n* Sieg *m;* **away/ home ~** Auswärts-/Heimsieg *m* ◆ **win back** *vt* etw ◆ **win over** *vt* (*persuade*) überzeugen; (*gain support*) jdn für sich gewinnen ◆ **win through** *vi* [letztlich] Erfolg haben

wince [wɪn(t)s] **I.** *n* Zusammenzucken *nt* **II.** *vi* zusammenzucken

wind¹ [wɪnd] **I.** *n* ❶ (*current of air*) Wind *m;* **gust of ~** Windböe *f* ❷ *no pl* (*breath*) Atem *m* ❸ *no pl* (*meaningless words*) **he's full of ~** er ist ein Schaumschläger ❹ *no pl* (*flatulence*) Blähungen *pl* ❺ MUS ■ **the ~s** die [Blech]bläser(innen) *mpl(fpl)* **II.** *vt* ❶ (*knock breath out*) ■ **to ~ sb** jdm den Atem nehmen ❷ BRIT **to ~ a baby** ein Baby ein Bäuerchen machen lassen

wind² [waɪnd] **I.** *n* ❶ (*bend*) Windung *f; of river* Schleife *f* ❷ (*turn*) Umdrehung *f;* **to give sth a ~** etw aufziehen **II.** *vt* <wound, wound> ❶ *a clock, watch* aufziehen ❷ (*turn*) winden, kurbeln **III.** *vi* <wound, wound> *stream, road* sich schlängeln ◆ **wind down I.** *vt* ❶ (*lower*) *a car window* herunterkurbeln ❷ (*gradually reduce*) zurückschrauben; *a business* auflösen **II.** *vi* ❶ (*become less active*) ruhiger werden ❷ (*cease*) auslaufen ◆ **wind up I.** *vt* ❶ (*raise*) hochziehen ❷ TECH aufziehen ❸ BRIT (*fam*) ■ **to ~ up ○ sb** (*tease*) jdn aufziehen **II.** *vi* ❶ (*fam: end up*) enden; **to ~ up in prison** im Gefängnis landen ❷ (*bring to an end*) schließen

windbreak *n* Windschutz *m*

wind energy *n no pl* Windenergie *f*

winder ['waɪndəʳ] *n* (*winding device*) Auf-

ziehschraube *f;* (*for clock*) Schlüssel *m*
windfall *n* ① (*fruit*) ■ **-s** *pl* Fallobst *nt kein pl* ② (*money*) warmer [Geld]regen *fam*
wind farm *n* Windpark *m*
winding ['waɪndɪŋ] **I.** *adj path, river* gewunden; *road* kurvenreich **II.** *n* ① *no pl* (*of course*) Windung *f* ② ELEC (*coils*) Wicklung *f*
winding rope *n* Wickelseil *nt*
wind instrument *n* Blasinstrument *nt*
windmill *n* ① (*for grinding*) Windmühle *f* ② (*wind turbine*) Windrad *nt*
window ['wɪndəʊ] *n* ① (*in building*) Fenster *nt;* **bay** ~ Erkerfenster *nt;* **French** ~ Verandatür *f* ② (*of shop*) Schaufenster *nt* ③ (*of vehicle*) [Fenster]scheibe *f* ④ COMPUT Fenster *nt*
window box *n* Blumenkasten *m* **window cleaner** *n* ① (*person*) Fensterputzer(in) *m(f)* ② *no pl* (*detergent*) Glasreiniger *m* **window envelope** *n* Fenster[brief]umschlag *m* **window frame** *n* Fensterrahmen *m* **window pane** *n* Fensterscheibe *f* **window-shopping** *n no pl* Schaufensterbummel *m* **window sill** *n* (*inside*) Fensterbank *f;* (*outside*) Fenstersims *m o nt*
wind power *n no pl* ① (*force of wind*) Windkraft *f* ② ECOL Windenergie *f*
windscreen *n* BRIT, AUS Windschutzscheibe *f*
windscreen wiper *n* BRIT, AUS Scheibenwischer *m*
windshield *n* AM (*windscreen*) Windschutzscheibe *f*
windsurfer ['wɪn(d),sɜːfə*r*] *n* Windsurfer(in) *m(f)*
windsurfing ['wɪn(d),sɜːfɪŋ] *n no pl* Windsurfen *nt*
wind tunnel *n* Windkanal *m*
windward ['wɪn(d)wəd] NAUT **I.** *adj, adv* windwärts **II.** *n* Windseite *f*
windy¹ ['wɪndi] *adj* ① METEO windig; **a** ~ **street** eine zugige Straße ② (*of digestion*) blähend
windy² ['waɪndi] *adj* (*curvy*) gewunden
wine [waɪn] **I.** *n* Wein *m;* **red/white** ~ Rot-/Weißwein *m* **II.** *vt* **to** ~ **and dine sb** jdn fürstlich bewirten **III.** *vi* **to** ~ **and dine** fürstlich essen
wine cooler *n* Weinkühler *m* **wine glass** *n* Weinglas *nt* **wine list** *n* Weinkarte *f* **wine tasting** *n* Weinprobe *f* **wine waiter** *n* BRIT Weinkellner(in) *m(f)*
wing [wɪŋ] *n* ① ZOOL *of bird* Flügel *m* ② AVIAT Tragfläche *f* ③ ARCHIT *of building* Flügel *m* ④ FBALL Flügel *m;* **to play left/right** ~ links/rechts Außen spielen
winger ['wɪŋə*r*] *n* FBALL (*on the left wing*) Linksaußen *m*
wing nut *n* Flügelmutter *f*
wingspan *n* Flügelspannweite *f*
wink [wɪŋk] **I.** *vi* zwinkern; ■ **to** ~ **at sb** jdm zuzwinkern **II.** *vt* **to** ~ **one's eye** [mit den Augen] zwinkern **III.** *n* [Augen]zwinkern *nt;* **to give sb a** ~ jdm zuzwinkern ▶ **in the** ~ **of an eye** in einem Augenblick; **to not sleep a** ~ kein Auge zutun
winner ['wɪnə*r*] *n* ① (*sb that wins*) Gewinner(in) *m(f);* (*in competition*) Sieger(in) *m(f)* ② SPORTS (*fam: goal*) Siegestor *nt*
winning ['wɪnɪŋ] **I.** *adj attr* (*that wins*) Gewinn-; (*in competition*) Sieger-; **on the** ~ **side** auf der Gewinnerseite; **to be on a** ~ **streak** eine Glückssträhne haben **II.** *n* ■ ~ **s** *pl* Gewinn *m*
winter ['wɪntə*r*] **I.** *n* Winter *m;* ■ **in** [**the**] ~ im Winter **II.** *vi animals* überwintern; *person* den Winter verbringen
winter sports *npl* Wintersport *m kein pl*
wint(e)ry ['wɪntri] *adj* ① (*typical of winter*) winterlich ② (*fig: unfriendly*) *greeting, smile* frostig
win-win situation *n* (*fam*) eine Situation, in der man nur gewinnen kann
wipe [waɪp] **I.** *vt* ① (*clean*) abwischen; *feet* abtreten ② (*dry*) *hands, dishes* abtrocknen ③ (*erase*) *cassette, disk* löschen **II.** *vi* BRIT, AUS abtrocknen **III.** *n* ① (*act of cleaning*) Wischen *nt* ② (*tissue*) Reinigungstuch *nt* ◆ **wipe down** *vt* abwischen; (*with water*) abwaschen ◆ **wipe off** *vt* ① (*clean*) wegwischen; *from hand, shoes, surface* abwischen ② (*erase*) löschen ▶ **to** ~ **the smile off sb's face** dafür sorgen, dass jdm das Lachen vergeht ◆ **wipe out I.** *vt* ① (*clean inside of*) auswischen ② (*destroy*) auslöschen; **to** ~ **out a disease** eine Krankheit ausrotten **II.** *vi esp* AM, AUS (*fam: have accident*) einen Unfall bauen ◆ **wipe up I.** *vt* aufwischen; (*dry*) abtrocknen **II.** *vi* abtrocknen
wiper ['waɪpə*r*] *n* ① AUTO [Scheiben]wischer *m* ② TECH Abstreifer *m*
wiper blade *n* Wischerblatt *n*
wire ['waɪə*r*] **I.** *n* ① *no pl* Draht *m* ② ELEC Leitung *f* ▶ **to get one's** ~**s crossed** aneinander vorbeireden; **to be a live** ~ (*fam*) ein

Energiebündel sein **II.** *vt* ❶ ■**to ~ sth to sth** etw mit Draht an etw *akk* binden ❷ ELEC mit elektrischen Leitungen versehen ❸ *esp* AM **to ~ sb money** jdm telegrafisch Geld überweisen **III.** *vi* telegrafieren

wireless ['waɪələs] **I.** *n* <*pl* -es> BRIT (*dated*) ❶ (*set*) Radioapparat *m*, Radio *nt* ❷ *no pl* (*radio*) ■**on the ~** im Rundfunk **II.** *adj* (*lacking wire*) drahtlos; (*radio*) Funk-, Radio-

wirelessly ['waɪələsli] *adv* COMPUT, INET drahtlos

wireless networking *n* COMPUT drahtlose Vernetzung **wireless operator** *n* AVIAT Funker(in) *m(f)*

wirephoto *n* ❶ (*process*) Bildtelegrafie *f ohne pl* ❷ (*picture*) Bildtelegramm *nt*

wiretapping [-ˌtæpɪŋ] *n no pl* Abhören *nt* von Telefonleitungen

wire transfer *n* AM telegrafische Geldüberweisung

wiring ['waɪərɪŋ] *n no pl* ELEC ❶ (*system of wires*) elektrische Leitungen *pl* ❷ (*electrical installation*) Stromverlegen *nt;* **to do the ~** die elektrischen Leitungen verlegen

wiring diagram *n* Schaltplan *m*

wisdom ['wɪzdəm] *n no pl* (*good judgement*) Weisheit *f;* (*sensibleness*) Klugheit *f*

wisdom tooth *n* Weisheitszahn *m*

wise [waɪz] **I.** *adj* ❶ weise *geh,* klug; (*sensible*) vernünftig; **~ words** weise Worte; **a ~ choice** eine gute Wahl ❷ *pred* (*fam: aware*) **to get ~ to sb** jdn durchschauen ❸ *esp* AM (*fam: cheeky*) **to act ~** dreist sein **II.** *n* ■**the ~** *pl* die Weisen *pl* ◆ **wise up** *vi esp* AM (*fam*) ■**to ~ up** aufwachen *fig;* ■**to ~ up to sb** jdn durchschauen; ■**to ~ up to sth** etw spitzkriegen

wise guy *n* (*pej fam*) Klugschwätzer *m*

wish [wɪʃ] **I.** *n* <*pl* -es> ❶ Wunsch *m,* Verlangen *nt;* **to have a ~** sich *dat* etwas wünschen; **to grant sb a ~** jdm einen Wunsch erfüllen; **to make a ~** sich *dat* etwas wünschen ❷ (*regards*) ■**~es** *pl* Grüße *pl;* **with best ~es** mit den besten Wünschen; (*at end of letter*) mit herzlichen Grüßen **II.** *vt* ❶ wünschen; ■**to ~ [that]** ... sich *dat* wünschen, dass ...; **I ~ you were here** ich wünschte, du wärst hier ❷ (*form: want*) **I ~ to make a complaint** ich möchte mich beschweren ❸ (*express greetings*) **to ~ sb happy birthday** jdm zum Geburtstag gratulieren **III.** *vi* ❶ (*want*) wollen, wünschen; [**just**] **as you ~** [ganz] wie Sie wünschen ❷ (*make a wish*) ■**to ~ for sth** sich *dat* etw wünschen

wishful ['wɪʃfəl] *adj* ❶ (*desirous*) sehnsuchtsvoll ❷ (*fanciful*) traumverloren

wish list *n* Wunschliste *f*

wisp [wɪsp] *n* (*small bundle*) Büschel *nt;* **~s of cloud** Wolkenfetzen *pl*

wispy ['wɪspi] *adj* dünn; *person* schmächtig

wistful ['wɪs(t)fəl] *adj note, smile* wehmütig; *glance, look* sehnsüchtig

wit [wɪt] *n* ❶ *no pl* (*humour*) Witz *m;* **dry ~** trockener Humor ❷ *no pl* (*intelligence*) Verstand *m* ❸ (*practical intelligence*) ■**~s** *pl* geistige Fähigkeiten; **to be at one's ~s' end** mit seiner Weisheit am Ende sein

witch <*pl* -es> [wɪtʃ] *n* Hexe *f*

witchcraft *n no pl* Hexerei *f* **witch doctor** *n* Medizinmann *m* **witch-hunt** *n* Hexenjagd *f*

with [wɪθ] *prep* ❶ mit +*dat;* **~ friends** mit Freunden; **to talk ~ sb** mit jdm reden; **to have something/nothing to do ~ sb/sth** etwas/nichts mit jdm/etw zu tun haben; **~ a look of surprise** mit einem erstaunten Gesichtsausdruck; **~ that ...** [und] damit ...; **the value could decrease ~ time** der Wert könnte mit der Zeit sinken; **~ the wind/tide/current** mit dem Wind/der Flut/Strömung; **she paints ~ watercolours** sie malt mit Wasserfarben ❷ (*in circumstances of, while*) **~ things the way they are** so wie die Dinge sind ❸ (*in a state of*) vor +*dat;* **she was shaking ~ rage** sie zitterte vor Wut ❹ (*in company of*) bei +*dat;* **to stay ~ relatives** bei Verwandten übernachten

withdraw <-drew, -drawn> [wɪðˈdrɔː] **I.** *vt* ❶ (*remove*) herausziehen; **to ~ one's hand** seine Hand zurückziehen ❷ (*from bank account*) abheben ❸ *coins, notes, stamps* aus Verkehr ziehen ❹ (*cancel*) *an accusation* zurücknehmen **II.** *vi* ❶ (*retreat*) MIL *a.* sich zurückziehen ❷ (*stop taking part in*) **to ~ from college** vom College abgehen ❸ (*fig: become incommunicative*) sich zurückziehen

withdrawal [wɪðˈdrɔːəl] *n* ❶ FIN [Geld]abhebung *f* ❷ MIL Rückzug *m* ❸ *no pl* (*taking back*) Zurücknehmen *nt;* (*cancel*) Zurückziehen *nt; from a contract* Rücktritt *m* ❹ *no pl from drugs* Entzug *m* **withdrawal symptoms** *npl* Entzugserscheinungen *pl*

wither ['wɪðəʳ] I. vi ❶ (*of plants*) verdorren ❷ *person* verfallen; **to ~ with age** mit dem Alter an Vitalität verlieren II. vt **age cannot ~ her** das Alter kann ihr nichts anhaben

withering ['wɪðrɪŋ] I. adj ❶ (*destructive*) *fire* verzehrend *geh* ❷ (*contemptuous*) *look* vernichtend II. n no pl (*becoming shrivelled*) Verdorren nt

withhold <-held, -held> [wɪθ'həʊld] vt (*not give*) zurückhalten; ■ **to ~ sth from sb** jdm etw *akk* vorenthalten

within [wɪ'ðɪn] I. prep innerhalb +*gen*; **~ the EU** innerhalb der EU; **~ sight/earshot/reach** in Sicht-/Hör-/Reichweite; **~ hours/minutes/six months** innerhalb von Stunden/Minuten/sechs Monaten II. adv innen; ■ **from ~** von innen [heraus]

without [wɪ'ðaʊt] I. prep ohne +*akk*; **~ a dime** ohne einen Pfennig; **~ warning/delay** ohne [Vor]warnung/Verzögerung; **~ sugar** ohne Zucker II. adv (*liter*) ■ **from ~** von außen

withstand <-stood, -stood> [wɪð'stænd, wɪθ-] vt ■ **to ~ sb/sth** jdm/etw standhalten; **to ~ temptation** der Versuchung widerstehen

witless ['wɪtləs] adj dumm; *person also* einfältig; **to be scared ~** Todesängste ausstehen

witness ['wɪtnəs] I. n <pl -es> ❶ Zeuge(in) m(f) (**to** +*gen*); **~ [to a marriage]** Trauzeuge, -zeugin m, f; **key ~ for the defence** Hauptentlastungszeuge, -zeugin m, f ❷ no pl (*form: proof*) Zeugnis nt *geh*; **to bear ~ to sth** von etw *dat* zeugen *geh* II. vt ❶ (*see*) beobachten; ■ **to ~ sb doing sth** sehen, wie jd etw tut ❷ (*attest*) bestätigen; **to ~ a will** ein Testament als Zeuge/Zeugin unterschreiben

witness box n esp BRIT, **witness stand** n esp AM Zeugenstand m kein pl

witticism ['wɪtɪsɪzəm] n Witzelei f

witty ['wɪti] adj (*clever*) geistreich; (*funny*) witzig

wives [waɪvz] n pl of **wife**

wizard ['wɪzəd] n ❶ (*magician*) Zauberer m ❷ (*expert*) Genie nt *geh hum*; **computer/financial ~** Computer-/Finanzgenie nt

WMD [ˌdʌbljuːemˈdiː] n abbrev of **weapons of mass destruction** Massenvernichtungswaffen pl

wobble ['wɒbl] I. vi ❶ (*move*) wackeln; *wheel* eiern *fam*; *jelly, fat* schwabbeln *fam* ❷ (*tremble*) zittern II. vt rütteln III. n usu sing Wackeln nt kein pl

wobbly ['wɒbli] adj ❶ (*unsteady*) wack[e]lig; **I've got a ~ tooth** bei mir wackelt ein Zahn ❷ (*wavering*) zittrig

wok [wɒk] n Wok m

woke [wəʊk] vt, vi pt of **wake**

woken ['wəʊkən] vt, vi pp of **wake**

wolf [wʊlf] n <pl wolves> Wolf m ▶ **to cry ~** blinden Alarm schlagen

wolves [wʊlvz] n pl of **wolf**

woman I. n <pl women> ['wʊmən, pl wɪmɪn] ❶ (*female*) Frau f ❷ (*fam: used as term of address*) Weib *pej* II. adj ['wʊmən] weiblich; **a ~ driver** eine Frau am Steuer; **~ police officer** Polizistin f

womb [wuːm] n Mutterleib m; MED Gebärmutter f

women ['wɪmɪn] n pl of **woman**

women's centre n Frauenzentrum nt

women's lib [-'lɪb] n (*dated fam*) short for **women's liberation** Frauen[rechts]bewegung f

won [wʌn] vt, vi pt, pp of **win**

wonder ['wʌndəʳ] I. vt ❶ (*ask oneself*) sich fragen; **it makes you ~ why they ...** man fragt sich [schon], warum sie ... ❷ (*feel surprise*) ■ **to ~ that ...** überrascht sein, dass ... II. vi ❶ (*ask oneself*) sich fragen; ■ **to ~ about sb/sth** sich Gedanken über jdn/etw machen ❷ (*feel surprise*) ■ **to ~ at sb/sth** sich über jdn/etw wundern III. n ❶ no pl (*feeling*) Staunen nt, Verwunderung f ❷ (*marvel*) Wunder nt; **no ~ ...** kein Wunder, dass ...; **to work ~s** [wahre] Wunder wirken

wonder drug n Wundermittel nt

wonderful ['wʌndəfəl] adj wunderbar

wonderland n Wunderland nt; **winter ~** winterliche Märchenlandschaft

wonky ['wɒŋki] adj BRIT, AUS (*fam*) ❶ (*unsteady*) wack[e]lig *a. fig* ❷ (*askew*) schief

won't [wəʊnt] = **will not** see **will**[1]

woo [wuː] vt (*attract*) **to ~ customers/voters** Kunden/Wähler umwerben

wood [wʊd] n ❶ no pl Holz nt; **block of ~** Holzklotz m ❷ (*forest*) ■ **~s** pl Wald m ▶ **in our neck of the ~s** in unseren Breiten; **touch ~!** unberufen!

wooded ['wʊdɪd] adj bewaldet; **~ area** Waldgebiet nt

wooden ['wʊdən] adj ❶ (*made of wood*) Holz-, hölzern, aus Holz ❷ (*fig, pej: stiff*)

movements hölzern
woodland *n* ■~ [*or* ~s] Wald *m* **wood panelling** *n no pl* Holzverkleidung *f* **woodpecker** *n* Specht *m* **woodpile** *n* Holzstoß *m* **woodshed I.** *n* Holzschuppen *m* **II.** *vi* <-dd-> Am (*fam*) intensiv üben **woodwind** *n* mus ❶ (*instrument*) Holzblasinstrument *nt* ❷ + *sing/pl vb* ■ **the** ~ (*orchestra section*) die Holzbläser *pl* **woodwork** *n no pl* ❶ (*parts of building*) Holzwerk *nt* ❷ Brit (*carpentry*) Tischlern *nt* **woodworm** <*pl* -> *n* ❶ (*larva*) Holzwurm *m* ❷ *no pl* (*damage*) Wurmfraß *m*
woody ['wʊdi] *adj* ❶ hort holzig, Holz- ❷ food holzig ❸ (*wooded*) bewaldet
wool [wʊl] *n no pl* Wolle *f;* **ball of** ~ Wollknäuel *nt*
woolen *adj* Am *see* **woollen**
woollen ['wʊlən] *adj* wollen, aus Wolle; ~ **dress** Wollkleid *nt*
woolly ['wʊli] *adj* ❶ Woll-, wollen ❷ (*vague*) verschwommen
wool trade *n* Wollhandel *m*
wooly *adj* Am *see* **woolly**
Worcester sauce [ˌwʊstərˈsɔːs] *n* Brit, **Worcestershire sauce** [ˌwʊstə(r)ˈsɔːs] *n* Am, Aus Worcestersoße *f*
word [wɜːd] **I.** *n* ❶ Wort *nt;* **hush, not a** ~! pst, keinen Mucks!; **or** ~s **to that effect** oder so ähnlich; **in other** ~s mit anderen Worten; **in a** ~ um es kurz zu sagen ❷ *no pl* (*short conversation*) [kurzes] Gespräch; (*formal*) Unterredung *f;* **to have a** ~ **with sb** [**about sth**] mit jdm [über etw *akk*] sprechen ❸ *no pl* (*news*) Nachricht *f;* (*message*) Mitteilung *f* ❹ *no pl* (*order*) Kommando *nt;* **to give the** ~ den Befehl geben ❺ (*remark*) Bemerkung *f;* ~ **of warning** Warnung *f* ❻ *no pl* (*promise*) Wort *nt*, Versprechen *nt;* **to go back on/keep one's** ~ sein Wort brechen/halten ❼ *no pl* (*statement of facts*) **to take sb's** ~ **for it** [**that ...**] jdm glauben, dass ... ❽ (*lyrics*) ■ ~s *pl* Text *m* **II.** *vt* ■ **to** ~ **sth** etw formulieren
wording ['wɜːdɪŋ] *n no pl* ❶ (*words used*) Formulierung *f* ❷ (*manner of expression*) Formulieren *nt*
word order *n no pl* Wortstellung *f* **word-perfect** *adj pred* textsicher **word processor** *n* ❶ (*computer*) Textverarbeitungssystem *nt* ❷ (*program*) Textverarbeitungsprogramm *nt*

wordy ['wɜːdi] *adj* (*pej*) langatmig, weitschweifig
wore [wɔː(r)] *vt, vi pt of* **wear**
work [wɜːk] **I.** *n* ❶ *no pl* Arbeit *f;* **good** ~! gute Arbeit!; **to look for** ~ auf Arbeitssuche sein; **to be at** ~ bei der Arbeit sein ❷ (*construction, repairs*) ■ ~s *pl* Arbeiten *pl;* **building/road** ~s Bau-/Straßenarbeiten *pl* ❸ art, lit, mus Werk *nt* **II.** *vi* ❶ arbeiten; **to** ~ **like a slave** Am, Aus (*fam*) wie ein Tier schuften; ■ **to** ~ **at/on sth** an etw *dat* arbeiten ❷ (*have an effect*) sich auswirken; ■ **to** ~ **in sb's favour** sich zu jds Gunsten auswirken ❸ (*function*) funktionieren; **my cell phone doesn't** ~ mein Handy geht nicht **III.** *vt* ❶ arbeiten; **to** ~ **oneself to death** (*fam*) sich zu Tode arbeiten ❷ (*operate*) *machine* bedienen; *equipment* betätigen ❸ (*move*) **to** ~ **one's way up** sich hocharbeiten; **to** ~ **sth free/loose** etw losbekommen/lockern ❹ (*mix, rub*) ■ **to** ~ **sth into sth** etw in etw *akk* einarbeiten ❺ (*cultivate*) **to** ~ **the land** das Land bewirtschaften ◆ **work away** *vi* vor sich hinarbeiten ◆ **work in** *vt* (*mix in, rub in*) einarbeiten; *food* hineingeben ◆ **work off** *vt* ❶ (*counter effects of*) abarbeiten; **to** ~ **off stress** Stress abbauen ❷ (*pay by working*) *a debt, a loan* abtragen ◆ **work out I.** *vt* ❶ (*calculate*) errechnen, ausrechnen ❷ (*develop*) ausarbeiten; **to** ~ **out a solution** eine Lösung erarbeiten ❸ (*understand*) verstehen ❹ (*figure out*) ■ **to** ~ **out** ⟳ **sth** hinter etw *akk* kommen **II.** *vi* ❶ (*amount to*) **to** ~ **out cheaper/more expensive** billiger/teurer kommen ❷ (*develop*) sich entwickeln; (*progress*) laufen *fam;* **to** ~ **out well** gut laufen *fam* ❸ (*do exercise*) trainieren ◆ **work round** *vi* (*fam: approach cautiously*) **what are you** ~**ing round to?** worauf willst du hinaus? ◆ **work up I.** *vt* ❶ (*generate*) **to** ~ **up an appetite** Appetit bekommen; **to** ~ **up courage** sich *dat* Mut machen ❷ (*upset, make angry*) ■ **to** ~ **oneself/sb up** sich/jdn aufregen ❸ (*develop*) **to** ~ **up a sweat** ins Schwitzen kommen ❹ (*prepare*) ■ **to** ~ **oneself up to sth** sich auf etw *akk* vorbereiten **II.** *vi* (*progress to*) ■ **to** ~ **up to sth** sich zu etw *dat* hocharbeiten
workaholic [ˌwɜːkəˈhɒlɪk] *n* (*fam*) Arbeitssüchtige(r) *f(m)*, Arbeitstier *nt fig, oft pej*
workbench *n* Werkbank *f* **workbook** *n*

Arbeitsbuch *nt* **workday** *n* AM, AUS ① (*time at work*) Arbeitstag *m* ② (*not holiday*) Werktag *m*

worker ['wɜːkəʳ] *n* Arbeiter(in) *m(f)*; **blue-collar** ~ [Fabrik]arbeiter(in) *m(f)*; **white-collar** ~ [Büro]angestellte(r) *f(m)*; ■ **the ~s** *pl* POL die Arbeiter *pl*

work ethic *n* Arbeitsethos *nt*

workforce *n* + *sing/pl vb* Belegschaft *f*, Betriebspersonal *nt*

working ['wɜːkɪŋ] **I.** *adj attr* ① (*pertaining to work*) Arbeits-; ~ **conditions** Arbeitsbedingungen *pl* ② (*employed*) berufstätig ③ (*functioning*) funktionierend *attr*; ~ **order** Betriebsfähigkeit *f* **II.** *n no pl* (*activity*) Arbeiten *nt*, Arbeit *f* ▶ **the ~s of fate** die Wege des Schicksals

working-class *adj* der Arbeiterklasse *nach n;* **a ~ family** eine Arbeiterfamilie **working-out** *n no pl* MATH Rechenweg *m*

workload *n* Arbeitspensum *nt kein pl;* TECH Leistungsumfang *m*

workman *n* ① (*craftsman*) Handwerker *m* ② (*worker*) Arbeiter *m*

workmanlike *adj* ① (*approv: skilful*) fachmännisch ② (*pej: sufficient*) annehmbar

workmanship ['wɜːkmənʃɪp] *n no pl* Verarbeitung[sgüte] *f;* **fine/shoddy/solid ~** feine/schludrige/solide Verarbeitung

work of art *n* Kunstwerk *nt*

workout *n* SPORTS Training *nt*

work permit *n* Arbeitserlaubnis *f*, Arbeitsgenehmigung *f* **workplace** *n* Arbeitsplatz *m*

works committee *n*, **works council** *n* Betriebsrat *m*

work-sharing *n* Arbeitsteilung *f*

workshop *n* ① (*room*) Werkstatt *f* ② (*meeting*) Workshop *m*

works manager *n* Betriebsleiter(in) *m(f)* **works outing** *n* Betriebsausflug *m*

workstation *n* ① COMPUT Workstation *f fachspr* ② (*work area*) Arbeitsplatz *m*

worktop *n* BRIT Arbeitsfläche *f*

workweek *n* AM Arbeitswoche *f*

world [wɜːld] *n* ① *no pl* (*earth*) ■ **the ~** die Welt, die Erde ② (*planet*) Welt *f* ③ (*society*) **the ancient/modern ~** die antike/moderne Welt ④ *no pl* (*life*) **to be in a ~ of one's own** in seiner eigenen Welt sein ▶ **to be ~s apart** Welten auseinanderliegen; **to mean [all] the ~ to sb** jds Ein *nt* und Alles sein; **not for [all] the ~** nie im Leben; **what/who/how in the ~** was/wer/wie um alles in der Welt

World Bank *n no pl* ■ **the ~** die Weltbank **world congress** *n* Weltkongress *m* **World Cup** *n* ① (*competition*) Weltmeisterschaft *f*; (*in soccer*) Fußballweltmeisterschaft *f* ② (*trophy*) Worldcup *m*, Weltpokal *m* **world-famous** *adj* weltberühmt

worldly ['wɜːldli] *adj attr* (*physical*) weltlich; ~ **goods** materielle Güter

world record *n* Weltrekord *m* **world war** *n* Weltkrieg *m;* **W~ W~ I/II** 1./2. Weltkrieg *m*

worldwide [,wɜːld'waɪd] **I.** *adj* weltweit; **of ~ reputation** von Weltruf **II.** *adv* weltweit; **to travel ~** die ganze Welt bereisen

worm [wɜːm] **I.** *n* Wurm *m;* **to have ~s** Würmer haben **II.** *vt* (*wriggle*) **to ~ one's way through the crowd** sich *dat* seinen Weg durch die Menge bahnen

worn [wɔːn] **I.** *vt, vi pp of* **wear II.** *adj* (*damaged*) abgenutzt; *carpet* abgetreten

worn out *adj pred*, **worn-out** *adj attr* ① (*exhausted*) *person* erschöpft ② (*damaged*) *clothes* verschlissen

worried ['wʌrɪd] *adj* beunruhigt, besorgt; ■ **to be ~ about sb/sth** sich *dat* um jdn/ etw Sorgen machen

worry ['wʌri] **I.** *vi* <-ie-> sich *dat* Sorgen machen (**about** um) ▶ **not to ~!** (*fam*) keine Sorge! **II.** *vt* <-ie-> ① (*cause worry*) beunruhigen ② (*bother*) stören **III.** *n* ① *no pl* (*state of anxiety*) Sorge *f*, Besorgnis *f* ② (*source of anxiety*) Sorge *f*

worrying ['wʌriɪŋ] *adj* Besorgnis erregend, beunruhigend

worse [wɜːs] **I.** *adj comp of* **bad** schlechter; (*more difficult, unpleasant*) schlimmer ▶ [**a bit**] **the ~ for wear** (*fam*) [ziemlich] mitgenommen **II.** *adv comp of* **badly** ① (*less well*) schlechter ② (*to introduce statement*) **even ~, ...** was noch schlimmer ist, ... **III.** *n no pl* ■ **the ~** das Schlechtere

worsen ['wɜːsən] **I.** *vi* sich verschlechtern **II.** *vt* verschlechtern

worship ['wɜːʃɪp] **I.** *n no pl* ① (*homage*) Verehrung *f;* **act of ~** Anbetung *f* ② (*religious service*) Gottesdienst *m* **II.** *vt* <BRIT -pp- *or* AM *usu* -p-> ① (*revere*) **to ~ a deity** einer Gottheit huldigen *geh* ② (*adore*) vergöttern ③ (*be obsessed with*) besessen sein; **to ~ money** geldgierig sein **III.** *vi* <BRIT -pp- *or* AM *usu* -p-> beten

worst [wɜːst] I. *adj superl of* **bad** ❷ ■ **the ~ ...** der/die/das schlechteste ...; (*most dangerous*) übelste(r, s), schlimmste(r, s); (*least advantageous*) ungünstigste(r, s) II. *adv superl of* **badly** ❶ (*least well*) am schlechtesten ❷ (*most severely*) am schlimmsten III. *n no pl* ■ **the ~** der/die/das Schlimmste

worth [wɜːθ] I. *adj pred* wert; **to be ~ one's weight in gold** Gold wert sein; **to be ~ a try/visit** einen Versuch/Besuch wert sein ▶ **to be** [**well**] **~ it** die Mühe wert sein II. *n no pl* Wert *m*; **of comparable/dubious/little ~** von vergleichbarem/zweifelhaftem/geringem Wert

worthless ['wɜːθləs] *adj* wertlos *a. fig*

worthwhile [ˌwɜːθ'(h)waɪl] *adj* lohnend; ■ **to be ~** sich lohnen; **that's hardly ~** das ist kaum der Mühe wert

worthy ['wɜːθi] *adj* ❶ (*form: estimable*) würdig; **~ principles** achtbare Prinzipien ❷ (*meriting*) **~ of attention/praise** beachtens-/lobenswert

would [wʊd] *aux vb* ❶ (*in indirect speech*) **they promised that they ~ help** sie versprachen zu helfen ❷ (*to express condition*) **what ~ you do if ...?** was würdest du tun, wenn ...? ❸ (*to express inclination*) **sb ~ rather/sooner do sth** jd würde lieber etw tun ❹ (*expressing opinion*) **I ~ imagine that ...** ich könnte mir vorstellen, dass ... ❺ (*polite question*) **~ you like some cake?** hätten Sie gern ein Stück Kuchen?

would-be I. *adj attr* Möchtegern- *pej* II. *n* Möchtegern *m pej*

wouldn't ['wʊdənt] = **would not** *see* **would**

wound¹ [wuːnd] I. *n* ❶ (*injury*) Wunde *f*; **gunshot/stab/war ~** Schuss-/Stich-/Kriegsverletzung *f* ❷ (*fig*) PSYCH Wunde *f*, Kränkung *f* II. *vt* ❶ (*physically*) verletzen, verwunden ❷ (*fig*) PSYCH kränken

wound² [waʊnd] *vt, vi pt, pp of* **wind**

wounded ['wuːndɪd] I. *adj* ❶ (*physically*) verletzt, verwundet ❷ (*fig*) PSYCH gekränkt, verletzt II. *n* ■ **the ~** *pl* die Verletzten *pl*; MIL die Verwundeten *pl*

woven ['wəʊvən] I. *vt, vi pp of* **weave** II. *adj* ❶ (*on loom*) gewebt; **~ fabric** Gewebe *nt* ❷ (*intertwined*) basketwork, wreath geflochten

wow [waʊ] (*fam*) I. *interj* wow *sl*, toll! *fam* II. *vt* ■ **to ~ sb** jdn hinreißen

wrap [ræp] I. *n* ❶ FASHION Umhang *m*; (*stole*) Stola *f* ❷ *no pl* (*packaging*) Verpackung *f* ❸ *usu pl* (*fig: veil of secrecy*) **to keep sth under ~s** etw unter Verschluss halten ❹ FOOD [Tortilla]wrap *m* II. *vt* <-pp-> ❶ (*cover*) einpacken; **in paper** einwickeln ❷ (*draw round*) ■ **to ~ sth around sb/sth** etw um jdn/etw wickeln ❸ COMPUT **to ~ text/words** Texte/Wörter umbrechen III. *vi* <-pp-> ❶ COMPUT umbrechen ❷ FILM (*fam*) die Dreharbeiten beenden ♦ **wrap up** *vt* ❶ (*completely cover*) einwickeln ❷ (*dress warmly*) warm einpacken ❸ (*conclude*) abschließen; **to ~ up a deal** einen Handel unter Dach und Fach bringen

wrapper ['ræpər] *n* ❶ (*packaging*) Verpackung *f* ❷ (*for book*) [Schutz]umschlag *m* ❸ AM (*robe*) Umhang *m*

wrapping paper *n no pl* (*for present*) Geschenkpapier *nt*; (*for package*) Packpapier *nt*

wreath [riːθ] *n* Kranz *m*

wreck [rek] I. *n* ❶ (*boat*) [Schiffs]wrack *nt* ❷ (*vehicle*) Wrack *nt* ❸ (*disorganized remains*) Trümmerhaufen *m*, Ruine *f* ❹ (*person*) **to be a complete/nervous ~** ein totales/nervliches Wrack sein II. *vt* ❶ *ship* ■ **to be ~ed** Schiffbruch erleiden ❷ (*destroy*) zerstören ❸ (*fig: spoil*) ruinieren; *chances, hopes plans* zunichtemachen; **to ~ a marriage** eine Ehe zerrütten

wreckage ['rekɪdʒ] *n no pl* Wrackteile *pl*, Trümmer *pl a. fig*

wren [ren] *n* Zaunkönig *m*

wrench [ren(t)ʃ] I. *n* <*pl* -es> ❶ (*spanner*) Schraubenschlüssel *m* ❷ *usu sing* (*twisting*) Ruck *m* ❸ *usu sing* (*fig: pain caused by a departure*) Trennungsschmerz *m* II. *vt* ❶ (*twist*) ■ **to ~ sb/sth from sb** jdm jdn/etw entreißen *a. fig*; **to ~ free** losreißen; ■ **to ~ off** abreißen ❷ (*injure*) *a muscle* zerren

wrestle ['resl] I. *vi* ❶ SPORTS ringen ❷ (*fig: struggle*) ■ **to ~ with sth** mit etw *dat* ringen II. *vt* SPORTS ringen III. *n* ❶ (*contest*) Ringkampf *m* ❷ (*fig: struggle*) Ringen *nt kein pl*

wrestler ['reslər] *n* Ringer(in) *m(f)*

wrestling ['reslɪŋ] *n no pl* Ringen *nt*

wrestling bout, wrestling match *n* Ringkampf *m*

wretched ['retʃɪd] *adj* ❶ (*unhappy*) unglücklich; **to feel ~** sich elend fühlen ❷ (*very bad*) schlimm; *state, condition* jämmerlich ❸ (*to express anger*) verflixt; **it's a ~ nuisance!** so ein Mist!

wriggle ['rɪgl] **I.** *vi* ❶ *(twist and turn)* sich winden; **to ~ free [of sth]** sich [aus etw *dat*] herauswinden ❷ *(move)* schlängeln ▸ **to ~ off the hook** *(fam)* sich herausreden **II.** *vt* **to ~ one's toes in the sand** die Zehen in den Sand graben **III.** *n usu sing* Schlängeln *nt*

wring <wrung, wrung> [rɪŋ] **I.** *n usu sing* [Aus]wringen *nt* **II.** *vt* ❶ *(twist)* auswringen ❷ *(break)* **to ~ sb's/an animal's neck** (*a. fig*) jdm/einem Tier den Hals umdrehen ❸ *(squeeze)* **to ~ sb's hand** jdm fest die Hand drücken

wrinkle ['rɪŋkl] **I.** *n (in the face)* Falte *f*; *(in a material)* Knitterfalte *f* **II.** *vt* zerknittern ▸ **to ~ one's brow** die Stirn runzeln **III.** *vi face, skin* Falten bekommen; *material* zerknittern

wrinkled ['rɪŋkld] *adj face, skin* faltig; *clothes* zerknittert

wrinkle-free *adj* knitterfrei

wrist [rɪst] *n* ANAT Handgelenk *nt*; **to slash one's ~s** sich *dat* die Pulsadern aufschneiden

wristband *n* ❶ *(strap)* Armband *nt* ❷ *(absorbent material)* Schweißband *nt*

wristwatch *n* Armbanduhr *f*

write <wrote, written *or old* writ> [raɪt] **I.** *vt* ❶ schreiben; *a cheque, a prescription* ausstellen; *a book, a song* schreiben; CAN SCH **to ~ a test** einen Test schreiben ❷ COMPUT ■ **to ~ sth to sth** etw auf etw *dat* speichern **II.** *vi* ❶ schreiben; **to know how to read and ~** Lesen und Schreiben können ❷ COMPUT speichern ◆ **write away** *vi* ■ **to ~ away for sth** etw [schriftlich] anfordern ◆ **write back** *vt, vi* zurückschreiben ◆ **write down** *vt* aufschreiben ◆ **write in** *vt (put in)* ■ **to ~ in ⟳ sth** *(in text)* etw einfügen; *(in form)* etw eintragen ◆ **write off I.** *vi* ■ **to ~ off for sth** etw [schriftlich] anfordern **II.** *vt* ❶ *(dismiss)* abschreiben *fam* ❷ FIN *an asset, a debt* abschreiben ◆ **write out** *vt* ❶ *(remove)* streichen ❷ *(write in full)* ausschreiben ◆ **write up** *vt* ❶ *an article, notes* ausarbeiten ❷ *(critique)* **to ~ up a concert/film/play** eine Kritik zu einem Konzert/Film/Stück schreiben

write-off *n* ❶ BRIT *(vehicle)* **to be a complete ~** ein absoluter Totalschaden sein ❷ *(worthless person)* Versager(in) *m(f)*; *(worthless event)* Reinfall *m* ❸ FIN Abschreibung *f*

writer ['raɪtər] *n* ❶ *(person who writes)* Verfasser(in) *m(f)* ❷ *(author)* Autor(in) *m(f)*; **sports ~** Sportreporter(in) *m(f)*; **travel ~** Reiseschriftsteller(in) *m(f)*

writer-in-residence *n* <*pl* -s-in-residence> *Schriftsteller, der Gast ist an einer Universität oder einer anderen Institution und ev. dort Workshops veranstaltet*

write-up *n of play, film* Kritik *f*; *of book also* Rezension *f*

writing ['raɪtɪŋ] *n no pl* ❶ *(skill)* Schreiben *nt*; ■ **in ~** schriftlich ❷ *(occupation)* Schriftstellerei *f* ❸ *(literature)* Literatur *f*

writing desk *n* Schreibtisch *m* **writing paper** *n no pl* Schreibpapier *nt*

written ['rɪtən] **I.** *vt, vi pp of* **write II.** *adj* schriftlich; **the ~ word** das geschriebene Wort ▸ **to be ~ in the stars** in den Sternen stehen

wrong [rɒŋ] **I.** *adj* ❶ falsch; **it's all ~** das ist völlig verkehrt; **he got the answer ~** er hat die falsche Antwort gegeben ❷ *pred (amiss)* **is there anything ~?** stimmt etwas nicht? ❸ *(morally reprehensible)* verwerflich *geh*; **it was ~ of her to ...** es war nicht richtig von ihr, ... **II.** *adv* ❶ falsch; **to spell sth ~** etw falsch buchstabieren ❷ *(morally reprehensible)* falsch ❸ *(amiss)* **to go ~** schiefgehen *fam* **III.** *n* ❶ *no pl (moral reprehensibility)* **to know right from ~** richtig und falsch unterscheiden können ❷ *no pl (unjust action)* Unrecht *nt*

wrongful ['rɒŋfəl] *adj* unrechtmäßig

wrongly ['rɒŋli] *adv* fälschlicherweise; *(incorrectly)* falsch; **to ~ convict sb of a crime** jdn zu Unrecht verurteilen

wrote [rəʊt] *vt, vi pt of* **write**

wrung [rʌŋ] *vt pt, pp of* **wring**

wry <-ier, -iest *or* -er, -est> [raɪ] *adj usu attr comments, humour* trocken; *smile* bitter

WSW *abbrev of* **west southwest** WSW

WW *n abbrev of* **World War** Weltkrieg *m*

X <pl -s or -'s>, **x** <pl -'s> [eks] n X nt, x nt; see also **A** 1

x [eks] I. vt AM **to ~** [out] [aus]streichen II. n ❶ MATH x nt; **x-axis** x-Achse f ❷ (symbol for kiss) Kusssymbol, z.B. am Briefende

xenophobia [ˌzenə(ʊ)ˈfəʊbɪə] n no pl Fremdenhass m

Xmas [ˈkrɪs(t)məs, ˈeksməs] (fam) I. n <pl -es> short for **Christmas** Weihnachten nt II. adj Weihnachts-

Das X von **Xmas** ist eigentlich der griechische Buchstabe chi. Er wurde in frühchristlicher Zeit zusammen mit rho als eine Abkürzung für Christus verwendet. In Großbritannien wird **Xmas** als Abkürzung für **Christmas** (Weihnachten) benutzt.

X-ray [ˈeksreɪ] I. n ❶ (radiation) Röntgenstrahl[en] m[pl] ❷ (examination) Röntgenuntersuchung f; **to give sb an ~** jdn röntgen; **to go for an ~** sich röntgen lassen II. vt röntgen

xylophone [ˈzaɪləfəʊn] n Xylophon nt

Y <pl -s or -'s>, **y** <pl -'s> [waɪ] n Y nt, y nt; see also **A** 1

y [waɪ] n MATH y nt; **y-axis** y-Achse f

yacht [jɒt] n Jacht f

yachting [ˈjɒtɪŋ] n no pl Segeln nt; **to go ~** segeln gehen

yachtsman n (person sailing) Segler m; **round-the-world ~** Weltumsegler m

yada-yada-yada [jəˈdɑːjəˈdɑːjəˈdɑː] adv AM (fam) und so weiter

yak <-kk-> [jæk] vi (sl) quasseln

yank [jæŋk] (fam) I. n Ruck m II. vt ■ **to ~ sth** an etw dat [ruckartig] ziehen III. vi ■ **to ~** [**on sth**] [an etw dat] zerren ♦ **yank out** vt herausreißen; tooth ziehen; **to be ~ed out**

of bed (fig) aus dem Bett geworfen werden

Yank [jæŋk] n (fam) Ami m

yap [jæp] I. vi <-pp-> dog kläffen; (pej fam) person quasseln II. n no pl Kläffen nt

yard¹ [jɑːd] n (3 feet) Yard nt (= 0,914 m); **a list a ~ long** (fig) eine ellenlange Liste

yard² [jɑːd] n (paved area) Hof m

yardstick n Zollstock m

yawn [jɔːn] I. vi gähnen a. fig II. vt **to ~ one's head off** (fam) hemmungslos gähnen III. n Gähnen nt kein pl

yawning [ˈjɔːnɪŋ] adj gähnend a. fig

yea [jeɪ] adv (form) **~ or nay** ja oder nein

yeah [jeə] adv (fam: yes) ja[wohl]; **~?** ach wirklich?; **oh ~!** (iron) klar!, ganz bestimmt!

year [jɪəʳ] n ❶ Jahr nt; **two ~s' work** zwei Jahre Arbeit; **all** [**the**] **~ round** das ganze Jahr über; **last/next/this ~** letztes/nächstes/dieses Jahr; **~ by ~** Jahr für Jahr; **for two ~s** zwei Jahre lang ❷ (age, time of life) [Lebens]jahr nt; **a two-~-old child** ein zweijähriges Kind ❸ (fam: indefinite time) ■ **~s** pl Jahre pl; **~ in, ~ out** Jahr ein, Jahr aus; **for ~s** (since a long time ago) seit Jahren; (for a long time) jahrelang ❹ (academic year) SCH Schuljahr nt; UNIV Studienjahr nt; **a three-~ course** ein dreijähriger Kurs; **the ~ 9 pupils** BRIT die Neuntklässler pl

year-long adj (lasting one year) einjährig; (lasting for years) jahrelang

yearly [ˈjɪəli] adj, adv jährlich; **twice-~** zweimal pro Jahr

yearn [jɜːn] vi ■ **to ~ for sth/sb** sich nach etw/jdm sehnen

yearning [ˈjɜːnɪŋ] n Sehnsucht f

yeast [jiːst] n no pl Hefe f

yell [jel] I. n [Auf]schrei m; **to let out a ~** einen Schrei ausstoßen II. vi gellend schreien; **to ~ for help** um Hilfe rufen; **to ~ at each other** sich anschreien; **to ~ out** aufschreien III. vt ■ **to ~ sth** [**at sb**] [jdm] etw laut [zu]rufen

yellow [ˈjeləʊ] I. adj gelb; **bright ~** knallgelb II. n no pl Gelb nt; **to paint sth ~** etw gelb streichen III. vi vergilben

yellow jack n no pl AM (sl: yellow fever) Gelbfieber nt

Yellow Pages® npl + sing vb ■ **the ~** die Gelben Seiten pl

yelp [jelp] I. vi dog kläffen, aufjaulen; of person aufschreien II. n dog Gebell nt, Gejaule nt; person; **~ of pain** Schmerzensschrei m

Yemen ['jemən] *n no pl* Jemen *m*

Yemeni ['jeməni] **I.** *adj* jemenitisch **II.** *n* Jemenit(in) *m(f)*

yep [jep] *adv (fam)* ja

yes [jes] **I.** *adv* ❶ ja; ~ **sir/madam** [*or* AM **ma'am**] jawohl; ~ **please** ja bitte; **to say** ~ [**to sth**] ja [zu etw *dat*] sagen, etw bejahen ❷ (*contradicting a negative*) aber ja [doch]; **I'm not a very good cook — ~, you are** ich bin kein sehr guter Koch — ach was, bist du doch **II.** *n* <*pl* -es> Ja *nt;* **was that a ~ or a no?** war das ein Ja oder ein Nein? **III.** *vt* <-ss-> AM ▪ **to ~ sb** jdm nach dem Mund reden

yes-man *n (pej)* Jasager *m*

yesterday ['jestədeɪ] **I.** *adv* gestern; ~ **afternoon** gestern Nachmittag; **the day before ~** vorgestern **II.** *n no pl* Gestern *nt;* **this is ~'s paper** das ist die Zeitung von gestern

yet [jet] **I.** *adv* ❶ (*up to now*) bis jetzt; **as ~** bis jetzt; + *superl;* **the best ~** der/die/das Beste bisher ❷ (*still*) **not ~** noch nicht; **she won't be back for a long time ~** sie wird noch lange nicht zurück sein ❸ (*despite that*) trotzdem; (*but*) aber [auch] **II.** *conj* doch

yeti ['jeti] *n* Yeti *m*

yew [ju:] *n* Eibe *f*

Y-fronts® ['waɪfrʌnts] *npl* BRIT Herrenunterhose *f* mit Eingriff

Yiddish ['jɪdɪʃ] *n no pl* Jiddisch *nt*

yield [ji:ld] **I.** *n* ❶ AGR Ertrag *m* ❷ MIN gewonnene Menge ❸ FIN [Zins]ertrag *m;* **initial ~s** anfängliche Gewinne **II.** *vt* ❶ (*produce*) hervorbringen; *cereals, fruit* erzeugen ❷ FIN abwerfen; **the bonds are currently ~ing 6-7%** die Pfandbriefe bringen derzeit 6-7 % ❸ (*concede*) **to ~ ground to sb** jdm [gegenüber] nachgeben

yob [jɒb] *n,* **yobbo** <*pl* -os *or* -oes> ['jɒbəʊ] *n* BRIT, AUS (*fam*) Rabauke *m*

yodel ['jəʊdəl] *vi, vt* <BRIT -ll- *or* AM *usu* -l-> jodeln

yoga ['jəʊgə] *n no pl* Yoga *nt*

yoghourt *n,* **yogurt** ['jəʊgət] *n* Joghurt *m o nt*

yoke [jəʊk] **I.** *n* (*for pulling*) Joch *nt* **II.** *vt* ▪ **to ~ an animal** ein Tier ins Joch spannen; **to ~ animals to a plough** Tiere vor einen Pflug spannen

yokel ['jəʊkəl] *n (pej)* Tölpel *m;* **country ~** Bauerntölpel *m*

yolk [jəʊk] *n* Eigelb *nt*

you [ju:, ju, jə] *pron* ❶ (*singular*) du *in nom,* dich *in akk,* dir *in dat;* (*polite form*) Sie *in nom, akk,* Ihnen *in dat;* **if I were ~** wenn ich dich/Sie wäre; **that dress just isn't ~!** das Kleid passt einfach nicht zu dir! ❷ (*plural*) ihr *in nom,* euch *in akk o dat;* (*polite form*) Sie *in nom, akk,* Ihnen *in dat;* **how many of ~ are there?** wie viele seid ihr?; **are ~ two ready?** seid ihr zwei [*o* beide] fertig? ❸ (*one*) man; ~ **learn from experience** aus Erfahrung wird man klug; **it's not good for ~** das ist nicht gesund; ~ **never know** man weiß nie

you'd[1] [ju:d] = **you had** *see* **have**

you'd[2] [ju:d] = **you would** *see* **would**

you'll [ju:l] = **you will** *see* **will**[1]

young [jʌŋ] **I.** *adj* jung; **I'm not as ~ as I was** ich bin nicht mehr der/die Jüngste; ~ **children** kleine Kinder; **the night is still ~** die Nacht ist noch jung **II.** *npl* ❶ (*young people*) ▪ **the ~** die jungen Leute ❷ ZOOL Junge *pl*

youngster ['jʌŋ(k)stə^r] *n (fam)* Jugendliche(r) *f(m);* **you ~s** ihr jungen Leute

your [jɔ:^r, jʊə^r] *adj poss* ❶ (*of you, singular*) dein(e); (*plural*) euer/eure; (*polite form*) Ihr(e) ❷ (*one's*) sein(e); (*referring to sb else*) **it's enough to break ~ heart** es bricht einem förmlich das Herz; ~ **average German** (*fam*) der durchschnittliche Deutsche

you're [jɔ:^r, jə^r] = **you are** *see* **be**

yours [jɔ:z] *pron poss* ❶ (*belonging to you*) deine(r, s); (*polite form*) Ihre(r, s); **is this pen ~?** ist das dein Stift?; **the choice is ~** Sie haben die Wahl; **it's no business of ~** das geht dich nichts an ❷ (*at end of letter*) **Y~ sincerely/faithfully, ...** mit freundlichen Grüßen, ... ▶ **up ~!** (*vulg*) leck mich!; ~ **truly** (*hum*) ich

yourself <*pl* **yourselves**> [jɔ:'self] *pron* ❶ (*singular*) dich *in akk,* dir *in dat;* (*plural*) euch; (*polite form, sing/pl*) sich; **please help ~** bitte bedienen Sie sich; **help yourselves, boys** bedient euch, Jungs; **see for ~** sieh selbst ❷ (*oneself*) sich; **to have sth [all] to ~** etw für dich/sich allein haben ❸ (*personally*) selbst; **you can do that ~** du kannst das selbst machen; **just be ~** sei ganz natürlich; ▪ **[all] by ~** [ganz] allein; **to be ~** du selbst sein; **to not be ~** nicht du selbst sein; **to look ~** wie du selbst aussehen

youth [ju:θ] *n* ❶ *no pl* (*period*) Jugend *f* ❷ (*young man*) junger Mann, Jugendliche(r) *m* ❸ (*young people*) **the ~ of today** die Jugend von heute

youth club *n* Jugendzentrum *nt*

youthful ['ju:θfəl] *adj* jugendlich; ~ **good looks** jugendlich-hübsche Erscheinung

youth hostel *n* Jugendherberge *f*

you've [ju:v] = **you have** *see* **have**

yo-yo <*pl* -os> ['jəʊjəʊ] *n* Jo-Jo *nt;* **to go up and down like a ~** rauf- und runterschnellen

yo-yo dieting *n no pl* (*fam*) Abnehmen *nt* und gleich wieder Zunehmen

yuan [juːˈæn] *n* FIN Yuan *m*

yucky ['jʌki] *adj* (*fam*) ek[e]lig

Yugoslav ['juːgə(ʊ)slaːv] I. *adj* jugoslawisch II. *n* Jugoslawe *m*, Jugoslawin *f*

Yugoslavia [ˌjuːgə(ʊ)ˈslɑːviə] *n no pl* Jugoslawien *nt;* **the former ~** das ehemalige Jugoslawien

Yugoslavian [ˌjuːgə(ʊ)ˈslɑːviən] I. *adj* jugoslawisch; **to be ~** Jugoslawe/Jugoslawin sein II. *n* Jugoslawe *m*, Jugoslawin *f*

YWCA [ˌwaɪˌdʌbljuːsiːˈeɪ] *n no pl*, + *sing/pl vb abbrev of* **Young Women's Christian Association** CVJF *m*

Z z

Z <*pl* -s *or* -'s>, **z** <*pl* -'s> [zed] *n* Z *nt*, z *nt*; *see also* **A** 1 ▶ **to catch** [*or* **get**] **some ~'s** AM ein Nickerchen machen

z [zed] *n* MATH z *nt*; **~-axis** z-Achse *f*

Zaire [zaɪˈɪər] *n no pl* Zaire *nt*

Zairean, Zairian [zaɪˈɪəriən] I. *adj* zairisch II. *n* Zairer(in) *m(f)*

Zambia ['zæmbiə] *n no pl* Sambia *nt*

Zambian ['zæmbiən] I. *adj* ❶ (*country*) sambisch ❷ (*nationality*) sambisch II. *n* Sambier(in) *m(f)*

zap [zæp] (*fam*) I. *vt* <-pp-> ❶ (*destroy*) ▪ **to ~ sb** jdn erledigen; ▪ **to ~ sth** etw kaputtmachen ❷ (*send fast*) blitzschnell übermitteln II. *vi* <-pp-> (*change channels*) zappen

zapping *n* (*fam*) Zappen *nt*

zebra <*pl* -s *or* -> ['zebrə] *n* Zebra *nt*

zebra crossing *n* BRIT, AUS Zebrastreifen *m*

zebrafish *n* ZOOL Zebrafisch *m*

zero ['zɪərəʊ] I. *n* <*pl* -os *or* -oes> Null *f a. fig;* **10 degrees above/below ~** zehn Grad über/unter Null II. *adj* **at ~ extra cost** ohne zusätzliche Kosten; **at ~ gravity** bei Schwerelosigkeit; **~ growth** Nullwachstum *nt;* **~ hour** die Stunde Null ◆ **zero in** *vi* sich einschießen; **to ~ in on a target** ein Ziel anvisieren

zero-emission *adj attr* AUTO Zero-Emissions-, mit extrem geringem Schadstoffausstoß *nach n*

zigzag ['zɪgzæg] I. *n* Zickzack *m* II. *adv* im Zickzack III. *vi* <-gg-> sich im Zickzack bewegen

Zimbabwe [zɪmˈbɑːbweɪ] *n no pl* Simbabwe *nt*

Zimbabwean [zɪmˈbɑːbwiən] I. *adj* ❶ (*country*) simbabwisch ❷ (*nationality*) simbabwisch II. *n* Simbabwer(in) *m(f)*

zinc [zɪŋk] *n no pl* Zink *nt*

zip [zɪp] I. *n* BRIT Reißverschluss *m;* **to do up a ~** einen Reißverschluss zumachen II. *pron* AM (*fam*) **I know ~ about computers** ich habe null Ahnung von Computern III. *vt* <-pp-> **to ~ sth together** etw mit einem Reißverschluss zusammenziehen IV. *vi* <-pp-> ❶ (*fasten*) **it ~s [up] at the back** es hat hinten einen Reißverschluss ❷ (*go quickly*) rasen, flitzen

zip code *n* AM (*postal code*) ≈ Postleitzahl *f*

zip fastener *n* BRIT, **zipper** ['zɪpər] *n* AM, AUS Reißverschluss *m*

zippy ['zɪpi] *adj* (*fam*) spritzig

zodiac ['zəʊdiæk] *n* ASTROL **sign of the ~** Tierkreiszeichen *nt*

zombie ['zɒmbi] *n* Zombie *m*

zone [zəʊn] I. *n* Zone *f;* **combat/war ~** Kampf-/Kriegsgebiet *nt;* **danger ~** Gefahrenzone *f;* **earthquake ~** Erdbebenregion *f;* **no-fly ~** Flugverbotszone *f;* **no-parking ~** Parkverbotszone *f;* **wheat ~** Weizengürtel *m* II. *vt* in [Nutzungs]zonen aufteilen

zoo [zu:] *n* Zoo *m*

zoological [ˌzəʊə(ʊ)ˈlɒdʒɪkəl] *adj* zoologisch

zoologist [zuˈɒlədʒɪst] *n* Zoologe *m*, Zoologin *f*

zoology [zuˈɒlədʒi] *n no pl* Zoologie *f*

zoom [zu:m] I. *n* **~ [lens]** Zoom[objektiv] *nt*

II. *vi* (*fam*) ❶ (*move very fast*) rasen; ■ **to ~ ahead** davonsausen; ■ **to ~ past** vorbeirasen ❷ PHOT zoomen ◆ **zoom in** *vi* [nahe] heranfahren, heranzoomen; ■ **to ~ in on sth** auf etw *akk* [ein]schwenken ◆ **zoom out** *vi* wegzoomen

zucchini <*pl* -s6 *or* -> [zʊˈkiːni] *n* AM, AUS Zucchini *f*

Privatkorrespondenz
Private Correspondence

To: the tourist information board – request for information

Peter Unger
Schneiderstraße 6
28717 Bremen
Germany
Tel: 0049/0221
5672238
E-Mail: unger@bc.de

The Tourist Information Board
36 Newbridge Street
Bath
BT3 4YX
England

23nd May 2006

Dear Sir or Madam,

As my wife and I are considering spending our summer holiday in Bath this year, we would be grateful if you could send us a list of hotels, as well as any further information you may have on Bath.

Thank you in advance for your assistance.

Yours faithfully,

Peter Unger

I would like to spend my holiday in	*Ich möchte meinen Urlaub in ... verbringen.*
forward information	*Prospekte zuschicken*

An das Verkehrsamt: Anforderung von Prospekten

Mr & Mrs N Little
5 Bread Street
Manchester
MA11 2BS
England
n.little@ay.co.uk

An das
Fremdenverkehrsamt
Postfach 66 38 92
82211 Herrsching
DEUTSCHLAND

Bremen, 02.05.2006

Sehr geehrte Damen und Herren,

wir möchten in diesem Sommer unseren Urlaub am Ammersee verbringen und bitten Sie um Zusendung eines Hotelverzeichnisses und weiterer Informationsmaterialien.

Für Ihre Bemühungen danken wir Ihnen im Voraus.

Mit freundlichen Grüßen

Nicholas Little

Wir bitten um Zusendung von ...
Für Ihre Bemühungen danken wir
Ihnen im Voraus.

We would be grateful if you could forward ...
Thank you in advance for your assistance

Hotel room reservation

Monika Ottke
Daimlerstraße 23/1
97072 Würzburg
Germany
Tel: ++49 (0)421 46 78 23
E-Mail: m.ottke@sv.de

The Brigstow Hotel
FAO Mrs Taylor
13 Broad Street
Bristol BS1 2EL
Great Britain

25th June 2006

Dear Mrs Taylor,

Many thanks for your letter dated June 19th, 2006 and hotel brochure, which gave us an insight into the hotel. All of our club members were delighted with the hotel details.

Based on your price list, we would like to reserve the following rooms:

    4 double rooms with en-suite facilites
    4 single rooms with en-suite facilities

We assume that the prices stated include bed and breakfast.

We intend arriving on 2nd October 2006 at about 2 p.m. Please find enclosed a complete list of our group's details.

We are looking forward to our stay and thank you for all your efforts.

Yours sincerely,

Monika Ottke

---

your detailed brochure	*Ihr Faltblatt, das mich über alle Einzelheiten informiert.*
I would like to make a reservation…	*Ich bitte Sie, … zu reservieren.*

Ein Hotelzimmer reservieren

James Cameron
129 Cosham Road
Leeds
LE21 4GH
Great Britain
Tel. +44 (0) 113 243 1751

Hotel Charlottenburg
z. H. Frau Werner
Uhlandstraße 22
10793 Berlin
Deutschland

Leeds, 1. Juli 2006

Sehr geehrte Frau Werner,

vielen Dank für Ihren freundlichen Brief vom 17. Juni sowie den Prospekt, der uns einen Einblick in ihr Haus gegeben hat. Alle Clubmitglieder waren begeistert.

Entsprechend Ihrer Preisliste bitten wir Sie um die Reservierung von:

    4 Doppelzimmern mit Dusche und WC,
    4 Einzelzimmern mit Dusche und WC.

Wir gehen davon aus, dass sich die Preise jeweils auf die Übernachtung mit Frühstück beziehen.

Wir werden voraussichtlich am 2. Oktober 2006 gegen 14 Uhr eintreffen. Beiliegend schicken wir Ihnen die genaue Teilnehmerliste.

Wir freuen uns auf unseren Aufenthalt und danken Ihnen für Ihre Mühe.

Mit freundlichen Grüßen

James Cameron

... hat uns einen Einblick in Ihr Haus gegeben	*... gave us an insight into your hotel*
Wir werden voraussichtlich am ... eintreffen	*We intend arriving on ...*

Requesting information on holiday accommodation

Dear Mrs Jameson,

The holiday apartments you rent out were brought to our attention via information sent by your local Tourist Information Board.

We would very much like to book an apartment for 5 persons, for 3 weeks, commencing 15th July. Before doing so, we would be grateful if you could answer some further questions regarding the accommodation:

Would it be possible to book the apartment for 21 days mid-week i.e. Wednesday – Tuesday? Could you also let us know whether or not the cost of cleaning the apartment upon departure is included in the price, as well as the amount you require as a deposit? Is bed-linen provided? We were also hoping to take our dachshund, is this permitted?

Yours sincerely,

Mr & Mrs D. Edwardson

---

the list and description of the holiday homes and apartments	*die Liste und die Beschreibung der Ferienhäuser und -wohnungen*
for one month, commencing 1st July	*für einen Monat ab dem ersten Juli*
Could you let me know, whether…	*Könnten Sie mir mitteilen, ob …*
the rental cost	*der Mietpreis*
the amount of the deposit required	*die Höhe der zu leistenden Anzahlung*
bed-linen is provided	*die Bettwäsche wird zur Verfügung gestellt*

Auskünfte über eine Ferienwohnung einholen

Sehr geehrte Frau Schober,

das Informationsmaterial des Fremdenverkehrsbüros mit der Beschreibung der Ferienunterkünfte in Ihrer Region hat uns auf die von Ihnen vermieteten Ferienwohnungen aufmerksam gemacht.

Wir würden gerne die Wohnung für fünf Personen ab dem 15. Juli für drei Wochen mieten, haben aber zuvor noch einige Fragen.

Besteht die Möglichkeit in der Woche anzureisen und die Wohnung für 21 Tage von Mittwoch bis Dienstag zu nehmen? Können Sie uns bitte mitteilen, ob die Endreinigung im Preis inbegriffen ist und ob bzw. in welcher Höhe Sie vor der Anreise eine Anzahlung wünschen? Wird Bettwäsche zur Verfügung gestellt? Und ist Hundehaltung – wir haben einen Dackel – in der Wohnung erlaubt?

Für eine baldige Antwort wären wir Ihnen sehr dankbar.

Mit freundlichen Grüßen

B. und H. Göckritz

---

das Informationsmaterial des Fremdenverkehrsbüros	*information received from the Tourist Board*
die von Ihnen vermieteten Ferienwohnungen	*the apartments which you rent out*
Besteht die Möglichkeit in der Woche anzureisen?	*Is it possible to arrive mid-week?*
Ist die Endreinigung im Preis inbegriffen?	*Is the cost of cleaning upon departure included in the price?*
Ist Hundehaltung erlaubt?	*Are dogs permitted?*

Renting a holiday apartment

Alexander Kuppe
Mohlstraße 78
890712 München
Germany
Tel: ++49 (0)89 76 45 555

'Harmony' Guest House
1 Christchurch Road
Scarborough YO9 4CY
ENGLAND

Dear Mrs Jameson,

Many thanks for your quick reply.

We are in agreement with your terms and conditions and would therefore like to confirm our reservation of holiday apartment Number 3, for 5 persons, from 15th July – 4th August inclusive.

A deposit of £250.00 has been transferred today to the account you stated and as already discussed, the remainder of the rent, being £700.00, is to be paid upon our departure date.

We are looking forward to the holiday.

Yours sincerely,

P.S. Could you please let us know, in due course, where and when we should collect the keys upon arrival?

… which you were kind enough to inform us	… die Sie uns freundlicherweise mitgeteilt haben
I confirm my decision … to rent	ich bestätige meine Entscheidung … zu mieten
as a deposit	als Anzahlung
The remainder will be paid…	Der Restbetrag wird … bezahlt.
Could you let us know where exactly…	Würden Sie uns bitte genau angeben, wo …

Eine Ferienwohnung mieten

David Edwardson
1 Christchurch Road
Scarborough YO9 4CY
ENGLAND
Tel. 0044 (0)1723 232 323

Ferienwohnung „Am See"
Mangoldstraße 2
76904 Konstanz
Deutschland

Sehr geehrte Frau Schober,

herzlichen Dank für Ihre rasche Antwort.

Wir sind mit Ihren Konditionen einverstanden und bestätigen hiermit, Ihre Ferienwohnung Nr. 3 für fünf Personen vom 15. Juli bis einschließlich 4. August zu mieten.

Die Vorauszahlung in Höhe von € 400,– haben wir heute auf das von Ihnen angegebene Konto überwiesen, die restliche Miete in Höhe von € 1.050,– erhalten Sie wie abgesprochen an unserem Abreisetag.

Wir freuen uns auf den Urlaub bei Ihnen.

Mit freundlichen Grüßen

P.S.: Könnten Sie uns bitte rechtzeitig Bescheid geben, wo und bis wann wir am Anreisetag unsere Schlüssel abholen können?

vom 15. Juli bis einschließlich 4. August	*from 15th July – 4th August inclusive*
die restliche Miete … erhalten Sie wie abgesprochen an unserem Abreisetag	*you will receive the remainder of the rent, as already discussed, on our departure date*

Postcard greetings

Dear Lisa,

Greetings from Italy! We've been in Rome for a week now and are still fascinated by the city. There's a real buzz to life here and there is always something going on in the streets – even at 2 in the morning. Tina and I are having a marvellously relaxed time and already have a beautiful tan. We are thoroughly enjoying the night-life. We go out clubbing every evening and are quite getting used to the charm of the Romans! Shame you are not here. More news next week – until then,

Best wishes

Sharon & Tina

Lisa Armstrong
129 Cosham Road
Leeds
LE21 4GH
Great Britain

Was gibt es über … zu sagen? — *What can one say about …?*
hoffentlich leidest du nicht unter der Kälte — *hope you are not suffering from the big chill*

Urlaubsgrüße

Hallo Marion,

viele Grüße aus Italien! Wir sind jetzt schon seit einer Woche in Rom und noch immer total fasziniert von der Stadt. Hier pulsiert das Leben, und auf den Straßen ist immer was los – selbst noch um 2 Uhr nachts. Tina und ich erholen uns prächtig und sind auch schon schön braun geworden. Das Nachtleben genießen wir in vollen Zügen. Wir gehen jeden Abend tanzen und lassen uns vom Charme der Römer verzaubern. Schade, dass du nicht hier bist. Alles Weitere in einer Woche. Bis dann.

Viele Grüße

Deine Manuela

Marion Baumgartner
Mainstr. 15
76199 Karlsruhe

Wir erholen uns prächtig.
Alles Weitere in einer Woche.

We are having a marvellously relaxing time.
More news next week.

Festive greetings (to very good friends)

Dear Mary and Steven,

We hope you're both surviving the christmas stress! Thankfully we have managed to get everything done. We've organized the presents for the children and relatives, planned the Christmas menu and taken care everything else besides!

We would like to take this opportunity to wish you all the very best for Christmas. We hope that you will both find the time to relax, despite all the hectic activity. Don't forget to keep some energy and festive spirit for our New Year's Eve party. We are really looking forward to celebrating the New Year with good friends.

Until then, we wish you and your family Season's Greetings!

Laura and Ben

Ich wünsche Ihnen ein frohes Weihnachtsfest und ein gutes neues Jahr

I wish you a Merry Christmas and a Happy New Year

Weihnachts- und Neujahrsgrüße (an sehr gute Freunde)

Lieber Dieter, liebe Marion,

wir hoffen, dass der Weihnachtsstress euch noch nicht ganz aufgefressen hat. Wir haben soweit alles erledigt: Geschenke für Kinder und Verwandte, Planung des Weihnachtsmenüs und alles, was sonst noch dazu gehört.

Wir möchten es nicht versäumen, euch die allerbesten Weihnachtsgrüße zu schicken. Wir hoffen, dass Ihr genügend Zeit findet, euch von der Hektik des Alltags zu erholen. Und denkt daran, euch noch ein bisschen Kraft und gute Laune für unsere Silvesterfete aufzuheben. Wir freuen uns sehr darauf, mit guten Freunden in das neue Jahr zu feiern.

Bis dahin wünschen wir euch und eurer Familie ein frohes Fest!

Cordula und Peter

Festive greetings (acquaintances)

We wish you a Merry Christmas and a Happy New Year in 2007.

Season's Greetings,

Mr & Mrs Black

Weihnachts- und Neujahrsgrüße (an Bekannte)

*Ein frohes Weihnachtsfest
und
ein glückliches Neues Jahr 2007
wünschen Ihnen*

Herr und Frau Mayer

Birthday card

Dear Mrs Kelly,

We would like to wish you many happy returns on your 60th birthday.

As your neighbours, we know that you are always friendly to those around you and that you are most definitely young at heart. Despite all the parties we have had, you have never once complained and have always had a friendly word for us.

On your special day we wish you much joy, many, many presents and a happy time with your family – as you yourself would wish. For the future we wish you health, prosperity and a continuing zest for life.

With love from

The Glovers (from next door)

Wishing you many happy returns and all the best on your birthday crack open the bubbly!

Von ganzem Herzen wünschen wir dir/Ihnen alles Gute zum Geburtstag. begieß ihn richtig!/lass die Korken knallen!

Geburtstagskarte

Liebe Frau Neumann,

zu Ihrem 60. Geburtstag senden wir Ihnen die herzlichsten Glückwünsche.

Als Ihre Nachbarn wissen wir, dass Sie allen gegenüber stets freundlich und aufgeschlossen sind und sich Ihre Jugend bis zum heutigen Tag innerlich bewahrt haben. Trotz all der Feste, die wir gefeiert haben, haben Sie sich nie beschwert und immer ein freundliches Wort für uns übrig gehabt.

An Ihrem Ehrentag wünschen wir Ihnen nun viel Freude und ein harmonisches Fest im Kreise Ihrer Familie, so wie Sie es sich gewünscht haben. Für Ihr weiteres Leben wünschen wir Ihnen außerdem Gesundheit, Glück und Lebensfreude.

Nochmals alles Liebe

die Müllers von nebenan

Condolence card (to acquaintances)

> Mr & Mrs Patterson,
>
> It was with great sorrow that my wife and I learned of the painful loss in your family.
>
> Please accept our deepest sympathies.
>
> Mr & Mrs Liddle

unser herzliches Beileid   *our deepest sympathies*

Kondolenzkarte (an Bekannte)

> Mit Trauer haben meine Frau und ich von dem schmerzlichen Verlust in Ihrer Familie erfahren und möchten Ihnen unser herzliches Beileid aussprechen.
>
> G. Schreiber

Marriage announcement

Mr & Mrs S. Mitchell
have pleasure in announcing
the marriage of their daughter,

Helen Jane Mitchell
to
Mr Stewart Kennedy

The wedding ceremony will take place on

Saturday, 24th July 2007
in
St. Luke's Church, Newington
at
2.30 p.m.

Heiratsanzeige

Siegrid Teich und Nils Hörenz

Wir trauen uns!

… und gehen künftig gemeinsam durchs Leben.

Die kirchliche Trauung erfolgt am 21. Juli 2007 um 14 Uhr in der Kreuzkirche, Berlin/Kreuzberg.

Marriage invitation

Mr & Mrs S. Mitchell
request the pleasure of the company of

....

on the occasion of the marriage of their daughter

Helen Jane Mitchell
to
Mr Stewart Kennedy

The wedding ceremony will take place
in
St. Luke's Church, Newington
on
Saturday, 24th July 2007
at
2.30 pm
followed by a reception
at
The Braid Hills Hotel
R.S.V.P.
no later than 1st June 2007

unmittelbar nach der Trauung *immediately after the ceremony*
u.A.w.g./wir bitten bis ... verbindlich zu *R.S.V.P.*
antworten

Einladung zur Hochzeitsfeier (an Bekannte)

Siegrid Teich und Nils Hörenz

laden Sie/euch herzlich zu unserer Hochzeitsfeier ein,
die im Anschluss an die kirchliche Trauung
am 21. Juli 2007 im Alten Zollhaus/Berlin stattfindet.

Wir bitten alle unsere Gäste bis Anfang Juni verbindlich zu antworten.

Mit herzlichen Grüßen

Siegrid Teich und Nils Hörenz

im Anschluss an die kirchliche Trauung
um Rückantwort bitten wir spätestens
bis zum 1. Juni 2006

following the ceremony
please reply no later than 1st June 2006

Marriage invitation (to good friends)

> Dear John & Louise,
>
> We would like to invite you both to our wedding celebrations on Saturday, the 21st July 2007.
>
> Following the church ceremony, there will be a champagne reception and dinner. Overnight accommodation has of course been arranged!
>
> We are really looking forward to seeing you both again.
>
> Love & Best Wishes
>
> Helen & Stewart

... that you will give us the pleasure of your company on the occasion of our marriage	... *dass ihr uns die Freude macht an unserer Hochzeit teilzunehmen*
The opportunity to see you again	*Die Gelegenheit uns wieder zu sehen*
We are counting on your presence	*Wir rechnen mit eurer Anwesenheit*

Einladung zur Hochzeitsfeier (an gute Freunde)

Liebe Susanne, lieber Jens,

wir heiraten am 21. Juli und laden euch ganz herzlich zu unserer Hochzeitsfeier ein.

Im Anschluss an die kirchliche Trauung gibt es im ‚Alten Zollhaus' Kaffee und Kuchen. Nach einem Spaziergang am Wasser folgt das abendliche Hochzeitsmenü.

Für die Unterbringung unserer Gäste ist selbstverständlich gesorgt!

Wir freuen uns schon darauf, euch bald wiederzusehen.

Mit herzlichen Grüßen

Siegrid und Nils

Marriage invitation acceptance (good friends)

Dear Scott & Elizabeth,

We were delighted to receive the news of Helen and Stewart's marriage via your lovely invitation, which we are more than pleased to accept, as well as wishing the young couple all the very best.

It is wonderful that you thought of us. We are really looking forward to seeing you all again, as it has been many months since we last heard from one another; but you know how demanding our work is and how the time just flies by!

We hope that this finds you all well.

Until very soon,

Best Wishes,

    Pauline & Grant

P.S.

Any suggestions as to what we could give the couple as a wedding present? Many thanks in advance.

… which we accept with the greatest of pleasure	… die wir mit größtem Vergnügen annehmen
after being out of touch for so many months	nach all diesen Monaten, in denen wir uns nicht gemeldet haben
our work is very demanding	unsere Arbeit nimmt uns völlig in Anspruch
suggest a wedding present …	ein Hochzeitsgeschenk vorschlagen

Die Einladung zu einer Hochzeitsfeier annehmen

Liebe Sigrid, lieber Nils,

wir haben uns sehr über die liebe Einladung zu eurer Hochzeit gefreut. Wir nehmen natürlich dankend an und freuen uns schon darauf, mit euch zu feiern.

Es ist schön, dass ihr an uns gedacht habt. Wir sind schon sehr gespannt auf ein Wiedersehen nach all den Monaten, in denen wir nichts voneinander gehört haben. Aber, ihr wisst ja, das Berufsleben nimmt uns sehr in Anspruch und die Zeit vergeht so schnell!

Wir hoffen es geht euch gut.

Bis ganz bald!

Herzliche Grüße

Maria und Johannes

PS. Mit was für einem Geschenk kann man euch eine Freude machen? Bitte lasst es uns wissen, wenn ihr besondere Wünsche habt.

Invitation

Dear Friends,

We have been in our new home for a month now in Haddington, a picturesque little village on the southeast coast of Scotland.

We would like to invite you all to our new home over the Whitsun weekend. On the Saturday evening we are holding a house-warming party for all of our friends. We would be delighted if you could be there too.

Enclosed, please find directions on how to get here.

We look forward to hearing from you soon.

Love & Best Wishes,

Jamie & Gina

We would be delighted if you could be there too.	*Wir würden uns freuen, wenn ihr dabei sein würdet.*
Enclosed, please find directions on how to get here.	*Anbei findet ihr eine Wegbeschreibung.*

Einladung zu einem Besuch

Liebe Freunde,

wir wohnen nun seit einem Monat in unserem neuen Haus in Saint-Benin, einem kleinen, malerischen Dorf im Norden Frankreichs.

Wir möchten euch ganz herzlich für das Pfingstwochenende in unser neues Haus einladen. Am Samstagabend geben wir eine Einweihungsparty für all unsere Freunde und würden uns sehr freuen, wenn ihr auch dabei sein könntet.

Anbei findet ihr eine Wegbeschreibung.

Über eure Zusage würden wir uns sehr freuen.

Liebe Grüße

Elisabeth und Pascal

Invitation acceptance

Dear Jamie and Gina,

Many thanks for your kind invitation, which we gladly accept. We are so looking forward to seeing you again.

We will arrive on Friday evening and return home on Monday morning.

Thank you for sending us directions on how to get there!

May we take this opportunity to wish you good luck in your new home.

Love & Best Wishes

Kathryn & Chris

It will be a pleasure to see you again.	*Es wird uns eine Freude sein euch wiederzusehen.*

Eine Einladung annehmen

Liebe Elisabeth, lieber Pascal,

herzlichen Dank für eure nette Einladung, die wir sehr gerne annehmen, und für die Wegbeschreibung, wie wir euch finden. Wir freuen uns sehr darauf, euch bald wiederzusehen.

Wir kommen am Freitagabend bei euch an und fahren am Montagmorgen wieder nach Hause.

Herzlichen Glückwunsch zu eurem neuen Heim!

Liebe Grüße

Annie und Bernd

Declining an invitation

Dear Helen & Stewart,

We were delighted to receive your kind invitation.

We would have loved to have come to celebrate your wedding, but on that same weekend, Louise's grandmother is celebrating her 90th birthday with a large family party which, several months ago, we agreed to attend.

On 21st July however, we will drink a toast to you both from afar. In any case we will be coming to Berlin this summer so we can see you both again soon and at least we will be able to look at the photos.

For the time being we wish you both a wonderful celebration.

With our best wishes to you both for the future,

Louise & John

We already have family commitments.	*Wir haben bereits familiäre Verpflichtungen.*

Eine Einladung ablehnen

Liebe Siegrid, lieber Nils,

herzlichen Dank für eure nette Einladung, über die wir uns sehr gefreut haben. Sehr gerne würden wir eure Hochzeit gemeinsam mit euch feiern, doch gerade an diesem Wochenende wird der 90. Geburtstag von Susannes Großmutter mit einem großen Familienfest gefeiert, für das wir schon vor Monaten zugesagt haben.

Am 21. Juli können wir also nur aus der Ferne auf euch anstoßen. Auf jeden Fall kommen wir in diesem Sommer nach Berlin, so dass wir uns bald nach eurer Hochzeit wieder sehen werden. Dann können wir zumindest die Fotos ansehen ...

Fürs Erste wünschen wir euch eine schöne Feier!

Mit unseren besten Wünschen für eure Zukunft

Susanne und Jens

Wedding gift thank-you

> Dear Friends,
>
> We would like to thank you most sincerely for the beautiful wedding present you gave us. We were absolutely delighted with it.
>
> As a small thank-you, as well as a reminder of our celebration, we enclose a wedding photograph for you.
>
> Once again our heartfelt thanks,
> Helen & Stewart

the wonderful present you so kindly gave us	das wunderbare Geschenk, das ihr uns freundlicherweise gemacht habt
You really spoiled us.	Ihr habt uns wirklich verwöhnt.

Sich für ein Hochzeitsgeschenk bedanken

Liebe Frau Clemens, lieber Herr Clemens,

ganz herzlich möchten wir uns bei Ihnen für das schöne Hochzeitsgeschenk bedanken, das Sie uns gemacht haben. Sie haben uns damit eine sehr große Freude bereitet.

Als kleinen Dank und zur Erinnerung an die Feier senden wir Ihnen dieses Hochzeitsfoto.

Mit herzlichen Grüßen
Siegrid Teich und Nils Hörenz

Sie haben uns damit eine sehr große Freude bereitet.	*We were absolutely delighted with it.*
Als kleinen Dank	*As a token of our gratitude*

Birthday present thank-you

Dear Karen,

Many thanks for your wonderful birthday present. I was absolutely delighted and you certainly know my taste. The vase looks fantastic in my new apartment and I hope that you will come and visit me soon.

Until then, all the very best,

Daniel

Sich für ein Geburtstagsgeschenk bedanken

Liebe Carla,

herzlichen Dank für dein Geburtstagsgeschenk, über das ich mich sehr gefreut habe. Du hast meinen Geschmack genau getroffen. Die Vase macht sich fantastisch in meiner neuen Wohnung. Ich hoffe, du kommst mich bald einmal besuchen.

Bis dahin grüße ich dich herzlich!

Deine Christiane

Du hast meinen Geschmack genau getroffen.	*You know my taste exactly.*
… macht sich fantastisch in meiner neuen Wohnung.	*… looks fantastic in my new apartment.*

Thank-you letter after staying somewhere

To the Heather Family,

We would like to thank you all very much for your kind hospitality.

We will remember our stay with you for a long time to come.

Thanks to the many excursions which you organised for us, we were able to get to know your town and its environment, as well as a different way of life.

Please tell your neighbours that we have the fondest memories of their barbecue!

Thanks again for everything and we look forward to being able to show you a little of our country in return.

With very best wishes,

Julia und Martin Maier

for putting us up so generously	dass Sie uns so nett und warmherzig aufgenommen haben
the wonderful time we spent with you	die wunderbare Zeit, die wir bei Ihnen verbracht haben
we have fond memories of …	wir erinnern uns sehr gern an …

Sich für die Gastfreundschaft bedanken

Liebe Familie Roth,

wir möchten Ihnen ganz herzlich für Ihre Gastfreundschaft danken.

Wir werden uns noch lange an die schöne Zeit erinnern, die wir mit Ihnen verbringen durften.

Auf den vielen Ausflügen, die Sie für uns organisiert haben, konnten wir die Stadt und die Region, in der Sie leben, erstmals kennen lernen. Darüber hinaus sind wir mit einer anderen Lebensart vertraut geworden.

Bitte richten Sie Ihren Nachbarn Herrn und Frau Lebeau aus, dass wir die gemeinsamen Boule-Partien in bester Erinnerung behalten werden.

Wir danken Ihnen nochmals für alles und würden uns freuen, wenn wir Ihnen nun im Gegenzug unser Land zeigen dürften.

Herzliche Grüße

Chris & May Baker

Korrespondenzbezogene Wendungen
Useful Phrases for Letters

Die Anrede / Form of address

Sie schreiben:	You are writing:
an einen guten Bekannten oder Freund	**to a good acquaintance or friend**
Liebe Daniela,	Dear Andy,
Lieber Christian,	Dear Michael,
Hallo, Markus!	Hi, Jane!
an jemanden, den Sie gut kennen	**to somebody you know well**
Liebe Frau Mayer,	Dear Mrs Jones,
Liebe Kolleginnen, liebe Kollegen,	Dear colleagues,
an jemanden, den Sie persönlich oder geschäftlich kennen	**to somebody you know personally or through work**
Sehr geehrte Frau Meiser,	Dear Mrs Meiser,
Sehr geehrter Herr Fischer,	Dear Mr Fischer,
an eine Firma oder Person, deren Namen Sie nicht kennen	**to a company or person whose name you do not know**
Sehr geehrte Damen und Herren,	Dear Sir or Madam,
an eine Person, deren Titel Sie kennen	**to a person whose title you know**
Sehr geehrter Herr Dr. Schmidt,	Dear Dr. Smith,
Sehr geehrte Frau Professor (Schmidt),	Dear Professor (Smith),

Die Grußformel

Informell:
Mach's gut!
Bis bald!
Viele liebe Grüße
Alles Liebe
Alles Gute, Dein(e)
Tschüs!

Freundlich und für kurze Briefe
Viele Grüße
Herzliche Grüße

Formell aber freundlich
Mit freundlichen Grüßen
Mit besten Grüßen

Sehr respektvoll:
Hochachtungsvoll

Closing greeting

Informal:
All the best!
See you soon!
With love from/With lots of love
With love
All the best, love
Bye!/Cheerio!

Short or friendly messages
Best wishes
Kind regards

Formal but friendly
Yours sincerely
With best wishes

Very respectful:
Yours faithfully

Nützliche Redewendungen
Useful Phrases

Begrüßung, Vorstellung, Verabschiedung
Greetings, introductions, farewells

Guten Morgen!	Good morning!
Guten Tag!/Grüß Gott! (*südd*)	Hello!
Guten Abend!	Good evening!
Hallo!	Hello!
Grüß dich!	Hi!
Mein Name ist Becker.	My name is Christian Becker.
Wie geht es Ihnen/dir?	How are you?
Wie geht's?	How are you?/How's it going?
Danke, gut. Und Ihnen/dir?	Fine, thanks. And you?
Auf Wiedersehen!	Goodbye!
Tschüs(s)!	Bye!
Bis morgen!	See you tomorrow!
Bis später!	See you later!
Viel Vergnügen!/Viel Spaß!	Enjoy yourself!/Have fun!
Gute Nacht!	Good night!
Grüßen Sie/Grüß(e) Frau Maier von mir.	Say hello to Frau Maier for me/Give my regards to Frau Maier.

Uhrzeit
Time

Wie viel Uhr ist es?	What time is it?
Können Sie mir bitte sagen, wie spät es ist?	Could you tell me the time please?
Es ist genau ein Uhr.	It's one o'clock exactly.
Es ist (fast) …	It's (almost) …
neun Uhr.	nine o'clock.
fünf nach neun.	five past nine.
Viertel nach neun.	quarter past nine.
fünf vor halb elf.	twenty-five minutes past ten.
halb elf.	half past ten.
fünf nach halb elf.	twenty-five minutes to eleven.
Viertel vor elf.	quarter to eleven.
zwölf Uhr Mittag/nachts.	twelve o'clock midday/midnight.
Es ist schon nach zwölf.	It's already gone twelve (o'clock).
Komm so zwischen vier und halb fünf.	Come between four and half past (four).

Verabredung / Appointments

Darf ich Sie/dich zum Essen einladen? (nach Hause)	May I take you out for a meal? Would you like to come round for a meal?
Haben Sie/Hast du für morgen schon etwas vor?	Do you already have plans for tomorrow?
Wann treffen wir uns?	When are we meeting up?
Darf ich Sie/dich abholen?	Can I pick you up?
Treffen wir uns um neun Uhr vor dem Kino.	Let's meet in front of the cinema at nine o'clock.

Bitte und Dank / Saying please and thank you

Ja, bitte.	Yes, please.
Nein, danke.	No, thanks.
Danke, sehr gern!	Yes please!
Danke, gleichfalls!	Thanks, (and) the same to you!
Könnten Sie mir bitte helfen?	Could you help me, please?
Bitte sehr/Gern geschehen!	My pleasure!/Not at all!/You're welcome!
Vielen Dank!	Thanks a lot!/Many thanks!
Das ist doch nicht der Rede wert.	Don't mention it.

Entschuldigung, Bedauern / Apologies, regrets

Entschuldigung!	Sorry!/Excuse me!
Ich muss mich entschuldigen.	I must/I'd like to apologize!
Es/Das tut mir (sehr) Leid.	I'm (very) sorry (about that)!
Es war nicht so gemeint.	It wasn't meant like that!
Schade!	Pity!/Shame!
Das ist traurig.	That's sad!

Glückwünsche zu verschiedenen Anlässen / Terms used on various occasions

Herzlichen Glückwunsch!	Congratulations!
Viel Erfolg!	Good luck!
Viel Glück!	Best of luck!/Good luck!
Gute Besserung!	Get well soon!
Schöne Ferien!	Have a great holiday!
Frohe Ostern!	Happy Easter!
Frohe Weihnachten und ein gutes neues Jahr!	Merry Christmas and a Happy New Year!
Alles Gute zum Geburtstag!	Happy Birthday!
Meine besten Wünsche zum Geburtstag!	Best wishes on your birthday!/Many happy returns of the day!
Ich drücke dir die Daumen.	I'll keep my fingers crossed (for you)!

Nach dem Weg fragen

Entschuldigung, wie komme ich bitte nach…?	Excuse me, how do I get to …?
Können Sie mir sagen, wie ich zur Post komme?	Could you tell me how to get to the post office?
Immer geradeaus bis zu …	Straight ahead until …
Dann bei der Ampel rechts abbiegen.	Turn right at the traffic lights.
Folgen Sie den Schildern.	Follow the signs.
Sie können es nicht verfehlen.	You can't miss it.
Welcher Bus fährt nach …?	Which bus goes to …?
Ist dies der richtige Bus nach …?	Is this the right bus for …?
Wie weit ist das?	How far is it?
Sie sind hier falsch. Sie müssen zurückfahren bis zu …	You're in the wrong place. You need to go back to …

Asking directions

Im Restaurant

Ich möchte einen Tisch für vier Personen reservieren.	I would like to reserve a table for four (people).
Einen Tisch für zwei Personen, bitte.	A table for two, please.
Ist dieser Tisch/Platz noch frei?	Is this table/seat free?
Ich nehme …	I'll have …
Könnten wir noch etwas Brot bekommen?	Could we have some more bread, please?
Bezahlen, bitte.	I'd/We'd like to pay.
Bitte alles zusammen.	All together/All on one bill, please.
Getrennte Rechnungen, bitte.	Separate bills, please.

In a restaurant

Einkaufen

Wo finde ich …?	Where can I find …?
Können Sie mir ein Feinkost-/Lebensmittelgeschäft empfehlen?	Can you recommend a delicatessen/food store?
Werden Sie schon bedient?	Are you being served?
Danke, ich sehe mich nur um.	I'm just looking, thanks.
Was darf es sein?	What would you like?
Geben Sie mir bitte …	Could I have …, please
Ich möchte …	I'd like …
Darf es sonst noch etwas sein?	Would you like anything else?
Nehmen Sie Kreditkarten?	Do you take/accept credit cards?
Können Sie es mir einpacken?	Could you wrap it up for me?

Shopping

Auf der Bank

At the bank

Ich möchte 100 Euro in Dollar wechseln.	I'd like to change 100 euros into dollars.
Ich möchte diesen Reisescheck einlösen.	I'd like to cash this traveller's cheque.
Auf welchen Betrag kann ich den Scheck maximal ausstellen?	What is the maximum limit on the cheque?
Ich möchte 1.000 Euro von meinem Konto abheben.	I'd like to withdraw 1,000 euros from my account.
Darf ich bitte Ihren Ausweis sehen?	May I see your ID?
Ihre Unterschrift, bitte.	Sign here, please.

Auf der Post

At the post office

Wo ist der nächste Briefkasten/das nächste Postamt?	Where is the nearest postbox/post office?
Was kostet ein Brief nach Deutschland?	How much is a letter to Germany?
Drei Briefmarken zu 1 Euro bitte.	Three 1-euro stamps, please!
Ich möchte eine Telefonkarte.	I'd like a phone card.

Telefonieren

Making a phone call

Wo ist die nächste Telefonzelle?	Where is the nearest phone box?
Wie ist die Vorwahl von der Schweiz?	What's the (international dialling) code for Switzerland?
Ich möchte ein R-Gespräch anmelden.	I'd like to make a reverse-charge call.
Hallo, mit wem spreche ich?	Hello, who's calling, please?
Kann ich bitte Frau Wagner sprechen?	Could I speak to Frau Wagner, please?
Ich verbinde.	I'll put you through.
Bleiben Sie bitte am Apparat.	Please hold the line.
Tut mir Leid, sie ist nicht da.	I'm sorry, she's not here/in.
Möchten Sie eine Nachricht hinterlassen?	Would you like to leave a message?
Ich rufe später noch mal an.	I'll call/phone again later.
Kein Anschluss unter dieser Nummer.	The number you have called has not been recognized.

A a

A [aː], **a** <-, - o -s, -s> nt ① (*Buchstabe*) A [or a]; **ein großes A/ein kleines a** a capital A/a small a; ~ **wie Anton** A for Andrew BRIT, A as in Abel AM ② MUS A, a; **A-Dur/a-Moll** A major/A minor ▸ **das ~ und [das] O** the be-all and end-all; **von ~ bis Z** from beginning to end

Aal <-[e]s, -e> [aːl] m eel

aalen ['aːlən] vr ■ **sich** ~ to stretch out

aalglatt ['aːl'ɡlat] adj slippery [as an eel]

Aas <-es, e> [aːs] nt carrion

Aasgeier m vulture

ab [ap] **I.** adv ① (*weg*) off; **das liegt weit ~ vom Weg** that's far off the beaten track ② (*abgetrennt*) off; ~ **sein** (*fam*) to be broken [off]; **mein Knopf ist ab** I've lost a button ③ (*in Befehlen*) off; ~ **ins Bett!** off to bed! ▸ ~ **sofort** as of now; ~ **und zu** now and then **II.** präp ① (*räumlich, zeitlich*) from; ~ **wann ...?** from when ...?; **Kinder ~ 14 Jahren** children from the age of 14 up; ~ **Köln** from Cologne ② SCHWEIZ (*Uhrzeit*) past; **Viertel ~ acht** quarter past eight ③ SCHWEIZ (*von*) on; ~ **Kassette** on cassette

ab|ändern vt *Text* to amend

Abart ['apʔaːɐ̯t] f BIOL mutation; BOT variety

abartig adj ① (*abnorm*) deviant; (*pervers a.*) perverted ② (*sl: verrückt*) crazy, mad

ab|ballern vt (*sl*) ■ **jdn** ~ to blow away sb sep

Abbau <-s> m kein pl ① BERGB mining; **der ~ von Bodenschätzen** mining for mineral resources ② (*Verringerung*) cut (**von** in)

ab|bauen vt ① BERGB to mine ② (*demontieren*) to dismantle ③ (*verringern*) to reduce ④ CHEM, MED to break down sep

ab|bekommen* vt irreg ① (*von etw getroffen werden*) to get ② (*entfernen können*) to get off

ab|bestellen* vt to cancel

ab|bezahlen* vt to pay off sep

ab|biegen irreg vi sein ① *Fahrer* to turn; [**nach**] **links/rechts** ~ to turn left/right ② *Straße* to bend

Abbiegespur f turn-off [or AM turning] lane

ab|bilden vt to depict

Abbildung <-, -en> f ① image; **siehe** ~ **3.1** see figure 3.1 ② (*Illustration*) illustration

ab|blasen vt irreg (*fam*) to call off

Abblendlicht nt dipped [or AM dimmed] headlights

ab|blitzen vi sein (*fam*) ■ **bei jdm** ~ to not get anywhere with sb; **jdn** ~ **lassen** to turn sb down

ab|brechen irreg **I.** vt haben ① (*abtrennen*) to break off sep ② *Zelt* to strike ③ *Haus* to pull down sep ④ (*beenden*) to stop; *Beziehung* to break off; **das Studium** ~ to drop out of college; **den Urlaub** ~ to cut short one's holidays **II.** vi ① *sein Zweig* to break off ② (*aufhören*) to stop

ab|bringen vt irreg ■ **jdn von etw** dat ~ to change sb's mind about sth; **jdn vom Thema** ~ to get sb away from the subject; ■ **jdn davon ~, etw zu tun** to prevent sb [from] doing sth

Abbruch m ① *eines Hauses* demolition ② *kein pl* (*Beendigung*) breaking off; *eines Studiums* dropping out ▸ **etw** dat **keinen ~ tun** to not spoil sth

abbruchreif adj ① dilapidated ② SCHWEIZ (*schrottreif*) ready for the scrap heap pred

ab|buchen vt to debit (**von** from)

Abbuchung f direct debit; (*Betrag*) debit

Abc <-, -> [aːbeːˈtseː] nt ① (*Alphabet*) ABC ② (*Grundwissen*) ■ **das ~ einer S.** gen the ABC of sth

Abc-Schütze, -Schützin [aːbeːˈtseː-] m, f school starter

ab|danken vi to resign

ab|decken vt ① *Tisch* to clear; *Bett* to strip ② *Gebäude* to lift the roof off ③ (*bedecken*) to cover [over]

Abdeckstift m concealer stick

ab|dichten vt ① to seal ② *gegen Feuchtigkeit* to damp-proof

Abdichtung f ① seal ② *kein pl* (*das Abdichten*) sealing

ab|drehen I. vt haben (*abstellen*) to turn off sep **II.** vi sein o haben (*Richtung ändern*) to turn [off]; **nach Norden** ~ to turn to the north

ab|drosseln vt *Motor* to throttle back sep; (*fig*) *Produktion* to cut back sep

Abdruck[1] <-drücke> m (*Spur*) print

Abdruck[2] <-drucke> m *eines Textes, Fotos* printing

ab|drucken vt to print

abend[ALT] ['aːbn̩t] s. **Abend**

Abend–abgeben

Abend <-s, -e> ['a:bn̩t] *m* evening; **ein bunter** ~ an entertainment evening; **guten** ~! good evening!; **letzten** ~ last night; **am nächsten** ~ tomorrow evening; **gestern/morgen** ~ yesterday/tomorrow evening; **heute** ~ tonight; **übermorgen** ~ the evening after next; **vorgestern** ~ the evening before last; ~ **sein/werden** to be/get dark; **es wird so langsam** ~ the evening's beginning to draw in; **zu** ~ **essen** to eat dinner; **am** ~ in the evening; **am** ~ **des 13.** on the evening of the 13th; ~ **für** ~ night after night; **gegen** ~ towards evening; **den ganzen** ~ **über** the whole evening

Abendbrot *nt* supper **Abendessen** *nt* dinner **abendfüllend** *adj* all-night *attr* **Abendkasse** *f* evening box-office **Abendkleid** *nt* evening dress **Abendkurs** *m* evening class **abendländisch** *adj* (*geh*) occidental **Abendmahl** *nt* [Holy] Communion; **das Letzte** ~ the Last Supper; **das** ~ **empfangen** (*geh*) to receive [Holy] Communion **Abendrot** ['a:bn̩tro:t] *nt* (*geh*) [red] sunset; **im** ~ in the evening glow

abends ['a:bn̩ts] *adv* in the evening
Abendschule *f* evening school
Abenteuer <-s, -> ['a:bn̩tɔyɐ] *nt* ❶ adventure ❷ (*riskantes Unternehmen*) venture
abenteuerlich ['a:bn̩tɔyɐlɪç] *adj* ❶ adventurous ❷ (*fantastisch*) fantastic[al]
Abenteurer, Abenteu(r)erin <-s, -> ['a:bn̩tɔyrɐ, 'a:bn̩tɔy(r)ərɪn] *m, f* adventurer
Abenteurertum <-s> ['a:bn̩tɔyrɐtʊm] *nt kein pl* (*pej*) [reckless] adventurism
aber ['a:bɐ] **I.** *konj* (*jedoch*) but; ~ **dennoch ...** but in spite of this ...; **oder** ~ or else **II.** *part* (*wirklich*) really; **das ist** ~ **schön!** that really is wonderful! ▶~ **selbstverständlich** but of course; ~ **ja!** yes [of course]!; ~ **nein!** goodness, no!; ~ **, ~!** now, now!
Aber <-s, - *o fam* -s> ['a:bɐ] *nt* but *fam*; **kein** ~! no buts!
Aberglaube *m* superstition
abergläubisch ['a:bɐɡlɔybɪʃ] *adj* superstitious
abermals ['a:bɐma:ls] *adv* once again
abfahrbereit *adj* ready to depart *pred*
ab|fahren *irreg vi sein* ❶ to depart ❷ ■**auf jdn/etw** ~ to be crazy about sb/sth
Abfahrt *f* ❶ departure ❷ (*Autobahnabfahrt*) exit ❸ SKI (*Talfahrt*) run; (*Abfahrtsstrecke*) slope
Abfahrtslauf *m* downhill [event] **Abfahrtszeit** *f* departure time
Abfall *m* rubbish *esp* BRIT, garbage AM
Abfalleimer *m* [rubbish] bin BRIT, garbage can AM
abfällig **I.** *adj* derogatory **II.** *adv* disparagingly
Abfallprodukt *nt* waste product **Abfallverwertung** *f* recycling of waste
ab|färben *vi* ❶ *Wäsche* to run (**auf** into) ❷ (*fig*) ■**auf jdn** ~ to rub off on sb
ab|fertigen *vt* ❶ (*bedienen*) to serve; *Passagiere* to handle ❷ (*abspeisen*) to fob off (**mit** with)
ab|finden *irreg* **I.** *vt* (*entschädigen*) to compensate (**mit** with) **II.** *vr* ■**sich mit jdm/etw** ~ to put up with sb/sth
Abfindung <-, -en> *f* compensation; (*bei Entlassung*) severance pay
ab|flauen *vi sein schwächer werden* to subside; *Interesse* to wane
Abflughalle *f* departure lounge
Abflugzeit *f* [time of] departure
Abfluss[RR] <-es, -flüsse> *m,* **Abfluß**[ALT] <-sses, -flüsse> *m* ❶ (*Abflussstelle*) drain ❷ *kein pl* (*das Abfließen*) drainage
Abfrage <-, -n> *f* INFORM inquiry
ab|fragen *vt* ❶ to test; ■**jdn etw** ~ to test sb on sth ❷ INFORM to call up
Abfuhr <-, -en> *f* (*Zurückweisung*) snub; **jdm eine** ~ **erteilen** to snub sb
ab|führen *vt* ❶ (*wegführen*) to lead away ❷ FIN *Steuern* to pay
Abführmittel *nt* laxative
ab|füllen *vt* to fill (**in** into); (*in Flaschen*) to bottle
abgängig *adj* ÖSTERR (*geh: vermisst*) missing
Abgangszeugnis *nt* [school-]leaving certificate BRIT, diploma AM
Abgas *nt* exhaust *no pl*
abgasarm *adj* low-emission
Abgasrückführung *f* exhaust-gas recirculation
ab|geben *irreg* **I.** *vt* ❶ (*übergeben*) to give (**an** to) ❷ (*hinterlassen*) ■**etw [bei jdm]** ~ to leave sth [with sb] ❸ (*überlassen*) ■**jdm etw** ~ to give sb sth; ■**etw [an jdn]** ~ to hand over sth [to sb] ❹ (*teilen*) **jdm die Hälfte [von etw** *dat*] ~ to go halves [on sth] with sb; **jdm nichts** ~ to not share with sb ❺ *Erklärung* to make; *Stimme* to cast ❻ *Ball* to pass (**an** to) **II.** *vr* ❶ (*sich beschäftigen*)

■ **sich mit jdm** ~ to look after sb; ■ **sich mit etw** *dat* ~ to spend [one's] time on sth ❷ (*sich einlassen*) ■ **sich mit jdm** ~ to associate with sb

abgebrannt *adj* (*fam*) broke

abgebrüht *adj* (*fam*) unscrupulous

abgedroschen *adj* (*pej fam*) hackneyed; **ein ~er Witz** an old joke

abgehackt I. *adj* broken; **~e Worte** clipped words II. *adv* **~ sprechen** to speak in a clipped manner

abgehärtet *adj* ■ [**gegen etw** *akk*] **~ sein** to be hardened [to sth]

ab|gehen[1] *irreg vi sein* ❶ (*sich lösen*) to come off ❷ (*abzweigen*) to branch off (**von** from) ❸ (*abweichen*) to deviate (**von** from); **von seiner Meinung nicht ~** to stick to one's opinion

ab|gehen[2] *vi irreg sein* ❶ (*verlaufen*) to go ❷ *impers* to be happening; **auf der Party ist irre 'was abgegangen** (*sl*) the party was really happening

abgekartet *adj* (*fam*) rigged; **eine ~e Sache sein** to be a put-up job; **ein ~es Spiel treiben** to play a double game

abgelaufen *adj* ❶ (*nicht mehr gültig*) expired ❷ (*verschlissen*) worn-down *attr o pred*

abgelegen *adj* remote

abgemacht *adj* ■ **es ist ~, dass ...** it was arranged, that ...; **~!** it's a deal!

abgeneigt *adj* (*ablehnend*) ■ **etw** *dat* **~ sein** to be opposed to sth; ■ **etw** *dat* **nicht ~ sein** to not be averse to sth

abgenutzt *adj* worn

Abgeordnete(r) ['apgəʔɔrdnətə, -tɐ] *f(m) dekl wie adj* Member of Parliament

Abgeordnetenhaus *nt* POL ≈ House of Commons BRIT, ≈ House of Representatives AM

abgereichert ['apgəraiçɐt] *adj* NUKL **~es Uran** depleted uranium

abgerissen *adj* ❶ (*zerlumpt*) tattered ❷ (*heruntergekommen*) scruffy

abgerundet *adj* ❶ (*nicht spitz*) rounded off ❷ KOCHK (*ausgewogen*) balanced

Abgesandte(r) *f(m) dekl wie adj* envoy

abgeschieden I. *adj* (*geh*) isolated II. *adv* in isolation

abgeschlagen *adj* SPORT lagging behind *after n*

abgeschlossen I. *adj* ❶ (*isoliert*) secluded ❷ *attr* (*separat*) separate II. *adv* (*isoliert*) in seclusion

abgesehen I. *adj* **es auf jdn ~ haben** (*jdn schikanieren wollen*) to have it in for sb; **es auf etw** *akk* **~ haben** to have one's eye on sth II. *adv* ■ **~ davon, dass ...** apart from the fact that ...; ■ **~ von jdm/etw** except for sb/sth

abgespannt *adj, adv* weary

abgestanden *adj* stale; *Limonade* flat

abgestumpft *adj* ❶ (*gefühllos*) numb ❷ (*unempfindlich geworden*) insensitive

ab|gewöhnen* *vt* ■ **jdm etw ~** to break sb of sth; ■ **sich** *dat* **etw ~** to give up sth

Abgleich <-[e]s, -e> *m* comparison

ab|gleichen *vt irreg* ❶ (*aufeinander abstimmen*) to compare ❷ (*in der Höhe gleichmachen*) to level off ❸ ELEK to tune

abgöttisch *adv* inordinately

ab|grasen *vt* ❶ *Kuh* to graze on ❷ (*fig fam*) to comb

ab|grenzen I. *vt* ❶ (*einfrieden*) to enclose; ■ **etw [gegen etw** *akk*] **~** to close sth off [from sth] ❷ (*begrifflich*) to differentiate II. *vr* ■ **sich [gegen jdn/etw] ~** to distinguish oneself [from sb/sth]

Abgrund *m* abyss; **am Rande des ~s stehen** to be on the brink of disaster; **ein ~ tut sich auf** an abyss is opened up

abgrundtief ['apgrʊntti:f] *adj* ❶ (*groß*) profound ❷ (*tief*) bottomless

ab|hacken *vt* to chop down

ab|haken *vt* to tick off

ab|halten *vt irreg* ❶ ■ **jdn von etw** *dat* **~** to keep sb from sth; ■ **sich [von jdm/etw] ~ lassen** to be deterred [by sb/sth] ❷ (*veranstalten*) to hold

abhandenkommen [ap'handn̩] *adv* to get lost

Abhang *m* inclination

ab|hängen[1] I. *vt haben* ❶ to take down ❷ ■ **jdn ~** to lose sb II. *vi* (*meist pej sl*) to laze about

ab|hängen[2] *vi irreg* ❶ *haben* (*abhängig sein*) to depend (**von** on); **das hängt davon ab** that [all] depends ❷ *haben* (*angewiesen sein*) to be dependent (**von** on)

abhängig *adj* ❶ (*bedingt*) ■ **von etw** *dat* **~ sein** to depend on sth ❷ (*angewiesen*) ■ **von jdm ~ sein** to be dependent on sb ❸ (*süchtig*) addicted; ■ [**von etw** *dat*] **~ sein** to be addicted [to sth] ❹ LING subordinate; **ein ~er Nebensatz** a subordinate clause

ab|härten *vt, vi* to harden (**gegen** to)

ab|hauen <haute ab, abgehauen> I. *vt irreg haben* (*durch Schlagen entfernen*) to break off *sep* II. *vi sein* (*wegrennen*) to do a runner BRIT, to skip out of town AM; **hau ab!** get lost!

ab|heben *irreg* I. *vi* ❶ LUFT to take off (**von** from) ❷ TELEK to answer [the phone] II. *vt irreg Geld* to withdraw III. *vr* ■ **sich von jdm/etw** ~ to stand out from sb/sth

ab|helfen *vi irreg* ■ **etw** *dat* ~ to remedy sth

ab|hetzen I. *vr* ■ **sich** ~ to stress oneself out II. *vt* ■ **jdn/etw** ~ to push sb/sth

Abhilfe *f kein pl* remedy; ~ **schaffen** to do something about it

ab|holen *vt* to collect

Abholmarkt *m* furniture superstore (*where customers transport goods themselves*)

Abholzung <-, -en> *f* deforestation

ab|hören *vt* (*mit Wanze*) to bug; ■ **jds Telefon** ~ to monitor sb's telephone [line]

Abitur <-s, *selten* -e> [abi'tuːɐ̯] *nt* school examination, approximately equivalent to the British A level/American SAT exam; [**das**] ~ **machen** ≈ to do [one's] A-levels

Das Abitur, the school leaving examination needed for entry to higher education, is taken in most German grammar schools in Year 13. As this is relatively late in comparison to other countries, there are some schools in which the **Abitur** can be taken in Year 12. In Austria and Switzerland the **Abitur** is known as the **Matura** or **Maturität** and can be taken as early as Year 9.

Abiturient(in) <-en, -en> [abitu'ri̯ɛnt] *m(f)* student who has passed the Abitur

ab|kapseln *vr* ■ **sich** [**von jdm/etw**] ~ to cut oneself off [from sb/sth]

ab|kaufen *vt* ❶ (*von jdm kaufen*) ■ **jdm etw** ~ to buy sth off sb ❷ (*fam: glauben*) ■ **jdm etw** ~ to buy sth off sb; **das kaufe ich dir nicht ab!** I don't buy that!

ab|klappern *vt* (*fam*) ■ **etw** [**nach etw** *dat*] ~ to go round sth [looking for sth]

ab|klären *vt* ■ **etw** [**mit jdm**] ~ to clear sth up [with sb]; [**mit jdm**] ~**, ob ...** to check [with someone] whether ...

Abklatsch <-[e]s, -e> *m* (*pej*) pale imitation

ab|klingen *vi irreg sein* to subside

ab|knöpfen *vt* (*fam*) ■ **jdm etw** ~ to get sth off sb

ab|kochen *vt* to boil

ab|kommen *vi irreg sein* ❶ (*Richtung ändern*) **vom Kurs** ~ to go off course ❷ (*aufgeben*) **von einer Angewohnheit** ~ to break a habit; **von seiner Meinung** ~ to change one's mind; ■ **davon** ~**, etw zu tun** to stop doing sth

Abkommen <-s, -> *nt* agreement; **ein** ~ **schließen** to conclude an agreement

ab|kratzen I. *vt haben* ■ **etw** [**von etw** *dat*] ~ to scrape sth off [sth] II. *vi sein* (*sl*) to kick the bucket

ab|kriegen *vt* (*fam*) *s.* **abbekommen**

ab|kühlen I. *vi sein* to cool II. *vt haben* to leave to cool III. *vr impers haben* ■ **sich** ~ to cool off; *Wetter* to become cooler

Abkühlung *f* cooling; **sich** *dat* **eine** ~ **verschaffen** to cool oneself down

ab|kupfern I. *vt* (*fam*) to copy II. *vi* (*fam*) to quote

ab|kürzen *vt* ❶ *Wort, Name* ■ **etw** [**mit etw** *dat*] ~ to abbreviate sth [to sth] ❷ (*kürzer machen*) ■ **etw** [**um etw** *akk*] ~ to cut sth short [by sth]

Abkürzung *f* ❶ (*Wort*) abbreviation ❷ (*Weg*) short cut

ab|laden *vt irreg* ❶ to unload ❷ (*abwälzen*) ■ **etw auf jdn** ~ to shift sth on to sb

Ablage *f* ❶ storage place ❷ (*Aktenablage*) filing cabinet ❸ SCHWEIZ (*Annahmestelle*) delivery point

Ablagerung *f* ❶ (*Sedimentbildung*) sedimentation ❷ (*Sediment*) sediment

ab|lassen *irreg* I. *vt Öl, Wasser* to drain; *Dampf* to let off II. *vi* (*geh: aufhören*) ■ [**von etw** *dat*] ~ to give up [sth *sep*]

Ablauf *m* ❶ (*Verlauf*) course; *eines Verbrechens, Unfalls* sequence of events ❷ (*das Verstreichen*) passing; **nach** ~ **von 10 Tagen** after 10 days ❸ (*Abflussrohr*) outlet pipe

ab|laufen I. *vi irreg sein* ❶ (*abfließen*) to run (**aus** out of); **das Badewasser** ~ **lassen** to let the bath water out ❷ (*ungültig werden*) to expire; ■ **abgelaufen** expired ❸ (*zu Ende gehen*) to run out; **das Verfallsdatum dieses Produkts ist abgelaufen** this product has passed its sell-by date ❹ (*verlaufen*) to proceed II. *vt irreg haben Schuhe* to wear down *sep*

ab|legen I. *vt* ❶ (*hinlegen*) to put ❷ (*archi-*

vieren) to file [away]; ❸ (*vollziehen*) *Eid* to swear; *Prüfung* to pass; **ein Geständnis ~** to confess **II.** *vi Schiff* to [set] sail

ab|lehnen I. *vt* ❶ (*zurückweisen*) to reject ❷ (*missbilligen*) to disapprove of ❸ (*sich weigern*) ■ **es ~, etw zu tun** to refuse to do sth **II.** *vi* (*nein sagen*) to refuse

Ablehnung <-, -en> *f* ❶ (*Zurückweisung*) rejection ❷ (*Missbilligung*) disapproval; **auf ~ stoßen** to meet with disapproval

ab|leisten *vt* to serve; *Probezeit* to complete

ab|lenken I. *vt* ❶ (*in andere Richtung lenken*) *Aufmerksamkeit, Gedanken* to divert; **Gartenarbeit lenkt ihn ab** working in the garden diverts his thoughts ❷ (*abbringen*) to distract (**von** from) **II.** *vi* **vom Thema ~** to change the subject

Ablenkung *f* (*Zerstreuung*) diversion; **zur ~** in order to relax

ab|lesen *irreg vt, vi* to read (**von/aus** from)

ab|liefern *vt* ❶ (*abgeben*) to turn in *sep* ❷ (*liefern*) to deliver (**bei** to)

ab|lösen I. *vt* ❶ (*abmachen*) to remove (**von** from) ❷ (*abwechseln*) ■ **sich** [**bei etw** *dat*] **~** to take turns [at sth]; **einen Kollegen ~** to take over from a colleague ❸ (*ersetzen*) to replace **II.** *vr* (*abgehen*) ■ **sich ~** to peel off

ABM <-, -s> [a:be:'ɛm] *f Abk von* **Arbeitsbeschaffungsmaßnahme** job creation scheme [*or* AM plan]

ab|machen *vt* ❶ (*entfernen*) to take off ❷ (*vereinbaren*) ■ **etw** [**mit jdm**] **~** to arrange sth [with sb]; ■ **abgemacht** arranged; ■ **abgemacht!** agreed!

Abmachung <-, -en> *f* agreement; **sich** [**nicht**] **an eine ~ halten** to [not] carry out an agreement

ab|mehren *vi* SCHWEIZ (*abstimmen*) to vote [on sth] [by a show of hands]

ab|melden *vt* ❶ cancel; **ein Auto ~** to cancel a car's registration; **das Telefon ~** to request the disconnection of the phone ❷ **jdn von einer Schule ~** to withdraw sb from a school

ab|messen *vt irreg* to measure

ABM-Stelle *f* position assisted by job creation scheme [*or* AM plan]

ab|nabeln *vr* ■ **sich** [**von jdm/etw**] **~** to become independent [of sb/sth]

Abnahme <-, -n> ['apna:mə] *f* (*Verringerung*) reduction (+*gen* of)

ab|nehmen I. *vi irreg* ❶ (*an Gewicht*) to lose weight ❷ (*sich verringern*) to decrease ❸ (*nachlassen*) to diminish **II.** *vt irreg* ❶ (*wegnehmen*) ■ **jdm etw ~** to take sth [away] from sb *sep* ❷ (*herunternehmen*) to take down *sep; Hut* take off; *Hörer* to pick up *sep*

Abneigung *f* dislike (**gegen** of); **eine ~ dagegen haben, etw zu tun** to be reluctant to do sth

ab|nicken *vt* (*fam*) ■ **etw ~** to give sth the nod

ab|nutzen, ab|nützen SÜDD, ÖSTERR **I.** *vt* to wear out; ■ **abgenutzt** worn **II.** *vr* ❶ (*verschleißen*) ■ **sich ~** to wear ❷ (*an Wirksamkeit verlieren*) ■ **sich ~** to lose effect; ■ **abgenutzt** worn-out

Abonnement <-s, -s> [abɔnə'mã:] *nt* subscription; **etw im ~ beziehen** to subscribe to sth

abonnieren* [abɔ'ni:rən] *vt haben* to subscribe to

ab|ordnen *vt* to delegate (**zu** to); **er wurde nach Berlin abgeordnet** he was posted to Berlin

Abordnung *f* delegation

ab|plagen *vr* ■ **sich** [**mit etw** *dat*] **~** to struggle [with sth]; **er hat sich sein ganzes Leben lang abgeplagt** he slaved away his whole life

ab|prallen *vi sein* to rebound (**von** off)

ab|putzen *vt* to clean; ■ **etw** [**von etw** *dat*] **~** to wipe sth [off sth]

ab|raten *vi irreg* ■ **jdm** [**von etw** *dat*] **~** to advise sb [against sth]; **von diesem Arzt kann ich Ihnen nur ~** I really can't recommend that doctor

Abraum *m kein pl* BERGB slag

ab|räumen *vt* to clear

ab|reagieren* ['apreagi:rən] **I.** *vt Wut* to work off **II.** *vr* ■ **sich ~** to calm down

ab|rechnen I. *vi* ■ **mit jdm ~** (*zahlen*) to settle up with sb; (*zur Rechenschaft ziehen*) to call sb to account **II.** *vt* (*abziehen*) to deduct (**von** from)

Abrechnung *f* ❶ (*Erstellung der Rechnung*) calculation of the bill ❷ (*Rache*) pay off; **der Tag der ~** the day of reckoning

ab|regen *vr* (*fam*) ■ **sich ~** to calm down; **reg dich ab!** keep your shirt on!

Abreise *f kein pl* departure

ab|reisen *vi sein* to depart

ab|reißen *irreg* **I.** *vt haben* ❶ ■ **etw** [**von etw**

dat] ~ to tear sth [off sth] ❷ *Haus* to tear down **II.** *vi sein* to tear off; **einen Kontakt nicht ~ lassen** to not lose contact

ab|riegeln *vt* to cordon off *sep*

ab|rufen *vt irreg* ❶ (*wegrufen*) ▪**jdn [von etw** *dat*] ~ to call sb away [from sth] ❷ INFORM ▪**etw [aus etw** *dat*] ~ to retrieve sth [from sth]

ab|runden *vt* ▪**[auf etw** *akk*] ~ to round down [to sth]; ▪**abgerundet** rounded down

ab|rüsten *vt, vi* to disarm

Abrüstung *f kein pl* disarmament

ABS <-> [a:beːˈɛs] *nt Abk von* **Antiblockiersystem** ABS

ab|sacken *vi sein* ❶ (*einsinken*) to subside; (*sinken*) sink ❷ (*fam: sich verschlechtern*) to drop (**auf** to)

Absage *f* refusal; *auf eine Bewerbung* rejection; **jdm eine ~ erteilen** (*geh*) to refuse sb

ab|sagen *vt* to cancel; **jdm ~** to decline sb's invitation

ab|sägen *vt* ❶ to saw off *sep; Baum* to saw down *sep* ❷ (*fig fam*) ▪**jdn ~** to give sb the chop [*or* AM ax]

Absatz *m* ❶ (*Schuhabsatz*) heel ❷ (*Abschnitt*) paragraph ❸ (*Verkauf*) sales *pl*; **~ finden** to find a market ▶**auf dem ~ kehrtmachen** to turn on one's heel

Absatzgebiet *nt* sales area

ab|schaffen *vt* to do away with sth

ab|schalten I. *vt* to turn off **II.** *vi* (*fam: unaufmerksam werden*) to switch off

ab|schätzen *vt* ❶ (*einschätzen*) to assess; **es ist nicht abzuschätzen ...** it's not possible to say ... ❷ (*ungefähr schätzen*) to estimate

abschätzig [ˈapʃɛtsɪç] **I.** *adj* disparaging **II.** *adv* disparagingly; **sich ~ über jdn/etw äußern** to make disparaging remarks about sb/sth

ab|schauen *vt* SÜDD, ÖSTERR, SCHWEIZ ▪**etw [von jdm] ~** ❶ (*nachahmen*) to copy sth by watching [sb doing sth] ❷ SCH (*abschreiben*) to copy sth [from sb]

Abschaum *m kein pl* (*pej*) scum

abscheulich [apˈʃɔylɪç] *adj* revolting

ab|schieben *irreg vt haben* ❶ *Ausländer* to deport ❷ **die Schuld auf jdn ~** to shift the blame onto sb; **er versucht immer, die Verantwortung auf andere abzuschieben** he's always trying to pass the buck *fam*

Abschied <-[e]s, -e> [ˈapʃiːt] *m* farewell; **der ~ fiel ihr nicht leicht** she found it difficult to say goodbye; **von jdm ~ nehmen** to say goodbye to sb; **von etw** *dat* **~ nehmen** to part with sth; **zum ~** as a token of farewell *liter*

ab|schirmen *vt* to shield; ▪**abgeschirmt** isolated

ab|schlachten *vt* to slaughter

ab|schlaffen *vi sein* (*fam*) to droop; ▪**abgeschlafft** dog-tired

Abschlag *m* ❶ (*Preisnachlass*) discount ❷ FBALL kickout; (*beim Golf*) tee-off

ab|schlagen *irreg vt* ❶ (*abtrennen*) ▪**etw [von etw** *dat*] ~ to knock sth [off sth]; **jdm den Kopf ~** to chop off sb's head ❷ (*fällen*) to cut down ❸ (*ablehnen*) *Wunsch* to turn down; ▪**jdm etw ~** to deny sb sth

abschlägig [ˈapʃlɛːgɪç] *adj* negative; **ein ~er Bescheid** a negative reply; **etw ~ bescheiden** (*geh*) to turn down sth

Abschlag(s)zahlung *f* part payment

ab|schleppen *vt* ❶ *Fahrzeug* to tow [away] ❷ (*fam: mitnehmen*) to pick up

Abschleppseil *nt* tow rope **Abschleppwagen** *m* recovery vehicle BRIT, tow truck AM

ab|schließen *irreg* **I.** *vt* ❶ (*verschließen*) to lock ❷ (*beenden*) to finish; **ein abgeschlossenes Studium** completed studies ❸ *Geschäft* to close; *Versicherung* to take out; *Vertrag* to sign **II.** *vi* ▪**mit jdm/etw abgeschlossen haben** to be through with sb/sth; **er hatte mit dem Leben abgeschlossen** he no longer wanted to live

abschließend I. *adj* closing **II.** *adv* finally

Abschluss^{RR} <-es, Abschlüsse> *m,* **Abschluß**^{ALT} <-sses, Abschlüsse> *m* ❶ *kein pl* (*Ende*) conclusion; ▪**etw zum ~ bringen** to bring sth to a conclusion; **zum ~ kommen** to draw to a conclusion; **kurz vor dem ~ stehen** to be shortly before the end ❷ *s.* **Abschlusszeugnis**

Abschlussprüfung^{RR} *f* final exam[s] **Abschlusszeugnis**^{RR} *nt* leaving certificate BRIT, diploma AM

Abschmieren <-s> *nt kein pl* TYPO smearing **ab|schmieren I.** *vt haben* to lubricate **II.** *vi sein* (*abstürzen*) to crash

ab|schminken *vt* ❶ ▪**sich ~** to take off one's make-up; ▪**abgeschminkt** without make-up ❷ (*fam: aufgeben*) ▪**sich** *dat* **etw ~** to give sth up; **das können Sie sich ~!** you can forget about that!

ab|schnallen I. *vt* to unbuckle **II.** *vr* ▪**sich ~**

to undo one's seat belt

ab|schneiden *irreg* **I.** *vt* ① to cut [off] ② *(behindern)* **jdm den Weg ~** to intercept sb; **jdm das Wort ~** to cut sb short **II.** *vi* *(fam)* **bei etw** *dat* **gut/schlecht ~** to do well/badly at sth; **wie hast du bei der Prüfung abgeschnitten?** how did you do in the exam?

Abschnitt *m* ① *(Zeitabschnitt)* period; **ein neuer ~ der Geschichte** a new era in history; **es begann ein neuer ~ in seinem Leben** a new chapter of his life began ② *(Unterteilung)* part

ab|schöpfen *vt* to skim off

ab|schrauben *vt* to unscrew

ab|schrecken I. *vt* ① ■ **jdn [von etw** *dat*] **~** to put sb off [sth] ② KOCHK to rinse with cold water **II.** *vi* to deter

abschreckend I. *adj Wirkung* deterrent; **ein ~es Beispiel** a warning **II.** *adv* **~ wirken** to act as a deterrent

ab|schreiben *irreg vt* ① to copy; ■ **etw [bei jdm] ~** to copy sth [from sb]; **er hatte seitenweise abgeschrieben** he plagiarized entire pages ② *(a. fig)* to write off; **bei jdm abgeschrieben sein** *(fam)* to be out of favour with sb

Abschrift *f* duplicate

Abschürfung <-, -en> *f* graze

abschüssig ['apʃʏsɪç] *adj* steep

ab|schütteln *vt* to shake off; **sie versuchte, ihre Müdigkeit abzuschütteln** she tried to ward off sleep

ab|schweifen *vi sein* to deviate (**von** from); **vom Thema ~** to digress [from a topic]; **bitte schweifen Sie nicht ab!** please stick to the point

absehbar ['apzeːbaːɐ̯] *adj* foreseeable; **das Ende ist nicht ~** the end is not in sight; **in ~er Zeit** in the foreseeable future

ab|sehen *irreg* **I.** *vt (voraussehen)* to predict; **ist die Dauer des Verfahrens abzusehen?** can you say how long the trial will last? **II.** *vi* ■ **von etw** *dat* **~** to ignore sth; ■ **davon ~, etw zu tun** to refrain from doing sth

abseits ['apzaɪts] **I.** *adv* ① *(entlegen)* off the beaten track ② SPORT **~ sein** to be offside **II.** *präp (entfernt von etw)* ■ **~ einer S.** *gen* at a distance from sth; **das Haus liegt ein wenig ~ der Straße** the house isn't far from the road

Abseits <-, -> ['apzaɪts] *nt* SPORT offside; **im ~ stehen** to be offside; *(fig)* to be on the edge

abseits|stehen *vt* to stand on the sidelines

ab|senden *vt* to send (**an** to)

Absender(in) <-s, -> *m(f)* sender

absetzbar *adj (steuerlich)* tax-deductible

ab|setzen I. *vt* ① *Minister* to remove [from office] ② *Brille* to take off ③ *(hinstellen)* to put down ④ *(aussteigen lassen)* ■ **jdn [irgendwo] ~** to drop sb [off somewhere] ⑤ *(verkaufen)* to sell **II.** *vr* ■ **sich ~** ① *Staub* to settle; *Ablagerung* to be deposited ② *(fam: verschwinden)* to clear out; **sich ins Ausland ~** to clear out of the country

Absicht <-, -en> *f* intention; **das war nicht meine ~!** I didn't mean to do it!; **er folgte ihr in der ~, sie zu berauben** he followed her with intent to rob her; **mit den besten ~en** with the best of intentions; **ernste ~en haben** to have honourable intentions; **die ~ haben, etw zu tun** to have the intention of doing sth; **~ sein** to be intentional; **eine ~ verfolgen** to pursue a goal; **mit/ohne ~** intentionally/unintentionally

absichtlich ['apzɪçtlɪç] **I.** *adj* intentional **II.** *adv* on purpose

absolut [apzo'luːt] **I.** *adj* absolute; **~e Ruhe** complete calm; **~e Mehrheit** absolute majority **II.** *adv* absolutely; **~ nicht** positively not; **~ nichts** absolutely nothing

ab|sondern I. *vt* ① BIOL, MED to secrete ② *(isolieren)* to isolate (**von** from) **II.** *vr* ■ **sich ~** to keep oneself apart

ab|spalten *vr* ■ **sich [von etw** *dat*] **~** to split away/off [from sth]

ab|speichern *vt* to save (**auf** onto)

abspenstig ['apʃpɛnstɪç] *adj* **jdm etw ~ machen** to take sth away from sb

ab|sperren *vt* ① *(versperren)* to cordon off (**mit** with) ② *Strom, Wasser* to cut off ③ SÜDD *(zuschließen)* to lock

ab|spielen I. *vr* ■ **sich ~** to happen **II.** *vt CD* to play

Absprache *f* agreement; **eine ~ treffen** to come to an agreement; **nach ~** as agreed

ab|sprechen *irreg* **I.** *vt* ① *(verabreden)* to arrange ② ■ **jdm etw ~** to deny sb sth **II.** *vr* ■ **sich mit jdm [über etw** *akk*] **~** to come to an agreement with sb [about sth]

Absprung *m* ① jump ② *(fam: Ausstieg)* getting out; **den ~ schaffen** to make a getaway; **den ~ verpassen** to miss the boat

ab|spülen I. *vt* to rinse II. *vi* (*spülen*) to do the dishes

ab|stammen *vi kein pp* to descend (**von** from)

Abstand *m* ❶ (*räumlich*) distance; ■ **der ~ zwischen etw** *dat* **und etw** *dat* the distance between sth and sth; **mit knappem/weitem ~** at a short/great distance; **einen ~ einhalten** to keep a distance; **~ halten** to maintain a distance; **in einigem ~** at some distance; **mit ~** by a long way ❷ (*zeitlich*) interval; **in kurzen/regelmäßigen Abständen** at short/regular intervals ❸ SPORT **mit zwei Punkten ~** with a two-point margin ❹ (*geh: sich distanzieren*) **von etw** *dat* **~ nehmen** to decide against sth; **davon ~ nehmen, etw zu tun** to refrain from doing sth

ab|stauben *vt, vi* ❶ to dust ❷ (*fam: ergattern*) to rip off (**von** from)

ab|stechen *irreg vi* (*sich abheben*) to stand out (**von** from)

Abstecher <-s, -> *m* detour

ab|stecken *vt* (*umreißen*) to sketch out

ab|stehen *vi irreg* to stick out; **er hat abstehende Ohren** his ears stick out

ab|steigen *vi irreg sein* ❶ (*im Gebirge*) to descend ❷ (*vom Rad, Pferd*) to dismount ❸ **in einem Hotel ~** to stay in a hotel ❹ **beruflich/gesellschaftlich ~** to slide down the job/social ladder ❺ SPORT to be relegated

ab|stellen *vt* ❶ (*ausschalten*) to switch off *sep* ❷ (*Zufuhr unterbrechen*) ■ **[jdm] etw ~** to cut sth off [of sb] *sep* ❸ (*absetzen*) to put down ❹ (*aufbewahren*) ■ **etw [bei jdm] ~** to leave sth [with sb] ❺ (*parken*) to park

Abstellgleis *nt* siding

ab|stempeln *vt* ❶ to stamp ❷ (*pej*) ■ **jdn [als etw] ~** to brand sb [as sth]; **sich von jdm zu etw** *dat* **~ lassen** to let oneself be branded as sth

ab|sterben *vi irreg sein* to die

Abstieg <-[e]s, -e> *m* ❶ *vom Berg* descent ❷ (*Niedergang*) decline; **der berufliche/ gesellschaftliche ~** descent down the job/social ladder

ab|stimmen I. *vi* ■ **[über jdn/etw] ~** to vote on sb/sth; **[über etw** *akk*] **~ lassen** to have a vote [on sth] II. *vt* ■ **Dinge aufeinander ~** to co-ordinate things [with each other] III. *vr* ■ **sich [mit jdm] ~** to co-ordinate [with sb]

Abstimmung *f* vote (**über** on); **geheime ~** secret ballot; **etw zur ~ bringen** to put sth to the vote

abstinent [apsti'nɛnt] *adj* ❶ (*keinen Alkohol trinken*) abstinent; ■ **~ sein** to be a teetotaller ❷ (*sexuell*) celibate

Abstoß *m* ❶ shove ❷ FBALL goal kick

ab|stoßen *irreg vt* ❶ MED to reject ❷ (*nicht eindringen lassen*) to repel ❸ (*anwidern*) to repel; **sich von etw** *dat* **abgestoßen fühlen** to be repelled by sth ❹ (*verkaufen*) to get rid of

abstoßend I. *adj* ❶ (*widerlich*) repulsive ❷ (*undurchlässig*) **Wasser ~** water-repellent II. *adv* (*widerlich*) in a repulsive way; **~ aussehen** to look repulsive; **~ riechen** to smell disgusting

ab|stottern *vt* (*fam*) to pay by instalments

ab|strafen *vt* ■ **jdn ~** to punish sb

abstrakt [ap'strakt] I. *adj* abstract II. *adv* in the abstract; **etw zu ~ darstellen** to present sth too much in the abstract

ab|streiten *vt irreg* to deny; **er stritt ab, sie zu kennen** he denied knowing her; ■ **jdm etw ~** to deny sb sth

ab|stumpfen *vi, vt* to blunt

Absturz *m* ❶ fall; LUFT crash ❷ *eines Computers* crash

ab|stürzen *vi sein* ❶ *Person* to fall; *Flugzeug* to crash ❷ *Computer* to crash

ab|suchen *vt* to search (**nach** for)

absurd [ap'zʊrt] *adj* absurd

Abszess^RR <-es, -sse> *m*, **Abszeß**^ALT <-sses, -sse> [aps'tsɛs] *m* abscess

Abt, Äbtissin <-[e]s, Äbte> [apt, ɛp'tɪsɪn, *pl* 'ɛptə] *m, f* abbot *masc*, abbess *fem*

ab|tanzen *vi* (*sl*) boogie *fam*, get down [on the dance floor]

ab|tasten *vt* ❶ (*tastend untersuchen*) to search (**nach** for); **jdn nach Waffen ~** to frisk sb for weapons ❷ INFORM to scan

ab|tauen *vt haben* to thaw; *Kühlschrank* to defrost

Abtei <-, -en> *f* abbey

Abteil *nt* compartment

ab|teilen *vt* to divide off (**von** from)

Abteilung *f* department; *eines Krankenhauses* ward

Abteilungsleiter(in) *m(f) einer Verkaufsabteilung* department[al] manager; *einer Firma* head of department

Äbtissin <-, -nen> [ɛp'tɪsɪn] *f fem form von* **Abt** abbess

ab|tragen *irreg vt* ❶ (*abnutzen*) to wear out

②GEOG to wash away *sep*
ab|treiben *irreg vi* ❶ *haben Frau* to have an abortion ❷ *sein Boot* to be carried [away]
Abtreibung <-, -en> *f* abortion
ab|trennen *vt* ❶ (*ablösen*) to detach (**von** from) ❷ (*abteilen*) to divide off *sep* (**von** from) ❸ (*abschneiden*) to cut off *sep*
ab|treten *irreg* I. *vt haben* ❶ (*übertragen*) ■ [**jdm**] **etw** ~ to sign over sth [to sb] *sep* ❷ (*fam: überlassen*) ■ **jdm etw** ~ to give sth to sb ❸ (*lostreten*) to stamp off *sep* II. *vi sein* (*zurücktreten*) to step down
ab|trocknen *vt, vi* to dry; **Geschirr** ~ to dry the dishes; ■ **sich** ~ to dry oneself
abtrünnig ['aptrʏnɪç] *adj* ❶ renegade ❷ *Land* rebel; **seinem Glauben** ~ **werden** to renounce one's faith
ab|tun *vt irreg* to dismiss (**mit** with, **als** as)
abturnend ['aptœːɐ̯nənt] *adj* (*fam*) repulsive; **das finde ich super** ~ I think that's a major turn-off
ab|urteilen *vt* ❶ JUR to [pass] sentence; ■ **abgeurteilt** convicted ❷ (*pej: verdammen*) to condemn
Abverkauf *m* ÖSTERR (*Ausverkauf*) sale
ab|wägen *vt irreg* ■ **etw** [**und etw gegeneinander**] ~ to weigh sth up [against sth else]; **die Vor- und Nachteile** ~ to weigh [up] the disadvantages and advantages; **seine Worte gut** ~ to choose one's words carefully
ab|wälzen *vt* ■ **etw** [**auf jdn**] ~ to unload sth [on to sb]
ab|wandern *vi sein* (*auswandern*) to migrate
Abwärme *f* waste heat
Abwart(in) <-s, -e> *m(f)* SCHWEIZ (*Hausmeister*) caretaker
ab|warten I. *vt* to wait [for]; **das bleibt abzuwarten** that remains to be seen; **sie konnte es einfach nicht mehr** ~ she simply couldn't wait any longer II. *vi* to wait; **wart' mal ab!** [just] [you] wait and see!
abwärts ['apvɛrts] *adv* downhill; **es geht mit jdm/etw** ~ sb/sth is going downhill
Abwasch[1] <-[e]s> *m kein pl* **den** ~ **machen** to do the dishes ▶ **das geht in einem** ~ (*fam*) you can kill two birds with one stone *prov*
Abwasch[2] <-, -en> *f* ÖSTERR (*Spülbecken*) sink
ab|waschen *irreg* I. *vt* ❶ (*spülen*) to wash up ❷ *Fleck* to wash off II. *vi* to do the dishes III. *vr* ■ **sich** ~ to wash oneself

Abwaschmaschine *f* SCHWEIZ dishwasher
Abwasser <-wässer> *nt* waste water
Abwasserkanal *m* sewer
ab|wechseln *vi, vr* ■ [**sich**] ~ ❶ (*im Wechsel handeln*) to take turns ❷ (*im Wechsel erfolgen*) to alternate; **Sonne und Regen wechselten sich ab** it alternated between sun and rain
abwechselnd *adv* alternately
Abwechselung <-, -en> *f,* **Abwechslung** <-, -en> *f* change; **eine willkommene** ~ **sein** to be a welcome change; **die** ~ **lieben** to like a bit of variety
Abweg *m meist pl* **jdn auf** ~**e führen** to lead sb astray; **auf** ~ **e geraten** to go astray
abwegig ['apveːɡɪç] *adj* absurd
ab|wehren *vt* ❶ MIL to repel ❷ SPORT to fend off ❸ (*abwenden*) to turn away; *Gefahr, Verdacht* to avert
Abwehrkräfte *pl* the body's defences
ab|weichen *vi irreg sein* ❶ to deviate (**von** from) ❷ (*sich unterscheiden*) ■ [**in etw** *dat*] **von jdm/etw** ~ to differ from sb/sth [in sth]
ab|weisen *vt irreg* ❶ (*wegschicken*) to turn away ❷ (*ablehnen*) to turn down *sep; Bitte* to deny; ■ **jdn** ~ to reject sb ❸ JUR *Klage* to dismiss
abweisend *adj* cold
ab|wenden *reg o irreg* I. *vr* ■ **sich** ~ to turn away II. *vt* ❶ (*verhindern*) *Katastrophe* to avert; ■ **etw** [**von jdm/etw**] ~ to protect [sb/sth] from sth ❷ (*wegbewegen*) **die Augen** ~ to avert one's gaze
ab|werben *vt irreg* to entice away
ab|werfen *irreg vt* ❶ to drop; *Blätter* to shed ❷ *Gewinn* to yield; *Zinsen* to bear
ab|werten *vt* to devalue (**um** by); ■ **abgewertet** devalued
abwesend ['apveːznt] *adj* ❶ (*nicht da*) absent ❷ (*geistesabwesend*) absent-minded
Abwesenheit <-, *selten* -en> *f* ❶ absence; **in jds** ~ in sb's absence ❷ (*Geistesabwesenheit*) absent-mindedness
ab|wickeln I. *vt* ❶ to unwind ❷ (*erledigen*) to deal with; *Auftrag* to process; *Geschäft* to carry out II. *vr* (*glatt vonstattengehen*) ■ **sich** ~ to run smoothly
ab|wimmeln *vt* (*fam*) ■ **jdn** ~ to get rid of sb; ■ **etw** ~ to get out of [doing] sth
ab|winken *vi* to signal one's refusal
ab|wischen *vt* to wipe (**von** from); **sich den Schweiß von der Stirn** ~ to mop the sweat

from one's brow; **sich die Tränen** ~ to dry one's tears

ab|würgen vt (fam) ❶ AUTO **den Motor** ~ to stall the engine ❷ (im Keim ersticken) to nip in the bud; ▪**jdn** ~ (unterbrechen) to cut sb short

ab|zahlen vt to pay in instalments; ▪**abgezahlt** paid for pred

ab|zeichnen I. vt ❶ to copy ❷ (signieren) to initial **II.** vr (erkennbar werden) ▪**sich** ~ to become apparent

ab|ziehen irreg **I.** vi ❶ sein MIL to withdraw (**aus** from) ❷ sein (fam: weggehen) to go away; **zieh ab!** clear off! ❸ sein METEO to move away **II.** vt haben ❶ Steuern to deduct (**von** from) ❷ MATH to subtract (**von** from) ❸ MIL Truppen to withdraw ❹ Bett to strip ❺ SCHWEIZ (ausziehen) to take off **III.** vr SCHWEIZ (sich ausziehen) ▪**sich** ~ to undress

ab|zielen vi ▪**auf jdn/etw** ~ to aim at sb/sth

Abzocke <-> f kein pl (pej fam) profiteering, price gouging AM

ab|zocken I. vt (sl) ▪**jdn** ~ to fleece sb **II.** vi (sl) to clean up

Abzockerei <-, -en> f (pej sl) rip-off fam

Abzug m ❶ FOTO print ❷ MIL withdrawal; **jdm freien** ~ **gewähren** to grant sb safe passage

abzüglich ['aptsy:klɪç] präp ▪ ~ **einer S.** gen minus sth

Abzugshaube f extractor hood

ab|zweigen vi sein to branch off

Abzweigung <-, -en> f turning

ach [ax] interj ❶ (jammernd, ärgerlich) oh no!; ~ **je!** oh dear [me]! ❷ (verwundert) ~ **so!** [oh,] I see!; ~ **wirklich?** really? ❸ (verneinend) ~ **was!** come on!

Ach <-s, -[s]> [ax] nt ▸ **mit** ~ **und Krach** (fam) by the skin of one's teeth

Achse <-, -n> ['aksə] f ❶ AUTO axle ❷ (Linie) axis ▸ **auf** ~ **sein** (fam) to be on the move

Achsel <-, -n> ['aksl] f ❶ ANAT armpit ❷ (fam: Schulter) shoulder; **mit den** ~**n zucken** to shrug one's shoulders

Achselhöhle f armpit

acht[1] [axt] adj eight; ~ **mal drei sind [gleich] 24** eight times three is 24; **das kostet** ~ **Euro** that costs eight euros; **es steht** ~ **zu drei** the score is eight three [or 8-3]; ~ **[Jahre alt] sein/werden** to be/turn eight [years old]; **mit** ~ **[Jahren]** at the age of eight; **alle** ~ **Tage** [regularly] every week; **heute/Freitag in** ~ **Tagen** a week today/on Friday;

heute/Freitag vor ~ **Tagen** a week ago today/on Friday; ~ **Uhr sein** to be eight o'clock; **gegen** ~ [**Uhr**] [at] about eight [o'clock]; ... [**Minuten**] **nach/vor** ~ ... [minutes] past/to eight [o'clock]; **kurz nach/vor** ~ [**Uhr**] just [or shortly] after/before eight [o'clock]; **um** ~ at eight [o'clock]

acht[2] [axt] adv zu ~ **sein**: **wir waren zu** ~ there were eight of us

Acht[1] <-, -en> [axt] f ❶ (Zahl) eight ❷ KARTEN eight; **die Kreuz-**~ the eight of clubs ❸ (in Fahrradfelge) deformation; **ich habe eine** ~ **im Vorderrad** my front wheel is buckled

Acht[RR2] [axt] f ~ **geben** to be careful; **auf jdn/etw** ~ **geben** to look after sb/sth; **etw außer** ~ **lassen** to not take sth into account; **sich [vor jdm/etw] in** ~ **nehmen** to be wary [of sb/sth]

achtbar adj (geh) respectable

achte(r, s) ['axtə, -tə, -təs] adj eighth; **die** ~ **Klasse** third year of senior school BRIT, eighth grade AM; **am** ~**n September** on the eighth of September; **an** ~**r Stelle** [in] eighth [place]

Achte(r) ['axtə, -tə] f(m) dekl wie adj ❶ (Person, Ding) ▪**der/die/das** ~ the eighth; **du bist jetzt der** ~, **der fragt** you're the eighth person to ask; ~[**r**] **sein/werden** to be/finish [in] eighth [place]; **er ging als** ~**r durchs Ziel** he finished eighth; **jeder** ~ every eighth person; **Karl der** ~ Karl the Eighth ❷ (bei Datumsangabe) ▪**der** ~ [o **der 8.**] the eighth, the 8th; **heute ist der** ~ it's the eighth today; ▪**am** ~**n** on the eighth

achtel ['axtl] adj eighth

Achtel <-s, -> ['axtl] nt o SCHWEIZ m eighth; **zwei/drei** ~ two/three eighths

achten ['axtn] **I.** vt to respect **II.** vi ❶ (aufpassen) ▪**auf jdn/etw** ~ to look after sb/sth ❷ (beachten) ▪**auf jdn/etw** ~ to pay attention to sb/sth; **achtet aber darauf, dass ihr nichts umwerft!** be careful not to knock anything over!

Achterbahn f roller-coaster

Achterdeck nt after deck

achtfach, 8fach ['axtfax] **I.** adj eightfold; **die** ~**e Menge** eight times the amount; **bei** ~**er Vergrößerung** enlarged eight times **II.** adv eight times over **achtjährig, 8-jährig**[RR] ['axtjɛːrɪç] adj ❶ (Alter) eight-year-old attr, eight years old pred ❷ (Zeitspanne) eight-year attr

achtlos I. *adj* careless II. *adv* without noticing

achttägig, 8-tägig^RR ['axtte:gıç] *adj attr* eight-day

Achtung¹ ['axtʊŋ] *interj* ■ ~! ① (*Vorsicht*) watch out! ② (*Aufmerksamkeit*) [your] attention please! ▶ ~, **fertig, los!** ready, steady, go!

Achtung² <-> ['axtʊŋ] *f kein pl* respect (**vor** for); [**keine**] ~ **vor jdm/etw haben** to have [no] respect for sb/sth; **alle ~!** well done!

achtzehn ['axtse:n] *adj* eighteen; ■ ~ **Uhr** 6pm, 1800hrs *written,* eighteen hundred hours *spoken; s. a.* **acht** ¹

achtzehnte(r, s) *adj* eighteenth; *s. a.* **achte(r, s)**

achtzig ['axtsıç] *adj* ① eighty; **über** ~ **sein** to be over eighty; **Mitte** ~ **sein** to be in one's mid-eighties ② (*fam: Stundenkilometer*) [**mit**] ~ **fahren** to do eighty [kilometres an hour]

achtzigste(r, s) ['axtsıçstə, -tə, -təs] *adj* eighth; *s. a.* **achte(r, s)**

ächzen ['ɛçtsn̩] *vi* to groan

Acker <-s, Äcker> ['akɐ, *pl* 'ɛkɐ] *m* field

Ackerbau *m kein pl* [arable] farming; ~ **betreiben** to farm [the land] **Ackerland** *nt kein pl* arable land

ackern ['akɐn] *vi* ① (*fam: hart arbeiten*) to slog away ② *Bauer* to till the soil

Actionheld, -heldin ['ɛkʃən-] *m, f* FILM action hero

Adapter <-s, -> [a'daptɐ] *m* adapter

adaptieren* [adap'ti:rən] *vt* ① to adapt (**für** for) ② ÖSTERR (*herrichten*) to renovate

addieren* [a'di:rən] *vt* to add up *sep;* ■ *etw* **zu etw** *dat* ~ to add sth to sth

Addition <-, -en> [adi'tsi̯o:n] *f* addition

Adel <-s> ['a:dl̩] *m kein pl* nobility

adelig ['a:dəlıç] *adj s.* **adlig**

Adelige(r) ['a:dəlıgə, -gɐ] *f(m) dekl wie adj s.* **Adlige(r)**

Ader <-, -n> ['a:dɐ] *f* ① (*Vene*) vein; (*Schlagader*) artery ② (*Begabung*) **eine** ~ **für etw** *akk* **haben** to have a talent for sth; **eine künstlerische** ~ **haben** to have an artistic bent

Adjektiv <-s, -e> ['atjɛkti:f, *pl* -i:və] *nt* adjective

Adjunkt(in) <-en, -en> [at'jʊŋkt] *m(f)* ÖSTERR, SCHWEIZ (*unterer Beamter*) low-ranking civil servant

Adler <-s, -> ['a:dlɐ] *m* eagle

adlig ['a:dlıç] *adj* aristocratic, noble

Adlige(r) ['a:dlıgə, -gɐ] *f(m) dekl wie adj* aristocrat

adoptieren* [adɔp'ti:rən] *vt* to adopt

Adoption <-, -en> [adɔp'tsi̯o:n] *f* adoption; **ein Kind zur** ~ **freigeben** to put a child up for adoption

Adoptiveltern [adɔp'ti:f-] *pl* adoptive parents

Adoptivkind *nt* adopted child

Adrenalin <-s> [adrena'li:n] *nt kein pl* adrenalin

Adressat(in) <-en, -en> [adrɛ'sa:t] *m(f)* addressee

Adressbuch^RR *nt* directory

Adresse <-, -n> [a'drɛsə] *f* address ▶ **bei jdm** [**mit etw** *dat*] **an der falschen/richtigen** ~ **sein** to have addressed the wrong/right person [with sth]; **sich an die falsche/richtige** ~ **wenden** (*fam*) to knock at the wrong/right door

adressieren* [adrɛ'si:rən] *vt* to address (**an** to)

Adria <-> ['a:dria] *f* Adriatic [Sea]

Advent <-s, -e> [at'vɛnt] *m* Advent [season]; **erster** ~ first Sunday in Advent

Adverb <-s, -ien> [at'vɛrp, *pl* -bi̯ən] *nt* adverb

Advokat(in) <-en, -en> [atvo'ka:t] *m(f)* advocate

Advokatur <-, -en> [atvoka'tu:ɐ̯] *f* SCHWEIZ lawyer's office

Aerofelge [a'e:ro-] *f* aero rim

Affe <-n, -n> ['afə] *m* monkey ▶ **ich glaub', mich laust der ~!** (*fam*) I think my eyes are deceiving me!

Affekt <-[e]s, -e> [a'fɛkt] *m* affect; **im** ~ **handeln** to act in the heat of the moment

affektiert [afɛk'ti:ɐ̯t] I. *adj* (*pej geh*) affected II. *adv* (*pej geh*) affectedly

Affenhitze ['afn̩'hıtsə] *f* (*fam*) scorching heat

affig ['afıç] I. *adj* (*pej fam*) affected II. *adv* (*pej fam*) affectedly

Afghane, Afghanin <-n, -n> [af'ga:nə, af'ga:nın] *m, f* Afghan

Afrika <-s> ['a:frika] *nt* Africa

Afrikaner(in) <-s, -> [afri'ka:nɐ] *m(f)* African; ■ ~ **sein** to be [an] African

afrikanisch [afri'ka:nıʃ] *adj* African

Afroamerikaner(in) ['a:fro-] *m(f)* Afro-American

afroamerikanisch ['a:fro-] *adj* Afro-American

After <-s, -> ['aftɐ] *m* (*geh*) anus

After-Show-Party, Aftershowparty ['a:ftɐʃoːpaːtɪ] *f* after show party

Agent(in) <-en, -en> [a'gɛnt] *m(f)* agent

Agentur <-, -en> [agɛn'tuːɐ̯] *f* agency

Agglomeration <-, -en> [aglomera'tsi̯oːn] *f* SCHWEIZ (*Ballungsraum*) conurbation

Aggregat <-[e]s, -e> [agre'ga:t] *nt* unit; (*Stromaggregat*) power unit

agieren* [a'gi:rən] *vi* (*geh*) to act

Agrarwende *f* POL, AGR [movement for] sustainable agriculture

Ägypten <-s> [ɛ'gʏptn̩] *nt* Egypt

Ägypter(in) <-s, -> [ɛ'gʏptɐ] *m(f)* Egyptian

ägyptisch [ɛ'gʏptɪʃ] *adj* Egyptian

aha [a'ha:] *interj* ① (*ach so*) aha ② (*sieh da*) look!

ahnden ['a:ndn̩] *vt* (*geh*) to punish

ähneln ['ɛ:nl̩n] *vt* to resemble; **du ähnelst meiner Frau** you remind me of my wife

ahnen ['a:nən] *vt* ① (*vermuten*) to suspect; (*erahnen*) to guess [at]; **das kann/konnte ich doch nicht ~!** how can/could I know that?; **ohne zu ~, dass ...** without suspecting that ...; **etwas/nichts [von etw** *dat*] **~** to have an/no idea [about sth] *fam* ② (*voraussehen*) ■ **etw ~** to have a premonition of sth

ähnlich ['ɛ:nlɪç] **I.** *adj* similar; ■ [**etwas**] **Ähnliches** something similar **II.** *adv* similarly; ■ **jdm ~ sehen** to look like sb ▶ **das sieht ihr [ganz] ~!** (*fam*) that's just like her

Ähnlichkeit <-, -en> *f* ① (*Aussehen*) resemblance (**mit** to); ■ **mit jdm/etw ~ haben** to resemble sb/sth ② (*Vergleichbarkeit*) similarity; ■ **mit etw** *dat* **~ haben** to be similar to sth

Ahnung <-, -en> *f* ① (*Vorgefühl*) premonition; **~en haben** to have premonitions ② (*Vermutung*) suspicion; **es ist eher so eine ~** it's more of a hunch *fam* ③ (*fam: Vorstellung*) **hast du eine ~!** (*iron*) that's what you think!; **keine ~ haben** to have no idea; **keine ~!** [I've] no idea!; **keine blasse ~ haben** to not have the faintest idea; [**keine**] **~ [von etw** *dat*] **haben** to [not] understand [sth]

ahnungslos I. *adj* ① unsuspecting ② (*unwissend*) ignorant **II.** *adv* unsuspectingly

Ahorn <-s, -e> ['a:hɔrn] *m* maple [tree]

Ähre <-, -n> ['ɛ:rə] *f* ① (*Samenstand*) ear ② (*Blütenstand*) spike

Aids <-> [e:ts] *nt Akr von* **Acquired Immune Deficiency Syndrome** Aids

Aidsinfizierte(r) *f(m) dekl wie adj* person infected with Aids

Airbag <-s, -s> ['ɛːɐ̯bɛk] *m* airbag

Airbus ['ɛːɐ̯bʊs] *m* airbus

Akademie <-, -n> [akade'miː, *pl* -'miːən] *f* ① (*Hochschule*) college ② (*Gesellschaft*) academy

Akademiker(in) <-s, -> [aka'de:mikɐ] *m(f)* graduate

akademisch [aka'de:mɪʃ] **I.** *adj* academic **II.** *adv* **~ gebildet sein** to be academically educated

Akazie <-, -n> [a'ka:tsi̯ə] *f* ① acacia ② (*Robinie*) robinia

akklimatisieren* [aklimati'zi:rən] *vr* ■ **sich ~** to become acclimatized

Akkord¹ <-[e]s, -e> [a'kɔrt, *pl* -kɔrdə] *m* MUS chord

Akkord² <-[e]s, -e> [a'kɔrt, *pl* -kɔrdə] *m* piece-work; ■ **im ~ arbeiten** to be on piece-work

Akkordarbeit *f* piece-work

Akkordeon <-s, -s> [a'kɔrdeɔn] *nt* accordion

Akkreditiv <-s, -e> [akredi'ti:f, *pl* -'ti:və] *nt* FIN letter of credit

Akku <-s, -s> ['aku] *m* (*fam*) *kurz für* **Akkumulator** accumulator

akkurat [aku'ra:t] **I.** *adj* ① (*sorgfältig*) meticulous ② (*exakt*) accurate **II.** *adv* ① meticulously ② accurately

Akkusativ <-s, -e> ['akuzati:f, *pl* -ti:və] *m* accusative [case]

Akne <-, -n> ['aknə] *f* acne

Akrobat(in) <-en, -en> [akro'ba:t] *m(f)* acrobat

akrobatisch *adj* acrobatic

Akt <-[e]s, -e> [akt] *m* ① (*Bild*) nude [painting] ② (*Handlung*) act; **ein ~ der Rache** an act of revenge ③ ÖSTERR (*Akte*) file

Akte <-, -n> ['aktə] *f* file, records *pl*

Aktennotiz *f* memorandum **Aktenordner** *m* file **Aktentasche** *f* briefcase **Aktenvernichtung** *f* (*Zerreißen*) document shredding **Aktenzeichen** *nt* file reference

Akteur(in) <-s, -e> [ak'tøːɐ̯] *m(f)* ① (*geh: Handelnder*) player ② THEAT, FILM actor ③ SPORT player

Aktie <-, -n> ['aktsi̯ə] f BÖRSE share, stock esp AM; **die ~n stehen gut/schlecht** the shares are doing well/badly
Aktiengesellschaft f public limited company BRIT, [stock] corporation AM **Aktienkapital** nt BÖRSE share capital **Aktienkurs** m share [or AM a. stock] price **Aktienoption** f BÖRSE share option
Aktion <-, -en> [ak'tsi̯oːn] f ❶ action; **in ~ sein** to be [constantly] in action; **in ~ treten** to come into action ❷ (Militäraktion, Werbeaktion) campaign
Aktionär(in) <-s, -e> [aktsi̯o'nɛːɐ̯] m(f) shareholder, AM a. stockholder
aktiv [ak'tiːf] **I.** adj active; ■**in etw** dat **~ sein** to be active in sth **II.** adv actively
Aktiv <-s, selten -e> [ak'tiːf, pl -tiːvə] nt active [voice]
Aktiva [ak'tiːva] pl assets; **~ und Passiva** assets and liabilities
Aktivgeschäft nt einer Bank lending business
aktivieren* [akti'viːrən] vt ❶ (anspornen) ■**jdn ~** to get sb moving ❷ (stimulieren) to stimulate ❸ (in Gang setzen) to activate; **einen Prozess ~** to set a process in motion
Aktivität <-, -en> [aktivi'tɛːt] f activity
aktualisieren* vt to update; ■**aktualisiert** updated
Aktualität <-, -en> [aktuali'tɛːt] f topicality
Aktuar(in) <-s, -e> [ak'tu̯aːɐ̯] m(f) SCHWEIZ secretary
aktuell [ak'tu̯ɛl] adj ❶ (gegenwärtig) topical; **die ~sten Nachrichten** the latest news; **~e Vorgänge** current events ❷ (modern) latest attr, in fashion pred
Akupunktur <-, -en> [akupʊŋk'tuːɐ̯] f acupuncture
Akustik <-> [a'kʊstɪk] f kein pl acoustics + pl vb
Akustikkoppler m TECH, INFORM acousting coupler
akustisch [a'kʊstɪʃ] **I.** adj acoustic **II.** adv acoustically; **ich habe dich rein ~ nicht verstanden** I just didn't hear what you said
akut [a'kuːt] adj acute
Akzent <-[e]s, -e> [ak'tsɛnt] m ❶ (Aussprache) accent; **mit ~ sprechen** to speak with an accent ❷ (Zeichen) accent ❸ (Schwerpunkt) stress; **den ~ auf etw** akk **legen** to emphasize sth; **~e setzen** to set [new] trends
akzeptieren* [aktsɛp'tiːrən] vt, vi to accept

Alarm <-[e]s, -e> [a'larm] m ❶ (Signal) alarm; ■**~ schlagen** to raise the alarm ❷ (Alarmzustand) alert; ■**bei ~** during an alert; ■**~!** alert!
Alarmanlage f alarm [system] **alarmieren*** [alar'miːrən] vt ❶ (rufen) to call out ❷ (aufschrecken) to alarm **Alarmismus** <-> [alar'mɪsmʊs] m kein pl (pej) alarmism **Alarmist(in)** <-en, -en> [alar'mɪst] m(f) (pej) alarmist
Albaner(in) <-s, -> [al'baːnɐ] m(f) Albanian
Albanien <-s> [al'baːni̯ən] nt Albania
albanisch [al'baːnɪʃ] adj Albanian; s. a. **deutsch**
Albanisch [al'baːnɪʃ] nt dekl wie adj Albanian; s. a. **Deutsch**
albern¹ ['albɐn] **I.** adj childish **II.** adv childishly
albern² ['albɐn] vi to fool around
Albtraumᴿᴿ m nightmare
Album <-s, Alben> ['albʊm, pl 'albən] nt album
Alge <-, -n> ['algə] f alga
Algebra <-> ['algebra] f algebra
Algorithmus <-, -men> [algo'rɪtmʊs] m algorithm
Alibi <-s, -s> ['aːlibi] nt alibi
Alibifunktion f ■[nur] **~ haben** to [only] serve as an alibi
Alimente [ali'mɛntə] pl maintenance no pl
alkalisch [al'kaːlɪʃ] adj alkaline
Alkohol <-s, -e> ['alkohoːl] m alcohol
Alkoholeinflussᴿᴿ m **unter ~ stehen** to be under the influence of alcohol **alkoholfrei** adj non-alcoholic **alkoholhaltig** adj alcoholic **Alkoholiker(in)** <-s, -> [alko'hoːlikɐ] m(f) alcoholic; **Anonyme ~** Alcoholics Anonymous **Alkoholismus** <-> [alkoho'lɪsmʊs] m alcoholism
all [al] pron indef all; ■**~ der/die/das ...** all the ...; ■**~ dies ...** all this ...; **~ ihr Geld** all her money
All <-s> [al] nt kein pl space
alle ['alə] adj pred (fam) ■**~ sein** to be all gone; **etw ~ machen** to finish sth off sep
alle(r, s) ['alə, -lɐ, -ləs] pron indef ❶ adjektivisch all ❷ substantivisch ■[sie] **alle** all of them; ■**ihr alle** all of you; ■**alles** everything
Allee <-, -n> [a'leː, pl -'leːən] f avenue
allein [a'lain], **alleine** [a'lainə] (fam) **I.** adj pred ❶ (ohne andere) alone; **wir sind jetzt**

endlich ~ we're on our own at last; **sind Sie ~ oder in Begleitung?** are you by yourself or with someone?; **jdn ~ lassen** to leave sb alone; **sich ~ gelassen fühlen** to feel abandoned ❷ (*einsam*) lonely ▶ **für sich ~ [genommen]** in itself II. *adv* ❶ (*ohne Hilfe*) by oneself; **~ erziehend sein** to be a single parent; **von ~** by itself/oneself; **ich wäre auch von ~ darauf gekommen** I would have thought of it myself ❷ (*ohne andere*) alone; **~ erziehend sein** to be a single parent; **~ stehend** single ❸ (*bereits*) just; **~ der Gedanke daran** the mere thought of it ❹ (*ausschließlich*) exclusively; **das ist ~ deine Entscheidung** it's your decision [and yours alone]

alleinerziehend *adj attr* **~ sein** to be a single parent

Alleinerziehende(r) *f(m) dekl wie adj* single parent **Alleinerzieher, -erzieherin** *m, f* single parent **Alleingang** <-gänge> *m* (*fam*) solo effort; **etw im ~ machen** to do sth on one's own

alleinig [a'lainɪç] I. *adj attr* sole II. *adv* (*geh*) solely

alleinstehend *adj* single

Alleinstellungsmerkmal *nt* ÖKON unique selling point

Alleinvertretung *f* ÖKON sole and exclusive representation

allemal ['alə'maːl] *adv* **ein für ~** once and for all

allenfalls ['alən'fals] *adv* at [the] most, at best

allerbeste(r, s) ['alɐ'bɛstə, -tə, -təs] *adj* very best

allerdings ['alɐ'dɪŋs] *adv* ❶ (*jedoch*) although ❷ (*in der Tat*) definitely; **~!** indeed!

allererste(r, s) ['alɐ'ʔɛːɐ̯stə, -tə, -təs] *adj* the [very] first

Allergie <-, -n> [alɛr'giː, *-pl* -giːən] *f* allergy; **~ auslösend** allergenic; **eine ~ [gegen etw akk] haben** to have an allergy [to sth]

allergisch [a'lɛrgɪʃ] I. *adj* allergic (**gegen** to) II. *adv* MED **[auf etw** *akk*] **reagieren** to have an allergic reaction [to sth]

Allerheiligen <-s> ['alɐ'hailɪɡn̩] *nt* All Saints' Day

allerlei ['alɐ'lai] *adj* ❶ *substantivisch* a lot; **ich muss noch ~ erledigen** I still have a lot to do ❷ *adjektivisch* all sorts of

allerletzte(r, s) ['alɐ'lɛtstə, -tə, -təs] *adj* (*ganz letzte*) [very] last; ■ **der/die A~** the [very]

last [person] ▶ **das Allerletzte sein** (*fam*) to be beyond the pale! **allermeiste(r, s)** ['alɐ'maistə, -tə, -təs] *adj* most *generalization*, the most *comparison*; **im Urlaub verbringt er die ~ Zeit mit Angeln** on holiday he spends most of his time fishing; ■ **die A~n** most people; ■ **am ~n** most of all **allerneueste(r, s)** ['alɐ'nɔyəstə, -tə, -təs] *adj*, **allerneuste(r, s)** ['alɐ'nɔystə, -tə, -təs] *adj* latest; ■ **am ~n** the newest

Allerseelen <-s> ['alɐ'zeːlən] *nt* All Souls' Day

allerwenigste(r, s) *adj* ❶ (*wenigste: zählbar*) fewest; (*unzählbar*) least; **in den ~n Fällen** in only a very few cases ❷ (*mindeste*) least

allesamt ['alə'zamt] *adv* all [of us/you/them]

allfällig ['alfɛlɪç] *adj* SCHWEIZ necessary

allgemein ['algə'main] I. *adj* ❶ *attr* (*alle betreffend*) general; **von ~em Interesse sein** to be of interest to everyone ❷ *attr* (*allen gemeinsam*) general; **zur ~en Überraschung** to everyone's surprise; **das ~e Wohl** the common good ▶ **im A~en** (*normalerweise*) generally speaking; (*insgesamt*) on the whole II. *adv* generally; **~ bekannt sein** to be common knowledge; **~ gültig** general; **~ verständlich** intelligible to everybody; **~ zugänglich sein** to be open to the general public

Allgemeinbildung *f kein pl* general education **Allgemeinheit** <-> ['algə'mainhait] *f kein pl* general public **allgemeinverständlich** *adj* intelligible to everybody

Allheilmittel *nt* cure-all

Allianz <-, -en> [a'li̯ants] *f* alliance

Alliierte(r) [ali'iːɐ̯tə, -tə] *f(m) dekl wie adj* ally; ■ **die ~n** the Allies

alljährlich ['al'jɛːɐ̯lɪç] I. *adj attr* annual II. *adv* annually

allmächtig [al'mɛçtɪç] *adj* omnipotent

allmählich [al'mɛːlɪç] I. *adj attr* gradual II. *adv* gradually; **~ geht er mir auf die Nerven** he's beginning to get on my nerves

Allradantrieb *m* four-wheel drive

Alltag ['altaːk] *m* everyday life

alltäglich ['altɛːklɪç] *adj* ❶ *attr* (*tagtäglich*) daily ❷ (*gang und gäbe*) usual; **diese Probleme sind bei uns ~** these problems are part of everyday life here

allwissend [al'vɪsn̩t] *adj* omniscient

allzu ['altsuː] *adv* [all] too; **~ früh** far too early; **nicht ~ gerne** reluctantly; **magst du Fisch? — nicht ~ gern** do you like fish? —

not very much; ~ **oft** only too often; **nicht** ~ **oft** not [all] too often; ~ **sehr** too much; ~ **viel** too much
Allzweckcreme *f* all-purpose cream **Allzweckhalle** *f* [multipurpose] hall **Allzweckreiniger** *m* general-purpose cleaner
Alm <-, -en> [alm] *f* mountain pasture
Alpen ['alpn̩] *pl* ■ **die** ~ the Alps
Alpenveilchen *nt* cyclamen
Alphabet <-[e]s, -e> [alfa'beːt] *nt* alphabet
alphabetisch [alfa'beːtɪʃ] *adj* alphabetical
Alptraum ['alptraum] *m* nightmare
als [als] *konj* ❶ (*in dem Moment, da*) when, as; **ich kam,** ~ **er ging** I came as he was leaving; **damals,** ~ **...** in the days when ...; **gerade** ~ **...** just when ...; **gleich** ~ **...** as soon as ... ❷ *bei Vergleichen* than; **der Bericht ist interessanter** ~ **erwartet** the report is more interesting than would have been expected; **alles andere** ~ **...** everything but ...; **niemand anders** ~ **...** (*a. hum, iron*) none other than ... ❸ ■ **...,** ~ **habe/könne/sei/würde ... ...,** as if ...; ■ ~ **ob ...** as if ... ❹ (*ausschließend*) **du bist noch zu jung,** ~ **dass du dich daran erinnern könntest** you're too young to be able to remember that ❺ (*in der Eigenschaft von etw*) as; **schon** ~ **Kind hatte er immer Albträume** even as a child, he had nightmares
also ['alzo] **I.** *adv* (*folglich*) so; **es regnet,** ~ **bleiben wir zu Hause** it's raining, so we'll stay at home **II.** *part* ❶ (*nun ja*) well ❷ (*tatsächlich*) so; **er hat** ~ **doch nicht die Wahrheit gesagt!** so he wasn't telling the truth after all! ❸ (*na*) ~ **dann, ...!** so ..., well then ...; ~ **gut** [well,] all right ▶ ~ **doch!** you see!; **na** ~ **!** just as I thought!
alt <älter, älteste(r,s)> [alt] *adj* ❶ (*betagt*) old; ■ **älter sein/werden** to be/get older; ■ **älter als jd werden** to live longer than sb; ■ **für etw** *akk* **zu** ~ **sein** to be too old for sth; **A**~ **und Jung** young and old alike ❷ (*Lebensalter*) old; **wie** ~ **ist er?** how old is he?; **er ist 21 Jahre** ~ he's 21 [years old]; **darf ich fragen, wie** ~ **Sie sind?** may I ask how old you are?; **er wird dieses Jahr 21 Jahre** ~ he'll be 21 [years old] this year; **Ende Mai wurde sie 80 Jahre** ~ she turned 80 at the end of May; ■ **älter/am ältesten sein** to be the older/the oldest ❸ (*aus alter Zeit*) ancient ❹ *attr* (*unverändert*) ■ **der/die/das A**~ **...** the same old ...; **du bist ganz der A**~**e geblieben** you're still your old self ▶ ~ **aussehen** (*fam*) to look [*or* AM look like] a complete fool; **ich werde heute nicht** ~ **!** (*fam*) I won't stay up late tonight
Alt <-s, -e> [alt] *m* MUS alto
Altar <-s, -täre> [al'taːɐ̯, *pl* al'tɛːrə] *m* altar
Altarm *m* oxbow lake
altbacken *adj Brot* stale
Altbau <-bauten> *m* old building
altbewährt ['altbəvɛːɐ̯t] *adj* well-tried
Alte(r) ['altə, -tə] *f(m) dekl wie adj* ❶ (*fam: Mann*) old geezer; (*Frau*) old dear; ■ **die** ~ **n** the older generation ❷ (*fam: Ehemann, Vater*) old man; (*Mutter*) old woman; ■ **die/meine** ~ **e** (*Ehefrau*) the old wife *fam*; ■ **die/jds** ~ **n** (*Eltern*) the/sb's old folks ❸ (*fam: Vorgesetzte(r)*) ■ **der/die** ~ the boss ❹ *pl* (*die Ahnen*) ■ **die** ~ **n** the ancients
alteingesessen *adj* old-established
Alteisen *nt* scrap iron
Altenheim *nt*, **Altenpflegeheim** *nt* old people's home
Alter <-s, -> ['altɐ] *nt* ❶ (*Lebensalter*) age; **in jds** ~ at sb's age; **mittleren** ~ **s** middle-aged; **in jds** ~ **sein** to be the same age as sb; **er ist in meinem** ~ he's my age ❷ (*Bejahrtheit*) old age; **im** ~ in old age ▶ ~ **schützt vor Torheit nicht** (*prov*) there's no fool like an old fool *prov*
altern ['altɐn] *vi* to age; ■ **das Altern** the process of ageing
alternativ [altɛrna'tiːf] *adj* alternative; ~ **leben** to live an alternative lifestyle
Alternative <-n, -n> [altɐna'tiːvə] *f* alternative; ■ **die** ~ **haben, etw zu tun** to have the alternative of doing sth
Altersasyl *nt* SCHWEIZ old peoples' home
Altersfleck *m* age spot **Altersgruppe** *f* age group **Altersheim** *nt* old people's home
Altersrente *f*, **Altersruhegeld** *nt* (*geh*) old-age pension BRIT, social security AM
Altersschwäche *f kein pl* infirmity **Altersteilzeit** *f* pre-retirement part-time employment **Altersversorgung** *f* retirement pension; (*betrieblich*) pension scheme [*or* AM plan]
Altertum <-> ['altɐtuːm] *nt kein pl* antiquity; **das Ende des** ~ **s** the end of the ancient world
altertümlich ['altɐtyːmlɪç] *adj* ancient
Alterung <-, -en> *f* ageing, aging AM
Altglascontainer *m* bottle bank BRIT,

glass-recycling collection point Am
Altjahresabend ['altjaːɐ̯əsʔaːbn̩t] *m* SCHWEIZ New Year's Eve
altklug ['altˈkluːk] *adj* precocious
Altlasten *pl* ÖKOL poisonous waste
ältlich ['ɛltlɪç] *adj* oldish
Altmaterial *nt* waste material **Altmeister(in)** *m(f)* ❶ (*großer Könner*) dab hand *fam* ❷ SPORT former champion **altmodisch** I. *adj* old-fashioned II. *adv* ~ **gekleidet** dressed in old-fashioned clothes
Altöl *nt* used oil
Altpapier *nt* waste paper **Altstadt** *f* old town centre **Altweibersommer** [altˈvaibɛzɔmɐ] *m* Indian summer
Alu ['aːlu] *nt kurz für* **Aluminium**
Alufolie *f* tin foil
Aluminium <-s> [aluˈmiːni̯ʊm] *nt kein pl* aluminium BRIT, aluminum AM
am [am] = **an dem** ❶ *beim Superlativ* ~ **schnellsten/schönsten sein** to be [the] fastest/most beautiful ❷ (*fam: beschäftigt mit*) **ich bin ~ Schreiben!** I'm writing!
Amateur(in) <-s, -e> [amaˈtøːɐ̯] *m(f)* amateur
AmbossRR <-es, -e> *m*, **Amboß**ALT <-sses, -sse> ['ambɔs] *m* anvil
Ambulanz <-, -en> [ambuˈlants] *f* ❶ outpatient department ❷ (*Unfallwagen*) ambulance
Ameise <-, -n> ['aːmaizə] *f* ant
Ameisenbär *m* anteater **Ameisenhaufen** *m* anthill **Ameisensäure** *f* formic acid
amen ['aːmɛn, 'aːmən] *interj* amen
Amen <-s, -> ['aːmɛn, 'aːmən] *nt* Amen ▶ **so sicher wie das ~ in der Kirche** (*fam*) as sure as eggs are eggs; **sein ~ zu etw** *dat* **geben** to give one's blessing to sth
Amerika <-s> [aˈmeːrika] *nt* America
Amerikaner(in) <-s, -> [ameriˈkaːnɐ] *m(f)* American
amerikanisch [ameriˈkaːnɪʃ] *adj* American
Amiland *nt kein pl* (*sl: USA*) Yankland *pej*
Ammann <-männer> ['aman, *pl* 'amɛnɐ] *m* SCHWEIZ mayor
Ammoniak <-s> [amoˈni̯ak, 'amoni̯ak] *nt kein pl* ammonia
Amnestie <-, -n> [amnɛsˈtiː, *pl* -tiːən] *f* amnesty; **eine ~ verkünden** to declare amnesty
Amöbe <-, -n> [aˈmøːbə] *f* amoeba
Amok <-s> ['aːmɔk] *m* ~ **laufen** to run amok

amortisieren* [amɔrtiˈziːrən] *vr* ■ **sich ~** to pay for itself
Ampel <-, -n> ['ampl̩] *f* traffic lights *pl*; **die ~ ist auf rot gesprungen** the lights have turned red; **du hast eine rote ~ überfahren** you've just driven through a red light
Ampère <-[s], -> [amˈpɛːɐ̯] *nt* amp, ampere form
Ampèremeter <-s, -> [ampɛːɐ̯ˈmeːtɐ] *nt* amp meter, ammeter
Amphibie <-, -n> [amˈfiːbi̯ə, *pl* -fiːbi̯ən] *f* amphibian
amputieren* [ampuˈtiːrən] *vt, vi* to amputate
Amsel <-, -n> ['amzl̩] *f* blackbird
Amt <-[e]s, Ämter> [amt, *pl* 'ɛmtɐ] *nt* ❶ (*Behörde*) office; **aufs ~ gehen** (*fam*) to go to the authorities ❷ (*öffentliche Stellung*) post; (*hohe, ehrenamtliche Stellung*) office; **ein ~ innehaben** to hold an office; **für ein ~ kandidieren** to be a candidate for a post; **im ~ sein** to be in office
amtlich I. *adj* official II. *adv* officially **Amtsenthebung** *f*, **Amtsentsetzung** *f* SCHWEIZ dismissal, removal from office **Amtsgericht** *nt* ≈ magistrates' [*or* AM district] court **Amtshandlung** *f* official duty **Amtsrichter(in)** *m(f)* ≈ magistrate BRIT, district court judge AM **Amtszeichen** *nt* dialling [*or* AM dial] tone **Amtszeit** *f* period of office
Amulett <-[e]s, -e> [amuˈlɛt] *nt* amulet
amüsant [amyˈzant] I. *adj* amusing II. *adv* entertainingly; **sich ~ unterhalten** to have an amusing conversation
amüsieren* [amyˈziːrən] I. *vr* ■ **sich ~** to enjoy oneself; **amüsiert euch gut!** have a good time!; ■ **sich mit jdm ~** to have a good time with sb; ■ **sich über jdn/etw ~** to laugh about sb/sth II. *vt* ■ **jdn ~** to amuse sb
an [an] I. *präp* ❶ (*direkt bei*) at; **der Knopf ~ der Maschine** the button on the machine; **~ dieser Stelle** in this place ❷ (*zur Zeit von*) on; **~ den Abenden** in the evenings; **~ jenem Morgen** that morning; **~ Weihnachten** on Christmas Day ❸ (*verbunden mit einer Person/Sache*) about; **das Angenehme ~ etw** *dat* the pleasant thing about sth ❹ *räumlich* **er setzte sich ~ den Tisch** he sat down at the table; **er setzte sich gleich ~ den Computer** he went straight to the computer; **die Hütte war ~ den Fels gebaut** the hut was built on the rocks; **bis ~**

etw *akk* **reichen** to reach as far as sth ▶~ **jdm/etw vorbei** past sb/sth; ~ **[und für] sich** actually **II.** *adv* ❶(*ungefähr*) ■~ **die ...** about ❷(*fam: angeschaltet*) on ❸(*zeitlich*) **von jetzt** ~ from now on

analog [anaˈloːk] **I.** *adj* ❶(*entsprechend*) analogous ❷INFORM analog **II.** *adv* ❶(*entsprechend*) analogously ❷INFORM as an analog

Analphabet(in) <-en, -en> [anʔalfaˈbeːt] *m(f)* illiterate

Analyse <-, -n> [anaˈlyːzə] *f* analysis

analysieren* [analyˈziːrən] *vt* to analyze

Ananas <-, - *o* -se> [ˈananas] *f* pineapple

Anatomie <-, -n> [anatoˈmiː, *pl* -miːən] *f* anatomy

anatomisch [anaˈtoːmɪʃ] **I.** *adj* anatomic **II.** *adv* anatomically

an|bahnen *vr* ■**sich** ~ to be in the offing

Anbau¹ *m kein pl* AGR cultivation

Anbau² <-bauten> *m* (*Nebengebäude*) extension BRIT, annex AM

an|bauen *vt Gemüse* to grow

Anbaufläche *f* acreage

anbei [anˈbai] *adv* enclosed; ~ **die erbetenen Prospekte** please find enclosed the requested brochures

an|belangen* *vt* (*geh*) **was jdn/etw anbelangt, ...** as far as sb/sth is concerned...

an|beten *vt* to worship

an|biedern [ˈanbiːdɐn] *vr* (*pej*) ■**sich** [**bei jdm**] ~ to curry favour with sb; ■~**d** crawling

an|bieten *irreg* **I.** *vt* ■[**jdm**] **etw** ~ to offer [sb] sth **II.** *vr* ❶(*sich zur Verfügung stellen*) ■**sich** ~ to offer one's services; ■**sich** ~, **etw zu tun** to offer to do sth ❷(*naheliegen*) ■**sich** [**für etw** *akk*] ~ to be just the right thing [for sth]

an|binden *vt irreg* to tie (**an** to)

Anblick *m* sight; **beim** ~ **einer S.** *gen* at the sight of sth

an|blicken *vt* to look at

Anbot <-[e]s, -e> *nt* ÖSTERR (*geh*) offer

an|brennen *irreg vi sein* to burn; ■**etw** ~ **lassen** to let sth burn

an|bringen *vt irreg* ❶(*befestigen*) to fix (**an** to) ❷(*montieren*) *Gerät* to install; *Regal* to put up

Anbruch *m kein pl* (*geh*) **bei** ~ **des Tages** at the break of day; **bei** ~ **der Dunkelheit** at dusk

andächtig [ˈandɛçtɪç] **I.** *adj* ❶REL devout ❷(*gebannt*) rapt **II.** *adv* ❶REL devoutly ❷raptly

an|dauern *vi* to continue

andauernd I. *adj* continuous **II.** *adv* continuously; **jetzt schrei mich nicht** ~ **an** stop shouting at me all the time

Andenken <-s, -> *nt* ❶(*Souvenir*) souvenir ❷(*Erinnerungsstück*) keepsake ❸*kein pl* (*Erinnerung*) memory; **zum** ~ **an jdn** in memory of sb

andere(r, s) [ˈandərə, -rə, -rəs] *pron indef* ❶ *adjektivisch* (*abweichend*) different, other; **ein** ~**s Mal** another time ❷ *adjektivisch* (*weitere*) other; **haben Sie noch** ~ **Fragen?** have you got any more questions? ❸ *substantivisch* (*sonstige*) more, others; ■**ein** ~**r/eine** ~/**ein** ~**s** [an]other ❹ *substantivisch* (*sonstige Menschen*) others; ■**ein** ~**r/eine** ~ someone else; ■**die** ~**n** the others ❺ *substantivisch* (*Abweichendes*) other things *pl*; ■**etwas/nichts** ~**s** something/nothing else; **es bleibt uns nichts** ~**s übrig** there's nothing else we can do; **lass uns von etwas** ~**m sprechen** let's talk about something else

and(e)rerseits [ˈandərəzaits] *adv* on the other hand

ändern [ˈɛndɐn] *vt, vr* to change; **ich kann es nicht** ~ I can't do anything about it; **daran kann man nichts** ~ there's nothing you can do about it

anders [ˈandəs] *adv* ❶(*verschieden*) differently; ■~ **als ...** different to [*or* AM *a.* than] ...; ~ **als sonst** different than usual; **es sich** *dat* ~ **überlegen** to change one's mind; ~ **denkend** dissenting ❷(*sonst*) **jemand** ~ somebody else; **niemand** ~ nobody else; **es ging leider nicht** ~ I'm afraid I couldn't do anything about it ▶**nicht** ~ **können** (*fam*) to be unable to help it; **jdm wird ganz** ~ sb feels dizzy

andersherum [ˈandəshɛrʊm] *adv* the other way round **anderswo** [ˈandəsvoː] *adv* elsewhere **anderswoher** [ˈandəsvoːheːɐ̯] *adv* from somewhere else **anderswohin** [ˈandəsvoːhɪn] *adv* elsewhere

anderthalb [ˈandətˈhalp] *adj* one and a half; ~ **Stunden** an hour and a half

Änderung <-, -en> *f* change (**an** to); **geringfügige** ~**en** slight alterations

anderweitig [ˈandəvaitɪç] **I.** *adj attr* other **II.** *adv* ❶(*an anderer Stelle*) somewhere else

❷ (*anders*) in a different way

an|deuten I. *vt* to indicate; ■ [jdm] etw ~ to imply sth [to sb] II. *vr* ■ etw deutet sich ~ there are signs of sth

Andeutung *f* hint; **eine ~ fallen lassen** to drop a hint; **eine versteckte ~** an insinuation

Andrang *m kein pl* rush

andre(r, s) ['andrə, -drɛ, -drəs] *pron indef s.* **andere(r, s)**

an|drehen *vt* ❶ to turn sth on ❷ (*fam*) ■ **jdm etw ~** to flog sb sth; ■ **sich** *dat* **etw ~ lassen** to be flogged sth

andrerseits ['andrɛzaits] *adv s.* **andererseits**

an|ecken *vi sein* (*fam*) to put people's backs up

an|eignen *vr* ■ **sich** *dat* **etw ~** ❶ (*in Besitz nehmen*) to appropriate sth ❷ (*lernen*) to learn

aneinander [an?ai'nandɐ] *adv* to one another; **~ denken** to think about each other; **~ vorbeireden** to talk at cross purposes

aneinander|fügen *vt* to put together **aneinander|geraten** *vi irreg sein* to have a fight **aneinander|reihen** I. *vr* **sich ~** to follow one another II. *vt* **etw ~** to string sth together **aneinander|stellen** *vt* **etw ~** to put sth next to one another

an|ekeln *vt* ■ **jdn ~** to make sb sick; ■ **von etw** *dat* **angeekelt sein** to be disgusted by sth

Anemone <-, -n> [ane'mo:nə] *f* anemone

an|erkennen* ['an?ɛɐkɛnən] *vt irreg* ❶ (*akzeptieren*) to accept; (*offiziell*) to recognize (**als** as) ❷ (*würdigen*) to appreciate

an|fahren *irreg vt haben* ❶ (*beim Fahren streifen*) to hit ❷ *irreg* (*schelten*) ■ **jdn ~** to snap at sb

Anfahrt <-, -en> *f* journey [to]

Anfall <-[e]s, -fälle> *m* ❶ MED attack; **epileptischer ~** epileptic fit ❷ (*Wutanfall*) fit of rage ❸ (*Anwandlung*) ■ **in einem ~ von etw** *dat* in a fit of sth

an|fallen I. *vi irreg sein* to arise; *Arbeit* to pile up II. *vt irreg* (*angreifen*) to attack

anfällig *adj* to be prone (**für** to)

Anfang <-[e]s, -fänge> *m* ❶ (*Beginn*) beginning, start; **er ist ca. ~ 40** he is in his early 40s; **~ der Woche** at the beginning of the week; [**mit etw** *dat*] **den ~ machen** to make a start [with sth]; **einen neuen ~ machen** to make a fresh start; **am ~** in the beginning; **von ~ an** from the [very] start; **von ~ bis Ende** from start to finish ❷ (*Ursprung*) origin[s] *usu pl* ▶ **aller ~ ist schwer** (*prov*) the first step is always the hardest

an|fangen *irreg vt, vi* ❶ to begin; ■ **etw mit etw** *dat* **~** to start sth with sth ❷ (*machen*) **etw anders ~** to do sth differently; **etwas mit jdm/etw ~ können** (*fam*) to be able to do sth with sb/sth; **jd kann mit jdm/etw nichts ~** (*fam*) sb/sth is [of] no use to sb; **mit jdm ist nichts anzufangen** nothing can be done with sb; **nichts mit sich** *dat* **anzufangen wissen** to not know what to do with oneself

Anfänger(in) <-s, -> *m(f)* beginner; **~ sein** to be a novice

anfänglich I. *adj attr* initial II. *adv* (*geh*) initially

anfangs I. *adv* at first II. *präp* SCHWEIZ at the start of

Anfangsbuchstabe *m* initial [letter] **Anfangsstadium** *nt* initial stages *pl*

an|fassen I. *vt* to touch II. *vi* ■ **mit ~** to lend a hand III. *vr* ■ **sich ~** to feel; **es fasst sich rau an** it feels rough

anfechtbar *adj* contestable

an|fechten *vt irreg* JUR to contest

an|fertigen *vt* to make; ■ **sich** *dat* **etw [von jdm] ~ lassen** to have sth made [by sb]

an|flehen *vt* to beg (**um** for)

Anflug <-[e]s, -flüge> *m* LUFT approach

an|fordern *vt* to request; *Katalog* to order

Anforderung <-, -en> *f* ❶ *kein pl* request; *Katalog* ordering; ■ **auf ~** on request ❷ *meist pl* (*Anspruch*) demands; **~en** [**an jdn**] **stellen** to place demands [on sb]; **du stellst zu hohe ~en** you're too demanding

Anfrage <-, -n> *f* inquiry; ■ **auf ~** on request

an|fragen *vi* to ask (**um** for)

an|freunden ['anfrɔyndn̩] *vr* ■ **sich mit jdm ~** to make friends with sb; ■ **sich ~** to become friends

an|führen *vt* ❶ (*vorangehen*) to lead ❷ (*zitieren*) to quote; *Beispiel* to give

Anführer(in) <-s, -> *m(f)* leader; *von Truppen* commander

Anführungsstrich *m,* **Anführungszeichen** *nt meist pl* quotation mark[s]; **~ unten/oben** quote/unquote

Angabe <-, -n> f ① meist pl (*Mitteilung*) details pl; **~n zur Person** (*geh*) personal details ② kein pl (*Prahlerei*) boasting

an|geben *irreg* I. *vt* ① (*nennen*) to give; **jdn als Zeugen ~** to cite sb as a witness ② (*behaupten*) to claim ③ (*anzeigen*) to indicate II. *vi* (*prahlen*) to boast (**mit** about)

Angeber(in) <-s, -> *m(f)* poser

angeblich ['angeːplɪç] I. *adj attr* alleged II. *adv* allegedly

angeboren *adj* ① MED congenital ② (*fig fam*) innate

Angebot <-[e]s, -e> *nt* ① offer ② kein pl (*Warenangebot*) range of goods; **~ und Nachfrage** supply and demand ③ (*Sonderangebot*) special offer; **im ~** on special offer

angebracht *adj* ① (*sinnvoll*) sensible ② (*passend*) suitable

angegossen *adj* ▸ **wie ~ <u>sitzen</u>** (*fam*) to fit like a glove

angeheitert ['angəhaitɐt] *adj* (*fam*) tipsy

an|gehen *irreg* I. *vi sein Maschine, Licht* to come on II. *vt haben* (*betreffen*) to concern; **was geht mich das an?** what's that got to do with me?; **was mich angeht, ...** as far as I am concerned, ...

angehend *adj* prospective

an|gehören* *vi* to belong to

Angehörige(r) *f(m) dekl wie adj* ① (*Familienangehörige(r)*) relative ② (*Mitglied*) member

Angeklagte(r) *f(m) dekl wie adj* accused

Angel <-, -n> ['aŋl] *f* ① fishing pole ② (*Türangel*) hinge ▸ **etw aus den ~n heben** (*fam*) to turn sth upside down

Angelegenheit <-, -en> *f* matter; **sich um seine eigenen ~en kümmern** to mind one's own business; **jds ~ sein** to be sb's responsibility

angelernt *adj Arbeiter* semi-skilled

angeln ['aŋln] I. *vi* to fish; ■ **[das] A~** fishing II. *vt* to catch

an|geloben *vt* ÖSTERR to swear in *sep*

Angelrute *f* fishing rod

angemessen I. *adj* appropriate II. *adv* appropriately

angenehm I. *adj* pleasant ▸ **das A~e mit dem <u>Nützlichen</u> verbinden** to mix business with pleasure; **|<u>sehr</u>| ~!** (*geh*) pleased to meet you! II. *adv* pleasantly

angenommen *konj* assuming

angesehen *adj* respected

angesichts *präp* ■ **~ einer S.** *gen* in the face of sth

Angestellte(r) *f(m) dekl wie adj* employee

angestrengt *adv* **~ arbeiten** to work hard

angetan *adj* ■ **von jdm/etw ~ sein** to be taken with sb/sth

angetrunken *adj* slightly drunk

angewandt *adj attr* applied

angewiesen *adj* dependent (**auf** on)

an|gewöhnen* *vt* ■ **sich** *dat* **etw ~** to get into the habit of [doing] sth

Angewohnheit <-, -en> *f* habit

Angina <-, Anginen> [aŋˈgiːna, *pl* -nən] *f* angina

an|gleichen *irreg vr* ■ **sich [jdm/etw] ~** to adapt oneself [to sb/sth]

Angler(in) <-s, -> ['aŋlɐ] *m(f)* angler

Anglistik <-> [aŋˈglɪstɪk] *f kein pl* study of English [language and literature]

an|graben *vt* ■ **jdn ~** (*sl*) to chat sb up BRIT *fam,* to come on to sb

angreifbar *adj* contestable

an|greifen *irreg* I. *vi* to attack II. *vt* ① (*bekämpfen*) to attack; ■ **angegriffen werden** to be under attack ② (*schädigen*) to damage; ■ **angegriffen sein** to be weakened ③ (*beeinträchtigen*) to affect; ■ **angegriffen sein** to be exhausted

angrenzend *adj attr* bordering

Angriff *m* attack; **zum ~ übergehen** (*fig*) to go on the offensive ▸ **~ ist die beste <u>Verteidigung</u>** (*prov*) offence is the best defence; **etw in ~ nehmen** to tackle sth

angriffslustig *adj* aggressive

Angst <-, Ängste> [aŋst, *pl* ˈɛŋstə] *f* ① fear (**vor** of); **~ und Schrecken verbreiten** to spread fear and terror; **~ bekommen** (*fam*) to become frightened; **~ [vor etw** *dat*] **haben** to be afraid [of sth]; **~ um etw** *akk* **haben** to be worried about sth; **jdm ~ machen** to frighten sb; **vor ~ zittern** to tremble with fear; **aus ~, etw zu tun** for fear of doing sth ② (*seelische Unruhe*) anxiety

angst *adj* afraid; **jdm wird ~ [und bange]** sb becomes afraid

angstfrei *adj* anxiety-free

ängstigen [ˈɛŋstɪgn] I. *vt* to frighten II. *vr* ■ **sich ~** to be afraid

ängstlich [ˈɛŋstlɪç] *adj* frightened

Angstmacher, -macherin *m, f* (*pej*) scaremonger

Angstmacherei <-> [ˈaŋstmaxərai] *f kein pl*

(*pej*) scaremongering **Angstzustand** *m* state of panic

an|gurten **I.** *vt* to strap in **II.** *vr* ■ **sich ~** to fasten one's seat belt

an|haben *vt irreg* ❶ *Kleidung* to have on ❷ (*Schaden zufügen*) **jdm nichts ~ können** to be unable to harm sb

an|halten *irreg* **I.** *vi* ❶ to stop ❷ (*fortdauern*) to continue **II.** *vt* to bring to a stop

anhaltend *adj* continuous; **die ~e Hitzewelle** the continuing heatwave

Anhalter(in) <-s, -> ['anhaltɐ] *m(f)* hitch-hiker; **per ~ fahren** to hitch-hike

Anhang <-[e]s, -hänge> *m* ❶ (*Nachtrag*) appendix ❷ *kein pl* (*Angehörige*) [close] family

an|hängen *vt* ❶ (*daran hängen*) to hang [up] (**an** on) ❷ (*hinzufügen*) to add ❸ (*fam: anlasten*) ■ **jdm etw ~** to blame sth on sb

Anhänger <-s, -> *m* AUTO trailer

Anhänger(in) <-s, -> *m(f)* (*fig*) supporter

anhänglich ['anhɛŋlɪç] *adj* devoted

an|hauen *vt irreg* (*sl*) to tap (**um** for)

an|heben *irreg vt* ❶ (*hochheben*) to lift [up] ❷ (*erhöhen*) to increase

an|heizen *vt* ❶ (*zum Brennen bringen*) to set alight ❷ (*fig: positive*) to stimulate ❸ (*fam: negative*) to aggravate

an|heuern *vt*, *vi* to sign on

Anhieb *m* **auf ~** (*fam*) straight away

an|himmeln *vt* (*fam*) to idolize

an|hören **I.** *vt* ■ **[sich** *dat*] **etw ~** to listen to sth **II.** *vr* (*klingen*) ■ **sich ~** to sound; **sich gut ~** to sound good

Animateur(in) <-s, -e> [anima'tøːɐ̯] *m(f)* host *masc*, *fem* hostess

animieren* [ani'miːrən] *vt*, *vi* to encourage

Anis <-[es], -e> [a'niːs] *m* aniseed

Ankauf <-[e]s, -käufe> *m* buy

an|keksen ['ankeːksən] *vt* ■ **jdn ~** (*sl*) to get on sb's nerves

Anker <-s, -> ['aŋkɐ] *m* anchor; **vor ~ gehen** to drop anchor; **den ~ lichten** to weigh anchor; **vor ~ liegen** to lie at anchor

an|ketten *vt* to chain up (**an** to)

Anklage <-, -n> *f* ❶ *kein pl* JUR charge; **gegen jdn ~ [wegen einer S.** *gen*] **erheben** to charge sb [with sth]; **unter ~ stehen** to be charged ❷ (*Beschuldigung*) accusation

an|klagen *vt* ❶ JUR to charge ❷ (*beschuldigen*) to accuse

Anklang <-[e]s, -klänge> *m* approval; **~ finden** to meet with approval

an|klicken *vt* to click on

an|klopfen *vi* to knock

an|knüpfen **I.** *vt* to tie (**an** to) **II.** *vi* (*fig*) ■ **an etw** *akk* **~** to resume sth

an|kommen *irreg* **I.** *vi sein* ❶ to arrive; **seid ihr gut angekommen?** did you arrive safely? ❷ (*angelangen*) ■ **bei etw** *dat* **~** to reach sth ❸ (*Anklang finden*) ■ **[bei jdm] ~** *Sache* to go down well [with sb]; *Person* to make an impression [on sb] **II.** *vi impers sein* ❶ (*wichtig sein*) ■ **es kommt auf etw** *akk* **an** sth matters; **es kommt darauf an, dass ...** what matters is that ... ❷ (*von etw abhängen*) ■ **auf jdn/etw ~** to be dependent on sb/sth; **das kommt darauf an** it depends; **es kommt darauf an, dass/ob ...** it depends on/on whether ...

an|kündigen *vt* to announce

Ankündigung <-, -en> *f* announcement

Ankunft <-, -künfte> ['ankʊnft, *pl* -kʏnftə] *f* arrival

Ankunftszeit *f* time of arrival; **geschätzte ~** estimated time of arrival

an|kurbeln *vt* ÖKON to boost

an|lächeln *vt* to smile at

an|lachen *vr* (*fam*) ■ **sich** *dat* **jdn ~** to pick sb up

Anlage <-, -n> *f* ❶ (*Fabrik*) plant ❷ SPORT facilities *pl* ❸ (*Einrichtung*) **sanitäre ~n** sanitary facilities ❹ FIN investment ❺ *meist pl* (*Veranlagung*) disposition

Anlass[RR] <-es, -lässe> *m*, **Anlaß**[ALT] <-sses, -lässe> ['anlas, *pl* 'anlɛsə] *m* ❶ (*Grund*) reason; **es besteht kein ~ zu etw** *dat*/, **etw zu tun** there are no grounds for sth/to do sth; **[jdm] ~ zu etw** *dat* **geben** to give [sb] grounds for sth; **[k]einen ~ haben, etw zu tun** to have [no] grounds to do sth; **etw zum ~ nehmen, etw zu tun** to use sth as an opportunity to do sth; **aus diesem ~** for this reason ❷ (*Gelegenheit*) occasion; **bei jedem ~** at every opportunity

an|lassen *irreg vt* ❶ AUTO to start [up] ❷ *Kleider* to keep on ❸ (*in Betrieb lassen*) to leave on

Anlasser <-s, -> *m* starter [motor]

anlässlich[RR], **anläßlich**[ALT] ['anlɛslɪç] *präp* ■ **~ einer S.** *gen* on the occasion of sth

Anlauf <-[e], -läufe> *m* ❶ SPORT run-up; **~ nehmen** to take a run-up ❷ (*Versuch*) attempt; **beim ersten/zweiten ~** at the first/second attempt

an|laufen *irreg* **I.** *vi sein* ① (*beschlagen*) to steam up ② *Metall* to tarnish ③ **vor Wut rot** ~ to turn purple with rage **II.** *vt haben* **den Hafen** ~ to put into port

Anlaufschwierigkeit *f meist pl* teething problem *fig*, initial dificulty **Anlaufstelle** *f* refuge

an|legen I. *vt* ① (*erstellen*) to compile ② *Garten* to lay out ③ *Vorrat* to lay in ④ (*investieren*) to invest (**in** in) ⑤ (*fig*) ■ **es auf etw** *akk* ~ to risk sth **II.** *vi Schiff* to berth **III.** *vr* ■ **sich mit jdm** ~ to pick an argument with sb

an|lehnen I. *vt* ① to lean [against] ② *Tür* to leave ajar **II.** *vr* ■ **sich** ~ to lean (**an** against)

an|leiern *vt* (*fam*) to get going

Anleihe <-, -n> *f* (*Kredit*) loan; (*Wertpapier*) bond

an|leiten *vt* to instruct

Anleitung <-, -en> *f* ① (*Gebrauchs~*) instructions *pl* ② (*das Anleiten*) instruction; **unter jds** ~ under sb's guidance

an|liegen *vi irreg* (*zu erledigen sein*) to be on the agenda

Anliegen <-s, -> *nt* ① (*Bitte*) request; **ein** ~ [**an jdn**] **haben** to have a request to make [of sb] ② (*Angelegenheit*) matter

anliegend *adj* ① (*beiliegend*) enclosed ② (*angrenzend*) adjacent

an|locken *vt* to attract

an|lügen *vt irreg* to lie to

an|machen *vt* ① (*einschalten*) to turn on ② (*anzünden*) to light ③ *Salat* to dress ④ (*sl: aufreizen*) to turn on ⑤ (*sl: aufreißen wollen*) to pick up

an|mailen ['anmeɪlən] *vt* TELEK ■ **jdn** ~ to [e-]mail sth

anmaßend ['anmaːsn̩t] *adj* arrogant

an|melden I. *vt* ① (*ankündigen*) to announce; **ich bin angemeldet** I have an appointment ② (*vormerken lassen*) to enrol (**bei** at, **zu** in) ③ ADMIN to register ④ FIN (*anzeigen*) to declare **II.** *vr* ■ **sich** ~ ① (*ankündigen*) to give notice of a visit (**bei** to) ② (*sich eintragen lassen*) to apply (**zu** for)

Anmeldung <-, -en> *f* ① (*zum Besuch*) [advance] notice [of a visit]; **ohne** ~ without an appointment ② SCH enrolment ③ (*Registrierung*) registration

an|merken *vt* ① (*eine Bemerkung machen*) to add ② (*ansehen*) **er ließ sich nichts anmerken** he didn't let it show

Anmerkung <-, -en> *f* ① (*Erläuterung*) note ② (*Fußnote*) footnote

Anmoderation *f* TV continuity [*or* AM voiceover] announcement

Anmut <-> ['anmuːt] *f kein pl* (*geh*) grace[fulness]

anmutig *adj* (*geh*) graceful

an|nähen *vt* to sew on

annähernd I. *adj* approximate **II.** *adv* approximately

Annäherung <-, -en> *f* convergence

Annäherungsversuch *m* advance[s] *esp pl*; ~ **e machen** to make advances

Annahme <-, -n> ['anaːmə] *f* assumption; **in der** ~, [**dass**] on the assumption [that]

annehmbar *adj* ① (*akzeptabel*) acceptable ② (*nicht übel*) reasonable

an|nehmen *irreg* **I.** *vt* ① (*entgegennehmen*) to accept (**von** from) ② (*in Auftrag nehmen*) to take [on] ③ (*akzeptieren*) to accept ④ (*meinen*) ■ **etw** [**von jdm**] ~ to think sth [of sb] ⑤ (*voraussetzen*) to assume ⑥ (*zulassen*) *Patienten, Schüler* to take on **II.** *vr* ■ **sich einer S.** *gen* ~ to take care of sth

Annehmlichkeit <-, -en> *f meist pl* convenience

Anno *adv*, **anno** ['ano] *adv* ÖSTERR in the year ▶ **von** ~ **dazumal** (*fam*) from the year dot BRIT, from long ago AM

Annonce <-, -n> [a'nõːsə] *f* advertisement

anonym [ano'nyːm] **I.** *adj* anonymous **II.** *adv* anonymously

Anorak <-s, -s> ['anorak] *m* anorak

an|ordnen *vt* ① (*festsetzen*) to order ② (*ordnen*) to arrange (**nach** according to)

an|packen I. *vt* (*fam*) ① to touch ② (*beginnen*) to tackle; **packen wir's an!** let's get started! **II.** *vi* (*fam: helfen*) ■ **jd packt** [**mit**] **an** sb lends a hand

an|passen I. *vt* ■ **etw etw** *dat* ~ to adjust sth to sth **II.** *vr* ■ **sich** [**etw** *dat*] ~ to adjust [to sth]; (*gesellschaftlich*) to conform [to sth]

anpassungsfähig *adj* adaptable

Anpassungsfähigkeit *f* adaptability (**an** to)

an|pflanzen *vt* to grow

an|prangern ['anpraŋɐn] *vt* to denounce

an|preisen *vt irreg* to extol

Anprobe *f* fitting

an|probieren* *vt*, *vi* to try on *sep*

an|pumpen *vt* (*fam*) ■ **jdn** [**um etw** *akk*] ~ to cadge [sth] from sb

Anrainer(in) <-s, -> ['anraɪnɐ] *m(f)* bes

anrechnen – anschuldigen

ÖSTERR [local] resident

an|rechnen *vt* **dass er ihr geholfen hat, rechne ich ihm hoch an** I think very highly of him for having helped her; **jdm etw als Fehler** ~ to count sth as a mistake; (*fig*) to consider sth as a fault on sb's part

an|regen *vt* ❶ ▪**jdn [zu etw** *dat*] ~ to encourage sb [to do sth]; **jdn zum Nachdenken** ~ to make sb ponder ❷ (*geh: vorschlagen*) to suggest ❸ (*stimulieren*) to stimulate

anregend *adj* stimulating

Anregung *f* ❶ (*Vorschlag*) idea; **auf jds** ~ at sb's suggestion ❷ (*Impuls*) stimulus ❸ *kein pl* (*Stimulierung*) stimulation

an|reichern ['anraɪçɐn] *vt* CHEM ▪**etw mit etw** *dat* ~ to add sth to sth

Anreise *f* ❶ (*Anfahrt*) journey [here/there] ❷ (*Ankunft*) arrival

Anreiz *m* incentive

an|rempeln *vt* to bump into

Anrichte <-, -n> *f* (*Büfett*) sideboard

an|richten *vt* ❶ (*zubereiten*) to prepare ❷ (*fam: anstellen*) **was hast du da wieder angerichtet!** what have you done now! ❸ *Schaden* to cause

anrüchig ['anryçɪç] *adj* indecent

Anruf *m* [telephone] call

Anrufbeantworter <-s, -> *m* answering machine

an|rufen *irreg vt, vi* ❶ to call, to phone; ▪**angerufen werden** to get a telephone call ❷ JUR (*appellieren*) to appeal to

an|rühren *vt* ❶ (*geh: berühren*) to touch ❷ KOCHK to mix

anrührend *adj* moving

Ansage *f* announcement

an|sagen *vt* ❶ to announce ❷ (*fam: erforderlich sein*) ▪**angesagt sein** to be called for; (*in sein*) to be in

Ansager(in) <-s, -> ['anzaːɡɐ] *m(f)* announcer

an|sammeln I. *vt* (*anhäufen*) to accumulate II. *vr* ▪**sich** ~ ❶ (*sich versammeln*) to gather ❷ (*sich anhäufen*) *Staub* to accumulate ❸ (*sich aufstauen*) to build up

ansässig ['anzɛsɪç] *adj* (*geh*) resident

Ansatz *m* ❶ (*erster Versuch*) ▪**ein** ~ **zu etw** *dat* an [initial] attempt at sth ❷ (*Beginn*) first sign[s *pl*]

an|schaffen I. *vt* ❶ (*kaufen*) to buy; ▪**sich** *dat* **etw** ~ to buy oneself sth ❷ (*fam: sich zulegen*) **sich** *dat* **eine Freundin** ~ to find [oneself] a girlfriend II. *vi* (*sl*) ~ **[gehen]** to be on the game BRIT, to hook AM

Anschaffung <-, -en> *f* purchase

an|schalten *vt* to switch on

an|schauen *vt* to look at; *Film* to watch; **sich** *dat* **etw [genauer]** ~ to take a [closer] look at sth

anschaulich I. *adj* illustrative II. *adv* vividly

Anschauungsmaterial *nt* visual aids *pl*

Anschein *m* appearance; **den** ~ **erwecken, als [ob]** ... to give the impression that ...; **allem** ~ **nach** to all appearances

anscheinend *adv* apparently

Anschlag *m* (*Überfall*) assassination; (*ohne Erfolg*) attempted assassination; **einem** ~ **zum Opfer fallen** to be assassinated; **einen** ~ **[auf jdn/etw] verüben** to make an attack [on sb/sth]; **einen** ~ **auf jdn vorhaben** (*hum fam*) to have a request for sb

an|schließen *irreg* I. *vt* ❶ TECH to connect (**an** to) ❷ (*mit Schnappschloss*) to padlock II. *vr* ❶ (*sich zugesellen*) ▪**sich jdm** ~ to join sb ❷ (*beipflichten*) ▪**sich jdm/etw** ~ to fall in with sb/sth ❸ (*sich beteiligen*) ▪**sich etw** *dat* ~ to associate with sth ❹ (*angrenzen*) **sich [an etw** *akk*] ~ to adjoin [sth]

Anschluss^{RR} <-es, Anschlüsse> *m,* **Anschluß**^{ALT} <-sses, Anschlüsse> *m* ❶ TELEK connection; (*weiterer ~*) extension; **der** ~ **ist gestört** there's a disturbance on the line ❷ (*das Anschließen*) connecting ❸ *kein pl* (*Kontakt*) contact; ~ **finden** to make friends; ~ **suchen** to want to make friends ❹ BAHN, LUFT connection; **den** ~ **verpassen** to miss one's connecting train/flight; (*fig*) to miss the boat ❺ (*nach*) ▪**im** ~ **an etw** *akk* after sth

Anschlusszug^{RR} *m* connecting train

an|schmiegen *vr* ▪**sich [an jdn/etw]** ~ to cuddle up [to sb/sth]

anschmiegsam *adj* affectionate

an|schnallen I. *vt* (*festgurten*) to strap on II. *vr* AUTO ▪**sich** ~ to fasten one's seat belt

an|schnauzen *vt* (*fam*) to bawl at

an|schneiden *vt irreg Thema* to touch on

an|schreiben *irreg* I. *vt* ▪**jdn** ~ to write to sb II. *vi* (*fam*) ▪**[bei jdm]** ~ **lassen** to buy on credit [from sb]

an|schreien *vt irreg* to shout at

Anschrift *f* address

an|schuldigen *vt* ▪**jdn [einer S.** *gen*] ~ to

accuse sb [of sth]
Anschwellung *f* slight swelling
an|schwemmen *vt, vi* to wash up
an|sehen *irreg vt* ❶ (*ins Gesicht sehen*) to look at; **jdn böse ~** to give sb an angry look ❷ (*betrachten*) to take a look at ❸ (*halten*) ■ **etw für etw** *akk* **~** to consider sth [as being] sth ❹ (*anmerken*) **man sieht ihm sein Alter nicht an** he doesn't look his age ❺ (*hinnehmen*) ■ **etw [mit] ~** to stand by and watch sth; **das kann ich nicht länger mit ~** I can't stand it any more
Ansehen <-s> *nt kein pl* reputation; **[bei jdm] [großes] ~ genießen** to enjoy a [good] reputation [with sb]; **an ~ verlieren** to lose standing
ansehnlich *adj* considerable; **eine ~e Leistung** an impressive performance
an|setzen *vt* ❶ (*daran setzen*) to place in position; **wo muss ich den Wagenheber ~?** where should I put the jack? ❷ (*hetzen*) ■ **jdn auf jdn/etw ~** to put sb on[to] sb/sth
Ansicht <-, -en> *f* view; **ich bin ganz Ihrer ~** I agree with you completely; **meiner ~ nach ...** in my opinion ...; **in etw** *dat* **geteilter ~ sein** to have a different view of sth; **der gleichen ~ sein** to be of the same opinion; ■ **der ~ sein, dass ...** to be of the opinion that ...
Ansichtskarte *f* [picture] postcard
an|siedeln I. *vt* to settle II. *vr* ■ **sich ~** to settle
Anspannung *f* strain; (*körperlich*) effort
an|spielen *vi* to allude (**auf** to); **worauf willst du ~?** what are you driving at?
Anspielung <-, -en> *f* allusion (**auf** to)
an|spornen *vt* to spur on (**zu** to); *Spieler* to cheer on
Ansprache *f* speech; **eine ~ halten** to make a speech
an|sprechen *irreg* I. *vt* ❶ (*anreden*) to speak to ❷ **jdn [mit Peter/seinem Namen] ~** to address sb [as Peter/by his name] ❸ (*erwähnen*) to mention ❹ (*gefallen*) ■ **jdn ~** to appeal to sb II. *vi* (*reagieren*) to respond (**auf** to)
ansprechend *adj* appealing
Ansprechpartner(in) *m(f)* contact
an|springen *irreg* I. *vi sein Motor* to start II. *vt haben Raubtiere* to pounce on; *Hund* to jump up at
Anspruch *m* ❶ (*Recht*) claim; **einen ~ auf etw** *akk* **erheben** to make a claim for sth; **einen ~ auf etw** *akk* **haben** to be entitled to sth; **etw [für sich** *akk*] **in ~ nehmen** to claim sth [for oneself] ❷ *pl* (*Anforderungen*) demands (**an** on); **den Ansprüchen [voll/ nicht] gerecht werden** to [fully/not] meet the requirements; **hohe Ansprüche [an jdn/etw] stellen** to place great demands on sb/sth; **jdn in ~ nehmen** to preoccupy sb
anspruchslos *adj* ❶ (*bescheiden*) modest ❷ (*trivial*) trivial **anspruchsvoll** *adj* demanding
an|stacheln *vt* ■ **jdn [zu etw** *dat*] **~** to drive sb [to sth]
Anstalt <-, -en> ['anʃtalt] *f* institute; **öffentliche ~** public institution
Anstand *m kein pl* decency; **keinen ~ haben** to have no sense of decency; **~ an etw** *dat* **nehmen** to object to sth
anständig I. *adj* ❶ decent ❷ (*fam: ordentlich*) proper II. *adv* ❶ decently; **sich ~[er] benehmen** to behave oneself ❷ (*fam: reichlich*) properly; **~ ausschlafen/essen** to get a decent meal/a good night's sleep
anstandslos *adv* without difficulty
an|starren *vt* to stare at
anstatt [an'ʃtat] I. *präp* instead of II. *konj* ■ **~ etw zu tun** instead of doing sth
an|stecken I. *vt* ❶ (*befestigen*) to pin on ❷ (*anzünden*) *Zigarette* to light [up] ❸ (*in Brand stecken*) to set on fire ❹ (*infizieren*) to infect (**mit** with) II. *vr* ■ **sich [bei jdm] [mit etw** *dat*] **~** to catch sth [from sb]
ansteckend *adj* infectious; (*durch Berührung*) contagious
Anstecknadel *f* pin
an|stehen *vi irreg haben o* SÜDD *sein* ❶ (*warten*) to queue [*or* AM line] [up] (**nach** for) ❷ (*zu erledigen sein*) ■ **etw steht [bei jdm] an** *Arbeit* sth must be dealt with [by sb]
an|steigen *vi irreg sein* ❶ (*sich erhöhen*) to go up (**auf** to, **um** by); ■ **~d** increasing ❷ (*steiler werden*) to ascend; **stark/steil ~** to ascend steeply
anstelle [an'ʃtɛlə] *präp* instead of
an|stellen I. *vt* ❶ (*einschalten*) to turn on ❷ (*beschäftigen*) to employ ❸ (*fam: bewerkstelligen*) to manage; **etw geschickt ~** to bring sth off ❹ (*fam: anrichten*) **Blödsinn ~** to get up to nonsense; **was hast du da wieder angestellt?** what have you done now? *fam* II. *vr* ■ **sich ~** ❶ (*Schlange stehen*) to

queue [up] BRIT, to line up AM; **sich hinten ~ to join** the back of the queue [*or* AM line[-up]] ❷ (*fam: sich verhalten*) to act; **sich dumm ~** to act as if one is stupid ❸ (*wehleidig sein*) to make a fuss; **stell dich nicht [so] an!** don't go making a fuss!

Anstellung *f* post

an|stiften *vt* ❶ to instigate ❷ ▪ **jdn [dazu] ~, etw zu tun** to incite sb to do sth

Anstoß *m* ❶ (*Ansporn*) impetus (**zu** for); **jdm den ~ geben, etw zu tun** to encourage sb to do sth ❷ (*geh: Ärgernis*) annoyance; **~ erregen** to cause annoyance; **an etw** *dat* **~ nehmen** to take offence ❸ FBALL kick off ❹ SCHWEIZ (*Angrenzung*) ▪ **~ an etw** *akk* border to sth

an|stoßen *irreg* **I.** *vi* ❶ *sein* ▪ **mit etw** *dat* **[an etw** *akk*] **~** to bump sth [on sth] ❷ *haben* (*zusammen trinken*) to drink (**auf** to); **lasst uns ~!** let's drink to it! **II.** *vt haben* ❶ to bump ❷ (*in Gang setzen*) to set in motion **III.** *vr haben* ▪ **sich [an etw** *dat*] **~** to knock oneself [on sth]; **sich** *dat* **den Kopf ~** to knock one's head

anstößig *adj* offensive

an|streichen *vt irreg* ❶ (*anmalen*) to paint; **etw neu/frisch ~** to give sth a new/fresh coat of paint ❷ (*markieren*) to mark sth; **etw rot ~** to mark sth in red

Anstreicher(in) <-s, -> *m(f)* [house] painter

an|strengen I. *vr* ▪ **sich ~** ❶ to exert oneself (**bei** in, **für** for) ❷ (*sich besondere Mühe geben*) to try hard **II.** *vt* ❶ (*strapazieren*) ▪ **jdn ~** to tire sb out ❷ (*intensiv beanspruchen*) to strain; **Geist, Muskeln** to exert

anstrengend *adj* strenuous; **das ist ~ für die Augen** it's a strain on the eyes

Anstrengung <-, -en> *f* ❶ (*Kraftaufwand*) exertion *no pl* ❷ (*Bemühung*) effort; **mit letzter ~** with one last effort

Anstrich *m* ❶ *kein pl* (*das Anstreichen*) painting ❷ (*Farbschicht*) coat [of paint]

Ansturm *m* rush (**auf** on)

Antarktis ['antaɐktɪs] *f* Antarctic

antarktisch [ant'ʔarktɪʃ] *adj* Antarctic

an|tasten *vt* ❶ (*beeinträchtigen*) **jds Ehre/Würde ~** to offend against sb's honour/dignity; **jds Recht ~** to encroach [up]on sb's right ❷ (*leicht berühren*) to touch

Anteil ['antail] *m* ❶ (*Teil*) share (**an** of); **der ~ an Asbest** the proportion of asbestos ❷ (*Beteiligung*) interest (**an** in); **~ an etw** *dat* **nehmen** to show an interest in sth

anteilig, anteilmäßig *adj* proportionate

Anteilnahme <-> ['antailnaːmə] *f kein pl* sympathy (**an** with)

Antenne <-, -n> [an'tɛnə] *f* aerial

Antialkoholiker(in) [antiʔalko'hoːlikɐ] *m(f)* teetotaller

antialkoholisch *adj* anti-alcohol *attr*

antiamerikanisch *adj* anti-American

antiautoritär [antiʔautori'tɛːɐ] *adj* anti[-]authoritarian

Antibabypille [anti'beːbipɪlə] *f* (*fam*) ▪ **die ~** the pill

Antibiotikum <-s, -biotika> [anti'bi̯oːtikʊm, *pl* -ka] *nt* antibiotic

Antiblockiersystem [antiblɔ'kiːɐ̯-] *nt* anti-lock [braking] system, ABS

antik [an'tiːk] *adj* ❶ (*alt*) antique ❷ (*aus der Antike*) ancient

Antike <-> [an'tiːkə] *f kein pl* antiquity

Antikörper *m* antibody

Antilope <-, -n> [anti'loːpə] *f* antelope

Antiquariat <-[e]s, -e> [antikva'ri̯aːt] *nt* second-hand bookshop

Antiquität <-, -en> [antikvi'tɛːt] *f* antique

an|tönen *vt* ÖSTERR, SCHWEIZ *s.* **andeuten**

Antrag <-[e]s, -träge> ['antraːk, *pl* 'antrɛːɡə] *m* ❶ application; **einen ~ [auf etw** *akk*] **stellen** to put in an application [for sth]; **auf jds ~** at sb's request ❷ JUR petition; **einen ~ [auf etw** *akk*] **stellen** to file a petition [for sth] ❸ (*Heiratsantrag*) [marriage] proposal; **jdm einen ~ machen** to propose [to sb]

Antragsformular *nt* application form

an|treffen *vt irreg* to come across

an|treiben *irreg vt haben* ❶ (*vorwärtstreiben*) to drive [on] ❷ TECH to drive ❸ (*drängen*) to urge ❹ ▪ **jdn ~, etw zu tun** to drive sb [on] to do sth

an|treten *irreg* **I.** *vt haben* ❶ (*beginnen*) to begin ❷ **ein Erbe ~** to come into an inheritance; **eine Stellung ~** to take up a post **II.** *vi sein* SPORT to compete (**zu** in)

Antrieb *m* ❶ TECH drive (**for**) ❷ (*Motivation*) energy *no indef art;* **aus eigenem ~** on one's own initiative; **jdm [neuen] ~ geben** to give sb the [*or a*] new impetus

Antritt *m kein pl* ❶ (*Beginn*) start ❷ **nach ~ seines Amtes/der Erbschaft** after assuming office/coming into the inheritance

an|tun *vt irreg* ❶ ▪ **jdm etwas/nichts ~** to

do something/not to do anything to sb; **tu mir das nicht an!** (*hum fam*) spare me, please!; **sich** *dat* **etwas ~** (*Selbstmord*) to kill oneself ❷ (*gefallen*) **es jdm angetan haben** to appeal to sb

an|turnen *vt* (*fam: in Erregung versetzen*) to turn on

Antwort <-, -en> ['antvɔrt] *f* ❶ answer (**auf** to) ❷ (*Reaktion*) response (**auf** to); **als ~ auf etw** *akk* in response to sth ▶ **keine ~ ist auch eine ~** (*prov*) no answer is an answer

antworten ['antvɔrtn̩] *vi* ❶ to answer; **mit Ja/Nein ~** to answer yes/no; **schriftlich ~** to answer in writing ❷ (*reagieren*) to respond (**mit** with)

an|vertrauen* ['anfɛɐ̯trauən] **I.** *vt* ■ **jdm etw ~** ❶ (*geben*) to entrust sb with sth ❷ (*erzählen*) to confide sth to sb **II.** *vr* ■ **sich jdm ~** to confide in sb

an|wachsen *vi irreg sein* to increase (**auf** to)

Anwalt, Anwältin <-[e]s, -wälte> ['anvalt, 'anvɛltɪn, *pl* 'anvɛltə] *m, f* ❶ lawyer; **sich** *dat* **einen ~ nehmen** to engage the services of a lawyer ❷ (*Fürsprecher*) advocate

Anwältin <-, -nen> ['anvɛltɪn] *f* JUR *fem form von* **Anwalt**

Anwärter(in) *m(f)* candidate (**auf** for)

an|weisen *vt irreg* ■ **jdn ~, etw zu tun** to order sb to do sth

Anweisung *f* ❶ (*Anordnung*) order; **~ haben, etw zu tun** to have instructions to do sth; **auf [jds** *akk*] **~** on [sb's] instruction ❷ (*Anleitung*) instruction

anwendbar *adj* applicable (**auf** to)

an|wenden *vt reg o irreg* ❶ (*gebrauchen*) to use (**bei** on) ❷ (*übertragen*) to apply (**auf** to)

Anwender(in) <-s, -> *m(f)* user

anwenderfreundlich *adj* INFORM user-friendly

Anwendung *f* ❶ (*Gebrauch*) use ❷ (*Übertragung*) application (**auf** to) ❸ MED administration

anwesend *adj* present *pred;* ■ [**bei etw** *dat*] **~ sein** to be present [at sth]; **nicht ganz ~ sein** (*hum fam*) to be a million miles away

Anwesenheit <-> *f kein pl* presence

an|widern ['anviːdɐn] *vt* to nauseate; ■ **angewidert** nauseated *attr*

Anzahl *f kein pl* number

Anzahlung *f* deposit; **eine ~ machen** to pay a deposit

an|zapfen *vt* to tap

Anzeige <-, -n> *f* ❶ (*Strafanzeige*) charge (**wegen** for) ❷ (*Inserat*) ad|vertisement)

an|zeigen *vt* ❶ JUR ■ **jdn [wegen einer S.** *gen*] **~** to report sb [for sth] ❷ (*angeben*) to indicate; (*digital*) to display

Anzeigenseite *f* MEDIA page of advertising

Anzeigenstrecke *f* MEDIA multi-page advertisement, advertising insert

an|ziehen *irreg* **I.** *vt* ❶ *Kleider* to put on *sep;* *Person* to dress ❷ *Arm, Bein* to draw up ❸ (*anlocken*) to attract; **sich von jdm/etw angezogen fühlen** to be attracted to sb/sth ❹ SCHWEIZ *Bett* to change **II.** *vr* ■ **sich ~** to get dressed; **sich leger/schick/warm ~** to put on casual/smart/warm clothing

anziehend *adj* attractive

Anziehungskraft *f* ❶ PHYS gravitation ❷ PSYCH appeal; **auf jdn eine ~ ausüben** to appeal to sb

Anzug *m* ❶ suit; **ein einreihiger/zweireihiger ~** a single-/double-breasted suit ❷ SCHWEIZ (*Bezug*) duvet cover

anzüglich ['antsyːklɪç] *adj* insinuating

an|zünden *vt* ❶ *Feuer* to light ❷ *Haus* to set on fire ❸ *Zigarette* to light

apart [a'part] *adj* striking

apathisch [a'paːtɪʃ] **I.** *adj* apathetic **II.** *adv* apathetically

aper ['aːpɐ] *adj* SÜDD, ÖSTERR, SCHWEIZ clear of snow

Apfel <-s, Äpfel> ['apfl̩, *pl* 'ɛpfl̩] *m* apple ▶ **der ~ fällt nicht weit vom** Stamm (*prov*) like father, like son; **in den sauren ~ beißen** to bite the bullet

Apfelbaum *m* apple tree **Apfelsaft** *m* apple juice **Apfelsine** <-, -n> [apfl̩'ziːnə] *f* orange **Apfelwein** *m* cider

aphrodisisch [afro'diːzɪʃ] *adj* (*geh*) aphrodisiac

Apostel <-s, -> [a'pɔstl̩] *m* apostle

Apostelgeschichte *f kein pl* Acts of the Apostles *pl*

Apostroph <-s, -e> [apo'stroːf] *m* apostrophe

Apotheke <-, -n> [apo'teːkə] *f* pharmacy

Apotheker(in) <-s, -> [apo'teːkɐ] *m(f)* pharmacist

Apparat <-[e]s, -e> [apa'raːt] *m* ❶ apparatus *no pl form;* (*kleineres Gerät*) gadget ❷ (*Telefon*) telephone; **am ~ bleiben** to hold the line; **am ~!** speaking!

Appartement <-s, -s> [apartə'mãː] *nt* ❶ (*im*

Appell–archäologisch

Hotel) suite [of rooms] ❷ (*Wohnung*) flat Brit, apartment Am
Appell <-s, -e> [a'pɛl] *m* ❶ appeal; **einen ~ an jdn richten** to make an appeal to sb ❷ mil roll call
appellieren* [apɛ'liːrən] *vi* ❶ to appeal (**an** to) ❷ schweiz jur ■**gegen etw** *akk* ~ to appeal against sth
Appetit <-[e]s> [ape'tiːt] *m kein pl* appetite; **guten ~!** enjoy your meal!; **~ auf etw** *akk* **haben** to feel like [having] sth; **jdm ~ machen** to whet sb's appetite; **den ~ anregen** to work up an [*or* one's] appetite; **jdm den ~ [auf etw** *akk*] **verderben** (*fam*) to spoil sb's appetite [for sth]
appetitlich *adj* appetizing **Appetitlosigkeit** <-> *f kein pl* lack of appetite
applaudieren* [aplau'diːrən] *vi* (*geh*) to applaud
Applaus <-es> [a'plaus, *pl* -plauzə] *m kein pl* applause; **stehender ~** standing ovation
Aprikose <-, -n> [apri'koːzə] *f* apricot
April <-s, *selten* -e> [a'prɪl] *m* April; *s. a.* **Februar** ▸ **jdn in den ~ schicken** to make an April fool of sb; **~! ~!** (*fam*) April fool!
Aprilscherz *m* April fool's trick
apropos [apro'poː] *adv* talking of; **~ Männer, ...** talking of men, ...
Aquamarin <-s, -e> [akvama'riːn] *m* aquamarine
Aquarell <-s, -e> [akva'rɛl] *nt* watercolour
Äquator <-s> [ɛ'kvaːtoːɐ̯] *m kein pl* equator
Ära <-, Ären> ['ɛːra, *pl* ɛːrən] *f* (*geh*) era
Araber(in) <-s, -> ['arabɐ] *m(f)* Arab
arabisch [a'raːbɪʃ] *adj* ❶ Arabian; **A~es Meer** Arabian Sea ❷ (*Sprache*) Arabic; **auf ~** in Arabic
Arbeit <-, -en> ['arbait] *f* ❶ (*Tätigkeit*) work *no pl, no indef art*; **gute/schlechte ~ leisten** to do a good/bad job; **etw ist in ~** work is in progress on sth; **etw in ~ haben** to be working on sth; **jdm ~ machen** to make work for sb; **sich an die ~ machen** to get down to working; **an die ~!** get to work! ❷ (*Aufgabe; Beruf*) job ❸ (*Werk*) work ❹ (*Klassenarbeit*) test; **eine ~ schreiben** to do a test ❺ *kein pl* (*Mühe*) troubles *pl*; **sich** *dat* **~ [mit etw** *dat*] **machen** to go to trouble [with sth] ▸ **erst die ~, dann das Vergnügen** (*prov*) business before pleasure
arbeiten ['arbaitn̩] I. *vi* ❶ to work; ■**an etw** *dat* ~ to be working on sth ❷ (*berufstätig*

sein) to have a job II. *vt* (*tun*) ■**etwas/nichts** ~ to do something/nothing
Arbeiter(in) <-s, -> *m(f)* worker
Arbeitgeber(in) <-s, -> *m(f)* employer
Arbeitnehmer(in) *m(f)* employee **Arbeitsamt** *nt* job centre Brit, employment office Am **Arbeitsbedingungen** *pl* working conditions **Arbeitsbelastung** *f* workload **Arbeitsbeschaffungsmaßnahme** *f* job creation scheme [*or* Am plan] **Arbeitserlaubnis** *f* work permit **Arbeitsessen** *nt* business lunch/dinner **Arbeitsgericht** *nt* industrial tribunal **arbeitsintensiv** *adj* labour-intensive **Arbeitskleidung** *f* work clothes *pl* **Arbeitskraft** *f* worker **Arbeitskreis** *m* working group
arbeitslos *adj* unemployed
Arbeitslose(r) *f(m) dekl wie adj* unemployed person
Arbeitslosengeld *nt* unemployment benefit **Arbeitslosenhilfe** *f* unemployment aid **Arbeitslosigkeit** <-> *f kein pl* unemployment
Arbeitsmarkt *m* job market **Arbeitsmaterial** *nt* (*Beruf*) material required for work; (*Schulunterricht*) classroom aids *pl* **Arbeitsniederlegung** *f* walkout **Arbeitsplatz** *m* ❶ (*Arbeitsstätte*) workplace; **am ~** at work ❷ (*Stelle*) job; **freier ~** vacancy **Arbeitsplatzteilung** *f* job-sharing **Arbeitsschutz** *m* health and safety protection at the workplace **Arbeitsspeicher** *m* main memory **Arbeitstag** *m* working day **Arbeitsteilung** *f* job-sharing **arbeitsunfähig** *adj* unfit for work **Arbeitsunfall** *m* work-related accident **Arbeitsverhältnis** *nt* **in einem ~ stehen** to be in employment **Arbeitsvermittler, -vermittlerin** *m, f* ökon recruitment [*or* Am recruiting] agency **Arbeitsvermittlung** *f* ❶ (*Arbeitsamt*) job centre ❷ (*Agentur*) employment agency **Arbeitsvertrag** *m* contract of employment **Arbeitszeit** *f* working hours *pl;* **gleitende ~** flexitime **Arbeitszeitverkürzung** *f* reduction of working hours **Arbeitszeugnis** *nt* reference **Arbeitszimmer** *nt* study
Archäologe, Archäologin <-n, -n> [arçɛo'loːgə, -'loːgɪn] *m, f* archaeologist
Archäologie <-> [arçɛolo'giː] *f kein pl* archaeology
archäologisch [arçɛo'loːgɪʃ] *adj* archaeological

Architekt(in) <-en, -en> [arçi'tɛkt] *m(f)* architect

Architektur <-, -en> [arçitɛk'tuːɐ̯] *f* architecture

Archiv <-s, -e> [ar'çiːf, *pl* -və] *nt* archives *pl*

ARD <-> [aːʔɛrˈʔdeː] *f kein pl Abk von* **Arbeitsgemeinschaft der Rundfunkanstalten Deutschlands** amalgamation of the broadcasting stations of the federal states of Germany

Areal <-s, -e> [are'aːl] *nt* area

Arena <-, Arenen> [a'reːna, *pl* -nən] *f* arena

arg <ärger, ärgste> [ark] **I.** *adj* ❶ (*schlimm*) bad; **im A~ liegen** to be at sixes and sevens ❷ *attr* (*groß*) great; **eine ~e Enttäuschung** a great disappointment **II.** *adv* SÜDD (*fam: sehr*) badly

Argentinien <-s> [argɛn'tiːni̯ən] *nt* Argentina

Argentinier(in) <-s, -> [argɛn'tiːni̯ɐ] *m(f)* Argentinian

argentinisch [argɛn'tiːnɪʃ] *adj* Argentinian; *s. a.* **deutsch**

Ärger <-s> ['ɛrgɐ] *m kein pl* ❶ (*Wut*) anger ❷ (*Unannehmlichkeiten*) trouble; **~ bekommen** to get into trouble; **haben** to have problems; **[jdm] ~ machen** to cause [sb] trouble

ärgerlich *adj* ❶ (*verärgert*) annoyed (**über** about) ❷ (*unangenehm*) unpleasant

ärgern ['ɛrgɐn] **I.** *vt* ❶ (*verärgern*) to annoy ❷ (*reizen*) to tease (**wegen** about) **II.** *vr* ■**sich** [**über** *jdn*/*etw*] ~ to be annoyed [about sb/sth]

arglos *adj* innocent

Argument <-[e]s, -e> [argu'mɛnt] *nt* argument

argumentieren* *vi* to argue; ■**mit etw** *dat* ~ to use sth as an argument

argwöhnisch ['arkvøːnɪʃ] **I.** *adj* suspicious **II.** *adv* suspiciously

Arie <-, -n> ['aːri̯ə] *f* aria

Aristokrat(in) <-en, -en> [arɪsto'kraːt] *m(f)* aristocrat

aristokratisch *adj* aristocratic

Arithmetik <-> [arɪt'meːtɪk] *f kein pl* arithmetic

Arktis <-> ['arktɪs] *f* Arctic

arktisch ['arktɪʃ] *adj* arctic

arm <ärmer, ärmste> [arm] *adj* poor ▸ **~ dran sein** to have a hard time of it

Arm <-[e]s, -e> [arm] *m* arm; **sich in den ~en liegen** to lie in each other's arms; **ein Kind auf den ~ nehmen** to pick up a child; **jdn in die ~e nehmen** to take sb in one's arms ▸ **jdm [mit etw** *dat*] **unter die ~e greifen** to help sb out [with sth]; **jdn auf den ~ nehmen** to pull sb's leg

Armatur <-, -en> [arma'tuːɐ̯] *f meist pl* ❶ (*Wasserhahn*) fitting ❷ AUTO instrument

Armaturenbrett *nt* dashboard

Armband <-bänder> *nt* ❶ (*Uhrarmband*) [watch] strap ❷ (*Schmuckarmband*) bracelet

Armbanduhr *f* [wrist-]watch

Armee <-, -n> [ar'meː, *pl* -meːən] *f* army

Ärmel <-s, -> ['ɛrml] *m* sleeve; **sich** *dat* **die ~ hochkrempeln** to roll up one's sleeves

Ärmelkanal *m* ■ **der ~** the [English] Channel

Armenküche *f* (*veraltend*) soup kitchen

Armlehne *f* armrest

Armleuchter *m* chandelier

ärmlich ['ɛrmlɪç] **I.** *adj* ❶ (*arm*) poor; (*Kleidung*) shabby ❷ (*dürftig*) meagre **II.** *adv* poorly

armselig *adj* ❶ (*ärmlich*) shabby ❷ (*dürftig*) miserable

Armut <-> ['armuːt] *f kein pl* ❶ poverty ❷ ■ **die ~ an etw** *dat* the lack of sth; **geistige ~** intellectual poverty

Aroma <-s, Aromen *o* -s *o* -ta> [a'roːma, *pl* -mata] *nt* ❶ (*Geruch*) aroma ❷ (*Geschmack*) flavour

Aromatherapie *f* aromatherapy

aromatisch [aro'maːtɪʃ] *adj* ❶ aromatic ❷ (*wohlschmeckend*) flavoursome BRIT, flavorful AM

Arrest <-[e]s, -s> [a'rɛst] *m* detention

arrogant [aro'gant] **I.** *adj* arrogant **II.** *adv* arrogantly

Arroganz <-> [aro'gants] *f kein pl* arrogance

Arsch <-[e]s, Ärsche> [arʃ, *pl* 'ɛrʃə] *m* (*derb*) ❶ arse BRIT, ass AM ❷ (*blöder Kerl*) [stupid] bastard ▸ **am ~ der Welt** (*sl*) out in the sticks; **jdm in den ~ kriechen** to kiss *sl* sb's arse [*or* AM ass]; **jd kann einen [mal] am ~ lecken** sb can get stuffed *sl;* **leck mich am ~!** (*verpiss dich*) fuck off!; (*verdammt noch mal*) fuck it!; **im ~ sein** (*sl*) to be fucked[-up]; **jdn** [*o* **jdm**] **in den ~ treten** (*sl: jdn antreiben*) to give sb a [good] kick up the arse [*or* AM ass] *fam*

Arschkriecher(in) *m(f)* (*pej sl*) arse-licker BRIT, ass-kisser AM **Arschloch** *nt* (*vulg*) arsehole BRIT, asshole AM

Arsen <-s> [arˈzeːn] *nt kein pl* arsenic

Art <-, -en> [aːɐ̯t, *pl* ˈaːɐ̯tn̩] *f* ❶ (*Sorte*) sort, kind ❷ (*Methode*) way; **auf diese ~ und Weise** [in] this way ❸ (*Wesens~*) nature ❹ BIOL species ❺ (*Stil*) style ▶ **nach ~ des Hauses** à la maison; **aus der ~ schlagen** to go a different way

Artenreichtum <-s> *m kein pl* abundance of species **Artenschutz** *m* protection of species **Artenvielfalt** <-> *f kein pl* abundance of species

Arterie <-, -n> [arˈteːri̯ə] *f* artery

Arterienverkalkung *f*, **Arteriosklerose** <-, -n> [arteri̯oskleˈroːzə] *f* hardening of the arteries

artig [ˈaːɐ̯tɪç] *adj* well-behaved

Artikel <-s, -> [arˈtiːkl̩, arˈtɪkl̩] *m* ❶ (*Zeitungs~*) article ❷ (*Ware*) item ❸ LING article

Artillerie <-, *selten* -n> [ˈartɪləriː, *pl* -riːən] *f* artillery

Artischocke <-, -n> [artiˈʃɔkə] *f* artichoke

Artist(in) <-en, -en> [arˈtɪst] *m(f)* performer

Arznei <-, -en> [aːɐ̯tsˈnai] *f* medicine

Arzneimittel *nt* drug

Arzt, Ärztin <-es, Ärzte> [aːɐ̯tst, ˈɛːɐ̯tstɪn, *pl* ˈɛːɐ̯tstə] *m*, *f* doctor; **~ für Allgemeinmedizin** general practitioner, GP; **behandelnder ~** personal doctor

Arzthelfer(in) *m(f)* [doctor's] receptionist [*or* assistant]

Ärztin <-, -nen> [ˈɛːɐ̯tstɪn] *f fem form von* **Arzt**

ärztlich [ˈɛːɐ̯tstlɪç] *adj* medical; **sich ~ behandeln lassen** to get medical advice

As^ALT1 <-ses, -se> [as] *nt* KARTEN *s.* **Ass**

As² <-, -> [as] *nt* MUS A flat

Asche <-, -n> [ˈaʃə] *f* ash

Aschenbahn *f* cinder track **Aschenbecher** *m* ashtray **Aschenbrödel** [ˈaʃn̩brøːdl̩] *nt*, **Aschenputtel** [ˈaʃnpʊtl̩] *f* Cinderella

Aschermittwoch [aʃɐˈmɪtvɔx] *m* Ash Wednesday

ASCII-Code [ˈaski-koːt] *m* ASCII code

Ascorbinsäure <-> [askɔrˈbiːn-] *f kein pl* BIOL, CHEM ascorbic acid *no pl*

Asiat [aˈzi̯aːt], **Asiate, Asiatin** <-en, -en> [aˈzi̯aːtə, aˈzi̯aːtɪn] *m*, *f* Asian

asiatisch [aˈzi̯aːtɪʃ] *adj* Asian

Asien <-s> [ˈaːzi̯ən] *nt* Asia

asozial [ˈazotsi̯aːl] I. *adj* antisocial II. *adv* antisocially

Asphalt <-[e]s, -e> [asˈfalt] *m* asphalt *no pl*

asphaltieren* [asfalˈtiːrən] *vt* to asphalt

Ass^RR <-es, -e> [as] *nt* ace

assimilieren* [asimiˈliːrən] *vr* ■ **sich** [an etw *akk*] ~ to assimilate oneself [into sth]

Assistent(in) <-en, -en> [asɪsˈtɛnt] *m(f)* assistant

Assistenzarzt, -ärztin *m*, *f* assistant physician BRIT, resident AM

Assistenztrainer, -trainerin *m*, *f* SPORT assistant coach

assistieren* [asɪsˈtiːrən] *vi* to assist (**bei** with)

Ast <-[e]s, Äste> [ast, *pl* ˈɛstə] *m* branch ▶ **jd ist auf dem absteigenden ~** (*fam*) sb is going downhill; **den ~ absägen, auf dem man sitzt** to dig one's own grave

Aster <-, -n> [ˈastɐ] *f* Michaelmas daisy

Ästhetik <-> [ɛsˈteːtɪk] *f kein pl* aesthetics *pl*

ästhetisch [ɛsˈteːtɪʃ] *adj* (*geh*) aesthetic

Asthma <-s> [ˈastma] *nt kein pl* asthma

asthmatisch [astˈmaːtɪʃ] *adj* asthmatic

Astloch *nt* knothole

astrein *adj* (*sl*: *spitze*) fantastic

Astrologe, Astrologin <-n, -n> [astroˈloː-gə, -ˈloːgɪn] *m*, *f* astrologer

Astrologie <-> [astroloˈgiː] *f kein pl* astrology

astrologisch [astroˈloːgɪʃ] *adj* astrological

Astronom(in) <-en, -en> [astroˈnoːm] *m(f)* astronomer

Astronomie <-> [astronoˈmiː] *f kein pl* astronomy

astronomisch [astroˈnoːmɪʃ] *adj* astronomical

Astrophysik [astrofyˈziːk] *f* astrophysics + *sing vb, no art*

Astrophysiker(in) [astroˈfyːzikɐ] *m(f)* astrophysicist

Asyl <-s, -e> [aˈzyːl] *nt* asylum; **um ~ bitten** to apply for asylum; **jdm ~ gewähren** to grant sb asylum

Asylant(in) <-en, -en> [azyˈlant] *m(f)*, **Asylbewerber(in)** *m(f)* applicant for [political] asylum **Asylrecht** *nt* right of political asylum

Atelier <-s, -s> [ateˈli̯eː] *nt* studio

Atem <-s> [ˈaːtəm] *m kein pl* breath; **den ~ anhalten** to hold one's breath; **~ holen** to take a breath; **wieder zu ~ kommen** to catch one's breath; **nach ~ ringen** to be gasping for breath; **außer ~** out of breath ▶ **den längeren ~ haben** to have the whip hand;

atemberaubend – aufbereiten

jdn in ~ **halten** to keep sb on their toes
atemberaubend *adj* breath-taking **Atemgerät** *nt* respirator; *(für Taucher)* breathing apparatus **atemlos** I. *adj* breathless II. *adv* breathlessly **Atemluft** *f* air [to breathe] **Atemnot** *f* shortness of breath **Atemschutzgerät** *nt* breathing apparatus **Atemwege** *pl* respiratory tracts **Atemzug** *m* breath ▸ **in einem** ~ in one breath
Atheismus <-> [ate'ɪsmʊs] *m kein pl* atheism
Atheist(in) <-en, -en> [ate'ɪst] *m(f)* atheist
atheistisch *adj* atheist
Äther <-s> ['ɛːtɐ] *m kein pl* ether
ätherisch [ɛ'teːrɪʃ] *adj* ethereal
Äthiopien <-s> [ɛ'tio:pi̯ən] *nt* Ethiopia
Äthiopier(in) <-s, -> [ɛ'tio:pi̯ɐ] *m(f)* Ethiopian
äthiopisch [ɛ'tio:pɪʃ] *adj* Ethiopian; *s. a.* **deutsch**
Athlet(in) <-en, -en> [at'leːt] *m(f)* athlete
athletisch [at'leːtɪʃ] *adj* athletic
Atlantik <-s> [at'lantɪk] *m* Atlantic
atlantisch [at'lantɪʃ] *adj* Atlantic
Atlas <- *o* -ses, Atlanten *o* -se> ['atlas, *pl* at'lantn̩, 'atlasə] *m* atlas
Atmen ['aːtmən] *nt* breathing, respiration
atmen ['aːtmən] *vi, vt* to breathe
Atmosphäre <-, -n> [atmo'sfɛːrə] *f* atmosphere
atmosphärisch [atmo'sfɛːrɪʃ] *adj* atmospheric
Atmung <-> *f kein pl* breathing
Atmungsorgane *pl* respiratory organs
Atom <-s, -e> [a'toːm] *nt* atom
atomar [ato'maːɐ̯] *adj* nuclear; ▪ ~ **angetrieben sein** to be nuclear-powered
Atombombe *f* nuclear bomb **Atomenergie** *f* nuclear energy **Atomindustrie** *f* nuclear industry **Atomkern** *m* nucleus **Atomkraft** *f kein pl* nuclear power **Atomkraftwerk** *nt* nuclear power station **Atommülllagerung**^RR <-> *f kein pl* nuclear waste disposal
Atomphysik *f* nuclear physics + *sing vb* **Atomprogramm** *nt* nuclear [*or* atomic] programme **Atomreaktor** *m* nuclear reactor
atomwaffenfrei *adj* nuclear-free
ätsch [ɛːtʃ] *interj (fam)* ha-ha
Attentat <-[e]s, -e> ['atn̩taːt] *nt* an attempt on sb's life; *(mit tödlichem Ausgang)* assassination; **ein ~ auf jdn verüben** to make an attempt on sb's life; *(mit tödlichem Ausgang)* to assassinate sb
Attentäter(in) ['atn̩tɛːtɐ] *m(f)* assassin
Attest <-[e]s, -e> [a'tɛst] *nt* certificate; **jdm ein ~ über etw** *akk* **ausstellen** to certify sth for sb
Attrappe <-, -n> [a'trapə] *f* dummy
attributiv [atribu'tiːf] *adj* LING attributive
ätzen ['ɛtsn̩] *vi (sl)* to make catty remarks
ätzend *adj* ❶ corrosive ❷ *Geruch* pungent
au [au], **aua** ['aua] *interj* ouch
Aubergine <-, -n> [obɛr'ʒiːnə] *f* aubergine BRIT, egg-plant AM
auch [aux] *adv* ❶ *(ebenfalls)* too, also, as well; **ich habe Hunger, du ~?** I'm hungry, you too?; **... ~ nicht!** not ... either, ... neither, nor ...; **ich gehe nicht mit! — ich ~ nicht!** I'm not coming! — nor am I!; **wenn du nicht hingehst, gehe ich ~ nicht** if you don't go, I won't either ❷ *(sogar)* even; **~ wenn** even if; **so schnell sie ~ laufen mag** however fast she may run ...; **wie dem ~ sei** whatever
Audienz <-, -en> [au'di̯ɛnts] *f* audience
Audioführung *f* audio tour
auf [auf] I. *präp* ❶ on, upon *form;* ~ **dem Stuhl** on the chair ❷ *(in Richtung)* on, onto; **sie fiel ~ den Rücken** she fell on[to] her back ❸ *(zur)* to; **er muss ~ die Post** he has to go to the post office ❹ *(bei)* **sein Geld ist ~ der Bank** his money is in the bank; **er arbeitet ~ dem Finanzamt** he works at the tax office ❺ *(beschränkend)* to; ~ **den Millimeter genau** exact to a millimetre II. *adv* ❶ *(fam: geöffnet)* open ❷ *(fam: nicht mehr im Bett)* ~ **sein** to be up ▸ ~ **und ab** up and down; ~ **und davon** *(fort)* up and away III. *interj (los!)* ▪ ~ **!** let's go! IV. *konj (geh: Wunsch)* ▪ ~ **dass ...** that ...
auf|atmen *vi* to heave a sigh of relief
Aufbau *m kein pl* ❶ *(Zusammenbau)* assembling ❷ *(Schaffung)* building; *eines sozialen Netzes* creation ❸ *(Struktur)* structure
auf|bauen *vt* ❶ *(zusammenbauen)* to assemble ❷ *(hinstellen)* to set out sth *sep* ❸ *(schaffen)* ▪ **sich** *dat* **etw** ~ to build up sth *sep* ❹ *(basieren)* to base (**auf** on)
auf|bäumen *vr* ▪ **sich** ~ ❶ *Pferd* to rear [up] ❷ *(revoltieren)* to revolt (**gegen** against)
auf|bekommen* *vt irreg (fam: öffnen)* to get open
auf|bereiten* *vt* to process; *Trinkwasser* to

purify
Aufbereitungsanlage *f* processing plant
auf|bessern *vt* to improve; *Gehalt* to increase
auf|bewahren* *vt* to keep
Aufbewahrung <-, -en> *f* [safe]keeping
aufblasbar *adj* inflatable
auf|blasen *irreg* I. *vt* to inflate II. *vr* ■ **sich ~** (*pej*) to puff oneself up; ■ **aufgeblasen** [**sein**] [to be] puffed-up
auf|bleiben *vi irreg sein* ❶ (*nicht schlafen*) to stay up ❷ (*offen bleiben*) to stay open
auf|blicken *vi* ■ **zu jdm ~** to look up to sb
auf|blühen *vi sein* to bloom
auf|bocken *vt* AUTO to jack up *sep*
auf|brauchen I. *vt* to use up *sep* II. *vr* ■ **sich ~** to get used up
auf|brausen *vi sein* to flare up
auf|brechen *irreg* I. *vt haben* to break open *sep;* **ein Auto ~** to break into a car II. *vi sein* ❶ (*aufplatzen*) to break up ❷ (*losgehen*) to start off
auf|bringen *vt irreg* ❶ *Geld* to raise ❷ *Kraft* to summon [up *sep*] ❸ (*erzürnen*) to irritate
Aufbruch *m kein pl* departure
Aufbruchsignal *nt* green light
auf|bürden *vt* (*geh*) ■ **jdm etw ~** to burden sb with sth
auf|decken *vt* to uncover
auf|donnern *vr* (*pej fam*) ■ **sich ~** to doll oneself up; ■ **aufgedonnert** dolled up
auf|drängen I. *vt* ■ **jdm etw ~** to force sth on sb II. *vr* ■ **sich jdm ~** to impose oneself on sb
auf|drehen *vt* ❶ (*öffnen*) to turn on *sep;* *Schraubverschluss* to unscrew ❷ (*fam*) *Radio, Heizung* to turn up *sep* ❸ (*fam*) ■ **aufgedreht sein** to be full of go
aufdringlich *adj* ❶ obtrusive; ■ **~ werden** to become obtrusive ❷ *Geruch* pungent
auf|drücken *vt* (*fam*) ■ **jdm etw ~** *Pflicht, Aufgabe, Arbeit* to impose sth on sb
aufeinander [auf?ai'nandɐ] *adv* ❶ (*räumlich*) on top of each other ❷ (*zeitlich*) after each other ❸ (*gegeneinander*) **~ losgehen** to hit away at each other ❹ (*wechselseitig*) **~ angewiesen sein** to be dependent on each other; **~ zugehen** to approach each other
aufeinander|folgen *vi sein* **dicht ~** to come thick and fast **aufeinanderfolgend** *adj* successive **aufeinander|stoßen** *vi irreg sein* to clash
Aufenthalt <-[e]s, -e> ['auf?ɛnthalt] *m* ❶ stay ❷ BAHN stop[over]; **wie lange haben wir in Köln ~?** how long do we stop [for] in Cologne?
Aufenthaltsgenehmigung *f* JUR residence permit **Aufenthaltsort** *m* whereabouts + *sing/pl* **Aufenthaltsraum** *m* day room
Auferstehung <-, -en> *f* resurrection
auf|essen *irreg vt, vi* to eat up *sep*
Auffahrt *f* ❶ (*Autobahn~*) slip road BRIT, entrance ramp AM ❷ SCHWEIZ *s.* **Himmelfahrt**
Auffahrunfall *m* rear-end collision
auffallend I. *adj* conspicuous; **~e Ähnlichkeit** striking likeness II. *adv* (*in ~er Weise*) strangely
auffällig I. *adj* conspicuous; ■ **an jdm ~ sein** to be noticeable about sb II. *adv* conspicuously
auf|fangen *vt irreg* ❶ (*fangen, mitbekommen*) to catch ❷ (*kompensieren*) to offset ❸ (*abfangen*) to cushion
Auffanglager *nt* reception camp
auf|fassen *vt* to interpret (**als** as); **etw falsch ~** to misinterpret sth
Auffassung *f* opinion
auf|finden *vt irreg* to find
auf|fliegen *vi irreg sein* ❶ to fly up ❷ (*fam*) *Machenschaften* to be blown; ■ **jdn/etw ~ lassen** to blow sb/sth
auf|fordern *vt* ■ **jdn ~, etw zu tun** to ask sb to do sth; **wir fordern Sie auf, ...** you are requested ...
auf|frischen I. *vt haben Beziehung* to renew; *Erinnerung* to refresh; **sein Französisch ~** to brush up one's French *sep* II. *vi sein o haben Wind* to freshen
Auffrischungskurs *m* refresher course
auf|führen I. *vt* ❶ THEAT to perform ❷ (*auflisten*) to list; *Beispiele, Zeugen* to cite II. *vr* (*sich benehmen*) to behave; **sich so ~, als ob ...** to act as if ...
Aufführung *f* THEAT performance
auf|füllen *vt, vi* (*nachfüllen*) to top up *sep*
Aufgabe <-, -n> *f* ❶ task ❷ *meist pl* SCH (*Übung*) exercise; (*zu Hause zu erledigen*) homework *no pl* ❸ (*Kapitulation*) surrender
auf|gabeln *vt* (*fam*) to pick up *sep*
Aufgabenbereich *m*, **Aufgabengebiet** *nt* area of responsibility
Aufgang <-gänge> *m eines Gestirns* rising
auf|geben *irreg* I. *vt* ❶ *Aufgabe* to give ❷ *Gepäck* to register; LUFT to check in ❸ *Gewohnheit* to give up *sep; Stellung* to resign ❹ (*verloren geben*) ■ **jdn ~** to give up with sb

⑤ (*vorzeitig beenden*) abandon **II.** *vi* (*sich geschlagen geben*) to give up

aufgeblasen I. *pp von* **aufblasen II.** *adj* (*pej: eingebildet*) self-important

aufgebracht I. *adj* outraged (**über** with) **II.** *adv* in outrage

aufgedunsen *adj* bloated

auf|gehen *vi irreg sein* ❶ *Gestirn* to rise ❷ (*sich öffnen*) to open; *Knoten* to come undone ❸ (*seine Erfüllung finden*) ■**in etw** *dat* ~ to be taken up in sth ❹ *Pflanze* to sprout

aufgeklärt *adj* ❶ PHILOS enlightened ❷ (*sexuell*) to know the facts of life

aufgelegt *adj* **gut/schlecht ~ sein** to be in a good/bad mood; ■[**dazu**] **~ sein, etw zu tun** to feel like doing sth

aufgeregt I. *adj* excited **II.** *adv* excitedly

aufgeschmissen *adj* (*fam*) ■**~ sein** to be in a fix

aufgesprungen *adj* *Lippen* chapped

aufgeweckt *adj* bright

auf|greifen *vt irreg* to take up *sep; Gespräch* to continue

aufgrund *präp,* **auf Grund** [aufˈgrʊnt] ■**~ einer S.** *gen* owing to sth

auf|haben *irreg vt* (*fam*) ❶ *Hut* to wear ❷ *Hausaufgabe* to have sth [to do]

auf|halten *irreg* **I.** *vt* ❶ (*am Weiterkommen hindern*) to hold up *sep* ❷ (*fam: offen hinhalten*) to hold open *sep;* **die Hand ~** to hold out one's hand *sep* **II.** *vr* (*verweilen*) ■**sich ~** to stay; ■**sich bei etw** *dat* **~** to dwell on sth

auf|hängen I. *vt* ❶ to hang up; **die Wäsche ~** to hang out the washing ❷ (*erhängen*) to hang **II.** *vr* ■**sich ~** to hang oneself (**an** from)

Aufhänger <-s, -> *m* (*Anknüpfungspunkt*) peg

Aufhängung <-, -en> *f* AUTO suspension

auf|heben *irreg* **I.** *vt* ❶ (*vom Boden*) to pick up *sep* ❷ (*aufbewahren*) to keep ❸ (*widerrufen*) to abolish **II.** *vr* ■**sich** [**gegenseitig**] **~** to offset each other

Aufheben <-s> *nt kein pl* [**nicht**] **viel ~**[**s**] [**von etw** *dat*] **machen** to [not] make a lot of fuss [about sth]

auf|heitern *vt* to cheer up *sep*

auf|hellen *vr* ■**sich ~** to brighten [up]

auf|hetzen *vt* (*pej*) to incite (**gegen** against)

auf|holen I. *vt Zeit* to make up *sep* **II.** *vi* to catch up

auf|horchen *vi* to prick up one's ears

auf|hören *vi* to stop; **hör endlich auf!** [will you] stop it!; **plötzlich ~** to stop dead; ■**~, etw zu tun** to stop doing sth

auf|klappen *vt, vi haben Buch* to open [up *sep*]; *Liegestuhl* to unfold; *Messer* to unclasp

auf|klären I. *vt* ❶ (*erklären*) to clarify; *Irrtum* to resolve ❷ (*aufdecken*) to solve; *Verbrechen* to clear up ❸ (*informieren*) to inform (**über** about) ❹ (*sexuell*) to explain the facts of life **II.** *vr* ■**sich ~** ❶ to resolve itself ❷ *Wetter* to brighten [up]

auf|klaren METEO **I.** *vi impers* ■**es klart auf** it's clearing [up] **II.** *vi* to brighten [up]

Aufkleber *m* sticker

auf|kommen *vi irreg sein* ❶ (*zahlen*) ■**für etw** *akk* **~** to pay for sth ❷ (*Unterhalt leisten*) ■**für jdn ~** to pay for sb's upkeep

Aufkommen <-s, -> *nt kein pl* (*Entstehung*) emergence

auf|krempeln *vt* to roll up *sep*

auf|laden *irreg vt* ❶ to load (**auf** on[to]) ❷ (*fig*) ■**jdm etw ~** to burden sb with sth ❸ ELEK to charge

Auflage <-, -n> *f* ❶ (*von Buch*) edition; **verbesserte ~** revised edition ❷ (*Auflagenhöhe*) number of copies ❸ (*Polster*) pad

auf|lassen *vt irreg* ❶ (*fam: offen lassen*) to leave open *sep* ❷ (*fam*) *Hut* to leave on *sep*

auf|lauern *vi* ■**jdm ~** to lie in wait for sb

Auflauf *m* ❶ KOCHK savoury or sweet dish baked in the oven ❷ (*Menschen~*) crowd

auf|laufen *vi irreg sein* ❶ *Schiff* to run aground ❷ ■**jdn ~ lassen** (*fam*) to drop sb in it

auf|leben *vi sein* to liven up

auf|legen *vt* ❶ VERLAG to publish ❷ (*Telefonat beenden*) **den Hörer ~** to hang up ❸ (*nachlegen*) **Holz/Kohle ~** to put on more wood/coal *sep*

auf|lehnen *vr* to revolt (**gegen** against)

auf|lesen *vt irreg* (*fam*) to pick up

auf|leuchten *vi sein o haben* to light up

auf|lockern I. *vt* ❶ (*abwechslungsreicher machen*) to liven up *sep* ❷ (*zwangloser machen*) to ease **II.** *vr* ■**sich ~** ❶ SPORT to limber up ❷ METEO **aufgelockerte Bewölkung** thinning cloud cover

auf|lösen I. *vt* ❶ (*in Flüssigkeit*) to dissolve ❷ (*aufklären*) to clear up *sep* ❸ *Gruppe* to disband ❹ *Konto* to close **II.** *vr* ■**sich ~** ❶ (*in Flüssigkeit*) to dissolve ❷ (*sich zersetz-*

Auflösung–aufrütteln

zen) to disintegrate ③ (*sich klären*) to resolve itself ④ (*sich zerstreuen*) to break up *sep* ⑤ **sich [in nichts/Luft]** ~ to disappear [into thin air]

Auflösung *f* ① *einer Gruppe* disbanding ② (*Klärung*) clearing up ③ FOTO resolution

auf|machen I. *vt* ① (*fam: öffnen*) to open ② (*fam: lösen*) to undo **II.** *vi* (*die Tür öffnen*) to open the door **III.** *vr* ■ **sich** ~ (*aufbrechen*) to set out

Aufmachung <-, -en> *f* ① (*Kleidung*) turnout ② (*Gestaltung*) presentation

aufmerksam I. *adj* attentive; ■ [**auf jdn/etw**] ~ **werden** to take notice [of sb/sth]; **jdn auf etw** *akk* ~ **machen** to draw sb's attention to sth; [**das ist**] **sehr** ~ [**von Ihnen**]! [that's] most kind [of you] **II.** *adv* attentively

Aufmerksamkeit <-> *f kein pl* ① attention ② (*Zuvorkommenheit*) attentiveness

auf|möbeln *vt* (*fam*) ① to do up *sep* ② (*aufmuntern*) to cheer up *sep*

auf|muntern *vt* ① (*beleben*) to liven up *sep* ② (*Mut machen*) to encourage

aufmüpfig *adj* (*fam*) ■ ~ **sein/werden** to be rebellious

Aufnahme <-, -n> *f* ① photo[graph]; (*Tonband*) [tape-]recording; **von jdm/etw eine** ~ **machen** to take a photo of sb/sth; (*Tonband*) to record sb/sth [on tape] ② (*in eine Gruppe*) admission

Aufnahmebedingung *f* entry requirement **Aufnahmeland** *nt* host country **Aufnahmeprüfung** *f* entrance examination

auf|nehmen *vt irreg* ① to photograph ② to film ③ (*auf Tonband*) to record ④ (*unterbringen*) ■ **jdn** [**bei sich** *dat*] ~ to take in sb *sep* ⑤ (*in eine Gruppe*) to admit ⑥ (*erfassen*) to grasp ⑦ (*absorbieren*) to absorb ▸ **es mit jdm/etw** ~ [**können**] to be a match for sb/sth (**an** in)

auf|opfern *vr* ■ **sich** [**für jdn/etw**] ~ to sacrifice oneself [for sb/sth]

auf|passen *vi* ① (*aufmerksam sein*) to pay attention; **genau** ~ to pay close attention; ■ **pass auf!** (*sei aufmerksam*) [be] careful!; (*Vorsicht*) watch out! ② (*beaufsichtigen*) to keep an eye (**auf** on); **auf die Kinder** ~ to mind the children

auf|peppen ['aufpɛpn̩] *vt* (*sl*) to jazz up *sep*

Aufprall <-[e]s, -e> *m* impact

auf|prallen *vi sein* ■ [**auf etw** *akk o dat*] ~ to hit sth

Aufpreis *m* extra charge; **gegen** ~ for an extra charge

auf|pumpen *vt* to pump up *sep;* ■ **aufgepumpt** inflated

Aufputschmittel *nt* stimulant

auf|putzen *vt* DIAL *s.* **aufwischen**

auf|raffen *vr* ■ **sich zu etw** *dat* ~ to bring oneself to do sth

auf|räumen I. *vt Platz* to clear [up] *sep; Sachen* to clear away *sep;* ■ **aufgeräumt sein** to be [neat and] tidy **II.** *vi* ① to tidy up ② ■ **mit etw** *dat* ~ to do away with sth

aufrecht ['aufrɛçt] *adj, adv* upright

aufrecht|erhalten* ['aufrɛçt?ɐ̯ɛhaltn̩] *vt irreg* to maintain

auf|regen I. *vt* (*verärgern*) to annoy; (*nervös machen*) to make nervous; **reg mich nicht auf!** stop getting on my nerves! **II.** *vr* ■ **sich** [**über jdn/etw**] ~ to get worked up [about sb/sth]; **reg dich nicht so auf!** don't get [yourself] so worked up!

Aufregung *f* ① (*aufgeregte Erwartung*) excitement *no pl* ② (*Beunruhigung*) agitation *no pl;* **nur keine** ~! don't get flustered; **jdn/etw in** ~ **versetzen** to get sb/sth into a state *fam*

auf|reiben *irreg vt* ① (*zermürben*) to wear down *sep* ② (*wund reiben*) to chafe

auf|reißen *irreg* **I.** *vt haben* ① (*durch Reißen öffnen*) to tear open *sep* ② *Augen, Mund* to open wide ③ (*sl: aufgabeln*) to pick up *sep* **II.** *vi sein Hose* to rip; *Naht* to split

auf|richten I. *vt* ① (*in aufrechte Lage bringen*) to put upright ② (*ermutigen*) ■ **jdn** [**wieder**] ~ to put new heart into sb **II.** *vr* ■ **sich** ~ to straighten up

aufrichtig I. *adj* honest; *Gefühl* sincere **II.** *adv* sincerely

Aufrichtigkeit <-> *f kein pl* sincerity

Aufruf *m* ① appeal ② INFORM call

auf|rufen *irreg* **I.** *vt* ① to call [out] ② ■ **jdn** ~, **etw zu tun** to request sb to do sth ③ INFORM to call up *sep* **II.** *vi* ■ **zu etw** *dat* ~ to call for sth

Aufruhr <-[e]s, -e> ['aufruːɐ̯] *m* ① *kein pl* (*geh: Erregung*) turmoil *no pl;* **jdn in** ~ **versetzen** to throw sb into a turmoil ② (*Aufstand*) revolt

aufrührerisch *adj* rebellious

auf|runden *vt* to round up *sep* (**auf** to); ■ **aufgerundet** rounded up

auf|rütteln *vt* to rouse (**aus** from)

auf|sagen *vt* to recite
auf|sammeln *vt* to gather [up *sep*]
aufsässig ['aufzɛsɪç] *adj* ❶ (*widerspenstig*) unruly ❷ (*rebellisch*) rebellious
Aufsatz *m* essay
auf|schichten *vt* to stack
auf|schieben *vt irreg* to postpone (**auf** until)
Aufschlag *m* ❶ (*Aufprall*) impact *no pl* ❷ SPORT service *no pl*; ~ **haben** to be serving ❸ (*Aufpreis*) extra charge
auf|schlagen *irreg* **I.** *vi* ❶ *sein* (*auftreffen*) to strike; **mit dem Kopf** [**auf etw** *akk o dat*] ~ to hit one's head [on sth] ❷ *haben* SPORT to serve **II.** *vt haben* ❶ *Buch* to open ❷ (*aufbauen*) to put up *sep* ❸ (*verteuern*) to raise (**um** by)
auf|schließen *irreg vt* to unlock
aufschlussreich^{RR}, **aufschlußreich**^{ALT} *adj* informative
auf|schnappen *vt* (*fam: mitbekommen*) to pick up *sep*
auf|schneiden *irreg vt* ❶ (*in Scheiben*) to slice ❷ (*auseinanderschneiden*) to cut open *sep*
Aufschnitt *m kein pl* assorted sliced cold meats *pl*, cold cuts *pl* AM
auf|schrauben *vt* to unscrew
auf|schrecken **I.** *vt* <schreckte auf, aufgeschreckt> *haben* to startle (**aus** from) **II.** *vi* <schreckte *o* schrak auf, aufgeschreckt> *sein* to start [up] (**aus** from)
Aufschrei *m* ❶ scream ❷ (*Lamento*) outcry
auf|schreiben *vt irreg* to write down *sep*
Aufschub *m* delay
auf|schwatzen *vt*, **auf|schwätzen** *vt* DIAL (*fam*) ■**jdm etw** ~ to fob sth off on sb; ■**sich** *dat* **etw** ~ **lassen** to get talked into taking sth
Aufschwung *m* upswing
auf|sehen *vi irreg* ■**zu jdm** ~ to look up to sb
Aufsehen <-s> *nt kein pl* sensation; **ohne** [**großes**] ~ without any [real] fuss; **etw erregt** [**großes**] ~ sth causes a [great] sensation; ~ **erregend** sensational
auf|setzen **I.** *vt* ❶ *Hut, Topf* to put on *sep* ❷ (*auf den Boden*) to put down *sep* **II.** *vr* ■**sich** ~ to sit up
Aufsicht <-, -en> *f* ❶ *kein pl* (*Überwachung*) supervision (**über** of) ❷ (*Aufsichtsperson*) person in charge; (*bei einer Prüfung*) invigilator BRIT, proctor AM
Aufsichtsrat *m* supervisory board

auf|sperren *vt* ❶ (*aufreißen*) to open wide *sep* ❷ *Tür* to unlock
auf|spielen *vr* (*fam*) ■**sich** ~ to give oneself airs
auf|springen *vi irreg sein* ❶ (*hoch springen*) to leap up ❷ *Ball* to bounce ❸ (*aufplatzen*) to crack
auf|spüren *vt* to track down *sep*
auf|stacheln *vt* ■**jdn** [**zu etw** *dat*] ~ to incite sb to do sth; ■**jdn gegen jdn** ~ to turn sb against sb
Aufstand *m* rebellion; **einen** ~ **niederschlagen** to quell a rebellion
auf|stehen *vi irreg sein* ❶ to stand up (**von** from) ❷ (*aus dem Bett*) to get up
auf|stellen **I.** *vt* ❶ (*aufbauen*) to put up *sep*; *Maschine* to install ❷ (*ausarbeiten*) to draw up *sep*; *Theorie* to elaborate ❸ ■**jdn** [**als/für etw** *akk*]~ to nominate sb [sth/for sth] ❹ *Mannschaft* to organize ❺ SCHWEIZ (*aufmuntern*) to pick up *sep* **II.** *vr* ■**sich** ~ to stand; **sich hintereinander** ~ to line up
Aufstellung <-> *f kein pl* ❶ (*Nominierung*) nomination *no pl* ❷ SPORT (*Auswahl*) team
Aufstieg <-[e]s, -e> ['aufʃtiːk] *m* ❶ (*Verbesserung*) rise; **sozialer** ~ social advancement ❷ (*zum Gipfel*) climb (**auf** up) ❸ SPORT promotion (**in** to)
auf|stocken *vt, vi* (*erhöhen*) to increase (**auf** to, **um** by)
auf|suchen *vt* (*geh*) ❶ ■**jdn** ~ to go to [see] sb ❷ ■**etw** ~ to go to sth
auf|takeln **I.** *vt* NAUT to rig up *sep* **II.** *vr* (*pej fam*) ■**sich** ~ to doll oneself up; ■**aufgetakelt sein** to be all dolled up
Auftakt *m* (*Beginn*) start; (*Vorspiel*) prelude (**zu/für** to); **den** ~ **zu etw** *dat* **bilden** to mark the beginning of sth
auf|tanken *vt, vi* to fill up *sep*
auf|tauchen *vi sein* ❶ (*aus dem Wasser*) to surface ❷ (*zum Vorschein kommen*) to turn up ❸ (*plötzlich da sein*) to suddenly appear ❹ (*sichtbar werden*) to appear (**aus** out of)
auf|tauen **I.** *vi sein* to thaw **II.** *vt haben* to thaw [out *sep*]
auf|teilen *vt* ❶ to divide [up *sep*] (**in** into) ❷ to share out *sep* (**unter** between)
Auftrag <-[e]s, Aufträge> ['auftraːk, *pl* 'auftrɛːgə] *m* ❶ (*Beauftragung*) contract; (*an Freiberufler*) commission ❷ (*Anweisung*) orders *pl*; **jdm den** ~ **geben, etw zu tun** to instruct sb to do sth; **im** ~ by order; **in jds** ~

auftragen *irreg vt* ❶ (*aufstreichen*) to apply (**auf** to) ❷ ■**jdm etw** ~ to instruct sb to do sth ▶ **dick** ~ to lay it on thick

Auftraggeber(in) *m(f)* client **Auftragsbestätigung** *f* confirmation of [an] order **Auftragsbuch** *nt* order book **auftragsgemäß** **I.** *adj* as ordered *pred* **II.** *adv* as instructed

auf|treiben *vt irreg* (*fam*) ■**jdn/etw** ~ to get hold of sb/sth

auf|treten *irreg vi sein* ❶ (*eintreten*) to occur ❷ (*erscheinen*) to appear (**als** as); **geschlossen** ~ to appear as one body; **gegen jdn/ etw als Zeuge** ~ to give evidence against sb/sth ❸ (*sich benehmen*) to behave

Auftreten <-s> *nt kein pl* ❶ (*Benehmen*) behaviour ❷ (*Manifestation*) occurrence ❸ (*Erscheinen*) appearance

Auftritt *m* ❶ appearance ❷ THEAT entrance

auf|tun *irreg vr* ■**sich** [**vor jdm**] ~ to open [up] [for sb]

auf|wachen *vi sein* to wake [up]

auf|wachsen *vi irreg sein* to grow up

Aufwand <-[e]s> ['aufvant] *m kein pl* ❶ (*Einsatz*) expenditure; **der** ~ **war umsonst** it was a waste of energy/money/ time ❷ (*Luxus*) extravagance

aufwändig^{RR} **I.** *adj* lavish **II.** *adv* lavishly

Aufwandsentschädigung *f* expense allowance

auf|wärmen **I.** *vt* ❶ to heat up *sep* ❷ (*fam*) *Thema* to drag up *sep* **II.** *vr* ■**sich** ~ ❶ to warm oneself [up] ❷ SPORT to warm up

aufwärts ['aufvɛrts] *adv* up[ward[s]]; **den Fluss** ~ upstream; **es geht** [**mit jdm/etw**] ~ things are looking up [for sb/sth]; ■**von etw** *dat* [**an**] ~ from sth upward[s]

auf|wecken *vt* to wake [up *sep*]

auf|weisen *vt irreg* to show; ■**etw aufzuweisen haben** to have sth to show [for oneself]

auf|wenden *vt irreg o reg* ❶ (*einsetzen*) to use ❷ (*ausgeben*) to spend

aufwendig *adj, adv s.* **aufwändig**

auf|werfen *irreg vt Thema* to raise

auf|werten *vt* ❶ FIN to revalue (**um** by) ❷ (*höherwerten*) to increase the value of sth

Aufwertung <-, -en> *f* FIN revaluation (**um** by)

auf|wiegeln ['aufvi:gḷn] *vt* to stir up *sep*; **Leute gegeneinander** ~ to set people at each other's throats

auf|wischen *vt, vi* to wipe [up *sep*]

auf|wühlen *vt* ❶ to churn [up *sep*] ❷ ■**jdn** [**innerlich**] ~ to stir up sb *sep*; ■ ~**d** stirring; ■**aufgewühlt** agitated

auf|zählen *vt* to list

Aufzeichnung *f* ❶ (*Aufnahme*) recording ❷ *meist pl* (*Notizen*) notes

auf|ziehen *irreg* **I.** *vt haben* ❶ (*durch Ziehen öffnen*) to open; *Vorhang* to draw back ❷ (*großziehen*) to raise ❸ (*fam: verspotten*) to tease (**mit** about) **II.** *vi sein* (*sich nähern*) to gather

Aufzucht *f kein pl* raising

Aufzug *m* lift BRIT, elevator AM; ~ **fahren** to take the lift

Augapfel ['auk?apfḷ] *m* eyeball; **jdn/etw wie seinen** ~ **hüten** to cherish sb/sth like life itself

Auge <-s, -n> ['augə] *nt* eye; **mir wurde schwarz vor** ~**n** everything went black; **da blieb kein** ~ **trocken** (*hum fam*) there wasn't a dry eye in the place; **geh mir aus den** ~**n!** get out of my sight!; **ich traute meinen** ~**n nicht!** I couldn't believe my eyes; **mit bloßem** ~ with the naked eye; **gute/schlechte** ~**n** [**haben**] [to have] good/ poor eyesight *sing*; **mit verbundenen** ~**n** blindfolded; **jdn/etw im** ~ **behalten** (*beobachten*) to keep an eye on sb/sth; **etw ins** ~ **fassen** to contemplate sth; **ein** ~ **auf jdn/ etw geworfen haben** to have one's eye on sb/sth; **ein** ~ **auf jdn/etw haben** to keep an eye on sb/sth; **jdn nicht aus den** ~**n lassen** to not let sb out of one's sight; **so weit das** ~ **reicht** as far as the eye can see; **ins** ~ **springen** to catch the eye; **etw aus den** ~**n verlieren** to lose track of sth; **sich aus den** ~**n verlieren** to lose contact; ~ **in** ~ face to face; **vor aller** ~**n** in front of everybody ▶ **das** ~ **des Gesetzes** (*hum*) the [arm of the] law; **aus den** ~**n, aus dem Sinn** (*prov*) out of sight, out of mind; **mit einem blauen** ~ **davonkommen** (*fam*) to get off lightly; **vor jds geistigem** ~ in sb's mind's eye; **jdm schöne** ~**n machen** to make eyes at sb; **unter vier** ~**n** in private; **jdm jeden Wunsch an den** ~**n ablesen** to anticipate sb's every wish; **ins** ~ **gehen** (*fam*) to backfire; [**große**] ~**n machen** (*fam*) to be wide-eyed; **die** ~**n vor etw** *dat* **verschließen** to close one's eyes to sth; **ein** ~ [*o* **beide** ~**n**] **zudrücken** (*fam*) to turn a blind eye; **kein**

~ **zutun** (*fam*) to not sleep a wink
Augenarzt, -ärztin *m, f* eye specialist
Augenblick ['auɡn̩blɪk] *m* moment; **im ersten** ~ for a moment; **im letzten** ~ at the [very] last moment; ~ **mal!** just a minute!
augenblicklich ['auɡn̩blɪklɪç] **I.** *adj* ① (*sofortig*) immediate ② (*derzeitig*) present **II.** *adv* ① (*sofort*) immediately; (*herausfordernd*) at once ② (*zurzeit*) at present
Augenbraue *f* eyebrow; **die ~n hochziehen** to raise one's eyebrows **Augenlid** *nt* eyelid **Augentropfen** *pl* eye drops **Augenweide** *f* feast for one's eyes **Augenwimper** *f* eyelash **Augenzeuge, -zeugin** *m, f* eyewitness
August <-[e]s, -e> [au'ɡʊst] *m* August; *s. a.* **Februar**
Auktion <-, -en> [auk'tsi̯oːn, *pl* -'tsi̯oːnən] *f* auction
Aula <-, Aulen> ['aula, *pl* 'aulən] *f* hall
aus [aus] **I.** *präp* ① (*räumlich*) from; (*von innen heraus*) out of; ~ **der Tür** out of the door; **Zigaretten ~ dem Automaten** cigarettes from a machine ② (*Ursache*) ~ **Angst/Dummheit** out of fear/stupidity; ~ **Unachtsamkeit** due to carelessness ③ (*Herkunft*) from; ~ **Stuttgart kommen** to be from Stuttgart; ~ **dem 17. Jahrhundert stammen** to be [from the] 17th century; ~ **dem Englischen** from [the] English ④ (*hergestellt aus*) [made] of **II.** *adv pred* ① **gelöscht** out ② (*ausgeschaltet*) off ③ (*zu Ende*) ■~ **sein** to have finished; *Krieg* to have ended; *Schule* to be out; **mit etw** *dat* **ist es** ~ sth is over; **es ist ~ zwischen ihnen** it's over between them; ~ **und vorbei sein** to be over and done with ④ ■**auf jdn/etw ~ sein** to be after sb/sth
Aus <-> [aus] *nt kein pl* FBALL out of play; **ins ~ gehen** to go out of play
aus|atmen *vi, vt* to exhale
Ausbau <-bauten> *m* (*die Festigung*) strengthening
aus|bauen *vt* ① *Gebäude* to extend (**zu** into) ② (*herausmontieren*) to remove sth (**aus** from)
ausbaufähig *adj* ① (*fam: viel versprechend*) promising ② (*erweiterungsfähig*) expandable
aus|bedingen* *vr irreg* ■**sich** *dat* **etw** ~ to insist on sth
aus|bessern *vt* to mend

aus|beulen I. *vt* ■**etw** ~ to make sth [go] baggy; ■**ausgebeult** baggy **II.** *vr* ■**sich** ~ to go baggy
Ausbeute <-, -n> *f* gains *pl;* ■**die ~ an etw** *dat* the yield in sth
aus|beuten *vt* to exploit
Ausbeutung <-, -en> *f* exploitation *no pl*
aus|bezahlen* *vt* ① ■**[jdm] etw** ~ to pay out sth *sep* [to sb] ② ■**jdn** ~ to pay off sb *sep*
aus|bilden *vt* ① to train; **jdn zum Arzt** ~ to train sb to be a doctor; ■**ausgebildet** qualified ② (*entwickeln*) to develop
Ausbilder(in) <-s, -en> *m(f)*, **Ausbildner(in)** <-s, -> *m(f)* trainer
Ausbildung <-, en> *f* training *no pl, no indef art*
Ausbildungsbeihilfe *f* educational grant; (*für Lehrlinge*) training allowance **Ausbildungsplatz** *m* place to train
aus|bitten *vr irreg* (*geh*) to ask for, to request; **ich bitte mir Ruhe aus!** I must have silence!
aus|bleiben *vi irreg sein* to fail to appear; *Regen* to hold off
aus|blenden *vt* (*fam*) *Problem* to blend out *sep*
Ausblick *m* view; **ein Zimmer mit ~ aufs Meer** a room overlooking the sea
aus|brechen *irreg vi sein* ① (*entkommen*) to escape (**aus** from) ② (*sich befreien*) to break away (**aus** from) ③ *Vulkan* to erupt ④ *Feuer, Sturm* to break out ⑤ (*plötzlich beginnen*) **in Gelächter/Tränen** ~ to burst into laughter/tears
aus|breiten I. *vt* ① to spread [out *sep*] ② *einzelne Gegenstände* to lay out *sep* **II.** *vr* ■**sich** ~ to spread [out]
Ausbruch *m* ① (*Befreiung*) escape (**aus** from) ② (*Beginn*) outbreak ③ (*Eruption*) eruption ④ (*fam: Entladung*) outburst
aus|büchsen *vi* (*fam: abhauen*) to clear off
aus|bürsten *vt* to brush [out]
Ausdauer *f kein pl* ① (*Beharrlichkeit*) perseverance ② (*Durchhaltevermögen*) stamina
aus|dehnen I. *vt* ① to extend (**bis zu** up to, **über** by) ② (*erweitern*) to expand (**auf** to) **II.** *vr* ■**sich** ~ ① to expand ② (*sich ausbreiten*) to spread (**auf** to, **über** over); ■**ausgedehnt** extensive
aus|denken *vt irreg* ■**sich** *dat* **etw** ~ to think up sth *sep*
Ausdruck[1] <-drücke> *m* expression; **etw**

zum ~ **bringen** to express sth
Ausdruck² <-drucke> *m* [computer] printout; **einen ~ [von etw** *dat*] **machen** to run off a copy *sep* [of sth]
aus|drucken *vt* to print [out *sep*]
aus|drücken I. *vt* ❶ (*bekunden*) to express ❷ (*formulieren*) to put into words; **anders ausgedrückt** in other words; **einfach ausgedrückt** put simply ❸ (*auspressen*) to squeeze II. *vr* ■ **sich ~** to express oneself; **sich falsch ~** to use the wrong word
ausdrücklich ['ausdrʏklɪç] I. *adj attr* explicit II. *adv* particularly **ausdruckslos** *adj* inexpressive; *Gesicht* expressionless **ausdrucksvoll** *adj* expressive **Ausdrucksweise** *f* mode of expression
auseinander [aus?ai'nandɐ] *adv* apart
auseinander|bekommen* *vt irreg* **etw ~** to be able to get sth apart **auseinander|biegen** *vt irreg* to bend apart **auseinander|brechen** *irreg vt, vi sein* to break in two **auseinander|bringen** *vt irreg* (*fam*) to separate **auseinander|fallen** *vi irreg* to fall apart **auseinander|falten** *vt* to unfold **auseinander|gehen** *vi irreg sein* ❶ (*sich auflösen*) to disperse ❷ *Beziehung* to break up; *Meinungen* to differ; (*sich trennen*) to part **auseinander|halten** *vt irreg* **etw ~** to distinguish between sth; **jdn ~** to tell apart sb *sep* **auseinander|leben** *vr* **sich ~** to drift apart **auseinander|setzen** *vt, vi* **sich mit etw** *dat* **~** to tackle sth
Auseinandersetzung <-, -en> [aus?ai'nandɐzɛtsʊŋ] *f* ❶ (*Streit*) argument ❷ (*Beschäftigung*) ■ **die ~ mit etw** *dat* the examination of sth
auseinander|treiben *irreg vt, vi sein o haben* to disperse
auserlesen *adj* select
aus|fahren *irreg vt haben* ❶ (*ausliefern*) to deliver ❷ TECH (*ausstrecken*) to extend
Ausfahrt *f* exit; (*Autobahnausfahrt*) slip road BRIT, exit [ramp] AM
aus|fallen *vi irreg sein* ❶ (*nicht stattfinden*) to be cancelled; ■ **etw ~ lassen** to cancel sth ❷ (*nicht funktionieren*) to fail
ausfallend, ausfällig I. *adj* abusive II. *adv* **sich ~ ausdrücken** to use abusive language
Ausfallstraße *f* arterial road
aus|fertigen *vt* (*geh*) to draft; *Pass* to issue
Ausfertigung *f kein pl* (*geh*) drafting; *von Pass* issuing
ausfindig *adj* ■ **~ machen** to locate

aus|flippen ['ausflɪpn̩] *vi sein* (*fam*) ❶ (*wütend werden*) to freak out ❷ (*vor Freude*) to jump for joy ❸ (*überschnappen*) to lose it [completely]; ■ **ausgeflippt** freaky
Ausflucht <-, Ausflüchte> *f* excuse; **Ausflüchte machen** to make excuses
Ausflug *m* outing; **einen ~ machen** to go on an outing
Ausflussᴿᴿ <-es, Ausflüsse> *m*, **Ausfluß**ᴬᴸᵀ <-sses, Ausflüsse> *m* (*~stelle*) outlet
aus|fragen *vt* to question
aus|fressen *vt irreg* (*fam*) ■ **etwas/nichts ausgefressen haben** to have done something/nothing wrong
Ausfuhr <-> *f kein pl* export
ausführbar *adj* feasible **Ausfuhrbestimmungen** *pl* export regulations
aus|führen *vt* ❶ (*spazieren gehen mit*) to take out *sep* ❷ (*exportieren*) to export (**in** to)
ausführlich ['ausfyːɐ̯lɪç, ausˈfyːɐ̯lɪç] I. *adj* detailed II. *adv* [**sehr**] **~** in [great] detail; ■ **~er** in more detail
aus|füllen *vt* ❶ *Formular* to fill in *sep* ❷ (*befriedigen*) to satisfy ❸ (*voll füllen*) to fill (**mit** with)
Ausgabe *f* ❶ *kein pl* (*das Austeilen*) distribution ❷ *von Buch* edition; *von Zeitschrift a.* issue; **alte ~n** back issues ❸ *pl* (*Kosten*) expenses
Ausgang *m* exit (+*gen* from)
Ausgangssperre *f* curfew
aus|geben *vt irreg* ❶ (*aufwenden*) to spend (**für** on) ❷ (*austeilen*) to distribute (**an** to) ❸ (*fam: spendieren*) ■ [**jdm**] **etw ~** to treat sb to sth; **eine Runde ~** to buy a round; [**jdm**] **einen ~** (*fam*) to buy sb a drink ❹ ■ **sich als jd/etw ~** to pass oneself off as sb/sth
ausgebucht *adj* booked up
ausgedehnt I. *pp von* **ausdehnen** II. *adj* ❶ (*lang*) *Spaziergang* long, extended ❷ (*groß*) *Ländereien* extensive
ausgefallen *adj* unusual
ausgeglichen *adj* equable
aus|gehen *vi irreg sein* ❶ (*aus dem Haus*) to go out ❷ *Feuer* to go out ❸ *Haare* to fall out ❹ (*seinen Ursprung haben*) ■ **von etw** *dat* **~** to lead from sth; ■ **etw geht von jdm/etw aus** sb/sth radiates sth ❺ (*enden*) to end; ■ **gut/schlecht ~** to turn out well/badly ❻ (*annehmen*) ■ **davon ~, dass ...** to start out from the fact that ... ❼ (*zu Grunde legen*) ■ **von etw** *dat* **~** to take sth as a basis

ausgelassen *adj* wild; *Kinder* boisterous
ausgemacht *adj* ① ■ es ist ~, dass ... it is agreed that ... ② *attr* (*fam: eingefleischt*) complete
ausgenommen *konj* except
ausgepowert [-gəpauɐt] *adj* (*fam*) washed out
ausgeprägt *adj* pronounced
ausgepumpt ['ausgəpumpt] *adj* (*fig fam*) whacked BRIT, pooped out
ausgerechnet ['ausgərɛçnət] *adv* ① *personenbezogen* ■ ~ jd/jdn/jdm sb of all people; **warum muss das ~ mir passieren?** why does it have to happen to me [of all people]? ② *zeitbezogen* ■ ~ **jetzt** now of all times; ■ ~ **heute** today of all days; ~, **als wir ins Bett gehen wollten, ...** just when we wanted to go to bed ...
ausgeschlossen *adj pred* ■ ~ sein[, dass ...] to be impossible [that ...]; **es ist nicht ~, dass ...** it is just possible that ...
ausgeschnitten *adj Bluse* low-cut
ausgesprochen I. *adj* (*bei positiver Eigenschaft*) distinct; (*bei negativer Eigenschaft*) extreme; ~ **es Pech haben** to have really bad luck II. *adv* really
ausgestorben *adj* ① extinct ② ■ [wie] ~ **sein** to be deserted
ausgesucht *adj* ① (*erlesen*) choice ② (*gewählt*) well-chosen
ausgewählt *adj* ① (*selektiert*) selected ② (*erlesen*) select
ausgewogen *adj* balanced
ausgezeichnet ['ausgətsaiçnət, 'ausgə'tsaiçnət] I. *adj* excellent II. *adv* extremely well; **mir geht es ~** I'm feeling just great
ausgiebig ['ausgiːbɪç] I. *adj* extensive; *Mahlzeit* substantial II. *adv* extensively; ~ **schlafen** to have a good [long] sleep
aus|gießen *vt irreg* (*entleeren*) to empty; (*weggießen*) to pour away *sep*
Ausgleich <-[e]s, *selten* -e> *m* ① (*das Ausgleichen*) balancing ② (*Wettmachen*) settlement; *eines Schadens* compensation ③ (*Abwechslung*) **zum willkommenen ~ von etw** *dat* as a welcome change from sth ④ *kein pl* SPORT equalizer; **den ~ erzielen** to equalize
aus|gleichen *irreg* I. *vt* ① to balance (**durch** with) ② (*wettmachen*) to compensate for II. *vr* ■ **sich** [**durch etw** *akk*] ~ to balance

out [as a result of sth]
Ausgleichssport *m* keep-fit activities
aus|graben *vt irreg* to dig up *sep*
Ausgrabung *f* ① *kein pl* (*das Ausgraben*) digging up; *einer Leiche* exhumation ② (*Grabungsarbeiten*) excavation[s *pl*]
Ausguss^RR <-es, Ausgüsse> *m*, **Ausguß**^ALT <-sses, Ausgüsse> *m* (*Spüle*) sink
aus|halten *irreg* I. *vt* ① (*ertragen können*) to bear; **die Kälte** ~ to endure the cold; **es ist nicht** [**länger**] **auszuhalten** it's [getting] unbearable; **es lässt sich** [**mit jdm**] ~ it's bearable [being with sb] ② (*standhalten*) to be resistant to; **viel** ~ to take a lot; **den Druck** ~ to [with]stand the pressure ③ (*fam: Unterhalt leisten*) ■ **jdn** ~ to keep sb II. *vi* to hold out
aus|händigen ['aushɛndɪɡn̩] *vt* ■ **jdm etw** ~ to hand over sth *sep* to sb
Aushang *m* notice
Aushängeschild *nt* (*fam*) showpiece
aus|harren *vi* to wait [patiently]
Aushebung <-, -en> *f* SCHWEIZ (*Einberufung*) conscription
aus|helfen *vi irreg* to help out *sep* (**mit** with)
Aushilfe *f* temporary worker; [**bei jdm**] **zur ~ arbeiten** to temp [for sb] *fam*
aushilfsweise *adv* on a temporary basis
aus|höhlen *vt* ① (*hohl machen*) to hollow out *sep* ② (*untergraben*) to undermine
aus|horchen *vt* (*fam*) ■ **jdn** [**über jdn/etw**] ~ to sound out sb *sep* [about sth]
aus|kennen *vr irreg* ① ■ **sich** [**irgendwo**] ~ to know one's way around [somewhere] ② ■ **sich** [**in etw** *dat*] ~ to know a lot [about sth]
Ausklang <-> *m kein pl* conclusion
aus|klingen *vi irreg sein* (*geh*) to conclude
aus|klopfen *vt* to beat the dust out of sth; *Pfeife* to knock out *sep*
aus|kochen *vt* ① to boil ② (*fam: aushecken*) to cook up *sep fam*
aus|kommen *vi irreg sein* ① (*genug haben*) ■ **mit etw** *dat* ~ to get by on sth; ■ **ohne jdn/etw** ~ to manage without sb/sth ② (*sich verstehen*) ■ **mit jdm** [**gut**] ~ to get on well with sb ③ ÖSTERR (*entkommen*) to escape
Auskommen <-s> *nt kein pl* livelihood; **sein ~ haben** to get by
aus|kosten *vt* to make the most of sth; **das Leben** ~ to enjoy life to the full
aus|kundschaften *vt* ① to find out ② MIL to

reconnoitre

Auskunft <-, Auskünfte> ['aʊskʊnft, pl -kʏnftə] f ❶ information *no pl, no indef art* (**über** about); ▪**eine** ~ a bit of information; **nähere** ~ more information; **Auskünfte** [**über jdn/etw**] [**bei jdm**] **einholen** to make [some] enquiries [to sb] [about sb/sth]; **jdm eine** ~ **geben** to give sb some information ❷ (*Auskunftsstelle*) information office; (*Telefon~*) directory enquiries Brit, the operator Am

aus|lachen *vt* to laugh at

aus|laden *irreg vt* ❶ to unload ❷ (*Einladung widerrufen*) to tell sb not to come

Auslage <-, -n> f ❶ *pl* (*Ware*) display ❷ (*Schaufenster*) shop window ❸ *pl* (*Unkosten*) expenses *pl*

Ausland <-[e]s> ['aʊslant] *nt kein pl* ▪[**das**] ~ foreign countries *pl;* ▪**aus dem** ~ from abroad; ▪**im/ins** ~ abroad

Ausländer(in) <-s, -> ['aʊslɛndɐ] *m(f)* foreigner; jur alien

Ausländerbeauftragte(r) *f(m) dekl wie adj* official assigned to the integration of foreign immigrants **ausländerfeindlich** *adj* racist

ausländisch ['aʊslɛndɪʃ] *adj attr* foreign

Auslandsaufenthalt *m* stay abroad **Auslandseinsatz** *m* mil foreign [military] deployment **Auslandsgespräch** *nt* international call **Auslandskorrespondent(in)** *m(f)* foreign correspondent **Auslandsreise** *f* journey [*or* trip] abroad

aus|lassen *irreg* I. *vt* ❶ (*weglassen*) to omit; (*überspringen*) to skip ❷ (*abreagieren*) ▪**etw an jdm** ~ to vent sth on sb ❸ (*fam: ausgeschaltet lassen*) to keep switched off ❹ österr (*loslassen*) to let go of II. *vr* (*pej*) ▪**sich über jdn/etw** ~ to go on about sb/sth III. *vi* österr to let go

aus|laufen *irreg vi sein* ❶ (*ausströmen*) Wasser to leak out ❷ (*undicht sein*) Fass to leak ❸ (*losfahren*) Schiff to set sail (**nach** for) ❹ (*enden*) to end; Vertrag to expire

Ausläufer *m* ❶ *eines Hochs* ridge; *eines Tiefs* trough ❷ *meist pl* (*Vorberge*) foothills *pl*

aus|leeren *vt* (*ausgießen*) to empty [out *sep*]; (*ausladen*) to dump

aus|legen *vt* ❶ (*bedecken*) to cover sth (**mit** with); *Teppich* to lay down *sep* ❷ (*deuten*) to interpret

Auslegeware *f kein pl* carpeting material

aus|leihen *irreg vt* ❶ ▪[**jdm**] **etw** ~ to lend [sb] sth ❷ ▪**sich** *dat* **etw** ~ to borrow sth

aus|lernen *vi* to finish one's studies; ▪**ausgelernt** qualified ▸ **man lernt nie aus** (*prov*) [you] live and learn

Auslese <-, -n> f ❶ (*Wein*) superior wine (*made from selected grapes*) ❷ biol **die natürliche** ~ natural selection

aus|lesen *irreg vt, vi* to finish reading

aus|liefern *vt* ❶ (*liefern*) to deliver (**an** to) ❷ (*überstellen*) to hand over *sep* (**an** to) ❸ (*hilflos sein*) ▪**jdm/etw ausgeliefert sein** to be at sb's mercy

Auslieferung *f* ❶ *von Waren* delivery ❷ *von Menschen* handing over; *an ein anderes Land* extradition

aus|löschen *vt* ❶ (*löschen*) to extinguish ❷ (*beseitigen*) to obliterate ❸ (*geh: tilgen*) to blot out *sep*

aus|losen I. *vt* to draw II. *vi* to draw lots

Auslöser <-s, -> *m* ❶ foto [shutter] release ❷ (*fam: Anlass*) trigger

Auslosung *f* draw

aus|machen *vt* ❶ (*löschen*) to extinguish; (*ausschalten*) to turn off *sep; Motor* to switch off *sep* ❷ (*vereinbaren*) to agree [up]on; ▪**ausgemacht** agreed ❸ (*betragen*) to amount to ❹ (*bewirken*) ▪**nichts** ~ to not make any difference; ▪**viel** ~ to make a big difference ❺ (*bedeuten*) ▪**es macht jdm nichts/viel aus, etw zu tun** sb doesn't mind doing sth/it matters a great deal to sb to do sth; **macht es Ihnen etwas aus, wenn …?** do you mind if …?

aus|malen *vr* ▪**sich** *dat* **etw** ~ to imagine sth

Ausmaß *nt* ❶ (*Fläche*) area; **das ~ von etw** *dat* **haben** to cover the area of sth ❷ (*Größe*) size; **die ~e** the dimensions ❸ (*Umfang*) extent *no pl*

aus|messen *vt irreg* to measure [out]

aus|misten I. *vt* ❶ *Stall* to muck out *sep* ❷ (*fam*) to tidy out *sep; alte Sachen* to throw out *sep* II. *vi* (*fam*) to have a clean-out Brit, to clean up Am

Ausnahme <-, -n> ['aʊsnaːmə] *f* exception ▸ **~n bestätigen die Regel** (*prov*) the exception proves the rule

Ausnahmezustand *m* state of emergency; [**über etw** *akk*] **den** ~ **verhängen** to declare a state of emergency [in sth]

ausnahmslos *adv* without exception

ausnahmsweise *adv* as a special exception;

heute ging er ~ eine Stunde früher today he left an hour earlier [for a change]
aus|nehmen *irreg vt* ❶ (*ausweichen*) to gut ❷ (*fam: abzocken*) to fleece ❸ ÖSTERR (*erkennen*) to make out *sep* sb/sth
ausnehmend *adv* exceptionally
aus|nutzen *vt* ❶ (*ausbeuten*) to exploit ❷ (*voll nutzen*) to make the most of sth; **jds Leichtgläubigkeit ~** to take advantage of sb's gullibility
aus|packen *vt* to unpack; *Geschenk* to unwrap
aus|plaudern *vt* to let out
aus|plündern *vt* to plunder
aus|posaunen* *vt* (*fam*) to broadcast
aus|pressen *vt* to squeeze out *sep*
aus|probieren* I. *vt* to try [out *sep*] II. *vi* ■ **~, ob/wie ...** to see whether/how ...
Auspuff <-[e]s, -e> *m* exhaust [pipe]
Auspuffgase *pl* exhaust fumes **Auspuffrohr** *nt* exhaust [pipe] **Auspufftopf** *m* silencer BRIT, muffler AM
aus|quetschen *vt* ❶ to squeeze out *sep* ❷ (*fam: ausfragen*) ■ **jdn** [**über jdn/etw**] **~** to grill sb [about sb/sth]
aus|radieren* *vt* to rub out *sep*
aus|rangieren* *vt* to throw out *sep*
aus|rauben *vt* to rob
aus|räumen *vt* ❶ *Möbel* to move out *sep*; *Raum* to clear out *sep* ❷ (*fig*) to clear up *sep*
aus|rechnen *vt* to calculate
Ausrede *f* excuse; **eine faule ~** a feeble excuse
aus|reichen *vi* to be sufficient (**für** for); **es muss für uns alle ~** it will have to do for us all
aus|reisen *vi sein* to leave the country
Ausreisevisum *nt* exit visa
aus|reißen *irreg* I. *vt haben* to pull out *sep*; *Haare* to tear out *sep* II. *vi sein* (*fam: davonlaufen*) to run away
Ausreißer(in) <-s, -> *m(f)* (*fam*) runaway
aus|renken *vt* to dislocate
aus|richten *vt* ❶ (*übermitteln*) ■ **jdm etw ~** to tell sb sth; **kann ich etwas ~?** can I give him/her a message?; **richten Sie ihr einen Gruß** [**von mir**] **aus** give her my regards; **jdm eine Nachricht ~** to pass on the news *sep* to sb ❷ (*erreichen*) ■ **bei jdm etwas/nichts ~** to achieve something/nothing with sb ❸ TECH to align (**auf** with) ❹ ÖSTERR (*schlechtmachen*) to run down *sep*

❺ SCHWEIZ (*zahlen*) ■ **jdm etw ~** to pay sb sth
aus|rotten *vt* to exterminate
aus|rufen *vt irreg* ❶ *Streik* to call ❷ **jdn zum König ~** to proclaim sb king
Ausrufezeichen *nt,* **Ausrufungszeichen** *nt,* **Ausrufzeichen** *nt* ÖSTERR, SCHWEIZ LING exclamation mark [*or* AM point]
aus|ruhen *vi, vr* to [take a] rest; ■ **ausgeruht** [**sein**] [to be] well rested
Ausrüstung <-> *f kein pl* ❶ (*das Ausrüsten*) equipping ❷ (*Ausrüstungsgegenstände*) equipment
aus|rutschen *vi sein* ❶ (*ausgleiten*) to slip (**auf** on) ❷ (*aus der Hand fallen*) ■ **jdm ~** to slip [out of sb's hand]; **mir ist die Hand ausgerutscht** my hand slipped
Ausrutscher <-s, -> *m* (*fam*) slip-up
Aussage *f* ❶ statement; (*Zeugen~*) evidence *no pl*; **die ~ verweigern** to refuse to make a statement ❷ (*Inhalt*) message
aus|sagen I. *vt* ■ **etw** [**über jdn/etw**] **~** (*darstellen*) to say sth [about sb/sth] II. *vi* JUR *Zeuge* to testify (**vor** before); *Angeklagter* to make a statement; ■ **für/gegen jdn ~** to give evidence in sb's favour/against sb
aus|schalten *vt* ❶ to turn off *sep* ❷ (*eliminieren*) to eliminate
Ausschau *f* ■ **~** [**nach jdm/etw**] **halten** to keep an eye out [for sb/sth]
aus|scheiden *irreg* I. *vi sein* ❶ (*aus dem Dienst*) to retire (**aus** from); *aus Verein* to leave ❷ SPORT to drop out (**aus** of) ❸ (*nicht in Betracht kommen*) to be ruled out II. *vt haben* MED to excrete; *Organ* to secrete
Ausschilderung *f* signposting
aus|schlachten *vt Auto* to cannibalize
aus|schlafen *irreg vi, vr* ■ [**sich**] **~** to have a good [night's] sleep
Ausschlag *m* ❶ MED rash ❷ [**bei etw** *dat*] **den ~ geben** (*fig*) to be the decisive factor [for *or* in] sth]
aus|schlagen *irreg* I. *vt haben* ■ **jdm etw ~** to refuse sb sth II. *vi* ❶ *haben Pferd* to kick ❷ *sein o haben* (*sprießen*) to come out
ausschlaggebend *adj* decisive; **von ~er Bedeutung** [**sein**] [to be] of prime importance
aus|schließen *vt irreg* to exclude (**aus** from); *Mitglied* to expel
ausschließlich ['ausʃliːslɪç] I. *adj attr* exclusive II. *adv* exclusively III. *präp* excluding

Ausschluss <-es, Ausschlüsse> *m*, **Ausschluß** <-sses, Ausschlüsse> *m* exclusion; *von Mitglied* expulsion

aus|schneiden *vt irreg* to cut out *sep* (**aus** of)

Ausschnitt *m* ❶ (*Zeitungs~*) clipping ❷ *von Kleid* neckline; **ein tiefer ~** a low neckline ❸ (*Teil*) part (**aus** of)

aus|schöpfen *vt* ❶ (*leeren*) to empty; *Wasser* to scoop out *sep* ❷ *Möglichkeiten, Thema* to exhaust

Ausschreibung <-, -en> *f* (*für Angebote*) invitation to tender; *einer Stelle* advertisement (**für** for)

Ausschreitung <-, -en> *f meist pl* riot[s *pl*]

Ausschuss^{RR} <-es, Ausschüsse> *m*, **Ausschuß**^{ALT} <-sses, Ausschüsse> *m* ❶ committee ❷ *kein pl* (*fehlerhafte Produkte*) rejects *pl*

aus|schütten *vt* ❶ (*ausleeren*) to empty ❷ (*verschütten*) to spill ❸ *Gelder* to distribute

Ausschüttung <-, -en> *f* FIN distribution

ausschweifend *adj Leben* hedonistic; *Fantasie* wild

aus|sehen *vi irreg* to look; ■~ **wie ...** to look like ...; **wie sieht's aus?** (*fam*) how's things?; **es sieht gut/schlecht aus** things are looking good/not looking too good; **nach Regen ~** to look as if it is going to rain; **nach etwas/nichts aussehen** to look good/not look anything special

Aussehen <-s> *nt kein pl* appearance

außen ['ausn̩] *adv* on the outside; ■**nach ~** outwards; ■**von ~** from the outside; **nach ~ hin** outwardly

Außen <-> ['ausn̩] *nt kein pl* outside

Außenbezirk *m* outer district

Außendienst *m* **im ~ sein** to work as a sales representative

Außendienstmitarbeiter(in) *m(f)* sales representative

Außenhandel *m* foreign trade **Außenminister(in)** *m(f)* foreign minister **Außenministerium** *nt* foreign ministry **Außenpolitik** ['ausn̩poliːtiːk] *f* foreign policy **außenpolitisch** ['ausn̩poliːtɪʃ] **I.** *adj attr* foreign policy **II.** *adv* as regards foreign policy

Außenseiter(in) <-s, -> *m(f)* outsider

Außenspiegel *m* [out]side mirror **Außenstände** *pl* debts outstanding **Außenstürmer(in)** *m(f)* wing **Außentemperatur** *f* outside temperature

außer ['ause] **I.** *präp +dat o gen* ❶ except; (*abgesehen von*) apart from ❷ (*zusätzlich zu*) in addition to ❸ (*nicht in*) out of; **~ Betrieb/Gefahr sein** to be out of order/danger ▶ [**über jdn/etw**] **~ sich** *dat* **sein** to be beside oneself [about sb/sth] **II.** *konj* ■**~ dass ...** except that ...; ■**~ [wenn]** except [when]

außerdem ['ausedeːm] *adv* besides

Äußere(s) ['ɔysərə, -rəs] *nt dekl wie adj* outward appearance

äußere(r, s) ['ɔysərə, -re, -rəs] *adj* ❶ (*außerhalb gelegen*) outer ❷ (*von außen wahrnehmbar*) exterior ❸ (*außenpolitisch*) external

außerehelich *adj* extramarital; *Kind* illegitimate

außergewöhnlich ['ausegəˈvøːnlɪç] **I.** *adj* unusual; *Leistung* extraordinary **II.** *adv* extremely

außerhalb ['ausehalp] **I.** *adv* outside; **~ stehen** to be on the outside; **von ~** from out of town **II.** *präp* outside

äußerlich ['ɔysɐlɪç] *adj* ❶ external ❷ (*oberflächlich*) superficial

äußern ['ɔysɐn] **I.** *vr* ❶ ■**sich** [**zu etw** *dat*] **~** to say something [about sth] ❷ (*in Erscheinung treten*) ■**sich** [**irgendwie**] **~** to manifest itself [somehow] **II.** *vt* (*vorbringen*) to voice; *Wunsch* to express

außerordentlich ['auseˈʔɔrdn̩tlɪç] **I.** *adj* extraordinary **II.** *adv* extraordinarily

außerplanmäßig ['ausepla:nmɛːsɪç] *adj* unscheduled

äußerst ['ɔysest] *adv* extremely

außerstande [auseˈʃtandə] *adj* ■**~ , etw zu tun** unable to do sth

äußerste(r, s) *adj* ❶ (*entfernteste*) outermost ❷ (*höchste*) utmost; **von ~r Wichtigkeit** of supreme importance

Äußerste(s) *nt dekl wie adj* **bis zum ~n gehen** to go to any extreme

äußerstenfalls ['ɔysɐstn̩ˈfals] *adv* at the most

Äußerung <-, -en> *f* ❶ (*Bemerkung*) comment ❷ (*Ausdruck*) expression

aus|setzen *vt* ❶ (*im Stich lassen*) to abandon ❷ *Pflanzen* to plant out; *Tiere* to release ❸ (*preisgeben*) ■**jdn/etw etw** *dat* **~** to expose sb/sth to sth ❹ (*kritisieren*) **an etw** *dat* **etwas auszusetzen haben** to find fault with sth; **daran ist nichts auszusetzen** there's nothing wrong with that

Aussicht f ❶(*Blick*) view; ■**die ~ auf etw** *akk* the view overlooking sth ❷(*Chance*) prospect; ■**die ~ auf etw** *akk* the chance of sth; **keine ~en [auf etw** *akk*] **haben** to have no chance [of sth]; **etw in ~ haben** to have good prospects of sth; **jdm etw in ~ stellen** to promise sb sth

aussichtslos *adj* hopeless **Aussichtsplattform** f viewing platform **Aussichtsturm** m lookout tower

aus|söhnen ['aʊszøːnən] I. *vt* ■**jdn mit jdm/etw ~** to reconcile sb with sb/to sth II. *vr* ■**sich mit jdm/etw ~** to become reconciled with sb/to sth; ■**sich ~** to make up

aus|spannen I. *vi* to relax II. *vt* (*fam*) **jdm die Freundin/den Freund ~** to pinch sb's girlfriend/boyfriend

aus|sperren *vt, vr* ■**jdn/sich [aus etw** *dat*] **~** to lock sb/oneself out [of sth]

aus|spielen I. *vt* ■**jdn gegen jdn ~** to play sb off against sb II. *vi* ■**[bei jdm] ausgespielt haben** to have had it [with sb]

aus|spionieren* *vt* to spy out

Aussprache f ❶(*von Worten*) pronunciation ❷(*Unterredung*) talk

aus|sprechen *irreg* I. *vt* ❶(*artikulieren*) to pronounce ❷(*äußern*) to express II. *vr* ❶■**sich ~** to talk things over ❷(*Stellung nehmen*) ■**sich für/gegen jdn/etw ~** to voice one's support for/opposition against sb/sth III. *vi* (*zu Ende reden*) to finish [speaking]

aus|staffieren* *vt* (*einkleiden*) to rig out (**mit** in)

Ausstand m ❶(*Streik*) **im ~ sein** to be on strike; **in den ~ treten** to go on strike ❷SCHWEIZ, ÖSTERR, SÜDD (*Ausscheiden*) **seinen ~ geben** to hold a going-away [or BRIT leaving] party

aus|statten ['aʊsʃtatn̩] *vt* ❶(*einrichten*) to furnish (**mit** with) ❷to equip (**mit** with)

Ausstattung <-, -en> f ❶ *kein pl* (*Ausrüstung*) equipment; (*das Ausrüsten*) equipping ❷(*Einrichtung*) furnishings *pl*

aus|stechen *vt irreg* ❶*Auge* to poke out ❷(*fam*) ■**jdn ~** to outdo sb

aus|stehen *irreg vt* ❶(*ertragen*) to endure; **nicht ~ können** to not be able to stand ❷(*vorbei*) ■**etw ist ausgestanden** sth is all over [and done with]

aus|steigen *vi irreg sein* ❶to get off; **aus einem Auto ~** to get out of a car ❷(*aufgeben*) to drop out (**aus** of); (*sich zurückziehen*) to withdraw (**aus** from)

Aussteiger(in) <-s, -> m(f) (*aus Beruf, Studium*) dropout *esp pej*; (*aus Terroristenkreisen*) deserter

aus|stellen *vt* ❶to display; (*auf Messe, in Museum*) to exhibit ❷(*ausschalten*) to switch off *sep*

Ausstellung f exhibition

aus|sterben *vi irreg sein* to die out

Aussteuer <-, -n> f dowry

Ausstieg <-[e]s, -e> m ❶(*Ausgang*) exit ❷(*fig: Beendigung*) ■**der ~ aus etw** *dat* abandoning sth

Ausstoß m ❶(*Produktion*) output ❷(*Ausschluss*) expulsion ❸(*Emission*) emission

aus|stoßen *vt irreg* ❶to eject (**in** into); *Gase* to emit ❷*Schrei* to give [out]; *Laute* to make ❸(*aus einer Gruppe*) to expel (**aus** from)

Ausstrahlung f ❶(*Wirkung*) radiance; **eine besondere ~ haben** to have a special charisma ❷(*Sendung*) broadcast[ing]

aus|strecken I. *vt* to extend (**nach** to); *Hände, Beine* to stretch out II. *vr* ■**sich ~** to stretch oneself out

aus|suchen *vt* to choose

Austausch m exchange; **im ~ gegen etw** *akk* in exchange for sth

austauschbar *adj* (*gegeneinander ~*) interchangeable; (*ersetzbar*) replaceable

aus|tauschen I. *vt* ❶(*ersetzen*) to replace (**gegen** with) ❷(*gegeneinander*) to exchange II. *vr* (*über jdn/etw sprechen*) ■**sich [über jdn/etw] ~** to exchange stories [about sb/sth]

aus|teilen *vt* to distribute (**an** to); *Essen* to serve; *Karten* to deal [out]

Auster <-, -n> ['aʊstɐ] f oyster

Austernpilz m Chinese mushroom

aus|toben *vr* ■**sich ~** (*sich müde toben*) to romp around; (*ein wildes Leben führen*) to sow one's wild oats; (*seine Neigungen ausleben*) to let one's hair down

aus|tragen *vt irreg* ❶*Post* to deliver ❷(*stattfinden lassen*) to hold ❸*Kind* to carry to [the full] term

Austragungsort m venue

aus|treiben *irreg* I. *vt* (*abgewöhnen*) ■**jdm etw ~** to knock sth out of sb *fam* II. *vi* BOT to sprout

aus|treten *irreg vi sein* ❶ (*herausdringen*) to come out (**aus** of) ❷ (*fam: zur Toilette gehen*) to go to the loo BRIT *fam* [*or* AM bathroom] ❸ (*ausscheiden*) to leave

aus|tricksen *vt* to trick

aus|üben *vt* ❶ *Beruf* to practise; *Funktion* to perform; *Macht, Recht* to exercise ❷ *Druck, Einfluss* to exert (**auf** on); *Wirkung* to have (**auf** on)

aus|ufern ['aʊsʔuːfɐn] *vi sein* to escalate (**zu** into)

Ausverkauf *m* clearance sale

aus|verkaufen* *vt* ■*etw* **ausverkauft haben** to have sold out of sth

ausverkauft *adj* sold out

Auswahl *f* selection (**an** of); **die ~ haben** to have the choice; **eine ~ [unter** *dat* **...] treffen** to make one's choice [from ...]

aus|wählen *vt, vi* to choose (**unter** from)

Auswanderer, -wanderin *m, f* emigrant

aus|wandern *vi sein* to emigrate (**nach** to)

auswärtig ['aʊsvɛrtɪç] *adj attr* ❶ (*nicht vom Ort*) from out of town ❷ POL foreign

auswärts ['aʊsvɛrts] *adv* (*außerhalb des Ortes*) out of town; **~ essen** to eat out

Auswärtsspiel *nt* away game

aus|wechseln *vt* to replace (**gegen** with); *Spieler* to substitute (**gegen** for)

Auswechselspieler(in) *m(f)* substitute

Ausweg *m* way out (**aus** of); **der letzte ~** the last resort

ausweglos *adj* hopeless

aus|weichen *vi irreg sein* ❶ (*vermeiden*) ■**jdm/etw ~** to evade sb/sth; ■ **~d** evasive ❷ (*zurückgreifen*) ■**auf etw** *akk* **~** to fall back on sth [as an alternative]

Ausweis <-es, -e> ['aʊsvaɪs] *m* identity card

aus|weisen *irreg* I. *vt* to deport II. *vr* ❶ ■**sich ~** to identify oneself; **können Sie sich ~?** do you have any means of identification? ❷ SCHWEIZ ■**sich über etw** *akk* **~** to have proof of sth

Ausweispapiere *pl* identity papers

Ausweisung *f* ADMIN deportation

aus|weiten I. *vt* ❶ (*weiter machen*) to stretch ❷ (*umfangreicher machen*) to expand II. *vr* ■**sich ~** ❶ (*weiter werden*) to stretch [out] ❷ (*sich ausdehnen*) to extend ❸ (*eskalieren*) ■**sich [zu etw** *dat*] **~** to escalate [into sth]

auswendig *adv* [off] by heart; **etw ~ können**

to know sth [off] by heart

aus|wirken *vr* ■**sich ~** to have an effect (**auf** on)

Auswirkung *f* (*Wirkung*) effect; (*Folge*) consequence; **negative ~en haben** to have negative repercussions

aus|wischen *vt* ❶ *Schmutz* to wipe ❷ (*sauber wischen*) to wipe clean *sep* ▸ **jdm eins auswischen** (*fam*) to get one's own back on sb

aus|wuchten *vt* AUTO **ein Rad ~** to balance a wheel

aus|zahlen I. *vt* ❶ (*bezahlen*) to pay out ❷ (*abfinden*) to pay off *sep* II. *vr* (*fig*) ■**sich [für jdn] ~** to pay [off] [for sb]

aus|zählen *vt* to count

Auszahlung *f* ❶ (*Zahlung*) paying out ❷ (*Abfindung*) paying off

aus|zeichnen I. *vt* ❶ *Ware* to price ❷ (*ehren*) to honour; **jdn durch einen Orden ~** to decorate sb with a medal; **jdn durch einen Preis ~** to give sb an award II. *vr* ■**sich [durch etw** *akk*] **~** to stand out [due to sth]

Auszeichnung *f* ❶ (*Preisetikett*) price tag ❷ (*Ehrung*) honour; (*Orden*) decoration; (*Preis*) award; [**etw**] **mit ~ bestehen** to pass [sth] with distinction

ausziehbar *adj* extendable; **~e Antenne** telescopic aerial

aus|ziehen *irreg* I. *vt haben* ❶ (*ablegen*) ■[**sich** *dat*] **etw ~** to take off sth *sep* ❷ (*entkleiden*) to undress ❸ (*verlängern*) to extend II. *vi sein* (*aus Wohnung*) to move out (**aus** of)

Ausziehtisch *m* pull-out table

Auszubildende(r) *f(m) dekl wie adj* trainee

Auszug *m* ❶ (*das Umziehen*) move ❷ FIN statement ❸ PHARM extract (**aus** of)

auszugsweise *adv, adj* in excerpts

autark [aʊˈtark] *adj* self-sufficient

authentisch [aʊˈtɛntɪʃ] *adj* authentic

autistisch *adj* MED autistic

Auto <-s, -s> ['aʊto] *nt* car; **~ fahren** to drive [a car]; **mit dem ~ fahren** to go by car

Autoatlas *m* road atlas **Autobahn** *f* motorway BRIT, freeway AM

> The **Autobahn** is a multilane fast highway for vehicles travelling faster than 60 km/h. There is no countrywide speed limit on German motorways; in

Austria the speed limit for cars is 130 km/h and in Switzerland 120 km/h.

Autobahndreieck *nt* motorway junction
Autobahnkreuz *nt* motorway intersection
Autobahnraststätte *f* motorway services *pl* BRIT, services *pl* AM **Autobahnzubringer** *m* motorway approach road BRIT, entrance ramp (*to the freeway*) AM
Autobiografie^RR, **Autobiographie** [autobiogra'fiː] *f* autobiography
Autobus ['autobʊs] *m* (*veraltet*), **Autocar** ['autokaːɐ̯] *m* SCHWEIZ bus **Autodieb(in)** *m(f)* car thief **Autofähre** *f* car ferry **Autofahrer(in)** *m(f)* [car] driver
autogen [auto'geːn] *adj* ~es Training relaxation through self-hypnosis
Autogramm <-s, -e> [auto'gram] *nt* autograph
Autoimmunkrankheit *f* auto-immune disease
Autokarte *f* road map
Automat <-en, -en> [auto'maːt] *m* FIN cash dispenser; (*für Glücksspiel*) slot-machine; (*für Verkauf*) vending machine
Automatenverkauf *m kein pl* selling/sales from vending machines
Automatik <-> [auto'maːtɪk] *f* ❶ automatic system ❷ AUTO automatic transmission
Automatikgurt *m* inertia[-reel] seat belt, automatic seat belt AM **Automatikschaltung** *f* automatic transmission **Automatikwagen** *m* automatic
automatisch [auto'maːtɪʃ] *adj* automatic
automatisieren* [automati'ziːrən] *vt* to automate
Automobil <-s, -e> [automo'biːl] *nt* (*geh*) automobile
Automobilausstellung *f* motor show **Automobilbranche** *f* car industry
autonom [auto'noːm] *adj* autonomous
Autonomie <-, -n> [autono'miː, *pl* -'miːən] *f* autonomy
Autopsie <-, -n> [autɔ'psiː, *pl* -'psiːən] *f* autopsy
Autor(in) <-s, -en> ['autoːɐ̯, *pl* au'toːrən] *m(f)* author
Autoradio *nt* car radio; (*mit Kassettenspieler*) car stereo **Autoreifen** *m* car tyre **Autorennen** *nt* motor race
Autorin <-, -nen> [au'toːrɪn] *f fem form von* **Autor**

autorisieren* [autori'ziːrən] *vt* ■**jdn** [**zu etw** *dat*] ~ to authorize sb [to do sth]
autoritär [autori'tɛːɐ̯] *adj* authoritarian
Autorität <-, -en> [autori'tɛːt] *f* authority
Autoverleih *m*, **Autovermietung** *f* car rental firm **Autozubehör** *nt* car accessories *pl*
avisieren* [avi'ziːrən] *vt* (*geh*) to announce; **jdm sein Ankunft** ~ to advise sb of one's arrival
Axt <-, Äxte> [akst, *pl* 'ɛkstə] *f* axe
Azalee <-, -n> [atsa'leːa] *f*, **Azalie** <-, -n> [a'tsaːli̯ə] *f* azalea
Azoren [a'tsoːrən] *pl* ■**die** ~ the Azores
Azubi <-s, -s> [a'tsuːbi] *m*, **Azubi** <-s, -s> [a'tsuːbi] *f kurz für* **Auszubildende(r)** trainee
Azubine <-, -n> [atsu'biːnə] *f* (*fam*) *fem form von* **Azubi** [female] trainee

B, b <-, - *o fam* -s, -s> [beː] *nt* ❶ (*Buchstabe*) B [*or* b]; *s. a.* **A 1** ❷ MUS B flat; ■**b** (*Erniedrigungszeichen*) flat; *s. a.* **A 2**
Baby <-s, -s> ['beːbi] *nt* baby
Babyausstattung *f* MODE baby clothes *pl*
Babyklappe ['beːbi-] *f* hatch or container in which unwanted babies can be left anonymously **Babynahrung** *f* baby food **Babypause** ['beːbi-] *f* (*fam*) parental leave *no pl* **Babyschühchen** <-s, -> *nt* bootees *pl* **Babysitter(in)** <-s, -> ['beːbɪzɪtɐ] *m(f)* babysitter **Babytragetasche** *f* carrycot, baby carrier AM
Bach <-[e]s, Bäche> [bax, *pl* 'bɛçə] *m* brook, creek AM; (*kleiner a.*) stream ▶**den ~ runtergehen** (*fam*) to go down the drain
Backblech *nt* baking tray
Backbord <-[e]s> ['bakbɔrt] *nt kein pl* port [side]
Backe <-, -n> ['bakə] *f* cheek ▶**au ~**! (*veraltet fam*) oh dear!
backen <backt *o* bäckt, backte *o veraltet* buk, gebacken> ['bakn̩] *vt*, *vi* (*im Ofen*) to bake; (*in Fett*) to fry (**in** with)
Backenbart *m* sideburns *pl*
Backenknochen *m* cheekbone

Backenzahn – Ballermann

Backenzahn *m* back tooth
Bäcker(in) <-s, -> ['bɛkɐ] *m(f)* baker; **beim ~** at the baker's [shop]
Bäckerei <-, -en> [bɛkə'raɪ] *f* ① (*Bäckerladen*) baker's ② ÖSTERR (*Gebäck*) small pastries and biscuits
Backfisch ['bakfɪʃ] *m* fried fish in batter **Backform** *f* baking tin **Backofen** ['bakʔoːfn̩] *m* oven **Backpflaume** *f* prune **Backpulver** *nt* baking powder
Bad <-[e]s, Bäder> [baːt, *pl* 'bɛːdɐ] *nt* ① bath; **jdm/sich ein ~ einlassen** to run sb/oneself a bath; **ein ~ nehmen** to take a bath ② (*Badezimmer*) bathroom ③ (*Schwimm~*) swimming pool ④ (*Heil~*) spa ▶ **ein ~ in der Menge** a walkabout
Badeanzug *m* swimming costume **Badehose** *f* swimming trunks *pl* **Badekappe** *f* swimming cap **Bademantel** *m* bathrobe **Bademeister(in)** *m(f)* [pool] attendant; (*am Strand*) lifeguard
baden ['baːdn̩] I. *vi* ① to have a bath ② (*schwimmen*) to swim; **~ gehen** to go for a swim ▶ [**bei/mit etw** *dat*] **~ gehen** (*fam*) to come a cropper [doing/with sth] II. *vt* ① ■ **jdn ~** to bath sb; ■ **sich ~** to have a bath ② MED to bathe (**in** in)
Badeort *m* seaside resort; (*Kurort*) spa resort **Badestrand** *m* bathing beach **Badetuch** *nt* bath towel **Badewanne** *f* bath [tub] **Badezimmer** *nt* bathroom
baff [baf] *adj pred* (*fam*) ■ **~ sein** to be flabbergasted
Bagatelle <-, -n> [baga'tɛlə] *f* trifle
Bagel <-s, -s> [beɪɡəl] *m* KOCHK bagel
Bagger <-s, -> ['bagɐ] *m* excavator
baggern ['bagɐn] *vi* ① BAU, SPORT to dig ② (*sl*) to flirt
Bahamas [ba'haːmas] *pl* ■ **die ~** the Bahamas *pl*
Bahn <-, -en> [baːn] *f* ① (*Züge*) train; (*auf Straße*) tram; (*Verkehrsnetz, Verwaltung*) railway[s]; **mit der ~** by train ② SPORT track ③ (*Weg*) course; (*Fahrspur*) lane ▶ **freie ~ [für etw** *akk*] **haben** to have the go-ahead [for sth]; **in geregelten ~en verlaufen** to take an orderly course; **auf die schiefe ~ kommen** to get off the straight and narrow; **sich** *dat* **eine ~ brechen** to force one's way; **jdn aus der ~ werfen** to get sb off course
bahnbrechend *adj* ground-breaking
bahnen *vt* **sich einen Weg durch etw** *akk* **~** to fight one's way through sth
Bahnfahrt *f* train journey **Bahnhof** *m* [railway] station ▶ **nur [noch] ~ verstehen** (*hum fam*) to not have the foggiest [idea] **Bahnhofsgaststätte** *f* station restaurant **Bahnhofshalle** *f* station concourse **Bahnpolizei** *f* railway police **Bahnsteig** <-[e]s, -e> *m* platform **Bahnübergang** *m* level crossing **Bahnverbindung** *f* [rail] connection
Bahre <-, -n> ['baːrə] *f* stretcher; (*Toten~*) bier
Baisse <-, -n> ['bɛːsə] *f* slump
Bakterie <-, -n> [bak'teːrⅰ̯ə] *f meist pl* bacterium
Balance <-, -n> [ba'lãːsə] *f* balance
balancieren* [balã'siːrən] *vi, vt* to balance (**auf** on, **über** across)
bald [balt] I. *adv* soon; **komm ~ wieder!** come back soon!; **wird's ~?** (*fam*) move it!; **bis ~!** see you later!; **~ darauf** soon after[wards]; **so ~ wie möglich** as soon as possible; **nicht so ~** not as soon II. *konj* ■ **~ ..., ~ ...** one moment ..., the next ...
baldigst *adv* (*geh*) as soon as possible
Baldrian <-s, -e> ['baldriaːn] *m* valerian
Balearen [bale'aːrən] *pl* ■ **die ~** the Balearic Islands *pl*
Balkan <-s> ['balkaːn] *m* ① ■ **der ~** the Balkans *pl* ② (*Gebirge*) ■ **the ~** the Balkan Mountains *pl*
Balken <-s, -> ['balkn̩] *m* (*aus Holz*) beam; (*aus Stahl*) girder; (*Stütze*) prop ▶ **lügen, dass sich die ~ biegen** (*fam*) to lie through one's teeth
Balkenkode *m* bar code
Balkon <-s, -s *o* -e> [bal'kɔŋ, bal'koː] *m* balcony
Ball <-[e]s, Bälle> [bal, *pl* 'bɛlə] *m* ball; **am ~ sein** to have the ball; **jdm den ~ zuspielen** to feed sb the ball ▶ **am ~ bleiben** to stay on the ball *fig*
Ballast <-[e]s, *selten* -e> ['balast, ba'last] *m* ballast; (*fig*) burden
Ballaststoffe *pl* roughage *sing*
ballen ['balən] *vt* **Faust** to clench
Ballen <-s, -> ['balən] *m* ① (*Packen*) bale ② ANAT ball
Ballermann ['balɐman] *m* TOURIST (*fam*) *beach on the Spanish island of Majorca especially popular with Germans on cheap package tours*

Ballett <-[e]s, -e> [ba'lɛt] *nt* ballet
Balletttänzer(in)^RR *m(f)* ballet dancer
Ballon <-s, -s *o* -e> [ba'lɔŋ, ba'lõː] *m* balloon
Ballungsgebiet *nt*, **Ballungsraum** *m* conurbation
Balsam <-s, -e> ['balzaːm] *m* ❶ (*Salbe*) balsam ❷ (*fig*) balm; ~ **für die Seele sein** to be like balm for the soul
Baltikum <-s> ['baltikʊm] *nt* ▪ **das** ~ the Baltic states *pl*
baltisch ['baltɪʃ] *adj* Baltic
Bambus <-ses *o* -, -se> ['bambʊs] *m* bamboo
Bambussprossen *pl* bamboo shoots *pl*
banal [ba'naːl] *adj* banal
Banane <-, -n> [ba'naːnə] *f* banana
Banause <-n, -n> [ba'nauzə] *m* (*pej*) philistine
band [bant] *imp von* **binden**
Band¹ <-[e]s, Bänder> [bant, *pl* 'bɛndɐ] *nt* ❶ (*aus Stoff*) ribbon ❷ (*aus Metall*) metal band ❸ (*zur Verpackung*) packaging tape ❹ MEDIA [recording] tape; **etw auf** ~ **aufnehmen** to tape sth ❺ (*in Fabrik*) conveyor belt; **am** ~ **arbeiten** to work on an assembly line; **am laufenden** ~ (*fam*) non-stop ❻ *meist pl* ANAT ligament; **sich** *dat* **die Bänder zerren** to strain ligaments
Band² <-[e]s, Bände> [bant, *pl* 'bɛndə] *m* (*Buch*) volume
Band³ <-, -s> [bɛnt] *f* MUS band
Bandage <-, -n> [ban'daːʒə] *f* bandage ▸ **mit harten** ~**n kämpfen** (*fam*) to fight with no holds barred
bandagieren* [banda'ʒiːrən] *vt* to bandage
Bandbreite *f* ❶ (*geh*) range ❷ TECH bandwidth
Bande <-, -n> ['bandə] *f* (*Gruppe*) gang
Banderole <-, -n> [bandə'roːlə] *f* revenue stamp
Bänderriss^RR ['bɛndɐ-] *m* MED torn ligament
bändigen ['bɛndɪgn̩] *vt* ❶ (*zähmen*) to tame ❷ (*zügeln*) to bring under control
Bandit(in) <-en, -en> [ban'diːt] *m(f)* bandit
Bandmaß *nt* tape measure
Bandscheibe *f* [intervertebral] disc
Bandscheibenvorfall *m* MED slipped disc
Bandwurm *m* tapeworm
Bank¹ <-, Bänke> [baŋk, *pl* 'bɛŋkə] *f* bench; (*im Garten*) [garden] seat; (*in Schule*) desk ▸ **etw auf die lange** ~ **schieben** (*fam*) to put sth off; [**alle**] **durch die** ~ (*fam*) every single one [of them]
Bank² <-, -en> [baŋk] *f* FIN bank; **auf der** ~ in the bank; **ein Konto bei einer** ~ **haben** to have an account with a bank
Bankangestellte(r) *f(m) dekl wie adj* bank employee
Bankett <-[e]s, -e> [baŋ'kɛt] *nt* banquet
Bankier <-s, -s> [baŋ'ki̯eː] *m* banker
Bankkonto *nt* bank account **Bankleitzahl** *f* bank sorting code [number]
bankrott [baŋk'rɔt] *adj* bankrupt; **jdn** ~ **machen** to bankrupt sb
Bankrott <-[e]s, -e> [baŋk'rɔt] *m* bankruptcy
bankrott|gehen *vi* to go bankrupt
Bankverbindung *f* banking arrangements; **wie ist Ihre** ~**?** what are the particulars of your bank account?
Banner <-s, -> ['banɐ] *nt* banner
bar [baːɐ̯] *adj* ❶ FIN cash; [**in**] ~ **bezahlen** to pay [in] cash; **gegen** ~ for cash ❷ *attr* (*rein*) pure ❸ *pred* (*geh: ohne*) ▪ ~ **einer S.** *gen* devoid of sth
bar, Bar <-s, -s> [baːɐ̯] *nt* (*Maßeinheit*) bar
Bar <-, -s> [baːɐ̯] *f* bar
Bär(in) <-en, -en> [bɛːɐ̯] *m(f)* bear; **stark wie ein** ~ (*fam*) strong as an ox ▸ **jdm einen** ~**en aufbinden** (*fam*) to have [*or* AM put] sb on
Baracke <-, -n> [ba'rakə] *f* shack
Barcode <-s, -s> ['baːɐ̯koːt] *m* INFORM bar code
Bardame *f* barmaid
Bärendreck *m* SÜDD, SCHWEIZ (*Lakritze*) liquorice
barfuß ['baːɐ̯fuːs] *adj pred* barefoot[ed]
Bargeld *nt* cash
bargeldlos I. *adj* cashless II. *adv* without using cash
Barkasse <-, -n> [bar'kasə] *f* launch
Barkauf *m* cash purchase
Barke <-, -n> ['barkə] *f* skiff
barmherzig [barm'hɛrtsɪç] *adj* compassionate; ▪ ~ **sein** to show compassion; **eine** ~**e Tat** an act of compassion
Barmherzigkeit <-> *f kein pl* mercy; ~ **üben** (*geh*) to show mercy
Barmixer(in) <-s, -> *m(f)* barman *masc*, barmaid *fem*
barock [ba'rɔk] *adj* baroque
Barock <-[s]> [ba'rɔk] *nt o m kein pl* baroque

Barometer <-s, -> [baroˈmeːtɐ] *nt* barometer

Barren <-s, -> [ˈbarən] *m* ① (*Gold*) ingot ② SPORT parallel bars *pl*

Barriere <-, -n> [baˈri̯eːrə] *f* (*a. fig*) barrier

Barrikade <-, -n> [bariˈkaːdə] *f* barricade ▶ |**für etw** *akk*| **auf die ~n gehen** to man the barricades [for sth]

barsch [barʃ] I. *adj* curt II. *adv* curtly

Barsch <-[e]s, -e> [barʃ] *m* (*Fisch*) perch

Barscheck *m* open cheque BRIT, cashable check AM

Bart <-[e]s, Bärte> [baːɐ̯t, *pl* ˈbɛːɐ̯tə] *m* ① (*voll*) beard; **sich** *dat* **einen ~ wachsen lassen** to grow a beard ② (*über Oberlippe*) moustache ▶ **einen ~ haben** (*fig fam*) to be as old as the hills

Barzahlung *f* payment in cash

Basar <-s, -e> [baˈzaːɐ̯] *m* bazaar

Base <-, -n> [ˈbaːzə] *f* ① CHEM base ② (*veraltet*) *s.* **Cousine** ③ SCHWEIZ *s.* **Tante**

basieren* [baˈziːrən] *vi, vt* to be based (**auf** on)

Basilikum <-s> [baˈziːlikʊm] *nt kein pl* basil

Basis <-, Basen> [ˈbaːzɪs, *pl* ˈbaːzn̩] *f* ① (*Grundlage*) basis ② POL *einer Partei* ■ **die ~** the grass roots ③ ARCHIT, MIL base

Basisdemokratie *f kein pl* grass-roots democracy

Baskenland *nt* ■ **das ~** Basque region

Baskenmütze *f* beret

Bass[RR] <-es, Bässe> *m*, **Baß**[ALT] <-sses, Bässe> [bas, *pl* ˈbɛsə] *m* bass **Bassgitarre**[RR] *f* bass guitar

Bassin <-s, -s> [baˈsɛ̃ː] *nt* ① (*Schwimmbecken*) pool ② (*Gartenteich*) pond

basteln [ˈbastl̩n] I. *vi* ① to do handicrafts ② (*an etw arbeiten*) ■ **an etw** *dat* **~** to work on sth; **er bastelt am Computer herum** he's fiddling around with the computer II. *vt* (*fertigen*) to make

Batist <-[e]s, -e> [baˈtɪst] *m* batiste

Batterie <-, -n> [batəˈriː, *pl* -ˈriːən] *f* battery

batteriebetrieben *adj* battery-powered

Bau[1] <-[e]s, -ten> [bau, *pl* ˈbautn̩] *m* ① *kein pl* (*das Bauen*) building; **im ~ sein** to be under construction ② (*Gebäude*) building; (*Bauwerk*) construction ③ *kein pl* (*fam: Baustelle*) **auf dem ~ arbeiten** to work on a building site

Bau[2] <-[e]s, -e> [bau] *m* (*Tierhöhle*) burrow

Bauarbeiten *pl* building work *sing;* **wegen ~ gesperrt** closed for repair work **Bauarbeiter(in)** *m(f)* building [*or* AM construction] worker

Bauch <-[e]s, Bäuche> [baux, *pl* ˈbɔyçə] *m* stomach; **einen [dicken] ~ bekommen** to develop a paunch; **sich** *dat* **den ~ vollschlagen** (*fam*) to stuff oneself ▶ **aus dem ~** (*fam*) from the heart

Bauchentscheidung *f* (*fam*) gut decision **Bauchfellentzündung** *f* peritonitis **Bauchgefühl** *nt kein pl* (*fam*) gut feeling

bauchig [ˈbauxɪç] *adj* bulbous

Bauchnabel *m* belly button *fam* **Bauchschmerzen** *pl* stomach ache **Bauchspeicheldrüse** *f* pancreas **Bauchtanz** *m* belly-dance

bauen [ˈbauən] I. *vt* ① (*errichten*) to build ② (*zusammen~*) to construct ③ (*fam*) **Mist ~** to mess things up; **einen Unfall ~** to cause an accident II. *vi* (*ein Haus errichten* [*lassen*]) to build a house ② (*vertrauen*) ■ **auf jdn/etw ~** to rely on sb/sth

Bauer, Bäuerin[1] <-n *o selten* -s, -n> [ˈbauɐ] *m, f* ① farmer ② HIST (*Vertreter einer Klasse*) peasant ③ (*Schach*) pawn ▶ **die dümmsten ~n ernten die größten Kartoffeln** (*prov fam*) fortune favours fools

Bauer[2] <-s, -> [ˈbauɐ] *nt o selten m* (*Vogelkäfig*) [bird] cage

Bäuerin <-, -nen> [ˈbɔyərɪn] *f* ① *fem form von* **Bauer** ② (*Frau des Bauern*) farmer's wife

bäuerlich *adj* ① (*ländlich*) rural; **~e Sitten** rustic customs ② (*rustikal*) country

Bauernhaus *nt* farmhouse **Bauernhof** *m* farm

baufällig *adj* dilapidated **Baufirma** *f* building firm **Baugelände** *nt* construction site **Baugerüst** *nt* scaffolding **Baugrube** *f* foundation ditch **Bauherr(in)** *m(f)* client for whom a building is being built **Bauholz** *nt* timber BRIT, lumber AM **Bauingenieur(in)** *m(f)* civil engineer **Baujahr** *nt* ① (*Jahr der Errichtung*) year of construction ② (*Produktionsjahr*) year of manufacture **Baukasten** *m* construction set; (*für Kleinkinder*) box of building blocks **Bauland** [ˈbaulant] *nt* building land

Baum <-[e]s, Bäume> [baum, *pl* ˈbɔymə] *m* tree ▶ **Bäume ausreißen können** (*fig fam*) to be full of energy

Baumarkt *m* (*Geschäft*) DIY superstore,

building supplies store AM
baumeln ['baumļn] *vi* to dangle (**an** from)
Baumgrenze *f* tree line **Baumnuss**^RR *f* SCHWEIZ (*Walnuss*) walnut **Baumschule** *f* tree nursery **Baumstamm** *m* tree-trunk **Baumsterben** *nt* dying[-off] of trees **Baumstumpf** *m* tree stump
Baumwolle *f* cotton
Bauplan *m* building plans *pl*; **genetischer ~** genetic structure **Bauplatz** *m* site
Bausch <-es, Bäusche *o* -e> [bauʃ, *pl* 'bɔyʃə] *m* ❶ (*Watte*) ball ❷ (*von Stoff*) puff
Bauschutt *m* building rubble
bausparen *vi nur infin* to save with a building society [*or* AM savings and loan association]
Bausparkasse *f* building society BRIT, savings and loan association AM
Bausparvertrag *m* savings contract with a building society [*or* AM savings and loan association]
Baustein *m* ❶ (*Stein*) building stone ❷ (*Bestandteil*) element **Baustelle** *f* building site; (*Straßenbau*) roadworks *npl* BRIT, [road] construction site AM **Bauunternehmer(in)** *m(f)* builder **Bauwerk** *nt* building; (*von Brücke usw.*) construction
Bayer(in) <-n, -n> ['baiɐ] *m(f)* Bavarian
bayerisch ['baiərıʃ] *adj* Bavarian
Bayern <-s> ['baiɐn] *nt* Bavaria
beabsichtigen* [bə'ʔapzıçtıgn̩] *vt* ❶ to intend; **das hatte ich nicht beabsichtigt!** I didn't mean to do that! ❷ (*geh: planen*) to plan
beachten* [bə'ʔaxtn̩] *vt* ❶ (*befolgen*) to observe; *Rat* to follow ❷ (*darauf achten*) to notice ❸ (*berücksichtigen*) **bitte ~ Sie, dass ...** please note that ...
beachtlich *adj* considerable; **B~es leisten** to achieve a considerable amount
Beachtung *f* observance; **~ finden** to receive attention; **keine ~ finden** to be ignored; **jdm ~ schenken** to pay attention to sb
Beamte(r) [bə'ʔamtə, -'ʔamtɐ] *f(m) dekl wie adj* public official; (*bei der Post*) post-office official; (*im Staatsdienst*) civil servant; (*beim Zoll*) customs officer
beamtet [bə'ʔamtət] *adj* appointed on a permanent basis
beängstigend I. *adj* alarming II. *adv* alarmingly
beanspruchen* [bə'ʔanʃprʊxn̩] *vt* ❶ (*fordern*) to claim ❷ (*brauchen*) to require ❸ (*Anforderungen stellen*) ■**jdn ~** to make demands on sb; **ich will Sie nicht länger ~** I don't want to take up any more of your time; ■**etw ~** to demand sth; **jds Geduld ~** to try sb's patience ❹ (*belasten*) to put under stress
beanstanden* [bə'ʔanʃtandn̩] *vt* ■**etw** [**an etw** *dat*] **~** to complain about sth [of sth]
beantragen* *vt* ❶ ■**etw ~** to apply for sth ❷ POL to propose
beantworten* *vt* to answer; ■**etw mit etw** *dat* **~** to respond to sth with sth
bearbeiten* *vt* ❶ (*behandeln*) ■**etw ~** to work on sth; **Holz ~** to work wood; **etw mit einer Chemikalie ~** to treat sth with a chemical ❷ (*sich befassen mit*) to deal with; *Bestellung* to process ❸ (*redigieren*) to revise ❹ (*fam: auf jdn einwirken*) ■**jdn ~** to work on sb
beatmen* *vt* to give artificial respiration to; (*bei einer Operation*) to ventilate
beaufsichtigen* [bə'ʔaufzıçtıgn̩] *vt* to supervise; *Kinder* to look after
beauftragen* *vt* ■**jdn mit etw** *dat* **~** to give sb the task of doing sth; *Firma* to hire
Beauftragte(r) *f(m) dekl wie adj* representative
bebauen* *vt* ■**etw ~** ❶ (*mit Gebäuden*) to build [sth] on sth; **dicht bebaut sein** to be heavily built-up ❷ *Feld* to cultivate sth
Bébé <-s, -s> [be'beː] *nt* SCHWEIZ (*Baby*) baby
beben ['beːbn̩] *vi* ❶ (*zittern*) to tremble ❷ (*erbeben*) to quiver (**vor** with)
Beben <-s, -> ['beːbn̩] *nt* ❶ GEOL earthquake ❷ (*Zittern*) trembling ❸ (*leichtes Zittern*) quivering
bebildern* [bə'bıldɐn] *vt* to illustrate (**mit** with)
Becher <-s, -> ['bɛçɐ] *m* glass; (*aus Plastik*) beaker; (*für Tee/Kaffee*) mug; SCHWEIZ (*Bierglas*) mug
Becken <-s, -> ['bɛkn̩] *nt* ❶ (*Bassin*) basin; (*zum Schwimmen*) pool; (*Spüle*) sink ❷ ANAT pelvis
bedacht [bə'daxt] *adj* ■**auf etw** *akk* **~ sein** to be concerned about sth
Bedacht <-s> [bə'daxt] *m* **mit ~** (*geh: vorsichtig*) in a carefully considered way; (*absichtlich*) deliberately
bedächtig [bə'dɛçtıç] I. *adj* ❶ (*ohne Hast*)

deliberate (*besonnen*) thoughtful II. *adv* (*ohne Hast*) deliberately (*besonnen*) carefully

bedanken* *vr* ■ sich bei jdm [für etw *akk*] ~ to thank sb [for sth]; **ich bedanke mich!** thank you!

Bedarf <-[e]s> [bəˈdarf] *m kein pl* need (**an** for); **kein ~!** (*fam*) no thanks!; **Dinge des täglichen ~s** everyday necessities; **der tägliche ~ an Vitaminen** the daily requirement of vitamins; **bei ~** if required; **[je] nach ~** as required

bedauerlich *adj* regrettable; **sehr ~!** how unfortunate!; ■ **~ sein, dass ...** to be unfortunate, that ...

bedauerlicherweise *adv* unfortunately

bedauern* *vt* (*schade finden*) to regret (*bemitleiden*) to feel sorry [for]; **er ist zu ~** he is to be pitied

Bedauern <-s> *nt kein pl* regret; **zu jds größtem ~** to sb's [great] regret

bedauernswert *adj*, **bedauernswürdig** *adj* (*geh*) pitiful; **ein ~er Zwischenfall** an unfortunate incident

bedeckt *adj präd* overcast

bedenken* *irreg vt* to consider; **[jdm] etw zu ~ geben** (*geh*) to ask [sb] to consider sth; **[jdm] zu ~ geben, dass ...** to ask [sb] to keep in mind that ...

Bedenken <-s, -> *nt* meist *pl* (*Zweifel*) doubt; **moralische ~** moral scruples; **jdm kommen ~** sb has second thoughts; **ohne ~** without hesitation *kein pl* (*das Überlegen*) consideration

bedenkenlos I. *adv* (*ohne Überlegung*) without hesitation (*skrupellos*) unscrupulously II. *adj* unhesitating

bedenklich *adj* (*fragwürdig*) questionable (*Besorgnis erregend*) disturbing; *Gesundheitszustand* serious

bedeuten* *vt* to mean; **das hat nichts zu ~** that doesn't mean anything (*versinnbildlichen*) to symbolize (*wichtig sein*) **jdm etwas ~** to mean sth to sb

bedeutend *adj* (*wichtig*) important; **eine ~e Rolle spielen** to play a significant role (*beachtlich*) considerable

bedeutsam *adj* important

Bedeutung <-, -en> *f* (*Sinn*) meaning; **in wörtlicher/übertragener ~** in the literal/figurative sense (*Wichtigkeit*) significance; ■ **[für jdn/etw] von ~ sein** to be of importance [for sb/sth]; **etw** *dat* **~ beimessen** to attach importance to sth; **nichts von ~** nothing important

bedeutungslos *adj* insignificant

bedienen* I. *vt* (*in Restaurant*) to serve; **sich [von jdm] ~ lassen** to be waited on [by sb] (*benutzen*) **eine Maschine ~** to operate a machine II. *vi Kellner* to serve III. *vr* (*sich Essen nehmen*) ■ sich ~ to help oneself; **~ Sie sich!** help yourself! (*geh: gebrauchen*) ■ sich einer S. *gen* ~ to make use of sth

Bedienerin <-, -nen> *f fem form von* **Bediener** waitress

bedienstet [bəˈdiːnstət] *adj* ÖSTERR in employment

Bedienstete(r) *f(m) dekl wie adj* (*Angestellte(r) im öffentlichen Dienst*) employee

Bedienung <-, -en> *f* (*Kellner*) waiter *masc*, waitress *fem* *kein pl* *Gerät* operation *kein pl des Kunden* service

Bedienungsanleitung *f* operating instructions *pl*

bedingt I. *adj* (*eingeschränkt*) *Unterstützung* qualified JUR conditional II. *adv* to some extent; **~ gültig** of limited validity

Bedingung <-, -en> *f* (*Voraussetzung*) condition; **unter gewissen ~en** in certain conditions; **zu [un]günstigen ~en** on [un]favourable terms; **[es] zur ~ machen, dass ...** to make it a condition that ...; **[jdm] eine ~ stellen** to set a condition [on sb]; **unter der ~, dass ...** on condition that ...; **[nur] unter einer ~** [only] on one condition; **unter welcher ~?** on what condition? *pl* ÖKON terms

bedingungslos I. *adj* unconditional II. *adv* unconditionally; **jdm ~ gehorchen** to obey sb unquestioningly; **jdm ~ vertrauen** to trust sb blindly

bedrohen* *vt* to threaten (**mit** with) (*gefährden*) to endanger

bedrohlich I. *adj* threatening II. *adv* alarmingly

bedrücken* *vt* to depress; **was bedrückt dich?** what's troubling you?

bedrückt *adj* depressed

Beduine, Beduinin <-n, -n> [beduˈiːnə, beduˈiːnɪn] *m, f* Bed[o]uin

Bedürfnis <-ses, -se> [bəˈdʏrfnɪs] *nt* (*Bedarf*) need; **die ~se des täglichen Lebens** everyday needs; **das ~ haben, etw zu tun**

to feel the need to do sth ❷ *kein pl* (*Verlangen*) desire ▶ **ein dringendes ~** (*euph*) a call of nature

bedürftig *adj* needy *attr*, in need *pred*; ■ **die B~en** the needy + *pl vb*

beeilen* *vr* ■ **sich** [**mit etw** *dat*] ~ to hurry [up] [with sth]; ■ **sich ~, etw zu tun** to hurry to do sth

beeindrucken* [bə'ʔaindrʊkn̩] *vt* to impress; **sich** [**von etw** *dat*] **nicht ~ lassen** to not be impressed [by sth]

beeinflussen* [bə'ʔainflʊsn̩] *vt* to influence

beeinträchtigen* [bə'ʔaintrɛçtɪɡn̩] *vt* to disturb; *Leistungsfähigkeit* to impair; *Kreativität* to curb; *Verhältnis* to damage; **jdn in seiner Freiheit ~** to restrict sb's freedom; ■ **~d** adverse

beelenden* [bə'ʔeːlɛndn̩] *vt* ■ **jdn ~** (*traurig stimmen*) to sadden sb; (*schockieren*) to upset sb

beenden* *vt* to end

beerdigen* [bə'ʔeːɐ̯dɪɡn̩] *vt* to bury

Beerdigung <-, -en> *f* funeral

Beere <-, -n> ['beːrə] *f* berry

Beerenauslese *f* wine whose characteristic richness derives from noble rot induced by the use of overripe grapes

Beet <-[e]s, -e> [beːt] *nt* bed

befähigen* [bə'fɛːɪɡn̩] *vt* ■ **jdn dazu ~, etw zu tun** to enable sb to do sth

befähigt [bə'fɛːɪçt] *adj* ■ **für etw** *akk* **~ sein** to be competent at sth

befahren* I. *vt irreg* to drive along II. *adj* used; **kaum/stark ~ sein** to be little/much used; **eine viel ~e Kreuzung** a busy junction

befallen* *vt irreg* ❶ MED to infect; **von etw** *dat* **~ werden** to be infected by sth ❷ HORT to infest ❸ (*geh*) ■ **jdn ~** to overcome sb

befangen [bə'faŋən] *adj* ❶ (*gehemmt*) inhibited ❷ (*voreingenommen*) biased

befassen* *vr* ■ **sich mit etw** *dat* **~** to concern oneself with sth; ■ **sich mit jdm ~** to spend time with sb

Befehl <-[e]s, -e> [bə'feːl] *m* ❶ (*Anweisung*) order; **einen ~ ausführen** to carry out an order; **einen ~ befolgen** to obey an order; **einen ~ erlassen** to issue [*or* AM a. hand down] an order; **jdm einen ~ geben, etw zu tun** to order sb to do sth; **den ~ haben** to have command; **auf ~ handeln** to act under orders; **einen ~ verweigern** to disobey an order; **auf ~** under orders ❷ INFORM, MED command

befehlen <befahl, befohlen> [bə'feːlən] I. *vt* to order; **von dir lasse ich mir nichts ~!** I won't take orders from you! II. *vi* MIL ■ **über jdn/etw ~** to be in command of sb/sth

befestigen* *vt* to fasten (**an** to)

befinden* *irreg* I. *vr* (*sein*) to be; **unter den Geiseln ~ sich zwei Deutsche** there are two Germans amongst the hostages; **sich in bester/schlechter Laune ~** to be in an excellent/a bad mood II. *vt* (*geh*) ■ **jdn/etw für etw ~** to consider sb/sth [to be] sth

Befinden <-s> *nt kein pl* [state of] health; *eines Kranken* condition; **er hat sich nach deinem ~ erkundigt** he asked how you were

beflissen [bə'flɪsn̩] I. *adj* (*geh*) keen II. *adv* keenly

befolgen* *vt Rat* to follow; *Vorschrift* to obey

befördern* *vt* ❶ (*transportieren*) to transport; **jdn nach draußen ~** (*iron fam*) to escort sb outside ❷ (*dienstlich*) to promote (**zu** to)

Beförderung *f* ❶ (*Transport*) transport[ation] ❷ (*im Dienst*) promotion (**zu** to)

befragen* *vt* to question (**zu** about); **jdn nach seiner Meinung ~** to ask sb for his/her opinion

befreien* I. *vt* ❶ to free (**aus/von** from) ❷ (*von etw reinigen*) ■ **etw von etw** *dat* **~** to clear sth of sth ❸ (*freistellen*) ■ **jdn von etw** *dat* **~** to excuse sb from sth; **jdn vom Wehrdienst ~** to exempt sb from military service II. *vr* ❶ (*freikommen*) ■ **sich** [**aus etw** *dat*] **~** to escape [from sth] ❷ (*etw abschütteln*) ■ **sich** [**von etw** *dat*] **~** to free oneself [from sth]

Befreiung <-, *selten* -en> *f* ❶ (*Freilassen*) release ❷ (*aus der Unterdrückung*) liberation

befremdend *adj* disconcerting

befreunden* [bə'frɔyndn̩] *vr* ■ **sich mit jdm ~** to make friends with sb

befreundet *adj* ❶ friendly ❷ **mit jdm ~ sein** to be friends with sb

befriedigen* [bə'friːdɪɡn̩] I. *vt* to satisfy; *Wünsche* to fulfil; **leicht/schwer zu ~ sein** to be easily/not easily satisfied II. *vi* to be satisfactory; **diese Lösung befriedigt nicht** this is an unsatisfactory solution III. *vr* ■ **sich** [**selbst**] **~** to masturbate

befriedigend *adj* satisfactory; ■[**für jdn**] ~ **sein** to be satisfying [for sb]
befristen* *vt* to limit (**auf** to)
befristet *adj* restricted; *Tätigkeit* fixed-term; *Vertrag* of limited duration; *Visum* temporary; ■**auf etw** *akk* ~ **sein** ÖKON, JUR to be limited [to sth]
Befruchtungsklinik *f* MED fertility clinic
befugt [bəˈfuːkt] *adj* (*geh*) authorized; ■**zu etw** *dat* ~ **sein** to be authorized to do sth
Befund <-[e]s, -e> *m* MED result[s *pl*]
befürchten* *vt* to fear; ■~, **dass …** to be afraid that …; **nichts zu ~ haben** to have nothing to fear; **wie befürchtet** as feared
befürworten* [bəˈfyːɐ̯vɔrtn̩] *vt* to be in favour of sth
Befürworter(in) <-s, -> *m(f)* supporter
begabt [bəˈgaːpt] *adj* gifted; ■**für etw** [**nicht**] ~ **sein** to [not] have a gift for sth; **sie ist künstlerisch/musikalisch sehr** ~ she's very artistic/musical
Begabung <-, -en> *f* gift
begeben* *vr irreg* (*geh*) ❶ (*gehen*) ■**sich irgendwohin** ~ to proceed somewhere; **sich zur Ruhe** ~ to retire; **sich nach Hause** ~ to set off home ❷ (*sich einer S. aussetzen*) ■**sich in etw** *akk* ~ to expose oneself to sth; **sich in ärztliche Behandlung** ~ to undergo medical treatment
begegnen* [bəˈgeːgnən] *vi sein* ❶ (*treffen*) ■**jdm** ~ to meet sb; ■**sich** ~ to meet ❷ (*antreffen*) ■**etw** *dat* ~ to encounter sth
Begegnung <-, -en> *f* ❶ (*Treffen*) meeting ❷ (*Kennenlernen*) encounter (**mit** with)
begehren* [bəˈgeːrən] *vt* (*geh*) ❶ (*Person*) to desire ❷ (*Sache*) to covet; **alles, was das Herz begehrt** everything the heart could wish for
Begehren <-s, *selten* -> [bəˈgeːrən] *nt* (*geh*) desire
begehrenswert *adj* desirable
begehrt *adj* ❶ (*umworben*) [much] sought-after; *Frau, Mann* desirable ❷ (*beliebt*) popular
begeistern* I. *vt* to fill with enthusiasm (**für** for); **sie ist für nichts zu ~** you can't interest her in anything II. *vr* ■**sich für jdn/etw** ~ to be enthusiastic about sb/sth
begeistert I. *adj* enthusiastic; ■**[von etw** *dat*] ~ **sein** to be thrilled [by sth] II. *adv* enthusiastically
Begeisterung <-> *f kein pl* enthusiasm (**über** about, **für** for); ~ **auslösen** to arouse enthusiasm; **jdn in ~ versetzen** to arouse sb's enthusiasm; **mit ~** enthusiastically
Begierde <-, -n> [bəˈgiːɐ̯də] *f* (*geh*) desire (**nach** for)
begierig I. *adj* ❶ (*gespannt*) eager (**auf** for) ❷ (*verlangend*) longing ❸ (*sexuell*) lascivious II. *adv* ❶ (*gespannt*) eagerly ❷ (*verlangend*) longingly ❸ (*sexuell*) lasciviously
Beginn <-[e]s> [bəˈgɪn] *m kein pl* beginning; **zu ~** at the beginning
beginnen <begann, begonnen> [bəˈgɪnən] *vi, vt* to begin; ■**als etw** ~ to start out as sth
beglaubigen* [bəˈglaubɪgn̩] *vt* to authenticate; **etw notariell ~** to attest sth by a notary; **eine beglaubigte Kopie** a certified copy
begleichen* *vt irreg* (*geh*) *Schulden* to pay; *Rechnung* to settle
begleiten* *vt* ■**jdn ~** (*a. fig*) to accompany sb; **jdn zur Tür ~** to take sb to the door; ■**etw ~** to escort sth
Begleiter(in) <-s, -> *m(f)* companion
Begleitinstrument *nt* accompanying instrument
Begleitschreiben *nt* covering [*or* AM cover] letter [*or* BRIT *a.* note]
Begleitung <-, -en> *f* ❶ (*das Begleiten*) company; **in** [**jds**] ~ accompanied [by sb]; **ohne ~** unaccompanied ❷ (*Begleiter(in)*) companion ❸ MUS accompaniment; **ohne ~ spielen** to play unaccompanied
beglückwünschen* *vt* to congratulate (**zu** on)
begnadet* [bəˈgnaːdət] *adj* (*geh*) gifted
begnadigen* [bəˈgnaːdɪgn̩] *vt* to pardon; (*bei Todesurteil*) to reprieve
begnügen* [bəˈgnyːgn̩] *vr* ■**sich mit etw** *dat* ~ to be content with sth; ■**sich damit ~, etw zu tun** to be content to do sth
begraben* *vt irreg* ❶ (*beerdigen*) to bury ❷ *Hoffnung, Plan* to abandon; **einen/den Streit** ~ to bury the hatchet
Begräbnis <-ses, -se> [bəˈgrɛpnɪs] *nt* burial
begreifen* *irreg* I. *vt* ❶ (*verstehen*) to understand; **begreife das, wer will!** that's beyond me!; ■~, **dass …** to realize that …; **kaum zu ~ sein** to be incomprehensible ❷ (*für etw halten*) ■**etw als etw** ~ to regard sth as sth II. *vr* ■**sich als etw** ~ to consider oneself to be sth
begreiflich *adj* understandable; **jdm etw ~**

machen to make sth clear to sb
begrenzen* vt to limit (**auf** to); **die Geschwindigkeit auf ... km/h ~** to impose a speed limit of ... km/h
Begriff <-[e]s, -e> m ❶ (*Terminus*) term ❷ (*Vorstellung*) idea; **sich** *dat* **einen ~ von etw** *dat* **machen** to have an idea of sth; **jdm ein/kein ~ sein** to mean something/nothing to sb ❸ (*Verständnis*) **schnell/schwer von ~ sein** (*fam*) to be quick/slow on the uptake ▶ **im ~ sein, etw zu tun** to be on the point of doing sth
begriffsstutzig *adj* slow on the uptake
begründen* vt ❶ (*Gründe angeben*) to give reasons for ❷ (*gründen*) to found
begründet *adj* well-founded; **in etw** *dat* **~ liegen** to be the result of sth
Begründung <-, -en> f reason
begrüßen* vt ❶ to greet; **ich begrüße Sie! welcome!; jdn bei sich zu Hause ~ dürfen** (*geh*) to have the pleasure of welcoming sb into one's home ❷ (*gutheißen*) to welcome; **es ist zu ~, dass ...** it is to be welcomed that ... ❸ SCHWEIZ (*ansprechen*) ■**jdn/etw ~** to approach sb/sth
Begrüßung <-, -en> f greeting; **zur ~ erhielt jeder Gast ein Glas Sekt** each guest was welcomed with a glass of sekt; **jdm zur ~ die Hand schütteln** to greet sb with a handshake
begünstigen* [bəˈɡʏnstɪɡn̩] vt to favour; **von etw** *dat* **begünstigt werden** to be helped by sth
begutachten* vt ❶ to examine (**auf** for); **etw ~ lassen** to get sth examined ❷ (*fam: mustern*) ■**jdn/etw ~** to have a look at sb/sth
begütert [bəˈɡyːtɐt] *adj* (*geh*) affluent
behäbig [bəˈhɛːbɪç] *adj* ❶ (*gemütlich*) placid; (*schwerfällig*) ponderous ❷ SCHWEIZ (*stattlich*) imposing
behagen* [bəˈhaːɡn̩] vi ■**etw behagt jdm** sth pleases sb
Behagen <-s> [bəˈhaːɡn̩] *nt kein pl* contentment
behaglich [bəˈhaːklɪç] I. *adj* cosy II. *adv* cosily
behalten* vt irreg ❶ to keep; **etw für sich** *akk* **~** to keep sth to oneself; **die Nerven ~** to keep one's nerve ❷ (*im Gedächtnis ~*) to remember; **etw im Kopf ~** to keep sth in one's head
Behälter <-s, -> m container

behänd(e)^{RR} [bəˈhɛnd(ə)] I. *adj* (*geh*) nimble II. *adv* nimbly
behandeln* vt to treat (**mit** with); **jdn mit Nachsicht ~** to be lenient with sb; **chemisch behandelt** chemically treated; **jdn gut/schlecht ~** to treat sb well/badly; **etw vorsichtig ~** to handle sth with care
Behandlung <-, -en> f treatment
beharren* vi to insist (**auf** on); **auf seiner Meinung ~** to persist with one's opinion
beharrlich I. *adj* insistent; (*ausdauernd*) persistent II. *adv* persistently; **~ schweigen** to persist in remaining silent
behaupten* [bəˈhauptn̩] I. vt ❶ (*äußern*) ■**etw ~** to claim sth (**von** about); ■**von jdm ~, dass ...** to say of sb that ...; ■**es wird behauptet, dass ...** it is said that ... ❷ (*aufrechterhalten*) to maintain II. vr ■**sich** [gegen jdn/etw] **~** to assert oneself [over sb/sth]; **Agassi konnte sich gegen Sampras ~** Agassi held his own against Sampras
Behauptung <-, -en> f ❶ (*Äußerung*) assertion ❷ (*Durchsetzen*) maintaining *no pl*
Behausung <-, -en> f (*hum geh*) accommodation
beheben* vt irreg ❶ (*beseitigen*) to remove; *Missstände* to remedy; *Schaden* to repair ❷ FIN ÖSTERR **Geld ~** to withdraw money
Behelf <-[e]s, -e> [bəˈhɛlf] m [temporary] replacement
behelfsmäßig I. *adj* temporary II. *adv* temporarily
behelligen* [bəˈhɛlɪɡn̩] vt to bother (**mit** with)
behend(e)^{ALT} [bəˈhɛndə] *adj, adv s.* **behänd(e)**
beherbergen* vt to accommodate
beherrschen* I. vt ❶ (*gut können*) to have mastered; **sein Handwerk ~** to be good at one's trade; **ein Instrument ~** to play an instrument well; **eine Sprache ~** to have good command of a language; **alle Tricks ~** to know all the tricks; **etw aus dem Effeff ~** (*fam*) to know sth inside out ❷ (*regieren*) to rule ❸ (*im Griff haben*) to control; **ein Fahrzeug ~** to have control over a vehicle ❹ (*beeinflusst werden*) ■**von etw** *dat* **beherrscht werden** to be ruled by sth II. vr ■**sich ~** to control oneself
beherzigen* [bəˈhɛrtsɪɡn̩] vt *Rat* to heed
behilflich [bəˈhɪlflɪç] *adj* ■**jdm ~ sein** to help sb (**bei/mit** with)

behindern* *vt* ❶ (*hinderlich sein*) hinder (**bei** in) ❷ (*hemmen*) to hamper
behindert *adj* disabled; **geistig/körperlich ~** mentally/physically disabled
Behinderte(r) *f(m) dekl wie adj* disabled person
Behinderung <-, -en> *f* ❶ obstruction ❷ MED disability; **geistige/körperliche ~** mental/physical disability
Behörde <-, -n> [bə'høːɐ̯də] *f* ❶ (*Amt*) department ❷ (*Gebäude*) council offices
behutsam [bə'huːtsaːm] **I.** *adj* (*geh*) gentle **II.** *adv* (*geh*) gently; **jdm etw ~ beibringen** to break sth to sb gently
bei [bai] *präp* +*dat* ❶ (*räumlich*) ■**~ jdm** with sb; **~ uns zu Hause** at our house; **ich war ~ meinen Eltern** I was at my parents' [house]; **~ wem hast du die letzte Nacht verbracht?** who did you spend last night with?; (*in einem Geschäft*) at; **beim Bäcker** at the baker's; **er ist [Beamter] ~ der Bahn** he works for the railways ❷ (*räumlich*) **etw ~ sich** *dat* **haben** to have sth with one; **ich habe gerade kein Geld ~ mir** I haven't any money on me at the moment ❸ (*in der Nähe von*) near; **Böblingen ist eine Stadt ~ Stuttgart** Böblingen is a town near Stuttgart ❹ (*als Teil eines Geschehens*) **~ einer Hochzeit** at a wedding; **~ dem Zugunglück starben viele Menschen** many people died in the train crash ❺ (*Zeitspanne: während*) during; (*Zeitspanne: Zeitpunkt betreffend*) at ❻ (*während einer Tätigkeit*) while; **störe mich bitte nicht ~ der Arbeit!** please stop disturbing me when I'm working! ❼ (*Begleitumstände*) by; **wir aßen ~ Kerzenlicht** we had dinner by candlelight; **~ dieser Hitze** in such a heat ❽ (*trotz*) ■**~ all/aller ...** in spite of all; **~ alledem ...** for all that ... ▶ **nicht [ganz] ~ sich** *dat* **sein** (*fam*) to be not [quite] oneself
bei|behalten* *vt irreg* to maintain
bei|bringen *vt irreg* ■**jdm etw ~** to teach sb sth
Beichte <-, -n> ['baiçtə] *f* confession
beichten ['baiçtn̩] *vt, vi* ■**[jdm etw] ~** to confess [sth to sb]
beide ['baidə] *pron* ❶ (*alle zwei*) both; **~ Mal[e]** both times; **~** *you two*; ■**euch ~n** both of you ❷ (*ich und du*) **wir ~** the two of us; ■**uns ~n** both of us ❸ (*die zwei*) ■**die ~n** both [of them]; **einer von ~n** one of the two ❹ (*sowohl dies als auch jenes*) ■**~s** both; **~s ist möglich** both are possible
beidemal^{ALT} *adv s.* **beide 1**
beiderlei ['baidɐ'lai] *adj attr* both
beiderseitig ['baidəzaitɪç] *adj Vertrauen, Einverständnis* mutual
beieinander [baiʔai'nandɐ] *adv* together ▶ **gut/schlecht ~ sein** (*fam körperlich*) to be in good/bad shape
Beifahrer(in) *m(f)* front-seat passenger
Beifahrersitz *m* [front] passenger seat
Beifall <-[e]s> *m kein pl* ❶ (*Applaus*) applause; **~ klatschen** to applaud ❷ (*Zustimmung*) approval; **[jds] ~ finden** to meet with [sb's] approval
bei|fügen *vt* ❶ (*mitsenden*) to enclose ❷ (*hinzufügen*) to add
Beigabe <-, -n> *f* ❶ addition ❷ KOCHK side dish
beige [beːʃ, 'beːʒə] *adj* beige
bei|geben *vt irreg* to add
Beigeschmack *m* ❶ [after]taste ❷ (*fig*) overtone[s]
Beihilfe *f* ❶ (*finanziell*) financial assistance ❷ JUR abetment
bei|kommen *vi irreg sein* (*fertigwerden*) ■**jdm/etw ~** to sort out sb/sth *sep*
Beil <-[e]s, -e> [bail] *nt* [short-handled] axe
Beilage *f* ❶ KOCHK side dish ❷ (*Beiheft*) supplement ❸ ÖSTERR (*Anlage*) enclosure
beiläufig **I.** *adj* passing **II.** *adv* ❶ (*nebenbei*) in passing ❷ ÖSTERR (*ungefähr*) about
bei|legen *vt* ❶ (*dazulegen*) to insert; **einem Brief einen Rückumschlag ~** to enclose an SAE in a letter ❷ *Streit* to settle; **lass uns die Sache ~!** let's settle the matter
Beileid *nt kein pl* condolence[s *pl*]; **[mein] herzliches ~** [you have] my heartfelt sympathy; **jdm [zu etw** *dat*] **sein ~ aussprechen** to offer sb one's condolences [on sth]
beiliegend *adj* enclosed; **~ finden Sie ...** (*geh*) please find enclosed ...
Bein <-[e]s, -e> [bain] *nt* ❶ leg; **jdm [wieder] auf die ~e helfen** to help sb back on his feet; **unsicher auf den ~en sein** to be unsteady on one's feet; **jdm ein ~ stellen** to trip up sb *sep;* **sich** *dat* **die ~e vertreten** to stretch one's legs ❷ (*Knochen*) bone ▶ **die ~e unter den Arm nehmen** (*fam*) to take to one's heels; **mit beiden ~en auf dem Boden stehen** to have both feet on the

ground; **mit einem ~ im Grabe stehen** to have one foot in the grave; **sich** *dat* [**bei etw** *dat*] **kein ~ ausreißen** (*fam*) to not bust a gut [over sth]; **sich** *dat* **kaum noch auf den ~en halten können** to be hardly able to stand on one's [own two] feet; **jdm** [**wieder**] **auf die ~e helfen** to help sb back on his feet; **jdm ~e machen** (*fam*) to give sb a kick in the arse [*or* AM ass]; **sich auf die ~e machen** (*fam*) to get a move on; **auf eigenen ~en stehen** to be able to stand on one's own two feet; **etw auf die ~e stellen** to get sth going

beinah ['baina:, 'bai'na:, bai'na:], **beinahe** ['baina:ə, 'bai'na:ə, bai'na:ə] *adv* almost

Beinbruch *m* fracture of the leg; **das ist kein ~!** (*fig fam*) it's not as bad as all that! **Beinfreiheit** *f* legroom

beinhalten* [bə'ʔɪnhaltn̩] *vt* (*geh*) to contain

Beipackzettel *m* instruction leaflet

Beirat *m kein pl* advisory board

Beiried <-[e]s> *nt* ÖSTERR rump steak, roast beef

beirren* *vt* ■ **sich** [**durch etw** *akk*] [**nicht**] **~ lassen** to [not] let oneself be put off [by sth]

beisammen [bai'zamən] *adv* together; **~ sein** to be [all] together **beisammen|sein**^ALT *vi irreg sein s.* **beisammen** **Beisammensein** *nt* get-together

beiseite [bai'zaitə] *adv* to one side

beiseite|gehen *vi* to step aside **beiseite|legen** *vt* to put to one side

Beis(e)l <-s, -n> ['baizl̩] *nt* ÖSTERR (*fam*) dive *pej fam*, BRIT *fam a*. boozer

bei|setzen *vt* (*geh*) to inter

Beisetzung <-, -en> *f* (*geh*) interment

Beispiel <-[e]s, -e> ['baiʃpi:l] *nt* example; **anschauliches/praktisches ~** illustration/demonstration; **mit gutem ~ vorangehen** to set a good example; **sich** *dat* **an jdm ein ~ nehmen** to take a leaf out of sb's book; **zum ~** for example; **wie zum ~** such as

beispiellos *adj* ① (*unerhört*) outrageous ② (*einzigartig*) unprecedented (**in** in)

beispielsweise *adv* for example

beißen <biss, gebissen> ['baisn̩] **I.** *vt* ■ **jdn/etw ~** to bite sb/sth **II.** *vi* ① **auf/in etw** *akk* **~** to bite into sth ② (*brennen*) to sting; *Säure* to burn; **in den Augen ~** to make one's eyes sting ▶ **an etw** *dat* **zu ~ haben** to have sth to chew over **III.** *vr* ■ **sich**

~ Farben to clash (**mit** with)

beißend *adj* ① (*scharf*) pungent ② (*brennend*) burning

Beißzange *f* DIAL pincers *pl*

bei|stehen *vi irreg* ■ **jdm** [**gegen jdn/etw**] **~** to stand by sb [before sb/sth]

bei|stellen *vt* ÖSTERR to provide

Beistelltisch *m* occasional table

Beitrag <-[e]s, -träge> ['baitra:k, *pl* 'baitrɛ:gə] *m* ① (*Zahlung*) fee ② (*Mitwirkung*) contribution ③ SCHWEIZ (*Subvention*) subsidy

beitragspflichtig *adj* liable to pay contribution **Beitragssatz** *m* membership rate

bei|treten *vi irreg sein* ① to join sth ② *einem Staatenbund* to enter into

Beitritt *m* ① entry (**zu** into) ② POL (*zu einem Staatenbund*) accession (**zu** to)

Beitrittsgespräch *meist pl nt* POL [EU] accession discussion

Beiwagen *m* sidecar

beizeiten [bai'tsaitn̩] *adv* in good time

beizen ['baitsn̩] *vt* to stain

bejahen* [bə'ja:ən] *vt* ① *Frage* to answer in the affirmative ② (*gutheißen*) to approve [of]

bekämpfen* *vt* to fight [against]; ■ **sich** [**gegenseitig**] **~** to fight one another

bekannt [bə'kant] *adj* ① (*allgemein gekannt*) well-known; **etw ~ geben** to announce sth; **jdn ~ machen** (*berühmt*) to make sb famous; **~ werden** to become famous ② (*vertraut*) familiar; **ist dir dieser Name ~?** are you familiar with this name?; **allgemein ~ sein** to be common knowledge; **jdm/sich** [**mit jdm**] **~ machen** to introduce sb/oneself [to sb]; **jdm ~ vorkommen** to seem familiar to sb

Bekannte(r) *f(m) dekl wie adj* acquaintance

bekannt|geben *vt irreg* to announce

bekanntlich *adv* as is [generally] known

bekannt|machen *vt* (*öffentlich*) to make known to the public

Bekanntschaft <-, -en> *f* ① *kein pl* acquaintance; **jds ~ machen** to make sb's acquaintance; **mit etw** *dat* **~ machen** (*iron*) to get to know sth ② (*fam: Bekanntenkreis*) acquaintances *pl*

bekehren* **I.** *vt* to convert (**zu** to) **II.** *vr* ■ **sich** [**zu etw** *dat*] **~** to be[come] converted [to sth]

bekennen* *irreg* **I.** *vt* ① to confess ② (*öffentlich dafür einstehen*) to bear witness to **II.** *vr* ■ **sich zu jdm/etw ~** to declare one's sup-

port for sb/sth; **sich zu einem Glauben** ~ to profess a faith; **sich zu einer Tat** ~ to confess to a deed; **sich zu einer Überzeugung** ~ to stand up for one's convictions
bekifft [bəˈkɪft] *adj* (*fam*) stoned, high
beklagen* I. *vt* to lament II. *vr* ■ **sich [über jdn/etw]** ~ to complain [about sb/sth]; **man hat sich bei mir über Sie beklagt** I have received a complaint about you
beklagenswert *adj* lamentable
bekleckern* I. *vt* (*fam*) to stain II. *vr* (*fam*) **sich mit Brei** ~ to spill porridge all down oneself
bekleiden* *vt* (*geh*) ❶ *Amt* to fill ❷ (*geh*) ■ **sich** ~ to dress oneself
Bekleidung *f* clothing
beklommen [bəˈklɔmən] I. *adj* anxious II. *adv* anxiously
bekloppt [bəˈklɔpt] *adj* (*sl*) *s.* **bescheuert**
bekommen* *irreg* I. *vt haben* ❶ (*erhalten*) to receive; *Genehmigung, Mehrheit* to obtain; *Massage, Spritze* to be given; **etw in die Hände** ~ (*fam*) to get hold of sth; **Ärger/ Schwierigkeiten** ~ to get into trouble/difficulties ❷ (*entwickeln*) **eine Erkältung** ~ to catch a cold; **eine Glatze/graue Haare** ~ to go bald/to go grey; **Heimweh** ~ to get homesick; **Lust** ~, **etw zu tun** to feel like doing sth ❸ *mit infin* **etw zu essen/trinken** ~ to get sth to eat/drink; **etw zu hören/sehen** ~ to get to hear/see sth ❹ *mit pp o obj* **etw bezahlt** ~ to get paid for sth; **etw gemacht** ~ to get sth done; **etw geschenkt** ~ to be given sth [as a present] II. *vi* **jdm [gut]/schlecht** ~ *Essen* to agree/ to disagree with sb
bekömmlich [bəˈkœmlɪç] *adj* [easily] digestible
bekritteln *vt* to find fault with; *Argument* to pick holes in
bekritzeln* *vt* ■ **etw** ~ to scribble on sth
bekümmert *adj* worried (**über** about)
beladen* *irreg vt* to load [up *sep*]
Belag <-[e]s, Beläge> [bəˈlaːk, *pl* bəˈlɛːɡə] *m* ❶ KOCHK topping ❷ (*auf Zahn*) film; (*auf Zunge*) fur ❸ (*Schicht*) coating
belagern* *vt* to besiege
belämmert^RR [bəˈlɛmɐt] *adj* (*sl*) sheepish
belangen* *vt* to prosecute (**wegen** for)
belanglos *adj* irrelevant
belassen* *vt irreg* ■ **es bei etw** *dat* ~ to leave it at sth; ~ **wir es dabei!** let's leave it at that
belasten* *vt* ❶ (*beladen*) to load (**mit** with) ❷ (*bedrücken*) to burden; ■ ~**d** crippling ❸ (*beanspruchen*) to strain; **jdn/etw zu sehr belasten** to overstrain sb/sth ❹ *Umwelt* to pollute ❺ FIN *Konto* to debit; **etw mit einer Hypothek** ~ to mortgage sth
belästigen* [bəˈlɛstɪɡn̩] *vt* (*stören*) to bother; (*zudringlich werden*) to pester
Belästigung <-, -en> *f* annoyance *no pl*
Belastung <-, -en> *f* ❶ (*Gewicht*) load ❷ (*Anstrengung, Last*) burden ❸ ÖKOL pollution ❹ (*Beanspruchung*) strain (**für** on) ❺ FIN charge (+*gen* on)
belaufen* *vr irreg* ■ **sich auf etw** *akk* ~ to amount to sth
beleben* I. *vt* ❶ (*anregen*) to stimulate ❷ (*erfrischen*) to make feel better ❸ (*lebendiger gestalten*) to liven up II. *vr* ■ **sich** ~ ❶ (*sich mit Leben füllen*) to come to life ❷ (*lebhafter werden*) to light up
belebend *adj* ❶ (*anregend*) invigorating ❷ (*erfrischend*) refreshing
belebt [bəˈleːpt] *adj* ❶ (*bevölkert*) busy ❷ (*lebendig*) animate
Beleg <-[e]s, -e> [bəˈleːk, *pl* bəˈleːɡə] *m* ❶ (*Quittung*) receipt ❷ (*Unterlage*) proof, no art, no pl
belegen* *vt* ❶ **ein Brot mit etw** *dat* ~ to spread sth on a slice of bread; **belegte Brote** open sandwiches ❷ (*beweisen*) to verify; *Behauptung* to substantiate ❸ (*sich einschreiben*) **einen Kurs** ~ to enrol for a course
Belegschaft <-, -en> *f* staff
belegt *adj* ❶ (*mit Belag*) coated ❷ *Stimme* hoarse
belehren* *vt* to inform; **jdn eines besseren** ~ to teach sb otherwise; **sich von jdm ~ lassen** to listen to sb
beleibt [bəˈlaipt] *adj* (*geh*) corpulent
beleidigen* [bəˈlaidɪɡn̩] *vt* to insult; (*stärker*) to offend
Beleidigung <-, -en> *f* insult; **etw als [eine] ~ auffassen** to take sth as an insult
belemmert^ALT *adj* (*sl*) *s.* **belämmert**
belesen [bəˈleːzn̩] *adj* well-read
beleuchten* *vt* ❶ to light ❷ (*anstrahlen*) to light up *sep*
Beleuchtung <-, *selten* -en> *f* ❶ (*das Beleuchten*) lighting ❷ (*Lichter*) lights *pl*
Belgien <-s> [ˈbɛlɡi̯ən] *nt* Belgium

Belgier(in) <-s, -> ['bɛlgi̯ɐ] *m(f)* Belgian
belgisch ['bɛlgɪʃ] *adj* Belgian; *s. a.* **deutsch**
Belichtung *f* FOTO exposure
Belichtungsmesser *m* light meter
belieben* I. *vt* (*iron*) ■ ~, **etw zu tun** to like doing sth II. *vi* (*geh*) **was/wie es jdm beliebt** as sb likes
Belieben <-s> *nt kein pl* [**ganz**] **nach** ~ just as you/they etc. like
beliebig [bɛˈliːbɪç] I. *adj* any; [**irgend**]**eine** [*o* **jede**] ~**e Zahl** any number at all; **nicht jede** ~**e Zahl** not every number; ■ **etwas B~es** anything at all; ■ **jeder B~e** anyone at all; ■ **irgendein B~er** just anybody II. *adv* ~ **häufig/lange** as often/long as you like; **etw** ~ **verändern** to change sth at will
beliebt [bəˈliːpt] *adj* popular (**bei** with); **sich** [**bei jdm**] ~ **machen** to make oneself popular [with sb]
Beliebtheit <-> *f kein pl* popularity
beliefern* *vt* to supply (**mit** with)
bellen ['bɛlən] *vi* to bark
Belletristik <-> [bɛleˈtrɪstɪk] *f kein pl* belles lettres *pl*
belohnen* *vt* to reward (**mit** with, **für** for)
Belohnung <-, -en> *f* ❶ (*das Belohnen*) rewarding ❷ (*Lohn*) reward; **eine** ~ [**für etw** *akk*] **aussetzen** to offer a reward [for sth]
Belüftung *f kein pl* ventilation *no indef art*
belügen* *irreg vt* ■ **jdn** ~ to lie to sb; ■ **sich** [**selbst**] ~ to deceive oneself
bemängeln* [bəˈmɛŋl̩n] *vt* to find fault with
bemerkbar *adj* noticeable; **sich** [**durch etw** *akk*] ~ **machen** to make itself felt [with sth]; **sich** [**bei jdm**] [**durch etw** *akk*] ~ **machen** to attract [sb's] attention [by doing sth]
bemerken* *vt* ❶ (*wahrnehmen*) to notice ❷ (*äußern*) to remark
bemerkenswert I. *adj* remarkable II. *adv* remarkably
Bemerkung <-, -en> *f* remark; **eine** ~ **über etw** *akk* **machen** to remark on sth
bemitleiden* [bəˈmɪtlaidn̩] *vt* to pity; ■ **sich** [**selbst**] ~ to feel sorry for oneself; **sie ist zu** ~ she is to be pitied
bemitleidenswert *adj* pitiable
bemühen* *vr* ❶ ■ **sich** ~ to try hard; ~ **Sie sich nicht** don't bother yourself; **sich um eine Stelle** ~ to try hard to get a job; **sich vergebens** ~ to try in vain ❷ (*sich kümmern*) **sich um jdn** ~ to court sb
Bemühen <-s> *nt kein pl* (*geh*) efforts *pl* (**um** for)
Bemühung <-, -en> *f* effort; **danke für Ihre** ~**en** thank you for your trouble
bemuttern* [bəˈmʊtɐn] *vt* to mother
benachbart [bəˈnaxbaːɐ̯t] *adj* neighbouring *attr;* **das** ~**e Haus** the house next door
benachrichtigen* [bəˈnaːxrɪçtɪgn̩] *vt* to inform; (*amtlich*) to notify (**über** of)
Benachrichtigung <-, -en> *f* notification (**über** of)
benachteiligen* [bəˈnaːxtailɪgn̩] *vt* to put at a disadvantage; (*diskriminieren*) to discriminate against
Benachteiligung <-, -en> *f* discrimination
Benefizveranstaltung *f* benefit event
benehmen* *vr irreg* ■ **sich** ~ to behave [oneself]; **benimm dich!** behave yourself!; **sich gut/schlecht** ~ to behave well/badly
Benehmen <-s> *nt kein pl* manners *pl;* **kein** ~ **haben** to have no manners
beneiden* *vt* ■ **jdn** [**um etw** *akk*] ~ to envy sb [sth]
beneidenswert *adj* enviable
benennen* *vt irreg* to name (**nach** after)
Bengel <-s, -[s]> ['bɛŋl̩] *m* (*Junge*) rascal; **ein süßer** [**kleiner**] ~ a dear [*or* AM cute] little boy
benommen [bəˈnɔmən] *adj* dazed
benötigen* *vt* to need; **dringend** ~ to be in urgent need of sth
benutzen* *vt*, **benützen*** *vt* DIAL ❶ (*gebrauchen*) to use (**als** as); ■ **das B~** the use; **nach dem B~** after use; ■ **benutzt** used; **den Aufzug** ~ to take the lift ❷ (*ausnützen*) ■ **jdn** ~ to take advantage of sb; **sich benutzt fühlen** to feel [that one has been] used
Benutzer(in) <-s, -> *m(f)*, **Benützer(in)** <-s, -> *m(f)* DIAL user
Benutzerhandbuch *nt* user manual **Benutzername** *m* INFORM user name **Benutzeroberfläche** *f* user interface
Benutzung *f*, **Benützung** *f* DIAL use; **nach der** ~ after use; **jdm etw zur** ~ **überlassen** to put sth at sb's disposal
Benzin <-s, -e> [bɛnˈtsiːn] *nt* ❶ (*Kraftstoff*) petrol BRIT, gas[oline] AM; ~ **sparendes Auto** economical car ❷ (*Lösungsmittel*) benzine
Benzintank *m* petrol tank **Benzinverbrauch** *m* fuel consumption
beobachten* [bəˈʔoːbaxtn̩] *vt* ❶ (*genau betrachten*) to observe; **gut beobachtet!** well spotted!; ■ **jdn** [**bei etw** *dat*] ~ to watch

sb [doing sth] ❷ (*observieren*) ■ **durch jdn] beobachtet werden** to be kept under [the] surveillance [of sb]; ■ **jdn [durch jdn] ~ lassen** to put sb under [the] surveillance [of sb]
Beobachter(in) <-s, -> *m(f)* observer; **ein guter ~** a keen observer
Beobachtung <-, -en> *f* ❶ (*das Beobachten*) observation ❷ (*Observierung*) surveillance
bequem [bə'kveːm] I. *adj* ❶ comfortable; **es sich** *dat* **~ machen** to make oneself comfortable ❷ (*pej: träge*) idle II. *adv* ❶ (*angenehm*) comfortably ❷ (*leicht*) easily
Bequemlichkeit <-, -en> *f* ❶ comfort ❷ (*Trägheit*) idleness; **aus [reiner] ~** out of [sheer] laziness
beraten* *irreg* I. *vt* ❶ (*Rat geben*) ■ **jdn ~** to advise sb (**in** on); **jdn finanziell ~** to give sb financial advice; ■ **sich [von jdm] ~ lassen** to ask sb's advice ❷ (*besprechen*) ■ **etw ~** to discuss sth II. *vi* ■ [**über etw** *akk*] **~** to discuss [sth] III. *vr* ■ **sich [über jdn/etw] ~** to discuss [sb/sth]
beratend *adj* advisory
Berater(in) <-s, -> *m(f)* adviser
Beratung <-, -en> *f* ❶ (*das Beraten*) advice ❷ (*Besprechung*) discussion
berauschend *adj* intoxicating
berechenbar [bə'rɛçnbaːɐ̯] *adj* ❶ (*zu berechnen*) calculable ❷ (*einzuschätzen*) predictable
berechnen* *vt* ❶ (*ausrechnen*) to calculate ❷ (*in Rechnung stellen*) to charge; **das hat er mir mit 135 Euro berechnet** he charged me 135 euros for it
berechnend *adj* (*pej*) scheming
Berechnung *f* ❶ calculation; **nach meiner ~** according to my calculations ❷ (*pej*) scheming; **aus ~** in cold deliberation
berechtigen* [bə'rɛçtɪɡn̩] *vt* ■ **jdn zu etw** *dat* **~** to entitle sb to [do] sth; **sich zu etw** *dat* **berechtigt fühlen** to feel justified in doing sth
berechtigt [bə'rɛçtɪçt] *adj legitim* legitimate
Bereich <-[e]s, -e> *m* ❶ (*Gebiet*) area ❷ (*Sachgebiet*) field
bereichern* [bə'raiçɐn] I. *vr* ■ **sich [an etw** *dat*] **~** to grow rich [on sth] II. *vt* ❶ to enrich ❷ (*innerlich*) ■ **etw bereichert jdn** sb gains a lot from sth
Bereicherung <-, -en> *f* enrichment; **das Gespräch mit Ihnen war mir eine ~** I gained a lot from our conversation
bereinigen* *vt* to resolve; **eine Meinungsverschiedenheit ~** to settle differences
bereisen* *vt* ■ **etw ~** to travel around sth; **die Welt ~** to travel the world
bereit [bə'rait] *adj meist pred* ❶ (*fertig*) ■ **~ sein** to be ready (**für/zu** for); (*vorbereitet*) to be prepared for sth; **etw ~ haben** to have sth at the ready ❷ (*willens*) ■ **zu etw** *dat* **~ sein** to be prepared to do sth; **sich ~ erklären, etw zu tun** to agree to do sth; **sich zu etw** *dat* **~ finden** to be willing to do sth
bereiten* *vt* ❶ *Freude, Überraschung* to give; **jdm Kopfschmerzen ~** to give sb a headache ❷ (*geh*) KOCHK to prepare
bereit|halten *vt irreg* to have ready
bereits [bə'raits] *adv* (*geh*) already; **~ damals** even then
Bereitschaft <-, -en> [bə'raitʃaft] *f* ❶ *kein pl* willingness; **seine ~ zu etw** *dat* **erklären** to express one's willingness to do sth ❷ *kein pl* (*Bereitschaftsdienst*) emergency service; **~ haben** *Apotheke* to provide emergency services; *Arzt, Feuerwehr* to be on call; (*im Krankenhaus*) to be on duty
Bereitschaftsdienst *m* emergency service
bereit|stellen *vt* ❶ (*zur Verfügung stellen*) to provide ❷ (*vorbereitend hinstellen*) to make ready
bereitwillig I. *adj* willing II. *adv* readily
bereuen* *vt* to regret; **das wirst du noch ~!** you'll be sorry [for that]!; **seine Missetaten ~** to repent of one's misdeeds
Berg <-[e]s, -e> [bɛrk] *m* ❶ mountain; (*kleiner*) hill; **den ~ hinauf/hinunter** uphill/downhill; **am ~ liegen** to lie at the foot of the hill ❷ (*große Menge*) ■ **ein ~/~ von etw** *dat* a pile/piles of sth; **~e von Papier** mountains of paper ▶ **über alle ~e sein** (*fam*) to be miles away; **mit etw** *dat* **hinterm ~ halten** to keep quiet about sth; **am ~ sein** SCHWEIZ to not have a clue
bergab [bɛrk'ʔap] *adv* (*a. fig*) downhill; **mit seinem Geschäft geht es ~** his business is going downhill
Bergarbeiter(in) *m(f)* miner
bergauf [bɛrk'ʔauf] *adv* uphill; **es geht wieder ~** (*fig*) things are looking up **Bergbahn** *f* mountain railway **Bergbau** *m kein pl* ■ **der ~** mining
bergen <barg, geborgen> ['bɛrɡn̩] *vt* ❶ (*retten*) to rescue (**aus** from); *Tote* to re-

cover; *Schiff* to salvage ❷ (*mit sich bringen*) to involve

Bergführer(in) *m(f)* mountain guide **Berggipfel** *m* mountain top **Bergkette** *f* mountain range **Bergkristall** *m* rock [*or* mountain] crystal *no art* **Bergland** *nt* hilly country; (*gebirgig*) mountainous country **Bergmann** <-leute> ['bɛrkman, *pl* -lɔytə] *m* miner **Bergrutsch** *m* landslide **Bergsteigen** *nt* mountaineering **Bergsteiger(in)** *m(f)* mountain climber
Bergung <-, -en> *f* (*Rettung*) rescuing; *eines Schiffes* salvaging; *von Toten* recovering
Bergwacht *f* mountain rescue service **Bergwand** *f* mountain face **Bergwanderung** *f* mountain hike
Bergwerk *nt* mine
Bericht <-[e]s, -e> [bə'rɪçt] *m* report
berichten* I. *vt* ■ jdm etw ~ to tell sb sth; **falsch/recht berichtet** SCHWEIZ wrong/right II. *vi* ❶ ■ [über etw *akk*] ~ to report [on sth] ❷ (*Bericht erstatten*) ■ jdm über etw *akk* ~ to tell sb about sth ❸ SCHWEIZ (*erzählen*) to talk
Berichterstattung *f* reporting (**über** on)
berichtigen* [bə'rɪçtɪgŋ̩] *vt, vi* to correct
Berlin <-s> [bɛr'li:n] *nt* Berlin
Berliner¹ [bɛr'li:nɐ] *adj attr* Berlin

Die Berliner Filmfestspiele, the Berlin Film Festival, also called the **Berlinale**, has been held since 1951. Ingmar Bergman, Roman Polanski, Jean-Luc Godard, Claude Chabrol and many others have recieved acclaim for their work in Berlin. Films are showcased, with a special category for children's films and a forum for international young film makers. The awards are called the Golden and Silver Bear and since 1986, the Berlinale Camera.

Berliner² <-s, -> [bɛr'li:nɐ] *m* DIAL ■ ~ [**Pfannkuchen**] doughnut
Bernstein ['bɛrnʃtain] *m kein pl* amber
bersten <barst, geborsten> ['bɛrstn̩] *vi sein* (*geh*) ❶ to burst; **zum B~ voll** (*fam*) full to bursting[-point] ❷ (*fig*) ■ **vor etw** *dat* ~ to burst with sth
berüchtigt [bə'rʏçtɪçt] *adj* ❶ (*in schlechtem Ruf stehend*) notorious ❷ (*gefürchtet*) feared
berücksichtigen* [bə'rʏkzɪçtɪgŋ̩] *vt* to take into consideration

Beruf <-[e]s, -e> [bə'ru:f] *m* job; **sie ist Ärztin von** ~ she's a doctor; **was sind Sie von** ~? what do you do [for a living]?; **ein akademischer** ~ an academic profession; **ein freier** ~ a profession; **ein handwerklicher** ~ a trade; **ein gewerblicher** ~ a commercial trade; **einen ~ ergreifen** to take up an occupation; **seinen ~ verfehlt haben** to have missed one's vocation
berufen¹ *adj* ■ **zu etw** *dat* ~ **sein** to have a vocation for sth; **sich ~ fühlen, etw zu tun** to feel called to do sth
berufen*² *irreg* I. *vt* ■ jdn zu etw *dat* ~ to appoint sb to sth II. *vr* ■ sich auf jdn/etw ~ to refer to sb/sth III. *vi* JUR ÖSTERR to [lodge an] appeal
beruflich I. *adj* professional II. *adv* **was macht sie** ~? what does she do for a living?; **sich ~ weiterbilden** to undertake further training; ~ **unterwegs sein** to be away on business
Berufsausbildung *f* [professional] training **Berufsberater(in)** *m(f)* careers advisor **Berufsberatung** *f* (*Beratungsstelle*) careers [*or* AM career] advisory service **berufserfahren** *adj* with occupational experience **Berufsfachschule** *f* training college **Berufskrankheit** *f* occupational disease **Berufsleben** *nt* working life **Berufspendler, -pendlerin** *m, f* commuter **Berufsschule** *f* vocational school **berufstätig** *adj* working; ■ ~ **sein** to have a job; **sie ist nicht mehr** ~ she's left work **Berufsverkehr** *m* rush-hour traffic
Berufung <-, -en> *f* ❶ JUR appeal; **in die ~ gehen** to lodge an appeal ❷ (*innerer Auftrag*) vocation ❸ (*sich beziehen auf*) **unter ~ auf jdn/etw** with reference to sb/sth
beruhen* *vi* ■ **auf etw** *dat* ~ to be based on sth; **etw auf sich** *dat* ~ **lassen** to drop sth
beruhigen* [bə'ru:ɪgŋ̩] I. *vt* to calm [down] II. *vr* ■ sich ~ to calm down
Beruhigungsmittel *nt* sedative
berühmt [bə'ry:mt] *adj* famous (**für** for)
Berühmtheit <-, -en> *f* ❶ fame; ~ **erlangen** to rise to fame ❷ (*berühmter Mensch*) celebrity
berühren* *vt* ❶ to touch ❷ (*seelisch*) to move
besagen* *vt* to mean
besagt [bə'za:kt] *adj attr* (*geh*) aforesaid,

aforementioned *form*
besänftigen* [bəˈzɛnftɪgn̩] I. *vt* to soothe; **sie war nicht zu ~** she was inconsolable II. *vr* ■ **sich ~** to calm down
Besatzung <-, -en> [bəˈzatsʊŋ] *f* ❶ (*Mannschaft*) crew ❷ MIL occupying army
besaufen* *vr irreg* (*sl*) ■ **sich** [**mit etw** *dat*] **~** to get sloshed [on sth]
beschädigen* *vt* to damage; ■ [**leicht/ schwer**] **beschädigt** [slightly/badly] damaged
Beschädigung *f* damage *no pl*
beschaffen*[1] I. *vt* ■ [**jdm**] **etw ~** to get sth [for sb]; **eine Waffe ist nicht so leicht zu ~** a weapon is not so easy to come by II. *vr* ■ **sich** *dat* **etw ~** to get sth; **du musst dir Arbeit ~** you've got to find yourself a job
beschaffen[2] *adj* (*geh*) ■ **irgendwie ~ sein** to be made in some way
beschäftigen* [bəˈʃɛftɪgn̩] I. *vr* ❶ (*etw tun*) ■ **sich ~** to occupy oneself ❷ (*sich befassen*) ■ **sich mit jdm ~** to pay attention to sb; ■ **sich mit etw** *dat* **~** to deal with sth II. *vt* ❶ (*in Anspruch nehmen*) ■ **jdn ~** to be on sb's mind; **mit einer Frage beschäftigt sein** to be preoccupied with a question ❷ (*anstellen*) ■ **jdn ~** to employ sb ❸ (*eine Tätigkeit geben*) ■ **jdn** [**mit etw** *dat*] **~** to keep sb busy [with sth]
beschäftigt [bəˈʃɛftɪçt] *adj* ❶ (*befasst*) busy (**mit** with) ❷ (*angestellt*) employed (**als** as); **wo bist du ~?** where do you work?
Beschäftigte(r) *f*(*m*) *dekl wie adj* employee
Beschäftigung <-, -en> *f* ❶ (*Anstellung*) employment *no pl* ❷ (*Tätigkeit*) occupation ❸ (*Auseinandersetzung*) consideration (**mit** of)
beschämt *adj* ashamed
beschatten* *vt* ■ **jdn ~** [**lassen**] to [have sb] shadow[ed] sb
beschaulich *adj* peaceful; **ein ~es Leben führen** to lead a contemplative life
Bescheid <-[e]s, -e> [bəˈʃait] *m* information *no pl, no indef art;* ADMIN answer; **jdm ~ geben** to inform sb (**über** about); **jdm ordentlich ~ sagen** (*fam*) to give sb a piece of one's mind; **gut ~ wissen** to be well-informed; [**über etw** *akk*] **~ wissen** to know [about sth]
bescheiden[1] [bəˈʃaidn̩] *adj* modest; **nur eine ~e Frage ...** just one small question ...; **ein ~es Leben führen** to lead a humble life; **aus ~en Verhältnissen kommen** to have a humble background
bescheiden*[2] [bəˈʃaidn̩] *irreg vr* (*geh*) ■ **sich mit etw** *dat* **~** to be content with sth
bescheinigen* [bəˈʃainɪgn̩] *vt* ■ **jdm etw ~** to certify sth for sb *form;* ■ [**jdm**] **~, dass ...** to confirm [to sb] in writing that ...
Bescheinigung <-, -en> *f* certification
bescheißen* *irreg* I. *vt* (*sl*) ■ **jdn ~** to rip sb off II. *vi* (*sl*) ■ [**bei etw** *dat*] **~** to cheat [at sth]
beschenken* I. *vt* ■ **jdn** [**mit etw** *dat*] **~** to give sb sth [as a present]; **reich beschenkt werden** to be showered with presents II. *vr* ■ **sich** [**gegenseitig**] **~** to give each other presents
Bescherung <-, -en> *f* giving of Christmas presents ▶ **eine schöne ~!** (*ironisch*) this is a nice mess!; **da haben wir die ~!** (*ironisch*) what did I tell you!

On Christmas Eve (24th December) presents are placed under the Christmas tree in preparation for them to be given out, a tradition know as **die Bescherung**. In many families the children are allowed to unwrap their presents after Christmas dinner, following a visit by **das Christkind**.

bescheuert *adj* (*fam*) ❶ (*blöd*) screwy; **der ist etwas ~** he's got a screw loose *fam* ❷ (*unangenehm*) stupid; **so was B~es!** how stupid!
beschimpfen* I. *vt* to insult; **jdn auf's Übelste ~** to abuse sb in the worst possible manner II. *vr* ■ **sich** [**gegenseitig**] **~** to insult each other
beschissen I. *adj* (*sl*) lousy II. *adv* (*sl*) in a lousy fashion; **es geht ihr wirklich ~** she's having a miserable time of it; **~ aussehen** to look like a piece of shit
Beschlag <-[e]s, Beschläge> [bəˈʃlaːk, *pl* bəˈʃlɛːgə] *m* ❶ *Tür* fitting ❷ *Scheibe* steam ▶ **jdn/etw in ~ nehmen** to monopolize sb/ sth; **jd wird in ~ genommen** sb's hands are full [with sth]
beschlagen* *irreg vi sein Scheibe* to mist up
beschlagnahmen* [bəʃlaːknaːmən] *vt* to confiscate
beschleunigen* [bəˈʃlɔynɪgn̩] *vt, vi* to accelerate
Beschleunigung <-, -en> *f* acceleration

beschließen – besinnungslos

no pl
beschließen* *irreg* **I.** *vt* ❶ (*entscheiden*) to decide; **ein Gesetz** ~ to pass a motion ❷ (*geh: beenden*) to conclude **II.** *vi* ■ **über etw** *akk* ~ to decide on sth
Beschluss^{RR} <-es, Beschlüsse> *m*, **Beschluß**^{ALT} <-sses, Beschlüsse> *m* decision; **zu einem** ~ **kommen** to reach a decision; **auf jds** ~ on sb's authority; **auf** ~ **des Parlaments** by order of parliament
beschmutzen* I. *vt* to dirty **II.** *vr* ■ **sich** [**mit etw** *dat*] ~ to get oneself dirty [with sth]
Beschneidung <-, -en> *f Vorhaut* circumcision
beschönigen* [bəˈʃøːnɪgn̩] *vt* to gloss over
beschränken* I. *vt* ❶ (*begrenzen*) to limit (**auf** to) ❷ (*einschränken*) ■ **jdn in etw** *dat* ~ to curtail sb's sth **II.** *vr* ■ **sich** ~ to restrict oneself (**auf** to); **sich auf das Wesentliche** ~ to keep to the essential points
beschränkt *adj* ❶ restricted ❷ (*dumm*) limited
Beschränkung <-, -en> *f* restriction
beschreiben* *vt irreg* to describe; **ich kann dir nicht** ~**, wie erleichtert ich war** I can't tell you how relieved I was; ■ **nicht zu** ~ **sein** to be indescribable
Beschreibung *f* description; *eines Verlaufs* account; **das spottet jeder** ~ it beggars description; **eine kurze** ~ a sketch
beschriften* [bəˈʃrɪftn̩] *vt* (*mit Inschrift*) to inscribe; (*mit Aufschrift*) to label
beschuldigen* [bəˈʃʊldɪgn̩] *vt* to accuse (+*gen* of)
Beschuldigung <-, -en> *f* accusation
beschützen* *vt* to protect (**vor** from); ■ ~**d** protective
Beschützer(in) <-s, -> *m(f)* protector
Beschwerde <-, -n> [bəˈʃveːɐ̯də] *f* ❶ complaint; **Grund zur** ~ **haben** to have grounds for complaint ❷ *pl* MED complaint *form;* **mein Magen macht mir** ~**n** my stomach is giving me trouble
beschweren* [bəˈʃveːrən] *vr* ■ **sich** [**bei jdm**] [**über jdn/etw**] ~ to complain [about sb/sth] [to sb]; **ich kann mich nicht** ~ I can't complain
beschwerlich *adj* difficult; *Reise* arduous
beschwichtigen* [bəˈʃvɪçtɪgn̩] *vt* to soothe
beschwingt *adj* lively; **sich** ~ **fühlen** to feel elated
beschwipst [bəˈʃvɪpst] *adj* (*fam*) tipsy

beschwören* *vt irreg* ❶ (*beeiden*) to swear [to]; ~ **kann ich das nicht** I wouldn't like to swear to it ❷ (*anflehen*) to beg ❸ (*herbeirufen*) to conjure up; *Geister* to raise
beseitigen* [bəˈzaitɪgn̩] *vt* (*entfernen*) to dispose of; *Zweifel* to dispel; *Missverständnis* to clear up; *Hindernis* to clear away; *Fehler* to eliminate; **sich leicht** ~ **lassen** to be easily removed
Besen <-s, -> [ˈbeːzn̩] *m* broom; (*kleiner*) brush; **ich <u>fresse</u> einen** ~**, wenn ...** (*fam*) I'll eat my hat if ...
Besenstiel *m* broomstick
besessen [bəˈzɛsn̩] *adj* ❶ REL possessed (**von** by) ❷ (*unter einem Zwang stehend*) ■ [**von etw** *dat*] ~ **sein** to be obsessed [with sth]; **wie** ~ like mad
besetzen* *vt* ❶ (*belegen*) to reserve ❷ (*okkupieren*) to occupy; **einen Posten** ~ to fill a post
besetzt *adj* ❶ (*vergeben*) taken, occupied; **voll/dicht** ~ full, crowded ❷ (*belegt*) ■ ~ **sein** *Toilette* to be occupied [*or* BRIT *a.* engaged] [*or* AM *a.* busy] ❸ MIL occupied; (*bemannt*) manned
Besetztzeichen *nt* engaged [*or* AM busy] tone
besichtigen* [bəˈzɪçtɪgn̩] *vt* (*ansehen*) to visit; *Sehenswürdigkeit a.* to have a look at; *einen Betrieb* to have a look round, have a tour of; *ein Haus, eine Wohnung* to view; *eine Schule* to inspect; *Truppen* to inspect
Besichtigung <-, -en> *f* visiting; *Wohnung* viewing; **die** ~ **einer Stadt** a tour of a town
besiedelt *adj* populated; **nicht** ~ unpopulated
Besiedelung <-, -en> *f,* **Besiedlung** <-, -en> *f* settlement; (*Kolonisierung*) colonization
besinnen* *vr irreg* ■ **sich** ~ to think [for a moment]; **sich anders** ~ to change one's mind; **nach kurzem B**~ after brief consideration
besinnlich [bəˈzɪnlɪç] *adj* contemplative
Besinnung <-> *f kein pl* ❶ (*Bewusstsein*) consciousness; **die** ~ **verlieren** to faint; [**wieder**] **zur** ~ **kommen** to come round; **jdn** [**wieder**] **zur** ~ **bringen** to revive sb; (*fig*) to bring sb round ❷ (*Reflexion*) reflection; **zur** ~ **kommen** to gather one's thoughts
besinnungslos *adj* ❶ (*ohnmächtig*) uncon-

scious ❷(*blind*) insenate; *Wut* blind; ■[**wie**] ~ **sein vor etw** *dat* to be beside oneself with sth
Besitz <-es> [bə'zɪts] *m kein pl* ❶(*Eigentum*) property ❷(*das Besitzen*) possession; **in privatem/staatlichem** ~ privately-/state-owned; **von etw** *dat* ~ **ergreifen** (*geh*) to take possession of sth; **in den** ~ **einer S.** *gen* **gelangen** to come into possession of sth; **im** ~ **von etw** *dat* **sein** (*geh*) to be in possession of sth; **in jds** ~ **übergehen** to pass into sb's possession
besitzanzeigend *adj* LING [**ein**] ~**es Fürwort** [a] possessive pronoun
besitzen* *vt irreg* ❶(*Eigentümer sein*) to own ❷(*haben*) to have [got]
Besitzer(in) <-s, -> *m(f)* owner; *eines Tickets, Passes* holder; **den** ~ **wechseln** to change hands
besitzergreifend *adj* possessive
besoffen [bə'zɔfn̩] *adj* (*sl*) sloshed; **total** ~ dead drunk
besondere(r, s) [bə'zɔndrə, -rɐ, -rəs] *adj* ❶(*speziell*) special; **von** ~**r Bedeutung** of great significance ❷(*ungewöhnlich*) unusual; (*eigentümlich*) peculiar; (*außergewöhnlich*) particular
Besonderheit <-, -en> *f* peculiarity
besonders [bə'zɔndɐs] *adv* ❶(*außergewöhnlich*) particularly; ~ **viel** a great deal; **nicht** ~ **klug** not particularly bright; **nicht** ~ **sein** (*fam*) to be nothing out of the ordinary; **jd fühlt sich nicht** ~ (*fam*) sb feels not too good ❷(*vor allem*) in particular ❸(*speziell*) specially
besonnen [bə'zɔnən] *adj* sensible
besorgen* *vt* ❶(*beschaffen*) to get; (*kaufen*) buy; **sich einen Job** ~ to find oneself a job ❷(*erledigen*) to see to; **den Haushalt** ~ to run the household ▸ **es jdm** ~ (*fam: jdn verprügeln*) to give sb a thrashing
besorgt [bə'zɔrkt] *adj* ❶(*voller Sorge*) worried (**wegen/um** about); **ein** ~**es Gesicht machen** to look troubled ❷(*fürsorglich*) ■**um jdn/etw** ~ **sein** to be anxious about sb/sth
Besorgung <-, -en> *f* (*Einkauf*) errand[s]; ~**en machen** to do some errands
besprechen* *irreg vt* to discuss (**mit** with); **wie besprochen** as agreed
Besprechung <-, -en> *f* (*Konferenz*) meeting; (*Unterredung*) discussion

besser ['bɛsɐ] **I.** *adj comp von* **gut** better; ■**etwas B**~**es** sth better; **nichts B**~**es** nothing better; **Sie finden nichts B**~**es!** you won't find anything better!; **nicht** ~ **als ...** no better than ...; ■**etw wird** ~ sth is getting better ▸ **jdn eines B**~**en** <u>**belehren**</u> to put sb right; **B**~**es zu tun** <u>**haben**</u> to have other things to do **II.** *adv comp von* **gut, wohl** better; **es geht jdm** ~ MED sb is better; **etw** *dat* **geht es** ~ sth is doing better; **dem solltest du** ~ **aus dem Wege gehen!** it would be better if you avoided him! ▸ **es** ~ <u>**haben**</u> to be better off; **jd <u>täte</u>** ~ **daran ...** sb would do better to ...; **jd <u>will</u> alles** ~ **wissen** sb knows better; **<u>um</u> so** ~**!** (*fam*) all the better!
bessern ['bɛsɐn] *vr* ■**sich** ~ to improve; **sein [Gesundheits]zustand hat sich gebessert** he has recovered
Besserung <-> *f kein pl* improvement; **gute** ~**!** get well soon!; **auf dem Weg der** ~ **sein** to be on one's way to recovery
Besserwessi *m* (*pej fam*) *person from former West Germany who displays an attitude of superiority towards people from former East Germany*
Besserwisser(in) <-s, -> *m(f)* (*pej*) know-all
Bestand <-[e]s, ände> *m* ❶(*Fortdauer*) survival; ~ **haben** to be long-lasting ❷(*vorhandene Menge*) supply (**an** of); ~ **aufnehmen** (*a. fig*) to take stock
beständig *adj* ❶ *attr* (*ständig*) constant ❷(*gleich bleibend*) consistent; *Wetter* settled
Bestandsaufnahme *f* ÖKON stocktaking; [**eine**] ~ **machen** to take stock
Bestandteil *m* part; SCI component; **sich in seine** ~**e auflösen** to fall apart; **etw in seine** ~**e zerlegen** to take sth to pieces
bestärken* *vt* ■**jdn** ~ to encourage sb; **jdn in seinem Vorhaben** ~ to confirm sb in their intention; **jdn in einem Verdacht** ~ to reinforce sb's suspicion
bestätigen* [bə'ʃtɛːtɪɡn̩] *vt* to confirm; **die Richtigkeit einer S.** *gen* ~ to verify sth; ■**jdn** ~ to support sb (**in** in)
Bestätigung <-, -en> *f* confirmation; *Richtigkeit* verification; [**keine**] ~ **finden** (*geh*) to [not] be validated
bestatten* [bə'ʃtatn̩] *vt* (*geh*) to bury
Bestattung <-, -en> *f* (*geh*) *s.* **Beerdigung**
Bestattungsinstitut *nt,* **Bestattungsun-**

ternehmen *nt* (*geh*) funeral parlour

beste(r, s) ['bɛstɐ, 'bɛstə, 'bɛstəs] I. *adj superl von* **gut** *attr* best; **mit den ~n Wünschen** with all best wishes II. *adv* ① ▪ **am ~n** + *verb* best ② (*ratsam*) ▪ **am ~n ...** it would be best if ...

bestechen* *irreg vt* to bribe (**mit** with)

bestechlich [bə'ʃtɛçlɪç] *adj* corrupt

Bestechung <-, -en> *f* bribery

Besteck <-[e]s, -e> [bə'ʃtɛk] *nt* (*Messer, Gabel, Löffel*) cutlery *n sing*

bestehen* *irreg* I. *vt* ① (*erfolgreich abschließen*) to pass (**mit** with); **die Prüfer ließen ihn nicht ~** the examiners failed him; **die Probe ~** to stand the test; **etw nicht ~** to fail sth ② (*durchstehen*) to come through [in one piece]; *Kampf* to win II. *vi* ① (*existieren*) to be; **es besteht kein Zweifel** there is no doubt; **das Unternehmen besteht seit 50 Jahre** the company is 50 years old; **es ~ gute Aussichten, dass ...** the prospects of ... are good; **es besteht die Gefahr, dass ...** there is a danger of ...; **das Problem besteht darin, dass ...** the problem is that ...; **~ bleiben** (*weiterhin existieren*) to last; (*weiterhin gelten*) to remain ② (*sich zusammensetzen*) to consist (**aus** of) ③ (*insistieren*) ▪ **auf etw** *dat* ~ to insist on sth; ▪ **darauf ~, dass ...** to insist that ...; **wenn Sie darauf ~!** if you insist!; **auf einer Meinung ~** to stick to an opinion

Bestehen <-s> *nt kein pl* ① (*Vorhandensein*) existence (+*gen* of) ② (*Beharren*) insistence (**auf** on) ③ *Prüfung* passing; *schwierige Situation* surviving; *Gefahr* overcoming

besteigen* *vt irreg* ① *Berg* to climb [up onto] ② *Pferd, Rad* to mount ③ *Schiff* to go on board ④ (*begatten*) ZOOL to cover

bestellen* *vt* ① to order (**bei** from); *Zeitung* to subscribe to; *Taxi* to call ② (*reservieren*) to reserve ③ (*ausrichten*) to tell; **[jdm]** Grüße ~ to send [sb] one's regards ④ *Acker* to plant ▶ **mit etw** *dat* **ist es schlecht bestellt** sth is in a bad way

Bestellnummer *f* order number

Bestellung <-, -en> *f* order; **eine ~ aufgeben** to make an order; **auf ~ arbeiten** to work to order; **etw auf ~ machen** to make sth to order ▶ **wie auf ~** in the nick of time

bestenfalls ['bɛstn̩'fals] *adv* at best

bestens ['bɛstn̩s] *adv* very well

bestialisch [bɛs'ti̯aːlɪʃ] I. *adj* atrocious II. *adv* (*fam*) dreadfully; **~ stinken** to stink to high heaven

Bestie <-, -n> ['bɛsti̯ə] *f* ① (*Tier*) beast ② (*Mensch*) brute

bestimmen* I. *vt* ① (*festsetzen*) to decide on; *Preis, Ort, Zeit* to fix ② (*prägen*) to set the tone for; **Wälder ~ das Landschaftsbild** forests characterize the scenery ③ (*beeinflussen*) to influence; **durch etw** *akk* **bestimmt werden** to be determined by sth ④ (*wissenschaftlich feststellen*) to categorize; *Pflanzen, Tiere* to classify; *Begriff* to define ⑤ (*vorsehen*) ▪ **jdn zu etw** *dat* ~ to make sb sth; **füreinander bestimmt** meant for each other; **etw ist für jdn bestimmt** sth is for sb II. *vi* ① (*befehlen*) to be in charge ② (*verfügen*) ▪ **über jdn/etw ~** to control sb/sth

bestimmt [bə'ʃtɪmt] I. *adj* ① (*ein gewisser*) certain ② (*ein spezieller*) particular; ▪ **etwas B~es** something [in] particular ③ (*festgesetzt*) fixed; (*deutlich*) exact; **~er Artikel** LING definite article II. *adv* definitely; **~ nicht** certainly not; **etw ganz ~ wissen** to be positive about sth

Bestimmung <-, -en> *f* ① (*Vorschrift*) regulation ② *kein pl* (*Zweck*) purpose ③ (*Schicksal*) destiny ④ (*das Bestimmen*) determining; *Alter, Herkunft* determination; *Begriff* definition; *Bäume, etc* classification; **adverbiale ~** LING adverbial [phrase]

bestmöglich ['bɛst'møːklɪç] *adj* best possible; **das ~e tun** to do one's best **Bestnoten** *pl* top marks *pl*

bestrafen* *vt* to punish (**mit** by/with); **etw wird mit Gefängnis bestraft** sth is punishable by imprisonment

Bestrafung <-, -en> *f* punishment; **zur ~** as a punishment

Bestrahlung *f* MED radiotherapy

Bestreben *nt* endeavour[s]; **das ~ haben, etw zu tun** to make every effort to do sth

bestrebt *adj* ▪ **~ sein, etw zu tun** to be keen to do sth

bestreiken* *vt* to take strike action [*or* AM go on strike] against

bestreiten* *vt irreg* ① (*leugnen*) to deny; *Behauptung* to reject; **es lässt sich nicht ~, dass ...** it cannot be denied that ... ② (*finanzieren*) to finance; **seinen Unterhalt ~** to earn a living

bestürmen* *vt* to bombard

bestürzt *adj* dismayed (**über** by); **zutiefst ~** deeply dismayed

Besuch <-[e]s, -e> [bə'zuːx] *m* ❶ visit (**bei** to); **jdm einen ~ abstatten** to pay sb a visit; [**bei jdm**] **auf ~ sein** to be on a visit [to sb] ❷ (*Besucher*) visitor[s]; **hoher ~** important visitor[s]

besuchen* *vt* ❶ to visit; **besuch mich bald mal wieder!** come again soon! ❷ (*teilnehmen*) to attend

Besucher(in) <-s, -> *m(f)* visitor; *Theater* theatre goer; SPORT spectator

Besucherzahl *f* number of visitors
Besuchszeit *f* visiting hours *pl*
besucht *adj* ■ **gut-/kaum ~ sein** to be well-/poorly attended

betagt [bə'taːkt] *adj* (*geh*) aged, advanced in years *pred*

betätigen* *vr* ■ **sich ~** to busy oneself; **sich politisch ~** to be politically active; **sich sportlich ~** to exercise

betäuben* [bə'tɔybn̩] *vt* ❶ (*narkotisieren*) to anaesthetize; **die Entführer betäubten ihr Opfer** the kidnappers drugged their victim ❷ MED *Schmerz* to kill; ■ **[wie] betäubt** [as if] paralyzed ❸ (*unterdrücken*) *Emotionen* to suppress

Betäubungsmittel *nt* drug
Bete <-, *selten* -n> ['beːtə] *f* **rote ~** beetroot
beteilen* *vt* ÖSTERR (*beschenken*) ■ **jdn ~ to** provide [for] sb

beteiligen* [bə'tailɪgn̩] *vr* ■ **sich ~** to participate (**an** in)

beteiligt [bə'tailɪçt] *adj* ■ **an etw** *dat* **~ sein** ❶ (*mit dabei*) to be involved in sth ❷ ÖKON to hold a stake in sth

Beteiligung <-, -en> *f* (*Teilnahme*) participation (**an** in)

beten ['beːtn̩] I. *vi* to pray II. *vt* ■ **etw ~** to recite sth

beteuern* [bə'tɔyen] *vt* ■ **jdm ~, dass ...** to protest to sb that ...; **seine Unschuld ~** to protest one's innocence

Beton <-s, *selten* -s> [be'tɔŋ, be'tõː, be'toːn] *m* concrete

betonen* *vt* to stress
betonieren* [beto'niːrən] *vt* to concrete; ■ **betoniert** concrete

betont I. *adj* emphatic II. *adv* markedly
Betonung <-, -en> *f* stress
Betracht <-[e]s> [bə'traxt] *m* kein *pl* **in ~ kommen** to be considered; **etw außer ~ lassen** to disregard sth; **in ~ ziehen** to consider

betrachten* *vt* ❶ to look at; **bei näherem B~** on closer examination ❷ (*halten für*) to regard (**als** as)

beträchtlich [bə'trɛçtlɪç] *adj* considerable
Betrag <-[e]s, Beträge> [bə'traːk, *pl* bə'trɛːɡə] *m* amount

betragen* *irreg* I. *vi* to be; **die Rechnung beträgt 10 Euro** the bill comes to 10 euros II. *vr* ■ **sich ~** to behave

Betragen <-s> *nt* kein *pl* behaviour; SCH conduct

Betreff <-[e]s, -e> [bə'trɛf] *m* (*geh: Bezug*) reference; **Betreff: Ihr Schreiben vom 23.6.** Re: your letter of June 23

betreffen* *vt irreg* ❶ ■ **jdn ~** to concern sb; ■ **etw ~** to affect sth; **was das betrifft, ...** as far as that is concerned; **„Betrifft: ..."** "Re: ..." ❷ (*geh: widerfahren*) to befall ❸ (*geh: seelisch treffen*) to affect

betreffend *adj* in question *pred;* **die ~e Person** the person in question

betreiben* *vt irreg* ❶ (*vorantreiben*) to proceed ❷ (*ausüben*) to carry on; *Firma* to run ❸ (*sich beschäftigen mit*) to do ❹ *Maschine* to operate ❺ (*antreiben*) to power (**mit** with); **das U-Boot wird atomar betrieben** the submarine is nuclear-powered

betreten*¹ *vt irreg* ❶ (*hineingehen*) to enter; **„B~ für Unbefugte verboten"** "no entry to unauthorized persons" ❷ (*auf etw treten*) to walk on sth

betreten² I. *adj* embarrassed II. *adv* embarrassedly

betreuen* [bə'trɔyən] *vt* to look after
Betrieb <-[e]s, -e> [bə'triːp] *m* ❶ (*Firma*) company ❷ kein *pl* (*Betriebsamkeit*) activity; **heute war nur wenig/herrschte großer ~** it was very quiet/busy today ❸ *Maschine* operation; **etw in ~ nehmen** to put sth into operation; **eine Maschine in ~ setzen** to start up a machine; **außer ~** out of order; **in ~** in operation

Betriebsanleitung *f* operating instructions *pl*

Betriebsarzt, -ärztin *m, f* company doctor
Betriebsausflug *m* staff [*or* AM office] outing **Betriebsferien** *pl* works [*or* AM company] holidays *pl* **Betriebskapital** *nt* ÖKON working capital **Betriebsklima** *nt* working atmosphere **Betriebskosten** *pl* operating

Betriebsleitung – bewältigen

costs; *einer Maschine* running costs **Betriebsleitung** *f* management **Betriebsrat** *m* employee representative committee **Betriebsrat, -rätin** *m, f* employee representative
Betriebssystem *nt* INFORM operating system
Betriebsunfall *m* ≈ industrial accident
Betriebswirtschaft *f* business management
betrinken* *vr irreg* ■**sich** [**mit etw** *dat*] ~ to get drunk [on sth]
betroffen I. *imp von* **betreffen** II. *adj* shocked; ~**es Schweigen** stunned silence III. *adv* with dismay
betrüblich [bəˈtryːplɪç] *adj* distressing
betrübt *adj* sad (**über** about)
Betrug <-[e]s, SCHWEIZ Betrüge> [bəˈtruːk, *pl* bəˈtryːɡə] *m* fraud
betrügen* *irreg vt* ❶ (*täuschen*) to cheat (**um** out of); ■**sich** [**selbst**] ~ to deceive oneself; ■**betrogen** cheated; **ich fühle mich betrogen!** I feel betrayed! ❷ (*Seitensprung*) ■**jdn** [**mit jdm**] ~ to be unfaithful to sb [with sb]
Betrüger(in) <-s, -> [bəˈtryːɡɐ] *m(f)* con man
betrunken [bəˈtrʊŋkn̩] I. *adj* drunken *attr*, drunk *pred* II. *adv* drunkenly
Bett <-[e]s, -en> [bɛt] *nt* bed; **jdn ins ~ bringen** to put sb to bed; **ins ~ gehen** to go to bed; **jdn aus dem ~ holen** to get sb out of bed; **das ~ hüten müssen** to be confined to [one's] bed; **an jds ~** at sb's bedside
Bettbezug *m* duvet cover **Bettdecke** *f* blanket
Bettelbrief *m* (*pej fam*) begging letter
betteln [ˈbɛtl̩n] *vi* to beg (**um** for)
Bettflasche *f* SÜDD, SCHWEIZ hot-water bottle **bettlägerig** *adj* bedridden **Bettlaken** *nt s.* **Betttuch**
Bettler(in) <-s, -> [ˈbɛtlɐ] *m(f)* beggar
Betttuch^{RR}, **Bettuch**^{ALT} [ˈbɛttuːx] *nt* sheet
Bettvorlage *f*, **Bettvorleger** *m* bedside rug
Bettwäsche *f* bedlinen **Bettzeug** *nt* bedding
betüddeln [bəˈtyːdl̩n], **betütteln** [bəˈtyːtl̩n] *vt* (*fam*) ■**jdn ~** to [molly]coddle sb
beugen [ˈbɔyɡn̩] I. *vt* to bend; *Kopf* to bow II. *vr* ❶ ■**sich ~** to bend; **sich aus dem Fenster ~** to lean out of the window ❷ (*sich unterwerfen*) ■**sich** [**jdm/etw**] ~ to submit [to sb/sth]; **ich werde mich der Mehrheit ~** I will bow to the majority

Beule <-, -n> [ˈbɔylə] *f* ❶ (*Delle*) dent ❷ (*Schwellung*) bump
beunruhigen* [bəˈʔʊnruːɪɡn̩] *vt* to worry
beurkunden* [bəˈʔuːɐ̯kʊndn̩] *vt* to certify
beurlauben* [bəˈʔuːɐ̯glaʊbn̩] *vt* to give time off; **können Sie mich für eine Woche ~?** can you give me a week off?
beurteilen* *vt* ❶ (*einschätzen*) to judge ❷ (*abschätzen*) to assess
Beurteilung <-, -en> *f* ❶ (*das Beurteilen*) assessment ❷ (*schriftlich*) report
Beute <-> [ˈbɔytə] *f kein pl* ❶ JAGD prey; **eine leichte ~** [an] easy prey ❷ (*Diebesgut*) haul; [**fette**] **~ machen** to make a [big] haul
Beutel <-s, -> [ˈbɔytl̩] *m* bag
Beutelschneider, -schneiderin *m, f* (*pej fam*) ❶ (*Taschendieb*) pickpocket ❷ (*Wucherer*) extortionist
bevölkert *adj* (*besiedelt*) populated
Bevölkerung <-, -en> *f* population
bevölkerungsreich *adj* populous
bevollmächtigen* *vt* to authorize (**zu** to)
Bevollmächtigte(r) *f(m) dekl wie adj* authorized representative
bevor [bəˈfoːɐ̯] *konj* ❶ (*ehe*) before ❷ (*solange*) until; ■**nicht ~** not until
bevormunden* [bəˈfoːɐ̯mʊndn̩] *vt* to treat like a child
bevor|stehen *vi irreg* ■**jdm ~** to await sb; ■**etw steht bevor** sth is approaching
bevorstehend *adj* approaching; *Fest, Geburtstag* upcoming; *Gefahr* impending
bevorzugen* [bəˈfoːɐ̯tsuːɡn̩] *vt* ❶ (*begünstigen*) to favour (**vor** over) ❷ (*den Vorzug geben*) to prefer
bewachen* *vt* to guard
bewaffnet *adj* armed
bewahren* *vt* to save (**vor** from); **vor etw** *dat* **bewahrt bleiben** to be spared sth ▶ **das Gesicht ~** to save face; **Gott bewahre!** (*fam*) [good] Lord no!
bewähren* *vr* ■**sich ~** to prove itself
bewahrheiten* [bəˈvaːɐ̯haɪtn̩] *vr* ■**sich ~** to come true
bewährt *adj* tried and tested
Bewährung <-, -en> *f* JUR probation; **eine Strafe zur ~ aussetzen** to suspend a sentence; **~ bekommen** to be put on probation
Bewährungshelfer(in) *m(f)* probation officer
bewaldet [bəˈvaldət] *adj* wooded
bewältigen* [bəˈvɛltɪɡn̩] *vt* ❶ to cope with

② *Vergangenheit* to come to terms with
bewandert [bəˈvandət] *adj* well-versed (**in** in)
bewässern* *vt Feld* to irrigate; *Garten* to water
bewegen*¹ [bəˈveːɡn̩] I. *vt* to move II. *vr* ■ **sich** ~ ① to move ② (*sich körperlich betätigen*) to [take some] exercise ③ (*sich ändern*) to change
bewegen*² <bewog, bewogen> [bəˈveːɡn̩] *vt* ■ **jdn dazu** ~**, etw zu tun** to move sb to do sth
Beweggrund *m* motive (+*gen* for)
beweglich [bəˈveːklɪç] *adj* ① movable; *Glieder* supple ② (*manövrierfähig*) manoeuvrable
bewegt *adj* ① *Leben* eventful ② (*gerührt*) moved; **mit** ~**er Stimme** in an emotional voice
Bewegung <-, -en> *f* ① movement; (*Hand*~) gesture; **jdn in** ~ **bringen/halten** to get/keep sb moving; **in** ~ **sein** *Mensch* to be on the move; **ich war heute den ganzen Tag in** ~ I was on the go all day today; **sich in** ~ **setzen** to start moving; **etw in** ~ **setzen** to get sth going ② (*körperliche Betätigung*) exercise ③ (*Ergriffenheit*) emotion ④ (*Änderung*) change
bewegungslos *adj* motionless
Beweis <-es, -e> [bəˈvaɪs] *m* proof; **den** ~ [**für etw** *akk*] **erbringen** to provide conclusive proof [of sth]
beweisbar *adj* provable
beweisen* *irreg vt* ① to prove ② (*erkennen lassen*) to show; ■ ~**, dass ...** to show that ...
Beweismaterial *nt* JUR [body of] evidence
bewerben* *vr irreg* ■ **sich** ~ to apply (**auf** in response to, **bei** to, **um** for)
Bewerber(in) <-s, -> *m(f)* applicant
Bewerbung *f* application
Bewerbungsgespräch *nt* [job] interview
Bewerbungsschreiben *nt* application
bewerkstelligen* [bəˈvɛrkʃtɛlɪɡn̩] *vt* to manage
bewerten* *vt* to assess; *Wertsachen* to value; ■ **jdn/etw nach etw** *dat* ~ to judge sb/sth according to sth; **etw zu hoch/niedrig** ~ to overvalue/undervalue sth
Bewertung *f* assessment; *von Wertsachen* valuation; SCH marking
bewilligen* [bəˈvɪlɪɡn̩] *vt* to approve, FIN to grant
bewirken* *vt* ① (*verursachen*) to cause ② (*erreichen*) ■ [**bei jdm**] **etwas** ~ to achieve sth [with sb]
bewirten* *vt* to entertain (**mit** with)
bewohnbar *adj* habitable
bewohnen* *vt Haus* to live in; *Gegend* to inhabit
Bewohner(in) <-s, -> *m(f)* (*Einwohner*) inhabitant; *von Wohnung* occupant
bewölken* *vr* ■ **sich** ~ to cloud over
bewölkt *adj* cloudy
Bewunderer, Bewundererin <-s, -> [bəˈvʊndərɐ, bəˈvʊndərərɪn] *m, f* admirer
bewundern* *vt* to admire (**wegen** for); **was ich an dir bewundere ist ...** what I admire about you is ...
bewundernswert *adj*, **bewundernswürdig** *adj* (*geh*) admirable (**an** about)
Bewunderung <-, *selten* -en> *f* admiration
bewusst[RR], **bewußt**[ALT] [bəˈvʊst] I. *adj* ① (*vorsätzlich*) deliberate ② (*wissend*) ■ **sich** *dat* **einer S.** *gen* ~ **sein** to be aware of sth; ■ **jdm** ~ **sein** to be clear to sb II. *adv* ① (*überlegt*) ~ **leben** to live with great awareness ② (*vorsätzlich*) deliberately ③ (*klar*) **jdm etw** ~ **machen** to make sb realize sth; **sich** *dat* **etw** ~ **machen** to realize sth
bewusstlos[RR], **bewußtlos**[ALT] [bəˈvʊstloːs] *adj* unconscious
Bewusstsein[RR] <-s>, **Bewußtsein**[ALT] *nt kein pl* consciousness; **bei** [**vollem**] ~ **sein** to be [fully] conscious; **etw aus dem** ~ **verdrängen** to banish sth from one's mind; **jdm etw ins** ~ **rufen** to remind sb of sth
bezahlen* *vi, vt* to pay; [**Herr Ober,**] [**bitte**] ~**!** waiter, the bill please!; **ich bezahle den Wein!** I'll pay for the wine!
bezahlt *adj* paid
Bezahlung *f* ① (*das Bezahlen*) payment; *Getränke, Speisen* paying for ② (*Lohn, Gehalt*) pay; **gegen/ohne** ~ for/without payment
bezaubern* *vt, vi* to enchant
bezaubernd *adj* ① (*entzückend*) enchanting; **sie war eine Frau von** ~**er Schönheit** she was a woman of captivating beauty ② (*iron*) **wirklich** ~**!** that's really great!, oh how wonderful!
bezeichnen* I. *vt* ① (*benennen*) to call ② (*kennzeichnen*) to mark (**mit** with) II. *vr*

■ **sich als etw** ~ to call oneself sth
bezeichnend *adj* typical (**für** of)
Bezeichnung *f* ❶ (*Ausdruck*) term ❷ (*Kennzeichnung*) marking
beziehen* *irreg* **I.** *vt* ❶ (*mit Stoff*) to cover ❷ (*erhalten*) to receive (**von** from) ❸ SCHWEIZ *Steuern* to collect ❹ (*in Beziehung setzen*) ■ **etw auf etw** *akk* ~ to apply sth to sth **II.** *vr* ■ **sich auf jdn/etw** ~ to refer to sb/sth
Beziehung <-, -en> [bəˈtsiːʊŋ] *f* ❶ (*Verhältnis*) relationship (**zu** with); **diplomatische** ~**en** diplomatic relations; **etw zu etw** *dat* **in** ~ **setzen** to connect sth with sth ❷ *meist pl* (*Bekanntschaften*) connections *pl;* **seine** ~**en spielen lassen** to pull [some] strings ❸ (*Hinsicht*) **in jeder/mancher** ~ in every/many respect ❹ (*Zusammenhang*) connection; **in keiner** ~ **zueinander stehen** to have no connection with one another
beziehungsweise *konj* or rather
beziffern* [bəˈtsɪfɐn] **I.** *vt* to estimate (**auf** at) **II.** *vr* to come to; **die Gesamtzahl der Demonstranten bezifferte sich auf über 500.000** the number of demonstrators numbered more than 500,000
Bezirk <-[e]s, -e> [bəˈtsɪrk] *m* district
Bezirksgericht *nt* JUR ÖSTERR, SCHWEIZ (*Amtsgericht*) ≈ county [*or* AM district] court
bezug^ALT [bəˈtsuːk] *s.* **Bezug 5**
Bezug <-[e]s, Bezüge> [bəˈtsuːk, *pl* bəˈtsyːɡə] *m* ❶ (*Überzug*) cover ❷ (*Kauf*) purchasing ❸ SCHWEIZ (*von Steuern*) collection ❹ (*Verbindung*) relation ❺ (*geh: Bezugnahme*) reference; ~ **auf etw** *akk* **nehmen** to refer to sth ❻ (*Hinsicht*) ■ **in** ~ **auf jdn/etw** with regard to sb/sth
bezüglich [bəˈtsyːklɪç] *präp* (*geh*) regarding
Bezugsperson *f* PSYCH, SOZIOL ≈ role model (*a person on whom sb models their thinking and behaviour due to their personal relationship*)
bezwecken* [bəˈtsvɛkn̩] *vt* to aim to achieve (**mit** with); **was willst du damit** ~**?** what do you hope to achieve by doing that?
bezweifeln* *vt* to question; ■ ~**, dass ...** to doubt that ...
BH <-[s], -[s]> [beːˈhaː] *m Abk von* **Büstenhalter** bra
BI [beːˈiː] *f Abk von* **Bürgerinitiative** POL [citizens'] action group
Bibel <-, -n> [ˈbiːbl̩] *f* Bible
Bibelstelle *f* passage from the Bible
Biber <-s, -> [ˈbiːbɐ] *m* beaver
Bibliografie^RR <-, -n> [bibliograˈfiː, *pl* -ˈfiːən] *f* bibliography
Bibliographie <-, -n> [bibliograˈfiː, *pl* -ˈfiːən] *f s.* **Bibliografie**
Bibliothek <-, -en> [biblioˈteːk] *f* library
Bibliothekar(in) <-s, -e> [biblioteˈkaːɐ̯] *m(f)* librarian
bieder [ˈbiːdɐ] *adj* (*pej*) conventional
biegen <bog, gebogen> [ˈbiːɡn̩] **I.** *vt haben* ❶ to bend ❷ ÖSTERR (*flektieren*) to inflect ▶ **auf B~ oder Brechen** (*fam*) by hook or by crook **II.** *vi sein Fahrer* to turn; *Straße* to curve **III.** *vr haben* ■ **sich** ~ ❶ (*sich krümmen*) to bend ❷ (*sich verziehen*) to go out of shape
biegsam [ˈbiːkzaːm] *adj* flexible
Biegung <-, -en> *f* ❶ bend; **eine** ~ **machen** to turn ❷ ÖSTERR (*Flexion*) inflection
Biene <-, -n> [ˈbiːnə] *f* bee
Bienenhonig *m* bees' honey **Bienenkönigin** *f* queen bee **Bienenstock** *m* beehive **Bienenwabe** *f* honeycomb **Bienenwachs** *nt* beeswax
Bier <-[e]s, -e> [biːɐ̯] *nt* beer; ~ **vom Fass** draught beer ▶ **das ist dein** ~ (*fam*) that's your business; **das ist nicht mein** ~ (*fam*) that's nothing to do with me
Bierdose *f* beer can **Bierkasten** *m* crate of beer
Biest <-[e]s, -er> [biːst] *nt* (*fam*) ❶ (*pej: Insekt*) [damn] bug; (*bösartiges Tier*) creature ❷ (*pej: Mensch*) beast
bieten <bot, geboten> [ˈbiːtn̩] **I.** *vt* ❶ (*anbieten*) to offer ❷ (*geben*) to give ❸ (*darbieten*) ■ **[jdm] etw** ~ to present [sb with] sth ❹ (*pej: zumuten*) ■ **sich** *dat* **etw nicht** ~ **lassen** to not stand for sth **II.** *vi* to [make a] bid **III.** *vr* ■ **sich [jdm]** ~ to present itself [to sb]
Bikini <-s, -s> [biˈkiːni] *m* bikini
Bilanz <-, -en> [biˈlants] *f* ❶ ÖKON balance sheet ❷ (*Ergebnis*) end result; **[die]** ~ **[aus etw** *dat*] **ziehen** (*fig*) to take stock [of sth]
Bilanzsumme *f* ÖKON balance-sheet total
Bild <-[e]s, -er> [bɪlt, *pl* ˈbɪldɐ] *nt* ❶ picture ❷ (*Anblick*) scene ❸ (*geistiges* ~) image ▶ **sich** *dat* **von jdm/etw ein** ~ **machen** to form an opinion about sb/sth; **im** ~**e sein** to be in the picture
bilden [ˈbɪldn̩] **I.** *vt* ❶ (*hervorbringen*) to form; ■ **sich** *dat* **eine Meinung** ~ to form an opinion ❷ (*ausbilden*) to educate ❸ KUNST to

make (aus from) II. vr ❶ (entstehen) ■ sich ~ to [be] form[ed] ❷ (lernen) ■ sich ~ to educate oneself
bildend adj **die ~e Kunst** fine art[s]
Bilderbuch nt picture book
Bilderrahmen m picture frame
Bildhauer(in) <-s, -> ['bɪlthauɐ] m(f) sculptor
Bildhauerei <-> f kein pl sculpture no art
bildhübsch ['bɪlt'hʏpʃ] adj as pretty as a picture
bildlich I. adj figurative; **ein ~er Ausdruck** a figure of speech II. adv figuratively; **sich** dat **etw ~ vorstellen** to picture sth
Bildschirm m screen
Bildschirmarbeit f VDU work no pl, no indef art **Bildschirmgerät** nt visual display unit **Bildschirmschoner** m screen saver **Bildschirmtext** m videotext
bildschön ['bɪlt'ʃøːn] adj s. **bildhübsch**
Bildtelefon nt videophone
Bildung <-, -en> f ❶ kein pl (geistige) education; **[keine] ~ haben** to be [un]educated ❷ kein pl (Entwicklung) development; BOT forming ❸ kein pl (Zusammenstellung) formation ❹ kein pl (Erstellung) forming
Bildungslücke f gap in one's education **Bildungsurlaub** m educational holiday **Bildverarbeitung** f TYPO, INFORM image processing
Billard <-s, -e o ÖSTERR -s> ['bɪljart] nt billiards + sing vb
Billardkugel f billiard ball **Billardstock** m billiard cue
Billeteur, Billeteuse <-s, -e> m, f ❶ SCHWEIZ conductor masc, conductress fem ❷ ÖSTERR usher masc, usherette fem
Billett <-[e]s, -s/-e> [bɪl'jɛ(t)] nt ❶ SCHWEIZ ticket ❷ ÖSTERR greetings [or AM greeting] card
Billiarde <-, -n> [bɪl'i̯ardə] f thousand trillion
billig ['bɪlɪç] I. adj cheap; **es jdm ~er machen** to reduce sth for sb II. adv cheaply
billigen ['bɪlɪgn̩] vt to approve of
Billiglinie f low-cost airline **Billiglösung** f cheap solution
Billion <-, -en> [bɪ'li̯oːn] f trillion
Bimsstein ['bɪmsʃtain] m pumice stone
binär [bi'nɛːɐ̯] adj binary
Binde <-, -n> ['bɪndə] f ❶ MED bandage; (Schlinge) sling ❷ (Monats~) sanitary towel [or AM napkin]
Bindegewebe nt connective tissue **Bindeglied** nt [connecting] link **Bindehaut** f conjunctiva **Bindehautentzündung** f conjunctivitis no pl, no indef art
binden <band, gebunden> ['bɪndn̩] I. vt ❶ (mit Faden etc. zusammenfügen) to bind ❷ (fesseln, befestigen) to tie [up sep] (**an** to) ▶ **jdm sind die Hände gebunden** sb's hands are tied II. vr ■ **sich an jdn/etw ~** to commit oneself to sb/sth
bindend adj binding
Bindestrich m hyphen
Bindfaden m string
Bindung <-, -en> f ❶ (Verbundenheit) bond (**an** to) ❷ (Verpflichtung) commitment
binnen ['bɪnən] präp +dat o gen (geh) within; **~ kurzem** soon
Binnengewässer nt inland water no indef art **Binnenhafen** m inland port **Binnenhandel** m domestic trade no pl **Binnenmarkt** m domestic market; **der [Europäische] ~** the Single [European] Market **Binnenmeer** nt inland sea **Binnenschifffahrt**^{RR} f inland navigation
Bioabfall m ÖKOL organic waste [matter]
Biobauer, -bäuerin m, f organic farmer
Biochemie [bi̯oçeˈmiː] f biochemistry
Biochemiker(in) [bi̯oˈçeːmikɐ] m(f) biochemist
biodynamisch [bi̯odyˈnaːmɪʃ] adj organic
Biografie^{RR} <-, -n> [bi̯ograˈfiː, pl -ˈfiːən] f ❶ (Buch) biography ❷ (Lebenslauf) life [history]
biografisch^{RR} [bi̯oˈgraːfɪʃ] adj biographical
Biographie <-, -n> [bi̯ograˈfiː, pl -ˈfiːən] f s. **Biografie**
biographisch [bi̯oˈgraːfɪʃ] adj s. **biografisch**
Bioladen m health-food shop [or AM usu store]
Biolandbau kein pl m AGR, ÖKOL organic farming
Biologe, Biologin <-n, -n> [bi̯oˈloːgə, -ˈloːgɪn] m, f biologist
Biologie <-> [bioloˈgiː] f kein pl biology
Biologin <-, -nen> f fem form von **Biologe**
biologisch I. adj biological II. adv biologically; **~ abbaubar** biodegradable
Biophysik [biofyˈziːk] f biophysics + sing vb
Biotonne f bio-bin
Biowaffe f biological weapon
BIP nt ÖKON Abk von **Bruttoinlandsprodukt**

GDP

Birke <-, -n> ['bɪrkə] f birch [tree]
Birma <-s> ['bɪrma] nt Burma
Birmane, Birmanin <-n, -n> [bɪr'maːnə, bɪr'maːnɪn] m, f Burmese
Birmanisch [bɪr'maːnɪʃ] nt dekl wie adj Burmese; s. a. **Deutsch**
Birnbaum m pear tree; (Holz) pear-wood
Birne <-, -n> ['bɪrnə] f ❶ pear ❷ ELEK [light] bulb
bis [bɪs] I. präp +akk ❶ zeitlich till, until; (nicht später als) by; ■**von ... ~ ...** from ... until...; ~ **morgen** (Abschied) see you tomorrow; ~ **dahin/dann** by then; ~ **einschließlich** up to and including; ~ **jetzt** up to now; ~ **wann?** until when?; ~ **wann bleibst du?** how long are you staying [for]? ❷ räumlich to; (bis zu) as far as; **er musterte ihn von oben ~ unten** he looked him up and down; ~ **hierher** up to this point; ~ **wo[hin]** ...? where ... to? ❸ (erreichend) up to; **ich zähle ~ drei** I'll count [up] to three; **Kinder ~ sechs Jahre** children up to the age of six II. adv ❶ zeitlich till, until; ~ **gegen 8 Uhr** until about 8 o' clock; ~ **anhin** SCHWEIZ up to now; ~ **und mit** SCHWEIZ up to and including ❷ räumlich into, to; **die Äste reichen ~ ans Haus** the branches reach right up to the house ❸ (mit Ausnahme von) ■~ **auf**, ■SCHWEIZ ~ **an** except [for] III. konj ❶ (beiordnend) to; **400 ÷ 500 Gramm Schinken** 400 to 500 grams of ham ❷ (bevor) by the time, till, until; ~ **es dunkel wird, möchte ich zu Hause sein** I want to be home by the time it gets dark; **ich warte noch, ~ es dunkel wird** I'll wait until it gets dark
Bisam <-s, -e o -s> ['biːzam] m ❶ MODE musquash ❷ no pl (Moschus) musk
Bisamratte f muskrat
Bischof, Bischöfin <-s, Bischöfe> ['bɪʃɔf, 'bɪʃɔːf, pl 'bɪʃœfə] m, f bishop
bischöflich ['bɪʃœflɪç, 'bɪʃøːflɪç] adj episcopal
Bischofssitz m bishop's seat
bisexuell [bizɛ'ksu̯ɛl, 'biː-] adj bisexual
bisher [bɪs'heːɐ̯] adv until now
bisherig [bɪs'heːrɪç] adj attr (vorherig) previous attr; (momentan) present, to date, up to now
Biskaya <-> [bɪs'kaːja] f ■**die ~** [the Bay of] Biscay
Biskuit <-[e]s, -s o -e> [bɪs'kviːt, bɪs'ku̯iːt] nt o m sponge
bislang [bɪs'laŋ] adv s. **bisher**
Bison <-s, -e> ['biːzɔn] m bison
bissʀʀ, **biß**ᴬᴸᵀ [bɪs] imp von **beißen**
Bissʀʀ <-es, -e> m, **Biß**ᴬᴸᵀ <-sses, -sse> [bɪs] m bite; ~ **haben** (fig) to have drive
bisschenʀʀ, **bißchen**ᴬᴸᵀ ['bɪsçən] pron indef ❶ in der Funktion eines Adjektivs ■**ein ~ ...** a bit of ...; ■**kein ~ ...** not one [little] bit of ...; ■**das ~ ...** the little bit of ... ❷ in der Funktion eines Adverbs ■**ein ~ ...** a bit ...; ■**kein ~ ...** not the slightest bit ...
Bissen <-s, -> ['bɪsn̩] m morsel; **er brachte keinen ~ herunter** he couldn't eat a thing
bissfestʀʀ adj KOCHK Fleisch, Gemüse firm
bissig ['bɪsɪç] adj ❶ vicious; „[Vorsicht,] ~**er Hund!"** "beware of [the] dog!" ❷ (sarkastisch) caustic
Bistum <-s, -tümer> ['bɪstuːm, pl -tyːmɐ] nt bishopric
bisweilen [bɪs'vailən] adv (geh) at times
Bit <-[s], -[s]> [bɪt] nt INFORM bit
bitte ['bɪtə] interj ❶ (auffordernd) please; ~ **nicht!** no, please!; **ja, ~?** (am Telefon) hello?; **tun Sie [doch] ~ ...** won't you please ... ❷ (Dank erwidernd) **danke für die Auskunft! — ~[, gern geschehen]** thanks for the information — you're [very] welcome!; **danke, dass du mir geholfen hast! — ~ [, gern geschehen]**! thanks for helping me — not at all!; **danke schön! — ~ schön, war mir ein Vergnügen!** thank you! — don't mention it, my pleasure!; **Entschuldigung! — ~!** I'm sorry! — that's all right! ❸ (anbietend) ~ **schön** here you are ❹ (um Wiederholung bittend) ~**?** **könnten Sie die Nummer noch einmal wiederholen?** sorry, can you repeat the number? ❺ (Gefühl der Bestätigung) **na ~!** what did I tell you!
Bitte <-, -n> ['bɪtə] f request (um for); **eine ~ äußern** to make a request; **sich mit einer ~ an jdn wenden** to make a request to sb; **auf jds ~** at sb's request
bitten <bat, gebeten> ['bɪtn̩] I. vt ❶ ■**jdn [um etw akk] ~** to ask sb [for sth]; **könnte ich dich um einen Gefallen ~?** could I ask you a favour? ❷ (einladen) ■**jdn zu etw akk ~** to ask sb for sth; **darf ich [euch] zu Tisch ~?** may I ask you to come and sit down at the table? ▶ **sich nicht [lange] ~ lassen** to not have to be asked twice II. vi ■**um etw akk ~** to ask for sth; (dringend) to

bitter – blenden

beg for sth; **darf ich [um den nächsten Tanz]** ~? may I have the pleasure [of the next dance]?; **um Hilfe** ~ to ask for help; **um Verzeihung** ~ to beg for forgiveness ▶ ~ **und betteln** (*fam*) to beg and plead; **wenn ich ~ darf!** if you wouldn't mind!

bitter ['bɪtɐ] **I.** *adj* bitter ▶**bis zum ~en Ende** to the bitter end **II.** *adv* bitterly

bitterböse ['bɪtɐˈbøːzə] *adj* furious

bizarr [bi'tsar] *adj* bizarre

blähen ['blɛːən] *vr* ■ **sich** ~ (*sich mit Luft füllen*) to billow

Blähung <-, -en> *f meist pl* flatulence *no pl, no indef art*; ~**en haben** to have flatulence

blamabel [blaˈmaːbl̩] *adj* shameful; *Situation* embarrassing

Blamage <-, -n> [blaˈmaːʒə] *f* disgrace *no pl*

blamieren* [blaˈmiːrən] **I.** *vt* to disgrace **II.** *vr* ■ **sich** ~ to make a fool of oneself

blank [blaŋk] *adj* ❶ (*sauber*) shining ❷ (~ *gescheuert*) shiny ❸ (*rein*) pure ❹ *pred* (*fam*) ■ ~ **sein** to be broke

Blase <-, -n> ['blaːzə] *f* ❶ ANAT bladder; **sich** *dat* **die ~ erkälten** to get a chill on the bladder ❷ MED blister; **sich** *dat* ~**n laufen** to get blisters on one's feet ❸ (*luftgefüllt*) bubble

blasen <bläst, blies, geblasen> ['blaːzn̩] *vi, vt* ❶ to blow ❷ MUS to play; **der Jäger blies in sein Horn** the hunter sounded his horn

Blasenentzündung *f* inflammation of the bladder

blasiert [blaˈziːɐ̯t] *adj* (*pej geh*) arrogant

Blasinstrument *nt* wind instrument

Blaskapelle *f* brass band

Blasphemie <-, -n> [blasfeˈmiː, *pl* -ˈmiːən] *f* (*geh*) blasphemy

blass^{RR}, **blaß**^{ALT} [blas] *adj* ❶ pale ❷ (*schwach*) vague ❸ (*ohne ausgeprägte Eigenschaften*) ~ **wirken** to seem colourless

Blatt <-[e]s, Blätter> [blat, *pl* blˈɛtɐ] *nt* ❶ BOT leaf ❷ (*Papier*) sheet ❸ (*Zeitung*) paper ❹ (*von Werkzeugen*) blade ▶ **kein ~ vor den Mund nehmen** to not mince one's words; **das ~ hat sich gewendet** things have changed

blättern ['blɛtɐn] *vi* **in einem Buch** ~ to flick through a book

Blätterteig *m* flaky pastry

Blattgold *nt* gold leaf

Blattlaus *f* aphid

blau [blau] *adj* ❶ blue ❷ (*blutunterlaufen*) bruised; **ein ~es Auge** a black eye; **ein ~er Fleck** a bruise ❸ (*fam: betrunken*) plastered

blauäugig *adj* ❶ blue-eyed ❷ (*naiv*) naïve

Blaubeere *f s.* **Heidelbeere Blauhelm** *m* (*fam*) blue beret

bläulich *adj* bluish

Blaulicht *nt* flashing blue light **blau|machen** *vi* (*fam*) to call in sick **Blaumeise** *f* blue tit

Blausäure *f* hydrocyanic acid

Blazer <-s, -> ['bleːzɐ] *m* blazer

Blech <-[e]s, -e> [blɛç] *nt* ❶ *kein pl* (*Material*) sheet metal *no pl, no indef art* ❷ (*Blechstück*) metal plate

Blechbüchse *f* tin [box] **Blechdose** *f* tin

blechen ['blɛçn̩] *vt, vi* (*fam*) to fork out (**für** for)

blechern *adj* ❶ *attr* metal ❷ (*hohl klingend*) tinny; ~ **klingen** to sound tinny

Blechlawine *f* (*fam*) river of metal **Blechschaden** *m* damage to the bodywork

Blei <-[e]s, -e> [blai] *nt kein pl* lead

Bleibe <-, -n> ['blaibə] *f* place to stay

bleiben <blieb, geblieben> ['blaibn̩] *vi sein* ❶ (*verweilen*) ■ [**bei jdm/an einem Ort**] ~ to stay [with sb/in a place]; ■ **an etw** *dat* ~ to remain at sth; ~ **Sie bitte am Apparat!** hold the line, please!; **unter sich** *dat* ~ **wollen** to wish to be alone ❷ (*in einem Zustand verbleiben*) **die Lage blieb weiterhin angespannt** the situation remained tense; **unbeachtet** ~ to go unnoticed; **wach** ~ to stay awake ❸ (*weiterhin existieren*) to remain ❹ (*andauern*) to last; **hoffentlich bleibt die Sonne noch eine Weile** I do hope the sunshine lasts for a while yet ❺ (*verharren*) ■ **bei etw** *dat* ~ to stick to sth ❻ (*übrig sein*) **eine Möglichkeit bleibt uns noch** we still have one possibility left; **es blieb mir keine andere Wahl** I was left with no other choice ▶ **das bleibt** <u>unter</u> **uns** that's [just] between ourselves

bleibend *adj* lasting

bleich [blaiç] *adj* pale; ■ ~ [**vor etw** *dat*] **werden** to go pale [with sth]

Bleichmittel *nt* bleach *no pl*

bleiern ['blaiɐn] *adj attr* lead

bleifrei *adj* lead-free

Bleistift *m* pencil

Bleistiftspitzer *m* pencil sharpener

Blende <-, -n> ['blɛndə] *f* ❶ FOTO aperture ❷ (*Sonnenschutz*) blind

blenden ['blɛndn̩] **I.** *vt* ❶ *Licht* to dazzle ❷ (*täuschen*) to deceive **II.** *vi* to be dazzling;

~ **d weiß** dazzling white

blendend I. *adj* brilliant **II.** *adv* wonderfully; **sich ~ amüsieren** to have great fun

Blick <-[e]s, -e> [blɪk] *m* ❶ (*das Blicken*) look; **er warf einen ~ aus dem Fenster** he glanced out of the window; **auf den ersten ~** at first sight; **auf den zweiten ~** on closer inspection; **jds ~ ausweichen** to avoid sb's gaze; **einen ~ auf jdn/etw werfen** to glance at sb/sth; **~e miteinander wechseln** to exchange glances; **jdn keines ~es würdigen** to not deign to look at sb; **alle ~e auf sich** *akk* **ziehen** to attract attention; **auf einen ~** at a glance ❷ (*Augen*) eyes *pl;* **den ~ heben** to raise one's eyes; **den ~ senken** to lower one's eyes ❸ (*Augenausdruck*) look in one's eye; **er musterte sie mit finsterem ~** he looked at her darkly ❹ (*Aus~*) view; **ein Zimmer mit ~ auf den Strand** a room overlooking the beach ❺ (*Urteilskraft*) eye; **einen ~ für etw** *akk* **haben** to have an eye for sth ▶ **einen ~ hinter die Kulissen werfen** to take a look behind the scenes; **den bösen ~ haben** to have the evil eye; **etw aus dem ~ verlieren** to lose sight of sth; **etw im ~ haben** to have an eye on sth; **mit ~ auf** (*geh*) with regard to

blicken ['blɪkn̩] *vi* ❶ (*schauen*) to look (**auf** at); **er blickte kurz aus dem Fenster** he glanced [briefly] out of the window ❷ (*sich zeigen*) **sich ~ lassen** to put in an appearance; **sie hat sich hier nicht wieder ~ lassen** she hasn't shown up here again

Blickfang *m* eye-catcher

Blickkontakt *m* visual contact; **~ haben** to have eye contact

blind [blɪnt] **I.** *adj* blind; ■ **~ werden** to go blind; **sie ist auf einem Auge ~** she's blind in one eye; ■ **vor etw** *dat* **~ sein** to be blinded by sth; **~er Passagier** stowaway **II.** *adv* blindly

Blinddarm *m* appendix

Blinddarmentzündung *f* appendicitis

Blind Date [blaɪnd'deɪt] *nt* blind date

Blinde(r) *f(m) dekl wie adj* blind woman *fem,* blind man *masc,* blind person

Blindenhund *m* guide dog **Blindenschrift** *f* Braille *no art*

Blindheit <-> *f kein pl* blindness

blindlings ['blɪntlɪŋs] *adv* blindly

Blindschleiche <-, -n> ['blɪntʃlaiçə] *f* slow-worm

blinken ['blɪŋkn̩] *vi* ❶ to gleam ❷ (*Blinkzeichen geben*) to flash; **mit der Lichthupe ~** to flash one's [head]lights; (*zum Abbiegen*) to indicate

Blinker <-s, -> ['blɪŋkɐ] *m* AUTO indicator

Blinklicht *nt* ❶ TRANSP flashing light ❷ (*fam*) *s.* **Blinker**

blinzeln ['blɪntsl̩n] *vi* ❶ (*unfreiwillig*) to blink ❷ (*zwinkern*) to wink

Blitz <-es, -e> [blɪts] *m* ❶ METEO lightning *no pl, no indef art;* (*Einschlag*) lightning strike; **vom ~ getroffen werden** to be struck by lightning; **der ~ schlägt in etw** *akk* [**ein**] lightning strikes sth ❷ FOTO flash ▶ **wie ein ~ aus heiterem Himmel** like a bolt from the blue; **wie ein geölter ~** (*fam*) like greased lightning; **wie vom ~ getroffen** thunderstruck; **wie ein ~ einschlagen** to come as a bombshell; **wie der ~** (*fam*) like lightning

Blitzableiter <-, -> *m* lightning conductor

blitzartig I. *adj* lightning **II.** *adv* like lightning; **er ist ~ verschwunden** he disappeared as quick as a flash **blitzblank** ['blɪts'blaŋk], **blitzeblank** ['blɪtsə'blaŋk] *adj* (*fam*) spick and span *pred*

blitzen ['blɪtsn̩] **I.** *vi impers* ■ **es blitzte** there was [a flash of] lightning **II.** *vi* ❶ to flash ❷ FOTO (*fam*) to use [a] flash

Blitzgerät *nt* flash unit **Blitzlicht** *nt* flash[light] **Blitzschlag** *m* lightning strike **blitzschnell** ['blɪts'ʃnɛl] *adj s.* **blitzartig**

Block[1] <-[e]s, Blöcke> [blɔk, *pl* blœkə] *m* (*Form*) block

Block[2] <-[e]s, Blöcke *o* -s> [blɔk, *pl* blœkə] *m* ❶ (*Häuserreihe*) block; (*Mietshaus*) block [of flats] BRIT, apartment building AM ❷ (*Papier*) book

Blockade <-, -n> [blɔ'ka:də] *f* ❶ (*Embargo*) blockade; **über etw** *akk* **eine ~ verhängen** to impose a blockade on sth ❷ MED block

Blockadetaktik *f* POL blocking tactics *pl*

Blockflöte *f* recorder

Blockhaus *nt* log cabin

blockieren* [blɔ'ki:rən] *vt* to block; *Verkehr* to stop

blöd [bløːt], **blöde** ['bløːdə] **I.** *adj* (*fam*) ❶ (*veraltend: dumm*) silly, stupid ❷ (*unangenehm*) disagreeable; **eine ~e Situation** an awkward situation **II.** *adv* (*fam*) idiotically, stupidly

blödeln ['bløːdl̩n] *vi* (*fam*) to tell silly jokes

Blödmann – Bockspringen

Blödmann *m* (*fam*) idiot **Blödsinn** *m kein pl* (*pej fam*) nonsense *no indef art;* **machen Sie keinen ~!** don't mess about! **blödsinnig** ['blø:tzɪnɪç] *adj* (*pej fam*) idiotic
blöken ['blø:kn̩] *vi* to bleat
blond [blɔnt] *adj* blond[e]
Blondine <-, -n> [blɔn'di:nə] *f* blonde
bloß [blo:s] I. *adj* ❶ (*unbedeckt*) bare; **mit ~em Oberkörper** stripped to the waist ❷ *attr* (*alleinig*) mere; (*allein schon*) very; **schon der ~e Gedanke machte ihn rasend** the very thought made him furious II. *adv* only; **~ nicht!** God forbid!
bloß|legen *vt* to bring to light **bloß|stellen** *vt* to show up *sep*
bluffen ['blʊfn̩, 'blafn̩, 'blœfn̩] *vi* to bluff
blühen ['bly:ən] I. *vi* ❶ to bloom ❷ (*florieren*) to flourish ❸ (*fam*) ▪**jdm ~** to be in store for sb II. *vi impers* ▪**es blüht** there are flowers; **im Süden blüht es jetzt schon überall** everything is in blossom in the south
blühend *adj* ❶ blossoming ❷ (*prosperierend*) flourishing
Blume <-, -n> ['blu:mə] *f* flower ▶**jdm etw durch die ~ sagen** to beat about the bush
Blumenbeet *nt* flowerbed **Blumenkohl** *m kein pl* cauliflower **Blumenstrauß** <-sträuße> *m* bouquet of flowers **Blumentopf** *m* flowerpot **Blumenvase** *f* flower vase
blumig *adj* flowery
Bluse <-, -n> ['blu:zə] *f* blouse
Blut <-[e]s> [blu:t] *nt kein pl* blood; **es fließt ~** blood is being spilled; **es wurde viel ~ vergossen** there was a lot of bloodshed; **~ reinigend** blood-cleansing; **~ stillend** styptic; **jdm ~ abnehmen** to take a blood sample from sb ▶**jdm steigt das ~ in den Kopf** the blood rushes to sb's head; **~ und Wasser schwitzen** (*fam*) to sweat blood [and tears]; [nur] **ruhig ~!** [just] calm down!; **~ geleckt haben** to have developed a liking for sth; **jdm im ~ liegen** to be in sb's blood
blutarm ['blu:t'ʔarm] *adj* anaemic **Blutarmut** *f* anaemia **Blutbad** *nt* bloodbath; **ein ~ anrichten** to create carnage **Blutbank** <-banken> *f* blood bank **blutbefleckt** *adj* bloodstained **Blutbild** *nt* blood count **Blutdruck** *m kein pl* blood pressure
Blüte <-, -n> ['bly:tə] *f* ❶ flower; *Baum* blossom; **in [voller] ~ stehen** to be in [full] bloom; **~n treiben** to [be in] bloom; *Baum* to [be in] blossom ❷ (*fam: falsche Banknote*) dud ▶**merkwürdige ~n treiben** to take on strange forms
Blutegel *m* leech
bluten ['blu:tn̩] *vi* to bleed (**an**/**aus** from)
Blütenblatt *nt* petal **Blütenstaub** *m* pollen **Bluter** <-s, -> ['blu:tɐ] *m* MED haemophiliac **Blutguss**^{RR} <-es, -ergüsse> *m*, **Bluterguß**^{ALT} <-sses, -ergüsse> *m* bruise
Blütezeit *f* ❶ BOT blossoming *no pl* ❷ (*beste Zeit*) heyday
Blutfettwert *m* plasma lipid concentration **Blutgefäß** *nt* blood vessel **Blutgerinnsel** *nt* blood clot **Blutgruppe** *f* blood group **Bluthund** *m* bloodhound
blutig ['blu:tɪç] *adj* bloody
blutjung ['blu:t'jʊŋ] *adj* very young
Blutkörperchen *nt* blood corpuscle **Blutorange** *f* blood orange **Blutplasma** *nt* blood plasma **Blutpräparat** *nt* blood preparation **Blutprobe** *f* ❶ (*Entnahme*) blood sample ❷ (*Untersuchung*) blood test **blutrot** *adj* blood-red **blutrünstig** ['blu:trʏnstɪç] *adj* bloodthirsty **Blutsauger** *m* bloodsucker **Blutsenkung** *f* MED sedimentation of the blood **Blutspender(in)** *m(f)* blood donor **blutstillend** *adj* MED styptic **blutsverwandt** *adj* related by blood *pred* **Blutsverwandte(r)** *f(m) dekl wie adj* blood relation
Blutung <-, -en> *f* ❶ bleeding *no pl, no indef art* ❷ [**monatliche**] **~** menstruation
blutunterlaufen *adj* **~e Augen** bloodshot eyes
Blutvergießen <-s> *nt kein pl* bloodshed *no indef art* **Blutvergiftung** *f* blood poisoning *no indef art* **Blutverlust** *m* loss of blood **Blutwäsche** *f* haemodialysis **Blutwurst** *f* black pudding BRIT, blood sausage AM **Blutzucker** *m* MED blood sugar
Bö <-, -en> [bø:] *f* gust
Bock¹ <-[e]s, Böcke> [bɔk, *pl* 'bœkə] *m* (*Schaf*) ram; (*Ziege*) billy goat ▶**alter ~** (*fam*) old goat; **sturer ~** (*fam*) stubborn sod; **~ auf etw** *akk* **haben** (*sl*) to fancy [sth]
Bock² <-s, -> [bɔk] *nt,* **Bockbier** *nt* bock beer (*type of strong beer*)
bocken ['bɔkn̩] *vi* (*fam: trotzig sein*) to act up
bockig ['bɔkɪç] *adj* (*fam*) stubborn
Bockspringen *nt kein pl* SPORT vaulting *no art;* **~ spielen** to play leapfrog

Bockwurst *f* bockwurst (*type of boiled sausage*)
Boden <-s, Böden> ['boːdn̩, *pl* bøːdn̩] *m* ① (*Erdreich*) soil; **fetter/magerer ~** fertile/barren soil ② (*Erdoberfläche*) ground ③ **kein** *pl* (*Territorium*) land; **auf britischem ~** on British soil ④ (*Fußboden*) floor ⑤ (*Dachspeicher*) loft; **auf dem ~** in the loft ⑥ (*Grund*) bottom ▶ **den ~ unter den Füßen verlieren** (*die Existenzgrundlage verlieren*) to feel the ground fall from beneath one's feet; (*haltlos werden*) to have the bottom drop out of one's world; **auf dem ~ der Tatsachen bleiben** to stick to the facts; **am ~ zerstört sein** (*fam*) to be devastated; **an ~ gewinnen** (*einholen*) to gain ground; (*Fortschritte machen*) to make headway; **an ~ verlieren** to lose ground; **aus dem ~ schießen** to sprout up; **etw aus dem ~ stampfen** to build sth overnight; **jd wäre am liebsten in den ~ versunken** sb wishes the ground would open up and swallow them
Bodenbelag *m* floor covering **Bodenfreiheit** *f* AUTO ground clearance **Bodenfrost** *m* ground frost *no pl* **Bodenhaftung** *f* ① wheel grip ② (*fig*) grounding; **die ~ verlieren** to lose one's grounding
bodenlos *adj* (*fam: unerhört*) outrageous; **das ist eine ~e Frechheit!** that's absolutely outrageous!
Bodennebel *m* ground fog **Bodenoffensive** *f* MIL ground offensive **Bodenpersonal** *nt* ground crew **Bodenschätze** *pl* mineral resources *pl* **Bodensee** ['boːdn̩zeː] *m* ■ **der ~** Lake Constance
bodenständig *adj* long-established
Bodentruppen *pl* MIL ground troops *pl*
Body <-s, -s> ['bɔdi] *m* body BRIT, bodysuit AM
Bodybuilding <-s> [-bɪldɪŋ] *nt kein pl* bodybuilding **Body-Mass-Index** ['bɔdimæsɪndɛks] *m* MED body mass index
Bogen <-s, - *o* ÖSTERR, SCHWEIZ, SÜDD Bögen> ['boːgn̩, *pl* 'bøːgn̩] *m* ① (*gekrümmte Linie*) curve; **in hohem ~** in a high arc ② (*Blatt Papier*) sheet [of paper] ③ (*Waffe*) bow; **Pfeil und ~** bow and arrow[s *pl*] ④ ARCHIT arch ▶ **in hohem ~ hinausfliegen** (*fam*) to be turned out; **den ~ heraushaben** (*fam*) to have got the hang of it; **einen [großen] ~ um jdn/etw machen** to steer [well] clear of sb/sth; **den ~ überspannen** to overstep the mark
bogenförmig *adj* arched
Bogengang <-gänge> *m* archway
Bogenschütze, -schützin *m, f* archer
Bohle <-, -n> ['boːlə] *f* [thick] plank, board
böhmisch ['bøːmɪʃ] *adj* Bohemian
Bohne <-, -n> ['boːnə] *f* bean; **dicke/grüne/rote/weiße ~n** broad/French/kidney/haricot beans
Bohnenkaffee *m* ① (*gemahlen*) real coffee ② (*ungemahlen*) unground coffee [beans *pl*]
Bohnenkraut *nt kein pl* savory *no pl* **Bohnenstange** *f* beanpole *a*. *fig* hum
bohnern ['boːnɐn] *vt, vi* to polish
Bohnerwachs [-vaks] *nt* floor polish
bohren ['boːrən] **I.** *vt* ① to bore; (*mit Bohrer*) to drill ② (*hineinstoßen*) **er bohrte ihm das Messer in den Bauch** he plunged the knife into his stomach **II.** *vi* ① to drill ② (*stochern*) **in der Nase ~** to pick one's nose
Bohrer <-s, -> *m* drill
Bohrinsel *f* drilling rig **Bohrloch** *nt* borehole **Bohrturm** *m* derrick
böig ['bøːɪç] *adj* gusty
Boiler <-s, -> ['bɔylɐ] *m* hot-water tank; **den ~ anstellen** to turn on the water heater
Boje <-, -n> ['boːjə] *f* buoy
Bolivianer(in) <-s, -> [boli'vi̯aːnɐ] *m(f)* Bolivian
Bolivien <-s> [bo'liːvi̯ən] *nt* Bolivia
Bollwerk ['bɔlvɛrk] *nt* (*geh*) bulwark
Bolzen <-s, -> ['bɔltsn̩] *m* pin; (*mit Gewinde*) bolt
bombardieren* [bɔmbar'diːrən] *vt* ① to bomb ② (*fam: überschütten*) to bombard
bombastisch *adj* (*pej*) ① (*schwülstig*) bombastic ② (*pompös*) pompous
Bombe <-, -n> ['bɔmbə] *f* bomb; **eine ~ legen** to plant a bomb ▶ **die ~ platzen lassen** to drop the bombshell
Bombenerfolg *m* (*fam*) smash hit **Bombengeschäft** *nt* (*fam*) roaring business **Bombenstimmung** *f kein pl* (*fam*) ■ **in ~ sein** to be in a brilliant mood; **auf der Party herrschte eine ~** the place was jumping
bombig ['bɔmbɪç] *adj* (*fam*) fantastic, terrific
Bon <-s, -s> [bɔŋ, bõː] *m* ① (*Kassenzettel*) receipt ② (*Gutschein*) voucher
Bonbon <-s, -s> [bɔŋ'bɔŋ, bõ'bõː] *m o* ÖSTERR *nt* sweet BRIT, candy AM
Bonität <-, -en> [boni'tɛːt] *f* financial standing, credit worthiness

Bonus <- *o* -ses, - *o* -se *o* Boni> ['boːnʊs, *pl* 'boːni] *m* bonus
Bonusmeile *f* LUFT airmile
boomen ['buːmən] *vi* to [be on the] boom
Boot <-[e]s, -e> [boːt] *nt* boat; ~ **fahren** to go boating
Bootsfahrt *f* boat trip **Bootshaus** *nt* boathouse **Bootsmann** <-leute> *m* boatswain **Bootsverleih** *m* boat hire
Bor <-s> [boːɐ̯] *nt kein pl* boron
Bord[1] <-[e]s> [bɔrt] *m* **an** ~ aboard; **an** ~ **gehen** to board; **über** ~ **gehen** to go overboard; **von** ~ **gehen** to leave the plane/ship
Bord[2] <-[e]s, -e> [bɔrt] *nt* (*Wandbrett*) shelf
Bord[3] <-[e]s, -e> [bɔrt] *nt* SCHWEIZ (*Rand*) ledge; (*Böschung*) embankment
Bordelektronik *f kein pl* LUFT on-board electronics
Bordell <-s, -e> [bɔrˈdɛl] *nt* brothel
Bordkarte *f* boarding card **Bordpersonal** *nt kein pl* crew
Bordstein *m* kerb
borgen ['bɔrgn̩] *vt* ❶ (*sich leihen*) to borrow ❷ (*verleihen*) to lend
Borke <-, -n> ['bɔrkə] *f* BOT bark
Borkenkäfer *m* bark beetle
borniert [bɔrˈniːɐ̯t] *adj* (*pej*) bigoted
Börse <-, -n> ['bœrzə] *f* ❶ (*Wertpapierhandel*) stock market; (*Gebäude*) stock exchange; **an die** ~ **gehen** to go public; **an der** ~ **[gehandelt]** [traded] on the exchange; **an der** ~ **notiert werden** to be quoted on the stock exchange ❷ (*Brieftasche*) wallet
Börsenbericht *m* market report **Börsenkrach** *m* [stock market] crash **Börsenkurs** *m* market price **Börsenmakler(in)** *m(f)* stockbroker
Borste <-, -n> ['bɔrstə] *f* bristle
Borte <-, -n> ['bɔrtə] *f* border
bösartig *adj* ❶ malicious; *Tier* vicious ❷ MED malignant
Böschung <-, -en> ['bœʃʊŋ] *f* embankment
böse ['bøːzə] **I.** *adj* ❶ bad; (*stärker*) evil; **mir schwant B~s** I don't like the look of this; ~ **s Blut schaffen** to cause bad blood; **ein ~ s Ende nehmen** to end in disaster; ~ **Folgen haben** to have dire consequences; **eine ~ Geschichte** a nasty affair; **jdm einen ~ n Streich spielen** to play a nasty trick on sb; **eine ~ Überraschung erleben** to have an unpleasant surprise; **nichts B~ s ahnen** to not suspect anything is wrong; **jdm B~ s tun** to cause sb harm ❷ (*verärgert*) angry; **ein ~ s Gesicht machen** to scowl ❸ (*fam: unartig*) naughty ❹ (*gefährlich, schlimm*) nasty ▶ **den ~ n Blick haben** to have the evil eye; **B~ s im Schilde führen** to be up to no good **II.** *adv* ❶ (*übelwollend*) evilly; **das habe ich nicht ~ gemeint** I meant no harm ❷ (*fam: sehr, schlimm*) badly; ~ **ausgehen** to end in disaster; ~ **[für jdn] aussehen** to look bad [for sb]
Bösewicht <-[e]s, -er *o* -e> ['bøːzəvɪçt] *m* (*hum fam*) little devil
boshaft ['boːshaft] *adj* malicious
Bosheit <-, -en> *f* malice *no pl*; **aus [lauter]** ~ out of [pure] malice
Boss[RR] <-es, -e> *m*, **Boß**[ALT] <-sses, -sse> [bɔs] *m* boss
böswillig I. *adj* malevolent **II.** *adv* malevolently
Botaniker(in) <-s, -> [boˈtaːnikɐ] *m(f)* botanist
botanisch [boˈtaːnɪʃ] *adj* botanical; ~ **er Garten** Botanical Gardens *pl*
Bote, Botin <-n, -n> ['boːtə, 'boːtɪn] *m, f* (*Kurier*) courier; (*mit Nachricht*) messenger
Botengang <-gänge> *m* errand; **einen ~ machen** to run an errand
Botin <-, -nen> *f fem form von* **Bote**
Botox ['boːtɔks] *nt* MED botox
Botschaft <-, -en> ['boːtʃaft] *f* ❶ (*Nachricht*) news *no pl, no indef art*; **freudige ~** glad tidings; **eine ~ erhalten** to receive a message ❷ POL embassy
Botschafter(in) <-s, -> *m(f)* POL ambassador
Bottich <-[e]s, -e> ['bɔtɪç] *m* tub
Bouillon <-, -s> [bʊlˈjɔŋ, bʊlˈjõː] *f* consommé
Boulevardpresse [buləˈvaːɐ̯-] *f* yellow press
Boutique <-, -n> [buˈtiːk] *f* boutique
Bowle <-, -n> ['boːlə] *f* ❶ (*Getränk*) punch *no pl* ❷ (*Schüssel*) punchbowl
Bowling <-s, -s> ['boːlɪŋ] *nt* bowling
Box <-, -en> [bɔks] *f* ❶ box ❷ (*fam: Lautsprecher*) loudspeaker
boxen ['bɔksn̩] **I.** *vi* to box; ■ **gegen jdn ~** to fight sb **II.** *vt* to punch
Boxen <-s> ['bɔksn̩] *nt kein pl* boxing
Boxengasse *f* SPORT pit lane
Boxenluder *nt* SPORT (*pej*) pit groupie
Boxer(in) <-s, -> ['bɔksɐ] *m(f)* boxer
Boxhandschuh *m* boxing glove **Boxkampf** *m* bout

boykottieren* [bɔɪkɔˈtiːrən] *vt* to boycott
brach [braːx] *imp von* **brechen**
brach|liegen *vi irreg* ❶ *Feld* to lie fallow ❷ (*ungenutzt sein*) to be left unexploited
Branche <-, -n> [ˈbrɑ̃ːʃə] *f* line of business
Branchenverzeichnis *nt* classified directory
Brand <-[e]s, Brände> [brant, *pl* ˈbrɛndə] *m* fire; **in ~ geraten** to catch fire; **etw in ~ stecken** to set sth alight; *Haus* to set on fire
Brandblase *f* burn blister **Brandbombe** *f* incendiary device **brandeilig** *adj* (*fam*) extremely urgent
branden [ˈbrandn̩] *vi* to break (**an/gegen** against)
Brandherd *m* source of the fire **Brandmal** <-s, -e> *nt* brand **brandmarken** *vt* to brand (**als** as); **brandneu** [ˈbrantˈnɔy] *adj* (*fam*) brand new **Brandschaden** *m* fire damage *no pl* **Brandschutz** *m kein pl* fire safety *no art, no pl* **Brandstifter(in)** *m(f)* arsonist **Brandstiftung** *f* arson *no pl*
Brandung <-, -en> *f* surf
Brandwunde *f* burn
Branntwein [ˈbrantvaɪn] *m* (*geh*) spirits *pl*
Brasilianer(in) <-s, -> [braziˈli̯aːnɐ] *m(f)* Brazilian
brasilianisch [braziˈli̯aːnɪʃ] *adj* Brazilian; *s. a.* **deutsch**
Brasilien <-s> [braˈziːli̯ən] *nt* Brazil
braten <brät, briet, gebraten> [ˈbraːtn̩] *vt, vi* (*in der Pfanne*) to fry; (*am Spieß*) to roast
Braten <-s, -> [ˈbraːtn̩] *m* roast [meat *no pl, no art*]; **kalter ~** cold meat
Brathähnchen *nt,* **Brathendl** <-s, -[n]> *nt* ÖSTERR, SÜDD grilled chicken **Brathering** *m* fried herring **Bratkartoffeln** *pl* fried potatoes **Bratpfanne** *f* frying pan
Bratsche <-, -n> [ˈbraːtʃə] *f* viola
Bratwurst *f* ❶ (*zum Braten*) [frying] sausage ❷ (*gebratene Wurst*) [fried] sausage
Brauch <-[e]s, Bräuche> [braux, *pl* ˈbrɔyçə] *m* custom; **nach altem ~** according to custom; **[bei jdm so] ~ sein** to be customary [with sb]
brauchbar *adj* ❶ (*geeignet*) suitable; **nicht ~ sein** to be of no use ❷ (*ordentlich*) useful
brauchen [ˈbrauxn̩] **I.** *vt* ❶ to need; **wozu brauchst du das?** what do you need that for? ❷ (*fam: ge-, verbrauchen*) ■ **etw ~** to use sth; **kannst du die Dinge ~?** can you find a use for these? **II.** *vb aux modal* (*müssen*) ■ **etw nicht [zu] tun ~** to not need to do sth; **du hättest doch nur etwas [zu] sagen ~** you need only have said something **III.** *vt impers* SCHWEIZ, SÜDD ■ **es braucht etw** sth is needed
Brauchtum <-[e]s, *selten* -tümer> *nt* customs *pl*; **ein altes ~** a tradition
brauen [ˈbrauən] *vt* to brew
Brauerei <-, -en> [brauəˈraɪ] *f* brewery
braun [braun] *adj* brown; (*sonnengebräunt*) [sun-]tanned
Bräune <-> [ˈbrɔynə] *f kein pl* [sun]tan
bräunen [ˈbrɔynən] **I.** *vi, vt* to tan **II.** *vr* ■ **sich ~** to get a tan
Braunkohle *f* brown coal
brausen [ˈbrauzn̩] *vi* ❶ *haben* (*tosen*) to roar; *Wind* to howl ❷ *sein* (*fam: rasen*) to storm; *Wagen* to race
Brausetablette *f* effervescent tablet
Braut <-, Bräute> [braut, *pl* ˈbrɔytə] *f* bride
Bräutigam <-s, -e> [ˈbrɔytɪgam, ˈbrɔyti-] *m* [bride]groom
Brautjungfer *f* bridesmaid **Brautkleid** *nt* wedding dress **Brautpaar** *nt* bride and groom **Brautschleier** *m* bridal veil
brav [braːf] *adj* good; **sei schön ~!** be a good boy/girl
Brecheisen *nt* crowbar
brechen <bricht, brach, gebrochen> [ˈbrɛçn̩] **I.** *vt haben* ❶ (*zerbrechen*) to break ❷ *Abmachung* to break; *Eid* to violate; **sein Schweigen ~** to break one's silence **II.** *vi* ❶ *sein* (*auseinander*) to break [apart]; **~d voll sein** (*fam*) to be jam-packed ❷ *haben* (*Verbindung beenden*) to break (**mit** with) ❸ (*sich erbrechen*) to be sick
Brechmittel *nt* emetic [agent]
Brechreiz *m kein pl* nausea *no art*
Brei <-[e]s, -e> [braɪ] *m* ❶ (*Speise*) mash *no pl* ❷ (*zähe Masse*) paste ▶ **um den [heißen] ~ herumreden** to beat about the bush
breit [braɪt] *adj* wide; *Schultern* broad; **~e Zustimmung** wide[-ranging] approval; **etw ~[er] machen** to widen sth; **sich ~ machen** to spread oneself [out]; (*sich ausbreiten*) to spread; (*sich verbreiten*) to pervade; **x cm ~ sein** to be x cm wide
Breite <-, -n> [ˈbraɪtə] *f* ❶ width; **von x cm ~** x cm in width ❷ (*Gedehntheit*) breadth
Breitengrad *m* [degree of] latitude
breitenwirksam *adj* widely effective
breit|machen *vr* (*fam*) **sich ~** to spread oneself [out]; (*sich ausbreiten*) to spread; (*sich verbreiten*) to pervade
breit|schlagen *vt irreg* (*fam*) to talk round;

Breitseite–bringen

■ **sich ~ lassen** to let oneself be talked round **Breitseite** *f* broadside **Breitwandfilm** *m* wide-screen film
Bremsbacke *f* brake shoe
Bremsbelag *m* brake lining; AUTO brake pad
Bremse <-, -n> ['brɛmzə] *f* ❶ brake; **auf die ~ treten** to put on the brakes ❷ (*Stechfliege*) horsefly
bremsen ['brɛmzn̩] **I.** *vi* to brake **II.** *vt* ❶ to brake ❷ (*verzögern*) to slow down *sep* ❸ (*fam: zurückhalten*) to check; **sie ist nicht zu ~** (*fam*) there's no holding her
Bremsflüssigkeit *f* brake fluid **Bremsklotz** *m* AUTO brake pad **Bremslicht** *nt* stop light **Bremspedal** *nt* brake pedal **Bremsspur** *f* skid marks *pl* **Bremsweg** *m* braking distance
brennbar *adj* combustible
brennen <brannte, gebrannt> ['brɛnən] **I.** *vi* ❶ burn; (*in Flammen stehen*) to be on fire; **wo brennt's denn?** (*fig*) where's the fire? ❷ (*fam*) *Lampe* to be on; ■ **etw ~ lassen** to leave sth on ❸ (*fam: ungeduldig erwarten*) ■ **darauf ~, etw zu tun** to be dying to do sth **II.** *vt* ❶ *CD* to burn ❷ *Schnaps* to distil
brennend *adj* ❶ *Hitze* scorching ❷ *Frage* urgent; *Wunsch* fervent
Brenner <-s, -> ['brɛnɐ] *m* TECH burner
Brennerei <-, -en> [brɛnəˈraɪ] *f* distillery
Brennessel[ALT] ['brɛnɛsl̩] *f s.* **Brennnessel**
Brennglas *nt* burning glass **Brennholz** *nt* firewood **Brennmaterial** *nt* fuel **Brennnessel**[RR] ['brɛnɛsl̩] *f* stinging nettle **Brennpunkt** *m* ❶ PHYS focal point ❷ (*Zentrum*) focus; **im ~ [des Interesses] stehen** to be the focus [of interest] **Brennspiritus** *m* methylated spirit **Brennstab** *m* fuel rod **Brennstoff** *m* fuel **Brennstoffzelle** *f* TECH, PHYS fuel cell
brenzlig ['brɛntslɪç] *adj* (*fam*) dicey; **die Situation wird mir zu ~** things are getting too hot for me
Bresche <-, -n> ['brɛʃə] *f* breach; [**für jdn**] **in die ~ springen** (*fig*) to step in [for sb]
Bretagne <-> [breˈtanjə, brəˈtanjə] *f* ■ **die ~** Brittany
Bretone, Bretonin <-n, -n> [breˈtoːnə, breˈtoːnɪn] *m, f* Breton
Brett <-[e]s, -er> [brɛt] *nt* board; (*Planke*) plank; (*Regalboden*) shelf; **schwarzes ~** noticeboard; **etw mit ~ern vernageln** to board sth up ▶ **ein ~ vorm <u>Kopf</u> haben**

(*fam*) to be slow on the uptake
Bretterbude *f* booth **Bretterzaun** *m* wooden fence
Brettspiel *nt* board game
Brezel <-, -n> ['breːtsl̩] *f* pretzel

> **Brezeln** are a south German speciality whose light-coloured dough is turned brown by dipping in a salt solution before baking. They are sprinkled with coarse salt and sold in baker's shops or on pretzel stalls; when spread with butter they are called **Butterbrezeln**.

Brief <-[e]s, -e> [briːf] *m* letter
Briefbeschwerer <-s, -> *m* paperweight
Briefbogen *m* [sheet of] writing paper **Brieffreund(in)** *m(f)* pen pal **Briefkasten** *m* (*an Haus*) letter box BRIT, mailbox AM; (*Postkasten*) postbox BRIT, mailbox AM; **elektronischer ~** electronic mailbox
brieflich *adj, adv* in writing *pred*
Briefmarke *f* stamp **Briefmarkensammler(in)** *m(f)* stamp collector **Brieföffner** *m* letter opener **Briefpapier** *nt* letter paper **Brieftasche** *f* wallet **Briefträger(in)** *m(f)* postman *masc,* postwoman *fem* **Briefumschlag** *m* envelope **Briefwahl** *f* postal vote BRIT, absent[ee] ballot AM
Brigade <-, -n> [briˈgaːdə] *f* MIL brigade
Brikett <-s, -s *o selten* -e> [briˈkɛt] *nt* briquette
brillant [brɪlˈjant] *adj* brilliant
Brillant <-en, -en> [brɪlˈjant] *m* brilliant
Brille <-, -n> ['brɪlə] *f* glasses *pl;* ■ **eine ~** a pair of glasses; [**eine**] **~ tragen** to wear glasses
Brillenetui *nt* glasses case **Brillengestell** *nt* spectacles frame **Brillenglas** *nt* lens **Brillenschlange** *f* cobra
Brilli <-s, -s> ['brɪli] *m* (*hum fam*) [big] diamond
bringen <brachte, gebracht> ['brɪŋən] *vt* ❶ (*hintragen*) ■ [**jdm**] **etw ~** to bring [sb] sth; **den Müll nach draußen ~** to take out the rubbish [*or* AM garbage]; **etw hinter sich** *akk* **~** to get sth over and done with; **etw mit sich** *dat* **~** to involve sth; **es nicht über sich** *akk* **~, etw zu tun** not to be able to bring oneself to do sth ❷ (*begleiten*) **jdn nach Hause ~** to take sb home; **die Kinder ins Bett ~** to put the children to bed ❸ (*versetzen*) **jdn in Bedrängnis ~** to get sb into

trouble; **jdn ins Gefängnis** ~ to put sb in prison; **jdn ins Grab** ~ to be the death of sb; **jdn in Schwierigkeiten** ~ to put sb into a difficult position ④(*berauben*) ■**jdn um etw** *akk* ~ to rob sb of sth; **jdn um den Verstand** ~ to drive sb mad ⑤(*beitragen*) to bring in ⑥(*motivieren*) ■**jdn dazu** ~**, etw zu tun** to get sb to do sth ⑦ *mit substantiviertem Verb* (*veranlassen*) **jdn zum Laufen/Sprechen** ~ to make sb run/talk; **etw zum Brennen/Laufen** ~ to get sth to burn/work ⑧(*fam: gut sein*) **sie/es bringt's** she's/it's got what it takes; **das bringt nichts** it's pointless; **das bringt's nicht** that's useless

brisant [bri'zant] *adj* explosive
Brise <-, -n> ['bri:zə] *f* breeze
Brite, Britin <-n, -n> ['brɪtə, 'bri:tə, 'brɪtɪn, 'bri:tɪn] *m, f* Briton; **wir sind** ~**n** we're British
britisch ['brɪtɪʃ, 'bri:tɪʃ] *adj* British; *s. a.* **deutsch**
bröckeln ['brœkl̩n] *vi* to crumble
Brocken <-s, -> ['brɔkn̩] *m* chunk; **ein harter** ~ **sein** (*fam*) to be a tough nut; **ein paar** ~ **Russisch** a smattering of Russian
brodeln ['bro:dl̩n] *vi* to seethe
Brokat <-[e]s, -e> [bro'ka:t] *m* brocade
Brokkoli ['brɔkoli] *pl* broccoli *no pl, no indef art*
Brom <-s> [bro:m] *nt kein pl* bromine *no pl*
Brombeere ['brɔmbe:rə] *f* ①blackberry ②(*Strauch*) blackberry bush
Brombeerstrauch *m s.* **Brombeere 2**
Bronchialkatarr^RR *m,* **Bronchialkatarrh** *m* bronchial catarrh
Bronchie <-, -n> ['brɔnçi̯ə, *pl* -çi̯ən] *f meist pl* bronchial tube, bronchus *spec*
Bronchitis <-, Bronchitiden> [brɔn'çi:tɪs, *pl* -çi'ti:dn̩] *f* bronchitis *no art*
Bronze <-, -n> ['brõ:sə] *f* bronze
Bronzemedaille [-medaljə] *f* bronze medal
Brosche <-, -n> ['brɔʃə] *f* brooch
Broschüre <-, -n> [brɔ'ʃy:rə] *f* brochure
Brösel <-s, -> ['brø:zl̩] *m* DIAL crumb
Brot <-[e]s, -e> [bro:t] *nt* bread *no pl;* (*Laib*) loaf [of bread]; **ein** ~ **mit Honig/Käse** a slice of bread and honey/cheese; **belegtes** ~ open sandwich; **sich** *dat* **sein** ~ **verdienen** to earn one's living
Brotberuf *m* [additional] job to pay the bills
Brötchen <-s, -> ['brø:tçən] *nt* [bread] roll
Broteinheit *f* carbohydrate unit **Brotkasten** *m* bread bin **Brotrinde** *f* [bread] crust
Brownie <-s, -s> ['brauni] *m* KOCHK brownie
Browser <-s, -> ['brauzɐ] *m* INET, INFORM browser
Bruch <-[e]s, Brüche> [brʊx, *pl* 'bry:çə] *m* ①(*Nichteinhalten*) violation; *eines Vertrags* infringement; *des Vertrauens* breach ②(*von Beziehung*) rift; *der Tradition* break; **in die Brüche gehen** to break up ③ MED *eines Knochens* fracture; *der Eingeweide* hernia; **sich** *dat* **einen** ~ **heben** to give oneself a hernia ④ MATH fraction ⑤(*zerbrochene Ware*) breakage; **zu** ~ **gehen** to get broken
Bruchband *m* MED truss, surgical belt
Bruchbude *f* (*pej fam*) dump **bruchfest** *adj* unbreakable
brüchig ['brʏçɪç] *adj* ①brittle ②*Stimme* cracked
Bruchrechnung *f* MATH sum with fractions
Bruchstück *nt* fragment **bruchstückhaft** **I.** *adj* fragmentary **II.** *adv* in fragments
Bruchteil *m* fraction; **im** ~ **einer Sekunde** in a split second **Bruchzahl** *f* fraction
Brücke <-, -n> ['brʏkə] *f* bridge; **alle** ~**n hinter sich** *dat* **abbrechen** (*fig*) to burn [all] one's bridges behind one
Brückengeländer *nt* parapet **Brückenpfeiler** *m* pier
Bruder <-s, Brüder> ['bru:dɐ, *pl* 'bry:dɐ] *m* brother; ■**die Brüder Grimm/Schmitz** the Brothers Grimm/the Schmitz brothers
brüderlich **I.** *adj* fraternal **II.** *adv* like brothers; ~ **teilen** to share and share alike
Bruderschaft <-, -en> *f* REL fraternity
Brühe <-, -n> ['bry:ə] *f* ①(*Suppe*) [clear] soup ②(*fam: Flüssigkeit*) **schmutzige** ~ sludge ③(*pej fam: Getränk*) slop
Brühwürfel *m* stock cube
brüllen ['brʏlən] *vi* to roar (**vor** with); (*weinen*) to bawl; **brüll doch nicht so!** don't shout like that!
Brummbär ['brʊm-] *m* (*fam: brummiger Mann*) crosspatch
brummen ['brʊmən] **I.** *vi* ①*Insekt, Klingel* to buzz; *Bär* to growl; *Bass* to rumble ②(*fam*) *Geschäft, Wirtschaft* to boom **II.** *vt* ■**etw** ~ to mumble sth
Brummer <-s, -> *m* (*fam: Fliege*) bluebottle
brummig ['brʊmɪç] *adj* (*fam*) grouchy
Brummschädel *m* (*fam*) **einen** ~ **haben** to be hung over

brünett [bry'nɛt] *adj* brunet[te]
Brünette(r) [bry'nɛtə, -nɛtɐ] *f dekl wie adj* brunet[te]
Brunnen <-s, -> ['brʊnən] *m* ❶ well; **einen ~ bohren** to sink a well ❷ (*mit Fontäne*) fountain
Brunnenkresse *f* watercress **Brunnenschacht** *m* well shaft
brünstig ['brʏnstɪç] *adj* (*männliches Tier*) rutting; (*weibliches Tier*) on [*or* AM in] heat *pred*
brüsk [brʏsk] *adj* brusque
brüskieren* [brʏs'kiːrən] *vt* to snub
Brüssel <-s> ['brʏsl] *nt* Brussels
Brust <-, Brüste> [brʊst, *pl* 'brʏstə] *f* ❶ (*Brustkasten*) chest ❷ (*weibliche ~*) breast; **einem Kind die ~ geben** to breast-feed a baby
Brustbein *nt* breastbone **Brustbeutel** *m* money bag [worn round the neck]
brüsten ['brʏstn̩] *vr* ■ **sich ~** to boast (**mit** about)
Brustfell *nt* ANAT pleura
Brustfellentzündung *f* MED pleurisy **Brustkorb** *m* chest **Brustkrebs** *m* breast cancer **Brustschwimmen** *nt* breast-stroke **Brusttasche** *f* breast pocket
Brüstung <-, -en> ['brʏstʊŋ] *f* parapet
Brustwarze *f* nipple
Brut <-, -en> [bruːt] *f* ❶ *kein pl* (*das Brüten*) brooding ❷ (*die Küken*) brood
brutal [bru'taːl] **I.** *adj* brutal; **ein ~er Kerl** a brute **II.** *adv* brutally
Brutalität <-, -en> [brutali'tɛːt] *f* ❶ *kein pl* (*Rohheit*) brutality ❷ *kein pl* (*Schonungslosigkeit*) cruelty
brüten ['bryːtn̩] *vi* ❶ to brood ❷ (*grübeln*) to brood (**über** over)
Brüter <-s, -> *m* NUKL [nuclear] breeder; **schneller ~** fast breeder
Brutkasten *m* incubator
Brutstätte *f* breeding ground (+*gen* for)
brutto ['brʊto] *adv* [in the] gross; **3800 Euro ~ verdienen** to have a gross income of 3800 euros
Bruttoeinkommen *nt* gross income **Bruttogewicht** *nt* gross weight **Bruttoinlandsprodukt** *nt* gross domestic product, GDP **Bruttoregistertonne** *f* register [*or* form gross registered] ton **Bruttosozialprodukt** *nt* gross national product, GNP
Btx [beːteː'ʔɪks] *Abk von* **Bildschirmtext** Vtx

Bub <-en, -en> [buːp, *pl* buːbn̩] *m* SÜDD, ÖSTERR, SCHWEIZ boy, lad, BRIT *a.* cock
Buch <-[e]s, Bücher> [buːx, *pl* 'byːçɐ] *nt* book; **du redest wie ein ~** (*fam*) you never stop talking; **ein ~ mit sieben Siegeln** (*fig*) a closed book; **jdm die Bücher führen** to keep sb's accounts; **über etw** *akk* **~ führen** to keep a record of sth
Buchbesprechung *f* book review **Buchdrucker(in)** *m(f)* [letterpress] printer
Buche <-, -n> ['buːxə] *f* beech [tree]
Buchecker <-, -n> *f* beechnut
Buchenholz *nt* beech[wood]
Bücherei <-, -n> [byːçə'rai] *f* library
Bücherregal *nt* bookshelf **Bücherschrank** *m* bookcase **Bücherwurm** *m* (*hum*) bookworm
Buchfink *m* chaffinch
Buchführung *f* bookkeeping *no pl;* **einfache/doppelte ~** single-/double-entry bookkeeping **Buchhalter(in)** *m(f)* bookkeeper **Buchhaltung** *f* ❶ (*Abteilung*) accounts department ❷ *s.* **Buchführung Buchhandel** *m* book trade; **im ~ erhältlich** available in bookshops **Buchhändler(in)** *m(f)* bookseller **Buchhandlung** *f* bookshop **Buchmacher(in)** *m(f)* bookmaker **Buchprüfer(in)** *m(f)* auditor **Buchprüfung** *f* audit
Buchs <-es, -e> [bʊks] *m* BOT box [tree]
Buchse <-, -n> ['bʊksə] *f* ❶ ELEK jack ❷ TECH bushing
Büchse <-, -n> ['bʏksə] *f* tin BRIT, can AM
Büchsenöffner *m* can-opener, BRIT *a.* tin-opener
Buchstabe <-n[s], -n> ['buːxʃtaːbə] *m* letter; **fetter ~** bold character; **in großen ~n** in capitals; **in kleinen ~n** in small letters
Buchstabentreue *f kein pl* literal, word-for-word *attr*
buchstabieren* [buːxʃta'biːrən] *vt* to spell
buchstäblich ['buːxʃtɛːblɪç] **I.** *adj* literal **II.** *adv* literally
Bucht <-, -en> [bʊxt] *f* bay
Buchtel <-, -n> ['bʊxtl̩] *f meist pl* ÖSTERR *a yeast pastry filled with jam or sth similar*
Buchung <-, -en> *f* ❶ (*Reservierung*) booking ❷ FIN posting
Buchweizen *m* buckwheat
Buchwert *m* FIN book value
Buckel <-s, -> ['bʊkl̩] *m* ❶ (*fam: Rücken*) back; **einen [krummen] ~ machen** to arch one's back ❷ (*fam: verkrümmter Rücken*)

hunchback ▶ **rutsch mir [doch] den ~ runter!** (*fam*) get off my back!
buckelig ['bʊkəlɪç] *adj s.* **bucklig**
buckeln ['bʊkl̩n] *vi* (*pej: sich devot verhalten*) to crawl (**vor** up to)
bücken ['bʏkn̩] *vr* ■ **sich** ~ to bend down
bucklig ['bʊklɪç] *adj* (*fam*) ❶ (*mit einem Buckel*) hunchbacked ❷ (*fam: uneben*) bumpy
Bückling <-s, -e> ['bʏklɪŋ] *m* (*Fisch*) smoked herring
buddeln ['bʊdl̩n] *vi* (*fam*) to dig [up]
Buddhismus <-> [bʊˈdɪsmʊs] *m kein pl* Buddhism
Buddhist(in) <-en, -en> [bʊˈdɪst] *m(f)* Buddhist
Bude <-, -n> ['buːdə] *f* ❶ (*auf Baustelle*) [builder's] hut BRIT, trailer [on a construction site] AM; (*Marktstand*) stand ❷ (*fam: Wohnung*) digs *pl* BRIT, pad AM; **sturmfreie ~ haben** (*fam*) to have the place to oneself ▶ **jdm fällt die ~ auf den Kopf** (*fam*) sb feels claustrophobic; **jdm die ~ einrennen** (*fam*) to buy everything in sight in sb's shop BRIT, to clear out sb's store AM
Budget <-s, -s> [byˈdʒeː] *nt* budget
Büfett <-[e]s, -e *o* -s> [byˈfeː] *nt* ❶ (*Anrichte*) sideboard ❷ (*Essen*) buffet; **kaltes ~** cold buffet
Büffel <-s, -> ['bʏfl̩] *m* buffalo
büffeln ['bʏfl̩n] *vt* (*fam*) to swot up on
Bug <-[e]s, Büge *o* -e> [buːk, *pl* 'byːgə] *m* NAUT bow; LUFT nose
Bügel <-s, -> ['byːgl̩] *m* (*für Kleider*) coat hanger
Bügelbrett *nt* ironing board **Bügeleisen** <-s, -> *nt* iron **Bügelfalte** *f* crease **bügelfrei** *adj* crease-free **Bügelmaschine** *f* ironing machine
bügeln ['byːgl̩n] *vt, vi* to iron
Bühne <-, -n> ['byːnə] *f* ❶ (*Spielfläche*) stage; **hinter der ~** behind the scenes ❷ (*Theater*) theatre ▶ **etw über die ~ bringen** (*fam*) to get sth over with
Bühnenbild *nt* scenery **Bühnenbildner(in)** <-s, -> *m(f)* scene-painter **Bühnenstück** *nt* [stage] play
Buhruf *m* [cry of] boo
Bukett <-s, -s *o* -e> [buˈkɛt] *nt* bouquet
Bulgare, Bulgarin <-n, -n> [bʊlˈgaːrə, bʊlˈgaːrɪn] *m, f* Bulgarian
Bulgarien <-s> [bʊlˈgaːri̯ən] *nt* Bulgaria

Bulgarin <-, -nen> *f fem form von* **Bulgare**
bulgarisch [bʊlˈgaːrɪʃ] *adj* Bulgarian; *s. a.* **deutsch 1, 2**
Bulgarisch [bʊlˈgaːrɪʃ] *nt dekl wie adj* Bulgarian; *s. a.* **Deutsch**
Bulimie <-> [buliˈmiː] *f kein pl* bulimia [nervosa] *no pl*
Bullauge ['bʊl-] *nt* porthole
Bulldogge *f* bulldog
Bulldozer <-s, -> ['bʊldoːzɐ] *m* bulldozer
Bulle <-n, -n> ['bʊlə] *m* ❶ (*Tier*) bull ❷ (*sl: Polizist*) cop *fam*
Bullenhitze *f kein pl* (*fam*) stifling heat
Bumerang <-s, -s *o* -e> ['buːməraŋ] *m* boomerang
Bummel <-s, -> ['bʊml̩] *m* stroll; **einen ~ machen** to go for a stroll
Bummelant(in) <-en, -en> [bʊməˈlant] *m(f)* (*pej fam*) slowcoach BRIT *fam*, slowpoke AM *fam*
Bummelei <-> [bʊməˈlai] *f kein pl* (*pej fam*) dilly-dallying
bummeln ['bʊml̩n] *vi* ❶ *sein* (*spazieren gehen*) to stroll; **~ gehen** to go for a stroll ❷ *haben* (*fam: trödeln*) to dilly-dally
Bummelstreik *m* go-slow
Bummelzug *m* (*fam*) local train
bumsen ['bʊmzn̩] *vi* ❶ *sein* (*prallen*) to bang; **was bumst da so?** what's that banging? ❷ *haben* (*derb: koitieren*) ■ [**mit jdm**] **~** to screw sb
Bund[1] <-[e]s, Bünde> [bʊnt, *pl* 'bʏndə] *m* ❶ (*Vereinigung*) association ❷ (*von Ländern*) confederation; ■ **der ~** (*BRD*) the Federal Republic of Germany; SCHWEIZ (*Eidgenossenschaft*) the confederation ❸ (*fam: Bundeswehr*) ■ **der ~** the [German] army; **beim ~ sein** to do one's military service
Bund[2] <-[e]s, -e> [bʊnt, *pl* 'bʊndə] *nt* bundle; KOCHK bunch
Bündel <-s, -> ['bʏndl̩] *nt* bundle
bündeln *vt* to tie in[to] bundles
Bundesarbeitsgericht *nt kein pl* JUR Federal Labour Court (*highest labour court in Germany*) **Bundesbank** *f kein pl* Federal Bank of Germany **Bundesbürger(in)** *m(f)* German citizen **Bundesgebiet** *nt* BRD federal territory **Bundesgerichtshof** *m* BRD Federal German supreme court **Bundeshauptstadt** *f* federal capital **Bundesheer** *nt* ÖSTERR Austrian Armed Forces **Bundesinnenminister(in)** *m(f)* German Minister of the Interi-

Bundeskanzler – bunt

or **Bundeskanzler(in)** *m(f)* BRD German Chancellor; ÖSTERR Austrian Chancellor; SCHWEIZ Head of the Federal Chancellery

In Germany the **Bundeskanzler** (Federal Chancellor) is elected by the **Bundestag** (Lower House of the Federal Parliament) and then invested by the head of state, the Federal President. In Austria, the **Bundeskanzler** is proposed by the largest party in the **Nationalrat** (National Assembly) and appointed by the President. He/she is the leader of the government and heads the **Bundeskanzleramt** (Federal Chancellery) which in Switzerland is called the **Bundeskanzlei**.

Bundesland *nt* federal state; (*nur BRD*) Land

Since reunification the Federal Republic of Germany has been made up of 16 **Bundesländer** (federal states). Austria is divided up into 9 federal states. Each state has a capital containing the seat of state government.

Bundesliga *f kein pl* German football [*or* AM soccer] league **Bundesnachrichtendienst** *m* BRD Federal Intelligence Service [of Germany] **Bundespost** *f kein pl* Federal Post Office **Bundespräsident(in)** *m(f)* BRD, ÖSTERR President of the Federal Republic of Germany/Austria; SCHWEIZ President of the Confederation

The **Bundespräsident/-in** (Federal President) in Germany and Austria is head of state with predominantly ceremonial functions. In Switzerland though, he/she is a member of the government and one of the seven members of the **Bundesrat** (Federal Council) which each year elects one of its members to be Federal President – albeit as *Primus inter Pares*, first among equals.

Bundesrat *m* ① BRD, ÖSTERR Bundesrat (*Upper House of Parliament*) ② *kein pl* SCHWEIZ Federal Council (*executive body*)

Der Bundesrat (the Upper House of the German Parliament) is composed of members of the individual state governments. The number of representatives is determined by the size of the state. The **Bundesrat** plays a role in the passing of legislation. In Austria, the **Bundesrat** is the part of parliament where the **Länder** (provinces) are represented according to their population. The exact number of representatives from the provinces is stipulated by the Federal President after each national census. In Switzerland however, the **Bundesrat** is the government, which consists of seven members who are elected for four years and is chaired by the Federal President.

Bundesregierung *f* federal government **Bundesrepublik** *f* federal republic; **die ~ Deutschland** the Federal Republic of Germany **Bundesstaat** *m* ① (*Staatenbund*) confederation ② (*Gliedstaat*) federal state; **im ~ Kalifornien** in the state of California **Bundesstraße** *f* BRD, ÖSTERR ≈ A road BRIT, ≈ interstate [highway] AM **Bundestag** *m kein pl* BRD Bundestag (*Lower House of Parliament*)

Der Bundestag (the Lower House of the German Parliament) is the representative body of the people and is elected every four years in a free and secret ballot. The **Bundestag** elects the **Bundeskanzler** (Federal Chancellor) and debates and passes bills.

Bundestagspräsident(in) *m(f)* President of the Bundestag **Bundestagswahl** *f* Bundestag election **Bundesverfassungsgericht** *nt kein pl* BRD Federal Constitutional Court **Bundesverfassungsrichter, -richterin** *m, f* Judge of the German Federal Constitutional Court **Bundesversammlung** *f* ① BRD Federal Assembly ② SCHWEIZ Parliament **Bundeswehr** *f* Federal Armed Forces
Bundfaltenhose *f* trousers [*or* AM *a.* pants] *pl* with a pleated front
bündig ['bʏndɪç] *adj* concise
Bündnis <-ses, -se> ['bʏntnɪs] *nt* alliance
Bündnispartner *m* POL, ÖKON alliance partner
Bunker <-s, -> ['bʊŋkɐ] *m* bunker; (*gegen Luftangriffe*) air-raid shelter
bunt [bʊnt] **I.** *adj* ① colourful ② (*vielfältig*)

varied **II.** *adv* colourfully; ~ **gestreift** with colourful stripes; ~ **gemischt** (*abwechslungsreich*) diverse; (*vielfältig*) varied ▶ **es zu ~ treiben** (*fam*) to go too far; **jdm wird es zu ~** (*fam*) sb has had enough

Buntspecht *m* great spotted woodpecker **Buntstift** *m* coloured pencil **Buntwäsche** *f* colour wash

Bürde <-, -n> ['bʏrdə] *f* (*geh*) ❶ (*Last*) load ❷ (*Beschwernis*) burden

Burg <-, -en> [bʊrk] *f* castle

bürgen *vi* ❶ (*einstehen für*) ■ **für jdn ~** to act as sb's guarantor ❷ (*garantieren*) to guarantee

Bürger(in) <-s, -> ['bʏrɡɐ] *m(f)* citizen

Bürgerinitiative *f* citizens' group **Bürgerkrieg** *m* civil war

bürgerlich ['bʏrɡəlɪç] *adj* ❶ *attr* (*staatsbürgerlich*) civil; **~e Pflicht** civic duty ❷ (*dem Bürgerstand angehörend*) bourgeois *pej*

Bürgermeister(in) ['bʏrɡɐmaɪstɐ] *m(f)* mayor; **der regierende ~ von Hamburg** the governing Mayor of Hamburg **Bürgerrechtsbewegung** *f* civil rights movement **Bürgersteig** <-[e]s, -e> *m* pavement BRIT, sidewalk AM **Bürgerversammlung** *f* citizen's meeting

Bürgschaft <-, -en> *f* JUR ❶ (*gegenüber Gläubigern*) guaranty; **die ~ für jdn übernehmen** to act as sb's guarantor ❷ (*Haftungssumme*) security

Burgund <-[s]> [bʊr'ɡʊnt] *nt* Burgundy

Burgunder <-s, -> [bʊr'ɡʊndɐ] *m* (*Wein aus Burgund*) burgundy

Büro <-s, -s> [by'roː] *nt* office

Büroangestellte(r) *f(m) dekl wie adj* office worker **Büroarbeit** *f* office work **Büroklammer** *f* paper clip **Bürokram** *m kein pl* (*pej fam*) [bureaucratic] paperwork

Bürokratie <-, -n> [byrokra'tiː, *pl* -'tiːən] *f* bureaucracy

bürokratisch I. *adj attr* bureaucratic **II.** *adv* bureaucratically

Bursche <-n, -n> ['bʊrʃə] *m* ❶ (*Halbwüchsiger*) adolescent ❷ (*fam: Kerl*) so-and-so BRIT, character AM

burschikos [bʊrʃi'koːs] *adj* casual; **~es Mädchen** tomboy

Bürste <-, -n> ['bʏrstə] *f* brush

bürsten ['bʏrstn̩] *vt* to brush

Bus <-ses, -se> [bʊs, *pl* 'bʊsə] *m* bus

Busbahnhof *m* bus station

Busch <-[e]s, Büsche> [bʊʃ, *pl* 'bʏʃə] *m* ❶ (*Strauch*) shrub ❷ (*Wald*) bush ▶ **mit etw dat hinter dem ~ halten** (*fam*) to keep sth to oneself; **da ist etw im ~** sth is up

Büschel <-s, -> ['bʏʃl̩] *nt* tuft

büschelweise *adv* in tufts

Busen <-s, -> ['buːzn̩] *m* breast

Busfahrer(in) *m(f)* bus driver

Bushaltestelle *f* bus stop

Buslinie *f* bus route

Bussard <-s, -e> ['bʊsart, *pl* 'bʊsardə] *m* buzzard

Buße <-, -n> ['buːsə] *f* ❶ *kein pl* penance; **~ tun** to do penance ❷ (*Geldbuße*) fine

büßen ['byːsn̩] **I.** *vt* ❶ (*bezahlen*) to pay for ❷ SCHWEIZ (*mit einer Geldbuße belegen*) to fine **II.** *vi* to suffer (**für** because of); **dafür wird er mir ~!** I'll make him suffer for that!

Bußgeld *nt* fine (*imposed for traffic and tax offences*)

Büste <-, -n> ['bʏstə] *f* bust

Büstenhalter *m* bra

Butangas *nt* butane gas

Butike <-, -n> [bu'tiːk] *f s.* **boutique**

Bütten <-s> ['bʏtn̩] *nt*, **Büttenpapier** *nt kein pl* handmade paper

Butter <-> ['bʊtɐ] *f kein pl* butter ▶ **weich wie ~** as soft as can be; **alles [ist] in ~** (*fam*) everything is hunky-dory

Butterblume *f* buttercup **Butterbrot** *nt* slice of buttered bread **Butterbrotpapier** *nt* greaseproof paper **Buttermilch** *f* buttermilk **Butterschmalz** *nt* clarified butter **butterweich** ['bʊtɐ'vaɪç] *adj* really soft

Byte <-s, -s> [baɪt] *nt* byte

C, c <-, - *o fam* -s, -s> [tseː] *nt* ❶ (*Buchstabe*) C, c; *s. a.* **A 1** ❷ MUS C, c; **das hohe ~** top c; *s. a.* **A 2**

C [tseː] *Abk von* **Celsius** C

ca. *Abk von* **circa** approx., ca.

Café <-s, -s> [ka'feː] *nt* café

Cafeteria <-, -s> [kafetə'riːa] *f* cafeteria

Camcorder <-s, -> ['kamkɔrdɐ] *m* camcorder

Camping–chirurgisch

Camping <-s> ['kɛmpɪŋ] *nt kein pl* camping
Campingausrüstung *f* camping equipment **Campingbus** *m* camper **Campingplatz** *m* campsite
Cappuccino <-[s], -[s]> [kapʊ'tʃiːno] *m* cappuccino
Castortransport *m* Castor casket
CB-Funk *m* CB radio
CD <-, -s> [tseː'deː] *f Abk von* **Compactdisc** CD
CD-ROM <-, -s> [tseːdeː'rɔm] *f* CD-ROM **CD-ROM-Laufwerk** *nt* CD-ROM drive **CD-Spieler** *m* CD player **CD-Ständer** *m* CD rack
Cellist(in) <-en, -en> [tʃɛ'lɪst] *m(f)* cellist
Cello <-s, -s *o* Celli> ['tʃɛlo] *nt* cello
Celsius ['tsɛlzi̯ʊs] *no art* Celsius
Cembalo <-s, -s *o* Cembali> ['tʃɛmbalo] *nt* cembalo
Cent <-[s], -[s]> ['sɛnt] *m* cent
Ceylon ['tsailɔn] *nt früher für* **Sri Lanka** Ceylon
Chamäleon <-s, -s> [ka'mɛːleɔn] *nt* chameleon
Champagner <-s, -> [ʃam'panjə] *m* champagne
Champignon <-s, -s> ['ʃampɪnjɔŋ] *m* mushroom
Chance <-, -n> ['ʃãːsə] *f* chance; **die ~n stehen gut/schlecht** there's a good/there's little chance
Chancengleichheit *f kein pl* equal opportunities *pl*
Chaos <-> ['kaːɔs] *nt kein pl* chaos
Chaot(in) <-en, -en> [ka'oːt] *m(f)* chaotic person
chaotisch [ka'oːtɪʃ] **I.** *adj* chaotic **II.** *adv* chaotically
Charakter <-s, -tere> [ka'raktɐ] *m* character; **~ haben** to have strength of character
Charaktereigenschaft *f* characteristic **charakterfest** *adj* with strength of character *pred*
charakterisieren* [karakteri'ziːrən] *vt* to characterize
charakteristisch [karakte'rɪstɪʃ] *adj* characteristic (**für** of)
charakterlos *adj* despicable
Charakterzug *m* characteristic
charmant [ʃar'mant] **I.** *adj* charming **II.** *adv* charmingly
Charme <-s> [ʃarm] *m kein pl* charm

Charta <-, -s> ['karta] *f* charter
Charterflug ['tʃarte-] *m* charter flight
Chartermaschine *f* charter
Chassis <-, -> [ʃa'siː] *nt* chassis
Chauffeur(in) <-s, -e> [ʃɔ'føːɐ̯] *m(f)* chauffeur
Chauffeuse <-, -n> [ʃɔføːzə] *f* SCHWEIZ *fem form von* **Chauffeur** female professional driver
Chauvi <-s, -s> ['ʃoːvi] *m* (*sl*) chauvinist
Chauvinist(in) <-en, -en> [ʃovi'nɪst] *m(f)* chauvinist
chauvinistisch [ʃovi'nɪstɪʃ] **I.** *adj* chauvinistic **II.** *adv* chauvinistically
checken ['tʃɛkn̩] *vt* ❶ to check ❷ (*sl: begreifen*) ▪ **etw ~** to get sth
Chef(in) <-s, -s> [ʃɛf] *m(f)* head; (*einer Firma*) boss
Chefarzt, -ärztin *m, f* head doctor **Chefetage** *f* management floor **Chefkoch, -köchin** *m, f* chief cook **Chefredakteur(in)** *m(f)* editor-in-chief **Chefsache** *f pl selten* (*fam*) management matter; **erklären Sie den Fall zur ~!** that's a matter for the boss!
Chemie <-> [çe'miː] *f kein pl* chemistry
Chemiefaser *f* man-made fibre
Chemiker(in) <-s, -> ['çeːmikɐ] *m(f)* chemist
chemisch ['çeːmɪʃ] *adj* chemical
Chemotherapie *f* chemotherapy
Chiffre <-, -n> ['ʃɪfrə] *f* box number
Chiffreanzeige *f* box number advertisement
Chile <-s> ['tʃiːle] *nt* Chile
Chilene, Chilenin <-n, -n> [tʃi'leːnə, tʃi'leːnɪn] *m, f* Chilean
chillen ['tʃɪlən] *vi* (*sl*) to chill [out]
China <-s> ['çiːna] *nt* China
Chinese, Chinesin <-n, -n> [çi'neːzə, çi'neːzɪn] *m, f* Chinese
chinesisch [çi'neːzɪʃ] *adj* Chinese; *s. a.* **deutsch**
Chinesisch [çi'neːzɪʃ] *nt dekl wie adj* Chinese; *s. a.* **Deutsch**
Chinin <-s> [çi'niːn] *nt kein pl* quinine *no pl*
Chip <-s, -s> [tʃɪp] *m* ❶ chip ❷ *pl* KOCHK crisps *pl* BRIT, chips *pl* AM
Chipkarte *f* smart card
Chirurg(in) <-en, -en> [çi'rʊrk] *m(f)* surgeon
Chirurgie <-, -n> [çirʊr'giː] *f kein pl* surgery
chirurgisch [çi'rʊrgɪʃ] **I.** *adj* surgical **II.** *adv* surgically

Chlor <-s> [kloːɐ̯] *nt kein pl* chlorine
Chloroform <-s> [kloro'fɔrm] *nt kein pl* chloroform
Chlorophyll <-s> [kloro'fʏl] *nt kein pl* chlorophyll
Cholera <-> ['koːlera] *f kein pl* cholera
cholerisch [ko'leːrɪʃ] *adj* choleric
Cholesterin <-s> [çolɛste'riːn] *nt kein pl* cholesterol
Cholesterinspiegel *m* cholesterol level
Chor <-[e]s, Chöre> [koːɐ̯, *pl* 'køːrə] *m* chorus; **im** ~ in chorus
Choral <-s, Choräle> [ko'raːl, *pl* ko'rɛːlə] *m* chorale
Choreograf(in)^{RR} <-en, -en> [koreo'graːf] *m(f)* choreographer
Choreografie^{RR} <-, -n> [koreogra'fiː] *f* choreography
choreografieren [koreogra'fiːrən] *vi* to choreograph
Christ(in) <-en, -en> [krɪst] *m(f)* Christian
Christbaum *m* Christmas tree
Christentum <-s> *nt kein pl* Christianity
Christkind *nt* ❶ (*Jesus*) Christ child ❷ (*weihnachtliche Gestalt*) Christ child, who brings Christmas presents for Children on 24th December; **ans** ~ **glauben** to believe in Father Christmas
christlich *adj* Christian
Christmesse *f*, **Christmette** *f* Christmas mass
Christus ['krɪstʊs] *m* Christ; **nach** ~ AD; **vor** ~ BC; **Christi Himmelfahrt** Ascension
Chrom <-s> [kroːm] *nt kein pl* chrome
Chromosom <-s, -en> [kromo'zoːm] *nt* chromosome
Chronik <-, -en> ['kroːnɪk] *f* chronicle
chronisch ['kroːnɪʃ] *adj* chronic; ~ **krank** chronically ill
chronologisch [krono'loːgɪʃ] **I.** *adj* chronological **II.** *adv* in chronological order
Chrysantheme <-, -n> [kryzan'teːmə] *f* chrysanthemum
circa ['tsɪrka] *adv* about
Clip <-s, -s> [klɪp] *m* ❶ (*Klammer*) clip ❷ (*Ohrschmuck*) clip-on
Clique <-, -n> ['klɪkə] *f* circle of friends
Clown(in) <-s, -s> [klaun] *m(f)* clown ▶ **sich zum** ~ **machen** to make a fool of oneself; **den** ~ **spielen** to play the clown
Code <-s, -s> [koːt] *m* code
codieren* [ko'diːrən] *vt* to code

Computer <-s, -> [kɔm'pjuːtɐ] *m* computer; [etw] **auf** ~ **umstellen** to computerize [sth]
Computerarbeitsplatz *m* computerized workstation **computergesteuert** *adj* computer-controlled **Computergrafik**^{RR} *f* computer graphics *npl* **Computernetz(werk)** *nt* computer network **Computerspiel** *nt* computer game
Container <-s, -> [kɔn'teːnɐ] *m* container
Containerschiff *nt* container ship
Contergankind *nt* (*fam*) thalidomide child
Cookie <-s, -s> ['kʊkɪ] *nt* INET cookie
Cord <-s> [kɔrt] *m kein pl* cord[uroy]
Cornflakes®^{RR} ['kɔːnfleɪks] *pl* cornflakes
Couch <-, -es> [kautʃ] *f o* SÜDD *m* couch
Couchgarnitur *f* three-piece suite **Couchtisch** *m* coffee table
Coupon <-s, -s> [ku'põː] *m* coupon
couragiert [kura'ʒiːɐ̯t] *adj* bold
Cousin <-s, -s> [ku'zɛ̃ː] *m*, **Cousine** <-, -n> [ku'ziːnə] *f* cousin
Crack <-s, -s> [krɛk] *m* SPORT ace
Cracker <-s, -[s]> ['krɛkɐ] *m* cracker
Creme <-, -s> [kreːm, krɛːm] *f* cream
cremefarben *adj* cream
cremig *adj* creamy
cruisen ['kruːzn̩] *vi* (*fam*) to cruise, to go cruising *fam*
Curry <-s, -s> ['kœri] *m o nt* curry
Currywurst *f a sausage served with ketchup and curry powder*
Cybercafé *nt* cyber [*or* Internet] café
Cybercash <-s, -s> ['saibɐ̯kæʃ] *nt* cyber cash
Cybersex <-> *m kein pl* cybersex *no pl*
Cyberspace <-, -s> [-speɪs] *m kein pl* cyberspace
Cyborg <-s, -s> ['saibɔːg] *m* LIT, FILM cyborg

Dd

D, d <-, - *o fam* -s, -s> [deː] *nt* ❶ (*Buchstabe*) D, d; *s. a.* **A 1** ❷ MUS D, d; *s. a.* **A 2**
da ['daː] **I.** *adv* ❶ (*dort*) there; ~ **sein** to be there; ~ **bist du ja!** there you are!; ~ **drüben/hinten/vorne** over there; ~ **draußen/drinnen** out/in there; ~**, wo …** where; **ach,**

~ lag/stand das! oh, that's where it was! ❷ (*hier*) here; **der/die/das ...** ~ this/that ... [over here/there] ❸ (*dann*) then **II. konj** ❶ (*weil*) as, since ❷ (*geh: als*) when

DAAD <-> [deːʔaːʔaːˈdeː] *m kein pl* SCH *Abk von* **Deutscher Akademischer Austauschdienst** *independent organization of institutions of higher education that arranges international exchanges for students*

dabei [daˈbai] *adv* ❶ (*örtlich*) with [it/them]; **direkt/nahe** ~ right next/near to it ❷ (*zeitlich*) at the same time, while doing so; (*dadurch*) as a result ❸ (*damit verbunden*) through it/them; **ich habe mir nichts ~ gedacht** I didn't mean anything by it; **was ist schon ~?** what does it matter?; **das Dumme/Schöne ~ ist, ...** the stupid/good thing about it is ...

da|bleiben *vi irreg sein* to stay [on]

Dach <-[e]s, Dächer> [ˈdax, *pl* ˈdɛçɐ] *nt* roof; [**mit jdm**] **unter einem ~ wohnen** to live under the same roof [as sb]; [**k**]**ein ~ über dem Kopf haben** (*fam*) to [not] have a roof over one's head

Dachboden *m* attic **Dachdecker(in)** <-s, -> *m(f)* roofer **Dachfenster** *nt* skylight **Dachfirst** *m* [roof] ridge **Dachgepäckträger** *m* roof rack **Dachkännel** <-s, -> *m* SCHWEIZ *s.* **Dachrinne** **Dachkonzern** *m* ÖKON holding company **Dachluke** *f* skylight **Dachorganisation** *f* holding [*or* parent] organization **Dachpappe** *f* roofing felt **Dachrinne** *f* gutter

Dachs <-es, -e> [ˈdaks] *m* badger

Dachstuhl *m* roof truss **Dachziegel** *m* [roofing] tile

Dackel <-s, -> [ˈdakl] *m* dachshund

dadurch [daˈdʊrç] *adv* ❶ *örtlich* through [it/them]; (*emph*) through there ❷ (*aus diesem Grund*) so; (*auf diese Weise*) in this way ❸ ■ **~, dass ...** because ...

dafür [daˈfyːɐ] **I.** *adv* ❶ (*für das*) for it/this/that; **es ist ein Beweis ~, dass ...** it's proof that ...; **ich bezahle Sie nicht ~, dass Sie nur rumstehen!** I'm not paying you just to stand around ❷ (*als Gegenleistung*) in return ❸ (*andererseits*) **er ist zwar nicht kräftig, ~ aber intelligent** he may not be strong, but he is intelligent ❹ (*im Hinblick darauf*) ■ **~, dass ...** seeing [that] ... ❺ (*hinsichtlich einer Sache*) **ich kann doch nichts ~!** I can't help it!; **ich werde ~ sorgen, dass ...** I'll make sure that ... **II.** *adj pred* ■ **~ sein** to be for it/that

dagegen [daˈgeːgn̩] *adv* ❶ against it/that; **~ müsst ihr was tun** you must do something about it; **etwas/nichts ~ haben** to object/to not object; **haben Sie was ~, wenn ich rauche?** do you mind if I smoke?; **ich habe nichts ~ [einzuwenden]** that's fine by me ❷ (*als Gegenmaßnahme*) **das ist gut** [*o* **hilft**] **~** it's good for it; **~ lässt sich nichts machen** nothing can be done about it ❸ (*verglichen damit*) compared with it/that/them

daheim [daˈhaim] *adv* at home

daher [ˈdaːheːɐ] *adv* (*deshalb*) ■ [**von**] **~ ...** that's why ...; [**von**] **~ hat er das** that's where he got it from; [**von**] **~ weißt du es also!** so that's how you know that; **etw kommt ~, dass ...** the cause of sth is that ...; **das kommt ~, dass ...** that is because ...

daher|bringen *vt irreg* ÖSTERR ■ **etw ~** to bring along sth *sep*

dahin [daˈhɪn] **I.** *adv* ❶ (*an diesen Ort*) there; **ist es noch weit bis ~?** is there still far to go? ❷ (*soweit*) **es ist ~ gekommen, dass ...** things have got to the stage where ... ❸ (*zeitlich*) ■ **bis ~** until then **II.** *adj pred* (*zerbrochen*) ■ **~ sein** to be broken

dahin|schmelzen *vi* (*hum*) to melt, to go [all] gooey *fam*

dahinten [daˈhɪntn̩] *adv* over there

dahinter [daˈhɪntɐ] *adv* ❶ behind it/that/them etc. ❷ (*fig*) **es ist nichts ~** there's nothing to it; **~ kommen** to find out; **wer steckt ~?** who's behind it? ❸ (*fig*) **sich ~ klemmen** to buckle down

Dahlie <-, -n> [ˈdaːli̯ə] *f* dahlia

damalig [ˈdaːmaːlɪç] *adj attr* at that time

Damast <-[e]s, -e> [daˈmast] *m* damask

Dame <-, -n> [ˈdaːmə, *pl* ˈdaːmən] *f* ❶ lady; **meine ~n und Herren!** ladies and gentlemen! ❷ (*Brettspiel*) draughts + *sing vb* BRIT, checkers + *sing vb* AM ❸ (*Schach, Karten*) queen

Damebrett [ˈdaːməbrɛt] *nt* draught[s]board

Damenbinde *f* sanitary towel [*or* AM napkin]

Damenfahrrad *nt* lady's bicycle **Damenunterwäsche** *f* ladies' underwear

Damespiel *nt* draughts BRIT + *sing vb*

Damhirsch [ˈdamhɪrʃ] *m* fallow deer

damit [daˈmɪt] **I.** *adv* ❶ (*mit diesem Gegenstand*) with it [*or* that]; **was soll ich ~?**

what am I supposed to do with that? ❷ (*mit dieser Angelegenheit*) **weißt du, was sie ~ meint?** do you know what she means by that?; **ich habe nichts ~ zu tun** I have nothing to do with it ❸ *bei Verben* **sind Sie ~ einverstanden?** do you agree to that?; **~ hatte ich nicht gerechnet** I hadn't reckoned on that; **~ fing alles an** everything started with that II. *konj* so that

dämlich ['dɛːmlɪç] I. *adj* (*pej fam*) stupid II. *adv* (*pej fam*) **sich ~ anstellen** to be awkward

Damm <-[e]s, Dämme> ['dam, *pl* 'dɛmə] *m* (*zur Wasserstauung*) dam; (*Deich*) dyke

Dammbruch *m* breach in a/the dam

dämm(e)rig ['dɛm(ə)rɪç] *adj* ❶ dim ❷ (*dämmernd*) ■ **~ sein/werden** to be/get dark

dämmern ['dɛmɐn] I. *vi* ❶ *Morgen* to dawn; *Abend* to approach ❷ ■ **jdm ~** to [gradually] dawn on sb II. *vi impers* ■ **es dämmert** (*morgens*) dawn is breaking; (*abends*) dusk is falling

Dämmerung <-, -en> *f* (*abends*) dusk; (*morgens*) dawn

Dämon <-s, Dämonen> ['dɛːmɔn, *pl* dɛ'moːnən] *m* demon

Dampf <-[e]s, Dämpfe> ['dampf, *pl* 'dɛmpfə] *m* steam *no pl*; **~ ablassen** (*a. fig*) to let off steam; **unter ~ stehen** to be under steam

Dampfbügeleisen *nt* steam iron

dampfen ['dampfn̩] *vi* to steam

dämpfen ['dɛmpfn̩] *vt* ❶ KOCHK to steam ❷ (*mäßigen*) to dampen

Dampfer <-s, -> ['dampfɐ] *m* steamship

Dampfkessel *m* [steam] boiler **Dampfmaschine** *f* steam engine **Dampfschifffahrt**^RR *f kein pl* steam navigation **Dampfwalze** *f* steamroller

danach [daˈnaːx] *adv* ❶ *zeitlich* afterwards; **ein paar Minuten ~** a few minutes later ❷ *örtlich* behind [her/him/it etc.] ❸ (*dementsprechend*) accordingly ❹ ■ **jdm ist ~/ nicht ~** sb feels/doesn't feel like it

Däne, Dänin <-n, -n> ['dɛːnə, 'dɛːnɪn] *m, f* Dane

daneben [daˈneːbn̩] *adv* ❶ next to her/him/it/that etc.; **wir wohnen [im Haus] ~** we live [in the house] next door; **~!** missed!; **links/rechts ~** (*neben Gegenstand*) to the left/right of it/them; (*neben Mensch*) to her/his left/right ❷ (*verglichen damit*) compared with her/him/it/that etc. ❸ (*unangemessen*) **~ sein** to be inappropriate

daneben|gehen *vi irreg sein* ❶ (*nicht treffen*) to miss [its/their mark] ❷ (*scheitern*) to go wrong

Dänemark <-s> ['dɛːnəmark] *nt* Denmark

Dänin <-, -nen> *f fem form von* **Däne**

dänisch ['dɛːnɪʃ] *adj* Danish

dank ['daŋk] *präp* thanks to

Dank <-[e]s> ['daŋk] *m kein pl* gratitude; **herzlichen** [*o* **vielen**] **~** thank you very much; **jdm ~ schulden** to owe sb a debt of gratitude; **als ~ für etw** *akk* in grateful recognition of sth

dankbar ['daŋkbaːɐ̯] *adj* grateful; ■ **jdm ~ [für etw** *akk*] **sein** to be grateful to sb [for sth]

Dankbarkeit <-> *f kein pl* gratitude

danke *interj* thank you

danken ['daŋkn̩] I. *vi* ■ **[jdm] [für etw** *akk*] **~** to express one's thanks [to sb] [for sth]; **nichts zu ~** you're welcome II. *vt* ■ **jdm etw ~** to repay sb for sth; **wie kann ich Ihnen das jemals ~?** how can I ever thank you?

dann ['dan] *adv* then; **~ erst recht nicht!** in that case no way!; ■ **~ und wann** now and then; ■ **immer ~, wenn ...** always when ...; ■ **wenn ..., ~ ...** if ..., [then] ...; **etw nur ~ tun, wenn ...** to do sth only when ...

daran [daˈran] *adv* ❶ (*räumlich*) on it/that, to it/that; **etw ~ kleben** to stick sth to it; **~ riechen** to smell it; **~ vorbei** past it ❷ (*an dieser Angelegenheit*) **kein Wort ist wahr ~!** not a word of it is true; **denk ~!** bear it/ that in mind; **das Dumme/Gute ~ ist, dass ...** the stupid/good thing about it is that ...; **kein Interesse ~** no interest in it [*or* that]; **ein Mangel ~** a lack of it

daran|gehen *vi irreg sein* to set about it

daran|machen *vr* ■ **sich ~** to set about it

daran|setzen [daˈrantsɛtsn̩] *vt* **alles ~, etw zu tun** to spare no effort to do sth

darauf [daˈrauf] *adv* ❶ (*räumlich*) on it/ that/them etc.; **~ folgend** following; **etw ~ legen** to lay sth on top ❷ (*zeitlich*) after that; **am Abend ~** the next evening; **bald ~** shortly afterwards ❸ (*bezüglich einer Sache*) **ein Recht ~** a right to it; **sich ~ freuen** to look forward to it; **~ reinfallen** to fall for it

daraufhin [daraufˈhɪn] *adv* ❶ (*infolgedessen*) as a result [of this/that] ❷ (*nachher*) af-

ter that
daraus [da'raʊs] *adv* ❶ out of it/that/them; **etw ~ entfernen** to remove sth from it ❷ (*als Ergebnis*) **~ ergibt sich** [*o* **folgt**], **dass** ... the result of which is that ...
dar|bieten ['da:ɐbi:tn̩] *irreg* **I.** *vt* (*geh*) ■ [jdm] **etw ~** to perform sth [before sb] **II.** *vr* ■ **sich jdm ~** to offer itself to sb
Darbietung <-, -en> ['da:ɐbi:tʊŋ] *f* performance
darin [da'rɪn] *adv* ❶ (*räumlich*) in there ❷ (*in vorher Erwähntem*) in it/them ❸ (*in dem Punkt*) in that respect
dar|legen ['da:ɐle:gn̩] *vt* ■ [jdm] **etw ~** to explain sth [to sb]
Darleh(e)n <-s, -> ['da:ɐle:ən] *nt* loan
Darm <-[e]s, Därme> ['darm, *pl* 'dɛrmə] *m* intestine
Darmerkrankung *f* intestinal disease **Darmgrippe** *f* gastric flu **Darminfektion** *f* intestinal [*or* bowel] infection **Darmkrebs** *m* cancer of the intestine [*or* bowel]
dar|stellen ['da:ɐʃtɛlən] **I.** *vt* ❶ (*wiedergeben*) to portray ❷ (*beschreiben*) to describe **II.** *vr* ■ **sich als jdn/etw ~** to show oneself to be sb/sth
Darstellung <-, -en> *f* ❶ *kein pl* KUNST portrayal ❷ (*das Schildern*) representation
darüber [da'ry:bɐ] *adv* ❶ (*räumlich*) over/above it/that/them; (*direkt auf etw*) on top [of it/that] ❷ (*hinsichtlich einer Sache*) about it/that/them; **sich ~ wundern, was ...** to be surprised at what ...
darum [da'rʊm] *adv* ❶ (*deshalb*) that's why; **~?** because of that?; **~!** (*fam*) [just] because! ❷ (*räumlich*) ■ **~ [herum]** around it ❸ (*um diese Sache*) **es geht nicht ~, wer zuerst kommt** it's not a question of who comes first; **~ geht es ja gerade!** that's just it!; **~ bitten** to ask for it/that; **~ herumreden** to beat around the bush
darunter [da'rʊntɐ] *adv* ❶ (*räumlich*) under it/that; (*unterhalb von etw*) below [it/that]; **~ hervorgucken/-springen** to look/jump out [from underneath] ❷ (*dazwischen*) among[st] them ❸ (*unter dieser Angelegenheit*) **was verstehst du ~?** what do you understand by it/that?; **~ kann ich mir nichts vorstellen** it doesn't mean anything to me; **~ leiden** to suffer under it [*or* that]
das ['das] *art, pron* the; *s. a.* **der**
da|sein^ALT ['da:zaɪn] *vi irreg sein s.* **da I 1**

Dasein <-s> ['da:zaɪn] *nt kein pl* existence
dasjenige ['dasje:nɪɡə] *pron dem s. a.* **derjenige**
dass^RR, **daß**^ALT ['das] *konj* that; **ich habe gehört, ~ ...** I've heard [that] ...; **sieh zu, ~ ...** see that ...; **die Tatsache, ~ ...** the fact that ...; **dadurch, ~ ...** because ...; **vorausgesetzt, ~ ...** providing [that] ...
dasselbe [das'zɛlbə], **dasselbige** [das'zɛlbɪɡə] *pron dem s.* **derselbe**
Datei <-, -n> [da'taɪ] *f* file
Dateisystem *nt* INFORM file system
Daten¹ ['da:tn̩] *pl von* **Datum**
Daten² ['da:tn̩] *pl* data
Datenabruf *m* data retrieval **Datenaufbereitung** *f* data editing **Datenautobahn** *f* information highway **Datenbank** <-banken> *f* database **Datenhandschuh** *m* data glove **Datenmissbrauch**^RR *m* data misuse **Datenschutz** *m* data protection **Datensicherung** *f* [data] backup **Datensichtgerät** *nt* [visual] display unit, VDU **Datenträger** *m* data medium **Datentypist(in)** *m(f)* keyboarder **Datenverarbeitung** *f* data processing
datieren* [da'ti:rən] *vt* to date
Dativ <-s, -e> [da'ti:f, *pl* 'da:ti:və] *m* dative
Dattel <-, -n> ['datl̩, *pl* 'datl̩n] *f* date
Dattelpalme *f* date [palm]
Datum <-s, Daten> ['da:tʊm, *pl* 'da:tn̩] *nt* date; **welches ~ haben wir heute?** what's the date today?; **der Brief trägt das ~ vom 7. Mai** the letter is dated 7 May
Dauer <-> ['daʊɐ] *f kein pl* duration; *von Aufenthalt* length; **von kurzer ~ sein** to be short-lived; **auf die ~** in the long run
Dauerauftrag *m* standing order
dauergewellt ['daʊɐɡəvɛlt] *adj Haare* permed
dauerhaft *adj* lasting
Dauerlauf *m* jog
dauern ['daʊɐn] *vi* to last; (*eine bestimmte Zeit*) to take; **der Film dauert 3 Stunden** the film is 3 hours long; **das dauert mir zu lange** that's too long for me; **das dauert und dauert!** (*fam*) it's taking ages [and ages]
dauernd ['daʊɐnt] **I.** *adj* constant; (*lang anhaltend*) lasting **II.** *adv* constantly; **etw ~ tun** to keep [on] doing sth
Dauerregen *m* continuous rain **Dauerschaden** *m* long-term damage **Dauerwelle** *f* perm **Dauerzustand** *m* permanent state of

affairs

Daumen <-s, -> ['daʊmən] *m* thumb; **am lutschen** to suck one's thumb ▸ **jdm die ~ drücken** to keep one's fingers crossed [for sb]

Daune <-, -n> ['daʊnə] *f* down *no pl*

Daunendecke *f* duvet **Daunenjacke** *f* quilted jacket

davon [da'fɔn] *adv* ❶ (*Entfernung/Trennung*) ~ **loskommen** to come off it/that; **links/rechts** ~ to the left/right of it/that/them ❷ (*Bezugnahme auf einen Ausgangspunkt*) **das kommt ~!** you've/he's etc. only got yourself/himself etc. to blame!; **etwas/nichts** ~ **haben** to have something/nothing of it; ~ **ausgehen, dass ...** to presume that ... ❸ (*Teil einer Menge*) **die Hälfte/ein Pfund** ~ half/a pound of it/that/them; ~ **essen/trinken** to eat/drink [some] of it/that ❹ (*über diese Angelegenheit*) **was hältst du ~?** what do you think of it/that/them?; ~ **weiß ich nichts** I don't know anything about that; **genug ~!** enough [of this/that]!; ~ **sprechen/wissen** to speak/know of it/that/them

davon|fliegen *vi irreg sein* (*geh*) to fly away
davon|kommen *vi irreg sein* **mit dem Leben** ~ to escape with one's life
davon|laufen *vi irreg sein* ❶ (*weglaufen*) ■ [jdm] ~ to run away [from sb] ❷ (*verlassen*) ■ jdm ~ to run out on sb **davon|machen** *vr* ■ **sich** ~ to slip away **davon|tragen** *vt irreg* (*geh*) **Prellungen/Verletzungen** ~ to suffer bruising/injury

davor [da'foːɐ̯, 'daːfoːɐ̯] *adv* ❶ (*örtlich*) in front [of it/that/them] ❷ (*zeitlich*) before [it/that/them/etc.] ❸ (*vor/bezüglich dieser Sache*) **ich ekele mich** ~ I'm disgusted by it; **er hat Angst** ~ he's afraid of that

DAX <-> ['daks] *m kein pl Akr von* **Deutscher Aktienindex** DAX, German share index

dazu [da'tsuː, 'daːtsuː] *adv* ❶ (*zu dem gehörend*) with it ❷ (*zu dieser Situation*) **wie konnte es nur ~ kommen?** how could that happen?; **im Gegensatz** ~ contrary to this; **im Vergleich** ~ in comparison to that ❸ (*zur Beschäftigung mit*) **ich bin noch nicht ~ gekommen** I haven't got round to it yet ❹ (*das zu tun*) **ich bin ~ nicht bereit** I'm not prepared to do that; **es gehört viel Mut ~** that takes a lot of courage; **ich würde dir ~ raten** I would advise you to do that; ~ **ist**

es da that's what it's there for; ~ **habe ich keine Lust** I don't feel like it; **kein Recht ~ haben, etw zu tun** to have no right to do sth ❺ (*hinsichtlich*) **er hat sich noch nicht ~ geäußert** he hasn't commented on it yet; **was meinst du ~?** what do you think about it/that?

dazu|gehören* *vi* to belong [to it/them etc.]
dazu|tun *vt irreg* (*fam*) to add
Dazutun <-> *nt kein pl* ■ **ohne jds ~** without sb's intervention

dazwischen [da'tsvɪʃn̩] *adv* [in] between
dazwischen|fahren [da'tsvɪʃnfaːrən] *vi irreg sein* (*eingreifen*) to intervene **dazwischen|kommen** *vi irreg sein* to come up

dealen ['diːlən] *vi* (*sl*) ■ **mit etw** *dat*] ~ to deal sth

Dealer(in) <-s, -> ['diːlɐ] *m(f)* dealer

Debatte <-, -n> [de'batə] *f* debate; **zur ~ stehen** to be under discussion

debattieren* [deba'tiːrən] *vt* to debate

Deck <-[e]s, -s> ['dɛk] *nt* deck

Deckanstrich *m* BAU finish [*or* top] coat
Deckblatt *nt* BOT bract

Decke <-, -n> ['dɛkə] *f* ❶ *eines Zimmers* ceiling ❷ (*aus Wolle*) blanket; (*für Bett*) cover ▸ **jdm fällt die ~ auf den Kopf** sb feels really cooped in; **an die ~ gehen** to hit the roof

Deckel <-s, -> ['dɛkl̩] *m* lid ▸ **jdm eins auf den ~ geben** (*fam*) to give sb a clip round the earhole

Deckelung <-, -en> ['dɛkl̩ʊŋ] *f* FIN [price]-capping

decken ['dɛkn̩] **I.** *vt* ❶ (*bedecken*) to cover; *Dach* to tile; *Tisch* to set ❷ (*verheimlichen*) ■ jdn ~ to cover up for sb; ■ etw ~ to cover up sth *sep* **II.** *vr* ■ **sich** ~ *Aussagen* to correspond

Deckenbeleuchtung *f* ceiling lights *pl*
Deckname *m* code name
Deckung <-, -en> *f* cover; **volle ~!** take cover!; **jdm ~ geben** to give sb cover

defekt [de'fɛkt] *adj* faulty
Defekt <-[e]s, -e> [de'fɛkt] *m* defect

Defensive <-, -n> [defɛn'ziːvə] *f kein pl* **in die ~ gehen** to go on the defensive

definieren* [defi'niːrən] *vt* to define
Definition <-, -en> [defini'tsi̯oːn] *f* definition
definitiv [defini'tiːf] **I.** *adj* definite **II.** *adv* definitely

Defizit <-s, -e> ['deːfitsɪt] *nt* deficit

deftig ['dɛftɪç] *adj Essen* substantial
Degen <-s, -> ['de:gn̩] *m SPORT* epée; *HIST* rapier
degenerieren* [degene'ri:rən] *vi* to degenerate
degradieren* [degra'di:rən] *vt* to demote
dehnbar *adj* elastic
dehnen ['de:nən] *vt, vr* ■ **[sich]** ~ to stretch
Deich <-[e]s, -e> ['daiç] *m* dyke
Deichsel <-, -n> ['daiksl̩] *f* shaft
deichseln ['daiksl̩n] *vt (fam)* ■ **etw** ~ to wangle sth
dein ['dain] *pron poss adjektivisch* your; **herzliche Grüße,** ~**e Anita** with best wishes, yours [*or* love] Anita
deine(r, s) ['dainə] *pron poss, substantivisch (der/die/das dir Gehörende)* yours
deinerseits ['dainɐ'zaits] *adv (von dir aus)* on your part
deinethalben ['dainəthalbn̩] *adv (veraltend)*, **deinetwegen** ['dainətve:gn̩] *adv (wegen dir)* because of you; *(dir zuliebe)* for your sake
Dekagramm ['dɛkagram] *nt ÖSTERR* ten gram[me]s *pl*
Dekan(in) <-s, -e> [de'ka:n] *m(f)* dean
deklinieren* [dekli'ni:rən] *vt* to decline
Dekor <-s, -s *o* -e> [de'ko:ɐ̯] *m o nt* pattern
Dekorateur(in) <-s, -e> [dekora'tø:ɐ̯] *m(f) (Schaufenstergestalter)* window dresser
Dekoration <-, -en> [dekora'tsi̯o:n] *f* decoration
dekorativ [dekora'ti:f] *adj* decorative
dekorieren* [deko'ri:rən] *vt* to decorate
Delegierte(r) *f(m) dekl wie adj* delegate
Delfin^RR <-s, -e> [dɛl'fi:n] *m s.* **Delphin**
delikat [deli'ka:t] *adj Speise* delicious
Delikatesse <-, -n> [delika'tɛsə] *f* delicacy
Delikt <-[e]s, -e> [de'lɪkt] *nt* offence
Delirium <-s, -rien> [de'li:ri̯ʊm, *pl* de'li:ri̯ən] *nt* delirium
Delle <-, -n> ['dɛlə] *f* dent
delogieren* [delo'ʒi:rən] *vt ÖSTERR* to evict
Delphin <-s, -e> [dɛl'fi:n] *m* dolphin
Delta <-s, -s *o* Delten> ['dɛlta, *pl* 'dɛltn̩] *nt* delta
dem ['de:m] *art, pron dat von* **der, das** the
dementieren* [demɛn'ti:rən] *vt* to deny
dementsprechend ['de:m?ɛnt'ʃprɛçn̩t] *adv* correspondingly; **sich** ~ **äußern** to utter words to that effect
demnach ['de:mna:x] *adv* therefore
demnächst [de:m'nɛ:çst] *adv* soon
Demokrat(in) <-en, -en> [demo'kra:t] *m(f)* democrat
Demokratie <-, -n> [demokra'ti:, *pl* demokra'ti:ən] *f* democracy
demokratisch [demo'kra:tɪʃ] **I.** *adj* democratic **II.** *adv* democratically
demolieren* [demo'li:rən] *vt* to wreck
Demonstrant(in) <-en, -en> [demɔn'strant] *m(f)* demonstrator
Demonstration <-, -en> [demɔnstra'tsi̯o:n] *f* demonstration
demonstrativ [demɔnstra'ti:f] **I.** *adj* demonstrative **II.** *adv* demonstratively
Demonstrativpronomen *nt* demonstrative pronoun
demonstrieren* [demɔn'stri:rən] *vi, vt* to demonstrate (**für** in support of, **gegen** against)
demontieren* [demɔn'ti:rən] *vt* to dismantle
Demo-Tape, Demotape <-s, -s> ['de:mote:p] *nt MUS* demo [tape]
Demut <-> ['de:mu:t] *f kein pl* humility (**gegenüber** before)
demütig ['de:my:tɪç] **I.** *adj* humble **II.** *adv* humbly
demütigen ['de:my:tɪgn̩] *vt* to humiliate
Demütigung <-, -en> *f* humiliation
den ['de:n] *art, pron* ❶ *akk von* **der** the ❷ *dat pl von* **der, die, das** the
denkbar **I.** *adj* conceivable **II.** *adv* **das** ~ **beste Wetter** the best possible weather
Denkblockade *f PSYCH* mental block
denken <dachte, gedacht> ['dɛŋkn̩] **I.** *vi* ❶ to think (**an** of, **über** about); **wie** ~ **Sie darüber?** what's your view [of it]?; **langsam/schnell** ~ to be a slow/quick thinker; **jdm zu** ~ **geben** to give sb food for thought ❷ *(meinen)* to think; **was denkst du?** what do you say?; **ich denke nicht** I don't think so; **ich denke schon** I think so **II.** *vt* ❶ **was denkst du jetzt?** what are you thinking [of]?; **wer hätte das [von ihr] gedacht!** who'd have thought it [of her]?; **ich habe das ja gleich gedacht!** I [just] knew it! ❷ *(bestimmen)* ■ **für jdn/etw gedacht sein** to be meant for sb/sth ❸ *(beabsichtigen)* **ich habe mir nichts Böses dabei gedacht** I meant no harm; **sie denkt sich nichts dabei** she doesn't think anything of it
Denken <-s> ['dɛŋkn̩] *nt kein pl* thinking

Denkmal <-s, Denkmäler> ['dɛŋkmaːl, pl 'dɛŋkmɛːlə] nt monument (**für** to); **jdm ein ~ setzen** to erect a memorial to sb

Denkmal(s)schutz m protection of historical monuments; **unter ~ stehen** to be listed

denkwürdig adj memorable

denn ['dɛn] konj ① (weil) because; **~ sonst** otherwise ② (einschränkend) ■**es sei ~, [dass]** ... unless ... ③ (als) **kräftiger/schöner ~ je** stronger/more beautiful than ever

dennoch ['dɛnɔx] adv still

denunzieren* [denʊn'tsiːrən] vt to denounce

Deo <-s, -s> ['deːo] nt (fam) deodorant

Deodorant <-s, -s o -e> [deʔodo'rant] nt deodorant **Deoroller** m roll-on **Deostift** m deodorant stick

Departement <-s, -s> [departə'maː] nt SCHWEIZ department

Deponie <-, -n> [depo'niː, pl depo'niːən] f disposal site

deponieren* [depo'niːrən] vt to deposit

deportieren* [depɔr'tiːrən] vt to deport

Depot <-s, -s> [de'poː] nt ① depot ② SCHWEIZ (Flaschenpfand) deposit

Depp <-en o -s, -e[n]> ['dɛp] m (fam) twit

Depression <-, -en> [deprɛ'si̯oːn] f depression

depressiv [deprɛ'siːf] I. adj depressive II. adv **~ gestimmt/veranlagt sein** to be depressed/prone to depression

deprimieren* [depri'miːrən] vt to depress

der ['deːɐ̯], **die**, **das** ['das] I. art def the; gen o dat von **die** the II. pron dem (diese(r, s)) that; ■**der/die/das hier/da** this/that one; **die Frau [da]** that woman [there]; **die mit den roten Haaren** the one with the red hair; **der und joggen?** him, jogging?; **der, den ich meine,** ... the one I mean ... III. pron rel who, that; (Dinge) which; [**der Mann,**] **der dafür verantwortlich ist** ... the man who is responsible for that ...; **die Freundin, mit der ich mich gut verstehe,** ... the friend with whom I get on so well ...

derart ['deːɐ̯ʔaːɐ̯t] adv **~ heiß sein, dass** ... to be so hot that ...; **sie ist eine ~ unzuverlässige Frau, dass** ... she is such an unreliable woman that ...

derartig ['deːɐ̯ʔaːɐ̯tɪç] adj such; [**etwas**] **D~es habe ich noch nie gesehen** I've never seen anything like it

derb ['dɛrp] adj (grob) coarse; Ausdrucksweise crude

derenthalben [deːrənt'halbn̩] adv (veraltet), **derentwegen** [deːrənt'veːɡn̩] adv on whose account; (bei Sachen) because of which

dergleichen [deːɐ̯'ɡlaɪ̯çn̩] pron dem ① adjektivisch such ② substantivisch that sort of thing; **nichts ~** nothing like it

derjenige ['deːɐ̯je:nɪɡə], **diejenige** ['diːje:nɪɡə], **dasjenige** ['dasje:nɪɡə] pron dem ① substantivisch ■**~, der/den** ... (Person) the one who ...; (Sache) the one that...; ■**diejenigen/denjenigen, die** ... (Personen) the ones who...; (Sachen) the ones which... ② adjektivisch ~ **Mann, der** ... that man who ...

dermaßen ['deːɐ̯maːsn̩] adv **eine ~ lächerliche Frage** such a ridiculous question; **jdn ~ unter Druck setzen, dass** ... to put sb under so much pressure that ...

derselbe [deːɐ̯'zɛlbə], **dieselbe** [diː'zɛlbə], **dasselbe** [das'zɛlbə] pron dem ① (ebender, ebendie, ebendas) ■**~ the same** ② substantivisch (fam) the same; **nicht schon wieder dasselbe!** not this [stuff fam] again!; **ein und ~** one and the same

derzeit ['deːɐ̯tsaɪ̯t] adv at present

derzeitig ['deːɐ̯tsaɪ̯tɪç] adj attr present

des ['dɛs] art, pron gen von **der, das** the

desertieren* [dezɛr'tiːrən] vi ■**[von etw dat] ~** to desert [sth]

desgleichen [dɛs'ɡlaɪ̯çn̩] adv likewise

deshalb ['dɛs'halp] adv therefore; **~ frage ich ja** that's why I'm asking; **also ~!** so that's why!

Design <-s, -s> [di'zaɪ̯n] nt design

Designermode f kein pl designer fashion

Desinfektion <-, -en> [dɛsʔɪnfɛk'tsi̯oːn, dezɪnfɛk'tsi̯oːn] f disinfection

Desinfektionsmittel nt disinfectant

desinfizieren* [dɛsʔɪnfi'tsiːrən, dezɪnfi'tsiːrən] vt to disinfect

despotisch [dɛs'poːtɪʃ] adj despotic

dessen ['dɛsn̩] I. pron dem gen von **der, das** his/its; **~ ungeachtet** (geh) notwithstanding this II. pron rel gen von **der, das** whose; (von Sachen a.) of which

Dessert <-s, -s> [dɛ'seːɐ̯, dɛ'sɛːɐ̯] nt dessert

destillieren* [dɛstɪ'liːrən] vt to distil

desto ['dɛsto] konj **~ besser** all the better; **~ eher** the earlier; **~ schlimmer!** so much the worse!

destruktiv [dɛstrʊk'tiːf] *adj* destructive
Detail <-s, -s> [de'tai, de'taːj] *nt* detail; **im ~** in detail; **ins ~ gehen** to go into detail[s]
detailliert [detaˈjiːɐt] **I.** *adj* detailed **II.** *adv* in detail
Detektiv(in) <-s, -e> [detɛk'tiːf, *pl* detɛk'tiːvə] *m(f)* private investigator; (*Polizist*) plain-clothes policeman
detonieren* [detoˈniːrən] *vi sein* to detonate
deuten ['dɔytn̩] **I.** *vt* ■ [jdm] etw ~ to interpret sth [for sb]; **die Zukunft ~** to read the future; **etw falsch ~** to misinterpret sth **II.** *vi* (*zeigen*) ■ [mit etw *dat*] **auf jdn/etw ~** to point [sth] at sb/sth
deutlich ['dɔytlɪç] **I.** *adj* clear **II.** *adv* clearly; **etw ~ fühlen** to distinctly feel sth; **sich ~ ausdrücken** to make oneself clear
Deutlichkeit <-, -en> *f* ① *kein pl* (*Klarheit*) clarity ② (*Eindeutigkeit*) plainness; [jdm] **etw in aller ~ sagen** to make sth perfectly clear [to sb]
deutsch ['dɔytʃ] *adj* ① (*Deutschland betreffend*) German; ~**er Abstammung sein** to be of German origin; **die ~e Sprache** [the] German [language]; **die ~e Staatsbürgerschaft haben** to have German citizenship; **das ~e Volk** the German people; ~ **denken** to have a [very] German way of thinking; **typisch ~ sein** to be typically German ② (*Sprache*) German; **die ~e Schweiz** German-speaking Switzerland; ~ **sprechen** to speak German; **etw ~ aussprechen** to pronounce sth with a German accent ▶ **mit jdm ~ reden** (*fam*) to be blunt with sb
Deutsch ['dɔytʃ] *nt dekl wie adj* (*Sprache*) German; **können Sie ~?** do you speak German?; ~ **lernen/sprechen/verstehen** to learn/speak/understand German; **sie spricht fließend ~** she speaks German fluently; ~ **sprechend** German-speaking; **auf ~** in German; **etw auf ~ sagen** to say sth in German; ~ **unterrichten** to teach German ▶ **auf gut ~ [gesagt]** (*fam*) in plain English
Deutsche(r) *f(m) dekl wie adj* German; ■ **die ~n** the Germans
Deutsche <-n, -> *nt* ■ **das ~** German, the German language
Deutsche Demokratische Republik *f* HIST German Democratic Republic
Deutschland <-s> ['dɔytʃlant] *nt* Germany; **aus ~ kommen** to come from Germany; **in ~ leben** to live in Germany

deutschsprachig ['dɔytʃʃpraːxɪç] *adj* German-speaking *attr*
Deutschstämmige(r) *f(m) dekl wie adj* ethnic German
Devise <-, -n> [de'viːzə] *f* motto
Dezember <-s, -> [de'tsɛmbɐ] *m* December; *s. a.* **Februar**
dezent [de'tsɛnt] **I.** *adj* discreet **II.** *adv* discreetly
dezentralisieren* [detsɛntraliˈziːrən] *vt* to decentralize
Dezernent(in) <-en, -en> [detsɛr'nɛnt] *m(f)* department head
Dezimalrechnung *f kein pl* MATH decimals *pl*
dezimieren* [detsi'miːrən] *vt* to decimate
Dia <-s, -s> ['diːa] *nt* slide
Diabetes <-> [dia'beːtɛs] *m kein pl* diabetes
Diabetiker(in) <-s, -> [dia'beːtikɐ] *m(f)* diabetic
Diagnose <-, -n> [dia'gnoːzə] *f* diagnosis
diagnostizieren* [diagnɔstiˈtsiːrən] *vt* ■ **etw ~** to diagnose sth
diagonal [diagoˈnaːl] *adj* diagonal
Diagonale <-, -n> [diagoˈnaːlə] *f* diagonal [line]
Diagramm <-s, -e> [dia'gram] *nt* diagram
Diakon(in) <-s *o* -en, -e[n]> [dia'koːn] *m(f)* deacon
Dialekt <-[e]s, -e> [dia'lɛkt] *m* dialect
Dialer <-s, -> [daɪəlɐ] *m* (*Internet-Einwahlprogramm*) dialer
Dialog <-[e]s, -e> [dia'loːk, *pl* dia'loːgə] *m* dialogue
Dialogbetrieb *m* INFORM interactive mode; **im ~** online
Dialyse <-, -n> [dia'lyːzə] *f* dialysis
Diamant <-en, -en> [dia'mant] *f* diamond
Diät <-, -en> [diˈɛːt] *f* diet; ~ **halten** to keep to a diet; **auf ~ sein** to be on a diet; **jdn auf ~ setzen** to put sb on a diet
dich ['dɪç] **I.** *pron pers akk von* **du** you **II.** *pron refl* yourself
dicht ['dɪçt] **I.** *adj* ① dense; *Haar* thick; *Verkehr* heavy ② (*wasserundurchlässig*) watertight; **nicht mehr ~ sein** to leak ▶ **nicht ganz ~ sein** (*pej sl*) to be out of one's mind **II.** *adv* ① densely ② (*nahe*) closely; ~ **auffahren** to tailgate; ~ **gedrängt** squeezed together; ~ **vor jdm** just in front of sb; ~ **beieinander** close together
Dichter(in) <-s, -> ['dɪçtɐ] *m(f)* poet
dicht|halten ['dɪçthaltn̩] *vi irreg* (*sl*) to keep

one's mouth shut

Dichtung <-, -en> ['dɪçtʊŋ] f ① kein pl poetry ② TECH seal[ing]

Dichtungsring m, **Dichtungsscheibe** f washer

dick ['dɪk] adj ① Mensch fat ② Sache thick; **5 Meter ~** 5 metres thick ③ (geschwollen) swollen ▶ **mit jdm durch ~ und dünn gehen** to go through thick and thin with sb ▶ **jdn/etw ~[e] haben** (fam) to be sick of sb/sth; **mit jdm ~[e] befreundet sein** to be as thick as thieves with sb

Dickdarm m colon

dickflüssig adj thick

Dickicht <-[e]s, -e> ['dɪkɪçt] nt thicket

dickköpfig adj obstinate

Dickmilch f curds pl

die ['di:] art, pron the; s. a. **der**

Dieb(in) <-[e]s, -e> ['di:p, pl 'di:bə] m(f) thief

Diebstahl <-[e]s, -stähle> ['di:pʃta:l, pl -ʃtɛ:lə] m theft **Diebstahlsicherung** f anti-theft device

diejenige ['di:je:nɪgə] pron dem s. a. **derjenige**

Diele <-, -n> ['di:lə] f ① hall ② (Brett) floorboard

dienen ['di:nən] vi ① (nützlich sein) ■ etw dat ~ to be [important] for sth; **jds Interessen ~** to serve sb's interests; **einem guten Zweck ~** to be for a good cause ② (behilflich sein) **womit kann ich Ihnen ~?** how can I help you? ③ (verwendet werden) ■ [jdm] **als etw ~** to serve [sb] as sth; **einem Zweck ~** to serve a purpose

Diener(in) <-s, -> ['di:nɐ] m(f) servant

Dienst <-[e]s, -e> ['di:nst] m ① kein pl (berufliche Tätigkeit) work; **~ haben** to be at work; **im ~** at work; **während/nach dem ~** during/outside working hours ② (Leistung) service; **öffentlicher ~** civil service ③ kein pl (Bereitschaft) **~ haben** to be on call; **der ~ habende Arzt** the doctor on duty ④ (Hilfe) services pl; **jdm einen [guten] ~ erweisen** to do sb a good turn; **im ~[e] einer S. gen stehen** to be at the service of sth; **seinen ~ versagen** to fail

Dienstag ['di:nsta:k] m Tuesday; **wir haben heute ~** it's Tuesday today; **treffen wir uns ~?** shall we get together on Tuesday?; **~ in acht Tagen** a week on Tuesday; **~ vor acht Tagen** a week last Tuesday; **diesen ~** this Tuesday; **eines ~s** one Tuesday; **den ganzen ~ über** all day Tuesday; **[am] nächsten ~** next Tuesday; **ab nächsten ~** from next Tuesday [on]; **am ~** on Tuesday; **[am] ~ früh** early Tuesday [morning]; **an ~en** on Tuesdays; **am ~, den 4. März** (geschrieben) on Tuesday 4th March [or AM March 4]; (gesprochen) on Tuesday the 4th of March [or AM March 4th]

Dienstgrad m rank **Dienstleister** m service provider **Dienstleistung** f meist pl services pl **dienstlich** I. adj official II. adv **~ unterwegs sein** to be away on business **Dienstreise** f business trip **Dienststelle** f department **Dienststunden** pl office hours **Dienstvorschrift** f service regulations pl **Dienstzeit** f ① length of service ② (Arbeitszeit) working hours pl

diesbezüglich ['di:sbətsy:klɪç] adv with respect to this

diese(r, s) ['di:zə, -ɐ, əs] pron dem ① substantivisch (der/die/das hier/dort) this/that one ② pl substantivisch (die hier/dort) these/those [ones] ③ attr, sing (der/die/das hier/dort) this/that ④ attr, pl (die hier/dort) these/those

Diesel¹ <-s> ['di:zl] nt kein pl (Sprit) diesel

Diesel² <-s, -> ['di:zl] m (Wagen) diesel

dieselbe pron dem s. **derselbe**

Dieselkraftstoff m kein pl diesel fuel **Dieselmotor** m diesel engine

diesig ['di:zɪç] adj misty

diesjährig ['di:sjɛ:rɪç] adj attr this year's

diesmal ['di:sma:l] adv this time

diesseits ['di:szaits] präp ■ **~ einer S.** gen this side of sth

Diesseits <-> ['di:szaits] nt kein pl earthly existence

Dietrich <-s, -e> ['di:trɪç] m picklock

differenzieren* [dɪfərɛn'tsi:rən] vi ■ [bei etw dat] **~** to discriminate [in doing sth]

diffus [dɪ'fu:s] adj ① (zerstreut) diffuse[d] ② (verschwommen) diffuse, vague

digital [digi'ta:l] adj digital

Digitaluhr f ① INFORM digital clock ② TECH digital watch

Diktat <-[e]s, -e> [dɪk'ta:t] nt ① dictation; **ein ~ schreiben** to do a dictation ② (Gebot) dictate[s]

Diktator(in) <-s, -en> [dɪk'ta:to:ɐ, dɪk'ta:to:rɪn, pl dɪkta'to:rən] m(f) despot

Diktatur <-, -en> [dɪkta'tu:ɐ] f dictatorship

diktieren * [dɪk'tiːrən] *vt* to dictate
Diktiergerät *nt* Dictaphone®
Dill <-s, -e> ['dɪl] *m* dill
Dimension <-, -en> [dimɛn'zi̯oːn] *f* dimension
Dimmer <-s, -> ['dɪmɐ] *m* dimmer [switch]
DIN® <-> [diːn] *f kein pl Akr von* **Deutsche Industrie-Normen** DIN®
Ding <-[e]s, -e *o fam* -er> ['dɪŋ] *nt* ❶ (*Gegenstand*) thing ❷ (*Angelegenheit*) matters *pl*; **es geht nicht mit rechten ~en zu** there's sth fishy about sth; **das ist [ja] ein ~!** (*fam*) that's a bit much! BRIT; **unverrichteter ~e** without carrying out one's intention; **über den ~en stehen** to be above it all
Dings[1] <-> ['dɪŋs] *nt kein pl* (*fam: Sache*) whatsit
Dings[2] <-> ['dɪŋs] *m o f kein pl* (*fam: Person*) **Herr ~** Mr What's-his-name; **Frau ~** Mrs What's-her-name
Dinosaurier [dino'zauri̯ɐ] *m* dinosaur
Diode <-, -n> [di'ʔoːdə] *f* diode
Dioxin <-s, -e> [dɔ'ksiːn] *nt* dioxin
Diphtherie <-, -n> [dɪfte'riː, *pl* -'riːən] *f* diphtheria
Diplom <-s, -e> [di'ploːm] *nt* diploma; **ein ~ [in etw** *dat*] **machen** to get a diploma [in sth]
Diplomarbeit *f* thesis
Diplomat(in) <-en, -en> [diplo'maːt] *m(f)* diplomat
Diplomatenkoffer *m* briefcase
diplomatisch [diplo'maːtɪʃ] I. *adj* diplomatic II. *adv* diplomatically
Diplomingenieur(in) [-ɪnʒeni̯øːɐ] *m(f)* qualified engineer
dir ['diːɐ] *pron pers dat von* **du** [to] you
direkt [di'rɛkt] I. *adj* direct; *Übertragung* live II. *adv* ❶ (*ohne Umweg*) directly; **diese Straße geht ~ zum Bahnhof** this road goes straight to the station ❷ (*ausgesprochen*) exactly; **etw nicht ~ verneinen** to not really deny sth ❸ (*gleichzeitig*) **~ übertragen** to broadcast live
Direktor(in) <-s, -en> [di'rɛktoːɐ, dirɛk'toː-rɪn, *pl* dirɛk'toːrən] *m(f)* ❶ director ❷ SCH head
Direktsaft *m* KOCHK pressé juice BRIT, juice not from concentrate AM
Direktübertragung *f* live broadcast **Direktzugriff** *m kein pl* direct memory access
Direktzugriffsspeicher *m* random access memory, RAM, direct access storage device, DASD
Dirigent(in) <-en, -en> [diri'gɛnt] *m(f)* conductor
dirigieren * [diri'giːrən] *vt, vi* to conduct
Discountladen [dɪs'kaʊnt-] *m* discount shop
Diskette <-, -n> [dɪs'kɛtə] *f* disk
Diskettenlaufwerk *nt* disk drive
Diskont <-s, -e> [dɪs'kɔnt] *m* discount
Diskontsatz *m* bank rate
Diskothek <-, -en> [dɪsko'teːk] *f* discotheque
diskret [dɪs'kreːt] I. *adj* discreet II. *adv* **~ behandeln** to treat confidentially; **sich ~ verhalten** to behave discreetly
diskriminieren * [dɪskrimi'niːrən] *vt* ■ **jdn ~** to discriminate against sb
Diskriminierung <-, -en> *f* discrimination
Diskus <-, -se *o* Disken> ['dɪskʊs, *pl* 'dɪskʊsə, 'dɪskən] *m* discus
Diskussion <-, -en> [dɪskʊ'si̯oːn] *f* discussion
diskutieren * [dɪsku'tiːrən] *vt, vi* to discuss
disponieren * [dɪspo'niːrən] *vi* (*geh*) ■ [**frei**] **über etw** *akk* **~** to dispose [at will] of sth
disqualifizieren * [dɪskvalifi'tsiːrən] *vt* to disqualify (**wegen** for, **für** for)
Dissertation <-, -en> [dɪsɛrta'tsi̯oːn] *f* dissertation
Dissident(in) <-en, -en> [dɪsi'dɛnt] *m(f)* dissident
Distanz <-, -en> [dɪs'tants] *f* distance; **~ wahren** (*geh*) to keep one's distance
distanzieren * [dɪstan'tsiːrən] *vr* ■ **sich von jdm/etw ~** to distance oneself from sb/sth
Distel <-, -n> ['dɪstl̩] *f* thistle
Disziplin <-, -en> [dɪstsi'pliːn] *f* discipline
diszipliniert [dɪstsipli'niːɐ̯t] I. *adj* (*geh*) disciplined II. *adv* (*geh*) in a disciplined way
Diva <-, -s *o* Diven> ['diːva, *pl* 'diːvən] *f* ≈ prima donna
divers [di'vɛrs] *adj attr* diverse
Diversifizierung [divɛrzifi'tsiːrʊŋ] *f* ÖKON diversification
Dividende <-, -n> [divi'dɛndə] *f* dividend
dividieren * [divi'diːrən] *vt, vi* ■ [**etw**] [**durch etw** *akk*] **~** to divide [sth] [by [*or* AM in] sth]
Diwan <-s, -e> ['diːvaːn] *m* divan
DNS <-> [deːʔɛn'ɛs] *f Abk von* **Desoxyribonukleinsäure** DNA
doch [dɔx] I. *konj* (*jedoch*) but II. *adv* (*emph*) ❶ (*dennoch*) even so ❷ (*einräu-*

mend) **du hattest ~ Recht** you were right after all ❸ (*Widerspruch ausdrückend*) yes

Docht <-[e]s, -e> ['dɔxt] *m* wick

Dock <-s, -s *o* -e> ['dɔk] *nt* dock

Dogge <-, -n> ['dɔgə] *f* mastiff

Dohle <-, -n> ['do:lə] *f* jackdaw

doktern ['dɔktɐn] *vi* (*fam*) ■ **an etw** *dat* ~ to tinker [around] with sth

Doktor(in) <-s, -en> ['dɔkto:ɐ̯, dɔk'to:rɪn, *pl* dɔk'to:rən] *m(f)* doctor; **er ist ~ der Physik** he's got a PhD in physics; **den ~ machen** to do one's doctorate

Doktorand(in) <-en, -en> [dɔkto'rant, *pl* dɔkto'randn̩] *m(f)* doctoral candidate

Doktorarbeit *f* doctoral dissertation **Doktorvater, -mutter** *m, f* supervisor [of a doctoral candidate]

Doku <-, -s> ['doku] *f kurz für* **Dokumentation** (*fam*) doc *fam*

Dokument <-[e]s, -e> [doku'mɛnt] *nt* document

Dokumentarfilm *m* documentary film

dokumentarisch [dokumɛn'ta:rɪʃ] *adj* documentary

dokumentieren* [dokumɛn'ti:rən] *vt* to document

Doku-Soap <-, -s> [doku'soʊp] *f* docusoap, fly-on-the-wall documentary

Dolch <-[e]s, -e> ['dɔlç] *m* dagger

Dollar <-[s], -s> ['dɔlar] *m* dollar

Dollarkurs *m* dollar rate

dolmetschen ['dɔlmɛtʃn̩] *vi, vt* to interpret

Dolmetscher(in) <-s, -> ['dɔlmɛtʃɐ] *m(f)* interpreter

Dom <-[e]s, -e> ['do:m] *m* cathedral

Domäne <-, -n> [do'mɛ:nə] *f* domain

dominieren* [domi'ni:rən] *vi, vt* to dominate

Dominikanische Republik *f* Dominican Republic

Domino <-s, -s> ['do:mino] *nt* dominoes + *sing vb*

Domizil <-s, -e> [domi'tsi:l] *nt* (*geh*) residence, domicile *form*

Dompfaff <-en *o* -s, -en> ['do:mpfaf] *m* bullfinch

Dompteur(in) <-s, -e> [dɔmp'tø:ɐ̯] *m(f)*, **Dompteuse** <-, -n> [dɔmp'tø:zə] *f* animal trainer

Domstadt *f kein pl* Cathedral City (*nickname for the city of Cologne*)

Donau <-> ['do:nau] *f* ■ **die ~** the Danube

Döner <-[s], -> ['dø:nɐ] *m*, **Dönerkebab** <-[s], -s> [dø:nɐkə'bap] *m* [doner] kebab

Donner <-s, *selten* -> ['dɔnɐ] *m* thunder

donnern ['dɔnɐn] *vi impers* to thunder; **hörst du, wie es donnert?** can you hear the thunder?

Donnerstag ['dɔnɐsta:k] *m* Thursday; *s. a.* **Dienstag**

Donnerwetter ['dɔnɐvɛtɐ] *nt* (*fam*) ❶ (*Schelte*) unholy row Brit, an awful bawling out Am ❷ (*alle Achtung!*) I'll be damned!

doof ['do:f] *adj* (*fam*) stupid

Dopingsperre ['do:pɪŋ-, 'dɔpɪŋ-] *f* SPORT doping ban

Doppel <-s, -> ['dɔpl̩] *nt* SPORT doubles; **gemischtes ~** mixed doubles

Doppelagent(in) *m(f)* double agent **Doppelbett** *nt* double bed **Doppeldecker** <-s, -> *m* ❶ LUFT biplane ❷ (*Bus*) double-decker [bus] **doppeldeutig** ['dɔpl̩dɔytɪç] *adj* ambiguous **Doppelgänger(in)** <-s, -> [-gɛŋɐ] *m(f)* look-alike **Doppelhaus** *nt* two semi-detached houses *pl* Brit, duplex house Am **Doppelkinn** *nt* double chin **Doppelleben** *nt* double life **Doppelname** *m* (*Nachname*) double-barrelled [*or* Am hyphenated] [sur]name **Doppelpunkt** *m* colon **Doppelstecker** *m* twin socket

doppelt ['dɔpl̩t] I. *adj* double; **~ so viel** twice as much/many; **mit ~em Einsatz arbeiten** to double one's efforts II. *adv* doubly; **~ so groß wie ...** twice as big as ...; **~ und dreifach** doubly [and more] ▶ **~ gemoppelt hält besser!** (*fam*) better [to be] safe than sorry

Doppelzentner *m* 100 kilos **Doppelzimmer** *nt* double [room]

Dorf <-[e]s, Dörfer> ['dɔrf, *pl* 'dœrfə] *nt* village; **auf dem ~** in the country; **vom ~** from the country

Dorfbewohner(in) *m(f)* villager

Dorn <-[e]s, -en> ['dɔrn] *m* thorn ▶ **jdm ein ~ im Auge sein** to be a thorn in sb's side

Dornröschen <-> [-'rø:sçən] *nt kein pl* Sleeping Beauty

Dörrobst *nt* dried fruit

Dorsch <-[e]s, -e> ['dɔrʃ] *m* cod

dort ['dɔrt] *adv* there; **schau mal ~!** look at that!; **~ drüben** over there; **von ~** from there; **von ~ [aus]** from there

dorther ['dɔrt'he:ɐ̯] *adv* from there

dorthin ['dɔrt'hɪn] *adv* there; **bis ~** up to

there; **wie weit ist es bis ~?** how far is it to there?

dortig ['dɔrtɪç] *adj attr* local

Dose <-, -n> ['do:zə] *f* box; (*aus Blech*) tin BRIT, can AM

dösen ['dø:zn̩] *vi* (*fam*) to doze

Dosenbier *nt kein pl* canned beer **Dosenmilch** *f* condensed milk **Dosenöffner** *m* tin opener **Dosenpfand** *nt kein pl* [beverage] can deposit

dosieren* [do'zi:rən] *vt* to measure out *sep*

Dosis <-, Dosen> ['do:zɪs, *pl* 'do:zn̩] *f* dose

Dotter <-s, -> ['dɔtɐ] *m o nt* yolk

Double <-s, -s> ['du:bl] *nt* double

downloaden ['daʊnloʊdn̩] *vt* INFORM to download

Dozent(in) <-en, -en> [do'tsɛnt] *m(f)* lecturer

Drache <-n, -n> ['draxə] *m* dragon

Drachen <-s, -> ['draxn̩] *m* ❶ kite; **einen ~ steigen lassen** to fly a kite ❷ SPORT hang-glider

Drachenfliegen *nt* hang-gliding

Dragee, Dragée <-s, -s> [dra'ʒe:] *nt* (*Süßigkeit*) sugar-coated sweet BRIT

Draht <-[e]s, Drähte> ['dra:t, *pl* 'drɛ:tə] *m* wire ▶ **zu jdm einen guten ~ haben** to be on good terms with sb

Drahtbürste *f* wire brush **Drahtgitter** *nt* wire grating

drahtig *adj* wiry

Drahtseil *nt* wire cable

drall ['dral] *adj* well-rounded

Drama <-s, -men> ['dra:ma, *pl* 'dra:mən] *nt* drama

dramatisch [dra'ma:tɪʃ] I. *adj* dramatic II. *adv* dramatically

dramatisieren* [dramati'zi:rən] *vt* to dramatize

dran ['dran] *adv* (*fam*) ❶ (*daran*) **sie ist besser ~ als er** she's better off than he is; **schlecht ~ sein** to have a hard time [of it] ❷ (*an der Reihe*) **jetzt bist du ~!** now it's your turn!; **wer ist als Nächster ~?** who's next? ❸ (*stimmen*) ■ **an etw** *dat* **ist etwas/nichts dran** there is something/nothing in sth

drang ['draŋ] *imp von* **dringen**

Drang <-[e]s, Dränge> ['draŋ, *pl* 'drɛŋə] *m* longing; **ein starker ~** a strong desire; **einen ~ haben[, etw zu tun]** to feel an urge [to do sth]

drängeln ['drɛŋln̩] I. *vi* (*fam*) to push II. *vt, vi* (*fam*) to pester

drängen ['drɛŋən] I. *vi* ❶ (*schiebend drücken*) to push; **durch die Menge ~** to force one's way through the crowd ❷ (*fordern*) ■ **auf etw** *akk* **~** to insist on sth; **warum drängst du so zur Eile?** why are you in such a hurry? ❸ (*pressieren*) **die Zeit drängt** time is running out; **es drängt nicht** there's no hurry II. *vt* ❶ (*schiebend drücken*) to push ❷ (*auffordern*) ■ **jdn ~, etw zu tun** to pressurize sb into doing sth ❸ (*treiben*) ■ **jdn [zu etw** *dat*] **~** to force sb [to sth]; **sich [von jdm] gedrängt fühlen** to feel pressurized [*or* AM pressured] by sb III. *vr* ■ **sich ~** to crowd; **sich nach vorne ~** to press forwards

drangsalieren* [dranza'li:rən] *vt* to plague

drastisch ['drastɪʃ] I. *adj* drastic II. *adv* drastically

drauf ['draʊf] *adv* (*fam*) on it/them ▶ **etw ~ haben** to be well up on sth; **~ und dran sein, etw zu tun** to be on the verge of doing sth; **gut/schlecht ~ sein** (*fam*) to feel good/bad

Draufgabe *f* ÖSTERR encore

Draufgänger(in) <-s, -> ['draʊfgɛŋɐ] *m(f)* go-getter

drauf|gehen ['draʊfge:ən] *vi irreg sein* (*sl*) ❶ (*verbraucht werden*) ■ **[bei etw** *dat*] **~** to be spent [on sth] ❷ (*kaputtgehen*) ■ **[bei etw] ~** *dat* to get broken [at sth] **drauf|haben** *vt irreg* (*fam*) **nichts/viel ~** to know nothing/a lot **drauf|zahlen** *vi* (*fam*) **~ etw ~** to add sth (**auf** to) ▶ **~ müssen** to make a loss

draußen ['draʊsn̩] *adv* outside; **nach ~** outside; **von ~** from outside

Dreck <-[e]s> ['drɛk] *m kein pl* ❶ dirt ❷ (*Schund*) rubbish BRIT, trash AM ▶ **jdn wie den letzten ~ behandeln** (*fam*) to treat sb like dirt; **sich einen ~ um jdn/etw kümmern** (*fam*) to not give a damn about sb/sth; **jdn/etw durch den ~ ziehen** (*fam*) to drag sb's name/sth through the mud

dreckig I. *adj* dirty II. *adv* (*fam*) nastily ▶ **jdm geht es ~** sb feels terrible

Dreckspatz *m* (*fam*) mucky pup

Dreh <-s, -s *o* -e> ['dre:] *m* (*fam*) trick ▶ **den [richtigen] ~ heraushaben** (*fam*) to get the hang of it

Drehbank <-bänke> *f* lathe

drehbar–drohen

drehbar *adj* revolving
Drehbleistift *m* propelling pencil **Drehbuch** *nt* screenplay **Drehbuchautor(in)** *m(f)* screenplay writer
drehen ['dre:ən] **I.** *vt* ❶ to turn ❷ *Zigarette* to roll ❸ FILM to shoot ❹ (*regulieren*) **das Radio lauter/leiser** ~ to turn the radio up/down **II.** *vr* ❶ (*rotieren*) ▪**sich [um etw** *akk*] ~ to turn [about sth] ❷ **sich zur Seite/nach rechts** ~ to turn to the side/to the right ❸ (*betreffen*) ▪**sich um jdn/etw** ~ to be about sb/sth; **es dreht sich darum, dass ...** the point is that ... ▶ **jdm dreht sich alles** sb's head is spinning
Drehkreuz *nt* turnstile **Drehorgel** *f* barrel organ **Drehstuhl** *m* swivel chair **Drehtür** *f* revolving door
Drehzahl *f* [number of] revolutions *pl*
drei ['drai] *adj* three; ~ **viertel** three quarters; **es ist** ~ **viertel vier** it's quarter to four; *s. a.* **acht**¹
Drei <-, -en> ['drai] *f* ❶ three ❷ (*Note*) C
Dreieck ['drai?ɛk] *nt* triangle
dreieckig, 3-eckig^RR ['drai?ɛkɪç] *adj* triangular
dreierlei ['draiɐlai] *adj attr* three [different]
dreifach, 3fach ['draifax] *adj*, *adv* threefold
Dreifachstecker *m* three-way adapter
dreihundert ['drai'hʊndɐt] *adj* three hundred **dreijährig, 3-jährig**^RR ['draijɛːrɪç] *adj* ❶ (*Alter*) three-year-old *attr*, three years old *pred* ❷ (*Zeitspanne*) three-year *attr* **Dreikönigsfest** *nt* REL [feast of] Epiphany **Dreirad** *nt* tricycle **Dreisatz** *m kein pl* rule of three
dreißig ['draisɪç] *adj* thirty; *s. a.* **achtzig**
dreißigjährig, 30-jährig^RR ['draisɪçjɛːrɪç] *adj* ❶ (*Alter*) thirty-year-old *attr*, thirty years old *pred* ❷ (*Zeitspanne*) thirty-year *attr*
dreißigste(r, s) *adj* thirtieth; *s. a.* **achte(r, s)**
dreist ['draist] *adj* (*pej*) brazen
dreistellig, 3-stellig^RR *adj* three-figure *attr*
dreitägig, 3-tägig^RR *adj* three-day *attr*
dreiteilig, 3-teilig^RR *adj* three-part; *Besteck* three-piece
dreizehn ['draitseːn] *adj* thirteen; ~ **Uhr** 1pm; *s. a.* **acht**¹ ▶ **jetzt schlägt's aber** ~ (*fam*) enough is enough
dreizehnte(r, s) *adj* thirteenth; *s. a.* **achte(r, s)**
Dresche <-> ['drɛʃə] *f kein pl* (*fam*) thrashing; ~ **kriegen** to get a thrashing
dreschen <drischt, drosch, gedroschen> ['drɛʃn] *vt* ❶ AGR to thresh ❷ (*fam: prügeln*) to thrash
Dress^RR <-es, -e> *m o* ÖSTERR *f*, **Dreß**^ALT <-sses, -sse> ['drɛs] *m* SPORT [sports] kit; (*Fußball*) kit
dressieren* [drɛ'siːrən] *vt* ▪**ein Tier** ~ to train an animal
Dressman <-s, -men> ['drɛsmən] *m* male model
Dressur <-, -en> [drɛ'suːɐ] *f* training
drillen ['drɪlən] *vt* to drill
drin ['drɪn] *adv* (*fam*) ❶ (*darin*) in it ❷ (*drinnen*) inside; **ich bin hier** ~ I'm in here ▶ **bei jdm ist alles** ~ anything is possible with sb
dringen <drang, gedrungen> ['drɪŋən] *vi* ❶ *sein* (*stoßen*) to penetrate ❷ *sein* (*durchkommen*) to get through; **an die Öffentlichkeit** ~ to leak to the public ❸ *haben* (*auf etw bestehen*) to insist on ❹ *sein* (*bestürmen*) **mit Bitten/Fragen in jdn** ~ to bombard sb with requests/questions
dringend ['drɪŋənt] **I.** *adj* urgent **II.** *adv* ❶ (*schnellstens*) urgently ❷ (*unbedingt*) absolutely; **ich muss dich** ~ **sehen** I really need to see you
dringlich ['drɪŋlɪç] **I.** *adj* urgent **II.** *adv* urgently
drinnen ['drɪnən] *adv* ❶ (*in einem Raum*) inside; **dort/hier** ~ in there/here ❷ (*im Haus*) indoors
dritt ['drɪt] *adv* **wir waren zu** ~ there were three of us
dritte(r, s) ['drɪtə] *adj* third; *s. a.* **achte(r, s) 1**
drittel ['drɪtl] *adj* third
drittens ['drɪtns] *adv* thirdly
droben ['droːbn̩] *adv* up there
Droge <-, -n> ['droːgə] *f* drug; ~**n nehmen** to take drugs
drogenabhängig *adj* addicted to drugs *pred*
Drogenberatungsstelle *f* drug-advice centre
Drogerie <-, -n> [drogə'riː, *pl* drogə'riːən] *f* chemist's BRIT, drug store AM
Drogist(in) <-en, -en> [dro'gɪst] *m(f)* chemist
Drohbrief *m* threatening letter
drohen ['droːən] **I.** *vi* to threaten; **es droht ein Gewitter** a storm is threatening; **ein neuer Krieg droht** there is the threat of renewed war **II.** *vb aux* ▪ ~ **, etw zu tun** to be in danger of doing sth

drohend I. *adj* ① threatening ② (*bevorstehend*) impending II. *adv* threateningly

Drohkulisse *f* POL threat of force [*or* military action]

Drohne <-, -n> ['droːnə] *f* drone

dröhnen ['drøːnən] *vi* ① to roar ② **jdm dröhnt der Kopf** sb's head is ringing

Drohung <-, -en> ['droːʊŋ] *f* threat

drollig ['drɔlɪç] *adj* amusing

Dromedar <-s, -e> [dromeˈdaːɐ̯] *nt* dromedary

Drossel <-, -n> ['drɔsl̩] *f* thrush

drosseln ['drɔsl̩n] *vt* *Einfuhr, Produktion, Tempo* to reduce

drüben ['dryːbn̩] *adv* over there

drüber ['dryːbɐ] *adv* (*fam*) across [there]

Druck¹ <-[e]s, Drücke> ['drʊk, *pl* 'drʏkə] *m* pressure; **unter ~ stehen** to be under pressure; **jdn unter ~ setzen** to put pressure on sb

Druck² <-[e]s, -e> ['drʊk] *m* ① TYPO printing ② (*bedruckter Stoff*) print

Druckabfall *m* PHYS pressure drop **Druckausgleich** *m* PHYS pressure balance **Druckbuchstabe** *m* **in ~n** in block capitals

Drückeberger <-s, -> *m* (*pej fam*) shirker

drucken ['drʊkn̩] *vt, vi* to print

drücken ['drʏkn̩] I. *vt* ① to press; *Knopf* to push ② *Schuh* to pinch II. *vi* to press; „**bitte ~**" "push" III. *vr* (*fam*) **sich vor der Arbeit ~** to dodge work

drückend *adj Last* heavy; *Stimmung, Hitze* oppressive

Drucker¹ <-s, -> *m* INFORM printer

Drucker(in)² <-s, -> *m(f)* printer

Drücker <-s, -> *m* ① ELEK [push-]button ② (*Abzug*) trigger ③ (*Klinke*) handle ▶ **auf den letzten ~** at the last minute; **am ~ sein** to be in charge

Druckerei <-, -en> [drʊkəˈraɪ] *f* printer's

Druckfehler *m* typographical error **Druckgeschwür** *nt* MED bedsore **Druckkabine** *f* pressurized cabin **Druckknopf** *m* press-stud BRIT, stud fastener AM **Druckluft** *f kein pl* compressed air **Druckmittel** *nt* **jdn/etw als ~ benutzen** to use sb/sth as a means of exerting pressure **druckreif** *adj* ready for publication *pred* **Drucksache** *f* printed matter **Druckschrift** *f* **in ~ schreiben** to print

drum ['drʊm] *adv* (*fam*) **~ frage ich ja!** that's why I'm asking! ▶ **das D~ und Dran** the whole works

drunten ['drʊntn̩] *adv* (*fam*) down there

drunter ['drʊntɐ] *adv* (*fam*) underneath ▶ **alles geht ~ und drüber** everything is at sixes and sevens

Drüse <-, -n> ['dryːzə] *f* gland

Dschungel <-s, -> ['dʒʊŋl̩] *m* jungle

DTP <-> [deːteːˈpeː] *nt kein pl* INFORM *Abk von* **Desktoppublishing** DTP

du <*gen* deiner, *dat* dir, *akk* dich> ['duː] *pron pers 2. pers sing* you; **bist ~ das, Peter?** is it you Peter?; **und ~?** what about you?

Du <-[s], -[s]> ['duː] *nt* **jdm das ~ anbieten** to suggest that sb use the familiar form of address

Dübel <-s, -> ['dyːbl̩] *m* plug

dubios [duˈbi̯oːs] *adj* (*geh*) dubious

ducken ['dʊkn̩] I. *vr* ① ■ **sich [vor etw** *dat*] **~** to duck [sth] ② (*pej: buckeln*) ■ **sich ~** to humble oneself II. *vt* **den Kopf ~** to duck one's head

Duckmäuser(in) <-s, -> ['dʊkmɔyzɐ] *m(f)* (*pej*) yes-man

Dudelsack ['duːdl̩zak] *m* bagpipes *pl*

Duell <-s, -e> [duˈɛl] *nt* duel

Duett <-[e]s, -e> [duˈɛt] *nt* duet

Duft <-[e]s, Düfte> ['dʊft, *pl* 'dʏftə] *m* scent

duften ['dʊftn̩] *vi* ■ [**nach etw** *dat*] **duften** to smell [of sth]

duftend *adj attr* fragrant

duftig ['dʊftɪç] *adj* MODE gossamer

dulden ['dʊldn̩] I. *vi* (*geh*) to suffer II. *vt* to tolerate

dumm <dümmer, dümmste> ['dʊm] I. *adj* ① stupid ② (*unklug*) foolish ③ (*sinnlos*) ■ **jdm zu ~ sein/werden** to be/become too much for sb II. *adv* stupidly; **frag nicht so ~** don't ask such stupid questions ▶ **~ dastehen** to look stupid; **sich ~ stellen** to act stupid; **jdn für ~ verkaufen** (*fam*) to take sb for a ride

dummerweise *adv* ① (*leider*) unfortunately ② (*unklugerweise*) stupidly

Dummheit <-, -en> *f* ① *kein pl* (*geringe Intelligenz*) stupidity ② *kein pl* (*unkluges Verhalten*) foolishness *no pl*

Dummkopf *m* (*pej fam*) idiot

dumpf ['dʊmpf] I. *adj* ① (*hohl klingend*) dull ② (*unbestimmt*) vague II. *adv* **die Lautsprecher klingen ~** the loudspeakers sound muffled

Düne <-, -n> ['dyːnə] *f* dune

Düngemittel *nt* fertilizer

düngen ['dʏŋən] *vt, vi* to fertilize
Dünger <-s, -> *m* fertilizer
dunkel ['dʊŋkl] *adj* ① dark ② (*tief*) deep ③ (*unklar*) vague ▶**im D~n tappen** to be groping around in the dark
Dunkel <-s> ['dʊŋkl] *nt kein pl* darkness
dunkelhäutig *adj* dark-skinned
Dunkelheit <-> *f kein pl* darkness; **bei einbrechender ~** at nightfall
Dunkelkammer *f* darkroom **Dunkelziffer** *f* number of unreported cases
dünn ['dʏn] I. *adj* ① thin; **~es Buch** slim volume ② (*nicht konzentriert*) weak II. *adv* sparsely
Dünndarm *m* small intestine
Dunst <-[e]s, Dünste> ['dʊnst, *pl* 'dʏnstə] *m* ① (*Nebel*) haze ② (*Dampf*) steam ③ (*Geruch*) smell
Dunstabzugshaube *f* extractor hood
dünsten ['dʏnstn̩] *vt* to steam
dunstig ['dʊnstɪç] *adj* hazy
Dur <-, -> ['duːɐ] *nt* major; **in ~** in a major key
durch ['dʊrç] I. *präp* ① (*räumlich*) through; **~ den Fluss waten** to wade across the river; **mitten ~ etw** *akk* through the middle of sth ② (*mittels*) ■**~ jdn/etw** through sb/by sth ③ (*zeitlich*) throughout ④ MATH **27 ~ 3 macht 9** 27 divided by 3 is 9 II. *adv* (*fam: fertig*) **~ sein** to be done ▶**jdm ~ und ~ gehen** to go right through sb; **jdn/etw ~ und ~ kennen** to know sb/sth like the back of one's hand; **~ und ~ nass** soaked
durch|arbeiten ['dʊrçʔarbaitn̩] I. *vt* to go through II. *vi* to work through III. *vr* ■**sich durch etw** *akk* **~** to work one's way through sth
durch|atmen ['dʊrçʔaːtmən] *vi* to breathe deeply
durchaus [dʊrçʔaus, dʊrçʔaus] *adv* ① (*unbedingt*) definitely ② (*völlig*) thoroughly; **~ gelungen** highly successful ③ (*überhaupt*) **~ kein schlechtes Angebot** not a bad offer [at all]; ■**~ nicht** by no means
durch|blicken ['dʊrçblɪkn̩] *vi* ① ■[**durch etw** *akk*] **~** to look through [sth] ② (*fam: verstehen*) to know what's going on ③ (*fam: zu verstehen geben*) **etw ~ lassen** to hint at sth
durch|braten ['dʊrçbraːtn̩] *irreg vt haben* to cook thoroughly; ■**durchgebraten** well-done

durch|brechen¹ ['dʊrçbrɛçn̩] *irreg* I. *vt haben* ■**etw ~** to break sth in two II. *vi sein* ① (*entzweibrechen*) to break in two ② (*einbrechen*) to fall through
durchbrechen*² [dʊrç'brɛçn̩] *vt irreg* ■**etw ~** ① (*gewaltsam durch etw dringen*) to crash through sth ② (*überwinden*) to break through sth
durch|brennen ['dʊrçbrɛnən] *vi irreg* ① *sein* ELEK to burn out; *Sicherung* to blow ② *sein* (*fam*) ■**[jdm] ~** to run away [from sb]
durch|bringen ['dʊrçbrɪŋən] *vt irreg* (*für Unterhalt sorgen*) to support; ■**sich ~** to get by
Durchbruch ['dʊrçbrʊx] *m* breakthrough
durchdacht *adj* **eine gut ~e Idee** a well thought-out idea
durch|drehen ['dʊrçdreːən] *vi* (*fam*) to crack up
durch|dringen¹ ['dʊrçdrɪŋən] *vi irreg sein* to come through
durchdringen*² [dʊrçdrɪŋən] *vt irreg* ① to penetrate ② (*geh*) ■**jdn ~** to pervade sb
durcheinander [dʊrçʔaiˈnandɐ] I. *adj pred* (*fam*) ■**~ sein** ① (*unordentlich*) to be in a mess ② (*verwirrt*) to be confused
Durcheinander <-s> [dʊrçʔaiˈnandɐ] *nt kein pl* ① mess ② (*Wirrwarr*) confusion
durcheinander|bringen *vt irreg* ① to get in a mess ② (*verwirren*) to confuse (**with** mit)
durcheinander|geraten* *vi irreg sein* to get mixed up **durcheinander|reden** *vi* to all talk at once
Durchfahrt ['dʊrçfaːɐ̯t] *f* entrance; „**~ bitte freihalten**" "please do not obstruct"; „**~ verboten**" "no thoroughfare"; **auf der ~ sein** to be passing through
Durchfall ['dʊrçfal] *m* diarrhoea
durch|fallen ['dʊrçfalən] *vi irreg* (*fam*) **bei einer Prüfung ~** to fail an exam
durch|fragen ['dʊrçfraːgn̩] *vr* ■**sich [zu jdm/etw] ~** to find one's way [to sb/sth] by asking
durchführbar *adj* feasible
Durchgang ['dʊrçgaŋ] *m* ① (*Passage*) path[way] ② (*das Durchgehen*) entry; „**kein ~!**" "no thoroughfare!"; (*an Türen*) "no entry!"
durchgängig ['dʊrçgɛŋɪç] I. *adj* universal II. *adv* universally
Durchgangsverkehr *m* through traffic
durch|geben ['dʊrçgeːbn̩] *vt irreg* **eine**

Meldung ~ to make an announcement
durch|gehen ['dʊrçge:ən] *irreg vi sein* ❶ ■ [**durch etw** *akk*] ~ to go through [sth] ❷ (*durchdringen*) ■ **durch jdn/etw** ~ to penetrate sth ❸ (*fam: weglaufen*) ■ [**mit jdm/etw**] ~ to bolt [with sb/sth] ► [**jdm**] **etw** ~ **lassen** to let sb get away with sth
durchgehend ['dʊrçge:ənt] *adj* continuous
durch|greifen ['dʊrçgraifn̩] *vi irreg* (*fig*) to take drastic action
durchgreifend *adj* drastic
durch|halten ['dʊrçhaltn̩] *irreg* **I.** *vt* to [with]stand **II.** *vi* to hold out
Durchhänger <-s, -> *m* (*fam*) slump
durch|kämmen ['dʊrçkɛmən] *vt* ■ **etw** ~ to comb through sth *sep*
durch|kommen ['dʊrçkɔmən] *vi irreg sein* ❶ *Sonne* to come through ❷ ■ **mit etw** *dat* ~ to get away with sth ❸ (*gelangen*) to get through [*sep* sth]; **ich komme mit meiner Hand nicht durch das Loch durch** I can't get my hand through the hole
durch|kreuzen ['dʊrçkrɔytsn̩] *vt* to cross out *sep*; **jdn auf der Liste** ~ to cross sb['s name] off the list
durchlässig ['dʊrçlɛsɪç] *adj* porous (**für**)
Durchlauferhitzer <-s, -> *m* flow heater, continuous-flow water heater *form*
durch|lesen ['dʊrçle:zn̩] *vt irreg* to read through *sep*
durch|machen ['dʊrçmaxn̩] **I.** *vt* to go through **II.** *vi* (*fam*) ❶ [**die ganze Nacht**] ~ to make a night of it ❷ (*durcharbeiten*) to work right through
Durchmesser <-s, -> ['dʊrçmɛsɐ] *m* diameter
durch|mogeln *vr* (*fam*) ■ **sich** ~ to wangle one's way through
durch|nehmen ['dʊrçne:mən] *vt irreg* to do sth
durchqueren* [dʊrç'kve:rən] *vt* to cross
Durchreisevisum *nt* transit visa
Durchsage ['dʊrçza:gə] *f* announcement
durch|sagen ['dʊrçza:gn̩] *vt* to announce
durchschauen*¹ [dʊrç'ʃauən] *vt* ■ **jdn** ~ to see through sb
durch|schauen² ['dʊrçʃauən] *vt s.* **durchsehen**
durch|schlagen¹ ['dʊrçʃla:gn̩] *irreg* **I.** *vt haben* ❶ ■ **etw** ~ to split sth [in two] ❷ (*einschlagen*) **einen Nagel durch etw** *akk* ~ to knock a nail through sth **II.** *vi sein* (*durch-*

dringen) ■ [**durch etw** *akk*] ~ to come through [sth] **III.** *vr haben* ■ **sich** ~ (*Dasein fristen*) to struggle along
durchschlagen²* [dʊrç'ʃla:gn̩] *vt irreg* ■ **etw** ~ to chop through sth
durchschlagend ['dʊrçʃla:gnt] *adj Erfolg* huge; **eine ~e Wirkung haben** to be extremely effective
Durchschlagpapier *nt* carbon paper
durch|schneiden¹ ['dʊrçʃnaidn̩] *vt irreg* ■ **etw** [**in der Mitte**] ~ to cut sth through
durchschneiden²* [dʊrç'ʃnaidn̩] *vt irreg* to cut in two *sep*
Durchschnitt ['dʊrçʃnɪt] *m* average; **im** ~ on average; **über/unter dem** ~ **liegen** to be above/below average
durchschnittlich ['dʊrçʃnɪtlɪç] **I.** *adj* average **II.** *adv* ❶ on average ❷ (*mäßig*) moderately; ~ **intelligent** of average intelligence
Durchschnittsgeschwindigkeit *f* average speed **Durchschnittswert** *m* average [*or* mean] value
Durchschrift *f* [carbon] copy
durch|sehen ['dʊrçze:ən] *irreg* **I.** *vt* to go over **II.** *vi* to look through
durch|setzen¹ ['dʊrçzɛtsn̩] **I.** *vt Ziel* to achieve; *Reformen* to carry out; **seinen Willen** [**gegen jdn**] ~ to get one's own way [with sb] **II.** *vr* ❶ ■ **sich** [**bei jdm/gegen jdn**] ~ to assert oneself [with/against sb]; ■ **sich mit etw** *dat* ~ to be successful with sth ❷ (*Gültigkeit erreichen*) ■ **sich** ~ to gain acceptance
durchsetzen²* [dʊrç'zɛtsn̩] *vt* ■ **etw mit etw** *dat* ~ to infiltrate sth with sth
Durchsicht ['dʊrçzɪçt] *f* inspection; **zur** ~ for inspection
durchsichtig ['dʊrçzɪçtɪç] *adj* transparent
durch|stehen ['dʊrçʃte:ən] *vt irreg* to get through; *Qualen* to endure
durch|streichen ['dʊrçʃtraiçn̩] *vt irreg* to cross out
durch|stylen [-stailən] *vt* (*sl*) to style; ■ **durchgestylt** fully styled
durchsuchen* [dʊrç'zu:xn̩] *vt* ■ **jdn** [**nach etw** *dat*] ~ to search sb [for sth]
Durchsuchung <-, -en> [dʊrç'zu:xʊŋ] *f* search
durchtrieben [dʊrç'tri:bn̩] *adj* crafty
durchwachsen [dʊrç'vaksn̩] *adj Speck* streaky
durchweg ['dʊrçvɛk] *adv,* **durchwegs**

[ˈdʊrçveːks] *adv* ÖSTERR without exception
durch|wühlen¹ [ˈdʊrçvyːlən] *vt* to rummage through; *Haus* to ransack
durchwühlen²* [dʊrçˈvyːlən] *vt* to comb
durch|wurschteln, durch|wursteln *vr* (*sl*) ■ **sich** ~ to muddle through BRIT
durch|ziehen [ˈdʊrçtsiːən] *irreg* **I.** *vt haben* (*fam: vollenden*) ■ **etw** ~ to see sth through **II.** *vi sein* ■ [**durch etw** *akk*] ~ to come through [sth]
dürfen [ˈdʏrfn̩] **I.** *modal vb* <darf, durfte, dürfen> ❶ (*Erlaubnis haben*) ■ **etw [nicht] tun** ~ to [not] be allowed to do sth; **darfst du das?** are you allowed to? ❷ *verneint* **wir ~ den Zug nicht verpassen** we mustn't miss the train; **du darfst ihm das nicht übel nehmen** you mustn't hold that against him ❸ *im Konjunktiv* ■ **das/es dürfte ...** that/it should ...; **es dürfte wohl das Beste sein, wenn ...** it would probably be best when ... **II.** *vi* <darf, durfte, gedurft> **darf ich nach draußen?** may I go outside?; **sie hat nicht gedurft** she wasn't allowed to
dürftig [ˈdʏrftɪç] *adj* poor
dürr [dʏr] *adj* ❶ (*trocken*) dry; **~es Laub** withered leaves ❷ (*mager*) [painfully] thin
Dürre <-, -n> [ˈdʏrə] *f* drought *no pl*
Durst <-[e]s> [dʊrst] *m kein pl* thirst; ■ ~ **haben** to be thirsty; **seinen** ~ [**mit etw** *dat*] **löschen** to quench one's thirst [with sth]
durstig [ˈdʊrstɪç] *adj* thirsty
durstlöschend *adj*, **durststillend** *adj* thirst-quenching **Durststrecke** *f* lean period
Dusche <-, -n> [ˈduːʃə] *f* shower
duschen [ˈduːʃn̩] **I.** *vi* to shower **II.** *vr* ■ **sich** ~ to have a shower **III.** *vt* ■ **jdn** ~ to give sb a shower
Duschgel *nt* shower gel **Duschkabine** *f* shower cubicle **Duschvorleger** *m* shower mat
Düse <-, -n> [ˈdyːzə] *f* nozzle
düsen [ˈdyːzn̩] *vi sein* (*fam*) to race
Düsenantrieb *m* jet propulsion **Düsenflugzeug** *nt* jet
dusselig [ˈdʊsəlɪç], **dusslig**^RR [ˈdʊslɪç], **dußlig**^ALT [ˈdʊslɪç] (*fam*) **I.** *adj* daft **II.** *adv* **sich** ~ **anstellen** to act stupidly
düster [ˈdyːstɐ] *adj* ❶ gloomy ❷ (*fig*) melancholy
Dutzend <-s, -e> [ˈdʊtsn̩t, *pl* ˈdʊtsn̩də] *nt* dozen
dutzendweise [ˈdʊtsn̩tvaizə] *adv* by the dozen

DVD <-, -s> [deːfauˈdeː] *f Abk von* **digital versatile disk** DVD
dynamisch [dyˈnaːmɪʃ] *adj* dynamic
Dynamit <-s> [dynaˈmiːt] *nt kein pl* dynamite
Dynastie <-, -n> [dynasˈtiː, *pl* dynasˈtiːən] *f* dynasty

E, e <-, - *o fam* -s, -s> [eː] *nt* ❶ (*Buchstabe*) E, e; *s. a.* **A 1** ❷ MUS E, e; *s. a.* **A 2**
Ebbe <-, -n> [ˈɛbə] *f* ebb tide; ~ **und Flut** the tides *pl*; **bei** ~ at low tide
eben¹ [ˈeːbn̩] **I.** *adj* ❶ (*flach*) flat ❷ (*glatt*) level **II.** *adv* evenly
eben² [ˈeːbn̩] **I.** *adv* just **II.** *part* (*genau das*) precisely
Ebenbild *nt* image
ebenbürtig [ˈeːbn̩bʏrtɪç] *adj* equal
Ebene <-, -n> [ˈeːbənə] *f* ❶ (*Tiefebene*) plain; (*Hochebene*) plateau ❷ (*fig*) **auf wissenschaftlicher** ~ at the scientific level
ebenerdig *adj* at ground level
ebenfalls [ˈeːbn̩fals] *adv* as well; **danke,** ~! thanks, [and] the same to you
Ebenholz [ˈeːbn̩hɔlts] *nt* ebony
ebenso [ˈeːbn̩zoː] *adv* ❶ (*genauso*) just as; ~ **gern** [**wie**] just as well/much [as]; ~ **gut** [just] as well; ~ **lang[e]** just as long; ~ **oft** just as often; ~ **sehr** just as much; ~ **viel** just as much; ~ **wenig** just as little ❷ (*auch*) as well
Eber <-s, -> [ˈeːbɐ] *m* boar
Eberesche [ˈeːbɐʔɛʃə] *f* BOT mountain ash [*or* rowan]
ebnen [ˈeːbnən] *vt* (*eben machen*) to level ▶ **jdm/etw den Weg** ~ to smooth [*or* pave] the way for sb/sth
EC¹ <-s, -s> [eːˈtseː] *m Abk von* **Eurocity** Eurocity train
EC² [eːˈtseː] *m Abk von* **Euroscheck**
E-Cash <-> [iːˈkæʃ] *nt kein pl* e-cash, electronic cash
Echo <-s, -s> [ˈɛço] *nt* ❶ echo ❷ (*Reaktion*) response (**auf** to); **ein [großes]** ~ **finden** to meet with a [big] response

Echse <-, -n> ['ɛksə] f saurian spec
echt ['ɛçt] adj ❶ real; (nicht gefälscht) genuine; Gold pure ❷ Freundschaft, Schmerz sincere ❸ (typisch) typical
Eck <-[e]s, -e> ['ɛk] nt corner ▶ **über** ~ diagonally
EC-Karte f Abk von **Euroscheckkarte** Eurocard
Eckball m corner **Eckbank** f corner bench
Ecke <-, -n> ['ɛkə] f corner; **gleich um die** ~ just round [or AM around] the corner ▶ **jdn in die ~ drängen** to push sb aside; **an allen ~n und Enden** (fam) everywhere
Eckhaus nt corner house
eckig ['ɛkɪç] adj square
Eckstein ['ɛkʃtain] m cornerstone **Eckzahn** m canine
Ecuador <-s> [ekua'doːɐ̯] nt Ecuador
Ecuadorianer(in) <-s, -> [ekuado'rĭaːnɐ] m(f) Ecuadorean
edel ['eːdl] adj ❶ (großherzig) generous ❷ (hochwertig) fine
Edelgas nt inert gas **Edelholz** nt high-grade wood no pl **Edelmetall** nt precious metal
edelmütig ['eːdlmyːtɪç] adj (geh) magnanimous **Edelstahl** m stainless steel **Edelstein** m precious stone **Edeltanne** f silver fir
Edelweiß <-[es], -e> ['eːdlvais] nt edelweiss
editieren* [edi'tiːrən] vt to edit
Editor(in) <-s, -en> ['eːditoːɐ̯, edi'toːrɪn, pl edi'toːrən] m(f) [text] editor
Edutainment <-s> [ɛdju'teɪnmənt] nt kein pl edutainment
EDV <-> [eːdeː'fau] f Abk von **elektronische Datenverarbeitung** EDP
Efeu <-s> ['eːfɔy] m kein pl ivy
Effekt <-[e]s, -e> [ɛ'fɛkt] m effect; **im** ~ in the end; FILM ■ **~e** special effects
effektiv [ɛfɛk'tiːf] I. adj effective II. adv effectively
egal [e'gaːl] adj (fam) ■ **jdm ~ sein** to be all the same to sb; **das ist mir** ~ I don't mind ▶ **~, was/wie ...** no matter what/how ...
Egoist(in) <-en, -en> [ego'ɪst] m(f) ego[t]ist
egoistisch [ego'ɪstɪʃ] I. adj ego[t]istical II. adv ego[t]istically
ehe ['eːə] konj before; ~ **das Wetter nicht besser wird ...** until the weather doesn't change for the better ...
Ehe <-, -n> ['eːə] f marriage
Eheberater(in) m(f) marriage guidance counsellor, AM marriage counselor **Eheberatung** f marriage guidance [or AM counseling]
Ehebruch m adultery; ~ **begehen** to commit adultery **Ehefrau** f wife **Ehegatte** m (geh) husband **Eheleute** pl (geh) married couple + sing/pl vb
ehelich ['eːəlɪç] adj marital; Kind legitimate
ehemalig ['eːəmaːlɪç] adj attr former
Ehemann m husband **Ehepaar** nt [married] couple + sing/pl vb **Ehepartner(in)** m(f) husband masc, wife fem, spouse form
eher ['eːɐ] adv ❶ (früher) sooner ❷ (wahrscheinlicher) more likely
Ehering m wedding ring **Eheschließung** f (geh) marriage ceremony
ehrbar ['eːɐ̯baːɐ̯] adj respectable
Ehre <-, -n> ['eːrə] f honour; **ihm zu ~ n** in his honour; **eine große** ~ a great honour; **jdm eine ~ sein** to be an honour for sb; **jdm die letzte ~ erweisen** (geh) to pay sb one's last respects; **etw in ~ n halten** to cherish sth; **jdm wird die ~ zuteil, etw zu tun** sb is given the honour of doing sth ▶ **auf ~ und Gewissen** on my/his etc. honour; **habe die ~!** ÖSTERR [I'm] pleased to meet you
ehren ['eːrən] vt to honour; **dieser Besuch ehrt uns sehr** we are very much honoured by this visit
ehrenamtlich I. adj **~e Tätigkeiten** voluntary work II. adv on a voluntary basis
Ehrenbürger(in) m(f) honorary citizen **Ehrendoktor(in)** m(f) honorary doctor **Ehrengast** m guest of honour **Ehrenkodex** m SOZIOL code of honour **Ehrenmitglied** nt honorary member **Ehrenplatz** m place of honour **Ehrensache** f matter of honour
ehrenvoll adj honourable
ehrenwert adj respectable **Ehrenwort** <-worte> nt word of honour
ehrerbietig (geh) I. adj deferential II. adv deferentially
Ehrfurcht f kein pl reverence; **vor jdm/etw ~ haben** to have [great] respect for sb/sth
ehrfürchtig ['eːɐ̯fʏrçtɪç], **ehrfurchtsvoll** I. adj reverent II. adv reverentially
Ehrgefühl nt kein pl sense of honour
Ehrgeiz ['eːɐ̯gaits] m kein pl ambition
ehrgeizig ['eːɐ̯gaitsɪç] adj ambitious
ehrlich ['eːɐ̯lɪç] I. adj honest; (echt) genuine; **es ~ mit jdm meinen** to have good intentions towards sb II. adv honestly ▶ **~ gesagt ...** to be [quite] honest ...
Ehrlichkeit f kein pl ❶ (Aufrichtigkeit) sin-

cerity ❷ (*Zuverlässigkeit*) honesty
Ehrwürden ['eːɐ̯vvrdn̩] *m kein pl, ohne art* Reverend
ehrwürdig ['eːɐ̯vvrdɪç] *adj* venerable
Ei <-[e]s, -er> ['ai] *nt* ❶ egg; **faules ~** rotten egg; **ein hart gekochtes ~** a hard-boiled egg; **ein weich gekochtes Ei** a soft-boiled egg; **ein ~ legen** to lay an egg ❷ (*Eizelle*) ovum ❸ *pl* (*sl: Hoden*) balls *pl* ▶ **jdn wie ein rohes ~ behandeln** to handle sb with kid gloves; **sich gleichen wie ein ~ dem anderen** to be as [a]like as two peas in a pod
Eibe <-, -n> ['aibə] *f* yew [tree]
Eiche <-, -n> ['aiçə] *f* oak
Eichel <-, -n> ['aiçl̩] *f* ❶ BOT acorn ❷ ANAT glans
Eichelhäher ['aiçlhɛːɐ] *m* ORN jay
eichen ['aiçn̩] *vt* to calibrate
Eichenholz *nt* oak[wood] **Eichenwald** *m* oak wood [*or* forest]
Eichhörnchen ['aiçhœrnçən] *nt*, **Eichkätzchen** *nt* DIAL squirrel
Eid <-[e]s, -e> ['ait, *pl* 'aidə] *m* oath; **an ~ es statt erklären** to declare solemnly; **einen ~ ablegen** to swear an oath; **unter ~ [stehen]** [to be] under oath
Eidechse ['aidɛksə] *f* lizard **Eidgenossenschaft** *f* **Schweizerische ~** the Swiss Confederation **Eierbecher** *m* egg cup **Eierkuchen** *m* pancake
eiern ['aiɐn] *vi* (*fam*) to wobble
Eierschale *f* eggshell **Eierstock** *m* ovary
Eifer <-s> ['aifɐ] *m kein pl* enthusiasm ▶ **im ~ des Gefechts** (*fam*) in the heat of the moment
Eifersucht ['aifɐzʊxt] *f kein pl* jealousy; **aus ~** out of jealousy
eifersüchtig ['aifɐzʏçtɪç] *adj* jealous
eiförmig *adj* egg-shaped, oval
eifrig ['aifrɪç] I. *adj* keen II. *adv* eagerly; **~ lernen/üben** to learn/practise assiduously
Eigelb <-s, -e> *nt* egg yolk
eigen ['aign̩] *adj* ❶ own ❷ (*typisch*) characteristic ❸ (*eigenartig*) peculiar
Eigenart ['aign̩ʔaːɐ̯t] *f* characteristic
eigenartig ['aign̩ʔaːɐ̯tɪç] I. *adj* strange II. *adv* strangely; **~ aussehen** to look strange
Eigenbedarf *m* **zum ~** for one's [own] personal use **Eigengewicht** *nt eines Fahrrades, Lkws* unladen weight; *von Waren* net weight
eigenhändig ['aign̩hɛndɪç] I. *adj* personal II. *adv* personally **Eigenheim** *nt* home of one's own **Eigenliebe** *f* self-love **Eigenlob** *nt* self-praise, self-importance **eigenmächtig** ['aign̩mɛçtɪç] I. *adj* high-handed II. *adv* high-handedly **Eigenmittel** *pl* FIN (*geh*) [one's] own resources **Eigenname** *m* proper noun **Eigennutz** *m kein pl* self-interest
eigennützig ['aign̩nʏtsɪç] I. *adj* selfish II. *adv* selfishly
Eigenschaft <-, -en> ['aign̩ʃaft] *f* ❶ quality ❷ (*Funktion*) capacity
Eigenschaftswort <-wörter> *nt* adjective
eigensinnig ['aign̩zɪnɪç] I. *adj* stubborn II. *adv* stubbornly
eigentlich ['aign̩tlɪç] I. *adj* (*wirklich*) real; *Wesen* true II. *adv* ❶ (*normalerweise*) really; **da hast du ~ recht** you may be right there ❷ (*wirklich*) actually III. *part* **was fällt dir ~ ein!** what [on earth] do you think you're doing!; **was ist ~ mit dir los?** what [on earth] is wrong with you?
Eigentor *nt* own goal
Eigentum <-s> ['aign̩tuːm] *nt kein pl* property; **jds geistiges ~** sb's intellectual property
Eigentümer(in) <-s, -> ['aign̩tyːmɐ] *m(f)* owner
eigentümlich ['aign̩tyːmlɪç] I. *adj* strange II. *adv* strangely; **~ aussehen** to look odd
Eigentumswohnung *f* owner-occupied flat, condominium AM
eigenwillig ['aign̩vɪlɪç] *adj* ❶ stubborn ❷ (*unkonventionell*) unconventional
eignen ['aignən] *vr* to be suitable; **dieses Buch eignet sich zum Verschenken** this book would make a good present
Eiklar <-s, -> *nt* SÜDD, ÖSTERR egg white
Eilbrief *m* express letter
Eile <-> ['ailə] *f kein pl* haste; **in ~ sein** to be in a hurry; **in der ~** in the hurry; **nur keine ~!** there's no rush!
Eileiter <-s, -> *m* Fallopian tube
eilen ['ailən] I. *vi* ❶ *sein* ■ **irgendwohin ~** to hurry somewhere ❷ *haben* ■ **etw eilt** sth is urgent II. *vi impers haben* ■ **es eilt** it's urgent; **eilt es?** is it urgent?
eilig ['ailɪç] I. *adj* ❶ (*schnell*) hurried ❷ (*dringend*) urgent; **es [mit etw *dat*] ~ haben** to be in a hurry [with sth] II. *adv* quickly
Eilzug *m* ≈ fast stopping train
Eilzustellung *f* express delivery
Eimer <-s, -> ['aimɐ] *m* bucket; ■ **Müll~** [rubbish] bin BRIT, garbage can AM

ein¹ ['ain] *adv* (*eingeschaltet*) on
ein² ['ain], **eine** ['ainə], **ein** ['ain] **I.** *adj* one; **mir fehlt noch ~ Cent** I need another cent ►**~ für alle Mal** once and for all; **jds E~ und Alles** to mean everything to sb; **~ und der-/die-/dasselbe** one and the same **II.** *art indef* a/an; **was für ~ Lärm!** what a noise!
einander [ai'nandɐ] *pron* each other
ein|arbeiten I. *vr* ■**sich** [**in etw** *akk*] **~** to familiarize oneself [with sth] **II.** *vt* ❶ (*praktisch vertraut machen*) ■**jdn ~** to train sb ❷ ÖSTERR (*nachholen, vorarbeiten*) to make up [for]
Einarbeitungszeit *f* training period
ein|äschern ['ain?ɛʃɐn] *vt* to cremate
ein|atmen *vt, vi* to breathe in *sep*
Einbahnstraße *f* one-way street
ein|balsamieren* *vt* to embalm
Einband <-bände> ['ainbant, *pl* -bɛndə] *m* [book] cover
einbändig ['ainbɛndɪç] *adj* one-volume *attr*
Einbau *m kein pl* installation
ein|bauen *vt* ❶ to install; ■**eingebaut** built-in ❷ (*fam: einfügen*) to incorporate
Einbauküche *f* fitted kitchen **Einbauschrank** *m* fitted cupboard
ein|berufen* *vt irreg* ❶ *Versammlung* to convene ❷ MIL to conscript
Einberufung *f* MIL call-up papers *pl* BRIT, draft card AM
ein|betten *vt* to embed
ein|beziehen* *vt irreg* to include
ein|biegen *vi sein* to turn [off]; **er bog in eine Fußgängerpassage ein** he turned into a pedestrian precinct
ein|bilden *vr* ■**sich** *dat* **etw ~** to imagine sth; ■**sich** *dat* **~, dass ...** to think that ... ►**was bildest du dir eigentlich ein?** (*fam*) what's got into your head?
Einbildung *f* ❶ *kein pl* imagination ❷ *kein pl* (*Arroganz*) conceitedness
Einbildungskraft *f kein pl* [powers of] imagination
ein|binden *vt irreg* ❶ *Buch* to bind ❷ (*einbeziehen*) to integrate (**in** into)
ein|bläuen^RR *vt* (*fam*) ■**jdm etw ~** ❶ (*einschärfen*) to drum sth into sb['s head] ❷ (*einprügeln*) to beat sth into sb
ein|blenden *vt* TV to insert; *Geräusche, Musik* to dub in
ein|bleuen^ALT *vt* (*fam*) *s.* **einbläuen**
Einblick *m* insight; **jdm ~ in etw** *akk* **gewähren** (*fig*) to allow sb to gain an insight into sth; **~ in etw** *akk* **gewinnen** to gain an insight into sth; **~ in etw** *akk* **haben** to have an insight into sth
ein|brechen *irreg vi* ❶ *sein o haben Dieb* to break in ❷ *sein Nacht* to fall ❸ *sein* (*durchfallen*) to fall through
Einbrecher(in) <-s, -> *m(f)* burglar
ein|bringen *irreg vt* ❶ to bring; *Zinsen* to earn ❷ *Ernte* to bring in ❸ (*vorschlagen*) ■**etw ~** to introduce sth; **einen Antrag ~** to table a motion
Einbruch ['ainbrʊx, *pl* ainbrʏçə] *m* ❶ JUR break-in ❷ (*Beginn*) onset; **bei ~ der Dunkelheit** [at] nightfall
ein|buchten ['ainbʊxtn̩] *vt* (*fam*) ■**jdn ~** to lock sb up
ein|bürgern ['ainbʏrɡɐn] **I.** *vt* ■**jdn ~** to naturalize sb **II.** *vr* ■**sich ~** *Brauch* to become established
Einbuße *f* loss; [**mit etw** *dat*] **~n erleiden** to suffer losses [on sth]
ein|büßen *vt* to lose
ein|checken [-tʃɛkn̩] *vi, vt* to check in
ein|cremen ['ainkre:mən] *vt* ■**sich ~** to apply cream
ein|dämmen *vt* to dam; **die Ausbreitung einer Krankheit ~** to check the spread of a disease
ein|decken *vr* ■**sich ~** to stock up (**mit** on)
eindeutig ['aindɔytɪç] **I.** *adj* unambiguous **II.** *adv* unambiguously
ein|deutschen ['aindɔytʃn̩] *vt* to Germanize
ein|dicken ['aindɪkn̩] *vt, vi* to thicken
ein|dringen *vi irreg sein* ❶ (*einbrechen*) ■**in etw** *akk* **~** to force one's way into sth ❷ (*hineindringen*) to penetrate (**in** into) ❸ (*bestürmen*) ■**auf jdn ~** to besiege sb
Eindringling <-s, -e> ['aindrɪŋlɪŋ] *m* intruder
Eindruck ['aindrʊk, *pl* -drʏkə] *m* impression; **den ~ erwecken, dass ...** to give the impression that ...; **den ~ haben, dass ...** to have the impression that ...; **einen großen ~ auf jdn machen** to make a big impression on sb
eindrucksvoll I. *adj* impressive **II.** *adv* impressively
eine(r, s) ['ainə] *pron indef* ❶ (*jemand*) someone, somebody; **~s von den Kindern** one of the children ❷ (*fam: man*) one ❸ (*ein Punkt*) ■**~s** one thing; **~s sag ich dir** I'll tell

you one thing
ein|ebnen *vt* to level
eineiig ['ain?aiɪç] *adj* identical
eineinhalb ['ain?ain'halp] *adj* one and a half
ein|engen ['ainɛŋən] *vt* ■**jdn** ~ ①(*beschränken*) to restrict sb ②(*drücken*) to restrict sb's movement[s]
einer ['ainɐ] *pron s.* **eine(r, s)**
einerlei ['ainɐ'lai] *adj pred* **das ist mir ganz ~** it's all the same to me
einerseits ['ainɐzaits] *adv* **~ ... andererseits ...** on the one hand ..., on the other hand ...
einfach ['ainfax] **I.** *adj* ①(*leicht*) easy; **es sich** *dat* [**mit etw** *dat*] **zu ~ machen** to make it too easy for oneself [with sth] ②(*gewöhnlich*) simple ③(*nicht doppelt*) single; **eine ~e Fahrkarte** a one-way [*or* BRIT single] ticket **II.** *adv* (*leicht*) easily; **es ist nicht ~ zu verstehen** it's not easy to understand **III.** *part* (*ohne weiteres*) simply, just
ein|fädeln ['ainfɛːdln] **I.** *vt* ①(*Faden*) to thread ②(*fam: anbahnen*) to engineer **II.** *vr* AUTO ■**sich ~** to filter in
ein|fahren *irreg vi sein* (*hineinfahren*) to come in[to]; **auf einem Gleis ~** to arrive at a platform; **in einen Hafen ~** to sail into a harbour
Einfahrt *f kein pl* ①(*das Einfahren*) entry; **die ~ eines Zuges** the arrival of a train ②(*Zufahrt*) entrance; **~ freihalten!** [please] keep [entrance] clear!
Einfall ['ainfal] *m* idea
ein|fallen *vi irreg sein* ①(*in den Sinn kommen*) ■**etw fällt jdm ein** to think of sth; **was fällt Ihnen ein!** what do you think you're doing! ②(*sich erinnern*) ■**etw fällt jdm ein** to remember sth ③(*einstürzen*) to collapse ④(*eindringen*) **in ein Land ~** to invade a country
einfallslos I. *adj* unimaginative **II.** *adv* unimaginatively
einfältig ['ainfɛltɪç] **I.** *adj* naive **II.** *adv* naively
Einfaltspinsel *m* (*pej fam*) simpleton
Einfamilienhaus *nt* single family house
ein|fangen *irreg vt* ■**jdn/ein Tier ~** to capture sb/an animal
einfarbig *adj* in one colour
ein|fassen *vt* ①(*umgeben*) to border ②*Diamant* to set
ein|finden *vr irreg* (*geh*) ■**sich** [**irgendwo**] **~** to arrive [somewhere]
ein|flößen *vt* ①■**jdm etw ~** to give sb sth ②(*erwecken*) **jdm Angst/Vertrauen ~** to instil fear/confidence in sb
Einflugschneise *f* approach path
Einfluss^RR *m*, **Einfluß**^ALT *m* influence; **unter dem ~ von jdm/etw stehen** to be under sb's influence; **seinen ~ geltend machen** to use one's influence
Einflussbereich^RR *m* POL sphere of influence
einflussreich^RR *adj* influential
einförmig ['ainfœrmɪç] **I.** *adj* monotonous **II.** *adv* monotonously
ein|frieren *irreg* **I.** *vi sein* (*zufrieren*) to freeze up **II.** *vt haben* (*konservieren*) to [deep-]freeze
ein|fügen I. *vt* ■**etw** [**in etw** *akk*] **~** ①(*einpassen*) to fit sth in[to sth] ②(*einfließen lassen*) to add sth [to sth] **II.** *vr* ■**sich** [**in etw** *akk*] **~** to adapt [oneself] [to sth]
Einfühlungsvermögen *nt* empathy
Einfuhr <-, -en> ['ainfuːɐ] *f* importation
Einfuhrbestimmungen *pl* import regulations *pl*
ein|führen *vt* ①(*importieren*) to import ②(*bekannt machen*) ■**etw ~** to introduce sth ③(*vertraut machen*) ■**jdn ~** to introduce sb (**in** to)
Einführung *f* introduction
Einführungspreis *m* introductory price
Einfuhrzoll *m* import duty
Eingabe *f Daten* entry
Eingabetaste *f* enter-key
Eingang <-gänge> ['aingaŋ, *pl* -gɛŋə] *m* entrance; **„kein ~!"** "no entry!"
eingangs ['aingaŋs] *adv* at the start
ein|geben *irreg vt* ①INFORM to input (**in** into) ②(*geh: inspirieren*) ■**jdm etw ~** to put sth into sb's head
eingebildet *adj* ①(*hochmütig*) conceited (**auf** about) ②(*imaginär*) imaginary
Eingeborene(r) *f/m/* *dekl wie adj* native
Eingebung <-, -en> *f* inspiration; **einer plötzlichen ~ folgend** acting on a sudden impulse
eingefallen *adj* hollow
eingefleischt ['aingəflaiʃt] *adj attr* confirmed
ein|gehen *irreg* **I.** *vi sein* ①**in die Geschichte ~** to go down in history ②([*ab*]*sterben*) to die [off]; ■[**an etw** *dat*] **~** to die [of sth] ③(*einlaufen*) to shrink ④(*sich*

beschäftigen mit) ▪**auf etw/jdn** ~ to deal with sth/to pay some attention to sb ❺ (*sich einlassen*) ▪**auf etw** *akk* ~ to accept sth **II.** *vt sein* ▪**etw** ~ to enter into sth; **ein Risiko** ~ to take a risk

eingehend ['aɪngeːənt] **I.** *adj* detailed; *Prüfung* extensive **II.** *adv* in detail

Eingemachte(s) *nt dekl wie adj* KOCHK preserved fruit

Eingemeindung <-, -en> *f* ADMIN incorporation

eingenommen *adj pred* ❶ (*positiv beeindruckt*) ▪**von jdm/etw** ~ **sein** to be taken with sb/sth ❷ (*voreingenommen*) ▪**gegen jdn/etw** ~ **sein** to be biased against sb/sth ❸ (*eingebildet*) ▪**von sich** *dat* ~ **sein** to be conceited

eingeschnappt *adj* (*fam*) ▪ ~ **sein** to be miffed

eingeschränkt *adj* limited, restricted

eingeschrieben *adj* registered

Eingeständnis ['aɪngəʃtɛntnɪs] *nt* admission

ein|gestehen* *irreg* **I.** *vt* ▪**etw** ~ to admit sth **II.** *vr* **sich** *dat* **etw nicht** ~ **wollen** to be unable to accept sth; **sich** *dat* **nicht** ~ **wollen, dass ...** to refuse to accept that ...

eingestellt *adj* ❶ (*gesinnt*) **fortschrittlich/ökologisch** ~ progressively/environmentally minded; ▪**jd ist gegen jdn** ~ sb is set against sb ❷ (*vorbereitet*) ▪**auf etw** *akk* ~ **sein** to be prepared for sth

eingetragen *adj* registered

Eingeweide <-s, -> ['aɪngəvaɪdə] *nt meist pl* entrails

ein|gewöhnen* *vr* ▪**sich** ~ to settle in

ein|gießen *vt irreg* to pour; **darf ich Ihnen noch Kaffee** ~ can I pour you some more coffee?

eingleisig ['aɪnglaɪzɪç] *adj* single-track

ein|gliedern **I.** *vt* ▪**jdn** ~ to integrate sb (**in** into) **II.** *vr* ▪**sich** ~ to integrate oneself (**in** into)

ein|greifen *vi irreg* to intervene (**in** in)

Eingriff *m* ❶ intervention (**in** in) ❷ MED operation

ein|gruppieren* *vt* to group (**in** in)

Einhalt ['aɪnhalt] *m kein pl* **jdm/einer S.** ~ **gebieten** (*geh*) to put a stop to sb/sth

ein|halten *irreg vt* to keep; **eine Diät/einen Vertrag** ~ to keep to a diet/treaty; **die Spielregeln/Vorschriften** ~ to obey the rules; **Verpflichtungen** ~ to meet commitments

ein|handeln *vr* (*fam*) **sich eine Krankheit** ~ to catch a disease

einheimisch ['aɪnhaɪmɪʃ] *adj* ❶ (*ortsansässig*) local ❷ BOT, ZOOL indigenous

Einheit <-, -en> ['aɪnhaɪt] *f* unity

einheitlich ['aɪnhaɪtlɪç] *adj* ❶ (*gleich*) uniform ❷ (*in sich geschlossen*) integrated **Einheitsgebühr** *f* standard charge **Einheitspreis** *m* standard price **Einheitstarif** *m* flat rate

ein|heizen *vi* (*heizen*) to turn the heater on

einhellig ['aɪnhɛlɪç] **I.** *adj* unanimous **II.** *adv* unanimously

ein|holen *vt* ❶ *Fahne, Segel* to lower ❷ *Genehmigung* ▪**etw** ~ to ask for sth ❸ (*erreichen*) ▪**jdn/etw** ~ to catch up with sb/sth ❹ (*wettmachen*) ▪**etw** ~ to make up sth

einig ['aɪnɪç] *adj* ❶ (*geeint*) united ❷ *pred* ▪**sich** *dat* ~ **sein** to be in agreement (**über** on)

einige(r, s) ['aɪnɪgə] *pron indef* ❶ *sing, adjektivisch* (*ziemlich*) some; (*etwas*) a little ❷ *sing, substantivisch* (*viel*) ▪ ~ **s** quite a lot; **das wird aber** ~ **s kosten!** that will cost a pretty penny! ❸ *pl, adjektivisch* (*mehrere*) several; **vor** ~ **n Tagen** a few days ago ❹ *pl, substantivisch* (*Menschen*) some

einigen ['aɪnɪgn̩] **I.** *vt* (*einen*) to unite **II.** *vr* ▪**sich** ~ to agree

einigermaßen ['aɪnɪgɐˈmaːsn̩] *adv* fairly

Einigkeit <-> ['aɪnɪçkaɪt] *f kein pl* ❶ (*Eintracht*) unity ❷ (*Übereinstimmung*) agreement; **es herrscht** ~ **darüber, dass ...** there is agreement that ...

Einigung <-, -en> *f* ❶ POL unification ❷ (*Übereinstimmung*) agreement (**über** on)

ein|impfen *vt* ▪**jdm etw** ~ to drum sth into sb

einjährig, 1-jährig^RR ['aɪnjɛːrɪç] *adj* ❶ (*Alter*) one year old *pred* ❷ (*Zeitspanne*) one-year *attr*

ein|kalkulieren* *vt* ▪**etw** [**mit**] ~ to take sth into account

ein|kassieren* *vt* ▪**etw** ~ to collect sth

Einkauf *m* ❶ shopping; **Einkäufe machen** to do one's shopping ❷ (*das Eingekaufte*) purchase

ein|kaufen **I.** *vt* to buy **II.** *vi* to shop; ~ **gehen** to go shopping

Einkaufsbummel *m* shopping trip

Einkaufspalast *m* (*iron*) retail palace **Einkaufspassage** [-pasaːʒə] *f* shopping arcade **Einkaufswagen** *m* [shopping] trolley [*or* AM cart] **Einkaufszentrum** *nt* shopping centre

ein|kehren *vi sein* to stop off

ein|kellern ['aɪnkɛlɐn] *vt* to store in a cellar

ein|klammern *vt* ■etw ~ to put sth in brackets

Einklang *m* (*geh*) harmony; **in** ~ **mit etw** *dat* **stehen** to be in accord with sth

ein|klemmen *vt* ■etw ~ to catch sth

ein|kochen I. *vt haben* to preserve II. *vi sein* to thicken

Einkommen <-s, -> *nt* income *no pl*

Einkünfte ['aɪnkʏnftə] *pl* income *no pl*

ein|laden ['aɪnlaːdn̩] *vt irreg* ① *Menschen* to invite; **jdn zum Essen** ~ to take sb out to dinner ② *Gegenstände* to load (**in** in[to])

Einladung *f* invitation

Einlage <-, -n> *f* (*Schuheinlage*) insole

ein|lagern *vt* to store

ein|langen *vi sein* ÖSTERR (*eintreffen*) to arrive

Einlass^{RR} <-es> *m*, **Einlaß**^{ALT} <-sses> ['aɪnlas, *pl* 'aɪnlɛsə] *m* admission

ein|lassen *irreg* I. *vt* ■jdn ~ to let sb in II. *vr* ① (*auf etw eingehen*) ■sich auf etw *akk* ~ to get involved in sth; *Abenteuer* to embark on sth ② (*pej: Kontakt aufnehmen*) ■sich mit jdm ~ to get involved with sb

Einlauf *m* MED enema

ein|laufen *irreg* I. *vi sein* ① (*schrumpfen*) to shrink ② (*einfahren*) **das Schiff läuft in den Hafen ein** the ship is sailing into harbour II. *vt haben* **Schuhe** ~ to wear shoes in

ein|leben *vr* ■sich ~ to settle in

ein|legen *vt* ① (*hineintun*) to insert; **eine CD** ~ to put on a CD ② KOCHK ■etw ~ to pickle sth; **eingelegte Gurken** pickled gherkins

Einlegesohle *f* inner sole, insole

ein|leiten *vt* ① **Schritte** [**gegen jdn**] ~ to take steps [against sb]; **einen Prozess** [**gegen jdn**] ~ to start proceedings [against sb] ② (*eröffnen*) ■etw ~ to open [*or* form commence] sth

einleitend I. *adj* introductory II. *adv* as an introduction

Einleitung *f* introduction

ein|lenken *vi* to give way

ein|leuchten *vi* ■[jdm] ~ to make sense [to sb]; **das leuchtet mir ein** I can see that

einleuchtend I. *adj* evident; *Erklärung* plausible II. *adv* clearly

ein|liefern *vt* ① ■jdn ~ *ins Gefängnis, Krankenhaus* to admit sb ② (*abgeben*) ■etw ~ to hand sth in

ein|loggen ['aɪnlɔgn̩] *vi* to log in

ein|lösen *vt* ① *Scheck* to honour [*or* AM cash] ② *Versprechen* to honour

ein|machen *vt* to preserve; (*in Essig*) to pickle

Einmachglas *nt* jar

einmal¹, **1-mal**^{RR} ['aɪnmaːl] *adv* ① (*ein Mal*) once; ~ **am Tag/in der Woche** once a day/week; **auf** ~ all of a sudden; (*an einem Stück*) all at once; ~ **mehr** once again ② (*früher*) once; **es war** ~ once upon a time; **das war** ~! that's over! ③ (*später*) sometime; **ich will** ~ **Pilot werden** I want to be a pilot [some day] ▶ ~ **ist keinmal** (*prov*) just once doesn't count

einmal² ['aɪnmaːl] *part* **nicht** ~ not even; **er hat sich nicht** ~ **bedankt** he didn't even say thank you

Einmaleins <-> [aɪnmaˈlʔaɪns] *nt kein pl* ■das ~ [multiplication] tables *pl*

einmalig ['aɪnmaːlɪç] *adj* ① unique ② (*fam: ausgezeichnet*) outstanding

Einmannkapelle *f* one-man band

Einmischung *f* interference

einmotorig *adj* single-engined

Einmündung *f* confluence

einmütig ['aɪnmyːtɪç] I. *adj* unanimous II. *adv* unanimously

Einnahme <-, -n> ['aɪnnaːmə] *f* ① FIN earnings; *Geschäfts~* takings *pl* ② *kein pl Arzneimittel, Mahlzeiten* taking

ein|nehmen *vt irreg* ① *Geld* to take; *Steuern* to collect ② (*zu sich nehmen*) to take; *Mahlzeit* to have ③ (*geh*) *Platz* to take ④ (*erobern*) to take ⑤ (*beeinflussen*) **jdn für sich** ~ to win favour with sb; **jdn gegen sich/jdn/etw** ~ to turn sb against oneself/sb/sth

einnehmend ['aɪnneːmənt] *adj* charming, engaging

ein|nicken *vi sein* (*fam*) to doze off

ein|nisten *vr* ■sich ~ *Ungeziefer* to nest

Einöde ['aɪnˀøːdə] *f* wasteland

ein|ordnen I. *vt* ① (*einsortieren*) to organize (**in** in) ② (*klassifizieren*) to classify (**unter** under) II. *vr* (*sich einfügen*) ■sich ~ to integrate (**in** into)

ein|packen *vt* (*verpacken*) ■etw ~ to wrap sth; (*um zu verschicken*) to pack sth

▶ ~ **können** (*fam*) to pack up and go home
ein|parken *vi, vt* to park
ein|planen *vt* to plan; ■ **etw** [**mit**] ~ to take sth into consideration
ein|prägen *vr* ■ **sich** *dat* **etw** ~ to fix sth in one's memory; ■ **sich jdm** ~ to be imprinted on sb's memory
einprägsam ['ainprɛːkzaːm] *adj* easy to remember *pred*
ein|programmieren* *vt* INFORM to progam; ■ **einprogrammiert** programmed
ein|rahmen *vt* to frame
ein|räumen *vt* ❶ (*in etw räumen*) to put away (**in** in) ❷ *Zimmer* to arrange ❸ (*zugestehen*) ■ **etw** ~ to concede sth
ein|rechnen *vt* ❶ (*mit einbeziehen*) ■ **jdn** [**mit**] ~ to include sb; ■ **etw** [**mit**] ~ to allow for sth ❷ (*als inklusiv rechnen*) ■ **etw** [**mit**] ~ to include sth
ein|reden I. *vt* ■ **jdm etw** ~ to talk sb into thinking sth II. *vi* ■ **auf jdn** ~ to keep on at sb *fam* III. *vr* ■ **sich** *dat* **etw** ~ to talk oneself into thinking sth
ein|reichen *vt* ■ **etw** ~ to submit sth; **seine Kündigung** ~ to hand in one's resignation
ein|reihen *vr* ■ **sich in etw** *akk* ~ to join sth
Einreise *f* entry
Einreisebestimmungen *pl* entry requirements **Einreisegenehmigung** *f* entry permit
ein|reisen *vi sein* to enter; **in ein Land** ~ to enter a country
ein|renken ['ainrɛŋkn̩] I. *vt* ❶ MED ■ [**jdm**] **etw** ~ to set sth [for sb] ❷ (*fam*) ■ **etw** ~ to straighten sth out II. *vr* (*fam*) ■ **sich wieder** ~ to sort itself out
ein|rennen *irreg vt* (*fam*) to break down *sep*
ein|richten I. *vt* ❶ (*möblieren*) to furnish; *Praxis* to fit out *sep* ❷ (*möglich machen*) ■ **es** ~, **dass ...** arrange it so that ...; **es lässt sich** ~ that can be arranged ❸ (*vorbereitet sein*) ■ **auf etw** *akk* **eingerichtet sein** to be prepared for sth II. *vr* ❶ (*möblieren*) **ich richte mich weiß ein** I'm furnishing my flat in white ❷ (*sich anpassen*) ■ **sich** ~ to adapt [to a situation] ❸ (*vorbereitet sein*) ■ **sich auf etw** *akk* ~ to be prepared for sth
Einrichtung *f* ❶ (*Wohnungseinrichtung*) [fittings and] furnishings *pl*; (*Ausstattung*) fittings *pl* ❷ (*das Möblieren*) furnishing; (*das Ausstatten*) fitting-out ❸ (*das Installieren*) installation ❹ (*Institution*) organization

eins ['ains] I. *adj* one; *s. a.* **acht**[1] ▶ ~ **A** (*fam*) first class; **es kommt** ~ **zum anderen** it's [just] one thing after another II. *adj pred* ❶ (*eine Ganzheit*) [all] one ❷ (*einig*) ■ ~ **mit jdm/sich/etw sein** to be [at] one with sb/oneself/sth ▶ **das ist alles** ~ (*fam*) it's all the same [thing]
ein|sacken[1] *vt* (*fam: an sich bringen*) to rake in *sep*
ein|sacken[2] *vi sein* to subside
einsam ['ainzaːm] I. *adj* ❶ lonely ❷ (*abgelegen*) isolated ❸ (*menschenleer*) deserted; **eine ~e Insel** a desert island II. *adv* (*abgelegen*) ~ **leben** to live a solitary life
ein|sammeln *vt* ❶ (*sich aushändigen lassen*) to collect [in *sep*] sth ❷ (*aufsammeln*) to pick up sth *sep*
Einsatz *m* ❶ (*eingesetzte Leistung*) effort; **unter** ~ **aller seiner Kräfte** with a superhuman effort; **unter** ~ **ihres Lebens** by putting her own life at risk ❷ *beim Glücksspiel* bet ❸ (*Verwendung*) use; *von Arbeitern, Soldaten* deployment; **zum** ~ **kommen** to be deployed
einsatzbereit *adj* ready for use *pred; Menschen* ready for action; MIL ready for combat *pred*
ein|schalten I. *vt* to switch on *sep* II. *vr* (*sich einmischen*) ■ **sich** ~ to intervene
Einschaltquote *f* ratings *pl*
ein|schärfen *vt* ■ **jdm etw** ~ to impress on sb the importance of sth; ■ **jdm ~, etw zu tun** to tell sb to do sth
ein|schätzen *vt* to assess; **falsch** ~ to misjudge; **zu hoch** ~ to overrate; **zu niedrig** ~ to underrate
ein|schenken *vt* ■ **jdm etw** ~ to pour sb sth
ein|scheren *vi* to merge
ein|schicken *vt* ■ **etw** ~ to send sth in (**an** to)
ein|schiffen I. *vt* to take on board II. *vr* ■ **sich** ~ to embark
ein|schlafen *vi irreg sein* ❶ [**bei etw** *dat*] ~ to fall asleep [during sth]; **schlaf nicht ein!** (*fam*) wake up! ❷ *Glieder* to go to sleep ❸ (*nachlassen*) to peter out
ein|schläfern ['ainʃlɛːfɐn] *vt* ■ **jdn** ~ ❶ (*jds Schlaf herbeiführen*) to lull sb to sleep ❷ (*schläfrig machen*) to send sb to sleep ❸ MED to put sb to sleep
einschläfernd ['ainʃlɛːfɐnt] *adj* ❶ MED **ein ~es Mittel** a sleep-inducing drug ❷ (*lang-*

einschlagen–Einspruch

weilig) ~ **sein** to have a soporific effect
ein|schlagen irreg I. vt haben ① to hammer in sep; **eine Tür** ~ to break down sep a door; **eingeschlagen** smashed-in; **jdm die Nase** ~ to smash sb's nose; **jdm die Zähne** ~ to knock sb's teeth out ② Weg to choose II. vi ① haben o sein ~ [**in etw** akk] ~ Blitz to strike [sth] ② sein Granate to fall ③ haben (prügeln) ~ **auf jdn** ~ to hit sb; ~ **auf etw** akk ~ to pound [on] sth [with one's fists]
einschlägig ['aınʃlɛːgɪç] adj relevant
ein|schleppen vt ~ **etw** ~ Krankheiten, Ungeziefer to bring sth in
ein|schleusen vt to smuggle in
ein|schließen vt irreg ① ~ **jdn** ~ akk o dat to lock sb up; ~ **sich** ~ to lock oneself in ② (wegschließen) ~ **etw** ~ to lock sth away ③ (einbegreifen) to include (**in** in)
einschließlich ['aınʃliːslɪç] I. präp ~ – **einer S.** gen including sth II. adv inclusive
ein|schmeicheln vr ~ **sich** ~ to ingratiate oneself
einschnappen vi sein (fam) to get in a huff; ~ **eingeschnappt** in a huff pred
einschneidend ['aınʃnaıdn̩t] adj **eine** ~ **e Veränderung** a drastic change; **eine** ~ **e Wirkung** a far-reaching effect
Einschnitt m ① (Schnitt) cut ② (Zäsur) turning-point
ein|schränken ['aınʃrɛŋkn̩] I. vt ① (reduzieren) to cut [back on] ② (beschränken) to curb II. vr ~ **sich** ~ to cut back (**in** on)
Einschränkung <-, -en> f ① (Beschränkung) restriction ② (Vorbehalt) reservation ③ (das Reduzieren) reduction
Einschreib(e)brief m registered letter
ein|schreiben irreg I. vt to register II. vr ① **sich in eine Liste** ~ to put one's name on a list ② (sich immatrikulieren) ~ **sich** ~ Kurs to enrol; **sich bei einer Universität** ~ to register at a university
Einschreiben nt registered post [or AM letter]; **etw per** ~ **schicken** to send sth by registered post
ein|schreiten vi irreg sein ~ [**gegen jdn/etw**] ~ to do sth [about sb/sth]
ein|schüchtern ['aınʃʏçtɐn] vt ~ **jdn** ~ to intimidate sb
Einschulung f enrolment at [primary [or AM elementary]] school
ein|schweißen vt (versiegeln) to seal
Einschweißfolie [-foːliə] f plastic [wrapping]
ein|sehen vt irreg (begreifen) to see
ein|seifen vt to soap
einseitig ['aınzaıtɪç] I. adj ① one-sided; JUR, POL unilateral; **eine** ~ **e Ernährung** an unbalanced diet; **eine** ~ **e Lähmung** paralysis of one side of the body ② (voreingenommen) bias[s]ed II. adv ① (auf einer Seite) on one side ② (beschränkt) in a one-sided way ③ (parteiisch) from a one-sided point of view
ein|senden vt irreg to send sth [in] (**an** to)
Einsendeschluss[RR] m closing date
einsetzbar adj applicable, usable
ein|setzen I. vt ① (einfügen) to insert ② Kommission to set up ③ (ernennen) ~ **jdn** [**als etw**] ~ to appoint [or AM instal] sb [as sth] ④ (zum Einsatz bringen) ~ **jdn/etw** ~ to use sb/sth; Ersatzspieler to bring on sb sep; **das Leben** [**für etw** akk] ~ to put one's life at risk [for sth] ⑤ (wetten) to bet II. vr ① ~ **sich** ~ to make an effort ② (sich verwenden für) ~ **sich für jdn/etw** ~ to support sb/sth; ~ **sich dafür** ~, **dass** … to speak out for sth [so that …]
Einsicht f insight; **jdn zur** ~ **bringen** to make sb see sense
einsichtig ['aınzɪçtɪç] adj ① (verständlich) understandable ② (vernünftig) reasonable
ein|sickern vi (Flüssigkeit) to seep in
Einsiedler(in) ['aınziːdlɐ] m(f) hermit
einsilbig ['aınzɪlbɪç] adj monosyllabic
ein|spannen vt ① ~ **jdn** ~ to rope sb in ② (in etw spannen) to insert; (in einen Schraubstock) to clamp ③ Tiere to harness
Einspänner <-s, -> ['aınʃpɛnɐ] m ① (einspännige Kutsche) one-horse carriage ② KOCHK ÖSTERR black coffee with whipped cream
ein|sparen vt to save
ein|sperren vt to lock up sep
ein|spielen vr ~ **sich** ~ Methode to get going [properly]; ~ **sich aufeinander** ~ to get used to each other
Einsprache f JUR SCHWEIZ (Einspruch) objection
ein|springen vi irreg sein (fam) to stand in (**für** for)
Einspritzmotor m AUTO fuel injection engine
Einspritzpumpe f [fuel] injection pump
Einspruch m objection; ~ **abgelehnt!** objection overruled!; **dem** ~ **wird stattgegeben!** objection sustained!; ~ **erheben** to lodge an

objection; ~ **einlegen** to appeal

einspurig ['ainʃpuːrɪç] *adj Straße* one-lane

einst ['ainst] *adv* ❶ (*früher*) once ❷ (*geh: in Zukunft*) one day

Einstand *m* start of a new job; **seinen ~ geben** to celebrate starting a new job

ein|stecken *vt* ■ **etw ~** ❶ to put sth in one's pocket ❷ (*fam: hinnehmen*) to put up with sth ❸ ELEK to plug in sth *sep*

ein|stehen *vi irreg sein* ❶ (*sich verbürgen*) ■ **für jdn/etw ~** to vouch for sb/sth ❷ (*aufkommen*) ■ **für etw** *akk* **~** to take responsibility for sth

ein|steigen *vi irreg sein* ■ [**in etw** *akk*] **~** ❶ *Zug* to get on [sth]; *Auto* to get in[to sth] ❷ (*fam: hineinklettern*) to climb in[to sth] ❸ ÖKON to buy into sth ❹ (*sich engagieren*) to go into sth

ein|stellen **I.** *vt* ❶ (*anstellen*) to employ ❷ (*beenden*) to stop ❸ JUR to abandon ❹ ELEK ■ **etw ~** to set sth ❺ TV, RADIO to tune ❻ TECH to adjust **II.** *vr* ❶ (*auftreten*) ■ **sich ~** *Bedenken* to begin; *Symptome* to develop ❷ (*sich anpassen*) ■ **sich auf jdn/etw ~** to adapt to sb/sth ❸ (*sich vorbereiten*) ■ **sich auf etw** *akk* **~** to prepare oneself for sth

Einstellung *f* ❶ (*Anstellung*) taking on ❷ (*Beendigung*) stopping ❸ ELEK setting ❹ TV tuning ❺ (*Gesinnung*) attitude; **eine ganz andere ~ haben** to think differently

Einstellungsstopp *m* freeze on recruitment

einstmals ['ainstmaːls] *adv* (*geh*) *s*. **einst**

ein|stufen ['ainʃtuːfn̩] *vt* ❶ (*eingruppieren*) to group; **jdn in eine Gehaltsgruppe ~** to give sb a [salary] grade ❷ (*zuordnen*) to categorize

Einstufung <-, -en> *f* categorization, classification

ein|stürmen *vi sein* ❶ (*bestürmen*) **mit Fragen, Bitten** to bombard ❷ (*eindringen*) to overwhelm

Einsturz *m* collapse; **etw zum ~ bringen** to cause sth to collapse

ein|stürzen *vi sein* ❶ to collapse ❷ (*überfallen*) ■ **auf jdn ~** to overwhelm sb

einstweilen ['ainst'vailən] *adv* ❶ (*vorläufig*) for the time being ❷ (*in der Zwischenzeit*) in the meantime

einstweilig ['ainst'vailɪç] *adj attr* temporary

eintägig, 1-tägigᴿᴿ *adj* one-day *attr*

Eintagsfliege *f* mayfly

ein|tauchen **I.** *vt haben* ■ **jdn ~** to immerse sb; ■ **etw ~** to dip sth **II.** *vi sein* to plunge in

ein|tauschen *vt* ■ **etw ~** to exchange sth (**gegen** for)

ein|teilen *vt* ❶ ■ **etw in etw** *akk* **~** to divide sth up into sth ❷ *Geld, Vorräte, Zeit* ■ [**sich** *dat*] **etw ~** to be careful with sth ❸ (*verpflichten*) ■ **jdn zu etw** *dat* **~** to assign sb to sth

Einteilung *f* management

eintönig ['aintøːnɪç] **I.** *adj* monotonous **II.** *adv* monotonously

Eintopf *m*, **Eintopfgericht** *nt* stew

einträchtig ['aintrɛçtɪç] **I.** *adj* harmonious **II.** *adv* harmoniously

Eintrag <-[e]s, Einträge> ['aintraːk, *pl* 'aintrɛːɡə] *m* ❶ *kein pl* (*Vermerk*) note ❷ (*im Lexikon*) entry

ein|tragen *vt irreg* ❶ (*einschreiben*) to enter; **jdn/sich in eine Liste ~** to enter sb's/one's name in a list ❷ (*amtlich registrieren*) ■ **jdn/etw in etw** *akk* **~** to register sb/sth in sth

einträglich ['aintrɛːklɪç] *adj* lucrative

ein|treffen *vi irreg sein* ❶ ■ [**irgendwo/bei jdm**] **~** to arrive [somewhere/at sb's] ❷ (*in Erfüllung gehen*) to come true

ein|treiben *vt irreg* ■ **etw ~** to collect sth

ein|treten *irreg* **I.** *vi* ❶ *sein* (*betreten*) to enter ❷ *sein* (*beitreten*) to join ❸ *sein* (*sich ereignen*) to occur ❹ *sein* (*sich einsetzen*) ■ **für jdn/etw ~** to stand up for sb/sth **II.** *vt haben* ■ **etw ~** to kick sth in

Eintritt *m* ❶ (*geh: das Betreten*) **~ verboten** no admission ❷ (*Beitritt*) accession ❸ (*Eintrittsgeld*) admission; **~ frei** admission free ❹ (*Beginn*) onset; **bei/vor ~ der Dunkelheit** when/before darkness falls

Eintrittskarte *f* ticket

ein|trudeln *vi sein* (*fam*) to show up

ein|üben *vt* to practise; THEAT to rehearse

ein|verleiben* ['ainfɛɐ̯laibn̩] *vr* ■ **sich** *dat* **etw ~** ❶ ÖKON to incorporate sth ❷ (*hum: verzehren*) to put sth away

Einvernahme <-, -n> ['ainfɛɐ̯naːmə] *f* JUR *bes* ÖSTERR, SCHWEIZ (*Vernehmung*) examination

Einvernehmen <-s> *nt kein pl* **in gegenseitigem ~** by mutual agreement; **im ~ mit jdm** in agreement with sb

einverstanden ['ainfɛɐ̯ʃtandn̩] *adj pred* ■ [**mit jdm/etw**] **~ sein** to agree [with sb/sth]; **~!** OK!

Einverständnis [ˈainfɛɐ̯ʃtɛntnɪs] *nt* ① (*Zustimmung*) consent ② (*Übereinstimmung*) agreement; **in gegenseitigem ~** by mutual agreement

Einwahlnummer *f* INET dial-up number

Einwand [ˈainvant, *pl* ˈainvɛndə] *m* objection (**gegen** to)

Einwanderer, -wand[r]erin *m, f* immigrant

ein|wandern *vi sein* to immigrate

einwandfrei [ˈainvantfrai] *adj* flawless; *Qualität* excellent

Einwegflasche *f* non-returnable bottle **Einwegkamera** *f* FOTO disposable camera **Einwegrasierer** *m* disposable razor

ein|weichen *vt* ■ **etw ~** to soak sth

ein|weihen *vt* ① (*eröffnen*) to open ② (*vertraut machen*) ■ **jdn ~** to initiate sb (**in** into); **jdn in ein Geheimnis ~** to let sb in on a secret

ein|weisen *vt irreg* ① (*unterweisen*) ■ **jdn ~** to brief sb (**in** about) ② MED **jdn ins Krankenhaus ~** to send sb to hospital

ein|wenden *vt irreg* ■ **etw ~** to object (**gegen** to); **etwas einzuwenden haben** to have an objection; **dagegen lässt sich nichts ~** there can be no objection to it/that

ein|werfen *irreg vt* ① *Brief* to post [*or* AM mail] ② *Fensterscheibe* to smash ③ (*bemerken*) ■ **~, dass ...** to interject that ...

ein|wickeln *vt* to wrap [up]

ein|willigen [ˈainvɪlɪɡn̩] *vi* to consent (**in** to)

ein|wirken *vi* ① ■ **auf jdn/etw ~** to have an effect on sb/sth; **etw auf sich ~ lassen** to absorb sth ② PHYS, CHEM ■ **auf etw** *akk* **~** to react to sth; **etw ~ lassen** to let sth work in

Einwohner(in) <-s, -> [ˈainvoːnɐ] *m(f)* inhabitant

Einwohnermeldeamt *nt* residents' registration office

Einwurf *m* ① SPORT throw-in ② (*Bemerkung*) interjection

Einzahl [ˈaintsaːl] *f* singular

ein|zahlen *vt* to pay [in]; ■ **etw auf ein Konto ~** to pay sth into an account

Einzahlung *f* FIN deposit

Einzelbett *nt* single bed **Einzelfahrschein** *m* single ticket BRIT, one-way ticket AM **Einzelgänger(in)** *m(f)* loner **Einzelhaft** *f* solitary confinement **Einzelhandel** *m* retail trade **Einzelhändler(in)** *m(f)* retailer

Einzelheit <-, -en> *f* detail

Einzelkind *nt* only child

einzeln [ˈaintsl̩n] **I.** *adj* ① individual; ■ **im E~en** in detail; **als E~er** as an individual ② (*allein stehend*) single ③ *pl* (*einige wenige*) a few **II.** *adv* separately

Einzelteil *nt* separate part; **etw in seine ~e zerlegen** to take sth to pieces **Einzelzimmer** *nt* single room

ein|ziehen *irreg* **I.** *vt haben* ① *Gelder* to collect ② (*aus dem Verkehr ziehen*) to withdraw ③ (*beschlagnahmen*) **einen Führerschein ~** to confiscate a driving licence ④ MIL **jdn ~** to conscript [*or* AM draft] sb ⑤ (*nach innen ziehen*) to take in; **der Kopierer zieht die Blätter einzeln ein** the photocopier takes in the sheets one by one ⑥ (*entgegengesetzt bewegen*) to draw in; **die Schulter ~** to hunch one's shoulder; **der Hund zog den Schwanz ein** the dog put its tail between its legs **II.** *vi sein* ① ■ **[bei jdm] ~** to move in [with sb] ② (*einmarschieren*) to march (**in** into)

einzig [ˈaintsɪç] **I.** *adj attr* only; ■ **der/die E~e** the only one; ■ **das E~e** the only thing; **kein ~er Gast blieb nach dem Essen** not one solitary guest stayed behind after the meal **II.** *adv* only; **es liegt ~ und allein an Ihnen** it is entirely up to you

einzigartig [ˈaintsɪçʔaːɐ̯tɪç] *adj* unique

Einzugsbereich *m* catchment area **Einzugsgebiet** *nt* GEOG *eines Flusses* drainage basin **Einzugsverfahren** *nt* FIN direct debit[ing]

Eis <-es> [ˈais] *nt kein pl* ice; **~ laufen** to ice-skate; **Whisky mit ~** whisky on the rocks; **~ am Stiel** ice[d] lolly BRIT, Popsicle® AM ▶ **das ~ brechen** to break the ice; **etw auf ~ legen** (*fam*) to put something on hold

Eisbahn *f* ice rink **Eisbär** *m* polar bear **Eisbecher** *m* ① (*Pappbecher*) tub ② (*Eis im Metallbecher*) sundae

Eisbein *nt* knuckle of pork

Eisberg *m* iceberg **Eisbeutel** *m* ice pack **Eisbrecher** *m* icebreaker **Eiscreme** [-kreːm] *f* ice cream **Eisdiele** *f* ice cream parlour

Eisen <-s> [ˈaizn̩] *nt kein pl* iron ▶ **zum alten ~ gehören** (*fam*) to be on the scrap heap; **ein heißes ~** a hot potato; **man muss das ~ schmieden, solange es heiß ist** (*prov*) one must strike while the iron is hot

Eisenbahn [ˈaizn̩baːn] *f* train **Eisenbahner(in)** <-s, -> *m(f)* (*fam*) railway employee, railroader AM **Eisenbahnwagen** *m* (*Personen~*) railway carriage BRIT, passenger car AM; (*Güter~*) goods wagon BRIT, freight car AM **Eisenerz** ['aizn̩ʔɛts] *nt* CHEM, BERGB iron ore

eisern ['aizən] *adj attr* iron; **jds ~e Reserve** sb's nest egg

eisgekühlt *adj* ice-cold **Eisglätte** *f* black ice **Eishockey** *nt* ice hockey

eisig ['aizɪç] **I.** *adj* icy **II.** *adv* coolly

Eiskaffee *m* chilled coffee with vanilla ice cream and whipped cream **eiskalt** ['aiskalt] **I.** *adj* ❶ ice-cold ❷ (*berechnend*) cold-blooded **II.** *adv* (*berechnend*) coolly

Eiskrem [-kreːm] *f s.* **Eiscreme Eiskunstlauf** *m* figure-skating **Eisläufer(in)** *m(f)* ice-skater

Eisprung *m* ovulation

Eiswürfel *m* ice cube **Eiszapfen** *m* icicle **Eiszeit** *f* Ice Age

eitel ['aitl̩] *adj* vain

Eitelkeit <-, -en> ['aitl̩kait] *f* vanity

Eiter <-s> ['aitɐ] *m kein pl* pus

eitern ['aitɐn] *vi* to fester

Eiweiß ['aivais] *nt* ❶ protein ❷ KOCHK [egg] white

eiweißreich *adj* rich in protein *pred*

Eizelle *f* ovum

Ekel[1] <-s> ['eːkl̩] *m kein pl* disgust; **~ erregend** revolting; **vor ~** in disgust

Ekel[2] <-s, -> ['eːkl̩] *nt* (*fam*) revolting person

ekelhaft *adj, adv,* **ekelig** ['eːk(ə)lɪç] *adj, adv* disgusting

ekeln ['eːkl̩n] **I.** *vt impers* ■ **jdn ~** to disgust sb **II.** *vr* ■ **sich [vor jdm/etw] ~** to find sth/sb disgusting

eklig ['eːklɪç] *adj, adv s.* **ekelhaft**

Ekstase <-, -n> [ɛk'staːzə] *f* ecstasy

Ekuador <-s> [eku̯a'doːɐ̯] *nt kein pl s.* **Ecuador**

Ekuadorianer(in) <-s, -> [eku̯ado'ri̯aːnɐ] *m(f) s.* **Ecuadorianer**

Ekzem <-s, -e> [ɛk'tseːm] *nt* eczema

elastisch [e'lastɪʃ] *adj* (*flexibel*) flexible; (*federnd*) springy; *Stoff* stretchy

Elch <-[e]s, -e> ['ɛlç] *m* elk

Elefant <-en, -en> [ele'fant] *m* elephant

elegant [ele'gant] **I.** *adj* elegant **II.** *adv* ❶ MODE elegantly ❷ (*geschickt*) nimbly

Elektriker(in) <-s, -> [e'lɛktrikɐ] *m(f)* electrician

elektrisch [e'lɛktrɪʃ] *adj* electric; **~e Geräte** electrical appliances

elektrisieren* [elɛktri'ziːrən] *vt* to electrify; **wie elektrisiert** [as if he had been] electrified

Elektrizität <-> [elɛktritsi'tɛːt] *f kein pl* electricity

Elektrizitätswerk *nt* [electric] power station **Elektroauto** [e'lɛktro-] *nt* electric car **Elektroherd** [e'lɛktro-] *m* electric cooker **Elektromotor** [e'lɛktro-] *m* electric motor

Elektron <-s, -tronen> ['eːlɛktrɔn, e'lɛktrɔn, elɛk'troːn] *nt* electron

Elektronenmikroskop *nt* electron microscope

Elektronik <-> [elɛk'troːnɪk] *f kein pl* electronics + *sing vb*

elektronisch [elɛk'troːnɪʃ] *adj* electronic

Elektrorasierer [e'lɛktro-] *m* electric razor **Elektrotechnik** [elɛktro'tɛçnɪk] *f* electrical engineering **Elektrozaun** [e'lɛktrotsaun] *m* AGR electric fence

Element <-[e]s, -e> [ele'mɛnt] *nt* element **elementar** [elemɛn'taːɐ̯] *adj* ❶ (*wesentlich*) elementary ❷ (*urwüchsig*) elemental

elend ['eːlɛnt] *adj* ❶ (*beklagenswert, gemein*) miserable ❷ (*krank*) wretched; **~ aussehen** to look awful ❸ (*erbärmlich*) dreadful

Elend <-[e]s> ['eːlɛnt] *nt kein pl* misery

Elendsviertel *nt* slums *pl*

elf ['ɛlf] *adj* eleven; *s. a.* **acht**[1]

Elf[1] <-, -en> ['ɛlf] *f a.* FBALL eleven

Elf[2] <-en, -en> ['ɛlf] *m,* **Elfe** <-, -n> ['ɛlfə] *f* elf

Elfenbein ['ɛlfn̩bain] *nt* ivory

Elfenbeinküste ['ɛlfn̩bainkʏstə] *f* Ivory Coast **Elfenbeinturm** *m* (*geh*) ivory tower *fig*

Elfmeter [ɛlf'meːtɐ] *m* penalty; **einen ~ schießen** to take a penalty

elfte(r, s) ['ɛlftə] *adj* ❶ (*Zahl*) eleventh; *s. a.* **achte(r, s) 1** ❷ (*bei Datumsangabe*) eleventh, 11th; *s. a.* **achte(r, s) 2**

elitär [eli'tɛːɐ̯] *adj* elitist

Elite <-, -n> [e'liːtə] *f* elite

Elixier <-s, -e> [elɪ'ksiːɐ̯] *nt* elixir

Ellbogen <-s, -> ['ɛlboːgn̩] *m* elbow

Ellipse <-, -n> [ɛ'lɪpsə] *f* ellipse

El Salvador <-s> [ɛl zalva'doːɐ̯] *nt* El Salvador

Elsass[RR] <- *o* -es> *nt,* **Elsaß**[ALT] <- *o* -sses> ['ɛlzas] *nt* ■ **das ~** Alsace

Elsässer(in) <-s, -> ['ɛlzɛsɐ] *m(f)* inhabitant of Alsace
elsässisch ['ɛlzɛsɪʃ] *adj* Alsatian
Elster <-, -n> ['ɛlstɐ] *f* ORN magpie
Eltern ['ɛltɐn] *pl* parents *pl*
Elternabend *m* SCH parents' evening BRIT, parent-teacher conference AM
E-Mail <-, -s> ['iːmeːl] *f* INFORM e-mail, email
Emanzipation <-, -en> [emantsipa'tsi̯oːn] *f* emancipation
emanzipieren* [emantsi'piːrən] *vr* ▪ **sich** ~ to emancipate oneself
Embargo <-s, -s> [ɛm'bargo] *nt* embargo
Embryo <-s, -s *o* -nen> ['ɛmbryo, *pl* ɛmbry'oːnən] *m* embryo
Embryonalentwicklung *f kein pl* BIOL, ZOOL embryonic development
Embryonenschutz [ɛmbry'oːnən-] *m* embryo protection
Emigrant(in) <-en, -en> [emi'grant] *m(f)* emigrant
emigrieren* [emi'griːrən] *vi sein* to emigrate
Emission <-, -en> [emɪ'si̯oːn] *f* emission
Emotion <-, -en> [emo'tsi̯oːn] *f* emotion
emotional I. *adj* emotional II. *adv* emotionally
empfahl [ɛm'pfaːl] *imp von* **empfehlen**
empfand [ɛm'pfant] *imp von* **empfinden**
Empfang <-[e]s, Empfänge> [ɛm'pfaŋ, *pl* ɛm'pfɛŋə] *m* ❶ reception ❷ *von Ware* receipt; **etw in** ~ **nehmen** to take receipt of sth
empfangen <empfing, empfangen> [ɛm'pfaŋən] *vt* to receive
Empfänger(in) <-s, -> [ɛm'pfɛŋɐ] *m(f)* ❶ (*Adressat*) addressee; ~ **unbekannt** not known at this address ❷ FIN payee
Empfänger <-s, -> [ɛm'pfɛŋɐ] *m* RADIO, TV (*geh*) receiver
empfänglich [ɛm'pfɛŋlɪç] *adj* ▪ **für etw** *akk* ~ **sein** ❶ (*zugänglich*) to be receptive to sth ❷ (*anfällig*) to be susceptible to sth
Empfängnis <-> [ɛm'pfɛŋnɪs] *f pl selten* conception
Empfängnisverhütung *f* contraception
Empfangsbescheinigung *f,* **Empfangsbestätigung** *f* HANDEL [confirmation of] receipt **Empfangsdame** *f* receptionist
empfehlen <empfahl, empfohlen> [ɛm'pfeːlən] *vt* ▪ **[jdm] etw** ~ to recommend sth to sb; **dieses Hotel ist zu** ~ this hotel is [to be] recommended

empfehlenswert *adj* recommendable
Empfehlung <-, -en> *f* recommendation; **auf** ~ **von jdm** on the recommendation of sb
empfinden <empfand, empfunden> [ɛm'pfɪndn̩] *vt* ❶ (*fühlen*) to feel ❷ (*auffassen*) **ich empfinde das als Beleidigung** I find that insulting; **wie empfindest du das?** how do you feel about it?
empfindlich [ɛm'pfɪntlɪç] *adj* ❶ (*auf Reize leicht reagierend*) sensitive (**gegen** to) ❷ (*leicht verletzbar*) sensitive; (*reizbar*) touchy, oversensitive ❸ (*anfällig*) Gesundheit delicate
empfindsam [ɛm'pfɪntzaːm] *adj* ❶ sensitive ❷ (*sentimental*) sentimental
empfing [ɛm'pfɪŋ] *imp von* **empfangen**
empfunden [ɛm'pfʊndn̩] *pp von* **empfinden**
empor [ɛm'poːɐ̯] *adv* (*geh*) upwards
emporǀarbeiten *vr* (*geh*) ▪ **sich** ~ to work one's way up
Empore <-, -n> [ɛm'poːrə] *f* gallery
empören* [ɛm'pøːrən] I. *vt* ▪ **jdn** ~ to fill sb with indignation II. *vr* ▪ **sich** ~ to be outraged; **sie empörte sich über sein Benehmen** his behaviour outraged her
empörend *adj* outrageous
Emporkömmling <-s, -e> [-kœmlɪŋ] *m* (*pej*) upstart
empört I. *adj* scandalized (**über** by) II. *adv* indignantly
emsig ['ɛmzɪç] I. *adj* busy II. *adv* industriously
Endabnehmer *m* end customer
Endbahnhof *m* terminus
Endbenutzer(in) *m(f)* end user
Ende <-s, -n> ['ɛndə] *nt* ❶ end; ~ **August/des Monats/2005** the end of August/the month/2005; **sie ist** ~ **1948 geboren** she was born at the end of 1948; ~ **20 sein** to be in one's late 20s; **ein böses** ~ **nehmen** to come to a bad end; **dem** ~ **zu gehen** to draw to a close; **einer S. ein** ~ **machen** to put an end to sth; **ein** ~ **nehmen** (*fam*) to come to an end; **das nimmt gar kein** ~ there's no end to it; **am** ~ (*fam*) finally; **am** ~ **sein** (*fam*) to be at the end of one's tether; **mit etw** *dat* **am** ~ **sein** to run out of sth; **etw zu** ~ **bringen** to complete sth; **etw zu** ~ **lesen** to finish reading sth; **zu** ~ **sein** to be finished; **etw geht zu** ~ sth is nearly finished; **alles geht mal zu** ~ nothing lasts for-

ever ❷ FILM, LIT ending ▶ am ~ der Welt (*fam*) at the back of beyond; das dicke ~ (*fam*) the worst; ~ gut, alles gut (*prov*) all's well that ends well; letzten ~es when all is said and done
Endeffekt ['ɛnt?ɛfɛkt] *m* im ~ in the end
enden ['ɛndn̩] *vi* ❶ to end; das wird böse ~! that will end in tears!; jd wird schlimm ~ sb will come to a bad end ❷ (*auslaufen*) to expire
Endergebnis *nt* final result
endgültig I. *adj* final II. *adv* finally; ~ **entscheiden** to decide once and for all
Endhaltestelle *f* final stop
Endivie <-, -n> [ɛn'diːvjə] *f* endive
Endlager *nt* permanent disposal site
endlich ['ɛntlɪç] I. *adv* at last, finally; **na** ~! (*fam*) at [long] last! II. *adj* finite
endlos I. *adj* endless II. *adv* interminably
Endlospapier *nt* continuous paper
Endoskopie <-, -n> [ɛndosko'piː, *pl* ɛndosko'piːən] *f* MED endoscopy
Endspurt *m* final spurt
Endstation *f* terminus
Endung <-, -en> *f* ending
Endverbraucher(in) *m(f)* end-user
Endziel *nt* ❶ (*einer Reise*) destination ❷ (*Zweck*) ultimate goal
Energie <-, -n> [enɛr'giː, *pl* -'giːən] *f* energy; ~ **sparend** energy-saving; **viel** ~ **haben** to be full of energy; **wenig** ~ **haben** to lack energy
Energiebedarf *m* energy requirement[s]
Energiegewinnung *f kein pl* generation of energy **energiesparend** *adj* ÖKOL *s.* **Energie Energieverbrauch** *m* energy consumption **Energieversorgung** *f* energy supply
energisch [e'nɛrgɪʃ] I. *adj* energetic II. *adv* vigorously
eng [ɛŋ] I. *adj* ❶ (*schmal*) narrow ❷ *Kleidung* tight ❸ *Raum* cramped ❹ (*wenig Zwischenraum habend*) close together *pred* ❺ (*intim*) close II. *adv* ❶ ein ~ anliegendes Kleid a close-fitting dress; eine ~ anliegende Hose very tight trousers ❷ (*dicht*) densely; ~ nebeneinanderstehen to stand close to each other ❸ (*intim*) closely; ~ befreundet sein to be close friends ❹ (*akribisch*) etwas zu ~ sehen to take too narrow a view of sth; du siehst das zu ~ there's more to it than that

Engagement <-s, -s> [ãgaʒə'mãː] *nt* ❶ commitment (für to) ❷ THEAT engagement
engagieren* [ãga'ʒiːrən] I. *vt* ▪ jdn ~ to engage sb; wir engagierten ihn als Leibwächter we took him on as a bodyguard II. *vr* ▪ sich ~ to be committed; ▪ sich dafür ~, dass ... to support an idea that ...
engagiert [ãga'ʒiːɐt] *adj* (*geh*) politisch/ sozial ~ politically/socially committed
Enge <-> ['ɛŋə] *f kein pl* ❶ (*schmale Beschaffenheit*) narrowness ❷ (*Beschränktheit*) confinement
Engel <-s, -> ['ɛŋl̩] *m* angel
England <-s> ['ɛŋlant] *nt* ❶ (*Teil Großbritanniens*) England ❷ (*Großbritannien*) Great Britain
Engländer(in) <-s, -> ['ɛŋlɛndɐ] *m(f)* Englishman *masc,* Englishwoman *fem;* ▪ die ~ the English
englisch ['ɛŋlɪʃ] *adj* English; *s. a.* deutsch
Englisch ['ɛŋlɪʃ] *nt dekl wie adj* English; *s. a.* Deutsch
Engpass[RR] <-es, Engpässe> *m,* **Engpaß**[ALT] <-sses, Engpässe> *m* bottleneck
engstirnig ['ɛŋʃtɪrnɪç] I. *adj* narrow-minded II. *adv* ~ denken/handeln to think/act in a narrow-minded way
Enkel(in) <-s, -> ['ɛŋkl̩] *m(f)* grandchild, grandson *masc,* granddaughter *fem*
enorm [e'nɔrm] *adj* enormous
Ensemble <-s, -s> [ã'sãbl] *nt* ensemble
entbehren* [ɛnt'beːrən] *vt* ❶ ▪ jdn/etw ~ können to be able to do without sb/sth ❷ (*geh*) ▪ jdn/etw ~ to miss sb/sth
entbehrlich *adj* dispensable
Entbindung *f* delivery, birth
Entbindungsklinik *f* maternity clinic
entblößen* [ɛnt'bløːsn̩] *vt* (*geh*) ▪ etw ~ to expose sth; ▪ sich ~ to take one's clothes off
entblößt *adj* (*geh*) bare, exposed
entdecken* *vt* to discover
Entdecker(in) <-s, -> [ɛnt'dɛkɐ] *m(f)* discoverer
Entdeckung *f* discovery
Entdeckungsreise *f* voyage of discovery
Ente <-, -n> ['ɛntə] *f* duck ▶ lahme ~ (*fam*) slowcoach
enteignen* *vt* JUR ▪ jdn ~ to dispossess sb
enterben* *vt* ▪ jdn ~ to disinherit sb
entern ['ɛntɐn] *vt, vi* to board [with violence]
Entertaste ['ɛntɐ-] *f* INFORM enter key
entfachen* [ɛnt'faxn̩] *vt* ❶ to kindle ❷ (*ent-*

fesseln) to provoke

entfalten* I. *vt* ❶ to unfold ❷ (*entwickeln*) ■**etw** ~ to develop sth (**zu** into) II. *vr* ❶ (*sich öffnen*) ■**sich** ~ *Blüte, Fallschirm* to open [into sth] ❷ (*sich voll entwickeln*) ■**sich** ~ to develop to the full

Entfaltung <-, -en> *f* development; **zur** ~ **kommen** to develop

entfernen* [ɛnt'fɛrnən] I. *vt* ❶ to remove ❷ MED **jdm den Blinddarm** ~ to take out sb's appendix II. *vr* ❶ ■**sich** ~ to go away; **sich vom Weg** ~ to go off the path ❷ (*nicht bei etw bleiben*) ■**sich von etw** *dat* ~ to depart from sth

entfernt *adj* ❶ (*fern; weitläufig*) distant ❷ (*abgelegen*) remote; **7 Kilometer von hier** ~ 7 kilometres [away] from here; **zu weit** ~ too far [away]

Entfernung <-, -en> *f* distance

Entfernungsmesser <-s, -> *m* rangefinder

entflammbar *adj* ❶ (*leicht zu entflammen*) inflammable ❷ (*fig fam*) easily roused

entfremden* [ɛnt'frɛmdn̩] I. *vt* to estrange; ■**etw seinem Zweck** ~ to use sth for the wrong purpose II. *vr* ■**sich jdm** ~ to become estranged from sb

Entfroster <-s, -> *m* defroster

entführen* *vt* ■**jdn** ~ to abduct sb; *Fahrzeug, Flugzeug* to hijack

Entführer(in) *m(f)* kidnapper; *eines Fahrzeugs/Flugzeugs* hijacker

Entführung *f* kidnapping; *eines Fahrzeugs/Flugzeugs* hijacking

entgegen [ɛnt'ge:gn̩] I. *adv* (*in Richtung auf*) towards II. *präp* against; ~ **meiner Bitte** contrary to my request

entgegen|gehen *vi irreg sein* ■**jdm** ~ to go to meet sb; **dem Ende/seiner Vollendung** ~ to near an end/completion **entgegengesetzt** [ɛnt'ge:gŋgəzɛtst] I. *adj* ❶ (*räumlich*) opposite ❷ (*gegensätzlich*) opposing II. *adv* ~ **denken/handeln** to think/do the exact opposite **entgegen|halten** *vt irreg* ❶ ■**jdm etw** ~ to hold out sth towards sb ❷ (*einwenden*) to object **entgegen|kommen** [ɛnt'ge:gŋkɔmən] *vi irreg sein* ❶ ■**jdm** ~ to come to meet sb ❷ (*Zugeständnisse machen*) ■**jdm/einer S.** ~ to accommodate sb/sth ❸ (*entsprechen*) ■**jdm/einer S.** ~ to fit in with sb/sth **Entgegenkommen** <-s, -> [ɛnt'ge:gŋkɔmən] *nt* (*Zugeständnis*) concession **entgegenkommend** *adj* obliging **entgegen|treten** *vi irreg sein* ❶ (*in den Weg treten*) ■**jdm** ~ to walk up to sb ❷ (*sich wehren*) ■**einer S.** *dat* ~ to counter sth

entgegnen* [ɛnt'ge:gnən] *vt* to reply

entgehen* *vi irreg sein* ❶ (*entkommen*) ■**jdm/einer S.** ~ to escape sb/sth ❷ (*nicht bemerkt werden*) ■**etw entgeht jdm** sth escapes sb['s notice]

Entgelt <-[e]s, -e> [ɛnt'gɛlt] *nt* payment

entgiften* [ɛnt'gɪftn̩] *vt* ❶ ÖKOL to decontaminate ❷ MED to detoxify sth

entgleisen* *vi sein* ❶ *Zug* to be derailed ❷ (*ausfallend werden*) to make a gaffe

entgleiten* *vi irreg sein* ❶ (*geh: aus den Händen*) ■**etw entgleitet jdm** sb loses his/her grip on sth ❷ (*verloren gehen*) ■**jdm** ~ to slip away from sb

Enthaarungsmittel *nt* hair remover, depilator

enthalten* *irreg* I. *vt* to contain II. *vr* to refrain; **sich des Alkohols/Rauchens** ~ to abstain from alcohol/smoking

enthaltsam [ɛnt'haltza:m] *adj* abstinent; (*keusch*) chaste

entheben* *vt irreg* **jdn seines Amtes** ~ to relieve sb of his post

Enthüllung <-, -en> *f* (*die Aufdeckung*) disclosure; *von Skandal* exposure

enthusiastisch I. *adj* enthusiastic II. *adv* enthusiastically

entkalken* *vt* to decalcify

entkoffeiniert [ɛntkɔfei'ni:ɐt] *adj* decaffeinated

entkommen* *vi irreg sein* to escape

Entkommen <-> *nt kein pl* escape

entkräften* [ɛnt'krɛftn̩] *vt* ❶ to weaken ❷ (*widerlegen*) ■**etw** ~ to refute sth

Entkriminalisierung [ɛntkriminali'zi:rʊŋ] *f* JUR decriminalization

entladen* *irreg* I. *vt* ❶ *LKW* to unload ❷ ELEK to drain II. *vr* ■**sich** ~ ❶ *Gewitter* to break ❷ *Akku* to run down

entlang [ɛnt'laŋ] I. *präp* along; **den Fluss** ~ along the river II. *adv* **hier** ~ this/that way

entlarven* [ɛnt'larfn̩] *vt* ■**jdn** [**als etw**] ~ to expose sb [as sth]

entlassen* *vt irreg* ❶ (*kündigen*) to dismiss ❷ (*aus Krankenhaus, Militär, Gefängnis*) to discharge

Entlassungszeugnis *nt* SCH last report be-

fore leaving school
entlasten* *vt* ■ **jdn ~** ❶ JUR to clear sb ❷ *(von einer Belastung befreien)* to relieve sb
Entlastung <-, -en> *f* ❶ JUR exoneration; **zu jds ~** in sb's defence ❷ *(Erleichterung)* relief
entlaufen*[1] *vi irreg sein* ■ **jdm ~** to run away from sb
entlaufen[2] *adj* escaped
entledigen* [ɛntˈleːdɪgn̩] *vr* ■ **sich einer S. ~** to get rid of sth
entlegen [ɛntˈleːgn̩] *adj* remote
entleihen* *vt irreg* to borrow
entlüften* *vt* ❶ *(verbrauchte Luft herauslassen)* to ventilate ❷ *(Luftblasen entfernen)* to bleed
entmachten* [ɛntˈmaxtn̩] *vt* to disempower
entmutigen* [ɛntˈmuːtɪgn̩] *vt* to discourage; ■ **sich ~ lassen** to be discouraged
entnehmen* *vt irreg* ❶ *(herausnehmen)* to take ❷ FIN *(abheben)* to withdraw ❸ *(fig: schließen)* ■ **aus etw** *dat* **~, dass ...** to gather from sth that ...
entpuppen* [ɛntˈpʊpn̩] *vr (fig: sich enthüllen)* ■ **sich [als etw** *akk*] **~** to turn out to be sth
entrahmt *adj (Milch)* skimmed
entreißen* *vt irreg* ■ **jdm etw ~** to snatch sth [away] from sb
entrümpeln* [ɛntˈrʏmpl̩n] *vt* to clear out *sep*
entrüsten* *vr* ■ **sich über jdn/etw ~** to be indignant about sb/sth
entrüstet I. *adj* indignant (**über** about/at) II. *adv* indignantly
Entsafter <-s, -> *m* juicer, BRIT *a.* juice extractor
Entschädigung *f* compensation
entschärfen* *vt (a. fig)* to defuse
entscheiden* *irreg* I. *vt, vi* ❶ to decide (**über** on); *(gerichtlich)* to rule; **hier entscheide ich!** I make the decisions here!; ■ **für/gegen jdn/etw ~** to decide in favour/against sb/sth ❷ *(endgültig klären)* to settle II. *vr* ■ **sich ~** to decide
entscheidend [ɛntˈʃaidn̩t] I. *adj* decisive II. *adv* decisively
Entscheidung *f* decision; **die ~ liegt bei jdm** it is for sb to decide; **vor einer ~ stehen** to be confronted with a decision; **jdn vor eine ~ stellen** to leave a decision to sb; **eine ~ treffen** to make a decision
Entscheidungsspiel *nt* decider BRIT, deciding match
entschieden [ɛntˈʃiːdn̩] I. *pp von* **entscheiden** II. *adj (entschlossen)* resolute
entschlacken* [ɛntˈʃlakn̩] MED I. *vt* to purify II. *vi* to have a purifying effect
entschlafen* *vi irreg sein (euph geh: sterben)* to pass away *euph*
entschließen* *vr irreg (sich entscheiden)* ■ **sich [für etw** *akk*] **~** to decide [on sth]; **sich zu nichts ~ können** to be unable to make up one's mind
entschlossen [əntˈʃlɔsn̩] I. *pp von* **entschließen** II. *adj* determined; **fest ~** absolutely determined; **etw kurz ~ tun** to do sth on the spur of the moment; **zu allem ~** determined to do anything
Entschluss[RR] *m,* **Entschluß**[ALT] [ɛntˈʃlʊs] *m* decision; **einen ~ fassen** to make a decision; **zu einem ~ kommen** to reach a decision; **zu keinem ~ kommen** to be unable to come to a decision
entschlüsseln* [ɛntˈʃlʏsl̩n] *vt* to decode
entschuldbar [ɛntˈʃʊltbaːɐ̯] *adj* excusable
entschuldigen* [ɛntˈʃʊldɪgn̩] I. *vi* **~ Sie** excuse me II. *vr* ■ **sich ~** to apologize III. *vt* ■ **etw ~** to excuse sth
Entschuldigung <-, -en> *f* ❶ apology; [**jdn**] **um ~ bitten** to apologize [to sb] ❷ *(Rechtfertigung)* **als ~ für etw** as an excuse for sth ❸ *(Höflichkeitsformel)* **~!** sorry!
Entschuldigungsbrief *m* letter of apology
Entschwefelungsanlage *f* desulphurization plant
entsenden* *vt* ■ **jdn ~** to send sb
entsetzen* I. *vt* to horrify II. *vr* ■ **sich ~** to be horrified (**über** at)
Entsetzen <-s> *nt kein pl* horror; **voller ~** filled with horror; **mit ~** horrified
entsetzlich [ɛntˈzɛtslɪç] I. *adj* dreadful II. *adv* terribly; **~ aussehen** to look awful
entsetzt *adj* horrified (**über** by)
entsinnen* *vr irreg (geh)* to remember; **wenn ich mich recht entsinne** if I remember correctly
Entsorgung <-, -en> *f* waste disposal
entspannen* I. *vr* ■ **sich ~** ❶ to relax ❷ *(sich beruhigen)* to ease II. *vt* ❶ to relax ❷ POL to ease
Entspannung *f kein pl* ❶ relaxation ❷ POL easing of tension
Entspannungspolitik *f* policy of détente
entsprechen* *vi irreg* ■ **einer S.** *dat* **~** to

correspond to sth
entsprechend [ɛntˈʃprɛçn̩t] **I.** *adj* appropriate **II.** *präp* in accordance with
entstehen* *vi irreg sein* ❶ to come into being ❷ (*verursacht werden*) to arise ❸ CHEM to be produced
Entstehung <-, -en> *f* creation; *des Lebens* origin
entstellen* *vt* ❶ (*verunstalten*) to disfigure ❷ (*verzerren*) to distort
enttäuschen* *vt* ■ **jdn** ~ to disappoint sb; **jds Hoffnungen** ~ to dash sb's hopes; **jds Vertrauen** ~ to betray sb's trust
enttäuscht I. *adj* disappointed (**von** in/with) **II.** *adv* disappointedly
Enttäuschung *f* disappointment; **jdm eine** ~ **bereiten** to disappoint sb
entwaffnend I. *adj* disarming **II.** *adv* disarmingly
Entwarnung *f* all-clear
entwässern* *vt* ❶ to drain ❷ MED to dehydrate
entweder [ɛntˈveːdɐ] *konj* ~ **... oder ...** either...or; ~ **oder!** yes or no!
entwerfen* *vt irreg* ❶ (*skizzieren*) to sketch ❷ (*designen*) to design ❸ *Text* to draft
Entwerter <-s, -> *m* ticket-cancelling machine
entwickeln* **I.** *vt a.* FOTO to develop **II.** *vr* ■ **sich** ~ ❶ to develop ❷ CHEM to be produced
Entwickler <-s, -> *m* FOTO developer
Entwicklung <-, -en> *f* ❶ *a.* FOTO development; [**noch**] **in der** ~ **sein** to be [still] in the development stage ❷ (*das Vorankommen*) progression ❸ (*Trend*) trend
Entwicklungshelfer(in) *m(f)* development aid worker **Entwicklungshilfe** *f* development aid **Entwicklungsland** *nt* developing country
entwischen* *vi sein* to escape
entwöhnen* [ɛntˈvøːnən] *vt Säugling* to wean
Entwurf *m* ❶ (*Skizze*) sketch ❷ (*Design*) design ❸ *eines Textes* draft
entziehen* *irreg* **I.** *vt* ■ **jdm etw** ~ to confiscate sth from sb; **jdm den Führerschein** ~ to revoke sb's driving licence [*or* AM driver's license] **II.** *vr* to evade; **sie wollte ihn streicheln, doch er entzog sich ihr** she wanted to caress him, but he resisted her
Entziehungskur *f* cure for an addiction

entziffern* [ɛntˈtsɪfɐn] *vt* to decipher
entzücken* *vt* to delight
Entzücken <-s> *nt kein pl* delight
entzückend [ɛntˈtsʏknt] *adj* delightful
Entzug *m kein pl* MED withdrawal
Entzugserscheinung *f* withdrawal symptom *usu pl*
entzündbar *adj* inflammable; **leicht** ~ highly inflammable
entzünden* **I.** *vt* (*geh*) to light **II.** *vr* ■ **sich** ~ ❶ MED to become inflamed ❷ (*in Brand geraten*) to catch fire
entzündet *adj* MED inflamed; (*Augen a.*) sore
Entzündung *f* MED inflammation
entzwei [ɛntˈtsvai] *adj pred* broken
entzweien* [ɛntˈtsvaiən] **I.** *vt* to cause people to fall out **II.** *vr* ■ **sich mit jdm** ~ to fall out with sb
entzwei|gehen *vi irreg sein* to break [in two]
Enzian <-s, -e> [ˈɛntsi̯aːn] *m* gentian
Enzyklopädie <-, -n> [ɛntsyklopɛˈdiː, *pl* -ˈdiːən] *f* encyclopaedia
Enzym <-s, -e> [ɛnˈtsyːm] *nt* enzyme
Epidemie <-, -n> [epideˈmiː, *pl* -ˈmiːən] *f* epidemic
Epilepsie <-, -n> [epilɛˈpsiː, *pl* -ˈpsiːən] *f* epilepsy
Epileptiker(in) <-s, -> [epiˈlɛptikɐ] *m(f)* epileptic
Epoche <-, -n> [eˈpɔxə] *f* epoch
Epos <-, Epen> [ˈeːpɔs, *pl* ˈeːpən] *nt* epic
er [eːɐ] *pron pers* he; **sie ist ein Jahr jünger als** ~ she is a year younger than him; **nicht möglich,** ~ **ist es wirklich!** unbelievable, it really is him!; **wenn ich** ~ **wäre, ...** if I were him ...
erachten* [ɛɐˈʔaxtn̩] *vt* (*geh*) **es als etw** ~ to consider it to be sth
Erachten <-s> [ɛɐˈʔaxtn̩] *nt kein pl* **meines** ~ **s** in my opinion
Erbanlage *f* hereditary factor
erbarmen* [ɛɐˈbarmən] *vr* to take pity on
Erbarmen <-s> [ɛɐˈbarmən] *nt kein pl* pity; ■ ~ **mit jdm/etw** [**haben**] to [have] pity for sb; **ohne** ~ merciless
erbärmlich [ɛɐˈbɛrmlɪç] **I.** *adj* (*pej*) ❶ (*fam: gemein*) miserable ❷ (*jämmerlich*) wretched **II.** *adv* (*fam: furchtbar*) terribly
erbarmungslos [ɛɐˈbarmʊŋsloːs] **I.** *adj* merciless **II.** *adv* mercilessly
erbauen* *vt* ❶ to build ❷ (*seelisch*) to uplift
Erbauer(in) <-s, -> *m(f)* architect

Erbe <-s> ['ɛrbə] *nt kein pl* ❶ inheritance *no pl* ❷ (*fig: Hinterlassenschaft*) legacy ❸ (*Person*) heir

Erbe, Erbin <-n, -n> ['ɛrbə, 'ɛrbɪn, *pl* 'ɛrbn̩] *m, f* JUR heir *masc*, heiress *fem*

erben ['ɛrbn̩] *vt* ■ **etw** ~ to inherit sth

erbeuten* [ɛg'bɔytn̩] *vt* ■ **etw** ~ ❶ *Kriegsbeute* to capture sth ❷ (*als Beute fangen*) to carry off sth *sep*

Erbfaktor *m* hereditary factor **Erbfolge** *f* succession **Erbgut** *nt kein pl* genetic make-up **erbgutschädigend** *adj* genetically harmful

Erbin <-, -nen> ['ɛrbɪn] *f fem form von* **Erbe** heiress

erbittert I. *adj* bitter II. *adv* bitterly

Erbkrankheit *f* hereditary disease

erblassen* [ɛg'blasn̩] *vi sein* to go pale; ■ **jdn ~ lassen** to make sb go pale

erblich ['ɛrplɪç] *adj* hereditary

erblinden* [ɛg'blɪndn̩] *vi sein* to go blind

Erbmasse *f* genetic make-up

erbrechen *irreg* I. *vt* ■ **etw** ~ to bring up sth *sep* II. *vi* to throw up *sl* III. *vr* ■ **sich** ~ to be sick

erbringen* *vt irreg* ❶ (*aufbringen*) to raise; **eine hohe Leistung** ~ to perform well ❷ (*liefern*) to produce

Erbschaft <-, -en> ['ɛrpʃaft] *f* inheritance; **eine ~ machen** to come into an inheritance

Erbschaft(s)steuer *f* estate duty, death tax AM

Erbse <-, -n> ['ɛrpsə] *f* pea

Erbstück *nt* heirloom

Erdachse ['e:gdaksə] *f* earth's axis

Erdanziehung *f kein pl* gravitational pull of the earth

Erdapfel *m* ÖSTERR potato **Erdarbeiten** *pl* excavation work **Erdatmosphäre** *f* earth's atmosphere **Erdbeben** *nt* earthquake **Erdbeere** ['e:gtbeːrə] *f* strawberry **Erdboden** *m* ground; **etw dem ~ gleichmachen** to raze sth to the ground

Erde <-> ['e:gdə] *f kein pl* ❶ earth; **fruchtbare ~** fertile soil ❷ (*Boden*) ground; **auf der ~** on the ground

erdenklich *adj attr* conceivable; **alles E~e tun** to do everything conceivable

Erdgas *nt* natural gas **Erdgeschoss**^{RR} *nt* ground [*or* AM first] floor; **im ~** on the ground floor **Erdkruste** *f* earth's crust **Erdkugel** *f* globe **Erdkunde** *f* geography **Erdnuss**^{RR} *f* peanut **Erdoberfläche** *f* surface of the earth **Erdöl** *nt* oil **Erdreich** *nt* earth

erdreisten* [ɛg'draɪstn̩] *vr* ■ **sich ~, etw zu tun** to have the audacity to do sth

erdrosseln* *vt* ■ **jdn ~** to strangle sb

erdrücken* *vt* ❶ (*zu Tode drücken*) to crush ❷ (*belasten*) ■ **jdn ~** to overwhelm sb

Erdrutsch *m* landslide **Erdrutschsieg** *m* landslide victory **Erdscholle** *f* clod [of earth] **Erdstoß** *m* seismic shock **Erdstrahlen** *pl* lines *pl* of energy **Erdteil** *m* continent

erdulden* *vt* to endure

Erdumdrehung *f* rotation of the earth **Erdumlaufbahn** *f* [earth] orbit

Erdung <-, -en> *f* ELEK ❶ (*das Erden*) earthing ❷ (*Erde*) earth

Erdwärme *f* geothermal heat **Erdzeitalter** *nt* geological era

ereifern* *vr* ■ **sich ~** to get worked up (**über** about)

ereignen* [ɛg'ʔaɪɡnən] *vr* ■ **sich ~** to occur

Ereignis <-ses, -se> [ɛg'ʔaɪɡnɪs, *pl* -nɪsə] *nt* event; **bedeutendes/historisches ~** important/historical incident

ereignisreich *adj* eventful

erfahren[1] [ɛg'faːrən] *irreg vt* ❶ *Nachricht, Neuigkeit* to hear (**über/von** about) ❷ (*erleben*) to experience

erfahren[2] [ɛg'faːrən] *adj* experienced

Erfahrung <-, -en> *f* experience (**mit** of); **die ~ machen, dass ...** to find that ...; **etw in ~ bringen** to find out sth *sep;* **nach meiner ~** in my experience; **jahrelange ~** years of experience

erfahrungsgemäß *adv* ■ ~ **ist ...** experience shows ...

erfassen* *vt* ❶ (*mitreißen*) to catch ❷ (*begreifen*) to understand; **genau, du hast's erfasst!** exactly, you've got it! ❸ (*registrieren*) to record ❹ *Daten* to enter

erfinden* *vt irreg* to invent

Erfinder(in) [ɛg'fɪndɐ] *m(f)* inventor

erfinderisch [ɛg'fɪndərɪʃ] *adj* inventive

Erfindung <-, -en> *f* invention; **eine ~ machen** to invent sth

Erfolg <-[e]s, -e> [ɛg'fɔlk, *pl* -fɔlɡə] *m* success; **~ versprechend** promising; **wenig ~ versprechend sein** to promise little; **etw ist ein voller ~** sth is a complete success; **~ haben** to be successful; **viel ~!** good luck!

erfolgen* *vi sein* (*geh*) to occur

erfolglos [ɛg'fɔlkloːs] *adj* ❶ unsuccessful

② (*vergeblich*) futile
erfolgreich *adj* successful
Erfolgsbilanz *f* success record **Erfolgsdruck** *m kein pl* performance pressure **Erfolgserlebnis** *nt* sense of achievement **Erfolgsrezept** *nt* (*fam*) recipe for success
erforderlich [ɛɐ̯ˈfɔrdəlɪç] *adj* necessary
erfordern* *vt* to require
erforschen* *vt* ① *Land* to explore ② (*prüfen*) to investigate
erfreuen* I. *vt* to please II. *vr* ■**sich an etw** *dat* ~ to take pleasure in sth
erfreulich [ɛɐ̯ˈfrɔylɪç] *adj* pleasant; *Nachricht* welcome
erfreulicherweise *adv* happily
erfreut I. *adj* pleased, delighted (**über** about); **sehr ~!** (*geh*) pleased to meet you! II. *adv* delightedly
erfrieren* *vi irreg sein* ① *Person, Tier* to freeze to death; *Pflanze* to be killed by frost ② *Gliedmassen* to get frostbitten; ■**erfroren** frozen
erfrischen* [ɛɐ̯ˈfrɪʃən] I. *vt* to refresh II. *vi* to be refreshing III. *vr* ■**sich** ~ to refresh oneself
erfrischend *adj* refreshing
Erfrischung <-, -en> *f* refreshment *no pl*; **zur ~** as refreshments
Erfrischungsgetränk *nt* refreshment
erfüllen* I. *vt* ① (*ausführen*) to fulfil; **seinen Zweck erfüllen** to serve its purpose ② (*anfüllen*) to fill; **von Ekel erfüllt** filled with disgust II. *vr* ■**sich** ~ to come true
ergänzen* [ɛɐ̯ˈgɛntsn̩] *vt* ■**etw** ~ to replenish sth; (*vollenden*) to complete sth; ■**sie** ~ **sich** they complement each other
Ergänzung <-, -en> *f* ① (*das Auffüllen*) replenishment ② (*das Hinzufügen*) supplementing ③ (*Zusatz*) addition
ergattern* [ɛɐ̯ˈgatɐn] *vt* (*fam*) ■**etw** ~ to get hold of sth
ergeben*¹ *irreg* I. *vt* ① MATH to amount to ② (*als Resultat haben*) to produce II. *vr* ① (*kapitulieren*) to surrender ② (*sich fügen*) to submit; **sich in sein Schicksal** ~ to resign oneself to one's fate ③ (*daraus folgen*) ■**sich aus etw** *dat* ~ to result from sth
ergeben² *adj* ① (*demütig*) humble ② (*treu*) devoted
Ergebnis <-ses, -se> [ɛɐ̯ˈgeːpnɪs, *pl* -nɪsə] *nt* result; **zu dem ~ führen, dass ...** to result in ...; **zu einem/keinem ~ kommen** to reach/fail to reach a conclusion; **im** ~ ultimately
ergebnislos *adj* without result
ergehen* *irreg vi* **etw über sich ~ lassen** to endure sth
ergiebig [ɛɐ̯ˈgiːbɪç] *adj* (*ertragreich*) productive
ergonomisch I. *adj* ergonomic II. *adv* ergonomically
ergreifen* *vt irreg* ① to seize ② *Maßnahmen* to take
ergreifend *adj* moving
ergriffen [ɛɐ̯ˈgrɪfn̩] *adj* moved
Erhalt <-[e]s> *m kein pl* (*geh*) maintenance
erhalten* *irreg vt* ① (*bekommen*) to receive; **den Auftrag ~, etw zu tun** to be given the task of doing sth ② (*bewahren*) to maintain; [**durch etw**] **~ bleiben** to be preserved [by sth] ③ BAU to preserve
erhältlich [ɛɐ̯ˈhɛltlɪç] *adj* obtainable
erhärten* I. *vt* ■**etw** ~ to support sth II. *vr* ■**sich** ~ to be reinforced
erheben* *irreg* I. *vt* ① *Steuern* to levy ② *Daten* to gather ③ *Protest* to voice; *Einspruch* to raise II. *vr* ■**sich** ~ ① (*aufstehen*) to get up (**von** from) ② (*sich auflehnen*) to rise up (**gegen** against) ③ (*aufragen*) to rise up (**über** above)
erheblich [ɛɐ̯ˈheːplɪç] I. *adj* considerable II. *adv* considerably
erheitern* [ɛɐ̯ˈhaitɐn] *vt* to amuse
erhellen* [ɛɐ̯ˈhɛlən] I. *vt* ① (*hell machen*) to light up ② (*klären*) to throw light on sth II. *vr* ■**sich** ~ to clear
erhitzen* [ɛɐ̯ˈhɪtsn̩] I. *vt* ■**etw** ~ to heat sth II. *vr* (*sich erregen*) ■**sich** ~ to get excited (**an** about)
erhoffen* *vt* ■[**sich** *dat*] **etw** ~ to hope for sth
erhöhen* [ɛɐ̯ˈhøːən] I. *vt* ■**etw** ~ ① (*höher machen*) to raise sth ② (*anheben*) to increase sth II. *vr* ■**sich** ~ to increase
erholen* *vr* ■**sich** ~ ① (*wieder zu Kräften kommen*) to recover (**von** from) ② (*ausspannen*) to relax
erholsam [ɛɐ̯ˈhoːlzaːm] *adj* relaxing
Erholung <-> *f kein pl* relaxation
Erholungsgebiet *nt* recreation area
erinnern* [ɛɐ̯ˈʔɪnɐn] I. *vt* ■**jdn an jdn/etw** ~ to remind sb of sb/sth II. *vr* ■**sich an jdn/etw** ~ to remember sb/sth; **wenn ich mich recht erinnere, ...** if I remember correctly

Erinnerung–ermäßigen

...; **soweit ich mich ~ kann** as far as I can remember **III.** *vi* ❶ ▪**an jdn/etw ~** to be reminiscent of sb/sth *form* ❷ (*ins Gedächtnis rufen*) ▪**daran ~, dass ...** to point out that ...

Erinnerung <-, -en> *f* memory; **zur ~ an etw** *akk* in memory of sth; **~en austauschen** to talk about old times

erkälten* [ɛɐ̯ˈkɛltn̩] *vr* ▪**sich ~** to catch a cold

Erkältung <-, -en> *f* cold; **eine ~ bekommen** to catch a cold

erkämpfen* *vt* ▪[**sich** *dat*] **etw ~** to obtain sth [with some effort]

erkennbar *adj* ❶ (*sichtbar*) discernible ❷ (*wahrnehmbar*) perceptible

erkennen* *irreg* **I.** *vt* ❶ (*wahrnehmen*) to discern ❷ (*identifizieren*) ▪**jdn/etw ~** to recognize sb/sth; ▪**sich** [**selbst**] **~** to understand oneself ❸ (*einsehen*) to recognize; **einen Irrtum ~** to realize one's mistake **II.** *vi* ❶ (*wahrnehmen*) ▪**~ ob/um was/wen ...** to see whether/what/who ... ❷ (*einsehen*) ▪**~, dass/wie ...** to realize that/how ...; **~ lassen, dass ...** to show that ...

erkenntlich [ɛɐ̯ˈkɛntlɪç] *adj* appreciative, grateful

Erkenntnis [ɛɐ̯ˈkɛntnɪs] *f* ❶ (*Einsicht*) insight; **zu der ~ kommen, dass ...** to realize that ... ❷ (*das Erkennen*) understanding

Erkennungsdienst *m* police identification [*or* AM records] department

Erker <-s, -> [ˈɛrkɐ] *m* bay window

erklären* **I.** *vt* ❶ ▪**etw ~** to explain sth ❷ (*bekannt geben*) to announce ❸ (*offiziell bezeichnen*) to pronounce; **jdn für vermisst ~** to declare sb missing **II.** *vr* ▪**sich** *dat* **etw ~** to understand sth; **wie ~ Sie sich, dass ...** how do you explain that ...

erklärt *adj attr* declared

Erklärung *f* ❶ explanation ❷ (*Mitteilung*) statement; **eine ~ abgeben** to make a statement

erkranken* *vi* ▪[**an etw** *dat*] **~** to be taken ill [with sth]

Erkrankung <-, -en> *f* illness

erkunden* [ɛɐ̯ˈkʊndn̩] *vt* ❶ (*auskundschaften*) to scout out *sep* ❷ (*in Erfahrung bringen*) to discover

erkundigen* [ɛɐ̯ˈkʊndɪɡn̩] *vr* ▪**sich** [**nach jdm/etw**] **~** to ask [about sb/sth]; **du musst dich vorher ~** you have to find out beforehand

erlahmen* *vi sein* ❶ (*kraftlos werden*) to tire; **Kräfte** ebb [away] ❷ (*nachlassen*) to wane

erlangen* [ɛɐ̯ˈlaŋən] *vt* (*geh*) to obtain

Erlass^{RR} <-es, -e> *m*, **Erlaß**^{ALT} <-sses, -sse> [ɛɐ̯ˈlas, *pl* ɛɐ̯ˈlɛsə] *m* decree

erlassen* *vt irreg* ▪**etw ~** ❶ (*verfügen*) to issue sth ❷ (*von etw befreien*) to remit sth

erlauben* [ɛɐ̯ˈlaʊbn̩] **I.** *vt* to permit; ▪**jdm etw ~** to allow sb to do sth ▶**~ Sie mal!** what do you think you're doing? **II.** *vr* (*sich herausnehmen*) ▪**sich** *dat* **~, etw zu tun** to take the liberty of doing sth

Erlaubnis <-, *selten* -se> *f* ❶ permission; [**jdn**] **um ~ bitten** to ask [sb's] permission; **jdm die ~ geben** to give sb permission ❷ (*Dokument*) permit

erläutern* *vt* ▪[**jdm**] **etw ~** to explain sth [to sb]

Erläuterung <-, -en> *f* explanation

Erle <-, -n> [ˈɛrlə] *f* alder

erleben* *vt* ▪**etw ~** ❶ (*zu Lebzeiten*) to live to see sth ❷ (*erfahren*) to experience sth ❸ (*durchmachen*) to go through sth; **eine** [**große**] **Enttäuschung ~** to be [bitterly] disappointed ❹ (*mit ansehen*) ▪**es ~, dass/wie ...** to see that/how ...

Erlebnis <-ses, -se> [ɛɐ̯ˈleːpnɪs, *pl* -nɪsə] *nt* experience

erledigen* [ɛɐ̯ˈleːdɪɡn̩] **I.** *vt* ▪**etw ~** to carry out sth; **zu ~ sein** to be done **II.** *vr* ▪**etw erledigt sich** [**von selbst**] sth sorts itself out [on its own]

erlegen* *vt* ❶ **ein Tier ~** to bag an animal ❷ ÖSTERR (*bezahlen*) to pay

erleichtern* [ɛɐ̯ˈlaɪçtɐn] *vt* ❶ ▪[**jdm**] **etw ~** to make sth easier [for sb] ❷ (*beruhigen*) ▪**jdn ~** to be of relief to sb

erleiden* *vt irreg* ▪**etw ~** to suffer sth

erlernen* *vt* ▪**etw ~** to learn sth

erlesen *adj* exquisite

erleuchten* *vt* ▪**etw ~** to light [up] sth

erliegen* *vi irreg sein* (*geh: zum Opfer fallen*) ▪**einer S.** *dat* **~** to fall victim to sth ▶**zum E~ kommen** to come to a standstill

Erlös <-es, -e> [ɛɐ̯ˈløːs] *m* proceeds *pl*

ermächtigen* [ɛɐ̯ˈmɛçtɪɡn̩] *vt* ▪**jdn** [**zu etw** *dat*] **~** to authorize sb [to do sth]

ermahnen* *vt* ▪**jdn ~** to warn sb; ▪**jdn ~, etw zu tun** to tell sb to do sth

ermäßigen* *vt* to reduce

Ermäßigung <-, -en> *f* reduction
ermessen* *vt irreg* ■**etw** ~ to comprehend sth
Ermessen <-s> *nt kein pl* discretion; **nach jds** ~ in sb's estimation; **in jds** ~ **liegen** to be at sb's discretion
Ermessensfrage *f* matter of discretion
ermitteln* I. *vt* ❶ (*herausfinden*) to find out sth *sep;* ■**jdn** ~ to establish sb's identity ❷ (*errechnen*) to determine sth; ■**jdn** ~ *Gewinner* to decide [on] II. *vi* to investigate
Ermittlung <-, -en> *f* ❶ *kein pl* (*das Ausfindigmachen*) determining ❷ (*Untersuchung*) investigation
ermöglichen* [ɛɐ̯ˈmøːklɪçn̩] *vt* ■**jdm etw** ~ to enable sb to do sth; ■**es** ~, **etw zu tun** (*geh*) to make it possible for sth to be done
ermorden* *vt* to murder
ermüden* [ɛɐ̯ˈmyːdn̩] I. *vt haben* ■**jdn** ~ to tire sb [out] II. *vi sein* to become tired
ermüdend *adj* tiring
Ermüdung <-, *selten* -en> *f* tiredness
ermutigen* [ɛɐ̯ˈmuːtɪɡn̩] *vt* ■**jdn** [**zu etw** *dat*] ~ to encourage sb [to do sth]
ernähren* I. *vt* ❶ to feed ❷ (*unterhalten*) ■**jdn** ~ to support sb II. *vr* ■**sich von etw** *dat* ~ ❶ (*essen*) to live on sth ❷ (*Lebensunterhalt*) to support oneself by doing sth
Ernährung <-> *f kein pl* ❶ (*das Ernähren*) feeding ❷ (*Nahrung*) diet
Ernährungsberater(in) *m(f)* nutritionist
ernennen* *vt irreg* ■**jdn** [**zu etw** *dat*] ~ to appoint sb [as sth]
Ernennung *f* appointment (**zu** as); ~ **eines Stellvertreters** nomination of a deputy
erneuerbar *adj* renewable
erneuern* [ɛɐ̯ˈnɔyɐn] *vt* ❶ (*auswechseln*) to replace ❷ (*renovieren*) to renovate
erniedrigen* [ɛɐ̯ˈniːdrɪɡn̩] *vt* ■**jdn/sich** ~ to demean sb/oneself
ernst [ɛrnst] *adj* serious; ~ **bleiben** to keep a straight face; ~ **gemeint** serious; **es** ~ **meinen** [**mit jdm/etw**] to be serious [about sb/sth]; **jdn/etw** ~ **nehmen** to take sb/sth seriously
Ernstfall *m* emergency; **im** ~ in an emergency
ernsthaft I. *adj* ❶ serious ❷ (*aufrichtig*) sincere II. *adv* seriously
ernten [ˈɛrntn̩] *vt* to harvest
ernüchtern* [ɛɐ̯ˈnʏçtɐn] *vt* ■**jdn** ~ to bring sb back to reality
Ernüchterung <-, -en> *f* disillusionment
erobern* [ɛɐ̯ˈʔoːbɐn] *vt* to conquer
Eroberung <-, -en> *f* ❶ (*das Erobern*) conquest ❷ (*erobertes Gebiet*) conquered territory
Eröffnung *f* opening
erörtern* [ɛɐ̯ˈœrtɐn] *vt* ■**etw** ~ to discuss sth [in detail]
Erörterung <-, -en> *f* discussion
Erosion <-, -en> [eroˈzi̯oːn] *f* erosion
Erotik <-> [eˈroːtɪk] *f kein pl* eroticism
erotisch [eˈroːtɪʃ] *adj* erotic
Erpel <-s, -> [ˈɛrpl̩] *m* drake
erpicht [ɛɐ̯ˈpɪçt] *adj* ■**auf etw** *akk* ~ **sein** to be after sth; ■[**nicht**] **darauf** ~ **sein, etw zu tun** to [not] be interested in doing sth
erpressbarᴿᴿ *adj* subject to blackmail
erpressen* *vt* ❶ ■**jdn** ~ to blackmail sb ❷ ■**etw** ~ to extort sth
Erpresser(in) <-s, -> *m(f)* blackmailer
erpresserisch [ɛɐ̯ˈprɛsərɪʃ] I. *adj* extortive II. *adv* in an extortive manner
Erpressung <-, -en> *f* blackmail
erproben* *vt* to test
erprobt *adj* (*erfahren*) experienced
erraten* *vt irreg* to guess
errechnen* *vt* to calculate
erregen* I. *vt* ❶ (*aufregen*) ■**jdn** ~ to irritate sb ❷ (*sexuell*) ■**jdn** ~ to arouse sb ❸ (*hervorrufen*) ■**etw** ~ to engender sth II. *vr* ■**sich über jdn/etw** ~ to get annoyed about sb/sth
Erreger <-s, -> *m* pathogen
erreichbar *adj* (*telefonisch*) ■[**für jdn**] ~ **sein** to be able to be reached [by sb]
erreichen* *vt* ❶ to reach ❷ *Zug* to catch
errichten* *vt* BAU to erect
erringen* *vt irreg* ■**etw** ~ to win sth [with a struggle]
erröten* *vi sein* to blush
Errungenschaft <-, -en> [ɛɐ̯ˈrʊŋənʃaft] *f* achievement
Ersatz <-es> [ɛɐ̯ˈzats] *m kein pl* substitute
Ersatzbank *f* SPORT bench **Ersatzbefriedigung** *f* vicarious satisfaction **Ersatzdienst** *m* non-military service for conscientious objectors **Ersatzkasse** *f* substitute health insurance scheme **Ersatzmann** *m* substitute **Ersatzmine** *f* refill **Ersatzreifen** *m* spare wheel **Ersatzteil** *nt* spare part
erschaffen* *vt irreg* (*geh*) to create

erscheinen* vi irreg sein ① (auftreten) to appear ② Buch to come out ③ (scheinen) to seem

Erscheinen <-s> nt kein pl ① appearance ② (Veröffentlichung) publication

Erscheinung <-, -en> f ① phenomenon ② (Vision) vision ▸ **in ~ treten** to appear

Erscheinungsjahr nt year of publication

erschießen* irreg vt ■ **jdn ~** to shoot sb dead

erschlagen*¹ vt ■ **jdn ~** irreg ① (totschlagen) to beat sb to death ② (überwältigen) to overwhelm sb

erschlagen² adj (fam) ■ **~ sein** to be knackered

erschließen* irreg vt ① Land to develop ② (nutzbar machen) to exploit

erschöpfen* vt to exhaust

erschöpfend I. adj (ausführlich) exhaustive II. adv exhaustively

Erschöpfung <-, selten -en> f exhaustion

erschrak [ɛɐ̯ˈʃraːk] imp von **erschrecken** II

erschrecken I. vt <erschreckte, erschreckt> haben ■ **jdn ~** to give sb a fright; (bestürzen) to shock sb II. vi <erschrickt, erschreckte o erschrak, erschreckt o erschrocken> sein ■ **[vor jdm/etw] ~** to get a fright [from sb/sth]

erschrocken I. pp von **erschrecken** II II. adj alarmed III. adv with a start

erschüttern* [ɛɐ̯ˈʃʏtɐn] vt to shake

erschweren* [ɛɐ̯ˈʃveːrən] vt ■ **[jdm] etw ~** to make sth more difficult [for sb]

erschwinglich [ɛɐ̯ˈʃvɪŋlɪç] adj affordable

ersehen* vt irreg (geh) to see [or gather]; **alles weitere können Sie aus meinem Lebenslauf ~** you'll find additional information in my CV

ersetzen* vt ① to replace (**durch** with) ② (erstatten) ■ **jdm etw ~** to reimburse sb for sth

ersichtlich adj apparent; ■ **aus etw** dat **~ sein, dass ...** to be apparent from sth that ...

ersparen* vt ■ **jdm etw ~** to spare sb sth; **ihr bleibt nichts erspart** she is not spared anything

Ersparnis <-, -se o ÖSTERR -ses, -se> [ɛɐ̯ˈʃpaːɐ̯nɪs, pl -nɪsə] f o ÖSTERR nt ① kein pl (Einsparung) saving ② meist pl (erspartes Geld) savings pl

erst [eːɐ̯st] adv ① (zuerst) [at] first ② (nicht früher als) only; **wecken Sie mich bitte ~ um 8 Uhr!** please don't wake me until 8 o'clock!; **~ wenn** only if ③ (bloß) only ▸ **~ recht** all the more

erstatten* [ɛɐ̯ˈʃtatn̩] vt ① ■ **[jdm] etw ~** to reimburse [sb] for sth ② (mitteilen) **Anzeige ~** to report a crime; **Anzeige gegen jdn ~** to report sb

Erstattung <-, -en> f von Kosten reimbursement

Erstaufführung f premiere

erstaunen* vt haben ■ **jdn ~** to amaze sb; **dieses Angebot erstaunt mich** this offer amazes me

Erstaunen nt amazement

erstaunlich [ɛɐ̯ˈʃtaʊnlɪç] I. adj amazing pl II. adv amazingly

erstaunlicherweise adv amazingly

Erstausgabe f first edition

erste(r, s) [ˈeːɐ̯stə] adj ① first; **die ~ Klasse** primary one BRIT, first grade AM; s. a. **achte(r, s)** ② (Datum) first, 1st; s. a. **achte(r, s) 2**

Erste-Hilfe-Kasten [eːɐ̯stəˈhɪlfəkastn̩] m first-aid box

ersteigen* vt irreg to climb

ersticken* I. vt haben ① ■ **jdn ~** to suffocate sb ② Feuer to extinguish II. vi sein ① ■ **an etw** dat **~** to choke to death on sth ② (übermäßig viel haben) ■ **in etw** dat **~** to drown in sth

erstklassig [ˈeːɐ̯stklasɪç] adj, adv first-class

Erstkommunion f first communion

erstmalig [ˈeːɐ̯stmaːlɪç] I. adj first II. adv (geh) s. **erstmals**

erstmals [ˈeːɐ̯stmaːls] adv for the first time

erstrecken* I. vr ■ **sich ~** to extend (**über** over) II. vt SCHWEIZ (verlängern) to extend

ersuchen* vt (geh) ■ **jdn um etw** akk **~** to request sth from sb

ertappen* vt ■ **jdn [bei etw** dat**] ~** to catch sb [doing sth]

erteilen* vt (geh) ■ **[jdm] etw ~** to give [sb] sth

Ertrag <-[e]s, Erträge> [ɛɐ̯ˈtraːk, pl ɛɐ̯ˈtrɛːɡə] m ① AGR yield ② meist pl ÖKON revenue; **~ bringen** to bring in revenue

ertragen* vt irreg to bear; **nicht zu ~ sein** to be unbearable

erträglich [ɛɐ̯ˈtrɛːklɪç] adj bearable; **schwer ~ sein** to be difficult to cope with

Ertragsausschüttung f dividend distribution **Ertragssteigerung** f profits increase

ertrinken* vi irreg sein to drown

erübrigen* [ɛɐ̯ˈʔyːbrɪɡn̩] vr ■ **sich ~** to be

superfluous; ■ **es erübrigt sich, etw zu tun** it is not necessary to do sth

erwachen* *vi sein* to wake up; **aus einer Ohnmacht** ~ to come to; ■ **von etw** *dat* ~ to be woken by sth ▶ **ein böses E**~ a rude awakening

erwachsen [ɛɐ̯'vaksn̩] *adj* adult, grown-up *fam*

Erwachsene(r) *f(m) dekl wie adj* adult

Erwachsenenbildung [ɛɐ̯'vaksənən-] *f* adult education **Erwachsenenstrafrecht** *nt kein pl* JUR adult criminal law

erwägen* *vt irreg* to consider

erwähnen* *vt* to mention; ■ **[jdm gegenüber]** ~, **dass ...** to mention [to sb] that ...

erwärmen* I. *vt* to warm [up] II. *vr* ❶ ■ **sich** ~ to warm up ❷ (*sich begeistern*) ■ **sich für jdn/etw** ~ to work up enthusiasm for sb/sth

erwarten* *vt* to expect; ■ **von jdm** ~, **dass ...** to expect sb to do sth; ■ **etw erwartet einen** sth awaits one; **etw war zu** ~ sth was to be expected; **wider E**~ contrary to [all] expectation[s]

Erwartung <-, -en> *f* ❶ *kein pl* (*Ungeduld*) anticipation ❷ *pl* (*Hoffnung*) expectations; **jds** ~**en gerecht werden** to live up to sb's expectations; **voller** ~ full of expectation; **den** ~**en entsprechen** to fulfil the expectations

erwartungsvoll I. *adj* expectant II. *adv* expectantly

erwecken* *vt* to arouse; **Zweifel** ~ to raise doubts

erweichen* *vt* ■ **jdn** ~ to make sb change their mind; **sich** ~ **lassen** to let oneself be persuaded

erweisen* *irreg* I. *vt* ❶ (*nachweisen*) to prove ❷ (*entgegenbringen*) **jdm einen Dienst/Gefallen** ~ to do somebody a service/favour II. *vr* **dieser Mitarbeiter hat sich als zuverlässig erwiesen** this employee has proved himself reliable

erweiterbar *adj* expandable; INFORM *a.* extensible

erweitern* [ɛɐ̯'vaitɐn] I. *vt* ■ **etw** ~ ❶ *Straße, Kleidung* to widen sth (**um** by) ❷ (*vergrößern*) to expand sth (**um** by) ❸ (*umfangreicher machen*) to increase sth (**um** by) II. *vr* (*sich verbreitern*) ■ **sich** ~ to widen (**um** by)

Erwerb <-[e]s> [ɛɐ̯'vɛrp, *pl* ɛɐ̯'vɛrbə] *m kein pl* (*geh*) purchase

erwerben* *vt irreg* ❶ to acquire ❷ (*gewinnen*) ■ **[sich** *dat*] **etw** ~ to earn sth; **jds Vertrauen** ~ to win sb's trust

erwerbsfähig *adj* (*geh*) fit for gainful employment *form pred*, able to work *pred*

erwerbslos *adj* unemployed

Erwerbstätige(r) *f(m) dekl wie adj* gainfully employed [person]; **selbstständig** ~ self-employed [person] **erwerbsunfähig** *adj* unfit for gainful employment

erwidern* [ɛɐ̯'viːdɐn] *vt* ❶ ■ **[auf etw** *akk*] ~ to give a reply [to sth]; **auf meine Frage erwiderte sie ...** she replied to my question by saying ... ❷ (*zurückgeben*) ■ **etw** ~ to return sth

erwiesenermaßen [ɛɐ̯viːzəne'maːsn̩] *adv* as has been proved

erwischen* [ɛɐ̯'vɪʃn̩] *vt* (*fam*) ❶ (*ertappen*) ■ **jdn** [**bei etw** *dat*] ~ to catch sb [doing sth] ❷ (*ergreifen, erreichen*) ■ **jdn/etw** ~ to catch sb/sth

Erz <-es, -e> [ˈeːɐ̯ts] *nt* ore

erzählen* *vt* to tell; [**jdm**] **seine Erlebnisse** ~ to tell [sb] about one's experiences; **was erzählst du da?** what are you saying?; **es wird erzählt, dass ...** there is a rumour that ... ▶ **das kannst du sonst wem** ~ (*fam*) tell me another! BRIT

Erzähler(in) [ɛɐ̯'tsɛːlɐ] *m(f)* storyteller

Erzählung *f* story

Erzbischof, -bischöfin [ˈɛrtsbɪʃɔf, ˈɛrtsbɪʃœfɪn] *m, f* archbishop

Erzengel [ˈɛrtsʔɛŋl̩] *m* archangel

erzeugen* *vt* ❶ to produce ❷ ELEK, SCI to generate ❸ (*hervorrufen*) to create

Erzeuger(in) <-s, -> *m(f)* (*Produzent*) producer

Erzeugnis <-ses, -se> [ɛɐ̯'tsɔyknɪs] *nt* product

Erzfeind(in) *m(f)* arch-enemy

erziehbar *adj* educable; **schwer** ~ **sein** to have behavioural problems

erziehen* *vt irreg* ❶ *Kind* to bring up *sep* ❷ (*anleiten*) ■ **jdn zu etw** *dat* ~ to teach sb to be sth

Erziehung *f kein pl* ❶ education *no pl* ❷ (*das Großziehen*) upbringing

Erziehungsurlaub *m* maternity [*or* paternity] leave

erzielen* *vt* (*erreichen*) to achieve; *Einigung* to reach

erzwingen* *vt irreg* ■ **etw** ~ to force sth;

eine Entscheidung ~ to force an issue; **ein Geständnis [von jdm]** ~ to make sb confess
es <*gen* seiner, *dat* ihm, *akk* es> [ɛs] *pron pers, unbestimmt* ① it; ~ **gefällt mir** I like it; **wer ist da? — ich bin** ~ who's there? — it's me ② *auf vorangehenden Satzinhalt bezogen* **kommt er auch? — ich hoffe** ~ is he coming too? — I hope so ③ *Subjekt bei unpersönlichen Ausdrücken* ~ **klopft** there's a knock at the door; **hat ~ geklingelt?** did somebody ring?; **~ regnet** it's raining; **~ waren Tausende** there were thousands
Esche <-, -n> [ˈɛʃə] *f* ash
Esel(in) <-s, -> [ˈeːzl̩] *m(f)* donkey
Eselsbrücke *f* (*fam*) aide-memoire **Eselsohr** *nt* dog-ear
eskalieren* [ɛskaˈliːrən] *vi, vt* to escalate (**zu** into)
Eskimo, -frau <-s, -s> [ˈɛskimo] *m, f* Eskimo
eskortieren* [ɛskɔrˈtiːrən] *vt* ▪ **jdn** ~ to escort sb; ▪ **etw** ~ to convoy sth
Espe <-, -n> [ˈɛspə] *f* aspen
Espenlaub *nt* **zittern wie** ~ to be shaking like a leaf
essbar^{RR}, **eßbar**^{ALT} *adj* edible; **nicht** ~ inedible
essen <isst, aß, gegessen> [ˈɛsn̩] *vt, vi* to eat; **etw zum Nachtisch** ~ to have sth for dessert; **griechisch** ~ to have a Greek meal; **kalt/warm** ~ to have a cold/hot meal; **~ gehen** to eat out; **in diesem Restaurant kann man gut** ~ this restaurant does good food
Essen <-s, -> [ˈɛsn̩] *nt* ① (*Mahlzeit*) meal; **zum** ~ **bleiben** to stay for lunch/dinner ② (*Nahrung*) food
Essen(s)marke *f* meal voucher [*or* AM ticket]
Essgeschirr^{RR} *nt* dinner service
Essig <-s, -e> [ˈɛsɪç, *pl* ˈɛsɪɡə] *m* vinegar
Essiggurke *f* gherkin **Essigsäure** *f* acetic acid
Esskastanie^{RR} [-kastaˈniə] *f* sweet chestnut **Esslöffel**^{RR} *m* soup spoon **Essstäbchen**^{RR} *nt meist pl* chopstick **Esstisch**^{RR} *m* dining table **Esszimmer**^{RR} *nt* dining room
Este, Estin <-n, -n> [ˈeːstə, ˈeːstɪn] *m, f* Estonian
Estland <-s> [ˈeːstlant] *nt* Estonia
estnisch [ˈeːstnɪʃ] *adj* Estonian; *s. a.* **deutsch 1**
Estragon <-s> [ˈɛstraɡɔn] *m kein pl* tarragon
Estrich <-s, -e> [ˈɛstrɪç] *m* ① (*Fußbodenbelag*) concrete floor ② SCHWEIZ (*Dachboden*) attic, loft
etabliert *adj* established
Etage <-, -n> [eˈtaːʒə] *f* floor; **auf der 5.** ~ on the 5th floor BRIT, on the 6th floor AM
Etagenwohnung [eˈtaːʒən-] *f* flat BRIT, apartment AM
Etappe <-, -n> [eˈtapə] *f* ① (*Abschnitt*) **in ~n arbeiten** to work in stages ② (*Teilstrecke*) leg
Etat <-s, -s> [eˈtaː] *m* budget
etepetete [ˈeːtəpeˈteːtə] *adj pred* (*fam*) finicky
Ethik <-> [ˈeːtɪk] *f kein pl* ① (*Wissenschaft*) ethics + *sing vb* ② (*moralische Haltung*) ethics *pl* ③ (*bestimmte Werte*) ethic; **christliche** ~ Christian ethic
ethisch [ˈeːtɪʃ] *adj* ethical
Etikett <-[e]s, -e> [etiˈkɛt] *nt* price tag
etliche(r, s) [ˈɛtlɪçə] *pron indef* ① *adjektivisch, sing/pl* quite a lot of; ~ **Mal** (*geh*) several times ② *pl substantivisch* quite a few
Etui <-s, -s> [ɛtˈviː, eˈtyiː] *nt* case
etwa [ˈɛtva] *adv* ① (*ungefähr*) about; **in** ~ more or less; **so** ~ roughly like this ② (*zum Beispiel*) **wie** ~ **mein Bruder** like my brother for instance
etwaig [ɛtˈvaːɪç] *adj attr* any
etwas [ˈɛtvas] *pron indef* ① something; ~ **anderes** something else; ~ **Dummes/ Neues** something stupid/new; **merken Sie** ~**?** do you notice anything? ② (*ein wenig*) a little; [noch] ~ **Geld/Kaffee** some [more] money/coffee; **du könntest dich ruhig** ~ **anstrengen** you might make a bit of an effort
Etwas <-> [ˈɛtvas] *nt kein pl* **das gewisse** ~ that certain something
EU [eːˈuː] *f Abk von* **Europäische Union** EU
euch [ɔyç] **I.** *pron pers akk o dat von* **ihr** you; **ein Freund/eine Freundin von** ~ a friend of yours **II.** *pron refl* **beeilt** ~**!** hurry [up]!; **macht** ~ **fertig!** get [*fam* yourselves] ready!; **wascht** ~**!** get [*fam* yourselves] washed!; **putzt** ~ **die Zähne!** brush your teeth!
euere(r, s) [ˈɔyərə] *pron poss s.* **eure(r, s)**
Eukalyptus <-, -lypten> [ɔykaˈlʏptʊs] *m* eucalyptus
EU-Kommissar(in) *m(f)* EU commissioner

EU-Kommission *f* EU Commission **EU-Land** *nt* EU country
Eule <-, -n> ['ɔylə] *f* owl
EU-Ministerrat *m* EU Council of Ministers
EU-Mitgliedsland *nt* EU member-state **EU-Norm** *f* EU standard
Eunuch <-en, -en> [ɔy'nuːx] *m* eunuch
euphemistisch [ɔyfe'mɪstɪʃ] *adj* euphemistic
Euphorie <-, -n> [ɔyfo'riː, *pl* -'riːən] *f* euphoria
euphorisch [ɔy'foːrɪʃ] *adj* euphoric
eure(r, s) ['ɔyrə] *pron poss* your; ▪ **[der/die/das] E~** yours; **Grüße von ~r Kathrin** Best regards, Yours, Kathrin; **tut ihr das E~** you do your bit
euretwegen ['ɔyrətˈveːɡn̩] *adv* (*wegen euch*) because of you; (*euch zuliebe*) for your sake[s]
euretwillen ['ɔyrətvɪlən] *adv* for your sake
eurige(r, s) ['ɔyrɪɡə, -ɡe, -ɡəs] *pron* (*geh*) yours; *geh für* **eu(e)re(r, s): der/die/das ~** yours
Euro ['ɔyro] *m* euro
Eurocity ['ɔyrosɪti], **Eurocityzug**[RR] *m* Eurocity train
Europa <-s> [ɔy'roːpa] *nt* Europe
Europäer(in) <-s, -> [ɔyro'pɛːɐ] *m(f)* European
europäisch [ɔyro'pɛːɪʃ] *adj* European
Europäische Gemeinschaft *f* European Community **Europäischer Gerichtshof** *m* European Court of Justice **Europäisches Parlament** *nt* European Parliament **Europäische Union** *f* European Union **Europäische Zentralbank** *f* European Central Bank
Europameister(in) *m(f)* European champion; (*Team, Land*) European champions *pl*
Europaparlament *nt* ▪ **das ~** the European Parliament **Europapokal** *m* European cup
Europarat *m* Council of Europe
Euroscheck *m* Eurocheque
Eurowährung *f* European currency **Eurozone** <-> *f kein pl* Euro-zone
EU-Staat *m* EU country
Euter <-s, -> ['ɔytɐ] *nt o m* udder
evakuieren* [evakuˈiːrən] *vt* to evacuate
Evangele <-n, -n> [evaŋˈɡeːlə] *m o f* (*oft pej fam*) evangelical
evangelisch [evaŋˈɡeːlɪʃ] *adj* Protestant; ▪ **~ sein** to be a Protestant

Evangelium <-s, -lien> [evaŋˈɡeːli̯ʊm, *pl* -li̯ən] *nt* Gospel
eventuell [evɛnˈtu̯ɛl] **I.** *adj attr* possible **II.** *adv* possibly
Evolution <-, -en> [evoluˈtsi̯oːn] *f* evolution
EWI <-[s]> *nt kein pl Abk von* **Europäisches Währungsinstitut** EMI, European Monetary Institute
ewig ['eːvɪç] **I.** *adj* ❶ eternal ❷ (*pej fam: ständig*) never-ending **II.** *adv* ❶ (*für ewig*) eternally; (*für immer*) forever ❷ (*fam: ständig*) always ❸ (*lange Zeitspanne*) for ages; **das dauert [ja] ~!** it's taking ages [and ages]!
Ewigkeit <-, -en> ['eːvɪçkait] *f* eternity; **eine [halbe] ~ dauern** (*hum fam*) to last an age; **seit ~en** (*fam*) for ages
EWS <-> [eːveˈʔɛs] *nt kein pl Abk von* **Europäisches Währungssystem** EMS
EWU <-> [eːveˈʔuː] *f Abk von* **Europäische Währungsunion** EMU
exakt [ɛˈksakt] **I.** *adj* exact **II.** *adv* exactly; **~ arbeiten** to be accurate in one's work
Examen <-s, - *o* Examina> [ɛˈksaːmən, *pl* ɛˈksaːmina] *nt* finals *pl*; **mündliches ~** oral exam[ination]; **schriftliches ~** [written] exam[ination]; **das ~ bestehen** to pass one's finals; **durch das ~ fallen** to fail [in] one's finals; **~ machen** to do one's finals
Exemplar <-s, -e> [ɛksɛmˈplaːɐ̯] *nt* specimen; *Buch* copy; *Zeitung* issue
Exil <-s, -e> [ɛˈksiːl] *nt* exile
Existenz <-, -en> [ɛksɪsˈtɛnts] *f* ❶ *kein pl* existence ❷ (*Lebensgrundlage*) livelihood ❸ (*Leben*) life; **eine gescheiterte ~** a failure [in life]; **sich eine neue ~ aufbauen** to create a new life for oneself
Existenzangst *f* fear for one's existence **Existenzgründer(in)** *m(f)* ÖKON founder of a new business **Existenzgrundlage** *f* basis of one's livelihood **Existenzminimum** *nt* subsistence level **Existenzrecht** *nt kein pl* right to existence
existieren* [ɛksɪsˈtiːrən] *vi* ❶ to exist ❷ (*sein Auskommen haben*) ▪ **[von etw** *dat*] **~** to live [on sth]
exklusiv [ɛkskluˈziːf] *adj* exclusive
Exkrement <-[e]s, -e> [ɛkskreˈmɛnt] *nt meist pl* (*geh*) excrement *no pl*
Exkursion <-, -en> [ɛkskʊrˈzi̯oːn] *f* (*geh*) study trip
exotisch [ɛˈksoːtɪʃ] *adj* exotic

Expedition <-, -en> [ɛkspedi'tsi̯oːn] f expedition

Experiment <-[e]s, -e> [ɛksperi'mɛnt] nt experiment; **ein ~ machen** to carry out an experiment

experimentieren* [ɛksperimɛn'tiːrən] vi to experiment

Experte, Expertin <-n, -n> [ɛks'pɛrtə] m, f expert

explodieren* [ɛksplo'diːrən] vi sein to explode; **die Kosten/Preise ~** costs/prices are rocketing

Explosion <-, -en> [ɛksplo'zi̯oːn] f explosion a. fig; **etw zur ~ bringen** to detonate sth

Explosionsgefahr f danger of explosion

explosiv [ɛksplo'ziːf] adj explosive

Export <-[e]s, -e> [ɛks'pɔrt] m kein pl export

Exportartikel m exported article; pl exports

Exporteur(in) <-s, -e> [ɛkspɔr'tøːɐ] m(f) exporter

exportieren* [ɛkspɔr'tiːrən] vt to export

Express^{RR} <-es> m, **Expreß**^{ALT} [ɛks'prɛs] m kein pl **etw per ~ senden** to send sth [by] express [delivery]

Expressionismus <-> [ɛksprɛsi̯o'nɪsmʊs] m kein pl expressionism

extern [ɛks'tɛrn] adj external

extra ['ɛkstra] adv ❶ extra ❷ (fam: absichtlich) ■**etw ~ machen** to do sth on purpose ❸ (gesondert) separately; **etw ~ berechnen** to charge sth separately

Extraausstattung f extras pl **Extrablatt** nt special supplement

Extrakt <-[e]s, -e> [ɛks'trakt] m o nt extract

extravagant [ɛkstrava'gant, 'ɛkstravagant] I. adj extravagant II. adv extravagantly; **~ angezogen** flamboyantly dressed

extravertiert [ɛkstravɛr'tiːɐ̯t] adj extrovert[ed]

extrem [ɛks'treːm] I. adj extreme II. adv extremely; **~ links/rechts** POL ultra-left/right

Extremist(in) <-en, -en> [ɛkstre'mɪst] m(f) extremist

Extremitäten [ɛkstremi'tɛːtn̩] pl extremities

Extrovertiertheit [ɛkstrovɛr'tiːɐ̯thait] f kein pl PSYCH extrovertedness

exzellent [ɛkstsɛ'lɛnt] I. adj excellent II. adv excellently

exzentrisch [ɛks'tsɛntrɪʃ] adj eccentric

Exzess^{RR} <-es, -e> m meist pl, **Exzeß**^{ALT} <-sses, -sse> [ɛks'tsɛs] m meist pl excess; **etw bis zum ~ treiben** to take sth to extremes

exzessiv [ɛkstsɛ'siːf] adj excessive

EZB <-> [eːtsɛt'beː] f kein pl FIN Abk von **Europäische Zentralbank** ECB, European Central Bank

F, f <-, - o fam -s, -s> [ɛf] nt ❶ (Buchstabe) F, f; s. a. **A 1** ❷ MUS F, f; s. a. **A 2**

Fabel <-, -n> ['faːbl̩] f fable

fabelhaft ['faːbl̩haft] I. adj marvellous II. adv marvellously

Fabeltier nt, **Fabelwesen** nt mythical creature

Fabrik <-, -en> [fa'briːk] f factory

Fabrikant(in) <-en, -en> [fabri'kant] m(f) industrialist

Fabrikarbeiter(in) m(f) industrial worker

Fabrikat <-[e]s, -e> [fabri'kaːt] nt product

Fabrikgelände nt factory site **fabrikneu** adj brand-new

fabrizieren* [fabri'tsiːrən] vt to manufacture

Fach <-[e]s, Fächer> [fax, pl fɛçɐ] nt ❶ Schrank shelf ❷ (Sachgebiet) subject; **vom ~ sein** to be a specialist; **ich bin nicht vom ~** that's not my line

Facharbeiter(in) m(f) skilled worker **Facharzt, -ärztin** m, f specialist (**für** in) **Fachausdruck** m technical term

Fächer <-s, -> ['fɛçɐ] m fan

Fachfrau f fam form von **Fachmann**

Fachgebiet nt [specialist] field **Fachgeschäft** nt specialist shop **Fachhändler(in)** m(f) specialist supplier **Fachhochschule** f ≈ technical college of higher education

Fachkenntnisse pl specialized knowledge

A **Fachhochschule (FH)** is a college which offers advanced courses in a special technical or artistic subject leading, for instance, to a Diploma in Engineering or DipEng, and the title of *Diplom Ingenieur* shortened to *Dipl.Ing. (FH)*. In Austria, a Master's degree can also be attained.

fachlich I. *adj* specialist **II.** *adv* professionally
Fachliteratur *f* specialist literature
Fachmann, -frau <-leute *o selten* -männer> *m, f* expert **Fachmesse** *f* trade fair [*or* AM show] **fachsimpeln** ['faxzɪmpl̩n] *vi* (*fam*) to talk shop **Fachsprache** *f* technical jargon
Fachwerkhaus *nt* half-timbered house
Fachwissen *nt* specialized knowledge **Fachwort** *nt* technical word **Fachwörterbuch** *nt* specialist [*or* AM technical] dictionary; **ein medizinisches ~** a dictionary of medical terms **Fachzeitschrift** *f* specialist journal
Fackel <-, -n> ['fakl̩] *f* torch
fade ['faːdə] *adj* bland
Faden <-s, Fäden> ['faːdn̩, *pl* fɛdn̩] *m* ❶ thread ❷ MED stitch; **die Fäden ziehen** to remove the stitches ▶ **der rote ~** the central theme; **den ~ verlieren** to lose the thread
fadenscheinig ['faːdn̩ʃaɪnɪç] *adj* (*pej*) poor
Fagott <-[e]s, -e> [faˈɡɔt] *nt* bassoon
fähig ['fɛːɪç] *adj* competent; ■ **zu etw** *dat* [**nicht**] **~ sein** to be [in]capable of sth; **zu allem ~ sein** to be capable of anything
Fähigkeit <-, -en> *f* ability
fahl [faːl] *adj* (*geh*) pale
fahnden ['faːndn̩] *vi* to search (**nach** for)
Fahndung <-, -en> *f* search (**nach** for)
Fahne <-, -n> ['faːnə] *f* ❶ flag ❷ (*fam: Alkoholfahne*) **eine ~ haben** to smell of alcohol
Fahnenstange *f* [flag]staff
Fahrausweis *m* ❶ ticket ❷ SCHWEIZ (*Führerschein*) driving licence **Fahrbahn** *f* road; **von der ~ abkommen** to leave the road
fahrbar *adj* mobile
Fähre <-, -n> ['fɛːrə] *f* ferry
fahren <fährt, fuhr, gefahren> ['faːrən] **I.** *vi* ❶ *sein* (*sich fortbewegen: als Fahrgast*) to go; **mit dem Bus/Zug ~** to go by bus/train; (*als Fahrer*) to drive; **mit dem Auto ~** to go by car; **links/rechts ~** to drive on the left/right; **gegen etw** *akk* **~** to drive into sth; **dieser Wagen fährt sehr schnell** this car can go very fast; **mein Auto fährt nicht** my car won't go ❷ *sein* (*losfahren*) to go; **in Urlaub ~** to go on holiday ❸ *sein* (*verkehren*) to run; **die Bahn fährt alle 20 Minuten** the train runs every 20 minutes ❹ *sein o haben* (*streichen*) **sich** *dat* **mit der Hand über die Stirn ~** to pass one's hand over one's brow ❺ *sein* (*zurechtkommen*) **gut/schlecht ~** to do well/badly ❻ (*überkommen*) **was ist denn in dich gefahren?** what's got into you? **II.** *vt* ❶ *haben* (*lenken*) to drive; *Rad* to ride ❷ *haben* (*befördern*) to take; **ich fahr' dich nach Hause** I'll take you home ❸ *sein* (*eine bestimmte Geschwindigkeit haben*) **90 km/h ~** to be doing 55 m.p.h. ▶ **einen ~ lassen** (*fam*) to let [one] off **III.** *vr haben* **der Wagen fährt sich gut** it's nice to drive this car
Fahrer(in) <-s, -> ['faːrɐ] *m(f)* driver
Fahrerflucht *f* hit-and-run offence
Fahrerlaubnis *f* (*geh*) driving licence BRIT, driver's license AM
Fahrgast *m* passenger
Fahrgeld *nt* fare **Fahrgelegenheit** *f* lift **Fahrgemeinschaft** *f* **eine ~ bilden** to share a car to work **Fahrgestell** *nt s.* **Fahrwerk**
fahrig ['faːrɪç] *adj Bewegung* nervous
Fahrkarte *f* ticket
Fahrkartenautomat *m* ticket machine **Fahrkartenschalter** *m* ticket office
fahrlässig ['faːɐ̯lɛsɪç] **I.** *adj* negligent **II.** *adv* **~ handeln** to act with negligence
Fahrlässigkeit <-, -en> *f* negligence *no pl*; **grobe ~** recklessness
Fahrlehrer(in) *m(f)* driving instructor
Fahrplan *m* schedule
fahrplanmäßig I. *adj* scheduled **II.** *adv* as scheduled
Fahrpreis *m* fare **Fahrprüfung** *f* driving test
Fahrrad ['faːɐ̯raːt] *nt* bicycle, bike *fam;* **~ fahren** to ride a bicycle
Fahrradkurier(in) *m(f)* bicycle courier **Fahrradständer** *m* [bi]cycle stand **Fahrradweg** *m* cycleway
Fahrschein *m* ticket **Fahrschule** *f* ❶ (*Firma*) driving school ❷ (*Unterricht*) driving lessons *pl;* **in die ~ gehen** to take driving lessons **Fahrschüler(in)** *m(f)* learner [*or* AM student] driver **Fahrspur** *f* lane **Fahrstuhl** *m* lift BRIT, elevator AM **Fahrstuhlmusik** *f* MUS (*pej*) elevator [*or* hotel lobby] music
Fahrt <-, -en> [faːɐ̯t] *f* ❶ journey; **gute ~!** [have a] safe journey!; **eine einfache ~** a single [*or* AM one-way] [ticket]; **eine ~ ins Blaue** a mystery tour ❷ (*Geschwindigkeit*) **mit voller ~** at full speed ▶ **in ~ kommen/sein** (*fam*) to get/have got going
Fährte <-, -n> ['fɛːɐ̯tə] *f* tracks *pl*

Fahrtenbuch *nt* driver's log
Fahrtenschreiber *m* tachograph
Fahrtkosten *pl* travelling expenses **Fahrtrichtung** *f* direction of travel; **entgegen der/in ~ sitzen** to sit facing backwards/the front
fahrtüchtig *adj Fahrzeug* roadworthy; *Mensch* fit to drive
Fahrtwind *m* headwind
fahruntüchtig *adj Mensch* unfit to drive; *Fahrzeug* unroadworthy
Fahrwerk *nt* AUTO chassis **Fahrzeug** <-s, -e> *nt* vehicle **Fahrzeughalter(in)** *m(f)* vehicle owner
faktisch ['faktɪʃ] I. *adj attr* real II. *adv* basically
Fakultät <-, -en> [fakʊl'tɛt] *f* faculty
Falke <-n, -n> ['falkə] *m* falcon
Fall <-[e]s, Fälle> [fal, *pl* 'fɛlə] *m* ❶ *kein pl* fall; **jdn zu ~ bringen** (*geh*) to make sb fall ❷ (*Untergang*) downfall; **eine Regierung zu ~ bringen** to bring down a government ❸ (*Angelegenheit*) case; [**nicht**] **der ~ sein** [not] to be the case; **auf alle Fälle** in any case; (*unbedingt*) at all events; **auf keinen ~** never; **für alle Fälle** just in case; **gesetzt den ~, dass ...** assuming [that] ...; **im günstigsten/schlimmsten ~**[**e**] at best/worst; **von ~ zu ~** from case to case ❹ JUR, MED case ▶ [**nicht**]**jds ~ sein** (*fam*) [not] to be sb's cup of tea
Fallbeispiel *nt* example [for a particular case]
Falle <-, -n> ['falə] *f* trap; **~n stellen** to set traps; **jdm in die ~ gehen** to fall into sb's trap; **jdn in eine ~ locken** to lure sb into a trap; **in der ~ sitzen** to be trapped
fallen <fällt, fiel, gefallen> ['falən] *vi sein* ❶ *Person* to fall; *Gegenstand* to drop; **etw ~ lassen** to drop sth ❷ (*fam: nicht bestehen*) ■ **durch etw** *akk* ~ to fail sth; **jdn durch eine Prüfung ~ lassen** to fail sb in an exam ❸ *Preise* to fall; *Temperatur* to drop ❹ (*im Krieg*) to be killed ❺ (*verlauten*) **sein Name fiel mehrere Male** his name was mentioned several times; **eine Bemerkung ~ lassen** to drop a remark ❻ (*aufgeben*) **jdn/etw ~ lassen** to abandon sb/sth
fällen ['fɛlən] *vt* to fell
fällig ['fɛlɪç] *adj* due *usu pred*
Fallobst *nt kein pl* windfall
falls [fals] *konj* if
Fallschirm *m* parachute; **mit dem ~ abspringen** to parachute
Fallschirmjäger(in) *m(f)* paratrooper **Fallschirmspringer(in)** *m(f)* parachutist
Fallstrick *m* trap, snare
Fallstudie *f* case study
falsch [falʃ] I. *adj* ❶ (*verkehrt*) wrong; **Sie sind hier falsch** (*am Telefon*) you have the wrong number ❷ (*unzutreffend*) false ❸ (*unecht*) fake ❹ (*pej: hinterhältig*) two-faced II. *adv* wrongly; **etw ~ aussprechen** to mispronounce sth; **jdn ~ informieren** to misinform sb; **alles ~ machen** to do everything wrong
fälschen ['fɛlʃn] *vt* to forge; ÖKON to falsify
Falschgeld *nt kein pl* counterfeit money
fälschlich I. *adj* false II. *adv* mistakenly
falsch|liegen *vi* to be wrong (**mit** in)
falsch|spielen *vi* to cheat
Falschspieler(in) *m(f)* cheat
Fälschung <-, -en> *f* forgery
fälschungssicher *adj* forgery-proof
Faltblatt *nt* leaflet **Faltboot** *nt* collapsible boat **Faltdach** *nt* AUTO soft top
Falte <-, -n> ['faltə] *f* ❶ fold ❷ (*in Kleidung*) crease ❸ (*Hautfalte*) wrinkle; **die Stirn in ~n legen** to furrow one's brows
falten ['faltn] *vt* to fold; **die Hände ~** to fold one's hands
Faltenrock *m* pleated skirt
Falter <-s, -> ['faltɐ] *m* (*Tagfalter*) butterfly; (*Nachtfalter*) moth
faltig ['faltɪç] *adj Haut* wrinkled
Falz <-es, -e> [falts] *m* TYPO (*Buchdeckel*) joint; (*Papier*) fold
falzen ['faltsn] *vt* to fold
familiär [fami'liɛːɐ] *adj* ❶ family *attr;* **aus ~en Gründen** for family reasons ❷ (*zwanglos*) familiar; **in ~er Atmosphäre** in an informal atmosphere
Familie <-, -n> [fa'miːliə] *f* family; **aus guter ~ sein** to come from a good family; **eine vierköpfige ~** a family of four; **zur ~ gehören** to be one of the family; **eine ~ gründen** to start a family; **das liegt in der ~** it runs in the family; **„~ Lang"** "The Lang Family"
Familienbetrieb *m* family business **Familienname** *m* surname **Familienstand** *m* marital status **Familienvater** *m* father
Fan <-s, -s> [fɛn] *m* fan
Fanatiker(in) <-s, -> [fa'naːtikɐ] *m(f)* fanatic
fanatisch [fa'naːtɪʃ] I. *adj* fanatical II. *adv* fanatically

fand ['fant] *imp von* **finden**
Fanfare <-, -n> [fan'faːrə] *f* fanfare
Fang <-[e]s> [faŋ, *pl* 'fɛŋə] *m kein pl* catch ▶**einen guten ~ machen** to make a good catch
Fangarm *m* tentacle
fangen <fängt, fing, gefangen> ['faŋən] *vt* to catch; **F~ spielen** to play catch
Fangfrage *f* trick question **Fangleine** *f* NAUT hawser
Fantasie^RR <-, -n> [fanta'ziː, *pl* -'ziːən] *f* ① *kein pl* (*Vorstellungskraft*) imagination ② (*Vorstellung*) fantasy
Fantasiegebilde^RR *nt* fantastic form
fantasielos^RR *adj* unimaginative
fantasieren*^RR [fanta'ziːrən] *vi* to fantasize
fantasievoll^RR *adj* [highly] imaginative
Fantast(in)^RR <-en, -en> [fan'tast] *m(f)* dreamer
Fantasterei^RR <-, -en> [fantastə'rai] *f* (*geh*) fantasy
fantastisch^RR [fan'tastɪʃ] I. *adj* fantastic II. *adv* fantastically
Fanzine <-s, -s> ['fɛnziːn] *nt* fanzine
FAQ [ɛfʔeɪ'kjuː] *pl* INET *Abk von* **Frequently Asked Questions** FAQ
Farbabzug *m* FOTO colour print
Farbaufnahme *f* colour photo[graph]
Farbe <-, -n> ['farbə] *f* ① colour ② (*Anstreichmittel*) paint; (*Färbemittel*) dye ▶**~ bekennen** to come clean; **~ bekommen** to get a [sun]tan
farbecht *adj* colourfast
färben ['fɛrbn̩] I. *vt* to dye II. *vr* ■**sich ~** to change colour; **die Blätter ~ sich gelb** the leaves are turning yellow
farbenblind *adj* colour blind **farbenfroh** *adj* colourful **Farbenkasten** *m* paintbox
Farbfernseher *m* (*fam*) colour television [set] [*or fam* TV] **Farbfilm** *m* colour film **Farbfotografie** *f* colour photography
farbig ['farbɪç] *adj* ① coloured ② (*lebhaft*) colourful
Farbige(r) *f(m) dekl wie adj* coloured person
Farbkopierer *m* colour copier
farblos ['farploːs] *adj* colourless
Farbskala *f* colour range **Farbstift** *m* coloured pen **Farbstoff** *m* dye; (*Lebensmittelfarbstoff*) artificial colouring **Farbton** *m* shade
Färbung <-, -en> *f* (*Tönung*) shade
Farce <-, -n> ['farsə] *f* farce

Farn <-[e]s, -e> [farn] *m*, **Farnkraut** *nt* fern
Fasan <-s, -e[n]> [fa'zaːn] *m* pheasant
Faschierte(s) *nt dekl wie adj* ÖSTERR (*Hackfleisch*) mince
Fasching <-s, -e *o* -s> ['faʃɪŋ] *m* carnival
Faschingsdienstag *m* Shrove Tuesday
Faschismus <-> [fa'ʃɪsmʊs] *m kein pl* fascism
Faschist(in) <-en, -en> [fa'ʃɪst] *m(f)* fascist
faseln ['faːzln̩] *vi* (*pej*) to babble
Faser <-, -n> ['faːzɐ] *f* fibre
faserig ['faːzərɪç] *adj*, **fasrig** ['faːzrɪç] *adj* fibrous
Fass^RR <-es, Fässer> *nt*, **Faß**^ALT <-sses, Fässer> [fas, *pl* fɛsɐ] *nt* barrel; **Bier vom ~** draught beer; **Wein vom ~** wine from the wood ▶**ein ~ ohne Boden** a bottomless pit
fassen ['fasn̩] I. *vt* ① to grasp; **jdn am Arm ~** to seize sb's arm; **jdn bei der Hand ~** to take sb by the hand ② *Täter* to apprehend ③ (*begreifen*) to comprehend; [**das ist**] **nicht zu ~!** it's incredible ④ (*enthalten*) to contain II. *vi* (*berühren*) to touch
Fassung <-, -en> *f* ① (*Rahmen*) mounting ② (*Brillenfassung*) frame ③ (*Version*) version ④ *kein pl* (*Selbstbeherrschung*) composure; **die ~ bewahren** to maintain one's composure; **jdn aus der ~ bringen** to unsettle sb; **etw mit ~ tragen** to bear sth calmly; **die ~ verlieren** to lose one's self-control
fassungslos I. *adj* staggered II. *adv* in bewilderment **Fassungsvermögen** *nt* capacity
fast [fast] *adv* almost; **~ nie** hardly ever
fasten ['fastn̩] *vi* to fast
Fastenkur *f* diet **Fastenmonat** *m* REL month of fasting **Fastenzeit** *f* REL Lent
Fast Food^RR, **Fastfood**^RR, **Fast food**^ALT <-> ['faːstfuːt] *nt kein pl* fast food
Fastnacht ['fastnaxt] *f kein pl* carnival

Die Fastnacht is the German for Shrovetide and marks the carnival season, the period of merrymaking before the start of Lent. Celebrations are usually concentrated in Catholic areas and involve parties, balls, special concerts and fancy dress. The festivities usually culminate in street processions on **Rosenmontag** (the Monday preceding Shrove Tuesday).

Fastnachtsdienstag *m* Shrove Tuesday
faszinieren* [fastsi'niːrən] *vt, vi* to fascinate;

was fasziniert dich so an ihm? why do you find him so fascinating?
faszinierend *adj* fascinating
fatal [fa'ta:l] *adj* (*geh*) fatal; **~e Folgen haben** to have fatal repercussions
fauchen ['fauxn̩] *vi* to hiss
faul [faul] *adj* ❶ (*nicht fleißig*) lazy ❷ (*verfault*) rotten ❸ (*pej fam*) ■ **an etw** *dat* **ist etw ~** something is fishy about sth
faulen ['faulən] *vi sein o haben* to rot
faulenzen ['faulɛntsn̩] *vi* to laze about; ■ **das F~** lazing about
Faulenzer(in) <-s, -> ['faulɛntsɐ] *m(f)* (*pej*) layabout
Faulheit <-> *f kein pl* laziness
faulig ['faulɪç] *adj* rotten; *Geruch, Geschmack* foul; *Wasser* stagnant
Fäulnis <-> ['fɔylnɪs] *f kein pl* rot
Faulpelz *m* (*pej fam*) lazybones
Faultier *nt* ❶ sloth ❷ (*fam*) *s.* **Faulpelz**
Fauna <-, Faunen> ['fauna, *pl* 'faunən] *f* fauna
Faust <-, Fäuste> [faust, *pl* fɔystə] *f* fist; **die ~ ballen** to clench one's fist ▶ **auf eigene ~** off one's own bat
Fausthandschuh *m* mitten **Faustregel** *f* rule of thumb
Fax <-, -e> [faks] *nt* fax
faxen ['faksn̩] *vi, vt* to fax
Faxen ['faksn̩] *pl* ❶ (*Albereien*) clowning around; **lass die ~!** stop clowning! ❷ (*fam: Grimassen*) grimaces *pl;* **~ machen** to make faces ▶ **die ~ dick[e] haben** (*fam*) to have had it up to here
Fazit <-s, -s *o* -e> ['fa:tsɪt] *nt* result; **das ~ aus etw** *dat* **ziehen** to sum up sth *sep*
FCKW <-s, -s> *m Abk von* **Fluorchlorkohlenwasserstoff** CFC
Feber <-s, -> ['fe:bɐ] *m* ÖSTERR (*Februar*) February
Februar <-[s], *selten* -e> ['fe:brua:ɐ̯] *m* February; **Anfang/Ende ~** at the beginning/end of February; **Mitte ~** in the middle of February; **wir haben ~** it's February; **im ~** in February; **im Laufe des ~s** during the course of February; **in den ~ fallen/legen** to be in February/to schedule for February; **diesen ~** this February; **jeden ~** every February; **bis in den ~ [hinein]** until [well] into February; **den ganzen ~ über** for the whole of February; **am 14. ~** (*geschrieben*) on [the] 14th February BRIT, on February 14 AM; (*gesprochen*) on the 14th of February [*or* AM February the 14th]; **am Freitag, dem 14. Februar** on Friday, February [the] 14th; **Dorothee hat am 12. ~ Geburtstag** Dorothee's birthday is on February 12th; **auf den 14. ~ fallen/legen** to fall on/to schedule for February 14th; **Hamburg, den 14. ~ 2000** Hamburg, 14th February 2000 BRIT, Hamburg, February 14, 2000 *esp* AM
fechten <fechtet *o* ficht, focht, gefochten> ['fɛçtn̩] *vi* to fence
Fechten <-s> ['fɛçtn̩] *nt kein pl* fencing
Feder <-, -n> ['fe:dɐ] *f* ❶ feather ❷ (*Schreibfeder*) nib ❸ (*Sprungfeder*) spring ❹ *pl* (*Bett*) **noch in den ~n liegen** (*fam*) to still be in bed; **raus aus den ~n!** (*fam*) rise and shine! ▶ **sich mit fremden ~n schmücken** to take the credit for sb else's efforts
Federball *m* ❶ *kein pl* (*Spiel*) badminton ❷ (*Ball*) shuttlecock **Federbett** *nt* duvet **federführend** *adj* in charge **Federgewicht** *nt kein pl* featherweight **Federhalter** *m* fountain pen **federleicht** ['fe:dɐ'laiçt] *adj* as light as a feather *pred*
federn ['fe:dɐn] *vi* to be springy
Federung <-, -en> *f* springing; (*für Auto a.*) suspension
Fee <-, -n> [fe:, *pl* 'fe:ən] *f* fairy
Fegefeuer ['fe:gə-] *nt* purgatory
fegen ['fe:gn̩] *vt haben* ❶ to sweep ❷ SCHWEIZ (*feucht wischen*) to wipe
fehlbesetzt *adj* Rolle, Schauspieler miscast **Fehlbetrag** *m* deficit
fehlen ['fe:lən] **I.** *vi* ❶ to be missing; ■ **jdm fehlt etw** sb is missing sth ❷ (*vermissen*) ■ **jd fehlt jdm** sb misses sb ❸ (*an etw leiden*) **fehlt Ihnen etwas?** is there anything wrong with you?; **nein, mir fehlt wirklich nichts** no, there is nothing the matter with me **II.** *vi impers* ■ **jdm fehlt es an etw** *dat* sb is lacking sth; **jdm fehlt an nichts** sb wants for nothing ▶ **es fehlte nicht viel, und ...** ... almost ...; **weit gefehlt!** way off the mark!; **wo fehlt's?** what's the matter?
Fehler <-s, -> ['fe:lɐ] *m* ❶ (*Irrtum*) error, mistake; **einen ~ machen** to make a mistake; **jds ~ sein** to be sb's fault ❷ (*Mangel*) defect ❸ (*schlechte Eigenschaft*) fault
fehlerfrei *adj* faultless
fehlerhaft *adj* defective
Fehlermeldung *f* error message
Fehlgeburt *f* miscarriage **Fehlgriff** *m* mis-

take **Fehlkonstruktion** f (pej) flawed product **Fehlschaltung** f faulty circuit **Fehlschlag** m failure **fehl|schlagen** vi irreg sein to fail **Fehlstart** m SPORT false start **Fehltritt** m lapse **Fehlzündung** f misfiring; **eine ~ haben** to misfire

Feier <-, -n> ['faɪɐ] f celebration; **zur ~ des Tages** in honour of the occasion

Feierabend ['faɪɐʔaːbn̩t] m ① (Arbeitsschluss) end of work; ▪ **~!** that's it for today!; **~ machen** to finish work for the day; **nach ~** after work ② (Zeit nach Arbeitsschluss) evening

feierlich ['faɪɐlɪç] adj ceremonial

Feierlichkeit <-, -en> f ① kein pl (würdevolle Beschaffenheit) solemnity ② meist pl (Feier) celebrations, festivities

feiern ['faɪɐn] vt, vi to celebrate; **eine Party ~** to have a party

Feiertag ['faɪɐtaːk] m holiday

feig [faɪk], **feige** ['faɪgə] adj, adv cowardly

Feige <-, -n> ['faɪgə] f ① (Baum) fig tree ② (Frucht) fig

Feigenblatt nt fig leaf

Feigheit <-, -en> f kein pl cowardice

Feigling <-s, -e> ['faɪklɪŋ] m coward

Feile <-, -n> ['faɪlə] f file

feilen ['faɪlən] I. vt to file II. vi ▪ **an etw** dat **~** to polish sth

feilschen ['faɪlʃn̩] vi to haggle (**um** over)

fein ['faɪn] I. adj ① fine; (zart) delicate ② (vornehm) distinguished; **~e Dame/-er Herr** a distinguished lady/gentleman; **sich ~ machen** to get dressed up ③ (qualitätsvoll) exquisite; **vom F~sten** of the highest quality ④ (fam: erfreulich) fine ▸ **~ raus sein** to be in a nice position II. adv finely; **~ gemahlen** fine-ground

Feind(in) <-[e]s, -e> ['faɪnt, pl faɪndə] m(f) enemy

feindlich adj ① (gegnerisch) enemy attr ② (feindselig) hostile; ▪ **jdm ~ gegenüberstehen** to be hostile to sb

Feindschaft <-> f kein pl hostility

feindselig ['faɪntzeːlɪç] I. adj hostile II. adv hostilely; **sich ~ verhalten** to behave in a hostile manner

Feindseligkeit <-, -en> f hostility

feinfühlend adj sensitive, delicate **feinfühlig** ['faɪnfyːlɪç] adj sensitive **Feingefühl** nt kein pl sensitivity; **etw verlangt viel ~** sth requires a great deal of tact

Feinheit <-, -en> f ① (Feinkörnigkeit) fineness; (Zartheit) delicacy ② (Scharfsinnigkeit) acuteness ③ pl (Nuancen) subtleties pl

feinkörnig adj FOTO fine-grain

Feinkostgeschäft nt delicatessen **feinmaschig** I. adj fine; /Netz with a fine mesh, fine-meshed II. adv finely knitted **Feinmechanik** f precision engineering **Feinschmecker(in)** <-s, -> m(f) gourmet **Feinschmeckerrestaurant** nt gourmet restaurant **Feinunze** f (31,10 g) troy ounce **Feinwäsche** f delicates npl **Feinwaschmittel** nt mild detergent

feist [faɪst] adj fat

feixen ['faɪksn̩] vi (fam) to smirk

Feld <-[e]s, -er> [fɛlt, pl 'fɛldɐ] nt ① field ② (auf Spielbrett) square ▸ **das ~ räumen** to quit the field; **jdm das ~ überlassen** to leave the field open to sb

Feldmesser nt (veraltet) [land] surveyor **Feldsalat** m lamb's lettuce **Feldstecher** <-s, -> m binoculars npl **Feldwebel(in)** <-s, -> ['fɛltveːbl̩] m(f) sergeant-major **Feldweg** m field path **Feldzug** m campaign

Felge <-, -n> ['fɛlgə] f rim

Felgenbremse f rim brake rim

Fell <-[e]s, -e> [fɛl] nt fur; **einem Tier das ~ abziehen** to skin an animal ▸ **ein dickes ~ haben** (fam) to be thick-skinned

Felsblock <-blöcke> m boulder

Felsen <-s, -> ['fɛlzn̩] m cliff

felsenfest ['fɛlzn̩fɛst] I. adj steadfast II. adv **~ von etw** dat **überzeugt sein** to be firmly convinced of sth

felsig ['fɛlzɪç] adj rocky

Felswand f rock face

feminin [femiˈniːn] adj feminine

Feminismus <-> [femiˈnɪsmʊs] m kein pl feminism

Feminist(in) <-en, -en> [femiˈnɪst] m(f) feminist

feministisch adj feminist

Fenchel <-s> ['fɛnçl̩] m kein pl fennel

Fenster <-s, -> ['fɛnstɐ] nt window ▸ **weg vom ~ sein** (fam) to be out of the running **Fensterbank** <-bänke> f window-sill **Fensterbrett** nt window-sill **Fensterbriefumschlag** m window envelope **Fensterflügel** m casement **Fensterladen** m shutter **Fensterplatz** m window seat **Fensterputzer(in)** <-s, -> m(f) window cleaner **Fensterrahmen** m window frame **Fensterscheibe** f

window pane **Fenstertechnik** *f* INFORM windowing
Ferien ['feːrjən] *pl* holidays *pl*, vacation AM; **die großen** ~ the summer holidays BRIT; ~ **haben** to be on holiday [*or* AM vacation]
Ferienhaus *nt* holiday home **Ferienkurs** *m* summer school **Ferienlager** *nt* holiday camp **Ferienpark** *m* TOURIST holiday park BRIT, tourist resort AM **Ferienwohnung** *f* holiday flat BRIT, vacation apartment AM **Ferienzeit** *f* holiday period
Ferkel <-s, -> ['fɛrkl] *nt* ❶ piglet ❷ (*pej fam: Mensch*) pig
fern [fɛrn] I. *adj* ❶ räumlich faraway; **von** ~ **beobachten** to observe from afar ❷ *zeitlich* distant; **in nicht allzu** ~**er Zeit** in the not too distant future ❸ (*außer Frage*) **etw liegt jdm** ~ sth is far from sb's mind II. *präp* +*dat* far [away] from
Fernamt *nt* telephone exchange **Fernbedienung** *f* remote control **fern|bleiben** *vi irreg sein* (*geh*) to stay away
ferner ['fɛrnɐ] *konj* furthermore
Fernfahrer(in) *m(f)* long-distance lorry [*or* AM truck] driver **Ferngespräch** *nt* long-distance call **ferngesteuert** *adj* remote-controlled **Fernglas** *nt* [pair of] binoculars **fern|halten** *irreg vt, vr* **sich von jdm/etw** ~ to keep away from sb/sth **Fernheizung** *f* district heating **Fernkurs** *m* correspondence course **Fernlicht** *nt* full beam BRIT, high beams AM **Fernmeldesatellit** *m* communications satellite **Fernost** ['fɛrn'ɔst] *kein art* **aus/in/nach** ~ from/in/to the Far East **Fernrohr** *nt* telescope **Fernschreiber** *m* telex
Fernsehansager(in) *m(f)* television announcer
Fernsehantenne *f* television aerial **Fernsehapparat** *m* television set
Fernsehen <-s> ['fɛrnzeːən] *nt kein pl* television; **im** ~ **kommen** to be on television
fern|sehen ['fɛrnzeːən] *vi irreg* to watch television
Fernseher <-s, -> *m* television [set]
Fernsehgerät *nt* (*geh*) television set **Fernsehkoch, -köchin** *m*, *f* MEDIA, TV TV chef **Fernsehprogramm** *nt* television programme **Fernsehsender** *m* television station **Fernsehsendung** *f* television programme **Fernsehübertragung** *f* television broadcast **Fernsehzeitschrift** *f* television guide
Fernsicht *f* view
Fernsprechansagedienst *m* telephone information [*or* announcement] service **Fernsprechanschluss**^RR *m* (*geh*) telephone connection **Fernsprechauftragsdienst** *m* automatic telephone answering service **Fernsprechauskunft** *f* TELEK (*form*) directory enquiries [*or* AM assistance] *pl* **Fernsprecher** *m* telephone **Fernsteuerung** *f* remote control **Fernstudium** *nt* correspondence course **Fernverkehr** *m* long-distance traffic **Fernweh** <-[e]s> *nt kein pl* wanderlust
Ferse <-, -n> ['fɛrzə] *f* heel ▸ **jdm** [**dicht**] **auf den** ~**n sein** to be [hot] on sb's tail
fertig ['fɛrtɪç] I. *adj* ❶ finished; **etw** ~ **haben** to have finished sth; **mit etw** *dat* ~ **sein** to be finished with sth; **mit etw** *dat* ~ **werden** to finish sth ❷ (*bereit*) ready; **sich** ~ **machen** to get ready (**für** for) II. *adv* **etw** ~ **stellen** to finish sth ▸ **auf die Plätze,** ~, **los!** ready, steady, go!
Fertigbau <-bauten> *m* ❶ *kein pl* (*Bauweise*) prefabricated construction ❷ (*Haus*) prefab
fertigen ['fɛrtɪgn̩] *vt* (*geh*) to manufacture
Fertigerzeugnis *nt* finished product **Fertiggericht** *nt* instant meal **Fertighaus** *nt* prefabricated house
Fertigkeit <-, -en> *f* ❶ *kein pl* (*Geschicklichkeit*) skill ❷ *pl* (*Fähigkeiten*) competence
fertig|machen *vt* ❶ (*zu Ende*) **etw** ~ to finish sth ❷ (*bereit*) **sich** ~ to get ready [for sth] ❸ (*fig*) **jdn** ~ (*schikanieren*) to wear sb down *sep*; (*sl: zusammenschlagen*) to beat up sb *sep* **fertig|stellen** *vt* to finish [*or* complete]
Fertigteil *nt* prefabricated component
Fertigung <-, -en> *f* manufacture **Fertigungsstraße** *f* production line
fesch [fɛʃ] *adj* SÜDD, ÖSTERR (*fam*) smart
Fessel <-, -n> ['fɛsl] *f* (*Schnur*) bond; (*Kette*) shackles *npl*; **jdm** ~**n anlegen** to tie sb up; **seine** ~**n sprengen** to throw off one's chains *fig*
Fesselballon [-balɔŋ] *m* captive balloon
fesseln ['fɛsl̩n] *vt* ❶ to bind ❷ (*faszinieren*) to captivate
fesselnd *adj* captivating
fest [fɛst] I. *adj* ❶ (*stabil*) strong ❷ (*nicht flüssig*) solid ❸ (*entschlossen*) firm ❹ (*kräf-*

tig) firm ❺ (*nicht locker*) tight ❻ *Termin* fixed ❼ *Freund, Freundin* steady **II.** *adv* ❶ (*kräftig*) firmly; **jdn ~ an sich drücken** to give someone a big hug ❷ (*nicht locker*) tightly; **~ ziehen** to tighten ❸ (*mit Nachdruck*) definitely; **jdm etw ~ versprechen** to make sb a firm promise ❹ (*dauernd*) permanently; **~ angestellt sein** to have a permanent job

Fest <-[e]s, -e> [fɛst] *nt* ❶ celebration; **ein ~ geben** to have a party ❷ (*Feiertag*) feast; **frohes ~!** Happy Christmas/Happy Easter, etc.

festangestellt *adj* ■ **~ sein** to have a permanent job **fest|bleiben** *vi irreg sein* to stand one's ground

Festessen *nt* banquet

fest|fahren *vr irreg* ■ **sich ~** to get stuck **fest|halten** *irreg* **I.** *vt* ❶ to grab (**an** by) ❷ (*gefangen halten*) to detain **II.** *vi* ■ **an etw** *dat* **~** to adhere to sth **III.** *vr* ■ **sich ~** to hold on (**an** to)

festigen ['fɛstɪɡn̩] *vr* ■ **sich ~** to become more firmly established

Festiger <-s, -> *m* setting lotion

fest|klammern *vt, vr* ■ [**sich**] **~** to clip (**an** to) **Festland** ['fɛstlant] *nt kein pl* (*Kontinent*) continent

fest|legen **I.** *vt* to determine **II.** *vr* ■ **sich ~** to commit oneself (**auf** to)

festlich **I.** *adj* festive **II.** *adv* festively; **~ gekleidet sein** to be dressed up

Festlichkeit <-, -en> *f* festivity

fest|liegen *vi irreg* to be determined **fest|machen** *vt* to fasten (**an** to) **fest|nageln** *vt* ❶ to nail (**an** to) ❷ (*fam*) ■ **jdn ~** to nail sb down (**auf** to)

Festnahme <-, -n> ['fɛstnaːmə] *f* arrest **fest|nehmen** *vt irreg* to take into custody **Festplatte** *f* hard disk

Festplattenlaufwerk *nt* hard disk drive **Festpreis** *m* HANDEL fixed price

fest|schnallen **I.** *vt* to strap [*or* buckle] in *sep* **II.** *vr* ■ **sich ~** to fasten one's seat belt **fest|schrauben** *vt* to screw on *sep* **fest|setzen** **I.** *vt* to determine **II.** *vr* ■ **sich ~** to collect **fest|sitzen** *vi irreg* to be stuck

Festspiele *pl* festival

fest|stehen *vi irreg* to be certain; **steht das Datum schon fest?** has the date been fixed already? **fest|stellen** *vt* ❶ (*bemerken*) to detect ❷ (*diagnostizieren*) ■ **bei jdm etw ~** to diagnose sb with sth

Feststellung *f* ❶ (*Bemerkung*) remark ❷ (*Beobachtung*) observation; **die ~ machen, dass ...** to see that ...

Festung <-, -en> ['fɛstʊŋ] *f* fortress

Festzins *m* fixed interest

fett [fɛt] *adj* ❶ *Essen* fatty ❷ (*pej: dick*) fat ❸ TYPO bold; **~ gedruckt** in bold [type] *pred*

Fett <-[e]s, -e> [fɛt] *nt* fat ▶ **sein ~ abbekommen** (*fam*) to get one's come-uppance

fettarm *adj* low-fat **Fettfleck** *m*, **Fettflecken** *m* grease mark **fettgedruckt** *adj attr* in bold [type] *pred* **Fettgewebe** *nt* fatty tissue

fettig ['fɛtɪç] *adj* greasy

fettleibig ['fɛtlaɪbɪç] *adj* corpulent

Fettnäpfchen *nt* ▶ **ins ~ treten** to put one's foot in it

Fettsäure *f* fatty acid **Fettsucht** *f kein pl* obesity

fetzen ['fɛtsn̩] *vt* (*fam*) ■ **sich ~** to tear each other apart

Fetzen <-s, -> ['fɛtsn̩] *m* scrap; **etw in ~ reißen** to tear sth to pieces ▶ **... dass die ~ fliegen** (*fam*) ... like mad

fetzig ['fɛtsɪç] *adj* (*sl*) fantastic

feucht [fɔyçt] *adj* damp; *Hände, Stirn* clammy; *Klima* humid

Feuchtigkeit <-> ['fɔyçtɪçkaɪt] *f kein pl* ❶ dampness ❷ (*Wassergehalt*) moisture

Feuchtigkeitscreme [-kreːm] *f* moisturizing cream

feuchtwarm *adj* warm and humid

feudal [fɔy'daːl] *adj* feudal

Feuer <-s, -> ['fɔyɐ] *nt* ❶ fire; **~ fangen** to catch [on] fire; **am ~** by the fire ❷ (*für Zigarette*) **jdm ~ geben** to give sb a light; **~ haben** to have a light ❸ MIL fire; **das ~ einstellen/eröffnen** to cease/open fire ▶ **~ und Flamme** [**für etw** *akk*] **sein** to be enthusiastic [about sth]; **wie ~ brennen** to sting like mad; **für jdn durchs ~ gehen** to go through hell and high water for sb

Feueralarm *m* fire alarm **Feueranzünder** *m* firelighter, AM *usu* fire starter **feuerbeständig** *adj* fireproof **Feuerbestattung** *f* cremation **feuerfest** *adj* fireproof **feuergefährlich** *adj* [in]flammable **Feuerleiter** *f* fire escape **Feuerlöscher** *m* fire extinguisher **Feuermelder** <-s, -> *m* fire alarm

feuern **I.** *vi* to fire (**auf** at) **II.** *vt* (*fam*) ❶ (*werfen*) to fling ❷ (*entlassen*) to sack; ■ **gefeu-**

ert werden to get the sack
feuerrot ['fɔyɐˈroːt] *adj* fiery red **Feuerschlucker(in)** <-s, -> *m(f)* fire-eater **feuersicher** ['fɔyɐˌzɪçɐ] *adj* fireproof **Feuerspritze** *f* fire hose **Feuerstein** *m* flint **Feuerstelle** *f* campfire site **Feuerwache** *f* fire station
Feuerwehr <-, -en> *f* fire brigade + *sing/pl vb*
Feuerwehrauto *nt* fire engine **Feuerwehrleiter** *f* fire ladder **Feuerwehrmann, -frau** <-leute *o* -männer> *m, f* firefighter
Feuerwerk *nt* fireworks *npl*
Feuerwerkskörper *m* firework
Feuerzeug *nt* lighter
Feuilleton <-s, -s> [fœjəˈtõː] *nt* culture section
feurig ['fɔyrɪç] *adj* fiery
Fiaker <-s, -> ['fi̯akɐ] *m* ÖSTERR ① (*Kutsche*) [BRIT hackney] cab ② (*Kutscher*) cab driver
Fibel <-, -n> ['fiːbl] *f* primer
Fichte <-, -n> [ˈfɪçtə] *f* spruce
ficken [ˈfɪkn̩] *vi, vt* (*vulg*) to fuck; ■ **gefickt werden** to get fucked
Fidschiinseln *pl* Fiji Islands *pl*
Fieber <-s, -> ['fiːbɐ] *nt* fever; ~ **haben** to have a temperature; [**jdm**] **das ~ messen** to measure sb's temperature
fieberhaft I. *adj* feverish II. *adv* feverishly
fiebern [ˈfiːbɐn] *vi* (*fig*) to be in a fever
Fieberthermometer *nt* thermometer
fiebrig [ˈfiːbrɪç] *adj* feverish
fiel [fiːl] *imp von* **fallen**
fies [fiːs] *adj* (*pej fam*) mean
Figur <-, -en> [fiˈɡuːɐ̯] *f* figure; **auf seine ~ achten** to watch one's figure ▶ **eine gute/jämmerliche ~ machen** to cut a good/sorry figure
Figurine <-, -n> [fiɡuˈriːnə] *f* KUNST figurine
Filet <-s, -s> [fiˈleː] *nt* fillet
Filetsteak [-steːk] *nt* fillet steak
Filiale <-, -n> [fiˈli̯aːlə] *f* branch
Filialleiter(in) *m(f)* branch manager
Filipino, Filipina <-s, -s> [filiˈpiːno, filiˈpiːna] *m, f* Filipino
Film <-[e]s, -e> [fɪlm] *m* ① film ② (*Spielfilm*) film, movie AM
Filmemacher(in) *m(f)* film-maker
filmen [ˈfɪlmən] *vt, vi* to film
Filmkamera *f* film [*or* AM movie] camera **Filmprojektor** *m* film projector **Filmregisseur(in)** *m(f)* film [*or* AM movie] director **Filmriss**^RR *m* (*sl*) mental blackout **Filmschauspieler(in)** *m(f)* film [*or* AM movie] actor *masc* [*or fem* actress] **Filmvorführgerät** *nt* (*geh*) projector **Filmvorführung** *f* film showing **Filmvorschau** *f* preview **Filmvorstellung** *f* film show
Filter <-s, -> [ˈfɪltɐ] *nt o m* filter
Filtereinsatz *m* filter element; AUTO strainer screen **Filterkaffee** *m* filter [*or* AM drip] coffee
filtern [ˈfɪltɐn] *vt* to filter
Filterpapier *nt* filter paper **Filterzigarette** *f* filter cigarette
Filz <-es, -e> [fɪlts] *m* ① felt ② POL (*pej*) spoils system
filzen [ˈfɪltsn̩] *vt* (*fam*) to frisk
Filzer <-s, -> [ˈfɪltsɐ] *m* (*fam*) felt-tip [pen]
Filzschreiber *m s.* **Filzstift**
Filzstift *m* felt-tip [pen]
Finale <-s, -s *o* -> [fiˈnaːlə] *nt* final
Finanzamt *nt* tax office
Finanzen [fiˈnantsn̩] *pl* finances *npl;* **jds ~ übersteigen** to be beyond sb's means
Finanzhilfe *f* financial support
finanziell [finanˈtsi̯ɛl] I. *adj* financial II. *adv* financially
finanzieren* [finanˈtsiːrən] *vt* to finance
Finanzierung <-, -en> *f* financing
Finanzmarkt *m* financial market **Finanzminister(in)** *m(f)* finance minister **Finanzministerium** *nt* tax and finance ministry
finden <fand, gefunden> [ˈfɪndn̩] I. *vt* ① to find ② (*erhalten*) **Unterstützung ~** to receive support; **Zustimmung ~** to meet with approval (**bei** from) ③ (*empfinden*) **jdn blöd/nett ~** to think [that] sb is stupid/nice; **wie findest du das?** what do you think [of that]?; **es kalt/warm ~** to find it cold/warm; ■ **etw an jdm ~** to see sth in sb ▶ **nichts an etw** *dat* **~** to not think much of sth; **nichts dabei ~, etw zu tun** to think nothing of doing sth II. *vi* ① ■ **zu jdm/etw ~** to find one's way to sb/sth; **zu sich selbst ~** to find oneself ② (*meinen*) to think; **~ Sie?** [do] you think so? III. *vr* ■ **sich ~** ① (*wieder auftauchen*) to turn up ② (*vorhanden sein*) **es fand sich niemand, der...** there was nobody to be found who...
Finderlohn *m* reward for the finder
findig [ˈfɪndɪç] *adj* resourceful
Finesse <-, -n> [fiˈnɛsə] *f* (*geh*) finesse; **mit allen ~n** with every refinement

fing ['fɪŋ] *imp von* **fangen**

Finger <-s, -> ['fɪŋɐ] *m* finger; **~ weg!** hands off!; **mit den ~n schnippen** to snap one's fingers; **mit dem ~ auf jdn/etw zeigen** to point [one's finger] at sb/sth ▶ **etw in die ~ bekommen** to get one's fingers on sth; **überall seine ~ im Spiel haben** to have a finger in every pie; **jdn juckt es in den ~n, etw zu tun** sb is itching to do sth; **keinen ~ krumm machen** to not lift a finger; **die ~ von jdm/etw lassen** to keep away from sb/sth; **sich** *dat* **nicht die ~ schmutzig machen** to not get one's hands dirty; **jdn um den [kleinen] ~ wickeln** to wrap sb [a]round one's little finger

Fingerabdruck *m* fingerprint **fingerfertig** *adj* nimble-fingered **Fingerhut** *m* ❶ thimble ❷ BOT foxglove **Fingernagel** *m* fingernail; **an den Fingernägeln kauen** to bite one's nails **Fingerspitzengefühl** *nt kein pl* fine feeling; **~ haben** to be tactful; **kein ~ haben** to be tactless

Fink <-en, -en> [fɪŋk] *m* finch

Finne, Finnin <-n, -n> ['fɪnə, 'fɪnɪn] *m, f* Finn, Finnish man/woman; ■ **~ sein** to be Finnish

finnisch ['fɪnɪʃ] *adj* Finnish; *s. a.* **deutsch**

Finnisch ['fɪnɪʃ] *nt dekl wie adj* Finnish; *s. a.* **Deutsch**

Finnland <-s> ['fɪnlant] *nt* Finland

finster ['fɪnstɐ] *adj* ❶ dark ❷ (*mürrisch*) grim

Firma <-, Firmen> ['fɪrma, *pl* 'fɪrmən] *f* company

Firmengründer(in) *m(f)* company founder **Firmenwagen** *m* company car **Firmenzeichen** *nt* company logo

Firmling <-s, -e> ['fɪrmlɪŋ] *m* candidate for confirmation

Firmung <-, -en> *f* confirmation

First <-[e]s, -e> [fɪrst] *m* roof ridge

Fisch <-[e]s, -e> [fɪʃ] *m* ❶ fish ❷ ASTROL Pisces *no pl* ▶ **ein großer ~** a big fish; **ein kleiner ~** one of the small fry

fischen ['fɪʃn̩] *vi* to fish; ■ **das F~** fishing

Fischer(in) <-s, -> ['fɪʃɐ] *m(f)* fisher

Fischfang *m kein pl* fishing **Fischhändler(in)** *m(f)* fishmonger BRIT, fish dealer AM **Fischotter** *m* otter **Fischstäbchen** *nt* fish-finger BRIT, fish stick AM **Fischzucht** *f* fish-farming

Fisole <-, -n> [fi'zo:lə] *f* ÖSTERR (*grüne Bohne*) French [*or* green] beans *pl*

fit [fɪt] *adj pred* fit; **sich ~ halten** to keep fit

Fitness^RR, **Fitneß**^ALT <-> ['fɪtnɛs] *f kein pl* fitness

Fitnesscenter^RR [-sɛntɐ] *nt* gym

Fitnessgerät^RR ['fɪtnɛs-] *nt* SPORT fitness [*or* gym] equipment *no pl*

fix [fɪks] **I.** *adj* ❶ (*feststehend*) fixed ❷ (*fam: flink*) quick; **~ gehen** to not take long ▶ **~ und fertig sein** to be exhausted; **jdn ~ und fertig machen** to wear out sb **II.** *adv* quickly

fixieren* [fɪ'ksi:rən] *vt* ❶ (*anstarren*) ■ **jdn/etw ~** to fix one's gaze on sb/sth ❷ PSYCH to be fixated on ❸ (*geh: festlegen*) to fix ❹ (*schriftlich niederlegen*) to record ❺ SCHWEIZ (*befestigen*) to fix

FKK-Strand *m* nudist beach

flach [flax] *adj* ❶ (*eben*) flat; **sich ~ hinlegen** to lie [down] flat ❷ (*nicht hoch*) low ❸ (*nicht tief*) shallow

Flachbildschirm *m* flat screen **Flachdach** *nt* flat roof

Fläche <-, -n> ['flɛçə] *f* ❶ (*Außenseite*) surface ❷ (*Gebiet*) area

Flächeninhalt *m* [surface] area **Flächenstreik** *m* general strike

flach|fallen *vi sep irreg sein* (*fam*) to not come off

Flachland *nt* lowland

Flachs <-es> [flaks] *m kein pl* BOT flax

flachsen ['flaksn̩] *vi* (*fam*) to kid around

flackern ['flakɐn] *vi* to flicker

Fladenbrot *nt* round flat loaf [of bread]

Flagge <-, -n> ['flagə] *f* flag

Flaggschiff *nt* flagship

Flame, Flamin *o* **Flämin** <-n, -n> ['fla:mə, fla:mɪn, flɛ:mɪn] *m, f* Fleming, Flemish man/woman

Flamingo <-s, -s> [fla'mɪŋgo] *m* flamingo

flämisch ['flɛmɪʃ] *adj* Flemish

Flamme <-, -n> ['flamə] *f* flame; **in ~n aufgehen** to go up in flames; **etw auf großer/ kleiner ~ kochen** to cook sth on a high/ low heat

flammend *adj* (*liter*) flaming

Flandern <-s> ['flandɐn] *nt* Flanders + *sing vb*

Flanell <-s, -e> [fla'nɛl] *m* flannel

Flaniermeile *f* (*fam*) promenade

Flanke <-, -n> ['flaŋkə] *f* ❶ ANAT flank ❷ FBALL cross

flanken ['flaŋkn̩] *vi* FBALL to centre

flapsen ['flapsn̩] *vi* (*fam*) to joke

Flasche <-, -n> ['flaʃə] f bottle; **etw in ~n füllen** to bottle sth; **einem Kind die ~ geben** to bottle-feed a child
Flaschenbier nt bottled beer **Flaschenkind** nt bottle-fed baby **Flaschenöffner** m bottle-opener **Flaschenzug** m block and tackle
Flatrate <-, -s> [flɛt'reɪt] f INET flat rate
flatterhaft adj (pej) fickle
flattern ['flatən] vi ① Vogel to flap ②(im Wind) to flutter
flau [flau] adj ①(unwohl) queasy ②(träge) slack
Flaum <-[e]s> [flaum] m kein pl down
flaumig ['flaumɪç] adj downy
flauschig adj fleecy
Flausen ['flauzən] pl (fam) nonsense nsing; **~ im Kopf haben** to have crazy ideas
Flaute <-, -n> ['flautə] f ① calm no pl ② ÖKON lull
Flechte <-, -n> ['flɛçtə] f lichen
flechten <flocht, geflochten> ['flɛçtn̩] vt to plait; Korb, Kranz to weave
Fleck <-[e]s, -e o -en> [flɛk] m ①(Schmutzfleck) stain; **~en machen** to stain ②(dunkle Stelle) mark; **ein blauer ~** a bruise ③(Stelle) spot; **sich nicht vom ~ rühren** to not move an inch
fleckenlos adj spotless
Fleckentferner <-s, -> m stain remover
Fleckerlteppich ['flɛkəl-] m SÜDD, ÖSTERR rag rug
fleckig ['flɛkɪç] adj ①(befleckt) stained ②(mit dunklen Stellen) blemished
Fledermaus ['fleːdɐmaus] f bat
Flegel <-s, -> ['fleːgl̩] m (pej) lout
flegelhaft adj (pej) uncouth
flehen ['fleːən] vi (geh) to beg (**um** for)
flehentlich ['fleːəntlɪç] I. adj (geh) pleading II. adv pleadingly
Fleisch <-[e]s> ['flaɪʃ] nt kein pl ①(Essen) meat; **~ fressend** carnivorous ②(Gewebe) flesh ▶ **jdm in ~ und Blut übergehen** to become sb's second nature
Fleischbrühe f bouillon **Fleischbrühwürfel** m stock [or AM bouillon] cube
Fleischer(in) <-s, -> ['flaɪʃɐ] m(f) butcher
fleischfressend adj carnivorous
Fleischklößchen nt meatball
fleischlos I. adj vegetarian, without meat II. adv **~ kochen** to cook without meat
Fleischtomate f beef tomato **Fleischvergiftung** f food poisoning (from meat) **Fleisch-** **waren** pl meat products pl **Fleischwolf** m mincer BRIT, grinder AM **Fleischwurst** f ≈ pork sausage
fleißig ['flaɪsɪç] I. adj ①(hart arbeitend) industrious ②(Fleiß zeigend) diligent II. adv diligently
flennen ['flɛnən] vi (pej fam) to blubber
Fleppe <-, -n> ['flɛpə] f (sl) driving licence BRIT, driver's license AM
flexibel [flɛ'ksiːbl̩] adj flexible
Flexibilität <-> [flɛksibili'tɛːt] f kein pl flexibility
flicken ['flɪkn̩] vt to mend; Fahrradschlauch to patch [up sep]
Flicken <-s, -> ['flɪkn̩] m patch
Flickenteppich m rag rug
Flickzeug nt kein pl [puncture] repair kit
Flieder <-s, -> ['fliːdɐ] m lilac
fliederfarben adj lilac
Fliege <-, -n> ['fliːgə] f ① fly ② MODE bow tie ▶ **zwei ~n mit einer Klappe schlagen** to kill two birds with one stone
fliegen <flog, geflogen> ['fliːgn̩] vi sein to fly
Fliegengewicht nt kein pl flyweight **Fliegenklatsche** f fly swatter **Fliegenpilz** m fly agaric no pl
Flieger <-s, -> m (fam) plane
Flieger(in) <-s, -> m(f) pilot
fliehen <floh, geflohen> ['fliːən] vi sein to flee; (entkommen) to escape
Fliese <-, -n> [fliːzə] f tile
Fliesenleger(in) <-s, -> m(f) tiler
Fließband <-bänder> nt production line; **am ~ arbeiten** to work on the production line
Fließbandfertigung f belt production, assembly line production
fließen <floss, geflossen> ['fliːsn̩] vi sein to flow
fließend I. adj ① fluent ②(übergangslos) fluid II. adv ① **~ warmes und kaltes Wasser** running hot and cold water ② fluently; **~ Französisch sprechen** to speak fluent French
Fließheck nt AUTO fastback
Fließsatz m TYPO classified ad matter
flimmern ['flɪmɐn] vi to flicker
flink [flɪŋk] adj quick
Flinte <-, -n> ['flɪntə] f shotgun ▶ **die ~ ins Korn werfen** (fam) to throw in the towel
Flipperautomat m pinball machine
flippern ['flɪpɐn] vi to play pinball

flippig *adj (fam)* hip
flirten ['flœɐ̯tn̩] *vi* to flirt
Flittchen <-s, -> ['flɪtçən] *nt (pej fam)* slut
Flitterwochen *pl* honeymoon *nsing*
flitzen ['flɪtsn̩] *vi sein* to dash
flocht ['flɔxt] *imp von* **flechten**
Flocke <-, -n> ['flɔkə] *f* flake; (*Schneeflocke*) snowflake
flockig ['flɔkɪç] *adj* fluffy
flog ['floːk] *imp von* **fliegen**
floh ['floː] *imp von* **fliehen**
Floh <-[e]s, Flöhe> [floː] *m* flea
Flohmarkt *m* flea market
Flop <-s, -s> [flɔp] *m (fam)* flop
florieren* [floˈriːrən] *vi* to flourish; ■**~d** flourishing
Floskel <-, -n> ['flɔskl̩] *f* set phrase
floss^{RR}, **floß**^{ALT} ['flɔs] *imp von* **fließen**
Floß <-es, Flöße> [floːs, *pl* 'fløːsə] *nt* raft
Flosse <-, -n> ['flɔsə] *f* ❶ (*Fischflosse*) fin ❷ (*Schwimmflosse*) flipper
Flöte <-, -n> ['fløːtə] *f* pipe; (*Querflöte*) flute
flöten ['fløːtn̩] *vi, vt* to play the flute ▶ *etw* **geht** *jdm* **~** sb loses sth
Flötist(in) <-en, -en> [fløˈtɪst] *m(f)* flautist
flott [flɔt] **I.** *adj* ❶ (*zügig*) quick; **ein ~es Tempo** [*a*] high speed ❷ (*schick*) smart **II.** *adv* ❶ (*zügig*) fast ❷ (*schick*) smartly
flott|bekommen* *vt irreg* to get working; *Schiff* to float off *sep; Auto* to get on the road
Flotte <-, -n> ['flɔtə] *f* fleet
Flottenstützpunkt *m* naval base
flott|machen *vt* to get back in working order
Flöz <-es, -e> [fløːts] *nt* seam
Fluch <-[e]s, Flüche> [fluːx, *pl* 'flyːçə] *m* curse
fluchen ['fluːxn̩] *vi* to curse (**auf/über** at)
Flucht <-, -en> [flʊxt] *f* escape; ■**~ in** *etw akk* refuge in sth; **die ~ ergreifen** to take flight; **auf der ~ sein** to be on the run; **jdn in die ~ schlagen** to put sb to flight
fluchtartig I. *adj* hasty **II.** *adv* hastily
flüchten ['flʏçtn̩] **I.** *vi sein* to flee; (*entkommen*) to escape **II.** *vr haben* ■**sich in etw** *akk* **~** to take refuge in sth
flüchtig ['flʏçtɪç] **I.** *adj* ❶ (*fliehen*) ■**~ sein** to be a fugitive ❷ (*kurz*) fleeting, brief ❸ (*oberflächlich*) cursory; **eine ~e Bekanntschaft** a passing acquaintance **II.** *adv* ❶ (*kurz*) briefly ❷ (*oberflächlich*) cursorily; **jdn ~ kennen** to have met sb briefly

Flüchtigkeitsfehler *m* careless mistake
Flüchtling <-s, -> ['flʏçtlɪŋ] *m* refugee
Flug <-[e]s, Flüge> [fluːk, *pl* 'flyːgə] *m* flight; **der ~ zum Mond** the journey to the moon ▶ **wie im ~[e]** in a flash
Flugbegleiter(in) *m(f)* steward *masc*, stewardess *fem* **Flugblatt** *nt* flyer **Flugboot** *nt* flying boat **Flugdatenschreiber** *m* flight recorder **Flugdauer** *f* flying time **Flugdrachen** *m* hang-glider
Flügel <-s, -> ['flyːgl̩] *m* ❶ wing ❷ (*Konzertflügel*) grand piano ▶ **die ~ hängen lassen** (*fam*) to lose heart
Flügelschraube *f* wing bolt; (*Mutter*) wing nut **Flügeltür** *f* double door
Fluggast *m* passenger
flügge ['flʏgə] *adj* ■**~ sein** (*fig fam*) to be ready to leave the nest
Fluggeschwindigkeit *f* (*von Flugzeug*) flying speed; (*von Rakete, Geschoss*) velocity; (*von Vögeln*) speed of flight **Fluggesellschaft** *f* airline **Flughafen** *m* airport **Flughöhe** *f* altitude **Flugkörper** *m* projectile **Fluglehrer(in)** *m(f)* flying instructor **Flugleitsystem** *nt* flight control system **Fluglotse, -lotsin** *m, f* flight controller **Flugplatz** *m* airfield
flugs [flʊks] *adv* at once
Flugschein *m* pilot's licence **Flugschneise** *f* air corridor **Flugsicherung** *f* flight control **Flugverbotszone** *f area with a flying ban* **Flugverkehr** *m* air traffic **Flugzeit** *f* flight time **Flugzettel** *m* ÖSTERR leaflet **Flugzeug** <-[e]s, -e> *nt* plane; **mit dem ~** by plane **Flugzeugbesatzung** *f* flight crew **Flugzeughalle** *f* hangar **Flugzeugträger** *m* aircraft carrier
flunkern ['flʊŋkɐn] *vi (fam)* to fib
Fluor <-s> ['fluːoːɐ̯] *nt kein pl* fluorine
Fluorchlorkohlenwasserstoff *m* chlorofluorocarbon, CFC
Fluppe <-, -n> ['flʊpə] *f (sl)* fag BRIT *fam*, ciggie *fam*
Flur¹ <-[e]s, -e> [fluːɐ̯] *m* corridor
Flur² <-, -en> [fluːɐ̯] *f (geh: freies Land)* open fields *pl*
Flurschaden *m* damage to [fields and] crops
Fluss^{RR} <-es, Flüsse> *m*, **Fluß**^{ALT} <-sses, Flüsse> [flʊs, *pl* 'flʏsə] *m* ❶ river; **am ~** next to the river ❷ (*Verlauf*) flow; **sich im ~ befinden** to be in a state of flux
flussab^{RR} [flʊsˈʔap], **flussabwärts**^{RR}

[flʊs'ʔapvɛrts] *adv* downriver, downstream
flussaufwärts^{RR} [flʊs'ʔaufvɛrts] *adv* upriver **Flussbett**^{RR} *nt* riverbed
flüssig ['flʏsɪç] I. *adj* ❶ liquid; *Glas, Stahl* molten; **etw ~ machen** to melt sth; **~ werden** to melt ❷ *(fließend)* flowing ❸ FIN *(fam)* [**nicht**] **~ sein** [not] to have a lot of money II. *adv* **~ sprechen** to speak fluently
Flüssigkeit <-, -en> *f* liquid
Flusskrebs^{RR} *m* crayfish **Flussniederung**^{RR} *f* fluvial plain **Flusspferd**^{RR} *nt* hippopotamus **Flussufer**^{RR} *nt* river bank
flüstern ['flʏstɐn] *vi, vt* to whisper
Flut <-, -en> [fluːt] *f* ❶ *(Gegensatz zu Ebbe)* high tide; **die ~ geht zurück** the tide is going out; **es ist ~** the tide's in; **die ~ kommt** the tide is coming in; **bei ~** at high tide ❷ *meist pl (Wassermassen)* torrent ❸ *(große Menge)* flood
fluten ['fluːtn̩] *vi, vt* to flood
Fluthilfe *f* flood relief **Flutlicht** *nt kein pl* floodlight **Flutopfer** *nt* flood victim **Flutwelle** *f* tidal wave
focht ['fɔxt] *imp von* **fechten**
fohlen ['foːlən] *vi* to foal
Fohlen <-s, -> ['foːlən] *nt* foal
Föhn^{RR} <-[e]s, -s *o* -e> [føːn] *m* hair-dryer
föhnen^{RR} *vt* to blow-dry
Föhre <-, -n> ['føːrə] *f* DIAL pine tree
Folge <-, -n> ['fɔlgə] *f* ❶ *(Auswirkung)* consequence; **etw zur ~ haben** to result in sth ❷ *(Abfolge)* series ❸ TV episode
folgen ['fɔlgn̩] *vi* ❶ to follow; **~ Sie mir unauffällig!** follow me quietly; ▪ **auf etw** *akk* **~** to come after sth; **wie folgt** as follows ❷ *(hervorgehen)* ▪ **aus etw** *dat* **folgt, dass ...** the consequences of sth are that...
folgend ['fɔlgn̩t] *adj* following; ▪ **F~es** the following
folgendermaßen ['fɔlgn̩də'maːsn̩] *adv* as follows
folgenschwer *adj* serious
folgerichtig *adj* logical
folgern ['fɔlgɐn] *vt* to conclude (**aus** from)
folglich ['fɔlklɪç] *adv* therefore
folgsam ['fɔlkzaːm] *adj* obedient
Folie <-, -n> ['foːli̯ə] *f* film; *(Metallfolie)* foil
Folklore <-> [fɔlk'loːrə] *f kein pl* folklore
folkloristisch *adj* folkloristic
Folter <-, -n> ['fɔltɐ] *f* torture ► **jdn auf die ~ spannen** to keep sb on tenterhooks
foltern ['fɔltɐn] *vt* to torture

Folterung <-, -en> *f* torture
Fon [foːn] *nt (fam) kurz für* **Telefon** phone
Fön® <-s, -s *o* -e> [føːn] *m* hair-dryer
Fond <-s, -s> [fõː] *m* ❶ KOCHK stock ❷ AUTO *(geh)* rear compartment
Fonds <-, -> [fõː, *pl* fõːs] *m (Geldreserve)* fund; *(Kapital)* funds *pl*
fönen^{ALT} ['føːnən] *vt s.* **föhnen**
Fontäne <-, -n> [fɔn'tɛːnə] *f* fountain
foppen ['fɔpn̩] *vt (fam)* ▪ **jdn ~** to pull sb's leg
forcieren* [fɔr'siːrən] *vt* to push ahead with
Förderanlage *f* conveyor **Förderband** <-bänder> *nt* conveyor belt **Förderkorb** *m* hoisting cage
förderlich *adj* useful
fordern ['fɔrdɐn] I. *vt* ❶ *(verlangen)* to demand ❷ *(erfordern)* to require ❸ *(herausfordern)* to challenge (**zu** to) II. *vi* ▪ [**von jdm**] **~, dass ...** to demand [of sb] that ...
fördern ['fœrdɐn] *vt* ❶ *(unterstützen)* to support; *(finanziell)* to sponsor ❷ *(vorantreiben)* to promote ❸ *(abbauen)* to mine for; *Erdöl* to drill for
Förderturm *m* winding tower
Forderung <-, -en> *f* demand; **jds ~en erfüllen** to meet sb's demands; **~en [an jdn] stellen** to make demands [on sb]
Förderung <-, -en> *f* ❶ *(Unterstützung)* support ❷ *(das Fördern)* promotion
Forelle <-, -n> [fo'rɛlə] *f* trout
Form <-, -en> [fɔrm] *f* ❶ form; *(äußere Gestalt)* shape; **~ annehmen** to take shape; **in ~ von etw** *dat* in the form of sth ❷ *(Kondition)* form, shape *fam;* **in ~ bleiben** to stay in form; **nicht in ~ sein** to be out of shape; **in guter/schlechter ~** in good/bad shape ❸ *(Gussform)* mould ❹ *(Verhalten)* **die ~ wahren** *(geh)* to remain polite
formal [fɔr'maːl] I. *adj* formal II. *adv* formally
Formalität <-, -en> [fɔrmali'tɛt] *f* formality
Format <-[e]s, -e> [fɔr'maːt] *nt* ❶ format; **im ~ DIN A 4** in A 4 format ❷ *(Niveau)* quality; **[kein] ~ haben** to have [no] class
formatieren* [fɔrma'tiːrən] *vt* to format
Formatierung <-, -en> *f* formatting
formbar *adj* malleable
formbeständig *adj* dimensionally stable
Formblatt *nt* HANDEL form, blank
Formel <-, -n> ['fɔrml̩] *f* ❶ *(Kürzel)* formula ❷ *(Ausdruck)* set phrase
formell [fɔr'mɛl] *adj* ❶ *(offiziell)* official

② (*förmlich*) formal
formen ['fɔrmən] *vt* ① to form ② (*modellieren*) to mould
Formenlehre *f* LING morphology
Formfehler *m* irregularity
formieren* [fɔr'miːrən] *vr* ■ **sich** ~ ① (*sich ordnen*) to form up (**zu** into) ② (*sich bilden*) to form
förmlich ['fœrmlɪç] **I.** *adj* formal **II.** *adv* ① formally ② (*geradezu*) really
Förmlichkeit <-, -en> *f kein pl* formality
formlos *adj* (*zwanglos*) informal
Formular <-s, -e> [fɔrmu'laːɐ̯] *nt* form
formulieren* [fɔrmu'liːrən] *vt* to formulate
forsch [fɔrʃ] **I.** *adj* bold **II.** *adv* boldly
forschen ['fɔrʃn] *vi* to research; ■ **nach jdm/etw** ~ to search for sb/sth
Forscher(in) <-s, -> *m(f)* researcher
Forschung <-, -en> *f* research
Forschungssatellit *m* research satellite
Forst <-[e]s, -e[n]> [fɔrst] *m* forest
Forstamt *nt* forestry office [*or* AM service]
Forstarbeiter(in) *m(f)* forest labourer
Förster(in) <-s, -> ['fœrstɐ] *m(f)* forester
Forsthaus *nt* forester's house
Forstwirtschaft *f kein pl* forestry
fort [fɔrt] *adv* ① away ② (*weiter*) **und so** ~ and so on; **in einem** ~ constantly
Fort <-s, -s> [foːɐ̯] *nt* fort
fortǀbewegen* *vt, vr* ■ [**sich**] ~ to move
Fortbewegung *f kein pl* movement **Fortbewegungsmittel** *nt* means of locomotion
fortǀbilden *vr* ■ **sich** ~ to take [further] education courses
Fortbildung *f kein pl* [further] training
fortǀbringen ['fɔrtbrɪŋən] *vt irreg* ① (*wegbringen*) to take away *sep;* (*zur Reparatur*) to take in *sep* ② (*bewegen*) to move
fortǀdauern *vi* to continue
fortǀfahren *vi* ① *sein* to go [away/off] ② *sein o haben* (*weitermachen*) to continue
fortǀfallen *vi irreg sein* ■ **etw fällt fort** sth does not apply
fortǀführen *vt* (*fortsetzen*) to continue
Fortführung *f* continuation
fortǀgehen *vi sein* to go away
fortgeschritten *adj* advanced; **im ~en Alter** at an advanced age
fortgesetzt *adj* constant
fortǀjagen *vt haben* to chase away
fortǀkommen *vi sein* ■ [**aus/von etw** *dat*] ~ to get out of/away from sth

Fortkommen *nt* progress
fortǀlaufen *vi irreg sein* to run away
fortlaufend *adj* (*wiederholt*) continual; (*ohne Unterbrechung*) continuous
fortǀleben *vi* to live on
fortǀpflanzen *vr* ■ **sich** ~ to reproduce
Fortpflanzung *f kein pl* reproduction
Fortpflanzungsklinik *f* MED IVF [*or* fertility] clinic
fortǀschaffen *vt* to get rid of
fortǀschicken *vt* to send away
Fortschritt ['fɔrtʃrɪt] *m* progress
fortschrittlich *adj* progressive
fortǀsetzen *vt, vi* to continue
Fortsetzung <-, -en> ['fɔrtzɛtsʊŋ] *f* ① *kein pl* continuation ② *eines Buches, Films* sequel; TV episode; „~ **folgt**" "to be continued"
fortwährend ['fɔrtvɛːrənt] *adj attr* constant
Forum <-s, Foren> ['foːrʊm, *pl* 'foːrən] *nt* INET [discussion] forum
fossil [fɔ'siːl] *adj attr* fossil
Fossil <-s, -ien> [fɔ'siːl, *pl* -iən] *nt* fossil
Foto <-s, -s> ['foːto] *nt* photo[graph]; **ein ~ machen** to take a photo (**von** of)
Fotoapparat *m* camera **Foto-CD** *f* photo CD
fotogen [foto'geːn] *adj* photogenic
Fotograf(in) <-en, -en> [foto'graːf] *m(f)* photographer
Fotografie <-, -n> [fotogra'fiː, *pl* fotogra'fiːən] *f* ① *kein pl* (*Verfahren*) photography ② (*Bild*) photograph
fotografieren* [fotogra'fiːrən] *vt* ■ **jdn/etw** ~ to take a photograph of sb/sth; **sich** ~ **lassen** to have one's photograph taken
Fotokopie [fotoko'piː] *f* photocopy **fotokopieren*** [fotoko'piːrən] *vt* to photocopy
Fotokopiergerät *nt* photocopier **Fotosatz** *m* INFORM filmsetting, phototypesetting
Fotoshooting[RR] <-s, -s> ['foːtoʃuːtɪŋ] *nt* FOTO [photo] shoot **Fotosynthese**[RR] *f* photosynthesis
Fötus <-[ses], Föten *o* -se> ['føːtʊs, *pl* 'føːtən, *pl* 'føːtʊsə] *m* foetus
Fotze <-, -n> ['fɔtsə] *f* (*vulg*) cunt
foulen ['faulən] *vt, vi* to foul
Fracht <-, -en> ['fraxt] *f* cargo
Frachtbrief *m* consignment note
Frachter <-s, -> ['fraxtɐ] *m* cargo boat
Frachtflugzeug *nt* cargo plane, air freighter
frachtfrei *adj* HANDEL carriage [pre]paid
Frachtgut *nt* freight **Frachtraum** *m* cargo hold **Frachtschiff** *nt* cargo ship

Frack <-[e]s, Fräcke o -s> [frak, pl 'frɛkə] m tails npl

Frage <-, -n> ['fra:gə] f ❶ question; **jdm eine ~ stellen** to ask sb a question ❷ (Problem) question, problem; **keine ~** no problem; **ohne ~** without doubt; **eine strittige ~** a contentious issue; **~en aufwerfen** to prompt questions ❸ (Betracht) **in ~ kommen** to be worthy of consideration; **nicht in ~ kommen** to be out of the question

Fragebogen m questionnaire

fragen ['fra:gn̩] I. vi to ask (nach for); **ohne zu ~** without asking questions; **nach der Uhrzeit ~** to ask the time; **nach dem Weg ~** to ask for directions; **nach jds Gesundheit ~** to enquire about sb's health II. vr ▪ **sich ~, ob/wann/wie ...** to wonder whether/when/how ...; ▪ **es fragt sich, ob ...** it is doubtful whether ... III. vt ▪ **[jdn] etwas ~** to ask [sb] sth

Fragerei <-, -en> [fra:gə'rai] f (pej) questions pl; **deine ~ geht mir auf die Nerven!** your stupid questions are getting on my nerves!

Fragesatz m interrogative clause

Fragestellung f problem **Fragestunde** f question time **Fragewort** nt interrogative particle **Fragezeichen** nt question mark

fraglich ['fra:klɪç] adj ❶ (unsicher) doubtful ❷ attr (betreffend) in question pred; **zur ~en Zeit** at the time in question

fragwürdig ['fra:kvʏrdɪç] adj (pej) dubious

Fraktion <-, -en> [frak'tsi̯o:n] f POL parliamentary party, congressional faction AM

Fraktionsführer(in) m(f), **Fraktionsvorsitzende(r)** f(m) dekl wie adj chairman of a parliamentary party

Fraktur <-, -en> [frak'tu:ɐ̯] f MED fracture

Franchise <-, -n> ['frɛntʃais] f franchise

Franchisegeber(in) m(f) franchiser, franchisor

Franchisenehmer(in) m(f) ÖKON franchisee

Franchising <-s> ['frɛntʃaizɪŋ] nt kein pl franchising

frank [fraŋk] adv **~ und frei antworten** to give a frank answer

Franken <-s, -> ['fraŋkn̩] m ❶ (Währung) franc ❷ (Region) Franconia

frankieren* [fraŋ'ki:rən] vt to stamp

franko ['fraŋko] adv prepaid

Frankreich <-s> ['fraŋkraiç] nt France

Franse <-, -n> ['franzə] f fringe

Franzose, Französin <-n, -n> [fran'tso:zə, fran'tsø:zɪn] m, f Frenchman masc, Frenchwoman fem; **~ sein** to be French; ▪ **die ~n** the French

französisch [fran'tsø:zɪʃ] adj French; s. a. **deutsch**

Französisch [fran'tsø:zɪʃ] nt dekl wie adj French; s. a. **Deutsch**

fraß ['fra:s] imp von **fressen**

Fraß <-es, selten -e> [fra:s] m (pej fam) muck

Fratze <-, -n> ['fratsə] f grimace; **[jdm] eine ~ schneiden** to pull a face [at sb]

Frau <-, -en> [frau] f ❶ woman ❷ (Ehefrau) wife ❸ (Anrede) Mrs, Ms (feminist version of Mrs); **~ Doktor** Doctor

Frauenarzt, -ärztin m, f gynaecologist **Frauenbeauftragte(r)** f(m) dekl wie adj women's representative (official responsible for woman's affairs) **Frauenbewegung** f kein pl women's movement **Frauenförderung** f promotion of women **Frauenhaus** nt women's refuge **Frauenklinik** f gynaecological clinic **Frauenzeitschrift** f women's magazine

Fräulein <-s, -[s]> ['frɔylain] nt (veraltend) Miss

> Unmarried women used to be addressed as **Fräulein** (Miss). However, since the 1970s the women's movement has been campaigning against this form of address as 'Herrlein' (literally 'little man') does not exist. Nowadays no distinction is made between married and unmarried women; the normal form of address is **Frau** (Mrs or Ms).

frech [frɛç] I. adj cheeky BRIT, fresh AM II. adv cheekily BRIT, freshly AM

Frechdachs m (fam) cheeky monkey

Frechheit <-, -en> f ❶ kein pl impudence; **die ~ haben, etw zu tun** to have the nerve to do sth ❷ (Äußerung) cheeky remark; (Handlung) insolent behaviour

Fregatte <-, -n> [fre'gatə] f frigate

frei [frai] I. adj ❶ free; **~e Meinungsäußerung** freedom of speech; **~e(r) Mitarbeiter(in)** freelance[r]; **aus ~en Stücken** of one's own free will; **sich von etw** dat **~ machen** to free oneself from sth ❷ (freie Zeit) **~ haben** to have time off; **er hat**

heute ~ he's off today; **eine Woche ~ haben** to have a week off; **~ nehmen** to take time off ❸ *Stelle, Zimmer* vacant; **ist dieser Platz ~?** is this seat taken? ❹ *(ohne etw)* ■**~ von etw** *dat* **sein** to be free of sth ❺ *(unbekleidet)* bare; **sich ~ machen** to get undressed **II.** *adv* ❶ freely; **er läuft immer noch ~ herum!** he is still on the loose!; **~ atmen** to breathe easy ❷ *(ohne Hilfsmittel)* **~ sprechen** to speak off-the-cuff ❸ *Tiere* **~ laufend** free-range; **~ lebend** living in the wild

Freibad *nt* outdoor swimming pool **freiberuflich** *adj, adv* freelance **Freibetrag** *m* allowance

Freie(r) *f(m) dekl wie adj* freeman

Freier <-s, -> *m* ❶ *(Kunde einer Hure)* punter BRIT, John AM ❷ *(veraltet: Bewerber)* suitor

frei|geben *irreg vt* ❶ *(zur Verfügung stellen)* to make accessible ❷ *(Urlaub geben)* to give time off

freigebig ['fraige:bɪç] *adj* generous

Freigepäck *nt* luggage allowance **Freihafen** *m* free port

frei|halten *vt irreg (reservieren)* to save

Freihandel *m* free trade **Freihandelszone** *f* free trade area

freihändig ['fraihɛndɪç] *adj* ❶ *(ohne Hände)* with no hands *pred* ❷ *(ohne Hilfsmittel)* freehand

Freiheit <-, -en> ['fraihait] *f* ❶ *kein pl* freedom ❷ *(als ein Recht)* liberty; **sich** *dat* **die ~ nehmen, etw zu tun** to take the liberty of doing sth; **dichterische ~** poetic licence

freiheitlich *adj* liberal

Freiheitsstrafe *f* prison sentence

Freikarte *f* free ticket **Freikörperkultur** *f kein pl* nudism **Freilandhuhn** *nt* free-range hen

frei|lassen *vt irreg* to free

frei|legen *vt* to uncover

Freileitung *f* overhead line

freilich ['frailɪç] *adv* ❶ *(allerdings)* though ❷ *(natürlich)* of course

Freilichtbühne *f* open-air theatre

frei|machen *vt Brief* to stamp

Freimaurer ['fraimaurɐ] *m* Freemason

freimütig ['fraimy:tɪç] *adj* frank

freischaffend *adj attr* freelance

frei|sprechen *vt irreg* to acquit

Freispruch *m* acquittal; **auf ~ plädieren** to plead for an acquittal

Freistaat *m* free state

frei|stehen *vi irreg* ■**jdm steht es frei, etw zu tun** sb is free to do sth

frei|stellen *vt* ■**jdm etw ~** to leave sth up to sb

Freistoß *m* free kick

Freitag <- [e]s, -e> ['fraita:k, *pl* -ta:gə] *m* Friday; *s. a.* **Dienstag**

Freitod *m (euph)* suicide **Freitreppe** *f* flight of stairs **Freiumschlag** *m* stamped addressed envelope **Freiwild** *nt* fair game

freiwillig ['fraivɪlɪç] **I.** *adj* voluntary **II.** *adv* voluntarily

Freiwillige(r) ['fraivɪlɪgə, 'fraivɪlɪgɐ] *f(m) dekl wie adj* volunteer

Freizeichen *nt* ringing tone

Freizeit *f* leisure [time]

Freizeitausgleich *m* time off in lieu **Freizeithemd** *nt* casual shirt **Freizeitkleidung** *f* leisure wear **Freizeitpark** *m* amusement park

freizügig *adj* ❶ *(großzügig)* generous ❷ *(liberal)* liberal

fremd [frɛmt] *adj* ❶ *(fremdländisch)* foreign ❷ *(unbekannt)* strange; **ich bin hier ~** I'm not from round here ❸ *(anderen gehörig)* somebody else's

fremdartig ['frɛmtʔa:ɐ̯tɪç] *adj* strange

Fremdbestimmung *f* SOZIOL, POL foreign control

Fremde <-> ['frɛmdə] *f kein pl (geh)* ■**die ~** foreign parts *npl;* **in der ~ sein** to be abroad

Fremde(r) ['frɛmdə, -eɐ] *f(m) dekl wie adj* stranger; *(Ausländer)* foreigner

fremdeln ['frɛmdl̩n] *vi* to be shy [*or* frightened] of strangers

Fremdenführer(in) *m(f)* guide **Fremdenlegion** *f kein pl* Foreign Legion **Fremdenverkehr** *m* tourism **Fremdenverkehrszentrum** *nt* tourist centre **Fremdenzimmer** *nt* spare room

Fremdkörper *m* MED foreign body **Fremdsprache** *f* foreign language **fremdsprachlich** *adj attr* foreign-language **Fremdwort** *nt* borrowed word

frenetisch [fre'ne:tɪʃ] **I.** *adj* frenetic, frenzied **II.** *adv* frenetically

Frequenz [fre'kvɛnts] *f* frequency

Fresko <-s, Fresken> ['frɛsko, *pl* 'frɛskən] *nt* fresco

Fressalien [frɛ'sa:li̯ən] *pl (fam)* grub *no*

indef art, no pl

Fresse <-, -n> ['frɛsə] *f* (*derb*) ❶ (*Mund*) gob ❷ (*Gesicht*) mug ▶ **die ~ halten** to shut one's gob

fressen <fraß, gefressen> ['frɛsn̩] **I.** *vi* ❶ *Tier* to eat ❷ (*derb*) *Mensch* to guzzle **II.** *vt Tiere* to eat; (*sich ernähren von*) to feed on ▶ **jdn zum F~ gern haben** (*fam*) sb is good enough to eat

Fressen <-s> ['frɛsn̩] *nt kein pl* ❶ food ❷ (*pej sl: Fraß*) muck

Fresssucht^RR *f* gluttony

Frettchen <-s, -> ['frɛtçən] *nt* ferret

Freude <-, -n> ['frɔydə] *f* pleasure, joy; **~ an etw** *dat* **haben** to derive pleasure from sth; **jdm eine ~ machen** to make sb happy; **etw macht jdm ~** sb enjoys sth; **vor ~ weinen** to weep for joy; **zu unserer großen ~** to our great delight

Freudengeschrei *nt* cries of joy **Freudentränen** *pl* tears of joy

freudestrahlend **I.** *adj nicht pred* beaming **II.** *adv* joyfully

freudig ['frɔydɪç] **I.** *adj* ❶ joyful; **in ~er Erwartung** in joyful expectation ❷ (*erfreulich*) pleasant **II.** *adv* with joy; **~ überrascht** pleasantly surprised

freudlos ['frɔytloːs] *adj* cheerless

freuen ['frɔyən] **I.** *vr* ■ **sich ~** to be pleased (**über** about); ■ **sich für jdn ~** to be pleased for sb; ■ **sich mit jdm ~** to share sb's happiness; ■ **sich auf etw** *akk* **~** to look forward to sth **II.** *vt impers* ■ **es freut mich, dass ...** I'm pleased that ...

Freund(in) <-[e]s, -e> ['frɔynt, 'frɔyndɪn, *pl* 'frɔyndə] *m(f)* ❶ friend ❷ (*intim*) boyfriend *masc*, girlfriend *fem* ❸ (*fig: Anhänger*) lover; **ein ~ der Natur** a lover of nature

Freundchen <-s, -> *nt* (*fam*) my [fine] friend *iron*, sonny [Jim] Brit *iron*; **~!** watch it, pal!

freundlich ['frɔyntlɪç] **I.** *adj* ❶ friendly ❷ (*liebenswürdig*) kind; **das ist sehr ~ von Ihnen** that's very kind of you **II.** *adv* in a friendly way, kindly

Freundlichkeit <-, -en> *f* ❶ *kein pl* (*Art*) friendliness ❷ (*Handlung*) kindness

Freundschaft <-, -en> *f kein pl* friendship; **~ schließen** to make friends

freundschaftlich *adj* friendly

Freundschaftsspiel *nt* friendly match

Frevel <-s, -> ['freːfl̩] *m* (*geh*) sacrilege

frevelhaft *adj* outrageous

Frieden <-s, -> ['friːdn̩] *m* ❶ peace ❷ (*Ruhe*) peace [and quiet]; **lass mich in ~!** leave me alone!; **[er] ruhe in ~!** [may he] rest in peace

Friedensbewegung *f* peace movement **Friedenseinsatz** *m* MIL peacekeeping troops *pl* **Friedensrichter(in)** *m(f)* ❶ (*in USA, Großbritannien*) justice of the peace, JP ❷ SCHWEIZ lay justice **Friedensstifter(in)** *m(f)* peacemaker **Friedensverhandlungen** *pl* peace negotiations **Friedensvertrag** *m* peace treaty

friedfertig *adj* peaceable

Friedhof *m* cemetery

friedlich ['friːtlɪç] **I.** *adj* peaceful **II.** *adv* peacefully; **einen Konflikt ~ lösen** to settle a conflict amicably

friedliebend *adj* peace-loving

frieren <fror, gefroren> ['friːrən] *vi* ❶ *haben* ■ **jd friert** sb is cold ❷ *sein* (*gefrieren*) to freeze; ■ **es friert** it's freezing

frigid [fri'giːt], **frigide** [fri'giːdə] *adj* frigid

Frikadelle <-, -n> [frika'dɛlə] *f* rissole Brit, meatball Am

Frisbee® <-, -s> ['frɪsbi] *nt,* **Frisbee-Scheibe** *f* frisbee

frisch [frɪʃ] **I.** *adj* ❶ fresh ❷ (*neu, rein*) **sich ~ machen** to freshen up **II.** *adv* freshly; **~ gebacken** freshly-baked; **~ gestrichen** newly painted

Frischhaltefolie *f* cling film **Frischhaltepackung** *f* airtight pack; **in einer ~** vacuum-packed **Frischkäse** *m* cream cheese **Frischzelle** *f* MED live cell

Friseur(in) <-, -e> [fri'zøːɐ̯] *m(f),* **Friseuse** <-, -n> [fri'zøːzə] *f* hairdresser; **zum ~ gehen** to go to the hairdresser's

frisieren* [fri'ziːrən] *vt* ■ **jdn ~** to do sb's hair

Frisiersalon *m* hair stylist['s]; (*für Damen*) hairdresser's; (*für Herren*) barber's [shop]

Frisör <-s, -e> [fri'zøːɐ̯] *m s.* **Friseur**

Frisöse <-, -n> [fri'zøːzə] *f s.* **Friseuse**

Frist <-, -en> [frɪst] *f* period; **innerhalb einer ~ von zwei Wochen** within [a period of] two weeks

Fristenregelung *f* JUR law permitting an abortion within the first three months of pregnancy

fristgemäß, fristgerecht I. *adj* in due course, on the due date; (*innerhalb vorgegebener Frist*) within the stipulated period *pred;* (*pünktlich*) punctual **II.** *adv* in due

course, on the due date; (*innerhalb vorgegebener Frist*) within the stipulated period; (*pünktlich*) punctually, on time
fristlos *adv* jdn ~ **entlassen** to fire sb on the spot
Frisur <-, -en> [fri'zuːɐ̯] *f* hairstyle
Friteuse^ALT <-, -n> [fri'tøːzə] *f s.* **Fritteuse**
fritieren^*ALT *vt s.* **frittieren**
Fritten ['frɪtn̩] *pl* (*fam*) chips BRIT, fries AM
Fritteuse^RR <-, -n> [fri'tøːzə] *f* deep [*or* BRIT *a.* deep-fat] fryer
frittieren^*RR [frɪ'tiːrən] *vt* to [deep-]fry
frivol [fri'voːl] *adj* (*anzüglich*) suggestive
froh [froː] *adj* ❶ happy, glad; ■ ~ **sein** to be pleased (**über** with/about); ~ **gelaunt** cheerful ❷ (*erfreulich*) pleasing ❸ (*glücklich*) ~**e Feiertage!** have a pleasant holiday!; ~**e Ostern!** Happy Easter!; ~**e Weihnachten!** Merry Christmas!
fröhlich ['frøːlɪç] **I.** *adj* ❶ (*heiter*) cheerful ❷ (*glücklich*) *s.* **froh 3 II.** *adv* cheerfully
Fröhlichkeit <-> *f kein pl* cheerfulness
Frohnatur *f* (*geh: Mensch*) cheerful soul
Frohsinn *m kein pl* cheerful nature
fromm <frömmer *o* -er, frömmste *o* -ste> [frɔm] *adj* religious
frönen ['frøːnən] *vi* (*geh*) ■ **einer S.** *dat* ~ to indulge in sth
Fronleichnamsfest *nt* Feast of Corpus Christi
Front <-, -en> [frɔnt] *f* front
frontal [frɔn'taːl] **I.** *adj attr* frontal **II.** *adv* frontally; ~ **zusammenstoßen** to collide head-on
Frontalzusammenstoß *m* head-on collision
Frontscheibe *f* AUTO windscreen BRIT, windshield AM
fror ['froːɐ̯] *imp von* **frieren**
Frosch <-[e]s, Frösche> [frɔʃ, *pl* 'frœʃə] *m* frog
Froschperspektive *f* worm's-eye view
Froschschenkel *m* frog's leg
Frost <-[e]s, Fröste> [frɔst, *pl* 'frœstə] *m* frost
Frostbeule *f* chilblain
frösteln ['frœstl̩n] *vi* to shiver
frostig ['frɔstɪç] *adj* frosty
Frostschutzmittel *nt* antifreeze
Frottee <-s, -s> [frɔ'teː] *nt o m* terry cloth
Frotteehandtuch *m* terry [*or* AM terry-cloth] towel
frotzeln ['frɔtsl̩n] *vi* (*fam*) to tease

Frucht <-, Früchte> [frʊxt, *pl* 'frʏçtə] *f* fruit; **Früchte tragen** to bear fruit *no pl*
fruchtbar ['frʊxtbaːɐ̯] *adj* fertile
Fruchtbarkeit <-> *f kein pl* fertility
Früchtchen <-s, -> *nt* (*fam*) good-for-nothing
fruchten ['frʊxtn̩] *vi* ■ **nichts/wenig** ~ to be of no/little use
Fruchtfleisch *nt* [fruit] pulp
fruchtlos *adj* fruitless
Fruchtsaft *m* fruit juice
Fruchtwasser *nt* MED amniotic fluid
Fruchtwechsel *m* AGR crop rotation **Fruchtzucker** *m* fructose
früh [fryː] **I.** *adj* early; ~ **am Morgen** early in the morning; **der** ~**e Goethe** the young Goethe **II.** *adv* early; **Montag** ~ Monday morning; ~ **genug** in good time; **von** ~ **bis spät** from morning till night
Frühaufsteher(in) <-s, -> *m(f)* early riser
Frühbuchung *f* TRANSP early booking
Frühe <-> ['fryːə] *f kein pl* **in aller** ~ at the crack of dawn
früher ['fryːɐ] **I.** *adj* ❶ (*vergangen*) earlier ❷ (*ehemalig*) former; ~**e Freundin** ex[-girl]friend; **II.** *adv* ❶ (*eher*) earlier; ~ **oder später** sooner or later ❷ (*ehemals*) formerly; ~ **war das alles anders** things were different in the old days; **Erinnerungen an** ~ memories of times gone by; **von** ~ from former times
Früherkennung *f* early diagnosis
frühestens *adv* at the earliest
Frühgeburt *f* premature birth **Frühjahr** ['fryːjaːɐ̯] *nt* spring **Frühjahrsmüdigkeit** *f* springtime lethargy
Frühling <-s, -e> ['fryːlɪŋ] *m* spring; **es wird** ~ spring is coming
Frühlingsrolle *f* KOCH spring [*or* AM egg] roll
Frühlingssuppe *f* spring vegetables soup
frühmorgens [fryː'mɔrɡn̩s] *adv* early in the morning **Frühpensionierung** *f* early retirement **frühreif** *adj* precocious **Frühschicht** *f* morning shift; ~ **haben** to be on the morning shift
Frühstück <-s, -e> ['fryːʃtʏk] *nt* breakfast; **zum** ~ for breakfast; **zweites** ~ midmorning snack
frühstücken ['fryːʃtʏkn̩] **I.** *vi* to have [one's] breakfast **II.** *vt* ■ **etw** ~ to have sth for breakfast
frühzeitig ['fryːtsaitɪç] **I.** *adj* early **II.** *adv* in

good time

Frust <-[e]s> [frʊst] *m kein pl* (*fam*) frustration *no indef art;* **einen ~ haben** to be frustrated

Frustration <-, -en> [frʊstraˈtsi̯oːn] *f* frustration

frustrieren* [frʊsˈtriːrən] *vt* (*fam*) to frustrate

Fuchs, Füchsin <-es, Füchse> [fʊks, ˈfʏksɪn, *pl* ˈfʏksə] *m, f* fox *masc,* vixen *fem*

Fuchsbau *m* [fox's] earth

Füchsin <-, -nen> [ˈfʏksɪn] *f fem form von* **Fuchs** vixen

Fuchsjagd *f* fox-hunt[ing] **Fuchsschwanz** *m* (*Säge*) [straight back] handsaw

fuchsteufelswild [ˈfʊksˈtɔyfl̩sˈvɪlt] *adj* (*fam*) mad as hell

Fuchtel <-, -n> [ˈfʊxtl̩] *f* **unter jds ~ stehen** to be [well] under sb's control

Fuge <-, -n> [ˈfuːɡə] *f* joint; **aus den ~n geraten** (*fig*) to be out of joint

fügen [ˈfyːɡn̩] **I.** *vt* ■ **etw an etw** *akk* ~ to add sth to sth **II.** *vr* ■ **sich** ~ to toe the line; ■ **sich jdm** ~ to bow to sb

Fügung <-, -en> *f* stroke of fate; **eine ~ des Schicksals** an act of fate; **eine glückliche ~** a stroke of luck

fühlbar *adj* noticeable

fühlen [ˈfyːlən] **I.** *vt* to feel **II.** *vr* ❶ (*befinden*) **wie ~ Sie sich?** how are you feeling?; **sich besser ~** to feel better ❷ (*sich einschätzen*) ■ **sich als jd** ~ to regard oneself as sb

Fühler <-s, -> *m* ❶ antenna ❷ TECH sensor

fuhr [fuːɐ̯] *imp von* **fahren**

Fuhre <-, -n> [ˈfuːrə] *f* [cart]load

führen [ˈfyːrən] **I.** *vt* ❶ (*geleiten*) to take (**zu** to); (*vorangehen*) to lead; **jdn durch ein Museum ~** to show sb round a museum ❷ (*leiten*) *Geschäft* to run; *Gruppe* to lead ❸ (*geh*) *Titel, Namen* to bear ❹ (*geh: haben*) ■ **etw mit sich** *dat* ~ to carry sth ❺ *Ware* to stock **II.** *vi* ❶ *Weg, etc* to lead ❷ SPORT **mit drei Punkten** ~ to have a lead of three points ❸ (*als Ergebnis haben*) ■ **zu etw** *dat* ~ to lead to sth; **das führt zu nichts** (*fam*) that will come to nothing

führend *adj* leading *attr*

Führer <-s, -> [ˈfyːrɐ] *m* (*Buch*) guide[book]

Führer(in) <-s, -> [ˈfyːrɐ] *m(f)* ❶ leader ❷ (*Fremdenführer*) guide

führerlos *adj* ❶ (*ohne Führung*) without a leader *pred* ❷ (*geh: ohne Lenkenden*) without a driver *pred*

Führerschein *m* driving licence BRIT, driver's license AM; **den ~ machen** to learn to drive **Führerscheinentzug** *m* driving ban **Führerscheinprüfung** *f* driving test

Fuhrpark *m* fleet [of vehicles]

Führung <-, -en> *f* ❶ *kein pl* (*Leitung*) leadership ❷ *kein pl* (*die Direktion*) management ❸ (*Besichtigung*) guided tour (**durch** of) ❹ SPORT **in ~ gehen** to go into the lead; **in ~ liegen** to be in the lead

Führungskraft *f* executive [officer] **Führungsspitze** *f* top management **Führungszeugnis** *nt* **polizeiliches ~** clearance certificate

Fuhrunternehmen [fuːɐ̯-] *nt* haulage business BRIT, trucking company AM

Fuhrunternehmer(in) [fuːɐ̯-] *m(f)* haulage contractor BRIT, trucking company AM

Fülle <-> [ˈfʏlə] *f kein pl* (*Menge*) wealth; ■ **eine ~ von etw** *dat* a whole host of sth; **in [Hülle und] ~** in abundance

füllen [ˈfʏlən] **I.** *vt* to fill **II.** *vr* ■ **sich** ~ to fill [up]

Füller <-s, -> [ˈfʏlɐ] *m* fountain pen; (*mit Patrone*) cartridge pen

Füllfederhalter *m s.* **Füller**

Füllgewicht *nt* net weight

Füllung <-, -en> *f* stuffing

fummeln [ˈfʊml̩n] *vi* (*fam: streicheln*) to pet

Fundament <-[e]s, -e> [fʊndaˈmɛnt] *nt* foundation[s *npl*]

fundamental [fʊndamɛnˈtaːl] **I.** *adj* fundamental **II.** *adv* fundamentally

Fundamentalist(in) <-en, -en> [fʊndamɛntaˈlɪst] *m(f)* fundamentalist

Fundbüro *nt* lost property office BRIT, lost-and-found office AM **Fundgrube** *f* treasure trove

fundieren [fʊnˈdiːrən] *vt* ❶ (*finanziell sichern*) to strengthen financially ❷ (*untermauern*) to underpin ❸ (*geh: festigen*) to sustain

Fundsache *f* recovered item; ■ **~n** lost property *no sg, no indef art*

fünf [fʏnf] *adj* five; *s. a.* **acht**[1]

Fünf <-, -en> [fʏnf] *f* ❶ five; *s. a.* **Acht** ❷ (*Zeugnisnote*) "unsatisfactory", ≈ E BRIT

Fünfeck *nt* pentagon **fünffach, 5fach** [ˈfʏnffax] *adj* fivefold; **die ~e Menge** five times the amount **fünfhundert** [ˈfʏnfˈhʊndɐt] *adj* five hundred

fünfjährig, 5-jährig^{RR} ['fʏnfjɛːrɪç] *adj* ❶ (*Alter*) five-year-old *attr*, five years old *pred* ❷ (*Zeitspanne*) five-year *attr* **fünfmal, 5-mal**^{RR} *adv* five times **fünftausend** ['fʏnftaʊznt] *adj* five thousand

fünfte(r, s) ['fʏnftɐ, 'fʏnftɐ, 'fʏnftəs] *adj* fifth, 5th; *s. a.* **achte(r, s)**

fünftel ['fʏnftl] *adj* fifth

fünftens ['fʏnftns] *adv* fifth, in [the] fifth place

fünfzehn ['fʏnftseːn] *adj* fifteen; ~ **Uhr** 3pm; *s. a.* **acht**¹ **fünfzehnte(r, s)** *adj* fifteenth; *s. a.* **achte(r, s)**

fünfzig ['fʏnftsɪç] *adj* fifty; *s. a.* **achtzig**

fünfzigste(r, s) *adj* fiftieth; *s. a.* **achte(r, s)**

fungieren* [fʊŋ'giːrən] *vi* function (**als** as)

Funk <-s> [fʊŋk] *m kein pl* radio

Funke <-ns, -n> ['fʊŋkə] *m* ❶ spark; **der zündende** ~ (*fig*) the vital spark ❷ (*geringes Maß*) scrap; **ein** ~ **[von] Anstand** a scrap of decency; **ein** ~ **Hoffnung** a gleam of hope

funkeln ['fʊŋkln] *vi* to sparkle

funkelnagelneu ['fʊŋkl'naːgl'nɔy] *adj* (*fam*) spanking-new

funken ['fʊŋkn] **I.** *vi* ❶ (*senden*) to radio; **um Hilfe** ~ to radio for help ❷ (*Funken sprühen*) to spark **II.** *vi impers* (*fam*) **zwischen den beiden hat's gefunkt** those two have really clicked

Funken <-s, -> ['fʊŋkn] *m s.* **Funke**

Funkgerät *nt* ❶ RT unit ❷ (*Sprechfunkgerät*) walkie-talkie **funkgesteuert** *adj* ELEK, TECH radio-controlled **Funkhaus** *nt* studios *pl* **Funkkolleg** *nt* educational [*or* BRIT ≈ Open University] radio broadcasts **Funkmast** *m* TECH, TELEK radio [antenna] mast **Funksprechgerät** *nt* walkie-talkie **Funkstation** *f* radio station **Funkstille** *f* radio silence

Funktion <-, -en> [fʊŋk'tsi̯oːn] *f* ❶ *kein pl* function; **außer/in** ~ **sein** [not] to be working ❷ (*Stellung*) position; **in jds** ~ **als etw** in sb's capacity as sth

Funktionär(in) <-s, -e> [fʊŋktsi̯oˈnɛːɐ̯] *m(f)* official; **ein hoher** ~ a high-ranking official

funktionell [fʊŋktsi̯oˈnɛl] *adj* functional, practical

funktionieren* [fʊŋktsi̯oˈniːrən] *vi* to work

Funktionstaste *f* function key

Funkturm *m* radio tower **Funkverbindung** *f* radio contact **Funkverkehr** *m* radio communication *no art*

Funsportart ['fʌn-] *f* recreational sport

für [fyːɐ̯] *präp +akk* for; **sind Sie** ~ **den Gemeinsamen Markt?** do you support the Common Market?; ~ **was ist denn dieses Werkzeug?** DIAL what's this tool [used] for?; ~ **sich bleiben** to remain by oneself; **gut** ~ **Migräne** good for migraines; **er hat es** ~ **45 Euro bekommen** he got it for 45 euros

Für <-> [fyːɐ̯] *nt das* ~ **und Wider** the pros and cons

Furche <-, -n> ['fʊrçə] *f* furrow

Furcht <-> ['fʊrçt] *f kein pl* fear (**vor** of); ~ **[vor jdm/etw] haben** to fear sb/sth; ~ **erregend** terrifying

furchtbar I. *adj* terrible **II.** *adv* terribly

fürchten ['fʏrçtn] **I.** *vt* to fear; **jdn das F~ lehren** to teach sb the meaning of fear; ■ **zum F~** frightful **II.** *vr* ■ **sich** ~ to be afraid (**vor** of)

fürchterlich *adj s.* **furchtbar**

furchterregend *adj* terrifying

furchtlos I. *adj* fearless **II.** *adv* without fear

füreinander [fyːɐ̯ʔaiˈnandɐ] *adv* for each other

Furie <-, -n> ['fuːri̯ə] *f* ❶ (*pej: Frau*) hellcat ❷ (*Fabelwesen*) fury

Furnier <-s, -e> [fʊrˈniːɐ̯] *nt* veneer

furnieren* [fʊrˈniːrən] *vt* to veneer

Fürsorge ['fyːɐ̯zɔrgə] *f kein pl* ❶ care ❷ (*fam: Sozialamt*) welfare services *npl* ❸ (*fam: Sozialhilfe*) social security *no art*, welfare AM

fürsorglich ['fyːɐ̯zɔrklɪç] **I.** *adj* considerate **II.** *adv* with care

Fürsprecher(in) ['fyːɐ̯ʃprɛçɐ] *m(f)* ❶ advocate ❷ JUR SCHWEIZ barrister BRIT, attorney AM

Fürst(in) <-en, -en> [fʏrst] *m(f)* prince *masc*, princess *fem*

Fürstentum *nt* principality; **das** ~ **Monaco** the principality of Monaco

Fürstin <-, -nen> *f fem form von* **Fürst** princess

fürstlich ['fʏrstlɪç] **I.** *adj* ❶ princely ❷ (*fig: prächtig*) lavish **II.** *adv* lavishly; ~ **speisen** to eat like a lord

Furunkel <-s, -> [fuˈrʊŋkl] *nt o m* boil

Furz <-[e]s, Fürze> [fʊrts, *pl* 'fʏrtsə] *m* (*derb*) fart

furzen ['fʊrtsn] *vi* (*derb*) to fart

Fusel <-s, -> ['fuːzl] *m* (*pej*) rotgut

Fusion <-, -en> [fuˈzi̯oːn] *f* ❶ ÖKON merger ❷ PHYS fusion

fusionieren* [fuzi̯oˈniːrən] *vi* ÖKON to merge

Fuß <-es, Füße> [fuːs, *pl* 'fyːsə] *m* ❶ foot;

gut/schlecht zu ~ sein to be steady/not so steady on one's feet; **etw ist zu ~ zu erreichen** sth is within walking distance; **zu ~ gehen** to walk ❷ SÜDD, ÖSTERR (*Bein*) leg ▶ **keinen ~ vor die Tür setzen** to not set foot outside; **auf eigenen Füßen stehen** to stand on one's own two feet; **sich auf freiem ~[e] befinden** *Ausbrecher* to be at large; **auf großem ~[e] leben** to live the high life; **kalte Füße bekommen** to get cold feet; **~ fassen** to gain a foothold; **jdm zu Füßen liegen** to lie at sb's feet; **sich** *dat* **die Füße vertreten** to stretch one's legs

Fußabdruck <-abdrücke> *m* footprint **Fußabstreifer** <-s, -> *m*, **Fußabtreter** <-s, -> *m* foot grating; (*Matte*) doormat

Fußball ['fu:sbal] *m* ❶ *kein pl* (*Spiel*) football BRIT, soccer AM ❷ (*Ball*) football BRIT, soccer ball AM

Fußballer(in) <-s, -> ['fu:sbalɐ] *m(f)* (*fam*) footballer

Fußballmannschaft *f* football team **Fußballplatz** *m* football pitch BRIT, soccer field AM **Fußballspiel** *nt* football match **Fußballspieler(in)** *m(f)* football player **Fußballstadion** *nt* football stadium **Fußballtoto** *m o nt* the [football] pools *npl*

Fußbank <-bänke> *f* footrest **Fußboden** *m* floor **Fußbodenheizung** *f* [under]floor heating

fusselig ['fʊsəlɪç] *adj* fluffy *attr*

fußen ['fu:sn̩] *vi* to rest (**auf** on)

Fußende *nt* foot

Fußgänger(in) <-s, -> *m(f)* pedestrian

Fußgängerstreifen *m* SCHWEIZ, **Fußgängerüberweg** *m* pedestrian crossing **Fußgängerzone** *f* pedestrian precinct

Fußgelenk *nt* ankle **Fußkettchen** <-s, -> *nt* anklet **Fußnagel** *m* toenail **Fußnote** *f* footnote **Fußpflege** *f* pedicure **Fußpfleger(in)** *m(f)* chiropodist **Fußpilz** *m* kein pl athlete's foot **Fußschaltung** *f* foot gear-change control **Fußstapfen** <-s, -> *m* footprint; **in jds ~ treten** to follow in sb's footsteps **Fußtritt** *m* kick **Fußvolk** *nt* kein pl (*pej*) ■ **das ~** the rank and file **Fußweg** *m* footpath

futsch [fʊtʃ] *adj* ~ **sein** to have had it

Futter[1] <-s, -> ['fʊtɐ] *nt* [animal] feed

Futter[2] <-s> ['fʊtɐ] *nt* kein pl (*Innenstoff*) lining

Futteral <-s, -e> [fʊtəˈraːl] *nt* case

füttern[1] ['fʏtɐn] *vt* to feed

füttern[2] ['fʏtɐn] *vt* (*mit Stofffutter*) to line

futtern ['fʊtɐn] *vt* (*hum fam*) to scoff

Fütterung <-, -en> *f* feeding

Futur <-s, -e> [fuˈtuːɐ̯] *nt* future [tense]

futuristisch [futuˈrɪstɪʃ] *adj* futurist[ic]

G g

G, g <-, - *o fam* -s, -s> [ge:] *nt* ❶ (*Buchstabe*) G, g; *s. a.* **A 1** ❷ MUS G, g; *s. a.* **A 2**

gab ['ga:p] *imp von* **geben**

Gabe <-, -n> ['gaːbə] *f* ❶ gift ❷ SCHWEIZ (*Preis*) prize

Gabel <-, -n> ['ga:bl̩] *f* fork

gabeln ['ga:bl̩n] *vr* ■ **sich ~** to fork

Gabelstapler <-s, -> [-ˌʃtaːplɐ] *m* fork-lift truck

Gabelung <-, -en> ['ga:bəlʊŋ] *f* fork

gackern ['gakɐn] *vi* to cluck

gaffen ['gafn̩] *vi* (*pej fam*) to gape

Gage <-, -n> ['ga:ʒə] *f* fee

gähnen ['gɛːnən] *vi* to yawn; **ein ~des Loch** a gaping hole

galant [ga'lant] *adj* chivalrous

Galaxis <-s, Galaxien> [ga'laksɪs, *pl* galaˈksiːən] *f* galaxy

Galeere <-, -n> [ga'leːrə] *f* galley

Galerie <-, -n> [galəˈriː, *pl* -ˈriːən] *f* gallery

Galgen <-s, -> ['galgn̩] *m* gallows + *sing vb*

Galgenfrist *f* (*fam*) stay of execution **Galgenhumor** *m* gallows humour

Galle <-, -n> ['galə] *f* ❶ (*Gallenblase*) gall bladder ❷ (*Gallenflüssigkeit*) bile

Gallenblase *f* gall bladder **Gallenkolik** *f* biliary colic **Gallenstein** *m* gallstone

Galopp <-s, -s *o* -e> [ga'lɔp] *m* gallop

galoppieren* [galɔˈpiːrən] *vi haben o sein* to gallop

galt ['galt] *imp von* **gelten**

gammeln ['gaml̩n] *vi* (*herumhängen*) to laze around

Gammler(in) <-s, -> ['gamlɐ] *m(f)* (*veraltend fam*) layabout

Gams <-, -[en]> ['gams] *f* JAGD SÜDD, ÖSTERR (*Gämse*) chamois

Gämse[RR] <-, -n> ['gɛmzə] *f* chamois

gang ['gaŋ] *adj* ~ **und gäbe sein** to be the

norm

Gang¹ <-[e]s, Gänge> ['gaŋ, pl 'gɛŋə] m ① *kein pl* walk; **aufrechter ~** upright carriage; **einen unsicheren ~ haben** to be unsteady on one's feet ② (*Besorgung*) errand ③ (*Bewegung*) **den Motor in ~ halten** to keep the engine running; **etw in ~ bringen** to get sth going; **in ~ kommen** to get off the ground ④ (*Ablauf*) course; **alles geht wieder seinen gewohnten ~** everything is proceeding as normal again; **im ~[e] sein** to be underway ⑤ KOCHK course ⑥ AUTO gear; **einen ~ einlegen** to engage a gear; **hast du den zweiten ~ drin?** (*fam*) are you in second gear?; **in den 2. ~ schalten** to change into second gear ⑦ (*Korridor*) corridor; *Theater, Flugzeug, Laden* aisle

Gang² <-, -s> [gɛŋ] f (*Bande*) gang

Gangart f walk

gangbar *adj* (*fig*) practicable

gängig ['gɛŋɪç] *adj* ① (*üblich*) common ② *Ware* in demand; **die ~ste Ausführung** the bestselling model ③ (*im Umlauf*) current

Gangschaltung f gears pl

Gangster <-s, -> ['gɛŋstɐ] m (*pej*) gangster

Gangway <-, -s> ['gɛŋveː] f gangway

Ganove <-n, -n> [ga'noːvə] m (*pej fam*) crook

Gans <-, Gänse> ['gans, pl 'gɛnzə] f goose; **blöde ~** (*pej fam*) silly goose

Gänseblümchen *nt* daisy **Gänsefüßchen** *pl* (*fam*) inverted commas *pl*; **Gänsehaut** f *kein pl* goose bumps *pl*; **eine ~ kriegen** to get goose bumps **Gänsemarsch** m *kein pl* **im ~** in single file

ganz [gants] **I.** *adj* ① all, whole; **eine ~e Menge** quite a lot; **die ~e Wahrheit** the whole truth; **~e Zeit** whole number; **die ~e Zeit** the whole time ② (*fam: unbeschädigt*) intact; **etw wieder ~ machen** to mend sth; **wieder ~ sein** to be mended **II.** *adv* ① (*sehr, wirklich*) really; **etwas ~ Dummes** something really stupid; **~ besonders** particularly ② (*ziemlich*) quite ③ (*vollkommen*) completely; **du bist ~ nass** you're all wet; **~ und gar** completely; **~ und gar nicht** not at all; **~ allein sein** to be all alone; **~ wie Sie wünschen/meinen** just as you wish/think best; **~ hinten/vorne** right at the back/front

Ganze(s) *nt* ① (*alles zusammen*) whole; **im ~n** on the whole ② (*die ganze Angelegenheit*) the whole business; **das ~ hängt mir zum Halse heraus** I've had it up to here with everything!

ganzheitlich *adv* **etw ~ betrachten** to look at sth in its entirety

gänzlich ['gɛntslɪç] *adv* completely

Ganztagsbetreuung f full-time childcare

Ganztagsschule f full-time day school

gar¹ ['gaːɐ̯] *adj* *Essen* done

gar² ['gaːɐ̯] *adv* ① (*überhaupt*) at all, whatsoever; **~ keine[r]** no one whatsoever; **~ keinen/keine/keines** none whatsoever; **hattest du denn ~ keine Angst?** weren't you frightened at all?; **~ nicht** not at all; **er hat sich ~ nicht gefreut** he wasn't at all pleased; **~ nichts** nothing at all ② (*sehr*) really

Garage <-, -n> [ga'raːʒə] f garage

Garantie <-, -n> [garan'tiː, *pl* -'tiːən] f guarantee

Garantiefrist f HANDEL warranty period

garantieren* [garan'tiːrən] *vt, vi* to guarantee

Garantieschein m guarantee [certificate]

Garbe <-, -n> ['garbə] f sheaf

Garde <-, -n> ['gardə] f guard

Garderobe <-, -n> [gardə'roːbə] f ① hallstand; (*Raum*) cloakroom ② *kein pl* (*geh: Kleidung*) wardrobe

Garderobenständer m hat-stand

Gardine <-, -n> [gar'diːnə] f net curtain

Gardinenstange f curtain rod

gären ['gɛːrən] *vi* **haben** o **sein** to ferment

Garette <-, -n> [ga'rɛtə] f SCHWEIZ wheelbarrow

Garn <-[e]s, -e> ['garn] *nt* thread

Garnele <-, -n> [gar'neːlə] f prawn

garnieren* [gar'niːrən] *vt* to garnish

Garnitur <-, -en> [garni'tuːɐ̯] f set

garstig ['garstɪç] *adj* (*abscheulich*) horrible

Garten <-s, Gärten> ['gartn̩, *pl* 'gɛrtn̩] m garden

Gartenarbeit f gardening *no pl* **Gartenbau** m *kein pl* horticulture **Gartenlaube** f arbour **Gartenlokal** *nt* open-air restaurant **Gartenmöbel** *pl* garden furniture **Gartenschere** f pruning shears *npl* **Gartensitzplatz** m SCHWEIZ (*Terrasse*) patio **Gartenzaun** m garden fence

Gärtner(in) <-s, -> ['gɛrtnɐ] *m(f)* gardener

Gärtnerei <-, -en> [gɛrtnə'rai] f market garden; (*für Setzlinge*) nursery

Gas <-es, -e> ['gaːs, *pl* 'gaːzə] *nt* ① gas

② *(fam)* ~ **geben** to accelerate; **gib'** ~ **!** put your foot down!

Gasfeuerzeug *nt* gas lighter **Gasflasche** *f* gas canister **gasförmig** *adj* gaseous **Gashahn** *m* gas tap **Gashebel** *m* accelerator [pedal] BRIT, gas pedal AM **Gasheizung** *f* gas heating **Gasherd** *m* gas cooker **Gaskocher** *m* camping stove **Gasleitung** *f* gas main **Gasmaske** *f* gas mask **Gaspedal** *nt* accelerator **Gaspistole** *f* tear gas gun

Gasse <-, -n> ['gasə] *f* **①** alley **②** ÖSTERR street; **über die** ~ to take away

Gassenjunge *m* *(pej)* street urchin

Gast <-es, Gäste> ['gast, *pl* 'gɛstə] *m* guest; **bei jdm zu** ~ **sein** to be sb's guest[s]; ~ **in einer Stadt/einem Land sein** to be a visitor to a city/country

Gastarbeiter(in) *m(f)* guest worker

> **Gastarbeiter** are foreign workers, living and working in Germany on a temporary basis. During the economic boom of the 1950s and 1960s, workers from southern European countries and Turkey were invited to work in the FRG, many of whom have since made Germany their home.

Gästebuch *nt* visitors' book
Gästezimmer *nt* spare room
gastfreundlich *adj* hospitable **Gastfreundschaft** *f* hospitality **Gastgeber(in)** <-s, -> *m(f)* host *masc*, hostess *fem* **Gasthaus** *nt*, **Gasthof** *m* inn **Gasthörer(in)** *m(f)* SCH observer, auditor AM

gastieren* [gas'tiːrən] *vi* to make a guest appearance

Gastritis <-, Gastritiden> [gas'triːtɪs, *pl* gas'triːtidn̩] *f* gastritis

Gastronomie <-, -n> [gastrono'miː, *pl* -'miːən] *f* catering trade

gastronomisch *adj* gastronomic

Gastspiel *nt* guest performance **Gaststätte** *f* restaurant **Gaststube** *f* Bar lounge; *Restaurant* restaurant **Gastwirt(in)** *m(f)* restaurant manager; *einer Kneipe* landlord *masc*, landlady *fem* **Gastwirtschaft** *f* s. Gaststätte

Gaszähler *m* gas meter

Gatte, Gattin <-n, -n> ['gatə, 'gatɪn] *m, f* *(geh)* spouse, husband *masc*, wife *fem*

Gatter <-s, -> ['gatɐ] *nt* fence

Gattin <-, -nen> *f fem form von* **Gatte**

Gattung <-, -en> ['gatʊŋ] *f* **①** BIOL genus **②** KUNST genre

Gau <-[e]s, -e> ['gau] *m o nt* HIST **①** *(Bezirk)* district *(administrative district during the Nazi period)* **②** *(hist)* region *(a tribal district in Germanic times)*

GAU <-s, -s> ['gau] *m Akr von* **größter anzunehmender Unfall** MCA

Gaudi <-> ['gaudi] *f o nt kein pl* SÜDD *(fam)* fun

Gaul <-[e]s, Gäule> ['gaul, *pl* 'gɔylə] *m* *(pej)* nag

Gaumen <-s, -> ['gaumən] *m* palate

Gauner(in) <-s, -> ['gaunɐ] *m(f) (pej)* crook

Gaunerei <-, -en> [gaunə'rai] *f* cheating *no pl*

Gazastreifen ['gaːza-] *m* Gaza Strip

Gazelle <-, -n> [ga'tsɛlə] *f* gazelle

Gebäck <-[e]s, -e> [gə'bɛk] *nt pl selten* pastries *pl*

gebacken *pp von* **backen**

geballt *adj* **①** *(konzentriert)* concentrated **②** *Faust* clenched

gebar [gə'baːɐ̯] *imp von* **gebären**

gebärden* [gə'bɛːɐ̯dn̩] *vr haben* ■ **sich** ~ to behave

Gebärdensprache *f* LING sign language

gebären <gebiert, gebar, geboren> [gə'bɛːrən] *vt* **①** to give birth to; ■ **geboren werden** to be born **②** *(eine Begabung haben)* ■ **zu etw** *dat* **geboren sein** to be born to sth

Gebärmutter <-mütter> *f* womb

Gebäude <-s, -> [gə'bɔydə] *nt* building

Gebäudekomplex *m* building complex

Gebein <-[e]s, -e> [gə'bain] *nt* **①** *(Skelett)* skeleton **②** *pl (Knochen)* bones *pl*

Gebell(e) <-s> [gə'bɛl(ə)] *nt kein pl (pej)* incessant barking, bellowing

geben <gibt, gab, gegeben> ['geːbn̩] I. *vt* **①** *(reichen)* ■ **jdm etw** ~ to give sb sth, to give sth to sb; *Karten* to deal **②** *(verkaufen)* ■ **jdm etw** ~ to get sb sth; ~ **Sie mir bitte fünf Brötchen** I'd like five bread rolls please **③** *(spenden) Schutz, Schatten* to provide **④** *(abhalten) Konferenz* to hold **⑤** *(bieten, gewähren)* to give; **jdm ein Interview** ~ to grant sb an interview **⑥** DIAL *(abgeben)* to send; **sein Auto in [die] Reparatur** ~ to have one's car repaired **⑦** KOCHK to add; **Wein in die Soße** ~ to add wine to the sauce **⑧** *(ergeben)* to produce; **Rotwein gibt Flecken** red wine leaves stains **⑨** *(äu-*

Gebet–gebürtig

ßern) ■ **etw von sich** *dat* ~ to utter sth ►**jdm etw zu tun** ~ to give sb sth to do; **nichts auf etw** *akk* ~ to think nothing of sth; **es jdm** ~ (*fam*) to let sb have it **II.** *vt impers* ❶ (*gereicht werden*) **was gibt es zum Frühstück?** what's for breakfast? ❷ (*eintreten*) **heute gibt es noch Regen** it'll rain today; **hat es sonst noch etwas gegeben?** has anything else happened? ❸ (*existieren, passieren*) **das gibt es nicht!** (*fam*) no way!; **was gibt's?** (*fam*) what's up? **III.** *vr* ❶ (*nachlassen*) ■ **etw gibt sich** sth eases [off]; (*sich erledigen*) sth sorts itself out ❷ (*sich benehmen*) **nach außen gab er sich heiter** outwardly he behaved cheerfully

Gebet <-[e]s, -e> [gə'beːt] *nt* prayer

gebeten [gə'beːtn̩] *pp von* **bitten**

Gebetsruf *m* REL call to prayer

Gebiet <-[e]s, -e> [gə'biːt] *nt* ❶ (*Fläche*) area ❷ (*Fach*) field

gebieten* [gə'biːtn̩] *vt irreg* (*geh*) ❶ (*befehlen*) to command ❷ (*verlangen*) to demand

gebieterisch [gə'biːtərɪʃ] *adj* (*geh*) domineering

Gebilde <-s, -> [gə'bɪldə] *nt* thing

gebildet *adj* educated; **ein ~er Mensch** a cultured person

Gebirge <-s, -> [gə'bɪrgə] *nt* mountains

gebirgig [gə'bɪrgɪç] *adj* mountainous

Gebirgszug *m* mountain range

Gebiss^RR <-es, -e> *nt*, **Gebiß**^ALT <-sses, -sse> [gə'bɪs] *nt* ❶ (*Zähne*) teeth *pl* ❷ (*Prothese*) dentures *npl*

gebissen [gə'bɪsn̩] *pp von* **beißen**

geblasen *pp von* **blasen**

geblieben [gə'bliːbn̩] *pp von* **bleiben**

geblümt [gə'blyːmt] *adj*, **geblumt** [gə'bluːmt] *adj* ÖSTERR ❶ (*mit Blumenmuster*) flowered, floral ❷ (*fig: kunstvoll, blumenreich*) flowery

geboren [gə'boːrən] *pp von* **gebären**

geborgen [gə'bɔrgn̩] **I.** *pp von* **bergen** **II.** *adj* safe

geborsten [gə'bɔrstn̩] *pp von* **bersten**

Gebot <-[e]s, -e> [gə'boːt] *nt* ❶ (*Verordnung*) decree ❷ REL **die zehn ~e** the ten commandments ❸ (*Erfordernis*) **das ~ der Stunde** the dictates of the moment

geboten [gə'boːtn̩] **I.** ❶ *pp von* **gebieten** ❷ *pp von* **bieten** **II.** *adj* (*angebracht*) advisable

Gebotsschild <-[e]s, -er> *nt* mandatory sign

gebracht [gə'braxt] *pp von* **bringen**

gebraten *pp von* **braten**

Gebrauch <-[e]s, Gebräuche> [gə'braux, *pl* gə'brɔyçə] *m* ❶ *kein pl* use; (*Anwendung*) application; **zum äußerlichen/ innerlichen** ~ to be applied externally/to be taken internally; **von etw** *dat* ~ **machen** to make use of sth; **vor** ~ **schütteln** shake well before use ❷ *pl* **Sitten und Gebräuche** manners and customs

gebrauchen* [gə'brauxn̩] *vt* ❶ to use; **nicht mehr zu** ~ **sein** to be no longer [of] any use; **zu nichts zu** ~ **sein** to be no use at all ❷ (*fam*) **dein Wagen könnte eine Wäsche** ~ your car could do with a wash again

gebräuchlich [gə'brɔyçlɪç] *adj* customary

Gebrauchsanweisung *f* operating instructions **gebrauchsfertig** *adj* ready for use **Gebrauchsgegenstand** *m* basic commodity

gebraucht *adj* second-hand

Gebrauchtwagen *m* second-hand car

Gebrechen <-s, -> [gə'brɛçn̩] *nt* (*geh*) affliction

gebrechlich [gə'brɛçlɪç] *adj* frail

gebrochen **I.** *pp von* **brechen** **II.** *adv* **sie sprach nur ~ Deutsch** she only spoke broken German

Gebrüder [gə'bryːdɐ] *pl* (*veraltet*) brothers

Gebühr <-, -en> [gə'byːɐ̯] *f* charge; (*Beitrag*) fee; ~ **[be]zahlt Empfänger** postage to be paid by addressee; **eine** ~ **erheben** to levy a charge

gebührend **I.** *adj* appropriate **II.** *adv* appropriately

Gebühreneinheit *f* TELEK [tariff] unit **gebührenfrei** *adj, adv* free of charge **gebührenpflichtig** *adj* subject to a charge; ~**e Straße** toll road **Gebührenzähler** *m* TELEK meter

gebunden [gə'bʊndn̩] **I.** *pp von* **binden** **II.** *adj* ~**es Buch** hardcover; ~**e Preise** controlled prices; **durch Verpflichtungen** ~ **sein** to be tied down by duties; **vertraglich** ~ **sein** to be bound by contract

Geburt <-, -en> [gə'buːɐ̯t] *f* birth; **bei der** ~ at the birth; **von** ~ **an** from birth; **von** ~ **Deutscher sein** to be German by birth

geburtenschwach *adj* **ein** ~**er Jahrgang** a year in which there is a low birth rate

gebürtig [gə'bʏrtɪç] *adj* **er ist ~er Londo-**

ner he is a native Londoner
Geburtsdatum *nt* date of birth **Geburtsjahr** *nt* year of birth **Geburtsort** *m* place of birth **Geburtstag** *m* birthday; **herzlichen Glückwunsch zum** ~ happy birthday to you; [**seinen/jds**] ~ **feiern** to celebrate one's/sb's birthday; **jdm zum** ~ **gratulieren** to wish sb a happy birthday; **wann hast du** ~**?** when is your birthday? **Geburtsurkunde** *f* birth certificate **Geburtswehen** *pl* labour pains *pl*
Gebüsch <-[e]s, -e> [gəˈbyʃ] *nt* bushes *pl*
gedacht [gəˈdaxt] ❶ *pp von* **denken** ❷ *pp von* **gedenken**
Gedächtnis <-ses, -se> [gəˈdɛçtnɪs, *pl* gəˈdɛçtnɪsə] *nt* memory; **ein gutes/schlechtes** ~ **haben** to have a good/poor memory; **etw im** ~ **behalten** to remember sth; **sein** ~ **verlieren** to lose one's memory
Gedächtnisschwund *m* amnesia, loss of memory
gedämpft *adj Schall, Stimme* muffled; *Licht, Farbe* muted
Gedanke <-ns, -n> [gəˈdaŋkə] *m* ❶ (*Überlegung*) thought (**an** of); **in** ~**n vertieft** deep in thought; **jdn auf andere** ~**n bringen** to take sb's mind off sth; **jdn auf einen** ~**n bringen** to put an idea into sb's head; **jds** ~**n lesen** to read sb's thoughts; **sich** *dat* **über etw** *akk* ~**n machen** to be worried about sth; **mit seinen** ~**en woanders sein** to have one's mind on sth else ❷ (*Einfall*) idea; **einen** ~**n in die Tat umsetzen** to put a plan into action; **jdm kommt ein** ~ sb hits upon an idea; **mit dem Gedanken spielen, etw zu tun** to toy with the idea of doing sth
gedankenlos I. *adj* thoughtless II. *adv* thoughtlessly
Gedankenstrich *m* dash **Gedankenübertragung** *f* telepathy *no indef art* **gedankenverloren** *adj, adv* (*geh*) lost in thought
Gedeck <-[e]s, -e> [gəˈdɛk] *nt* cover
gedeihen <gedieh, gediehen> [gəˈdaɪən] *vi sein* ❶ (*sich gut entwickeln*) to flourish ❷ (*vorankommen*) to make headway
gedenken* [gəˈdɛŋkn̩] *vi irreg* (*geh*) ❶ ■**jds/einer S.** ~ to remember sb/sth ❷ (*beabsichtigen*) ■~**, etw zu tun** to intend to do sth
Gedenken <-s> [gəˈdɛŋkn̩] *nt kein pl* memory; **zum** ~ **an jdn/etw** in memory of sb/sth
Gedenkfeier *f* commemorative ceremony **Gedenkminute** *f* minute's silence **Gedenktafel** *f* commemorative plaque **Gedenktag** *m* day of remembrance
Gedicht <-[e]s, -e> [gəˈdɪçt] *nt* poem
gediegen [gəˈdiːgn̩] *adj* ❶ (*rein*) pure ❷ (*solide*) high quality
gedieh [gəˈdiː] *imp von* **gedeihen**
gediehen [gəˈdiːən] *pp von* **gedeihen**
Gedränge <-s> [gəˈdrɛŋə] *nt kein pl* ❶ crowd ❷ (*das Drängen*) jostling
gedrängt I. *adj* ❶ (*kurz*) brief, concise, short ❷ (*voll*) packed II. *adv* ❶ (*kurz*) briefly, concisely ❷ (*voll*) packed; ~ **voll sein** to be packed full
gedroschen [gəˈdrɔʃn̩] *pp von* **dreschen**
gedrückt *adj* weak, dejected, depressed
gedrungen [gəˈdrʊŋən] *pp von* **dringen**
Geduld <-> [gəˈdʊlt] *f kein pl* patience; ~ **haben** to be patient (**mit** with); **keine** ~ **haben** to have no patience (**zu** with); **die** ~ **verlieren** to lose one's patience
gedulden* [gəˈdʊldn̩] *vr* ■**sich** ~ to be patient
geduldig [gəˈdʊldɪç] *adj* patient
Geduldsprobe *f* test of one's patience
gedurft [gəˈdʊrft] *pp von* **dürfen**
geehrt *adj* honoured; **sehr** ~**e Damen und Herren!** ladies and gentlemen!; (*in Briefen*) Dear Sir or Madam
geeignet [gəˈʔaɪgnət] *adj* suitable; ■**für/zu etw** *dat* ~ **sein** to be suited to sth
Gefahr <-, -en> [gəˈfaːɐ̯] *f* danger; **jdn in** ~ **bringen** to endanger sb; **in/außer** ~ **sein** to be in/out of danger; **auf eigene** ~ at one's own risk; ~ **sich in** ~ **begeben** to put oneself at risk; ~ **laufen, etw zu tun** to run the risk of doing sth
gefährden* [gəˈfɛːɐ̯dn̩] *vt* to endanger
gefahren *pp von* **fahren**
Gefahrguttransport *m* dangerous goods transport
gefährlich [gəˈfɛːɐ̯lɪç] *adj* dangerous; (*risikoreich*) risky
gefahrlos [gəˈfaːɐ̯loːs] *adj* safe
Gefährte, Gefährtin <-n, -n> [gəˈfɛːɐ̯tə, gəˈfɛːɐ̯tɪn] *m, f* (*geh*) companion
Gefälle <-s, -> [gəˈfɛlə] *nt* ❶ gradient ❷ (*Unterschied*) difference
gefallen¹ <gefiel, gefallen> [gəˈfalən] I. *vi* ■**jdm** ~ to please sb; **gefällt dir mein**

Kleid? do you like my dress? **II.** *vr* ■ **sich** *dat* **etw ~ lassen** to put up with sth

gefallen² *pp von* **fallen, gefallen¹**

Gefallen¹ <-s, -> [gəˈfalən] *m* favour; **jdn um einen ~ bitten** to ask sb for a favour; **jdm einen ~ tun** to do sb a favour

Gefallen² <-s> [gəˈfalən] *nt* **an etw** *dat* **~ finden** to enjoy sth

Gefallene(r) *f(m) dekl wie adj* soldier killed in action

gefällig [gəˈfɛlɪç] *adj* ❶ **sich jdm ~ zeigen** to show oneself willing to help ❷ (*gewünscht*) **Zigarette ~?** would you care for a cigarette?

Gefälligkeit <-, -en> *f* ❶ favour ❷ (*Hilfsbereitschaft*) **aus ~** out of the kindness of one's heart

gefälligst [gəˈfɛlɪçst] *adv* (*euph, pej*) kindly; **würden Sie mich ~ ausreden lassen!** would you kindly let me finish [speaking]!

gefangen [gəˈfaŋən] **I.** *pp von* **fangen II.** *adj* ❶ **jdn ~ halten** to hold sb captive; **ein Tier ~ halten** to keep an animal in captivity; **jdn ~ nehmen** to arrest sb; MIL to take sb prisoner ❷ (*beeindruckt*) **jdn ~ halten** to captivate sb

Gefangene(r) *f(m) dekl wie adj* captive; (*im Gefängnis*) prisoner

gefangen|halten^{ALT} *vt irreg s.* **gefangen II 1, 2**

Gefangennahme <-, -n> *f* ❶ arrest ❷ MIL capture

Gefangenschaft <-, *selten* -en> *f* captivity; **in ~ geraten** to be taken prisoner

Gefängnis <-ses, -se> [gəˈfɛŋnɪs, *pl* gəˈfɛŋnɪsə] *nt* ❶ prison; **im ~ sein** to be in prison; **ins ~ kommen** to be sent to prison ❷ *kein pl* (*Haftstrafe*) imprisonment; **zwei Jahre ~ bekommen** to get two years imprisonment

Gefängnisstrafe *f* prison sentence **Gefängniswärter(in)** *m(f)* prison officer

Gefasel <-s> [gəˈfaːzl̩] *nt kein pl* (*pej fam*) drivel

Gefäß <-es, -e> [gəˈfɛːs] *nt* container

gefasst^{RR}, **gefaßt**^{ALT} **I.** *adj* ❶ (*beherrscht*) composed ❷ (*vorbereitet*) ■ **auf etw** *akk* **~ sein** to be prepared for sth; **sich auf etw** *akk* **~ machen** to prepare oneself for sth **II.** *adv* calmly

Gefecht <-[e]s, -e> [gəˈfɛçt] *nt* battle

gefeit [gəˈfait] *adj* ■ **gegen etw** *akk* **~ sein** to be immune to sth

Gefieder <-s, -> [gəˈfiːdɐ] *nt* plumage

gefiedert [gəˈfiːdɐt] *adj* feathered

gefinkelt [gəˈfɪŋkl̩t] *adj* ÖSTERR (*schlau*) cunning, crafty

gefleckt *adj* spotted

geflissentlich [gəˈflɪsn̩tlɪç] *adv* deliberately

geflochten [gəˈflɔxtn̩] *pp von* **flechten**

geflogen [gəˈfloːɡn̩] *pp von* **fliegen**

geflohen [gəˈfloːən] *pp von* **fliehen**

geflossen [gəˈflɔsn̩] *pp von* **fließen**

Geflügel <-s> [gəˈflyːɡl̩] *nt kein pl* poultry

geflügelt [gəˈflyːɡl̩t] *adj* winged

gefochten [gəˈfɔxtn̩] *pp von* **fechten**

Gefolge <-s, -> [gəˈfɔlɡə] *nt* retinue

gefräßig [gəˈfrɛːsɪç] *adj* voracious

Gefreite(r) [gəˈfraitɐ] *f(m) dekl wie adj* MIL sb holding the second lowest rank in the armed forces, ≈ lance corporal BRIT, private AM

gefressen [gəˈfrɛsn̩] *pp von* **fressen**

gefrieren* [gəˈfriːrən] *vi irreg sein* to freeze

Gefrierfach *nt* freezer compartment **gefriergetrocknet** *adj* freeze-dried **Gefrierpunkt** *m* **über/unter dem ~** above/below freezing **Gefrierschrank** *m* upright freezer **Gefriertruhe** *f* chest freezer

gefroren [gəˈfroːrən] *pp von* **frieren, gefrieren**

gefügig [gəˈfyːɡɪç] *adj* compliant; [**sich** *dat*] **jdn ~ machen** to make sb submit to one's will

Gefühl <-[e]s, -e> [gəˈfyːl] *nt* feeling; **etw im ~ haben** to feel sth instinctively; **jds ~e erwidern** to return sb's affections; **ein ~ für etw** *akk* [**haben**] [to have] a feeling for sth; **ein ~ für Gerechtigkeit** a sense of justice

gefühllos *adj* ❶ (*taub*) numb ❷ (*herzlos*) insensitive

Gefühlsausbruch *m* emotional outburst **gefühlsbetont** *adj* emotional **Gefühlsduselei** <-, -en> [-duːzəˈlai] *f* (*pej*) mawkishness **gefühlsmäßig** *adv* instinctively

gefühlvoll I. *adj* sensitive **II.** *adv* with feeling

gefüllt *adj* ❶ KOCHK **Paprikaschoten, Tomaten** stuffed; **~e Kekse** biscuits with a filling ❷ (*voll*) full

gefunden [gəˈfʊndn̩] *pp von* **finden**

gegangen [gəˈɡaŋən] *pp von* **gehen**

gegebenenfalls [gəˈɡeːbənənˈfals] *adv* if necessary

gegen [ˈɡeːɡn̩] *präp* +*akk* ❶ against; **ich**

brauche etwas ~ meine Erkältung I need sth for my cold ❷ (*entgegen*) contrary to; **~ alle Vernunft** against all reason ❸ (*an*) against; **~ die Wand stoßen** to run into the wall; **~ die Tür schlagen** to hammer on the door ❹ (*etwa*) **~ Morgen/Mittag** towards morning/afternoon; **~ drei Uhr** around three o'clock

Gegenangriff *m* counterattack **Gegenargument** *nt* counterargument

Gegend <-, -en> ['ge:gnt, *pl* 'ge:gndən] *f* ❶ area; **in der Münchner ~** in the Munich area ❷ (*Umgegend*) **durch die ~ laufen/fahren** (*fam*) to stroll about/drive around

Gegendarstellung *f* MEDIA reply

gegeneinander [ge:gn̩ʔai'nandɐ] *adv* against each other

gegeneinander|prallen *vi sein* to collide

Gegenfahrbahn *f* oncoming lane **Gegengift** *nt* antidote **Gegenleistung** *f* **eine/keine ~ erwarten** to expect something/nothing in return

Gegensatz *m* ❶ opposite (**zu** to); **im ~ zu jdm/etw** unlike sb/sth ❷ *pl* differences; **unüberbrückbare Gegensätze** irreconcilable differences ▶ **Gegensätze ziehen sich an** (*prov*) opposites attract

gegensätzlich ['ge:gnzɛtslɪç] *adj* conflicting; *Menschen* different

Gegenseite *f* other side

gegenseitig ['ge:gnzaitɪç] **I.** *adj* mutual **II.** *adv* mutually; **sich ~ beschuldigen/helfen** to accuse/help each other

Gegenseitigkeit <-> *f kein pl* mutuality; **auf ~ beruhen** to be mutual

Gegenspieler(in) *m(f)* opposite number **Gegensprechanlage** *f* two-way intercom **Gegenstand** <-[e]s, -stände> *m* ❶ object ❷ (*Thema*) subject

gegenstandslos *adj* ❶ (*unbegründet*) unfounded ❷ (*hinfällig*) invalid

Gegenstimme *f* ❶ (*bei einer Abstimmung*) vote against ❷ (*kritische Meinungsäußerung*) dissenting voice **Gegenstück** *nt* companion piece; **jds ~ sein** to be sb's opposite **Gegenteil** ['ge:gntail] *nt* opposite; **im ~!** on the contrary!

gegenteilig ['ge:gntailɪç] *adj* opposite

gegenüber [ge:gn̩'ʔy:bɐ] **I.** *präp* +*dat* ❶ (*örtlich*) opposite ❷ (*in Bezug auf*) towards ❸ (*vor*) in front of **II.** *adv* opposite; **die Leute von ~** the people [from] opposite

Gegenüber <-s, -> [ge:gn̩'ʔy:bɐ] *nt* person opposite

gegenüberliegend *adj attr* opposite **gegenüber|stehen** *irreg* **I.** *vi* ❶ *räumlich* ■*jdm* **~** to stand opposite sb ❷ (*eingestellt sein*) ■*jdm/einer S.* [...] **~** to have a [...] attitude towards sth **II.** *vr* ■*sich dat* **~** to confront each other **gegenüber|stellen** *vt* to compare **Gegenüberstellung** *f* (*Vergleich*) comparison

Gegenverkehr *m* oncoming traffic

Gegenwart <-> ['ge:gnvart] *f kein pl* ❶ present; **die Kunst/Musik der ~** contemporary art/music ❷ LING present [tense] ❸ (*Anwesenheit*) presence

gegenwärtig ['ge:gnvɛrtɪç] **I.** *adj attr* present; **zur ~en Stunde** at the present time **II.** *adv* currently

Gegenwert *m* equivalent; **~ eines Schecks/Wechsels** countervalue of a cheque/bill **Gegenwind** *m* headwind **gegen|zeichnen** *vt* to countersign

gegessen [gə'gɛsn̩] *pp von* **essen**

geglichen [gə'glɪçn̩] *pp von* **gleichen**

geglitten [gə'glɪtn̩] *pp von* **gleiten**

geglommen [gə'glɔmən] *pp von* **glimmen**

Gegner(in) <-s, -> ['ge:gnɐ] *m(f)* opponent

gegnerisch *adj attr* opposing

gegolten [gə'gɔltn̩] *pp von* **gelten**

gegoren [gə'go:rən] *pp von* **gären**

gegossen [gə'gɔsn̩] *pp von* **gießen**

gegraben *pp von* **graben**

gegriffen [gə'grɪfn̩] *pp von* **greifen**

Gehabe <-s> [gə'ha:bə] *nt kein pl* (*pej fam*) affectation

Gehalt[1] <-[e]s, Gehälter> [gə'halt, *pl* gə'hɛltɐ] *nt* salary

Gehalt[2] <-[e]s, -e> [gə'halt] *m* (*Anteil*) content; **der ~ an Kohlendioxid** the carbon dioxide content

Gehaltsabrechnung *f* salary statement **Gehaltsempfänger(in)** *m(f)* salaried employee **Gehaltserhöhung** *f* pay rise **Gehaltszulage** *f* salary bonus

gehaltvoll *adj* ❶ *Essen* nutritious ❷ *Buch* stimulating

gehandikapt [gə'hɛndikɛpt] *adj* handicapped (**durch** by)

gehangen [gə'haŋən] *pp von* **hängen**

gehässig [gə'hɛsɪç] **I.** *adj* spiteful **II.** *adv* spitefully

gehauen *pp von* **hauen**

Gehäuse <-s, -> [gə'hɔyzə] *nt* casing

gehbehindert adj leicht/stark ~ **sein** to have a slight/severe mobility handicap
Gehege <-s, -> [gəˈheːgə] nt enclosure
geheim [gəˈhaim] I. adj secret II. adv secretly; ~ **abstimmen** to vote by secret ballot; **etw ~ halten** to keep sth secret
Geheimagent(in) m(f) secret agent **Geheimdienst** m secret service BRIT, intelligence service AM **geheim|halten**^ALT vt irreg s. **geheim** II
Geheimnis <-ses, -se> [gəˈhaimnɪs, pl gəˈhaimnɪsə] nt secret; **vor jdm keine ~se haben** to have no secrets from sb; **das ~ des Lebens** the mystery of life
Geheimniskrämerei [gəhaimnɪskrɛːməˈrai] f (pej) secretiveness **geheimniskrämerisch** [gəˈhaimnɪskrɛːˈmərɪʃ] adj (pej) secretive
geheimnisvoll I. adj mysterious II. adv mysteriously
Geheimnummer f TELEK ex-directory number **Geheimpolizei** f secret police **Geheimschrift** f code **Geheimtipp**^RR m inside tip **Geheimzahl** f FIN PIN number
geheißen pp von **heißen**
gehen <ging, gegangen> [ˈgeːən] I. vi sein ① to go (**zu/nach** to); (**zu Fuß**) to walk; **geh schon!** go on!; ~ **wir!** let's go!; **in Urlaub ~** to go on holiday [or AM vacation]; **gehst du heute in die Stadt/auf die Post?** are you going to town/to the post office today?; ~ **wir oder fahren wir mit dem Auto?** shall we walk or drive?; **auf die andere Straßenseite ~** to cross over to the other side of the street; **auf und ab ~** to pace up and down; **schwimmen/tanzen/einkaufen/schlafen ~** to go swimming/dancing/shopping/to bed; **aufs Gymnasium/auf einen Lehrgang ~** to go to [a] grammar school/on a course; **an die Uni ~** to go to university; **ins Theater/in die Kirche ~** to go to the theatre/to church/mass/school ② (*tätig werden*) **in die Industrie ~** to go into industry; **zum Film ~** to go into films; **in die Gewerkschaft ~** to join the union ③ (*weggehen*) to go; (*abfahren a.*) to leave; **ich muss jetzt ~** I have to be off; **wann geht der Zug nach Hamburg?** when does the train to Hamburg leave? ④ (*führen*) ■**irgendwohin ~** to go somewhere; **wohin geht dieser Weg?** where does this path lead to? ⑤ (*funktionieren*) to work ⑥ (*gelingen*) **es geht ganz leicht** it's really easy ⑦ ÖKON (*laufen*) to go; **wie ~ die Geschäfte?** how's business? ⑧ ÖKON (*sich verkaufen*) to sell ⑨ (*hineinpassen*) **wie viele Leute ~ in deinen Wagen?** how many people [can] fit in[to] your car? ⑩ (*reichen*) **das Wasser geht einem bis zur Hüfte** the water comes up to one's hips; **der Rock geht ihr bis zum Knie** the skirt goes down to her knee ⑪ *Teig* to rise ⑫ (*Klingel*) to ring ⑬ (*möglich sein*) **das geht** that's possible; **das wird kaum ~** that won't be possible; **solange es geht** as long as possible; **da geht nichts mehr** there's nothing more to be done; **ich muss mal telefonieren – geht das?** I have to make a phonecall – would that be alright? ⑭ (*lauten*) **wie geht nochmal der Spruch?** how does the saying go? ⑮ (*beeinträchtigen*) **das geht [mir] ganz schön an die Nerven** that really gets on my nerves; **das geht an die Kraft** that takes it out of you ⑯ (*gerichtet sein*) ■**an jdn ~** to be addressed to sb; ■**gegen jdn/etw ~** to be directed against sb/sth; **das geht nicht gegen Sie** this isn't aimed at you ⑰ (*fam: liiert sein*) ■**mit jdm ~** to go out with sb ⑱ (*überschreiten*) **zu weit ~** to go too far; **das geht zu weit!** that's just too much! ⑲ (*übersteigen*) **über jds Geduld ~** to exhaust sb's patience; **über jds Kräfte/Möglichkeiten ~** to be too much for sb ⑳ (*fam: akzeptabel sein*) to be OK; **es geht [so]** it's OK ▶**jdm über alles ~** to mean more to sb than anything else; **es geht nichts über jdn/etw** there's nothing like sb/sth; **[ach] geh, ...!** (*fam*) [oh] come on, ...!; ÖSTERR **geh, was du nicht sagst!** go on, you're kidding! II. vi impers sein ① + adv (*sich fühlen*) **wie geht es Ihnen? — danke, mir geht es gut!** how are you? — thank you, I am well!; **nach der Spritze ging es ihr gleich wieder besser** she soon felt better again after the injection; **wie geht's denn** [so]? (*fam*) how's it going? ② + adv (*verlaufen*) **wie war denn die Prüfung? — ach, es ging ganz gut** how was the exam? — oh, it went quite well ③ (*sich handeln um*) **um was geht's denn?** what's it about then?; **worum geht es in diesem Film?** what is this film about? ④ (*wichtig sein*) **worum geht es dir eigentlich?** what are you trying to say?; **es geht mir nur um die Wahrheit** I'm only interested in the

truth ⑤ (*ergehen*) **mir ist es ähnlich/genauso gegangen** it was the same/just the same with me; **lass es dir gut ~!** look after yourself! ⑥ (*nach jds Kopf gehen*) **wenn es nach mir ginge** if it were up to me ▶ **geht's noch!?** SCHWEIZ (*iron*) are you crazy?! **III.** *vt sein* **ich gehe immer diesen Weg/diese Straße** I always walk this way/take this road **IV.** *vr haben* **sich ~ lassen** (*sich nicht beherrschen*) to lose one's self-control; (*nachlässig sein*) to let oneself go

gehen|lassen* *vr, vt irreg* **sich ~** to lose one's self-control; (*nachlässig sein*) to let oneself go

geheuer [gəˈhɔyɐ] *adj* **etw ist nicht ~** sth is eerie; **jdm nicht ~ sein** to seem suspicious to sb

Gehilfe, Gehilfin <-n, -n> [gəˈhɪlfə, gəˈhɪlfɪn] *m, f* assistant

Gehirn <-[e]s, -e> [gəˈhɪrn] *nt* brain

Gehirnerschütterung *f* concussion **Gehirnschlag** *m* stroke **Gehirntumor** *m* brain tumour **Gehirnwäsche** *f* brainwashing *no indef art, no pl*

geholfen [gəˈhɔlfn̩] *pp von* **helfen**

Gehör <-[e]s, -e> [gəˈhøːɐ̯] *nt* hearing; **das ~ verlieren** to go deaf; **jdm/einer S. [kein] ~ schenken** to [not] listen to sb/sth; **sich** *dat* **[bei jdm] ~ verschaffen** to make oneself heard [to sb]

gehorchen* [gəˈhɔrçn̩] *vi* to obey

gehören* [gəˈhøːrən] **I.** *vi* ❶ ■**jdm ~** to belong to sb; **zur Familie ~** to be one of the family; **ihm ~ mehrere Häuser** he owns several houses ❷ (*den richtigen Platz haben*) **die Kinder ~ ins Bett** the children should be in bed; **wohin ~ die Hemden?** where do the shirts go? ❸ (*angebracht sein*) **dieser Vorschlag gehört nicht hierher** this suggestion is not relevant here ❹ (*Teil sein von*) ■**zu etw** *dat* **~** to be part of sth ❺ (*nötig sein*) **zu dieser Arbeit gehört viel Konzentration** this work requires a lot of concentration; **dazu gehört nicht viel** that doesn't take much; **dazu gehört [schon] etwas** that takes some doing **II.** *vr* ■ **sich ~** to be fitting; **wie es sich gehört** as is right and proper; **sich nicht ~** to be not good manners

Gehörgang *m* ANAT auditory canal

gehörig [gəˈhøːrɪç] **I.** *adj* ❶ *attr* (*fam: beträchtlich*) good ❷ *attr* (*entsprechend*) proper **II.** *adv* (*fam*) **du hast dich ~ getäuscht** you are very much mistaken

Gehörlose(r) *f(m) dekl wie adj* (*geh*) deaf person

gehorsam [gəˈhoːɐ̯zaːm] **I.** *adj* obedient **II.** *adv* obediently

Gehorsam <-s> [gəˈhoːɐ̯zaːm] *m kein pl* obedience

Gehörschutz *m* ear protection, ear protectors *pl*

Gehweg *m* ❶ *s.* **Bürgersteig** ❷ (*Fußweg*) walk

Geier <-s, -> [ˈgaiɐ] *m* vulture

Geige <-, -n> [ˈgaigə] *f* violin ▶ **die erste ~ spielen** to call the tune; **die zweite ~ spielen** to play second fiddle

geil [ˈgail] *adj* ❶ horny; ■**~ auf jdn sein** to have the hots for sb ❷ (*sl: toll*) wicked

Geisel <-, -n> [ˈgaizl̩] *f* hostage; **jdn als ~ nehmen** to take sb hostage

Geiselnehmer(in) <-s, -> *m(f)* hostage-taker

Geißblatt *nt* honeysuckle, woodbine

Geißel <-, -n> [ˈgaisl̩] *f* scourge

geißeln [ˈgaisl̩n] *vt* (*anprangern*) to castigate

Geist <-[e]s, -er> [ˈgaist] *m* ❶ *kein pl* mind ❷ *kein pl* (*Wesen, Gesinnung*) spirit ❸ (*Gespenst*) ghost; **gute/böse ~er** good/evil spirits; **der Heilige ~** the Holy Ghost ▶ **von allen guten ~ern verlassen sein** (*fam*) to have taken leave of one's senses; **jdm auf den ~ gehen** (*fam*) to get on sb's nerves

Geisterbahn *f* ghost train **Geisterstimme** *f* ghostly voice **Geisterstunde** *f* witching hour **geistesabwesend I.** *adj* absent-minded **II.** *adv* absent-mindedly **Geistesblitz** *m* brainwave **geistesgegenwärtig I.** *adj* quick-witted **II.** *adv* with great presence of mind **geistesgestört** *adj* mentally disturbed **geisteskrank** *adj* mentally ill **Geisteskrankheit** *f* mental illness **Geisteswissenschaften** *pl* humanities

geistig [ˈgaistɪç] **I.** *adj* ❶ mental ❷ (*spirituell*) spiritual **II.** *adv* mentally; **~ behindert** mentally handicapped

geistlich [ˈgaistlɪç] *adj* religious; **~er Beistand** spiritual support

Geistliche(r) *f(m) dekl wie adj* clergyman *masc*, woman priest *fem*

geistlos *adj* inane

geistreich *adj* witty

geizen [ˈgaitsn̩] *vi* ■**mit etw** *dat* **~** ❶ to be mean with sth ❷ (*zurückhaltend sein*) to be sparing with sth

Geizhals *m* miser
geizig ['gaitsɪç] *adj* stingy, miserly
Geizkragen *m* (*fam*) *s.* **Geizhals**
Gejammer <-s> [gə'jamɐ] *nt kein pl* (*pej fam*) yammering
gekannt [gə'kant] *pp von* **kennen**
Gekläffe <-s> [gə'klɛfə] *nt kein pl* (*pej*) yapping
geklungen [gə'klʊŋən] *pp von* **klingen**
gekniffen [gə'knɪfn̩] *pp von* **kneifen**
gekommen *pp von* **kommen**
Gekritzel <-s> [gə'krɪtsl̩] *nt kein pl* (*pej*) scrawl
gekrochen [gə'krɔxn̩] *pp von* **kriechen**
gekünstelt *adj* (*pej*) artificial; *Benehmen* affected
Gel <-s, -e> ['ge:l] *nt* gel
Gelaber <-s> [gə'la:bɐ] *nt kein pl* (*pej fam*) blabbering
Gelächter <-s, -> [gə'lɛçtɐ] *nt* laughter
geladen *pp von* **laden**
gelähmt I. *pp von* **lähmen** II. *adj* paralyzed
Gelände <-s, -> [gə'lɛndə] *nt* terrain
Geländefahrzeug *nt* all-terrain vehicle
Geländer <-s, -> [gə'lɛndɐ] *nt* railing[s]; (*Treppengeländer*) banister[s]
Geländewagen *m* off-road vehicle
gelang [gə'laŋ] *imp von* **gelingen**
gelangen* [gə'laŋən] *vi sein* ❶ to reach; **ans Ziel ~** to reach one's destination; **in die falschen Hände ~** to fall into the wrong hands ❷ (*erwerben*) ■ **zu etw** *dat* **~** to achieve sth ❸ SCHWEIZ ■ **an jdn ~** *dat* to turn to sb (**mit** about)
gelassen [gə'lasn̩] I. *pp von* **lassen** II. *adj* calm III. *adv* calmly
Gelassenheit <-> *f kein pl* calmness
gelaufen *pp von* **laufen**
geläufig [gə'lɔyfɪç] *adj* familiar
gelaunt [gə'launt] *adj pred* ■ **... ~ sein** to be in a ... mood
gelb ['gɛlp] *adj* yellow
Gelb <-s, - *o* -s> ['gɛlp] *nt* yellow; (*bei Ampel*) amber
Gelbfieber *nt* yellow fever **Gelbsucht** *f kein pl* jaundice
Geld <-[e]s, -er> ['gɛlt, *pl* 'gɛldɐ] *nt kein pl* money; **bares ~** cash; **~ wie Heu haben** (*fam*) to have money to burn; **ins ~ gehen** (*fam*) to cost a pretty penny; **etw zu ~ machen** (*fam*) to turn sth into money ▶ **das ~ zum** <u>Fenster</u> **hinauswerfen** to throw money down the drain; **jdm das ~ aus der** <u>Tasche</u> **ziehen** to squeeze money out of sb
Geldanlage *f* investment **Geldautomat** *m* cashpoint, ATM **Geldbeutel** *m* purse **Gelddruckmaschine** *f* ÖKON (*fig fam*) goldmine
geldgierig *adj* avaricious **Geldkarte** *f* FIN cash card **Geldschein** *m* banknote, bill AM **Geldstrafe** *f* fine **Geldstück** *nt* coin **Geldwäsche** *f* money-laundering **Geldwechsel** *m* foreign exchange; „**~**" bureau de change **Geldwert** *m* (*eines Gegenstandes*) cash value
Gelee <-s, -s> [ʒe'le:, ʒə'le:] *m o nt* jelly
gelegen [gə'le:gn̩] I. *pp von* **liegen** II. *adj* **jdm ~ kommen** to come at the right time for sb
Gelegenheit <-, -en> [gə'le:gn̩hait] *f* ❶ opportunity; **bei passender ~** when the opportunity arises; **die ~ haben, etw zu tun** to have the opportunity of doing sth ❷ (*Anlass*) occasion; **bei dieser ~** on this occasion
Gelegenheitsarbeiter(in) *m(f)* casual labourer **Gelegenheitskauf** *m* bargain
gelegentlich [gə'le:gn̩tlɪç] I. *adj attr* occasional II. *adv* occasionally
gelehrig [gə'le:rɪç] *adj* quick to learn *pred*
gelehrt *adj* scholarly
Gelehrte(r) *f(m) dekl wie adj* scholar
Geleit <-[e]s, -e> [gə'lait] *nt* **freies ~** safe-conduct
geleiten* [gə'laitn̩] *vt* (*geh*) to escort
Geleitschutz *m* escort; **jdm/einer S. ~ geben** to escort sb/sth **Geleitzug** *m* convoy
Gelenk <-[e]s, -e> [gə'lɛŋk] *nt* joint
Gelenkentzündung *f* arthritis
gelenkig [gə'lɛŋkɪç] *adj* supple
Gelenkrheumatismus *m* MED rheumatic fever
gelesen *pp von* **lesen**
geliebt *adj* dear; **ihr ~er Mann** her beloved husband
Geliebte(r) *f(m) dekl wie adj* lover
geliehen [gə'li:ən] *pp von* **leihen**
gelingen <gelang, gelungen> [gə'lɪŋən] *vi sein* ■ **jdm gelingt es, etw zu tun** sb manages to do sth; ■ **jdm gelingt es nicht, etw zu tun** sb fails to do sth
Gelingen <-s> [gə'lɪŋən] *nt kein pl* (*geh*) success
gelitten [gə'lɪtn̩] *pp von* **leiden**
gellend I. *adj* piercing II. *adv* piercingly
geloben* [gə'lo:bn̩] *vt* (*geh*) ■ **etw ~** to

pledge sth; **jdm Gefolgschaft ~** to swear allegiance to sb
Gelöbnis <-ses, -se> [gəˈløːpnɪs, pl gəˈløːpnɪsə] nt (geh) vow; **ein ~ ablegen** to take a vow
gelogen [gəˈloːgn̩] pp von **lügen**
Gelse <-, -n> [ˈgɛlzə] f ÖSTERR gnat; (größer) mosquito
gelten <gilt, galt, gegolten> [ˈgɛltn̩] I. vi ❶ (gültig sein) ▪ [**für jdn**] ~ Regelung to be valid [for sb]; Bestimmungen to apply [to sb]; Gesetz to be in force ❷ (zutreffen) ▪ **für jdn ~** to go for sb ❸ (gehalten werden) ▪ **als etw ~** to be regarded as sth ▶ **etw ~ lassen** to accept sth II. vi impers ▪ **es gilt, etw zu tun** it is necessary to do sth; **das gilt nicht!** that's not allowed!
geltend adj attr (gültig) current; **einen Einwand ~ machen** to raise an objection; **Ansprüche/Forderungen ~ machen** to make claims/demands
Geltung <-> kein pl f ❶ (Gültigkeit) validity; **~ erlangen/haben** to become/be valid ❷ (Ansehen) prestige; **sich/einer S. dat ~ verschaffen** to establish one's position/to enforce sth
Geltungsbedürfnis nt kein pl need for admiration **Geltungsdauer** f [period of] validity
Gelübde <-s, -> [gəˈlʏpdə] nt vow
gelungen [gəˈlʊŋən] I. pp von **gelingen** II. adj attr successful attr
gemächlich [gəˈmɛːçlɪç] I. adj leisurely; Leben quiet II. adv leisurely
Gemahl(in) <-s, -e> [gəˈmaːl] m(f) (geh) spouse
Gemälde <-s, -> [gəˈmɛːldə] nt painting
gemäß [gəˈmɛːs] I. präp +dat in accordance with; **~ § 198** according to § 198 II. adj ▪ **jdm/einer S. ~** appropriate to sb/sth
gemäßigt adj ❶ Klima temperate ❷ (moderat) moderate
Gemäuer <-s> [gəˈmɔyɐ] nt kein pl walls pl
Gemecker [gəˈmɛkɐ], **Gemeckere** <-s> [gəˈmɛkərə] nt kein pl (pej) whinging
gemein [gəˈmain] adj ❶ (niederträchtig) mean ❷ pred (geh) common; ▪ **jdm/einer S. ~ sein** to be common to sb/sth; **etw mit jdm ~ haben** to have sth in common with sb
Gemeinde <-, -n> [gəˈmaində] f ❶ (Kommune) municipality ❷ (Pfarrgemeinde) parish; (Gläubige) parishioners pl

Gemeindehaus nt REL parish rooms pl
Gemeinderat[1] m district council **Gemeinderat, -rätin**[2] m, f district councillor BRIT, councilman AM **Gemeindeschwester** f district nurse **Gemeindesteuer** f local tax **Gemeindeverwaltung** f district council **Gemeindezentrum** nt REL parish rooms pl
gemeingefährlich adj constituting a public danger pred
Gemeingut nt kein pl common property
Gemeinheit <-, -en> f meanness; **so eine ~ !** that was a mean thing to do/say!
gemeinnützig [gəˈmainnʏtsɪç] adj charitable
gemeinsam [gəˈmainzaːm] I. adj ❶ (mehreren gehörend) common; **etw ~ haben** to have sth in common ❷ (von mehreren unternommen) joint attr II. adv jointly
Gemeinschaft <-, -en> f community; **in ~ mit jdm/etw** together with sb/sth
gemeinschaftlich adj s. **gemeinsam**
Gemeinschaftskunde f kein pl social studies + sing vb **Gemeinschaftspraxis** f joint practice **Gemeinschaftssinn** m kein pl SOZIOL community spirit
Gemeinwohl nt ▪ **das ~** the public welfare; **dem ~ dienen** to be in the public interest
Gemenge <-s, -> [gəˈmɛŋə] nt ❶ (Mischung) mixture (**aus** of) ❷ (Durcheinander) jumble no pl
Gemetzel <-s, -> [gəˈmɛtsl̩] nt bloodbath
gemieden [gəˈmiːdn̩] pp von **meiden**
Gemisch <-[e]s, -e> [gəˈmɪʃ] nt mixture
gemischt adj mixed
gemocht [gəˈmɔxt] pp von **mögen**
gemolken [gəˈmɔlkn̩] pp von **melken**
Gemse^ALT <-, -n> [ˈgɛmzə] f s. **Gämse**
Gemüse <-s, selten -> [gəˈmyːzə] nt vegetables pl
Gemüseanbau m growing of vegetables **Gemüsegarten** m kitchen garden **Gemüsehändler(in)** m(f) greengrocer BRIT
gemusst^RR, **gemußt**^ALT [gəˈmʊst] pp von **müssen**
gemustert adj patterned
Gemüt <-[e]s, -er> [gəˈmyːt] nt ❶ (Seele) soul ❷ (Emotionen) feelings pl; **die ~er erregen** to cause a stir; **jdm aufs ~ schlagen** to get to sb fam
gemütlich I. adj ❶ (bequem) comfortable; **es sich/jdm ~ machen** to make oneself/

sb comfortable ❷ (*ungezwungen*) informal II. *adv* (*behaglich*) comfortably
Gemütlichkeit <-> *f kein pl* ❶ cosiness ❷ (*Ungezwungenheit*) informality
Gemütsmensch *m* (*fam*) good-natured person **Gemütsruhe** *f* calmness **Gemütsverfassung** *f*, **Gemütszustand** *m* mood
Gen <-s, -e> ['geːn] *nt* gene
genannt [gəˈnant] *pp von* **nennen**
genas [gəˈnaːs] *imp von* **genesen**
genau [gəˈnau] I. *adj* exact II. *adv* ❶ exactly; ~ **in der Mitte** right in the middle; ~ **genommen** strictly speaking; **etw** ~ **er betrachten** to take a closer look at sth; **etw** [**nicht**] ~ **wissen** to [not] know sth for certain ❷ (*gerade*) **sie ist** ~ **die richtige Frau für diesen Job** she's just the right woman for the job ▶ **es** [**nicht**] ~ **nehmen** to [not] be very particular (**mit** about); **wenn man es** ~ **nimmt** strictly speaking
genaugenommen *adv* strictly speaking
Genauigkeit <-> [gəˈnauɪçkait] *f kein pl* exactness
genauso [gəˈnauzoː] *adv* just the same; ~ **kalt/klein wie ...** just as cold/small as ...
Gendefekt *m* BIOL, MED genetic defect
genehmigen* [gəˈneːmɪgn̩] I. *vt* ▪ [**jdm**] **etw** ~ to grant [sb] permission for sth II. *vr* ▪ **sich** *dat* **etw** ~ to indulge in sth
Genehmigung <-, -en> *f* ❶ approval ❷ (*Dokument*) permit
geneigt *adj* (*geh*) ▪ ~ **sein, etw zu tun** to be inclined to do sth
General(in) <-[e]s, -e *o* Generäle> [genəˈraːl, *pl* genəˈrɛːlə] *m(f)* general
Generaldirektor(in) *m(f)* director general
Generalintendant(in) *m(f)* THEAT, MUS director **Generalkonsul(in)** *m(f)* consul general **Generalkonsulat** *nt* consulate general
Generalprobe *f* THEAT dress rehearsal
Generalstreik *m* general strike **generalüberholen*** *vt nur infin und pp* to completely overhaul **Generaluntersuchung** *f* complete check-up **Generalversammlung** *f* general meeting
Generation <-, -en> [genəraˈtsi̯oːn] *f* generation
Generator <-s, -toren> [genəˈraːtoːɐ̯, *pl* genəraˈtoːrən] *m* generator
generell [genəˈrɛl] I. *adj* general II. *adv* generally
genervt [gəˈnɛrft] *adj* at the end of one's tether
genesen <genas, genesen> [gəˈneːzn̩] *vi sein* (*geh*) to recover
Genesung <-, *selten* -en> [gəˈneːzʊŋ] *f* (*geh*) convalescence *no pl*
Genetik <-> [geˈneːtɪk] *f kein pl* genetics + *sing vb*
genetisch [geˈneːtɪʃ] *adj* genetic
Genf <-s> ['gɛnf] *nt* Geneva
Genforschung *f* genetic research
genial [geˈni̯aːl] *adj* brilliant
Genick <-[e]s, -e> [gəˈnɪk] *nt* neck
Genickstarre *f* stiffness of the neck
Genie <-s, -s> [ʒeˈniː] *nt* genius
genieren* [ʒeˈniːrən] *vr* ▪ **sich** ~ to be embarrassed; ▪ **sich** ~, **etw zu tun** to not like doing sth
genießen <genoss, genossen> [gəˈniːsn̩] *vt* to enjoy
Genießer(in) <-s, -> *m(f)* gourmet
Genitiv <-s, -e> ['geːnitiːf, *pl* 'geːnitiːvə] *m* genitive
genommen [gəˈnɔmən] *pp von* **nehmen**
genormt *adj* standardized
genoss[RR], **genoß**[ALT] [gəˈnɔs] *imp von* **genießen**
Genosse, Genossin <-n, -n> [gəˈnɔsə, gəˈnɔsɪn] *m, f* comrade
genossen [gəˈnɔsn̩] *pp von* **genießen**
Genossenschaft <-, -en> [gəˈnɔsn̩ʃaft] *f* cooperative
Genossin <-, -nen> *f fem form von* **Genosse**
Gentechnik *f* genetic engineering **gentechnikfrei** *adj* BIOL GM-free BRIT, not genetically engineered AM **Gentherapie** *f* MED gene [*or* genetic] therapy **Gentransfer** *m* BIOL, MED gene transfer
genug [gəˈnuːk] *adv* enough; ~ **haben** to have had enough (**von** of); **jetzt ist**[**'s**] **aber** ~! that's enough!
Genüge <-> [gəˈnyːgə] *f kein pl* **zur** ~ [quite] enough
genügen* [gəˈnyːgn̩] *vi* ▪ [**jdm**] ~ to be enough [for sb]
genügend [gəˈnyːgn̩t] *adv* enough
genügsam [gəˈnyːkzaːm] I. *adj* modest II. *adv* modestly
Genugtuung <-, *selten* -en> [gəˈnuːktuːʊŋ] *f* satisfaction
Genus <-, Genera> ['gɛnʊs, *pl* 'gɛnera] *nt* gender

Genuss[RR] <-es, Genüsse> *m*, **Genuß**[ALT] <-sses, Genüsse> [gəˈnʊs, *pl* gəˈnʏsə] *m* ① (*Freude*) delight ② *kein pl* (*geh: das Zusichnehmen*) consumption ③ (*das Genießen*) enjoyment; **etw mit ~ tun** to do sth with relish

genüsslich[RR], **genüßlich**[ALT] I. *adj* pleasurable II. *adv* with relish **Genussmittel**[RR] *nt* luxury foods, alcohol and tobacco

genverändert *adj* genetically manipulated

Geograf(in)[RR] <-en, -en> [geoˈgraːf] *m(f)* geographer

Geografie[RR] <-> [geograˈfiː] *f kein pl s.* **Geographie**

geografisch[RR] *adj* geographic[al]

Geograph(in) <-en, -en> [geoˈgraːf] *m(f)* geographer

Geographie <-> [geograˈfiː] *f kein pl* geography

geographisch [geoˈgraːfɪʃ] *adj* geographic[al]

geologisch [geoˈloːgɪʃ] *adj* geological

Geometrie <-> [geomeˈtriː] *f kein pl* geometry

geometrisch [geoˈmeːtrɪʃ] *adj* geometric

Gepäck <-[e]s -> [gəˈpɛk] *nt kein pl* luggage BRIT, baggage AM

Gepäckabfertigung *f* luggage check-in **Gepäckausgabe** *f* luggage reclaim BRIT, baggage pickup AM **Gepäckschließfach** *nt* baggage [*or* BRIT *a.* luggage] locker **Gepäckstück** *nt* piece of luggage **Gepäckträger**[1] *m* (*am Rad*) carrier **Gepäckträger(in)**[2] *m(f)* porter **Gepäckwagen** *m* luggage van BRIT, baggage car AM

gepfeffert *adj* (*fam*) *Preise* steep

gepfiffen [gəˈpfɪfn̩] *pp von* **pfeifen**

gepflegt *adj* ① *Aussehen* well-groomed; *Garten* well-tended ② *Ausdrucksweise* cultured

gepriesen [gəˈpriːzn̩] *pp von* **preisen**

gequollen [gəˈkvɔlən] *pp von* **quellen**

gerade [gəˈraːdə] I. *adj* ① (*nicht krumm*) straight; (*aufrecht*) upright; **~ sitzen/stehen** to sit/stand up straight ② *Zahl* even II. *adv* (*fam*) just; **haben Sie ~ einen Moment Zeit?** do you have time just now?; **sie hat die Prüfung ~ so bestanden** she only just passed the exam III. *part* (*ausgerechnet*) **~ heute/morgen** today/tomorrow of all days; **warum ~ jetzt?** why now of all times?; **~ du** you of all people ▶ **das hat ~ noch gefehlt!** (*iron*) that's all I need!; **nicht ~ billig etc.** not exactly cheap etc.

Gerade <-n, -n> [gəˈraːdə] *f* MATH straight line

geradeaus [gəraːdəˈʔaus] *adv* straight ahead; **~ fahren** to drive straight on

geradelbiegen *vt irreg* to straighten out *sep*

geradeheraus [gəraːdəhɛˈraus] *adv* frankly **geradelstehen** *vi irreg* ■ **für jdn/etw ~** to answer for sb/sth

geradewegs [gəˈraːdəveːks] *adv* straight; **~ nach Hause** straight home

geradezu [gəˈraːdətsuː] *adv* really

geradlinig *adj, adv* straight

Geranie <-, -n> [geˈraːniə] *f* geranium

gerann [gəˈran] *imp von* **gerinnen**

gerannt [gəˈrant] *pp von* **rennen**

Gerät <-[e]s, -e> [gəˈrɛːt] *nt* ① device ② ELEK appliance ③ *kein pl* (*Ausrüstung*) equipment

geraten[1] <gerät, geriet, geraten> [gəˈraːtn̩] *vi sein* ① (*gelangen*) ■ **in etw** *akk* **~** to get into sth; **in einen Sturm ~** to get caught in a storm ② (*erfüllt werden von*) **in Furcht/Wut ~** to get scared/angry; **in Panik ~** to start to panic ③ (*beginnen, etw zu tun*) **ins Träumen ~** to fall into a dream; **in Vergessenheit ~** to fall into oblivion ④ (*ausfallen*) **das Essay ist zu kurz ~** the essay turned out too short ⑤ (*gelingen*) **das Soufflé ist mir ~/mir nicht ~** my souffle turned/didn't turn out well ⑥ (*fam*) ■ **an jdn ~** to come across sb

geraten[2] [gəˈraːtn̩] *pp von* **raten**

Geräteturnen *nt* gymnastics + *sing vb* (*on apparatus*)

Geratewohl [gəraːtəˈvoːl, gəˈraːtəvoːl] *nt* ▶ **aufs ~** on the off-chance

geraum [gəˈraum] *adj attr* (*geh*) some *attr*

geräumig [gəˈrɔymɪç] *adj* spacious

Geräusch <-[e]s, -e> [gəˈrɔyʃ] *nt* noise

geräuscharm *adj* low-noise **geräuschempfindlich** *adj* sensitive to noise *pred* **geräuschlos** *adj* silent **geräuschvoll** *adj* loud

gerben [ˈgɛrbn̩] *vt* to tan

gerecht [gəˈrɛçt] I. *adj* ① just; ■ **~ [gegen jdn] sein** to be fair [to sb] ② (*erfüllen*) ■ **einer S.** *dat* **~ werden** to fulfil sth; **Erwartungen ~ werden** to meet expectations II. *adv* justly

Gerechtigkeit <-> [gəˈrɛçtɪçkait] *f kein pl* ① justice ② (*Unparteilichkeit*) fairness

▶ **ausgleichende** ~ poetic justice
Gerede <-s> [gəˈreːda] nt kein pl gossip
gereizt adj (verärgert) irritated
Geriatrie <-> [geri̯aˈtriː] f kein pl geriatrics no art, + sing vb
Gericht[1] <-[e]s, -e> [gəˈrɪçt] nt (Speise) dish
Gericht[2] <-[e]s, -e> [gəˈrɪçt] nt JUR court; **jdn/einen Fall vor ~ bringen** to take sb/a case to court ▶ **das Jüngste ~** Judg[e]ment Day
gerichtlich I. adj attr judicial II. adv legally; **~ gegen jdn vorgehen** to take sb to court
Gerichtsbarkeit <-, -en> f jurisdiction **Gerichtsbeschluss**[RR] m court decision **Gerichtshof** m law court; **der Europäische ~** the European Court of Justice **Gerichtssaal** m courtroom **Gerichtsverfahren** nt legal proceedings pl; **ein ~ gegen jdn einleiten** to take legal proceedings against sb **Gerichtsverhandlung** f trial; (zivil) hearing **Gerichtsvollzieher(in)** <-s, -> m(f) bailiff BRIT, U.S Marshal AM
geriet [gəˈriːt] imp von **geraten**[1]
gering [gəˈrɪŋ] I. adj ❶ (niedrig) low; Menge small; **von ~em Wert** of little value; **nicht das G~ste** nothing at all ❷ (unerheblich) slight II. adv **jdn/etw ~ schätzen** to have a low opinion of sb
geringfügig [gəˈrɪŋfyːgɪç] I. adj insignificant; Betrag small II. adv slightly **gering|schätzen** vt **jdn/etw ~** to have a low opinion of sb/sth **geringschätzig** [gəˈrɪŋʃɛtsɪç] I. adj contemptuous II. adv disparagingly
gerinnen <gerann, geronnen> [gəˈrɪnən] vi sein to coagulate
Gerinnsel <-s, -> [gəˈrɪnzl̩] nt clot
Gerippe <-s, -> [gəˈrɪpə] nt skeleton
gerissen [gəˈrɪsn̩] I. pp von **reißen** II. adj (fam) crafty
geritten [gəˈrɪtn̩] pp von **reiten**
Germane, Germanin <-n, -n> [gɛrˈmaːnə, gɛrˈmaːnɪn] m, f Teuton
germanisch [gɛrˈmaːnɪʃ] adj ❶ HIST Teutonic ❷ LING Germanic
Germanistik <-> [gɛrmaˈnɪstɪk] f kein pl German [studies npl]
gern(e) <lieber, am liebsten> [ˈgɛrn(ə)] adv (freudig) with pleasure; **etw ~ tun** to like doing/to do sth ▶ **~ geschehen!** don't mention it!
gerochen [gəˈrɔxn̩] pp von **riechen**

Geröll <-[e]s> [gəˈrœl] kein pl nt scree; (größer) boulders pl
Gerste <-> [ˈgɛrstə] f kein pl barley
Gerstenkorn nt MED sty[e]
Geruch <-[e]s, Gerüche> [gəˈrʊx, pl gəˈrʏçə] m smell
geruchlos adj odourless
Geruch(s)sinn m kein pl sense of smell
Gerücht <-[e]s, -e> [gəˈrʏçt] nt rumour; **ein ~ in die Welt setzen** to start a rumour
gerufen pp von **rufen**
geruhsam adj peaceful
Gerümpel <-s> [gəˈrʏmpl̩] nt kein pl junk
Gerundium <-s, -ien> [geˈrʊndi̯ʊm, pl geˈrʊndi̯ən] nt gerund
gerungen [gəˈrʊŋən] pp von **ringen**
Gerüst <-[e]s, -e> [gəˈrʏst] nt BAU scaffold
gesalzen [gəˈzaltsn̩] I. pp von **salzen** II. adj (fam) Preis steep
gesamt [gəˈzamt] adj attr whole
Gesamtbetrag m total **Gesamteindruck** m overall impression **Gesamtkosten** pl total costs **Gesamtschule** f ≈ comprehensive school **Gesamtwertung** f SPORT overall placings pl
gesandt [gəˈzant] pp von **senden**[2]
Gesandte(r) [gəˈzantə] f(m) dekl wie adj, **Gesandtin** [gəˈzantɪn] f envoy
Gesandtschaft <-, -en> [gəˈzantʃaft] f embassy
Gesang <-[e]s, Gesänge> [gəˈzaŋ, pl gəˈzɛŋə] m song
Gesangbuch nt hymn book **Gesangseinlage** f MUS musical insert **Gesangverein** m choral society
Gesäß <-es, -e> [gəˈzɛːs] nt bottom
geschaffen pp von **schaffen**[2]
Geschäft <-[e]s, -e> [gəˈʃɛft] nt ❶ (Laden) shop, AM usu store ❷ (Gewerbe) business; [mit jdm] **~e machen** to do business [with sb] ❸ (Geschäftsabschluss) deal; **ein ~ machen** to make a deal; **ein gutes ~ machen** to get a good bargain ❹ (Angelegenheit) business
geschäftig [gəˈʃɛftɪç] adj busy
geschäftlich [gəˈʃɛftlɪç] I. adj business attr II. adv on business; **~ verreist** away on business
Geschäftsbrief m business letter **Geschäftsfrau** f businesswoman **geschäftsführend** adj attr acting **Geschäftsführer(in)** m(f) ❶ manager ❷ (eines Ver-

Geschäftsidee – geschwätzig

eins) secretary **Geschäftsidee** *f* ÖKON business concept **Geschäftsjahr** *nt* financial year **Geschäftsleute** *pl von* **Geschäftsmann, -frau** businessmen, -women **Geschäftsmann** *m* businessman **Geschäftsraum** *m* business premises *pl* **Geschäftsreise** *f* business trip **Geschäftsschluss**^RR *m* closing time **Geschäftsstelle** *f* office **geschäftstüchtig** *adj* business-minded **Geschäftszeit** *f* opening hours

geschah [gə'ʃaː] *imp von* **geschehen**

geschehen <geschah, geschehen> [gə'ʃeːən] *vi sein* to happen; ▪**jdm geschieht etw** sth happens to sb; **es muss etwas ~** something's got to be done; **das geschieht dir recht!** it serves you right!

Geschehen <-s, -> [gə'ʃeːən] *nt* events *pl*; **der Ort des ~s** the scene [of the event]

gescheit [gə'ʃait] *adj* clever

Geschenk <-[e]s, -e> [gə'ʃɛŋk] *nt* present; **jdm ein ~ machen** to give sb a present ▶ **ein ~ des** Himmels **sein** to be heaven sent

Geschenkgutschein *m* gift voucher **Geschenkpackung** *f* gift pack **Geschenkpapier** *nt* gift wrap

Geschichte <-, -n> [gə'ʃɪçtə] *f* ❶ *kein pl* history; **Alte/Mittlere/Neue ~** ancient/medieval/modern history ❷ (*Erzählung*) story ❸ (*fam: Angelegenheit*) business; **die ganze ~** the whole lot

geschichtlich [gə'ʃɪçtlɪç] I. *adj* ❶ historical ❷ (*bedeutend*) historic II. *adv* historically; **~ bedeutsam** of historic importance

Geschichtsbuch *nt* history book

Geschick¹ <-[e]s> [gə'ʃɪk] *nt kein pl* skill

Geschick² <-[e]s, -e> [gə'ʃɪk] *nt* (*Schicksal*) fate

Geschicklichkeit <-> *f kein pl* skill

geschickt I. *adj* skilful II. *adv* skilfully

geschieden [gə'ʃiːdn̩] I. *pp von* **scheiden** II. *adj* divorced

geschienen [gə'ʃiːnən] *pp von* **scheinen**

Geschirr <-[e]s, -e> [gə'ʃɪr] *nt* ❶ *kein pl* dishes *pl* ❷ (*Pferdegeschirr*) harness

Geschirrschrank *m* china cupboard **Geschirrspüler** <-s, -> *m* (*fam*) *s.* **Geschirrspülmaschine Geschirrspülmaschine** *f* dishwasher **Geschirrspülmittel** *nt* washing-up liquid BRIT, dish soap AM **Geschirrtuch** *nt* dish cloth

geschissen [gə'ʃɪsn̩] *pp von* **scheißen**

geschlafen *pp von* **schlafen**
geschlagen *pp von* **schlagen**

Geschlecht <-[e]s, -er> [gə'ʃlɛçt] *nt* ❶ *kein pl* gender; **das andere ~** the opposite sex; **beiderlei ~s** of both sexes; **männlichen/weiblichen ~s** (*geh*) male/female ❷ (*Sippe*) family

Geschlechtskrankheit *f* sexually transmitted disease **Geschlechtsteil** *nt* genitals *npl* **Geschlechtsverkehr** *m* sexual intercourse

geschlichen [gə'ʃlɪçn̩] *pp von* **schleichen**
geschliffen [gə'ʃlɪfn̩] *pp von* **schleifen**²
geschlossen [gə'ʃlɔsn̩] *pp von* **schließen**
geschlungen [gə'ʃlʊŋən] *pp von* **schlingen**

Geschmack <-[e]s> [gə'ʃmak, *pl* gə'ʃmɛkə] *m kein pl* taste; **etw ist nicht mein ~** sth is not to my taste; **auf den ~ kommen** to acquire a taste for sth; **für meinen ~** for my taste ▶ **über ~ lässt sich** [**nicht**] streiten (*prov*) there's no accounting for taste

geschmacklos *adj* tasteless
Geschmacklosigkeit <-, -en> *f* tastelessness

geschmackvoll I. *adj* tasteful II. *adv* tastefully

geschmeidig [gə'ʃmaidɪç] *adj* supple

geschmissen [gə'ʃmɪsn̩] *pp von* **schmeißen**

geschmolzen [gə'ʃmɔltsn̩] *pp von* **schmelzen**

geschnitten [gə'ʃnɪtn̩] *pp von* **schneiden**
geschoben [gə'ʃoːbn̩] *pp von* **schieben**
gescholten [gə'ʃɔltn̩] *pp von* **schelten**
Geschöpf <-[e]s, -e> [gə'ʃœpf] *nt* creature
geschoren [gə'ʃoːrən] *pp von* **scheren**¹
Geschoss^RR <-es, -e> [gə'ʃɔs] *nt,* **Geschoß**^ALT <-sses, -sse> [gə'ʃɔs] *nt* ❶ (*Etage*) floor [*or* AM story] ❷ MIL projectile

geschossen [gə'ʃɔsn̩] *pp von* **schießen**

geschraubt I. *adj* (*pej*) affected II. *adv* affectedly

Geschrei <-s> [gə'ʃrai] *nt kein pl* ❶ shouting ❷ (*fam: Lamentieren*) fuss

geschrieben [gə'ʃriːbn̩] *pp von* **schreiben**
geschrie(**e**)**n** [gə'ʃriː(ə)n] *pp von* **schreien**
geschritten [gə'ʃrɪtn̩] *pp von* **schreiten**
geschunden [gə'ʃʊndn̩] *pp von* **schinden**
Geschwafel <-s> [gə'ʃvaːfl̩] *nt kein pl* (*pej fam*) waffle
Geschwätz <-es> [gə'ʃvɛts] *nt kein pl* (*pej fam*) ❶ waffle ❷ (*Klatsch*) gossip
geschwätzig [gə'ʃvɛtsɪç] *adj* (*pej*) talkative

geschweige [gəˈʃvaigə] *konj* ■ ~ [**denn**] let alone
geschwiegen [gəˈʃviːgn̩] *pp von* **schweigen**
geschwind [gəˈʃvɪnt] *adv* quickly
Geschwindigkeit <-, -en> [gəˈʃvɪndɪçkait] *f* speed
Geschwindigkeitsbegrenzung *f*, **Geschwindigkeitsbeschränkung** *f* speed limit **Geschwindigkeitskontrolle** *f* speed [*or* radar] trap
Geschwister [gəˈʃvɪstɐ] *pl* brothers and sisters *pl*
geschwollen [gəˈʃvɔlən] I. *pp von* **schwellen** II. *adj* (*pej*) pompous III. *adv* in a pompous way
geschwommen [gəˈʃvɔmən] *pp von* **schwimmen**
Geschworene(r) *f(m) dekl wie adj* juror; **die ~n** the jury
Geschwulst <-, Geschwülste> [gəˈʃvʊlst, *pl* gəˈʃvʏlstə] *f* tumour
geschwunden [gəˈʃvʊndn̩] *pp von* **schwinden**
Geschwür <-s, -e> [gəˈʃvyːɐ̯] *nt* ulcer
gesehen *pp von* **sehen**
Geselchte(s) *nt dekl wie adj* KOCHK SÜDD, ÖSTERR smoked meat
gesellen* [gəˈzɛlən] *vr* (*geh*) ■ **sich zu jdm ~** to join sb
gesellig [gəˈzɛlɪç] *adj* sociable; *Abend* convivial; **ein ~es Beisammensein** a friendly get-together
Geselligkeit <-, -en> *f* gregariousness
Gesellschaft <-, -en> [gəˈzɛlʃaft] *f* ❶ society ❷ ÖKON company BRIT, corporation AM ❸ (*Gruppe*) group of people; **sich in guter ~ befinden** to be in good company; **in schlechte ~ geraten** to get in with the wrong crowd; **jdm ~ leisten** to join sb
Gesellschafter(in) <-s, -> *m(f)* ÖKON shareholder
gesellschaftlich *adj* social
gesellschaftsfähig *adj* socially acceptable **Gesellschaftsspiel** *nt* party game
gesessen [gəˈzɛsn̩] *pp von* **sitzen**
Gesetz <-es, -e> [gəˈzɛts] *nt* law
Gesetzbuch *nt* statute book; **Bürgerliches ~** Civil Code **Gesetzentwurf** *m* draft legislation
gesetzgebend *adj attr* legislative
Gesetzgeber <-s, -> *m* legislature
Gesetzgebung <-, -en> *f* legislation
gesetzlich [gəˈzɛtslɪç] I. *adj* legal II. *adv* legally
gesetzlos *adj* lawless
Gesetzmäßigkeit <-, -en> *f* regularity
gesetzt I. *adj* dignified II. *konj* ■ ~ [**den Fall**], ... assuming that ...
gesichert I. *pp von* **sichern** II. *adj* secure[d]; *Erkenntnisse* solid; *Fakten* indisputable, irrefutable
Gesicht <-[e]s, -er> [gəˈzɪçt] *nt* face; **ein böses/trauriges ~ machen** to look angry/sad; **jdm etw ins ~ sagen** to say sth to sb's face ▶ **sein wahres ~ zeigen** to show one's true colours; **das ~ verlieren** to lose face; **das ~ wahren** to save face
Gesichtsausdruck <-ausdrücke> *m* expression **Gesichtscreme** [-kreːm] *f* face cream **Gesichtsfarbe** *f* complexion **Gesichtsfeld** *nt* (*Blickfeld*) field of vision **Gesichtspflege** *f* facial care **Gesichtspunkt** *m* point of view **Gesichtszüge** *pl* features
Gesindel <-s> [gəˈzɪndl̩] *nt kein pl* (*pej*) riff-raff
gesinnt [gəˈzɪnt] *adj meist pred* minded; **jdm gut/übel ~ sein** to be well-disposed/ill-disposed towards sb
Gesinnung <-, -en> *f* conviction
Gesinnungswandel *m* change of attitude
gesittet [gəˈzɪtət] *adj* well-brought up
Gesöff <-[e]s, -e> [gəˈzœf] *nt* (*pej sl*) pigswill, muck *no pl*
gesoffen [gəˈzɔfn̩] *pp von* **saufen**
gesogen [gəˈzoːgn̩] *pp von* **saugen**
gespalten [gəˈʃpaltn̩] *pp von* **spalten**
Gespann <-[e]s, -e> [gəˈʃpan] *nt* (*fam: Paar*) pair
gespannt *adj* ❶ ■ ~ **sein, ob/was** ... to be anxious to see whether/what ...; **ich bin auf seine Reaktion ~** I wonder what his reaction will be ❷ (*konfliktträchtig*) tense
Gespenst <-[e]s, -er> [gəˈʃpɛnst] *nt* ghost
gespenstisch [gəˈʃpɛnstɪʃ] *adj* eerie
gesperrt *pp von* **sperren** *Konto* blocked, frozen
gesponnen [gəˈʃpɔnən] *pp von* **spinnen**
Gespött <-[e]s> [gəˈʃpœt] *nt* **jdn/sich zum ~ machen** to make sb/oneself a laughing stock
Gespräch <-[e]s, -e> [gəˈʃprɛːç] *nt* conversation; **ein ~ mit jdm führen** to have a conversation with sb; **im ~ sein** to be under

consideration
gesprächig [gəˈʃprɛːçɪç] *adj* talkative
Gesprächseinheit *f* TELEK unit
gespreizt *adj s.* **affektiert**
gesprenkelt *adj* mottled
gesprochen [gəˈʃprɔxn̩] *pp von* **sprechen**
gesprossen [gəˈʃprɔsn̩] *pp von* **sprießen**
gesprungen [gəˈʃprʊŋən] *pp von* **springen**
Gespür <-s> [gəˈʃpyːɐ̯] *nt kein pl* instinct
Gestalt <-, -en> [gəˈʃtalt] *f* ❶ (*Mensch*) figure ❷ (*Person*) character; **in ~ von jdm** in the form of sb ▶ [**feste**] **~ annehmen** to take [definite] shape
gestalten* [gəˈʃtaltn̩] *vt* to design; **etw neu/anders ~** to redesign sth
Gestaltung <-, -en> *f* design
Gestammel <-s> [gəˈʃtaml̩] *nt kein pl* stammering and stuttering
gestand *imp von* **gestehen**
geständig [gəˈʃtɛndɪç] *adj* ▪ **~ sein** to have confessed
Geständnis <-ses, -se> [gəˈʃtɛntnɪs, *pl* gəˈʃtɛntnɪsə] *nt* confession
Gestank <-[e]s> [gəˈʃtaŋk] *m kein pl* stench
gestatten* [gəˈʃtatn̩] *vt* to permit; ▪ **jdm ~, etw zu tun** to allow sb to do sth
Geste <-, -n> [ˈgeːstə, ˈgɛstə] *f* gesture
gestehen <gestand, gestanden> [gəˈʃteːən] *vi, vt* to confess
Gestein <-[e]s, -e> [gəˈʃtain] *nt* rock
Gestell <-[e]s, -e> [gəˈʃtɛl] *nt* ❶ (*Bretterregal*) shelves ❷ (*Brillengestell*) frame
gestern [ˈgɛstɐn] *adv* yesterday; **~ vor einer Woche** a week ago yesterday; **~ Morgen/Mittag** yesterday morning/lunchtime
gestiegen [gəˈʃtiːgn̩] *pp von* **steigen**
gestochen [gəˈʃtɔxn̩] I. *pp von* **stechen** II. *adv* ▪ **scharf** crystal clear
gestohlen [gəˈʃtoːlən] *pp von* **stehlen**
gestorben [gəˈʃtɔrbn̩] *pp von* **sterben**
gestoßen [gəˈʃtoːsn̩] *pp von* **stoßen**
Gestotter <-s> [gəˈʃtɔtɐ] *nt kein pl* stammering
gestreift I. *pp von* **streifen** II. *adj* striped
gestrichen [gəˈʃtrɪçn̩] I. *pp von* **streichen** II. *adv* **~ voll** full to the brim
gestrig [ˈgɛstrɪç] *adj attr* yesterday's
gestritten [gəˈʃtrɪtn̩] *pp von* **streiten**
Gestrüpp <-[e]s, -e> [gəˈʃtrʏp] *nt* undergrowth
gestunken [gəˈʃtʊŋkn̩] *pp von* **stinken**
Gestüt <-[e]s, -e> [gəˈʃtyːt] *nt* stud farm

Gesuch <-[e]s, -e> [gəˈzuːx] *nt* request
gesucht *adj* much sought-after
gesund <gesünder, gesündeste> [gəˈzʊnt] *adj* healthy; **geistig und körperlich ~** sound in mind and body; **~ und munter** in good shape; **wieder ~ werden** to get well again
Gesundheit <-> *f kein pl* health; **auf Ihre ~!** your health!; **~!** bless you!
gesundheitlich *adj* **ein ~es Problem** a health problem; **aus ~en Gründen** for health reasons
Gesundheitsamt *nt* local public health department **Gesundheitstourist(in)** *m(f)* TOURIST, MED health tourist **Gesundheitsvorsorgung** *f kein pl* MED healthcare **Gesundheitswesen** *nt* health system [*or* service]
gesungen [gəˈzʊŋən] *pp von* **singen**
gesunken [gəˈzʊŋkn̩] *pp von* **sinken**
getan [gəˈtaːn] *pp von* **tun**
Getöse <-s> [gəˈtøːzə] *nt kein pl* racket
getragen [gəˈtraːgn̩] I. *pp von* **tragen** II. *adj Kleider* second-hand
Getrampel <-s> [gəˈtrampl̩] *nt kein pl* (*fam*) tramping; (*als Beifall*) stamping
Getränk <-[e]s, -e> [gəˈtrɛŋk] *nt* drink
Getränkeautomat *m* drinks dispenser **Getränkemarkt** *m* ≈ off-licence
getrauen* [gəˈtrauən] *vr* (*wagen*) ▪ **sich ~, etw zu tun** to dare to do sth
Getreide <-s, -> [gəˈtraidə] *nt* cereal; (*geerntet*) grain
Getreide(an)bau *m kein pl* farming of cereal
getrennt I. *adj* separate II. *adv* separately
getreten *pp von* **treten**
getreu[1] [gəˈtrɔy] *adj* (*genau*) exact
getreu[2] [gəˈtrɔy] *präp* ▪ **~ einer S.** *dat* in accordance with sth *form*
Getriebe <-s, -> [gəˈtriːbə] *nt* gear[s] *pl*
getrieben [gəˈtriːbn̩] *pp von* **treiben**
getroffen [gəˈtrɔfn̩] *pp von* **treffen, triefen**
getrogen [gəˈtroːgn̩] *pp von* **trügen**
getrost [gəˈtroːst] *adv* safely
getrübt *adj* (*schlecht*) troubled
getrunken [gəˈtrʊŋkn̩] *pp von* **trinken**
Getto <-s, -s> [ˈgɛto] *nt* ghetto
Gettoblaster <-s, -> *m s.* **Ghettoblaster**
Getue <-s> [gəˈtuːə] *nt kein pl* (*pej*) fuss; **ein ~ machen** to make a fuss
Getümmel <-s> [gəˈtʏml̩] *nt kein pl* commotion, hubbub; **sich ins ~ stürzen** (*hum*) to enter the fray

getunt [gəˈtjuːnt] *adj* AUTO (*fam*) tuned-up
geübt *adj* experienced
Gewächs <-es, -e> [gəˈvɛks] *nt* plant
gewachsen [gəˈvaksn̩] **I.** *pp von* **wachsen¹** **II.** *adj* ▪ jdm ~ **sein** to be sb's equal; ▪ **einer S.** *dat* ~ **sein** to be up to sth
Gewächshaus *nt* greenhouse
gewagt *adj* risky
gewählt **I.** *adj* refined **II.** *adv* in an elegant way
Gewähr <-> [gəˈvɛːɐ̯] *f kein pl* guarantee; **ohne** ~ subject to change
gewähren* [gəˈvɛːrən] *vt* ▪ [jdm] etw ~ to grant [sb] sth; **jdn** ~ **lassen** to give sb free rein
gewährleisten* [gəˈvɛːɐ̯laistn̩] *vt* to guarantee
Gewahrsam <-s> [gəˈvaːɐ̯zaːm] *m* jdn in ~ **nehmen** to take sb into custody
Gewalt <-, -en> [gəˈvalt] *f* ❶ (*Macht*) power; **höhere** ~ force majeure; **ein Land in seine** ~ **bringen** to bring a country under one's control; **jdn in seiner** ~ **haben** to have sb in one's power; ~ **über jdn haben** to exercise [complete] power over sb; **in jds** ~ **sein** to be in sb's hands ❷ *kein pl* (*Zwang*) force; (*Gewalttätigkeit*) violence; **nackte** ~ brute force; **sich** *dat* ~ **antun** to force oneself; ~ **anwenden** to use force
Gewaltherrschaft *f kein pl* tyranny
gewaltig [gəˈvaltɪç] **I.** *adj* ❶ powerful ❷ (*sehr groß*) enormous **II.** *adv* (*fam: sehr*) considerably
gewaltlos **I.** *adj* non-violent **II.** *adv* without violence
Gewaltlosigkeit <-> *f kein pl* non-violence
gewaltsam [gəˈvaltzaːm] **I.** *adj* violent **II.** *adv* by force
gewalttätig *adj* violent
Gewalttätigkeit *f* violence
gewandt [gəˈvant] **I.** *pp von* **wenden** **II.** *adj* skilful; *Auftreten* confident **III.** *adv* skilfully
gewann [gəˈvan] *imp von* **gewinnen**
gewaschen *pp von* **waschen**
Gewässer <-s, -> [gəˈvɛsɐ] *nt* stretch of water
Gewebe <-s, -> [gəˈveːbə] *nt* ❶ fabric ❷ BIOL tissue
Gewehr <-[e]s, -e> [gəˈveːɐ̯] *nt* rifle
Gewehrkolben *m* butt of a rifle [*or* shotgun]
Geweih <-[e]s, -e> [gəˈvai] *nt* antlers *pl*
Gewerbe <-s, -> [gəˈvɛrbə] *nt* trade

Gewerbesteuer *f* trade tax
gewerblich *adj* (*vom Handwerk*) trade; (*kaufmännisch*) commercial; (*von der Industrie*) industrial
Gewerkschaft <-, -en> [gəˈvɛrkʃaft] *f* [trade] union
Gewerkschaft(l)er(in) <-s, -> [gəˈvɛrkʃaft(l)ɐ] *m(f)* trade unionist
Gewerkschaftsmitglied *nt* union member
gewichen [gəˈvɪçn̩] *pp von* **weichen**
Gewicht <-[e]s, -e> [gəˈvɪçt] *nt kein pl* ❶ weight; **ein großes** ~ **haben** to be very heavy; **ein geringes** ~ **haben** to weigh little; **sein** ~ **halten** to stay the same weight ❷ (*Wichtigkeit*) weight; **ins** ~ **fallen** to count; **auf etw** *akk* ~ **legen** to attach significance to sth
gewichtig [gəˈvɪçtɪç] *adj* significant
Gewichtszunahme *f* increase in weight
gewieft [gəˈviːft] *adj* (*fam*) crafty
gewiesen [gəˈviːzn̩] *pp von* **weisen**
Gewimmel <-s> [gəˈvɪml̩] *nt kein pl* (*Insekten*) swarm; (*Menschen*) throng
Gewinde <-s, -> [gəˈvɪndə] *nt* thread
Gewinn <-[e]s, -e> [gəˈvɪn] *m* ❶ ÖKON profit; ~ **bringen** to make a profit ❷ (*Preis*) prize; (*Spielgewinn*) winnings *npl* ❸ *kein pl* (*Bereicherung*) gain
Gewinnanteil *m* ÖKON dividend **Gewinnbeteiligung** *f* share of the profits
gewinnen <gewann, gewonnen> [gəˈvɪnən] **I.** *vt* ❶ to win ❷ (*überzeugen*) ▪ **jdn** ~ to win sb over (**für** to) ❸ (*erlangen*) to gain ❹ *Kohle* to extract **II.** *vi* ❶ to win ❷ (*profitieren*) to profit (**bei** from)
gewinnend *adj* charming
Gewinner(in) <-s, -> *m(f)* winner
Gewinnung <-> *f kein pl* GEOL extraction
gewiss[RR], **gewiß**[ALT] [gəˈvɪs] **I.** *adj* certain; ▪ **sich** *dat* **einer S.** *gen* ~ **sein** to be certain of sth **II.** *adv* certainly; **aber** ~! but of course!
Gewissen <-s> [gəˈvɪsn̩] *nt kein pl* conscience; **ein schlechtes** ~ **haben** to have a bad conscience; **jdn/etw auf dem** ~ **haben** to have sb/sth on one's conscience; **jdm ins** ~ **reden** to appeal to sb's conscience
gewissenhaft *adj* conscientious
gewissenlos **I.** *adj* unscrupulous *pl* **II.** *adv* without scruple[s *pl*]
Gewissensbisse *pl* pangs of conscience
Gewissensfrage *f* question of conscience

Gewissenskonflikt *m* moral conflict
gewissermaßen *adv* so to speak
Gewissheit^RR, **Gewißheit**^ALT <-, -en> *f* certainty; **sich** *dat* ~ **verschaffen** to find out for certain (**über** about)
Gewitter <-s, -> [gəˈvɪtɐ] *nt* thunderstorm
gewitt(e)rig [gəˈvɪtərɪç] *adj s.* **gewittrig**
gewittern* [gəˈvɪtɐn] *vi impers* ■ **es gewittert** it's thundering
gewittrig [gəˈvɪtrɪç] *adj* thundery
gewoben [gəˈvoːbn̩] *pp von* **weben**
gewogen [gəˈvoːgn̩] *pp von* **wiegen**¹
gewöhnen* [gəˈvøːnən] I. *vt* ■ **jdn an etw** *akk* ~ to accustom sb to sth II. *vr* ■ **sich an jdn/etw** ~ to get used to sb/sth; ■ **sich daran** ~, **etw zu tun** to get used to doing sth
Gewohnheit <-, -en> *f* habit; **aus** ~ from force of habit
gewohnheitsmäßig I. *adj* habitual II. *adv* habitually, out of habit **Gewohnheitsmensch** *m* creature of habit **Gewohnheitsrecht** *nt* common law
gewöhnlich [gəˈvøːnlɪç] I. *adj* ❶ (*üblich*) usual ❷ (*normal*) normal II. *adv* usually; **wie** ~ as usual
gewohnt [gəˈvoːnt] *adj* usual; *Umgebung* familiar; ■ **etw** ~ **sein** to be used to sth; ■ **es** ~ **sein, etw zu tun** to be used to doing sth; ■ **es** ~ **sein, dass jd etw tut** to be used to sb['s] doing sth
Gewöhnung <-> *f kein pl* habituation
Gewölbe <-s, -> [gəˈvœlbə] *nt* vault
gewölbt *adj Brust* bulging; *Dach, Decke* vaulted; *Stirn* domed
gewonnen [gəˈvɔnən] *pp von* **gewinnen**
geworben [gəˈvɔrbn̩] *pp von* **werben**
geworden [gəˈvɔrdn̩] *pp von* **werden**
geworfen [gəˈvɔrfn̩] *pp von* **werfen**
Gewühl <-[e]s> [gəˈvyːl] *nt kein pl* throng
gewunken [gəˈvʊŋkn̩] DIAL *pp von* **winken**
Gewürz <-es, -e> [gəˈvʏrts] *nt* spice
Gewürzgurke *f* pickled gherkin
gewusst^RR, **gewußt**^ALT [gəˈvʊst] *pp von* **wissen**
gez. *Abk von* **gezeichnet** sgd
gezackt *adj* jagged
gezeichnet *adj* marked
Gezeiten [gəˈtsaɪtn̩] *pl* tides
Gezeitenkraftwerk *nt* tidal power station
Gezeter <-s> [gəˈtseːtɐ] *nt kein pl* (*pej fam*) racket

gezielt *adj* well-directed; *Fragen* specific
geziert (*pej*) I. *adj* affected II. *adv* affectedly
gezogen [gəˈtsoːgn̩] *pp von* **ziehen**
Gezwitscher <-s> [gəˈtsvɪtʃɐ] *nt kein pl* twittering
gezwungen [gəˈtsvʊŋən] I. *pp von* **zwingen** II. *adj Benehmen* stiff III. *adv* stiffly
gezwungenermaßen *adv* of necessity
Ghana <-s> [ˈgaːna] *nt* Ghana
Ghanaer(in) <-s, -> [ˈgaːnaɐ] *m(f)* Ghanaian
ghanaisch [ˈgaːnaɪʃ] *adj* Ghanaian; *s. a.* **deutsch**
Ghetto <-s, -s> [ˈgɛto] *nt s.* **Getto**
Ghettoblaster <-s, -> [ˈgɛtoblastɐ] *m* (*sl*) ghetto blaster BRIT, boombox
Gicht <-> [ˈgɪçt] *f kein pl* gout
Giebel <-s, -> [ˈgiːbl̩] *m* gable
Gier <-> [ˈgiːɐ̯] *f kein pl* greed (**nach** for)
gierig [ˈgiːrɪç] I. *adj* greedy; ~ **nach etw sein** to crave [for] sth II. *adv* greedily
gießen <goss, gegossen> [ˈgiːsn̩] I. *vt* ❶ (*bewässern*) to water ❷ (*schütten*) to pour ❸ *Metall* to cast II. *vi impers* **es gießt in Strömen** it's pouring [down]
Gießerei <-, -en> [giːsəˈraɪ] *f* foundry
Gießkanne *f* watering can
Gift <-[e]s, -e> [ˈgɪft] *nt* ❶ poison ❷ (*Bosheit*) venom; ~ **und Galle spucken** (*fam*) to vent one's spleen
Giftgas *nt* poison gas **Giftgaskatastrophe** *f* ÖKOL [poison] gas disaster
gifthaltig *adj*, **gifthältig** *adj* ÖSTERR poisonous, toxic
giftig [ˈgɪftɪç] *adj* ❶ poisonous ❷ (*boshaft*) venomous
Giftmüll *m* toxic waste **Giftpilz** *m* poisonous fungus **Giftschlange** *f* poisonous snake **Giftstoff** *m* toxic substance **Giftzwerg(in)** *m(f)* poison[ed] dwarf
Gigant(in) <-en, -en> [giˈgant] *m(f)* giant
gigantisch [giˈgantɪʃ] *adj* gigantic
Gimpel <-s, -> [ˈgɪmpl̩] *m* ❶ ORN bullfinch ❷ (*einfältiger Mensch*) dimwit *fam*
ging [ˈgɪŋ] *imp von* **gehen**
Ginster <-s, -> [ˈgɪnstɐ] *m* broom
Gipfel <-s, -> [ˈgɪpfl̩] *m* ❶ peak ❷ POL summit
gipfeln [ˈgɪpfl̩n] *vi* ■ **in etw** *dat* ~ to culminate in sth
Gipfeltreffen *nt* summit
Gips <-es, -e> [ˈgɪps] *m* ❶ plaster; (*in Mineralform*) gypsum ❷ (*Gipsverband*) [plaster]

cast; **den Arm in ~ haben** to have one's arm in a [plaster] cast
Gipsabdruck *m,* **Gipsabguss**[RR] *m* plaster cast **Gipsbein** *nt (fam)* leg in plaster
gipsen ['gɪpsn̩] *vt* ❶ to plaster ❷ MED to put in plaster
Gipsverband *m* plaster cast
Giraffe <-, -n> [gi'rafə] *f* giraffe
Girlande <-, -n> [gɪr'landə] *f* garland
Girlie <-s, -s> ['gɜːli] *nt (sl)* girlie, girly
Giro <-s, -s *o* Giri> ['ʒiːro, *pl* 'ʒiːri] *nt* FIN [bank] assignment
Girokonto ['ʒiːro-] *nt* current [*or* AM checking] account
Gischt <-[e]s> ['gɪʃt] *m kein pl* [sea] spray
Gitarre <-, -n> [gi'tarə] *f* guitar
Gitarrist(in) <-en, -en> [gita'rɪst] *m(f)* guitarist
Gitter <-s, -> ['gɪtɐ] *nt* ❶ *(Absperrung)* fencing *no pl* ❷ *(parallel laufende Stäbe)* bars *pl;* **jdn hinter ~ bringen** to put sb behind bars; **hinter ~ kommen** to be put behind bars
Gitterfenster *nt* barred window **Gitterrost** *m* grating
Gladiole <-, -n> [gla'di̯oːlə] *f* BOT gladiolus
glamourös [glamu'røːs] *adj* glamorous
Glanz <-es> ['glants] *m kein pl* ❶ shine; *Augen* sparkle ❷ *(Pracht)* splendour
glänzen ['glɛntsn̩] *vi* to shine; *(von polierter Oberfläche)* to gleam; *Augen* to sparkle
glänzend ['glɛntsn̩t] I. *adj* ❶ shining; *Oberfläche* gleaming; *Augen* sparkling; *Haar* shiny ❷ *(hervorragend)* brilliant II. *adv (prima)* splendidly
Glanzleistung *f* brilliant achievement
glanzlos *adj* dull, lacklustre
Glanzpapier *nt* glossy paper **glanzvoll** *adj* brilliant
Glas <-es, Gläser> ['glaːs, *pl* 'glɛːzə] *nt* ❶ glass; **zwei ~ Wein** two glasses of wine ❷ *(Brillenglas)* lens
Glascontainer [-kɔnteːnɐ] *m* bottle bank
Glaser(in) <-s, -> ['glaːzɐ] *m(f)* glazier
Glaserei [glaːzə'rai] *f* glazier's workshop
Glasfaserkabel *nt* fibre optic cable
Glashütte ['glaːshʏtə] *f* glassworks
glasig ['glaːzɪç] *adj* glassy
glasklar I. *adj* ❶ transparent ❷ *(fig: klar und deutlich)* crystal-clear II. *adv (fig)* in no uncertain terms
Glasmalerei *f* glass painting **Glasscheibe** *f* ❶ sheet of glass ❷ *(Fensterscheibe)* pane of glass **Glasscherbe** *f* shard of glass
Glasur [gla'zuːɐ̯] *f* ❶ *(Keramikglasur)* glaze ❷ KOCHK icing
Glaswolle *f* glass wool
glatt <-er *o fam* glätter, -este *o fam* glätteste> ['glat] I. *adj* ❶ *(eben)* smooth ❷ *(rutschig)* slippery ❸ *Lüge* downright II. *adv (fam: rundweg)* plainly; **etw ~ ablehnen** to turn sth down flat
Glatteis *nt* black ice ▶**jdn aufs ~ führen** to trip up sb *sep*
glätten ['glɛtn̩] I. *vt* to smooth out *sep* II. *vr* ■ **sich ~** ❶ *Wellen* to subside ❷ *Erregung* to die down
glattweg ['glatvɛk] *adv (fam)* just like that; **etw ~ abstreiten** to flatly deny sth
Glatze <-, -n> ['glatsə] *f* bald head; **eine ~ bekommen/haben** to go/be bald
Glatzkopf *m* ❶ bald head ❷ *(Mann)* baldie
glatzköpfig ['glatskœpfɪç] *adj* bald
Glaube <-ns> ['glaubə] *m kein pl* ❶ *(Überzeugung)* belief (**an** in); **den festen ~n haben, dass ...** to be of the firm belief that ...; **in gutem ~n** in good faith; **jdn von seinem ~n abbringen** to dissuade sb; **jdm/ einer S. [keinen] ~n schenken** to [not] believe sb/sth; **den ~n an jdn/etw verlieren** to lose faith in sb/sth ❷ REL faith
glauben ['glaubn̩] I. *vt* ❶ *(für wahr halten)* to believe; **kaum zu ~** incredible ❷ *(wähnen)* **sich allein/unbeobachtet ~** to think [that] one is alone/nobody is watching one II. *vi* ■ **jdm ~** to believe sb; **jdm aufs Wort ~** to believe every word sb says; ■ **an jdn/ etw ~** to believe in sb/sth
Glauben <-s> ['glaubn̩] *m kein pl s.* **Glaube**
Glaubensbekenntnis *nt* profession
gläubig ['glɔybɪç] *adj* ❶ REL religious ❷ *(vertrauensvoll)* trusting
Gläubige(r) *f(m) dekl wie adj* believer
Gläubiger(in) <-s, -> ['glɔybɪgɐ] *m(f)* ÖKON creditor
Gläubigerbank *f* ÖKON creditor bank
glaubwürdig *adj* credible
Glaubwürdigkeit *f kein pl* credibility
gleich ['glaiç] I. *adj* ❶ same; **~e Rechte/ Pflichten** equal rights/responsibilities; **~ alt** the same age; **~ bleibend gut** consistently good; **~ groß/lang** equal in size/length; **~ schwer** equally heavy; **~ gesinnt** like-minded; **aufs G~e hinauslaufen** it

comes down to the same thing ❷ (*gleichgültig*) ■ jdm ~ **sein** to be all the same to sb; ■ **ganz** ~ **wer/was** [...] no matter who/what [...] ▶ **G~ und G~ gesellt sich gern** (*prov*) birds of a feather flock together **II.** *adv* ❶ (*sofort, bald*) straightaway; ~ **darauf** soon afterward[s]; ~ **heute/morgen** [first thing] today/tomorrow; ~ **nach dem Frühstück** right after breakfast ❷ (*unmittelbar*) immediately; ■ ~ **als ...** as soon as ...; ~ **daneben** right beside it **III.** *präp* +*dat* (*wie*) like

gleichalt(e)rig ['glaɪçʔalt(ə)rɪç] *adj* [of] the same age *pred*

gleichartig *adj* similar **gleichberechtigt** *adj* ■ ~ **sein** to have equal rights **Gleichberechtigung** *f kein pl* equal rights + *sing/pl vb* **gleichbleibend** *adj* consistent

gleichen <glich, geglichen> ['glaɪçn̩] *vt* ■ **jdm/einer S.** ~ to be [just] like sb/sth; ■ **sich** *dat* ~ to be alike

gleichermaßen, gleicherweise *adv* equally

gleichfalls *adv* likewise; **danke** ~ ! [and] the same to you

gleichförmig *adj* uniform **gleichgesinnt** *adj* like-minded

Gleichgewicht *nt kein pl* balance; **im** ~ **sein** to be balanced; **aus dem** ~ **kommen** to lose one's balance

gleichgültig I. *adj* ❶ (*uninteressiert*) indifferent (**gegenüber** to[wards]) ❷ (*unwichtig*) immaterial; ■ **etw ist jdm** ~ sb couldn't care [less] about sth **II.** *adv* with indifference

Gleichgültigkeit ['glaɪçɡʏltɪçkaɪt] *f kein pl* indifference

Gleichheitszeichen *nt* equals sign

gleichǀmachen *vt* ■ **etw/alles** ~ to make sth/everything the same

gleichmäßig I. *adj* even; (*regelmäßig*) regular **II.** *adv* (*in gleicher Stärke/Menge*) equally; ~ **schlagen** *Herz* to beat steadily

Gleichmut *m* composure, serenity

gleichmütig ['glaɪçmyːtɪç] *adj* composed, serene

Gleichnis <-ses, -se> ['glaɪçnɪs, *pl* 'glaɪçnɪsə] *nt* parable

gleichsam ['glaɪçzaːm] *adv* (*geh*) so to speak **gleichschenk(e)lig** ['glaɪçʃɛŋk(ə)lɪç] *adj* MATH isosceles

gleichseitig ['glaɪçzaɪtɪç] *adj* equilateral **gleichǀsetzen** *vt* to equate

Gleichstand *m kein pl* tie **Gleichstellung** *f kein pl* equality **Gleichstrom** *m* direct current

Gleichung <-, -en> ['glaɪçʊŋ] *f* equation

gleichwertig *adj* equal; ■ ~ **sein** to be equally matched **gleichwohl** ['glaɪçvoːl] *adv* (*geh*) nonetheless **gleichzeitig I.** *adj* simultaneous **II.** *adv* ❶ simultaneously ❷ (*zugleich*) at the same time **gleichǀziehen** *vi irreg* (*fam*) to draw level (**mit** with)

Gleis <-es, -e> ['glaɪs, *pl* 'glaɪzə] *nt* (*Schiene*) rail; (*Bahnsteig*) platform ▶ [**völlig**] **aus dem** ~ **geraten** to go off the rails

Gleisarbeiten *pl* line [*or* AM *a.* track] repairs *pl*

gleiten <glitt, geglitten> ['glaɪtn̩] *vi sein* ❶ to glide ❷ (*streichen, huschen*) ■ **über etw** *akk* ~ **Augen** to wander over sth; *Hand* to slide over sth ❸ (*rutschen*) to slide; **ins Wasser** ~ to slip into the water

Gleitflugzeug *nt* glider **Gleitmittel** *nt* lubricant **Gleitschirmfliegen** *nt* hang-gliding **Gleitzeit** *f* flexitime

Gletscher <-s, -> ['ɡlɛtʃɐ] *m* glacier

Gletscherspalte *f* crevasse

glich [ɡlɪç] *imp von* **gleichen**

Glied <-[e]s, -er> ['ɡliːt, *pl* 'ɡliːdɐ] *nt* ❶ (*Körperteil*) limb; (*Fingerglied*) joint; **an allen ~ern zittern** to be shivering all over ❷ (*Penis*) member ❸ (*Teil*) part

gliedern ['ɡliːdɐn] **I.** *vt* to [sub]divide (**in** into) **II.** *vr* ■ **sich in etw** *akk* ~ to be [sub]divided into sth

Gliederschmerz *m meist pl* rheumatic pains *pl*

Gliederung <-, -en> *f* structure

Gliedmaßen *pl* limbs

glimmen <glomm *o selten* glimmte, geglommen *o selten* geglimmt> ['ɡlɪmən] *vi* to glow; *Feuer, Asche a.* to smoulder

Glimmstängel[RR], **Glimmstengel**[ALT] *m* (*hum fam*) ciggy

glimpflich ['ɡlɪmpflɪç] *adv* without serious consequences; ~ **davonkommen** to get off lightly

glitschig ['ɡlɪtʃɪç] *adj* slippery

glitt ['ɡlɪt] *imp von* **gleiten**

glitzerig ['ɡlɪtsərɪç] *adj* (*fam*) sparkly

glitzern ['ɡlɪtsɐn] *vi* to glitter

global [ɡloˈbaːl] *adj* global

globalisiert [ɡlobaliˈziːɐt] *adj* globalized

Globalisierung <-> *f* globalization

Globalisierungskritiker(in) *m(f)* POL critic of globalization

Globus <- *o* -ses, Globen *o* -se> ['gloːbʊs, pl 'gloːbn̩] *m* globe

Glocke <-, -n> ['glɔkə] *f* bell ▶ **etw an die große ~ hängen** to shout sth from the rooftops

Glockenblume *f* bellflower **glockenförmig** *adj* bell-shaped **Glockenspiel** *nt* carillon **Glockenturm** *m* belfry

glomm ['glɔm] *imp von* **glimmen**

glorifizieren* [glorifi'tsiːrən] *vt* to glorify

Glossar <-s, -e> [glɔ'saːɐ̯] *nt* glossary

Glosse <-, -n> ['glɔsə] *f* commentary

Glotze <-, -n> ['glɔtsə] *f* (*fam*) telly

glotzen ['glɔtsn̩] *vi* (*pej*) to gape (**auf** at)

Glück <-[e]s> ['glʏk] *nt kein pl* luck; **ein ~, dass ...** it is/was lucky that ...; **jdm zum Geburtstag ~ wünschen** to wish sb [a] happy birthday; **mehr ~ als Verstand haben** (*fam*) to have more luck than brains; **großes/seltenes ~** a great/rare stroke of luck; **viel ~!** good luck!; **[kein] ~ haben** to be [un]lucky; **sein ~ versuchen** to try one's luck; **zum ~** luckily ❷ (*Freude*) happiness ▶ **~ im Unglück haben** it could have been much worse [for sb]; **auf gut ~** on the offchance

Glucke <-, -n> ['glʊkə] *f* sitting hen

glucken ['glʏkn̩] *vi sein* to be successful; ▪ **jdm glückt etw** sb succeeds in sth

gluckern ['glʊkɐn] *vi* to glug

glücklich ['glʏklɪç] **I.** *adj* ❶ (*Glück habend*) lucky ❷ (*erfreulich*) happy; **ein ~er Zufall** a stroke of luck ❸ (*froh*) happy (**über** about). **II.** *adv* happily

glücklicherweise *adv* luckily

Glücksbringer <-s, -> *m* lucky charm

Glücksfall *m* stroke of luck **Glückskind** *nt* a lucky person **Glücksklee** *m* four-leaf[ed] clover **Glückspilz** *m* lucky devil **Glücksrad** *nt* wheel of fortune **Glückssache** *f* matter of luck **Glücksspiel** *nt* game of chance **Glücksspieler(in)** *m(f)* gambler **Glückstreffer** *m* stroke of luck **Glückwunsch** *m* congratulations *npl* (**zu** on) **Glückwunschkarte** *f* greetings [*or* AM greeting] card

Glühbirne *f* light bulb

glühen ['glyːən] *vi* ❶ to glow ❷ (*geh*) ▪ **vor etw** *dat* **~** to burn with sth

glühend I. *adj* ❶ (*rotglühend*) glowing; *Metall* [red-]hot ❷ (*sehr heiß*) burning **II.** *adv* **~ heiß** scorching

Glühfaden *m* filament **Glühwein** *m* ≈ mulled wine

Glühwein – hot red wine, spiced with cinnamon, aniseed and cloves – is sold in winter, especially at the Christmas markets.

Glühwürmchen <-s, -> *nt* firefly

Glupschauge ['glʊpʃ-] *nt* NORDD (*fam*) goggle eye

Glut <-, -en> ['gluːt] *f* embers *npl*

Gluthitze *f* sweltering heat **glutrot** *adj* fiery red

Glykol <-s, -e> [gly'koːl] *nt* glycol

GmbH <-, -s> [geːʔɛmbeːˈhaː] *f Abk von* **Gesellschaft mit beschränkter Haftung** ≈ Ltd

Gnade <-, -n> ['gnaːdə] *f* mercy; **um ~ bitten** to ask for mercy

Gnadenfrist *f* [temporary] reprieve **Gnadengesuch** *nt* plea [*or* petition] for clemency **gnadenlos I.** *adj* merciless **II.** *adv* mercilessly

gnädig ['gnɛːdɪç] *adj* ❶ merciful ❷ (*verehrt*) **~e Frau** madam

Gnom <-en, -en> ['gnoːm] *m* (*pej*) gnome

Gobelin <-s, -s> [gobə'lɛ̃ː] *m* Gobelin [tapestry]

Gockel <-s, -> ['gɔkl̩] *m* cock

Gold <-[e]s> ['gɔlt] *nt kein pl* gold; **aus ~** gold ▶ **es ist nicht alles ~, was glänzt** (*prov*) all that glitters is not gold

Goldbarren *m* gold ingot **Goldbarsch** *m* redfish **Golddublee** [-duble:] *nt* gold-plated metal

golden ['gɔldn̩] *adj* gold[en]

goldfarben, goldfarbig *adj* golden **Goldfisch** *m* gold fish **goldgelb** *adj* golden yellow **Goldgrube** *f* goldmine **Goldhamster** *m* [golden] hamster

goldig ['gɔldɪç] *adj* (*fam: süß*) cute

Goldklumpen *m* gold nugget **Goldmedaille** [-medaljə] *f* gold [medal] **Goldmedaillengewinner(in)** [-medaljən-] *m(f)* SPORT gold medallist **Goldregen** *m* BOT laburnum **goldrichtig** *adj* (*fam*) dead right **Goldschmied(in)** *m(f)* goldsmith **Goldschnitt** *m kein pl* gilt edging **Goldstück** *nt* piece of gold

Golf[1] <-[e]s, -e> ['gɔlf] *m* GEOL gulf

Golf[2] <-s> ['gɔlf] *nt kein pl* SPORT golf

Golfplatz *m* golf course **Golfschläger** *m* golf club **Golfspieler(in)** *m(f)* golfer

Golfstaat m Gulf State **Golfstrom** m ■ **der ~** the Gulf Stream
Gondel <-, -n> ['gɔndl̩] f ❶ (*Boot*) gondola ❷ (*Seilbahngondel*) cable car
gönnen ['gœnən] **I.** vt ■ jdm etw **~** not to begrudge sb sth **II.** vr ■ sich dat etw **~** to allow oneself sth; **sich ein Glas Wein ~** to treat oneself to a glass of wine
gönnerhaft adj (*pej*) patronizing
Gönnermiene f (*pej*) patronizing expression
gor ['goːɐ̯] *imp von* **gären**
Göre <-, -n> ['gøːrə] f (*fam*) brat
Gorilla <-s, -s> [go'rɪla] m gorilla
goss^{RR}, **goß**^{ALT} ['gɔs] *imp von* **gießen**
Gosse <-, -n> ['gɔsə] f gutter ▶ **in der ~ enden** to end up in the gutter
Gotik <-> ['goːtɪk] f *kein pl* Gothic period
gotisch ['goːtɪʃ] adj Gothic
Gott, Göttin <-es, Götter> ['gɔt, 'gœtɪn, *pl* 'gœtɐ] m, f ❶ (*ein Gott*) god *masc*, goddess *fem* ❷ (*das höchste Wesen*) God; **~ sei Dank!** thank God!; **bei ~ schwören** to swear by Almighty God ▶ **in ~es Namen!** (*fam*) in the name of God; **über ~ und die Welt reden** to talk about everything under the sun; **ach du lieber ~!** oh heavens!; **~ bewahre!** God forbid!; **grüß ~!** hallo!; **~ weiß was/wann ...** (*fam*) God knows what/when ...; **das ist weiß ~ nicht zu teuer** that is certainly not too expensive; **um ~ es willen!** [oh] my God!
Götterspeise f jelly **Gottesdienst** m [church] service **Gotteshaus** nt place of worship **Gotteslästerung** f blasphemy
gottgegeben adj God-given
Gottheit <-, -en> f deity
Göttin <-, -nen> ['gœtɪn] f *fem form von* **Gott** goddess
göttlich ['gœtlɪç] adj divine
gottlob [gɔt'loːp] adv (*veraltend*) thank goodness
gottlos adj godless
gottverlassen adj god-forsaken **Gottvertrauen** nt *kein pl* trust in God
Grab <-[e]s, Gräber> ['graːp, *pl* 'grɛːbɐ] nt grave ▶ **sich** dat **sein eigenes ~ schaufeln** to dig one's own grave; **etw mit ins ~ nehmen** to take sth [with one] to the grave; **~ schweigen können wie ein ~** to be [as] silent as the grave; **jdn zu ~ e tragen** (*geh*) to carry sb to the grave
Grabbeltisch ['grabl̩-] m DIAL (*fam*) counter with cheap goods
graben <grub, gegraben> ['graːbn̩] vi, vt to dig
Graben <-s, Gräben> ['graːbn̩, *pl* 'grɛːbn̩] m ditch
Grabinschrift f epitaph, inscription on a/the gravestone **Grabmal** <-mäler o geh -e> nt memorial **Grabplatte** f memorial slab **Grabstein** m gravestone
Grad <-[e]s, -e> ['graːt, *pl* 'graːdə] m ❶ degree; **2 ~ unter/über Null** 2 degrees below/above zero ❷ (*Stufe*) level; **im höchsten/in hohem ~[e]** extremely/to a great extent
Graf, Gräfin¹ <-en, -en> ['graːf, 'grɛːfɪn] m, f count *masc*, countess *fem*, earl BRIT
Graf^{RR2} <-en, -en> ['graːf] m SCI graph
Grafik ['graːfɪk] f s. **Graphik**
Grafikbildschirm m graphics screen
Grafiker(in) <-s, -> ['graːfikɐ] m(f) graphic artist
Grafikkarte f INFORM graphics card
Gräfin <-, -nen> ['grɛːfɪn] f *fem form von* **Graf** countess
grafisch ['graːfɪʃ] adj graphic[al]
Grafit^{RR} <-s, -e> [gra'fiːt] m graphite
Grafschaft <-, -en> f ❶ HIST count's land, earldom BRIT ❷ (*Verwaltungsbezirk in GB*) county
Gramm <-s, -> ['gram] nt gram
Grammatik <-, -en> [gra'matɪk] f grammar
grammatisch [gra'matɪʃ] adj grammatical
Granat <-[e]s, -e> [gra'naːt] m garnet
Granatapfel m pomegranate
Granate <-, -n> [gra'naːtə] f shell
Granatwerfer <-s, -> m MIL mortar
grandios [gran'djoːs] adj magnificent
Granit <-s, -e> [gra'niːt] m granite
Grapefruit <-, -s> ['greːpfruːt] f grapefruit
Graphik <-, -en> ['graːfɪk] f ❶ graphic ❷ (*Technik*) graphic arts *pl*
Graphit <-s, -e> [gra'fiːt] m graphite
Gras <-es, Gräser> ['graːs, *pl* 'grɛːzə] nt grass ▶ **ins ~ beißen** (*sl*) to bite the dust; **über etw** akk **wachsen ~** [the] dust settles on sth
grasen ['graːzn̩] vi to graze
grasgrün adj grass-green **Grashalm** m blade of grass **Grashüpfer** <-s, -> m grasshopper
grassieren* [gra'siːrən] vi to be rampant
grässlich^{RR}, **gräßlich**^{ALT} ['grɛslɪç] **I.** adj horrible **II.** adv (*fam*) terribly

Grat <-[e]s, -e> ['graːt] *m* (*Berggrat*) ridge
Gräte <-, -n> ['grɛːtə] *f* [fish]bone
gratis ['graːtɪs] *adv* free [of charge]
Gratisprobe *f* free sample
gratulieren* [gratu'liːrən] *vi* ■ **jdm ~** to congratulate (**zu** on); **jdm zum Geburtstag ~** to wish sb many happy returns; [**ich**] **gratuliere** [my] congratulations!
grau ['grau] *adj* grey; **der ~e Alltag** the dullness of everyday life
Graubrot *nt* bread made from rye and wheat flour
Gräuelʳʳ <-s, -> *m* atrocity ▶ **jdm ist es ein ~, etw zu tun** sb detests doing sth
Gräueltatʳʳ *f* atrocity
grauen¹ ['grauən] *vi* **der Morgen/Tag graut** morning/day is breaking
grauen² ['grauən] *vi impers* ■ **es graut jdm vor jdm/etw** sb is terrified of sb/sth
Grauen <-s> ['grauən] *nt kein pl* horror; **~ erregend** terrible
grauenerregend *adj* terrible
grauenhaft, grauenvoll *adj* terrible
grauer Star <-[e]s> *m kein pl* cataract
grauhaarig *adj* grey-haired
gräulich¹ ['grɔylɪç] *adj* greyish, grayish *esp* AM
gräulichʳʳ² ['grɔylɪç] **I.** *adj* horrifying, horrible **II.** *adv* (*fam*) terribly
Graupe <-, -n> ['graupə] *f meist pl* KOCHK grain of pearl barley
Graupelschauer *m* sleet shower
grausam ['grauzaːm] **I.** *adj* ❶ (*brutal*) cruel ❷ (*furchtbar*) terrible **II.** *adv* cruelly
Grausamkeit <-, -en> *f* cruelty
grausig ['grauzɪç] *adj s.* **grauenhaft**
grauslich *adj bes* ÖSTERR (*grässlich*) terrible, horrible
Gravierung <-, -en> *f* engraving
Gravitation <-> [gravita'tsi̯oːn] *f* gravitation
Gravitationskraft *f* gravitational force
graziös [gra'tsi̯øːs] *adj* (*geh*) graceful
greifbar *adj* ❶ (*verfügbar*) **etw ~ haben** to have sth to hand ❷ (*konkret*) tangible
greifen <griff, gegriffen> ['graifn̩] **I.** *vt* ■ [**sich** *dat*] **etw ~** to take hold of sth **II.** *vi* ■ **vor/hinter etw** *akk* **~** to reach in front of/behind sth; ■ **in etw** *akk* **~** to reach into sth; ■ **nach etw** *dat* **~** to reach for sth ▶ **um sich ~** to spread
Greis(in) <-es, -e> ['grais, *pl* 'graizə] *m(f)* very old man/woman
grell ['grɛl] **I.** *adj* ❶ *Licht* glaring ❷ *Ton* piercing **II.** *adv* ❶ (*hell*) dazzlingly ❷ (*schrill*) **~ klingen** to sound shrill
Gremium <-s, -ien> ['greːmi̯ʊm, *pl* 'greːmi̯ən] *nt* committee
Grenze <-, -n> ['grɛntsə] *f* ❶ border; **an der ~** on the border; **über die ~ gehen/fahren** to cross the border ❷ (*äußerstes Maß*) limit; **alles hat seine ~n** there is a limit to everything; **seine ~n kennen** to know one's limitations ▶ **grüne ~** unguarded border area
grenzen ['grɛntsn̩] *vi* ■ **an etw** *akk* **~** to border on sth
grenzenlos I. *adj* ❶ (*unbegrenzt*) endless ❷ (*maßlos*) extreme **II.** *adv* extremely
Grenzfall *m* borderline case **Grenzgebiet** *nt* border area **Grenzlinie** *f* SPORT line [marking the edge of the playing area] **Grenzschutz** *m* border protection **Grenzstadt** *f* border town **Grenzstein** *m* boundary stone **Grenzübergang** *m* border crossing-point **Grenzverkehr** *m* [cross-]border traffic **Grenzwert** *m* limiting value
Greuelᴬᴸᵀ <-s, -> ['grɔyəl] *m s.* **Gräuel**
greulichᴬᴸᵀ *adj s.* **gräulich²**
Grieche, Griechin <-n, -n> ['griːçə, 'griːçɪn] *m, f* Greek
Griechenland <-s> ['griːçn̩lant] *nt* Greece
Griechin <-, -nen> *f fem form von* **Grieche**
griechisch ['griːçɪʃ] *adj* Greek; *s. a.* **deutsch**
Griechisch ['griːçɪʃ] *nt dekl wie adj* Greek; *s. a.* **Deutsch**
Grieß <-es> ['griːs] *m kein pl* semolina
Grießbrei *m* semolina
griff ['grɪf] *imp von* **greifen**
Griff <-[e]s, -e> ['grɪf] *m* ❶ (*Zugriff*) grip ❷ (*Öffnungsmechanismus*) *Tür, Fenster* handle; (*vom Messer*) hilt ▶ **etw in den ~ bekommen** (*fam*) to get the hang of sth; **jdn/etw im ~ haben** to have sb/sth under control
griffbereit *adj* **etw ~ haben** to have sth ready to hand **Griffbrett** *nt* MUS fingerboard
Griffel <-s, -> ['grɪfl̩] *m* ❶ (*Schreibstift*) slate-pencil ❷ (*sl: Finger*) mitt
griffig ['grɪfɪç] *adj Slogan* catchy
Grill <-s, -s> ['grɪl] *m* grill; **vom ~** grilled
Grille <-, -n> ['grɪlə] *f* cricket
grillen ['grɪlən] **I.** *vi* to have a barbecue **II.** *vt* to grill

Grimasse <-, -n> [grɪˈmasə] f grimace; **~n schneiden** to make faces

grimmig [ˈgrɪmɪç] I. adj Gesicht angry; Lachen grim II. adv angrily; lachen grimly

grinsen [ˈgrɪnzn̩] vi to grin; **frech ~** to smirk; **höhnisch ~** to sneer; **schadenfroh ~** to gloat

Grinsen <-s> [ˈgrɪnzn̩] nt kein pl grin; **freches ~** smirk; **höhnisches ~** sneer

Grippe <-, -n> [ˈgrɪpə] f influenza, flu fam; **~ haben** to have flu

Grips <-es, -e> [ˈgrɪps] m (fam) brains pl; **~ haben** to have plenty up top; **seinen ~ anstrengen** to use one's grey matter

grob <gröber, gröbste> [groːp] I. adj ① (nicht fein) coarse ② (ungefähr) rough ③ (unhöflich) rude ④ (unsanft) rough II. adv ① coarsely; **~ gemahlen** coarse-ground attr ② (ungefähr) roughly; **~ geschätzt** at a rough estimate; **etw ~ skizzieren** to make a rough outline of sth ③ (unhöflich) rudely ④ (unsanft) roughly

Groll <-[e]s> [ˈgrɔl] m kein pl (geh) resentment; **~ gegen jdn hegen** to harbour a grudge against sb

grollen [ˈgrɔlən] vi (geh) ■ **[jdm] ~** to be resentful [of sb]

Grönland [ˈgrøːnlant] nt Greenland

Gros <-, -> [groː] nt ■ **das ~** the majority

Groschenroman m (pej) cheap [or AM a. dime] novel

groß <größer, größte> [groːs] I. adj ① large, big ② (hoch gewachsen) tall; **du bist ~ geworden** you've grown; **er ist 1,78 m ~** he is 5 foot 10 [tall] ③ (hoch) large ④ (erheblich) great ⑤ (beträchtlich; bedeutend) great ▶ **im G~en und Ganzen** [gesehen] on the whole II. adv **~ angelegt** large-scale; **~ kariert** large-checked; [ganz] **~ rauskommen** to have a real success attr ▶ **etw wird ~ geschrieben** (fam) to be high on the list of priorities

Großabnehmer(in) m(f) bulk buyer

großartig [ˈgroːsʔaːɐ̯tɪç] I. adj magnificent II. adv magnificently

Großaufnahme f close-up **Großbetrieb** m large business

Großbritannien <-s> [groːsbriˈtanjən] nt Great Britain

Großbuchstabe m capital

Größe <-, -n> [ˈgrøːsə] f ① size; (Höhe, Länge) height ② MATH, PHYS quantity ③ kein pl (Erheblichkeit) magnitude ④ kein pl (Bedeutsamkeit) significance

Großeinkauf m bulk purchase

Großeltern pl grandparents

großenteils adv largely

Größenwahn(sinn) m (pej) megalomania

Großfahndung f large-scale search **Großfamilie** f extended family **Großformat** nt TYPO large [or broadsheet] format **Großgrundbesitzer(in)** m(f) big landowner **Großhandel** m wholesale trade; **etw im ~ kaufen** to buy sth wholesale **Großhändler(in)** m(f) wholesaler **großherzig** adj magnanimous **Großhirn** nt cerebrum

Großkind nt SCHWEIZ grandchild

großkotzig adj (pej) swanky

Großmama f (fam) s. **Großmutter**

Großmaul nt (pej) bigmouth **großmütig** [ˈgroːsmyːtɪç] adj s. **großherzig**

Großmutter f grandmother **Großonkel** m great-uncle

Großraum m conurbation **Großraumbüro** nt open-plan office **Großraumflugzeug** nt wide-bodied [or large-capacity] aircraft

großspurig adj (pej) boastful

Großstadt [ˈgroːsʃtat] f city

Großstädter(in) [ˈgroːsʃtɛːtɐ] m(f) city-dweller

großstädtisch [ˈgroːsʃtɛːtɪʃ] adj big-city attr

Großtante f great-aunt

Großteil m ■ **ein ~** a large part; **zum ~** for the most part

größtenteils adv for the most part

Großunternehmen nt large business

Großvater m grandfather

Großveranstaltung f big event

Großwetterlage f general weather situation; (fig) **die politische ~** the general political climate

großǀziehen [ˈgroːstsiːən] vt irreg to raise

großzügig I. adj generous II. adv generously

Großzügigkeit <-> f kein pl generosity

grotesk [groˈtɛsk] adj grotesque

Grotte <-, -n> [ˈgrɔtə] f grotto

grub [gruːp] imp von **graben**

Grube <-, -n> [ˈgruːbə] f ① hole ② (Bergwerk) pit ▶ **wer andern eine ~ gräbt, fällt selbst hinein** (prov) you can easily fall into your own trap

grübeln [ˈgryːbl̩n] vi to brood (**über** over)

Gruft <-, Grüfte> [grʊft, pl ˈgrʏftə] f vault

Gruftie [ˈgrʊfti] m SOZIOL, MUS goth

grün ['gry:n] *adj* green ▶**jdn ~ und blau schlagen** (*fam*) to beat sb black and blue; **sich ~ und blau ärgern** to be furious

Packaging materials such as cartons, cans, bottles and yoghurt pots carry a characteristic **grüner Punkt** (green spot) which indicates that they can be collected, sorted and re-used, according to the **Duales System** (recycling system) – thus avoiding large mountains of waste.

Grün <-s, - *o fam* -s> ['gry:n] *nt* ❶ green; **die Ampel zeigt ~** the [traffic] lights are [at] green ❷ (*Grünflächen*) green spaces ▶**das ist dasselbe in ~** (*fam*) it's one and the same [thing]
Grünanlage *f* green space
Grund <-[e]s, Gründe> ['grʊnt, *pl* 'grʏndə] *m* ❶ (*Ursache*) reason; **keinen/nicht den geringsten ~** no/not the slightest reason; **eigentlich besteht kein ~ zur Klage** there is no cause for complaint; **jdm ~ [zu etw *dat*] geben** to give sb reason [to do sth]; ■**ein/kein ~ zu etw** *dat* [no] reason for sth ❷ (*Motiv*) reason, grounds *pl;* **aus finanziellen Gründen** for financial reasons; **aus gesundheitlichen Gründen** for reasons of health; **aus gutem ~** with good reason; **aus diesem ~[e]** for this reason; **aus welchem ~[e]** for what reason ❸ *kein pl* (*Erdboden*) ground; **~ und Boden** land ❹ *eines Gewässers* bed; *eines Meeres* bottom ▶**im ~e jds Herzens** in one's heart of hearts; **einer S.** *dat* **auf den ~ gehen** to get to the bottom of sth; **den ~ zu etw** *dat* **legen** to lay the foundations *pl* for sth; **auf ~ von etw** *dat* on the basis of sth; **im ~e [genommen]** basically; **von ~ auf** completely
Grundausbildung *f* basic training **Grundbegriff** *m* basic notion **Grundbesitz** *m* landed property **Grundbesitzer(in)** *m(f)* landowner **Grundbuch** *nt* land register **Grundbuchamt** *nt* ADMIN Land Registry, Land Registration Office
gründen ['grʏndn̩] I. *vt* to found II. *vr* ■**sich auf etw** *akk* **~** to be based on sth
Gründer(in) <-s, -> *m(f)* founder
grundfalsch ['grʊntˈfalʃ] *adj* completely wrong **Grundfläche** *f* area **Grundgebühr** *f* basic charge **Grundgesetz** *nt* Basic Law

The **Grundgesetz** is the constitution of the Federal Republic of Germany. It outlines Germany's legal and political system, defining amongst other things the basic rights of people living in Germany and the relationship between the **Länder** (the federal states) and the national government.

grundieren* ['grʊn'di:rən] *vt* to prime
Grundierfarbe *f* BAU primer paint
Grundkapital *nt* share capital BRIT, stock capital AM **Grundlage** *f* basis **grundlegend** I. *adj* fundamental II. *adv* fundamentally
gründlich ['grʏntlɪç] I. *adj* thorough II. *adv* ❶ (*gewissenhaft*) thoroughly ❷ (*fam: total*) completely
Gründlichkeit <-> *f kein pl* thoroughness
grundlos *adj* unfounded
Grundnahrungsmittel *nt* basic food[stuff]
Gründonnerstag [gry:n'dɔnɛstaːk] *m* Maundy Thursday
Grundrecht *nt* basic right
Grundriss^RR *m* ❶ BAU ground-plan ❷ (*Darstellung*) outline
Grundsatz ['grʊntzats] *m* principle
grundsätzlich ['grʊntzɛtslɪç] I. *adj* fundamental II. *adv* ❶ (*prinzipiell*) in principle ❷ (*kategorisch*) absolutely
Grundschuld *f* FIN, JUR land charge **Grundschule** *f* primary [*or* AM elementary] school **Grundschullehrer(in)** *m(f)* primary teacher BRIT **Grundstein** *m* **den ~ zu etw** *dat* **legen** to lay the foundations for sth
Grundstück *nt* plot
Grundstücksmakler(in) *m(f)* estate agent
Grundübel *nt* basic evil
Gründung <-, -en> *f* foundation
grundverschieden ['grʊntfɛɐ̯'ʃiːdn̩] *adj* completely different
Grundwasser *nt* ground water **Grundwasserspiegel** *m* ground-water level
Grundwert *m meist pl* PHILOS basic value
Grundwortschatz *m* basic vocabulary **Grundzahl** *f* MATH *s.* **Kardinalzahl**
Grüne(r) ['gry:nə] *f(m) dekl wie adj* POL [member of the] Green [Party]; **die ~n** the Green Party
grünen ['gry:nən] *vi* to become green
Grünfink *m* greenfinch **Grünfläche** *f* green space **Grünfutter** *nt* green fodder **Grünkohl** *m* [curly] kale

grünlich ['gry:nlɪç] *adj* greenish
Grünschnabel *m* (*fam*) greenhorn **Grünspan** ['gry:nʃpa:n] *m kein pl* verdigris
Grünstreifen *m* central reservation, median strip AM
grunzen ['grʊntsn̩] *vi*, *vt* to grunt
Grünzeug *nt* (*fam*) ❶ (*Kräuter*) herbs *pl* ❷ (*Salat*) green salad; (*Gemüse*) greens *pl*
Gruppe <-, -n> ['grʊpə] *f* group
Gruppenarbeit *f kein pl* teamwork **Gruppendruck** *m kein pl* SOZIOL peer pressure **gruppenweise** *adv* in groups
gruppieren* [grʊˈpiːrən] I. *vt* to group II. *vr* ■ **sich** ~ to be grouped (**zu** into)
Gruppierung <-, -en> *f* ❶ group ❷ (*Aufstellung*) grouping
Gruselgeschichte *f* horror story
grus(e)lig ['gruːz(ə)lɪç] *adj* gruesome; ~ **zumute werden** to have a creepy feeling
Gruß <-es, Grüße> ['gruːs, *pl* 'gryːsə] *m* ❶ (*Begrüßung*) greeting; **einen** [**schönen**] ~ **an Ihre Gattin** [please] give my [best] regards to your wife ❷ (*am Briefschluss*) regards; **mit freundlichen Grüßen** Yours sincerely; **herzliche Grüße** best wishes
grüßen ['gryːsn̩] I. *vt* ❶ ■ **jdn** ~ to greet sb; **grüß dich!** (*fam*) hello there! ❷ ■ **jdn von jdm** ~ to send sb sb's regards II. *vi* to say hello III. *vr* ■ **sich** ~ to say hello to one another
gucken ['gʊkn̩] *vi* ❶ to look ❷ (*herausragen*) ■ **aus etw** *dat* ~ to stick out of sth
Guckloch *nt* peephole
Guerillakrieg [geˈrɪlja-] *m* guerilla war
Guinea <-s> [gi'neːa] *nt* Guinea
Guineer(in) <-s, -> [gi'neːɐ] *m(f)* Guinean
guineisch [gi'neːɪʃ] *adj* Guinean; *s. a.* **deutsch**
Gulasch <-[e]s, -e *o* -s> ['gʊlaʃ] *nt o m* goulash
Gulden <-s, -> ['gʊldn̩] *m* guilder
gültig ['gʏltɪç] *adj* valid; **der Fahrplan ist ab dem 1.4.** ~ the timetable comes into effect from 1.4.
Gültigkeitsdauer *f* validity [period], period of validity
Gummi <-s, -s> ['gʊmi] *nt o m* rubber
Gummiband <-bänder> *nt* rubber band **Gummibärchen** <-s, -> [-bɛːɐ̯çən] *nt* jelly bear ≈ jelly baby **Gummibaum** *m* rubber plant **Gummihandschuh** *m* rubber glove **Gummiknüppel** *m* rubber truncheon **Gummistrumpf** *m* elastic stocking **Gummizelle** *f* padded cell
Gunst <-> ['gʊnst] *f kein pl* ❶ (*Wohlwollen*) goodwill; **in jds** ~ **stehen** to be in sb's favour ❷ (*Vergünstigung*) **zu jds** ~**en** in sb's favour
günstig ['gʏnstɪç] I. *adj* ❶ (*vorteilhaft*) favourable ❷ (*preisgünstig*) reasonable II. *adv* (*preisgünstig*) reasonably
Gurgel <-, -n> ['gʊrgl̩] *f* throat
Gurgelmittel *nt* gargle
gurgeln ['gʊrgl̩n] *vi* (*mit Mundwasser*) to gargle
Gurke <-, -n> ['gʊrkə] *f* cucumber; (*Essig~*) gherkin; **saure** ~**n** pickled gherkins
gurren ['gʊrən] *vi* to coo
Gurt <-[e]s, -e> ['gʊrt] *m* ❶ (*Riemen*) strap ❷ (*Sicherheitsgurt*) seat belt
Gürtel <-s, -> ['gʏrtl̩] *m* belt ▶ **den** ~ **enger schnallen** (*fam*) to tighten one's belt
Gürtellinie [liːniə] *f* waist[line] ▶ **unter die** ~ **zielen** to aim below the belt **Gürtelreifen** *m* radial[-ply] tyre **Gürtelrose** *f* shingles **Gürtelschnalle** *f* belt buckle **Gurtpflicht** *f* compulsory wearing of seat belts
GUS <-> [gʊs, geˈʔuːˈʔɛs] *f kein pl Akr von* Gemeinschaft Unabhängiger Staaten CIS
Gussʀʀ <-es, Güsse> ['gʊs, *pl* 'gʏsə] *m*, **Guss**ᴬᴸᵀ <-sses, Güsse> ['gʊs, *pl* 'gʏsə] *m* ❶ (*Zuckerguss*) icing ❷ *kein pl* TECH casting ▶ [**wie**] **aus einem** ~ forming a uniform and integrated whole
Gusseisenʀʀ *nt* cast iron
gusseisernʀʀ *adj* cast-iron **Gussform**ʀʀ *f* mould
gut <besser, beste> ['guːt] I. *adj* ❶ good; **jdn/etw** ~ **finden** to think sb/sth is good; **jdm geht es** ~/**nicht** ~ sb is well/not well ❷ (*in Wünschen*) ~**e Fahrt/Reise** have a good trip; ~**e Erholung/Besserung** get well soon; ~**en Appetit** enjoy your meal; **ein** ~**es neues Jahr** happy New Year!; ~**e Unterhaltung** enjoy the programme ▶ **du bist** ~! (*iron fam*) you're a fine one!; ~ **draufsein** (*fam*) to be in good spirits; ~ **in etw** *dat* **sein** to be good at sth; **noch/nicht mehr** ~ **sein** to still/no longer be any good; **wieder** ~ **werden** to be all right; **also** ~! well, all right then!; **schon** ~! (*fam*) all right!; ~ **so!** that's it!; **sei so** ~ **und ...** would you be kind enough to ...; **wozu ist das** ~? (*fam*) what's the use of that?; [**wie**] ~, **dass ...** it's a good job that ...; ~! (*in Ordnung!*) OK!; ~, ~! yes, all right! II. *adv* well; ~ **aus-**

sehend good-looking; **~ bezahlt** well-paid; **~ gehend** flourishing; **~ gelaunt** in a good mood; **~ gemeint** well-meant; **~ situiert** well-to-do; **~ unterrichtet** well-informed; **du sprichst aber ~ Englisch!** you really can speak good English; **~ verdienend** *attr* high-income *attr;* ■**es tut jdm ~, etw zu tun** it does sb good to do sth; **schmeckt es dir auch ~?** do you like it too? ▶**so ~ es geht** as best one can; **~ gemacht!** well done!; **es ~ haben** to be lucky; **das kann ~ sein** that's quite possible; **du kannst ~ reden!** it's easy for you to talk!; **mach's ~!** bye!; **sich ~ mit jdm stellen** to get into sb's good books

Gut <-[e]s, Güter> ['guːt, *pl* 'gyːtɐ] *nt* ❶ (*Landgut*) estate ❷ (*Waren*) ■**Güter** goods *pl* ❸ *kein pl* (*das Gute*) good; **~ und Böse** good and evil

Gutachten <-s, -> ['guːtʔaxtn̩] *nt* report

Gutachter(in) <-s, -> *m(f)* expert

gutartig *adj* ❶ good-natured ❷ MED benign

gutbürgerlich ['guːtˈbʏrɡɐlɪç] *adj* middle-class; **~e Küche** home-style cooking

Gutdünken <-s> *nt kein pl* discretion; **nach [eigenem] ~** at one's own discretion

Gute(s) *nt* ■**etwas ~s** something good; **jdm ~s tun** to be good to sb; **alles ~!** all the best!; **das ~ daran** the good thing about it

Güte <-> ['gyːtə] *f kein pl* ❶ (*Gütigsein*) kindness ❷ (*Qualität*) [good] quality ▶ **erster ~** (*fam*) of the first order; **ach du liebe ~!** (*fam*) oh my goodness!; **in ~** amicably

Güterbahnhof *m* goods depot **Güterfernverkehr** *m* long-distance haulage *no pl, no art* **Gütergemeinschaft** *f* **in ~ leben** to have community of property **Gütertrennung** *f* **in ~ leben** to have separation of property **Güterwagen** *m* goods truck **Güterzug** *m* goods [*or esp* AM freight] train

Gütezeichen *nt* mark of quality

gutgläubig *adj* trusting

gut|haben *vt irreg* **du hast ja noch 125 Euro/einen Gefallen bei mir gut** I still owe you 125 Euros/a favour

Guthaben <-s, -> *nt* credit balance

gut|heißen *vt irreg* ■**etw ~** to approve of sth

gütig ['gyːtɪç] *adj* kind

gutmütig ['guːtmyːtɪç] *adj* good-natured

Gutsbesitzer(in) *m(f)* landowner

Gutschein *m* coupon

gut|schreiben *vt irreg* ■**jdm etw ~** to credit sb with sth

Gutschrift *f* ❶ (*Bescheinigung*) credit note ❷ (*gebuchter Betrag*) credit entry

Gutshof *m* estate, manor

gutwillig *adj* obliging

Gymnasiast(in) <-en, -en> [ɡʏmnaˈzi̯ast] *m(f)* ≈ grammar-school pupil BRIT, ≈ high-school student AM

Gymnasium <-s, -ien> [ɡʏmˈnaːzi̯ʊm, *pl* ɡʏmˈnaːzi̯ən] *nt* ≈ grammar school BRIT, ≈ high school AM

> German schoolchildren who go to the **Gymnasium** after primary school, are trained to achieve the necessary academic standard required for university entrance between Years 5 and 13. In Austria, this takes eight years and in Switzerland the pupils have to spend at least eight years (and in some cantons nine) at **Maturitätsschule** (grammar school). Traditionally, there are several types of grammar school: those that specialize in classical languages (Latin and Greek), those that emphasize modern languages (with or without Latin), those that specialize in maths and science or economics, and those that put emphasis on music and art.

Gymnastik <-> [ɡʏmˈnastɪk] *f* gymnastics + *sing vb*

Gymnastikanzug *m* leotard

Gynäkologe, Gynäkologin <-n, -n> [ɡynɛkoˈloːɡə, -ˈloːɡɪn] *m, f* gynaecologist

Hh

H, h <-, - *o fam* -s, -s> [haː] *nt* ❶ (*Buchstabe*) H, h; *s. a.* **A 1** ❷ MUS B; *s. a.* **A 2**

h *Abk von* **hora** *gesprochen: Uhr* **9 h 17** 9.17 a.m.

ha¹ [haː] *Abk von* **Hektar** ha

ha² [ha] *interj* ❶ (*triumphierend*) ha! ❷ (*überrascht, erstaunt*) oh!

Haar <-[e]s, -e> [haːɐ̯] *nt sing o pl* hair *no pl;* **graue ~e bekommen** to go grey; **sich** *dat* **die ~e schneiden lassen** to get one's hair cut ▶ **jdm stehen die ~e zu Berge** sb's hair stands on end; **um kein ~ besser** not a bit better; **sich** *dat* **in die ~e geraten** to quarrel; **jdm kein ~ krümmen** not to touch a hair on sb's head; **sich** *dat* **die ~e raufen** to tear one's hair; **um ein ~** within a hair's breadth

Haarausfall *m* hair loss **Haarbürste** *f* hairbrush

haaren ['haːrən] *vi* to moult

Haarfarbe *f* colour of one's hair **Haarfestiger** <-s, -> *m* setting lotion

haarig ['haːrɪç] *adj* hairy

Haarklammer *f* hair clip **Haarnadel** *f* hairpin **Haarnadelkurve** *f* hairpin bend **haarscharf** *adv* ❶ (*knapp*) by a hair's breadth ❷ (*exakt*) exactly **Haarschneider** *m* clippers *npl* **Haarschnitt** *m* haircut **Haarspalterei** <-, -en> [haːɐ̯ʃpaltəˈraɪ] *f* (*pej*) splitting hairs *no pl, no art* **Haarspange** *f* hair slide **Haarspray** *nt o m* hairspray **haarsträubend** ['haːɐ̯ʃtrɔybn̩t] *adj* hair-raising **Haarteil** *nt* hairpiece **Haartrockner** *m* hair dryer **Haarwasser** *nt* hair lotion

Hab [haːp] *nt* **~ und Gut** (*geh*) belongings *npl*

Habe <-> ['haːbə] *f kein pl* (*geh*) possessions *pl*

haben <hatte, gehabt> ['haːbn̩] I. *vt* ❶ (*besitzen*) to have; **wir ~ zwei Autos** we've got two cars; **sie hatte gestern Geburtstag** it was her birthday yesterday ❷ (*erhalten*) **könnte ich mal das Salz ~?** could I have the salt please?; **ich hätte gern ein Bier** I'd like a beer, please; **woher hast du das?** where did you get that? ❸ (*ein Gefühl haben*) **Durst/Hunger ~** to be thirsty/hungry; **gute/schlechte Laune ~** to be in a good/bad mood; **hast du was?** is something the matter?; **ich hab nichts!** nothing's the matter!; **was hat er denn?** what's up with him? ❹ *mit adj* **es bei jdm gut ~** to be well off with sb ❺ (*tun müssen*) ▪**etw zu tun ~** to have to do sth; **ich habe noch zu arbeiten** I've still got work to do ❻ *mit Präposition* ▪**etw an sich** *dat* **~** to have sth about one; **es an etw** *dat* **~** (*fam: Körperteil*) to have trouble with sth; **was hat es damit auf sich?** what's all this about?; **für etw zu ~ sein** to be keen on sth; **etwas/nichts gegen jdn/etw ~** to have something/nothing against sb/sth; **es in sich ~** (*fam*) to be tough; **etwas mit jdm ~** (*euph*) to have something going with sb; **nichts davon ~** not to gain anything from it; **das hast du jetzt davon!** now see where it's got you! ▶ **noch/nicht mehr zu ~ sein** to be still/no longer available; **da hast du's/~ wir's!** there you are!; **ich hab's!** I've got it!; **wie gehabt** as usual II. *vt impers* ÖSTERR, SÜDD (*existieren*) ▪**es hat ...** there is/are ... III. *vr* (*fam*) ▪**sich ~** to make a fuss

Haben <-s> ['haːbn̩] *nt kein pl* credit; **im ~ sein** to be in credit

Habenichts <-[es], -e> ['haːbənɪçts] *m* (*fam*) pauper

habgierig ['haːpgiːrɪç] *adj* (*pej*) greedy

Habicht <-s, -e> ['haːbɪçt] *m* hawk

Habseligkeiten ['haːpzeːlɪçkaitn̩] *pl* [meagre] belongings *npl*

Habsucht *f* greed

habsüchtig ['haːpzʏçtɪç] *adj* avaricious

Hackbraten *m* meat loaf

Hacke <-, -n> ['hakə] *f* ❶ (*Gartengerät*) hoe ❷ ÖSTERR (*Axt*) axe ❸ DIAL (*Ferse*) heel

hacken ['hakn̩] I. *vt* ❶ *Gemüse* to chop [up *sep*] ❷ *Boden* to hoe ❸ (*in Stücke*) to hack II. *vi* ❶ *Vogel* to peck ❷ INFORM (*sl*) ▪**das H~** hacking

Hacker(in) <-s, -> ['hakɐ] *m(f)* INFORM (*sl*) hacker

Hackfleisch *nt* mince BRIT, ground meat AM ▶**~ aus jdm machen** (*sl*) to make mincemeat of sb

Hackordnung *f* (*fig a.*) pecking order

hadern ['haːdɐn] *vi* (*geh*) to quarrel (**mit** with); **mit seinem Schicksal ~** to rail against one's fate

Hafen[1] <-s, Häfen> ['haːfn̩, *pl* 'hɛːfn̩] *m* harbour

Hafen[2] <-s, Häfen> ['haːfn̩, *pl* 'hɛːfn̩] *m* SÜDD, ÖSTERR (*Tontopf*) pot

Hafenanlagen *pl* docks *pl* **Hafenarbeiter(in)** *m(f)* docker **Hafenrundfahrt** *f* boat trip round the harbour **Hafenstadt** *f* port

Hafer <-s, -> ['haːfɐ] *m* oats *pl*

Haferflocken *pl* oat flakes

Haft <-> [haft] *f kein pl* imprisonment; **in ~ sein** to be in custody; **aus der ~ entlassen werden** to be released from custody

haftbar ['haftbaːɐ̯] *adj* ▪**für etw** *dat* **~ sein** to be liable for sth; **jdn für etw** *dat* **~ machen** to hold sb responsible for sth

Haftbefehl *m* [arrest] warrant

haften ['haftn̩] *vi* ① (*festkleben*) to adhere (**auf** to) ② (*sich festsetzen*) to cling (**an** to) ③ (*hängen bleiben*) to stick (**auf** to) ④ JUR to be responsible (**für** for)
Häftling <-s, -e> ['hɛftlɪŋ] *m* prisoner
Haftnotiz *f* self-adhesive note
Haftpflicht *f* ① (*Schadensersatzpflicht*) liability ② (*fam*) *s*. **Haftpflichtversicherung**
Haftpflichtversicherung *f* liability insurance; AUTO third-party insurance
Haftschale *f meist pl* contact lens
Haftung <-, -en> ['haftʊŋ] *f* JUR liability
Hagebutte <-, -n> ['haːgəbʊtə] *f* rose hip
Hagebuttentee *m* rose-hip tea
Hagel <-s> ['haːgl̩] *m kein pl* hail
Hagelkorn <-körner> *nt* hailstone
hageln ['haːgl̩n] *vi impers* to hail
Hagelschauer *m* hail shower
hager ['haːgɐ] *adj* gaunt
Hahn[1] <-[e]s, Hähne> [haːn, *pl* 'hɛnə] *m* ► **nach etw** *dat* **kräht kein ~ mehr** (*fam*) no one cares two hoots about sth anymore
Hahn[2] <-[e]s, Hähne *o* -en> [haːn, *pl* 'hɛnə] *m* (*Wasserhahn*) tap, faucet AM ► **[jdm] den ~ zudrehen** to stop sb's money supply
Hahnenschrei *m* cockcrow **Hahnentrittmuster** *nt* MODE dog-tooth check
Hai <-[e]s, -e> ['hai] *m,* **Haifisch** ['haifɪʃ] *m* shark
Hain <-[e]s, -e> [hain] *m* (*liter, geh*) grove
Haiti <-s> [ha'iːti] *nt* Haiti
Haitianer(in) <-s, -> [hai'ti̯aːnɐ] *m(f)* Haitian
haitianisch [hai'ti̯aːnɪʃ] *adj* Haitian; *s. a.* **deutsch 1**
häkeln ['hɛkl̩n] *vi, vt* to crochet
Häkelnadel *f* crochet hook
Haken <-s, -> ['haːkn̩] *m* ① (*Halterung, a. Boxhieb*) hook ② (*Zeichen*) tick ③ (*fam: Schwierigkeit*) catch ► **~ schlagen** to change tactics
Hakennase *f* hooknose
halb [halp] **I.** *adj* ① half ② (*Uhrzeit*) **es ist ~ sieben** it is half past six ► **nichts H~es und nichts Ganzes** (*fam*) neither one thing nor the other **II.** *adv* half; **~ so ... sein** to be half as ...; **~ nackt** half-naked; **~ voll** half-filled; **~ ..., ~ ...** half ..., half ... ► **[mit jdm] ~e-~e machen** to go halves with sb; **das ist ~ so schlimm** it's not as bad as all that; **~ und ~** (*fam*) sort of

halbautomatisch *adj* semi-automatic **Halbbruder** *m* half-brother
halber ['halbɐ] *präp +gen nachgestellt* (*geh*) for the sake of **Halbfabrikat** *nt* ÖKON semi-finished product **halbfertig** *adj attr* half-finished **halbflüssig** *adj* Ei very soft-boiled **Halbgott, -göttin** *m, f* demigod *masc,* demigoddess *fem*
halbieren* [hal'biːrən] *vt* to halve
Halbinsel ['halpʔɪnzl̩] *f* peninsula **Halbjahr** *nt* half-year **halbjährig** ['halpjɛːrɪç] *adj attr* (*Dauer*) six-month; (*Alter*) six-month-old
halbjährlich ['halpjɛːɐ̯lɪç] **I.** *adj* six-monthly **II.** *adv* every six months **Halbkreis** *m* semicircle; **im ~** in a semicircle **Halbkugel** *f* hemisphere **Halbmond** *m* ① half-moon ② (*Figur*) crescent **Halbpension** *f* half-board *no art* **Halbschuh** *m* shoe **Halbschwergewicht** ['halpʃveːɐ̯gəvɪçt] *nt kein pl* SPORT (*Gewichtsklasse*) light heavyweight *no pl, no art* **Halbschwester** *f* half-sister
halbtags *adv* on a part-time basis; **sie arbeitet wieder ~ im Büro** she's working half-day at the office again **halbwegs** ['halpveːks] *adv* ① (*einigermaßen*) partly ② (*nahezu*) almost **Halbwelt** *f kein pl* demimonde **Halbwert(s)zeit** *f* half-life **Halbwüchsige(r)** *f(m) dekl wie adj* adolescent **Halbzeit** *f* half-time
Halde <-, -n> ['haldə] *f* (*Müllhalde*) rubbish tip; (*Kohlehalde*) coal tip; (*Abraumhalde*) slagheap
half [half] *imp von* **helfen**
Hälfte <-, -n> ['hɛlftə] *f* half; **um die ~** by half
Halle <-, -n> ['halə] *f* hall
hallen ['halən] *vi* to echo
Hallenbad *nt* indoor swimming pool
Halligalli <-s> ['haligali] *nt kein pl* (*meist pej fam*) hubbub
hallo [ha'loː] *interj* hello
Hallo <-s, -s> [ha'loː] *nt* hello
Halm <-[e]s, -e> [halm] *m* ① stalk ② (*Trinkhalm*) straw
Hals <-es, Hälse> [hals, *pl* 'hɛlzə] *m* ① neck; **jdm um den ~ fallen** to fling one's arms around sb's neck ② (*Kehle*) throat; **jdm im ~ stecken bleiben** to become stuck in sb's throat; **es im ~ haben** (*fam*) to have a sore throat ► **~ über Kopf** in a hurry; **etw in den falschen ~ bekommen** (*fam*) to take sth the wrong way; **aus vollem ~[e]** at the

top of one's voice; **jdm mit etw** *dat* **vom ~[e] bleiben** (*fam*) not to bother sb with sth; **etw zum ~e heraushängen** (*fam*) to be sick to death of sth; **jdn den ~ kosten** to finish sb; **sich jdn vom ~ schaffen** (*fam*) to get sb off one's back; **sich jdm an den ~ werfen** (*pej fam*) to throw oneself at sb

Halsabschneider(in) *m(f)* (*pej fam*) shark **Halsband** *nt* ❶ (*für Haustiere*) collar ❷ (*für Frauen*) choker **halsbrecherisch** ['halsbrɛçərɪʃ] *adj* breakneck *attr* **Halsentzündung** *f* sore throat **Halskette** *f* necklace **Halsschlagader** *f* carotid [artery] **Halsschmerzen** *pl* sore throat **halsstarrig** ['halsʃtarɪç] *adj* (*pej*) obstinate **Halstuch** *nt* scarf **Halswirbel** *m* ANAT cervical vertebra

halt [halt] I. *interj* MIL halt! II. *adv* (*fam: eben*) just

Halt <-[e]s, -e> [halt] *m* ❶ (*Stütze*) hold; **~ geben** to support ❷ (*innerer Halt*) stability ❸ (*Stopp*) stop; **~ machen** to stop **haltbar** ['haltbaːɐ̯] *adj* ❶ *Essen* non-perishable; ■**~ sein** to keep; **~ machen** to preserve ❷ (*widerstandsfähig*) durable

Haltbarkeit <-> *f kein pl* ❶ *Essen* shelf life ❷ (*Widerstandsfähigkeit*) durability

Haltbarkeitsdatum *nt* sell-by date **Haltbarkeitsdauer** *f kein pl* shelf life

Haltegriff *m* [grab] handle; (*an Badewanne*) bath rail; (*am Gewehr*) grip

halten <hielt, gehalten> ['haltn̩] I. *vt* ❶ (*festhalten, stützen*) to hold; (*Macht*) to hold on to ❷ (*zum Bleiben veranlassen*) to stop, to keep ❸ (*in Position bringen*) to put; **er hielt den Arm in die Höhe** he put his hand up ❹ (*besitzen*) to keep ❺ (*in einem Zustand erhalten*) to keep; **die Fußböden hält sie immer sauber** she always keeps the floors clean ▶ **nichts/viel davon ~, etw zu tun** to think nothing/a lot of doing sth; **jdn/etw für jdn/etw ~** to take sb/sth for sb/sth; **etw von jdm/etw ~** to think sth of sb/sth; **wofür ~ Sie mich?** who do you take me for! II. *vi* ❶ (*haltbar sein*) to keep ❷ (*anhalten*) to stop; **etw zum H~ bringen** to bring sth to a stop ▶ **an sich ~** to control oneself; **zu jdm ~** to stand by sb III. *vr* ❶ (*sich festhalten*) ■**sich an etw** *dat* **~** to hold on to sth ❷ (*Wetter*) ■**sich ~** to last ❸ (*sich richten nach*) ■**sich an etw** *akk* **~** to stick to sth ▶ **sich gut gehalten haben** to have worn well; **sich für jdn/etw ~** to think one is sb/ sth

Haltestelle *f* stop **Halteverbot** *nt* no stopping; **hier ist ~** this is a no stopping area; **eingeschränktes ~** limited waiting

haltlos *adj* ❶ (*labil*) weak ❷ (*unbegründet*) groundless

Haltung¹ <-, -en> ['haltʊŋ] *f* ❶ (*Körperhaltung*) posture ❷ (*Einstellung*) attitude ▶ **~ bewahren** to keep one's composure

Haltung² <-> ['haltʊŋ] *f kein pl von Tieren* keeping

Halunke <-n, -n> [ha'lʊŋkə] *m* (*pej*) scoundrel

hämisch ['hɛːmɪʃ] *adj* malicious

Hammel <-s, -> ['haml, *pl* 'hɛml] *m* ❶ (*Tier*) wether ❷ (*Hammelfleisch*) mutton

Hammelfleisch *nt* mutton

Hammer <-s, Hämmer> ['hamɐ, *pl* 'hɛmɐ] *m* ❶ TECH, SPORT hammer ❷ (*sl: schwerer Fehler*) howler ❸ (*sl: Ungeheuerlichkeit*) outrageous thing

hämmern ['hɛmɐn] *vi, vt* ❶ (*mit Hammer*) to hammer ❷ (*pulsieren*) to pound

Hämorrhoide <-, -n> [hɛmɔro'iːdə] *f*, **Hämorride** <-, -n> [hɛmɔ'riːdə] *f meist pl* haemorrhoids *pl*

Hampelmann <-männer> ['hampl̩man, *pl* -mɛnɐ] *m* ❶ jumping jack ❷ (*pej fam: Mensch*) puppet

Hamster <-s, -> ['hamstɐ] *m* hamster

hamstern ['hamstɐn] *vt, vi* to hoard

Hand <-, Hände> [hant, *pl* 'hɛndə] *f* hand; **mit der flachen ~** with the flat of one's hand; **Hände hoch!** hands up!; **linker/rechter ~** on the left/right; **jdm die ~ geben** to shake sb's hand; **jdn an der ~ nehmen** to take hold of sb's hand; **etw in die ~ nehmen** to pick up sth *sep;* **lass mich die Sache mal in die ~ nehmen** let me take care of the matter; **in fremde Hände gelangen** to pass into foreign hands; **Hände weg!** hands off! ▶ **für jdn seine ~ ins Feuer legen** to vouch for sb; **~ und Fuß haben** to be purposeful; **weder ~ noch Fuß haben** to have no rhyme or reason; **mit Händen und Füßen** tooth and nail; **~ aufs Herz!** cross your heart; **die Hände in den Schoß legen** to sit back and do nothing; [**bei etw** *dat*] **die Hände im Spiel haben** to have a hand in sth; **bei jdm in besten Händen sein** to be in safe hands with sb; **aus erster/zweiter ~** first-hand/second-hand;

Handarbeit – handlich

in <u>festen</u> **Händen sein** to be spoken for; <u>freie</u> ~ **haben** to have a free hand; **bei etw** *dat* **eine glückliche** ~ **haben** to have the Midas touch with sth; **mit leeren Händen** empty-handed; **jds <u>rechte</u>** ~ **sein** to be sb's right-hand man; **hinter <u>vorgehaltener</u>** ~ in confidence; **jdm zur** ~ **<u>gehen</u>** to lend sb a [helping] hand; **um jds** ~ **<u>anhalten</u>** (*geh*) to ask for sb's hand in marriage; **jdn [für etw** *akk*] **an der** ~ **<u>haben</u>** to have sb on hand [for sth]; **etw gegen jdn in der** ~ **<u>haben</u>** to have sth on sb; **zur** ~ **<u>sein</u>** to be at hand; **jdn/etw in die** ~ **<u>bekommen</u>** to get one's hands on sb/sth; [**bei etw** *dat*] **mit** ~ **anlegen** to lend a hand [with sth]; [**klar**] **auf der** ~ **<u>liegen</u>** to be [perfectly] obvious; **jdm etw in die Hände <u>spielen</u>** to pass sth on to sb; **in die Hände <u>spucken</u>** to roll up one's sleeves *sep;* **eine** ~ **<u>wäscht</u> die andere** you scratch my back I'll scratch yours; **<u>an</u>** ~ **einer S.** *gen* with the aid of sth; [**bar**] **<u>auf</u> der** ~ **cash in hand; ~ <u>in</u>** ~ hand in hand; **<u>unter</u> der** ~ secretly; **<u>von</u>** ~ by hand; **zu Händen von jdm** for the attention of sb, attn: sb

Handarbeit *f* ❶ (*Gegenstand*) handicraft; ~ **sein** to be handmade ❷ *kein pl* (*körperliche Arbeit*) manual labour ❸ (*Nähen, Stricken*) needlework **Handball** *m o fam nt* handball **Handbewegung** *f* movement of the hand; (*Geste*) gesture **Handbremse** *f* handbrake **Handbuch** *nt* manual

Händchen <-s, -> ['hɛntçən] *nt* ~ **halten** (*fam*) to hold hands; **für etw** *akk* **ein** ~ **haben** to have a knack for sth

Händedruck <-s> *m kein pl* handshake

Handel <-s> ['handl] *m kein pl* ❶ (*Wirtschaftszweig*) commerce ❷ (*Warenverkauf*) trade; **im** ~ **sein** to be on the market; **etw aus dem** ~ **ziehen** to take sth off the market ❸ (*fam: Abmachung*) deal ❹ (*das Handeln*) dealing (**mit** in); [**mit etw**] ~ **treiben** to trade [in sth] ❺ (*Laden*) business

handeln ['handln] **I.** *vi* ❶ (*mit Waren*) to trade (**mit** with/in); ■ **mit Drogen handeln** to traffic drugs ❷ (*feilschen*) to haggle (**um** over) ❸ (*agieren*) to act ❹ (*sich befassen*) to deal (**von** with) **II.** *vr impers* ■ **sich um jdn/etw** ~ to be a matter of sth; **worum handelt es sich, bitte?** what's it about, please? **III.** *vt* Ware ■ [**für etw**] **gehandelt werden** to be traded [at sth]

Handelsakademie *f* ÖSTERR (*höhere Handelsschule*) ≈ business school **Handelsbank** *f* merchant bank **Handelsbeziehungen** *pl* trade relations **Handelsbilanz** *f* balance of trade; **aktive/passive** ~ balance of trade surplus/deficit **Handelsdefizit** *nt* trade deficit **handelseinig** *adj*, **handelseins** *adj pred* ■ ~ **sein/werden** to agree terms **Handelsgesellschaft** *f* commercial company **Handelsgesetz** *nt* commercial law **Handelskammer** *f* chamber of commerce **Handelspartner(in)** *m(f)* (*Land*) trading partner **Handelsregister** *nt* Register of Companies **Handelsschule** *f* business school **handelsüblich** *adj* in accordance with standard commercial practice **Handelsvertreter(in)** *m(f)* commercial agent **Handelsware** *f* commodity, merchandise **Handeltreibende(r)** *f(m) dekl wie adj* trader

Handfeger <-s, -> *m* hand brush **Handfeuerwaffe** *f* hand-gun **Handfläche** *f* palm **Handfunkgerät** *nt* walkie-talkie **handgearbeitet** *adj* handmade **Handgelenk** *nt* wrist ▶ **etw aus dem** ~ **schütteln** (*fam*) to do sth straight off; **aus dem** ~ (*fam*) off the cuff **Handgemenge** *nt* scuffle **Handgepäck** *nt* hand luggage **Handgerät** *nt* ❶ (*handwerkliches o.ä. Gerät*) small [handheld] device ❷ SPORT hand apparatus **handgeschrieben** *adj* handwritten **handgestrickt** *adj* ❶ (*von Hand gestrickt*) hand-knitted ❷ (*amateurhaft gemacht*) homespun

handgreiflich ['hantgraiflɪç] *adj* violent; ■ [**gegen jdn**] ~ **werden** to become violent [towards sb]

Handgriff *m* ❶ (*Aktion*) movement ❷ (*Griff*) handle ▶ **mit einem** ~ with a flick of the wrist; **mit ein paar ~en** in no time

handhaben ['hanthaːbn] *vt* ❶ (*bedienen*) to handle; *Maschine a.* to operate ❷ (*anwenden*) to apply ❸ (*verfahren*) to manage

händisch ['hɛndɪʃ] *adj* ÖSTERR (*manuell*) manual

Handkarren *m* handcart **Handkoffer** *m* small suitcase **Handkuss**ᴿᴿ *m* kiss on the hand **Handlanger(in)** <-s, -> ['hantlaŋɐ] *m(f)* ❶ (*Arbeiter*) labourer ❷ (*pej: Erfüllungsgehilfe*) stooge

Händler(in) <-s, -> ['hɛndlɐ] *m(f)* dealer ▶ **fliegender** ~ street trader

handlich ['hantlɪç] *adj* ❶ manageable ❷ *Auto* manoeuvrable

Handlung <-, -en> ['handlʊŋ] *f* ❶ (*Tat*) act; **kriegerische** ~ act of war; **strafbare** ~ criminal offence ❷ (*Geschehen*) action; (*in Roman etc.*) plot
handlungsfähig *adj* capable of acting
Handlungsweise *f* conduct **Handorgel** *f* SCHWEIZ (*Handharmonika*) accordion **Handpflege** *f* (*Maniküre*) care of the hands, manicure **Handrücken** *m* back of the hand **Handschelle** *f meist pl* handcuffs *pl;* **jdm** ~**n anlegen** to handcuff sb **Handschrift** ['hantʃrɪft] *f* ❶ (*Schrift*) handwriting ❷ (*Text*) manuscript **handschriftlich** *adj* handwritten
Handschuh *m* glove
Handschuhfach *nt,* **Handschuhkasten** *m* glove compartment
Handstand *m* handstand; **einen ~ machen** to do a handstand **Handtasche** *f* handbag **Handteller** *m* palm **Handtuch** *nt* towel ▸ **das ~ werfen** to throw in the towel **Handumdrehen** ['hant?ʊmdreːən] *nt* ▸ **im ~** in a jiffy
Handvoll <-, -> *f* handful
Handwerk *nt* trade ▸ **jdm das ~ legen** to put an end to sb's game; **jdm ins ~ pfuschen** to encroach on sb's activities; **sein ~ verstehen** to know one's job
Handwerker(in) <-s, -> *m(f)* tradesman
Handwerksmeister(in) *m(f)* ÖKON master craftsman **Handwerkszeug** *nt kein pl* tools *pl*
Handwurzel *f* carpus
Handy <-s, -s> ['hɛndi] *nt* mobile [phone]
Handzettel *m* leaflet
Hanf <-[e]s> [hanf] *m kein pl* (*Pflanze*) hemp; (*Samen*) hempseed
Hang <-[e]s, Hänge> [haŋ, *pl* 'hɛŋə] *m* ❶ (*Abhang*) slope ❷ *kein pl* (*Neigung*) tendency (**zu** to); **den ~ haben, etw zu tun** to be inclined to do sth
Hängebrücke *f* suspension bridge **Hängelampe** *f* pendant light, hanging lamp **Hängematte** *f* hammock
hängen ['hɛŋən] **I.** *vi* <hing, gehangen> ❶ (*herunterhängen*) to hang (**an** on, **über** over, **von** from); **der Baum hängt voller Früchte** the tree is laden with fruit; [**an etw** *dat*] ~ **bleiben** (*befestigt bleiben*) to stay on [sth]; (*kleben bleiben*) to stick to sth ❷ (*befestigt sein*) to be attached (**an** to) ❸ (*fam: angeschlossen sein*) to be connected (**an** to) ❹ (*fam: emotional verbunden sein*) to be attached (**an** to) ❺ (*festhängen*) **an etw** *dat* ~ **bleiben** to get caught on sth ❻ (*fam: sich aufhalten*) ~ **bleiben** to be kept down; **er hängt den ganzen Tag vorm Fernseher** he spends all day in front of the television ❼ (*fam: in Erinnerung bleiben*) ▪ [**bei jdm**] ~ **bleiben** to stick [in sb's mind] ▸ **mit H~ und Würgen** (*fam*) by the skin of one's teeth; **etw ~ lassen** to dangle sth; **den Kopf ~ lassen** to let one's head droop **II.** *vt* <hängte *o* DIAL hing, gehängt *o* DIAL gehangen> ❶ (*anbringen*) hang (**an/auf** on) ❷ (*henken*) to hang ❸ (*anschließen*) to attach (**an** on) ❹ (*fam*) **jdn ~ lassen** to let sb down **III.** *vr* <hängte *o* DIAL hing, gehängt *o* DIAL gehangen> ❶ (*verfolgen*) ▪ **sich an jdn/etw ~** to follow sb/sth ❷ (*sich gehen lassen*) ▪ **sich ~ lassen** to let oneself go
hängend *adj* hanging
Hansdampf <-[e]s, -e> [hans'dampf] *m* ~ **in allen Gassen** (*fam*) Jack-of-all-trades
Hanse <-> ['hanzə] *f kein pl* HIST Hanseatic League

Die Hanse or Hanseatic League was originally an association of towns lying on important trade routes. The aim of these **Hansestädte** was to protect and control trade. The German Hanse had a trade monopoly on the Baltic for 200 years. Today, there are still seven north German towns which call themselves **Hansestädte**: Hamburg, Bremen, Lübeck, Greifswald, Rostock, Stralsund and Wismar.

hänseln ['hɛnzl̩n] *vt* to tease (**wegen** about)
Hanswurst [hans'vʊrst] *m* (*hum fam*) buffoon
Hantel <-, -n> ['hantl̩] *f* dumb-bell
hantieren* [han'tiːrən] *vi* ❶ to be busy (**mit** with) ❷ (*herumhantieren*) to work (**an** on)
hapern ['haːpɐn] *vi impers* (*fam*) ❶ (*fehlen*) to be lacking; **es hapert bei uns etwas an Geld** we're somewhat short of money ❷ (*schlecht bestellt sein*) **in Mathe hapert es bei ihr noch etwas** she's still a bit weak in maths
Happen <-s, -> ['hapn̩] *m* (*fam*) snack
happig ['hapɪç] *adj* (*fam*) *Preis* steep
Harfe <-, -n> ['harfə] *f* harp

Harke <-, -n> ['harkə] f bes NORDD (Rechen) rake
harken ['harkn̩] vt bes NORDD Beet to rake; Laub to rake; ■**geharkt** raked
harmlos adj ❶ (ungefährlich) harmless ❷ (arglos) innocent
Harmonie <-, -n> [harmo'ni:, pl -'ni:ən] f harmony
harmonieren* [harmo'ni:rən] vi ❶ (zusammenklingen) to harmonize ❷ (gut zusammenpassen) to get on well [with each other]
Harmonika <-, -s o Harmoniken> [har'mo:nika, pl -nikən] f accordion
harmonisch [har'mo:nɪʃ] I. adj harmonious II. adv harmoniously
Harn <-[e]s, -e> [harn] m urine
Harnblase f bladder **Harnröhre** f urethra
Harnwege pl urinary tract
Harpune <-, -n> [har'pu:nə] f harpoon
harren ['harən] vi (geh) ■**einer S.** gen ~ to await sth
harsch [harʃ] adj ❶ (verharscht) hard-frozen ❷ (selten: rau, eisig) cutting; Wind harsh
Harsch <-[e]s> [harʃ] m kein pl compacted snow
hart <härter, härteste> [hart] I. adj ❶ (nicht weich) hard ❷ Aufprall, Ruck, Winter severe ❸ (brutal) violent ❹ (abgehärtet) Kerl tough ❺ (streng) Mensch hard; Worte, Regime harsh; Strafe severe; ■ ~ **mit jdm sein** to be hard on sb ❻ (schwer zu ertragen) Schicksalsschlag cruel; Realität harsh; ■ ~ **für jdn sein, dass ...** to be hard on sb that ... ▶ ~ **bleiben** to remain firm; ~ **auf** ~ **kommen** to come to the crunch; ~ **im Nehmen sein** to be resilient II. adv ❶ hard; ~ **gekocht** attr hard-boiled ❷ (streng) severely; ~ **durchgreifen** to take tough action ▶ **jdn** ~ **treffen** to hit sb hard; ~ **gesotten** hardened
Härte <-, -n> ['hɛrtə] f ❶ (Hartsein o Härtegrad) hardness ❷ kein pl (Strenge) severity ❸ kein pl (Unerträglichkeit) cruelty
Härtefall m case of hardship
härten ['hɛrtn̩] vi to harden
Härtetest m endurance test
Hartfaserplatte f hardboard BRIT, fiberboard AM
Hartgeld nt (geh) coins pl
hartherzig adj hard-hearted
hartnäckig I. adj persistent II. adv persistently
Hartschalenkoffer m hard-top suitcase

Harz <-es, -e> [ha:ɐ̯ts] nt resin
harzig ['ha:ɐ̯tsɪç] adj resinous
Hasch <-[s]> [haʃ] nt kein pl (fam) hash
Haschisch <-[s]> ['haʃɪʃ] nt o m kein pl hashish
Hase <-n, -n> ['ha:zə] m hare ▶ **ein alter** ~ **sein** (fam) to be an old hand; **wissen, wie der** ~ **läuft** (fam) to know which way the wind blows
Haselnuss^RR ['ha:zl̩|nʊs] f hazelnut
Hasenfuß m (fam) chicken sl, coward
Hasenscharte f MED harelip
Hass^RR <-es> m, **Haß**^ALT <-sses> [has] m kein pl hate, hatred; **einen** ~ **auf jdn haben** (fam) to be angry with sb
hassen ['hasn̩] vt to hate; ■**es** ~, **etw zu tun** to hate doing sth
hasserfüllt^RR adj, adv full of hate
hässlich^RR, **häßlich**^ALT ['hɛslɪç] adj ❶ (unschön) ugly ❷ (gemein) nasty
Hässlichkeit^RR, **Häßlichkeit**^ALT <-, -en> f ❶ (Unschönheit) ugliness ❷ (Gemeinheit) nastiness
Hast <-> [hast] f kein pl haste
hasten ['hastn̩] vi sein (geh) to hurry
hastig ['hastɪç] I. adj hurried; **nicht so** ~! not so fast! II. adv hurriedly
hätscheln ['hɛːtʃl̩n] vt ❶ (liebkosen) to cuddle ❷ (gut behandeln) to pamper ❸ (gerne pflegen) to cherish
hatte ['hatə] imp von **haben**
Haube <-, -n> ['haubə] f ❶ (weibliche Kopfbedeckung) bonnet ❷ ÖSTERR, SÜDD (Mütze) cap ❸ ÖSTERR (Auszeichnung von Restaurants) star ❹ (Aufsatz) covering ▶ **jdn unter die** ~ **bringen** (hum fam) to marry sb off
Hauch <-[e]s, -e> [haux] m (geh, liter) ❶ (Atemhauch) breath ❷ (Luftzug) breath of air ❸ (Duft) whiff ❹ (Andeutung) hint
hauchdünn ['haux'dʏn] adj ❶ (sehr dünn) wafer-thin ❷ sehr knapp extremely narrow
hauchen ['hauxn̩] I. vi to breathe II. vt Worte to whisper
Haue <-, -n> ['hauə] f ❶ SCHWEIZ, ÖSTERR (Hacke) hoe ❷ kein pl (fam: Prügel) thrashing; ~ **kriegen** (fam) to get a thrashing
hauen <haute, gehauen> ['hauən̩] I. vt ❶ (fam: schlagen) to hit ❷ (fam: verprügeln) to hit; ■**sie** ~ **sich** they are fighting each other ❸ (meißeln) **etw in etw** akk ~ to carve sth in sth II. vr (fam: sich setzen, legen) ■**sich auf/in etw** akk ~ to throw oneself

onto/into sth

Hauer <-s, -> ['hauɐ] *m* (*vom Wildschwein*) tusk

Haufen <-s, -> ['haufn̩] *m* ❶ heap ❷ (*fam: große Menge*) load; **du erzählst da einen ~ Quatsch!** what a load of rubbish! ❸ (*Schar*) crowd ▸ **jdn über den ~ rennen/fahren** (*fam*) to run over sb *sep*; **etw über den ~ werfen** (*fam*) to mess up sth *sep*

haufenweise *adv* (*fam*) in great quantities; **sie besitzt ~ Antiquitäten** she owns loads of antiques

häufig ['hɔyfɪç] I. *adj* frequent II. *adv* often

Häufigkeit <-, -en> *f* frequency

Haupt <-[e]s, Häupter> [haupt, *pl* 'hɔyptɐ] *nt* (*geh*) head ▸ **gesenkten/erhobenen ~es** with one's head bowed/raised

Hauptaktionär(in) *m(f)* principal shareholder **Hauptaltar** *m* high altar **Hauptbahnhof** *m* central station **hauptberuflich** I. *adj* full-time II. *adv* on a full-time basis **Hauptbestandteil** *m* main component **Hauptdarsteller(in)** *m(f)* leading actor *masc*, leading actress *fem* **Haupteingang** *m* main entrance **Hauptfach** *nt* ❶ (*Studium*) main subject, major AM ❷ (*Schule*) major subject **Hauptgebäude** *nt* main building **Hauptgericht** *nt* main course **Hauptgeschäftszeit** *f* main business hours **Hauptgewinn** *m* first prize **Haupthahn** *m* main tap **Hauptleitung** *f* mains *pl*

Häuptling <-s, -e> ['hɔyptlɪŋ] *m* chief

Hauptmahlzeit *f* main meal **Hauptperson** *f* central figure **Hauptpost** *f* (*fam*), **Hauptpostamt** *nt* main post office **Hauptquartier** *nt* headquarters **Hauptrolle** *f* leading role ▸ [**bei etw** *dat*] **die ~ spielen** to play a leading part [in sth] **Hauptsache** ['hauptzaxə] *f* main thing; **in der ~** in the main; **~, du bist glücklich!** the main thing is that you're happy!

hauptsächlich ['hauptszɛçlɪç] I. *adv* mainly II. *adj* main

Hauptsaison *f* peak season **Hauptsatz** *m* main clause **Hauptschalter** *m* main switch **Hauptschlagader** *f* aorta **Hauptschuld** *f* *kein pl* main blame **Hauptschule** *f* ≈ secondary modern school BRIT, ≈ junior high school AM

Hauptspeicher *m* INFORM main memory **Hauptstadt** *f* capital [city] **Hauptstraße** *f* main street

The **Hauptschule** (roughly equivalent to the old secondary modern school in the UK) runs from Years 5 to 9. It caters for pupils whose average mark at the end of primary school does not satisfy the requirements of the **Realschule** or the **Gymnasium** (grammar school). School leavers with only a **Hauptschule** certificate often find it difficult to obtain the further trainig required for most kinds of employment. In Austria, it is possible, given the necessary academic achievement, to switch to a grammar school after completing four years in a **Hauptschule**.

Haupttreffer *m* jackpot

Hauptverhandlung *f* main hearing **Hauptverkehrsstraße** *f* main road **Hauptverkehrszeit** *f* rush hour **Hauptwäsche** *f* main wash **Hauptwaschgang** *m* main wash **Hauptwort** *nt* noun

Haus <-es, Häuser> [haus, *pl* 'hɔyzɐ] *nt* ❶ house; **~ und Hof** (*geh*) house and home; **für jdn ein offenes ~ haben** to keep open house for sb; **jdn nach ~e bringen** to take sb home; **sich wie zu ~e fühlen** to feel at home; **fühlen Sie sich wie zu ~e!** make yourself at home; **frei ~ liefern** to deliver free of charge; **jdm das ~ verbieten** to not allow sb in the house; **nach ~e** home; **zu ~e** at home; **bei jdm zu ~e** in sb's home ❷ (*Familie*) family; **die Dame/der Herr des ~es** the lady/master of the house; **aus gutem ~e** from a good family; **von ~e aus** by birth ❸ (*geh: Unternehmen*) company; **im ~e sein** to be in ▸ [**du**] **altes ~!** (*fam*) old chap *dated;* **das europäische ~** the family of Europe; **~ halten** to be economical; [**jdm**] **ins ~ stehen** to be in store [for sb]; **von ~e aus** originally

Hausangestellte(r) *f(m) dekl wie adj* domestic servant **Hausanzug** *m* leisure suit **Hausapotheke** *f* medicine cabinet **Hausarbeit** *f* ❶ (*im Haushalt*) housework ❷ (*fürs Studium*) [academic] assignment **Hausarrest** *m* ❶ (*Strafe für Kinder*) **~ haben** to be grounded ❷ JUR house arrest **Hausarzt, -ärztin** *m, f* family doctor, GP **Hausaufgabe** *f* piece of homework; ■**~n** homework *no pl;* **seine ~n machen** (*a. fig*) to do one's homework **hausbacken** ['hausbakn̩] *adj* plain

Hausbar f ① (*eine Bar zu Hause*) home bar ② (*Inhalt*) range of drinks at home **Hausbesetzer(in)** <-s, -> m(f) squatter **Hausbesitzer(in)** m(f) homeowner **Hausbewohner(in)** m(f) tenant

Häuschen <-s, -> ['hɔysçən] nt dim von **Haus** little house ▶ **ganz aus dem ~ sein** (*fam*) to be beside oneself

Hauseingang m entrance

hausen ['hauzn̩] vi (*pej fam*) to live [in poor conditions]

Häuserblock m block [of houses]

Hausflur m entrance hall **Hausfrau** f ① housewife ② ÖSTERR, SÜDD (*Zimmerwirtin*) landlady **Hausfriedensbruch** m trespassing **Hausgebrauch** m **für den ~** for domestic use; (*für durchschnittliche Ansprüche*) for average requirements **hausgemacht** adj home-made

Haushalt <-[e]s, -e> m ① (*Hausgemeinschaft*) household ② (*Haushaltsführung*) housekeeping; [jdm] **den ~ führen** to keep house [for sb] ③ (*Etat*) budget

haus|halten vi irreg to be economical (**mit** with)

Haushälter(in) <-s, -> m(f) housekeeper

Haushaltsgeld nt housekeeping money **Haushaltsgerät** nt household appliance **Haushaltsjahr** nt financial [or fiscal] year **Hausherr(in)** <-en, -en> m(f) head of the household; (*Gastgeber*) host

haushoch ['haushox] I. adj ① (*sehr hoch*) gigantic; *Wellen* mountainous ② SPORT *Niederlage* crushing; *Sieg* overwhelming II. adv (*eindeutig*) clearly

hausieren* [hau'ziːrən] vi to hawk; **H~ verboten!** no hawkers!; **mit etw** dat **~ gehen** to peddle sth around

Hausierer(in) <-s, -> m(f) hawker

Hauslehrer(in) m(f) private tutor

häuslich ['hɔylɪç] I. adj ① (*das Zuhause betreffend*) domestic ② (*das Zuhause liebend*) homely II. adv **sich ~ niederlassen** to settle down

Hausmädchen nt maid, BRIT a. home help **Hausmann** ['hausman] m house husband **Hausmannskost** f kein pl home cooking **Hausmarke** f ① (*Wein*) house wine ② (*bevorzugte Marke*) favourite brand **Hausmeister(in)** m(f) janitor **Hausmittel** nt household remedy **Hausnummer** f house number **Hausordnung** f house rules pl

Hausrat m kein pl household contents pl **Hausratversicherung** f household contents insurance **Hausschlüssel** m front-door key **Hausschuh** m slipper **Haustier** nt pet **Haustür** f front door **Hauswart(in)** <-s, -e> m(f) s. **Hausmeister Hauswirt(in)** m(f) landlord *masc,* landlady *fem* **Hauszelt** nt frame tent

Haut <-, Häute> [haut, pl 'hɔytə] f skin ▶ **mit ~ und Haar[en]** completely; **nur ~ und Knochen sein** to be nothing but skin and bone; **eine ehrliche ~ sein** to be an honest sort; **auf der faulen ~ liegen** to laze around; **mit heiler ~ davonkommen** to escape unscathed; **sich nicht wohl in seiner ~ fühlen** not to feel too good; **aus der ~ fahren** to hit the roof; **etw geht [jdm] unter die ~** sth gets under one's skin; **jd möchte nicht in jds ~ stecken** sb would not like to be in sb's shoes

Hautabschürfung f graze **Hautausschlag** m [skin] rash **Hautcreme** f skin cream

häuten ['hɔytn̩] I. vt to skin II. vr ■ **sich ~** to shed one's skin

hauteng adj skintight **Hautklinik** f MED dermatological clinic **Hautkrankheit** f skin disease **Hautkrebs** m MED skin cancer no pl

Havarie <-, -n> [hava'riː, pl 'riːən] f accident

Haxe <-, -n> ['haksə] f KOCHK SÜDD knuckle

HDTV <-s> [haːdeːteː'fau] nt kein pl Abk von **High Definition Television** HDTV

Hebamme <-, -n> ['heːpʔamə] f midwife

Hebebühne f hydraulic lift

Hebel <-s, -> ['heːbl̩] m lever ▶ **am längeren ~ sitzen** to hold the whip hand

Hebelwirkung f ① PHYS lever action, leverage ② (*fig*) leverage

heben <hob, gehoben> ['heːbn̩] I. vt ① (*hochheben*) to lift; *Kopf* to raise ② (*verbessern*) to improve ③ (*Alkohol trinken*) **gern einen ~** (*fam*) to like to have a drink II. vr (*sich nach oben bewegen*) ■ **sich ~** to rise

Hebräer(in) <-s, -> [he'brɛːɐ] m(f) Hebrew

hebräisch [he'brɛːɪʃ] adj Hebrew; *s. a.* **deutsch 2**

Hebräisch [he'brɛːɪʃ] nt dekl wie adj Hebrew; *s. a.* **Deutsch**

Hecht <-[e]s, -e> [hɛçt] m pike

Heck <-[e]s, -e o -s> [hɛk] nt AUTO rear; NAUT stern; LUFT tail

Hecke <-, -n> ['hɛkə] f hedge

Heckenrose f dog rose **Heckenschütze, -schützin** m, f sniper
Heckklappe f tailgate
Heckmotor m rear engine **Heckscheibe** f rear window **Heckscheibenheizung** f rear window heater **Heckspoiler** m rear spoiler
Heer <-[e]s, -e> [heːɐ̯] nt army
Hefe <-, -n> ['heːfə] f yeast
Hefeteig m yeast dough
Heft <-[e]s, -e> [hɛft] nt ① (*Schreibheft*) exercise book ② (*Zeitschrift*) magazine; (*Ausgabe*) issue ③ (*geheftetes Büchlein*) booklet
heften ['hɛftn̩] I. vt ① (*befestigen*) to pin (**an** to) ② (*nähen*) to tack [up *sep*] ③ (*klammern*) to staple II. vr ■ **sich an jdn** ~ to stay on sb's tail
Hefter <-s, -> m ① (*Mappe*) file ② (*Heftmaschine*) stapler
heftig ['hɛftɪç] I. adj ① (*gewaltig*) violent ② (*intensiv*) intense II. adv violently; **es schneite** ~ it snowed heavily
Heftklammer f staple **Heftpflaster** nt [sticking] plaster **Heftzwecke** f drawing pin
Hegemonialmacht [hegemoˈni̯aːlmaxt] f POL hegemonic power
hegen ['heːɡn̩] vt ① **Wild** ~ to preserve wildlife ② *Pflanzen* to tend ③ (*bewahren*) to look after; **jdn** ~ **und pflegen** to lavish care and attention on sb ④ (*geh*) *Zweifel* to have
Heide <-, -n> ['haidə] f ① (*Heideland*) heath ② (*Heidekraut*) heather
Heide, Heidin <-n, -n> ['haidə, 'haidɪn] m, f pagan
Heidekraut nt heather
Heidelbeere ['haidl̩beːrə] f bilberry
Heidenangst f mortal fear; ■ **eine** ~ **vor etw** dat **haben** to be scared stiff of sth **Heidengeld** nt kein pl (*fam*) **ein** ~ hell of a lot of money **Heidenspaß** m (*fam*) terrific fun
Heidin <-, -nen> f fem form von **Heide**
heidnisch ['haidnɪʃ] adj pagan
heikel ['haikl̩] adj delicate
heil [hail] adj ① (*unverletzt*) uninjured ② (*unbeschädigt*) intact
Heil [hail] I. nt <-s> kein pl well-being; **sein** ~ **in etw** dat **suchen** to seek one's salvation in sth II. interj ~ **dem Kaiser!** hail to the emperor!
heilbar adj curable
Heilbutt <-s, -e> ['hailbʊt] m halibut
heilen ['hailən] I. vi sein (*gesunden*) to heal [up] II. vt (*gesund machen*) to cure (**von** of); ■ **von jdm/etw geheilt sein** to have got over sb/sth
heilfroh ['hailˈfroː] adj pred (*fam*) really glad
Heilgymnastik f s. **Krankengymnastik**
heilig ['hailɪç] adj ① holy; ■ **jdm ist etw** ~ sth is sacred to sb ② (*bei Heiligen*) Saint; **der** ~ **e Matthäus** Saint Matthew
Heiligabend [hailɪçˈʔaːbn̩t] m Christmas Eve
Heilige(r) ['hailɪɡə, -ɡə] f(m) dekl wie adj saint
heiligen ['hailɡn̩] vt (*weihen*) to hallow; ■ **geheiligt** hallowed
Heiligkeit <-> f kein pl holiness no pl; **Eure/Seine** ~ Your/His Holiness
heilig|sprechen vt jdn ~ to canonize sb
Heiligsprechung <-, -en> f canonization
Heiligtum <-[e]s, -tümer> ['hailɪçtuːm, pl -tyːmə] nt shrine
Heilkraft f healing power **Heilkraut** nt medicinal herb **Heilkunde** f medicine
heillos ['hailloːs] I. adj terrible II. adv hopelessly
Heilpflanze f medicinal plant **Heilpraktiker(in)** m(f) non-medical practitioner **Heilquelle** f medicinal spring
heilsam ['hailzaːm] adj salutary
Heilsarmee f kein pl Salvation Army
Heilsbringer(in) ['hailsbrɪŋɐ] m(f) REL healer
Heilung <-, -en> ['hailʊŋ] f ① (*das Kurieren*) curing ② (*Genesung*) recovery ③ (*Abheilung*) healing
Heilungsprozess[RR] m healing process
Heilwasser nt mineral [spring] water
heim [haim] adv home
Heim <-[e]s, -e> [haim] nt home
Heimarbeit f kein indef art work at home
Heimat <-, -en> ['haimaːt] f home
heimatlich adj native; *Brauchtum* local **heimatlos** adj homeless **Heimatstadt** f home town
heim|fahren irreg I. vi sein to drive home II. vt haben ■ **jdn** ~ to drive sb home **Heimfahrt** f journey home
heimisch ['haimɪʃ] adj (*einheimisch*) native; **sich** ~ **fühlen** to feel at home
Heimkehr <-> f return home
heim|kehren ['haimkeːrən] vi sein (*geh*) to return home
heimlich ['haimlɪç] I. adj ① (*geheim*) secret ② (*verstohlen*) furtive II. adv ① (*unbemerkt*) secretly ② (*verstohlen*) furtively; ~, **still**

und leise (*fam*) on the quiet
Heimlichtuerei <-, -en> [haɪmlɪçtuːəˈraɪ] *f* (*pej*) secretiveness *no pl*
heimlich|tun *vti irreg* (*pej*) to be secretive (**about** mit)
Heimreise *f* journey home
heim|suchen [ˈhaɪmzuːxn̩] *vt* ❶ (*überfallen*) to strike; **von Armut/Dürre heimgesucht** poverty-/drought-stricken ❷ (*bedrängen*) to haunt
heimtückisch [ˈhaɪmtʏkɪʃ] **I.** *adj Aktion* malicious; *Person* insidious **II.** *adv* maliciously
heimwärts [ˈhaɪmvɛrts] *adv* (*geh*) homeward[s]
Heimweg *m* way home; **sich auf den ~ machen** to set out for home **Heimweh** <-[e]s> *nt kein pl* homesickness; **~ [nach jdm/etw] haben** to be homesick [for sb/sth]
heim|zahlen *vt* ■ **jdm etw ~** to pay sb back for sth; **das werd ich dir noch ~!** I'm going to get you for that!
Heirat <-, -en> [ˈhaɪraːt] *f* marriage
heiraten [ˈhaɪraːtn̩] **I.** *vt* to marry **II.** *vi* to get married
Heiratsantrag *m* proposal; **jdm einen ~ machen** to propose to sb
heischen [ˈhaɪʃn̩] *vt* (*geh*) to demand
heiser [ˈhaɪzɐ] **I.** *adj* hoarse **II.** *adv* hoarsely
Heiserkeit <-> *f kein pl* hoarseness
heiß [haɪs] **I.** *adj* ❶ (*sehr warm*) hot; **etw ~ machen** to heat up sth *sep* ❷ *Debatte* heated; *Kampf* fierce ❸ *Liebe* burning; *Wunsch* fervent ❹ (*fam: brünstig*) on [*or* Am in] heat ❺ (*neugierig*) ■ **auf etw** *akk* **~ sein** to be dying to know about sth **II.** *adv* ❶ (*sehr warm*) hot; **~ laufen** to overheat ❷ (*innig*) ardently; **~ geliebt** dearly beloved
heißblütig [ˈhaɪsblyːtɪç] *adj* (*impulsiv*) hot-tempered
heißen <hieß, geheißen> [ˈhaɪsn̩] **I.** *vi* ❶ to be called; **wie ~ Sie?** what's your name?; **ich heiße Schmitz** my name is Schmitz; ■ **nach jdm ~** to be named after sb ❷ (*bedeuten*) to mean; **"ja" heißt auf Japanisch "hai"** "hai" is Japanese for "yes"; **was heißt eigentlich „Liebe" auf Russisch?** tell me, what's the Russian for "love"?; **heißt das, Sie wollen mehr Geld?** does that mean you want more money?; **was soll das [denn] ~?** what's that supposed to mean? **II.** *vi impers* ❶ (*zu lesen sein*) ■ **irgendwo heißt es ...** it says somewhere ... ❷ (*Gerücht*) ■ **es heißt, dass ...** there is a rumour that ... ❸ (*geh: nötig sein*) **nun heißt es handeln** now is the time for action **III.** *vt* (*geh*) ❶ (*nennen*) ■ **jdn irgendwie ~** to call sb sth ❷ (*auffordern*) ■ **jdn etw tun ~** to tell sb to do sth

Heißhunger *m* ravenous hunger; **mit ~** ravenously **Heißluft** *f kein pl* hot air **Heißluftherd** *m* fan-assisted [*or esp* Am convection] oven **heiß|machen** *vt* **jdn ~** to get sb really interested **Heißwasserspeicher** *m* hot water tank
heiter [ˈhaɪtɐ] *adj* ❶ (*fröhlich*) cheerful ❷ (*fröhlich stimmend*) amusing ❸ *Wetter* bright ▶ **das kann ja ~ werden!** (*iron*) that'll be a hoot!
Heizanlage *f* heating system, heater *esp* Am
heizbar [ˈhaɪtsbaːɐ̯] *adj* ❶ (*beheizbar*) heated ❷ (*zu heizen*) able to be heated
Heizbettdecke, Heizdecke *f* electric blanket
heizen [ˈhaɪtsn̩] **I.** *vi* ❶ (*die Heizung betreiben*) „**womit heizt ihr zu Hause?"** — „**wir ~ mit Gas"** "how is your house heated?" — "it's gas-heated" ❷ (*Wärme abgeben*) to give off heat **II.** *vt* ❶ (*beheizen*) to heat ❷ (*anheizen*) to stoke
Heizkessel *m* boiler **Heizkissen** *nt* heating pad **Heizkörper** *m* radiator **Heizkosten** *pl* heating costs **Heizlüfter** *m* fan heater **Heizmaterial** *nt* fuel [for heating] **Heizöl** *nt* fuel oil **Heizsonne** *f* electric fire
Heizung <-, -en> *f* ❶ (*Zentralheizung*) heating *no pl* ❷ (*Heizkörper*) radiator **Heizungskeller** *m* boiler room
Hektar <-s, -> [hɛkˈtaːɐ̯] *nt o m* hectare
Hektik <-> [ˈhɛktɪk] *f kein pl* hectic pace; **nur keine ~!** take it easy!
hektisch [ˈhɛktɪʃ] **I.** *adj* hectic **II.** *adv* frantically
Held(in) <-en, -en> [hɛlt] *m(f)* hero *masc*, heroine *fem*
heldenhaft *adj* heroic
Heldentat *f* heroic deed
helfen <half, geholfen> [ˈhɛlfn̩] *vi* ❶ (*unterstützen*) to help (**bei** with); ■ **jdm ist nicht [mehr] zu ~** sb is beyond help ❷ (*nützen*) ■ **jdm ~** to be of use to sb; **da hilft alles nichts, ...** there's nothing for it, ...; ■ **[gegen/bei] etw** *dat* **~** to help [relieve sth] ▶ **ich kann mir nicht ~, [aber]** ... I'm sorry, but ...; **man muss sich** *dat* **nur zu ~ wissen** you just have to be resourceful

Helfer(in) <-s, -> ['hɛlfɐ] *m(f)* helper
hell [hɛl] **I.** *adj* ❶ light; ~ **bleiben** to stay light; **es wird** ~ it's getting light ❷ (*hell leuchtend*) bright ❸ (*mit heller Farbe*) light-coloured; *Haar, Haut* fair ❹ *Stimme* clear ❺ (*fam: klug*) bright; **du bist ein ~es Köpfchen** you've got brains **II.** *adv* (*licht*) brightly
hellauf ['hɛl'ʔauf] *adv* extremely
hellblau *adj* light-blue **hellblond** *adj* blonde
hellhörig ['hɛlhøːrɪç] *adj* badly soundproofed ►~ **werden** to prick up one's ears
hellicht^ALT *adj attr s.* **helllicht**
Helligkeit <-> *f kein pl* lightness; (*helles Licht*) [bright] light
helllicht^RR ['hɛllɪçt] *adj attr* **am ~en Tag** in broad daylight
Hellseher(in) ['hɛlzeːɐ] *m(f)* clairvoyant
hellwach ['hɛl'vax] *adj* wide-awake
Helm <-[e]s, -e> ['hɛlm] *m* helmet
Helmpflicht *f* compulsory wearing of a helmet
Hemd <-[e]s, -en> [hɛmt, *pl* 'hɛmdən] *nt* shirt; (*Unterhemd*) vest ► **mach dir nicht [gleich] ins ~!** don't make such a fuss!
hemdsärmelig ['hɛmtsʔɛrməlɪç] *adj* (*fam*) casual
hemmen [hɛmən] *vt* ❶ (*hindern*) to hinder ❷ (*bremsen*) to stop ❸ PSYCH to inhibit
Hemmschuh *m* ❶ (*keilförmige Vorrichtung*) chock ❷ (*fig: Hemmnis*) obstacle
Hemmschwelle *f* inhibition level
Hemmung <-, -en> *f* ❶ *kein pl* (*das Hemmen*) obstruction ❷ *pl* PSYCH inhibitions *pl* ❸ (*Bedenken, Skrupel*) inhibition, scruple
hemmungslos **I.** *adj* ❶ (*zügellos*) unrestrained ❷ (*skrupellos*) unscrupulous **II.** *adv* ❶ unrestrainedly ❷ unscrupulously
Hendl <-s, -[n]> ['hɛndl] *nt* ÖSTERR (*Brathähnchen*) roast chicken
Hengst <-[e]s, -e> [hɛŋst] *m* (*Pferd*) stallion
Henkel <-s, -> ['hɛŋkl] *m* handle
Henkersmahl *nt*, **Henkersmahlzeit** *f* ❶ (*vor der Hinrichtung*) last meal [before sb's execution] ❷ (*hum fam: vor einem großen Ereignis*) final square meal
Henna <- *o* -[s]> ['hɛna] *f o nt kein pl* henna *no pl*
Henne <-, -n> ['hɛnə] *f* hen
Hepatitis <-, Hepatitiden> [hepa'tiːtɪs, *pl* hepati'tiːdn̩] *f* hepatitis *no pl*
her [heːɐ̯] *adv* ❶ (*hierher*) here, to me; ~ **damit!** (*fam*) give it here!; **immer ~ damit!** (*fam*) keep it/them coming! ❷ (*herum*) ■ **um jdn** ~ all around sb ❸ (*von einem Punkt aus*) **von weit** ~ from a long way away; **lang ~ sein, dass ...** to be long ago since ...; **nicht [so] lange ~ sein, dass ...** to be not such a long time [ago] since ...; ■ **von etw** *dat* ~ räumlich from sth; *kausal* as far as sth is concerned ❹ (*verfolgen*) ■ **hinter etw** *dat*~ **sein** to be after sth
herab [hɛˈrap] *adv* (*geh*) down **herabllassen** *irreg* **I.** *vt* (*geh: herunterlassen*) to let down **II.** *vr* ■ **sich [zu etw** *dat*] ~ to lower oneself [to sth]; ■ **sich [dazu]** ~, **etw zu tun** to condescend to do sth **herablassend** *adj* condescending **herablsehen** *vi irreg* to look down (**auf** on) **herablsetzen** *vt* ❶ (*reduzieren*) to reduce ❷ (*herabwürdigen*) to belittle
heran [hɛˈran] *adv* close up, near
heranlkommen *vi irreg sein* ❶ (*herbeikommen*) to approach; (*bis an etw kommen*) to get to ❷ (*erreichen*) to reach ❸ (*in Kontakt kommen*) ■ **an jdn** ~ to get hold of sb ► **nichts an sich** ~ **lassen** not to let anything get to one **heranlmachen** *vr* (*fam*) ■ **sich an jdn** ~ to approach sb **heranlreichen** *vi* ❶ (*gleichkommen*) to measure up to [the standard of] ❷ (*bis an etw reichen*) to reach [as far as] **heranlwachsen** *vi irreg sein* to grow up (**zu** into) **heranlwagen** *vr* ■ **sich an etw** *akk* ~ ❶ (*heranzukommen wagen*) to dare to go near sth ❷ (*sich etw zutrauen*) to dare to attempt sth **heranlziehen** *irreg vt* ❶ (*näher holen*) to pull (**an** to) ❷ (*einsetzen*) ■ **jdn/etw [zu etw** *dat*] ~ to bring sb/sth in [for sth] ❸ (*aufziehen*) ■ **jdn [zu etw** *dat*] ~ to raise sb [until he/she is/becomes sth]; **ein Tier [zu etw** *dat*] ~ to rear an animal [to be sth]
herauf [hɛˈrauf] **I.** *adv* up **II.** *präp +akk* up; **sie ging die Treppe** ~ she went up the stairs
heraufIbeschwören* *vt irreg* ❶ (*wachrufen*) to evoke ❷ (*herbeiführen*) to cause **herauflkommen** *vi irreg sein* ❶ to come up (**zu** to) ❷ (*geh: aufziehen*) to approach; *Nebel* to form **herauflziehen** *irreg* **I.** *vt haben* to pull up *sep* **II.** *vi sein* (*aufziehen*) to approach
heraus [hɛˈraus] *adv* ❶ (*nach draußen*) out; ■ **aus etw** *dat* ~ out of sth; ~ **damit!** (*fam: mit einer Antwort*) out with it! ❷ (*hinter*

sich haben) ▪ **aus etw** *dat* **~ sein** to leave behind sth *sep;* **aus dem Alter bin ich schon ~** that's all behind me ❸(*gesagt worden sein*) ▪**~ sein** to have been said; **die Wahrheit ist ~** the truth has come out

heraus|bekommen* *vt irreg* ❶(*entfernen*) to get out (**aus** of) ❷(*herausfinden*) to find out *sep* ❸*Wechselgeld* to get back **heraus|bringen** *vt irreg* ❶(*nach draußen*) to bring out ❷(*auf den Markt*) to launch; *Buch* to publish ❸*Worte* to utter ❹(*fam: ermitteln*) to find out *sep* **heraus|fahren** *irreg vi sein* ❶(*nach draußen fahren*) to drive out ❷(*entschlüpfen*) ▪**jdm ~** to slip out **heraus|finden** *irreg* I. *vt* ❶(*dahinter kommen*) to find out ❷(*herauslesen*) to find (**aus** from amongst) II. *vi* (*den Weg finden*) to find one's way out (**aus** of)

Herausforderer, -ford(r)erin <-s, -> *m, f* challenger

heraus|fordern *vt* ❶(*auffordern*) to challenge (**zu** to) ❷(*provozieren*) to provoke ❸(*heraufbeschwören*) to invite; **das Schicksal ~** to tempt fate

herausfordernd *adj* provocative

Herausforderung *f* ❶(*Aufforderung*) challenge; **sich** *dat* **einer ~ stellen** to take up a challenge ❷(*Provokation*) provocation

heraus|geben *irreg* I. *vt* ❶ *Buch* to publish ❷(*zurückgeben*) to return; (*Wechselgeld*) to give [back] ❸(*herausreichen*) to pass II. *vi* to give change; **können Sie mir auf 100 Euro ~?** can you give me change out of 100 euros?; **falsch ~** to give the wrong change [back]

Herausgeber(in) <-s, -> *m(f)* editor

heraus|gehen *vi irreg sein* ❶ to go out (**aus/ von** of) ❷(*entfernt werden können*) to come out (**aus** of) ▶ **aus sich ~** to come out of one's shell **heraus|greifen** *vt irreg* to pick out *sep* (**aus** from) **heraus|halten** *irreg* I. *vt* (*nicht verwickeln*) to keep out (**aus** of) II. *vr* ▪**sich** [**aus etw** *dat*] **~** to keep out of sth **heraus|kommen** [hɛˈraʊskɔmən] *vi irreg sein* ❶ to come out (**aus** of) ❷(*etw verlassen/überwinden können*) ▪**aus etw** *dat* **~** to get out of sth ❸(*aufhören können*) ▪**aus etw** *dat* **kaum/nicht ~** to hardly/not be able to stop doing sth ❹(*auf den Markt kommen*) to be launched; (*erscheinen*) to come out ❺(*bekannt werden*) to be published ❻(*bekannt werden*) ▪**es kam heraus, dass ...** it came out that ... ❼(*Resultat haben*) ▪**bei etw** *dat* **~** to come of sth; **auf dasselbe ~** to amount to the same thing ▶ **groß ~** to be a great success **heraus|nehmen** *irreg* I. *vt* ❶(*entnehmen*) to take out (**aus** of) ❷(*entfernen*) to take away (**aus** from) II. *vr* (*pej*) **sich zuviel ~** to go too far; ▪**sich** *dat* **~, etw zu tun** to have the nerve to do sth **heraus|ragen** *vi s.* **hervorragen heraus|reißen** *vt irreg* ❶ to tear out (**aus** of); *Wurzel* to pull out ❷(*ablenken*) ▪**jdn aus etw** *dat* **~** to tear sb away from sth; **jdn aus seiner Arbeit ~** to interrupt sb in their work **heraus|rutschen** *vi sein* to slip out **heraus|stellen** I. *vt* to put outside II. *vr* ▪**sich ~** to come to light; ▪**sich als etw** *akk* **~** to be shown to be sth; ▪**es stellte sich heraus, dass ...** it turned out that ...

herb [hɛrp] *adj* ❶(*bitter-würzig*) sharp; *Wein* dry ❷(*schmerzlich*) bitter ❸(*etwas streng*) severe ❹(*scharf*) harsh

herbei [hɛɐ̯ˈbai] *adv* (*geh*) over here

herbei|eilen *vi sein* to rush over **herbei|führen** [hɛɐ̯ˈbaifyːrən] *vt* to bring about *sep*

Herberge <-, -n> [ˈhɛrbɛrɡə] *f* ❶(*Jugendherberge*) hostel ❷ HIST (*Gasthaus*) inn

Herbergsmutter *f* [female] [youth] hostel warden **Herbergsvater** *m* [male] [youth] hostel warden

Herbizid <-[e]s, -e> [hɛrbiˈtsiːt] *nt* herbicide **Herbst** <-[e]s, -e> [hɛrpst] *m* autumn, fall AM

herbstlich [ˈhɛrpstlɪç] *adj* autumn *attr,* autumnal

Herd <-[e]s, -e> [heːɐ̯t, *pl* ˈheːɐ̯də] *m* ❶ stove ❷(*Krankheitsherd*) focus ▶ **eigener ~ ist** Goldes **wert** (*prov*) there's no place like home

Herde <-, -n> [ˈheːɐ̯də] *f* herd; (*Schafe*) flock

Herdenmensch *m* (*pej*) sheep

Herdentrieb *m* (*pej*) herd instinct *pej*

herein [hɛˈrain] *adv* in [here]; **~!** come in!; **nur ~!** come in!

herein|brechen [hɛˈrainbrɛçn̩] *vi irreg sein* ❶(*zusammenstürzen*) to collapse (**über** over) ❷ *Katastrophe* to befall ❸(*geh*) *Nacht* to fall; *Winter* to set in **herein|fallen** *vi irreg sein* ❶(*nach innen fallen*) to fall in ❷(*fam: betrogen werden*) to be taken in (**auf** by) **herein|kommen** *vi irreg sein* to come in **herein|lassen** *vt irreg* to let in **herein|legen** *vt* ❶ to put in ❷(*fam: betrügen*) to

cheat **herein|platzen** *vi sein* (*fam*) ■ [**bei jdm**] ~ to burst in [on sb]
Herfahrt *f* journey here; **auf der** ~ on the way here
her|fallen *vi irreg sein* ■ **über jdn/etw** ~ ① (*überfallen*) to attack sb/sth ② (*bestürmen*) to besiege sb/sth ③ (*sich hermachen*) to attack sb/sth
Hergang <-[e]s> *m kein pl* course of events
her|geben *irreg vt* (*weggeben*) to give away *sep*
her|gehen *irreg vi sein* ① (*entlanggehen*) ■ [**hinter/neben/vor jdm**] ~ to walk [along] [behind/beside/in front of sb] ② SÜDD, ÖSTERR (*herkommen*) to come [here]
her|holen *vt* (*fam*) to fetch
Hering <-s, -e> ['heːrɪŋ] *m* ① (*Fisch*) herring ② (*Zeltpflock*) [tent] peg
her|kommen *vi irreg sein* ① to come here ② (*herstammen*) to come from
Herkunft <-, *selten* -künfte> ['heːɐkʊnft, *pl* heːrkʏnftə] *f* (*Mensch*) origin[s]; (*Sache*) origin
Herkunftsland *nt* country of origin
her|machen *vr* (*fam*) ■ **sich über etw/jdn** ~ ① (*beschäftigen*) to get stuck into sth ② (*Besitz ergreifen*) to fall upon sth ③ (*herfallen*) to attack sb
Hermelin <-s, -e> [hɛrməˈliːn] *nt* (*braun*) stoat; (*weiß*) ermine
hermetisch [hɛrˈmeːtɪʃ] I. *adj* (*geh*) hermetic II. *adv* hermetically
hernach [hɛgˈnaːx] *adv* DIAL (*danach*) afterwards, after that
her|nehmen *vt irreg* (*beschaffen*) ■ **etw irgendwo** ~ to get sth somewhere
Heroin <-s> [heroˈiːn] *nt kein pl* heroin
Herpes <-> ['hɛrpɛs] *m kein pl* herpes
Herr(in) <-n, -en> [hɛr] *m(f)* ① *nur m* (*männliche Anrede*) Mr; **sehr geehrter** ~ ... Dear Mr ...; **sehr geehrte ~ -en!** Dear Sirs ② *nur m* (*geh: Mann*) gentleman ③ (*Herrscher*) ruler; ■ ~ **über jdn/etw sein** to be ruler of sb/sth; (*Gebieter*) master *masc,* mistress *fem;* ~ **der Lage sein** to be master of the situation; **sein eigener** ~ **sein** to be one's own boss ④ REL (*Gott*) Lord ▶ **aus aller ~en Länder[n]** from all over the world; **die ~en der Schöpfung** (*hum*) their lordships; **jds alter** ~ (*hum fam*) sb's old man
Herrenbekleidung *f* menswear **Herren(fahr)rad** *nt* men's bicycle **Herrenhaus** *nt* manor house
herrenlos *adj* abandoned
Herrentoilette *f* men's toilet[s] [*or* AM restroom]
Herrgott ['hɛrɡɔt] *m* SÜDD, ÖSTERR (*fam*) the Lord; ~! (*fam*) for God's sake!
Herrin <-, -nen> *f fem form von* **Herr** mistress, lady
herrisch ['hɛrɪʃ] I. *adj* domineering; *Ton* commanding II. *adv* imperiously
herrlich *adj* ① (*prächtig*) marvellous; *Aussicht* magnificent; *Wetter* glorious; *Urlaub* delightful ② (*köstlich*) delicious ③ (*iron*) wonderful
Herrschaft <-, -en> ['hɛrʃaft] *f* ① *kein pl* (*Macht*) rule ② *pl* (*Damen und Herren*) ■ **die ~ -en** ladies and gentlemen
herrschaftlich *adj* grand
Herrschaftsinstrument *nt* SOZIOL instrument of power
herrschen ['hɛrʃn̩] *vi* ① (*regieren*) to rule (**über** over) ② (*walten*) to hold sway ③ (*vorhanden sein*) to prevail; *Ruhe* to reign
herrschend *adj* ① (*regierend*) ruling; ■ **die H~-en** the rulers ② (*in Kraft befindlich*) prevailing
Herrscher(in) <-s, -> *m(f)* ruler
Herrschergeschlecht *nt,* **Herrscherhaus** *nt* [ruling] dynasty
herrschsüchtig *adj* domineering
her|rühren *vi* (*geh*) ■ **von etw** *dat* ~ to stem from sth
her|stellen *vt* ① (*erzeugen*) to produce ② (*zustande bringen*) to establish ③ (*gesundheitlich*) ■ **jdn wieder** ~ to restore sb back to health ④ (*hierher stellen*) to put here
Hersteller(in) <-s, -> *m(f)* producer
Herstellung *f kein pl* production
Herstellungskosten *pl* production [*or* manufacturing] costs *pl*
herüber [hɛˈryːbɐ] *adv* over here
herum [hɛˈrʊm] *adv* ① (*im Kreis*) ■ **um etw** *akk* ~ [a]round sth ② (*überall in jds Nähe*) ■ **um jdn** ~ [all] around sb ③ (*etwa*) ■ **um ...** ~ around ... ④ (*vorüber sein*) ■ ~ **sein** to be over
herum|ärgern *vr* (*fam*) ■ **sich mit jdm/etw** ~ to keep getting worked up about sb/sth
herum|drehen I. *vt* ① (*um die Achse drehen*) to turn ② (*wenden*) to turn over II. *vr* ■ **sich** [**zu jdm**] ~ to turn [a]round [to sb]

herum|fackeln *vi* ▶ **nicht** lange ~ (*fam*) to not beat around the bush **herum|führen I.** *vt* to show [a]round **II.** *vi* ■ **um etw** *akk* ~ to go [a]round sth **herum|gehen** *vi irreg sein* (*fam*) ❶ (*einen Kreis gehen*) to go [a]round ❷ (*umhergehen*) to wander around ❸ (*herumgereicht werden*) to be passed [a]round; ■ **etw** ~ **lassen** to circulate sth ❹ (*vorübergehen*) to pass **herum|horchen** *vi* (*fam*) to ask around, to keep one's ears open **herum|kommandieren*** **I.** *vt* (*fam*) to boss about **II.** *vi* (*fam*) to give orders **herum|kommen** *vi irreg sein* (*fam*) ❶ (*reisen*) to get [a]round; **viel** ~ to see a great deal ❷ (*vermeiden können*) to get out of **herum|kriegen** *vt* (*fam*) ❶ (*überreden*) to get round ❷ (*Zeit*) to get through **herum|laufen** *vi irreg sein* to run [a]round; [**noch**] **frei** ~ (*Verbrecher*) to be [still] at large **herum|liegen** *vi irreg sein* to lie about; ■ **etw** ~ **lassen** to leave sth lying about **herum|lungern** *vi* (*fam*) to loaf about **herum|reiten** *vi irreg sein* ❶ to ride around ❷ (*fam: herumhacken*) ■ **auf jdm** ~ to get at sb; ■ **auf etw** *dat* ~ (*pej*) to harp on about sth **herum|schlagen** *irreg vr* ■ **sich mit jdm/etw** ~ (*fam*) to struggle with sb/sth **herum|schnüffeln** *vi* (*pej fam*) to snoop around **herum|springen** *vi* (*fam*) to jump around **herum|stehen** *vi irreg sein* (*fam*) to stand [a]round; ■ **um jdn/etw** ~ to stand [a]round sb/sth **herum|treiben** *vr irreg* ■ **sich** ~ to hang [a]round **herum|ziehen** *irreg vi sein* (*von Ort zu Ort ziehen*) to move about

herunten [hɛˈrʊntn̩] *adv* SÜDD, ÖSTERR down here

herunter [hɛˈrʊntɐ] **I.** *adv* down **II.** *präp nachgestellt* ■ **etw** ~ down sth; **sie liefen den Berg** ~ they ran down the hill

herunter|fallen *vi irreg sein* to fall off; **mir ist der Hammer heruntergefallen** I've dropped the hammer **herunter|gehen** *vi irreg sein* ❶ (*nach unten gehen*) to go down ❷ (*aufstehen und weggehen*) ■ **von etw** *dat* ~ to get off sth ❸ (*sinken*) to fall ❹ (*reduzieren*) **mit dem Tempo** [**auf etw** *akk*] ~ to reduce [one's] speed [to sth] **heruntergekommen** *adj* (*pej*) ❶ *Haus* run-down ❷ (*verwahrlost*) down-at-heel **herunter|handeln** *vt* (*fam*) to knock down *sep* **herunter|kippen** *vt* (*fam*) ■ **etw** ~ *Schnaps, Bier* to down sth in one BRIT, to chug[-a-lug] sth AM **herunter|klappen** *vt* to put down *sep* **herunter|kommen** *vi irreg sein* ❶ to come down ❷ (*fam: verfallen*) to become run-down ❸ (*fam: verwahrlosen*) to become down-and-out **herunter|laden** *vt* INFORM to download **herunter|machen** *vt* (*fam*) ❶ (*schlechtmachen*) to run down ❷ (*zurechtweisen*) to tell off **herunter|schlucken** *vt* (*fam*) *s.* **hinunterschlucken** **herunter|wirtschaften** *vt* (*pej fam*) to ruin

hervor [hɛɐ̯ˈfoːɐ̯] *interj* ■ ~ **mit dir!** (*geh*) out you come!

hervor|gehen *vi irreg sein* **aus etw** *dat* **geht hervor, dass ...** it follows from sth that ... **hervor|heben** *vt irreg* ❶ (*betonen*) to stress ❷ (*kennzeichnen*) to make stand out **hervor|holen** *vt* to take out *sep* (**aus** from) **hervor|ragen** [hɛɐ̯ˈfoːɐ̯ʀaːgn̩] *vi* ❶ (*sich auszeichnen*) to stand out ❷ (*weit vorragen*) to jut out (**aus** from)

hervorragend I. *adj* excellent **II.** *adv* excellently

hervor|rufen *vt irreg* to evoke **hervorstehend** *adj* ❶ (*spitz herausstehend*) protruding ❷ (*fig: sich abhebend*) *Schönheit, Brillianz* striking **hervor|treten** *vi irreg sein* ❶ (*heraustreten*) to step out (**hinter** from behind) ❷ (*aus einer Fläche*) to stand out; *Kinn* to protrude ❸ (*erkennbar werden*) to become evident **hervor|tun** *vr irreg* ■ **sich** ~ ❶ (*sich auszeichnen*) to distinguish oneself (**mit** with) ❷ (*pej: sich wichtigtun*) to show off

Herz <-ens, -en> [hɛrts] *nt* ❶ ANAT heart ❷ (*Gemüt*) heart; **mit ganzem** ~**en** wholeheartedly; **von ganzem** ~**en** sincerely; **von** ~**en gern!** with pleasure!; **jdn von** ~**en gernhaben** to love sb dearly; **im Grunde seines** ~**ens** in his heart of hearts; **leichten** ~**ens** light-heartedly; **jdm wird leicht ums** ~ sb has a load lifted from one's mind; **schweren** ~**ens** with a heavy heart; **jdm das** ~ **schwer machen** to sadden sb's heart; **jds** ~ **erweichen** to soften up sb *sep*; **ohne** ~ without feeling ❸ KARTEN hearts *pl* ▶ **das** ~ **auf dem rechten Fleck haben** to have one's heart in the right place; **jdm schlägt das** ~ **bis zum Hals** sb's heart is in one's mouth; **seinem** ~**en Luft machen** to give vent to one's feelings; **jdn/etw auf** ~ **und Nieren prüfen** to examine sb/sth thoroughly; **ein ~ und eine Seele sein** to be the best of friends; **seinem ~-en einen Stoß geben** to [suddenly] pluck up courage; **etw nicht übers ~ bringen** not to have the heart to do sth; **etw auf dem ~-en haben** to have sth on one's mind; **jds ~ hängt an etw** *dat* sb is attached to sth; **jdm etw ans ~ legen** to entrust sb with sth; **jdm liegt etw am ~-en** sth concerns sb; **sich** *dat* **etw zu ~-en nehmen** to take sth to heart; **jdn in sein ~ schließen** to take sb to one's heart; **jdm sein ~ ausschütten** (*geh*) to pour out one's heart to sb *sep*; **jd wächst jdm ans ~** sb grows fond of sb

Herzanfall *m* heart attack **Herzbeutel** *m* ANAT heart sac, pericardium *spec* **herzensgut** ['hɛrtsn̩sˈguːt] *adj* good-hearted **herzergreifend** *adj* heart-rending **Herzfehler** *m* heart defect

herzhaft I. *adj* ❶ (*würzig-kräftig*) tasty ❷ (*kräftig*) hearty **II.** *adv* ❶ (*würzig-kräftig*) **~ schmecken** to be tasty ❷ (*kräftig*) heartily **her|ziehen** *irreg* **I.** *vt haben* ❶ (*herbeiziehen*) to pull closer ❷ (*mitschleppen*) ▪ **etw hinter sich** *dat* **~** to pull sth [along] behind one **II.** *vi* ❶ *sein* (*hierher ziehen*) to move here ❷ *haben* ▪ **über jdn/etw ~** to pull sb/sth to pieces

herzig ['hɛrtsɪç] *adj* sweet
Herzinfarkt *m* heart attack **Herzinsuffizienz** *f* MED cardiac insufficiency **Herzkammer** *f* ventricle **Herzkasper** *m* MED (*sl*) heart attack **Herzklappe** *f* heart valve **Herzklappenfehler** *m* valvular [heart] defect **Herzklopfen** *nt kein pl* palpitations *pl* **herzkrank** *adj* ▪ **~ sein** to have a heart condition **Herzleiden** *nt* (*geh*) heart disease

herzlich I. *adj* ❶ (*warmherzig*) warm; *Lachen* hearty **II.** *adv* ❶ (*aufrichtig*) warmly; **sich bei jdm ~ bedanken** to thank sb sincerely; **jdm ~ gratulieren** to congratulate sb heartily ❷ (*recht*) really; **~ wenig** precious little **Herzlichkeit** <-> *f kein pl* warmth **herzlos** *adj* heartless

Herz-Lungen-Maschine *f* MED heart-lung machine **Herzmittel** *nt* MED cardiac stimulant **Herzmuskel** *m* heart muscle

Herzog(in) <-s, Herzöge> ['hɛrtsoːk, *pl* -tsøːɡə] *m(f)* duke *masc*, duchess *fem*
Herzogtum <-s, -tümer> *nt* duchy
Herzrhythmusstörung *f* MED deviation of the heart [*or* cardiac] rhythm, ar[r]hythmia *spec* **Herzschlag** *m* ❶ heartbeat ❷ (*Herzstillstand*) heart failure **Herzschrittmacher** *m* pacemaker **Herzstillstand** *m* cardiac arrest **Herztransplantation** *f* heart transplant **Herzversagen** *nt kein pl* heart failure **herzzerreißend** *adj* heart-rending

Hesse, Hessin <-n, -n> ['hɛsə] *m, f* Hessian
hessisch ['hɛsɪʃ] *adj* Hessian
heterosexuell [heterazɛˈksu̯ɛl] *adj* heterosexual

hetzen ['hɛtsn̩] **I.** *vi* ❶ *haben* (*sich abhetzen*) to rush about ❷ *sein* (*eilen*) to rush ❸ *haben* (*pej: Hass schüren*) to stir up hatred (**gegen** against) **II.** *vt haben* ❶ (*jagen*) to hunt ❷ (*losgehen lassen*) ▪ **jdn/einen Hund auf jdn ~** to set sb/a dog [up]on sb ❸ (*fam: antreiben*) to rush

Hetzkampagne *f* (*pej*) smear campaign
Heu <-[e]s> [hɔy] *nt kein pl* hay; **~ machen** to hay ▸ **Geld wie ~ haben** to have heaps of money

Heuchelei <-, -en> [hɔyçaˈlai] *f* (*pej*) hypocrisy
heucheln ['hɔyçl̩n] **I.** *vi* to be hypocritical **II.** *vt* ▪ **etw ~** to feign sth
Heuchler(in) <-s, -> ['hɔyçlɐ] *m(f)* (*pej*) hypocrite
heuchlerisch I. *adj* (*pej*) hypocritical **II.** *adv* (*pej*) hypocritically
heuer ['hɔyɐ] *adv* SÜDD, ÖSTERR this year
heulen ['hɔylən] *vi* ❶ (*fam: weinen*) to cry; **es ist zum H~** (*fam*) it's enough to make you cry ❷ *Wolf* to howl; *Motor* to wail; *Motorrad, Flugzeug* to roar; *Sturm* to rage
heurig ['hɔyrɪç] *adj* SÜDD, ÖSTERR, SCHWEIZ (*diesjährig*) this year's; *Wein, Kartoffeln* new
Heuschnupfen *m* hay fever
Heuschrecke <-, -n> *f* grasshopper
heute ['hɔytə] *adv* today; (*heutzutage a.*) nowadays; **~ Morgen/Abend** this morning/evening; **~ Mittag** [at] midday today; **~ Nacht** tonight; **~ früh** [early] this morning; **ab ~** from today; **~ in/vor acht Tagen** a week [from] today/ago today; **von ~ an** from today; **die Zeitung von ~** today's newspaper; **lieber ~ als morgen** sooner today than tomorrow; **von ~ auf morgen** all of a sudden
Heute <-> ['hɔytə] *nt kein pl* the present, today
heutig ['hɔytɪç] *adj attr* ❶ (*von heute*) *Zeitung, Veranstaltung* today's; **der ~e Anlass**

this occasion ❷(*gegenwärtig*) **die ~e Zeit** nowadays; **bis zum ~en Tag** to this very day
heutzutage ['hɔyttsuta:gə] *adv* nowadays
Hexe <-, -n> ['hɛksə] *f* ❶ witch ❷(*pej fam: zeternde Frau*) shrew; **eine alte ~** an old crone
hexen ['hɛksn̩] *vi* to perform magic; **ich kann doch nicht ~** (*fam*) I can't work miracles
Hexenschussʳʳ *m kein pl* (*fam*) lumbago
Hexerei <-, -en> [hɛksə'rai] *f* witchcraft
Hickhack <-s, -s> ['hɪkhak] *m o nt* (*fam*) wrangling
hieb ['hi:p] *imp von* **hauen**
Hieb <-[e]s, -e> [hi:p, *pl* 'hi:bə] *m* ❶ blow ❷ *pl* (*Prügel*) beating *sing* ▶**auf einen ~** (*fam*) at [*or* in] one go
hieb- und stichfest *adj* irrefutable
hielt ['hi:lt] *imp von* **halten**
hier [hi:ɐ̯] *adv* ❶ here; **~ draußen/drinnen** out/in here; **~ entlang** this way; **~ oben/unten** up/down here; **~ vorn/hinten** here at the front/at the back; **~ ist/spricht Dr. Müller** Dr Müller speaking; **von ~ ab** from here on; **von ~ aus** from here ❷(*in diesem Moment*) at this point ▶**~ und da** (*stellenweise*) here and there; (*gelegentlich*) now and then
Hierarchie <-, -n> [hierar'çi:, *pl* -'çi:ən] *f* hierarchy
hierauf ['hi:'rauf] *adv* ❶(*obendrauf*) [on] here ❷(*daraufhin*) thereupon **hieraus** ['hi:'raus] *adv* ❶(*aus diesem Gegenstand*) from [*or* out of] here ❷(*aus diesem Material*) out of this ❸(*aus dem Genannten*) from this; **~ folgt ...** it follows from this ...
hierbei ['hi:ɐ̯'bai] *adv* ❶(*währenddessen*) while doing this ❷(*dabei*) here **hierdurch** ['hi:ɐ̯'dʊrç] *adv* ❶(*hier hindurch*) through here ❷(*dadurch*) in this way **hierfür** ['hi:ɐ̯'fy:ɐ̯] *adv* for this **hierher** ['hi:ɐ̯'he:ɐ̯] *adv* here; **~ kommen** to come [over] here; **bis ~** up to here; **bis ~ und nicht weiter** this far and no further **hierin** ['hi:'rɪn] *adv* ❶(*Gefäß, Raum*) in here ❷(*Thema*) in this **hiermit** ['hi:ɐ̯'mɪt] *adv* (*geh*) with this; **~ erkläre ich, dass ...** I hereby declare that ...; **~ wird bescheinigt, dass ...** this is to certify that ... **hierüber** ['hi:'ry:bɐ] *adv* ❶(*hier über diese Stelle*) over here ❷(*über dieses Thema*) about this **hiervon** ['hi:ɐ̯'fɔn] *adv* ❶(*von diesem Gegenstand*) of this/these ❷(*davon*) among them

hierzu ['hi:ɐ̯'tsu:] *adv* ❶(*dazu*) with it; **~ gehört ...** this includes ... ❷(*zu diesem Punkt*) to this; **sich ~ äußern** to say something about this
hierzulande, hier zu Lande ['hi:ɐ̯tsu'landə] *adv* [here] in this country
hiesig ['hi:zɪç] *adj attr* local
hieß ['hi:s] *imp von* **heißen**
Hi-Fi-Anlage ['haifi-] *f* stereo system, hi-fi
Hightechʳʳ, **High-Tech**ᴬᴸᵀ <-[s]> ['hai'tɛk] *nt kein pl* high-tech
Hilfe <-, -n> ['hɪlfə] *f* ❶ *kein pl* help; **auf jds ~ angewiesen sein** to be dependent on sb's help; **jdn um ~ bitten** to ask sb for help; **jdm eine ~ sein** to be a help to sb; **jdm zu ~ kommen** to come to sb's assistance; **etw zu ~ nehmen** to use sth; **um ~ rufen** to call for help; **jdn zu ~ rufen** to call sb [to help]; **jdm seine ~ verweigern** to refuse to help sb; **[zu] ~!** help!; **ohne fremde ~** without outside help; **erste ~** first aid; **jdm erste ~ leisten** to give sb first aid ❷(*Zuschuss*) **finanzielle ~** financial assistance; **wirtschaftliche ~** economic aid ❸(*Hilfsmittel*) aid
Hilfeleistung *f* (*geh*) assistance; **unterlassene ~** failure to render assistance in an emergency **Hilferuf** *m* cry for help
hilflos ['hɪlflo:s] *adj* ❶(*auf Hilfe angewiesen*) helpless; **jdm/etw ~ ausgeliefert sein** to be at the mercy of sb/sth ❷(*ratlos*) at a loss *pred*
hilfreich *adj* helpful
Hilfsaktion *f* aid programme **Hilfsarbeiter(in)** *m(f)* unskilled worker **hilfsbedürftig** *adj* ❶(*auf Hilfe angewiesen*) in need of help *pred* ❷(*Not leidend*) needy **hilfsbereit** *adj* helpful **Hilfsdatei** *f* help file **Hilfskraft** *f* help *no pl*; **wissenschaftliche ~** assistant [lecturer] **Hilfsmittel** *nt* ❶ MED [health] aid ❷ *pl* (*Geldmittel*) [financial] aid **Hilfswerk** *nt* relief organization
Himbeere ['hɪmbe:rə] *f* raspberry
Himmel <-s, -> ['hɪml̩] *m* ❶ sky; **unter freiem ~** under the open sky; **am ~ stehen** to be [up] in the sky ❷(*Himmelreich*) heaven; **in den ~ kommen** to come to heaven ▶**~ und Hölle in Bewegung setzen** to move heaven and earth; **aus heiterem ~** out of the blue; **jdn/etw in den ~ heben** to praise sb/sth [up] to the skies; **zum ~ schreien** to be scandalous; **um ~s willen** (*fam*) for heaven's sake

Himmelbett *nt* four-poster [bed]; **himmelblau** ['hɪml'blaʊ] *adj* sky-blue **Himmelfahrt** *f* ascension into heaven; **Christi ~stag** Ascension Day **Himmelreich** *nt kein pl* heaven **himmelschreiend** *adj* ❶ (*unerhört*) downright *attr* ❷ (*skandalös*) scandalous
Himmelskörper *m* heavenly body **Himmelsrichtung** *f* direction; **die vier ~en** the four points of the compass
himmelweit I. *adj* (*fam*) *Unterschied* considerable II. *adv* **sich ~ unterscheiden** to be completely different; **~ voneinander entfernt** far apart from one another
himmlisch ['hɪmlɪʃ] I. *adj attr* heavenly II. *adv* wonderfully
hin [hɪn] *adv* ❶ *räumlich* (*dahin*) there; **wo der so plötzlich ~ ist?** where's he gone all of a sudden?; **bis/nach ...** ~ to ...; **~ und her laufen** to run to and fro; **~ und zurück** there and back ❷ *zeitlich* (*sich hinziehend*) **das ist lange ~** that's a long time; **über die Jahre ~** over the years ❸ (*fig*) **auf jds Bitte ~** at sb's request; **auf jds Rat ~** on sb's advice; **jdn auf etw ~ prüfen** to test sb for sth ❹ (*fam: kaputt*) ■**~ sein** to have had it ❺ (*verloren sein*) ■**~ sein** to be gone ▸ **das H~ und Her** to-ing and fro-ing; **nach langem H~ und Her** after a lot of discussion; **still vor sich ~** quietly to oneself; **nach außen ~** outwardly; **~ oder her** more or less; **nichts wie ~** let's go!; **~ und wieder** from time to time
hinab [hɪ'nap] *adv* (*geh*) down[wards]
hin|arbeiten *vi* ■**auf etw** *akk* **~** to work [one's way] towards sth
hinauf [hɪ'naʊf] *adv* up; **die Treppe ~** upstairs; **den Fluss ~** up the river; **bis ~ zu etw** *dat* up to sth
hinauf|fahren *irreg vi sein* to go up
hinauf|gehen *vi irreg sein* ❶ to go up (**auf** to); **die Treppe ~** to go up the stairs ❷ (*erhöhen*) **mit dem Preis ~** to put the price up
hinauf|steigen *vi irreg sein* to climb up (**auf** onto)
hinaus [hɪ'naʊs] I. *interj* get out! II. *adv* ❶ out; **hier/dort ~ bitte!** this/that way out, please!; ■**aus etw** *dat* **~** out of sth; **nach hinten/vorne ~ liegen** to be [situated] at the back/front [of a house] ❷ (*zeitlich*) ■**über etw** *akk* **~ sein** to be past sth; **auf Jahre ~** for years to come
hinaus|befördern* *vt* (*fam*) to throw out
hinaus|begleiten *vt* ■**jdn ~** to see sb out
hinaus|gehen [hɪ'naʊsge:ən] *irreg* I. *vi sein* ❶ (*nach draußen gehen*) to go out (**aus** of); **auf die Straße ~** to go out to the road ❷ (*führen*) ■**zu etw** *dat* **~** to lead [out] (**zu** to) ❸ *Fenster* ■**auf etw** *akk* **~** to look out on; **nach Osten ~** to face east ❹ (*überschreiten*) ■[**weit**] **über etw** *akk* **~** to go [far] beyond sth II. *vi impers sein* **es geht dort hinaus!** that's the way out!
hinaus|laufen *vi irreg sein* ❶ to run out ❷ (*enden in*) ■**auf etw** *akk* **~** to end in sth; **auf dasselbe ~** to come to the same thing; **auf was soll das ~?** what's that supposed to mean? **hinaus|lehnen** *vr* ■**sich ~** to lean out (**aus** of) **hinaus|schieben** *vt irreg* ❶ to push out ❷ (*auf später verschieben*) to postpone (**bis** until) **hinaus|werfen** *vt irreg* ❶ to throw out (**aus** of) ❷ (*fam: entlassen*) to sack **hinaus|wollen** *vi* ❶ (*nach draußen wollen*) **in den Garten ~** to want to go out into the garden ❷ (*etw anstreben*) **genau auf diesen Punkt wollte ich hinaus** that's just what I was driving at **hinaus|zögern** I. *vt* to put off *sep* II. *vr* ■**sich ~** to be delayed
hin|biegen *vt irreg* (*fam*) ❶ (*bereinigen*) to sort out *sep* ❷ (*pej: drehen*) ■**es so ~, dass ...** to manage it so that ...
Hinblick *m* **im ~ auf etw** *akk* (*angesichts*) in view of sth; (*in Bezug auf*) with regard to
hinderlich ['hɪndɐlɪç] *adj* ■[**bei etw** *dat*] **~ sein** to be a hindrance [with sth/in doing sth]
hindern ['hɪndɐn] *vt* ❶ (*von etw abhalten*) to stop (**an** from) ❷ (*stören*) to hamper
Hindernis <-ses, -se> ['hɪndɐnɪs] *nt* obstacle; **jdm ~se in den Weg legen** to put obstacles in sb's way
Hindernisrennen *nt* (*Jagdrennen*) steeplechase; (*Hürdenrennen*) hurdles
hin|deuten *vi* ■**auf etw** *akk* **~** to suggest sth
Hindu <-[s], -[s]> ['hɪndu] *m* Hindu
hindurch [hɪn'dʊrç] *adv* through; (*zeitlich a.*) throughout; **das ganze Jahr ~** throughout the year; **die ganze Nacht ~** the whole night
hinein [hɪ'naɪn] *adv* in[to]; **~ mit dir!** (*fam*) in with you!
hinein|gehen *vi irreg sein* ❶ (*betreten*) to enter ❷ (*fam*) *s.* **hineinpassen hinein|passen** *vi* **in etw** *akk* **~** to fit in[to] sth

hinein|reden *vi* ■ **jdm** ~ to tell sb what to do **hinein|stecken** *vt* to put in[to] **hinein|versetzen*** *vr* ■ **sich in jdn** ~ to put oneself in sb's place; ■ **sich in etw** *akk* ~ to acquaint oneself with sth

hin|fahren *irreg* **I.** *vi sein* to go [*or* drive] [to] **II.** *vt haben* ■ **jdn** [**irgendwo**] ~ to drive sb [somewhere]

Hinfahrt *f* trip; (*länger*) journey; **auf der** ~ on the way there

hin|fallen *vi irreg sein* to fall [over]

hinfällig *adj* ❶ (*gebrechlich*) frail ❷ (*ungültig*) invalid

Hinflug *m* flight; **guten** ~! have a good flight!

hin|führen **I.** *vt* to take (**nach/zu** to) **II.** *vi* to lead (**zu** to); ▶ **wo soll das** ~? where will it [all] end?

hing ['hɪŋ] *imp von* **hängen**

Hingabe *f kein pl* (*an eine Sache*) dedication; (*an einen Menschen*) devotion

hin|geben *irreg vr* ■ **sich einer S.** *dat* ~ to abandon oneself to

hingebungsvoll **I.** *adj* dedicated; *Blick, Pflege* devoted **II.** *adv* with dedication; **jdn** ~ **pflegen** to care for sb devotedly

hingegen [hɪn'geːɡn̩] *konj* (*geh*) but

hin|gehen *vi irreg sein* ❶ to go there ❷ (*geh: vergehen*) to pass

hin|halten *vt irreg* ■ **jdm etw** ~ to hold sth out to sb

hin|hauen *irreg* **I.** *vi* (*fam*) ❶ (*gut gehen*) to work ❷ (*ausreichen*) to be enough **II.** *vr* (*sl*) ■ **sich** ~ (*schlafen gehen*) to turn in

hinken ['hɪŋkn̩] *vi* ❶ *haben, sein* to limp ❷ *haben* (*fig*) **der Vergleich hinkt** the comparison doesn't work

hin|knien *vi, vr vi: sein* to kneel down

hinlänglich **I.** *adj* sufficient **II.** *adv* sufficiently

hin|legen **I.** *vt* to put down; (*flach lagern*) to lay down **II.** *vr* ■ **sich** ~ to lie down

hin|nehmen *vt irreg* (*ertragen*) to put up with; *Niederlage* to suffer; **etw** ~ **müssen** to have to accept sth

hinreichend **I.** *adj* sufficient **II.** *adv* sufficiently

Hinreise *f* trip [somewhere]; (*mit Auto*) drive; (*mit Schiff*) voyage; **auf der** ~ on the way [there]

hin|reißen *vt irreg* to enchant; **sich zu etw** *dat* ~ **lassen** to allow oneself to be driven to sth; **sich** ~ **lassen** to allow oneself to be carried away

hinreißend *adj* enchanting; *Schönheit* striking

hin|richten *vt* to execute

Hinrichtung *f* execution

hin|schmeißen *vt irreg* (*fam*) *s.* **hinwerfen**

hin|setzen **I.** *vr* ■ **sich** ~ to sit down **II.** *vt* to put down

Hinsicht *f kein pl* **in beruflicher** ~ with regard to a career; **in gewisser** ~ in certain respects; **in jeder** ~ in every respect

hinsichtlich *präp* +*gen* (*geh*) with regard to

hin|stellen **I.** *vt* ❶ to put [down] ❷ (*abstellen*) to park ❸ (*charakterisieren*) ■ **jdn als etw** *akk* ~ to make sb out to be sth **II.** *vr* ■ **sich** ~ to stand up straight; ■ **sich vor jdn** ~ to plant oneself in front of sb

hinten ['hɪntn̩] *adv* ❶ (*entfernt*) at the end; ~ **im Garten** at the bottom of the garden; **sich** ~ **anstellen** to join the back [of a queue] ❷ (*abgewandte Seite*) at the back; **ein Zimmer nach** ~ a room at the back; **nach** ~ **durchgehen** to go to the back; **von** ~ **kommen** to come from behind ▶ ~ **und vorne nicht** (*fam*) no way; **jdn** ~ **und vorn[e] bedienen** to wait on sb hand and foot; **nicht mehr wissen, wo** ~ **und vorn ist** to not know if one's on one's head or one's heels

hinter ['hɪntɐ] **I.** *präp* +*dat* ❶ (*dahinter*) at the back of, behind ❷ (*jenseits von etw*) behind; ~ **diesem Hügel** on the other side of this hill ❸ (*nach*) after; **etw** ~ **sich bringen** to get sth over with ❹ (*fig*) ~ **etw kommen** to find out about sth; **sich** ~ **jdn stellen** to back sb up; ~ **jdm/etw her sein** to be after sb/sth **II.** *präp* +*akk räumlich* behind

Hinterachse *f* rear axle **Hinterbein** *nt* hind leg

Hinterbliebene(r) [hɪntɐ'bliːbənə, -nɐ] *f(m) dekl wie adj* bereaved [family]

hintere(r, s) ['hɪntərə -rɐ -rəs] *adj* ■ **der/die/das** ~ ... the rear ...

hintereinander [hɪntɐʔain'andɐ] *adv* ❶ *räumlich* one behind the other ❷ *zeitlich* one after the other; **drei Tage/Monate** ~ three days/months running

Hintergedanke *m* ulterior motive

hintergehen* ['hɪntɐgeːən] *vt irreg* ❶ (*betrügen*) to deceive; (*um Profit zu machen*) to cheat ❷ (*sexuell*) to be unfaithful to sb

Hintergrund *m* ❶ (*des Blickfeldes*) background; **der ~ eines Raums** the back of a room ②(*Umstände*) ■**der ~ einer S.** *gen* the background to sth; **der ~ einer Geschichte** the setting to a story *liter* ③ *pl* (*Zusammenhänge*) ■**die Hintergründe einer S.** *gen* the [true] facts about sth; **vor dem ~ einer S.** *gen* in/against the setting of sth

Hinterhalt *m* (*pej*) ambush; **in einen ~ geraten** to be ambushed; **aus dem ~ angreifen** to attack without warning

hinterhältig ['hɪntɐhɛltɪç] I. *adj* (*pej*) underhand II. *adv* (*pej*) in an underhand manner

hinterher [hɪntɐ'heːɐ̯] *adv* ① *räumlich* after; ■**jdm ~ sein** to be after sb ② *zeitlich* afterwards

hinterherlaufen [hɪntɐ'heːɐ̯laufn̩] *vi irreg sein* to run after

Hinterhof *m* back yard **Hinterland** *nt kein pl* hinterland

hinterlassen* [hɪntɐ'lasn̩] *vt irreg* to leave
hinterlegen* [hɪntɐ'leːgn̩] *vt* ■**etw ~** to supply sth

hinterlistig I. *adj* crafty II. *adv* craftily

Hintermann <-männer> *m* ①(*räumlich*) the person behind ② *pl* (*pej fam: Drahtzieher*) brains [behind the operation]

hintern ['hɪntɐn] = **hinter den** *s.* **hinter**

Hintern <-s, -> ['hɪntɐn] *m* (*fam*) bottom; **sich auf den ~ setzen** to fall on one's bottom ▶**jd kann sich in den ~ beißen** (*sl*) sb can kick themselves; **sich auf den ~ setzen** (*fam*) to knuckle down to sth

Hinterrad *nt* rear wheel
Hinterradantrieb *m* rear-wheel drive
hinterrücks ['hɪntɐrʏks] *adv* from behind

hinterste(r, s) ['hɪntɐstɐ, -stɐ, -stəs] *adj superl von* **hintere(r, s)** (*entlegenste*) farthest

Hintertreppe *f* back stairs **Hintertür** *f*, **Hintertürl** <-s, -[n]> *nt* ÖSTERR back door ▶ **sich** *dat* **eine Hintertür offen halten** to leave a back door open

hinterziehen* [hɪntɐ'tsiːən] *vt irreg* to evade

hinüber [hɪ'nyːbɐ] *adv* ①(*nach drüben*) across, over ②(*fam: verdorben*) off, bad ③(*fam: defekt*) ■**~ sein** to have had it

hinunter [hɪ'nʊntɐ] *adv* down

hinuntergehen [hɪ'nʊntɐgeːən] *vi, vt irreg sein* to go down **hinunterkippen** *vt* (*fam*) to gulp down *sep*; *Schnaps* to knock back *sep* **hinunterschlucken** *vt* to swallow [down *sep*] **hinunterspülen** *vt* ①(*wegspülen*) to flush down *sep* ②(*mit einem Getränk verschlucken*) to wash down *sep* (**mit** with) **hinunterwerfen** *vt irreg* to throw down

hinweg [hɪn'vɛk] *adv* ①(*veraltend geh*) ■~! begone! ②(*überstanden*) **über jdn/etw ~ sein** to have got over sb/sth ③ *zeitlich* **über lange Jahre ~** for [many [long]] years

Hinweg ['hɪnveːk] *m* way there; **auf dem ~** on the way there

hinweggehen [hɪn'vɛkgeːən] *vi irreg sein* ■**über etw** *akk* **~** to disregard sth **hinwegkommen** *vi irreg sein* ■**über etw** *akk* **~** to get over sth **hinwegsehen** *vi irreg* ■**über jdn/etw ~** ①(*nicht beachten*) to overlook sb/sth ②(*ignorieren*) to ignore sb/sth ③(*darüber sehen*) to see over sb[']s head]/sth **hinwegsetzen** *vr* ■**sich über etw** *akk* **~** to disregard sth

Hinweis <-es, -e> ['hɪnvais, *pl* -vaizə] *m* ①(*Rat*) tip ②(*Anhaltspunkt*) clue

hinweisen *irreg* I. *vt* ■[**jdn**] **darauf ~, dass** ... to point out [to sb] that ... II. *vi* **auf jdn/etw ~** to point to sb/sth **hinwerfen** *irreg vt* ①(*zuwerfen*) to throw to ②(*irgendwohin werfen*) to throw down *sep;* (*fallen lassen*) to drop ③(*fam: aufgeben*) to give up *sep*

Hinz [hɪnts] *m* ▶~ **und Kunz** (*pej fam*) every Tom, Dick and Harry

hinziehen *irreg* I. *vt haben* ①(*zu jdm/etw ziehen*) to pull (**zu** towards) ②(*anziehen*) **es hatte sie immer nach Köln hingezogen** she had always been attracted to Cologne ③(*hinauszögern*) to delay II. *vi sein* (*sich hinbewegen*) to move [to] III. *vr* ■**sich ~** ①(*sich verzögern*) to drag on ②(*sich erstrecken*) to extend along

hinzu [hɪn'tsuː] *adv* in addition, besides

hinzukommen [hɪn'tsuːkɔmən] *vi irreg sein* ①(*ebenfalls kommen*) to arrive ②(*sich noch ereignen*) ■**es kommt [noch] hinzu, dass** ... there is also the fact that ... ③(*dazukommen*) **kommt sonst noch etwas hinzu?** will there be anything else? **hinzuzählen** *vt* to include **hinzuziehen** *vt irreg* to consult

Hirn <-[e]s, -e> [hɪrn] *nt* brain
Hirngespinst *nt* figment of the imagination
Hirnhautentzündung *f* meningitis
hirnrissig *adj* (*pej fam*) hare-brained
Hirntod *m* brain death **hirnverbrannt** *adj*

(*fam*) *s.* **hirnrissig**

Hirsch <-es, -e> [hɪrʃ] *m* ❶ deer ❷ (*Fleisch*) venison

Hirschgeweih *nt* antlers *pl* **Hirschkalb** *nt* [male] fawn **Hirschkeule** *f* haunch of venison **Hirschkuh** *f* hind

Hirse <-, -n> ['hɪrzə] *f* millet

Hirt(in) <-en, -en> ['hɪrt] *m(f)* herdsman *masc;* (*Schaf~*) shepherd *masc,* shepherdess *fem*

Hirte <-n, -n> ['hɪrtə] *m* ❶ (*geh*) *s.* **Hirt** ❷ REL pastor ▶ **der Gute** ~ the Good Shepherd

historisch [hɪs'toːrɪʃ] **I.** *adj* ❶ (*die Geschichte betreffend*) historical ❷ (*geschichtlich bedeutsam*) historic **II.** *adv* historically

Hitze <-> ['hɪtsə] *kein pl f* heat *no indef art*

hitzebeständig *adj* heat-resistant **hitzeempfindlich** *adj* heat-sensitive **Hitzewelle** *f* heat wave

hitzig ['hɪtsɪç] *adj* ❶ (*leicht aufbrausend*) quick-tempered ❷ (*leidenschaftlich*) passionate; *Debatte* heated

Hitzkopf *m* (*fam*) hothead **Hitzschlag** *m* heatstroke

HIV <-[s]> [haːʔiːˈfaʊ] *nt* HIV

HIV-infiziert *adj* HIV-positive **HIV-positiv** [haːʔiːˈfaʊ-] *adj* HIV-positive

H-Milch ['haː-] *f* long-life milk

HNO [haːʔɛnʔoː] *Abk von* **Hals, Nasen, Ohren** ENT

hob ['hoːp] *imp von* **heben**

Hobby <-s, -s> ['hɔbi] *nt* hobby

Hobel <-s, -> ['hoːbl̩] *m* ❶ plane ❷ (*Küchenhobel*) slicer

hobeln ['hoːbl̩n] *vt, vi* ❶ *Holz* to plane ❷ *Gemüse* to slice

hoch <attr hohe(r, s), höher, attr höchste(r, s)> [hoːx, høːɐ, høːxst] **I.** *adj* ❶ räumlich high; *Baum* tall; **eine hohe Decke** a high ceiling; **eine hohe Schneedecke** deep snow ❷ (*beträchtlich*) high, large; *Verlust* severe; *Sachschaden* extensive ❸ (*bedeutend*) great, high; **hohes Ansehen** great respect; **hohe Offiziere** high-ranking officers ❹ *pred* **jdm zu ~ sein** (*fam*) to be above sb's head **II.** *adv* <höher, am höchsten> ❶ (*nach oben*) **etw ~ halten** to hold up sth *sep;* **einen Gang ~ schalten** AUTO to shift [up] gears ❷ (*in einiger Höhe*) ~ **gelegen** highlying *attr;* ~ **oben** high up; **im Keller steht das Wasser 3 cm** ~ the water's 3 cm deep in the cellar ❸ (*sehr*) highly; ~ **begabt** highly gifted; ~ **konzentriert arbeiten** to be completely focused on one's work; ~ **qualifiziert** highly qualified; ~ **verschuldet** deep in debt *pred* ❹ (*eine hohe Summe umfassend*) highly; ~ **gewinnen** to win a large amount; ~ **wetten** to bet heavily ❺ MATH **2 ~ 4** 2 to the power of 4 ▶ **etw ~ und heilig versprechen** to promise sth faithfully; ~ **hergehen** (*fam*) to be lively; ~ **hinauswollen** (*fam*) to aim high; **wenn es ~ kommt** (*fam*) at the most; [**bei etw** *dat*] ~ **pokern** (*fam*) to take a big chance [with sth]

Hoch <-s, -s> [hoːx] *nt* ❶ (*Wetter*) high ❷ (*Hochruf*) cheer; **ein dreifaches ~ dem glücklichen Brautpaar** three cheers for the happy couple

Hochachtung *f* deep respect; **meine ~!** my compliments!

hochachtungsvoll *adv* (*veraltend form*) your obedient servant

hochaktuell *adj* ❶ highly topical ❷ MODE highly fashionable

Hochamt *nt* ■ **das** ~ High Mass

hocharbeiten *vr* **sich** ~ to work one's way up

hochauflösend *adj* INFORM, TV high-resolution *attr*

Hochbahn *f* elevated railway **Hochbau** *m kein pl* structural engineering **hochbetagt** *adj* (*geh*) aged **Hochbetrieb** *m* intense activity; ~ **haben** to be very busy **Hochburg** *f* stronghold **hochdeutsch** ['hoːxdɔytʃ] *adj* standard German

The term **Hochdeutsch** describes spoken German free of regional accents or dialects. Although **Hochdeutsch** is spoken in most public institutions, the language used around city of Hanover is thought to best represent this kind of German.

Hochdruck *m kein pl* high pressure **Hochebene** *f* plateau

hocherfreut *adj* overjoyed

hochexplosiv *adj* highly explosive

Hochfinanz *f* high finance *no pl, no art*

hochfliegend *adj* (*geh*) ambitious **Hochgebirge** *nt* high mountains *pl*

Hochgefühl *nt* elation

hochgehen *vi irreg sein* ❶ to go up

❷ *Bombe* to go off; ■ **etw ~ lassen** to blow up sth *sep* ❸ (*fam: wütend werden*) to blow one's top ❹ (*fam: enttarnt werden*) to get caught; ■ **jdn/etw ~ lassen** to bust sb/sth
Hochgenuss^RR *m* real delight **Hochgeschwindigkeitszug** *m* high-speed train **Hochglanz** *m* FOTO high gloss; **etw auf ~ bringen** to polish sth till it shines **Hochglanzmagazin** *nt* MEDIA glossy [magazine] **hochgradig** I. *adj* extreme II. *adv* extremely **hoch|halten** *vt irreg* ❶ to hold up *sep* ❷ (*ehren*) to uphold
Hochhaus *nt* high-rise [*or* AM multi-story] building
hoch|heben *vt irreg* to lift up *sep*
hochkant ['hoːxkant] *adv* on end
hoch|kommen *vi irreg sein* to come up
Hochkonjunktur *f* [economic] boom **Hochland** ['hoːxlant] *nt* highland *usu pl* **Hochleistung** *f* top-class performance
hochmodern *adj* ultra-modern; ■ **~ sein** to be the latest fashion
hochmütig ['hoːxmyːtɪç] *adj* (*pej*) arrogant
hochnäsig ['hoːxnɛːzɪç] I. *adj* (*pej fam*) snooty II. *adv* snootily
Hochofen *m* blast furnace
Hochrechnung *f* projection
Hochsaison *f* ❶ (*Zeit stärksten Betriebes*) the busiest time ❷ (*Hauptsaison*) high season **Hochschule** ['hoːxʃuːlə] *f* ❶ (*Universität*) university ❷ (*Fachhochschule*) college **Hochschullehrer(in)** *m(f)* university/college lecturer
hochschwanger *adj* in an advanced stage of pregnancy *pred*
Hochseefischerei *f* deep-sea fishing
hochsensibel <höchstsensibel> *superl adj* highly sensitive
Hochsommer *m* midsummer **Hochspannung** *f* ❶ ELEK high voltage ❷ *kein pl* (*Belastung*) enormous tension **Hochspannungsmast** *m* pylon **Hochsprung** *m* high jump
höchst [høːçst] *adv* most, extremely; **~ erfreut** extremely delighted
Hochstapler(in) <-s, -> ['hoːxʃtaːplɐ] *m(f)* (*pej*) con man
Höchstbetrag *m* maximum amount
höchste(r, s) *attr* I. *adj superl von* **hoch** ❶ (*räumlich*) highest; (*Baum, Mensch*) tallest ❷ (*bedeutendste*) highest, most; *Ansprüche* most stringent; *Bedeutung* utmost II. *adv* ❶ (*räumlich*) the highest ❷ (*in größtem Ausmaß*) the most, most of all
höchstens ['høːçstn̩s] *adv* ❶ (*bestenfalls*) at best ❷ (*außer*) except
Höchstform *f* top form **Höchstgeschwindigkeit** *f* ❶ (*mögliche Geschwindigkeit*) maximum speed ❷ (*zulässige Geschwindigkeit*) speed limit **Höchstgrenze** *f* upper limit **Höchstleistung** *f* maximum performance *no pl* **Höchstmaß** *nt* maximum amount **höchstpersönlich** *adv* in person **höchstwahrscheinlich** ['høːçstvaːɐ̯ʃainlɪç] *adv* most likely
Hochtour *f pl* **auf ~ en laufen** to operate at full speed; (*fig*) to be in full swing
hochtrabend (*pej*) I. *adj* pompous II. *adv* pompously
Hochverrat *m* high treason *no pl, no art* **Hochwasser** *nt* ❶ (*Flut*) high tide ❷ (*überhoher Wasserstand*) high [level of] water; **~ führen** to be in flood **hochwertig** ['hoːxveːɐ̯tɪç] *adj* [*of pred*] high quality; *Lebensmittel* highly nutritious **Hochzahl** *f* exponent *spec*
Hochzeit <-, -en> ['hoːxtsait] *f* wedding
Hochzeitsfeier *f* wedding reception **Hochzeitsreise** *f* honeymoon *no pl* **Hochzeitstag** *m* ❶ wedding day ❷ (*Jahrestag*) wedding anniversary
hoch|ziehen *irreg vt* to pull up *sep*
Hocke <-, -n> ['hɔkə] *f* **in die ~ gehen** to crouch down
hocken ['hɔkn̩] I. *vi* ❶ *haben* (*in der Hocke sitzen*) to crouch, to squat ❷ *haben* (*fam: sitzen*) to sit II. *vr* (*fam*) ■ **sich ~** to sit down; **hock dich hin, hier ist noch Platz!** plonk *fam* yourself down, there's room for you here
Hocker <-s, -> *m* stool
Höcker <-s, -> ['hœkɐ] *m* hump
Hoden <-s, -> ['hoːdn̩] *m* testicle
Hodensack *m* scrotum
Hof <-[e]s, Höfe> [hoːf, *pl* 'høːfə] *m* ❶ (*Innenhof*) courtyard; (*Schulhof*) schoolyard ❷ (*Bauernhof*) farm ❸ (*Fürstensitz*) court; **am ~** at court ▶ **jdm den ~ machen** (*veraltend*) to woo sb
hoffen ['hɔfn̩] I. *vi* to hope (**auf** for); ■ **auf jdn ~** to put one's trust in sb II. *vt* ■ **etw ~** to hope for sth; **das will ich ~** I hope so
hoffentlich ['hɔfn̩tlɪç] *adv* hopefully; ■ **~ nicht** I/we hope not
Hoffnung <-, -en> ['hɔfnʊŋ] *f* hope (**auf** for/of); **es besteht noch ~** there is still

hope; **sich** *dat* **~en machen** to have hopes; **sich** *dat* **keine ~en machen** to not hold out any hopes; **jdm ~ machen** to hold out hope to sb; **neue ~ schöpfen** to find fresh hope; **die ~ aufgeben** to give up hope; **guter ~ sein** (*euph*) to be expecting

hoffnungslos I. *adj* hopeless **II.** *adv* ❶ (*ohne Hoffnung*) without hope ❷ (*völlig*) hopelessly **Hoffnungsschimmer** *m* glimmer of hope

Hofhund *m* watchdog

höflich ['høːflɪç] **I.** *adj* polite **II.** *adv* politely **Hoftor** *nt* courtyard gate

hohe(r, s) ['hoːə, 'hoːɐ, 'hoːəs] *adj s.* **hoch**

Höhe <-, -n> ['høːə] *f* ❶ height; **aus der ~** from above; **auf halber ~** halfway up; **in einer ~ von** at a height of; **in die ~** into the air; **in die ~ wachsen** to grow tall ❷ (*Gipfel*) summit ❸ (*Ausmaß*) amount; **die ~ des Schadens** the extent of the damage; **in die ~ gehen** *Preise* to rise ▶ **nicht ganz auf der ~ sein** to be a bit under the weather; **das ist doch die ~!** that's the limit!; **auf der ~ sein** to be in fine form; **~n und Tiefen** ups and downs

Hoheit <-, -en> ['hoːhait] *f* ❶ (*Person*) Highness; **Ihre Königliche ~** Your Royal Highness ❷ *kein pl* (*Staatsgewalt*) sovereignty

Hoheitsgebiet *nt* sovereign territory **Hoheitsgewässer** *pl* territorial waters

Höhenmesser *m* altimeter **Höhensonne** *f* ❶ (*im Gebirge*) mountain sun ❷ (*UV-Strahler*) sun lamp **Höhenunterschied** *m* difference in altitude

Höhepunkt *m* ❶ (*bedeutendster Teil*) highlight ❷ (*Gipfel*) height; **die Krise hatte ihren ~ erreicht** the crisis had reached its climax

höher ['høːɐ] **I.** *adj comp von* **hoch** ❶ higher ❷ (*größer*) greater; *Strafe* severer **II.** *adv comp von* **hoch** higher

hohl [hoːl] *adj* ❶ hollow; **~e Wangen** sunken cheeks ❷ (*pej: nichts sagend*) empty

Höhle <-, -n> ['høːlə] *f* ❶ (*Felshöhle*) cave ❷ (*Tierhöhle*) lair ❸ (*Augenhöhle*) socket

Höhlenforscher(in) *m(f)* cave explorer, speleologist

Hohlraum *m* cavity **Hohlraumversiegelung** *f* AUTO cavity sealing **Hohlspiegel** *m* concave mirror **Hohlweg** *m* narrow pass [*or* liter defile]

Hohn <-[e]s> [hoːn] *m kein pl* scorn *no art*; **das ist blanker ~!** this is utterly absurd

höhnisch ['høːnɪʃ] **I.** *adj* sneering **II.** *adv* sneeringly

hold [hɔlt] *adj* ❶ (*hum: lieb*) dear, beloved ❷ (*gewogen*) ▪ **jdm ~ bleiben** (*geh*) to be kind to sb

holen ['hoːlən] *vt* ❶ (*hervorholen*) to get (**aus** out of, **von** from) ❷ (*herholen*) to fetch; ▪ **jdn ~ lassen** to send for sb; **Hilfe ~** to get help ❸ (*krank werden*) ▪ **sich** *dat* **etw ~** to catch sth; **bei dem kalten Wetter holst du dir eine Erkältung** you'll catch a cold in this chilly weather

Holland <-s> ['hɔlant] *nt* (*Niederlande*) the Netherlands *npl*

Holländer(in) <-s, -> ['hɔlɛndɐ] *m(f)* Dutchman *masc*, Dutchwoman *fem*; ▪ **die ~** the Dutch + *pl vb*

holländisch ['hɔlɛndɪʃ] *adj* Dutch; *s. a.* **deutsch**

Holländisch ['hɔlɛndɪʃ] *nt dekl wie adj* Dutch; *s. a.* **Deutsch**

Hölle <-, *selten* -n> ['hœlə] *f* hell *no pl, no art*; **in die ~ kommen** to go to hell; **in der ~** in hell; **jdn zur ~ jagen** (*pej*) to tell sb to go to hell ▶ **die ~ auf Erden** hell on earth; **jdm die ~ heiß machen** (*fam*) to give sb hell; **die ~ ist los** (*fam*) all hell has broken loose

Höllenlärm ['hœlən'lɛrm] *m* hell of a noise *no def art*

höllisch ['hœlɪʃ] **I.** *adj* ❶ *attr* infernal ❷ (*fam: fürchterlich*) terrible, hell *pred*; **eine ~e Angst haben** to be scared stiff **II.** *adv* (*fam*) terribly, like hell

holperig ['hɔlpərɪç] *adj* ❶ *Straße* bumpy, uneven ❷ *Sprache, Stil* clumsy

holpern ['hɔlpɐn] *vi* to jolt

holprig ['hɔlprɪç] *adj s.* **holperig**

Holunder <-s, -> [hoˈlʊndɐ] *m* elder **Holunderbeere** *f* elderberry

Holz <-es, Hölzer> [hɔlts, *pl* 'hœltsɐ] *nt* ❶ *kein pl* wood *no art*; **~ verarbeitend** wood-processing *attr*; **aus ~** wooden; **massives ~** solid wood ❷ (*Bauholz*) timber ▶ **aus dem gleichen ~ geschnitzt sein** to be cast in the same mould

hölzern ['hœltsɐn] *adj* wooden

Holzfäller(in) <-s, -> *m(f)* woodcutter, lumberjack AM **holzfrei** *adj* wood-free **Holzhammer** *m* mallet **Holzhammermethode** *f* (*fam*) sledgehammer approach **Holzhandel** *m* timber [*or* AM lumber] trade

Holzklotz *m* wooden block **Holzkohle** *f* charcoal *no art* **Holzschuh** *m* clog **Holzstoß** *m* pile of wood **Holzwolle** *f* wood wool, excelsior *no pl, no art* Am **Holzwurm** *m* woodworm

Homo-Ehe *f* (*fam*) gay marriage

homogen [homo'geːn] *adj* homogen[e]ous

homogenisieren* [homogeni'ziːrən] *vt* to homogenize

homöopathisch [homøo'paːtɪʃ] *adj* homeopathic

homosexuell [homozɛ'ksu̯ɛl] *adj* homosexual

Homosexuelle(r) *f(m) dekl wie adj* homosexual

Honduraner(in) <-s, -> [hɔndu'raːnɐ] *m(f)* Honduran

honduranisch [hɔndu'raːnɪʃ] *adj* Honduran; *s. a.* **deutsch 1**

Honduras <-> [hɔn'duːras] *nt* Honduras

Honig <-s, -e> ['hoːnɪç] *m* honey *no art* ▶ **jdm ~ ums Maul schmieren** to butter up sb *sep*

Honigbiene *f* honeybee **Honigmelone** *f* honeydew melon **honigsüß** *adj* ① as sweet as honey [*or* Am pie] ② (*pej: schmeichlerisch*) honeyed

Honorar <-s, -e> [hono'raːɐ̯] *nt* fee; *eines Autors* royalties *npl;* **gegen ~** on payment of a fee

honorieren* [hono'riːrən] *vt* ① (*würdigen*) to appreciate ② (*bezahlen*) to pay

Hopfen <-s, -> ['hɔpfn̩] *m* hop ▶ **bei jdm ist ~ und Malz verloren** (*fam*) sb is a hopeless case

hoppla ['hɔpla] *interj* [wh]oops!

hops [hɔps] **I.** *interj* jump! **II.** *adj* (*fam*) ■ **~ sein** to be lost

Hops <-es, -e> [hɔps] *m* (*fam*) short jump; (*auf einem Bein*) hop

hopsen ['hɔpsn̩] *vi sein* (*fam*) to skip; (*auf einem Bein*) to hop

hörbar *adj* audible

Hörbrille *f* hearing-aid glasses *npl*

Hörbuch *nt* audiobook

horchen ['hɔrçn̩] *vi* to listen; (*heimlich a.*) to eavesdrop (**an** at)

Horde <-, -n> ['hɔrdə] *f* horde

hören ['høːrən] **I.** *vt* ① (*vernehmen*) to hear; **sich gern reden ~** to like the sound of one's own voice; **etw zu ~ bekommen** to [get to] hear about sth; ■ **von jdm/etw ~** to hear of [*or* about] sb/sth ② (*anhören*) to listen to ▶ **ich kann das nicht mehr ~!** I'm fed up with it!; **etwas/nichts von sich ~ lassen** to get/to not get in touch **II.** *vi* ① (*zuhören*) to listen; **hör mal!** listen! ② (*gehorchen*) to listen (**auf** to) ▶ **na hör/~ Sie mal!** now look here!; **lass von dir ~!** keep in touch!; **man höre und staune!** would you believe it!; **gut/schlecht ~** to have good/poor hearing

Hörensagen ['høːrənzaːgn̩] *nt* **vom ~** from hearsay

Hörer <-s, -> *m* (*Telefonhörer*) receiver; **den ~ auflegen** to replace the receiver

Hörer(in) <-s, -> *m(f)* listener

Hörfunk *m* radio **Hörgerät** *nt* hearing aid

hörig ['høːrɪç] *adj* sexually dependent

Horizont <-[e]s, -e> [hori'tsɔnt] *m* horizon; **am ~** on the horizon; **über jds ~ gehen** to be beyond sb

horizontal [horitsɔn'taːl] *adj* horizontal

Horizontale [horitsɔn'taːlə] *f dekl wie adj* horizontal [line]

Hormon <-s, -e> [hɔr'moːn] *nt* hormone

Hörmuschel *f* TELEK earpiece

Horn <-[e]s, Hörner> [hɔrn, *pl* 'hœrnɐ] *nt* horn ▶ **sich** *dat* **die Hörner abstoßen** (*fam*) to sow one's wild oats; **jdm Hörner aufsetzen** (*fam*) to cuckold sb

Hörnchen <-s, -> ['hœrnçən] *nt* (*Gebäck*) horn-shaped bread roll of yeast pastry; (*aus Blätterteig*) croissant

Hornhaut *f* ① (*des Auges*) cornea ② (*der Haut*) callus

Hornisse <-, -n> [hɔr'nɪsə] *f* hornet

Hornochs(e) *m* (*fam*) stupid idiot

Horoskop <-s, -e> [horo'skoːp] *nt* horoscope

Hörsaal *m* lecture hall [*or* BRIT theatre]

Hörspiel *nt* radio play

Horst <-[e]s, -e> [hɔrst] *m* (*Nest*) eyrie

Hörsturz *m* sudden deafness

horten ['hɔrtn̩] *vt* to hoard

Hörweite *f* **in/außer ~** within/out of earshot

Höschenwindel *f* disposable nappy BRIT [*or* Am diaper]

Hose <-, -n> ['hoːzə] *f* trousers *npl*, pants *npl* Am; **kurze ~[n]** shorts *npl;* **die ~n voll haben** (*fam*) to have pooed one's pants ▶ **jdm rutscht das Herz in die ~** (*fam*) sb's heart was in their mouth; **die ~n [gestrichen] voll haben** (*sl*) to be scared shitless;

tote ~ (*sl*) dead boring; **in die ~ gehen** to be a failure; [**sich** *dat*] **in die ~[n] machen** to wet oneself

Hosenanzug *m* trouser suit **Hosenbund** *m* [trouser] waistband **Hosenschlitz** *m* flies *npl* **Hosentasche** *f* trouser [*or* AM pants] pocket **Hosenträger** *pl* [a pair of] braces *npl* BRIT, suspenders *npl* AM

Hospital <-s, -e *o* Hospitäler> [hɔspiˈtaːl, *pl* hɔspiˈtɛːlə] *nt* DIAL hospital

Hostie <-, -n> [ˈhɔstiə] *f* REL host

Hotel <-s, -s> [hoˈtɛl] *nt* hotel

Hotelfachschule *f* school of hotel management

Hotelier <-s, -s> [hotɛˈli̯eː] *m* hotelier

Hotellerie <-> [hotɛləˈriː] *f kein pl* hospitality

HTML <-> [haːteːʔɛmˈʔɛl] *nt o f kein pl* INFORM *Abk von* **hypertext markup language** HTML

Hubraum *m* cubic capacity

hübsch [hʏpʃ] *adj Aussehen* pretty; *Gegend* lovely; **sich ~ machen** to get all dressed up

Hubschrauber <-s, -> *m* helicopter

Hubschrauberlandeplatz *m* heliport, helipad

huckepack [ˈhʊkəpak] *adv* piggy-back; **jdn ~ nehmen** to give sb a piggy-back [ride]

Huf <-[e]s, -e> [huːf] *m* hoof

Hufeisen *nt* horseshoe

hufeisenförmig *adj* horseshoe[-shaped]

Hüftbein *nt* hip bone

Hüfte <-, -n> [ˈhʏftə] *f* hip

Hüftgelenk *nt* hip joint

Hügel <-s, -> [ˈhyːgl̩] *m* hill; (*Erdhaufen*) mound

hügelig [ˈhyːgəlɪç] *adj*, **hüglig** [ˈhyːglɪç] *adj* hilly

Huhn <-[e]s, Hühner> [huːn, *pl* ˈhyːnɐ] *nt* ❶ chicken; (*Henne*) hen ❷ (*Frau*) dummes ~! (*pej fam*) silly idiot!; **ein verrücktes ~** a nutcase ▶ **ein blindes ~ findet auch einmal ein Korn** (*prov*) every dog has its day; **da lachen ja die Hühner!** (*fam*) you must be joking!

Hühnchen <-s, -> [ˈhyːçən] *nt dim von* **Huhn** spring chicken ▶ **mit jdm ein ~ zu rupfen haben** (*fam*) to have a bone to pick with sb

Hühnerauge *nt* corn **Hühnerei** *nt* chicken egg **Hühnerstall** *m* hen coop **Hühnerstange** *f* chicken roost, hen roost, [henhouse] perch **Hühnersuppe** *f* chicken soup

huldigen [ˈhʊldɪɡn̩] *vi* (*geh*) ❶ (*anhängen*) ■ **einer S.** *dat* ~ to subscribe to sth ❷ (*veraltend: ehren*) ■ **jdm** ~ to pay homage to sb

Hülle <-, -n> [ˈhʏlə] *f* cover ▶ **die ~n fallen lassen** to strip off one's clothes; **in ~ und Fülle** in abundance

hüllenlos *adj* ❶ (*nackt*) naked ❷ (*offen*) plain

Hülse <-, -n> [ˈhʏlzə] *f* ❶ BOT pod ❷ (*röhrenförmige Hülle*) capsule; (*Patronenhülse*) case

Hülsenfrucht [ˈhʏlzn̩-] *f meist pl* pulse

human [huˈmaːn] *adj* ❶ (*menschenwürdig*) humane; *Strafe* lenient ❷ (*Menschen betreffend*) human

humanitär [humaniˈtɛːɐ̯] *adj* humanitarian

Hummel <-, -n> [ˈhʊml̩] *f* bumblebee

Hummer <-s, -> [ˈhʊmɐ] *m* lobster

Humor <-s, *selten* -e> [huˈmoːɐ̯] *m* [sense of] humour; **etw mit ~ nehmen** to take sth good-humouredly; [**einen Sinn für**] **~ haben** to have a sense of humour

humorlos *adj* humourless

humorvoll *adj* humorous

humpeln [ˈhʊmpl̩n] *vi haben o sein* to hobble

Humpen <-s, -> [ˈhʊmpn̩] *m* tankard

Humus [ˈhuːmʊs] *m kein pl* humus

Hund <-[e]s, -e> [hʊnt, *pl* ˈhʊndə] *m* ❶ dog; „**[Vorsicht,] bissiger ~!**" "beware of the dog!" ❷ (*Mensch*) swine; **ein armer ~ sein** (*fam*) to be a poor soul ▶ **den Letzten beißen die ~e** the last one [out] has to carry the can BRIT; **bekannt sein wie ein bunter ~** (*fam*) to be known far and wide; **das ist ja ein dicker ~** (*sl*) that is absolutely outrageous; **vor die ~e gehen** (*sl*) to go to the dogs

hundeelend [ˈhʊndəˈʔeːlɛnt] *adj* (*fam*) **jd fühlt sich ~** sb feels awful

Hundehütte *f* kennel **Hundeleben** *nt* (*pej*) dog's life **Hundeleine** *f* dog lead **hundemüde** [ˈhʊndəˈmyːdə] *adj pred* (*fam*) dog-tired

hundert [ˈhʊndɐt] *adj* [a [*or* one]] hundred

Hundert[1] <-s, -e> [ˈhʊndɐt] *nt* (*Einheit von 100*) hundred; **mehrere ~** several hundred; **einige/viele ~e ...** a few/several hundred ...; **~e von ...** hundreds of ...; **zu ~en** in [their] hundreds

Hundert² <-, -en> ['hʊndət] f (die Zahl 100) [one [or a]] hundred
hundertprozentig ['hʊndətprotsɛntɪç] I. adj ① one hundred percent; (Alkohol) pure ② (fam: typisch) **er ist ein ~er Bayer** he's a Bavarian through and through ③ (fam: völlig) absolute II. adv (fam: völlig) absolutely; **du hast ~ Recht** you're absolutely right
hundertste(r, s) ['hʊndətstə, -tə, -təs] adj [one] hundredth; s. a. **achte(r, s)**
Hundertstel <-s, -> ['hʊndətstl] nt hundredth
Hundesteuer f dog licence [or esp AM -se] fee
Hündin ['hʏndɪn] f bitch
Hüne <-n, -n> ['hyːnə] m giant
hünenhaft adj gigantic
Hunger <-s> ['hʊŋɐ] m kein pl ① hunger; **~ bekommen/haben** to get/be hungry; **~ auf etw** akk **haben** to feel like [eating] sth; **~ leiden** (geh) to starve; **seinen ~ stillen** to satisfy one's hunger; **vor ~ sterben** to die of hunger ② (Hungersnot) famine ③ (starkes Verlangen) thirst (**nach** for)
Hungerhilfe f kein pl famine relief **Hungerlohn** m (pej) starvation wage; **für einen ~ arbeiten** to work for a pittance
hungern vi ① to go hungry ② (fam: fasten) to fast ③ (verlangen) to thirst (**nach** after/for)
Hungersnot f famine
Hungerstreik m hunger strike; **in den ~ treten** to go on hunger strike
hungrig ['hʊŋrɪç] adj hungry; **~ machen** to work up an appetite
Hupe <-, -n> ['huːpə] f horn
hupen ['huːpn̩] vi to beep the horn
hüpfen ['hʏpfn̩] vi sein to hop; **Ball** to bounce; **vor Freude ~** to jump for joy
Hürde <-, -n> ['hʏrdə] f ① SPORT hurdle; **110 Meter ~n laufen** to run the 110 metres hurdles ② (Einzäunung) fold, pen; **eine ~ nehmen** to overcome an obstacle
Hürdenlauf m hurdles npl
Hure <-, -n> ['huːrə] f whore
huschen ['hʊʃn̩] vi sein to scurry; **Licht** to flash
husten ['huːstn̩] vi to cough; **Schleim/Blut ~** to cough up mucus/blood
Husten <-s> ['huːstn̩] m kein pl cough; **~ stillend** cough-relieving
Hustenbonbon m o nt cough drop **Hustenmittel** nt cough medicine **Hustenreiz** m tickly throat **Hustensaft** m cough syrup

Hut¹ <-[e]s, Hüte> [huːt, 'hyːtə] m hat; **den ~ aufsetzen/abnehmen** to put on/take off one's hat ▶ **ein alter ~ sein** (fam) to be old hat; **vor jdm/etw den ~ ziehen** to take one's hat off to sb/sth; **etw unter einen ~ bringen** (fam) to reconcile sth; **mit etw** dat **nichts am ~ haben** (fam) to not go in for sth
Hut² <-> [huːt] f **auf der ~ [vor etw** dat**] sein** to be on one's guard [against sth]
Hutablage f hat shelf; (im Auto) rear parcel shelf
hüten ['hyːtn̩] I. vt ① (beaufsichtigen) to look after ② (geh: bewahren) to keep II. vr ■ **sich vor etw** dat **~** to be on one's guard against sth; **hüte dich vor unüberlegten Entscheidungen** beware of making rash decisions
Hutsche <-, -n> ['hʊtʃə] f SÜDD, ÖSTERR (fam: Schaukel) swing
Hütte <-, -n> ['hʏtə] f hut; (ärmlich) shack; (Holzhütte) cabin
Hüttenkäse m cottage cheese **Hüttenschuh** m slipper sock
Hyäne <-, -n> [hyˈɛːnə] f hy[a]ena
Hyazinthe <-, -n> [hyaˈtsɪntə] f hyacinth
Hydrant <-en, -en> [hyˈdrant] m hydrant
hydraulisch [hyˈdraʊlɪʃ] adj hydraulic
Hydrokultur f hydroponics + sing vb
Hygiene <-> [hyˈgieːnə] f kein pl hygiene
hygienisch [hyˈgieːnɪʃ] adj hygienic
Hymne <-, -n> ['hʏmnə] f ① (Loblied) hymn ② (Nationalhymne) national anthem
Hyperaktivität [hypɛaktiviˈtɛt] f PSYCH, MED hyperactivity
Hyperbel <-, -n> [hyˈpɛrbl̩] f MATH hyperbola
Hyperinflation [hypɛrɪnflaˈtsi̯oːn] f ÖKON hyperinflation
Hypnose <-, -n> [hʏpˈnoːzə] f hypnosis; **jdn in ~ versetzen** to put sb under hypnosis
hypnotisieren* [hʏpnotiˈziːrən] vt to hypnotize
Hypothek <-, -en> [hypoˈteːk] f mortgage; **eine ~ aufnehmen** to take out a mortgage
Hypothese <-, -n> [hypoˈteːzə] f hypothesis; **eine ~ aufstellen/widerlegen** to advance/refute a hypothesis
hypothetisch [hypoˈteːtɪʃ] adj hypothetical
Hysterie <-, -n> [hʏsteˈriː] f hysteria
hysterisch [hʏsˈteːrɪʃ] adj hysterical

I i

I, i <-, - *o fam* -s, -s> [iː] *nt* I, i; *s. a.* **A 1**
IC <-s, -s> [iːˈtseː] *m Abk von* **Intercityzug**
ICE <-s, -s> [iːtseːˈʔeː] *m Abk von* **Intercity Express** *a high speed train*
ich <*gen* meiner, *dat* mir, *akk* mich> [ɪç] *pron 1. pers* I, me; ~ **bin es** it's me; ~ **nicht!** not me!; ~ **selbst** I myself
Ich <-[s], -s> [ɪç] *nt* ❶ (*das Selbst*) self ❷ (*Ego*) ego; **jds anderes** ~ sb's alter self
Ich-AG *f* ❶ SOZIOL Me plc BRIT, Me, Inc. AM ❷ ÖKON sole tradership BRIT, sole proprietorship AM **Ich-Erzähler, Icherzähler(in)**^{RR} *m(f)* LIT first-person narrator
IC-Zuschlag *m* Intercity surcharge
ideal [ideˈaːl] *adj* ideal
Ideal <-s, -e> [ideˈaːl] *nt* ideal
idealistisch *adj* idealistic
Idee <-, -n> [iˈdeː, *pl* iˈdeːən] *f* ❶ idea; **eine fixe** ~ obsession; **jdn auf eine** ~ **bringen** to give sb an idea; **jdn auf andere** ~**n bringen** to take sb's mind off of sth/it ❷ (*Leitbild*) ideal ❸ (*fam: ein wenig*) **eine** ~ ... a tad ...
ideenreich *adj* imaginative
identifizieren* [idɛntifiˈtsiːrən] **I.** *vt* to identify (**als** as, **mit** with) **II.** *vr* ▪ **sich mit jdm/etw** ~ to identify oneself with sb/sth
identisch [iˈdɛntɪʃ] *adj* identical (**mit** to)
Ideologie <-, -n> [ideoloˈgiː, *pl* ideoloˈgiːən] *f* ideology
ideologisieren* [ideologiˈziːrən] *vt* SOZIOL ▪ **jdn** ~ to indoctrinate sb
idiomatisch [idioˈmaːtɪʃ] *adj* idiomatic
Idiot(in) <-en, -en> [iˈdioːt] *m(f)* (*pej fam*) idiot
idiotisch [iˈdioːtɪʃ] *adj* (*fam*) idiotic
Idol <-s, -e> [iˈdoːl] *nt* idol
idyllisch [iˈdʏlɪʃ] **I.** *adj* idyllic **II.** *adv* idyllically
Igel <-s, -> [ˈiːgl̩] *m* hedgehog
igitt(igitt) [iˈgɪt(ɪgɪt)] *interj* ugh, yuk
Ignoranz <-> [ɪgnoˈrants] *f kein pl* (*pej geh*) ignorance
ignorieren* [ɪgnoˈriːrən] *vt* to ignore
ihm [iːm] *pron pers dat von* **er, es**¹ ❶ [to] him; **das ist ein Freund von** ~ he's a friend of his ❷ (*Sache o Tier*) [to] it
ihn [iːn] *pron pers akk von* **er** ❶ him ❷ (*Sa-che o Tier*) it
ihnen [ˈiːnən] *pron pers dat pl von* **sie** [to] them
Ihnen [ˈiːnən] *pron pers dat von* **Sie** [to] you
ihr¹ <*gen* euer, *dat* euch, *akk* euch> [iːɐ̯] *pron 2. pers pl* you
ihr² [iːɐ̯] *pron pers dat sing von* **sie** ❶ (*weibl. Person*) [to] her ❷ (*Tier o Sache*) [to] it
ihr³ [iːɐ̯] *pron poss, adjektivisch* ❶ (*sing, weibl. Person*) her; (*Tier o Sache*) its ❷ *pl* their
Ihr [iːɐ̯] *pron poss, adjektivisch* your; ~ **Brief hat mich sehr berührt** your letter was very touching; **wir freuen uns über** ~ **zahlreiches Erscheinen** we are pleased to see so many of you here today
ihre(r, s) *pron poss, substantivisch* ❶ *2. pers sing* hers; **das ist nicht sein Haus, sondern ihres** that isn't his house, it's hers; ▪ **der/die/das** ~ hers ❷ *3. pers pl* theirs
Ihre(r, s)¹ *pron poss, substantivisch, auf Sie bezüglich* ❶ yours; ▪ **der/die/das** ~ yours; **Sie haben alle das** ~ **getan** you have all done your bit ❷ (*Angehörige*) ▪ **der/[die]** ~**[n]** your loved one[s]
Ihre(r, s)² *pron poss, substantivisch, auf sie* [*sing*] *bezüglich* ❶ (*Angehörige*) ▪ **der/[die]** ~**[n]** her loved one[s] ❷ (*Eigentum*) ▪ **das** ~ hers, her things
Ihre(r, s)³ *pron poss, substantivisch, auf sie* [*pl*] *bezüglich* ❶ (*Angehörige*) ▪ **der/[die]** ~**[n]** their loved one[s] ❷ (*Eigentum*) ▪ **das** ~ their things ❸ (*was ihnen zukommt*) **nun müssen die Mitarbeiter das** ~ **tun** now the workers have to do their bit
ihrer *pron pers gen von* **sie** ❶ *3. pers sing fem* (*geh*) **wir werden** ~ **gedenken** we will remember her ❷ *3. pers pl* (*geh*) **wir werden** ~ **gedenken** we will remember them; **es waren** ~ **sechs** there were six of them
Ihrer *pron pers gen von* **Sie**: **wir werden** ~ **gedenken** we will remember you
ihrerseits [ˈiːrɐˈzaits] *adv* ❶ *sing* for her part ❷ *pl* for their part
Ihrerseits [ˈiːrɐˈzaits] *adv* for your part
ihresgleichen [ˈiːrəsˈglaiçn̩] *pron* ❶ *sing fem* her [own] kind ❷ *pl* their [own] kind
Ihresgleichen [ˈiːrəsˈglaiçn̩] *pron* people like you; **Sie umgeben sich nur mit** ~ you are only surrounded by your own sort
ihretwillen [ˈiːrətˈvɪlən] *adv* (*ihr zuliebe*) for

her [sake]; (*ihnen zuliebe*) for their sake
Ihretwillen ['iːrətvɪlən] *adv* for your sake
illegal ['ɪlegaːl] *adj* illegal
Illegale(r) <-n, [-n]> ['ɪlegaːlə, 'ɪlegaːlɐ] *f(m) dekl wie adj* illegal immigrant
illegitim ['ɪlegitiːm, ɪlegiˈtiːm] *adj* ❶ (*unrechtmäßig*) unlawful ❷ (*unehelich*) illegitimate
Illusion <-, -en> [ɪluˈzi̯oːn] *f* illusion; **sich** *dat* ~ **en machen** to harbour illusions (**über** about); **sich** *dat* **keine** ~ **en machen** to not have any illusions
illusorisch [ɪluˈzoːrɪʃ] *adj* illusory
Illustration <-, -en> [ɪlʊstraˈtsi̯oːn] *f* illustration
Illustrator(in) <-s, -toren> [ɪlʊsˈtraːtoɐ̯, *pl* ɪlʊstraˈtoːrən] *m(f)* illustrator
illustrieren* [ɪlʊsˈtriːrən] *vt* to illustrate
Illustrierte <-n, -n> *f* magazine
Iltis <-ses, -se> ['ɪltɪs] *m* polecat
im [ɪm] = **in dem** in; *etw ist* ~ **Kommen** sth is coming
Image <-[s], -s> ['ɪmɪtʃ] *nt* image
Imageschaden ['ɪmɪtʃ-] *m* damage to sb's [public] image
imaginär [imagiˈnɛːɐ̯] *adj* (*geh*) imaginary
Imbiss^RR <-es, -e> ['ɪmbɪs] *m*, **Imbiß**^ALT <-sses, -sse> *m* ❶ snack ❷ (*fam*) *s.* **Imbissstube**^RR
Imbissstube^RR *f* snack bar
imitieren* [imiˈtiːrən] *vt* to imitate
Imker(in) <-s, -> ['ɪmkɐ] *m(f)* bee-keeper
immatrikulieren* [ɪmatrikuˈliːrən] *vt, vr* to register
immens [ɪˈmɛns] *adj* (*geh*) immense
immer ['ɪmɐ] **I.** *adv* ❶ (*ständig*) always; **für** ~ forever; ~ **und ewig** for ever and ever; **wie** ~ as usual; ~ **mehr** more and more; ~ **, wenn** every time; ~ **wieder** again and again; *etw* ~ **wieder tun** to keep on doing sth ❷ (*fam: jeweils*) ~ **am vierten Tag** every fourth day **II.** *part* ~ [**noch**] **nicht** still [not]; **wann/was/wer/wie/wo** [**auch**] ~ whenever/whatever/whoever/however/wherever
immergrün ['ɪmɐɡryːn] *adj attr* evergreen
Immergrün ['ɪmɐɡryːn] *nt* evergreen
immerhin ['ɪmɐˈhɪn] *adv* ❶ (*wenigstens*) at least ❷ (*schließlich*) after all
immerzu ['ɪmɐˈtsuː] *adv* all the time
Immigrant(in) <-en, -en> [ɪmiˈɡrant] *m(f)* immigrant

Immissionsschutz *m* ÖKOL protection against pollution
Immobilie <-, -n> [ɪmoˈbiːli̯ə] *f meist pl* real estate *no pl*; ▪ ~ **n** property *no pl*
Immobilienmakler(in) *m(f)* estate agent
immun [ɪˈmuːn] *adj* immune (**gegen** to)
Immunabwehr *f* immune defence [system]
Immunisierung <-, -en> *f* immunization
Immunität <-, *selten* -en> [ɪmuniˈtɛːt] *f* immunity (**gegen** to)
Immunschwächekrankheit *f* immune deficiency syndrome
Immunsystem *nt* immune system
Imperativ <-s, -e> ['ɪmperatiːf, *pl* -tiːvə] *m* LING imperative [form]
Imperfekt <-s, -e> ['ɪmpɛrfɛkt] *nt* imperfect [tense]
Imperialismus <-, *selten* -lismen> [ɪmperi̯aˈlɪsmʊs] *m* imperialism
impfen ['ɪmpfn̩] *vt* to inoculate (**gegen** against)
Impfpass^RR *m* vaccination card
Impfstoff *m* vaccine
Impfung <-, -en> *f* vaccination
implantieren [ɪmplanˈtiːrən] *vt* ▪ *etw* ~ to implant sth
implizit [ɪmpliˈtsiːt] *adj* (*geh*) implicit
imponieren* [ɪmpoˈniːrən] *vi* to impress
imponierend *adj* impressive
Import <-[e]s, -e> [ɪmˈpɔrt] *m* import
importieren* [ɪmpɔrˈtiːrən] *vt* to import
imposant [ɪmpoˈzant] *adj* impressive
impotent ['ɪmpotɛnt] *adj* impotent
Impotenz <-> ['ɪmpotɛnts] *f kein pl* impotence
imprägnieren* [ɪmprɛɡˈniːrən] *vt* ❶ (*wasserdicht machen*) to waterproof ❷ (*gegen Zerfall etc.*) to impregnate
Impressionismus <-> [ɪmprɛsi̯oˈnɪsmʊs] *m* Impressionism
impressionistisch *adj* Impressionist
improvisieren* [ɪmproviˈziːrən] *vi, vt* to improvise
Impuls <-es, -e> [ɪmˈpʊls] *m* ❶ (*Anstoß, Antrieb*) impetus ❷ *Drang* impulse; **aus einem** ~ **heraus** on impulse ❸ PHYS, MED impulse
impulsiv [ɪmpʊlˈziːf] *adj* impulsive
imstande *adj pred*, **im Stande** [ɪmˈʃtandə] *adj pred* ▪ **zu** *etw dat* ~ **sein** to be capable of doing sth; ~ **sein, etw zu tun** to be able to do sth; **zu nichts mehr** ~ **sein** (*fam*) to

be shattered

in¹ [ɪn] *präp* ❶ +*dat* (*wo?*) in; (*kleinere Ortschaft*) at; ~ **Wirklichkeit** in reality ❷ +*akk* (*wohin?*) into; ~ **die Kirche/Schule gehen** to go to church/school ❸ +*dat* (*wann?*) in; ~ **diesem Jahr/Monat** this year/month; ~ **diesem Augenblick** at the moment

in² [ɪn] *adj* (*fam*) in; ▪ ~ **sein** to be in

inadäquat ['ɪnadɛkvaːt, ɪnadɛ'kvaːt] *adj* (*geh*) inadequate

Inbegriff ['ɪnbəɡrɪf] *m kein pl* epitome (of)

inbegriffen ['ɪnbəɡrɪfn̩] *adj pred* inclusive; **die Bedienung ist im Preis** ~ service is included in the price

inbrünstig ['ɪnbrʏnstɪç] *adj* (*geh*) ardent

Inbusschraube *f* Allen screw®

indem [ɪn'deːm] *konj* ❶ (*dadurch, dass*) by; **ich halte mich gesund,** ~ **ich viel Sport treibe** I stay healthy by doing lots of sport ❷ (*während*) while

Inder(in) <-s, -> ['ɪndɐ] *m(f)* Indian

indes [ɪn'dɛs], **indessen** [ɪn'dɛsn̩] **I.** *adv* ❶ (*inzwischen*) in the meantime, meanwhile ❷ (*jedoch*) however **II.** *konj* (*geh*) ❶ (*während* (*temporal*)) while ❷ (*wohingegen*) while

Indianer(in) <-s, -> [ɪn'di̯aːnɐ] *m(f)* Indian *esp pej*, Native American

Indien <-s> ['ɪndi̯ən] *nt* India

Indikativ <-s, -e> ['ɪndikatiːf] *m* indicative [mood]

indirekt ['ɪndɪrɛkt, ɪndi'rɛkt] *adj* indirect

indisch ['ɪndɪʃ] *adj* Indian; *s. a.* **deutsch 1, 2**

Indisch ['ɪndɪʃ] *nt dekl wie adj* Indian; *s. a.* **Deutsch**

indiskutabel ['ɪndɪskutaːbl̩] *adj* (*geh*) unworthy of discussion

Individualisierung [ɪndividu̯ali'ziːrʊŋ] *f kein pl* SOZIOL individualization

Individualist(in) <-en, -en> [ɪndividu̯a'lɪst] *m(f)* individualist

individualistisch *adj* individualistic

individuell [ɪndivi'du̯ɛl] *adj* individual

Individuum <-s, Individuen> [ɪndi'viːdu̯ʊm, *pl* ɪndi'viːdu̯ən] *nt* individual

Indiz <-es, -ien> [ɪn'diːts, *pl* ɪn'diːtsi̯ən] *nt* ❶ JUR piece of circumstantial evidence ❷ (*Anzeichen*) ▪ **ein** ~ **für etw** *akk* **sein** to be evidence of sth

indogermanisch [ɪndoɡɛr'maːnɪʃ] *adj* Indo-European

Indonesien <-s> [ɪndo'neːzi̯ən] *nt* Indonesia

indonesisch [ɪndo'neːzɪʃ] *adj* Indonesian; *s. a.* **deutsch**

Industrialisierung <-, -en> *f* industrialization

Industrie <-, -n> [ɪndʊs'triː] *f* industry

Industrieerzeugnis *nt* industrial product

Industriegebiet *nt* industrial area

industriell [ɪndʊstri'ɛl] *adj* industrial

Industrielle(r) [ɪndʊstri'ɛlə, -'ɛlɐ] *f(m) dekl wie adj* industrialist

Industrie- und Handelskammer *f* Chamber of Commerce **Industriezweig** *m* branch of industry

ineinander [ɪnʔai'nandɐ] *adv* in each other; ~ **verliebt sein** to be in love with one another; ~ **übergehen** to merge

ineinander|greifen *vi* to mesh

Infektion <-, -en> [ɪnfɛk'tsi̯oːn] *f* ❶ (*Ansteckung*) infection ❷ (*fam: Entzündung*) inflammation

Infektionskrankheit *f* infectious disease

infiltrieren* [ɪnfɪl'triːrən] *vt* (*geh*) to infiltrate

Infinitiv <-s, -e> ['ɪnfinitiːf] *m* infinitive

infizieren* [ɪnfi'tsiːrən] **I.** *vt* to infect **II.** *vr* ▪ **sich** ~ to catch an infection

in flagranti [ɪn fla'ɡranti] *adv* (*geh*) in flagrante

Inflation <-, -en> [ɪnfla'tsi̯oːn] *f* ❶ ÖKON inflation ❷ (*starke Zunahme*) proliferation

Inflationsrate *f* ÖKON inflation rate, rate of inflation

Info <-s, -s> ['ɪnfo] *f* (*fam*) info *no pl*

infolge [ɪn'fɔlɡə] **I.** *präp* +*gen* owing to **II.** *adv* ▪ ~ **von etw** *dat* as a result of sth

infolgedessen [ɪnfɔlɡə'dɛsn̩] *adv* consequently

Informatik <-> [ɪnfɔr'maːtɪk] *f kein pl* computing science

Informatiker(in) <-s, -> [ɪnfɔr'maːtikɐ] *m(f)* computer specialist

Information <-, -en> [ɪnfɔrma'tsi̯oːn] *f* ❶ [a piece of] information *no pl*; ~ **en liefern/sammeln** to give/collect information ❷ (*das Informieren*) informing ❸ (*Informationsstand*) information desk

Informationstafel *f* information board

informativ [ɪnfɔrma'tiːf] *adj* (*geh*) informative

informieren* [ɪnfɔr'miːrən] **I.** *vt* to inform (**über** about); **gut informiert** well-informed

II. vr ■ sich ~ to inform oneself (**über** about)
Infrastruktur ['ɪnfraʃtrʊktuːɐ̯] f infrastructure
Ingenieur(in) <-s, -e> [ɪnʒeˈni̯øːɐ̯] m(f) engineer
Ingenieurbüro nt engineering firm
Ingwer <-s> ['ɪŋvɐ] m kein pl ginger
Inhaber(in) <-s, -> ['ɪnhaːbɐ] m(f) ❶ (Besitzer) owner ❷ (Halter) holder; Scheck bearer
inhaftieren* [ɪnhafˈtiːrən] vt to take into custody
inhalieren* [ɪnhaˈliːrən] vt, vi to inhale
Inhalt <-[e]s, -e> ['ɪnhalt] m ❶ (enthaltene Gegenstände) contents pl ❷ (Sinngehalt) content ❸ (Bedeutung) meaning ❹ MATH (Flächeninhalt) area; (Rauminhalt) volume
inhaltlich I. adj in terms of content **II.** adv with regard to content
Inhaltsangabe f summary **Inhaltsverzeichnis** nt list of contents
Initiale <-, -n> [iniˈtsi̯aːlə] f (geh) initial [letter]
Initiative <-, -n> [initsi̯aˈtiːvə] f ❶ initiative; **aus eigener** ~ on one's own initiative; **die ~ ergreifen** to take the initiative; **auf jds ~ hin** on sb's initiative ❷ (Bürgerinitiative) pressure group ❸ SCHWEIZ (Volksbegehren) demand for a referendum
Injektion <-, -en> [ɪnjɛkˈtsi̯oːn] f injection
Injektionsspritze f MED hypodermic needle [or BRIT a. syringe]
injizieren* [ɪnjiˈtsiːrən] vt (geh) ■ etw ~ to inject sth
inklusive [ɪnkluˈziːvə] **I.** präp +gen inclusive [of] **II.** adv including; **vom 25. bis zum 28. ~** from 25th to 28th inclusive
inkompetent ['ɪmkɔmpetɛnt] adj (geh) incompetent (**in** in/at)
inkonsequent ['ɪnkɔnzekvɛnt, ɪnkɔnzeˈkvɛnt] adj (geh) inconsistent
In-Kraft-Treten[RR] <-s> nt kein pl, **Inkrafttreten** <-s> nt kein pl coming into effect
Inkubationszeit f incubation period
Inland ['ɪnlant] nt kein pl ❶ (das eigene Land) home ❷ (Binnenland) inland
Inlandflug m domestic flight
inländisch ['ɪnlɛndɪʃ] adj domestic; Industrie home
Inlandsmarkt m home market
inmitten [ɪnˈmɪtn̩] präp +gen (geh) in the midst of
inne|haben ['ɪnə-] vt irreg (geh) to hold

innen ['ɪnən] adv ❶ on the inside; **nach ~** inside; **die Tür geht nach ~ auf** the door opens inwards ❷ bes ÖSTERR (drinnen) inside
Innenansicht f interior view **Innenarchitekt(in)** m(f) interior designer **Innenaufnahme** f FILM interior shot **Innendienst** m office work **Innenleben** nt kein pl ❶ (fam: Seelenleben) inner feelings pl ❷ (fam: innere Struktur) inner workings pl **Innenminister(in)** m(f) Minister [or AM Secretary] of the Interior, Home Secretary BRIT a. **Innenministerium** nt Ministry [or AM Department] of the Interior, Home Office BRIT a. **Innenpolitik** f home affairs pl BRIT, domestic policy AM **innenpolitisch** ['ɪnənpolitɪʃ] **I.** adj concerning home affairs [or AM domestic policy] **II.** adv with regard to home affairs [or AM domestic policy] **Innenraum** m interior **Innenseite** f inside **Innenspiegel** m AUTO rear-view mirror **Innenstadt** f city/town centre
innerbetrieblich I. adj internal **II.** adv internally
innere(r, s) ['ɪnərə, 'ɪnəre, 'ɪnərəs] adj ❶ räumlich inner ❷ (innewohnend) a. MED, ANAT internal
Innere(s) ['ɪnərə, 'ɪnərəs] nt ❶ (innerer Teil) inside ❷ GEOL centre ❸ PSYCH heart
Innereien [ɪnərˈaɪən] pl innards npl
innerhalb ['ɪnehalp] **I.** präp +gen ❶ räumlich inside ❷ zeitlich within **II.** adv ■ ~ **von etw** dat within sth
innerlich ['ɪnelɪç] **I.** adj ❶ MED internal ❷ PSYCH inner **II.** adv ❶ MED internally ❷ PSYCH inwardly; ~ **war er sehr aufgewühlt** he was in inner turmoil
Innerste(s) ['ɪnestə, 'ɪnestəs] nt dekl wie adj core being; **tief in ihrem ~n wusste sie, dass er recht hatte** deep down inside she knew he was right
innert ['ɪnet] präp +dat o gen ÖSTERR, SCHWEIZ ■ ~ **eines gewissen Zeitraums** within a certain period of time; ~ **eines Jahres** within a year
inne|wohnen vi ■ **jdm/einer S.** ~ to be inherent in sb/a thing
innig ['ɪnɪç] **I.** adj ❶ (tief empfunden) deep; Dank heartfelt ❷ Beziehung intimate **II.** adv deeply
Innovation <-, -en> [ɪnovaˈtsi̯oːn] f innovation
innovativ [ɪnovaˈtiːf] adj innovative

Innung <-, -en> ['ɪnʊŋ] *f* guild
inoffiziell *adj* unofficial
in petto [ɪn 'pɛto] *adv* **etw ~ haben** (*fam*) to have sth up one's sleeve
in puncto [ɪn 'pʊŋkto] *adv* (*fam*) concerning
ins [ɪns] = **in das** *s.* **in**
Insasse, Insassin <-n, -n> ['ɪnzasə, 'ɪnzasɪn] *m, f* ❶ (*Fahrgast*) passenger ❷ (*Heimbewohner*) resident ❸ (*Gefängnisinsasse*) inmate
insbesondere [ɪnsbə'zɔndərə] *adv* especially
Inschrift ['ɪnʃrɪft] *f* inscription
Insekt <-[e]s, -en> [ɪn'zɛkt] *nt* insect
Insektenstich *m* insect sting
Insektizid <-s, -e> [ɪnzɛkti'tsi:t] *nt* insecticide
Insel <-, -n> ['ɪnzl̩] *f* island
Inserat <-[e]s, -e> [ɪnze'ra:t] *nt* advertisement
Inserent(in) <-en, -en> [ɪnze'rɛnt] *m(f)* advertiser
inserieren* [ɪnze'ri:rən] *vi, vt* to advertise
insgeheim [ɪnsgə'haim] *adv* secretly
insgesamt [ɪnsgə'zamt] *adv* ❶ (*alles zusammen*) altogether ❷ (*im Großen und Ganzen*) on the whole
insofern [ɪnzo'fɛrn, ɪn'zo:fɛrn] **I.** *adv* in this respect; **~ ... als** in that **II.** *konj* ÖSTERR (*falls*) if; **~ als** in so far as
insoweit [ɪnzo'vait, 'ɪnzovait, ɪn'zovait] **I.** *adv* in this respect **II.** *konj bes* ÖSTERR **~ als** if
in spe [ɪn 'spe:] *adj* (*fam*) future; **das ist meine Braut ~** this is my future bride
Inspektion <-, -en> [ɪnspɛk'tsi̯o:n] *f* inspection; AUTO service
Inspektor(in) <-s, -en> [ɪn'spɛkto:ɐ̯, *pl* ɪnspɛk'to:rən] *m(f)* ADMIN executive officer; (*Kripo*) inspector
Inspirationsquelle *f pl selten* (*geh*) source of inspiration
Installateur(in) <-s, -e> [ɪnstala'tø:ɐ̯] *m(f)* (*Elektroinstallateur*) electrician; (*Klempner*) plumber
installieren* [ɪnsta'li:rən] *vt* ❶ to install ❷ *Programm* to load (**auf** onto)
instand *adv*, **in Stand** [ɪn'ʃtant] *adv* **etw ~ halten** to keep sth in good condition; **etw ~ setzen** to repair sth
inständig ['ɪnʃtɛndɪç] **I.** *adj* urgent **II.** *adv* urgently; **~ um etw** *akk* **bitten** to beg for sth

Instandsetzung <-, -en> *f* (*geh*) repair
Instanz <-, -en> [ɪn'stants] *f* ❶ (*Behörde*) authority ❷ JUR instance; **in erster/zweiter/oberster/letzter ~** trial court/appellate court/supreme court of appeal/court of last instance
Instinkt <-[e]s, -e> [ɪn'stɪŋkt] *m* instinct
instinktiv [ɪnstɪŋk'ti:f] *adj* instinctive
Institut <-[e]s, -e> *nt* institute
Institution <-, -en> [ɪnstitu'tsi̯o:n] *f* institution
Instrument <-[e]s, -e> [ɪnstru'mɛnt] *nt* ❶ instrument ❷ (*geh: Werkzeug*) tool
Instrumentalstück *nt* MUS instrumental piece
Insulaner(in) <-s, -> [ɪnzu'la:nɐ] *m(f)* islander
Insulin <-s> [ɪnzu'li:n] *nt kein pl* insulin
inszenieren* [ɪnstse'ni:rən] *vt* ❶ THEAT to stage ❷ (*pej*) to stage-manage
Inszenierung <-, -en> *f* ❶ MUS, THEAT production ❷ (*pej: Einfädelung*) engineering
intakt [ɪn'takt] *adj* intact
Integralhelm *m* integral [*or* full-face] helmet
Integralrechnung *f kein pl* MATH integral calculus
Integration <-, -en> [ɪntegra'tsi̯o:n] *f* integration
integrieren* [ɪnte'gri:rən] **I.** *vt* to integrate (**in** into) **II.** *vr* ■ **sich ~** to become integrated (**in** into)
Intellekt <-[e]s> [ɪntɛ'lɛkt] *m kein pl* intellect
intellektuell [ɪntɛlɛk'tu̯ɛl] *adj* intellectual
Intellektuelle(r) *f(m) dekl wie adj* intellectual
intelligent [ɪntɛli'gɛnt] *adj* intelligent
Intelligenz <-, -en> [ɪntɛli'gɛnts] *f* ❶ *kein pl* intelligence ❷ *kein pl* (*Schicht der Intellektuellen*) intelligentsia
Intelligenzquotient *m* intelligence quotient
Intendant(in) <-en, -en> [ɪntɛn'dant] *m(f)* THEAT artistic director; TV director-general
Intensität <-, *selten* -en> [ɪntɛnzi'tɛ:t] *f* intensity
intensiv [ɪntɛn'zi:f] **I.** *adj* ❶ (*gründlich*) intensive ❷ (*eindringlich*) intense; *Duft, Schmerz* strong **II.** *adv* ❶ (*gründlich*) intensively ❷ (*eindringlich*) strongly
intensivieren* [ɪntɛnzi'vi:rən] *vt* to intensify
Intensivkurs *m* intensive course
Intensivstation *f* intensive care unit
inter|agieren* [ɪntɐʔa'gi:rən] *vi* PSYCH, SOZIOL

■ **mit jdm/etw** ~ to interact with sb/sth
Interaktion <-, -en> [ɪnteak'tsi̯oːn] f PSYCH, SOZIOL interaction
interaktiv [ɪnteʔak'tiːf] adj interactive
Intercity <-s, -s> [ɪnte'sɪti] m, **Intercityzug**^RR m inter-city [train]
interessant [ɪntərɛ'sant] adj interesting; *Angebot* attractive
Interesse <-s, -n> [ɪntə'rɛsə] nt ❶ interest; ~ [an jdm/etw] haben to have an interest [in sb/sth]; **wir haben** ~ **an Ihrem Angebot** we are interested in your offer; **in jds** ~ **liegen** to be in sb's interest; [**für jdn**] **von** ~ **sein** to be of interest [to sb]; **aus** ~ out of interest ❷ pl (*Neigungen*) interests pl
interessehalber adv out of [or AM a. for the sake of] interest
interesselos adj indifferent
Interessengemeinschaft f community of interests
Interessent(in) <-en, -en> [ɪntərɛ'sɛnt] m(f) ❶ (*an einer Teilnahme Interessierter*) interested party ❷ (*an einem Kauf Interessierter*) potential buyer
interessieren* [ɪntərɛ'siːrən] I. vt ■ **jdn für etw** ~ to interest sb in sth II. vr ■ **sich für jdn/etw** ~ to be interested in sb/sth
Intermezzo <-s, -s o -mezzi> [ɪnte'mɛtso] nt intermezzo
intern [ɪn'tɛrn] I. adj internal II. adv internally
Internat <-[e]s, -e> [ɪnte'naːt] nt boarding-school
international [ɪntenatsi̯o'naːl] I. adj international II. adv internationally
Internet <-s> ['ɪntenɛt] nt kein pl Internet; **im** ~ **surfen** to surf the Internet
Internet-Auktionshaus ['ɪntenɛtauktsi̯oːnshaus] nt INET Internet auction site
Internetbrowser m Internet explorer **Internetcafé** nt Cybercafé, Internet café **Internetforum** ['ɪntenɛtfoːrʊm] nt INET Internet [or web] forum **Internetserver** m Internet server **Internetsurfer** m Internet surfer **Internetzugang** m Internet access
Internist(in) <-en, -en> [ɪnte'nɪst] m(f) internist
Interpret(in) <-en, -en> [ɪnte'preːt] m(f) (*geh*) interpreter
interpretieren* [ɪntepre'tiːrən] vt to interpret
Interpunktion <-, -en> [ɪntepʊŋk'tsi̯oːn] f punctuation
Intervall <-s, -e> [ɪnte'val] nt (*geh*) interval
Interview <-s, -s> ['ɪntevjuː, ɪnte'vjuː] nt interview
interviewen* [ɪnte'vjuːən, 'ɪntevjuːən] vt to interview (**zu/über** about); ■ **sich [von jdm]** ~ **lassen** to give [sb] an interview
intim [ɪn'tiːm] adj intimate (**mit** with)
Intimbereich m ❶ (*Geschlechtsorgane*) private parts pl ❷ s. **Intimsphäre**
Intimität <-, -en> [ɪntimi'tɛːt] f (*geh*) intimacy
Intimleben nt [private] sex life **Intimsphäre** m private life
intolerant ['ɪntolerant, ɪntole'rant] I. adj (*geh*) intolerant II. adv intolerantly
Intranet <-s, -s> ['ɪntranɛt] nt INFORM intranet
intransitiv ['ɪntranzitiːf] adj intransitive
Intrige <-, -n> [ɪn'triːɡə] f (*pej geh*) conspiracy
introvertiert [ɪntrover'tiːɐ̯t] adj introverted
invalid [ɪnva'liːt], **invalide** [ɪnva'liːdə] adj invalid
Invalide, Invalidin <-n, -n> [ɪnva'liːdə, ɪnva'liːdɪn] m, f invalid
Invasion <-, -en> [ɪnva'zi̯oːn] f invasion
Inventar <-s, -e> [ɪnvɛn'taːɐ̯] nt inventory
Inventur <-, -en> [ɪnvɛn'tuːɐ̯] f stocktaking; ~ **machen** to stocktake
investieren* [ɪnvɛs'tiːrən] vt to invest
Investition <-, -en> [ɪnvɛsti'tsi̯oːn] f investment
inwendig ['ɪnvɛndɪç] adv, adj inside
inwiefern [ɪnviːˈfɛrn] adv in what way
inwieweit [ɪnviːˈvait] adv how far
inzestuös [ɪntsɛs'tu̯øːs] adj *Beziehung, Verhältnis* incestuous
Inzucht ['ɪntsʊxt] f inbreeding
inzwischen [ɪn'tsvɪʃn] adv in the meantime
Ion <-s, -en> [i̯oːn] nt ion
Irak <-s> [i'raːk] m ■ **der** ~ Iraq
Iraker(in) <-s, -> [i'raːkɐ] m(f) Iraqi
Iran <-s> [i'raːn] m ■ **der** ~ Iran
Iraner(in) <-s, -> [i'raːnɐ] m(f) Iranian
irdisch ['ɪrdɪʃ] adj earthly
Ire, Irin <-n, -n> ['iːrə, 'iːrɪn] m, f Irishman *masc*, Irishwoman *fem*; ■ **die** ~**n** the Irish
irgend ['ɪrɡnt] adv at all; **wenn** ~ **möglich** if at all possible; „**wer war am Apparat?**" — „**ach, wieder** ~ **so ein Spinner!**" "who was that on the 'phone?" — "oh, some luna-

tic or other again"
irgendein ['ɪrgn̩t?ain], **irgendeine(r, s)** ['ɪrgn̩t?ainɐ, -ainɛ, -ainəs], **irgendeins** ['ɪrgn̩t?ains] *pron indef* ❶ *adjektivisch* (*was auch immer für ein*) some; **haben Sie noch irgendeinen Wunsch?** would you like anything else?; **nicht irgendein/e ...** *adjektivisch* not any [old] ... ❷ *substantivisch* (*ein Beliebiger*) any [old] one; *substantivisch;* **ich werde mir doch nicht irgendeinen einstellen** I'm not going to appoint just anybody **irgendetwas**^RR, **irgend etwas**^ALT *pron indef* something; (*bei Fragen, Bedingungssätzen, Verneinungen*) anything; **~ anderes** something else **irgendjemand**^RR *pron,* **irgend jemand**^ALT *pron indef* somebody; (*bei Fragen, Bedingungssätzen, Verneinungen*) anyone; **~ anderer** somebody else
irgendwann ['ɪrgn̩t'van] *adv* some time or other **irgendwas** ['ɪrgn̩t'vas] *pron indef* (*fam*) *s.* **irgendetwas irgendwie** ['ɪrgn̩t'viː] *adv* somehow [or other]; **Sie kommen mir ~ bekannt vor** I seem to know you somehow **irgendwo** ['ɪrgn̩t'voː] *adv* ❶ somewhere [or other] ❷ (*fam: irgendwie*) somehow [or other] **irgendwoher** ['ɪrgn̩tvo'heːɐ̯] *adv* [**von**] ~ from somewhere [or other] **irgendwohin** ['ɪrgn̩tvo'hɪn] *adv* somewhere [or other]
Irin <-, -nen> ['iːrɪn] *f fem form von* **Ire** Irishwoman
irisch ['iːrɪʃ] *adj* Irish; *s. a.* **deutsch**
Irland ['ɪrlant] *nt* Ireland
Ironie <-, *selten* -n> [iro'niː, *pl* -iːən] *f* irony
ironisch [i'roːnɪʃ] **I.** *adj* ironic[al] **II.** *adv* ironically; **~ lächeln** to give an ironic smile
irr(e) [ɪrə] **I.** *adj* ❶ (*verrückt*) crazy; **jdn ganz ~ machen** (*fam*) to drive sb crazy ❷ (*sl: toll*) fantastic ❸ (*sl: ausgeflippt*) wacky **II.** *adv* ❶ (*verrückt*) insanely; **wie ~** (*fam*) like mad ❷ (*sl: äußerst*) incredibly
irrational ['ɪratsi̯onaːl, ɪratsi̯o'naːl] *adj* (*geh*) irrational
Irre(r) ['ɪrə, -rɛ] *f(m) dekl wie adj* lunatic
Irre <-> ['ɪrə] *f* **in die ~ führen** to mislead
irreal ['ɪreaːl] *adj* unreal
irre|führen *vt* to mislead; ■ **sich von jdm/etw ~ lassen** to be misled by sb/sth
irreführend *adj* misleading
irrelevant ['ɪrelevant, ɪrele'vant] *adj* irrelevant
irren^1 ['ɪrən] *vi sein* (*herumirren*) to wander (**durch** through, **über** across)
irren^2 ['ɪrən] **I.** *vi* (*geh*) (*sich täuschen*) to be wrong ▶ **I~ ist menschlich** (*prov*) to err is human **II.** *vr* ■ **sich ~** to be wrong (**in** about); **wenn ich mich nicht irre, ...** if I am not mistaken ...
Irrenanstalt *f* (*pej veraltend*) lunatic asylum
Irrenhaus *nt* (*veraltet o pej*) lunatic asylum; **wie im ~** (*fam*) like a madhouse
Irrfahrt *f* odyssey
Irrgarten *m* maze
irrig ['ɪrɪç] *adj* (*geh*) wrong
irritieren* [ɪri'tiːrən] *vt* ❶ (*verwirren*) to confuse ❷ (*stören*) to annoy
Irrsinn ['ɪrzɪn] *m kein pl* (*fam*) madness
irrsinnig ['ɪrzɪnɪç] **I.** *adj* ❶ (*fam: völlig wirr*) mad ❷ (*fam: intensiv*) tremendous; *Kälte, Verkehr* incredible **II.** *adv* (*fam: äußerst*) terribly
Irrtum <-[e]s, -tümer> ['ɪrtuːm, *pl* 'ɪrtyːmɐ] *m* ❶ (*Gedanke*) error; [**schwer**] **im ~ sein** to be [badly] mistaken ❷ (*Handlung*) mistake; **einen ~ begehen** to make a mistake
irrtümlich ['ɪrtyːmlɪç] **I.** *adj attr* mistaken **II.** *adv* mistakenly
ISBN <-, -s> [iː?ɛsbeː'?ɛn] *f Abk von* **Internationale Standardbuchnummer** ISBN
Ischias <-> ['ɪʃi̯as] *m o nt kein pl* sciatica
ISDN <-s> [iː?ɛsdeː'?ɛn] *nt kein pl Abk von* **Integrated Services Digital Network** ISDN
Islam <-s> [ɪs'laːm, 'ɪslam] *m kein pl* ■ **der ~** Islam
islamisch [ɪs'laːmɪʃ] *adj* Islamic
Island ['iːslant] *nt* Iceland
Isländer(in) <-s, -> ['iːslɛndɐ] *m(f)* Icelander
isländisch ['iːslɛndɪʃ] *adj* Icelandic; *s. a.* **deutsch**
Isländisch ['iːslɛndɪʃ] *nt dekl wie adj* Icelandic; *s. a.* **Deutsch**
Isolation <-, -en> [izola'tsi̯oːn] *f* ❶ (*Abdichtung*) insulation ❷ (*das Isolieren/Isoliertsein*) isolation (**von** from)
Isolationshaft *f* solitary confinement
Isolierband <-bänder> [izo'liːɐ̯-] *nt* insulating tape
isolieren* [izo'liːrən] **I.** *vt* ❶ TECH to insulate (**gegen** against) ❷ (*absondern*) to isolate (**von** from) **II.** *vr* ■ **sich ~** to isolate oneself (**von** from)
Isomatte *f* insulating underlay
Israel <-s> ['ɪsraeːl, 'ɪsraɛl] *nt* Israel

Israeli <-[s], -[s]> [ɪsraˈeːli] *m*, **Israeli** <-s, -[s]> *f* Israeli; *s. a.* **Deutsche(r)**

israelisch [ɪsraˈeːlɪʃ] *adj* Israeli; *s. a.* **deutsch 1**

Israelit(in) <-en, -en;> [israeˈliːt, israeˈliːt] *m(f)* Israelite

israelitisch *adj* Israelite; *s. a.* **deutsch 1**

Istbestand^RR [ˈɪstbəʃtant], **Ist-Bestand** *m* an Waren actual stocks; an Geld ready cash

Ist-Zustand, Istzustand^RR *m* actual state

Italien <-s> [iˈtaːli̯ən] *nt* Italy

Italiener(in) <-s, -> [itaˈli̯eːnɐ] *m(f)* Italian

italienisch [itaˈli̯eːnɪʃ] *adj* Italian; *s. a.* **deutsch**

Italienisch [itaˈli̯eːnɪʃ] *nt dekl wie adj* Italian; *s. a.* **Deutsch 1**

IWF <-> [iːveːˈʔɛf] *m kein pl Abk von* **Internationaler Währungsfonds** IMF

J j

J, j <-, - *o fam* -s, -s> [jɔt] *nt* J, j; *s. a.* **A 1**

ja [jaː] *part* ❶ yes; **aber ~!** yes, of course! ❷ (*fragend: tatsächlich?*) really? ❸ (*warnend: bloß*) make sure; **geh ~ nicht dahin!** don't go there whatever you do! ❹ (*abschwächend*) after all; **ich kann es ~ mal versuchen** I can try it of course ❺ (*bekräftigend: allerdings*) **was Sie mir da berichten, ist ~ kaum zu glauben!** what you're telling me certainly is scarcely believable!; **Ihr Mann ist bei einem Flugzeugabsturz ums Leben gekommen? das ist ~ entsetzlich!** your husband died in a plane crash? why, that's just terrible!; **das ist ~ die Höhe!** that's the absolute limit! ❻ (*na ja, nun*) well ❼ (*nicht wahr?*) isn't it?; **es bleibt doch bei unserer Abmachung, ~?** our agreement does stand though, doesn't it? ▶ **~ und amen zu etw** *dat* **sagen** (*fam*) to give sth one's blessing; **wenn ~** if so

Ja <-s, -[s]> [jaː] *nt* yes

Jacht <-, -en> [jaxt] *f* yacht

Jacke <-, -n> [ˈjakə] *f* (*Stoffjacke*) jacket; (*Strickjacke*) cardigan

Jackett <-s, -s> [ʒaˈkɛt] *nt* jacket

Jagd <-, -en> [ˈjaːkt] *f* ❶ (*das Jagen*) hunting; **auf der ~ sein** to be [out] hunting; **~ auf jdn/etw machen** to hunt for sb/sth ❷ (*Verfolgung*) hunt (**auf** for) ❸ (*wildes Streben*) pursuit (**nach** of)

Jagdhund *m* hound **Jagdrevier** [-reviːɐ̯] *nt* preserve **Jagdschein** *m* hunting licence

jagen [ˈjaːgn̩] **I.** *vt haben* ❶ to hunt ❷ (*hetzen*) to pursue ❸ (*fam: ver-, antreiben*) to drive (**aus** out of, **in** into) **II.** *vi* ❶ *haben* to hunt ❷ *sein* (*rasen*) to race (**durch** through)

Jäger(in) <-s, -> [ˈjɛːgɐ] *m(f)* hunter

Jaguar <-s, -e> [ˈjaːgu̯aːɐ̯] *m* jaguar

jäh [ˈjɛː] *adj* (*geh*) ❶ (*abrupt*) abrupt; *Bewegung* sudden ❷ (*steil*) steep

Jahr <-[e]s, -e> [ˈjaːɐ̯] *nt* ❶ year; **die 20er-/30er-~e** etc. the twenties/thirties etc. + *sing/pl vb*; **anderthalb ~e** a year and a half; **ein dreiviertel ~** nine months; **ein halbes ~** six months; **ein viertel ~** three months; **das ganze ~ über** throughout the whole year; **~ für ~** year after year; **im ~e ...** in [the year] ...; **zweimal im ~** twice a year; **in diesem/im nächsten ~** this/next year; **vor einem ~** a year ago; **alle hundert ~e** every hundred years; **auf ~e hinaus** for years to come ❷ (*Lebensjahre*) **er ist 10 ~e alt** he's 10 years old ▶ **in den besten ~en [sein]** [to be] in one's prime; **in die ~e kommen** (*fam*) to be getting on [in years]

jahrelang [ˈjaːrəlaŋ] **I.** *adj attr* lasting for years; **das Ergebnis war die Frucht ~er Forschungen** the result was the fruits of years of research **II.** *adv* for years; ■ **es dauert ~(, bis ...)** it will take years (before ...)

Jahresbilanz *f* ÖKON, BÖRSE annual balance sheet **Jahrestag** *m* anniversary **Jahreswechsel** *m* turn of the year **Jahreszahl** *f* year **Jahreszeit** *f* season **jahreszeitlich** *adj* seasonal

Jahrgang <-gänge> *m* ❶ (*Altersgruppe*) age-group; (*von Schülern*) [school] year ❷ (*Erntejahr*) vintage; (*Herstellungsjahr*) year

Jahrhundert <-s, -e> [jaːɐ̯ˈhʊndɐt] *nt* century

Jahrhundertwende *f* turn of the century

jährlich [ˈjɛːɐ̯lɪç] *adj* annual

Jahrmarkt *m* [fun]fair

Jahrtausend <-s, -e> [jaːɐ̯ˈtauznt̩] *nt* millennium

Jahrzehnt <-[e]s, -e> [jaːɐ̯ˈtseːnt] *nt* decade

jähzornig *adj* violent-tempered

Jalousie <-, -n> [ʒaluˈziː, pl -ˈziːən] f venetian blind

jämmerlich [ˈjɛmɐlɪç] I. adj attr ❶ (beklagenswert) wretched ❷ (kummervoll) sorrowful ❸ (pej: mies) miserable II. adv ❶ (elend) miserably ❷ (fam: erbärmlich) awfully

jammern [ˈjamɐn] vi to whine (**über/wegen** about)

jammerschade [ˈjamɐˈʃaːdə] adj (fam) ▪ ~ [**sein**], **dass/wenn/wie ...** to be a terrible pity that/if/how ...

Janker <-s, -> [ˈjaŋkɐ] m SÜDD, ÖSTERR ❶ (dicke Strickjacke) thick cardigan ❷ (Trachtenjacke) mountain jacket

Jänner <-s, -> [ˈjɛnɐ] m ÖSTERR January

Januar <-[s], -e> [ˈjanu̯aːɐ̯] m January; s. a. **Februar**

Japan <-s> [ˈjaːpan] nt Japan

Japaner(in) <-s, -> [jaˈpaːnɐ] m(f) Japanese; ▪ **die** ~ the Japanese

japanisch [jaˈpaːnɪʃ] adj Japanese; s. a. **deutsch**

Japanisch [jaˈpaːnɪʃ] nt dekl wie adj Japanese; s. a. **Deutsch 1**

Jargon <-s, -s> [ʒarˈgõː] m ❶ (Gruppensprache) jargon ❷ (saloppe Sprache) slang

Jasmin <-s, -e> [jasˈmiːn] m jasmine

jäten [ˈjɛːtn̩] vi, vt (Garten) to weed

Jauche <-, -n> [ˈjauxə] f liquid manure

Jauchegrube f liquid manure pit

jauchzen [ˈjauxtsn̩] vi (geh) to shout with glee

jaulen [ˈjaulən] vi to howl

Jawort nt jdm das ~ **geben** to consent to marry sb; (bei Trauung) to say I do

Jazz <-> [dʒɛs, jats] m kein pl jazz

je [jeː] I. adv ❶ (jemals) ever ❷ (jeweils) each II. präp +akk (pro) per III. konj ▪ ~ **..., desto ...** the ... the ...; ~ **öfter du übst, desto besser kannst du dann spielen** the more you practice the better you will be able to play; ~ **nachdem!** it [all] depends!; ~ **nachdem, wann/wie/ob ...** depending on when/how/whether ...

Jeans <-, -> [dʒiːnz] f meist pl jeans npl

Jeansrock [ˈdʒiːnz-] m denim skirt

jede(r, s) [ˈjeːdə, ˈjeːdɐ, ˈjeːdəs] pron indef ❶ attr (alle einzelnen) each; ~**s Mal** every time ❷ attr (jegliche) any ❸ substantivisch everyone; **das weiß doch ein ~r!** everybody knows that!; DIAL (jeweils der/die einzelne) each [one]; ~ **e[r, s] zweite/dritte/...** one in two/three ...

jedenfalls [ˈjeːdn̩ˈfals] adv ❶ (immerhin) anyhow, in any case ❷ (auf jeden Fall) definitely

jedermann [ˈjeːdɐman] pron indef, substantivisch everyone; (jeder [beliebige]) anyone

jederzeit [ˈjeːdeˈtsait] adv ❶ (zu jeder beliebigen Zeit) at any time ❷ (jeden Augenblick) at any moment

jedesmal^{ALT} adv s. **jede(r, s) 1**

jedoch [jeˈdɔx] konj, adv however

jemals [ˈjeːmaːls] adv ever

jemand [ˈjeːmant] pron indef somebody, someone; (bei Fragen, Negation, etc.) anybody, anyone

jene(r, s) [ˈjeːnə, ˈjeːnɐ, ˈjeːnəs] pron dem (geh) that sing, those pl

jenseits [ˈjeːnzaits] I. präp +gen (auf der anderen Seite) on the other side of II. adv (über ... hinaus) ▪ ~ **von etw** dat beyond sth

Jenseits <-> [ˈjeːnzaits] nt kein pl hereafter

Jesuit <-en, -en> [jezuˈiːt] m Jesuit

Jesus <dat o gen Jesu, akk Jesum> [ˈjeːzʊs] m Jesus; ~ **Christus** Jesus Christ

jetzig [ˈjɛtsɪç] adj attr current

jetzt [jɛtst] adv ❶ (nun) now; ~ **gleich** right now; ~ **oder nie!** [it's] now or never!; ~ **noch...** now?; ~ **schon?** already?; **bis** ~ so far; **wer ist das ~ schon wieder?** who on earth is that now? ❷ (heute) now[adays]

jeweilig [ˈjeːvailɪç] adj attr prevailing

jeweils [ˈjeːvails] adv ❶ (jedes Mal) each time; **die Miete ist ~ monatlich im Voraus fällig** the rent is due each month in advance ❷ (zur entsprechenden Zeit) at the time

jobben [ˈdʒɔbn̩] vi (fam) to do casual work

Jobbörse [ˈdʒɔb-] f ÖKON job market; (Veranstaltung für Hochschulabsolventen) [graduate] job fair

Joch <-[e]s, -e> [ˈjɔx] nt yoke

Jockei, Jockey <-s, -s> [ˈdʒɔke, ˈdʒɔki] m jockey

Jod <-s> [ˈjoːt] nt kein pl iodine

jodeln [ˈjoːdl̩n] vi to yodel

Joga <-[s]> [ˈjoːga] m o nt kein pl yoga

joggen [ˈdʒɔgn̩] vi sein to jog

Jogger(in) <-s, -> [ˈdʒɔgɐ] m(f) jogger

Jogginganzug [ˈdʒɔgɪŋ-] m tracksuit

Joghurt <-[s], -[s]>, **Jogurt**^{RR} <-[s], -[s]> [ˈjoːgʊrt] m o nt yog[h]urt

Johannisbeere [joˈhanɪs-] f currant; **rote/**

schwarze ~ redcurrant/blackcurrant
johlen ['joːlən] *vi* to yell
Jo-Jo <-s, -s> [joˈjoː] *nt* yo-yo
jonglieren* [ʒɔŋˈliːrən] *vi* to juggle
Jordanien <-s> [jɔrˈdaːniən] *nt* Jordan
Jordanier(in) <-s, -> [jɔrˈdaːniɐ] *m(f)* Jordanian
jordanisch [jɔrˈdaːnɪʃ] *adj* Jordanian; *s. a.* **deutsch 1**
Journal <-s, -e> [ʒʊrˈnaːl] *nt* journal
Journalist(in) <-en, -en> [ʒʊrnaˈlɪst] *m(f)* journalist
Jubeljahr *nt* (*Jubiläumsjahr*) jubilee ▶ **nur alle ~e** [**einmal**] (*fam*) once in a blue moon *fam*
jubeln [ˈjuːbl̩n] *vi* to shout with joy; **eine ~de Menge** a cheering crowd
Jubiläum <-s, Jubiläen> [jubiˈlɛːʊm, *pl* jubiˈlɛːən] *nt* anniversary
jucken [ˈjʊkn̩] **I.** *vi* (*Juckreiz erzeugen*) to itch **II.** *vi impers* to itch **III.** *vt impers* ① ▪ **es juckt jdn** [*irgendwo*] sb has an itch [somewhere]; **mich juckt's am Rücken** my back's itching ② (*fam: reizen*) ▪ **jdn juckt es, etw zu tun** sb's itching to do sth **IV.** *vt* ① (*kratzen*) **das Unterhemd juckt mich** the vest makes me itch ② *meist verneint* (*fam: kümmern*) ▪ **jdn juckt etw** [**nicht**] sth is of [no] concern to sb **V.** *vr* (*fam: sich kratzen*) ▪ **sich ~ to scratch**
Juckreiz *m* itch[ing *no pl*]
Jude, Jüdin <-n, -n> [ˈjuːdə, ˈjyːdɪn] *m, f* Jew *masc*, Jewess *fem*
Judentum <-s> *nt* Jewry
Jüdin <-, -nen> *f fem form von* **Jude**
jüdisch [ˈjyːdɪʃ] *adj* Jewish
Judo <-s> [ˈjuːdo] *nt kein pl* judo
Jugend <-> [ˈjuːgn̩t] *f kein pl* ① youth; **in jds ~** in sb's youth; **von ~ an** from one's youth ② (*junge Leute*) ▪ **die ~** young people *pl*; **die europäische ~** the youth of Europe; **die heutige ~** young people today
Jugendfreund(in) *m(f)* childhood friend
Jugendhaft *f kein pl* JUR juvenile detention
Jugendherberge *f* youth hostel
jugendlich [ˈjuːgn̩tlɪç] *adj* ① (*jung*) young ② (*durch Jugend bedingt*) youthful ③ (*jung wirkend*) youthful
Jugendliche(r) *f(m) dekl wie adj* young person
Jugendzeit *f kein pl* youth
Jugoslawien <-s> [jugoˈslaːviən] *nt* (*hist*) Yugoslavia
jugoslawisch [jugoˈslaːvɪʃ] *adj* (*hist*) Yugoslav[ian]; *s. a.* **deutsch**
Juli <-[s], -s> [ˈjuːli] *m* July; *s. a.* **Februar**
jung <jünger, jüngste> [jʊŋ] **I.** *adj* young; **~ und alt** young and old alike; **das hält ~!** it keeps you young! **II.** *adv* young; **~ heiraten/sterben** to marry/die young; **von ~ auf** from an early age
Junge <-n, -n> [ˈjʊŋə] *m* ① boy ② (*fam*) ▪ **Jungs** *pl* (*fam: Leute*) chaps *pl* BRIT, guys *pl* AM ▶ **mein ~!** (*fam*) my dear boy!; **~, ~!** (*fam*) boy oh boy!
Junge(s) [ˈjʊŋə(s)] *nt* ORN, ZOOL young
jünger [ˈjʏŋɐ] *adj* ① *comp von* **jung** younger ② (*noch nicht allzu alt*) youngish ③ *Zeit* recent
Jünger(in) <-s, -> [ˈjʏŋɐ] *m(f)* (*Anhänger, a. von Jesus*) disciple
Jungfrau [ˈjʊŋfraʊ] *f* ① (*Frau*) virgin ② ASTROL Virgo; ▪ **~ sein** to be a Virgo
jungfräulich [ˈjʊŋfrɔʏlɪç] *adj* (*geh*) virgin
Junggeselle, -gesellin [ˈjʊŋɡəzɛlə, -ɡəzɛlɪn] *m, f* bachelor
Junggesellin <-, -nen> [ˈjʊŋɡəzɛlɪn] *f fem form von* **Junggeselle** a single woman
Jüngling <-s, -e> [ˈjʏŋlɪŋ] *m* (*geh*) youth
jüngst [ˈjʏŋst] *adv* (*geh*) recently
jüngste(r, s) *adj* ① *superl von* **jung** youngest ② (*neueste*) latest
Juni <-[s], -s> [ˈjuːni] *m* June; *s. a.* **Februar**
junior [ˈjuːniɔːɐ] *adj* (*geh*) junior
Junior(in) <-s, -en> [ˈjuːniɔːɐ, juˈnioːrɪn, *pl* juˈnioːrən] *m(f)* ① (*Juniorchef*) son *masc*/daughter *fem* of the boss ② (*fam: Sohn*) junior ③ *pl* SPORT juniors *npl*
Jupe <-s, -s> [ʒyːp] *m* SCHWEIZ (*Rock*) skirt
Jura¹ [ˈjuːra] *kein art* (*Rechtswissenschaft*) law
Jura² <-s> [ˈjuːra] *nt kein pl* ① (*Schweizer Gebirge*) Jura Mountains *pl* ② (*Schweizer Kanton*) Jura
Jurist(in) <-en, -en> [jueˈrɪst] *m(f)* ① (*Akademiker*) jurist ② (*fam: Jurastudent*) law student
juristisch [juˈrɪstɪʃ] **I.** *adj* ① (*Jura betreffend*) legal; **~es Studium** law studies; **die ~e Fakultät** Faculty of Law ② (*die Rechtsprechung betreffend*) law *attr*; **ein ~es Problem** a juridical problem **II.** *adv* **~ betrachtet** seen from a legal point of view
Jury <-, -s> [ʒyˈriː, ˈʒyːri, ˈdʒuːri] *f* jury

Jus <-> ['juːs] *nt kein art* ÖSTERR (*Jura*) law
justierbar *adj* TECH adjustable
justieren* [jʊsˈtiːrən] *vt* to adjust
Justiz <-> [jʊsˈtiːts] *f kein pl* ① (*Gerichtsbarkeit*) justice *no pl* ② (*Justizbehörden*) legal authorities *pl*
Justizbeamte(r), -beamtin *m, f* judicial officer **Justizminister(in)** *m(f)* Minister of Justice BRIT, Attorney General AM **Justizministerium** *nt* Ministry of Justice BRIT, Department of Justice AM
Juwel[1] <-s, -en> [juˈveːl] *m o nt* ① (*Schmuckstein*) gem[stone], jewel ② *pl* (*Schmuck*) jewellery *no pl*
Juwel[2] <-s, -e> [juˈveːl] *nt* (*geschätzte Person/Sache*) gem; **ein ~ von einer Köchin sein** to be a gem of a cook
Jux <-es, -e> ['jʊks] *m* (*fam*) joke; **aus [lauter] ~ und Tollerei** (*fam*) out of sheer fun; **sich** *dat* **einen ~ aus etw** *dat* **machen** to make a joke out of sth
juxig <-er, -ste> *adj* funny
JVA <-, -s> [jɔtfauˈaː] *f Abk von* **Justizvollzugsanstalt** JUR prison

K k

K, k <-, - *o fam* -s, -s> [kaː] *nt* K, k; *s. a.* **A 1**
Kabarett <-s, -e *o* -s> [kabaˈrɛt] *nt* cabaret
Kabel <-s, -> ['kaːbl̩] *nt* ① ELEK wire ② TELEK, TV cable
Kabelanschluss[RR] *m* cable connection **Kabelfernsehen** *nt* cable TV
Kabeljau <-s, -e *o* -s> ['kaːbljau] *m* cod
Kabelkanal *m* TV, RADIO cable channel
Kabine <-, -n> [kaˈbiːnə] *f* ① (*zum Umkleiden*) changing room ② NAUT cabin
Kabinett <-s, -e> [kabiˈnɛt] *nt* cabinet
Kabinettsumbildung *f* cabinet reshuffle
Kabriolett <-s, -s> [kabrioˈlɛt] *nt* ÖSTERR convertible
Kachel <-, -n> ['kaxl̩] *f* tile
Kachelofen ['kaxl̩ʔoːfn̩] *m* tiled stove
Kadaver <-s, -> [kaˈdaːvɐ] *m* carcass
Kader <-s, -> ['kaːdɐ] *m* cadre
Käfer <-s, -> ['kɛːfɐ] *m* beetle
Kaff <-s, -s *o* -e> ['kaf] *nt* (*pej fam*) hole

Kaffee <-s, -s> ['kafe] *m* coffee; **~ mit Milch** white coffee; **schwarzer ~** black coffee; **~ trinken** to have [a] coffee
Kaffeebohne *f* coffee bean **Kaffeehaus** *nt* coffee-house **Kaffeekanne** *f* coffeepot **Kaffeelöffel** *m* coffee spoon **Kaffeemaschine** *f* coffee machine **Kaffeepause** *f* coffee break **Kaffeeservice** *nt* coffee set **Kaffeetasse** *f* coffee cup
Käfig <-s, -e> ['kɛːfɪç] *m* cage
Käfighaltung *f* caging
kahl [kaːl] **I.** *adj* ① (*haarlos*) bald; **~ geschoren** shaven ② *Wand, Baum* bare **II.** *adv etw* **~ fressen** to strip sth bare; **jdn ~ scheren** to shave sb's head
Kahlkopf *m* bald head
kahlköpfig *adj* bald-headed
Kahlschlag *m kein pl* deforestation
Kahn <-[e]s, Kähne> [kaːn, *pl* ˈkɛːnə] *m* (*Boot*) small boat; (*für Lasten*) barge
Kai <-s, -e *o* -s> [kai] *m* quay
Kaiser(in) <-s, -> ['kaizɐ] *m(f)* emperor *masc*, empress *fem*

Kaiserschmarren is a type of pancake, commonplace in Austria, southern Germany and Switzerland, which is pulled to pieces and sprinkled with sugar and sometimes contains raisins. Its origins can be traced back to the Empress Elisabeth of Austria.

Kaiserkrone *f* imperial crown
kaiserlich ['kaizɐlɪç] *adj* imperial
Kaiserreich *nt* empire **Kaiserschnitt** *m* Caesarean
Kajal <-[s]> [kaˈjaːl] *nt kein pl* kohl
Kajüte <-, -n> [kaˈjyːtə] *f* cabin
Kakadu <-s, -s> *m* cockatoo
Kakao <-s, -s> [kaˈkau] *m* cocoa
Kakerlake <-, -n> ['kaːkɐlakə] *f* cockroach
Kaktee <-, -n> [kakˈteːə] *f*, **Kaktus** <-, Kakteen *o fam* -se> ['kaktʊs, *pl* kakˈteːən, -ʊsə] *m* cactus
Kalb <-[e]s, Kälber> [kalp, *pl* ˈkɛlbɐ] *nt* calf
kalben ['kalbn̩] *vi* to calve
Kalbfleisch *nt* veal
Kalbsleder *nt* calfskin **Kalbsschnitzel** *nt* veal cutlet
Kalender <-s, -> ['kalɛndɐ] *m* calendar
Kalenderjahr *nt* calendar year
Kaliber <-s, -> [kaˈliːbɐ] *nt* calibre
Kalifornien <-s> [kaliˈfɔrnĭən] *nt* California

Kalium <-s> ['kaːli̯ʊm] *nt kein pl* potassium
Kalk <-[e]s, -e> [kalk] *m kein pl* ① lime ② (*Kalzium*) calcium
Kalkboden *m* lime soil
kalkhaltig *adj* chalky; (*Wasser*) hard
Kalkstein *m* limestone
Kalkulation <-, -en> [kalkulaˈtsi̯oːn] *f* calculation
kalkulierbar *adj* calculable
kalkulieren* [kalkuˈliːrən] *vi, vt* to calculate
Kalorie <-, -n> [kaloˈriː, *pl* kaloˈriːən] *f* calorie
kalorienarm *adj, adv* low-calorie
kalt <kälter, kälteste> [kalt] **I.** *adj* cold; **mir ist** ~ I'm cold **II.** *adv* ~ **duschen** to have a cold shower; **sich** ~ **waschen** to wash in cold water
kaltblütig [kaltblyːtɪç] **I.** *adj* cold-blooded **II.** *adv* unscrupulously
Kälte <-> ['kɛltə] *f kein pl* cold; **vor** ~ with cold
kälteempfindlich *adj* sensitive to cold *pred*
Kälteschutzmittel *nt* antifreeze
kalt|lassen *vt* **jdn** ~ to leave sb cold
Kaltluft *f* cold air **kaltschnäuzig** **I.** *adj* callous **II.** *adv* callously **Kaltstart** *m* cold start
Kalzium <-s> ['kaltsi̯ʊm] *nt kein pl* calcium
Kamel <-[e]s, -e> [kaˈmeːl] *nt* camel
Kamelhaar *nt kein pl* camel hair
Kamelie <-, -n> [kaˈmeːli̯ə] *f* camellia
Kamera <-, -s> ['kamərа] *f* camera
Kamerad(in) <-en, -en> [kaməˈraːt, *pl* -aːdn̩] *m(f)* comrade
kameradschaftlich **I.** *adj* friendly **II.** *adv* on a friendly basis
Kamerafrau *f* camerawoman **Kameraführung** *f* FILM, TV camera work **Kameramann, -frau** *m, f* cameraman *masc,* camerawoman *fem*
Kamerun <-s> ['kaməruːn] *nt* Cameroon
Kamille <-, -n> [kaˈmɪlə] *f* camomile
Kamillentee *m* camomile tea
Kamin <-s, -e> [kaˈmiːn] *m* ① fireplace ② (*Schornstein*) chimney
Kaminaufsatz *m* chimney pot **Kaminfeger(in)** <-s, -> *m(f)*, **Kaminkehrer(in)** <-s, -> *m(f)* chimney sweep
Kamm <-[e]s, Kämme> [kam, *pl* 'kɛmə] *m* comb
kämmen [ˈkɛmən] *vt* to comb
Kammer <-, -n> ['kame] *f* [small] room
Kampagne <-, -n> [kamˈpanjə] *f* campaign
Kampf <-[e]s, Kämpfe> [kampf, *pl* 'kɛmpfə] *m* ① fight ② MIL battle ③ (*das Ringen*) der ~ **ums Dasein** the struggle for existence ▶ **jdm/einer S. den** ~ **ansagen** to declare war on sb/sth
Kampfeinsatz *f* ① MIL [military] action *no pl, no indef art* ② SPORT (*Kampfgeist*) commitment *no pl*
kämpfen [ˈkɛmpfn̩] *vi* ① to fight ② (*ringen*) ■ **mit sich/etw** *dat* ~ to struggle with oneself/sth
Kampfer <-s> *m kein pl* camphor
kämpferisch *adj* aggressive
Kampfhund *m* fighting dog **Kampfrichter(in)** *m(f)* referee **Kampfsport** *m kein pl* martial arts *pl*
kampieren* [kamˈpiːrən] *vi* to camp [out]
Kanada <-s> ['kanada] *nt* Canada
Kanadier(in) <-s, -> [kaˈnaːdi̯ɐ] *m(f)* Canadian
kanadisch [kaˈnaːdɪʃ] *adj* Canadian; *s. a.* **deutsch 1**
Kanal <-s, Kanäle> [kaˈnaːl, *pl* kaˈnɛːlə] *m* ① canal ② (*Abwasser*) sewer ③ GEOG ■ **der** ~ the Channel ④ TV channel
Kanaldeckel *m* manhole cover **Kanalinseln** *pl* ■ **die** ~ the Channel Islands
Kanalisation <-, -en> [kanalizaˈtsi̯oːn] *f* sewerage system
Kanaltunnel *m* ■ **der** ~ the Channel Tunnel
Kanaren [kaˈnaːrən] *pl s.* **Kanarische Inseln**
Kanarienvogel [kaˈnaːri̯ənfoːgl̩] *m* canary
Kanarische Inseln *pl* Canary Islands
Kandidat(in) <-en, -en> [kandiˈdaːt] *m(f)* candidate; **jdn als** ~**en aufstellen** to nominate sb
Kandidatur <-, -en> [kandidaˈtuːɐ̯] *f* candidacy (**für** for)
kandidieren* [kandiˈdiːrən] *vi* to stand (**für** for)
kandiert *adj* candied
Kandis <-> ['kandɪs] *m*, **Kandiszucker** *m kein pl* rock candy *no pl*
Känguru[RR] <-s, -s> *nt*, **Känguruh**[ALT] <-s, -s> ['kɛŋguru] *nt* kangaroo
Kaninchen <-s, -> [kaˈniːnçən] *nt* rabbit
Kanister <-s, -> [kaˈnɪstɐ] *m* canister
Kännchen <-s, -> ['kɛnçən] *nt* ① jug ② (*im Café*) pot
Kanne <-, -n> ['kanə] *f* pot
Kannibale <-n, -n> [kaniˈbaːlə] *m* cannibal
Kanone <-, -n> [kaˈnoːnə] *f* cannon

Kanonenfutter *nt* (*sl*) cannon fodder
Kante <-, -n> ['kantə] *f* edge
kantig ['kantɪç] *adj* angular
Kantine <-, -n> [kan'ti:nə] *f* canteen
Kanton <-s, -e> [kan'tɔ:n] *m* canton

Switzerland consists of 26 **Kantone** of which three are divided into **Halbkantone** (demicantons) – Unterwalden, Basel and Appenzell. The cantons elect a total of 46 representatives to the **Ständerat**, one of the two chambers of the Swiss legislature. The largest cantons are Graubünden, Bern and Waadt (Vaud).

Kanu <-s, -s> ['ka:nu] *nt* canoe
Kanüle <-, -n> [ka'ny:lə] *f* cannula
Kanzel <-, -n> ['kantsl̩] *f* ❶ REL pulpit ❷ LUFT cockpit
Kanzlei <-, -en> [kants'lai] *f* office
Kanzler(in) <-s, -> ['kantslɐ] *m(f)* chancellor
Kanzleramt *nt* ❶ (*Büro*) chancellor's office ❷ (*Amt*) chancellorship
Kap <-s, -s> [kap] *nt* cape
Kapazität <-, -en> [kapatsi'tɛt] *f* ❶ *kein pl* capacity ❷ (*Experte*) expert
Kapelle <-, -n> [ka'pɛlə] *f* ❶ REL chapel ❷ MUS orchestra
Kapellmeister(in) *m(f)* conductor
Kaper <-, -n> ['ka:pɐ] *f* caper
kapern ['ka:pɐn] *vt* to seize
kapieren* [ka'pi:rən] (*fam*) **I.** *vi* to get; ■~, **dass/was ...** to understand that/what ... **II.** *vt* ■**etw** ~ to get sth
Kapital <-s, -ien> [kapi'ta:l, *pl* -liən] *nt* capital; ~ **aufnehmen** to take up credit; ~ **aus etw** *dat* **schlagen** (*pej*) to cash in on sth
Kapitalanlage *f* capital investment **Kapitalanleger(in)** *m(f)* FIN investor **Kapitalertrag** *m* FIN yield on capital
Kapitalismus <-> [kapita'lɪmʊs] *m kein pl* capitalism
Kapitalist(in) <-en, -en> [kapita'lɪst] *m(f)* capitalist
kapitalistisch *adj* capitalist
Kapitalverbrechen *nt* capital offence
Kapitän(in) <-s, -e> [kapi'tɛ:n] *m(f)* captain
Kapitel <-s, -> [ka'pɪtl̩] *nt* chapter
Kapitell <-s, -e> [kapi'tɛl] *nt* capital
Kapitulation <-, -en> [kapitula'tsi̯o:n] *f* capitulation
kapitulieren* [kapitu'li:rən] *vi* to capitulate (**vor** to)
Kaplan <-s, Kapläne> [ka'pla:n, *pl* ka'plɛnə] *m* chaplain
Kappe <-, -n> ['kapə] *f* ❶ (*Mütze*) cap ❷ (*Deckel*) top
kappen ['kapn̩] *vt* to cut
Kapsel <-, -n> ['kapsl̩] *f* ❶ PHARM, RAUM capsule ❷ (*kleiner Behälter*) small container
kaputt [ka'pʊt] *adj* (*fam*) ❶ (*defekt*) broken ❷ (*beschädigt*) damaged ❸ (*erschöpft*) shattered ❹ (*ruiniert*) ruined
kaputt|gehen *vi irreg sein* (*fam*) ❶ to break down ❷ (*beschädigt werden*) to become damaged ❸ (*ruiniert werden*) to be ruined
kaputt|lachen *vr* (*fam*) ■**sich** ~ to die laughing **kaputt|machen I.** *vt* (*fam*) ❶ (*zerstören*) to break ❷ (*ruinieren*) to ruin ❸ (*erschöpfen*) ■**jdn** ~ to wear sb out **II.** *vr* (*fam*) ■**sich** ~ to wear oneself out
Kapuze <-, -n> [ka'pu:tsə] *f* hood
Karabiner <-s, -> [kara'bi:nɐ] *m* ❶ carbine ❷ (*Haken*) karabiner
Karaffe <-, -n> [ka'rafə] *f* decanter
Karambolage <-, -n> [karambo'la:ʒə] *f* pile-up
Karamel^{ALT} *m kein pl s.* **Karamell**
Karamell^{RR} <-s> [kara'mɛl] *m kein pl* caramel
Karat <-[e]s, -e *o* -> [ka'ra:t] *nt* carat
Karate <-[s]> [ka'ra:tə] *nt kein pl* karate
Kardamom <-s> [karda'mo:m] *m o nt kein pl* cardamom
Kardinal <-s, Kardinäle> [kardi'na:l, *pl* -nɛ:lə] *m* cardinal
Kardinalzahl *f* cardinal number
Kardiogramm <-gramme> [kardi̯o'gram] *nt* cardiogram
Karfiol <-s> [kar'fi̯o:l] *m kein pl* ÖSTERR cauliflower
Karfreitag [ka:ɐ̯'fraita:k] *m* Good Friday
karg [kark] *adj* meagre
kärglich ['kɛrklɪç] *adj* ❶ (*ärmlich*) shabby ❷ (*dürftig*) meagre
Karibik <-> [ka'ri:bɪk] *f* ■**die** ~ the Caribbean
kariert [ka'ri:ɐ̯t] *adj* ❶ *Stoff* checked ❷ *Papier* squared
Karies <-> [ka:ri̯ɛs] *f kein pl* tooth decay
Karikatur <-, -en> [karika'tu:ɐ̯] *f* caricature
karikieren* [kari'ki:rən] *vt* to caricature
Karl <-s> [karl] *m* Charles; ~ **der Große** Charlemagne

Karneval – Katalysator

Karneval <-s, -e> ['karnəval] *m* carnival
Kärnten <-s> ['kɛrntn̩] *nt* Carinthia
Karo <-s, -s> ['kaːro] *nt* ① check ② KARTEN diamonds *pl*
Karosse <-, -n> [ka'rɔsə] *f* ① state coach ② *s.* **Karosserie**
Karosserie <-, -n> [karɔsə'riː, *pl* -'riːən] *f* bodywork
Karotte <-, -n> [ka'rɔtə] *f* carrot
Karpaten [kar'paːtn̩] *pl* ■ **die** ~ the Carpathian Mountains *pl*
Karpfen <-s, -> ['karpfn̩] *m* carp
Karpfenteich *m* carp pond
karren ['karən] *vt* (*fam: fahren*) to cart; ■ **jdn irgendwohin** ~ to drive sb somewhere
Karren <-s, -> ['karən] *m* ① (*Schubkarre*) wheelbarrow ② (*offener Pferdewagen*) cart
Karriere <-, -n> [ka'rjeːrə] *f* career
Karrierefrau *f* career woman **Karrieremacher(in)** *m(f)*, **Karrierist(in)** <-en, -en> [karjɪ'rɪst] *m(f)* (*pej*) careerist
Karte <-, -n> ['kartə] *f* ① card; (*Ansichtskarte*) [post]card; (*Eintritts-/Fahrkarte*) ticket ② (*Auto-/Landkarte*) map; **nach der** ~ according to the map ③ (*Speisekarte*) menu ④ KARTEN card; **die** ~**n mischen** to shuffle the cards
Kartei <-, -en> [kar'tai] *f* card index
Karteikarte *f* index card
Kartell <-s, -e> [kar'tɛl] *nt* cartel
Kartellamt *nt* monopolies [*or* AM antitrust] commission
Kartenspiel *nt* game of cards **Kartenspieler(in)** <-s, -> *m(f)* card player **Kartentelefon** *nt* cardphone **Kartenvorverkauf** *m* advance ticket sale
Kartoffel <-, -n> [kar'tɔfl̩] *f* potato
Kartoffelbrei *m kein pl* mashed potatoes **Kartoffelchips** *pl* crisps BRIT, chips AM **Kartoffelpuffer** <-s, -> *m* potato fritter **Kartoffelsalat** *m* potato salad **Kartoffelschale** *f* potato peel
Karton <-s, -s> [kar'tɔŋ] *m* ① cardboard box ② (*Pappe*) cardboard
kartoniert *adj* paperback
Karussell <-s, -s *o* -e> [karʊ'sɛl] *nt* merry-go-round
karzinogen [kartsino'geːn] *adj* MED carcinogenic
Karzinogen [kartsino'geːn] *nt* MED (*fachspr*) carcinogen
Karzinom <-s, -e> [kartsi'noːm] *nt* malignant growth
kaschieren* [ka'ʃiːrən] *vt* to conceal
Kaschmir <-s, -e> ['kaʃmiːɐ̯] *m* cashmere
Käse <-s, -> ['kɛːzə] *m* ① cheese ② (*pej*) nonsense
Käsekuchen *m* cheesecake
Kasernenhof *m* MIL barrack square
käseweiß *adj*, **käsig** ['kɛːsɪç] *adj* pasty
Kasino <-s, -s> [ka'ziːno] *nt* casino
Kaskoversicherung *f* fully comprehensive insurance
Kasper <-s, -> ['kaspɐ] *m*, **Kasperl** <-s, -[n]> ['kaspɐl] *m o nt* ÖSTERR Punch
Kasperletheater *nt* Punch and Judy show
Kasse <-, -n> ['kasə] *f* ① (*Zahlstelle*) cash desk; (*in Supermarkt*) check-out ② (*Registrierkasse*) cash register, till; **jdn zur** ~ **bitten** to ask sb to pay ③ (*fam*) **gut/schlecht bei** ~ **sein** (*fam*) to be well/badly off
Kassenautomat *m* automatic cash register **Kassenbeleg** *m s.* **Kassenbon Kassenbon** *m* receipt **Kassengestell** *nt* (*fam*) ≈ National Health glasses (*spectacles frame paid for by the German equivalent of the National Health Service*) **Kassenpatient(in)** *m(f)* ≈ National Health patient BRIT, ≈ Medicaid patient AM **kassenpflichtig** ['kasənpflɪçtɪç] *adj* MED, ÖKON *Medikament, Therapie* covered by statutory health insurance **Kassensturz** *m* cashing-up BRIT **Kassenzettel** *m* receipt
Kassette <-, -n> [ka'sɛtə] *f* (*Video*) video tape; (*Musik*) tape
Kassettendeck *nt* cassette deck **Kassettenrekorder** *m* cassette recorder
kassieren* [ka'siːrən] **I.** *vt* ① to collect (**von** from) ② (*fam: einstreichen*) to pick up **II.** *vi* ■ **bei jdm** ~ to hand sb the bill
Kassierer(in) <-s, -> [ka'siːrɐ] *m(f)* cashier
Kastanie <-, -n> [kas'taːnjə] *f* chestnut
Kastanienbaum *m* chestnut tree **kastanienbraun** *adj* maroon
Kasten <-s, Kästen> ['kastn̩, *pl* 'kɛstn̩] *m* ① box ② ÖSTERR (*Schrank*) cupboard ▶ **etwas/nichts auf dem** ~ **haben** (*fam*) to be/not be on the ball
kastrieren* [kas'triːrən] *vt* to castrate
Kasus <-, -> ['kaːzʊs] *m* case
Katalog <-[e]s, -e> [kata'loːk, *pl* -loːɡə] *m* catalogue
Katalysator <-s, -toren> [kataly'zaːtoːɐ̯, *pl* -zaˈtoːrən] *m* ① catalyst ② AUTO catalytic

converter
Katamaran <-s, -e> [katamaˈraːn] *m* NAUT catamaran
Katapult <-[e]s, -e> [kataˈpʊlt] *nt o m* catapult
Katarr^RR, **Katarrh** <-s, -e> [kaˈtar] *m* MED catarrh
katastrophal [katastroˈfaːl] *adj* catastrophic
Katastrophe <-, -n> [kataˈstroːfə] *f* catastrophe
Katastrophenhilfe *f* aid for disaster victims
Kategorie <-, -n> [kategoˈriː, *pl* -ˈriːən] *f* category
kategorisch [kateˈgoːrɪʃ] **I.** *adj* categorical **II.** *adv* categorically
Kater <-s, -> [ˈkaːtɐ] *m* ❶ tomcat; **der Gestiefelte ~** Puss-in-Boots ❷ hangover; **einen ~ haben** to have a hangover
Kathedrale <-, -n> [kateˈdraːlə] *f* cathedral
Katheter <-s, -> [kaˈteːtɐ] *m* catheter
Katholik(in) <-en, -en> [katoˈliːk] *m(f)* Catholic
katholisch [kaˈtoːlɪʃ] *adj* Roman Catholic
katzbuckeln [ˈkatsbʊkl̩n] *vi* (*pej*) to grovel (**vor** before)
Kätzchen¹ <-s, -> [ˈkɛtsçən] *nt dim von* **Katze** kitten
Kätzchen² <-s, -> [ˈkɛtsçən] *nt* BOT catkin
Katze <-, -n> [ˈkatsə] *f* cat ▶ **die ~ aus dem Sack lassen** (*fam*) to let the cat out of the bag; **die ~ im Sack kaufen** to buy a pig in a poke
Katzenauge *nt* (*am Fahrrad*) reflector **Katzenjammer** *m* the blues + *sing vb* **Katzensprung** *m* [**nur**] **einen ~ entfernt sein** to be [only] a stone's throw away **Katzenstreu** *f* cat litter **Katzenwäsche** *f* (*hum*) cat's lick
Katz-und-Maus-Spiel *nt* cat-and-mouse game
Kauderwelsch <-[s]> [ˈkaudɐvɛlʃ] *nt kein pl* (*pej*) a hotchpotch (*of different languages*)
kauen [ˈkauən] *vt, vi* to chew
kauern [ˈkauɐn] **I.** *vi sein* to be huddled [up] **II.** *vr haben* ▪ **sich hinter etw** *akk* **~** to crouch behind sth
Kauf <-[e]s, Käufe> [kauf, *pl* ˈkɔyfə] *m* ❶ (*das Kaufen*) buying; **etw zum ~ anbieten** to offer sth for sale ❷ (*Ware*) buy ▶ **etw in ~ nehmen** to put up with sth; **ein Risiko in ~ nehmen** to accept a risk
kaufen [ˈkaufn̩] **I.** *vt* to buy **II.** *vi* to shop
Käufer(in) <-s, -> [ˈkɔyfɐ] *m(f)* buyer

Kauffrau *f* businesswoman **Kaufhaus** *nt* department store **Kaufkraft** *f* spending power **Kaufladen** *m* (*Spielzeug*) toy shop [*or* AM *usu* store]
käuflich **I.** *adj* ❶ (*zu kaufen*) for sale *pred* ❷ (*pej: bestechlich*) bribable **II.** *adv* (*geh*) **~ erwerben** to purchase
Kaufmann, -frau <-leute> [ˈkaufman] *m, f* businessman *masc*, businesswoman *fem*
kaufmännisch *adj* commercial
Kaufpreis *m* purchase price **Kaufvertrag** *m* contract of sale
Kaugummi *m* chewing gum
Kaulquappe <-, -n> [ˈkaulkvapə] *f* tadpole
kaum [kaum] **I.** *adv* hardly; [**wohl**] **~!** I don't think so!; **~ eine[r]** hardly anyone; **~ jemals** hardly ever **II.** *konj* ▪ **~ dass ...** no sooner ... than
Kaution <-, -en> [kauˈtsi̯oːn] *f* ❶ JUR bail ❷ (*für Mietwohnung*) deposit
Kautschuk <-s, -e> [ˈkautʃʊk] *m* caoutchouc
Kauz <-es, Käuze> [kauts, *pl* ˈkɔytsə] *m* ❶ [tawny] owl ❷ (*Sonderling*) [odd] character
Kavalier <-s, -e> [kavaˈliːɐ̯] *m* gentleman
Kavaliersdelikt *nt* petty offence
Kaviar <-s, -e> [ˈkaːvi̯ar] *m* caviar[e]
keck [kɛk] *adj* cheeky
Kegel <-s, -> [ˈkeːgl̩] *m* ❶ SPORT skittle ❷ MATH cone
Kegelbahn *f* bowling alley **kegelförmig** *adj* conical
kegeln [ˈkeːgl̩n] *vi* to go bowling
Kehle <-, -n> [ˈkeːlə] *f* throat ▶ **sich** *dat* **die ~ aus dem Hals schreien** (*fam*) to scream one's head off
Kehlkopf *m* larynx
Kehlkopfentzündung *f* MED laryngitis *no pl, no indef art*
kehren¹ [ˈkeːrən] **I.** *vt* to turn; **kehre die Innenseite nach außen** turn it inside out; **in sich** *akk* **gekehrt** introverted **II.** *vr* ❶ (*geh*) ▪ **sich gegen jdn ~** to turn against sb ❷ (*kümmern*) ▪ **sich an etw** *dat* **~** to care about sth
kehren² [ˈkeːrən] *vt, vi* to sweep
Kehricht <-s> [ˈkeːrɪçt] *m o nt kein pl* ❶ sweepings *npl* ❷ SCHWEIZ (*Müll*) refuse, AM *usu* garbage ▶ **jdn einen feuchten ~ angehen** (*sl*) not to be any of sb's [damned] business

Kehrmaschine f road-sweeper
Kehrschaufel f dustpan
Kehrseite f ❶ back ❷ (*Schattenseite*) downside ▶ **die ~ der Medaille** the other side of the coin
kehrt|machen vi to turn back
Kehrwoche f SÜDD **die ~ machen** to carry out cleaning duties for a week

Die Kehrwoche (the *cleaning*, or literally *sweeping week*) is a Swabian invention. Residents in an apartment block take turns to clean the communal areas in and around their building, such as the stairwell and the pavement.

keifen ['kaifn̩] vi (*pej*) to nag
Keil <-[e]s, -e> [kail] m wedge
keilen ['kailən] vr DIAL (*fam: sich prügeln*) **sie ~ sich** they are scrapping
Keiler <-s, -> ['kailɐ] m wild boar
Keilerei <-, -en> [kailə'rai] f (*fam*) scrap
keilförmig adj wedge-shaped
Keilriemen m V-belt
Keim <-[e]s, -e> [kaim] m ❶ BOT shoot ❷ (*Erreger*) germ ▶ **etw im ~[e] ersticken** to nip sth in the bud
keimen ['kaimən] vi BOT to germinate
keimfrei adj sterile; **etw ~ machen** to sterilize sth
Keimling <-s, -e> m BOT shoot
keimtötend adj germicidal
kein [kain] I. *pron indef, attr* ❶ (*nicht [irgend]ein, niemand*) no; **er sagte ~ Wort** he didn't say a word; **~ anderer/~e andere als ...** none other than ... ❷ (*nichts davon*) not ... any; **ich habe heute einfach ~e Lust, ins Kino zu gehen** I just don't fancy going to the cinema today ❸ (*[kehrt das zugehörige Adjektiv ins Gegenteil]*) **ist ~ dummer Gedanke** that's not a bad idea ❹ (*fam: [vor Zahlwörtern] nicht ganz, [noch] nicht einmal*) not, less than; **die Reparatur dauert ~e 5 Minuten** it won't take 5 minutes to repair II. *pron indef, substantivisch* ❶ (*niemand: von Personen*) nobody, no one; (*von Gegenständen*) none; **~[r, s] von beiden** neither [of them] ❷ (*[überhaupt] nicht*) any; **ich gehe zu der Verabredung, aber Lust hab' ich ~e** I'm going to keep the appointment, but I don't feel like going; **Lust habe ich schon, aber Zeit habe ich ~e** I'd like to, it's just that I don't have the time
keinerlei ['kainɐ'lai] adj attr no ... at all
keinesfalls ['kainəs'fals] adv under no circumstances
keineswegs ['kainəs've:ks] adv not at all
Keks <-es, -e> [ke:ks] m biscuit BRIT, cookie AM ▶ **jdm auf den ~ gehen** (*sl*) to get on someone's wick
Kelch <-[e]s, -e> [kɛlç] m chalice
Kelle <-, -n> ['kɛlə] f ❶ (*Schöpflöffel*) ladle ❷ (*Maurerwerkzeug*) trowel
Keller <-s, -> ['kɛlɐ] m cellar
Kellerassel f woodlouse **Kellergeschoss**[RR] nt basement
Kellner(in) <-s, -> ['kɛlnɐ] m(f) waiter
Kelte, Keltin <-n, -n> ['kɛltə, 'kɛltɪn] m, f Celt
keltern ['kɛltɐn] vt to press
Keltin <-, -nen> f fem form von **Kelte**
Kenia <-s> ['ke:nia̯] nt Kenya
kennen <kannte, gekannt> ['kɛnən] vt ❶ (*jdm bekannt sein*) to know; **kennst du das Buch/diesen Film?** have you read this book/seen this film?; **kennst du mich noch?** do you remember me?; **wie ich ihn kenne ...** if I know him ...; **so kenne ich dich gar nicht** I've never seen you like this; **jdn ~ lernen** to meet sb; **sich ~ lernen** to meet ❷ (*vertraut sein*) ▪ **etw ~** to be familiar with sth; **jdn/etw ~ lernen** to get to know sb/sth; **sich ~ lernen** to get to know one another
Kenner(in) <-s, -> ['kɛnɐ] m(f) expert
Kennnummer[RR] f code [*or* reference] number
Kenntnis <-ses, -se> ['kɛntnɪs] f knowledge *no pl;* **etw zur ~ nehmen** to take note of sth; **zur ~ nehmen, dass ...** to note that ...
Kennummer[ALT] f s. **Kennnummer**
Kennwort <-wörter> nt code name
Kennzeichen nt ❶ mark ❷ (*Nummernschild*) number plate BRIT, license plate AM
kennzeichnen ['kɛntsaiçnən] I. vt ❶ to mark ❷ (*charakterisieren*) to characterize II. vr ▪ **sich durch etw** akk **~** to be characterized by sth
Kennziffer f box number
kentern ['kɛntɐn] vi sein to capsize
Keramik <-> [ke'ra:mɪk] f kein pl ❶ (*Waren*) pottery ❷ (*Material*) fired clay
Kerbe <-, -n> ['kɛrbə] f notch
Kerbel <-s> ['kɛrbl̩] m kein pl chervil

Kerbholz *nt* ▶ **etw auf dem ~ haben** (*fam*) to have blotted one's copybook

Kerl <-s, -e *o* -s> [kɛrl] *m* (*fam*) bloke

Kern <-[e]s, -e> [kɛrn] *m* ❶ *Apfel* pip; *Kirsche* stone; **einen wahren ~ haben** to contain a core of truth ❷ *Atom, Zelle* nucleus ❸ (*wichtigster Teil*) core

Kernfusion *f* nuclear fusion

kerngesund *adj* fit as a fiddle *pred*

kernig ['kɛrnɪç] *adj* (*markig*) robust

Kernkraft *f* nuclear power

Kernkraftwerk *nt* nuclear power plant

kernlos *adj* pipless; **~e Trauben** seedless grapes

Kernobst *nt* pomaceous fruit

Kernphysik *f* nuclear physics + *sing vb, no art* **Kernreaktor** *m* nuclear reactor

Kernseife *f* washing soap

Kernspaltung *f* nuclear fission

Kernspeicher *m* ELEK core memory

Kernstück *nt* crucial part

Kerosin <-s, -e> [kero'ziːn] *nt* kerosene

Kerze <-, -n> ['kɛrtsə] *f* candle

kerzengerade *adv* as straight as a die **Kerzenhalter** *m* candle-holder **Kerzenlicht** *nt kein pl* candlelight **Kerzenständer** *m* candlestick

kessʳʳ, **keß**ᴬᴸᵀ [kɛs] *adj* (*pfiffig*) cheeky

Kessel <-s, -> ['kɛsəl] *m* kettle

Kesselstein *m kein pl* scale, fur

Ketchup <-[s], -s> ['kɛtʃap], **Ketschup**ʳʳ <-[s], -s> ['kɛtʃap] *m o nt* ketchup

Kette <-, -n> ['kɛtə] *f* ❶ chain; (*Schmuck*) necklace; **einen Hund an die ~ legen** to put a dog on a chain; **jdn in ~n legen** to put sb in chains ❷ (*Reihe*) **eine ~ von Unglücksfällen** a series of accidents

Kettenfahrzeug *nt* tracked vehicle **Kettenglied** *nt* link **Kettenraucher(in)** *m(f)* chain-smoker **Kettenreaktion** *f* chain reaction

Ketzer(in) <-s, -> ['kɛtsɐ] *m(f)* heretic

ketzerisch *adj* heretical

keuchen ['kɔyçn̩] *vi* to pant

Keuchhusten *m* whooping cough

Keule <-, -n> ['kɔylə] *f* club

keusch [kɔyʃ] *adj* chaste

Keyboard <-s, -s> ['kiːbɔːɐ̯t] *nt* keyboard

KI *f Abk von* **Künstliche Intelligenz** AI

Kichererbse ['kɪçɐˌʔɛrpsə] *f* chick-pea

kichern ['kɪçɐn] *vi* to giggle

Kickertisch *m* table football BRIT, foosball table AM

kidnappen ['kɪtnɛpn̩] *vt* to kidnap

Kiebitz <-es, -e> ['kiːbɪts] *m* lapwing

Kiefer¹ <-, -n> ['kiːfɐ] *f* pine [tree]

Kiefer² <-s, -> ['kiːfɐ] *m* ANAT jaw[-bone]

Kieferorthopäde, -orthopädin <-n, -n> *m*, *f* orthodontist

Kiel <-[e]s, -e> [kiːl] *m* keel

Kielwasser *nt* wake; **in jds ~ segeln** to follow in sb's wake

Kieme <-, -n> ['kiːmə] *f* gill

Kies <-es> [kiːs] *m kein pl* gravel

Kiesel <-s, -> ['kiːzl̩] *m s.* **Kieselstein**

Kieselerde *f* silica **Kieselstein** *m* pebble

Kilo <-s, -[s]> ['kiːlo] *nt* (pl *Kilo*) kilo

Kilobyte ['kiːloˌbaɪt] *nt* kilobyte **Kilogramm** *nt* kilogramme **Kilohertz** *nt* kilohertz **Kilometer** [kiloˈmeːtɐ] *m* kilometre **Kilometerzähler** *m* mil[e]age counter **Kilowattstunde** [ˈkiːloˌvat-, ˈkiːlo-] *f* kilowatt-hour

Kind <-[e]s, -er> [kɪnt, *pl* ˈkɪndɐ] *nt* child; **ein ~ bekommen** to be expecting a baby; **von ~ auf** from an early age ▶ **das ~ mit dem Bade ausschütten** to throw out the baby with the bathwater; **mit ~ und Kegel** (*hum*) with the whole family; **kein ~ von Traurigkeit sein** (*hum*) to be sb who enjoys life

Kinderarzt, -ärztin *m*, *f* paediatrician BRIT, pediatrician AM **Kinderfahrkarte** *f* child's ticket **Kinderfreibetrag** *m* child [*or* children's] allowance **Kindergarten** *m* nursery school, kindergarten AM

Kindergärten in Germany are public institutions which are usually run by the local authority. Children of pre-school age are supervised by specially trained teachers for between 4 and 6 hours a day. Every 3-year-old in Germany has a basic right to a place in a **Kindergarten**.

Kindergärtner(in) *m(f)* nursery-school [*or* AM kindergarten] teacher **Kindergeld** *nt* child benefit **Kinderkrankheit** *f* childhood disease **Kinderlähmung** *f* polio **kinderleicht** ['kɪndɐ'laɪçt] *adj* dead easy *fam*; ■ **~ sein** to be child's play **kinderlieb** ['kɪndɐliːp] *adj* fond of children *pred*

kinderlos *adj* childless

Kindermädchen *f* nanny **kinderreich** *adj* **eine ~e Familie** a large family **Kindersitz**

m ① AUTO child safety seat ② (*fürs Rad*) child-carrier seat **Kinderspiel** *nt* children's game; **ein ~ sein** (*fig*) to be child's play **Kinderspielplatz** *m* playground **Kinderspielzeug** *nt* [children's [*or* child's]] toy **Kindertagesstätte** *f* nursery **Kinderteller** *m* child portion **Kinderwagen** *m* pram BRIT, baby carriage AM **Kinderzimmer** *nt* children's room

kindgerecht *adj* appropriate for children

Kindheit <-> *f kein pl* childhood; **von ~ an** from childhood

kindisch ['kɪndɪʃ] *adj* childish

kindlich ['kɪntlɪç] **I.** *adj* childlike **II.** *adv* **sich ~ verhalten** to behave in a childlike way

Kinn <-[e]s, -e> [kɪn] *nt* chin

Kinnhaken *m* hook to the chin **Kinnlade** *f* jaw

Kino <-s, -s> ['kiːno] *nt* cinema, AM [movie] theater

Kiosk <-[e]s, -e> ['kiːɔsk] *m* kiosk

Kipfe(r)l <-s, -[n]> ['kɪpfl, -fel] *nt* ÖSTERR croissant

Kippe <-, -n> ['kɪpə] *f* (*fam*) (*Zigarettenstummel*) cigarette end; (*Zigarette*) fag BRIT *sl*, cigarette AM ▶ **auf der ~ stehen** to hang in the balance

kippen ['kɪpn̩] **I.** *vt haben* ① (*schütten*) to tip ② (*schräg stellen*) to tilt **II.** *vi sein* ① (*umfallen*) to topple over; ■ **von etw** *dat*) **~** to fall [off sth] ② Ökosystem to collapse

Kippwagen *m* BAHN tipper wagon

Kirche <-, -n> ['kɪrçə] *f* ① church ② (*Institution*) Church

Kirchenchor *m* church choir **Kirchenfest** *nt* religious festival [*or* AM holiday] **Kirchengemeinde** *f* parish **Kirchenjahr** *nt* ecclesiastical [*or* church] year **Kirchenlied** *nt* hymn **Kirchensteuer** *f* church tax

> **Kirchensteuer** (church tax) is equivalent to about 8% of income tax and is payable, in addition to income tax, by everyone who belongs to the Protestant or Catholic churches. It is usually forwarded directly to the relevant churches by the Inland Revenue. In Austria, the churches themselves collect the contributions in varying amounts and in Switzerland, church tax is regulated by cantonal law.

Kirchhof *m* (*veraltend*) church graveyard

kirchlich ['kɪrçlɪç] **I.** *adj* church *attr;* **ein ~ er Feiertag** a religious holiday **II.** *adv* **~ bestattet werden** to have a church funeral; **sich ~ trauen lassen** to get married in church

Kirchturm *m* steeple **Kirchweih** <-, -en> *f*, **Kirchweihe** *f* (*ländlicher Jahrmarkt*) [country] fair

Kirschbaum ['kɪrʃbaum] *m* cherry tree

Kirsche <-, -n> ['kɪrʃə] *f* cherry

Kirschwasser *nt* kirsch

Kissen <-s, -> ['kɪsn̩] *nt* (*Kopfpolster*) pillow; (*Zierde*) cushion

Kissenbezug *m* pillowcase

Kiste <-, -n> ['kɪstə] *f* box

Kitsch <-es> [kɪtʃ] *m kein pl* kitsch

kitschig ['kɪtʃɪç] *adj* kitschy

Kitt <-[e]s, -e> [kɪt] *m* putty

Kittchen <-s, -> ['kɪtçən] *nt* (*fam*) nick *sl*

Kittel <-s, -> ['kɪtl] *m* overall; **weißer ~** white coat

kitten ['kɪtn̩] *vt* (*in Ordnung bringen*) ■ **etw [wieder] ~** to patch up sth [again]

Kitz <-es, -e> [kɪts] *nt* kid

kitzelig ['kɪtsəlɪç] *adj* ticklish

kitzeln ['kɪtsl̩n] *vi, vt* ① to tickle ② (*reizen*) **es kitzelt mich sehr, da mitzumachen** I'm really itching to join in

Kiwi <-, -s> ['kiːvi] *f* kiwi [fruit]

klaffen ['klafn̩] *vi* to yawn; *Wunde* to gape

kläffen ['klɛfn̩] *vi* to yap

Klage <-, -n> ['klaːɡə] *f* ① (*geh: Jammern*) lament ② (*Beschwerde*) complaint ③ JUR [legal] action; **eine ~ abweisen** to dismiss a suit; **eine ~ einreichen** to take legal action

klagen ['klaːɡn̩] **I.** *vi* ① (*jammern*) to moan ② (*sich beschweren*) to complain (**bei** to); **ich kann nicht ~** I can't complain; **ohne zu ~** without complaining ③ JUR (*prozessieren*) to take legal action (**gegen** against) **II.** *vt* ÖSTERR (*verklagen*) ■ **jdn ~** to take legal action against sb

Kläger(in) <-s, -> *m(f)* plaintiff

klamm [klam] *adj* ① *Finger* numb ② (*fam: knapp bei Kasse*) ■ **~ sein** to be hard up

Klammer <-, -n> ['klamɐ] *f* ① (*Wäscheklammer*) peg; (*Heftklammer*) staple ② (*Satzzeichen*) bracket; **eckige/runde/spitze ~n** square/round/pointed brackets; **geschweifte ~n** braces; **in ~n** in brackets

Klammeraffe *m* ① ZOOL spider monkey ② INFORM at sign

klammheimlich ['klam'haimlɪç] *adv* on the

quiet

Klamotte <-, -n> [klaˈmɔtə] *f meist pl* (*fam*) clothes *npl*

klang [klaŋ] *imp von* **klingen**

Klang <-[e]s, Klänge> [klaŋ, *pl* ˈklɛŋə] *m* sound

klangvoll *adj* sonorous

Klappbett *nt* folding bed

Klappe <-, -n> [ˈklapə] *f* ① flap ② (*sl: Mund*) trap; **halt die ~!** shut your trap!; **eine große ~ haben** to have a big mouth

klappen [ˈklapn̩] **I.** *vt* to fold; **einen Deckel nach oben/unten ~** to lift up/lower a lid **II.** *vi* (*fam: funktionieren*) to work out; **alles hat geklappt** everything went as planned

Klapper <-, -n> [ˈklapɐ] *f* rattle

klapperig [ˈklapərɪç] *adj* (*fam*) rickety

Klapperkiste *f* (*pej*) boneshaker

klappern [ˈklapɐn] *vi* to rattle

Klapperschlange *f* rattlesnake

Klappfahrrad *nt* folding bicycle **Klappmesser** *nt* flick-knife

klapprig [ˈklaprɪç] *adj s.* **klapperig**

Klappsitz *m* folding seat **Klappstuhl** *m* folding chair

Klaps <-es, -e> [klaps] *m* smack ▶ **einen ~ haben** (*fam*) to have a screw loose

Klapse <-, -n> [ˈklapsə] *f* (*sl*) funny farm *fam or hum*

Klapsmühle *f* (*sl*) loony-bin

klar [klaːɐ̯] **I.** *adj* ① (*eindeutig*) clear; **eine ~e Antwort** a straight answer; **~ sein** to be clear to sb ② (*ungetrübt*) clear; **eine ~e Nacht** a clear night **II.** *adv* clearly; **~ und deutlich** clearly and unambiguously; **~ denkend** clear-thinking; **~ sehen** to see clearly **III.** *interj* [**na**] **~!** of course!

Kläranlage *f* sewage-works

klären [ˈklɛːrən] **I.** *vt* (*aufklären*) to clear up *sep* **II.** *vr* (*sich aufklären*) ▪ **sich ~** to be cleared up

klar|gehen *vi irreg sein* to go OK

Klarinette <-, -n> [klariˈnɛtə] *f* clarinet

klar|kommen *vi irreg sein* ▪ [**mit etw** *dat*] **~** to manage [sth]; ▪ **mit jdm ~** to cope with sb

klar|machen *vt* ▪ **jdm etw ~** to make sth clear to sb; ▪ **sich** *dat* **~, dass ...** to realize that ...

Klarsichtfolie *f* cling film

Klarsichthülle *f* transparent folder

Klartext *m* plain text; **mit jdm ~ reden** to give sb a piece of one's mind

klasse [ˈklasə] *adj* (*fam*) great

Klasse <-, -n> [ˈklasə] *f* ① SCH class; **eine ~ überspringen/wiederholen** to skip/repeat a year ② BAHN **erster ~ fahren** to travel first-class ▶ **große ~!** (*fam*) great!

Klassenarbeit *f* class test **Klassenbuch** *nt* SCH [class] register **Klassenkamerad(in)** *m(f)* classmate **Klassenlehrer(in)** *m(f)* class teacher **Klassenzimmer** *nt* classroom

klassifizieren* [klasifiˈtsiːrən] *vt* to classify

Klassik <-> [ˈklasɪk] *f kein pl* ① (*Epoche*) classical age ② (*Musik*) classical music

klassisch [ˈklasɪʃ] *adj* ① classical ② (*ideal*) classic

Klatsch <-[e]s, -e> [klatʃ] *m kein pl* (*pej*) tittle-tattle; **~ und Tratsch** gossip

klatschen [ˈklatʃn̩] *vi* ① *haben* (*applaudieren*) to clap ② *sein* (*aufschlagen*) to splat; **die Regentropfen klatschten ihr ins Gesicht** the raindrops beat against her face ③ *haben* (*tratschen*) to gossip

Klatschmohn *m* [corn] poppy

klatschnass^{RR} *adj* (*fam*) soaking wet; ▪ **~ sein/werden** to be/get soaked

Klatschpresse *f kein pl* (*fam*) MEDIA gossip press

Klatschspalte *f* (*pej*) gossip column[s *pl*]

Klaue <-, -n> [ˈklauə] *f* ① (*Krallen*) claw ② (*pej fam: Handschrift*) scrawl

klauen [ˈklauən] (*fam*) **I.** *vt* ▪ [**jdm**] **etw ~** to pinch sth [from sb] **II.** *vi* to pinch things

Klausel <-, -n> [ˈklauzl̩] *f* clause

Klausur <-, -en> [klauˈzuːɐ̯] *f* SCH exam

Klavier <-s, -e> [klaˈviːɐ̯] *nt* piano

Klavierspieler(in) *m(f)* pianist

kleben [ˈkleːbn̩] **I.** *vi* to be sticky; **an jdm/etw ~** [**bleiben**] to stick to sb/sth **II.** *vt* to glue ▶ **jdm eine ~** (*fam*) to clock sb one

klebrig [ˈkleːbrɪç] *adj* sticky

Klebstoff *m* adhesive

Klebstreifen *m* adhesive tape

kleckern [ˈklɛkɐn] *vi* to make a mess

Klecks <-es, -e> [klɛks] *m* blob

klecksen [ˈklɛksn̩] *vi* ① (*kleckern*) to make a mess ② (*tropfen*) to blot; **Farbe** to drip

Klee <-s> [kleː] *m kein pl* clover

Kleeblatt *nt* cloverleaf; **vierblättriges ~** four-leaf clover

Kleid <-[e]s, -er> [klait, *pl* ˈklaidɐ] *nt* ① dress ② **Kleider** clothes *npl* ▶ **~er machen Leute** (*prov*) fine feathers make fine birds

kleiden ['klaidn̩] vt ❶ (*anziehen*) to dress; **sich gut/schlecht ~** to dress well/badly; ■ **[in etw** *akk*] **gekleidet sein** to be dressed [in sth] ❷ (*jdm stehen*) ■ **jdn ~** to suit sb
Kleiderbügel *m* coat-hanger **Kleiderbürste** *f* clothes brush **Kleiderhaken** *m* coat-hook **Kleiderkasten** *m* ÖSTERR, SCHWEIZ (*Kleiderschrank*) wardrobe **Kleiderordnung** *f* dress code **Kleiderschrank** *m* wardrobe **Kleiderzwang** *m* [strict] dress code
Kleidung <-> *kein pl f* clothing
Kleidungsstück *nt* garment
Kleie <-, -n> ['klaiə] *f* bran
klein [klain] **I.** *adj* ❶ (*nicht groß*) little; (*Körpergröße*) small; (*kleinwüchsig a.*) short; **etw ~ hacken** to chop up sth *sep;* **~ gehackte Zwiebeln** finely chopped onions ❷ (*Kleidergröße*) small ❸ (*jung*) small; **von ~ auf** from childhood ❹ (*gering*) small; **die ~ste Bewegung** the slightest movement; **ein ~[es] bisschen** a little bit ❺ (*unbedeutend*) minor; **die ~en Leute** ordinary people ❻ (*Detail*) **bis ins K~ste** in minute detail **II.** *adv* (*in kleiner Schrift*) **~ gedruckt** *attr* in small print *pred;* **etw ~ schreiben** to write sth with small initial letters ▶ **~ anfangen** (*fam*) to start at the bottom; **~ beigeben** to give in [quietly]
Kleinanzeige *f* small ad **Kleinasien** <-s> [klain'ʔa:zi̯ən] *nt* Asia Minor **Kleinformat** *nt* small format; **im ~** small-format **Kleingeld** *nt* change **Kleinholz** *nt kein pl* chopped wood ▶ **~ aus jdm machen** (*fam*) to make mincemeat [out] of sb
Kleinigkeit <-, -en> ['klainɪçkait] *f* ❶ (*Bagatelle*) small matter; **eine/keine ~ sein** to be a/no simple matter; **wegen jeder ~** at every opportunity ❷ (*Einzelheit*) minor detail ❸ (*ein wenig*) **eine ~ zu hoch/tief** a little too high/low; **eine ~ essen** to have a bite to eat
kleinkariert *adj* ❶ finely checked ❷ (*engstirnig*) narrow-minded
Kleinkind *nt* toddler **Kleinkram** *m* (*fam*) ❶ odds and ends ❷ (*Trivialitäten*) trivialities *pl*
klein|kriegen *vt* (*fam*) ■ **jdn ~** to bring sb into line
kleinlaut I. *adj* sheepish **II.** *adv* sheepishly; **~ fragen** to ask meekly; **etw ~ gestehen** to admit sth shamefacedly
kleinlich ['klainlɪç] *adj* petty

Kleinod <-[e]s, -odien *o* -e> ['klain'ʔo:t, *pl* klain'ʔo:di̯ən, 'klain'ʔo:də,] *nt* ❶ (*geh: Kostbarkeit*) jewel, gem ❷ (*veraltend: Schmuckstück*) jewel, gem
Kleinstadt *f* small town
kleinstädtisch *adj* ❶ small-town *attr* ❷ (*provinziell*) provincial
Kleinwagen *m* small car
Kleister <-s, -> ['klaistɐ] *m* paste
Klemme <-, -n> ['klɛmə] *f* ❶ (*Klammer*) clip ❷ (*schwierige Lage*) fix; **in der ~ sitzen** to be in a fix
klemmen ['klɛmən] **I.** *vt* (*feststecken*) to stick **II.** *vr* **sich** *dat* **den Finger in der Tür ~** to get one's finger caught in the door **III.** *vi* (*blockieren*) to jam
Klempner(in) <-s, -> ['klɛmpnɐ] *m(f)* plumber
Klepper <-s, -> ['klɛpɐ] *m* (*pej*) [old] nag
Klerus <-> ['kle:rʊs] *m kein pl* clergy
Klette <-, -n> ['klɛtə] *f* BOT burdock; **an jdm wie eine ~ hängen** (*fam*) to cling to sb like a limpet
klettern ['klɛtɐn] *vi* to climb; **auf einen Baum ~** to climb a tree; **aufs Dach ~** to climb onto the roof
Kletterpflanze *f* climbing plant
Klettverschluss®**RR** *m* Velcro® fastener
Klima <-s, -s *o* Klimata> ['kli:ma] *nt* climate
Klimaanlage *f* air-conditioning *no pl*
Klimakterium <-s> [klimak'te:ri̯ʊm] *nt kein pl* menopause *no indef art, no pl*
klimatisiert *adj* air-conditioned
Klimaveränderung *f* climate change
Klimmzug *m* pull-up; **Klimmzüge machen** to do pull-ups
klimpern ['klɪmpɐn] *vi* ❶ (*Töne erzeugen*) **auf einer Gitarre ~** to twang away on a guitar ❷ (*klirren*) *Münzen* to jingle; (*Schlüssel*) to jangle
Klinge <-, -n> ['klɪŋə] *f* blade
Klingel <-, -n> ['klɪŋl̩] *f* bell
klingeln ['klɪŋl̩n] *vi* to ring; **an der Tür ~** to ring the doorbell; **es hat geklingelt** somebody rang the bell; (*Telefon*) the phone rang
klingen <klang, geklungen> ['klɪŋən] *vi* ❶ (*ertönen*) *Glas* to clink; *Glocke* to ring; **dumpf/hell ~** to have a dull/clear ring ❷ (*widerhallen*) to sound; **die Wand klang hohl** the wall sounded hollow ❸ (*sich anhören*) **das klingt gut/interessant/vielversprechend** that sounds good/interesting/

promising

Klinik <-, -en> ['kli:nɪk] *f* clinic

Klinikum <-s, Klinika *o* Kliniken> ['kli:nikʊm, *pl* 'kli:nika, 'kli:nikən] *nt* (*Universitätskrankenhaus*) university hospital

klinisch ['kli:nɪʃ] **I.** *adj* clinical **II.** *adv* clinically

Klinke <-, -n> ['klɪŋkə] *f* handle

Klinker <-s, -> ['klɪŋkɐ] *m* clinker [brick]

Klippe <-, -n> ['klɪpə] *f* cliff

klirren ['klɪrən] *vi* ❶ *Gläser* to tinkle ❷ (*metallisch*) to jangle

Klistier <-s, -e> [klɪs'ti:ɐ̯] *nt* enema *spec*

Klitsche <-, -n> ['klɪtʃə] *f* (*pej fam*) small-time outfit

klitschnassᴿᴿ ['klɪtʃ'nas] *adj* (*fam*) *s.* **klatschnass**

Klo <-s, -s> [klo:] *nt* (*fam*) loo Bʀɪᴛ, john Aᴍ

Kloake <-, -n> [klo'a:kə] *f* cesspool

klobig ['klo:bɪç] *adj* bulky

klonen ['klo:nən] *vt* to clone

klönen ['klø:nən] *vi* (*fam*) to chat

klopfen ['klɔpfn̩] **I.** *vi* ❶ (*pochen*) to knock (**an** at/on, **auf** on) ❷ (*mit der Hand*) to pat; (*mit dem Finger*) to tap **II.** *vi impers* **es klopft!** there's somebody knocking at the door! **III.** *vt Teppich, Fleisch* to beat

klopffest *adj* ᴛᴇᴄʜ antiknock

Klöppel <-s, -> ['klœpl̩] *m einer Glocke* clapper

kloppen ['klɔpn̩] **I.** *vt* ɴᴏʀᴅᴅ (*fam*) to hit **II.** *vr* ɴᴏʀᴅᴅ (*fam*) ▪**sich** ~ to fight (**mit** with)

Klops <-es, -e> [klɔps] *m* meatball

Klosett <-s, -s> [klo'zɛt] *nt* toilet

Klosettpapier *nt* (*geh*) lavatory paper

Kloß <-es, Klöße> [klo:s, *pl* 'klø:sə] *m* dumpling

Kloster <-s, Klöster> ['klo:stɐ, *pl* 'klø:stɐ] *nt* (*für Mönche*) monastery; (*für Nonnen*) convent

Klotz <-es, Klötze> [klɔts, *pl* 'klœtsə] *m* block ▶ **[jdm] ein ~ am Bein sein** (*fam*) to be a millstone round sb's neck

klotzen ['klɔtsən] *vi* (*fam: hart arbeiten*) to slog [away]

Klub <-s, -s> [klʊp] *m* club

Kluft¹ <-, Klüfte> [klʊft, *pl* 'klʏftə] *f* ❶ cleft ❷ (*Gegensatz*) gulf; **tiefe ~** deep rift

Kluft² <-, -en> [klʊft] *f* (*hum*) uniform

klug <klüger, klügste> [klu:k] **I.** *adj* intelligent; (*schlau*) clever; **es wäre klüger, ...** it would be more sensible ...; **da soll einer draus ~ werden** I can't make head [n]or tail of it **II.** *adv* cleverly

klumpen ['klʊmpn̩] *vi* to go lumpy

Klumpen <-s, -> ['klʊmpn̩] *m* lump; **~ bilden** to go lumpy

Klumpfuß *m* club foot

Klüngel <-s, -> ['klʏŋl̩] *m* (*pej*) old boys' network Bʀɪᴛ

knabbern ['knabɐn] *vi, vt* to nibble (**an** at)

Knabe <-n, -n> ['kna:bə] *m* (*geh*) boy; **na, alter ~!** (*fam*) well, old boy!

Knäckebrot *nt* crispbread

knacken [knakn̩] **I.** *vt* ❶ (*aufbrechen*) to crack ❷ (*fam*) *Kode, Safe* to crack **II.** *vi* to crack; *Diele* to creak; ▪**es knackt** there's a crackling noise

Knacker <-s, -> *m* (*fam*) **ein alter ~** an old codger

Knacki <-s, -s> ['knaki] *m* (*sl*) ex-con

Knackpunkt *m* (*fam*) crucial point

Knacks <-es, -e> [knaks] *m* ❶ crack; **einen ~ haben** *Ehe* to be in difficulties; *Freundschaft* to be suffering ❷ (*fam: psychischer Schaden*) psychological problem; **einen ~ haben** to have a screw loose

Knall <-[e]s, -e> [knal] *m* ❶ bang; *Korken* pop; *Tür* bang ❷ (*fam: Krach*) trouble *no indef art, no pl* ▶ **~ auf Fall** all of a sudden; **einen ~ haben** to be off one's rocker

Knalleffekt *m* (*fam*) surprising twist

knallen ['knalən] **I.** *vi* ❶ *haben* to bang; ▪**es knallt** there's a bang ❷ *haben* **mit der Tür ~** to slam the door [shut]; ▪**etw ~ lassen** to bang sth ❸ *sein* (*fam*) ▪**auf/gegen etw** *akk* **~** to bang on/against sth **II.** *vt* ❶ *Tür* to bang ❷ ▪**etw irgendwohin ~** to slam sth somewhere ❸ (*fam*) ▪**jdm eine ~** to give sb a clout

Knallerbse *f* toy torpedo **knallhart** ['knal'hart] (*fam*) **I.** *adj* really tough **II.** *adv* quite brutally; **etw ~ sagen** to say sth straight out **knallrot** ['knal'ro:t] *adj* bright red

knapp [knap] **I.** *adj* ❶ (*gering*) meagre; *Geld* tight; ▪**[mit etw** *dat*] **~ sein** to be short [of sth] ❷ (*eng anliegend*) tight ❸ (*gerade ausreichend*) just enough; *Sieg* narrow ❹ (*nicht ganz*) **in einer ~en Stunde** in just under an hour ❺ (*kurz gefasst*) **in wenigen ~en Worten** in a few brief words **II.** *adv* ❶ (*mäßig*) sparingly; **~ bemessen sein** to be not very generous ❷ (*nicht ganz*) almost

❸ (*haarscharf*) narrowly
Knarre <-, -n> ['knarə] *f* (*sl*) gun
knarren ['knarən] *vi* to creak
Knast <-[e]s, Knäste> [knast, *pl* 'knɛstə] *m* (*sl*) prison; **im ~ sitzen** to do time
knattern ['knatɐn] *vi Motorrad* to roar
Knäuel <-s, -> ['knɔyəl] *m o nt* ball
Knauf <-[e]s, Knäufe> [knauf, *pl* 'knɔyfə] *m einer Tür* knob; *eines Spazierstocks* knob
knauserig ['knauzərɪç] *adj* (*pej*) stingy
knausern ['knauzɐn] *vi* (*pej*) to be stingy (**mit** with)
knautschen ['knautʃn̩] *vt* to crumple
Knautschzone *f* crumple zone
Knebel <-s, -> ['kne:bl̩] *m* gag
knebeln ['kne:bl̩n] *vt* to gag
Knecht <-[e]s, -e> [knɛçt] *m* ❶ (*Landarbeiter*) farmhand ❷ (*pej: Untergebener*) minion
Knechtschaft <-, *selten* -en> *f* slavery
kneifen <kniff, gekniffen> ['knaifn̩] **I.** *vt* to pinch **II.** *vi* ❶ (*zwicken*) to pinch ❷ (*fam: zurückscheuen*) ▪ **vor etw** *dat*] ~ to chicken [out of] sth
Kneipe <-, -n> ['knaipə] *f* (*fam*) pub BRIT, bar AM
Kneipentour *f* (*fam*) pub [*or* AM bar] crawl
Knete <-> ['kne:tə] *f kein pl* ❶ (*sl: Geld*) dosh BRIT ❷ *s.* **Knetgummi**
kneten ['kne:tn̩] **I.** *vt* ❶ *Teig* to knead ❷ (*formen*) to model **II.** *vi* to play with Plasticine® [*or* AM Play-Doh®]
Knetgummi *m o nt*, **Knetmasse** *f* Plasticine®, Play-Doh® AM
knicken ['knɪkn̩] **I.** *vt haben* ❶ (*falten*) to fold ❷ (*brechen*) to snap **II.** *vi sein* to snap
knickerig ['knɪkərɪç], **knickrig** ['knɪkrɪç] *adj* DIAL (*knauserig*) mean, stingy *pej*
Knicks <-es, -e> [knɪks] *m* curts[e]y
Knie <-s, -> [kni:, *pl* 'kni:ə] *nt* knee; **in die ~ gehen** to sink to one's knees; **jdm zittern die ~** sb's knees are shaking [*or* knocking]; **jdn in die ~ zwingen** (*geh*) to force sb to his/her knees ▶ **weiche ~ bekommen** to go weak at the knees; **etw übers ~ brechen** to rush into sth; **in die ~ gehen** to give in
Kniebeuge *f* knee-bend **Kniegelenk** *nt* knee joint **Kniekehle** *f* back of the knee
knien [kni:n] **I.** *vi* to kneel **II.** *vr* ❶ ▪ **sich auf etw** *akk* ~ to kneel [down] on sth ❷ (*fig: sich anstrengen*) ▪ **sich in etw** *akk* ~ to get down to sth

Kniescheibe *f* kneecap **Kniestrumpf** *m* knee-length sock
kniff [knɪf] *imp von* **kneifen**
Kniff <-[e]s, -e> [knɪf] *m* ❶ trick ❷ (*Zwicken*) pinch
kniffelig ['knɪfəlɪç] *adj*, **knifflig** ['knɪflɪç] *adj* (*fam*) fiddly
Knilch <-s, -e> [knɪlç] *m* (*pej sl*) bastard
knipsen ['knɪpsn̩] *vt* (*fam*) ▪ **jdn/etw** ~ to take a photo of sb/sth
Knirps <-es, -e> [knɪrps] *m* (*fam*) little fellow
knirschen ['knɪrʃn̩] *vi* to crunch
knistern ['knɪstɐn] *vi* ❶ (*Geräusch*) to crackle; ▪ **es knistert** there is a crackling noise ❷ (*Spannung*) ▪ **es knistert [zwischen jdm und jdm]** there is a feeling of tension [between sb and sb]
knitterfrei *adj* non-crease
knittern ['knɪtɐn] *vi*, *vt* to crease
knobeln ['kno:bl̩n] *vi* (*würfeln*) to play dice (**um** for)
Knoblauch <-[e]s> *m kein pl* garlic
Knoblauchzehe *f* clove of garlic
Knöchel <-s, -> ['knœçl̩] *m* ❶ (*Fußknöchel*) ankle ❷ (*Fingerknöchel*) knuckle
Knochen <-s, -> ['knɔxn̩] *m* bone ▶ **bis auf die ~ abgemagert sein** to be all skin and bone[s]
Knochenarbeit *f* (*fam*) backbreaking work **Knochenbau** *m kein pl* bone structure **Knochenbruch** *m* fracture **Knochengerüst** *nt* skeleton **Knochenjob** ['knɔxn̩dʒɔp] *m* (*pej fam*) tough job **Knochenmark** *nt* bone marrow
knochig ['knɔxɪç] *adj* bony
Knödel <-s, -> ['knøːdl̩] *m* dumpling
Knolle <-, -n> ['knɔlə] *f* BOT tuber
Knopf <-[e]s, Knöpfe> [knɔpf, *pl* knœpfə] *m* button
Knopfloch *nt* buttonhole **Knopfzelle** *f* round cell battery
Knorpel <-s, -> ['knɔrpl̩] *m* cartilage *no pl*
knorpelig ['knɔrpəlɪç] *adj* KOCHK gristly
Knospe <-, -n> ['knɔspə] *f* bud; **~n treiben** to bud
knoten ['kno:tn̩] *vt* to knot
Knoten <-s, -> ['kno:tn̩] *m* knot; ▪ **einen ~ machen** to tie a knot
Knotenpunkt *m* junction
knotig ['kno:tɪç] *adj* knotty
knülle ['knʏlə] *adj* (*fam: betrunken*) ▪ ~ **sein**

to be pie-eyed
Knüller <-s, -> ['knʏlɐ] *m* (*fam*) sensation
knüpfen ['knʏpfn̩] *vt* to tie; *Netz* to mesh; *Teppich* to knot
Knüppel <-s, -> ['knʏpl̩] *m* cudgel, club; (*Polizeiwaffe*) truncheon BRIT, nightstick AM
Knüppelschaltung *f* floor[-mounted] gear change, stick shift AM
knurren ['knʊrən] *vi* to growl
Knurren <-s> ['knʊrən] *nt kein pl* growl[ing *no pl*]
knusperig ['knʊspərɪç], **knusprig** ['knʊsprɪç] *adj* ❶ (*mit einer Kruste*) crisp[y] ❷ (*kross*) crusty
knutschen ['knu:tʃn̩] (*fam*) **I.** *vt* to kiss **II.** *vi* ■ [**mit jdm**] ~ to smooch [with sb]
Knutschfleck *m* love bite
Koalition <-, -en> [koʔali'tsi̯o:n] *f* coalition
Koalitionsregierung *f* coalition government
Kobra <-, -s> ['ko:bra] *f* cobra
Koch, Köchin <-s, *pl* Köche> [kɔx, 'kœçɪn *pl* 'kœçə] *m, f* cook
Kochbuch *nt* cook[ery]book
kochen ['kɔxn̩] **I.** *vi* ❶ to cook ❷ (*brodeln*) to boil; **etw zum K~ bringen** to bring sth to the boil; **~d heiß** boiling hot ❸ (*fig*) **vor Wut ~** to seethe with rage **II.** *vt* ❶ to cook; **Kaffee/Suppe ~** to make [some] coffee/soup ❷ *Wäsche* to boil
Kochfeld *nt* ceramic hob **Kochgelegenheit** *f* cooking facilities *pl* **Kochgeschirr** *nt bes* MIL mess tin
Köchin <-, -nen> *f fem form von* **Koch**
Kochlöffel *m* wooden spoon **Kochnische** *f* kitchenette **Kochplatte** *f* hotplate **Kochrezept** *nt* recipe **Kochsalz** *nt kein pl* common salt **Kochtopf** *m* [cooking] pot; (*mit Stiel*) saucepan **Kochwäsche** *f* washing that can be boiled
Köder <-s, -> ['kø:dɐ] *m* bait
ködern ['kø:dɐn] *vt* to lure; **jdn zu ~ versuchen** to woo sb
Kodex <- *o* -es> ['ko:dɛks, *pl* 'ko:ditse:s] *m kein pl* (*Verhaltensregeln*) [moral] code
Koffein <-s> [kɔfe'i:n] *nt kein pl* caffeine
koffeinfrei *adj* decaffeinated
Koffer <-s, -> ['kɔfɐ] *m* [suit]case; ■ **die ~** *pl* the luggage [*or esp* AM baggage]; **den/die ~ packen** to pack [one's bags]
Kofferraum *m* boot BRIT, trunk AM
Kognak <-s, -s *o* -e> ['kɔnjak] *m* brandy
Kohl <-[e]s, -e> [ko:l] *m* cabbage

Kohle <-, -n> ['ko:lə] *f* ❶ coal *no pl* ❷ (*sl: Geld*) dosh BRIT ▶ **wie auf [glühenden] ~n sitzen** to be on tenterhooks
Kohlehydrat <-[e]s, -e> *nt* carbohydrate
Kohlendioxid *nt kein pl* carbon dioxide
Kohlenhydrat <-[e]s, -e> *nt* carbohydrate
Kohlensäure *f* carbonic acid; **mit ~** fizzy; **ohne ~** still *attr*
Kohlmeise *f* great titmouse
kohlrabenschwarz ['ko:l'ra:bn̩'ʃvarts] *adj* jet-black
Kohlrabi <-[s], -[s]> [ko:l'ra:bi] *m* kohlrabi *no pl*
Kohlsprosse *f* ÖSTERR (*Rosenkohl*) Brussels sprout
Koinzidenz <-, -en> [koɪntsi'dɛnts] *f* (*geh*) coincidence
Koje <-, -n> ['ko:jə] *f* NAUT bunk
Kojote <-n, -n> [ko'jo:tə] *m* coyote
Kokain <-s> [koka'i:n] *nt kein pl* cocaine
kokett [ko'kɛt] *adj* flirtatious
kokettieren* [kokɛ'ti:rən] *vi* ❶ to flirt ❷ (*spielen*) **mit dem Gedanken ~** to toy with the idea
Kokosflocken *pl* desiccated coconut **Kokosnuss**[RR] *f* coconut **Kokospalme** *f* coconut palm
Koks <-es> [ko:ks] *m kein pl* coke
Kolben <-s, -> ['kɔlbn̩] *m* AUTO piston
Kolibri <-s, -s> ['ko:libri] *m* hummingbird
Kolik <-, -en> ['ko:lɪk] *f* colic *no pl;* **eine ~ haben** to have colic
Kollaps <-es, -e> ['kɔlaps] *m* collapse
Kollege, Kollegin <-n, -n> [kɔ'le:gə] *m, f* colleague
kollegial [kɔle'gi̯a:l] *adj* considerate and friendly
Kollegium <-s, -gien> [kɔ'le:gi̯ʊm, *pl* -gi̯ən] *nt* group [of colleagues]
Kollegmappe *f* document case, portfolio
Kollekte <-, -n> [kɔ'lɛkta] *f* collection
kollidieren* [køli'di:rən] *vi sein* to collide
Kollision <-, -en> [kɔli'zi̯o:n] *f* collision
Köln [kœln] *nt* Cologne
Kölnischwasser *nt,* **Kölnisch Wasser** ['kœlnɪʃvasɐ] *nt* cologne
Kolonie <-, -n> [kolo'ni:, *pl* -'ni:ən] *f* colony
kolonisieren* [koloni'zi:rən] *vt* to colonize
Kolonne <-, -n> [ko'lɔnə] *f* ❶ (*Fahrzeuge*) convoy ❷ (*Arbeiter*) gang ❸ (*Zahlenreihe*) column
Koloss[RR] <-es, -e> *m,* **Koloß**[ALT] <-sses,

-sse> [ko'lɔs] m ❶(*Mensch*) colossus ❷(*Gebilde*) colossal thing
kolossal [kolɔ'saːl] *adj* colossal
Kolumbien <-s> [ko'lʊmbi̯ən] *nt* Colombia
Kolumne <-, -n> [ko'lʊmnə] *f* column
Kolumnist(in) <-en, -en> [kolʊm'nɪst] *m(f)* columnist
Koma <-s, -s *o* -ta> [ko:ma] *nt* coma; **im ~ liegen** to lie in a coma
Kombi <-s, -s> ['kɔmbi] *m* (*fam*) estate BRIT, station wagon AM
Kombination <-, -en> [kɔmbina'tsi̯oːn] *f* combination
kombinieren* [kɔmbi'niːrən] *vt* to combine
Kombiwagen *m s.* **Kombi**
Kombüse <-, -n> [kɔm'byːzə] *f* galley
Komet <-en, -en> [ko'meːt] *m* comet
Komfort <-s> [kɔm'foːɐ̯] *m kein pl* comfort
komfortabel [kɔmfɔr'taːbl̩] *adj* ❶ luxurious ❷(*bequem*) comfortable
Komiker(in) <-s, -> ['koːmɪkɐ] *m(f)* comic
komisch ['koːmɪʃ] **I.** *adj* ❶ funny ❷(*sonderbar*) strange **II.** *adv* strangely; **sich ~ fühlen** to feel funny; **jdm ~ vorkommen** to seem funny to sb
Komitee <-s, -s> [komi'teː] *nt* committee
Komma <-s, -s *o* -ta> ['kɔma, *pl* -ta] *nt* comma
Kommandant(in) <-en, -en> [kɔman'dant] *m(f)* commanding officer
Kommanditgesellschaft [kɔman'diːtgəzɛl-ʃaft] *f* limited partnership
Kommando <-s, -s> [kɔ'mando] *nt* command; **auf ~** on command; **das ~ haben** to be in command (**über** of)
Kommandobrücke *f* bridge
kommen <kam, gekommen> ['kɔmən] *vi sein* ❶ to come; **als Erster/Letzter ~** to be the first/last to arrive; **den Arzt/ein Taxi ~ lassen** to send for the doctor/a taxi ❷(*gelangen*) ■**irgendwohin ~** to get somewhere; **wie komme ich von hier zum Bahnhof?** how do I get to the station from here?; **ins Gefängnis/Krankenhaus ~** to go to prison/into hospital; **in die Schule ~** to start school; **ans Ziel ~** to reach the finishing [*or* AM finish] line ❸(*passieren*) ■**durch etw/einen Ort ~** to pass through sth/a place ❹(*an der Reihe sein*) to come; **wer kommt [jetzt]?** whose turn is it? ❺(*erlangen*) **zu Geld ~** to come into money; **zu Kräften ~** to gain strength; **zu sich** *dat* **~** to regain consciousness ❻(*verlieren*) ■**um etw** *akk* **~** to lose sth ❼(*hingehören*) ■**irgendwohin ~** to belong somewhere; **die Schuhe ~ unter das Bett** the shoes belong under the bed ❽(*herannahen*) to approach; (*geschehen*) to come about; **das kam doch anders als erwartet** it [*or* that] turned out differently than expected; **und so kam es, dass ...** and that's how it came about that ...; **wie kommt es, dass ...?** how come...?; **es musste ja so ~** that was bound to happen; **es hätte viel schlimmer ~ können** it could have been much worse; **was auch immer ~ mag** whatever happens; **so weit ~, dass ...** to get to the stage where ...; **das kommt davon, dass** [*o* **weil**] **...** that's because ...; **das kommt davon, wenn ...** that's what happens when ... ❾(*überkommen*) ■**über jdn ~** *Gefühl* to come over sb; **jdm ~ die Tränen** sb starts to cry ❿(*in Situation geraten*) **in Gefahr/Not ~** to get into danger/difficulty; **in Verlegenheit ~** to get embarrassed ⓫(*sich an etw erinnern*) ■**auf etw** *akk* **~** to remember sth ⓬(*etw herausfinden*) ■**hinter etw** *akk* **~** to find out sth; **hinter ein Geheimnis ~** to uncover a secret; **wie kommst du darauf?** what makes you think that? ⓭(*Zeit finden*) ■**zu etw** *dat* **~** to get around to doing sth ⓮(*ansprechen*) **auf etw** *akk* [**zu sprechen**] **~** to get [a]round to [talking about] sth; **ich werde gleich darauf ~** I'll come to that in a moment
kommend *adj* (*künftig*) future; **in den ~en Jahren** in years to come
Kommentar <-s, -e> [kɔmɛn'taːɐ̯] *m* statement; **kein ~!** no comment!; **einen ~ zu etw** *dat* **abgeben** to comment [on] sth
kommentieren* [kɔmɛn'tiːrən] *vt* ■**etw ~** to comment on sth
Kommilitone, Kommilitonin <-n, -n> [kɔmili'toːnə, -nɪn] *m, f* fellow student
Kommissar(in) <-s, -e> [kɔmɪ'saːɐ̯] *m(f)* ❶(*Polizei*) inspector ❷ ADMIN commissioner
Kommissär(in) <-s, -e> [kɔmɪ'sɛːɐ̯] *m(f)* ÖSTERR *s.* **Kommissar 1**
kommissarisch [kɔmɪ'saːrɪʃ] *adj* temporary
Kommission <-, -en> [kɔmɪ'si̯oːn] *f* ❶ committee ❷ **etw in ~ geben** to commission someone to sell sth
Kommode <-, -n> [kɔ'moːdə] *f* chest of drawers
kommunal [kɔmu'naːl] *adj* municipal

Kommunalpolitik *f* local politics *pl* **Kommunalwahl** *f* local [government] elections *pl*
Kommune <-, -n> [kɔˈmuːnə] *f* ❶ local authority ❷ (*WG*) commune
Kommunikation <-, -en> [kɔmuniˈkaˈtsi̯oːn] *f* communication
Kommunikee^RR <-s, -s> [kɔmyniˈkeː] *nt s.* **Kommuniqué**
Kommunion <-, -en> [kɔmuˈni̯oːn] *f* Communion
Kommuniqué <-s, -s> [kɔmyniˈkeː] *nt* communiqué
Kommunismus <-> [kɔmuˈnɪsmʊs] *m kein pl* communism
Kommunist(in) <-en, -en> [kɔmuˈnɪst] *m(f)* communist
kommunistisch [kɔmuˈnɪstɪʃ] *adj* communist
Komödie <-, -n> [koˈmøːdi̯ə] *f* comedy
kompakt [kɔmˈpakt] *adj* compact
Kompanie <-, -n> [kɔmpaˈniː, *pl* -ˈniːən] *f* company
Komparativ <-s, -e> [ˈkɔmparatiːf] *m* comparative
Komparse, Komparsin <-n, -n> [kɔmˈparzə] *m, f* extra
Kompass^RR <-es, -e> *m,* **Kompaß**^ALT <-sses, -sse> [ˈkɔmpas] *m* compass
kompatibel [kɔmpaˈtiːbl̩] *adj* compatible
kompensieren* [kɔmpɛnˈziːrən] *vt* to compensate
kompetent [kɔmpeˈtɛnt] *adj* competent
komplett [kɔmˈplɛt] **I.** *adj* complete **II.** *adv* completely
komplex [kɔmˈplɛks] *adj* complex
Komplex <-es, -e> [kɔmˈplɛks] *m* complex
Komplikation <-, -en> [kɔmplikaˈtsi̯oːn] *f* complication
Kompliment <-[e]s, -e> [kɔmpliˈmɛnt] *nt* compliment; **jdm ein ~ machen** to pay sb a compliment
Komplize, Komplizin <-n, -n> [kɔmˈpliːtsə, kɔmˈpliːtsɪn] *m, f* accomplice
kompliziert **I.** *adj* complicated **II.** *adv* in a complicated manner
Komplizin <-, -nen> *f fem form von* **Komplize**
Komplott <-[e]s, -e> [kɔmˈplɔt] *nt* plot; **ein ~ schmieden** to hatch a plot
komponieren* [kɔmpoˈniːrən] *vt, vi* to compose
Komponist(in) <-en, -en> [kɔmpoˈnɪst] *m(f)* composer

Kompost <-[e]s, -e> [kɔmˈpɔst] *m* compost *no pl*
kompostierbar *adj* ÖKOL degradable
kompostieren* [kɔmpɔsˈtiːrən] *vt* to compost
Kompott <-[e]s, -e> [kɔmˈpɔt] *nt* compote
Kompresse <-, -n> [kɔmˈprɛsə] *f* compress
komprimieren* [kɔmpriˈmiːrən] *vt* to compress
Kompromiss^RR <-es, -e> *m,* **Kompromiß**^ALT <-sses, -sse> [kɔmproˈmɪs] *m* compromise; **fauler ~** false compromise; **[mit jdm] einen ~ schließen** to come to a compromise [with sb]
kompromisslos^RR *adj* uncompromising
kompromittieren* [kɔmprɔmɪˈtiːrən] *vt* to compromise; ▪ **sich ~** to compromise oneself
Kondensator <-s, -toren> [kɔndɛnˈzaːtoːɐ̯, *pl* -zaˈtoːrən] *m* condenser
kondensieren* [kɔndɛnˈziːrən] *vi, vi* to condense
Kondensmilch *f* condensed milk
Kondensstreifen *m* condensation trail
Konditor(in) <-s, -toren> [kɔnˈdiːtoːɐ̯] *m(f)* confectioner
Konditorei <-, -en> [kɔnditoˈrai] *f* confectioner's
Konditorwaren *pl* confections *pl,* [cake and] pastry
Kondom <-s, -e> [kɔnˈdoːm] *m o nt* condom
Kondor <-s, -e> [ˈkɔndoːɐ̯] *m* condor
Kondukteur(in) <-s, -e> [kɔndʊkˈtøːɐ̯] *m(f)* SCHWEIZ (*Schaffner*) conductor
Konfekt <-[e]s, -e> [kɔnˈfɛkt] *nt* confectionery
Konfektionsgröße *f* size
Konfektionskleidung *f kein pl* ready-to-wear [*or* BRIT *a.* off-the-peg] clothes *pl*
Konferenz <-, -en> [kɔnfeˈrɛnts] *f* conference; **eine ~ anberaumen** to arrange a meeting
Konfession <-, -en> [kɔnfɛˈsi̯oːn] *f* denomination
konfessionell [kɔnfɛsi̯oˈnɛl] *adj* denominational
konfessionslos *adj* ▪ **~ sein** to not belong to any denomination
Konfetti <-s> [kɔnˈfɛti] *nt kein pl* confetti
Konfirmation <-, -en> [kɔnfɪrmaˈtsi̯oːn] *f* confirmation

konfiszieren* [kɔnfɪsˈtsiːrən] *vt* to confiscate

Konfitüre <-, -n> [kɔnfiˈtyːrə] *f* preserve

Konflikt <-s, -e> [kɔnˈflɪkt] *m* conflict; **mit dem Gesetz in ~ geraten** to clash with the law

konform [kɔnˈfɔrm] *adj* **mit jdm ~ gehen** to agree with sb

Konfrontation <-, -en> [kɔnfrɔntaˈtsi̯oːn] *f* confrontation

konfrontativ [kɔnfrɔntaˈtiːf] *adj* confrontational

konfrontieren* [kɔnfrɔnˈtiːrən] *vt* to confront

konfus [kɔnˈfuːs] *adj* confused

Kongress[RR] <-es, -e> *m*, **Kongreß**[ALT] <-sses, -sse> [kɔnˈgrɛs] *m* ❶ congress ❷ (*in USA*) ▪ **der ~** Congress *no art*

König <-s, -e> [ˈkøːnɪç] *m* king

Königin <-, -nen> [ˈkøːnɪgɪn] *f fem form von* **König** queen

königlich [ˈkøːnɪklɪç] *adj* royal

Königreich [ˈkøːnɪkraiç] *nt* kingdom; **das Vereinigte ~** the United Kingdom

Konjugation <-, -en> [kɔnjugaˈtsi̯oːn] *f* conjugation

konjugieren* [kɔnjuˈgiːrən] *vt* to conjugate

Konjunktion <-, -en> [kɔnjʊŋkˈtsi̯oːn] *f* conjunction

Konjunktiv <-s, -e> [ˈkɔnjʊŋktiːf] *m* subjunctive

Konjunktur <-, -en> [kɔnjʊŋkˈtuːɐ̯] *f* state of the economy; **steigende/rückläufige ~** boom/slump

konkav [kɔnˈkaːf] *adj* concave

konkret [kɔnˈkreːt] *adj* concrete

konkretisieren* [kɔnkretiˈziːrən] *vt* (*geh*) ▪ **etw ~** to clearly define sth

Konkurrent(in) <-en, -en> [kɔnkuˈrɛnt] *m(f)* competitor

Konkurrenz <-, -en> [kɔnkuˈrɛnts] *f* competition; **mit jdm in ~ stehen** to be in competition with sb; **außer ~** unofficially

konkurrenzlos I. *adj* ▪ **~ sein** to have no competition II. *adv* incomparably

konkurrieren* [kɔnkuˈriːrən] *vi* to compete

Konkurs <-es, -e> [kɔnˈkʊrs] *m* bankruptcy; **~ anmelden** to declare oneself bankrupt; **~ machen** to go bankrupt

Konkursmasse *f* bankrupt's estate

können [ˈkœnən] I. *vt* <konnte, gekonnt> (*beherrschen*) to know; **eine Sprache ~** to speak a language; **nichts für etw** *akk*/**dafür ~** to not be able to do anything about sth/it ▶ **du kannst mich** [**mal**] (*sl*) kiss my ass! II. *vi* <konnte, gekonnt> to be able; **nicht mehr ~** (*erschöpft sein*) to not be able to go on; **noch ~** to be able to carry on; **wie konntest du nur!** how could you?! III. *vb aux* <konnte, können> ❶ (*vermögen*) ▪ **etw tun ~** to be able to do sth ❷ (*dürfen*) **kann ich das Foto sehen?** can [*or* may] I see the photo? ❸ (*möglicherweise sein*) [**ja,**] **kann sein** [yes,] that's possible; **könnte es nicht sein, dass ...?** could it not be that ...?

Können <-s> [ˈkœnən] *nt kein pl* ability

konsequent [kɔnzeˈkvɛnt] I. *adj* ❶ consistent ❷ (*unbeirrbar*) resolute II. *adv* ❶ consistently ❷ resolutely

Konsequenz <-, -en> [kɔnzeˈkvɛnts] *f* ❶ (*Folge*) consequence; **die ~en tragen** to take the consequences; **die ~en ziehen** to take the necessary action ❷ *kein pl* (*Unbeirrbarkeit*) resoluteness

konservativ [ˈkɔnzɛrvatiːf] *adj* conservative

Konserve <-, -n> [kɔnˈzɛrvə] *f* preserved food *no pl*

Konservenbüchse *f*, **Konservendose** *f* tin Brit, can Am

konservieren* [kɔnzɛrˈviːrən] *vt* to preserve

Konservierungsmittel *nt* preservative

Konsonant <-en, -en> [kɔnzoˈnant] *m* consonant

Konsortium <-s, -ien> [kɔnˈzɔrtsiʊm, *pl* -tsiən] *nt* consortium

konstant [kɔnˈstant] *adj* constant

Konstante <-[n], -n> [kɔnˈstantə] *f* constant

Konstitution <-, -en> [kɔnstituˈtsi̯oːn] *f* constitution

konstitutionell [kɔnstitutsi̯oˈnɛl] *adj* constitutional

konstruieren* [kɔnstruˈiːrən] *vt* ❶ construct ❷ (*entwerfen*) to design

Konstruktion <-, -en> [kɔnstrʊkˈtsi̯oːn] *f* ❶ construction ❷ (*Entwurf*) design

konstruktiv [kɔnstrʊkˈtiːf] I. *adj* constructive II. *adv* constructively

Konsul(in) <-s, -n> [ˈkɔnzʊl] *m(f)* consul

Konsulat <-[e]s, -e> [kɔnzuˈlaːt] *nt* consulate

konsultieren* [kɔnzʊlˈtiːrən] *vt* to consult (**wegen** about)

Konsum <-s> [kɔnˈzuːm] *m kein pl* consumption

Konsument(in) <-en, -en> [kɔnzu'mɛnt] *m(f)* consumer
Konsumgesellschaft *f* consumer society
Konsumgüter *pl* HANDEL consumer goods *pl*
konsumieren* [kɔnzu'miːrən] *vt* to consume
Konsumismus <-> [kɔnzu'mɪsmʊs] *m kein pl* SOZIOL consumerism
Kontakt <-[e]s, -e> [kɔn'takt] *m* contact; **sexuelle ~e** sexual contact; **mit jdm ~ aufnehmen** to get in contact with sb; **mit jdm in ~ bleiben/stehen** to stay/be in contact with sb; **keinen ~ mehr zu jdm haben** to have lost contact with sb; **mit jdm in ~ kommen** to come into contact with sb
Kontaktbildschirm *m* touch screen **kontaktfreudig** *adj* sociable **Kontaktlinse** *f* contact lens **Kontaktlinsenpflegemittel** *nt* contact lens solution
kontemplativ [kɔntɛmpla'tiːf] *adj* (*geh*) contemplative
kontern ['kɔntɐn] *vt, vi* to counter
Kontext <-[e]s, -e> ['kɔntɛkst] *m* context
Kontinent <-[e]s, -e> ['kɔntinɛnt] *m* continent
Kontinentalklima *nt* continental climate
Kontingent <-[e]s, -e> [kɔntɪŋ'gɛnt] *nt* MIL contingent
kontinuierlich [kɔntinu'iːɐ̯lɪç] **I.** *adj* continuous **II.** *adv* continuously
Kontinuität <-> [kɔntinui'tɛt] *f kein pl* (*geh*) continuity *no pl*
Konto <-s, Konten *o* Konti> ['kɔnto, *pl* 'kɔntn̩, 'kɔnti] *nt* account; **auf jds ~ gehen** (*für etw aufkommen*) to be on sb
Kontoauszug *m* bank statement **Kontoführung** *f* account management *no pl* **Kontoinhaber(in)** *m(f)* account holder **Kontonummer** *f* account number **Kontostand** *m* account balance
Kontrahent(in) <-en, -en> [kɔntra'hɛnt] *m(f)* adversary
Kontraindikation ['kɔntraʔɪndikatsi̯oːn] *f* contra-indication
konträr [kɔn'trɛːɐ̯] *adj* contrary
Kontrast <-[e]s, -e> [kɔn'trast] *m* contrast; **im ~ zu etw** *dat* **stehen** to contrast with sth
Kontrastmittel *nt* contrast medium **Kontrastprogramm** *nt* alternative programme **kontrastreich** *adj* rich in [*or* full of] contrast[s]
Kontrollabschnitt *m* stub

Kontrolle <-, -n> [kɔn'trɔlə] *f* ❶ (*Überprüfung*) check; **eine ~ durchführen** to conduct an inspection ❷ (*Überwachung*) monitoring; **etw unter ~ bringen** to bring sth under control; **jdn/etw unter ~ haben** to have sb/sth under control; **die ~ über etw/sich** *akk* **verlieren** to lose control of sth/oneself
kontrollierbar *adj* controllable
kontrollieren* [kɔntrɔ'liːrən] *vt* ❶ (*überprüfen*) to check ❷ (*überwachen*) to monitor
Kontrolllampe^{RR} *f* indicator light **Kontrollturm** *m* control tower
Kontroverse <-, -n> [kɔntro'vɛrzə] *f* conflict
Kontur <-, -en> [kɔn'tuːɐ̯] *f* contour
Konvention <-, -en> [kɔnvɛn'tsi̯oːn] *f* convention
Konventionalstrafe *f* fixed penalty
konventionell [kɔnvɛntsi̯o'nɛl] *adj* conventional
Konvergenz <-, -en> [kɔnvɛr'gɛnts] *f* BIOL convergence
Konversation <-, -en> [kɔnvɛrza'tsi̯oːn] *f* (*geh*) conversation; **~ machen** to make conversation
konvertierbar *adj* INFORM convertible
konvertieren* [kɔnvɛr'tiːrən] *vi* to convert (**zu** to)
konvex [kɔn'vɛks] *adj* convex
Konvoi <-s, -s> ['kɔnvɔy] *m* convoy; **im ~ fahren** to travel in convoy
Konzentrat <-[e]s, -e> [kɔntsɛn'traːt] *nt* concentrate
Konzentration <-, -en> [kɔntsɛntra'tsi̯oːn] *f* concentration (**auf** on)
Konzentrationsfähigkeit *f kein pl* ability to concentrate **Konzentrationslager** *nt* concentration camp
konzentrieren* [kɔntsɛn'triːrən] **I.** *vr* **sich ~** to concentrate (**auf** on) **II.** *vt* to concentrate (**auf** on)
Konzept <-[e]s, -e> [kɔn'tsɛpt] *nt* ❶ (*Entwurf*) draft; **als ~** in draft [form] ❷ (*Plan*) plan; **jdn aus dem ~ bringen** to put sb off; **aus dem ~ geraten** to lose one's train of thought
Konzern <-s, -e> [kɔn'tsɛrn] *m* group
Konzert <-[e]s, -e> [kɔn'tsɛrt] *nt* concert
Konzertflügel *m* concert grand
Konzil <-s, -e *o* -ien> [kɔn'tsiːl, *pl* -li̯ən] *nt* council
konzipieren* [kɔntsi'piːrən] *vt* to plan (**als**

as)
Kooperation <-, -en> [koʔoperaˈtsi̯oːn] f cooperation no pl
Koordination <-, -en> [koʔɔrdinaˈtsi̯oːn] f coordination
koordinieren* [koʔɔrdiˈniːrən] vt to coordinate
Kopf <-[e]s, Köpfe> [kɔpf, pl ˈkœpfə] m ❶ head; **von ~ bis Fuß** from head to toe; **einen roten ~ bekommen** to go red in the face; **jdm brummt der ~** (fam) sb's head is thumping; **den ~ einziehen** to lower one's head ❷ (Gedanken) **sich** dat **etw durch den ~ gehen lassen** to mull sth over; **sich** dat **den ~ zerbrechen** to rack one's brains ❸ (Verstand, Wille) mind; **seinen eigenen ~ haben** (fam) to have a mind of one's own; **seinen ~ durchsetzen** to get one's way; **sich** dat **etw aus dem ~ schlagen** to get sth out of one's head ❹ (Person) head; ▪ **der ~ einer S.** gen the person behind sth; **pro ~** per head ▶ [**bei etw** dat] **~ und Kragen riskieren** to risk life and limb [doing sth]; **den ~ in den Sand stecken** to bury one's head in the sand; **~ hoch!** chin up!; **jdn einen ~ kürzer machen** (sl) to chop sb's head off; **nicht auf den ~ gefallen sein** to not have been born yesterday; **jdn vor den ~ stoßen** to offend sb
Kopfball m header **Kopfbedeckung** f headgear no indef art, no pl
Köpfchen <-s, -> [ˈkœpfçən] nt ▶ **~ haben** (fam) to have brains
köpfen [ˈkœpfn̩] vt to behead
Kopfende nt head
kopfgesteuert [ˈkɔpfgəʃtɔy̯ɐt] adj (pej sl) ruled by one's head [not one's heart]
Kopfhaut f scalp **Kopfhörer** m headphones pl **Kopfkissen** nt pillow
kopflos adj confused
Kopfrechnen nt mental arithmetic
Kopfsalat m lettuce
Kopfschmerz m meist pl headache; **jdm ~en machen** to give sb a headache; **~ haben** to have a headache **Kopfsprung** m header; **einen ~ machen** to take a header **Kopfstand** m headstand; **einen ~ machen** to do a headstand
Kopfsteinpflaster nt cobblestones pl
Kopfstütze f headrest **Kopftuch** nt headscarf **kopfüber** [kɔpfˈʔyːbɐ] adv head first **Kopfweh** nt s. Kopfschmerz

Kopie <-, -n> [koˈpiː, pl koˈpiːən] f copy
kopieren* [koˈpiːrən] vt ❶ (fotokopieren) to photocopy; (pausen) to trace ❷ FOTO, FILM (Abzüge machen) to print ❸ (Doppel herstellen) to copy ❹ (nachahmen) to imitate, to copy
Kopierer <-s, -> m (fam) s. **Kopiergerät**
Kopiergerät nt [photo]copier
Koppel <-, -n> [ˈkɔpl] f pasture
Koralle <-, -n> [koˈralə] f coral
Koran <-s> [koˈraːn] m kein pl Koran
Koranvers m REL Koranic verse, sura
Korb <-[e]s, Körbe> [kɔrp, pl ˈkœrbə] m basket; **einen ~ erzielen** to score a goal ▶ [**von jdm**] **einen ~ bekommen** to be rejected [by sb]; **jdm einen ~ geben** to turn sb down
Korbball m kein pl korfball
Körbchengröße f MODE cup size
Korbstuhl m wicker chair
Kord <-[e]s, -e> [kɔrt] m corduroy
Kordhose f cord trousers pl BRIT, corduroy pants pl AM
Korea [koˈreːa] nt Korea
Koreaner(in) [koreˈaːnɐ] m(f) Korean
Koriander <-s, -> [koˈri̯andɐ] m coriander no pl
Korinthe <-, -n> [koˈrɪntə] f current
Kork <-[e]s, -e> [kɔrk] m cork
Korken <-s, -> [ˈkɔrkn̩] m cork
Korkenzieher <-s, -> m corkscrew
Korn[1] <-[e]s, Körner> [kɔrn, pl ˈkœrnɐ] nt ❶ (Samen) grain ❷ (hartes Teilchen) grain ❸ (Getreide) corn no pl
Korn[2] <-[e]s, - o -s> [kɔrn] m (Schnaps) schnapps
Korn[3] <-[e]s, -e> [kɔrn] nt **etw aufs ~ nehmen** to hit out at sth; **jdn aufs ~ nehmen** to have it in for sb
Kornblume f cornflower **Kornkreis** m crop circle
Körper <-s, -> [ˈkœrpɐ] m body; **am ganzen ~** all over
Körperbau m kein pl physique **körperbehindert** adj physically disabled **Körperbehinderte(r)** f(m) dekl wie adj (geh) physically disabled person **Körpergewicht** nt weight **Körpergröße** f size
körperlich I. adj ❶ ANAT physical ❷ (stofflich) material II. adv physically; **~ arbeiten** to do physical work
Körperpflege f personal hygiene **Körpersprache** f body language **Körperteil** m part

of the body **Körperverletzung** *f* bodily harm *no pl;* **schwere ~** grievous bodily harm

korpulent [kɔrpu'lɛnt] *adj (geh)* corpulent

korrekt [kɔ'rɛkt] **I.** *adj* correct **II.** *adv* correctly

Korrektur <-, -en> [kɔrɛk'tuːɐ̯] *f* correction; [**etw**] **~ lesen** to proof-read [sth]

Korrekturtaste *f* correction key **Korrekturzeichen** *nt* proof-readers' mark

Korrespondent(in) <-en, -en> [kɔrɛspɔn'dɛnt] *m(f)* correspondent

Korrespondenz <-, -en> [kɔrɛspɔn'dɛnts] *f* correspondence *no pl*

korrespondieren* *vi* to correspond

Korridor <-s, -e> ['kɔridoːɐ̯] *m* corridor

korrigieren* [kɔri'giːrən] *vt* to correct; *Klassenarbeit* to mark

korrupt [kɔ'rʊpt] *adj* corrupt

Korruption <-, -en> [kɔrʊp'tsi̯oːn] *f* corruption

Korse, Korsin <-n, -n> ['kɔrzə, 'kɔrzɪn] *m, f* Corsican

Korsett <-s, -s *o* -e> [kɔr'zɛt] *nt* corset

Korsin <-, -nen> *f fem form von* **Korse**

koscher ['koːʃɐ] *adj* kosher ▸ **nicht [ganz] ~ sein** to be not [quite] on the level

Kosename *m* pet name

Kosewort *nt* term of endearment

Kosinus <-, -u *o* -se> ['koːzinʊs] *m* cosine

Kosmetik <-> [kɔs'meːtɪk] *f kein pl* cosmetics *pl*

Kosmetiker(in) <-s, -> [kɔs'meːtikɐ] *m(f)* beautician

Kosmetikkoffer *m* vanity case **Kosmetiktuch** *nt* tissue

kosmetisch [kɔs'meːtɪʃ] **I.** *adj* cosmetic **II.** *adv* cosmetically

kosmisch ['kɔsmɪʃ] *adj* cosmic

Kosmopolit(in) <-en, -en> [kɔsmopo'liːt] *m(f)* cosmopolitan

Kosmos <-> ['kɔsmɔs] *m kein pl* ■ **der ~** the cosmos

Kost <-> [kɔst] *f kein pl* food; [**freie**] **~ und Logis** [free] board and lodging; **geistige ~** intellectual fare

kostbar ['kɔstbaːɐ̯] *adj* ❶ *(wertvoll)* valuable ❷ *(unentbehrlich)* precious

Kostbarkeit <-, -en> *f* ❶ *(Wert)* preciousness ❷ *(Gegenstand)* precious object

kosten¹ ['kɔstn̩] **I.** *vt* ❶ *Ware* to cost ❷ *(erfordern)* ■ **jdn etw ~** to take [up] sb's sth; **das**

kann uns viel Zeit ~ it could take us a [good] while ❸ *(Verlust bedeuten)* ■ **jdn etw ~** to cost sb sth ▸ **koste es, was es wolle** whatever the cost **II.** *vi* to cost

kosten² ['kɔstn̩] *vt (probieren)* to taste

Kosten ['kɔstn̩] *pl* costs; **~ sparend** *adjektivisch* economical; *adverbial* economically; **auf seine ~ kommen** to get one's money's worth; **die ~ tragen** to bear the costs; ■ **auf ~ einer Person/einer S.** *gen* at the expense of sb/sth

kostendeckend *adj* cost-effective

kostenlos *adj* free [of charge]

Kostenvoranschlag *m* quotation

köstlich ['kœstlɪç] **I.** *adj* delicious **II.** *adv* **sich ~ amüsieren** to have a wonderful time

Kostprobe *f* ❶ taste ❷ *(Vorgeschmack)* sample

kostspielig *adj* expensive

Kostüm <-s, -e> [kɔs'tyːm] *nt* ❶ suit ❷ THEAT costume

Kostümfest *nt* fancy-dress ball **Kostümprobe** *f* THEAT dress rehearsal

Kot <-[e]s> [koːt] *m kein pl* excrement

Kotelett <-s, -s> [kɔt'lɛt] *nt* chop

Koteletten [kotə'lɛtn̩] *pl* sideburns *npl*

Köter <-s, -> ['køːtɐ] *m (pej)* mutt

Kotflügel *m* wing

Kotzbrocken *m (pej)* slimeball

Kotze <-> ['kɔtsə] *f kein pl (vulg)* puke

kotzen ['kɔtsn̩] *vi (vulg)* to puke; **das ist zum K~** *(sl)* it makes you sick

Krabbe <-, -n> ['krabə] *f* crab

krabbeln ['krabl̩n] *vi sein* to crawl

Krach <-[e]s, Kräche *o* -s> [krax, *pl* 'krɛçə] *m* ❶ *kein pl* noise ❷ *(Streit)* quarrel; **~ haben** *(fam)* to have a row

krachen ['kraxn̩] **I.** *vi* ❶ *haben* to crash; *Schuss* to ring out ❷ *sein (prallen)* to crash **II.** *vi impers haben* ❶ ■ **es kracht** there is a crashing noise ❷ *(Unfall)* **auf der Kreuzung hat es gekracht** there's been a crash on the intersection

krächzen ['krɛçtsn̩] *vi Vogel* to caw; *Mensch* to croak

kraft [kraft] *präp +gen* ■ **~ einer S.** by virtue of sth

Kraft <-, Kräfte> [kraft, *pl* 'krɛftə] *f* ❶ strength; **wieder zu Kräften kommen** to regain one's strength; **über jds Kräfte gehen** to be more than sb can cope with; **seine Kräfte sammeln** to gather one's strength; **mit aller** ~ with all one's strength; **mit letzter** ~ with one's last ounce of strength; **mit vereinten Kräften** with combined efforts ❷ (*Geltung*) force; **außer** ~ **sein** to be no longer in force; **in** ~ **sein** to be in force; **etw außer** ~ **setzen** to cancel sth; **in** ~ **treten** to come into force ❸ PHYS (*Energie*) power; **aus eigener** ~ by oneself; **mit frischer** ~ with renewed energy ❹ *meist pl* (*Machgruppe*) force

Kraftakt *m* act of strength
Kraftfahrer(in) *m(f)* driver
Kraftfahrzeug *nt* motor vehicle
Kraftfahrzeugbrief *m* registration document **Kraftfahrzeugkennzeichen** *nt* vehicle registration **Kraftfahrzeugsteuer** *f* vehicle tax **Kraftfahrzeugversicherung** *f* car insurance
kräftig ['krɛftɪç] **I.** *adj* ❶ (*stark*) strong ❷ (*wuchtig*) powerful **II.** *adv regnen* heavily
kraftlos I. *adj* weak **II.** *adv* feebly
Kraftprobe *f* test of strength **Kraftrad** *nt* motorcycle **Kraftstoff** *m* fuel **kraftvoll I.** *adj* powerful **II.** *adv* forcefully; ~ **zubeißen** to take a hearty bite **Kraftwagen** *m* motor vehicle **Kraftwerk** *nt* power station **Kraftwerksbetreiber** *m* company running a power station
Kragen <-s, -> ['kraːɡən, *pl* 'krɛːɡn̩] *m* collar ▶ **jdm geht es an den** ~ sb is in for it; **etw kostet jdn den** ~ sth is sb's downfall; **jdm platzt der** ~ sb blows their top
Kragenknopf *m* collar button **Kragenweite** *f* MODE collar size ▶ [**genau**] **jds** ~ **sein** (*fam*) to be [just] sb's cup of tea
Krähe <-, -n> ['krɛːə] *f* crow
Krähenfüße *pl* crow's feet
Krake <-n, -n> ['kraːkə] *m* octopus
krakeelen* [kra'keːlən] *vi* (*fam*) to make a racket
Kralle <-, -n> ['kralə] *f* claw
krallen ['kralən] *vr* ■ **sich an jdn/etw** ~ to cling onto sb/sth
Kram <-[e]s> [kraːm] *m kein pl* (*fam*) ❶ junk ❷ (*Angelegenheit*) affairs *pl*; **den ganzen** ~ **hinschmeißen** to pack the whole thing in; **jdm in den** ~ **passen** to suit sb fine; **jdm nicht in den** ~ **passen** to be a real nuisance to sb
Krämer(in) <-s, -> ['krɛːmɐ] *m(f)* DIAL (*veraltet*) grocer's, general store
Krämerseele *f* ▶ **eine** ~ **sein** (*pej*) to be pet-

ty-minded
Kramladen *m* (*pej fam*) junk shop
Krampen <-s, -> *m* ÖSTERR (*Spitzhacke*) pickaxe
Krampf <-[e]s, Krämpfe> [krampf, *pl* 'krɛmpfə] *m* cramp
Krampfader *f* varicose vein
krampfhaft I. *adj* desperate **II.** *adv* desperately
Kran <-[e]s, Kräne *o* -e> [kraːn, *pl* 'krɛːnə] *m* crane
Kranführer(in) *m(f)* crane operator
Kranich <-s, -e> ['kraːnɪç] *m* crane
krank <kränker, kränkste> [kraŋk] *adj* ❶ ill, sick ❷ ■ ~ **vor etw** *dat* **sein** to be sick with sth ▶ **jdn** [**mit etw** *dat*] ~ **machen** to get on sb's nerves [with sth]
Kranke(r) *f(m) dekl wie adj* sick person
kränkeln ['krɛŋkl̩n] *vi* to be unwell
kränken ['krɛŋkn̩] *vt* ■ **jdn** ~ to hurt sb's feelings; ■ **gekränkt** sein to feel hurt; ■ **es kränkt jdn, dass ...** it hurts sb['s feelings], that ...; ■ ~**d** hurtful
Krankengeld *nt* sick pay **Krankengymnastik** *f* physiotherapy **Krankenhaus** *nt* hospital **Krankenkasse** *f* health insurance company **Krankenpflege** *f* nursing **Krankenpfleger(in)** *m(f)* [male] nurse **Krankenschwester** *f* nurse **Krankentransport** *m* ambulance service **Krankenversicherung** *f* health insurance **Krankenwagen** *m* ambulance
krank|feiern *vi* (*fam*) to skive off work BRIT, to call in sick AM
krankhaft *adj* morbid
Krankheit <-, -en> *f* illness; **wegen** ~ due to illness
Krankheitserreger *m* pathogen
kränklich ['krɛŋklɪç] *adj* sickly
krank|melden^{RR} *vr* ■ **sich** ~ to report sick
Krankmeldung *f* notification of sickness
krank|schreiben^{RR} *vt* ■ **jdn** ~ to give sb a sick note
Kränkung <-, -en> *f* insult
Kranz <-es, Kränze> [krants, *pl* 'krɛntsə] *m* wreath
krass^{RR}, **kraß**^{ALT} [kras] *adj* ❶ (*auffallend*) glaring ❷ (*unerhört*) blatant
Krater <-s, -> ['kraːtɐ] *m* crater
Kratzbürste *f* (*pej*) prickly person
Krätze <-> ['krɛtsə] *f kein pl* scabies
kratzen ['kratsn̩] **I.** *vt* ❶ to scratch ❷ (*jucken*)

■ **sich ~** to scratch oneself ❸ *(fam: kümmern)* **das kratzt mich nicht** I couldn't care less about that **II.** *vi* ❶ *(jucken)* to scratch; **das Unterhemd kratzt** the vest is scratchy ❷ *(beeinträchtigen)* ■ **an etw** *dat* **~** to scratch away at sth

Kratzer <-s, -> ['kratsɐ] *m* scratch

kratzfest *adj* scratch-resistant

kraulen ['kraulən] *vi (schwimmen)* to do the crawl

kraus [kraus] *adj Haar* frizzy

Kraut <-[e]s, Kräuter> [kraut, *pl* krɔytɐ] *nt* ❶ BOT herb ❷ *kein pl (Kohl)* cabbage ▶ **wie ~ und Rüben durcheinander liegen** *(fam)* to be all over the place

Kräutertee *m* herbal tea

Krautkopf *m* head of cabbage

Krawall <-s, -e> [kra'val] *m* ❶ *(Tumult)* riot ❷ *kein pl (fam: Lärm)* racket

Krawatte <-, -n> [kra'vatə] *f* tie

Krawattennadel *f* tiepin

kraxeln ['kraksl̩n] *vi sein* SÜDD, ÖSTERR to clamber

kreativ [krea'tiːf] *adj* creative

Kreativdirektor(in) *m(f)* creative director

Kreativität <-> [kreativi'tɛt] *f kein pl* creativity

Krebs¹ <-es, -e> [kreːps] *m* ❶ crayfish ❷ *kein pl* KOCHK crab ❸ *kein pl* ASTROL Cancer

Krebs² <-es, -e> [kreːps] *m* MED cancer; **~ erregend** carcinogenic

Krebsbehandlung *f* cancer treatment

Krebserreger *m* MED carcinogen

Krebsfrüherkennung *f* early cancer diagnosis

Krebsgeschwulst *f* cancerous tumour

Krebsgeschwür *nt* cancerous ulcer

Krebspatient(in) *m(f)* cancer patient

Krebsvorsorgeuntersuchung *f* cancer check-up

Kredit <-[e]s, -e> [kre'diːt] *m* credit; **einen ~ [bei jdm] aufnehmen** to take out a loan [with sb]; **auf ~** on credit

Kreditgeber(in) *m(f)* creditor **Kreditkarte** *f* credit card; **mit ~ bezahlen** to pay by credit card

Kreide <-, -n> ['kraidə] *f* chalk ▶ **bei jdm [tief] in der ~ stehen** *(fam)* to owe sb [a lot of] money

kreidebleich *adj* as white as a sheet **kreideweiß** *adj s.* **kreidebleich Kreidezeichnung** *f* chalk drawing

kreieren* [kre'iːrən] *vt* to create

Kreis¹ <-es, -e> [krais, *pl* 'kraizə] *m* circle; **einen ~ um jdn bilden** to form a circle around sb; **sich im ~[e] drehen** to turn round in a circle; **im ~ gehen** to go round in circles; **im ~** in a circle ▶ **weite ~e** wide sections; **jdm dreht sich alles im ~e** sb's head is spinning

Kreis² <-es, -e> [krais, *pl* 'kraizə] *m* ADMIN district

kreischen ['kraiʃn̩] *vi* to shriek

Kreisel <-s, -> ['kraizl̩] *m* ❶ spinning top ❷ TRANSP roundabout

kreisen ['kraizn̩] *vi* ❶ to revolve (**um** around) ❷ *Vogel, Flieger* to circle ❸ *(zirkulieren)* to circulate (**in** through)

kreisförmig I. *adj* circular **II.** *adv* in a circle

Kreislauf *m* circulation

Kreislaufstörungen *pl* circulatory disorder

Kreissäge *f* circular saw

Kreißsaal *m* delivery room

Kreisstadt *f* district principal town **Kreisverkehr** *m* roundabout

Krematorium <-s, -rien> [krema'toːriʊm, *pl* -'toːriən] *nt* crematorium

Krempe <-, -n> ['krɛmpə] *f* brim

Krempel <-s> ['krɛmpl̩] *m kein pl (pej fam)* junk ▶ **den ganzen ~ hinwerfen** to chuck it all in

Kren <-s> [kreːn] *m kein pl* BOT, KOCHK SÜDD, ÖSTERR horseradish

krepieren* [kre'piːrən] *vi sein (sl)* to croak

Krepppapierᴿᴿ *nt* crepe paper

Kreppsohle *f* crepe sole

Kresse <-, -n> ['krɛsə] *f* cress

kreuz [krɔyts] *adv* ▶ **~ und quer** all over [the place]

Kreuz <-es, -e> [krɔyts] *nt* ❶ cross; **jdn ans ~ schlagen** to crucify sb; **über[s] ~** crosswise ❷ *(Symbol)* crucifix; **das Rote ~** the Red Cross ❸ ANAT lower back; **es im ~ haben** to have back trouble ❹ *kein pl* KARTEN clubs *pl* ▶ **jdn aufs ~ legen** *(fam)* to fool sb; **drei ~e machen** *(fam)* to be so relieved; **ein ~ mit jdm/etw sein** *(fam)* to be a constant bother with sb/sth

Kreuzer <-s, -> ['krɔytsɐ] *m* NAUT cruiser

Kreuzfahrt *f* cruise; **eine ~ machen** to go on a cruise **Kreuzfeuer** *nt* crossfire **Kreuzgang** *m* cloister

kreuzigen ['krɔytsɪɡn̩] *vt* to crucify

Kreuzigung <-, -en> *f* crucifixion

Kreuzotter f adder **Kreuzschlitzschraube** f Phillips screw **Kreuzschmerzen** pl backache, lower back pain **Kreuzspinne** f cross spider
Kreuzung <-, -en> f ❶ (Straßenkreuzung) crossroads pl ❷ kein pl BIOL (das Kreuzen) cross-breeding ❸ (Bastard) mongrel
Kreuzverhör nt cross-examination; jdn ins ~ nehmen to cross-examine sb **Kreuzweg** ['krɔytsveːk] m ▶ am ~ **stehen** to be at the crossroads **Kreuzworträtsel** nt crossword **Kreuzzug** m crusade
kribbeln ['krɪbl̩n] vi (jucken) **mir kribbelt es am Rücken** my back is itching
kriechen <kroch, gekrochen> ['kriːçn̩] vi ❶ sein to crawl ❷ sein o haben (pej: unterwürfig sein) ▪ [vor jdm] ~ to grovel [before sb]
Kriechspur f TRANSP crawler [or AM slow] lane
Krieg <-[e]s, -e> [kriːk, pl 'kriːɡə] m war; **jdm/einem Land den ~ erklären** to declare war on sb/a country; **~ führen** to wage war (**gegen** on); **in den ~ ziehen** to go to war
kriegen[1] ['kriːɡn̩] vt (fam) ❶ to get; **ich kriege noch 20 Euro von dir** you still owe me 20 euros; **eine Krankheit ~** to get an illness; **etw zu sehen ~** to get to see sth ❷ (noch erreichen) **den Zug ~** to catch the train ❸ (erwischen) ▪ **jdn ~** to catch sb ❹ (gebären) **ein Kind ~** to have a baby ❺ (überreden) ▪ **jdn dazu ~, etw zu tun** to get sb to do sth ❻ (schaffen) **ich kriege das schon geregelt** I'll get it sorted ▶ **es mit jdm zu tun ~** to be in trouble with sb
kriegen[2] ['kriːɡn̩] vi (Krieg führen) to make war
Krieger(in) <-s, -> ['kriːɡɐ] m(f) warrior
kriegerisch adj ❶ (kämpferisch) warlike ❷ (militärisch) military
Kriegsausbruch m outbreak of war **Kriegsbeil** nt tomahawk ▶ **das ~ begraben** to bury the hatchet **Kriegsberichterstatter(in)** m(f) war correspondent **Kriegsbeschädigte(r)** f(m) dekl wie adj war-disabled person **Kriegsdienstverweigerer** <-s, -> m conscientious objector **Kriegsgefangene(r)** f(m) dekl wie adj prisoner of war **Kriegsgefangenschaft** f captivity; **in ~ geraten** to become a prisoner of war **Kriegsgericht** nt court martial **Kriegsschiff** nt war ship **Kriegsverbrecher(in)** m(f) war criminal
Krimi <-s, -s> ['krɪmi] m (fam) thriller
Kriminalbeamte(r), -beamtin [krimi'naːl-] m, f (geh) detective
Kriminalität <-> [kriminali'tɛt] f kein pl criminality
Kriminalpolizei f ❶ (Institution) Criminal Investigation Department BRIT, plainclothes police AM ❷ (Beamte) CID officers pl BRIT, plainclothes police officers pl AM **Kriminalroman** m detective novel
kriminell [krimi'nɛl] adj criminal
Kriminelle(r) [krimi'nɛlə, -lə] f(m) dekl wie adj criminal
Krimskrams <-es> ['krɪmskrams] m kein pl (fam) junk
Kringel <-s, -> ['krɪŋl̩] m squiggle
Kripo <-, -s> ['kriːpo] f (fam) kurz für **Kriminalpolizei** ❶ (Institution) ▪ **die ~** the CID [or AM plainclothes police] ❷ (Beamte) CID [or AM plainclothes police] officers
Krippe <-, -n> ['krɪpə] f ❶ a. REL manger ❷ (Kinderkrippe) day nursery
Krippentod m MED cot [or AM crib] death
Krise <-, -n> ['kriːzə] f crisis
kriseln ['kriːzl̩n] vi impers ▪ **es kriselt** there's a crisis looming
krisenfest adj crisis-proof
Krisenherd m trouble spot
Kristall <-s, -e> [krɪs'tal] m crystal
kristallen [krɪs'talən] adj crystal
Kristallzucker m refined sugar
Kriterium <-s, -rien> [kri'teːriʊm, pl -'teːriən] nt criterion
Kritik <-, -en> [kri'tiːk] f ❶ kein pl criticism (**an** of); **an jdm/etw ~ üben** to criticize sb/sth ❷ (Rezension) review ▶ **unter aller ~ sein** (pej) to be beneath contempt
Kritiker(in) <-s, -> ['kriːtikɐ] m(f) critic
kritiklos I. adj uncritical II. adv uncritically
kritisch ['kriːtɪʃ] I. adj critical II. adv critically
kritisieren* [kriti'ziːrən] vt, vi to criticize
kritteln ['krɪtl̩n] vi (pej) to find fault, to carp
Kritzelei <-, -en> [krɪtsə'laɪ] f scribble
kritzeln ['krɪtsl̩n] vi, vt to scribble
Krokant <-s> [kro'kant] m kein pl chopped and caramelized nuts
Krokette <-, -n> [kro'kɛtə] f croquette
Krokodil <-s, -e> [kroko'diːl] nt crocodile
Krokodilstränen pl crocodile tears
Krokoleder nt crocodile leather

Krokus <-, - o -se> ['kro:kʊs, pl -ʊsə] m crocus

Krone <-, -n> ['kro:nə] f crown

krönen ['krø:nən] vt to crown

Kronkorken m crown cap **Kronleuchter** m chandelier **Kronprinz, -prinzessin** m, f crown prince *masc,* crown princess *fem*

Kronprinzessin <-, -nen> f fem form von **Kronprinz** crown princess

Krönung <-, -en> f ① coronation ② (*Höhepunkt*) high point ▶ **die ~ sein** (*fam*) to beat everything

Kropf <-[e]s, Kröpfe> [krɔpf, pl 'krœpfə] m MED goitre

Kröte <-, -n> ['krø:tə] f toad

Krücke <-, -n> ['krʏkə] f crutch; **an ~n gehen** to walk on crutches

Krug <-[e]s, Krüge> [kru:k, pl 'kry:gə] m jug; (*Trinkgefäß*) tankard

Krümel <-s, -> ['kry:ml] m crumb

krümelig ['kry:məlɪç] adj crumbly

krumm [krʊm] adj ① (*nicht gerade*) Straße crooked; *Nase* hooked; *Rücken* hunched; **~ und schief** askew ② (*pej fam: unehrlich*) crooked ▶ **ein ~es Ding drehen** to pull off sth crooked; **sich ~ und schief lachen** (*fam*) to split one's sides laughing

krümmen ['krʏmən] I. vt ① to bend; **den Rücken ~** to arch one's back; **die Schultern ~** to slouch one's shoulders ② MATH ■ **gekrümmt** curved II. vr ① ■ **sich ~** *Fluss* to wind; *Straße* to bend ② (*sich beugen*) ■ **sich ~** to bend ③ (*sich winden*) **sich vor Schmerzen ~** to writhe in pain

krumm|nehmen vt irreg (*fam*) to take offence (+*dat* at)

Krümmung <-, -en> f ① bend; (*Weg*) turn ② MED, MATH curvature

Kruste <-, -n> ['krʊstə] f crust

Krustentier nt crustacean

Kruzifix <-es, -e> ['kru:tsɪfɪks] nt crucifix

Krypta <-, Krypten> ['krʏpta, pl -tən] f crypt

Kuba <-s> ['ku:ba] nt Cuba

Kubaner(in) <-s, -> [kuˈbaːnɐ] m(f) Cuban

Kübel <-s, -> ['ky:bl] m bucket

Kubikmeter [kuˈbiːk-] m o nt cubic metre **Kubikzahl** f cube number **Kubikzentimeter** m cubic centimetre

Küche <-, -n> ['kʏçə] f kitchen

Kuchen <-s, -> ['ku:xn̩] m cake

Küchenabfall m kitchen waste no pl **Küchenchef(in)** m(f) chef

Kuchenform f baking tin

Küchenherd m range, cooker BRIT, stove AM **Küchenschabe** f cockroach **Küchenschrank** m kitchen cupboard **Küchentuch** nt kitchen cloth

Kuckuck <-s, -e> ['kʊkʊk] m cuckoo ▶ [**das**] **weiß der ~!** (*fam*) God only knows!; **zum ~** [**noch mal**]! (*euph fam*) damn it!

Kuckucksuhr f cuckoo clock

Kuddelmuddel <-s> m o nt kein pl (*fam*) muddle

Kufe <-, -n> ['ku:fə] f runner

Kugel <-, -n> ['ku:gl] f ① ball ② (*Geschoss*) bullet ③ MATH sphere ▶ **eine ruhige ~ schieben** (*fam*) to have a cushy time

Kugelblitz m METEO ball lightning **kugelförmig** adj spherical **Kugellager** nt ball bearing

kugeln ['ku:gl̩n] vi sein to roll ▶ **zum K~ sein** (*fam*) to be hilarious

kugelrund ['ku:gl̩'rʊnt] adj ① ■ **~ sein** to be round as a ball ② (*fam*) *Mensch* tubby **Kugelschreiber** m ballpoint **kugelsicher** adj bullet-proof **Kugelstoßen** <-s> nt kein pl shot put

Kuh <-, Kühe> [ku:, pl 'ky:ə] f cow

Kuhhandel m (*pej*) horse trade

kühl [ky:l] I. adj cool; **draußen wird es ~** it's getting chilly outside II. adv ① (*recht kalt*) **etw ~ lagern** to store sth in a cool place ② (*reserviert*) coolly

Kühlbox f cooler

kühlen ['ky:lən] vi, vt to cool

Kühler <-s, -> ['ky:lɐ] m bonnet

Kühlergrill m AUTO radiator grille **Kühlerhaube** f bonnet BRIT, hood AM

Kühlraum m refrigerated storage room **Kühlschrank** m refrigerator **Kühltruhe** f freezer chest **Kühlwasser** nt coolant

kühn [ky:n] adj ① brave ② (*gewagt*) bold

Kuhstall m cowshed

Küken <-s, -> ['ky:kn̩] nt chick

kulant [kuˈlant] adj obliging

Kuli <-s, -s> ['ku:li] m (*fam*) Biro® BRIT, Bic® AM

kulinarisch [kuliˈnaːrɪʃ] adj culinary

Kulisse <-, -n> [kuˈlɪsə] f THEAT scenery ▶ **hinter den ~n** behind the scenes; **nur ~ sein** (*pej*) to be merely a facade

kullern ['kʊlɐn] vi sein to roll

Kult <-[e]s, -e> [kʊlt] m cult

Kultfigur f cult figure

kultig ['kʊltɪç] *adj* (*sl*) cult
kultivieren* [kʊlti'viːrən] *vt* to cultivate
kultiviert [kʊlti'viːɐt] *adj* ❶ (*gepflegt*) refined ❷ (*von feiner Bildung*) ■ ~ **sein** to be cultured
Kultstätte *f* place of ritual worship
Kultur <-, -en> [kʊl'tuːɐ] *f* culture
Kulturbanause *m* (*pej*) philistine **Kulturbeutel** *m* toilet [*or* AM toiletries] bag
kulturell [kʊltu'rɛl] **I.** *adj* cultural **II.** *adv* culturally
Kulturgeschichte *f kein pl* cultural history
Kultusministerium *nt* Ministry of Education and the Arts BRIT, Department of Education and Cultural Affairs AM
Kümmel <-s, -> ['kʏml] *m* caraway
Kummer <-s> ['kʊmɐ] *m kein pl* grief; ~ **haben** to have worries; **jdm** ~ **machen** to cause sb trouble
kümmerlich ['kʏmɐlɪç] *adj* ❶ (*armselig*) miserable ❷ (*schwächlich*) puny
kümmern ['kʏmɐn] **I.** *vt* ■ **jd/etw kümmert jdn** sb/sth concerns sb; **was kümmert mich das?** what concern is that of mine? **II.** *vr* ■ **sich um jdn/etw** ~ to take care of sb/sth; **kümmere dich um deine eigenen Angelegenheiten** mind your own business; ■ **sich darum** ~, **dass** ... to see to it that ...
Kumpan(in) <-s, -e> [kʊm'paːn] *m(f)* (*fam*) pal
Kumpel <-s, -> *m* ❶ (*fam*) mate BRIT, buddy AM ❷ (*Bergmann*) miner
Kunde[1] <-> ['kʊndə] *f kein pl* (*geh*) tidings *npl*
Kunde, Kundin[2] <-n, -n> ['kʊndə, 'kʊndɪn] *m, f* customer
Kundendienst *m kein pl* after-sales service **Kundenkarte** *f* store card **Kundennummer** *f* customer account number **Kundenstock** *m* ÖSTERR customers *pl*
kund|geben *vt irreg* to make known
Kundgebung <-, -en> *f* rally
kundig ['kʊndɪç] *adj* knowledgeable
kündigen ['kʏndɪgn] **I.** *vt Vertrag* to terminate **II.** *vi* ❶ *Arbeitnehmer* ■ [**jdm**] ~ to hand in one's notice [to sb] ❷ *Arbeitgeber* ■ **jdm** ~ to give sb his/her notice
Kündigung <-, -en> *f* ❶ JUR cancellation ❷ (*durch den Arbeitnehmer*) handing in one's notice; (*durch den Arbeitgeber*) dismissal
Kündigungsfrist *f* period of notice **Kündigungsschutz** *m* protection against unfair dismissal
Kundin <-, -nen> *f fem form von* **Kunde**
Kundschaft <-, -en> ['kʊntʃaft] *f* customers *pl*
künftig ['kʏnftɪç] **I.** *adj* future **II.** *adv* in future
Kunst <-, Künste> [kʊnst, *pl* 'kʏnstə] *f* art ▶ **keine** ~ **sein** (*fam*) to be easy
Kunstakademie *f* art college **Kunstausstellung** *f* art exhibit[ion] **Kunstdünger** *m* artificial fertilizer **Kunsterziehung** *f* (*geh*) art **Kunstfaser** *f* synthetic fibre **kunstfertig** *adj* skilful **Kunstgegenstand** *m* objet d'art **Kunstgeschichte** *f kein pl* art history **Kunstgewerbe** *nt kein pl* arts and crafts **Kunstgriff** *m* trick **Kunsthandwerk** *nt kein pl* craft[work] **Kunstleder** *nt* imitation leather
Künstler(in) <-s, -> ['kʏnstlɐ] *m(f)* artist
künstlerisch ['kʏnstlərɪʃ] *adj* artistic
Künstlername *m* pseudonym
künstlich ['kʏnstlɪç] **I.** *adj* artificial **II.** *adv* (*gekünstelt*) affectedly
Kunstmaler(in) *m(f)* (*geh*) artist, painter **Kunstsammlung** *f* art collection **Kunstseide** *f* artificial silk **Kunststoff** *m* synthetic material **Kunststück** *nt* trick; **das ist doch kein ~!** there's nothing to it! **Kunstturnen** *nt* gymnastics + *sing vb* **Kunstwerk** *nt* work of art
kunterbunt ['kʊntɐbʊnt] *adj* ❶ (*vielfältig*) varied ❷ (*bunt*) multi-coloured ❸ (*wahllos*) motley
Kupfer <-s> ['kʊpfɐ] *nt kein pl* copper
Kuppe <-, -n> ['kʊpə] *f* ❶ (*Bergkuppe*) [rounded] hilltop ❷ (*Fingerkuppe*) tip
Kuppel <-, -n> ['kʊpl] *f* dome
kuppeln[1] ['kʊpln] *vi* to operate the clutch
kuppeln[2] ['kʊpln] *vt* ■ **etw an etw** *akk* ~ to couple sth to sth
Kupplung <-, -en> ['kʊplʊŋ] *f* ❶ clutch ❷ (*für Anhänger*) coupling
Kur <-, -en> [kuːɐ] *f* course of treatment; **in** ~ **fahren** to go to a health resort
Kür <-, -en> [kyːɐ] *f* free style
Kuratorium <-s, -rien> [kura'toːriʊm, *pl* -riən] *nt* board of trustees
Kurbel <-, -n> ['kʊrbl] *f* crank
Kurbelwelle *f* crankshaft
Kürbis <-ses, -se> ['kʏrbɪs] *m* pumpkin
Kurgast *m* visitor to a health resort **Kurhaus** *nt* assembly rooms [at a health resort]

Kurier <-s, -e> [kuˈriːɐ̯] m courier
Kurierdienst m courier service
kurieren* [kuˈriːrən] vt to cure (**von** of)
kurios [kuˈrioːs] adj curious
Kuriosität <-, -en> [kuri̯oziˈtɛt] f curiosity
Kurort m health resort **Kurpfuscher(in)** m(f) (pej) quack
Kurs¹ <-es, -e> [kʊrs, pl ˈkʊrzə] m ❶ (Richtung) course; **vom ~ abkommen** to deviate from one's course; **den ~ beibehalten** to maintain [one's] course; **jdn auf ~ bringen** to bring sb into line; **den ~ wechseln** to change course ❷ (Wechselkurs) exchange rate ❸ BÖRSE price; **im ~ fallen** to fall in price; **hoch im ~ [bei jdm] stehen** (a. fig) to be very popular [with sb]
Kurs² <-es, -e> [kʊrs, pl ˈkʊrzə] m (Lehrgang) course
Kursbuch nt timetable
Kurseinbruch f slump in prices
kursieren* [kʊrˈziːrən] vi to circulate
kursiv [kʊrˈziːf] I. adj italic II. adv in italics
Kursivschrift [kʊrˈziːf-] f italics
Kursnotierung f quoted price **Kursrückgang** m BÖRSE fall [or decline] in prices **Kursschwankung** f BÖRSE price fluctuation **Kurssturz** m BÖRSE collapse in rates
Kursteilnehmer(in) m(f) participant in a course
Kurswagen m BAHN through coach
Kurve <-, -n> [ˈkʊrvə] f ❶ (Straßenkurve) bend; **aus der ~ fliegen** (fam) to leave the road on the bend; **eine ~ machen** to bend; ❷ (gekrümmte Linie) curve ▶ **die ~ kratzen** (fam) to clear off
kurvenreich adj curvy
kurz <kürzer, kürzeste> [kʊrts] I. adj ❶ (räumlich; zeitlich) short ❷ (knapp) brief ▶ **den Kürzeren ziehen** (fam) to come off worst II. adv ❶ (räumlich) short; **etw kürzer machen** to shorten sth ❷ (zeitlich) for a short time; **sich ~ fassen** to be brief; **~ gesagt** in a word; **jdn ~ sprechen** to have a quick word with sb; **bis vor ~em** up until a short while ago; **vor ~em** a short while ago; **~ bevor** just before; **~ nachdem** shortly after; **über ~ oder lang** sooner or later ▶ **~ angebunden sein** (fam) to be abrupt; **~ entschlossen** without a moment's hesitation; **~ und gut** in a word; **zu ~ kommen** to lose out
Kurzarbeit f kein pl short-time work **kurz|arbeiten** vi to work short-time **kurzärm(e)lig** adj short-sleeved **Kurzbrief** m brief memo
Kürze <-, selten -n> [ˈkʏrtsə] f shortness; **in aller ~** very briefly
kürzen [ˈkʏrtsn̩] vt ❶ to shorten (**um** by) ❷ (verringern) to cut (**um** by, **auf** to)
kurzerhand [ˈkʊrtsɐˈhant] adv there and then
Kurzfassung f abridged version **Kurzfilm** m short film **Kurzform** f shortened form **kurzfristig** [ˈkʊrtsfrɪstɪç] I. adj ❶ (innerhalb kurzer Zeit erfolgend) at short notice ❷ (für kurze Zeit geltend) short-term II. adv ❶ (innerhalb kurzer Zeit) within a short time ❷ (für kurze Zeit) briefly **Kurzgeschichte** f short story **kurzlebig** [ˈkʊrtsleːbɪç] adj short-lived
kürzlich [ˈkʏrtslɪç] adv not long ago
Kurznachrichten pl news in brief + sing vb **Kurzschluss**ᴿᴿ <-es, Kurzschlüsse> m, **Kurzschluß**ᴬᴸᵀ <-sses, Kurzschlüsse> m ELEK short-circuit **Kurzschlusshandlung**ᴿᴿ f knee-jerk reaction **kurzsichtig** adj short-sighted **Kurzstreckenflug** m short-haul flight **Kurzstreckenrakete** f short-range missile
Kürzung <-, -en> f ❶ abridgement ❷ FIN cut
Kurzwaren pl haberdashery BRIT, dry goods AM **kurzweilig** <-er, -ste> [ˈkʊrtsvailɪç] adj (veraltet) entertaining **Kurzwelle** f short wave
Kurzzeitgedächtnis m short-term memory
kuscheln [ˈkʊʃl̩n] I. vr (fam) ■ **sich an jdn ~** to cuddle up to sb; ■ **sich in etw** akk **~** to snuggle up in sth II. vi ■ **mit jdm ~** to cuddle up to sb
Kuschelrock <-s, -> m kein pl MUS soft rock
kuschen [ˈkʊʃn̩] vi ■ **[vor jdm] ~** to obey [sb]
Kusine <-, -n> [kuˈziːnə] f fem form von **Cousin** cousin
Kussᴿᴿ <-es, Küsse> m, **Kuß**ᴬᴸᵀ <-sses, Küsse> [kʊs, pl ˈkʏsə] m kiss
küssen [ˈkʏsn̩] vt, vi to kiss
Küste <-, -n> [ˈkʏstə] f coast
Küstengewässer pl coastal waters **Küstenschiffahrt**ᴬᴸᵀ f kein pl s. **Küstenschifffahrt Küstenschifffahrt**ᴿᴿ f kein pl coastal shipping no pl
Küster(in) <-s, -> [ˈkʏstɐ] m(f) sexton
Kutsche <-, -n> [ˈkʊtʃə] f carriage
Kutte <-, -n> [ˈkʊtə] f habit

Kuttel <-, -n> ['kʊtl] f meist pl tripe sing
Kutter <-s, -> ['kʊtɐ] m cutter
Kuvert <-s, -s o -[e]s, -e> [ku'veːɐ̯] nt envelope
Kuwait <-s> [kuˈvait] nt Kuwait
Kuwaiter(in) m(f) Kuwaiti
KZ <-s, -s> [kaːˈtsɛt] nt Abk von **Konzentrationslager** concentration camp

L

L, l <-, - o fam -s, -s> [ɛl] nt L, l; s. a. **A 1**
labern ['laːbɐn] vi (pej) to prattle on (**über** about)
labil [laˈbiːl] adj unstable
Labor <-s, -s o -e> [laˈboːɐ̯] nt laboratory
Laborant(in) <-en, -en> [laboˈrant] m(f) laboratory technician
Laborbefund m SCI [laboratory] test results
Labyrinth <-[e]s, -e> [labyˈrɪnt] nt maze
Lache¹ <-, -n> ['laxə] f puddle
Lache² <-, -n> ['laxə] f (pej fam) laugh[ter]
lächeln ['lɛçln̩] vi to smile
Lächeln <-s> ['lɛçln̩] nt kein pl smile
lachen ['laxn̩] vi to laugh (**über** at) ▶ **gut ~ haben** to be all right for sb to laugh; **wer zuletzt lacht, lacht am besten** (prov) he who laughs last, laughs longest
Lachen <-s> ['laxn̩] nt kein pl laughter
lächerlich ['lɛçɐlɪç] adj ridiculous; **jdn/sich ~ machen** to make a fool of sb/oneself
Lachfalten pl laughter-lines pl **Lachgas** nt laughing gas
lachhaft adj laughable
Lachs <-es, -e> [laks] m salmon
Lachsschinken m cured and rolled filet of pork
Lack <-[e]s, -e> [lak] m gloss paint; (durchsichtig) varnish
Lackel <-s, -> ['lakl] m SÜDD, ÖSTERR (fam: Tölpel) oaf
lackieren* [laˈkiːrən] vt a. Fingernägel to paint; Holz to varnish
Lackleder <-s> nt patent leather
Lackmuspapier nt litmus paper
Lackschuh m patent leather shoe
Ladegerät nt battery charger

laden¹ <lädt, lud, geladen> ['laːdn̩] vt, vi ❶ to load (**auf** on[to], **in** in[to]); ■**etw aus etw** dat ~ to unload sth from sth ❷ (sich aufbürden) ■**etw auf sich** akk ~ to saddle oneself with sth ❸ ELEK to charge (**mit** with)
laden² <lädt, lud, geladen> ['laːdn̩] vt JUR to summon
Laden¹ <-s, Läden> ['laːdn̩, pl 'lɛːdn̩] m (Geschäft) shop, AM usu store ▶ **den ~ schmeißen** (sl) to run the [whole] show
Laden² <-s, Läden o -> ['laːdn̩, pl 'lɛːdn̩] m shutter
Ladenbesitzer(in) m(f) shopkeeper **Ladendieb(in)** m(f) shoplifter **Ladenhüter** m shelf warmer **Ladenkette** f chain of shops **Ladenpreis** m retail price **Ladenschluss^RR** m kein pl closing time **Ladenschlusszeit^RR** f closing time **Laderampe** f loading ramp **Laderaum** m cargo space
lädieren* [lɛˈdiːrən] vt to damage
Ladung¹ <-, -en> f ❶ load ❷ ELEK charge
Ladung² <-, -en> f JUR summons + sing vb
Lage <-, -n> ['laːgə] f ❶ (örtlich) position ❷ (Situation) situation; **zu etw** dat **in der ~ sein** to be in a position to do sth; **sich in jds ~ versetzen** to put oneself in sb's position ❸ (Schicht) layer
Lageplan m survey map
Lager <-s, -> ['laːgɐ] nt ❶ HANDEL warehouse; **etw auf ~ haben** to have sth in stock; (fig) to have sth at the ready ❷ (Unterkunft) camp
Lagerfeuer nt campfire **Lagerhaltung** f storekeeping **Lagerhaus** nt warehouse
Lagerist(in) <-en, -en> [laːgəˈrɪst] m(f) (geh) store supervisor
lagern ['laːgɐn] I. vt to store II. vi ❶ to be stored ❷ (campieren) to camp
Lagerraum m storeroom
Lagerung <-, -en> f warehousing
Lagerverwalter(in) m(f) storekeeper, store supervisor
Lagune <-, -n> [laˈguːnə] f lagoon
lahm [laːm] adj ❶ (gelähmt) lame ❷ (fam: langsam) sluggish
Lahmarsch m (sl) slowcoach BRIT, slowpoke AM
lahmarschig adj (sl) bloody idle BRIT, extremely slow AM
lahmen ['laːmən] vi to be lame (**auf** in)
lähmen ['lɛːmən] vt to paralyse
Lahmlegung <-, -en> f paralysis

lahm|legen vt to bring to a standstill
Lähmung <-, -en> f paralysis
Laib <-[e]s, -e> [laip, pl 'laibə] m loaf
Laich <-[e]s, -e> [laiç] m spawn
laichen ['laiçn̩] vi to spawn
Laie, Laiin <-n, -n> ['laiə, 'laiɪn] m, f layman masc, laywoman fem
Lake <-, -n> ['laːkə] f brine
Laken <-s, -> ['laːkn̩] nt sheet
Lakritz <-es, -e> [la'krɪts] m, **Lakritze** <-, -n> [la'krɪtsə] f DIAL liquorice
lallen ['lalən] vi, vt to slur
Lama <-s, -s> ['laːma] nt ZOOL llama
Lamelle <-, -n> [la'mɛlə] f ❶ (Plättchen) slat ❷ BOT lamella
Lametta <-s> [la'mɛta] nt kein pl tinsel
Lamm <-[e]s, Lämmer> [lam, pl 'lɛmɐ] nt lamb
Lammfell nt lambskin
Lampe <-, -n> ['lampə] f lamp
Lampenfieber nt stage fright **Lampenschirm** m lampshade
Lampion <-s, -s> [lam'pi̯ɔn, 'lampi̯ɔn] m Chinese lantern
lancieren* [lã'siːrən] vt (geh) ❶ Nachricht to leak ❷ Produkt to launch
Land <-[e]s, Länder> [lant, pl 'lɛndɐ] nt ❶ kein pl (Festland) land; **an ~ gehen** to go ashore ❷ kein pl (ländliche Gegend) country; **auf dem ~[e]** in the country ❸ (Staat) country ❹ (Bundesland) federal state ▶ **andere Länder, andere Sitten** every country has its own customs
Landadel m [landed] gentry **Landarbeiter(in)** m(f) farm hand **Landbevölkerung** f rural population
Landebahn f runway
landeinwärts [lant'ʔainvɛrts] adv inland
landen ['landn̩] I. vi sein ❶ to land (**auf** on, **in** in) ❷ (fam: hingelangen o enden) to end up II. vt haben to land
Landenge f isthmus
Ländereien [lɛndə'raiən] pl estates
Länderspiel nt international [match]
Landesfarben pl national colours **Landesgrenze** f ❶ frontier ❷ (eines Bundeslandes) federal state boundary **Landesinnere(s)** nt interior **Landesregierung** f state government
Landesteg m gangway, gangplank **Landesverrat** m treason **Landeszentralbank** f regional central bank **Landflucht** f rural exodus **Landfriedensbruch** m breach of the public peace **Landgericht** nt district court **Landgut** nt estate **Landhaus** nt country house **Landkarte** f map **Landkreis** m administrative district
landläufig adj popular
Landleben nt country life
Ländler <-s, -> ['lɛntlɐ] m ÖSTERR country dance
ländlich ['lɛntlɪç] adj rural
Landplage f plague **Landratte** f (hum fam) landlubber dated
Landschaft <-, -en> ['lantʃaft] f landscape
landschaftlich I. adj scenic II. adv scenically
Landschaftsgärtner(in) m(f) landscape gardener **Landschaftspflege** f AGR rural conservation
Landsmann, -männin <-leute> m, f compatriot
Landstraße ['lantʃtraːsə] f secondary road **Landstreicher(in)** <-s, -> m(f) tramp
Landtag m federal state parliament
Landung <-, -en> f landing
Landungsbrücke f pier
Landvermessung f land surveying
Landwirt(in) m(f) farmer
Landwirtschaft f kein pl agriculture
landwirtschaftlich adj agricultural; **~er Betrieb** farm
Landwirtschaftsminister(in) m(f) minister of agriculture BRIT, agriculture secretary AM
Landzunge f headland
lang <länger, längste> [laŋ] I. adj ❶ long ❷ Mensch tall II. adv <länger, am längsten> ❶ (eine lange Dauer) long; **bleibst du noch ~ in Stuttgart?** are you staying in Stuttgart for long?; **wir können hier nicht länger bleiben** we can't stay here any longer; **wo bist du denn so ~e geblieben?** where have you been all this time?; **ich weiß das schon ~** I've known that for a long time ❷ (für die Dauer von etw) **einen Moment/eine Stunde ~** for a moment/an hour
langatmig adj long-winded
lange ['laŋə] adv s. lang II 1
Länge <-, -n> ['lɛŋə] f ❶ (räumlich) length; **ich brauche Pfähle von drei Metern ~** I need posts three metres in length; **in die ~ wachsen** to shoot up ❷ (zeitlich) length; **in voller ~** in its entirety; **sich in die ~ ziehen** to drag on

langen ['laŋən] **I.** *vi* (*fam*) ❶ (*ausreichen*) ▪ [jdm] ~ to be enough [for sb] ❷ (*sich erstrecken*) to reach; **der Vorhang langt bis ganz zum Boden** the curtain reaches right down to the floor; **ich kann mit der Hand bis ganz unter den Schrank** ~ I can reach right under the cupboard with my hand ❸ (*fassen*) **lange bloß nicht mit der Hand an die Herdplatte** make sure you don't touch the hotplate with your hand ❹ (*fam:* **genug sein**) **jetzt langt's aber!** I've just about had enough! **II.** *vt* (*fam*) (*geben*) ▪ **jdm etw** ~ to hand sb sth ▸ **jdm eine** ~ (*fam*) to give sb a clip round the ear [*or* AM on the ears]

Längengrad *m* degree of longitude **Längenmaß** *nt* linear measure

längerfristig *adj* fairly long-term

Langeweile <-> ['laŋəvailə] *f kein pl* boredom; ~ **haben** to be bored

langfädig *adj* SCHWEIZ (*langatmig*) long-winded *pej*

Langfinger ['laŋfɪŋɐ] *m* pickpocket **langfristig** **I.** *adj* long-term **II.** *adv* on a long-term basis **langjährig** *adj* long-standing **Langlauf** *m kein pl* cross-country skiing **Langlaufski** *m* cross-country ski

langlebig *adj* ❶ (*lange lebend*) long-lived ❷ (*lange haltbar*) long-lasting

Langlebigkeit <-> *f kein pl* ❶ (*Anlage für langes Leben*) longevity ❷ (*lange Gebrauchsfähigkeit*) durability

länglich ['lɛŋlɪç] *adj* longish

längs [lɛŋs] **I.** *präp +gen* ▪ ~ **einer S.** *gen* along sth **II.** *adv* lengthways; ~ **gestreift** with vertical stripes

Längsachse *f* longitudinal axis

langsam ['laŋzaːm] **I.** *adj* ❶ slow ❷ (*allmählich*) gradual **II.** *adv* ❶ slowly ❷ gradually ▸ ~ **, aber** <u>sicher</u> slowly but surely

Langsamkeit <-> *f kein pl* slowness

Langschläfer(in) *m(f)* late riser

längst [lɛŋst] *adv* ❶ (*lange*) long since ❷ (*bei weitem*) **das ist** ~ **nicht alles** that's not everything by a long shot

längste(r, s) *adj, adv superl von* **lang**

längstens ['lɛŋstn̩s] *adv* (*höchstens*) at the most

Langstreckenflug *m* long-haul flight

Languste <-, -n> [laŋˈgʊstə] *f* crayfish

langweilen ['laŋvailən] **I.** *vt* to bore **II.** *vi* to be boring **III.** *vr* ▪ **sich** ~ to be bored

langweilig ['laŋvailɪç] *adj* boring

Langwelle *f* long wave

langwierig ['laŋviːrɪç] *adj* long-drawn-out

Langzeitarbeitslose(r) *f(m) dekl wie adj* long-term unemployed person

Langzeitarbeitslosigkeit *f* long-term unemployment

Langzeitgedächtnis *nt* long-term memory

Langzeitmaßnahme *f* long-term measure

Lanze <-, -n> ['lantsə] *f* lance

Laos <-> ['laːɔs] *nt* Laos

Lapislazuli <-, -> [lapɪsˈlaːtsuli] *m* lapis lazuli

Lappalie <-, -n> [laˈpaːli̯ə] *f* trifle

Lappen <-s, -> ['lapn̩] *m* rag ▸ **jdm durch die** ~ **gehen** (*fam*) to slip through sb's fingers

läppisch ['lɛpɪʃ] *adj* (*lächerlich*) ridiculous

Lapsus <-, -> ['lapsʊs] *m* (*geh*) mistake

Laptop <-s, -s> ['lɛptɔp] *m* laptop

Lärche <-, -n> ['lɛrçə] *f* larch

Larifari <-s> [lariˈfaːri] *nt kein pl* (*fam*) nonsense

Lärm <-[e]s> [lɛrm] *m kein pl* noise; ~ **machen** to make a noise ▸ **viel** ~ **um nichts** [**machen**] [to make] a lot of fuss about nothing

Lärmbelästigung *f* noise pollution **lärmempfindlich** *adj* sensitive to noise

lärmen ['lɛrmən] *vi* to make noise

Lärmpegel *m* noise level **Lärmschutz** *m* protection against noise **Lärmschutzwand** *f* noise barrier

Larve <-, -n> ['larfə] *f* ❶ ZOOL larva ❷ (*Maske*) mask

lasch [laʃ] *adj* (*fam*) ❶ (*schlaff*) feeble ❷ (*nachsichtig*) lax

Lasche <-, -n> ['laʃə] *f* flap; (*Kleidung*) loop

Laser <-s, -> ['leːzɐ, 'leɪzɐ] *m* laser

Laserdrucker *m* laser printer

lassen <lässt, ließ, gelassen> ['lasn̩] **I.** *vt* ❶ (*unterlassen*) to stop; **lass das!** stop it!; **wenn du keine Lust dazu hast, dann lass es doch** if you don't feel like it, then don't do it; **es nicht** ~ **können** not to be able to stop it ❷ (*zurücklassen*) ▪ **jdn/etw irgendwo** ~ to leave sb/sth somewhere; **etw hinter sich** *dat* ~ to leave sth behind one ❸ (*überlassen*) ▪ **jdm etw** ~ to let sb have sth ❹ (*in einem Zustand lassen*) **jdn ohne Aufsicht** ~ to leave sb unsupervised; **etw** ~**, wie es ist** to leave sth as it is ❺ (*fam: loslassen*) ▪ **jdn/etw** ~ to let sb/sth go; **lass den Hund nicht**

nach draußen don't let the dog go outside ❻ (*in Ruhe lassen*) ■ **jdn ~** to leave sb alone ❼ (*hineinlassen*) **frische Luft ins Zimmer ~** to let a bit of fresh air into the room ❽ (*zugestehen*) **eines muss man ihm ~, er versteht sein Handwerk** you've got to give him one thing, he knows his job ▶ **einen ~** (*fam*) to let one rip **II.** *vb aux* <lässt, ließ, lassen> *modal* ❶ (*veranlassen*) ■ **jdn etw tun ~** to have sb do sth; **sie wollen ihre Kinder studieren ~** they want their children to study; **jdn kommen ~** to send for sb; **~ Sie Herrn Braun hereinkommen** send Mr. Braun in; ■ **etw machen ~** to have sth done; **etw reparieren ~** to have sth repaired; **ich lasse mir die Haare schneiden** I'm having my hair cut ❷ (*zulassen*) ■ **jdn etw tun ~** to let sb do sth; **lass sie gehen!** let her go!; **lass mich doch bitte ausreden!** let me finish speaking, please!; **das lasse ich nicht mit mir machen** I won't stand for it! ❸ (*Möglichkeit ausdrückend*) **das lässt sich machen!** that can be done!; **dieser Witz lässt sich nicht ins Deutsche übersetzen** this joke cannot be translated into German ❹ *als Imperativ* **lass uns gehen** let's go **III.** *vi* <lässt, ließ, gelassen> (*ablassen*) **sie ist so verliebt, sie kann einfach nicht von ihm ~** she is so in love, she simply can't part from him; **vom Alkohol ~** to give up alcohol

lässig ['lɛsɪç] **I.** *adj* casual **II.** *adv* ❶ casually ❷ (*fam: mit Leichtigkeit*) easily

Last <-, -en> [last] *f* ❶ (*was getragen wird*) load ❷ (*Gewicht*) weight ❸ (*Bürde*) burden ❹ *pl* FIN burden; **zu jds ~en gehen** to be charged to sb ▶ **jdm zur ~ fallen** to become a burden on sb; **jdm etw zur ~ legen** to accuse sb of sth

lasten ['lastn̩] *vi* ■ **auf jdm ~** to rest with sb

Lastentaxi *nt* taxivan

Laster[1] <-s, -> ['lastɐ] *m* (*LKW*) lorry BRIT, truck AM

Laster[2] <-s, -> ['lastɐ] *nt* vice

lasterhaft *adj* depraved

Lästermaul *nt* (*pej*) knocker

lästern ['lɛstɐn] *vi* to make disparaging remarks (**über** about)

lästig ['lɛstɪç] *adj* ❶ irritating ❷ (*aufdringlich*) annoying; **jdm ~ sein** to annoy sb

Lastkahn *m* barge

Lastkraftwagen *m s.* **Lastwagen**

Lastschrift *f* (*Abbuchung*) debit entry

Lastwagen *m* lorry BRIT, truck AM **Lastzug** *m* lorry with trailer

Lasur <-, -en> [la'zu:ɐ] *f* varnish

Latein <-s> [la'tain] *nt* Latin ▶ **mit seinem ~ am Ende sein** to be at one's wits' end

Lateinamerika *nt* Latin America

Lateinamerikaner(in) <-s, -> *m(f)* Latin American

lateinamerikanisch *adj* Latin American

lateinisch *adj* Latin; **auf L~** in Latin

Laterne <-, -n> [la'tɛrnə] *f* ❶ lantern ❷ (*Straßenlaterne*) streetlamp

Laternenpfahl *m* lamppost

Latex <-, Latizes> ['la:tɛks, *pl* 'la:titse:s] *m* latex

latschen ['la:tʃn̩] *vi sein* (*fam*) to trudge

Latschen <-s, -> ['la:tʃn̩] *m* (*fam*) [worn-out] shoe ▶ **aus den ~ kippen** (*fam*) to be bowled over

Latschenkiefer *f* mountain pine

Latte <-, -n> ['latə] *f* slat ▶ **eine ganze ~ von etw** *dat* (*fam*) a load of sth

Lattenrost *m* slatted frame **Lattenzaun** *m* picket fence

Latz <-es, Lätze> [lats, *pl* 'lɛtsə] *m* ❶ (*Hosenlatz*) flap ❷ (*Lätzchen*) bib

Latzhose *f* dungarees *npl*

lau [lau] *adj* ❶ (*mild*) mild ❷ (*lauwarm*) lukewarm

Laub <-[e]s> [laup] *nt kein pl* foliage

Laubbaum *m* deciduous tree

Laube <-, -n> ['laubə] *f* arbour

Laubfrosch *m* tree frog **Laubsäge** *f* fretsaw **Laubwald** *m* deciduous forest

Lauch <-[e]s, -e> [laux] *m* leek

Lauchzwiebel *f* spring onion

Lauer <-> ['lauɐ] *f* **auf der ~ liegen** to lie in wait

lauern ['lauɐn] *vi* to lie in wait (**auf** for)

Lauf <-[e]s, Läufe> [lauf, *pl* 'lɔyfə] *m* ❶ *kein pl* run ❷ *kein pl eines Flusses* course ❸ (*Verlauf*) course; **das ist der ~ der Dinge** that's the way things go; **seinen ~ nehmen** to take its course; **im ~e einer S.** *gen* in the course of sth; **im ~e der Jahrhunderte** over the centuries ❹ (*Gewehrlauf*) barrel ▶ **etw** *dat* **freien ~ lassen** to give free rein to sth; **lasst eurer Fantasie freien ~** let your imagination run wild

Laufbahn *f* career

laufen <läuft, lief, gelaufen> ['laufn̩] **I.** *vi*

sein ① *(rennen)* to run ② *(fam: gehen)* to go, to walk ③ *(fließen)* to run; **das Blut lief ihm übers Gesicht** the blood ran down his face ④ *(funktionieren)* to work; *Maschine* to run; *(eingeschaltet sein)* to be on ⑤ *Film* to be on ⑥ *(seinen Gang gehen)* to go; **wie läuft es?** how's it going?; **läuft etwas zwischen euch?** is there anything going on between you? ⑦ *(geführt werden)* **auf jds Namen** ~ to be issued in sb's name ⑧ *(gut verkäuflich sein)* **das neue Produkt läuft [nicht so] gut** the new product is [not] selling well ▶ **die Sache ist gelaufen** it's too late now; **das läuft bei mir nicht!** I'm not having that! II. *vt haben o sein* **Rollschuh/Schlittschuh/Ski** ~ to rollerskate/iceskate/ski

laufend I. *adj attr* ① *(geh: derzeitig)* current ② *(ständig)* constant ▶ **jdn auf dem L~en halten** to keep sb up-to-date; **auf dem L~en sein** to be up-to-date II. *adv* constantly

Läufer¹ <-s, -> ['lɔyfɐ] *m* SCHACH bishop

Läufer(in)² <-s, -> ['lɔyfɐ] *m(f)* runner

Lauffeuer *nt* ▶ **sich wie ein ~ verbreiten** to spread like wildfire **Laufgitter** *nt s.* **Laufstall**

läufig ['lɔyfɪç] *adj* on heat

Laufkundschaft *f kein pl* passing trade **Laufmasche** *f* ladder **Laufpass**^RR <-es> *m*, **Laufpaß**^ALT <-sses> *m kein pl* ▶ **jdm den ~ geben** to give sb their marching orders **Laufschritt** *m* **im ~** MIL at the double **Laufstall** *m* playpen **Laufsteg** *m* catwalk **Laufvogel** *f* BIOL flightless bird, ratite **Laufwerk** *nt eines Computers* disc drive

Lauge <-, -n> ['laugə] *f* ① *(Seifenlauge)* soapy water ② CHEM lye

Laune <-, -n> ['launə] *f* mood; **gute/schlechte ~ haben** to be in a good/bad mood; **seine ~n an jdm auslassen** to take one's temper out on sb

launisch ['launɪʃ] *adj* moody

Laus <-, Läuse> [laus, *pl* 'lɔyzə] *f* louse ▶ **jdm ist eine ~ über die Leber gelaufen** *(fam)* sb got out of the wrong side of bed

lauschen ['lauʃn] *vi* ① to listen ② *(heimlich)* to eavesdrop

lauschig ['lauʃɪç] *adj* snug

Lausejunge *m (fam)* rascal

lausen ['lauzn] *vt* to delouse

lausig ['lauzɪç] *adj (pej fam)* ① awful ② *(geringfügig)* measly

laut¹ [laut] I. *adj* ① loud ② *(voller Lärm)* noisy II. *adv* loudly; **sag das nicht ~!** don't let anyone hear you say that!; **kannst du das ~er sagen?** can you speak up?; **~ denken** to think out loud; **etw ~er stellen** to turn up sth *sep*

laut² [laut] *präp +gen o dat* **~ Zeitungsberichten ...** according to newspaper reports ...

Laut <-[e]s, -e> [laut] *m* noise; **keinen ~ von sich** *dat* **geben** to not make a sound

lauten ['lautn] *vi* ① to read; **wie lautet der letzte Absatz?** how does the final paragraph go? ② *(ausgestellt sein)* **auf jdn** [*o* **jds Namen**] ~ to be in sb's name

läuten ['lɔytn] I. *vi* to ring ▶ **ich habe davon ~ gehört, dass ...** I have heard rumours that ... II. *vi impers* ■ **es läutet** the bell is ringing; **es hat geläutet** there was a ring at the door; **es läutet sechs Uhr** the clock's striking six

lauter ['lautɐ] *adj* just; **das sind ~ Lügen** that's nothing but lies; **vor ~ ...** because of ...

lauthals ['lauthals] *adv* at the top of one's voice *pred*

lautlich ['lautlɪç] *adj* phonetic

lautlos ['lautlo:s] I. *adj* noiseless II. *adv* noiselessly

Lautschrift *f* phonetic alphabet

Lautsprecherbox *f* speaker

lautstark I. *adj* loud II. *adv* loudly

Lautstärke *f* volume; **bei voller ~** at full volume; **etw auf volle ~ stellen** to turn sth up to full volume

Lautstärkeregler *m* volume control

lauwarm ['lauvarm] *adj* lukewarm

Lava <-, Laven> ['la:va, *pl* 'la:vən] *f* lava

Lavabo <-[s], -s> [la'va:bo] *nt* SCHWEIZ *(Waschbecken)* washbasin

Lavendel <-s, -> [la'vɛndl] *m* lavender

Lawine <-, -n> [la'vi:nə] *f* avalanche; **eine ~ ins Rollen bringen** to start an avalanche

Lawinengefahr *f kein pl* risk of avalanches

lax [laks] *adj* lax

Lazarett <-[e]s, -e> [latsa'rɛt] *nt* military hospital

LCD <-[s], -s> [ɛltseː'deː] *nt Abk von* **liquid-crystal display** LCD

Lebemann *m (pej)* playboy

leben ['leːbn] I. *vi* ① to live; **er lebt [noch]** he's [still] alive; **lang lebe der/die/das ...!** long live the ...!; **mit etw** *dat* **~ können/müssen** to be able to/have to live with sth; **getrennt ~** to live apart; **vegetarisch ~** to be vegetarian ❷ (*Lebensunterhalt bestreiten*) **wovon lebt der überhaupt?** whatever does he do for a living?; **vom Schreiben ~ to make a living as a writer** ▶ **leb[e] wohl!** farewell! **II.** *vt* **seinen Glauben/seine Ideale ~** to live according to one's beliefs/ideals **III.** *vr impers* **lebt es sich hier besser als dort?** is life better here than there?

Leben <-s, -> ['le:bn̩] *nt* ❶ (*Lebendigsein*) life; **am ~ sein** to be alive; **etw mit dem ~ bezahlen** to pay for sth with one's life; **mit dem ~ davonkommen** to escape with one's life; **jdn [künstlich] am ~ erhalten** to keep sb alive [artificially]; **ums ~ kommen** to die; **jdn am ~ lassen** to let sb live; **um sein ~ laufen** to run for one's life; **sich** *dat* **das ~ nehmen** to take one's life; **jdm das ~ retten** to save sb's life ❷ (*Existieren*) life; **das tägliche ~** everyday life; **am ~ hängen** to love life; **jdm/sich das ~ schwer machen** to make life difficult for sb/oneself; **sich [mit etw] durchs ~ schlagen** to struggle to make a living [doing sth]; **etw ins ~ rufen** to establish sth; **nie im ~** never ▶ **[bei etw] sein ~ aufs Spiel setzen** to risk one's life [doing sth]; **es geht um ~ und Tod** it's a matter of life and death

lebend I. *adj* living **II.** *adv* alive
lebendig [le'bɛndɪç] **I.** *adj* ❶ living; **~ sein** to be alive ❷ (*lebhaft*) lively **II.** *adv* **etw ~ schildern** to give a lively description of sth
Lebendigkeit <-> *f kein pl* vividness
Lebensabend *m* twilight years *pl* **Lebensabschnitt** *m* chapter in one's life **Lebensarbeitszeit** *f* ÖKON working life **Lebensart** *f kein pl* manners *pl* **Lebensbedingungen** *pl* living conditions **Lebensdauer** *f* life **Lebenserfahrung** *f* experience of life **lebenserhaltend** *adj* vital; *Geräte* life-support; **~e Maßnahmen** life-preserving measures **Lebenserwartung** *f* life expectancy **Lebensfreude** *f kein pl* love of life **lebensfroh** *adj* full of the joys of life *pred* **Lebensgefahr** *f* **es besteht ~** there is a risk of death; **jd ist in ~** sb's life is in danger; **jd ist außer ~** sb's life is no longer in danger **lebensgefährlich I.** *adj* life-threatening **II.** *adv* critically **Lebensgefährte, -gefährtin** *m, f* partner **Lebensgefühl** *nt kein pl* awareness of life **Lebenshaltungskosten** *pl* cost of living **Lebenslage** *f* situation [in life] **lebenslänglich** ['le:bn̩slɛŋlɪç] **I.** *adj* JUR life *attr*; for life *pred*; **„~"** **bekommen** (*fam*) to get "life" **II.** *adv* all one's life **Lebenslauf** *m* curriculum vitae **lebenslustig** *adj s.* **lebensfroh Lebensmittel** *nt meist pl* food **Lebensmittelgeschäft** *nt* grocer's **Lebensmittelverarbeitung** *f* food processing **Lebensmittelvergiftung** *f* food poisoning **Lebensqualität** *f kein pl* quality of life **Lebensraum** *m* habitat **Lebensretter(in)** *m(f)* life-saver **Lebensstandard** *m kein pl* standard of living **Lebensunterhalt** *m kein pl* subsistence; **mit etw** *dat*/**als etw seinen ~ verdienen** to earn one's keep by/as sth **Lebensversicherung** *f* life insurance **Lebensweise** *f* lifestyle **Lebensweisheit** *f* worldly wisdom **lebenswert** *adj* worth living *pred* **lebenswichtig** *adj* vital **Lebenszeichen** *nt* sign of life **Lebenszeit** *f* lifetime; **auf ~** for life

Leber <-, -n> ['le:bɐ] *f* liver ▶ **frei von der ~ weg reden** to speak frankly
Leberfleck *m* liver spot **Leberleiden** *nt* liver complaint **Leberpastete** *f* liver pâté **Lebertran** *m* cod-liver oil **Leberwurst** *f* liver sausage ▶ **die beleidigte ~ spielen** (*fam*) to get all in a huff
Lebewesen *nt* living thing
Lebewohl <-[e]s, -s> [le:bə'vo:l] *nt* (*geh*) farewell
lebhaft ['le:phaft] **I.** *adj* ❶ lively ❷ (*anschaulich*) vivid **II.** *adv* ❶ (*anschaulich*) vividly ❷ (*sehr stark*) intensely
Lebkuchen ['le:pku:xn̩] *m* gingerbread
leblos ['le:plo:s] *adj* lifeless
Lebzeiten *pl* **zu jds ~** in sb's lifetime
lechzen ['lɛçtsn̩] *vi* ■ **nach etw** *dat* **~** to long for sth
Lecithin <-s> [letsi'ti:n] *nt kein pl s.* **Lezithin**
leck [lɛk] *adj* leaky
Leck <-[e]s, -s> [lɛk] *nt* leak
lecken[1] ['lɛkn̩] *vi Tank* to leak
lecken[2] ['lɛkn̩] *vi, vt* to lick; ■ **an etw** *dat* **~** to lick sth
lecker ['lɛkɐ] **I.** *adj* delicious **II.** *adv* deliciously
Leckerbissen *m* delicacy
leck|schlagen *vi irreg sein* to be holed; ■ **leckgeschlagen** holed
Leder <-s, -> ['le:dɐ] *nt* leather; **zäh wie ~** tough as old boots
Lederhandschuh *m* leather glove

Lederjacke *f* leather jacket
ledern ['leːdɐn] *adj* ❶ leather ❷ (*zäh*) leathery
Lederwaren *pl* leather goods
ledig ['leːdɪç] *adj* single
Ledige(r) ['leːdɪɡə, -ɡɐ] *f(m) dekl wie adj* single person
lediglich ['leːdɪklɪç] *adv* merely
leer [leːɐ] **I.** *adj* ❶ empty; **etw ~ machen** to empty sth; **sich ~ fühlen** to feel empty inside ❷ *Seite* blank ❸ (*ausdruckslos*) vacant; **seine Augen waren ~** he had a vacant look in his eyes **II.** *adv* **das Glas ~ trinken** to finish one's drink; **wie ~ gefegt sein** to be deserted ▸**~ ausgehen** to go away empty-handed
Leere <-> ['leːrə] *f kein pl* emptiness; **gähnende ~** a gaping void
leeren ['leːrən] **I.** *vt* to empty **II.** *vr* ■ **sich ~** to empty
Leergewicht *nt* empty weight; **das ~ eines Fahrzeugs** the kerb weight of a vehicle
Leergut *nt kein pl* empties
Leerlauf *m* AUTO neutral gear; **im ~** in neutral
Leertaste *f* space-bar
Leerung <-, -en> *f Post* collection
legal [leˈɡaːl] **I.** *adj* legal **II.** *adv* legally
legalisieren* [leɡaliˈziːrən] *vt* to legalize
Legalität <-> [leɡaliˈtɛːt] *f kein pl* legality
Legastheniker(in) <-s, -> [leɡasˈteːnikɐ] *m(f)* dyslexic
Legebatterie ['leːɡə-] *f* (*pej*) laying battery
legen ['leːɡn̩] **I.** *vt* ❶ **jdn/etw irgendwohin ~** to put sb/sth somewhere; **seinen Arm um jdn ~** to put one's arm around sb ❷ *Eier* to lay ❸ (*verlegen, installieren*) **Kabel/Rohre/einen Teppich ~** to lay cables/pipes/a carpet **II.** *vr* ❶ (*sich hinlegen*) ■ **sich ~** to lie down; **sich ins Bett/in die Sonne/auf den Rücken ~** to go to bed/lay down in the sun/lie on one's back ❷ (*sich niederlassen*) ■ **sich auf etw** *akk* **~** to settle on sth ❸ (*nachlassen*) ■ **sich ~** to subside
legendär [leɡɛnˈdɛːɐ] *adj* legendary
Legende <-, -n> [leˈɡɛndə] *f* legend
leger [leˈʒeːɐ, leˈʒɛːɐ] **I.** *adj* casual **II.** *adv* casually
Legierung <-, -en> *f* alloy
Legion <-, -en> [leˈɡi̯oːn] *f* legion
Legionär <-s, -e> [leɡi̯oˈnɛːɐ] *m* legionary
Legislative <-n, -n> [leɡɪslaˈtiːvə] *f* legislative power
Legislaturperiode [leɡɪslaˈtuːɐ-] *f* legislative period
legitim [leɡiˈtiːm] *adj* legitimate
Lehm <-[e]s, -e> [leːm] *m* clay
lehmig ['leːmɪç] *adj* clayey
Lehne <-, -n> ['leːnə] *f* ❶ (*Armlehne*) armrest ❷ (*Rückenlehne*) back
lehnen ['leːnən] **I.** *vt, vi* to lean (**an/gegen** against) **II.** *vr* ■ **sich an jdn/etw ~** to lean on sb/sth; **sich aus dem Fenster ~** to lean out of the window
Lehnsessel *m* easy chair **Lehnstuhl** *m* armchair
Lehramt ['leːɐ-] *nt* ■ **das ~** the post of teacher
Lehrbeauftragte(r) *f(m) dekl wie adj* temporary lecturer **Lehrberuf** *m* teaching profession
Lehre <-, -n> ['leːrə] *f* ❶ (*Ausbildung*) apprenticeship; **eine ~ [als etw] machen** to serve an apprenticeship [as a/an sth] ❷ (*Erfahrung*) lesson; **jdm eine ~ erteilen** to teach sb a lesson ❸ (*Theorie*) theory
lehren ['leːrən] *vt* ■ **etw ~** to teach sth; (*an der Uni*) to lecture in sth; ■ **jdn [etw] ~** to teach sb [sth]
Lehrer(in) <-s, -> ['leːrɐ] *m(f)* teacher
Lehrfach *nt* subject
Lehrgang <-gänge> *m* course; **auf einem ~ sein** to be on a course **Lehrkörper** *m* teaching staff **Lehrkraft** *f* (*geh*) teacher
Lehrling <-s, -e> ['leːɐlɪŋ] *m* apprentice
Lehrmittel *nt* teaching aid **Lehrplan** *m* syllabus **lehrreich** *adj* instructive **Lehrsatz** *m* theorem **Lehrstelle** *f* apprenticeship **Lehrstuhl** *m* chair **Lehrzeit** *f* apprenticeship
Leib <-[e]s, -er> [laɪp] *m* body; **am ganzen ~e zittern** to shake all over; **bei lebendigem ~e alive**; **jdm vom ~e bleiben** (*fam*) not to bother sb; **sich** *dat* **jdn vom ~e halten** to keep sb at arm's length; **sich** *dat* **etw** *akk* **vom ~e halten** (*fig*) to avoid sth ▸ **mit ~ und Seele** whole-heartedly; **etw** *dat* **zu ~e rücken** to tackle sth
Leibesübungen *pl* physical education *no pl*
Leibgericht *nt* favourite meal
leibhaftig [laɪpˈhaftɪç] *adj* real; **sie ist die ~e Sanftmut** she is gentleness personified
leiblich ['laɪplɪç] *adj* ❶ (*körperlich*) physical ❷ *Vater* natural; **jds ~e Verwandten** sb's blood relations

Leibwächter(in) *m(f)* bodyguard
Leiche <-, -n> ['laiçə] *f* corpse ▶ **über ~n gehen** (*pej*) to stop at nothing
leichenblass^{RR} ['laiçn̩'blas] *adj* deathly pale **Leichenhalle** *f* mortuary **Leichenöffnung** *f* JUR post-mortem examination, autopsy **Leichenschauhaus** *nt* mortuary, *esp* AM morgue **Leichenstarre** *f* rigor mortis **Leichenverbrennung** *f* cremation
Leichnam <-s, -e> ['laiçna:m] *m* (*geh*) corpse
leicht [laiçt] **I.** *adj* ❶ light ❷ (*einfach*) easy; **nichts ~er als das!** no problem; **~e Lektüre** light reading ❸ (*geringfügig*) minor **II.** *adv* ❶ **~ bekleidet** dressed in light clothing ❷ (*einfach*) easily; **das ist ~er gesagt als getan** that's easier said than done; **es [im Leben] ~ haben** to have it easy [in life]; **etw geht [ganz] ~** sth is [quite] easy; **es jdm/sich ~ machen** to make it easy for sb/oneself; **es fällt jdm ~[, etw zu tun]** it's easy for sb [to do sth] ❸ (*nur wenig*) lightly; **~ verärgert sein** to be slightly annoyed ❹ (*schnell*) easily; **~ zerbrechlich** easy to break; **das sagst du so ~!** that's easy for you to say!
Leichtathlet(in) *m(f)* athlete BRIT, track and field athlete AM **Leichtathletik** *f* athletics BRIT + *sing vb, no art,* track and field AM + *sing vb, no art*
leichtfertig I. *adj* thoughtless **II.** *adv* thoughtlessly **leicht|nehmen** *vt irreg* to take lightly **Leichtgewicht** *nt kein pl* lightweight category **leichtgläubig** *adj* gullible
leichthin ['laiçt'hɪn] *adv* lightly
Leichtigkeit <-> *f* simplicity; **mit ~** effortlessly
leichtlebig *adj* happy-go-lucky **Leichtmetall** *nt* light metal **leicht|nehmen** *vt irreg* to take lightly **Leichtsinn** ['laiçtzɪn] *m kein pl* carelessness **leichtsinnig** ['laiçtzɪnɪç] *adj* careless
leid [lait] *adj pred* **ich bin es ~** I'm tired of it
Leid <-[e]s> [lait] *nt kein pl* ❶ (*Unglück*) sorrow; **jdm sein ~ klagen** to tell sb one's troubles ❷ (*Schaden*) harm
leiden <litt, gelitten> ['laidn̩] **I.** *vi* to suffer (**an** from); ■ **unter jdm ~** to suffer because of sb; ■ **unter etw** *dat* **~** to suffer from sth; ■ **darunter ~, dass ...** to suffer as a result of ... **II.** *vt* **jdn gut ~ können** to like sb
Leiden <-s, -> ['laidn̩] *nt* ❶ suffering *no pl* ❷ MED ailment
Leidenschaft <-, -en> ['laidn̩ʃaft] *f* passion; **ich bin Briefmarkensammler aus ~** I'm a passionate stamp collector; **mit ~** passionately
leidenschaftlich I. *adj* passionate **II.** *adv* passionately; ■ **etw ~ gern tun** to be passionate about sth
leidenschaftslos I. *adj* dispassionate **II.** *adv* dispassionately
Leidensgenosse, -genossin *m, f* fellow-sufferer
leider ['laidɐ] *adv* unfortunately; **ich habe das ~ vergessen** I'm sorry, I forgot about it
leidig ['laidɪç] *adj attr* (*pej*) tedious
leidlich ['laitlɪç] *adj attr* reasonable, fair, passable
Leidtragende(r) *f(m),* **Leid Tragende(r)** *f(m) dekl wie adj* ■ **der/die ~** the one to suffer
leid|tun *vt irreg* **tut mir leid!** [I'm] sorry!; **jdm tut etw leid** sb is sorry about sth; **es tut jdm leid, dass ...** sb is sorry that ...
leidvoll *adj* (*geh*) sorrowful
Leidwesen *nt kein pl* ■ **zu jds ~** much to sb's regret
Leier <-, -n> ['laiɐ] *f* lyre ▶ **es ist immer die alte ~** (*pej fam*) it's always the same old story
Leierkasten *m* (*fam*) barrel organ
Leiharbeit ['lai-] *f kein pl* subcontracted employment *no pl*
Leihbibliothek *f* lending library
Leihbücherei *f* lending library
leihen <lieh, geliehen> ['laiən] *vt* ❶ (*ausleihen*) to lend; ■ **geliehen** borrowed ❷ ■ **sich** *dat* **etw ~** to borrow sth (**von** from)
Leihgabe *f* loan **Leihhaus** *nt* pawn shop **Leihmutter** *f* surrogate mother
leihweise *adv* on loan
Leim <-[e]s, -e> [laim] *m* glue ▶ **jdm auf den ~ gehen** to fall for sb's tricks; **aus dem ~ gehen** to fall apart
leimen ['laimən] *vt* to glue together
Leine <-, -n> ['lainə] *f* ❶ (*Seil*) rope ❷ (*Wäscheleine*) line ❸ (*Hundeleine*) leash ▶ **~ ziehen** (*sl*) to beat it; **zieh ~!** piss off!
leinen ['lainən] *adj* linen
Leinen <-s, -> ['lainən] *nt* linen; **aus ~** made of linen
Leinsamen *m* linseed **Leintuch** <-tücher> *nt* sheet **Leinwand** *f* ❶ FILM screen ❷ KUNST canvas

leise ['laizə] **I.** *adj* ① quiet; **etw ~ stellen** to turn down sth *sep* ② (*gering*) slight; **es fiel ~r Regen** it was raining slightly; **nicht im L~sten** not at all **II.** *adv* quietly

Leiste <-, -n> ['laistə] *f* ① (*schmale Latte*) strip ② ANAT groin

leisten ['laistn̩] **I.** *vt* ① (*vollbringen*) **ganze Arbeit ~** to do a good job; **etw Bewundernswertes ~** to accomplish sth admirable; **[nicht] viel ~** to [not] get a lot done ② *Funktionsverb* **einen Eid ~** to swear an oath; **Hilfe ~** to render assistance; **eine Unterschrift ~** to sign sth; **Wehrdienst ~** to do one's military service; **Widerstand ~** to offer resistance **II.** *vr* ■ **sich** *dat* **etw ~** ① (*sich gönnen*) to treat oneself to sth ② (*sich herausnehmen*) to permit oneself sth ③ (*bezahlen können*) **sich** *dat* **etw ~ können** to be able to afford sth

Leistenbruch *m* hernia **Leistengegend** *f* groin, inguinal region *spec*

Leistung <-, -en> *f* ① *kein pl* performance ② (*geleistetes Ergebnis*) accomplishment; **eine hervorragende ~** an outstanding piece of work; **schulische ~en** results at school ③ TECH power ④ FIN payment

Leistungsabfall *m* reduction in productivity **Leistungsbonus** *m* FIN incentive pay **Leistungsdruck** *m kein pl* pressure to perform **Leistungsfach** *nt* SCH special subject **leistungsfähig** *adj* ① (*effizient*) efficient ② (*produktiv*) productive ③ *Motor* powerful **Leistungsgesellschaft** *f* meritocracy **Leistungskontrolle** *f* productivity [*or* performance] check **Leistungszulage** *f* ÖKON incentive payment

Leitartikel *m* leader

Leitbild *nt* [role] model

leiten ['laitn̩] *vt* ① (*Geschäft*) to run; **eine Abteilung/Schule ~** to be head of a department/school ② (*den Vorsitz führen*) to lead; *Sitzung* to chair ③ TECH to conduct; **gut/schlecht ~** to be a good/bad conductor ④ (*führen*) ■ **jdn** [**irgendwohin**] **~** to lead sb [somewhere]

leitend *adj* ① leading ② ÖKON managerial; **~er Angestellter** executive ③ PHYS conductive

Leiter[1] <-, -n> ['laitɐ] *f* ladder

Leiter[2] <-s, -> ['laitɐ] *m* PHYS conductor

Leiter(in) <-s, -> ['laitɐ] *m(f)* ① (*leitend Tätiger*) head; ÖKON manager ② (*Sprecher*) leader; **~ einer Diskussion** person chairing a discussion

Leitfaden *m* compendium **Leitgedanke** *m* central idea **Leithammel** *m* (*fam*) bellwether **Leitmotiv** *nt* leitmotiv **Leitplanke** *f* crash barrier

Leitung <-, -en> *f* ① *kein pl* (*Führung*) leadership; ÖKON management ② (*Rohr*) pipe ③ (*Kabel*) cable ④ TELEK line; **die ~ ist gestört** it's a bad line ▶ **eine lange ~ haben** (*fam*) to be slow on the uptake

Leitungsrohr *nt* pipe **Leitungswasser** *nt* tap water

Leitzins *m* prime rate

Lektion <-, -en> [lɛk'tsi̯oːn] *f* lesson; **jdm eine ~ erteilen** to teach sb a lesson

Lektor(in) <-s, -en> ['lɛktoːɐ̯, lɛk'toːrɪn, *pl* lɛk'toːrən] *m(f)* VERLAG editor

Lektüre <-, -n> [lɛk'tyːrə] *f* ① *kein pl* (*das Lesen*) reading ② (*Lesestoff*) reading matter

Lende <-, -n> ['lɛndə] *f* loin

Lendenbraten *m* KOCHK roast loin **Lendengegend** *f* lumbar region **Lendenschurz** *m* loincloth **Lendenstück** *nt* tenderloin **Lendenwirbel** *m* ANAT lumbar vertebra

lenkbar ['lɛŋkbaːɐ̯] *adj* **gut ~ sein** to be easy to steer

lenken ['lɛŋkn̩] *vt* ① (*steuern*) to steer ② (*beeinflussen*) to control ③ (*ausrichten*) **jds Aufmerksamkeit auf etw** *akk* **~** to draw sb's attention to sth; **seinen Blick auf jdn/etw ~** to turn one's gaze on sb/sth

Lenker <-s, -> *m* handlebars *pl*

Lenkrad *nt* steering-wheel

Lenkradschaltung *f* AUTO steering-column [gear]change [*or* AM gearshift] **Lenkradschloss**[RR] *nt* steering[-wheel] lock

Lenkstange *f* handlebars *pl*

Lenz <-es, -e> [lɛnts] *m* (*liter*) springtide ▶ **sich** *dat* **einen faulen ~ machen** (*fam*) to take it easy

Leopard <-en, -en> [leo'part] *m* leopard

Lepra <-> ['leːpra] *f kein pl* leprosy *no art*

Leprakranke(r) *f(m) dekl wie adj* leper

Lerche <-, -n> ['lɛrçə] *f* lark

lernbehindert *adj* ■ **~ sein** to have learning difficulties

lernen ['lɛrnən] **I.** *vt* ① to learn ② (*als Lehrling*) **er hat Bäcker gelernt** he trained as a baker ▶ **gelernt ist gelernt** once learned, never forgotten; **etw will gelernt sein** sth takes [a lot of] practice **II.** *vi* ① to study ② (*als*

Lehrling) ■[**bei jdm**] ~ to be apprenticed to sb

Lernerwörterbuch *nt* SCH, VERLAG learner's dictionary

lesbar ['leːsbaːɐ̯] *adj* legible

Lesbe <-, -n> ['lɛsbə] *f* (*fam*), **Lesbierin** <-, -nen> ['lɛsbi̯ərɪn] *f* lesbian

lesbisch ['lɛsbɪʃ] *adj* lesbian; ■ ~ **sein** to be a lesbian

Lesebuch *nt* reader

Leselampe *f* reading lamp

lesen[1] <liest, las, gelesen> ['leːzn̩] **I.** *vi, vt* to read **II.** *vr* **etw liest sich leicht** sth is easy to read

lesen[2] <liest, las, gelesen> ['leːzn̩] *vt* (*sammeln*) to pick

lesenswert *adj* worth reading *pred*

Leseprobe *f* ❶ (*Buchausschnitt*) extract ❷ (*Theaterprobe*) reading

Leser(in) <-s, -> ['leːzɐ] *m(f)* reader

Leseratte *f* (*fam*) bookworm

Leserbrief *m* reader's letter

leserlich *adj* legible

Lesesaal *m* reading room **Lesestoff** *m* reading matter **Lesezeichen** *nt* bookmark[er]

Lesung <-, -en> *f* ❶ reading ❷ REL lesson

Lette, Lettin <-n, -n> ['lɛtə, 'lɛtɪn] *m, f* Latvian

lettisch ['lɛtɪʃ] *adj* Latvian; *s. a.* **deutsch**

Lettland ['lɛtlant] *nt* Latvia

letzte(r, s) *adj* ❶ (*den Schluss bezeichnend*) last; **als L~[r] fertig sein/gehen/kommen** to finish/leave/arrive last ❷ (*das zuletzt Mögliche bezeichnend*) last; **Versuch** final ❸ SPORT ■**L~ werden** to finish [in] last [place] ❹ TRANSP (*späteste*) last ❺ (*restlich*) last ❻ (*vergangen*) **im ~n Jahr** last year ❼ (*neueste*) latest

letztendlich ['lɛtst?ɛntlɪç] *adv* at the end of the day

letztens ['lɛtstn̩s] *adv* recently

letztlich ['lɛtstlɪç] *adv* in the end

Leuchtboje *f* light-buoy

Leuchte <-, -n> ['lɔy̯çtə] *f* standard lamp

leuchten ['lɔy̯çtn̩] *vi* ❶ (*Licht ausstrahlen*) to shine ❷ (*Licht reflektieren*) to glow

leuchtend *adj* ❶ bright ❷ *Farben* glowing

Leuchter <-s, -> *m* candlestick; (*mehrarmig*) candelabra

Leuchtfeuer *nt* beacon **Leuchtpistole** *f* flare pistol [*or* gun] **Leuchtrakete** *f* [rocket] flare **Leuchtreklame** *f* neon sign **Leuchtschrift** *f* neon letters *pl* **Leuchtstift** *m* highlighter **Leuchtturm** *m* lighthouse

leugnen ['lɔy̯gnən] *vt* to deny; **es ist nicht zu ~, dass ...** there is no denying the fact that ...

Leukämie <-, -n> [lɔykɛ'miː, *pl* lɔykɛ'miːən] *f* leukaemia

Leumund ['lɔy̯mʊnt] *m kein pl* reputation

Leute ['lɔy̯tə] *pl* ❶ people *npl;* **alle/keine ~** everybody/nobody; **unter ~ gehen** to get out and about [a bit] ❷ (*fam: Kollegen*) folks *npl* ▸ **die kleinen ~** [the] ordinary people; **etw unter die ~ bringen** to spread sth around

leutselig *adj* affable

Leviten [le'viːtn̩] *pl* ▸ **jdm die ~ lesen** (*fam*) to read sb the Riot Act

Lexikon <-s, Lexika> ['lɛksikɔn, *pl* 'lɛksika] *nt* encyclopaedia

Lezithin <-s> [letsi'tiːn] *nt kein pl* lecithin

Libanese, Libanesin <-n, -n> [liba'neːzə, liba'neːzɪn] *m, f* Lebanese

libanesisch [liba'neːzɪʃ] *adj* Lebanese; *s. a.* **deutsch**

Libanon <-[s]> ['liːbanɔn] *m* ■**der ~** the Lebanon

Libelle <-, -n> [li'bɛlə] *f* dragonfly

liberal [libe'raːl] *adj* liberal

liberalisieren* [liberali'ziːrən] *vt* to liberalize

Liberia <-s> [li'beːri̯a] *nt* Liberia

Libero <-s, -s> ['liːbero] *m* sweeper

Libyen <-s> ['liːbyən] *nt* Libya

Libyer(in) <-s, -> ['liːbyɐ] *m(f)* Libyan

libysch ['liːbyʃ] *adj* Libyan; *s. a.* **deutsch**

licht [lɪçt] *adj* ❶ light ❷ *Haar* thin

Licht <-[e]s, -er> [lɪçt] *nt* light; **das ~ brennt** the light is on; **das ~ ausschalten** (*fam*) to turn out the light; **das ~ brennen lassen** to leave the light[s] on ▸ **das ~ [der Öffentlichkeit] scheuen** to shun publicity; **das ~ der Welt erblicken** (*geh*) to [first] see the light of day; **etw erscheint in einem anderen ~** sth appears in a different light; **kein großes ~ sein** (*fam*) to be no great genius; **grünes ~ geben** (*fam*) to give the go-ahead; **etw ins rechte ~ rücken** to show sth in its correct light; **etw ans ~ bringen** to bring sth to light; **jdn hinters ~ führen** to take sb in **Lichtbild** *nt* passport photograph **Lichtbildervortrag** *m* (*veraltend*) slide show **Lichtblick** *m* ray of hope **lichtdurchlässig** *adj*

translucent **lichtecht** *adj* non-fading **lichtempfindlich** *adj* FOTO photosensitive
lichten ['lɪçtn̩] *vr* ■ **sich ~** ❶ (*weniger dicht werden*) to [grow] thin ❷ (*klarer werden*) to be cleared up
lichterloh ['lɪçtɐ'lo:] *adv* **~ brennen** to be ablaze
Lichtgeschwindigkeit *f* **mit ~** at the speed of light **Lichthof** *m* ARCHIT inner court **Lichthupe** *f* flash of the headlights **Lichtjahr** *nt* light year **Lichtmaschine** *f* generator **Lichtmess**^RR, **Lichtmeß**^ALT *f* REL **Mariä ~** Candlemas **Lichtmesser** *m* PHYS photometer **Lichtpause** *f* blue print, cyanotype, diazo copy **Lichtquelle** *f* source of light **Lichtschacht** *m* light-well **Lichtschalter** *m* light switch **lichtscheu** *adj* **~ es Gesindel** shady characters *pl* **Lichtschutz** <-es> *m kein pl* sun protection **Lichtschutzfaktor** *m* [sun] protection factor
lichtstark *adj* PHYS light-intense **Lichtstrahl** *m* beam of light **lichtundurchlässig** *adj* opaque
Lichtung <-, -en> *f* clearing
Lichtverhältnisse *pl* lighting conditions *pl*
Lid <-[e]s, -er> [li:t] *nt* [eye]lid
Lidschatten *m* eye shadow **Lidstrich** *m* eyeliner
lieb [li:p] *adj* ❶ (*liebenswürdig*) kind; **seien Sie so ~ und ...** would you be so good as to ... ❷ (*artig*) good; **sei ein ~es Kind!** be a good boy/girl! ❸ (*geschätzt*) dear; **L~er Karl, L~e Amelie!** (*in Briefen*) Dear Karl and Amelie,; [**mein**] **L~es** [my] love; [**ach**] **du ~er Gott** (*fam*) good heavens!; **jdn ~ haben** to love sb ❹ (*angenehm*) welcome; ■ **jd/etw ist jdm ~** sb welcomes sb/sth; **ich mag Vollmilchschokolade am ~sten** my favourite is milk chocolate
liebäugeln ['li:pʔɔyɡl̩n] *vi* ■ **mit etw** *dat* **~** to have one's eye on sth; ■ **damit ~, etw zu tun** to toy with the idea of doing sth
Liebe <-, -n> ['li:bə] *f* love; **aus ~ zu jdm** out of love for sb; **aus ~ zu etw** *dat* for the love of sth; **käufliche ~** (*geh*) prostitution
lieben ['li:bn̩] *vt* to love; ■ **sich ~** to love each other ▶ **was sich liebt, das neckt sich** (*prov*) lovers like to tease each other
liebenswert *adj* lovable
liebenswürdig *adj* kind
Liebenswürdigkeit <-, -en> *f* kindness
lieber ['li:bɐ] I. *adj comp von* **lieb**: **mir wäre es ~, wenn Sie nichts darüber verlauten ließen** I would prefer it if you didn't tell anybody about this II. *adv* ❶ *comp von* **gern** rather; **etw ~ mögen** to prefer sth; **ich würde ~ in der Karibik als an der Ostsee Urlaub machen** I would rather take a holiday in the Caribbean than on the Baltic ❷ (*besser*) better; **darüber schweige ich ~** I think it best to remain silent; **wir sollten ~ gehen** we'd better be going; **nichts ~ als das** I'd love to
Liebesbrief *m* love letter **Liebesdienst** *m* (*geh*) favour; **jdm einen ~ erweisen** to do sb a favour **Liebeserklärung** *f* declaration of love; **jdm eine ~ machen** to declare one's love to sb **Liebeskummer** *m* lovesickness; **~ haben** to be lovesick **Liebeslied** *nt* love song **Liebespaar** *nt* lovers *pl*
liebevoll I. *adj* loving II. *adv* ❶ (*zärtlich*) affectionately ❷ (*sorgfältig*) lovingly
Liebhaber(in) <-s, -> ['li:pha:bɐ] *m(f)* ❶ lover ❷ (*Fan*) enthusiast
Liebhaberei <-, -en> [li:pha:bəˈrai] *f* hobby
Liebhaberstück *nt* collector's piece
liebkosen* [li:pˈko:zn̩] *vt* (*geh*) to caress
lieblich ['li:plɪç] I. *adj* ❶ lovely ❷ *Wein* medium sweet II. *adv* **~ duften/schmecken** to smell/taste sweet
Liebling <-s, -e> ['li:plɪŋ] *m* ❶ (*Geliebte(r)*) darling ❷ (*Favorit*) favourite
lieblos ['li:plo:s] *adj* ❶ unloving ❷ (*unsensibel*) unfeeling
Lieblosigkeit <-> *f kein pl* lack of feeling
Liebschaft <-, -en> *f* love affair
liebste(r, s) ['li:pstɐ, 'li:pstə, 'li:pstəs] *adj superl von* **lieb** dearest; **das mag ich am ~n** I like that [the] best
Liebste(r) ['li:pstɐ, 'li:pstə] *f(m) dekl wie adj* sweetheart
Lied <-[e]s, -er> [li:t] *nt* song ▶ **es ist immer das alte ~** (*fam*) it's always the same old story; **ein ~ von etw** *dat* **singen können** to be able to tell sb a thing or two about sth
Liederbuch *nt* songbook
liederlich ['li:dɐlɪç] *adj* (*veraltend o pej*) slovenly
Liedermacher(in) *m(f)* singer-songwriter (*about topical subjects*)
Lieferabkommen *nt* ÖKON delivery contract
Lieferant(in) <-en, -en> [lifəˈrant] *m(f)* ❶ (*Firma*) supplier ❷ (*Auslieferer*) delivery-

man *masc,* deliverywoman *fem*
lieferbar *adj* ❶ (*erhältlich*) available, in stock ❷ (*zustellbar*) **Ihre Bestellung ist leider erst später** ~ we won't be able to meet your order until a later date
Lieferbedingungen *pl* terms of delivery
liefern ['liːfɐn] **I.** *vt* ❶ (*ausliefern*) ▪ **jdm] etw** ~ to deliver sth [to sb] ❷ *Beweis* to provide ❸ (*erzeugen*) to yield ❹ (*zeigen*) **die Boxer lieferten dem Publikum einen spannenden Kampf** the boxers put on an exciting bout for the crowd **II.** *vi* to deliver
Lieferschein *m* delivery note BRIT, packing slip AM
Lieferung <-, -en> *f* delivery
Lieferwagen *m* delivery van
Liege <-, -n> ['liːgə] *f* ❶ daybed ❷ (*Liegestuhl*) [sun-]lounger
liegen <lag, gelegen> ['liːgn̩] *vi* haben *o* SÜDD *sein* ❶ to lie; ~ **bleiben** (*nicht aufstehen*) to stay in bed; (*nicht aufstehen*) to remain lying [down]; (*nicht verkauft werden*) to remain unsold; **etw** ~ **lassen** to leave sth [there] ❷ (*gelegen sein*) ▪ **irgendwo** ~ to be somewhere; **ihr Haus liegt an einem See** their house is situated by a lake; **diese Wohnung** ~ **nach vorn zur Straße** this flat faces the street ❸ AUTO ~ **bleiben** to break down ❹ (*verursacht sein*) ▪ **an jdm/etw** ~ to be caused by sb/sth ❺ (*wichtig sein*) **du weißt doch, wie sehr mir daran liegt** you know how important it is to me ❻ (*zusagen*) **körperliche Arbeit liegt ihr nicht** she's not really cut out for physical work ❼ (*nicht erledigt werden*) ~ **bleiben** to be left undone ▶ **an mir soll es nicht** ~! don't let me stop you!
Liegeplatz *m* NAUT berth, moorings *pl;* (*für Hochseeschiffe*) deep-water berth **Liegesitz** *m* reclining seat **Liegestuhl** *m* [sun-]lounger **Liegewagen** *m* couchette car
Lift <-[e]s, -e *o* -s> [lɪft] *m* lift BRIT, elevator AM
Liga <-, Ligen> ['liːga, *pl* 'liːgn̩] *f* league
Lightprodukt ['lait-] *nt* low-fat product
Likör <-s, -e> [liˈkøːɐ̯] *m* liqueur
lila ['liːla] *adj* purple
Lilie <-, -n> ['liːli̯ə] *f* lily
Liliputaner(in) <-s, -> [lilipuˈtaːnɐ] *m(f)* dwarf
Limonade <-, -n> [limoˈnaːdə] *f* lemonade
Limousine <-, -n> [limuˈziːnə] *f* saloon BRIT, sedan AM
Linde <-, -n> ['lɪndə] *f* lime [tree]

> Having celebrated its thousandth episode in January 2005, **Lindenstrasse** is the longest-running TV soap opera in Germany. The popular series is aired on Sunday evenings by the **ARD** television group.

lindern ['lɪndɐn] *vt* to alleviate
Linderung <-> *f kein pl* relief
Lineal <-s, -e> [lineˈaːl] *nt* ruler
Linie <-, -n> ['liːni̯ə] *f* ❶ line; **eine geschlängelte/gestrichelte** ~ a wavy/broken line; **eine** ~ **ziehen** to draw a line ❷ (*Bus~*) **die** ~ **19** the number 19 ❸ POL line; **auf der gleichen** ~ **liegen** to follow the same line ▶ **in vorderster** ~ **stehen** to be in the front line
Linienbus *m* regular [service] bus **Linienflug** *m* scheduled flight **Linienrichter** *m* FBALL referee's assistant **Linienschiff** *nt* liner, regular service ship **linientreu** *adj* POL (*pej*) loyal to the party line *pred*
liniert *adj* lined
link [lɪŋk] *adj* (*fam*) shady
Link <-s, -s> [lɪŋk] *nt* INET link
Linke <-n, -n> ['lɪŋkə] *f* ❶ (*Hand*) left hand ❷ POL ▪ **die** ~ the left ▶ **zu jds** ~**n** to sb's left
linke(r, s) *adj attr* ❶ left; *Fahrbahn, Spur* left-hand ❷ POL left-wing
linken ['lɪŋkn̩] *vt* (*sl*) ▪ **jdn** ~ to take sb for a ride *fam*
linkisch ['lɪŋkɪʃ] *adj* clumsy
links [lɪŋks] **I.** *adv* ❶ on the left; **sich** ~ **halten** to keep to the left; ~ **oben/unten** in the top/bottom left-hand corner; **nach** ~ [to the] left; **nach** ~ **gehen/abbiegen** to turn left; **sich** ~ **einordnen** to move into the left-hand lane; **von** ~ from the left ❷ POL ~ **eingestellt sein** to have left-wing tendencies; ~ **stehen** to be left-wing ▶ **jdn** ~ **liegen lassen** to ignore sb; **mit** ~ easily **II.** *präp* +*gen* ▪ ~ **einer S.** to the left of sth
Linksaußen <-s, -> [lɪŋksˈʔausn̩] *m* FBALL left wing **Linkshänder(in)** <-s, -> ['lɪŋkshɛndɐ] *m(f)* left-hander **linkshändig** ['lɪŋkshɛndɪç] *adv* with one's left hand **Linkskurve** *f* left-hand bend **linksradikal** *adj* radical left-wing *attr* **Linksverkehr** *m* driving on the left
Linoleum <-s> [liˈnoːleʊm, linoˈleʊm] *nt*

kein pl linoleum

Linse <-, -n> ['lɪnzə] *f* ① *meist pl* BOT lentil ② ANAT, PHYS lens

Linsensuppe *f* lentil soup

Lippe <-, -n> ['lɪpə] *f* lip; **jdm etw von den ~n ablesen** to read sth from sb's lips ▶ **an jds ~n hängen** to hang on sb's every word

Lippenbekenntnis *nt* lip-service **Lippenpflege** *f kein pl* lip care **Lippenpomade** *f* PHARM lip balm **Lippenstift** *m* lipstick

Liquidität <-> [likvidi'tɛːt] *f kein pl* solvency

lispeln ['lɪspl̩n] *vi, vt* to lisp

List <-, -en> [lɪst] *f* trick; **eine ~ anwenden** to use a little cunning ▶ **mit ~ und Tücke** with cunning and trickery

Liste <-, -n> ['lɪstə] *f* list ▶ **auf der schwarzen ~ stehen** to be on the blacklist

listig ['lɪstɪç] *adj* cunning

Litanei <-, -en> [lita'naɪ] *f* litany

Litauen <-s> ['lɪtaʊən] *nt* Lithuania

Litauer(in) <-s, -> ['lɪtaʊɐ] *m(f)* Lithuanian

litauisch ['liːtaʊɪʃ, 'lɪtaʊɪʃ] *adj* Lithuanian; *s. a.* **deutsch**

Litauisch ['liːtaʊɪʃ, 'lɪtaʊɪʃ] *nt dekl wie adj* Lithuanian; *s. a.* **Deutsch**

Liter <-s, -> ['liːtɐ] *m o nt* litre

literarisch [lɪtə'raːrɪʃ] *adj* literary

Literatur <-, -en> [lɪtəra'tuːɐ̯] *f* literature

Literaturangabe *f* bibliographical reference **Literaturpreis** *m* literary prize **Literaturwissenschaft** *f* literary studies *pl*

Litfasssäule^RR *f*, **Litfaßsäule**^ALT ['lɪtfas-zɔylə] *f* advertising pillar

Litze <-, -n> ['lɪtsə] *f* ① MODE braid ② ELEK litz [*or* Litz] wire

live [laɪf] *adj pred* live

Livesendung^RR ['laɪf-] *f*, **Live-Sendung** ['laɪf-] *f* live broadcast

Lizenz <-, -en> [li'tsɛnts] *f* licence

Lob <-[e]s> [loːp] *kein pl nt* praise *no indef art;* ~ **für etw** *akk* **bekommen** to be praised for sth

Lobby <-, -s> ['lɔbi] *f* lobby

loben ['loːbn̩] *vt, vi* to praise

lobend *adj* laudatory; ~**e Worte** words of praise

lobenswert *adj* commendable

löblich ['løːplɪç] *adj* laudable

Loblied *nt* ▶ **ein ~ auf jdn/etw singen** to sing sb's praises/the praises of sth

Lobrede *f* eulogy; **eine ~ auf jdn halten** to eulogize sb

Loch <-[e]s, Löcher> [lɔx, *pl* 'lœçɐ] *nt* hole; **ein ~ im Reifen** a puncture; **schwarzes ~** ASTRON black hole ▶ **Löcher in die Luft starren** to stare into space; **auf dem letzten ~ pfeifen** (*erschöpft sein*) to be on one's last legs; **saufen wie ein ~** to drink like a fish

lochen ['lɔxn̩] *vt* ■ **etw ~** to punch holes in sth

Locher <-s, -> ['lɔxɐ] *m* [hole] punch

Locke <-, -n> ['lɔkə] *f* curl; ~**n haben** to have curly hair

locken¹ ['lɔkn̩] *vt, vr* ■ [**sich**] **~** to curl

locken² ['lɔkn̩] *vt* ① (*anlocken*) to lure ② (*verlocken*) to tempt; **Ihr Vorschlag könnte mich schon ~** I'm [very] tempted by your offer

Lockenstab *m* curling tongs *npl* **Lockenwickler** <-s, -> *m* roller

locker ['lɔkɐ] **I.** *adj* ① (*nicht fest*) loose ② (*nicht gespannt*) slack; *Muskeln* relaxed ③ (*unverkrampft*) relaxed ▶ **ein ~es Mundwerk haben** (*fam*) to have a big mouth **II.** *adv* ① (*nicht stramm*) loosely; **~ sitzen** to be loose ② (*fam: problemlos*) just like that

locker|lassen *vi irreg* (*fam*) ■ **nicht ~** to not give up **locker|machen** *vt* (*fam*) to shell out

lockern ['lɔkɐn] **I.** *vt* ① (*lösen*) to loosen ② *Muskeln* to loosen up *sep* ③ (*entspannen*) to relax **II.** *vr* ■ **sich ~** ① (*sich lösen*) to work loose ② SPORT to loosen up ③ (*sich entspannen*) **die Verkrampfung lockerte sich zusehends** the tension eased visibly

lockig ['lɔkɪç] *adj Haar* curly; **mit ~em Haar** curly-headed

Lockruf *m* ORN call

Lockvogel *m* decoy

lodern ['loːdɐn] *vi* to blaze

Löffel <-s, -> ['lœfl̩] *m* ① spoon ② (*Maßeinheit*) ■ **ein ~ etw** a spoonful [of] sth ▶ **den ~ abgeben** (*sl*) to kick the bucket

Löffelbagger *m* excavator

Logarithmentafel [loga'rɪtmən-] *f* MATH log[arithm] table

Loge <-, -n> ['loːʒə] *f* ① lodge ② THEAT box

Logik <-> ['loːgɪk] *f kein pl* logic

Logis <-> [lo'ʒiː] *nt kein pl* lodgings *pl;* **Kost und ~** board and lodging

logisch ['loːgɪʃ] *adj* ① logical ② (*fam*) [**ist doch**] ~**!** of course!

logo ['loːgo] *interj* (*sl*) you bet *fam*

Logo <-s, -s> ['loːgo] *nt* logo

Logopäde, Logopädin <-n, -n> [logo-'pɛːdə, -'pɛːdɪn] *m, f* speech therapist
Lohn <-[e]s, Löhne> [loːn, *pl* 'løːnə] *m* ❶ wage[s *pl*] ❷ *kein pl* (*Belohnung*) reward; **jds gerechter ~** sb's just deserts
Lohnabrechnung *f* payroll accounting
Lohnausgleich *m* pay compensation
Lohnbüro *nt* payroll [*or* wages] office
lohnen ['loːnən] **I.** *vr* ■ **sich** [**für jdn**] to be worthwhile [for sb]; **unsere Mühe hat sich gelohnt** our efforts were worth it; ■ **es lohnt sich, etw zu tun** it's worth doing sth **II.** *vt* (*rechtfertigen*) ■ **etw ~** to be worth sth **III.** *vi* to be worth it
lohnend *adj* worthwhile
Lohnerhöhung *f* pay rise **Lohnfortzahlung** *f* continued payment of wages **Lohnscheck** *m* FIN pay cheque **Lohnsteuer** *f* income tax **Lohnsteuerjahresausgleich** *m* annual adjustment of income tax **Lohnsteuerkarte** *f* *card showing income tax and social security contributions paid by an employee in any one year*
Loipe <-, -n> ['lɔypə] *f* SKI cross-country course, loipe
lokal [loˈkaːl] *adj* local
Lokal <-s, -e> [loˈkaːl] *nt* (*Kneipe*) pub BRIT, bar AM; (*Restaurant*) restaurant
lokalisieren* [lokaliˈziːrən] *vt* to locate
Lokalnachrichten *pl* local news + *sing vb* **Lokalpatriotismus** *m* local patriotism **Lokalsender** *m* RADIO local station; TV local channel [*or* AM *a.* station]
Lokomotive <-, -n> [lokomoˈtiːvə, -fə] *f* locomotive
Lokomotivführer(in) *m(f)* train driver BRIT, engineer AM
Lokus <-, - *o* -ses, -se> ['loːkʊs, *pl* 'loːkʊsə] *m* (*fam*) loo BRIT, john AM
Lorbeer <-s, -en> ['lɔrbeːɐ̯] *m* ❶ laurel ❷ (*Gewürz*) bay leaf ▶ **sich auf seinen ~en ausruhen** to rest on one's laurels
los [loːs] **I.** *adj pred* ❶ (*abgetrennt*) ■ **~ sein** to have come off ❷ (*gelockert*) ■ **etw ist ~ sein** sth is loose ❸ (*losgeworden*) ■ **jdn/etw ~ sein** to be shot of sb/sth; **er ist sein ganzes Geld ~** he's lost all his money ▶ **irgendwo ist etwas/viel/nichts ~** something/a lot/nothing is going on somewhere; **da ist immer viel ~** that's where the action always is; **was ist ~?** what's up?; **was ist denn hier ~?** what's going on here? **II.** *adv* **~!** (*mach!*) come on!; (*voran!*) get moving!
Los <-es, -e> [loːs] *nt* ❶ (*Lotterielos*) [lottery] ticket; (*Kirmeslos*) [tombola [*or* AM raffle]] ticket (*für Zufallsentscheidung*) lot; **das ~ entscheidet** to be decided by drawing lots ❸ *kein pl* (*Schicksal*) lot ▶ **das große ~ ziehen** to hit the jackpot
los|binden *vt irreg* to untie
los|brechen *irreg* **I.** *vt haben* to break off **II.** *vi sein* to break out
Löschblatt *nt* sheet of blotting-paper
löschen ['lœʃn] *vt* ❶ *Feuer, Flammen* to extinguish; *Licht* to switch off ❷ (*tilgen*) *a.* INFORM to delete ❸ (*eine Aufzeichnung entfernen*) to erase
Löschfahrzeug *nt* fire engine **Löschgerät** *nt* fire extinguisher **Löschpapier** *nt* blotting paper **Löschtaste** *f* INFORM delete key
lose ['loːzə] *adj* loose ▶ **ein ~s Mundwerk haben** to have a big mouth
Lösegeld ['løːsə-] *nt* ransom
losen ['loːzn] *vi* to draw lots
lösen ['løːzn] **I.** *vt* ❶ (*ablösen*) to remove (**von** from) ❷ (*aufbinden*) to untie; *Knoten* to undo ❸ *Schraube* to loosen ❹ (*klären*) to solve; *Konflikt* to resolve ❺ (*zergehen lassen*) to dissolve ❻ *Fahrkarte* to buy **II.** *vr* ■ **sich ~** ❶ (*sich ab~*) to come off (**von** of) ❷ (*sich lockern*) to loosen; **langsam löste sich die Spannung** (*fig*) the tension faded away ❸ (*sich trennen*) ■ **sich von jdm ~** to free oneself of sb
los|fahren *vi irreg sein* ❶ (*abfahren*) to leave ❷ (*in Richtung*) ■ **auf jdn/etw ~** to drive towards sb/sth
los|gehen *irreg vi sein* ❶ (*weggehen*) to leave ❷ (*beginnen*) to start; **jetzt geht's los** (*fam*) here we go ❸ (*angreifen*) ■ **auf jdn ~** to lay into sb ❹ *Bombe* to go off
los|kommen *vi irreg sein* (*fam*) ❶ (*wegkommen*) to get away (**aus/von** from) ❷ (*sich befreien*) ■ **von jdm ~** to free oneself of sb; **von einer Sucht ~** to overcome an addiction
los|lassen *vt irreg* ❶ (*gehen lassen*) ■ **jdn/etw ~** to let sb/sth go ❷ (*aus dem Kopf gehen*) **der Gedanke lässt mich nicht mehr los** I can't get the thought out of my mind ❸ (*fam: auf den Hals hetzen*) ■ **jdn/etw auf jdn ~** to let sb/sth loose on sb
löslich ['løːslɪç] *adj* soluble
los|machen *vt* to untie (**von** from)

los|reißen *irreg haben* **I.** *vt* to tear off **II.** *vr* ■ **sich ~** to tear oneself away (**von** from)

Losung <-, -en> ['lo:zʊŋ] *f* ❶ (*Wahlspruch*) slogan ❷ MIL password

Lösung <-, -en> ['lø:zʊŋ] *f* solution

Lösungsmittel *nt* solvent

los|werden *vt irreg sein* to get rid of

los|ziehen *vi irreg sein* ❶ to set off ❷ (*pej*) **über jdn ~** to pull sb to pieces

Lot <-[e]s, -e> [lo:t] *nt* plumb line; **aus dem ~ sein** (*fig*) to be out of sorts; **im ~ sein** (*fig*) to be alright

löten ['lø:tn̩] *vt* to solder (**an** to)

Lothringen <-s> ['lo:trɪŋən] *nt* Lorraine

Lothringer(in) <-s, -> ['lo:trɪŋɐ] *m(f)* Lorrainer; HIST Lotharingian

lothringisch ['lo:trɪŋɪʃ] *adj* Lotharingian, Lorrainese

Lotion <-, -en> [lotˈsi̯oːn] *f* lotion

Lötkolben ['lø:t-] *m* soldering iron

Lotos <-, -> ['lo:tɔs] *m* lotus

lotrecht *adj* (*geh: senkrecht*) perpendicular, vertical

Lotse, Lotsin <-n, -n> ['lo:tsə, 'lo:tsɪn] *m, f* pilot

lotsen ['lo:tsn̩] *vt* ❶ to pilot ❷ (*fam*) ■ **jdn irgendwohin ~** to take sb somewhere

Lotsin <-, -nen> *f fem form von* **Lotse**

Lötstelle *f* soldered joint

Lotterie <-, -n> [lɔtəˈriː, *pl* -ˈriːən] *f* lottery

Lotterielos *nt* lottery ticket

lotterig <-er, -ste> ['lɔtərɪç] *adj* (*pej*) sloppy, slovenly

Lotterleben *nt kein pl* (*pej*) slovenly lifestyle

Lotto <-s, -s> ['lɔto] *nt* lotto

lottrig <-er, -ste> ['lɔtrɪç] *adj s.* **lotterig**

Löwe ['lø:və] *m* ❶ lion ❷ ASTROL Leo

Löwenanteil *m* (*fam*) lion's share **Löwenmaul** *nt kein pl*, **Löwenmäulchen** <-s, -> *nt* snapdragon **Löwenzahn** *m kein pl* dandelion

Löwin *f* lioness

loyal [loaˈjaːl] *adj* loyal

Loyalität <-, *selten* -en> [lo̯ajaliˈtɛːt] *f* loyalty (**gegenüber** to)

Luchs <-es, -e> [lʊks] *m* lynx

Lücke <-, -n> ['lʏkə] *f* gap

Lückenbüßer(in) <-s, -> *m(f)* stopgap

lückenhaft I. *adj* fragmentary; *Wissen* incomplete **II.** *adv* fragmentarily

lückenlos *adj* complete; *Kenntnisse* thorough; **etw ~ beweisen** to prove sth conclusively

Luder <-s, -> ['luːdɐ] *nt* (*pej*) crafty bitch

Luft <-, *liter* Lüfte> [lʊft, *pl* 'lʏftə] *f* air; **irgendwo ist dicke ~** (*fam*) there is a tense atmosphere somewhere; **die ~ ist rein** (*fam*) the coast is clear; **die ~ anhalten** to hold one's breath; **sich in ~ auflösen** to vanish into thin air; **keine ~ mehr bekommen** to not be able to breathe; **an die frische ~ gehen** to get some fresh air; [**tief**] **~ holen** to take a deep breath; **nach ~ schnappen** to gasp for breath; **jdm bleibt die ~ weg** sb is flabbergasted ▶ **aus der ~ gegriffen sein** to be completely made up; **in die ~ gehen** to explode; **es liegt etwas in der ~** there's sth in the air

Luftabwehr *f* air defence **Luftangriff** *m* air raid (**auf** on) **Luftballon** *m* balloon **Luftbefeuchter** *m* TECH humidifier **Luftblase** *f* bubble **Luftbrücke** *f* air bridge **luftdicht** *adj* airtight **Luftdruck** *m kein pl* air pressure

lüften ['lʏftn̩] **I.** *vt* ❶ to air ❷ *Geheimnis* to disclose **II.** *vi* to let some air in

Luftfahrt *f kein pl* aviation **Luftfeuchtigkeit** *f* humidity **Luftfracht** *f* air freight **Luftgewehr** *nt* airgun **Luftgitarre** *f* (*hum fam*) air guitar

luftig ['lʊftɪç] *adj* ❶ *Kleid* light ❷ *Höhe* dizzy

Luftkissenboot *nt*, **Luftkissenfahrzeug** *nt* hovercraft **Luftkurort** *m* health resort with particularly good air **luftleer** *adj* vacuous **Luftlinie** *f* as the crow flies **Luftloch** *nt* (*in der Luftströmung*) air pocket **Luftmatratze** *f* inflatable mattress **Luftpost** *f* airmail **Luftpumpe** *f* pump **Luftraum** *m* airspace **Luftröhre** *f* windpipe **Luftschiff** *nt* airship **Luftschlange** *f* streamer **Luftschleuse** *f* TECH air lock **Luftschloss**^{RR} *nt* castle in the air **Luftschutzbunker** *m* air raid bunker **Luftsprung** *m* jump; **Luftsprünge machen** to jump in the air **Luftstützpunkt** *m* airbase **Lufttemperatur** *f* air temperature

Lüftung <-, -en> *f* ventilation

Lüftungsschacht *m* ventilation shaft

Luftverkehr *m* air traffic **Luftverschmutzung** *f* air pollution **Luftwaffe** *f* air force **Luftweg** *m kein pl* airway **Luftzufuhr** *f kein pl* air supply **Luftzug** *m* draught

Lüge <-, -n> ['lyːɡə] *f* lie; **jdm ~n auftischen** (*fam*) to tell sb lies ▶ **~n haben kurze Beine** (*prov*) the truth will out; **jdn ~n strafen** (*geh*) to give the lie to sb

lügen <log, gelogen> ['ly:gn̩] *vi* to lie; **das ist [alles] gelogen** that's a [total] lie ▶ ~ **wie gedruckt** to lie one's head off
Lügendetektor *m* lie detector
Lügner(in) <-s, -> ['ly:gnɐ] *m(f)* liar
Luke <-, -n> ['lu:kə] *f* ❶ NAUT hatch ❷ (*Dachluke*) skylight; (*Kellerlucke*) trapdoor
lukrativ [lukra'ti:f] *adj* lucrative
Lümmel <-s, -> ['lʏml] *m* (*pej*) lout
Lump <-en, -en> [lʊmp] *m* (*pej*) rat
lumpen ['lʊmpn̩] *vt haben* ▶ **sich nicht ~ lassen** (*fam*) to splash out BRIT, to splurge AM
Lumpen ['lʊmpn̩] *pl* (*pej*) rags
Lumpengesindel *nt* (*pej*) riffraff
Lunge <-, -n> ['lʊŋə] *f* lungs *pl* ▶ **sich** *dat* **die ~ aus dem Leib schreien** (*fam*) to shout oneself hoarse
Lungenbraten *m* ÖSTERR (*Lendenbraten*) loin roast **Lungenentzündung** *f* pneumonia *no art* **Lungenflügel** *m* lung **lungenkrank** *adj* suffering from a lung complaint *pred* **Lungenkrebs** *m kein pl* lung cancer
Lupe <-, -n> ['lu:pə] *f* magnifying glass ▶ **jdn/etw unter die ~ nehmen** (*fam*) to examine sb/sth with a fine-tooth comb
Lurch <-[e]s, -e> [lʊrç] *m* amphibian
Lust <-, Lüste> [lʊst, *pl* 'lʏstə] *f* ❶ (*a. sexuell*) desire; **~ zu etw** *dat* **haben** to feel like doing sth; **jdm die ~ an etw** *dat* **nehmen** to put sb off sth; **da vergeht einem jegliche ~ an etw** *dat* it's enough to make one lose interest in sth; **die ~ an etw** *dat* **verlieren** to lose interest in sth ❷ (*Freude*) joy
Luster <-s, -> ['lʊstɐ] *m* ÖSTERR, **Lüster** <-s, -> ['lʏstɐ] *m* ❶ (*veraltend: Kronleuchter*) chandelier ❷ (*glänzender Überzug*) lustre ❸ (*Stoff*) lustre
Lüsterklemme *f* ELEK luster terminal, porcelain insulator
lüstern ['lʏstɐn] *adj* lustful
lustig ['lʊstɪç] *adj* cheerful; *Abend* fun; **sich über jdn/etw ~ machen** to make fun of sb/sth
Lüstling <-, -e> ['lʏstlɪŋ] *m* (*pej*) debauchee
lustlos *adj* listless
Lustschloss[RR] *nt* summer residence
Lustspiel *nt* comedy
lutherisch ['lʊtərɪʃ] *adj* Lutheran
lutschen ['lʊtʃn̩] *vt, vi* to suck
Lutscher <-s, -> *m* lollipop
Lutschtablette *f* lozenge

Luxemburg <-s> ['lʊksmbʊrk] *nt* Luxembourg
Luxemburger(in) <-s, -> ['lʊksmbʊrgɐ] *m(f)* Luxembourger
luxemburgisch ['lʊksmbʊrgɪʃ] *adj* Luxembourgian; *s. a.* **deutsch**
luxuriös [lʊksu'ri̯øːs] *adj* luxurious
Luxus <-> ['lʊksʊs] *m kein pl* luxury
Luxusartikel *m* luxury item **Luxusausführung** *f* de luxe model **Luxushotel** *nt* luxury hotel
Lymphdrainage ['lʏmfdrɛ'na:ʒə] *f* MED lymphatic drainage
Lymphe <-, -n> ['lʏmfə] *f* lymph
Lymphknoten *m* lymph node
lynchen ['lʏnçn̩] *vt* to lynch
Lyrik <-> ['ly:rɪk] *f kein pl* lyric [poetry]

M m

M, m <-, - *o fam* -s, -s> [ɛm] *nt* M, m; *s. a.* **A 1**
m *m kurz für* **Meter** m
Machart *f* style
machen ['maxn̩] **I.** *vt* ❶ (*tun*) to do; **mach's gut** take care; **wie man's macht, ist es verkehrt** you [just] can't win; **was macht denn deine Frau?** how's your wife?; **mach nur!** go ahead!; **das ist zu ~** that's possible; **nichts zu ~!** nothing doing!; **wird gemacht!** no problem; **einen Besuch ~** to [pay sb a] visit; **eine Reise ~** to go on a journey ❷ (*erzeugen*) to make; **jdm Angst ~** to frighten sb; **jdm Hoffnung/Kopfschmerzen/Mut ~** to give sb hope/a headache/courage; **sich** *dat* **Sorgen ~** to worry ❸ (*herstellen*) to make; *Fotos* to take; **sich** *dat* **die Haare ~ lassen** to have one's hair done ❹ (*kosten*) **das macht zehn Euro** that's ten euros [please]; **was macht das zusammen?** what does that come to? ❺ (*ausmachen*) **macht das was?** does it matter?; **macht nichts!** no problem!; **das macht [doch] nichts!** never mind! **II.** *vi* ❶ (*werden lassen*) **Liebe macht blind** love makes you blind ❷ (*fam*) **mach [schon]!** get a move on!; **jdn [mal] ~ lassen** to leave sb to it **III.** *vr* ❶ (*be-*

ginnen) ■ **sich an etw** *akk* ~ to get on with sth; **sich an die Arbeit** ~ to get down to work ❷ (*sich interessieren*) **sich** *dat* **etwas/viel/wenig aus jdm/etw** ~ to care/care a lot/not care much for sb/sth ❸ (*sich ärgern*) **mach dir nichts d[a]raus!** don't worry about it! ❹ (*sich entwickeln*) **die neue Sekretärin macht sich gut** the new secretary is doing well ❺ (*passen*) **das Bild macht sich gut an der Wand** the picture looks good on the wall

Macher(in) <-s, -> *m(f)* doer

Macho <-s, -s> ['matʃo] *m* (*fam*) macho

Macht <-, Mächte> ['maxt, *pl* 'mɛçtə] *f* power; **an die** ~ **kommen** to gain power; **etw liegt in jds** ~ sth is within sb's power

Machthaber(in) <-s, -> [-ha:bɐ] *m(f)* ruler

mächtig *adj* powerful

Machtkampf *m* power struggle

machtlos *adj* powerless

Machtprobe *f* trial of strength

Macke <-, -n> ['makə] *f* (*fam*) ❶ defect ❷ (*Tick*) foible; **eine** ~ **haben** to have a screw loose

Mädchen <-s, -> ['mɛ:tçən] *nt* girl ▶ ~ **für alles** girl/man Friday

mädchenhaft *adj* girlish **Mädchenname** *m* ❶ girl's name ❷ (*einer Ehefrau*) maiden name

Made <-, -n> ['ma:də] *f* maggot ▶ **wie die** ~[**n**] **im Speck** leben to live the life of Riley

madig ['ma:dɪç] *adj* worm-eaten

madig|machen *vt* ▶ **jdm etw** ~ to spoil sth [for sb]

Madonna <-, Madonnen> [ma'dɔna, *pl* ma'dɔnən] *f* Madonna

Magazin[1] <-s, -e> [maga'tsi:n] *nt* (*Patronenbehälter*) magazine; (*Behälter für Dias*) feeder

Magazin[2] <-s, -e> [maga'tsi:n] *nt* (*Zeitschrift*) magazine

Magaziner(in) <-s, -> [maga'tsi:nɐ] *m(f)* SCHWEIZ, **Magazineur(in)** <-s, -e> [magatsi'nø:ɐ̯] *m(f)* ÖSTERR *s.* **Lagerverwalter**

Magd <-, Mägde> ['ma:kt, *pl* 'mɛ:kdə] *f* maid

Magen <-s, Mägen> ['ma:gn̩, *pl* 'mɛ:gn̩] *m* stomach; **auf nüchternen** ~ on an empty stomach; **sich** *dat* **den** ~ **verderben** to give oneself an upset stomach ▶ **jdm dreht sich der** ~ **um** sb's stomach turns; **etw schlägt jdm auf den** ~ sth gets to sb

Magenbeschwerden *pl* stomach trouble, indigestion **Magenbitter** <-s, -> *m* bitters *npl* **Magengeschwür** *nt* stomach ulcer **Magensäure** *f* hydrochloric acid **Magenschleimhaut** *f* stomach lining *no pl* **Magenschmerzen** *pl* stomach ache **Magenverstimmung** *f* stomach upset

mager ['ma:gɐ] *adj* ❶ thin ❷ (*fettarm*) low-fat; ~ **es Fleisch** lean meat

Magermilch *f kein pl* skimmed milk **Magerquark** *m kein pl* low-fat curd cheese **Magersucht** *f kein pl* anorexia

Magie <-> [ma'gi:] *f* magic

Magier(in) <-s, -> ['ma:giɐ̯] *m(f)* magician

magisch ['ma:gɪʃ] *adj* magic; **eine** ~ **e Anziehungskraft haben** to have magical powers of attraction

Magistrat[1] <-[e]s, -e> [magɪs'tra:t] *m* municipal council

Magistrat[2] <-en, -en> [magɪs'tra:t] *m* SCHWEIZ federal councillor

Magnesium <-s> [ma'gne:ziʊm] *kein pl nt* magnesium

Magnet <-[e]s, -e[n]> [ma'gne:t] *m* magnet

Magnetfeld *nt* magnetic field

magnetisch [ma'gne:tɪʃ] *adj* magnetic

Mahagoni <-s> [maha'go:ni] *nt kein pl* mahogany

Mähdrescher <-s, -> *m* combine harvester

mähen ['mɛ:ən] *vt* to mow

Mahl <-[e]s, -e *o* Mähler> ['ma:l, *pl* 'mɛ:lə] *nt* meal

mahlen <mahlte, gemahlen> ['ma:lən] *vt* to grind; **gemahlener Kaffee** ground coffee

Mahlzeit ['ma:ltsait] *f* meal; ~ ! (*fam*) ≈ [good] afternoon!

Mähne <-, -n> ['mɛ:nə] *f* mane

mahnen ['ma:nən] *vt* ❶ to warn ❷ FIN to remind

Mahnung <-, -en> *f* ❶ warning ❷ FIN reminder

Mai <-[es], -e> ['mai] *m* May; *s. a.* **Februar**

Maiglöckchen *nt* lily of the valley **Maikäfer** *m* cockchafer

Mailand <-s> ['mailant] *nt* Milan

Mailbox <-, -en> ['me:lbɔks] *f* mailbox

Mais <-es, -e> ['mais, *pl* 'maizə] *m* maize *no pl* BRIT, corn *no pl* AM

Maiskolben *m* corncob

Majestät <-, -en> [majɛs'tɛ:t] *f* **Seine/Ihre/Eure** ~ His/Her/Your Majesty

majestätisch [majɛs'tɛ:tɪʃ] *adj* majestic

Majonäse <-, -n> [majo'nɛ:zə] *f* mayonnaise

Major(in) <-s, -e> [ma'jo:ɐ̯] *m/f* major
Majoran <-s, -e> ['ma:joran] *m* marjoram
makaber [ma'ka:bɐ] *adj* macabre
Makel <-s, -> ['ma:kl̩] *m* flaw
makellos *adj* perfect
mäkeln ['mɛ:kl̩n] *vi* to whinge
Make-up <-s, -s> [me:k'ʔap] *nt* make-up *no pl*
Makkaroni [maka'ro:ni] *pl* macaroni
Makler(in) <-s, -> ['ma:klɐ] *m/f* broker
Makrele <-, -n> [ma'kre:lə] *f* mackerel
Makrone <-, -n> [ma'kro:nə] *f* macaroon
mal[1] ['ma:l] *adv* **drei mal drei ist neun** three times three is nine
mal[2] [ma:l] *adv* (*fam*) *kurz für* **einmal**
Mal <-[e]s, -e> ['ma:l, *pl* 'ma:lə] *nt* time; **einige/viele ~e** sometimes/very often; **[k]ein einziges ~** [not] once; **zum ersten/letzten ~** for the first/last time; **das eine oder andere ~** now and again; **ein für alle ~** once and for all
Malaria <-> [ma'la:rịa] *f kein pl* malaria
Malaysia <-s> [ma'laizịa] *nt* Malaysia
Malbuch *nt* colouring book
malen ['ma:lən] *vt, vi* to paint; ■**sich ~ lassen** to have one's portrait painted
Maler(in) <-s, -> ['ma:lɐ] *m/f* painter
Malerei <-, -en> [malə'rai] *f* painting
malerisch *adj* picturesque
Malheur <-s, -s *o* -e> [ma'lø:ɐ̯] *nt* mishap
Malta ['malta] *nt* Malta
Malteser(in) <-s, -> [mal'te:zɐ] *m/f* Maltese + *sing/pl vb*
maltesisch [mal'te:zɪʃ] *adj* Maltese
Malve <-, -n> ['malvə] *f* BOT mallow
Malz <-es> ['malts] *nt kein pl* malt
Malzbier *nt* malt beer
Mama <-, -s> ['mama] *f* (*fam*) mummy
Mammografie, Mammographie <-, -n> [mamogra'fi:, *pl* mamogra'fi:ən] *f* mammography
man <*dat* einem, *akk* einen> ['man] *pron indef* one *form*, you; **das hat ~ mir gesagt** that's what I was told; **so etwas tut ~ nicht** that just isn't done
Management <-s, -s> ['mɛnɪtʃmənt] *nt* management
Manager(in) <-s, -> ['mɛnɪdʒɐ] *m/f* manager
manche(r, s) ['mançə] *pron indef* ❶ *adjektivisch, mit pl* (*einige*) some; **~ Menschen sind klüger als andere** some people are simply cleverer than others ❷ *adjektivisch, mit sing* a lot of, many a
mancherlei ['mançɐ'lai] *adj* various
manchmal ['mançma:l] *adv* sometimes
Mandant(in) <-en, -en> [man'dant] *m/f* client
Mandarine <-, -n> [manda'ri:nə] *f* mandarin
Mandat <-[e]s, -e> [man'da:t] *nt* ❶ POL seat ❷ JUR mandate
Mandel[1] <-, -n> ['mandl̩] *f* almond; **gebrannte ~n** sugared almonds
Mandel[2] <-, -n> ['mandl̩] *f meist pl* ANAT tonsils *pl*
Mandelentzündung *f* tonsillitis
Manege <-, -n> [ma'ne:ʒə] *f* ring
Mangan <-s> [maŋ'ga:n] *nt kein pl* manganese
Mangel[1] <-s, Mängel> ['maŋl̩, *pl* 'mɛŋl̩] *m* ❶ (*Fehler*) flaw ❷ *kein pl* (*Knappheit*) lack (**an** of); **ein ~ an Vitamin C** vitamin C deficiency
Mangel[2] <-, -n> ['maŋl̩] *f* mangle
Mangelerscheinung *f* deficiency symptom
mangelhaft *adj* (*fehlerhaft*) faulty
mangeln[1] ['maŋl̩n] *vi* ■**es mangelt an etw** *dat* there is a shortage of sth
mangeln[2] ['maŋl̩n] *vt* to press
mangels ['maŋl̩s] *präp mit gen* due to the lack of sth
Mango <-, -s> ['mango, *pl* maŋ'go:nən] *f* mango
Manie <-, -n> [ma'ni:, *pl* ma'ni:ən] *f* obsession
manierlich [ma'ni:ɐ̯lıç] *adj* respectable
Manifest <-[e]s, -e> [mani'fɛst] *nt* manifesto
Manifestant(in) <-en, -en> [manifɛs'tant] *m/f* ÖSTERR, SCHWEIZ demonstrator
Maniküre <-> [mani'ky:rə] *f kein pl* manicure
Manipulation <-, -en> [manipula'tsi̯o:n] *f* manipulation
manipulieren* [manipu'li:rən] *vt* to manipulate
Mann <-[e]s, Männer *o* Leute> ['man, *pl* 'mɛnɐ] *m* ❶ man; ■**Männer** men; **ein ganzer ~** a real man; **jd ist ein gemachter ~** sb has got it made ❷ (*Ehemann*) husband ❸ (*Person*) **seinen ~ stehen** to hold one's own; **pro ~** per head ❹ (*Ausruf*) **[mein] lieber ~!** my God!; **~, o ~!** oh boy!; **~!** (*bewundernd*) wow! ▶ **etw an den ~ brin-**

Mannequin–Masche

gen to get rid of sth
Mannequin <-s, -s> ['manəkɛ̃, manə'kɛ:] *nt* model
männlich ['mɛnlɪç] *adj* male
Mannschaft <-, -en> *f* team
Mannschaftsführer(in) *m(f)* SPORT team captain
Manometer [mano'me:tɐ] *interj* (*fam*) boy oh boy!
Manöver <-s, -> [ma'nø:vɐ] *nt* manoeuvre
Mansardenwohnung *f* attic flat [*or* AM apartment]
Manschettenknopf *m* cuff link
Mantel <-s, Mäntel> ['mantl̩, *pl* 'mɛntl̩] *m* coat
manuell [ma'nu̯ɛl] **I.** *adj* manual **II.** *adv* manually
Manuskript <-[e]s, -e> [manu'skrɪpt] *nt* manuscript
Mappe <-, -n> ['mapə] *f* ❶ folder ❷ (*Tasche*) briefcase
Maracuja <-, -s> [mara'ku:ja] *f* passion fruit
Marathon <-s, -s> ['ma:ratɔn] *m* marathon
Marathonlauf *m* marathon
Märchen <-s, -> ['mɛːɐ̯çən] *nt* fairytale
Märchenprinz, -prinzessin ['mɛːɐ̯çənprɪnts, -prɪntsɛsɪn] *m*, *f* fairy prince *masc*, fairy princess *fem*
Marder <-s, -> ['mardɐ] *m* marten
Margarine <-, -> [marga'riːnə] *f* margarine
Margerite <-, -n> [margə'riːtə] *f* marguerite
Maria <-[s] *geh o* Mariä, -s> [ma'riːa, *pl* ma'riːɛ] *f* REL (*Mutter Gottes*) Mary; **Mariä Empfängnis** the Immaculate Conception; **die Heilige** ~ Holy Mary
Marienkäfer *m* ladybird BRIT, ladybug AM
Marihuana <-s> [mari'hu̯a:na] *nt kein pl* marihuana
Marille <-, -n> [ma'rɪlə] *f* ÖSTERR apricot
Marine <-, -n> [ma'ri:nə] *f* navy; ■ **bei der** ~ in the navy
Marionette <-, -n> [mari̯o'nɛtə] *f* puppet
Mark[1] <-, -> ['mark] *pl f* (*hist: Währung*) mark
Mark[2] <-[e]s> ['mark] *nt kein pl* (*Inneres*) marrow
markant [mar'kant] *adj* striking
Marke <-, -n> ['markə, *pl* 'markn̩] *f* ❶ (*Briefmarke*) stamp ❷ ÖKON brand
Markenartikel *m* branded article **Markeneinführung** *f* ÖKON brand launch **Markenzeichen** *nt* trademark

Marketing <-s> ['ma:rkətɪŋ] *nt kein pl* marketing
markieren* [mar'ki:rən] *vt* to mark
Markierstift *m* marker pen, highlighter
Markierung <-, -en> *f* marking
Markise <-, -n> [mar'ki:zə] *f* awning
Markstück *nt* [one-]mark piece
Markt <-[e]s, Märkte> ['markt, *pl* 'mɛrktə] *m* market; **der schwarze** ~ the black market; **auf dem** ~ on the market; **etw auf den** ~ **bringen** to put sth on the market
Markteinführung *f* ÖKON [market] launch
Marktforschung *f kein pl* market research
Marktführer *m* market leader **Marktlücke** *f* gap in the market **Marktplatz** *m* marketplace; ■ **auf dem** ~ in the marketplace
Marktwirtschaft *f kein pl* **die soziale** ~ social market economy
Marmelade <-, -n> [marmə'la:də] *f* jam
Marmor <-s, -e> ['marmo:ɐ̯] *m* marble
Marokkaner(in) <-s, -> [marɔ'ka:nɐ] *m(f)* Moroccan
marokkanisch [marɔ'ka:nɪʃ] *adj* Moroccan
Marokko <-s> [ma'rɔko] *nt* Morocco
Marone <-, -n> [ma'ro:nə] *f*, **Maroni** <-, -> [ma'ro:ni] *f* ÖSTERR [edible] chestnut
Marotte <-, -n> [ma'rɔtə] *f* quirk
Mars <-> ['mars] *m kein pl* ■ **der** ~ Mars
marsch ['marʃ] *interj* be off with you!
Marsch <-[e]s, Märsche> ['marʃ *pl* 'mɛrʃə] *m* march; **sich in** ~ **setzen** to move off
Marschall <-s, Marschälle> ['marʃal, *pl* 'marʃɛlə] *m* marshal
Marschflugkörper *m* cruise missile
marschieren* [mar'ʃi:rən] *vi sein* to march
Marschmusik *f* marching music
Marter <-, -n> ['martɐ] *f* torture
martern ['martɐn] *vt* to torture
Marterpfahl *m* HIST stake
Märtyrer(in) <-s, -> ['mɛrtyrɐ, 'mɛrtyrərɪn] *m(f)* martyr
Marxismus <-> [mar'ksɪsmʊs] *m kein pl* ■ **der** ~ Marxism
Marxist(in) <-en, -en> [mar'ksɪst] *m(f)* Marxist
marxistisch [mar'ksɪstɪʃ] *adj* Marxist
März <-[es], -e> ['mɛrts] *m* March; *s. a.* **Februar**
Marzipan <-s, -e> [martsi'pa:n] *nt o m* marzipan
Masche <-, -n> ['maʃə] *f* ❶ stitch ❷ ÖSTERR, SCHWEIZ (*Schleife*) bow ❸ (*fam*) trick

Maschendraht *m* wire netting
Maschine <-, -n> [maˈʃiːnə] *f* machine; ~ **schreiben** to type
maschinell [maʃiˈnɛl] I. *adj* machine *attr* II. *adv* by machine
Maschinenbau *m kein pl* mechanical engineering **Maschinenbauingenieur(in)** <-s, -e> [-ɪnʒeni̯øːɐ̯] *m(f)* mechanical engineer **Maschinengewehr** *nt* machine gun **maschinenlesbar** *adj* machine-readable **Maschinenschlosser(in)** *m(f)* fitter
Masern [ˈmaːzən] *pl* ■ **die** ~ the measles
Maserung <-, -en> *f* grain
Maske <-, -n> [ˈmaskə] *f* mask
Maskenbildner(in) *m(f)* make-up artist
maskieren* [masˈkiːrən] I. *vt* to disguise II. *vr* ■ **sich** ~ to dress up (**als** as)
Maskulinum <-s, Maskulina> [ˈmaskuliːnʊm, *pl* ˈmaskuliːna] *nt* LING masculine noun
Masochist(in) <-en, -en> [mazɔˈxɪst] *m(f)* masochist
masochistisch *adj* masochistic
maß [ˈmaːs] *imp von* **messen**
Maß[1] <-es, -e> [ˈmaːs] *nt* ❶ (*Maßeinheit*) measure; **mit zweierlei** ~ **messen** to operate a double standard ❷ (*Abmessungen*) ■ **Maße** measurements ❸ (*Ausmaß*) extent; **weder** ~ **noch Ziel kennen** to know no bounds; **in besonderem** ~[e] especially; **in großem** ~[e] to a great extent; **in** ~ **en** in moderation ▶ **das** ~ **aller Dinge** the measure of all things; **das** ~ **ist voll** enough is enough
Maß[2] <-, -> [ˈmaːs] *f* SÜDD **eine** ~ **Bier** a litre of beer
Massage <-, -n> [maˈsaːʒə] *f* massage
Massaker <-s, -> [maˈsaːkɐ] *nt* massacre
massakrieren* [masaˈkriːrən] *vt* to massacre
Masse <-, -n> [ˈmasə] *f* mass
Massekabel *nt* AUTO battery ground cable **Massenandrang** *m* crush **Massenarbeitslosigkeit** *f* mass unemployment **Massenblatt** *nt* (*Zeitung*) mass-circulation newspaper
massenhaft *adv* in droves
Massenmedien *pl* mass media + *sing/pl vb* **Massentierhaltung** *f* intensive livestock farming **Massentourismus** *m kein pl* mass tourism **Massenvernichtungswaffen** *pl* weapons of mass destruction

Masseur(in) <-s, -e> [maˈsøːɐ̯] *m(f)* masseur *masc,* masseuse *fem*
Masseuse <-, -n> [maˈsøːzə] *f* masseuse
maßgebend, maßgeblich [ˈmaːsgeːplɪç] *adj* significant
massieren* [maˈsiːrən] *vt* to massage
massig [ˈmasɪç] *adj* massive
mäßig [ˈmɛːsɪç] *adj* moderate
mäßigen [ˈmɛːsɪgn̩] I. *vt* to curb II. *vr* ■ **sich** ~ to restrain oneself
Massiv <-s, -e> [maˈsiːf, *pl* maˈsiːvə] *nt* massif
massiv [maˈsiːf] *adj* ❶ (*fest*) solid ❷ (*drastisch*) serious; ~ **e Kritik** heavy criticism
maßlos I. *adj* extreme; ■ ~ [**in etw** *dat*] **sein** to be immoderate [in sth] II. *adv* extremely
Maßlosigkeit <-> *f kein pl* lack of moderation
Maßnahme <-, -n> [ˈmaːsnaːmə] *f* measure
Maßstab [ˈmaːsʃtaːp] *m* ❶ scale; **im** ~ **1:250000** on a scale of 1:250000 ❷ (*Kriterium*) criterion; **Maßstäbe setzen** to set standards
maßstab(s)gerecht, maßstab(s)getreu *adj* true to scale
maßvoll I. *adj* moderate; ~ **es Verhalten** moderation II. *adv* moderately
Mast <-[e]s, -e[n]> [ˈmast] *m* ❶ NAUT mast ❷ (*Strommast*) pylon
Mastdarm *m* rectum
mästen [ˈmɛstn̩] *vt* to fatten
masturbieren* [mastʊrˈbiːrən] *vi* to masturbate
Matchball [ˈmɛtʃ-] *m* TENNIS match point
Material <-s, -ien> [mateˈri̯aːl, *pl* mateˈri̯aːli̯ən] *nt* material
Materialfehler *m* material defect
Materialismus <-> [materi̯aˈlɪsmʊs] *m kein pl* ■ [**der**] ~ materialism
Materialist(in) <-en, -en> [materi̯aˈlɪst] *m(f)* materialist
materialistisch [materi̯aˈlɪstɪʃ] *adj* materialist[ic *pej*]
Materialkosten *pl* material costs **Materialverbrauch** *m* materials *npl* consumed
Materie <-> [maˈteːri̯ə] *f kein pl* matter
materiell [mateˈri̯ɛl] I. *adj* material II. *adv* ❶ (*pej*) ~ **eingestellt sein** to be materialistic ❷ FIN ~ **abgesichert** financially secure
Mathematik <-> [matemaˈtiːk] *f kein pl* ■ [**die**] ~ mathematics + *sing vb*
Mathematiker(in) <-s, -> [mateˈmaːtikɐ]

m(f) mathematician
mathematisch [mate'maːtɪʃ] *adj* mathematical
Matjes <-, -> ['matjəs], **Matjeshering** *m* young herring
Matratze <-, -n> [ma'tratsə] *f* mattress
Matrixdrucker *m* dot-matrix [printer]
Matrose <-n, -n> [ma'troːzə] *m* sailor
Matsch <-[e]s> ['matʃ] *m kein pl* ❶ *(schlammige Erde)* mud; *(Schneematsch)* slush ❷ *(breiige Masse)* mush
matschig ['matʃɪç] *adj* muddy
matt ['mat] *adj* ❶ *(schwach)* weak ❷ *(glanzlos)* matt ❸ *Licht* dim ❹ *(schachmatt)* [check]mate
Matte¹ <-, -n> ['matə] *f* mat
Matte² <-, -n> ['matə] *f* SCHWEIZ, ÖSTERR alpine meadow
Mattscheibe *f* TV *(fam)* screen
mau <-er, -[e]ste> ['mau] *adj meist pred (fam)* ❶ *(unwohl)* queasy, poorly *pred* ❷ *(ungünstig)* bad; *Stimmung* lousy
Mauer <-, -n> ['mauɐ] *f* wall
mauern ['mauɐn] *vt, vi* to build
Mauersegler *m* swift **Mauerwerk** *nt kein pl* walls *pl*
Maul <-[e]s, Mäuler> ['maul, *pl* 'mɔylɐ] *nt* ❶ *(bei Tieren)* mouth ❷ *(derb: Mund)* trap; **jdm übers ~ fahren** to cut sb short; **halt's ~!** shut your face!; **jdm das ~ stopfen** to shut sb up ▶ **sich** *dat* **das ~ über jdn/etw zerreißen** *(fam)* to bad-mouth sb/sth
Maulbeerbaum *m* mulberry [tree]
Maulesel ['maulʔeːzl̩] *m* mule
Maulkorb *m* muzzle
Maultaschen *pl large pasta squares filled with meat or cheese*
Maultier ['maultiːɐ̯] *nt* mule
Maulwurf <-[e]s, -würfe> ['maulvʊrf, *pl* -vʏrfə] *m* mole
Maurer(in) <-s, -> ['maurɐ] *m(f)* bricklayer
Mauretanien <-s> [maure'taːni̯ən] *nt* Mauritania
Maus <-, Mäuse> ['maus, *pl* 'mɔyzə] *f* mouse
Mäusebussard *m* [common] buzzard
Mausefalle *f* mousetrap
Mausklick [-klɪk] *m* click of the/a mouse
Mauskursor [-køːɐ̯zɐ, -kœrzɐ] *m* INFORM mouse pointer
Mauspad <-s, -s> [-pɛt] *m* INFORM mouse pad

Maut <-, -en> ['maut] *f* toll
maximal [maksi'maːl] **I.** *adj* maximum **II.** *adv* at maximum; **~ 25.000 Euro** 25,000 euros at most
Maximum <-s, Maxima> ['maksimʊm, *pl* 'maksima] *nt* maximum
Mayonnaise <-, -n> [majɔ'nɛːzə] *f s.* **Majonäse**
Mazedonien <-s> [matse'doːni̯ən] *nt* Macedonia
MB [ɛm'beː] *nt Abk von* **Megabyte** MB
Mechanik <-, -en> [me'çaːnɪk] *f* mechanics + *sing vb*
Mechaniker(in) <-s, -> [me'çaːnɪkɐ] *m(f)* mechanic
mechanisch [me'çaːnɪʃ] **I.** *adj* mechanical **II.** *adv* mechanically
Mechanismus <-, -nismen> [meça'nɪsmʊs, *pl* meça'nɪsmən] *m* mechanism
meckern ['mɛkɐn] *vi (fam)* to bellyache (**über** about)
Medaille <-, -n> [me'daljə] *f* medal
Medien ['meːdi̯ən] *pl* ▪ **die ~** the media + *sing/pl vb*
Medikament <-[e]s, -e> [medika'mɛnt] *nt* medicine
Medikamentenmissbrauch^RR *m* drug abuse
medikamentös [medikamɛn'tøːs] *adv* **jdn ~ behandeln** to give sb medication
Meditation <-, -en> [medita'tsi̯oːn] *f* meditation
mediterran [meditɛ'raːn] *adj* Mediterranean
meditieren* [medi'tiːrən] *vi* to meditate
Medizin <-, -en> [medi'tsiːn] *f kein pl* medicine
Mediziner(in) <-s, -> [medi'tsiːnɐ] *m(f)* doctor
medizinisch [medi'tsiːnɪʃ] **I.** *adj* ❶ *(ärztlich)* medical ❷ *(heilend)* medicinal, curative **II.** *adv* ❶ *(ärztlich)* medically ❷ *(heilend)* medicinally
medizinisch-technische(r) Assistent(in) <-en, -en> *m(f)* medical technician
Medizinmann <-männer> [-man, *pl* -mɛnɐ] *m* medicine man
Medizinstudent(in) <-en, -en> *m(f)* medical student
Meer <-[e]s, -e> ['meːɐ̯] *nt* sea; **ans ~ fahren** to go to the seaside; **am ~** by the sea
Meerenge *f* strait[s *pl*]
Meeresalge *f* seaweed *no pl* **Meeresbiolo-**

gie *f* marine biology **Meeresfrüchte** *pl* seafood *no pl* **Meeresspiegel** *m* **über/unter dem** ~ above/below sea level
Meerkatze *f* meerkat
Meerrettich *m* horseradish
Meerschweinchen *nt* guinea pig
Meerwasser *nt* sea water
Megabyte [megaˈbait, ˈmeːgabait] *nt* megabyte
Megahertz [ˈmeːgahɛrts] *nt* megahertz
Mehl <-[e]s, -e> [ˈmeːl] *nt* flour
mehlig [ˈmeːlɪç] *adj Kartoffeln* floury
Mehltau [ˈmeːltau] *m kein pl* BOT mildew
mehr [ˈmeːɐ̯] I. *pron indef comp von* **viel** more; **immer** ~ more and more II. *adv* ~ **oder weniger** more or less; **nicht** ~ not any longer; **nie** ~ never again; **niemand** ~ nobody else
Mehr <-[s]> [ˈmeːɐ̯] *nt kein pl* ❶ **mit einem [kleinem]** ~ **an Mühe** with a [little] bit more effort ❷ SCHWEIZ majority
mehrdeutig *adj* ambiguous **mehrdimensional** *adj* multidimensional **Mehreinnahme** *f* additional revenue *no pl*
mehrere [ˈmeːrərə] *pron indef* several
mehrfach [ˈmeːɐ̯fax] I. *adj* multiple; **~er Meister im Hochsprung** several-times champion in the pole vault II. *adv* several times
Mehrfachfahrschein *m* multi-journey [*or* AM multi-ride] ticket **Mehrfachstecker** *f* multiple plug
Mehrfamilienhaus [-liən-] *nt* multiple dwelling
mehrfarbig *adj* multicoloured
Mehrheit <-, -en> *f* majority
mehrjährig *adj attr* of several years *pred*
Mehrkosten *pl* additional costs
mehrmals [ˈmeːɐ̯maːls] *adv* repeatedly
Mehrparteiensystem *nt* multiparty system **Mehrplatzsystem** *nt* INFORM shared logic system **Mehrpreis** *m* additional price **mehrsprachig** *adj* multilingual **mehrstündig** *adj* of several hours *pred* **mehrtägig** *adj* lasting several days *pred* **Mehrwegflasche** *f* returnable bottle **Mehrwegverpackung** *f* ÖKON, ÖKOL re-usable [foodstuff] packaging
Mehrwertsteuer *f* value-added tax, VAT
mehrwöchig *adj* lasting several weeks *pred*
Mehrzahl *f kein pl* ❶ majority ❷ LING plural [form]
meiden <mied, gemieden> [ˈmaidn̩] *vt* to avoid
Meile <-, -n> [ˈmailə] *f* mile
Meilenstein *m* milestone **meilenweit** [ˈmailənvait] *adv* for miles
mein [ˈmain] *pron poss* my
meine(r, s) [ˈmainə] *pron poss, substantivisch* mine; ■ [*geh* **der/die/das**] **M~** mine
Meineid [ˈmainʔait] *m* perjury *no art*
meinen [ˈmainən] I. *vi* ❶ (*annehmen*) to think; **ich würde ~, ...** I would think ...; **~ Sie?** [do] you think so? ❷ (*sagen*) to say; **ich meinte nur so** (*fam*) it was just a thought; **wenn Sie ~!** if you wish; **wie ~ Sie?** [I] beg your pardon?; **[ganz] wie Sie ~!** [just] as you wish II. *vt* ❶ ■~, **[dass]** ... to think [that] ...; **und was ~ Sie dazu?** and what do you say? ❷ (*sagen wollen*) **was ~ Sie [damit]?** what do you mean [by that]? ❸ (*ansprechen*) **damit bist du gemeint** that means you ❹ (*beabsichtigen*) to mean; **ich meine es ernst** I'm serious [about it]; **so war das nicht gemeint** I didn't mean it like that; **es gut ~** to mean well; **es gut mit jdm ~** to do one's best for sb; **es nicht böse ~** to mean no harm; **es ~, wie man es sagt** to mean what one says
meiner [ˈmainɐ] *pron pers gen von* **ich** (*geh*) of me
meinetwegen [ˈmainətˈveːgn̩] *adv* ❶ (*mir zuliebe*) for my sake ❷ (*von mir aus*) as far as I'm concerned
Meinung <-, -en> [ˈmainʊŋ] *f* opinion; **ähnlicher/anderer ~ sein** to be of a similar/different opinion; **eine eigene ~ haben** to have an opinion of one's own; **die öffentliche ~** public opinion; **nach meiner ~** in my opinion; **seine ~ ändern** to change one's mind; **bei seiner ~ bleiben** to stick to one's opinion; **jdm die ~ sagen** to give sb a piece of one's mind
Meinungsforschung *f kein pl* opinion polling **Meinungsumfrage** *f* opinion poll **Meinungsverschiedenheit** *f* difference of opinion
Meise <-, -n> [ˈmaizə] *f* tit ▶ **eine ~ haben** (*fam*) to have a screw loose
Meißel <-s, -> [ˈmaisl̩] *m* chisel
meißeln [ˈmaisl̩n] *vi, vt* to chisel
meist [ˈmaist] *adv* ❶ *s.* **meistens** ❷ (*am häufigsten*) most; **~ inszeniert** most staged
meiste(r, s) *pron indef superl von* **viel** ❶ most; **das ~ Geld** the most money; (*als*

Anteil) most of the money; ■ **die ~n** most people; **die ~n von uns** most of us; ■ **das ~** (*nicht Zählbares*) most of it; (*als Anteil*) the most; ■ **das ~ von dem, was ...** most of what ... ❷ (*am häufigsten*) ■ **am ~n** [the] most

meisten I. *adj superl von* **viel** most; **die ~ Leute** most people II. *adv superl von* **sehr:** ■ **am ~** most of all

meistens ['maistn̩s] *adv* mostly

Meister(in) <-s, -> ['maistɐ] *m(f)* ❶ master ❷ SPORT champion

meisterhaft I. *adj* masterly II. *adv* in a masterly manner

meistern ['maistɐn] *vt* to master

Meisterprüfung *f* examination for the master[craftsman]'s diploma

Meisterschaft <-, -en> *f* ❶ *kein pl* mastery ❷ SPORT championship

Melancholie <-, -n> [melaŋko'liː, *pl* melaŋko'liːən] *f* melancholy

melancholisch [melaŋ'koːlɪʃ] *adj* melancholy

Melanzani [melan'tsaːni] *pl* ÖSTERR (*Aubergine*) aubergine BRIT, eggplant AM

Meldeamt *nt* (*fam*) registration office

melden ['mɛldn̩] I. *vt* ❶ (*anzeigen*) ■ [**jdm**] **etw ~** to report sth [to sb] ❷ TV to report II. *vr* ❶ SCH ■ **sich ~** to put one's hand up ❷ (*sich bereit erklären*) **sich zu etw** *dat* **freiwillig ~** to volunteer for sth ❸ (*antworten*) **sich am Telefon ~** to answer the telephone

Meldepflicht *f* obligation to report sth

meldepflichtig *adj* notifiable

Meldung <-, -en> *f* ❶ (*Nachricht*) piece of news ❷ (*offizielle Mitteilung*) report

meliert [me'liːɐ̯t] *adj* ❶ **Haar** greying ❷ *Gewebe* flecked, mottled

Melisse <-, -n> [me'lɪsə] *f* [lemon] balm

melken <melkte, gemolken> ['mɛlkn̩] *vt, vi* to milk

Melodie <-, -n> [melo'diː, *pl* melo'diːən] *f* tune

melodisch [me'loːdɪʃ] I. *adj* melodic II. *adv* melodically

Melone <-, -n> [me'loːnə] *f* ❶ melon ❷ (*Hut*) bowler [hat]

Memoiren [me'mŏaːrən] *pl* memoirs

Menge <-, -n> ['mɛŋə] *f* ❶ (*bestimmtes Maß*) quantity; **in ausreichender ~** in sufficient quantities ❷ (*viel*) **eine ~ Geld** a lot of money; **eine ~ zu sehen** a lot to see ❸ (*Menschenmenge*) crowd

Meniskus <-, Menisken> [me'nɪskʊs, *pl* menɪskən] *m* meniscus

Menopause [meno'pauzə] *f kein pl* menopause *no pl*

Mensa <-, Mensen> ['mɛnza, *pl* 'mɛnzn̩] *f* canteen

Mensch <-en, -en> [mɛnʃ] *m* ❶ (*Menschheit*) man; ■ **die ~en** man *sing, no art,* human beings *pl* ❷ (*Persönlichkeit*) person; **ein anderer ~ werden** to become a different person; **als ~** as a person; **kein ~** no one ❸ (*Leute*) ■ **~en** people

Menschenaffe *m* ape **Menschenfresser(in)** <-s, -> *m(f)* cannibal **Menschenhandel** *m kein pl* trade in human beings **Menschenkenner(in)** *m(f)* judge of character **Menschenkenntnis** *f kein pl* ability to judge character **Menschenleben** *nt* lifetime **menschenleer** *adj* deserted **menschenmöglich** ['mɛnʃn̩'møːklɪç] *adj* **ich werde alles M~e tun** I'll do all that is humanly possible **Menschenrecht** *nt meist pl* JUR human right *usu pl* **Menschenrechtsverletzung** *f* violation of human rights **Menschenseele** ['mɛnʃn̩'zeːlə] *f* **keine ~** not a [living] soul **Menschenskind** ['mɛnʃn̩skɪnt] *interj* good grief

menschenunwürdig I. *adj* inhumane II. *adv* in an inhumane way **Menschenverstand** *m* **gesunder ~** common sense **Menschenwürde** *f kein pl* human dignity *no pl*

Menschheit <-> *f kein pl* ■ **die ~** mankind

menschlich ['mɛnʃlɪç] I. *adj* ❶ human ❷ (*human*) humane II. *adv* humanely

Menschlichkeit <-> *f kein pl* humanity *no art*

Menstruation <-, -en> [mɛnstrua'tsi̯oːn] *f* menstruation *no art*

Menstruationsschmerzen *pl* MED menstrual pains *pl* **Menstruationsstörungen** *pl* MED menstrual disorder

Mentalität <-, -en> [mɛntali'tɛːt] *f* mentality

Menu *nt,* **Menü** <-s, -s> [me'nyː] *nt* menu

menügesteuert *adj* INFORM menu-driven

merci [mɛr'siː] *interj* (*hum*) merci *rare*

merken ['mɛrkn̩] I. *vt, vi* ❶ (*spüren*) to feel; **es war kaum zu ~** it was scarcely noticeable ❷ (*wahrnehmen*) to notice; **das merkt keiner!** no one will notice!; **jdn etw ~ lassen** to let sb feel sth II. *vr* ■ **sich** *dat* **etw ~** to remember sth; **leicht zu ~ sein** to be easy

to remember
Merkmal <-s, -e> ['mɛrkmaːl] *nt* feature
Merkur <-s> [mɛr'kuːɐ̯] *m* ■ **der** ~ Mercury
merkwürdig *adj* strange; **zu** ~ ! how strange!
messbar^RR *adj*, **meßbar**^ALT *adj* measurable
Messbecher^RR *m* measuring jug
Messdiener(in)^RR *m(f)* server
Messe¹ <-, -n> ['mɛsə] *f* REL mass *no pl*; **schwarze** ~ Black Mass; **in die** ~ **gehen** to go to mass; **die** ~ **lesen** to say mass
Messe² <-, -n> ['mɛsə] *f* ÖKON [trade] fair; **auf der** ~ at the fair
Messeausweis *m* ÖKON [trade] fair pass **Messehalle** *f* exhibition hall
messen <misst, maß, gemessen> [',ɛsn̩]
I. *vt* ❶ (*Maße nehmen*) to measure ❷ (*urteilen*) ■ **gemessen an etw** *dat* judging by sth
II. *vr* **sich mit jdm** ~ to compete with sb
Messer <-s, -> ['mɛsɐ] *nt* knife ▶ **jdn ans** ~ **liefern** to shop sb; **bis aufs** ~ to the bitter end
Messerspitze *f* knife point; **eine** ~ **Muskat** a pinch of nutmeg **Messerstich** *m* knife thrust **Messestand** *m* exhibition stand
Messias <-> [mɛ'siːas] *m* ■ **der** ~ the Messiah
Messing <-s> ['mɛsɪŋ] *nt kein pl* brass
Messinstrument^RR *nt* measuring instrument
Messwert^RR *m* reading
Metall <-s, -e> [me'tal] *nt* metal
Metallarbeiter(in) *m(f)* metalworker
metallisch [me'talɪʃ] I. *adj* metallic II. *adv* like metal
Metallverarbeitung <-> *f kein pl* metalworking *no pl*
Metapher <-, -n> [me'tafɐ] *f* metaphor
Metaphysik [metafy'ziːk] *f* metaphysics *no art, + sing vb*
Metastase <-, -n> [meta'staːzə] *f* metastasis
Meteorologe, Meteorologin <-n, -n> [meteoro'loːɡə, -'loːɡɪn] *m, f* meteorologist
Meter <-s, -> ['meːtɐ] *m o nt* metre
Methode <-, -n> [me'toːdə] *f* method
Methylalkohol *m kein pl* methyl alcohol *no pl,* methanol *no pl*
Metropole <-, -n> [metro'poːlə] *f* metropolis
Metzger(in) <-s, -> ['mɛtsɡɐ] *m(f)* butcher; **beim** ~ at the butcher's
Metzgerei <-, -en> [mɛtsɡə'rai] *f* butcher's BRIT, butcher shop AM; **aus der** ~ from the butcher's

Meuchelmord *m* insidious murder
Meute <-, -n> ['mɔytə] *f (pej)* mob
Meuterei <-, -en> [mɔytə'rai] *f* mutiny
Meuterer <-s, -> *m* mutineer
meutern ['mɔytɐn] *vi* to mutiny; ■ ~ **d** mutinous
Mexikaner(in) <-s, -> [mɛksi'kaːnɐ] *m(f)* Mexican
mexikanisch [mɛksi'kaːnɪʃ] *adj* Mexican; *s. a.* **deutsch**
Mexiko <-s> ['mɛksiko] *nt* Mexico
miauen* [mi'auən] *vi* to miaou
mich ['mɪç] I. *pron pers akk von* **ich** me
II. *pron reflexiv* myself
mick(e)rig ['mɪk(ə)rɪç] *adj* ❶ (*sehr gering*) measly, paltry ❷ (*schwächlich*) puny ❸ (*zurückgeblieben*) stunted
Mief <-s> ['miːf] *m kein pl (fam)* fug
Miene <-, -n> ['miːnə] *f* expression ▶ **ohne eine** ~ **zu verziehen** without turning a hair
mies ['miːs] *adj (fam)* lousy; ~ **e Laune haben** to be in a foul mood
mies|machen *vt* **jdn/etw** ~ to run down sb/sth *sep*
Miesmuschel ['miːsmʊʃl] *f* mussel **Mietauto** *nt* hire car BRIT, rental car AM
Miete <-, -n> ['miːtə] *f* rent
Mieteinnahme *f meist pl* rental income, income from rents
mieten ['miːtn̩] *vt* to rent
Mieter(in) <-s, -> *m(f)* tenant
Mieterhöhung *f* rent increase
Mietshaus *nt* block of rented flats BRIT, apartment house AM
Mietvertrag *m* lease **Mietwagen** *m* rental car **Mietwohnung** *f* rented flat [*or* AM *a.* apartment]
Migräne <-, -n> [mi'ɡrɛːnə] *f* migraine; **ich habe** ~ I've got a migraine
Mikrochip <-s, -s> [-tʃɪp] *m* microchip
Mikrofon <-s, -e> [mikro'foːn] *nt* microphone
Mikrophon <-s, -e> [mikro'foːn] *nt s.* **Mikrofon**
Mikroskop <-s, -e> [mikro'skoːp] *nt* microscope
mikroskopisch *adj* microscopic
Mikrowelle ['miːkrovɛlə] *f* microwave
Milbe <-, -n> ['mɪlbə] *f* mite
Milch ['mɪlç] *f kein pl* milk
Milchflasche *f* milk bottle **Milchkaffee** *m* milky coffee **Milchprodukt** *nt* milk product

Milchpulver *nt* powdered milk **Milchreis** *m* rice pudding **Milchsäure** *f* BIOL, CHEM lactic acid *no pl* **Milchstraße** *f* ■ **die** ~ the Milky Way **Milchzahn** *m* milk tooth

mild ['mɪlt] *adj* ❶ mild ❷ *(nachsichtig)* lenient; **jdn** ~ **er stimmen** to encourage sb to be more lenient

mildern ['mɪldɐn] **I.** *vt* ❶ *(abschwächen)* to moderate; ~ **de Umstände** mitigating circumstances ❷ *(lindern)* to alleviate **II.** *vr* METEO ■ **sich** ~ to become milder

Milieu <-s, -s> [mi'ljøː] *nt* environment

militant [mili'tant] *adj* militant

Militär <-s> [mili'tɛːɐ] *nt kein pl* military; **beim** ~ **sein** to be in the forces

Militärdiktatur *f* military dictatorship

militärisch [mili'tɛːrɪʃ] *adj* military

Militärregierung *f* military government **Militärstützpunkt** *m* military base

Miliz <-, -en> [mi'liːts] *f* ❶ *(Bürgerwehr)* militia ❷ *(in sozialistischen Staaten: Polizei)* police

Millennium <-s, -ien> [mɪ'lɛnjʊm, *pl* mɪ'lɛnjən] *nt (geh)* millennium

Milliardär(in) <-s, -e> [mɪljar'dɛːɐ] *m(f)* billionaire

Milliarde <-, -n> [mɪ'ljardə] *f* billion

Millimeter <-s, -> [mɪli'meːtɐ] *m o nt* millimetre

Million <-, -en> [mɪ'ljoːn] *f* million; **drei** ~ **en Einwohner** three million inhabitants

Millionär(in) <-s, -e> [mɪljo'nɛːɐ] *m(f)* millionaire *masc,* millionairess *fem*

Millionenstadt *f* town with over a million inhabitants

Milz <-, -en> ['mɪlts] *f* spleen

Mimik <-> ['miːmɪk] *f kein pl* facial expression

minder ['mɪndɐ] *adv* less; **nicht** ~ no less

minderbegabt *adj* less gifted **minderbemittelt** *adj (pej)* mentally deficient

Minderheit <-, -en> *f* minority

minderjährig ['mɪndɐjɛːrɪç] *adj* underage

Minderjährige(r) *f(m) dekl wie adj* minor

mindern ['mɪndɐn] *vt* to reduce (**um** by)

minderwertig *adj* inferior

Minderwertigkeit <-> *f kein pl* inferiority

Minderwertigkeitsgefühl *nt* feeling of inferiority **Minderwertigkeitskomplex** *m* inferiority complex

Minderzahl *f kein pl* minority; **in der** ~ **sein** to be in the minority

Mindestalter *nt* minimum age

Mindestbetrag *nt* minimum amount

mindeste(r, s) *adj attr* ■ **der/die/das** ~ the slightest; **das wäre das M**~ **gewesen** that's the least he could have done; **nicht im M**~**n** not in the least

mindestens ['mɪndəstn̩s] *adv* at least

Mindestgeschwindigkeit *f* minimum speed *no pl* **Mindestlohn** *m* ÖKON minimum wage

Mine <-, -n> ['miːnə] *f* MIL, BERGB mine

Mineral <-s, -e *o* -ien> [mine'raːl, *pl* mine'raːljən] *nt* mineral

Mineralöl *nt* mineral oil **Mineralölsteuer** *f* tax on oil **Mineralwasser** *nt* mineral water

Minibar *f* minibar

Minigolf *nt kein pl* minigolf

minimal [mini'maːl] **I.** *adj* minimal **II.** *adv* minimally

Minimum <-s, Minima> ['miːnimʊm, *pl* 'miːnima] *nt* minimum (**an** of)

Minirock *m* miniskirt

Minister(in) <-s, -> [mi'nɪstɐ] *m(f)* minister

Ministerium <-s, -rien> [minɪs'teːrjʊm, *pl* minɪs'teːrjən] *nt* ministry

Ministerpräsident(in) *m(f)* minister-president

> The leader of a **Bundesland** is called the **Ministerpräsident/-in**. In Austria he/she is called the **Landeshauptmann/-frau** (prime minister of a province). The head of the government of a Swiss canton is called the **Kantonalpräsident/-in** (president of a canton).

Minorität <-, -en> [minori'tɛːt] *f* minority

minus ['miːnʊs] **I.** *präp* **2.000 €** ~ **5 % Rabatt** € 2,000 less 5% discount **II.** *konj* MATH minus; **15 °C** ~ 15 °C below zero

Minus <-, -> ['miːnʊs] *nt* FIN deficit; ~ **machen** to make a loss

Minuszeichen *nt* minus sign

Minute <-, -n> [mi'nuːtə] *f* minute; **auf die** ~ on the dot

Minutenzeiger *m* minute hand

Minze <-, -n> ['mɪntsə] *f* mint

mir ['miːɐ] *pron pers dat von* **ich** [to] me; **sie ist eine alte Bekannte von** ~ she's an old acquaintance of mine; **von** ~ **aus!** *(fam)* I don't mind! ▶~ **nichts, dir nichts** *(fam)* just like that

Mirabelle <-, -n> [mira'bɛlə] *f* mirabelle

Mischbrot *nt* bread made from rye and

wheat flour **Mischehe** *f* mixed marriage
mischen ['mɪʃn̩] **I.** *vt* to mix; *Karten* to shuffle **II.** *vr* ① *(nicht abseitsstehen)* **sich unter Leute** ~ to mingle ② *(sich einmischen)* ■ **sich in etw** *akk* ~ to interfere in sth
Mischling <-s, -e> ['mɪʃlɪŋ] *m* half caste; *(Tier)* half-breed
Mischmasch <-[e]s, -e> ['mɪʃmaʃ] *m* (*fam*) mishmash
Mischmaschine *f* mixer **Mischpult** *nt* mixing desk
Mischung <-, -en> *f* mixture
miserabel [mizəˈraːbl̩] **I.** *adj* dreadful **II.** *adv* dreadfully; **das Bier schmeckt** ~ the beer tastes awful
Misere <-, -n> [miˈzeːrə] *f* dreadful state
Mispel <-, -n> ['mɪspl̩] *f* BOT medlar
missachten* RR *vt*, **mißachten*** ALT [mɪsˈʔaxtn̩] *vt* ① *(ignorieren)* to disregard ② *(gering schätzen)* to disdain
Missachtung RR *f*, **Mißachtung** ALT ['mɪsʔaxtʊŋ] *f* ① *(Ignorieren)* disregard ② *(Geringschätzung)* disdain *no pl*
missbehagen* RR *vi*, **mißbehagen*** ALT ['mɪsbəhaːɡn̩] *vi* (*geh*) ■ **etw missbehagt jdm** sth makes sb uneasy (**an** about)
Missbehagen RR <-s> *nt kein pl*, **Mißbehagen** ALT ['mɪsbəhaːɡn̩] *nt* (*geh*) uneasiness
missbilligen* RR *vt*, **mißbilligen*** ALT [mɪsˈbɪlɪɡn̩] *vt* ■ **etw** ~ to disapprove of sth
Missbilligung RR <-, *selten* -en> *f*, **Mißbilligung** ALT [mɪsˈbɪlɪɡʊŋ] *f* disapproval
Missbrauch RR *m*, **Mißbrauch** ALT ['mɪsbraux] *m* abuse
missbrauchen* RR *vt*, **mißbrauchen*** ALT [mɪsˈbrauxn̩] *vt* to abuse; **jdn sexuell** ~ to sexually abuse sb
missen ['mɪsn̩] *vt* **mein Telefon möchte ich nicht** ~ I wouldn't want to have to do without my phone
Misserfolg RR *m*, **Mißerfolg** ALT *m* failure
Missetäter(in) ['mɪsətɛːtɐ] *m(f)* (*hum*) culprit
missfallen* RR *vi*, **mißfallen*** ALT [mɪsˈfalən] *vi irreg* **jdm missfällt etw** sb dislikes sth
Missfallen RR <-s> *nt*, **Mißfallen** ALT ['mɪsfalən] *nt kein pl* displeasure *no pl*
Missgeburt RR *f*, **Mißgeburt** ALT ['mɪsɡəbuːɐ̯t] *f* monster
Missgeschick RR *nt*, **Mißgeschick** ALT ['mɪsɡəʃɪk] *nt* mishap

missglücken* RR *vi*, **mißglücken*** ALT [mɪsˈɡlʏkn̩] *vi sein* to fail
missgönnen* RR *vt*, **mißgönnen*** ALT [mɪsˈɡœnən] *vt* **jdm seinen Erfolg** ~ to resent sb's success
Missgunst RR *f*, **Mißgunst** ALT ['mɪsɡʊnst] *f kein pl* envy
missgünstig RR, **mißgünstig** ALT *adj* resentful, envious
misshandeln* RR *vt*, **mißhandeln*** ALT [mɪsˈhandl̩n] *vt* to mistreat
Misshandlung RR *f*, **Mißhandlung** ALT [mɪsˈhandlʊŋ] *f* mistreatment
Mission <-, -en> [mɪsˈi̯oːn] *f* mission; **in geheimer** ~ on a secret mission
Missionar(in) <-s, -e> [mɪsi̯oˈnaːɐ̯] *m(f)* missionary
missionarisch [mɪsi̯oˈnaːrɪʃ] *adj* missionary
Missklang RR *m*, **Mißklang** ALT *m* dissonance *no pl*
Misskredit RR *m*, **Mißkredit** ALT *m kein pl* **in** ~ **geraten** to become discredited
misslingen RR <misslang, misslungen> *vi*, **mißlingen** ALT [mɪsˈlɪŋən] *vi sein* to fail
Misslingen RR <-s> *nt kein pl*, **Mißlingen** ALT [mɪsˈlɪŋən] *nt* failure
Missmut RR *m*, **Mißmut** ALT ['mɪsmuːt] *m kein pl* moroseness
missmutig RR *adj*, **mißmutig** ALT *adj* sullen
missraten* RR *vi*, **mißraten*** ALT [mɪsˈraːtn̩] *vi irreg sein* (*geh*) to go wrong
Missstand RR *m*, **Mißstand** ALT *m* **soziale Missstände** social evils
misstrauen* RR *vi*, **mißtrauen*** ALT [mɪsˈtrauən] *vi* to mistrust
Misstrauensvotum RR *nt* vote of no confidence
misstrauisch RR, **mißtrauisch** ALT ['mɪstrauɪʃ] **I.** *adj* mistrustful **II.** *adv* mistrustfully
missverständlich RR, **mißverständlich** ALT *adj* unclear; ■ **[zu]** ~ **sein** to be [too] liable to be misunderstood
Missverständnis RR <-ses, -se> *nt*, **Mißverständnis** ALT <-ses, -se> ['mɪsfɛɐ̯ʃtɛntnɪs] *nt* misunderstanding *no pl*
missverstehen* RR *vt irreg*, **mißverstehen*** ALT ['mɪsfɛɐ̯ʃteːən] *vt* to misunderstand
Mist <-es> ['mɪst] *m kein pl* ① dung ② *(Quatsch)* nonsense ③ *(Schund)* junk ▶ ~ **bauen** (*fam*) to screw up; **so ein** ~! (*fam*) damn!

Mistel <-, -n> ['mɪstl̩] f mistletoe *no pl*
Misthaufen m dung heap **Mistkäfer** m dung beetle **Miststück** nt (*fam*) bastard *masc*, bitch *fem*
mit ['mɪt] I. *präp* ① (*und*) with; **du ~ deiner ewigen Prahlerei** you and your constant boasting; **Kaffee ~ Milch** coffee with milk; ■**~ jdm** [**zusammen**] [together] with sb ② (*per*) by; **mit der Bahn/dem Fahrrad/der Post** by train/bicycle/post ③ *zeitlich* at; **~ 18** [**Jahren**] at [the age of] 18 II. *adv* too, as well; **~ dabei sein** to be there too; **sie gehört ~ zu den Besten** she is one of the best
Mitarbeit f collaboration; **unter ~ von jdm** in collaboration with sb
mit|arbeiten ['mɪtʔarbaitn̩] *vi* to collaborate (**an** on)
Mitarbeiter(in) m(f) ① (*Beschäftigter*) employee; **neue ~ einstellen** to take on new staff; **freier ~** freelance ② (*Kollege*) colleague
mit|bekommen* *vt irreg* ■**etw ~** to be aware of sth; **hast du etwas davon ~?** did you catch any of it?
mit|benutzen* *vt*, **mit|benützen*** *vt* SÜDD to share
mit|bestimmen* *vi* to have a say (**bei** in)
Mitbestimmung f participation
Mitbewohner(in) m(f) housemate
mit|bringen ['mɪtʔbrɪŋən] *vt irreg* to bring along
Mitbürger(in) m(f) fellow citizen
mit|denken *vi irreg* ■**bei etw** *dat* **~** to follow sth
miteinander [mɪtʔai'nandɐ] *adv* ① (*einer mit dem anderen*) with each other; **~ reden** to talk to each other ② (*zusammen*) together; **alle ~** all together
Miteinander <-s> [mɪtʔai'nandɐ] nt *kein pl* cooperation
mit|erleben* *vt Ereignisse, Unglück* to experience [*or* witness]; *eine Zeit* to live through
Mitesser <-s, -> m blackhead
mit|fahren *vi irreg sein* ■**jdn ~ lassen** to give sb a lift
Mitfahrer(in) m(f) fellow passenger
mit|fühlen *vi* to sympathize (**mit** with)
mitfühlend *adj* sympathetic
mit|geben *vt irreg* ■**jdm etw ~** to give sb sth
Mitgefühl nt *kein pl* sympathy (**mit** for)

mit|gehen *vi irreg sein* ① (*sich mitreißen lassen*) ■[**bei etw** *dat*] **~** to respond [to sth] ② (*stehlen*) **etw ~ lassen** to walk off with sth
mitgenommen I. *pp von* **mitnehmen** II. *adj* (*fam*) worn-out
Mitgift <-, -en> f dowry
Mitglied ['mɪtgliːt] nt member
mit|halten *vi irreg* (*fam*) to keep up (**bei** with)
mit|helfen *vi irreg* to help (**bei** with)
Mithilfe ['mɪthɪlfə] f *kein pl* assistance; **unter jds ~** with sb's help
mit|hören *vt*, *vi* to listen in; **ein Gespräch ~** to listen in on a conversation
mit|kommen *vi irreg sein* **in der Schule gut ~** to get on well at school; **da komme ich nicht mit** it's beyond me
mit|kriegen *vt* (*fam*) *s.* **mitbekommen**
Mitläufer(in) m(f) (*pej*) fellow traveller
Mitleid ['mɪtlait] nt *kein pl* sympathy; **~ haben** to have sympathy (**mit** for); **~ erregend** pitiful; **aus ~** out of pity
Mitleidenschaft f *kein pl* **jdn in ~ ziehen** to affect sb
mitleidig ['mɪtlaidɪç] *adj* sympathetic
mit|machen I. *vi* ① (*teilnehmen*) to take part (**bei** in); **bei einem Ausflug/Kurs ~** to go on a trip/do a course ② (*günstig sein*) **wenn das Wetter mitmacht** if the weather cooperates II. *vt* ① (*sich beteiligen*) to join in ② (*erleiden*) **viel ~** to go through a lot
Mitmensch m fellow man
mitmenschlich *adj attr Beziehungen, Kontakte* interpersonal
mit|nehmen *vt irreg* ① to take with one; (*im Auto*) **könnten Sie mich ~?** could you give me a lift?; **zum M~** free ② (*erschöpfen*) to take it out of one; **mitgenommen** worn out
mit|reden *vi* to have a say (**bei** in)
Mitreisende(r) f(m) *dekl wie adj* fellow passenger
mit|reißen *vt irreg* to get going
mit|schicken *vt* (*im Brief*) to enclose
mit|schreiben *irreg vi* to take notes
mitschuldig *adj* ■**an etw** *dat* **~ sein** to be partly to blame for sth
Mitschuldige(r) f(m) *dekl wie adj* JUR accomplice
Mitschüler(in) m(f) classmate
mit|singen *irreg vi* to sing along
mit|spielen *vi* ① to play (**bei** in); **in einer**

Mannschaft ~ to play for a team ❷ FILM to act (**bei/in** in) ❸ (*fam: günstig sein*) **das Wetter spielte nicht mit** the weather wasn't kind to us ❹ (*beteiligt sein*) ■ [**bei etw** *dat*] ~ to play a part [in sth]

Mitspracherecht *nt kein pl* right to have a say; **ein** ~ **bei etw** *dat* **haben** to have a say in sth

Mittag <-[e]s, -e> ['mɪtaːk, *pl* 'mɪtaːɡə] *m* midday; ■ **gegen** ~ around midday; **zu** ~ **essen** to have lunch; ~ **haben** to be on one's lunch break

Mittagessen *nt* lunch

mittags ['mɪtaːks] *adv* at midday

Mittagspause *f* lunch break **Mittagsschlaf** *m* **einen** ~ **machen** to take an after-lunch nap **Mittagszeit** *f kein pl* lunchtime; ■ **in der** ~ at lunchtime

Mittäter(in) *m(f)* accomplice

Mittäterschaft <-> *f kein pl* complicity (**an** in)

Mitte <-, -n> ['mɪtə] *f* ❶ middle; **in der** ~ **zwischen ...** halfway between ...; **aus unserer** ~ from our midst ❷ POL **die linke/rechte** ~ the centre-left/centre-right ❸ (*zeitlich*) ~ **Januar** mid-January; ~ **des Jahres** in the middle of the year; **sie ist** ~ **dreißig** she's in her mid-thirties ▶ **die goldene** ~ the golden mean

mit|teilen ['mɪtˌtaɪlən] *vt* to tell; ■ **jdm** ~, **dass ...** to tell sb that ...

Mitteilung *f* notification

Mittel <-s, -> ['mɪtl̩] *nt* ❶ means *sing;* ~ **und Wege finden** to find ways and means; **ein** ~ **zum Zweck** a means to an end; **als letztes** ~ as a last resort; **mit allen** ~**n** by every means ❷ PHARM drug; **ein** ~ **gegen etw** *akk* a remedy for sth ❸ *pl* FIN funds ❹ MATH average; **im** ~ on average

Mittelalter ['mɪtlˌʔaltɐ] *nt kein pl* ■ **das** ~ the Middle Ages *npl*

mittelalterlich ['mɪtlˌʔaltɐlɪç] *adj* medieval

Mittelamerika ['mɪtlˌʔaˈmeːrika] *nt* Central America **Mitteleuropa** ['mɪtlˌʔɔyˈroːpa] *nt* Central Europe **mitteleuropäisch** ['mɪtlˌʔɔyroˈpɛːɪʃ] *adj* Central European **Mittelfeld** *nt kein pl* midfield **Mittelfinger** *m* middle finger

mittellos *adj* destitute

mittelmäßig *adj* mediocre

Mittelmäßigkeit <-> *f kein pl* mediocrity

Mittelmeer ['mɪtlˌmeːɐ] *nt* ■ **das** ~ the Mediterranean [Sea] **Mittelohrentzündung** *f* inflammation of the middle ear **Mittelpunkt** *m* ❶ centre ❷ (*fig*) **im** ~ **stehen** to be the centre of attention

mittels ['mɪtl̩s] *präp* by means of

Mittelstand *m* ÖKON small and medium-sized businesses *pl*

mittelständisch *adj* medium-sized

Mittelstreckenrakete *f* medium-range missile **Mittelweg** *m* middle course **Mittelwelle** *f* medium wave

mitten ['mɪtn̩] *adv* ■ ~ **aus etw** *dat* from the midst of sth; ■ ~ **durch etw** *akk* right through [the middle of] sth; ~ **auf der Straße** in the middle of the street; ~ **unter Menschen** in the midst of people

Mitternacht ['mɪtɐnaxt] *f kein pl* midnight *no art*

mittlere(r, s) ['mɪtlərə] *adj attr* ❶ (*in der Mitte von zweien*) ■ **der/die/das** ~ the middle one ❷ (*durchschnittlich*) average *attr o pred* ❸ **Größe** medium-sized ❹ (*in einer Hierarchie*) middle

mittlerweile ['mɪtlɐ'vaɪlə] *adv* in the mean time

Mittwoch <-s, -e> ['mɪtvɔx] *m* Wednesday; *s. a.* **Dienstag**

mittwochs ['mɪtvɔxs] *adv* [on] Wednesdays

mitverantwortlich *adj* jointly responsible *pred*

Mitverantwortung *f* share of the responsibility

mit|wirken *vi* to collaborate (**bei/an** on)

Mitwirkung *f kein pl* collaboration; **unter** ~ **von** in collaboration with

mit|wollen ['mɪtvɔlən] *vi* ■ [**mit jdm**] ~ to want to come with sb

mit|zählen *vt* to include

mixen ['mɪksn̩] *vt* to mix

Mixer <-s, -> ['mɪksɐ] *m* ELEK blender

Mixtur <-, -en> [mɪks'tuːɐ] *f* mixture

mm *m o nt Abk von* **Millimeter** mm

MMS <-, -> [ɛmɛm'ɛs] *f* TELEK *Abk von* **Multimedia Messaging Service** MMS

Mobbing <-s> ['mɔbɪŋ] *nt kein pl* bullying in the workplace

Möbel ['møːbl̩] *pl* furniture

Möbelstück *nt* piece of furniture

mobil [moˈbiːl] *adj* mobile; **jdn/etw** ~ **machen** to mobilize sb/sth

Mobilfunk *m* mobile communications *pl*

Mobiliar <-s> [mobiˈli̯aːɐ] *nt kein pl* fur-

nishings *npl*
Mobilität <-> [mobili'tɛ:t] *f kein pl* mobility
Mobiltelefon *nt* mobile phone
möblieren* [mø'bli:rən] *vt* to furnish
Modalität <-, -en> [modali'tɛ:t] *f* ❶ *meist pl* (*geh: Art und Weise*) provision[s *pl*], condition[s *pl*] ❷ PHILOS, LING modality *no pl*
Mode <-, -n> ['mo:də] *f* fashion; **große ~ sein** to be very fashionable; **mit der ~ gehen** to follow fashion; **aus der/in ~ kommen** to go out of/come into fashion
Modell <-s, -e> [mo'dɛl] *nt* model
Modem <-s, -s> ['mo:dɛm] *nt o m* modem
Modenschau *f* fashion show
Moderator(in) <-s, -en> [modeˈraːtoɐ̯, modeˈraːtɔrɪn, *pl* modeˈraːtoːrən] *m(f)* presenter
mod(e)rig ['mo:d(ə)rɪç] *adj* musty
modern¹ ['mo:dɐn] *vi sein o haben* to go mouldy
modern² [moˈdɛrn] *adj* modern; **~ste Technik** state-of-the-art technology
modernisieren* [modɛrniˈziːrən] *vt* to modernize
Modeschmuck *m* costume jewellery **Modeschöpfer(in)** *m(f)* fashion designer
modisch ['mo:dɪʃ] **I.** *adj* fashionable **II.** *adv* fashionably
Modus <-, Modi> ['mɔdʊs, *pl* 'mɔdi] *m* INFORM mode
Mofa <-s, -s> ['mo:fa] *nt* moped
mogeln ['mo:gl̩n] *vi* to cheat (**bei** at)
mögen ['mø:gn̩] **I.** *modal vb* <mochte, hat ... mögen> + *infin* ❶ (*wollen*) **etw tun ~** to want to do sth; **~ Sie noch ein Glas Bier trinken?** would you like another beer?; **ich möchte gerne kommen** I'd like to come; **ich mag nach Hause** I want to go home ❷ (*Vermutung*) **sie mag Recht haben** she may be right; **hm, das mag schon stimmen** hmm, that might [well] be true; **wie dem auch sein mag** be that as it may **II.** *vt* <mochte, gemocht> ❶ (*gernhaben*) to like; (*lieben*) to love; **am liebsten mag ich Eintopf** stew is my favourite [meal] ❷ (*haben wollen*) to want; **ich möchte ein Stück Kuchen** I'd like a slice of cake; **was möchten Sie bitte?** what can I get for you?
möglich ['mø:klɪç] *adj* possible; [das ist] **nicht ~!** [that's] impossible!; **schon ~** (*fam*) maybe; **es für ~ halten, dass ...** to think it possible that ...; **sein M~stes tun** to do everything in one's power; **alle ~en ...** all kinds of ...
möglicherweise *adv* possibly
Möglichkeit <-, -en> *f* ❶ (*Gelegenheit*) opportunity ❷ (*Möglichsein*) possibility; **nach ~** if possible
möglichst *adv* **~ bald** as soon as possible
Mohn <-[e]s, -e> ['mo:n] *m* poppy; (*Mohnsamen*) poppy seed
Möhre <-, -n> ['mø:rə] *f* carrot
Mokka <-s, -s> ['mɔka] *m* mocha
Molch <-[e]s, -e> ['mɔlç] *m* newt
Molekül <-s, -e> [moləˈkyːl] *nt* molecule
molekular [moləkuˈlaːɐ̯] *adj* molecular
Molke <-> ['mɔlkə] *f kein pl* whey
Molkerei <-, -en> [mɔlkəˈrai] *f* dairy
Moll <-, -> ['mɔl] *nt* minor [key]; **f~** F minor
mollig ['mɔlɪç] *adj* (*fam: rundlich*) plump
Moment <-[e]s, -e> [moˈmɛnt] *m* moment; **im ~** at the moment; **im ersten ~** at first; **einen ~!** just a minute!; **jeden ~** [at] any moment; **~ mal!** hang on minute!
momentan [momɛnˈtaːn] **I.** *adj* ❶ (*jetzig*) present ❷ (*vorübergehend*) momentary **II.** *adv* ❶ at present ❷ momentarily
Monarch(in) <-en, -en> [moˈnarç] *m(f)* monarch
Monarchie <-, -n> [monarˈçiː, *pl* monarˈçiːən] *f* monarchy
Monarchist(in) <-en, -en> [monarˈçɪst] *m(f)* monarchist
Monat <-[e]s, -e> ['mo:nat] *m* month; [im] **kommenden/vorigen ~** next/last month; **im vierten ~ sein** to be four months pregnant; **im ~** a month
monatlich ['mo:natlɪç] *adj, adv* monthly
Monatsbinde *f* sanitary towel [*or* AM napkin]
Monatsblutung *f* menstruation
Mönch <-[e]s, -e> ['mœnç] *m* monk
Mond <-[e]s, -e> ['mo:nt, *pl* 'mo:ndə] *m* moon; **der ~ nimmt ab/zu** the moon is waning/waxing ▶ **hinter dem ~ leben** to be out of touch
mondän [mɔnˈdɛːn] *adj* (*geh*) fashionable, chic
Mondfinsternis *f* eclipse of the moon **Mondlandung** *f* moon landing **Mondrakete** *f* lunar rocket **Mondschein** *m* moonlight **Mondsichel** *f* (*geh*) crescent moon **mondsüchtig** *adj* ■ **~ sein** to be a sleepwalker
Mongole, Mongolin <-n, -n> [mɔŋˈgoːlə, mɔŋˈgoːlɪn] *m, f* Mongol

Mongolei <-> [mɔŋgo'lai] f ■ **die** ~ Mongolia

Mongolin <-, -nen> f fem form von **Mongole**

mongolisch [mɔŋ'goːlɪʃ] adj Mongolian

Monitor <-s, -e> ['moːnitoːɐ̯, pl moni'toːrən] m monitor

Monolog <-[e]s, -e> [mono'loːk, pl mono'loːɡə] m monologue; **einen** ~ **halten** to hold a monologue

Monopol <-s, -e> [mono'poːl] nt monopoly; **ein** ~ **auf etw** akk **haben** to have a monopoly on sth

monoton [mono'toːn] I. adj monotonous II. adv monotonously; ~ **klingen** to sound monotonous

Monotonie <-, -n> [monoto'niː, pl monoto'niːən] f monotony

Monster <-s, -> ['mɔnstɐ] nt monster

Monsun <-s, -e> [mɔn'zuːn] m monsoon

Montag <-s, -e> ['moːntaːk, pl 'moːntaːɡə] m Monday; s. a. **Dienstag**

Montage <-, -n> [mɔn'taːʒə] f ❶ assembly ❷ KUNST montage

Monteur(in) <-s, -e> [mɔn'tøːɐ̯] m(f) fitter

montieren* [mɔn'tiːrən] vt to assemble ❷ (installieren) to fit (**an/auf** to)

Monument <-[e]s, -e> [monu'mɛnt] nt monument

monumental [monumɛn'taːl] adj monumental

Moor <-[e]s, -e> ['moːɐ̯] nt swamp

Moos <-es, -e> ['moːs, pl 'moːzə] nt moss

Moped <-s, -s> ['moːpɛt] nt moped

Mops <-es, Möpse> ['mɔps, pl 'mœpsə] m pug[-dog]

mopsen ['mɔpsn̩] vt (fam) to pinch

Moral <-> [mo'raːl] f kein pl morals pl; **eine doppelte** ~ **haben** to have double standards

moralisch [mo'raːlɪʃ] I. adj moral II. adv morally; ~ **verpflichtet sein** to be dutybound

Moralpredigt f homily; **jdm eine** ~ **halten** to deliver a homily to sb

Morchel <-, -n> ['mɔrçl̩] f morel

Mord <-[e]s, -e> ['mɔrt, pl 'mɔrdə] m murder; **einen** ~ **begehen** to commit a murder

Mordanschlag m attempt on sb's life **Morddrohung** f death threat

morden ['mɔrdn̩] vi to murder

Mörder(in) <-s, -> ['mœrdɐ] m(f) murderer

mörderisch ['mœrdərɪʃ] adj murderous

Mordfall m murder case **Mordkommission** f murder squad

Mordsglück nt **ein** ~ **haben** to be incredibly lucky

Mordskrach m terrible din

morgen ['mɔrɡn̩] adv tomorrow; ~ **früh/Mittag** tomorrow morning/lunchtime; **bis** ~! see you tomorrow!

Morgen <-s, -> ['mɔrɡn̩] m morning; **den ganzen** ~ [**über**] all morning; **guten** ~! good morning!; **der** ~ **dämmert** dawn is breaking; **zu** ~ **essen** SCHWEIZ to have breakfast; **am** ~ in the morning; **eines** ~**s** one morning

morgendlich ['mɔrɡn̩tlɪç] adj morning

Morgenessen nt SCHWEIZ breakfast **Morgengrauen** <-s, -> nt daybreak **Morgenmuffel** <-s, -> m (fam) **ein** ~ **sein** to be grumpy in the mornings

morgens ['mɔrɡn̩s] adv in the morning; **von** ~ **bis abends** from morning till night

morgig ['mɔrɡɪç] adj attr tomorrow's; **der** ~**e Termin** the appointment tomorrow

Morphium <-s> ['mɔrfi̯ʊm] nt kein pl morphine

morsch ['mɔrʃ] adj rotten; ~**es Holz** rotting wood

Morsealphabet nt Morse

Mörtel <-s, -> ['mœrtl̩] m mortar

Mosaik <-s, -e[n]> [moza'iːk] nt mosaic

Mosambik <-s> [mozam'biːk] nt Mozambique

Moschee <-, -n> [mɔ'ʃeː, pl mɔ'ʃeːən] f mosque

Moschus <-> ['mɔʃʊs] m kein pl musk

Mosel <-> ['moːzl̩] f ■ **die** ~ the Moselle

Moskau <-s> ['mɔskau] nt Moscow

Moskito <-s, -s> [mɔs'kiːto] m mosquito

Moskitonetz nt mosquito net

Moslem, Moslemin <-s, -s> ['mɔslɛm, mɔs'lɛmɪn] m, f Muslim

moslemisch [mɔs'leːmɪʃ] adj attr Muslim

Moslime <-, -n> [mɔs'liːmə] f fem form von **Moslem** Muslim, Moslem

Most <-[e]s, -> ['mɔst] m kein pl ❶ fruit juice ❷ SÜDD (Obstwein) cider

Motiv <-s, -e> [mo'tiːf, pl mo'tiːvə] nt motive

Motivation <-, -en> [motiva'tsi̯oːn] f motivation

motivieren* [moti'viːrən] vt ■ **jdn** [**zu etw** dat] ~ to motivate sb [to do sth]

Motivierung <-, -en> [-'viː-] f (geh) motivation

Motor <-s, -toren> ['mo:to:ɐ̯, pl mo'to:rən] m motor; AUTO engine

Motorboot nt motor boat **Motorhaube** f bonnet BRIT, hood AM **Motorleistung** f AUTO engine power [or performance] **Motorrad** ['motorat, mo'to:rat] nt motorbike **Motorradfahrer(in)** m(f) motorcyclist **Motorraum** m AUTO engine compartment **Motorroller** m [motor] scooter **Motorschaden** m engine breakdown **Motorsport** m motor sport

Motte <-, -n> ['mɔtə] f moth

Mottenkugel f mothball

Motto <-s, -s> ['mɔto] nt motto

motzen ['mɔtsn̩] vi (fam) to moan

Mountainbike <-s, -s> ['mauntn̩baik] nt mountain bike

Mountainbiker(in) <-s, -> ['mauntn̩baikɐ] m(f) mountain biker

Möwe <-, -n> ['mø:və] f [sea]gull

Mücke <-, -n> [mʏkə] f mosquito ▶ **aus einer ~ einen Elefanten machen** to make a mountain out of a molehill

Mückenstich m mosquito bite

Mucks <-es, -e> ['mʊks] m (fam) **keinen ~ sagen** to not say a word

mucksmäuschenstill ['mʊksmɔyscən'ʃtɪl] adj (fam) completely quiet; **~ sein** to not make a sound

müde ['my:də] adj ❶ tired ❷ (überdrüssig) ■ **einer S.** gen **~ sein/werden** to be/grow tired of sth; **sich** dat **keine ~ geben** to make no effort; [jdm] **~ machen** to give [sb] trouble; **machen Sie sich keine ~!** [please] don't go to any trouble!

Müdigkeit <-> ['my:dɪçkait] f kein pl tiredness

Muffel <-s, -> ['mʊfl̩] m (fam) grouch

muffig ['mʊfɪç] adj ❶ musty; **~ riechen** to smell musty ❷ Mensch grumpy

Mühe <-, -n> ['my:ə] f trouble; **die ~ lohnt sich** it is worth the trouble; **mit ~ und Not** only just; **der ~ wert sein** to be worth the trouble; **sich** dat **~ geben** [, etw zu tun] to take pains [to do sth]; **sich** dat **keine ~ geben** to make no effort; [jdm] **~ machen** to give [sb] trouble; **machen Sie sich keine ~!** [please] don't go to any trouble!

mühelos I. adj easy II. adv effortlessly

mühevoll adj (geh) s. **mühsam**

Mühle <-, -n> ['my:lə] f ❶ mill ❷ (Mühlespiel) ≈ nine men's morris no pl

mühsam ['my:za:m] I. adj arduous II. adv laboriously

mühselig ['my:ze:lɪç] adj (geh) s. **mühsam**

Mulatte, Mulattin <-n, -n> [mu'latə, mu'latɪn] m, f mulatto masc, mulatta fem

Mulde <-, -n> ['mʊldə] f hollow

Müll <-[e]s> ['mʏl] m kein pl rubbish, garbage esp AM; **etw in den ~ werfen** to throw sth in the [dust]bin [or AM garbage [can]]

Müllabfuhr <-, -en> f ■ **die ~** the dustcart BRIT, the garbage truck AM **Müllbeseitigung** f kein pl waste [or AM garbage] collection **Mullbinde** f gauze bandage **Müllcontainer** [-kɔnte:nɐ] m rubbish [or AM garbage] container **Mülldeponie** f waste disposal site, garbage dump AM **Mülleimer** m dustbin BRIT, garbage can AM **Müllhaufen** m rubbish [or esp AM garbage] heap **Mülltonne** f dustbin BRIT, garbage can AM **Müllverbrennungsanlage** f refuse [or AM garbage] incineration plant **Müllwagen** m refuse [or AM garbage] collection vehicle

mulmig ['mʊlmɪç] adj (fam) uneasy; **jdm ist ~ zumute** sb has an uneasy feeling

multiethnisch adj SOZIOL Gesellschaft, Schulklasse multi-ethnic

Multiethnizität <-> [-ɛtnitsitɛ:t] f kein pl SOZIOL (geh) multiethnicity **multikulturell** adj multicultural **multinational** [mʊltinatsi̯o'na:l] adj multinational

Multiple Sklerose <-n -> [mʊl'ti:plə skle'ro:zə] f kein pl MED multiple sclerosis

multiplizieren* [mʊltipli'tsi:rən] vt to multiply (**mit** by)

Multivitaminpräparat nt PHARM, MED multivitamin preparation

Mumie <-, -n> ['mu:mi̯ə] f mummy

Mumm <-s> ['mʊm] m kein pl guts npl

Mumps <-> ['mʊmps] m kein pl MED [the] mumps + sing/pl vb

Mund <-[e]s, Münder> ['mʊnt, pl 'mʏndɐ] m mouth; **mit vollem ~e** with one's mouth full ▶ **den ~ [zu] voll nehmen** to talk [too] big; **jdm über den ~ fahren** to cut sb short; **jd ist nicht auf den ~ gefallen** (fam) sb is never at a loss for words; **halt den ~!** shut up!; **jdm nach dem ~ reden** to say what sb wants to hear; **etw ist in aller ~e** sth is the talk of the town; **wie aus einem ~e** with one voice

Mundart ['mʊnt?a:ɐ̯t] f dialect

munden ['mʊndn̩] vi ■ **sich** dat **etw ~ las-**

sen to enjoy [eating] sth
münden ['mʏndn̩] *vi sein o haben* ■ **in etw** *akk* ~ to flow into sth
Mundgeruch *m* bad breath
Mundharmonika *f* mouth organ
mündig ['mʏndɪç] *adj* ■ ~ **sein/werden** to be/come of age
mündlich ['mʏntlɪç] **I.** *adj* oral **II.** *adv* orally
Mundpropaganda *f* word of mouth
Mundraub *m* petty theft [of food]
Mündung <-, -en> ['mʏndʊŋ] *f* GEOG mouth
Mundwasser *nt* mouthwash **Mundwerk** *nt* **ein freches/unverschämtes ~ haben** to be cheeky/foul-mouthed **Mund-zu-Mund-Beatmung** *f* mouth-to-mouth resuscitation
Munition <-> [muniˈtsi̯oːn] *f kein pl* ammunition
Münster <-s, -> ['mʏnstɐ] *nt* cathedral
munter ['mʊntɐ] *adj* ❶ lively ❷ (*wach*) ■ ~ **sein/werden** to be awake/wake up
Münzautomat *m* vending-machine
Münze <-, -n> ['mʏntsə] *f* coin ▶ **etw für bare ~ nehmen** to take sth at face value
Münzfernsprecher *m* pay phone
mürb(e) ['mʏrp, 'mʏrbə] *adj* worn-out ▶ **jdn ~ machen** to wear sb down
Mürbeteig *m* short[-crust] pastry
murmeln ['mʊrml̩n] *vi, vt* to murmur
Murmeltier ['mʊrml̩tiːɐ] *nt* marmot
mürrisch ['mʏrɪʃ] **I.** *adj* grumpy **II.** *adv* grumpily
Muschel <-, -n> ['mʊʃl̩] *f* ❶ (*Tier*) mussel ❷ (*Schale*) shell
Museum <-s, Museen> [muˈzeːʊm] *nt* museum
Musik <-, -en> [muˈziːk] *f* music *no art, no pl;* ~ **hören** to listen to music
musikalisch [muziˈkaːlɪʃ] **I.** *adj* musical **II.** *adv* ~ **begabt sein** to be musically gifted
Musikant(in) <-en, -en> [muziˈkant] *m(f)* musician
Musiker(in) <-s, -> ['muːzikɐ] *m(f)* musician
Musikhochschule *f* college of music **Musikinstrument** *nt* instrument **Musikkapelle** *f* band **Musiklehrer(in)** *m(f)* music teacher **Musikunterricht** *m* music lessons *pl*
musizieren* [muziˈtsiːrən] *vi* to play a musical instrument
Muskatnuss^RR *f* nutmeg *no art, no pl*
Muskel <-s, -n> ['mʊskl̩] *m* muscle
Muskelkater *m kein pl* muscle ache **Muskelprotz** <-es, -e> *m* (*fam*) muscleman
Muskelzerrung *f* pulled muscle
Muskulatur <-, -en> [mʊskulaˈtuːɐ] *f* musculature
muskulös [mʊskuˈløːs] *adj* muscular
Müsli <-[s], -s> ['myːsli] *nt* muesli
muss ['mʊs] *1. und 3. pers. sing von* **müssen**
Muss^RR <-> *nt kein pl,* **Muß**^ALT ['mʊs] *nt* must *fam;* **[k]ein ~ sein** to [not] be a must
Muße <-> ['muːsə] *f kein pl* leisure
müssen ['mʏsn̩] *vb aux* <musste, müssen> *modal* ❶ (*gezwungen sein*) ■ **etw tun** ~ to have to [*or* must] do sth ❷ (*notwendig sein*) **muss das sein?** is that really necessary?; **wenn es [denn] sein muss** if it's really necessary; ■ **etw [nicht] tun** ~ to [not] need to do sth ❸ *verneinend* (*brauchen*) **du musst das nicht tun** you don't have to do that ❹ (*eigentlich sollen*) ought to; ■ **jd/etw müsste etw tun** sb/sth should do sth ❺ (*eine Wahrscheinlichkeit ausdrückend*) **es müsste jetzt acht Uhr sein** it must be eight o'clock now
müßig ['myːsɪç] (*geh*) **I.** *adj* futile **II.** *adv* (*untätig*) idly
Muster <-s, -> ['mʊstɐ] *nt* ❶ pattern ❷ (*Warenmuster*) sample
Musterknabe *m* (*iron*) paragon of virtue
mustern ['mʊstɐn] *vt* to scrutinize
Musterung <-, -en> *f* MIL medical examination for military service
Mut <-[e]s> ['muːt] *m kein pl* courage; **nur ~!** take heart!; ~ **fassen** to take heart; **jdm [wieder] ~ machen** to encourage sb; **jdm den ~ nehmen** to discourage sb
mutig ['muːtɪç] **I.** *adj* brave **II.** *adv* bravely
mutlos *adj* discouraged
Mutlosigkeit <-> *f kein pl* discouragement
Mutter¹ <-, Mütter> ['mʊtɐ, *pl* 'mʏtɐ] *f* mother; ~ **werden** to be having a baby
Mutter² <-, -n> ['mʊtɐ] *f* TECH nut
Muttergottes <-> [mʊtɐˈgɔtəs] *f kein pl* Mother of God **Mutterleib** *m* womb
mütterlich ['mʏtɐlɪç] *adj* motherly
Mutterliebe *f* motherly love
Muttermal *nt* birthmark
Muttermilch *f* mother's milk **Mutterschutz** *m legal protection of working mothers* **Muttersöhnchen** <-s, -> *nt* (*pej*) mummy's boy
Muttersprache *f* mother tongue **Muttersprachler(in)** <-s, -> [-ʃpraːxlɐ] *m(f)* native speaker **Muttertag** *m* Mother's Day
Mutti <-, -s> ['mʊti] *f* (*fam*) mummy BRIT,

mommy AM
Mütze <-, -n> ['mʏtsə] f cap
MwSt., MWST. Abk von **Mehrwertsteuer** VAT, Vat
mysteriös [mʏstə'ri̯øːs] adj mysterious
Mystik <-> ['mʏstɪk] f kein pl mysticism
mystisch ['mʏstɪʃ] adj mystic[al]
Mythos ['myːtɔs], **Mythus** <-, Mythen> ['myːtʊs] m myth

N n

N, n <-, - o fam -s, -s> [ɛn] nt N, n; s. a. **A 1**
N Abk von **Norden**
na [na] interj (fam) well; ~ **gut** all right; ~ **ja** well; ~ **so was!** well I never! ▸ ~ **und?** so what?
Nabel <-s, -> ['naːbl̩] m navel
Nabelschnur f umbilical cord
nach [naːx] I. präp +dat ❶ (bis zu) to; **der Weg führt direkt ~ ...** this is the way to ... ❷ (hinter) behind ❸ (zeitlich) after; ~ **wie vor** still ❹ (gemäß) according to; ~ **Artikel 23** under article 23; ~ **allem, was ich gehört habe** from what I've heard ❺ (in Anlehnung an) after II. adv ~ **und** ~ little by little
nach|ahmen vt to imitate
Nachahmung <-, -en> f imitation
Nachbar(in) <-n o -s, -n> ['naxbaːɐ̯] m(f) neighbour
Nachbarhaus nt house next door
Nachbarschaft <-, -en> f neighbourhood
Nachbarstaat m neighbouring state
Nachbestellung f (wiederholt) repeat order; (nachträglich) late order
nach|beten vt (pej fam) ■[jdm] **etw** ~ to parrot sth [sb says] pej
Nachbildung f reproduction
nachdem [naːx'deːm] konj after
nach|denken vi irreg to think (**über** about); **laut** ~ to think out loud
nachdenklich ['naːxdɛŋklɪç] adj pensive; **jdn** ~ **machen** to make sb think
Nachdruck[1] m kein pl emphasis; **mit** ~ with vigour; **etw mit** ~ **sagen** to say sth emphatically

Nachdruck[2] <-[e]s, -e> m (Buch) reprint
nachdrücklich ['naːxdrʏklɪç] adv firmly
nach|eifern vi ■**jdm** ~ to emulate sb
nacheinander [naːx'ʔai̯nandɐ] adv one after another; **kurz** ~ in quick succession
nach|empfinden* vt irreg ■**etw** ~ **können** to be able to sympathize with sth
nach|erzählen* vt to retell
Nacherzählung f account
nach|fahren vi irreg sein ■**jdm** ~ to follow sb
Nachfolge f kein pl succession; **jds** ~ **antreten** to succeed sb
Nachfolger(in) <-s, -> m(f) successor
Nachforderung f additional demand
Nachforschung f inquiry; ~ **en anstellen** to make inquiries (**über** into)
Nachfrage f ❶ ÖKON demand (**nach** for) ❷ (Erkundigung) inquiry; **danke der** ~! nice of you to ask!
nach|fragen vi to inquire
nach|fühlen vt ■[jdm] **etw** ~ to sympathize with sb; **ich kann dir das** ~ I know how you must feel
nach|füllen vt to refill
Nachfüllpack <-s, -s> m, **Nachfüllpackung** f refill pack
nach|geben irreg vi ■[jdm/etw] ~ to give way [to sb/sth]
Nachgeburt f afterbirth
nach|gehen vi irreg sein ❶ (folgen) ■**jdm** ~ to follow sb ❷ Uhr to be slow ❸ (ergründen) ■**etw** dat **nachgehen** to look into sth ❹ (ausüben) ■**etw** dat ~ **Tätigkeit** to practise sth; Interessen to pursue sth
nachgiebig ['naːxgiːbɪç] adj ■[jdm gegenüber] ~ **sein** to be soft [on sb]
nach|gucken vi (fam) to [take a] look
nachhaltig ['naːxhaltɪç] adj lasting
nach|helfen vi irreg ■**jdm/etw** ~ to give sb/sth a helping hand
nachher [naːx'heːɐ̯, 'naːxheːɐ̯] adv ❶ (danach) afterwards ❷ (später) later; **bis** ~! see you later!
Nachhilfe f private tuition [or AM tutoring]
Nachhilfestunde f private lesson
nach|holen vt to make up for
nach|jagen vi sein ❶ to chase after ❷ Geld, Erfolg to pursue
nach|kaufen vt to buy later
Nachkomme <-n, -n> ['naːxkɔmə] m descendant

nach|kommen *vi irreg sein* ❶ *(danach folgen)* to follow on ❷ *(Schritt halten)* to keep up (**mit** with) ❸ *(erfüllen)* to fulfil ❹ SCHWEIZ *(verstehen)* to follow

Nachkommenschaft <-, -en> *f* descendants *pl*

Nachkriegszeit *f* post-war period

Nachlass^RR <-es, -e *o* -lässe> *m*, **Nachlaß**^ALT <-lasses, -lasse *o* -lässe> ['naːxlas, *pl* 'naːxlɛsə] *m* ❶ *eines Verstorbenen* estate; *eines Autors* unpublished works *pl* ❷ *(Rabatt)* discount (**auf** on)

nach|lassen *irreg vi* to diminish; *Druck, Schmerz* to ease off; *Gehör* to deteriorate; *Interesse* to wane; *Nachfrage* to drop [off]; *Sturm* to die down

nachlässig ['naːxlɛsɪç] **I.** *adj* careless **II.** *adv* carelessly

Nachlässigkeit <-> *f kein pl* carelessness

nach|laufen *vi irreg sein* ■ **jdm** ~ to run after sb

nach|lösen *vt* **eine Fahrkarte** ~ to buy a ticket on the train

nach|machen *vt* ❶ to imitate ❷ *(fälschen)* to forge

nach|messen *irreg* **I.** *vt* to measure sth again **II.** *vi* to check

Nachmieter(in) *m(f)* next tenant *no indef art*

Nachmittag ['naːxmɪtaːk] *m* afternoon; **am/bis zum** ~ in the/until the afternoon

nachmittags *adv* in the afternoon; *(jeden Nachmittag)* in the afternoons

Nachnahme <-, -n> ['naːxnaːmə] *f* cash on delivery *no art, no pl*; **etw per** ~ **schicken** to send sth COD

Nachnahmegebühr *f* COD charge

Nachname *m* surname; **wie hießen Sie mit ~n?** what's your surname?

nach|prüfen *vt, vi* to verify

Nachprüfung *f* ❶ *(das Nachprüfen)* verification ❷ SCH *(nachträgliche Prüfung)* resit

Nachrede *f* **üble** ~ defamation

nach|reichen *vt* ■ [**jdm**] **etw** ~ to hand sth [to sb] later

Nachricht <-, -en> ['naːxrɪçt] *f* news + *sing vb, no indef art*; ■ **die** ~**en** the news + *sing vb*; ■ **eine** ~ a piece of news; **jdm** ~ **geben** to let sb know

Nachrichtenagentur *m* news agency **Nachrichtendienst** *m* intelligence service **Nachrichtensprecher(in)** *m(f)* newscaster

nach|rüsten **I.** *vt* to upgrade **II.** *vi* MIL to deploy new arms

nach|sagen *vt* ❶ *(von jdm behaupten)* ■ **jdm etw** ~ to say sth of sb ❷ *(nachsprechen)* ■ [**jdm**] **etw** ~ to repeat sth [sb said]

Nachsaison [-zɛˌzõː, -zɛˌzɔn] *f* off-season

nach|schauen **I.** *vt* to look up *sep* **II.** *vi* to have a look

nach|schicken *vt* ■ [**jdm**] **etw** ~ to forward sth [to sb]; ■ **jdm jdn** ~ to send sb after sb

nach|schlagen *irreg* **I.** *vt* to look up *sep* **II.** *vi* *(nachlesen)* ■ [**in etw** *dat*] ~ to consult sth

Nachschub <-[e]s, Nachschübe> ['naːxʃuːp, *pl* 'naːxʃyːbə] *m pl selten* [new] supplies *pl*

nach|schwatzen, nach|schwätzen *vt* SÜDD, ÖSTERR *(fam)* ■ [**jdm**] **etw** ~ to parrot sth [sb says/said]

nach|sehen *irreg* **I.** *vi* ❶ ■ **jdm/etw** ~ to follow sb/sth with one's eyes ❷ *(nachschlagen)* to look it up ❸ *(kontrollieren)* to [have a] look **II.** *vt* ❶ *(kontrollieren)* to check ❷ *(geh: verzeihen)* ■ **jdm etw** ~ to forgive sb for sth

Nachsehen *nt kein pl* ▶ **das** ~ **haben** to be left empty-handed; *(keine Chance haben)* to not get a look-in

nach|senden *vt irreg* ■ **jdm etw** ~ to forward sth to sb

Nachsicht <-> *f kein pl* leniency *no art*; [**mehr**] ~ **üben** *(geh)* to be [more] lenient; **ohne** ~ without mercy

nachsichtig **I.** *adj* lenient **II.** *adv* leniently

nach|sitzen *vi irreg* SCH ~ **müssen** to have detention

Nachspeise *f* dessert; **als** ~ for dessert

Nachspiel *nt* consequences *pl*; **ein** ~ **haben** to have consequences

nach|spielen **I.** *vt* to play **II.** *vi* SPORT to play extra time [*or* AM overtime]

nach|sprechen *irreg vt* ■ [**jdm**] **etw** ~ to repeat sth [after sb]

nächst ['nɛːçst] *präp* +*dat* *(geh: außer)* apart from

nächste(r, s) ['nɛːçstə] *adj superl von* **nah(e)** ❶ *räumlich (zuerst folgend)* next; **im** ~**n Haus** next door ❷ *(eng verwandt, nahestehend)* Angehörige close ❸ *temporal (darauf folgend)* next; **der N~, bitte!** next please!; **am** ~**n Tag** the next day; **als N~s** next

Nächste(r) *f(m) dekl wie adj* neighbour

nach|stellen **I.** *vt* *(neu einstellen)* to adjust **II.** *vi* ■ **jdm** ~ to follow sb

Nächstenliebe f compassion *no art*
nächstliegend *adj attr* most plausible
Nacht <-, Nächte> ['naxt, *pl* 'nɛçtə] f night; ■ ~ **sein/werden** to be/get dark; **bis weit in die** ~ far into the night; **bei** ~ at night; **in der** ~ at night; **über** ~ overnight; **über** ~ **bleiben** to stay the night; **diese/letzte** ~ tonight/last night ▶ **bei** ~ **und Nebel** at dead of night; **die** ~ **zum Tage machen** to stay up all night; **gute** ~! good night!; **zu** ~ **essen** sÜDD to have supper
Nachtarbeit m nightwork *no art, no pl;* (*Nachtschicht a.*) night shift
Nachteil <-[e]s, -e> ['na:xtail] m disadvantage; **jdm** ~ **e bringen** to be disadvantageous to sb; **durch etw** *akk* ~ **e haben** to lose out by sth; [**jdm gegenüber**] **im** ~ **sein** to be at a disadvantage [with sb]
nachteilig ['na:xtailɪç] I. *adj* disadvantageous II. *adv* unfavourably
nächtelang ['nɛçtəlaŋ] *adv* for nights on end
Nachtessen *nt* sÜDD supper **Nachteule** f (*fam*) night owl **Nachtfrost** m night frost
Nachthemd *nt* nightgown
Nachtigall <-, -en> ['naxtɪgal] f nightingale
Nachtisch m dessert; **als** [*o* **zum**] ~ for dessert
Nachtklub m s. **Nachtlokal Nachtleben** *nt* nightlife *no indef art, no pl* **Nachtlokal** *nt* nightclub
Nachtrag <-[e]s, -träge> ['na:xtra:k, *pl* -trɛ:gə] m supplement
nach|tragen *vt irreg* ■ **jdm etw** [**nicht**] ~ to [not] hold sth against sb; ■ **jdm** ~, **dass** ... to hold it against sb that ...
nachtragend ['na:xtra:gŋt] *adj* unforgiving
nachträglich ['na:xtrɛ:klɪç] I. *adj* belated II. *adv* belatedly
nach|trauern *vi* ■ **jdm/etw** ~ to mourn after sb/sth
nachts ['naxts] *adv* at night
Nachtschicht f ~ **haben** to be on night shift
Nachtschwester f night nurse **Nachttisch** m bedside table **Nachttopf** m chamber pot **Nachtwache** f night duty *no art* **Nachtwächter(in)** *m(f)* ❶ night guard ❷ HIST [night] watch
Nachuntersuchung f follow-up examination
nachvollziehbar *adj* comprehensible
nach|vollziehen* *vt irreg* to understand
nach|weinen *vi* ■ **jdm/etw** ~ to mourn after sb/sth

Nachweis <-es, -e> ['na:xvais, *pl* -vaizə] m proof *no art, no pl*
nachweisbar *adj* provable
nach|weisen *vt irreg* to establish proof of sth; ■ **jdm etw** ~ to prove that sb has done sth
Nachwelt f *kein pl* ■ **die** ~ posterity
nach|werfen *vt irreg* ■ **jdm etw** ~ to throw sth after sb
Nachwirkung f consequence
Nachwuchs m *kein pl* ❶ (*fam*) offspring ❷ ÖKON young professionals *pl*
nach|zahlen *vt* ■ **jdm etw** ~ to pay sb sth at a later date
Nachzahlung f back payment
nach|ziehen *irreg* I. *vt* ■ **etw** ~ ❶ *Schraube* to tighten up sth *sep* ❷ **sich** *dat* **die Augenbrauen** ~ to pencil in one's eyebrows *sep* II. *vi sein* (*gleichtun*) to follow (**mit** with)
Nachzügler(in) <-s, -> ['na:xtsy:klɐ] *m(f)* late arrival
Nacken <-s, -> ['nakn̩] m neck ▶ **jdm im** ~ **sitzen** to breathe down sb's neck
nackt ['nakt] *adj* ❶ naked ❷ (*kahl*) bare
Nacktheit <-> f *kein pl* nudity *no art*
Nadel <-, -n> ['na:dl̩] f needle
Nadelbaum m conifer **Nadeldrucker** m dot-matrix printer *spec*
Nagel¹ <-s, Nägel> ['na:gl̩, *pl* 'nɛ:gl̩] m nail ▶ **etw an den** ~ **hängen** to chuck [in] sth *sep;* **den** ~ **auf den Kopf treffen** to hit the nail on the head
Nagel² <-s, Nägel> ['na:gl̩, *pl* 'nɛ:gl̩] m (*Fingernagel*) nail ▶ **sich** *dat* **etw unter den** ~ **reißen** (*sl*) to snaffle sth
Nagelfeile f nail file **Nagellack** m nail polish **Nagellackentferner** m nail polish remover
nageln ['na:gl̩n] *vt* to nail (**an/auf** [on]to)
nagelneu ['na:gl̩'nɔy] *adj* (*fam*) brand-new
nagen ['na:gn̩] *vi* to gnaw (**an** at)
nagend ['na:gŋt] *adj* nagging
Nager <-s, -> *m*, **Nagetier** *nt* rodent
nah ['na:] *adj* **von** ~ **und fern** from near and far
nahe <näher, nächste> ['na:ə] I. *adj* ❶ *räumlich* nearby; **von** ~ **m** from close up ❷ *zeitlich* near ❸ (*eng*) close; ■ **jdm** ~ **sein** so be close to sb II. *adv* ❶ *räumlich* close (to); ~ **stehend** close ❷ (*eng*) closely; **etw** *dat* ~ **kommen** to come close to sth ▶ ~ **daran sein, etw zu tun** to be close to doing sth III. *präp* ■ ~ **etw** *dat* near to sth

Nähe <-> ['nɛːə] *f kein pl* ① proximity *no pl form;* **aus der ~** from close up; **in der ~** near ② (*einer Person*) ■ **jds ~** sb's closeness; **in jds ~** close to sb

nahebei ['naːəˈbai] *adv* nearby

nahe|bringen *vt* ▶ **jdm etw ~** to bring sth home to sb

nahe|kommen *vtr* **jdm/etw zu ~** to get too close to sb/sth; **sich/einander** *dat* **~** to become close

nahe|legen *vt* ▶ **jdm etw ~** to suggest sth to sb

nahe|liegen *vi* to suggest itself

naheliegend *adj* natural

nahen ['naːən] *vi sein* (*geh*) to approach

nähen ['nɛːən] *vt* ① to sew (**auf** onto) ② MED to stitch

näher ['nɛːɐ] **I.** *adj comp von* **nahe** ① räumlich u. zeitlich closer; Zukunft near ② (*detaillierter*) further *attr;* **die ~en Umstände** the precise circumstances (*enger*) closer; Verwandte immediate **II.** *adv comp von* **nahe** ① closer; **kommen Sie ~!** come closer! ② (*eingehender*) in more detail; **etw ~ untersuchen** to examine sth more closely; **sich ~ mit etw** *dat* **befassen** to go into sth in greater detail ③ (*enger*) closer; **jdn/eine Sache ~ kennen** to know sb/sth well; **jdn/eine Sache ~ kennen lernen** to get to know sb/sth better

Näherin <-, -nen> *f* seamstress

nähern ['nɛːɐn] *vr* ① ■ **sich** [jdm/etw] **~** to get closer [to sb/sth] ② (*zeitlich*) ■ **sich etw** *dat* **~** to get close to sth

nahe|treten *vt* ▶ **jdm zu ~** to offend sb

nahe|stehen *vt* **jdm/etw ~** to have close relations to sb/sth

nahezu ['naːəˈtsuː] *adv* almost

Nähgarn *nt* cotton

Nahkampf *m* close combat

Nähmaschine *f* sewing machine

Nähnadel *f* [sewing] needle

nähren ['nɛːrən] *vt* to nourish

nahrhaft *adj* nutritious

Nährstoff *m* nutrient

Nahrung <-> ['naːrʊŋ] *f kein pl* food

Nahrungsmittel *nt* food

Nahrungsmittelindustrie *f* food industry

Nahrungsmittelvergiftung *f* food poisoning

Nährwert *m* nutritional value

Naht <-, Nähte> ['naːt, *pl* 'nɛːtə] *f* ① seam ② MED suture

Nahverkehr *m* local traffic; **der öffentliche ~** local public transport

Nahverkehrszug *m* local train

naiv [naˈiːf] *adj* naive

Naivität <-> [naiviˈtɛːt] *f kein pl* naivety

Name <-ns, -n> ['naːmə] *m* name; **auf jds ~n** in sb's name; **in jds ~n** on behalf of sb; **im ~n des Gesetzes** in the name of the law; **sich** *dat* **einen ~n als etw machen** to make a name for oneself as sth

namenlos *adj* nameless

namens ['naːməns] *adv* by the name of

Namenstag *m* Saint's day

nämlich ['nɛːmlɪç] *adv* ① (*und zwar*) namely ② (*denn*) because

Napf <-[e]s, Näpfe> ['napf, *pl* 'nɛpfə] *m* bowl

Narbe <-, -n> ['narbə] *f* scar

Narkose <-, -n> [narˈkoːzə] *f* anaesthesia BRIT

Narr, Närrin <-en, -en> ['nar, 'nɛrɪn] *m, f* fool ▶ **jdn zum ~en halten** to make a fool of sb; **sich zum ~en machen** to make a fool of oneself

närrisch ['nɛrɪʃ] *adj* mad; ■ [**ganz**] **~ auf jdn/etw sein** to be mad about sb/sth

Narzisse <-, -n> [narˈtsɪsə] *f* narcissus

naschen ['naʃn] **I.** *vi* to eat sweet things; **etwas zum N~** something sweet **II.** *vt* to nibble

Naschkatze *f* (*fam*) person with a sweet tooth

Nase <-, -n> ['naːzə] *f* nose; **jds ~ läuft** sb has a runny nose; **sich** *dat* **die ~ putzen** to blow one's nose ▶ **jdm etw auf die ~ binden** (*fam*) to tell sb sth; **sich an seine eigene ~ fassen** (*fam*) to blame oneself; **auf die ~ fliegen** (*fam*) to fall flat on one's face; **jdm eins auf die ~ geben** (*fam*) to punch sb on the nose; **sich** *dat* **eine goldene ~ verdienen** to earn a fortune; **die ~ vorn haben** to be one step ahead; **jdn an der ~ herumführen** (*fam*) to lead sb on; **jdm auf der ~ herumtanzen** (*fam*) to walk all over sb; **seine ~ in alles hineinstecken** (*fam*) to stick one's nose into everything; **pro ~** (*hum*) per head; **die ~ von jdm/etw voll haben** (*fam*) to be fed up with sb/sth; **jdm etw aus der ~ ziehen** (*fam*) to get sth out of sb

Nasenbluten <-s> *nt* **~ haben** to have a nosebleed **Nasenspitze** *f* tip of the nose

naseweis ['naːzəvais] *adj* (*fam: fragend*) nosey; *Kind bes* precocious

Naseweis <-es, -e> ['naːzəvais] *m* cheeky

monkey BRIT
Nashorn *nt* rhino[ceros]
nass^RR <-er *o* nässer, -este *o* nässeste> *adj*, **naß**^ALT <nasser *o* nässer, nasseste *o* nässeste> ['nas] *adj* wet; **sich ~ machen** to get oneself wet; **~ geschwitzt** soaked with sweat *pred*
Nässe <-> ['nɛsə] *f kein pl* wetness
nasskalt^RR *adj* cold and damp
Nastuch *nt* SÜDD, SCHWEIZ (*Taschentuch*) handkerchief
Nation <-, -en> [na'tsi̯oːn] *f* nation; **die Vereinten ~en** the United Nations
national [natsi̯o'naːl] *adj* national
Nationalbewusstsein^RR *nt* nationalistic views *pl* **Nationalhymne** *f* national anthem
Nationalist(in) <-en, -en> [natsi̯ona'lɪst] *m(f)* nationalist
nationalistisch *adj* nationalistic
Nationalität <-, -en> [natsi̯onali'tɛːt] *f* nationality
Nationalmannschaft *f* national team **Nationalrat** *m kein pl* SCHWEIZ National Council; ÖSTERR National Assembly **Nationalsozialismus** [natsi̯oˈnaːlzotsi̯alɪsmʊs] *m* National Socialism
Natrium <-s> ['naːtri̯ʊm] *nt kein pl* sodium
Natron <-s> ['naːtrɔn] *nt kein pl* sodium bicarbonate
Natter <-, -n> ['nate] *f* adder
Natur <-, -en> [na'tuːɐ̯, *pl* na'tuːrən] *f* ① nature; **von ~ aus** by nature ② *kein pl* (*Landschaft*) countryside; **die freie ~** the open countryside
naturbelassen *adj* natural; *Wald, Land* wild **Naturdenkmal** *nt* natural monument **Naturereignis** *nt* natural phenomenon **Naturerscheinung** *f* natural phenomenon **Naturfreund(in)** *m(f)* nature lover **naturgetreu** *adj, adv* true to life **Naturheilkunde** *f* natural healing **Naturkatastrophe** *f* natural disaster **Naturkostladen** *m* natural food shop **Naturkunde** *f* natural history
natürlich [na'tyːɐ̯lɪç] **I.** *adj* natural **II.** *adv* naturally; **~!** of course!
Natürlichkeit <-> *f kein pl* naturalness
Naturprodukt *nt* natural product
Naturschutz *m* conservation; **unter ~ stehen** to be under conservation
Naturschutzbeauftragte(r) *f(m) dekl wie adj* commissioner for nature conservation
Naturschutzbehörde *f* ÖKOL, POL [nature] conservation authority **Naturschutzgebiet** *nt* nature reserve
Naturvolk *nt* primitive people
Naturwissenschaft *f* natural sciences *pl*
Naturwissenschaftler(in) *m(f)* natural scientist
naturwissenschaftlich *adj* natural-scientific
Navigation <-> [naviga'tsi̯oːn] *f kein pl* navigation
Nazi <-s, -s> ['naːtsi] *m* Nazi
Nebel <-s, -> ['neːbl̩] *m* fog; **bei ~** in foggy conditions
nebelig ['neːbəlɪç] *adj* foggy
Nebelscheinwerfer *m* fog-light **Nebelschlussleuchte**^RR *f* AUTO rear fog-light
neben ['neːbn̩] *präp* ① *+akk, dat* beside ② *+dat* (*außer*) apart from ③ *+dat* (*verglichen mit*) compared to
nebenan [neːbn̩ˈʔan] *adv* next-door
Nebenanschluss^RR *m* extension **Nebenausgabe** *f meist pl* additional expenses *pl*
nebenbei [neːbn̩ˈbai] *adv* ① (*nebenher*) on the side ② (*beiläufig*) incidentally; **~ [bemerkt]** by the way
Nebenberuf *m* second job **Nebenbeschäftigung** *f* sideline
Nebenbuhler(in) <-s, -> *m(f)* rival
Nebeneffekt *m* side effect
nebeneinander [neːbn̩ʔaiˈnandɐ] *adv* ① (*räumlich*) side by side ② (*zeitlich*) at the same time
Nebeneingang *m* side entrance **Nebeneinnahmen** *pl* FIN additional income **Nebenfach** *nt* subsidiary [subject] **Nebenfluss**^RR *m* tributary **Nebengebäude** *nt* outbuilding
nebenher [neːbn̩ˈheːɐ̯] *adv* in addition
Nebenklage *f* ancillary suit **Nebenkosten** *pl* additional costs **Nebenmann** <-es, -männer *o* -leute> *m* neighbour **Nebenniere** *f* ANAT suprarenal gland, adrenal body **Nebenprodukt** *nt* by-product **Nebenrolle** *f* supporting role **Nebensache** *f* trivial matter; **~ sein** to be irrelevant
nebensächlich *adj* irrelevant
Nebensaison *f* off-season **nebenstehend** ['neːbn̩ʃteːənt] *adj* opposite; **aus ~er Zeichnung können die architektonischen Details entnommen werden** architectural details are shown in the illustration opposite **Nebenstelle** *f* ① TELEK extension ② (*Filiale*) branch **Nebenstraße** *f* side street **Nebenverdienst** *m* additional in-

come **Nebenwirkung** *f* side effect **Nebenzimmer** *nt* next room
neblig ['ne:blɪç] *adj* foggy
nebst ['ne:pst] *präp* +*dat* together with
Necessaire <-s, -s> [nesɛ'sɛ:ɐ̯] *nt* vanity bag
necken ['nɛkn̩] *vt* to tease
Neffe <-n, -n> ['nɛfə] *m* nephew
negativ ['ne:gati:f] I. *adj* negative II. *adv* negatively
Negativ <-s, -e> ['ne:gati:f, *pl* 'ne:gati:və] *nt* negative
nehmen <nahm, genommen> ['ne:mən] *vt* ❶ to take ❷ (*wegnehmen*) ■ [jdm] etw ~ to take sth [away] [from sb]; **jdm die Furcht/die Hoffnung ~** to take away sb's fear/hope ❸ (*verwenden*) to use ❹ (*annehmen*) to accept ❺ (*verlangen*) **was nimmst du dafür?** what do you want for it? ❻ (*geh: essen*) **etw zu sich** *dat* ~ to partake of sth ▶ **etw auf sich** *akk* ~ to take sth upon oneself; **jdn ~, wie er ist** to take sb as he is; **es sich** *dat* **nicht ~ lassen, etw zu tun** to insist on doing sth; **jdn zu ~ wissen** to know how to take sb
Neid <-[e]s> ['naɪt] *m kein pl* jealousy, envy (**auf** of); [jds] ~ **erregen** to make sb jealous; **grün vor ~** green with envy; **vor ~ platzen können** to go green with envy
neiden ['naɪdn̩] *vt* ■ jdm etw ~ to envy sb [for] sth
Neider(in) <-s, -> *m(f)* jealous person
neidig ['naɪdɪç] (*veraltet*) *s.* **neidisch**
neidisch ['naɪdɪʃ] I. *adj* envious II. *adv* enviously
Neige <-, -n> ['naɪgə] *f* ▶ **zur ~ gehen** to draw to an end
neigen ['naɪgn̩] I. *vr* ❶ ■ **sich zu jdm ~** to lean over to sb; **sich nach hinten/rechts/zur Seite ~** to lean backwards/to the right/to the side ❷ (*schräg abfallen*) ■ **etw neigt sich** sth slopes ❸ (*kippen*) ■ **sich ~** to tilt II. *vt* (*beugen*) to bend III. *vi* ■ **zu etw** *dat* **~** ❶ (*anfällig sein*) to be prone to sth ❷ (*tendieren*) to tend to sth
Neigung <-, -en> *f* ❶ (*Vorliebe*) inclination ❷ (*Tendenz*) tendency; **du hast eine ~ zur Ungeduld** you have a tendency to be impatient ❸ (*Gefälle*) slope
nein ['naɪn] *adv* no
Nein <-s> ['naɪn] *nt kein pl* no
Neinstimme *f* no[-vote]
Nektar <-s, -e> ['nɛktar] *m* nectar

Nektarine <-, -n> [nɛkta'ri:nə] *f* nectarine
Nelke <-, -n> ['nɛlkə] *f* ❶ BOT carnation ❷ KOCHK clove
nennen <nannte, genannt> ['nɛnən] I. *vt* ❶ to call; **wie nennt man das?** what do you call that? ❷ (*mitteilen*) ■ [jdm] jdn/etw ~ to name sb/sth [to sb]; **können Sie mir einen guten Anwalt ~?** can you give me the name of a good lawyer? II. *vr* (*heißen*) ■ **sich ~** to call oneself ▶ **und so was nennt sich ...!** (*fam*) and they call that a ...!
Nenner <-s, -> *m* denominator; **der kleinste gemeinsame ~** the lowest common denominator
Neofaschismus <-> ['ne:ofaʃɪsmʊs] *m kein pl* neo-fascism
Neon <-s> ['ne:ɔn] *nt kein pl* neon
Neonazi <-s, -s> ['ne:ona:tsi] *m* neo-Nazi
Neonazismus <-> ['ne:onatsɪsmʊs] *m kein pl* neo-Nazi[i]sm *no pl* **neonazistisch** *adj* POL neo-nazi
Neonlicht *nt* neon light
Nerv <-s *o* -en, -en> ['nɛrf, *pl* 'nɛrfn̩] *m* nerve ▶ **die ~en behalten** to keep calm; **~ wie Drahtseile haben** (*fam*) to have nerves of steel; **jdm auf die ~en gehen** (*fam*) to get on sb's nerves
nerven ['nɛrfn̩] *vt* (*fam*) to bug
nervenaufreibend *adj* nerve-racking
Nervenbündel *nt* (*fam*) bundle of nerves
Nervenkrankheit *f* disease of the nervous system **Nervensäge** *f* (*fam*) pain in the neck **Nervensystem** *nt* nervous system **Nervenzusammenbruch** *m* nervous breakdown
nervös [nɛr'vø:s] *adj* nervous
Nervosität <-> [nɛrvozi'tɛ:t] *f kein pl* nervousness
Nerz <-es, -e> ['nɛrts] *m* mink
Nessel <-, -n> ['nɛsl̩] *f* nettle ▶ **sich in die ~n setzen** (*fam*) to put one's foot in it
Nest <-[e]s, -er> ['nɛst] *nt* ❶ nest ❷ (*fam: Kaff*) hole ▶ **sich ins gemachte ~ setzen** (*fam*) to have got it made
Netiquette <-, -n> [nɛti'kɛtə] *f* INET netiquette
nett ['nɛt] *adj* nice; **sei so ~ und ...** would you mind ...; **er war so ~ und hat mich nach Hause gebracht** he was so kind as to take me home
netto ['nɛto] *adv* net
Nettoeinkommen *nt* net income

Nettogewicht *nt* net weight **Nettolohn** *m* net salary

Netz <-es, -e> ['nɛts] *nt* ❶ net ❷ (*Spinnennetz*) web ❸ TELEK network; ELEK grid ❹ INFORM network; ■ **das** ~ the Net ❺ TRANSP system ▶ **jdm ins** ~ **gehen** to fall into sb's trap; **das soziale** ~ the social net

Netzanschluss^{RR} *m* ❶ ELEK mains *pl* [*or* AM power] supply ❷ TELEK telephone line connection **Netzhaut** *f* retina **Netzspannung** *f* line [*or* BRIT mains] voltage **Netzstecker** *m* mains *pl* [*or* AM power] plug **Netzteil** *nt* ELEK mains adapter BRIT, power supply unit AM; INFORM power pack **Netzteilnehmer(in)** *m(f)* INFORM, TELEK network user **Netzwerk** *nt* network **Netzzugang** *m* INET connection to the Internet

neu ['nɔy] I. *adj* ❶ new; **was gibt's N~es?** (*fam*) what's new?; ■ **das N~e** [**an** *etw dat*] the new thing [about sth]; ■ **der/die N~e** the newcomer; ■ **das Neueste** the latest [thing]; ■ **jdm** ~ **sein** to be news to sb; **die ~este Mode** the latest fashion; **seit ~[e]stem** [since] recently; **von** ~ **em** all over again ❷ (*abermalig*) new; **einen** ~ **en Anfang machen** to make a fresh start; **einen** ~ **en Versuch machen** to have another try ▶ **auf ein N~es!** here's to a fresh start! II. *adv* ❶ (*von vorn*) ~ **anfangen** to start all over again; ~ **bearbeitet** revised; *etw* ~ **gestalten** to redesign ❷ (*erneut*) again ❸ (*seit kurzem da*) ~ **entwickelt** newly-developed; ~ **eröffnet** newly opened ▶ **wie** ~ **geboren** like a new man/woman **Neuankömmling** <-s, -e> *m* newcomer **Neuanschaffung** *f* recent acquisition **neuartig** ['nɔyʔaːɐ̯tɪç] *adj* new; **ein ~es Heilverfahren** a new type of treatment **Neuauflage** *f* new edition

Neubau <-bauten> ['nɔybau, *pl* -bautn̩] *m* new building

Neubaugebiet *nt* development area; (*schon bebaut*) area of new housing **Neubauwohnung** *f* newly-built flat [*or* AM apartment] **Neueinsteiger** *m* (*Neuling*) newcomer **neuerdings** ['nɔyɐ'dɪŋs] *adv* recently **Neuerscheinung** *f* new publication **Neuerung** <-, -en> ['nɔyərʊŋ] *f* reform **Neufundland** [nɔy'fʊntlant] *nt* Newfoundland

Neugeborene(s) *nt dekl wie adj* newborn **Neugier(de)** <-> ['nɔygiːɐ̯(də)] *f kein pl* curiosity

neugierig I. *adj* curious; ■ ~ **sein, ob/wie ...** to be curious to know, whether/how ... II. *adv* curiously

Neuheide, -heidin *m, f* REL Druid

Neuheit <-, -en> ['nɔyhait] *f* novelty

Neuigkeit <-, -en> ['nɔyɪçkait] *f* news

Neujahr *nt kein pl* New Year ▶ **prost** ~ **!** here's to the New Year!

neulich ['nɔylɪç] *adv* the other day

Neuling <-s, -e> ['nɔylɪŋ] *m* beginner

neumodisch I. *adj* ❶ fashionable ❷ (*pej*) new-fangled II. *adv* fashionably

Neumond *m kein pl* new moon; **bei** ~ at new moon

neun ['nɔyn] *adj* nine; *s. a.* **acht**¹ **neunjährig, 9-jährig**^{RR} ['nɔynjɛːrɪç] *adj* ❶ (*Alter*) nine-year-old *attr*, nine years old *pred* ❷ (*Zeitspanne*) nine-year *attr*

neunte(r, s) ['nɔyntə(ɐ̯, s)] *adj* ❶ ninth; *s. a.* **achte(r, s)** 1 ❷ (*Datum*) ninth, 9th; *s. a.* **achte(r, s)** 2

neuntel ['nɔyntl̩] *nt* ninth

neunzehn ['nɔyntseːn] *adj* nineteen; *s. a.* **acht**¹

neunzehnte(r, s) *adj* nineteenth; *s. a.* **achte(r, s)**

neunzig ['nɔyntsɪç] *adj* ninety; *s. a.* **achtzig**

neunzigste(r, s) ['nɔyntsɪgstə] *adj* ninetieth; *s. a.* **achte(r, s)**

Neuralgie <-, -n> [nɔyral'giː, *pl* nɔyral'giːən] *f* neuralgia

neuralgisch [nɔy'ralgɪʃ] *adj* MED neuralgic

Neurologe, Neurologin <-n, -n> [nɔyro'loːgə, -'loːgɪn] *m, f* neurologist

Neurose <-, -n> [nɔy'roːzə] *f* neurosis

Neurotiker(in) <-s, -> [nɔy'roːtikɐ] *m(f)* neurotic

neurotisch [nɔy'roːtɪʃ] *adj* neurotic

Neuschnee *m* fresh snow

Neuseeland [nɔy'zeːlant] *nt* New Zealand

Neuseeländer(in) <-s, -> [nɔy'zeːlɛndɐ] *m(f)* New Zealander

neuseeländisch [nɔy'zeːlɛndɪʃ] *adj* New Zealand *attr*

neutral [nɔy'traːl] *adj* neutral

Neutralität <-> [nɔytrali'tɛːt] *f kein pl* neutrality

Neutrum <-s, Neutra> ['nɔytrʊm, *pl* 'nɔytra, 'nɔytrən] *nt* neuter

neuwertig *adj* as new

nicht [nɪçt] I. *adv* not; **ich weiß** ~ I don't

know; **~ öffentlich** not open to the public *pred;* **~ rostend** non-rusting; **~ [ein]mal** not even; **~ mehr** not any longer; **~ mehr als** no more than; **~ eine[r]** not one; [**bitte**] **~!** [please] don't! **II.** *part in Fragen* (*stimmt's?*) isn't that right; **sie schuldet dir doch noch Geld, ~?** she still owes you money, doesn't she?

Nichtangriffspakt [nɪçt'ʔangrɪfs‚pakt] *m* non-aggression pact **Nichtbeachtung** *f,* **Nichtbefolgung** *f* non-compliance

Nichte <-, -n> ['nɪçtə] *f* niece

Nichteinhaltung *f kein pl* JUR noncompliance *no pl* **Nichterscheinen** <-s> *nt kein pl* failure to appear

nichtig ['nɪçtɪç] *adj* ❶ JUR invalid ❷ (*belanglos*) trivial

Nichtigkeit <-, -en> *f meist pl* triviality

Nichtraucher(in) *m(f)* non-smoker

nichts ['nɪçts] *pron indef* not ... anything, nothing; **damit will ich ~ zu tun haben** I don't want anything to do with it; **es ist ~** it's nothing; **hoffentlich ist es ~ Ernstes** I hope it's nothing serious; **~ ahnend** unsuspecting; *adverbial* unsuspectingly; **~ sagend** meaningless; **~ als ...** nothing but ...; **~ anderes als ...** nothing other than ... ▶ **~ da!** (*fam*) no chance!; **für ~ [und wieder ~]** (*fam*) for nothing [at all]

Nichts <-, -e> ['nɪçts] *nt* ❶ nothing; **aus dem ~ auftauchen** to show up from out of nowhere ❷ (*leerer Raum*) void ▶ **vor dem ~ stehen** to be left with nothing

Nichtschwimmer(in) *m(f)* non-swimmer

nichtsdestoweniger [nɪçtsdɛsto've:nɪgɐ] *adv* nevertheless

Nichtsnutz <-es, -e> ['nɪçtsnʊts] *m* (*pej*) good-for-nothing

Nickel <-s> ['nɪkl] *nt kein pl* nickel

nicken ['nɪkn̩] *vi* to nod; **zustimmend ~** to nod in agreement

Nickerchen <-s> ['nɪkəçən] *nt kein pl* (*fam*) nap; **ein ~ machen** to take a nap

nie ['ni:] *adv* never; **~ mehr** never again; **~ und nimmer** never ever

nieder ['ni:dɐ] *adv* down

nieder|drücken *vt* (*geh*) ❶ (*herunterdrücken*) to press [*or* push] down *sep* ❷ (*deprimieren*) ■**jdn ~** to depress sb **nieder|fallen** *vi sein* (*geh*) ■**vor jdm/etw ~** to fall down [on one's knees] before sb/sth

Niedergang <-[e]s> *m kein pl* decline

nieder|gehen *vi irreg sein* ❶ (*fallen*) *Regen* to fall; *Lawine* to descend; (*sich entladen*) *Gewitter* to break ❷ (*landen*) to touch down

niedergeschlagen [-gəʃla:gn̩] *adj* downcast

Niederlage *f* defeat

Niederlande ['ni:dɐlandə] *pl* ■**die ~** the Netherlands

Niederländer(in) <-s, -> ['ni:dɐlɛndə] *m(f)* Dutchman *masc*, Dutchwoman *fem*

niederländisch ['ni:dɐlɛndɪʃ] *adj* Dutch; *s. a.* **deutsch**

Niederländisch ['ni:dɐlɛndɪʃ] *nt dekl wie adj* Dutch; *s. a.* **Deutsch**

nieder|lassen *vr irreg* ■**sich ~** ❶ (*sich ansiedeln*) to settle down ❷ (*beruflich*) to establish oneself (**als** as)

Niederlassung <-, -en> *f* (*Zweigstelle*) branch

nieder|legen *vt* ❶ (*hinlegen*) to put down *sep* ❷ *Amt* to resign; *Arbeit* to stop **Niederlegung** <-, -en> *f eines Amts* resignation (from) **Niederschlag** *m* ❶ (*Regen*) rainfall *no pl;* (*Schnee*) snowfall *no pl* ❷ CHEM sediment **nieder|schlagen** *irreg* **I.** *vt* ❶ (*zu Boden schlagen*) to floor ❷ (*unterdrücken*) to crush ❸ *Augen* to lower **II.** *vr* **sich ~** ❶ (*kondensieren*) to condense (**an** on) ❷ CHEM to sediment ❸ (*zum Ausdruck kommen*) ■**sich in etw** *dat* **~** to find expression in sth **niederschmetternd** ['ni:dɐʃmɛtɐnt] *adj* deeply distressing **nieder|strecken** (*geh*) **I.** *vt* (*schwer verletzen*) **mit einer Schusswaffe** to shoot down *sep;* **mit der Faust** to pummel to the ground **II.** *vr* (*sich hinlegen*) ■**sich ~** to lie down

Niedertracht <-> *f kein pl* malice

niederträchtig *adj* (*pej*) contemptible

nieder|treten *vt irreg Gras, Blumen* to trample down *sep; Erde, Schnee* to tread down

niedlich ['ni:tlɪç] **I.** *adj* sweet **II.** *adv* sweetly

niedrig ['ni:drɪç] *adj* ❶ low ❷ *Betrag* small ❸ *Herkunft* humble

Niedriglohnsektor *m* POL, ÖKON low-wage sector

niemals ['ni:ma:ls] *adv* never

niemand ['ni:mant] *pron indef* nobody, no one; **ich will ~ en sehen** I don't want to see anybody

Niemandsland ['ni:mantslant] *nt kein pl* no man's land

Niere <-, -n> ['ni:rə] *f* kidney

Nierenbeckenentzündung *f* pyelitis *spec*

Nierenleiden *nt* kidney disease **Nierenschützer** *m* kidney belt **Nierenstein** *m* kidney stone **Nierenversagen** *nt kein pl* kidney failure

nieseln ['niːzl̩n] *vi impers* ■ **es nieselt** it's drizzling

Nieselregen ['niːzl̩-] *m* drizzle

niesen ['niːzn̩] *vi* to sneeze

Niete[1] <-, -n> ['niːtə] *f* ❶ (*Los*) blank ❷ (*fam: Versager*) loser

Niete[2] <-, -n> ['niːtə] *f* TECH rivet

nieten ['niːtn̩] *vt* to rivet

niet- und nagelfest ['niːt?ʊnt'naːgl̩fɛst] *adj* ▶ **alles, was nicht ~ ist** (*fam*) everything that's not nailed down

Nikolaus <-, -e *o* -läuse> ['nɪkolaus, *pl* -lɔyzə] *m* St. Nicholas (*figure who brings children presents on 6th December*)

Nikotin <-s> [niko'tiːn] *nt kein pl* nicotine **nikotinarm** *adj* low-nicotine *pred* **nikotinfrei** *adj* nicotine-free **Nikotingehalt** *m* nicotine content

Nilpferd *nt* hippopotamus

nimmer ['nɪmɐ] *adv* ❶ (*geh: niemals*) never ❷ SÜDD (*nicht mehr*) no longer

Nimmersatt <-[e]s, -e> ['nɪmɐzat] *m* (*fam*) glutton

nippen ['nɪpn̩] *vi* to sip (**an** at, **von** from)

Nippes ['nɪpəs, 'nɪps, 'nɪp] *pl* knick-knacks *pl*

Nippsachen *pl* knick-knacks *pl*

nirgends ['nɪrgn̩ts] *adv* nowhere; **ich konnte ihn ~ finden** I couldn't find him anywhere

nirgendwo ['nɪrgn̩t'voː] *adv s.* **nirgends**

Nische <-, -n> ['niːʃə] *f* niche

nisten ['nɪstn̩] *vi* to nest

Nistplatz *m* ORN nesting place

Nitrat <-[e]s, -e> [ni'traːt] *nt* nitrate

Nitrit <-s> [ni'triːt] *nt kein pl* CHEM nitrite

Niveau <-s, -s> [ni'voː] *nt* ❶ (*Anspruch*) calibre; **~ haben** to have class; **kein ~ haben** to be lowbrow; **etw ist unter jds ~** sth is beneath sb ❷ (*Höhe*) level

niveaulos [ni'voː-] *adj* primitive

niveauvoll *adj* intellectually stimulating

Nixe <-, -n> ['nɪksə] *f* mermaid

nobel ['noːbl̩] I. *adj* ❶ (*edel*) noble ❷ (*luxuriös*) luxurious II. *adv* (*edel*) honourably

Nobelpreis [no'bɛlprais] *m* Nobel prize

Noblesse <-> [no'blɛs(ə)] *f* (*geh*) noble-mindedness

noch [nɔx] I. *adv* ❶ (*bis jetzt*) still; **bisher ist ~ niemand gekommen** nobody has arrived yet; ■ **~ nicht** not yet; **~ immer [nicht]** still [not]; **~ nie** never ❷ (*irgendwann*) some time ❸ (*nicht später als*) by the end of; **~ heute** today ❹ (*zusätzlich*) **möchtest du ~ etwas essen?** would you like something more to eat?; ■ **~ ein(e)** another; **möchten Sie ~ eine Tasse Kaffee?** would you like another cup of coffee? ❺ *vor Komparativ* (*mehr als*) even [more] II. *konj* ■ **weder ... ~** neither ... nor

nochmalig ['nɔxmaːlɪç] *adj attr* further

nochmals ['nɔxmaːls] *adv* again

Nomade, Nomadin <-n, -n> [no'maːdə, no'maːdɪn] *m, f* nomad

Nominativ <-[e]s, -e> ['noːminatiːf, *pl* 'noːminatiːvə] *m* nominative

nominieren* [nomi'niːrən] *vt* to nominate

Nonne <-, -n> ['nɔnə] *f* nun

Nonnenkloster *nt* convent [of nuns]

Non-Profit-Unternehmen [ˌnɒn'prɒfɪt-] *nt* ÖKON not-for-profit organization

Nord <-[e]s, -e> ['nɔrt, *pl* 'nɔrdə] *m kein art, kein pl* north

Nordamerika ['nɔrt?a'meːrika] *nt* North America

nordatlantisches Verteidigungsbündnis *nt* POL, MIL North Atlantic [*or* NATO] alliance

Norden <-s> ['nɔrdn̩] *m kein pl* north; **im ~** in the north; **nach ~** to the north

Nordeuropa <-s> ['nɔrt?ɔy'roːpa] *nt kein pl* northern Europe **Nordhalbkugel** *f* northern hemisphere **Nordirland** ['nɔrt'?ɪrlant] *nt* Northern Ireland

nordisch ['nɔrdɪʃ] *adj* Nordic

nördlich ['nœrtlɪç] I. *adj* northern; **in ~e Richtung** northwards; **weiter ~ liegen** to lie further [to the] north II. *adv* ■ **~ von ...** north of ... III. *präp +gen* **~ der Alpen** [to the] north of the Alps

Nordosten [nɔrt'?ɔstn̩] *m kein pl* northeast

nordöstlich [nɔrt'?œstlɪç] I. *adj* northeastern II. *adv* ■ **~ von ...** northeast of ... **Nordpol** ['nɔrtpoːl] *m kein pl* ■ **der ~** the North Pole **Nordsee** ['nɔrtzeː] *f* ■ **die ~** the North Sea; **an der ~** on the North Sea coast **Nordwesten** [nɔrt'vɛstn̩] *m kein pl* northwest **nordwestlich** [nɔrt'vɛstlɪç] I. *adj* northwestern II. *adv* ■ **~ von ...** northwest of ... **Nordwind** *m* north wind

Nörgelei <-, -en> *f* moaning

nörgeln ['nœrgl̩n] *vi* to moan (**über** about)

Norm <-, -en> ['nɔrm] *f* ❶ norm ❷ (*festgelegte Größe*) standard
normal [nɔr'ma:l] **I.** *adj* normal **II.** *adv* normally
Normalbenzin *nt* low-octane petrol [*or* AM gas] **Normalfall** *m* normal case **Normalverbraucher(in)** *m(f)* average consumer; **Otto ~** (*fam*) the man in the street
normen ['nɔrmən] *vt* to standardize
normieren* [nɔr'mi:rən] *vt* to standardize
Normierung <-, -en> *f* standardization *no pl*
Normung <-, -en> *f* standardization
Norwegen <-s> ['nɔrve:gn̩] *nt* Norway
Norweger(in) <-s, -> ['nɔrve:gɐ] *m(f)* Norwegian
norwegisch ['nɔrve:gɪʃ] *adj* Norwegian; *s. a.* **deutsch**
Norwegisch ['nɔrve:gɪʃ] *nt dekl wie adj* Norwegian; *s. a.* **Deutsch**
Nostalgie <-> [nɔstal'gi:] *f kein pl* nostalgia
nostalgisch [nɔs'talgɪʃ] *adj* nostalgic
Not <-, Nöte> ['no:t, *pl* 'nø:tə] *f* ❶ *kein pl* (*Armut*) poverty ❷ (*Bedrängnis*) distress; **in ~ geraten** to get into difficulties ❸ (*Mühe*) **mit knapper ~** just ▶ **~ macht erfinderisch** (*prov*) necessity is the mother of invention; **wenn ~ am Mann ist** in times of need; **aus der ~ eine Tugend machen** to make a virtue out of necessity; **zur ~** if need[s] be
Notar(in) <-s, -e> [no'ta:ɐ̯] *m(f)* notary
Notariat <-[e]s, -e> [nota'ri̯a:t] *nt* notary's office
Notarzt, -ärztin *m, f* ❶ casualty [*or* AM emergency] doctor ❷ (*Arzt im Notdienst*) doctor on call **Notaufnahme** *f* accident and emergency department, emergency room AM **Notausgang** *m* emergency exit **Notbremse** *f* emergency brake **Notdienst** *m* duty
Note <-, -n> ['no:tə] *f* ❶ MUS note ❷ (*Zensur*) grade
Notebook <-s, -s> ['nɔʊtbʊk] *nt* INFORM notebook **Notenblatt** *nt* sheet of music **Notenschlüssel** *m* clef
Notfall *m* emergency
notfalls ['no:tfals] *adv* if needs be
notgedrungen *adv* willy-nilly
notieren* [no'ti:rən] *vt* ❶ to write down ❷ BÖRSE ■ **notiert werden** to be quoted (**mit** at)
nötig ['nø:tɪç] *adj* (*erforderlich*) necessary; ■ **alles N~e** everything necessary; **etw** [**bitter**] **~ haben** to be in [urgent] need of sth; **er hat es nicht ~, sich anzustrengen** he doesn't need to try hard
nötigen ['nø:tɪgn̩] *vt* to force
Nötigung <-, -en> *f* coercion
Notiz <-, -en> [no'ti:ts] *f* note ▶ [**keine**] **~ nehmen** to take [no] notice (**von** of)
Notizblock <-blöcke> *m* notepad
Notlage *f* desperate situation
Notlandung *f* emergency landing **Notlösung** *f* stopgap [solution]
notorisch [no'to:rɪʃ] *adj* (*geh*) notorious
Notruf *m* ❶ emergency call ❷ (*Notrufnummer*) emergency number
Notstand *m* JUR [state of] emergency **Notstandsgebiet** *nt* disaster area **Notstromaggregat** *nt* emergency generator **not|tun** *vi irreg* to be necessary; **das tut doch nicht not!** there's really no need! **Notunterkunft** *f* emergency accommodation **Notwehr** <-> *f kein pl* self-defence; **aus/in ~** in self-defence
notwendig ['no:tvɛndɪç] *adj* necessary
Notwendigkeit <-, -en> ['no:tvɛndɪçkait, not'vɛndɪçkait] *f* necessity
Nougat <-s, -s> ['nu:gat] *m o nt s.* **Nugat**
November <-s, -> [no'vɛmbɐ] *m* November; *s. a.* **Februar**
Nu ['nu:] *m* **im ~** in a flash
nüchtern ['nʏçtɐn] *adj* ❶ (*nicht betrunken*) sober ❷ (*ohne gegessen zu haben*) **auf ~en Magen** on an empty stomach ❸ (*realistisch*) down-to-earth
Nudel <-, -n> ['nu:dl̩] *f meist pl* pasta + *sing vb, no indef art;* (*in Suppe*) noodle *usu pl*
Nugat <-s, -s> *m o nt* nougat
nuklear [nukle'a:ɐ̯] *adj* nuclear
Nuklearabfall <-s, -abfälle> *m* nuclear waste **Nuklearindustrie** *f* nuclear industry **Nukleartest** *m* nuclear test
null ['nʊl] *adj* zero ▶ **gleich ~ sein** (*fig*) to be nil; **in ~ Komma nichts** (*fam*) in a flash; **~ und nichtig sein** to be null and void; **die Stunde ~** zero hour
Null <-, -en> ['nʊl, *pl* 'nʊls] *f* ❶ zero ❷ (*fam: Versager*) nothing
Nulldiät *f* starvation diet **Nullpunkt** *m kein pl* freezing point ▶ **auf den ~ sinken** to reach rock bottom
numerieren*ᴬᴸᵀ *vt s.* **nummerieren**
Numerierungᴬᴸᵀ <-, -en> *f s.* **Nummerierung**
Numerus <-, Numeri> ['nu:merʊs, *pl* 'nu:meri] *m* **~ clausus** restricted entry

Universities regulate the number of school leavers embarking on the most popular degree courses by means of the **Numerus clausus**. Only applicants with an average mark exceeding the **Numerus clausus** – which is usually set at *sehr gut* (very good) – are allowed onto the course.

Nummer <-, -n> ['nʊmɐ] *f* ❶ number ❷ MEDIA issue ❸ (*Größe*) size ❹ (*sl: Koitus*) fuck; **eine ~ schieben** (*sl*) to have it off BRIT [*or* AM get it on] ▶ **auf ~ Sicher gehen** (*fam*) to play it safe
nummerieren* RR [nʊməˈriːrən] *vt* to number
Nummerierung RR <-, -en> *f* numbering
Nummernschild *nt* number [*or* AM license] plate
nun ['nuːn] *adv* ❶ now ❷ (*na ja*) well ▶ **~ gut** alright; **es ist ~ [ein]mal so** that's the way it is
nur ['nuːɐ̯] *adv* ❶ (*lediglich*) only ❷ (*bloß*) just; **wie konnte ich das ~ vergessen!** how on earth could I forget that! ❸ (*warnend*) **lass das ~ niemanden wissen!** don't you [dare] tell anyone! ❹ (*ruhig*) just ▶ **warum/was/wie ... ~?** just why/what/how ...?; **~ zu!** come on then
nuscheln ['nʊʃln] *vi, vt* (*fam*) to mumble
Nuss RR <-, Nüsse> *f*, **Nuß** ALT <-, Nüsse> ['nʊs, *pl* 'nʏsə] *f* nut ▶ **dumme ~** (*fam*) silly twit
Nussbaum RR *m* walnut tree
nussig [nʊsɪç] *adj* KOCHK nutty
Nüster <-, -n> ['nystɐ, 'nyːstɐ] *f* nostril
Nutte <-, -n> ['nʊtə] *f* (*sl*) whore
nutz ['nʊts] *adj pred* SÜDD, **nütze** ['nʏtsə] *adj pred* ■ **zu etwas ~ sein** to be useful; ■ **zu nichts ~ sein** to be good for nothing
nutzen ['nʊtsn̩], **nützen** ['nʏtsn̩] **I.** *vi* ■ [jdm] [etwas] nutzen to be of use [to sb]; ■ [jdm] nichts nutzen to be of no use [to sb] **II.** *vt* ❶ to use ❷ (*ausnützen*) to exploit
Nutzen <-s> ['nʊtsn̩] *m kein pl* benefit; [jdm] ~ **bringen** to be of advantage [to sb]; [jdm] **von ~ sein** to be of use [to sb]
Nutzerführung *f* INET, INFORM navigation
nützlich ['nʏtslɪç] *adj* ❶ (*nutzbringend*) useful ❷ (*hilfreich*) helpful
Nützlichkeit <-> *f kein pl* advantage
nutzlos *adj* useless
Nutzlosigkeit <-> *f kein pl* uselessness
Nutzpflanze *f* useful plant
Nutzung <-, -en> *f* use
Nylon® <-[s]> ['nailɔn] *nt kein pl* nylon
Nymphe <-, -n> ['nʏmfə] *f* nymph

O, o <-, - *o fam* -s, -s> [oː] *nt* O, o; *s. a.* **A 1**
o [oː] *interj* oh
O *Abk von* **Osten** E
Oase <-, -n> [oˈaːzə] *f* oasis
ob ['ɔp] *konj* ❶ whether; **~ er morgen kommt?** I wonder whether he'll come tomorrow? ❷ (*sei es dass*) **sie muss mitgehen, ~ es ihr passt oder nicht** she has to go whether she likes it or not
OB <-s, -s> [oːˈbeː] *m Abk von* **Oberbürgermeister**
Obdach <-[e]s> ['ɔpdax] *nt kein pl* shelter
obdachlos *adj* homeless
Obdachlose(r) *f(m) dekl wie adj* homeless person
Obdachlosenasyl *nt*, **Obdachlosenheim** *nt* refuge for homeless persons
Obduktion <-, -en> [ɔpdʊkˈtsi̯oːn] *f* postmortem
O-Beine *pl* bandy legs
oben ['oːbn̩] *adv* ❶ at the top; ■ **~ auf etw** *dat o akk* on top of sth; **dort ~** up there; **ganz ~** right at the top; **hier ~** up here; **hoch ~** high; **bis ~ [hin]** up to the top; **nach ~** up; **von ~** from above ❷ (*im oberen Stockwerk*) upstairs; **nach ~** upstairs; **von ~** from upstairs ❸ (*in einem Text*) above; **~ erwähnt** above-mentioned ▶ **jdn von ~ herab behandeln** to behave in a superior manner toward sb; **~ ohne** (*fam*) topless; **von ~ bis unten** from top to bottom
obenan ['oːbn̩ˈʔan] *adv* first
obenauf ['oːbn̩ˈʔauf] *adv* ■ **~ sein** to be chirpy
obendrein ['oːbn̩ˈdrain] *adv* on top
Ober <-s, -> [ˈoːbɐ] *m* waiter
Oberarm *m* upper arm **Oberarzt, -ärztin** *m, f* senior consultant **Oberbefehl** *m* **den ~ haben** to be in supreme command (**über**

of) **Oberbefehlshaber(in)** *m(f)* commander-in-chief **Oberbegriff** *m* generic term **Oberbürgermeister(in)** ['oːbɐbʏrgɐmaistɐ] *m(f)* mayor, BRIT *a.* ≈ Lord Mayor
obercool ['oːbɐkuːl] *adj* (*sl*) totally cool
obere(r, s) ['oːbərə, -rɐ, -rəs] *adj attr* ❶ (*oben befindlich*) top ❷ (*rangmäßig*) higher ❸ (*höher gelegen*) upper
Obere ['oːbərə] *pl* (*fam*) ■ **die ~n** the powers that be
Oberfläche ['oːbɐflɛçə] *f* surface; **an die ~ kommen** to surface
oberflächlich ['oːbɐflɛçlɪç] I. *adj* superficial II. *adv* superficially
Oberflächlichkeit <-> *f kein pl* superficiality
Obergeschoss^RR *nt* top floor
oberhalb ['oːbɐhalp] I. *präp* +*gen* above II. *adv* above
Oberhaupt *nt* head **Oberhaus** *nt* POL upper house, House of Lords, BRIT *a.* Upper House
oberirdisch *adj*, *adv* overground
Oberkörper *m* torso; **mit bloßem ~** topless **Oberleutnant** ['oːbɐlɔytnant] *m* lieutenant BRIT, first lieutenant AM **Oberlippe** *f* upper lip
oberpeinlich ['oːbɐpainlɪç] *adj* (*sl*) cringeworthy
Obers <-> ['oːbɐs] *nt kein pl* ÖSTERR (*Sahne*) whipping cream
Oberschenkel *m* thigh **Oberschicht** *f* upper class **Oberseite** *f* top
Oberst <-en *o* -s, -e[n]> ['oːbɐst] *m* colonel **Oberstaatsanwalt, -anwältin** *m, f* senior public prosecutor BRIT, attorney general AM
oberste(r, s) ['oːbɐstə, -tɐ, -təs] *adj* ❶ (*ganz oben befindlich*) top ❷ (*rangmäßig am höchsten*) highest
Oberstufe *f* ≈ sixth form [*or* AM grade] **Oberverwaltungsgericht** [oːbɐfɛɐ̯'valtʊŋsɡərɪçt] *nt* Higher Administrative Court
obgleich [ɔp'glaiç] *konj* although
obige(r, s) ['oːbɪɡə] *adj attr* ❶ (*oben genannt*) above-mentioned ❷ (*zuvor abgedruckt*) above
Objekt <-[e]s, -e> [ɔp'jɛkt] *nt* object
objektiv [ɔpjɛk'tiːf] I. *adj* objective II. *adv* objectively
Objektiv <-s, -e> [ɔpjɛk'tiːf, *pl* ɔpjɛk'tiːvə] *nt* lens
Objektivität <-> [ɔpjɛktivi'tɛːt] *f kein pl* objectivity

Oblate <-, -n> [o'blaːtə] *f* wafer
Obligation <-, -en> [obliga'tsi̯oːn] *f* FIN [debenture] bond; **~ en aufrufen/tilgen** to call in/redeem bonds
obligatorisch [obliga'toːrɪʃ] *adj* compulsory
Obst <-[e]s> ['oːpst] *nt kein pl* fruit
Obstbaum *m* fruit tree **Obsternte** *f* ❶ *kein pl* (*das Ernten von Obst, Früchten*) fruit-gathering [*or*-picking] *no pl, no indef art* ❷ (*geerntetes Obst*) fruit crop [*or* harvest] **Obsthandlung** *f* fruiterer's BRIT, fruit store AM
obstinat [ɔpsti'naːt] *adj* (*geh*) obstinate
Obstkuchen *m* fruit flan **Obstsalat** *m* fruit salad **Obsttorte** *f* fruit flan [*or* tart]
obszön [ɔps'tsøːn] *adj* obscene
Obszönität <-, -en> [ɔpstsøni'tɛːt] *f* obscenity
obwohl [ɔp'voːl] *konj* although
Ochse <-n, -n> ['ɔksə] *m* ox
Ochsenschwanzsuppe *f* oxtail soup
öde ['øːdə] *adj* ❶ (*verlassen*) desolate ❷ (*fade*) dull
Öde <-> ['øːdə] *f kein pl* ❶ (*Verlassenheit*) desolation ❷ (*Leere*) dreariness
Ödem <-[e], -e> [ø'deːm] *nt* oedema BRIT, edema AM
oder ['oːdɐ] *konj* ❶ or; **~ aber** or else ❷ (*sich vergewissernd*) **der Film hat dir auch gut gefallen, ~?** you liked the film too, didn't you?; **du traust mir doch, ~** [*etwa*] **nicht?** you do trust me, don't you?
Ofen <-s, Öfen> ['oːfn̩, *pl* 'øːfn̩] *m* ❶ stove ❷ (*Backofen*) oven ❸ TECH furnace; (*Brennofen*) kiln ▶ **jetzt ist der ~ aus** (*fam*) that does it
Ofenheizung *f* stove heating *no art, no pl*
offen ['ɔfn̩] I. *adj* ❶ open; **mit ~em Fenster** with the window open; **etw ~ lassen** to leave sth open; ■ **für jdn ~ sein** to be open to sb ❷ (*freimütig*) open (**zu** with) II. *adv* openly; **~ gestanden** to be honest
offenbar [ɔfn̩'baːɐ̯] I. *adj* obvious II. *adv* obviously
Offenheit <-> *f kein pl* openness; **in aller ~** quite frankly
offenherzig *adj* open **offenkundig** ['ɔfn̩kʊndɪç] *adj* obvious **offensichtlich** ['ɔfn̩zɪçtlɪç] I. *adj* obvious II. *adv* obviously
öffentlich ['œfn̩tlɪç] I. *adj* public II. *adv* publicly
Öffentlichkeit <-> *f kein pl* ■ **die ~** the pub-

offiziell – Omelette

lic; **in aller ~** in public; **etw an die ~ bringen** to make sth public; **die ~ scheuen** to shun publicity

offiziell [ɔfi'tsi̯ɛl] **I.** *adj* ❶ official ❷ *Feier* formal **II.** *adv* officially; **jdn ~ einladen** to give sb an official invitation

Offizier(in) <-s, -e> [ɔfi'tsiːɐ̯] *m(f)* officer

Offlinebetriebᴿᴿ <-[e]s> ['ɔflain-] *m kein pl* off-line operation

öffnen ['œfnən] **I.** *vt* to open **II.** *vi* ■ **[jdm] ~** to open the door [for sb] **III.** *vr* ❶ ■ **sich ~** to open ❷ (*sich zuwenden*) ■ **sich [jdm/etw] ~** to open up [to sb/sth]

Öffnung <-, -en> *f* opening

Öffnungszeiten *pl* opening times; (*eines Geschäfts*) hours of business

oft <öfter, am öftesten> ['ɔft] *adv* often

öfter(s) ['œftɐ(s)] *adv* [every] once in a while

öfter ['œftɐ] *adv comp von* **oft** more often

oftmals *adv* often

oh ['oː] *interj* oh

ohne ['oːnə] **I.** *präp* +*akk* without; **sei ~ Furcht!** don't be afraid!; **~ mich!** count me out!; **~ Geld** without any money; **~ Schutz** unprotected **II.** *konj* ■ **~ etw zu tun** without doing sth; ■ **~ dass etw geschieht** without sth happening; ■ **~ dass jd etw tut** without sb doing sth

Ohnmacht <-, -en> ['oːnmaxt] *f* ❶ MED faint *no pl;* **in ~ fallen** to faint ❷ (*Machtlosigkeit*) powerlessness

ohnmächtig ['oːnmɛçtɪç] *adj* ❶ MED unconscious; ■ **~ werden** to faint ❷ (*machtlos*) powerless

Ohr <-[e]s, -en> ['oːɐ̯] *nt* ear; **sich die ~en zuhalten** to put one's hands over one's ears ▶ **es faustdick hinter den ~en haben** to be a crafty one; **ganz ~ sein** (*fam*) to be all ears; **viel um die ~en haben** (*fam*) to have a great deal on one's plate; **jdn übers ~ hauen** (*fam*) to pull a fast one on sb; **sich aufs ~ legen** (*fam*) to put one's head down; **jdm in den ~en liegen** to badger sb; **die ~en spitzen** to prick up one's ears; **seinen ~en nicht trauen** to not believe one's ears

Öhr <-[e]s, -e> ['øːɐ̯] *nt* eye

ohrenbetäubend *adj* deafening **Ohrenschmerzen** *pl* earache

Ohrfeige <-, -n> *f* box on the ears **ohrfeigen** *vt* ■ **jdn ~** to box sb's ears **Ohrläppchen** <-s, -> *nt* earlobe **Ohrring** *m* earring **Ohrstecker** *m* earstud, stud earring **Ohrstöpsel** *m* earplug

Ökologe, **Ökologin** <-n, -n> [øko'loːgə, -'loːgɪn] *m, f* ecologist

Ökologie <-> [økolo'giː] *f kein pl* ecology

Ökologin <-, -nen> *f fem form von* **Ökologe**

ökologisch [øko'loːgɪʃ] **I.** *adj* ecological **II.** *adv* ecologically

Ökonom(in) <-en, -en> [øko'noːm] *m(f)* (*geh*) economist

Ökonomie <-, -n> [økono'miː, *pl* -'miːən] *f* ❶ economy ❷ (*als Wissenschaft*) economics + *sing vb*

ökonomisch [øko'noːmɪʃ] **I.** *adj* ❶ economic ❷ (*sparsam*) economical **II.** *adv* economically

Ökosteuerᴿᴿ *f*, **Öko-Steuer** *f* environmental tax **Ökosystem** *nt* ecosystem

Oktave <-, -n> [ɔk'taːvə] *f* octave

Oktober <-s, -> [ɔk'toːbɐ] *m* October; *s. a.* **Februar**

ökumenisch [øku'meːnɪʃ] *adj* ecumenical *form*

Öl <-[e]s, -e> ['øːl] *nt* oil; **in ~ malen** to paint in oils ▶ **~ ins Feuer gießen** to add fuel to the flames

Ölbild *nt* oil painting

Oldtimer <-s, -> ['oːlttaimɐ] *m* vintage car

ölen ['øːlən] *vt* to oil

Ölfarbe *f* ❶ oil-based paint ❷ KUNST oil paint; **mit ~n malen** to paint in oils **Ölgemälde** *nt* oil painting **Ölgewinnung** *f kein pl* ÖKON oil extraction *no pl* **Ölheizung** *f* oil-fired heating

ölig ['øːlɪç] *adj* ❶ oily ❷ (*pej*) slimy

Olive <-, -n> [o'liːvə] *f* olive

Olivenöl *nt* olive oil

olivgrün *adj* olive-green

Ölleitung *f* oil pipeline

Ölpest *f* oil pollution **Ölquelle** *f* oil well **Ölsardine** *f* sardine [in oil] ▶ **wie die ~n** (*fam*) like sardines **Ölschicht** *f* film of oil **Ölstand** *m kein pl* oil level **Ölstandsmesser** *m* oil pressure gauge **Öltanker** *m* oil tanker **Ölwechsel** *m* oil change

Olympiade <-, -n> [olʏm'pi̯aːdə] *f* Olympic Games *pl*

Olympiamannschaft *f* SPORT Olympic team **Olympiastadion** *nt* Olympic stadium

olympisch [o'lʏmpɪʃ] *adj* Olympic

Oma <-, -s> ['oːma] *f* (*fam*) gran[ny]

Omelett <-[e]s, -e *o* -s> *nt,* **Omelette** <-, -n> [ɔm(ə)'lɛt, *pl* ɔm(ə)'lɛtn] *f* SÜDD

omelette
Omnibus ['ɔmnibʊs] *m* bus
Omnibushaltestelle *f* bus stop **Omnibuslinie** *m* (*veraltend*) bus route
Onkel <-s, -> ['ɔŋkl̩] *m* uncle
Onlinebank [ɒnlaɪn-] *f* FIN, INET Internet bank **Onlinebanking** ['ɔnlaɪnbɛŋkɪŋ] *nt* online banking **Onlinebetrieb** ['ɔnlaɪn-] *m kein pl* online operation *no pl* **Onlinedienst** ['ɔnlaɪn-] *m* online service
Opa <-s, -s> ['o:pa] *m* (*fam*) grandad
Oper <-, -n> ['o:pɐ] *f* opera
Operateur(in) <-s, -e> [opəra'tø:ɐ̯] *m(f)* MED surgeon
Operation <-, -en> [opəra'tsi̯o:n] *f* operation
Operationssaal *m* operating theatre [*or* AM room]
operativ [opəra'ti:f] I. *adj* MED operative; **~er Eingriff** surgery II. *adv* MED surgically
Operette <-, -n> [opə'rɛtə] *f* operetta
operieren* [opə'ri:rən] *vt* ■ **jdn/etw ~ to** operate on sb/sth; ■ **sich** *dat* **etw ~ lassen** to have sth operated on
Opernsänger(in) *m(f)* opera singer
Opfer <-s, -> ['ɔpfɐ] *nt* ❶ sacrifice; **~ bringen** to make sacrifices ❷ (*geschädigte Person*) victim; **jdm/etw zum ~ fallen** to fall victim to sb/sth
opfern ['ɔpfɛn] I. *vt* ❶ ■ [jdm] jdn ~ to sacrifice sb [to sb]; ■ [jdm] etw ~ to offer up sth [to sb] ❷ (*aufgeben*) to sacrifice II. *vr* ■ **sich ~** to sacrifice oneself
Opiat <-[e]s, -e> [o'pi̯a:t] *nt* opiate
Opium <-s> ['o:pi̯ʊm] *nt kein pl* opium
Opportunismus <-> [ɔpɔrtu'nɪsmʊs] *m kein pl* opportunism
Opportunist(in) <-en, -en> [ɔpɔrtu'nɪst] *m(f)* opportunist
opportunistisch I. *adj* opportunist[ic] II. *adv* opportunistically
Opposition <-, -en> [ɔpozi'tsi̯o:n] *f* ■ **die ~** the Opposition
Oppositionsführer(in) *m(f)* Leader of the Opposition
Optik <-, -en> ['ɔptɪk] *f* ❶ PHYS ■ **die ~** optics + *sing vb* ❷ FOTO lens system
Optiker(in) <-s, -> ['ɔptɪkɐ] *m(f)* optician
optimal [ɔpti'ma:l] I. *adj* optimal II. *adv* in the best possible way
optimieren* [ɔpti'mi:rən] *vt* to optimize
Optimismus <-> [ɔpti'mɪsmʊs] *m kein pl* optimism
Optimist(in) <-en, -en> [ɔpti'mɪst] *m(f)* optimist
optimistisch I. *adj* optimistic II. *adv* optimistically
optisch ['ɔptɪʃ] *adj* optical
Orakel <-s, -> [o'ra:kl̩] *nt* oracle; **das ~ befragen** to consult the oracle
orange [o'rã:ʒə, o'ranʒə] *adj* orange
Orange <-, -n> [o'rã:ʒə, o'ranʒə] *f* orange
orangefarben,   orangefarbig [o'ranʒ-] *adj* orange[-coloured] **Orangenmarmelade** [o'rã:ʒn̩-] *f* orange marmalade **Orangensaft** [o'rã:ʒn̩-] *m* orange juice **Orangenschale** [o'rã:ʒn̩-] *f* orange peel
Orang-Utan <-s, -s> ['o:raŋ'?u:tan] *m* orang-utan
Orchester <-s, -> [ɔr'kɛstɐ, ɔr'çɛstɐ] *nt* orchestra
Orchidee <-, -n> [ɔrçi'de:ə] *f* orchid
Orden <-s, -> ['ɔrdn̩] *m* ❶ decoration; **jdm einen ~ verleihen** to decorate sb ❷ REL [holy] order
ordentlich ['ɔrdn̩tlɪç] I. *adj* ❶ tidy ❷ (*fam: gehörig*) proper II. *adv* ❶ (*säuberlich*) neatly ❷ (*fam: gehörig*) properly; **~ essen** to eat well ❸ (*diszipliniert*) properly
ordinär [ɔrdi'nɛ:ɐ̯] *adj* vulgar
ordnen ['ɔrdnən] *vt* ❶ (*sortieren*) to arrange; **etw neu ~** to rearrange sth ❷ (*in Ordnung bringen*) to put sth in order
Ordner <-s, -> *m* file
Ordner(in) <-s, -> *m(f)* steward, marshal
Ordnung <-, -en> ['ɔrdnʊŋ] *f kein pl* ❶ order; **die öffentliche ~** public order; **etw in ~ bringen** to tidy sth up; **~ halten** to keep things tidy; **~ schaffen** to tidy things up ❷ (*Gesetzmäßigkeit*) structure ❸ (*Vorschrift*) rules *pl* ▸ **es in ~ finden, dass ...** to find it right that ...; **es nicht in ~ finden, dass ...** to not think it's right that ...; **geht in ~!** (*fam*) that's OK; **etwas ist mit jdm/etw nicht in ~** there's something wrong with sb/sth; **in ~ sein** (*fam*) to be OK; **nicht in ~ sein** to be not right; (*nicht funktionieren*) to not be working properly
Ordnungsamt *nt* regulatory agency (*municipal authority responsible for registration, licensing, and regulating public events*) **ordnungsgemäß** I. *adj* according to the rules *pred* II. *adv* in accordance with the regulations **Ordnungsstrafe** *f* fine

ordnungswidrig I. *adj* illegal II. *adv* illegally **Ordnungswidrigkeit** *f* infringement
Ordnungszahl *f* ordinal number
Organ <-s, -e> [ɔr'gaːn] *nt* organ
Organhandel <-s> *m kein pl* trade in organs
Organisation <-, -en> [ɔrganiza'tsi̯oːn] *f* organization
Organisationstalent *nt* [person with a] talent for organization
organisatorisch [ɔrganiza'toːrɪʃ] *adj* organizational
organisch [ɔr'gaːnɪʃ] *adj* organic
organisieren* [ɔrgani'ziːrən] I. *vt, vi* to organize; **er kann ausgezeichnet ~** he's an excellent organizer II. *vr* ■ **sich ~** to organize
Organismus <-, -nismen> [ɔrga'nɪsmʊs, *pl* ɔrga'nɪsmən] *m* organism
Organist(in) <-en, -en> [ɔrga'nɪst] *m(f)* organist
Organspende *f* organ donation **Organspender(in)** *m(f)* organ donor **Organtransplantation** *f*, **Organverpflanzung** *f* organ transplantation
Orgasmus <-, Orgasmen> [ɔr'gasmʊs, *pl* ɔr'gasmən] *m* orgasm
Orgel <-, -n> ['ɔrgl̩] *f* organ
Orgelkonzert *nt* MUS (*Musikstück*) organ concerto; (*Konzert*) organ recital
Orgie <-, -n> ['ɔrgi̯ə] *f* orgy
Orient <-s> ['oːri̯ɛnt, o'ri̯ɛnt] *m kein pl* ■ **der ~** the Middle East
Orientale, Orientalin <-n, -n> [ori̯ɛn'taːlə, -'taːlɪn] *m, f person from the Middle East*
orientalisch [ori̯ɛn'taːlɪʃ] *adj* Middle Eastern
orientieren* [ori̯ɛn'tiːrən] *vr* ❶ (*sich zurechtfinden*) ■ **sich ~** to take a bearing (**an** on) ❷ (*sich einstellen*) ■ **sich an etw** *dat* **~** to adapt oneself to sth
Orientierung <-, -en> [ori̯ɛn'tiːrʊŋ] *f* orientation; **die ~ verlieren** to lose one's bearings
Orientierungssinn *m kein pl* sense of direction
original [origi'naːl] *adj* ❶ (*echt*) genuine ❷ (*ursprünglich*) original
Original <-s, -e> [origi'naːl] *nt* original; **im ~** in the original
Originalfassung *f* original [version]
originell [origi'nɛl] *adj* original
Orkan <-[e]s, -e> [ɔr'kaːn] *m* hurricane
orkanartig *adj* hurricane-force
Ornament <-[e]s, -e> [ɔrna'mɛnt] *nt* ornament
Ort <-[e]s, -e> ['ɔrt] *m* ❶ place; **der ~ der Handlung** the scene of the action ❷ (*Ortschaft*) village, [small] town ▶ **an ~ und Stelle** there and then; **vor ~** on the spot
Orthografie^RR <-, -n> *f s.* **Orthographie**
orthografisch^RR *adj s.* **orthographisch**
Orthographie <-, -n> [ɔrtogra'fiː, *pl* -gra'fiːən] *f* spelling
orthographisch [ɔrto'graːfɪʃ] *adj* orthographic[al]
Orthopäde, Orthopädin <-n, -n> [ɔrto'pɛːdə, -'pɛːdɪn] *m, f* orthopaedist
Orthopädie <-> [ɔrtopɛ'diː] *f kein pl* orthopaedics + *sing vb*
orthopädisch [ɔrto'pɛːdɪʃ] *adj* orthopaedic
örtlich ['œrtlɪç] I. *adj* local II. *adv* locally; **jdn ~ betäuben** to give sb a local anaesthetic
Ortsangabe *f* [name of] location **Ortsausgang** *m* end of a village [*or* town] **Ortsbesichtigung** *f* local survey, site inspection
Ortschaft <-, -en> *f* village, [small] town; **eine geschlossene ~** a built-up area
Ortseingang *m* start of a village [*or* town]
ortsfremd *adj* non-local; ■ **~ sein** to be a stranger **Ortsgespräch** *nt* local call **Ortsname** *m* place name **Ortsnetzkennzahl** *f* dialling [*or* AM area] code **Ortsschild** *nt* place name sign **Ortstarif** *m* local rate **Ortsteil** *m* part of a village [*or* town] **Ortswechsel** *m* change of one's place of residence
Ortszeit *f* local time
O-Saft [oː'zaft] *m* KOCHK (*fam: Orangensaft*) OJ
Öse <-, -n> ['øːzə] *f* eye[let]
Ossi <-s, -s> *m*, **Ossi** <-, -s> ['ɔsi] *f* (*fam*) Easterner, East German

With the fall of the Wall between East and West Germany, a new expression arose in colloquial German. **Ossi** is used pejoratively to describe Germans originating from the former East Germany.

Ost <-[e]s, -e> ['ɔst] *m kein pl, kein art* east
Ostafrika *nt* East Africa *no pl, no art* **Ostalgiker(in)** <-s, -> [ɔs'talgikɐ] *m(f)* SOZIOL, POL (*iron*) someone who looks back nostalgically on the former GDR **Ostasien** *nt* East[ern] Asia **Ostberlin** [-bɛrliːn] *nt* HIST East Berlin *no pl, no art hist* **Ostblock** *m* HIST Eastern bloc *no pl, no indef art hist* **ostdeutsch**

['ɔstdɔytʃ] *adj* East German **Ostdeutschland** ['ɔstdɔytʃlant] *nt* East[ern] Germany

Osten <-s> ['ɔstn̩] *m kein pl, kein indef art* east; **der Ferne/Nahe** ~ the Far/Middle East; **im** ~ in the east; **nach** ~ to the east

Osterei *nt* Easter egg **Osterglocke** *f* daffodil **Osterhase** *m* Easter bunny

> The **Osterhase** comes at Easter and hides brightly decorated hard-boiled eggs (in their shells), Easter eggs and chocolate bunnies, and other presents round the house or garden, which the children then have to find.

österlich ['øːstɐlɪç] *adj* Easter

Ostermarsch *m* Easter peace march **Ostermontag** ['oːstɐˈmoːntaːk] *m* Easter Monday

Ostern <-, -> ['oːstɐn] *nt* Easter; **frohe** ~! Happy Easter!

Österreich <-s> ['øːstəraɪç] *nt* Austria

Österreicher(in) <-s, -> ['øːstəraɪçɐ] *m(f)* Austrian

österreichisch ['øːstəraɪçɪʃ] *adj* Austrian; *s. a.* **deutsch**

Ostersonntag ['oːstɐˈzɔntaːk] *m* Easter Sunday

Ost-Erweiterung *f kein pl* EU eastward expansion [of the EU]

Osteuropa ['ɔstɔyˈroːpa] *nt* East[ern] Europe **Ostfriese, -friesin** <-n, -n> *m, f* East Frisian **ostfriesisch** ['ɔstˈfriːzɪʃ] *adj* East Frisian **Ostfriesland** ['ɔstˈfriːslant] *nt* East Friesland

östlich ['œstlɪç] I. *adj* eastern II. *adv* ■ ~ **von ...** east of ... III. *präp* +*gen* ■ ~ **einer S.** [to the] east of sth

Östrogen <-s, -e> [œstroˈgeːn] *nt* oestrogen **Ostsee** ['ɔstzeː] *f* ■ **die** ~ the Baltic [Sea] **Oststaaten** *pl* (*in USA*) Eastern states *pl* **Ost-West-Beziehungen** ['ɔstˈvɛst-] *pl* East-West relations *pl*

oszillieren* [ɔstsɪˈliːrən] *vi* PHYS to oscillate

Otter¹ <-, -n> ['ɔtɐ] *f* (*Schlange*) adder

Otter² <-s, -> ['ɔtɐ] *m* (*Fischotter*) otter

Ottomotor *m* spark ignition engine

Outing <-s, -s> ['aʊtɪŋ] *nt* coming out

Ouvertüre <-, -n> [uverˈtyːrə] *f* overture

oval [oˈvaːl] *adj* oval

Oval <-s, -e> [oˈvaːl] *nt* oval

Ovulationshemmer <-s, -> *m* ovulation inhibitor

Oxid <-[e]s, -e> [ɔˈksiːt, *pl* ɔˈksiːdə] *nt* oxide

Oxidation <-, -en> [ɔksidaˈtsi̯oːn] *f* oxidation *no art, no pl*

oxidieren* [ɔksiˈdiːrən] *vi, vt sein o haben* to oxidize

Ozean <-s, -e> ['oːtseaːn] *m* ocean; **der Atlantische/Pazifische** ~ the Atlantic/Pacific Ocean

Ozelot <-s, -e> ['oːtselɔt, 'ɔtselɔt] *m* ZOOL ocelot *spec*

Ozon <-s> [oˈtsoːn] *nt o m kein pl* ozone

ozonarm *adj* ÖKOL low-ozone *attr* **Ozonbelastung** *f* ÖKOL ozone build-up [in the lower atmosphere] *no pl* **Ozonloch** *nt* ÖKOL ■ **das** ~ the hole in the ozone layer **Ozonschicht** *f kein pl* ■ **die** ~ the ozone layer

Ozonsmog [oˈtsoːnsmɔk] *m* ÖKOL ozone smog

P p

P, p <-, - *o fam* -s, -s> [peː] *nt* P, p; *s. a.* **A 1**

paar [paːɐ̯] *adj* ■ **ein** ~ **...** a few ...; **ein** ~ **Mal** a couple of times; **alle** ~ **Tage** every few days

Paar <-s, -e> [paːɐ̯] *nt* pair; (*Mann und Frau*) couple; **ein** ~ **neue Socken** a pair of new socks; **ein** ~ **Würstchen** a couple of sausages

paaren [paːrən] *vr* ■ **sich** ~ to mate

Paarung <-, -en> *f* mating

paarweise *adv* in pairs

Pacht <-, -en> [paxt] *f* ① (*Entgelt*) rent ② (*Pachtvertrag*) lease

pachten ['paxtn̩] *vt* to lease

Pächter(in) <-s, -> ['pɛçtɐ] *m(f)* tenant

Pack¹ <-[e]s, -e *o* Päcke> [pak, *pl* 'pɛkə] *m* pack

Pack² <-s> [pak] *nt kein pl* (*pej*) riff-raff + *pl vb*

Päckchen <-s, -> ['pɛkçən] *nt* ① (*Postversand*) small parcel ② (*Packung*) packet

packeln ['pakl̩n] *vi* ÖSTERR (*fam*) *s.* **paktieren**

packen ['pakn̩] *vt* ① (*ergreifen*) to grab (**an** by) ② (*voll packen, verstauen*) to pack; **Gepäck in den Kofferraum** ~ to put luggage in the boot; **ein Paket** ~ to make up a

parcel *sep* ❸ (*überkommen*) to seize; **von Ekel gepackt** seized by revulsion ❹ (*fam: bewältigen*) to manage
Packen <-s, -> ['pakn̩] *m* bundle
packend *adj* thrilling
Packpapier *nt* wrapping paper
Packung <-, -en> *f* pack[et]; **eine ~ Pralinen** a box of chocolates
Packungsbeilage *f* PHARM *information leaflet included in medicine packets*
Pädagoge, Pädagogin <-n, -n> [pɛda-'goːgə, pɛda'goːgɪn] *m, f* ❶ teacher ❷ (*Erziehungswissenschaftler*) education[al]ist
Pädagogik <-> [pɛda'goːgɪk] *f kein pl* pedagogy *no art*
Pädagogin <-, -nen> *f fem form von* **Pädagoge**
pädagogisch [pɛda'goːgɪʃ] *adj* educational
Paddel <-s, -> ['padl̩] *nt* paddle
Paddelboot *nt* canoe
paddeln ['padl̩n] *vi sein o haben* to paddle
Page <-n, -n> ['paːʒə] *m* page [boy]
Paket <-[e]s, -e> [pa'keːt] *nt* ❶ package ❷ (*Postsendung*) parcel
Paketannahme *f* parcels counter **Paketausgabe** *f* parcels counter
Pakistan <-s> ['paːkɪstaːn] *nt* Pakistan
Pakt <-[e]s, -e> [pakt] *m* pact
paktieren* [pak'tiːrən] *vi* ■ **mit jdm ~** to make a pact with sb
Palast <-[e]s, Paläste> [pa'last, *pl* pa'lɛstə] *m* palace
Palästina <-s> [palɛs'tiːna] *nt* Palestine
Palästinenser(in) <-s, -> [palɛsti'nɛnzɐ] *m(f)* Palestinian
palästinensisch [palɛsti'nɛnzɪʃ] *adj* Palestinian
Palm <-s, -s> [pɑːm] *m* INFORM palmtop
Palme <-, -n> ['palmə] *f* palm [tree] ▶ **jdn auf die ~ bringen** (*fam*) to drive sb up the wall
Palmsonntag [palm'zɔntaːk] *m* Palm Sunday
Pampelmuse <-, -n> ['pampl̩muːzə, pampl̩'muːzə] *f* grapefruit
Pamphlet <-[e]s, -e> [pam'fleːt] *nt* (*pej geh*) defamatory pamphlet
Panama <-s> ['panama] *nt* Panama
Panamaer(in) <-s, -> ['panamaɐ̯] *m(f)* Panamanian
panieren* [pa'niːrən] *vt* to bread
Paniermehl *nt* breadcrumbs *pl*

Panik <-, -en> ['paːnɪk] *f* panic *no pl;* **in ~ geraten** to panic
panisch ['paːnɪʃ] *adj attr* panic-stricken
Panne <-, -n> ['panə] *f* TECH breakdown
Pannendienst <-es, -e> *m* breakdown service
Panorama <-s, Panoramen> [pano'raːma, *pl* -'raːmən] *nt* panorama
panschen ['panʃn̩] *vt, vi* to adulterate, to water down *sep*
Panter^{RR} *m s.* **Panther**
Panther <-s, -> ['pantɐ] *m* panther
Pantoffel <-s, -n> [pan'tɔfl̩] *m* slipper
Pantoffelheld *m* (*fam*) henpecked husband
pantschen ['pantʃn̩] *vt, vi s.* **panschen**
Panzer <-s, -> ['pantsɐ] *m* ❶ MIL tank ❷ ZOOL shell
Panzerabwehr *f* anti-tank defence **Panzerabwehrkanone** *f* MIL anti-tank gun
panzern ['pantsɐn] *vt* to armour-plate; ■ **gepanzert** armour-plated
Papa <-s, -s> [pa'paː, 'papa] *m* (*fam*) dad
Papagei <-s, -en> [papa'gai] *m* parrot
Paperback <-s, -s> ['peːpɐbɛk] *nt* paperback
Papi <-s, -s> ['papi] *m* (*fam*) daddy
Papier <-s, -e> [pa'piːɐ̯] *nt* ❶ paper ❷ (*Ausweise*) ■ **~ -e** papers *pl*
Papiergeld *nt* paper money **Papierkorb** *m* wastepaper basket **Papierkrieg** *m* (*fam*) tiresome exchange of letters **Papierstau** *m* paper jam **Papiertaschentuch** *nt* paper handkerchief **Papiertüte** *f* paper bag **Pappbecher** *m* paper cup
Pappe <-> ['papə] *f kein pl* cardboard
Pappel <-, -n> ['papl̩] *f* poplar
pappig ['papɪç] *adj* (*fam*) ❶ (*klebrig*) sticky ❷ (*breiig*) mushy
Pappkarton *m* cardboard box **Pappnase** *f* false [cardboard] nose **Pappschachtel** *f* cardboard box **Pappteller** *m* paper plate
Paprika <-s, -[s]> ['paprika] *m* ❶ (*Gemüse*) pepper ❷ *kein pl* (*Gewürz*) paprika
Papst <-[e]s, Päpste> [paːpst, *pl* 'pɛpstə] *m* pope
päpstlich ['pɛpstlɪç] *adj* papal
Parabolantenne [para'boːl-] *f* satellite dish
Paradebeispiel *nt* perfect example
Paradeiser <-s, -> [para'daizɐ] *m* ÖSTERR tomato
Paradies <-es, -e> [para'diːs, *pl* -'diːzə] *nt* paradise ▶ **das ~ auf Erden** heaven on

earth
paradox [paraˈdɔks] *adj* paradoxical
Paragraf^RR *m s.* **Paragraph**
Paragraph <-en, -en> [paraˈgraːf] *m* paragraph
Paraguay <-s> [ˈpaːragvai] *nt* Paraguay
parallel [paraˈleːl] *adj, adv* parallel
Parallele <-, -n> [paraˈleːlə] *f* parallel
Parallelstraße *f* parallel street
paramilitärisch [ˈpaːramiliterɪʃ] *adj* paramilitary
Paranuss^RR *f* Brazil nut
Parasit <-en, -en> [paraˈziːt] *m* parasite
parat [paˈraːt] *adj* **etw ~ haben** to have sth ready
Parfüm <-s, -e *o* -s> [parˈfyːm] *nt* perfume
Parfümerie <-, -n> [parfymøˈriː, *pl* -ˈriːən] *f* perfumery
parfümieren* [parfyˈmiːrən] *vt* to perfume; ■ **sich ~** to put on perfume *sep*
Pariser <-s, -> [paˈriːzɐ] *m (sl: Kondom)* French letter *dated fam*
Pariser(in) <-s, -> [paˈriːzɐ] *m(f)* Parisian
Pariserin <-, -nen> *f fem form von* **Pariser**
Park <-s, -s> [park] *m* park
Parka <-[s], -s> [ˈparka] *m* parka
Parkbank *f* park bench
Parkdeck *nt* parking level
parken [ˈparkn̩] *vi, vt* to park
Parkett <-s, -e> [parˈkɛt] *nt* parquet [flooring]
Parkgebühr *f* parking fee **Parkhaus** *nt* multi-storey car park [*or* AM parking lot] **Parklicht** *nt* parking light **Parklücke** *f* parking space **Parkplatz** *m* ❶ car park BRIT, parking lot AM ❷ *s.* **Parklücke** **Parkplatznot** *f kein pl* lack of parking spaces **Parkscheibe** *f* parking disc (*a plastic dial with a clockface that drivers place in the windscreen to show the time from when the car has been parked*) **Parkstreifen** *m* lay-by, parking bay **Parksünder(in)** *m(f)* parking offender **Parkuhr** *f* parking meter **Parkverbot** *nt* parking ban **Parkwächter(in)** *m(f)* car park [*or* AM parking lot] attendant
Parlament <-[e]s, -e> [parlaˈmɛnt] *nt* parliament
Parlamentarier(in) <-s, -> [parlamɛnˈtaːriɐ] *m(f)* parliamentarian
parlamentarisch [parlamɛnˈtaːrɪʃ] *adj* parliamentary

Parlamentsgebäude *nt* parliament building **Parlamentsmitglied** *nt* member of parliament **Parlamentssitzung** *f* sitting of parliament **Parlamentswahl** *f* POL parliamentary election
Parmesan(käse) <-s> [parmeˈzaːn-] *m kein pl* Parmesan [cheese]
Parodontose <-, -n> [parodɔnˈtoːzə] *f* receding gums, periodontosis *spec*
Partei <-, -en> [parˈtai] *f* party; **für/gegen jdn ~ ergreifen** to side with/against sb; **über den ~en stehen** to be impartial
Parteiapparat *m* party apparatus [*or* machine[ry]] **Parteifreund(in)** *m(f)* fellow party member **Parteiführer(in)** <-s, -> *m(f)* party leader **Parteiführung** *f* party leadership **Parteigenosse, -genossin** <-n, -n> *m, f* party member
parteiisch [parˈtaiɪʃ] *adj* biased
Parteilichkeit <-> *f kein pl* partiality, bias
parteilos *adj* independent
Parteimitglied *nt* party member **Parteiorgan** *nt* party organ **Parteipolitik** *f* party politics + *sing vb* **parteipolitisch** I. *adj* party-political *attr* II. *adv* from a party political point of view **Parteiprogramm** *nt* [party] manifesto **Parteitag** *m* party conference **Parteivorsitzende(r)** *f(m) dekl wie adj* party chairman *masc*, party chairwoman *fem*
parterre [parˈtɛr] *adv* on the ground floor
Partie <-, -n> [parˈtiː, *pl* -ˈtiːən] *f* SPORT game; **eine ~ Schach** a game of chess ▶ **eine gute ~ machen** to marry well; **mit von der ~ sein** to be in on it
Partisanenkrieg *m* guerilla war
Partizip <-s, -ien> [partiˈtsiːp, *pl* -ˈtsiːpi̯ən] *nt* participle
Partner(in) <-s, -> [ˈpartnɐ] *m(f)* partner
Partnerschaft <-, -en> *f* partnership; **in einer ~ leben** to live with somebody
Partnerstadt *f* twin town
Party <-, -s> [ˈpaːɐ̯ti] *f* party; **eine ~ geben** to have a party
Partykeller *m* cellar [*or* basement] suitable for parties **Partyservice** [ˈpaːɐ̯tizøːɐ̯vɪs] *m* party catering service, [outside] caterers
Pass^RR *m*, **Paß**^ALT <Passes, Pässe> [pas, *pl* ˈpɛsə] *m* ❶ passport ❷ GEOG pass
Passage <-, -n> [paˈsaːʒə] *f* passage
Passagier <-s, -e> [pasaˈʒiːɐ̯] *m* passenger; **ein blinder ~** a stowaway
Passagierliste *f* passenger list

Passant(in) <-en, -en> [pa'sant] *m(f)* passer-by

Passat(wind) <-s, -e> [pa'sa:t-] *m* trade wind

Passbild^RR *nt* passport photo[graph]

passen^1 ['pasn̩] *vi* ① *Kleider* ■ [jdm] ~ to fit [sb] ② *(harmonieren)* ■ **zu jdm** ~ to suit sb; **das passt zu dir!** that's typical of you!; ■ **zu etw** *dat* ~ to go well with sth; **gut zueinander** ~ to be suited to each other ③ *(gelegen sein)* ■ **jdm** ~ to suit sb; **der Termin passt mir zeitlich leider gar nicht** that date isn't at all convenient for me; **passt es Ihnen, wenn wir uns morgen treffen?** would it be ok to meet up tomorrow?; **das könnte dir so ~!** *(fam)* you'd like that wouldn't you! ④ *(unangenehm sein)* ■ **jdm passt etw nicht** sb doesn't like sth; **es passt ihm nicht, dass wir lachen** he doesn't like us laughing

passen^2 ['pasn̩] *vi (überfragt sein)* ■ ~ **müssen** to have to pass

passend *adj* fitting; **ein ~ er Anzug/Schlüssel** a suit/key that fits; **die ~ en Worte finden** to know the right thing to say

Passfoto^RR *nt* passport photo

passierbar *adj* negotiable

passieren* [pa'si:rən] *vi sein* ① to happen; **ist was passiert?** has something happened?; **... sonst passiert was!** *(fam)* ... or there'll be trouble!; ■ **jdm** ~ to happen to sb; ■ **jdm ist etwas/nichts passiert** something/nothing has happened to sb ② *(durchgehen)* to pass; ■ **jdn** ~ **lassen** to let sb pass

passioniert [pasi̯o'ni:ɐ̯t] *adj (geh)* passionate

Passionsfrucht *f* passion fruit

passiv ['pasi:f] **I.** *adj* passive **II.** *adv* passively

Passiv <-s, -e> ['pasi:f] *nt* passive

Passivität <-> [pasivi'tɛ:t] *f kein pl* passivity

Passivrauchen *nt* passive smoking

Passkontrolle^RR *f* passport control

Passstraße^RR *f* pass

Passwort^RR <-es, -wörter> *nt* password

Paste <-, -n> ['pastə] *f* paste

Pastellfarbe *f* pastel colour

Pastete <-, -n> [pas'te:tə] *f* pâté; *(in einer Hülle)* pie

Pastor(in) <-s, -en> ['pastoːɐ̯, -'toːrɪn, *pl* -'toːrən] *m(f) s.* **Pfarrer**

Pate, Patin <-n, -n> ['pa:tə, 'pa:tɪn] *m, f* REL godparent, godfather *masc*, godmother *fem*

Patenkind *nt* godchild **Patenonkel** *m* godfather

Patenschaft <-, -en> *f* ① REL godparenthood ② *(fig: finanzielle Unterstützung)* sponsorship

patent [pa'tɛnt] *adj* top-notch

Patent <-[e]s, -e> [pa'tɛnt] *nt* patent

Patentamt *nt* Patent Office

Patentante *f* godmother

patentieren* [patɛn'ti:rən] *vt* to patent; ■ **sich** *dat* **etw ~ lassen** to have sth patented

Patentrecht *nt* patent law **Patentrezept** *nt* patent remedy

Pater <-s, - *o* Patres> ['pa:tɐ, *pl* 'pa:treːs] *m* Father

pathologisch [pato'lo:gɪʃ] *adj* pathological

Patient(in) <-en, -en> [pa'tsi̯ɛnt] *m(f)* patient; **stationärer ~** in-patient

Patin <-, -nen> ['pa:tɪn] *f* godmother

Patriarch <-en, -en> [patri'arç] *m* patriarch

patriarchalisch [patriar'çaːlɪʃ] *adj* patriarchal

Patriarchat <-[e]s, -e> [patriar'çaːt] *nt* patriarchy

Patriot(in) <-en, -en> [patri'oːt] *m(f)* patriot

patriotisch [patri'oːtɪʃ] *adj* patriotic

Patriotismus <-> [patrio'tɪsmʊs] *m kein pl* patriotism

Patrone <-, -n> [pa'troːnə] *f* cartridge

patrouillieren* [patrʊl'jiːrən, patrʊ'liːrən] *vi* to patrol

patsch [patʃ] *interj* splash

Patsche <-, -n> ['patʃə] *f* ► **jdm aus der ~ helfen** to get sb out of a tight spot; **in der ~ sitzen** to be in a tight spot

patschnass^RR ['patʃnas] *adj (fam)* soaking wet

Patzer <-s, -> *m (fam)* slip-up

patzig ['patsɪç] *adj (fam)* snotty

Pauke <-, -n> ['paʊkə] *f* kettledrum ► **auf die ~ hauen** *(fam: angeben)* to blow one's own trumpet; *(feiern)* to paint the town red

pauken ['paʊkn̩] **I.** *vi (fam)* to cram **II.** *vt (fam)* ■ **etw ~** to cram for sth

Pauker(in) <-s, -> ['paʊkɐ] *m(f) (fam)* teacher

pausbäckig ['paʊsbɛkɪç] *adj* chubby-cheeked

pauschal [paʊ'ʃaːl] **I.** *adj* FIN flat-rate **II.** *adv* FIN at a flat rate; **~ bezahlen** to pay in a lump sum

Pauschalbetrag *m* lump sum
Pauschale <-, -n> [pau'ʃaːlə] *f* flat rate
Pauschalpreis *m* all-inclusive price **Pauschaltourist(in)** *m(f)* TOURIST package holiday tourist **Pauschalurlaub** *m* package holiday
Pause <-, -n> ['pauzə] *f* ❶ break; [eine] ~ **machen** to have a break ❷ (*kurzes Innehalten*) pause
pausenlos I. *adj* continuous II. *adv* continuously
Pavian <-s, -e> ['paːvi̯aːn] *m* baboon
Pay-TV <-s, -s> ['peːtiːviː] *nt* Pay-TV
Pazifik <-s> [pa'tsiːfɪk] *m* ■ **der** ~ the Pacific
Pazifismus <-> [patsi'fɪsmʊs] *m kein pl* pacifism
Pazifist(in) <-en, -en> [patsi'fɪst] *m(f)* pacifist
pazifistisch *adj* pacifist
PC <-s, -s> [peː'tseː] *m Abk von* **Personal Computer** PC
Pech <-[e]s, -e> [pɛç] *nt* (*fam*) bad luck; ~ **haben** to be unlucky; ~ **gehabt!** tough!; **so ein** ~! just my/our etc luck
Pechvogel *m* (*fam*) walking disaster
Pedal <-s, -e> [pe'daːl] *nt* pedal
Pedant(in) <-en, -en> [pe'dant] *m(f)* pedant
pedantisch [pe'dantɪʃ] I. *adj* pedantic II. *adv* pedantically
peelen [piːlən] *vi* to exfoliate
Pegel <-s, -> ['peːgl̩] *m* water level
peilen ['pailən] *vi* (*fam*) to peek
Pein <-> [pain] *f kein pl* (*geh*) agony
peinigen ['painɪgn̩] *vt* to torment
peinlich ['painlɪç] I. *adj* embarrassing; **es war ihr sehr** ~ she was very embarrassed about it; **etwas Peinliches** something awful II. *adv* ❶ (*unangenehm*) **jdn** ~ **berühren** to be awkward for sb ❷ (*gewissenhaft*) ~ **befolgen** to follow diligently
Peitsche <-, -n> ['paitʃə] *f* whip
peitschen ['paitʃn̩] I. *vt* to whip II. *vi* ■ **gegen etw** ~ to lash against sth
Pekinese <-n, -n> [peki'neːzə] *m* Pekinese
Pelikan <-s, -e> ['peːlikaːn] *m* pelican
Pelle <-, -n> ['pɛlə] *f* (*fam*) skin ▶ **jdm auf die** ~ **rücken** (*bedrängen*) to badger sb
pellen ['pɛlən] (*fam*) I. *vt* to peel II. *vr* ■ **sich** ~ to peel
Pellkartoffeln *pl* potatoes boiled in their jackets
Pelz <-es, -e> [pɛlts] *m* fur

Pelzkragen *m* fur collar **Pelzmantel** *m* fur coat
Pendel <-s, -> ['pɛndl̩] *nt* pendulum
pendeln ['pɛndl̩n] *vi* ❶ *haben* to swing ❷ *sein* TRANSP to commute
Pendelverkehr *m* ❶ (*Nahverkehrsdienst*) shuttle service ❷ (*Berufsverkehr*) commuter traffic
Pendler(in) <-s, -> ['pɛndlɐ] *m(f)* commuter
penetrant [pene'trant] I. *adj* ❶ (*durchdringend*) penetrating ❷ (*aufdringlich*) overbearing II. *adv* penetratingly
peng [pɛŋ] *interj* bang
penibel [pe'niːbl̩] *adj* (*geh*) meticulous
Penis <-, -se> ['peːnɪs, *pl* 'peːnɪsə] *m* penis
Penizillin <-s, -e> [penitsɪ'liːn] *nt* penicillin
pennen ['pɛnən] *vi* (*fam*) to sleep
Penner(in) <-s, -> *m(f)* (*pej fam*) bum
Pension <-, -en> [pã'zi̯oːn, pɛn'zi̯oːn] *f* ❶ TOURIST guest house ❷ (*Ruhegehalt*) pension; **in** ~ **gehen** to go into retirement; **in** ~ **sein** to be retired
Pensionat <-[e], -e> [pãzi̯o'naːt, pɛnzi̯o'naːt] *nt* (*veraltet*) boarding school
pensionieren* [pãzi̯o'niːrən, pɛnzi̯o'niːrən] *vt* ■ **pensioniert werden** to be pensioned off; ■ **sich** ~ **lassen** to retire
pensioniert *adj* retired
Pensum <-s, Pensa *o* Pensen> ['pɛnzʊm, *pl* 'pɛnza, 'pɛnzən] *nt* work quota
Peperoni [pepe'roːni] *pl* ❶ chillies *pl* ❷ SCHWEIZ (*Gemüsepaprika*) peppers *pl*
peppig ['pɛpɪç] *adj* (*fam*) peppy
per [pɛr] *präp* (*durch*) by ▶ **mit jdm** ~ **du/ Sie sein** (*fam*) to address sb with "du"/ "Sie"
perfekt [pɛr'fɛkt] I. *adj* perfect II. *adv* perfectly
Perfekt <-s, -e> ['pɛrfɛkt] *nt* perfect
Perfektion <-> [pɛrfɛk'tsi̯oːn] *f kein pl* perfection
Pergamentpapier *nt* greaseproof paper
Periode <-, -n> [pe'ri̯oːdə] *f* period
Periodensystem *nt* periodic table
periodisch [pe'ri̯oːdɪʃ] I. *adj* periodic[al] II. *adv* periodically
Peripherie <-, -n> [perife'riː, *pl* -'riːən] *f* periphery
Perle <-, -n> ['pɛrlə] *f* ❶ (*Schmuckperle*) pearl ❷ (*Kügelchen, Tropfen*) bead ❸ (*Luftbläschen*) bubble
perlen ['pɛrlən] *vi* (*geh*) ■ **auf etw** *dat* ~ to

form beads on sth; ■ **von etw ~** *dat* to trickle from sth

Perlenkette *f* pearl necklace

Perlhuhn *nt* guinea fowl

Perlmuschel *f* pearl oyster **Perlmutt** <-s> ['pɛrlmʊt] *nt kein pl* mother-of-pearl

Perlon® <-s> ['pɛrlɔn] *nt kein pl* [type of] nylon

Permafrostboden ['pɛrma-] *m* GEOG permafrost

permanent [pɛrma'nɛnt] *adj* permanent

perplex [pɛr'plɛks] *adj* dumbfounded

Perser(in) <-s, -> ['pɛrzɐ] *m(f)* Persian

Perserteppich *m* Persian rug

Persien <-s> ['pɛrziən] *nt* Persia

persisch ['pɛrzɪʃ] *adj* Persian

Person <-, -en> [pɛr'zoːn] *f* person; **juristische ~** JUR legal entity; **ich für meine ~** I myself

Personal <-s> [pɛrzo'naːl] *nt kein pl* staff

Personalausweis *m* identity card **Personalberater(in)** *m(f)* ÖKON personnel consultant **Personal Computer** ['pəːsənəl-] *m* personal computer

Personalien [pɛrzo'naːliən] *pl* particulars

Personalpronomen *nt* personal pronoun **Personalvermittlung** *f* ÖKON employment agency

Personenaufzug *m* (*form*) passenger lift BRIT, AM elevator

Personengesellschaft *f* ÖKON (*Partnerschaft*) [ordinary] partnership; (*geschlossene Gesellschaft*) close company [*or* AM corporation] **Personenkraftwagen** *m* (*form*) motorcar **Personenverkehr** *m* passenger transport

persönlich [pɛr'zøːnlɪç] I. *adj* personal II. *adv* personally; **~ erscheinen** to appear in person

Persönlichkeit <-, -en> *f* personality

Perspektive <-, -n> [pɛrspɛk'tiːvə] *f* ① perspective ② (*Aussichten*) prospect *usu pl*

perspektivlos <-er, -este> *adj* without prospects

Peru <-s> [pe'ruː] *nt* Peru

Peruaner(in) <-s, -> [pe'rua:nɐ] *m(f)* Peruvian

peruanisch [pe'rua:nɪʃ] *adj* Peruvian; *s. a.* **deutsch**

Perücke <-, -n> [pe'rʏkə] *f* wig

pervers [pɛr'vɛrs] *adj* perverted

Perversion <-, -en> [pɛrvɛr'zi̯oːn] *f* perversion

Pessimismus <-> [pɛsi'mɪsmʊs] *m kein pl* pessimism

Pessimist(in) <-en, -en> [pɛsi'mɪst] *m(f)* pessimist

pessimistisch [pɛsi'mɪstɪʃ] I. *adj* pessimistic II. *adv* pessimistically

Pest <-> [pɛst] *f kein pl* ■ **die ~** the plague ▶ **jdm die ~ an den Hals wünschen** to wish sb would drop dead; **wie die ~ stinken** to stink to high heaven; **jdn wie die ~ hassen** to hate sb's guts

Petersilie <-, -n> [petɐ'ziːli̯ə] *f* parsley

Petroleum <-s> [pe'troːleʊm] *nt kein pl* paraffin

Petroleumlampe *f* paraffin lamp

petto ['pɛto] *adv* ▶ **etw in ~ haben** (*fam*) to have sth up one's sleeve

petzen ['pɛtsn̩] *vi* (*pej fam*) to tell

Pfad <-[e]s, -e> [pfaːt, *pl* 'pfaːdə] *m* path

Pfadfinder(in) <-s, -> *m(f)* [boy] scout *masc*, [girl] guide *fem*

Pfahl <-[e]s, Pfähle> [pfaːl, *pl* 'pfɛːlə] *m* stake

Pfalz <-, -en> [pfalts] *f* GEOG Palatinate

Pfand <-[e]s, Pfänder> [pfant, *pl* 'pfɛndɐ] *nt* deposit

Pfandbrief *m* mortgage bond

pfänden ['pfɛndn̩] *vt* ■ **[jdm] etw ~** to impound [sb's] sth

Pfandflasche *f* returnable bottle

Pfanne <-, -n> ['pfanə] *f* pan ▶ **jdn in die ~ hauen** (*sl*) to do the dirty [*or* AM play a mean trick] on sb

Pfannkuchen *m* pancake

Pfarramt *nt* vicarage

Pfarrei <-, -en> ['pfa'rai] *f* ① (*Gemeinde*) parish ② *s.* **Pfarramt**

Pfarrer(in) <-s, -> ['pfarɐ] *m(f)* (*katholisch*) priest; (*evangelisch*) pastor; (*anglikanisch*) vicar

Pfau <-[e]s *o* -en, -en> [pfau] *m* peacock

Pfeffer <-s, -> ['pfɛfɐ] *m* pepper ▶ **hingehen, wo der ~ wächst** (*fam*) to go to hell

Pfefferkuchen *m* gingerbread

Pfefferminzbonbon *nt* peppermint

Pfefferminze *f kein pl* peppermint

Pfefferminztee *m* peppermint tea

Pfeffermühle *f* pepper mill

pfeffern ['pfɛfɐn] *vt* ① KOCHK ■ **etw ~** to season sth with pepper ② (*fam: werfen*) ■ **etw irgendwohin ~** to fling sth somewhere

Pfeife <-, -n> ['pfaifə] f ① pipe; ~ **rauchen** to smoke a pipe ② (*Trillerpfeife*) whistle ▶ **nach jds tanzen** to dance to sb's tune

pfeifen <pfiff, gepfiffen> ['pfaifn̩] vi ① to whistle ② (*fam: verzichten können*) ■ **auf etw** akk ~ not to give a damn about sth

Pfeifton m whistle

Pfeil <-s, -e> [pfail] m arrow; ~ **und Bogen** bow and arrow

Pfeiler <-s, -> ['pfailɐ] m pillar

Pfennig <-s, -e> ['pfɛnɪç] m (*hist*) pfennig; **keinen ~ wert sein** to be worth nothing ▶ **jeden ~ umdrehen** (*fam*) to think twice about every penny one spends

Pfennigfuchser(in) <-s, -> [-fʊksɐ] m(f) (*fam*) penny-pincher

Pferd <-[e]s, -e> [pfeːɐ̯t, pl -də] nt ① horse; **zu ~e** (*geh*) on horseback ② SCHACH knight ▶ **mit jdm ~e stehlen können** sb is game for anything

Pferderennbahn f racecourse **Pferderennen** nt horse-racing **Pferdeschwanz** m (*Frisur*) ponytail **Pferdestall** m stable **Pferdestärke** f horsepower

pfiff [pfɪf] imp von **pfeifen**

Pfiff <-s, -e> [pfɪf] m whistle

Pfifferling <-[e]s, -e> ['pfɪfɐlɪŋ] m chanterelle ▶ **keinen ~ wert sein** to not be worth a thing

pfiffig ['pfɪfɪç] adj smart

Pfingsten <-, -> ['pfɪŋstn̩] nt Whitsun

Pfingstfest nt (*geh*) s. **Pfingsten Pfingstmontag** m Whit Monday **Pfingstrose** f peony **Pfingstsonntag** m Whit Sunday

Pfirsich <-s, -e> ['pfɪrzɪç] m peach

Pflanze <-, -n> ['pflantsə] f plant

pflanzen ['pflantsn̩] vt to plant

Pflanzenfresser m herbivore **Pflanzenschutzmittel** nt pesticide

pflanzlich adj ① plant-based ② (*vegetarisch*) vegetarian

Pflaster <-s, -> ['pflastɐ] nt ① MED plaster ② BAU road surface ▶ **ein gefährliches ~** (*fam*) a dangerous place

Pflastermaler(in) m(f) pavement artist

pflastern ['pflastɐn] vt to pave

Pflasterstein ['pflastɐ-] m paving stone

Pflaume <-, -n> ['pflaʊmə] f plum

Pflege <-> ['pfleːgə] f kein pl ① care; (*Fellreinigung*) grooming ② MED nursing; **jdn/ein Tier [bei jdm] in ~ geben** to have sb/an animal looked after [by sb]; **jdn/ein Tier in ~ nehmen** to look after sb/an animal

pflegebedürftig adj in need of care pred

Pflegeeltern pl foster parents **Pflegefall** m **jd ist ein ~** sb needs constant nursing care

Pflegeheim nt nursing home **Pflegekind** nt foster child **Pflegekosten** pl nursing fees pl **pflegeleicht** adj easy-care attr

pflegen ['pfleːgn̩] I. vt ① (*umsorgen*) ■ **jdn ~** to care for sb ② *Garten* to tend ③ (*schützend behandeln*) to look after ④ (*kosmetisch*) to treat (**mit** with) ⑤ (*gewöhnlich tun*) ■ **etw zu tun ~** to usually do sth ⑥ *Freundschaft, Kunst* to cultivate II. vr ■ **sich ~** (*Körperpflege*) to take care of one's appearance

Pfleger(in) <-s, -> m(f) [male] nurse masc, nurse fem

Pflegesatz m hospital charges pl **Pflegespülung** f cosmetic conditioner

pfleglich ['pfleːklɪç] I. adj careful II. adv carefully

Pflicht <-, -en> [pflɪçt] f duty; **die ~ ruft** duty calls; **nur seine ~ tun** to only do one's duty

pflichtbewusst^RR adj conscientious **Pflichtfach** nt compulsory subject **Pflichtgefühl** nt kein pl sense of duty **pflichtgemäß** adv dutifully **Pflichtteil** m o nt JUR statutory [minimum] portion (*of an inheritance*) **Pflichtübung** f compulsory section **Pflichtverteidiger(in)** m(f) court-appointed defence counsel

pflücken ['pflʏkn̩] vt to pick

Pflug <-es, Pflüge> [pfluːk, pl 'pflyːgə] m plough, esp AM plow

pflügen vi, vt to plough, esp AM to plow

Pforte <-, -n> ['pfɔrtə] f gate

Pförtner(in) <-s, -nen> ['pfœrtnɐ] m(f) porter

Pfosten <-s, -> ['pfɔstn̩] m post

Pfote <-, -n> ['pfoːtə] f paw

pfui [pfui] interj yuck

Pfund <-[e]s, -e o nach Zahlenangabe -> [pfʊnt, pl 'pfʊndə] nt pound

pfuschen ['pfʊʃn̩] vi to be sloppy

Pfuscherei <-, -en> [pfʊʃəˈrai] f bungling, botching

Pfütze <-, -n> ['pfʏtsə] f puddle

Phänomen <-s, -e> [fɛnoˈmeːn] nt phenomenon

phänomenal [fɛnomeˈnaːl] adj phenomenal

Phantasie <-, -n> [fantaˈziː, pl -ˈziːən] f s.

Fantasie
Phantasiegebilde *nt s.* **Fantasiegebilde**
phantasielos *adj s.* **fantasielos**
phantasieren* [fanta'ziːrən] *vt, vi s.* **fantasieren**
phantasievoll *adj s.* **fantasievoll**
Phantast(in) <-en, -en> [fan'tast] *m(f) s.* **Fantast**
Phantasterei <-, -en> [fantastə'rai] *f s.* **Fantasterei**
phantastisch [fan'tastɪʃ] *adj s.* **fantastisch**
Phantom <-s, -e> [fan'toːm] *nt* phantom
Phantombild *nt* identikit® [picture] BRIT, composite sketch AM
Pharisäer <-s, -> [fari'zɛːɐ] *m* Pharisee
Pharmaindustrie *f* pharmaceutical industry
pharmazeutisch [farma'tsɔytɪʃ] *adj* pharmaceutical
Pharmazie <-> [farma'tsiː] *f kein pl* pharmacy
Philippinen [filɪ'piːnən] *pl* ■ **die** ~ the Philippines *pl*
Philippiner(in) <-s, -> [filɪ'piːnɐ] *m(f)* Filipino
philippinisch [filɪ'piːnɪʃ] *adj* Philippine; *s. a.* **deutsch**
Philologe, Philologin <-n, -n> [filo'loːgə, -'loːgɪn] *m, f* philologist
Philologie <-, -n> [filolo'giː, *pl* -'giːən] *f* philology
Philologin <-, -nen> *f fem form von* **Philologe**
Philosoph(in) <-en, -en> [filo'zoːf] *m(f)* philosopher
Philosophie <-, -n> [filozo'fiː, *pl* -'fiːən] *f* philosophy
philosophieren* [filozo'fiːrən] *vi* to philosophize
philosophisch [filo'zoːfɪʃ] *adj* philosophical
Phobie <-, -n> [fo'biː, *pl* -'biːən] *f* phobia
Phonetik <-> [fo'neːtɪk] *f kein pl* phonetics + *sing vb*
Phosphat <-[e]s, -e> [fɔs'faːt] *nt* phosphate
Phosphor <-s> ['fɔsfoːɐ] *m kein pl* phosphorus
Photosynthese [fotozyn'teːzə] *f s.* **Fotosynthese**
Phrase <-, -n> ['fraːzə] *f* (*pej*) empty phrase
Phrasendrescher(in) <-s, -> *m(f)* (*pej*) windbag
pH-Wert [peː'haː-] *m* pH-value
Physik <-> [fy'ziːk] *f kein pl* physics + *sing vb, no art*
physikalisch [fyzi'kaːlɪʃ] *adj* physical
Physiker(in) <-s, -> ['fyzikɐ] *m(f)* physicist
Physiotherapeut(in) <-en, -en> [fyzi̯otera'pɔyt] *m(f)* physiotherapist
Physiotherapie [fyzi̯otera'piː] *f kein pl* physiotherapy
physisch ['fyːzɪʃ] *adj* physical
Pi <-[s], -s> [piː] *nt* pi
Pianist(in) <-en, -en> [pi̯a'nɪst] *m(f)* pianist
Piano <-s, -s> ['pi̯aːno] *nt* piano
Pickel <-s, -> ['pɪkl̩] *m* pimple
pickelig ['pɪkəlɪç] *adj* spotty BRIT, pimply
picken ['pɪkn̩] **I.** *vi Vogel* to peck (**nach** at) **II.** *vt* ■ *etw aus etw dat* ~ to pick sth out of sth
picklig ['pɪklɪç] *adj s.* **pickelig**
Picknick <-s, -s *o* -e> ['pɪknɪk] *nt* picnic
piepen ['piːpn̩] *vi* to peep ► **bei jdm piept es** (*fam*) sb is off his/her head
Pier <-s, -s *o* -e> [piːɐ] *m* pier
pietätlos *adj* (*geh*) irreverent
Pigment <-s, -e> [pɪg'mɛnt] *nt* pigment
Pik <-s, -> [piːk] *nt* spade; ~ **Ass** ace of spades
pikant [pi'kant] *adj* spicy
Pike <-, -n> ['piːkə] *f* ► **von der** ~ **auf lernen** to start at the bottom
pikiert [pi'kiːɐt] *adv* (*geh*) peevishly
Pikkolo <-s, -s> ['pɪkolo] *m* (*fam*) mini bottle (*of sparkling wine*)
piksen ['piːksn̩] *vt, vi* (*fam*) to prick
Pilger(in) <-s, -> ['pɪlɡɐ] *m(f)* pilgrim
pilgern ['pɪlɡɐn] *vi sein* to make a pilgrimage (**nach** to)
Pille <-, -n> ['pɪlə] *f* pill; ■ **die** ~ (*Antibabypille*) the pill; **die** ~ **nehmen** to be on the pill; **die** ~ **danach** the morning-after pill ► **eine bittere** ~ **schlucken müssen** (*fam*) to have to swallow a bitter pill
Pillenknick *m* decline in the birth rate (*due to the pill*)
Pilot(in) <-en, -en> [pi'loːt] *m(f)* pilot
Pils <-, -> [pɪls] *nt* pilsner
Pilz <-es, -e> [pɪlts] *m* ❶ fungus; (*Speisepilz*) mushroom ❷ MED fungal infection ► **wie** ~**e aus dem Boden schießen** to mushroom
Pilzerkrankung *f* fungal disease **Pilzvergiftung** *f* fungus poisoning *no art*
Pin <-, -s> [pɪn] *nt Akr von* **personal identification number** pin

Pinguin <-s, -e> ['pɪŋguiːn] *m* penguin
Pinie <-, -n> ['piːniə] *f* stone pine
pinkeln ['pɪŋkln̩] *vi* (*fam*) to pee
Pinnwand *f* pinboard
Pinscher <-s, -> ['pɪnʃɐ] *m* pinscher
Pinsel <-s, -> ['pɪnzl̩] *m* brush
pinseln ['pɪnzl̩n] *vt* to paint; ■ etw **irgendwohin** ~ to daub sth somewhere
Pinte <-, -n> ['pɪntə] *f* (*fam*) pub BRIT, bar AM
Pinzette <-, -n> [pɪn'tsɛtə] *f* tweezers *npl*
Pionier(in) <-s, -e> [pi̯o'niːɐ] *m(f)* pioneer
Pioniergeist *m kein pl* SOZIOL pioneering spirit
Pirat(in) <-en, -en> [pi'raːt] *m(f)* pirate
Pisse <-> ['pɪsə] *f kein pl* (*derb*) piss
pissen ['pɪsn̩] *vi* ① (*derb*) to piss ② (*sl: regnen*) **es pisst schon wieder** it's pissing down again
Pistazie <-, -n> [pɪs'taːtsi̯ə] *f* pistachio
Piste <-, -n> ['pɪstə] *f* ① (*Skipiste*) piste ② AUTO track ③ LUFT runway
Pistole <-, -n> [pɪs'toːlə] *f* pistol ▶ **jdm die** ~ **auf die Brust setzen** to hold a gun to sb's head; **wie aus der** ~ **geschossen** (*fam*) like a shot
Placebo <-s, -s> [pla'tseːbo] *nt* MED, PSYCH placebo
Placeboeffekt *m* placebo effect
Plackerei <-, -en> [plakə'rai] *f* (*fam*) grind *no pl*
plädieren* [plɛ'diːrən] *vi* ① JUR **auf [un]schuldig** ~ to plead [not] guilty ② (*dafür sein*) ■ **für etw** *akk* ~ to plead for sth; ■ **dafür** ~**, dass ...** to plead, that ...
Plädoyer <-s, -s> [plɛdoa'jeː] *nt* plea
Plage <-, -n> ['plaːgə] *f* nuisance
plagen ['plaːgn̩] **I.** *vt* to bother **II.** *vr* (*sich abrackern*) ■ **sich** [**mit etw** *dat*] ~ to slave away [over sth]
Plakat <-[e]s, -e> [pla'kaːt] *nt* poster
Plakette <-, -n> [pla'kɛtə] *f* badge
Plan <-[e]s, Pläne> [plaːn, *pl* 'plɛːnə] *m* ① plan; **jds Pläne durchkreuzen** to thwart sb's plans; **nach** ~ **laufen** to go according to plan ② (*Karte*) map ▶ **jdn auf den** ~ **bringen/rufen** to bring sb on to the scene
Plane <-, -n> ['plaːnə] *f* tarpaulin
planen ['plaːnən] *vt* to plan
Planet <-en, -en> [pla'neːt] *m* planet
Planetarium <-s, -tarien> [plane'taːri̯ʊm, *pl* -'taːri̯ən] *nt* planetarium

planieren* [pla'niːrən] *vt* to level [off]
Planierraupe *f* bulldozer
Planke <-, -n> ['plaŋkə] *f* plank
Plankton <-s> ['plaŋktɔn] *nt kein pl* plankton
planlos *adj* aimless
planmäßig *adv* TRANSP as scheduled
Planschbecken *nt* paddling [*or* AM kiddie] pool
planschen ['planʃn̩] *vi* to splash
Planstelle *f* post
Plantage <-, -n> [plan'taːʒə] *f* plantation
Planung <-, -en> *f* planning; **in der** ~ **befindlich** in [*or* at] the planning stage
Plappermaul *nt* (*pej fam*) chatterbox
plappern ['plapɐn] *vi* to chatter
plärren ['plɛrən] *vi* (*fam*) to bawl
Plasma <-s, Plasmen> ['plasma, *pl* 'plasmən] *nt* plasma
Plastik¹ <-s> ['plastɪk] *nt kein pl* plastic; **aus** ~ plastic
Plastik² <-, -en> ['plastɪk] *f* KUNST sculpture
Plastikbecher *m* plastic cup **Plastikfolie** *f* plastic film **Plastikgeld** *nt* (*fam*) plastic money **Plastiktüte** *f* plastic bag
plastisch ['plastɪʃ] **I.** *adj* ① (*räumlich*) three-dimensional ② (*anschaulich*) vivid ③ MED plastic **II.** *adv* vividly
Platin <-s> ['plaːtiːn] *nt kein pl* platinum
platonisch [pla'toːnɪʃ] *adj* (*geh*) platonic
plätschern ['plɛtʃɐn] *vi Brunnen* to splash; *Bach* to burble; *Regen* to patter
platt [plat] **I.** *adj* ① (*flach*) flat ② (*geistlos*) dull ③ (*fam: verblüfft*) ■ ~ **sein** to be flabbergasted **II.** *adv* flat; ~ **drücken/fahren/walzen** to flatten
Platt <-[s]> [plat] *nt kein pl* (*fam*) Low German
Plattdeutsch ['platdɔytʃ] *nt* Low German
Platte <-, -n> ['platə] *f* ① (*Steinplatte*) slab ② (*Metallplatte*) sheet ③ (*Schallplatte*) record
Plattencover <-[s], -> *nt* MUS record sleeve
Plattenfirma *f* MUS, ÖKON record company
Plattenlabel *nt* MUS ① (*Schallplattenetikett*) record label ② (*Schallplattenfirma*) record label **Plattenspieler** *m* record player
Plattform *f* ① (*Fläche*) platform ② (*geh: Standpunkt*) basis
Platz <-es, Plätze> [plats, *pl* 'plɛtsə] *m* ① place ② (*in Stadt*) square ③ (*Sitzplatz*) seat; ~ **nehmen** to take a seat ④ (*freier*

Raum) room ▶ **fehl am ~[e] sein** to be out of place; **in etw** *dat* **keinen ~ haben** to have no place for sth; **auf die Plätze, fertig, los!** on your marks, get set, go!; **~!** (*Hund*) sit!

Platzangst *f* (*fam*) claustrophobia; **~ bekommen** to get claustrophobic

Plätzchen <-s, -> ['plɛtsçən] *nt* ❶ *dim von* **Platz** spot ❷ KOCHK biscuit BRIT, cookie AM

platzen ['platsn̩] *vi sein* ❶ (*zerplatzen*) to burst ❷ (*aufplatzen*) to split ❸ (*nicht stattfinden*) **das Fest ist geplatzt** the party is off; ■ **etw ~ lassen** to call sth off ❹ (*fig*) **vor Neid/Neugier/Wut ~** to be bursting with envy/curiosity/rage

platzieren***RR** I. *vt a.* MEDIA to place II. *vr* ❶ (*geh*) ■ **sich irgendwo ~** to take a seat somewhere ❷ SPORT ■ **sich ~** to be placed; (*Tennis*) to be seeded

Platzkarte *f* seat reservation **Platzregen** *m* cloudburst **Platzreservierung** *f* reservation [of a seat] **Platzwunde** *f* laceration

Plauderei <-, -en> [plaudə'rai] *f* chat

plaudern ['plaudɐn] *vi* to [have a] chat

plausibel [plau'ziːbl̩] *adj* plausible; **jdm etw ~ machen** to explain sth to sb

Play-back^RR, **Playback** <-, -s> ['pleːbɛk] *nt* backing track

Playboy <-s, -s> ['pleːbɔy] *m* playboy

Plazenta <-, -s *o* Plazenten> [pla'tsɛnta, *pl* -tsɛntən] *f* placenta

plazieren***ALT** [pla'tsiːrən] *vt, vr s.* **platzieren**

pleite ['plaitə] *adj* (*fam*) **~ sein** to be broke

Pleite <-, -n> ['plaitə] *f* (*fam*) ❶ bankruptcy; **~ machen** to go bust ❷ (*Reinfall*) flop

pleitegehen *vi* to go bust

Plenarsitzung *f* plenary session

Plenum <-s, Plena> ['pleːnʊm, *pl* pleːna] *nt* plenum

Plombe <-, -n> ['plɔmbə] *f* ❶ MED filling ❷ (*Bleisiegel*) lead seal

plombieren* [plɔm'biːrən] *vt* ❶ MED to fill ❷ (*versiegeln*) to seal

plötzlich ['plœtslɪç] I. *adj* sudden II. *adv* suddenly

plump [plʊmp] I. *adj* ❶ (*schwerfällig*) ungainly ❷ (*dummdreist*) obvious II. *adv* ❶ (*schwerfällig*) clumsily ❷ (*dummdreist*) crassly

Plunder <-s> ['plʊndɐ] *m kein pl* junk

plündern ['plʏndɐn] *vt* to plunder

Plural <-s, -e> [pluˈraːl] *m* plural

pluralistisch [plura'lɪstɪʃ] *adj* (*geh*) pluralistic

plus [plʊs] *präp, adv* plus

Plus <-, -> [plʊs] *nt* ❶ plus ❷ ÖKON surplus; **im ~ sein** to be in the black

Plüsch <-[e]s, -e> [plyːʃ] *m* plush

Plüschtier *nt* soft-toy

Plusquamperfekt <-s, -e> ['plʊskvampɛrfɛkt] *nt* past perfect

Pneu <-s, -s> [pnɔy] *m bes* SCHWEIZ (*Reifen*) tyre

Po <-s, -s> [poː] *m* (*fam*) bottom

pochen ['pɔxn̩] *vi* ❶ to knock (**auf** on) ❷ *Herz* to pound ❸ (*bestehen*) to insist (**auf** on)

Pocke <-, -n> ['pɔkə] *f* pock

Pocken *pl* smallpox *no art*

Pockenimpfung *f* smallpox vaccination

Pocken(schutz)impfung *f* smallpox vaccination

Podest <-[e]s, -e> [po'dɛst] *nt o m* rostrum

Poesie <-> [poe'ziː] *f kein pl* poetry

Poet(in) <-en, -en> [po'eːt] *m(f)* poet

poetisch [po'eːtɪʃ] *adj* poetic[al]

Pointe <-, -n> ['po̯ɛ̃ːtə] *f* point; *eines Witzes* punch line

pointiert [po̯ɛ̃'tiːɐ̯t] *adj* (*geh*) pointed

Pokal <-s, -e> [po'kaːl] *m* cup

Pokalsieger *m* cup-winner

Poker <-s> ['poːkɐ] *nt kein pl* poker

pokern ['poːkɐn] *vi* to play poker

Pol <-s, -e> [poːl] *m* pole ▶ **der ruhende ~** the calming influence

polar [po'laːɐ̯] *adj* polar

Polarkreis *m* polar circle; **nördlicher/südlicher ~** Arctic/Antarctic circle **Polarstern** *m* Pole Star

Pole, Polin <-n, -n> ['poːlə, 'poːlɪn] *m, f* Pole

polemisch [po'leːmɪʃ] *adj* (*geh*) polemical

Polen <-s> ['poːlən] *nt* Poland

polieren* [po'liːrən] *vt* to polish ▶ **jdm die Fresse ~** (*sl*) to smash sb's face in

Polin <-, -nen> *f fem form von* **Pole**

Polio <-> ['poːli̯o] *f kein pl* polio *no pl*

Politesse <-, -n> [poli'tɛsə] *f* [female] traffic warden BRIT, meter maid AM

Politik <-, -en> [poli'tiːk] *f* ❶ *kein pl* politics + *sing vb*, *no art*; **in die ~ gehen** to go into politics ❷ (*Strategie*) policy; **eine bestimmte ~ verfolgen** to pursue a certain

policy
Politiker(in) <-s, -> [poˈliːtikɐ] *m(f)* politician
politisch [poˈliːtɪʃ] **I.** *adj* political **II.** *adv* politically
Politologe, Politologin <-n, -n> [politoˈloːgə, -ˈloːgɪn] *m, f* political scientist
Polizei <-, -en> [poliˈtsai] *f* ▪ **die** ~ the police + *sing/pl vb* ▶ **dümmer als die ~ erlaubt** (*fam*) as thick as two short planks
Polizeibeamte(r), -beamtin *m, f* police officer **Polizeidienststelle** *f* police station
Polizeihund *m* police dog
polizeilich **I.** *adj* police **II.** *adv* by the police; ~ **gemeldet sein** to be registered with the police **Polizeipräsident(in)** *m(f)* chief constable BRIT, chief of police AM **Polizeipräsidium** *nt* police headquarters + *sing/pl vb* **Polizeirevier** *nt* ❶ police station ❷ (*Bezirk*) [police] district [*or* AM precinct] **Polizeischutz** *m* **unter ~ stehen** to be under police protection **Polizeistreife** *f* police patrol **Polizeistunde** *f* closing time
Polizist(in) <-en, -en> [poliˈtsɪst] *m(f)* police officer
Polizze <-, -n> [poˈlɪtsə] *f* ÖSTERR (*Police*) [insurance] policy
Pollen <-s, -> [ˈpɔlən] *m* pollen
Pollenallergie *f* pollen allergy
Pollenflug *m kein pl* pollen dispersal
polnisch [ˈpɔlnɪʃ] *adj* Polish; *s. a.* **deutsch**
Polnisch [ˈpɔlnɪʃ] *nt dekl wie adj* Polish; *s. a.* **Deutsch**
Polster <-s, -> [ˈpɔlstɐ] *nt o* ÖSTERR *m* upholstery *no pl, no indef art*
Polstergarnitur *f* suite **Polstermöbel** *nt meist pl* upholstered furniture *no pl* **Polstersessel** *m* [upholstered] armchair, easy chair
Polterabend [ˈpɔltɐ-] *m* party on the eve of a wedding

> Celebrated with friends and relatives, a **Polterabend** is held on the eve of a wedding. Traditionally, crockery is smashed to bring good luck and the bridal couple are left to sweep away the mess.

poltern [ˈpɔltɐn] *vi* (*rumpeln*) to bang
Polyester <-s, -> [polyˈʔɛstɐ] *m* polyester
Polygamie <-> [polygaˈmiː] *f kein pl* polygamy
Polyp <-en, -en> [poˈlyːp] *m* polyp

Pomade <-, -n> [poˈmaːdə] *f* pomade
Pomeranze <-, -n> [poməˈrantsə] *f* KOCHK Seville orange
Pommes [ˈpɔməs] *pl* (*fam*), **Pommes frites** [pɔmˈfrɪt] *pl* French fries
Pomp <-[e]s> [pɔmp] *m kein pl* pomp
pompös [pɔmˈpøːs] *adj* grandiose
Pontius [ˈpɔntsi̯ʊs] *m* ▶ **von ~ zu Pilatus laufen** (*fam*) to run from pillar to post
Pony[1] <-s, -s> [ˈpɔni] *nt* (*Pferd*) pony
Pony[2] <-s, -s> [ˈpɔni] *m* fringe BRIT, bangs *npl* AM
Popliteratur [ˈpɔp-] *f* pop literature
Popo <-s, -s> [poˈpoː] *m* (*fam*) bottom
populär [popuˈlɛːɐ̯] *adj* popular
Popularität <-> [populariˈtɛːt] *f kein pl* popularity
populärwissenschaftlich *adj* popular scientific
Pore <-, -n> [ˈpoːrə] *f* pore
Porno <-s, -s> [ˈpɔrno] *m* (*fam*) porn
Pornofilm *m* (*fam*) skin flick
Pornografie[RR] <-> [pɔrnograˈfiː] *f kein pl* pornography
pornografisch[RR] [pɔrnoˈgraːfɪʃ] *adj* pornographic
Pornographie *f s.* **Pornografie**
pornographisch *adj s.* **pornografisch**
porös [poˈrøːs] *adj* porous
Portal <-s, -e> [pɔrˈtaːl] *nt* portal
Portemonnaie <-s, -s> [pɔrtmɔˈneː] *nt s.* **Portmonee**
Portier <-s, -s> [pɔrˈti̯eː] *m* porter BRIT, doorman AM
Portion <-, -en> [pɔrˈtsi̯oːn] *f* KOCHK portion ▶ **eine halbe ~** (*fam*) a half-pint
Portmonee <-s, -s> [pɔrtmɔˈneː] *nt* purse
Porto <-s, -s *o* Porti> [ˈpɔrto, *pl* ˈpɔrti] *nt* postage *no pl*
portofrei *adj* postage-prepaid **portopflichtig** *adj* liable to postage *pred*
Porträt <-s, -s> [pɔrˈtrɛː] *nt* portrait
Portugal <-s> [ˈpɔrtugal] *nt* Portugal
Portugiese, Portugiesin <-n, -n> [pɔrtuˈgiːzə] *m, f* Portuguese
portugiesisch [pɔrtuˈgiːzɪʃ] *adj* Portuguese; *s. a.* **deutsch**
Portugiesisch [pɔrtuˈgiːzɪʃ] *nt dekl wie adj* Portuguese; *s. a.* **Deutsch**
Portwein [ˈpɔrtvain] *m* port
Porzellan <-s, -e> [pɔrtsɛˈlaːn] *nt* china *no pl*

Posaune <-, -n> [po'zaunə] *f* trombone
Pose <-, -n> ['po:zə] *f* pose; **eine bestimmte ~ einnehmen** to take up a certain pose
Position <-, -en> [pozi'tsi̯o:n] *f* position
positiv ['po:ziti:f] **I.** *adj* positive **II.** *adv* positively; **etw ~ beeinflussen** to have a positive influence on sth; **sich ~ verändern** to change for the better
Positiv <-s, -e> ['po:ziti:f] *nt* positive
possierlich <-er, -ste> [pɔ'si:ɐ̯lɪç] *adj* sweet BRIT, cute AM
Post <-> [pɔst] *f kein pl* ❶ (*Institution*) Post Office; **etw mit der ~ schicken** to send sth by post [*or* AM mail] ❷ (*Dienststelle*) post office ❸ (*Briefe*) mail
Postamt *nt* post office **Postbeamte(r), -beamtin** *m, f* post office official **Postbote, -botin** *m, f* postman *masc,* postwoman *fem* BRIT, mail carrier AM
Posten <-s, -> ['pɔstn̩] *m* post ▶ **auf verlorenem ~ kämpfen** to be fighting a losing battle
Postfach *nt* post office [*or* PO] box **Postgeheimnis** *nt* postal secrecy **Postgiroamt** [-ʒi:ro-] *nt* Girobank **Postgirokonto** *nt* giro [*or* AM postal checking] account **Postkarte** *f* postcard **postlagernd** *adj* poste restante BRIT, general delivery AM **Postleitzahl** *f* postcode BRIT, zip code AM **Postpaket** *nt* parcel, [postal] packet **Postscheck** *m* giro cheque **Postsparkasse** *f* Post Office Giro [*or* AM postal savings] bank **Poststempel** *m* postmark
posttraumatisch [pɔsttrau̯'ma:tɪʃ] *adj* PSYCH (*fachspr*) post-traumatic; *Stress, Erkrankung* post-traumatic stress disorder
Postüberweisung *f* Girobank transfer **Postzustellung** *f* postal delivery
Potenz <-, -en> [po'tɛnts] *f* potency
Pott <-[e]s, Pötte> [pɔt, *pl* 'pœtə] *m* (*fam*) pot
Powerfrau ['pau̯ɐ-] *f* (*fam*) superwoman
Pracht <-> [praxt] *f kein pl* splendour; **eine wahre ~ sein** (*fam*) to be [really] great
prächtig ['prɛçtɪç] *adj* magnificent
Prädikat <-[e]s, -e> [prɛdi'ka:t] *nt* predicate
Prädikatsnomen *nt* LING predicative noun, complement
Präferenz <-, -en> [prɛfe'rɛnts] *f* (*geh*) preference
Präfix <-es, -e> ['prɛfɪks] *nt* prefix

Prag <-s> [pra:k] *nt* Prague
prägen ['prɛ:gn̩] *vt* ❶ *Münzen* to mint; *Wort* to coin ❷ (*erinnern*) **sich** *dat* **etw ins Gedächtnis ~** to engrave sth on one's mind ❸ (*formen*) ▪ [**jdn**] **~** to leave one's mark [on sb]
pragmatisch [prag'ma:tɪʃ] **I.** *adj* pragmatic **II.** *adv* pragmatically
prägnant [prɛ'gnant] **I.** *adj* (*geh*) succinct **II.** *adv* **sich ~ ausdrücken** to be succinct
prähistorisch [prɛhɪs'to:rɪʃ] *adj* prehistoric
prahlen ['pra:lən] *vi* to boast (**mit** about); ▪ **damit ~, dass ...** to boast that ...
Prahler(in) <-s, -> *m(f)* boaster
prahlerisch *adj* boastful
Praktik <-, -en> ['praktɪk] *f meist pl* practice
Praktikant(in) <-en, -en> [prakti'kant] *m(f) student or trainee working at a trade or occupation to gain work experience*
praktisch ['praktɪʃ] **I.** *adj* practical; **~ er Arzt** GP; **~ veranlagt sein** to be practical **II.** *adv* practically; **etw ~ umsetzen** to put sth into practice
praktizieren* [prakti'tsi:rən] **I.** *vt* ▪ **etw ~** to put sth into practice; **seinen Glauben ~** to practise one's religion **II.** *vi* to practise; **~ der Arzt** practising doctor
Praline <-, -n> [pra'li:nə] *f,* **Praliné** <-s, -s> [prali'ne:] *nt* chocolate [cream]
prall [pral] *adj* ❶ (*straff, fest*) firm; *Schenkel, Waden* sturdy; *Brüste* well-rounded; **etw ~ aufblasen** to inflate sth to bursting point; **etw ~ füllen** to fill sth to bursting ❷ (*nicht abgeschirmt*) **in der ~ en Sonne** in the blazing sun
prallen ['pralən] *vi sein* ❶ to crash; *Ball* to bounce; [**mit dem Wagen**] **gegen etw ~** to crash [one's car] into sth; **mit dem Kopf gegen etw ~** to bang one's head on sth ❷ *Sonne* to blaze
prallvoll ['pral'fɔl] *adj* (*fam*) bulging
Prämie <-, -n> ['prɛ:mi̯ə] *f* ❶ (*zusätzliche Vergütung*) bonus ❷ FIN premium
Pranke <-, -n> ['praŋkə] *f* paw
Präparat <-[e]s, -e> [prɛpa'ra:t] *nt* MED medicament
Präparator(in) <-s, -en> [prɛpa'ra:to:ɐ̯, prɛpa:'to:rɪn] *m(f)* BIOL, SCI laboratory technician
Präposition <-, -en> [prɛpozi'tsi̯o:n] *f* preposition
Prärie <-, -n> [prɛ'ri:, *pl* -'ri:ən] *f* prairie

Präsens <-> ['prɛːzɛns] *nt kein pl* present tense

Präsentation <-, -en> [prɛzɛnta'tsi̯oːn] *f* presentation

präsentieren* [prɛzɛn'tiːrən] *vt* ■ **[jdm] etw** ~ to present [sb with] sth; ■ **jdn/sich [jdm]** ~ to present sb/oneself [to sb]

Präservativ <-s, -e> [prɛzɛrva'tiːf] *nt* condom

Präsident(in) <-en, -en> [prɛzi'dɛnt] *m(f)* president

Präsidium <-s, -Präsidien> [prɛ'ziːdi̯ʊm, *pl* -di̯ən] *nt* ❶ (*Vorstand, Vorsitz*) chairmanship; (*Führungsgruppe*) committee ❷ (*Polizeihauptstelle*) [police] headquarters + *sing/pl vb*

prasseln ['prasl̩n] *vi Regen* to drum (**gegen** against, **auf** on)

präventiv [prɛvɛn'tiːf] *adj* preventive

Praxis <-, Praxen> ['praksɪs, *pl* 'praksən] *f* ❶ (*Arztpraxis*) surgery BRIT, doctor's office AM ❷ *kein pl* (*Erfahrung*) [practical] experience; **langjährige** ~ many years of experience ❸ *kein pl* (*Tat*) practice *no art*; **etw in die** ~ **umsetzen** to put sth into practice

präzis [prɛ'tsiːs], **präzise** [prɛ'tsiːzə] *adj* (*geh*) precise

präzisieren* [prɛtsi'ziːrən] *vt* (*geh*) ■ **etw** ~ to state sth more precisely

Präzision <-> [prɛtsi'zi̯oːn] *f kein pl* precision

Präzisionsbombe [prɛtsi'zi̯oːnsbɔmbə] *f* MIL smart bomb

predigen ['preːdɪɡn̩] *vt, vi* to preach

Prediger(in) <-s, -> *m(f)* preacher

Predigt <-, -en> ['preːdɪçt] *f* sermon; **eine** ~ **halten** to deliver a sermon

Preis <-es, -e> [praɪs] *m* ❶ price (**für** of); **einen hohen** ~ **für etw** *akk* **zahlen** (*fig*) to pay a high price for sth; **zum halben** ~ at half-price ❷ (*Gewinnprämie*) prize ▶ **um jeden** ~ at all costs

Preisabbau *m* price reduction **Preisanstieg** *m* price increase **Preisausschreiben** *nt* competition

Preiselbeere ['praɪsl̩beːrə] *f* cranberry

Preisempfehlung *f* recommended price

preisen <pries, gepriesen> ['praɪzn̩] *vt* (*geh*) to praise **Preiserhöhung** *f* price increase [*or* rise], mark-up **Preisermäßigung** *f* price reduction **Preisfrage** *f* [prize] question

preis|geben ['praɪsɡeːbn̩] *vt irreg* (*geh*) ❶ (*verraten*) ■ **[jdm] etw** ~ to betray sth [to sb]; *Geheimnis* to divulge sth [to sb] ❷ (*ausliefern*) expose; **jdn der Lächerlichkeit** ~ to expose sb to ridicule

preisgekrönt *adj* award-winning

preisgünstig *adj* inexpensive

Preis-Leistungs-Verhältnis *nt kein pl* cost effectiveness **Preisliste** *f* price list **Preisnachlass**ᴿᴿ *m* discount **Preisrätsel** *nt* puzzle competition **Preisrückgang** *m* fall in prices **Preisschild** *nt* price tag **Preissenkung** *f* reduction in prices **Preissteigerung** *f* price increase

Preisträger(in) *m(f)* award winner

Preisunterschied *m* difference in price

preiswert *adj* inexpensive

Prellung <-, -en> *f* contusion

Premiere <-, -n> [prə'mi̯eːrə] *f* première

Premierminister(in) [prə'mi̯eː-, pre'mi̯eː-] *m(f)* prime minister

Presse <-, -n> ['prɛsə] *f* ❶ press ❷ *kein pl* MEDIA ■ **die** ~ the press

Presseagentur *f* press agency **Pressebüro** *nt* press office **Pressefreiheit** *f kein pl* freedom of the press **Pressekonferenz** *f* press conference **Pressemeldung** *f* press report

pressen ['prɛsn̩] *vt* to press; *Saft* to squeeze; **mit gepresster Stimme** in a strained voice

Presserummel *m kein pl* MEDIA (*fam*) feeding-frenzy in the press **pressescheu** *adj* media-shy **Pressesprecher(in)** *m(f)* press officer **Pressezensur** *f* censorship of the press

Pressluftᴿᴿ, **Preßluft**ᴬᴸᵀ *f kein pl* compressed air

Presslufthammerᴿᴿ *m* pneumatic hammer

Prestige <-s> [prɛs'tiːʒə] *nt kein pl* prestige

Prestigedenken [prɛs'tiːʒ-] *nt kein pl* preoccupation with one's prestige **Prestigeverlust** *m* loss of prestige

Preuße, Preußin <-n, -n> ['prɔysə, 'prɔysɪn] *m, f* Prussian

Preußen <-s> ['prɔysn̩] *nt kein pl* Prussia

Preußin <-, -nen> *f fem form von* **Preuße**

preußisch ['prɔysɪʃ] *adj* Prussian

prickeln ['prɪkl̩n] *vi* ❶ to tingle; **ein P~ in den Beinen** pins and needles in one's legs ❷ (*fam: erregen*) to thrill

prickelnd *adj* tingling

Priester(in) <-s, -> ['priːstɐ] *m(f)* priest

Priesteramt *nt* priesthood

prima ['priːma] *adj* (*fam*) great; **es läuft alles ~** everything is going really well
primär [priˈmɛɐ̯] I. *adj* primary II. *adv* primarily
Primel <-, -n> ['priːml] *f* primrose
primitiv [primiˈtiːf] *adj* primitive; **ein ~er Kerl** a lout
Prinz <-en, -en> [prɪnts] *m* prince
Prinzessin <-, -nen> [prɪnˈtsɛsɪn] *f* princess
Prinzip <-s, -ien> [prɪnˈtsiːp, *pl* prɪnˈtsiːpi̯ən] *nt* principle; **aus/im ~** on/in principle
prinzipiell [prɪntsiˈpi̯ɛl] I. *adj* fundamental II. *adv* on principle; (*im Prinzip*) in principle
Priorität <-, -en> [prioriˈtɛːt] *f* (*geh*) priority; **~en setzen** to set [one's] priorities
Prise <-, -n> ['priːzə] *f* pinch; **eine ~ Salz** a pinch of salt; **eine ~ Sarkasmus** a touch of sarcasm
privat [priˈvaːt] I. *adj* private II. *adv* privately; **jdn ~ sprechen** to speak to sb in private; **sich ~ versichern** to take out a private insurance
Privatadresse *f* home address **Privatangelegenheit** *f* private matter **Privatdetektiv(in)** *m(f)* private investigator **Privatgrundstück** *nt* private property **Privatleben** *nt kein pl* private life **Privatpatient(in)** *m(f)* private patient **Privatrecht** *nt* JUR private [*or* civil] law **Privatschule** *f* private school **Privatsekretär(in)** <-s, -e> *m(f)* private secretary **Privatsphäre** *f kein pl* **die ~ verletzen** to invade sb's privacy
Privileg <-[e]s, -ien> [priviˈleːk, *pl* -ˈleːgi̯ən] *nt* privilege
privilegieren* [priviləˈgiːrən] *vt* ■ **jdn ~ to** grant privileges to sb
pro [proː] I. *präp* per; **~ Kopf** a head; **~ Person** per person; **~ Stück** each II. *adv* **sind Sie ~ oder kontra?** are you for or against it?
Pro <-> [proː] *nt kein pl* **[das] ~ und [das] Kontra** (*geh*) the pros and cons *pl*
Probe <-, -n> ['proːbə] *f* ❶ (*Auswahl*) sample ❷ MUS, THEAT rehearsal ❸ (*Prüfung*) test; **jdn auf die ~ stellen** to put sb to the test; **auf ~** on probation; **zur ~** for a trial
Probealarm *m* practice alarm **Probeexemplar** *nt* specimen [copy [*or* issue]] **Probefahrt** *f* test drive
proben ['proːbn̩] *vt, vi* to rehearse
Probezeit *f* probationary period
probieren* [proˈbiːrən] I. *vt* to try; ■ **etw ~** to try sth out II. *vi* ❶ (*kosten*) ■ **[von etw** *dat*] **~** to try some [of sth] ❷ (*versuchen*) ■ **~, ob/was/wie ...** to try and see whether/what/how ... ▶ **P~ geht über Studieren** (*prov*) the proof of the pudding is in the eating
Problem <-s, -e> [proˈbleːm] *nt* problem; **kein ~!** no problem!; **[nicht] jds ~ sein** to [not] be sb's business; **vor einem ~ stehen** to be faced with a problem
Problematik <-> [probleˈmaːtɪk] *f kein pl* problematic nature
problematisch [probleˈmaːtɪʃ] *adj* problematic[al]
problemlos *adj* problem-free
Produkt <-[e]s, -e> [proˈdʊkt] *nt* product
Produktion <-, -en> [prodʊkˈtsi̯oːn] *f* production
produktiv [prodʊkˈtiːf] *adj* productive
Produktivität <-> [prodʊktiviˈtɛːt] *f kein pl* productivity
Produzent(in) <-en, -en> [produˈtsɛnt] *m(f)* producer
produzieren* [produˈtsiːrən] I. *vt, vi* to produce II. *vr* (*pej fam*) ■ **sich ~** to show off (**vor** in front of)
professionell [profɛsi̯oˈnɛl] *adj* professional
Professor(in) <-s, -en> [proˈfɛsoːɐ̯, -ˈsoːrɪn, *pl* -ˈsoːrən] *m(f)* professor; **Herr ~/Frau ~ in** Professor
Profi <-s, -s> ['proːfi] *m* (*fam*) pro
Profil <-s, -e> [proˈfiːl] *nt* ❶ *Reifen, Schuh* tread ❷ (*seitliche Ansicht*) profile; **jdn im ~ fotografieren** to photograph sb in profile ❸ (*Ausstrahlung*) image; **an ~ gewinnen** to improve one's image
profilieren* [profiˈliːrən] *vr* **sie hat sich als Künstlerin profiliert** she distinguished herself as an artist; **sich politisch ~** to make one's mark as a politician
profiliert *adj* (*geh*) ❶ (*klar*) clear-cut ❷ (*hervorragend*) outstanding; (*hervorstechend*) distinctive
Profit <-[e]s, -e> [proˈfiːt] *m* profit; **~ bringend** profitable; **von etw** *dat* **[keinen] ~ haben** [not] to profit from sth; **etw mit ~ verkaufen** to sell sth at a profit
profitabel [profiˈtaːbl̩] *adj* profitable
Profiteur(in) <-s, -e> [profiˈtøːɐ̯] *m(f)* (*pej*) profiteer
profitieren* [profiˈtiːrən] *vi* (*geh*) to make a profit (**bei/von** from)

pro forma [proː ˈfɔrma] *adv* (*geh*) pro forma
Prognose <-, -n> [proˈgnoːzə] *f* prognosis
Programm <-s, -e> [proˈgram] *nt* ❶ (*Ablauf*) programme; **ein volles ~ haben** to have a full day/week etc. ahead of one; **auf dem ~ stehen** to be on the programme; **was steht für heute auf dem ~?** what's the programme for today? ❷ TV (*Sender*) channel ❸ INFORM program
Programmfehler *m* program error
programmieren* [programˈmiːrən] *vt* to program
Programmierer(in) <-s, -> *m(f)* programmer
Programmiersprache *f* programming language
progressiv [progrɛˈsiːf] *adj* (*geh*) progressive
Projekt <-[e]s, -e> [proˈjɛkt] *nt* project
Projektion <-, -en> [projɛkˈtsi̯oːn] *f* projection **Projektleiter(in)** <-s, -> *m(f)* project leader
Projektor <-s, -toren> [proˈjɛktoːɐ̯, *pl* -ˈtoːrən] *m* projector
projizieren* [projiˈtsiːrən] *vt* to project (**auf** onto)
proklamieren* [proklaˈmiːrən] *vt* (*geh*) to proclaim
Pro-Kopf-Einkommen *nt* income per person
Pro-Kopf-Verbrauch *m* per capita consumption *form*
Prokura <-, Prokuren> [proˈkuːra, *pl* -ˈkuːrən] *f* (*form*) procuration *form;* JUR power of attorney
Prokurist(in) <-en, -en> [prokuˈrɪst] *m(f)* ÖKON authorized signatory
Prolet <-en, -en> [proˈleːt] *m* (*pej*) prole
Proletariat <-[e]s, -e> [proletaˈri̯aːt] *nt* ■ **das** ~ the proletariat
Proletarier(in) <-s, -> [proleˈtaːri̯ɐ] *m(f)* proletarian
proletarisch [proleˈtaːrɪʃ] *adj* proletarian
Proll <-s, -s> [prɔl] *m* (*pej sl*) pleb *no pl*
prollig [ˈprɔlɪç] *adj* (*pej sl*) plebby, coarse
Prolog <-[e]s, -e> [proˈloːk, *pl* -ˈloːgə] *m* prologue
Promenade <-, -n> [proməˈnaːdə] *f* promenade
Promille <-[s], -> [proˈmɪlə] *nt* ❶ per mill[e] ❷ (*Alkoholpegel*) **0,5** ~ 50 millilitres alcohol level

Promillegrenze *f* legal [alcohol] limit
prominent *adj* prominent
Prominente(r) *f(m) dekl wie adj* celebrity
Prominenz <-> [promiˈnɛnts] *f kein pl* prominent figures *pl*
promovieren* [promoˈviːrən] *vi* ❶ (*eine Dissertation schreiben*) to do a doctorate (**über** in) ❷ (*den Doktorgrad erwerben*) to obtain a doctorate
prompt [prɔmpt] **I.** *adj* (*sofortig*) prompt **II.** *adv* (*fam: erwartungsgemäß*) of course
Pronomen <-s, - *o* Pronomina> [proˈnoː-mən, *pl* -mina] *nt* pronoun
Propaganda <-> [propaˈganda] *f kein pl* propaganda
propagieren* [propaˈgiːrən] *vt* (*geh*) to propagate
Propangas *nt kein pl* propane [gas]
Propeller <-s, -> [proˈpɛlɐ] *m* propeller
proper [ˈprɔpɐ] *adj* (*fam*) trim, neat; **ein ~ es Zimmer** a [neat and] tidy room
Prophet(in) <-en, -en> [proˈfeːt] *m(f)* prophet
prophezeien* [profeˈtsai̯ən] *vt* to prophesy
Prophezeiung <-, -en> *f* prophecy
prophylaktisch [profyˈlaktɪʃ] *adj* prophylactic
Proportion <-, -en> [propɔrˈtsi̯oːn] *f* proportion
proportional [propɔrtsi̯oˈnaːl] *adj* proportional (**zu** to)
proportioniert [propɔrtsi̯oˈniːɐ̯t] *adj* proportioned
Prosa <-> [ˈproːza] *f kein pl* prose
Prospekt <-[e]s, -e> [proˈspɛkt] *m* (*Broschüre*) brochure; (*Zettel*) leaflet
prost [proːst] *interj* cheers
Prostata <-, Prostatae> [ˈprɔstata, *pl* -tɛ] *f* prostate gland
Prostituierte(r) [prostituˈiːɐ̯tə, -tɐ] *f(m) dekl wie adj* prostitute
Prostitution <-> [prostituˈtsi̯oːn] *f kein pl* prostitution
Protein <-s, -e> [proteˈiːn] *nt* protein
Protektion <-, -en> [protɛkˈtsi̯oːn] *f* (*geh*) patronage
Protektorat <-[e]s, -e> [protɛktoˈraːt] *nt* ❶ (*Schutzherrschaft über einen Staat*) protectorate; (*Staat unter Schutzherrschaft*) protectorate ❷ (*geh: Schirmherrschaft*) patronage
Protest <-[e]s, -e> [proˈtɛst] *m* protest

Protestant(in) <-en, -en> [protɛs'tant] *m(f)* Protestant

protestieren* [protɛs'tiːrən] *vi* to protest

Prothese <-, -n> [pro'teːzə] *f* prosthesis

Protokoll <-s, -e> [proto'kɔl] *nt* ❶ record[s *pl*]; (*von Sitzung*) minutes *npl;* [**das**] ~ **führen** to take the minutes ❷ *kein pl* (*diplomatisches Zeremoniell*) protocol

protokollieren* [protokɔ'liːrən] *vt* to record; (*bei einer Sitzung*) to enter sth in the minutes

protzen ['prɔtsn̩] *vi* (*fam*) ■ [**mit etw** *dat*] ~ to flaunt sth

protzig ['prɔtsɪç] *adj* (*fam*) swanky

Proviant <-s, *selten* -e> [pro'vi̯ant] *m* supplies *pl*

Provinz <-, -en> [pro'vɪnts] *f* ❶ province ❷ *kein pl* (*kulturell rückständige Gegend*) provinces *pl;* **in der** ~ **leben** to live [out] in the sticks

provinziell [provɪn'tsi̯ɛl] *adj* provincial

Provision <-, -en> [provi'zi̯oːn] *f* commission; **auf** ~ **arbeiten** to work on a commission basis

provisorisch [provi'zoːrɪʃ] *adj* provisional

Provisorium <-s, -rien> [provi'zoːri̯ʊm, *pl* -ri̯ən] *nt* provisional solution

Provokation <-, -en> [provoka'tsi̯oːn] *f* provocation

provozieren* [provo'tsiːrən] *vt, vi* to provoke

Prozedur <-, -en> [protse'duːɐ̯] *f* procedure

Prozent <-[e]s> [pro'tsɛnt] *nt kein pl* per cent

Prozentsatz *m* percentage

prozentual [protsɛn'tu̯aːl] *adj* (*geh*) ~**er Anteil/**~**e Beteiligung** percentage (**an** of)

Prozess^RR *m,* **Prozeß**^ALT <-sses, -sse> [pro'tsɛs] *m* ❶ JUR [court] case; **einen** ~ [**gegen jdn**] **führen** to take sb to court; [**mit jdm/etw**] **kurzen** ~ **machen** (*fam*) to make short work of sb/sth ❷ (*Vorgang*) process

Prozessgegner^RR *m* adversary

prozessieren* [protsɛ'siːrən] *vi* to go to law (**gegen** with)

Prozession <-, -en> [protsɛ'si̯oːn] *f* procession

Prozesskosten^RR *pl* court costs

Prozessor <-s, -soren> [pro'tsɛsoːɐ̯] *m* processor

prüde ['pryːdə] *adj* prudish

prüfen ['pryːfn̩] *vt* ❶ (*examinieren*) to examine ❷ (*untersuchen*) to check (**auf** for)

Prüfer(in) <-s, -> ['pryːfɐ] *m(f)* ❶ (*Examensprüfer*) examiner ❷ TECH inspector

Prüfung <-, -en> *f* ❶ test; (*Examen*) exam[ination]; **mündliche/schriftliche** ~ oral/written exam ❷ (*Überprüfung*) checking

Prüfungsangst *f* exam nerves *npl;* ~ **haben** to suffer from exam nerves **Prüfungsaufgabe** *f* exam question **Prüfungsergebnis** *nt* exam[ination] results *pl* **Prüfungszeugnis** *nt* exam[ination] certificate

Prügel ['pryːgl̩] *pl* thrashing; **jdm eine Tracht** ~ **verabreichen** to give sb a [good] hiding

Prügelei <-, -en> ['pryːgə'laɪ] *f* (*fam*) punch-up

Prügelknabe *m* whipping boy

prügeln ['pryːgl̩n] **I.** *vt, vi* to beat **II.** *vr* ■ **sich** ~ to fight

Prügelstrafe *f* ■ **die** ~ corporal punishment

Prunk <-s> [prʊŋk] *m kein pl* magnificence

prusten ['pruːstn̩] *vi* (*fam*) to snort; **vor Lachen** ~ to snort with laughter

Psalm <-s, -en> [psalm] *m* psalm

Pseudonym <-s, -e> [psɔydo'nyːm] *nt* pseudonym

pst [pst] *interj* psst

Psyche <-, -n> ['psyːçə] *f* psyche

Psychiater(in) <-s, -> [psy'çi̯aːtɐ] *m(f)* psychiatrist

Psychiatrie <-, -n> [psyçi̯a'triː, *pl* -'triːən] *f* ❶ *kein pl* psychiatry *no art* ❷ (*fam: psychiatrische Abteilung*) psychiatric ward

psychiatrisch [psy'çi̯aːtrɪʃ] *adj* psychiatric

psychisch ['psyːçɪʃ] *adj* psychological

Psychoanalyse [psyço?ana'lyːzə] *f* psychoanalysis *no art*

Psychoanalytiker(in) [psyço?ana'lyːtikɐ] *m(f)* psychoanalyst

Psychologe, Psychologin <-n, -n> [psyço'loːgə, -'loːgɪn] *m, f* psychologist

psychologisch [psyço'loːgɪʃ] *adj* psychological

Psychopath(in) <-en, -en> [psyço'paːt] *m(f)* psychopath

Psychopharmaka [psyço'farmaka] *pl von* **Psychopharmakon**

Psychose <-, -n> [psy'çoːzə] *f* psychosis

psychosomatisch [psyçozo'maːtɪʃ] *adj* psychosomatic

Psychotherapeut(in) [psyçotera'pɔyt] *m(f)* psychotherapist

Pubertät <-> [pubɛr'tɛːt] *f kein pl* puberty *no art*

publik [pu'bliːk] *adj* ■ ~ **sein/werden** to be/become public knowledge; **etw ~ machen** to publicize sth

Publikation <-, -en> [publika'tsi̯oːn] *f* publication

Publikum <-s> ['puːblikʊm] *nt kein pl* audience

publizieren* [publi'tsiːrən] *vt* to publish

Publizist(in) <-en, -en> [publi'tsɪst] *m(f)* journalist

Publizistik <-> [publi'tsɪstɪk] *f kein pl* ■[die] ~ media studies *npl*

Publizität <-> [publitsi'tɛːt] *f kein pl* SOZIOL (*geh*) publicity

Pudding <-s, -s> ['pʊdɪŋ] *m* ≈ blancmange

Pudel <-s, -> ['puːdl̩] *m* poodle

pudelwohl ['puːdl̩'voːl] *adj* (*fam*) **sich ~ fühlen** to feel on top of the world

Puder <-s, -> ['puːdɐ] *m o fam nt* powder

pudern ['puːdɐn] *vt* to powder

Puderzucker *m* icing sugar

Puff <-[e]s, -s> [pʊf] *pl m* (*fam*) brothel

Puffer <-s, -> ['pʊfɐ] *m* ■ BAHN buffer, bumper AM ■ KOCHK potato fritter

Pullover <-s, -s> [pʊ'loːvɐ] *m* pullover

Puls <-es, -e> [pʊls] *m* pulse

Pulsader *f* artery

pulsieren* [pʊl'ziːrən] *vi* to pulsate

Pulsschlag *m* pulse-beat

Pult <-[e]s, -e> [pʊlt] *nt* lectern

Pulver <-s, -> ['pʊlvɐ] *nt* powder

Pulverkaffee *m* instant coffee **Pulverschnee** *m* powder[y] snow

Puma <-s, -s> ['puːma] *m* puma BRIT, cougar AM

pummelig ['pʊməlɪç], **pummlig** ['pʊmlɪç] *adj* (*fam*) chubby

Pump <-[e]s> ['pʊmp] *m kein pl* **auf ~** (*fam*) on tick

Pumpe <-, -n> ['pʊmpə] *f* pump

pumpen ['pʊmpn̩] *vt* ■ to pump ■ (*fam*) ■ jdm etw ~ to lend sb sth; ■ [sich *dat*] etw ~ to borrow sth (**bei** off)

Punker(in) <-s, -> ['paŋkɐ] *m(f)* punk

Punkt <-[e]s, -e> [pʊŋkt] *m* ■ (*Stelle*) point; **bis zu einem gewissen ~** up to a [certain] point; **ein wunder ~** a sore point; **der springende ~** the crucial point ■ SPORT **einen ~ bekommen/verlieren** to score/lose a point ■ (*Satzzeichen: am Satzende*) full stop BRIT, period AM; (*sonst*) dot; **nun mach aber mal einen ~!** come off it!; **ohne ~ und Komma reden** to talk nineteen to the dozen ■ (*genau*) ~ **acht [Uhr]** on the stroke of eight

punktgenau I. *adj* precise, exact II. *adv* precisely, exactly

punktieren* [pʊŋk'tiːrən] *vt* ■ MED to puncture; **das Rückenmark ~** to do a spinal tap ■ (*mit Punkten versehen*) to dot sth; **ein punktiertes Blatt** a spotted leaf

pünktlich ['pʏŋktlɪç] I. *adj* punctual II. *adv* punctually

Pünktlichkeit <-> *f kein pl* punctuality

Punktrichter(in) *m(f)* judge **Punktzahl** *f* score

Punsch <-es, -e> [pʊnʃ] *m* [hot] punch

Pupille <-, -n> [pu'pɪlə] *f* pupil

Puppe <-, -n> ['pʊpə] *f* ■ doll ■ ZOOL pupa ▶ **die ~n tanzen lassen** to have a hell of a party

Puppentheater *nt* puppet theatre

pur [puːɐ̯] *adj* ■ pure; *Wahrheit* naked; *Wahnsinn* absolute; **etw ~ anwenden** to apply sth in its pure form; **etw ~ trinken** to drink sth neat ■ (*fam: blank*) sheer

Püree <-s, -s> [pyˈreː] *nt* purée

Puritaner(in) <-s, -> [puri'taːnɐ] *m(f)* HIST Puritan

Purpur <-s> ['pʊrpʊr] *m kein pl* purple

purpurn [pʊrpʊrn] *adj* (*geh*) *s.* **purpurrot**

purpurrot *adj* ■ (*die Farbe des Purpurs aufweisend*) purple ■ (*feuerrot*) scarlet, crimson

Purzelbaum ['pʊrts!-] *m* (*fam*) somersault; **Purzelbäume machen** to do somersaults

purzeln ['pʊrtsl̩n] *vi sein* to tumble (**von** off, **in** into)

pusseln ['pʊsl̩n] *vi* (*fam*) to fiddle

Puste <-> ['puːstə] *f kein pl* (*fam*) breath; **außer ~ sein** to be out of puff; **aus der ~ kommen** to get out of breath

Pustel <-, -n> ['pʊstl̩] *f* pimple

pusten ['puːstn̩] I. *vt* (*fam*) to blow II. *vi* (*fam*) **pustend kam er die Treppe herauf** he came up the stairs puffing and panting

Puter <-s, -> ['puːtɐ] *m* turkey [cock]

puterrot ['puːtɐ'roːt] *adj* scarlet

Putsch <-[e]s, -e> [pʊtʃ] *m* coup [d'état]

putschen ['pʊtʃn̩] *vi* to revolt (**gegen**

against)
Putschist(in) <-en, -en> [pʊˈtʃɪst] *m(f)* rebel
Putz <-es> [pʊts] *m kein pl* BAU plaster; (*außen*) rendering ▶ **auf den ~ hauen** (*fam: angeben*) to show off; (*ausgelassen sein*) to have a wild time [of it]; **~ machen** (*fam*) to cause aggro
putzen [ˈpʊtsn̩] I. *vt* ❶ to clean; *Gemüse* to prepare; **die Brille** ~ to clean one's glasses; **sich** *dat* **die Nase** ~ to blow one's nose; **ein Pferd** ~ to groom a horse; **sich** *dat* **die Zähne** ~ to clean one's teeth; ■ **sich** ~ to wash oneself; *Vögel* to preen ❷ (*wischen*) ■ **jdm/sich etw von etw** *dat* ~ to wipe sth off sth II. *vi* ~ **gehen** to work as a cleaner
Putzfrau *f* cleaner
putzig [ˈpʊtsɪç] *adj* (*fam*) sweet; **ein ~es Tier** a cute animal
Putzlappen *m* [cleaning] cloth **Putzmittel** *nt* cleaning things *pl*
Puzzle <-s, -s> [ˈpʊzl̩, ˈpazl̩] *nt* jigsaw [puzzle]
Pyjama <-s, -s> [pyˈdʒaːma] *m* pyjamas *npl*; **im ~** in his/her pyjamas
Pyramide <-, -n> [pyraˈmiːdə] *f* pyramid
Pyrenäen [pyreˈnɛːən] *pl* ■ **die ~** the Pyrenees
Python <-, -s> [ˈpyːtɔn] *m*, **Pythonschlange** *f* python

Qq

Q, q <-, - *o fam* -s, -s> [kuː] *nt* Q, q; *s. a.* **A 1**
Quadrat <-[e]s, -e> [kvaˈdraːt] *nt* square; **etw ins ~ erheben** to square sth
quadratisch *adj* square
Quadratmeter *m* square metre
quaken [ˈkvaːkn̩] *vi Frosch* to croak; *Ente* to quack
Qual <-, -en> [kvaːl] *f* ❶ (*Quälerei*) struggle ❷ *meist pl* (*Pein*) agony *no pl* ▶ **die ~ der Wahl haben** (*hum*) to be spoilt for choice
quälen [ˈkvɛːlən] I. *vt* ❶ (*piesacken*) to pester ❷ (*misshandeln*) ■ **jdn** ~ to be cruel to sb ❸ (*peinigen*) to torment II. *vr* ❶ ■ **sich** ~ to suffer ❷ ■ **sich mit etw** *dat* ~ *Gedanken* to torment oneself with sth; *Arbeit* to struggle [hard] with sth
Quälerei <-, -en> [kvɛːləˈrai] *f* (*physisch*) torture; (*psychisch*) torment
Qualifikation <-, -en> [kvalifikaˈtsi̯oːn] *f* qualifications *pl*
qualifizieren* [kvalifiˈtsiːrən] I. *vr* ■ **sich** ~ to qualify (**für/zu** for) II. *vt* ■ **jdn** ~ to qualify sb (**für/zu** for)
Qualität <-, -en> [kvaliˈtɛːt] *f* quality
qualitativ [kvalitaˈtiːf] *adj* qualitative
Qualitätserzeugnis *nt* quality product
Qualle <-, -n> [ˈkvalə] *f* jellyfish
Qualm <-[e]s> [ˈkvalm] *m kein pl* [thick] smoke
qualmen [ˈkvalmən] I. *vi* to smoke II. *vt* (*fam*) to puff away at sth
qualvoll I. *adj* agonizing II. *adv* ~ **sterben** to die in agony
Quäntchenᴿᴿ <-s, -> *nt* **ein ~** a little bit (of); **kein ~** not one iota
Quantität <-, -en> [kvantiˈtɛːt] *f* quantity
quantitativ [ˈkvantitatiːf, kvantitaˈtiːf] *adj* quantitative
Quarantäne <-, -n> [karanˈtɛːnə] *f* quarantine *no pl*; **unter ~ stehen** to be in quarantine; **jdn/etw unter ~ stellen** to place sb/sth under quarantine
Quark <-s> [ˈkvark] *m kein pl* ❶ fromage frais ❷ (*fam: Quatsch*) nonsense
Quartal <-s, -e> [kvarˈtaːl] *nt* quarter
Quarte <-, -n> [ˈkvartə] *f* MUS fourth
Quartett <-[e]s, -e> [kvarˈtɛt] *nt a.* MUS quartet
Quartier <-s, -e> [kvarˈtiːɐ̯] *nt* ❶ (*Unterkunft*) accommodation *no indef art, no pl* ❷ SCHWEIZ (*Viertel*) district
Quarz <-es, -e> [ˈkvaːɐ̯ts] *m* quartz
Quarzuhr *f* quartz clock [*or* watch]
quasi [ˈkvaːzi] *adv* almost
quasseln [ˈkvasl̩n] *vi* (*fam*) to babble
Quasselstrippe <-, -n> *f* (*pej fam*) windbag
Quaste <-, -n> [ˈkvastə] *f* tassel
Quatsch <-es> [ˈkvatʃ] *m kein pl* (*fam*) nonsense; **~ machen** to mess around
quatschen [ˈkvatʃn̩] I. *vt* (*fam*) **dummes Zeug ~** to talk nonsense II. *vi* (*fam*) ❶ (*labern*) to prattle on ❷ (*sich unterhalten*) to natter; ■ **von etw** *dat* ~ to talk about sth
Quatschkopf *m* (*pej fam*) babbling idiot
Quecksilber [ˈkvɛkzɪlbɐ] *nt* mercury
Quelle <-, -n> [ˈkvɛlə] *f* source

quellen <quoll, gequollen> ['kvɛlən] *vi sein* ① ▪[**aus** etw *dat*] ~ to pour out [of sth] ②(*aufquellen*) to swell [up]

Quellenangabe *f* reference

Quellwasser *nt* spring water

queng(e)lig ['kvɛŋ(ə)lɪç] *adj* whining; **sei nicht so** ~ stop whining

quengeln ['kvɛŋln] *vi* (*fam*) ①(*weinerlich sein*) to whine ②(*nörgeln*) to moan

Quentchen^{ALT} <-s, -> ['kvɛntçən] *nt s.* **Quäntchen**

quer ['kveːɐ̯] *adv* (*horizontal*) diagonally; ~ **gestreift** horizontally striped; ~ **durch/über** etw *akk* straight through/across sth

Quere <-> ['kveːrə] *f kein pl* ▶ **jdm in die ~ kommen** to get in sb's way

querfeldein [kveːɐ̯fɛlt'ʔain] *adv* across country

Querflöte *f* transverse flute **Querkopf** *m* (*fam*) awkward customer **quer|legen** *vr* (*fig fam*) **sich** ~ to make difficulties **Querschnitt** *m* cross-section **Querstraße** *f* sidestreet

Querulant(in) <-en, -en> [kveru'lant] *m(f)* querulous person

Querverbindung *f* direct connection

quetschen ['kvɛtʃn] I. *vt* to squeeze (**aus** out of), to crush (**an/gegen** against) II. *vr* ① MED ▪**sich** ~ to bruise oneself; **ich habe mir den Fuß gequetscht** I've crushed my foot ②(*zwängen*) **sich in etw** *akk* ~ to squeeze [oneself] into sth

Quetschung <-, -en> *f* MED ① *kein pl* crushing ②(*verletzte Stelle*) bruise

quietschen ['kviːtʃn] *vi* (*kurz*) to squeak; (*lang*) to squeal

quietschfidel ['kviːtʃfi'deːl], **quietschvergnügt** ['kviːtʃfɛɐ̯'gnyːkt] *adj* (*fam*) as happy as a sandboy

Quinte <-, -n> ['kvɪntə] *f* MUS fifth

Quintett <-[e]s, -e> [kvɪn'tɛt] *nt a.* MUS quintet

Quirl <-s, -e> ['kvɪrl] *m* whisk

quitt ['kvɪt] *adj* ▪[**mit jdm**] ~ **sein** (*finanziell*) to be quits [with sb]

Quitte <-, -n> ['kvɪtə] *f* quince

quittieren* [kvɪ'tiːrən] *vt* ① ▪[**jdm**] etw ~ to give [sb] a receipt for sth; **sich** *dat* etw ~ **lassen** to obtain a receipt for sth ②(*geh: reagieren*) ▪**etw mit etw** *dat* ~ to meet sth with sth

Quittung <-, -en> ['kvɪtʊŋ] *f* ① receipt; **jdm eine ~ ausstellen** to issue sb with a receipt; **gegen** ~ on production of a receipt ②(*Folge*) ▪**die ~ für** etw *akk* [the just] deserts for sth

Quiz <-, -> [kvɪs] *nt* quiz

Quizmaster(in) <-s, -> ['kvɪsmaːstɐ] *m(f)* quiz master

Quote <-, -n> ['kvoːtə] *f* ①(*Anteil*) proportion ② POL (*Quotenregelung*) quota system

Quotient <-en, -en> [kvo'tsiɛnt] *m* quotient

R, r <-, - *o fam* -s, -s> [ɛr] *nt* R, r; **das ~ rollen** to roll the r; *s. a.* **A 1**

Rabatt <-[e]s, -e> [ra'bat] *m* discount

Rabe <-n, -n> ['raːbə] *m* raven

rabenschwarz ['raːbn̩ʃvarts] *adj* jet-black

rabiat [ra'biaːt] I. *adj* ruthless II. *adv* ruthlessly

Rache <-> ['raxə] *f kein pl* revenge; ~ **nehmen** to take revenge (**an** on, **für** for); **aus ~** in revenge

Racheakt *m* act of revenge

Rachen <-s, -> ['raxn̩] *m* throat

rächen ['rɛçn̩] I. *vt* ▪**etw** ~ to take revenge for sth; ▪**jdn** ~ to avenge sb II. *vr* ▪**sich** ~ to take one's revenge

Rachenhöhle *f* ANAT [cavity of the] pharynx *spec*

Rachitis <-> [ra'xiːtɪs] *f kein pl* rickets

Rachsucht *f* vindictiveness

rachsüchtig *adj* vindictive

Rad¹ <-[e]s, Räder> [raːt, *pl* 'rɛːdɐ] *nt* ① AUTO wheel ② SPORT **ein** ~ **schlagen** to do a cartwheel ▶ **ein** ~ **ab haben** (*sl*) to have a screw loose

Rad² <-[e]s, Räder> [raːt, *pl* 'rɛːdɐ] *nt* bike; ~ **fahren** to cycle; **mit dem** ~ by bike

Radar <-s> [ra'daːɐ̯] *m o nt kein pl* radar

Radarkontrolle *f* [radar] speed check

Radau <-s> [ra'dau] *m kein pl* (*fam*) racket

radeln ['raːdln̩] *vi sein* (*fam*) to cycle

Rad|fahren *nt* cycling

Radfahrer(in) *m(f)* cyclist **Radfahrweg** *m* cycle path

Radi <-s, -> ['raːdi] *m* KOCHK SÜDD, ÖSTERR (*Rettich*) radish

radieren * [ra'di:rən] *vt* to erase
Radiergummi <-s, -s> *m* rubber BRIT, eraser AM
Radieschen <-s, -> [ra'di:sçən] *nt* radish
radikal [radi'ka:l] *adj* radical
Radio <-s, -s> ['ra:dio] *nt o* SCHWEIZ *m* radio; ~ **hören** to listen to the radio; **im** ~ on the radio
radioaktiv [radio?ak'ti:f] **I.** *adj* radioactive **II.** *adv* ~ **verseucht** contaminated by radioactivity **Radioaktivität** <-> [radio?aktivi'tɛ:t] *f kein pl* radioactivity **Radiogerät** *nt* radio set **Radiorekorder** <-s, -> *m* radio cassette recorder **Radiowecker** *m* radio alarm
Radium <-s> ['ra:dium] *nt kein pl* radium
Radius <-, Radien> ['ra:dius, *pl* 'ra:diən] *m* radius
Radkappe *f* hub cap **Radrennen** *nt* cycle race **Radrennfahrer(in)** *m(f)* racing cyclist **Radsport** *m* cycling **Radtour** [-tu:ɐ] *f* bicycle ride **Radwechsel** *m* wheel change
raffen ['rafn̩] *vt* ① *(eilig greifen)* ■ etw [an sich *akk*] ~ to grab sth ② *(sl: begreifen)* to get
Raffgier *f* greed *no pl*
raffgierig *adj* greedy
Raffinerie <-, -n> [rafinə'ri:, *pl* -ri:ən] *f* refinery
Raffinesse <-, -n> [rafi'nɛsə] *f kein pl* cunning
raffiniert **I.** *adj* ① *(durchtrieben)* cunning ② *(ausgeklügelt)* clever **II.** *adv* cunningly
ragen ['ra:gn̩] *vi* ■ aus etw *dat* ~ to rise up out of sth
Ragout <-s, -s> [ra'gu:] *nt* ragout
Rahm <-[e]s> [ra:m] *m kein pl* cream
rahmen ['ra:mən] *vt* to frame
Rahmen <-s, -> ['ra:mən] *m* ① frame ② *(Bereich)* framework; **im** ~ **des Möglichen** within the bounds of possibility; **in einem größeren/kleineren** ~ on a large/small scale; **aus dem** ~ **fallen** to stand out; **sich im** ~ **halten** to keep within reasonable bounds; **den** ~ **[von etw** *dat*] **sprengen** to go beyond the scope of sth
Rahmsoße *f* cream[y] sauce
Rakete <-, -n> [ra'ke:tə] *f* rocket; MIL missile
Rallye <-, -s> ['rali, 'rɛli] *f* rally
RAM <-, -s> [ram] *nt Akr von* **random access memory** RAM
Rambazamba <-s> *nt kein pl* *(fam)* fuss *no pl;* ~ **machen** to kick up a fuss
rammen ['ramən] *vt* to ram (**in** into)
Rampe <-, -n> ['rampə] *f* ramp
Rampenlicht *nt* ▶ **im** ~ **stehen** to be in the limelight
ramponieren * [rampo'ni:rən] *vt (fam)* to ruin
Ramsch <-[e]s> [ramʃ] *m kein pl (fam)* junk
Ramschladen *m (fam)* junk shop
Rand <-es, Ränder> [rant, *pl* 'rɛndɐ] *m* ① edge; *eines Glases, einer Wanne* rim; *eines Hutes* brim ② *(Grenze)* verge ③ *(auf Papier)* margin ④ *(Schatten, Spur)* mark; **[dunkle/rote] Ränder um die Augen** [dark/red] rings [a]round one's eyes ▶ **außer** ~ **und Band geraten** *(fam)* to be beside oneself; [**mit etw** *dat*] **zu** ~**e kommen** *(fam)* to cope [with sth]; **am** ~**e** in passing
rang [raŋ] *imp von* **ringen**
Rang <-[e]s, Ränge> [raŋ, *pl* 'rɛŋə] *m* ① *kein pl* status; **alles, was** ~ **und Namen hat** everybody who is anybody ② MIL rank ③ SPORT place
Rangelei <-, -en> [raŋə'lai] *f (fam)* scrapping *no pl*
rangeln ['raŋl̩n] *vi (fam)* ■ [**mit jdm**] ~ to scrap [with sb]
rangieren * [rã'ʒi:rən] *vi (Stellenwert haben)* to rank
Rangliste *f* ranking[s] list
Rangordnung *f* hierarchy
Ränke ['rɛŋkə] *pl (geh)* intrigues
ranken ['raŋkn̩] *vr* ① HORT ■ **sich irgendwohin** ~ to climb somewhere ② *Sagen* ■ **sich um jdn/etw** ~ to have grown up around sb/developed around sth
Ranzen <-s, -> ['rantsn̩] *m* satchel
ranzig ['rantsɪç] *adj* rancid
Rap <-> [rɛp] *m kein pl* MUS rap
Rapid Prototyping <-[s], -s> ['ræpɪdprəʊtəʊ'taɪpɪŋ] *nt* rapid prototyping
rappelvoll *adj (fam)* jam-packed
Raps <-es, -e> [raps] *m* rape[seed]
rar [ra:ɐ] *adj* rare; ■ ~ **sein/werden** to be/become hard to find; **sich** ~ **machen** *(fam)* to make oneself scarce
Rarität <-, -en> [rari'tɛ:t] *f* rarity
rasant [ra'zant] **I.** *adj* ① fast; *Beschleunigung* terrific; *Tempo* breakneck ② *(stürmisch)* rapid; *Zunahme* sharp **II.** *adv* rapidly; ~ **fahren** to drive at breakneck speed; ~ **zunehmen** to

increase sharply

rasch [raʃ] **I.** *adj* quick **II.** *adv* quickly

rascheln ['raʃln] *vi* ■ **[mit etw** *dat*] ~ to rustle [sth]

rasen ['raːzn̩] *vi* ❶ *sein* to speed; ■ **gegen** [*o* **in**] **etw** *akk* ~ to crash into sth ❷ *sein Zeit* to fly [by] ❸ *haben* (*wütend sein*) **sie raste** [**vor Wut**] she was beside herself [with rage]

Rasen <-s, -> ['raːzn̩] *m* lawn

rasend *adj* ❶ *Tempo* breakneck ❷ (*wütend*) furious; ~ **vor Wut sein** to be beside oneself with rage ❸ *Schmerz* excruciating; *Wut* blind

Rasenmäher <-s, -> *m* lawnmower

Raser(in) <-s, -> ['raːzɐ] *m(f)* (*fam*) speed merchant

Rasierapparat *m* shaver **Rasiercreme** *f* shaving cream

rasieren* [raˈziːrən] *vr* ■ **sich** ~ to [have a] shave; ■ **sich** ~ **lassen** to get a shave; **sich** *dat* **die Beine** ~ to shave one's legs

Rasierklinge *f* razor blade **Rasierpinsel** *m* shaving brush **Rasierschaum** *m* shaving foam **Rasierseife** *f* shaving soap **Rasierwasser** *nt* aftershave

Raspel <-, -n> ['raspl̩] *f* rasp; KOCHK grater

raspeln ['raspl̩n] *vt* to grate

Rasse <-, -n> ['rasə] *f* race

rasseln ['rasl̩n] *vi* ■ [**mit etw** *dat*] ~ to rattle [sth]

Rassendiskriminierung *f* racial discrimination **Rassenhass**^RR *m* racial hatred *no pl* **Rassentrennung** *f kein pl* racial segregation **Rassenunruhe** *f meist pl* racial unrest *no pl, no indef art*

rassig ['rasɪç] *adj* vivacious

Rassismus <-> [raˈsɪsmʊs] *m kein pl* racism

Rassist(in) <-en, -en> [raˈsɪst] *m(f)* racist

rassistisch *adj* racist

Rast <-, -en> [rast] *f* break; ~ **machen** to stop for a break

rasten ['rastn̩] *vi* to have a break

Raster¹ <-s, -> ['rastɐ] *m* TYPO ❶ (*Glasplatte, Folie*) screen ❷ (*Rasterung*) screening

Raster² <-s, -> ['rastɐ] *nt* ❶ TV (*Gesamtheit der Bildpunkte*) raster ❷ (*geh: System von Kategorien*) category

Rasthof *m* service area

rastlos *adj* ❶ (*unermüdlich*) tireless ❷ (*unruhig*) restless

Rastplatz *m* picnic area

Rasur <-, -en> [raˈzuːɐ̯] *f* ❶ (*das Rasieren*) shaving ❷ (*Resultat*) shave

Rat¹ <-[e]s> [raːt] *m kein pl* advice; **jdn um** ~ **fragen** to ask sb for advice; **jdm einen** ~ **geben** to give sb some advice; **jdm den** ~ **geben, etw zu tun** to advise sb to do sth; **jdn/etw zu** ~**e ziehen** to consult sb/sth

Rat² <-[e]s, Räte> [raːt, *pl* 'rɛːtə] *m* POL council; **Großer** ~ [Swiss] cantonal parliament

Rat, Rätin <-[e]s, Räte> [raːt, 'rɛːtɪn, *pl* 'rɛːtə] *m, f* ❶ (*Stadtrat*) councillor ❷ ADMIN (*fam*) senior official

Rate <-, -n> ['raːtə] *f* instalment; **etw in** ~**n bezahlen** to pay for sth in instalments

raten <rät, riet, geraten> ['raːtn̩] **I.** *vi* ❶ (*Ratschläge geben*) to advise ❷ (*schätzen*) to guess **II.** *vt* ❶ ■ **jdm etw raten** to advise sb to do sth ❷ (*erraten*) to guess

Ratenkauf *m* hire purchase BRIT, installment plan AM **Ratenzahlung** *f kein pl* payment in instalments

Rathaus *nt* town hall

ratifizieren* [ratifiˈtsiːrən] *vt* to ratify

Rätin <-, -nen> *f fem form von* **Rat**

Ration <-, -en> [raˈtsi̯oːn] *f* ration

rational [ratsi̯oˈnaːl] *adj* rational

rationalisieren* [ratsi̯onaliˈziːrən] *vt, vi* to rationalize

Rationalisierung <-, -en> *f* rationalization *no pl*

rationell [ratsi̯oˈnɛl] *adj* efficient

rationieren* [ratsi̯oˈniːrən] *vt* to ration

ratlos *adj* helpless; **ich bin völlig** ~ I'm completely at a loss

Ratlosigkeit <-> *f kein pl* helplessness

ratsam ['raːtzaːm] *adj* ■ ~ **sein, etw zu tun** to be advisable to do sth

Ratschlag <-s, Ratschläge> ['raːtʃlaːk, *pl* -ʃlɛːgə] *m* advice; **jdm einen** ~ **geben** to give sb a piece of advice

Rätsel <-s, -> ['rɛːtsl̩] *nt* ❶ (*Geheimnis*) mystery; **es ist** [**jdm**] **ein** ~ **warum ...** it is a mystery [to sb] why ... ❷ (*Denkaufgabe*) riddle; **des** ~**s Lösung** the answer to the riddle; **jdm ein** ~ **aufgeben** to pose a riddle for sb; **vor einem** ~ **stehen** to be baffled ❸ (*Kreuzworträtsel*) crossword [puzzle]

rätselhaft *adj* mysterious; ■ **es ist jdm** ~, **warum ...** it's a mystery to sb why ...

Ratsherr *m* councillor

Ratssitzung *f* council meeting

Rattan <-s, *selten* -e> ['ratan] *nt* rattan
Ratte <-, -n> ['ratə] *f* rat
rattern ['ratɐn] *vi* to rattle
rau^{RR} *adj* ❶ (*spröde*) rough ❷ *Hals* sore; *Stimme* husky ❸ (*unwirtlich; barsch*) harsh
Raub <-[e]s, *selten* -e> [raup] *m kein pl* ❶ robbery ❷ (*das Geraubte*) booty
Raubbau *m kein pl* over-exploitation
rauben ['raubn̩] *vt* ❶ to rob ❷ (*entführen*) to abduct ❸ (*geh: beanspruchen*) **das hat mir viel Zeit geraubt** this has cost me a lot of time
Räuber(in) <-s, -> ['rɔybɐ] *m(f)* robber
Räuberbande *f* bunch of crooks
Raubkatze *f* big cat **Raubkopie** *f* pirate[d] copy **Raubmord** *m* murder with robbery as a motive **Raubtier** *nt* predator **Raubüberfall** *m* robbery **Raubvogel** *m* bird of prey
Rauch <-[e]s [raux] *m kein pl* smoke; **sich in ~ auflösen** to go up in smoke
rauchen ['rauxn̩] *vi, vt* to smoke; **sehr stark ~** to be a very heavy smoker; **darf man hier/bei Ihnen ~?** may I smoke [in] here/do you mind if I smoke?
Raucher(in) <-s, -> *m(f)* smoker
Räucheraal *m* smoked eel
Raucherabteil *nt* BAHN smoking compartment [*or* AM car] **Raucherecke** *f* smokers' corner
Räucherlachs *m* smoked salmon
räuchern [rɔyçɐn] *vt* to smoke
rauchig ['rauxɪç] *adj* smoky
Rauchsäule *f* column of smoke **Rauchschwaden** <-s, -> *m meist pl* cloud of smoke **Rauchverbot** *nt* ban on smoking **Rauchvergiftung** *f* smoke poisoning **Rauchwolke** *f* cloud of smoke
räudig ['rɔydɪç] *adj* mangy
raufen ['raufn̩] *vi, vr* ■ [**sich**] **~** to fight
rauh^{ALT} [rau] *adj s.* **rau**
Raum <-[e]s, Räume> [raum, *pl* 'rɔymə] *m* ❶ (*Zimmer, Platz*) room; **auf engstem ~** in a very confined space; **~ [für etw** *akk*] **schaffen** to make room [for sth] ❷ *kein pl* PHYS, ASTRON space *no art* ❸ (*Gebiet*) region; **im ~ Hamburg** in the Hamburg area ▶**im ~[e] stehen** to be unresolved; **etw in den ~ stellen** to raise sth
räumen ['rɔymən] *vt* ❶ to remove (**aus/von** from) ❷ (*verstauen*) to put away *sep* (**in** in) ❸ (*frei machen*) *Wohnung* to vacate; *Straße* to clear ❹ (*evakuieren*) to evacuate

Raumfähre *f* space shuttle **Raumfahrt** *f kein pl* space travel *no art* **Raumfahrzeug** *nt* snowplough **Raumkapsel** *f* ❶ (*einer Raumfähre*) space capsule ❷ (*Sonde*) space probe
räumlich ['rɔymlɪç] **I.** *adj* ❶ spatial ❷ (*dreidimensional*) three-dimensional **II.** *adv* three-dimensionally
Raummangel *m* lack of room [*or* space] *no pl* **Raumpfleger(in)** *m(f)* cleaner **Raumschiff** *nt* spaceship **Raumstation** *f* space station
Räumung <-, -en> *f* ❶ *Straße* clearing; *Wohnung* vacation; (*zwangsweise*) eviction ❷ (*Evakuierung*) evacuation
Räumungsklage *f* action of ejectment **Räumungsverkauf** *m* clearance sale
raunen ['raunən] *vi, vt* (*geh*) to murmur
Raupe¹ <-, -n> ['raupə] *f* ZOOL caterpillar
Raupe² <-, -n> ['raupə] *f* (*Planierraupe*) bulldozer
Raupenfahrzeug *nt* caterpillar®
raus|bekommen* *vt irreg* (*fam*) *s.* **herausbekommen**
Rausch <-[e]s, Räusche> [rauʃ, *pl* 'rɔyʃə] *m* ❶ intoxication; **einen ~ haben** to be drunk; **seinen ~ ausschlafen** to sleep it off ❷ (*geh: Ekstase*) ecstasy
rauschen ['rauʃn̩] *vi Meer* to roar; (*sanft*) to murmur; *Blätter* to rustle; *Lautsprecher* to hiss
rauschfrei *adj* TELEK, MEDIA free of background noise
Rauschgift *nt* drug
Rauschgifthändler(in) <-s, -> *m(f)* drug dealer; (*international*) drug trafficker
rauschgiftsüchtig *adj* addicted to drugs *pred* **Rauschgiftsüchtige(r)** <-n, -n> *f(m) dekl wie adj* drug addict
raus|ekeln ['raus?e:kl̩n] *vt* (*fam*) to freeze sb out *sep* (**aus** of)
raus|fliegen *vi irreg sein* (*fam*) to be chucked out (**aus** of)
räuspern ['rɔyspɐn] *vr* ■ **sich ~** to clear one's throat
raus|schmeißen *vt irreg* (*fam*) to chuck out
Rausschmeißer <-s, -> *m* (*fam*) bouncer
Razzia <-, Razzien> ['ratsi̯a, *pl* -tsi̯ən] *f* raid
Reagenzglas *nt* test tube
reagieren* [rea'giːrən] *vi* to react (**auf** to)
Reaktion <-, -en> [reak'tsi̯oːn] *f* reaction (**auf** to)
Reaktor <-s, -toren> [re'aktoːɐ̯, *pl* reak'toː-

rən] *m* reactor
Reaktorunglück *nt* reactor accident
real [re'aːl] *adj* real
realisierbar *adj* (*geh*) realizable
realisieren* [reali'ziːrən] *vt* to realize
realistisch [rea'lɪstɪʃ] *adj* realistic
Realität <-, -en> [reali'tɛːt] *f* reality
realitätsfern *adj* unrealistic
realitätsnah *adj* realistic
Realschule *f* type of secondary/junior high school for ages 10 to 16 where pupils can work towards the 'mittlere Reife'

In terms of academic attainment, the **Realschule** lies somewhere between the **Hauptschule** (secondary modern) and the **Gymnasium** (grammar school). The school leaving certificate after Year 10 is called the **Mittlere Reife** – roughly equivalent to GCSEs. School leavers usually go on to three years of vocational training, however students with very good marks also have the chance to continue their education at a **Gymnasium**.

Rebe <-, -n> ['reːbə] *f* (grape)vine
Rebell(in) <-en, -en> [re'bɛl] *m/f* rebel
rebellieren* [rebɛ'liːrən] *vi* to rebel
Rebellion <-, -en> [rebɛ'li̯oːn] *f* rebellion; *Studenten* revolt
rebellisch [re'bɛlɪʃ] *adj* rebellious
Rebhuhn ['reːphuːn] *nt* partridge
rechen ['rɛçn̩] *vt* to rake
Rechen <-s, -> ['rɛçn̩] *m* rake
Rechenaufgabe *f* arithmetic[al] problem
Rechenfehler *m* arithmetic[al] error
Rechenmaschine *f* calculator
Rechenschaft <-> *f kein pl* account; **jdm ~ schulden** to be accountable to sb (**über** for); **jdn zur ~ ziehen** to call sb to account
Rechenschritt *m* INFORM calculation
Recherche <-, -n> [re'ʃɛrʃə] *meist pl f* investigation; **~n [über jdn/etw] anstellen** to investigate [sb/sth]
recherchieren* [reʃɛr'ʃiːrən] *vi, vt* to investigate
rechnen ['rɛçnən] **I.** *vt* ① MATH to calculate ② (*veranschlagen*) **zu hoch/niedrig gerechnet sein** to be an over-/underestimate ③ (*betrachten als*) **ich rechne ihn zu meinen besten Freunden** I count him amongst my best friends **II.** *vi* ① MATH to do arithmetic; **er kann [nicht] gut ~** he is [not] good at arithmetic; **falsch ~** to make a mistake [in one's calculations]; **richtig ~** to calculate correctly ② (*vertrauen*) ■**auf jdn/etw ~** to count on sb/sth ③ (*erwarten*) ■**mit etw** *dat* **~** to reckon on sth; **mit allem/dem Schlimmsten ~** to be prepared for anything/the worst **III.** *vr* ■**sich ~** to be profitable
rechnergesteuert *adj* INFORM computer-controlled **rechnergestützt** *adj* computer-aided
rechnerisch *adj* arithmetic[al]
Rechnung <-, -en> *f* ① ÖKON bill; **das geht auf meine ~** I'm paying for this; **etw auf die ~ setzen** to put sth on the bill ② MATH calculation; **die ~ stimmt nicht** the sum just doesn't work ▶**mit jdm eine [alte] ~ zu begleichen haben** to have a[n old] score to settle with sb
Rechnungsdatum *nt* billing date, date of invoice **Rechnungsjahr** *nt* financial year
Rechnungsprüfer(in) <-s, -> *m(f)* auditor
Rechnungswesen <-s> *nt kein pl* ÖKON accountancy *no pl*
recht [rɛçt] **I.** *adj* ① right; **ganz ~!** quite right! ② (*passend*) ■**jdm ist etw ~** sth is all right with sb; **das soll mir ~ sein** that's fine by me; **ist Ihnen der Kaffee so ~?** is your coffee all right? ▶**nach dem Rechten sehen** to see that everything's all right **II.** *adv* ① (*richtig*) correctly; **höre ich ~?** am I hearing things?; **versteh mich bitte ~** please don't misunderstand me ② (*genau*) really; **nicht ~ wissen** to not really know ③ (*ziemlich*) rather ④ (*fam: gelegen*) **man kann es nicht allen ~ machen** you cannot please everyone; **jdm ~ geschehen** to serve sb right; **jdm gerade ~ kommen** to come just in time [for sb] ▶**jetzt erst ~** now more than ever
Recht <-[e]s, -e> [rɛçt] *nt* ① *kein pl* (*Rechtsordnung*) law; **alle ~e vorbehalten** all rights reserved ② (*Anspruch, Befugnis*) right (**auf** to); **jdm ~ geben** to agree with sb; **~ haben** to be [in the] right; **kein ~ haben, etw zu tun** to have no right to do sth; **im ~ sein** to be in the right; **mit ~** rightly; **mit welchem ~?** by what right?; **von ~s wegen** (*fam*) by rights
Rechte <-n, -n> ['rɛçtə] *f* ① right [hand]; **zu jds ~n** (*geh*) to sb's right ② POL right
Rechteck <-[e]s, -e> *nt* rectangle

rechteckig *adj* rectangular
rechtfertigen I. *vt* to justify (**gegenüber** to) II. *vr* ■ **sich** ~ to justify oneself
Rechtfertigung *f* justification
rechthaberisch *adj* (*pej*) dogmatic
rechtlich I. *adj* legal II. *adv* legally
rechtlos *adj* without rights *pred*
rechtmäßig *adj* legal; **nicht** ~ illegal
rechts [rɛçts] I. *adv* ❶ (*auf der rechten Seite*) on the right; **etw** ~ **von etw** *dat* **aufstellen** to put sth to the right of sth; ~ **oben/unten** at the top/bottom on the right; **nach** ~ to the right; **von** ~ from the right ❷ POL right; ~ **eingestellt sein** to lean to the right; ~ [**von jdm/etw**] **stehen** to be on the right [of sth] ► **nicht mehr wissen, wo** ~ **und links ist** (*fam*) to not know whether one is coming or going II. *präp* ■ ~ **einer S.** + *gen* to [*or* on] the right of sth
Rechtsabteilung *f* legal department
Rechtsanwalt, -anwältin *m*, *f* lawyer; **sich** *dat* **einen** ~ **nehmen** to get a lawyer
Rechtsbeistand *m* ❶ (*juristisch Sachkundiger*) legal adviser ❷ *kein pl* (*juristische Sachberatung*) legal advice *no pl, no indef art* **Rechtsbruch** *m* breach of the law
rechtschaffen ['rɛçtʃafn̩] *adj* upright
Rechtschreibfehler *m* spelling mistake
Rechtschreibung *f* spelling
Rechtsextremismus <-> *m kein pl* right-wing extremism **Rechtsextremist(in)** *m(f)* right-wing extremist
rechtskräftig *adj Urteil* final
Rechtskurve *f* **eine** ~ **machen** to [make a] bend to the right
Rechtslage *f* legal position **Rechtsnorm** *f* JUR legal rule, rule of law
Rechtsprechung <-, *selten* -en> *f kein pl* dispensation of justice
rechtsradikal I. *adj* extreme right-wing II. *adv* ~ **eingestellt sein** to have a tendency to the far-right **Rechtsschutzversicherung** *f* legal costs insurance **Rechtsstaat** *m* state under the rule of law **rechtsstaatlich** *adj* founded on the rule of law *pred* **Rechtsstaatlichkeit** *f kein pl* rule of law *no pl, no indef art* **Rechtsstreit** *m* lawsuit
Rechtsverkehr *m* driving on the right **rechtswidrig** *adj* unlawful **rechtwinkelig, rechtwinklig** *adj* right-angled
rechtzeitig I. *adj* punctual II. *adv* on time; ~ **ankommen** to arrive just in time

recken ['rɛkn̩] *vt* to stretch; **den Hals/Kopf** [**nach oben**] ~ to crane one's neck [upwards]
Recycling <-s> [ri'saiklɪŋ] *nt kein pl* recycling
Redakteur(in) <-s, -e> [redak'tøːɐ] *m(f)* editor
Redaktion <-, -en> [redak'tsi̯oːn] *f* (*Abteilung*) editorial department
Rede <-, -n> ['reːdə] *f* ❶ (*Ansprache*) speech; **eine** ~ **halten** to make a speech ❷ (*das Sprechen*) talk; **wovon ist die** ~? what's it [all] about?; **von jdm/etw ist die** ~ there is talk of sb/sth; **die** ~ **kam auf jdn/etw** the conversation turned to sb/sth ► [**jdm**] ~ **und Antwort stehen** to account [to sb]; **jdn zur** ~ **stellen** to take sb to task; **langer Rede kurzer Sinn** (*fam*) in short; **nicht der** ~ **wert sein** to be not worth mentioning; **davon kann keine** ~ **sein** that's out of the question
redefaul *adj* uncommunicative **redegewandt** *adj* (*geh*) eloquent
reden ['reːdn̩] I. *vi* ❶ (*sprechen*) to talk (**mit** to, **über** about); **du hast gut** ~ it's easy for you to talk; **darüber lässt sich** ~ that's a possibility; **mit jdm zu** ~ **haben** to need to speak to sb ❷ (*klatschen*) **es wird über uns geredet** we're being talked about; **schlecht von jdm** ~ to speak ill of sb ❸ (*eine Rede halten*) to speak (**über** about/on) II. *vt* to talk III. *vr* **sich in Rage/Wut** ~ to talk oneself into a rage/fury; **sich heiser** ~ to talk oneself hoarse
Redewendung *f* idiom
redlich ['reːtlɪç] I. *adj* honest II. *adv* really
Redner(in) <-s, -> ['reːdnɐ] *m(f)* speaker
Rednerbühne *f* platform, rostrum
redselig ['reːtzeːlɪç] *adj* talkative
reduzieren* [redu'tsiːrən] *vt* to reduce
Reeder(in) <-s, -> ['reːdɐ] *m(f)* shipowner
Reederei <-, -en> [reːdə'rai] *f* shipping company
reell [re'ɛl] *adj* ❶ real ❷ (*angemessen*) *Angebot, Preis* fair
Referat <-[e]s, -e> [refe'raːt] *nt* [seminar] paper; (*in der Schule*) project; **ein** ~ **halten** to present a paper/project
Referendar(in) <-s, -e> [referɛn'daːɐ] *m(f)* ❶ SCH student teacher ❷ JUR articled clerk
Referent(in) <-en, -en> [refe'rɛnt] *m(f)* ADMIN head of an advisory department
Referenz <-, -en> [refe'rɛnts] *f meist pl* ref-

erence

Reflation <-, -en> [refla'tsi̯oːn] *f* ÖKON reflation

reflektieren* [reflɛk'tiːrən] *vt, vi* to reflect

Reflex <-es, -e> [re'flɛks] *m* ① MED reflex ② (*Lichtreflex*) reflection

Reflexbewegung *f* reflex [movement]

Reflexion <-, -en> [reflɛ'ksi̯oːn] *f* reflection

Reflexivpronomen *nt* reflexive pronoun

Reform <-, -en> [re'fɔrm] *f* reform

Reformation <-> [refɔrma'tsi̯oːn] *f kein pl* ■ **die** ~ the Reformation

reformbedürftig *adj* in need of reform *pred*

Reformhaus *nt* health food shop [*or* AM store]

reformieren* [refɔr'miːrən] *vt* to reform

Reformkost *f* health food

Refrain <-s, -s> [re'frɛ̃ː, rə-] *m* refrain

Regal <-s, -e> [re'ɡaːl] *nt* shelves *pl*; **etw aus dem ~ nehmen** to take sth off the shelf; **etw ins ~ zurückstellen** to put sth back on the shelf; **in/auf dem ~ stehen** to stand on the shelf

Regatta <-, Regatten> [re'gata, *pl* re'gatən] *f* regatta

rege ['reːɡə] *adj* lively; *Beteiligung* active

Regel¹ <-, -n> ['reːɡl] *f* rule; **sich** *dat* **etw zur ~ machen** to make a habit of sth; **in der ~** as a rule

Regel² <-> ['reːɡl] *f kein pl* (*Menstruation*) period

Regelfall *m kein pl* rule

regelmäßig I. *adj* regular II. *adv* regularly

Regelmäßigkeit <-> *f kein pl* regularity

regeln ['reːɡln] I. *vt* ① (*in Ordnung bringen*) to settle ② (*regulieren*) to regulate II. *vr* ■ **sich [von selbst]** ~ to sort itself out

regelrecht ['reːɡlrɛçt] I. *adj* real II. *adv* really

Regelschmerzen *pl* period pains *pl*

Regelung <-, -en> ['reːɡəlʊŋ] *f* ① (*Bestimmung*) ruling ② *kein pl* (*das Regulieren*) regulation

regelwidrig I. *adj* against the rules *pred* II. *adv* against the rules

regen ['reːɡn] *vr* ■ **sich ~** to stir

Regen <-s, -> ['reːɡn] *m* rain; **bei/in strömendem ~** in [the] pouring rain ▶ **jdn im ~ stehen lassen** (*fam*) to leave sb in the lurch

regenarm *adj* dry, with low precipitation *spec*, low rainfall *attr*

Regenbogen *m* rainbow **Regenbogenhaut** *f* ANAT iris **Regenmantel** *m* raincoat **regenreich** *adj* wet, with high rainfall; ■ **~ sein** to be rainy **Regenschauer** *m* shower [of rain] **Regenschirm** *m* umbrella

Regent(in) <-en, -en> [re'ɡɛnt] *m(f)* ruler

Regentropfen *m* raindrop

Regenwald *m* rainforest **Regenwurm** *m* earthworm **Regenzeit** *f* rainy season

Regie <-, -n> [re'ʒiː, *pl* re'ʒiːən] *f* direction; [**bei etw** *dat*] **die ~ haben** to direct [sth]

regieren* [re'ɡiːrən] *vi, vt* to rule (**über** over)

Regierung <-, -en> [re'ɡiːrʊŋ] *f* government; **die ~ antreten** to take power; **jdn an die ~ bringen** to put sb into power; **an der ~ sein** to be in power

Regierungsbeamte(r), -beamtin *m, f* government official **Regierungschef(in)** *m(f)* head of [a/the] government **Regierungserklärung** *f* government statement **regierungsnah** [re'ɡiːrʊŋs-] *adj* POL close to the government *pred* **Regierungspartei** *f* ruling party **Regierungssprecher(in)** *m(f)* government spokesperson **Regierungswechsel** *m* change of government **Regierungszeit** *f* term of office

Regime <-s, -s> [re'ʒiːm] *nt* (*pej*) regime

Regiment¹ <-[e]s, -er> [reɡi'mɛnt] *nt* MIL regiment

Regiment² <-[e]s, -e> [reɡi'mɛnt] *nt* (*geh*) rule

regimetreu [re'ʒiːm-] *adj* POL loyal to the regime *pred*

Region <-, -en> [re'ɡi̯oːn] *f* region

regional [reɡi̯o'naːl] *adj* regional

Regionalteil [reɡi̯o'naːl-] *m* MEDIA local news section

Regisseur(in) <-s, -e> [reʒɪ'søːɐ̯] *m(f)* director

registrieren* [reɡɪs'triːrən] *vt* to register

Regler <-s, -> ['reːɡlɐ] *m* ELEK regulator; AUTO governor

reglos ['reːkloːs] *adj s.* **regungslos**

regnen ['reːɡnən] I. *vi* ■ **es regnet** it's raining II. *vt* **es regnet Beschwerden/Proteste** complaints/protests are pouring in

regnerisch *adj* rainy

Regressᴿᴿ *m,* **Regreß**ᴬᴸᵀ <-sses, -sse> [re'ɡrɛs] *m* recourse

regresspflichtigᴿᴿ *adj* liable for compensation

regulär [reɡu'lɛːɐ̯] *adj* regular

regulieren* [reɡu'liːrən] *vt* to regulate

Regulierungsbehörde [reɡu'liːrʊŋs-] *f*

ADMIN, ÖKON regulatory authority
Regung <-, -en> f ① movement ② (*Empfindung*) feeling; **menschliche ~** human emotion
regungslos *adj* motionless
Reh <-[e]s, -e> [re:] *nt* roe deer
Rehabilitationszentrum *nt* rehabilitation centre
rehabilitieren* [rehabili'ti:rən] *vt* to rehabilitate
Rehbock *m* [roe]buck **Rehbraten** *m* (*Fleisch*) joint of venison; (*gebraten*) roast venison
Reibe <-, -n> ['raibə] *f* grater
Reibekuchen *m* ≈ potato fritter BRIT, ≈ latke AM
reiben <rieb, gerieben> ['raibn̩] I. *vt* ① to rub ② KOCHK to grate II. *vr* ① (*mit Hand darüberfahren*) **sich** *dat* **die Augen/Hände ~** to rub one's eyes/hands ② (*sich kratzen*) ■**sich ~** to rub oneself (**an** on/against)
Reibereien [raibə'raiən] *pl* (*fam*) friction *no pl*
Reibung <-, -en> *f* friction
reibungslos I. *adj* smooth II. *adv* smoothly
reich [raiç] *adj* ① rich (**an** in); **~ an Erfahrung sein** to have a wealth of experience ② *Ernte* abundant; *Mahlzeit* lavish ③ *Auswahl* large; *Leben* varied
Reich <-[e]s, -e> [raiç] *nt* ① POL empire; **das ~ Gottes** the Kingdom of God; **das Dritte ~** the Third Reich; **das Römische ~** the Roman Empire ② (*Bereich*) realm

During the years of the German Reich, the **Reichstag** (sovereign assembly) was composed of representatives who were elected for four years according to the constitution of the Weimar Republic. After reunification, the parliament in Bonn took the decision to relocate to Berlin and in 1994, the **Reichstag** building in Berlin once again became the seat of federal parliament in Germany.

reichen ['raiçn̩] I. *vi* ① (*ausreichen*) to be enough; **die Vorräte ~ noch Monate** the stores will last for months still ② (*überdrüssig sein*) ■**etw reicht jdm** sth is enough for sb; **mir reicht's!** I've had enough!; **jetzt reicht's [aber]!** [right, [*or* AM all right,]] that's enough! ③ (*sich erstrecken*) ■**bis zu etw** *dat* **~** to reach to sth II. *vt* (*geh*) ① (*geben*) ■**jdm etw ~** to pass sb sth ② (*Hände schütteln*) **sich** *dat* **die Hand zur Versöhnung ~** to join hands in reconciliation
reichhaltig ['raiçhaltɪç] *adj* ① (*vielfältig*) wide ② (*üppig*) rich
reichlich ['raiçlɪç] I. *adj* large II. *adv* amply; **~ Geld/Zeit haben** to have plenty of money/time
Reichtum <-[e]s, Reichtümer> ['raiçtu:m, *pl* -ty:mə] *m kein pl* wealth; **zu ~ kommen** to get rich; ■**Reichtümer** riches *npl*
Reichweite *f* range
reif [raif] *adj* ① *Frucht* ripe ② *Mensch* mature; **im ~en Alter von ...** at the ripe old age of ... ③ (*bereit*) ■**~ für etw** *akk* **sein** to be ready for sth
Reif¹ <-[e]s> [raif] *m kein pl* METEO hoar frost
Reif² <-[e]s, -e> [raif] *m* (*Armreif*) bracelet
Reife <-> ['raifə] *f kein pl* ① *Frucht* ripeness ② *Mensch* maturity
reifen ['raifn̩] *vi sein* ① *Frucht* to ripen ② *Mensch* to mature (**zu** into)
Reifen <-s, -> ['raifn̩] *m* tyre
Reifendruck *m* tyre pressure **Reifenpanne** *f* flat **Reifenwechsel** *m* tyre change
reiflich ['raiflɪç] *adj* thorough; **nach ~er Überlegung** after careful consideration
Reihe <-, -n> ['raiə] *f* ① row; MIL file; **sich in ~n aufstellen** to form lines; **aus der ~ treten** to step out of line; **der ~ nach** in order ② (*Menge*) **eine ~ von zusätzlichen Informationen** ▶ [**mit etw** *dat*] **an der ~ sein** to be next in line [for sth]; **du bist an der ~** it's your turn; **etw auf die ~ kriegen** (*fam: kapieren*) to get sth into one's head; **aus der ~ tanzen** (*fam*) to step out of line
Reihenfolge *f* order
Reihenhaus *nt* terraced [*or* AM row] house
reihenweise *adv* by the dozen
Reiher <-s, -> ['raiɐ] *m* heron
reihum [rai'ʔʊm] *adv* in turn; **etw ~ gehen lassen** to pass sth round [*or* AM around]
Reim <-[e]s, -e> [raim] *m* rhyme
reimen ['raimən] *vr, vt* ■[**sich**] **~** to rhyme (**auf/mit** with)
rein¹ [rain] *adv* (*fam*) into; „**~ mit dir!**" "come on, get in!"
rein² [rain] I. *adj* ① (*pur*) pure; *Wahrheit* plain; **das Kinderzimmer ist der ~ste Schweinestall!** the children's room is an ab-

solute pigsty! ❷ (*völlig sauber*) clean ❸ (*makellos*) clear ▶**etw ins R~ bringen** to clear up sth; **mit jdm/sich selbst im R~ en sein** to have got things straightened out with sb/oneself **II.** *adv* ❶ (*ausschließlich*) purely ❷ (*absolut*) absolutely

> The German **Reinheitsgebot** (beer purity regulation) is one of the oldest laws governing foodstuffs in Germany. Since 1516 it has stipulated that only barley malt, hops, water and recently yeast may be used in the production of beer.

Reinfall ['rainfal] *m* (*fam*) disaster
rein|fallen *vi irreg sein* (*fam*) ❶ (*hineinfallen*) ■**[irgendwo]** ~ to fall in [somewhere] ❷ (*hereingelegt werden*) to be taken in (**auf** by)
Reingewinn *m* net profit
reinigen ['raɪnɪgn̩] *vt* to clean
Reinigung <-, -en> *f* ❶ *kein pl* cleaning ❷ (*Geschäft*) cleaner's; **die chemische ~** the dry cleaner's
Reinigungskraft *f* (*form*) cleaner
reinlich *adj* clean
reinrassig *adj* thoroughbred
reinvestieren* [reʔɪnvɛsˈtiːrən] *vt* FIN to reinvest
Reis <-es> [rais] *m kein pl* rice
Reise <-, -n> ['raɪzə] *f* journey; **gute ~!** have a good trip!; **auf ~n gehen** to travel; **eine ~ machen** to go on a journey
Reiseandenken *nt* souvenir **Reiseapotheke** *f* first aid kit **Reisebüro** *nt* travel agency **Reiseführer** *m* travel guide[book] **Reisegefährte, -gefährtin** *m, f* travel[ling] companion; (*Mitreisender*) fellow passenger **Reisegepäck** *nt* luggage **Reisegesellschaft** *f* party of tourists **Reisekosten** *pl* travelling expenses *pl* **Reisekrankheit** *f kein pl* travel [*or* motion] sickness *no pl* **Reiseleiter(in)** *m(f)* guide **reiselustig** *adj* fond of travelling
reisen ['raɪzn̩] *vi sein* to travel
Reisende(r) *f(m) dekl wie adj* passenger
ReisepassRR *m* passport **Reiseprospekt** *m* travel brochure **Reiseroute** *f* itinerary **Reisescheck** *m* traveller's cheque **Reisespesen** *pl* travel expenses *pl* **Reisetasche** *f* holdall **Reiseveranstalter(in)** *m(f)* tour operator **Reiseverkehr** *m kein pl* holiday traffic **Reiseversicherung** *f* travel insurance **Reiseziel** *nt* destination
Reisfeld *nt* paddy [field], rice paddy
Reißaus [raisˈʔaus] *m* ~ **nehmen** (*fam*) to run away (**vor** from)
reißen <riss, gerissen> ['raɪsn̩] **I.** *vi* ❶ *sein Stoff* to tear; *Seil* to break ❷ *haben* (*zerren*) ■**an etw** *dat* ~ to pull [on] sth **II.** *vt haben* ❶ to tear (**von** from) ❷ (*Risse erzeugen*) to crack ❸ (*entreißen*) ■**etw von jdm ~** to snatch sth from sb ❹ (*unterbrechen*) **das Klingeln des Telefons riss sie aus ihren Gedanken** the ringing of the telephone roused her from her thoughts ❺ (*gewaltsam übernehmen*) ■**etw an sich** *akk* ~ to seize sth ❻ (*rasch an sich ziehen*) ■**jdn/etw an sich** *akk* ~ to clutch sb/sth to one ▶**hin und her gerissen sein/werden** to be torn **III.** *vr haben* ❶ (*sich losreißen*) ■**sich aus etw** *dat* ~ to tear oneself out of sth ❷ (*fam*) ■**sich um jdn/etw ~** to scramble to get sb/sth
reißend *adj* ❶ *Fluss* raging ❷ (*fam: begehrt sein*) **die neuen Videospiele finden ~en Absatz** the new video games are selling like hot cakes
ReißverschlussRR *m* zip BRIT, zipper AM
Reißzwecke <-, -n> *f* drawing pin
Reitanzug *m* riding outfit
reiten <ritt, geritten> ['raɪtn̩] **I.** *vi sein* to ride; **im Galopp/Trab ~** to gallop/trot **II.** *vt haben* to ride
Reiter(in) <-s, -> ['raɪtɐ] *m(f)* rider
Reitpferd *nt* mount **Reitschule** *f* riding school **Reitstiefel** *m* riding-boot **Reitweg** *m* bridle-path
Reiz <-es, -e> [raits] *m* ❶ (*Verlockung*) appeal; **den ~ verlieren** to lose its appeal ❷ (*Stimulus*) stimulus
reizbar *adj* irritable
reizen ['raɪtsn̩] *vt* ❶ (*verlocken*) to tempt ❷ MED to irritate; **zum Husten ~** to make one cough ❸ (*provozieren*) to provoke (**zu** into)
reizend *adj* attractive
reizlos *adj* dull
Reizthema *nt* emotive subject **Reizüberflutung** *f* PSYCH overstimulation
Reizung <-, -en> *f* irritation
reizvoll *adj* attractive
Reklamation <-, -en> [reklamaˈtsi̯oːn] *f* complaint
Reklame <-, -n> [reˈklaːmə] *f* ❶ *kein pl* ad-

vertising ❷ (*Prospekt*) advertising brochure
reklamieren* [rekla'miːrən] *vt* ■ **etw** ~ to complain about sth
rekonstruieren* [rekɔnstruˈiːrən] *vt* to reconstruct (**aus** from)
Rekord <-s, -e> [re'kɔrt] *m* record; **einen ~ brechen** to break a record
Rekordinhaber(in) *m(f)* record holder
Rekordzeit *f* record time
Rekrut(in) <-en, -en> [re'kruːt] *m(f)* recruit
rekrutieren* [rekru'tiːrən] I. *vt* to recruit II. *vr* ■ **sich aus etw** *dat* ~ to consist of sth
Rektor(in) <-s, -en> ['rɛktoːɐ̯, rɛk'toːrɪn, *pl* rɛk'toːrən] *m(f)* (*Schulleiter*) head teacher BRIT, principle AM
Relais <-, -> [rəˈlɛː] *nt* ELEK relay
Relation <-, -en> [rela'tsi̯oːn] *f* (*geh: Verhältnismäßigkeit*) proportion; **in keiner ~ zu etw** *dat* **stehen** to bear no relation to sth
relativ [rela'tiːf] *adj* relative
Relativitätstheorie <-> *f kein pl* ■ **die** ~ the theory of relativity
relaxed [ri'lɛkst] *adv* (*fam*) chilled [out]
relevant [rele'vant] *adj* (*geh*) relevant
Religion <-, -en> [reliˈgi̯oːn] *f* religion
Religionsfreiheit *f* freedom of worship **Religionsgemeinschaft** *f* religious community
Religionsunterricht *m* religious education [*or* instruction]
religiös [reliˈgi̯øːs] *adj* religious
Relikt <-[e]s, -e> [reˈlɪkt] *nt* (*geh*) relic
Reliquie <-, -n> [reˈliːkvi̯ə] *f* relic
Renaissance <-> [rənɛˈsãːs] *f kein pl* Renaissance
Rendezvous <-, -> [rãdeˈvuː, 'rãːdevu] *nt* rendezvous
Rennbahn *f* racetrack
rennen <rannte, gerannt> ['rɛnən] *vi sein* ❶ to run ❷ (*stoßen*) ■ **gegen etw** *akk* ~ to bump into sth
Rennen <-s, -> ['rɛnən] *nt* race; **gut/schlecht im ~ liegen** (*fig*) to be in a good/bad position ▶ **das ~ ist gelaufen** (*fam*) the show is over; **das ~ machen** (*fam*) to make the running; **jdn ins ~ schicken** to put forward sb *sep*
Renner <-s, -> ['rɛnɐ] *m* (*fam*) big seller
Rennfahrer(in) *m(f)* ❶ AUTO racing [*or* AM racecar] driver ❷ (*Radrennen*) racing cyclist
Rennpferd *nt* racehorse **Rennrad** *nt* racing bike **Rennsport** *m* ❶ AUTO motor racing *no pl* ❷ (*Radrennsport*) cycle racing ❸ (*Pferde-*

rennsport) horse racing **Rennstrecke** *f* racetrack **Rennwagen** *m* racing [*or* AM race] car
renommiert *adj* (*geh*) renowned
renovieren* [renoˈviːrən] *vt* to renovate
Renovierung <-, -en> *f* renovation
rentabel [rɛn'taːbl̩] *adj* profitable
Rente <-, -n> ['rɛntə] *f* pension; **in ~ gehen** to retire
Rentenalter *nt* retirement age **Rentenanspruch** *m* right to a pension **Rentenempfänger(in)** *m(f)* (*geh*) pensioner **Rentenversicherung** *f* pension scheme BRIT, retirement insurance AM **Rentenversicherungsbeitrag** *m* pension contribution
Rentier ['rɛntiːɐ̯] *nt* reindeer
rentieren* [rɛn'tiːrən] *vr* ■ **sich** ~ to be worthwhile
Rentner(in) <-s, -> *m(f)* pensioner
Reparatur <-, -en> [repara'tuːɐ̯] *f* repair; **etw in ~ geben** to have sth repaired
reparaturbedürftig *adj* in need of repair *pred*
reparieren* [repa'riːrən] *vt* to repair
Repertoire <-s, -s> [repɛr'toa̯ːɐ̯] *nt* repertoire
Reportage <-, -n> [repɔr'taːʒə] *f* report
Reporter(in) <-s, -> [re'pɔrtɐ] *m(f)* reporter
Repräsentant(in) <-en, -en> [reprɛzɛn-'tant] *m(f)* representative
Repräsentantenhaus <-es> *nt kein pl* (*in den USA*) House of Representatives
repräsentativ [reprɛzɛnta'tiːf] *adj* representative
repräsentieren* [reprɛzɛn'tiːrən] I. *vt* (*geh*) to represent II. *vi* (*geh*) to perform official and social functions
Repressalie <-, -n> [reprɛˈsaːli̯ə] *f* (*geh*) reprisal *usu pl*
Reproduktion <-, -en> [reprodʊk'tsi̯oːn] *f* reproduction
reproduzieren* [reprodu'tsiːrən] *vt* to reproduce
Reptil <-s, -ien> [rɛp'tiːl, *pl* -'tiːli̯ən] *nt* reptile
Republik <-, -en> [repu'bliːk] *f* republic
Republikaner(in) <-s, -> [republi'kaːnɐ] *m(f)* Republican
Requiem <-s, Requien> ['reːkvi̯ɛm, *pl* -vi̯ən] *nt* requiem
Requisit <-[e]s, -en> [rekvi'ziːt] *nt meist pl* THEAT prop *usu pl*

Requisite <-, -e> [rekvi'ziːtə] *f* THEAT props room

resch [rɛʃ] *adj* ÖSTERR ① (*knusprig*) crispy ② (*resolut*) determined

Reservat <-[e]s, -e> [rezɛr'vaːt] *nt* reservation

Reserve <-, -n> [re'zɛrvə] *f* reserve; **jdn aus der ~ locken** to bring sb out of his/her shell

Reservekanister *m* spare can **Reserverad** *nt* spare wheel **Reservespieler(in)** *m(f)* substitute

reservieren* [rezɛr'viːrən] *vt* to reserve

reserviert *adj* (*geh*) reserved

Reservist(in) <-en, -en> [rezɛr'vɪst] *m(f)* reservist

Residenz <-, -en> [rezi'dɛnts] *f* residence

resignieren* [rezɪ'gniːrən] *vi* to give up

resolut [rezo'luːt] *adj* resolute

Respekt <-s> [re'spɛkt, rɛ-] *m kein pl* respect; **bei allem ~!** with all due respect!; **vor jdm/etw ~ haben** to have respect for sb/sth; **sich** *dat* **[bei jdm] ~ verschaffen** to earn [sb's] respect; **voller ~** respectful

respektieren* [rɛspɛk'tiːrən, rɛ-] *vt* to respect

respektlos *adj* disrespectful

respektvoll *adj* respectful

Ressource <-, -n> [rɛ'sʊrsə] *f* resource

Rest <-[e]s, -e *o* SCHWEIZ *a.* -en> [rɛst] *m* rest; *Essen;* **der letzte ~** the last bit ▶ **jdm den ~ geben** (*fam*) to finish sb [off]

Restaurant <-s, -s> [rɛsto'rãː] *nt* restaurant

restaurieren* [rɛstau'riːrən, rɛ-] *vt* to restore

restlich *adj* remaining; **wo ist das ~e Geld?** where is the rest of the money?

Restposten *m* remaining stock

Resultat <-[e]s, -e> [rezʊl'taːt] *nt* result

resultieren* [rezʊl'tiːrən] *vi* (*geh*) to result (**aus** from, **in** in)

Retortenbaby [-beːbi] *nt* (*fam*) test-tube baby

Retourbillett ['rətuːɐ̯bɪljɛt] *nt* SCHWEIZ (*Rückfahrkarte*) return ticket

Retourgeld ['rətuːɐ̯-] *nt* SCHWEIZ change

retten ['rɛtn̩] **I.** *vt* to save (**vor** from) ▶ **bist du noch zu ~?** (*fam*) are you out of your mind? **II.** *vr* ■ **sich ~** to save oneself; **rette sich, wer kann!** run for your lives!; **sich vor jdm/etw nicht mehr ~ können** to be swamped by sb/sth

Retter(in) <-s, -> *m(f)* rescuer

Rettich <-s, -e> ['rɛtɪç] *m* radish

Rettung <-, -en> *f* rescue; **du bist meine letzte ~** you're my last hope; **für jdn gibt es keine ~ mehr** sb is beyond help

Rettungsboot *nt* lifeboat **Rettungsinsel** *f* inflatable life-raft **Rettungsring** *m* lifebelt **Rettungswagen** *m* ambulance

Reue <-> ['rɔyə] *f kein pl* remorse

reuen ['rɔyən] *vt* (*geh*) ■ **jdn ~** to be of regret to sb; **meine Aussage reut mich** I regret my statement

reumütig ['rɔymyːtɪç] **I.** *adj* remorseful **II.** *adv* remorsefully; **~ zu jdm zurückkommen** to come crawling back to sb

Revanche <-, -n> [re'vãːʃə, re'vanʃə] *f* SPORT return match BRIT, rematch AM

revanchieren* [revã'ʃiːrən, revan'ʃiːrən] *vr* ■ **sich [bei jdm] ~** to return [sb] a favour

Revier <-s, -e> [re'viːɐ̯] *nt* ① (*Polizeirevier*) beat BRIT, precinct AM; (*Polizeidienststelle*) police station ② (*Jagdrevier*) shoot

Revision <-, -en> [revi'zi̯oːn] *f* ① JUR appeal ② (*Abänderung*) revision

Revolte <-, -n> [re'vɔltə] *f* revolt

Revolution <-, -en> [revolu'tsi̯oːn] *f* revolution

revolutionär [revolutsi̯o'nɛːɐ̯] *adj* revolutionary

Revolutionär(in) <-s, -e> [revolutsi̯o'nɛːɐ̯] *m(f)* revolutionary

Revolver <-s, -> [re'vɔlvɐ] *m* revolver

Revue <-, -n> [re'vyː, rə'vyː, *pl* -'vyːən] *f* revue ▶ **jdn/etw ~ passieren lassen** (*geh*) to recall sb/review sth

Rezension <-, -en> [retsɛn'zi̯oːn] *f* review

Rezept <-[e]s, -e> [re'tsɛpt] *nt* ① KOCHK recipe ② MED prescription; **auf ~** on prescription

Rezeption <-, -en> [retsɛp'tsi̯oːn] *f* reception

rezeptpflichtig *adj* ■ **~ sein** to be available only on prescription

Rhabarber <-s, -> [ra'barbɐ] *m* rhubarb plant

Rhein <-s> [rain] *m* ■ **der ~** the Rhine; **am Rhein** on the Rhine

Rhesusfaktor *m* rhesus factor

rhetorisch [re'toːrɪʃ] *adj* rhetorical

Rheuma <-s> ['rɔyma] *nt kein pl* rheumatism

rheumatisch [rɔy'maːtɪʃ] *adj* rheumatic

Rheumatismus <-> [rɔyma'tɪsmʊs] *m kein pl* rheumatism

Rhinozeros <-[ses], -se> [ri'noːtserɔs] *nt*

rhinoceros
rhythmisch ['rʏtmɪʃ] *adj* rhythmic[al]
Rhythmus <-, -Rhythmen> ['rʏtmʊs, *pl* 'rʏtmən] *m* rhythm
Ribisel <-, -n> [ri'bi:zl] *f* DIAL, ÖSTERR *rote* redcurrant; *schwarze* blackcurrant
richten ['rɪçtn̩] **I.** *vr* ① (*bestimmt sein*) ■ **sich an jdn** ~ to be directed at sb ② (*um Rat wenden*) ■ **sich an jdn/etw** ~ to consult sb/sth ③ (*sich orientieren*) ■ **sich nach etw** *dat* ~ to comply with sth; **wir richten uns ganz nach Ihnen** we'll fit in with you **II.** *vt* ① (*lenken*) to direct (**auf** towards/at); **seinen Blick auf etw** *akk* ~ to [have a] look at sth ② (*adressieren*) to address (**an** to) ③ (*reparieren*) to fix
Richter(in) <-s, -> ['rɪçtɐ] *m(f)* judge
Richtgeschwindigkeit *f* recommended speed limit
richtig ['rɪçtɪç] **I.** *adj* ① right; **es war** ~, **dass du gegangen bist** you were right to leave; ■ **irgendwo/bei jdm** ~ **sein** to be at the right place/address ② *Lösung* correct ③ (*wirklich; echt*) real ④ (*fam: in Ordnung*) all right **II.** *adv* ① (*korrekt*) correctly; ~ , **das war die Lösung** right, that was the solution; **sehr** ~ **!** quite right! ② (*fam: regelrecht*) really
richtig|liegen *vi* **bei jdm** ~ to have come to the right person
richtig|stellen *vt* **etw** ~ to correct sth
Richtlinie *f meist pl* guideline *usu pl*
Richtung <-, -en> ['rɪçtʊŋ] *f* ① direction; **aus welcher** ~ **kam das Geräusch?** which direction did the noise come from?; **eine** ~ **einschlagen** to go in a direction ② (*Tendenz*) trend; **irgendwas in der** ~ something along those lines
richtungweisend *adj* pointing the way [ahead]
Richtwert *m* guideline
riechen <roch, gerochen> ['ri:çn̩] **I.** *vi* ① to smell (**nach** of); **das riecht hier ja so angebrannt** there's a real smell of burning here ② ■ **an jdm/etw** ~ to smell sb/sth; „**hier, riech mal an den Blumen!**" "here, have a sniff of these flowers" **II.** *vt* to smell; **riechst du nichts?** can't you smell anything? ▶ **etw** ~ **können** to know sth; **das konnte ich nicht riechen!** how was I supposed to know that!; **jdn nicht** ~ **können** not to be able to stand sb **III.** *vi impers* **es riecht ekelhaft** there's a disgusting smell; ■ **es riecht nach etw** *dat* there's a smell of sth

Riegel <-s, -> ['ri:gl̩] *m* ① (*Verschluss*) bolt ② (*Schokoriegel*) bar ▶ **einer S.** *dat* **einen** ~ **vorschieben** to put a stop to sth
Riemen <-s, -> ['ri:mən] *m* strap ▶ **den** ~ **enger schnallen** to tighten one's belt; **sich am** ~ **reißen** to get a grip on oneself
Riese, Riesin <-n, -nen> ['ri:zə, 'ri:zɪn] *m, f* giant
rieseln ['ri:zl̩n] *vi sein* ① (*rinnen*) to trickle (**auf** onto) ② (*bröckeln*) ■ **von etw** *dat* ~ to flake off sth
Riesengewinn *m* huge profit **riesengroß** ['ri:zn̩'gro:s] *adj* (*fam*) enormous **Riesenrad** *nt* Ferris wheel **Riesenschlange** *f* (*fam*) boa
riesig ['ri:zɪç] **I.** *adj* ① gigantic ② (*gewaltig*) enormous **II.** *adv* (*fam*) enormously
Riesin <-, -nen> *f fem form von* **Riese**
Riff <-[e]s, -e> [rɪf] *nt* reef
rigoros [rigo'ro:s] *adj* rigorous
Rille <-, -n> ['rɪlə] *f* groove
Rind <-[e]s, -er> [rɪnt] *nt* ① cow ② KOCHK beef *no pl*
Rinde <-, -n> ['rɪndə] *f* (*Borke*) bark *no pl*
Rinderbraten *m* roast beef **Rinderfilet** *nt* fillet of beef **Rinderwahnsinn** *m kein pl* mad cow disease *no art*
Rindfleisch *nt* beef *no art* **Rindsleder** *nt* cowhide, leather **Rindvieh** <-viecher> *nt* ① *kein pl* cattle *no art,* + *pl vb* ② (*sl: Dummkopf*) ass
Ring <-[e]s, -e> [rɪŋ] *m* ring
Ringelblume *f* marigold
Ringelnatter *f* grass snake
Ringelspiel *nt* ÖSTERR (*Karussell*) merry-go-round
ringen <rang, gerungen> ['rɪŋən] *vi* ① (*im Ringkampf*) to wrestle ② (*im Zwiespalt sein*) ■ **mit sich** *dat* ~ to wrestle with oneself ③ (*mühsam Luft holen*) **nach Atem** ~ to struggle for breath
Ringen <-s> ['rɪŋən] *nt kein pl* wrestling *no art, no pl*
Ringer(in) <-s, -> *m(f)* wrestler
Ringfinger *m* ring finger
Ringkampf *m* wrestling match
ringsum ['rɪŋs'ʔʊm] *adv* [all] around
Rinne <-, -n> ['rɪnə] *f* channel; (*Furche*) furrow
rinnen <rann, geronnen> ['rɪnən] *vi sein* to run
Rinnstein *m* gutter

Rippchen <-s, -> ['rɪpçən] *nt* smoked rib [of pork]
Rippe <-, -n> ['rɪpə] *f* rib
Rippenfellentzündung *f* pleurisy
Risiko <-s, Risiken *o* ÖSTERR Risken> ['riːziko] *nt* risk; **auf jds ~** at sb's own risk
Risikogruppe *f* [high-]risk group **Risikoschwangerschaft** *f* high-risk pregnancy
riskant [rɪsˈkant] *adj* risky
riskieren* [rɪsˈkiːrən] *vt* to risk sth ❷ (*wagen*) **ich riskiere es!** I'll chance it!; ■ **es ~, etw zu tun** to risk doing sth
riss[RR], **riß**[ALT] [rɪs] *imp von* **reißen**
Riss[RR] *m*, **Riß**[ALT] <Risses, Risse> [rɪs] *m* crack; (*in Papier*) tear
rissig [ˈrɪsɪç] *adj* cracked
ritt [rɪt] *imp von* **reiten**
Ritt <-[e]s, -e> [rɪt] *m* ride
Ritter <-s, -> [ˈrɪtɐ] *m* knight
Ritterburg *f* knight's castle **Ritterkreuz** *nt* MIL Knight's Cross
ritterlich *adj* chivalrous
Ritterrüstung *f* knight's armour
Ritual <-s, -e *o* -ien> [riˈtuaːl, *pl* riˈtuaːli̯ən] *nt* ritual
Ritz <-es, -e> [rɪts] *m* ❶ (*Kratzer*) scratch ❷ *s.* **Ritze**
Ritze <-, -n> [ˈrɪtsə] *f* crack
ritzen [ˈrɪtsn̩] **I.** *vt* to carve (**auf** on, **in** in) ▶ **geritzt sein** (*sl*) to be okay *fam* **II.** *vr* ■ **sich ~** to scratch oneself (**an** on)
Rivale, Rivalin <-n, -n> [riˈvaːlə, riˈvaːlɪn] *m, f* rival
rivalisieren* [rivaliˈziːrən] *vi* (*geh*) ■ **mit jdm ~** to compete with sb (**um** for); ■ **~d** rival
Rivalität <-, -en> [rivaliˈtɛːt] *f* rivalry
Rizinus <-, - *o* -se> [ˈriːtsinʊs] *m* castor-oil [plant]
RNS <-> [ɛrʔɛnˈʔɛs] *f kein pl Abk von* **Ribonukleinsäure** RNA *no art*
Robbe <-, -n> [ˈrɔbə] *f* seal
Robe <-, -n> [ˈroːbə] *f* robe[s *pl*]
Roboter <-s, -> [ˈrɔbɔtɐ] *m* robot
robust [roˈbʊst] *adj* robust
röcheln [ˈrœçl̩n] *vi* to breathe stertorously *form*
Rochen <-s, -> [ˈrɔxn̩] *m* ray
Rock[1] <-[e]s, Röcke> [rɔk, *pl* ˈrœkə] *m* ❶ skirt ❷ SCHWEIZ (*Jacke*) jacket
Rock[2] <-[s], -[s]> [rɔk] *m kein pl* MUS rock *no art*

Rockfestival *nt* rock festival
rockig [ˈrɔkɪç] *adj* MUS rock, rocky
Rodel <-s *o* SÜDD, ÖSTERR -, - *o* SÜDD, ÖSTERR -n> [ˈroːdl̩] *m o* SÜDD, ÖSTERR *f* sledge, toboggan
Rodelbahn *f* toboggan run
rodeln [ˈroːdl̩n] *vi sein o haben* to toboggan
Rodung <-, -en> *f* clearing
Rogen <-s, -> [ˈroːgn̩] *m* roe *no art, no pl*
Roggen <-s> [ˈrɔgn̩] *m kein pl* rye *no art*
Roggenbrot *nt* rye bread *no pl*
roh [roː] *adj* ❶ (*nicht zubereitet*) raw ❷ (*brutal*) rough ❸ (*rüde*) coarse
Rohbau <-bauten> *m* shell
Roheit[ALT] <-, -en> *f kein pl s.* **Rohheit**
Roherz *nt* BERGB virgin ore **Rohgewinn** *m* ÖKON gross profit
Rohheit[RR] <-, -en> [ˈroːhait] *f kein pl* coarseness *no art* **Rohkost** *f* uncooked vegetarian food *no art*
Rohling <-s, -e> [ˈroːlɪŋ] *m* ❶ brute ❷ TECH blank
Rohöl *nt* crude oil
Rohr <-[e]s, -e> [roːɐ̯] *nt* pipe; (*dünn, flexibel*) tube
Rohrbruch *m* burst pipe
Röhre <-, -n> [ˈrøːrə] *f* tube ▶ **in die ~ gucken** (*fam*) to be left out
Rohrleitung *f* pipe, conduit **Rohrmöbel** <-s, -> *nt meist pl* cane furniture *no pl* **Rohrstuhl** *m* cane chair **Rohrzucker** *m* cane sugar *no art*
Rohseide *f* raw silk *no art*
Rohstoff *m* raw material
Rohstoffmangel *m* shortage [*or* lack] of raw materials **Rohstoffpreis** *m* price of raw materials, commodity price
Rokoko <-[s]> [ˈrɔkoko, rokoˈko] *nt kein pl* (*Stil*) rococo
Rolladen[ALT] <-s, Rolläden *o* -> *m s.* **Rollladen**
Rollbahn *f* runway
Rolle[1] <-, -n> [ˈrɔlə] *f* ❶ *Draht etc.* roll ❷ (*Laufrad*) roller ❸ (*Spule*) reel ❹ SPORT roll; **eine ~ machen** to do a roll
Rolle[2] <-, -n> *f* FILM role; **eine ~ spielen** to play a part; **es spielt keine ~, ob/wie ...** it doesn't matter whether/how ... ▶ **aus der ~ fallen** to behave badly
rollen [ˈrɔlən] **I.** *vi, vt sein* to roll ▶ **etw ins R~ bringen** to set sth in motion **II.** *vr* ■ **sich ~** to curl up

Rollenspiel–Rückantwort

Rollenspiel *nt* SOZIOL role play
Roller <-s, -> ['rɔlɐ] *m* ❶ scooter ❷ ÖSTERR *(Rollo)* [roller] blind
Rollerblader(in) ['roʊləbleɪdɐ] *m(f)* in-line skater
Rollfeld *nt* runway
Rolli <-s, -s> ['rɔli] *m* MODE *(fam)* polo neck, turtleneck AM
Rollkragen *m* polo neck, turtleneck AM
Rollladen^{RR} <-s, Rollläden *o* -> *m* shutter *usu pl*
Rollschuh *m* roller skate; ~ **laufen** to roller-skate
Rollstuhl *m* wheelchair
Rollstuhlfahrer(in) *m(f)* wheelchair user
rollstuhlgerecht *adj* suitable for wheelchairs
Rolltreppe *f* escalator
Rom <-s> [roːm] *nt kein pl* Rome
Roma [ˈroːma] *pl* Roma *pl*
Roman <-s, -e> [roˈmaːn] *m* novel
romanisch [roˈmaːnɪʃ] *adj* ❶ LING, GEOG Romance ❷ SCHWEIZ *(rätoromanisch)* Rhaeto-Romanic *spec*
Romanistik <-> [romaˈnɪstɪk] *f kein pl* Romance studies
Romanschriftsteller(in) <-s, -> *m(f)* novelist
Romantik <-> [roˈmantɪk] *f kein pl* ❶ romanticism *no art*; [einen] Sinn für ~ **haben** to have a sense of romance ❷ *(Epoche)* ■ **die** ~ the Romantic period
romantisch [roˈmantɪʃ] *adj* ❶ *(gefühlvoll)* romantic ❷ Romantic
Römer(in) <-s, -> [ˈrøːmɐ] *m(f)* Roman
römisch [ˈrøːmɪʃ] *adj* Roman
röntgen [ˈrœntgn̩] *vt* to x-ray; ■ **sich ~ lassen** to be x-rayed
Röntgenaufnahme *f* X-ray [photograph], radiograph, roentgenogram **Röntgenstrahlen** *pl* X-rays
rosa [ˈroːza] *adj* pink
Rose <-, -n> [ˈroːzə] *f* rose
Rosenkohl *m* [Brussels] sprouts *usu pl* **Rosenkranz** *m* rosary **Rosenmontag** *m* Monday before Shrove Tuesday, climax of the German carnival celebrations **Rosenstock** <-[e]s, -stöcke> *m* rose tree, standard rose
rosig [ˈroːzɪç] *adj* rosy
Rosine <-, -n> [roˈziːnə] *f* raisin
Rosmarin <-s> [ˈroːsmariːn] *m kein pl* rosemary *no art*
Rosskastanie^{RR} *f* [horse] chestnut
Rost¹ <-[e]s> [rɔst] *m kein pl* rust *no art*
Rost² <-[e]s, -e> [rɔst] *m* ❶ *(Gitter)* grating ❷ *(Grillrost)* grill
rosten [ˈrɔstn̩] *vi sein o haben* to rust
rösten [ˈrøːstn̩, ˈrœstn̩] *vt* to roast
rostfrei *adj* stainless
Rösti [ˈrøːsti] *pl* SCHWEIZ [sliced] fried potatoes *pl*
rostig [ˈrɔstɪç] *adj* rusty
Rostschutzmittel *nt* rust prevention agent
rot <-er *o* röter, -este *o* röteste> [roːt] **I.** *adj* red; ■ ~ **werden** to go red; *(aus Scham)* to blush **II.** *adv* ~ **glühend** red-hot; ~ **sehen** *(fam)* to see red; **etw** ~ **unterstreichen** to underline sth in red **rotblond** *adj* sandy **rotbraun** *adj* reddish brown **Rotbuche** *f* [common] beech
Röteln [ˈrøːtl̩n] *pl* rubella *no art, no pl*
röten [ˈrøːtn̩] *vr* ■ **sich** ~ to turn red; *Wangen* a. to flush
rothaarig *adj* red-haired; ■ ~ **sein** to have red hair
rotieren* [roˈtiːrən] *vi haben o sein* to rotate
Rotkäppchen <-s> *nt kein pl* Little Red Ridinghood *no art* **Rotkehlchen** <-s, -> *nt* robin **Rotkohl** *m*, **Rotkraut** *nt* red cabbage *no art*
rötlich [ˈrøːtlɪç] *adj* reddish
Rotlichtviertel *nt* red-light district
Rotschopf *m* redhead **Rotstift** *m* red pencil/crayon ▶ **den** ~ **ansetzen** to make cutbacks (**bei** in) **Rotwein** *m* red wine **Rotwild** *nt* red deer
Roulade <-, -n> [ruˈlaːdə] *f* roulade
Roulette <-s, - *o* -s> [ruˈlɛt] *nt* roulette *no art, no pl*
Route <-, -n> [ˈruːtə] *f* route
Routine <-> [ruˈtiːnə] *f kein pl* routine
routiniert [rutiˈniːɐ̯t] *adj* experienced
Rowdy <-s, -s> [ˈraudi] *m* hooligan
rubbeln [ˈrʊbl̩n] *vt* ■ **etw** ~ to rub sth [hard]
Rübe <-, -n> [ˈryːbə] *f* ❶ turnip; **Gelbe** ~ carrot; **Rote** ~ beetroot ❷ *(fam: Kopf)* nut
Rubel <-s, -> [ˈruːbl̩] *m* rouble
Rubin <-s, -e> [ruˈbiːn] *m* ruby
Rubrik <-, -en> [ruˈbriːk] *f* category
ruck [rʊk] *interj* ~ , **zuck** *(fam)* in no time
Ruck <-[e]s, -e> [rʊk] *m* jolt ▶ **sich** *dat* **einen** ~ **geben** to pull oneself together
Rückantwort *f* reply, answer

ruckartig I. *adj* jerky II. *adv* with a jerk

rücken ['rʏkn̩] I. *vi sein* ▪ [irgendwohin] ~ to move [somewhere]; **zur Seite** ~ to move aside II. *vt* ▪ **etw irgendwohin** ~ to move sth somewhere; **seine Krawatte gerade** ~ to straighten one's tie

Rücken <-s, -> ['rʏkn̩] *m* back; **jdm den** ~ **decken** to back up sb *sep;* **jdm den** ~ **zudrehen** to turn one's back on sb; ~ **an** ~ back to back; **auf dem** ~ on one's back; **hinter jds** ~ behind sb's back; **mit dem** ~ **zu jdm/etw** with one's back to sb/sth ▶ **mit dem** ~ **zur Wand stehen** to have one's back to the wall; **jdm läuft es [eis]kalt über den** ~ cold shivers run down sb's spine; **jdm in den** ~ **fallen** to stab sb in the back; **jdm/sich den** ~ **freihalten** to keep sb's/one's options open; **jdm den** ~ **stärken** to give sb moral support

Rückenmark *nt* spinal cord *no pl* **Rückenschmerzen** *pl* back pain *n sing* **Rückenschwimmen** *nt* backstroke *no pl* **Rückenwind** *m* tail wind **Rückerstattung** *f* refund **Rückfahrkarte** *f* return ticket **Rückfahrscheinwerfer** *m* reversing [*or* Am back-up] light **Rückfahrt** *f* return journey

Rückfall *m* ① MED relapse ② JUR subsequent offence

rückfällig *adj* JUR recidivist *attr*

Rückfenster *nt* rear window

Rückflug *m* return flight

Rückflugticket *nt* return air [*or* Am roundtrip plane] ticket

Rückfrage *f* query

Rückgabe *f* return

Rückgang *m* decline, drop (**an** in); **im** ~ **begriffen sein** to be falling

rückgängig *adj* **etw** ~ **machen** to cancel sth

Rückgrat <-[e]s, -e> *nt* ① ANAT spine ② *kein pl* (*fig: Charakterstärke*) backbone; **ohne** ~ spineless

Rückhalt *m* support *no art* ▶ **ohne** ~ unreservedly

Rückhand *f kein pl* backhand

Rückkehr <-> *f kein pl* return

Rücklage *f* ① savings *npl* ② ÖKON reserve fund

rückläufig ['rʏklɔyfɪç] *adj* declining

Rücklicht *nt* tail light

rücklings ['rʏklɪŋs] *adv* ① (*von hinten*) from behind ② (*nach hinten*) backwards

Rückmeldung *f* ① SCH (*erneute Registrierung*) re-registration ② (*Reaktion*) reaction, response

Rückreise *f* return journey

Rucksack ['rʊkzak] *m* rucksack, backpack Am *usu*

Rückschau *f* review

Rückschlag *m* ① setback ② (*Rückstoß*) recoil *no pl*

Rückschritt *m* step backwards

Rückseite *f* ① *Seite, Stoff* reverse [side] ② (*hintere Seite*) rear

Rücksicht <-, -en> ['rʏkzɪçt] *f* consideration *no art, no pl;* **keine** ~ **kennen** to be ruthless; ~ **[auf jdn] nehmen** to show consideration [for sb]; ~ **auf etw** *akk* **nehmen** to take sth into consideration

rücksichtslos I. *adj* ① (*keine Rücksicht kennend*) inconsiderate ② (*schonungslos*) ruthless II. *adv* ① inconsiderately ② ruthlessly

Rücksichtslosigkeit <-, -en> *f* thoughtlessness *no art, no pl*

rücksichtsvoll *adj* considerate (**zu** towards)

Rücksitz *m* rear seat

Rückspiegel *m* rear mirror

Rückspiel *nt* return match Brit, rematch Am

Rückstand[1] *m* ① *pl* FIN outstanding payments ② SPORT deficit (**von** of)

Rückstand[2] *m* (*Abfallprodukt*) residue

rückständig ['rʏkʃtɛndɪç] *adj* backward

Rückstrahler <-s, -> *m* reflector

Rücktaste *f* backspace [key]

Rücktritt *m* ① (*vom Amt*) resignation ② (*vom Vertrag*) withdrawal

Rücktrittbremse *f* back-pedal brake

Rückumschlag *m* self-addressed stamped envelope

Rückvergütung *f* refund

Rückwand *f* back [panel]

rückwärts ['rʏkvɛrts] *adv* backwards; ~ **einparken** to reverse into a parking space

Rückwärtsgang *m* reverse [gear]; **den** ~ **einlegen** to engage reverse

Rückweg *m* way back; **sich auf den** ~ **machen** to head back

rückwirkend I. *adj* retrospective II. *adv* retrospectively

Rückzahlung *f* repayment

Rückzieher <-s, -> *m* **einen** ~ **machen** to climb down

Rückzug *m* ① MIL retreat; **den** ~ **antreten** to retreat ② SCHWEIZ FIN withdrawal

rüde ['ry:də] *adj* coarse

Rüde <-n, -n> ['ryːdə] *m* [male] dog

Rudel <-s, -> ['ruːdl̩] *nt* herd; *von Wölfen* pack

Ruder <-s, -> ['ruːdɐ] *nt* ❶ (*Paddel*) oar ❷ (*Steuerruder*) helm

Ruderboot *nt* rowing boat, rowboat AM

Ruderer, Ruderin <-s, -> *m, f* rower

Ruderin <-, -nen> *f fem form von* **Ruderer**

rudern ['ruːdɐn] *vi, vt* to row

Rüebli <-s, -> ['ryːəblɪ] *nt* SCHWEIZ carrot

Ruf <-[e]s, -e> [ruːf] *m* ❶ (*Ausruf*) shout; (*an jdn gerichtet*) call ❷ *kein pl* (*Ansehen*) reputation; **jdn in schlechten ~ bringen** to get sb a bad reputation

rufen <rief, gerufen> ['ruːfn̩] I. *vi* ❶ (*ausrufen*) to cry out ❷ (*fordern*) to call (**nach** for, **zu** to) II. *vt* to call; ▪**jdn zu sich** *dat* ~ to summon sb [to one]; ▪**jdn ~ lassen** to send for sb; **[jdm] wie ge~ kommen** to come just at the right moment

Rufmord *m* character assassination **Rufname** *m* [fore]name **Rufnummer** *f* phone number

rügen ['ryːɡn̩] *vt* (*geh*) ▪**etw ~** to censure sth; ▪**jdn ~** to reprimand sb

Ruhe <-> ['ruːə] *f kein pl* ❶ (*Stille*) silence *no art;* **~!** quiet!; **~ geben** to be quiet ❷ (*Frieden*) peace *no art;* **jdm keine ~ gönnen** to not give sb a minute's peace; **jdn in ~ lassen** to leave sb in peace ❸ (*Erholung*) rest; **sich** *dat* **keine ~ gönnen** to not allow oneself any rest; **jdm keine ~ lassen** to not give sb a moment's rest ❹ (*Gelassenheit*) calm[ness]; **immer mit der ~!** (*fam*) take things easy!; **[die] ~ bewahren** to keep calm; **jdn aus der ~ bringen** to disconcert sb; **in [aller] ~** [really] calmly ▶ **die ~ vor dem Sturm** the calm before the storm; **keine ~ geben, bis ...** to not rest until ...; **sich zur ~ setzen** to retire

Ruhelosigkeit <-> *f kein pl* restlessness *no art*

ruhen ['ruːən] *vi* to rest; **nicht eher ~ werden, bis ...** to not rest until ...; **etw ~ lassen** to let sth rest; **die Vergangenheit ~ lassen** to forget the past

Ruhestand *m kein pl* retirement *no art;* **in den ~ gehen** to retire; **im ~** retired

Ruheständler(in) <-s, -> ['ruːəʃtɛntlɐ] *m(f)* retired person

Ruhestörung *f* breach of the peace **Ruhetag** *m* day off; (*Feiertag*) day of rest

ruhig ['ruːɪç] I. *adj* ❶ (*still, geruhsam*) quiet ❷ (*bewegungslos*) calm ❸ (*gelassen*) calm II. *adv* (*gelassen*) calmly

Ruhm <-es> [ruːm] *m kein pl* fame *no art*

rühmen ['ryːmən] I. *vt* to praise II. *vr* ▪**sich einer S.** *gen* **~** to boast about sth

rühmlich *adj* praiseworthy

ruhmreich *adj* (*geh*) glorious

Ruhr <-> [ruːɐ̯] *f kein pl* MED ▪**die ~** dysentery

Rührei ['ryːɐ̯ʔai] *nt* scrambled eggs *pl*

rühren ['ryːrən] I. *vt* ❶ to stir ❷ (*beeindrucken*) ▪**jdn ~** to move sb; **das kann mich nicht ~** that doesn't bother me II. *vr* ▪**sich ~** ❶ (*sich bewegen*) to move ❷ (*sich bemerkbar machen*) to be roused

rührend I. *adj* touching II. *adv* touchingly

rührselig *adj* tear-jerking; **ein ~es Buch/ ~er Film** a tear jerker

Rührung <-> *f kein pl* emotion *no art;* **vor ~** with emotion

Ruin <-s> [ruˈiːn] *m kein pl* ruin

Ruine <-, -n> [ruˈiːnə] *f* ruin[s *pl*]

ruinieren* [ruiˈniːrən] *vt* to ruin

rülpsen ['rʏlpsn̩] *vi* to belch

Rum <-s, -s> [rʊm] *m* rum *no art, no pl*

Rumäne, Rumänin <-n, -n> [ruˈmɛːnə, ruˈmɛːnɪn] *m, f* Romanian

Rumänien <-s> [ruˈmɛːni̯ən] *nt* Romania

Rumänin <-, -nen> *f fem form von* **Rumäne**

rumdiskutieren *vi* (*fam*) to blather [on]

rum|kriegen *vt* (*sl*) ▪**jdn [zu etw** *dat*] **~** to talk sb into sth; ▪**jdn dazu ~, etw zu tun** to talk sb into doing sth

Rummel <-s> ['rʊml̩] *m kein pl* (*fam*) [hustle and] bustle *no art*

Rummelplatz *m* (*fam*) fairground

rumpeln ['rʊmpln̩] *vi* to rumble

Rumpf <-[e]s, Rümpfe> [rʊmpf, *pl* 'rʏmpfə] *m* ❶ torso ❷ TECH *eines Flugzeugs* fuselage; *eines Schiffes* hull

Rumpsteak ['rʊmpsteːk, -ʃteːk] *nt* rump steak

rund [rʊnt] I. *adj* round; **eine ~e Summe** a round sum; **~e fünf Jahre** a good five years + *sing vb* II. *adv* ❶ **~ um** around ❷ (*etwa*) around

Runde <-, -n> ['rʊndə] *f* ❶ (*Gesellschaft*) company ❷ (*Rundgang*) round; **seine ~ machen** to do one's rounds; *Polizist* to be on one's beat ❸ SPORT lap; (*Boxen*) round ❹ (*Bestellung*) round; **eine ~ spendieren** to get

in a round ▶ **über die ~n kommen** (*fam*) to make ends meet
Rundfahrt *f* [sightseeing] tour **Rundflug** *m* [short] circular [sightseeing] flight
Rundfunk *m* radio
Rundfunkanstalt *f* broadcasting corporation **Rundfunksender** *m* radio station **Rundfunksendung** *f* radio programme
Rundgang *m* walk; (*zur Besichtigung*) tour
rundlich ['rʊntlɪç] *adj* plump
Rundreise *f* tour (**durch** of)
Rundschreiben *nt* circular
Rundung <-, -en> *f* curve
Runzel <-, -n> ['rʊntsl̩] *f* wrinkle
runzelig <-er, -ste> ['rʊntsəlɪç] *adj* wrinkled
runzeln ['rʊntsl̩n] **I.** *vt* to wrinkle **II.** *vr* ■ **sich** ~ to become wrinkled
Rüpel <-s, -> ['ryːpl̩] *m* lout
rupfen ['rʊpfn̩] *vt* ❶ *Huhn* to pluck ❷ (*zupfen*) to pull up *sep* (**aus** out of)
ruppig ['rʊpɪç] **I.** *adj* gruff **II.** *adv* gruffly
Rüsche <-, -n> ['ryːʃə] *f* frill
Ruß <-es> [ruːs] *m kein pl* soot
Russe, Russin <-n, -n> ['rʊsə, 'rʊsɪn] *m, f* Russian
Rüssel <-s, -> ['rʏsl̩] *m* trunk
rußig ['ruːsɪç] *adj* sooty
Russin <-, -nen> *f fem form von* **Russe**
russisch ['rʊsɪʃ] *adj* Russian; *s. a.* **deutsch**
Russisch ['rʊsɪʃ] *nt dekl wie adj* Russian; *s. a.* **Deutsch**
Russland[RR] *nt*, **Rußland**[ALT] <-s> ['rʊslant] *nt* Russia
rüsten ['rʏstn̩] **I.** *vi* to arm **II.** *vr* ■ **sich zu etw** *dat* ~ to prepare for sth
rüstig ['rʏstɪç] *adj* sprightly
rustikal [rʊstiˈkaːl] *adj* rustic
Rüstung <-, -en> ['rʏstʊŋ] *f* ❶ *kein pl* [re]armament ❷ (*Ritterrüstung*) armour
Rüstungsbegrenzung *f* arms limitation
Rüstungsexport *m* export of arms **Rüstungsgegner(in)** *m(f)* supporter of disarmament **Rüstungsindustrie** *f* armament[s] industry **Rüstungskontrolle** *f* arms control **Rüstungsunternehmen** *nt* armaments concern
Rute <-, -n> ['ruːtə] *f* ❶ (*Gerte*) switch ❷ (*Angelrute*) [fishing] rod
Rutsch <-es, -e> [rʊtʃ] *m* **guten ~!** (*fam*) happy New Year!; **in einem ~** (*fam*) in one go
Rutschbahn *f* slide; **auf der ~ rutschen** to play on the slide
rutschen ['rʊtʃn̩] *vi sein* ❶ (*ausrutschen*) to slip ❷ (*fam: rücken*) to move; **rutsch mal!** move over ❸ (*gleiten*) to slide
rutschfest *adj* non-slip
rutschig ['rʊtʃɪç] *adj* slippery
rütteln ['rʏtl̩n] **I.** *vt* to shake (**an** by) **II.** *vi* ■ **an etw** *dat* ~ to shake sth; **daran ist nicht zu ~** there's no doubt about it

S, s <-, -> [ɛs] *nt* S, s; (*Mehrzahl*) S[']s, s's; *s. a.* **A 1**
s. *Abk von* **siehe**
S *Abk von* **Süden** S
Saal <-[e]s, Säle> [zaːl, *pl* 'zɛːlə] *m* hall
Saat <-, -en> [zaːt] *f* ❶ *kein pl* (*das Säen*) sowing ❷ (*Saatgut*) seed[s *pl*]
Sabbat <-s, -e> ['zabat] *m* ■ **der ~** the Sabbath
Säbel <-s, -> ['zɛːbl̩] *m* sabre
Sabotage <-, -n> [zaboˈtaːʒə] *f* sabotage
Sachbearbeiter(in) *m(f)* specialist
Sachbeschädigung *f* vandalism
Sachbuch *nt* nonfiction book
Sache <-, -n> ['zaxə] *f* ❶ thing ❷ (*Angelegenheit*) matter; **er macht seine ~ gut** he's doing well; **eine gute ~** a good cause; **keine halben ~n machen** to not do things by halves; ■ **jds ~ sein** to be sb's affair; **nicht jedermanns ~ sein** to be not everyone's cup of tea; ■ **eine ~ für sich sein** to be a matter apart ❸ (*Sachlage*) **sich** *dat* **seiner ~ sicher sein** to be sure of one's ground; **zur ~ kommen** to come to the point; **bei der ~ sein** to give one's full attention; **nichts zur ~ tun** to be irrelevant
Sachgebiet *nt* [specialized] field
sachkundig *adj* [well-]informed
sachlich ['zaxlɪç] *adj* ❶ (*objektiv*) objective ❷ (*inhaltlich*) factual
Sachschaden *m* damage to property
Sachse, Sächsin <-n, -n> ['zaksə, 'zɛksɪn] *m, f* Saxon
Sachsen <-n, -n> ['zaksn̩] *nt* Saxony
sächsisch ['zɛksɪʃ] *adj* Saxon

sacht [zaxt], **sachte** ['zaxtə] I. *adj* gentle; ~**e**, ~**e!** (*fam*) take it easy! II. *adv* gently

Sachverständige(r) *f(m) dekl wie adj* expert, specialist; (*vor Gericht*) expert witness; (*für Versicherung*) surveyor

Sachwert *m* commodity value

Sack <-[e]s, Säcke> [zak, *pl* 'zɛkə] *m* ❶ sack ❷ (*vulg: Hodensack*) balls *npl* ▶ **in ~ und Asche gehen** to wear sackcloth and ashes; **mit ~ und Pack** with bag and baggage

Sackgasse *f* dead end; **in einer ~ stecken** to have come to a dead end

Sacktuch *nt* ÖSTERR, SCHWEIZ handkerchief

Sadismus <-> [za'dɪsmʊs, *pl* za'dɪsmən] *m kein pl* sadism

Sadist(in) <-en, -en> [za'dɪst] *m(f)* sadist

sadistisch I. *adj* sadistic II. *adv* sadistically

säen ['zɛːən] *vt, vi* to sow

Safari <-, -s> [za'faːri] *f* safari

Safran <-s, -e> ['zafraːn] *m* saffron

Saft <-[e]s, Säfte> [zaft, *pl* 'zɛftə] *m* ❶ juice *no pl* ❷ (*Pflanzensaft*) sap *no pl*

saftig ['zaftɪç] *adj* juicy

Sage <-, -n> ['zaːgə] *f* legend

Säge <-, -n> ['zɛːgə] *f* saw

sagen ['zaːgn̩] I. *vt* ❶ (*äußern*) ■ etw [zu jdm] ~ to say sth [to sb]; **was ich noch ~ wollte, ...** just one more thing, ...; **das kann man wohl ~** you can say that again; **gesagt, getan** no sooner said than done; **leichter gesagt als getan** easier said than done ❷ (*mitteilen*) **das ist nicht gesagt** that is by no means certain; ■ **jdm etw ~** to tell sb sth; **etwas/nichts zu ~ haben** to have the say/ to have nothing to say ❸ (*bedeuten*) ■ **jdm etwas/nichts/wenig ~** to mean something/to not mean anything/to mean little to sb; **nichts zu ~ haben** to not mean anything II. *vi imperativisch* ■ **sag/~ Sie, ...** tell me, ...; **sag bloß!** you don't say!; **ich muss schon ~!** I must say!; **unter uns gesagt ...** between you and me ...; **genauer gesagt** or more precisely

sägen ['zɛːgn̩] *vt, vi* to saw

Sahara <-> [za'haːra, 'zaːhara] *f kein pl* ■ **die ~** the Sahara

Sahne <-> ['zaːnə] *f kein pl* cream; **saure/ süße ~** sour/[fresh] cream

Sahnetorte *f* cream gateau

Saison <-, -s *o* SÜDD, ÖSTERR -en> [zɛˈzõː, zɛˈzɔŋ] *f* season; **außerhalb der ~** in the off-season

Saisonarbeiter(in) *m(f)* seasonal worker

Saite <-, -n> ['zaitə] *f* string ▶ **andere ~n aufziehen** to get tough

Saiteninstrument *nt* string[ed] instrument

Sakko <-s, -s> ['zako] *m o nt* sports jacket

Sakrament <-[e]s, -e> [zakra'mɛnt] *nt* sacrament

Sakrileg <-s, -e> [zakri'leːk] *nt* sacrilege

Sakristei <-, -en> [zakrɪs'tai] *f* sacristy

Salamander <-s, -> [zala'mandɐ] *m* salamander

Salami <-, -s> [za'laːmi] *f* salami

Salat <-[e]s, -e> [za'laːt] *m* salad ▶ **jetzt haben wir den ~!** now we're in a fine mess

Salatgurke *f* cucumber **Salatschüssel** *f* salad bowl **Salatsoße** *f* salad dressing

Salbe <-, -n> ['zalbə] *f* ointment

Salbei <-s> ['zalbai] *m kein pl* sage

Saldo <-s, -s *o* Saldi *o* Salden> ['zaldo, *pl* 'zaldi, *pl* 'zaldn̩] *m* balance

Saline <-, -n> [za'liːnə] *f* ❶ saltworks + *sing/pl vb* ❷ MED salt collector

Salm <-[e]s, -e> [zalm] *m* salmon

Salmiakgeist <-s> *m kein pl* [household] [liquid] ammonia

Salmonellenvergiftung *f* salmonella poisoning

Salon <-s, -s> [za'lõː, za'lɔŋ] *m* salon

salopp [za'lɔp] I. *adj* ❶ *Kleidung* casual ❷ *Sprache* slangy II. *adv* **sich ~ ausdrücken** to use slang[y] expressions

Salpetersäure *f kein pl* nitric acid

Salto <-s, -s *o* Salti> ['zalto, *pl* 'zalti] *m* somersault; **~ mortale** death-defying leap; **einen ~ machen** to somersault

salutieren* [zalu'tiːrən] *vi* MIL to [give a] salute

Salz <-es, -e> [zalts] *nt* salt

salzarm I. *adj* low-salt *attr* II. *adv* **~ essen/ kochen/leben** to eat low-salt food/to cook low-salt fare/to live on a low-salt diet

Salzburg <-s> ['zaltsbʊrk] *nt* Salzburg

The **Salzburger Festspiele** (Salzburg Festival) was initiated in August 1920 and in the early years Max Reinhardt achieved great acclaim for his productions of Shakespeare. The 'Everyman' performances on the steps of Salzburg cathedral have also become world famous.

salzen <salzte, gesalzen *o selten* gesalzt>

['zaltsn̩] vt to salt
Salzgehalt m salt content
salzig ['zaltsɪç] adj salty
Salzkartoffeln pl boiled potatoes **Salzsäure** f kein pl hydrochloric acid **Salzstange** f salt[ed] stick **Salzstreuer** <-s, -> m salt cellar Brit, [salt] shaker Am **Salzwasser** nt kein pl salt water
Samen <-s, -> ['zaːmən] m seed
Sammelklage f JUR class-action lawsuit
sammeln ['zamln̩] I. vt ①to collect ②(pflücken) to pick ③(aufsammeln) to gather ④(um sich scharen) **Truppen** ~ to gather troops II. vr ①(zusammenkommen) ■ **sich** ~ to assemble ②(sich anhäufen) ■ **sich in etw** dat ~ to collect in sth ③(sich konzentrieren) ■ **sich** ~ to collect one's thoughts
Sammler(in) <-s, -> m(f) collector
Sammlerstück nt collector's item
Sammlung <-, -en> f collection
Sample <-s, -s> ['sɛmpl] nt MUS sample
Samstag <-[e]s, -e> ['zamstaːk] m Saturday; s. a. **Dienstag**
samstags adv [on] Saturdays
samt [zamt] präp along with
Samt <-[e]s, -e> [zamt] m velvet
sämtlich ['zɛmtlɪç] adj all
Sanatorium <-, -rien> [zanaˈtoːri̯ʊm, pl -ri̯ən] nt sanatorium
Sand <-[e]s, -e> [zant] m sand no pl ▶ **jdm** ~ **in die Augen streuen** to throw dust in sb's eyes; **etw in den** ~ **setzen** to blow sth [to hell]; **im** ~ **e verlaufen** to peter out
Sandale <-, -n> [zanˈdaːlə] f sandal
Sandbank <-bänke> f sandbank
Sanddorn m sea buckthorn
sandig ['zandɪç] adj sandy
Sandkasten m sandpit Brit, sandbox Am
Sandkorn nt grain of sand **Sandkuchen** m KOCHK plain cake (with lemon flavouring or chocolate coating) **Sandmann** m sandman
Sandpapier nt sandpaper **Sandstein** m sandstone **Sandstrand** m sandy beach
Sandsturm m sandstorm
sanft [zanft] I. adj gentle II. adv gently
Sänfte <-, -n> ['zɛnftə] f litter
sanftmütig adj gentle
Sänger(in) <-s, -> ['zɛŋɐ] m(f) singer
sanieren* [zaˈniːrən] vt ①to redevelop ②Firma to rehabilitate
Sanierung <-, -en> f ①redevelopment ②(von Firma) rehabilitation

sanitär [zaniˈtɛːɐ̯] adj attr sanitary; ~ **e Anlagen** sanitation no pl
Sanitäter(in) <-s, -> [zaniˈtɛːtɐ] m(f) first-aid attendant
Sanktion <-, -en> [zaŋkˈtsi̯oːn] f sanction; ~ **en verhängen** to impose sanctions
sanktionieren* [zaŋktsi̯oˈniːrən] vt to sanction
Saphir <-s, -e> ['zaːfɪr, 'zafiːɐ̯, zaˈfiːɐ̯] m sapphire
Sardelle <-, -n> [zarˈdɛlə] f anchovy
Sardellenpaste f anchovy paste
Sardine <-, -n> [zarˈdiːnə] f sardine
Sardinien <-s> [zarˈdiːni̯ən] nt Sardinia
sardinisch [zarˈdiːnɪʃ], **sardisch** ['zardɪʃ] adj Sardinian
Sarg <-[e]s, Särge> [zark, pl 'zɛrgə] m coffin
Sarkasmus <-, -men> [zarˈkasmʊs, pl -ˈkasmən] m kein pl sarcasm
sarkastisch [zarˈkastɪʃ] I. adj sarcastic II. adv sarcastically
Sarkophag <-[e]s, -e> [zarkoˈfaːk, pl -ˈfaːgə] m sarcophagus
SARS [zars] nt kein pl MED Akr von **severe acute respiratory syndrome** SARS
Satan <-s, -e> ['zaːtan] m kein pl Satan
satanisch [zaˈtaːnɪʃ] adj satanic
Satellit <-en, -en> [zatɛˈliːt] m satellite
Satellitenantenne f satellite dish **Satellitenfernsehen** nt kein pl satellite television **Satellitentelefon** nt TELEK satellite [tele]phone
Satin <-s, -s> [zaˈtɛ̃ː] m satin
Satire <-, -n> [zaˈtiːrə] f kein pl satire (**auf** on)
satt [zat] adj (voller Magen) full fam; **sich** ~ **essen** to eat one's fill; ~ **machen** to be filling
Sattel <-s, Sättel> ['zatl, pl 'zɛtl] m saddle; **fest im** ~ **sitzen** (a. fig) to be firmly in the saddle
satt|haben vt (fig) **etw** ~ to be fed up with sth
sättigen ['zɛtɪgn̩] I. vt to satiate; ■ **gesättigt sein** to be saturated II. vi to be filling
sättigend adj filling
Saturn <-s> [zaˈtʊrn] m kein pl Saturn
Satz¹ <-es, Sätze> [zats, pl 'zɛtsə] m ①sentence; **mitten im** ~ in mid-sentence ②(Set) set; **ein** ~ **Schraubenschlüssel** a set of spanners ③ SPORT set
Satz² <-es, Sätze> [zats, pl 'zɛtsə] m

Satz–Schachtel

(*Sprung*) leap; **einen ~ machen** to leap
Satz³ <-es> [zats] *m kein pl* (*Kaffeerückstand*) grounds *npl*
Satzung <-, -en> ['zatsʊŋ] *f* constitution
satzungswidrig *adj* JUR, ADMIN unconstitutional
Satzzeichen *nt* punctuation mark
Sau <-, Säue> [zau, *pl* 'zɔyə, 'zauən] *f* ❶ sow; SÜDD (*Schwein*) pig ❷ (*derb: Mensch*) filthy pig ▶ **die ~ rauslassen** to let it all hang out; **unter aller ~** it's enough to make me/you puke
sauber ['zaubɐ] **I.** *adj* ❶ clean; **etw ~ halten** to keep sth clean ❷ (*sorgfältig*) neat **II.** *adv* neatly
Sauberkeit <-> *f kein pl* cleanliness
Sauberkeitsfimmel *m* (*pej fam*) mania for cleaning
säuberlich ['zɔybɐlɪç] **I.** *adj* neat **II.** *adv* neatly
säubern ['zɔybɐn] *vt* to clean
Sauce <-, -n> ['zoːsə] *f* sauce
Saudi-Arabien ['zaudi-, zaˈuːdi-] *nt* Saudi Arabia
saudi-arabisch ['zaudi-, zaˈuːdi-] *adj* Saudi, Saudi-Arabian; *s. a.* **deutsch**
sauer ['zauɐ] *adj* ❶ sour; **~ eingelegt** pickled ❷ CHEM acid[ic] ❸ (*übel gelaunt*) mad (**auf** at); **~ werden** to get mad
Sauerampfer <-, -n> *m* sorrel **Sauerbraten** *m beef roast marinated in vinegar and herbs*, sauerbraten AM **Sauerei** <-, -en> [zauəˈrai] *f* (*sl*) ❶ (*schmutziger Zustand*) God-awful mess ❷ (*Skandal*) [downright] disgrace **Sauerkirsche** *f* sour cherry **Sauerkohl** *m* DIAL *s.* **Sauerkraut Sauerkraut** *nt* sauerkraut
Sauermilch *f* sour milk
Sauerstoff ['zauɐʃtɔf] *m kein pl* oxygen
Sauerstoffmangel *m kein pl* lack of oxygen
Sauerstoffmaske *f* oxygen mask
Sauerteig *m* sourdough
saufen <säuft, soff, gesoffen> ['zaufn̩] *vt, vi* (*sl*) to drink
Säufer(in) <-s, -> ['zɔyfɐ] *m(f)* (*sl*) drunk[ard]
Sauferei <-, -en> [zaufəˈrai] *f* (*sl*) booze-up
saugen <sog *o* saugte, gesogen *o* gesaugt> ['zaugn̩] *vi, vt* to suck (**an** on)
säugen ['zɔygn̩] *vt* **sein Junges ~** to suckle its young
Sauger <-s, -> *m* (*auf Flasche*) teat
Säuger <-s, -> *m*, **Säugetier** *nt* mammal
Säugling <-s, -e> ['zɔyklɪŋ] *m* baby
Säuglingspflege *f kein pl* baby care *no pl*
Säuglingsschwester *f* baby nurse
Säule <-, -n> ['zɔylə] *f* column
Säulengang *m* colonnade **Säulenhalle** *f* columned hall
Saum <-[e]s, Säume> [zaum, *pl* 'zɔymə] *m* hem
säumen ['zɔymən] *vt* ❶ (*Kleidung*) to hem ❷ (*fig: sich am Rand entlang befinden*) to line
säumig ['zɔymɪç] *adj* **ein ~er Schuldner** a slow debtor
Sauna <-, -s *o* Saunen> ['zauna] *f* sauna; **in die ~ gehen** to go for a sauna
Säure <-, -n> ['zɔyrə] *f* acid
säurehaltig *adj* acid[ic]
Saurier <-s, -> ['zauriɐ] *m* dinosaur
säuseln ['zɔyzl̩n] *vi* ❶ *Wind* to sigh ❷ *Mensch* to purr
sausen ['zauzn̩] *vi* ❶ *haben Wind* to whistle ❷ *sein Kugel* to whistle ❸ *sein* (*flitzen*) to dash
Saustall *m* pigsty
Sauwetter *nt* (*sl*) bastard weather *no indef art*
Savanne <-, -n> [zaˈvanə] *f* savanna[h]
Saxofonᴿᴿ *nt s.* **Saxophon**
Saxophon <-[e]s, -e> [zaksoˈfoːn] *nt* saxophone
SB [ɛsˈbeː] *Abk von* **Selbstbedienung** self-service
S-Bahn ['ɛs-] *f* suburban train
SB-Bank *f* self-service bank
Schabe <-, -n> ['ʃaːbə] *f* cockroach
schaben ['ʃaːbn̩] *vt* to scrape
Schabernack <-[e]s, -e> ['ʃaːbɐnak] *m* prank
schäbig ['ʃɛːbɪç] *adj* ❶ shabby ❷ (*gemein*) mean
Schablone <-, -n> [ʃaˈbloːnə] *f* stencil
Schach <-s> [ʃax] *nt kein pl* chess; **eine Partie ~** a game of chess; **~!** check!; **jdn in ~ halten** to keep sb in check
Schachbrett *nt* chessboard **Schachfigur** *f* chess piece **schachmatt** [ʃaxˈmat] *adj* checkmate **Schachpartie** *f* game of chess **Schachspieler(in)** *m(f)* chess player
Schacht <-[e]s, Schächte> [ʃaxt, *pl* 'ʃɛçtə] *m* shaft
Schachtel <-, -n> ['ʃaxtl̩] *f* box; **eine ~ Zigaretten** a packet [*or* AM pack] of cigarettes

Schachzug *m* move

schade ['ʃaːdə] *adj pred* ❶ **wie ~!** what a pity; **ich finde es ~, dass ...** it's a shame that; ■**es ist ~ um jdn/etw** it's a shame about sb/sth ❷ (*zu gut*) ■**für etw** *akk* **zu ~ sein** to be too good for sth

Schädel <-s, -> ['ʃɛːdl̩] *m* skull; **jdm den ~ einschlagen** to smash sb's skull in; **jdm brummt der ~** sb's head is throbbing

schaden ['ʃaːdn̩] *vi* ■**jdm ~** to do harm to sb; ■**etw** *dat* **~** to damage sth

Schaden <-s, Schäden> ['ʃaːdn̩, *pl* 'ʃɛːdn̩] *m* damage *no indef art, no pl;* **einen ~ verursachen** to cause damage; **jdm ~ zufügen** to harm sb

Schadenfreude *f* malicious joy

schadenfroh I. *adj* ■**~ sein** to delight in others' misfortunes II. *adv* **~ grinsen** to grin with gloating

Schaden(s)ersatz *m* compensation

schädigen ['ʃɛːdɪgn̩] *vt* to harm (**durch** with)

schädlich ['ʃɛːtlɪç] *adj* harmful (**für** to)

Schädling <-s, -e> ['ʃɛːtlɪŋ] *m* pest

Schädlingsbekämpfungsmittel *nt* pesticide

schadlos ['ʃaːtloːs] *adj* **sich an jdm ~ halten** to make sb pay

Schadstoff *m* pollutant

schadstoffarm *adj* low-emission **Schadstoffbelastung** *f* pollution

Schaf <-[e]s, -e> [ʃaːf] *nt* sheep

Schafbock *m* ram

Schäfer(in) <-s, -> ['ʃɛːfɐ] *m(f)* shepherd *masc*, shepherdess *fem*

Schäferhund *m* Alsatian, German shepherd AM

Schaffell *nt* sheepskin

schaffen¹ <schaffte, geschafft> ['ʃafn̩] *vt* ❶ (*bewältigen*) to manage; ■**es ~, etw zu tun** to manage to do sth; **es ist geschafft** it's done ❷ (*bringen*) to bring ❸ (*erschöpfen*) ■**jdn ~** to take it out of sb; ■**geschafft sein** to be exhausted

schaffen² <schuf, geschaffen> ['ʃafn̩] *vt* ❶ (*herstellen*) to create; **dafür bist du wie ge~** you're just made for it ❷ (*verursachen*) to cause; **Frieden ~** to make peace

schaffen³ <schaffte, geschafft> ['ʃafn̩] *vi* DIAL (*arbeiten*) to work; **nichts mit jdm/etw zu ~ haben** to have nothing to do with sb/sth; **jdm zu ~ machen** to cause sb trouble

Schaffner(in) <-s, -> ['ʃafnɐ] *m(f)* guard BRIT, conductor AM

Schafgarbe <-, -n> *f* BOT [common] yarrow

Schafherde *f* flock of sheep

Schafott <-[e]s, -e> [ʃa'fɔt] *nt* scaffold

Schafskäse *m* sheep's milk cheese

Schafwolle *f* sheep's wool **Schafzüchter** *m* sheep breeder, sheep farmer

Schah <-s, -s> [ʃaː] *m* shah

Schakal <-s, -e> [ʃa'kaːl] *m* jackal

schal [ʃaːl] *adj* stale

Schal <-s, -s *o* -e> [ʃaːl] *m* scarf

Schale¹ <-, -n> ['ʃaːlə] *f* ❶ shell ❷ (*Fruchtschale*) skin; (*abgeschält*) peel ▶ **sich in ~ werfen** to get dressed up

Schale² <-, -n> ['ʃaːlə] *f* bowl

schälen ['ʃɛːlən] I. *vt* to peel II. *vr* **sich ~** to peel

Schall <-s, -e *o* Schälle> [ʃal, *pl* 'ʃɛlə] *m* sound

schalldämmend *adj* noise-reducing, sound-absorbing **Schalldämmung** *f* sound-absorption **Schalldämpfer** <-s, -> *m* silencer

schalldicht *adj* soundproof

schallen ['ʃalən] *vi* to resound

Schallgeschwindigkeit *f kein pl* speed of sound **Schallplatte** *f* record **Schallwelle** *f* sound wave **Schaltbild** *nt s.* **Schaltplan**

Schaltbrett *nt* switchboard, control panel

schalten ['ʃaltn̩] I. *vi* AUTO to change gear II. *vt* to switch (**auf** to)

Schalter <-s, -> ['ʃaltɐ] *m* ❶ ELEK switch ❷ ADMIN counter

Schalterschlussᴿᴿ *m* close of business

Schalterstunden *pl* opening hours

Schaltgetriebe *nt* manual gearbox [*or* transmission]

Schaltjahr *nt* leap year

Schaltknüppel *m* gearstick

Schaltplan *m* circuit diagram

Schalttag *m* leap day

Schaltung <-, -en> *f* ❶ AUTO gears *pl* ❷ ELEK circuit

Scham <-> [ʃaːm] *f kein pl* shame; **vor ~ in den Boden versinken** to die of embarrassment; **~ empfinden** to be ashamed

Schambein *nt* pubic bone

schämen ['ʃɛːmən] *vr* ❶ ■**sich [vor jdm] ~** to be ashamed [in front of sb]; **schäm dich!** shame on you! ❷ ■**sich ~, etw zu tun** to be embarrassed to do sth

Schamgefühl *nt kein pl* sense of shame
Schamhaar *nt* pubic hair
schamhaft *adj* shy
Schamlippen *pl* labia
schamlos *adj* shameless
Schande <-> ['ʃandə] *f kein pl* disgrace; **mach mir [nur] keine ~!** (*hum*) don't let me down!
schänden ['ʃɛndn̩] *vt* (*entweihen*) to desecrate
Schänke^RR <-, -n> ['ʃɛŋkə] *f* pub; (*auf dem Land*) inn
Schanze <-, -n> ['ʃantsə] *f* ski jump
Schar <-, -en> [ʃaːɐ̯] *f von Vögeln* flock; *von Menschen* crowd
scharen ['ʃaːrən] *vr* ■ **sich um jdn/etw ~** to gather around sb/sth
scharenweise *adv* in hordes
scharf <schärfer, schärfste> [ʃarf] **I.** *adj* ❶sharp; **eine ~e Kurve** a hairpin bend ❷ KOCHK hot; **etw ~ würzen** to highly season sth ❸ *Beobachtung* astute; *Verstand, Augen* keen ❹ (*sl: aufreizend*) spicy ■ **auf jdn ~ sein** to fancy sb; ■ **auf etw** *akk* **~ sein** to be keen on sth **II.** *adv* ❶sharply ❷ (*präzise*) carefully; **~ beobachten** to observe carefully; **~ sehen** to have keen eyes
Schärfe <-, -n> ['ʃɛrfə] *f* ❶sharpness ❷ *von Worten* harshness ❸ *der Augen, des Verstands* keenness
schärfen ['ʃɛrfn̩] *vt* to sharpen
scharf|machen *vt* **jdn ~** to turn sb on
Scharfrichter *m* executioner **Scharfschütze, -schützin**, -schützin *m, f* marksman *masc,* markswoman *fem*
Scharfsinn *m kein pl* astuteness
scharfsinnig **I.** *adj* astute **II.** *adv* astutely
Scharlach¹ <-s> ['ʃarlax] *m kein pl* MED scarlet fever
Scharlach² <-> ['ʃarlax] *nt kein pl* scarlet
Scharlatan <-s, -e> ['ʃarlatan] *m* charlatan
Scharnier <-s, -e> [ʃarˈniːɐ̯] *nt* hinge
Schaschlik <-s, -s> ['ʃaʃlɪk] *nt* [shish] kebab
Schatten <-s, -> ['ʃatn̩] *m* shade; (*a. fig*) shadow; **30° im ~** 30 degrees in the shade; **~ spenden** to afford shade; **lange ~ werfen** to cast long shadows ▶**im ~ bleiben** to stay in the shade; **jdn/etw in den ~ stellen** to put sb/sth in the shade; **einen ~ [auf etw** *akk*] **werfen** to cast a shadow [over sth]

Schattenmorelle *f* morello cherry **Schattenseite** *f* dark side **Schattenwirtschaft** *f kein pl* POL black economy
schattig ['ʃatɪç] *adj* shady
Schatz <-es, Schätze> [ʃats, *pl* 'ʃɛtsə] *m* ❶treasure ❷ (*fam: Liebling*) sweetheart; **ein ~ sein** (*fam*) to be a dear
Schätzchen <-s, -> ['ʃɛtsçən] *nt* (*fam*) *dim von* **Schatz 2**
schätzen ['ʃɛtsn̩] **I.** *vt* ❶ (*einschätzen*) to guess; **ich schätze sein Gewicht auf ca. 100 kg** I reckon he weighs about 100 kilos; **grob geschätzt** at a rough guess ❷ (*Wert angeben*) to assess (**auf** at) ❸ (*würdigen*) ■ **jdn ~** to hold sb in high esteem; ■ **etw ~** to appreciate sth **II.** *vi* to guess
Schätzung <-, -en> *f* estimate; **nach einer groben ~** at a rough estimate
schätzungsweise *adv* approximately
Schau <-, -en> [ʃau] *f* ❶ (*Ausstellung*) exhibition; **etw zur ~ stellen** to display sth ❷ (*Show*) show ▶**jdm die ~ stehlen** to steal the show from sb
Schaubild *nt* diagram
Schauder <-s, -> ['ʃaudɐ] *m* shudder
schauderhaft *adj* ghastly
schaudern ['ʃaudɐn] **I.** *vi* to shudder **II.** *vt impers* ■ **es schaudert jdn bei etw** *dat* sth makes sb shudder
schauen ['ʃauən] *vi* ❶ (*blicken*) to look; **auf die Uhr ~** to look at the clock ❷ (*sich kümmern*) ■ **nach jdm/etw ~** to have a look at sb/sth ❸ (*suchen*) ■ **nach etw** *dat* **~** to look for sth
Schauer <-s, -> ['ʃauɐ] *m* ❶ (*Regenschauer*) shower ❷ *s.* **Schauder**
schauerlich *adj* ghastly
Schaufel <-, -n> ['ʃaufl̩] *f* shovel; (*Kehrrichtschale*) dustpan
schaufeln ['ʃaufl̩n] *vi, vt* to shovel
Schaufenster *nt* shop window
Schaufensterauslage *f* [shop] window display **Schaufensterpuppe** *f* mannequin
Schaukel <-, -n> ['ʃaukl̩] *f* swing
schaukeln ['ʃaukl̩n] *vi, vt* to swing
Schaukelpferd *nt* rocking horse **Schaukelstuhl** *m* rocking chair
schaulustig *adj* curious, gawping *pej fam*
Schaulustige(r) *f(m) dekl wie adj* onlooker, spectator
Schaum <-s, Schäume> [ʃaum, *pl* 'ʃɔymə] *m* ❶ (*blasige Masse*) foam; (*auf einer Flüs-*

sigkeit) froth ❷ (*Seife*) lather
Schaumbad *nt* bubble bath
schäumen ['ʃɔymən] *vi* to froth; *Seife* to lather
Schaumgummi *m* foam rubber
schaumig ['ʃaumɪç] *adj* frothy
Schaumschläger *m* (*Schneebesen*) whisk **Schaumstoff** *m* foam **Schaumwein** *m* sparkling wine **Schauplatz** *m* scene
schaurig ['ʃaurɪç] *adj* eerie
Schauspiel ['ʃauʃpiːl] *nt* ❶ THEAT play ❷ (*geh*) spectacle
Schauspieler(in) ['ʃauʃpiːlɐ] *m(f)* actor *masc*, actress *fem*
Schauspielerin <-, -nen> *f fem form von* **Schauspieler** actress
schauspielern ['ʃauʃpiːlɐn] *vi* to act
Schauspielhaus *nt* theatre **Schauspielkunst** *f kein pl* dramatic art, drama **Schauspielschule** *f* drama school
Scheck <-s, -s> [ʃɛk] *m* cheque (**über** for); **einen ~ einlösen** to cash a cheque
Scheckheft *nt* chequebook **Scheckkarte** *f* cheque card **Schecknummer** *f* cheque number
Scheibe <-, -n> ['ʃaibə] *f* ❶ KOCHK slice ❷ (*dünnes Glasstück*) [piece of] glass; (*Fensterscheibe*) window[pane] ❸ (*Scheibenförmiges*) disc
Scheibenbremse *f* disc brake **Scheibenwischer** <-s, -> *m* windscreen wiper
Scheich <-s, -e> [ʃaiç] *m* sheikh
Scheide <-, -n> ['ʃaidə] *f* ❶ (*Hülle für Waffe*) scabbard ❷ ANAT vagina
scheiden <schied, geschieden> ['ʃaidn̩] **I.** *vt haben* ❶ ■ **sich** [**von jdm**] **~ lassen** to get divorced [from sb]; ■ **geschieden** divorced ❷ (*trennen*) to separate (**von** from) **II.** *vi sein* **aus einem Amt ~** to retire from a position
Scheidung <-, -en> *f* divorce; **die ~ einreichen** to start divorce proceedings; **in ~ leben** to be separated
Scheidungskind *nt* SOZIOL child from a broken home
Schein <-[e]s, -e> [ʃain] *m* ❶ *kein pl* (*Lichtschein*) light ❷ *kein pl* (*Anschein*) appearance; **der ~ trügt** appearances are deceptive; **den ~ wahren** to keep up appearances; **etw zum ~ tun** to pretend to do sth ❸ (*Geldschein*) [bank]note ❹ (*Bescheinigung*) certificate

In German universities, students have to gain **Scheine** (certificates) to progress from one year to the next. Only those students who attain a certain number or type of certificate(s) are allowed to enter for intermediate, and later degree, examinations.

scheinbar *adj* apparent
scheinen <schien, geschienen> ['ʃainən] *vi* ❶ to shine ❷ (*den Anschein haben*) to appear, to seem
Scheinfirma *f* bogus company
scheinheilig ['ʃainhailɪç] **I.** *adj* hypocritical **II.** *adv* hypocritically **scheintot** *adj* apparently dead
Scheinwerfer *m* ❶ spotlight ❷ AUTO headlight
Scheinwerferlicht *nt* spotlight ▶ **im ~ stehen** to be in the public eye
Scheiß <-> [ʃais] *m kein pl* (*sl*) ❶ (*Quatsch*) crap; **mach keinen ~!** don't be so bloody stupid! ❷ (*Fluchwort*) **so ein ~!** shit!
Scheiße <-> ['ʃaisə] *f kein pl* (*sl*) shit; **~!** shit!; **~ bauen** to make a [complete] mess [of sth]; **~ sein** to be a load of crap ▶ **in der ~ sitzen** (*sl*) to be in the shit
scheißen <schiss, geschissen> ['ʃaisn̩] *vi* ❶ (*vulg*) to shit ❷ (*sl*) ■ **auf etw** *akk* **~** to not give a damn about sth
Scheitel <-s, -> ['ʃaitl] *m* parting ▶ **vom ~ bis zur Sohle** from head to foot
Scheiterhaufen *m* stake
scheitern ['ʃaitɐn] *vi sein* to fail (**an** because of)
schellen ['ʃɛlən] *vi* to ring
Schellfisch *m* haddock
schelmisch *adj* mischievous
Schelte <-, -n> ['ʃɛltə] *f* reprimand
schelten <schilt, schalt, gescholten> ['ʃɛltn̩] *vt* to scold (**wegen** for)
Schema <-s, -ta *o* Schemen> ['ʃeːma, *pl* 'ʃeːmata, 'ʃeːmən] *nt* scheme; **nach einem ~** according to a scheme
schematisch [ʃe'maːtɪʃ] **I.** *adj* schematic **II.** *adv* schematically
Schemel <-s, -> ['ʃeːml] *m* stool
Schenkel <-s, -> ['ʃɛŋkl] *m* thigh
schenken ['ʃɛŋkn̩] **I.** *vt* ❶ ■ **jdm etw ~** to give sb sth; **sie schenkte ihm ein Lächeln** she favoured him with a smile; **etw geschenkt bekommen** to get sth ❷ (*zu-*

wenden) **jdm Aufmerksamkeit** ~ to pay attention to sb; **jdm Vertrauen** ~ to trust sb ▶ **jdm wird nichts geschenkt** sb is spared nothing **II.** *vr* (*sich sparen*) ■ **sich** *dat* **etw** ~ to spare oneself sth

Scherbe <-, -n> ['ʃɛrbə] *f* [sharp] piece
Schere <-, -n> ['ʃeːrə] *f* scissors *npl*
scheren[1] <schor, geschoren> ['ʃeːrən] *vt Schaf* to shear; *Hecke* to prune; **jdm eine Glatze** ~ to shave sb's head
scheren[2] ['ʃeːrən] *vr* ■ **sich nicht um etw** *akk* ~ to not bother about sth ▶ **jd kann sich zum Teufel** ~ sb can go to hell
Schererei <-, -en> [ʃeːrəˈrai] *f meist pl* (*fam*) trouble *pl*
Scherz <-es, -e> [ʃɛrts] *m* joke; **einen** ~ **machen** to joke
scherzen ['ʃɛrtsn̩] *vi* to crack a joke; **mit jdm ist nicht zu** ~ sb is not to be trifled with
scherzhaft *adj* jocular
scheu [ʃɔy] *adj* shy
Scheu <-> [ʃɔy] *f kein pl* shyness; **ohne jede** ~ without holding back
scheuchen ['ʃɔyçn̩] *vt* ❶ (*treiben*) to drive ❷ (*fam: jagen*) to chase
scheuen ['ʃɔyən] **I.** *vt* ■ [**etw**] ~ to fight shy [of sth] **II.** *vi* ■ [**vor etw** *dat*] ~ to shy [at sth]
Scheuermittel *nt* scouring agent
scheuern ['ʃɔyɐn] **I.** *vt* **etw** [**blank**] ~ to scour sth [clean] ▶ **jdm eine** ~ (*sl*) to hit sb **II.** *vi* to rub
Scheune <-, -n> ['ʃɔynə] *f* barn
scheußlich ['ʃɔyslɪç] *adj* disgusting
Schicht <-, -en> [ʃɪçt] *f* ❶ layer ❷ (*Klasse*) class ❸ (*Arbeitsschicht*) shift; ~ **arbeiten** to do shift work
Schichtarbeiter(**in**) *m(f)* shift worker
schichten ['ʃɪçtn̩] *vt* to stack [up *sep*] (**auf** on/on top of)
Schichtwechsel [-vɛksl] *m* change of shift
schick [ʃɪk] **I.** *adj* chic **II.** *adv* fashionably
schicken ['ʃɪkn̩] **I.** *vt* to send **II.** *vi* ■ **nach jdm** ~ to send for sb **III.** *vr* ■ **etw schickt sich** sth is suitable
Schickeria <-> [ʃɪkəˈriːa] *f kein pl* jet set
schicklich ['ʃɪklɪç] *adj* seemly
Schicksal <-s, -e> ['ʃɪkzaːl] *nt* destiny; **Ironie des** ~**s** irony of fate; **ein hartes** ~ a cruel fate; **sich in sein** ~ **ergeben** to be reconciled to one's fate; **jdn seinem** ~ **überlassen** to leave sb to their fate; **etw dem** ~ **überlassen** to leave sth to fate

Schicksalsschlag *m* stroke of fate
Schiebedach *nt* sun-roof
schieben <schob, geschoben> ['ʃiːbn̩] *vt* ❶ to push ❷ (*stecken*) to put ❸ (*abwälzen*) ■ **etw auf jdn** ~ to lay sth on sb; **die Schuld auf jdn** ~ to lay the blame on sb; ■ **etw auf etw** *akk* ~ to blame sth for sth
Schiebetür *f* sliding door
Schiebung <-> *f kein pl* ❶ (*Begünstigung*) pulling strings ❷ (*unehrliches Geschäft*) shady deal
Schiedsgericht *nt* JUR arbitration tribunal
Schiedsrichter(**in**) *m(f)* SPORT referee
schief [ʃiːf] **I.** *adj* crooked, not straight *pred* **II.** *adv* **jdn** ~ **ansehen** to look askance at sb
Schiefer <-s, -> ['ʃiːfɐ] *m* slate
schief|gehen *vi* (*fam*) to go wrong ▶ [**es**] **wird schon** ~! (*iron*) it'll be OK!
schief|liegen *vi* (*fam*) to be on the wrong track
schielen ['ʃiːlən] *vi* ❶ to squint ❷ (*heimlich schauen*) ■ **nach etw** *dat* ~ to steal a glance at sth
Schienbein ['ʃiːnbain] *nt* shinbone; **jdm gegen das** ~ **treten** to kick sb in the shin
Schiene <-, -n> ['ʃiːnə] *f* ❶ rail *usu pl* ❷ MED splint
schier[1] [ʃiːɐ̯] *adj attr* sheer
schier[2] [ʃiːɐ̯] *adv* (*beinahe*) almost
Schießbude *f* shooting gallery
schießen <schoss, geschossen> ['ʃiːsn̩] *vi*, *vt* to shoot (**auf** at)
Schießerei <-, -en> [ʃiːsəˈrai] *f* shooting
Schießpulver *nt* gunpowder
Schiff <-[e]s, -e> [ʃɪf] *nt* ship
Schiffahrt[ALT] *f s.* **Schifffahrt Schiffbau** *m kein pl* shipbuilding **Schiffbruch** *m* shipwreck; ~ **erleiden** to be shipwrecked **Schifffahrt**[RR] ['ʃɪffaːɐ̯t] *f* shipping **Schiffsladung** *f* cargo **Schiffsrumpf** *m* [ship's] hull
Schikane <-, -n> [ʃiˈkaːnə] *f* harassment *no indef art* ▶ **mit allen** ~**n** with all the modern conveniences
schikanieren* [ʃikaˈniːrən] *vt* to harass
Schild[1] <-[e]s, -er> [ʃɪlt, *pl* 'ʃɪldɐ] *nt* (*Hinweisschild*) sign
Schild[2] <-[e]s, -e> [ʃɪlt, *pl* 'ʃɪldə] *m* shield ▶ **etw im** ~**e führen** to be up to sth
Schilddrüse *f* thyroid
Schilddrüsenüberfunktion *f* overactive [*or* hyperactive] thyroid [gland] **Schilddrüsenunterfunktion** *f* underactive [*or* hypoactive]

thyroid [gland]

schildern ['ʃɪldən] *vt* to describe

Schilderung <-, -en> *f* account

Schildkröte ['ʃɪltkrø:tə] *f* tortoise

Schilf <-[e]s, -e> [ʃɪlf] *nt* ❶ reed ❷ (*Röhricht*) reeds *pl*

schillernd *adj* shimmering; *Persönlichkeit* flamboyant

Schimmel[1] <-s> ['ʃɪml] *m kein pl* mould

Schimmel[2] <-s, -> ['ʃɪml] *m* ZOOL white horse

schimmelig ['ʃɪməlɪç] *adj* mouldy

schimmeln ['ʃɪmln] *vi sein o haben* to go mouldy

Schimmer <-s> ['ʃɪmɐ] *m kein pl* shimmer ▶ **keinen blassen ~ haben** to not have the faintest idea (**von** about)

schimmern ['ʃɪmɐn] *vi* to shimmer

schimmlig ['ʃɪmlɪç] *adj* mouldy

Schimpanse <-n, -n> [ʃɪm'panzə] *m* chimpanzee

Schimpf <-[e]s> [ʃɪmpf] *m kein pl* affront *dated form*, abuse *no indef art, no pl;* **mit ~ und Schande** (*geh*) in disgrace

schimpfen ['ʃɪmpfn] *vi* ❶ (*fluchen*) to swear ❷ (*zurechtweisen*) ■ **mit jdm ~** to scold sb

Schimpfwort *nt* swear word

schinden <schindete, geschunden> ['ʃɪndn] I. *vr* ■ **sich ~** to slave [away] II. *vt* (*fam*) **Eindruck ~** to play to the gallery; **Zeit ~** to play for time

Schinken <-s, -> ['ʃɪŋkn] *m* ham

Schinkenspeck *m* bacon

Schirm <-[e]s, -e> [ʃɪrm] *m* umbrella

schiss[RR], **schiß**[ALT] [ʃɪs] *imp von* **scheißen**

Schiss[RR] *m kein pl*, **Schiß**[ALT] <-sses> [ʃɪs] *m kein pl* (*sl*) ~ **haben** to be shit-scared (**vor** of)

schizophren [ʃitso'fre:n, sçitso'fre:n] *adj* schizophrenic

Schizophrenie <-, -n> [ʃitsofre'ni:, sçitso-, *pl* -'ni:ən] *f* schizophrenia

Schlacht <-, -en> [ʃlaxt] *f* battle

schlachten ['ʃlaxtn] *vt, vi* to slaughter

Schlachter(in) <-s, -> *m(f)* butcher; (*im Schlachthof*) slaughterman

Schlachtfeld *nt* battlefield **Schlachtfest** *nt* KOCHK *feast following the home-slaughtering of a farm animal* **Schlachthof** *m* slaughterhouse **Schlachtplan** *m* **einen ~ machen** to draw up a plan of action

Schlaf <-[e]s> [ʃla:f] *m kein pl* sleep; **einen festen/leichten ~ haben** to be a deep/light sleeper; **jdm den ~ rauben** to keep sb awake ▶ **nicht im ~ an etw** *akk* **denken** to not dream of [doing] sth; **etw im ~ können** to be able to do sth in one's sleep

Schlafanzug *m* pyjamas *npl*

Schläfe <-, -n> ['ʃlɛ:fə] *f* temple

schlafen <schlief, geschlafen> ['ʃla:fn] *vi* to sleep; **ein Kind ~ legen** to put a child to bed; **fest/tief ~** to sleep deeply/soundly; **~ gehen** to go to bed

schlaff [ʃlaf] I. *adj* slack II. *adv* slackly

Schlafgelegenheit *f* place to sleep **Schlaflosigkeit** <-> *f kein pl* sleeplessness **Schlafmittel** *nt* sleep-inducing medication

schläfrig ['ʃlɛ:frɪç] *adj* sleepy

Schlafsaal *m* dormitory **Schlafsack** *m* sleeping bag **Schlaftablette** *f* sleeping pill **Schlafwagen** *m* sleeper **Schlafwandler(in)** <-s, -> *m(f)* sleepwalker **Schlafzimmer** *nt* bedroom

Schlag <-[e]s, Schläge> [ʃla:k, *pl* 'ʃlɛ:gə] *m* ❶ (*Hieb*) blow; **Schläge bekommen** to get a beating; **jdm einen ~ versetzen** to deal sb a blow ❷ (*Hall*) thud; **ein ~ an der Tür** a bang on the door ❸ (*Herzschlag*) beat ❹ (*Schicksalsschlag*) blow ❺ ÖSTERR (*Sahne*) [whipped] cream ❻ (*Stromschlag*) shock; **einen ~ kriegen** to get an electric shock ❼ (*Schlaganfall*) stroke; **einen ~ bekommen** to suffer a stroke ▶ **ein ~ ins Gesicht** a slap in the face; **ein ~ unter die Gürtellinie** a blow below the belt; **ein ~ ins Wasser** a washout; **jdn trifft der ~** sb is flabbergasted; **~ auf ~** in rapid succession

Schlagader *f* artery **Schlaganfall** *m* stroke **Schlagbohrmaschine** *f* hammer drill

schlagen <schlug, geschlagen> ['ʃla:gn] I. *vt* ❶ **haben** (*to hit;* (*mit der Faust*) to punch; (*mit der Hand*) to slap; **die Hände vors Gesicht ~** to cover one's face with one's hands; **jdm auf die Schulter ~** to give sb a slap on the back; **etw in Stücke ~** to smash sth to pieces ❷ (*prügeln*) to beat; **jdn bewusstlos ~** to beat sb senseless ❸ (*besiegen*) to defeat; SPORT to beat (**in** at); **jd ist nicht zu ~** sb is unbeatable; **sich ge~ geben** to admit defeat ❹ (*einschlagen*) **einen Nagel in die Wand ~** to knock a nail into the wall ❺ (*legen*) **ein Bein über das andere ~** to cross one's legs II. *vi* ❶ *haben* (*hauen*) to hit; **jdm in die Fresse ~** (*sl*) to punch sb in the face; ■[**mit** etw *dat*] **um sich** *akk* ~ to lash about [with sth]; ■**nach jdm** ~ to hit out at sb ❷ *sein* (*auftreffen*) ■**an** [*o* **gegen**] etw *akk* ~ to strike against sth ❸ *haben* (*pochen*) to beat ❹ *haben* Uhr to strike ❺ *haben* (*Partei ergreifen*) **sich auf jds Seite** ~ to take sb's side III. *vr haben* ❶ ■**sich** [**mit jdm**] ~ to fight [sb]; ■**sich** [**um etw** *akk*] ~ to fight [over sth] ❷ (*sich anstrengen*) **sich gut** ~ to do well

Schlager <-s, -> ['ʃlaːgɐ] *m* MUS [pop] song

Schläger <-s, -> ['ʃlɛːɡɐ] *m* (*Tennis*) racket; (*Golf*) golf club

Schlägerei <-, -en> [ʃlɛːɡəˈraɪ] *f* brawl

schlagfertig *adj* quick-witted

Schlaginstrument *nt* percussion instrument **Schlagloch** *nt* pothole **Schlagobers** ['ʃlaːkʔoːbɐs] *nt* SÜDD, ÖSTERR, SCHWEIZ *s.* **Schlagrahm Schlagrahm** *m,* **Schlagsahne** *f* whipping cream; (*geschlagen*) whipped cream **Schlagwort** <-worte> *nt* slogan **Schlagwortkatalog** *m* library catalogue of keywords **Schlagzeile** *f* headline; ~**n machen** to make headlines **Schlagzeug** <-[e]s, -e> *nt* drums *pl;* (*im Orchester*) percussion *no pl* **Schlagzeuger(in)** <-s, -> *m(f)* (*fam*), **Schlagzeugspieler(in)** <-s, -> *m(f)* drummer; (*im Orchester*) percussionist

Schlamassel <-s, -> [ʃlaˈmasl] *m o nt* mess; **jetzt haben wir den** ~! now we're in a [right] mess!

Schlamm <-[e]s, -e *o* Schlämme> [ʃlam, *pl* 'ʃlɛmə] *m* mud

schlammig ['ʃlamɪç] *adj* muddy

Schlammlawine *f* GEOG mudslide

Schlampe <-, -n> ['ʃlampə] *f* slut

schlampen ['ʃlampn̩] *vi* (*fam*) to do a sloppy job

schlampig ['ʃlampɪç] I. *adj* ❶ (*nachlässig*) sloppy ❷ (*ungepflegt*) unkempt II. *adv* ❶ sloppily ❷ (*ungepflegt*) in an unkempt way

Schlange <-, -n> ['ʃlaŋə] *f* ❶ snake ❷ (*Reihe*) queue, line AM; ~ **stehen** to queue up, to stand in line AM

schlängeln ['ʃlɛŋl̩n] *vr* ■**sich** ~ to meander

Schlangenbiss^RR *m* snake bite **Schlangengift** *nt* snake poison

schlank ['ʃlaŋk] *adj* slim

Schlankheitskur *f* diet; **eine** ~ **machen** to be on a diet

schlapp [ʃlap] *adj pred* worn out

Schlaraffenland [ʃlaˈrafn̩-] *nt* land of milk and honey

schlau [ʃlaʊ] I. *adj* ❶ clever ❷ (*gerissen*) crafty II. *adv* ❶ cleverly ❷ (*gerissen*) craftily

Schlauch <-[e]s, Schläuche> [ʃlaʊx, *pl* 'ʃlɔʏçə] *m* ❶ hose ❷ (*Reifenschlauch*) [inner] tube ▶ **auf dem** ~ **stehen** to be at a loss

Schlauchboot *nt* rubber dinghy

schlauchen ['ʃlaʊxn̩] *vt, vi* to take it out of sb

Schlaufe <-, -n> ['ʃlaʊfə] *f* loop

Schlaukopf *m,* **Schlaumeier** *m* (*iron*) clever clogs, smart alec

schlecht [ʃlɛçt] I. *adj* ❶ bad; ~**e Augen** weak eyes; **ein** ~**es Gewissen haben** to have a bad conscience; **von** ~**er Qualität** of poor quality; ~**e Zeiten** hard times; **noch zu** ~ still not good enough ❷ MED ■**jdm ist** ~ sb feels sick ▶ **es sieht** ~ **aus** things don't look good II. *adv* ❶ (*nicht gut*) badly; ~ **beraten** ill-advised; ~ **gelaunt** bad-tempered ❷ MED **jdm geht es** ~ sb feels unwell; ~ **hören** to be hard of hearing; ~ **sehen** to have poor eyesight ❸ (*herabwerten*) ~ **reden über jdn** to say bad things about sb ▶ **mehr** ~ **als recht** more or less; **auf jdn/etw** ~ **zu sprechen sein** to not want anything to do with sb/sth

schlechtgelaunt *adj* bad-tempered

schlechtmachen *vt* **jdn** ~ to run sb down

Schleckermaul *nt* (*fam*) **ein** ~ **sein** to have a sweet tooth

Schlehe <-, -n> ['ʃleːə] *f* sloe

schleichen <schlich, geschlichen> ['ʃlaɪçn̩] *vi sein* to creep

schleichend *adj attr* insidious

Schleier <-s, -> ['ʃlaɪɐ] *m* veil

Schleiereule *f* barn owl

schleierhaft *adj* ■[**jdm**] ~ **sein** to be a mystery [to sb]

Schleierkraut *nt* BOT gypsophila, baby's breath

Schleife <-, -n> ['ʃlaɪfə] *f* bow

schleifen¹ ['ʃlaɪfn̩] I. *vt haben* (*ziehen*) to drag II. *vi* ❶ *haben* (*reiben*) to rub (**an** against) ❷ *sein o haben* (*gleiten*) to slide ▶ **etw** ~ **lassen** (*fam*) to let sth slide

schleifen² <schliff, geschliffen> ['ʃlaɪfn̩] *vt* ❶ (*schärfen*) to sharpen ❷ (*schmirgeln*) to sand

Schleifmaschine *f* sander

Schleim <-[e]s, -e> [ʃlaim] *m* ❶ slime ❷ MED mucus

Schleimhaut *f* mucous membrane

schleimig ['ʃlaimɪç] *adj* slimy

schlemmen ['ʃlɛmən] *vi* to have a feast

schlendern ['ʃlɛndɐn] *vi sein* to stroll along

schlenkern ['ʃlɛŋkɐn] *vi* to dangle; **mit den Beinen** ~ to swing one's legs

Schleppe <-, -n> ['ʃlɛpə] *f* train

schleppen ['ʃlɛpn] I. *vt* (*tragen*) to carry II. *vr* ▪ **sich** ~ ❶ (*sich fortbewegen*) to drag oneself ❷ (*sich hinziehen*) to drag on

schleppend I. *adj* slow II. *adv* slowly

Schleppkahn *m* lighter

Schlepplift *m* ski tow

Schlesien <-s> [ʃleːzi̯ən] *nt kein pl* Silesia

Schlesier(in) <-s, -> ['ʃleːzi̯ɐ, 'ʃleːzi̯ərɪn] *m(f)* Silesian

schlesisch ['ʃleːzɪʃ] *adj* Silesian

Schleuder <-, -n> ['ʃlɔydɐ] *f* ❶ (*Waffe*) catapult ❷ (*Wäscheschleuder*) spin drier

Schleudergefahr *f kein pl* risk of skidding

schleudern ['ʃlɔydɐn] I. *vt haben* ❶ to hurl ❷ (*zentrifugieren*) to spin II. *vi sein* **ins S~ geraten** to go into a skid

Schleudersitz *m* ejector seat

schleunigst *adv* straight away

Schleuse <-, -n> ['ʃlɔyzə] *f* lock

schlicht [ʃlɪçt] I. *adj* simple II. *adv* simply; ~ **und einfach** [just] plain; ~ **und ergreifend** plain and simple

schlichten ['ʃlɪçtn̩] I. *vt* to settle II. *vi* ▪ [**in etw** *dat*] ~ to mediate [in sth]

Schlichtung <-, -en> *f* mediation

schließen <schloss, geschlossen> ['ʃliːsn̩] I. *vi* to close II. *vt* ❶ (*zumachen; beenden*) to close ❷ (*eingehen*) **ein Bündnis** ~ to enter into an alliance; **Freundschaft** ~ to become friends; **Frieden/einen Pakt** ~ to make peace/a pact; **einen Kompromiss** ~ to reach a compromise ❸ (*schlussfolgern*) to conclude (**aus** from) ❹ (*umarmen*) **jdn in die Arme** ~ to take sb in one's arms

Schließfach *nt* ❶ (*Gepäckschließfach*) locker ❷ (*Bankschließfach*) safe-deposit box ❸ (*Postfach*) post-office box

schließlich ['ʃliːslɪç] *adv* ❶ (*endlich*) at last ❷ (*immerhin*) after all

schlimm [ʃlɪm] I. *adj* ❶ bad; ▪ **etwas S~es/S~eres** sth dreadful/worse; ▪ **das S~ste** the worst; **es gibt nichts S~eres als ...** there's nothing worse than ...; ▪ **nicht [so]** ~ sein to be not [so] bad ❷ (*ernst*) serious ▸ **etw ist halb so** ~ sth is not as bad as all that; **ist nicht** ~! no problem! II. *adv* dreadfully; **wenn es ganz** ~ **kommt** if the worst comes to the worst; **es hätte** ~ **er kommen können** it could have been worse; ~ **genug, dass ...** it's bad enough that ...; ~ **dran sein** (*fam*) to be in a bad way; **um so** ~**er** so much the worse

schlimmstenfalls ['ʃlɪmstn̩'fals] *adv* if the worst comes to the worst

Schlinge <-, -n> ['ʃlɪŋə] *f* loop

schlingen <schlang, geschlungen> ['ʃlɪŋən] I. *vt* to wind (**um** about); **die Arme um jdn** ~ to wrap one's arms around sb II. *vr* ▪ **sich um etw** *akk* ~ to wind itself around sth

Schlingpflanze *f* creeper

Schlips <-es, -e> [ʃlɪps] *m* tie ▸ **sich auf den** ~ **getreten fühlen** to feel offended by sb; **jdm auf den** ~ **treten** to tread on sb's toes

Schlitten <-s, -> ['ʃlɪtn̩] *m* sledge

Schlittschuh ['ʃlɪtʃuː] *m* skate; ~ **laufen** to skate **Schlittschuhbahn** *f* ice rink **Schlittschuhläufer(in)** *m(f)* skater

Schlitz <-es, -e> [ʃlɪts] *m* ❶ slit ❷ (*Einsteckschlitz*) slot

Schlitzohr *nt* rogue

Schlögel <-s, -> ['ʃløːgl̩] *m* ÖSTERR leg; *vom Wild* haunch

schloss^RR, **schloß**^ALT [ʃlɔs] *imp von* **schließen**

Schloss^RR <-es, Schlösser> *nt*, **Schloß**^ALT <-sses, Schlösser> [ʃlɔs, *pl* 'ʃlœsɐ] *nt* ❶ (*Palast*) palace ❷ (*Türschloss*) lock; **ins** ~ **fallen** to snap shut ❸ (*Vorhängeschloss*) padlock ▸ **jdn hinter** ~ **und Riegel bringen** to put sb behind bars

Schlosser(in) <-s, -> ['ʃlɔsɐ] *m(f)* (*Metallschlosser*) metalworker; (*Maschinenschlosser*) fitter

Schlosserei <-, -en> [ʃlɔsə'rai] *f* smith's shop

Schlot <-[e]s, -e> [ʃloːt] *m* chimney ▸ **rauchen wie ein** ~ (*fam*) to smoke like a chimney

Schlucht <-, -en> [ʃlʊxt] *f* gorge

schluchzen ['ʃlʊxtsn̩] *vi* to sob

Schluck <-[e]s, -e> [ʃlʊk] *m* gulp; (*kleiner*) sip; **einen** ~ [**von etw** *dat*] **nehmen** to have a sip [of sth]; **in einem** ~ in one swallow

Schluckauf <-s> ['ʃlʊkʔaʊf] *m kein pl* hiccup; **den ~ haben** to have hiccups
schlucken ['ʃlʊkn] *vt, vi* to swallow
Schluckimpfung *f* oral vaccination
schludrig ['ʃluːdrɪç] *adj* (*fam*) *s.* **schlampig**
schlummern ['ʃlʊmɐn] *vi* to slumber
Schlund <-[e]s, Schlünde> [ʃlʊnt, *pl* 'ʃlʏndə] *m* throat
schlüpfen ['ʃlʏpfn] *vi sein* ① to slip ② (*aus dem Ei*) ■ [**aus etw** *dat*] ~ to hatch out [of sth]
Schlüpfer <-s, -> ['ʃlʏpfɐ] *m* panties *npl*
schlürfen ['ʃlʏrfn] *vt, vi* to slurp
Schluss^RR *m,* **Schluß**^ALT <Schlusses, Schlüsse> [ʃlʊs, *pl* 'ʃlʏsə] *m* ① *kein pl* end; ~ [**jetzt**]! that's enough!; **mit etw** *dat* **ist** ~ sth is over with; **zum ~ kommen** to finish; [**mit etw** *dat*] ~ **machen** (*fam*) to stop [sth]; **kurz vor** ~ just before closing time; **zum ~** at the end ② (*Folgerung*) conclusion; **zu dem ~ kommen, dass ...** to come to the conclusion that ... ▶ [**mit jdm**] ~ **machen** to break it off [with sb]
Schlüssel <-s, -> ['ʃlʏsl] *m* key; ■ **der ~ zu etw** *dat* the key to sth
Schlüsselbein *nt* collar bone **Schlüsselblume** *f* cowslip **Schlüsselbund** *m o nt* bunch of keys **Schlüsselloch** *nt* keyhole
Schlussfolgerung^RR <-, -en> *f,* **Schlußfolgerung**^ALT <-, -en> *f* deduction; **eine ~ ziehen** to draw a conclusion (**aus** from)
Schlusslicht^RR *nt* rear [*or* AM tail] light ▶ **das ~** [**bei etw** *dat*] **sein** to bring up the rear [of sth]
Schlussverkauf^RR *m* sales *pl*
schmachtend *adj* soulful
schmächtig ['ʃmɛçtɪç] *adj* slight
schmackhaft *adj* tasty ▶ **jdm etw ~ machen** to make sth tempting to sb
schmählich I. *adj* (*geh*) shameful II. *adv* shamefully
schmal <-er *o* schmäler, -ste *o* schmälste> [ʃmaːl] *adj* narrow; (*schlank*) slim
schmälern ['ʃmɛːlɐn] *vt* to belittle
Schmalfilm *m* 8/16mm [cine] film **Schmalfilmkamera** *f* 8/16mm [cine] camera **Schmalspur** *f* BAHN narrow gauge **Schmalspurdenken** *nt kein pl* (*pej*) narrow mindedness
Schmalz¹ <-es, -e> [ʃmalts] *nt* dripping; (*Schweinefett*) lard
Schmalz² <-es> [ʃmalts] *m kein pl* (*pej fam*) schmaltz
schmalzig ['ʃmaltsɪç] *adj* (*pej fam*) schmaltzy
Schmarotzer <-s, -> *m* parasite
Schmarren <-s, -> ['ʃmarən] *m* ① KOCHK pancake torn into small pieces ② (*fam: Quatsch*) rubbish
schmatzen ['ʃmatsn] *vi* to eat/drink noisily
schmecken ['ʃmɛkn] I. *vi* to taste (**nach** of); **hat es geschmeckt?** did you enjoy it?; **das schmeckt aber gut** that tastes wonderful; **es sich** *dat* ~ **lassen** to enjoy one's food; **lasst es euch ~!** tuck in! II. *vt* to taste
Schmeichelei <-, -en> [ʃmaiçə'lai] *f* flattery *no pl, no indef art*
schmeichelhaft *adj* flattering; **~ e Worte** kind words
schmeicheln ['ʃmaiçln] *vi* ■ **jdm ~** to flatter sb; ■ **es schmeichelt jdm, dass ...** sb is flattered that ...
schmeißen <schmiss, geschmissen> ['ʃmaisn] *vt, vi* (*fam*) ① (*werfen*) to throw ② (*sl: ausgeben*) **eine Runde ~** to stand a round
Schmeißfliege *f* blowfly
schmelzen <schmolz, geschmolzen> ['ʃmɛltsn] I. *vi sein* to melt II. *vt haben* to melt
Schmelzkäse *m* cheese spread **Schmelzpunkt** *m* melting point **Schmelzwasser** *nt* meltwater
Schmerz <-es, -en> [ʃmɛrts] *m* ① pain; **~ en haben** to be in pain ② (*Kummer*) anguish *no indef art*
schmerzempfindlich *adj* sensitive [to pain *pred*]
schmerzen ['ʃmɛrtsn] *vi* to hurt; (*anhaltend*) to ache; ■ **~ d** painful
Schmerzensgeld *nt* compensation
schmerzhaft *adj* painful
schmerzlich *adj* painful
schmerzlos *adj* painless ▶ **kurz und ~** short and sweet
Schmerzmittel *nt* painkiller **schmerzstillend** *adj* painkilling **Schmerztablette** *f* painkiller
Schmetterling <-s, -e> ['ʃmɛtɐlɪŋ] *m* butterfly
schmettern ['ʃmɛtɐn] *vt haben* ① to fling ② SPORT to smash
Schmied(in) <-[e]s, -e> [ʃmiːt, *pl* 'ʃmiːdə] *m(f)* smith

schmiedeeisern *adj* wrought-iron

schmieden ['ʃmi:dn̩] *vt* ❶ to forge ❷ (*machen*) **einen Plan** ~ to hammer out a plan

schmiegen ['ʃmi:gn̩] *vr* ❶ ■ **sich an jdn** ~ to cuddle up to sb ❷ (*eng anliegen*) ■ **sich an etw** *akk* ~ to hug sth

schmieren ['ʃmi:rən] *vt* ❶ (*streichen*) to spread; **Salbe auf eine Wunde** ~ to apply cream to a wound ❷ (*fetten*) to lubricate ❸ (*pej: malen*) to scrawl; **Parolen an die Häuser** ~ to daub slogans on the walls of houses ❹ (*fam: bestechen*) ■ **jdn** ~ to grease sb's palm ▶ **jdm eine** ~ (*fam*) to give sb a thump; **wie geschmiert** (*fam*) like clockwork

Schmiergeld *nt* (*fam*) bribe

schmierig ['ʃmi:rɪç] *adj* ❶ greasy ❷ (*pej: schleimig*) slimy

Schmieröl *nt* lubricating oil **Schmierseife** *f* soft soap

Schmierzettel *m* notepaper

Schminke <-, -n> ['ʃmɪŋkə] *f* make-up

schminken ['ʃmɪŋkn̩] *vt* to put make-up on; ■ **sich** ~ to put on make-up

Schmirgelpapier ['ʃmɪrgl̩-] *nt* sandpaper

schmökern ['ʃmø:kɐn] *vi* (*fam*) **in einem Buch** ~ to bury oneself in a book

schmollen ['ʃmɔlən] *vi* to sulk

Schmollmund *m* **einen** ~ **machen** to pout

Schmorbraten ['ʃmo:ɐ̯-] *m* pot roast

schmoren ['ʃmo:rən] *vt, vi* ❶ KOCHK to braise ❷ (*schwitzen*) **in der Sonne** ~ to roast in the sun

Schmuck <-[e]s> [ʃmʊk] *m kein pl* ❶ jewellery ❷ (*Verzierung*) decoration

schmücken ['ʃmʏkn̩] *vt* ❶ to decorate ❷ ■ **sich mit etw** *dat* ~ to put on sth

schmuddelig ['ʃmʊdəlɪç] *adj* grubby; (*stärker*) filthy

Schmuddelwetter *nt* foul weather

schmuddlig ['ʃmʊdlɪç] *adj s.* **schmuddelig**

Schmuggel <-s> ['ʃmʊgl̩] *m kein pl* smuggling *no art*

schmuggeln ['ʃmʊgl̩n] *vt* to smuggle

Schmuggelware *f* contraband *no pl*

Schmuggler(in) <-s, -> ['ʃmʊglɐ] *m(f)* smuggler

schmunzeln ['ʃmʊntsl̩n] *vi* to grin quietly to oneself

Schmunzeln <-s> ['ʃmʊntsl̩n] *nt kein pl* grin

schmusen ['ʃmu:zn̩] *vi* (*fam*) to cuddle

Schmutz <-es> [ʃmʊts] *m kein pl* dirt ▶ **jdn/etw in den** ~ **ziehen** to blacken sb's name/sth's reputation

schmutzig ['ʃmʊtsɪç] *adj* dirty; **sich** ~ **machen** to get dirty

Schnabel <-s, Schnäbel> ['ʃna:bl̩, *pl* 'ʃnɛ:bl̩] *m* ❶ beak ❷ (*fam: Mund*) trap ▶ **reden, wie einem der** ~ **gewachsen ist** to say what one thinks

schnackseln ['ʃnaksl̩n] *vi* SÜDD (*fam*) to screw *vulg*

Schnake <-, -n> ['ʃna:kə] *f* ❶ crane fly ❷ DIAL (*Stechmücke*) gnat

Schnalle <-, -n> ['ʃnalə] *f* buckle

schnallen ['ʃnalən] *vt* to buckle up; **etw enger/weiter** ~ to tighten/loosen sth; **sich** *dat* **etw auf den Rücken** ~ to strap sth onto one's back

Schnäppchen <-s, -> ['ʃnɛpçən] *nt* bargain

Schnäppchenmarkt *m* ÖKON (*fam*) bargain basement

schnappen ['ʃnapn̩] **I.** *vi* (*greifen*) to grab (**nach** for) **II.** *vt* (*fam*) ❶ (*ergreifen*) to grab; **etwas frische Luft** ~ to get a gulp of fresh air ❷ (*festnehmen*) to catch

Schnappschuss^RR *m* snapshot

Schnaps <-es, Schnäpse> [ʃnaps, *pl* 'ʃnɛpsə] *m* schnapps

schnarchen ['ʃnarçn̩] *vi* to snore; ■ **das S~** snoring

schnattern ['ʃnatɐn] *vi* to cackle

schnauben <schnaubte, geschnaubt> ['ʃnaubn̩] *vi* to snort (**vor** with)

schnaufen ['ʃnaufn̩] *vi* to puff

Schnauzbart *m* [large] moustache

Schnauze <-, -n> ['ʃnautsə] *f* ❶ snout ❷ (*sl: Mund*) trap; **die** ~ **halten** to keep one's trap shut ▶ **frei [nach]** ~ (*sl*) as one thinks fit; **die** ~ (**von etw** *dat*) **voll haben** (*sl*) to be fed up to the teeth [with sth]; **auf die** ~ **fallen** (*sl*) to fall flat on one's face

schnäuzen^RR ['ʃnɔytsn̩] *vr* **sich** ~ to blow one's nose

Schnecke <-, -n> ['ʃnɛkə] *f* snail; (*Nacktschnecke*) slug

Schneckenhaus *nt* snail shell **Schneckentempo** *nt* **im** ~ at a snail's pace

Schnee <-s> [ʃne:] *m kein pl* snow ▶ ~ **von gestern** stale [news]

Schneeball *m* snowball **Schneeballschlacht** *f* snowball fight; **eine** ~ **machen** to have a snowball fight **Schneebesen**

m whisk **Schneebrille** *f* snow goggles **Schneefall** *m* snowfall **Schneeflocke** *f* snowflake **Schneeglöckchen** <-s, -> *nt* snowdrop **Schneegrenze** *f* snowline **Schneekette** *f meist pl* snow chain[s *pl*] **Schneemann** *m* snowman **Schneematsch** *m* slush **Schneepflug** *m* snowplough **Schneeregen** *m* sleet **Schneeschauer** *m* snow shower **Schneeschaufel** *f* snow shovel **Schneeschmelze** *f* thaw **Schneesturm** *m* snowstorm **Schneetreiben** *nt* snowstorm **Schneewittchen** <-s> [ʃneˈvɪtçən] *nt* Snow White

Schneid <-[e]s> [ʃnaɪt] *m kein pl* ~ **haben** to have guts

schneiden <schnitt, geschnitten> [ˈʃnaɪdn̩] **I.** *vt* ❶ to cut ❷ FILM to edit ❸ (*meiden*) ■ **jdn** ~ to snub sb **II.** *vr* ■ **sich** ~ ❶ to cut oneself; **sich in den Finger** ~ to cut one's finger ❷ (*sich kreuzen*) to intersect

schneidend *adj* biting

Schneider(in) <-s, -> [ˈʃnaɪdɐ] *m(f)* tailor ▶ **aus dem** ~ **sein** to be in the clear

Schneidezahn *m* incisor

schneien [ˈʃnaɪən] *vi impers* ■ **es schneit** it is snowing; **es hat geschneit** it has been snowing

Schneeise <-, -n> [ˈʃnaɪzə] *f* aisle

schnell [ʃnɛl] **I.** *adj* ❶ (*mit hohem Tempo*) fast ❷ (*zügig*) prompt ❸ *attr* (*baldig*) swift **II.** *adv* ❶ (*mit hohem Tempo*) fast ❷ (*zügig*) quickly; ~ **gehen** to be done quickly; ~ **machen** to hurry up

schnellen [ˈʃnɛlən] *vi sein* **in die Höhe** ~ to shoot up

Schnellhefter *m* loose-leaf binder

Schnelligkeit <-, *selten* -en> *f* speed

Schnellimbiss^{RR} *m* takeaway **Schnellkochplatte** *f* high-speed ring **Schnellkochtopf** *m* pressure cooker **Schnellkurs** *m* crash course

schnellstens *adv* as soon as possible

Schnellstraße *f* expressway **Schnellzug** *m* fast train

schneuzen^{ALT} [ˈʃnɔʏtsn̩] *vr s.* **schnäuzen**

schniefen [ˈʃniːfn̩] *vi* to sniffle

Schnippchen <-s> [ˈʃnɪpçən] *nt* ▶ **jdm ein** ~ **schlagen** (*fam*) to put one over on sb

schnippisch [ˈʃnɪpɪʃ] *adj* saucy

Schnipsel <-s, -> [ˈʃnɪpsl̩] *m o nt* shred

schnitt [ʃnɪt] *imp von* **schneiden**

Schnitt <-[e]s, -e> [ʃnɪt] *m* ❶ cut ❷ (*Durchschnitt*) **im** ~ on average

Schnittblumen *pl* cut flowers *pl*

Schnitte <-, -n> [ˈʃnɪtə] *f* ❶ (*Wurstschnitte*) slice ❷ (*Brotschnitte*) open sandwich

Schnittkäse *m* hard cheese **Schnittlauch** [ˈʃnɪtlaʊx] *m kein pl* chives *npl* **Schnittmenge** *f* intersection **Schnittmuster** *nt* [paper] pattern **Schnittpunkt** *m* intersection **Schnittstelle** *f* interface **Schnittwunde** *f* cut

Schnitzel <-s, -> [ˈʃnɪtsl̩] *nt* KOCHK pork escalope

schnitzen [ˈʃnɪtsn̩] *vt, vi* to carve; ■ **das S**~ carving

Schnorchel <-s, -> [ˈʃnɔrçl̩] *m* snorkel

schnorren [ˈʃnɔrən] *vi, vt* to scrounge

Schnorrer(in) <-s, -> *m(f)* scrounger

schnüffeln [ˈʃnʏfl̩n] *vi* ❶ to sniff ❷ (*fam: spionieren*) to nose around

Schnuller <-s, -> [ˈʃnʊlɐ] *m* dummy

Schnulze <-, -n> [ˈʃnʊltsə] *f* schmaltz

schnupfen [ˈʃnʊpfn̩] **I.** *vi* to sniff **II.** *vt* **Kokain** ~ to snort cocaine

Schnupfen <-s, -> [ˈʃnʊpfn̩] *m* cold; [**einen**] ~ **haben** to have a cold

schnuppern [ˈʃnʊpɐn] *vi, vt* to sniff (**an** at)

Schnur <-, Schnüre> [ʃnuːɐ̯, *pl* ˈʃnyːrə] *f* cord

schnüren [ˈʃnyːrən] *vt* to tie together (**zu** in); *Schuhe* ~ to lace up

schnurlos *adj* cordless

Schnurrbart [ˈʃnʊrbaːɐ̯t] *m* moustache

schnurren [ˈʃnʊrən] *vi* ❶ to whirr ❷ *Katze* to purr

Schnürsenkel *m* shoelace

Schnürstiefel *m* laced boot

Schober <-s, -> [ˈʃoːbɐ] *m* SÜDD, ÖSTERR (*Heuhaufen*) haystack

Schock <-[e]s, -s> [ʃɔk] *m* shock; **unter** ~ **stehen** to be in shock; **jdm einen** ~ **versetzen** to shock sb

schockieren* [ʃɔˈkiːrən] *vt* to shock; ■ **schockiert sein** to be shocked (**über** about)

Schöffe, Schöffin <-n, -n> [ˈʃœfə, ˈʃœfɪn] *m, f* juror

Schokolade <-, -n> [ʃokoˈlaːdə] *f* chocolate

Scholle <-, -n> [ˈʃɔlə] *f* ❶ ZOOL plaice ❷ (*Eisbrocken*) [ice] floe

schon [ʃoːn] **I.** *adv* ❶ (*bereits*) already; ~ **damals** even at that time; ~ **lange** for a long time; ~ **mal** ever; ~ **oft** several times already ❷ (*allein*) ■ ~ ... ... alone; ~ **aus dem**

Grunde for that reason alone ❸ (*irgendwann*) in the end; **es wird ~ noch klappen** it will work out in the end ❹ (*durchaus*) well ❺ (*gereizt*) ~ **wieder** [once] again; **und wenn ~!** so what? II. *part* ❶ (*auffordernd*) **gib ~ her!** come on, give it here!; **mach ~!** hurry up!; [**nun**] **sag ~!** go on, tell me! ❷ (*nur*) **wenn ich das ~ höre!** just hearing about it!

schön [ʃøːn] I. *adj* ❶ beautiful ❷ (*angenehm*) good; **ich wünsche euch ~e Ferien** have a good holiday; **zu ~, um wahr zu sein** too good to be true ❸ (*Einverständnis ausdrückend*) **ein ~es Stück Arbeit** quite a bit of work; [**das ist ja alles**] ~ **und gut, aber ...** that's all very well, but ...; **na ~** all right then II. *adv* ❶ well; ~ **singen** to sing well ❷ (*ziemlich*) really; **das hat ganz ~ wehgetan!** that really hurt!

schonen ['ʃoːnən] I. *vt* ❶ to take care of ❷ (*rücksichtsvoll behandeln*) ▪ **jdn** ~ to spare sb II. *vr* ▪ **sich** ~ to take things easy

schonend I. *adj* (*pfleglich*) careful II. *adv* ❶ (*sorgfältig*) carefully ❷ (*rücksichtsvoll*) **jdm etw ~ beibringen** to break sth to sb gently

Schongang *m* ❶ AUTO, TECH (*Gang*) overdrive ❷ TECH (*Waschprogramm*) gentle action wash

Schönheit <-, -en> *f* beauty
Schönheitsfehler *m* blemish
Schonkost *f* special diet foods *pl*
schön|reden *vt* ~ **etw** ~ to play sth down
Schönredner(in) *m(f)* (*pej*) apologist
Schonung <-> *f kein pl* ❶ (*Entlastung*) care ❷ (*Schutz*) protection ❸ (*Rücksichtnahme*) consideration ❹ (*Verschonung*) mercy
schonungslos I. *adj* merciless II. *adv* mercilessly
Schopf <-[e]s, Schöpfe> [ʃɔpf, *pl* 'ʃœpfə] *m* shock of hair
schöpfen ['ʃœpfn̩] *vt* ❶ to scoop (**aus** from) ❷ (*kreieren*) to create
Schöpfer(in) <-s, -> *m(f)* creator
schöpferisch ['ʃœpfərɪʃ] I. *adj* creative II. *adv* creatively
Schöpfung <-, -en> *f* creation
Schöpfungsgeschichte *f kein pl* ▪ **die ~** the story of the Creation
Schöps <-es, -e> [ʃœps] *m* ÖSTERR (*Hammel*) mutton
Schorf <-[e]s, -e> [ʃɔrf] *m* scab

Schornstein ['ʃɔrnʃtain] *m* chimney
Schornsteinfeger(in) <-s, -> *m(f)* chimney sweep
schossᴿᴿ, **schoß**ᴬᴸᵀ [ʃɔs] *imp von* **schießen**
Schoß <-es, Schöße> [ʃɔs, *pl* 'ʃøːsə] *m* lap ▶ **im ~ der Familie** in the bosom of the family; **etw fällt jdm in den ~** sth falls into sb's lap
Schoßhund *m* lapdog
Schote <-, -n> ['ʃɔtə] *f* pod
Schotte, Schottin <-n, -n> ['ʃɔtə, 'ʃɔtɪn] *m, f* Scot, Scotsman *masc*, Scotswoman *fem*
Schottenrock *m* kilt
Schottin <-, -nen> *f fem form von* **Schotte** Scotswoman
schottisch ['ʃɔtɪʃ] *adj* Scottish; *s. a.* **deutsch**
Schottland ['ʃɔtlant] *nt* Scotland
schraffieren* [ʃra'fiːrən] *vt* to hatch
schräg [ʃrɛːk] I. *adj* sloping; (*Linien*) diagonal II. *adv* askew, at a slant; **das Bild hängt ~** the picture is hanging askew ▶ **jdn ~ ansehen** to look askance at sb
Schräge <-, -n> ['ʃrɛːɡə] *f* slope
Schrägstrich *m* oblique
Schramme <-, -n> ['ʃramə] *f* ❶ (*Wunde*) graze ❷ (*Kratzer*) scratch
Schrank <-[e]s, Schränke> [ʃraŋk, *pl* 'ʃrɛŋkə] *m* cupboard
Schranke <-, -n> ['ʃraŋkə] *f* barrier; **jdn in seine ~n weisen** to put sb in their place
schrankenlos *adj* unlimited
Schraube <-, -n> ['ʃraubə] *f* ❶ screw ❷ NAUT propeller ▶ **bei jdm ist eine ~ locker** (*fam*) sb has a screw loose
schrauben ['ʃraubn̩] *vt* to screw (**auf** onto); **etw fester ~** to tighten sth
Schraubendreher <-s, -> *m s.* **Schraubenzieher Schraubenschlüssel** *m* spanner BRIT, wrench AM **Schraubenzieher** <-s, -> *m* screwdriver
Schrauber <-s, -> ['ʃraubɐ] *m* (*hum fam*) Saturday mechanic
Schraubverschlussᴿᴿ *m* screw top
Schrebergarten ['ʃreːbɐ] *m* allotment
Schreck <-s> [ʃrɛk] *m kein pl* fright; **einen ~ bekommen** to get a fright; **jdm einen ~ einjagen** to give sb a fright; **vor ~** with fright
schrecken ['ʃrɛkn̩] I. *vt* <schreckte, geschreckt> *haben* to frighten II. *vi* <schrak, geschrocken> *sein* to be startled (**aus** out of)

Schrecken <-s, -> ['ʃrɛkn̩] *m* fright; ~ **erregend** terrifying; **mit dem ~ davonkommen** to escape with no more than a fright
Schreckgespenst *nt* bogey
schreckhaft *adj* jumpy
schrecklich ['ʃrɛklɪç] I. *adj* terrible II. *adv* terribly
Schrei <-[e]s, -e> [ʃrai] *m* scream ▶ **der letzte ~** (*fam*) the latest style
Schreibblock <s, -blöcke> *m* writing pad
schreiben <schrieb, geschrieben> ['ʃraibn̩] I. *vt* ❶ to write; ■ **etwas zum S~** something to write with ❷ (*buchstabieren*) to spell; **etw falsch/richtig/klein/groß ~** to spell sth wrongly/right/with small/capital letters II. *vr* (*geschrieben werden*) ■ **sich ~** to be spelt; **wie schreibt sich das Wort?** how do you spell that word?
Schreiben <-s, -> ['ʃraibn̩] *nt* letter
Schreibkraft *f* typist **Schreibmaschine** *f* typewriter; **etw auf der ~ schreiben** to type sth [up] **Schreibtisch** *m* desk
Schreibung <-, -en> *f* spelling
Schreibwarenhandlung *f* stationer's
schreien <schrie, geschrie[e]n> ['ʃraiən] *vi* ❶ to shout (**nach** for) ❷ *Tier* to cry ❸ (*heftig verlangen*) ■ **nach jdm/etw ~** to cry out for sb/sth
Schreihals *m* (*fam*) bawler
Schrein <-[e]s, -e> [ʃrain] *m* (*geh*) shrine
Schreiner(in) <-s, -> ['ʃrainɐ] *m(f)* carpenter
Schreinerei <-, -en> [ʃrainə'rai] *f* carpenter's workshop
schreiten <schritt, geschritten> ['ʃraitn̩] *vi sein* ❶ to stride ❷ **zur Tat ~** to get down to action
Schrift <-, -en> [ʃrɪft] *f* ❶ (*Handschrift*) writing ❷ (*Schriftsystem*) script ❸ TYPO (*Druckschrift*) type; (*Computer*) font ❹ (*Abhandlung*) paper; **die Heilige ~** the [Holy] Scriptures *pl*
Schriftart *f* type[face] **Schriftdeutsch** *nt* standard German
schriftlich ['ʃrɪftlɪç] I. *adj* written; ■ **etwas S~es** something in writing II. *adv* in writing
Schriftsatz *m* JUR legal document **Schriftsetzer(in)** *m(f)* typesetter **Schriftsprache** *f* standard language
Schriftsteller(in) <-s, -> ['ʃrɪftʃtɛlɐ] *m(f)* author
Schriftverkehr *m* (*geh*) correspondence

schrill [ʃrɪl] I. *adj* shrill II. *adv* shrilly
schritt [ʃrɪt] *imp von* **schreiten**
Schritt <-[e]s, -e> [ʃrɪt] *m* step; **auf ~ und Tritt** every move one makes; **~ e machen** to take steps; [**mit jdm/etw**] **~ halten** to keep up [with sb/sth]; **~ für ~** step by step; **mit großen/kleinen ~ en** in big strides/small steps
Schrittempo^ALT *nt s.* **Schritttempo Schrittgeschwindigkeit** *f* walking speed **Schrittmacher** <-s, -> *m* pacemaker **Schritttempo**^RR *nt* **im ~ fahren** to drive at walking speed
schrittweise I. *adj* gradual II. *adv* gradually
schroff [ʃrɔf] I. *adj* curt II. *adv* curtly
Schrot <-[e]s, -e> [ʃroːt] *m o nt* ❶ *kein pl* AGR coarsely ground wholemeal ❷ JAGD shot
Schrotflinte *f* shotgun
Schrott <-[e]s> [ʃrɔt] *m kein pl* scrap metal **Schrotthändler(in)** *m(f)* scrap dealer **Schrottplatz** *m* scrapyard **schrottreif** *adj* fit for the scrap heap
schrubben ['ʃrʊbn̩] *vt, vi* to scrub
Schrubber <-s, -> ['ʃrʊbɐ] *m* scrubbing brush
schrullig ['ʃrʊlɪç] *adj* (*fam*) quirky
schrumpfen ['ʃrʊmpfn̩] *vi sein* to shrink
Schubkarre *f,* **Schubkarren** *m* wheelbarrow
Schubkraft *f* thrust
Schublade <-, -n> ['ʃuːplaːdə] *f* drawer
Schubs <-es, -e> [ʃʊps] *m* (*fam*) shove
schubsen ['ʃʊpsn̩] *vt* (*fam*) to shove
schüchtern ['ʃʏçtɐn] *adj* shy
Schüchternheit <-> *f kein pl* shyness
Schuft <-[e]s, -e> [ʃʊft] *m* villain
schuften ['ʃʊftn̩] *vi* (*fam*) to slave away
Schufterei <-, -en> [ʃʊftə'rai] *f* (*fam*) drudgery
Schuh <-[e]s, -e> [ʃuː] *m* shoe ▶ **wo drückt der ~?** what's bothering you?; **jdm etw in die ~e schieben** to put the blame for sth on sb
Schuhcreme *f* shoe polish **Schuhgeschäft** *nt* shoe shop **Schuhgröße** *f* shoe size **Schuhmacher(in)** <-s, -> ['ʃuːmaxɐ] *m(f)* shoemaker **Schuhputzzeug** <-[e]s, -e> *nt meist sing* shoe cleaning kit **Schuhsohle** *f* sole
Schukostecker® ['ʃuːkoʃtɛkɐ] *m* safety plug
Schularbeit *f* SCH ❶ *meist pl* (*Hausaufgaben*) homework *no pl* ❷ ÖSTERR (*Klassenarbeit*)

[class] test **Schulaufgabe** f ① pl s. **Schularbeit** 1 ② ÖSTERR s. **Schularbeit** 2 **Schulausflug** m school trip **Schulbildung** f kein pl school education **Schulbuch** nt school book **Schulbus** m school bus

schuld [ʃʊlt] adj ■ ~ **sein** to be to blame (**an** for)

Schuld <-> [ʃʊlt] f kein pl ① (*Verschulden*) blame (**an** for); **jdm die** ~ [**an etw** *dat*] **geben** to blame sb [for sth]; **es ist jds** ~, **dass/wenn ...** it is sb's fault that/when ...; **die** ~ **auf sich** *akk* **nehmen** to take the blame; **jdn trifft keine** ~ sb is not to blame; **durch jds** ~ due to sb's fault ② (*verschuldete Missetat*) guilt ③ *meist pl* FIN debt; ~**en machen** to go into debt

schuldbewusst[RR] I. adj guilt-ridden II. adv guiltily

schulden [ˈʃʊldn̩] vt ■ **jdm etw** ~ to owe sb sth

schuldenfrei adj free of debt **Schuldenklemme** f debt crisis **Schuldenlast** f JUR indebtedness; (*von Immobilien*) encumbrance **Schuldgefühl** nt feeling of guilt

schuldig [ˈʃʊldɪç] adj ① JUR guilty; ■ **einer S.** *gen* ~ **sein** to be guilty of sth; **sich** ~ **bekennen** to plead guilty ② (*Schulden haben*) ■ **jdm etw** ~ **sein** to owe sb sth

Schuldige(r) f(m) dekl wie adj guilty person **schuldig|sprechen** vt to find guilty

schuldlos I. adj blameless II. adv blamelessly **Schuldner(in)** <-s, -> [ˈʃʊldnɐ] m(f) debtor

Schule <-, -n> [ˈʃuːlə] f school; **in die** ~ **gehen** to go to school; **in die** ~ **kommen** to start school; **in der** ~ at school ▶ ~ **machen** to catch on

schulen [ˈʃuːlən] vt to train

Schüler(in) <-s, -> [ˈʃyːlɐ] m(f) pupil

Schüleraustausch m school exchange **Schülerausweis** m school identity card

Schulfach nt subject **Schulferien** pl school holidays BRIT, summer vacation AM **schulfrei** adj ~ **haben** not to have school **Schulfreund(in)** m(f) school friend **Schulgeld** nt school fees pl **Schulheft** nt exercise book **Schulhof** m school playground **Schuljahr** nt school year **Schulkenntnisse** pl SCH school knowledge no pl **Schulkind** nt schoolchild **Schulklasse** f class **Schulleiter(in)** m(f) headmaster masc, headmistress fem BRIT, principal AM **Schulmedizin** f orthodox medicine **Schulpflicht** f kein pl compulsory school attendance **schulpflichtig** adj ~ **sein** to be required to attend school **Schulschluss**[RR] m kein pl end of school **Schulschwänzer(in)** [ˈʃuːlʃvɛntsɐ] m(f) SCH (*fam*) pupil who bunks off [*or* AM skips] school *fam* **Schulsprecher(in)** m(f) head boy *masc,* head girl *fem* BRIT

Schulter <-, -n> [ˈʃʊltɐ] f shoulder; **mit hängenden** ~**n** with a slouch; **mit den** ~**n zucken** to shrug one's shoulders ▶ **jd zeigt jdm die kalte** ~ sb gives sb the cold shoulder; **jd nimmt etw auf die leichte** ~ sb takes sth very lightly

Schulterblatt nt shoulder blade **Schultergelenk** nt shoulder joint **schulterlang** adj shoulder-length

Schulung <-, -en> f training

Schulunterricht m kein pl school lessons **Schulverweis** m SCH exclusion; (*befristet*) suspension **Schulwanderung** f school hike **Schulweg** m way to school **Schulwesen** nt kein pl school system **Schulzeit** f kein pl schooldays pl **Schulzeugnis** nt school report BRIT, report card AM

schummeln [ˈʃʊmln̩] vi (*fam*) to cheat

schummerig [ˈʃʊmərɪç], **schummrig** [ˈʃʊmrɪç] adj ① (*schwaches Licht gebend*) weak ② (*schwach beleuchtet*) dim

Schund <-[e]s> [ʃʊnt] m kein pl (*pej*) trash **Schundroman** m trashy novel

schunkeln [ˈʃʊŋkln̩] vi to sway rhythmically with linked arms

Schuppe <-, -n> [ˈʃʊpə] f ① ZOOL scale ② pl MED dandruff no pl ▶ **jdm fällt es wie** ~**n von den Augen** the scales fall from sb's eyes

schuppen [ˈʃʊpn̩] vr **sich** ~ *Haut* to peel

Schuppen <-s, -> [ˈʃʊpn̩] m shed

Schuppenflechte f psoriasis **Schuppentier** nt scaly anteater

schuppig [ˈʃʊpɪç] adj scaly; ~**e Haare haben** to have dandruff

schüren [ˈʃyːrən] vt ① to poke ② (*fig: erregen*) to stir up

schürfen [ˈʃʏrfn̩] I. vi ① (*graben*) to dig (**nach** for) ② (*schleifen*) to scrape II. vt to mine III. vr to graze

Schürfwunde f graze

Schurke <-n, -n> [ˈʃʊrkə] m scoundrel

Schurkenstaat m POL (*pej sl*) rogue state

Schurwolle f virgin wool

Schürze <-, -n> [ˈʃʏrtsə] f apron

Schürzenjäger m philanderer

Schuss[RR] *m*, **Schuß**[ALT] <-sses, Schüsse> [ʃʊs, *pl* 'ʃʏsə] *m* shot ▶ **ein ~ in den Ofen** (*sl*) a dead loss; **weit vom ~ sein** (*fam*) to be miles away; **in ~** in top shape; **mit ~** with a shot (*of alcohol*)

Schüssel <-, -n> ['ʃʏsl̩] *f* bowl

Schussfahrt[RR] *f* SKI schuss **schusssicher**[RR] *adj* bulletproof **Schusswaffe**[RR] *f* firearm[s *pl*] **Schusswechsel**[RR] *m* exchange of fire **Schusswunde**[RR] *f* gunshot wound

Schuster(in) <-s, -> ['ʃuːstɐ] *m(f)* shoemaker

Schutt <-[e]s> [ʃʊt] *m kein pl* rubble ▶ **etw in ~ und Asche legen** to reduce sth to rubble; **in ~ und Asche liegen** to be in ruins

Schuttabladeplatz *m* [rubbish [*or* AM garbage]] dump [*or* BRIT tip]

Schüttelfrost *m* shivering fit

schütteln ['ʃʏtl̩n] **I.** *vt* to shake **II.** *vr* **sich vor Kälte ~** to shake with [the] cold **III.** *vi impers* ■ **es schüttelt jdn** sb shudders

schütten ['ʃʏtn̩] **I.** *vt* ❶ (*kippen*) to tip ❷ (*gießen*) to pour **II.** *vi* ■ **es schüttet** *impers* (*fam*) it's pouring [down]

Schutz <-es, -e> [ʃʊts] *m kein pl* protection (**vor** from, **gegen** against); **~ suchen** to seek refuge; **im ~ der Dunkelheit** under cover of darkness; **zu jds ~** for sb's own protection; **~ bieten** to offer protection; **jdn in ~ nehmen** to protect sb

Schutzanzug *m* protective clothes *npl* **schutzbedürftig** *adj* in need of protection *pred* **Schutzblech** *nt* mudguard **Schutzbrille** *f* protective goggles *npl*

Schütze, Schützin <-n, -n> ['ʃʏtsə, 'ʃʏtsɪn] *m*, *f* ❶ marksman *masc*, markswoman *fem* ❷ *kein pl* ASTROL Sagittarius

schützen ['ʃʏtsn̩] **I.** *vt* to protect (**vor** against/from); **Gott schütze dich!** may the Lord protect you!; **gesetzlich geschützt** registered [as a trade mark]; **urheberrechtlich geschützt** protected by copyright **II.** *vi* ■ [**vor etw** *dat*] **~** to give protection [from sth]

schützend *adj* protective

Schutzengel *m* guardian angel **Schutzfilm** *m* protective coat **Schutzgebühr** *f* token charge **Schutzgelderpressung** *f* JUR extortion [*or* protection] racket **Schutzhandschuh** *m* protective glove **Schutzhelm** *m* hard hat **Schutzimpfung** *f* vaccination

Schützin <-, -nen> *f fem form von* **Schütze**

Schützling <-s, -e> ['ʃʏtslɪŋ] *m* charge

schutzlos I. *adj* defenceless **II.** *adv* **jdm ~ ausgeliefert sein** to be at the mercy of sb

Schutzmarke *f* trademark **Schutzmaske** *f* protective mask **Schutzmaßnahme** *f* precaution **Schutzmechanismus** *m* protective mechanism **Schutzpatron(in)** <-s, -e> *m(f)* patron saint **Schutzumschlag** *m* dust jacket **Schutzvorrichtung** *f* safety device **Schutzweg** *m* TRANSP ÖSTERR pedestrian crossing **Schutzweste** *f* bulletproof vest

schwabbelig ['ʃvabəlɪç] *adj* (*fam*) flabby

Schwabe, Schwäbin <-n, -n> ['ʃvaːbə, 'ʃvɛːbɪn] *m*, *f* Swabian

schwäbisch ['ʃvɛːbɪʃ] *adj* Swabian

schwach <schwächer, schwächste> [ʃvax] **I.** *adj* ❶ weak ❷ *Sportler, Schüler* poor ❸ (*leicht*) faint **II.** *adv* ❶ (*leicht*) faintly ❷ (*dürftig*) feebly; **die Mannschaft spielte ~** the team put up a feeble performance

Schwäche <-> ['ʃvɛçə] *f kein pl* weakness; **jds ~ ausnutzen** to exploit sb's vulnerability

Schwächeanfall *m* sudden feeling of faintness

schwächen ['ʃvɛçn̩] **I.** *vt* to weaken; ■ **geschwächt** weakened **II.** *vi* to have a weakening effect

Schwachkopf *m* (*fam*) idiot

schwächlich ['ʃvɛçlɪç] *adj* weakly

Schwächling <-s, -e> ['ʃvɛçlɪŋ] *m* weakling

Schwachsinn *m kein pl* (*fam*) rubbish *no art* BRIT, garbage AM; **so ein ~!** what a load of rubbish!

schwachsinnig *adj* (*fam*) idiotic

Schwachstelle *f* weak spot

Schwachstrom *m* weak current

schwach|werden *vi* ▶ **[bei jdm/etw] ~** (*fam*) to be unable to refuse [sb/sth]

schwafeln ['ʃvaːfl̩n] *vi* (*pej fam*) to talk drivel

Schwager, Schwägerin <-s, Schwäger> ['ʃvaːgɐ, 'ʃvɛːgərɪn, *pl* 'ʃvɛːgɐ] *m*, *f* brother-in-law *masc*, sister-in-law *fem*

Schwalbe <-, -n> ['ʃvalbə] *f* swallow

Schwall <-[e]s, -e> [ʃval] *m* ❶ (*Guss*) gush ❷ (*Flut*) torrent

schwamm [ʃvam] *imp von* **schwimmen**

Schwamm <-[e]s, Schwämme> [ʃvam, *pl* 'ʃvɛmə] *m* ❶ sponge ❷ SÜDD (*Pilz*) mushroom ▶ **~ drüber!** let's forget it!

schwammig ['ʃvamɪç] **I.** *adj* ❶ spongy ❷ (*vage*) vague **II.** *adv* vaguely

Schwan <-[e]s, Schwäne> [ʃvaːn, pl 'ʃvɛːnə] m swan

schwanen ['ʃvaːnən] vi **mir schwant, dass ...** I have a feeling that ...

schwanger ['ʃvaŋɐ] adj pregnant; **sie ist im sechsten Monat ~** she's six months pregnant

Schwangere f dekl wie adj pregnant woman

Schwangerschaft <-, -en> f pregnancy

Schwangerschaftsabbruch m abortion

Schwangerschaftsgymnastik f MED antenatal exercises **Schwangerschaftstest** m pregnancy test

Schwank <-[e]s, Schwänke> [ʃvaŋk, pl 'ʃvɛŋkə] m ❶ THEAT farce ❷ (Begebenheit) amusing story

schwanken ['ʃvaŋkn̩] vi ❶ sein (wanken) to stagger ❷ haben (nicht stabil sein) to fluctuate ❸ haben (unentschlossen sein) to be undecided; ▪**zwischen zwei Dingen ~** to be torn between two things

schwankend adj Kurs, Preis fluctuating

Schwankung <-, -en> f fluctuation

Schwanz <-es, Schwänze> [ʃvants, pl 'ʃvɛntsə] m ❶ tail ❷ (sl: Penis) cock ▶ **den ~ einziehen** (fam) to climb down

schwänzen ['ʃvɛntsn̩] vt, vi (fam) to skive off BRIT, to play hooky AM

Schwarm[1] <-[e]s, Schwärme> [ʃvarm, pl 'ʃvɛrmə] m swarm; Fische shoal

Schwarm[2] <-[e]s> [ʃvarm] m (fam: verehrter Mensch) heart-throb

schwärmen[1] ['ʃvɛrmən] vi sein to swarm

schwärmen[2] ['ʃvɛrmən] vi haben ▪**für jdn ~** to be mad about sb; ▪**für etw** akk **~** to have a passion for sth

Schwärmerei <-, -en> [ʃvɛrməˈraɪ] f passion

Schwarte <-, -n> ['ʃvartə, 'ʃvaːɐ̯tə] f ❶ KOCHK rind ❷ (pej fam: Buch) thick old book

schwarz <schwärzer, schwärzeste> [ʃvarts] **I.** adj ❶ black ❷ attr (fam: illegal) illicit ▶ **~ auf weiß** in black and white; **sich ~ ärgern** (fam) to be hopping mad **II.** adv ❶ black ❷ (fam: illegal) illicitly

Schwarz <-[es]> [ʃvarts] nt kein pl black

Schwarzarbeit f kein pl illicit work **schwarz|arbeiten** vi to do illicit work **Schwarzarbeiter(in)** m(f) person doing illicit work **Schwarzbrot** nt brown bread

Schwarze(r) f(m) dekl wie adj ❶ (Mensch) black [person] ❷ POL (pej fam: Christdemokrat) [German] Christian Democrat

schwärzen ['ʃvɛrtsn̩] vt to blacken

schwarz|fahren vi irreg sein to dodge paying one's fare **Schwarzgeld** <-[e]s, -er> nt (fam) illegal earnings npl **schwarzhaarig** adj black-haired **Schwarzhandel** m kein pl black market (mit for) **Schwarzmarkt** m black market **Schwarzmarktpreis** m ÖKON black market price **schwarz|sehen** irreg vi ❶ (ohne Gebühren) to watch television without a licence ❷ (pessimistisch) to be pessimistic (**für** about) **Schwarzwald** ['ʃvartsvalt] m ▪**der ~** the Black Forest **Schwarzweißfernseher** m black-and-white television **Schwarzweißfilm** m FILM, FOTO black-and-white film **Schwarzwild** nt JAGD wild boars pl **Schwarzwurzel** f KOCHK black salsify

schwatzen ['ʃvatsn̩], **schwätzen** ['ʃvɛtsn̩] vi SÜDD to chat

schwatzhaft adj (pej) talkative

Schwebe <-> ['ʃveːbə] f kein pl **in der ~ sein** to be in the balance; **etw in der ~ lassen** to leave sth undecided

Schwebebahn f ❶ (an Schienen) overhead railway ❷ (Seilbahn) cable car **Schwebebalken** m [balance] beam

schweben ['ʃveːbn̩] vi haben to float; Vogel to hover

Schwede, Schwedin <-n, -n> ['ʃveːdə, 'ʃveːdɪn] m, f Swede

Schweden <-s> ['ʃveːdn̩] nt Sweden

Schwedin <-, -nen> f fem form von **Schwede**

schwedisch ['ʃveːdɪʃ] adj Swedish; s. a. **deutsch** ▶ **hinter ~en Gardinen sitzen** (fam) to be behind bars

Schwedisch ['ʃveːdɪʃ] nt dekl wie adj Swedish; s. a. **Deutsch 1**

Schwefel <-s> ['ʃveːfl̩] m kein pl sulphur ▶ **wie Pech und ~ sein** to be inseparable **Schwefeldioxid** nt sulphur dioxide **schwefelhaltig** adj sulphur[e]ous

schweifen ['ʃvaɪfn̩] vi sein to roam; **seine Blicke ~ lassen** to let one's eyes wander

Schweigegeld nt hush money

Schweigeminute f minute's silence; **eine ~ einlegen** to hold a minute's silence

schweigen <schwieg, geschwiegen> ['ʃvaɪgn̩] vi to keep quiet ▶ **ganz zu ~ von etw** dat quite apart from sth

Schweigen <-s> ['ʃvaɪgn̩] nt kein pl silence; **das ~ brechen** to break the silence; **jdn zum ~ bringen** to silence sb

Schweigepflicht f **der ~ unterliegen** to be

bound to maintain confidentiality
schweigsam ['ʃvaikzaːm] *adj* taciturn
Schweigsamkeit <-> *f kein pl* quietness
Schwein <-s, -e> [ʃvain] *nt* ❶ pig ❷ *kein pl* KOCHK pork ❸ (*pej fam: gemeiner Kerl*) bastard ❹ (*fam: bedauernswerter Mensch*) [**ein**] **armes** ~ [a] poor devil ▶ [**großes**] ~ **haben** (*fam*) to be lucky; **kein** ~ (*fam*) nobody
Schweinebraten *m* joint of pork **Schweinefleisch** *nt* pork **Schweinehund** *m* (*sl*) bastard ▶ **seinen inneren** ~ **überwinden** (*fam*) to overcome one's weaker self **Schweinekotelett** *nt* pork chop
Schweinerei <-, -en> [ʃvainəˈrai] *f* (*fam*) ❶ (*Verschmutzung*) mess ❷ (*Gemeinheit*) mean trick ❸ (*Skandal*) scandal
Schweineschmalz *nt* lard, dripping **Schweinestall** *m* [pig]sty **Schweinsleder** *nt* pigskin
Schweiß <-es> [ʃvais] *m kein pl* sweat ▶ **im** ~**e seines Angesichts** (*geh*) in the sweat of one's brow
Schweißausbruch *m* sweating
schweißen ['ʃvaisn̩] *vt, vi* to weld
Schweißfuß *m meist pl* sweaty foot **schweißgebadet** *adj* bathed in sweat *pred* **Schweißstelle** *f* TECH weld, welding **schweißtreibend** *adj* MED sudorific; (*fig, hum*) arduous **Schweißtropfen** *m* bead of sweat
Schweiz <-> [ʃvaits] *f* Switzerland; **die französische**/**italienische** ~ French-speaking/Italian-speaking Switzerland
Schweizer ['ʃvaitsɐ] *adj attr* Swiss
Schweizer(in) <-s, -> ['ʃvaitsɐ] *m(f)* Swiss
Schweizerdeutsch <-[s]> ['ʃvaitsɐdɔytʃ] *nt dekl wie adj* LING Swiss German; *s. a.* **Deutsch**
schweizerisch ['ʃvaitsərɪʃ] *adj* Swiss
Schwelbrand *m* smouldering fire
schwelgen ['ʃvɛlɡn̩] *vi* (*geh*) ■ **in etw** *dat* ~ to over-indulge in sth; **in Erinnerungen** ~ to wallow in memories
Schwelle <-, -n> ['ʃvɛlə] *f* threshold ▶ **auf der** ~ **zu etw** *dat* **stehen** to be on the verge of sth
schwellen <schwoll, geschwollen> ['ʃvɛlən] *vi sein* to swell
Schwellung <-, -en> *f* swelling
Schwemme <-, -n> ['ʃvɛmə] *f* glut
schwemmen ['ʃvɛmən] *vt* **an Land** ~ to wash ashore
Schwengel <-s, -> ['ʃvɛŋl̩] *m* (*Klöppel*) clapper
schwenken ['ʃvɛŋkn̩] *vt haben* ❶ (*wedeln*) to wave ❷ (*die Richtung verändern*) to swivel
schwer <schwerer, schwerste> [ʃveːɐ̯] I. *adj* ❶ heavy; ■ **20 kg** ~ **sein** to weigh 20 kg ❷ (*beträchtlich*) serious ❸ (*hart, schwierig*) hard II. *adv* ❶ heavily; ~ **bepackt sein** to be heavily laden ❷ (*hart*) hard; **es** ~ **haben** to have it hard; **jdm** ~ **zu schaffen machen** to give sb a hard time ❸ (*schwierig*) difficult; **ein** ~ **erziehbares Kind** a problem child; ~ **verdaulich** indigestible; ~ **verständlich** hard to understand *pred* ❹ (*ernstlich*) seriously; ~ **behindert** severely handicapped; ~ **verunglückt sein** to have had a bad accident
Schwerarbeit *f kein pl* heavy work **Schwerbehinderte(r)** *f(m) dekl wie adj* severely disabled person
schwerelos *adj* weightless
schwer|fallen *vt irreg* **etw fällt jdm schwer** sth is difficult for sb [to do]
schwerfällig <-er, -ste> I. *adj* awkward II. *adv* awkwardly
Schwerfälligkeit <-> *f kein pl* ❶ (*körperlich*) heaviness ❷ (*geistig*) dullness ❸ (*Ungeschicktheit*) clumsiness
Schwergewicht *nt* SPORT heavyweight
schwerhörig *adj* hard of hearing *pred*
Schwerkraft *f kein pl* gravity
Schwerkranke(r) *f(m) dekl wie adj* MED seriously ill person
schwerlich *adv* hardly
Schwermetall *nt* heavy metal
Schwermut <-> *f kein pl* melancholy
schwermütig <-er, -ste> ['ʃveːɐ̯myːtɪç] *adj* melancholy
schwer|nehmen *vt irreg* **etw** ~ **nehmen** to take sth hard
Schwerpunkt *m* main emphasis; **auf etw** *akk* **den** ~ **legen** to put the main emphasis on sth
Schwert <-[e]s, -er> [ʃveːɐ̯t] *nt* sword
Schwertfisch *m* swordfish **Schwertlilie** *f* iris
schwer|tun *vr irreg* **sich mit etw** *dat* ~ to have trouble with sth
Schwerverbrecher(in) *m(f)* serious offender **Schwerverletzte(r)** *f(m) dekl wie adj* MED seriously injured person
Schwerverwundete(r) *f(m) dekl wie adj* MIL

seriously wounded person
schwerwiegend *adj* serious
Schwester <-, -n> [ˈʃvɛstɐ] *f* ❶ sister ❷ (*Krankenschwester*) nurse ❸ (*Nonne*) nun
Schwesterfirma *f* sister [*or* associate] company
Schwesternhelferin *f* nursing auxiliary BRIT
Schwiegereltern [ˈʃviːgɐ-] *pl* parents-in-law **Schwiegermutter** *f* mother-in-law **Schwiegersohn** *m* son-in-law **Schwiegertochter** *f* daughter-in-law **Schwiegervater** *m* father-in-law
Schwiele <-, -n> [ˈʃviːlə] *f* callus
schwiemelig [ˈʃviːməlɪç] *adj* (*fam*) nasty
schwierig [ˈʃviːrɪç] *adj* difficult
Schwierigkeit <-, -en> *f* ❶ *kein pl* difficulty ❷ *pl* (*Probleme*) problems; **jdn in ~en bringen** to get sb into trouble; **in ~en geraten** to get into trouble; [jdm] **~en machen** to give sb trouble; **ohne ~en** without any difficulty
Schwimmbad *nt* swimming-pool, swimming bath[s *pl*] BRIT
Schwimmbecken *nt* [swimming] pool
schwimmen <schwamm, geschwommen> [ˈʃvɪmən] *vi* ❶ *sein* to swim; **~ gehen** to go swimming ❷ *haben* Gegenstand to float ▶ **mit/gegen den Strom ~** to swim with/against the current
Schwimmer(in) <-s, -> [ˈʃvɪmɐ] *m(f)* swimmer
Schwimmflosse *f* flipper **Schwimmlehrer(in)** *m(f)* swimming instructor **Schwimmvogel** *m* ORN waterfowl **Schwimmweste** *f* life jacket
Schwindel <-s> [ˈʃvɪndl̩] *m kein pl* ❶ swindle ❷ MED dizziness
Schwindelanfall *m* attack of dizziness **schwindelfrei** *adj* ■ **~ sein** to have a head for heights
schwindelig [ˈʃvɪndəlɪç] *adj pred* dizzy, giddy
schwindeln [ˈʃvɪndl̩n] *vi* ❶ to lie ❷ ■ **jdm schwindelt [es]** sb feels dizzy; **in ~der Höhe** at a dizzy height
schwinden <schwand, geschwunden> [ˈʃvɪndn̩] *vi sein* ❶ (*abnehmen*) to dwindle ❷ (*vergehen*) to fade away
Schwindler(in) <-s, -> [ˈʃvɪndlɐ] *m(f)* ❶ (*Betrüger*) swindler ❷ (*Lügner*) liar
schwindlig [ˈʃvɪndlɪç] *adj pred s.* **schwindelig**
Schwindsucht *f* consumption
schwindsüchtig *adj* consumptive
schwingen <schwang, geschwungen> [ˈʃvɪŋən] **I.** *vt haben* to swing; *Fahne* to wave **II.** *vi haben o sein* ❶ (*vibrieren*) to vibrate; **etw zum S~ bringen** to make sth vibrate ❷ (*pendeln*) to swing **III.** *vr haben* ■ **sich auf/in etw** *akk* **~** to jump onto/into sth; **sich aufs Fahrrad ~** to hop on one's bike
Schwingung <-, -en> *f* oscillation; [etw] **in ~ versetzen** to set [sth] swinging
Schwips <-es, -e> [ʃvɪps] *m* (*fam*) tipsiness *no indef art, no pl;* **einen ~ haben** to be tipsy
schwirren [ˈʃvɪrən] *vi sein* to buzz
Schwitzbad *nt* sweating bath
schwitzen [ˈʃvɪtsn̩] *vi* to sweat ▶ **Blut und Wasser ~** to sweat blood
schwören <schwor, geschworen> [ˈʃvøːrən] **I.** *vi* to swear **II.** *vt* ■ **jdm etw ~** to swear sth to sb
schwul [ʃvuːl] *adj* (*fam*) gay
schwül [ʃvyːl] *adj* sultry
Schwüle <-> [ˈʃvyːlə] *f kein pl* sultriness
Schwule(r) *m dekl wie adj* (*fam*) gay [person]
schwülstig [ˈʃvʏlstɪç] *adj* (*pej*) bombastic
Schwung <-[e]s, Schwünge> [ʃvʊŋ, pl ˈʃvʏŋə] *m* ❶ swing; **~ holen** to build up momentum ❷ *kein pl* (*Antriebskraft*) drive; **in ~ kommen** (*fam*) to get going; [richtig] **in ~ sein** (*fam*) to be in full swing
schwungvoll *adj* lively
Schwur <-[e]s, Schwüre> [ʃvuːɐ̯] *m* vow; **einen ~ leisten** to take a vow
Schwurgericht *nt* court with a jury
sechs [zɛks] *adj* six; *s. a.* **acht**[1]
Sechs <-, -en> [zɛks] *f* ❶ (*Zahl*) six ❷ SCH (*schlechteste Zensur*) bottom mark [*or* AM grade] ❸ SCHWEIZ (*beste Zensur*) top mark [*or* AM grade]
Sechseck *nt* hexagon **sechshundert** [ˈzɛksˈhʊndɐt] *adj* six hundred
sechsjährig, 6-jährig[RR] [ˈzɛksjɛːrɪç] *adj* ❶ (*Alter*) six-year-old *attr*; six years old *pred* ❷ (*Zeitspanne*) six-year *attr*
sechstausend [ˈzɛksˈtauznt] *adj* six thousand
sechste(r, s) [ˈzɛkstə, ˈzɛkstɐ, ˈzɛkstəs] *adj* sixth; *s. a.* **achte(r, s)**
sechstel [ˈzɛkstl̩] *adj* sixth
Sechstel <-s, -> [ˈzɛkstl̩] *nt* sixth

sechstens ['zεkstn̩s] *adv* sixthly
sechzehn ['zεçtseːn] *adj* sixteen; *s. a.* **acht**[1]
sechzehnte(r, s) *adj* sixteenth; *s. a.* **achte(r, s)**
sechzig ['zεçtsɪç] *adj* sixty; *s. a.* **achtzig**
Sechziger *pl* ■ **die** ~ the sixties [*or* 60s]
sechzigste(r, s) *adj* sixtieth; *s. a.* **achte(r, s)**
Secondhandladen [zεkn̩t'hεnt-] *m* second-hand shop
sedieren* [zeˈdiːrən] *vt* MED, PHARM ■ **jdn** ~ to sedate sb
See[1] <-s, -n> [zeː] *m* lake
See[2] <-, -n> [zeː] *f* sea; **an der** ~ by the sea; **auf** ~ at sea; **auf hoher** ~ on the high seas; **in** ~ **stechen** to put to sea
Seeadler *m* sea eagle **Seefahrer** *m* seafarer **Seefahrt** *f kein pl* seafaring *no art* **Seefisch** *m* saltwater fish **Seehandel** *m* maritime trade **Seehund** *m* common seal **Seeigel** *m* sea urchin **Seekarte** *f* sea chart **seekrank** *adj* seasick **Seelachs** *m* coalfish
Seele <-, -n> ['zeːlə] *f* soul; **mit Leib und** ~ wholeheartedly; **aus tiefster** ~ from the bottom of one's heart; **jdm tut etw in der** ~ **weh** sth breaks sb's heart ▶ **ein Herz und eine** ~ **sein** to be inseparable; **sich** *dat* **etw von der** ~ **reden** to get sth off one's chest; **jdm aus der** ~ **sprechen** to say exactly what sb is thinking
seelenruhig ['zeːlənˈruːɪç] *adv* calmly
Seeleute *pl von* **Seemann**
seelisch ['zeːlɪʃ] I. *adj* psychological; ~**es Gleichgewicht** mental balance II. *adv* ~ **bedingt sein** to have psychological causes
Seelöwe, -löwin <-n, -n> *m, f* sea lion
Seelsorge *f kein pl* spiritual welfare
Seelsorger(in) <-s, -> ['zeːlzɔrgɐ] *m(f)* pastor
Seeluft *f kein pl* sea air **Seemacht** *f* naval power **Seemann** <-leute> ['zeːman, pl -lɔytə] *m* sailor **Seemeile** *f* nautical mile **Seenot** *f kein pl* distress [at sea] **Seenotruf** *m* nautical distress signal **Seepferd(chen)** *nt* sea horse **Seeräuber(in)** *m(f)* pirate **Seereise** *f* voyage; (*Kreuzfahrt*) cruise **Seerose** *f* BOT water lily **Seestern** *m* starfish **Seetang** *m* seaweed **Seeteufel** *m* monkfish **seetüchtig** *adj* seaworthy **Seeufer** *nt* lakeside **Seevogel** *m* seabird **Seewarte** *f* naval [*or* marine] observatory **Seeweg** *m* sea route; **auf dem** ~ by sea **Seezunge** *f* sole
Segel <-s, -> ['zeːgl̩] *nt* sail

Segelboot *nt* sailing boat **segelfliegen** *vi nur infin* to glide **Segelflieger(in)** *m(f)* glider pilot **Segelflugzeug** *nt* glider **Segelklub** *m* sailing club
segeln ['zeːgl̩n] *vi sein* to sail; **durch die Luft** ~ to sail through the air
Segeln <-s> ['zeːgl̩n] *nt kein pl* sailing
Segelohren *pl* (*pej fam*) mug ears **Segelregatta** *f* sailing regatta **Segelschiff** *nt* sailing ship **Segeltörn** *m* yacht cruise
Segen <-s, -> ['zeːgn̩] *m no pl* blessing; **ein** ~ **für die Menschheit** a benefit for mankind; **ein wahrer** ~ **sein** to be a real godsend
Segler(in) <-s, -> ['zeːglɐ] *m(f)* yachtsman *masc,* yachtswoman *fem*
Segment <-[e]s, -e> [zεˈgmεnt] *nt* segment
segnen ['zeːgnən] *vt* to bless
sehen <sah, gesehen> ['zeːən] I. *vt* ❶ to see; **das muss man ge~ haben** one has to see it to believe it; **etw nicht gerne** ~ to not like sth; **gut/schlecht zu ~ sein** to be well/badly visible; **etw kommen** ~ to see sth coming; **sich ~ lassen können** to be something to be proud of; **so ge~** from that point of view ❷ (*ansehen, zusehen*) to watch II. *vi* ❶ **gut/schlecht** ~ to have good/bad eyesight ❷ (*blicken*) to look; **aus dem Fenster** ~ to look out of the window; **auf das Meer** ~ to look at the sea ❸ (*sich kümmern*) ■ **nach jdm** ~ to go and see sb; ■ **nach etw** *dat* ~ to check on sth III. *vr* **sich** ~ **lassen** to show up
sehenswert *adj* worth seeing
Sehenswürdigkeit <-, -en> *f* sight; ~**en besichtigen** to do the sights
Sehfehler *m* visual defect **Sehkraft** *f kein pl* [eye]sight
Sehne <-, -n> ['zeːnə] *f* sinew
sehnen ['zeːnən] *vr* ■ **sich nach jdm/etw** ~ to long for sb/sth
Sehnenriss[RR] *m* torn tendon
Sehnenzerrung *f* pulled tendon
Sehnerv *m* optic nerve
sehnig ['zeːnɪç] *adj* sinewy
Sehnsucht <-, -süchte> ['zeːnzʊxt, pl -zyçtə] *f* longing (**nach** for); **vor** ~ with longing
sehnsüchtig ['zeːnzyçtɪç] *adj attr* longing
sehr <[noch] mehr, am meisten> ['zeːɐ] *adv* ❶ *vor Adjektiv, Adverb* very ❷ *vor vb* very much; **das will ich doch** ~ **hoffen** I very

much hope so
Sehschärfe *f* visual acuity **Sehstörung** *f* visual defect **Sehtest** *m* eye test
seicht [zaiçt] *adj* shallow
Seide <-, -n> ['zaidə] *f* silk
seiden ['zaidn̩] *adj attr* silk
Seidenraupe *f* silkworm **seidenweich** ['zaidn̩'vaiç] *adj* silky soft
seidig ['zaidıç] *adj* silky
Seife <-, -n> ['zaifə] *f* soap
Seifenoper *f* soap opera **Seifenwasser** *nt kein pl* soapy water *no pl,* suds *npl*
Seil <-[e]s, -e> [zail] *nt* ❶ rope ❷ (*Drahtseil*) cable
Seilbahn *f* (*Gondel*) cable car **seil|hüpfen** *vi sein s.* **seilspringen seil|springen** *vi irreg, nur infin und pp sein* to skip [rope] **Seiltänzer(in)** *m(f)* tightrope acrobat
sein[1] <bin, bist, ist, sind, seid, war, gewesen> [zain] **I.** *vi sein* ❶ to be; **ich bin wieder da** I'm back again; **ist da jemand?** is somebody there?; **was ist mit ihr?** what's the matter with her? ❷ (*zutreffen*) **dem ist so** that's right; **dem ist nicht so** that's not the case ❸ (*gehören*) **das Buch ist meins** the book is mine ❹ (*bestehen*) ■ **aus etw** *dat* ~ to be [made of] sth ❺ (*sich fühlen*) **jdm ist heiß/kalt** sb is hot/cold; **jdm ist übel** sb feels sick ❻ (*vorkommen*) **mir ist, als habe ich Stimmen gehört** I thought I heard voices ❼ *meist mit modalem Hilfsverb* (*passieren*) **das darf doch nicht wahr ~!** that can't be true!; **muss das ~?** do you have to?; **was ~ muss, muss ~** (*fam*) what will be will be; **etw ~ lassen** (*fam*) to stop [doing] sth ❽ *mit infin + zu* (*Möglichkeit ausdrückend*) to be; **sie ist nicht zu sehen** she cannot be seen; **etw ist zu schaffen** sth can be done; (*Notwendigkeit ausdrückend*) **etw ist zu erledigen** sth must be done **II.** *vi impers* **es sei denn, dass ...** unless ...; **wie wäre es mit jdm/etw?** how about sb/sth?; **es war einmal ...** once upon a time ...; **wie dem auch sei** in any case; **es ist so, [dass] ...** it's just that ...
sein[2] [zain] *pron poss adjektivisch* ❶ (*Mann*) his; (*Mädchen*) her; (*bei Dingen*) its ❷ *auf man bezüglich* one's; *auf jeder bezüglich* his; **jeder bekam ~ eigenes Zimmer** everyone got his own room
Sein <-s> [zain] *nt kein pl* existence
seine(r, s) ['zainɐ, 'zainɐ, 'zainəs] *pron poss,*
substantivisch (*geh*) ❶ *ohne Substantiv* his; ■ **der/die/das ~** his; **ist das dein Schal oder der ~?** is that your scarf or his? ❷ (*jds Besitztum*) ■ **das S~** his [own]; **jedem das S~** each to his own ❸ (*Angehörige*) ■ **die S~n** his family
seinerseits ['zainɐ'zaits] *adv* on his part
seinethalben ['zainət'halbn̩] *adv* (*geh*), **seinetwegen** ['zainət've:gn̩] *adv* because of him **seinetwillen** ['zainət'vılən] *adv* **um ~** for his sake
seinige ['zainıgə] *pron poss* (*geh*) *s.* **seine(r, s)**
Seismograf[RR] <-en, -en> [zaismo'gra:f], **Seismograph** <-en, -en> [zaismo'gra:f] *m* GEOL seismograph
seit [zait] **I.** *präp* +*dat* ❶ (*Anfangspunkt*) since; **~ damals** since then; **~ wann?** since when?; **~ neuestem** recently ❷ (*Zeitspanne*) for; **~ einiger Zeit** for a while **II.** *konj* (*seitdem*) since
seitdem [zait'de:m] **I.** *adv* since then **II.** *konj* since
Seite <-, -n> ['zaitə] *f* ❶ side; **die vordere/hintere/untere/obere ~** the front/back/bottom/top; **zur ~ gehen** to step aside; **etw auf die ~ legen** (*sparen*) to put sth aside; **jdn zur ~ nehmen** to take sb aside; **zur ~** beside ❷ (*Buchseite*) page; **gelbe ~n** Yellow Pages; **eine ~ aufschlagen** to open at a page ❸ (*Beistand*) **jdm zur ~ stehen** to stand by sb; **~ an ~** side by side ❹ (*Aspekt*) **sich von seiner besten ~ zeigen** to show oneself at one's best; **von dritter ~** from a third party; **auf der einen ~ ..., auf der anderen [~] ...** on the one hand, ..., on the other [hand], ...; **von jds ~ aus** as far as sb is concerned; **jds starke ~ sein** (*fam*) to be sb's forte ❺ (*Gruppe*) side; **jdn auf seine ~ bringen** to get sb on one's side; **auf jds ~ stehen** to be on sb's side; **die ~n wechseln** to change sides; **von allen ~n** from all sides
Seitenairbag [-ɛrbɛg] *m* AUTO side airbag
Seitenangabe *f* page reference **Seitenausgang** *m* side exit **Seiteneingang** *m* side entrance **Seitenhieb** *m* sideswipe; **jdm einen ~ versetzen** to sideswipe sb **seitenlang** *adj* several pages long **Seitenlinie** *f* ❶ ZOOL lateral line ❷ FBALL touchline ❸ TENNIS sideline
seitens ['zaitn̩s] *präp* +*gen* on the part of
Seitenschiff *nt* side aisle **Seitensprung** *m*

(*fam*) bit on the side **Seitenstechen** *nt kein pl* stitch; ~ **haben** to have a stitch **Seitenstraße** *f* side street **Seitenstreifen** *m* hard shoulder **Seitenwechsel** *m* SPORT change-over; TYPO page change **Seitenwind** *m* crosswind **Seitenzahl** *f* number of pages
seither [zait'heːɐ̯] *adv* since then
seitlich ['zaitlɪç] **I.** *adj* side *attr* **II.** *adv* at the side; ~ **gegen etw** *akk* **prallen** to crash sideways into sth
seitwärts ['zaitvɛrts] *adv* sideways
Sekret <-[e]s, -e> [zeˈkreːt] *nt* secretion
Sekretär(in) <-s, -e> [zekreˈtɛːɐ̯] *m(f)* secretary
Sekretariat <-[e]s, -e> [zekretaˈri̯aːt] *nt* secretary's office
Sekt <-[e]s, -e> [zɛkt] *m* sparkling wine
Sekte <-, -n> ['zɛktə] *f* sect
sekundär [zekʊnˈdɛːɐ̯] *adj* secondary
Sekunde <-, -n> [zeˈkʊndə] *f* second; **auf die** ~ **genau** to the second
Sekundenzeiger *m* second hand
selbst [zɛlpst] **I.** *pron* **dem** ① (*persönlich*) myself/yourself/himself etc. ② (*alleine*) by oneself; **von** ~ automatically; **etw versteht sich von** ~ sth goes without saying **II.** *adv* ① (*eigen*) self; ~ **ernannt** self-appointed; ~ **gemacht** home-made ② (*sogar*) even; ~ **wenn** even if
Selbstachtung *f* self-respect
selbständig ['zɛlpʃtɛndɪç] *adj* ① independent ② (*beruflich*) self-employed; **sich** ~ **machen** to start up one's own business
Selbständigkeit <-> *f kein pl* ① independence ② (*beruflich*) self-employment
Selbstauslöser *m* delayed-action shutter release **Selbstbedienungsladen** *m* self-service shop **Selbstbefriedigung** *f* masturbation **Selbstbeherrschung** *f* self-control **Selbstbestimmungsrecht** *nt kein pl* right to self-determination **Selbstbetrug** *m kein pl* self-deception **selbstbewusst**ᴿᴿ *adj* self-confident **Selbstbewusstsein**ᴿᴿ *nt* self-confidence **Selbstdisziplin** *f kein pl* self-discipline **Selbsterhaltungstrieb** *m* survival instinct
selbstgefällig *adj* self-satisfied
Selbstgespräch *nt* monologue; **Selbstgespräche führen** to talk to oneself **Selbsthilfegruppe** *f* self-help group **selbstklebend** *adj* self-adhesive **Selbstkontrolle** *f kein pl* self-restraint, self-control **Selbstkostenpreis** *m* cost price; **zum** ~ at cost price **Selbstkritik** *f kein pl* self-criticism; ~ **üben** to criticize oneself
Selbstlaut *m* vowel
Selbstliebe *f* love for oneself **selbstlos** *adj* selfless **Selbstmedikation** *f* MED self-medication **Selbstmitleid** *nt* self-pity **Selbstmord** *m* suicide; ~ **begehen** to commit suicide **Selbstmörder(in)** *m(f)* suicidal person **Selbstmordversuch** *m* suicide attempt **Selbstschutz** *m* self-protection; **zum** ~ for self-protection **selbstsicher** *adj* self-confident
selbstständigᴿᴿ *adj* s. **selbständig**
Selbstständigkeitᴿᴿ <-> *f* s. **Selbständigkeit**
selbstsüchtig <-er, -ste> *adj* selfish, egoistic **Selbsttäuschung** *f* self-deception **Selbstüberschätzung** *f* over-estimation of one's abilities **Selbstüberwindung** *f* self-discipline
selbstverständlich **I.** *adj* natural; **das ist doch** ~ don't mention it; **etw für** ~ **halten** to take sth for granted **II.** *adv* of course
Selbstverständlichkeit <-, -en> *f* naturalness; **etw als** ~ **ansehen** to regard sth as a matter of course BRIT; **eine** ~ **sein** to be the least that could be done
Selbstverteidigung *f* self-defence
Selbstvertrauen *nt* self-confidence **Selbstverwaltung** *f* self-government **Selbstverwirklichung** *f* self-realization **Selbstwertgefühl** *nt* self-esteem **Selbstzerstörung** *f* self-destruction **Selbstzweck** *m kein pl* end in itself
Selen <-s> [zeˈleːn] *nt* selenium
selig ['zeːlɪç] *adj* (*überglücklich*) overjoyed ▶ **wer's glaubt, wird** ~ (*iron fam*) that's a likely story
Sellerie <-s, -[s]> ['zɛləri] *m* (*Knolle*) celeriac; (*Stange*) celery
selten ['zɛltn̩] *adj* rare
Seltenheit <-, -en> *f* rarity
seltsam ['zɛltzaːm] *adj* strange; **ein** ~ **es Gefühl haben** to have an odd feeling; **sich** ~ **benehmen** to behave in an odd way
Semester <-s, -> [zeˈmɛstɐ] *nt* semester
Semikolon <-s, -s *o* -kola> [zemiˈkoːlɔn, *pl* -ˈkoːla] *nt* semicolon
Seminar <-s, -e *o* ÖSTERR -ien> [zemiˈnaːɐ̯, *pl* zemiˈnaːri̯ən] *nt* ① seminar ② (*Institut*) department

Seminararbeit *f* seminar paper
Semit(in) <-en, -en> [ze'miːt] *m(f)* Semite
semitisch [ze'miːtɪʃ] *adj* Semitic
Semmel <-, -n> [zɛml] *f* [bread] roll ▶ **wie warme ~n weggehen** (*fam*) to go [*or* sell] like hot cakes
Senat <-[e]s, -e> [ze'naːt] *m* senate
Senator, Senatorin <-s, -toren> [ze'naːtoːɐ̯, -'toːrɪn, *pl* -'toːrən] *m*, *f* senator
Sendebereich *m* transmission area
Sendegebiet *nt* transmission area
senden[1] ['zɛndn̩] *vt* RADIO, TV to broadcast
senden[2] <sandte *o* sendete, gesandt *o* gesendet> ['zɛndn̩] *vt* to send; ■ **jdm etw ~** to send sth to sb
Sendepause *f* interval; **~ haben** (*fam*) to keep silent
Sender <-s, -> ['zɛndɐ] *m* ❶ TV channel; RADIO station ❷ (*Gerät*) transmitter
Sendeschluss[RR] *m* close down **Sendezeit** *f* broadcasting time; **zur besten ~** at prime time
Sendung[1] <-, -en> *f* (*tv, radio*) programme
Sendung[2] <-, -en> *f* (*Paketsendung*) parcel; (*Warensendung*) consignment
Senegal <-s> ['zeːnegal] *nt kein pl* Senegal
Senegalese, Senegalesin <-n, -n> [zenega'leːzə, -'leːzɪn] *m*, *f* Senegalese
senegalesisch [zenega'leːzɪʃ] *adj* Senegalese; *s. a.* **deutsch**
Senf <-[e]s, -e> [zɛnf] *m* mustard
senil [ze'niːl] *adj* senile
senior ['zeːni̯oːɐ̯] *adj* senior
Senior <-s, Senioren> ['zeːni̯oːɐ̯, *pl* ze'ni̯oːrən] *m meist pl* senior citizen, OAP BRIT
Seniorenheim *nt* old people's home, home for the elderly
senken ['zɛŋkn̩] **I.** *vt* ❶ *Preis* to reduce ❷ (*neigen*) **den Kopf ~** to bow one's head **II.** *vr* ■ **sich** [**auf etw** *akk*] **~** to lower itself [onto sth]
senkrecht ['zɛŋkrɛçt] *adj* vertical
Senkung <-, -en> *f* reduction
Senner(in) <-s, -> ['zɛnɐ] *m(f)* SÜDD, ÖSTERR Alpine dairyman
Sensation <-, -en> [zɛnza'tsi̯oːn] *f* sensation
sensationell [zɛnzatsi̯o'nɛl] *adj* sensational
sensationslüstern *adj* (*fig*) sensation-seeking
sensibel [zɛn'ziːbl̩] *adj* sensitive

Sensibilität <-, -en> [zɛnzibili'tɛːt] *f* sensitivity
Sensor <-s, -soren> ['zɛnzoːɐ̯, *pl* zɛn'zoː-rən] *m* sensor
Sensortaste *f* sensor control
sentimental [zɛntimɛn'taːl] *adj* sentimental
Sentimentalität <-, -en> [zɛntimɛntali'tɛːt] *f* sentimentality
separat [zepa'raːt] *adj* separate
Separatismus <-> [zepara'tɪsmʊs] *m kein pl* separatism
Separatist(in) <-en, -en> [zepara'tɪst] *m(f)* separatist
September <-[s], -> [zɛp'tɛmbɐ] *m* September; *s. a.* **Februar**
Serbe, Serbin <-n, -n> ['zɛrbə, 'zɛrbɪn] *m*, *f* Serb
Serbien <-s> ['zɛrbi̯ən] *nt* Serbia
serbisch ['zɛrbɪʃ] *adj* Serbian; *s. a.* **deutsch**
Serbokroatisch [zɛrbokro'aːtɪʃ] *nt dekl wie adj* Serbo-Croat; *s. a.* **Deutsch**
Serenade <-, -n> [zere'naːdə] *f* serenade
Serie ['zeːri̯ə] *f* ❶ series ❷ ÖKON line; **in ~ gehen** to go into production
serienmäßig *adj* (*bereits eingebaut*) standard
Serienmord ['zeːri̯ən-] *m meist pl* JUR serial killing *usu pl* **Seriennummer** *f* serial number **Serientäter(in)** *m(f)* repeat offender
serienweise ['zeːri̯ən-] *adv* in series; ■ **etw ~ herstellen** to mass-produce sth
seriös [ze'ri̯øːs] **I.** *adj* ❶ (*ernst zu nehmend*) serious ❷ (*vertrauenswürdig*) respectable ❸ *Firma* reputable **II.** *adv* respectably
Serpentine <-, -n> [zɛrpɛn'tiːnə] *f* winding road
Service[1] <-> ['zœɐ̯vɪs] *m kein pl* service
Service[2] <-[s], -> [zɛr'viːs] *nt* (*Essgeschirr*) dinner service; (*Kaffeegeschirr*) coffee service
Servicecenter[RR], **Service Center** <-s, -> ['zœɐ̯vɪs͜sɛntɐ] *nt* service centre
servieren* [zɛr'viːrən] *vt* ■ **[jdm] etw ~** to serve sth [to sb]
Serviervorschlag *m* KOCHK serving suggestion **Servierwagen** *m* trolley
Serviette <-, -n> [zɛr'vi̯ɛtə] *f* napkin
Servolenkung *f* power steering
servus ['zɛrvʊs] *interj* ÖSTERR, SÜDD (*hallo*) hello; (*tschüss*) [good]bye
Sessel <-s, -> ['zɛsl̩] *m* armchair
Sessellift *m* chairlift

sesshaft^{RR} *adj*, **seßhaft**^{ALT} ['zɛshaft] *adj* settled

setzen ['zɛtsn̩] **I.** *vt* ❶ *(platzieren)* to put, to place ❷ *(festlegen)* to set; **eine Frist ~** to set a deadline ❸ *(bringen)* **etw in Betrieb ~** to set sth in motion; **jdn auf Diät ~** to put sb on a diet ❹ *(wetten)* ■ **etw [auf jdn/etw] ~** to put sth [on sb/sth]; **seine Hoffnung in jdn ~** to put one's hopes on sb ❺ TYPO to set **II.** *vr* ■ **sich ~** ❶ to sit [down]; **sich ins Auto ~** to get into the car; ■ **sich zu jdm ~** to sit next to sb ❷ *(sich senken)* to settle

Setzer(in) <-s, -> *m(f)* typesetter

Seuche <-, -n> ['zɔyçə] *f* epidemic

Seuchenbekämpfung *f* epidemic control

Seuchenerreger *m* epidemic agent

seufzen ['zɔyftsn̩] *vi* to sigh

Seufzer <-s, -> *m* sigh; **einen ~ ausstoßen** to heave a sigh

Sex <-[es]> [zɛks] *m kein pl* sex

Sexismus <-> [zɛˈksɪsmʊs] *m kein pl* sexism

Sexist(in) <-en, -en> [zɛˈksɪst] *m(f)* sexist

sexistisch *adj* sexist

Sexsymbol *nt* sex symbol

Sextett <-[e]s, -e> [zɛksˈtɛt] *nt* sextet, sextette BRIT

Sextourismus [-turɪsmʊs] *m (fam)* sex tourism

Sexualität <-> [zɛksuˈaliˈtɛːt] *f kein pl* sexuality

Sexualkunde *f kein pl* sex education **Sexualleben** *nt kein pl* sex[ual] life **Sexualmoral** *f* sex morals *pl*

sexuell [zɛˈksu̯ɛl] *adj* sexual; **~e Belästigung** sexual harassment

sezieren* [zeˈtsiːrən] *vt, vi* to dissect

Shampoo <-s, -s> ['ʃampu, 'ʃampo] *nt* shampoo

Shareware <-, -s> ['ʃɛːɐ̯vɛːɐ̯] *f* INFORM shareware

Shetlandpony ['ʃɛtlant-, 'ʃɛtlənd-] *nt* Shetland pony, sheltie

Show <-, -s> [ʃoː] *f* show; **eine ~ abziehen** *(sl)* to put on a show *fam*

Showbusiness^{RR}, **Show-Business**^{RR}, **Showbusineß**^{ALT} <-> ['ʃoːˈbɪznɪs] *nt kein pl* show business

siamesisch [ziaˈmeːzɪʃ] *adj* Siamese

Siamkatze *f* Siamese cat

Sibirien <-s> [ziˈbiːri̯ən] *nt* Siberia

sibirisch [ziˈbiːrɪʃ] *adj* Siberian

sich [zɪç] *pron refl* ❶ oneself; ■ **er/sie/es ... ~** he/she/it ... himself/herself/itself; ■ **Sie ... ~** you ... yourself/yourselves; ■ **sie ... ~** they ... themselves; ~ **freuen** to be pleased; ~ **gedulden** to be patient ❷ *dat* one's; **die Katze leckte ~ die Pfote** the cat licked its paw ❸ *pl (einander)* each other, one another; ~ **lieben** to love each other ❹ *unpersönlich* **hier arbeitet es ~ gut** it's good to work here; **das Auto fährt ~ prima** the car drives well ❺ *mit Präposition* **er denkt immer nur an ~** he only ever thinks of himself; **die Schuld bei ~** *dat* **suchen** to blame oneself; **wieder zu ~** *dat* **kommen** *(fam)* to come round; **etw von ~** *dat* **aus tun** to do sth of one's own accord

Sichel <-, -n> ['zɪçl̩] *f* sickle

sicher ['zɪçɐ] **I.** *adj* ❶ *(gewiss)* certain, sure; ■ **~ sein** to be certain; ■ **sich** *dat* **~ sein, dass ...** to be sure that ...; ■ **sich** *dat* **einer S.** *gen* **~ sein** to be sure of sth; **so viel ist ~** that much is certain ❷ *(ungefährdet)* safe **(vor** from); *Anlage* secure; **~ ist ~** you can't be too careful **II.** *adv* surely; **du hast ~ Recht** you are certainly right; **[aber] ~!** *(fam)* sure!

Sicherheit <-, -en> *f* ❶ *kein pl* safety; **die öffentliche ~** public safety; **soziale ~** social security; **etw in ~ bringen** to get sth to safety; **in ~ sein** to be safe ❷ *kein pl (Gewissheit)* certainty; **mit ~** for certain

Sicherheitsabstand *m* safe distance **Sicherheitsgurt** *m* seat belt **sicherheitshalber** *adv* to be on the safe side **Sicherheitskette** *f* safety chain **Sicherheitskraft** *f meist pl* member of security; ■ **Sicherheitskräfte** security [staff] + *sing/pl vb* **Sicherheitsmaßnahme** *f* safety precaution **Sicherheitsnadel** *f* safety pin **Sicherheitsrat** *m kein pl* security council **Sicherheitsschloss**^{RR} *nt* safety lock **Sicherheitsvorschrift** *f meist pl* safety regulation

sicherlich *adv* surely

sichern ['zɪçɐn] *vt* ❶ to secure; *(absichern)* to protect ❷ *(schützen)* to safeguard ❸ INFORM to save

sicher|stellen *vt* JUR to confiscate

Sicherung <-, -en> *f* ❶ ELEK fuse; **die ~ ist durchgebrannt** the fuse has blown ❷ *(Schutzvorrichtung)* safety catch ❸ INFORM back-up ▶ **jdm brennt die ~ durch** *(fam)* sb blows a fuse

Sicherungskopie *f* INFORM back-up copy

Sicht <-, *selten* -en> [zɪçt] *f* ❶ view; **eine gute/schlechte ~** a good/poor view; **auf kurze/mittlere/lange ~** in the short term /midterm /long term; **in ~ sein** to be in sight; **etw ist in ~** (*fig*) sth is on the horizon ❷ (*Meinung*) [point of] view; **aus jds ~** from sb's point of view

sichtbar *adj* visible

sichten ['zɪçtn̩] *vt* ❶ ■ **etw ~** to sight sth; ■ **jdn ~** to spot sb ❷ (*durchsehen*) **die Akten ~** to look through the files

sichtlich *adv* **~ beeindruckt sein** to be visibly impressed

Sichtung <-, -en> *f* ❶ *kein pl* (*das Sichten*) sighting ❷ (*Durchsicht*) sifting

Sichtverhältnisse *pl* visibility *no pl;* **gute / schlechte ~** good/poor visibility

Sichtweite *f* visibility; **die ~ beträgt 100 Meter** visibility is 100 metres; **außer/in ~ sein** to be out out of/in sight

sickern ['zɪkɐn] *vi sein* to seep

Sickerwasser *nt kein pl* surface water seeping through the ground

sie [ziː] *pron pers, 3. pers* ❶ <*gen* ihrer, *dat* ihr, *akk* sie> *sing* she; **~ ist es!** it's her!; (*Sache od. weibl. Tier*) it ❷ <*gen* ihrer, *dat* ihnen, *akk* sie> *pl* they

Sie[1] <*gen* Ihrer, *dat* Ihnen, *akk* Sie> [ziː] *pron pers, 2. pers sing o pl* (*förmliche Anrede*) you

Sie[2] [ziː] *f kein pl* (*fam*) ■ **eine ~** a female

Sieb <-[e]s, -e> [ziːp, *pl* 'ziːbə] *nt* sieve

sieben[1] ['ziːbn̩] *adj* seven; *s. a.* **acht**[1]

sieben[2] ['ziːbn̩] *vt* to sieve

Siebenbürgen <-s> [ziːbn̩'bʏrgn̩] *nt* Transylvania

siebenhundert ['ziːbn̩'hʊndɐt] *adj* seven hundred

siebenjährig, 7-jährig[RR] ['ziːbn̩jɛːrɪç] *adj* ❶ (*Alter*) seven-year-old *attr*; seven years old *pred* ❷ (*Zeitspanne*) seven-year *attr*

Siebenschläfer *m* fat dormouse

siebte(r, s) ['ziːptə, 'ziːptɐ, 'ziːptəs] *adj* seventh; *s. a.* **achte(r, s)**

Siebtel <-s, -> ['ziːptl̩] *nt* seventh

siebtens ['ziːptn̩s] *adv* seventhly

siebzehn ['ziːptseːn] *adj* seventeen; *s. a.* **acht**[1]

siebzehnte(r, s) *adj* seventeenth; *s. a.* **achte(r, s)**

Siebzehntel <-s, -> *nt* seventeenth; *s. a.* **Achtzehntel**

siebzig ['ziːptsɪç] *adj* seventy; *s. a.* **achtzig**

siebzigste(r, s) *adj* seventieth; *s. a.* **achte(r, s)**

siedeln ['ziːdl̩n] *vi* to settle

sieden <siedete *o* sott, gesiedet *o* gesotten> ['ziːdn̩] *vi* to boil; **~d heiß** boiling hot

Siedepunkt *m* boiling point

Siedler(in) <-s, -> ['ziːdlɐ] *m(f)* settler

Siedlung <-, -en> ['ziːdlʊŋ] *f* settlement

Sieg <-[e]s, -e> [ziːk, *pl* 'ziːgə] *m* victory

Siegel <-s, -> ['ziːgl̩] *nt* seal

Siegelring *m* signet ring

siegen ['ziːgn̩] *vi* to win; **haushoch ~** to win hands down; **nur knapp ~** to scrape a win

Sieger(in) <-s, -> *m(f)* ❶ victor ❷ SPORT winner; **der zweite ~** the runner-up

Siegerehrung *f* presentation ceremony **Siegerurkunde** *f* winner's certificate

siegesgewiss[RR] *adj*, **siegessicher** *adj* certain of victory *pred;* **ein ~es Lächeln** a confident smile **Siegeszug** *m* (*fig: großer Erfolg*) triumph

siegreich *adj* ❶ victorious ❷ SPORT winning

sieh [ziː], **siehe** ['ziːə] (*geh*) *imp sing von* **sehen**

Signal <-s, -e> [zɪ'gnaːl] *nt* signal; **~e aussenden** to transmit signals

Signalanlage *f* signals *pl*

signalisieren* [zɪgnali'ziːrən] *vt* to signal

Signalmast *m* signal mast [*or* post] **Signalwirkung** *f* signal

Signatur <-, -en> [zɪgna'tuːɐ̯] *f* ❶ (*in der Bibliothek*) shelf mark ❷ (*Unterschrift*) signature

signieren* [zɪ'gniːrən] *vt* to sign

Silbe <-, -n> ['zɪlbə] *f* syllable; **etw mit keiner ~ erwähnen** not to mention sth at all

Silbentrennung *f* syllabification

Silber <-s> ['zɪlbɐ] *nt kein pl* silver

silberfarben, silberfarbig *adj* silver[-coloured] **Silberfischchen** *nt* silverfish **Silberfuchs** *m* silver fox **silberhaltig** *adj* silver-bearing, argentiferous *spec* **Silberhochzeit** *f* silver wedding **Silbermedaille** *f* silver medal **Silbermünze** *f* silver coin

silbern ['zɪlbɐn] *adj* silver

Silhouette <-, -n> [zi'lu̯ɛtə] *f* silhouette; *Stadt*skyline

Silizium <-s> [zi'liːtsi̯ʊm] *nt kein pl* silicon

Silo <-s, -s> ['ziːlo] *m* silo

Silvester <-s, -> [zɪl'vɛstɐ] *m o nt* New Year's Eve

Simbabwe <-s> [zɪm'baːpvə] *nt* Zimbabwe
simpel ['zɪmpl] **I.** *adj* simple **II.** *adv* simply
Sims <-es, -e> [zɪms] *m o nt* (*Fenstersims: innen*) [window]sill; (*Fenstersims: außen*) [window] ledge; (*Kaminsims*) mantelpiece
simsen ['zɪmzən] *vt, vi* TELEK (*fam*) to text [*or* AM *usu* to send a text message]
Simulant(in) <-en, -en> [zimu'lant] *m(f)* malingerer
simulieren* [zimu'liːrən] **I.** *vi* to malinger **II.** *vt* INFORM to [computer-]simulate
simultan [zimʊl'taːn] **I.** *adj* simultaneous **II.** *adv* simultaneously; ~ **dolmetschen** to interpret simultaneously
Sinfonie <-, -n> [zɪnfo'niː, *pl* -fo'niːən] *f* symphony
Sinfoniekonzert *nt* symphony concert
Singapur <-s> ['zɪŋgapuːɐ̯] *nt* Singapore
singen <sang, gesungen> ['zɪŋən] *vi, vt* to sing
Singular <-s, -e> ['zɪŋgulaːɐ̯] *m* singular
Singvogel *m* songbird
sinken <sank, gesunken> ['zɪŋkn̩] *vi sein* ❶ to sink ❷ (*niedersinken*) to fall; **die Hände ~ lassen** to let one's hands fall ❸ (*verlieren*) **den Mut ~ lassen** to lose courage
Sinn <-[e]s, -e> [zɪn] *m* ❶ *meist pl* (*Wahrnehmungssinn*) sense; **der sechste ~** the sixth sense; **von ~en sein** to be out of one's mind ❷ *kein pl* (*Bedeutung*) meaning; **im eigentlichen ~e** literally; **im übertragenen ~e** in the figurative sense; **in diesem ~e** in that respect ❸ (*Zweck*) point; **der ~ des Lebens** the meaning of life; **einen bestimmten ~ haben** to have a particular purpose; **es hat keinen ~[, etw zu tun]** there's no point [in doing sth] ❹ *kein pl* (*Verständnis*) **~ für etw** *akk* **haben** to appreciate sth ❺ (*Gedanke*) **in jds ~ handeln** to act according to sb's wishes; **etw [mit jdm/etw] im ~ haben** to have sth in mind [with sb/sth]; **jdm in den ~ kommen** to come to sb
sinnbildlich *adj* symbolic
sinnen <sann, gesonnen> ['zɪnən] *vi* ▪**auf etw** *akk* **~** to think of sth; **auf Rache ~** to plot revenge
Sinnenlust *f kein pl* sensuality
sinnentleert *adj* empty [*or* bereft] of content
sinnentstellend *adj* distorting
Sinnesorgan *nt* sense organ **Sinnestäuschung** *f* illusion **Sinneswahrnehmung** *f* sensory perception *no pl* **Sinneswandel** *m* change of heart
sinngemäß *adv* **etw ~ wiedergeben** to give the gist of sth
sinngetreu *adj* true to the sense [*or* meaning]; *Übersetzung* faithful
sinnlich *adj* sensual
Sinnlichkeit <-> *f kein pl* sensuality *no art*
sinnlos *adj* senseless; *Geschwätz* meaningless; **das ist doch ~!** that's futile!
Sinnlosigkeit <-, -en> *f* senselessness *no pl*, meaninglessness *no pl*
sinnvoll I. *adj* ❶ meaningful ❷ (*zweckmäßig*) practical **II.** *adv* sensibly
Sintflut ['zɪntfluːt] *f* ▪**die ~** the Flood ▶ **nach mir die ~** (*fam*) who cares when I'm gone?
Sippe <-, -n> ['zɪpə] *f* [extended] family
Sirene <-, -n> [zi'reːnə] *f* siren
Sirup <-s, -e> ['ziːrʊp] *m* syrup
Sitte <-, -n> ['zɪtə] *f* ❶ custom; **es ist bei uns ~, ...** it is our custom ...; **nach alter ~** traditionally ❷ *meist pl* (*Moral*) moral standards *pl* ▶ **andere Länder, andere ~n** other countries, other customs
Sittendezernat *nt* vice squad **Sittenlosigkeit** <-, -en> *f* immorality **sittenstreng** *adj* (*veraltend*) highly moral, having high moral standards **Sittenstrolch** *m* (*pej*) sex fiend
Sittenverfall *m kein pl* decline in moral standards
Sittich <-s, -e> ['zɪtɪç] *m* parakeet
Sittlichkeitsverbrechen *nt* sex crime
Sittsamkeit <-> *f kein pl* decorousness *no pl*, demureness *no pl*
Situation <-, -en> [zitu̯a'tsi̯oːn] *f* situation
Sitz <-es, -e> [zɪts] *m* seat
sitzen <saß, gesessen> ['zɪtsn̩] *vi haben o* SÜDD, ÖSTERR, SCHWEIZ *sein* ❶ to sit; [**bitte**] **bleib/bleiben Sie ~!** [please] don't get up; **er sitzt im Vorstand** he has a seat on the management board ❷ (*arbeiten*) ▪**an etw** *dat* **~** to sit over sth ❸ (*fam: im Gefängnis*) to do time ❹ SCH ▪**~ bleiben** (*fam*) to repeat a year ❺ *Ware* **auf etw** *dat* **~ bleiben** to be left with sth ▶ **einen ~ haben** (*fam*) to have had one too many; **jdn ~ lassen** (*fam: im Stich lassen*) to leave sb in the lurch; **etw nicht auf sich** *dat* **~ lassen** not to take sth
Sitzgelegenheit *f* seating [accommodation]
Sitzplatz *m* seat
Sitzung <-, -en> *f* meeting

Sitzungsperiode f POL [parliamentary] session; JUR term **Sitzungssaal** m conference hall
Sitzwürfel m cube footstool [or AM a. ottoman]
Sizilien <-s> [zi'tsi:li̯ən] nt Sicily
Skala <-, Skalen o -s> ['ska:la, pl 'ska:lən] f scale
Skandal <-s, -e> [skan'da:l] m scandal
skandalös [skanda'lø:s] adj scandalous
Skandinavien <-s> [skandi'na:vi̯ən] nt Scandinavia
skandinavisch [skandi'na:vɪʃ] adj Scandinavian
Skat <-[e]s, -e> [ska:t] m KARTEN skat
Skateboard <-s, -s> ['ske:tbo:ɐ̯t] nt skateboard; ~ **fahren** to skateboard
Skelett <-[e]s, -e> [ske'lɛt] nt skeleton
Skepsis <-> ['skɛpsɪs] f kein pl scepticism
Skeptiker(in) <-s, -> ['skɛptikɐ] m(f) sceptic
skeptisch ['skɛptɪʃ] I. adj sceptical II. adv sceptically
Ski <-s, - o -er> [ʃi:, pl 'ʃi:ɐ] m ski; ~ **laufen** to ski
Skianzug m ski suit **Skiausrüstung** f ski equipment **Skifahrer(in)** m(f) skier **Skihose** f ski pants pl **Skilauf** <-s> m, **Skilaufen** <-s> nt kein pl skiing no pl, no art **Skiläufer(in)** m(f) skier **Skilift** m ski lift
Skinhead <-s, -s> ['skɪnhɛt] m skinhead
Skipiste f ski run **Skispringen** nt kein pl ski jumping no art **Skistock** m ski stick
Skizze <-, -n> ['skɪtsə] f sketch
skizzieren* [skɪ'tsi:rən] vt to sketch
Sklave, Sklavin <-n, -n> ['skla:və, -vɪn] m, f slave
Sklavenhandel m kein pl slave trade **Sklaventreiber(in)** m(f) (pej fam) slave-driver
Sklaverei <-, -en> [skla:və'rai] f slavery no art
Skonto <-s, -s o Skonti> ['skɔnto, pl 'skɔnti] nt o m [cash] discount
Skorbut <-[e]s> [skɔr'bu:t] m kein pl scurvy no pl
Skorpion <-s, -e> [skɔr'pi̯o:n] m ❶ scorpion ❷ ASTROL Scorpio
Skrupel <-s, -> ['skru:pl̩] m meist pl scruple; [keine] ~ **haben, etw zu tun** to have [no] qualms about doing sth
skrupellos I. adj unscrupulous II. adv without scruple
Skrupellosigkeit <-> f kein pl unscrupulousness
Skulptur <-, -en> [skʊlp'tu:ɐ̯] f sculpture
Slalom <-s, -s> ['sla:lɔm] m slalom
Slawe, Slawin <-n, -n> ['sla:və, 'sla:vɪn] m, f Slav
slawisch ['sla:vɪʃ] adj Slav[on]ic; s. a. **deutsch**
Slawist(in) <-en, -en> [sla'vɪst] m(f) Slav[onic]ist
Slawistik <-> [sla'vɪstɪk] f kein pl Slavonic studies + sing vb
Slip <-s, -s> [slɪp] m panties pl
Slipeinlage f panty liner
Slowake, Slowakin <-n, -n> [slo'va:kə, slo'va:kɪn] m, f Slovak
Slowakei <-> [slova'kai] f ■ **die** ~ Slovakia
Slowakin <-, -nen> f fem form von **Slowake**
slowakisch [slo'va:kɪʃ] adj Slovak[ian]; s. a. **deutsch**
Slowakisch [slo'va:kɪʃ] nt dekl wie adj Slovak; s. a. **Deutsch**
Slowenien <-s> [slo've:ni̯ən] nt Slovenia
Slum <-s, -s> [slam] m slum
Smaragd <-[e]s, -e> [sma'rakt] m emerald
Smog <-[s], -s> [smɔk] m smog
Smogalarm m smog alert
Smoking <-s, -s> ['smo:kɪŋ] m dinner jacket
SMS <-, -> [ɛsʔɛm'ɛs] f MEDIA, TELEK Abk von **Short Message Service** text [message]
so [zo:] I. adv ❶ mit adj und adv (derart) so; **es ist ~, wie du sagst** it is [just] as you say; ~ **viel wie** as much as; ~ **wenig wie möglich** as little as possible ❷ mit vb (derart) **ich habe mich ~ über ihn geärgert!** I was so angry with him; ~ **sehr, dass ...** to such a degree that ... ❸ (auf diese Weise) [just] like this/that, this/that way; ~ **musst du es machen** this is how you must do it; **es ist besser** ~ it's better that way; ~ **ist das nun mal** (fam) that's the way things are; ~ **ist es** that's right; ~ **oder** ~ either way; **und** ~ **weiter** et cetera, ~ **genannt** so-called ❹ (solch) ■ ~ **ein(e)** ... such a/an ...; ~ **etwas** such a thing II. konj ❶ (konsekutiv) ■ ~ **dass** so that ❷ (obwohl) **leid es mir auch tut** as sorry as I am III. interj (also) right; ~, **jetzt gehen wir ...** right, let's go and ...
sobald [zo'balt] konj as soon as
Socke <-, -n> ['zɔkə] f sock ▶ **sich auf die ~n machen** to get a move on; **von den ~n**

sein to be flabbergasted
Sockel <-s, -> ['zɔkl̩] *m* plinth
sodann [zo'dan] *adv* (*veraltend*) ❶ (*dann, darauf, danach*) thereupon *old form* ❷ (*ferner, außerdem*) further
sodass^RR [zo'das] *konj* so that
Sodawasser *nt* soda [water]
Sodbrennen [zoːt-] *nt* heartburn
soeben [zo'ʔeːbn̩] *adv* just
Sofa <-s, -s> ['zoːfa] *nt* sofa
sofern [zo'fɛrn] *konj* provided that
sofort [zo'fɔrt] *adv* at once
Soforthilfe *f* emergency relief *no art*
sofortig [zo'fɔrtɪç] *adj* immediate
Softie <-s, -s> ['zɔfti] *m* (*fam*) softie
Software <-, -s> ['zɔftvɛːɐ̯] *f* software
Softwarepaket *nt* software package
sogar [zo'gaːɐ̯] *adv* even
sogleich [zo'glaiç] *adv* (*geh*) immediately
Sohle <-, -n> ['zoːlə] *f* sole ▶ **auf leisen ~n** noiselessly
Sohn <-[e]s, Söhne> [zoːn, *pl* 'zøːnə] *m* son
Sojabohne *f* soybean
solang [zo'laŋ], **solange** [zo'laŋə] *konj* as [*or* so] long as
Solarenergie *f* solar energy
Solarium <-s, -ien> [zo'laːriʊm, *pl* -'laːriən] *nt* solarium
solch [zɔlç] *adj* such; **~ ein Mann** such a man
solche(r, s) *adj* ❶ *attr* such; **er hatte ~ Angst** he was so afraid ❷ *substantivisch* (*diese Art Menschen*) such people, people like that; (*so jemand*) such a person, a person like this/that; **als ~(r, s)** as such, in itself
Sold <-[e]s> [zɔlt] *m kein pl* pay
Soldat(in) <-en, -en> [zɔl'daːt] *m(f)* soldier
Soldatenfriedhof *m* military cemetery
Söldner(in) <-s, -> ['zœldnɐ] *m(f)* mercenary
solid [zo'liːt], **solide** [zo'liːdə] *adj* solid
solidarisch [zoli'daːrɪʃ] *adj* **eine ~e Haltung** an attitude of solidarity; **sich ~ erklären** to declare one's solidarity
solidarisieren* [zolidari'ziːrən] *vr* ■ **sich ~** to show [one's] solidarity
Solidarität <-> [zolidari'tɛːt] *f kein pl* solidarity; **aus ~** out of solidarity
Solidaritätszuschlag *m* POL additional pay deduction to finance the economic rehabilitation of former East Germany
Solidarpakt *m* POL solidarity pact

Solist(in) <-en, -en> [zo'lɪst] *m(f)* soloist
Soll <-[s], -[s]> [zɔl] *nt* ❶ FIN debit side; **~ und Haben** debit and credit ❷ (*Ziel*) target; **sein ~ erfüllen** to reach one's target
sollen ['zɔlən] **I.** *vb aux* <sollte, sollen> *modal* ❶ (*etw zu tun haben*) **du sollst herkommen, habe ich gesagt!** I said [you should] come here!; **was ~ wir machen?** what shall we do? ❷ *konditional* (*falls*) **sollte das passieren, ...** should that happen ... ❸ *konjunktivisch* (*eigentlich müssen*) **du sollst dich schämen!** you should be ashamed [of yourself]; **was hätte ich tun ~?** what should I have done?; **so soll es sein** that's how it ought to be ❹ (*angeblich sein*) ■ **etw sein/tun ~** to be supposed to be/do sth; **was soll das heißen?** what's that supposed to mean? ❺ (*dürfen*) **du hättest das nicht tun ~** you should not have done that **II.** *vi* <sollte, gesollt> ❶ (*müssen*) **du sollst sofort nach Hause** you should go home at once ❷ (*bedeuten*) **was soll der Blödsinn?** what's all this nonsense about?; **was soll das?** what's that supposed to mean?; **was soll's?** who cares?
Solo <-s, Soli> ['zoːlo, *pl* 'zoːli] *nt* solo
Somalia <-> [zo'maːli̯a] *nt* Somalia
Somalier(in) <-s, -> *m(f)* Somali
somalisch *adj* Somali; *s. a.* **deutsch**
somit [zo'mɪt] *adv* therefore
Sommer <-s, -> ['zɔmɐ] *m* summer; **im nächsten ~** next summer
sommerlich *adj* summer; **~es Wetter** summer weather **Sommersprosse** *f meist pl* freckle *usu pl*
Sonate <-, -n> [zo'naːtə] *f* sonata
Sonde <-, -n> ['zɔndə] *f* probe
Sonderangebot *nt* special offer; **etw im ~ haben** to have sth on special offer **Sonderausführung** *f* custom-built model
sonderbar ['zɔndɐbaːɐ̯] **I.** *adj* strange **II.** *adv* strangely
Sonderbedingungen *pl* special terms **Sonderbeilage** *f* MEDIA special supplement **Sonderfall** *m* special case **Sonderkommando** *nt* MIL, POL special unit
Sonderling <-s, -e> ['zɔndɐlɪŋ] *m* oddball
Sondermüll *m* hazardous waste
sondern ['zɔndɐn] *konj* but
Sonderpreis *m* special price **Sonderregelung** *f* special provision **Sonderschule** *f* special school **Sonderstellung** *f* special po-

sition **Sonderurlaub** *m* special leave; (*im Todesfall*) compassionate leave BRIT **Sondervergütung** *f* ÖKON fringe [*or* supplementary] benefits *pl* **Sonderzug** *m* special train
sondieren* [zɔn'diːrən] *vt* to sound out *sep*
Sonett <-[e]s, -e> [zo'nɛt] *nt* sonnet
Sonnabend ['zɔnʔaːbn̩t] *m* Saturday
sonnabends *adv* on Saturday[s]
Sonne <-, -n> ['zɔnə] *f* sun; **die ~ geht auf/unter** the sun rises/sets
sonnen ['zɔnən] *vr* ❶ **sich ~** to sun oneself ❷ (*genießen*) ▪ **sich in etw** *dat* **~** to bask in sth
Sonnenaufgang *m* sunrise **Sonnenbad** *nt* sunbathing *no art, no pl;* **ein ~ nehmen** to sunbathe **Sonnenblume** *f* sunflower **Sonnenblumenöl** *nt* sunflower oil **Sonnenbrand** *m* sunburn *no art;* **einen ~ bekommen** to get sunburnt **Sonnenbrille** *f* sunglasses *npl* **Sonneneinstrahlung** *f* insolation **Sonnenenergie** *f* solar energy **Sonnenfinsternis** *f* solar eclipse **Sonnenlicht** *nt kein pl* sunlight **Sonnenmilch** *f* suntan lotion **Sonnenöl** *nt* suntan oil **Sonnenschein** *m* sunshine; **bei strahlendem ~** in brilliant sunshine **Sonnenschirm** *m* sunshade **Sonnenschutzmittel** *nt* sun protection product **Sonnenstich** *m* sunstroke *no art;* **einen ~ haben** to have sunstroke **Sonnenstrahl** *m* sunbeam **Sonnensystem** *nt* solar system **Sonnenuntergang** *m* sunset
sonnig ['zɔnɪç] *adj* sunny
Sonntag [zɔnta:k] *m* Sunday; *s. a.* **Dienstag**
sonntäglich *adj* Sunday *attr*
sonntags *adv* on Sundays
Sonntagsdienst *m* Sunday duty
Sonn- und Feiertage *pl* Sundays and bank holidays
sonst [zɔnst] *adv* ❶ (*andernfalls*) or [else] ❷ (*gewöhnlich*) usually; **kälter als ~** colder than usual ❸ (*außerdem*) **wer war ~ anwesend?** who else was present?; **~ noch etwas** something else; **~ keine(r/s)** nothing/nobody else
sonstig ['zɔnstɪç] *adj attr* [all/any] other
Sopran <-s, -e> [zo'praːn] *m kein pl* soprano
Sorge <-, -n> ['zɔrgə] *f* worry (**um** for); **keine ~!** (*fam*) don't [you] worry; **lassen Sie das meine ~ sein!** let me worry about that; **machen Sie sich deswegen keine ~n!** don't worry about that; **wir haben uns solche ~n gemacht!** we were so worried; **eine große ~** a serious worry; **~n haben** to have problems; **jdm ~n machen** to cause sb a lot of worry; **es macht jdm ~n, dass ...** it worries sb that ...; **mit ~** with concern
sorgen ['zɔrgn̩] I. *vi* ❶ (*sich kümmern*) ▪ **für jdn ~** to provide for sb ❷ (*besorgen*) **für etw** *akk* **~** to get sth; ▪ **dafür ~, dass ...** to see to it that; **dafür ist gesorgt** that's taken care of ❸ (*bewirken*) **für Aufsehen ~** to cause a sensation II. *vr* **sich um jdn/etw ~** to be worried about sb/sth
Sorgerecht *nt kein pl* custody
Sorgfalt <-> ['zɔrkfalt] *f kein pl* care
sorgfältig I. *adj* careful II. *adv* carefully
sorglos ['zɔrkloːs] I. *adj* ❶ (*achtlos*) careless ❷ (*sorgenfrei*) carefree II. *adv* ❶ carelessly ❷ free of care
Sorglosigkeit <-> *f kein pl* carelessness; (*ohne Sorge*) carefreeness
sorgsam ['zɔrkzaːm] *adj s.* **sorgfältig**
Sorte <-, -n> ['zɔrtə] *f* ❶ (*Art*) kind ❷ (*Marke*) brand
sortieren* [zɔr'tiːrən] *vt* **etw [nach Farbe] ~** to sort sth [according to colour]; **etw [alphabetisch] ~** to arrange sth in alphabetical order
Sortiment <-[e]s, -e> [zɔrti'mɛnt] *nt* range [of goods]
Soße <-, -n> ['zoːsə] *f* sauce
Souffleur <-s, -e> [zu'fløːɐ̯] *m*, **Souffleuse** <-, -n> [zu'fløːzə] *f* prompter
Souterrain <-s, -s> [sutɛ'rɛː, 'zuːtɛrɛ̃] *nt* basement
Souvenir <-s, -s> [zuvə'niːɐ̯] *nt* souvenir
Souvenirladen *m* souvenir shop
souverän [zuvəˈrɛːn] I. *adj* ❶ POL sovereign *attr* ❷ (*überlegen*) superior II. *adv* with superior ease
Souveränität <-> [zuvɛrɛni'tɛːt] *f kein pl* ❶ POL sovereignty ❷ (*Überlegenheit*) superior ease
soviel [zo'fiːl] *konj* as far as; **~ ich weiß** as far as I know; **~ ich auch trinke, ...** no matter how much I drink ...
soweit [zo'vait] *konj* as far as
sowenig [zo'veːnɪç] *konj* ▪ **~ ... auch** however little ...
sowie [zo'viː] *konj* ❶ (*sobald*) as soon as ❷ (*und auch*) as well as
sowieso [zovi'zoː] *adv* anyway
Sowjetunion [zɔ'vjɛtʔunǐoːn] *f* ▪ **die ~** the

sowohl [zo'vo:l] *konj* ■ ~ ... **als auch** ... both ... and ...

sozial [zo'tsi̯a:l] **I.** *adj* social **II.** *adv* ~ **schwach** socially deprived; ~ **denken** to be social-minded

Sozialabgaben *pl* social security contributions **Sozialamt** *nt* social security office BRIT, welfare department AM **Sozialarbeiter(in)** *m(f)* social worker **Sozialausgaben** *pl* public expenditure **Sozialdemokrat(in)** [zo'tsi̯a:ldemokra:t] *m(f)* social democrat **sozialdemokratisch** *adj* social-democratic **Sozialgefüge** [zo'tsi̯a:l-] *nt* SOZIOL social welfare net **Sozialhilfe** *f kein pl* income support, [social] welfare AM **Sozialhilfeempfänger(in)** *m(f)* person receiving income support

Sozialisation <-> [zotsi̯aliza'tsi̯o:n] *f kein pl* SOZIOL, PSYCH socialization

Sozialismus <-> [zotsi̯a'lɪsmʊs] *m kein pl* socialism

Sozialist(in) <-en, -en> [zotsi̯a'lɪst] *m(f)* socialist

sozialistisch [zotsi̯a'lɪstɪʃ] *adj* socialist

Sozialkompetenz [zo'tsi̯a:lkɔmpetɛnts] *f* PSYCH, SOZIOL (*fachspr*) social competence **Sozialleistungen** *pl* (*des Staates*) social services **Sozialpolitik** *f kein pl* social policy **Sozialstaat** *m* welfare state **Sozialversicherung** *f* National Insurance BRIT, Social Security AM **Sozialwissenschaften** *pl* social sciences **Sozialwohnung** *f* council house BRIT, [housing] project AM

Soziologe, Soziologin <-n, -n> [zotsi̯o'lo:gə, -'lo:gɪn] *m, f* sociologist

Soziologie <-> [zotsi̯olo'gi:] *f kein pl* sociology

Soziologin <-, -nen> *f fem form von* **Soziologe**

Sozius, Sozia <-, Sozii> ['zo:tsi̯ʊs, 'zo:tsi̯a, *pl* 'zo:tsii] *m, f* ÖKON partner

sozusagen [zo:tsu'za:gn̩] *adv* so to speak

Spachtel <-s, -> ['ʃpaxtl̩] *m* spatula

spachteln ['ʃpaxtl̩n] *vi* (*fam: viel essen*) to tuck in

Spagetti[RR] *pl s.* **Spaghetti**

Spaghetti [ʃpa'gɛti] *pl* spaghetti + *sing vb*

spähen ['ʃpɛ:ən] *vi* **aus dem Fenster** ~ to peer out of the window; ■ **durch etw** *akk* ~ to peep through sth

Spalier <-s, -e> [ʃpa'li:ɐ̯] *nt* (*Menschenreihe*) line; ~ **stehen** to form a line

Spalt <-[e]s, -e> [ʃpalt] *m* gap; (*Riss*) crack

Spalte <-, -n> ['ʃpaltə] *f* ① (*Öffnung*) fissure; (*in Fels a.*) crevice ② TYPO, MEDIA column

spalten ['ʃpaltn̩] **I.** *vt* <*pp* **gespalten** *o* **gespaltet**> ① (*zerteilen*) to split; *Holz* to chop ② (*trennen*) to divide **II.** *vr* ■ **sich** ~ ① (*reißen*) to split ② (*sich teilen*) to divide

Spaltprodukt *nt* NUKL fission product

Spaltung <-, -en> *f* ① NUKL fission ② (*Aufspaltung*) division

Spam-Mail, Spammail <-, -s> ['spæmme:l] *f* INET (*pej*) spam [mail]

Span <-[e]s, Späne> [ʃpa:n, *pl* 'ʃpɛ:nə] *m* shaving

Spanferkel ['ʃpa:nfɛrkl̩] *nt* sucking pig

Spange <-, -n> ['ʃpaŋə] *f* ① (*Haarspange*) hairslide BRIT, barrette AM ② (*Zahnspange*) [dental] brace

Spanien <-s> ['ʃpa:ni̯ən] *nt* Spain

Spanier(in) <-s, -> ['ʃpa:ni̯ɐ] *m(f)* Spaniard; ■ **die** ~ the Spanish

spanisch ['ʃpa:nɪʃ] *adj* Spanish; **das kommt mir** ~ **vor** (*fam*) I don't like the look of it / this

Spanisch ['ʃpa:nɪʃ] *nt dekl wie adj* Spanish; **auf S**~ in Spanish

spann [ʃpan] *imp von* **spinnen**

Spann <-[e]s, -e> [ʃpan] *m* instep

Spannbetttuch[RR] *nt* fitted sheet

Spanne <-, -n> ['ʃpanə] *f* ÖKON margin

spannen ['ʃpanən] **I.** *vt* ① (*straffen*) to tighten ② (*aufspannen*) to put up; **ein Seil zwischen etw** *akk* ~ to stretch a rope between sth ③ (*anspannen*) ■ **ein Tier vor etw** *akk* ~ to harness an animal to sth **II.** *vr* ■ **sich** ~ to become taut

spannend *adj* exciting; **mach's nicht so** ~! don't keep me in suspense

Spannkraft *f kein pl* PHYS tension force

Spannung <-, -en> *f* ① *kein pl* suspense; **etw mit** ~ **erwarten** to await sth full of suspense ② *meist pl a.* PHYS (*Anspannung*) tension ③ ELEK voltage; **unter** ~ **stehen** to be live

Spannungsmesser <-s, -> *m* ELEK voltmeter

Spannweite *f* ① (*Vogel*) wingspan ② BAU span

Spanplatte *f* chipboard *no pl*

Sparbuch *nt* savings book

Sparbüchse *f* piggy bank

sparen ['ʃpaːrən] I. vt ❶ to save ❷ (*ersparen*) ■ **jdm/sich etw** ~ to spare sb/oneself sth II. vi ■ **auf etw** *akk* ~ to save up for sth
Sparer(in) <-s, -> *m(f)* saver
Spargel <-s, -> ['ʃpargl̩] *m* asparagus *no pl*
Sparguthaben *nt* savings *npl*
Sparkasse *f* bank
spärlich ['ʃpɛːɐ̯lɪç] I. *adj* sparse II. *adv* sparsely; ~ **bekleidet** scantily clad
Sparmaßnahme *f* cost-cutting measure
Sparpreis *m* budget [*or* economy] price
sparsam ['ʃpaːɐ̯zaːm] I. *adj* economical II. *adv* sparingly
Sparsamkeit <-> *f kein pl* thriftiness
Sparschwein *nt* piggy bank **Spartarif** *m* TELEK, INET budget tariff BRIT, budget rate AM
Sparte <-, -n> ['ʃpartə] *f* ÖKON line of business
Spaß <-es, Späße> [ʃpaːs, *pl* 'ʃpɛːsə] *m* ❶ *kein pl* (*Vergnügen*) fun; **viel ~!** have fun!; ~ **haben** to have fun; **an etw** *dat* ~ **haben** to enjoy sth; [nur] ~ **machen** to be [just] kidding; **es macht jdm ~, etw zu tun** sb enjoys doing sth; **jdm den ~ verderben** to spoil sb's fun ❷ (*Scherz*) joke; ~ **muss sein** there's no harm in a joke; **keinen ~ verstehen** to not stand for any nonsense; ~ **beiseite** joking apart ▶ **ein teurer ~ sein** to be an expensive business
Spaßbad *nt* waterpark
spaßen ['ʃpaːsn̩] *vi* to joke; **mit etw** *dat* **ist nicht zu** ~ sth is no joking matter
Spaßgesellschaft *f* SOZIOL (*pej*) hedonistic society
spaßig ['ʃpaːsɪç] *adj* funny
Spaßverderber(in) <-s, -> *m(f)* spoilsport
Spaßvogel *m* joker
spät [ʃpɛːt] I. *adj* late; **am ~en Abend** in the late evening; ■ ~ **sein/werden** to be/be getting late II. *adv* late; ~ **dran sein** to be late ▶ **wie** ~ what time
Spaten <-s, -> ['ʃpaːtn̩] *m* spade
später ['ʃpɛːtɐ] I. *adj* later II. *adv* later [on]; **bis ~!** see you later!; **jdn auf ~ vertrösten** to put sb off; ~ [**ein**]**mal** at a later date; **nicht ~ als** not later than
spätestens ['ʃpɛːtəstn̩s] *adv* at the latest
Spätlese *f* late vintage
Spätschaden <-s, -schäden> *m meist pl* long-term damage *no pl, no indef art* **Spätschicht** *f* late shift **Spätvorstellung** *f* late show

Spatz <-en *o* -es, -en> [ʃpats] *m* sparrow
Spätzle ['ʃpɛtslə] *pl* SÜDD spaetzle + *sing/pl vb* (*small dough dumplings*)
spazieren* [ʃpa'tsiːrən] *vi sein* to stroll; **den Hund ~ führen** to take the dog for a walk; ~ **fahren/gehen** to go for a drive/walk
Spazierfahrt *f* drive; **eine ~ machen** to go for a drive **Spaziergang** <-(e)s, -gänge> *m* walk; **einen ~ machen** to go for a walk **Spaziergänger(in)** <-s, -> *m(f)* stroller **Spazierstock** *m* walking stick
Specht <-[e]s, -e> [ʃpɛçt] *m* woodpecker
Speck <-[e]s, -e> [ʃpɛk] *m* bacon *no pl*
speckig ['ʃpɛkɪç] *adj* greasy
Speckschwarte *f* bacon rind *no pl*
Spediteur(in) <-s, -e> [ʃpedi'tøːɐ̯] *m(f)* haulage [*or* AM shipping] contractor
Spedition <-, -en> [ʃpedi'tsi̯oːn] *f* ÖKON, TRANSP haulage company
Speditionskosten *pl* haulage costs *pl*, carrying charges *pl*
Speerwerfen *nt kein pl* the javelin
Speiche <-, -n> ['ʃpaiçə] *f* spoke
Speichel <-s> ['ʃpaiçl̩] *m kein pl* saliva
Speichelprobe *f* MED, JUR saliva sample
Speicheltest *m* JUR, MED saliva test
Speicher <-s, -> ['ʃpaiçɐ] *m* ❶ (*Dachboden*) attic; **auf dem ~** in the attic ❷ (*Lagerhaus*) storehouse ❸ INFORM memory
speichern ['ʃpaiçɐn] *vt, vi* ❶ to store ❷ INFORM to save (**auf** on[to], **unter** as)
Speicherplatz *m* INFORM memory space
Speicherung <-, -en> *f* INFORM storage *no pl*
Speise <-, -n> ['ʃpaizə] *f meist pl* meal
Speiseeis *nt* (*geh*) ice cream **Speisekarte** *f* menu
speisen ['ʃpaizn̩] *vi* to dine
Speisenfolge *f* menu, order of the courses **Speiseöl** *nt* culinary oil **Speiseröhre** *f* gullet **Speisewagen** *m* restaurant car
spektakulär [ʃpɛktaku'lɛːɐ̯] *adj* spectacular
Spekulant(in) <-en, -en> [ʃpeku'lant] *m(f)* speculator
spekulieren* [ʃpeku'liːrən] *vi* to speculate (**mit** in, **auf** on)
spendabel [ʃpɛn'daːbl̩] *adj* generous
Spende <-, -n> ['ʃpɛndə] *f* donation
spenden ['ʃpɛndn̩] *vt, vi* to donate (**für** to); *Blut* to give
Spender <-s, -> ['ʃpɛndɐ] *m* dispenser
Spender(in) <-s, -> ['ʃpɛndɐ] *m(f)* ❶ (*jd, der spendet*) donator ❷ MED donor

spendieren* [ʃpɛn'diːrən] vt (fam) ■ |jdm| etw ~ to get [sb] sth; **das Essen spendiere ich** the dinner's on me

Sperber <-s, -> ['ʃpɛrbɐ] m sparrowhawk

Sperling <-s, -e> ['ʃpɛrlɪŋ] m sparrow

Sperma <-s, Spermen> ['ʃpɛrma, 'spɛrma, pl -mata] nt sperm

Sperre <-, -n> ['ʃpɛrə] f barrier

sperren ['ʃpɛrən] I. vt ① (schließen) to close off (für to) ② (blockieren) to block; Konto to freeze ③ (inhaftieren) ■ jdn in etw akk ~ to lock sb up in sth ④ SPORT to ban II. vr ■ sich ~ to back away (gegen from)

Sperrfrist f JUR, FIN qualifying period

Sperrgut nt (geh) bulky freight no pl

sperrig ['ʃpɛrɪç] adj unwieldy

Sperrmüll m skip refuse

Sperrmüllabfuhr f skip collection

Sperrstunde f closing time

Spesen ['ʃpeːzn̩] pl expenses npl; **auf ~** on expenses

Spezialausbildung f special[ized] training

Spezialgebiet nt special field

spezialisieren* [ʃpetsi̯ali'ziːrən] vr ■ sich ~ to specialize (**auf** in)

Spezialisierung <-, -en> f specialization

Spezialist(in) <-en, -en> [ʃpetsi̯a'lɪst] m(f) specialist

Spezialität <-, -en> [ʃpetsi̯ali'tɛːt] f speciality

speziell [ʃpe'tsi̯ɛl] I. adj special II. adv especially

spezifisch [ʃpe'tsiːfɪʃ] adj specific

Spezifizierung <-, -en> f (geh) specification

Sphäre <-, -n> ['sfɛːrə] f sphere

Sphinx <-, -e o Sphingen> [sfɪŋks, pl 'sfɪŋən] f sphinx

spicken ['ʃpɪkn̩] vt ① KOCHK to lard; ■ gespickt larded ② (fig: durchsetzen) to lard ③ (fam: abschreiben) to crib

Spiegel <-s, -> ['ʃpiːɡl̩] m mirror ► **jdm den ~ vorhalten** to hold up a mirror to sb

Spiegelbild nt mirror image **Spiegelei** nt fried egg

spiegeln ['ʃpiːɡl̩n] I. vi (spiegelblank sein) to gleam II. vr ■ sich in etw dat ~ to be reflected in sth

Spiegelreflexkamera f reflex camera **Spiegelschrank** m mirrored cabinet/wardrobe

Spiel <-[e]s, -e> [ʃpiːl] nt ① game ② SPORT match; **die Olympischen ~e** the Olympic Games ► **ein abgekartetes ~** a set-up; leichtes ~ haben to have an easy job of it; das ~ ist aus the game is up; jdn/etw aus dem ~ lassen to keep sb/sth out of it; etw aufs ~ setzen to put sth on the line; auf dem ~ stehen to be at stake; jdm das ~ verderben to ruin sb's plans

Spielautomat m gambling machine **Spielbank** f casino

spielen ['ʃpiːlən] I. vt ► **was wird hier gespielt?** what's going on here? II. vi ① to play; (Glücksspiel) to gamble ② (auftreten) ■ in etw dat ~ to star in sth; **gut/schlecht ~** to play well/badly ③ Begebenheit ■ irgendwann/irgendwo ~ to be set in some time/place

spielend adv easily

Spieler(in) <-s, -> ['ʃpiːlɐ] m(f) ① player ② (Glücksspieler) gambler

Spielerei <-, -en> [ʃpiːlə'rai] f meist pl (Kinkerlitzchen) knick-knacks pl

spielerisch I. adj playful II. adv playfully

Spielerwechsel m SPORT substitution

Spielfeld ['ʃpiːlfɛlt] nt playing field **Spielfilm** m film **Spielkamerad(in)** m(f) playmate **Spielkarte** f playing card **Spielkasino** nt casino **Spielleiter(in)** <-s, -> m(f) ① TV, FILM, THEAT director ② SPORT organizer **Spielplatz** m playground **Spielraum** m scope no pl **Spielregel** f meist pl rules pl **Spielsachen** pl toys **Spielsüchtige(r)** dekl wie adj f(m) dekl wie adj compulsive gambler **Spielverbot** nt SPORT ban **Spielverderber(in)** <-s, -> m(f) spoilsport **Spielzeit** f SPORT playing time **Spielzeug** nt toy

Spieß <-es, -e> [ʃpiːs] m KOCHK spit; (kleiner) skewer ► **den ~ umdrehen** to turn the tables

Spießbürger(in) m(f) s. **Spießer**

spießbürgerlich adj s. **spießig**

spießen ['ʃpiːsn̩] vt ■ etw auf etw akk ~ to skewer sth on sth

Spießer(in) <-s, -> ['ʃpiːsɐ] m(f) (fam) pedant

spießig ['ʃpiːsɪç] adj (fam) pedantic

Spießigkeit <-> f kein pl (pej fam) narrow-mindedness

Spinat <-[e]s> [ʃpi'naːt] m kein pl spinach

spindeldürr ['ʃpɪndl̩'dʏr] adj (fam) thin as a rake

Spinne <-, -n> ['ʃpɪnə] f spider

spinnen <spann, gesponnen> ['ʃpɪnən] I. vt Wolle to spin II. vi (fam: verrückt sein)

to be mad; **du spinnst wohl!** you must be mad!
Spinner(in) <-s, -> ['ʃpɪnɐ] *m(f)* (*fam*) nutcase
Spinnerei <-, -en> [ʃpɪnə'raɪ] *f* (*fam*) nonsense *no pl*
Spinngewebe *nt* spider's web
Spion(in) <-s, -e> [ʃpi̯oːn] *m(f)* spy
Spionage <-> [ʃpi̯o'naːʒə] *f kein pl* espionage
spionieren* [ʃpi̯o'niːrən] *vi* to spy
Spirale <-, -n> [ʃpi'raːlə] *f* spiral
spiritistisch *adj* spiritualistic
Spirituosen [ʃpiri'tu̯oːzn, sp-] *pl* spirits
Spiritus <-> [ʃpiːritʊs] *m kein pl* spirit
Spirituskocher *m* spirit stove
Spital <-s, Spitäler> [ʃpi'taːl, *pl* -'tɛːlɐ] *nt* hospital
spitz [ʃpɪts] *adj* pointed
Spitzbart *m* goatee
spitz|bekommen* *vt irreg* (*sl*) to cotton [*or* AM catch] on *fam;* ■ ~ , **dass** ... to cotton on to the fact that ...
Spitzbube *m* scallywag
spitzbübisch I. *adj* cheeky II. *adv* cheekily
Spitze <-, -n> ['ʃpɪtsə] *f* ❶ point ❷ (*erster Platz*) top ❸ *pl* (*führende Leute*) the top ▶ ~ **sein** (*fam*) to be great; **etw auf die** ~ **treiben** to take sth to extremes
Spitzel <-s, -> ['ʃpɪtsl̩] *m* informer
spitzen ['ʃpɪtsn̩] *vt* to sharpen
Spitzengehalt *nt* top salary **Spitzenkandidat(in)** *m(f)* POL top candidate **Spitzenklasse** *f* top-class **Spitzenleistung** *f* top performance **Spitzenqualität** *f* top quality *no pl* **Spitzenreiter** *m* top seller
spitzfindig *adj* hair-splitting
Spitzname *m* nickname; **sie gaben ihm den** ~**n** ... they nicknamed him ...
spitzzüngig [ʃpɪts'tsʏnɪç] *adj* sharp-tongued
Splitter <-s, -> ['ʃplɪtɐ] *m* splinter
Sponsor(in) <-s, -soren> ['ʃpɔnzɐ, -'zoːrɪn, *pl* -'zoːrən] *m(f)* sponsor
spontan [ʃpɔn'taːn, sp-] *adj* spontaneous
sporadisch [ʃpo'raːdɪʃ, sp-] *adj* sporadic
Spore <-, -n> ['ʃpoːrə] *f* BIOL spore
Sport <-[e]s, *selten* -e> [ʃpɔrt] *m* sport *no pl;* ~ **treiben** to do sport
Sportabzeichen *nt* sports certificate **Sportart** *f* discipline **Sportbericht** *m* sports report **Sportgeschäft** *nt* sports shop **Sporthalle** *f* sports hall **Sportlehrer(in)** *m(f)* PE teacher
Sportler(in) <-s, -> ['ʃpɔrtlɐ] *m(f)* sportsman *masc,* sportswoman *fem*
sportlich ['ʃpɔrtlɪç] I. *adj* ❶ (*trainiert*) athletic ❷ (*fair*) sportsmanlike ❸ MODE casual II. *adv* (*flott*) casually
Sportnachrichten *pl* sports news **Sportplatz** *m* sports field **Sportveranstaltung** *f* sports event **Sportverein** *m* sports club **Sportwagen** *m* sports car
Spott <-[e]s> [ʃpɔt] *m kein pl* mockery
spotten ['ʃpɔtn̩] *vi* to mock; ■ [**über jdn/ etw**] ~ to make fun [of sb/sth]
spöttisch ['ʃpœtɪʃ] *adj* mocking
sprachbegabt *adj* ■ ~ **sein** to be good at languages
Sprache <-, -n> ['ʃpraːxə] *f* ❶ language ❷ *kein pl* (*das Sprechen*) speech; **etw zur** ~ **bringen** to bring sth up; **zur** ~ **kommen** to come up ▶ **eine deutliche** ~ **sprechen** to speak for itself; **mit der** ~ **herausrücken** to come out with it; **jdm die** ~ **verschlagen** to leave sb speechless; **heraus mit der** ~**!** (*fam*) out with it!
Sprachfehler *m* speech impediment **Sprachkenntnisse** *pl* language skills **Sprachkurs** *m* language course **Sprachlehre** *f* grammar **Sprachlehrer(in)** <-s, -> *m(f)* language teacher
sprachlos *adj* speechless
Sprachstudium *nt* course of study in languages **Sprachwissenschaft** *f* linguistics + *sing vb*
Spray <-s, -s> [ʃpreː, spreː] *m o nt* spray
sprechen <spricht, sprach, gesprochen> ['ʃprɛçn̩] I. *vi* ❶ (*reden*) to speak (**mit** with), to talk (**mit** to); **sprich nicht so laut** don't talk so loud; **auf etw zu** ~ **kommen** to come to talk about sth; **für sich** *akk* [**selbst**] ~ to speak for itself; **über etw** *akk* **spricht man nicht** sth is not talked about; **mit sich** *dat* **selbst** ~ to talk to oneself ❷ (*empfehlen*) ■ **für etw** *akk* ~ to be in favour of sth; ■ **gegen etw** *akk* ~ to speak against sth II. *vt* ❶ (*können*) ~ **Sie Chinesisch?** can you speak Chinese? ❷ (*aussprechen*) ■ **etw** ~ to say sth; **sie konnte keinen vernünftigen Satz** ~ she couldn't say a single coherent sentence ❸ (*sich unterreden*) ■ **jdn** ~ to speak to sb; **wir** ~ **uns noch!** you haven't heard the last of this! ▶ **nicht gut auf jdn zu** ~ **sein** to be on bad terms with sb; **für jdn/**

niemanden zu ~ sein to be available for sb/not be available for anyone
Sprecher(in) <-s, -> *m(f)* ❶ (*Wortführer*) spokesperson ❷ RADIO, TV announcer
Sprechfunkgerät *nt* walkie-talkie **Sprechstunde** *f* surgery; **~ halten** to hold surgery **Sprechstundenhilfe** *f* receptionist **Sprechzimmer** *nt* consultation room
spreizen ['ʃpraitsn̩] *vt* to spread
sprengen[1] ['ʃprɛŋən] *vt* ❶ to blow up ❷ (*gewaltsam auflösen*) to break up
sprengen[2] ['ʃprɛŋən] *vt Rasen* to water
Sprengkörper *m* explosive device **Sprengkraft** *f kein pl* explosive force **Sprengstoff** *m* explosive **Sprengstoffanschlag** *m* bomb attack
Sprengwagen *m* street sprinkler
Sprichwort <-wörter> ['ʃprɪçvɔrt, *pl* -vœrtə] *nt* proverb
sprießen <spross *o* sprießte, gesprossen> ['ʃpri:sn̩] *vi sein* BOT to sprout; *Haare* to grow
Springbrunnen *m* fountain
springen[1] <sprang, gesprungen> ['ʃprɪŋən] *vi sein Vase* to crack
springen[2] <sprang, gesprungen> ['ʃprɪŋən] *vi sein* to jump; **er sprang hin und her** he leapt about ▶ **etw ~ lassen** (*fam*) to fork out sth
springend *adj* **der ~e Punkt** the crucial [*or* salient] point
Springer <-s, -> ['ʃprɪŋɐ] *m* SCHACH knight
Springflut *f* spring tide
Spritze <-, -n> ['ʃprɪtsə] *f* ❶ (*Nadel*) syringe ❷ (*Injektion*) injection; **eine ~ bekommen** to have an injection
spritzen ['ʃprɪtsn̩] **I.** *vi* ❶ *haben* (*in Tropfen*) to spray ❷ *sein* (*im Strahl*) to spurt **II.** *vt haben* ❶ to squirt (**auf** onto) ❷ (*bewässern*) to sprinkle ❸ MED to inject ❹ AGR to spray (**gegen** against)
Spritzer <-s, -> *m* splash
spritzig ['ʃprɪtsɪç] *adj* sparkling
spröde ['ʃprø:də] *adj* ❶ brittle; (*Haut*) rough ❷ (*abweisend*) aloof
spross[RR], **sproß**[ALT] [ʃprɔs] *imp von* **sprießen**
Spross[RR] *m*, **Sproß**[ALT] <-sses, -sse> [ʃprɔs] *m* ❶ BOT shoot ❷ (*Nachkomme*) scion
Sprosse <-, -n> ['ʃprɔsə] *f* step
Sprössling[RR] *m*, **Sprößling** [ALT] <-s, -e> ['ʃprœslɪŋ] *m* offspring

Sprotte <-, -n> ['ʃprɔtə] *f* sprat
Spruch <-[e]s, Sprüche> [ʃprʊx, *pl* 'ʃprʏçə] *m* saying ▶ **Sprüche klopfen** (*fam*) to drivel
Sprudel <-s, -> ['ʃpru:dl̩] *m* ❶ sparkling mineral water ❷ ÖSTERR (*Limo*) fizzy drink
sprudeln ['ʃpru:dl̩n] *vi* ❶ *haben Sekt* to fizz ❷ *sein* (*heraussprudeln*) to bubble
Sprühdose *f* aerosol
sprühen ['ʃpry:ən] *vt, vi* to spray; **vor Begeisterung ~** to bubble with excitement
sprühend *adj* sparkling
Sprung <-[e]s, Sprünge> [ʃprʊŋ, *pl* 'ʃprʏŋə] *m* ❶ leap; **einen ~ machen** to leap ❷ (*Riss*) crack ▶ **ein großer ~ nach vorn** a giant leap forwards; **jdm auf die Sprünge helfen** to give sb a helping hand; **auf dem ~ sein** to be about to leave
Sprungbrett *nt* ❶ (*ins Wasser*) diving board ❷ (*Turngerät*) springboard
sprunghaft *adj* ❶ (*rasant*) rapid ❷ (*unstet*) volatile
Sprungschanze *f* ski jump **Sprungtuch** *nt* jumping blanket **Sprungturm** *m* diving platform
Spucke <-> ['ʃpʊkə] *f kein pl* spit ▶ **jdm bleibt die ~ weg** sb is flabbergasted
spucken ['ʃpʊkn̩] *vi, vt* to spit
spuken ['ʃpu:kn̩] *vi impers* to haunt; ▪ **irgendwo spukt es** somewhere is haunted
Spüle <-, -n> ['ʃpy:lə] *f* [kitchen] sink
spülen ['ʃpy:lən] *vi, vt* to wash up
Spülkasten *m* cistern **Spüllappen** *m* dishcloth **Spülmaschine** *f* dishwasher **Spülmittel** *nt* washing-up liquid, dish soap AM
Spülung <-, -en> *f* flush
Spülwasser *nt* dishwater, washing-up water BRIT
Spulwurm *m* roundworm
Spur <-, -en> [ʃpu:ɐ̯] *f* ❶ (*Fußspuren*) track[s *pl*] ❷ (*Anzeichen*) trace; **~ en der Verwüstung** signs of devastation; **auf der falschen/ richtigen ~ sein** to be on the wrong/right track; **eine heiße ~** a firm lead; **~ en hinterlassen** to leave traces; **jdm auf die ~ kommen** to get onto sb; **jdm auf der ~ sein** to be on sb's trail ❸ (*kleine Menge*) trace ❹ (*Fahrspur*) lane; **aus der ~ geraten** to move out of lane
spüren ['ʃpy:rən] **I.** *vt* ❶ (*körperlich*) to feel ❷ (*merken*) to sense; **etw zu ~ bekommen** to feel the force of sth **II.** *vi* ▪ **~, dass ...** to

sense that ...; ■**jdn ~ lassen, dass ...** to leave sb in no doubt that ...
spuren [ˈʃpuːrən] *vi* (*fam*) to toe the line
Spurenelement *nt* trace element
Spürhund *m* tracker dog
spurlos *adv* without [leaving a] trace; **an jdm ~ vorübergehen** to not leave its mark on sb
Spurt <-s, -s *o* -e> [ʃpʊrt] *m* spurt
spurten [ˈʃpʊrtn̩] *vi sein* to spurt
Squash <-> [skvɔʃ] *nt* squash
Squashhalle *f* squash courts *pl*
Staat <-[e]s, -en> [ʃtaːt] *m* ❶ state; **von ~s wegen** on the part of the [state] authorities ❷ (*Land*) country ❸ (*Bundesstaat*) **die Vereinigten ~en [von Amerika]** the United States [of America]
Staatenbund <-bünde> *m* confederation [of states]
staatlich I. *adj* state *attr;* **~e Einrichtungen** state facilities II. *adv* **~ anerkannt** state-approved; **~ gefördert** government-sponsored; **~ geprüft** [state-]certified; **~ subventioniert** state-subsidized
Staatsakt *m* state ceremony **Staatsangehörige(r)** *f(m) dekl wie adj* citizen, national *form* **Staatsangehörigkeit** *f* nationality **Staatsanwalt, -anwältin** *m, f* public prosecutor BRIT, District Attorney AM **Staatsausgaben** *pl* public expenditure *no pl* **Staatsbeamte(r), -beamtin** *m, f* civil servant **Staatsbesitz** *m kein pl* public ownership **Staatsbesuch** *m* state visit **Staatsbürger(in)** *m(f)* citizen **Staatsdienst** *m* civil service **Staatseigentum** *nt* state ownership **Staatsexamen** *nt* state exam[ination]

Some university courses in Germany, such as medicine, teaching and law, end with one or two sets of **Staatsexamen** (final examinations) carried out by government-approved examiners.

Staatsfinanzen *pl* public finances **Staatsform** *f* form of government **Staatsgebiet** *nt* national territory **Staatshaushalt** *m* national budget **Staatskasse** *f* treasury, public purse BRIT **Staatskosten** *pl* public expenses **Staatsminister(in)** <-s, -> *m(f)* secretary [*or* BRIT *a.* minister] of state **Staatsoberhaupt** *nt* head of state **Staatspräsident(in)** *m(f)* president **Staatsschuld** *f* FIN, POL national debt **Staatssekretär(in)** *m(f)* state secretary BRIT, undersecretary AM **Staatssicherheitsdienst** *m kein pl* POL (*hist*) state security service **Staatsstreich** *m* coup
Stab <-[e]s, Stäbe> [ʃtaːp, *pl* ˈʃtɛːbə] *m* rod
Stabhochsprung *m* pole vault
stabil [ʃtaˈbiːl, st-] *adj* ❶ (*strapazierfähig*) sturdy ❷ (*beständig*) stable ❸ (*nicht labil*) steady; *Gesundheit* sound
stabilisieren [ʃtabiliˈziːrən] *vt* to stabilize
Stabilität <-> [ʃtabiliˈtɛːt, st-] *f kein pl* stability
Stabschef(in) [-ʃɛf, -ʃɛfɪn] *m(f)* chief of staff
Stabsfeldwebel *m* MIL warrant officer 2nd class
Stabwechsel *m* SPORT baton change, changeover
Stachel <-s, -n> [ˈʃtaxl̩] *m* ❶ *Rose* thorn ❷ *Igel, Kaktus* spine ❸ (*Giftstachel*) sting
Stachelbeere *f* gooseberry **Stacheldraht** *m* barbed wire **Stacheldrahtzaun** *m* barbed wire fence
stachelig [ˈʃtaxəlɪç] *adj s.* **stachlig**
Stachelschwein *nt* porcupine
stachlig [ˈʃtaxlɪç] *adj Rosen* thorny; *Kaktus, Tier* spiny
Stadel <-s, -> [ˈʃtaːdl̩] *m* SÜDD, ÖSTERR, SCHWEIZ barn
Stadion <-s, Stadien> [ˈʃtaːdiɔn, *pl* ˈʃtaːdiən] *nt* stadium
Stadium <-s, Stadien> [ˈʃtaːdiʊm, *pl* ˈʃtaːdiən] *nt* stage; **im letzten ~** MED at a terminal stage
Stadt <-, Städte> [ʃtat, *pl* ˈʃtɛtə] *f* ❶ town; (*Großstadt*) city; **am Rande der ~** on the edge of [the] town ❷ (*Stadtverwaltung*) council
Stadtautobahn *f* urban motorway [*or* AM freeway] **Stadtbibliothek** *f* town/city [*or* municipal] library
Städtepartnerschaft *f* town twinning
Städter(in) <-s, -> [ˈʃtɛːtɐ] *m(f)* city/town dweller
Stadtgebiet *nt* municipal area
städtisch [ˈʃtɛːtɪʃ] *adj* ❶ (*kommunal*) municipal ❷ (*urban*) urban
Stadtmauer *f* city/town wall **Stadtmitte** *f* city/town centre **Stadtplan** *m* [street] map **Stadtrand** *m* edge of [the] town, outskirts *npl* of the city **Stadtrat** *m* [city/town] council **Stadtrundfahrt** *f* sightseeing tour **Stadtstreicher(in)** *m(f)* city/town tramp **Stadtteil** *m* district **Stadttor** *nt* city/town gate **Stadtverkehr** *m* city/town traffic

Stadtverwaltung f [city/town] council **Stadtviertel** nt district **Stadtwerke** pl municipal services **Stadtzentrum** nt city/town centre

Staffel <-, -n> ['ʃtafl̩] f SPORT [relay] team

Staffelei <-, -en> [ʃtafə'lai] f easel

Staffellauf m relay [race]

staffeln ['ʃtafl̩n] vt (einteilen) to grade

Stagnation <-, -en> [ʃtagna'tsi̯oːn, st-] f stagnation

stagnieren* [ʃta'gniːrən, st-] vi to stagnate

stahl [ʃtaːl] imp von **stehlen**

Stahl <-[e]s, -e o Stähle> [ʃtaːl, pl 'ʃtɛːlə] m steel; **rostfreier ~** stainless steel

Stahlbeton m reinforced concrete **Stahlgerüst** nt steel scaffolding no pl, no indef art **stahlhart** ['ʃtaːl'hart] adj (a. fig) [as] hard as steel pred, iron-hard fig **Stahlhelm** m steel helmet **Stahlindustrie** f kein pl steel industry

staken ['ʃtaːkn̩] vt Floß, Kahn to pole, to punt

Stall <-[e]s, Ställe> [ʃtal, pl 'ʃtɛlə] m (Hühnerstall) coop; (Kuhstall) cowshed; (Pferdestall) stable; (Schweinestall) [pig]sty

Stallknecht m (veraltend: für Pferde) stable hand

Stamm <-[e]s, Stämme> [ʃtam, pl 'ʃtɛmə] m ❶(Baumstamm) [tree] trunk ❷(Volksstamm) tribe

Stammaktie f ordinary share, common stock AM **Stammbaum** m family tree **Stammbuch** nt family register

stammeln ['ʃtaml̩n] vi, vt to stammer

stammen ['ʃtamən] vi ❶(gebürtig sein) **aus Berlin ~** to come from Berlin ❷(herrühren) **aus dem 16. Jahrhundert ~** to date from the 16th century

Stammgast m regular [guest] **Stammhalter** m son and heir

stämmig ['ʃtɛmɪç] adj sturdy

Stammkapital nt ordinary share capital **Stammkunde, -kundin** m, f regular [customer] **Stammlokal** nt local restaurant/bar **Stammplatz** m regular seat **Stammtisch** m regulars' table

Der Stammtisch (a table reserved for regulars) can be found in most pubs and restaurants.

stampfen ['ʃtampfn̩] vi to stamp [one's foot] **Stampfer** <-s, -> m (Kartoffel~) [potato] masher

stand [ʃtant] imp von **stehen**

Stand <-[e]s, Stände> [ʃtant, pl 'ʃtɛndə] m ❶standing [position]; **einen sicheren ~ haben** to have a safe foothold ❷(Verkaufsstand) stand ❸ kein pl (Zustand) state; **der ~ der Dinge** the [present] state of affairs; **der neueste ~ der Technik** state of the art; **auf dem neuesten ~ sein** to be up-to-date ▶ **aus dem ~ [heraus]** off the cuff

Standard <-s, -s> ['ʃtandart, 'st-] m standard

standardisieren* [ʃtandardi'ziːrən, st-] vt to standardize

Ständchen <-s, -> ['ʃtɛntçən] nt serenade; **jdm ein ~ bringen** to serenade sb

Ständer <-s, -> ['ʃtɛndɐ] m stand

Standesamt nt registry office esp BRIT

standesamtlich adv **sich ~ trauen lassen** to get married in a registry office, to be married by the Justice of the Peace AM

Standesbeamte(r), -beamtin m, f registrar

standfest adj steady

standhaft I. adj steadfast II. adv steadfastly

Standhaftigkeit <-> f kein pl steadfastness

stand|halten ['ʃtanthaltn̩] vi irreg ▪ [etw dat] ~ ❶(widerstehen) to hold out [against sth] ❷(aushalten) to endure sth

ständig ['ʃtɛndɪç] I. adj constant II. adv constantly

Standlicht nt kein pl sidelights pl BRIT, parking lights pl AM

Standort <-[e]s, -e> m location **Standpunkt** m [point of] view; **etw von einem anderen ~ aus betrachten** to see sth from a different point of view; **den ~ vertreten, dass ...** to take the view that ... **Standspur** f hard shoulder BRIT, shoulder AM **Standuhr** f grandfather clock

Stange <-, -n> ['ʃtaŋə] f pole; (kürzer) rod; (Metallstange) bar ▶ **eine [schöne] ~ Geld** (fam) a pretty penny; **bei der ~ bleiben** (fam) to stick at it; **jdn bei der ~ halten** (fam) to keep sb at it

Stängel^{RR} <-s, -> ['ʃtɛŋl̩] m stalk, stem

Stangenbrot nt French loaf

stänkern ['ʃtɛŋkɐn] vi to stir things up

Stanniolpapier nt silver paper

stanzen ['ʃtantsn̩] vt ❶(ausstanzen) to press ❷(einstanzen) **Löcher in etw** akk ~ to punch holes in sth

Stapel <-s, -> ['ʃtaːpl̩] m stack ▶ **etw vom lassen** (fam) to come out with sth

Stapellauf m launch[ing]

stapeln ['ʃtaːpl̩n] I. vt to stack II. vr ■ **sich** ~ to pile up

stapfen ['ʃtapfn̩] vi sein ■ **durch etw** akk ~ to tramp through sth

Star¹ <-[e]s, -e> [ʃtaːɐ̯, st-] m ① (Vogel) starling ② MED cataract; **grauer** ~ grey cataract; **grüner** ~ glaucoma

Star² <-s, -s> [ʃtaːɐ̯] m star

stark <stärker, stärkste> [ʃtark] I. adj ① (kräftig; mächtig) strong ② (dick) thick ③ Hitze, Kälte severe; Regen heavy ④ Erkältung bad ⑤ Gefühle intense ⑥ (leistungsfähig) powerful II. adv ① (heftig) a lot; ~ **regnen** to rain heavily ② (sehr) ~ **erkältet sein** to have a bad cold; ~ **gewürzt** highly spiced; ~ **übertreiben** to greatly exaggerate

Stärke <-, -n> ['ʃtɛrkə] f ① (Kraft) strength ② (Macht) power ③ (Ausmaß) size ④ (Fähigkeit) **jds** ~ **sein** to be sb's strong point ⑤ CHEM starch

stärken ['ʃtɛrkn̩] I. vt to strengthen II. vr ■ **sich** ~ to take some refreshment

stark|machen vr ▶ **sich für jdn/etw** ~ (fam) to stand up for sb/sth

Starkstrom m heavy current

Stärkung <-> f kein pl strengthening

starr [ʃtar] adj ① (steif) rigid ② (erstarrt) stiff; ■ ~ **vor etw** dat paralyzed with sth; ~ **vor Kälte** numb with cold; ~**er Blick** [fixed] stare

starren ['ʃtarən] vi ① to stare ② **vor Dreck** ~ to be thick with dirt

starrsinnig adj stubborn

Start <-s, -s> [ʃtart, start] m ① start ② LUFT take-off; RAUM lift-off

Startbahn f [take-off] runway **startbereit** adj ① LUFT ready for take-off pred ② SPORT ready to go pred

starten ['ʃtartn̩, 'st-] I. vi sein ① to start ② LUFT to take off; RAUM to lift off II. vt haben ① Auto to start; Computer to boot [up sep] ② Rakete; Projekt to launch

Starterlaubnis f clearance for take-off; **jdm** ~ **geben** to clear sb for take-off **Starthilfekabel** nt jump leads pl, jumper cables pl AM **Startkapital** nt starting capital **Startschuss**ᴿᴿ m starting signal **Startsignal** nt starting signal

Startup <-s, -s> ['staːtʌp] nt INET, ÖKON start-up

Statik <-> ['ʃtaːtɪk, 'st-] f kein pl ① stability ② PHYS statics + sing vb

Station <-, -en> [ʃta'tsi̯oːn] f ① station ② (Haltestelle) stop ③ MED ward

stationär [ʃtatsi̯o'nɛːɐ̯] I. adj MED in-patient attr; **ein** ~**er Aufenthalt** a stay in [AM the] hospital II. adv **jdn** ~ **behandeln** to treat sb in hospital

stationieren* [ʃtatsi̯o'niːrən] vt to station

Stationsschwester f ward sister BRIT, senior nurse AM

Statist(in) <-en, -en> [ʃta'tɪst] m(f) FILM extra

Statistik <-, -en> [ʃta'tɪstɪk] f statistics + sing vb

statistisch [ʃta'tɪstɪʃ] I. adj statistical; ~**e Zahlen** statistics II. adv statistically; **etw** ~ **erfassen** to make a statistical survey of sth

Stativ <-s, -e> [ʃta'tiːf, pl ʃta'tiːvə] nt tripod

statt [ʃtat] I. präp +gen instead of II. konj ■ ~ **etw zu tun** instead of doing sth

Statt <-> [ʃtat] f kein pl ■ **an jds** ~ in sb's place

Stätte <-, -n> ['ʃtɛtə] f place

statt|finden ['ʃtatfɪndn̩] vi irreg to take place

stattlich ['ʃtatlɪç] adj imposing

Statue <-, -n> ['ʃtaːtu̯ə, 'st-] f statue

Statur <-, -en> [ʃta'tuːɐ̯] f build; **von kräftiger** ~ **sein** to be of powerful stature

Status <-, -> ['ʃtaːtʊs, 'st-] m status

Statussymbol nt status symbol

Stau <-[e]s, -e o -s> [ʃtau] m TRANSP traffic jam

Staub <-[e]s, -e o Stäube> [ʃtaup, pl 'ʃtɔybə] m kein pl dust; ~ **saugen** to vacuum; ~ **wischen** to dust; **zu** ~ **werden** to turn to dust ▶ ~ **aufwirbeln** (fam) to kick up a lot of dust; **sich aus dem** ~ **machen** (fam) to clear off

Staubecken nt reservoir

stauben ['ʃtaubn̩] vi to make a lot of dust

staubig ['ʃtaubɪç] adj dusty

staubsaugen <pp staubgesaugt>, **Staub saugen** <pp Staub gesaugt> vi, vt to vacuum **Staubsauger** m vacuum [cleaner] **Staubtuch** nt duster **Staubwolke** f cloud of dust

Staudamm m dam

Staude <-, -n> ['ʃtaudə] f perennial [plant]

stauen ['ʃtauən] I. vt to dam [up sep] II. vr ■ **sich** ~ to collect

Staugefahr f risk of congestion; „~" "delays likely" **Staumauer** f dam wall

staunen ['ʃtaunən] vi to be astonished (**über**

Stausee – steigern

at); **da staunst du, was?** you weren't expecting that, were you?

Stausee *m* reservoir

Stauung <-> *f kein pl* build-up

Stechapfel *m* BOT thorn apple, AM *a.* jimson weed

stechen <sticht, stach, gestochen> [ˈʃtɛçn̩] **I.** *vi* ❶ (*piksen*) to prick ❷ *Insekt* to sting; *Mücke* to bite ❸ ▪ [**mit etw** *dat*] **durch/in etw** *akk* ~ to stick through/into sth **II.** *vt* ▪ **jdn** [**mit etw** *dat*] ~ to stab sb [with sth] **III.** *vr* ▪ **sich** ~ *dat* to prick oneself (**an** on)

stechend *adj* ❶ *Geruch* sharp ❷ *Blick* piercing

Stechginster *m* BOT gorse, furze **Stechkarte** *f* time [*or* BRIT clocking] card **Stechmücke** *f* gnat; ([*sub*]*tropisch*) mosquito **Stechpalme** *f* holly **Stechuhr** *f* time clock

Steckbrief *m* "wanted" poster

Steckdose *f* socket, outlet AM

stecken [ˈʃtɛkn̩] **I.** *vi* <steckte *o geh* stak, gesteckt> ❶ (*festsitzen*) to be [sticking] in sth; ▪ **zwischen/in etw** *dat* ~ to be [stuck] between/in sth; ~ **bleiben** to get stuck; (*stocken*) to falter ❷ (*eingesteckt sein*) **den Schlüssel** ~ **lassen** to leave the key in the lock; ▪ **hinter/in/zwischen etw** *dat* ~ to be behind/in/among sth ❸ (*verantwortlich sein*) ▪ **hinter etw** *dat* ~ to be behind sth ❹ (*in unangenehmer Situation sein*) **in einer Krise** ~ to be in the throes of a crisis; **in Schwierigkeiten** ~ to be in difficulties **II.** *vt* <steckte, gesteckt> ❶ ▪ **etw irgendwohin** ~ to put somewhere; **sich** *dat* **einen Ring an den Finger** ~ to slip a ring on one's finger ❷ (*investieren*) **viel Zeit in etw** *akk* ~ to devote a lot of time to sth

Stecker <-s, -> *m* plug

Stecknadel *f* pin ▸ **eine** ~ **im Heuhaufen suchen** to look for a needle in a haystack **Steckrübe** *f* swede, rutabaga AM **Steckschlüssel** *m* box spanner

Steg <-[e]s, -e> [ʃteːk] *m* ❶ footbridge ❷ (*Bootssteg*) jetty

stehen <stand, gestanden> [ˈʃteːən] **I.** *vi* *haben o* SÜDD, ÖSTERR, SCHWEIZ *sein* ❶ to stand ❷ (*hingestellt sein*) to be; ~ **lassen** to leave; **alles** ~ **und liegen lassen** to drop everything ❸ (*geschrieben sein*) to be; **was steht in seinem Brief?** what does his letter say? ❹ (*halten*) **zum S~ kommen** to come to a stop ❺ AUTO ▪ **auf/in etw** *dat* ~ to be parked on/in sth; ~ **bleiben** to stop ❻ (*beeinflusst sein*) **unter Drogen** ~ to be under the influence of drugs; **unter Schock** ~ to be in a state of shock ❼ (*passen*) **jdm** [**gut**] ~ to suit sb [well]; **jdm nicht** ~ to not suit sb ❽ (*allein lassen*) **jdn** ~ **lassen** to walk out on sb ❾ (*nicht im Stich lassen*) ▪ **zu jdm/etw** ~ to stand by sb/sth ❿ (*Meinung*) **wie** ~ **Sie dazu?** what are your views on it? ⓫ (*unterstützen*) ▪ **hinter jdm/etw** ~ to be behind sb/sth ⓬ (*sl: gut finden*) ▪ **auf jdn** ~ to be mad about sb; **stehst du auf Techno?** are you into techno? ▸ **mit jdm/etw** ~ **und fallen** to depend on sb/sth; **jdm steht etw bis hier** (*fam*) sb is fed up with sth **II.** *vi impers* **es steht gut/schlecht um jdn/etw** things look good/bad for sb/sth

stehend *adj attr* stagnant

Stehkragen *m* stand-up collar **Stehlampe** *f* floor lamp **Stehleiter** *f* stepladder

stehlen <stahl, gestohlen> [ˈʃteːlən] **I.** *vt, vi* to steal ▸ **jdm die Zeit** ~ to take up sb's time; **das kann mir gestohlen bleiben!** (*fam*) to hell with it! **II.** *vr* ▪ **sich aus etw** *dat* ~ to steal out of sth

Stehplatz *m* standing room; **es gab nur noch Stehplätze** there was standing room only

steif [ʃtaif] *adj* stiff

Steifheit <-> *f kein pl* stiffness *no pl*

Steigbügel [ˈʃtaik-] *m* stirrup

Steigeisen *nt* ❶ (*für Schuhe*) climbing iron; (*Bergsteigen*) crampon ❷ (*an Mauern*) step iron, rung [set into a wall]

steigen <stieg, gestiegen> [ˈʃtaign̩] **I.** *vi sein* ❶ (*klettern*) to climb; ▪ **auf etw** *akk* ~ to climb [up] sth ❷ (*besteigen*) ▪ **auf etw** *akk* ~ to get on[to] sth ❸ (*einsteigen*) ▪ **in etw** *akk* ~ to get into sth; **in einen Zug** ~ to get on a train ❹ (*aussteigen*) ▪ **aus etw** *dat* ~ to get out of sth; **aus einem Bus** ~ to get off a bus ❺ (*absteigen*) ▪ **von etw** *dat* ~ to get off sth ❻ (*sich aufwärts bewegen*) to rise [up]; ▪ **etw** ~ **lassen** to fly ❼ *Preis*, *Wert* to increase; *Temperatur* to climb ❽ (*sich intensivieren*) to increase **II.** *vt sein* ▪ **Treppen** ~ to climb [up] stairs

steigend *adj* ❶ (*sich erhöhend*) *Preise*, *Löhne* rising, increasing ❷ (*sich intensivierend*) *Spannung*, *Ungeduld* mounting ❸ *Flugzeug*, *Straße* climbing

steigern [ˈʃtaigɐn] **I.** *vt* ❶ (*erhöhen*) to in-

Steigerung–Stenographie

crease (**auf** to, **um** by) ❷ (*verbessern*) to improve **II.** *vr* ■ **sich ~** ❶ to increase ❷ to improve
Steigerung <-, -en> *f* ❶ (*Erhöhung*) increase (+*gen* in) ❷ (*Verbesserung*) improvement (+*gen* to)
Steigung <-, -en> *f* ascent
steil [ʃtail] *adj* steep
Steilhang *m* steep slope **Steilküste** *f* steep coast **Steilufer** *nt* steep bank
Stein <-[e]s, -e> [ʃtain] *m* stone ▶ **mir fällt ein ~ vom Herzen!** that's [taken] a load off my mind!; **keinen ~ auf dem anderen lassen** to leave no stone standing
Steinadler *m* golden eagle **Steinbock** *m* ❶ ibex ❷ ASTROL Capricorn **Steinbruch** *m* quarry **Steinbutt** *m* turbot **Steingut** *nt kein pl* earthenware
steinig [ˈʃtainɪç] *adj* stony
steinigen [ˈʃtainɪɡn] *vt* to stone
Steinkohle *f kein pl* hard coal **Steinkohlenbergwerk** *nt* coal mine **Steinmarder** *m* ZOOL stone [*or* beech] marten **Steinpilz** *m* KOCHK porcino **steinreich** [ˈʃtainˈraiç] *adj* stinking rich **Steinschlag** *m* rockfall **Steinzeit** *f kein pl* ■ **die ~** the Stone Age
Steißbein *nt* coccyx
Steißlage *f* MED breech presentation
Stelle <-, -n> [ˈʃtɛlə] *f* ❶ (*Platz*) place; (*genauer*) spot; **an dieser ~** in this place; (*genauer*) on this spot; **sich nicht von der ~ rühren** to not move; **an anderer ~** elsewhere; **an erster/zweiter ~** in the first/second place ❷ MATH digit; **eine Zahl mit sieben ~n** a seven-digit number ❸ (*Posten*) place; (*Lage*) position; **ich gehe an Ihrer ~** I'll go in your place; **an deiner ~ würde ich ...** in your position I would ...; **an jds ~ treten** to take sb's place; **an ~ von etw** *dat* instead of sth ❹ (*Arbeitsstelle*) job; **eine freie ~** a vacancy ▶ **zur ~ sein** to be on the spot; **auf der ~ treten** to not make any progress; **auf der ~** at once
stellen [ˈʃtɛlən] **I.** *vt* ❶ (*hinstellen, abstellen*) to put; **den Wein kalt ~** to chill the wine ❷ (*aufrecht hinstellen*) to stand [up] ❸ (*einstellen*) **die Heizung höherstellen ~** to turn up the heating [*or* AM heater] *sep;* **den Fernseher lauter/leiser ~** to turn up/down the television; **den Wecker auf 7 Uhr ~** to set the alarm for 7 o'clock ❹ (*konfrontieren*) ■ **jdn vor etw** *akk* **~** to confront sb with sth ❺ (*beanspruchen*) **einen Antrag ~** to put forward a motion; **Forderungen ~** to make demands ▶ **auf sich** *akk* **selbst gestellt sein** to have to fend for oneself **II.** *vr* ❶ ■ **sich ~** to take up position ❷ (*entgegentreten*) ■ **sich jdm/einer S. ~** to face sb/sth ❸ (*Position beziehen*) ■ **sich gegen etw** *akk* **~** to oppose sth; ■ **sich hinter jdn ~** to support sb ❹ (*sich melden*) ■ **sich [jdm] ~** to turn oneself in [to sb] ❺ (*so tun als ob*) **sich dumm ~** to act stupid [*or* AM dumb]; **sich tot ~** to pretend to be dead
Stellenabbau *m* job cuts *pl* **Stellenangebot** *nt* job offer; **jdm ein ~ machen** to offer sb a job **Stellenbeschreibung** *f* ÖKON job description **Stellengesuch** *nt* "employment wanted" advertisement **Stellensuche** *f kein pl* job search, job-hunt *fam* **Stellenvermittlung** *f* employment agency
Stellplatz *m* parking space
Stellung <-, -en> *f* ❶ position; **in ~ gehen** to take up position; **die ~ halten** to hold the fort ❷ (*Standpunkt*) **~ zu etw** *dat* **nehmen** to express an opinion on sth
Stellungnahme <-, -n> *f* statement; **eine ~ abgeben** to make a statement (**zu** about)
stellvertretend **I.** *adj attr* (*vorübergehend*) acting; (*Vize*) deputy **II.** *adv* ■ **~ für jdn** on sb's behalf; ■ **~ für etw** *akk* **sein** to stand for sth
Stellvertreter(in) *m(f)* deputy
Stemmeisen *nt* chisel
stemmen [ˈʃtɛmən] **I.** *vt* ❶ (*hochdrücken*) to lift ❷ (*stützen*) **die Arme in die Seiten ~** to put one's hands on one's hips; **die Füße gegen etw** *akk* **~** to brace one's feet against sth **II.** *vr* ■ **sich gegen etw** *akk* **~** to brace oneself against sth
Stempel <-s, -> [ˈʃtɛmpl̩] *m* ❶ stamp ❷ (*Punzierung*) hallmark ▶ **etw seinen ~ aufdrücken** to leave one's mark on sth
stempeln [ˈʃtɛmpl̩n] *vt, vi* to stamp
Stengel^{ALT} <-s, -> [ˈʃtɛŋl̩] *m s.* **Stängel**
Stenoblock <-[e]s, -s> *m* shorthand pad
Stenografie^{RR} <-, -n> [ʃtenograˈfiː] *f* shorthand *no art, no pl,* stenography *no art, no pl* AM
stenografieren*^{RR} [ʃtenograˈfiːrən] **I.** *vt* to take down sth *sep* in shorthand **II.** *vi* to do shorthand
Stenographie <-, -n> [ʃtenograˈfiː] *f s.* **Stenografie**

stenographieren* [ʃtenogra'fiːrən] *vt, vi s.* **stenografieren**
Stenotypist(in) <-en, -en> [ʃtenoty'pɪst] *m(f)* shorthand typist BRIT, stenographer AM
Steppdecke *f esp* BRIT duvet, comforter AM
Steppe <-, -n> ['ʃtɛpə] *f* steppe
steppen ['ʃtɛpn̩, 'st-] *vi* to tap-dance
Sterbefall *m* death, fatality **Sterbehilfe** *f kein pl* euthanasia *no art*
sterben <starb, gestorben> ['ʃtɛrbn̩] *vi sein* to die (**an** of) ▶ **gestorben sein** (*aufgegeben worden sein*) to be shelved; **für jdn ist jd/etw gestorben** sb is finished with sb/sth
Sterberate *f* death [*or* mortality] rate **Sterbesakramente** *pl* last rites *pl* **Sterbeurkunde** *f* death certificate
sterblich ['ʃtɛrplɪç] *adj* mortal
Sterblichkeit <-> *f kein pl* mortality
Stereo <-> ['ʃteːreo, 'st-] *nt kein pl* stereo *no art*
Stereoanlage *f* stereo [system]
stereotyp [ʃtereo'tyːp, st-] *adj* stereotypical
Stereotyp <-s, -e> [ʃtereo'tyːp, st-] *nt* stereotype
steril [ʃte'riːl, st-] *adj* sterile
Sterilisation <-, -en> [ʃteriliza'tsi̯oːn, st-] *f* sterilization
sterilisieren* [ʃterili'ziːrən] *vt* to sterilize; ▪ **sich ~ lassen** to get sterilized
Stern <-[e]s, -e> [ʃtɛrn] *m* star ▶ **nach den ~en greifen** to reach for the stars; **in den ~en stehen** to be written in the stars
Sternbild *nt* constellation
Sternenbanner *nt* ▪ **das ~** the Star-spangled Banner, the Stars and Stripes + *sing vb*
sternenklar *adj* starry *attr*
Sterngucker(in) *m(f)* (*hum fam*) star-gazer **sternhell** *adj* (*geh*) starlit, starry **Sternschnuppe** <-, -n> *f* shooting star **Sternsinger(in)** *m(f)* carol singer **Sternstunde** *f* ▪ **jds ~** sb's great moment **Sternwarte** *f* observatory
Stethoskop <-s, -e> [ʃteto'skoːp] *nt* stethoscope
stetig ['ʃteːtɪç] *adj* steady
stets [ʃteːts] *adv* at all times
Steuer¹ <-s, -> ['ʃtɔyɐ] *nt* ❶ AUTO wheel ❷ NAUT helm
Steuer² <-, -n> ['ʃtɔyɐ] *f* FIN tax
steuerbegünstigt *adj* with tax privileges *pred* **Steuerbelastung** *f* tax burden **Steuerberater(in)** *m(f)* tax consultant **Steuerbescheid** *m* tax assessment
steuerbord ['ʃtɔyɐbɔrt] *adv* starboard
Steuerbord ['ʃtɔyɐbɔrt] *nt kein pl* starboard
Steuereinnahmen *pl* FIN taxation revenue
Steuererhöhung *f* tax increase **Steuererklärung** *f* tax return **Steuererlass**^RR *m* FIN remission of tax **Steuerermäßigung** *f* FIN tax reduction **Steuererstattung** *f* FIN tax refund **Steuerfahndung** *f* (*Verfahren*) tax investigation; (*Abteilung*) office for tax investigation **steuerfrei** *adj* exempt from tax *pred* **Steuerfreibetrag** *m* tax-free allowance **Steuergelder** *pl* taxes
Steuergerät *nt* ❶ TECH controller, control unit ❷ RADIO receiver
Steuerhinterziehung *f* tax evasion *no art, no pl* **Steuerkarte** *f* tax card **Steuerklasse** *f* tax category
Steuerknüppel *m* joystick
Steuermann <-männer *o* -leute> ['ʃtɔyɐman, *pl* -mɛnɐ, -lɔytə] *m* helmsman
steuern ['ʃtɔyɐn] *vt* ❶ (*Auto*) to steer ❷ (*regulieren*) to control
Steuerparadies *nt* tax haven **steuerpflichtig** *adj* ❶ *Einkommen* taxable ❷ *Person* liable to [pay] tax *pred* **Steuerprüfer(in)** *m(f)* tax inspector [*or* AM auditor]
Steuerpult *nt* control desk
Steuerrad *nt* NAUT helm
Steuerruder *nt* rudder
Steuersatz *m* tax rate **Steuerschuld** *f* tax[es *pl*] owing **Steuersenkung** *f* tax cut **Steuertopf** *m* POL, FIN (*fam*) tax [*or* revenue] coffers *pl* **Steuerzahler(in)** *m(f)* taxpayer
Steuerzeichen *nt* INFORM control character
Steward <-s, -s> ['stjuːɐt] *m* steward
Stewardess^RR <-, -en> *f*, **Stewardeß**^ALT <-, -ssen> ['stjuːɐdɛs] *f fem form von* **Steward** stewardess *dated*
Stich <-[e]s, -e> [ʃtɪç] *m* ❶ (*Messerstich*) stab; (*Wunde*) stab wound ❷ (*Insektenstich*) sting; (*Mückenstich*) bite ❸ (*Schmerz*) stabbing pain ❹ KUNST engraving ▶ **jdn im ~ lassen** to let down sb
sticheln ['ʃtɪçl̩n] *vi* to make nasty remarks
stichhaltig *adj*, **stichhältig** *adj* ÖSTERR *Argument* sound; *Beweis* conclusive; ▪ [**nicht**] **~ sein** to [not] hold water
Stichling <-s, -e> ['ʃtɪçlɪŋ] *m* stickleback
Stichprobe *f* spot check; **~n machen** to carry out a spot check **Stichpunkt** *m* note **Stichsäge** *f* compass saw *spec* **Stichtag** *m*

fixed date **Stichwaffe** f stabbing weapon **Stichwort** ['ʃtɪçvɔrt] nt ① (*Schlüsselwort*) keyword ② (*als Gedächtnisstütze*) cue; **jdm das ~ geben** to give sb the lead-in **Stichwunde** f stab wound

sticken ['ʃtɪkn̩] vt, vi to embroider

stickig ['ʃtɪkɪç] adj stuffy; **Luft** stale

Sticknadel f embroidery needle

Stickoxid, Stickoxyd nt CHEM nitric oxide *no art, no pl* **Stickstoff** ['ʃtɪkʃtɔf] m *kein pl* nitrogen

Stiefbruder ['ʃtiːf-] m stepbrother

Stiefel <-s, -> ['ʃtiːfl̩] m boot; **ein Paar ~** a pair of boots

Stiefeltern pl step-parents **Stiefkind** nt stepchild **Stiefmutter** f stepmother **Stiefmütterchen** nt pansy **Stiefschwester** f stepsister **Stiefsohn** m stepson **Stieftochter** f stepdaughter **Stiefvater** m stepfather

Stieglitz <-es, -e> ['ʃtiːɡlɪts] m goldfinch

Stiel <-[e]s, -e> [ʃtiːl] m ① handle; *eines Besens* broomstick ② BOT stem

stier [ʃtiːɐ̯] adj vacant

Stier <-[e]s, -e> [ʃtiːɐ̯] m ① bull ② ASTROL Taurus

stieren ['ʃtiːrən] vi to stare vacantly (**auf** at)

Stierkampf m bullfight

Stift <-[e]s, -e> [ʃtɪft] m ① (*Stahlstift*) tack, pin ② (*zum Schreiben*) pen; (*Bleistift*) pencil

stiften ['ʃtɪftn̩] vt ① ■ [**jdm**] **etw ~** to donate sth [to sb] ② (*verursachen*) to cause; **Unruhe ~** to create unrest

Stifter(in) <-s, -> ['ʃtɪftɐ] m(f) ① (*Spender*) don[at]or ② (*Gründer*) founder

Stiftskirche f collegiate church

Stiftung <-, -en> f ① (*Organisation*) foundation ② (*Schenkung*) donation

Stiftzahn m post crown

stigmatisieren [ʃtɪɡmatiˈziːrən] vt SOZIOL (*geh*) to stigmatize

Stigmatisierung [ʃtɪɡmatiˈziːrʊŋ] f SOZIOL (*geh*) stigmatization

Stil <-[e]s, -e> [ʃtiːl, st-] m style ▶ **im großen ~** on a grand scale

stilbildend adj SOZIOL, KUNST trendsetting

stilgetreu adj true to the original style

stilisieren* [ʃtiliˈziːrən, st-] vt to stylize

still [ʃtɪl] adj ① quiet; **eine ~e Stunde** a quiet time ② (*heimlich*) **im S~en** in secret; **im S~en hoffen** to secretly hope

Stille <-> ['ʃtɪlə] f *kein pl* silence *no art;* **es herrschte ~** there was silence; **in aller ~** quietly

Stillebenᴬᴸᵀ nt s. **Stillleben**

stillegenᴬᴸᵀ vt s. **stilllegen**

stillen ['ʃtɪlən] vt ① (*säugen*) to breastfeed ② (*befriedigen*) to satisfy; **jds Durst ~** to quench sb's thirst

still|halten vi *irreg* to keep still

Stilllebenᴿᴿ ['ʃtɪlleːbn̩] nt still life

still|legenᴿᴿ <stillgelegt> vt to close [down sep]

still|liegenᴿᴿ <stillgelegen> vi sein o haben to be closed [down]

stillschweigend ['ʃtɪlʃvaignt̩] I. adj tacit II. adv tacitly

still|sitzen vi *irreg* sein o haben to sit still

Stillstand m *kein pl* standstill; **zum ~ kommen** to come to a standstill

still|stehen vi *irreg* sein o haben to stand idle

Stilmöbel nt *meist pl* period furniture

Stimmabgabe f vote **Stimmband** nt *meist pl* ANAT vocal c[h]ord **stimmberechtigt** adj entitled to vote *pred* **Stimmberechtigte(r)** f(m) *dekl wie adj* voter; ■ **die ~n** the electorate + *sing/pl vb* **Stimmbruch** m **er ist im ~** his voice is breaking

Stimme <-, -n> ['ʃtɪmə] f ① voice ② POL vote; **sich der ~ enthalten** to abstain [from voting]

stimmen¹ ['ʃtɪmən] vi ① (*zutreffen*) to be right; ■ **es stimmt, dass ...** it is true that ...; **stimmt!** right! ② (*korrekt sein*) to be correct; **da stimmt was nicht!** there's something wrong here!; **stimmt so!** keep the change!

stimmen² ['ʃtɪmən] vt MUS to tune

Stimmengewirr nt babble of voices **Stimmengleichheit** f tie **Stimmenmehrheit** f majority of votes

Stimmenthaltung f abstention

Stimmenverlust m loss of votes

Stimmgabel f tuning fork

stimmig ['ʃtɪmɪç] adj ■ [**in sich**] **~ sein** to be consistent

Stimmlage f voice

Stimmrecht nt right to vote

Stimmung <-, -en> f ① mood; **eine geladene ~** a tense atmosphere; **in ~ kommen** to get in the [right] mood; ■ **in der ~** [**zu etw** *dat*] **sein** to be in the mood [for sth] ② (*öffentliche Meinung*) public opinion; **~ für/gegen etw** *akk* **machen** to stir up [public] opinion for/against sth

Stimmungstief – Stoß

Stimmungstief <-s, -s> *nt* PSYCH, POL (*fam*) low [period] **Stimmungsumschwung** *m* change of mood **stimmungsvoll** *adj* sentimental *usu pej*

Stimmzettel *m* voting slip

stimulieren* [ʃtimuˈliːrən] *vt* to stimulate; ■**jdn** [**zu etw** *dat*] ~ to spur on sb *sep* [to sth]

stinken <stank, gestunken> [ˈʃtɪŋkn̩] *vi* to stink (**nach** of); ❷ (*sl*) ■**jdm stinkt etw** sb is fed up with sth

stinknormal [ˈʃtɪŋknɔrˈmaːl] *adj* (*fam*) perfectly normal [*or* ordinary]

Stinktier *nt* skunk

Stipendium <-s, -dien> [ʃtiˈpɛndiʊm, *pl* -diən] *nt* scholarship

Stirn <-, -en> [ʃtɪrn] *f* forehead; **die** ~ **runzeln** to frown ▶**jdm die** ~ **bieten** to face up to sb

Stirnband <-bänder> *nt* headband

Stirnbein *nt* ANAT frontal bone

Stirnhöhle *f* sinus **Stirnhöhlenvereiterung** *f* MED sinusitis *no art, no pl spec* **Stirnrunzeln** <-s> *nt kein pl* frown

stöbern [ˈʃtøːbən] *vi* ■**in etw** *dat* ~ to rummage in sth (**nach** for)

stochern [ˈʃtɔxən] *vi* ■**in etw** *dat* ~ to poke [around] in sth

Stock¹ <-[e]s, Stöcke> [ʃtɔk, *pl* ˈʃtœkə] *m* stick

Stock² <-[e]s, -> [ʃtɔk] *m* floor BRIT, story AM; **der 1.** ~ the ground [*or* AM first] floor; **im 2.** ~ on the first [*or* AM second] floor

stockbesoffen [ˈʃtɔkbəˈzɔfn̩] *adj* (*fam*) stinking drunk **stockdunkel** [ˈʃtɔkˈdʊŋkl̩] *adj* pitch-black

Stöckelschuh *m* high heel

stocken [ˈʃtɔkn̩] *vi* to falter

stockend *adj* ❶ (*mit Pausen*) *Unterhaltung* faltering, hesitant ❷ (*stehend*) *Verkehr* stop-start

Stockfisch *m* dried cod

stocksteif [ˈʃtɔkˈʃtaɪf] *adj, adv* [as] stiff as a poker *pred*

Stockung <-, -en> *f* hold-up (+*gen* in)

Stockwerk *nt s.* **Stock²**

Stoff <-[e]s, -e> [ʃtɔf] *m* ❶ (*Textil*) cloth ❷ (*Material*) material ❸ CHEM substance

Stofftier *nt* soft [*or* BRIT *a.* cuddly] toy

Stoffwechsel *m* metabolism *no art*

stöhnen [ˈʃtøːnən] *vi* to moan

Stollen <-s, -> [ˈʃtɔlən] *m* ❶ BERGB senkrechter/waagrechter ~ shaft/gallery ❷ KOCHK stollen AM (*sweet bread made with dried fruit, eaten at Christmas*)

stolpern [ˈʃtɔlpən] *vi sein* to trip (**über** over)

stolz [ʃtɔlts] *adj* proud (**auf** of)

Stolz <-es> [ʃtɔlts] *m kein pl* pride *no art;* **jds ganzer** ~ **sein** to be sb's pride and joy

stolzieren* [ʃtɔlˈtsiːrən] *vi sein* to strut

stop [ʃtɔp] *interj s.* **stopp**

Stop^ALT <-s, -s> *m* SPORT *s.* **Stopp**

stopfen [ˈʃtɔpfn̩] *vt* ❶ (*hineinzwängen*) to stuff ❷ *Strumpf* to darn

Stopfgarn *nt* darning thread **Stopfnadel** *f* darning needle

stopp [ʃtɔp] *interj* stop

Stopp <-s, -s> [ʃtɔp] *m* stop; **ohne** ~ without stopping

Stoppelbart *m* stubbly beard

Stoppelfeld *nt* stubble field

stoppelig [ˈʃtɔpəlɪç] *adj* stubbly

stoppen [ˈʃtɔpn̩] *vt, vi* ❶ (*anhalten*) to stop ❷ (*Zeit nehmen*) to time

Stoppschild <-schilder> *nt* stop sign

Stoppuhr *f* stopwatch

Stöpsel <-s, -> [ˈʃtœpsl̩] *m* stopper; (*für Badewanne*) plug

Stör <-[e]s, -e> [ʃtøːɐ̯] *m* sturgeon

Storch <-[e]s, Störche> [ʃtɔrç, *pl* ˈʃtœrçə] *m* stork

stören [ˈʃtøːrən] **I.** *vt* ❶ (*unterbrechen*) to disturb; **ich will nicht** ~, **aber ...** I hate to disturb you, but ...; **jdn bei der Arbeit** ~ to disturb sb at his/her work ❷ (*beeinträchtigen*) ■**jdn** ~ to bother sb ❸ (*unangenehm berühren*) ■**etw stört jdn** sth upsets sb; **stört es Sie, wenn ich ...?** do you mind if I ...?; **das stört mich nicht** that doesn't bother me **II.** *vi* (*lästig sein*) to be irritating; **etw als** ~**d empfinden** to find sth irritating **III.** *vr* ■**sich an etw** *dat* ~ to let sth bother one

stornieren* [ʃtɔrˈniːrən] *vt* to cancel

Stornierung <-, -en> *f* cancellation

störrisch [ˈʃtœrɪʃ] *adj* stubborn

Störung <-, -en> *f* ❶ disturbance ❷ (*Defekt*) fault

Störungsdienst *m* TELEK faults service BRIT, repair service AM **störungsfrei** *adj* TV, RADIO free from interference

Stoß <-es, Stöße> [ʃtoːs, *pl* ˈʃtøːsə] *m* ❶ push; (*mit Ellbogen*) dig; (*mit Faust*) punch; **jdm einen** ~ **versetzen** to give sb a

push etc. ❷(*Erschütterung*) bump ❸(*Stapel*) pile
Stoßdämpfer *m* shock absorber
stoßen <stößt, stieß, gestoßen> ['ʃtoːsn̩]
I. *vt* ❶ to push (**aus** out of, **von** off) ❷(*aufmerksam machen*) ■ **jdn auf etw** *akk* ~ to point out sth *sep* to sb **II.** *vr* **sich** ~ to hurt oneself (**an** on) **III.** *vi* ❶ *sein* (*aufschlagen*) ■ **an etw** *akk* ~ to knock against sth; **mit dem Kopf an etw** *akk* ~ to bang one's head on sth ❷ *sein* ■ **auf etw** *akk* ~ (*finden*) to find sth
Stoßstange *f* bumper **Stoßzeit** *f* TRANSP rush hour *no art, no pl*
stottern ['ʃtɔtɐn] *vi* to stutter
Strafandrohung *f* JUR warning of criminal proceedings **Strafanstalt** *f* penal institution **Strafanzeige** *f* [criminal] charge; ~ [**gegen jdn**] **erstatten** to bring a criminal charge against sb **Strafarbeit** *f* SCH lines *pl* BRIT, extra work AM **Strafbank** *f* SPORT (*beim Handball, Eishockey*) penalty bench, sin bin *fam*
strafbar *adj* punishable
Strafe <-, -n> ['ʃtraːfə] *f* ❶ punishment *no pl*; ~ **muss sein!** discipline is necessary!; **zur** ~ as a punishment ❷(*Geldstrafe*) fine; ~ **zahlen** to pay a fine ❸(*Haftstrafe*) sentence; **seine** ~ **absitzen** to serve [out] one's sentence ▶ **die** ~ **folgt auf dem Fuße** [the] punishment follows swiftly
strafen ['ʃtraːfn̩] *vt* ❶(*bestrafen*) to punish; **mit etw** *dat* **gestraft sein** to suffer under sth ❷(*behandeln*) **jdn mit Verachtung** ~ to treat sb with contempt
Straferlass^RR *m* remission
straff [ʃtraf] **I.** *adj* ❶(*gespannt*) tight ❷(*nicht schlaff*) firm **II.** *adv* tightly
straffällig *adj* criminal *attr*; **ein** ~ **er Jugendlicher** a young offender; ■ ~ **werden** to become a criminal
Straffälligkeit *f kein pl* JUR (*fachspr*) delinquency, criminal activity
straffen ['ʃtrafn̩] *vt* to tighten
straffrei *adj* unpunished; ~ **bleiben** to go unpunished **Straffreiheit** *f kein pl* immunity from criminal prosecution **Strafgefangene(r)** *f(m) dekl wie adj* prisoner **Strafgesetzbuch** *nt* penal code
sträflich ['ʃtrɛːflɪç] *adj* criminal *attr*
Sträfling <-s, -e> ['ʃtrɛːflɪŋ] *m* prisoner
Strafmaß *nt* sentence **strafmildernd** *adj* mitigating **Strafprozess**^RR *m* trial **Strafpunkt** *m* SPORT penalty point **Strafraum** *m* penalty area **Strafrecht** *nt* criminal law *no art* **strafrechtlich** *adj* criminal **Strafregister** *nt* criminal records *pl* **Strafstoß** *m* penalty [kick] **Straftat** *f* offence **Strafverteidiger(in)** *m(f)* counsel for the defence BRIT, defending counsel AM **Strafvollzug** *m* penal system **Strafwurf** *m* SPORT penalty throw **Strafzettel** *m* ticket
Strahl <-[e]s, -en> [ʃtraːl] *m* ❶(*Lichtstrahl*) ray [of light]; (*konzentriertes Licht*) beam ❷(*Wasser*) jet
strahlen ['ʃtraːlən] *vi* ❶(*leuchten*) to shine (**auf** on) ❷(*radioaktiv*) to be radioactive ❸(*sich freuen*) to beam (**vor** with); **über das ganze Gesicht** ~ to beam all over one's face ❹(*glänzen*) to shine
Strahlenbelastung *f* radioactive contamination
strahlend *adj* ❶(*sonnig*) glorious ❷(*freude~*) beaming ❸(*radioaktiv verseucht*) radioactive
Strahlendosis *f* radiation exposure **Strahlenrisiko** *nt* risk of radiation **Strahlenschutz** *m kein pl* radiation protection *no art* **Strahlentherapie** *f* radiotherapy *no art, no pl* **strahlenverseucht** *adj* contaminated with radioactivity *pred*
Strahlung <-, -en> *f* radiation *no art, no pl*; **radioaktive** ~ radioactivity
strahlungsarm *adj* low-radiation
Strähne <-, -n> ['ʃtrɛːnə] *f* strand
stramm [ʃtram] *adj* (*straff*) tight; **etw** ~ **ziehen** to tighten sth ▶ **S**~**er Max** ham and fried eggs on toast
strammǀstehen *vi irreg* to stand to attention
strampeln ['ʃtrampl̩n] *vi* to kick about
Strand <-[e]s, Strände> [ʃtrant, *pl* 'ʃtrɛndə] *m* beach; *eines Sees* shore; **am** ~ on the beach
stranden ['ʃtrandn̩] *vi sein* to run aground ▶ **irgendwo gestrandet sein** to be stranded somewhere
Strandkorb *m* beach chair

Strandkörbe are a characteristic of the beaches on the North and Baltic Sea coasts. They are large, stable, two-seater wicker chairs with a hood and sides of wickerwork to protect the occupants from the sometimes strong, cold north wind, rain or powerful sunshine.

Strandläufer *m* ORN sandpiper
strangulieren* [ʃtraŋguˈliːrən] *vt* to strangle
Strapaze <-, -n> [ʃtraˈpaːtsə] *f* stress *no art, no pl*
strapazieren* [ʃtrapaˈtsiːrən] *vt* ❶ *(stark beanspruchen)* to wear; *(abnutzen)* to wear out *sep* ❷ **jds Geduld** ~ to tax sb's patience; **jds Nerven** ~ to get on sb's nerves
strapazierfähig *adj* hard-wearing
strapaziös [ʃtrapaˈtsi̯øːs] *adj* strenuous
Straps <-es, -e> [ʃtraps] *m meist pl* suspender[s *pl*] BRIT, garter AM
Straße <-, -n> [ˈʃtraːsə] *f* road; *(in Wohngebiet)* street ▶ **auf offener** ~ in broad daylight; **auf die** ~ **gehen** to demonstrate; **jdn auf die** ~ **setzen** *(fam)* to throw out sb; **auf der** ~ **sitzen** *(fam)* to be [out] on the streets
Straßenbahn *f* tram BRIT, streetcar AM; **mit der** ~ **fahren** to go by tram
Straßenbahnhaltestelle *f* tram stop **Straßenbahnlinie** *f* tram route BRIT, streetcar line AM **Straßenbahnnetz** *nt* tram network
Straßenbau *m kein pl* road construction *no art* **Straßenbelag** *m* road surface **Straßenbeleuchtung** *f* street lighting **Straßenbenutzungsgebühr** *f* FIN road toll **Straßenecke** *f* street corner **Straßengraben** *m* ditch **Straßenjunge** *m (pej)* street urchin **Straßenkampf** *m meist pl* street fight[ing] **Straßenkarte** *f* road map **Straßenkreuzung** *f* crossroads + *sing vb* **Straßenlärm** *m* street [*or* road] noise **Straßenmarkierung** *f* road markings *pl* **Straßenmusikant(in)** *m(f)* street musician **Straßenreinigung** *f* street [*or* road] cleaning **Straßenschild** *nt* street sign **Straßensperre** *f* roadblock **Straßenüberführung** *f für Fußgänger* footbridge; *für Fahrzeuge* flyover BRIT, overpass AM **Straßenunterführung** *f für Fahrzeuge* underpass; *für Fußgänger* [pedestrian] subway, underpass *esp* AM **Straßenverkehr** *m* [road] traffic **Straßenverkehrsordnung** *f* road traffic act
Straßenverzeichnis *nt* street index
Strategie <-, -n> [ʃtrateˈgiː, *st-, pl* -ˈgiːən] *f* strategy
strategisch [ʃtraˈteːgɪʃ, *st-*] *adj* strategic
sträuben [ˈʃtrɔybn̩] *vr* ❶ ■ **sich** [**gegen etw** *akk*] ~ to resist [sth] ❷ *(hochstehen)* ■ **sich** ~ *Haar* to stand on end
Strauch <-[e]s, Sträucher> [ʃtraux, *pl* ˈʃtrɔyçɐ] *m* shrub
Strauß¹ <-es, Sträuße> [ʃtraus, *pl* ˈʃtrɔysə] *m* bunch [of flowers]
Strauß² <-es, -e> [ʃtraus] *m* ostrich
Strebe <-, -n> [ˈʃtreːbə] *f* strut
streben [ˈʃtreːbn̩] *vi* ❶ *haben* to strive (**nach** for) ❷ *sein (geh: eilen)* **zum Ausgang** ~ to make for the exit
Streben <-s> [ˈʃtreːbn̩] *nt kein pl* striving (**nach** for)
Streber(in) <-s, -> [ˈʃtreːbɐ] *m(f) (pej fam)* swot BRIT, grind AM
strebsam [ˈʃtreːpzaːm] *adj* assiduous
Strecke <-, -n> [ˈʃtrɛkə] *f* distance; **auf halber** ~ halfway; **über weite** ~**n** for long stretches ▶ **auf der** ~ **bleiben** *(fam)* to fall by the wayside; **jdn zur** ~ **bringen** to hunt sb down
strecken [ˈʃtrɛkn̩] I. *vt* to stretch; **den Finger** ~ to raise one's finger II. *vr* **sich** ~ to [have a] stretch
Streckenstillegung^{ALT} *f s.* **Streckenstilllegung**
Streckenstilllegung^{RR} *f* BAHN line closure
streckenweise *adv* in parts
Streckmuskel *m* ANAT extensor [muscle]
Streckverband *m* MED traction bandage
Streich <-[e]s, -e> [ʃtraiç] *m* prank; **ein böser** ~ a nasty trick; **jdm einen** ~ **spielen** to play a trick on sb
streicheln [ˈʃtraiçln̩] *vt* to caress
streichen <strich, gestrichen> [ˈʃtraiçn̩] I. *vt haben* ❶ *(anmalen)* to paint ❷ *(schmieren)* to spread (**auf** on) ❸ *(ausstreichen)* to delete II. *vi* ❶ *haben (darüberfahren)* ■ **über etw** *akk* ~ to stroke sth ❷ *sein (streifen)* to prowl
Streichholz *nt* match **Streichholzschachtel** *f* matchbox **Streichinstrument** *nt* stringed instrument **Streichkäse** *m* cheese spread **Streichquartett** *nt* string quartet **Streichwurst** *f* sausage for spreading
streifen [ˈʃtraifn̩] I. *vt haben* ❶ *(berühren)* to touch ❷ *(erwähnen)* to touch on ❸ *(überziehen)* ■ **etw auf/über etw** *akk* ~ to slip sth on/over sth II. *vi sein (geh)* to roam
Streifen <-s, -> [ˈʃtraifn̩] *m* ❶ *(Abschnitt)* stripe ❷ *(Stück)* strip
Streifenwagen *m* patrol car
Streifschuss^{RR} *m* graze
Streik <-[e]s, -s> [ʃtraik] *m* strike; **mit** ~ **drohen** to threaten strike action; **in den** ~ **treten** to come out on strike
Streikaufruf *m* call for strike action

Streikbrecher(in) *m(f)* strike-breaker
streiken ['ʃtraikn̩] *vi* ❶ to strike (**für** for) ❷ (*fam*) *Maschine* to pack up
Streikende(r) *f(m) dekl wie adj* striker
Streikposten *m* picket; ~ **aufstellen** to mount a picket **Streikrecht** *nt kein pl* right to strike
Streit <-[e]s, -e> [ʃtrait] *m* argument; ~ **suchen** to be looking for an argument; **im** ~ during an argument
streiten <stritt, gestritten> ['ʃtraitn̩] *vi, vr* to argue (**über** about); ■ **sich um etw** *akk* ~ to argue over sth
Streiterei <-, -en> [ʃtraitə'rai] *f* (*fam*) arguing *no indef art, no pl*
Streitfall *m* dispute; **im** ~ in case of dispute
Streitfrage *f* [disputed] issue
streitig ['ʃtraitɪç] *adj* **jdm etw** ~ **machen** to challenge sb's sth
Streitkräfte *pl* forces **streitlustig** *adj* pugnacious **streitsüchtig** *adj* quarrelsome **Streitwert** *m* JUR amount in dispute
streng [ʃtrɛŋ] **I.** *adj* ❶ (*auf Disziplin achtend*) strict ❷ (*unnachsichtig*) severe ❸ *Geruch* pungent ❹ *Winter* severe **II.** *adv* ❶ (*unnachsichtig*) strictly; ~ **durchgreifen** to take rigorous action ❷ (*durchdringend*) pungently
Strenge <-> ['ʃtrɛŋə] *f kein pl* ❶ (*Unnachsichtigkeit*) strictness ❷ (*Härte*) severity
Stress^{RR} [ʃtrɛs, st-] *m*, **Streß**^{ALT} <-sses, -sse> *m* stress; **im** ~ **sein/unter** ~ **stehen** to be under stress; **ich bin voll im** ~ I am completely stressed out
stressen ['ʃtrɛsn̩] *vt* to put under stress
stressfrei^{RR} *adj* stress-free
stressig ['ʃtrɛsɪç] *adj* stressful
Streubombe ['ʃtrɔybɔmbə] *f* MIL cluster bomb
streuen ['ʃtrɔyən] *vt* to spread
streunen *vi sein* to roam about; ~ **de Hunde/Katzen** stray dogs/cats; **durch die Straßen** ~ to roam the streets
Streusalz *nt* road salt
Streusand <-[e]s> *m kein pl* ❶ (*für Straße*) grit *no pl, no indef art* ❷ (*veraltet: feiner Sand*) fine sand *no pl, no indef art*
Streuselkuchen *m* streusel [cake] *esp* AM, crumble
strich [ʃtrɪç] *imp von* **streichen**
Strich <-[e]s, -e> [ʃtrɪç] *m* ❶ line; **einen** ~ **ziehen** to draw a line ❷ (*fam: Gegend mit Prostitution*) red-light district; **auf den** ~ **gehen** to go on the game BRIT, to become a streetwalker AM ▶ **nach** ~ **und Faden** (*fam*) good and proper; **jdm einen** ~ **durch die Rechnung machen** to mess up sb's plans; **jdm gegen den** ~ **gehen** (*fam*) to go against the grain; **unterm** ~ (*fam*) at the end of the day
stricheln ['ʃtrɪçl̩n] *vt* to sketch in; ■ **gestrichelte Linie** dotted line
Stricher <-s, -> *m* (*sl*) rent boy
Strichjunge *m* (*fam*) rent boy **Strichmädchen** *nt* (*fam*) streetwalker **Strichpunkt** *m* semicolon **strichweise** *adv* here and there
Strick <-[e]s, -e> [ʃtrɪk] *m* rope ▶ **jdm aus etw** *dat* **einen** ~ **drehen** (*fam*) to use sth against sb; **wenn alle** ~ **e reißen** (*fam*) if all else fails
stricken ['ʃtrɪkn̩] *vi, vt* to knit
Strickgarn *nt* knitting wool **Strickjacke** *f* cardigan
Strickleiter *f* rope ladder
Stricknadel *f* knitting needle **Strickwaren** *pl* knitwear *no pl*
striegeln ['ʃtriːɡl̩n] *vt* to groom
strikt [ʃtrɪkt, st-] **I.** *adj* strict **II.** *adv* strictly; ~ **gegen etw** *akk* **sein** to be totally against sth
Striplokal ['strɪploka:l] *nt* (*fam*) strip joint
strittig ['ʃtrɪtɪç] *adj* contentious; ■ ~ **sein** to be in dispute
Stroh <-[e]s> [ʃtroː] *nt kein pl* straw
strohblond *adj Haare* straw-coloured **Strohblume** *f* strawflower **Strohdach** *nt* thatched roof **Strohfrau** <-, -en> *f fem form von* **Strohmann** **Strohhalm** *m* straw **Strohhut** *m* straw hat **Strohmann, -frau** *m, f* front man *masc,* front woman *fem* **Strohsack** *m* palliasse **Strohwitwer, -witwe** *m, f* (*fam*) grass widower *masc,* grass widow *fem*
Strolch <-[e]s, -e> [ʃtrɔlç] *m* rascal
Strom <-[e]s, Ströme> [ʃtroːm, *pl* 'ʃtrøːmə] *m* ❶ ELEK electricity *no pl;* **elektrischer** ~ electric current; **unter** ~ **stehen** to be live ❷ (*Fluss*) [large] river ❸ (*große Menge*) stream ▶ **in Strömen gießen** to pour [down] [with rain]; **mit dem/gegen den** ~ **schwimmen** to swim with/against the current
Stromabnehmer(in) <-s, -> *m(f)* ❶ TECH current collector ❷ (*Verbraucher*) electricity consumer

stromabwärts [ʃtro:m'ʔapvɛrts] *adv* downstream
stromaufwärts [ʃtro:m'ʔaufvɛrts] *adv* upstream
Stromausfall *m* power cut, power outage AM
strömen ['ʃtrø:mən] *vi sein* to stream (**aus** out of)
Stromerzeugung *f* generation of electricity **Stromkabel** *nt* power cable **Stromkreis** *m* [electric] circuit **Stromnetz** *nt* electricity supply system **Stromquelle** *f* power source **Stromrechnung** *f* electricity [*or* AM electric] bill **Stromstärke** *f* current [strength] **Stromstoß** *m* electric shock
Strömung <-, -en> *f* ① (*Wasser*) current ② (*Tendenz*) trend
Stromverbrauch *m* electricity consumption **Stromversorgung** *f* electricity supply **Stromzähler** *m* electricity meter
Strophe <-, -n> ['ʃtro:fə] *f* verse
strotzen ['ʃtrɔtsn̩] *vi* ■**vor etw** *dat* ~ to be bursting with sth
Strudel[1] <-s, -> ['ʃtru:dl̩] *m* whirlpool; (*kleiner*) eddy
Strudel[2] <-s, -> ['ʃtru:dl̩] *m* (*Gebäck*) strudel
Struktur [ʃtrʊk'tu:ɐ̯, ʃtrʊ-] *f* structure
strukturell [ʃtrʊktu'rɛl] *adj* structural
strukturschwach *adj* economically underdeveloped
Strumpf <-[e]s, Strümpfe> [ʃtrʊmpf, *pl* 'ʃtrʏmpfə] *m* ① sock ② (*Damenstrumpf*) stocking
Strumpfband <-bänder> *nt,* **Strumpfhalter** <-s, -> *m* suspender, garter AM **Strumpfhose** *f* tights *npl,* pantyhose AM; ■**eine** ~ a pair of tights **Strumpfwaren** *pl* hosiery *no pl*
strunzdoof, strunzendoof *adj* (*pej sl*) dense
struppig ['ʃtrʊpɪç] *adj* shaggy
Stube <-, -n> ['ʃtu:bə] *f* living room
Stubenarrest *m* ~ **haben** (*fam*) to be confined to one's room **Stubenhocker(in)** <-s, -> *m(f)* (*pej*) house mouse **stubenrein** *adj* house-trained
Stuck <-[e]s> [ʃtʊk] *m kein pl* stucco
Stück <-[e]s, -e *o nach Zahlenangabe* -> [ʃtʏk] *nt* ① piece; **ein** ~ **Kuchen** a piece of cake; **etw in** ~ **e reißen** to tear sth to pieces; **am** ~ in one piece; **aus einem** ~ from one piece; ~ **für** ~ bit by bit; **das** [*o* **pro**] ~ each ② (*Abschnitt*) part ③ THEAT play ▶ **jds bestes**

~ (*fam*) sb's pride and joy; **aus freien** ~ **en** of one's own free will; **große** ~ **e auf jdn halten** (*fam*) to think highly of sb; **ein starkes** ~ **sein** (*fam*) to be a bit much
Stückpreis *m* unit price **Stückzahl** *f* number of units
Student(in) <-en, -en> [ʃtu'dɛnt] *m(f)* student
Studentenausweis *m* student card **Studentenheim** *nt* student hostel; (*auf dem Campus*) hall of residence
studentisch *adj attr* student
Studie <-, -n> ['ʃtu:di̯ə] *f* study
Studienanfänger(in) *m(f)* first-year student, fresher BRIT, freshman AM **Studienbeihilfe** *f* study grant **Studiendirektor(in)** *m(f)* deputy head teacher, vice-principal AM **Studienfach** *nt* subject **Studienfahrt** *f* study trip **Studiengebühren** *pl* tuition fees *pl* **Studienrat, -rätin** *m, f* secondary-school teacher **Studienreise** *f* educational trip
studieren* [ʃtu'di:rən] *vi, vt* to study; **sie studiert noch** she is still a student; **ich studiere derzeit im fünften/sechsten Semester** I'm in my third year [at university/college]
Studio <-s, -s> ['ʃtu:di̯o] *nt* studio
Studium <-, Studien> ['ʃtu:di̯ʊm, *pl* 'ʃtu:di̯ən] *nt* ① studies *pl;* **ein** ~ **aufnehmen** to begin one's studies ② (*eingehende Beschäftigung*) study
Stufe <-, -n> ['ʃtu:fə] *f* ① (*Treppenstufe*) step; ~ **um** ~ step by step ② (*Niveau*) level; **auf der gleichen** ~ **stehen** to be on the same level ③ (*Abschnitt*) stage
Stufenbarren *m* asymmetric bars *pl*
stufenlos *adj* continuously variable
Stufenschnitt *m* layered cut
Stuhl <-[e]s, Stühle> [ʃtu:l, *pl* 'ʃty:lə] *m* ① chair ② MED stool
Stuhlbein *nt* chair leg **Stuhllehne** *f* chair back
stülpen ['ʃtʏlpn̩] *vt* to put (**auf** on, **über** over)
stumm [ʃtʊm] *adj* ① MED dumb ② (*schweigend*) silent; ■ ~ **werden** to go silent
Stummel <-s, -> ['ʃtʊml̩] *m* stump
Stummfilm *m* silent movie
Stümper(in) <-s, -> ['ʃtʏmpɐ] *m(f)* (*pej*) bungler
stümperhaft I. *adj* (*pej*) amateurish II. *adv* incompetently
stumpf [ʃtʊmpf] *adj* ① blunt; ■ ~ **werden** to

go blunt ❷ MATH **ein ~er Winkel** an obtuse angle
Stumpf <-[e]s, Stümpfe> [ʃtʊmpf, pl 'ʃtʏmpfə] m stump
stumpfsinnig adj mindless
Stunde <-, -n> ['ʃtʊndə] f ❶ hour; **die ~ der Wahrheit** the moment of truth; **jds große ~** sb's big moment; **jds letzte ~ hat geschlagen** sb's hour has come; **zu später ~** at a late hour; **in einer stillen ~** in a quiet moment; **eine halbe ~** half an hour; **anderthalb ~n** an hour and a half; **eine viertel ~** a quarter of an hour; **drei viertel ~n** three-quarters of an hour; **zu dieser ~** (geh) at the present time; **zu jeder ~** [at] any time ❷ (Unterrichtsstunde) lesson ▸ **die ~ Null** zero hour; **ein Mann/eine Frau der ersten ~** a prime mover
stunden ['ʃtʊndn̩] vt ▪**jdm etw ~** to give sb time to pay sth
Stundenkilometer pl kilometres per hour **stundenlang** adv for hours **Stundenlohn** m hourly wage **Stundenplan** m timetable, schedule AM **Stundensatz** m hourly rate **stundenweise** adv for an hour or two [at a time]
stündlich ['ʃtʏntlɪç] adj, adv hourly
stupid [ʃtu'piːt, st-], **stupide** [ʃtu'piːdə, st-] adj mindless
stupsen ['ʃtʊpsn̩] vt to nudge
Stupsnase f snub nose
stur [ʃtuːɐ̯] adj stubborn; **sich ~ stellen** to dig one's heels in
Sturheit <-> f kein pl stubbornness
Sturm <-[e]s, Stürme> [ʃtʊrm, pl 'ʃtʏrmə] m ❶ storm ❷ (Andrang) ▪**ein ~ auf etw** akk a rush for sth ▸ **gegen etw** akk **~ laufen** to be up in arms against sth; **~ läuten** to lean on the [door]bell
Sturmangriff m MIL assault
stürmen ['ʃtʏrmən] I. vi impers haben ▪**es stürmt** a gale is blowing II. vi ❶ haben SPORT to attack ❷ sein (rennen) to storm III. vt haben ▪**etw ~** to storm sth
Stürmer(in) <-s, -> ['ʃtʏrmɐ] m(f) forward
Sturmflut f storm tide
stürmisch ['ʃtʏrmɪʃ] adj ❶ blustery; **~e See** rough sea ❷ (vehement) tumultuous; Mensch impetuous; **nicht so ~!** take it easy!
Sturmvogel m ORN fulmar **Sturmwarnung** f gale warning
Sturz <-es, Stürze> [ʃtʊrts, pl 'ʃtʏrtsə] m fall

stürzen ['ʃtʏrtsn̩] I. vi sein ❶ (fallen) to fall; **vom Dach ~** to fall off the roof; **schwer ~** to fall heavily ❷ (rennen) to rush II. vt haben ❶ (werfen) ▪**jdn/sich aus etw** dat **~** to throw sb/oneself out of ❷ POL (absetzen) to bring down III. vr ❶ ▪**sich auf jdn ~** to pounce on sb; **die Gäste stürzten sich aufs kalte Büfett** the guests fell on the cold buffet ❷ (fallen lassen) ▪**sich in etw** akk **~** to plunge into sth
Sturzflug m ORN steep dive **Sturzhelm** m crash helmet
Stute <-, -n> ['ʃtuːtə] f mare
Stütze <-, -n> ['ʃtʏtsə] f support
stutzen[1] ['ʃtʊtsn̩] vi to hesitate
stutzen[2] ['ʃtʊtsn̩] vt ❶ HORT to prune ❷ ZOOL to clip ❸ (kürzen) to trim
stützen ['ʃtʏtsn̩] I. vt ❶ to support ❷ ▪**etw auf etw** akk **~** to rest sth on sth; **die Ellbogen auf den Tisch ~** to rest one's elbows on the table II. vr ❶ ▪**sich auf jdn/etw ~** to lean on sb/sth ❷ (basieren) ▪**sich auf etw** akk **~** to be based on sth
stutzig ['ʃtʊtsɪç] adj **jdn ~ machen** to make sb suspicious; **~ werden** to get suspicious
Stützmauer f retaining [or supporting] wall **Stützpunkt** m MIL base
Styropor® <-s> [ʃtyro'poːɐ̯] nt kein pl polystyrene

Subjekt <-[e]s, -e> [zʊp'jɛkt] nt LING subject
subjektiv [zʊpjɛk'tiːf, 'zʊp-] adj subjective
Subkultur ['zʊpkʊltuːɐ̯] f subculture
Substantiv <-s, -e> ['zʊpstantiːf] nt noun
Substanz <-, -en> [zʊp'stants] f ❶ substance ❷ kein pl (geh: Essenz) essence; [jdm] **an die ~ gehen** (fam) to take it out of sb
subtrahieren* [zʊptra'hiːrən] vt, vi to subtract (**von** from)
Subtraktion <-, -en> [zʊptrak'tsi̯oːn] f subtraction
subtropisch ['zʊptroːpɪʃ] adj subtropical
Subunternehmer(in) <-s, -> ['zʊpʔʊnterneːmɐ] m(f) subcontractor
Subvention <-, -en> [zʊpvɛn'tsi̯oːn] f subsidy
subventionieren* [zʊpvɛntsi̯o'niːrən] vt to subsidize
Suche <-, -n> ['zuːxə] f search (**nach** for); **auf der ~ sein** to be looking (**nach** for)
suchen ['zuːxn̩] I. vt to look for; (intensiver) to search for; **du hast hier nichts zu ~!** you

have no right to be here! **II.** *vi* to search (**nach** for); **such!** seek!
Suchfunktion *f* INFORM search function
Suchgerät *nt* locating equipment **Suchlauf** *m* INFORM search process; RADIO, TV search **Suchmaschine** *f* INET search engine
Suchscheinwerfer *m* searchlight
Sucht <-, Süchte> [zʊxt, *pl* 'zʏçtə] *f* addiction (**nach** to); ~ **erzeugend** addictive
Suchtgefahr *f* danger of addiction
süchtig ['zʏçtɪç] *adj* addicted *pred*; ~ **machen** to be addictive; ■**nach etw** *dat* ~ **sein** to be hooked on sth
Süchtige(r) *f(m)*, **Suchtkranke(r)** <-n, -n> *f(m) dekl wie adj* addict
Suchtmittel *nt* PSYCH addictive substance
Südafrika ['zyːtˈʔaːfrika] *nt* South Africa
Südafrikaner(in) *m(f)* South African **südafrikanisch** ['zyːtʔafriˈkaːnɪʃ] *adj* South African **Südamerika** ['zyːtʔaˈmeːrika] *nt* South America **südamerikanisch** *adj* South American
Sudan <-> [zuˈdaːn] *m* [the] Sudan
süddeutsch ['zyːtdɔʏtʃ] *adj* South German **Süddeutsche(r)** *f(m) dekl wie adj* South German **Süddeutschland** ['zyːtdɔʏtʃlant] *nt* South[ern] Germany
Süden <-s> ['zyːdn̩] *m kein pl* south; **im** ~ in the south; **nach** ~ to the south
Südengland *nt* southern England, the south of England **Südfrucht** *f* [sub]tropical fruit **Südhalbkugel** *f* southern hemisphere
südlich ['zyːtlɪç] **I.** *adj* southern **II.** *adv* ■ ~ **von etw** *dat* [to the] south of sth **III.** *präp* +*gen* ■ ~ **einer S.** [to the] south of sth
Südosten [zyːtˈʔɔstn̩] *m kein pl, kein indef art* south-east **südöstlich** [zyːtˈʔœstlɪç] **I.** *adj* south-eastern **II.** *adv* ■ ~ [**von etw**] [to the] southeast [of sth] **Südpol** ['zyːtpoːl] *m* ■**der** ~ the South Pole **Südsee** ['zyːtzeː] *f kein pl* ■**die** ~ the South Pacific **Südstaaten** ['zyːtʃtaːtn̩] *pl* (*in den USA*) Southern States
südwärts ['zyːtvɛrts] *adv* southwards
Südwesten [zyːtˈvɛstn̩] *m kein pl* south-west **südwestlich** [zyːtˈvɛstlɪç] **I.** *adj* south-western **II.** *adv* ■ ~ [**von etw**] [to the] south-west [of sth] **Südwind** *m* south wind
süffig ['zʏfɪç] *adj* very drinkable
suggerieren* [zʊɡeˈriːrən] *vt* to suggest
Suggestivfrage *f* (*geh*) leading question
suhlen ['zuːlən] *vr* ■**sich in etw** *dat* ~ to wallow in sth
sühnen ['zyːnən] *vt* ■**etw** ~ to atone for sth (**durch** with)
suizidgefährdet *adj* PSYCH ~**e Menschen** people at risk of [committing] suicide
Sulfat <-[e]s, -e> [zʊlˈfaːt] *nt* sulphate
Sultan, Sultanin <-s, -e> ['zʊltaːn, 'zʊltanɪn, zʊlˈtaːnɪn] *m, f* sultan *masc*, sultana *fem*
Sultanine <-, -n> [zʊltaˈniːnə] *f* sultana
Sülze <-, -n> ['zʏltsə] *f* brawn
Summe <-, -n> ['zʊmə] *f* sum
summen ['zʊmən] *vi, vt* to hum
summieren* [zʊˈmiːrən] *vr* ■**sich** [**auf etw** *akk*] ~ to mount up [to sth]
Sumpf <-[e]s, Sümpfe> [zʊmpf, *pl* 'zʏmpfə] *m* marsh; (*in den Tropen*) swamp
Sumpffieber *nt* malaria **Sumpfgebiet** *nt* marsh[land]; *in den Tropen* swamp[land]
sumpfig ['zʊmpfɪç] *adj* marshy; (*in den Tropen*) swampy
Sumpfpflanze *f* marsh plant
Sünde <-, -n> ['zʏndə] *f* sin; **eine** ~ **begehen** to commit a sin
Sündenbock *m* scapegoat
Sünder(in) <-s, -> *m(f)* sinner
sündig ['zʏndɪç] *adj* sinful
super ['zuːpɐ] *adj* super
Super <-s> ['zuːpɐ] *nt kein pl* AUTO four-star BRIT, premium AM
Superlativ <-[e]s, -e> ['zuːpɐlatiːf] *m* superlative
Supermacht *f* superpower **Supermarkt** ['zuːpɐmarkt] *m* supermarket **Supermarktkette** ['zuːpɐ-] *f* ÖKON supermarket chain
superreich ['zuːpɐ-] *adj* SOZIOL (*pej*) super-rich
Suppe <-, -n> ['zʊpə] *f* soup; **klare** ~ consommé ▶ **die** ~ **auslöffeln müssen** (*fam*) to have to face the music
Suppenfleisch *nt* meat for making soup/stews **Suppengrün** *nt* herbs and vegetables for making soup **Suppenhuhn** *nt* boiling chicken **Suppenschüssel** *f* soup tureen **Suppenteller** *m* soup plate
Surfbrett ['zœɐ̯f-] *nt* surfboard
surfen ['zœɐ̯fn̩] *vi* to surf; **im Internet** ~ to surf the Internet
Surfen <-s> ['zœɐ̯fn̩] *nt kein pl* surfing *no pl, no indef art*
Surfer(in) <-s, -> *m(f)* surfer
surren ['zʊrən] *vi* to buzz

suspekt [zʊsˈpɛkt] *adj* (*geh*) suspicious; ■ **jdm ~ sein** to look suspicious to sb
suspendieren* [zʊspɛnˈdiːrən] *vt* to suspend (**von** from)
süß [zyːs] **I.** *adj* sweet **II.** *adv* sweetly
süßen [ˈzyːsn̩] *vt* to sweeten
Süßigkeit <-, -en> [ˈzyːsɪçkait] *f meist pl* sweet, candy Am
Süßkirsche *f* sweet cherry
süßlich *adj* sickly sweet
süßsauer [ˈzyːsˈzauɐ] *adj* sweet-and-sour
Süßspeise *f* dessert **Süßstoff** *m* sweetener
Süßwasser *nt* fresh water
Sweatshop <-s, -s> [ˈsvɛtʃɔp] *m* ÖKON, SOZIOL sweatshop
Symbol <-s, -e> [zʏmboːl] *nt* symbol
symbolisch [zʏmˈboːlɪʃ] *adj* symbolic
symbolisieren* [zʏmboliˈziːrən] *vt* to symbolize
symmetrisch [zʏˈmeːtrɪʃ] *adj* symmetrical
Sympathie <-, -n> [zʏmpaˈtiː, *pl* -ˈtiːən] *f* sympathy
Sympathisant(in) <-en, -en> [zʏmpatiˈzant] *m(f)* sympathizer
sympathisch [zʏmˈpaːtɪʃ] *adj* nice; ■ **jdm ~ sein** to appeal to sb; **sie war mir gleich ~** I liked her at once; ■ **[jdm] nicht ~ sein** to be not very appealing [to sb]
Symphonie <-, -n> [zʏmfoˈniː, *pl* -ˈniːən] *f* symphony
Symptom <-s, -e> [zʏmpˈtoːm] *nt* symptom (**für** of)
symptomatisch [zʏmptoˈmaːtɪʃ] *adj* symptomatic (**für** of)
Synagoge <-, -n> [zynaˈgoːgə] *f* synagogue
synchronisieren* [zʏnkroniˈziːrən] *vt* FILM to dub
Syndikat <-[e]s, -e> [zʏndiˈkaːt] *nt* syndicate
Synergieeffekt *m* synergetic effect
Synode <-, -n> [zyˈnoːdə] *f* synod
synonym [zynoˈnyːm] *adj* synonym
Synonym <-s, -e> [zynoˈnyːm] *nt* synonym
Syntax <-, -en> [ˈzʏntaks] *f* syntax
Synthese <-, -n> [zʏnˈteːzə] *f* synthesis
synthetisch [zʏnˈteːtɪʃ] *adj* synthetic; **eine ~e Faser** a man-made fibre
Syphilis <-> [ˈzyːfilɪs] *f kein pl* syphilis
Syrer(in) <-s, -> [ˈzyːrɐ] *m(f)* Syrian
Syrien <-s-> [ˈzyːriən] *nt* Syria
syrisch [ˈzyːrɪʃ] *adj* Syrian; *s. a.* **deutsch**
System <-s, -e> [zʏsˈteːm] *nt* system; **~ in**

etw *akk* **bringen** to bring some order into sth; **mit ~** systematically
systematisch [zʏsteˈmaːtɪʃ] *adj* systematic
systembedingt *adj* determined by the system **Systemfehler** *m* system error **Systemkritiker(in)** *m(f)* critic of the system
Szenario <-s, -s> [stseˈnaːri̯o] *nt* (*a. geh*) scenario
Szene <-, -n> [ˈstseːnə] *f* scene; **[etw] in ~ setzen** to stage sth; **sich in ~ setzen** to play to the gallery; **[jdm] eine ~ machen** to make a scene [in front of sb]
Szenekneipe *f* trendy bar **Szeneladen** *m* (*fam: Kneipe*) trendy bar; (*Disco oder Club*) trendy club
Szenenwechsel *m* change of scene

T t

T, t <-, - *o fam* -s, -s> [teː] *nt* T, t; *s. a.* **A 1**
t *Abk von* **Tonne**
Tabak <-s, -e> [ˈtaːbak, ˈtabak] *m* tobacco
Tabaksteuer *f* duty on tobacco **Tabakwaren** *pl* tobacco products
tabellarisch [tabɛˈlaːrɪʃ] *adj* tabular
Tabelle <-, -n> [taˈbɛlə] *f* table
Tabellenform *f* **in ~** in the form of a table [*or* chart] **Tabellenführer(in)** *m(f)* top of the league **Tabellenplatz** *m* SPORT league position **Tabellenstand** <-[e]s> *m kein pl* SPORT [sport]league-position
Tabernakel <-s, -> [tabɐˈnaːkl̩] *nt o m* tabernacle
Tablett <-[e]s, -s *o* -e> [taˈblɛt] *nt* tray
Tablette <-, -n> [taˈblɛtə] *f* pill
tabu [taˈbuː] *adj* taboo
Tabu <-s, -s> *nt* taboo
Tabubruch [taˈbuː-] *m* SOZIOL, REL breaking of a taboo
Tachometer *m o nt* speedometer
Tadel <-s, -> [ˈtaːdl̩] *m* reprimand; **jdm einen ~ erteilen** to reproach sb (**wegen** for)
tadellos I. *adj* perfect **II.** *adv* perfectly
tadeln *vt* to reprimand
tadelnd *adj Blick, Worte* reproachful
Tafel <-, -n> [ˈtaːfl̩] *f* ❶ board ❷ (*Packung*)

eine ~ Schokolade a bar of chocolate ❸ (*geh: Esstisch*) table
Tafelobst *nt kein pl* dessert fruit
Täfelung <-, -en> *f* panelling
Tafelwasser *nt* table water **Tafelwein** *m* table wine
Taft <-[e]s, -e> [taft] *m* taffeta
Tag <-[e]s, -e> [taːk, *pl* taːgə] *m* ❶ day; **guten ~!** hello!; **~ der offenen Tür** open day; **der ~ X** D-day; **ein freier ~** a day off; **den ganzen ~** [lang] the whole day; **auf den ~** [genau] [exactly] to the day; **eines ~es** one day; **~ für ~** every day; **von einem ~ auf den anderen** overnight; **von ~ zu ~** from day to day ❷ *pl* (*fam: Menstruation*) period ▸ **es ist noch nicht aller ~e Abend** it's not all over yet; **etw kommt an den ~** sth comes to light; **in den ~ hinein leben** to live from day to day

The German Democratic Republic (GDR) or East Germany became part of the Federal Republic of Germany on 3rd October, 1990. The treaty on the final settlement of the German question was signed by the four victorious powers of the Second World War, the Federal Republic and the minister-president of the GDR in Moscow on 12th September. Since then, 3rd October has been celebrated as der **Tag der deutschen Einheit** (the Day of German Unity).

Tagebau *m kein pl* open-cast mining
Tagebuch *nt* diary; **ein ~ führen** to keep a diary **tagelang** *adv* for days **Tagelöhner(in)** <-s, -> ['taːgəløːnɐ] *m(f)* day labourer
tagen ['taːgn̩] I. *vi Kongress* to meet II. *vi impers* **es tagt;** day is breaking!
Tagesablauf *m* daily routine **Tagesanbruch** *m* daybreak; **bei ~** at daybreak **Tagescreme** *f* day cream **Tagesgeschäft** *nt* daily business *no pl* **Tagesgeschehen** *nt* daily events *pl* **Tageskarte** *f* day ticket **Tageskurs** *m* FIN current rate **Tageslicht** *nt kein pl* daylight; **bei ~** by [or in] daylight ▸ **etw ans ~ bringen** to bring sth to light
Tagesmutter *f* childminder **Tagesordnung** *f* agenda; **auf der ~ stehen** to be on the agenda ▸ [wieder] **zur ~ übergehen** to carry on as usual **Tagespreis** *m* ÖKON current price **Tagesration** *f* daily ration **Tagessatz** *m* ❶ (*tägliche Kosten*) daily rate ❷ (*Geldstrafe*) fine calculated from the daily rate of income **Tageszeit** *f* time [of day] **Tageszeitung** *f* daily
täglich ['tɛːklɪç] *adj, adv* daily
tagsüber ['taːksʔyːbɐ] *adv* during the day
tagtäglich ['taːkˈtɛːklɪç] I. *adj* daily II. *adv* on a daily basis
Tagung <-, -en> *f* conference
Taifun <-s, -e> [taiˈfuːn] *m* typhoon
Taille <-, -n> ['taljə] *f* waist
Takt <-[e]s, -e> [takt] *m* ❶ MUS bar ❷ *kein pl* (*Rhythmus*) rhythm; **den ~ angeben** to beat time; **jdn aus dem ~ bringen** to make sb lose their rhythm; **im ~** in time (**mit** to) ❸ *kein pl* (*Taktgefühl*) tact
Taktgefühl *nt* tact
taktieren* [takˈtiːrən] *vi* to use tactics
Taktik <-, -en> ['taktɪk] *f* tactics *pl*
taktisch ['taktɪʃ] *adj* tactical
taktlos *adj* tactless
Taktlosigkeit <-, -en> *f kein pl* tactlessness
Taktstock *m* baton
taktvoll *adj* tactful
Tal <-[e]s, Täler> [taːl, *pl* tɛːlɐ] *nt* valley
Talar <-s, -e> [taˈlaːɐ̯] *m* gown
Talent <-[e]s, -e> [taˈlɛnt] *nt* talent
talentiert [talɛnˈtiːɐ̯t] *adj* talented
Talg <-[e]s, -e> ['talk, *pl* 'talgə] *m* ❶ suet ❷ ANAT sebum
Talgdrüse *f* sebaceous gland
Talisman <-s, -e> ['taːlɪsman] *m* lucky charm
Talkshow^{RR} <-, -s> *f*, **Talk-Show** <-, -s> ['tɔːkʃoː] *f* chat show BRIT, talk show
Talsperre *f* dam **Talstation** *f* valley station
talwärts ['taːlvɛrts] *adv* down to the valley
Tampon <-s, -s> ['tampɔn] *m* tampon
Tang <-[e]s, -e> ['taŋ] *m* seaweed
Tangente <-, -n> [taŋˈgɛntə] *f* tangent
Tango <-s, -s> ['taŋgoː] *m* tango
Tank <-s, -s> [taŋk] *m* tank
Tankdeckel *m* fuel cap
tanken ['taŋkn̩] I. *vi* (*Auto*) to fill up; (*Flugzeug*) to refuel II. *vt* ❶ **Benzin ~** to fill up with petrol [or AM gas] ❷ (*fam: aufnehmen*) **frische Luft/Sonne ~** to get some fresh air/sun
Tanker <-s, -> ['taŋkɐ] *m* tanker
Tankstelle *f* filling [or AM gas] station
Tankwart(in) *m(f)* petrol pump attendant BRIT, gas station attendant AM

Tanne <-, -n> ['tanə] f fir
Tannenbaum m Christmas tree **Tannenzapfen** m fir cone
Tansania <-> [tanza'niːa] nt Tanzania
Tansanier(in) <-s, -> [tan'zaːni̯ɐ] m(f) Tanzanian
tansanisch [tan'zaːnɪʃ] adj Tanzanian; s. a. **deutsch 1, 2**
Tante <-, -n> ['tantə] f aunt
Tanz <-es, Tänze> ['tants, pl 'tɛntsə] m dance; **jdn zum ~ auffordern** to ask sb to dance
tanzen ['tantsn̩] vi, vt to dance
Tänzer(in) <-s, -> ['tɛntsɐ] m(f) dancer
Tanzfläche f dance floor **Tanzkurs, Tanzkursus** m dance class **Tanzlokal** nt café with a dance floor **Tanzmusik** f dance music **Tanzschule** f dancing school **Tanzstunde** f dancing lesson; ~n **nehmen** to have dancing lessons **Tanzturnier** nt dance tournament
Tapete <-, -n> [ta'peːtə] f wallpaper no pl
tapezieren* [tape'tsiːrən] vt to wallpaper
tapfer ['tapfɐ] adj brave
Tapferkeit <-> f kein pl courage
tappen ['tapn̩] vi sein to walk hesitantly
Tarantel <-, -n> [ta'rantl̩] f tarantula
Tarif <-[e]s, -e> [ta'riːf] m ❶ (Gehaltsvereinbarung) pay scale ❷ (Preis) charge
Tarifgruppe f wage group **Tarifkampf** [ta'riːf-] m ÖKON [tense] wage negotiations pl
tariflich adj negotiated
Tariflohn m standard wage **Tarifverhandlung** f meist pl collective wage negotiations pl **Tarifvertrag** m collective wage agreement **Tarifzone** f fare zone
tarnen ['tarnən] vt to camouflage
Tarnung <-, -en> f camouflage
Tasche <-, -n> ['taʃə] f ❶ bag; (Einkaufstasche) [shopping] bag; (Aktentasche) briefcase ❷ (in Kleidern) pocket ▶ **jdm auf der ~ liegen** to live off sb; **jdn in die ~ stecken** to be head and shoulders above sb; **in die eigene ~ wirtschaften** to line one's own pocket[s]
Taschenbuch nt paperback **Taschendieb(in)** m(f) pickpocket **Taschengeld** nt pocket money **Taschenkrebs** m crab **Taschenlampe** f torch **Taschenmesser** nt penknife **Taschenrechner** m pocket calculator **Taschenschirm** m telescopic umbrella **Taschenspiegel** m pocket mirror

Taschentuch nt handkerchief **Taschenuhr** f pocket watch
Tasse <-, -n> ['tasə] f cup; **eine ~ Tee** a cup of tea ▶ **nicht alle ~n im Schrank haben** not to be right in the head
Tastatur <-, -en> [tasta'tuːɐ̯] f keyboard
Taste <-, -n> ['tastə] f key; (Telefon) button
tasten ['tastn̩] I. vi, vt to feel (**nach** for) II. vr ■ **sich irgendwohin ~** to grope one's way to somewhere
Tastentelefon nt push-button telephone
Tastsinn m kein pl sense of touch
tat [taːt] imp von **tun**
Tat <-, -en> [taːt] f ❶ act; **eine gute ~** a good deed; **zur ~ schreiten** to proceed to action; **etw in die ~ umsetzen** to put sth into effect ❷ (Straftat) crime; **jdn auf frischer ~ ertappen** to catch sb red-handed ▶ **in der ~** indeed
Tatbestand m ❶ facts ❷ JUR elements of an offence
Tatbeteiligte(r) f(m) dekl wie adj JUR accomplice
tatenlos adj idle; ~ **zusehen** to stand idly by
Täter(in) <-s, -> ['tɛːtɐ] m(f) perpetrator
tätig ['tɛːtɪç] adj ❶ active ❷ (beschäftigt) employed; ■ **[irgendwo] ~ sein** to work [somewhere]
Tätigkeit <-, -en> f ❶ kein pl activity ❷ (Beschäftigung) occupation
Tatkraft f kein pl drive
tatkräftig adj active
Tatort m scene of the crime
Tatortspur f JUR sample taken from a crime scene
tätowieren* [tɛto'viːrən] vt to tattoo
Tätowierung <-, -en> f tattoo
Tatsache ['taːtzaxə] f fact; ~ **ist, dass ...** the fact of the matter is that ... ▶ **den ~n ins Auge sehen** to face the facts
Tatsachenbericht m factual report
tatsächlich ['taːtzɛçlɪç, taːt'zɛçlɪç] I. adj attr (wirklich) actual attr; real II. adv ❶ (in Wirklichkeit) actually ❷ (in der Tat) really
tätscheln ['tɛːtʃl̩n] vt to pat
Tatze <-, -n> ['tatsə] f paw
Tau¹ <-[e]s> [tau] m kein pl dew
Tau² <-[e]s, -e> [tau] nt (Seil) rope
taub [taup] adj ❶ deaf; **sich ~ stellen** to turn a deaf ear ❷ (gefühllos) numb
Taube <-, -n> ['taubə] f pigeon
Taubheit <-> f kein pl ❶ deafness ❷ (Gefühl-

losigkeit) numbness
taubstumm *adj* deaf and dumb
Taubstumme(r) *f(m) dekl wie adj* deaf mute
tauchen ['tauxn̩] **I.** *vi* ❶ *haben o sein* to dive ❷ *sein (hochkommen)* ■**aus dem Wasser ~** to surface **II.** *vt haben (tunken)* to dip
Tauchen <-s> ['tauxn̩] *nt kein pl* diving
Taucher(in) <-s, -> ['tauxɐ] *m(f)* diver
Taucheranzug *m* diving suit **Taucherausrüstung** *f* diving equipment **Taucherflosse** *f* flipper **Taucherkrankheit** *f* deepsea sickness **Tauchermaske** *f* diving mask
Tauchsieder <-s, -> *m* immersion heater
tauen ['tauən] **I.** *vi impers haben* ■**es taut** it is thawing **II.** *vi sein* to melt **III.** *vt haben* to melt
Taufbecken *nt* font
Taufe <-, -n> ['taufə] *f* baptism
taufen ['taufn̩] *vt* to baptize; *(benennen)* to christen
Taufpate, -patin *m, f* godfather *masc,* godmother *fem*
taugen ['taugn̩] *vi* ❶ *(wert sein)* ■**etwas/nichts ~** to be useful/useless ❷ *(geeignet sein)* to be suitable (**als** for)
tauglich ['tauklɪç] *adj* ❶ suitable ❷ MIL fit
Taumel <-s> ['taumḷ] *m kein pl (geh)* ❶ *(Schwindel)* dizziness ❷ *(Überschwang)* frenzy
taumeln ['taumlən] *vi sein* to stagger
Tausch <-[e]s, -e> [tauʃ] *m* swap; **im ~** in exchange (**gegen** for)
tauschen ['tauʃn̩] *vt, vi* to swap (**gegen** for) ▶ **mit niemandem ~ wollen** not to wish to change places with sb
täuschen ['tɔyʃn̩] **I.** *vt* to deceive **II.** *vr* ■**sich ~** to be mistaken (**in** about); **darin täuschst du dich** you're wrong about that; ■**sich nicht ~ lassen** not to be fooled (**von** by) **III.** *vi* to be deceptive
täuschend *adj Ähnlichkeit* striking
Täuschung <-, -en> ['tɔyʃʊŋ] *f* ❶ *(Betrug)* deception ❷ *(Irrtum)* error; **optische ~** optical illusion
tausend ['tauznt] *adj* a [*or* one] thousand; **einige ~ Euro** several thousand euros
Tausend[1] <-s, -e> ['tauznt, *pl* -ndə] *nt* ❶ a thousand; **einer von ~** one in a thousand; **zehn von ~** ten out of every thousand ❷ *pl* thousands (**von** of); **einige ~e ...** several thousand ...; **in die ~e gehen** to run into the thousands; **zu ~en** by the thousands

Tausend[2] <-, -en> ['tauznt, *pl* -ndn̩] *f* thousand
Tausendfüßler <-s, -> ['tauzn̩tfyːslə] *m* centipede
Tausendstel ['tauzn̩tstl̩] *nt o* SCHWEIZ *m* thousandth
Tauwetter *nt* thaw
Taxi <-s, -s> ['taksi] *nt* cab, taxi
Taxifahrer(in) *m(f)* taxi driver
Taxistand *m* taxi rank
Team <-s, -s> [tiːm] *nt* team
Teamarbeit ['tiːm-] *f* teamwork
Technik <-, -en> ['tɛçnɪk] *f* ❶ technology ❷ *(Methode)* technique
Techniker(in) <-s, -> ['tɛçnɪkɐ] *m(f)* ❶ technician ❷ *(Ingenieur)* engineer
technisch ['tɛçnɪʃ] *adj attr* technical; **~e Hochschule** college of technology
Technologie <-, -n> [tɛçnoloˈgiː] *f* technology
Tee <-s, -s> [teː] *m* tea; **eine Tasse ~** a cup of tea; **~ kochen** to make some tea
Teebeutel *m* tea bag **Teeei**[RR], **Tee-Ei** *nt* tea infuser **Teefilter** *m* tea-strainer **Teekanne** *f* teapot **Teelöffel** *m* teaspoon
Teenie <-s, -s> ['tiːni] *m*, **Teeny** <-s, -s> *(fam)* young teenager
Teer <-[e]s, -e> [teːɐ̯] *m* tar
Teeservice [-zɛrviːs] *nt* tea service **Teesieb** *nt* tea strainer
Teich <-[e]s, -e> [taiç] *m* pond
Teig <-[e]s, -e> [taik] *m* dough
teigig ['taigɪç] *adj* doughy
Teigwaren *pl* pasta + *sing vb*
Teil[1] <-[e]s, -e> [tail] *m* ❶ part; **zum ~** partly; **zum größten ~** for the most part ❷ *(Anteil)* share; **zu gleichen ~en** equally ▶ **sich** *dat* **seinen ~ denken** *(fam)* to draw one's own conclusions; **ich für meinen ~** I, for my part
Teil[2] <-[e]s, -e> [tail] *nt* ❶ *(Bestandteil)* component ❷ *(sl: Ding)* thing
Teilabschnitt *m* section **Teilabschreibung** *f* ÖKON, ADMIN writedown
teilbar *adj* divisible (**durch** by)
Teilchen <-s, -> *nt dim von* **Teil**[1] 1 particle
teilen ['tailən] **I.** *vt* ❶ *(aufteilen)* to share ❷ *a.* MATH to divide (**durch** by) ❸ *(trennen)* to separate **II.** *vr* ❶ ■**sich ~** to split up (**in** into) ❷ ■**sich** *dat* **etw ~** to share sth (**mit** with)
Teilerfolg *m* partial success
Teilhaber(in) <-s, -> *m(f)* partner

Teilnahme <-, -n> ['tailna:mə] f ❶ participation (**an** in) ❷ (*Mitgefühl*) sympathy
teilnahmslos *adj* apathetic
teilnahmsvoll *adv* compassionately
teil|nehmen *vi irreg* ❶ (*anwesend sein*) ■ [**an etw** *dat*] ~ to attend [sth] ❷ (*sich beteiligen*) to participate (**an** in)
Teilnehmer(in) <-s, -> *m(f)* ❶ (*Anwesender*) person present ❷ (*Beteiligter*) participant (**an** in)
teils [tails] *adv* partly; ~, ~ (*fam*) yes and no
Teilung <-, -en> f division
teilweise ['tailvaizə] I. *adv* partly II. *adj attr* partial
Teilzahlung f instalment **Teilzeitarbeit** f part-time work **Teilzeitkraft** f ÖKON part-timer
Teint <-s, -s> [tɛ̃:] *m* complexion
Telebanking ['te:ləbɛŋɪŋ] *nt* home banking
Telefon <-s, -e> ['te:lefo:n, tele'fo:n] *nt* [tele]phone
Telefonanruf *m* telephone call
Telefonat <-[e]s, -e> [te:lefo'na:t] *nt* telephone call
Telefonauskunft f directory enquiries *pl* **Telefonbuch** *nt* telephone book **Telefonbuchse** [tele'fo:n-] f TELEK telephone point [*or* AM jack] **Telefongespräch** *nt* telephone call; **ein** ~ **führen** to make a telephone call
telefonieren* [telefo'ni:rən] *vi* ■ [**mit jdm**] ~ to phone [sb]
telefonisch I. *adj* telephone II. *adv* by telephone
Telefonist(in) <-en, -en> [telefo'nɪst] *m(f)* switchboard operator
Telefonkarte f phonecard **Telefonleitung** f telephone line **Telefonnummer** f telephone number **Telefonrechnung** f [tele]phone bill **Telefonzelle** f pay phone
telegrafieren* [telegra:'fi:rən] *vi, vt* to telegraph
Telegramm <-gramme> [tele'gram] *nt* telegram
Telekommunikation f telecommunication
Teleobjektiv *nt* telephoto lens
Telepathie <-> [telepa'ti:] f *kein pl* telepathy
Teleskop <-s, -e> [tele'sko:p] *nt* telescope
Telex <-, -e> ['te:lɛks] *nt* telex
Teller <-s, -> ['tɛlɐ] *m* ❶ plate; **flacher/tiefer** ~ dinner/soup plate ❷ (*Portion*) **ein** ~ **Spaghetti** a plateful of spaghetti
Tellermine f MIL flat anti-tank mine

Tempel <-s, -> ['tɛmpl] *m* temple
Temperament <-[e]s, -e> [tɛmpəra'mɛnt] *nt* ❶ temperament ❷ *kein pl* (*Lebhaftigkeit*) vivacity; ~ **haben** to be very lively
temperamentvoll *adj* lively
Temperatur <-, -en> [tɛmpəra'tu:ɐ̯] f temperature; **die/jds** ~ **messen** to take sbs temperature; ~ **haben** to have a temperature
Tempo¹ <-s, -s> ['tɛmpo, *pl* 'tɛmpi] *nt* speed; **mit hohem** ~ at high speed
Tempo®² <-s, -s> *nt* (*fam: Papiertaschentuch*) [paper] tissue, kleenex® AM
Tempolimit *nt* speed limit
temporär [tɛmpo'rɛ:ɐ̯] *adj* (*geh*) temporarily
Temposünder(in) <-s, -> *m(f)* speeder
Tendenz <-, -en> [tɛn'dɛnts] f ❶ trend ❷ (*Neigung*) tendency (**zu** to)
tendieren* [tɛn'di:rən] *vi* to tend (**zu** towards); ■ **dazu** ~, **etw zu tun** to tend to do sth
Tennis <-> ['tɛnɪs] *nt kein pl* tennis
Tennishalle f indoor tennis court **Tennisplatz** *m* tennis court **Tennisschläger** *m* tennis racket **Tennisspiel** *nt* ❶ (*Sportart*) tennis ❷ (*Einzelspiel*) game of tennis
Tenor <-s, Tenöre> [te'no:ɐ̯, *pl* te'nø:rə] *m* tenor
Teppich <-s, -e> ['tɛpɪç] *m* carpet ▶ **etw unter den** ~ **kehren** to sweep sth under the carpet
Teppichboden *m* fitted carpet
Termin <-s, -e> [tɛr'mi:n] *m* ❶ (*Verabredung*) appointment; **einen** ~ **vereinbaren** to arrange an appointment; **einen** ~ **verpassen** to miss an appointment ❷ (*Auftragstermin*) deadline
Terminal <-s, -s> ['tœɐ̯mɪnl] *nt* terminal
Terminbörse f FIN futures market **Terminkalender** *m* diary **Terminplan** *m* schedule **Terminplanung** f scheduling
Termite <-, -n> [tɛr'mi:tə] f termite
Terpentin <-s, -e> [tɛrpɛn'ti:n] *nt o* ÖSTERR *m* turpentine
Terrain <-s, -s> [tɛ'rɛ̃:] *nt* terrain
Terrasse <-, -n> [tɛ'rasə] f terrace
Terrine <-, -n> [tɛ'ri:nə] f tureen
Territorium <-s, -rien> [tɛri'to:riʊm, *pl* -riən] *nt* territory
Terror <-s> ['tɛro:ɐ̯] *m kein pl* terror
Terroranschlag *m* terror[ist] attack
terrorisieren* [tɛrori'zi:rən] *vt* to terrorize
Terrorismus <-> [tɛro'rɪsmʊs] *m kein pl* ter-

rorism
Terrorist(in) <-en, -en> [tɛroˈrɪst] *m(f)* terrorist
terroristisch *adj* terrorist
Terroropfer *nt* victim of terror[ism]
Terzett <-[e]s, -e> [tɛrˈtsɛt] *nt* trio
Tesafilm® [ˈteːzafɪlm] *m* Sellotape® BRIT, Scotch tape® AM
Test <-[e]s, -s *o* -e> [tɛst] *m* test
Testament <-[e]s, -e> [tɛstaˈmɛnt] *nt* ❶ will ❷ REL **Altes/Neues ~** Old/New Testament
testamentarisch *adj* testamentary
Testamentseröffnung *f* reading of the will
testen [ˈtɛstn̩] *vt* to test (**auf** for)
Tetanus <-> [ˈteːtanʊs] *m kein pl* tetanus *no pl*
teuer [ˈtɔyɐ] **I.** *adj* ❶ expensive ❷ *(geschätzt)* dear **II.** *adv* expensively ▶ **etw ~ bezahlen müssen** to pay a high price for sth; **~ erkauft** dearly bought; **jdn ~ zu stehen kommen** to cost sb dear
Teuerungsrate *f* rate of price increase
Teufel <-s, -> [ˈtɔyfl̩] *m* devil; ▬**der ~** the Devil ▶ **den ~ an die Wand malen** to imagine the worst; **geh zum ~!** *(fam)* go to hell!; **soll jdn [doch] der ~ holen** *(fam)* to hell with sb; **irgendwo ist der ~ los** *(fam)* all hell is breaking loose somewhere; **weiß der ~** *(fam)* who the hell knows
Teufelsaustreibung *f kein pl* exorcism **Teufelskreis** *m* vicious circle
teuflisch [ˈtɔyflɪʃ] **I.** *adj* diabolical **II.** *adv* diabolically
Text <-[e]s, -e> [tɛkst] *m* text; *(Liedtext)* lyrics ▶ **jdn aus dem ~ bringen** *(fam)* to confuse sb
Texter(in) <-s, -> *m(f)* songwriter; *(Werbung)* copywriter
Textilien [tɛksˈtiːli̯ən] *pl* fabrics *pl*
Textilindustrie *f* textile industry
Textstelle *f* passage
Textverarbeitung *f* word processing
Textverarbeitungsprogramm *nt* word processing programme **Textverarbeitungssystem** *nt* word processing system
Theater <-s, -> [teˈaːtɐ] *nt* ❶ theatre; **~ spielen** to act; **nur ~ sein** *(fam)* to be only an act ❷ *(fam: Umstände)* fuss; **[ein] ~ machen** to make a fuss
Theateraufführung *f* theatre performance
Theaterbesuch *m* theatre visit **Theaterbesucher(in)** <-s, -> *m(f)* theatregoer **Theaterkasse** *f* theatre box office **Theaterprobe** *f* rehearsal **Theaterstück** *nt* play
theatralisch [teaˈtraːlɪʃ] *adj* theatrical
Theke <-, -n> [ˈteːkə] *f* counter; *(im Lokal)* bar
Thema <-s, Themen *o* -ta> [ˈteːma, *pl* -mən, -ta] *nt* topic; *(eines Textes a.)* subject; **jdn vom ~ abbringen** to get sb off the subject; **beim ~ bleiben** to stick to the subject ▶ **[k]ein ~ sein** to [not] be an issue
Thematik <-> [teˈmaːtɪk] *f kein pl* topic
Themenpark [ˈteːmən-] *m* TOURIST theme [*or* amusement] park
Theologe, Theologin <-n, -n> [teoˈloːgə, -ˈloːgɪn] *m, f* theologian
Theologie <-, -n> [teoloˈgiː, *pl* -ˈgiːən] *f* theology
Theologin <-, -nen> *f fem form von* **Theologe**
theologisch [teoˈloːgɪʃ] *adj* theological
theoretisch [teoˈreːtɪʃ] **I.** *adj* theoretical **II.** *adv* theoretically
Theorie <-, -n> [teoˈriː, *pl* -ˈriːən] *f* theory
Therapeut(in) <-en, -en> [teraˈpɔyt] *m(f)* therapist
Therapie <-, -n> [teraˈpiː, *pl* -ˈpiːən] *f* therapy
therapieren [teraˈpiːrən] *vt* to treat
Thermalbad [tɛrˈmaːl-] *nt* thermal baths *pl*
Thermalquelle *f* thermal spring
thermisch [ˈtɛrmɪʃ] *adj attr* thermal
Thermometer <-s, -> [tɛrmoˈmeːtɐ] *nt* thermometer
Thermometerstand *m* temperature
Thermosflasche® [ˈtɛrmosflaʃə] *f* Thermos® [flask]
Thermostat <-[e]s *o* -en, -e *o* -en> [tɛrmoˈstaːt] *m* thermostat
These <-, -n> [ˈteːzə] *f* thesis
Thinktank <-s, -s> [ˈθɪŋktæŋk] *m* POL, ÖKON *(sl)* think tank
Thrombose <-, -n> [trɔmˈboːzə] *f* thrombosis
Thron <-[e]s, -e> [troːn] *m* throne
thronen [ˈtroːnən] *vi* to sit enthroned
Thronfolge *f* line of succession **Thronfolger(in)** <-s, -> *m(f)* heir to the throne
Thunfisch [ˈtuːnfɪʃ] *m* tuna [fish]
Thüringen <-s> [ˈtyːrɪŋən] *nt* Thuringia
Thüringer(in) <-s, -> [ˈtyːrɪŋɐ] *m(f)* Thuringian
thüringisch [ˈtyːrɪŋɪʃ] *adj* Thuringian

Thymian <-s, -e> ['tyːmiaːn] *m* thyme
Tick <-[e]s, -s> [tɪk] *m* (*fam*) quirk
ticken ['tɪkn̩] *vi* to tick ▶ **nicht richtig** ~ to be funny in the head
Tiebreak^RR <-s, -s> *m o nt,* **Tie-Break** <-s, -s> ['taibreːk] *m o nt* tie-break
tief [tiːf] **I.** *adj* ❶ deep; ■ **zwei Meter** ~ two metres deep ❷ (*niedrig*) low ❸ *Ton* low; *Stimme* deep ❹ (*intensiv empfunden*) intense ❺ (*inmitten*) **im ~sten Winter** in the depths of winter **II.** *adv* ❶ deep; **er stürzte 350 Meter** ~ he fell 350 metres [deep]; ~ **greifend** far-reaching ❷ (*tönen*) low; **zu ~ singen** to sing flat; ~ **sprechen** to talk in a deep voice ❸ (*zutiefst, intensiv*) deeply; **etw** ~ **bedauern** to regret sth profoundly; ~ **schlafen** to sleep soundly ❹ (*niedrig*) low; ~ **liegend** low-lying; ~ **stehend** low-level
Tief <-[e]s, -e> [tiːf] *nt* low
Tiefbau *m kein pl* civil engineering **Tiefdruckgebiet** *nt* low pressure area
Tiefe <-, -n> ['tiːfə] *f* depth
Tiefebene *f* lowland plain
Tiefenpsychologie *f* psychoanalysis
Tiefenschärfe *f kein pl* depth of field
Tiefflieger *m* low-flying aircraft **Tiefflug** *m* low-altitude flight; **im** ~ at low altitude **Tiefgang** *m* ▶ ~ **haben** to have depth **tiefgekühlt** *adj* frozen **tiefgreifend** *adj* far-reaching
Tiefkühlfach *nt* freezer compartment
Tiefkühlkost *f* frozen foods *pl* **Tiefkühltruhe** *f* freezer chest
Tiefland ['tiːflant] *nt* lowlands *pl* **Tiefpunkt** *m* low point **Tiefsee** *f* deep sea
tiefsinnig *adj* profound
Tiefstand *m* low
Tier <-[e]s, -e> [tiːɐ̯] *nt* animal
Tierart *f* animal species + *sing vb* **Tierarzt, -ärztin** *m, f* vet **Tierfabrik** *f* AGR (*pej fam*) factory farm
tierisch ['tiːrɪʃ] **I.** *adj* ❶ ZOOL animal ❷ (*bestialisch*) bestial ❸ (*sl: heftig*) **einen ~en Hunger haben** to be hungry as hell **II.** *adv* (*sl: heftig*) like hell
Tierkreis *m kein pl* zodiac **Tierkreiszeichen** *nt* sign of the zodiac **Tierkunde** *f* zoology **tierlieb** *adj* animal-loving *attr* **Tiermedizin** *f* veterinary medicine **Tiermehl** *nt* AGR meat and bone meal *no pl* **Tiernahrung** *f* animal food **Tierpark** *m* zoo **Tierquälerei** ['tiːɐ̯kvɛləraɪ] *f* cruelty to animals **Tierschutz** *m* protection of animals **Tierschützer(in)** *m(f)* animal conservationist **Tierschutzverein** *m* society for the prevention of cruelty to animals **Tierversuch** *m* animal experiment **Tierzucht** *f kein pl* live-stock breeding *no pl,* animal husbandry *no pl*
Tiger <-s, -> [ˈtiːgɐ] *m* tiger
tilgen ['tɪlɡn̩] *vt* ❶ FIN to pay off ❷ (*beseitigen*) to wipe out *sep*
Tilgung <-, -en> *f* FIN repayment
Tilgungsrate *f* FIN repayment instalment
Timing <-s> ['taimɪŋ] *nt* timing
Tinktur <-, -en> [tɪŋkˈtuːɐ] *f* tincture
Tinte <-, -n> ['tɪntə] *f* ink ▶ **in der** ~ **sitzen** (*fam*) to be in a scrape
Tintenfisch *m* squid
Tintenstrahldrucker *m* ink-jet printer
Tipp^ALT *m s.* **Tipp**
Tipp^RR <-s, -s> [tɪp] *m* tip
tippeln ['tɪpl̩n] *vi sein* (*fam*) ❶ (*zu Fuß gehen*) to foot it ❷ (*kleine Schritte machen*) to trip
tippen¹ [tɪpn̩] *vi* ❶ (*raten*) to guess ❷ (*wetten*) ■ **auf jdn/etw** ~ to put one's money on sb/sth
tippen² [tɪpn̩] *vi* ❶ (*fam: Maschine schreiben*) to type ❷ (*anstoßen*) to tap (**an/auf** on)
Tippfehler *m* typing mistake
Tirol <-s> [tiˈroːl] *nt* Tyrol
Tiroler(in) <-s, -> [tiˈroːlɐ] *m(f)* Tyrolean
Tisch <-[e]s, -e] [tɪʃ] *m* table; **am** ~ **sitzen** to sit at the table ▶ **reinen** ~ **machen** to sort things out; **unter den** ~ **fallen** to go by the board; **vom** ~ **sein** to be cleared up
Tischdecke *f* tablecloth **Tischgesellschaft** *f* dinner party **Tischlampe** *f* table lamp
Tischler(in) <-s -> ['tɪʃlɐ] *m(f)* carpenter
Tischlerei <-, -en> [tɪʃləˈraɪ] *f* carpenter's workshop
Tischnachbar(in) <-n, -n> *m(f)* table partner, neighbour [at table] **Tischplatte** *f* tabletop **Tischrede** *f* after-dinner speech
Tischtennis *nt* table tennis
Tischtennisplatte *f* table-tennis table **Tischtennisschläger** *m* table-tennis bat
Tischtuch <-tücher> *nt s.* **Tischdecke**
Titel <-s, -> ['tiːtl̩] *m* title
Titelbild *nt* cover [picture] **Titelblatt** *nt einer Zeitschrift* cover **Titelmädchen** *nt* cover girl **Titelseite** *f* front page; (*einer Zeitschrift*) cover **Titelverteidiger(in)** *m(f)* title holder

Toast¹ <-[e]s, -e> [toːst] *m kein pl* (*Toastbrot*) toast; ■ **ein** ~ a slice of toast

Toast² <-[e]s, -e> [toːst] *m* toast; **einen** ~ **ausbringen** to propose a toast (**auf** to)

Toaster <-s, -> *m* toaster

toben ['toːbn̩] *vi* ① (*wüten*) to be raging (**vor** with) ② (*spielen*) to romp [around]

Tobsuchtsanfall *m* fit of rage

Tochter <-, Töchter> ['tɔxtɐ, *pl* 'tœçtɐ] *f* daughter

Tochtergesellschaft *f* subsidiary

Tod <-[e]s, -e> [toːt] *m* death; **etw mit dem** ~ **bezahlen** to pay for sth with one's life ▶ **sich zu** ~**e langweilen** to be bored to death; **sich zu** ~**e schämen** to be utterly ashamed; **zu** ~**e betrübt sein** to be deeply despaired

todernst ['toːtˈʔɛrnst] *adj* deadly serious

Todesangst *f* (*fam*) mortal fear; **Todesängste ausstehen** to be scared to death **Todesanzeige** *f* obituary **Todesfall** *m* death **Todeskampf** *m* death throes **Todeskandidat(in)** *m(f)* doomed man **Todesopfer** *nt* casualty **Todesstrafe** *f* death penalty; **auf etw** *akk* **steht die** ~ sth is punishable by death **Todestag** *m* anniversary of sb's death **Todesursache** *f* cause of death **Todesurteil** *nt* death sentence

todkrank ['toːtˈkraŋk] *adj* terminally ill

tödlich ['tøːtlɪç] **I.** *adj* deadly; **das ist mein** ~ **er Ernst** I'm deadly serious **II.** *adv* ① ~ **verunglücken** to be killed in an accident ② (*fam: extrem*) **sich** ~ **langweilen** to be bored to death

Todsünde *f* deadly sin

toi, toi, toi ['tɔy 'tɔy 'tɔy] *interj* (*fam*) ① (*ich drücke die Daumen*) good luck ② (*hoffentlich auch weiterhin*) touch [*or* AM knock on] wood

Toilette <-, -n> [twaˈlɛtə] *f* toilet; **ich muss mal auf die** ~ I need to go to the toilet; **öffentliche** ~ public toilet

Toilettenpapier *nt* toilet paper

Tokio <-s> ['tokio] *nt* Tokyo

tolerant [toleˈrant] *adj* tolerant (**gegenüber** towards)

Toleranz <-, en> [toleˈrants] *f kein pl* tolerance (**gegenüber** towards)

tolerieren* [toleˈriːrən] *vt* to tolerate

toll [tɔl] **I.** *adj* (*fam*) great **II.** *adv* (*fam*) very well

Tolle <-, -n> ['tɔlə] *f* quiff

Tollkirsche *f* deadly nightshade

tollkühn ['tɔlkyːn] *adj* daring

Tollpatsch^{RR} <-es, -e> ['tɔlpatʃ] *m* (*fam*) clumsy fool

Tollwut *f* rabies

Tolpatsch^{ALT} <-es, -e> *m s.* **Tollpatsch**

Tölpel <-s, -> ['tœlpl̩] *m* fool

Tomate <-, -n> [toˈmaːtə] *f* tomato ▶ ~**n auf den Augen haben** (*fam*) to be blind

Tomatenketchup *nt*, **Tomatenketschup**^{RR} *nt* [tomato] ketchup **Tomatenmark** *nt* tomato puree

Tombola <-, -s *o* Tombolen> ['tɔmbola, *pl* -bolən] *f* raffle

Tomografie^{RR} *f*, **Tomographie** <-, -n> [tomograˈfiː] *f* tomography

Ton¹ <-[e]s, -e> [toːn] *m* clay

Ton² <-[e]s, Töne> [toːn, *pl* tøːnə] *m* ① (*Klang*) sound ② (*Tonfall*) tone; **ich verbitte mir diesen** ~ **!** I will not be spoken to like that!; **einen anderen** ~ **anschlagen** to change one's tune ③ (*Farbton*) tone ▶ **den** ~ **angeben** to set the tone; **keinen** ~ **herausbringen** to not be able to utter a word; **große Töne spucken** (*sl*) to brag about

tonangebend *adj* ■ ~ **sein** to set the tone

Tonarm *m* pick-up arm **Tonart** *f* MUS key

Tonband <-bänder> *nt* tape; **etw auf** ~ **aufnehmen** to tape sth **Tonbandaufnahme** *f* tape recording

tönen¹ ['tøːnən] *vi* (*klingen*) to sound

tönen² ['tøːnən] *vt* to tint; *Haare* to colour

Tonerde *f kein pl* alumina

Tonfall *m* tone of voice **Tonfilm** *m* sound film **Tongeschirr** *nt* earthenware **Tonhöhe** *f* pitch **Tonkopf** *m* recording head **Tonlage** *f* pitch **Tonleiter** *f* scale **tonlos** *adj* flat

Tonne <-, -n> ['tɔnə] *f* ① (*Behälter*) barrel; (*Mülltonne*) bin BRIT, can AM ② (*1000 kg*) ton

Tonsignal *nt* TELEK dial tone **Tonspur** *f s.* **Tonstreifen Tonstörung** *f* sound interference **Tonstreifen** *m* soundtrack

Tonsur <-, -en> [tɔnˈzuːɐ̯] *f* tonsure

Tontechniker(in) *m(f)* sound technician **Tonträger** *m* sound carrier

Tönung <-, -en> *f* ① (*das Tönen*) tinting ② (*Produkt für Haare*) hair colour ③ (*Farbton*) shade

Topact <-s, -s> ['tɔpɛkt] *m* MUS headline act

Topas <-es, -e> [toˈpaːs] *m* topaz

Topf <-[e]s, Töpfe> [tɔpf, pl 'tœpfə] m pot ▶ **alles in einen ~ werfen** to lump everything together

Topfen <-s, -> ['tɔpfn̩] m SÜDD, ÖSTERR quark (*soft cheese made from skimmed milk*)

Töpferei <-, -en> [tœpfə'raɪ] f pottery

Töpferscheibe f potter's wheel **Töpferwaren** pl pottery **Topflappen** m oven cloth BRIT, pot holder AM **Topfpflanze** f potted plant

Tor <-[e]s, -e> [toːɐ̯] nt ① (*breite Tür*) gate; *Garage* door ② (*Torbau*) gateway ③ SPORT goal

Torbogen m archway

Torf <-[e]s, -e> [tɔrf] m peat

töricht ['tœrɪçt] adj (*geh*) foolish

torkeln ['tɔrkl̩n] vi sein to stagger

Torlinie f goal-line

Törn <-s, -s> [tœrn] m NAUT cruise

Tornado <-s, -s> [tɔr'naːdo] m tornado

torpedieren* [tɔrpe'diːrən] vt to torpedo

Torpedo <-s, -s> [tɔr'peːdo] m torpedo

Torpfosten m goalpost

Torschlusspanik^RR f (*fam*) **haben** to be afraid of missing the boat

Torschütze, -schützin m, f scorer

Torso <-s, -s o Torsi> ['tɔrzo, pl -zi] m torso

Torte <-, -n> ['tɔrtə] f gateau; (*Obsttorte*) flan

Torwart(in) m(f) goalkeeper

tosen ['toːzn̩] vi to roar

tot [toːt] adj dead; **sich ~ stellen** to play dead; **~ umfallen** to drop dead

total [to'taːl] adj total

totalitär [totali'tɛːɐ̯] adj totalitarian

Totalschaden m write-off

Tote(r) ['toːtə] f(m) dekl wie adj dead person; (*Todesopfer*) fatality

töten ['tøːtn̩] vt to kill

Totenfeier f funeral ceremony **Totengräber(in)** <-s, -> m(f) gravedigger **Totenmaske** f death mask **Totenschein** m death certificate **Totenstille** ['toːtn̩ʃtɪlə] f dead silence

tot|fahren irreg vt ■ **jdn/etw ~** to run over and kill sb/sth

Totgeburt f stillbirth

Toto <-s, -s> ['toːto] nt o m pools npl BRIT, pool AM

tot|schießen vt irreg (*fam*) ■ **jdn/etw ~** to shoot sb/sth dead **Totschlag** m kein pl manslaughter **tot|schlagen** vt irreg (*fam*) ■ **jdn/etw ~** to beat sb/sth to death **Totschläger** m cosh BRIT, blackjack AM **tot|schweigen** vt irreg ① (*etw*) to hush up ② ■ **jdn ~** to keep quiet about sb

Tötung <-, selten -en> f killing; **fahrlässige ~** culpable manslaughter

Touchscreen <-s, -s> [tatʃskriːn] m INFORM touch screen

Toupet <-s, -s> [tu'peː] nt toupee

toupieren* [tu'piːrən] vt ■ **jdm/sich die Haare ~** to backcomb sb's/one's hair

Tour <-, -en> [tuːɐ̯] f tour; **eine ~ machen** to go on a tour ▶ **in einer ~** non-stop

Tourenzahl f number of revolutions

Tourismus <-> [tu'rɪsmʊs] m kein pl tourism

Tourist(in) <-en, -en> [tu'rɪst] m(f) tourist

Touristenklasse f tourist class **Touristenvisum** nt tourist visa

Tournee <-, -n o -s> [tʊr'neː, pl -'neːən] f tour; **auf ~ gehen/sein** to go/be on tour

toxisch ['tɔksɪʃ] adj toxic

Trab <-[e]s> [traːp] m kein pl trot; **im ~** at a trot ▶ **jdn auf ~ bringen** to make sb get a move on; **jdn in ~ halten** to keep sb on the go

Trabantenstadt f satellite town

traben ['traːbn̩] vi haben o sein to trot

Tracht <-, -en> [traxt] f [national] costume ▶ **eine ~ Prügel** (*fam*) a good hiding

Tracht is the traditional costume or uniform worn in particular regions or by people of particular professions.

trachten ['traxtn̩] vi to strive (**nach** for); ■ **danach ~, etw zu tun** to strive to do sth

trächtig ['trɛçtɪç] adj pregnant

Tradition <-, -en> [tradi'tsi̯oːn] f tradition; **aus ~** traditionally

traditionell [traditsi̯o'nɛl] adj traditional

Tragbahre f stretcher

tragbar adj portable

träge ['trɛːɡə] I. adj lethargic II. adv lethargically

tragen <trägt, trug, getragen> ['traːɡn̩] vt ① to carry; ■ **etw bei sich** dat **~** to have sth on one ② *Kleider* to wear ③ (*stützen*) to support ④ *Schicksal; Kosten* to bear ▶ **an etw** dat **schwer zu ~ haben** to have a heavy cross to bear with sth; **zum T~ kommen** to come into effect

Träger <-s, -> m ① meist pl MODE strap ② BAU

girder
Träger(in) <-s, -> *m(f)* ① (*Lastenträger*) porter ② (*Inhaber*) bearer
trägerlos *adj* strapless
Tragetasche *f* [carrier] bag
Tragfähigkeit *f kein pl* load-bearing capacity
Tragfläche *f* wing
Trägheit <-, *selten* -en> *f* sluggishness; (*Faulheit*) laziness
Tragik <-> ['tra:gɪk] *f kein pl* tragedy
tragisch ['tra:gɪʃ] I. *adj* tragic; **es ist nicht [so]** ~ (*fam*) it's not the end of the world II. *adv* tragically
Tragödie <-, -n> [tra'gø:diə] *f* tragedy
Tragweite *f* (*fig*) consequence
Trainer <-s, -> ['trɛ:nɐ] *m* SCHWEIZ track-suit
Trainer(in) <-s, -> ['trɛ:nɐ] *m(f)* trainer
trainieren* [trɛ'ni:rən] I. *vt* ① to practice ② ■**jdn** ~ to coach sb II. *vi* (*sich vorbereiten*) to train
Training <-s, -s> ['trɛ:nɪŋ] *nt* training
Trainingsanzug *m* tracksuit
Trakt <-[e]s, -e> [trakt] *m* wing
Traktor <-s, -toren> ['trakto:ɐ, *pl* -'to:rən] *m* tractor
Tram <-s, -s> [tram] *f o nt* tramway
trampeln ['trampl̩n] *vi* ① *haben* [**mit den Füßen**] ~ to stamp one's feet ② *sein* (*sich schwerfällig bewegen*) **irgendwohin** ~ to stomp somewhere
trampen [trɛmpn̩] *vi sein* to hitch-hike
Trampolin <-s, -e> ['trampoli:n] *nt* trampoline
tranchieren* [trãˈʃiːrən] *vt* to carve
Träne <-, -n> ['trɛ:nə] *f* tear; **in** ~**n aufgelöst** in tears; **den** ~**n nahe sein** to be close to tears; **jdm kommen die** ~**n** sb is starting to cry; ~**n lachen** to laugh until one cries
Tränengas *nt* tear gas
Tränke <-s, -n> ['trɛŋkə] *f* watering place
tränken ['trɛŋkn̩] *vt* ① (*durchnässen*) to soak ② (*Wasser geben*) *Tier* to water
Transaktion [transʔakˈtsi̯oːn] *f* transaction
transatlantisch [transʔatˈlantɪʃ] *adj* (*geh*) transatlantic
transchieren* [tranˈʃiːrən] *vt* ÖSTERR *s.* **tranchieren**
Transfer <-s, -s> [transˈfɛɐ] *m* transfer
Transformator <-s, -toren> [transfɔrˈmaːtoːɐ, *pl* -maˈtoːrən] *m* transformer
Transfusion <-, -en> [transfuˈzi̯oːn] *f* transfusion
Transistor <-s, -toren> [tranˈzɪstoːɐ] *m* transistor
Transit <-s, -e> [tranˈziːt] *m* transit
Transitgüter *pl* transit goods *pl*
transitiv ['tranziti:f] *adj* transitive
Transitverkehr *m* transit traffic **Transitvisum** *nt* transit visa
transparent [transpaˈrɛnt] *adj* transparent
Transparent <-[e]s, -e> [transpaˈrɛnt] *nt* banner
transpirieren* [transpiˈriːrən] *vi* to perspire
Transport <-[e]s, -e> [transˈpɔrt] *m* transport
transportabel [transpɔrˈtaːbl̩] *adj* (*geh*) transportable **Transportband** *nt* conveyer belt
Transporter <-s, -> [transˈpɔrtɐ] *m* AUTO van
transportfähig *adj* transportable
transportieren* [transpɔrˈtiːrən] *vt* to transport
Transportkosten *pl* transport[ation] costs *pl*
Transportmittel *nt* means of transport
Transportunternehmen *nt* haulage contractor **Transportunternehmer** *m* haulage contractor **Transportweg** *m* HANDEL (*Route*) transport route; (*Entfernung*) distance
transsexuell [transzɛˈksu̯ɛl] *adj* transsexual
Transsexuelle(r) *f(m) dekl wie adj* transsexual
Transvestit <-en, -en> [transvɛsˈtiːt] *m* transvestite
Trapez <-es, -e> [traˈpeːts] *nt* trapeze
tratschen ['traːtʃn̩] *vi* (*fam*) to gossip
Traualtar *m* altar
Traube <-, -n> ['traubə] *f meist pl* grape *usu pl*
Traubensaft *m* grape juice **Traubenzucker** *m* glucose
trauen¹ ['trauən] *vt* ■**jdn** ~ to join sb in marriage; ■**sich** ~ **lassen** to marry
trauen² ['trauən] I. *vi* ■**jdm** ~ to trust sb II. *vr* ■**sich** ~**, etw zu tun** to dare to do sth
Trauer <-> ['trauɐ] *f kein pl* grief
Traueranzeige *f* obituary, death notice **Trauerfall** *m* bereavement **Trauerkleidung** *f* mourning
trauern ['trauɐn] *vi* to mourn (**um** for)
Trauerweide *f* weeping willow
Traum <-[e]s, Träume> [traum, *pl* ˈtrɔymə] *m* dream ▶**jdm** fällt **im** ~ **nicht ein, etw zu tun** sb wouldn't dream of doing sth
Trauma <-s, Traumen *o* -ta> ['trauma, *pl*

-mən, -mata] *nt* trauma
traumatisch [trau'ma:tɪʃ] *adj* traumatic
traumatisieren [trauma:ti'si:rən] *vt* PSYCH, MED (*fachspr*) traumatize
Traumberuf *m* dream job
träumen ['trɔymən] *vi* ① to dream (**von** about); **schlecht** ~ to have bad dreams ② (*im Wachzustand*) to daydream
Träumer(in) <-s, -> ['trɔymɐ] *m(f)* [day]dreamer
träumerisch *adj* dreamy
Traumprinz *m* (*iron fam*) handsome prince
traurig ['traurɪç] I. *adj* ① (*betrübt*) sad ② (*betrüblich*) sorry ③ (*bedauerlich*) ▪ [**es ist**] ~, **dass ...** it's unfortunate that ... II. *adv* sadly
Traurigkeit <-> *f kein pl* sadness
Trauring *m* wedding ring
Trauung <-, -en> ['trauʊŋ] *f* marriage ceremony
Trauzeuge, -zeugin *m, f* [marriage] witness
Treck <-s, -s> [trɛk] *m* trail, trek
Treff <-s, -s> [trɛf] *m* (*fam*) ① get-together ② (*Treffpunkt*) meeting point
treffen <trifft, traf, getroffen> ['trɛfn̩] I. *vt haben* ① to meet ② *Ziel* to hit ③ (*innerlich berühren*) to affect ④ *Maßnahmen* to take; *Entscheidung* to make II. *vi* ① *sein* ▪ **auf jdn** ~ to meet sb ② *haben Schuss, Schlag* to hit III. *vr haben* ▪ **sich [mit jdm]** ~ to meet [sb]; **das trifft sich [gut]** that's [very] convenient
Treffen <-s, -> [trɛfn̩] *nt* meeting
treffend *adj* appropriate
Treffer <-s, -> *m* (*Schuss*) hit
Treffpunkt *m* meeting point
Treibeis *nt* drift ice
treiben <trieb, getrieben> ['traibn̩] I. *vt haben* ① *Tiere* to drive ② (*drängen*) to drive (**zu** to); **jdn zur Eile** ~ to rush sb; **jdn in den Wahnsinn** ~ to drive sb mad ③ (*fortbewegen*) ▪ **jdn/etw irgendwohin** ~ (*durch Wasser*) to wash sb/sth somewhere; (*durch Wind*) to blow sb/sth somewhere ④ (*fam: anstellen*) ▪ **etw** ~ to be up to sth ⑤ (*ausüben*) **Handel** ~ to trade ⑥ (*fam: zu weit gehen*) **es zu bunt/wild** ~ to go too far ⑦ (*sl: Sex*) **es [mit jdm]** ~ to do it [with sb] II. *vi sein* (*sich fortbewegen*) to drift; ▪ **sich** ~ **lassen** to drift (**von** with)
Treiben <-s> ['traibn̩] *nt kein pl* hustle and bustle
Treibgut *nt kein pl* flotsam and jetsam *pl*
Treibhaus *nt* greenhouse

Treibhauseffekt *m kein pl* ▪ **der** ~ the greenhouse effect **Treibhausklima** *nt* ÖKOL global warming
Treibjagd *f* battue
Treibsand *m kein pl* quicksand
Treibstoff *m* fuel
Treibstoffverbrauch *m kein pl* fuel consumption
Trend <-s, -s> [trɛnt] *m* trend
Trendforscher(in) *m(f)* trend analyst
trendig *adj* (*fam*) trendy
Trendscout <-s, -s> ['trɛntskaʊt] *m* ÖKON trendspotter
trennbar *adj* separable
trennen ['trɛnən] I. *vt* ① (*abtrennen*) ▪ **etw von etw** *dat* ~ to cut sth off sth ② (*teilen, auseinanderbringen*) to separate (**von** from) II. *vr* ① (*getrennt weitergehen*) ▪ **sich** ~ to part company ② (*Beziehung beenden*) ▪ **sich von jdm** ~ to split up with sb ③ (*wegwerfen, weggeben*) ▪ **sich von etw** *dat* ~ to part with sth
Trennung <-, -en> *f* separation; **in** ~ **leben** to be separated
Trennungsstrich *m* hyphen
Trennwand *f* partition [wall]
Treppe <-, -n> ['trɛpə] *f* stairs *pl*
Treppengeländer *nt* banister[s *pl*] **Treppenhaus** *nt* stairwell **Treppenstufe** *f* step
Tresen <-s, -> ['tre:zn̩] *m* bar; (*Ladentisch*) counter
Tresor <-s, -e> [tre'zo:ɐ̯] *m* safe
Tretboot *nt* pedal-boat
treten <tritt, trat, getreten> ['tre:tn̩] I. *vt haben* to kick II. *vi* ① *haben* to kick; ▪ **nach jdm** ~ to kick out at sb ② *sein* (*einen Schritt machen*) to step; ~ **Sie bitte zur Seite** please step aside ③ *sein o haben* (*den Fuß auf etw setzen*) to tread (**auf** on); **auf die Bremse** ~ to brake ④ *sein* (*hervorkommen*) ▪ **aus etw** *dat* ~ to come out of sth
treu [trɔy] *adj* faithful; **sich** *dat* **selbst** ~ **bleiben** to remain true to oneself
Treue <-> ['trɔyə] *f kein pl* ① loyalty ② (*sexuell*) fidelity *no pl*; **jdm die** ~ **halten** to be faithful to sb
Treuhänder(in) <-s, -> ['trɔyhɛndɐ] *m(f)* trustee
treuherzig I. *adj* trustful II. *adv* trustingly
treulos *adj* disloyal; *Ehepartner* unfaithful
Triathlon <-n, -s> ['tri:atlɔn] *m* triathlon
Tribüne <-, -n> [tri'by:nə] *f* stand

Trichine <-, -n> [trɪˈçiːnə] f ZOOL trichina, trichinella
Trichter <-s, -> [ˈtrɪçtɐ] m funnel
Trick <-s, -s o selten -e> [trɪk] m trick; **keine faulen ~s!** (fam) no funny business!; **den ~ raushaben** (fam) to have [got] the knack
Trickbetrüger(in) m(f) confidence trickster
Trickfilm m cartoon [film]
trieb [triːp] imp von **treiben**
Trieb <-[e]s, -e> [triːp, pl ˈtriːbə] m ❶ BOT shoot ❷ PSYCH drive
triebhaft adj driven by physical urges pred
Triebwerk nt engine
triefen <triefte o geh troff, getrieft o selten getroffen> [ˈtriːfn̩] vi to be dripping (**vor** with); **vor Nässe ~** to be dripping wet
triftig [ˈtrɪftɪç] adj convincing
Trikot <-s, -s> [triˈkoː, ˈtrɪko] nt jersey
trillern [ˈtrɪlɐn] vi to trill
Trillerpfeife f whistle
trimmen [ˈtrɪmən] vt (trainieren) to train (**auf** for)
trinkbar adj drinkable
trinken <trank, getrunken> [ˈtrɪŋkn̩] vt, vi to drink; ■ **etw zu ~** sth to drink; **einen ~ gehen** (fam) to go for a drink; ■ **auf jdn/etw ~** to drink to sb/sth
Trinker(in) <-s, -> m(f) drunkard
Trinkflasche f sports bottle **Trinkgeld** nt tip; **~ geben** to give a tip

Tipping is voluntary but is often expected, as the wages in the service sector are very low. If one is happy with the service, a **Trinkgeld** of 5–10% is usual in cafés and restaurants (around 15% in Austria).

Trinkspruch m toast; **einen ~ ausbringen** to propose a toast (**auf** to) **Trinkwasser** nt drinking water **Trinkwasseraufbereitung** f drinking water purification **Trinkwasserknappheit** f drinking-water shortage **Trinkwasserversorgung** f drinking-water supply
Tripper <-s, -> [ˈtrɪpɐ] m gonorrhoea no art
tritt [trɪt] 3. pers sing von **treten**
Tritt <-[e]s, -e> [trɪt] m kick; **jdm/etw einen ~ geben** to kick sb/sth
Trittleiter f stepladder
Triumph <-[e]s, -e> [triˈʊmf] m triumph
Triumphbogen m triumphal arch

triumphieren* [triʊmˈfiːrən] vi ❶ (frohlocken) to rejoice ❷ (siegen) to triumph (**über** over)
triumphierend adj triumphant
trivial [triˈvi̯aːl] adj banal
Trivialliteratur f kein pl light fiction
trocken [ˈtrɔkn̩] I. adj dry; **im T~en sitzen** (fam) to be broke II. adv **~ aufbewahren** to keep in a dry place; **sich ~ rasieren** to use an electric razor
Trockenheit <-, selten -en> f ❶ kein pl dryness ❷ (Dürre) drought **trocken|legen** vt ❶ **ein Baby ~** to change a baby's nappy [or AM diaper] ❷ Sumpf, Teich to drain **Trockenmilch** f dried milk **Trockenperiode** [ˈtrɔknpeˌri̯oːdə] f METEO dry spell **Trockenspiritus** m fire lighter **Trockenzeit** f dry season
trocknen [ˈtrɔknən] I. vi sein to dry II. vt haben to dry
Trödel <-s> [ˈtrøːdl̩] m kein pl (fam) junk
trödeln [ˈtrøːdl̩n] vi (langsam sein) to dawdle
Trödler(in) <-s, -> [ˈtrøːdlɐ] m(f) second-hand dealer
Trommel <-, -n> [ˈtrɔml̩] f drum
Trommelfell nt ear-drum
trommeln [ˈtrɔml̩n] vi to drum
Trompete <-, -n> [trɔmˈpeːtə] f trumpet
Trompeter(in) <-s, -> m(f) trumpeter
Tropen [ˈtroːpn̩] pl ■ **die ~** the tropics
Tropenhelm m sun-helmet **Tropenkrankheit** f tropical disease
Tropf <-[e]s, Tröpfe> [trɔpf, pl ˈtrœpfə] m ▶ **armer ~** (fam) poor devil
tropfen [ˈtrɔpfn̩] vi to drip
Tropfen <-s, -> [ˈtrɔpfn̩] m drop; **bis auf den letzten ~** [down] to the last drop ▶ **ein ~ auf den heißen Stein** a [mere] drop in the ocean; **ein guter ~** a good drop [of wine]
tropfnass^RR adj dripping wet
Tropfsteinhöhle f stalactite cave
Trophäe <-, -n> [troˈfɛːə] f trophy
tropisch [ˈtroːpɪʃ] adj tropical
Trost <-[e]s> [troːst] m kein pl consolation; **ein schwacher ~ sein** to be of little consolation; **jdm ~ spenden** to comfort sb ▶ **nicht [ganz] bei ~ sein** (fam) to have taken leave of one's senses
trösten [ˈtrøːstn̩] vt to comfort; ■ **etw tröstet jdn** sth is of consolation to sb

tröstlich *adj* comforting
trostlos *adj* ❶(*deprimierend*) miserable ❷(*öde*) desolate
Trostlosigkeit <-> *f kein pl* ❶(*deprimierende Art*) miserableness *no pl* ❷(*triste Beschaffenheit*) desolateness *no pl* **Trostpreis** *m* consolation prize
Trott <-s> [trɔt] *m kein pl* routine
Trottel <-s, -> ['trɔtl̩] *m* (*fam*) bonehead
trotten ['trɔtn̩] *vi sein* to trudge [along]
Trottoir <-s, -s *o* -e> [trɔ'toaːɐ̯] *nt* SÜDD, ÖSTERR, SCHWEIZ (*Bürgersteig*) pavement
trotz [trɔts] *präp +gen* despite
Trotz <-es> [trɔts] *m kein pl* defiance; **aus ~** out of spite; **jdm/etw zum ~** in defiance of sb/sth
Trotzalter *nt* difficult age
trotzdem ['trɔtsdeːm] *adv* nevertheless
trotzen ['trɔtsn̩] *vi* ▪**jdm/etw ~** to defy sb/sth; **einer Herausforderung ~** to meet a challenge
trotzig ['trɔtsɪç] *adj* awkward
Trotzreaktion *f* act of defiance
trübe ['tryːbə] *adj* ❶(*Tag, Wasser*) murky ❷(*Licht, Augen, Erinnerung*) dim ❸ *Himmel* dull ❹ *Stimmung* gloomy
Trubel <-s> ['truːbl̩] *m kein pl* hustle and bustle
trüben ['tryːbn̩] **I.** *vt* ▪**etw ~** ❶ to make sth murky ❷(*beeinträchtigen*) to cast a cloud over sth **II.** *vr* ▪**sich ~** to go murky
trübselig *adj* gloomy
trübsinnig *adj* gloomy
Trübung <-, -en> *f* clouding
Trüffel <-, -n> ['trʏfl̩] *f* truffle
Trugbild *nt* (*geh*) illusion
trügen <trog, getrogen> ['tryːgn̩] **I.** *vt* **wenn mich nicht alles trügt** unless I'm very much mistaken **II.** *vi* to be deceptive
Truhe <-, -n> ['truːə] *f* chest
Trümmer ['trʏmɐ] *pl* rubble; **in ~n liegen** to lie in ruins
Trümmerfeld *nt* expanse of rubble
Trumpf <-[e]s, Trümpfe> [trʊmpf, *pl* 'trʏmpfə] *m* (*a. fig*) trump card; **seinen letzten ~ ausspielen** to play one's last trump card
Trunkenheit <-> *f kein pl* drunkenness; **~ am Steuer** drunken driving
Trunksucht <-> *f kein pl* alcoholism
Truppe <-, -n> ['trʊpə] *f* ❶(*Gruppe*) company ❷ *kein pl* MIL (*Fronteinheit*) combat unit

Truppenabzug *m* withdrawal of troops
Truppenführer *m* MIL commander **Truppentransporter** *m* MIL troop carrier **Truppenübungsplatz** *m* military training area
Trust <-[e]s, -s *o* -e> [trast] *m* trust
Trute <-, -n> *f* SCHWEIZ (*Truthenne*) turkey[hen]
Truthahn ['truːtha:n] *m* turkey
Truthenne *f* turkey[hen]
Tschad <-s> [tʃat] *nt* Chad
Tscheche, Tschechin <-n, -n> ['tʃɛçə, 'tʃɛçɪn] *m, f* Czech
tschechisch ['tʃɛçɪʃ] *adj* Czech; *s. a.* **deutsch**
Tschechisch ['tʃɛçɪʃ] *nt dekl wie adj* Czech; *s. a.* **Deutsch**
Tschechische Republik *f* Czech Republic
Tschechoslowakei [tʃɛçoslova'kai] *f* (*hist*) ▪**die ~** Czechoslovakia *hist*
T-Shirt <-s, -s> ['tiːʃøːɐ̯t] *nt* T-shirt
Tsunami <-, -s> [tsu'nami] *m* tsunami
Tube <-, -n> ['tuːbə] *f* tube ▶ **auf die ~ <u>drücken</u>** (*fam*) to step on it
Tuberkulose <-, -n> [tubɛrku'loːzə] *f* tuberculosis *no pl*
Tuch[1] <-[e]s, Tücher> [tuːx, *pl* 'tyːçɐ] *nt* (*Kopftuch*) [head]scarf; (*Halstuch*) scarf
Tuch[2] <-[e]s, -e> [tuːx,] *nt* (*Gewebe*) cloth
tüchtig ['tʏçtɪç] *adj* ❶ capable ❷(*fam: groß*) big; **eine ~e Tracht Prügel** a good hiding
Tücke <-, -n> ['tʏkə] *f* ❶ *kein pl* (*Heimtücke*) malice ❷(*Unwägbarkeiten*) ▪**~n** *pl* vagaries
tückisch ['tʏkɪʃ] *adj* ❶(*hinterhältig*) malicious ❷(*gefährlich*) treacherous
tüfteln ['tʏftl̩n] *vi* (*fam*) to fiddle about (**an** with)
Tugend <-, -en> ['tuːgn̩t] *f* virtue
tugendhaft *adj* virtuous
Tüll <-s, -e> [tʏl] *m* tulle
Tulpe <-, -n> ['tʊlpə] *f* tulip
tummeln ['tʊml̩n] *vr* ▪**sich ~** to romp [about]
Tumor <-s, Tumoren> ['tuːmoːɐ̯, tu'moːrən] *m* tumour
Tümpel <-s, -> ['tʏmpl̩] *m* [small] pond
Tumult <-[e]s, -e> [tu'mʊlt] *m kein pl* commotion
tun <tat, getan> [tuːn] **I.** *vt* ❶(*machen*) to do; **was sollen wir bloß ~?** whatever shall we do?; **was tust du da?** what are you doing [there]?; **er tut nichts, als sich zu beklagen** he does nothing but complain; **so**

etwas tut man nicht! you just don't do things like that!; ~ und lassen können, was man will to do as one pleases; noch viel ~ müssen to have still got a lot to do ❷ (*unternehmen*) to do; ich will versuchen, was sich da ~ lässt I'll see what I can do [about it]; etw gegen etw *akk* ~ to do sth about sth; etwas für jdn ~ können to be able to do something for sb ❸ (*fam: legen o stecken*) ■ etw irgendwohin ~ to put sth somewhere ▶ was <u>kann</u> ich für Sie ~? can I help you? II. *vr impers* ■ es tut sich etwas/nichts/einiges something/nothing/quite a lot is happening III. *vi* ❶ so ~, als ob to pretend that; er ist doch gar nicht wütend, er tut nur so he's not angry at all, he's [just] pretending [to be] ❷ ■ zu ~ haben to be busy ▶ es mit jdm zu ~ <u>bekommen</u> to get into trouble with sb; es mit jdm zu ~ <u>haben</u> to be dealing with sb; etwas/nichts mit jdm/etw zu ~ <u>haben</u> to have something/nothing to do with sb/sth; mit jdm/etw nichts zu ~ haben <u>wollen</u> to want to have nothing to do with sb/sth IV. *vb aux* DIAL ich tu nur schnell den Braten anbraten I'll just brown the joint [off]

Tun <-s> [tu:n] *nt kein pl* action
tünchen ['tʏnçn̩] *vt* to whitewash
Tuner <-s, -> ['tju:nɐ] *m* tuner
Tunesien <-s> [tu'ne:ziən] *nt* Tunisia
Tunesier(in) <-s, -> [tu'ne:ziɐ] *m(f)* Tunisian
tunesisch [tu'ne:zɪʃ] *adj* Tunisian; *s. a.* **deutsch**
Tunfisch^{RR} ['tu:nfɪʃ] *m* tuna [fish]
Tunichtgut <-[e]s, -e> ['tu:nɪçtgu:t] *m* good-for-nothing, ne'er-do-well *dated*
tunken ['tʊŋkən] *vt* to dip (**in** into)
tunlichst *adv* if possible
Tunnel <-s, - *o* -s> ['tʊnl̩] *m* tunnel
tüpfeln ['tʏpfl̩n] *vt* ■ etw ~ to spot sth
tupfen ['tʊpfn̩] *vt* to dab
Tupfen <-s, -> ['tʊpfn̩] *m* dot
Tupfer <-s, -> *m* MED swab
Tür <-, -en> [ty:ɐ] *f* door ▶ zwischen ~ und <u>Angel</u> in passing; mit der ~ ins <u>Haus</u> fallen to blurt it [straight] out; <u>offene</u> ~ **en einrennen** to be preaching to the converted; jdm die ~ <u>einrennen</u> to pester sb constantly; vor der ~ <u>sein</u> to be just [a]round the corner; jdn vor die ~ <u>setzen</u> to kick sb out

Türangel *f* [door-]hinge
Turbinenantrieb *m* turbine drive
turbulent [tʊrbu'lɛnt] *adj* turbulent
Türgriff *m* door-handle
Türke, Türkin <-n, -n> ['tʏrkə, 'tʏrkɪn] *m, f* Turk
Türkei <-> [tʏr'kai] *f* ■ **die** ~ Turkey
Türkin <-, -nen> *f fem form von* **Türke**
türkis [tʏr'ki:s] *adj* turquoise
Türkis <-es, -e> [tʏr'ki:s] *m* turquoise
türkisch ['tʏrkɪʃ] *adj* Turkish; *s. a.* **deutsch**
Türkisch ['tʏrkɪʃ] *nt dekl wie adj* Turkish; *s. a.* **Deutsch**
Türklinke *f* door-handle
Turm <-[e]s, Türme> [tʊrm, *pl* 'tʏrmə] *m* ❶ tower ❷ SCHACH castle
türmen¹ ['tʏrmən] I. *vt haben* to pile up (**auf** on) II. *vr* ■ **sich** ~ to pile up
türmen² ['tʏrmən] *vi sein (fam)* to clear off; aus dem Knast ~ to break out of jail
Turmspringen *nt kein pl* high diving
turnen ['tʊrnən] *vi* to do gymnastics
Turnen <-s> ['tʊrnən] *nt kein pl* gymnastics + *sing vb*
Turner(in) <-s, -> ['tʊrnɐ] *m(f)* gymnast
Turnhalle *f* gymnasium **Turnhose** *f* gym shorts
Turnier <-s, -e> [tʊr'ni:ɐ] *nt* tournament
Turnierpferd *nt* show horse **Turnierreiter(in)** *m(f)* show-jumper
Turnlehrer(in) *m(f)* SCH PE teacher **Turnschuh** *m* trainer BRIT, sneaker AM **Turnstunde** *f* PE [*or* Physical Education] lesson
Turnübung *f* gymnastic exercise **Turnunterricht** *m kein pl* gymnastics + *sing vb*
Turnverein *m* gymnastics club
Türöffner *m* automatic door-opener **Türrahmen** *m* door-frame **Türschild** *nt* name-plate
Türschnalle *f* ÖSTERR (*Türklinke*) door-handle
Tusch <-es, -e> [tʊʃ] *m* flourish
Tusche <-, -n> ['tʊʃə] *f* Indian ink
tuscheln ['tʊʃl̩n] *vi* to gossip secretly
Tüte <-, -n> ['ty:tə] *f* bag; eine ~ **Popcorn** a bag of popcorn ▶ [das] <u>kommt</u> nicht in die ~! (*fam*) no way!
tuten ['tu:tn̩] *vi* to hoot; *Schiff* to sound its fog-horn ▶ von T~ und <u>Blasen</u> keine Ahnung haben (*fam*) not to have a clue
TÜV <-s, -s> [tʏf] *m Akr von* **Technischer Überwachungsverein** ≈ MOT; jds/der ~ läuft ab sb's/the MOT is about to run out

Der TÜV is comparable to the MOT. Every vehicle licensed to drive on a public highway must undergo a **TÜV** (MOT) inspection first. If no defects are reported, a **TÜV-Plakette** (disc) valid for two years is attached to the vehicle's rear numberplate.

TÜV-Plakette *f* MOT certificate Brit (*disc on numberplate showing that a car has a technical seal of approval*)
TV¹ <-[s], -s> [teːˈfaʊ] *m Abk von* **Turnverein** sports club
TV² <-[s], -s> [tiːˈviː] *nt Abk von* **Television** TV
Twen <-[s], -s> [tvɛn] *m* (*veraltend*) person in their twenties
Twist <-s, -s> [tvɪst] *m* (*Tanz*) twist *no pl*
Typ <-s, -en> [tyːp] *m* ❶ model; **dieser ~ Computer** this model of computer ❷ (*Art Mensch*) type [of person]; **jds ~ sein** (*fam*) to be sb's type ❸ (*sl: Kerl*) guy
Typhus <-> [ˈtyːfʊs] *m kein pl* typhoid
typisch [ˈtyːpɪʃ] I. *adj* typical; ■ **~ für jdn sein** to be typical of sb II. *adv* **~ Frau/Mann!** typical woman/man!; **~ britisch/deutsch** typically British/German
Typografieᴿᴿ <-, -n> [typograˈfiː] *f* typography
typografischᴿᴿ [typoˈɡraːfɪʃ] *adj* typographic[al]
Typographie <-, -n> *f s.* **Typografie**
typographisch *adj s.* **typografisch**
Tyrann(in) <-en, -en> [tyˈran] *m(f)* tyrant
tyrannisch [tyˈranɪʃ] I. *adj* tyrannical II. *adv* tyrannically
tyrannisieren* *vt* ■ **jdn ~** to tyrannize sb; ■ **sich ~ lassen** to [allow oneself to] be tyrannized (**von** by)

U u

U, u <-, - *o fam* -s, -s> [uː] *nt* U, u; *s. a.* **A 1**
u. *konj Abk von* **und**
U-Bahn *f* ❶ underground Brit, subway Am; **mit der ~ fahren** to go by underground ❷ (*Zug*) [underground] train
U-Bahnhof *m* underground [*or* Am subway] station
übel [ˈyːbl̩] I. *adj* ❶ (*schlimm*) bad ❷ (*unangenehm*) nasty ❸ med **mir ist ~** I feel sick II. *adv* ❶ (*unangenehm*) **was riecht hier so ~?** what's that nasty smell [in] here?; **das Zeug schmeckt aber ~!** that stuff tastes awful! ❷ (*schlecht*) **~ dran sein** (*fam*) to be in a bad way; **nicht ~** not so bad [at all] ❸ (*gemein*) badly; **jdn ~ behandeln** to treat sb badly
Übel <-s, -> [ˈyːbl̩] *nt* evil ▶ **das kleinere ~** the lesser evil; **ein notwendiges ~** a necessary evil; **zu allem ~** to cap it all
Übelkeit <-, -en> *f* nausea **Übeltäter(in)** *m(f)* wrongdoer
üben [ˈyːbn̩] I. *vt, vi* to practise II. *vr* ■ **sich in etw** *dat* **~** to practise sth
über [ˈyːbɐ] I. *präp* +*dat* (*oberhalb von*) above II. *präp* +*akk* ❶ (*quer hinüber, darüber*) over ❷ (*höher als*) above ❸ (*etw erfassend*) over; **ein Überblick ~ etw** *akk* an overview of sth ❹ (*betreffend*) about ❺ (*durch jdn/etw*) through ❻ transp via ❼ (*während*) over ❽ radio, tv on; **~ Satellit empfange ich 63 Programme** I can receive 63 channels via satellite ▶ **~ alles** more than anything; **Fehler ~ Fehler!** nothing but mistakes! III. *adv* ❶ (*älter als*) over ❷ (*mehr als*) more than ▶ **~ und ~** completely IV. *adj* (*fam: übrig*) ■ **~ sein** to be left
überall [yːbɐˈʔal] *adv* everywhere; (*an jeder Stelle*) all over [the place]; **sie hatte ~ am Körper blaue Flecken** she had bruises all over her body; **~ wo** wherever
überängstlich *adj* over-anxious
überanstrengen* [yːbɐˈʔanʃtrɛŋən] *vt* ■ **jdn/sich [bei etw** *dat*] **~** to over-exert sb/oneself [doing sth]
überarbeiten* [yːbɐˈʔarbaitn̩] I. *vt* to revise II. *vr* ■ **sich ~** to overwork oneself
Überarbeitung <-, -en> [yːbɐˈʔarbaitʊŋ] *f* media ❶ *kein pl* revision ❷ (*bearbeitete Fassung*) revised version
überaus [ˈyːbɐʔaus] *adv* extremely
überbacken* [yːbɐˈbakn̩] *vt irreg* ■ **etw** [**mit etw** *dat*] **~** to top sth [with sth] and brown it
überbelasten* *vt* ■ **jdn/etw ~** to overload sb/sth
überbelegt *adj* overcrowded
überbelichten* *vt* to overexpose

überbesetzt *adj* overstaffed
überbevölkert *adj* overpopulated
überbewerten* *vt* to overestimate
Überbezahlung *f* overpayment
überbieten* [y:bɐ'bi:tn̩] *irreg vt* ❶ to better ❷ ÖKON to outbid (**um** by)
Überbleibsel <-s, -> ['y:bɐblaɪpsl̩] *nt meist pl* ❶ (*Relikt*) relic ❷ (*Reste*) remnant
Überblick ['y:bɐblɪk] *m* ❶ (*Rundblick*) view (**über** of) ❷ (*Übersicht*) overview (**über** of); **den ~ [über etw** *akk*] **verlieren** to lose track [of sth]; ■ **sich** *dat* **einen ~ verschaffen** to gain an overview
überblicken* [y:bɐ'blɪkn̩] *vt* ■ **etw ~** to have an overview of sth
überbringen* [y:bɐ'brɪŋən] *vt irreg* ■ [**jdm**] **etw ~** to deliver sth [to sb]
Überbringer(in) <-s, -> *m(f)* bringer, bearer
überbrücken* [y:bɐ'brʏkn̩] *vt* to get through
überdenken* [y:bɐ'dɛŋkn̩] *vt irreg* to think over *sep*
überdimensional *adj* colossal
Überdosis *f* overdose (**an** of)
überdreht *adj* over-excited
Überdruck *m* excess pressure
Überdruss[RR] <-es> *m kein pl,* **Überdruß**[ALT] <-sses> ['y:bɐdrʊs] *m kein pl* aversion; **bis zum ~** ad nauseam
überdrüssig ['y:bɐdrʏsɪç] *adj* ■ **jds/einer S. ~ sein/werden** to be/grow tired of sb/a thing
überdurchschnittlich I. *adj* above-average *attr* II. *adv* above average
übereifrig *adj* overzealous
übereignen* [y:bɐ'ʔaɪɡnən] *vt* (*geh*) ■ **jdm etw ~** to transfer sth to sb
übereilt I. *adj* rash II. *adv* rashly
übereinander [y:bɐʔaiˈnandɐ] *adv* ❶ on top of each other ❷ (*fig*) about each other
übereinanderǀschlagen *vt irreg* **die Beine ~** to cross one's legs
übereinǀkommen [y:bɐʔˈʔaɪnkɔmən] *vi irreg sein* to agree
Übereinkommen [y:bɐʔˈʔaɪnkɔmən] *nt* agreement; **ein ~ erzielen** to reach an agreement (**in** on)
Übereinkunft <-, -künfte> [y:bɐʔˈʔaɪnkʊnft, *pl* -kʏnftə] *f* agreement, understanding *no pl*
übereinǀstimmen [y:bɐʔˈʔaɪnʃtɪmən] *vi* ❶ to agree (**in** on); ■ **mit jdm darin ~, dass ...** to agree with sb that ... ❷ (*sich gleichen*) ■ [**mit etw** *dat*] **~** to match [sth]

Übereinstimmung *f* agreement (**in** on)
überempfindlich I. *adj* hypersensitive (**gegen** to) II. *adv* hypersensitively
überfahren* [y:bɐˈfaːrən] *vt irreg* to run over *sep*
Überfahrt *f* NAUT crossing
Überfall <-s, Überfälle> *m* attack; (*Raubüberfall*) robbery
überfallen* [y:bɐˈfalən] *vt irreg* ❶ to attack ❷ (*mit Raub*) to mug; *Bank* to rob ❸ (*hum: bestürmen*) ■ **jdn [mit etw** *dat*] **~** to bombard sb [with sth]
überfliegen* [y:bɐˈfliːɡn̩] *vt irreg* ■ **etw ~** ❶ to fly over sth ❷ (*Text*) to skim through sth
überǀfließen ['y:bɐfliːsn̩] *vi irreg sein* to overflow
Überfluss[RR] *m,* **Überfluß**[ALT] *m kein pl* abundance; **im ~ vorhanden sein** to be in plentiful supply; **etw im ~ haben** to have plenty of sth ▶ **zu allem ~** to cap it all
Überflussgesellschaft[RR] *f* affluent society
überflüssig *adj* superfluous
überfluten* [y:bɐˈfluːtn̩] *vt* to flood
überfordern* [y:bɐˈfɔrdɐn] *vt* to overtax; ■ [**mit etw** *dat*] **überfordert sein** to be out of one's depth [with sth]
überfrieren* [y:bɐˈfriːrən] *vi* to freeze over
überführen* [y:bɐˈfyːrən] *vt* ❶ to transfer ❷ JUR ■ **jdn [einer S.** *gen*] **~** to convict sb of sth
Überführung[1] [y:bɐˈfyːrʊŋ] *f* TRANSP bridge; (*über eine Straße*) overpass; (*für Fußgänger*) [foot-]bridge
Überführung[2] [y:bɐˈfyːrʊŋ] *f* (*das Überführen*) transferral
Überführung[3] [y:bɐˈfyːrʊŋ] *f* JUR conviction
überfüllt *adj* overcrowded
Übergabe *f* ❶ handing over ❷ MIL surrender
Übergang <-gänge> *m* ❶ (*das Überqueren*) crossing ❷ (*Wechsel*) transition ❸ (*Zwischenlösung*) interim solution
Übergangszeit *f* ❶ transition ❷ (*Zeit zwischen Hauptjahreszeiten*) in-between [*or* AM off] season
Übergardine *f* curtain
übergeben* [y:bɐˈɡeːbn̩] I. *vt irreg* ■ **[jdm] etw ~** to hand over *sep* sth [to sb] II. *vr* MED ■ **sich ~** to vomit
überǀgehen[1] ['y:bɐɡeːən] *vi irreg sein* ■ **dazu ~, etw zu tun** to go over to doing sth; **in anderen Besitz ~** to become sb else's property; **in Fäulnis/Verwesung ~** to begin to rot/decay; ■ **ineinander ~** to merge into

one another

übergehen*² [y:bɐˈgeːən] *vt irreg* ❶ to pass over *sep* (**bei/in** in) ❷ (*ignorieren*) to ignore

übergeordnet *adj* higher

Übergepäck *nt* excess luggage

Übergewicht *nt kein pl* overweight; **~ haben** to be overweight

übergewichtig *adj* overweight

überglücklich *adj* overjoyed *pred*

über|greifen *vi irreg* ▪[**auf etw** *akk*] **~** to spread [to sth]

übergreifend *adj* comprehensive

Übergriff *m* infringement of [one's/sb's] rights

Übergröße *f* outsize

über|hängen [ˈyːbɐhɛŋən] **I.** *vi irreg* (*hinausragen*) to hang over **II.** *vt* ▪**jdm/sich etw ~** to put sth round sb's/one's shoulders; **sich** *dat* **eine Tasche ~** to hang a bag over one's shoulder

überhastet I. *adj* overhasty, hurried **II.** *adv* overhastily

überhäufen* [yːbɐˈhɔyfn̩] *vt* ▪**jdn mit etw** *dat* **~** to heap sth [up]on sb

überhaupt [yːbɐˈhaupt] *adv* ▪**~ keiner** nobody at all; **~ kein Geld haben** to have no money at all; ▪**~ nicht** not at all; ▪**~ nichts** nothing at all; ▪**und ~, …?** and anyway, …?; ▪**wenn ~** if at all

überheblich [yːbɐˈheːplɪç] *adj* arrogant

Überheblichkeit <-, *selten* -en> *f* arrogance *no pl*

überhitzen* [yːbɐˈhɪtsn̩] *vt* to overheat

überhöht *adj* excessive; **mit ~er Geschwindigkeit fahren** to drive over the speed limit

überholen*¹ [yːbɐˈhoːlən] **I.** *vt* ❶ (*schneller vorbeifahren*) to overtake ❷ (*übertreffen*) to surpass **II.** *vi* to pass

überholen*² [yːbɐˈhoːlən] *vt* to overhaul

Überholspur *f* fast [*or* BRIT overtaking] lane

überholt *adj* outdated

Überholverbot *nt* restriction on passing [*or* BRIT overtaking]

überhören* [yːbɐˈhøːrən] *vt* to not hear; (*absichtlich*) to ignore

über|kochen [ˈyːbɐkɔxn̩] *vi sein* to boil over

überladen*¹ [yːbɐˈlaːdn̩] *vt irreg* to overload

überladen² [yːbɐˈlaːdn̩] *adj* ❶ overloaded ❷ *Stil* florid

überlassen* [yːbɐˈlasn̩] *vt irreg* ❶ (*zur Verfügung stellen*) ▪**jdm etw ~** to let sb have sth ❷ (*lassen*) ▪**jdm etw ~** to leave sth to sb; **jdm ~ sein** to be up to sb; **das müssen Sie schon mir ~** you must leave that to me ❸ (*verantworten*) **jdn sich** *dat* **selbst ~** to leave sb to his/her own devices

Überlastung <-, -en> *f* ❶ overstrain *no pl* ❷ ELEK overloading *no pl*

Überlauf *m* TECH overflow

über|laufen¹ [ˈyːbɐlaufn̩] *vi irreg sein* ❶ to overflow ❷ (*überkochen*) to boil over ❸ MIL to desert

überlaufen² [yːbɐˈlaufn̩] *adj* overrun

überleben* [yːbɐˈleːbn̩] *vt* ❶ to survive ❷ (*länger leben*) ▪**jdn ~** to outlive sb

Überlebende(r) *f(m) dekl wie adj* survivor

Überlebenskünstler(in) *m(f)* (*euph fam*) [born] survivor

überlegen*¹ [yːbɐˈleːgn̩] **I.** *vi* to think [about it]; **was gibt es denn da zu ~?** what's there to think about?; **ohne zu ~** without thinking **II.** *vt* ▪**sich** *dat* **etw ~** to consider sth; **sich** *dat* **etw reiflich ~** to give serious thought to sth; **ich will es mir noch einmal ~** I'll think it over again; **es sich** *dat* [**anders**] **~** to change one's mind

überlegen² [yːbɐˈleːgn̩] *adj* superior; ▪**jdm ~ sein** to be superior to sb

überlegt [yːbɐˈleːkt] **I.** *adj* [well-]considered **II.** *adv* with consideration

Überlegung <-, -en> *f* consideration *no indef art*

über|leiten *vi* ▪**zu etw** *dat* **~** to lead to sth

überliefern* [yːbɐˈliːfɐn] *vt* to hand down *sep*; ▪**überliefert sein** to have come down

Überlieferung *f* tradition; **mündliche ~** oral tradition

überlisten* [yːbɐˈlɪstn̩] *vt* to outwit

übermächtig *adj* ❶ *Gegner* superior ❷ *Gefühl* overpowering

Übermaß *nt kein pl* excess[ive amount] (**an/von** of); **im ~** in excess

übermäßig I. *adj* excessive **II.** *adv* excessively; **sich ~ anstrengen** to try too hard

übermorgen [ˈyːbɐmɔrgn̩] *adv* the day after tomorrow; ▪**~ Abend/früh** the day after tomorrow in the evening/morning

übermüdet [yːbɐˈmyːdət] *adj* overtired

Übermut *m* high spirits *npl*; **aus ~** just for the hell of it *fam*

übermütig [ˈyːbɐmyːtɪç] **I.** *adj* high-spirited **II.** *adv* boisterously

übernächste(r, s) [ˈyːbɐnɛːçstə, -tɐ, -təs] *adj attr* **~s Jahr/~ Woche** the year/week after

next; ■ **der/die/das ~** the next but one
übernachten* [y:bɐˈnaxtn̩] *vi* ■ **irgendwo/bei jdm ~** to stay the night somewhere/at sb's place
Übernachtung <-, -en> *f* overnight stay; **mit zwei ~en in Bangkok** with two nights in Bangkok; **~ mit Frühstück** bed and breakfast
Übernachtungsmöglichkeit *f* overnight accommodation *no pl*
Übernahme <-, -n> [ˈy:bɐnaːmə] *f* ❶ (*Inbesitznahme*) taking possession *no pl* ❷ (*das Übernehmen*) assumption *no pl*
übernatürlich *adj* supernatural
übernehmen* [y:bɐˈneːmən] *irreg* I. *vt* ❶ (*in Besitz nehmen*) to take; *Geschäft* to take over *sep* ❷ (*auf sich nehmen*) to accept; **lassen Sie es, das übernehme ich** let me take care of it; *Auftrag, Verantwortung* to take on *sep; Kosten* to pay; *Verpflichtungen* to assume II. *vr* ■ **sich [mit etw** *dat*] **~** to take on too much [of sth]
überprüfen* [y:bɐˈpryːfn̩] *vt* ❶ to check (**auf** for) ❷ (*bedenken*) to examine
überqueren* [y:bɐˈkveːrən] *vt* to cross [over]
überragen*¹ [y:bɐˈraːgn̩] *vt* ❶ to tower above (**um** by) ❷ (*übertreffen*) to outclass
überǀragen² [ˈy:bɐraːgn̩] *vi* to project
überraschen* [y:bɐˈraʃn̩] *vt* to surprise; ■ **jdn bei etw** *dat* **~** to surprise sb doing sth; **lassen wir uns ~!** (*fam*) let's wait and see [what happens]; **vom Regen überrascht werden** to get caught in the rain
überraschend I. *adj* unexpected II. *adv* unexpectedly
Überraschung <-, -en> *f kein pl* surprise; **voller ~** completely surprised; **eine ~ für jdn kaufen** to buy something as a surprise for sb; ■ **[für jdn] eine ~ sein** to come as a surprise [to sb]
überreden* [y:bɐˈreːdn̩] *vt* to persuade; ■ **jdn zu etw** *dat* **~** to talk sb into sth
überregional *adj* national
überreichen* [y:bɐˈraiçn̩] *vt* ■ **jdm etw ~** to hand over *sep* sth to sb
überreif *adj* overripe
Überrest *m meist pl* remains *npl*
überrumpeln* [y:bɐˈrʊmpl̩n] *vt* ■ **jdn ~** to take sb by surprise
Überschallflugzeug *nt* supersonic aircraft
Überschallgeschwindigkeit *f kein pl* supersonic speed

überschätzen* [y:bɐˈʃɛtsn̩] I. *vt* to overestimate II. *vr* ■ **sich ~** to think too highly of oneself
überschlagen*¹ [y:bɐˈʃlaːgn̩] *irreg vr* ■ **sich ~** ❶ *Mensch* to fall head over heels; *Fahrzeug* to overturn ❷ *Ereignisse* to come thick and fast ❸ *Stimme* to crack ❹ (*fig*) **sich vor Freundlichkeit/Hilfsbereitschaft ~** to fall over oneself to be friendly/helpful
überǀschlagen² [ˈy:bɐʃlaːgn̩] *irreg* I. *vt haben* **die Beine ~** to cross one's legs; **mit ~en Beinen** cross-legged II. *vi sein* ❶ (*sich wandeln in*) ■ **in etw** *akk* **~** to turn into sth ❷ (*übergreifen*) to spread (**auf** to)
überschneiden* [y:bɐˈʃnaidn̩] *vr irreg* ■ **sich ~** to overlap
überschreiten* [y:bɐˈʃraitn̩] *vt irreg* ❶ (*geh: überqueren*) to cross [over] ❷ (*über etw hinausgehen*) to exceed (**um** by)
Überschrift *f* title; *einer Zeitung* headline
Überschuss^RR *m*, **Überschuß**^ALT *m* surplus *no pl* (**an** of)
überschüssig [ˈy:bɐʃʏsɪç] *adj* surplus
überschwänglich^RR [ˈy:bɐʃvɛŋlɪç] I. *adj* effusive II. *adv* effusively
überschwemmen* [y:bɐˈʃvɛmən] *vt* to flood
Überschwemmung <-, -en> *f* flood[ing *no pl*]
überschwenglich^ALT *adj, adv s.* **überschwänglich**
Übersee [ˈy:bɐzeː] *kein art* ■ **aus ~** from overseas; ■ **in ~** overseas; ■ **nach ~** overseas
Überseehandel *m* overseas trade
übersehbar [y:bɐˈzeːbaːɐ̯] *adj* (*abschätzbar*) assessable
übersehen* [y:bɐˈzeːən] *vt irreg* ❶ (*nicht erkennen*) to overlook ❷ (*abschätzen*) to assess
übersenden* [y:bɐˈzɛndn̩] *vt irreg* (*geh*) to send *form,* to dispatch
übersetzen*¹ [y:bɐˈzɛtsn̩] *vi, vt* to translate (**aus** from, **ins** into)
überǀsetzen² [ˈy:bɐzɛtsn̩] *vt haben* ■ **jdn ~** to ferry across *sep* sb
Übersetzer(in) *m(f)* translator
Übersetzung¹ <-, -en> *f* TECH transmission ratio
Übersetzung² <-, -en> *f* ❶ (*übersetzter Text*) translation ❷ *kein pl* (*das Übersetzen*) translation *no pl*
Übersicht <-, -en> *f* ❶ *kein pl* (*Überblick*)

overall view; **die ~ verlieren** to lose track of things ❷ (*knappe Darstellung*) outline
übersichtlich I. *adj* ❶ (*rasch erfassbar*) clear ❷ *Gegend* open *attr* **II.** *adv* clearly
Übersiedler(in) *m(f)* migrant
übersinnlich *adj* paranormal
überspannt *adj* ❶ (*übertrieben*) extravagant ❷ (*exaltiert*) eccentric
überspitzt I. *adj* exaggerated **II.** *adv* in an exaggerated fashion
überspringen*¹ [y:bɐˈʃprɪŋən] *vt irreg* ❶ to jump ❷ (*auslassen*) to skip [over]
über|springen² [ˈy:bɐʃprɪŋən] *vi irreg sein* (*übergreifen, sich übertragen*) to spread (**auf** to)
überstaatlich *adj* supranational *form*
überstehen*¹ [y:bɐˈʃte:ən] *vt* to come through; **die nächsten Tage ~** to live through the next few days
über|stehen² [ˈy:bɐʃte:ən] *vi irreg haben o sein* (*herausragen*) to jut out
übersteigen* [y:bɐˈʃtaign] *vt irreg* to exceed
überstimmen* [y:bɐˈʃtɪmən] *vt* to outvote
Überstunde *f* ÖKON hour of overtime, extra hour; ■ **~n** overtime *no pl*
überstürzen* [y:bɐˈʃtʏrtsn̩] **I.** *vt* ■ **etw ~** to rush into sth **II.** *vr* ■ **sich ~** to come thick and fast
überstürzt I. *adj* overhasty **II.** *adv* overhastily
übertölpeln* [y:bɐˈtœlpl̩n] *vt* ■ **jdn ~** to dupe sb
übertragbar [y:bɐˈtra:kba:ɐ̯] *adj* ❶ MED communicable (**auf** to) ❷ (*anwendbar*) to be applicable (**auf** to)
übertragen* [y:bɐˈtra:gn̩] *irreg* **I.** *vt* ❶ (*senden*) to broadcast ❷ (*übersetzen*) to translate ❸ MED to communicate (**auf** to) ❹ (*übergeben*) ■ **jdm die Verantwortung ~** to entrust sb with the responsibility ❺ *Besitz* to transfer (**auf** to) ❻ (*anwenden*) to apply (**auf** to) **II.** *vr* MED ■ **sich [auf jdn] ~** to be communicated [to sb]
übertreffen* [y:bɐˈtrɛfn̩] *vt irreg* to surpass (**an/in** in)
übertreiben* [y:bɐˈtraibn̩] *irreg* **I.** *vi* to exaggerate **II.** *vt* to overdo; ■ **ohne zu ~** I'm not joking
Übertreibung <-, -en> *f* exaggeration
über|treten¹ [ˈy:bɐtre:tn̩] *vi irreg sein* (*konvertieren*) to convert (**zu** to)
übertreten*² [y:bɐˈtre:tn̩] *vt irreg Gesetz* to break

Übertretung <-, -en> [y:bɐˈtre:tʊŋ] *f* violation *no pl*
übertrieben I. *adj* exaggerated **II.** *adv* excessively
übertrumpfen* [y:bɐˈtrʊmpfn̩] *vt* ■ **jdn/etw ~** to outdo sb/surpass sth
über|tünchen* *vt* ■ **etw ~** (*fig*) to whitewash sth; *Problem* to cover up sth *sep*
übervölkert [y:bɐˈfœlkɐt] *adj* overpopulated
Übervölkerung <-> [y:bɐˈfœlkərʊŋ] *f kein pl* overpopulation
übervoll *adj* ❶ (*mehr als voll*) full to the brim ❷ (*überfüllt*) crowded
überwachen* [y:bɐˈva:xn̩] *vt* ❶ to supervise; *mit Kamera* to monitor ❷ (*beschatten*) ■ **jdn/etw ~** to keep sb/sth under surveillance
Überwachung <-> *f kein pl* ❶ supervision; (*Kameraüberwachung*) monitoring ❷ (*Beschattung*) surveillance; *eines Telefons* bugging
überwältigen* [y:bɐˈvɛltɪɡn̩] *vt* to overwhelm
überwältigend *adj* overwhelming
über|wechseln [ˈy:bɐvɛksl̩n] *vi sein* ❶ (*die Seite wechseln*) to go over (**zu** to); ■ **zu jdm ~** to go over to sb's side ❷ (*umsatteln*) ■ **von etw** *dat* **zu etw** *dat* **~** to change from sth to sth
überweisen* [y:bɐˈvaisn̩] *vt irreg* ❶ FIN to transfer ❷ MED to refer (**an** to)
Überweisung <-, -en> *f* ❶ FIN transfer ❷ MED referral (**an** to)
Überweisungsauftrag *m* banker's order
überwiegend [y:bɐˈvi:ɡn̩t] **I.** *adj* predominant **II.** *adv* mainly
überwinden* [y:bɐˈvɪndn̩] *irreg* **I.** *vt* ❶ to overcome ❷ *Gegner* to defeat **II.** *vr* ■ **sich ~** to overcome one's feelings/inclinations etc.; ■ **sich zu etw** *dat* **~** to force oneself to do sth
Überwindung <-> *f kein pl* ❶ overcoming ❷ (*Selbstüberwindung*) conscious effort; **jdn ~ kosten[, etw zu tun]** to take sb a lot of will power [to do sth]
überwintern* [y:bɐˈvɪntɐn] *vi* to winter
überwuchern* [y:bɐˈvu:xɐn] *vt* to overgrow
Überzahl *f kein pl* (*Mehrzahl*) the greatest number; ■ **in der ~ sein** to be in the majority
überzeugen* [y:bɐˈtsɔyɡn̩] **I.** *vt* to convince (**von** of) **II.** *vi* to be convincing **III.** *vr* ■ **sich [selbst] ~** to convince oneself; **~ Sie sich**

selbst! [go and] see for yourself
überzeugend I. *adj* convincing **II.** *adv* convincingly
Überzeugung <-, -en> [yːbeˈtsɔyɡʊŋ] *f* conviction; **zu der ~ gelangen, dass ...** to become convinced that ...; **der [festen] ~ sein, dass ...** to be [firmly] convinced that ...
Überzeugungskraft *f kein pl* persuasiveness
überziehen*¹ [yːbeˈtsiːən] *irreg* **I.** *vt* ❶ (*bedecken*) to cover ❷ FIN to overdraw (**um** by) ❸ (*übertreiben*) ■**überzogen** exaggerated **II.** *vi* (*Zeitlimit*) to overrun [one's allotted time] (**um** by)
über|ziehen² [ˈyːbetsiːən] *vt irreg* ■ [sich] **etw ~** to put on *sep* sth
Überziehungskredit *m* overdraft provision
Überzug <-s, Überzüge> *m* ❶ (*Schicht*) coat[ing] ❷ (*Hülle*) cover
üblich [ˈyːplɪç] *adj* usual; **es ist bei uns hier [so] ~** that's the custom with us here; **wie ~** as usual
U-Boot [ˈuːboːt] *nt* submarine
übrig [ˈyːbrɪç] *adj* ❶ (*andere*) other ❷ (*restliche*) remaining; **die Ü~en** the remaining ones; ■**das Ü~e** the rest; ■**alles Ü~e** all the rest; **es wird ihm gar nichts anderes ~ bleiben** he won't have any choice; [jdm] **etw ~ lassen** to leave sth [for sb]; ■**~ sein** to be left [over]
übrigens [ˈyːbrɪɡns] *adv* by the way
übrig|haben *vt* (*fig*) **für jdn viel ~** to be very fond of sb; **für etw nichts ~** to be not at all interested in sth
Übung¹ <-> [ˈyːbʊŋ] *f kein pl* (*Praxis*) practice; **aus der ~ sein** to be out of practice; **das ist alles nur ~** it [all] comes with practice; **zur ~** for practice ▶**~ macht den Meister** (*prov*) practice makes perfect
Übung² <-, -en> [ˈyːbʊŋ] *f* ❶ (*das Einüben*) exercise (**an** on) ❷ (*Übungsstück*) exercise ❸ (*Probeeinsatz*) drill
UdSSR <-> [uːdeːʔɛsʔɛsˈʔɛr] *f Abk von* **Union der Sozialistischen Sowjetrepubliken** HIST ■**die ~** the USSR
Ufer <-s, -> [ˈuːfɐ] *nt* (*Flussufer*) bank; (*Seeufer*) shore; **über die ~ treten** to break its banks; **am ~** on the waterfront
Ufo, UFO <-[s], -s> [ˈuːfoː] *nt Abk von* **Unbekanntes Flugobjekt** UFO
Uganda <-> [uˈɡanda] *nt kein pl* Uganda
Ugander(in) <-s, -> [uˈɡandɐ] *m(f)* Ugandan
ugandisch [uˈɡandɪʃ] *adj* Ugandan; *s. a.* **deutsch**
Uhr <-, -en> [uːɐ] *f* ❶ clock; (*Armbanduhr*) watch; ■**nach jds ~** by sb's watch; **die ~ stellen** to set the clock/one's watch; **diese ~ geht nach/vor** this watch is slow/fast; ■**rund um die ~** round the clock ❷ (*Zeitangabe*) o'clock; **15 ~** 3 o'clock [in the afternoon], 3 pm; **7 ~ 30** half past 7 [in the morning], 7.30 [am/pm]; **8 ~ 23** 23 minutes past 8, eight twenty-three; **wie viel ~ ist es?** what time is it?; **um wie viel ~?** [at] what time?; **um 10 ~** at ten [o'clock]
Uhrzeiger *m* hand **Uhrzeigersinn** *m* ■**im ~** clockwise; ■**entgegen dem ~** anticlockwise, counterclockwise AM **Uhrzeit** *f* time [of day]
Uhu <-s, -s> [ˈuːhu] *m* eagle owl
Ukraine <-> [ukraˈiːnə] *f* ■**die ~** [the] Ukraine
Ukrainer(in) <-s, -> [ukraˈiːnɐ] *m(f)* Ukrainian
ukrainisch [ukraˈiːnɪʃ] *adj* Ukrainian; *s. a.* **deutsch 1**
Ukrainisch [ukraˈiːnɪʃ] *nt dekl wie adj* Ukrainian; *s. a.* **Deutsch**
ulkig [ˈʊlkɪç] *adj* (*fam*) funny
Ulme <-, -n> [ˈʊlmə] *f* elm
Ultimatum <-s, -s *o* Ultimaten> [ʊltiˈmaːtʊm, *pl* -maːtən] *nt* ultimatum; **jdm ein ~ stellen** to give sb an ultimatum
Ultrakurzwelle [ʊltraˈkʊrtsvɛlə] *f* ❶ (*Welle*) ultrashort wave ❷ (*Empfangsbereich*) ≈ very high frequency, VHF
Ultraschall [ˈʊltraʃal] *m* ultrasound
Ultraschallbild *nt* ultrasound picture **Ultraschalluntersuchung** *f* ultrasound
ultraviolett [ʊltraviˌoˈlɛt] *adj* ultraviolet
um [ʊm] **I.** *präp* +*akk* ❶ (*etw umgebend*) ■**~ etw [herum]** around sth; (*nach allen Richtungen*) **~ sich schlagen/treten** to hit/kick out in all directions ❷ (*zeitlich*) **~ Ostern/den 15.des Monats [herum]** around Easter/the 15th of the month ❸ *in Vergleichen* **~ einiges besser** quite a bit better; **~ nichts enger** no narrower; **~ 10 cm länger** 10 cm longer ❹ (*für*) ■**~ jds/einer S. willen** for sb's sake/for the sake of sth ❺ (*nach*) **Minute ~ Minute** minute by minute ❻ (*vorüber*) ■**~ sein** to be over; *Zeit*

to be up **II.** *konj* ■ **~ etw zu tun** [in order] to do sth **III.** *adv* **~ die 80 Meter** about 80 metres

um|ändern *vt* to alter

umarmen* [ʊmˈʔarmən] *vt* to embrace; (*fester*) to hug

Umarmung <-, -en> *f* embrace; (*fester*) hug

um|bauen¹ [ˈʊmbauən] **I.** *vt* to convert **II.** *vi* to renovate

umbauen*² [ʊmˈbauən] *vt* to enclose (**mit** with)

um|benennen* *vt irreg* to rename

um|besetzen* POL to reassign

um|biegen *irreg* **I.** *vt haben* to bend **II.** *vi sein* ❶ (*kehrtmachen*) to turn back ❷ (*abbiegen*) **nach links ~** to take the left road/path/etc.; *Weg* to bend to the left

um|bilden *vt Kabinett* to reshuffle

um|binden [ˈʊmbɪndn̩] *vt irreg* ■ **jdm etw ~** to tie sth around sb's neck; ■ **sich** *dat* **etw ~** to tie on *sep* sth

um|blättern *vi* to turn over

um|blicken *vr* ■ **sich ~** to look back; ■ **sich nach jdm/etw ~** to turn round to look at sb/sth; **sich nach links/rechts ~** to look to the left/right; **sich nach allen Seiten ~** to look in all directions

um|bringen *irreg* **I.** *vt* to kill **II.** *vr* ■ **sich ~** to kill oneself

Umbruch [ˈʊmbrʊx, *pl* ˈʊmbrʏçə] *m* radical change

um|buchen *vt* ❶ (*terminlich*) to alter one's booking/reservation (**auf** for); **den Flug auf einen anderen Tag ~** to change one's flight reservation to another day ❷ *Geld* to transfer (**von** from, **auf** to)

um|definieren* [ʊmdefiˈniːrən] *vt* to redefine

um|denken *vi irreg* to change one's ideas/views

um|drehen **I.** *vt haben* to turn; (*auf die andere Seite*) to turn over *sep* **II.** *vr haben* ■ **sich [nach jdm/etw] ~** to turn round [to look at sb/sth] **III.** *vi haben o sein* to turn round

Umdrehungszahl *f* number of revolutions per minute/second

umeinander [ʊmʔaiˈnandɐ] *adv* about each other; **wir haben uns nie groß ~ gekümmert** we never really had much to do with each other

um|fahren¹ [ˈʊmfaːrən] *irreg vt* (*fam*) ❶ (*überfahren*) to run over *sep* ❷ (*anfahren und abknicken*) to hit

umfahren*² [ʊmˈfaːrən] *vt irreg* to drive around

um|fallen *vi irreg sein* to fall over; **tot ~** to drop [down] dead

Umfang <-[e]s, Umfänge> *m* ❶ circumference ❷ (*Ausdehnung*) area ❸ (*Ausmaß*) **in großem ~** on a large scale; **in vollem ~** completely

umfangreich *adj* extensive

umfassen* [ʊmˈfasn̩] *vt* ❶ (*umschließen*) to clasp; (*umarmen*) to embrace ❷ (*aus etw bestehen*) to comprise

umfassend [ʊmˈfasn̩t] *adj* ❶ (*weitgehend*) extensive ❷ (*alles enthaltend*) full

Umfeld *nt* sphere

Umfrage *f* poll; **eine ~ machen** to hold a survey (**zu/über** on)

um|füllen *vt* ■ **etw** [**in etw** *akk*] **~** to transfer sth [into sth]; **Wein in eine Karaffe ~** to decant wine

Umgang <-gänge> *m* ❶ (*Verkehr*) dealings *pl*; **kein ~ für jdn sein** to be not fit company for sb ❷ (*Beschäftigung*) ■ **jds ~ mit etw** *dat* sb's having to do with sth

umgänglich [ˈʊmgɛŋlɪç] *adj* friendly

Umgangsformen *pl* manners *pl* **Umgangssprache** *f* colloquial speech; **die griechische ~** colloquial Greek **Umgangston** *m* tone

umgeben* [ʊmˈgeːbn̩] *irreg* **I.** *vt* to surround; **etw von drei Seiten ~** to lie to three sides of sth **II.** *vr* ■ **sich mit jdm/etw ~** to surround oneself with sb/sth

Umgebung <-, -en> [ʊmˈgeːbʊŋ] *f* surroundings *pl*; *einer Stadt a.* environs *npl*; (*Nachbarschaft*) vicinity

um|gehen¹ [ˈʊmgeːən] *vi irreg sein* ❶ (*behandeln*) to treat; **mit jdm nicht ~ können** to not know how to handle sb; **mit etw** *dat* **gleichgültig/vorsichtig ~** to handle sth indifferently/carefully ❷ *Gerücht* to circulate

umgehen*² [ʊmˈgeːən] *vt irreg* (*vermeiden*) to avoid

Umgehung¹ <-, -en> [ʊmˈgeːʊŋ] *f* ❶ (*das Vermeiden*) avoidance *no pl* ❷ (*das Umgehen*) circumvention *no pl form*

Umgehung² <-, -en> [ʊmˈgeːʊŋ] *f*, **Umgehungsstraße** *f* bypass

umgekehrt **I.** *adj* reverse *attr;* **in ~er Reihenfolge** in reverse order; *Richtung* opposite; [**es ist**] **gerade ~!** just the opposite!

umgraben–Umschulungskurs

II. *adv* the other way round
um|graben *vt irreg* to dig over *sep*
umgucken *vr* (*fam*) *s.* **umsehen**
Umhang <-[e]s, Umhänge> *m* cape
um|hängen ['ʊmhɛŋən] *vt* (*umlegen*) ▪**sich** *dat* **etw** ~ to put on *sep* sth; ▪**jdm etw** ~ to wrap sth around sb
Umhängetasche *f* shoulder bag
umher [ʊm'he:ɐ̯] *adv* around; **weit** ~ all around
um|hören *vr* ▪**sich** ~ to ask around (**nach** about)
umkehrbar *adj* reversible; ▪**nicht** ~ irreversible
um|kehren *vi sein* to turn back
um|kippen I. *vi sein* ❶ to tip over ❷ (*sich ändern*) ▪**in etw** *akk* ~ to turn into sth II. *vt haben* to tip over *sep*
umklammern* [ʊm'klamən] *vt* ▪**jdn** ~ to cling [on] to sb; ▪**etw** ~ to hold sth tight
Umkleideraum *m* changing room
um|kommen *vi irreg sein* to be killed
Umkreis *m* vicinity; **im** ~ **von 100 Metern** within a radius of 100 metres
um|kreisen* [ʊm'kraɪzn̩] *vt* ASTRON to orbit
um|krempeln *vt* ❶ (*aufkrempeln*) to roll up *sep* ❷ (*fam: durchsuchen*) ▪**etw** ~ to turn sth upside down *fam* ❸ (*fam: umgestalten*) ▪**etw/jdn** ~ to give sth/sb a good shake up
Umlage *f* ❶ FIN share of the cost ❷ KOCHK garnish
Umlauf ['ʊmlaʊf, *pl* -lɔʏfə] *m* ❶ ASTRON rotation ❷ ADMIN **etw in** ~ **bringen** to circulate sth; *Geld* to put into circulation
Umlaufbahn *f* orbit
Umlaut *m* umlaut
um|legen ['ʊmle:gn̩] *vt* ❶ ▪**jdm/sich etw** ~ to put sth around sb/oneself ❷ (*sl: umbringen*) to do in *sep*
um|leiten *vt* to divert
Umleitung <-, -en> *f* diversion
um|lernen *vi* to rethink, to change one's attitudes
um|packen¹ *vt* to repack
umpacken*² *vt* (*umfassen*) to embrace
um|pflügen ['ʊmpfly:gn̩] *vt* to plough up *sep*
um|polen *vt* ❶ PHYS, ELEK to reverse polarity ❷ (*fam: völlig ändern*) to convert
umrahmen* [ʊm'ra:mən] *vt* to frame
umranden* [ʊm'randn̩] *vt* to circle
um|räumen *vi, vt* (*Möbel*) to rearrange
Umrechnungskurs *m* exchange rate

um|rennen *vt irreg* ▪**jdn/etw** ~ to [run into and] knock sb/sth over
umringen* [ʊm'rɪŋən] *vt* to surround; (*drängend umgeben*) to crowd around
Umriss^{RR} *m*, **Umriß**^{ALT} *m meist pl* outline; **in Umrissen** in outline
um|rühren *vi, vt* to stir
um|rüsten *vt* ❶ MIL to re-equip ❷ TECH to reset
Umsatz *m* turnover
Umsatzbeteiligung *f* ÖKON commission
Umsatzrückgang *m* HANDEL decline in sales, drop in turnover **Umsatzsteigerung** *f* increase in turnover **Umsatzsteuer** *f* sales tax
um|schalten I. *vi* ❶ RADIO, TV to switch over; **auf einen anderen Sender** ~ to change the station ❷ *Ampel* to change; **auf Rot/Grün** ~ to turn red/green II. *vt* RADIO, TV to switch (**auf** to)
Umschalttaste *f* INFORM case change, shift key
um|schauen *vr* (*geh*) *s.* **umsehen**
umschiffen* ['ʊmʃɪfn̩] *vt* NAUT ▪**etw** ~ to sail around sth
Umschlag <-[e]s, -schläge> *m* ❶ (*Kuvert*) envelope ❷ (*Buchumschlag*) jacket ❸ *kein pl* ÖKON transfer
Umschlagbahnhof *m* transfer station
um|schlagen ['ʊmʃla:gn̩] *irreg* I. *vt haben* ❶ *Kragen* to turn down *sep*; *Ärmel* to turn up *sep* ❷ *Waren* to transfer II. *vi sein Wetter* to change
umschließen* [ʊm'ʃli:sn̩] *vt irreg* ❶ (*umgeben*) to enclose ❷ (*geh*) **jdn/etw mit den Armen** ~ to take sb/sth in one's arms
umschlingen* [ʊm'ʃlɪŋən] *vt irreg* (*geh*) to embrace; **jdn mit den Armen** ~ to hold sb tightly in one's arms
um|schreiben¹ ['ʊmʃraɪbn̩] *vt irreg* ❶ *Text* to rewrite ❷ *Vermögen* to transfer (**auf** to)
umschreiben*² [ʊm'ʃraɪbn̩] *vt irreg* ❶ (*indirekt ausdrücken*) to talk around ❷ (*beschreiben*) to outline
Umschrift *f* ❶ LING (*Transkription*) transcription ❷ (*kreisförmige Beschriftung*) circumscription
Umschuldung <-, -en> *f* FIN funding *no pl*
um|schulen *vt* ❶ to retrain (**zu** as); ▪**sich** ~ **lassen** to undergo retraining ❷ *Schüler* to transfer to another school
Umschulungskurs *m* SCH, ÖKON retraining

course
um|schütten vt ❶ (verschütten) to spill ❷ (umwerfen) to upset ❸ (umfüllen) to pour [out sep]
Umschwung m drastic change
um|sehen vr irreg ❶ ■ **sich irgendwo ~** to have [or esp AM take] a look around somewhere ❷ (nach hinten blicken) ■ **sich ~** to look back [or BRIT round] ❸ (suchen) ■ **sich nach jdm/etw ~** to look around for sb/sth
um|setzen ['ʊmzɛtsn̩] vt ❶ (verkaufen) to turn over ❷ (umwandeln) to convert (**in** to); **etw [in die Praxis] ~** to put sth to practice
Umsicht f kein pl prudence
umsichtig I. adj prudent II. adv prudently
Umsiedler(in) m(f) resettler, resettled person
umsonst [ʊmˈzɔnst] adv ❶ (gratis) for free; ■ **~ sein** to be free [of charge] ❷ (vergebens) in vain; **nicht ~** not without reason
Umspanner m ELEK [voltage] transformer
Umstand <-[e]s, -stände> m ❶ (Gegebenheit) circumstance; **mildernde Umstände** JUR mitigating circumstances; **den Umständen entsprechend [gut]** [as good] as can be expected under the circumstances; **unter Umständen** possibly; **unter allen Umständen** at all costs ❷ pl (Schwierigkeiten) trouble; **ohne große Umstände** without a great deal of fuss; **bitte keine Umstände!** please don't put yourself out! ▶ **in anderen Umständen sein** (geh) to be expecting
umständlich ['ʊmʃtɛntlɪç] I. adj ❶ (weitschweifig) long-winded ❷ (aufwändig) laborious; ■ **~ sein** to be inconvenient; ■ **etw ist jdm zu ~** sth's too much [of a] bother for sb ❸ (unpraktisch veranlagt) ■ **~ sein** to be awkward II. adv ❶ (weitschweifig) long-windedly ❷ (aufwändig) laboriously
Umstandskleidung f maternity wear
um|steigen vi irreg sein ❶ TRANSP to change; **in Mannheim müssen Sie nach Frankfurt ~** in Mannheim you must change for Frankfurt ❷ (überwechseln) to switch [over] (**auf** to)
um|stellen¹ ['ʊmʃtɛlən] I. vt ❶ (anders hinstellen) to move ❷ (anders anordnen) to reorder ❸ (anders einstellen) to switch over sep (**auf** to); **die Uhr ~** to turn the clock back/forward ❹ (auf etw anderes einstellen) to convert (**auf** to); **die Ernährung ~** to change one's diet II. vr ■ **sich ~** to adapt (**auf** to)

umstellen*² [ʊmˈʃtɛlən] vt (umringen) to surround
Umstellung f ❶ (Übergang) change (**auf** to) ❷ (Anpassung) adjustment
um|stimmen vt ■ **jdn ~** to change sb's mind; ■ **sich ~ lassen** to let oneself be persuaded (**von** by)
um|stoßen vt irreg to knock over sep
umstritten [ʊmˈʃtrɪtn̩] adj controversial
Umstrukturierung f restructuring
Umsturz m coup [d'état]
um|stürzen I. vi sein to fall II. vt haben to knock over; POL to overthrow
Umtausch m a. FIN exchange (**gegen** for)
um|tauschen vt ❶ to exchange (**in/gegen** for); ■ **jdm etw ~** to exchange sth for sb ❷ Währung to change (**in** into)
Umwälzung <-, -en> f revolution
um|wandeln ['ʊmvandl̩n] vt to convert (**in** into); **wie umgewandelt sein** to be a changed person
um|wechseln [-ks-] vt to change (**in** into); **können Sie mir wohl 5.000 Euro in Dollar ~?** could you give me 5,000 euros in dollars please?
Umweg m detour
Umwelt ['ʊmvɛlt] f kein pl environment
Umweltbedingungen pl environmental conditions pl **Umweltbelastung** f environmental damage **Umweltbewusstsein**ᴿᴿ nt kein pl environmental consciousness **Umwelteinflüsse** pl environmental influences pl **umweltfeindlich** adj harmful to the environment **umweltfreundlich** adj environmentally friendly **Umweltgefährdung** f environmental threat **Umweltkatastrophe** f ecological disaster **Umweltpolitik** f environmental policy **Umweltschäden** pl environmental damage **Umweltschutz** m conservation **Umweltschützer(in)** m(f) environmentalist **Umweltschutzgesetz** nt environmental protection law **Umwelttechnologie** ['ʊmvɛlttɛçnoloɡiː] f TECH, ÖKOL green technology **Umweltverschmutzung** f pollution **umweltverträglich** adj environmentally friendly **Umweltvorschrift** f POL, ÖKOL environmental regulation usu pl **Umweltzerstörung** f destruction of the environment
umwerben* [ʊmˈvɛrbn̩] vt irreg to woo
um|werfen vt irreg ❶ to bowl over sep ❷ Plan to upset

um|ziehen¹ ['ʊmtsiːən] *vi irreg sein* to move [house]
um|ziehen² ['ʊmtsiːən] *vr irreg* ■**sich** ~ to get changed
umzingeln* [ʊm'tsɪŋln] *vt* to surround
Umzug *m* ❶ move ❷ (*Marsch*) parade
Umzugskarton *m* removal [*or* Am moving] box
unabhängig ['ʊnʔapˌhɛnɪç] *adj* ❶ independent (**von** of) ❷ (*ungeachtet*) ■~ **von etw** *dat* regardless of sth; ~ **davon, ob/wann ...** regardless of whether/when ...; ~ **voneinander** separately
Unabhängigkeit *f kein pl* independence (**von** of)
unabsehbar [ʊnʔap'zeːbaːɐ̯] *adj* unforeseeable
unabsichtlich [ʊnʔapzɪçtlɪç] I. *adj* unintentional II. *adv* accidentally
unachtsam ['ʊnʔaxtzaːm] *adj* careless
Unachtsamkeit *f* carelessness
unähnlich ['ʊnʔɛːnlɪç] *adj* dissimilar, unlike
unanfechtbar [ʊnʔan'fɛçtbaːɐ̯] *adj* irrefutable
unangebracht ['ʊnʔangəbraxt] *adj* misplaced
unangemeldet ['ʊnʔangəmɛldət] *adj, adv* unannounced
unangemessen ['ʊnʔangəmɛsn̩] I. *adj* ❶ (*überhöht*) unreasonable ❷ (*nicht angemessen*) inappropriate II. *adv* unreasonably
unangenehm ['ʊnʔangəneːm] I. *adj* unpleasant; ■**jdm ist etw** ~ sb feels bad about sth II. *adv* unpleasantly
unangepasstᴿᴿ ['ʊnʔangəpast] *adj* non-conformist
unangetastet ['ʊnʔangətastət] *adj* untouched
unangreifbar ['ʊnʔangraifbaːɐ̯] *adj* irrefutable, unassailable
unannehmbar [ʊnʔan'neːmbaːɐ̯] *adj* unacceptable
Unannehmlichkeit ['ʊnʔanneːmlɪçkait] *f meist pl* trouble; ~**en bekommen/haben** to get into/be in trouble
unanschaulich [ʊnan'ʃaulɪç] *adj* abstract
unanständig ['ʊnʔanʃtɛndɪç] I. *adj* rude II. *adv* rudely
unantastbar [ʊnʔan'tastbaːɐ̯] *adj* sacrosanct
unappetitlich ['ʊnʔapetiːtlɪç] *adj* ❶ unappetizing ❷ (*ekelhaft*) disgusting
Unart ['ʊnʔaːɐ̯t] *f* terrible habit

unartig ['ʊnʔaːɐ̯tɪç] *adj* naughty
unästhetisch ['ʊnʔɛsteːtɪʃ] *adj* unappetizing
unauffällig ['ʊnʔauffɛlɪç] I. *adj* discrete II. *adv* discretely
unaufgefordert ['ʊnʔaufgəfɔrdət] I. *adj* unsolicited II. *adv* without having been asked
unaufhörlich [ʊnʔaufhøːɐ̯lɪç] I. *adj* constant II. *adv* constantly
unaufmerksam ['ʊnʔaufmɛrkzaːm] *adj* inattentive
Unaufmerksamkeit *f kein pl* inattentiveness
unaufrichtig ['ʊnʔaufrɪçtɪç] *adj* insincere (**gegen**[**über**]) towards)
unausgefüllt ['ʊnʔausgəfʏlt] *adj* ❶ *Formular* blank ❷ *Mensch* unfulfilled
unausgeglichen ['ʊnʔausgəglɪçn̩] *adj* (*Mensch*) moody
unauslöschlich [ʊnʔaus'lœʃlɪç] *adj* (*geh*) indelible
unaussprechlich [ʊnʔaus'ʃprɛçlɪç] *adj* inexpressible
unausstehlich [ʊnʔaus'ʃteːlɪç] *adj* intolerable; *Mensch, Art a.* insufferable
unausweichlich [ʊnʔaus'vaiçlɪç] I. *adj* inevitable II. *adv* inevitably
unbändig ['ʊnbɛndɪç] I. *adj* ❶ (*ungestüm*) boisterous ❷ (*heftig*) enormous II. *adv* boisterously
unbarmherzig ['ʊnbarmhɛrtsɪç] I. *adj* merciless II. *adv* mercilessly
unbeabsichtigt ['ʊnbəʔapzɪçtɪçt] I. *adj* unintentional II. *adv* unintentionally
unbebaut ['ʊnbəbaut] *adj* (*Land*) undeveloped; (*Grundstück*) vacant
unbedeckt *adj* bare
unbedenklich ['ʊnbədɛŋklɪç] *adj* harmless
unbedeutend ['ʊnbədɔytnt] I. *adj* insignificant II. *adv* insignificantly
unbedingt ['ʊnbədɪŋt] I. *adj attr* absolute II. *adv* (*auf jeden Fall*) really; **erinnere mich ~ daran, sie anzurufen** you mustn't forget to remind me to call her; **nicht ~** not necessarily; ~**!** absolutely!
unbefangen ['ʊnbəfaŋən] I. *adj* ❶ (*unvoreingenommen*) unbiased ❷ (*nicht gehemmt*) uninhibited II. *adv* ❶ (*unvoreingenommen*) objectively; **etw ~ beurteilen** to judge sth impartially ❷ (*nicht gehemmt*) uninhibitedly
unbefriedigend ['ʊnbəfriːdɪgnt] I. *adj* unsatisfactory (**für** to) II. *adv* in an unsatisfactory way

unbefristet ['ʊnbəfrɪstət] I. *adj* lasting for an indefinite period; ■ ~ **sein** to be [valid] for an indefinite period II. *adv* indefinitely

unbefugt ['ʊnbəfuːkt] I. *adj* unauthorized II. *adv* without authorization

unbegabt ['ʊnbəgaːpt] *adj* untalented; **für Mathematik bin ich einfach** ~ I'm absolutely useless at maths

unbegreiflich ['ʊnbəgraɪflɪç] *adj* incomprehensible

unbegrenzt ['ʊnbəgrɛntst] I. *adj* unlimited II. *adv* indefinitely

unbegründet ['ʊnbəgrʏndət] *adj* unfounded

unbehaglich ['ʊnbəhaːklɪç] I. *adj* uneasy II. *adv* uneasily

unbeholfen ['ʊnbəhɔlfn̩] I. *adj* clumsy II. *adv* clumsily

unbekannt ['ʊnbəkant] *adj* unknown; ■ jdm ~ **sein** to be unknown to sb

Unbekannte(r) *f(m) dekl wie adj* stranger

unbekümmert ['ʊnbəkʏmət] I. *adj* carefree; **sei/seien Sie [ganz]** ~ don't upset yourself II. *adv* in a carefree manner

unbelastet ['ʊnbəlastət] *adj* ■ **von etw** *dat* ~ [sein] [to be] free of sth

unbeleuchtet ['ʊnbəlɔyçtət] *adj* unlit

unbeliebt ['ʊnbəliːpt] *adj* unpopular

unbemannt ['ʊnbəmant] *adj* unmanned

unbemerkt ['ʊnbəmɛrkt] *adj, adv* unnoticed

unbenutzt ['ʊnbənʊtst] *adj* unused; (*Kleidung*) unworn

unbeobachtet ['ʊnbəʔoːbaxtət] *adj* unnoticed

unbequem ['ʊnbəkveːm] *adj* ① uncomfortable ② (*lästig*) awkward

unberechenbar [ʊnbəˈrɛçn̩baːɐ̯] *adj* unpredictable

unberührt ['ʊnbəˈryːɐ̯t] *adj* ① *Gegend* unspoiled ② (*nicht benutzt*) untouched

unbeschädigt ['ʊnbəʃɛːdɪçt] *adj* undamaged

unbeschränkt ['ʊnbəʃrɛŋkt] *adj* unrestricted; (*Macht*) limitless

unbeschreiblich ['ʊnbɛʃraɪplɪç] I. *adj* ① indescribable ② (*maßlos*) tremendous II. *adv* **sich** ~ **freuen** to be overjoyed

unbeschwert ['ʊnbəʃveːɐ̯t] *adj* carefree

unbesetzt *adj* empty; *Platz* vacant, free; *Schalter* closed

unbesiegbar [ʊnbəˈziːkbaːɐ̯] *adj* invincible

unbesiegt *adj* ① MIL (*nicht besiegt*) undefeated ② SPORT (*ungeschlagen*) unbeaten

Unbesonnenheit <-, -en> *f* ① *kein pl* (*unbesonnene Art*) impulsiveness ② (*unbesonnene Äußerung*) hasty remark ③ (*unbesonnene Handlung*) rashness

unbesorgt ['ʊnbəzɔrkt] I. *adj* unconcerned II. *adv* without worrying

unbeständig ['ʊnbəʃtɛndɪç] *adj* ① *Wetter* unsettled ② (*wankelmütig*) fickle

unbestechlich ['ʊnbɛʃtɛçlɪç] *adj* ① incorruptible ② (*nicht zu täuschen*) unerring

unbestimmt ['ʊnbəʃtɪmt] *adj* ① (*unklar*) vague ② (*nicht festgelegt*) indefinite

Unbestimmtheit <-> *f kein pl* uncertainty

unbestritten ['ʊnbɛʃtrɪtn̩] *adj* irrefutable

unbeteiligt ['ʊnbətaɪlɪçt] *adj* ① (*nicht beteiligt*) uninvolved ② (*desinteressiert*) indifferent

unbetont ['ʊnbətoːnt] *adj* unstressed

unbewacht ['ʊnbəvaxt] *adj* (*nicht bewacht: Person*) unguarded; (*Parkplatz, Gepäck*) unattended

unbewaffnet ['ʊnbəvafnət] *adj* unarmed

unbeweglich ['ʊnbɛveːklɪç] *adj* (*starr*) fixed; (*nicht bewegbar*) immovable

unbewohnt *adj* uninhabited

unbewusst[RR] ['ʊnbəvʊst] I. *adj* unconscious II. *adv* unconsciously

unbezahlbar [ʊnbəˈtsaːlbaːɐ̯] *adj* ① (*zu teuer*) totally unaffordable ② (*wertvoll*) priceless

unbezahlt *adj* ① (*noch nicht beglichen*) unsettled ② ÖKON, ADMIN (*nicht entlohnt*) unpaid

unblutig ['ʊnbluːtɪç] I. *adj* bloodless II. *adv* without bloodshed

unbrauchbar ['ʊnbraʊxbaːɐ̯] *adj* useless

unbürokratisch ['ʊnbyrokraːtɪʃ] I. *adj* unbureaucratic II. *adv* unbureaucratically

und [ʊnt] *konj* and; ~ **dann?** then what?; **na ~?** so what?

undankbar ['ʊndaŋkbaːɐ̯] *adj* ungrateful

Undankbarkeit *f* ungratefulness, ingratitude *form*

undefinierbar ['ʊndefiniːɐ̯baːɐ̯] *adj* indefinable

undenkbar [ʊn'dɛŋkbaːɐ̯] *adj* unthinkable

undeutlich ['ʊndɔʏtlɪç] I. *adj* ① (*nicht klar vernehmbar*) unclear; (*nicht klar sichtbar*) blurred; (*Schrift*) illegible ② (*vage*) vague II. *adv* ① unclearly; ~ **sprechen** to mumble ② (*vage*) vaguely

undicht ['ʊndɪçt] *adj* (*luftdurchlässig*) not airtight; (*wasserdurchlässig*) not watertight
Unding ['ʊndɪŋ] *nt kein pl* **ein ~ sein** to be absurd
undiszipliniert ['ʊndɪstsiplini:ɐ̯t] I. *adj* undisciplined II. *adv* in an undisciplined manner
undurchdacht [ʊn'dʊrçdaxt] *adj* ill thought out
undurchlässig ['ʊndʊrçlɛsɪç] *adj* impermeable
undurchsichtig ['ʊndʊrçzɪçtɪç] *adj* ❶ opaque ❷ (*zwielichtig*) shadowy
uneben ['ʊnʔeːbn̩] *adj* uneven
unecht ['ʊnʔɛçt] *adj* ❶ (*imitiert*) fake *usu pej* ❷ (*unaufrichtig*) false
unehelich ['ʊnʔeːəlɪç] *adj* illegitimate
unehrlich ['ʊnʔeːɐ̯lɪç] I. *adj* dishonest II. *adv* dishonestly
Unehrlichkeit *f* dishonesty
uneigennützig ['ʊnʔaiɡn̩nʏtsɪç] *adj* selfless
uneingeschränkt ['ʊnʔaingəʃrɛŋkt] I. *adj* absolute II. *adv* absolutely
uneinheitlich *adj* non-uniform, varied
uneinig ['ʊnʔainɪç] *adj* ▪[sich *dat*] **~ sein** to disagree (**über** about); ▪[sich *dat*] **mit jdm ~ sein** to disagree with sb
Uneinigkeit *f* disagreement; [**über** etw *akk*] **herrscht ~** there are sharp divisions [over sth]
uneins ['ʊnʔains] *adj pred s.* **uneinig**
unempfänglich ['ʊnʔɛmpfɛŋlɪç] *adj* impervious (**für** to)
unempfindlich ['ʊnʔɛmpfɪntlɪç] *adj* insensitive (**gegen** to)
unendlich [ʊn'ʔɛntlɪç] I. *adj* ❶ infinite ❷ (*endlos*) endless II. *adv* (*fam*) endlessly; **~ viele Leute** heaven knows how many people; **sich ~ freuen** to be terribly happy
Unendlichkeit *f kein pl* infinity
unentbehrlich ['ʊnʔɛntbeːɐ̯lɪç] *adj* indispensable
unentgeltlich ['ʊnʔɛntɡɛltlɪç] I. *adj* free of charge; **die ~e Benutzung von etw** *dat* free use of sth II. *adv* for free
unentschieden ['ʊnʔɛntʃiːdn̩] I. *adj* ❶ undecided ❷ SPORT drawn II. *adv* SPORT **~ ausgehen** to end in a draw; **~ spielen** to draw
Unentschieden <-s, -> ['ʊnʔɛntʃiːdn̩] *nt* SPORT draw
Unentschlossenheit *f* indecision
unentschuldbar [ʊnʔɛnt'ʃʊltbaːɐ̯] *adj* inexcusable
unerbittlich [ʊnʔɛɐ̯'bɪtlɪç] *adj* pitiless
unerfahren ['ʊnʔɛɐ̯faːrən] *adj* inexperienced
unerfreulich ['ʊnʔɛɐ̯frɔylɪç] *adj* unpleasant
unergiebig ['ʊnʔɛɐ̯giːbɪç] *adj* unproductive; (*Ernte*) poor; (*Produkt*) uneconomical
unergründbar [ʊnʔɛɐ̯'ɡrʏntbaːɐ̯] *adj,* **unergründlich** [ʊnʔɛɐ̯'ɡrʏntlɪç] *adj* puzzling
unerhört ['ʊnɛɐ̯'høːɐ̯t] I. *adj attr* ❶ (*skandalös*) outrageous ❷ (*außerordentlich*) incredible II. *adv* ❶ (*skandalös*) outrageously ❷ (*außerordentlich*) incredibly
unerklärbar [ʊnʔɛɐ̯'klɛːɐ̯baːɐ̯] *adj,* **unerklärlich** [ʊnʔɛɐ̯'klɛːɐ̯lɪç] *adj* inexplicable; ▪**jdm ist ~, warum/was ...** sb cannot understand why/what ...
unerlaubt ['ʊnʔɛɐ̯laupt] I. *adj* ❶ (*unbefugt*) unauthorized ❷ JUR illegal II. *adv* without permission
unermüdlich [ʊnʔɛɐ̯'myːtlɪç] I. *adj* tireless II. *adv* tirelessly
unerreichbar [ʊnʔɛɐ̯'raiçbaːɐ̯] *adj* unattainable; (*telefonisch*) unavailable
unersättlich [ʊnʔɛɐ̯'zɛtlɪç] *adj* insatiable
unerschöpflich [ʊnʔɛɐ̯'ʃœpflɪç] *adj* inexhaustible
unerschütterlich [ʊnʔɛɐ̯'ʃʏtɐlɪç] *adj* unshakable
unerschwinglich [ʊnʔɛɐ̯'ʃvɪŋlɪç] *adj* exorbitant; ▪**für jdn ~ sein** to be beyond sb's means
unersetzlich [ʊnʔɛɐ̯'zɛtslɪç] *adj* irreplaceable
unerträglich [ʊnʔɛɐ̯'trɛːklɪç] I. *adj* ❶ unbearable ❷ *Person* impossible II. *adv* ❶ unbearably ❷ *Person* impossibly
unerwartet ['ʊnʔɛɐ̯vartət] I. *adj* unexpected II. *adv* unexpectedly
unerwünscht ['ʊnʔɛɐ̯vʏnʃt] *adj* unwelcome
unfähig ['ʊnfɛːɪç] *adj* ❶ incompetent ❷ (*nicht imstande*) ▪**zu etw** *dat* **~** [**sein**] [to be] incapable of sth; ▪**~ sein, etw zu tun** to be incapable of doing sth
unfair ['ʊnfɛːɐ̯] I. *adj* unfair (**gegen**[**über**] to[wards]) II. *adv* unfairly
Unfall ['ʊnfal] *m* accident
Unfallarzt, -ärztin *m, f* [medical] specialist for accident injuries **Unfallflucht** *f* hit-and-run [driving] **Unfallschaden** *m* accident damage *no pl* **Unfallschutz** *m kein pl* (*Maßnahmen*) prevention of accidents **Unfallversicherung** *f* accident insurance

Unfallwagen *m* car involved in an accident

unfassbar^{RR} *adj*, **unfaßbar**^{ALT} [ʊnˈfasbaːɐ̯] *adj* ❶ incomprehensible; ■ jdm ~ sein, was/wie ... to be incomprehensible to sb, what/how ... ❷ (*unerhört*) outrageous

unfehlbar [ʊnˈfeːlbaːɐ̯] *adj* infallible

unförmig [ˈʊnfœrmɪç] *adj* shapeless; (*Gesicht*) misshapen

unfrei [ˈʊnfrai] *adj* ❶ (*nicht frei*) not free; (*gehemmt*) inhibited ❷ (*unfrankiert*) not prepaid

unfreiwillig [ˈʊnfraivɪlɪç] I. *adj* ❶ (*gezwungen*) compulsory ❷ (*unbeabsichtigt*) unintentional II. *adv* ■ etw ~ tun to be forced to do sth

unfreundlich [ˈʊnfrɔyntlɪç] I. *adj* ❶ *Mensch* unfriendly ❷ (*unangenehm*) unpleasant II. *adv* jdn ~ behandeln to be unfriendly to sb

unfruchtbar [ˈʊnfrʊxtbaːɐ̯] *adj* infertile

Unfruchtbarkeit *f kein pl* ❶ MED infertility ❷ AGR barrenness

Unfug <-s> [ˈʊnfuːk] *m kein pl* nonsense; **mach keinen ~!** stop that nonsense!

Ungar(in) <-n, -n> [ˈʊŋɡar] *m(f)* Hungarian

ungarisch [ˈʊŋɡarɪʃ] *adj* Hungarian; *s. a.* **deutsch**

Ungarisch [ˈʊŋɡarɪʃ] *nt dekl wie adj* Hungarian; *s. a.* **Deutsch**

Ungarn <-s> [ˈʊŋɡarn] *nt* Hungary

ungeachtet [ˈʊŋɡəʔaxtət] *präp* +*gen* (*geh*) despite sth; ■ ~ **dessen, dass** ... in spite of the fact that ...

ungebeten [ˈʊŋɡəbeːtn̩] *adj* unwelcome

ungebildet [ˈʊŋɡəbɪldət] *adj* uneducated

ungeboren [ˈʊŋɡəboːrən] *adj* unborn

ungebräuchlich [ˈʊŋɡəbrɔyçlɪç] *adj* uncommon

ungebunden [ˈʊŋɡəbʊndn̩] *adj* unattached

ungedeckt [ˈʊŋɡədɛkt] *adj* FIN uncovered

Ungeduld [ˈʊŋɡədʊlt] *f* impatience; **vor ~** with impatience; **voller ~** impatiently

ungeduldig [ˈʊŋɡədʊldɪç] I. *adj* impatient II. *adv* impatiently

ungeeignet [ˈʊŋɡəʔaiɡnət] *adj* unsuitable; ■ ~ **sein** to be unsuited (**für** for)

ungefähr [ˈʊŋɡəfɛːɐ̯] I. *adv* ❶ (*zirka*) approximately; **um ~ ...** by about ...; (*Zeit*) at about ... ❷ (*etwa*) ~ **da** around there; **~ so** something like this/that ~ **nicht von** ~ not for nothing II. *adj attr* approximate

ungefährlich [ˈʊŋɡəfɛːɐ̯lɪç] *adj* harmless

ungeheuer [ˈʊŋɡəhɔyɐ] I. *adj* ❶ (*enorm*) enormous ❷ (*sehr intensiv*) tremendous II. *adv* ❶ (*äußerst*) terribly ❷ (*ganz besonders*) enormously

Ungeheuer <-s, -> [ˈʊŋɡəhɔyɐ] *nt* monster

ungeheuerlich [ʊŋɡəˈhɔyɐlɪç] *adj* outrageous

ungehindert [ˈʊŋɡəhɪndɐt] I. *adj* unhindered II. *adv* without hindrance

ungehobelt [ˈʊŋɡəhoːbl̩t] *adj* ❶ (*schwerfällig*) uncouth; (*grob*) coarse ❷ (*nicht glatt gehobelt*) unplaned

ungehörig [ˈʊŋɡəhøːrɪç] I. *adj* impertinent II. *adv* impertinently

ungehorsam [ˈʊŋɡəhoːɐ̯zaːm] *adj* disobedient (**gegenüber** towards)

Ungehorsam [ˈʊŋɡəhoːɐ̯zaːm] *m* disobedience

ungeklärt [ˈʊŋɡəklɛːɐ̯t] *adj* unsolved

ungekünstelt <-er, -este> [ˈʊŋɡəkʏnstl̩t] *adj* natural, unaffected

ungelegen [ˈʊŋɡəleːɡn̩] *adj* inconvenient

ungelenk [ˈʊŋɡəlɛŋk] I. *adj* clumsy, awkward II. *adv* clumsily, awkwardly

ungelernt [ˈʊŋɡəlɛrnt] *adj attr* unskilled

ungeliebt [ˈʊŋɡəliːpt] *adj* ❶ (*nicht geliebt*) unloved ❷ (*nicht gemocht*) loathed ❸ *s.* **unbeliebt**

ungemütlich [ˈʊŋɡəmyːtlɪç] *adj* uncomfortable ▶ ~ **werden** (*fam*) to become nasty

ungenau [ˈʊŋɡənau] I. *adj* ❶ (*vage*) vague ❷ (*inkorrekt*) inaccurate II. *adv* ❶ (*vage*) vaguely ❷ (*inkorrekt*) incorrectly

Ungenauigkeit <-, -en> *f* ❶ *kein pl* (*Vagheit*) vagueness ❷ *kein pl* (*Inkorrektheit*) inaccuracy

ungenießbar [ˈʊŋɡəniːsbaːɐ] *adj Speise* inedible; *Getränk* undrinkable

ungenügend [ˈʊŋɡənyːɡn̩t] I. *adj* ❶ insufficient ❷ (*Note*) unsatisfactory (*the lowest mark*) II. *adv* insufficiently

ungenutzt [ˈʊŋɡənʊtst] *adj*, **ungenützt** [ˈʊŋɡənʏtst] *adj* unused; (*Gelegenheit*) missed

ungepflegt [ˈʊŋɡəpfleːkt] *adj* neglected; *Mensch* ungroomed

ungerade [ˈʊŋɡəraːdə] *adj* odd

ungerecht [ˈʊŋɡərɛçt] I. *adj* unjust; ■ ~ [**gegen jdn**] **sein** to be unfair [to sb] II. *adv* unjustly, unfairly

Ungerechtigkeit <-, -en> *f* injustice

ungern [ˈʊŋɡɛrn] *adv* reluctantly

ungeschickt ['ʊngəʃɪkt] *adj* ❶ (*unbeholfen*) clumsy ❷ (*unbedacht*) careless
ungeschliffen ['ʊngəʃlɪfn̩] *adj* ❶ *Messer* blunt ❷ (*pej: grob*) uncouth
ungeschminkt ['ʊngəʃmɪŋkt] *adj* ❶ without make-up ❷ (*unbeschönigt*) unvarnished
ungeschoren ['ʊngəʃoːrən] *adv* ~ **davonkommen** to get away with it
ungesellig ['ʊngəzɛlɪç] *adj* unsociable
ungesetzlich ['ʊngəzɛtslɪç] *adj* unlawful
ungestört ['ʊngəʃtøːɐ̯t] I. *adj* undisturbed; ~ **sein wollen** to want to be left alone II. *adv* without being disturbed
ungestraft ['ʊngəʃtraːft] *adv* ~ **davonkommen** to get away scot-free
ungestüm ['ʊngəʃtyːm] I. *adj* impetuous II. *adv* enthusiastically
ungesund ['ʊngəzʊnt] I. *adj* unhealthy II. *adv* unhealthily; **sich** ~ **ernähren** to not have a healthy diet
ungeübt ['ʊngəʔyːpt] *adj* unpractised; ▪ ~ **sein** to be out of practice (**in** at)
ungewiss^{RR} ['ʊngəvɪs] *adj*, **ungewiß**^{ALT} *adj* uncertain
Ungewissheit^{RR} <-, -en> *f* uncertainty
ungewöhnlich ['ʊngəvøːnlɪç] I. *adj* unusual II. *adv* unusually
ungewohnt ['ʊngəvoːnt] *adj* unusual; ▪ **jdm** ~ **sein** to be unfamiliar to sb
ungewollt ['ʊngəvɔlt] I. *adj* unintentional II. *adv* unintentionally
Ungeziefer <-s> ['ʊngətsiːfɐ] *nt kein pl* pests *pl*
ungezogen ['ʊngətsoːgn̩] I. *adj* naughty; *Bemerkung* impertinent; ▪ ~ **[von jdm] sein** to be ill-mannered [of sb] II. *adv* impertinently; **sich** ~ **benehmen** to behave badly
ungezwungen ['ʊngətsvʊŋən] *adj* informal
ungläubig ['ʊnglɔybɪç] *adj* ❶ disbelieving; **ein** ~ **es Kopfschütteln** an incredulous shake of the head ❷ REL unbelieving
unglaublich ['ʊnglaʊplɪç] I. *adj* unbelievable II. *adv* (*fam*) incredibly
unglaubwürdig ['ʊnglaʊpvʏrdɪç] *adj* implausible
ungleich ['ʊnglaɪç] I. *adj* unequal; *Paar* odd; *Gegenstände* dissimilar II. *adv* ❶ unequally ❷ *vor Komparativ* (*weitaus*) far
ungleichmäßig I. *adj* ❶ (*unregelmäßig*) irregular ❷ (*nicht zu gleichen Teilen*) uneven II. *adv* ❶ (*unregelmäßig*) irregularly ❷ (*nicht zu gleichen Teilen*) unevenly

Unglück <-glücke> ['ʊnglʏk] *nt* ❶ *kein pl* (*Pech*) bad luck; **jdn ins** ~ **stürzen** to be sb's undoing; **zu allem** ~ to make matters worse ❷ (*Katastrophe*) disaster
unglücklich ['ʊnglʏklɪç] I. *adj* ❶ (*betrübt*) unhappy ❷ (*ungünstig*) unfortunate II. *adv* unfortunately; ~ **verliebt sein** to be crossed in love
unglücklicherweise *adv* unfortunately
Unglücksfall *m* ❶ (*Unfall*) accident ❷ (*unglückliche Begebenheit*) mishap
ungültig ['ʊngʏltɪç] *adj* invalid; (*nichtig*) void; **eine** ~ **e Stimme** a spoiled ballot-paper; **etw für** ~ **erklären** to declare sth null and void; **eine Ehe für** ~ **erklären** to annul a marriage
Ungültigkeit *f* invalidity
ungünstig ['ʊngʏnstɪç] *adj* inconvenient
ungut ['ʊnguːt] *adj* bad ▶ **nichts für** ~! no offence!
unhandlich ['ʊnhantlɪç] *adj* unwieldy
Unheil ['ʊnhaɪl] *nt* disaster; ~ **anrichten** (*fam*) to get up to mischief; **jdm droht** ~ sth spells disaster for sb; **großes/viel** ~ **anrichten** to wreak havoc
unheilbar ['ʊnhaɪlbaːɐ̯] I. *adj* incurable II. *adv* incurably; ~ **krank sein** to be terminally ill
unheimlich ['ʊnhaɪmlɪç] I. *adj* ❶ eerie ❷ (*fam: sehr groß/viel*) terrific; ~ **en Hunger haben** to die of hunger *fig* II. *adv* (*fam*) incredibly
unhöflich ['ʊnhøːflɪç] *adj* impolite
Unhöflichkeit *f kein pl* impoliteness
unhygienisch ['ʊnhygi̯eːnɪʃ] *adj* unhygienic
Uniform <-, -en> [uni'fɔrm, 'ʊnifɔrm] *f* uniform
uninteressant ['ʊn'ʔɪntərɛsant] *adj* uninteresting
uninteressiert ['ʊn'ʔɪntərɛsiːɐ̯t] *adj* disinterested
Universität <-, -en> [univɛrzi'tɛːt] *f* university; **an der** ~ **studieren** to study at university; **auf die** ~ **gehen** to go to university
Universum <-s, *selten* -sen> [uni'vɛrzʊm] *nt* universe
unkenntlich ['ʊnkɛntlɪç] *adj* unrecognizable
Unkenntnis ['ʊnkɛntnɪs] *f kein pl* ignorance; **aus Unkenntnis** out of ignorance
unklar ['ʊnklaːɐ̯] I. *adj* ❶ (*ungeklärt, unverständlich*) unclear; **[sich** *dat*] **im U**~**en sein**

to be uncertain (**über** about) ❷ (*verschwommen*) indistinct; *Erinnerungen* vague **II.** *adv* unclearly

Unklarheit <-> *f kein pl* uncertainty

unklug ['ʊnkluːk] *adj* unwise

unkompliziert ['ʊnkɔmplitsiːɐ̯t] *adj* straightforward; *Mensch* uncomplicated

unkonzentriert ['ʊnkɔntsɛntriːɐ̯t] *adj* unconcentrated

Unkosten ['ʊnkɔstn̩] *pl* costs; **sich in ~ stürzen** to go to a lot of expense

Unkraut ['ʊnkraʊt] *nt* weed

unkündbar ['ʊnkʏntbaːɐ̯] *adj Stellung/Vertrag* not subject to notice/termination

unleserlich ['ʊnleːzɐlɪç] *adj* illegible

unlogisch *adj* illogical

unlösbar [ʊn'løːsbaːɐ̯] *adj*, **unlöslich** ['ʊnløːslɪç] *adj a.* CHEM insoluble; *Problem* unsolvable

Unlust ['ʊnlʊst] *f kein pl* reluctance

unmäßig ['ʊnmɛːsɪç] **I.** *adj* excessive **II.** *adv* excessively

Unmensch ['ʊnmɛnʃ] *m* monster

unmenschlich ['ʊnmɛnʃlɪç] *adj* inhuman

unmerklich ['ʊnmɛrklɪç] *adj* imperceptible

unmissverständlichᴿᴿ ['ʊnmɪsfɐ̯ʃtɛntlɪç] *adj*, **unmißverständlich**ᴬᴸᵀ *adj* unequivocal

unmittelbar ['ʊnmɪtlbaːɐ̯] **I.** *adj* ❶ (*direkt*) direct ❷ (*nah bei-, aufeinander*) immediate; **ein ~er Nachbar** a next-door neighbour **II.** *adv* ❶ (*sofort*) immediately ❷ (*ohne Umweg*) directly ❸ (*direkt*) **etw ~ erleben** to experience sth at first hand

unmöglich ['ʊnmøːklɪç] **I.** *adj* impossible; **jdn/sich ~ machen** to make a fool of sb/oneself; **das U~e möglich machen** to make the impossible happen **II.** *adv* (*fam*) not possibly; **das geht ~** that's out of the question

unmoralisch ['ʊnmoraːlɪʃ] *adj* immoral

unmotiviert ['ʊnmotiviːɐ̯t] *adj* unmotivated

unmündig ['ʊnmʏndɪç] *adj* ❶ underage ❷ (*geistig unselbstständig*) dependent

unmusikalisch ['ʊnmuzikaːlɪʃ] *adj* unmusical

unnachahmlich ['ʊnnaːʔaːmlɪç] *adj* inimitable

unnachgiebig ['ʊnnaːxgiːbɪç] *adj* intransigent

unnachsichtig ['ʊnnaːxzɪçtɪç] **I.** *adj* strict, severe **II.** *adv* mercilessly

unnahbar [ʊn'naːbaːɐ̯] *adj* unapproachable

unnatürlich ['ʊnnaryːɐ̯lɪç] *adj* unnatural; **ein ~es Lachen** a forced laugh

unnötig ['ʊnnøːtɪç] *adj* unnecessary

unordentlich ['ʊnʔɔrdn̩tlɪç] **I.** *adj* untidy **II.** *adv* untidily; **~ arbeiten** to work carelessly

Unordnung ['ʊnʔɔrdnʊŋ] *f kein pl* mess

unparteiisch ['ʊnpartaiɪʃ] *adj* impartial

unpassend ['ʊnpasn̩t] *adj* ❶ (*unangebracht*) inappropriate ❷ (*ungelegen*) inconvenient

unpersönlich ['ʊnpɛrzøːnlɪç] *adj Mensch* distant; *Art* impersonal

unpraktisch ['ʊnpraktɪʃ] *adj* impractical

unpünktlich ['ʊnpʏŋktlɪç] **I.** *adj* unpunctual **II.** *adv* late

unrasiert ['ʊnraziːɐ̯t] *adj* unshaven

unrecht ['ʊnrɛçt] *adj* ❶ wrong ❷ (*unpassend*) ■ **jdm ~ sein** to disturb sb

Unrecht ['ʊnrɛçt] *nt kein pl* wrong, injustice; **jdm ein ~ antun** to do sb an injustice; **~ haben** to be wrong; **im ~ sein** to be [in the] wrong; **zu ~** wrongly; **jdm ~ geben** to disagree with sb; **nicht zu ~** not without good reason

unrechtmäßig ['ʊnrɛçtmɛːsɪç] *adj* illegal; **der ~e Besitzer** the unlawful owner

unregelmäßig ['ʊnreːglmɛːsɪç] *adj* irregular

unreif ['ʊnraɪf] *adj* ❶ AGR, HORT unripe ❷ (*Person*) immature

unrentabel ['ʊnrɛntaːbl̩] *adj* unprofitable

unrichtig ['ʊnrɪçtɪç] *adj* incorrect

Unruhe ['ʊnruːə] *f* ❶ (*Ruhelosigkeit*) restlessness *no pl* ❷ (*Bewegung; Erregung*) agitation *no pl;* **~ stiften** to cause trouble

unruhig ['ʊnruːɪç] **I.** *adj* ❶ (*ständig gestört*) restless; *Zeit* troubled ❷ (*laut*) noisy ❸ (*ruhelos*) agitated **II.** *adv* ❶ (*ruhelos*) anxiously ❷ (*unter ständigen Störungen*) restlessly; **~ schlafen** to sleep fitfully

uns [ʊns] **I.** *pron pers* ❶ *dat von* **wir** [to/for] us; ■ **bei ~** at our house ❷ *akk von* **wir** us **II.** *pron reflexiv* ❶ *akk o dat von* **wir** ourselves ❷ (*einander*) each other

unsachgemäß ['ʊnzaxgəmɛːs] **I.** *adj* improper **II.** *adv* improperly

unsachlich ['ʊnzaxlɪç] *adj* unobjective

unsanft ['ʊnzanft] **I.** *adj* rough **II.** *adv* roughly; **~ geweckt werden** to be rudely awoken

unsauber ['ʊnzaʊbɐ] **I.** *adj* ❶ dirty ❷ (*nachlässig*) careless **II.** *adv* carelessly

unschädlich ['ʊnʃɛːtlɪç] *adj* harmless; **jdn ~**

machen (*euph*) to eliminate sb
unscharf ['ʊnʃarf] *adj* ❶ (*verwischt*) blurred ❷ (*unpräzise*) imprecise
unscheinbar ['ʊnʃaɪnbaːɐ̯] *adj* inconspicuous
unschlagbar [ʊn'ʃlaːkbaːɐ̯] *adj* unbeatable (**in** at)
unschlüssig ['ʊnʃlʏsɪç] *adj* indecisive; ■ **sich** *dat* ~ **sein** to be undecided (**über** about)
Unschuld ['ʊnʃʊlt] *f* innocence
unschuldig ['ʊnʃʊldɪç] I. *adj* innocent II. *adv* innocently
unselbständig ['ʊnzɛlpʃtɛndɪç] *adj* (*von anderen abhängig*) dependent on others; (*angestellt*) employed
Unselbständigkeit *f* lack of independence, dependence
unselbstständigᴿᴿ ['ʊnzɛlpstʃtɛndɪç] *adj s.* **unselbständig**
Unselbstständigkeitᴿᴿ *f s.* **Unselbständigkeit**
unser ['ʊnzɐ] I. *pron poss* our; ~ **er Meinung nach** in our opinion II. *pron pers gen von* **wir** (*geh*) of us; **in ~ aller Interesse** in all our interests
unsere(r, s) ['ʊnzərə, -zərɐ, - zərəs] *pron poss, substantivisch* (*geh*) ■ **der/die/das ~** ours; ■ **das U~** what is ours; **wir tun das U~** we're doing our part
unsereiner ['ʊnzəʔaɪnɐ] *pron indef,* **unsereins** ['ʊnzəʔaɪns] *pron indef* (*fam*) the likes of us
unseresgleichen ['ʊnzərəsˈglaɪçn̩] *pron indef* people like us
unserige(r, s) ['ʊnzərɪɡə, -zərɪɡɐ, -zərɪɡəs] *pron poss* ❶ ■ **der/die/das ~** ours ❷ (*geh: unsere Familie*) ■ **die U~n** our family
unsertwegen ['ʊnzɐt'veːɡn̩] *adv* ❶ (*wegen uns*) because of us ❷ (*von uns aus*) as far as we are concerned
unsicher ['ʊnzɪçɐ] I. *adj* ❶ (*gefährlich*) unsafe ❷ (*gefährdet*) insecure ❸ (*nicht selbstsicher*) unsure; *Blick* uncertain; **sich ~ fühlen** to feel unsure of oneself; **jdn ~ machen** to make sb uncertain ❹ (*ungewiss*) uncertain ❺ (*nicht verlässlich*) unreliable II. *adv* ~ **fahren** to drive with little confidence
Unsicherheit *f* ❶ *kein pl* (*keine Selbstsicherheit*) insecurity ❷ *kein pl* (*keine Verlässlichkeit*) unreliability ❸ *kein pl* (*Ungewissheit*) uncertainty ❹ (*Gefährlichkeit*) dangers *pl*

Unsinn ['ʊnzɪn] *m kein pl* nonsense; **lass den ~!** stop fooling around!; **~ machen** to mess about; **mach keinen ~!** don't do anything stupid!; **~ reden** to talk nonsense; **so ein ~!** what nonsense!
unsinnig ['ʊnzɪnɪç] *adj* absurd
unsittlich ['ʊnzɪtlɪç] *adj* indecent
unsozial ['ʊnzotsi̯aːl] *adj* anti-social
unsportlich [ʊn'ʃpɔrtlɪç] *adj* unathletic
unsre(r, s) ['ʊnzrə, -zrɐ, - zrəs] *pron s.* **unser**
unsresgleichen ['ʊnzrəsˈglaɪçn̩] *pron indef s.* **unseresgleichen**
unsretwegen *adv s.* **unsertwegen**
unsrige(r, s) ['ʊnzrɪɡə, -zrɪɡɐ, -zrɪɡəs] *pron s.* **unserige(r, s)**
unsterblich ['ʊnʃtɛrplɪç] I. *adj* immortal II. *adv* (*fam*) **sich ~ verlieben** to fall madly in love
Unsterblichkeit *f* immortality
Unsummen ['ʊnzʊmən] *pl* vast sums *pl* [of money]
unsympathisch ['ʊnzʏmpaːtɪʃ] *adj* unpleasant
Untat ['ʊntaːt] *f* atrocity
untätig ['ʊntɛːtɪç] I. *adj* idle II. *adv* idly; **~ zusehen** to stand idly by
untauglich ['ʊntaʊklɪç] *adj* ❶ unsuitable ❷ MIL unfit
unteilbar [ʊn'taɪlbaːɐ̯] *adj* indivisible
unten ['ʊntn̩] *adv* ❶ down, at the bottom; **dort ~** down there; **hier ~** down here; **weiter ~** further down; **nach ~** to further down; **von ~** from down below; **von ~ [her]** from the bottom up[wards]; **~ an/in etw** *dat* at/in the bottom of sth; **~ links/rechts** [at the] bottom left/right ❷ (*Stockwerk*) downstairs; **nach ~** downstairs; **der Aufzug fährt nach ~** the lift is going down ❸ (*im Text*) **~ erwähnt** mentioned below *pred;* **siehe ~** see below ▶ **bei jdm ~ durch sein** (*fam*) to be through with sb
unter ['ʊntɐ] I. *präp* +*dat* ❶ (*Ort, Position*) under[neath]; **~ freiem Himmel** in the open air; **jdn ~ sich haben** to have sb under one ❷ (*zahlenmäßig kleiner als*) below; (*weniger als*) less than; (*jünger als*) under ❸ (*inmitten*) among[st]; **~ uns gesagt** between you and me; **~ anderem** amongst other things; **~ Menschen gehen** to get out ❹ (*in einem best. Zustand*) under; **~ Zwang** under duress; **~ Lebensgefahr** at risk to one's life; **~ Druck stehen** to be under pres-

sure ⑤(*während*) during; ~ der Woche during the week II. *präp* +*akk* (*Richtung*) under; etw ~ ein Motto stellen to put sth under a motto

Unterarm ['ʊntɐʔarm] *m* forearm
unterbelichtet *adj* FOTO underexposed
unterbesetzt *adj* personell ~ understaffed
Unterbewusstsein^RR ['ʊntɐbəvʊstzain] *nt* ■ das/jds ~ the/sb's subconscious; im ~ subconsciously
unterbrechen* [ʊntɐ'brɛçn̩] *vt irreg* to interrupt
unter|bringen *vt irreg* ■ jdn ~ (*Unterkunft*) to put sb up; (*Anstellung*) to get sb a job; ■ etw ~ to put sth somewhere
unterdessen [ʊntɐ'dɛsn̩] *adv* meanwhile
unterdrücken* [ʊntɐ'drʏkn̩] *vt* ■ jdn ~ to oppress sb; ■ etw ~ to suppress sth
Unterdrückung <-, -en> *f kein pl Menschen* oppression; *Aufstand* suppression
untere(r, s) <unterste(r, s)> ['ʊntərə, -tərɐ, -tərəs] *adj attr* lower
untereinander [ʊntɐʔai'nandɐ] *adv* ❶ (*miteinander*) among yourselves/themselves etc; sich ~ helfen to help each other ❷ (*räumlich*) one below the other
unterernährt *adj* undernourished
Unterführung [ʊntɐ'fyːrʊŋ] *f* underpass
Untergang <-gänge> *m* ❶ *Schiff* sinking ❷ *Sonne* setting ❸ *Kultur* decline
Untergebene(r) *f(m) dekl wie adj* subordinate
unter|gehen *vi irreg sein* ❶ (*versinken*) to sink ❷ *Sonne* to set ❸ (*zugrunde gehen*) to be destroyed; untergegangene Kulturen lost civilizations
untergeordnet *adj* subordinate
Untergeschoss^RR *nt* basement
untergraben* [ʊntɐ'graːbn̩] *vt irreg* to undermine
Untergrund ['ʊntɐɡrʊnt] *m kein pl* underground; in den ~ gehen to go underground; im ~ underground
unterhalb ['ʊntɐhalp] I. *präp* +*gen* below II. *adv* ■ ~ von etw *dat* below sth
Unterhalt <-[e]s> ['ʊntɐhalt] *m kein pl* ❶ (*Lebensunterhalt*) keep ❷ (*Instandhaltung*) upkeep
unterhalten*¹ [ʊntɐ'haltn̩] *vt irreg* ❶ *Familie* to support ❷ TECH to maintain
unterhalten*² [ʊntɐ'haltn̩] *irreg* I. *vt* (*die Zeit vertreiben*) to entertain II. *vr* ■ sich ~ ❶ (*sich vergnügen*) to keep oneself amused ❷ (*sprechen*) to talk (mit to); wir müssen uns mal ~ we must have a talk
unterhaltend [ʊntɐ'haltənt] *adj*, **unterhaltsam** [ʊntɐ'haltzaːm] *adj* entertaining
Unterhaltspflicht *f* obligation to pay maintenance
Unterhaltung¹ <-> *f kein pl* ❶ (*Instandhaltung*) maintenance ❷ (*Betrieb*) running
Unterhaltung² <-, -en> *f* ❶ (*Gespräch*) conversation ❷ *kein pl* (*Zeitvertreib*) entertainment; gute ~! enjoy yourselves!
Unterhändler(in) ['ʊntɐhɛndlɐ] *m(f)* negotiator
Unterhaus ['ʊntɐhaus] *nt* POL lower house; das britische ~ the House of Commons
Unterhemd ['ʊntɐhɛmt] *nt* vest
Unterholz *nt kein pl* undergrowth
Unterhose ['ʊntɐhoːzə] *f* [under]pants
unterirdisch ['ʊntɐʔɪrdɪʃ] *adj, adv* underground
Unterkiefer ['ʊntɐkiːfɐ] *m* lower jaw
unter|kriegen *vt* (*fam*) ■ sich [von jdm/etw] ~ lassen to allow sb/sth to get one down; von einem kleinen Rückschlag darf man sich nicht ~ lassen you shouldn't allow a trivial setback to get you down
Unterkühlung *f* hypothermia
Unterkunft <-, -künfte> ['ʊntɐkʊnft, *pl* -kʏnftə] *f* accommodation; eine ~ suchen to look for accommodation; ~ mit Frühstück bed and breakfast; ~ und Verpflegung board and lodging
Unterlage ['ʊntɐlaːɡə] *f* ❶ (*etw zum Unterlegen*) mat ❷ *meist pl* (*Beleg*) document *usu pl*
unterlassen* [ʊntɐ'lasn̩] *vt irreg* ■ etw ~ ❶ (*nicht ausführen*) to omit to do sth ❷ (*aufhören*) to refrain from doing sth
Unterlassung <-, -en> [ʊntɐ'lasʊŋ] *f* ❶ (*das Unterlassen*) omission ❷ JUR failure, negligence
unter|legen¹ ['ʊntɐleːɡn̩] *vt* ■ [jdm] etw ~ to put sth under[neath] [sb]
unterlegen² [ʊntɐ'leːɡn̩] *adj* ❶ inferior; ■ jdm ~ sein to be inferior to sb; zahlenmäßig ~ sein to be outnumbered ❷ SPORT ■ jdm ~ sein to be defeated by sb
Unterleib *m* abdomen
Unterleibsbeschwerden *f pl* abdominal complaint
unterliegen* ['ʊntɐliːɡn̩] *vi irreg sein*

■[jdm] ~ to lose [to sb]
Unterlippe f bottom lip
untermauern* [ʊntɐˈmaʊɐn] vt to support
Untermenü nt INFORM submenu
Untermiete [ˈʊntɐmiːtə] f subtenancy; **zur ~ wohnen** to rent a room from an existing tenant
Untermieter(in) m(f) subtenant
unternehmen* [ʊntɐˈneːmən] vt irreg ① (*in die Wege leiten*) ■**etw/nichts ~** to take action/no action ② (*tun*) to do
Unternehmen <-s, -> [ʊntɐˈneːmən] nt ① ÖKON firm ② (*Vorhaben*) venture
Unternehmensberater(in) m(f) management consultant **Unternehmensberatung** f kein pl ÖKON management [or business] consultancy no pl **Unternehmensgründung** f HANDEL business start-up [or formation]
Unternehmensgruppe f group [of companies], consortium
Unternehmer(in) <-s, -> [ʊntɐˈneːmɐ] m(f) entrepreneur
unternehmerisch [ʊntɐˈneːmərɪʃ] adj entrepreneurial
Unternehmertum nt kein pl ÖKON enterprise, entrepreneurship
Unternehmerverband m employer's association
unternehmungslustig adj enterprising
Unteroffizier [ˈʊntɐʔɔfitsiːɐ] m non-commissioned officer
unter|ordnen I. vt ■**etw einer S.** dat **~** to subordinate sth to sth; ■**jdm/einer S. untergeordnet sein** to be [made] subordinate to sb/sth II. vr ■**sich [jdm] ~** to take on a subordinate role [to sb]
unterprivilegiert [ˈʊntɐpriviligiːɐt] adj (*geh*) underprivileged
Unterricht <-[e]s, selten -e> [ˈʊntɐrɪçt] m lesson; **theoretischer/praktischer ~** theoretical/practical classes; **im ~ sein** to be in a lesson; **heute fällt der ~ in Mathe aus** there will be no maths lesson today
unterrichten* [ʊntɐˈrɪçtn̩] vt ① to teach; ■**jdn [in etw** dat] **~** to teach sb/sth [sth] ② (*geh: informieren*) to inform (**über** about)
Unterrichtsstoff m SCH subject matter
Unterrichtsstunde f lesson
Unterrock [ˈʊntɐrɔk] m petticoat
untersagen* [ʊntɐˈzaːɡn̩] vt ■**jdm etw ~** to forbid sb to do sth
Untersatz [ˈʊntɐzats] m mat

unterschätzen* [ʊntɐˈʃɛtsn̩] vt to underestimate
unterscheiden* [ʊntɐˈʃaɪdn̩] irreg I. vt to distinguish (**zwischen** between); ■**etw [von etw** dat] **~** to tell sth from sth; **ich kann die beiden nie ~** I can never tell the difference between the two II. vr ■**sich voneinander/von jdm/etw ~** to differ from sb/sth
Unterschenkel m lower leg
unterschieben*¹ [ʊntɐˈʃiːbn̩] vt irreg (fam: unterstellen) ■**jdm etw ~** to attribute sth falsely to sb
unter|schieben² [ˈʊntɐʃiːbn̩] vt irreg (darunterschieben) to push under[neath]
Unterschied <-[e]s, -e> [ˈʊntɐʃiːt] m difference; **einen/keinen ~ machen** to draw a/no distinction (**zwischen** between); **im ~ zu dir** unlike you; **ohne ~** indiscriminately
unterschiedlich [ˈʊntɐʃiːtlɪç] I. adj different; **~er Auffassung sein** to have different views II. adv differently
unterschiedslos adv indiscriminately
unterschlagen* [ʊntɐˈʃlaːɡn̩] vt irreg ① **Geld** to embezzle ② (vorenthalten) ■[jdm] **etw ~** to withhold sth [from sb]
Unterschlagung <-, -en> [ʊntɐˈʃlaːɡʊŋ] f embezzlement
unterschreiben* [ʊntɐˈʃraɪbn̩] irreg vi, vt to sign
Unterschrift [ˈʊntɐʃrɪft] f ① signature ② (Bildunterschrift) caption
unterschwellig [ˈʊntɐʃvɛlɪç] adj subliminal
Unterseite f underside
untersetzt [ʊntɐˈzɛtst] adj stocky
unterste(r, s) [ˈʊntəstɐ, -tɛstə, tɛstəs] adj superl von **untere(r, s)**: **das U~ zuoberst kehren** (fam) to turn everything upside down
unterstehen* [ʊntɐˈʃteːən] irreg I. vi ■**jdm/einer S. ~** to be subordinate to sb/sth; **jds Befehl ~** to be under sb's command II. vr **untersteh dich!** don't you dare!
unterstellen*¹ [ʊntɐˈʃtɛlən] I. vt ① (unterordnen) ■**jdm jdn/etw ~** to put sb in charge of sb/sth ② (unterschieben) ■**jdm etw ~** to imply that sb has said/done sth II. vi ■**~, [dass]** ... to suppose [that] ...
unter|stellen² [ˈʊntɐʃtɛlən] I. vt ① (abstellen) ■**etw irgendwo ~** to store sth somewhere ② (darunter stellen) **einen Eimer ~** to put a bucket underneath II. vr ■**sich ~** to

take shelter
Unterstellung f insinuation
unter|streichen* [ʊntɐˈʃtraiçn̩] vt irreg ❶ to underline ❷ (betonen) to emphasize
Unterstufe f lower school
unterstützen* [ʊntɐˈʃtʏtsn̩] vt to support
Unterstützung f kein pl support
untersuchen* [ʊntɐˈzuːxn̩] vt ❶ a. MED to examine (**auf** for) ❷ Maschine to check ❸ Fall to investigate
Untersuchung <-, -en> f ❶ a. MED examination ❷ eines Falles investigation
Untersuchungshaft f custody; **in ~ sein** to be on remand **Untersuchungsrichter(in)** m(f) examining magistrate
Untertasse f saucer; **fliegende ~** (fam) flying saucer
unter|tauchen [ˈʊntɐtauxn̩] I. vt haben ■ **jdm ~** to duck [or AM dunk] sb's head under water II. vi sein ❶ to dive [under] ❷ (sich verstecken) to go underground; ■ **bei jdm ~** to hide out at sb's place; **im Ausland ~** to go underground abroad
Unterteilung <-, -en> f subdivision
Untertitel [ˈʊntɐtiːtl̩] m FILM subtitle
Untertreibung <-, -en> f understatement
untervermieten* vt, vi to sublet
unterversorgt adj undersupplied
Unterversorgung f kein pl shortage
Unterwäsche <-, -n> [ˈʊntɐvɛʃə] f kein pl underwear
unterwegs [ʊntɐˈveːks] adv on the way; **für ~** for the journey
Unterwelt [ˈʊntɐvɛlt] f kein pl underworld
unterwerfen* [ʊntɐˈvɛrfn̩] irreg I. vt to subjugate II. vr ■ **sich jdm ~** to obey sb; **sich jds Willkür ~** to bow to sb's will
unterwürfig [ʊntɐˈvʏrfɪç] adj (pej) servile
unterzeichnen* [ʊntɐˈtsaiçnən] vt to sign **Unterzeichner(in)** [ʊntɐˈtsaiçnɐ] m(f) signatory
unterziehen*¹ [ʊntɐˈtsiːən] irreg I. vt ■ **jdn/ etw einer S. dat ~** to subject sb/sth to sth II. vr ■ **sich einer S. dat ~** to undergo sth; **sich einer Operation ~** to have an operation
unter|ziehen² [ˈʊntɐtsiːən] vt irreg ■ [**sich** dat] **etw ~** to put on sep sth underneath
untragbar [ʊnˈtraːkbaːɐ̯] adj ❶ (unerträglich) unbearable ❷ (nicht tolerabel) intolerable
untrennbar [ʊnˈtrɛnbaːɐ̯] adj inseparable

Unterstellung–unverkennbar

untreu [ˈʊntrɔy] adj unfaithful; ■ **jdm ~ sein/werden** to be unfaithful to sb; **sich** dat **~ werden** to be untrue to oneself; **einer S.** dat **~ werden** to be disloyal to sth
Untreue f unfaithfulness
untröstlich [ʊnˈtrøːstlɪç] adj inconsolable
untypisch adj untypical
unübersichtlich [ˈʊnʔyːbɐzɪçtlɪç] adj unclear; **eine ~e Kurve** a blind bend
unübertroffen [ʊnʔyːbɐˈtrɔfn̩] adj unsurpassed
unumstritten [ʊnʔʊmˈʃtrɪtn̩] I. adj undisputed II. adv undisputedly
ununterbrochen [ˈʊnʔʊntɐbrɔxn̩] I. adj incessant II. adv incessantly
unveränderlich [ʊnfɛɐ̯ˈʔɛndɐlɪç] adj unchanging
unverändert [ˈʊnfɛɐ̯ʔɛndɐt] I. adj unchanged II. adv **auch morgen ist es wieder ~ kalt** it will remain just as cold tomorrow
unverantwortlich [ʊnfɛɐ̯ˈʔantvɔrtlɪç] I. adj irresponsible II. adv irresponsibly
unverbesserlich [ʊnfɛɐ̯ˈbɛsɐlɪç] adj incorrigible
unverbindlich [ˈʊnfɛɐ̯bɪntlɪç] I. adj ❶ not binding pred; **ein ~es Angebot** a non-binding offer ❷ (distanziert) detached II. adv without obligation
unverbleit [ˈʊnfɛɐ̯blait] adj unleaded
unverdaulich [ˈʊnfɛɐ̯daulɪç] adj indigestible
unverdorben [ˈʊnfɛɐ̯dɔrbn̩] adj unspoilt
unvereinbar [ʊnfɛɐ̯ˈʔainbaːɐ̯] adj incompatible
unvergänglich [ʊnfɛɐ̯ˈɡɛŋlɪç] adj ❶ Gefühl abiding ❷ (ewig) immortal
unvergessen [ˈʊnfɛɐ̯ɡɛsn̩] adj unforgotten
unvergesslichᴿᴿ adj, **unvergeßlich**ᴬᴸᵀ [ʊnfɛɐ̯ˈɡɛslɪç] adj unforgettable
unvergleichlich [ʊnfɛɐ̯ˈɡlaiçlɪç] I. adj incomparable II. adv incomparably
unverhältnismäßig [ˈʊnfɛɐ̯hɛltnɪsmɛːsɪç] adv excessively
unverheiratet [ˈʊnfɛɐ̯hairaːtət] adj unmarried
unverhofft [ˈʊnfɛɐ̯hɔft] I. adj unexpected II. adv unexpectedly
unverhohlen [ˈʊnfɛɐ̯hoːlən] I. adj undisguised, unconcealed II. adv openly
unverkäuflich [ˈʊnfɛɐ̯kɔyflɪç] adj not for sale pred
unverkennbar [ʊnfɛɐ̯ˈkɛnbaːɐ̯] adj unmistakable; ■ **~ sein, dass ...** to be clear that ...

Unverletzlichkeit [ʊnfɛɐ̯'lɛtslɪçkait] *f* JUR inviolability

unverletzt ['ʊnfɛɐ̯lɛtst] *adj* unhurt

unvermeidlich [ʊnfɛɐ̯'maitlɪç] *adj* unavoidable

unvermindert ['ʊnfɛɐ̯mɪndɐt] *adj* undiminished

Unvermögen ['ʊnfɛɐ̯møːgn̩] *nt kein pl* powerlessness; ▪jds ~, etw zu tun sb's inability to do sth

unvermutet ['ʊnfɛɐ̯muːtət] *adj* unexpected

unvernünftig ['ʊnfɛɐ̯nʏnftɪç] *adj* stupid

unverschämt ['ʊnfɛɐ̯ʃɛːmt] I. *adj* impudent II. *adv* insolently

Unverschämtheit <-, -en> *f* impertinence; [das ist eine] ~! that's outrageous!

unverschuldet ['ʊnfɛɐ̯ʃʊldət] *adj, adv* through no fault of one's own

unversöhnlich ['ʊnfɛɐ̯zøːnlɪç] *adj* irreconcilable

unverständlich ['ʊnfɛɐ̯ʃtɛntlɪç] *adj* ❶ *(akustisch)* unintelligible ❷ *(unbegreifbar)* incomprehensible; ▪jdm ~ sein to be incomprehensible to sb

unversteuert ['ʊnfɛɐ̯ʃtɔyɐt] *adj* FIN untaxed

unverträglich ['ʊnfɛɐ̯trɛːklɪç] *adj* ❶ *Mensch* cantankerous ❷ *Essen* indigestible

unverwechselbar [ʊnfɛɐ̯'vɛkslbaːɐ̯] *adj* unmistakable

unverwundbar [ʊnfɛɐ̯'vʊntbaːɐ̯] *adj* invulnerable

unverwüstlich [ʊnfɛɐ̯'vyːstlɪç] *adj* robust

unverzeihlich [ʊnfɛɐ̯'tsailɪç] *adj* inexcusable

unvollkommen ['ʊnfɔlkɔmən] *adj* incomplete

unvollständig ['ʊnfɔlʃtɛndɪç] I. *adj* incomplete II. *adv* incompletely

unvorbereitet ['ʊnfoːɐ̯bəraitət] I. *adj* unprepared II. *adv* without any preparation

unvoreingenommen ['ʊnfoːɐ̯ʔaingənɔmən] I. *adj* unbiased II. *adv* impartially

unvorhergesehen ['ʊnfoːɐ̯heːɐ̯gəzeːən] *adj* unforeseen

unvorsichtig ['ʊnfoːɐ̯zɪçtɪç] I. *adj* ❶ careless ❷ *(unbedacht)* rash II. *adv* ❶ carelessly ❷ *(unbedacht)* rashly

unvorstellbar [ʊnfoːɐ̯'ʃtɛlbaːɐ̯] I. *adj* inconceivable II. *adv* inconceivably

unwahr ['ʊnvaːɐ̯] *adj* untrue

unwahrscheinlich ['ʊnvaːɐ̯ʃainlɪç] I. *adj* ❶ unlikely ❷ *(fam: unerhört)* incredible II. *adv (fam)* incredibly

unwegsam ['ʊnveːkzaːm] *adj* [almost] impassable

unweigerlich ['ʊnvaigɐlɪç] I. *adj attr* inevitable II. *adv* inevitably

unweit ['ʊnvait] *präp +gen* not far from

Unwesen ['ʊnveːzn̩] *nt kein pl* sein ~ treiben to ply one's dreadful trade

Unwetter ['ʊnvɛtɐ] *nt* violent [thunder]storm

unwichtig ['ʊnvɪçtɪç] *adj* unimportant

unwiderstehlich [ʊnviːdɐ'ʃteːlɪç] *adj* irresistible

unwillig ['ʊnvɪlɪç] I. *adj* reluctant II. *adv* reluctantly

unwillkommen ['ʊnvɪlkɔmən] *adj* unwelcome

unwillkürlich ['ʊnvɪlkyːɐ̯lɪç] I. *adj* involuntary II. *adv* involuntarily

unwirklich ['ʊnvɪrklɪç] *adj* unreal

unwirksam ['ʊnvɪrkzaːm] *adj* ineffective

unwirtschaftlich ['ʊnvɪrtʃaftlɪç] *adj* uneconomic[al]

Unwissenheit <-> ['ʊnvɪsn̩thait] *f kein pl* ignorance

unwohl ['ʊnvoːl] *adj* ▪jdm ist ~ ❶ MED sb feels unwell [*or* AM *usu* sick] ❷ *(unbehaglich)* sb feels uneasy

Unwohlsein ['ʊnvoːlzain] *nt* [slight] nausea

Unwort *nt* ~ des Jahres taboo [*or* worst] word of the year

unwürdig ['ʊnvʏrdɪç] *adj* ❶ unworthy (+*gen* of) ❷ *(schändlich)* disgraceful

unzählig [ʊn'tsɛːlɪç] *adj* countless; ~e Fans huge numbers of fans; ~e Mal time and again

Unze <-, -n> ['ʊntsə] *f* ounce

unzerbrechlich ['ʊntsɛɐ̯brɛçlɪç] *adj* unbreakable

unzerkaut *adj* unchewed

unzertrennlich [ʊntsɛɐ̯'trɛnlɪç] *adj* inseparable

Unzucht ['ʊntsʊxt] *f kein pl* illicit sexual relations *pl*

unzufrieden ['ʊntsufriːdn̩] *adj* dissatisfied

Unzufriedenheit *f* dissatisfaction

unzugänglich ['ʊntsuːgɛŋlɪç] *adj* ❶ *Gegend* inaccessible ❷ *Mensch* unapproachable

unzulänglich ['ʊntsuːlɛŋlɪç] I. *adj* inadequate; *Erfahrungen, Kenntnisse* insufficient II. *adv* inadequately

unzulässig ['ʊntsuːlɛsɪç] *adj* inadmissible

unzumutbar ['ʊntsuːmuːtbaːɐ̯] *adj* unrea-

sonable
unzurechnungsfähig ['ʊntsuːrɛçnʊŋsfɛːɪç] *adj* of unsound mind *pred;* **jdn für ~ erklären** to certify sb insane
unzureichend ['ʊntsuːraiçn̩t] *adj s.* **unzulänglich**
unzusammenhängend ['ʊntsuzamənhɛŋənt] *adj* incoherent
unzuverlässig ['ʊntsuːfɛɐ̯lɛsɪç] *adj* unreliable
unzweifelhaft ['ʊntsvaifl̩haft] I. *adj (geh)* unquestionable, undoubted II. *adv (geh) s.* **zweifellos**
üppig ['ʏpɪç] *adj* sumptuous
Urabstimmung *f* ballot [vote]
uralt ['uːɐ̯ʔalt] *adj Mensch, Tier* very old; *Tradition* ancient
Uran <-s> [uˈaːn] *nt kein pl* uranium
Uraufführung *f* première
Ureinwohner(in) *m(f)* native inhabitant
Urenkel(in) ['uːɐ̯ʔɛŋkl̩] *m(f)* great-grandchild, great-grandson *masc,* great-granddaughter *fem* **Urgeschichte** ['uːɐ̯ɡəʃɪçtə] *f kein pl* prehistory **Urgroßeltern** ['uːɐ̯ɡroːsʔɛltɐn] *pl* great-grandparents *pl* **Urgroßmutter** ['uːɐ̯ɡroːsmʊtɐ] *f* great-grandmother **Urgroßvater** *m* great-grandfather
Urheberrecht *nt* copyright (**an** on)
urheberrechtlich *adv* ~ **geschützt** copyright[ed]
Urin <-s, -e> [uˈriːn] *m* urine
urinieren* [uriˈniːrən] *vi (geh)* to urinate
Urintest *m* MED urine test
Urkunde <-, -n> ['uːɐ̯kʊndə] *f* document
Urkundenfälschung *f* forgery of a document
URL <-, -s> [uːʔɛrˈʔɛl] *f o m kein pl* INET *Abk von* **Uniform Resource Locator** URL
Urlaub <-[e]s, -e> ['uːɐ̯laup] *m* holiday BRIT, vacation AM; ~ **machen** to go on holiday [*or* AM vacation]; ~ **haben** to be on holiday [*or* AM vacation]
urlauben ['uːɐ̯laubən] *vi (fam)* to [go on] holiday [*or* AM vacation]
Urlauber(in) <-s, -> *m(f)* holiday-maker BRIT, vacationer AM
Urlaubsgeld *nt* holiday pay **Urlaubszeit** *f* holiday season
Urne <-, -n> ['ʊrnə] *f* ❶ urn ❷ POL ballot-box
Ursache *f (Verursachung)* cause; *(Grund)* reason; ~ **und Wirkung** cause and effect

▶ **keine ~!** you're welcome
Ursprung <-s, Ursprünge> ['uːɐ̯ʃprʊŋ, *pl* -ʃprʏŋə] *m* origin
ursprünglich ['uːɐ̯ʃprʏŋlɪç] I. *adj attr* original II. *adv* originally
Urteil <-s, -e> ['ʊrtail] *nt* ❶ JUR judgement; **ein ~ fällen** to pass a judgement ❷ *(Meinung)* opinion; **sich** *dat* **ein ~ bilden** to form an opinion (**über** about); **ein ~ fällen** to pass judgement (**über** on); **nach jds ~** in sb's opinion
urteilen ['ʊrtailən] *vi* ▪ [**über jdn/etw**] **~** to judge [sb/sth]
Urteilsbegründung *f* reasons for [a/the] judgement *pl* **Urteilsvermögen** *nt kein pl* power [*or* faculty] of judgement
Urwald ['uːɐ̯valt] *m* primeval forest
urwüchsig *adj* ❶ *Natur* unspoiled ❷ *Mensch* earthy
Urzeit *f kein pl* ▪ **die ~** primeval times *pl;* **seit ~en** *(fam)* for donkey's years; **vor ~en** *(fam)* donkey's years ago
Urzustand *m kein pl* original state
Usus <-> ['uːzʊs] *m* custom *no pl*
Utensil <-s, -ien> [utɛnˈziːl, *pl* -li̯ən] *nt meist pl* utensil
Utopie <-, -n> [utoˈpiː, *pl* -piːən] *f* Utopia
utopisch [uˈtoːpɪʃ] *adj* utopian
UV-Strahlen *pl* UV-rays

V v

V, v <-, - *o fam* -s, -s> [fau] *nt* V, v; *s. a.* **A 1**
V *Abk von* **Volt** V
Vagabund(in) <-en, -en> [vagaˈbʊnt, *pl* -bʊndn̩] *m(f)* vagabond
vage ['vaːɡə] I. *adj* vague II. *adv* vaguely
Vagina <-, Vaginen> [vaˈɡiːna, vaˈɡiːna] *f* vagina
Vakuum <-s, Vakuen *o* Vakua> ['vaːkuʊm, 'vaːkuən, 'vaːkua] *nt* vacuum
vakuumverpackt *adj* vacuum-packed
Valuta <-, Valuten> [vaˈluːta, *pl* -tən] *f* foreign currency
Vampir <-s, -e> [vamˈpiːɐ̯] *m* vampire
Vandale, Vandalin <-n, -n> [vanˈdaːlə, vanˈdaːlɪn] *m, f* vandal

Vandalismus <-> [vandaˈlɪsmʊs] *m kein pl* vandalism

Vanille <-, -> [vaˈnɪljə, vaˈnɪlə] *f* vanilla

Vanilleeis *nt* vanilla ice-cream **Vanillesauce** *f* vanilla sauce; (*mit Ei*) custard

variabel [vaˈri̯aːbl̩] *adj* variable

Variante <-, -n> [vaˈri̯antə] *f* variant

Varietee^RR *nt*, **Varieté** <-s, -s> [vari̯eˈteː] *nt* variety show

variieren* [variˈiːrən] *vi* to vary

Vase <-, -n> [ˈvaːzə] *f* vase

Vater <-s, Väter> [ˈfaːtɐ, *pl* ˈfɛtɐ] *m* father

Vaterland [ˈfaːtɐlant] *nt* fatherland **Vaterlandsliebe** *f kein pl* (*geh*) patriotism, love of one's country

väterlich [ˈfɛtɐlɪç] *adj* paternal

väterlicherseits *adv* on sb's father's side

vaterlos *adj* fatherless **Vatermord** *m* patricide **Vaterschaftsklage** *f* paternity suit **Vaterunser** <-s, -> [faːtɐˈʔʊnzɐ] *nt* ■ **das** ~ the Lord's Prayer

Vati <-s, -s> [ˈfaːti] *m* daddy

Vatikan <-s> [vatiˈkaːn] *m* Vatican

Vatikanstadt [vatiˈkaːn-] *f kein pl* GEOG, REL ■ **die** ~ the Vatican City

V-Ausschnitt [ˈfaʊ-] *m* V-neck; **ein Pullover mit** ~ a V-neck jumper

Veganer(in) <-s, -> [veˈɡaːnɐ] *m(f)* vegan

Vegetarier(in) <-s, -> [veɡeˈtaːri̯ɐ] *m(f)* vegetarian

vegetarisch [veɡeˈtaːrɪʃ] I. *adj* vegetarian II. *adv* sich ~ ernähren to be a vegetarian

Vegetation <-, -en> [veɡetaˈtsi̯oːn] *f* vegetation

vegetativ [veɡetaˈtiːf] *adj* vegetative

vegetieren* [veɡeˈtiːrən] *vi* to vegetate

Veilchen <-s, -> [ˈfaɪlçən] *nt* violet

Velo <-s, -s> [ˈveːlo] *nt* SCHWEIZ bicycle

Velours¹ <-, -> [vəˈluːɐ̯] *nt* (*Veloursleder*) suede

Velours² <-, -> [vəˈluːɐ̯] *m* (*Stoff*) velour[s]

Vene <-, -n> [ˈveːnə] *f* vein

Venenentzündung *f* phlebitis *no pl*

Venezuela <-s> [veneˈtsu̯eːla] *nt* Venezuela

Ventil <-s, -e> [vɛnˈtiːl] *nt* valve

Ventilator <-s, -toren> [vɛntiˈlaːtoːɐ̯] *m* ventilator

verabreden* I. *vr* ■ **sich** [**mit jdm**] ~ to arrange to meet [sb]; ■ [**mit jdm**] **verabredet sein** to have arranged to meet [sb] II. *vt* ■ **etw** [**mit jdm**] ~ to arrange sth [with sb]; ■ **verabredet** agreed

Verabredung <-, -en> *f* ❶ (*Treffen*) date ❷ (*Vereinbarung*) arrangement; **eine** ~ **treffen** to come to an arrangement

verabscheuen* *vt* to detest

verabschieden* I. *vr* ■ **sich** [**von jdm**] ~ to say goodbye [to sb] II. *vt Gesetz* to pass

verachten* *vt* to despise

verächtlich [fɛɐ̯ˈʔɛçtlɪç] I. *adj* ❶ (*verachtend*) contemptuous ❷ (*zu verachten*) despicable II. *adv* contemptuously

Verachtung *f* contempt; **jdn mit** ~ **strafen** to treat sb with contempt

verallgemeinern* *vi, vt* ■ [**etw**] ~ to generalize [about sth]

veralten* [fɛɐ̯ˈʔaltn̩] *vi sein* to become obsolete; *Ansichten, Methoden* to become outdated

veraltet I. *pp von* **veralten** II. *adj* old, obsolete

Veranda <-, Veranden> [veˈranda, *pl* -dən] *f* veranda

veränderlich *adj* changeable

verändern* I. *vt* to change II. *vr* ■ **sich** ~ to change

Veränderung *f* change

verängstigt *adj* frightened, scared

verankern* *vt* to anchor

veranlagt [fɛɐ̯ˈʔanlaːkt] *adj* **ein künstlerisch** ~**er Mensch** a person with an artistic disposition; **er ist praktisch** ~ he is practically minded

Veranlagung <-, -en> *f* disposition; **eine bestimmte** ~ **haben** to have a certain bent

veranlassen* I. *vt* ❶ to arrange ❷ (*dazu bringen*) ■ **jdn zu etw** ~ to induce sb to do sth II. *vi* ■ ~, **dass etw geschieht** to see to it that sth happens

Veranlassung <-, -en> *f* ❶ **auf jds** ~ at sb's instigation ❷ (*Anlass*) cause

veranschaulichen* [fɛɐ̯ˈʔanʃaʊlɪçn̩] *vt* ■ [**jdm**] **etw** ~ to illustrate sth [to sb]

veranstalten* [fɛɐ̯ˈʔanʃtaltn̩] *vt* to organize

Veranstalter(in) <-s, -> *m(f)* organizer

Veranstaltung <-, -en> *f* event

Veranstaltungskalender *m* calendar of events **Veranstaltungsort** *m* venue

verantworten* I. *vt* ■ **etw** ~ to take responsibility for sth II. *vr* ■ **sich für etw** *akk* ~ to answer for sth

verantwortlich *adj* responsible

Verantwortung <-, -en> *f* responsibility; **jdn zur** ~ **ziehen** to call sb to account (**für** for);

verantwortungsbewusst–verbrauchen

die ~ **tragen** to be responsible (**für** for); die ~ **übernehmen** to take responsibility (**für** for); **auf eigene** ~ on one's own responsibility ▶ **sich aus der** ~ **stehlen** to dodge responsibility

verantwortungsbewusst^RR I. *adj* responsible II. *adv* ~ **handeln** to act responsibly
Verantwortungsbewusstsein^RR *nt* sense of responsibility **verantwortungslos** I. *adj* irresponsible II. *adv* ~ **handeln** to act irresponsibly
verarbeiten* *vt* to use; *Rohstoff* to process; ■ **etw zu etw** ~ to make sth into sth
verärgern* *vt* to annoy
Verarmung <-> *f kein pl* impoverishment
verarschen* [fɛɐ̯ˈʔarʃn̩] *vt* (*sl*) ■ **jdn** ~ to take the piss out of sb BRIT
verarzten* [fɛɐ̯ˈʔaːɐ̯tstn̩] *vt* ■ **jdn** ~ to treat sb; ■ [**jdm**] **etw** ~ to fix [sb's] sth
Verätzung <-, -en> *f kein pl* cauterization; (*Metall*) corrosion
verausgaben* [fɛɐ̯ˈʔausgaːbn̩] *vr* ■ **sich** ~ to overexert
veräußern* *vt* to sell
Verb <-s, -en> [vɛrp] *nt* verb
verbal [vɛrˈbaːl] I. *adj* verbal II. *adv* verbally
Verband <-[e]s, Verbände> [fɛɐ̯ˈbant, *pl* -bɛndə] *m* ❶ (*Bund*) association ❷ MED bandage
Verband(s)kasten *m* first-aid box **Verband(s)zeug** *nt* dressing material
Verbannung <-, -en> *f* banishment
verbauen *vt* ■ [**jdm**] **etw** ~ to spoil sth [for sb]
verbergen* *vt irreg* to hide
verbessern* I. *vt* ❶ to improve ❷ (*korrigieren*) to correct II. *vr* ■ **sich** ~ to improve
Verbesserung <-, -en> *f* ❶ improvement ❷ (*Korrektur*) correction
verbesserungsfähig *adj* improvable, capable of improvement *pred*
verbeugen* *vr* ■ **sich** ~ to bow (**vor** to)
Verbeugung *f* bow; **eine** ~ **machen** to bow
verbeult *adj Auto, Hut* dented
verbiegen* *irreg* I. *vt* to bend; ■ **verbogen** bent II. *vr* ■ **sich** ~ to bend
verbieten <verbot, verboten> *vt* to forbid; ■ **jdm** ~, **etw zu tun** to forbid sb to do sth; ■ **es ist verboten, etw zu tun** it is forbidden to do sth
verbilligt I. *adj* reduced II. *adv* **etw** ~ **abgeben/anbieten** to sell sth/offer sth for sale at a reduced price

verbinden*¹ *vt irreg* MED ■ **jdn** ~ to dress sb's wound[s]; ■ **etw** ~ to dress sth
verbinden*² *irreg* I. *vt* ❶ to join (**mit** to) ❷ TELEK ■ **jdn** [**mit jdm**] ~ to put sb through [*or* AM *usu* connect sb] [to sb]; **falsch verbunden!** wrong number! ❸ (*kombinieren*) to combine (**mit** with) ❹ (*assoziieren*) ■ **etw mit etw** ~ to associate sth with sth II. *vr* CHEM ■ **sich** ~ to combine (**mit** with)
verbindlich [fɛɐ̯ˈbɪntlɪç] *adj* ❶ *Zusage* binding ❷ (*freundlich*) friendly
Verbindung *f* ❶ CHEM compound ❷ (*Kontakt*) contact; **in** ~ **bleiben** to keep in touch; **sich mit jdm in** ~ **setzen** to contact sb; ~ **en haben** to have good connections (**zu** with) ❸ TELEK, TRANSP connection ❹ (*Verknüpfung*) combining; **in** ~ **mit etw** in conjunction with sth ❺ (*Zusammenhang*) **jdn mit etw in** ~ **bringen** to connect sb with sth; **in** ~ **mit** in connection with
Verbindungsmann, -frau *m, f* intermediary
Verbindungsstück *nt* connecting piece
verbissen I. *adj* dogged II. *adv* doggedly
verbitten* *vr irreg* ■ **sich** *dat* **etw** ~ not to tolerate sth
verbittert I. *adj* embittered, bitter II. *adv* bitterly
Verbitterung <-, *selten* -en> *f* bitterness
verblassen* *vi sein* to pale
verbleichen *vi irreg sein* to fade
verbleit *adj* leaded
Verblendung *f* blindness
verblichen [fɛɐ̯ˈblɪçn̩] I. *pp von* **verbleichen** II. *adj Farbe* faded
verblöden* [fɛɐ̯ˈbløːdn̩] *vi sein* (*fam*) to turn into a zombie
verblüffen* [fɛɐ̯ˈblʏfn̩] *vt* to astonish
verblühen* *vi sein* to wilt
verbluten* *vi sein* to bleed to death
verbohrt *adj* obstinate
verborgen *adj* hidden; **jdm** ~ **bleiben** to remain a secret to sb
Verbot <-[e]s, -e> [fɛɐ̯ˈboːt] *nt* ban
verboten [fɛɐ̯ˈboːtn̩] *adj* prohibited; ■ ~ **sein, etw zu tun** to be prohibited to do sth; ■ **jdm ist es** ~ **etw zu tun** sb is prohibited from doing sth
Verbotsschild *nt* sign [prohibiting something]
Verbrauch *m kein pl* consumption; **sparsam im** ~ **sein** to be economical
verbrauchen* *vt* to consume

Verbraucher(in) <-s, -> *m(f)* consumer
Verbraucherberatung *f* ÖKON consumer advice **verbraucherfreundlich** *adj* consumer-friendly
Verbrauchsgüter *pl* HANDEL consumer [*or* non-durable] goods *npl*
verbraucht *adj* exhausted
verbrechen <verbrach, verbrochen> *vt* (*fam*) ■ **etw ~** to be up to sth
Verbrechen <-s, -> *nt* crime
Verbrecher(in) <-s, -> *m(f)* criminal
Verbrecherbande *f* gang of criminals
verbrecherisch *adj* criminal
verbreiten* I. *vt* to spread; **eine gute Stimmung ~** to radiate a good atmosphere II. *vr* ■ **sich ~** to spread (**in** through)
verbreitern* [fɛɐ̯'braitɐn] *vt* to widen
verbreitet *adj* popular; ■ [**weit**] **~ sein** to be [very] widespread
Verbreitung <-, -en> *f* ❶ *kein pl* (*das Verbreiten*) spreading ❷ MED spread
verbrennen* *irreg* I. *vt haben* to burn II. *vr haben* ■ **sich** *dat* **etw ~** to burn one's sth; **sich die Zunge ~** to scald one's tongue III. *vi sein* to burn; ■ **verbrannt** burnt
Verbrennung <-, -en> *f* ❶ MED burn ❷ TECH combustion
Verbrennungsmotor *m* combustion engine
verbrüdern* [fɛɐ̯'bryːdɐn] *vr* ■ **sich ~** to fraternize (**mit** with)
verbrühen* *vt* to scald
verbuchen* *vt* ❶ FIN to credit (**auf** to) ❷ (*verzeichnen*) to mark up *sep* (**als** as)
verbummeln* *vt* (*fam*) to waste
verbunden* *adj* (*geh*) ■ **jdm ~ sein** to be obliged to sb
verbünden* [fɛɐ̯'bʏndn̩] *vr* ■ **sich ~** to form an alliance
Verbundenheit <-> *f kein pl* closeness
Verbündete(r) *f(m) dekl wie adj* ally
Verbundsteinpflaster *nt* plaster stone surface
Verbundwerkstoff *m* TECH composite material
verbürgen* I. *vt* to guarantee II. *vr* ■ **sich für jdn/etw ~** to vouch for sb/sth
verbüßen* *vt* to serve
verchromt *adj* chrome-plated
Verdacht <-[e]s> [fɛɐ̯'daxt, *pl* -dɛçtə] *m kein pl* suspicion; **~ erregen** to arouse suspicion; **jdn im ~ haben** to suspect sb; **~ schöpfen** to become suspicious (**gegen** of)

verdächtig [fɛɐ̯'dɛçtɪç] *adj* suspicious; **jdm ~ vorkommen** to seem suspicious to sb; **sich ~ machen** to arouse suspicion
Verdächtige(r) *f(m) dekl wie adj* suspect
verdächtigen* [fɛɐ̯'dɛçtɪɡn̩] *vt* to suspect (+*gen* of)
Verdächtigung <-, -en> *f* suspicion
verdammen* [fɛɐ̯'damən] *vt* to condemn; ■ **zu etw verdammt sein** to be doomed to sth
verdammt *adj* (*sl*) damned; **~!** damn!; **du ~er Idiot!** you bloody idiot!
verdampfen* *vi sein* to evaporate
verdanken* *vt* ■ **jdm etw ~** to have sb to thank for sth; ■ **es ist jdm zu ~, dass/wenn ...** it is thanks to sb that/if ...
verdattert [fɛɐ̯'datɐt] I. *adj* (*fam*) flabbergasted, stunned II. *adv* (*fam*) in a daze
verdauen* [fɛɐ̯'dauən] *vt* to digest
verdaulich *adj* digestible; **gut/schwer ~** easy/difficult to digest
Verdauung <-> *f kein pl* digestion
Verdauungsbeschwerden *pl* indigestion
Verdauungstrakt *m* digestive tract
Verdeck <-[e]s, -e> *nt* hood
verdecken* *vt* to cover [up *sep*]
verdenken* *vt irreg* ■ **es jdm nicht ~ können, dass/wenn jd etw tut** not to be able to blame sb for doing/if sb does sth
verderben <verdarb, verdorben> [fɛɐ̯'dɛrbn̩] I. *vt haben* ❶ (*moralisch*) to corrupt ❷ (*zunichtemachen*) to spoil ❸ (*verscherzen*) ■ **es sich** *dat* **mit jdm ~** to fall out with sb II. *vi sein* to spoil
Verderben <-s> [fɛɐ̯'dɛrbn̩] *nt kein pl* doom; **jdn ins ~ stürzen** to bring ruin upon sb
verderblich [fɛɐ̯'dɛrplɪç] *adj* (*nicht lange haltbar*) perishable
verdeutlichen* [fɛɐ̯'dɔytlɪçn̩] *vt* ■ [**jdm**] **etw ~** to explain sth [to sb]
verdichten* *vr* ■ **sich ~** ❶ METEO to become thicker ❷ *Eindruck* to intensify ❸ *Verkehr* to increase
verdienen* *vt* ❶ (*als Verdienst*) to earn; **seinen Lebensunterhalt ~** to earn one's living ❷ (*Gewinn machen*) ■ **etw [an etw** *dat*] **~** to make sth [on sth] ❸ (*zustehen*) to deserve; **es nicht besser ~** to not deserve anything better
Verdienst¹ <-[e]s, -e> [fɛɐ̯'diːnst] *m* FIN income

Verdienst² <-[e]s, -e> [fɛɐ̯'diːnst] *nt* ■ jds ~e [um etw *akk*] sb's credit [for sth]; **es ist sein ~, dass ...** it's thanks to him that ...
Verdienstausfall *m* loss of earnings
verdienstvoll *adj* ❶ (*anerkennenswert*) commendable ❷ *s.* **verdient 2**
verdient [fɛɐ̯'diːnt] *adj* ❶ (*zustehend*) well-deserved ❷ (*Verdienste aufweisend*) of outstanding merit
verdientermaßen, verdienterweise *adv* deservedly
verdoppeln* I. *vt* to double II. *vr* ■ **sich** ~ to double
verdorben [fɛɐ̯'dɔrbn̩] I. *pp von* **verderben** II. *adj* ❶ *Essen* bad ❷ (*moralisch*) corrupt
verdorren* [fɛɐ̯'dɔrən] *vi sein* to wither
verdrahten* *vt* ■ **etw** ~ to wire up sth *sep*
verdrängen* *vt* ❶ **jdn** [**aus etw** *dat*] ~ to drive sb out [of sth] ❷ (*unterdrücken*) to suppress
verdrehen* *vt* ❶ to twist; *Augen* to roll ❷ *Tatsachen* to distort ▶ **jdm den Kopf** ~ to turn sb's head
verdreifachen* [fɛɐ̯'draifaxn̩] I. *vt* to triple II. *vr* ■ **sich** ~ to triple
verdrießlich [fɛɐ̯'driːslɪç] *adj* (*geh*) sullen
verdrossen [fɛɐ̯'drɔsn̩] *adj* sullen
verdrücken* I. *vt* (*fam: essen*) to polish off *sep* II. *vr* (*fam*) ■ **sich** ~ to slip away
verdruckst [fɛɐ̯'drʊkst] *adj* (*pej fam*) close-minded, hidebound
Verdruss^RR <-es, -e> *m,* **Verdruß^ALT** <-sses, -sse> [fɛɐ̯'drʊs] *m meist sing* annoyance; **jdm** ~ **bereiten** to annoy sb
verdunkeln* I. *vt* to darken II. *vr* ■ **sich** ~ to darken; **der Himmel verdunkelt sich** the sky is growing darker
Verdunkelung <-, -en> *f,* **Verdunklung** <-, -en> *f* black-out
verdünnen* [fɛɐ̯'dʏnən] *vt* to dilute; ■ **verdünnt** diluted
Verdünner <-s, -> *m* thinner
verdunsten* *vi sein* to evaporate
Verdunster <-s, -> *m* humidifier
verdursten* *vi sein* to die of thirst
verdutzt [fɛɐ̯'dʊtst] I. *adj* (*fam*) baffled; **ein ~es Gesicht machen** to appear baffled II. *adv* in bafflement
veredeln* [fɛɐ̯'ʔeːdl̩n] *vt* to refine; ■ **veredelt** refined
verehren* *vt* to admire
Verehrer(in) <-s, -> *m(f)* admirer

Verehrung *f kein pl* admiration
vereidigen* [fɛɐ̯'ʔaidɪɡn̩] *vt* ■ **jdn** ~ to swear in sb *sep*
vereidigt [fɛɐ̯'ʔaidɪçt] *adj* sworn; **gerichtlich** ~ certified before the court
Verein <-[e]s, -e> [fɛɐ̯'ʔain] *m* club; **aus einem** ~ **austreten** to resign from a club; **in einen** ~ **eintreten** to join a club; **gemeinnütziger** ~ charitable organization
vereinbar *adj* compatible (**mit** with)
vereinbaren* [fɛɐ̯'ʔainbaːrən] I. *vt* to agree (**mit** with) II. *vr* ■ **sich** ~ **lassen** to be compatible (**mit** with)
vereinbart *adj* agreed
Vereinbarung <-, -en> *f* agreement; **laut** ~ as agreed; **nach** ~ by arrangement
vereinen* *vt* to unite
vereinfachen* [fɛɐ̯'ʔainfaxn̩] *vt* to simplify
vereinheitlichen* [fɛɐ̯'ʔainhaitlɪçn̩] *vt* to standardize
vereinigen* I. *vt* to unite II. *vr* ■ **sich** ~ to merge
vereinigt *adj* united
Vereinigung <-, -en> *f* ❶ (*Organisation*) organization ❷ *kein pl* (*Zusammenschluss*) amalgamation
vereinsamen* [fɛɐ̯'ʔainzaːmən] *vi sein* to become lonely
vereinsamt *adj* ❶ (*einsam*) *Mensch* lonely ❷ (*abgeschieden*) *Gehöft* isolated
Vereinsamung <-> *f kein pl* loneliness
Vereinsmitglied *nt* club member **Vereinssatzung** *f* club rules *pl,* a society's constitution
vereint *adj* united
vereinzelt [fɛɐ̯'ʔaintsl̩t] *adj* occasional
vereisen* *vi sein* to ice up; **die Straße ist vereist** there's ice on the road
vereiteln* [fɛɐ̯'ʔaitl̩n] *vt* to thwart
vereitern* *vi sein* to go septic; ■ **vereitert sein** to be septic
Vereiterung <-, -en> *f* sepsis *no pl*
vererben* *vt* ■ [**jdm**] **etw** ~ ❶ to leave [sb] sth ❷ BIOL to pass on sth *sep* [to sb]
vererblich *adj* hereditary
Vererbung <-, *selten* -en> *f* BIOL heredity *no pl, no art*
verewigen* [fɛɐ̯'ʔeːvɪɡn̩] *vr* ■ **sich** ~ to leave one's mark for posterity
verfahren*¹ [fɛɐ̯'faːrən] *vi irreg sein* (*vorgehen*) to proceed
verfahren*² [fɛɐ̯'faːrən] *irreg vr* ■ **sich** ~ to

lose one's way
verfahren³ [fɛɐ̯'ʔfaːrən] *adj Situation* muddled
Verfahren <-s, -> [fɛɐ̯'ʔfaːrən] *nt* ❶ process ❷ JUR proceedings *npl;* **gegen jdn läuft ein ~** proceedings are being brought against sb
Verfahrenskosten *pl* JUR costs *pl* [of proceedings] **Verfahrenstechnik** *f* TECH process engineering **Verfahrensweise** *f* procedure
Verfall [fɛɐ̯'fal] *m kein pl* ❶ (*das Verfallen*) dilapidation ❷ (*geh*) decline; **der ~ der Moral** the decline in morals *npl*
verfallen¹ *vi irreg sein* ❶ (*zerfallen*) to decay ❷ *Ticket* to expire
verfallen² *adj* ❶ *Haus* dilapidated ❷ *Ticket* expired
Verfallsdatum *nt* use-by date
verfälschen* *vt* to distort
verfangen* *irreg vr* ▪**sich** ~ to become entangled (**in** in)
verfärben* *vr* to change colour; ▪**sich blau ~** to turn blue
verfassen* *vt* to write
Verfasser(in) <-s, -> [fɛɐ̯'fasə] *m(f)* author
Verfassung *f* ❶ *kein pl* condition; **in einer bestimmten ~ sein** to be in a certain state; **in guter ~** in good form ❷ POL constitution
verfassungsmäßig *adj* constitutional, according to the constitution **Verfassungsschutz** *m* Office for the Protection of the Constitution **verfassungswidrig** *adj* unconstitutional
verfaulen* *vi sein* to rot; ▪**verfault** rotten
Verfechter(in) *m(f)* advocate
verfehlen* *vt* to miss; ▪**nicht zu ~ sein** to be impossible to miss; **das Thema ~** to go completely off the subject
verfeinden* [fɛɐ̯'faindn̩] *vr* ▪**sich mit jdm ~** to fall out with sb; ▪**verfeindet sein** to be enemies; **verfeindete Staaten** enemy states
verfeinern* [fɛɐ̯'fainən] *vt* to improve
verfeuern* *vt* ❶ (*verschießen*) to fire ❷ (*verbrennen*) to burn
Verfilmung <-> *f kein pl* filming
verfilzt *adj* (*fam*) interconnected; ▪[**miteinander**] **~ sein** to be inextricably linked
verfinstern* [fɛɐ̯'fɪnstən] **I.** *vt* to darken **II.** *vr* ▪**sich ~** to darken
verfliegen* *irreg vi sein Gefühl* to pass; *Geruch* to evaporate
verfließen* *vi irreg sein* ❶ (*verschwimmen*) to merge ❷ (*geh: vergehen*) to go by, to pass

verfluchen* *vt* to curse
verflüssigen* [fɛɐ̯'flʏsɪɡn̩] **I.** *vt* to liquefy **II.** *vr* ▪**sich ~** to liquefy
verfolgen* *vt* ❶ to follow; (*politisch*) to persecute ❷ (*zu erreichen suchen*) to pursue; **eine Absicht ~** to have sth in mind
Verfolger(in) <-s, -> *m(f)* pursuer
Verfolgte(r) [fɛɐ̯'fɔlktə, -tə] *f(m) dekl wie adj* victim of persecution
Verfolgung <-, -en> *f* pursuit; (*politisch*) persecution
Verfolgungsjagd *f* pursuit
Verfolgungswahn *m* persecution mania
verformen* **I.** *vt* to distort **II.** *vr* ▪**sich ~** to become distorted
Verfremdung <-, -en> *f* alienation
verfressen* *adj* (*pej sl*) greedy
verfrüht *adj* premature; **etw für ~ halten** to consider sth to be premature
verfügbar *adj* available
verfügen* *vi* ▪**über etw** *akk* **~** to have sth at one's disposal; **~ Sie über mich!** I am at your disposal!
Verfügung <-, -en> *f* ❶ (*Anordnung*) order; **einstweilige ~** temporary injunction ❷ (*Disposition*) ▪**etw zur ~ haben** to have sth at one's disposal; ▪**jdm zur ~ stehen** to be available to sb; ▪**[jdm] etw zur ~ stellen** to make sth available [to sb]
verführen* *vt* ▪**jdn** [**zu etw** *dat*] **~** to entice sb [into doing sth]; (*sexuell*) to seduce sb
verführerisch [fɛɐ̯'fyːrərɪʃ] *adj* seductive
Verführung *f* seduction
Vergabe [fɛɐ̯'ɡaːbə] *f von Stellen* allocation; *eines Auftrags, Preises* award
vergammelt <-er, -este> *adj* (*fam*) scruffy
vergangen *adj* past
Vergangenheit <-> [fɛɐ̯'ɡaŋənhait] *f kein pl* past; **die jüngste ~** the recent past; **eine bewegte ~ haben** to have an eventful past
Vergangenheitsbewältigung *f* coming to terms with the past
vergänglich [fɛɐ̯'ɡɛŋlɪç] *adj* transient
Vergaser <-s, -> *m* carburettor
vergeben* *irreg vt* ▪[**jdm**] **etw ~** to forgive [sb] sth
vergebens [fɛɐ̯ɡeːbn̩s] *adj, adv pred* in vain
vergeblich [fɛɐ̯'ɡeːplɪç] **I.** *adj* futile **II.** *adv* in vain
Vergeblichkeit <-> *f kein pl* futility *no pl, no indef art*
Vergebung <-, -en> *f* forgiveness; [**jdn**] **um**

~ **bitten** to ask for [sb's] forgiveness

vergehen* [fɛɐ̯'geːən] *irreg vi sein* ① *Zeit* to go by ② (*schwinden*) to wear off ③ (*sich zermürben*) ■ [**vor etw** *dat*] ~ to die [of sth]

Vergehen <-s, -> [fɛɐ̯'geːən] *nt* offence

vergeistigt *adj* spiritual

vergelten *vt irreg* ■ [**jdm**] **etw** ~ to repay sb for sth

Vergeltung <-, -en> *f* revenge; ~ **üben** to take revenge

Vergeltungsschlag *m* retaliatory strike

vergessen <vergisst, vergaß, vergessen> [fɛɐ̯'ɡɛsn̩] *vt* to forget

vergesslich^RR *adj*, **vergeßlich**^ALT [fɛɐ̯'ɡɛslɪç] *adj* forgetful

vergeuden* [fɛɐ̯'ɡɔydn̩] *vt* to waste

Vergeudung <-, -en> *f* waste *no pl*, squandering *no pl*

vergewaltigen* [fɛɐ̯ɡə'valtɪɡn̩] *vt* to rape

Vergewaltigung <-, -en> *f* rape

vergewissern* [fɛɐ̯ɡə'vɪsɐn] *vr* ■ **sich** ~, **dass ...** to make sure that ...

vergießen* *vt irreg* ① (*verschütten*) to spill ② *Tränen, Blut* to shed

vergiften* I. *vt* to poison II. *vr* ■ **sich** ~ to be poisoned (**an** by)

Vergiftung <-, -en> *f* MED intoxication *no pl, no indef art*

vergilbt *adj Foto, Papier* yellowed

Vergissmeinnicht^RR <-[e]s, -[e]> *nt*, **Vergißmeinnicht**^ALT <-[e]s, -[e]> [fɛɐ̯'ɡɪsmainnɪçt] *nt* BOT forget-me-not

verglasen* *vt* to glaze; ■ **verglast** glazed

Vergleich <-[e]s, -e> [fɛɐ̯'ɡlaiç] *m* comparison; **im** ~ in comparison (**zu** with) ► **der** ~ **hinkt** that's a poor comparison

vergleichbar *adj* comparable (**mit** to); ■ **etwas V**~**es** something comparable

vergleichen* *irreg vt* to compare (**mit** with/to)

vergleichsweise *adv* comparatively

vergnügen* [fɛɐ̯'ɡnyːɡn̩] *vr* ■ **sich** ~ to amuse oneself

Vergnügen <-s, -> [fɛɐ̯'ɡnyːɡn̩] *nt* (*Freude*) enjoyment *no pl;* (*Genuss*) pleasure *no pl;* ~ [**an etw** *dat*] **finden** to find pleasure in sth; **es ist mir ein** ~ it is a pleasure; **kein** ~ **sein, etw zu tun** to not be exactly a pleasure doing sth; [**jdm**] ~ **bereiten** to give sb pleasure; **mit größtem** ~ with the greatest of pleasure ► **viel** ~! have a good time!

vergnügt [fɛɐ̯'ɡnyːkt] I. *adj* happy II. *adv* happily

Vergnügungspark *m* amusement park **Vergnügungsreise** *f* pleasure trip **vergnügungssüchtig** *adj* pleasure-seeking

vergönnen* *vt* (*geh: gewähren*) ■ **jdm etw** ~ to grant sb sth

vergöttern* [fɛɐ̯'ɡœtɐn] *vt* to idolize

vergraben* *irreg vt* to bury

vergreifen* *vr irreg* ■ **sich an etw** *dat* ~ to misappropriate sth; ■ **sich an jdm** ~ to assault sb

vergriffen *adj Buch* out of print [OP] *pred*

vergrößern [fɛɐ̯'ɡrøːsɐn] I. *vt* ① *Fläche* to enlarge ② *Firma* to expand ③ (*optisch*) to magnify II. *vr* ■ **sich** ~ to become enlarged

Vergrößerung <-, -en> *f* enlargement, expansion, magnification

Vergrößerungsglas *nt* magnifying glass

Vergünstigung <-, -en> *f* ① (*Vorteil*) perk ② (*Ermäßigung*) reduction

Vergütung <-, -en> *f* ① (*das Ersetzen*) refunding *no pl* ② (*Geld*) payment

verhaften* *vt* to arrest; **Sie sind verhaftet!** you are under arrest!

Verhaftung <-, -en> *f* arrest

verhalten*¹ [fɛɐ̯'haltn̩] *vr irreg* ■ **sich irgendwie** ~ ① (*sich benehmen*) to behave [in a certain manner] ② (*beschaffen sein*) to be [a certain way]

verhalten² [fɛɐ̯'haltn̩] *adj* restrained

Verhalten <-s> [fɛɐ̯'haltn̩] *nt kein pl* behaviour

Verhaltensforschung *f kein pl* behavioural research **verhaltensgestört** *adj* disturbed **Verhaltensweise** *f* behaviour

Verhältnis <-ses, -se> [fɛɐ̯'hɛltnɪs] *nt* ① (*Relation*) ratio; **im** ~ in a ratio (**von** of, **zu** to) ② (*Beziehung*) relationship (**zu** with); (*Liebesverhältnis*) affair ③ *pl* (*Bedingungen*) conditions *pl* ④ *pl* (*Lebensumstände*) circumstances *pl;* **über seine** ~**se leben** to live beyond one's means; **unter anderen** ~**sen** under different circumstances

verhältnismäßig *adv* relatively **Verhältniswahlrecht** *nt* [system of] proportional representation

verhandeln* I. *vi* to negotiate (**über** about) II. *vt* ■ **etw** ~ ① to negotiate sth ② JUR to hear sth

Verhandlung *f* ① *meist pl* negotiation; ~**en aufnehmen** to enter into negotiations ② JUR trial

verhandlungsbereit *adj* ready [*or* prepared] to negotiate *pred*
Verhängnis <-, -se> [fɛɐ̯ˈhɛŋnɪs] *nt* disaster; [**jdm**] **zum ~ werden** to be sb's undoing
verhängnisvoll *adj* fatal
verharmlosen* [fɛɐ̯ˈharmloːzn̩] *vt* to play down *sep*
verhärmt [fɛɐ̯ˈhɛrmt] *adj* careworn
verharren* *vi haben o sein* (*geh*) to pause
verhaspeln* *vr* ■ **sich ~** to get into a muddle
verhasst^{RR} *adj*, **verhaßt**^{ALT} [fɛɐ̯ˈhast] *adj* hated (**wegen** for); ■ [**jdm**] **~ sein** to be hated [by sb]
verhätscheln *vt* to pamper
verhauen* <verhaute, verhauen> I. *vt* (*fam*) to beat up *sep;* ■ **sich ~** to have a fight II. *vr* (*fam: Fehler machen*) ■ **sich ~** to slip up
verheben* *vr irreg* ■ **sich** *akk* **~** to hurt oneself lifting sth
verheddern* [fɛɐ̯ˈhɛdɐn] *vr* ■ **sich ~** to get tangled up
verheerend *adj* devastating
verheilen* *vi sein* to heal [up]
verheimlichen* [fɛɐ̯ˈhaimlɪçn̩] *vt* ■ [**jdm**] **etw ~** to conceal sth [from sb]; ■ **jdm ~, dass ...** to conceal the fact from sb that ...; **etwas/nichts zu ~ haben** to have something/nothing to hide
verheiraten* *vr* ■ **sich** [**mit jdm**] **~** to marry [sb]; ■ **verheiratet** married
Verheißung <-, -en> *f* promise
verheißungsvoll *adj* promising
verhelfen* *vi irreg* ■ [**jdm**] **zu etw ~** to help sb to get sth
verherrlichen* [fɛɐ̯ˈhɛrlɪçn̩] *vt* to glorify
verhexen* *vt* to bewitch; **wie verhext sein** to be jinxed
verhindern* *vt* to prevent; ■ **~, dass jd etw tut** to prevent sb from doing sth
verhöhnen* *vt* to mock
Verhör <-[e]s, -e> [fɛɐ̯ˈhøːɐ̯] *nt* interrogation
verhüllen* *vt* to cover
verhungern* *vi sein* to starve [to death]; **am V~ sein** to be starving
verhüten* *vt* to prevent
Verhütung <-, -en> *f* ❶ prevention *no pl* ❷ (*Empfängnisverhütung*) contraception *no pl*
Verhütungsmittel *nt* contraceptive
verifizieren* [verifiˈtsiːrən] *vt* to verify
verinnerlichen* [fɛɐ̯ˈʔɪnɐlɪçn̩] *vt* to internalize
verirren* *vr* ■ **sich ~** to get lost
verjagen* *vt* to chase away *sep*
verjährt *adj* ❶ (*veraltend: sehr alt*) *Person* past it *pred fam* ❷ JUR statute-barred; *Ansprüche* in lapse
Verjährung <-, -en> *f* limitation
verkabeln* *vt* to connect to the cable network
verkalken* *vi sein* ❶ to fur [*or* AM clog] up; ■ **verkalkt** furred up ❷ *Arterien* to become hardened ❸ (*senil*) ■ **verkalkt** senile
Verkalkung <-, -en> *f* (*fam: Senilität*) senility *no pl*
verkatert [fɛɐ̯ˈkaːtɐt] *adj* (*fam*) hung-over *pred*
Verkauf <-s, Verkäufe> [fɛɐ̯ˈkauf, *pl* fɛɐ̯ˈkɔyfə] *m* sale; **etw zum ~ anbieten** to offer sth for sale; **zum ~ stehen** to be up for sale
verkaufen* *vt* to sell (**an** to); **zu ~ sein** to be for sale; **das Buch verkauft sich gut** the book is selling well
Verkäufer(in) [fɛɐ̯ˈkɔyfɐ] *m(f)* sales assistant
verkäuflich *adj* for sale *pred*
Verkaufsabteilung *f* sales department **Verkaufsangebot** *nt* sales offer **Verkaufsbedingungen** *pl* HANDEL conditions of sale and delivery, terms and conditions **Verkaufserlös** *m* ÖKON sales revenue, proceeds *npl* of a/the sale **Verkaufsleiter(in)** *m(f)* sales manager **Verkaufspreis** *m* retail price
Verkehr <-[e]s> [fɛɐ̯ˈkeːɐ̯] *m kein pl* ❶ traffic ❷ (*Umgang*) contact ❸ (*Umlauf*) **etw in den ~ bringen** to put sth into circulation; **etw aus dem ~ ziehen** to withdraw sth from circulation
verkehren* *vi* ❶ *haben o sein* (*fahren*) to run ❷ *haben* ■ **bei jdm ~** to visit sb regularly
Verkehrsampel *f* traffic lights *pl* **Verkehrsaufkommen** *nt* volume of traffic **verkehrsberuhigt** *adj* traffic-calmed **Verkehrschaos** *nt* road chaos **Verkehrsdurchsage** *f* traffic announcement **Verkehrsflugzeug** *nt* commercial aircraft **Verkehrsfluss**^{RR} *m kein pl* traffic flow **Verkehrsfunk** *m* radio traffic service **Verkehrsinsel** *f* traffic island **Verkehrsknotenpunkt** *m* traffic junction **Verkehrskontrolle** *f* spot check on the traffic **Verkehrsminister(in)** *m(f)* transport minister BRIT, Secretary of Transportation AM **Verkehrsmittel** *nt* means of transport; **öffentliche ~** public transport

Verkehrsnetz *nt* transport system **Verkehrspolizist(in)** *m(f)* traffic policeman *masc*, policewoman *fem* **Verkehrsregel** *f* traffic regulation **Verkehrsregelung** *f* traffic control **verkehrsreich** *adj* ~e **Straße** busy street **Verkehrsschild** *nt* road sign **Verkehrssicherheit** *f kein pl* road safety **Verkehrssünder(in)** *m(f)* traffic offender **Verkehrsteilnehmer(in)** *m(f)* road-user **Verkehrstote(r)** *f(m) dekl wie adj* road fatality **Verkehrsunfall** *m* road accident **Verkehrsverbindung** *f* (*durch Verkehrswege*) route; (*durch Verkehrsmittel*) connection **Verkehrsverein** *m* tourist promotion agency **Verkehrswert** *m* HANDEL market value **verkehrswidrig** *adj* contrary to road traffic regulations **Verkehrszeichen** *nt* road sign

verkehrt I. *adj* wrong; ■**etwas V~es** the wrong thing II. *adv* wrongly; ~ **herum** the wrong way round

verklagen* *vt* **jdn** [**wegen etw** *dat*] ~ to take proceedings against sb [for sth]; ■**jdn** [**auf etw** *akk*] ~ to sue sb [for sth]

Verklappung <-, -en> *f* dumping [in the sea]

verklärt <-er, -este> *adj* transfigured

verkleben* I. *vt haben* ❶ (*zukleben*) to cover ❷ (*zusammenkleben*) to stick together ❸ (*festkleben*) to stick [down] II. *vi sein* to stick together

verkleiden* I. *vt* ❶ to dress up *sep* (**als** as) ❷ BAU to cover II. *vr* ■**sich** ~ to dress up

Verkleidung *f* ❶ disguise ❷ BAU lining

verkleinern* [fɛɐ̯'klainɐn] I. *vt* to reduce II. *vr* ■**sich** ~ to be reduced in size (**um** by)

Verkleinerungsform *f* diminutive

verklemmt *adj* uptight [about sex *pred*]

Verklemmtheit [fɛɐ̯'klɛmthait] *f* PSYCH (*fam*) uptightness

verklingen* *vi irreg sein* to fade away

Verknappung *f* shortage

verkneifen* *vt irreg* (*fam*) ■**sich** *dat* **etw** ~ to repress sth; **ich konnte mir ein Grinsen nicht** ~ I couldn't help grinning

verkniffen *adj* pinched

verknittern* *vt* to crumple

verknoten* I. *vt* to knot; ■**etw miteinander** ~ to knot together sth *sep* II. *vr* ■**sich** ~ to get knotted

verknüpfen* *vt* ❶ (*verknoten*) to tie [together *sep*] ❷ (*verbinden*) to combine (**mit** with) ❸ (*in Zusammenhang bringen*) to link (**mit** to)

verkohlen¹ *vi sein* to turn to charcoal

verkohlen² *vt* (*fam*) ■**jdn** ~ to pull sb's leg

verkokst [fɛɐ̯'koːkst] *adj* (*pej sl*) coked-up

verkommen¹ *vi irreg sein* to decay; ■**zu etw** ~ to degenerate into sth

verkommen² *adj* ❶ (*verwahrlost*) degenerate ❷ (*verfallen*) decayed

verkorkst <-er, -este> *adj* screwed-up

verkörpern* [fɛɐ̯'kœrpɐn] *vt* to personify

verkrachen* *vr* (*fam*) ■**sich** ~ to fall out (**mit** with)

verkraften* [fɛɐ̯'kraftn̩] *vt* ■**etw** ~ to cope with sth

verkrampft I. *adj* tense II. *adv* tensely; ~ **wirken** to seem unnatural

verkriechen* *vr irreg* ■**sich** ~ to creep away

Verkrümmung <-, -en> *f* bend (+*gen* in); *Finger* crookedness *no art, no pl*; *Holz* warp; *Rückgrat* curvature

verkrüppelt <-er, -este> *adj* crippled

verkrustet *adj* time-honoured

verkühlen* *vr* ■**sich** ~ to catch a cold

verkümmern* *vi sein* MED to degenerate

verkürzen* I. *vt* ❶ to shorten ❷ *zeitlich* to reduce II. *vr* ■**sich** ~ to become shorter

Verkürzung *f* ❶ shortening ❷ *zeitlich* reduction

verladen* *vt irreg* to load

Verladerampe *f* loading ramp

Verlag <-[e]s, -e> [fɛɐ̯'laːk, *pl* -aːgə] *m* publishing house

verlagern* *vt* to move

Verlagshaus *nt* publishing house

verlangen* I. *vt* ❶ (*fordern*) to demand; *Preis* to ask ❷ (*erfordern*) to require II. *vi* ■**nach jdm/etw** ~ to ask for sb/sth

Verlangen <-s, -> *nt* ❶ (*Wunsch*) desire (**nach** for) ❷ (*Forderung*) demand; **auf** ~ on demand; **auf jds** ~ [**hin**] at sb's request

verlängern* [fɛɐ̯'lɛŋɐn] I. *vt* to extend II. *vr* ■**sich** ~ to be prolonged (**um** by)

Verlängerung <-, -en> *f* ❶ *kein pl* extension ❷ SPORT extra time *no art, no pl*

Verlängerungskabel *nt*, **Verlängerungsschnur** *f* extension [cable]

verlangsamen* [fɛɐ̯'laŋzaːmən] I. *vt* ❶ *Tempo* to reduce ❷ (*aufhalten*) to slow down *sep* II. *vr* ■**sich** ~ to slow [down]

verlassen* *irreg* I. *vt* ❶ (*im Stich lassen*) to abandon ❷ (*fortgehen*) to leave ❸ (*verschwinden*) **der Mut verließ ihn** he lost courage II. *vr* ■**sich auf jdn** ~ to rely

[up]on sb
verlassen² *adj* deserted
verlässlich^RR *adj,* **verläßlich^ALT** [fɛɐ̯'lɛslɪç] *adj* reliable
Verlauf [fɛɐ̯'lauf] *m* course; **im ~ einer S.** *gen* in the course of sth; **einen bestimmten ~ nehmen** to take a particular course
verlaufen* *irreg* **I.** *vi sein* (*sich erstrecken*) to run **II.** *vr* (*sich verirren*) ■ **sich ~** to get lost
Verlaufsform *f* LING continuous form
verlebt *adj* ruined
verlegen*¹ [fɛɐ̯'le:gn̩] *vt* ❶ *Schlüssel, etc* to mislay ❷ *Termin* to postpone (**auf** until) ❸ TECH to lay ❹ *Buch* to publish
verlegen² **I.** *adj* embarrassed **II.** *adv* in embarrassment
Verlegenheit <-, -en> *f kein pl* embarrassment; **jdn in ~ bringen** to put sb in an embarrassing situation
Verleger(in) <-s, -> *m(f)* publisher
Verlegung <-, -en> *f* ❶ *Termin* postponement ❷ TECH laying *no art, no pl*
verleiden* *vt* ■ **jdm etw ~** to spoil [*or* ruin] sth for sb
Verleih <-[e]s, -e> [fɛɐ̯'lai] *m* (*Firma*) rental company
verleihen* *vt irreg* ❶ (*leihen*) ■ **etw** [**an jdn**] **~** to lend sth [to sb]; (*gegen Geld*) to rent out sth *sep* ❷ *Auszeichnung* ■ [**jdm**] **etw ~** to award sth [to sb] ❸ (*geben*) to give
verleiten* *vt* ■ **jdn** [**zu etw**] **~** to persuade sb [to do sth]
verlernen* *vt* to forget; **das Tanzen ~** to forget how to dance
verletzbar *adj* vulnerable
verletzen* [fɛɐ̯'lɛtsn̩] *vt* ❶ to hurt; ■ **sich ~** to hurt oneself ❷ *Gesetz* to violate
verletzend *adj* hurtful
verletzlich *adj* vulnerable
verletzt *adj* injured, wounded
Verletzte(r) *f(m) dekl wie adj* injured person
Verletzung <-, -en> *f* MED injury
verleugnen* *vt* to deny
verleumden* [fɛɐ̯'lɔymdn̩] *vt* ■ **jdn ~** to slander sb
Verleumdung <-, -en> *f* slander
verlieben* *vr* ■ **sich ~** to fall in love (**in** with)
verliebt *adj* loving; ■ **~ sein** to be in love (**in** with)
verlieren <verlor, verloren> [fɛɐ̯'li:rən] *vt* to lose; *Flüssigkeit, Gas* to leak
Verlierer(in) <-s, -> *m(f)* loser

Verlies <-es, -e> [fɛɐ̯'li:s, *pl* 'li:zə] *nt* dungeon
ver|linken [fɛɐ̯'lɪŋkən] *vt* ■ **etw mit etw** *dat* **~** INET to link sth to sth
verloben* *vr* ■ **sich ~** to get engaged (**mit** to)
Verlobte(r) *f(m) dekl wie adj* fiancé *masc,* fiancée *fem*
Verlobung <-, -en> *f* engagement
verlockend *adj* tempting
verlogen [fɛɐ̯'lo:gn̩] *adj* insincere
verloren [fɛɐ̯'lo:rən] **I.** *pp von* **verlieren II.** *adj* ■ **~ sein** to be finished; **sich ~ fühlen** to feel lost; **~ gehen** to get lost
verlosen* *vt* to raffle
Verlosung *f* raffle
verlottert *adj* (*pej*) run-down, scruffy
Verlust <-[e]s, -e> [fɛɐ̯'lʊst] *m* loss; **~ bringend** loss-making; **~e machen** to make losses
Verlustmeldung *f* ❶ (*Anzeige*) report of the loss ❷ MIL casualty report
vermachen* *vt* ■ [**jdm**] **etw ~** to leave sth [to sb]
Vermächtnis <-ses, -se> [fɛɐ̯'mɛçtnɪs] *nt* legacy
vermählen* [fɛɐ̯'mɛ:lən] *vr* ■ **sich** [**mit jdm**] **~** to marry [sb]; **frisch vermählt** newly married *attr*
vermarkten* *vt* to market
vermasseln* [fɛɐ̯'masl̩n] *vt* ■ [**jdm**] **etw ~** to mess up sth *sep* [for sb]
vermehren* *vr* ■ **sich ~** ❶ BIOL to reproduce ❷ (*zunehmen*) to increase
Vermehrung <-, -en> *f* ❶ BIOL reproduction ❷ (*Zunahme*) increase
vermeiden* *vt irreg* to avoid; **sich nicht ~ lassen** to be inevitable
Vermerk <-[e]s, -e> [fɛɐ̯'mɛrk] *m* note
vermessen¹ [fɛɐ̯'mɛsn̩] *irreg vt* to measure; *Land* to survey
vermessen² [fɛɐ̯'mɛsn̩] *adj* presumptuous
vermieten* *vt* to rent [out]
Vermieter(in) *m(f)* landlord *masc,* landlady *fem*
Vermietung <-, -en> *f* letting *no art, no pl,* renting out *no art, no pl; Auto, Boot* renting [*or* BRIT hiring] [out] *no art, no pl*
vermindern* **I.** *vt* to reduce **II.** *vr* ■ **sich ~** to decrease
verminen* [fɛɐ̯'mi:nən] *vt* ■ **etw ~** to mine sth
vermischen* **I.** *vt* to mix **II.** *vr* ■ **sich ~** to

mix

vermissen* *vt* to miss; ■ **etw ~ lassen** to lack sth

Vermisste(r)^{RR} *f(m)*, **Vermißte(r)**^{ALT} *f(m) dekl wie adj* missing person

vermitteln* I. *vt* ❶ **jdm eine Stellung ~** to find sb a job ❷ (*weitergeben*) ■ **[jdm] etw ~** to pass on *sep* sth [to sb] II. *vi* ■ **[in etw** *dat*] **~** to mediate [in sth]

Vermittlung <-, -en> *f* ❶ *Stelle, Wohnung finding no art, no pl* ❷ (*Schlichtung*) mediation

vermögen [fɛɐ̯ˈmøːɡn̩] *vt irreg* ■ **~ etw zu tun** to be capable of doing sth

Vermögen <-s, -> [fɛɐ̯ˈmøːɡn̩] *nt* FIN assets *pl*

vermögend [fɛɐ̯ˈmøːɡn̩t] *adj* wealthy

Vermögensberater(in) *m(f)* FIN financial consultant **Vermögenssteuer** *f* net worth tax

vermummt *adj* masked

vermuten* *vt* to suspect

vermutlich I. *adj attr* probable II. *adv* probably

Vermutung <-, -en> *f* assumption

vernachlässigen* [fɛɐ̯ˈnaxlɛsɪɡn̩] *vt* ❶ to neglect; ■ **sich ~** to be neglectful of oneself ❷ (*ignorieren*) to ignore

vernähen* *vt* to sew together *sep*

vernarben* *vi sein* to form a scar; ■ **vernarbt** scarred

vernehmen* *vt irreg* JUR to question

Vernehmen *nt* **dem ~ nach** from what one hears

Vernehmung <-, -en> *f* questioning

verneigen* *vr* ■ **sich ~** to bow (**vor** to)

verneinen* [fɛɐ̯ˈnainən] *vt* to say no to; **eine Frage ~** to answer a question in the negative

Verneinung <-, -en> *f* ❶ **die ~ einer Frage** a negative answer to a question ❷ LING negative

vernetzen *vt* to link up *sep;* ■ **vernetzt sein** to be linked [up] (**mit** to)

ver|netzt *adj* networked

Vernetzung <-, -en> *f* ❶ INFORM networking *no art, no pl* ❷ (*Verflechtung*) network

vernichten* [fɛɐ̯ˈnɪçtn̩] *vt* ❶ to destroy ❷ (*ausrotten*) to exterminate

vernichtend I. *adj* devastating II. *adv* **jdn ~ schlagen** to inflict a crushing defeat on sb

Vernichtung <-, -en> *f* ❶ destruction ❷ (*Ausrottung*) extermination

Vernichtungswaffe *f* destructive weapon

Vernunft <-> [fɛɐ̯ˈnʊnft] *f kein pl* ❶ reason *no art* ❷ (*gesunder Menschenverstand*) common sense *no art;* **~ beweisen** to show sense; **jdn zur ~ bringen** to make sb see sense; **zur ~ kommen** to see sense

vernünftig [fɛɐ̯ˈnʏnftɪç] *adj* ❶ sensible ❷ (*fam: ordentlich*) proper

veröffentlichen* [fɛɐ̯ˈʔœfn̩tlɪçn̩] *vt* to publish

Veröffentlichung <-, -en> *f* publication

verordnen* *vt* MED to prescribe

verpachten* *vt* to lease (**an** to)

verpacken* *vt* to pack [up *sep*]; (*als Geschenk*) to wrap [up *sep*]

Verpackung <-, -en> *f* packing *no art, no pl*

Verpackungskosten *pl* HANDEL packaging charges **Verpackungsmaterial** *nt* packaging [material]

verpassen* *vt* to miss

verpesten* [fɛɐ̯ˈpɛstn̩] *vt* to pollute

verpetzen* *vt* (*fam*) ■ **jdn ~** to tell on sb

verpfänden* *vt* to pawn; *Haus* to mortgage

verpflanzen* *vt* ■ **jdm ein Organ ~** to give sb an organ transplant

verpflegen* *vt* ■ **jdn ~** to cater for sb

Verpflegung <-, *selten* -en> *f* ❶ *kein pl* catering; **mit voller ~** with full board ❷ (*Nahrung*) food

Verpflegungskosten *pl* cost of food *no pl*

verpflichten* [fɛɐ̯ˈpflɪçtn̩] I. *vt* ■ **jdn [zu etw** *dat*] **~** to oblige sb to do sth II. *vr* ■ **sich zu etw ~** to commit oneself to doing sth

Verpflichtung <-, -en> *f meist pl* duty *usu pl;* **seinen ~en nachkommen** to do one's duties; **finanzielle ~en** financial commitments

verpfuschen* *vt* ■ **etw ~** to make a mess of sth

verplappern* *vr* ■ **sich ~** to blab

verplomben* [fɛɐ̯ˈplɔmbn̩] *vt* ■ **etw ~** to seal [up *sep*] sth; ■ **verplombt** sealed

verpönt [fɛɐ̯ˈpøːnt] *adj* deprecated

verprassen* *vt* to squander

verprügeln* *vt* ■ **jdn ~** to beat up sb *sep*

Verputz *m* plaster

verputzen* *vt* ❶ to plaster ❷ (*fam: essen*) to polish off *sep*

verqualmt <-er, -este> *adj* smoke-filled *attr*

verquollen *adj* swollen

Verrat <-[e]s> [fɛɐ̯ˈraːt] *m kein pl* betrayal *no art;* **~ an jdm üben** to betray sb

verraten <verriet, verraten> I. vt ❶ (ausplaudern) to give away sep ❷ (preisgeben) to betray ❸ (erkennen lassen) to show II. vr ■ sich ~ to give oneself away (**durch** with)

Verräter(in) <-s, -> [fɛɐ̯'rɛːtɐ] m(f) traitor

verrechnen* vr ■ sich ~ to miscalculate

Verrechnungsscheck m crossed cheque Brit, voucher check Am

verregnet <-er, -este> adj rainy

verreisen* vi sein to go away

verrenken* vt to twist; **sich** dat **den Fuß** ~ to dislocate one's foot

Verrenkung <-, -en> f distortion; Gelenk dislocation

verrennen* vr irreg ■ sich ~ to get on the wrong track; ■ sich in eine Idee ~ to be obsessed with an idea

verrichten* vt to perform

verriegeln* vt to bolt

verringern* [fɛɐ̯'rɪŋɐn] I. vt to reduce (**um** by) II. vr ■ sich ~ to decrease

Verringerung <-> f kein pl reduction

verrohen* [fɛɐ̯'roːən] I. vi sein to become brutal[ized] II. vt ■ jdn ~ to brutalize sb

verrosten* vi sein to rust; ■ **verrostet** rusty

verrostet <-er, -este> adj rusty

verrotten* [fɛɐ̯'rɔtn̩] vi sein to rot

verrottet <-er, -este> adj ❶ (faul) rotted ❷ (verwahrlost) decayed

verrucht [fɛɐ̯'ruːxt] adj despicable

verrücken* vt to move

verrückt [fɛɐ̯'rʏkt] adj ❶ (geisteskrank) mad; ■ ~ **sein/werden** to be/go nuts; **bist du ~?** are you out of your mind?; **jdn ~ machen** to drive sb crazy ❷ (ausgefallen) crazy ❸ (versessen) ■ ~ **nach etw/jdm sein** to be crazy about sb/sth ▶ **ich werd' ~!** (fam) well, I'll be damned

Verrückte(r) f(m) dekl wie adj lunatic

Verrücktheit <-, -en> f madness no art, no pl

Verrücktwerden nt **es ist zum** ~ (fam) it's enough to drive you up the wall

Verruf m kein pl **in ~ kommen** to fall into disrepute

verrufen adj disreputable

verrühren* vt to stir

verrußt adj sooted, sooty

verrutschen* vi sein to slip

Vers <-es, -e> [fɛrs, pl 'fɛrzə] m verse

versagen* I. vi to fail II. vt ■ **jdm etw** ~ to refuse sb sth

Versagen <-s> nt kein pl failure no art; **menschliches ~** human error

Versager(in) <-s, -> m(f) failure

versalzen* vt irreg ■ **etw** ~ to put too much salt in/on sth

versammeln* I. vr ■ sich ~ to gather II. vt to call together

Versammlung f meeting

Versammlungsfreiheit f kein pl jur freedom of assembly

Versand <-[e]s> [fɛɐ̯'zant] m kein pl despatch

Versandabteilung f despatch department **Versandanschrift** f dispatch address **Versandhandel** m mail-order selling no art **Versandhaus** nt mail-order company **Versandhauskatalog** m mail-order catalogue **Versandkosten** pl shipping charges pl **Versandpapiere** pl handel transport [or shipping] documents

versäumen* vt to miss

verschaffen* vt ■ **jdm/sich etw** ~ to get [hold of] sth for sb/oneself; **jdm eine Stellung ~** to get sb a job; **sich** dat **Gewissheit ~** to make certain

Verschalung <-, -en> f tech planking no art, no pl

verschämt [fɛɐ̯'ʃɛːmt] adj shy

verschanzen* vr ■ sich ~ to take refuge

verschärfen* I. vr ■ sich ~ to get worse II. vt (zuspitzen) to aggravate

verschenken* vt to give (**an** to)

verscherzen* vr ■ sich dat **etw** ~ to lose sth; ■ **es sich** dat **mit jdm** ~ to fall out with sb

verscheuchen* vt to chase away sep

verschicken* vt to send (**an** to)

Verschiebebahnhof m railway [or Am railroad] yard

verschieben* irreg vt ❶ Gegenstand to move ❷ Termin to postpone (**auf** until)

Verschiebung f postponement

verschieden [fɛɐ̯'ʃiːdn̩] I. adj ❶ (unterschiedlich) different ❷ attr (einige) ■ ~ **e** several attr; ■ **V~es** various things pl II. adv differently; ~ **lang** of different lengths

verschiedenartig adj diverse

Verschiedenheit <-, -en> f (Unterschiedlichkeit) difference; (Unähnlichkeit) dissimilarity

verschiffen* vt to ship

verschimmeln* vi sein to go mouldy; ■ **ver-**

schimmelt mouldy
verschlafen[1] *irreg* **I.** *vi* to oversleep **II.** *vt* ■ **etw** ~ to miss sth
verschlafen[2] *adj* sleepy
verschlagen[1] *vt irreg* **jdm die Sprache** ~ to leave sb speechless
verschlagen[2] *adj* sly; **ein** ~**er Blick** a furtive look
verschlampen* *vt* (*fam*) ■ **etw** ~ to manage to lose sth
verschlechtern* [fɛɐˈʃlɛçtən] **I.** *vt* to make worse **II.** *vr* ■ **sich** ~ to get worse
Verschlechterung <-, -en> *f* worsening
verschleiern* [fɛɐˈʃlaiɐn] *vt* ❶ to cover with a veil ❷ (*verdecken*) to cover up *sep*; **die Tatsachen** ~ to disguise the facts
verschleiert *adj Blick* blurred; *Stimme* husky; *Himmel* misty; *Gesicht* veiled
Verschleiß <-es, -e> [fɛɐˈʃlais] *m* wear [and tear] *no art, no pl*
verschleißen <verschliss, verschlissen> *vi, vt sein* to wear out
verschleppen* *vt* ❶ to take away *sep* ❷ MED to delay treatment [of]
verschleudern* *vt* to sell [off] cheaply
verschließbar *adj* lockable
verschließen* *irreg* **I.** *vt* to lock [up *sep*] **II.** *vr* ■ **sich einer S.** *dat* ~ to ignore sth
verschlimmern* **I.** *vt* to make worse **II.** *vr* ■ **sich** ~ to get worse
Verschlimmerung <-, -en> *f* worsening
verschlingen **I.** *vt irreg* to devour **II.** *vr irreg* ■ **sich** [**ineinander**] ~ to intertwine
verschlissen **I.** *pp von* **verschleißen** **II.** *adj* worn-out
verschlossen [fɛɐˈʃlɔsn̩] *adj* ❶ closed ❷ (*zurückhaltend*) reserved ▶ **jdm** ~ **bleiben** to be a mystery to sb
Verschlossenheit <-> *f kein pl* reservedness *no art, no pl*
verschlucken* **I.** *vt* to swallow **II.** *vr* ■ **sich** ~ to choke
verschlungen *pp von* **verschlingen**
Verschluss[RR] *m*, **Verschluß**[ALT] *m* ❶ (*Schließvorrichtung*,) clasp; *Tür* catch; **etw unter** ~ **halten** to keep sth under lock and key ❷ (*Deckel*) lid; *Flasche* top
verschlüsseln* [fɛɐˈʃlʏsl̩n] *vt* to [en]code
Verschlüsselung, **Verschlüsslung**[RR] <-, -en> *f* ❶ (*Verschlüsseln*) [en]coding *no art, no pl* ❷ (*Kode*) cipher, encryption
verschmähen* *vt* to reject

verschmelzen* *irreg vi sein* to melt together
verschmieren* *vt* ❶ (*verwischen*) to smear ❷ (*beschmieren*) to make dirty
verschmitzt [fɛɐˈʃmɪtst] **I.** *adj* mischievous, roguish **II.** *adv* mischievously, roguishly
verschmutzen* *vt* ❶ to make dirty ❷ ÖKOL to pollute
verschmutzt *adj* dirty, soiled
verschneit *adj* snow-covered *attr*; ■ ~ **sein** to be covered in snow
verschnörkelt *adj* adorned with flourishes; *Schrift* ornate
verschnupft [fɛɐˈʃnʊpft] *adj* ■ ~ **sein** to have a cold
verschnüren* *vt* to tie up *sep*
verschollen [fɛɐˈʃɔlən] *adj* missing; ■ ~ **sein** to have gone missing
verschonen* *vt* to spare; **von etw verschont bleiben** to escape sth
verschönern* [fɛɐˈʃøːnɐn] *vt* to brighten up *sep*
verschränken* *vt* **die Arme** ~ to fold one's arms
verschreiben* *irreg* **I.** *vt* ■ **jdm etw** ~ to prescribe sb sth (**gegen** for) **II.** *vr* ■ **sich** ~ to make a mistake
verschreibungspflichtig *adj* available only on prescription *pred*
verschroben [fɛɐˈʃroːbn̩] *adj* eccentric, cranky *fam*
verschrotten* *vt* to scrap
verschüchtert *adj* intimidated
verschulden* **I.** *vt* ■ **etw** ~ to be to blame for sth **II.** *vi sein* ■ **verschuldet sein** to be in debt **III.** *vr* ■ **sich** ~ to get into debt (**bei** to)
Verschulden <-s> *nt kein pl* fault; **ohne jds** ~ through no fault of sb's [own]
verschuldet *adj* indebted
Verschuldung <-> *f kein pl* indebtedness
verschütten* [fɛɐˈʃʏtən] *vt* ❶ *Milch* to spill ❷ (*unter etw begraben*) to bury
verschwägert [fɛɐˈʃvɛːɡɐt] *adj* related by marriage *pred*
verschweigen* *vt irreg* to hide (**vor** from); *Informationen* to withhold; ■ **jdm** ~, **dass** ... to keep from sb the fact that ...
verschweißen* *vt* ■ **etw** ~ to weld sth together
verschwenden* *vt* to waste
Verschwender(in) <-s, -> *m(f)* spendthrift
verschwenderisch *adj* wasteful
Verschwendung <-, -en> *f* wasting *no art,*

no pl; **so eine ~!** what a waste!
Verschwendungssucht *f kein pl* prodigality *no art, no pl form*
verschwiegen [fɛɐ̯'ʃviːgn̩] *adj* discreet
Verschwiegenheit <-> *f kein pl* discretion *no art, no pl,* secrecy
verschwimmen* *vi irreg sein* to become blurred
verschwinden* *vi irreg sein* to disappear; ▪**verschwunden [sein]** [to be] missing; **verschwinde!** clear off!
Verschwinden <-s> *nt kein pl* disappearance
verschwommen *adj* ❶ blurred ❷ (*unklar*) vague
verschwören* *vr irreg* ▪**sich gegen jdn ~** to conspire against sb; ▪**sich zu etw ~** to conspire to do sth
Verschwörung <-, -en> *f* conspiracy
Verschwörungstheorie *f* conspiracy theory
versehen* [fɛɐ̯'zeːən] *irreg vt* to provide (**mit** with)
Versehen <-s, -> [fɛɐ̯'zeːən] *nt* mistake; **aus ~** by mistake
versehentlich [fɛɐ̯'zeːəntlɪç] I. *adj attr* inadvertent II. *adv* inadvertently
versenden* *vt irreg o reg* to send (**an** to)
versenken* *vt* to sink
Versenkung *f* ▶**aus der ~ auftauchen** to re[·]emerge on the scene; **in der ~ verschwinden** to vanish from the scene
versessen [fɛɐ̯'zɛsn̩] *adj* ▪**auf etw akk ~ sein** to be crazy about sth; **auf[s] Geld ~ sein** to be obsessed with money; ▪**~ darauf sein, etw zu tun** to be dying to do sth
Versessenheit <-> *f kein pl* keenness *no art, no pl* (**auf** on)
versetzen I. *vt* ❶ *Beamten* to move ❷ *Schüler* to move up *sep* [to the next class] ❸ (*bringen*) **jdn in Begeisterung ~** to fill sb with enthusiasm; **eine Maschine in Bewegung ~** to set a machine in motion; **jdn in Panik ~** to send sb into a panic ❹ (*warten lassen*) ▪**jdn ~** to stand up sb *sep* II. *vr* ▪**sich in jdn ~** to put oneself in sb's place
Versetzung <-, -en> *f* ❶ ADMIN transfer ❷ SCH moving up *no art, no pl*
verseuchen* [fɛɐ̯'zɔyçn̩] *vt* to contaminate
Verseuchung <-, -en> *f* contamination
versichern*¹ *vt* to insure (**gegen** against)
versichern*² I. *vt* ▪**jdm ~, [dass]** ... to assure sb [that] ... II. *vr* ▪**sich einer S. gen ~** to make sure of sth
Versicherte(r) *f(m) dekl wie adj* insured
Versicherung *f* ❶ FIN insurance *no pl;* (*Firma*) insurance company ❷ (*Beteuerung*) assurance
Versicherungsbeitrag *m* insurance premium **Versicherungsdauer** *f* term of an insurance policy **Versicherungsfall** *m* insurance job **Versicherungspflicht** *f* compulsory [*or* statutory] insurance *no art, no pl*
Versicherungspolice *f* insurance policy
Versicherungsprämie *f* insurance premium **Versicherungsschutz** *m kein pl* insurance cover **Versicherungssumme** *f* sum insured **Versicherungsvertreter(in)** *m(f)* insurance agent
versickern* *vi sein* to seep away
versiegeln* *vt* to seal [up *sep*]
versilbern* [fɛɐ̯'zɪlbɐn] *vt* to silver-plate
versinken *vi irreg sein* to sink; ▪**versunken** sunken
versklaven [fɛɐ̯'sklaːvn̩] *vt* ▪**jdn ~** to enslave sb
Versmaß *nt* metre
versöhnen* [fɛɐ̯'zøːnən] I. *vr* ▪**sich mit jdm ~** to make it up with sb II. *vt* to reconcile
Versöhnung <-, -en> *f* reconciliation *no art, no pl*
versorgen* *vt* ❶ (*betreuen*) to take care of ❷ (*versehen*) to supply; ▪**sich mit etw** *dat* **~** to provide oneself with sth; **sich selbst ~** to look after oneself ❸ MED to treat
Versorgung <-> *f kein pl* ❶ (*das Versorgen*) care *no art* ❷ (*das Ausstatten*) supply; **medizinische ~** provision of medical care
Versorgungsnetz *nt* ❶ ÖKON *von Waren* supply network ❷ (*mit Wasser*) supply grid
verspannen* *vr* ▪**sich ~** to tense up
Verspannung *f* tenseness *no art, no pl*
verspäten* [fɛɐ̯'ʃpɛːtn̩] *vr* ▪**sich ~** to be late
verspätet *adj* ❶ (*zu spät eintreffend*) delayed ❷ (*zu spät erfolgend*) late
Verspätung <-, -en> *f* delay; **entschuldigen Sie bitte meine ~** I'm sorry I'm late; **~ haben** to be late; **mit einer Stunde ~ ankommen** to arrive an hour late
versperren* *vt* **jdm den Weg ~** to bar sb's way
verspielen* *vt* ❶ (*beim Glücksspiel*) to gamble away *sep* ❷ (*fig*) to squander
verspotten* *vt* to mock

versprechen * _irreg_ I. _vt_ ■[jdm] **etw** ~ to promise [sb] sth II. _vr_ ❶■**sich** _dat_ **etw von jdm/etw** ~ to hope for sth from sb/sth ❷(_falsch sprechen_) ■**sich** ~ to make a slip of the tongue

Versprechen <-s, -> _nt_ promise

verspritzen * _vt_ to spray

verstaatlichen * [fɛɐ̯ˈʃtaːtlɪçn̩] _vt_ to nationalize; ■**verstaatlicht** nationalized

Verstaatlichung <-, -en> _f_ nationalization _no art, no pl_

Verstädterung <-> [fɛɐ̯ˈʃtɛtərʊŋ] _f kein pl_ urbanization

verstand [fɛɐ̯ˈʃtant] _imp von_ **verstehen**

Verstand <-[e]s> [fɛɐ̯ˈʃtant] _m kein pl_ reason _no art;_ **jdn um den** ~ **bringen** to drive sb out of his/her mind; **nicht bei** ~ **sein** to not be in one's right mind; **den** ~ **verlieren** to lose one's mind

verstandesmäßig _adj_ rational

verständig [fɛɐ̯ˈʃtɛndɪç] _adj_ sensible

verständigen * [fɛɐ̯ˈʃtɛndɪɡn̩] _vr_ ■**sich** ~ ❶(_sich verständlich machen_) to communicate (**durch** by) ❷(_sich einigen_) to reach an agreement (**über** about)

Verständigung <-> _kein pl f_ ❶(_Benachrichtigung_) notification _no art_ ❷(_Einigung_) agreement

verständlich [fɛɐ̯ˈʃtɛntlɪç] _adj_ understandable; **jdm etw** ~ **machen** to make sb understand sth

Verständnis <-ses> [fɛɐ̯ˈʃtɛntnɪs] _kein pl nt_ understanding _no art;_ **für etw** ~ **haben** to have sympathy for sth

verständnislos I. _adj_ uncomprehending; **ein** ~**er Blick** a blank look II. _adv_ uncomprehendingly

verständnisvoll _adj_ understanding

verstärken * I. _vt_ ❶(_stärker machen_) to strengthen ❷(_intensivieren_) to intensify ❸(_erhöhen_) to increase II. _vr_ ■**sich** ~ to increase

Verstärker <-s, -> _m_ amplifier

Verstärkung _f_ ❶(_das Verstärken_) strengthening _no art, no pl_ ❷(_Vergrößerung_) reinforcement _no art, no pl_ ❸(_Intensivierung_) intensification _no art, no pl_

verstaubt _adj_ dusty; (_fig_) outmoded

verstauchen * _vt_ ■**sich** _dat_ **etw** ~ to sprain one's sth

verstauen * _vt_ to pack [away _sep_]

Versteck <-[e]s, -e> [fɛɐ̯ˈʃtɛk] _nt_ hiding place

verstecken * I. _vt_ to hide II. _vr_ ■**sich** ~ to hide (**vor** from)

versteckt _adj_ ❶hidden ❷(_abgelegen_) secluded

verstehen <verstand verstanden> I. _vt_ ❶(_hören_) to hear ❷(_begreifen_) to understand; **jdm etw zu** ~ **geben** to make sb understand sth ❸(_können_) **ich verstehe kein Französisch** I don't know any French; ■**es** ~, **etw zu tun** to know how to do sth; ■**nichts von etw** ~ to know nothing about sth II. _vr_ ❶(_auskommen_) ■**sich mit jdm** ~ to get on [_or_ AM along] with sb; **wir** ~ **uns** we understand one another ❷(_zu verstehen sein_) **etw versteht sich von selbst** sth goes without saying III. _vi_ **wenn ich recht verstehe** if I understand correctly; **verstehst du?** you know?

versteifen * _vr_ ❶■**sich** ~ to harden ❷(_auf etw beharren_) ■**sich auf etw** _akk_ ~ to insist on sth

versteigern * _vt_ to auction [off]

Versteigerung _f_ auction

Versteinerung <-, -en> _f_ fossil

verstellbar _adj_ adjustable

verstellen * I. _vt_ ❶(_einstellen_) to adjust; **etw in der Höhe** ~ to adjust sth for height ❷(_woandershin stellen_) to move ❸(_blockieren_) to block ❹_Stimme_ to disguise II. _vr_ ■**sich** ~ to put on an act

versteuern * _vt_ to pay tax on; ■**zu** ~**d** taxable

Versteuerung _f_ payment of tax

verstimmt _adj_ ❶MUS out of tune ❷(_verärgert_) ■~ **sein** to be put out

verstockt _adj_ obstinate

verstohlen [fɛɐ̯ˈʃtoːlən] I. _adj_ furtive II. _adv_ furtively; **jdn** ~ **ansehen** to give sb a furtive look

verstopfen * I. _vt_ to block up _sep_ II. _vi sein_ to get blocked [up]

verstopft _adj_ blocked

Verstopfung <-, -en> _f_ MED constipation _no art, no pl;_ ~ **haben** to be constipated

verstorben [fɛɐ̯ˈʃtɔrbn̩] _adj_ deceased

Verstorbene(r) _f(m) dekl wie adj_ deceased

verstört [fɛɐ̯ˈʃtøːɐ̯t] I. _adj_ distraught II. _adv_ in distress

Verstoß [fɛɐ̯ˈʃtoːs] _m_ violation (**gegen** of)

verstoßen * _irreg_ I. _vi_ ■**gegen etw** ~ to violate sth II. _vt_ ■**jdn** ~ to expel sb

verstrahlt <-er, -este> _adj_ contaminated [by

radiation]
verstreichen* *irreg vi sein Zeit* to pass [by]; ■**eine Frist ~ lassen** to let a deadline pass
verstreuen* *vt* ❶ (*ausstreuen*) to scatter ❷ (*versehentlich verschütten*) to spill
Verstümmelung <-, -en> *f* mutilation
Versuch <-[e]s, -e> [fɛɐ̯'zuːx] *m* ❶ attempt ❷ (*Experiment*) experiment; **einen ~ machen** to carry out an experiment
versuchen* I. *vi, vt* to try; ■**es mit jdm/etw ~** to give sb/sth a try; ■**~, etw zu tun** to try to do sth II. *vr* ■**sich in etw** *dat* **~** to try one's hand at sth
Versuchsanlage *f* experimental plant **Versuchskaninchen** *nt* guinea pig **Versuchsreihe** *f* series of experiments **Versuchstier** *nt* laboratory animal
versuchsweise *adv* on a trial basis
Versuchung <-, -en> *f* temptation *no art, no pl;* **jdn in ~ führen** to lead sb into temptation; **in ~ geraten** to be tempted
versunken [fɛɐ̯'zʊŋkn̩] *adj* ❶ sunken *attr* ❷ (*vertieft*) ■**in etw** *akk* **~ sein** to be absorbed in sth
versüßen* *vt* to sweeten
vertagen* *vt* to adjourn (**auf** until)
Vertagung *f* adjournment
vertauschen* *vt* to switch; ■**etw mit etw** *dat* **~** to exchange sth for sth
verteidigen* [fɛɐ̯'taidɪɡn̩] *vt* to defend
Verteidiger(in) <-s, -> *m(f)* ❶ JUR defence counsel ❷ SPORT defender
Verteidigung <-, -en> *f* defence
Verteidigungsminister(in) *m(f)* defence minister BRIT, secretary of defense AM **Verteidigungsministerium** *nt* Ministry of Defence BRIT, Department of Defense AM
verteilen* *vt* to distribute (**an** to)
Verteilung *f* distribution *no pl*
verteuern* [fɛɐ̯'tɔyɐn] I. *vt* to increase the price of II. *vr* ■**sich ~** to become more expensive
Verteuerung *f* increase in price
verteufelt (*fam*) I. *adj* devilish[ly tricky] II. *adv* damned *fam,* devilishly
vertiefen* [fɛɐ̯'tiːfn̩] I. *vt* ❶ to deepen ❷ (*festigen*) to reinforce II. *vr* ■**sich in etw** *akk* **~** to become absorbed in sth; **in Gedanken vertieft sein** to be deep in thought
Vertiefung <-, -en> *f* ❶ depression ❷ (*Festigung*) consolidation *no art, no pl*
vertikal [vɛrti'kaːl] I. *adj* vertical II. *adv* vertically
vertippen* *vr* (*fam*) ■**sich ~** to make a typing error
Vertrag <-[e]s, Verträge> [fɛɐ̯'traːk, *pl* -'trɛːɡə] *m* contract; (*international*) treaty; **jdn unter ~ nehmen** to contract sb
vertragen* *irreg* I. *vt* (*aushalten*) to stand II. *vr* ❶ (*verstehen*) ■**sich mit jdm ~** to get on with sb ❷ (*zusammenpassen*) ■**sich mit etw ~** to go with sth
vertraglich [fɛɐ̯'traːklɪç] I. *adj* contractual II. *adv* by contract; **~ festgelegt werden** to be laid down in a contract
verträglich [fɛɐ̯'trɛːklɪç] *adj* ❶ *Mensch* good-natured ❷ *Essen* digestible; **gut/schwer ~** easily digestible/indigestible
Vertragsabschlussᴿᴿ *m* completion of [a/the] contract **Vertragsbedingungen** *pl* JUR terms [*or* conditions] of contract **Vertragsbruch** *m* breach of contract **Vertragsdauer** *f* ÖKON term [*or* life] of a contract **Vertragspartner(in)** *m(f)* party to a/the contract **Vertragsverletzung** *f* breach of contract **vertragswidrig** *adj* contrary to the contract *pred*
vertrauen* *vi* ■**jdm ~** to trust sb; ■**auf jdn ~** to trust in sb; **auf sein Glück ~** to trust to luck; **auf Gott ~** to put one's trust in God; ■**darauf ~, dass ...** to be confident that ...
Vertrauen <-s> *nt kein pl* trust, confidence; **~ erweckend** trustworthy; **~** [**zu jdm**] **haben** to have confidence [in sb]; **jdn ins ~ ziehen** to take sb into one's confidence; **im ~ auf etw** *akk* trusting to sth
Vertrauensarzt, -ärztin *m, f* independent examining doctor **Vertrauensbruch** *m* breach of confidence **vertrauensvoll** I. *adj* trusting II. *adv* trustingly **vertrauenswürdig** *adj* trustworthy
vertraulich *adj* confidential; **streng ~** strictly confidential
verträumt *adj* ❶ *Ort* sleepy ❷ *Mensch* dreamy
vertraut *adj* familiar (**mit** with); **sich mit etw** *dat* **~ machen** to familiarize oneself with sth
Vertraute(r) *f(m) dekl wie adj* confidant *masc,* confidante *fem*
Vertrautheit <-> *f kein pl* familiarity (**mit** with)
vertreiben* *vt irreg* ❶ to drive away *sep* ❷ (*verkaufen*) to sell

Vertreibung <-, -en> f expulsion
vertretbar adj Ansicht tenable; ■ **nicht ~** untenable
vertreten¹ vt irreg ❶ (ersetzen) ■ **jdn ~ to stand in for sb; durch jdn ~ werden** to be replaced by sb ❷ (repräsentieren) to represent ❸ Meinung to hold
vertreten² vr irreg ▶ **sich** dat **die Beine ~** to stretch one's legs
Vertreter(in) <-s, -> m(f) representative
Vertretung <-, -en> f ❶ (Stellvertreter) deputy ❷ ÖKON agency
Vertrieb <-[e]s, -e> m kein pl sales pl
Vertriebene(r) f(m) dekl wie adj deportee
Vertriebsabteilung f sales department **Vertriebskosten** pl marketing [or distribution] costs **Vertriebsleiter(in)** m(f) sales manager
Vertriebsnetz nt ÖKON network of distributors
vertrocknen* vi sein Vegetation to dry out; Lebensmittel to dry up
vertrösten* vt to put off sep (**auf** until)
vertuschen* vt to hush up sep
verübeln* [fɛɐ̯ˈʔyːbl̩n] vt ■ **jdm etw ~** to hold sth against sb
verulken* vt ■ **jdn ~** to make fun of sb
verunglücken* [fɛɐ̯ˈʔʊŋglʏkn̩] vi sein to have an accident; **tödlich ~** to be killed in an accident
verunsichern* [fɛɐ̯ˈʔʊnzɪçɐn] vt ■ **jdn ~** to make sb [feel] unsure
verunsichert <-er, -este> adj uncertain
verunstalten* [fɛɐ̯ˈʔʊnʃtaltn̩] vt to disfigure
veruntreuen* [fɛɐ̯ˈʔʊntrɔyən] vt to embezzle
verursachen* [fɛɐ̯ˈʔuːɐ̯zaxn̩] vt to cause
Verursacher(in) <-s, -> m(f) causal agent
verurteilen* vt ❶ to convict; ■ **jdn zu etw** dat **~** to sentence sb to sth ❷ (bestimmt sein) ■ **zu etw** dat **verurteilt sein** to be condemned to sth
Verurteilung <-, -en> f conviction
vervielfältigen* [fɛɐ̯ˈfiːlfɛltɪɡn̩] vt to duplicate
vervollständigen* [fɛɐ̯ˈfɔlʃtɛndɪɡn̩] vt to complete
Vervollständigung <-, -en> f completion no art, no pl
verwählen* vr ■ **sich ~** to dial the wrong number
verwahren* [fɛɐ̯ˈvaːrən] vt to keep safe; ■ **etw in etw** dat **~** to keep sth in sth

verwahrlost <-er, -este> adj neglected
verwaist adj orphaned; (fig: verlassen) deserted, abandoned
verwalten* vt ❶ ADMIN to administer ❷ Besitz, Daten to manage
Verwalter(in) <-s, -> m(f) administrator
Verwaltung <-, -en> f ❶ kein pl ADMIN administration no art; **städtische ~** municipal authority ❷ FIN, INFORM management no art
Verwaltungsapparat m administrative machine[ry] no pl **Verwaltungsbeamte(r)**, **-beamtin** m, f admin official **Verwaltungsbezirk** m administrative district, precinct AM **Verwaltungskosten** pl admin[istrative] costs [or expenses] pl
verwandeln* I. vt to turn (**in** into); ■ **jd ist wie verwandelt** sb is a changed person II. vr ■ **sich in etw** akk **~** to turn into sth
Verwandlung f transformation
verwandt¹ [fɛɐ̯ˈvant] adj related (**mit** to)
verwandt² [fɛɐ̯ˈvant] pp von **verwenden**
Verwandte(r) f(m) dekl wie adj relative
Verwandtschaft <-, -en> f ❶ (die Verwandten) relatives pl; **die nähere ~** close relatives pl ❷ (Ähnlichkeit) affinity (**mit** with)
verwandtschaftlich adj family attr
Verwarnung f warning
verwechseln* [fɛɐ̯ˈvɛksl̩n] vt to mix up sep; ■ **jdn/etw mit jdm/etw ~** to confuse sb/sth with sb/sth
Verwechslung <-, -en> [fɛɐ̯ˈvɛkslʊŋ] f confusion; **das muss eine ~ sein** there must be some mistake
verwegen [fɛɐ̯ˈveːɡn̩] adj daring
verwehen* vt ❶ (auseinandertreiben) to scatter ❷ (verwischen) to cover [over sep]
Verwehung <-, -en> f drift
Verweichlichung <-> f kein pl softening no art, no pl
verweigern* vt, vi to refuse; **einen Befehl ~** to refuse to obey an order; **den Kriegsdienst ~** to refuse to do military service
Verweigerung f refusal
verweint adj Augen red from crying
Verweis <-es, -e> [fɛɐ̯ˈvais] m ❶ (Tadel) reprimand; **jdm einen ~ erteilen** to reprimand sb ❷ (Hinweis) reference (**auf** to)
verweisen* irreg vt, vi to refer (**an/auf** to)
verwelken* vi sein to wilt
verwendbar adj usable
verwenden <verwendete o verwandte, verwendet o verwandt> vt to use

Verwendung – Verzug

Verwendung <-, -en> *f* use
Verwendungszweck *m* purpose
verwerflich *adj* reprehensible
verwerten* *vt* to use
Verwertung <-, -en> *f* utilization *no art, no pl*
verwesen* [fɛɐ̯'veːzn̩] *vi sein* to rot, to decompose; ■**verwest** decomposed
Verwestlichung <-> [fɛɐ̯'vɛstlɪçʊŋ] *f* SOZIOL Westernization
Verwesung <-> *f kein pl* decomposition *no art*
verwickeln* I. *vt* ■jdn in etw *akk* ~ to involve sb in sth; **jdn in ein Gespräch** ~ to engage sb in conversation II. *vr* ■sich ~ to get tangled up
verwickelt *adj* complicated
verwildert *adj* ❶(*überwachsen*) *Garten* overgrown ❷ *Tier* feral; *Haustier* neglected ❸(*fig: ungepflegt*) *Aussehen* unkempt
verwinkelt [fɛɐ̯'vɪŋk|t] *adj* winding; *Gebäude* full of nooks and crannies
verwirklichen* [fɛɐ̯'vɪrklɪçn̩] I. *vt* to realize II. *vr* ■sich ~ to fulfil oneself; **sich in etw** *dat* ~ to find fulfilment in sth
verwirren* *vt* to confuse
verwirrt <-er, -este> *adj* confused
Verwirrung <-> *f kein pl* confusion *no art*
verwitwet [fɛɐ̯'vɪtvət] *adj* widowed
verwöhnen* [fɛɐ̯'vøːnən] *vt* to spoil
verwöhnt *adj* ❶ *Kind* spoilt ❷(*anspruchsvoll*) discriminating
verworren [fɛɐ̯'vɔrən] *adj* confused
verwundbar *adj* vulnerable
verwunden* [fɛɐ̯'vʊndn̩] *vt* to wound; **schwer verwundet** seriously wounded
verwunderlich *adj* odd; ■**nicht ~ sein** to be not surprising
Verwunderung <-> *f kein pl* amazement *no art*
verwundet *adj* wounded
Verwundete(r) *f(m) dekl wie adj* wounded person
Verwundung <-, -en> *f* wound
verwünschen* *vt* to curse
verwurzelt *adj* rooted
verwüsten* *vt* to devastate
Verwüstung <-, -en> *f meist pl* devastation *no art, no pl*
verzagt I. *adj* despondent, disheartened II. *adv* despondently
verzählen* *vr* ■sich ~ to miscount

verzaubern* *vt* ■jdn ~ ❶to put a spell on sb; ■jdn in etw ~ to turn sb into sth ❷(*betören*) to enchant sb
verzehnfachen* [fɛɐ̯'tseːnfaxn̩] *vt, vr* to increase tenfold
Verzehr <-[e]s> [fɛɐ̯'tseːɐ̯] *m kein pl* consumption
verzehren* *vt* to consume
Verzeichnis <-ses, -se> *nt* list
verzeihen <verzieh, verziehen> *vt* to excuse; ■jdm etw ~ to forgive sb sth; ~ **Sie!** excuse me!; ~ **Sie, dass ich störe** excuse me for interrupting
verzeihlich *adj* excusable
Verzeihung <-> *f kein pl* forgiveness; [jdn] **um** ~ **bitten** to apologize [to sb]; ~**!** sorry!; ~**, darf ich mal hier vorbei?** excuse me, may I get past?
verzerren* I. *vt* ❶to distort ❷ MED to strain II. *vr* ■sich ~ to become contorted (**zu** in)
verzerrt <-er, -este> *adj* ❶(*verzogen, verändert*) distorted ❷ MED strained, pulled
Verzerrung *f* distortion
Verzicht <-[e]s, -e> [fɛɐ̯'tsɪçt] *m* renunciation (**auf** of)
verzichten [fɛɐ̯'tsɪçtn̩] *vi* to go without; **zu jds Gunsten** ~ to do without in favour of sb; ■**auf etw** *akk* ~ to do without sth; **auf sein Recht** ~ to renounce one's right
verziehen*¹ *irreg* I. *vi sein* (*umziehen*) to move II. *vr haben* (*verschwinden*) ■sich ~ to disappear
verziehen*² *irreg vt* ❶(*verzerren*) to twist; **das Gesicht** ~ to pull a face ❷ *Kind* to bring up badly
verziehen³ *pp von* **verzeihen**
verzieren* *vt* to decorate
Verzierung <-, -en> *f* decoration
verzinsen* *vt* to pay interest on; **die Bank verzinst dein Erspartes mit 3 Prozent** the bank pays three percent on your savings
verzinslich *adj* interest-bearing
verzogen [fɛɐ̯'tsoːɡn̩] *adj Kind* spoilt
verzögern* I. *vt* ❶to delay ❷(*verlangsamen*) to slow down II. *vr* ■sich ~ to be delayed (**um** by)
Verzögerung <-, -en> *f* delay; (*Verlangsamung*) slowing down
verzollen* *vt* to pay duty on
Verzückung <-, -en> *f* (*geh*) ecstacy
Verzug <-[e]s> *m kein pl* delay; **in ~ geraten** to fall behind

verzweifeln* *vi sein* to despair (**an** of)
verzweifelt I. *adj* ❶ (*verzagt*) despairing; **ein ~es Gesicht machen** to look despairingly; **ich bin völlig ~** I'm at my wits' end ❷ (*hoffnungslos*) desperate **II.** *adv* despairingly
Verzweiflung <-> *f kein pl* despair; **jdn zur ~ bringen** to drive sb to despair; **aus ~** out of desperation
Verzweiflungstat *f* act of desperation
verzweigen* [fɛɐ̯ˈtsvaignn̩] *vr* ■**sich ~ to** branch out
verzweigt [fɛɐ̯ˈtsvaikt] *adj* branched, having many branches
verzwickt [fɛɐ̯ˈtsvɪkt] *adj* tricky
Veteran <-en, -en> [veteˈraːn] *m* veteran
Veto <-s, -s> [ˈveːto] *nt* veto; **sein ~ einlegen** to exercise one's veto
Vetorecht *nt* right of veto
Vetter <-s, -n> [ˈfɛtɐ] *m* cousin
Vetternwirtschaft *f kein pl* nepotism
VHS <-> [fauhaːˈʔɛs] *f Abk von* **Volkshochschule** adult education centre
via [ˈviːa] *präp +akk* ❶ (*über*) via ❷ (*durch*) by
Viadukt <-[e]s, -e> [viaˈdʊkt] *m o nt* viaduct
Vibration <-, -en> [vibraˈtsi̯oːn] *f* vibration
vibrieren* [viˈbriːrən] *vi* to vibrate
Videoaufzeichnung *f* video recording
Videogerät *nt s.* **Videorekorder Videokamera** *f* video camera **Videorekorder** <-s, -> *m* video [recorder], *Am usu* VCR
Videoschaltung [ˈviːdeo-] *f TELEK* video link **Videothek** <-, -en> [videoˈteːk] *f* video shop
Vieh <-[e]s> [fiː] *nt kein pl* ❶ *AGR* livestock ❷ (*fam: Tier*) animal
Viehfutter *nt* cattle feed [*or* fodder] **Viehhandel** <-s> *m kein pl* livestock [*or* cattle] trade
Viehzucht *f* livestock breeding
viel [fiːl] **I.** *adj* <mehr, meiste> ❶ *sing, adjektivisch* a lot of; **~ Geld** a lot of money; ■**der/die/das ~e ...** all this/that ... ❷ *substantivisch* a lot, much; **ich habe zu ~ zu tun** I have too much to do; **er weiß ~** he knows a lot ❸ *pl, adjektivisch* ■**~e** a lot of, many; **und ~e andere** and many others ❹ *pl, substantivisch* (*Menschen*) ■**~e** a lot, many; **diese Ansicht wird von ~en vertreten** this view is held by many people; (*Dinge*) a lot **II.** *adv* <mehr, am meisten> ❶ (*häufig*) a lot ❷ (*wesentlich*) **die Mütze ist ~ zu groß** the cap is far too big

vieldeutig *adj* ambiguous
vielerlei *adj* all kinds of
vielfach [ˈfiːlfax] **I.** *adj* multiple **II.** *adv* many times
Vielfalt <-> [ˈfiːlfalt] *f* diversity (**an** of)
vielfältig [ˈfiːlfɛltɪç] *adj* diverse
vielleicht [fiˈlaiçt] *adv* ❶ perhaps, maybe ❷ (*ungefähr*) **er ist ~ 30 Jahre alt** he is about 30 years old
vielmehr [ˈfiːlmeːɐ̯] *adv* rather
vielseitig [ˈfiːlzaitɪç] *adj* versatile
Vielzahl *f kein pl* ■**eine ~ von etw** *dat* a large number of sth
vier [fiːɐ̯] *adj* four; *s. a.* **acht**[1] ▶ **ein Gespräch unter ~** **Augen** **führen** to have a private conversation; **in den eigenen ~ Wänden wohnen** to live within one's own four walls
Vier <-, -en> [fiːɐ̯] *f* ❶ four ❷ (*Zeugnisnote*) **er hat in Deutsch eine ~** he got a D in German ▶ **alle ~e von sich strecken** to stretch out; **auf allen ~en** on all fours
Viereck [ˈfiːɐ̯ʔɛk] *nt* four-sided figure
viereckig [ˈfiːɐ̯ʔɛkɪç] *adj* rectangular
vierfach, 4fach *adj* fourfold; **die ~e Menge** four times the amount
Vierganggetriebe *nt* four-speed transmission [*or BRIT* gearbox]
vierhändig [ˈfiːɐ̯hɛndɪç] *adv MUS* as a duet
vierhundert [ˈfiːɐ̯hʊndɐt] *adj* four hundred
vierjährig, 4-jährig[RR] [ˈfiːɐ̯jɛːrɪç] *adj* ❶ (*Alter*) four-year-old *attr*, four years old *pred* ❷ (*Zeitspanne*) four-year *attr*
Vierkanteisen *nt* square steel bar
viermal, 4-mal[RR] [ˈfiːɐ̯maːl] *adv* four times
Vierradantrieb *m* four-wheel drive
vierspurig *adj* four-lane *attr* **vierstellig** *adj* four-figure *attr* **Viersternehotel** *nt* 4-star hotel
Viertaktmotor *m* four-stroke engine
vierte(r, s) [ˈfiːɐ̯tə, -tɐ, -təs] *adj* fourth, 4th; *s. a.* **achte(r, s)**
vierteilig, 4-teilig[RR] *adj Film* four-part; *Besteck* four-piece
viertel [ˈfɪrtl̩] *adj* quarter; **drei ~** three-quarters
Viertel[1] <-s, -> [ˈfɪrtl̩] *nt* district
Viertel[2] <-s, -> [ˈfɪrtl̩] *nt o SCHWEIZ m* quarter; **~ vor/nach eins** quarter to/past one
Vierteljahr [fɪrtlˈjaːɐ̯] *nt* quarter of the year; **es dauerte ein ~** it lasted three months
vierteljährlich [fɪrtlˈjɛːɐ̯lɪç] *adj, adv* quarter-

ly **Viertelliter** *m o nt* quarter of a litre **Viertelstunde** [ˈfɪrtlˌʃtʊndə] *f* quarter of an hour **viertelstündlich** [ˈfɪrtlʃtʏndlɪç] *adj attr* quarter-hour
Viertürer <-s, -> *m* four-door model
vierzehn [ˈfɪrtseːn] *adj* fourteen; ~ **Tage** a fortnight *esp* BRIT; *s. a.* **acht 1**
vierzehntägig *adj* two-week *attr;* **eine ~e Reise** a two-week journey
vierzehnte(r, s) *adj* fourteenth; *s. a.* **achte(r, s)**
vierzig [ˈfɪrtsɪç] *adj* forty; *s. a.* **achtzig**
vierzigste(r, s) *adj* fortieth; *s. a.* **achte(r, s)**
Vierzimmerwohnung *f* four-room flat [*or* AM apartment]
Vietnam <-s> [vi̯ɛtˈnaːm] *nt* Vietnam
Vietnamese, Vietnamesin <-n, -n> [vi̯ɛtnaˈmeːzə, vi̯ɛtnaˈmeːzɪn] *m, f* Vietnamese
vietnamesisch [vi̯ɛtnaˈmeːzɪʃ] *adj* Vietnamese; *s. a.* **deutsch**
Vikar(in) <-s, -e> [viˈkaːɐ̯] *m(f)* curate
Villa <-, Villen> [ˈvɪla, *pl* ˈvɪlən] *f* villa
violett [vi̯oˈlɛt] *adj* violet
Violine <-, -n> [vi̯oˈliːnə] *f* violin
Viper <-, -n> [ˈviːpɐ] *f* viper
Virenwarnung *f* INET, INFORM virus warning
virtuell [vɪrˈtu̯ɛl] *adj* virtual
Virus <-, Viren> [ˈviːrʊs, *pl* ˈviːrən] *nt o m* virus
Viruskrankheit *f* viral disease
Visagist(in) <-en, -en> [vizaˈʒɪst] *m(f)* make-up artist
Visier <-s, -e> [viˈziːɐ̯] *nt* ❶ (*an Waffe*) sight ❷ (*am Helm*) visor ▶ **etw ins ~ nehmen** to train one's sights on sth; **jdn/etw im ~ haben** to keep tabs on sb/sth
Vision <-, -en> [viˈzi̯oːn] *f* vision
Visite <-, -n> [viˈziːtə] *f* MED round; **~ machen** to do one's round
Visitenkarte *f* business card
Viskose <-> [vɪsˈkoːzə] *f kein pl* viscose
visuell [viˈzu̯ɛl] *adj* visual
Visum <-s, Visa *o* Visen> [ˈviːzʊm, *pl* ˈviːza, ˈviːzən] *nt* visa
vital [viˈtaːl] *adj* vigorous
Vitalität <-> [vitaliˈtɛt] *f kein pl* vigour
Vitamin <-s, -e> [vitaˈmiːn] *nt* vitamin ▶ **~ B** (*hum fam*) good contacts *pl*
Vitaminmangel *m* vitamin deficiency **vitaminreich** *adj* rich in vitamins

Vitrine <-, -n> [viˈtriːnə] *f* display case
Vizepräsident(in) *m(f)* vice president
V-Mann <-leute> [ˈfau-] *m s.* **Verbindungsmann** intermediary
Vogel <-s, Vögel> [ˈfoːgl, *pl* ˈføːgl] *m* bird ▶ **einen ~ haben** to have a screw loose
Vogelbauer *nt o m* birdcage **Vogelbeere** *f* rowan berry **Vogelfutter** *nt* bird food **Vogelkirsche** *f* BOT gean **Vogelnest** *nt* bird's nest **Vogelscheuche** <-, -n> *f* scarecrow **Vogelwarte** *f* ornithological station
Vogerlsalat *m* ÖSTERR (*Feldsalat*) lamb's lettuce *no pl*
Vogesen <-> [voˈgeːzn] *pl* Vosges *pl*
Vokabel <-, -n> [voˈkaːbl̩] *f* word; **~n** vocabulary *sing*
Vokabular <-s, -e> [vokabuˈlaːɐ̯] *nt* vocabulary
Vokal <-s, -e> [voˈkaːl] *m* vowel
Volk <-[e]s, Völker> [fɔlk, *pl* ˈfœlkə] *nt* ❶ people; **ein Mann aus dem ~** a man of the people ❷ *kein pl* (*Menschenmenge*) masses *pl;* **das ~ aufwiegeln** to incite the masses; **sich** *akk* **unters ~ mischen** to mingle with the people
Völkerbund *m kein pl* HIST League of Nations **Völkergemeinschaft** *f* international community **Völkerkunde** <-> *f kein pl* ethnology **Völkermord** *m* genocide **Völkerrecht** *nt kein pl* international law **Völkerverständigung** *f kein pl* international understanding
Volksabstimmung *f* referendum **Volksbefragung** *f* referendum **Volksentscheid** *m* referendum **Volksfest** *nt* fair

A **Volksfest** is a traditional fair lasting several days with various attractions such as a big wheel, rollercoaster and beer tents. One of the most famous is the **Oktoberfest** in Munich.

Volksheld(in) *m(f)* national hero *masc,* national heroine *fem* **Volkshochschule** *f* adult education centre

Volkshochschulen are autonomous, public institutions of further education. Their range of courses covers fields such as computing, languages, philosophy and dancing. They are intended for people from all walks of life and every age group, and are becoming increasingly recognized as providers of further vocational training.

Volkskunde *f* folklore **Volkslied** *nt* folk song **Volksschauspieler(in)** *m(f)* FILM, THEAT crowd-pleasing actor **Volksstamm** *m* tribe **Volkstanz** *m* folk dance **Volkstracht** *f* traditional costume
volkstümlich ['fɔlkstyːmlɪç] *adj* traditional
Volksvertreter(in) *m(f)* representative of the people **Volkswirt(in)** *m(f)* economist **Volkswirtschaft** *f* national economy **Volkszählung** *f* census
voll [fɔl] **I.** *adj* ❶ (*gefüllt*) full; **das Glas ist ~ Wasser** the glass is full of water; **eine Hand ~ Reis** a handful of rice; **~ gepfropft** crammed full; **~ gestopft** stuffed full ❷ (*vollständig*) full, whole; **den ~en Preis bezahlen** to pay the full price; **ein ~er Erfolg** a total success; **ein ~es Jahr** a whole year; **jede ~e Stunde** every hour on the hour; **in ~er Größe** full-size ❸ (*fam: betrunken*) ▪ **~ sein** to be plastered ▶**jdn nicht für ~ nehmen** not to take sb seriously; **aus dem V~en schöpfen** to draw on plentiful resources **II.** *adv* ❶ (*vollkommen*) completely ❷ (*uneingeschränkt*) fully; **~ und ganz** totally; **nicht ~ da sein** to not be quite with it ❸ (*mit aller Wucht*) smack
vollautomatisch *adj* fully automatic
Vollbad *nt* bath
Vollbart *m* full beard
Vollblut *nt* thoroughbred
Vollbremsung *f* emergency stop
vollbringen* *vt irreg* to accomplish
Völlegefühl <-[e]s> *nt kein pl* unpleasant feeling of fullness
vollenden* [fɔl'ʔɛndn̩] *vt* to complete
vollendet *adj* perfect
Vollendung <-, -en> [fɔl'ʔɛndʊŋ] *f* ❶ (*das Vollenden*) completion ❷ *kein pl* (*Perfektion*) perfection
Volleyball ['vɔli-] *m* volleyball
vollführen* [fɔl'fyːrən] *vt* to perform
Vollgas *nt kein pl* full speed; **~ geben** to put one's foot down; **mit ~** at full throttle
völlig ['fœlɪç] **I.** *adj* complete **II.** *adv* completely; **Sie haben ~ recht** you're absolutely right
volljährig ['fɔljɛːrɪç] *adj* of age; ▪ **~ werden** to come of age
Volljährigkeit <-> *f kein pl* majority

Vollkaskoversicherung *f* fully comprehensive insurance
vollklimatisiert *adj* fully air-conditioned
vollkommen [fɔl'kɔmən] **I.** *adj* ❶ (*perfekt*) perfect ❷ (*völlig*) complete **II.** *adv* completely
Vollkommenheit <-> *f kein pl* perfection
Vollkornbrot *nt* wholemeal [*or* AM wholegrain] bread
Vollmacht <-, -en> ['fɔlmaxt] *f* authorization; **jdm [die] ~ geben etw zu tun** to authorize sb to do sth
Vollmilch *f* full-cream milk BRIT, whole milk AM
Vollmond *m kein pl* full moon; **bei ~** when the moon is full
Vollpension *f kein pl* full board; **mit ~** for full board
vollschlank *adj* plump
vollständig ['fɔlʃtɛndɪç] **I.** *adj* complete **II.** *adv* completely
Vollständigkeit <-> *f kein pl* completeness
Vollstreckung <-, -en> *f* execution
vollsynchronisiert *adj* fully synchronized
Volltreffer *m* direct hit
Vollversammlung *f* general meeting
Vollwaschmittel *nt* laundry detergent
vollwertig *adj* fully adequate; **jdn als ~ behandeln** to treat sb as an equal
Vollwertkost *f kein pl* wholefoods *pl*
vollzählig ['fɔltsɛːlɪç] *adj* complete; ▪ **~ sein** to be all present
vollziehen* [fɔl'tsiːən] *irreg vt* to carry out *sep; Urteil* to execute
Vollzugsanstalt *f* penal institution
Volontär(in) <-s, -e> [vɔlɔn'tɛːɐ̯] *m(f)* trainee
Volt <-[e]s, -> [vɔlt] *nt* volt
Volumen <-s, - *o* Volumina> [vo'luːmən, *pl* -mina] *nt* volume
von [fɔn] *präp +dat* ❶ *räumlich* (*ab, herkommend*) from; **~ woher ...?** where ... from?, from where ...?; (*herab, heraus*) off; **er fiel ~ der Leiter** he fell off the ladder ❷ *räumlich* (*etw entfernend*) from, off; **die Wäsche ~ der Leine nehmen** to take the washing off the line; **Schweiß ~ der Stirn wischen** to wipe sweat from one's brow ❸ *zeitlich* from; **die Zeitung ~ gestern** yesterday's paper; **~ jetzt an** from now on; **~ wann ist der Brief?** when is the letter from? ❹ (*Ursache, Urheber*) **~ jdm gelobt werden** to be

praised by sb; **müde ~ der Arbeit** tired of work; **~ wem ist dieser Roman?** who is this novel by?; **das war nicht nett ~ dir!** that was not nice of you! ⑥ *(Zugehörigkeit)* of; **die Königin ~ England** the Queen of England; **keiner ~ uns** none of us ⑥ *(bei Maßangaben)* of; **einen Abstand ~ zwei Metern** a distance of two metres ▶**~ wegen!** no way!

voneinander [fɔn'?ai'nandə] *adv* from each other; **wir könnten viel ~ lernen** we could learn a lot from each other

vor [fo:ɐ̯] **I.** *präp* ① *(davor befindlich)* in front of; **sie ließ ihn ~ sich her gehen** she let him go in front of her; **~ sich hin summen** *(fam)* to hum to oneself ② *(eher)* before; **~ kurzem/hundert Jahren** a short time/hundred years ago; **es ist zehn ~ zwölf** it is ten to twelve; **~ jdm am Ziel sein** to get somewhere before sb else ③ *(bedingt durch)* with; **starr ~ Schreck** rigid with horror **II.** *adv* forward; **~ und zurück** backwards and forwards

vorab [fo:ɐ̯'?ap] *adv* first

Vorabend <-s, -e> ['fo:ɐ̯?a:bnt] *m* **am ~ [einer S.** *gen]* on the eve [of sth]

Vorahnung *f* premonition

voran [fo'ran] *adv* ① *(vorn befindlich)* first; **der Lehrer geht ~** the teacher goes first ② *(vorwärts)* forwards

voran|gehen *vi irreg sein* ① *(an der Spitze gehen)* to go ahead [of sb] ② *(Fortschritte machen)* to make progress ③ *(einer Sache vorausgehen)* **dem Projekt gingen lange Planungsphasen voran** the project was preceded by long phases of planning **voran|kommen** *vi irreg sein* ① to make headway ② *(Fortschritte machen)* to make progress **Voranmeldung** ['fo:ɐ̯?anmɛldʊŋ] *f* appointment

Voranschlag *m* estimate

Voranzeige *f* advance notice

Vorarbeiter(in) *m(f)* foreman *masc,* forewoman *fem*

voraus [fo'raus] *adv* ahead; **jdm ~ sein** to be ahead of sb; **im V~** in advance

voraus|ahnen *vt* ■**etw ~** to anticipate sth **voraus|gehen** [fo'rausgə:ən] *vi irreg sein* to go on ahead; **einem Unwetter geht meistens ein Sturm voraus** bad weather is usually preceded by a storm **vorausgesetzt** *adj* ■**~, [dass]** ... provided [that] ... **Voraus-**

sage <-, -n> *f* prediction **voraus|sagen** *vt* to predict **voraussehbar** *adj* foreseeable, predictable **voraus|setzen** *vt* ① *(annehmen)* to assume ② *(erfordern)* to require **Voraussetzung** <-, -en> *f* precondition; **unter der ~, dass ...** on condition that ...; **unter bestimmten ~en** under certain conditions **Voraussicht** *f kein pl* foresight; **in weiser ~** with great foresight; **aller ~ nach** in all probability **voraussichtlich** [fo'rauszɪçtlɪç] **I.** *adj* expected **II.** *adv* probably **Vorauszahlung** *f* advance payment

Vorbau <-[e]s, -bauten> ['fo:ɐ̯bau, *pl* -bautən] *m* porch

Vorbehalt <-[e]s, -e> ['fo:ɐ̯bəhalt] *m* reservation (**gegen** about); **ohne ~** without reservation; **unter ~** with reservations

vorbehaltlich *präp* ■**~ einer S.** *gen* subject to sth

vorbehaltlos **I.** *adj* unreserved **II.** *adv* unreservedly

Vorbehandlung *f* pre-treatment

vorbei [fo:ɐ̯'bai] *adv* ① *örtlich* ■**an etw** *dat* **~** past sth; **wir sind schon an München ~** we have already passed Munich ② *zeitlich* ■**~ sein** to be over; **es ist drei Uhr ~** it's gone three o'clock

vorbei|fahren *irreg vi sein* to drive past **vorbei|gehen** [fo:ɐ̯'baigə:ən] *vi irreg sein* ① *(vorübergehen)* ■**[an jdm/etw] ~** to go past [sb/sth]; **im V~** in passing ② *(danebengehen)* to miss ③ *(vergehen)* ■**etw geht vorbei** sth passes **vorbei|kommen** *vi irreg sein* ① *(passieren)* to pass ② *(besuchen)* ■**[bei jdm] ~** to drop in [at sb's] **vorbei|lassen** *vt irreg* ■**jdn/etw [an jdm] ~** to let sb/sth past [sb]; **lassen Sie uns bitte vorbei!** let us through please! **vorbei|reden** *vi* **am Thema ~** to miss the point; **aneinander ~** to be talking at cross purposes

vorbelastet *adj* at a disadvantage; **erblich ~ sein** to have an inherited defect

Vorbemerkung *f* preface

vor|bereiten* **I.** *vt* to prepare **II.** *vr* ■**sich ~** to prepare oneself (**für/auf** for)

Vorbereitung <-, -en> *f* preparation; **~en treffen** to make preparations (**für** for)

Vorbesitzer(in) <-s, -> *m(f)* previous owner **vor|bestellen*** *vt* to order in advance; **ich möchte bitte zwei Karten ~** I'd like to book two tickets please

Vorbestellung *f* advance booking

vorbestraft *adj* previously convicted (**wegen** for); **nicht ~ sein** to not have a criminal record

vor|beugen I. *vi* **einer Krankheit/Gefahr ~** to prevent an illness/danger **II.** *vr* ■ **sich ~** to lean forward

vorbeugend *adj* preventive

Vorbeugung <-, -en> *f* prevention; **zur ~ als** a prevention

Vorbild <-[e]s, -er> ['foːɐ̯bɪlt] *nt* example; **nach dem ~ von ...** following the example set by ...; **[jdm] als ~ dienen** to serve as an example [for sb]

vorbildlich I. *adj* exemplary **II.** *adv* in an exemplary manner

Vorbildung *f kein pl* educational background

Vorbote *m* harbinger

vor|bringen *vt irreg* ■ **etw [gegen etw** *akk*] **~** to have sth to say [about sth]; *Argument* to put forward

vorchristlich *adj attr* pre-Christian

vor|datieren* [foːɐ̯datiːrən] *vt* to post-date

Vorderachse *f* front axle **Vorderansicht** *f* front view **Vorderasien** <-s> *nt* Near East **Vorderbein** *nt* ZOOL foreleg

vordere(r, s) ['fɔrdərə, -rə, -rəs] *adj* front

Vorderfront *f* frontage **Vordergrund** *m* foreground; **im ~ stehen** to be the centre of attention; **in den ~ treten** to come to the fore **Vordermann** *m* ■ **jds ~** person in front of sb ▶ **etw auf ~ bringen** (*fam*) to lick sth into shape **Vorderrad** *nt* front wheel **Vorderradantrieb** *m* front-wheel drive **Vorderschinken** *m* shoulder ham **Vorderseite** *f* front [side] **Vordersitz** *m* front seat

vorderste(r, s) ['fɔrdəstə, -stə, -stəs] *adj superl von* **vordere(r, s)** foremost

Vorderteil ['fɔrdetail] *m o nt* front [part]

Vordiplom *nt* intermediate diploma

vor|drängeln *vr*; **vor|drängen** *vr* ■ **sich ~** to push to the front

vor|dringen *vi irreg sein* ■ **[bis] irgendwohin ~** to reach somewhere

Vordruck <-drucke> *m* form

vorehelich *adj attr* pre-marital

voreilig ['foːɐ̯ailɪç] **I.** *adj* rash **II.** *adv* rashly

voreingenommen ['foːɐ̯aingənɔmən] *adj* prejudiced (**gegenüber** against)

Vorentscheidung *f* preliminary decision

Vorentscheidungsrunde *f* preliminary round

vorerst ['foːɐ̯ʔeːɐ̯st] *adv* for the time being

Vorfahr(in) <-en, -en> ['foːɐ̯fa:ɐ̯] *m(f)* ancestor

Vorfahrt ['foːɐ̯fa:ɐ̯t] *f kein pl* right of way; **jdm die ~ nehmen** to fail to give way to sb

vorfahrtsberechtigt *adj* having the right of way **Vorfahrtsstraße** *f* main road

Vorfall *m* incident

vor|fallen *vi irreg sein* to occur

vor|finden *vt irreg* to find

Vorfreude *f* anticipation (**auf** of)

vor|führen *vt* ❶ (*darbieten*) to perform ❷ (*bloßstellen*) ■ **jdn ~** to show sb up

Vorführung *f* FILM showing

Vorgang <-gänge> *m* ❶ (*Geschehnis*) event ❷ (*Prozess*) process

Vorgänger(in) <-s, -> *m(f)* predecessor

Vorgarten *m* front garden

vor|geben *irreg vi* ■ **~ [, dass ...]** to pretend [that ...]

Vorgebirge *nt* foothills *pl*

vorgefasst^{RR} *adj,* **vorgefaßt**^{ALT} *adj* preconceived

vorgefertigt *adj* prefabricated

vorgeheizt I. *pp von* **vorheizen II.** *adj* **im ~en Backofen** in a preheated oven

vor|gehen *vi irreg sein* ❶ (*vorausgehen*) to go on ahead ❷ *Uhr* to be fast; **meine Uhr geht fünf Minuten vor** my watch is five minutes fast ❸ (*Vorrang haben*) to have priority ❹ (*agieren*) to take action (**gegen** against) ❺ (*sich abspielen*) to go on; ■ **in jdm ~** to go on inside sb ❻ (*verfahren*) to proceed (**bei** in)

Vorgeschmack *m kein pl* foretaste; **jdm einen ~ geben** to give sb a foretaste (**von** of)

Vorgesetzte(r) *f(m) dekl wie adj* superior

vorgestern ['foːɐ̯gɛstɐn] *adv* the day before yesterday

vor|greifen *vi irreg* to anticipate

vor|haben ['foːɐ̯ha:bn̩] *vt irreg* ■ **etw ~** to plan sth; ■ **etw [mit jdm] ~** to have sth planned [for sb]

Vorhaben <-s, -> ['foːɐ̯ha:bn̩] *nt* plan

Vorhalle *f* entrance hall

vor|halten *irreg vt* ■ **jdm etw ~** to reproach sb for sth

Vorhand <-> ['foːɐ̯hant] *f kein pl* forehand

vorhanden ['foːɐ̯ˈhandn̩] *adj* ❶ (*verfügbar*) available ❷ (*existierend*) existing

Vorhang <-s, Vorhänge> ['foːɐ̯haŋ, *pl* 'foːɐ̯hɛŋə] *m* curtain

Vorhängeschloss^{RR} *nt* padlock

Vorhaut *f* foreskin
vorheizen *vt* to preheat
vorher [foːɐ̯ˈheːɐ̯] *adv* beforehand
vorher|bestimmen* *vt* to predetermine; ■**vorherbestimmt sein** to be predestined **vorherbestimmt** *adj* ■ ~ **sein** to be predestined **vorher|gehen** [foːɐ̯ˈheːɐ̯ɡeːən] *vi sein irreg* to precede
vorherig [foːɐ̯ˈheːrɪç] *adj attr* prior; (*Abmachung, Vereinbarung*) previous, prior
Vorherrschaft *f* [pre]dominance
vorherrschend *adj* predominant, prevailing; (*weitverbreitet*) prevalent
Vorhersage [foːɐ̯ˈheːɐ̯zaːɡə] *f* ❶ METEO forecast ❷ (*Voraussage*) prediction
vorher|sagen *vt* to predict **vorhersehbar** *adj* foreseeable **vorher|sehen** *vt irreg* to foresee
vorhin [foːɐ̯ˈhɪn] *adv* just [now]
Vorhof *m* forecourt
vorig [ˈfoːrɪç] *adj attr* last
Vorjahr *nt* last year
Vorkehrung <-, -en> *f* precaution; ~ **en treffen** to take precautions
vor|kochen *vt* KOCHK to partially cook
vor|kommen *vi irreg sein* ❶ (*passieren*) to happen; **das kann [schon mal]** ~ these things [can] happen; **das soll nicht wieder** ~ it won't happen again ❷ (*vorhanden sein*) to be found ❸ (*erscheinen*) to seem; ■**sich** *dat* [**irgendwie**] ~ to feel [somehow]
Vorkommen <-s, -> *nt meist pl* BERGB deposit
Vorkriegszeit *f* pre-war period
Vorladung *f* JUR summons
Vorlage *f* (*Muster*) pattern
vor|lassen *vt irreg* to let past
Vorläufer(in) *m(f)* precursor
vorläufig [ˈfoːɐ̯lɔyfɪç] I. *adj* temporary; (*Ergebnis*) provisional II. *adv* for the time being
vorlaut [ˈfoːɐ̯laut] *adj* impertinent
vor|legen *vt* ■ **jdm] etw** ~ to present sth [to sb]
vor|lesen *irreg* I. *vt* ■ **jdm] etw** ~ to read out *sep* sth [to sb] II. *vi* to read aloud (**aus** from)
Vorlesung *f* lecture; **eine** ~ **halten** to give a lecture (**über** on)
vorletzte(r, s) [ˈfoːɐ̯lɛtstə, -stɐ, -stəs] *adj* last but one
Vorliebe [foːɐ̯ˈliːbə] *f* preference (**für** for); **eine** ~ **haben** to have a particular liking (**für** of)

vor|liegen *vi irreg* ❶ (*eingereicht sein*) to have come in ❷ (*sein*) to be
vorliegend *adj attr* available
vor|lügen *vt irreg* ■ **jdm etw** ~ to lie to sb
vor|machen *vt* ❶ (*täuschen*) ■ **jdm etw** ~ to fool sb; ■ **sich** *dat* **etw** ~ to fool oneself; **machen wir uns doch nichts vor** let's not kid ourselves ❷ (*zeigen*) ■ **jdm etw** ~ to show sb [how to do] sth
vormalig [ˈfoːɐ̯maːlɪç] *adj attr* former
vormals [ˈfoːɐ̯maːls] *adv* (*geh*) in former times *form,* formerly
Vormarsch *m* advance; **auf dem** ~ **sein** to be advancing
vor|merken *vt* ■ **jdn [für etw** *akk*] ~ to put sb's name down [for sth]
Vormittag [ˈfoːɐ̯mɪtaːk] *m* morning; **am [frühen/späten]** ~ [early/late] in the morning
vormittags [ˈfoːɐ̯mɪtaːks] *adv* in the morning
Vormund <-[e]s, -e *o* Vormünder> [ˈfoːɐ̯mʊnt, *pl* -mʏndɐ] *m* guardian
Vormundschaft <-, -en> [ˈfoːɐ̯mʊntʃaft] *f* guardianship
vorn [fɔrn] *adv* at the front (**in** of); **nach** ~ to the front; **nach** ~ **fallen** to fall forward; **von** ~ from the front; (*von Anfang an*) from the beginning; **von** ~ **bis hinten** from beginning to end
Vorname *m* first name
vornehm [ˈfoːɐ̯neːm] *adj* ❶ (*edel*) noble; ~ **tun** to put on airs ❷ (*elegant*) distinguished
vor|nehmen *vt irreg* ❶ (*einplanen*) ■**sich** *dat* **etw** ~ to plan sth ❷ (*fam*) ■ **sich** *dat* **jdn** ~ to give sb a good talking-to ❸ (*ausführen*) to carry out *sep;* **eine Untersuchung** ~ to do an examination
vornherein [ˈfɔrnhɛrain] *adv* ■**von** ~ from the start
vornüber [fɔrnˈʔyːbɐ] *adv* forwards
Vorort [ˈfoːɐ̯ʔɔrt] *m* suburb
Vorplatz *m* forecourt
vorprogrammiert *adj* predetermined
Vorrang *m kein pl* priority (**vor** over); **mit** ~ as a matter of priority
vorrangig *adj* priority *attr;* ■ ~ **sein** to have priority
Vorrat <-[e]s, Vorräte> [ˈfoːɐ̯raːt, *pl* ˈfoːɐ̯rɛtə] *m* stocks *pl;* **etw auf** ~ **haben** to have sth in stock; **etw auf** ~ **kaufen** to stock up on sth; **Vorräte anlegen** to lay in stock[s *pl*]; **so lange der** ~ **reicht** while stocks last

vorrätig ['foːɐ̯rɛtɪç] *adj* etw ~ **haben** to have sth in stock

Vorratsraum *m* store room

Vorraum *m* anteroom

Vorrecht *nt* privilege

Vorreiter(in) *m(f)* pioneer

Vorrichtung <-, -en> *f* device

vor|rücken I. *vi sein* to move forward II. *vt haben* ■ etw ~ to move sth forward

Vorruhestand *m* early retirement

Vorrunde *f* preliminary round

vor|sagen *vt* ■ [jdm] etw ~ to whisper sth [to sb]

Vorsaison *f* low season

Vorsatz <-[e]s, Vorsätze> ['foːɐ̯zats, *pl* foːɐ̯zɛtsə] *m* resolution; **den ~ fassen, etw zu tun** to resolve to do sth

vorsätzlich ['foːɐ̯zɛtslɪç] I. *adj* deliberate II. *adv* deliberately

vor|schicken *vt* ■ **jdn** ~ to send sb [on] ahead

vor|schieben *vt irreg* ❶ (*vorschützen*) to use as an excuse ❷ (*nach vorn schieben*) to push forward

vor|schießen *vt irreg* ■ [jdm] etw ~ to advance [sb] sth

Vorschlag *m* proposal; [jdm] **einen ~ machen** to make a suggestion [to sb]; **auf jds ~ [hin]** on sb's recommendation

vor|schlagen *vt irreg* ■ [jdm] etw ~ to propose sth [to sb]; ■ **jdm** ~, **etw zu tun** to suggest that sb do sth

vorschnell I. *adj* rash II. *adv* rashly

vor|schreiben *vt irreg* ■ **jdm** etw ~ to stipulate sth to sb; ■ **jdm** ~, **was/wie** ... to tell sb what/how ...

Vorschrift *f* regulation; ~ **sein** to be the regulation[s]; **jdm** ~**en machen** to tell sb what to do; **nach** ~ to rule

vorschriftsmäßig *adj*, *adv* according to the regulations

Vorschulalter *nt kein pl* **im** ~ **sein** to be of pre-school age

Vorschule *f* nursery school

In Switzerland, every child has the right to spend at least one or two years at **Vorschule** which is voluntary and free. In most cantons the children are looked after for 4–5 hours a day and prepared for primary school.

Vorschuss^RR <-es, Vorschüsse> *m*, **Vor-**

schuß^ALT <-sses, Vorschüsse> ['foːɐ̯ʃʊs] *m* FIN advance

vor|schweben *vi* ■ **jdm schwebt etw vor** sb has sth in mind

vor|schwindeln *vt* (*fam*) *s*. **vorlügen**

vor|sehen *irreg* I. *vr* ■ **sich** [**vor jdm**] ~ to watch out [for sb]; **sieh dich vor!** watch it! II. *vt* ■ **jdn** ~ to designate sb (**für** for) III. *vi* ■ ~, **dass/wie** ... to provide for the fact that/for how ...; **es ist vorgesehen,** [**dass** ...] it is planned [that ...]

Vorsehung <-> ['foːɐ̯zeːʊŋ] *f kein pl* providence

vor|setzen *vt* ■ [jdm] etw ~ to serve up *sep* sth [to sb]

Vorsicht <-> ['foːɐ̯zɪçt] *f kein pl* care; **mit** ~ carefully; **zur** ~ as a precaution; ~! watch out!

vorsichtig I. *adj* careful II. *adv* carefully

vorsichtshalber *adv* as a precaution

Vorsichtsmaßnahme *f* precaution; ~**n treffen** to take precautions

Vorsilbe *f* prefix

vor|singen *irreg vt* ■ [jdm] etw ~ to sing sth [to sb]

Vorsitz ['foːɐ̯zɪts] *m* chairmanship; **den ~ haben** to be chairman/-woman; **den ~ bei etw** *dat* **haben** to chair sth

Vorsitzende(r) *f(m) dekl wie adj* chairman/-woman/-person

Vorsorge *f* provisions *pl*; ~ **für etw** *akk* **treffen** to make provisions for sth

vor|sorgen *vi* to provide (**für** for)

Vorsorgeuntersuchung *f* medical check-up

Vorspeise *f* starter

Vorspiegelung *f* **unter ~ von etw** *dat* under the pretence of sth

Vorspiel *nt* foreplay

vor|spielen *vt* ■ [jdm] etw ~ ❶ MUS to play sth [for sb] ❷ (*heucheln*) to put on sth for sb

vor|springen *vi irreg sein Fels* to project

vorspringend *adj* prominent, protruding; (*Backenknochen*) prominent, high

Vorsprung *m* lead

Vorstadt *f* suburb

Vorstand *m* (*einer Firma*) board; (*Parteivorstand*) executive; (*Vereinsvorstand*) committee

Vorstandssitzung *f* board meeting

Vorsteher(in) <-s, -> ['foːɐ̯ʃteːɐ] *m(f)* head

vor|stellen I. *vt* ❶ ■ **sich** *dat* **etw** ~ to imagine sth ❷ (*mit etw verbinden*) **unter dem**

Namen Schlüter kann ich mir nichts ~ the name Schlüter doesn't mean anything to me ❸(*bekannt machen*) ■**jdm jdn ~ to** introduce sb to sb ❹(*präsentieren*) ■**jdm etw ~** to present sth to sb **II.** *vr* ❶■**sich [jdm] ~** to introduce oneself [to sb] ❷(*vorstellig werden*) ■**sich ~** to go for an interview

Vorstellung *f* ❶idea; **in jds ~** in sb's mind; **jds ~ entsprechen** to meet sb's requirements; **falsche ~en haben** to have false hopes ❷THEAT performance; FILM showing

Vorstellungsgespräch *nt* interview **Vorstellungskraft** *f kein pl*, **Vorstellungsvermögen** *nt kein pl* imagination

Vorsteuer *f* FIN prior [turnover] tax, input tax BRIT

Vorstrafe *f* previous conviction

Vortag *m* **am ~** the day before; **vom ~** from yesterday

vor|täuschen *vt* *Unfall* to fake; *Interesse* to feign

Vortäuschung *f* pretence; **unter ~ falscher Tatsachen** under false pretences

Vorteil <-s, -e> ['foːɐ̯tail] *m* advantage; **im ~ sein** to have an advantage (**gegenüber** over); **von ~ sein** to be advantageous (**für** to)

vorteilhaft *adj* FIN favourable (**für** for); (*Geschäft*) lucrative

Vortrag <-[e]s, Vorträge> ['foːɐ̯traːk, *pl* 'foːɐ̯trɛːɡə] *m* lecture; **einen ~ halten** to give a lecture (**über** on)

vor|tragen *vt irreg* ❶(*darlegen*) ■[**jdm**] **etw ~** to present sth [to sb] ❷*Gedicht* to recite; *Lied* to sing; *Musikstück* to play

vortrefflich [foːɐ̯'trɛflɪç] **I.** *adj* excellent **II.** *adv* excellently

vor|treten *vi irreg sein* to step forward

Vortritt *m* precedence; ■**jdm den ~ lassen** to let sb go first

vorüber [foˈryːbɐ] *adv* ■**~ sein** ❶*räumlich* to have gone past; **wir sind an dem Geschäft sicher schon ~** we must have already passed the shop ❷*zeitlich* to be over

vorüber|gehen [foˈryːbɐɡeːən] *vi irreg sein* ❶■**an jdm/etw ~** to go past sb/sth; **im V~** in passing ❷*zeitlich* to pass; *Schmerz* to go

vorübergehend **I.** *adj* temporary **II.** *adv* for a short time

Vorübung *f* preliminary exercise

Vor- und Zuname *m* first name and surname

Voruntersuchung *f* JUR preliminary investigation

Vorurteil ['foːɐ̯ʔʊrtail] *nt* prejudice; **~e haben** to be prejudiced (**gegen** against); **das ist ein ~** that's prejudiced

vorurteilsfrei *adj* unbiased; (*Gutachter*) unprejudiced

vorvergangen *adj* (*vorletzt*) last but one; **in der ~en Woche** [in] the week before last

Vorverkaufsstelle *f* advance ticket office

vor|verlegen* *vt* ■**etw [auf etw** *akk*] **~** to bring sth forward [to sth]

Vorverstärker *f* TECH pre-amplifier

Vorverurteilung *f* SOZIOL, JUR rush to judgement; **~ durch die Medien** trial by media

Vorwahl *f* TELEK area code

Vorwand <-[e]s, Vorwände> ['foːɐ̯vant, *pl* -vɛndə] *m* pretext; **unter einem ~** on a pretext

vorwärts ['foːɐ̯vɛrts] *adv* forward; **~!** move!

vorwärts|bringen *vt irreg* **jdn ~** to help sb to make progress

Vorwärtsgang <-gänge> *m* forward gear

vorwärts|kommen *vi irreg sein* to get on

Vorwäsche <-, -n> *f* pre-wash

vorweg|nehmen [foːɐ̯'vɛknɛːmən] *vt irreg* to anticipate

vorweihnachtlich *adj* Zeit, Stimmung pre-Christmas; **die ~e Zeit** the holiday season

vor|weisen *vt irreg* ■**etw ~ können** to have sth

vor|werfen *vt irreg* ■**jdm etw ~** to reproach sb for sth

vorwiegend *adv* predominantly

vorwitzig *adj* cheeky

Vorwort <-worte> *nt* foreword

Vorwurf <-[e]s, Vorwürfe> *m* reproach; **jdm Vorwürfe machen** to reproach sb (**wegen** for)

vorwurfsvoll I. *adj* reproachful **II.** *adv* reproachfully

Vorzeichen *nt* omen

vorzeigbar *adj* presentable

vor|zeigen *vt* ■[**jdm**] **etw ~** to show [sb] sth

Vorzeigeobjekt *nt* showpiece

Vorzeit ['foːɐ̯tsait] *f* prehistoric times

vorzeitig ['foːɐ̯tsaitɪç] *adj* early; *Tod* untimely

vor|ziehen *vt irreg* (*bevorzugen*) to prefer; ■**etw [einer S.** *dat*] **~** to prefer sth [to sth]; **ich ziehe es vor spazieren zu gehen** I'd rather go for a walk

Vorzimmer *nt* secretariat
Vorzug <-[e]s, Vorzüge> ['foːɐ̯tsuːk, *pl* 'foːɐ̯tsyːɡə] *m* ❶ (*gute Eigenschaft*) asset ❷ (*Vorteil*) advantage
vorzüglich [foːɐ̯'tsyːɡlɪç] **I.** *adj* excellent **II.** *adv* excellently
Vorzugspreis *m* concessionary [*or* AM discount] fare
Votum <-s, Voten *o* Vota> ['voːtʊm, *pl* 'voːtən, 'voːta] *nt* vote
vulgär [vʊl'ɡɛːɐ̯] **I.** *adj* vulgar **II.** *adv* **sich ~ ausdrücken** to use vulgar language
Vulkan <-[e]s, -e> [vʊl'kaːn] *m* volcano
Vulkanausbruch *m* volcanic eruption
vulkanisch [vʊl'kaːnɪʃ] *adj* volcanic

W, w <-, - *o fam* -s, -s> [veː] *nt* W, w; *s. a.* **A 1**
W *Abk von* **Westen** W
Waage <-, -n> ['vaːɡə] *f* ❶ scales *npl* ❷ *kein pl* ASTROL Libra
waagerecht ['vaːɡərɛçt] **I.** *adj* horizontal **II.** *adv* horizontally
Wabe <-, -n> ['vaːbə] *f* honeycomb
wach [vax] *adj* awake; ■ ~ **werden** to wake up
Wache <-, -n> ['vaxə] *f* ❶ *kein pl* (*Wachdienst*) guard duty; ~ **stehen** to be on guard duty ❷ (*Wachposten*) guard
wachen ['vaxn̩] *vi* ❶ to keep watch ❷ (*auf etw achten*) ■ **über etw** *akk* ~ to ensure that sth is done
wachküssen *vt* (*fig*) ■ **jdn/etw** ~ to breathe new life into sb/sth
Wacholder <-s, -> [va'xɔldɐ] *m* juniper
wach|rufen *vt irreg* to evoke
Wachs <-es, -e> [vaks] *nt* wax
wachsam ['vaxzaːm] *adj* vigilant
wachsen¹ <wuchs, gewachsen> ['vaksn̩] *vi sein* to grow; **in die Breite/Höhe** ~ to grow broader/taller; ■ **sich** *dat* **einen Bart** ~ **lassen** to grow a beard ▶ **gut gewachsen** evenly-built
wachsen² ['vaksn̩] *vt* (*mit Wachs*) to wax
Wachsfigurenkabinett *nt* waxworks *npl*

Wachstuch *nt* oilcloth
Wachstum <-[e]s> ['vakstuːm] *nt kein pl* growth
wachstumsfördernd *adj* BIOL growth-promoting **wachstumshemmend** *adj* growth-inhibiting; ÖKON impeding growth *pred*
Wachstumsrate *f* growth rate
Wächter(in) <-s, -> ['vɛçtɐ] *m(f)* ❶ guard ❷ (*Hüter*) guardian
Wachtmeister(in) *m(f)* constable BRIT, police officer AM
Wach(t)turm *m* watchtower
Wackelkontakt *m* loose connection
wackeln ['vak|n̩] *vi* to wobble; **mit dem Kopf** ~ to shake one's head
Wade <-, -n> ['vaːdə] *f* calf
Wadenkrampf *m* cramp in the [*or* one's] calf
Wadenwickel *m* MED leg compress
Waffe <-, -n> ['vafə] *f* weapon; **zu den ~n greifen** to take up arms
Waffel <-, -n> ['vafl̩] *f* waffle
Waffengewalt *f kein pl* armed force; **mit ~** by force of arms **Waffenhandel** *m* arms trade **Waffenhilfe** *f* MIL, POL arms shipments **Waffeninspektor(in)** *m(f)* MIL weapons inspector **Waffenruhe** *f* ceasefire **Waffenschein** *m* firearms licence **waffenstarrend** ['vafn̩ʃtarənt] *adj* (*geh*) heavily armed **Waffenstillstand** *m* armistice
Wagemut *m* daring *no indef art*
wagemutig *adj* daring
wagen ['vaːɡn̩] **I.** *vt* ❶ to risk ❷ (*sich getrauen*) ■ **es ~, etw zu tun** to dare [to] do sth **II.** *vr* ■ **sich an etw** *akk* ~ to venture to tackle sth
Wagen <-, Wagen *o* SÜDD, ÖSTERR Wägen> ['vaːɡn̩, *pl* 'vɛːɡn̩] *m* ❶ cart ❷ (*Pkw*) car ❸ (*Waggon*) carriage
Wagenheber <-s, -> *m* jack **Wagenladung** *f* truckload, BRIT *a.* lorryload **Wagenpark** *m s.* **Fuhrpark**
Waggon <-s, -s> [va'ɡɔŋ] *m* wag[g]on
waghalsig ['vaːkhalzɪç] *adj* daring
Wagnis <-ses, -se> ['vaːknɪs] *nt* ❶ (*Vorhaben*) risky venture ❷ (*Risiko*) risk
Wagniskapital *nt* FIN, ÖKON venture capital
Wagon <-s, -s> [va'ɡõ, va'ɡɔŋ] *m s.* **Waggon**
Wahl <-, -en> [vaːl] *f* ❶ POL election; **zur ~ gehen** to vote ❷ *kein pl* (*Auswahl*) choice; **eine ~ treffen** to make a choice; **jdm die ~ lassen** to let sb choose; **jdm keine ~ lassen**

to leave sb [with] no alternative ❸ (*Klasse*) **erste/zweite** ~ top quality/second-class quality

wählbar *adj* eligible

wahlberechtigt *adj* entitled to vote *pred* **Wahlberechtigte(r)** *f(m) dekl wie adj* person entitled to vote **Wahlbeteiligung** *f* turnout **Wahlbetrug** *m* vote rigging **Wahlbezirk** *m* ward

wählen ['vɛːlən] *vt, vi* ❶ POL ■ [**jdn/etw**] ~ to vote [for sb/sth]; ■ **jdn zu etw** *dat* ~ to elect sb as sth ❷ (*auswählen*) to choose ❸ TELEK to dial

Wähler(in) <-s, -> *m(f)* voter

Wahlergebnis *nt* election result

wählerisch ['vɛːlərɪʃ] *adj* particular

Wahlfach *nt* option **Wahlheimat** *f* adopted place of residence **Wahlhelfer(in)** *m(f)* POL polling officer **Wahlkabine** *f* polling booth **Wahlkampf** *m* election campaign **Wahlkreis** *m* constituency **Wahllokal** *nt* polling station

wahllos ['vaːlloːs] **I.** *adj* indiscriminate **II.** *adv* indiscriminately

Wahlniederlage *f* electoral defeat **Wahlplakat** *nt* election poster **Wahlprogramm** *nt* election manifesto **Wahlrecht** *nt kein pl* [right to] vote **Wahlschein** *m* postal vote form BRIT, absentee ballot AM **Wahlsieg** *m* election victory **Wahlspruch** *m* motto **Wählton** *m* dialling tone

Wahlurne *f* ballot box **Wahlvolk** *nt* POL (*fam*) voting masses

wahlweise *adv* as desired

Wahn <-[e]s> [vaːn] *m kein pl* delusion; **in einem** ~ **leben** to labour under a delusion

Wahnsinn *m kein pl* madness; **heller** ~ **sein** to be sheer madness; **jdn zum** ~ **treiben** to drive sb mad; ~ **!** wild!

wahnsinnig I. *adj* ❶ mad; **jdn** ~ **machen** to drive sb mad ❷ (*wahnwitzig*) crazy ❸ *attr* (*gewaltig*) terrible **II.** *adv* terribly; ~ **viel** a heck of a lot

Wahnsinnige(r) *f(m) dekl wie adj* madman *masc*, madwoman *fem*

wahr [vaːɐ̯] *adj* ❶ (*zutreffend*) true ❷ (*wirklich*) real; ~ **werden** to become a reality ▶ **das einzig W~e** just the thing; **etw** ~ **machen** to carry out sth

während ['vɛːrənt] **I.** *präp* +*gen* during **II.** *konj* ❶ *zeitlich* while ❷ (*wohingegen*) whereas

wahrhaben *vt irreg* ■ **etw nicht** ~ **wollen** not to want to admit sth

wahrhaft ['vaːɐ̯haft] *adj attr* real

wahrhaftig ['vaːɐ̯'haftɪç] *adj* real, true

Wahrheit <-, -en> ['vaːɐ̯hait] *f* truth *no pl;* **die** ~ **sagen** to tell the truth

wahrheitsgetreu *adj* accurate

wahrnehmbar *adj* perceptible

wahr|nehmen ['vaːɐ̯neːmən] *vt irreg* to perceive

Wahrnehmung <-, -en> *f* perception *no pl*

wahr|sagen ['vaːɐ̯zaːgn̩] *vi* to tell fortunes

Wahrsager(in) <-s, -> ['vaːɐ̯zaːgɐ] *m(f)* fortune teller

Wahrsagung <-, -en> *f* ❶ *kein pl* (*das Wahrsagen*) predicting ❷ (*Prophezeiung*) prediction

wahrscheinlich [vaːɐ̯'ʃainlɪç] **I.** *adj* probable **II.** *adv* probably

Wahrscheinlichkeit <-, -en> *f* probability; **aller** ~ **nach** in all probability

Wahrscheinlichkeitsrechnung *f kein pl* MATH probability calculus

Währung <-, -en> ['vɛːrʊŋ] *f* currency

Währungsfonds *m* monetary fund **Währungsreform** *f* currency reform **Währungsunion** *f* monetary union

Wahrzeichen ['vaːɐ̯ʦaiçn̩] *nt* landmark

Waise <-, -n> ['vaizə] *f* orphan

Waisenhaus *nt* orphanage

Wal <-[e]s, -e> [vaːl] *m* whale

Wald <-[e]s, Wälder> [valt, *pl* 'vɛldɐ] *m* forest

Waldbrand *m* forest fire **Walderdbeere** *f* wild strawberry **Waldhorn** *nt* MUS French horn **Waldlehrpfad** *m* woodland nature trail **Waldmeister** *m* woodruff **Waldrand** *m* edge of the woods [*or* forest]

waldreich *adj* densely wooded

Waldsterben *nt* death of the forest[s] as a result of pollution **Waldweg** *m* forest path **Waldwirtschaft** *f kein pl* forestry

Wales <-> [weɪlz] *nt* Wales

Waliser(in) <-s, -> [vaˈliːzɐ] *m(f)* Welshman *masc*, Welsh woman *fem*

walisisch [vaˈliːzɪʃ] *adj* Welsh; *s. a.* **deutsch**

Walisisch [vaˈliːzɪʃ] *nt dekl wie adj* Welsh; *s. a.* **Deutsch**

Wall <-[e]s, Wälle> [val, *pl* 'vɛlə] *m* embankment

Wallfahrer(in) *m(f)* pilgrim

Wallfahrt ['valfaːɐ̯t] *f* pilgrimage

Walnuss^{RR} ['valnʊs] *f*, **Walnuß**^{ALT} *f* walnut
Walpurgisnacht [val'pʊrgɪs-] *f* ■ **die** ~ Walpurgis night

The **Walpurgisnacht** is the eve of 1st May and according to ancient German folklore is the night of the witches' sabbath on the Blocksberg, a more recent name for the Brocken, the highest peak of the Harz mountains in central Germany.

Walross^{RR} *nt*, **Walroß**^{ALT} ['valrɔs] *nt* walrus
walten ['valtn̩] *vi* (*geh*) to reign; **Nachsicht** ~ **lassen** to show leniency
Walze <-, -n> ['valtsə] *f* roller
walzen ['valtsn̩] *vt* to roll
wälzen ['vɛltsn̩] **I.** *vt* to roll **II.** *vr* ■ **sich** ~ to roll
Walzer <-s, -> ['valtse] *m* waltz; **Wiener** ~ Viennese waltz
Wälzer <-s, -> ['vɛltse] *m* (*fam*) heavy tome *form*
Wampe <-, -n> ['vampə] *f* (*fam*) paunch
wand *imp von* **winden**
Wand <-, Wände> [vant, *pl* 'vɛndə] *f* wall ▶ **spanische** ~ folding screen; **in jds vier Wänden** within sb's own four walls
Wandbehang *m s.* **Wandteppich**
Wandel <-s> ['vandl̩] *m kein pl* change; **einem** ~ **unterliegen** to be subject to change
wandelbar *adj* ❶ (*geh*) changeable ❷ FIN convertible
wandeln[1] ['vandl̩n] **I.** *vt* to change **II.** *vr* ■ **sich** ~ to change
wandeln[2] ['vandl̩n] *vi sein* (*geh: gehen*) to stroll
Wanderausstellung *f* travelling exhibition
Wanderer, Wanderin <-s, -> ['vandərɐ, 'vandərɪn] *m*, *f* hiker
Wanderkarte *f* map of walks
wandern ['vanden] *vi sein* to hike
Wanderpokal *m* challenge cup **Wanderschaft** <-> *f kein pl* travels *npl;* **auf** ~ **sein** to be on one's travels
Wanderung <-, -en> ['vandərʊŋ] *f* hike; **eine** ~ **machen** to go on a hike
Wandkarte *f* wall map
Wandschrank *m* built-in cupboard **Wandteppich** *m* tapestry **Wanduhr** *f* wall clock
Wange <-, -n> ['vaŋə] *f* cheek
Wankelmotor *m* rotary piston engine
wankelmütig ['vaŋkl̩my:tɪç] *adj* inconsistent

wanken ['vaŋkn̩] *vi* ❶ *haben* to sway; **ins W**~ **geraten** to begin to sway ❷ *sein* (*wankend gehen*) to stagger
wann [van] *adv* when; **bis** ~ until when; **seit** ~ since when; ~ [**auch**] **immer** whenever
Wanne <-, -n> ['vanə] *f* tub
Wanst <-[e]s, Wänste> [vanst, *pl* 'vɛnstə] *m* paunch
Wanze <-, -n> ['vantsə] *f* bug
Wappen <-s, -> ['vapn̩] *nt* coat of arms
Wappenkunde *f kein pl* heraldry *no pl*
wappnen ['vapnən] *vr* ■ **sich** ~ to prepare oneself (**gegen** for)
Ware <-, -n> ['va:rə] *f* article ▶ **heiße** ~ hot goods
Warenangebot *nt* range of goods on offer **Warenaufzug** *m* goods lift BRIT, freight elevator AM **Wareneingang** *m* ÖKON ❶ *kein pl* (*Abteilung*) incoming goods department ❷ *meist pl* (*eingehende, gelieferte Waren*) goods received **Warenhaus** *nt* department store **Warenkorb** *m* basket of goods **Warenprobe** *f* HANDEL commercial sample, sample of goods **Warensendung** *f* shipment **Warenzeichen** *nt* trade mark
Warlord <-s, -s> ['wɔ:lɔ:d] *m* MIL (*sl*) warlord *pej*
warm <wärmer, wärmste> [varm] *adj* warm; **etw** ~ **halten** to keep sth warm; **etw** ~ **machen** to heat sth up; **es** ~ **haben** to be warm; **mir ist zu** ~ I'm too hot ▶ **sich** ~ **laufen** to warm up
Wärme <-> ['vɛrmə] *f kein pl* warmth
Wärmedämmung *f* heat insulation **wärmeempfindlich** *adj* heat-sensitive **Wärmehaushalt** *m* heat regulation **Wärmeleiter** *m* heat conductor
wärmen ['vɛrmən] *vt* to warm up
Wärmeregler *m* thermostat **Wärmespeicher** *m* thermal store
Wärmflasche *f* hot-water bottle
warmherzig *adj* warm-hearted **Warmluft** *f* warm air **Warmstart** *m* INFORM soft reset **Warmwasserspeicher** *m* hot-water tank **warm|werden** *vi irreg sein* ▶ **mit jdm** ~ to warm to sb
Warnblinkanlage *f* hazard warning lights *pl* **Warndreieck** *nt* hazard warning triangle
warnen ['varnən] *vt* to warn (**vor** about)
Warnhinweis *m* warning label **Warnlicht** *nt* hazard warning light **Warnlichtschalter** *m* hazard warning switch **Warnschild** *nt*

warning sign **Warnschuss**^{RR} *m*, **Warnschuß**^{ALT} *m* warning shot **Warnstreik** *m* token strike
Warnung <-, -en> *f* warning (**vor** about)
Warschau <-s> ['varʃau] *nt* Warsaw
Wartehalle *f* waiting room **Warteliste** *f* waiting list
warten¹ ['vartn̩] *vi* to wait (**auf** for); ■**mit** etw *dat* ~ to wait before doing sth; **auf sich ~ lassen** to be a long time [in] coming; **warte mal!** hold on!; **na warte!** just you wait!
warten² ['vartn̩] *vt* to service
Wärter(in) <-s, -> ['vɛrtɐ] *m(f)* warder BRIT, guard AM
Warteraum *m* waiting room **Warteschlange** *f* queue, line AM **Wartezeit** *f* wait *no pl* **Wartezimmer** *nt* waiting room
Wartung <-, -en> *f* service
wartungsarm *adj* low-maintenance
warum [va'rʊm] *adv* why; ~ **nicht?** why not?
Warze <-, -n> ['vartsə] *f* wart
was [vas] *pron* ❶ what; ~ **ist?** what's the matter? ❷ (*etwas*) something, anything
Waschanlage *f* car wash
waschbar *adj* washable
Waschbär *m* racoon
Waschbecken *nt* washbasin **Waschbeton** *m* exposed aggregate concrete
Wäsche <-, -n> *f kein pl* washing; **etw in die ~ tun** to put sth in the wash
waschecht *adj* ❶ genuine ❷ *Stoff* colourfast
Wäscheklammer *f* [clothes] peg **Wäschekorb** *m* laundry basket **Wäscheleine** *f* [clothes]line
waschen <wusch, gewaschen> ['vaʃn̩] *vt* to wash
Wäscherei <-, -en> [vɛʃə'rai] *f* laundry
Wäscheschleuder *f* spin drier **Wäscheschrank** *m* linen cupboard **Wäscheständer** *m* clothes horse **Wäschetrockner** <-s, -> *m* drier
Waschküche *f* wash house **Waschlappen** *m* flannel **Waschmaschine** *f* washing machine **Waschmittel** *nt* detergent **Waschpulver** *nt* washing powder **Waschraum** *m* washroom **Waschsalon** *m* launderette BRIT, laundromat AM **Waschstraße** *f* car wash **Waschweib** *nt* (*fam*) gossip **Waschzettel** *m* blurb **Waschzeug** *nt* washing things *pl*
Wasser <-s, -> ['vasɐ, *pl* 'vɛsɐ] *nt* water *no pl*; ~ **abweisend** water-repellent; ~ **durch-**

lässig porous ▶**jdm läuft das ~ im Mund zusammen** sb's mouth is watering; **fließend ~** running water; **ins ~ fallen** to fall through; **sich über ~ halten** to keep oneself above water; ~ **lassen** to pass water; **etw unter ~ setzen** to flood sth; **unter ~ stehen** to be flooded; **zu ~** by sea
Wasseranschluss^{RR} *m* water main connection **Wasseraufbereitungsanlage** *f* water treatment plant **Wasserball** *m kein pl* (*Spiel*) water polo **Wasserbett** *nt* waterbed **Wasserdampf** *m* steam **wasserdicht** *adj* watertight **Wasserfall** *m* waterfall **Wasserfarbe** *f* watercolour **Wasserflugzeug** *nt* seaplane **Wasserglas** *nt* tumbler **Wasserhahn** *m* [water] tap [*or* AM faucet] **Wasserhaushalt** <-[e]s> *m kein pl* ❶ MED, BIOL water balance ❷ ÖKOL hydrologic balance
wässerig ['vɛsərɪç] *adj s.* **wässrig**
Wasserkraft *f kein pl* water power **Wasserkraftwerk** *nt* hydroelectric power station **Wasserkühlung** *f* water cooling *no pl* **Wasserlauf** *m* watercourse **Wasserleitung** *f* water pipe **Wassermann** ['vasəman] *m no def art* **Wassermelone** *f* watermelon
wässern ['vɛsɐn] *vt* to water
Wasserpflanze *f* aquatic plant **Wasserpistole** *f* water pistol **Wasserratte** *f* ❶ water rat ❷ (*fam*) keen swimmer **Wasserrohr** *nt* water pipe **wasserscheu** *adj* scared of water **Wasserschutzgebiet** *nt* water protection area **Wasserski** *m kein pl* waterskiing **Wasserspeicher** *m* reservoir **Wassersport** *m* water sports *pl* **Wasserstand** *m* water level
Wasserstoff *m* hydrogen
Wasserstoffbombe *f* hydrogen bomb **Wasserstoffverbrennungsmotor** *m* AUTO hydrogen[-fueled] internal combustion engine **Wasserstrahl** *m* jet of water **Wasserstraße** *f* waterway **Wasserturm** *m* water tower **Wasseruhr** *f* water meter **Wasserverbrauch** *m* water consumption **Wasserversorgung** *f* water supply **Wasserwaage** *f* spirit level **Wasserweg** *m* **auf dem ~** by water **Wasserwelle** *f* MODE shampoo and set **Wasserwerk** *nt* waterworks + *sing/pl vb* **Wasserzeichen** *nt* watermark
wässrig^{RR} *adj*, **wäßrig**^{ALT} ['vɛsrɪç] *adj* watery
waten ['va:tn̩] *vi sein* to wade

watscheln ['vaːtʃln̩] vi sein to waddle
Watt¹ <-s, -> [vat] nt PHYS watt
Watt² <-[e]s, -en> [vat] nt mudflats pl

Das Watt is a large area of tidal mudflats (tideland in the USA) on the North Sea coast. At low tide one can walk on the sandy seabed; at high tide it lies several metres underwater and flat-bottomed coastal ships sail over it.

Watte <-, -n> ['vatə] f cotton wool no pl
Wattebausch m wad of cotton wool
Wattestäbchen nt cotton bud
wattieren* [vaˈtiːrən] vt to pad
Web <-[s]> [wɛb] nt kein pl INET web, Web
weben <webte o geh wob, gewebt o geh gewoben> ['veːbn̩] vt, vi to weave
Weberei <-, -en> [veːbəˈrai] f weaving mill
Weblog <-s, -s> [wɛbˈlɔk] m INET blog **Webseite** f INFORM web page **Website** <-, -s> ['wɛb.saɪt] f web site **Web-Soap** <-, -s> [wɛbˈsoʊp] f TV, INET websoap
Webstuhl m loom
Wechsel <-s, -> ['vɛksl̩] m ❶ kein pl (das Wechseln) change; **in stündlichem ~** in hourly rotation ❷ SPORT (Übergabe) changeover
Wechselbeziehung f correlation
Wechselfälle pl vicissitudes pl
Wechselgeld nt change **wechselhaft** adj changeable **Wechseljahre** pl menopause no pl; **in die ~ kommen** to reach the menopause **Wechselkurs** m exchange rate
wechseln ['vɛksl̩n] vt, vi to change
wechselseitig adj mutual **Wechselspiel** nt interplay **Wechselstrom** m alternating current **Wechselstube** f exchange booth **wechselweise** adv alternately **Wechselwirkung** f interaction
wecken ['vɛkn̩] vt ■ **jdn ~** to wake sb [up]; **von Lärm geweckt werden** to be woken by noise
Wecker <-s, -> ['vɛkɐ] m alarm clock
wedeln ['veːdl̩n] vi ■ **mit etw** dat **~** to wave sth
weder ['veːdɐ] konj **~ ... noch ...** neither ... nor ...; **~ du noch er** neither you nor him; **~ noch** neither
weg [vɛk] adv ❶ ■ **~ sein** to have gone; **~ mit dir** away with you!; **von etw** dat **~** from sth; **~ da!** [get] out of the way! ❷ (fam) ■ **über etw** akk **~ sein** to have got over sth

Weg <-[e]s, -e> [veːk, pl 'veːgə] m way; (Pfad) path ▶ **auf friedlichem ~e** by peaceful means; **vom rechten ~ abkommen** to wander from the straight and narrow; **geh mir aus dem ~!** get out of my way!; **jdm aus dem ~e gehen** to avoid sb; **auf dem ~ sein** to be on one's way; **jdm über den ~ laufen** to run into sb; **etw in die ~e leiten** to arrange sth; **sich auf den ~ machen** to set off; **etw aus dem ~ räumen** to remove sth; **sich jdm in den ~ stellen** to bar sb's way; **jdm nicht über den ~ trauen** not to trust sb an inch; **aus dem ~!** stand aside!
Wegbereiter(in) <-s, -> m(f) forerunner
weg|bleiben vi irreg sein to stay away
weg|bringen vt irreg to take away
weg|drücken vt ❶ (move aside) to push away ❷ PSYCH (fam) Angst, Gefühl, Erinnerung to repress
wegen ['veːgn̩] präp +gen because of
weg|fahren irreg I. vi sein to leave II. vt haben (wegbringen) to take away
weg|fallen vi irreg sein to cease to apply
weg|fegen vt to sweep away
weg|fliegen vi irreg sein to fly away
weg|führen vt, vi to lead away
weg|geben vt irreg to give away sep
weg|gehen vi irreg sein to go away
weg|jagen vt to drive away
weg|kommen vi irreg sein (fam) ❶ (weggehen können) to get away; **mach, dass du wegkommst!** clear off! ❷ (abhandenkommen) to disappear
weg|lassen vt irreg ❶ (auslassen) to leave out sep ❷ (gehen lassen) to let go
weg|laufen vi irreg sein to run away (**vor** from)
weg|legen vt to put down
weg|müssen vi irreg to have to go
weg|nehmen vt irreg ■ **etw [von etw** dat**] ~** to take sth [off sth]; ■ **jdm etw ~** to take away sth sep from sb
weg|räumen vt to clear away sep
weg|schaffen vt to remove
weg|scheren vr (fam) ■ **sich ~** to clear off
weg|schicken vt ❶ Post to send off sep ❷ Person to send away
weg|schmeißen vt irreg (fam) to throw away sep
weg|schütten vt to pour away sep
weg|sehen vi irreg to look away
weg|stecken vt (fig) to get over

weg|stellen *vt* to move out of the way
weg|stoßen *vt irreg* to push [*or* shove] away
weg|tragen *vt irreg* to carry away *sep*
weg|tun *vt irreg* to put down *sep*
Wegweiser <-s, -> *m* signpost
weg|werfen *vt irreg* to throw away *sep*
Wegwerfwindel *f* disposable nappy [*or* Am diaper]
weg|wischen *vt* to wipe away *sep*
weg|ziehen *vi irreg sein* to move away
Wegzoll *m* TRANSP, ADMIN [highway] toll
weh [veː] *adj* sore
wehen ['veːən] *vi* ❶ *Wind* to blow ❷ *Fahne* to flutter
wehklagen ['veːklaːɡn̩] *vi* to lament
wehleidig *adj* oversensitive
wehmütig ['veːmyːtɪç] *adj* (*geh*) melancholy
Wehr[1] [veːɐ̯] *f* **sich zur ~ setzen** to defend oneself
Wehr[2] <-[e]s, -e> [veːɐ̯] *nt* BAU weir
Wehrdienst *m kein pl* military service; **den ~ verweigern** to refuse to do military service **Wehrdienstverweigerer** *m* conscientious objector
wehren ['veːrən] *vr* ■ **sich ~** to defend oneself (**gegen** against); ■ **sich dagegen ~, etw zu tun** to resist doing sth
wehrlos *adj* defenceless
Wehrmacht *f* armed forces; HIST ■ **die ~** the Wehrmacht **Wehrpflicht** *f kein pl* compulsory military service **wehrpflichtig** *adj* liable for military service **Wehrpflichtige(r)** *f(m) dekl wie adj* person liable for military service
Wehrsportübung *f* POL militia training
Wehrübung *f* reserve duty training *no pl*
Weib <-[e]s, -er> [vaip, *pl* 'vaibɐ] *nt* woman
Weibchen <-s, -> ['vaipçən] *nt* female
Weiberheld *m* (*pej*) ladykiller
weibisch ['vaibɪʃ] *adj* effeminate
weiblich ['vaiplɪç] *adj* ❶ female ❷ (*feminin*) feminine
Weiblichkeit <-> *f kein pl* femininity
Weibsbild *nt* SÜDD, ÖSTERR (*pej fam: Frau*) woman
weich [vaiç] *adj* soft
Weiche <-, -n> ['vaiçə] *f* points *pl*
weichen <wich, gewichen> ['vaiçn̩] *vi sein* ❶ (*nachgeben*) ■ **etw ~** to give way to sth ❷ (*verschwinden*) to go; **er wich nicht von der Stelle** he didn't budge from the spot
weichherzig *adj* soft-hearted
Weichkäse *m* soft cheese

weichlich *adj* weak
Weichling <-s, -e> ['vaiçlɪŋ] *m* (*pej*) weakling
Weichsel <-> ['vaiksl̩] *f* GEOG ■ **die ~** the Vistula
Weichspüler <-s, -> *m* fabric softener
weich|werden *vi irreg sein* (*fig*) to weaken
Weide <-, -n> ['vaidə] *f* ❶ BOT willow ❷ AGR meadow
weiden ['vaidn̩] I. *vi Kuh* to graze II. *vr* ■ **sich an etw** *dat* **~** to revel in sth
Weidengeflecht *nt* wickerwork *no pl*
weigern ['vaiɡɐn] *vr* ■ **sich ~** to refuse
Weigerung <-, -en> *f* refusal
Weihe <-, -n> ['vaiə] *f* consecration *no pl;* **die ~n empfangen** to take orders
weihen ['vaiən] *vt* ❶ to consecrate ❷ (*widmen*) ■ **jdm geweiht sein** to be dedicated to sb
Weiher <-s, -> ['vaiɐ] *m* pond
Weihnachten <-, -> ['vainaxtn̩] *nt* Christmas; **fröhliche ~!** merry Christmas!
weihnachtlich *adj* Christmassy
Weihnachtsabend *m* Christmas Eve **Weihnachtsbaum** *m* Christmas tree **Weihnachtsfeiertag** *m* ■ **der erste ~** Christmas Day; ■ **der zweite ~** Boxing Day **Weihnachtsfest** *nt kein pl* Christmas **Weihnachtsgeld** *nt* Christmas bonus **Weihnachtsgeschenk** *nt* Christmas present **Weihnachtslied** *nt* carol **Weihnachtsmann** *m* Santa Claus **Weihnachtsmarkt** *m* Christmas fair

The most famous **Weihnachtsmarkt** in Germany is in Nürnberg (Nuremberg) but there are similar markets in most towns, where Christmas presents, Christmas decorations, special types of food and **Glühwein** are sold.

Weihrauch ['vairaux] *m* incense **Weihwasser** *nt* holy water
weil [vail] *konj* because
Weile <-> ['vailə] *f kein pl* while; **eine ganze ~** quite a while
weilen ['vailən] *vi* (*geh*) ■ **irgendwo ~** to stay somewhere
Weiler <-s, -> ['vailɐ] *m* hamlet
Wein <-[e]s, -e> [vain] *m* wine
Weinbeere *f* grape **Weinberg** *m* vineyard **Weinbergschnecke** *f* edible snail **Weinbrand** *m* brandy

weinen ['vainən] *vi* to cry; **vor Freude** ~ to cry with joy

weinerlich *adj* tearful

Weinessig *m* wine vinegar **Weinfass**^RR *nt* wine cask **Weinflasche** *f* wine bottle **Weinglas** *nt* wine glass **Weingut** *nt* wine-growing estate **Weinhandlung** *f* wine merchant's **Weinkarte** *f* wine list **Weinkeller** *m* wine cellar **Weinlese** *f* grape harvest **Weinprobe** *f* wine-tasting **Weinrebe** *f* grape[vine] **weinrot** *adj* claret **Weinstock** *m s.* **Weinrebe Weinstube** *f* wine bar **Weintraube** *f* grape

weise ['vaizə] *adj* wise

Weise <-, -n> ['vaizə] *f* way; **auf bestimmte** ~ in a certain way; **auf diese** ~ in this way; **in gewisser** ~ in certain respects; **auf jds** ~ in sb's own way

weisen <wies, gewiesen> ['vaizn̩] I. *vt* ■ **jdn aus etw** *dat* ~ to expel sb from sth ► **etw von sich** *dat* ~ to reject sth II. *vi* ■ **irgendwohin** ~ to point somewhere

Weisheit <-> ['vaishait] *f kein pl* wisdom; **eine alte** ~ **sein** to be a wise old saying ► **mit seiner** ~ **am Ende sein** to be at one's wits' end

Weisheitszahn *m* wisdom tooth

weis|machen *vt* ■ **jdm** ~, **dass ...** to lead sb to believe, that ...

weiß [vais] *adj* white

Weiß <-[es]> [vais] *nt* [**ganz**] **in** ~ dressed [all] in white

Weissagung <-, -en> *f* prophecy

Weißblech *nt* tin plate **Weißbrot** *nt* white bread

Weiße(r) *f(m) dekl wie adj* white man/woman; ■ **die** ~**n** white people

Weißglut *f* ► **jdn zur** ~ **bringen** to make sb livid with rage **Weißgold** *nt* white gold **Weißkohl** *m,* **Weißkraut** *nt* SÜDD, ÖSTERR white cabbage **Weißwein** *m* white wine

Weisung <-, -en> *f* instruction; ■ **auf** ~ [**von jdm**] on [sb's] instructions

weit [vait] I. *adj* ❶ (*lang*) long ❷ (*breit*) wide; *Kleidung* baggy; ~ **er werden** to widen II. *adv* ❶ (*entfernt*) far; **am** ~**esten** furthest; **es noch** ~ **haben** to have a long way to go; ~ **weg** far away; **von** ~**em** from afar; **von** ~ **her** from far away ❷ (*ganz*) wide; **etw** ~ **öffnen** to open sth wide ❸ (*erheblich*) far; ~ **besser** far better; ~ **gehend** extensive[ly]; ~ **hergeholt** far-fetched; ~ **reichend** extensive; ~ **verbreitet** widespread; ■ **bei** ~**em** by far ❹ *zeitlich* ~ **zurückliegen** to be a long time ago ► ~ **und breit** for miles around; **so** ~, **so gut** so far so good; **jdn so** ~ **bringen, dass er/sie etw tut** to bring sb to the point where he/she does sth; **es** ~ **gebracht haben** to have come a long way; **zu** ~ **gehen** to go too far; **das Weite suchen** to take to one's heels

weitab ['vait'ʔap] *adv* far away; ■ ~ **von etw** *dat* far from sth

weitaus ['vait'ʔaus] *adv* far

Weitblick *m kein pl* vision

Weite <-, -n> ['vaitə] *f* ❶ (*weite Ausdehnung*) expanse ❷ (*Durchmesser, Breite*) width

weiten ['vaitn̩] I. *vt* to widen II. *vr* ■ **sich** ~ to widen

weiter ['vaitɐ] *adv* further; ~ **bestehen** to continue to exist; **nicht** ~ **wissen** not to know what [else] to do; **und so** ~ and so on; ~! keep going!

weiter|bilden *vr* ■ **sich in etw** *dat* ~ to develop one's knowledge of sth **Weiterbildung** *f* further education **weiter|bringen** *vt irreg* to help along **weiter|empfehlen*** *vt irreg* ■ [**jdm**] **etw** ~ to recommend sth [to sb] **weiter|führen** *vt* to continue **weiter|geben** *vt irreg* to pass on *sep* (**an** to) **weiter|gehen** *vi irreg sein* ❶ to walk on ❷ *Entwicklung* to go on **weiter|helfen** *vi irreg* to help along

weiterhin ['vaitɐ'hɪn] *adv* furthermore

weiter|kommen *vi irreg sein* to get further (**mit** with) **weiter|machen** *vi* to continue **Weiterreise** *f kein pl* onward journey **weiter|sagen** *vt* ■ [**jdm**] **etw** ~ to repeat sth [to sb]; **nicht** ~! don't tell anyone! **Weiterverarbeitung** *f* [re]processing

weitgehend <weitgehender *o* ÖSTERR weitergehend, weitestgehend *o* weitgehendste(r, s)> I. *adj* (*umfassend*) extensive II. *adv* extensively, to a large extent

weither ['vait'heːɐ̯] *adv* (*geh*) from far away, from afar *form*

weithin ['vait'hɪn] *adv* (*weitgehend*) to a large extent; ~ **bekannt/beliebt/unbekannt** widely known/popular/largely unknown

weitläufig ['vaitlɔyfɪç] *adj* ❶ (*ausgedehnt*) extensive ❷ (*entfernt*) distant

weitreichend *adj* extensive **weitsichtig** ['vaitzɪçtɪç] *adj* ❶ MED long-sighted BRIT, far-sighted AM ❷ (*fig*) visionary **Weitsprung** *m kein pl* long-jump **Weitwinkelobjektiv** *nt* wide-angle lens

Weizen <-s, -> ['vaitsn̩] *m* wheat
welch [vɛlç] *pron* ■ ~ [ein] what [a]
welche(r, s) I. *pron interrog* which II. *pron rel (Mensch)* who; *(Sache)* which
welk [vɛlk] *adj* wilted
welken ['vɛlkn̩] *vi sein* to wilt
Wellblech *nt* corrugated iron
Welle <-, -n> ['vɛlə] *f* wave
wellen ['vɛlən] *vr* ■ **sich** ~ to be/become wavy
Wellenbrecher <-s, -> *m* breakwater **wellenförmig** *adj* wavy **Wellenlänge** *f* ▶ **die gleiche** ~ **haben** to be on the same wavelength **Wellenlinie** *f* wavy line **Wellenreiten** *nt* surfing **Wellensittich** *m* budgerigar
wellig ['vɛlɪç] *adj* wavy
Wellpappe *f* corrugated cardboard
Welpe <-n, -n> ['vɛlpə] *m* pup
Wels <-es, -e> [vɛls] *m* catfish
Welt <-, -en> [vɛlt] *f* world; **auf der** ~ in the world; **in aller** ~ all over the world ▶ **in seiner eigenen** ~ **leben** to live in a world of one's own; **jdn zur** ~ **bringen** to bring sb into the world; **auf die** ~ **kommen** to be born; **in einer anderen** ~ **leben** to live on another planet; **etw in die** ~ **setzen** to spread sth; **sie trennen** ~ **en** they are worlds apart; **um nichts in der** ~ not for the world; **alle** ~ the whole world
weltabgewandt *adj* SOZIOL insular, inward-looking
Weltall *nt kein pl* universe **Weltanschauung** *f* philosophy of life **Weltausstellung** *f* world exhibition **Weltbank** *f kein pl* ■ **die** ~ the World Bank **weltberühmt** *adj* world-famous **Weltbevölkerung** *f kein pl* world population **Weltbild** *nt* world view
Weltenbummler(in) *m(f)* globetrotter
Weltflucht *f kein pl* SOZIOL escape from reality **weltfremd** *adj* unworldly **Weltgeschichte** *f kein pl* world history **Weltherrschaft** *f kein pl* world domination **Weltkarte** *f* world map **Weltklima** *nt kein pl* METEO global climate **Weltkrieg** *m* world war; **der Erste/Zweite** ~ World War One/Two
Weltläufigkeit ['vɛltlɔyfɪgkaɪt] *f kein pl* SOZIOL global adaptability
weltlich ['vɛltlɪç] *adj* worldly
Weltliteratur *f kein pl* world literature **Weltmacht** *f* world power
weltmännisch *adj* sophisticated
Weltmarkt *m* world market **Weltmeer** *nt* ocean **Weltmeister(in)** *m(f)* world champion **(in** at) **Weltmeisterschaft** *f* world championship **Weltoffenheit** *f kein pl* cultural openness **Weltpremiere** *f* world premiere **Weltrangliste** *f* world rankings *pl*
Weltraum *m kein pl* space
Weltraumfähre *f* space shuttle **Weltraumfahrt** *f kein pl* space journey, journey into space **Weltraumforschung** *f kein pl* space research
Weltreise *f* world trip; **eine** ~ **machen** to go on a journey around the world **Weltrekord** *m* world record **Weltsicherheitsrat** *m* Security Council **Weltsprache** *f* world language **Weltstadt** *f* international city **Welttournee** *f* world tour **Weltuntergang** *m* end of the world
weltweit I. *adj* global II. *adv* globally
Weltwirtschaft *f* world economy **Weltwirtschaftsgipfel** *m* POL, ÖKON world economic summit **Weltwunder** *nt* **die sieben** ~ the Seven Wonders of the World **Weltzeit** *f kein pl* world time, universal time **Weltzeituhr** *f* world clock *(clock showing times around the world)*
wem [ve:m] I. *pron interrog dat von* **wer** who ... to, to whom; ~ **gehört dieser Schlüssel?** who does this key belong to?; **mit/von** ~ with/from whom II. *pron rel dat von* **wer:** ■ ~ ..., [der] the person who ... to
wen [ve:n] I. *pron interrog akk von* **wer** who, whom; **an** ~ who ... to; **für** ~ who ... for II. *pron rel akk von* **wer:** ■ ~ ..., [der] the person who
Wende <-, -n> ['vɛndə] *f* change
Wendefläche *f* turning area **Wendejacke** *f* reversible jacket **Wendekreis** *m* tropic **Wendeltreppe** *f* spiral staircase
wenden ['vɛndn̩] I. *vr* <wendete *o* geh wandte, gewendet *o geh* gewandt> ■ **sich irgendwohin** ~ to turn to somewhere; ■ **sich an jdn** ~ to turn to sb; ■ **sich gegen etw** *akk* ~ to oppose sth II. *vt* <wendete, gewendet> *(umdrehen)* to turn over *sep* III. *vi* <wendete, gewendet> AUTO to turn
Wendepunkt *m* turning point
wendig ['vɛndɪç] *adj* manoeuvrable
Wendung <-, -en> *f* ❶ turn ❷ *(Redewendung)* expression
wenig ['ve:nɪç] I. *pron indef* ■ ~ **sein** to be not [very] much; ■ ~ **e** a few II. *adv* little; **ein** ~ a little; **nicht** ~ more than a little; **zu** ~ too

little
weniger ['veːnɪɐ̯] *pron indef comp von* **wenig** less
wenigste(r, s) I. *pron* ■ **die ~n** very few; ■ **das ~, was ...** the least that ... **II.** *adv* **am ~n** least of all
wenigstens ['veːnɪçstn̩s] *adv* at least
wenn [vɛn] *konj* ❶ (*falls*) if; **~ das so ist** if that's the way it is ❷ (*sobald*) as soon as
wenngleich [vɛn'glaɪ̯ç] *konj* although
wer [veːɐ̯] **I.** *pron interrog* who; ■ **~ von ...** which of ... **II.** *pron rel* ■ **~ ..., [der]** ... the person who ..., whoever ... **III.** *pron indef* (*fam*) somebody
Werbeagentur *f* advertising agency **Werbebranche** *f* advertising **Werbefernsehen** *nt* commercials *pl* **Werbefilm** *m* promotional film **Werbefläche** *f* advertising space **Werbegeschenk** *nt* promotional gift **Werbekampagne** *f* advertising campaign **Werbekonzept** *nt* ÖKON advertising concept **Werbematerial** *nt* advertising material
werben <wirbt, warb, geworben> ['vɛrbn̩] *vi* ❶ ■ **für etw** *akk* **~** to advertise sth ❷ (*zu erhalten suchen*) **um eine Frau ~** to woo a woman; **um neue Wähler ~** to try to attract new voters
Werbeprospekt *m* promotional brochure **Werberummel** *m* ÖKON (*oft pej fam*) advertising blitz **Werbeseite** *f* MEDIA, ÖKON full-page ad[vertisement] **Werbeslogan** *m* advertising slogan **Werbespot** *m* commercial **Werbestrategie** *f* ÖKON advertising strategy **Werbetext** *m* advertising [*or* publicity] copy *no pl, no indef art* **werbewirksam** *adj* promotionally effective
Werbung <-> *f kein pl* ❶ (*Branche*) advertising ❷ (*Reklame*) advertisement; **~ für etw** *akk* **machen** to advertise sth
Werdegang <*selten* -gänge> *m* career
werden ['veːɐ̯dn̩] **I.** *vi* <wurde, geworden> *sein* ❶ (*sich zu etw ändern*) to become, to get; **alt ~** to get old; **kalt ~** to go cold; **es wird dunkel** it is getting dark; **sie ist gerade 98 geworden** she has just turned 98; **jdm wird heiß/übel** sb feels hot/sick ❷ (*Entwicklung*) ■ **aus jdm wird etw** sb will turn out to be sth; ■ **aus etw** *dat* **wird etw** sth turns into sth; ■ **zu etw** *dat* **~** to turn into sth **II.** *vb aux* <wurde, worden> ❶ *Futur* ■ **etw tun ~** to be going to do sth ❷ *Konjunktiv* ■ **jd würde etw tun** sb would

do sth ❸ *in Bitten* **würde Sie sich bitte setzen?** would you please sit down? **III.** *vb aux* <wurde, worden> *Passiv* **sie wurde entlassen** she was dismissed
Werden <-s> ['veːɐ̯dn̩] *nt kein pl* development; **im ~ sein** to be in the making
werfen <wirft, warf, geworfen> ['vɛrfn̩] *vt* to throw
Werft <-, -en> [vɛrft] *f* shipyard
Werk <-[e]s, -e> [vɛrk] *nt* ❶ work; **ans ~ gehen** to go to work ❷ (*Tat*) **ein gutes ~ tun** to do a good deed; **das ist sein ~** that's his doing ❸ (*Fabrik*) factory
Werkbank <-bänke> *f* workbench **Werk(s)angehörige(r)** *f(m) dekl wie adj* factory employee **Werksarzt, -ärztin** <-es, -ärzte> *m, f* company doctor **werkseigen** *adj* company[-owned] **Werksgelände** *nt* works premises *npl*
Werkstatt *f* workshop
Werkstoff *m* material
Werkstück *nt* workpiece
Werktag *m* workday
werktags *adv* on workdays
werktätig ['vɛrktɛːtɪç] *adj* **die ~e Bevölkerung** the working population
Werktreue *f kein pl* FILM, MUS faithfulness to the original [version]
Werkzeug <-[e]s, -e> *nt* tool *usu pl*
Werkzeugkasten *m* toolbox **Werkzeugmacher(in)** *m(f)* toolmaker **Werkzeugmaschine** *f* machine tool **Werkzeugschrank** *m* tool cabinet
Wermut <-[e]s> ['veːɐ̯muːt] *m kein pl* vermouth
wert [veːɐ̯t] *adj* ■ **[jdm] etw ~ sein** to be worth sth [to sb]
Wert <-[e]s, -e> [veːɐ̯t] *m* ❶ value; **im ~ steigen** to increase in value; **an ~ verlieren** to decrease in value; **im ~e von etw** *dat* worth sth ❷ (*Wichtigkeit*) **~ auf etw** *akk* **legen** to attach value to sth; **~ darauf legen, etw zu tun** to find it important to do sth ▶ **das hat keinen ~** it's useless
wertbeständig *adj* stable in value *pred*
Wertegemeinschaft *f* SOZIOL, POL society with common values **Wertekanon** ['veːɐ̯təkaːnɔn] *m* SOZIOL (*geh*) core values **werten** *vt* to rate
Wertesystem *nt* system of values
wertfrei *adj* non-judgemental **Wertkartenhandy** [-hɛndi] *nt* TELEK mobile phone using

a payment card
wertlos *adj* worthless
Wertminderung *f* depreciation
Wertpapier *nt* bond
Wertpapierhandel *m kein pl* BÖRSE stockbroking *no pl*
Wertschätzung *f* esteem **Wertschöpfung** *f* ÖKON increase in value, added value
Wertung <-, -en> *f* SPORT rating
Wertverlust *m* depreciation
wertvoll *adj* valuable
Wertvorstellung *f* moral concept
Wertzuwachs *m* ÖKON capital appreciation
Wesen <-s, -> ['veːzn̩] *nt* ❶ being ❷ *kein pl* (*Natur*) nature
Wesenszug *m* characteristic
wesentlich ['veːzn̩tlɪç] **I.** *adj* essential; ■ **das W~e** the essential part; **im W~en** essentially **II.** *adv* considerably
weshalb [vɛsˈhalp] *adv* why
Wespe <-, -n> ['vɛspə] *f* wasp
wessen ['vɛsn̩] *pron gen von* **wer** whose
Wessi <-s, -s> *m*, **Wessi** <-, -s> ['vɛsi] *f* (*fam*) West German

As a counterpoint to *Ossi*, the expression **Wessi** emerged after reunification amongst the citizens of former East Germany to describe – often pejoratively – their fellow citizens in former West Germany.

Weste <-, -n> ['vɛstə] *f* waistcoat
Westen <-s> ['vɛstn̩] *m kein pl* west; **im ~** in the west; **nach ~** to the west
Westentasche *f* waistcoat pocket
Western <-[s], -> ['vɛstɐn] *m* western
Westfalen <-s> [vɛstˈfaːlən] *nt* Westphalia
westindisch ['vɛstˈʔɪndɪʃ] *adj* West Indian
Westküste *f* west coast
westlich ['vɛstlɪç] **I.** *adj* western **II.** *adv* ■ **~ von etw** *dat* to the west of sth **III.** *präp* +*gen* ■ **~ einer S.** *gen* [to the] west of sth
westwärts ['vɛstvɛrts] *adv* westwards, to the west
weswegen [vɛsˈveːgn̩] *adv* why
Wettannahme *f* betting office, bookmaker's
Wettbewerb <-[e]s, -e> ['vɛtbəvɛrp] *m* competition
Wettbewerber(in) *m(f)* competitor
Wettbewerbsfähigkeit *f kein pl* ÖKON competitiveness *no pl*
Wette <-, -n> ['vɛtə] *f* bet; **um die ~ laufen** to race each other; **eine ~ machen** to make a bet
wetteifern *vi* ■ **miteinander ~** to contend with each other
wetten ['vɛtn̩] *vi* to bet (**auf** on); ■ [**mit jdm**] **um etw** *akk* **~** to bet [sb] sth; **um was wollen wir ~?** what shall we bet?; **~?** want to bet?
Wetter <-s, -> ['vɛtɐ] *nt kein pl* weather; **bei jedem ~** in all kinds of weather
Wetteraussichten *pl* weather outlook **Wetterbericht** *m* weather report **Wetterdienst** *m* weather service
wetterfühlig *adj* sensitive to weather changes *pred*
Wetterhahn *m* weathercock **Wetterkarte** *f* weather chart **Wetterlage** *f* weather situation
wettern ['vɛtɐn] *vi* ■ [**gegen jdn/etw**] **~** to curse [sb/sth]
Wettersatellit *m* weather satellite **Wetterumschwung** *m* sudden change in the weather **Wettervoraussage** *f*, **Wettervorhersage** *f* weather forecast
Wettkampf *m* competition
Wettlauf *m* race
wettlaufen *vi nur infin* to run a race
wett|machen ['vɛtmaxn̩] *vt* ■ **etw ~** to make up for sth
Wettrennen *nt s.* **Wettlauf**
Wettrüsten <-s> *nt kein pl* arms race
Wettstreit ['vɛtstrait] *m* competition, contest
wetzen ['vɛtsn̩] *vt* (*schleifen*) to whet
WG <-, -s> [veːˈgeː] *f Abk von* **Wohngemeinschaft**
Whirlwanne *f* whirlpool
wichsen ['vɪksn̩] **I.** *vi* (*vulg*) to jerk off, to wank BRIT **II.** *vt Schuhe* to polish
Wicht <-[e]s, -e> [vɪçt] *m* (*fam*) wimp
wichtig ['vɪçtɪç] *adj* important; ■ **das W~ste** the most important thing; **sich** *dat* **~ vorkommen** to be full of oneself
Wichtigmacher(in) *m(f)* ÖSTERR, **Wichtigtuer(in)** [-tuːɐ] *m(f)* stuffed shirt
wichtig|tun *vr irreg* to act important
Wicke <-, -n> ['vɪkə] *f* vetch
Wickel <-s, -> ['vɪkl̩] *m* MED compress
Wickelkommode *f* [baby] changing table
wickeln ['vɪkl̩n] *vt* ❶ to wrap (**um** round); ■ **etw von etw** *dat* **~** to unwrap sth from sth ❷ *Baby* to change
Wickelraum *m* babies' changing room

Widder <-s, -> ['vɪdɐ] m ❶ ram ❷ kein pl ASTROL Aries

wider ['viːdɐ] präp +akk (geh) against

widerfahren* [viːdɐˈfaːrən] vi irreg sein ■ **jdm** ~ to befall sb

Widerhall <-s, -e> ['viːdɐhal] m echo ▶ **keinen** ~ **finden** to meet with no response

widerlegen* [viːdɐˈleːgn̩] vt to refute

widerlich ['viːdɐlɪç] adj disgusting

Widerpart <-[e]s, -e> m (geh) opponent, foe liter

widerrechtlich I. adj unlawful II. adv unlawfully

Widerrede ['viːdɐreːdə] f **ohne** ~ without protest; **keine** ~ **!** don't argue!

Widerruf ['viːdɐruːf] m revocation

widerrufen* [viːdɐˈruːfn̩] irreg vi, vt to recant

Widersacher(in) <-s, -> ['viːdɐzaxɐ] m(f) antagonist

Widerschein <-[e], -e> ['viːdɐʃain] m reflection

widersetzen* [viːdɐˈzɛtsn̩] vr ■ **sich jdm/ einer S.** ~ to resist sb/sth

widersinnig adj absurd

widerspenstig ['viːdɐʃpɛnstɪç] adj stubborn

widerǀspiegeln ['viːdɐʃpiːgl̩n] I. vt to mirror II. vr sich ~ to be reflected

widersprechen* [viːdɐˈʃprɛçn̩] irreg I. vi ■ **jdm** ~ to contradict sb II. vr ■ **sich** dat ~ to be contradictory

Widerspruch ['viːdɐʃprʊx] m ❶ contradiction; **in** ~ **zu etw** dat contrary to sth; **in** ~ **zu etw** dat **stehen** to conflict with sth ❷ JUR ~ **einlegen** to file an objection

widersprüchlich ['viːdɐʃprʏçlɪç] adj contradictory

widerspruchslos adv without protest

Widerstand <-[e]s> ['viːdɐʃtant, pl -ʃtɛndə] m kein pl resistance; ~ **leisten** to put up resistance

widerstandsfähig adj resistant (**gegen** to)

Widerstandskraft f robustness

widerstandslos adv without resistance

widerstehen* [viːdɐˈʃteːən] vi irreg to resist

widerstreben* [viːdɐˈʃtreːbn̩] vi ■ **jdm widerstrebt es, etw zu tun** sb is reluctant to do sth

Widerstreben <-s> [viːdɐˈʃtreːbn̩] nt kein pl reluctance

widerstrebend adv (geh) s. **widerwillig**

widerwärtig ['viːdɐvɛrtɪç] adj disgusting

Widerwille ['viːdɐvɪlə] m distaste (**gegen** for)

widerwillig I. adj reluctant II. adv reluctantly

widmen ['vɪtmən] I. vt ■ **jdm etw** ~ to dedicate sth to sb II. vr ■ **sich einer S.** dat ~ to devote oneself to sth

Widmung <-, -en> ['vɪtmʊŋ] f dedication

widrig ['viːdrɪç] adj adverse

wie [viː] I. adv how?; ■ ~ ... **auch** [**immer**] however; **wie heißt er?** what's his name?; ~ **bitte?** pardon?; ~ **geht es Ihnen?** how do you do?; ~ **geht's?** how are you?; ~ **wär's mit ...?** how about ...?; ~ **viel** how much; ~ **viele** how many; ~ **sehr** how much II. konj ❶ (vergleichend) **so alt** ~ **sie** as old as her; **er ist genau** ~ **du** he's just like you ❷ (z.B.) like ❸ (fam) ■ ~ **wenn** as if

Wiedehopf <-[e]s, -e> ['viːdəhɔpf] m ORN hoopoe

wieder ['viːdɐ] adv again; **etw** ~ **beleben** Wirtschaft to revive; **etw** ~ **einführen** to reintroduce sth; **jdn** ~ **eingliedern** to reintegrate sb; **etw** ~ **gutmachen** to make good sth

Wiederaufbau <-bauten> [viːdɐˈʔaufbau] m reconstruction

wiederǀaufǀbauen vt to reconstruct

Wiederaufnahmeverfahren nt JUR retrial, new trial

wiederǀbekommen* vt irreg to get back

wiederǀbeleben* vt MED to resuscitate

Wiederbelebungsversuch m meist pl attempt at resuscitation

Wiederbeschaffung f recovery

wiederǀbringen ['viːdɐbrɪŋən] vt irreg to bring back

wiederǀeinführenᴬᴸᵀ vt s. **wieder**

Wiedereinführung f reintroduction

wiederǀeingliedernᴬᴸᵀ vt s. **wieder**

Wiedereingliederung f reintegration

wiederǀerhalten* ['viːdɐˈɛɐ̯haltn̩] vt irreg (geh) s. **wiederbekommen**

wiederǀerkennen* vt irreg to recognize; **nicht wiederzuerkennen sein** to be unrecognizable

wiederǀerlangen* ['viːdɐʔɛɐ̯laŋən] vt (geh) to regain

wiederǀeröffnen* vt ÖKON to reopen

Wiedereröffnung f reopening

wiederǀfinden irreg vr ■ **sich** ~ to turn up again

Wiedergabe ['viːdɐgaːbə] f (Schilderung) account

wiederǀgeben ['viːdɐgeːbn̩] vt irreg ■ **jdm etw** ~ to give sth back to sb

wieder|gewinnen* ['viːdɐɡəvɪnən] *vt irreg* to regain

Wiedergutmachung <-, -en> *f* compensation

wieder|haben ['viːdɐhaːbn̩] *vt irreg (fam)* ■ **jdn/etw ~** to have sb/sth back

wiederher|stellen [viːdɐ'heːɐ̯ʃtɛlən] *vt* to restore

wiederholen*¹ [viːdɐ'hoːlən] I. *vt* to repeat II. *vr* ■ **sich ~** to repeat oneself

wieder|holen² ['viːdɐhoːlən] *vt* to get [*or* fetch] back

wiederholt I. *adj* repeated II. *adv* repeatedly

Wiederholung <-, -en> [viːdɐ'hoːlʊŋ] *f* repetition

Wiederhören ['viːdɐhøːrən] *nt* [**auf**] **~!** goodbye!

wieder|käuen ['viːdɐkɔyən] *vt, vi* ZOOL to ruminate

Wiederkäuer <-s, -> *m* ruminant

Wiederkehr <-> ['viːdɐkeːɐ̯] *f kein pl (geh)* return

wieder|kehren ['viːdɐkeːrən] *vi sein* to return

wieder|kommen ['viːdɐkɔmən] *vi irreg sein* to come back

wieder|sehen ['viːdɐzeːən] *vt irreg* ■ **jdn ~** to see sb again; ■ **sich ~** to meet again

Wiedersehen <-s, -> ['viːdɐzeːən] *nt* reunion; [**auf**] **~ sagen** to say goodbye; [**auf**] **~** goodbye

wiederum ['viːdərʊm] *adv* ① again ② (*andererseits*) on the other hand

wieder|vereinigen* *vt* to reunify

Wiedervereinigung ['viːdɐfɛɐ̯ʔainɪɡʊŋ] *f* reunification

Wiederverwertung *f* recycling

Wiederwahl ['viːdɐvaːl] *f* re-election

Wiederzulassung *f* readmission; AUTO relicensing

Wiege <-, -n> ['viːɡə] *f* cradle

wiegen¹ <wog, gewogen> ['viːɡn̩] *vt, vi* to weigh

wiegen² *vt Hüften* to sway

Wiegenlied *nt* lullaby, cradlesong

wiehern ['viːən] *vi* to neigh

Wien <-s> [viːn] *nt* Vienna

Wiener ['viːnɐ] *adj attr* Viennese

Wiese <-, -n> ['viːzə] *f* meadow

Wiesel <-s, -> ['viːzl̩] *nt* weasel

wieso [viˈzoː] *adv* why

wild [vɪlt] I. *adj* wild; **jdn ~ machen** to drive sb wild; ■ **~ auf jdn/etw sein** to be crazy about sb/sth ▶ **halb so ~ sein** to not be important II. *adv* ① wildly ② BIOL wild; **~ wachsen** to grow wild

Wild <-[e]s> [vɪlt] *nt kein pl* ① wild animals ② KOCHK game

Wildbret <-s> ['vɪltbrɛt] *nt kein pl* JAGD game *no pl*, venison

Wilde(r) ['vɪldə, -dɐ] *f(m) dekl wie adj* savage

Wildente *f* ORN, KOCHK wild duck

Wilderer(in) <-s, -> ['vɪldərɐ] *m(f)* poacher

wildern ['vɪldɐn] *vi* to poach

wildfremd ['vɪltˈfrɛmt] *adj* completely strange

Wildhüter(in) <-s, -> *m(f)* gamekeeper

Wildleder *nt* suede

Wildnis <-, -se> ['vɪltnɪs] *f* wilderness

Wildsau *f* wild sow **Wildschwein** *nt* wild boar

Wildwestfilm [vɪltˈvɛst-] *m* western

Wille <-ns> ['vɪlə] *m kein pl* will; **seinen eigenen ~n haben** to have a mind of one's own; **der gute ~** good will; **jds letzter ~** sb's last will and testament; **seinen ~n durchsetzen** to get one's own way

willenlos *adj* spineless

willens ['vɪləns] *adj* ■ **~ sein, etw zu tun** to be willing to do sth

Willenskraft *f kein pl* willpower **willensschwach** *adj* weak-willed **willensstark** *adj* strong-willed

willentlich ['vɪləntlɪç] *adj* deliberate

willig ['vɪlɪç] *adj* willing

willkommen [vɪlˈkɔmən] *adj* welcome; ■ [**jdm**] **~ sein** to be welcome [to sb]; **jdn ~ heißen** to welcome sb; **seid/seien Sie ~!** welcome!

Willkommen <-s, -> [vɪlˈkɔmən] *nt* welcome

Willkür <-> ['vɪlkyːɐ̯] *f kein pl* arbitrariness

willkürlich ['vɪlkyːɐ̯lɪç] I. *adj* arbitrary II. *adv* arbitrarily

wimmeln ['vɪml̩n] *vi* ■ **es wimmelt von etw** *dat* it is teeming with sth

wimmern ['vɪmɐn] *vi* to whimper

Wimpel <-s, -> ['vɪmpl̩] *m* pennant

Wimper <-, -n> ['vɪmpɐ] *f* [eye]lash ▶ **ohne mit der ~ zu zucken** without batting an eyelid

Wimperntusche *f* mascara

Wind <-[e]s, -e> [vɪnt, *pl* 'vɪndə] *m* wind ▶ **bei ~ und Wetter** in all weathers; **viel ~**

um etw *akk* **machen** to make a fuss about sth
Windbeutel *m* KOCHK cream puff
Winde <-, -n> ['vɪndə] *f* winch
Windel <-, -n> ['vɪndl̩] *f* napkin BRIT, diaper AM
Windelhöschen *nt* nappy [*or* AM diaper] pants **windelweich** *adv* **jdn ~ schlagen** to beat sb black and blue
winden <wand, gewunden> ['vɪndn̩] *vr* ■ **sich ~** ❶ to wind ❷ (*sich krümmen*) to writhe (**vor** in)
Windenergie *f* wind energy
Windseile *f* **in** [*o* **mit**] **~** in no time at all
windgeschützt *adj* sheltered [from the wind]
Windhose *f* vortex **Windhund** *m* greyhound
windig ['vɪndɪç] *adj* windy
Windjacke *f* windcheater **Windlicht** *nt* table lantern **Windmühle** *f* windmill **Windparkanlage** *f* wind power station
Windpocken *pl* chickenpox
Windrad *nt* wind turbine
Windrichtung *f* wind direction **Windschatten** *m* slipstream **windschief** *adj* crooked **Windschutzscheibe** *f* windscreen BRIT, windshield AM **Windstärke** *f* wind force **windstill** *adj* windless; ■ **~ sein** to be calm **Windstille** *f* calm **Windstoß** *m* gust of wind
Windung <-, -en> *f* meander
Wink <-[e]s, -e> [vɪŋk] *m* hint; **einen ~ bekommen** to receive a tip-off
Winkel <-s, -> ['vɪŋkl̩] *m* ❶ angle; **rechter/spitzer/stumpfer ~** a right/an acute/obtuse angle ❷ (*Ecke*) corner
Winkeleisen *nt* angle iron
winkelig ['vɪŋkəlɪç] *adj s.* **winklig**
Winkelzug *m meist pl* (*pej*) dodge, trick
winken <gewinkt *o* DIAL gewunken> ['vɪŋkn̩] I. *vi* to wave; ■ **mit etw** *dat* **~** to wave sth; **einem Taxi ~** to hail a taxi II. *vt* ■ **jdn zu sich** *dat* **~** to beckon sb over to one
winklig ['vɪŋklɪç] *adj* full of nooks and crannies; *Gasse* twisty
winseln ['vɪnzl̩n] *vi* to whimper; ■ **um etw** *akk* **~** to plead for sth
Winter <-s, -> ['vɪntɐ] *m* winter
Wintergarten *m* winter garden **Winterkleidung** *f* winter clothing
winterlich ['vɪntɐlɪç] *adj* wintry; **~e Temperaturen** winter temperatures
Wintermantel *m* winter coat **Winterreifen** *m* winter tyre **Winterschlaf** *m* hibernation; **~ halten** to hibernate **Wintersport** *m* winter sport
Winzer(in) <-s, -> ['vɪntsɐ] *m(f)* wine-grower
winzig ['vɪntsɪç] *adj* tiny; **~ klein** minute
Winzling <-s, -e> ['vɪntslɪŋ] *m* tiny thing
Wipfel <-s, -> ['vɪpfl̩] *m* treetop
Wippe <-, -n> ['vɪpə] *f* seesaw
wippen ['vɪpn̩] *vi* to bob up and down (**auf** on)
wir <*gen* unser, *dat* uns, *akk* uns> [viːɐ̯] *pron pers* we; **~ nicht** not us
Wirbel <-s, -> ['vɪrbl̩] *m* ❶ ANAT vertebra ❷ (*Trubel*) turmoil
wirbellos *adj* BIOL invertebrate
wirbeln ['vɪrbl̩n] *vi*, *vt sein* to whirl
Wirbelsäule *f* spinal column
Wirbelsturm *m* whirlwind
Wirbeltier *nt* vertebrate
wirken ['vɪrkn̩] *vi* ❶ (*Wirkung haben*) to have an effect; **etw auf sich ~ lassen** to take sth in ❷ (*scheinen*) to seem
wirklich ['vɪrklɪç] I. *adj* real II. *adv* really
Wirklichkeit <-, -en> *f* reality; **~ werden** to come true
wirksam ['vɪrkzaːm] *adj* effective
Wirkstoff *m* active substance
Wirkung <-, -en> ['vɪrkʊŋ] *f* effect
Wirkungsbereich *m* area of activity, domain **wirkungslos** *adj* ineffective **wirkungsvoll** *adj* effective **Wirkungsweise** *f* [mode of] action, way sth works
wirr [vɪr] *adj* ❶ confused ❷ (*unordentlich*) tangled
Wirren ['vɪrən] *pl* confusion *sing*
Wirrkopf *m* (*pej*) scatterbrain
Wirrwarr <-s> ['vɪrvar] *m kein pl* tangle
Wirt(in) <-[e]s, -e> [vɪrt] *m(f)* landlord *masc*, landlady *fem*
Wirtschaft <-, -en> ['vɪrtʃaft] *f* ❶ ÖKON economy; **er ist in der ~ tätig** he works in industry ❷ (*Gastwirtschaft*) pub BRIT, bar AM
wirtschaften ['vɪrtʃaftn̩] *vi* to keep house; **sparsam ~** to economize
Wirtschafterin <-, -nen> *f fem form von* **Wirtschafter** housekeeper
wirtschaftlich ['vɪrtʃaftlɪç] *adj* ❶ economic ❷ (*sparsam*) economical
Wirtschaftlichkeit <-> *f kein pl* economy
Wirtschaftsabkommen *nt* economic agreement **Wirtschaftsaufschwung** *m* econom-

ic upturn **Wirtschaftsbeziehungen** *pl* ÖKON economic [*or* trade] relations *pl* **Wirtschaftsdelikt** *nt* JUR, ÖKON economic crime **Wirtschaftsentwicklung** *f* ÖKON economic development **Wirtschaftsflüchtling** *m* economic refugee **Wirtschaftsgebäude** *nt meist pl* AGR working quarters *pl* **Wirtschaftsgymnasium** *nt* SCH *grammar school where the emphasis is on business studies, economics and law* **Wirtschaftshilfe** *f* economic aid *no pl, no indef art* **Wirtschaftsjahr** *nt* FIN financial year **Wirtschaftskriminalität** *f* white-collar crime **wirtschaftskriminell** *adj* JUR economic criminal *attr* **Wirtschaftslage** *f* economic situation **Wirtschaftsleben** *nt kein pl* business life **Wirtschaftsminister(in)** *m(f)* Minister for Economic Affairs BRIT, Secretary of Commerce AM **Wirtschaftsministerium** *nt* Ministry of Trade and Commerce BRIT, Department of Commerce AM **Wirtschaftsordnung** *f* economic system **Wirtschaftspolitik** *f* economic policy **Wirtschaftsprüfer(in)** *m(f)* accountant **Wirtschaftsteil** *m* MEDIA business section **Wirtschafts- und Währungsunion** *f* economic and monetary union **Wirtschaftswachstum** *nt kein pl* economic growth **Wirtschaftswissenschaft** *f meist pl* economics *sing* **Wirtschaftswunder** *nt* economic miracle

Triggered by the currency reform of 1948, the **Wirtschaftswunder** was a dramatic upturn in the German economy during the post-war years which secured the onset of a phase stability and prosperity in the FRG.

Wirtschaftszweig *m* branch of industry
Wirtshaus *nt* pub BRIT, bar AM
Wisch <-[e]s, -e> [vɪʃ] *m* (*pej fam*) piece of bumph
wischen ['vɪʃn̩] *vt* to wipe
Wischerblatt *nt* AUTO wiper blade
Wischlappen *m* cloth
Wisent <-s, -e> ['viːzɛnt] *nt* bison
wispern ['vɪspɐn] *vt, vi* to whisper
wissbegierig^{RR} *adj*, **wißbegierig**^{ALT} *adj* eager to learn
wissen <wusste, gewusst> ['vɪsn̩] *vt* ❶ (*kennen*) to know; **jdn etw ~ lassen** to let sb know sth; **wenn ich nur wüsste, ...** if only I knew ... ❷ (*als Kenntnisse besitzen*) **von nichts ~** to have no idea; **weißt du noch?** do you remember? ❸ (*können*) **etw zu schätzen ~** to appreciate sth; **sich zu helfen ~** to be resourceful ▶ **von jdm/etw nichts [mehr] ~ wollen** to not want to have anything more to do with sb/sth; **nicht mehr aus noch ein ~** to be at one's wits' end; **gewusst wie!** sheer brilliance!
Wissen <-s> ['vɪsn̩] *nt kein pl* knowledge
Wissenschaft <-, -en> ['vɪsn̩ʃaft] *f* science
Wissenschaftler(in) <-s, -> *m(f)* scientist
wissenschaftlich ['vɪsn̩ʃaftlɪç] I. *adj* scientific II. *adv* scientifically
Wissenschaftsminister(in) *m(f)* POL Minister [*or* AM Secretary] of Science
Wissensdrang *m*, **Wissensdurst** *m* thirst for knowledge **Wissensgebiet** *nt* field of knowledge **wissenswert** *adj* worth knowing
wissentlich ['vɪsn̩tlɪç] I. *adj* deliberate II. *adv* deliberately
wittern ['vɪtɐn] *vt* to smell
Witterung <-, -en> *f* weather
Witterungsverhältnisse *pl* weather conditions
Witwe <-, -n> ['vɪtvə] *f* widow; **~ werden** to be widowed
Witwenrente *f* widow's pension
Witwer <-s, -> ['vɪtvɐ] *m* widower; **~ werden** to be widowed
Witz <-es, -e> [vɪts] *m* joke
Witzbold <-[e]s, -e> *m* joker
witzeln ['vɪtsl̩n] *vi* ▪ [**über jdn/etw**] **~** to joke [about sb/sth]
witzig ['vɪtsɪç] *adj* funny
WM <-, -s> *f Abk von* **Weltmeisterschaft** world championship
wo [voː] *adv* where
woanders [voˈʔandɐs] *adv* somewhere else
wobei [voˈbai] *adv* how; **~ ist das passiert?** how did that happen?
Woche <-, -n> ['vɔxə] *f* week; **pro ~** a week; **unter der ~** during the week
Wochenarbeitszeit *f* working week **Wochenblatt** *nt* weekly **Wochenende** ['vɔxn̩ʔɛndə] *nt* weekend; **schönes ~!** have a nice weekend!; **am ~** at the weekend **Wochenkarte** *f* weekly season ticket **wochenlang** ['vɔxn̩laŋ] *adj, adv* for weeks **Wochentag** *m* weekday
wöchentlich ['vœçn̩tlɪç] *adj, adv* weekly
Wochenzeitschrift *f* MEDIA weekly [maga-

zine] [*or* [periodical]]
Wöchnerin <-, -nen> ['vœçnərɪn] *f* woman who has recently given birth
wodurch [vo'dʊrç] *adv* ❶ *interrog* how? ❷ *rel* which
wofür [vo'fy:ɐ̯] *adv* ❶ *interrog* what ... for ❷ *rel* for which
Woge <-, -n> ['vo:gə] *f* wave
wogegen [vo'ge:gn̩] *adv* against what; ~ **hilft dieses Mittel?** what is this medicine for?
woher [vo'he:ɐ̯] *adv* where ... from
wohin [vo'hɪn] *adv* ❶ *interrog* where [to]? ❷ *rel* where
wohl[1] [vo:l] *adv* ❶ (*wahrscheinlich*) probably; ~ **kaum** hardly ❷ (*durchaus*) well; **das ist ~ wahr** that is perfectly true
wohl[2] [vo:l] *adv* ❶ (*gut*) well; **sich ~ fühlen** to feel well; **~ bekomm's!** your good health!; **jdm ~ bekannt sein** to be well-known to sb; **~ geformt** well-formed; **~ genährt** well-fed; **~ überlegt** well thought out ❷ (*behaglich*) **sich irgendwo ~ fühlen** to feel at home somewhere ▶ **~ oder übel** whether you like it or not; **leb ~** farewell
Wohl <-[e]s> [vo:l] *nt kein pl* welfare; **auf jds ~ trinken** to drink to sb's health; **zum ~!** cheers!
wohlauf [vo:l'ʔauf] *adj* ■ **~ sein** to be well
Wohlbefinden <-s> *nt kein pl* well-being
Wohlbehagen <-s> *nt kein pl* feeling of well-being
wohlbehalten *adv* safe and sound
Wohlergehen <-s> *nt kein pl* welfare *no pl*
Wohlfahrtsstaat *m* welfare state
Wohlgefallen [vo:lgəfalən] *nt* pleasure ▶ **sich in ~ auflösen** to vanish into thin air
wohlgemerkt ['vo:lgəmɛrkt] *adv* mind you
wohlgeraten *adj* (*gelungen*) successful
wohlgesinnt *adj* ■ **jdm ~ sein** to be well-disposed towards sb
wohlhabend *adj* well-to-do
wohlig ['vo:lɪç] *adj* pleasant
wohlmeinend *adj* well-meaning
wohlriechend *adj* fragrant
wohlschmeckend *adj* palatable
Wohlstand *m kein pl* affluence
Wohlstandsgesellschaft *f* affluent society
Wohltat *f* ❶ good deed ❷ *kein pl* (*Erleichterung*) relief
Wohltäter(in) *m(f)* benefactor; **ein ~ der Menschheit** a champion of mankind
wohltätig *adj* charitable
Wohltätigkeitsveranstaltung *f* charity event
wohltuend *adj* agreeable
wohlverdient *adj* well-earned; **seine ~e Strafe erhalten** to get one's just deserts
wohlweislich ['vo:lvaislɪç] *adv* very wisely
Wohlwollen <-s> ['vo:lvɔlən] *nt kein pl* goodwill
wohlwollend **I.** *adj* benevolent; ■ **jdm gegenüber ~ sein** to be kindly disposed towards sb **II.** *adv* benevolently
Wohnanhänger *m* caravan BRIT, trailer AM
Wohnanlage *f* housing development [*or* estate] **Wohnblock** *m* block of flats BRIT, apartment building AM
wohnen ['vo:nən] *vi* to live
Wohnfläche *f* living space **Wohngebiet** *nt* residential area **Wohngeld** *nt* housing benefit **Wohngemeinschaft** *f* flatshare; [**mit jdm**] **in einer ~ leben** to share a house/flat with sb **Wohnhaus** *nt* residential building **Wohnheim** *nt* (*Studentenwohnheim*) hall of residence BRIT, dormitory AM; (*Arbeiterwohnheim*) hostel **Wohnküche** *f* kitchen-cum-living room **Wohnlage** *f* residential area
wohnlich ['vo:nlɪç] *adj* cosy
Wohnmobil <-s, -e> *nt* camper **Wohnort** *m* place of residence **Wohnrecht** *nt* JUR right of residence **Wohnsilo** *m o nt* (*pej*) concrete monolith **Wohnsitz** *m* domicile; **erster ~** main place of residence
Wohnung <-, -en> *f* flat BRIT, apartment AM
Wohnungsbau *m kein pl* house building; **sozialer ~** council houses **Wohnungsmangel** *m kein pl* housing shortage **Wohnungsmarkt** *m* housing market **Wohnungsnot** *f kein pl* serious housing shortage **Wohnungssuche** *f* **auf ~ sein** to be flat-hunting
Wohnviertel *nt* residential area **Wohnwagen** *m* caravan BRIT, trailer AM **Wohnzimmer** *nt* living room
wölben ['vœlbn̩] *vr* ■ **sich ~** to bend; ■ **sich über etw** *akk* **~** to arch over sth
Wolf <-[e]s, Wölfe> [vɔlf, *pl* 'vœlfə] *m* wolf
Wolfram <-s> ['vɔlfram] *nt kein pl* tungsten
Wolke <-, -n> ['vɔlkə] *f* cloud ▶ **aus allen ~n fallen** to be flabbergasted
Wolkenbruch *m* cloudburst **Wolkendecke** *f* cloud cover **Wolkenkratzer** *m* skyscraper

Wolkenkuckucksheim *nt* (*iron*) cloud-cuckoo-land BRIT, fantasyland
wolkenlos *adj* cloudless
wolkig ['vɔlkɪç] *adj* cloudy
Wolldecke *f* [woollen] blanket
Wolle <-, -n> ['vɔlə] *f* wool
wollen¹ ['vɔlən] *adj attr* woollen
wollen² ['vɔlən] **I.** *vb aux* <will, wollte, wollen> *modal* ■ **etw tun** ~ to want to do sth; **etw haben** ~ to want [to have] sth; ■ **etw gerade tun** ~ to be [just] about to do sth **II.** *vi* <will, wollte, gewollt> ❶ to want; **ob du willst oder nicht** whether you like it or not; **wenn du willst** if you like; **[ganz] wie du willst** just as you like ❷ (*gehen wollen*) ■ **irgendwohin** ~ to want to go somewhere ❸ (*wünschen*) **ich wollte, es wäre schon Weihnachten** I wish it were Christmas already ▶ **wenn man so will** as it were **III.** *vt* <will, wollte, gewollt> ■ **etw [von jdm]** ~ to want sth [from sb]; ■ **etw lieber** ~ to prefer sth

Wolljacke *f* woollen cardigan
Wollstoff *m* woollen cloth [*or* material]
wollüstig ['vɔlʏstɪç] *adj* lascivious
womit [vo'mɪt] *adv* ❶ *interrog* what ... with ❷ *rel* with which
womöglich [vo'mø:klɪç] *adv* possibly
wonach [vo'na:x] *adv* what ... for; ~ **suchst du?** what are you looking for?
Wonne <-, -n> ['vɔnə] *f* delight
woran [vo'ran] *adv* ❶ *interrog* (*Gegenstand*) what ... on; ~ **soll ich das befestigen?** what should I fasten this to?; (*Umstand*) what ... of; ~ **denkst du?** what are you thinking of? ❷ *rel* (*Gegenstand*) on which; (*Umstand*) by which
worauf [vo'rauf] *adv* ❶ *interrog* what ... on; ~ **wartest du noch?** what are you waiting for? ❷ *rel* on which; (*woraufhin*) whereupon
woraus [vo'raus] *adv* ❶ *interrog* what ... out of ❷ *rel* from which
worin [vo'rɪn] *adv* ❶ *interrog* what ... in ❷ *rel* in which
Wort¹ <-[e]s, Wörter> [vɔrt, *pl* 'vœrtə] *nt* LING word; **im wahrsten Sinne des ~es** in the true sense of the word
Wort² <-[e]s, -e> *nt* ❶ *meist pl* (*Äußerung*) word *usu pl;* **davon ist kein ~ wahr** not a word of it is true; **mit anderen ~en** in other words; **man kann sein eigenes ~ nicht verstehen** one can't hear oneself speak; **ein gutes ~ für jdn einlegen** to put in a good word for sb; **etw in ~e fassen** to put sth into words; **jdm fehlen die ~e** sb is speechless; **jdm kein ~ glauben** to not believe a word sb says; **kein ~ herausbringen** to not get a word out; **ein ernstes ~ mit jdm reden** to have a serious talk with sb; **kein ~ miteinander reden** to not say a word to each other; **etw mit keinem ~ erwähnen** to not say a [single] word about sth; ~ **e des Dankes** words of thanks ❷ *kein pl* (*Ehrenwort*) **das ist ein ~!** [that's a] deal!; **sein ~ brechen/halten** to break/keep one's word; **das glaube ich dir aufs** ~ I can well believe it; **jdn beim** ~ **nehmen** to take sb's word for it ❸ *kein pl* (*Rede[erlaubnis]*) **jdm das ~ abschneiden** to cut sb short; **das ~ ergreifen** to begin to speak; **jdm das ~ erteilen** to allow sb to speak; **jdm ins ~ fallen** to interrupt sb; **zu ~ kommen** to get a chance to speak; **sich zu ~ melden** to ask to speak; **das ~ an jdn richten** to address sb ▶ **jdm das ~ im Munde herumdrehen** to twist sb's words

Wortart *f* part of speech
wortbrüchig *adj* treacherous
Wörterbuch *nt* dictionary
wortgetreu *adj* **Übersetzung** faithful **wortkarg** *adj* taciturn **Wortklauberei** <-, -en> [vɔrtklaubə'rai] *f* (*pej*) hair-splitting *no pl*
Wortlaut *m kein pl* wording
wörtlich ['vœrtlɪç] **I.** *adj* literal **II.** *adv* word for word; **etw** ~ **nehmen** to take sth literally
wortlos I. *adj* silent **II.** *adv* without saying a word
Wortmeldung *f* request to speak
Wortschatz *m* vocabulary
Wortschwall <-[e]s> *m kein pl* torrent of words **Wortspiel** *nt* pun **Wortwechsel** *m* verbal exchange **Wortwitz** *m* pun, wordplay
wortwörtlich ['vɔrt'vœrtlɪç] *adj, adv* word-for-word
worüber [vo'ry:bɐ] *adv* ❶ *interrog* (*Thema*) what ... about; *räumlich* above which ❷ *rel* (*Thema*) what ... about; *räumlich* over which
worum [vo'rʊm] *adv* ❶ *interrog* (*Thema*) what ... about; ~ **handelt es sich?** what is this about?; (*Gegenstand*) what ... around ❷ *rel* (*Thema*) what ... about; (*Gegenstand*) around; **das Bein, ~ der Verband gewickelt ist, ist viel dünner** the leg the band-

age is around is much thinner
worunter [vo'rʊntɐ] *adv* ❶ *interrog* (*fig*) what ... from; **leidet Ihre Frau?** what is your wife suffering from?; *räumlich* under what, what ... under; **~ hattest du dich versteckt?** what did you hide under? ❷ *rel* under which; (*inmitten deren*) amongst which

wovon [vo'fɔn] *adv* ❶ *interrog* (*Thema*) what ... about; (*Gegenstand*) what ... from ❷ *rel* (*Thema*) about which; (*Gegenstand*) from which

wovor [vo'fo:ɐ̯] *adv* ❶ *interrog* (*fig*) what ... of; **~ fürchtest du dich denn?** what are you afraid of?; *räumlich* in front of what ❷ *rel* (*fig*) what ... of; *räumlich* in front of which

wozu [vo'tsu:] *adv* ❶ *interrog* why, what ... for; **~ soll das gut sein?** what's the purpose of that?; **~ hast du das gemacht?** what did you do that for? ❷ *rel* (*Zweck*) for which reason

Wrack <-[e]s, -s> [vrak] *nt* wreck

wringen <wrang, gewrungen> ['vrɪŋən] *vt* to wring

Wucher <-s> ['vu:xɐ] *m kein pl* extortion

wucherisch ['vu:xərɪʃ] *adj* extortionate

wuchern ['vu:xɐn] *vi* ❶ *sein o haben* HORT to grow rampant ❷ *sein* MED to proliferate

wuchernd *adj Pflanzen* rampant, proliferous; *Bart* luxurious, untamed

Wucherpreis *m* (*pej*) extortionate price

Wucherung <-, -en> *f* MED growth

wuchs [vu:ks] *imp von* **wachsen**¹

Wuchs <-es> [vu:ks] *m kein pl* ❶ growth ❷ (*Gestalt*) stature

Wucht <-> [vʊxt] *f kein pl* force; **mit voller ~** with full force; **eine ~ sein** (*fam*) to be smashing

wuchtig ['vʊxtɪç] *adj* forceful

wühlen ['vy:lən] I. *vi* ■**in etw** *dat* **~** to rummage through sth (**nach** for) II. *vr* (*fam*) ■**sich durch etw** *akk* **~** to burrow one's way through sth

Wühlmaus *f* vole

Wühltisch *m* bargain counter

Wulst <-es, Wülste> [vʊlst, *pl* 'vʏlstə] *m o f* bulge

wulstig ['vʊlstɪç] *adj Lippen* thick

wund [vʊnt] *adj* sore

Wunde <-, -n> ['vʊndə] *f* wound

Wunder <-s, -> ['vʊndɐ] *nt* miracle; **~ tun** to work a miracle; **wie durch ein ~** miraculously ▶ **sein blaues ~ erleben** to be in for a nasty surprise

wunderbar ['vʊndɐbaːɐ̯] I. *adj* wonderful II. *adv* wonderfully

wunderbarerweise *adv* miraculously

Wunderkind *nt* child prodigy

wunderlich ['vʊndɐlɪç] *adj* odd

wundern [vʊndɐn] I. *vt* ■**jdn ~** to surprise sb; **das wundert mich** [**nicht**] I'm [not] surprised at that; **es wundert mich, dass ...** I am surprised that ... II. *vr* ■**sich ~** to be surprised (**über** at); **du wirst dich ~!** you're in for a surprise

wunderschön ['vʊndɐʃøːn] *adj* wonderful

wundervoll *adj s.* **wunderbar**

Wundsalbe *f* ointment

Wundstarrkrampf *m kein pl* tetanus

Wunsch <-[e]s, Wünsche> [vʊnʃ, *pl* 'vʏnʃə] *m* wish; (*stärker*) desire; **jdm jeden ~ erfüllen** to grant sb's every wish; **haben Sie sonst noch einen ~?** would you like anything else?; **auf jds ~ [hin]** at/on sb's request; **mit besten Wünschen** best wishes

Wunschdenken *nt kein pl* wishful thinking

Wünschelrute ['vʏnʃlruːtə] *f* divining rod

wünschen ['vʏnʃn] I. *vt* ❶ (*als Geschenk*) ■**sich** *dat* **etw ~** to ask for sth; **was wünschst du dir?** what would you like? ❷ (*erhoffen*) to wish; **ich wünschte, der Regen würde aufhören** I wish the rain would stop; ■**jdm etw ~** to wish sb sth; **jdm zum Geburtstag alles Gute ~** to wish sb a happy birthday; **jdm eine gute Nacht ~** to wish sb good night; ■**~, dass ...** to hope for ... ❸ (*haben wollen*) ■**sich** *dat* **etw ~** to want sth; **jemand wünscht Sie zu sprechen** somebody would like to speak with you; **was ~ Sie?** how may I help you? II. *vi* (*geh: wollen*) to want; **wenn Sie ~, kann ich ein Treffen arrangieren** if you want I can arrange a meeting; **wie Sie ~** just as you wish; **nichts/viel zu ~ übrig lassen** to leave nothing/much to be desired

wünschenswert *adj* desirable

wunschgemäß I. *adj* requested, desired II. *adv* as requested; **das Projekt ist ~ verlaufen** the project went as planned

Wunschkind *nt* planned child **Wunschkonzert** *nt* musical request programme **Wunschtraum** *m* dream **Wunschzettel** *m* wish list

Würde <-, -n> ['vʏrdə] *f kein pl* dignity

würdelos *adj* undignified
Würdenträger(in) *m(f)* dignitary
würdevoll *adj* dignified
würdig ['vʏrdɪç] **I.** *adj* ❶ dignified ❷ (*wert, angemessen*) worthy; **ein ~er Vertreter** a worthy replacement; **einer S. *gen* [nicht] ~ sein** to be [not] worthy of sb/sth **II.** *adv* with dignity
würdigen ['vʏrdɪɡn̩] *vt* to acknowledge; **etw zu ~ wissen** to appreciate sth
Wurf <-[e]s, Würfe> [vʊrf, *pl* 'vʏrfə] *m* throw
Würfel <-s, -> ['vʏrfl̩] *m* ❶ (*Spielwürfel*) dice ❷ (*Kubus*) cube; **etw in ~ schneiden** to dice sth ▶ **die ~ sind gefallen** the dice is cast
Würfelbecher *m* shaker **würfelförmig** *adj* cube-shaped, cubic, cuboid **Würfelspiel** *nt* game of dice **Würfelzucker** *m kein pl* sugar cube[s]
Wurfpfeil *m* dart
Wurfsendung *f* direct mail item
würgen ['vʏrɡn̩] *vt* ▪ **jdn ~** to throttle sb ▶ **mit Hängen und W~** by the skin of one's teeth
Wurm <-[e]s, Würmer> [vʊrm, *pl* 'vʏrmə] *m* worm ▶ **da ist der ~ drin** there's something fishy about it
wurmen ['vʊrmən] *vt* (*fam*) to bug; **es wurmt mich sehr, dass ich verloren habe** it really bugs me that I lost
Wurmfortsatz *m* appendix
wurmstichig ['vʊrmʃtɪçɪç] *adj* ❶ *Apfel* maggoty ❷ *Holz* full of woodworm
Wurst <-, Würste> [vʊrst, *pl* 'vʏrstə] *f* sausage ▶ **jdm ~ sein** to be all the same to sb
Würstchen <-s, -> ['vʏrstçən] *nt* [small] sausage; **Frankfurter/Wiener ~** frankfurter/wiener-wurst, ≈ hot dog
Würstchenbude *f*, **Würstchenstand** *m* hot dog stand
wursteln ['vʊrstl̩n] *vi* (*fam*) ▪ [**vor sich** *akk* **hin**] **~** to muddle [along]
wurstig <-er, -ste> ['vʊrstɪç] *adj* (*fam*) couldn't-care-less *attr*
Würze <-, -n> ['vʏrtsə] *f* seasoning
Wurzel <-, -n> ['vʊrtsl̩] *f* root; **~n schlagen** to put down roots; **die ~ allen Übels ist** the root of all evil; **etw mit der ~ ausrotten** to eradicate sth
Wurzelbehandlung *f* root treatment
wurzeln ['vʊrtsl̩n] *vi* ▪ **in etw** *dat* **~** to be rooted in sth
Wurzelzeichen *nt* radical sign
würzen ['vʏrtsn̩] *vt* to season
würzig ['vʏrtsɪç] *adj* tasty
Wust <-[e]s> [vʊst] *m kein pl* (*fam*) pile; **ein ~ von Papieren** a pile of papers; **ein ~ von Problemen** a load of problems
wüst [vy:st] *adj* ❶ (*öde*) waste ❷ (*unordentlich*) chaotic
Wüste <-, -n> ['vy:stə] *f* desert
Wüstling <-s, -e> ['vy:stlɪŋ] *m* (*pej*) lecher, debauchee
Wut <-> [vu:t] *f kein pl* rage; **seine ~ an jdm/etw auslassen** to take one's anger out on sb/sth; **eine ~ bekommen** to get into a rage; **vor ~ kochen** to seethe with rage; **eine ~ haben** to be furious (**auf** with)
Wutausbruch *m* outburst of rage, tantrum
wüten ['vy:tn̩] *vi* to rage
wütend ['vy:tn̩t] **I.** *adj* furious; **~ auf jdn sein** to be furious with sb **II.** *adv* furiously
wutentbrannt *adv* in a fury
wutschnaubend *adv* in a mad fury
wutverzerrt *adj* distorted with rage
WWW <-[s]> [ve:ve:'ve:] *nt* INFORM *Abk von* **World Wide Web** WWW

X

X, x <-, -> [ɪks] *nt* ❶ (*Buchstabe*) X, x; *s. a.* **A 1** ❷ (*unbekannter Namen*) x; **Herr/Frau** ~ Mr/Mrs X; **der Tag X** the day X ❸ (*eine unbestimmte Zahl*) x amount of; **~ Bücher** x number of books ❹ MATH (*unbekannter Wert*) x
x-Achse *f* x-axis
Xanthippe <-, -n> [ksan'tɪpə] *f* (*pej*) shrew
X-Beine ['ɪksbainə] *pl* knock-knees; **~ haben** to be knock-kneed
x-beinig *adj* knock-kneed
x-beliebig [ɪksbə'li:bɪç] *adj* (*fam*) any old
xenophob [kseno'fo:p] *adj* (*geh*) xenophobic
Xerografie^{RR} *f s.* **Xerographie**
Xerographie <-, -ien> [kserogra'fi:] *f* TECH, TYPO xerography
Xerokopie <-, -ien> [kseroko'pi:] *f* TYPO

xerox
x-mal ['ɪksmaːl] *adv* (*fam*) umpteen times
Xylofon^RR <-s, -e> *nt* xylophone
Xylophon <-s, -e> [ksylo'foːn] *nt s.* **Xylofon**

Y y

Y, y <-, - *o fam* -s, -s> ['ʏpsilɔn] *nt* Y, y; *s. a.* **A 1**
y-Achse ['ʏpsilɔnʔaksə] *f* y-axis
Yacht <-, -en> [jaxt] *f* yacht
Yoga <-[s]> ['joːga] *m o nt* yoga
Ypsilon <-[s], -s> ['ʏpsilɔn] *nt* upsilon
Yucca <-, -s> ['jʊka] *f* yucca
Yuppie <-s, -s> ['jʊpi] *m* yuppie

Z z

Z, z <-, -> [tsɛt] *nt* Z, z; *s. a.* **A 1**
zack [tsak] *interj* (*fam*) zap; ~, ~! chop-chop!
zackig ['tsakɪç] *adj* ❶ jagged ❷ *Bewegungen* brisk
zagen ['tsaːgn̩] *vi* (*geh*) to hesitate
zaghaft ['tsaːkhaft] *adj* timid
zäh [tsɛː] *adj* tough
zähflüssig *adj* thick
Zahl <-, -en> [tsaːl] *f* number; **gerade/ungerade** ~ even/odd number; **eine vierstellige** ~ a four figure number; **arabische/römische** ~**en** Arabic/Roman numerals
zahlbar *adj* payable
zahlen ['tsaːlən] *vt, vi* to pay; [**bitte**] ~! the bill please!
zählen ['tsɛːlən] **I.** *vt* ❶ to count ❷ (*dazurechnen*) ■ **jdn zu etw** *dat* ~ to regard sb as belonging to sth **II.** *vi* ❶ count; **bis zehn** ~ to count to ten; **falsch** ~ to miscount ❷ (*gehören*) to belong (**zu** to) ❸ (*sich verlassen*) ■ **auf jdn** ~ to count on sb
Zahlenfolge *f* numerical sequence
zahlenmäßig I. *adj* numerical **II.** *adv* in number **Zahlenreihe** *f s.* **Zahlenfolge Zahlenschloss**^RR *nt* combination lock **Zahlenverhältnis** *nt* [numerical] ratio
Zähler <-s, -> *m* TECH meter
Zählerstand *m* meter reading
Zahlkarte *f* giro transfer form
zahllos *adj* countless
zahlreich *adj* numerous
Zahltag *m* payday
Zahlung <-, -en> *f* payment
Zählung <-, -en> *f* count; (*Volkszählung*) census
Zahlungsanweisung *f* giro transfer order **Zahlungsaufforderung** *f* request for payment **Zahlungsaufschub** *m* FIN respite, extension of time for payment **Zahlungsauftrag** *m* payment order **Zahlungsbefehl** *m* JUR (*veraltet*) order to pay **Zahlungsempfänger(in)** *m(f)* HANDEL payee **zahlungsfähig** *adj* solvent **Zahlungsfrist** *f* deadline (*period allowed for payment*) **zahlungskräftig** *adj* wealthy **Zahlungsmittel** *nt* means of payment + *sing vb* **zahlungspflichtig** *adj* JUR obliged [*or* liable] to pay *pred* **Zahlungsschwierigkeiten** *pl* financial difficulties *pl* **Zahlungsverkehr** *m* payment transactions *pl*
Zählwerk *nt* counter
Zahlwort <-wörter> *nt* numeral
zahm [tsaːm] *adj* tame
zähmen ['tsɛːmən] *vt* to tame
Zähmung <-, -en> *f* taming
Zahn <-[e]s, Zähne> [tsaːn, *pl* tsɛːnə] *m* tooth; **fauler** ~ rotten tooth; **die zweiten Zähne** one's second set of teeth; **Zähne bekommen** to be teething; **mit den Zähnen knirschen** to grind one's teeth; **sich** *dat* **die Zähne putzen** to brush one's teeth; **sich** *dat* **einen** ~ **ziehen lassen** to have a tooth pulled ▶ **jdm auf den** ~ **fühlen** to grill sb
Zahnarzt, -ärztin *m, f* dentist **Zahnbehandlung** *f* dental treatment **Zahnbelag** *m kein pl* plaque **Zahnbrücke** *f* bridge **Zahnbürste** *f* toothbrush
Zähneklappern *nt kein pl* chattering of teeth
zahnen ['tsaːnən] *vi* to teethe
Zahnersatz *m* dentures *pl* **Zahnfäule** *f kein pl* tooth decay *no pl* **Zahnfleisch** *nt* gum[s *pl*] **Zahnfleischbluten** *nt kein pl* bleeding of the gums **Zahnfüllung** *f* filling **Zahnklinik** *f* dental clinic **Zahnkrone** *f* crown

zahnlos *adj* toothless
Zahnlücke *f* gap between the teeth **Zahnmedizin** *f kein pl* dentistry *no pl* **Zahnpasta** *f* toothpaste **Zahnpflege** *f kein pl* dental hygiene **Zahnprothese** *f* dentures *pl*
Zahnrad *nt* cogwheel
Zahnradbahn *f* rack railway
Zahnschmelz *m* enamel **Zahnschmerzen** *pl* toothache *no pl* **Zahnseide** *f* dental floss **Zahnspange** *f* braces *pl* **Zahnstange** *f* TECH gear rack **Zahnstein** *m kein pl* tartar **Zahnstocher** <-s, -> *m* toothpick **Zahntechniker(in)** *m(f)* dental technician **Zahnwurzel** *f* root [of a tooth]
Zange <-, -n> ['tsaŋə] *f* pliers *npl* ▶ **jdn in die ~ nehmen** to give sb the third degree
Zangengeburt *f* MED forceps delivery
Zank <-[e]s> [tsaŋk] *m kein pl* quarrel
Zankapfel *m* bone of contention *fig*
zanken ['tsaŋkn̩] I. *vi* to quarrel II. *vr* ■ **sich ~** to quarrel
zänkisch ['tsɛŋkɪʃ] *adj* quarrelsome
Zäpfchen <-s, -> ['tsɛpfçən] *nt* ❶ ANAT uvula ❷ MED suppository
zapfen ['tsapfn̩] *vt* to draw; **gezapftes Bier** draught beer
Zapfen <-s, -> ['tsapfn̩] *m* ❶ BOT cone ❷ (*Eiszapfen*) icicle
Zapfenstreich *m* last post BRIT, taps AM
Zapfhahn *m* tap **Zapfpistole** *f* petrol [*or* AM gas] nozzle **Zapfsäule** *f* petrol [*or* AM gas] pump
zappelig ['tsapəlɪç] *adj* fidgety
zappeln ['tsapl̩n] *vi* to wriggle; ■ [**mit etw** *dat*] **~** to fidget [with sth] ▶ **jdn ~ lassen** (*fam*) to keep sb in suspense
Zar(in) <-en, -en> [tsaːɐ̯] *m(f)* tsar *masc*, tsarina *fem*
Zarin <-, -nen> ['tsaːrɪn] *f fem form von* **Zar**
zart [tsaːɐ̯t] *adj* ❶ delicate ❷ *Fleisch* tender
zartfühlend *adj* ❶ (*taktvoll*) tactful ❷ (*empfindlich*) sensitive
zärtlich ['tsɛːɐ̯tlɪç] I. *adj* tender II. *adv* tenderly
Zärtlichkeit <-, -en> *f* ❶ *kein pl* tenderness ❷ *pl* (*Liebkosung*) caresses *pl*
Zauber <-s, -> ['tsaubɐ] *m* ❶ (*Magie*) magic; (*magische Wirkung*) spell; **fauler ~** humbug ❷ *kein pl* (*Reiz*) charm
Zauberei <-, -en> [tsaubəˈrai] *f kein pl* magic
Zauberer, Zauberin <-s, -> ['tsaubərə, 'tsaubərɪn] *m, f* ❶ sorcerer *masc*, sorceress *fem* ❷ (*Zauberkünstler*) magician
zauberhaft *adj* enchanting
Zauberin <-, -nen> *f fem form von* **Zauberer**
Zauberkünstler(in) *m(f)* magician
Zauberkunststück *nt* magic trick
zaubern ['tsaubɐn] I. *vt* to conjure [up] II. *vi* Magier to perform magic; *Zauberkünstler* to do magic tricks
Zauberspruch *m* magic spell **Zauberstab** *m* wand **Zaubertrank** *m* magic potion
Zauderer, Zauderin <-s, -> ['tsaudərɐ, 'tsaudərɪn] *m, f* irresolute person, ditherer
zaudern ['tsaudɐn] *vi* to hesitate
Zaum <-[e]s, Zäume> [tsaum, *pl* 'tsɔymə] *m* bridle; **etw/jdn in ~ halten** to keep sth/sb in check
zäumen ['tsɔymən] *vt* ■ **ein Tier ~** to bridle an animal
Zaun <-[e]s, Zäune> [tsaun, *pl* 'tsɔynə] *m* fence ▶ **etw vom ~ brechen** to provoke sth
Zaungast <-gäste> *m* uninvited spectator
Zaunkönig *m* wren
Zaunpfahl *m* [fence] post
z.B. *Abk von* **zum Beispiel** e.g.
Zebra <-s, -s> ['tseːbra] *nt* zebra
Zebrastreifen *m* zebra [*or* AM pedestrian] crossing
Zeche[1] <-, -n> ['tsɛçə] *f* BERGB coal mine
Zeche[2] <-, -n> ['tsɛçə] *f* (*Rechnung für Verzehr*) bill
zechen ['tsɛçn̩] *vi* (*fam*) to booze
Zechgelage *nt* (*fam*) binge, booze-up BRIT
Zechtour *f* pub [*or* AM bar] crawl
Zecke <-, -n> ['tsɛkə] *f* tick
Zeckenbiss[RR] *m* tick bite **Zeckenimpfung** *f* vaccination for tick bites
Zeder <-, -n> ['tseːde] *f* BOT cedar
Zeh <-s, -en> [tseː] *m*, **Zehe** <-, -n> ['tseːə] *f* toe
Zehennagel *m* toenail **Zehenspitze** *f* tip of the toe; **auf [den] ~n gehen** to tiptoe; **sich auf die ~n stellen** to stand on tiptoe
zehn [tseːn] *adj* ten; *s. a.* **acht**[1]
Zehn <-, -en> [tseːn] *f* ten
Zehner <-s, -> ['tseːnɐ] *m* MATH ten
Zehnerkarte *f* ten-journey ticket; (*Besucherkarte*) ten-visit ticket
Zehnerpackung *f* packet of ten
Zehnfingersystem <-s> [tseːnˈfɪŋɐzysteːm] *nt kein pl* TYPO touch-typing method

zehnjährig, 10-jährigᴿᴿ ['tseːnjɛːrɪç] *adj* ❶ (*Alter*) ten years old *pred*, ten year old *attr* ❷ (*Zeitspanne*) ten-year *attr*

Zehnkampf ['tseːnkampf] *m* decathlon

zehnmal, 10-malᴿᴿ ['tseːnmaːl] *adv* ten times

zehntausend ['tseːn'tauzn̩t] *adj* ten thousand; ▪**Z~e von ...** tens of thousands of ...

zehnte(r, s) ['tseːntɐ, 'tseːntə, 'tseːntəs] *adj* tenth, 10th; *s. a.* **achte(r, s)**

zehntel ['tseːntl̩] *adj* tenth

Zehntel <-s, -> ['tseːntl̩] *nt o* SCHWEIZ *m* ▪**ein ~ a tenth**

zehren ['tseːrən] *vi* ❶ ▪**an jdm/etw ~** to wear sb/sth out; **an jds Nerven/Gesundheit ~** to ruin sb's nerves/health ❷ (*sich nähren*) ▪**von etw** *dat* **~** to live on sth

Zeichen <-s, -> ['tsaiçn̩] *nt* ❶ (*Symbol*) symbol ❷ (*Markierung*) sign; **ein ~ auf etw** *akk* **machen** to make a mark on sth ❸ (*Hinweis*) sign ❹ (*Signal*) signal; **jdm ein ~ geben** to give sb a signal; **sich durch ~ verständigen** to communicate using signs; **ein ~ setzen** to set an example; **zum ~, dass ...** to show that ...

Zeichenblock *m* sketch pad **Zeichenbrett** *nt* drawing board **Zeichendreieck** *nt* set-square BRIT, triangle AM

Zeichenerklärung *f* key

Zeichenlehrer(in) *m(f)* art teacher **Zeichenpapier** *nt* drawing paper

Zeichensetzung <-> *f kein pl* punctuation

Zeichensprache *f* sign language

Zeichentisch *m* drawing table **Zeichentrickfilm** *m* cartoon **Zeichenunterricht** *m* art [lesson]

zeichnen ['tsaiçnən] *vt* to draw

Zeichner(in) <-s, -> *m(f)* draughtsman *masc*, draughtswoman *fem*

Zeichnung <-, -en> *f* drawing

zeichnungsberechtigt *adj* authorized to sign

Zeigefinger *m* index finger

zeigen ['tsaign̩] I. *vt* to show; **zeig mal, was du kannst!** let's see what you can do!; **es jdm zeigen** (*fam*) to show sb II. *vi* ▪**auf jdn/etw ~** to point at sb/sth III. *vr* ▪**sich [jdm] ~** to show oneself [to sb]; **sich von seiner besten Seite ~** to show oneself at one's best

Zeiger <-s, -> ['tsaigɐ] *m* (*Uhrzeiger*) hand; (*Messnadel*) needle

Zeigestock *m* pointer

Zeile <-, -n> ['tsailə] *f* line; **jdm ein paar ~n schrieben** to drop sb a line

Zeilenabstand *m* line spacing

Zeilenlänge *f* TYPO line length

zeit [tsait] *präp* **~ meines/seines Lebens** all my/his life

Zeit <-, -en> [tsait] *f* ❶ (*zeitlicher Ablauf*) time; **mit der ~** in time; **~ raubend** time-consuming; **~ sparend** time-saving ❷ (*Zeitraum*) time; ▪**eine ~ lang** for a while; **Vertrag auf ~** fixed-term contract; **die ganze ~ [über]** the whole time; **in letzter ~** lately; **in nächster ~** in the near future; **auf unbestimmte ~** for an indefinite period; **einige/längere ~ dauern** to take some/a long time; **~ gewinnen** to gain time; **zwei Tage ~ haben [, etw zu tun]** to have two days [to do sth]; **haben Sie einen Augenblick ~?** have you got a moment to spare?; **sich [mit etw** *dat*] **~ lassen** to take one's time [with sth]; **sich** *dat* **~ für jdn/etw nehmen** to devote time to sb/sth; **~ schinden** to play for time; **jdm die ~ stehlen** to waste sb's time ❸ (*Zeitpunkt*) time; **zu gegebener ~** in due course; **es ist höchste Zeit, dass wir die Tickets kaufen** it's high time we bought the tickets; **seit dieser ~** since then; **von ~ zu ~** from time to time; **zur ~** at the moment; **zu jeder ~** at any time ❹ (*Epoche*) age; **mit der ~ gehen** to move with the times; **für alle ~en** for ever; **zu jener ~** at that time ❺ LING tense ▶**~ ist Geld** time is money; **ach du liebe ~!** (*fam*) goodness me!

Zeitalter *nt* age; **in unserem ~** nowadays

Zeitangabe *f* (*Uhrzeit*) time; (*Datum*) date

Zeitansage *f* RADIO time check **Zeitarbeit** *f kein pl* temporary work **Zeitbombe** *f* time bomb **Zeitdruck** *m kein pl* time pressure **Zeiteinteilung** *f* time management **Zeitgeist** *m kein pl* Zeitgeist

zeitgemäß *adj* up-to-date

Zeitgenosse, -genossin ['tsaitgənɔsə, -gənɔsɪn] *m, f* contemporary **zeitgenössisch** ['tsaitgənœsɪʃ] *adj* contemporary **Zeitgeschichte** *f kein pl* contemporary history **Zeitgeschmack** *m kein pl* prevailing taste

zeitig ['tsaitɪç] *adj, adv* early

Zeitkarte *f* monthly/weekly ticket

zeitlebens [tsait'le:bn̩s] *adv* all one's life
zeitlich I. *adj* chronological II. *adv* ~ **zusammenfallen** to coincide; **etw** ~ **abstimmen** to synchronize sth; ~ **begrenzt** for a limited time
zeitlos *adj* timeless; ~ **er Stil** style that doesn't date
Zeitlupe *f kein pl* slow motion *no art* **Zeitlupentempo** *nt* **im** ~ in slow motion; **sich im** ~ **bewegen** (*hum*) to move at a snail's pace
Zeitmangel *m kein pl* lack of time **Zeitplan** *m* schedule **Zeitpunkt** *m* time **Zeitraffer** <-s> *m kein pl* time-lapse photography **Zeitraum** *m* period of time **Zeitrechnung** *f* calendar **Zeitschaltuhr** *f* time switch
Zeitschrift ['tsaitʃrɪft] *f* magazine
Zeitschriftenabonnement *nt* magazine subscription **Zeitschriftenbeilage** *f* pull-out section
Zeitsoldat *m* regular soldier (*serving for a fixed term*) **Zeitspanne** *f* period of time **Zeittafel** *f* chronological table **Zeittakt** *m* unit length
Zeitung <-, -en> ['tsaitʊŋ] *f* newspaper
Zeitungsanzeige *f* newspaper advertisement **Zeitungsartikel** *m* newspaper article **Zeitungsausschnitt** *m* newspaper cutting **Zeitungsausträger(in)** *m(f)* paper boy/girl **Zeitungsbeilage** *f* newspaper supplement **Zeitungsente** *f* (*fam*) canard, false newspaper report **Zeitungsjargon** [-ʒarˈgõː] *m* journalese **Zeitungsmeldung** *f* newspaper report **Zeitungspapier** *nt* newspaper **Zeitungsverkäufer(in)** *m(f)* person selling newspapers
Zeitverschiebung *f* time difference **Zeitverschwendung** *f kein pl* waste of time **Zeitvertreib** <-[e]s, -e> *m* pastime; **zum** ~ to pass the time
zeitweilig ['tsaitvailɪç] I. *adj* ❶ (*gelegentlich*) occasional ❷ (*vorübergehend*) temporary II. *adv s.* **zeitweise**
zeitweise *adv* ❶ (*gelegentlich*) occasionally ❷ (*vorübergehend*) temporarily
Zeitwort *nt* verb **Zeitzeichen** *nt* time signal **Zeitzünder** *m* time fuse
zelebrieren* [tseleˈbriːrən] *vt* to celebrate
Zelle <-, -n> ['tsɛlə] *f* cell
Zellgewebe *nt* cell tissue **Zellkern** *m* nucleus **Zellstoff** ['tsɛlʃtɔf] *m* cellulose **Zellteilung** *f* cell division
Zellulitis <-, Zellulitiden> [tsɛluˈliːtɪs, *pl* -liˈtiːdn̩] *f* MED cellulitis
Zellulose <-, -n> [tsɛluˈloːzə] *f* cellulose
Zellwolle *f kein pl* rayon
Zelt <-[e]s, -e> [tsɛlt] *nt* tent; **ein** ~ **aufschlagen** to pitch a tent
zelten ['tsɛltn̩] *vi* to camp
Zelten <-s> ['tsɛltn̩] *nt* camping
Zeltlager *nt* camp **Zeltleinwand** *f kein pl* canvas **Zeltstange** *f* tent pole
Zement <-[e]s, -e> [tseˈmɛnt] *m* cement
zementieren* [tsemɛnˈtiːrən] *vt* to cement
Zenit <-[e]s> [tseˈniːt] *m kein pl* zenith
zensieren* [tsɛnˈziːrən] *vt* ❶ to censor ❷ SCH to mark
Zensor(in) <-s, -en> ['tsɛnzoːɐ̯, tsɛnˈzoːrɪn, *pl* tsɛnˈzoːrən] *m(f)* censor
Zensur <-, -en> [tsɛnˈzuːɐ̯] *f* ❶ *kein pl* censorship ❷ SCH grade
zensurieren* [tsɛnzuˈriːrən] *vt* ÖSTERR, SCHWEIZ *s.* **zensieren**
Zentimeter [tsɛntiˈmeːtɐ] *m o nt* centimetre
Zentner <-s, -> ['tsɛntnɐ] *m* [metric] hundredweight, 50kg; ÖSTERR, SCHWEIZ 100kg
Zentnerlast *f* (*geh*) heavy burden
zentnerweise *adv* by the hundredweight
zentral [tsɛnˈtraːl] I. *adj* central II. *adv* centrally
Zentralbank *f* FIN central bank
Zentrale <-, -n> [tsɛnˈtraːlə] *f* ÖKON head office; (*Militär, Polizei*) headquarters + *sing/pl vb*
Zentraleinheit *f* INFORM central processing unit **Zentralheizung** *f* central heating
zentralisieren* [tsɛntraliˈziːrən] *vt* to centralize
Zentralregierung *f* central government **Zentralverriegelung** <-, -en> *f* central locking
zentrieren* [tsɛnˈtriːrən] *vt* to centre
Zentrifugalkraft *f* centrifugal force
Zentrifuge <-, -n> [tsɛntriˈfuːgə] *f* centrifuge
Zentrum <-s, Zentren> ['tsɛntrʊm, *pl* 'tsɛntrən] *nt* centre
Zepter <-s, -> ['tsɛptɐ] *nt* sceptre
zerbeißen* [tsɛɐ̯ˈbaisn̩] *vt irreg* to chew [through *sep*]
zerbrechen* *irreg* I. *vt haben* ■ **etw** ~ to break sth into pieces II. *vi sein* ❶ to break into pieces ❷ (*seelisch*) ■ **an etw** *dat* ~ to be destroyed by sth
zerbrechlich *adj* ❶ fragile ❷ (*zart*) frail
zerbröckeln* *vi, vt* to crumble
zerdrücken* *vt* to crush; *Kartoffeln* to mash

Zeremonie <-, -n> [tseremo'ni:, -'mo:nįə, pl -mo'ni:ən, -'mo:nįən] f ceremony
zeremoniell [tseremo'nįɛl] adj ceremonial
Zeremoniell <-s, -e> [tseremo'nįɛl] nt ceremonial
zerfahren adj scatty, distracted
Zerfall m kein pl decay
zerfallen* vi irreg sein to decay
Zerfallsprodukt nt NUKL daughter product
Zerfallsprozess^RR m kein pl decomposition
zerfetzen* vt ■jdn/etw ~ to tear sb/sth to pieces
zerfetzt adj ragged, torn [apart]
zerfleischen* [tsɛɐ̯'flaiʃn̩] I. vt ■jdn/ein Tier ~ to tear sb/an animal to pieces II. vr ■sich ~ to torture oneself
zerfließen* vi irreg sein ❶ to run ❷ (fig) vor Mitleid ~ to be overcome with compassion
zerfressen* vt irreg ❶ to eat ❷ Säure to corrode
zergehen* vi irreg sein to melt (in in)
zergliedern* vt to dismember
zerhacken* vt to chop up
zerkleinern* [tsɛɐ̯'klainɐn] vt to cut up sep
zerknirscht [tsɛɐ̯'knɪrʃt] adj remorseful
zerknittern* vt to crease
zerknüllen* vt to crumple up sep
zerkratzen* vt to scratch
zerlassen* vt irreg to melt
zerlegbar adj able to be dismantled
zerlegen* vt ❶ to take apart sep ❷ (analysieren) to break down sep
zerlumpt adj tattered
zermalmen* vt to crush
zermürben* [tsɛɐ̯'mʏrbn̩] vt to wear down sep
zerquetschen* vt ❶ Bein to squash ❷ Kartoffeln to mash
zerreden* vt ■etw ~ to flog sth to death
zerreiben* vt irreg to crush
zerreißen* irreg I. vt haben ❶ (in Stücke) ■etw ~ to tear sth to pieces ❷ (durchreißen) to tear II. vi sein to tear; Seil to break
Zerreißprobe f real test
zerren ['tsɛrən] I. vt to drag II. vi to tug (an at); **an den Nerven** ~ to be nerve-racking III. vr MED ■sich dat etw ~ to pull sth
zerrinnen* vi irreg sein to melt away
Zerrung <-, -en> f MED pulled muscle
zerrütten* [tsɛɐ̯'rʏtn̩] vt to destroy
zerschellen* vi sein to be smashed to pieces

zerschlagen*^1 irreg I. vt ❶ ■etw ~ to smash sth to pieces ❷ (fig) to break up sep; Angriff to crush II. vr ■sich ~ to fall through
zerschlagen*^2 adj pred shattered
zerschmettern* vt to shatter
zerschneiden* vt irreg to cut up sep
zersetzen* I. vt to corrode II. vr ■sich ~ to decompose
zersetzend adj (pej) subversive
Zersetzungsprozess^RR m decomposition; (fig) decline, decay
Zersiedelung <-, -en> f, **Zersiedlung** <-, -en> f ÖKOL urban sprawl, overdevelopment
zersplittern* I. vt haben to shatter II. vi sein to splinter
zerspringen* vi irreg sein ❶ to shatter ❷ (einen Sprung bekommen) to crack
zerstampfen* vt to crush; Kartoffeln to mash
zerstäuben* vt to spray
Zerstäuber <-s, -> m atomizer
zerstechen* vt irreg ❶ ■etw ~ to lay into sth with a knife ❷ Mücken ■jdn/etw ~ to bite sb/sth [all over]; Bienen to sting sb/sth [all over]
zerstören* vt to destroy ▶ **am Boden zerstört sein** to be devastated
Zerstörer <-s, -> m NAUT destroyer
zerstörerisch adj destructive
Zerstörung <-, -en> f ❶ kein pl destruction ❷ (Verwüstung) devastation no pl
Zerstörungswut f kein pl destructive frenzy
zerstreuen* I. vt ❶ to scatter ❷ (ablenken) ■jdn ~ to take sb's mind off sth ❸ Sorgen to dispel II. vr ■sich ~ ❶ Menge to disperse ❷ (sich amüsieren) to amuse oneself
zerstreut adj ❶ (gedankenlos) absent-minded ❷ (weit verteilt) scattered
Zerstreuung <-, -en> f diversion
zerstückeln* vt ❶ Leiche to dismember ❷ Land to carve up sep
zerteilen* vt to cut up sep (in into)
zertrampeln* vt to trample
zertreten* vt irreg to crush
zertrümmern* [tsɛɐ̯'trʏmɐn] vt to smash
Zerwürfnis <-ses, -se> [tsɛɐ̯'vʏrfnɪs] nt (geh) row, disagreement
zerzaust adj dishevelled, tousled
zetern ['tse:tɐn] vi (pej) to nag
Zettel <-s, -> ['tsɛtl̩] m piece of paper
Zeug <-[e]s> [tsɔyk] nt kein pl ❶ (fam) stuff; **altes** ~ junk ❷ (fam: Quatsch) crap;

dummes ~ **reden** to talk a load of nonsense; **dummes ~ treiben** to mess around ▶**das ~ zu etw** *dat* **haben** to have [got] what it takes [to be/do sth]; **was das ~ hält** for all one is worth; **sich ins ~ legen** to work flat out

Zeuge, Zeugin <-n, -n> ['tsɔygə, 'tsɔygɪn] *m, f* witness

zeugen[1] ['tsɔygn̩] *vt* (*geh*) ▪**jdn ~** to father sb

zeugen[2] ['tsɔygn̩] *vi* ▪**von etw** *dat* **~** to show sth

Zeugenaussage *f* testimony **Zeugenstand** *m* witness box [*or* AM stand]

Zeugin <-, -nen> *f fem form von* **Zeuge**

Zeugnis <-ses, -se> ['tsɔyknɪs] *nt* ❶SCH report ❷(*Empfehlung*) certificate; (*Arbeitszeugnis*) reference

zeugungsfähig *adj* fertile

zeugungsunfähig *adj* sterile

z.H(d). *Abk von* **zu Händen** attn.

zicken ['tsɪkən] *vi* (*sl*) to kick up a fuss *fam*

Zickzack ['tsɪktsak] *m* zigzag; **im ~ gehen/fahren** to zigzag

zickzackförmig *adj, adv* zigzag

Ziege <-, -n> ['tsiːgə] *f* goat

Ziegel <-s, -> ['tsiːgl̩] *m* ❶(*Ziegelstein*) brick ❷(*Dachziegel*) tile

ziegelrot ['tsiːglroːt] *adj* brick-red **Ziegelstein** *m* brick **Ziegenbock** *m* billy goat **Ziegenkäse** *m* goat's cheese **Ziegenleder** *nt* kidskin **Ziegenpeter** <-s, -> ['tsiːgn̩peːtɐ] *m* (*fam*) mumps + *sing/pl vb*

ziehen <zog, gezogen> ['tsiːən] **I.** *vt haben* ❶to pull; **die Stirn in Falten ~** to knit one's brow; **jdn an den Haaren ~** to pull sb's hair; **jdn am Ärmel ziehen** to tug at sb's sleeve; **zieh bitte die Vorhänge vor die Fenster** please draw the curtains; **die Rollläden nach oben ~** to pull up the blinds ❷(*herausziehen*) *Fäden, Zahn* to take out; *Los, Revolver* to draw ❸(*züchten*) *Pflanzen* to grow; *Tiere* to breed ❹*Linie* to draw ❺(*anziehen*) ▪**etw auf sich ~** to attract sth; **jdn ins Gespräch ~** to draw sb into the conversation ❻(*zur Folge haben*) ▪**etw nach sich** *dat* **~** to have consequences **II.** *vi* ❶*haben* (*zerren*) to pull (**an** on) ❷*sein* (*umziehen*) **nach München ~** to move to Munich; **sie zog zu ihrem Freund** she moved in with her boyfriend ❸*sein* (*irgendwohin gehen*) *Menschenmenge* to march; *Wanderer* to wander; *Gewitter* to move; **durch die Stadt ~** to wander through the city; **in den Krieg ~** to go to war ❹*haben* (*inhalieren*) ▪**an der Zigarette ~** to pull on one's cigarette ❺*haben Tee* to brew ❻SCHACH to move **III.** *vi impers haben* ▪**es zieht** there is a draught **IV.** *vt impers haben* **mich zieht es stark zu ihm** I feel very attracted to him **V.** *vr haben* ▪**sich ~** *Gespräch* to drag on

Ziehen <-s> ['tsiːən] *nt kein pl* (*Schmerz*) ache

Ziehharmonika *f* concertina

Ziehung <-, -en> *f* draw

Ziel <-[e]s, -e> [tsiːl] *nt* ❶goal; **am ~ sein** to be at one's destination; **sich ein ~ setzen** to set oneself a goal ❷SPORT, MIL target; **ins ~ treffen** to hit the target ❸(*Rennen*) finish; **durchs ~ gehen** to cross the finishing line ❹(*Reiseziel*) destination ▶**über das ~ hinausschießen** to overshoot the mark

zielen ['tsiːlən] *vi* ❶ to aim (**auf** at) ❷(*gerichtet sein*) ▪**auf jdn/etw ~** to be aimed at sb/sth

Zielfernrohr *nt* scope **Zielgerade** *f* finishing straight **zielgerichtet** *adj* well mapped-out, purposeful **Zielgruppe** *f* target group

ziellos **I.** *adj* aimless **II.** *adv* aimlessly

Zielort *m* destination **Zielscheibe** *f* target **Zielsetzung** <-, -en> *f* target **zielsicher** *adj* unerring **zielstrebig** ['tsiːlʃtreːbɪç] **I.** *adj* single-minded **II.** *adv* single-mindedly

ziemlich ['tsiːmlɪç] **I.** *adj attr* considerable **II.** *adv* ❶(*weitgehend*) quite ❷(*beinahe*) almost; **so ~** more or less; **so ~ alles** just about everything; **so ~ dasselbe** pretty much the same

Zierde <-, -n> ['tsiːɐ̯də] *f* decoration

zieren ['tsiːrən] **I.** *vr* ▪**sich ~** to make a fuss; *Mädchen* to act coyly; **ohne sich zu ~** without having to be pressed **II.** *vt* to adorn

Zierleiste *f* edging

zierlich ['tsiːɐ̯lɪç] *adj* dainty

Zierpflanze *f* ornamental plant

Ziffer <-, -n> ['tsɪfɐ] *f* (*Zahlzeichen*) digit; (*Zahl*) figure

Zifferblatt *nt* face

zig [tsɪç] *adj* (*fam*) umpteen; **zigmal** umpteen times

Zigarette <-, -n> [tsigaˈrɛtə] *f* cigarette

Zigarettenanzünder *m* cigarette lighter **Zigarettenautomat** *m* cigarette machine **Zigarettenpackung** *f* cigarette packet [*or*

AM pack]
Zigarillo <-s, -s> [tsiga'rɪlo] *m o nt* cigarillo
Zigarre <-, -n> [tsi'ɡarə] *f* cigar
Zigarrenkiste *f* cigar-box
Zigeuner(in) <-s, -> [tsi'ɡɔynɐ] *m(f)* Gypsy
Zikade <-, -n> [tsi'ka:də] *f* cicada
Zimbabwe <-s> [tsɪm'bapvə] *nt* SCHWEIZ *s.* **Simbabwe**
Zimmer <-s, -> ['tsɪmɐ] *nt* room; **~ frei haben** to have vacancies
Zimmerantenne *f* indoor aerial [*or* AM *a.* antenna] **Zimmerdecke** *f* ceiling **Zimmerflucht** *f* suite [of rooms] **Zimmerkellner(in)** *m(f)* room service waiter/waitress **Zimmermädchen** *nt* chambermaid **Zimmermann** <-leute> *m* carpenter
zimmern ['tsɪmɐn] *vt* ■ **etw ~** to make sth from wood
Zimmerpflanze *f* house plant **Zimmertemperatur** *f* room temperature **Zimmervermittlung** *f* accommodation [*or* AM accomodations] service
zimperlich ['tsɪmpɐlɪç] *adj* prim; (*empfindlich*) [hyper]sensitive; **sei nicht so ~** don't be such a sissy
Zimt <-[e]s, -e> [tsɪmt] *m* cinnamon
Zink <-[e]s> [tsɪŋk] *nt kein pl* zinc
Zinke <-, -n> ['tsɪŋkə] *f Rechen* tooth; *Gabel* prong
zinken ['tsɪŋkn̩] *vt* KARTEN to mark
Zinn <-[e]s> [tsɪn] *nt kein pl* tin
Zinnbecher *m* pewter tankard
zinnoberrot *adj* vermilion
Zinnsoldat *m* tin soldier
Zinserhöhung *f* rise in interest rates **Zinsertrag** *m* interest yield **Zinseszins** *m* compound interest
Zinsfuß *m* JUR rate of interest
zinslos *adj* interest free
Zinssatz *m* rate of interest
Zipfel <-s, -> ['tsɪpfl̩] *m* corner; *Hemd, Jacke* tail
Zipfelmütze *f* pointed cap
Zirbeldrüse ['tsɪrbl̩-] *f* ANAT pineal gland
zirka ['tsɪrka] *adv* about
Zirkel <-s, -> ['tsɪrkl̩] *m* ❶ pair of compasses ❷ (*Gruppe*) group
Zirkulation <-, -en> [tsɪrkula'tsi̯o:n] *f* circulation
Zirkus <-, -se> ['tsɪrkʊs] *m* circus
Zirkuszelt *nt* big top
zischeln ['tsɪʃl̩n] *vi* (*pej*) to whisper

zischen ['tsɪʃn̩] *vi* to hiss
Zischen <-s> ['tsɪʃn̩] *nt kein pl* hiss
Zitadelle <-, -n> [tsita'dɛlə] *f* citadel
Zitat <-[e]s, -e> [tsi'ta:t] *nt* quotation
Zither <-, -n> ['tsɪtɐ] *f* zither
zitieren* [tsi'ti:rən] *vt* to quote
Zitronat <-[e]s, -e> [tsitro'na:t] *nt* KOCHK candied lemon peel
Zitrone <-, -n> [tsi'tro:nə] *f* lemon
Zitronenfalter *m* brimstone butterfly **Zitronenschale** *f* lemon peel
Zitrusfrucht ['tsi:trʊs-] *f* citrus fruit
zitterig ['tsɪtərɪç] *adj* shaky
zittern ['tsɪtɐn] *vi* ❶ to tremble; **vor Angst ~** to quake with fear ❷ (*fam: fürchten*) ■ [**vor jdm/etw**] **~** to be terrified [of sb/sth]
zittrig ['tsɪtrɪç] *adj s.* **zitterig**
Zitze <-, -n> ['tsɪtsə] *f* teat
zivil [tsi'vi:l] *adj* civilian
Zivil <-s> [tsi'vi:l] *nt kein pl* civilian clothes *npl*
Zivilbevölkerung *f* civilian population **Zivilcourage** *f* courage [of one's convictions] **Zivildienst** *m kein pl* community service as alternative to military service **Zivilisation** <-, -en> [tsiviliza'tsi̯o:n] *f* civilization **Zivilisationskrankheit** *f illness caused by civilization*
zivilisiert I. *adj* civilized II. *adv* civilly
Zivilist(in) <-en, -en> [tsivi'lɪst] *m(f)* civilian
Zivilprozessᴿᴿ *m* civil action **Zivilrecht** *nt* civil law
Zobel <-s, -> ['tso:bl̩] *m* sable
zocken ['tsɔkn̩] *vi* (*sl*) to gamble
Zoff <-s> [tsɔf] *m kein pl* (*sl*) trouble
zögern ['tsø:ɡɐn] *vi* to hesitate; ■ **~, etw zu tun** to hesitate before doing sth; **ohne zu ~** without hesitation
Zölibat <-[e]s, -e> [tsøli'ba:t] *nt o m* celibacy *no pl*
Zoll¹ <-[e]s, -> [tsɔl] *m* (*Maß*) inch
Zoll² <-[e]s, Zölle> [tsɔl, *pl* 'tsœlə] *m* ❶ customs duty; **für etw ~ bezahlen** to pay duty on sth; **durch den ~ kommen** to come through customs ❷ *kein pl* (*Zollverwaltung*) customs *npl*
Zollabfertigung *f* customs clearance
Zollamt *nt* customs office **Zollbeamte(r), -beamtin** *m, f* customs officer **Zollbegleitpapiere** *pl* customs documents *pl* **Zollbehörde** *f* customs [authority]
zollen ['tsɔlən] *vt* (*geh*) to give; **jdm Ach-**

tung → to respect sb
Zollerklärung *f* ÖKON customs declaration
Zollfahndung *f* customs investigation department **zollfrei** *adj* duty-free **Zollinhaltserklärung** *f* customs declaration **Zollkontrolle** *f* customs check
zollpflichtig *adj* dutiable
Zollstock *m* ruler
Zombie <-[s], -s> ['tsɔmbi] *m* zombie
Zone <-, -n> ['tso:nə] *f* zone
Zoo <-s, -s> [tso:] *m* zoo
Zoologie <-> [tsoolo'gi:] *f kein pl* zoology
Zoom <-s, -s> [zu:m, tso:m] *nt* zoom lens
zoomen ['zu:mən, 'tso:mən] *vt* ■ **jdn/etw** ~ to zoom in on sb/sth
Zopf <-[e]s, Zöpfe> [tsɔpf, *pl* tsœpfə] *m* plait, AM *usu* braid
Zorn <-[e]s> [tsɔrn] *m kein pl* anger; **in ~ geraten** to fly into a rage; **im ~** in anger
Zornesausbruch *m* fit of anger [*or* rage]
zornig ['tsɔrnɪç] *adj* angry; ■ **~ auf jdn sein** to be angry with sb
Zote <-, -n> ['tso:tə] *f* dirty joke
zottelig ['tsɔtəlɪç] *adj* (*fam*) shaggy
zu [tsu:] **I.** *präp* +*dat* to ❶ (*wohin*) to; **ich muss ~ m Arzt** I must go to the doctor's; **~ Fuß/Pferd** on foot/horseback; **~ Fuß gehen Sie etwa 20 Minuten** it will take you about 20 minutes on foot ❷ (*örtlich: Richtung*) **~ m Meer/zur Stadtmitte hin** towards the sea/city centre; **~ r Tür herein/hinaus** in/out the door; **~ r Decke sehen** to look [up] at the ceiling ❸ (*neben*) ■ **~ jdm/etw** next to sb/sth; **setz dich ~ uns** [come and] sit with us ❹ *zeitlich* at; **~ Ostern/Weihnachten** at Easter/Christmas; **bis ~ m Montag** until Monday; **~ m Monatsende kündigen** to give in one's notice for the end of the month ❺ (*anlässlich*) **etw ~ m Geburtstag/~ Weihnachten bekommen** to get sth for one's birthday/for Christmas; **jdn ~ m Essen einladen** to invite sb for a meal; **~ dieser Frage möchte ich Folgendes sagen** to this question I should like to say the following ❻ (*für etw bestimmt*) **Wasser ~ m Trinken** drinking water; **das Zeichen ~ m Aufbruch** the signal to leave ❼ *mit substantiviertem Infinitiv* **wir haben nichts ~ m Essen** we have nothing to eat; **gib dem Kind doch etwas ~ m Spielen** give the child something to play with ❽ (*Veränderung*) **~ etw werden** to turn into sth; ■ **jdn/etw ~ etw machen** to make sb/sth into sth; **~ m Kapitän befördert werden** to be promoted to captain ❾ (*Beziehung*) **Liebe ~ jdm** love for sb; **aus Freundschaft ~ jdm** because of one's friendship with sb ❿ (*Verhältnis*) **im Verhältnis 1 ~ 4** in the ratio of one to four; **unsere Chancen stehen 50 ~ 50** our chances are fifty-fifty; SPORT **sie gewannen mit 5 ~ 1** they won five-one ⓫ (*Zugehörigkeit*) **der Korken ~ der Flasche** the cork for this bottle; **der Schlüssel ~ dieser Tür** the key to this door ⓬ *bei Mengenangaben* **~ drei Prozent** at three percent; **sechs [Stück] ~ fünfzig Cent** six for fifty cents; **~ m halben Preis** at half price; **wir sind ~ fünft in den Urlaub gefahren** five of us went on holiday together ⓭ (*örtlich: Lage*) in; **~ Hause** at home; **~ seiner Rechten/Linken** on his right/left [hand side] ⓮ (*in Wendungen*) **~ m Beispiel** for example; **~ r Belohnung** as a reward; **~ m Glück** luckily; **~ r Strafe/Warnung** as a punishment/warning **II.** *adv* ❶ (*allzu*) too; **~ sehr** too much; **ich wäre ~ gern mitgefahren** I would have loved to have gone along ❷ (*geschlossen*) closed; **Tür ~!** shut the door!; **die Geschäfte haben sonntags ~** stores are closed on Sundays ❸ (*fam: betrunken sein*) ■ **~ sein** to be pissed ❹ (*in Wendungen*) **nur ~!** go ahead; **mach ~** hurry up **III.** *konj* ❶ *mit infin* to; ■ **etw ~ essen** sth to eat; **sie hat ~ gehorchen** she has to obey; **die Rechnung ist bis Freitag ~ bezahlen** the bill has to be paid by Friday; **ohne es ~ wissen** without knowing it ❷ *mit Partizip* **der ~ Prüfende** the candidate to be examined; **nicht ~ unterschätzende Probleme** problems [that are] not to be underestimated
zuallererst [tsu'ʔaləʔe:ɐ̯st] *adv* first of all
zuallerletzt [tsu'ʔaləlɛtst] *adv* last of all
Zubehör <-[e]s, -e> ['tsu:bəhø:ɐ̯] *nt o m* equipment *no pl*
zu|beißen *vi irreg* to bite
zu|bereiten* *vt* ■ [jdm] **etw ~** to prepare sth [for sb]
Zubereitung <-, -en> *f* preparation
zu|billigen *vt* ■ **jdm etw ~** to grant sb sth
zu|binden *vt irreg* to tie; **die Schuhe ~** to lace up shoes
zu|bringen *vt irreg Zeit* to spend
Zubringer <-s, -> *m* (*Bus, Zug*) shuttle

Zucchini <-, -> [tsʊˈkiːni] f meist pl courgette BRIT, zucchini AM

Zucht <-> [tsʊxt] f kein pl (Pflanzenzucht) cultivation; (Tierzucht) breeding

Zuchtbulle m breeding bull

züchten [ˈtsʏçtn̩] vt Pflanzen to grow; Tiere to breed

Züchter(in) <-s, -> m(f) (Tierzüchter) breeder; (Pflanzenzüchter) grower

Zuchthaus nt HIST prison

Zuchthausstrafe f HIST [hard] prison sentence

Zuchthengst m stud horse

züchtigen [ˈtsʏçtɪɡn̩] vt (geh) to beat

Züchtigung <-, -en> f beating, thrashing, flogging

zucken [ˈtsʊkn̩] vi ➊ to twitch; **mit den Achseln ~** to shrug one's shoulders; **ohne mit der Wimper zu ~** without batting an eyelid ➋ Blitz to flash

zücken [ˈtsʏkn̩] vt Messer to draw

Zucker¹ <-s, -> [ˈtsʊkɐ] m sugar no pl

Zucker² <-s> [ˈtsʊkɐ] m kein pl MED diabetes

Zuckeraustauschstoff m artificial sweetener **Zuckerdose** f sugar bowl **Zuckerguss**ᴿᴿ m icing no art **Zuckerhut** [ˈtsʊkɐhuːt] m sugarloaf

zuckerig [ˈtsʊkərɪç] adj sugary

zuckerkrank adj diabetic

Zuckerkranke(r) f(m) dekl wie adj diabetic **Zuckerrohr** nt sugar cane no art, no pl **Zuckerrübe** f sugar beet no art, no pl **Zuckerstreuer** m sugar caster [or sprinkler] **zuckersüß** [ˈtsʊkɐˈzyːs] adj as sweet as sugar pred

zuckrig [ˈtsʊkrɪç] adj s. **zuckerig**

Zuckung <-, -en> f meist pl twitch

zu|decken vt to cover [up sep]

zudem [tsuˈdeːm] adv (geh) furthermore

zu|drehen I. vt ➊ (verschließen) to screw on sep ➋ (abstellen) to turn off sep ➌ (festdrehen) to tighten ➍ (zuwenden) **jdm den Rücken ~** to turn one's back on sb II. vr ■ **sich jdm ~** to turn to[wards] sb

zudringlich [ˈtsuːdrɪŋlɪç] adj pushy

zu|drücken vt to press shut sep

zueinander [tsuʔaiˈnandɐ] adv to each other; **~ passen** Menschen to suit each other; Farben, Kleider to go well together

zu|erkennen* vt irreg (geh) ■ **jdm etw ~** to award sth to sb

zuerst [tsuˈʔeːɐ̯st] adv ➊ (als erster) the first; (als erstes) first ➋ (anfangs) at first ➌ (erstmals) for the first time

Zufahrt [ˈtsuːfaːɐ̯t] f entrance

Zufahrtsstraße f (zur Autobahn) approach road

Zufall m coincidence; (Schicksal) chance; **das ist ~** that's a coincidence; **etw dem ~ überlassen** to leave sth to chance; **etw durch ~ erfahren** to happen to learn of sth; **welch ein ~!** what a coincidence!

zu|fallen vi irreg sein ➊ Tür to close ➋ (zuteilwerden) ■ **jdm ~** to go to sb

zufällig I. adj chance II. adv by chance; **rein ~** by pure chance; **jdn ~ treffen** to happen to meet sb; **wissen Sie ~, ob ...?** do you happen to know whether ...?

Zufallsbekanntschaft f chance acquaintance

Zufallstreffer m fluke

Zuflucht <-, -en> [ˈtsuːflʊxt] f refuge ▸ **jds letzte ~ sein** to be sb's last resort

Zuflussᴿᴿ m, **Zufluß**ᴬᴸᵀ m ➊ kein pl inflow ➋ GEOG tributary

zu|flüstern vt ■ **jdm etw ~** to whisper sth to sb

zufolge [tsuˈfɔlɡə] präp +dat (geh) according to

zufrieden [tsuˈfriːdn̩] I. adj (befriedigt) satisfied; (glücklich) contented II. adv with satisfaction; (glücklich) contentedly **~ lächeln** to smile with satisfaction **~ stellend** satisfactory

zufrieden|geben vr irreg **sich** [mit etw dat] **~** to be satisfied/content[ed] [with sth]

Zufriedenheit <-> f kein pl satisfaction no art; (Glücklichsein) contentedness no art

zufrieden|lassen vt irreg **jdn ~** to leave sb alone; **jdn mit etw** dat **~** to stop bothering sb with sth

zu|frieren vi irreg sein to freeze [over]

zu|fügen vt to cause; **jdm eine Verletzung ~** to harm sb; **jdm Unrecht ~** to do sb an injustice

Zufuhr <-, -en> [ˈtsuːfuːɐ̯] f supply

zu|führen I. vt to supply II. vi ■ **auf etw** akk **~** to lead to sth

Zug¹ <-[e]s, Züge> [tsuːk] pl m (Bahn) train ▸ **der ~ ist abgefahren** (fam) you've missed the boat

Zug² <-[e]s, Züge> [tsuːk, pl ˈtsyːɡə] m ➊ (inhalierte Menge) puff (**an** on/at); **einen ~ machen** to have a puff ➋ kein pl (Luftzug)

draught ❸ (*Spielzug*) move; **am ~ sein** to be sb's move ❹ (*Kolonne*) procession ❺ (*Gesichtszug*) feature ❻ (*Charakterzug*) characteristic ❼ (*Schritt*) ■ **~ um ~** step by step; ■ **in einem ~** in one stroke; ■ **im ~ einer S. gen** in the course of sth ❽ (*Umriss*) **in großen Zügen** in broad terms ▶ **etw in vollen Zügen genießen** to enjoy sth to the full

Zugabe ['tsuːɡaːbə] *f* MUS encore

Zugabteil *nt* train compartment

Zugang <-[e]s, -gänge> ['tsuːɡaŋ, *pl* 'tsuːɡɛŋə] *m* ❶ (*Eingang*) entrance ❷ *kein pl* (*Zutritt, Zugriff*) access (**zu** to)

zugänglich ['tsuːɡɛŋlɪç] *adj* ❶ accessible; ■ **nicht ~** inaccessible ❷ *Mensch* approachable; ■ **für etw** *akk* **~ sein** to be receptive to sth

Zugbrücke *f* drawbridge

zu|geben *vt irreg* to admit

zugegen [tsuˈɡeːɡn̩] *adj* (*geh*) ■ **bei etw** *dat* **~ sein** to be present at sth

zu|gehen *irreg vi sein* ❶ *Tür* to shut ❷ (*zubewegen*) ■ **auf jdn/etw ~** to approach sb/sth ❸ (*sich versöhnen*) ■ **aufeinander ~** to become reconciled

zu|gehören* *vi* (*geh*) ■ **jdm/einer S. ~** to belong to sb/sth

zugehörig ['tsuːɡəhøːrɪç] *adj attr* accompanying

Zugehörigkeit <-> *f kein pl* affiliation *no art* (**zu** to); **ein Gefühl der ~** a sense of belonging

zugeknöpft *adj* ❶ *Hemd* buttoned-up ❷ *Mensch* reserved

Zügel <-s, -> ['tsyːɡl̩] *m* reins *npl* ▶ **die ~ [fest] in der Hand halten** to keep a firm grip on things

zugelassen I. *pp von* **zulassen** II. *adj* authorized; *Kfz* licensed; *Arzt* licensed, registered

zügellos *adj* unrestrained

Zügellosigkeit *f* unrestraint

zügeln ['tsyːɡl̩n] *vt* ❶ to rein in *sep* ❷ (*beherrschen*) to curb ❸ (*zurückhalten*) ■ **jdn/sich ~** to restrain sb/oneself

Zugeständnis ['tsuːɡəʃtɛntnɪs] *nt* concession

zu|gestehen* *vt irreg* to grant

zugetan ['tsuːɡətaːn] *adj* (*geh*) ■ **jdm/einer S. ~ sein** to be taken with sb/sth

Zugfahrkarte *f* train ticket

Zugführer(in) *m(f)* guard BRIT, conductor AM

zugig ['tsuːɡɪç] *adj* draughty

zugkräftig *adj* appealing

zugleich [tsuˈɡlaɪ̯ç] *adv* ❶ (*ebenso*) both ❷ (*gleichzeitig*) at the same time

Zugluft *f kein pl* draught

Zugmaschine *f* traction engine

Zugpferd *nt* ❶ (*Tier*) draught horse ❷ (*besondere Attraktion*) crowd-puller

zu|greifen *vi irreg* ❶ (*sich bedienen*) to help oneself ❷ INFORM ■ **auf etw** *akk* **~** to access sth

Zugrestaurant *nt* dining car

Zugriffsberechtigung *f* INFORM access authorization

zugrunde, zu Grunde^{RR} [tsuˈɡrʊndə] *adv* **~ gehen** to be destroyed (**an** by); **jdn/etw ~ richten** to destroy sb/sth; **einer S.** *dat* **~ liegen** to form the basis of sth

Zugschaffner(in) *m(f)* train conductor

zugunsten, zu Gunsten^{RR} [tsuˈɡʊnstn̩] *präp* +*gen* in favour of

zugute|halten [tsuˈɡuːtə-] *vt irreg* **jdm etw ~** to make allowances for sb's sth

zugute|kommen [tsuˈɡuːtə-] *vt irreg* **jdm/etw ~** to be for the benefit of sb/sth

Zugverbindung *f* train connection

Zugvogel *m* migratory bird

zu|haben *vi irreg* (*fam*) to be closed

zu|halten *irreg vt* ■ **etw ~** to hold sth closed; **jdm/sich den Mund ~** to hold one's hand over sb's/one's mouth; **sich** *dat* **die Nase ~** to hold one's nose

Zuhälter(in) <-s, -> ['tsuːhɛltɐ] *m(f)* pimp

Zuhause <-s> [tsuˈhaʊ̯zə] *nt kein pl* home *no art*

zu|hören *vi* to listen (+*dat* to)

Zuhörer(in) *m(f)* listener

zu|jubeln *vi* to cheer

zu|knöpfen *vt* to button up *sep;* ■ **sich** *dat* **etw ~** to button up *sep* one's sth

zu|kommen *vi irreg sein* ❶ (*sich nähern*) ■ **auf jdn/etw ~** to come towards sb/sth ❷ (*bevorstehen*) ■ **auf jdn ~** to be in store for sb; **alles auf sich ~ lassen** to take things as they come ❸ (*geben*) **jdm etw ~ lassen** (*geh*) to send sb sth

Zukunft <-> ['tsuːkʊnft] *f kein pl* future; **in ferner/naher ~** in the distant/near future; **in die ~ schauen** to look into the future

zukünftig ['tsuːkʏnftɪç] I. *adj* future II. *adv* in future

Zukunftsaussichten *pl* future prospects

Zukunftsfähigkeit *f* forward compatibility **Zukunftsmusik** *f* ▶ ~ **sein** (*fam*) to be a long way off **Zukunftsperspektive** *f meist pl* future prospects *pl*
zu|lächeln *vi* ■ **jdm** ~ to smile at sb
Zulage <-, -n> ['tsuːlaːgə] *f* bonus [payment]
zu|langen *vi* (*fam*) ❶ (*zugreifen*) to help oneself ❷ *Händler* to ask a fortune
zu|lassen *vt irreg* ❶ (*dulden*) to allow ❷ (*fam*) *Tür* to keep shut *sep* ❸ (*erlauben*) ■ **jdn [zu etw]** ~ to admit sb [to sth]; ■ **jdn als etw** ~ to register sb as sth ❹ (*anmelden*) to register
zulässig ['tsuːlɛsɪç] *adj* permissible
Zulassung <-, -en> *f* ❶ (*Lizenz*) licence; **die ~ entziehen** to revoke sb's licence ❷ (*Anmeldung*) registration
Zulassungsbedingungen *pl* conditions of admission **Zulassungsbeschränkung** *f* restriction on admission[s] **Zulassungsprüfung** *f* ADMIN, SCH entrance exam **Zulassungsstelle** *f* registration office
Zulauf ['tsuːlauf] *m* inlet
zu|legen *vr* (*fam*) ■ **sich** *dat* **etw** ~ to get oneself sth
zuleide, zu Leide[RR] [tsuˈlaidə] *adv* **jdm etwas ~ tun** to harm sb
zu|leiten *vt* ❶ (*geh: übermitteln*) ■ **jdm etw** ~ to forward sth to sb ❷ (*zufließen lassen*) to supply
Zuleitung *f* ❶ *kein pl* (*geh*) forwarding *no art, no pl* ❷ (*zuleitendes Rohr*) supply pipe
zuletzt [tsuˈlɛtst] *adv* ❶ (*als Letzter*) ~ **eintreffen** to be the last to arrive; ~ **durchs Ziel gehen** to finish last ❷ (*endlich*) in the end; **bis** ~ until the end ❸ (*letztmalig*) last; **nicht ~** not least [of all]
zuliebe [tsuˈliːbə] *adv* ■ **jdm/etw** ~ for sb['s sake]
Zulieferer <-s, -> *m* supplier
Zulieferindustrie *f* HANDEL component supplying industry
Zulu <-[s], -[s]> ['tsuːlu] *m* Zulu
zum [tsʊm] = **zu dem** *s.* **zu**
zu|machen *vt, vi* to close; **eine Flasche** ~ to put the top on a bottle
zumal [tsuˈmaːl] **I.** *konj* particularly as **II.** *adv* particularly
zumeist [tsuˈmaist] *adv* (*geh*) mostly
zumindest [tsuˈmɪndəst] *adv* at least
zumute, zu Mute[RR] [tsuˈmuːtə] *adv* **mir ist so merkwürdig ~** I feel so strange

zu|muten ['tsuːmuːtn̩] *vt* ■ **jdm etw** ~ to expect sth of sb; **jdm zu viel** ~ to expect too much of sb; ■ **sich** *dat* **etw** ~ to undertake sth
Zumutung *f* unreasonable demand; **das ist eine ~!** it's just too much!
zunächst [tsuˈnɛçst] *adv* ❶ (*anfangs*) initially ❷ (*vorerst*) for the moment
Zunahme <-, -n> ['tsuːnaːmə] *f* increase
Zuname ['tsuːnaːmə] *m* (*geh*) surname
zünden ['tsʏndn̩] *vi, vt* TECH to fire ▶ **hat es bei dir endlich gezündet?** have you cottoned on?
zündend *adj Rede* stirring
Zünder <-s, -> ['tsʏndɐ] *m* detonator
Zündholz <-es, -hölzer> *nt* match **Zündholzschachtel** *f* matchbox **Zündkabel** *nt* plug lead **Zündkerze** *f* spark plug **Zündschlüssel** *m* ignition key **Zündschnur** *f* fuse **Zündstoff** *m kein pl* inflammatory stuff *no art*
Zündung <-, -en> *f* AUTO ignition *no pl*
Zündverteiler *m* AUTO [ignition *form*] distributor
zu|nehmen *irreg vi* ❶ (*Gewicht*) to gain weight ❷ (*anwachsen*) to increase (**an** in)
zu|neigen I. *vi* ■ **einer S.** *dat* ~ to be inclined towards sth; **der Ansicht ~, dass ...** to be inclined to think that ... **II.** *vr* **sich dem Ende ~** to draw to a close
Zuneigung *f* affection
Zunft <-, Zünfte> [tsʊnft, *pl* ˈtsʏnftə] *f* HIST guild
zünftig ['tsʏnftɪç] *adj* (*fam*) proper
Zunge <-, -n> ['tsʊŋə] *f* tongue; **die ~ herausstrecken** to stick out one's tongue; **auf der ~ zergehen** to melt in one's mouth ▶ **eine böse/lose ~ haben** to have a malicious/loose tongue; **etw liegt jdm auf der ~** sth is on the tip of sb's tongue
züngeln ['tsʏŋl̩n] *vi* to dart its tongue in and out
Zungenbelag *m* coating of the tongue **Zungenbrecher** <-s, -> *m* tongue twister **Zungenfertigkeit** *f kein pl* eloquency *no pl* **Zungenkuss**[RR] *m* French kiss **Zungenspitze** *f* tip of the tongue
Zünglein ['tsʏŋlain] *nt* ▶ **das ~ an der Waage sein** POL to hold the balance of power
zunichte|machen ['tsuˈnɪçtə-] *vt* to wreck; **jds Hoffnungen ~** to dash sb's hopes
zunutze, zu Nutze[RR] [tsuˈnʊtsə] *adv* **sich** *dat* **etw ~ machen** to make use of sth

zu|ordnen ['tsu:ʔɔrdnən] *vt* ■ etw einer S. *dat* ~ to assign sth to sth

zu|packen *vi* (*fam*) ❶ to grip ❷ (*helfen*) ■ [mit] ~ to lend a [helping] hand

zupfen ['tsʊpfn̩] *vt* ■ jdn an etw *dat* ~ to pluck at sb's sth; ■ etw aus/von etw *dat* ~ to pull sth out of/off sth

zur [tsu:ɐ̯, tsʊr] = zu der *s.* zu

zurechnungsfähig *adj* JUR responsible for one's actions *pred*

zurecht|finden [tsu'rɛçtfɪndn̩] *vr irreg* **sich in einer Großstadt** ~ to find one's way around a city

zurecht|kommen *vi irreg sein* ❶ (*auskommen*) to get on (**mit** with) ❷ (*klarkommen*) to cope (**mit** with)

zurecht|legen *vr* (*gedanklich*) ■ **sich** *dat* **etw** ~ to work out *sep* sth

zurecht|machen I. *vt* (*fam: vorbereiten*) ■ [jdm] etw ~ to get sth ready [for sb] II. *vr* ■ **sich** ~ ❶ (*schminken*) to put on *sep* one's make-up ❷ (*sich schick machen*) to get ready

zurecht|weisen *vt irreg* to reprimand

zu|reden ['tsu:re:dn̩] *vi* ■ jdm [gut] ~ to encourage sb

zu|richten ['tsu:rɪçtn̩] *vt* jdn übel ~ to beat up *sep* sb badly; **etw übel** ~ to make a terrible mess of sth

Zurschaustellung *f* (*meist pej*) flaunting

zurück [tsu'rʏk] *adv* ❶ back; ■ [von etw *dat*] ~ sein to be back [from sth] ❷ (*Rückfahrt, -flug*) return; **hin und** ~ **oder einfach?** single or return? ▶ ~ ! go back!

zurück|bekommen* *vt irreg* to get back *sep*

zurück|bezahlen* *vt* to repay

zurück|bleiben *vi irreg sein* ❶ to stay behind ❷ (*leistungsmäßig*) to fall behind

zurück|blicken *vi* to look back (**auf** on)

zurück|bringen *vt irreg* to bring back *sep*

zurück|denken *vi irreg* to think back (**an** to)

zurück|drängen *vt* to force back *sep*

zurück|erstatten* *vt* ■ [jdm] etw ~ to refund [sb's] sth

zurück|fahren *irreg* I. *vi sein* to go/come back II. *vt* ❶ to drive back *sep* ❷ (*reduzieren*) to cut back *sep*

zurück|fallen *vi irreg sein* ❶ **in etw** *akk* ~ to lapse back into sth ❷ (*darunter bleiben*) ■ **hinter etw** *akk* ~ to fall short of sth ❸ (*angelastet werden*) ■ **auf jdn** ~ to reflect on sb

zurück|finden *vi irreg* to find one's way back

zurück|fordern *vt* ■ etw [von jdm] ~ to demand sth back [from sb]

zurück|führen *vt* ■ **etw auf etw** *akk* ~ to attribute sth to sth; ■ **das ist darauf zurückzuführen, dass ...** that is attributable to the fact that ...

zurück|geben *vt irreg* ■ [jdm] etw ~ to return sth [to sb]

zurückgeblieben *adj* slow

zurück|gehen *vi irreg sein* ❶ to return ❷ (*abnehmen*) to go down ❸ (*stammen*) **die Sache geht auf seine Initiative zurück** the matter was born of his initiative

zurückgezogen *adj, adv* secluded

zurück|greifen *vi irreg* ■ **auf etw** *akk* ~ to fall back [up]on sth

zurück|halten *irreg* I. *vr* ■ **sich** ~ ❶ (*sich beherrschen*) to restrain oneself ❷ (*reserviert sein*) to be reserved II. *vt* ❶ (*aufhalten*) to hold up *sep* ❷ (*abhalten*) ■ **jdn [von etw** *dat*] ~ to keep sb from doing sth

zurückhaltend *adj* reserved

Zurückhaltung *f kein pl* reserve *no art*

zurück|holen *vt* ❶ to fetch back *sep* ❷ (*in seinen Besitz zurückbringen*) ■ [sich *dat*] etw ~ to get back *sep* sth

zurück|kehren *vi sein* to return (**zu** to); **nach Hause** ~ to return home

zurück|kommen *vi irreg sein* ❶ to return; **aus dem Ausland** ~ to return from abroad ❷ (*erneut aufgreifen*) ■ **auf etw** *akk* ~ to come back to sth; ■ **auf jdn** ~ to get back to sb

zurück|lassen *vt irreg* to leave behind *sep*

zurück|legen *vt* ❶ to put back *sep* ❷ (*reservieren*) ■ **jdm etw** ~ to put sth aside for sb ❸ (*hinter sich bringen*) **35 Kilometer kann man pro Tag leicht zu Fuß** ~ you can easily do 35 kilometres a day on foot ❹ (*sparen*) to put away *sep*

zurück|liegen *vi irreg* **sein Examen liegt vier Jahre zurück** it's four years since his exam

zurück|nehmen *vt irreg* to take back *sep*

zurück|reisen *vi sein* to travel back

zurück|rufen *irreg vt* (*am Telefon*) to call back *sep*

zurück|schalten *vi* **in den 1. Gang** ~ to change down into 1st gear

zurück|schauen *vi* to look back (**auf** on)

zurück|schicken *vt* to send back *sep*

zurück|schlagen *irreg* I. *vt* ❶ to beat back

② (*umschlagen*) to turn back *sep* **II.** *vi* ■ **auf jdn/etw** ~ to have an effect on sb/sth

zurück|schrecken *vi irreg sein* ① (*Bedenken vor etw haben*) to shrink (**vor** from); **vor nichts** ~ (*skrupellos sein*) to stop at nothing; (*keine Angst haben*) to not flinch from anything ② (*erschrecken*) to start back

zurück|sehnen *vr* **sich nach Hause** ~ to long to return home

zurück|senden *vt irreg* (*geh*) to send back *sep*

zurück|stecken I. *vt* to put back *sep* **II.** *vi* to back down

zurück|stehen *vi irreg* ■ [**hinter jdm/etw**] ~ to be behind [sb/sth]

zurück|stellen *vt* ① to put back *sep* ② *Heizung* to turn down *sep* ③ *Uhr* to turn back *sep* ④ *Wünsche* to put aside

zurück|stufen *vt* to downgrade

zurück|treten *vi irreg sein* ① to step back ② (*vom Amt*) to resign

zurück|verlangen* *vt* (*zurückfordern*) to demand back

zurück|versetzen* *vr* ■ **sich** ~ to be transported back

zurück|weichen *vi irreg sein* ■ [**vor etw** *dat*] ~ to fall back [before sth]

zurück|weisen *vt irreg* ■ **jdn** ~ to turn away sb *sep*; ■ **etw** ~ to reject sth

zurück|werfen *vt irreg* ① to throw back *sep* ② (*verschlechtern*) **das wirft uns um Jahre zurück** that will set us back years

zurück|zahlen *vt* ■ [**jdm**] **etw** ~ to repay [sb] sth

zurück|ziehen *irreg* **I.** *vt* ① to pull back *sep* ② (*widerrufen*) to withdraw **II.** *vr* ■ **sich** ~ to withdraw **III.** *vi sein* **nach Hamburg** ~ to move back to Hamburg

zu|rufen *vt irreg* ■ **jdm etw** ~ to shout sth to sb

zurzeit [tsʊrˈtsait] *adv* at present

Zusage [ˈtsuːzaːɡə] *f* assurance

zu|sagen I. *vt* to promise (+*dat* to) **II.** *vi* ① to accept ② (*gefallen*) ■ **jdm** ~ to appeal to sb

zusammen [tsuˈzamən] *adv* ① (*gemeinsam*) together (**mit** with); ■ **mit jdm** ~ **sein** to be with sb ② (*ein Paar sein*) ■ ~ **sein** to be going out [with each other] ③ (*insgesamt*) altogether

Zusammenarbeit *f kein pl* cooperation *no art*

zusammen|arbeiten *vi* ■ **mit jdm** ~ to work [together] with sb

zusammen|bauen *vt* to assemble

zusammen|beißen *vt* **die Zähne** ~ to grit one's teeth

zusammen|bleiben *vi irreg sein* to stay together; ■ **mit jdm** ~ to stay with sb

zusammen|brechen *vi irreg sein* to collapse

zusammen|bringen *vt irreg* ① (*anhäufen*) to amass ② (*in Kontakt bringen*) ■ **jdn** [**mit jdm**] ~ to introduce sb [to sb]

Zusammenbruch *m* collapse

zusammen|drücken *vt* ① (*zerdrücken*) to crush ② (*aneinanderdrücken*) to press together

zusammen|fahren *vi irreg sein* to start

zusammen|fallen *vi irreg sein* ① ■ [**in sich**] ~ to collapse ② *Ereignisse* to coincide

zusammen|falten *vt* to fold [up *sep*]

zusammen|fassen *vt* ① to summarize; **etw in wenigen Worten** ~ to put sth in a nutshell ② (*vereinigen*) ■ **jdn/etw in etw** *dat* ~ to unite sb/sth into sth; ■ **etw unter etw** *dat* ~ to class[ify] sth under sth

Zusammenfassung *f* summary

zusammen|fügen *vt* to assemble

zusammen|führen *vt* to bring together; *eine Familie* to reunite

zusammen|gehören* *vi* ① (*zueinander gehören*) to belong together ② (*ein Ganzes bilden*) to go together

Zusammengehörigkeit <-> *f kein pl* unity

Zusammengehörigkeitsgefühl *nt kein pl* sense of togetherness

zusammengesetzt *adj* compound

zusammengestöpselt [tsuˈzamənɡəˌʃtœpsl̩t] *adj* (*pej fam*) [hastily] thrown together

zusammengewürfelt *adj* mismatched

Zusammenhalt *m kein pl* solidarity

zusammen|halten *irreg* **I.** *vi* (*Freunde*) to stick together **II.** *vt* to hold together

Zusammenhang <-[e]s, -hänge> *m* connection; (*Verbindung*) link (**zwischen** between); **keinen** ~ **sehen** to see no connection; **jdn/etw mit etw** *dat* **in** ~ **bringen** to connect sb/sth with sth; **etw aus dem** ~ **reißen** to take sth out of [its] context; **im** ~ **mit etw** *dat* in connection with sth; **im** ~ **mit etw** *dat* **stehen** to be connected with sth; **nicht im** ~ **mit etw** *dat* **stehen** to have no connection with sth

zusammen|hängen *vi irreg* ① ■ **mit etw** *dat*

~ (*in Zusammenhang stehen*) to be connected with sth ❷ (*verbunden sein*) to be joined [together]

zusammenhängend I. *adj* coherent **II.** *adv* coherently; **etw ~ berichten** to give a coherent account of sth

zusammenhang(s)los I. *adj* incoherent **II.** *adv* incoherently; **etw ~ darstellen** to give an incoherent account of sth

zusammenklappbar *adj* folding *attr;* **Stuhl, Tisch** collapsible

zusammen|klappen I. *vt haben* to fold up *sep* **II.** *vi sein* (*a. fig fam*) to collapse

zusammen|kommen *vi irreg sein* ❶ (*sich treffen*) to come together; ■ **mit jdm ~** to meet sb; **zu einer Besprechung ~** to get together for a discussion ❷ (*sich akkumulieren*) to combine ❸ *Schulden* to mount up

zusammen|krachen *vi sein* (*fam*) ❶ (*einstürzen*) *Brücke* to crash down; *Bett, Stuhl* to collapse with a crash; *Wirtschaft* to crash ❷ (*zusammenstoßen*) to smash together

zusammen|laufen *vi irreg sein* ❶ *Flüsse* to flow together ❷ *Menschen* to gather

zusammen|leben *vi* to live together

Zusammenleben *nt kein pl* living together *no art*

zusammenlegbar *adj* collapsible, foldable

zusammen|legen I. *vt* ❶ (*zusammenfalten*) to fold [up *sep*] ❷ (*vereinen*) to join **II.** *vi* (*Geld sammeln*) to club together

zusammen|nehmen *irreg* **I.** *vt* to summon [up *sep*]; **seinen ganzen Mut ~** to summon up all one's courage; **den Verstand ~** to get one's thoughts together; ■ **alles zusammengenommen** all in all **II.** *vr* ■ **sich ~** to control oneself

zusammen|packen *vt* (*packen*) to pack; (*abräumen*) to pack away

zusammen|passen *vi* ❶ *Menschen* to suit each other; **gut/schlecht ~** to be well-suited/ill-suited ❷ *Kleidungsstücke* to match

Zusammenprall *m* collision

zusammen|prallen *vi sein* to collide

zusammen|pressen *vt* to press together *sep;* **zusammengepresste Lippen** pinched lips

zusammen|rechnen *vt* to add up *sep;* **alles zusammengerechnet** all in all

zusammen|reimen *vr* ■ **sich** *dat* **etw ~** to put two and two together from sth; **ich kann es mir einfach nicht ~** I can't make head or tail of it

zusammen|reißen *irreg vr* (*fam*) ■ **sich ~** to pull oneself together

zusammen|rücken I. *vi sein* to move up closer **II.** *vt haben* ■ **etw ~** to move sth closer together

zusammen|schlagen *irreg vt irreg haben* ❶ (*verprügeln*) to beat up *sep* ❷ (*zertrümmern*) to smash [up *sep*]

zusammen|schließen *irreg vr* ■ **sich** [**zu etw** *dat*] **~** to join together [to form sth]

Zusammenschluss^{RR} *m,* **Zusammenschluß**^{ALT} *m* union; *Firmen* merger

zusammen|schreiben *vt irreg* ■ **etw ~** (*als ein Wort schreiben*) to write sth as one word

zusammen|schrumpfen *vi sein* to shrivel [up]

zusammen|schustern *vt* (*pej fam*) to cobble together *sep*

Zusammensein <-s> *nt kein pl* get-together; **ein geselliges ~** a social [gathering]

zusammen|setzen I. *vt* to assemble **II.** *vr* ❶ ■ **sich ~** to sit together; (*um etw zu besprechen*) to get together ❷ (*bestehen*) ■ **sich aus etw** *dat* **~** to be composed of sth

Zusammensetzung <-, -en> *f* composition

Zusammenspiel *nt kein pl* ❶ SPORT teamwork ❷ MUS ensemble playing ❸ THEAT ensemble acting ❹ (*fig: Wechselwirkung*) interplay

zusammen|stellen *vt* ❶ (*aufstellen*) to compile; *Delegation* to assemble ❷ (*auf einen Fleck stellen*) **die Betten ~** to place the beds side by side

Zusammenstoß *m* ❶ collision ❷ (*Auseinandersetzung*) clash

zusammen|stoßen *vi irreg sein* to collide; ■ **mit jdm ~** to bump into sb

zusammen|stürzen *vi sein* to collapse

zusammen|tragen *vt irreg* to collect

zusammen|treffen *vi irreg sein* ❶ (*sich treffen*) to meet; ■ **mit jdm ~** to meet sb; (*unverhofft*) to encounter ❷ *Umstände* to coincide

Zusammentreffen *nt* ❶ (*Treffen*) meeting ❷ *Umstände* coincidence

zusammen|tun *irreg* **I.** *vt* to put together **II.** *vr* ■ **sich** [**zu etw** *dat*] **~** to get together [in sth]

zusammen|wirken *vi* ❶ (*gemeinsam tätig sein*) to work together ❷ (*vereint wirken*) to combine

zusammen|zählen *vt* to add up *sep;* **alles zusammengezählt** all in all

zusammen|ziehen *irreg* **I.** *vi sein* to move in together **II.** *vr* ■ **sich ~** ➊ (*sich verengen*) to contract ➋ *Sturm, Unheil* to be brewing; *Wolken* to gather **III.** *vt* **die Augenbrauen ~** to knit one's brows

Zusatz ['tsu:tsats] *m* ➊ (*zugefügter Teil*) appendix ➋ (*Nahrungszusatz*) additive; **ohne ~ von Farbstoffen** without the addition of artificial colouring

Zusatzgerät *nt* attachment; INFORM peripheral [device] **Zusatzklausel** *f* additional clause

Zusatzkosten *pl* additional costs *pl*

zusätzlich ['tsu:tsɛtslɪç] **I.** *adj* additional **II.** *adv* in addition

zu|schauen *vi s.* **zusehen**

Zuschauer(in) <-s, -> *m(f)* ➊ SPORT spectator; TV viewer ➋ FILM, THEAT ■ **die ~** the audience

Zuschauerraum *m* auditorium **Zuschauertribüne** *f* stands *pl* **Zuschauerzahl** *f* attendance figures *pl;* TV viewing figures *pl*

zu|schicken *vt* to send; ■ **sich** *dat* **etw ~ lassen** to send for sth

Zuschlag <-[e]s, Zuschläge> *m* ➊ (*zum Preis*) supplementary charge ➋ (*zum Fahrpreis*) extra fare ➌ (*zusätzliches Entgelt*) bonus

zu|schlagen *irreg* **I.** *vt haben* ➊ *Tür* to bang shut *sep; Buch* to close ➋ (*zum Preis*) to add **II.** *vi* ➊ *haben* (*einen Hieb versetzen*) to strike; **das Schicksal hat erbarmungslos zugeschlagen** fate has dealt a terrible blow ➋ *sein Tür* to slam shut

zu|schließen *irreg vt* to lock

zu|schneiden *vt irreg* ➊ ■ **etw ~** to cut sth to size; **Stoff ~** to cut out *sep* material ➋ (*fig*) ■ **auf jdn [genau] zugeschnitten sein** to be cut out for sb

zu|schnüren *vt* ➊ to lace up *sep* ➋ (*fig*) **die Angst schnürte ihr die Kehle zu** she was choked with fear

zu|schreiben *vt irreg* ■ **jdm etw ~** to ascribe sth to sb; **jdm/etw die Schuld an etw** *dat* **~** to blame sb/sth for sth

Zuschrift *f* (*geh*) reply

zuschulden, zu Schulden[RR] [tsu'ʃʊldn̩] *adv* **sich** *dat* **etwas/nichts ~ kommen lassen** to do something/nothing wrong

Zuschuss[RR] *m,* **Zuschuß**[ALT] <-sses, -schüsse> ['tsu:ʃʊs, *pl* 'tsu:ʃʏsə] *m* subsidy

Zuschussbetrieb[RR] *m* subsidized business

zu|sehen *vi irreg* ➊ to watch ➋ (*etw geschehen lassen*) ■ **einer S.** *dat* **~** to sit back and watch sth; **tatenlos musste er ~, wie ...** he could only stand and watch, while ... ➌ (*dafür sorgen*) ■ **~, dass ...** to see [to it] that ...

zusehends ['tsu:ze:ənts] *adv* noticeably

zu|senden *vt irreg s.* **zuschicken**

zu|setzen **I.** *vt* ■ [**einer S.** *dat*] **etw ~** to add sth [to sth] **II.** *vi* (*bedrängen*) ■ **jdm ~** to badger sb

zu|sichern *vt* ■ **jdm etw ~** to assure sb of sth; **jdm seine Hilfe ~** to promise sb one's help

zu|sperren *vt* to lock

zu|spielen *vt* ➊ ■ **jdm den Ball ~** to pass the ball to sb ➋ (*zukommen lassen*) **etw der Presse ~** to leak sth [to the press]

zu|spitzen **I.** *vr* ■ **sich ~** to come to a head **II.** *vt* to sharpen

zu|sprechen *irreg vt* ➊ (*offiziell zugestehen*) ■ **jdm etw ~** to award sth to sb; **jdm ein Kind ~** to award sb custody [of a child] ➋ (*geh*) **jdm Mut/Trost ~** to encourage/comfort sb ➌ (*zuerkennen*) ■ **jdm/einer S. etw ~** to attribute sth to sb/sth

Zuspruch *m kein pl* ➊ **sich großen ~s erfreuen** to be very popular ➋ (*Worte*) **ermutigender/tröstender ~** words of encouragement/comfort

Zustand <-[e]s, -stände> ['tsu:ʃtant, *pl* 'tsu:ʃtɛndə] *m* ➊ (*Verfassung*) state, condition; **im wachen ~** while awake ➋ *pl* (*Verhältnisse*) conditions; **das ist doch kein ~!** it's a disgrace! ▶ **Zustände bekommen** (*fam*) to have a fit

zustande, zu Stande[RR] [tsu'ʃtandə] *adv* **etw ~ bringen** to manage sth; **die Arbeit ~ bringen** to get the work done; **eine Einigung ~ bringen** to reach an agreement; **es ~ bringen, dass jd etw tut** to [manage to] get sb to do sth; **~ kommen** to materialize; (*stattfinden*) to take place; **nicht ~ kommen** to fail

zuständig ['tsu:ʃtɛndɪç] *adj* responsible; **der ~e Beamte** the official in charge; **dafür ist er ~** that's his responsibility

Zuständigkeitsbereich *m* area of responsibility

zu|stecken *vt* ■ **jdm etw ~** to slip sb sth

zu|stehen *vi irreg* ■ **etw steht jdm zu** sb is entitled to sth; **es steht dir nicht zu, so**

über ihn zu reden it's not for you to speak of him like that

zu|stellen *vt* ① (*form: überbringen*) ■ **[jdm] etw** ~ to deliver sth [to sb] ② (*fam: blockieren*) to block

Zustellgebühr *f* delivery charge, portage *spec*

Zustellung <-, -en> *f* delivery

zu|stimmen *vi* ■ **jdm** ~ to agree [with sb]; ■ **[einer S.** *dat*] ~ to agree [to sth]

Zustimmung *f* agreement

zu|stoßen *irreg* I. *vi sein* ■ **jdm** ~ to happen to sb; **hoffentlich ist ihr kein Unglück zugestoßen!** I hope she hasn't had an accident! II. *vt* **die Tür mit dem Fuß** ~ to push the door shut with one's foot

Zustrom *m kein pl* ① METEO inflow ② (*Zuwanderung*) influx

zutage, zu Tage[RR] [tsu'ta:gə] *adj* **etw** ~ **bringen** to bring sth to light; ~ **treten** to come to light

zuteil|werden [tsu'tail-] *vt irreg sein* (*geh*) ■ **jdm etw** ~ **lassen** to grant sb sth; ■ **jdm wird etw zuteil** sb is given sth

zu|teilen *vt* ■ **jdm etw** ~ to assign sth to sb

zutiefst [tsu'ti:fst] *adv* deeply; ~ **verärgert** furious

zu|tragen *irreg* I. *vt* (*geh*) ■ **jdm etw** ~ to report sth to sb II. *vr* (*geh*) ■ **sich** ~ to happen

zuträglich ['tsu:trɛːklɪç] *adj* (*geh*) good (+*dat* for), beneficial (+*dat* to); ■ **jdm/etw** ~ **sein** to be beneficial to sb/sth

zu|trauen *vt* **sich** *dat* **nichts** ~ to have no self-confidence; **sich** *dat* **zu viel** ~ to take on too much; **das ist ihm zuzutrauen!** (*iron*) I wouldn't put it past him!; **das hätte ich dir nie zugetraut!** I would never have expected that from you!; **dem traue ich alles zu!** I wouldn't put anything past him!

Zutrauen <-s> *nt kein pl* confidence (**zu** in)

zutraulich ['tsu:trauliç] *adj* trusting; *Hund* friendly

zu|treffen *vi irreg* ① (*richtig sein*) to be correct; (*wahr sein*) to be true; ■ **es trifft zu, dass ...** it is true that ... ② (*anwendbar sein*) ■ **auf jdn/etw [nicht]** ~ to [not] apply to sb/sth

zutreffend I. *adj* correct; **Z~es bitte ankreuzen** tick [*or* AM mark] where applicable II. *adv* correctly

Zutritt *m kein pl* admission (**zu** to); [**keinen**] ~ **zu etw haben** to [not] be admitted to sth;

~ **verboten!** [*o* **kein** ~ !] no admittance

Zutun *nt* **ohne jds** ~ (*Hilfe*) without sb's help; (*Schuld*) through no fault of sb's own

zuverlässig ['tsu:fɛɐ̯lɛsɪç] *adj* reliable

Zuverlässigkeit <-> *f kein pl* reliability

Zuversicht <-> ['tsu:fɛɐ̯zɪçt] *f kein pl* confidence; **voller** ~ full of confidence

zuversichtlich *adj* confident

zuvor [tsu'fo:ɐ̯] *adv* before; (*zunächst*) beforehand; **im Jahr** ~ the year before; **noch nie** ~ never before

zuvor|kommen *vi irreg sein* ■ **jdm** ~ to beat sb to it; ■ **einer S.** *dat* ~ to forestall sth

zuvorkommend I. *adj* (*gefällig*) accommodating; (*höflich*) courteous II. *adv* obligingly, courteously

Zuvorkommenheit <-> *f kein pl* courtesy

Zuwachs <-es, Zuwächse> ['tsu:vaks, *pl* 'tsu:vɛksə] *m* increase

zu|wachsen *vi irreg sein* ① (*mit Pflanzen*) to become overgrown ② *Wunde* to heal [over]

Zuwachsrate *f* growth rate

zu|wandern *vi sein* to immigrate

zuwege, zu Wege[RR] [tsu've:gə] *adv* **etw** ~ **bringen** to achieve sth; **es** ~ **bringen, dass jd etw tut** to [manage to] get sb to do sth

zuweilen [tsu'vailən] *adv* (*geh*) occasionally

zu|weisen *vt irreg* ■ **jdm etw** ~ to assign sb sth

zu|wenden *irreg* I. *vt* **jdm das Gesicht** ~ to turn one's face towards sb; **jdm den Rücken** ~ to turn one's back on sb; **einer S.** *dat* **seine Aufmerksamkeit** ~ to turn one's attention to sth II. *vr* ■ **sich jdm/einer S.** ~ to devote oneself to sb/sth

Zuwendung *f* ① *kein pl* (*Hinwendung*) love and care ② (*Geld*) contribution

zuwider[1] [tsu'vi:dɐ] *adv* ■ **jdm ist jd/etw** ~ sb loathes sb/sth

zuwider[2] [tsu'vi:dɐ] *präp* ■ **einer S.** *dat* ~ contrary to sth

zu|zahlen I. *vt* **100 Euro** ~ to pay an extra 100 euros II. *vi* to pay extra

zu|ziehen *irreg* I. *vt haben* ① *Seil* to tighten ② *Gardinen* to draw; *Tür* to pull ③ (*hinzuziehen*) to consult II. *vr haben* ■ **sich** *dat* **eine Krankheit** ~ to catch an illness; **sich** *dat* **eine Verletzung** ~ to sustain an injury; **sich** *dat* **jds Zorn** ~ to incur sb's wrath ② (*sich zusammenziehen*) ■ **sich** ~ to tighten III. *vi sein* to move into the area

zuzüglich ['tsu:tsy:glɪç] *präp* ■ ~ **einer S.**

gen plus sth
zwang [tsvaŋ] *imp von* **zwingen**
Zwang <-[e]s, Zwänge> [tsvaŋ, *pl* tsvɛŋə] *m* ❶ (*Gewalt*) force; (*Druck*) pressure; **gesellschaftliche Zwänge** social constraints; **~ auf jdn ausüben** to exert pressure on sb; **unter ~** under duress ❷ (*Notwendigkeit*) compulsion; **aus ~** out of necessity ▶ **tu dir keinen ~ an** feel free [to do sth]
zwängen ['tsvɛŋən] *vt* ▪ **etw in etw** *akk* **~** to force sth into sth; ▪ **sich durch/in etw** *akk* **~** to squeeze through/into sth; **sich durch die Menge ~** to force one's way through the crowd
zwanglos I. *adj* (*ungezwungen*) casual; (*ohne Förmlichkeit*) informal II. *adv* casually, informally
Zwangsarbeit *f kein pl* hard labour **Zwangsarbeiter(in)** *m(f)* sb sentenced to hard labour **Zwangsjacke** *f* straitjacket **Zwangslage** *f* predicament; **in eine ~ geraten** to get into a predicament
zwangsläufig I. *adj* inevitable II. *adv* inevitably
Zwangsräumung *f* eviction **Zwangsversteigerung** *f* compulsory sale
zwangsweise I. *adj* compulsory II. *adv* compulsorily
zwanzig ['tsvantsɪç] *adj* twenty; *s. a.* **achtzig**
zwanzigfach *adj* twentyfold, twenty times; *s. a.* **achtfach**
zwanzigjährig, 20-jährig^RR ['tsvantsɪçjɛːrɪç] *adj* ❶ (*Alter*) twenty-year-old *attr*, twenty years old *pred* ❷ (*Zeitspanne*) twenty-year *attr*
zwanzigste(r, s) ['tsvantsɪçstə, -stə, -stəs] *adj attr* twentieth; *s. a.* **achte(r, s)**
zwar [tsvaːɐ̯] *adv* **sie ist ~ 47, sieht aber wie 30 aus** although she's 47, she looks like 30; **das mag ~ stimmen, aber ...** that may be true, but ...; ▪ **und ~** namely
Zweck <-[e]s, -e> [tsvɛk] *m* ❶ (*Verwendungszweck*) purpose; **ein guter ~** a good cause; **seinen ~ erfüllen** to serve its/one's purpose ❷ (*Absicht*) aim; **seinen ~ verfehlen** to fail to achieve its/one's object; **einem bestimmten ~ dienen** to serve a particular aim; **zu welchem ~?** for what purpose? ❸ (*Sinn*) point; **das hat doch alles keinen ~!** there's no point in any of that ▶ **der ~ heiligt die Mittel** (*prov*) the end justifies the means

Zweckbündnis *nt* convenient alliance; (*zwischen politischen Parteien a.*) marriage of convenience **zweckdienlich** *adj* useful
Zwecke <-, -n> ['tsvɛkə] *f* DIAL (*Nagel*) tack, nail; (*Reiß~*) drawing pin BRIT, thumbtack AM
zweckentfremden* *vt* ▪ **etw als etw** *akk* **~** to use sth as sth
zwecklos *adj* futile
zweckmäßig *adj* ❶ (*geeignet*) suitable ❷ (*sinnvoll*) appropriate
zwecks [tsvɛks] *präp* (*geh*) ▪ **~ einer S.** *gen* for the purpose of sth
zwei [tsvai] *adj* two; *s. a.* **acht**¹
Zweibettzimmer *nt* double room **zweideutig** ['tsvaidɔytɪç] *adj* ❶ ambiguous ❷ (*anrüchig*) suggestive **zweidimensional** *adj* two-dimensional **Zweidrittelmehrheit** *f* two-thirds majority; **mit ~** with a two-thirds majority
zweierlei ['tsvaiɐˈlai] *adj attr* two [different]; **mit ~ Maß messen** to apply double standards
zweifach, 2fach ['tsvaifax] *adj* **die ~e Menge** twice as much; **in ~er Ausfertigung** in duplicate
Zweifamilienhaus [tsvaifaˈmiːli̯ənhaus] *nt* two-family house
Zweifel <-s, -> ['tsvaifl̩] *m* doubt; **darüber besteht kein ~** there can be no doubt about that; **sich** *dat* **[noch] im ~ sein** to be [still] in two minds; **jdm kommen ~** sb begins to doubt; **außer ~ stehen, dass ...** to be beyond [all] doubt that ...
zweifelhaft *adj* ❶ doubtful ❷ (*pej: dubios*) dubious
zweifellos ['tsvaifl̩loːs] *adv* undoubtedly
zweifeln ['tsvaifl̩n] *vi* ▪ **an jdm/etw ~** to doubt sb/sth; ▪ **[daran] ~, ob ...** to doubt whether ...
Zweifelsfall *m* ▪ **im ~** if in doubt
Zweig <-[e]s, -e> [tsvaik] *m* ❶ (*Ast*) branch; (*kleiner*) twig ❷ (*Sparte*) branch ▶ **auf keinen grünen ~ kommen** (*fam*) to get nowhere
zweigleisig ['tsvaiglaizɪç] *adj* double-track *attr*
Zweigniederlassung *f* HANDEL branch [establishment], subsidiary
Zweigstelle *f* branch office
zweihundert ['tsvaiˈhʊndɐt] *adj* two hundred
zweijährig, 2-jährig^RR ['tsvaijɛːrɪç] *adj*

Zweikampf – zwischendurch

❶ (*Alter*) two-year-old *attr*; two years old *pred* ❷ (*Zeitspanne*) two-year *attr*
Zweikampf *m* duel
Zweiklassengesellschaft *f* SOZIOL, POL divided society
zweimal, 2-mal[RR] ['tsvaima:l] *adv* twice, two times; **sich** *dat* **etw nicht ~ sagen lassen** to not need telling twice; **sich** *dat* **etw ~ überlegen** to think over *sep* sth carefully
zweimalig ['tsvaima:lɪç] *adj* two times over
zweimotorig *adj* twin-engined **Zweiparteiensystem** *nt* two-party system **zweipolig** *adj* bipolar; *Schalter* double-pole; *Stecker* two-pin **Zweirad** *nt* [bi]cycle; (*Motorrad*) motorcycle **zweireihig** ['tsvairaɪç] *adj Anzug* double-breasted **zweischneidig** ['tsvaiʃnaidɪç] *adj* two-edged ▶ **ein ~es Schwert** a double-edged sword **zweisprachig** ['tsvaiʃpra:xɪç] **I.** *adj* bilingual **II.** *adv* **~ erzogen sein** to be brought up speaking two languages **zweistufig** *adj* two-stage; *Scheibenwischer* two-speed
zweit [tsvait] *adv* **wir sind zu ~** there are two of us
Zweitakter <-s, -> *m* two-stroke engine
Zweitausfertigung <-, -en> *f* ❶ *kein pl* (*das Ausfertigen*) duplication ❷ (*Ausgefertigtes*) duplicate
zweitbeste(r, s) ['tsvait'bɛstə, -'bɛstɐ, -'bɛstəs] *adj* second best; ▪ **Z~[r] werden** to come second best
zweite(r, s) ['tsvaitə, 'tsvaitɐ, 'tsvaitəs] *adj* second, 2nd; **die ~ Klasse** second form BRIT, second grade AM; *s. a.* **achte(r, s)**
zweitens ['tsvaitns] *adv* secondly
zweitklassig *adj* (*pej*) second-rate **zweitrangig** *adj s.* **zweitklassig Zweitschrift** *f* (*geh*) copy, duplicate copy *form* **Zweitstimme** *f* second vote **Zweitürer** *m* two-door car **Zweitwagen** *m* second car **Zweitwohnung** *f* second home **Zweiwegebox** *f* plastic container box
Zwerchfell ['tsvɛrçfɛl] *nt* diaphragm
Zwerg(in) <-[e]s, -e> [tsvɛrk, *pl* 'tsvɛrgə] *m(f)* dwarf
Zwergstaat *m* miniature state, ministate **Zwergwuchs** *m* dwarfism
Zwetschge <-, -n> ['tsvɛtʃgə] *f* damson
Zwetschgenwasser *nt* plum brandy
Zwickel <-s, -> ['tsvɪkl̩] *m* MODE gusset
zwicken ['tsvɪkn̩] **I.** *vi* to pinch **II.** *vt* ▪ **jdn [in etw** *akk*] **~** to pinch sb['s sth]

Zwickmühle *f* ▶ **in der ~ sein** (*fam*) to be in a dilemma
Zwieback <-[e]s, -e *o* -bäcke> ['tsvi:bak, *pl* -bɛkə] *m* rusk
Zwiebel <-, -n> ['tsvi:bl̩] *f* ❶ onion ❷ (*Blumenzwiebel*) bulb
Zwiebelsuppe *f* onion soup **Zwiebelturm** *m* onion dome, cupola
Zwiegespräch *nt* (*geh*) tête-à-tête
Zwielicht ['tsvi:lɪçt] *nt kein pl* twilight; (*morgens a.*) half-light
zwielichtig *adj* (*pej*) dubious
Zwiespalt ['tsvi:ʃpalt] *m kein pl* (*geh*) conflict
zwiespältig ['tsvi:ʃpɛltɪç] *adj* (*geh*) *Charakter* ambivalent; *Gefühle* mixed
Zwietracht <-> ['tsvi:traxt] *f kein pl* discord
Zwillich <-s, -s> ['tsvɪlɪç] *m* ticking *no pl, no indef art*
Zwilling <-s, -e> ['tsvɪlɪŋ] *m* ❶ *meist pl* twin; **eineiige ~e** identical twins; **siamesische ~e** Siamese twins; **zweieiige ~e** fraternal twins ❷ *pl* ASTROL Gemini
Zwillingsbruder *m* twin brother **Zwillingsschwester** *f* twin sister
Zwinge <-, -n> ['tsvɪŋə] *f* [screw] clamp
zwingen <zwang, gezwungen> ['tsvɪŋən] **I.** *vt* ▪ **jdn [zu etw** *dat*] **~** to force sb [do sth]; ▪ **gezwungen sein, etw zu tun** to be forced into [doing] sth **II.** *vr* ▪ **sich zu etw** *dat* **~** to force oneself to do sth
zwingend **I.** *adj* compelling **II.** *adv* **sich ~ ergeben** to follow conclusively
Zwinger <-s, -> ['tsvɪŋɐ] *m* cage
zwinkern ['tsvɪŋkɐn] *vi* to blink; [**mit einem Auge**] **~** to wink; **freundlich ~** to give [sb] a friendly wink
Zwirn <-s, -e> [tsvɪrn] *m* thread
zwischen ['tsvɪʃn̩] *präp* ❶ +*dat* (*Position: zwischen 2 Personen, Dingen*) between; (*zwischen mehreren: unter*) among[st] ❷ +*akk* (*Richtung: zwischen zwei*) between; (*zwischen mehrere: unter*) among[st] ❸ +*dat* (*zeitlich*) between
Zwischenaufenthalt *m* stopover **Zwischenbemerkung** *f* interruption **Zwischenbescheid** *m* provisional notification *no indef art* **Zwischenbilanz** *f* interim balance **Zwischendeck** *nt* 'tween decks *pl* **Zwischending** *nt* **ein ~ zwischen ... und ...** something between ... and ...
zwischendurch [tsvɪʃn̩'dʊrç] *adv* in be-

tween times
Zwischenergebnis *nt* interim result; *Untersuchung a.* interim findings *pl* **Zwischenfall** *m* incident **Zwischengröße** *f* in-between size **Zwischenhandel** *m* ÖKON intermediate trade **Zwischenhändler(in)** *m(f)* middleman *masc,* middlewoman *fem* **Zwischenlagerung** *f* temporary storage; TYPO buffer [or intermediate] storage **Zwischenlandung** *f* stopover **Zwischenmahlzeit** *f* snack [between meals] **zwischenmenschlich** *adj* interpersonal **Zwischenprüfung** *f* intermediate exam **Zwischenraum** *m* ❶ (*Lücke*) gap ❷ TYPO **ein ~ von anderthalb Zeilen** a space of one-and-a-half lines **Zwischenruf** *m* interruption; ■ **~e** heckling **Zwischenspiel** *nt* interlude **Zwischenstation** *f* stop; **in einer Stadt ~ machen** to stop off in a town **Zwischenstück** *nt* connecting piece **Zwischenzeit** *f* ■ **in der ~** [in the] meantime **zwischenzeitlich** *adv* meanwhile **Zwischenzeugnis** *nt* SCH end of term report

Zwist <-es, -e> [tsvɪst] *m* (*geh*) strife *no indef art*

zwitschern ['tsvɪtʃən] I. *vi* to twitter II. *vt* ▶ **einen ~** (*fam*) to have a drink

Zwitter <-s, -> ['tsvɪtɐ] *m* hermaphrodite

zwo [tsvoː] *adj* (*fam*) two

zwölf [tsvœlf] *adj* twelve; *s. a.* **acht**¹

Zwölffingerdarm [tsvœlf'fɪŋɐdarm] *m* duodenum

Zwölfkampf *m* SPORT twelve-exercise event

zwölfte(r, s) ['tsvœlftə, 'tsvœlftɐ, 'tsvœlftəs] *adj attr* twelfth, 12th; **die ~ Klasse** sixth form BRIT, twelfth grade AM; *s. a.* **achte(r, s)**

Zwölftonmusik ['tsvœlftoːnmuziːk] *f* twelve-tone music

Zyanid <-s, -e> [tsy̆a'niːt] *nt* CHEM cyanide

Zyankali <-s> [tsy̆a:ŋka:li] *nt kein pl* potassium cyanide

zyklisch ['tsyːklɪʃ] *adj* cyclic, cyclical

Zyklon <-s, -e> [tsy'kloːn] *m* cyclone

Zyklus <-, Zyklen> ['tsyːklʊs, *pl* 'tsyːklən] *m* cycle; **ein ~ von Vorträgen** a series of lectures

Zylinder <-s, -> [tsi'lɪndɐ] *m* ❶ cylinder ❷ (*Hut*) top hat

Zylinderkopf *m* cylinder head **Zylinderkopfdichtung** *f* [cylinder] head gasket

Zyniker(in) <-s, -> ['tsyːnikɐ] *m(f)* cynic

zynisch ['tsyːnɪʃ] I. *adj* cynical II. *adv* cynically; **~ grinsen** to give a cynical grin

Zypern ['tsyːpɐn] *nt* Cyprus

Zypresse <-, -n> [tsy'prɛsə] *f* cypress

zyprisch ['tsyːprɪʃ] *adj* Cypriot; *s. a.* **deutsch 1**

Zyste <-, -n> ['tsʏstə] *f* cyst

Anhang II

Englische Kurzgrammatik
A Brief English Grammar

Das Substantiv – Nouns

Das **Geschlecht** der Substantive stimmt im Englischen mit dem natürlichen Geschlecht überein. Da der Artikel immer gleich ist, erkennt man es nur an dem Pronomen (persönliches Fürwort).

the boy	**he**	er
the girl	**she**	sie
the book	**it**	es

Schiffsnamen sind meist weiblich. Auch Länder und Flugzeuge werden oft durch den Gebrauch der weiblichen Pronomen personifiziert.

Im **Plural** wird an den Singular eines Substantivs ein **-s** angehängt. Dieses **s** wird stimmhaft [z] gesprochen nach Vokalen und stimmhaften Konsonanten:

day**s**	Tage
dog**s**	Hunde
boy**s**	Jungen

und stimmlos nach allen stimmlosen Konsonanten:

| book**s** | Bücher |
| hat**s** | Hüte |

Bei Wörtern, die auf **-ce**, **-ge**, **-se**, **-ze** enden, wird das im Singular stumme **-e** wie [ɪ] ausgesprochen:

| pie**ces** | Stücke |
| si**zes** | Größen |

Auf einen Zischlaut – **s, ss, sh, ch, x, z** – endende Wörter bekommen **-es**, wie [ɪz] ausgesprochen, angehängt:

| bo**xes** | Schachteln |
| bo**sses** | Chefs |

Auslautendes **y**, dem ein Konsonant vorausgeht, wird im Plural zu **-ies** [ɪz]:

| lad**y** | lad**ies** | Damen |
| bod**y** | bod**ies** | Körper |

auch Wörter, die auf **-o** enden, und einen Konsonanten vorangestellt haben, bekommen oft **-es**:

| tomat**oes** | Tomaten |
| her**oes** | Helden |

Einige auf -**f** oder -**fe** endende Wörter erhalten im Plural die Endung -**ves**:

Singular	Plural	
half	halves	Hälften
knife	knives	Messer
leaf	leaves	Blätter
wife	wives	Ehefrauen

Andere ändern ihren Vokal bzw. ihre Vokale:

Singular	Plural	
foot	feet	Füße
man	men	Männer
woman	women	Frauen

Unregelmäßige Pluralbildungen und solche auf -**ves**, -**oes** bzw. -**os** sind im englisch-deutschen Teil des Wörterbuchs angegeben.

Nominativ/Akkusativ/Dativ/Genitiv – Nominative/Accusative/Dative/Genitive

Nominativ und **Akkusativ** haben dieselbe Form. Der **Genitiv** wird meist mit Hilfe von *of*, der **Dativ** mit *to* ausgedrückt.

- Der **Dativ** kann auch ohne *to* gebildet werden, wenn das Dativobjekt unbetont ist. Das Dativobjekt steht dann direkt hinter dem Verb:

	He gives the porter the ticket.
anstelle von:	He gives the ticket ***to*** the porter.

- Im Unterschied zum Deutschen wird auch bei folgenden Ausdrücken die Form des **Genitivs** mit *of* gebraucht:

a cup **of** coffee	eine Tasse Kaffee
the city **of** London	London
the Isle **of** Wight	die Insel Wight

- Der **sächsische Genitiv**, der häufig bei Personen und personifizierten Begriffen zur Bezeichnung des Besitzes verwendet wird und vor dem Substantiv steht, das er näher bestimmt, ist ähnlich wie im Deutschen: „Mutters Mantel". Er wird im Singular durch **Apostroph und s** gekennzeichnet:

my sister**'s** room	das Zimmer meiner Schwester

und im **Plural** durch den **Apostroph** allein:

my sisters**'** room	das Zimmer meiner Schwestern

Wörter wie z. B. *shop*, *church*, *cathedral* werden nach dem sächsischen Genitiv oft weggelassen:

at the butcher**'s**	*statt*: at the butcher's shop	beim Metzger
St. Paul**'s**	*statt*: St. Paul's Cathedral	die St.-Pauls-Kathedrale

Das Adjektiv – Adjectives

Das Adjektiv bleibt nach Geschlecht und Zahl immer unverändert.

Die regelmäßige Steigerung

Bei der regelmäßigen Steigerung erhalten einsilbige Adjektive im Komparativ die Endung -**er** und im Superlativ -**est**.

great	great**er** (than)	great**est**
groß	größer (als)	am größten

- Bei Adjektiven, die auf -**e** enden, entfällt bei der Steigerung mit -**er**, -**est** ein **e**: fine, finer, finest.
- Die Endbuchstaben **d**, **g**, **n** und **t** werden bei der Steigerung mit -**er**, -**est** verdoppelt, wenn ihnen ein kurzes, betontes *a*, *e*, *i* oder *o* vorausgeht: bi**g**, bi**gg**er, bi**gg**est.

Zwei und mehrsilbige Adjektive werden im Komparativ mit ***more*** (mehr) und im Superlativ mit ***most*** (meist) gesteigert.

difficult	**more** difficult (than)	**most** difficult
schwierig	schwieriger (als)	am schwierigsten

Die unregelmäßige Steigerung

good	**better**	**best**
gut	besser	am besten

bad	**worse**	**worst**
schlecht	schlechter	am schlechtesten

much/many	**more**	**most**
viel/viele	mehr	am meisten

Unregelmäßige Steigerungsformen sind im englisch-deutschen Teil des Wörterbuchs angegeben.

Das Adverb – Adverbs

Adverbien werden gebildet, indem man an ein Adjektiv -**ly** anhängt

slow	slow**ly**	He speaks slowly.	Er spricht langsam.
quick	quick**ly**	He runs quickly.	Er läuft schnell.

- Ein Sonderfall ist ***well***, das Adverb zu ***good*** (gut).

He speaks English **well**.	Er spricht gut Englisch.

Adverbien mit der Endung -**ly** werden mit ***more*** und ***most*** gesteigert.

slow**ly**	**more** slowly	**most** slowly
langsam	langsamer	am langsamsten

Das Verb – Verbs
Präsens

Infinitiv: (Grundform)		to knock klopfen	to call rufen	to go gehen	to wash waschen	to study studieren
I	(ich)	knock	call	go	wash	study
you	(du, Sie)	knock	call	go	wash	study
he she it	(er) (sie) (es)	knocks	calls	goes	washes	studies
we	(wir)	knock	call	go	wash	study
you	(ihr, Sie)	knock	call	go	wash	study
they	(sie)	knock	call	go	wash	study

Nur die 3. Person Singular wird verändert.

Das **-s** ist stimmlos nach stimmlosen Konsonanten (*he knocks*) und stimmhaft nach Vokalen (*he goes*) sowie stimmhaften Konsonanten (*he calls*).

Präteritum und Partizip Perfekt

Die Vergangenheitsform wird gebildet, indem man **-ed** an die Grundform des Verbs anhängt.

Infinitiv: (Grundform)	to open öffnen	to arrive ankommen	to stop anhalten	to carry tragen
I, you, he, she, it, we, you, they	opened	arrived	stopped	carried

- Bei Verben, die auf **-e** enden, entfällt ein **e**: agre**ed**, arriv**ed**.
- Ein auslautendes **-y** verwandelt sich in **-ied**.
- Auslautendes **b, d, g, m, n, p, s, t** wird verdoppelt, wenn es nach kurzem, betontem Vokal steht.
- Bei mehrsilbigen Verben, die auf **l** enden, wird im britischen Englisch dieses meist verdoppelt: trave**l**, trave**ll**ed.
- Das Partizip Perfekt ist gleich dem Präteritum:

open**ed**	arriv**ed**	stop**ped**	carr**ied**
geöffnet	angekommen	angehalten	getragen

Die Formen der **unregelmäßigen Verben** sind in einer gesonderten Liste aufgeführt.

Die Hilfsverben – Auxiliary verbs
Präsens und Partizip Präsens

Infinitiv: (Grundform)	to be sein	to have haben	to do tun, machen
I	am ich bin	have ich habe	do ich tue
you	are du bist; Sie sind	have du hast; Sie haben	do du tust; Sie tun
he, she, it	is er, sie, es ist	has er, sie, es hat	does er, sie, es tut
we	are wir sind	have wir haben	do wir tun
you	are ihr seid; Sie sind	have ihr habt; Sie haben	do ihr tut; Sie tun
they	are sie sind	have sie haben	do sie tun
Partizip:	being seiend	having habend	doing tuend

Im gesprochenen Englisch werden häufig **Kurzformen** gebraucht:

am	→	'm	I'm
are	→	're	you're
is	→	's	he's
have	→	've	I've
has	→	's	he's

Verneinung		Kurzform
are not	→	aren't
is not	→	isn't
have not	→	haven't
has not	→	hasn't
do not	→	don't
does not	→	doesn't

Präteritum und Partizip Perfekt

Infinitiv: (Grundform)	to be sein	to have haben	to do tun, machen
I	**was** ich war	**had** ich hatte	**did** ich tat
you	**were** du warst; Sie waren	**had** du hattest; Sie hatten	**did** du tatest; Sie taten
he, she, it	**was** er, sie, es war	**had** er, sie, es hatte	**did** er, sie, es tat
we	**were** wir waren	**had** wir hatten	**did** wir taten
you	**were** ihr wart; Sie waren	**had** ihr hattet; Sie hatten	**did** ihr tatet; Sie taten
they	**were** sie waren	**had** sie hatten	**did** sie taten
Partizip:	**been** gewesen	**had** gehabt	**done** getan
Kurzform:		**'d**	
Verneinung:	**wasn't** **weren't**	**hadn't**	**didn't**

Perfekt

Das Perfekt bildet man im Unterschied zum Deutschen immer mit **have** (haben) + Partizip Perfekt.

I **have** had	ich habe gehabt
I **have** been	ich bin gewesen
I **have** done	ich habe getan
I **have** called	ich habe gerufen
I **have** arrived	ich bin angekommen
I **have** gone	ich bin gegangen

Plusquamperfekt

Das Plusquamperfekt wird mit **had** (hatten) + Partizip Perfekt gebildet.

I **had** had	ich hatte gehabt
I **had** been	ich war gewesen
I **had** done	ich hatte getan
I **had** called	ich hatte gerufen
I **had** arrived	ich war angekommen
I **had** gone	ich war gegangen

Unselbstständige Hilfsverben

Unselbstständige Hilfsverben können nicht selbstständig auftreten, sondern müssen immer von einem anderen Verb (im Infinitiv ohne *to*) begleitet werden.

I, you, he, she, it we, you, they	can	may	shall	will	must
	können	dürfen	sollen werden	wollen	müssen
Verneinung:	cannot	must not	shall not	will not	need not
Kurzform:	can't	mustn't	shan't	won't	needn't

Diese Verben sind bei allen Personen gleich; die dritte Person Singular hat **kein** -s.

Präteritum		Ersatz	
could	konnte	to be able (to)	können, im Stande sein (zu)
might	könnte	to be allowed (to)	mögen, dürfen, können
would	würde	to want, to wish (to)	wollen, wünschen
should	sollte	to be obliged (to)	verpflichtet sein (zu)
Verneinung:	could not	might not	would not
Kurzform:	couldn't	mightn't	wouldn't

- Die Formen des Präteritums, die denen des Konditionals gleich sind, findet man oft in Höflichkeitswendungen:

Could you give me ...?	Können sie mir ... geben?
Would you ..., please.	Würden Sie bitte ...
Would you like ...?	Wollen/Möchten Sie ...?

Futur und Konditional

Das Futur wird mit Hilfe von *shall/will* (1. Person Singular und Plural) und *will* in den übrigen Personen und das Konditional mit *should/would* (1. Person Singular und Plural) und *would* in den übrigen Personen gebildet. Heutzutage wird *shall* jedoch kaum noch verwendet und für alle Personen ist *will* die gebräuchlichere Form. In der gesprochenen Sprache wird fast ausschließlich die Kurzform verwendet.

Futur		Konditional	
I **will**(/**shall**) go	ich werde gehen	I **should**/**would** go	ich würde gehen
you **will** go	du wirst gehen; Sie werden gehen	you **would** go	du würdest gehen; Sie würden gehen
he, she, it **will** go	er, sie, es wird gehen	he, she, it **would** go	er, sie, es würde gehen
we **will** (/**shall**) go	wir werden gehen	we **should**/**would** go	wir würden gehen
you **will** go	ihr werdet gehen; Sie werden gehen	you **would** go	ihr würdet gehen; Sie würden gehen
they **will** go	sie werden gehen	they **would** go	sie würden gehen
Kurzform:	I'**ll** go, you'**ll** go, he'**ll** go etc. I'**d** go, you'**d** go, he'**d** go etc.		

Frage und Verneinung mit do

Das Hilfsverb **do** wird zur Bildung der fragenden und der mit **not** verneinten Form der selbstständigen Verben verwendet.

Do you speak German?	Sprechen Sie Deutsch?
Does he know?	Weiß er es?
Did you call?	Haben Sie angerufen?
I **do not** (**don't**) speak German.	Ich spreche nicht Deutsch.
He **does not** (**doesn't**) know.	Er weiß es nicht.
I **did not** (**didn't**) call.	Ich habe nicht angerufen.
Didn't he come?	Ist er nicht gekommen?
Didn't she call?	Hat sie nicht angerufen?

- **do** wird <u>nicht verwendet</u> in Fragesätzen, in denen ein Fragewort selbst das Subjekt ist:

Who wrote the letter?	Wer schrieb den Brief?
Which of these trains goes to London?	Welcher dieser Züge fährt nach London?

und auch nicht in Sätzen mit den Hilfsverben:

am, are, is, was, were, can, could, may, might, must, shall, should, will, would

Verlaufsform

Die Verlaufsform wird mit dem Hilfsverb **be** und dem Partizip Präsens (**-ing**) gebildet. Mit der Verlaufsform wird eine Handlung ausgedrückt, die gerade abläuft, noch andauert, noch nicht abgeschlossen ist, war oder sein wird.

I **am** work**ing**.	Ich arbeite gerade./Ich bin am Arbeiten.
I **was** work**ing**.	Ich arbeitete (gerade).
I **will** be work**ing**.	Ich werde arbeiten.
It **is** rain**ing**.	Es regnet.

- Bei Verben, die auf **-e** enden, entfällt das *e*: arrive, arriv**ing**.
- Bei Verben, die auf **-ie** enden, verwandelt sich dies in **y**: lie, l**ying**.
- Für die Verdoppelung der Endkonsonanten gelten dieselben Regeln wie zur Bildung des Präteritums: stop, sto**pping**; travel, trave**lling**.
- Die Form ***be going*** to bezeichnet die gegenwärtige Gewissheit über eine beabsichtigte Handlung, die in naher Zukunft stattfinden wird.

I **am going to** go to London next week.	Ich werde nächste Woche nach London fahren.
I **am going to** buy a new dress.	Ich werde mir ein neues Kleid kaufen.

Gerundium

Das Gerundium (Verb + **-ing**) ist die substantivierte Form des Infinitivs.

Im Deutschen dagegen steht anstelle des Gerundiums der Infinitiv.

Smoking is dangerous.	Rauchen ist gefährlich.

Passiv

Zur Bildung des Passivs verwendet man das Hilfsverb ***be*** und das Partizip Perfekt.

The doctor examines Peter.	Peter **is examined** (by the doctor).
Der Arzt untersucht Peter.	Peter wird (vom Arzt) untersucht.
Somebody stole my bike.	My bike **was stolen**.
Jemand hat mein Fahrrad gestohlen.	Mein Fahrrad wurde gestohlen.

Die Personalpronomen – Personal pronouns

<u>Subjektsfall</u>		<u>Objektsfall</u>	
I	ich	**me**	mir/mich
you	du; Sie	**you**	dir/dich; Ihnen/Sie
he	er	**him**	ihm/ihn
she	sie	**her**	ihr/sie
it	es	**it**	ihm/es
we	wir	**us**	uns/uns
you	ihr; Sie	**you**	euch/euch; Ihnen/Sie
they	sie	**them**	ihnen/sie

- Im Objektsfall steht ***to*** (Dativ), wenn das Pronomen besonders hervorgehoben werden soll:

I gave the book **to** him.	Ich gab <u>ihm</u> (*betont*) das Buch.
anstatt: I gave him the book.	Ich gab ihm (*unbetont*) das Buch.

Die Possessivpronomen – Possessive pronouns

Das Possessivpronomen ist für Singular und Plural gleich. Es hat adjektivische und substantivische Formen.

Adjektivisch (verbunden)

my	book	mein Buch	my	books	meine Bücher
your	book	dein/Ihr Buch	your	books	deine/Ihre Bücher
his	book	sein Buch	his	books	seine Bücher
her	book	ihr Buch	her	books	ihre Bücher
its	book	sein Buch	its	books	seine Bücher
our	car	unser Auto	our	cars	unsere Autos
your	car	euer/Ihr Auto	your	cars	eure/Ihre Autos
their	car	ihr Auto	their	cars	ihre Autos

Substantivisch (allein stehend)

mine	meines/der, die, das meinige/die meinigen
yours	deines/Ihres; der, die, das deinige/Ihrige; die deinigen/ihrigen
his	seines/der, die, das seinige/die seinigen
hers	ihres/der, die, das ihrige/die ihrigen
ours	unseres/der, die, das unsrige/die unsrigen
yours	eures/Ihres; der, die, das eurige/ihrige; die eurigen/ihrigen
theirs	ihres/der, die, das ihrige/die ihrigen

It's not my book. It's **yours**.	Es ist nicht mein Buch. Es ist deines.

Die Demonstrativpronomen – Demonstrative pronouns

Singular:	this	dieser, diese, dieses	Plural:	these	diese
	that	jener, jene, jenes		those	jene

This is an English book and **that** is a German book.
Dies hier ist ein englisches Buch und das da ist ein deutsches Buch.
These pictures are nicer than **those**.
Diese Bilder sind schöner als jene.

Die Reflexivpronomen – Reflexive pronouns

myself	mich	ourselves	uns
yourself	dich; sich	yourselves	euch; sich
himself	sich	themselves	sich
herself	sich		
itself	sich		

I enjoy **myself**.	Ich amüsiere mich.
You enjoy **yourself**.	Du amüsierst dich./Sie amüsieren sich.
He enjoys **himself**.	Er amüsiert sich.
She enjoys **herself**.	Sie amüsiert sich.
We enjoy **ourselves**.	Wir amüsieren uns.
You enjoy **yourselves**.	Ihr amüsiert euch./Sie amüsieren sich.
They enjoy **themselves**.	Sie amüsieren sich.

Die Relativpronomen – Relative pronouns

	Personen	Sachen	Personen und Sachen
Nominativ (Wer? Was?)	who	which	that
Genitiv (Wessen)	whose	of which	
Dativ (Wem?)	to whom	to which	
Akkusativ (Wen? Was?)	whom/who	which	that

Das Relativpronomen hat im Singular und im Plural die gleiche Form.

- Im Akkusativ kann *that* auch wegfallen:

| This is the strangest book (**that**) I've ever read. | Das ist das merkwürdigste Buch, das ich je gelesen habe. |

Die Interrogativpronomen – Interrogative pronouns

Substantivisch (allein stehend)

who?	wer?	**Who** are you?	Wer sind Sie?
whose?	wessen?	**Whose** car is this?	Wessen Auto ist das?
whom?/who?	wem/wen?	**Who**(**m**) did you help?	Wem hast du geholfen?
		Who(**m**) did you see?	Wen hast du gesehen?
what?	was?	**What** is that?	Was ist das?
which?	welche	**Which** is the quickest way?	Welches ist der kürzeste Weg?
	welcher/welches?		

who/whose/whom fragen nach Personen, *what* nach Sachen und *which* nach Personen oder Sachen aus einer bestimmten Anzahl.

- Präpositionen im Fragesatz werden nachgestellt:

Where do you come from?	woher?
What are you looking for?	wonach?
What do you want this for?	wofür?
What are you laughing at?	worüber?
Who are you speaking to?	mit wem?

- Statt *whom* als Akkusativ- oder Dativobjekt wird heutzutage in Wort und Schrift ausschließlich *who* verwendet. *Who* kann nicht direkt nach einer Präposition stehen. In solchen Fällen wird die Präposition oft nachgestellt:

The man (**who**) he sold his car to. *anstatt:* The man **to whom** he sold his car.	Der Mann, dem er sein Auto verkauft hat.
Who did you buy the flowers for? *anstatt:* For **whom** did you buy the flowers?	Für wen hast du die Blumen gekauft?

Adjektivisch (verbunden)

What book?	Was für ein Buch?
What English songs?	Welche englische Lieder?
Which book?	Welches Buch? (von mehreren Büchern)

Die Indefinitpronomen: some and any
1. some/somebody/someone/something
some und seine Zusammensetzungen stehen
1. in bejahenden Sätzen,
2. in Fragesätzen, wenn darauf eine bejahende Antwort erwartet wird.

1.	I'd like **some** strawberry jam.	Ich hätte gern die Erdbeermarmelade.
	Give me **some** stamps, please.	Bitte geben Sie mir ein paar Briefmarken.
	Somebody/Someone has stolen my purse.	Jemand hat meinen Geldbeutel gestohlen.
	I'd like **something** to drink.	Ich hätte gern etwas zu trinken.
2.	May I have **some** more tea, please? – Yes, of course.	Kann ich noch etwas Tee haben? – Aber selbstverständlich.

2. any/anybody/anyone/anything
any und seine Zusammensetzungen werden verwendet
1. in verneinten Sätzen,
2. in Fragesätzen, auf welche die Antwort ungewiss ist,
3. in Bedingungssätzen.

1.	I haven't got **any** friends in London.	Ich habe keine Freunde in London.
2.	Is there **anybody/anyone** who speaks German?	Spricht hier jemand Deutsch?
	Have you got **any** stamps?	Haben Sie vielleicht ein paar Briefmarken?
	Can I do **anything** for you?	Kann ich irgendetwas für Sie tun?
3.	If I had **any** stamps I would post the letter.	Wenn ich Briefmarken hätte, würde ich den Brief einwerfen.

Englische unregelmäßige Verben
Irregular English Verbs

Infinitiv Infinitive	Präteritum Preterite	Partizip Perfekt Past Participle
arise	arose	arisen
awake	awoke	awaked, awoken
be	was *sing*, were *pl*	been
bear	bore	borne
beat	beat	beaten
become	became	become
begin	began	begun
bend	bent	bent
beseech	besought	besought
bet	bet, betted	bet, betted
bid	bid	bid
bind	bound	bound
bite	bit	bitten
bleed	bled	bled
blow	blew	blown
break	broke	broken
breed	bred	bred
bring	brought	brought
build	built	built
burst	burst	burst
buy	bought	bought
can	could	–
cast	cast	cast
catch	caught	caught
choose	chose	chosen
cling	clung	clung
come	came	come
cost	cost	cost
creep	crept	crept
cut	cut	cut
deal	dealt	dealt
dig	dug	dug
do	did	done
draw	drew	drawn
dream	dreamed, dreamt	dreamed, dreamt
drink	drank	drunk
drive	drove	driven
dwell	dwelt	dwelt
eat	ate	eaten

Infinitiv Infinitive	Präteritum Preterite	Partizip Perfekt Past Participle
fall	fell	fallen
feed	fed	fed
feel	felt	felt
fight	fought	fought
find	found	found
flee	fled	fled
fling	flung	flung
fly	flew	flown
forbid	forbad(e)	forbidden
forget	forgot	forgotten
forsake	forsook	forsaken
freeze	froze	frozen
get	got	got, AM gotten
give	gave	given
go	went	gone
grind	ground	ground
grow	grew	grown
hang	hung, JUR hanged	hung, JUR hanged
have	had	had
hear	heard	heard
heave	heaved, hove	heaved, hove
hide	hid	hidden
hit	hit	hit
hold	held	held
hurt	hurt	hurt
keep	kept	kept
kneel	knelt	knelt
know	knew	known
lay	laid	laid
lead	led	led
lean	leaned, leant	leaned, leant
leap	leaped, leapt	leaped, leapt
learn	learned, learnt	learned, learnt
leave	left	left
lend	lent	lent
let	let	let
lie	lay	lain
light	lit, lighted	lit, lighted
lose	lost	lost
make	made	made
may	might	–
mean	meant	meant

Infinitiv Infinitive	Präteritum Preterite	Partizip Perfekt Past Participle
meet	met	met
mistake	mistook	mistaken
mow	mowed	mown, mowed
pay	paid	paid
put	put	put
quit	quit, quitted	quit, quitted
read	read	read
rend	rent	rent
rid	rid	rid
ride	rode	ridden
ring	rang	rung
rise	rose	risen
run	ran	run
saw	sawed	sawed, sawn
say	said	said
see	saw	seen
seek	sought	sought
sell	sold	sold
send	sent	sent
set	set	set
sew	sewed	sewed, sewn
shake	shook	shaken
shave	shaved	shaved, shaven
shear	sheared	sheared, shorn
shed	shed	shed
shine	shone	shone
shit *vulg*	shit, shat *vulg*	shit, shat *vulg*
shoot	shot	shot
show	showed	shown
shrink	shrank	shrunk
shut	shut	shut
sing	sang	sung
sink	sank	sunk
sit	sat	sat
sleep	slept	slept
slide	slid	slid
sling	slung	slung
slink	slunk	slunk
slit	slit	slit
smell	smelled, smelt	smelled, smelt
sow	sowed	sowed, sown
speak	spoke	spoken

Infinitiv Infinitive	Präteritum Preterite	Partizip Perfekt Past Participle
speed	speeded, sped	speeded, sped
spell	spelled, spelt	spelled, spelt
steal	stole	stolen
swell	swelled	swollen
swim	swam	swum
swing	swung	swung
take	took	taken
teach	taught	taught
tear	tore	torn
tell	told	told
think	thought	thought
thrive	throve, thrived	thriven, thrived
throw	threw	thrown
thrust	thrust	thrust
tread	trod	trodden
wake	woke, waked	woken, waked
wear	wore	worn
weave	wove	woven
weep	wept	wept
win	won	won
wind	wound	wound
wring	wrung	wrung
write	wrote	written

A Brief German Grammar
Deutsche Kurzgrammatik

Der Artikel – Articles

A German noun can be either **masculine**, **feminine** or **neuter**.
The **gender** of a noun can be recognized by its article: ***der***, ***die*** or ***das***.

	Definite article				Indefinite article			
	m	f	nt	pl	m	f	nt	pl
Nominative	der	die	das	die	ein	eine	ein	–
Accusative	den	die	das	die	einen	eine	ein	–
Genitive	des	der	des	der	eines	einer	eines	–
Dative	dem	der	dem	den	einem	einer	einem	–

Das Substantiv – Nouns

In German the declension of nouns is characterized as strong, weak and mixed (compare the declension of adjectives).

Nouns with a strong declension are recognizable by the endings **-s**, **-sch**, **-ß** and **-z**. The genitive singular of these nouns adds an **-es** to the word:

Hals – Halses, Busch – Busches, Fuß – Fußes, Reiz – Reizes.

1. Strong declension: masculine and neuter

	Plural with ~e	Plural with ~̈e	Plural with ~er	Plural with ~̈er
Singular				
Nominative	der Tag	der Traum	das Kind	das Dach
Accusative	den Tag	den Traum	das Kind	das Dach
Genitive	des Tag(e)s	des Traum(e)s	des Kind(e)s	des Dach(e)s
Dative	dem Tag(e)	dem Traum(e)	dem Kind(e)	dem Dach(e)
Plural				
Nominative	die Tage	die Träume	die Kinder	die Dächer
Accusative	die Tage	die Träume	die Kinder	die Dächer
Genitive	der Tage	der Träume	der Kinder	der Dächer
Dative	den Tagen	den Träumen	den Kindern	den Dächern

	Plural with ~s	Plural without any ending	
		~	Plural with ~̈
Singular			
Nominative	das Auto	der Tischler	der Vogel
Accusative	das Auto	den Tischler	den Vogel
Genitive	des Autos	des Tischlers	des Vogels
Dative	dem Auto	dem Tischler	dem Vogel

Plural

Nominative	die Autos	die Tischler	die Vögel
Accusative	die Autos	die Tischler	die Vögel
Genitive	der Autos	der Tischler	der Vögel
Dative	den Autos	den Tischlern	den Vögeln

2. Strong declension: feminine

	Plural with ⸚e	Plural without any ending	Plural with ~s
Singular			
Nominative	die Wand	die Mutter	die Bar
Accusative	die Wand	die Mutter	die Bar
Genitive	der Wand	der Mutter	der Bar
Dative	der Wand	der Mutter	der Bar
Plural			
Nominative	die Wände	die Mütter	die Bars
Accusative	die Wände	die Mütter	die Bars
Genitive	der Wände	der Mütter	der Bars
Dative	den Wänden	den Müttern	den Bars

3. Weak declension: masculine

Singular			
Nominative	der Bauer	der Bär	der Hase
Accusative	den Bauern	den Bären	den Hasen
Genitive	des Bauern	des Bären	des Hasen
Dative	dem Bauern	dem Bären	dem Hasen

Plural			
Nominative	die Bauern	die Bären	die Hasen
Accusative	die Bauern	die Bären	die Hasen
Genitive	der Bauern	der Bären	der Hasen
Dative	den Bauern	den Bären	den Hasen

4. Weak declension: feminine

Singular

Nominative	die Uhr	die Feder	die Gabe	die Ärztin
Accusative	die Uhr	die Feder	die Gabe	die Ärztin
Genitive	der Uhr	der Feder	der Gabe	der Ärztin
Dative	der Uhr	der Feder	der Gabe	der Ärztin

Plural

Nominative	die Uhren	die Federn	die Gaben	die Ärztinnen
Accusative	die Uhren	die Federn	die Gaben	die Ärztinnen
Genitive	der Uhren	der Federn	der Gaben	der Ärztinnen
Dative	den Uhren	den Federn	den Gaben	den Ärztinnen

5. Mixed declension: masculine and feminine

Declined in the singular as a *strong* noun and in the plural as a *weak* noun.

Singular

Nominative	das Auge	das Ohr	der Name	das Herz
Accusative	das Auge	das Ohr	den Namen	das Herz
Genitive	des Auges	des Ohr(e)s	der Namens	des Herzens
Dative	dem Auge	dem Ohr(e)	dem Namen	dem Herzen

Plural

Nominative	die Augen	die Ohren	die Namen	die Herzen
Accusative	die Augen	die Ohren	die Namen	die Herzen
Genitive	der Augen	der Ohren	der Namen	der Herzen
Dative	den Augen	den Ohren	den Namen	den Herzen

6. Declension of adjectives

	Masculine	

Singular

Nominative	der Reisende	ein Reisender
Accusative	den Reisenden	einen Reisenden
Genitive	des Reisenden	eines Reisenden
Dative	dem Reisenden	einem Reisenden

Plural

Nominative	die Reisenden	Reisende
Accusative	die Reisenden	Reisende
Genitive	der Reisenden	Reisender
Dative	den Reisenden	Reisenden

	Feminine	
Singular		
Nominative	die Reisende	eine Reisende
Accusative	die Reisende	eine Reisende
Genitive	der Reisenden	einer Reisenden
Dative	der Reisenden	einer Reisenden
Plural		
Nominative	die Reisenden	Reisende
Accusative	die Reisenden	Reisende
Genitive	der Reisenden	Reisender
Dative	den Reisenden	Reisenden

	Neuter	
Singular		
Nominative	das Neugeborene	ein Neugeborenes
Accusative	das Neugeborene	ein Neugeborenes
Genitive	des Neugeborenen	eines Neugeborenen
Dative	dem Neugeborenen	einem Neugeborenen
Plural		
Nominative	die Neugeborenen	Neugeborene
Accusative	die Neugeborenen	Neugeborene
Genitive	der Neugeborenen	Neugeborener
Dative	den Neugeborenen	Neugeborenen

7. Declension of proper nouns

The genitive of proper nouns is determined by various rules:

Proper noun with an article	remains unchanged: des Aristoteles, des (schönen) Berlin	
Proper noun without any article	adds an -s: Marias Auto, die Straßen Berlins	
Proper noun ending in -s, -ß, -x, -z	adds an apostrophe: Aristoteles' Schriften, die Straßen Calais'	
Several proper nouns, one after the other	the last name adds an -s: Johann Sebastian Bachs Musik	
Proper noun with apposition	is declined like a noun:	Nominative: Karl **der Große**
		Accusative: Karl **den Großen**
		Genitive: Karls **des Großen**
		Dative: Karl **dem Großen**
Surnames add an -s in the plural:	die Schneider**s**	
If a surname ends in s, ß, x or z, -ens is added:	die Schmitz**ens**	

The proper names of streets, buildings, companies, ships, newspapers and organizations are always declined.

Das Adjektiv – Adjectives

When an adjective stands in front of a noun, the adjective has to agree with the **gender**, **case** and **number** of the noun. As with nouns, the declension of adjectives is characterized as *strong*, *weak* and *mixed*.

1. The strong form

- with adjective + noun combinations *without* any article
- when an adjective precedes a noun without indicating the gender
  e.g. mehrere liebe Kinder, manch guter Wein.
- after **cardinal numbers**, as well as *‚ein paar'*, *‚ein bisschen'*
  e.g. Sie hörte zwei laute Schritte.
- Wir machen eine Reise mit ein paar guten Freunden.
- Mit einem bisschen guten Willen schaffst du das.

	m	f	nt
Singular			
Nominative	guter Wein	schöne Frau	liebes Kind
Accusative	guten Wein	schöne Frau	liebes Kind
Genitive	guten Wein(e)s	schöner Frau	lieben Kindes
Dative	gutem Wein(e)	schöner Frau	liebem Kind(e)
Plural			
Nominative	gute Weine	schöne Frauen	liebe Kinder
Accusative	gute Weine	schöne Frauen	liebe Kinder
Genitive	guter Weine	schöner Frauen	lieber Kinder
Dative	guten Weinen	schönen Frauen	lieben Kindern

2. The weak form

- with adjective + noun combinations with the definite article *der, die, das*
- and with pronouns which indicate the gender of the noun
  e.g. *diese(r), folgende(r), jede(r), welche(s,r)*

	m	f	nt
Singular			
Nominative	der gute Wein	die schöne Frau	das liebe Kind
Accusative	den guten Wein	die schöne Frau	das liebe Kind
Genitive	des guten Wein(e)s	der schönen Frau	des lieben Kindes
Dative	dem guten Wein	der schönen Frau	dem lieben Kind
Plural			
Nominative	die guten Weine	die schönen Frauen	die lieben Kinder
Accusative	die guten Weine	die schönen Frauen	die lieben Kinder
Genitive	der guten Weine	der schönen Frauen	der lieben Kinder
Dative	den guten Weinen	den schönen Frauen	den lieben Kindern

3. The mixed form

- with adjective + noun combinations with the indefinite article *ein*, *kein* (with masculine and neuter nouns in the singular)
- and the possessive pronouns *mein*, *dein*, *sein*, *unser*, *euer*, *ihr*

	m	nt
Singular		
Nominative	ein guter Wein	ein liebes Kind
Accusative	einen guten Wein	ein liebes Kind
Genitive	eines guten Wein(e)s	eines lieben Kindes
Dative	einem guten Wein(e)	einem lieben Kind

4. Adjectives ending in -abel, -ibel, -el

When declined, these adjectives lose the **-e**.

	miserab**e**l	penib**e**l	heik**e**l
Singular			
Nominative	ein miserabler Stil	eine penible Frau	ein heikles Problem
Accusative	einen miserablen Stil	eine penible Frau	ein heikles Problem
Genitive	eines miserablen Stils	einer peniblen Frau	eines heiklen Problems
Dative	einem miserablen Stil	einer peniblen Frau	einem heiklen Problem
Plural			
Nominative	miserable Stile	penible Frauen	heikle Probleme
Accusative	miserable Stile	penible Frauen	heikle Probleme
Genitive	miserabler Stile	penibler Frauen	heikler Probleme
Dative	miserablen Stilen	peniblen Frauen	heiklen Problemen

5. Adjectives ending in -er, -en

- normally retain the e in the declined form, but not in formal literary style
  e.g. finst**er** → seine finstren Züge
- the same applies to adjectives whose origins are not German
  e.g. makab**er** → eine makabre Geschichte
  integ**er** → ein integrer Beamter

6. Adjectives ending in -auer, – euer

- normally drop the e in the declined form
  e.g. teu**er** → ein teures Geschenk
  sau**er** → saure Gurken

7. Adjectives ending in -ß

- keep the ß after a long vowel
  e.g. groß → mein großer Bruder
  bloß → eine bloße Freundschaft

8. Comparison of adjectives

	m	f	nt
Positive	schön	schöne	schönes
Comparative	schöner	schönere	schöneres
Superlative	der schönste	die schönste	das schönste

If you want to use the comparative/superlative forms in the accusative, genitive or dative, then the same rules apply as for an adjective in its base form before a noun.
e.g. der Garten mit den schönsten Blumen (dative, plural)
  the garden with the prettiest flowers

Exceptions:

1. Adjectives and adverbs add an 'e' before the superlative endings when:
- they have only one syllable
- the last syllable is stressed
- the ending is -s, -ß, -st, -x, -z (always)
- the ending is -d, -t, -sch (usually)

  e.g. spitz   adjective   spitze(r,s)
             adverb   am spitzesten
       beliebt adjective   beliebteste(r,s)
             adverb   am beliebtesten

This applies equally to compound adjectives and adverbs as well as those with a prefix, regardless of stress:

  e.g. unsanft adjective   unsanfteste(r,s)
             adverb   am unsanftesten

2. Single syllable adjectives whose root vowel is 'a', 'o', 'u' add an umlaut in the comparative and superlative forms:

  e.g. **a**rm   ärmer   ärmste(r,s)
       gr**o**ß   größer   größte(r,s)
       kl**u**g   klüger   klügste(r,s)

3. The following groups of adjectives never have an umlaut in the comparative and superlative forms:

- those with the diphthong -au:

f**au**l	f**au**ler	f**au**lste(r,s)
kr**au**s	kr**au**ser	kr**au**seste(r,s)
schl**au**	schl**au**er	schl**au**este(r,s)

- those with the suffixes -**bar**, -**haft**, -**ig**, -**lich**, -**sam**:

dank**bar**	dankbarer	dankbarste(r,s)
schwatz**haft**	schwatzhafter	schwatzhafteste(r,s)
schatt**ig**	schattiger	schattigste(r,s)
statt**lich**	stattlicher	stattlichste(r,s)
sorg**sam**	sorgsamer	sorgsamste(r,s)

- adjectives which occur as participles:

    überrascht   überraschter   überraschteste(r,s)
- adjectives of foreign origin:

    banal   banaler   banalste(r,s)
    interessant   interessanter   interessanteste(r,s)
    grandios   grandioser   grandioseste(r,s)
- irregular comparative/superlative forms of adjectives and adverbs:

    gut   besser   beste(r,s)
    viel   mehr   meiste(r,s)
    gern   lieber   am liebsten
    bald   eher   am ehesten

Das Adverb – Adverbs

When an adjective is used as an adverb, it remains unchanged:

e.g.   er singt gut
       sie schreibt schön
       er läuft schnell

The rules for the comparison of adverbs are the same as those for adjectives:

e.g.   er singt besser
       sie schreibt schöner
       er läuft schneller

Most adverbs form the superlative after the pattern **am ...sten**:

e.g.   er singt am besten
       sie schreibt am schönsten
       er läuft am schnellsten

Das Verb – Verbs

PRESENT TENSE

The present tense in German is used to express an act in the present, a general statement of fact or an event in the future:

e.g. Was machst du? Ich lese. What are you doing? I'm reading.
Die Erde dreht sich um die Sonne. The Earth revolves around the Sun.
Morgen fliege ich nach Rom. I'm flying to Rome tomorrow.

1. Regular verbs (weak conjugation)

	machen	legen	sagen	sammeln
ich	mache	lege	sage	sammle
du	machst	legst	sagst	sammelst
er sie es	macht	legt	sagt	sammelt
wir	machen	legen	sagen	sammeln
ihr	macht	legt	sagt	sammelt
sie	machen	legen	sagen	sammeln

Verbs with a stem ending in **s, ss, ß** and **z**:

	rasen	passen	grüßen	reizen
ich	rase	passe	grüße	reize
du	rast	passt	grüßt	reizt
er sie es	rast	passt	grüßt	reizt
wir	rasen	passen	grüßen	reizen
ihr	rast	passt	grüßt	reizt
sie	rasen	passen	grüßen	reizen

Verbs with a stem ending in **d** or **t**, or with a **consonant + m**, or a **consonant + n** add an **-e** in the 2nd person singular:

	reden	wetten	atmen	trocknen
ich	rede	wette	atme	trockne
du	red<u>e</u>st	wett<u>e</u>st	atm<u>e</u>st	trockn<u>e</u>st
er sie es	redet	wettet	atmet	trocknet
wir	reden	wetten	atmen	trocknen
ihr	redet	wettet	atmet	trocknet
sie	reden	wetten	atmen	trocknen

Verbs with a stem ending in an **unstressed** **-e** or **-er** drop the **-e** in the 1st person singular:

e.g.   ang**e**ln   –   ich angle
       zitt**er**n   –   ich zittre

2. Irregular verbs (strong conjugation) usually change their stem vowels.

	tragen	blasen	laufen	essen
ich	trage	blase	laufe	esse
du	trägst	bläst	läufst	isst
er sie es	trägt	bläst	läuft	isst
wir	tragen	blasen	laufen	essen
ihr	tragt	blast	lauft	esst
sie	tragen	blasen	laufen	essen

See also the irregular verbs in the main body of the dictionary and in the list on page 1072.

PAST SIMPLE (IMPERFECT) TENSE

The imperfect tense expresses a past event:

e.g.   Letztes Jahr reisten wir nach Spanien.   We went to Spain last year.

1. Regular verbs

	machen	sammeln	grüßen	reizen
ich	machte	sammelte	grüßte	reizte
du	machtest	sammeltest	grüßtest	reiztest
er sie es	machte	sammelte	grüßte	reizte
wir	machten	sammelten	grüßten	reizten
ihr	machtet	sammeltet	grüßtet	reiztet
sie	machten	sammelten	grüßten	reizten

Verbs with a stem ending in **d**, **t**, a **consonant + m** or a **consonant + n**:

	reden	wetten	atmen	trocknen
ich	redete	wettete	atmete	trocknete
du	redetest	wettetest	atmetest	trocknetest
er sie es	redete	wettete	atmete	trocknete
wir	redeten	wetteten	atmeten	trockneten
ihr	redetet	wettetet	atmetet	trocknetet
sie	redeten	wetteten	atmeten	trockneten

2. Irregular verbs usually change their stem vowels.

	tragen	blasen	laufen	essen
ich	trug	blies	lief	aß
du	trugst	bliest	liefst	aßt
er sie es	trug	blies	lief	aß
wir	trugen	bliesen	liefen	aßen
ihr	trugt	bliest	lieft	aßt
sie	trugen	bliesen	liefen	aßen

See also the irregular verbs in the main body of the dictionary and in the list on page 1072.

PERFECT TENSE

The perfect tense is used to express an isolated event or condition in the past:

e.g.   Der Zug ist abgefahren.   The train has left.
       Heute Nacht hat es geregnet.   It rained last night.

The perfect tense is formed with the present tense of the auxiliary verbs haben or sein and the past participle.

1. Verbs which express movement or a change of state, form the perfect tense with sein.

	radeln	fahren	verstummen	sterben
ich	bin geradelt	bin gefahren	bin verstummt	bin gestorben
du	bist geradelt	bist gefahren	bist verstummt	bist gestorben
er sie es	ist geradelt	ist gefahren	ist verstummt	ist gestorben
wir	sind geradelt	sind gefahren	sind verstummt	sind gestorben
ihr	seid geradelt	seid gefahren	seid verstummt	seid gestorben
sie	sind geradelt	sind gefahren	sind verstummt	sind gestorben

2. Transitive, reflexive and impersonal verbs form the perfect tense with haben, as do most intransitive verbs when they express a permanent condition.

	legen	sich freuen	regnen	leben
ich	habe gelegt	habe mich gefreut		habe gelebt
du	hast gelegt	hast dich gefreut		hast gelebt
er sie es	hat gelegt	hat sich gefreut	es hat geregnet	hat gelebt
wir	haben gelegt	haben uns gefreut		haben gelebt
ihr	habt gelegt	habt euch gefreut		habt gelebt
sie	haben gelegt	haben sich gefreut		haben gelebt

Forming the past participle: with or without (-)ge-:

Most past participles are formed by putting **ge-** in front of the verb stem and adding either **-t** (weak verbs) or **-en** (strong verbs). In the past participles of strong verbs, the vowel of the verb stem is usually changed:

e.g. bauen → **ge**baut
     hören → **ge**hört
     lesen → **ge**lesen
     singen → **ge**sungen

In compound German verbs formed with a 'separable' (and always stressed) adverbial prefix (indicated by a thin vertical line between prefix and verb, see below), the syllable -ge- is inserted between the prefix and the stem of the verb:

    auf|bauen   –   auf**ge**baut
    zu|hören   –   zu**ge**hört
    vor|lesen   –   vor**ge**lesen

Important: A great number of verbs form the past participle without the prefix **ge-**. Most of these verbs (with very few exceptions) belong to two basic groups:

1. All verbs ending in **-ieren**:

    marschieren   marschierte   (ist) marschiert
    probieren   probierte   (hat) probiert

NB These verbs still form the past participle without **ge-** when they contain a 'separable' (stressed) prefix:

    ab|marschieren   marschierte ab   (ist) abmarschiert
    aus|probieren   probierte aus   (hat) ausprobiert

2. All verbs beginning with one of the following, always unstressed (and therefore 'inseparable') prefixes: **be-, emp-, ent-, er-, ge-, ver-, zer-**

    bebauen   bebaute   (hat) bebaut
    erhören   erhörte   (hat) erhört
    gestalten   gestaltete   (hat) gestaltet
    verlangen   verlangte   (hat) verlangt

Those verbs with an 'inseparable' (and also unstressed) prefix (indicated by the lack of a thin vertical line – see below) also belong to this group:

umgehen	umging	(hat) umgangen
untersuchen	untersuchte	(hat) untersucht
übersetzen	übersetzte	(hat) übersetzt

NB Again, these verbs still form the past participle without **ge-** when they have a 'separable' (stressed) prefix:

um|gestalten	gestaltete um	(hat) umgestaltet
ab|verlangen	verlangte ab	(hat) abverlangt
zurück|übersetzen	übersetzte zurück	(hat) zurückübersetzt

A very few verbs which do not belong to either of these two groups (e.g. *miauen*, *trompeten*, *stibitzen* – but note the stress!), also form their past participle without **ge-** and are accordingly so indicated in the dictionary.

THE PAST PERFECT (PLUPERFECT) TENSE

The past perfect tense is used to describe an event that had already finished when another event happened

It is formed with the past (imperfect) tense of *haben* or *sein* and the past participle.

e.g. Als er im Kino ankam, hatte der Film schon begonnen.
When he arrived at the cinema the film had already started.

	fahren	sterben	legen	leben
ich	war gefahren	war gestorben	hatte gelegt	hatte gelebt
du	warst gefahren	warst gestorben	hattest gelegt	hattest gelebt
er sie es	war gefahren	war gestorben	hatte gelegt	hatte gelebt
wir	waren gefahren	waren gestorben	hatten gelegt	hatten gelebt
ihr	wart gefahren	wart gestorben	hattet gelegt	hattet gelebt
sie	waren gefahren	waren gestorben	hatten gelegt	hatten gelebt

THE FUTURE TENSE

The future tense is used to express something that will happen in or refers to the future: e.g. advance notification, intentions, suppositions, promises.

It is formed with the present tense of the auxiliary verb *werden* and the infinitive of the main verb:

e.g. Morgen wird es schneien.   It will (or is going to) snow tomorrow.
Er wird noch im Urlaub sein.   He will still be on holiday.
Ich werde dich immer lieben.   I will always love you.

	legen	fahren	sein	haben	können
ich	werde legen	werde fahren	werde sein	werde haben	werde können
du	wirst legen	wirst fahren	wirst sein	wirst haben	wirst können
er sie es	wird legen	wird fahren	wird sein	wird haben	wird können
wir	werden legen	werden fahren	werden sein	werden haben	werden können
ihr	werdet legen	werdet fahren	werdet sein	werdet haben	werdet können
sie	werden legen	werden fahren	werden sein	werden haben	werden können

THE PRESENT SUBJUNCTIVE

The present subjunctive is formed from the present stem of the verb with the endings: **-e**, **-est**, **-e**, **-en**, **-et**, **-en** added.

It is used to express indirect speech:

e.g. „Kannst du mir helfen?" (Direkte Rede)
"Can you help me?" (Direct speech)

Er fragt sie, ob sie ihm helfen könne. (Indirekte Rede)
He asked her if she could help him. (Indirect speech)

Some irregular verbs add an umlaut to or change the vowel in the indicative but do not in the subjunctive:

e.g. | **Infinitive** | **Present Indicative** | **Present Subjunctive** |
|---|---|---|
| fallen | du fällst | du fallest |
| geben | du gibst | du gebest |

As well as in indirect speech, the present subjunctive is also used in a few set expressions:

e.g. Er lebe hoch!   Three cheers for him!
Gott sei Dank!   Thank God!
Man nehme Salz, Mehl und Butter ...   Take salt, flour and butter ...

	legen	küssen	reden
ich	lege	küsse	rede
du	legst	küssest	redest
er sie es	lege	küsse	rede
wir	legen	küssen	reden
ihr	leget	küsset	redet
sie	legen	küssen	reden

Present subjunctive of the auxiliary verbs sein, haben and werden:

	sein	haben	werden
ich	sei	habe	werde
du	seist	habest	werdest
er sie es	sei	habe	werde
wir	seien	haben	werden
ihr	seiet	habet	werdet
sie	seien	haben	werden

Present subjunctive of the modal verbs:

	können	dürfen	mögen	müssen	sollen	wollen
ich	könne	dürfe	möge	müsse	solle	wolle
du	könnest	dürfest	mögest	müssest	sollest	wollest
er sie es	könne	dürfe	möge	müsse	solle	wolle
wir	können	dürfen	mögen	müssen	sollen	wollen
ihr	könn(e)t	dürf(e)t	mög(e)t	müss(e)t	soll(e)t	woll(e)t
sie	können	dürfen	mögen	müssen	sollen	wollen

THE IMPERFECT SUBJUNCTIVE

The imperfect subjunctive is formed from the past stem of the verb with the endings **-e, -(e)st, -e, -en, -(e)t, -en**. With regular verbs the imperfect subjunctive is identical to the past indicative; irregular verbs with **i** or **ie** in the forms of the past tense retain these spellings in the imperfect subjunctive.

The imperfect subjunctive is used to express hypothetical statements, comparisons and as an expression of politeness:

e.g. Wenn ich Zeit hätte, ginge ich mit dir ins Kino.
If I had time, I would come with you to the cinema.

Die Leiter schwankte so, als fiele sie gleich um.
The ladder was swaying so much it looked like it was about to fall.

Könnten Sie uns bitte eine Auskunft geben?
Could you give us some information, please?

	gehen/ging	rufen/rief	greifen/griff
ich	ginge	riefe	griffe
du	ging(e)st	rief(e)st	griff(e)st
er sie es	ginge	riefe	griffe
wir	gingen	riefen	griffen
ihr	ging(e)t	rief(e)t	griff(e)t
sie	gingen	riefen	griffen

Verbs with the vowels **a**, **o** and **u** in the past indicative add an umlaut in the imperfect subjunctive:

	singen/ sang	fliegen/ flog	fahren/ fuhr	sein/ war	haben/ hatte	werden/ wurde
ich	sänge	flöge	führe	wäre	hätte	würde
du	säng(e)st	flög(e)st	führ(e)st	wär(e)st	hättest	würdest
er sie es	sänge	flöge	führe	wäre	hätte	würde
wir	sängen	flögen	führen	wären	hätten	würden
ihr	säng(e)t	flög(e)t	führ(e)t	wär(e)t	hättet	würdet
sie	sängen	flögen	führen	wären	hätten	würden

Conditional clauses

A conditional clause often starts with 'if' or 'unless'; it is used to express something that might happen if certain conditions were met and is formed with the imperfect subjunctive of ***werden*** and the infinitive of the main verb.

e.g. Wenn ihr uns einladen würdet, würden wir kommen.
If you were to invite us, we would come.

	legen	fahren
ich	würde legen	würde fahren
du	würdest legen	würdest fahren
er sie es	würde legen	würde fahren
wir	würden legen	würden fahren
ihr	würdet legen	würdet fahren
sie	würden legen	würden fahren

THE IMPERATIVE

The imperative expresses a demand, command, request, warning or ban and is formed with either the 2nd person singular or plural.

1. Regular verbs add to the stem an **-e** in the singular and a **-t** in the plural. The plural form of the imperative is identical to the 2nd person plural, present indicative.

In the polite form using *Sie*, the verb is inverted (i.e. predicate before subject):

e.g. Sie schreiben einen Brief. (eine Feststellung/Indikativ)
You are writing a letter. (a statement/indicative)

Schreiben Sie einen Brief! (eine Aufforderung/Imperativ)
Write a letter! (a command/imperative)

Infinitive	Singular	Plural	Polite form
schreiben	schreibe	schreibt	schreiben Sie
singen	singe	singt	singen Sie
trinken	trinke	trinkt	trinken Sie
atmen	atme	atmet	atmen Sie
reden	rede	redet	reden Sie

Exceptions: Verbs which end in **-eln**, **-ern** can drop the **-e** in the singular.

Infinitive	Singular	Plural	Polite form
sammeln	samm(e)le	sammelt	sammeln Sie
fördern	förd(e)re	fördert	fördern Sie
handeln	hand(e)le	handelt	handeln Sie

If the verb stem ends in **-m** or **-n** and is preceded by an **h, l, m, n** or **r**, the **-e** ending in the singular can be dropped.

Infinitive	Singular	Plural	Polite form
rühmen	rühm(e)	rühmt	rühmen Sie
qualmen	qualm(e)	qualmt	qualmen Sie
kämmen	kämm(e)	kämmt	kämmen Sie
rennen	renn(e)	rennt	rennen Sie
lernen	lern(e)	lernt	lernen Sie

If, however, the **-m** or **-n** is preceded by another consonant, the **-e** ending must be retained:

e.g. atme, rechne

2. Irregular verbs without a vowel change to **-i** or **-ie** in the present tense, form the imperative according to the same rules as regular verbs.

Vowel change to -i or -ie

Infinitive	Singular	Plural
lesen	lies	lest
werfen	wirf	werft
essen	iss	esst
sehen	sieh	seht

The auxiliary verbs *sein*, *haben* and *werden*

Infinitive	Singular	Plural
sein	sei	seid
haben	habe	habt
werden	werde	werdet

ACTIVE AND PASSIVE

In an active sentence the subject performs the stated action; in the passive, the subject is being acted upon

e.g. Die Parlamentarier wählen den Präsidenten. (Aktiv)
  The members of Parliament elect the President. (Active)

  Der Präsident wird von den Parlamentariern gewählt. (Passiv)
  The President is elected by the members of Parliament. (Passive)

The passive is formed with ***werden*** and the past participle.

Present	ich werde geliebt	ich werde gelobt
Past	ich wurde geliebt	ich wurde gelobt

The auxiliary verbs *haben*, *sein* and *werden*

They are called auxiliary verbs because with their help, certain tenses (e.g. the perfect, pluperfect, future) and the passive are formed.

Present

	sein	haben	werden
ich	bin	habe	werde
du	bist	hast	wirst
sie es	ist	hat	wird
wir	sind	haben	werden
ihr	seid	habt	werdet
sie	sind	haben	werden

The Present Participle

The present participle is formed by adding **-d** to the infinitive of the verb:

e.g. *singend*, *lachend*, etc.

It expresses a shorter version of a subordinate clause:

e.g. Er saß in der Badewanne und sang.   Er saß *singend* in der Badewanne.
      He sat in the bath and sang.   He sat in the bath *singing*.

      Sie öffnete die Tür und lachte.   Sie öffnete *lachend* die Tür.
      She opened the door and laughed.   She opened the door *laughing*.

The Past participle

The past participle of regular verbs is formed according to the following rule:

	Prefix	+	Stem	+	Ending
e.g. machen	ge	+	mach	+	t

legen	gelegt
sagen	gesagt
vierteln	geviertelt
rasen	gerast
hassen	gehasst
küssen	geküsst
reizen	gereizt
reden	geredet
wetten	gewettet
trocknen	getrocknet

Verbs ending in **-ieren** omit the prefix **ge-**, as do those with the prefix **be-, em-, ent-, er-, ver-** and **zer-**. They are marked in the German-English part of the dictionary with an asterisk *.

The following rule applies:

	Stem	+	Ending
e.g. manövrieren*	manövrier	+	t

empören*	empört
entgiften*	entgiftet
ersetzen*	ersetzt
vertrösten*	vertröstet
zerreden*	zerredet

Inseparable compound verbs also drop the **ge-**. These verbs are indicated as *insep* and are marked with an asterisk *.

übersetzen*	übersetzt
durchwaten*	durchwatet
unterlegen*	unterlegt
umarmen*	umarmt

The past participle of separable compound verbs (e.g. *durchmachen*) is formed according to the following rule:

Prefix Verb	+	Prefix PP ge-	+	Verb Stem	+	Ending t
durch	+	ge	+	mach	+	t

anbeten	angebetet
überschnappen	übergeschnappt
umdeuten	umgedeutet

Die Pronomen – Pronouns

Pronouns are declined in German just as articles, nouns, adjectives and adverbs are.

1. The personal pronoun

A personal pronoun denotes the person who is speaking or about whom someone is speaking.

Nominative	Accusative	Genitive	Dative
ich	mich	meiner	mir
du	dich	deiner	dir
er	ihn	seiner	ihm
sie	sie	ihrer	ihr
es	es	seiner	ihm
wir	uns	unser	uns
ihr	euch	euer	euch
sie	sie	ihrer	ihnen

2. The reflexive pronoun

A reflexive pronoun refers to the subject of a sentence and must agree with the subject in case and number.

e.g. **ich** wasche **mich**
   du wäschst **dich**
   er/sie/es wäscht **sich**
   wir waschen **uns**
   ihr wascht **euch**
   sie waschen **sich**

3. The possessive pronoun

A possessive pronoun indicates belonging or ownership and agrees in case, gender and number with the noun to which it refers.

It may appear before a noun, like an adjective, or stand in place of a noun.

a) Used as an adjective

	m	f	nt	pl
1st person singular				
Nominative	mein	meine	mein	meine
Accusative	meinen	meine	mein	meine
Genitive	meines	meiner	meines	meiner
Dative	meinem	meiner	meinem	meinen
2nd person singular				
	dein	deine	dein declined like *mein*	deine
3rd person singular				
	sein	seine	sein declined like *mein*	seine
3rd person singular				
	ihr	ihre	ihr declined like *mein*	ihre
3rd person singular				
	sein	seine	sein declined like *mein*	seine
1st person plural				
Nominative	unser	uns(e)re	unser	uns(e)re
Accusative	uns(e)ren	uns(e)re unsern	unser	uns(e)re
Genitive	uns(e)res	uns(e)rer	uns(e)res	uns(e)rer
Dative	uns(e)rem	uns(e)rer unserm	uns(e)rem	uns(e)ren unserm
2nd person plural				
Nominative	euer	eure	euer	eure
Accusative	euren	eure	euer	eure
Genitive	eures	eurer	eures	eurer
Dative	eurem	eurer	eurem	euren
3rd person plural				
Nominative	ihr	ihre	ihr	ihre
Accusative	ihren	ihre	ihr	ihre
Genitive	ihres	ihrer	ihres	ihrer
Dative	ihrem	ihrer	ihrem	ihren

b) Used as a noun

	m	f	nt	pl
1.pers. sing.	meiner	meine	mein(e)s	meine
2.pers. sing	deiner	deine	dein(e)s	deine
3.pers. sing. m, nt	seiner	seine	sein(e)s	seine
3.pers. sing. f	ihrer	ihre	ihr(e)s	ihre
1.pers. pl.	uns(e)rer	uns(e)re	uns(e)res	uns(e)re
2.pers. pl.	eurer	eure	eures, euers	eure
3.pers. pl.	ihrer	ihre	ihr(e)s	ihre

4. The demonstrative pronoun

A demonstrative pronoun indicates the person or object to which one is referring.

	m	f	nt	Plural
Nominative	dieser	diese	dieses	diese
Accusative	diesen	diese	dieses	diese
Genitive	dieses	dieser	dieses	dieser
Dative	diesem	dieser	diesem	diesen
Nominative	jener	jene	jenes	jene
Accusative	jenen	jene	jenes	jene
Genitive	jenes	jener	jenes	jener
Dative	jenem	jener	jenem	jenen
Nominative	derjenige	diejenige	dasjenige	diejenigen
Accusative	denjenigen	diejenige	dasjenige	diejenigen
Genitive	desjenigen	derjenigen	desjenigen	derjenigen
Dative	demjenigen	derjenigen	demjenigen	denjenigen
Nominative	derselbe	dieselbe	dasselbe	dieselben
Accusative	denselben	dieselbe	dasselbe	dieselben
Genitive	desselben	derselben	desselben	derselben
Dative	demselben	derselben	demselben	denselben

The definite article **der, die, das** is also used as a demonstrative pronoun.

5. The relative pronoun

The most common relative pronouns are **der, die, das**; less common are **welcher, welche, welches**. All relative pronouns introduce a subordinate clause which supplements the main clause. Relative pronouns agree in gender and number with the word in the main clause to which they refer.

e. g. Er putzt sein neues Auto, das/welches er sich gekauft hat.
He is cleaning the new car that/which he bought.

	m	f	nt	Plural
Nominative	welcher	welche	welches	welche
Accusative	welchen	welche	welches	welche
Genitive	dessen	deren	dessen	deren
Dative	welchem	welcher	welchem	welchen

Wer and *was* can also be used as relative pronouns:

e.g. Wer das behauptet, lügt. Whoever says that is lying.

Mach doch, was du willst! Just do what you want!

6. The interrogative pronoun

An interrogative pronoun distinguishes between a person (*wer?*) and a thing (*was?*). It only occurs in the singular.

	Person	Thing
Nominative	*Wer* spielt mit?	*Was* ist das?
Accusative	*Wen* liebst du?	*Was* höre ich da?
Genitive	*Wessen* Haus ist das?	
Dative	*Wem* gehört das Haus?	

Nowadays the genitive of the interrogative pronoun: *wessen* (whose?) is frequently replaced by the dative *wem*.

e.g. Wem gehört das Haus? (statt: Wessen Haus ist das?)
Whose house is that?

Was für ein(er)... (What sort of a ...) is used to ask about the particular nature of a person or thing:

e.g. Was für ein Mensch ist Peter eigentlich?
What sort of a person is Peter really?/What is Peter really like?

Was für einen Anzug möchten Sie?
What sort of suit would you like?

The interrogative pronouns *welcher, welche* and *welches* are used to ask about one particular person or item among several:

e.g. Welche Schuhe soll ich nehmen? (die Braunen oder die Schwarzen?)
Which shoes should I take? (the brown or the black ones?)

Mit welchem Bus kommst du? (dem um 16 oder 17 Uhr?)
Which bus will you be on? (the 4 or 5 o'clock?)

Welches Eis schmeckt dir besser? (Erdbeer- oder Schokoladeneis?)
Which ice cream do you like better? (strawberry or chocolate?)

	m	f	nt	Plural
Nominative	welcher	welche	welches	welche
Accusative	welchen	welche	welches	welche
Genitive	welches	welcher	welches	welcher
Dative	welchem	welcher	welchem	welchen

Die Präpositionen – Prepositions

+ Accusative:

bis	durch
für	gegen
je	ohne
pro	um
wider	

+ Dative:

ab	aus
außer	bei
binnen	entgegen
entsprechend	gegenüber
gemäß	mit
nach	nächst
nahe	nebst
samt	seit
von	zu
zufolge	zuwider

+ Accusative/Dative*:

an	auf
entlang	hinter
in	neben
über	unter
vor	zwischen

* With movement and change of direction the accusative is used (**wohin?** – Where to?).

With details of location the dative is used (**wo?** – Where?):

e.g. Er hängt die Uhr an die Wand. (wohin?)   He is hanging the clock on the wall.
Die Uhr hängt an der Wand. (wo?)   The clock is hanging on the wall.

Some prepositions can be amalgamated with the correct form of the definite article to form a single word:

e.g.
an/in	+	dem	becomes	am/im
bei	+	dem	becomes	beim
von	+	dem	becomes	vom
zu	+	dem/der	becomes	zum/zur
an/in	+	das	becomes	ans/ins

Deutsche unregelmäßige Verben
Irregular German Verbs

Ableitungen und Zusammensetzungen sind unter dem Grundverb nachzuschlagen; **ab|brechen** unter **brechen**.

The preterite forms and past participles of compound verbs and derivations can be found by referring to the simple verb. In the case of **ab|brechen** for instance, see **brechen**.

Infinitiv infinitive	Präteritum preterite	Partizip Perfekt past participle
backen	backte *o alt* buk	gebacken
befehlen	befahl	befohlen
beginnen	begann	begonnen
beißen	biss	gebissen
bergen	barg	geborgen
bersten	barst	geborsten
bewegen	bewog	bewogen
biegen	bog	gebogen
bieten	bot	geboten
binden	band	gebunden
bitten	bat	gebeten
blasen	blies	geblasen
bleiben	blieb	geblieben
bleichen	bleichte *o alt* blich	gebleicht *o alt* geblichen
braten	briet	gebraten
brechen	brach	gebrochen
brennen	brannte	gebrannt
bringen	brachte	gebracht
denken	dachte	gedacht
dreschen	drosch	gedroschen
dringen	drang	gedrungen
dürfen	durfte	dürfen, gedurft
empfangen	empfing	empfangen
empfehlen	empfahl	empfohlen
empfinden	empfand	empfunden
essen	aß	gegessen
fahren	fuhr	gefahren
fallen	fiel	gefallen
fangen	fing	gefangen
fechten	focht	gefochten
finden	fand	gefunden
flechten	flocht	geflochten
fliegen	flog	geflogen
fliehen	floh	geflohen

Infinitiv infinitive	Präteritum preterite	Partizip Perfekt past participle
fließen	floss	geflossen
fressen	fraß	gefressen
frieren	fror	gefroren
gären	gärte *o* gor	gegärt *o* gegoren
gebären	gebar	geboren
geben	gab	gegeben
gedeihen	gedieh	gediehen
gefallen	gefiel	gefallen
gehen	ging	gegangen
gelingen	gelang	gelungen
gelten	galt	gegolten
genesen	genas	genesen
genießen	genoss	genossen
geraten	geriet	geraten
geschehen	geschah	geschehen
gestehen	gestand	gestanden
gewinnen	gewann	gewonnen
gießen	goss	gegossen
gleichen	glich	geglichen
gleiten	glitt	geglitten
glimmen	glimmte *o selten* glomm	geglimmt *o selten* geglommen
graben	grub	gegraben
greifen	griff	gegriffen
haben	hatte	gehabt
halten	hielt	gehalten
hangen	hing	gehangen
hängen	hing (hängte)	gehangen, (gehängt)
heben	hob	gehoben
heißen	hieß	geheißen
helfen	half	geholfen
kennen	kannte	gekannt
klimmen	klimmte *o* klomm	geklommen *o* geklimmt
klingen	klang	geklungen
kneifen	kniff	gekniffen
kommen	kam	gekommen
können	konnte	können, gekonnt
kriechen	kroch	gekrochen
laden	lud	geladen
lassen	ließ	gelassen *nach Infinitiv* lassen
laufen	lief	gelaufen

Infinitiv infinitive	Präteritum preterite	Partizip Perfekt past participle
leiden	litt	gelitten
leihen	lieh	geliehen
lesen	las	gelesen
liegen	lag	gelegen
lügen	log	gelogen
mahlen	mahlte	gemahlen
meiden	mied	gemieden
melken	melkte *o veraltend* molk	gemolken
messen	maß	gemessen
misslingen	misslang	misslungen
mögen	mochte	mögen, gemocht
nehmen	nahm	genommen
nennen	nannte	genannt
pfeifen	pfiff	gepfiffen
preisen	pries	gepriesen
quellen	quoll	gequollen
raten	riet	geraten
reiben	rieb	gerieben
reißen	riss	gerissen
reiten	ritt	geritten
rennen	rannte	gerannt
riechen	roch	gerochen
ringen	rang	gerungen
rinnen	rann	geronnen
rufen	rief	gerufen
salzen	salzte	gesalzen *o selten* gesalzt
saufen	soff	gesoffen
saugen	sog *o* saugte	gesogen *o* gesaugt
schaffen	schuf	geschaffen
schallen	schallte *o* scholl	geschallt
scheiden	schied	geschieden
scheinen	schien	geschienen
scheißen	schiss	geschissen
schelten	schalt	gescholten
scheren	schor	geschoren
schieben	schob	geschoben
schießen	schoss	geschossen
schinden	schindete	geschunden
schlafen	schlief	geschlafen
schlagen	schlug	geschlagen
schleichen	schlich	geschlichen
schleifen	schliff	geschliffen

Infinitiv infinitive	Präteritum preterite	Partizip Perfekt past participle
schließen	schloss	geschlossen
schlingen	schlang	geschlungen
schmeißen	schmiss	geschmissen
schmelzen	schmolz	geschmolzen
schnauben	schnaubte *o veraltet* schnob	geschnaubt *o veraltet* geschnoben
schneiden	schnitt	geschnitten
schrecken *vt* *vi*	schreckte schrak	geschreckt geschrocken
schreiben	schrieb	geschrieben
schreien	schrie	geschrie[e]n
schreiten	schritt	geschritten
schweigen	schwieg	geschwiegen
schwellen	schwoll	geschwollen
schwimmen	schwamm	geschwommen
schwinden	schwand	geschwunden
schwingen	schwang	geschwungen
schwören	schwor	geschworen
sehen	sah	gesehen
senden	sandte *o* sendete	gesandt *o* gesendet
sieden	siedete *o* sott	gesiedet *o* gesotten
singen	sang	gesungen
sinken	sank	gesunken
sinnen	sann	gesonnen
sitzen	saß	gesessen
sollen	sollte	sollen, gesollt
spalten	spaltete	gespalten *o* gespaltet
speien	spie	gespie[e]n
spinnen	spann	gesponnen
sprechen	sprach	gesprochen
sprießen	spross *o* sprießte	gesprossen
springen	sprang	gesprungen
stechen	stach	gestochen
stecken	steckte *o geh* stak	gesteckt
stehen	stand	gestanden
stehlen	stahl	gestohlen
steigen	stieg	gestiegen
sterben	starb	gestorben
stieben	stob *o* stiebte	gestoben *o* gestiebt
stinken	stank	gestunken
stoßen	stieß	gestoßen
streichen	strich	gestrichen

Infinitiv infinitive	Präteritum preterite	Partizip Perfekt past participle
streiten	stritt	gestritten
tragen	trug	getragen
treffen	traf	getroffen
treiben	trieb	getrieben
treten	trat	getreten
triefen	triefte *o geh* troff	getrieft *o geh* getroffen
trinken	trank	getrunken
trügen	trog	getrogen
tun	tat	getan
verbieten	verbot	verboten
verbrechen	verbrach	verbrochen
verderben	verdarb	verdorben
vergessen	vergaß	vergessen
verlieren	verlor	verloren
verraten	verriet	verraten
verstehen	verstand	verstanden
verwenden	verwendete *o* verwandte	verwendet *o* verwandt
verzeihen	verzieh	verziehen
wachsen	wuchs	gewachsen
waschen	wusch	gewaschen
weben	webte *o geh* wob	gewebt *o geh* gewoben
weichen	wich	gewichen
weisen	wies	gewiesen
wenden	wendete *o geh* gewandt	gewendet *o geh* gewandt
werben	warb	geworben
werden	wurde	worden, geworden
werfen	warf	geworfen
wiegen	wog	gewogen
winden	wand	gewunden
winken	winkte	gewinkt *o dial* gewunken
wissen	wusste	gewusst
wollen	wollte	wollen, gewollt
wringen	wrang	gewrungen
ziehen	zog	gezogen
zwingen	zwang	gezwungen

Falsche Freunde
False Friends

Bedeutung des englischen Ausdrucks:	English	Deutsch	Meaning of the German word:
eigentlich	**actual**	**aktuell**	topical
den ganzen Tag	**all day**	**alltäglich**	everyday
auch	**also**	**also**	so; (*Füllwort*) well
ankündigen	**announce**	**annoncieren**	to advertise
werden	**become**	**bekommen**	to get, to receive
Benzol	**benzene**	**Benzin**	petrol
blinzeln	**blink**	**blinken**	AUTO to signal, to indicate
mutig	**brave**	**brav**	(*Kind*) good, well-behaved
hell	**bright**	**breit**	broad; (*weit*) wide
Hütte	**cabin**	**(Umkleide)kabine**	changing room
Koch, Köchin	**chef**	**Chef**	boss
Pommes frites	**chips** BRIT	**Chips**	crisps
Begriff	**concept**	**Konzept**	(*für Aufsatz*) rough copy
zubereiten	**cook** *tr*	**kochen**	(*Wasser*) to boil
Getreide	**corn**	**Korn**	seed; (*Sand-*) grain
Handwerk	**craft**	**Kraft**	strength; force; power
Neugier	**curiosity**	**Kuriosität**	(*Merkwürdigkeit*) oddity
knapp; barsch	**curt**	**kurz**	short; (*bündig*) brief
schließlich	**eventually**	**eventuell**	**I.** *adj* possible; **II.** *adv* perhaps, possibly
Stoff	**fabric**	**Fabrik**	factory
Reisigbündel	**fag(g)ot**	**Fagott**	MUS bassoon
befestigen	**fasten**	**fasten**	to fast
schnalzen mit	**flick**	**flicken**	to mend
Fußboden	**floor**	**Flur**	hall
Formel	**formula**	**Formular**	form
Messgerät	**gage** AM	**Gage**	THEAT fee
heiter	**genial**	**genial**	(*fam*) brilliant
Heiterkeit	**geniality**	**Genialität**	brilliance
dienstbarer Geist	**genie**	**Genie**	genius
Geschenk	**gift**	**Gift**	poison; (*Tier-*) venom
Blick	**glance** *n*	**Glanz**	shine; (*fig*) glory
kurz ansehen	**glance** *vi*	**glänzen**	to shine; (*fig*) to be brilliant

Bedeutung des englischen Ausdrucks:	English	Deutsch	Meaning of the German word:
gütig	gracious	graziös	graceful
belanglos	inconsequential	inkonsequent	inconsistent
Insel	island	Island	Iceland
Art	kind	Kind	child
Arbeit	labour BRIT, labor AM	Labor	lab(oratory)
Mangel	lack	Lack	varnish; (*Auto-*) paint
Festland	land	Land	country
Zitrone	lemon	Limone	lime
Liste	list	List	cunning; (*Trick*) ruse, trick
Ortsansässige(r)	local *n*	Lokal	pub BRIT, bar AM; restaurant
Begierde	lust	Lust haben	to feel like, to fancy
Mann	man	(Ehe)mann	husband
Landkarte	map	Mappe	briefcase; (*Hefter*) folder
Orangenmarmelade	marmalade	Marmelade	jam
Masse; Messe	mass	Maß	measure; (*Aus-*) degree
Bedeutung	meaning	Meinung	opinion
Mitte	middle	Mittel	(*Hilfs-*) means
mittleren Alters	middle-aged	mittelalterlich	medieval
Dunst	mist	Mist	dung; (*fam*) rubbish
Art	mode	Mode	fashion
edel; adlig	noble	nobel (*fam*)	generous
Benachrichtigung	notice	Notiz	(*Vermerk*) note
Roman	novel	Novelle	novella
gewöhnlich	ordinary	ordinär	vulgar
Backofen	oven	Ofen	stove; (*Heiz-*) heater
zufällig hören	overhear	überhören	(*absichtlich*) to ignore
überwachen	oversee	übersehen	to fail to notice
Versehen	oversight	Übersicht	overview
offenkundig	patent	patent	ingenious
Mitleid erregend	pathetic	pathetisch	emotive
Benzin	petrol	Petroleum	paraffin
Foto	photograph	Fotograf	photographer
Arzt/Ärztin	physician	Physiker(in)	physicist
eingelegtes Gemüse	pickles *pl*	Pickel *pl*	spots, pimples
Teller	plate	(Schall)platte	record
mollig	plump	plump	clumsy; (*roh*) crude
Beute	plunder	Plunder	junk
Polizei	police	Police	(insurance) policy

Bedeutung des englischen Ausdrucks:	English	Deutsch	Meaning of the German word:
wichtigste(r, s)	**principal**	**prinzipiell**	on principle
Beförderung	**promotion**	**Promotion**	doctorate, PhD
Süßspeise	**pudding** BRIT	**Pudding**	blancmange
kündigen	**quit**	**quittieren**	to give a receipt for
voreilig	**rash**	**rasch**	speedy, swift
vernünftig	**rational**	**rationell**	efficient
echt	**real**	**reell**	solid; honest
Quittung	**receipt**	**Rezept**	MED prescription; KOCHK recipe
wiedergewinnen	**reclaim**	**reklamieren**	**I.** *vt* to query; **II.** *vi* to make a complaint
Wiedergewinnung	**reclamation**	**Reklamation**	complaint
mieten	**rent** *vt*	**(sich) rentieren**	to be worth it
rostig	**rusty**	**rüstig**	sprightly
Plan	**scheme**	**Schema**	(*Muster*) pattern
gewissenhaft	**scrupulous**	**skrupellos**	unscrupulous
Meer	**sea**	**See** (*m*)	lake
Geheimnis	**secret**	**Sekret**	MED secretion
vernünftig	**sensible**	**sensibel**	sensitive
ernst	**serious**	**seriös**	(*anständig*) respectable
scharf; spitz	**sharp**	**scharf**	(*gewürzt*) hot; (*streng*) severe
Schnitzer; Zettel	**slip**	**Slip**	briefs *pl*
Rauchen	**smoking**	**Smoking**	dinner-jacket, tuxedo AM
fest	**solid**	**solid(e)**	(*anständig*) respectable
Schraubenschlüssel	**spanner**	**Spanner**	(*pej*) peeping Tom
ausgeben	**spend (money)**	**spenden**	to donate
entdecken	**spot** *vt*	**spotten**	to mock
bleiben	**stay**	**stehen**	to stand; (*gut passen*) to suit
noch	**still** *adv*	**still**	quiet, silent
Hocker	**stool**	**Stuhl**	chair
Strähne	**strand**	**Strand**	beach
Bach	**stream**	**Strom**	ELEK current
mitfühlend	**sympathetic**	**sympathisch**	pleasant, nice
Mitleid	**sympathy**	**Sympathie**	(*Zuneigung*) liking
Tablette	**tablet**	**Tablett**	tray
Geschmack	**taste**	**Taste**	key
Landstreicher(in)	**tramp**	**Tramper(in)**	hitchhiker

Bedeutung des englischen Ausdrucks:	English	Deutsch	Meaning of the German word:
Leichenbestatter	**undertaker**	**Unternehmer(in)**	entrepreneur
gefühllos	**unsympathetic**	**unsympathisch**	unpleasant
Unterhemd	**vest** BRIT	**Weste**	(*Herren-*) waistcoat; (*Strick-*) cardigan
Lagerhaus	**warehouse**	**Warenhaus**	(department) store
sich fragen	**wonder**	**(sich) wundern**	to be surprised

Die Zahlwörter
Numerals

null	0	nought, zero
eins	1	one
zwei	2	two
drei	3	three
vier	4	four
fünf	5	five
sechs	6	six
sieben	7	seven
acht	8	eight
neun	9	nine
zehn	10	ten
elf	11	eleven
zwölf	12	twelve
dreizehn	13	thirteen
vierzehn	14	fourteen
fünfzehn	15	fifteen
sechzehn	16	sixteen
siebzehn	17	seventeen
achtzehn	18	eighteen
neunzehn	19	nineteen
zwanzig	20	twenty
einundzwanzig	21	twenty-one
zweiundzwanzig	22	twenty-two
dreiundzwanzig	23	twenty-three
dreißig	30	thirty
einunddreißig	31	thirty-one
zweiunddreißig	32	thirty-two
vierzig	40	forty
einundvierzig	41	forty-one
fünfzig	50	fifty
einundfünfzig	51	fifty-one
sechzig	60	sixty
einundsechzig	61	sixty-one
siebzig	70	seventy
einundsiebzig	71	seventy-one
achtzig	80	eighty
einundachtzig	81	eighty-one
neunzig	90	ninety
einundneunzig	91	ninety-one
hundert	100	a [o one] hundred
hundert(und)eins	101	hundred and one

hundert(und)zwei	102	hundred and two
hundert(und)zehn	110	hundred and ten
zweihundert	200	two hundred
dreihundert	300	three hundred
vierhundert(und)einundfünfzig	451	four hundred and fifty-one
tausend	1000	a [o one] thousand
zweitausend	2000	two thousand
zehntausend	10 000	ten thousand
eine Million	1 000 000	a [o one] million
zwei Millionen	2 000 000	two million
eine Milliarde	1 000 000 000	a [o one] billion
eine Billion	1 000 000 000 000	a [o one] trillion

Die Ordnungszahlen — Ordinal numbers

erste	1.	1st	first
zweite	2.	2nd	second
dritte	3.	3rd	third
vierte	4.	4th	fourth
fünfte	5.	5th	fifth
sechste	6.	6th	sixth
siebente	7.	7th	seventh
achte	8.	8th	eighth
neunte	9.	9th	ninth
zehnte	10.	10th	tenth
elfte	11.	11th	eleventh
zwölfte	12.	12th	twelfth
dreizehnte	13.	13th	thirteenth
vierzehnte	14.	14th	fourteenth
fünfzehnte	15.	15th	fifteenth
sechzehnte	16.	16th	sixteenth
siebzehnte	17.	17th	seventeenth
achtzehnte	18.	18th	eighteenth
neunzehnte	19.	19th	nineteenth
zwanzigste	20.	20th	twentieth
einundzwanzigste	21.	21st	twenty-first
zweiundzwanzigste	22.	22nd	twenty-second
dreiundzwanzigste	23.	23rd	twenty-third
dreißigste	30.	30th	thirtieth
einunddreißigste	31.	31st	thirty-first
vierzigste	40.	40th	fortieth
einundvierzigste	41.	41st	forty-first
fünfzigste	50.	50th	fiftieth
einundfünfzigste	51.	51st	fifty-first

sechzigste	60.	60th	sixtieth
einundsechzigste	61.	61st	sixty-first
siebzigste	70.	70th	seventieth
einundsiebzigste	71.	71st	seventy-first
achtzigste	80.	80th	eightieth
einundachtzigste	81.	81st	eighty-first
neunzigste	90.	90th	ninetieth
hundertste	100.	100th	(one) hundredth
hundertunderste	101.	101st	hundred and first
zweihundertste	200.	200th	two hundredth
dreihundertste	300.	300th	three hundredth
vierhundert(und)einundfünfzigste	451.	451st	four hundred and fifty-first
tausendste	1000.	1000th	(one) thousandth
tausend(und)einhundertste	1100.	1100th	thousand and (one) hundredth
zweitausendste	2000.	200th	two thousandth
einhunderttausendste	100 000.	100 000th	(one) hundred thousandth
millionste	1 000 000.	1 000 000th	millionth
zehnmillionste	10 000 000.	10 000 000th	ten millionth

Die Bruchzahlen Fractions

ein halb	$1/2$		one [o a] half
ein Drittel	$1/3$		one [o a] third
ein Viertel	$1/4$		one [o a] quarter
ein Fünftel	$1/5$		one [o a] fifth
ein Zehntel	$1/10$		one [o a] tenth
ein Hundertstel	$1/100$		one hundredth
ein Tausendstel	$1/1000$		one thousandth
ein Millionstel	$1/1 000 000$		one millionth
zwei Drittel	$2/3$		two thirds
drei Viertel	$3/4$		three quarters
zwei Fünftel	$2/5$		two fifths
drei Zehntel	$3/10$		three tenths
anderthalb	$1 1/2$		one and a half
zwei(und)einhalb	$2 1/2$		two and a half
fünf drei achtel	$5 3/8$		five and three eighths
eins Komma eins	1,1	1.1	one point one
zwei Komma drei	2,3	2.3	two point three

Vervielfältigungszahlen Multiples

einfach	single		vierfach	fourfold, quadruple
zweifach	double		fünffach	fivefold
dreifach	threefold, treble, triple		hundertfach	(one) hundredfold

Britische und amerikanische Maße und Gewichte
British and American Weights and Measures

Längenmaße – Linear measures

1 inch (in) 1″		= 2,54 cm
1 foot (ft) 1′	= 12 inches	= 30,48 cm
1 yard (yd)	= 3 feet	= 91,44 cm
1 furlong (fur)	= 220 yards	= 201,17 m
1 mile (m)	= 1760 yards	= 1,609 km
1 league	= 3 miles	= 4,828 km

Nautische Maße – Nautical measures

1 fathom	= 6 feet	= 1,829 m
1 cable	= 608 feet	= 185,31 m
1 nautical, sea mile	= 10 cables	= 1,853 km
1 sea league	= 3 nautical miles	= 5,550 km

Feldmaße – Surveyors' measures

1 link	= 7,92 inches	= 20,12 cm
1 rod, perch, pole	= 25 links	= 5,029 mb
1 chain	= 4 rods	= 20,12 m

Flächenmaße – Square measures

1 square inch		= 6,452 cm^2
1 square foot	= 144 sq inches	= 929,029 cm^2
1 square yard	= 9 sq feet	= 0,836 m^2
1 square rod	= 30,25 sq yards	= 25,29 m^2
1 acre	= 4840 sq yards	= 40,47 Ar
1 square mile	= 640 acres	= 2,59 km^2

Britische Hohlmaße
British Measures of Capacity

Flüssigkeitsmaße – Liquid measures of capacity

1 gill		= 0,142 l
1 pint (pt)	= 4 gills	= 0,568 l
1 quart (qt)	= 2 pints	= 1,136 l
1 gallon (gal)	= 4 quarts	= 4,546 l
1 barrel	= *(für Öl)* 35 gallons	= 159,106 l
	(Bierbrauerei) 36 gallons	= 163,656 l

Trockenmaße – Dry measures of capacity

1 peck	= 2 gallons	= 9,092 l
1 bushel	= 4 pecks	= 36,368 l
1 quarter	= 8 bushels	= 290,935 l

Amerikanische Hohlmaße
American Measures of Capacity

Flüssigkeitsmaße – Liquid measures of capacity

1 gill		= 0,118 l
1 pint	= 4 gills	= 0,473 l
1 quart	= 2 pints	= 0,946 l
1 gallon	= 4 quarts	= 3,785 l
1 barrel	= *(für Öl)* 42 gallons	= 159,106 l

Handelsgewichte – Avoirdupois weights

1 grain (gr)		= 0,0648 g
1 dram (dr)	= 27,3438 grains	= 1,772 g
1 ounce (oz)	= 16 drams	= 28,35 g
1 pound (lb)	= 16 ounces	= 453,59 g
1 stone	= 14 pounds	= 6,348 kg
1 quarter	= 28 pounds	= 12,701 kg
1 hundredweight (cwt)	= *(Br long cwt)* 112 pounds	= 50,8 kg
	(Am short cwt) 100 pounds	= 45,36 kg
1 ton	= *(Br long ton)* 20 cwt	= 1016 kg
	(Am short ton) 2000 pounds	= 907,185 kg

Deutsche Maße und Gewichte
German Weights and Measures

Längenmaße		Zeichen	Vielfaches der Einheit
Seemeile	*nautical mile*	sm	1852 m
Kilometer	*kilometre*	km	1000 m
Meter	*metre*	m	Grundeinheit
Dezimeter	*decimetre*	dm	0,1 m
Zentimeter	*centimetre*	cm	0,01 m
Millimeter	*millimetre*	mm	0,001 m
Flächenmaße			
Quadratkilometer	*square kilometre*	km^2	$1\,000\,000\ m^2$
Hektar	*hectare*	ha	$10\,000\ m^2$
Ar	*are*	a	$100\ m^2$
Quadratmeter	*square metre*	m^2	$1\ m^2$
Quadratdezimeter	*square decimetre*	dm^2	$0,01\ m^2$
Quadratzentimeter	*square centimetre*	cm^2	$0,0001\ m^2$
Quadratmillimeter	*square millimetre*	mm^2	$0,000\,001\ m^2$
Kubik- und Hohlmaße			
Kubikmeter	*cubic metre*	m^3	$1\ m^3$
Hektoliter	*hectolitre*	hl	$0,1\ m^3$
Kubikdezimeter	*cubic decimetre*	dm^3	$0,001\ m^3$
Liter	*litre*	l	
Kubikzentimeter	*cubic centimetre*	cm^3	$0,000\,001\ m^3$
Gewichte			
Tonne	*ton*	t	1000 kg
Doppelzentner	–	dz	100 kg
Kilogramm	*kilogramme*	kg	1000 g
Gramm	*gramme*	g	1 g
Milligramm	*milligramme*	mg	0,001 g

Temperaturumrechnung
Temperature Conversion Table

°F	°C	°C	°F
0	−17,8	−10	14
32	0	0	32
50	10	10	50
70	21,1	20	68
90	32,2	30	86
98.4	37	37	98.4
212	100	100	212

zur Umrechnung 32 abziehen und durch 1,8 teilen
to convert, subtract 32 and divide by 1.8

zur Umrechnung mit 1,8 multiplizieren und 32 addieren
to convert, multiply by 1.8 and add 32

Vereinigtes Königreich
United Kingdom

England

Grafschaft County	Abkürzung Abbreviation	Hauptstadt Administrative centre
Bedfordshire	Beds	Bedford
Berkshire	Berks	Reading
Buckinghamshire	Bucks	Aylesbury
Cambridgeshire	Cambs	Cambridge
Cheshire	Ches	Chester
Cornwall	Corn	Truro
Cumbria		Carlisle
Derbyshire	Derbs	Matlock
Devon		Exeter
Dorset		Dorchester
Durham	Dur	Durham
East Sussex	E. Sussex	Lewes
Essex		Chelmsford
Gloucestershire	Glos	Gloucester
Greater London		London
Greater Manchester		Manchester
Hampshire	Hants	Winchester
Hertfordshire	Herts	Hertford
Kent		Maidstone
Lancashire	Lancs	Preston
Leicestershire	Leics	Leicester
Lincolnshire	Lincs	Lincoln
Merseyside		Liverpool
Norfolk		Norwich
Northamptonshire	Northants	Northampton
Northumberland	Northd	Morpeth
North Yorkshire	N. Yorks	Northallerton
Nottinghamshire	Notts	Nottingham
Oxfordshire	Oxon	Oxford
Shropshire	Salop	Shrewsbury
Somerset	Som	Taunton
South Yorkshire	S. Yorks	Barnsley
Staffordshire	Staffs	Stafford
Suffolk	Suff	Ipswich
Surrey		Kingston upon Thames
Tyne and Wear		Newcastle upon Tyne

Grafschaft County	Abkürzung Abbreviation	Hauptstadt Administrative centre
Warwickshire	Warks	Warwick
West Midlands	W. Midlands	Birmingham
West Sussex	W. Sussex	Chichester
West Yorkshire	W. Yorks	Wakefield
Wiltshire	Wilts	Trowbridge
Worcestershire	Worcs	Worcester

Wales

Wales, *Welsh:* **Cymru**

Verwaltungsregion Unitary authority	Hauptstadt Administrative centre
Anglesey	Llangefni
Blaenau Gwent	Ebbw Vale
Bridgend	Bridgend
Caerphilly	Hengoed
Cardiff	Cardiff
Carmarthenshire	Carmarthen
Ceredigion	Aberaeron
Conwy	Conwy
Denbighshire	Ruthin
Flintshire	Mold
Gwynedd	Caernarfon
Merthyr Tydfil	Merthyr Tydfil
Monmouthshire	Cwmbran
Neath Port Talbot	Port Talbot
Newport	Newport
Pembrokeshire	Haverfordwest
Powys	Llandrindod Wells
Rhondda Cynon Taff	Clydach Vale
Swansea	Swansea
Torfaen	Pontypool
Vale of Glamorgan	Barry
Wrexham	Wrexham

Schottland
Scotland

Grafschaft County	Hauptstadt Administrative centre
Aberdeen City	
Aberdeenshire	Aberdeen
Angus	Forfar
Argyll and Bute	Lochgilphead
Clackmannanshire	Alloa
Dumfries and Galloway	Dumfries
Dundee City	
East Ayrshire	Kilmarnock
East Dunbartonshire	Kirkintilloch
East Lothian	Haddington
East Renfrewshire	Giffnock
Edinburgh City	
Falkirk	Falkirk
Fife	Glenrothes
Glasgow City	
Highland	Inverness
Inverclyde	Greenock
Midlothian	Dalkeith
Moray	Elgin
North Ayrshire	Irvine
North Lanarkshire	Motherwell
Orkney Islands	Kirkwall
Perth and Kinross	Perth
Renfrewshire	Paisley
Scottish Borders	Melrose
Shetland Islands	Lerwick
South Ayrshire	Ayr
South Lanarkshire	Hamilton
Stirling	Stirling
West Dunbartonshire	Dunbarton
Western Isles	Stornoway
West Lothian	Livingston

Nordirland
Northern Ireland

Grafschaft County	Hauptstadt Principal town
Antrim	Belfast
Armagh	Armagh
Down	Downpatrick
Fermanagh	Enniskillen
Londonderry	Londonderry
Tyrone	Omagh

Republik Irland
Republik of Ireland, *Gaelic:* Èire

Provinz und Grafschaften Province and counties	Hauptstadt Principal town
Connacht, *formerly:* **Connaught**	
Galway, *Gaelic:* Gaillimh	Galway
Leitrim, *Gaelic:* Liathdroma	Carrick-on-Shannon
Mayo, *Gaelic:* Mhuigheo	Castlebar
Roscommon, *Gaelic:* Ros Comáin	Roscommon
Sligo, *Gaelic:* Sligeach	Sligo
Leinster	
Carlow, *Gaelic:* Cheatharlach	Carlow
Dublin, *Gaelic:* Baile Átha Cliath	Dublin
Kildare, *Gaelic:* Chill Dara	Naas
Kilkenny, *Gaelic:* Chill Choinnigh	Kilkenny
Laois/Laoighis/Leix	Portlaoise
Longford, *Gaelic:* Longphuirt	Longford
Louth, *Gaelic:* Lughbhaidh	Dundalk
Meath, *Gaelic:* na Midhe	Navan
Offaly, *Gaelic:* Ua bhFailghe	Tullamore
Westmeath, *Gaelic:* na h-Iarmhidhe	Mullingar
Wexford, *Gaelic:* Loch Garman	Wexford
Wicklow, *Gaelic:* Cill Mhantáin	Wicklow

Provinz und Grafschaften Province and counties	Hauptstadt Principal town
Munster	
Clare, *Gaelic:* An Cláir	Ennis
Cork, *Gaelic:* Chorcaigh	Cork
Kerry, *Gaelic:* Chiarraighe	Tralee
Limerick, *Gaelic:* Luimneach	Limerick
Tipperary, *Gaelic:* Thiobrad Árann	Clonmel
Waterford, *Gaelic:* Phort Láirge	Waterford
Ulster	
Cavan, *Gaelic:* Cabháin	Cavan
Donegal, *Gaelic:* Dún na nGall	Lifford
Monaghan, *Gaelic:* Mhuineachain	Monaghan

Vereinigte Staaten von Amerika
United States of America

Bundesstaat Federal state	Hauptstadt Capital
Alabama	Montgomery
Alaska	Juneau
Arizona	Phoenix
Arkansas	Little Rock
California	Sacramento
Colorado	Denver
Connecticut	Hartford
Delaware	Dover
Florida	Tallahassee
Georgia	Atlanta
Hawaii	Honolulu
Idaho	Boise
Illinois	Springfield
Indiana	Indianapolis
Iowa	Des Moines
Kansas	Topeka
Kentucky	Frankfort
Louisiana	Baton Rouge
Maine	Augusta
Maryland	Annapolis
Massachusetts	Boston
Michigan	Lansing

Bundesstaat / Federal state	Hauptstadt / Capital
Minnesota	Saint Paul
Mississippi	Jackson
Missouri	Jefferson City
Montana	Helena
Nebraska	Lincoln
Nevada	Carson City
New Hampshire	Concord
New Jersey	Trenton
New Mexico	Santa Fe
New York	Albany
North Carolina	Raleigh
North Dakota	Bismarck
Ohio	Columbus
Oklahoma	Oklahoma City
Oregon	Salem
Pennsylvania	Harrisburg
Rhode Island	Providence
South Carolina	Columbia
South Dakota	Pierre
Tennessee	Nashville
Texas	Austin
Utah	Salt Lake City
Vermont	Montpelier
Virginia	Richmond
Washington	Olympia
West Virginia	Charleston
Wisconsin	Madison
Wyoming	Cheyenne

Kanada
Canada

Provinz Province	Hauptstadt Capital
Alberta	Edmonton
British Columbia	Victoria
Manitoba	Winnipeg
New Brunswick	Fredericton
Newfoundland	Saint John's
Novia Scotia	Halifax
Ontario	Toronto
Prince Edward Island	Charlottetown
Québec	Québec
Saskatchewan	Regina

Territorium Territory	Hauptstadt Capital
Northwest Territories	Yellowknife
Nunavut Territory (*since 1st April 1999*)	Iqaluit
Yukon Territory	Whitehorse

Australien
Australia

Staat State	Hauptstadt Capital
New South Wales	Sydney
Queensland	Brisbane
South Australia	Adelaide
Tasmania	Hobart
Victoria	Melbourne
Western Australia	Perth

Territorium Territory	Hauptstadt Capital
Australian Capital Territory	Canberra
Northern Territory	Darwin

Neuseeland
New Zealand

North Island
South Island

Weitere Inseln
Small outlying islands

Auckland Islands
Kermadec Islands
Campbell Island
the Antipodes
Three Kings Islands
Bounty Island
Snares Island
Solander Island
Stewart Island
Chatham Islands

Schutzgebiete
Dependencies

Tokelau Islands
Ross Dependency
Niue Island (free associate)
Cook Islands (free associates)

Bundesrepublik Deutschland
Federal Republic of Germany

Bundesländer (und ihre Hauptstädte)	Federal states (and their capitals)
Baden-Württemberg (Stuttgart)	Baden-Württemberg (Stuttgart)
Bayern (München)	Bavaria (Munich)
Berlin (Berlin)	Berlin (Berlin)
Brandenburg (Potsdam)	Brandenburg (Potsdam)
Bremen (Bremen)	Bremen (Bremen)
Hamburg (Hamburg)	Hamburg (Hamburg)
Hessen (Wiesbaden)	Hesse (Wiesbaden)
Mecklenburg-Vorpommern (Schwerin)	Mecklenburg-West Pomerania (Schwerin)
Niedersachsen (Hannover)	Lower Saxony (Hanover)
Nordrhein-Westfalen (Düsseldorf)	North Rhine-Westphalia (Düsseldorf)
Rheinland-Pfalz (Mainz)	Rhineland-Palatinate (Mainz)
Saarland (Saarbrücken)	Saarland (Saarbrücken)
Sachsen (Dresden)	Saxony (Dresden)
Sachsen-Anhalt (Magdeburg)	Saxony-Anhalt (Magdeburg)
Schleswig-Holstein (Kiel)	Schleswig-Holstein (Kiel)
Thüringen (Erfurt)	Thuringia (Erfurt)

Österreich
Austria

Bundesländer (und Hauptstädte)	Provinces (and capitals)
Burgenland (Eisenstadt)	Burgenland (Eisenstadt)
Kärnten (Klagenfurt)	Carinthia (Klagenfurt)
Niederösterreich (St. Pölten)	Lower Austria (St. Pölten)
Oberösterreich (Linz)	Upper Austria (Linz)
Salzburg (Salzburg)	Salzburg (Salzburg)
Steiermark (Graz)	Styria (Graz)
Tirol (Innsbruck)	Tyrol (Innsbruck)
Vorarlberg (Bregenz)	Vorarlberg (Bregenz)
Wien (Wien)	Vienna (Vienna)

Die Schweiz
Switzerland

Kantone (und Hauptorte)	Cantons (and capitals)
Aargau (Aarau)	Aargau (Aarau)
Appenzell Außerrhoden (Herisau)	Appenzell Outer Rhodes (Herisau)
Appenzell Innerrhoden (Appenzell)	Appenzell Inner Rhodes (Appenzell)
Basel-Landschaft (Liestal)	Basel-Land (Liestal)
Basel-Stadt (Basel)	Basel-Stadt (Basel, Basle)
Bern (Bern)	Bern (Bern)
Freiburg (Freiburg)	Fribourg (Fribourg)
Genf (Genf)	Geneva (Geneva)

Glarus (Glarus)	Glarus (Glarus)
Graubünden (Chur)	Graubünden, Grisons (Chur)
Jura (Delémont)	Jura (Delémont)
Luzern (Luzern)	Lucerne (Lucerne)
Neuenburg (Neuenburg)	Neuchâtel (Neuchâtel)
Nidwalden (Stans)	Nidwalden (Stans)
Obwalden (Sarnen)	Obwalden (Sarnen)
Sankt Gallen (Sankt Gallen)	St. Gall(en) (St. Gall(en)
Schaffhausen (Schaffhausen)	Schaffhausen (Schaffhausen)
Schwyz (Schwyz)	Schwyz (Schwyz)
Solothurn (Solothurn)	Solothurn (Solothurn)
Tessin (Bellinzona)	Ticino (Bellinzona)
Thurgau (Frauenfeld)	Thurgau (Frauenfeld)
Uri (Altdorf)	Uri (Altdorf)
Waadt (Lausanne)	Vaud (Lausanne)
Wallis (Sitten)	Valais (Sion)
Zug (Zug)	Zug (Zug)
Zürich (Zürich)	Zürich (Zürich)

Notizen

Notizen

Notizen

Notizen

Notizen

Notizen

Content and Entry Structure German-E

The **headwords** are arranged in alphabetical order and printed in blue.

Fluthilfe *f* flood relief **Flut** *nt* flood victim **Flutwelle**

Words with the same spelling but with significantly different meanings are known as **homographs**. These are indicated by a superscript Arabic numeral.

Futter[1] <-s, -> ['fʊtə] *nt* [
Futter[2] <-s> ['fʊtə] *nt* ke

German spellings which have changed as a result of the 1996 spelling reforms are labelled **ALT**, while new spellings are marked with a superscript **RR** symbol.

messbar[RR] *adj*, **meßbar**
Stängel[RR] <-s, -> ['ʃtɛŋ!]
Stengel[ALT] <-s, -> ['ʃtɛŋ!]

The **swung dash** replaces the headword in example sentences.

Geheimnis <-ses, -se> [
cret; **vor jdm keine ~ se**
das ~ des Lebens the m

A vertical line shows where a **separable verb** can be separated. A superscript star (*) shows that the **perfect participle** is formed without *ge*-.

ab|bestellen* *vt* to cance
ab|bezahlen* *vt* to pay of

Irregular inflections of **nouns**, **verbs** and **adjectives** are given in angle brackets.

Aroma <-s, Aromen *o* -s
gern(e) <lieber, am liebst
verstehen <verstand vers

Grammatical **constructions** are marked with a grey box.

Uhrzeigersinn *m* ■ im ~
clockwise, counterclockw

Idiom blocks are introduced by a grey triangle. The underlined guide words help you find your way through the block.

Grab <-[e]s, Gräber> ['gr
ins ~ <u>nehmen</u> to take s
sein eigenes ~ <u>schaufe</u>
<u>gen</u> können wie ein ~
~ **e** <u>tragen</u> (*geh*) to carry

Roman numerals subdivide an entry into different **parts of speech**.
Arabic numerals introduce different **meanings** of the headword within a part of speech category.

bedächtig [bə'dɛçtɪç] **I.** a
sonnen) thoughtful **II.** *ad*
sonnen) carefully

A number of different **labels and glosses** guide you to the correct translation:

- **Field labels** indicate the field in which a particular usage is common.

Klammeraffe *m* ❶ ZOOL sp

- **Sense glosses** indicate which sense of the headword is being treated.
- **Context elements**, also called **collocates**, are given in italics and guide you to the sense you are looking for.
- **Usage labels, age labels and rhetoric labels** provide information on style and register.
- **Regional labels** are used for both languages when the usage is restricted to a certain region.

Ablauf *m* ❶ (*Verlauf*) cou
quence of events ❷ (*das*
10 Tagen after 10 days ❸

blödsinnig ['blø:tzɪnɪç] *a*
Fräulein <-s, -[s]> ['frɔyla

Jänner <-s, -> ['jɛnɐ] *m* Ö
Kofferraum *m* boot BRIT, t